국제인권규약 주해

시민적 및 정치적 권리

편집위원회
정인섭(위원장), 백범석, 도경옥, 김원희, 원유민, 이혜영

박영사

서

이 주해서 출간은 필자가 근 사반세기 동안 마음에 품어 왔던 작업의 결과물이다. 첫 실행의 착수로부터는 19년이 걸렸다.

1998년 세계인권선언 채택 50주년을 맞았다. 이를 기념하는 각종 행사가 국내외에서 벌어졌다. 국내에서는 세계인권선언 50주년 기념사업회가 결성되어 1999년 2월 제주 인권학술회의가 개최되었고, 기념사업회는 후일 한국인권재단으로 발전되었다. 국제적으로 세계인권선언 주해서가 여러 종 발간되었다. 그때 상상해 보았다. 10년 후 60주년이 되면 한글로 된 세계인권선언 주해서가 발간될 수 있을까? 솔직히 회의적이었다. 하여간 그로부터 25년이 지난 오늘까지 한글판 세계인권선언 주해서는 요원한 실정이다. 이는 개인적으로 인권조약 주해서 발간에 대한 고민을 시작하게 된 계기가 되었다.

국제법 전공자들은 UN 헌장, ICJ 규정, 조약법에 관한 비엔나 협약 등 중요 조약에 관한 외국의 주해서를 요긴하게 활용하고 있다. 중요한 조약의 경우 어김없이 국제적으로 정평 있는 주해서가 발간되어 해당 조약에 대한 표준적 해석을 제공하고 있다. 저명한 주해서는 대상 조약에 대한 기본지식 획득은 물론 관련 연구를 위한 필수 아이템이다. 국내법의 경우 역시 민법, 형법 등 기본법은 물론 중요한 특별법에 관해 방대한 주해서가 마련되어 학계와 실무계 모두에 도움을 주고 있다.

주해서 편찬은 일반 단행본과 다른 특별한 노력과 수고를 필요로 한다. 무엇보다 혼자 감당하기 쉽지 않은 작업이다. 다수 필진으로 구성하면 참여자들은 연구실적 계산에 있어서 불이익을 감수해야 하며, 별다른 경제적 대가도 따르지 않는다. 국내 국제법학계의 실정상 쉽지 않은 작업이다. 주해서 계획은 한동안 가슴속 깊은 곳에 동면하듯 웅크리고만 있었다.

2005년 마음속에만 품던 계획을 끄집어내 보기로 했다. 1학기 서울대학교 대학원 강의로 국제인권법을 개설했다. 「시민적 및 정치적 권리에 관한 국제규약」(이하 국제인권규약)을 강의 주제로 하고, 강의를 주해서 발간을 위한 연습으로 진행하기로 했다. 주석서를 기획한다면 세계인권선언보다는 조약인 국제인권규약을 목표로 삼는 편이 국내 현실에 더 큰 기여가 되리라고 생각해 이를 선택했다. 수강생에게 조문을 배당해 기말보고서를 조문별 주해 원고로 작성하자고 했다. 학기 말에는 17개 조문에 대한 해설원고가 기말보고서로 제출되었다. 이 경험이 이번 주해서의 출발점이 되었다.

수업 수강생을 대상으로 기말보고서를 발표용 논문으로 발전시킬 희망자를 모집했다.

2005년 여름방학 중 각자의 기말보고서를 발전시켜 당시 서울법대 공익인권법센터가 발간하는 「공익과 인권」에 게재를 목표로 하자고 제안했다. 10여 명의 수강생이 참여 의사를 밝혔다. 여름방학 동안 격주로 3번의 검토모임을 가졌다. 매 모임마다 참여자들은 다른 모든 원고를 읽고 집단토론을 진행했다. 남의 글에 대한 논평을 통해 자신의 글을 어떻게 작성해야 할지를 깨닫게 되기 때문이다. 이런 과정을 거쳐 완성도가 상대적으로 높은 3편이 「공익과 인권」 제2권 제2호(2005.8)에 우선 게재되었다. 이후 2년 동안 유사한 과정을 매학기 반복해 「공익과 인권」 제4권 제2호(2007.8)까지 모두 19개 조문에 대한 대학원생급 필진의 해설원고가 발표되었다. 틈틈이 나머지 조문에 대한 원고도 축적해 갔다.

이후 약 10년 동안 필자는 규약 주해서 작업을 손에 잡았다 놓았다를 반복했다. 그때까지 수집된 원고는 상당수가 한번 활자화되었음에도 불구하고 주해서로 묶어 세상에 내놓기에는 미흡한 점이 적지 않았다. 그 다음 단계로서 내용상 부족한 부분을 보완하고 글을 정제할 작업은 편집자로서 필자가 오롯이 담당할 몫이라고 생각했는데 능력과 시간의 한계를 절감했다. 무엇보다 장기간 이 일에만 전념할 형편이 되지 못했다. 국제법 전공자로서 한국의 관련 국내실행을 정리하고 평가하는 부분도 늘 힘에 버거웠다.

2020년 2월을 정년퇴임을 맞았다. 그 무렵 이번 편집위원으로 참여한 백범석 교수와 원유민 교수 등이 국제인권규약 주해작업을 추진하면 자신들도 함께 동참하겠으며, 이 일을 꼭 하고 싶다는 의사를 밝혔다. 처음에는 긴가민가했는데 이들은 나중에 재차 같은 의사를 피력했다. 혼자 하기 힘들었던 일을 드디어 유능한 동지의 참여로 극복할 수 있게 되었다. 2020년 9월부터 본격적으로 작업을 추진하기 시작했다. 가을 중 백범석, 도경옥, 김원희, 원유민, 이혜영과 필자 6인 편집위원회를 구성하고, 이들 포함 모두 15명의 집필진을 선정했다. 이후 약 2년 반의 원고 집필과 수집, 수정·보완 과정은 길고 힘들었지만 순탄하게 진행되었다. 그동안 수많은 편집회의는 물론 셀 수 없을 정도로 빈번한 단체 카톡방 협의가 진행되었다. 그 상세한 경과는 이 책 편집 후기에 별도로 밝힌다. 이런 과정을 거치는 동안 2005년-2007년 「공익과 인권」에 발표되었던 원래 원고의 흔적은 대부분 사라졌다. 이들 초기 원고는 유익한 출발점을 제공했지만, 동일 필진이 같은 조문을 계속 담당한 경우조차도 사실상 새로운 원고로 재탄생되었다. 건축으로 치면 리모델링이 아니라 완전히 부수고 다시 짓는 재개발이 된 셈이었다. 10 수년의 시간적 간격으로 인해 내용상 큰 변화가 필요했음은 물론 필진의 연륜 축적이 가져온 결과였다.

근 20년 전 작업을 처음 계획했을 때는 최소한 비(非) 서구어로 쓰인 가장 상세한 국제인권규약 주해서 발간을 내심의 목표로 삼았다. 그 목표가 달성되었는지는 확인하기 어렵지만 아직 일본에서는 이만한 규모의 주해서가 없지 않은가 한다. 아무튼 마무리 짓게 되어

감개무량하다.

　개인적으로 규약 주해서 발간은 연구생활 중 가장 오랜 시간을 끈 장기미제사건이었다. 15년간이나 혼자서 힘들어했던 작업을 마무리지울 수 있었던 동력은 편집위원으로 동참해 준 5분의 헌신 그리고 집필진들의 사심 없는 노력이었다. 이 모든 분들에게 거듭 감사를 표한다. 또한 상업성 없는 이 책의 출간을 결정해 준 박영사측에도 감사한다. 편집과 출간의 실무과정을 담당해준 조성호 이사, 한두희 과장의 노고 역시 잊을 수 없다. 마지막으로 이 주해서 출간을 계기로 국내 국제법학계에서도 또 다른 조약에 대한 제2, 제3의 주해서 발간이 이어지기를 소망한다.

세계인권선언 채택 75주년을 맞으며
2023년 12월
편집위원장　정인섭

목   차

제 1 부 「시민적 및 정치적 권리에 관한 국제규약」이란 ···························· [정인섭]   1

제 2 부 국제인권규약 실체조항

제 1 조 자결권 ··· [임예준]   17

제 2 조 당사국의 이행의무 ·· [정인섭]   51

제 3 조 남녀평등 ··· [이혜영]   89

제 4 조 비상사태 시 이행정지 ··· [원유민] 117

제 5 조 권리남용 금지와 안전조항 ··· [김원희] 143

제 6 조 생명권 ··· [도경옥] 155

제 7 조 고문 등의 금지 ·· [정인섭] 201

제 8 조 노예제 및 강제노동 금지 ··· [도경옥] 247

제 9 조 신체의 자유 ·· [원유민] 277

제10조 피구금자의 권리 ·· [홍진영] 317

제11조 계약상 의무의 이행불능으로 인한 구금 금지 ······························· [도경옥] 359

제12조 거주 및 이전의 자유 ··· [김선일] 369

제13조 외국인 추방에 대한 절차적 보장 ·· [김선일] 411

제14조 공정한 재판을 받을 권리 ··· [원유민] 449

제15조 소급처벌금지 ·· [김원희] 507

제16조 법 앞에 인간으로 인정받을 권리 ·· [박영길] 533

제17조 사생활의 비밀과 자유 ··· [백범석] 545

제18조 사상, 양심 및 종교의 자유 ··· [홍관표] 583

제19조 표현의 자유 ··· [도경옥] 625

제20조 전쟁선전 및 증오고취의 금지 ··· [정인섭] 665

제21조 집회의 자유 ······································· [장태영] 689

제22조 결사의 자유 ······································· [이혜영] 727

제23조 가정과 혼인 ······································· [공수진] 757

제24조 아동의 권리 ······································· [백상미] 795

제25조 참정권 ··· [백범석] 827

제26조 평등권 및 차별금지 ····························· [이혜영] 855

제27조 소수집단의 권리 ·································· [이주영] 907

제3부 국제인권규약 이행제도 ····························· [백범석] 939

제4부 자료 ··· 981

1. 「시민적 및 정치적 권리에 관한 국제규약」 및 선택의정서 ····················· 982

2. 일반논평(General Comment) ························· 1030

3. 대한민국 국가보고서에 대한 최종견해 ················· 1230

4. 대한민국에 대한 개인통보사건 일람 ················· 1269

색   인 ··· 1271

1. Human Rights Committee 사건 ··················· 1271

2. 국내 및 국제 판결(결정) ························· 1293

편집 후기 ··· 1299

일러두기

기본 문헌 약칭:

(본문에서 빈번히 인용된 다음 책자는 아래와 같은 약칭으로 표기함)

○ W. Schabas, UN International Covenant on Civil and Political Rights: Nowak's CCPR Commentary 3rd revised ed. (N.P.Engel, 2019) (Nowak's CCPR Commentary (2019)로 약칭)

○ P. Taylor, A Commentary on the International Covenant on Civil and Political Rights(Cambridge UP, 2020) (Taylor's Commentary(2020)로 약칭)

○ S. Joseph & M. Castan, The International Covenant on Civil and Political Rights: Cases, Materials, and Commentary 3rd ed.(Oxford UP, 2013) (Joseph & Castan's Commentary(2013)로 약칭)

○ M. Bossuyt, Guide to the "travaux préparatoires" of the International Covenant on Civil and Political Rights(Dordrecht, 1987) (Bossuyt's Guide(1987)로 약칭)

주요 인권조약 명칭 표기:

○ International Covenant on Civil and Political Rights(ICCPR): 시민적 및 정치적 권리에 관한 국제규약(자유권규약)

○ International Covenant on Economic, Social and Cultural Rights(ICESC): 경제적, 사회적 및 문화적 권리에 관한 국제규약(사회권규약)

○ International Convention on the Elimination of All Forms of Racial Discrimination (CERD): 모든 형태의 인종차별 철폐에 관한 국제협약(인종차별철폐협약)

○ Convention on the Elimination of All Forms of Discrimination against Women (CEDAW): 여성에 대한 모든 형태의 차별철폐에 관한 협약(여성차별철폐협약)

○ Convention against Torture and Other Cruel, Inhuman or Degrading Treatment or Punishment(CAT): 고문 및 그 밖의 잔혹한·비인도적인 또는 굴욕적인 대우나 처벌의 방지에 관한 협약(고문방지협약)

○ Convention on the Rights of the Child(CRC): 아동의 권리에 관한 협약(아동권리협약)

○ Convention on the Rights of Persons with Disabilities(CRPD): 장애인의 권리에 관한 협약(장애인권리협약)

○ International Convention on the Protection of the Rights of All Migrant Workers and Members of Their Families: 모든 이주노동자와 그 가족의 권리보호에 관한 협약 (이주노동자권리협약)

○ International Convention for the Protection of All Persons from Enforced Disappearance: 강제실종으로부터 모든 사람을 보호하기 위한 국제협약(강제실종방지협약)

○ Convention relating to the Status of Refugees: 난민의 지위에 관한 협약(난민지위협약)

○ Convention on the Prevention and Punishment of the Crime of Genocide: 집단살해죄의 방지와 처벌에 관한 협약(제노사이드 방지협약 또는 집단살해방지협약)

○ Convention for the Protection of Human Rights and Fundamental Freedoms (ECHR): 인권 및 기본적 자유의 보호에 관한 유럽협약(유럽인권협약)

○ American Convention on Human Rights: 미주인권협약

○ African [Banjul] Charter on Human and Peoples' Rights: 인간과 인민의 권리에 관한 아프리카 헌장(아프리카 인권헌장)

약어표:

United Nations: UN
Optional Protocol: OP
Additional Protocol: AP
International Court of Justice: ICJ
United Nations High Commissioner for Refugees: UNHCR
Human Rights Committee: HRC
European Court of Human Rights: ECtHR
International Law Commission: ILC
International Criminal Court: ICC

주요 번역어:

Human Rights Council: 인권이사회
Commission on Human Rights: 인권위원회
Human Rights Committee: 자유권규약위원회(또는 규약 위원회)
Concluding Observations: 최종견해
Views: 결정
State Report: 국가보고서

제1부 「시민적 및 정치적 권리에 관한 국제규약」이란

정 인 섭

목 차

I. 국제인권규범의 발전
II. 국제인권규약의 탄생
  1. 세계인권선언
  2. 국제인권규약
    가. 1개의 규약 또는 2개의 규약

나. 이행확보수단
다. 자결권과 천연자원에 대한 주권
    조항
라. 실체조항
III. 국제인권규약의 현주소

I. 국제인권규범의 발전

오랫동안 개인은 소속국 또는 그의 군주가 가장 잘 보호하리라는 신화가 당연한 진리로 받아들여져 왔다. 국가 주권 절대의 원칙에 따라 주권국가는 자국 영토와 국민을 지배하는데 완전하고도 배타적인 권력을 가졌으며, 타국의 개입은 허용되지 않았다. 전통 국제법은 개인이 자국 내에서 어떠한 처우를 받는가에 관해 관심을 두지 않았으며, 국가는 자국민을 처우하는 방식에 아무런 제약을 받지 않았다.[1] 19세기 중엽까지 국제사회에서 개인은 외국인에 대한 국적국의 외교적 보호제도를 통해서만 보호받을 수 있을 뿐이었다.

인권의 국제적 보호는 이의 국내적 보호와 분리해 생각할 수 없다. 일단 인권의 국내적 보호가 공고화되어야 이를 국제사회에서 실현하기 위한 국제적 보호제도가 발전할 수 있기 때문이다. 국가와는 별개의 법주체인 개인의 인권이란 개념은 서구사회에서 17세기 이후부터 본격적으로 발전하기 시작했다. 존 로크는 자연상태에서 인간은 평등하고 고유의 일정한 자연권 – 예를 들어 생명권, 자유권, 재산권 등을 갖고 태어났다고 보았다. 프랑스의 루소, 볼테르, 몽테스키외 같은 계몽사상가들도 국가 내에서 개인의 권리를 강조하는 이러한 주장을 지지했다. 이들의 생각은 18세기 서구 정치사상에 커다란 영향을 미쳤으며, 1776년 미국

---

1) 19세기 오토만 제국내 기독교인을 보호한다는 명목으로 유럽국가의 개입이 있기도 했으나, 이는 비상상황에 처한 자에 대한 인도적 구제라기 보다는 서유럽 국가들의 제국주의적 행동으로 간주되었다. 인도적 개입 주장에는 일관된 기준이 적용되지도 않았으며, 무력 개입을 하는 국가의 이익이 더 우선시 되었다. C. Tomuschat, *Human Rights between Idealism and Realism* 3rd ed.(Oxford UP, 2014), p.14.

독립선언과 1789년 프랑스 인권선언 등은 이 같은 사고가 반영된 결과물이다.[2]

1815년 비엔나 회의에서 노예무역선 폐지에 관한 선언이 채택되었다. 이는 노예제도 자체의 금지가 아니라 노예무역 금지에 불과했지만, 인간의 존엄성에 부합되지 않는 관행을 폐지하자는 최초의 국제문서였다.[3] 노예무역 금지는 1885년 베를린 의정서에서도 재확인되었다.

19세기 중엽에는 국제인도법이 발전하기 시작했다. 솔페리노 전쟁의 참상을 목격한 앙리 뒤낭은 1863년 제네바에서 전시 부상병의 보호를 모색하기 위한 국제회의를 개최했고, 1864년 제2차 회의에서는 전장의 부상병 상황개선에 관한 협약(제1차 적십자협약)이 채택되었다. 이를 시발로 제네바법이라고 불리우는 전시 희생자 보호에 관한 국제법이 발전하기 시작했다. 그러나 19세기 중 인권은 여전히 국내관할사항으로만 취급되었고, 인권의 국제적 보호라는 주제가 국제법 속에서 확실한 자리를 차지하지는 못했다.[4]

20세기 들어 상황은 변하기 시작했다. 인간의 생명과 신체에 가장 큰 위협이 되는 전쟁 방지를 목적으로 하는 국제기구로 국제연맹이 탄생했다. 연맹 규약 자체에 인권의 국제적 보호에 관한 일반조항은 없었다. 단지 위임통치지역에서는 양심과 종교의 자유가 보장되고, 노예매매가 금지되어야 한다는 조항(제22조 제5항)과 위임통치 시정국은 공정하고 인도적인 노동조건 확보를 위해 노력해야 한다는 조항만이 포함되었다(제23조 a호). 국제연맹 규약 외의 제도로는 주로 동구권 신생국에 대해 소수민족 보호제가 적용되었다. 다민족국가로 탄생한 이들에게 소수민족문제는 미래의 불안요소였다. 이들 국가는 자국 내 소수민족 보호를 약속한 평화조약을 체결하고, 연맹이 이를 보장하는 형식을 취했다. 그러나 이 제도는 그다지 성공적이지 못했다. 동구권 국가의 입장에서는 이러한 요구를 일종의 차별로 인식하고, 준수에 큰 열의를 표시하지 않았다.

한편 1906년 여성의 야간노동 규제와 성냥 제조시 백린 사용 규제에 관한 2개의 노동자 보호조약이 탄생했다(1912년 발효). 1919년에는 베르사유 평화체제의 일환으로 국제노동기구(ILO)가 발족한 일도 주목할 만한 사건이었다. 이는 노동자 권리에 대한 국제적 보호가 본격화됨을 의미했다.[5] 1926년에는 노예제도와 노예매매금지에 관한 협약이 탄생했다. 제1

---

2) S. Joseph & M. Castan's Commentary(2013), pp.4-5.
3) 당시 노예무역 금지는 주로 영국의 경제적 이익에 봉사한다고 평가되었다. 노예무역의 지속은 영국의 잠재적 적국의 식민지 경영에 유리했기 때문이다. C. Tomuschat(전게주 1), p.20.
4) 1868년 Bluntschli의 Das moderne Volkerrecht der civilisirten Staten als Rechtsbuch dargestellt에서는 국제법책 최초로 색인에 인권이란 항목이 등장했다. 그러나 여기서의 인권은 오직 전쟁법과 관련된 내용을 가리킬 뿐이었다. 아직 다른 국제법서에서는 인권이란 용어 자체가 무시되었다. C. Tomuschat (전게주 1), pp.21-22.

차 대전과 러시아 혁명의 여파로 발생한 대량의 난민에 대해서도 국제적 보호 노력이 기울여졌다.[6]

제1차 대전 전후 이상과 같은 변화의 움직임이 싹 트기 시작했지만, 아직 대부분의 국가에서 개인의 보호문제란 국내문제에 불과하다는 전통적 사고가 뿌리 깊었다. 인권의 국제적 보호가 본격화되는 시대를 맞기 위해 인류는 또 한 번의 값 비싼 수업료를 지불해야 했다.

제2차 대전은 개인과 국가 간의 관계에 대한 인류의 새로운 이해를 각성시키는 자극제가 되었다. 전체주의 발흥은 세계의 도덕적, 법적, 정치적 기반을 뒤흔들었다. 자국민에게 자행된 대규모 살육과 만행 등 범죄적 잔학행위는 국제적 차원의 인권보호 필요성을 촉발시켰다. 더 이상 개인 운명을 소속국 재량에만 맡길 수 없으며, 인간의 처우에 관하여는 국제적 기준이 수립되어야 한다는 인식이 확산되었다. 인권 보호는 전쟁 목적의 하나로 부각되었다. 1941년 8월 루즈벨트 대통령과 처칠 수상이 발표한 대서양 헌장과 1942년 1월 1일 연합국 26개국 선언 등은 제2차 대전 후 새로운 국제기구의 창설과 아울러 국제인권규범의 수립을 제창했다.

이러한 배경 아래에 탄생한 UN은 "인종, 성별, 언어 또는 종교에 따른 차별 없이 모든 사람의 인권 및 기본적 자유에 대한 존중을 촉진하고 장려함"을 기본 목적의 하나로 하며 출범했다(헌장 제1조). 그러한 목적달성은 "국가간 평화롭고 우호적인 관계에 필요한 안정과 복지의 조건을 창조하기 위하여" 긴요하며(헌장 제55조), 각 회원국은 이를 달성하기 위하여 UN과 협력해 "공동으로 또는 개별적인 조치를 취할 것을 약속"했다(헌장 제56조).

1945년 당시만 해도 UN 헌장에 인권조항 설치는 획기적 사건이었다. 이들 인권조항은 무엇보다도 인권문제의 "국제화"를 선언했다는 점에 그 의의를 지닐 수 있었다. 이는 비록 간단한 조항에 불과했지만 "모든 사람"을 대상으로 한 인권보호가 범세계적 다자조약에 삽입된 최초의 사례였다. 제2차 대전 이전의 인권보호운동이 난민, 무국적자, 소수민족 등 특정 부류 사람에만 관심이 집중되었다면, UN 헌장은 인권의 보편성을 전제로 모든 사람의 인권보호로 그 지평을 확대하는 계기가 되었다. 이제 UN 회원국은 인권문제를 더 이상 국내관할사항이라고만 주장할 수 없게 되었다. UN은 헌장의 인권조항을 발판으로 인권보호에 관한 국제규범을 제정하고 이의 실천을 각 회원국에게 요구할 수 있게 되었기 때문이다.

---

5) 정인섭, 『국제법의 이해』(홍문사, 1996), pp.92-97.
6) 20세기 전반 난민보호운동의 태동에 관해서는 정인섭(상계주), pp.237-242 참조.

Ⅱ. 국제인권규약의 탄생

1. 세계인권선언

1945년 샌프란시스코 회의에서 칠레, 쿠바, 파나마, 우루과이 등 주로 중남미 국가대표들은 UN 헌장에 좀 더 구체적 인권조항을 포함시키자고 제안했다. 그러나 헌장에는 일단 원칙조항만을 포함시키고 UN이 창설되면 보다 구체적인 인권문서의 제정작업을 곧바로 착수하기로 암묵적 합의가 성립되었다. 별다른 준비가 없는 상태에서 헌장에 포함될 인권목록을 논의하기 시작하면 헌장 채택이 너무 지연되리라 걱정했기 때문이었다. 대신 경제사회이사회 산하에 "인권신장을 위한 위원회"를 설치한다는 헌장에 조항이 설치되었다(제68조). UN 출범 직후 경제사회이사회 보조기관으로 인권위원회(Commission on Human Rights)가 설립되었다

1947년 1월부터 회합을 가진 인권위원회의 첫 번째 과제 중 하나는 새로운 국제인권문서의 준비작업이었다. 우선 부딪친 문제는 어떤 형식의 문서를 만드냐였다. 다자조약, 총회 결의 또는 헌장 개정의 형식 등 다양한 방식이 논의되었다. 크게는 선언 지지파와 조약 지지파로 양분되었으나, 심각한 대립까지는 초래되지 않았다. 선언 지지파들은 선언이 만들어져도 곧바로 조약 형식의 문서 또한 제정되어야 한다고 생각했다. 조약 지지파들도 선언 형식의 문서를 만들면 좀 더 폭넓은 내용과 일반적 표현을 담을 수 있는 장점이 있음을 인정했다. 조약은 법적 구속력을 가지나, 발효에 시간이 걸리고, 당사국만을 구속한다는 한계를 지닌다. 선언은 당장의 법적 구속력이 없더라도, 모든 국가를 대상으로 호소력을 확보할 수 있는 장점이 있었다. 결국 양자의 장점을 모두 취하기 위해 인권위원회는 2종의 문서를 작성하기로 결정했다. 먼저 선언 형식의 문서를 채택하고, 곧이어 조약 형식의 문서를 추진하기로 합의했다.

인권위원회는 2개의 문서 준비와 아울러 이들 문서의 이행방안 연구를 담당할 3개 소위원회를 구성했다. 1948년까지 인권위원회는 우선 선언의 작성에 주력했다. 인권위원회가 준비한 초안은 총회 제3위원회에서 다양한 논의를 거쳤고,[7] 1948년 12월 10일 UN 총회는 제3위원회안을 수정 없이 압도적인 지지로 세계인권선언(Universal Declaration of Human Rights)을 채택했다.[8] 오늘날 한국을 포함한 많은 국가가 12월 10일을 인권의 날로 기념하

---

7) UN 총회는 모든 회원국이 참여하는 보조기관으로 숫자로 표시되는 6개의 주요 위원회(main Committee)를 설치하고 있는데, 그 중 제3위원회가 Social, Humanitarian & Cultural Committee로서 인권문제를 담당한다.

8) 총회 결의 제217호(Ⅲ) A(1948). 반대는 없었으며, 기권만 8개국(6개 동구권 국가와 사우디아라비아, 남

고 있다.

세계인권선언은 전문과 총 30개 조문으로 구성되어 있다. 제1조는 모든 사람은 태어날 때부터 자유롭고, 존엄성과 권리에 있어서 평등함을 선언하고 있으며, 제2조는 차별금지원칙을 규정하고 있다. 제3조부터는 실체적 권리에 관한 조항으로 생명권과 신체의 자유와 안전에 대한 권리, 노예제도 금지, 고문 등의 금지, 자의적 체포와 구금 금지, 공정한 재판을 받을 권리, 사생활·가정·주거·통신의 자유, 거주이전의 자유, 피난처를 구할 권리, 국적을 가질 권리, 혼인의 권리, 재산권, 사상·양심·종교의 자유, 표현의 자유, 집회와 결사의 자유, 참정권, 사회보장을 받을 권리, 직업을 가질 권리, 적정한 생활수준을 누릴 권리, 교육을 받을 권리, 문화생활에 참여할 권리 등을 규정하고 있다. 끝으로 제29조는 인간은 공동체에 대한 의무도 지고 있음을 규정하고 있다.

세계인권선언은 "모든 사람"을 대상으로 보장되어야 할 기본적 자유와 인권의 구체적 목록을 제시한 최초의 국제인권문서였다. 이는 인권보호를 여전히 국내관할사항으로 묶어 두고 싶어 하는 세력의 저항을 극복하고 이루어낸 성취였다.[9]

세계인권선언은 모든 인류와 국가에게 공통된 달성 목표를 제시했다. 이 문서는 이후 국제사회에서 인권의 국제적 보호에 관한 방향타 역할을 했으며, 그 내용은 UN 인권보호 활동의 윤리적, 법적 기반이 되었다. 여기서 사용된 용어와 표현은 이후 다른 국제인권문서를 작성하는데 전범(典範)이 되었다. 이는 비록 법적 구속력 없는 선언으로 채택되었지만 인권 문제에 관한 한 어떠한 조약보다도 국제사회에 커다란 영향을 미쳤다.[10] 많은 국가가 세계인권선언 내용을 국내법으로 수용하고 있으며,[11] 세계인권선언에 대한 국제사회의 존중과 확신으로 이제 그 내용의 상당부분은 관습국제법화 되었다고 평가된다.[12] UN 인권이사회 (Human Rights Council) 보편적 정례인권 검토(UPR) 과정에서 역시 세계인권선언은 UN 헌

아프리카공화국)이 있었다. 선언 채택의 좀 더 상세한 경과는 정인섭(전게주 5), pp.225-230 참조.

9) Taylor's Commentary(2020), p.1.

10) R. Smith, *Textbook on International Human Rights*(Oxford University Press, 2003), pp.38-39.

11) 세계인권선언이 각국 국내법 제정에 영향을 미친 사례에 관해서는 H. Hannum, The Status of the Universal Declaration of Human Rights in national and International Law, Georgia Journal of International and Comparative Law, vol.25, issues 1 & 2(1995), pp.312-317 참조. 세계인권선언이 각국 헌법 속에 언급된 일람은 상게주, pp.355-376 참조.

12) H. Hannum(상게주), p.322; A. Eide & G. Alfreddsson ed., *The Universal Declaration of Human Rights: Common Standard of Achievement*(Martinus Nijihoff, 1999), pp.xxxi-xxxii; Separate Opinion of Vice-President Ammoun, Legal Consequences for States of the Continued Presence of South Africa in Namibia notwithstanding Security Council Resolution 276, Advisory Opinion, 1971 ICJ Reports 16, 76.

장과 더불어 모든 회원국에 적용되는 공통적 판단기준의 역할을 하고 있다.13) 비록 관습국제법성이 의심되는 조항의 경우라도 국제사회에서 이의 도덕적·정치적 영향력은 누구도 무시할 수 없다.14) 다만 오늘날 세계인권선언의 어느 부분이 관습국제법에 해당하고, 어느 부분은 그렇지 못한가의 구별시도는 실질적 의의를 지니지 못한다. 세계인권선언 내용 대부분은 이후 각종 인권조약으로 구체화 되었고, 이러한 인권조약들은 이미 국제사회 절대다수 국가로부터 비준을 받아 적어도 이들 국가에게는 조약으로서의 구속력을 발휘하고 있기 때문이다.

2. 국제인권규약

UN 총회는 세계인권선언 채택과 동시에 인권위원회가 인권조약의 성안에도 계속 노력해 달라고 요청했다.15) 총회 결의로 채택된 선언에 추가해 조약으로서의 인권규약을 별도로 만드는 의의는 다음과 같이 설명될 수 있다. 규약은 그 내용이 법적 구속력을 가지나, 선언은 단순히 도덕적 원칙에 불과한 내용도 포함될 수 있다. 규약은 그 내용을 그대로 실천하겠다는 당사국의 의지를 반영하나, 선언에는 실천 목표에 불과한 내용도 포함된다. 규약은 당사국에게 그와 불일치하는 국내법이나 관행을 시정할 의무를 부과하며 이와 충돌되는 새로운 법 제정을 금지하는 효과를 지닌다. 규약 당사국은 타당사국에 대해서도 규약 준수를 요구할 수 있으며, 그러한 요구가 불법적 간섭이나 비우호적 행동으로 간주되지 않는다. 반면 선언은 비록 정치적으로나 도덕적으로 아무리 무게 있는 내용이라도, 당사국이라는 개념은 적용되지 않으며 내용 실천이 각국에게 자동적인 법적 의무로 부과되지는 않는다.16)

세계인권선언이 비교적 단기간에 성안되어 손쉽게 채택되었으나, 오늘날 국제인권규약이라고 부르는 조약의 채택에는 18년의 세월이 추가로 더 걸렸다. 구체적인 작성작업은 1947년에서 1954년까지는 인권위원회가, 1954년부터 1966년까지는 총회 제3위원회가 담당했다.

인권위원회 규약 초안 작성위원회는 1947년 6월 첫 모임을 갖고, UN 사무국과 영국이 제출한 초안을 중심으로 검토를 시작했다.17) 규약과 관련해서는 출발점에서부터 몇 가지

---

13) UN OHCHR, Maximizing the Use of the Universal Periodic Review at Country Level: Practical Guide(2020), p.3. UPR(Universal Periodic Review)이란 UN 인권이사회 출범 이후 모든 UN 회원국의 인권실태를 5년 주기로 점검하는 제도. 2017년–2022년 제3회차 점검이 실시되었고, 2022년–2027년 사이 제4회차 점검이 진행된다.

14) H. Hannum(전게주 11), p.350.

15) 총회 결의 제217호(III) B & E(1948).

16) 정인섭(전게주 5), p.231.

17) E/CN.4/21, Annex A & B(1947).

기본적인 쟁점에 대한 이견이 컸다. 세계인권선언은 종합적인 인권목록을 담고 있었으나, 그 중점은 시민적·정치적 권리에 있었다. 그런데 새로 만들어질 규약에서는 경제적·사회적 권리를 어떻게 취급하느냐에 대한 회원국간 인식 차가 적지 않았다.[18] 다른 하나는 규약 이행확보 방안에 관한 대립이었다. 규약을 지속적으로 위반하는 국가는 총회 결의로 UN에서 제명하자는 강경한 안(영국), 국제인권재판소를 설치하자는 주장(호주), 이행은 각국에 맡겨야 한다는 입장(소련) 등 견해차가 심했다. 또한 권리 침해를 받은 개인을 위한 구제방안을 마련할지 여부에 대하여도 의견대립이 컸다. 1949년 회기부터 인권위원회는 규약 초안을 조문별로 검토하기 시작했으나 합의는 쉽지 않았다. 이를 주요 쟁점별로 구분하면 다음과 같았다.

가. 1개의 규약 또는 2개의 규약

서구국가들은 인권을 시민적·정치적 권리, 즉 이른바 자유권을 중심으로 파악하는 전통이 있었다. 역사적으로 서구에서의 인권 개념은 이를 중심으로 발전하기 시작했다. 이들은 자연 규약 내용도 시민적·정치적 권리를 중심으로 해야 한다고 생각했다. 그 같은 기조에 따른 성과 중 하나가 1950년 유럽인권협약이었다. 이들은 자유권이란 국가의 간섭을 배제하는 성격을 지니며, 즉각적 강제가 가능하며, 사법 판단의 대상이 될 수 있으며, 어느 사회에서나 공통적인 절대적 성격을 지닌다고 주장했다. 반면 경제적·사회적 권리는 국가의 배려를 요구하는 성격을 지니며, 각 사회의 형편에 따라 점진적으로 달성되어야 할 권리이며, 따라서 일률적 사법 강제의 대상이 되기 어렵다고 인식했다. 이에 자유권과 사회권은 동일한 문서에 포함될 수 없으며, 양자 모두를 조약으로 만든다면 각기 다른 문서로 분리시키자고 주장했다.

반면 동구 사회주의 국가들은 경제적·사회적 권리도 동등하게 강조하며, 자유권과 사회권의 상호의존적 성격을 중요시했다. 이들은 사회권 보장 없이 자유권의 진정한 보장이 불가능하다는 입장이었다. 인권은 2개의 종류로 구분될 수 없으며, 우열이 만들어져도 아니된다고 주장했다. 당연히 자유권과 사회권은 단일 문서 속에 포함되어야 한다고 생각했다. 이러한 대립은 규약의 이행체제와도 밀접한 관계가 있었다. 단일 조약안을 채택하면 전반적으로 엄격한 이행체제를 도입하기 어려워진다.[19]

1950년 UN 총회는 모든 인권의 상호의존성을 강조하며 일단 단일문서안을 지지했다.[20]

---

18) 이 점에 관한 기본적 설명은 S. Egan, *The United Nations Human Rights Treaty System: Law and Procedure*(Bloomsbury Professional, 2011), pp.61-67 참조.
19) Nowak's CCPR Commentary(2019), p.LXIII.

그러나 서구국가들은 1951년 경제사회이사회 제13차 회기에서 이 문제를 다시 제기해 긴 논의 끝에 총회에 재검토를 요청하기로 결의했다. 결국 총회는 치열한 논란 끝에 기존 입장을 번복하고 찬성 27, 반대 20, 기권 3이라는 비교적 적은 표차로 2개 규약 분리안을 가결했다. 그 결과 인권규약은 "시민적 및 정치적 권리"와 "경제적·사회적 및 문화적 권리"에 대한 2개 규약으로 분리되게 되었다. 대신 총회는 양 규약 목적의 일체성을 강조하며, 양 규약을 동시에 채택함과 아울러 가능한 한 많은 유사 규정을 포함시키라고 요청했다.[21]

나. 이행확보수단

규약은 1차적으로 국내적 차원에서 이행되어야 함에는 이견이 없었으나, 국제적 차원의 이행확보수단을 어떻게 마련할지에 대해서는 처음부터 논란이 컸다.

소련 등 동구권 국가들은 국제적 이행확보수단 자체에 반대했다. 그러한 제도는 UN 헌장 제2조 제7항 국내문제 불간섭 원칙에 위배되며, 국가의 주권과 독립을 침해한다고 주장했다. 권리 침해를 당한 개인의 청원권을 인정하면 불필요한 국제분쟁이 야기되리라는 우려를 표명했다.

반면 이행조치 지지측은 국제적 관심사에 대한 국제적 이행수단을 마련함은 당연하며, 이는 효과적인 인권보호를 위해 긴요하다고 주장했다. 다만 이러한 입장에서도 구체적인 방안에 있어서는 편차가 적지 않았다. 논의 초기부터 국제인권재판소 설치 등 다양한 방안이 제안되었음은 앞서 지적한 바와 같다. 1950년 제6차 인권위원회 회기에서는 규약 이행 감시를 맡을 상설위원회를 설치하자는 안이 근소한 표차로 통과되었다. 위원회 위원은 당사국 회의에서 선출하기로 했다. 타국의 인권침해 사실을 제기하는 국가간 통보제도의 도입은 만장일치로 합의되었으나, 피해자 개인의 청원제도는 부결되었다. 비정부기구에 청원권을 부여하자는 안도 부결되었다. 설치되는 위원회가 각 당사국의 규약 준수 여부에 관한 전반적 감독권을 행사하자는 안도 부결되었다.[22] 경제사회이사회는 1950년 제11차 회기시 그때까지의 논의 결과를 총회에 보고하고, 향후 방향에 대해 총회의 정책결정을 요청했다. 총회는 개인과 비정부기구로부터의 청원을 수리하는 제도를 규약이나 별개의 의정서로 포함시키는 방안을 검토하라고 요청했다.[23] 그러나 피해자 개인으로부터 직접 청원을 받는

---

20) 총회 결의 제421호(V)(1950).
21) 총회 결의 제543호(VI)(1952).
22) P. R. Ghandhi, *The Human Rights Committee and the Right of Individual Communication* (Ashgate, 1998), pp.3-4.
23) UN 총회 결의 제421호(V) F(1950).

안은 인권위원회 차원에서는 끝까지 합의를 볼 수 없었다.

　인권위원회는 1954년 회기까지 규약 성안 작업을 마무리 지우기로 예정했으나, 이행방안에 관한 합의가 쉽지 않았다. 이미 합의된 안도 수시로 재론되고 번복되었다. 결국 총회에 최종적으로 제시된 안은 다음과 같았다.[24] 규약의 이행조치와 관련하여서는 9인으로 구성된 독립된 위원회를 설치하되, 그 위원은 국제사법재판소가 당사국 국민 중에서 선출하도록 했다. 타국의 규약 위반을 지적하는 국가간 통보제도를 도입하고, 이에 대한 위원회의 조사결과에 불만인 국가는 이 사건을 국제사법재판소에 제소할 수 있도록 했다. 개인이나 비정부기구의 청원권에 관한 조항은 포함되지 않았다.[25]

　이어 초안작업의 장은 총회 제3위원회로 넘어갔다. 동구권 국가는 국내문제 불간섭 의무를 강조하며, 독립적 위원회의 설치나 국가간 통보제도는 물론 개인청원 제도의 도입 모두를 반대했다. 다만 당사국의 의무적 보고제도 도입에 대해서는 더 이상 반대하지 않았다. 규약 초안과정은 냉전과 1950년대 후반부터 시작된 대규모 탈식민화에 따른 국제정치적 긴장, UN 내 세력균형 변화의 영향을 벗어날 수 없었다.[26]

　규약이 최종 성안되기 직전인 1965년 UN 총회는 인종차별철폐협약을 만장일치로 채택했다. 이 협약은 이행방안으로 국가보고제도와 국가간 통보제도를 모든 회원국에게 적용되는 의무적 제도로 도입하고, 개인통보제도는 희망국에 한해 수락하는 선택적 제도로만 설치했다. 이는 유사한 제도를 규약에 도입하는 촉매가 되었다. 1966년 네덜란드는 규약 역시 개인통보제도를 선택적 제도로 도입하자고 제안했다. 지지론자들은 규약이 결국 개인의 권리를 보호하기 위한 목적을 가지므로 개인도 국제무대에서 직접 구제받을 수 있는 길을 마련하자고 주장했다. 이를 원하는 국가만 수락하는 선택적 제도로 도입하면 주권침해도 될 리 없다고 강조했다. 반대론자들은 이 제도가 개인도 국제법의 주체가 될 수 있다는 잘못된 전제에서 출발하고 있다고 지적하며, 해외거주자나 망명자가 이를 남용하면 국제관계의 안정이 위협받을 수 있다고 주장했다. 논란 끝에 개인통보제도의 도입은 결정되었으나, 이 제도가 규약의 일부로 포함되게 되면 많은 국가들이 규약 가입을 망설이게 되리라는 주장에 따라 별도 조약 형식인 선택의정서에 담기로 결정했다.[27]

　결과적으로 규약의 이행확보제도로는 국가보고제도, 국가간 통보제도, 개인통보제도가

---

24) The Report of the Commission of Human Rights, E/2573(1954).

25) P. R. Ghandhi(전게주 22), pp.5-6.

26) D. McGoldrick, *The Human Rights Committee – Its Role in the Development of the International Covenant on Civil and Political Rights*(Oxford University Press, 1991), p.14.

27) P. R. Ghandhi((전게주 22), pp.8-11.

도입되었다. 그리고 이러한 이행제도를 운영하는 중심기관으로 규약위원회(Human Rights Committee)가 설치되었다.[28] 첫째, 국가보고제도란 당사국이 규약상의 권리실현을 위해 채택한 조치와 진전사항에 관해 정기적으로 보고서를 작성해 제출하면 규약위원회가 이를 심사·평가하는 제도로서, 이를 통해 당사국은 규약 이행 실태를 점검받게 된다. 국가보고는 모든 당사국이 의무적으로 이행해야 한다(제40조). 둘째, 국가간 통보제도는 당사국이 규약상의 의무를 이행하지 않는 경우 다른 당사국이 이 사실을 해당국가와 규약위원회에 통보해 사태 해결을 도모하는 제도이다(제41조). 셋째, 개인통보제도는 규약상 권리의 침해를 받은 개인이 국내적으로 구제를 받을 수 없는 경우 자신의 사건을 규약위원회로 직접 제기해 구제를 요청하는 제도이다. 단 국가간 보고제도와 개인통보제도는 사전에 이를 수락한 당사국을 상대로만 제기될 수 있다. 규약의 이 같은 이행확보제도는 이후 UN에서 채택되는 다른 인권조약에 대한 모델이 되었다.

다. 자결권과 천연자원에 대한 주권 조항

규약에 포함된 내용 중 성안과정에서 가장 논란이 많았던 항목 중 하나는 자결권 조항이었다. 1950년 인권위원회가 경제사회이사회를 통해 총회에 질의한 사항의 하나도 비자치지역, 신탁통치지역, 연방국가 등에 대한 규약 적용에 관해 별도 조항을 만들어야 하느냐는 점이었다. 이에 대해 총회는 모든 사람들의 자결권을 보장할 수단과 방법을 연구하라고 제안하는 한편,[29] 식민지 적용문제에 관한 특별조항을 설치하라고 요청했다.[30] 그러나 자결권 조항 삽입에 대하여는 서구국가들의 반대가 컸다. 그 이유는 자결권은 내용이 명확하지 않으며, 개인의 권리라기보다 집단의 권리이며, 규약의 이행제도를 적용하기 어렵다는 점 등이었다. 그러나 탈식민화 물결을 타고 신생국의 UN 가입이 늘어나는 현실 속에서 자결권에 대한 지지 분위기는 꺾이지 않았다. 이의 지지자들은 집단적 인권으로서의 자결권은 개인의 모든 권리와 자유 향유의 전제조건이라고 주장했다.[31] 결국 자결권은 제1조로 규정

---

28) 통상적인 조약 기구는 대부분 조약명을 기반으로 한 명칭을 가지나, 규약의 경우 Human Rights Committee라는 일반적 명칭을 사용한 이유는 국제인권장전에 해당하는 국제인권규약 상의 기구라는 의미를 부각시키기 위함이었다. Nowak's CCPR Commentary(2019), p.839(para.2). 이러한 명칭에 대해서는 UN의 일반적 기관으로 혼동될 수 있으며, 위계상 다른 기구의 상위 기관이라는 오해를 살 수 있다는 우려가 제기되기도 했으나, 그대로 확정되었다. A/2929(1955), p.198 참조.

29) UN 총회 결의 제421호(V) D(1950).

30) UN 총회 결의 제422호(V)(1950).

31) J. Humphrey는 자결권에 대한 논쟁이 규약 정치화의 시작이었다고 지적했다. J. Humphrey, *Human Rights and the United Nations — A Great Adventure*(Transnational, 1984), p.129.

되게 되었다.

자결권이 포함되더라도 이 조항이 식민지만을 적용대상으로 하느냐, 또는 기존 모든 국가에 적용되느냐 역시 논란거리였다. 적지 않은 국가들은 이 조항이 기존 다민족국가의 주권과 영토적 일체성에 대한 갈등과 위협을 야기할 수 있다고 우려했다. 초안과정에서는 자결권 조항이 기존 국가 내 소수민족에게도 일반적으로 적용되리라고는 인식되지 않았다. 기존 국가 내 소수민족들은 제27조를 통해 자신의 문화, 종교, 언어를 향유할 수 있는 권리를 인정받을 뿐이라고 생각했다.

인권위원회는 논의과정에서 자결권과 아울러 천연자원과 부에 대한 주권 조항을 추가했다. 이에 대한 반대론자들은 이 조항이 외국자산에 대한 보상 없는 몰수나 수용을 허용하는 방향으로 해석될 수 있다고 우려했다. 지지론자들은 천연자원에 대한 주권이야말로 자결권 실현의 필수요소이며, 이 조항의 목적은 외국자본에 대한 위협이 아니라 현지 주민에 대한 외세 착취의 금지라고 주장했다. 이에 관한 논란과 우려를 잠재우기 위해 제3위원회에서는 영구주권이라는 표현을 삭제하고, "호혜의 원칙에 입각한 국제경제협력으로부터 발생하는 의무 및 국제법상의 의무를 해치지 않고"라는 구절을 삽입했다(제1조 제2항).[32] 그러나 나중에 규약 제47조에 "이 규약의 어떠한 규정도 모든 사람이 그들의 천연의 부와 자원을 충분히 그리고 자유로이 향유하고 이용할 수 있는 고유의 권리를 해치는 것으로 해석되지 않는다"라는 조항이 삽입되었다.

라. 실체조항

국제인권규약은 UN 총회의 분리 결정에 따라 「경제적·사회적 및 문화적 권리에 관한 국제규약」과 「시민적 및 정치적 권리에 관한 국제규약」의 2개의 조약으로 작성되었다. 「시민적 및 정치적 권리에 관한 국제규약」은 세계인권선언의 제3조 내지 제21조의 규정을 상세화한 내용으로 성격상 제1세대 인권이라고 불리운다. 이는 18세기 프랑스 혁명 이래 민주사회에서 절대적 보장되어야 할 인권으로 간주되던 자유권적 권리들이다. 반면 「경제적·사회적 및 문화적 권리에 관한 국제규약」은 세계인권선언 제22조 내지 제27조의 규정을 확대 발전시킨 내용으로 성격상 제2세대 인권이라고 불리운다. 이는 19세기 후반 유럽에서의 사회개혁과정에서 보호되기 시작한 인권이다. 본 책자의 목적은 이중 전자 ― 「시민적 및 정치적 권리에 관한 국제규약」의 조문 해설이다.

「시민적 및 정치적 권리에 관한 국제규약」은 모두 53개 조항으로 구성되었으나, 구체적

---

32) D. McGoldrick(전게주 26), pp.14-15.

권리에 관한 조항은 제27조까지이고, 그 이후는 이행방안 및 일반조항이다. 앞부분에서도 제2조 내지 제5조는 일종의 보장조항이다. 보장조항은 다른 실체조항의 위반이 있어야 이의 침해가 발생하는 조항이다. 세계인권선언 채택 이후 장기간의 성안과정을 거친 점에 비하면 규약의 실체조항은 선언의 내용과 크게 다르지 않다. 선언에 없던 내용으로 규약에 추가된 조항은 제11조 계약상의 의무 불이행을 이유로 한 구금금지, 제13조 외국인 추방 제한, 제24조 어린이의 권리, 제27조 소수집단의 권리 정도이다.[33] 한편 선언에 포함된 내용으로 규약에서 빠진 조항은 제14조 비호처를 구할 권리, 제15조 국적을 가질 권리, 제17조 재산권 보호 등이다.[34] 다만 규약에서는 개개 권리 행사에 대한 제한이나 예외기준이 상세히 규정되었다.

Ⅲ. 국제인권규약의 현주소

국제인권규약은 1966년 12월 16일 UN 총회에서 채택되었다.[35] 당시의 규약 체제는 「경제적·사회적 및 문화적 권리에 관한 국제규약」과 「시민적 및 정치적 권리에 관한 국제규약」 및 「개인통보에 관한 선택의정서」 모두 3개의 조약으로 구성되었다. 이후 1989년 「사형폐지에 관한 제2선택의정서」와 2008년 「경제적·사회적 및 문화적 권리에 관한 국제규약 선택의정서」가 추가로 채택되어 현재는 모두 5개 조약으로 구성되어 있다. 세계인권선언과 함께 국제인권규약을 아울러 통상 국제인권장전(International Bill of Human Rights)이라고 부른다.

성안자들은 국제인권규약에 대한 각국의 신속한 호응을 기대했으나, 비준 속도는 생각만큼 빠르지 않았다.[36] 국제사회는 양 규약 발효에 또다시 10년을 기다려야 했다. 양 규약 발효에는 각기 35개국의 비준이 필요한데, 「경제적·사회적 및 문화적 권리에 관한 국제규약」은 1976년 1월 3일 발효해 2023년 6월 현재 당사국은 171개국, 「시민적 및 정치적 권리에 관한 국제규약」은 1976년 3월 23일 발효해 현 당사국이 173개국이다. 규약은 2개 조약

---

33) 물론 규약의 각 내용이 선언에 비해 상세하기 때문에 세부적으로 검토하면 규약에서 추가된 세부권리가 더 많음은 사실이다.

34) 인권위원회에서 재산권 보호 원칙에는 이견이 없었으나, 그 제한 폭에 대한 의견 차이가 심했기 때문에 삭제하기로 합의되었다. 선언 제29조 공동체에 대한 의무조항도 규약에서는 전문에 언급되는 수준에 그쳤다.

35) 총회 결의 제2200호 A(XXI)(1966).

36) 냉전에 따른 이념적 대결은 규약의 성안이나 이후 비준의 동력을 억제시킨 중요 요인이었다. M. Freeman & G. van Ert, *International Human Rights Law*(Irwin Law, 2004), p.74.

으로 분리되었지만 많은 국가가 양자를 일체로 인식하며 동시에 가입하고 있다. 따라서 두 규약은 비슷한 시기에 발효했고, 비슷한 숫자의 당사국을 갖고 있다. 10개국 비준이 필요한 「개인통보에 관한 선택의정서」는 1976년 3월 23일 발효해 현재 당사국은 117개국이며, 역시 10개국 비준이 필요한 「사형폐지에 관한 제2선택의정서」는 1991년 7월 11일 발효해 현재 당사국이 90개국이다. 「시민적 및 정치적 권리에 관한 국제규약」 제41조에 근거한 국가 간 통보제도는 10번째 국가의 수락이 있은 후인 1979년 3월 28일 발효해 현재 50개국이 이를 수락하고 있다. 2008년 채택된 「경제적·사회적 및 문화적 권리에 관한 국제규약 선택의정서」는 2013년 5월 5일 발효해, 현재 당사국은 27개국이다.

동구권 체제변화 이후 UN 내에서 인권문제가 보다 탈정치화 하게 되자 가입국이 빠르게 증가할 수 있었다. 1992년 미국이 「시민적 및 정치적 권리에 관한 국제규약」에 가입했고, 같은 해 러시아가 「개인통보에 관한 선택의정서」에 가입했다. 한국은 두 개의 기본 규약과 「개인통보에 관한 선택의정서」를 1990년 4월 10일 일괄 비준해 3개월 후인 7월 10일부터 적용을 받고 있으나, 이후 채택된 「사형폐지에 관한 제2선택의정서」와 「경제적·사회적 및 문화적 권리에 관한 국제규약 선택의정서」는 아직 비준하지 않고 있다.

규약 당사국은 어떠한 의무를 지게 되는가? 「시민적 및 정치적 권리에 관한 국제규약」 당사국은 자국 영역 내에 있으며 관할권에 복종하는 모든 개인에 대해 어떠한 종류의 차별도 없이 규약상 권리를 존중하고 보장해야 한다(제2조 제1항). 규약상 권리가 아직 현행법이나 기타 조치에 의해 구현되고 있지 않은 경우 이의 실현을 위한 입법 등의 조치를 취해야 한다(제2조 제2항). 구체적으로 어떠한 방법에 의해 보장하느냐는 각 당사국의 선택에 따른다. 그리고 규약상 권리를 침해당한 자에 대하여는 효과적 구제조치를 보장해야 한다(제2조 제3항). 이러한 권리 보장 의무의 즉각성은 "권리의 완전한 실현을 점진적으로 달성하기 위하여 … 자국의 가용자원이 허용하는 최대한도까지 조치를 취할 것을 약속"한 「경제적·사회적 및 문화적 권리에 관한 국제규약」의 경우와 대비된다(동 제2조 제1항).[37]

시민적 및 정치적 권리는 이른바 1세대 인권으로 전통적으로 국가의 자의적 간섭으로부터의 자유를 통해 보장되는 권리라고 인식되어 왔다. 따라서 이 권리를 보호하기 위해 국가는 일정한 행동을 하지 말도록 요구된다. 이 권리는 보장하는데 특별한 국가재원이 요구되

---

37) 사회권 규약은 특히 개발도상국의 경우 규약상의 경제적 권리를 외국인에게 어느 정도까지 보장할지를 결정할 수 있는 재량권도 인정된다(제2조 제3항). 그렇다고 의무이행의 수준에 관해 당사국이 완전한 재량권을 갖지는 않는다. 사회권규약위원회는 "적어도 각 권리의 최소 필요 수준의 충족을 보장하기 위한 최소 핵심의무는 모든 당사국에게 부여된다"는 입장이다. CESCR General Comment No.3(1990), para.10.

지 않으며, 따라서 어느 국가에서나 즉각적 보장이 가능하다고 이해되고 있다. 예를 들어 사생활의 자유는 국가가 개인 사생활에 간섭하지 않음으로써 보장되게 된다. 반면 이른바 2세대 인권이라는 경제적·사회적 권리의 보장을 위해서는 국가의 적극적 개입과 이의 실현을 위한 재원을 필요로 한다고 이해되고 있다.

그러나 위와 같은 이해가 언제나 올바른 구별은 아니다. 실제로 많은 시민적·정치적 권리가 국가의 불간섭을 통해 보장됨은 물론 사실이나, 경우에 따라서는 1세대 인권의 보장을 위하여도 국가의 적지 않은 재정투자를 필요로 하기도 한다. 예를 들어 제10조 구금상태에서의 인도적 처우를 위해서는 국가의 충분한 수감시설 투자가 전제되어야 한다. 제14조 공정한 재판을 위해서는 국가가 독립적인 사법부를 수립해야 하며, 무료변론이나 통역을 제공하기 위해서는 국가의 재원 마련을 필요로 한다. 제24조 어린이의 출생 후 등록과 보호를 위해서는 국가가 필요한 제도를 운영해야 한다. 제25조 공정한 선거제도의 마련에도 국가의 적극적 역할이 필요하다. 반면 「경제적·사회적 및 문화적 권리에 관한 국제규약」상의 권리라 하여 그 실현을 위해 항시 국가의 조장적 배려나 재원을 필요로 하지는 않는다. 예를 들어 제7조 동일 노동에 대한 동일 임금 보장에는 별다른 국가 재원을 필요로 하지 않는다. 제8조 제1항 노동조합을 결성하고 가입할 권리의 보장을 위해서는 국가의 불개입이 첫걸음이다.[38] 제13조 제4항 개인의 사립학교 운영 보장도 국가의 불개입만으로 충분히 보장되는 권리이다. 그런 의미에서 제1세대 인권과 제2세대 인권의 보장방법 사이에 절대적 구별기준은 없다.

규약 당사국은 원하면 탈퇴할 수 있는가? 규약 자체에는 탈퇴에 관한 조항이 없다.[39] 규약위원회는 일단 국가가 이 규약에 가입하면 탈퇴할 수 없다고 해석하고 있다. 즉 규약에 포함된 권리는 당사국에 거주하는 사람들의 권리로서, 일단 이들에게 규약상 권리가 부여되면 당사국 정부의 변경이나 국가승계 등의 정치적 변화가 있다고 해도 그 지역 주민들은 규약상 권리를 계속 향유하며, 따라서 탈퇴가 인정되는 다른 조약과 달리 규약은 성질상 탈퇴가 인정되지 않는다는 견해이다. 위원회의 이러한 입장은 1997년 북한의 탈퇴 표명 등을 계기로 작성된 일반논평으로 발표되었다. 1997년 8월 UN 인권위원회 산하 「차별방지 소수자보호 소위원회」에서 북한 인권실태의 개선을 촉구하는 결의가 채택되자 북한은 국제인권규약을 탈퇴하겠다는 의사를 통보했다.[40] 규약위원회는 그 해 10월 29일 일반논평 제26호

---

38) CESCR General Comment 3(1990), para.5 참조.

39) 단 개인통보에 관한 선택의정서는 제12조에 탈퇴 절차를 마련하고 있다.

40) 「차별방지소수자보호 소위원회(Sub-Commission on the Prevention of Discrimination and Protection of Minorities)」는 인권위원회 결의를 근거로 1947년 설립되었다가, 1999년 「인권증진 및 보호에 관한

를 발표하며 일단 규약의 당사국이 되면 국제법상 이를 탈퇴하거나 폐기시킬 수 없다고 결론내렸다.[41] 구 소련이나 구 유고슬라비아 연방 해체의 경우에도 인권이사회는 연방이 해체되고 다수의 독립국이 성립되던 바로 그 날부터 새로운 국가에 인권규약 적용은 계속되며 회원국으로서의 지위도 지속된다는 입장이었다. 다만 규약위원회의 이러한 주장이 국가 승계 후 분리 독립국의 실제 실행과 일치하지는 않았다.[42]

국제인권규약은 국제사회에서 당초의 기대를 만족시키고 있는가? 현재 규약에는 세계 약 90%에 해당하는 국가가 가입하고 있다. 이는 반대로 아직 일부 국가가 규약을 외면하고 있다는 현실을 말한다. 특히 중국이 비당사국이므로 14억 인구가 규약 적용을 받지 못하고 있다. 개인통보에 관한 선택의정서 가입국 수는 규약보다 더 적다. 그리고 많은 가입국이 각종 유보를 조건으로 가입하고 있다. 당사국은 가장 기본적 의무인 국가보고서 제출을 지연하는 경우도 많으며, 당사국에 관한 규약위원회의 권고가 바로바로 시행되지도 않는다. 일부 국가는 규약 내용이 개인주의적 경향이 강한 서구사회에는 적합할지 모르나, 집단적 윤리를 중시하는 사회에는 적합하지 않다고 생각하고 있다. 혹자는 규약이 서구의 인권개념을 타자에게 강요하는 문화적 제국주의의 일종이라고 비판하기도 했다.

그러나 규약 조항의 대부분은 국제조약이기에 앞서 각국 헌법에 이미 포함되어 있는 내용이다. 규약은 지난 반세기 이상 국제사회에서 가장 중심적인 인권조약으로서의 역할을 해 왔다. 규약은 UN 총회, 다른 인권기구, 지역기구에서 인권의 기본적 국제기준으로 작용하며 인용되어 왔으며, 새로운 국제인권문서 개발의 출발점을 제공했다. 규약의 이행확보방안은 다른 인권조약의 표준적 모델로 작용했다. 이제 전세계 약 90%의 국가가 자국 인권상황을 정기적으로 규약위원회에 보고해 검토를 받고 있다. 자연 UN 인권이사회 UPR 심사

소위원회(Sub-Commission on the Promotion and Protection of Human Rights)」로 개칭되었다. 2006년 인권위원회가 폐지되고, Human Rights Council이 설치되자, 현재는 기능이 일부 변경되어 Advisory Committee로 대체되었다.

41) HRC General Comment No.26(1997).

42) 소련은 1973년 10월 16일 자유권 규약을 비준했는데, 1991년 12월 소련은 15개 독립국으로 해산되었다. 규약위원회는 1993년 3월-4월의 제47차 회기에서 규약 당사국이던 구 소련 영역 내의 모든 주민은 규약의 보호를 계속 받으며, 구 소련에서 분리한 독립국들은 독립과 동시에 규약상 의무에 구속받는다는 입장을 표명했다. 그러나 소련방 해산으로 분리된 국가들은 이 같은 자동승계 주장을 무시하고 독립 이후 일정 기간이 지나 신규 가입 형식으로 규약 당사국이 되었다. 예: 아르메니아(1993.6.23.), 아제르바이잔(1992.8.13.), 조지아(1994.5.3.), 카자흐스탄(2006.1.24.), 키르기스탄(1994.10.7.), 몰도바(1993.1.26.), 타지키스탄(1999.1.4.), 투르크메니스탄(1997.5.1.), 우즈베키스탄(1995.9.28.). ( ) 안은 신규 가입일. ICJ의 다수의견이 인권조약의 자동승계 여부에 관한 입장을 직접 표명한 바는 아직 없다. 인권조약의 자동승계 논란에 관해서는 정인섭, 『신국제법강의』(제13판)(박영사, 2023), pp.622-624 참조.

에서도 규약은 가장 기본적 검토기준 중 하나의 역할을 하게 된다. 또한 규약 선택의정서를 수락한 세계 116개국 내에서 벌어진 인권침해에 대해 국내적 구제가 제대로 이루어지지 않는다면 피해자는 자신의 사건에 관해 국제적 심사를 요청할 수 있게 되었다. 규약의 세부내용은 여성차별방지협약, 아동권리협약, 고문방지협약 등 개별주제의 인권조약으로 발전해왔다. 모든 자의 권리로 규정된 규약의 내용은 외국인 처우기준에 있어서 전통적인 내국민대우론과 국제적 최저기준론의 대립을 무의미하게 만들었다.[43] 규약위원회의 활동에 대하여는 여러 가지 평가가 있으나, 이들이 이미 많은 성취를 이루었다는 사실은 부인될 수 없다. 규약위원회의 결정은 해당 국가에 상당한 영향을 미치며, 비록 바로 준수되지는 않을지라도 당사국은 물론 인류 미래를 위한 행동지침이 되고 있다는 점은 의심의 여지가 없다.

제2차 대전 이전 국제정치의 주변적 요소에 불과하던 인권이란 주제는 오늘날 매일 매일의 언론을 장식하는 중심적 관심사로 변했다. 인권의 국제적 보호는 인류 역사에 있어서 뒤늦게 시작된 움직임이었으나, 일단 출발한 이후에는 많은 위기와 억제요인에도 불구하고 빠르게 전진해 왔다. 이는 예측불허의 현실 권력정치를 어느 정도 법의 지배 하에 묶어 두는 역할을 했다.[44] 국제인권규약은 오늘날 국제인권법의 정점(頂点)에 해당하며, 인권의 국제적 보호 여정에 있어서 기함(旗艦)의 기능을 한다.[45] 앞으로 규약 내용은 더욱더 우리의 일상생활 속에 뿌리내리리라고 예상된다.

---

43) 정인섭(상게주), pp.907-909.

44) Y. Tyaki, *The UN Human Rights Committee*(Cambridge UP, 2011), p.1.

45) Taylor's Commentary(2020), pp.2-3.

제2부 국제인권규약 실체조항

제1조 자결권[*]

임 예 준

┌─── 목 차 ───┐

Ⅰ. 개관

Ⅱ. 모든 인민의 자결권

  1. 자결권의 의미

  2. 자결권의 성격

    가. 집단적 권리

    나. 계속적으로 실현되어야 할 권리

  3. 자결권의 주체

    가. '인민'의 의미

    나. '인민'의 범위

  4. 외적 측면과 내적 측면

Ⅲ. 천연의 부와 자원을 처분할 권리

Ⅳ. 당사국의 의무

Ⅴ. 한국의 실행

[다른 인권조약상의 관련 조항]

1. 모든 사람은 자결권을 가진다. 그 권리에 기초하여 모든 사람은 그들의 정치적 지위를 자유로이 결정하고, 그들의 경제, 사회 및 문화 발전을 자유로이 추구한다.

2. 모든 사람은, 호혜의 원칙에 입각한 국제경제협력으로부터 발생하는 의무 및 국제법상의 의무를 해치지 않고 그들 자신의 목적을 위하여 그들의 천연의 부와 자원을 자유로이 처분할 수 있다. 어떠한 경우에도 사람은 그들의 자체적인 생존수단을 박탈당하지 않는다.

3. 비자치 및 신탁통치 지역의 행정책임을 맡고 있는 국가를 포함하여 이 규약의 당사국은 「국제연합헌장」의 규정에 따라 자결권의 실현을 증진하고 그 권리를 존중한다.

1. All peoples have the right of self-determination. By virtue of that right they freely determine their political status and freely pursue their economic, social and cultural development.

2. All peoples may, for their own ends, freely dispose of their natural wealth and resources without prejudice to any obligations arising out of international economic cooperation,

---

[*] 이 글은 필자의 "국제인권규약상 자결권의 의미에 관한 소고"(고려법학 제104호(2022))에 기반해 일부 내용을 수정·보완한 것이다.

based upon the principle of mutual benefits, and international law. In no case may a people be deprived of its own means of subsistence.

3. The State Parties to the present Covenant, including those having responsibility for the administration of Non-Self-Governing and Trust Territories, shall promote the realization of the right of self-determination, and shall respect that right, in conformity with the provisions of the Charter of the United Nations.

Ⅰ. 개관

자유권규약 제1조는 모든 인민(people)[1]이 자결(self-determination)의 권리를 가진다는 점을 확인하고 있다. 자유권규약 제1조의 자결권은 사회권규약 제1조에도 동일하게 규정되어 있다. 이는 자결권이 시민적 및 정치적 권리뿐 아니라, 경제적, 사회적 및 문화적 권리 보장에 있어 기초가 되는 중요한 권리임을 의미한다.[2] 자유권규약위원회는 일반논평 제12호(1984)에서 "자결권은 그 실현이 개별인권의 실효적 보장 및 준수와 이러한 권리의 증진 및 강화를 위한 필수 조건"이고, 그러한 연유로 "두 개 규약 내에서 모든 기타 권리들과 구분하여 다른 조항에 앞선 제1조로 지정"하였다고 설명한다.[3]

자결이라는 개념의 기원은 18세기 미국의 독립선언과 프랑스 대혁명에서 찾을 수 있다.[4] 이후 자결은 정치적 원칙으로서 이탈리아의 통일운동, 오스트리아-헝가리 제국의 분리운동, 이오니아 제도의 그리스와의 통합 등 19세기 유럽 국가들의 형성과 분열에 지대한 영향을

---

1) 공식번역본은 제1조 제1항 및 제2항의 'people'을 '사람'으로 번역하고 있다. 그러나 자결권이 개인에게 주어진 권리가 아니고, 복수의 사람으로 구성된 집단에 주어진 권리임을 고려할 때 단수형인 '사람'은 집단적 권리의 주체에 대한 적절한 번역이 아닐 수 있다. 한편, 일반논평 제12호(1984) 제1조 자결권에 대한 국가인권위원회의 번역본은 'people'을 '국민'으로 번역하고 있으나, 이는 국적을 기준으로 한 집단뿐 아니라 여러 요소에 기초해 집단성이 인정될 수 있는 'people'의 의미를 반영하고 있지 못하다. 흔히 자결권을 '민족자결권'이라 쓰는 경우도 마찬가지이다. 자결권의 주체인 'people'에 대한 번역으로 일본, 중국 등 한자 문화권에서는 '인민(人民)'을 주로 사용한다. 원래 '인민'은 중립적인 개념으로 자율과 자유의 주체인 집합적 구성원을 의미하며, '국민'과 달리 기존 국가에 의해 정해지는 수동적 개념이 아니라는 점에서 자결권의 주체에 대한 번역어로 가장 적합하다. 2000년대 이후 자결권과 관련된 국내 문헌도 'people'의 번역어로 '인민'을 주로 사용하고 있다. 따라서 이 글에서는 'people'을 '인민'으로 번역하고자 한다. 이 글에서는 공식번역본과 달리 'people'을 인민으로 번역하겠다.

2) Joseph & Castan's Commentary(2013), p.153(para.7.01).

3) HRC General Comment No.12(1984), para.1.

4) A. Cassese, *Self-Determination of Peoples: A Legal Appraisal*(Cambridge University Press, 1995), p.11.

미쳤다.[5] 20세기 초에는 러시아혁명의 정치적 이념이 되었으며, 제1차 세계대전 중에는 연합국의 전쟁 수행 목적 중 하나이자 동맹국과 연합국 사이 체결된 휴전협정의 조건이 되기도 하였다.[6] 제1차 세계대전이 끝나고 자결의 원칙을 포함한 우드로 윌슨의 14개 조항은 유럽 평화의 기초가 되었지만, 실제 파리강화조약에서 자결권의 실행은 제한적이었다.[7] 국제연맹 시절 자결의 원칙은 도덕적 혹은 정치적 의미 이상의 법적 규범이었다고 보기는 어렵다.[8] 그러나 당시에도 자결의 개념은 소수자 집단(minorities) 보호 체계 및 국제연맹의 위임통치제도와 밀접하게 관련되어 있었다.[9]

1940년대 들어 자결은 주요 국제문서에 언급되기 시작하였다. 1941년 대서양헌장은 정부의 형태를 선택할 인민의 권리를 존중하고 그러한 권리를 강제로 빼앗긴 인민들에게 주권적 권리와 자치 회복을 추구할 것을 명시하였다.[10] 1945년 UN 헌장은 제1조 제2항에서 "평등권 및 인민자결 원칙의 존중에 기초하여 국가 간의 우호 관계를 발전시키며, 세계평화를 강화하기 위한 기타 적절한 조치를 취한다"라고 함으로써 자결이 UN의 목적을 달성하는데 기초가 되는 원칙임을 확인하였다. 그러나 UN 헌장에서의 자결은 독립을 이루지 못한 인민의 권리를 생각할 정도로 발전된 것은 아니었다.[11] 이러한 당시 이해를 반영하듯 1948년 세계인권선언에는 자결권에 관한 조항이 없다. 자결권의 내용은 인민의 의사가 정부 권위의 기초가 되고, 이 의사는 선거를 통해 표현됨을 선언한 제21조 제3항과 밀접한 관련성이 있지만, 자결의 개념을 별도로 명시하고 있지는 않다.[12]

1950년대에 들어 인권규약에 자결권을 포함해야 한다는 논의가 발전함에 따라 자결은 국제질서에 중요한 정치적 원칙을 넘어 인민의 법적 권리임이 강조되기 시작하였다. UN 총회는 1950년 결의 제421(V)호에서 인권위원회가 자결권 보장 방법을 연구하도록 요청하였으며,[13] 1952년 결의 제545(VI)호를 통해 국제인권규약에 자결권에 관한 조항을 포함할

---

5) Nowak's CCPR Commentary(2019), pp.8-9(para.1).

6) 상계주.

7) 상계주, p.9(para.1).

8) A. Cassese(전게주 4), pp.27-29.

9) Nowak's CCPR Commentary(2019), p.9(para.2).

10) 상계주. The Atlantic Charter, August 14, 1941.

11) R. Higgins, *Problems and Process: International Law and How We Use It*(Clarendon Press Publication, 1995), p.111. 식민지 본국이 지배하고 있는 인민에 대한 의무는 인식하였지만, 이들 인민을 권리의 주체로 본다거나 독립을 부여해야 할 의무를 포함하는 것은 아니었다. 따라서 Higgins는 오늘날의 자결권에 대한 이해를 바탕으로 UN 헌장에 명시된 자결의 의미를 이해하는 것은 역사를 소급해서 다시 쓰는 것이라고 지적하였다.

12) J. Summers, *Peoples and International Law*(Brill Nijhoff, 2014), pp.288-289.

13) A/RES/421(V)(1950). 1950년 12월 4일 사우디아라비아와 아프가니스탄이 초안을 작성한 결의 제421

것을 결정하였다.[14] 그러나 실제 자결권을 별도의 권리 조항으로 만드는 과정은 쉽지 않았다. 규약 성안 과정에서 제1조 자결권에 대한 첫 번째 쟁점은 여전히 자결권이 정치적 원칙인지 법적 권리인지였다.[15] 서구 국가들은 대체로 자결이 중요한 정치적 원칙이지만 엄격한 법적 의미에서의 권리가 아니므로 규약에 규정될 수 없다고 주장하였다.[16] 이에 대한 근거로는 UN 헌장 제1조 제2항 및 제55조가 자결을 권리가 아닌 원칙이라고 하고 있음을 강조하였다.[17] 또한, 자결이 법적 권리로 규정되기 위해서는 그 실체 및 내용에 있어 오해가 없을 정도의 명확한 정의가 필요한데, 자결은 '지역자치', '자치정부', '분리독립 또는 연합', '독립 및 주권국가' 등의 다양한 의미로 사용되고 있으며, 자결의 주체인 '인민'의 개념 역시 불분명하다는 점을 지적하였다.[18] 따라서 이러한 개념 정의에 대한 합의가 이뤄지기 전에 자결을 규약에 명시하는 것은 시기상조라고 하였다.[19] 이 밖에도 자결권을 반대하는 국가들은 자결권이 집단의 권리이므로 개인의 기본적 권리와 자유를 다루는 규약에 적합하지 않으며[20], 자결권에 대한 논란이 전체 규약의 비준에 영향을 미칠 수 있다고 지적하였다.[21]

반면, 사회주의 국가들과 중동지역 국가들은 자결이 정치적 원칙일 뿐만 아니라 법적 권리라고 주장하였다. 이들은 자결권이 모든 인민 및 네이션(nations)[22]에게 주어진 집단적 권리이며, 자결권을 존중받지 못한다면 여기에 속한 그 어떠한 개인도 자유로울 수 없다고 강

(V)호 D는 인권위원회가 자결권을 보장할 방법에 관해 연구하고 UN 총회에 권고하도록 UN경제사회이사회를 통해 요청하는 내용을 담고 있다.

14) A/RES/545(VI)(1952), para.1. 구체적으로 조항의 문구는 "모든 인민이 자결권을 가져야 한다(All peoples shall have the right of self-determination)"라고 작성되어야 하며, 비자치지역의 행정을 책임지고 있는 국가뿐 아니라 모든 국가가 UN 헌장의 목적과 원칙에 부합하는 방식으로 자결권을 촉진하고 실현해야 한다고 규정하도록 하였다.

15) A/2929(1952), para.2. Bossuyt's Guide(1987), pp.19-20.

16) A/2929(1952), para.3. E/CN.4/SR.253(1952), p.7(영국); E/CN.4/SR.255(1952), p.5(호주).

17) A/2929(1952), para.3. E/CN.4/SR.243(1951), p.11(벨기에); E/CN.4/SR.259(1952), p.5(스웨덴); E/CN.4/SR.260(1952), p.5(영국).

18) A/2929(1952), para.3. E/CN.4/SR.252(1952), p.7(벨기에); E/CN.4/SR.259(1952), p.5(스웨덴); E/CN.4/SR.260(1952), p.5(영국).

19) A/2929(1952), para.3. E/CN.4/SR.255(1952), p.6(폴란드); E/CN.4/SR.245(1951), p.7(유고슬라비아).

20) A. Cassese(전계주 4), p.47. Nowak's CCPR Commentary(2019), pp.12-13(para.7).

21) J. Summers(전계주 12), pp.292-293.

22) 영문 nation을 '민족' 또는 '국민'으로 번역하기도 하나, nation은 일반적으로 주권을 지닌 정치공동체의 구성원을 의미한다. 이러한 정치공동체는 국가를 구성할 수도 있지만, 국가를 구성하기 전 단계일 수도 있다. 박명규, 『국민, 인민, 시민 ― 개념사로 본 한국의 정치주체』(소화, 2009), p.62, p.72. nation의 적절한 번역어를 찾기는 어렵다. 따라서 이 글에서는 영문 nation의 한글 발음 표기 그대로 '네이션'이라 한다.

조하였다.[23] '인민'의 정의가 어렵다는 점을 인정하면서도, 보편적으로 적용할 수 있고 수용 가능한 정의가 과연 가능한지에 대해 오히려 반문하였다.[24] 무엇보다 UN 총회가 이미 모든 인민의 자결권을 인정하였음을 강조하며, 회원국의 의무로서 이 권리를 촉진하고 존중할 수 있는 적절한 조항으로 규정해야 한다고 주장하였다.[25] 나아가 자결권은 국제평화를 유지하는 데 있어 필수적이며, 개별인권 존중의 전제조건임을 강조하였다.[26] 이러한 입장은 사회주의 국가뿐 아니라 아시아, 중동 및 아프리카 국가들의 폭넓은 지지를 받았다.[27] 최종적으로 1955년 11월 제3위원회는 제1조 초안을 33개국 찬성, 12개국 반대, 13개국 기권으로 채택하였다.[28]

1955년 인권위원회에서 최종 채택된 제1조 초안에서 볼 수 있듯이, 규약 성안 과정에서 자결을 정치적 원칙이라 주장하며 규약에서 제외하려는 입장은 수용되지 않았다. 이후 이러한 논의를 반영하듯 1960년 12월 14일 UN 총회가 채택한 식민지 및 인민의 독립 부여에 관한 선언에서는 자결권을 '원칙'이 아니라 '권리'로 명시하였다. 이 선언은 제2항에서 모든 인민이 자결권에 기초해 자유롭게 그들의 정치적 지위를 결정하고, 경제, 사회 및 문화 발전을 추구할 수 있다고 선언하는 한편, 제5항에서는 식민 지배의 종결 및 비독립 지역의 독립과 자유의 완수를 위한 즉각적인 조치를 요청하였다.[29] 1962년 천연자원에 대한 영구주권 선언에 관한 결의 역시 자결을 '권리'로 명시하고 있으며, 자결권의 경제적 측면을 강조하였다.[30] 1966년 최종 채택된 자유권규약과 사회권규약 제1조는 자결을 인민의 권리로 명시하였으며, 이는 UN 헌장 제1조 제2항 및 제55조가 자결을 단지 '원칙'이라고 표현한 것

23) A/2929(1952), para.4. E/CN.4/SR.245(1951), p.7(유고슬라비아); E/CN.4/SR.254(1952), p.9(레바논); E/CN.4/SR.255(1952), p.6(폴란드).
24) A/2929(1952), para.4. E/CN.4/SR.254(1952), p.8(레바논).
25) A/2929(1952), para.4. E/CN.4/SR.254(1952), p.11(레바논).
26) J. Summers(전게주 12), p.292.
27) A. Cassese(전게주 4), p.47.
28) 찬성(콜롬비아, 코스타리카, 체코슬로바키아, 에콰도르, 이집트, 엘살바도르, 그리스, 과테말라, 하이티, 인도, 인도네시아, 이라크, 레바논, 라이베리아, 멕시코, 파키스탄, 페루, 필리핀, 폴란드, 사우디아라비아, 시리아, 태국, 우크라이나 소비에트 사회주의 공화국, 소련, 우루과이, 베네수엘라, 예멘, 유고슬라비아, 아프가니스탄, 아르헨티나, 볼리비아, 벨로루시 소비에트 사회주의 공화국, 칠레); 반대(프랑스, 룩셈부르크, 네덜란드, 뉴질랜드, 노르웨이, 스웨덴, 터키, 영국, 미국, 호주, 벨기에, 캐나다); 기권(쿠바, 덴마크, 도미니카 공화국, 에티오피아, 온두라스, 아이슬란드, 이란, 이스라엘, 파나마, 브라질, 버마, 중국), A/C. 3/SR.676(1955), para.27.
29) Declaration on the Granting Independence to Colonial Countries and Peoples, A/RES/1514(XV) (1960).
30) Permanent Sovereignty over Natural Resources, A/RES/1803(XVII)(1962).

과 구별된다. 따라서 오늘날 자결이 정치적 원칙인지 법적 권리인지에 대한 논의는 규약 제 1조의 해석에 있어 고려의 대상이 되지 않는다.[31] 양 규약에 명시됨에 따라 자결권은 기본적 인권의 지위를 확고히 하게 되었으며, 다른 개별적인 인권의 행사를 위해 필요한 조건임이 확인되었다.

이후에도 자결권은 여러 국제문서에서 강조되며 발전하였다. 1970년 국가 간 우호 관계와 협력에 관한 국제법 원칙에 관한 선언(이하 '우호관계선언')은 자결권의 내용 및 적용 방식을 발전시켰으며,[32] 1974년 신국제경제질서에 관한 선언은 자결권의 경제적 측면의 구체화에 기여하였다.[33] 1975년 유럽안보협력기구에서 채택된 헬싱키 선언은 UN 헌장의 목적 및 원칙과 영토적 완전성을 포함한 관련 국제법에 부합하는 자결권의 행사를 존중할 것을 명시하였으며,[34] 1981년 인간과 인민의 권리에 관한 아프리카 헌장은 지속적인 행사가 요구되는 집단적 권리로서의 자결권에 관한 두 개의 조항을 규정하였다.[35] 1993년 비엔나 세계인권회의에서 채택된 비엔나 인권선언 및 행동계획도 불가양의 인권으로서 자결권에 대한 부인은 인권침해라 하였다.[36] 2007년 UN 선주민 권리에 관한 선언에서는 규약 제1조의 문구를 따라서 "선주민은 자결권을 가지고 있고, 이 권리에 기초하여 선주민은 정치적 지위를 자유롭게 결정할 수 있고, 그들의 경제적, 사회적 및 문화적 발전을 자유롭게 추구할 수 있다"라고 하였다.[37]

여러 국제문서에서 확인된 바와 같이 오늘날 자결권은 국제법 규범으로 자리 잡았으며[38], 국제관습법에 해당한다.[39] ICJ는 1995년 동티모르 사건에서 자결권을 대세적 권리(a right *erga omnes*)라 확인하였으며,[40] 2004년 팔레스타인 장벽에 관한 권고적 의견에서도 자결권의 대세적 성격을 재차 확인하였다.[41] 2019년 차고스 군도 권고적 의견에서 설명한

---

31) Nowak's CCPR Commentary(2019), p.16(para.13).
32) Declaration on Principles of International Law concerning Friendly Relations and Co-operation among States, A/RES/2625(XXV)(1970).
33) Establishment of a New International Economic Order, A/RES/3201(S-VI)(1974). Nowak's CCPR Commentary(2019), p.10(para.2).
34) Conference on Security and Co-Operation in Europe, Final Act(1975).
35) African Charter on Human and Peoples' Rights(1981), Articles 20, 21.
36) Vienna Declaration and Programme of Action, A/CONF.157/23(1993), para.2.
37) UN Declaration on the Rights of Indigenous People, A/RES/61/295(2007), Art.3.
38) Nowak's CCPR Commentary(2019), p.11(para.3).
39) K. Park, The Right to Self-Determination and Peremptory Norms, D. Tladi ed., *Peremptory Norms of General International Law (Jus Cogens)* (Brill Nijhoff, 2021), pp.692-700.
40) *East Timor (Portugal v. Australia) Judgment, I.C.J. Reports 1995*, p.90, p.102, para.29.
41) *Legal Consequences of the Construction of a Wall in the Occupied Palestinian Territory, Advisory*

바와 같이 자결권 존중 의무의 대세적 성격은 모든 국가가 자결권 보호에 대한 법적 이익이 있음을 의미한다.[42] 나아가 식민주의 맥락에서는 자결권으로부터 파생되는 의무들은 이탈이 허용되지 않는 강행규범적 지위에 있다고 논의된다.[43] ILC는 국제위법행위로 인한 국가책임 조항에 대한 주석에서 자결권을 조약법에 관한 비엔나 협약 제53조에 따른 강행규범이라고 보았으며,[44] 2022년 채택한 일반국제법상 강행규범에 대한 결론에서는 첨부한 강행규범 예시 목록에 자결권을 포함하였다.[45] 따라서 오늘날의 쟁점은 자결권이 법적 권리인지에 대한 논의를 넘어 국제법상 강행규범인지에 있다.

Ⅱ. 모든 인민의 자결권

1. 자결권의 의미

자유권규약 제1조 제1항은 모든 인민은 자결권을 가진다는 선언적 문장으로 시작한다. 그리고 자결권에 기초하여 모든 인민은 그들의 정치적 지위를 자유로이 결정하고, 그들의 경제, 사회 및 문화 발전을 자유로이 추구한다고 확인하고 있다. 자결권의 핵심은 인민에 의한 자유로운 선택이다. 제1조 초안 작성 당시 인권위원회는 자결권을 "모든 인민 및 네이션이 정치적, 경제적, 사회적 및 문화적 지위를 자유로이 결정한다"라고 정의하였다.[46] 이에 따라 자결권은 외부의 간섭 없이 정치조직을 자유로이 설립하고, 경제자원을 자유로이 개발하며, 사회적 및 문화적 발전을 자유로이 이끌어가는 매우 포괄적인 개념으로 이해되었다.[47] 그러나 이러한 광의의 정의는 자명하지 않으며, '지위'의 의미가 무엇인지도 불분명하다는 비판 또한 받았다.[48] 이에 따라 '독립 국가의 건설', '정부 형태의 선택', '다른 인민 혹은 국민으로부터의 분리 또는 연합'과 같은 자결권의 구체적인 실현 형태에 대한 예시를 포함하자는 제안이 있었다.[49] 그러나 대다수 국가는 불완전한 열거보다는 추상적인 문구로

    Opinion, I.C.J. Reports 2004, p.136, p.172, para.88.

42) *Legal Consequences of the Separation off the Chagos Archipelago from Mauritius in 1965, Advisory Opinion, I.C.J. Reports 2019*, p.95, p.139, para.180.

43) Nowak's CCPR Commentary(2019), p.16(para.13). A. Cassese(전게주 4), p.140.

44) Draft Articles on Responsibility of States for Internationally Wrongful Acts, with Commentaries, Article 26, A/56/10(2001), p.85. Nowak's CCPR Commentary(2019), p.11(para.3).

45) Draft Conclusions on Identification and Legal Consequences of Peremptory Norms of General International Law (*Jus Cogens*), Conclusion 23, Annex, Report of the ILC, A/77/10(2022), p.89.

46) A/2929(1952), para.11. Bossuyt's Guide(1987), p.33. Taylor's Commentary(2020), pp.48-49.

47) A/2929(1952), para.12.

48) A/2929(1952), para.13.

남기는 것을 선호하였다.[50] 결국 제1조는 인민이 자결권을 행사 또는 실현하는 방법을 구체적으로 명시하지 않았다.[51]

제1조 자결권의 의미에 대해 이후 규약위원회가 설시한 법리는 거의 없다.[52] 제1조에 대한 규약위원회의 일반논평 제12호(1984)도 제1조의 내용을 반복하는 것을 넘어 자결권의 명확한 의미를 제시하고 있지 않다. 다만 위원회는 일반논평을 통해 규약의 다른 규정 및 다른 국제법 규칙과의 관계를 강조하고, 1970년 우호관계선언을 포함해 자결권을 명시한 여러 국제법 문서를 언급함으로써, 규약 제1조에 규정된 자결권이 다른 문서에서 언급하고 있는 자결권과 동일한 의미임을 간접적으로 시사하였다.[53] 1970년 우호관계선언은 "인민의 자유로운 결정에 의한 독립주권국의 성립, 다른 독립국과 자유로운 연합이나 통합 또는 기타 정치적 지위로의 출현"이 자결권의 이행 방식에 해당한다고 설명하고 있다. 여기서 기타 정치적 지위로의 출현은 국경선의 변동을 반드시 수반하지 않는 경우도 포함될 수 있다. 동 선언은 나아가 "인종이나 신념 혹은 피부색에 대한 구별 없이 해당 영역 내 모든 인민을 대표하는 정부"가 있다면 자결권이 실현되고 있다는 점을 확인함으로써, 자결권이 국가 내의 인민이 정치적 지위를 선택하고, 정치적 참여의 정도와 정부의 형태를 선택하는 등 내적 측면이 있음을 밝히고 있다.[54]

한편, 자결권의 행사는 UN 헌장의 목적과 원칙에 부합해야 한다. 규약 제1조는 UN 헌장의 목적과 원칙에 따라 모든 인민이 자결권을 가진다는 점을 확인하고 있다.[55] 모든 권리가 무제한적이지 않듯 인권으로서의 자결권도 국제평화와 안전의 유지라는 국제사회의 일반적 이익을 보호하기 위해 제한될 수 있다.[56] 1970년 우호관계선언은 자결권 실현의 촉진 및 존중에 대한 국가들의 의무를 선언하며, 동시에 이러한 선언이 "인종이나 신념 혹은 피부색에 대한 구별 없이 해당 영역 내 모든 인민을 대표하고 있는 정부가 있고, 평등권 및 인민의 자결권 원칙을 준수하고 있는 독립주권 국가의 영토적 완전성이나 정치적 통일성을 부분적으로 또는 전체적으로 분열시키거나 손상하는 행위를 승인한다거나 고무하는 것으로

---

49) A/2929(1952), para.15.

50) Taylor's Commentary(2020), p.49.

51) Nowak's CCPR Commentary(2019), p.19(para.20).

52) Joseph & Castan's Commentary(2013), p.154(para.7.03).

53) HRC General Comment No.12(1984), para.7. Joseph & Castan's Commentary(2013), p.154(para.7.05).

54) R. McCorquodale, "Self-Determination: A Human Rights Approach", *International Comparative Law Quarterly* vol.43(1994), p.864.

55) HRC General Comment No.12(1984), para.1.

56) R. McCorquodale(전게주 54), p.879.

해석되어서는 안 된다"라는 점을 명확히 밝히고 있다.[57] 1993년 비엔나 세계인권회의에서 채택된 비엔나 인권선언 및 행동계획도 자결권의 의미에 관한 중요한 문구를 담고 있다.[58] 이 선언은 자결권의 실효적인 실현의 중요성을 강조하며 동시에 "이러한 자결권은, 평등권과 인민의 자결원칙에 따라 행동하고 그 결과 영토에 속한 모든 인민을 구별 없이 대표하는 정부가 있는 주권 독립 국가의 영토적 완전성이나 정치적 통일성을 총체적 또는 부분적으로 훼손하거나 손상할 수 있는 행동을 정당화 또는 조장하는 것으로 해석되어서는 안 된다"라고 하였다.[59] 이러한 논의를 반영하여 인종차별철폐위원회의 자결권에 관한 일반권고 제21호(1996)는 위원회의 행동이 "영토 내의 모든 사람을 대표하는 정부를 가진 독립 국가와 주권의 영토적 완전성이나 정치적 통일성을 완전히 또는 부분적으로 와해시키거나 손상시키는 행위를 허가하거나 장려하는 것으로 오해되어서는 안 된다"라고 하였다.[60] 나아가 인종차별철폐위원회는 국제법이 하나의 국가에서 분리된다고 일방적으로 선언하는 인민의 일반적 권리를 인정하지는 않는다고 보았다.[61]

제1조 자결권의 의미는 규약의 다른 권리와의 관계 속에서도 찾아볼 수 있다. 제25조 정치 참여와 투표권에 대한 일반논평 제25호(1996)는 제25조의 권리가 인민의 자결권과 관계가 있으나 이와는 구별된다고 하며 다음과 같이 설명하였다: "제1조 제1항이 다루는 권리에 기초하여, 인민은 그들의 정치적 지위를 자유로이 결정할 수 있는 권리가 있으며, 그들의 헌법 혹은 정부의 형태를 선택할 권리를 향유한다. 제25조는 개인이 정치를 조직하는 절차에 참여하는 권리를 다루고 있다. 개인적 권리로서 이러한 권리는 제1선택의정서에 의거하여 주장이 제기될 수 있다."[62] 제27조 소수자 집단의 권리에 대한 일반논평 제23호(1994)에서도 자유권규약이 제1조 자결권과 제27조가 보호하는 소수자 집단의 권리를 구별하고 있다고 하며, "자결권은 모든 인민에게 속한 권리로서 [...] 선택의정서에 의해 다룰 수 있는 권리가 아니다. 반면, 제27조는 개개인에게 부여되는 권리로서, 각 개인에게 부여되는 다른 개인적 권리와 관련된 조항과 마찬가지로 동 규약의 제3부에 포함되어 있으며, 선택의정서에 의해 다루어질 수 있다"라고 하였다.[63] 또한, "제27조와 관련된 권리의 향유

---

57) Declaration on Principles of International Law concerning Friendly Relations and Co-operation among States, A/RES/2625(XXV)(1970).
58) Nowak's CCPR Commentary(2019), p.16(para.14).
59) Vienna Declaration and Programme of Action, A/CONF.157/23(1993).
60) CERD General Recommendation No.21(1996), para.6.
61) 상계주.
62) HRC General Comment, No.25(1996), para.2.
63) HRC General Comment, No.23(1994), para.2, para.3.1.

는 한 국가의 주권과 영토적 완전성을 침해하지 않는다"라고 밝혔다.[64] 이는 제1조의 행사에서 '한 국가의 주권과 영토적 완전성'을 고려하는 것과는 차이가 있다.

2. 자결권의 성격

가. 집단적 권리

자결권은 복수의 사람으로 구성된 집단인 '인민'에게 주어진 권리이다.[65] 자유권규약이 개인의 권리를 중심으로 규정되어 있다는 점을 고려할 때, 집단의 권리인 자결권은 분명 규약의 다른 권리와 구별된다.[66] 특히 규약 제2조 제1항[67]과 제1선택의정서 제1조[68]와 제2조[69]는 그 대상을 '개인'으로 명시하고 있으며, 규약 제27조 소수자 집단의 권리도 전체로서의 소수자 집단의 권리가 아닌, 소수자 집단을 구성하는 개인의 권리로서 보호하고 있다.[70] 그러나 집단의 권리라는 자결권의 성격이 자결권이 '인권'임을 부정하는 것은 아니다.[71] 실제 개인의 권리와 집단의 권리는 밀접하게 연결되어 있다. 규약위원회는 제1조에 대한 일반논평 제12호(1984)에서 집단이 억압의 대상이 되는 경우 집단의 권리가 행사될 수 없을 뿐만 아니라, 집단에 속한 개인의 권리도 행사될 수 없다고 하였다.[72] 자결권은 집합체인 인민의 권리이지만, 표현의 자유, 집회 및 결사의 자유, 투표권, 공무담임권을 포괄하

---

64) HRC General Comment, No.23(1994), para.3.2.
65) Joseph & Castan's Commentary(2013), p.154, para.7.06. Nowak's CCPR Commentary(2019), p.17 (para.15).
66) Nowak's CCPR Commentary(2019), p.18(para.16).
67) 자유권규약 제2조 제1항: 이 규약의 각 당사국은 자국의 영역 내에 있으며, 그 관할권 하에 있는 모든 개인에 대하여 인종, 피부색, 성별, 언어, 종교, 정치적 또는 그 밖의 의견, 민족적 또는 사회적 출신, 재산, 출생 또는 그 밖의 신분 등에 따른 어떠한 종류의 차별도 없이 이 규약에서 인정되는 권리를 존중하고 보장하기로 약속한다.
68) 선택의정서 제1조: 이 의정서의 당사국이 된 규약 당사국은 그 관할권에 속하고 규약에 규정된 권리를 그 당사국에 의해 침해당한 피해자라고 주장하는 개인의 통보를 접수하고 심리하는 위원회의 권한을 인정한다. 위원회는 이 의정서의 당사국이 아닌 규약 당사국에 관한 어떠한 통보도 접수하지 않는다.
69) 선택의정서 제2조: 제1조의 규정을 따른다는 조건 아래, 규약에 열거된 어떤 권리가 침해되었다고 주장하는 개인은 모든 이용 가능한 국내 구제절차를 완료한 경우, 위원회에 심리를 위한 서면통보를 제출할 수 있다.
70) Nowak's CCPR Commentary(2019), p.18(para.16).
71) 「인간과 인민의 권리에 관한 아프리카 인권헌장」과 같이 인민의 집단적 권리(collective right)와 개인의 인권(human right)을 구별하는 이원론을 따른다면, 자결권은 '집단적 권리'이지만 '인권'은 아니다. 의미론적 관점에서 이러한 구별은 가능하지만, 인권이 균질적인 것이 아니라는 점과 개인적 권리로부터 소위 제3세대 인권과 같이 연대적 권리로 발전하고 있는 인권의 흐름을 고려할 때, 구별의 의의를 찾기는 어려울 것이다. Nowak's CCPR Commentary(2019), pp.17-18(para.15).
72) HRC General Comment No.12(1984), para.1.

는 권리라는 의미에서 개인의 인권으로서의 성질도 있다.[73] 역으로 개인의 인권 역시 간접적으로 집단의 권리를 보호하는 역할을 하기도 한다. 예컨대, 집회의 자유에 대한 권리, 노동조합에 참가할 권리, 종교의 자유에 대한 권리는 모두 특정한 집단의 소집을 보장 및 보호하며, 그들의 의견을 표출할 수 있게 한다.[74]

한편 자결권이 개인의 권리가 아닌 집단의 권리라는 점은 제1조에 대한 권리구제를 위해 자유권규약 제1선택의정서에 규정된 개인통보제도를 활용할 수 없다는 것을 의미한다. 제1선택의정서 제1조는 개인통보의 주체를 "규약에 규정된 권리를 그 당사국에 의해 침해당한 피해자라고 주장하는 개인"이라고 명시하고 있다. 따라서 인민이라는 집단의 권리인 제1조 자결권 침해 주장은 개인만을 적용대상으로 하는 제1선택의정서에 의하여 제기될 수 없다는 것이다.[75] 규약위원회는 *Lubicon Lake Band v. Canada* 사건(1990)에서 선택의정서 제1조의 문언을 엄격하게 해석하여, 규약 제1조에 기초한 개인통보를 받아들이지 않았다.

이 사건의 통보자 Bernard Ominayak는 캐나다 알베르타(Alberta) 지방에 사는 크리족(Cree Indian Band)인 Lubicon Lake Band의 수장이다. 통보자는 캐나다 정부의 상업적 목적을 위한 수용과 산업 개발로 인해 Lubicon Lake Band의 환경 및 경제 기반이 위협당하고 있으며, 그로 인해 자유롭게 정치적 지위를 결정하고 경제, 사회, 문화 발전을 추구할 자결권이 침해당했다고 주장하였다.[76] 캐나다는 이에 대해 Lubicon Lake Band는 규약 제1조의 '인민'에 해당하지 않으며, 선택의정서의 개인통보는 개인만이 제출할 수 있고, 개인에게 주어진 권리의 침해에 대한 것이라고 주장하며 개인통보를 제기할 자격이 없다고 주장하였다.[77] 규약위원회는 규약이 인민의 자결권과 천연자원의 처분에 대한 권리를 인정하고 보호하고 있으며, 개별적인 인권의 증진과 강화, 실효적인 보장과 준수를 위한 필수적인 조건으로 확인하고 있다고 재확인하였다. 그러나 인민에게 주어진 규약 제1조 자결권 침해를 개인의 개별적 권리침해를 주장하는 개인통보제도에 관한 선

---

73) A. Cassese(전게주 4), p.53.

74) R. McCorquodale, "Group Rights", in D. Moeckli, S. Shah & S. Sivakumaran eds, *International Human Rights Law*(Oxford University Press, 2014), p.334. 이러한 개인의 권리는 다른 개인의 권리와 함께 행사될 수 있으며, 개인에 의해서만 주장될 수 있다. 종교기관이나 기업처럼 개인들을 대표한 법인을 통해 주장할 수 있는 경우도 있지만, 그렇다 하더라도 이러한 권리들은 여전히 개인의 권리 영역에 남으며, 간접적으로 해당 집단을 보호할 뿐이다.

75) H. Hannum, "The Right of Self-Determination in the Twenty-First Century", *Washington & Lee Law Review* vol.55(1998), p.774.

76) *Lubicon Lake Band v. Canada*, Communication No.167/1984(1990), para.1, paras.2.1-2.3.

77) 상게주, para.6.1.

택의정서에 기초해 주장할 수 없다고 보았다.[78] 따라서 Lubicon Lake Band가 '인민'에 해당하는지는 위원회의 판단 사항이 아니라고 보았다.[79]

북스칸디나비아 Sami족의 순록사육권이 결부된 *Kitok v. Sweden* 사건(1998)에서도 "개인통보자는 제1조에 규정된 자결권 침해의 피해자임을 주장할 수 없다고 본다. 선택의정서는 개인이 권리를 침해받았음을 주장할 수 있는 절차를 제공하고 있는 반면에 제1조는 '인민'에게 주어진 권리를 다루고 있다"라고 하며, 이에 대한 심사는 허용되지 않는다고 보았다.[80] *Diergaardt et al. v. Namibia* 사건(2000)에서도 일관된 입장에 따라 통보자가 속한 공동체가 '인민'에 해당하는지는 위원회의 쟁점이 아니라고 보았으며, 선택의정서는 규약 제III부에 규정된 제6조 내지 제27조의 개인적 권리에 대한 개인의 권리구제만을 다루고 있다고 해석하였다.[81] 이후로도 제1조에 기초한 개인통보는 허용할 수 없다는 견해를 유지하고 있다.[82]

한편, 제1조 자결권에 대한 개인통보를 허용하지 않음으로써, 규약위원회는 통보를 제기한 집단이 제1조의 '인민'인지에 대한 판단을 할 필요가 없게 되었다.[83] 그리고 이는 제1조 자결권의 해석에 있어 통보제도가 특별한 역할을 하지 못하는 결과로 이어졌다.[84] 관련하여 자유권규약 선택의정서 제1조는 위원회에게 "규약에 규정된 (어떠한) 권리"의 위반에 대해서도 심사할 권한을 부여하고 있으므로, 자결권에 대한 개인통보를 허용하지 않는 것은 지나치게 엄격하고 제한적인 해석이라는 비판이 있다.[85] 준비문서를 살펴볼 때 이러한 '개인적 권리'라는 표현이 반드시 어떠한 집단이 규약의 권리를 주장하거나 개인통보를 통해 이들의 권리를 확보함을 배제하기 위한 목적이었다고 해석할 수 없다는 지적도 있다.[86] 실제 선택의정서의 피해자 개념을 좁게 해석하는 규약위원회의 태도는 피해자의 국제적인 권리구제 기회를 박탈하고 있으며,[87] 이는 자결권이 규약에 규정된 다른 권리의 효과적인 보

---

78) 상계주, para.13.3.

79) 상계주, para.32.1.

80) *Kitok v. Sweden*, Commuication No.197/1985(1988), para.6.3.

81) *Diergaardt et al. v. Namibia*, Communication No.760/1997(2000), para.10.3.

82) *Mahuika et al. v. New Zealand*, Communication No.547/1993(2000); *Poma Poma v. Peru*, Communication No.1457/2006(2009). Joseph & Castan's Commentary(2013), p.164(para.7.24). Nowak's CCPR Commentary(2019), p.21(para.26).

83) J. Summers, "The Rights of Peoples to Self-Determination in Article 1 of the Human Rights Covenants as a Claimable Right", *New England Journal of Public Policy* vol.31(2019), p.3.

84) J. Summers(전계주 12), p.294.

85) J. Summers(전계주 83), p.3.

86) Nowak's CCPR Commentary(2019), p.18(para.16).

87) Joseph & Castan's Commentary(2013), p.164(para.7.24).

장을 위해서도 필수적이라는 규약위원회의 일반논평과도 모순된다.[88] 결국 규약 제1조의 침해를 주장하는 사람들은 국가보고서와 국가 간 통보제도에 의존할 수밖에 없는데, 이러한 해석이 과연 규약의 목적 및 기능에 비추어 적합한지는 의문이다.[89]

나. 계속적으로 실현되어야 할 권리

자유권규약 제1조 제1항은 자결권을 미래형인 '가져야 한다(shall have)'가 아닌 현재형인 '가진다(have)'고 규정함으로써 자결권이 영속적인 권리이고, 계속해서 실현되어야 할 권리임을 강조하고 있다.[90] 이는 한 차례 국민투표를 시행했거나 정치적 독립을 쟁취했다고 하여 권리 행사가 종결된다거나 권리가 소멸되지 않음을 의미한다.[91] 또한, 생명권이나 신체의 자유에 대한 권리와 마찬가지로 모든 인간이 가지고 있는 권리이고 별도로 부여될 필요가 없는 권리임을 강조하기도 한다.[92] 계속적 실현을 요구하는 자결권의 성격에 부합하도록 제1조 제3항에 명시된 규약 당사국의 의무 또한 계속해서 요구된다.[93] 국가들 역시 규약위원회 국가보고 과정에서 자결권이 식민지 지배하에 있는 인민뿐 아니라 '모든 인민'에게 적용되며, 독립하는 순간 소멸하는 권리가 아니라고 함으로써 자결권의 계속적 성격에 대한 이해를 표명하였다.[94] 예컨대, 요르단은 자결권은 계속적인 절차이며, 독립선언으로 끝나는 것이 아니라고 하였다.[95] 호주는 자결권이 단순히 식민 지배 이후 독립을 얻었다고 하여 완전히 행사된 것은 아니라는 이해를 밝혔다.[96]

계속적으로 실현되어야 할 권리로서의 자결권은 '경제, 사회 및 문화 발전을 자유로이 추구한다'라는 표현에서도 강조된다. 규약 제1조 제1항은 모든 인민이 자결권에 기초하여 경제, 사회 및 문화 발전을 외부 또는 국내적 간섭 없이 자유로이 추구한다고 밝히고 있다. '발전을 [...] 자유로이 추구'한다는 문구는 '경제적, 사회적 및 문화적 지위의 결정'이라고 작성되었던 인권위원회 초안과 달리 이 권리의 계속성을 강조한다.[97] 규약위원회는 국가보

---

88) J. Summers(전게주 83), p.3.
89) Nowak's CCPR Commentary(2019), p.22(para.26). Nowak's CCPR Commentary(2019)에서는 제1조 자결권에 대한 개인통보 심사를 자제하는 규약위원회의 관행은 정치적인 관점에서는 현명하다고 볼 수 있지만, 법적인 관점에서의 비판을 피할 수 없다고 평가한다.
90) Nowak's CCPR Commentary(2019), p.19(para.18).
91) 상게주.
92) 상게주.
93) 상게주. Taylor's Commentary(2020), p.46.
94) Taylor's Commentary(2020), p.46.
95) Report of the Human Rights Committee, A/37/40(1982), p.38(para.170).
96) Report of the Human Rights Committee, A/43/40(1988), p.99(para.428).

고서를 검토하며 자결권은 인민에게 주어진 자유로운 선택의 계속적 보장을 요구하므로 이를 정부 체제에 반영함으로써 그들이 경제, 사회 및 문화 발전을 결정할 수 있도록 해야 한다고 강조해 왔다.[98] 관련하여 자결권이 민주적 의사결정과정을 통해 실현될 수 있고, 기존 국가 내에서도 민주적인 절차와 제도를 통해 계속해서 보장되어야 함을 강조하기도 한다.[99] 이처럼 자결권이 계속적 실현이 요구되는 권리라는 점은 인민의 범위뿐만 아니라 자결권의 내적 측면 논의와도 연결된다.

3. 자결권의 주체

가. '인민'의 의미

자결권은 '인민'이라는 집단의 권리이다.[100] 제1조는 '모든 인민'의 자결권을 확보할 것을 규정하고 있지만, '인민'이 누구인지에 대해서는 정의를 내리지 않고 있다. 자결권의 주체인 '인민'이 누구인지에 대한 질문은 규약 성안 과정 초기부터 제기되었다. 국가들은 특히 소수자 집단(minorities)을 인민이라 볼 수 있는지 불분명하다고 지적했다.[101] 이에 자결권의 주체인 인민을 '대규모의 민족 집단(national groups)', '민족, 종교 혹은 언어적 소수집단', '명확한 영토에 거주하고 있는 인종 단위'로 정의하자는 다양한 의견이 제시되었다.[102] 그러나 인민은 가장 일반적인 맥락에서 이해되어야 하므로, 한정된 정의를 내릴 필요가 없다는 견해가 우세했다.[103]

UNESCO 전문가들은 '인민'의 표지로 공통의 역사적 전통, 인종 혹은 민족적(ethnic)[104]

---

97) Nowak's CCPR Commentary(2019), p.27(para.38).

98) R. Higgins(상게주 11), p.120.

99) A. Cassese(전게주 4), pp.52-55.

100) 국제인권규약에 자결권에 관한 조항을 포함할 것을 결정한 결의 제545(VI)호(1952)는 자결권의 주체를 '모든 인민과 네이션(all peoples and nations)'이라 하였다. 이에 따라 초기에는 인민과 네이션을 병기한 초안이 논의되었다. '네이션'을 통해 보편적인 성격을 강조하고자 하였으나, 비자치지역 또는 신탁통치 대상 주민이 반드시 '네이션'인지 불분명하다는 지적이 있었다. 결국 '인민'이 UN 헌장 전문의 표현과 부합하고 보다 포괄적이라는 고려에 따라 병기되었던 '네이션'은 제3위원회 실무반의 논의과정에서 삭제되었다.

101) A/2929(1952), para.3.

102) Taylor's Commentary(2020), p,47.

103) Bossuyt's Guide(1987), pp.32-35. A/2929(1952), pp.42-43; A/3077(1955), para,63, para.72. Nowak's CCPR Commentary(2019), p.22(para.28)에서는 인권위원회가 인민이 가장 넓게 이해되기를 의도하며 의도적으로 정의를 피했다고 해석한다.

104) 이 글에서는 ethnic을 맥락에 따라 '종족' 또는 '민족'으로 번역하였다. 민족으로 번역되는 national과 함께 ethnic이 사용될 경우에는 종족으로 번역하였다. 그러나 단독으로 사용되거나 인종적(racial)이라는 표현과 함께 사용될 때는 ethnic은 종족보다 범주가 넓은 것으로 이해된다는 점에서 '민족'으로 번역

동일성, 문화적 동질성, 언어적 통일성, 종교 혹은 사상적 관련성(affinity), 영토적 연결성, 공동의 경제생활을 제시하였다.105) 그리고 '인민'을 상기한 특징의 일부 또는 전부를 공유하는 개인으로 구성된 집단이라고 하면서, 첫째, 이러한 집단은 대규모일 필요는 없지만, 적정한 정도의 수로 국가 내의 개인의 연합 이상이어야 하고, 둘째, 집단은 전체로서 인민으로 규명되고자 하는 의지가 있거나 의식이 있어야 하며, 셋째, 해당 집단은 그들의 정체성에 대한 의지와 공통의 특징을 표현하기 위한 기관 또는 다른 수단을 창출할 수 있어야 한다고 설명하였다.106)

인민을 정의하는 영구적이고 보편적으로 수용될 수 있는 요소가 있지는 않다.107) 규약위원회의 제1조에 대한 일반논평이나 자결권에 대해 자세한 설명을 제공한 인종차별위원회의 일반권고 역시 인민의 정의를 제시하고 있지 않다.108) 또한, 구체적 사례에 대한 규약위원회의 견해를 찾기도 어렵다. 앞서 언급한 바와 같이 규약위원회는 개인은 제1조 위반의 피해자가 될 수 없다는 취지에서, 제1조에 대한 개인의 개인통보는 허용되지 않는다고 판단하였다. 결과적으로 개인통보절차를 통해 제1조 위반을 주장한 *Mikmaq Tribal Society v. Canada* 사건(1984)의 Mikmaq 부족109), *Kitok v. Sweden* 사건(1988)의 Sami족, *Lubicon Lake Band v. Canada* 사건(1990)의 Lubicon Lake Band, *Diergaardt et al. v. Namibia* 사건(2000)의 Rehoboth Baster 공동체 등이 규약에 규정된 자결권의 주체인 '인민'에 해당하는지에 대한 판단은 이뤄지지 않았다.110) 다만 규약위원회는 *Gillot et al. v. France* 사건(2002)에서 인민을 구성하는 요소 중 영토적 연결성을 간접적으로 인정하였다.

이 사건의 통보자는 뉴칼레도니아에 거주하는 프랑스 시민 21명으로 통보자 중 한 명인 Marie-Hélène Gillot가 이들을 대표하였다. 이들은 1998년과 2014년 주민투표가 뉴칼레도니아의 향후 지위를 결정하는 자결권의 과정임에도 불구하고, 거주기간 등의

하였다.

105) Final Report and Recommendation of an International Meeting of Experts on the Further Study of the Concept of the Right of People for UNESCO, SNS-89/CONF.602/7(1990).

106) 상게주.

107) R. McCorquodale(전게주 54), p.865.

108) Joseph & Castan's Commentary(2013), pp.154-155(para.7.06)

109) 제1조에 기초한 첫 번째 개인통보 사례인 *Mikmaq Trivial Society v. Canada* 사건(1984)의 경우 규약위원회가 통보자의 대표성을 검토한 것으로 보아, Mikmaq 부족을 집단적 권리인 자결권 침해를 주장할 수 있는 권한이 있는 '인민'으로 간주하였다고 보는 견해도 있다. Nowak's CCPR Commentary(2019), p.21(para.25).

110) Taylor's Commentary(2020), p.48.

요건을 통해 투표권을 제한한 것은 규약 제25조(투표권) 및 제26조(평등권)를 침해한다고 주장하였다.[111] 이 사건에서 규약위원회는 제25조는 제1조의 맥락에서 고려되어야 하며, 투표권을 제한하는 기준이 자결권 과정의 틀 안에서 실시되는 투표에만 엄격하게 적용된다면 합리적이라고 간주하였다.[112]

이 사건에서 위원회는 제1조 자결권의 보장 여부 자체는 개인통보제도를 통해 심사할 수 있는 내용은 아니지만, 규약 제2부 및 제3부에서 보호하는 권리 위반의 결정에 관련된 경우라면 제1조를 해석할 수 있다고 보았다.[113] 그리고 제1조의 '인민'의 정의에 대한 견해를 밝히지 않더라도, 이 사건에서 주민투표권을 뉴칼레도니아 지역과의 충분한 유대를 가진 사람으로 제한하는 것은 합리적이라고 판단할 수 있다고 하였다.[114] 이러한 판단은 위원회가 뉴칼레도니아의 향후 지위를 결정하는 주민투표에 있어 프랑스 정부가 정한 '권한 있는 인민'에 대한 정의를 수용한 것으로 볼 수 있다. 따라서 자결권의 주체인 인민을 해당 영토와 장기적인 연관성을 가진 사람으로 제한함을 인정했다고 볼 수 있다.

나. '인민'의 범위

자결권의 주체인 인민이 누구인지는 단순히 정의의 문제에서 끝나는 것이 아니라, 자결권의 적용 범위의 한계를 긋는 작업과 밀접히 관계된다. 인민의 범위는 해당 인민의 상황적 맥락과 관련된다. 식민지 지배하의 인민이나 유사하게 외국 또는 외세에 종속 및 예속된 인민은 제1조 제3항의 문언을 통해 확인되는 대표적인 자결권 주체이다.[115] 제1조 제3항은 "비자치 및 신탁통치 지역의 행정책임을 맡고 있는 국가"를 포함한 모든 당사국이 자결권의 실현을 증진해야 한다고 규정하고 있다. 규약 성안 과정에서 국가들은 자결권의 적용 범위를 법적으로 식민지인 지역의 인민뿐만 아니라 외국 혹은 외세의 지배를 받는 인민을 포함하였다.[116]

규약 준비문서에 따르면 제1조 자결권의 주체인 인민은 식민주의나 외국의 예속, 지배 및 착취 하의 인민들뿐 아니라 독립된 주권국에 사는 모든 인민을 의미한다.[117] 즉, 독립

---

111) *Gillot et al. v. France*, Communication No.932/2000(2002), paras.1-3.

112) *Gillot et al. v. France*, Communication No.932/2000(2002), para.13.16.

113) *Gillot et al. v. France*, Communication No.932/2000(2002), para.13.4.

114) *Gillot et al. v. France*, Communication No.932/2000(2002), para.13.16.

115) J. Summers(전계주 12), p.303. Nowak's CCPR Commentary(2019), p.24(para.31).

116) J. Summers(전계주 12), p.307.

117) Nowak's CCPR Commentary(2019), p.22(para.28).

여부나 자치 여부를 불문하고 모든 국가 및 영토에 있는 인민들을 의미하며, 여기에는 '자국 인민'이 포함된다. 규약위원회는 일반논평을 통해, 당사국의 특별한 의무가 "자국 인민뿐 아니라 자결권의 행사가 불가능하거나 행사의 가능성을 박탈당한 모든 인민"에 대해 있다고 확인하였다.[118] 또한 위원회는 제1조 자결권의 이행에 관한 국가보고서에 전통적인 식민지 상황이 아니라 하더라도 당사국 내 주민의 자결권을 존중할 의무를 어떻게 이행하는지를 묻는다.[119] 따라서 제1조의 해석에 있어 기존 국가 내 인민의 자결권을 부정하는 해석은 수용되지 않는다. 예를 들어, 인도는 양대 인권규약에 가입하면서 자결권을 규정한 제1조에 대해 '외국의 점령 아래 있는 인민들'에게만 해당되며, '독립된 주권국가' 또는 '인민의 일부 또는 국민의 일부'는 해당되지 않는다고 선언하였다.[120] 이에 대해 프랑스, 독일, 네덜란드 및 파키스탄은 자결권이 모든 인민에게 적용된다고 강조하며 인도의 해석선언에 대해 반대하였다.[121] 이러한 해석은 규약위원회의 논의에서도 찾아볼 수 있다. 규약위원회는 아제르바이잔의 규약 이행에 대한 최종견해에서 아제르바이잔이 제출한 최초보고서의 자결의 원칙에 관한 입장을 지적하며,[122] 규약 제1조에 따라 자결의 원칙이 식민지 인민뿐 아니라 모든 인민에게 적용됨을 상기하였다.[123] 학자들 역시 자결권이 식민지 맥락 외에서도 적용되며, 따라서 자결권의 주체인 인민이 식민지배 또는 외국의 통치 아래 있는 경우로 한정되지 않는다고 본다.[124]

탈식민지 맥락에서 '인민'을 보다 구체화하면, 기존 국가의 인민으로서의 전체 국민과 기존 국가 내의 종족 등 앞서 언급한 여러 표지에 따라 집단성을 인정받은 인민이 있을 수 있다.[125] 원칙적으로 자결권은 독립된 다민족국가뿐 아니라 제27조에 따라 소수자 집단으로 보호받지 못하는 인민에게도 적용된다.[126] 반면, 기존 국가 내의 소수자 집단이 그 자체로서 '인민'이 되는 것은 아니다. 자결권 주체인 인민은 소수자 집단과 구별된다. 소수자 집

---

118) HRC General Comment No.12(1984), para.6.
119) D. Raič, *Statehood and the Law of Self-Determination*(Kluwer Law International, 2002), p.230.
120) C.N,81.1979.TREATIES-2. Nowak's CCPR Commentary(2019), p.29(para.44).
121) A. Cassese(전게주 4), pp.60-61.
122) 아제르바이잔은 규약 최초이행보고서에서 자결의 원칙은 식민지에만 적용되어야 한다고 주장하며, 국가 내의 지역적 집단을 위해 사용될 수 없으며, 그렇지 않다면 주권과 국경선 불가침의 원칙이 위반된다는 견해를 밝혔다. CCPR/C/81/Add.2(1994), para.4.
123) CCPR/C/79/Add.38(1994), para.6.
124) Cassese는 자결권의 주체인 인민을 1) 독립주권국에 사는 인구 전체; 2) 독립을 아직 쟁취하지 못한 지역의 인구 전체; 3) 외국의 군사적 정복 아래 사는 인구라고 구분하며, 자결권의 존재는 지역의 국제적인 정치적 지위에 따라 결정되지 않는다고 하였다. A. Cassese(전게주 4), p.59.
125) D. Raič(전게주 119), p.272.
126) Nowak's CCPR Commentary(2019), p.24(para.31).

단의 권리는 별도의 조항을 통해 확보되어야 한다는 주장에 따라, 1950년 인권위원회에서 소수자 집단을 자결권의 맥락에서 보호하고자 한 소련의 제안은 수용되지 않았다.[127] 1951년과 1952년 진행된 인권위원회에서의 논의 역시 인민에는 소수자 집단을 포함하지 않는다는 것으로 이해되었다.[128] 이후의 해석 또한 마찬가지이다. 1981년 인권소위원회 차별 예방 및 소수자 집단 보호에 관한 특별보고관 Aureliu Cristescu는 '인민'을 분명한 정체성과 고유의 특성을 갖는 사회적 실체로 정의하며, 이 개념이 영토와는 관련성이 있지만, 제27조 맥락에서의 소수자 집단과는 구별되어야 한다고 강조하였다.[129] 그러나 여전히 구체적으로 어떠한 집단이 규약 제1조의 '인민'에 해당하는지는 논란이 있을 수밖에 없으며, 이는 위원회가 국가보고절차나 국가간 통보와 관련된 구체적 사례를 다루며 밝히는 입장을 참고해야 할 것이다.[130]

4. 외적 측면과 내적 측면

제1조 자결권은 일반적으로 외적 자결권과 내적 자결권으로 구분되어 설명된다. 그러나 이러한 구분이 항상 명확한 것은 아니며, 자결권 주체인 인민의 상황적 맥락과 결부되어 설명되기도 하고, 자결권 행사의 대상 또는 구체적인 실현방식과 연계되어 논의되기도 한다. 최종 성안된 규약 제1조는 자결권의 내적 또는 외적 측면의 구별 없이 자결권을 '정치적 지위의 자유로운 결정'과 '경제, 사회 및 문화 발전의 자유로운 추구'라고만 규정함으로써, 자결권이 행사되는 과정에 방점을 두고 있다. 이는 식민지배 또는 비자치지역 인민의 독립을 중심으로 했던 자결권의 논의를 확장하는 역할을 했으며, 지속적인 행사가 가능한 권리로서 인민과 그들의 국가 및 정부와의 관계에서도 대내적으로 작동한다는 점을 강조하고 있다.[131]

규약 성안 과정에서 자결권의 외적 측면과 내적 측면의 구분은 자결권의 다양한 측면을 고려하는 단계에서 언급되었다. 1952년 UN 총회 제3위원회의 논의에서 시리아 대표는 자결권의 국내적 요소와 국제적 요소를 구별하여 다음과 같이 설명하였다: "자결권의 원칙은 해당 권리를 국내적인 관점에서 보는지, 국제적인 관점에서 보는지에 따라 두 개의 측면을 가지고 있다. 국내적인 관점에서 자결권은 자치정부의 형태를 취하며, 인민이 대표기관을

---

127) Nowak's CCPR Commentary(2019), p.23(para.28).

128) A. Cassese(전게주 4), pp.61-62.

129) E/CN.4/Sub.2/404/Rev.1(1981), p.41(para.279).

130) Nowak's CCPR Commentary(2019), p.24(para.31).

131) *Accordance with International Law of the Unilateral Declaration of Independence in Respect of Kosovo, Advisory Opinion, I.C.J. Reports 2010*, p.403. Separate Opinion Judge Yusuf, para.8.

선출하고 정부의 형태를 자유로이 선택함을 의미한다. 국제적인 관점에서 자결권은 독립을 의미한다."[132] 반면, 네덜란드는 자결을 권리가 아닌 원칙으로 전제했지만, 국내적 차원의 자결과 대외적 차원의 자결을 구별해야 한다고 하며, 국내적 차원의 자결권은 이미 국가를 구성한 상태에서 정부의 형태를 선택하고, 추구하는 정책을 결정할 국민의 권리이고, 대외적 차원은 스스로 '네이션(nation)'이라고 여기는 집단이 국가를 구성할 권리라 보았다.[133]

외적 자결권은 인민이 그들의 정치적 지위뿐만 아니라 사회경제적 발전을 외부의 간섭 없이 결정한다는 것을 의미한다.[134] 여기서 '외부'는 국제적 세력일 수도 있지만 같은 국가 내의 다른 '인민'일 수도 있다. 따라서 외적 자결권은 군사점령이나 식민 지배 및 유사한 형태의 신식민주의 또는 제국주의적 착취와 같은 외세의 다양한 형태의 통제로 인해 침해될 수 있으며, 주권국 중앙정부의 분리독립권에 대한 거부로 인해서도 침해될 수 있다.[135] 가장 고전적인 형태의 외적 자결권 행사는 독립선언, 다양한 인민의 연방 또는 연합국가로의 통합, 분열, 영토 일부의 분리독립과 별개 국가의 성립, 다른 연합국가와의 합병 등이다.[136] 이러한 과정에서 인민은 그들의 의지를 자유로이 표현할 수 있어야 하며, 인민의 의지는 자유로운 결정이 보장된 여건 속에서 이뤄진 주민투표를 통해 확인될 수 있다.[137] 인종차별철폐위원회는 일반권고 제21호(1996)에서 외적 자결권이 "모든 인민이 평등권 원칙에 기초한 국제공동체에서의 그들의 정치적 지위와 위치를 자유롭게 결정하는 것을 의미하며, 인민을 식민주의로부터 해방시키고 인민을 외부의 종속, 지배 및 착취 아래 두는 것을 금지하는 것을 예로 들 수 있다"라고 설명하였다.[138] 국가들은 외적 자결권을 분리독립 또는 국가 경계선의 변경을 포함하는 것으로 이해하기도 한다.[139] 그러나 실제 비자치지역이나 외국의 종속, 지배 및 착취 아래 있는 인민의 맥락 외에서도 자결권을 기초로 기존 국가에서 분리독립을 할 수 있는지에 대한 국가들의 이해는 상이하다.[140] 기존 국가 내에서라도 참을 수 없는 압제

---

132) A/C.3/SR.397(1951), para.5.

133) A/C.3/SR.447(1952), para.4. 실제 네덜란드는 자결권의 복합적인 성격과 법적 권리로서의 부적합함을 강조하기 위해 자결권의 대내적 측면과 대외적 측면의 구분을 강조하였다. J. Summers(전게주 12), pp.341-342.

134) Nowak's CCPR Commentary(2019), p.24(para.32).

135) 상게주.

136) 상게주.

137) 상게주, p.25(para.32).

138) CERD General Recommendation No.21(1996), para.4.

139) J. Summers(전게주 12), p.343.

140) Nowak's CCPR Commentary(2019), p.25(para.34). *Accordance with International Law of the Unilateral Declaration of Independence in Respect of Kosovo, Advisory Opinion, I.C.J Reports 2010*, p.403, para.82.

의 상황에서는 분리독립이 인정되어야 한다는 '구제적 분리독립(remedial secession)'은 구체적 사례를 통해 논의되고 있으며, 오늘날 자결권을 둘러싼 주요 쟁점이 되고 있다.[141]

규약 성안과정에서의 논의에 따르면 내적 자결권은 국가를 이미 구성하고 있는 상황에서 인민들이 정부의 형태를 자유롭게 선택하고 정책을 결정할 권리를 의미한다.[142] 국가들은 내적 자결권을 '기존 국가 내의 인민이 그들 고유의 헌법 및 정부에 대한 통제를 주장하는 권리', 보다 간단히는 인민이 자유롭게 그들의 정치적 및 경제적 체제를 선택하는 권리라는 의미에서 '민주주의에 대한 권리' 또는 '진정한 자치정부에 대한 권리'라고 하였다.[143] 내적 자결권은 자유권규약에 명시된 권리 중 제25조 참정권뿐만 아니라 제19조 표현의 자유, 제21조 집회의 자유, 제22조 결사의 자유의 총체적 표현이라고도 설명될 수 있다.[144] 인종차별철폐위원회는 일반권고 제21호(1996)에서 비차별을 강조하며 자결권의 대내적 측면을 다음과 같이 설명하였다: "인민의 자결권은 모든 인민이 외부의 간섭 없이 자유로이 자신의 경제, 사회, 문화적 발전을 추구할 권리라는 내적인 측면이 있다. 이러한 점에서 이는 [...] 모든 시민이 모든 단계의 공공업무 수행에 참여할 수 있는 권리와 연결된다. 따라서 정부는 인종, 피부색, 혈통 또는 민족 혹은 종족적 출신에 관한 구별 없이 모든 주민을 대표해야 한다."[145] 국가들은 내적 자결권을 주로 정부의 형태, 중앙정부와 지방정부 간의 권력 배분, 민족집단 간의 관계와 같은 주권국가 내의 자치정부의 내적 측면에 적용되는 것으로 이해한다.[146] 즉, 인민이 그들의 입법자와 정치지도자를 국내 당국으로부터의 어떠한 조작이나 부당한 영향 없이 자유롭게 선택할 수 있고, 국가의 정치적, 경제적, 사회적 및 문화적 정책을 자유롭게 결정할 수 있는 권한이 있다는 것이다.[147] 결국 자결권의 내적 측면은 민주적 절차 및 제도와 밀접하게 연결되어 있다.[148]

---

141) Nowak's CCPR Commentary(2019), p.25(para.34).

142) Taylor's Commentary(2020), p.42.

143) 상계주.

144) A. Cassese(전계주 4), p.53.

145) CERD General Recommendation No.21(1996), para.4.

146) J. Summers(전계주 12), p.343.

147) A. Cassese(전계주 4), pp.52-53.

148) Cassese는 주권국가 내의 인민의 내적 자결권에 대해 "독재정권(authoritarian regime)으로부터 자유로운 권리"를 의미한다고 보았다. 이러한 견해는 자결권을 인권규약에 포함하는 것이 불가피하다는 점을 인정한 이후 자결권의 의미를 제한하고자 한 미국, 영국, 그리스, 뉴질랜드, 덴마크 등 서구 국가들을 중심으로 주장되었지만, 역설적으로 인도, 시리아, 파키스탄, 레바논, 이집트 등의 발언에서도 민주주의적인 절차를 통한 자치정부 형성에 대한 인민의 권리로 이해하고 있음을 확인할 수 있다고 강조하였다. A. Cassese(전계주 4), pp.59-60.

Ⅲ. 천연의 부와 자원을 처분할 권리

자결권의 내용은 정치적 영역에 국한되지 않는다. 이는 자결권이 시민적 및 정치적 권리에 관한 국제규약뿐만 아니라 경제적, 사회적 및 문화적 권리에 관한 국제규약 제1조에도 규정되어 있다는 점에서도 알 수 있다. 경제적 측면의 자결권은 주로 천연자원에 대한 처분의 권리 형태로 나타난다. 이에 따라 규약 제1조 제2항은 모든 인민이 그들 자신의 목적을 위하여 천연의 부와 자원을 자유로이 처분할 수 있는 권리가 있음을 확인하고 있다.

제2항의 규약 성안 과정을 살펴보면, 1952년 칠레의 제안에 기초한 인권위원회의 초안은 '천연의 부 및 자원에 대한 영구적 주권(permanent sovereignty)'을 보장함으로써, 인민이 어떠한 경우에도 자체적인 생존수단을 빼앗기지 않을 수 있게 되어 있었다.[149] 그러나 이 초안은 적절한 보상 없는 외국 재산의 국유화를 허용하게 될 것을 우려한 서구 산업 국가들의 강한 반대에 부딪혔고, 이후 여러 차례 수정을 거치게 되면서 오히려 법적 의미가 불분명해졌다.[150] "어떠한 경우에도 인민은 그들의 생존 수단을 박탈당해서는 안 된다"라는 부분이 별도의 문구로 남았지만, 경제적 자결권의 의미는 여러 측면에서 축소 및 완화되었다.[151]

먼저, 인민의 '영구적 주권'이 아닌 '자유로이 처분할 수 있는 권리'로 규정되었으며, 천연의 부와 자원에 대한 처분은 '인민의 목적을 위한 것'이어야 한다는 조건이 붙었다.[152] 즉, 인민의 목적을 위하지 않는다면 처분권 행사의 범위가 제한된다. 그리고 이러한 처분의 권리는 호혜의 원칙에 입각한 국제경제협력으로 발생하는 의무나 국제법상 의무를 저해하지 않는다. 이는 국제경제협력에 관한 조약상의 의무나 해외투자보호와 관련된 여러 관습법상 의무로 인민의 천연의 부와 자원의 처분권을 제한한다고 하더라도 그것이 동 규약의 위반

---

149) Nowak's CCPR Commentary(2019), p.27(para.40). 1952년 칠레는 자결권이 자연자원에 대한 통제의 권리를 포함해야 한다고 주장하였다. 이러한 제안은 사회주의국가들과 제3세계 국가들의 지지를 받았다. A. Cassese(전게주 4), p.49. 찬성 10, 반대 6, 기권 2로 채택된 1952년 채택된 인권위원회 초안의 원문은 다음과 같다. "The right of peoples to self-determination shall also include permanent sovereignty over their natural wealth and resources. In no case may a people be deprived of its own means of subsistence on the grounds of any rights that may be claimed by other States." ("자결권은 천연의 자원 및 부에 대한 영구적 주권을 포함한다. 어떠한 경우에도 다른 국가가 주장하는 어떠한 권리에 기초해서도 인민은 그들의 생존 수단을 박탈당해서는 아니된다.") E/2256 and A/2929 (1952), art.1, §3[§2]. 제2항은 본래 제3항의 위치에 있었다.
150) Nowak's CCPR Commentary(2019), p.27(para.39).
151) 상게주, p.27(para.40).
152) 상게주. 앞서 언급한 수정에도 불구하고 미국은 제2항 전체를 삭제할 것을 요구하였으나, 이러한 시도는 '인민의 목적을 위하여'라는 표현이 추가되어 행사의 범위를 제한하는 것으로 마무리되었다. 상게주, p.15(para.11).

은 아니라는 의미이다. 다만, 국제경제협력에 대해서는 '호혜의 원칙에 입각'하여 체결된 조약이라는 제한이 붙는다. 이는 경제협력에 관한 조약은 상호 이익이 되는 경우에만 구속력이 있다는 의미이다. 만일 해당 조약이 당사자 한 측에만 이익이 되는 경우, 이는 천연자원에 대한 자유로운 처분의 권리에 기초해 다른 일방이 일방적으로 폐지할 수 있다는 것이다.[153] 그러나 동시에 외국 자산을 수용할 경우 적정한 보상을 해야 한다는 국제법 일반 규칙이 지켜져야 하며, 이는 생존수단을 빼앗길 경우에만 적용되는 것이 아니다.[154]

인민의 천연의 부와 자원에 대한 자유로운 처분권은 다른 국가나 외국 기업에 대해서만이 아니라 주권국 정부 또는 비자치지역이나 신탁통치지역의 행정책임을 맞고 있는 국가를 상대로도 주장할 수 있다. 따라서 이들은 천연의 부와 자원을 인민의 이익에 부합하지 않게 처분할 수 없으며, 적절한 보상을 해야만 한다.[155] 인권위원회 초안은 "다른 국가가 주장하는 어떠한 권리"를 포함하여 대외적 측면만을 상정하고 있었던 것으로 보인다. 그러나 최종 채택된 문장은 해당 부분을 삭제함으로써, 경제적 의미의 자결권도 대내적 행사가 가능하다는 의미를 내포하고 있다. 따라서 정부가 인민의 경제적, 사회적 및 문화적 권리를 조직적으로 심각하게 침해한다면 시민적 및 정치적 권리와 마찬가지로 자결권의 침해를 구성한다.[156]

제2항에 관한 규약위원회의 관련 논의는 그리 많지 않다.[157] 앞서 언급한 *Lubicon Lake Band v. Canada* 사건(1990)에서 위원회는 크리족(Cree Indian Band)의 대내적 경제적 자결권을 이들 구성원의 문화를 향유할 권리로 바꿔서 다뤘으며, 이에 따라 캐나다가 규약 제27조를 위반했다고 판단하였다.[158] 제2항을 기초로 한 *E.P. et al. v. Colombia* 사건(1990)에서는 국내적 구제 절차가 완료되지 않았다는 절차적 흠결로 인해 다뤄지지 않았다.[159] 다만, 개별국가에 대한 최종견해에서 선주민의 토지에 대한 권리를 인정하는 맥락에서 언급된 내용을 일부 참조할 수 있다.[160] 1999년 캐나다에 대한 최종견해에서 규약위원회는 선주민의 권리에 손해가 되거나 제한하는 것은 규약 제1조 제2항의 위반이 될 수 있다고

---

153) 상계주, p.28(para.41).

154) 상계주. 다만 외국인의 투자에 대한 보호와 관련된 관습국제법의 준수 역시 제2항의 해석에 있어서 고려해야 할 규약 제47조에 따라 완화될 수 있다. 1966년 제3세계 국가들의 주도로 삽입된 규약 제47조는 "이 규약의 어떠한 규정도 모든 사람이 그들의 천연의 부와 자원을 충분히 그리고 자유로이 향유하고 이용할 수 있는 고유의 권리를 해치는 것으로 해석되지 않는다"고 하였다.

155) 상계주, p.28(para.42).

156) 상계주.

157) 상계주, p.28(para.43).

158) *Lubicon Lake Band v. Canada*, Communication No.167/1984(1990), para.33.

159) *E.P. et al. v. Columbia*, Communication No.318/1988(1990), para.8.3.

160) Joseph & Castan's Commentary(2013), p.162(para.7.20).

확인하였다.[161]

Ⅳ. 당사국의 의무

규약 제1조 제3항은 모든 당사국에 대해 UN 헌장의 규정에 따라 자결권의 실현을 증진하고 그 권리를 존중할 의무를 부과하고 있다. 이러한 의무는 비자치 및 신탁통치 지역의 행정책임을 맡은 국가들뿐만 아니라 당사국 모두에게 주어지며, 관할권 내에 있는 인민뿐 아니라 자결권 행사를 위해 투쟁하고 있는 다른 인민에 대한 의무를 포함한다.[162] 한편, 제3항은 '확보' 또는 '보호'가 아닌 '증진'과 '존중'을 당사국의 의무로 정하고 있다. 이러한 표현은 국제인권규약에 자결권에 관한 조항을 포함할 것을 결정한 결의 제545(VI)호를 따르고 있는데, 이는 당시 이 결의가 탈식민화 과정을 염두에 두고 작성되었음을 보여준다.[163] 구체적 내용은 권리에 따라 달라질 수 있지만, 일반적으로 '확보'나 '보호'는 권리 실현을 위해 당사국이 적극적 조치를 취해야 함을 의미한다. 반면, '존중'은 명시적으로 허용된 예외가 아니라면 당사국이 해당 권리의 행사를 방해하거나 제한하지 말라는 취지로 소극적 의무에 해당한다. 실현의 '촉진' 역시 구체적 결과를 예정하고 있지 않다.

규약 성안 과정 당시 초안 작업을 담당했던 실무반은 제3항의 의무를 식민지 세력에만 지우는 것으로 제한하고자 하였으나 제3위원회 대표들은 이를 차별적이라고 보았다.[164] 이에 유고슬라비아가 "이들 국가를 포함하여(including those [States])"라는 문구를 넣을 것을 제안했고,[165] 이는 반대 없이 채택되었다.[166] 다만 비자치 및 신탁통치 지역에 대한 언급은 이들 지역 독립의 중요성을 강조하는 의미에서 유지되었다.[167] 이로써 제3항의 자결권의 실현을 증진하고 존중할 의무는 비자치 및 신탁통치 지역의 행정책임을 맡고 있는 국가뿐 아니라 이 규약의 모든 당사국의 의무이며, 모든 인민에게 적용된다는 점이 더욱 분명해졌다.[168] 또한 제1조 제3항은 관할권 내 사람의 권리 존중과 보장의 의무를 부과하는 규약 제2조 제1항과 달리, 관할권 밖에 있는 인민에 대한 의무를 부과하고 있다는 점이 특징적

---

161) CCPR/C/79/Add.105(1999).
162) Nowak's CCPR Commentary(2019), p.19(para.20).
163) 상계주, p.19(para.21).
164) 상계주, p.15(para.12).
165) A/C.3/L.495/Rev.2(1955),
166) A/C.3/SR.676(1955), para.17. A/3077(1955), para.59, para.72. Bossuyt's Guide(1987), p.44.
167) Nowak's CCPR Commentary(2019), p.15(para.12).
168) 상계주.

이다.[169] 규약위원회는 일반논평을 통해 제3항이 당사국에게 자결권 행사가 불가능하거나 자결권 행사의 가능성을 박탈당한 모든 인민에 대해 자결권의 실현을 증진하고 그 권리를 존중할 구체적 의무를 부과한다는 점에서 특별히 중요하다고 강조하였다.[170]

일차적으로 비자치 및 신탁통치 지역의 행정책임을 맡은 국가는 자결권의 주체인 인민에게 독립을 부여해야 할 의무가 있다.[171] 그 밖에 당사국이 자결권 실현 증진 의무를 이행하는 방법으로는 주민 전체투표(referenda)를 지원하거나 자결권과 관련된 국제기구 및 국제문서에 적극적으로 참여하는 것을 들 수 있다.[172] 보다 적극적인 수단에는 자결권을 부정하는 국가들과 외교 관계를 종결하는 것이 포함될 수 있다.[173] 그러나 동시에 이러한 적극적 조치는 UN 헌장에 부합해야 하므로 다른 국가의 국내문제를 간섭하거나 그로 인해 역으로 자결권 행사에 영향을 주는 것을 자제해야 한다.[174] 따라서 다른 국가에서 억압받는 인민의 자결권 행사를 지원하기 위해 무력을 사용하는 것은 금지된다.[175] 자결권을 존중하는 최소한의 의무에는 자결권을 행사하는 인민에 대해 무력을 사용하지 않는 방법이 포함된다.[176] 규약위원회가 제1조의 해석에 있어 참조한다고 명시한 1970년 우호관계선언은 모든 국가가 인민의 자결권 행사에 대한 무력행사를 하지 말아야 할 의무가 있으며, 그러한 강압적인 무력행사에 대항하기 위해 인민들은 UN 헌장의 목적과 원칙에 따라 지원을 요청하고 받을 수 있는 권한이 있음을 강조하고 있다.[177]

제2조 제1항은 자국 영토 내에 있으며 그 관할권 아래 있는 모든 '개인'에 대하여 어떠한 종류의 구별도 없이 규약에서 인정하는 권리들을 존중하고 확보할 것을 약속한다고 규정하고 있다. 이를 '개인'에게 주어진 권리로 한정하여 집단적 권리인 자결권을 제외하고, 규약 제III부에 명시된 권리들만을 의미한다고 보는 견해도 있으나, 이 조항의 배경과 적용 범위

---

169) Joseph & Castan's Commentary(2013), p.163(para.7.23).
170) HRC General Comment No.12(1984), para.6.
171) Nowak's CCPR Commentary(2019), p.25(para.33).
172) Taylor's Commentary(2020), pp.52-53. 예컨대, 1960년 식민지 및 인민에 대한 독립 부여 선언, 1980년 유럽 공동체 회원국의 베니스 선언, 1975년 헬싱키 의정서, 1989년 선주민 및 부족 인민에 대한 ILO 협약 제169호, 남아프리카공화국으로의 석유 및 석유화학제품의 공급 및 해상운송 감시를 위한 정부 간 그룹 등 자결권을 존중하는 국제문서에 대한 국가의 자발적인 참여 또한 자결권 실현 증진 의무의 구체적인 이행이 될 수 있다.
173) Joseph & Castan's Commentary(2013), p.163(para.7.23).
174) HRC General Comment No.12(1984), para.6.
175) Joseph & Castan's Commentary(2013), p.163(para.7.23).
176) Taylor's Commentary(2020), pp.52-53.
177) HRC General Comment No.12(1984), para.7. Declaration on Principles of International Law concerning Friendly Relations and Co-operation among States, A/RES/2625(XXV)(1970).

를 고려할 때, 제1조에 명시된 자결권에 대한 의무도 포함하는 것으로 해석되어야 할 것이다.[178] 그 밖에 당사국은 규약 제40조 국가의 보고의무에 따라 제1조의 이행에 대해 보고해야 한다. 당사국은 제1조와 관련하여 자결권의 행사를 허용하는 자국의 헌법적 및 정치적 과정을 서술하여야 한다.[179] 또한 자결의 주체인 인민이 천연의 부와 자연자원의 자유로운 처분을 방해하는 요인이나 난점 및 다른 권리의 향유에 미치는 영향을 명시해야 한다.[180]

규약위원회는 국가보고서를 검토하며, 규약에 따라 자결권의 행사가 제한된 모든 인민에 대한 의무를 강조해 왔으며, 일반논평에서는 적극적인 조치의 필요성을 강조하였다.[181] 예컨대, 모로코에 관한 최종견해에서 서사하라 인민의 자결권 실현을 위한 의무 이행에 대한 우려를 나타냈으며[182], 이스라엘에 대한 최종견해에서는 팔레스타인 인민의 토지에 대한 지속적인 수용과 몰수를 언급하며, 이러한 행위가 자결권을 포함한 규약에 있는 여러 권리 향유기반을 약화시킨다고 우려를 표하였다.[183] 모리셔스에 관한 최종견해에서는 차고스 군도의 법적지위와 관련해 영국과 분쟁이 있음에 주목하고, 모리셔스에게 1965년 이후 차고스 군도에서 내쫓긴 주민들이 자결권을 누릴 수 있도록 노력할 것을 권고하였다.[184]

V. 한국의 실행

한국 정부는 1992년부터 2021년까지 모두 5차례 국가보고서를 제출하였다. 이 중 2021년 쟁점별로 작성한 제5차 국가보고서를 제외하고, 4차례의 국가보고서에서 제1조의 국내 이행 현황을 설명하였다. 1992년 제출한 최초보고서에서는 제1조 이행에 관하여 헌법 전문과 제5조 제1항에서 국제평화주의를 선언하고 있음을 강조하고, 이에 따라 UN 헌장의 원칙과 제규정을 수락하였으며, 모든 인민이 그들의 정치·경제·사회 및 문화 발전을 자유로이 추구할 자결권을 보유하고 있음을 인정하고 있다고 밝혔다. 한국 정부는 전 세계 모든 지역에서의 자결권의 완전한 실현을 달성하기 위하여 수행되고 있는 여러 형태의 국제적·외교적 노력에 최대한 협력하는 것을 외교정책의 기본으로 삼고 있다고 밝혔다. 자결권이

---

178) Nowak's CCPR Commentary(2019), pp.19-20(para.21).
179) HRC General Comment No.12(1984), para.4.
180) HRC General Comment No.12(1984), para.5,
181) HRC General Comment No.12(1984), para.6.
182) Nowak's CCPR Commentary(2019), p.25(para.33). Concluding Observations, Moroco, CCPR/CO/82/MAR(2004), para.8; CCPR/C/MAR/CO/6(2016), paras.9-10.
183) Concluding Observation, Israel, CCPR/C/ISR/CO/4(2014), para.17.
184) Concluding Observation, Mauritius, CCPR/CO/83/MUS(2005), para.5.

아직 존중되지 않거나 국제적인 이해와 관용의 한계를 벗어나는 차별적 인종 제도가 존속하는 상황에 관한 입장으로 팔레스타인 문제에 대한 기본정책과 정책수행내용, 쿠르드족 등 난민 구호기금 제공 사항, 남아프리카 아파르트헤이트 정책에 대한 기본정책 및 정책수행내용, 나미비아와 관계에 대해 보고하였다.[185]

1996년 제출한 제2차 보고서에서도 UN 헌장 및 규약 제1조에 따라 자결권을 인정함을 설명하고, 모든 인민의 자결권 실현을 위한 국제사회의 노력에 협력한다는 기본적인 외교정책을 취하고 있다고 보고하였다.[186] 1999년 제출한 제3차 국가보고서는 이전 보고서에서의 자결권에 대한 이해와 함께 팔레스타인 지원 및 동티모르 지원사항을 소개하였다.[187] 2013년 제4차 국가보고서는 이전 보고서에서 설명한 바와 같이 대한민국 정부가 국내외적으로 모든 인민의 자결권을 실현하는 것을 중요하게 여기고 있다고 밝혔다. 구체적인 예로, 팔레스타인 인민의 자결권 실현을 촉진하고 빈곤감소 및 경제사회발전 기여를 위한 무상원조를 제공하였으며, 팔레스타인 자치정부 수반의 방한 당시 지원계획을 발표하였다고 하였다.[188] 그러나 정부의 제4차 보고서의 관련 내용에 대해 시민사회 단체가 지적한 바와 같이 인도적 지원이 자결권의 실현으로 바로 연결되는 것은 아니다.[189]

앞서 살펴본 바와 같이 제1조 제3항에 규정된 당사국의 의무는 관할권 내의 인민뿐 아니라 자결권을 행사할 수 없거나 행사를 거부당한 '모든 인민'에 대한 의무이다.[190] 이에 따라 당사국은 모든 인민의 자결권 실현을 증진하고 그 권리를 존중하기 위하여 적극적인 행동을 취해야 한다. 자결권 실현을 증진하는 구체적인 이행 방식은 인민의 주민투표를 지원하거나 국제기구 및 자결권을 보장하는 관련 문서에의 참여를 포함한다. 따라서 한국 정부가 동티모르 인민의 자결권 행사와 독립을 위한 국제사회의 지원 노력에 적극적으로 동참한 것은 제1조 의무의 이행이라 설명할 수 있다. 실제 한국 정부는 1999년 8월 투표관리위원과 선거참관인단, 민간경찰 파견 등을 통해 주민투표 및 제헌의회 선거를 지원하였다.[191] 2001년 3월에는 주동티모르 대한민국 대표부를 개설하였으며, 이를 통해 당시 독립을 목표로 하고 있던 동티모르와 우호적으로 협력할 것이라는 성명을 내기도 하였다.[192]

---

185) CCPR/C/68/Add.1(1991), paras.21-22.
186) CCPR/C/114/Add.1(1997), paras.17-18.
187) CCPR/C/KOR/2005/3(2005), para.21-23.
188) CCPR/C/KOR/4(2013), paras.34-36.
189) Human Rights in the Republic of Korea, Joint NGO Submission(2014), p.11.
190) CCPR General Comment No.12(1984), para.6.
191) 외교부, 동티모르 제헌의회 선거 실시에 관한 외교부 대변인 논평, 2001년 8월 31일.
192) 외교부, 주동티모르 대한민국 대표부 개설 보도자료, 2001년 3월 19일.

팔레스타인에 관해서도 2005년 1월 자치정부수반 선거에서 마흐무드 압바스 팔레스타인 해방기구(PLO) 의장의 당선을 환영하며, 팔레스타인 인민의 숙원인 독립국가 건설을 추진해 나갈 것을 기대한다는 성명을 내기도 하였다.[193] 2005년 6월에는 한-팔레스타인 관계를 일반대표부 관계로 격상하기로 합의하였으며, 같은 해 8월 비상주 대표를 파견하고 일반대표부 업무를 개시하였다.[194] 그러나 이후 2014년 인권이사회 제21차 특별 세션에서 팔레스타인에 대한 가자지구 공격 및 인권침해에 대한 결의에는 기권하였는데, 이는 시민사회 단체가 지적한 바와 같이 제1조 의무의 위반이 될 수 있다.[195] 반면, 2018년에는 팔레스타인 가자 지구 유혈 사태에 대해 우려를 표하는 성명을 직접 발표하며, 두 국가 해법에 기초해 국제사회가 기울이고 있는 이스라엘-팔레스타인 간 항구적 평화 정착 노력에 협조할 것을 촉구하였다.[196]

그 밖에 2008년 3월에는 코소보 공화국을 주권독립국가로 승인함으로써 코소보-알바니아 인민의 구제적 분리독립을 인정하는 입장을 취했다.[197] 반면, 2014년 우크라이나-크림반도 사태에 관해서는, 우크라이나의 주권과 영토보존을 존중하고, 크림반도 주민투표와 러시아 크림 병합을 인정할 수 없다는 성명을 발표하였다.[198] 구체적 사례에 대한 한국의 실행은 구제적 분리독립의 가능성은 인정하지만, UN 헌장의 목적과 원칙에 부합하는 자결권 행사만 인정한다는 이해를 보여준다.

제1조에 대한 한국의 실행에 있어 국제사회가 특히 주목하는 사항으로는 남북한 통일과정에서의 자결권 존중의 문제가 있다. 대한민국이 1991년 자유권규약위원회에 제출한 최초 보고서 검토 당시 제1조와 관련하여 위원들은 재통일(reunification) 과정에서 인민의 자결권 및 민주주의에 대한 권한, 경제적, 사회적, 정치적 및 문화적 체제를 선택할 권한에 관한 대한민국의 입장을 설명하도록 요청하였다.[199] 당시 대한민국 정부 대표단은 대한민국과 조선민주주의인민공화국(북한)의 관계는 대한민국의 인권 상황에 영향을 미치는 중요한 요소 중 하나임을 상기하며, 남북기본합의서와 한반도 비핵화 선언이 채택되어 통일을 위한 세 개의 기구가 설립되었음을 설명하였다.[200] 그러나 핵 문제에 대한 상이한 입장이 협상 진

---

193) 외교부, 압바스 PLO의장 팔레스타인 자치정부 수반 당선 외교부 대변인 성명, 2005년 1월 10일.
194) 외교부, 한-팔레스타인 대표부 업무 개시 보도자료, 2005년 8월 8일.
195) Human Rights in the Republic of Korea, Joint NGO Submission(2014), p.11.
196) 외교부, 팔레스타인 가자 지구 유혈 사태 관련 대변인 성명, 2018년 5월 17일.
197) 외교부, 코소보 공화국 국가승인, 2008년 3월 28일.
198) 외교부, 우크라이나 사태 관련 외교부 대변인 성명, 2014년 3월 19일.
199) A/47/40(1992), p.114(para.474).
200) A/47/40(1992), p.117(para.489).

행을 방해하고 있으며, 대한민국은 한반도의 통일은 자결, 평화 및 민주주의 원칙에 기초해야 한다는 입장이지만, 통일의 상대인 북한은 이와 다른 입장을 취하고 있으므로, 진행 중인 양자 간 대화에서 결과를 예측하기 어렵다고 하였다.[201] 이러한 답변에 따라 관련 내용은 최종견해에 포함되지는 않았다.

대한민국 정부의 당시 답변에는 여러 정치적 고려가 있었을 것이다. 그러나 대한민국 정부의 설명이 규약 제1조에 대한 완전한 이해를 바탕으로 한 적절한 답변이었는지는 의문이다. 대한민국 정부는 평화 및 민주주의 원칙과 함께 자결을 재통일의 원칙이라 언급하였다. 그러나 제1조 규약의 이행과 관련된 답변이므로, 재통일에 관한 헌법 및 정치적 과정을 설명하고, 재통일 과정에서 자결권의 주체와 자결권의 실현을 어떻게 증진하고 존중할 것인지를 보다 구체적으로 답변했어야 한다.

대한민국 헌법은 통일과 관련된 여러 조항을 두고 있다. 제3조는 "대한민국의 영토는 한반도와 그 부속 도서로 한다." 제4조는 "대한민국은 통일을 지향하며, 자유민주적 기본질서에 입각한 평화적 통일 정책을 수립하고 이를 추진한다"라고 함으로써 통일이 분명한 국가의 목표임을 밝히고 있다. 이에 따라 헌법기관들에도 이를 의무화하고 있다. 헌법 제66조에는 국가원수에게 "조국의 평화적 통일을 위한 성실한 의무를 진다"라는 요구 규정이 있다. 또한, 대한민국의 대통령은 직무의 수행을 선서할 때 제69조에 따라 이 목표를 지키겠다고 분명하게 선서할 의무가 부여된다. 제92조에는 "민주주의와 평화통일을 위한 국가 자문위원회를 설립"할 수 있다고 규정하고 있다. 그러나 재통일 과정에서의 인민의 자결권에 관한 언급은 없다. 반면, 1949년부터 1990년까지 효력을 지녔던 구 독일연방공화국(서독)의 기본법은 대한민국 헌법과 달리 동서독 통일 목표에 대한 구체적 규정이나 '재통일(Wiedervereinigung)'이라는 개념을 두고 있지는 않았다.[202] 그러나 서독 기본법의 시간적 잠정성은 재통일의 의지로 볼 수 있다. 또한, 전문 마지막 항에 "독일 전체 인민에게 주어진 자유로운 자기결정에 의하여 독일의 통일과 자유를 성취하도록 요망된다"라고 명시함으로써, 통일이 독일 전체 인민의 자결권에 의한 것임을 밝히고 있다.[203]

지금까지 규약위원회에 제출한 국가보고서에서 설명한 바와 같이, 대한민국은 국제평화

---

201) 상게주.
202) 클라우스 슈튀베, "통일로 가는 길 – 독일 재통일에 관한 헌법적 기초", 분단국가의 통일과 사회통합 (서강대학교 출판부, 2011), pp.226-227.
203) 독일 원문: "Das gesamte Deutsche Volk bleibt aufgefordert, in freier Selbstbestimmung die Einheit und Freiheit Deutschlands zu vollenden." 영문 번역: "The entire German people are called upon to complete the unity and freedom of Germany through free self-determination."

주의 원칙에 따라 UN 헌장의 원칙과 제 규정을 수락했으며, 모든 인민이 정치적, 경제적, 사회적 및 문화적 발전을 자유로이 추구할 자결권을 보유하고 있음을 인정하고 있다. 따라서 정부 답변과 같이 자결권 존중은 재통일 과정에서도 기본원칙이 될 것이다. 다만 한반도 재통일의 주체인 인민의 범위에 관해서는 통일 방식과 과정에 따라 달라질 수 있으므로 구체화가 어려울 수 있다. 따라서 이를 제외하고라도 '통일과정에서 인민의 자결권을 중시한다'라는 정도의 내용을 명문화하는 사항은 향후 적절한 시점에 논의될 수 있을 것이다.

【다른 인권조약상의 관련 조항】

인간과 인민의 권리에 관한 아프리카 헌장

제20조
1. 모든 인민은 생존의 권리를 가진다. 그들은 의심할 수 없는 불가양의 자결권을 가진다. 그들은 자유롭게 자신의 정치적 지위를 결정하고, 자유롭게 자신이 선택한 정책에 따라 자유롭게 경제적 및 사회적 발전을 추구한다.
2. 식민상태에 있거나 억압받고 있는 인민은 국제사회에 의하여 인정된 어떠한 수단에 호소하여서라도 지배의 속박으로부터 스스로를 해방시킬 권리를 가진다.
3. 모든 인민은 외국의 정치적, 경제적 또는 문화적인 지배에 대항하는 해방투쟁에 있어서 이 헌장 당사국들의 지원을 받을 권리를 가진다.

Article 20
1. All peoples shall have the right to existence. They shall have the unquestionable and inalienable right to self-determination. They shall freely determine their political status and shall pursue their economic and social development according to the policy they have freely chosen.
2. Colonized or oppressed peoples shall have the right to free themselves from the bonds of domination by resorting to any means recognized by the international community.
3. All peoples shall have the right to the assistance of the States Parties to the present Charter in their liberation struggle against foreign domination, beit political, economic or cultural.

제21조

1. 모든 인민은 자신들의 부와 천연자원을 자유로이 처분할 수 있다. 이 권리는 인민의 이익을 위하여만 행사되어야 한다. 어떠한 경우에도 인민은 이 권리를 박탈당하지 아니한다.

2. 약탈을 당한 경우 빼앗긴 자는 자신의 재산을 합법적으로 회복하고, 보상을 받을 권리를 가진다.

3. 부와 천연자원의 자유로운 처분은 상호존중, 공평한 교환 및 국제법 원칙에 근거하여 국제적 경제협력을 증진시킬 의무를 침해함이 없이 실시되어야 한다.

4. 이 헌장의 당사국들은 아프리카의 단결과 연대를 강화하기 위한 목적에서 자신들의 부와 천연자원의 자유처분권을 개별적으로 그리고 집단적으로 행사하여야 한다.

5. 이 헌장의 당사국들은 자국민이 그들의 천연자원으로부터 나오는 이익의 완전한 혜택을 받을 수 있도록, 특히 국제적 독점에 의하여 실시되는 모든 형태의 외국의 착취를 제거시킬 것을 약속한다.

Article 21

1. All peoples shall freely dispose of their wealth and natural resources. This right shall be exercised in the exclusive interest of the people. In no case shall a people be deprived of it.

2. In case of spoliation the dispossessed people shall have the right to the lawful recovery of its property as well as to an adequate compensation.

3. The free disposal of wealth and natural resources shall be exercised without prejudice to the obligation of promoting international economic co-operation based on mutual respect, equitable exchange and the principles of international law.

4. The states parties to the present Charter shall individually and collectively exercise the right to free disposal of their wealth and natural resources with a view to strengthening African unity and solidarity.

5. States parties to the present Charter shall undertake to eliminate all forms of foreign economic exploitation, particularly that practised by international monopolies so as to enable their peoples to fully benefit from the advantages derived from their national resources.

UN 헌장

제1조

2. 사람들의 평등권 및 자결의 원칙의 존중에 기초하여 국가 간의 우호관계를 발전시키며, 세계평화를 강화하기 위한 기타 적절한 조치를 취한다.

Article 1

The Purpose of the United Nations are:

2. To develop friendly relations among nations based on respect for the principle of equal rights and self-determination of peoples, and to take other appropriate measures to strengthen universal peace

제55조

사람의 평등권 및 자결원칙의 존중에 기초한 국가간의 평화롭고 우호적인 관계에 필요한 안정과 복지의 조건을 창조하기 위하여, 국제연합은 다음을 촉진한다.

가. 보다 높은 생활수준, 완전고용 그리고 경제적 및 사회적 진보와 발전의 조건

나. 경제·사회·보건 및 관련국제문제의 해결 그리고 문화 및 교육상의 국제협력

다. 인종·성별·언어 또는 종교에 관한 차별이 없는 모든 사람을 위한 인권 및 기본적 자유의 보편적 존중과 준수

Article 55

With a view to the creation of conditions of stability and well-being which are necessary for peaceful and friendly relations among nations based on respect for the principle of equal rights and self-determination of peoples, the United Nations shall promote:

a. higher standards of living, full employment, and conditions of economic and social progress and development;

b. solutions of international economic, social, health, and related problems; and international cultural and educational cooperation; and

c. universal respect for, and observance of, human rights and fundamental freedoms for all without distinction as to race, sex, language, or religion.

제73조

주민이 아직 완전한 자치를 행할 수 있는 상태에 이르지 못한 지역의 시정(施政)의 책임을

지거나 또는 그 책임을 맡는 국제연합회원국은, 그 지역 주민의 이익이 가장 중요하다는 원칙을 승인하고, 그 지역주민의 복지를 이 헌장에 의하여 확립된 국제평화와 안전의 체제 안에서 최고도로 증진시킬 의무와이를 위하여 다음을 행할 의무를 신성한 신탁으로서 수락한다.

가. 관계주민의 문화를 적절히 존중함과 아울러 그들의 정치적·경제적·사회적 및 교육적 발전, 공정한 대우, 그리고 학대로부터의 보호를 확보한다.

나. 각 지역 및 그 주민의 특수사정과 그들의 서로 다른 발전단계에 따라 자치를 발달시키고, 주민의 정치적 소망을 적절히 고려하며, 또한 주민의 자유로운 정치제도의 점진적 발달을 위하여 지원한다.

다. 국제평화와 안전을 증진한다.

라. 이 조에 규정된 사회적·경제적 및 과학적 목적을 실제적으로 달성하기 위하여 건설적인 발전조치를 촉진하고 연구를 장려하며 상호간 및 적절한 경우에는 전문적 국제단체와 협력한다.

마. 제12장과 제13장이 적용되는 지역외의 위의 회원국이 각각 책임을 지는 지역에서의 경제적·사회적 및 교육적 조건에 관한 기술적 성격의 통계 및 다른 정보를, 안전보장과 헌법상의 고려에 따라 필요한 제한을 조건으로 하여, 정보용으로 사무총장에 정기적으로 송부한다.

Article 73

Members of the United Nations which have or assume responsibilities for the administration of territories whose peoples have not yet attained a full measure of self-government recognize the principle that the interests of the inhabitants of these territories are paramount, and accept as a sacred trust the obligation to promote to the utmost, within the system of international peace and security established by the present Charter, the well-being of the inhabitants of these territories, and, to this end:

a. to ensure, with due respect for the culture of the peoples concerned, their political, economic, social, and educational advancement, their just treatment, and their protection against abuses;

b. to develop self-government, to take due account of the political aspirations of the peoples, and to assist them in the progressive development of their free political institutions, according to the particular circumstances of each territory and its peoples and their varying stages of advancement;

c. to further international peace and security;

d. to promote constructive measures of development, to encourage research, and to co-operate with one another and, when and where appropriate, with specialized international bodies with a view to the practical achievement of the social, economic, and scientific purposes set forth in this Article; and

e. to transmit regularly to the Secretary-General for information purposes, subject to such limitation as security and constitutional considerations may require, statistical and other information of a technical nature relating to economic, social, and educational conditions in the territories for which they are respectively responsible other than those territories to which Chapters XII and XIII apply.

제76조

신탁통치제도의 기본적 목적은 이 헌장 제1조에 규정된 국제연합의 목적에 따라 다음과 같다.

가. 국제평화와 안전을 증진하는 것.

나. 신탁통치지역 주민의 정치적·경제적·사회적 및 교육적 발전을 촉진하고, 각 지역 및 그 주민의 특수사정과 관계주민이 자유롭게 표명한 소망에 적합하도록, 그리고 각 신탁통치협정의 조항이 규정하는 바에 따라 자치 또는 독립을 향한 주민의 점진적 발달을 촉진하는 것.

다. 인종·성별·언어 또는 종교에 관한 차별없이 모든 사람을 위한 인권과 기본적 자유에 대한 존중을 장려하고, 전세계 사람들의 상호의존의 인식을 장려하는 것.

라. 위의 목적의 달성에 영향을 미치지 아니하고 제80조의 규정에 따를 것을 조건으로, 모든 국제연합회원국 및 그 국민을 위하여 사회적·경제적 및 상업적 사항에 대한 평등한 대우 그리고 또한 그 국민을 위한 사법상의 평등한 대우를 확보하는 것.

Article 76

The basic objectives of the trusteeship system, in accordance with the Purposes of the United Nations laid down in Article 1 of the present Charter, shall be:

a. to further international peace and security;

b. to promote the political, economic, social, and educational advancement of the inhabitants of the trust territories, and their progressive development towards self-government or independence as may be appropriate to the particular circumstances of each territory and its peoples and the freely expressed wishes of the peoples concerned, and as may be provided by the terms of each trusteeship agreement;

c. to encourage respect for human rights and for fundamental freedoms for all without distinction as to race, sex, language, or religion, and to encourage recognition of the interdependence of the peoples of the world; and

d. to ensure equal treatment in social, economic, and commercial matters for all Members of the United Nations and their nationals, and also equal treatment for the latter in the administration of justice, without prejudice to the attainment of the foregoing objectives and subject to the provisions of Article 80.

용병 모집·이용·자금조달·훈련의 방지에 관한 국제협약

제5조

1. 당사국은 용병을 모집, 사용, 금전적 지원 혹은 훈련시킬 수 없으며 동 협약의 규정에 따라 이러한 행위들을 금지하여야 한다.

2. 당사국은 국제법상 인정된 바와 같이 양도할 수 없는 권리인 인민의 자결권을 정당하게 행사하는 것을 반대하기 위한 목적으로 용병을 모집, 사용, 금전적 지원 혹은 훈련시킬 수 없으며, 그러한 목적을 위해 용병을 모집, 사용, 금전적 지원 혹은 훈련시키는 것을 방지하기 위해 국제법에 따라 적절한 조치를 취해야 한다.

3. 이 협약에 대한 위반사항은 해당 위반의 중대성을 고려하여 적절한 벌칙으로 처벌해야 한다.

Article 5

1. States Parties shall not recruit, use, finance or train mercenaries and shall prohibit such activities in accordance with the provisions of the present Convention.

2. States Parties shall not recruit, use, finance or train mercenaries for the purpose of opposing the legitimate exercise of the inalienable right of peoples to self-determination, as recognized by international law, and shall take, in conformity with international law, the appropriate measures to prevent the recruitment, use, financing or training of mercenaries for that purpose.

3. They shall make the offences set forth in the present Convention punishable by appropriate penalties which take into account the grave nature of those offences.

제2조 당사국의 이행의무

정 인 섭

목 차

Ⅰ. 개관
Ⅱ. 보조적 성격
Ⅲ. 권리의 보장 의무
  1. 의의
  2. 적용범위
    가. 인적 적용범위
    나. 장소적 적용범위
    다. 시적 적용범위
  3. 차별금지
    가. 의의

    나. 차별금지의 사유
    다. 제26조와의 관계
Ⅳ. 국내적 이행의무
Ⅴ. 효과적 구제의무
  1. 구제조치의 확보
  2. 구제조치의 집행
Ⅵ. 한국의 실행
  1. 규약의 국내법적 지위
  2. 개인통보 결정의 이행
[다른 인권조약상의 관련조항]

1. 이 규약의 각 당사국은 자국의 영역 내에 있으며, 그 관할권 하에 있는 모든 개인에 대하여 인종, 피부색, 성별, 언어, 종교, 정치적 또는 그 밖의 의견, 민족적 또는 사회적 출신, 재산, 출생 또는 그 밖의 신분 등에 따른 어떠한 종류의 차별도 없이 이 규약에서 인정되는 권리들을 존중하고 보장하기로 약속한다.

2. 이 규약의 각 당사국은 현행 입법조치 또는 그 밖의 조치에 의하여 아직 규정되어 있지 않은 경우, 이 규약에서 인정되는 권리가 실현될 수 있도록 필요한 입법조치 또는 그 밖의 조치를 채택하기 위하여 자국의 헌법 절차 및 이 규약의 규정에 따라 필요한 조치를 취하기로 약속한다.

3. 이 규약의 각 당사국은 다음을 약속한다.

가. 이 규약에서 인정되는 권리 또는 자유를 침해당한 사람에 대하여, 그러한 침해가 공무집행 중인 사람에 의하여 자행되었을지라도 효과적인 구제조치를 받도록 보장한다.

나. 그러한 구제조치를 청구하는 개인에 대하여, 권한 있는 사법, 행정 또는 입법 당국 또는 그 국가의 법체제가 규정하는 그 밖의 권한 있는 당국에 의하여 그의 권리가 확인되도록 보장하고, 사법적 구제조치의 가능성을 향상시킨다.

다. 그러한 구제조치가 허용되는 경우, 권한 있는 당국이 이를 집행하도록 보장한다.

1. Each State Party to the present Covenant undertakes to respect and to ensure to all individuals within its territory and subject to its jurisdiction the rights recognized in the present Covenant, without distinction of any kind, such as race, colour, sex, language, religion, political or other opinion, national or social origin, property, birth or other status.

2. Where not already provided for by existing legislative or other measures, each State Party to the present Covenant undertakes to take the necessary steps, in accordance with its constitutional processes and with the provisions of the present Covenant, to adopt such legislative or other measures as may be necessary to give effect to the rights recognized in the present Covenant.

3. Each State Party to the present Covenant undertakes:

   a) To ensure that any person whose rights or freedoms as herein recognized are violated shall have an effective remedy, notwithstanding that the violation has been committed by persons acting in an official capacity;

   b) To ensure that any person claiming such remedy shall have his right thereto determined by competent judicial, administrative or legislative authorities, or by any other competent authority provided for by the legal system of the State, and to develop the possibilities of judicial remedy;

   c) To ensure that the competent authorities shall enforce such remedies when granted.

Ⅰ. 개관

제2조는 당사국의 규약상 권리의 존중과 보장 의무에 관한 중심조항이다.[1] 그 내용은 규약상 권리의 차별 없는 존중과 보장(제1항), 완전한 국내적 이행(제2항), 위반시 구제조치(제3항)를 핵심으로 한다. 제2조는 다양한 내용을 한 조문에 담아 내용이 좀 길고 복잡한 편이다. 유럽인권협약, 미주인권협약, 아프리카 인권헌장 등의 경우 규약 제2조에 해당하는 내용이 여러 조항에 분산되어 있다.[2]

규약이 보장하는 구체적 권리들이 제3부에 규정되어 있는 점과 달리 제2조는 제2부에 별도로 소속되어 있다. 제2조는 일종의 우산조항(umbrella clause)으로 규약에서 보장되는 모든 권리에 관해 적용된다. 따라서 이 조항은 규약 내 다른 실체조항의 해석에 있어서 중요

---

1) Taylor's Commentary(2020), p.59.
2) 「유럽인권협약」 제1조, 제13조, 제14조; 「미주인권협약」 제1조, 제2조, 제25조; 「아프리카 인권헌장」 제1조, 제2조, 제26조 등.

한 역할을 한다.[3] 단 제2조는 이 조항만 독립적으로 위반될 수 없고, 제3부의 다른 실체조항들과 연계되어서만 침해되는 보조적(accessory) 성격의 조항이다.

제2조는 국가 전체를 구속하므로 입법, 사법, 행정의 어떠한 부서도 적용상 예외가 인정되지 않는다. 「조약법에 관한 비엔나 협약」의 "당사자는 조약 불이행에 대한 정당화 근거로서 자신의 국내법 규정을 원용할 수 없다"(제27조)라는 원칙이 규약에도 적용됨은 물론이다. 당사국이 되면 규약은 중앙정부와 지방정부를 모두 구속하며, 연방국가인 경우라도 어떠한 제한이나 예외 없이 당사국의 전 지역에 적용된다(규약 제50조). 규약위원회는 제2조를 유보할 수 없는 조항으로 해석하고 있다.[4]

당사국의 이행의무를 독립 조항으로 설치하자는 생각은 1947년 인권위원회 초기 초안부터 반영되었다. UN 총회 역시 이 같은 별도 조항의 필요성을 강조한 바 있다.[5] 현재 제2조의 내용 중 제1항과 제2항은 미국 초안, 제3항은 영국 초안에서 출발했다.

제1항 논의과정에서 관심이 집중되었던 부분은 "자국의 영역 내(within its territory)"와 "차별(distinction)"과 같은 표현이었다. 적용대상자를 "자국 영역 내"에 있는 자와 "관할권 내"에 있는 자 중 어느 방식으로 표현할까에 대해 초안과정에서 여러 차례 논란과 반전이 거듭되었다. 최종적으로는 양자를 "and"로 연결해 모두 병기함으로써 "자국 영역 내에 있으며, 그 관할권 하에 있는"이라는 현재의 문언으로 합의되었다. 특히 미국이 "영역 내"라는 표현의 추가를 주장했는데,[6] 그 이유는 제2차 대전 직후 미국이 점령해 관할권을 행사하고 있던 독일, 오스트리아, 일본 등지에서도 당사국으로 의무를 지는 상황을 우려했기 때문이었다.[7] 반면 당사국 국민이 자국 영역 밖에 있으면 본국의 보호를 받을 수 없다는 이유에서 "영역 내"를 삭제하자는 수정안이 여러 차례 제안되었으나, 다수의 지지를 받지 못했다. 마지막으로 총회 제3위원회 표결에서 "영역 내"를 존치하자는 안이 찬성 55, 반대 10, 기권 19으로 통과되었다.[8] 후일 규약이 발효하게 되자 규약위원회는 이 요건을 상당히 유연하게 적용하고 있다.

제1항에서는 "어떠한 종류의 차별도 없이"를 "without distinction of any kind"로 표현하고 있다. 토의과정에서 "discrimination"의 사용이 더 적절하지 않은가 논란이 되었지만, 차별금지를 규정한 세계인권선언 제2조 제1항과 UN 헌장 제1조 제3항에서도 "distinction"

---

3) Nowak's CCPR Commentary(2019), p.33(para.4).
4) HRC General Comment 24(1994), paras.9, 11; HRC General Comment 31(2004), para.5.
5) UN 총회 결의 제421호(V), 전문 제3문 참조.
6) E/CN.4/365(1950), p.14.
7) 최지현, "국제인권조약의 장소적 적용범위 확대", 안암법학 제34권(2011), p.1003.
8) A/C.3/SR.1259(1963), para.30.

이 사용되고 있다는 이유에서 다수 국가들은 이의 유지를 원했다.[9]

제2항에 관해서는 규약이 발효와 동시에 즉시 구속력을 발휘해야 하는가 아니면 자국 국내법제를 정비할 일정한 시간적 유예를 인정할까에 논의가 집중되었다. 호주를 비롯한 일부 국가는 "합리적 기간 내" 점진적 이행의무만을 부과하자고 주장했는데, 영국이 이를 강력히 반대해 성사되지 못했다. 일종의 타협책으로 "필요한 조치를 취하기로 약속한다"는 문언으로 합의되었는데, 이는 가능한 한 신속한 이행의 의미를 내포하고 있다. 만약 당사국의 이행이 지나치게 지연된다면 국가보고서 심사를 통해 통제될 수 있으리라 기대되었다.[10]

제3항과 관련해 규약 위반에 대해 효과적인 구제제도가 실시되어야 한다는 점에는 별다른 이론이 없었다. 다만 영미법계 전통의 국가들은 사법적 구제가 중심이 되어야 한다고 주장한 반면, 대륙법계 국가들은 정치적 기관에 의한 구제도 허용되어야 한다고 반박했다. 구제기관으로 정치적 기관의 명기를 반대한 측의 논거는 이런 기관이 종종 인권침해자가 된다는 이유였다. 타협책으로 정치적 기관이란 표현을 삭제하는 대신 현재의 제3항 나호의 표현을 사용하기로 합의되었다.[11]

II. 보조적 성격

제2조는 이른바 보조적 성격의 조항으로 분류된다. 제2조는 당사국에게 일반적 의무를 부과할 뿐 이 조항 위반만을 이유로 피해자가 개인통보를 제기할 수 없으며, 규약 제3부에 규정된 실체적 권리(제6조 내지 제27조)에 대한 침해와 연계되어서만 제2조 위반문제가 제기될 수 있다.[12] 이 점을 보여주는 초기 사례 중 하나가 다음 *K.L. v. Denmark* 사건(1981)이다.

이 사건 통보자는 자신의 세금과 관련해서 법원에 3건의 청구를 제기했으나 기일 도과를 이유로 모두 각하 당했다. 그는 구체적으로 무슨 권리가 침해되었는지에 대한 언급은 없이, 법원이 절차적 잘못을 바로 잡도록 지원해 주었어야 했다며 규약 제2조 제3항 위반을 주장하는 개인통보를 제출했다. 규약위원회는 "규약에서 인정된 권리나 자유 중 하나가 침해된 데에 대한 구제시도가 아닌 한 제2조 제3항 위반은 있을 수 없다"며

---

9) A/5655(1963), para.19.

10) A/5655(1963), para.23.

11) A/5655(1963), paras.25-27.

12) Nowak's CCPR Commentary(2019), p.39(para.17); Taylor's Commentary(2020), p.60. 「유럽인권협약」 제14조, 「미주인권협약」 제1조 1항, 「아프리카 인권헌장」 제2조 등도 마찬가지의 방식으로 차별금지를 규정하고 있다.

심리적격이 없다고 판단했다.[13]

규약위원회는 이후에도 여러 개인통보사건 판정을 통해 이 점을 반복적으로 확인해 왔다.[14] 같은 기조에서 당사국이 유보로 배제한 권리에 대한 침해와 함께 제2조 위반을 주장하는 경우 역시 개인통보는 수락되지 않는다.[15]

한편 제2조가 보조적 성격의 조항이란 의미는 규약의 다른 실체조항이 독자적으로 위반된 경우에만 그에 수반되어 제2조 위반이 문제될 수 있다는 취지는 아니다. 규약위원회는 제2조 의무 불이행이 피해자 개인에게 바로 영향을 미치는 다른 조항 위반의 직접 원인이 되는 경우에는 제2조 위반을 이유로 한 개인통보가 가능하다고 해석한다.[16] 제6조 생명권 보호조항을 예로 들어 본다. 제6조는 가장 심각한 범죄에 대한 사형을 용인하고 있기 때문에 사형제도 자체는 규약 위반이 아니다. 그런데 어느 국가가 특정 민족 또는 특정 피부색의 사람들에게만 사형을 부과하는 법률을 제정한다면 이 자체가 제6조 위반이라고 할 수 있을까? 이런 경우 제2조 차별금지조항과 제6조를 통합적으로 해석하면 규약 위반이라는 결론을 쉽게 얻을 수 있다.[17] 이런 점에서 제2조는 규약 제3부의 모든 조항에 공통적으로 적용되는 조항으로서의 존재의의를 갖는다.

---

13) "there can be no breach of article 2 (3) unless a remedy is sought for the violation of one of the rights or freedoms recognized elsewhere in the Covenant." *K.L. v. Denmark*, Communication No. 802/1980(1981).

14) *R.A.V.N. et al. v. Argentina*, Communication Nos.343-345/1988(1990), para.5.3; *C.E.A. v. Finland*, Communication No. 316/1988(1991) para.6.2; *Peirano Basso v. Uruguay*, Communication No. 1887/2009(2010), para.9.4; *A.P. v. Ukraine*, Communication No. 1834/2008(2012), para.8.5; *Rodriguez Castañeda v. Mexico*, Communication No. 2202/2012(2013), para.6.8; *Kuznetsov et al. v. Belarus*, Communication No. 1976/2010(2014), para.8.4; *Griffiths v. Australia*, Communication No. 1973/2010(2014), para.6.4; *Poliakov v. Belarus*, Communication No. 2030/2011(2014), para.7.4; *Poplavny v. Belarus*, Communication No. 2019/2010(2015), para.6; *Malika El Boathi v. Algeria*, Communication No. 2259/2013(2017), para.6.4.

15) *Fanali v. Italy*, Communication No. 75/1980(1983), para.13.

16) *Griffiths v. Australia*, Communication No. 1973/2010(2014), para.6.4; *Kuznetsov et al. v. Belarus*, Communication No. 1976/2010(2014), para.8.4; *L. Sudalenko v. Belarus*, Communication No. 2114/2011(2015), para.8.4; *Malika El Boathi v, Algeria*, Communication No. 2259/2013(2017), para.6.4; *D. Koreskov v. Belarus*, Communication No. 2168/2012(2017), para.7.4; *L. Khelifati et al. v. Algeria*, Communication No. 2267/2013(2017), para.5.4.

17) Nowak's CCPR Commentary(2019), p.41(para.20).

III. 권리의 보장 의무

1. 의의

당사국은 "자국의 영역 내에 있으며, 그 관할권 하에 있는 모든 개인에 대하여" 어떠한 차별도 없이 "규약에서 인정되는 권리를 존중하고 보장"할 의무를 진다(제2조 제1항).[18] 만약 당사국이 규약상 권리를 제한하려 한다면 이는 해당 조항이 허용하는 범위 내에서만 가능하다. 당사국은 그 제한 필요성을 증명해야 하며, 정당한 목적 추구에 필요한 범위 내에서만 제한이 가능하다. 어떠한 경우에도 규약상 권리의 본질을 훼손하는 방법으로 권리가 제한되어서는 안 된다.[19]

당사국의 의무는 소극적 측면과 적극적 측면을 모두 갖고 있다. "존중(respect)"한다의 취지는 명시적으로 허용된 예외가 아니라면 개인의 규약상 권리행사를 당사국이 방해하거나 제한하지 말라는 의미이다. 일종의 소극적 의무이다. 존중의 내용은 각 조항마다 차이가 난다. 예를 들어 고문 등의 금지(제7조)나 노예제 금지(제8조 제1항)와 같이 절대적 금지인 경우도 있고, 생명권(제6조 제1항)이나 자국으로 입국할 권리(제12조 제4항)처럼 자의적인 박탈이 금지되는 경우도 있다.

한편 "보장(ensure)"한다의 취지는 규약의 권리실현을 위해 당사국이 적극적 조치를 취해야 한다는 의미이다. 규약상 권리가 당사국의 국내법이나 관행을 통해 이미 보호되고 있지 않다면, 당사국은 비준과 더불어 국내법과 관행을 규약 내용과 조화되도록 변경해야 한다.[20] 통상 적극적 조치는 사회·경제적 권리실현에 필요하다고 이해되지만, 시민적·정치적 권리 역시 이를 필요로 하는 경우가 적지 않다. 보장 의무 역시 그 구체적 내용은 개별 조항에 따라 달라진다. 이를 이행하는 방법은 제2항의 규정과 같이 국내 입법조치에 의할 수도 있고, 제3항의 규정과 같이 구제조치의 적용을 통해 실현될 수도 있고, 적절한 법적 기구를 수립하거나 여타의 입법적, 행정적, 정치적 또는 사법적 조치에 의해 이루어질 수도

---

18) 규약은 당사국이 "undertakes to respect and to ensure"라고 규정하고 있다. undertake의 의미에 대해 ICJ는 다음과 같이 설명하고 있다. "The ordinary meaning of the word "undertake" is to give a formal promise, to bind or engage oneself, to give a pledge or promise, to agree, to accept an obligation. It is a word regularly used in treaties setting out the obligations of the Contracting Parties [···] It is not merely hortatory or purposive." Application of the Convention on the Prevention and Punishment of the Crime of Genocide. Bosnia and Herzegovina v. Serbia and Montenegro, 2007 ICJ Reports 43, para.162.

19) HRC General Comment 31(2004), para.6.

20) HRC General Comment 31(2004), para.13.

있다.[21] 예를 들어 생명권 보호를 실현하기 위해 국가는 단순히 자신이 직접 살인을 하지 않는 것만으로는 부족하고, 살인을 형사상 범죄로 금지하고 이를 위반한 자를 처벌할 사법제도를 마련해 실행해야 한다. 참정권(제25조)의 실현을 위해서는 국가가 선거제도를 마련하고, 이를 이행할 현실적 여건을 제공해야 한다.

2. 적용범위

가. 인적 적용범위

당사국은 "자국 영역 내에 있으며, 그 관할권 하에 있는 모든 개인(individuals)"에게 규약상 권리를 보장해야 한다. 규약의 권리 향유자는 당사국 국민으로 한정되지 않는다. "자국 영역 내에 있으며, 그 관할권 하에 있는 개인"이라면 국적과 상관없이 외국인, 무국적자, 난민, 이주노동자 등을 모두 포괄한다.[22] 개인은 자연인을 의미하며, 법인은 규약의 적용대상이 아니다.

성안과정에서 일본은 규약의 적용 대상자를 "개인"이 아닌 "인(人; person)"으로 수정하자고 제안했었으나, 다수 국가들이 반대함으로써 개정안을 철회했다. person 대신 individuals이 선호된 이유는 규약은 자연인을 보호대상으로 할 뿐 법인이나 기업은 이에 포함되지 않는다는 점을 명확히 하고, 아울러 국가가 개인의 법인격을 박탈함으로써 규약상 권리를 보장하지 않아도 된다는 빌미를 주지 않으려는 의도였다.[23] 적용 대상자를 person으로 규정한 미주인권협약은 유사한 이유에서 이 용어가 모든 사람(every human being)을 의미한다는 정의 조항을 별도로 두었다.[24]

나. 장소적 적용범위

(1) 자국 영역

규약 당사국은 "자국 영역 내에 있으며, 그 관할권 하에 있는" 모든 사람에게 규약상 권리를 보장할 의무를 진다. 당사국 영역 내에 있는 모든 사람은 외교사절과 같은 특수한 경우를 제외하고는 모두 그 국가 관할권 하에 놓이게 된다. 따라서 특별한 예외사유가 없는 한 상호주의와 관계없이 외국인은[25] 물론 무국적자,[26] 군인,[27] 수형자,[28] 계절노동자, 집

---

21) Nowak's CCPR Commentary(2019), pp.42-43(para.24).

22) HRC General Comment 15(1986), para.2; General Comment 31(2004), para.10.

23) A/5655(1963), para.17; Nowak's CCPR Commentary(2019), p.44(para.27).

24) 「미주인권협약」 제1조.

25) *M. Ajaz & A. Jamil v. Republic of Korea*, Communication No.644/1995(1999); *X v. Republic of Korea*, Communication No.1908/2009(2014); *A. Vandom v. Republic of Korea*, Communication

시 등을 포함해 당사국 영역 내에 있는 모든 자에게 규약이 적용된다.[29]

당사국 영역이라 하면 규약 적용에 관해 특별한 배제 선언이 없는 한 해외 속령이나 식민지를 포함한 전 영역을 가리킨다. 연방국가의 경우 역시 어떠한 제한이나 예외 없이 당사국 전 지역에서 규약이 이행되어야 한다(제50조). 해외 영토가 상당한 수준의 자치권을 행사할지라도 규약 적용의 예외는 인정되지 않는다.

당사국 영역 내에서 권리침해 사실이 발생했다면 피해자가 침해 당시 외국에 거주하고 있었어도 규약 위반이 인정된다.

> D. Mbenge는 자이레 국민이나 정치적 사유로 벨기에로 망명한 후 난민자격으로 그곳에 거주해 왔다. 자이레 법원은 궐석재판을 통해 D. Mbenge에게 사형판결을 내렸는데, 당사자에게 재판에 참여하라는 연락이 없었으며, 재판결과도 공식 통지되지 않았다. D. Mbenge는 벨기에에서 개인통보를 제출했지만, 규약위원회는 통보적격을 인정하고 자이레의 규약 위반을 판정했다.[30]

외국 관헌이 공적으로 수행한 활동일지라도 당사국의 동의 또는 묵인 하에 자국 영역에서 발생한 사건이라면 그로 인한 규약상 권리침해에 책임을 져야 한다. 이집트 출신 M. Alzey는 위조여권으로 스웨덴으로 입국해 난민신청을 했다. 그가 테러활동과 관련된다고 판단한 스웨덴은 강제송환을 결정하고 자국 공항 청사에서 이집트 및 미국 보안기관원에게 신병을 인계했다. Alzey는 공항 조사실에서 이들 외국 보안기관원들의 폭력행사 아래 굴욕적인 취급을 당했다. 규약위원회는 이러한 사태에 대해 스웨덴도 제7조(고문 등의 금지) 위반의 책임이 있다고 판단했다.[31]

(2) 관할권

당사국 "영역 내"와 "관할권 하"가 "and"로 연결된 제2조 제1항의 성안 당시 취지는 두

No.2273/2013(2018).

26) HRC General Comment 15(1986), paras.1-2.

27) *A. Vuolanne v. Finland*, Communication No.265/1987(1989).

28) *D. Yevdokimov & A. Rezanov v. Russia*, Communication No.1410/2005(2011).

29) 「조약법에 관한 비엔나 협약」 제29조 "다른 의사가 조약에 나타나거나 달리 증명되는 경우를 제외하고, 조약은 각 당사자의 전체 영역에서 그 당사자를 구속한다."

30) *D. Mbenge et al. v. Zaire*, Communication No. 16/1977(1983).

31) *M. Alzey v. Sweden*, Communication No. 1416/2005(2006), para.11.6. 유사 취지의 사건: *Cañón García v. Ecuador*, Communication No. 319/1988(1991).

요건을 중복적으로 적용하려는 의도였다고 이해된다. 그러나 규약위원회는 장소적 적용범위를 상당히 탄력적으로 해석해 왔다. "영역 내"와 "관할권 하"를 엄격히 중복 적용하면 규약의 보호로부터 부당하게 배제되는 상황이 적지 않게 발생하기 때문이었다. 일반논평은 "설사 당사국 영역 내에 존재하지 않을지라도 당사국의 권한이나 실효적 통제 하에 있는 모든 사람"에게 규약상 권리가 존중되고 확보되어야 한다고 설명한다.[32] 이는 자유권규약 선택의정서 제1조가 "영역 내"는 언급 없이 단순히 "관할권에 속하"는 자로 권리침해의 희생자라면 개인통보를 제출할 자격을 인정하고 있는 사실과도 연결된다. 결국 적용대상을 판단함에 있어서는 "영역 내"보다는 "관할권 하"가 보다 실질적인 역할을 한다.

이에 피해 발생시 당사국에 소재하고 있었다면 규약위원회는 현재의 국적이나 거주지는 불문하고 피해자를 당사국 관할권 하에 있는 자로 해석해 개인통보 제출을 허용한다.

우루과이인 Massiotti와 Baritussio는 자국에서 당국에 의해 부당하게 체포·구금되었다가 석방되었다. 두 사람은 석방 후 우루과이 국적을 보유한 채 각기 네덜란드와 스웨덴으로 이주했다. 이들은 과거 우루과이 정부의 부당한 체포·구금을 이유로 현 거주지에서 개인통보를 제출했다. 우루과이 정부는 이들이 더 이상 자국 관할권 하에 소재하지 않는다는 이유로 규약위원회가 이 사건을 담당할 수 없다고 주장했다. 규약위원회는 권리침해가 발생했을 당시 통보자들이 우루과이의 관할권 내에 있었기 때문에 통보적격을 인정받기 충분하다고 판단했다.[33]

Quinteros는 스웨덴 거주 우루과이인이다. 그는 자신의 딸이 우루과이에서 실종되고 장기간 행방불명됨에 따라 딸 본인은 물론이고, 자신도 정신적 고문을 당했다고 주장하며 개인통보를 제출했다. 이 사건에서는 스웨덴 거주 기간 동안의 정신적 피해도 우루과이 관할권 하의 사건이라고 할 수 있는가가 논란이 되었다. 규약위원회는 딸이 실종된 시점에 그가 우루과이 체류 중이었다는 점에 주목해 우루과이 관할 하에 있는 자에 해당한다고 판단했다.[34]

또한 당사국의 현실적 권한 아래 있었다면 설사 외국에서 발생한 사건에 대해서도 규약

---

32) HRC General Comment 31(2004), para.10.
33) *Massiotti & Baritussio v. Uruguay*, Communication No.25/1978(1982). 우루과이를 상대로 한 동일한 성격의 사건: *Viana Acosta v. Uruguay*, Communication No.110/1981(1984).
34) *Quinteros v. Uruguay*, Communication No.107/1981(1983).

이 적용된다.

우루과이인 Lopéz Burgos의 부인은 남편이 우루과이 정보국 요원들에 의해 아르헨티나에서 납치되어 비밀리 자국으로 이송된 후 부당하게 감금되어 있다며 개인통보를 제출했다. 이 사건은 외국에서 발생했으므로 우루과이 관할권 내에서의 권리침해라고 할 수 없다는 이의가 제기되었다. 규약위원회는 납치가 외국에서 발생했더라도 범인이 정부 요원이라면 피해자는 우루과이 관할권 하에 있던 사람에 해당한다고 판단했다.[35]

이 사건에서 "자국 영역 내"를 문언 그대로 엄격히 해석한다면 당사국이 자국 영역 내에서 저지르면 위법한 납치 · 감금에 해당하는 행위를 해외에서 자행한 경우, 외국에 대한 주권침해까지 겹쳐 위법성의 정도가 한층 심한데도 불구하고 규약의 적용에서 배제되는 결과가 된다. 이는 명백히 부당하기 때문에 위원회가 장소적 적용범위를 탄력적으로 해석하는 데 아무런 이의가 제기되지 않았다. 다음은 결정 당시 좀 더 논란이 되었던 사건이다.

Vidal Martins는 멕시코에서 언론인으로 활동하는 우루과이인이다. 여권 유효기간이 만료되자 그는 해외체류를 계속하기 위해 파리와 멕시코 내 우루과이 영사관에 여러 차례 여권 갱신신청을 했으나, 모두 거부당했다. 그는 여권 갱신거부를 통해 우루과이 정부가 모든 사람의 해외출국권을 보장하고 있는 규약 제12조 제2항을 위반했다고 주장하며, 개인통보를 제출했다. 우루과이측은 여권 갱신거부가 자국 영토 내에서 발생하지 않았고, 통보자가 자국 관할권 하에 소재하지도 않는다고 반박했다. 규약위원회는 여권 발급이 우루과이 정부 관할권에 속하는 사안이므로, 그 목적에 한해서는 통보자가 우루과이 관할 내에 있었다고 해석하며 통보를 수락하고, 우루과이가 규약을 위반했다는 결론을 내렸다.[36]

이 결정에 대해서는 위원회가 지나치게 폭넓은 해석을 통해 관할권 성립을 인정했다는 비판도 제기되었으나,[37] "여권사건"이라는 별칭이 붙을 정도로 동일한 성격의 통보가 자주 제기되었고 위원회는 일관되게 같은 입장을 고수했다.[38]

---

35) *Lopéz Burgos v. Uruguay*, Communication No.52/1979(1981).

36) *Vidal Martins v. Uruguay*, Communication No.57/1979(1982).

37) P. Ghandhi, The Human Rights Committee and the Rights of Individual Communication (Ashgate, 1998), pp.128-129.

당사국은 자신이 군사적으로 점령하고 있는 지역에서도 규약을 적용할 의무를 지는가? ICJ는 팔레스타인 점령지가 이스라엘 영토가 아닐지라도 규약의 대상과 목적을 고려할 때 이스라엘이 자국 관할권에 복종하는 이 지역 주민에 대해 규약을 적용해야 한다고 판단했다.[39] ICJ는 또 다른 사건에서도 해당국이 관할권을 행사하고 있다면 영토 밖이라도 특히 점령지에서의 행위에 대해서는 국제인권조약들이 적용될 수 있다고 재확인했다.[40] 규약위원회 역시 이스라엘의 국가보고서에 대한 최종견해에서 같은 입장을 반복적으로 강조했다.[41] 터키는 자국 헌법과 법령이 적용되는 영토에 대해서만 규약을 비준한다고 선언하고 당사국이 되었는데, 이는 터키가 사실상 점령 중인 북사이프러스에 대한 규약 적용을 회피하기 위한 의도였다.

점령지가 아니라도 해외로 파견된 당사국 군대의 활동과정 중 어떠한 이유에서든 실효적 통제 아래 놓이게 된 사람에게도 규약이 적용된다.[42] 예를 들어 미국은 테러와의 전쟁 수행 중 해외에서 외국인의 신병을 확보했어도 이들이 미국 영역 밖에 소재하는 한 규약이 적용되지 않는다고 주장했으나, 규약위원회는 이에 동의하지 않았다. 해외작전 중 미국 당국에 의해 구금된 자가 불법 살해되거나, 고문·기타 잔혹하거나 비인도적 처우나 처벌을 당한 경우 책임자를 조사·처벌하라고 요구했다.[43]

(3) 타국 행위에 대한 책임

당사국은 일반적으로 타국에 의한 규약상 권리침해에 대해 책임지지 않는다. 당사국이 자국 소재자를 타국으로 범죄인인도를 했는데, 인도 이후 타국 내에서 벌어진 권리침해에 대해서도 책임을 져야 하는가?

---

38) *Samuel Lichtensztejn v. Uruguay*, Communication No.77/1980(1983); *Varela Núñez v. Uruguay*, Communication No.108/1981(1983); *Pereira Montero v. Uruguay*, Communication No.106/1981 (1990) 등.

39) Legal Consequences of the Construction of a Wall in the Occupied Palestine Territory. Advisory Opinion, 2004 ICJ Reports 136, paras.108-109.

40) Armed Activities on the Territory of the Congo, Democratic Republic of Congo v. Uganda, 2005 ICJ Reports 168, paras.216-220.

41) Concluding Observations on Israel, CCPR/C/ISR/CO/4(2014), para.5; CCPR/C/ISR/CO/3(2010), para.5; CCPR/CO/78/ISR(2003), para.11.

42) HRC General Comment No.31(2004), para.10.

43) Concluding Observations on the United States of America. CCPR/C/USA/CO/4(2014), paras.4-5. 동일한 입장은 Concluding Observations on Netherlands, CCPR/CO/72/NET(2001), para.8에서도 표시되었다.

Chitat Ng는 미국에 거주하던 홍콩인이었다. 캐나다로 도피한 후 현지에서 범행을 저질러 체포되었는데, 미국은 그가 1984년과 85년 사이 자국에서 납치 살인 등 19개 범죄를 저지른 혐의자라며 캐나다에 범죄인인도를 요청했다. 캐나다는 그를 미국 캘리포니아로 인도했다. 그러자 Chitat Ng는 자신이 사형에 처할 가능성이 높은데, 캘리포니아주에 의한 가스 사형집행은 잔혹하고 비인도적 처우에 해당한다며 자신을 인도한 캐나다를 상대로 개인통보를 제출했다. 규약위원회는 통보자가 미국 감옥에서 처할 상황이 규약 제7조(고문 등의 금지)의 권리 침해에 해당한다며, 캐나다가 범죄인인도로 인해 규약을 위반했다고 판단했다.[44]

또한 규약위원회는 *Judge v. Canada* 사건(2003)에서도 사형 폐지국인 캐나다가 사형 불집행의 보장 없이 사형 가능국인 미국으로 범죄인인도를 하는 행위는 규약 제6조 생명권 보호조항 위반이라고 판단했다.[45]

규약위원회는 자국 영역 내 또는 자신의 통제 하의 사람을 외국으로 강제 송환할 경우 그가 현지에서 "규약 제6조와 제7조에 규정된 바와 같은 회복 불가능한 피해를 받을 현실적 가능성"이 있다고 믿을만한 근거가 있으면, "자국 영역으로부터 그를 범죄인인도, 강제퇴거, 추방 또는 다른 방법으로 배제시키지 않아야할 의무"를 진다는 입장이다.[46] 다만 타국으로 인도 이후 발생한 어떠한 권리침해라도 모두 송환국의 규약 위반으로 해석되지는 않는다. 일단 제6조 또는 제7조 침해와 같이 신체적 피해의 위험성이 인정될 필요가 있다.[47] 그러나 이 이외 다른 권리침해 우려를 이유로 송환국의 규약 위반이 인정된 사례는 아직 없다. 규약위원회는 각국 보고서 심사에서도 송환 이후 제6조와 제7조 위반 발생에 대한 우려만 표시했었다.[48] 그 밖의 권리침해 부분에 대한 판단기준은 아직 명확하지 않다.

---

44) *Chitat Ng v. Canada*, Communication No.469/1991(1994).

45) *Judge v. Canada*, Communication No.829/1998(2003). 이 사건 통보자는 제7조 위반도 함께 주장했지만 규약위원회는 제6조 위반을 결정한 이상 제7조 위반 여부를 판단할 필요가 없다고 결정했다 (para.10.9). 한편 과거 *Cox v. Canada* 사건에서는 규약위원회가 본문의 결정과 반대 결론을 내린 바 있다. Communication No.539/1993(1994).

46) HRC General Comment No.31(2004), para.12.

47) *X v. Denmark*, Communication No. 2007/2010(2014), para.9.2; *P.T. v. Denmark*, Communication No. 2272/2013(2015), para.7.2; *Y v. Canada*, Communication No. 2280/2013(2015), para.7.2; *S v. Denmark*, Communication No. 2642/2015(2018), para.8.2.

48) Concluding Observations on Uzbekistan, CCPR/CO/71/UZB(2001), para.13; Concluding Observations on Yemen, CCPR/CO/75/YEM(2002), para.18.

(4) 사기업의 해외활동

역외 관할권의 인정과 관련해 특히 관심을 끄는 주제는 자국 사기업의 해외활동에 관해 당사국은 어느 정도까지 규약 적용의무를 지느냐이다. 국가는 자국 사인의 해외활동에 원칙적으로 책임을 지지 않는다. 그런데 사기업이 진출한 국가가 개발도상국일 경우 노동환경 등이 열악하고 현지 사업장에서 인권침해가 발생할 가능성이 높다. 사회적 여건상 현지 당국에 의한 침해구제를 기대하기 어려운 경우가 많다. 인권활동가들은 사기업 본국이 해외사업장에서의 인권침해에 대해 규제를 해 주기 원한다. 이와 관련해서 관심을 끌었던 사건이 *Yassin et al. v. Canada* 사건(2017)이다.

통보자들은 이스라엘의 팔레스타인 점령지 주민들이었다. 이스라엘 정부가 이들의 토지를 수용한 후 유태인 정착촌을 건설했는데, 이 사업을 캐나다 회사가 담당했다. 이들은 정착촌 건설로 인해 자신들의 규약 제7조(고문 등의 금지), 제12조(거주·이전의 자유), 제17조(사생활의 비밀과 자유), 제27조(소수 집단의 보호) 등의 권리가 침해당했다고 주장하며, 캐나다를 상대로 개인통보를 제출했다. 이 사건을 심리한 규약위원회는 자국 영역 내에서의 인권 존중의무와 영역 밖에서의 의무가 모든 면에서 같을 수는 없을지라도, "당사국은 자국 관할권 하 기업의 해외활동에 의해서도 규약상 권리가 침해되지 않도록 할 의무를 질 상황이 있다"고 설시했다. 특히 심각한 인권침해가 발생한 경우 그러할 수 있다고 보았다.[49]

다만 이 사건 문제의 회사는 세금대책을 위해 캐나다에 등록을 했을 뿐, 등록지인 캐나다와는 별다른 유대가 없고, 재산도 두고 있지 않았다. 따라서 이들 기업의 해외활동에 관해 캐나다가 적절한 주의의무를 다하지 못한 책임을 져야 할 상황은 아니라고 판단했다.[50] 이는 반대로 해석하면 국가가 자국 기업에 대해 충분한 영향력을 갖고 있다면, 그 기업의 해외활동에 대해 규약 위반의 책임을 질 가능성이 있음을 시사한다.[51] 규약위원회는 한국의 제4차 국가보고서에 대한 최종견해에서도 "대한민국 관할권 하 기업의 해외활동이 관련 인권기준에 위배된다는 주장에 주목"하며 우려를 표하고, 이런 기업의 해외활동에 의해 피해를 입은 사람들에 대한 구제책을 강화하라고 권고한 바 있다.[52] 독일과 캐나다 국가보고

---

49) *Yassin et al. v. Canada*, Communication No. 2285/2013(2017), para.6.5.
50) 상게주, para.6.7.
51) Nowak's CCPR Commentary(2019), pp.50-51(para.39).

서에 대한 최종견해에서도 같은 취지의 언급을 했었다.[53]

다. 시간적 적용범위

조약은 발효 이전에 발생한 행위나 사실에 관해 당사국을 구속하지 못한다(불소급의 원칙, 「조약법에 관한 비엔나 협약」 제28조). 인권조약 역시 예외가 아니다. 자유권규약은 1976년 3월 23일 발효했고, 대한민국에 대해서는 1990년 7월 10일부터 구속력을 발휘했다. 따라서 대한민국을 상대로는 이 이후에 발생한 권리침해 사건에 관해서만 개인통보가 제출될 수 있다. 규약 발효 이전 사건에 관해 통보가 제출되면 이는 "규약 규정과 양립할 수 없"다고 인정되어 심리적격이 부인된다(선택의정서 제3조). 단 사건 자체는 규약 발효 이전에 발생했어도 그 침해행위가 발효 이후까지 지속되거나, 침해의 효과가 그 자체로 별도의 규약 위반에 해당하는 경우는 개인통보가 가능하다.[54] 예를 들어 불법체포는 과거 발생했어도 규약 발효 이후에도 석방되지 않았다면 침해가 계속되는 사례에 해당한다.

그런데 개인통보사건에 비해 국가보고서 심의에서는 규약위원회가 불소급 원칙과 계속적 침해의 판단에 있어서 상대적으로 유연한 입장을 취하는 듯하다. 일본 국가보고서에 관한 최종견해에서 제2차 대전 중 발생한 이른바 군대위안부 사건을 언급하면서 피해자의 명예 훼손에 따른 2차 가해, 일본 법원에서 피해자 배상청구 기각, 책임자 처벌 불이행 등의 상황은 당사자 인권에 대한 계속적 침해에 해당한다고 평가했다.[55] 이어 일본은 피해자 구제를 위해 즉각적이고 효과적인 입법 및 행정적 조치를 취하라고 요구했다. 한편 스페인 국가보고서에 대한 심의 시에도 스페인이 규약 당사국이 되기 이전 발생했던 고문·강제실종·약식처형 등의 인권침해사건들이 1977년 사면법으로 인해 조사와 책임자 처벌 등이 어렵게 된 상황에 우려를 표명하고 이 법의 폐기 또는 개정을 요청했다.[56] 사실 규약 비준 이전의 인권침해사건들을 소급적으로 다시 거론하기 시작한다면 과거의 책임으로부터 완전히 자유로울 국가는 거의 없을 것이다. 위원회 역시 각국의 비준 이전 과거 인권침해사건을 조직적

---

52) Concluding Observations on the Republic of Korea, CCPR/C/KOR/CO/4(2015), paras.10-11.

53) Concluding Observations on Germany, CCPR/C/DEU/CO/6(2012), para.17; Concluding Observations on Canada, CCPR/C/CAN/CO/6(2015), para.6.

54) *A. Sviridov v. Kazakhstan*, Communication No. 2158/2012(2017), para.9.4.

55) "The Committee considers that this situation reflects ongoing violations of the victims' human rights, as well as a lack of effective remedies available to them as victims of past human rights violations (arts. 2, 7 and 8)." Concluding Observations on Japan, CCPR/C/JPN/CO/6(2014), para.14. Concluding Observations on Japan, CCPR/C/JPN/CO/5(2008), para.22 참조.

56) Concluding Observations on Spain, CCPR/C/ESP/CO/6(2015), para.21.

으로 검토하지는 않는다.[57]

3. 차별금지

가. 의의

제2조 1항은 "인종, 피부색, 성별, 언어, 종교, 정치적 또는 그 밖의 의견, 민족적 또는 사회적 출신, 재산, 출생 또는 그 밖의 신분 등에 의한 어떠한 종류의 차별(distinction)도 없이" 규약상 권리의 보장을 규정하고 있다. UN 헌장이 차별금지를 자신의 목표로 제시하고 있는데 비해 규약은 비차별과 평등을 범세계적 수준에서 모든 국가의 구속력 있는 의무로 규정했다는 점에 의의가 있다.[58] 차별금지는 제2조 제1항 뿐 아니라, 제26조의 중심 주제이며, 아울러 제3조, 제4조 제1항, 제20조, 제23조 제24조, 제25조 등에서도 강조되고 있다. 평등과 차별금지는 규약 전체를 관통하는 가장 핵심 주제이기도 하다.[59]

규약이 "차별"이란 무엇을 의미하는지 별도로 정의하고 있지는 않다. 규약위원회는 "차별"이란 용어가 인종, 피부색, 성별, 언어, 종교, 정치적 또는 그 밖의 의견, 민족적 또는 사회적 출신, 재산, 출생 또는 그 밖의 신분에 근거해 모든 사람이 동등한 바탕 위에서 인권과 자유를 인식, 향유 또는 행사함을 무효화하거나 침해하는 목적 또는 효과를 가지는 모든 구별, 배척, 제한 또는 우선권을 의미하는 것으로 이해한다.[60] 이는 「인종차별철폐협약」 제1조와 「여성차별철폐협약」 제1조가 규정한 차별의 정의와 같은 차원의 인식이다.[61]

제2조 제1항의 취지가 사람을 어떠한 경우에도 동일하게 대우해야 된다는 의미는 아니다.[62] 합리적 사유가 있으면 얼마든지 구별이 가능하다. 규약 자체도 18세 미만자에 대한 사형금지(제6조 제5항), 소년범의 특별취급(제10조 제3항), 시민에 대한 투표권 보장(제25조) 등과 같이 일정 집단에 대한 별도 대우를 인정하고 있다. 다만 서로 다른 대우가 차별금지에 저촉되지 않으려면 다음과 같은 점이 검토되어야 한다. 즉 대상자가 비교할만한 상황에 놓여 있는가? 합리적이고 객관적 기준에 근거한 구별인가? 구별 내용이 비례성 원칙에 합당한가 등이다.[63] 차등 조치도 구별기준이 합리적이고 객관적이며, 규약의 정당한 목표를 달성하기 위한 의도라면 금지된 차별에 해당하지 아니한다.[64]

---

57) Nowak's CCPR Commentary(2019), p.54(para.47).
58) Taylor's Commentary(2020), p.67.
59) Joshep & Castan's Commentary(2013), p.760.
60) HRC General Comment 18(1989), para.7.
61) HRC General Comment 18(1989), paras.6-7.
62) HRC General Comment 18(1989), para.8.
63) Nowak's CCPR Commentary(2019), p.56(para.50).

제3위원회 심의과정에서 논란이 제기되었던 부분은 distinction과 discrimination 중 어느 표현을 사용할까였다. 사회권규약과 자유권규약 모두 제2조 초기 초안에서는 distinction이 제시되었는데, 사회권규약의 경우 심의과정에서 discrimination으로 수정이 합의되었다. 그 이유는 차별금지가 합리적 구별까지 금지하려는 의도는 아니라는 점에서 금지의 대상을 discrimination으로 제한하려는 취지였다. 양자를 일치시키기 위해 본 규약에서도 discrimination으로 변경하자는 수정안이 제기되었다. 차별금지를 규정한 또 다른 조항인 제26조에서도 discrimination이 사용되고 있으므로 이 역시 통일시키는 편이 좋겠다는 의견도 주장되었다. 그러나 세계인권선언이나 UN 헌장에서 distinction이 사용되고 있으므로 규약 역시 이를 유지하자는 의견이 다수였기 때문에 제2조에서는 결국 distinction이 고수되었다. 동시에 distinction을 채용해도 모든 종류의 구별이 금지되지는 않으며, 불리한 집단을 위한 적극적 우대조치는 이에 저촉되지 않는다는 이해에 합의했다.[65] 차별을 야기하거나 영속시키는 조건을 완화시키거나 철폐하기 위한 일정한 우대조치는 평등을 촉진할 목적의 조치로서 정당한 구별의 일종이다.[66]

distinction과 discrimination 간에는 서로 어떠한 차이가 있는가? 표현상 차이에도 불구하고 distinction이나 discrimination의 금지는 모두 자의적이거나 부당한 차별 또는 구별을 배제하는 의미라는 점에서 동일하다.[67] 사실 자유권규약 제2조 제1항과 사회권규약 제2조 2항이 distinction과 discrimination으로 각기 다른 용어를 사용할 특별한 이유는 없다. 본 규약에서 제2조 제1항과 제25조는 distinction을, 반면 제4조 제1항과 제24조 제1항, 제26조는 discrimination을 사용하고 있지만, 규약위원회는 종종 원 조문의 용례와 상관없이 discrimination을 일반적으로 사용하기도 한다.[68] 규약 속에서 양자는 사실상 동일한 의미를 가지며 서로 호환 가능하다는데 큰 이견이 없다.

나. 차별금지의 사유

제2조 제1항은 "인종, 피부색, 성별, 언어, 종교, 정치적 또는 그 밖의 의견, 민족적 또는 사회적 출신, 재산, 출생 또는 그 밖의 신분"에 의한 차별을 금지하고 있다. 규약의 초기 초

---

64) HRC General Comment 18(1989), para.13.
65) A/5655(1963), paras.19-20.
66) HRC General Comment 18(1989), para.10. 「인종차별철폐협약」 제2조 제2항 및 「여성차별철폐협약」 제4조 제1항 참조.
67) Taylor's Commentary(2020), p.68.
68) HRC General Comment 18(1989), paras.11-12는 제2조와 제26조를 설명하면서 공통적으로 discrimination을 사용하고 있다.

안에는 국민과 외국인·무국적자 간의 평등대우 의무만이 언급되어 있었다.[69] 그러나 이보다 먼저 채택된 UN 헌장만 해도 "인종, 성별, 언어 또는 종교"에 따른 차별금지를 규정하고 있었다(제1조 제3호). 「세계인권선언」은 차별금지 사유를 더욱 상세히 나열하는 방식을 취하자 이후 인권위원회와 총회 제3위원회에서는 별다른 이견 없이 선언과 동일한 문언이 채택되어 현재와 같이 확정되었다.[70]

이 중 "인종, 피부색, 성별, 민족적 또는 사회적 출신, 출생"은 당사자 스스로 변경할 수 없는 선천적 성질에 해당한다. 언어와 종교는 후천적 변경이 불가능하지는 않아도 어렵거나 사실상 불가능한 경우가 많다. 정치적 의견의 변경이 강제될 경우 부정적 결과를 가져온 경험도 적지 않다. 무슨 배경에서 이런 사유가 선정되었든 제2조 제1항의 지적들은 예시에 불과하다는데 이론이 없다. 이는 "such as"라는 표현의 사용과 함께 사유의 마지막 항목으로 구체적 내용을 담지 않은 other status(그 밖의 신분)가 포함되어 있다는 점에서도 분명하다.[71] 이 조항에 나이, 장애, 성적 지향, 유전적 특징, 지능, 국적 등은 명기되어 있지 않으나, 이러한 사유가 차별의 근거로 허용된다는 의미는 결코 아니다. 규약위원회는 아직 other status의 의미를 일반적으로 정의내린 바 없다.

다음은 규약에 직접 명기되지 않은 사유를 근거로 한 개인통보사례들이다.

Ibrahima Gueye 등은 세네갈 출신으로 과거 프랑스 식민지 시절 프랑스군에 복무했다. 프랑스는 원래 자국 군대 복무자에게 현재의 국적과 관계없이 동일한 액수의 연금을 지급했었는데, 1975년 프랑스 군인연금법의 개정으로 프랑스 국적이 없는 구 식민지 출신자들에게는 현지 경제상황에 따라 조정된 연금을 지급하게 되었다. 아프리카인들은 대략 프랑스인의 1/10 수준의 연금만을 받았다. 통보자들은 이러한 결과가 법 앞의 평등 위반이라고 주장하며 개인통보를 제출했다. 통보자들은 규약상 차별금지 항목에 국적이 명기되어 있지 않기 때문에 이 사건을 인종차별이라고 주장하며 통보를 제출했다. 그러나 규약위원회는 비록 국적이 명기되어 있지 않더라도 "그 밖의 신분(other status)"에 포함된다고 해석하고 프랑스의 규약 위반을 판정했다.[72]

---

69) E/CN.4/21(1947), p.30(영국 제안); E/CN.4/37(1947), p.1(미국 제안); E/800(1948), p.15(인권위원회 제3회 회기 보고서).

70) E/2573, E/CN.4/705(1954), Annex, p.66; A/5655(1963), para.30.

71) Nowak's CCPR Commentary(2019), p.56(para.51).

72) *Ibrahima Gueye et al. v. France*, Communication No.196/1985(1989), paras.9.4-9.5. 단 규약위원회는 이 사건이 규약 제26조 위반이라고 판단했으나, 차별금지항목에 관한 해석은 제2조에 관해서도 동일하다.

Toonen은 호주인으로 동성애자였다. 그가 거주하는 타즈매니아의 형법은 동성애자를 형사처벌하는 조항을 갖고 있었다. 지난 수년간 Toonen을 포함해 동성애자가 실제 처벌된 사례는 없었다. 그럼에도 Toonen은 이 같은 형법 조항 때문에 자신의 사생활이 위협받고 있다고 주장하며, 개인통보를 제출했다. 심의과정에서는 성적 지향이 "그 밖의 신분(other status)"에 포함되는가가 검토되었으나, 규약위원회는 "성별(sex)"이 성적 지향을 포괄하는 개념이라고 판단하고 호주의 규약 위반을 결정했다.[73]

다. 제26조와의 관계

규약 제26조도 "인종, 피부색, 성별, 언어, 종교, 정치적 또는 그 밖의 의견, 민족 또는 사회적 출신, 재산, 출생 또는 그 밖의 신분 등의 어떠한 이유에 따른 차별에 대하여도 평등하고 효과적인 보호를 모든 사람에게 보장"하고 있으므로, 제2조 제1항과의 관계가 무엇인가는 일찍부터 관심의 대상이었다. 동일한 조약에 이 두 조항이 모두 필요한가? 두 조항은 각기 다른 역할을 하는가?

제2조는 앞서도 설명한 바와 같이 "이 규약에서 인정되는 권리"의 차별 없는 보호를 내용으로 한다. 그런 의미에서 보조적 성격만을 지니며, 제2조 자체로는 독립적 권리로서의 성격을 지니지 못한다. 제2조 제1항이 위반되려면 차별이 규약 내 다른 권리와 연계되어야 한다.

반면 제26조에는 "이 규약에서 인정되는 권리"라는 제한이 포함되어 있지 않다. 즉 제26조는 제2조 내용의 단순 반복이 아니며, 그 자체로 독립적 권리이다.[74] 예를 들어 당사국이 국내법을 제정할 때 제2조는 일단 규약에서 인정되는 권리들의 차별 없는 보호를 요구한다면, 제26조는 규약에서 인정되는 권리 여부와 상관없이 어떠한 국내법도 그 내용이 차별적이지 않을 것을 요구한다.[75] 따라서 제26조의 실제 적용범위는 자유권규약 이상으로 확장될 수 있다. 이러한 차이가 문제가 되었던 초기 사례가 *Broeks v. Netherlands* 사건(1987)이다.

Broeks는 장애인이다. 그녀는 간호사로 근무하다가 해고당하자, 한동안 장애수당과 실업수당을 동시에 받았다. 1976년 기혼 여성의 경우 그녀가 부양 의무자임을 증명해야

---

73) *T. Toonen v. Australia*, Communication No.488/1992(1994), para.8.7. 이후 위원회는 성적 지향에 기반한 차별금지는 규약 제26조에 따른 차별금지에 포함된다는 입장을 주로 표시하고 있다.
74) HRC General Comment 18(1989), para.12.
75) HRC General Comment 18(1989), para.12.

만 실업수당을 받을 수 있도록 법이 개정되어, 더 이상 실업수당을 받지 못했다. 단 기혼 남성에게는 부양 의무자 증명이 요구되지 않았다. Broeks는 이 법이 기혼 여성과 기혼 남성을 차별하고 있다고 주장하며 개인통보를 제출했다. 규약위원회는 네덜란드 실업수당법이 제26조를 위반했다고 판단했다.[76]

즉 이 사건의 경우 실업수당과 같은 사회보장제도는 자유권규약에서 인정된 권리가 아니기 때문에 제2조 제1항에 저촉된다고 보기는 어렵다. 그러나 "어떠한 차별도 없이 법의 평등한 보호를 받을 권리"를 규정한 제26조에는 위반된다. 제2조 제1항과 제26조의 차별금지는 이러한 점에서 차이가 난다.

Ⅳ. 국내적 이행의무

당사국이 규약상 권리를 존중하고 보장할 의무는 제2항에 의해 구체화된다. 즉 당사국은 규약상 권리를 실현하기 위한 기존 법령 등이 미흡한 경우 이의 이행에 필요한 법률제정 또는 기타 조치를 취해야 한다. 규약 내용과 충돌되는 기존 국내법이나 실행은 규약 기준에 맞게 변경해야 한다. 제2조는 각국이 자신의 헌법 절차에 따라 필요한 조치를 취하도록 허용하고 있기 때문에 규약 내용이 반드시 당사국 국내법으로 수용(incorporation)되어 법원의 재판규범으로 직접 적용되기를 요구하지는 않는다. 다만 규약위원회는 자유권규약이 국내법의 일부로 수용된 국가에서 보다 강화된 보호가 이루어지리라고 평가하고 있다.[77]

규약이 당사국에게 어떠한 성격의 의무를 부과하는가는 성안단계부터 많은 논의의 대상이 되었던 주제이다. 사회권규약은 권리 실현의 점진적 달성을 목표로 하고 있으나,[78] 이행의무에 관한 본 규약 제2조 제2항의 문언은 사실 좀 더 복잡하다.

초안 당시 일부 국가는 국제법상 조약 당사국은 별도 예외 규정이 없는 한 조약 발효와 동시에 그 내용을 이행할 의무를 지므로 제2항과 같은 취지의 조항이 굳이 필요 없다고 주장했다.[79] 그러나 호주를 필두로 미국, 프랑스 등은 사회권규약과 유사하게 본 규약에 관해서도 점진적 달성만을 요구하자는 취지에서 제2항에 "합리적 시간 내에(within a reasonable

---

76) *Broeks v. Netherlands*, Communication No. 172/1984(1987).

77) HRC General Comment No.31(2004), para.13.

78) "achieving progressively the full realization of rights recognized in the present Covenant"(제2조 1항).

79) A/2929(1955), p.49.

time)"라는 일종의 유예기간을 명기하자고 제안했다. 이는 인권위원회 내에서 한때 지지를 받기도 했으나, 특히 영국이 강력히 반대해 최종안에서는 삭제되었다.[80] 다만 제40조 제1항은 당사국이 "권리를 향유함에 있어 진전된 사항(the progress made in the enjoyment of those rights)"을 보고하도록 요구하고 있어서 점진적 실현이 허용되는 듯한 암시를 하고 있다. 전반적으로 제2조 제2항의 문언은 가능한 한 신속한 이행을 의미하는 일종의 타협책으로 받아들여졌다.[81]

그러나 규약 발효 이후 규약위원회에서의 해석 실행은 특별한 예외가 허용되지 않는 한 규약의 모든 조항이 발효와 동시에 바로 적용되고, 당사국은 규약상 권리를 즉각 보장할 의무를 진다는 입장이다. 일반논평 제31호는 제2조 제2항에서 규약의 권리실현을 위해 필요한 조치를 취하라는 요구는 무조건적이며 즉각적인 효과를 지니며, 자국의 정치·사회·문화·경제적 고려사항으로 인한 불이행이 정당화되지 않는다고 설명하고 있다.[82] 유보를 첨부하지 않는 한 당사국은 비준 이전에 자국의 법제도와 실행을 규약에 합치시켜야 한다.[83]

당사국의 의무이행을 위한 가장 중요한 수단은 입법이다. 사회권규약이 당사국에게 입법조치를 포함한 모든 적절한 수단에 의해 규약상 권리의 실현의무를 부과하고 있는데 비하여, 자유권규약은 권리실현을 위해 "입법조치 또는 그 밖의 조치"를 취할 의무를 부과함으로써 상대적으로 입법조치의 필요성을 더 강조하고 있다. 이는 사회권규약의 실현을 위해서는 단순한 입법 외에도 현실의 경제적·사회적·재정적 여건이 중요한 반면, 자유권규약의 많은 부분은 적절한 입법과 이의 집행만으로도 실현가능하다는 특징에서 연유한다.[84] 물론 규약상 권리를 제대로 실현하기 위해서는 입법 이상의 당사국 역할이 필요하다. 예를 들어 고문방지(제7조)를 위해서는 각국이 고문을 금지하고, 고문 행위자를 처벌하는 형법을 제정·집행함으로써 당사국의 기본의무를 이행할 수 있지만, 현실에서 고문발생을 막으려면 법집행자에 대한 고문금지 교육과 고문예방을 위한 시스템 구축, 구금시설의 여건 개선 등 다양한 조치가 병행될 필요가 있다. 즉 당사국은 권리침해 금지와 위반에 대한 구제책 마련 이상으로 규약상 권리실현을 위한 여건 조성과 예방조치에도 힘을 기울여야 한다. 이것이 규약 제40조가 모든 당사국에게 "진전된 사항"을 정기적으로 보고하도록 요구하고, 규약위원회는 향후 추가 개선이 필요한 부분에 대한 관심과 우려를 표명하는 이유이다.[85]

---

80) A/2929(1955), p.50-51.
81) A/5655(1963), para.23. Nowak's CCPR Commentary, p.61(para.63).
82) HRC General Comment No.31(2004), para.14.
83) Nowak's CCPR Commentary(2019), p.62(para.64).
84) Nowak's CCPR Commentary(2019), p.60(para.60).
85) Nowak's CCPR Commentary(2019), p.62(para.65).

그런 의미에서 시민적·정치적 권리 역시 끊임없는 점진적 실현이 필요한 분야이기도 하다.

V. 효과적 구제의무

1. 구제조치의 보장

제2조 제3항은 규약상 권리를 침해당한 자에 대해 당사국은 효과적인 구제조치를 보장하고, 이를 집행하도록 요구한다. 어떠한 구제조치가 효과적인가는 모든 관련상황을 고려해 개별사건 별로 판단할 수밖에 없다. 구제조치는 아동을 포함해 특별히 취약집단을 배려해 적절하게 채택되어야 한다.[86] 권리침해를 받은 개인은 당사국 내에서 국내적 구제조치를 모두 마친 다음에야 개인통보를 제출할 수 있다(국내적 구제 완료의 원칙: 선택의정서 제5조 제2항 나호). 단 당사국이 실효적 구제조치를 마련하고 있지 않다면, 개인통보 제출에 국내적 구제 완료가 요구되지 않는다.

구제방법으로는 민사적·행정적·형사적 조치는 물론 입법적 조치까지 모두 포함된다. 성안과정에서 영국은 독립적 사법기관에 의한 구제 원칙을 제시했으나, 유럽대륙과 중남미 및 아랍 국가들은 당사국이 원하면 정치적 또는 행정적 기관에 의한 구제도 인정하자고 대립했다. 여러 차례의 표결 끝에 구제기관을 사법기관으로 한정하는 안은 채택되지 않았으나, 정치적 기관이란 용어는 입법 당국으로 대체되고 사법적 구제조치의 가능성을 향상시키라는 문구를 추가하는 선에서 타협이 이루어졌다.[87] 결과적으로 제3항 나호의 문언에는 사법적 구제에 대한 선호가 표시되어 있다. 사법부가 공정하게 작동하고 그 결과가 행정부에 의해 존중된다면 장기적으로는 유사한 침해의 재발방지를 위해 가장 효과적인 방안이기 때문이다.[88] 행정절차를 통한 구제에서는 독립적이고 공정한 기관을 통해 신속하고 철저하고 효과적인 조사 진행이 중요하다.

만약 행정부나 사법부의 결정이 권리침해행위에 해당한다면, 그러한 결정이 무효화 되거나, 파기되거나, 최소한 집행되지 않아야 한다. 법령 자체가 권리침해의 성격을 갖고 있다면(예: 동성애의 형사처벌), 문제의 법령은 개정 또는 폐기되어야 한다.

규약상 권리를 침해받은 개인에게는 구제조치로서 배상이 제공되어야 한다. 피해자에 대한 배상 없이는 규약 제2조 제3항이 요구하는 효과적인 구제조치라고 할 수 없다. 배상방법으로는 금전배상, 원상회복, 사실 확인, 공적인 사과·공식 기념물 조성·재발방지·기존

---

86) HRC General Comment 31(2004), para.15.
87) A/2929(1955), pp.53-54; A/5655(1963), paras.25-27.
88) Nowak's CCPR Commentary(2019), p.66(para.73).

법령이나 관행의 개선·책임자 처벌과 같은 만족(satisfaction) 등이 포함된다.[89] 개인통보사건에서 금전배상이 요구되는 경우 통상적인 재판과 달리 구체적인 배상금 액수가 결정문에 제시되지는 않는다.

　인권침해사건에 대한 조사가 이루어지지 않는다면 피해자에 대한 구제를 무산시키는 결과가 된다. 규약위원회는 침해주장에 대한 조사가 이루어지지 않으면 그 자체가 별개의 규약 위반이 될 수도 있다고 본다.[90] 조사가 지나치게 지연되는 경우 역시 마찬가지이다. 위원회는 다음 *Hogo Rodríguez v. Urguay* 사건(1994)에서도 포괄적 사면법 제정으로 인해 과거 중대한 인권침해 사건에 대한 조사와 책임자 문책 등이 어려워졌다면 이는 규약 위반에 해당한다고 판단했다.

　　이 사건 통보자는 군사정부 시절 체포되어 고문을 당하고 장기간 구금되었다. 우루과이는 1986년 군사정부 시절의 범죄들을 사면하는 법률을 제정해, 이후에는 과거 인권침해 사건에 대한 조사가 어려워졌다. 통보자는 국가가 사면법 제정을 통해 고문 피해에 대한 조사, 책임자 처벌, 배상 등과 같은 국제의무를 무시하고, 인권침해 희생자에 대한 정의회복을 부정하고 있다며 개인통보를 제출했다. 규약위원회는 사면법이 과거 인권침해사건의 조사 가능성을 배제하고, 희생자를 위한 효과적 구제를 방해하고 있다며, 이러한 입법은 규약 제7조와 함께 제2조 제3항 위반이라고 판단했다. 이에 통보자가 제2조 제3항에 따른 구제를 받을 권리가 있다고 확인하며, 우루과이에 대해 고문사실 등의 공식 조사, 적절한 배상, 재발방지 조치 등을 취하라고 요구했다.[91]

　구제조치의 일환으로 피해자는 당사국에게 책임자 형사처벌을 요구할 수 있는가? 규약위원회는 일관되게 피해자 개인이 국가에게 형사처벌을 요구할 권리는 없다고 해석하며, 이 부분에 대한 통보는 심리적격이 없다고 판단해 왔다.[92] 그러나 심각한 인권침해의 경우

---

89) HRC General Comment 31(2004), para.16.
90) HRC General Comment 31(2004), paras.15. 강제실종이 발생했는데 국가가 이를 제대로 조사조차 하지 않는다면, 이는 가족들에게 정신적 고통을 가해 규약 제7조 위반을 야기한다고 판단한 사례: *B. Dhakal et al. v. Nepal*, Communication No.2185/2012(2017), para.11.8; *U. Zakharenko et al. v. Belarus*, Communication No.2586/2015(2017), paras.7.3-7.4.
91) *Hogo Rodríguez v. Urguay*, Communication No. 322/1988(1994), paras.12.4 & 13-14. Nowak's CCPR Commentary(2019), p.66(para.74)은 이를 기념비적 결정이라고 높이 평가했다.
92) *H.C.M.A. v. Netherlands*, Communication No. 213/186(1989), para.11.6; *R.A.V.N. et al. v. Argentina*, Communication Nos. 343-345/1988(1990), para.5.5; *V.L. v. Belarus*, Communication No. 2984/2011 (2016), para.7.5; *X. v. Sri Lanka*, Communication No. 2256/2013(2017), para.7.4 등.

위원회 역시 철저한 조사와 책임자를 재판에 회부할 필요성을 초기부터 지적해 왔다.[93] 특히 자의적 생명권 박탈(제6조), 고문(제7조), 강제실종(제6조, 제7조 및 제9조 등) 등과 같은 범죄행위를 한 자에 관한 형사적 수사의 필요성을 강조하고 있다.[94] 이 같은 행위자가 법적 책임에서 면제된다면 유사한 사건 재발 원인이 되기 때문이다.[95] 다음 *S. Fernando et al. v. Sri Lanka* 사건(2011)에서 위원회는 규약 제2조 제3항에 따라 국가는 책임자를 형사재판에 회부할 의무가 있다고 판단했다.

통보자의 남편은 경찰로부터 중고 트럭을 구매했는데, 실은 경찰이 도난된 차량을 불법으로 판매했음을 나중에 알게 되었다. 이에 통보자들은 이 사실을 당국에 신고했다. 이후 경찰들로부터 신고를 철회하라는 무수한 협박이 가해지고 동시에 이들 가족에 대한 각종 가혹행위와 폭력행사가 수년간 자행되었다. 결국 남편은 신원미상의 사람들에 의해 피살되었다. 그럼에도 불구하고 이들 사건에 대한 조사는 제대로 이루어지지 않았다. 규약위원회는 스리랑카가 규약 제6조(생명권), 제7조(고문 등의 금지), 제9조 제1항(신체의 자유), 제17조(사생활의 비밀과 자유), 제23조(가정과 혼인) 등을 위반했다는 결론을 내렸다. 이어 제2조 제3항 가호에 따라 당사국은 1) 책임자의 재판회부 2) 적절한 배상과 사과, 재발방지 등을 포함한 실효적 구제책을 통보자에게 제공하라고 결정했다.[96]

구제조치는 이미 발생한 권리침해에 대해서만 가능한가? 발생이 예견되는 침해를 방지하기 위한 사전적 구제도 가능한가? 제2조 제3항 가호는 구제대상자를 "침해당한 사람"으로 규정해[97] 문언상 과거 발생한 침해에 대한 사후적 구제를 전제로 하는 듯하다. 규약위원회는 다음 *C.F. et al. v. Canada* 사건(1985)에서 이 문제를 검토했다.

1979년 캐나다 퀘벡주 선거법이 개정되어 재소자도 투표할 수 있게 되었다. 그런데

---

93) *Santullo Valcada v. Uruguay*, 9/1977(1984), para.11; *B. Mojica v. Dominican Republic* 449/1991 (1994), para.7 등.

94) Nowak's CCPR Commentary(2019), p.73(para.85).

95) HRC General Comment 31(2004), para.18.

96) *S. Fernando et al. v. Sri Lanka*, Communication No.1862/2009(2011), paras.7-9. 책임자의 형사재판 회부에 관한 같은 취지의 결정: *Bautista de Arellana v. Colombia*, Communication No. 563/1993 (1995); *José Vincente et al. v. Colombia*, Communication No. 612/1995(1997), para.10; *Gapirjanova v. Uzbekistan*, Communication No. 1589/2007(2010).

97) "any person whose rights or freedom ... are violated."

구체적 투표절차 실현을 위한 행정절차가 마무리되지 않았다. 3인 수감자는 다음 지방선거에서 투표권 행사를 할 수 있도록 절차완료를 위한 행정서명을 강제하는 청구를 했으나 법원에서 받아들여지지 않았다. 이들은 국내법원에서의 항소 없이 제25조 참정권 침해를 이유로 바로 개인통보를 제출했다. 다음 선거일정을 감안할 때 항소심까지 기다릴 시간적 여유가 없다는 이유였다. 그러나 위원회는 규약에 권리침해가 발생하면 구제를 제공한다고 규정되어 있으므로, 일반적으로 예방적 보호조치는 내리지 않으며 사후 구제에 한정된다고 답했다.[98]

"일반적으로" 사후 구제만이 제공된다는 위원회의 판단에 대해서는 개인에게 실효적 구제를 제공하려는 목적을 상실한 결정이라는 비판이 가해졌다.[99] 예를 들어 제13조(외국인 추방에 대한 절차적 보장) 위반이 문제되어도 일단 피해자가 외국으로 추방된 다음에나 구제를 청구할 수 있다면 과연 현실적 대응인가라는 의문이 제기된다.[100] 신체의 자유나 안전에 관한 권리가 위협받는 경우 역시 마찬가지이다. 다만 규약위원회도 생명권 보호(제6조)에 관해서는 방지조치의 중요성을 강조한 바 있다.[101] 예방적 구제가 적용될 수 있는 기준은 아직 명확하지 않다.

한편 상황에 따라 계속적인 침해를 막고 가능한 한 신속히 피해를 시정하기 위해 필요하다면 위원회는 당사국에게 잠정조치를 요구할 수도 있다.[102]

2. 구제조치의 집행

제2조 제3항 다호는 결정된 구제조치를 당사국이 집행해야 함을 규정하고 있다. 구제조치는 그 내용이 실제 이행될 경우에만 효과적이라고 할 수 있다. 집행의 형태는 침해된 권리의 성격과 결정된 구제방법에 따라 다를 수밖에 없다. 당사국 법령 자체가 규약에 저촉되어 위반이 발생한 경우, 우선 문제의 법령을 개정 또는 폐기해야 한다. 사법적 판단이 잘못된 경우 대상 판결이 무효화 되어야 한다. 많은 경우 구제는 담당행정기관의 결정만으로 가

---

98) "it does not generally prescribe preventive protection, but confines itself to requiring effective redress *ex post facto*." *C.F. et al. v. Canada*, Communication No. 113/1981(1985), para.6.2. 또한 위원회는 이 통보가 국내적 구제를 완료하지 않았으므로 심리적격이 없다고 판단했다. paras.10-11.

99) Nowak's CCPR Commentary(2019), p.68(para.78).

100) Nowak's CCPR Commentary(2019), p.67(para.76).

101) HRC General Comment 6(1982), paras.3-4; HRC General Comment 36(2019), para.13.

102) HRC Rule of Procedure(2021), Rule 94. HRC General Comment 31(2004), para.19; HRC General Comment 33(2008), para.19.

능하다. 예를 들어 불법 구금된 자의 석방, 집회 금지조치의 철회, 위법한 출국금지 조치의 해제 등이 이에 해당한다.

규약은 당사국이 구제조치를 어떠한 방법으로 집행해야 할지를 언급하고 있지 않는데, 개인통보사건에 대한 위원회의 결정을 자국 국내법질서로 바로 수용하는 체제를 갖춘 국가는 찾기 쉽지 않다.[103] 규약위원회는 자신이 재판소가 아니며 사법기관과 같은 기능을 실행하지 못할지라도, 위원회의 결정(view)은 위원들의 불편부당성과 독립성, 규약 문언의 신중한 해석, 결정의 최종적 성격 등을 포함해 사법적 정신에 부합되게 내려진다고 생각한다.[104] 개인통보사건에 대한 "view"는 "규약에 의해 설립되어 이의 해석임무를 부여받은 기관에 의한 권위 있는 결정"이라고 스스로 평가한다.[105] 이에 매 결정마다 위원회는 각 당사국이 규약상 권리나 자유를 침해당한 사람에 대해 효과적인 구제조치를 취하기로 약속했고(undertake)(제2조 제3항), 선택의정서 가입을 통해 규약 위반 여부를 판정할 위원회의 권한을 인정했음을 강조하며, 통상 90일에서 180일 이내에 당사국이 취한 조치를 보고해 달라고 요청한다.

당사국이 겪는 공통적 어려움의 하나는 개인통보를 제기하기 전 국내적으로 최고재판소의 결정을 거친 경우 국내판결의 기판력이 규약위원회 결정을 이행하는데 장애가 된다는 사실이다. 여러 가지 이유에서 규약위원회의 개인통보사건 결정이 당사국에 의해 이행되는 비율은 기대만큼 높지 않다. 1999년 보고서에 따르면 규약위원회가 결정한 구제조치가 실제 이행되는 비율은 30% 정도로 정리되었다.[106] 그 10년 뒤 보고서에 따르면 당사국으로부터 만족스러운 반응을 얻은 비율은 12% 대로 악화되었다.[107] 결정 내용의 특성상 정확한 이행률 계산은 어려우나, 이 수치가 전반적인 추세를 보여준다고 생각된다.

이에 규약위원회는 결정된 구제조치의 이행률을 높이기 위해 여러모로 노력해 왔다. 위원회 결정에 대해 당사국으로부터 답변이 오면 그 내용을 연례보고서에 기록해 공개하고, 아무 답변이 없으면 그런 사실을 기록·공개한다. 후속조치에 관한 내용을 당사국 정례보고서에 넣도록 요청하고, 이에 관한 언급이 없으면 보고서 심의시 직접 질의를 한다. 또한 후속조치를 담당할 특별보고자를 임명해 당사국의 구제조치 이행을 촉구하는 역할을 부여했다.[108] 그는 때로는 서면을 통해, 때로는 당사국 외교관들과의 면담을 통해, 드물게는 당사

---

103) HRC General Comment 33(2008), para.20.
104) HRC General Comment 33(2008), para.11.
105) HRC General Comment 33(2008), para.13.
106) Report of the Human Rights Committee vol.I(A/54/40)(1999), para.459.
107) Report of the Human Rights Committee vol.I(A/64/40I)(2009), p.126 이하 정리.
108) HRC Rule of Procedure(2021), Rule 106.

국을 직접 방문해 위원회 결정의 준수를 유도하고, 경우에 따라서는 당사국이 이행에 겪는 어려움을 함께 논의한다.

VI. 한국의 실행

1. 규약의 국내법적 지위

한국에서 국회동의를 받은 조약은 국내법률과 같은 효력을 지닌다는 점에 큰 이론이 없으며,[109] 인권조약도 예외가 아니다. 인권조약의 경우 법률 이상의 효력이 인정되어야 한다는 학리적 주장이 없지 않으나, 이러한 주장이 판례에 의해 직접 확인된 바는 없다.[110] 한국정부의 최초 보고서 역시 헌법 제6조 제1항에 의해 국회 동의를 받아 비준된 규약은 "별도의 국내 입법 없이 국내법과 같은 효력"을 가지며, 규약 내용이 헌법과 충돌되는 부분도 없다고 설명했다.[111] 같은 내용은 제2차·제3차·제4차 보고서에서도 반복되었다.[112]

반면 규약위원회는 규약상 권리의 국내법상 지위가 명확하지 않다며, 규약 가입 이후 국회가 새로운 입법을 하면 후법으로 규약보다 우월한 효력을 갖게 되냐는 의문을 제기했다.[113] 이에 대해 한국 정부는 헌법 제6조 제1항이 그렇게 해석되지 않으며, 한국에서 선(先) 조약과 충돌되는 후(後) 입법이 만들어졌던 사례가 없다고 반박했다.[114] 규약의 내용은 거의 헌법에 반영되어 있기 때문에 만약 규약과 충돌되는 국내법이 만들어지면 위헌법률이 된다고 설명했다.[115] 이러한 한국정부의 설명이 일반론으로서는 틀리지 않는다. 실제로 한국에서 선 조약이 모순되는 후 법률에 의해 무효화된 사례는 보고된 바 없으며, 앞으로도 기존 조약을 무력화시키는 법률이 의도적으로 만들어지지는 않으리라 예상된다.

보다 실질적인 문제는 자유권규약에 관한 규약위원회와 국내 법원의 해석이 서로 충돌되는 경우의 발생이다.[116] 즉 위원회가 개인통보 또는 국가보고서 심사를 통해 밝힌 규약 해

---

109) 상세는 정인섭, "조약의 국내법적 효력에 관한 한국 판례와 학설의 검토", 서울국제법연구 제21권 1호 (2015) 참조.

110) 이에 관한 다른 시각의 분석은 신윤진, "국제인권규범과 헌법: 통합적 관계구성을 위한 이론적·실천적 고찰", 법학 제61권 제1호(2020), pp.217-224 참조.

111) CCPR/C/68/Add.1(1991), paras.5-6.

112) Concluding Observations on the Republic of Korea, CCPR/C/114/Add.1(1998), para.9; CCPR/C/KOR/2005/3(2005), para.11; CCPR/C/KOR/4(2013), para.22.

113) CCPR/C/79/Add.114(1999), para.7.

114) CCPR/C/79/Add.122(2000).

115) Concluding Observations on the Republic of Korea, CCPR/C/KOR/4(2013), para.22.

116) 신윤진(전게주 110), pp.225-226; 이혜영, 법원의 국제인권조약 적용 현황과 과제(사법정책연구원,

석에 대해 국내 법원이 다른 견해를 취한다면 규약의 국내적 이행이 사실상 봉쇄되는 결과를 가져오기 때문이다. 다음 판결들은 모두 규약위원회가 한국의 국내법률 집행결과가 자유권규약에 위반된다는 견해를 표명한 사안에 대해 국내 최고법원이 규약 해석을 이와 달리한 사례들이다.117)

① "'시민적및정치적권리에관한국제규약'에 의하여 설치된 인권이사회에서 소론과 같이 국가보안법의 문제점을 지적한 바 있다고 하더라도 그것만으로 국가보안법의 효력이 당연히 상실되는 것은 아니라 할 것이며, 또 현재까지 국가보안법이 그대로 시행되고 있는 이상 한총련 설립자라는 위 공소외인의 입국이 허가되었다고 해서 한총련에 대해 국가보안법의 적용을 면제 내지 유보하겠다는 법집행의 관행이 생겨난 것은 아니라 할 것이므로 피고인을 국가보안법위반죄로 처벌하는 것이 소론 주장과 같이 국제인권규약에 위반된다거나 형평을 잃고 모순되는 법적용이라고 할 수는 없다 할 것이다."(대법원 1993. 12. 24. 선고 93도1711 판결)

② "우리나라가 가입한 '시민적 및 정치적 권리에 관한 국제규약'은 제19조 제2항에서 모든 사람은 표현의 자유에 대한 권리를 가진다고 규정한 다음, 같은 조 제3항에서는 위 권리의 행사는 법률의 규정에 의하여 타인의 권리·신용의 존중 또는 국가안보 또는 공공질서·공중보건·도덕의 보호 등을 위하여 필요한 경우에 한하여 제한할 수 있다고 규정함으로써 국가안보 또는 공공질서 등을 위하여 필요한 범위 내에서는 표현의 자유에 대한 권리 행사를 법률의 규정에 의하여 제한하는 것을 인정하고 있는바, 구 노동쟁의조정법 제13조의2는 노사분쟁 해결의 자주성 및 산업평화의 유지 등 공공질서를 위하여 필요한 범위 내에서 법령에 의하여 정당한 권한을 가진 자를 제외한 제3자가 쟁의행위에 관하여 관계 당사자를 조종·선동·방해하거나 기타 이에 영향을 미칠 목적으로 개입하는 행위를 금지한 것이다.
원심이 적법하게 인정한 사실과 기록에 비추어 보면 법령상 정당한 권한을 갖지 않는 제3자인 원고가 원심 판시와 같은 성명서 및 지지광고를 파업 중인 대우조선 근로자들

2020), pp.150-151.
117) ③번과 ④번의 취지만은 후일 대법원 2018. 11. 29. 선고 2016도14781 판결 및 헌법재판소 2018. 6. 28. 2011헌바379, 383, 2012헌바15, 32, 86, 129, 181, 182, 193, 227, 228, 250, 271, 281, 282, 283, 287, 324, 2013헌바273, 2015헌바73, 2016헌바360, 2017헌바225(병합) 결정; 2012헌가17, 2013헌가5, 23, 27, 2014헌가8, 2015헌가5(병합) 결정에 의해 번복되었다.

에게 배포하게 한 행위는 위 성명서 및 지지광고의 내용과 이를 배포한 의도, 경위, 수량 등을 감안하여 볼 때, 단순한 표현행위의 범위를 넘어 쟁의행위에 영향을 미칠 목적으로 개입한 행위로서 위 법률조항의 목적인 노사분쟁 해결의 자주성 및 산업평화의 유지를 위하여 금지할 필요가 있는 행위라고 인정되므로, 원고를 위 법률조항 위반의 죄로 처벌한 것이 위 국제규약 제19조의 취지에 반하여 표현의 자유를 침해한 것이라고 볼 수는 없다 할 것이다."(대법원 1999. 3. 26. 선고 96다55877 판결)

③ "규약 제18조는 물론, 규약의 다른 어느 조문에서도 양심적 병역거부권(right of conscientious objection)을 기본적 인권의 하나로 명시하고 있지 않으며, 규약의 제정 과정에서 규약 제18조에 양심적 병역거부권을 포함시키자는 논의가 있었던 것은 사실이나, 제정에 관여한 국가들의 의사는 부정적이었던 것으로 보인다. [···] 현재로서는 대체복무제도를 두지 아니하였다 하여 규약 위반으로 평가할 수는 없고, 또한 양심적 병역거부자에게 병역의무 면제나 대체복무의 기회를 부여하지 아니한 채 병역법 제88조 제1항 위반죄로 처벌한다 하여 규약에 반한다고 해석되지는 아니한다." (대법원 2007. 12. 27. 선고 2007도7941 판결)

④ "국제연합 인권이사회(Human Rights Committee)와 국제연합 인권위원회(United Nations Commission on Human Rights)는 이미 여러 차례 양심적 병역거부권이 규약 제18조에 기초한 정당한 권리행사라는 점을 분명히 하고, 이 권리를 인정하지 않는 국가는 양심적 병역거부자의 신념의 본성을 차별하지 말고, 특정 사안에서 양심적 병역거부가 진지하게 이루어졌는지를 결정하기 위한 독립적이고 불편부당한 의사결정기구를 만들 것을 호소하고 있으며, 또한 징병제를 채택하고 있는 국가의 경우 비전투적 또는 민간적 임무를 수행하며 징벌적 성격을 띠지 않는 대체복무제를 실시하라는 권고를 하였다.
그러나 규약 제18조는 물론, 규약의 다른 어느 조문에서도 양심적 병역거부권(right of conscientious objection)을 기본적인 인권의 하나로 명시하고 있지 않고, 규약의 제정 과정에서 규약 제18조에 양심적 병역거부권을 포함시키자는 논의가 있었던 것은 사실이나, 제정에 관여한 국가들의 의사는 부정적이었으며, 위 국제인권기구의 해석은 각국에 권고적 효력만 있을 뿐 법적인 구속력을 갖는 것은 아니고, 양심적 병역거부권의 인정문제와 대체복무제의 도입문제는 어디까지나 규약 가입국의 역사와 안보환경, 사회적 계층 구조, 정치적, 문화적, 종교적 또는 철학적 가치 등 국가별로 상이하고도 다양한 여러 요소에 기반한 정책적인 선택이 존중되어야 할 분야로 가입국의 입법자에게 형성

권이 인정되는 분야인 점 등을 고려하면, 규약에 따라 바로 양심적 병역거부권이 인정되거나, 양심적 병역거부에 관한 법적인 구속력이 발생한다고 보기 곤란하다."(헌법재판소 2011. 8. 30. 2008헌가22, 2009헌가7·24, 2010헌가16·37, 2008헌바103, 2009헌바3, 2011헌바16(병합) 결정)

일단 규약위원회가 개인통보사건에서 내린 결정(view)이나 국가보고서에 대한 판단(concluding observations) 내용은 그 자체 법적 구속력이 인정되지 않으므로 국내 사법부가 나름 독자적 해석을 할 수도 있다. 그러나 인권조약기구는 해당조약에 관한 각국 실행에 관한 정보를 범세계적 차원에서 주기적이고 광범위하게 수집하고, 각국의 실태와 발전상황을 파악하고, 각종 관여자들과의 접촉과 대화를 통해 보편적 해석기준을 도출하는데 가장 유리한 위치에 있다. 자유권규약에 관한한 규약위원회가 국제적으로 가장 권위 있는 해석기관이라고 보아야 하며, 그렇다면 국내 사법부도 위원회의 견해를 최대한 존중하는 방향으로 국내법을 해석해야 한다.[118] 그것이 한국이 선택의정서의 당사국이 됨으로써 규약상 권리를 침해받았다고 주장하는 "개인의 통보를 접수하고 심리하는 위원회의 권한을 인정"한 (제1조) 취지에 부합된다. 그러나 위 제시된 판결들은 국내법원이 독자적 해석을 고집함으로써 규약에 관한 국제적 해석이 국내에서 실현되지 못하는 결과를 가져 왔다.

한편 비교적 근래에 내려진 다음 판결의 설시는 규약위원회 해석의 규범적 가치에 관해 좀 더 적극적 평가를 내리고 있다.

⑤ "자유권규약위원회는 자유권규약의 이행을 위해 만들어진 조약상의 기구이므로, 자유권규약위원회의 견해는 규약을 해석함에 있어 중요한 참고기준이 된다고 할 수 있고, 규약의 당사국은 그 견해를 존중하여야 한다. 특히 우리나라는 자유권규약을 비준함과 동시에, 개인통보를 접수·심리하는 자유권규약위원회의 권한을 인정하는 것을 내용으로 하는 선택의정서에 가입하였으므로, 대한민국 국민이 제기한 개인통보에 대한 자유권규약위원회의 견해(Views)를 존중하고, 그 이행을 위하여 가능한 범위에서 충분한 노력을 기울여야 한다."(헌법재판소 2018. 7. 26. 2011헌마306, 2013헌마431(병합) 결정)

⑥ "우리나라는 자유권규약 가입 당시 개인통보제도에 관한 선택의정서에도 함께 가입하였다. 자유권규약 제2조 및 위 선택의정서의 규정들을 종합하면, 개인통보제도를

---

118) 신윤진(전게주 110), pp.228-229.

규정한 선택의정서에 가입하였다는 것은 당사국 내에 있는 개인의 진정에 대한 유엔자유권규약위원회의 심사권을 인정한다는 것이고, 이는 그 심사결과에 따르겠다는 의미를 포함한다. 따라서 선택의정서 가입국은 보편적이고 다자간에 체결된 자유권규약에 따라 유엔자유권규약위원회가 내린 개인통보에 대한 견해를 받아들일 국제법상 의무를 진다고 보아야 한다."(대법원 2018. 11. 1. 선고 2016도10912 판결: 대법관 박정화, 김선수, 노정희 보충의견)

다만 ⑤의 헌법재판소 결정은 이어지는 아래 설시(⑤-1)를 통해 규약위원회의 견해를 존중하고 이행에 노력해야 한다는 취지를 다시 약화시켰으며, ⑥의 설시는 다수의견이 아니라 대법관 3인 보충의견의 일부라는 한계를 지닌다.

> ⑤-1 "다만, 자유권규약이나 선택의정서가 개인통보에 대한 자유권규약위원회의 견해(Views)의 법적 효력에 관하여 명시적으로 밝히고 있지 않고, 개인통보에 대한 자유권규약위원회의 심리는 서면심리로 이루어져 증인신문 등을 하지 않으며 심리가 비공개로 진행되는 점 등을 고려하면(선택의정서 제5조 제1항, 제3항), 개인통보에 대한 자유권규약위원회의 견해(Views)에 사법적인 판결이나 결정과 같은 법적 구속력이 인정된다고 단정하기는 어렵다.
>   또한, 자유권규약위원회의 견해가 그 내용에 따라서는 규약 당사국의 국내법 질서와 충돌할 수 있고, 그 이행을 위해서는 각 당사국의 역사적, 사회적, 정치적 상황 등이 충분히 고려될 필요가 있다는 점을 감안할 때, 우리 입법자가 반드시 자유권규약위원회의 견해(Views)의 구체적인 내용에 구속되어 그 모든 내용을 그대로 따라야만 하는 의무를 부담한다고 볼 수는 없다."

사실 자유권규약의 원칙과 내용 대부분은 헌법을 비롯한 국내법률에 이미 보장되고 있다고 해도 과언이 아니다. 그럼에도 불구하고 한국이 인권조약에 가입하는 이유는 그 내용이 인간이라면 누구나 누려야 할 기본적인 자유와 권리임을 확인하는 동시에, 그에 관한 해석과 운영에 관한 국제적 공통기준을 수락하겠다는 의사표시라고 보아야 한다. 국내 사법부가 규약위원회의 해석과 다른 입장을 취할 경우, 그 차이가 왜 발생하는지에 관한 상세한 논증을 할 필요가 있다. 규약 당사국이 된 이후에도 우리 식의 독자적 해석만을 고집한다면 조약 가입의 의의를 몰각시키는 행위가 된다.

2. 개인통보 결정의 이행

규약위원회는 2023년 상반기까지 한국을 상대로 모두 20건(통보자 수 1008명)의 개인통보 사건에 대해 판정을 내렸고, 그중 14건의 사건에서 한국의 규약 위반을 결정했다. 14건 중 한 건을 제외하고는 모두 통보자가 국내에서 형사처벌을 받은 사실이 규약 위반으로 판정되었다. 초기에는 국가보안법 위반 사건이 다수였으나, 최근 약 15년간은 양심적 병역거부로 인한 병역법 위반사건이 주류를 이루었다.

한국의 규약 위반 결정에서 위원회가 요구한 구제조치는 사건에 따라 차이는 있으나, 대체로 관련 법률의 개정, 수형 사실에 대한 배상, 유죄판결의 무효화 및 압수품의 반환, 유사 사례의 재발방지 조치, 결정문의 국내 공지 등이다. 한국에서 그간 구「노동쟁의조정법」상 제3자 개입금지조항의 폐기,[119] 사상전향제(이후 준법서약제)의 폐지, 양심적 병역거부자를 위한 대체복무제도[120] 등이 실현된 배경에는 개인통보사건에서 규약위반 판정이 적지 않은 영향을 미쳤다고 평가된다. 이 같은 제도 개선을 통해 부분적인 판정 이행이 이루어졌지만, 개인통보 제기 피해자를 위한 직접적인 구제는 거의 이루어지지 않았다. 특히 위원회가 요구하는 핵심적 구제조치인 형사피해자의 전과기록 말소와 수형생활에 대한 배상은 전혀 이행되지 않았다.[121] 가장 큰 원인은 국내 최고 법원 판결의 기판력을 규약위원회의 결정만을 근거로 뒤집기 어렵다는 이유 때문이었다.[122]

한국인 최초로 개인통보를 제출했던 손종규는 규약위원회가 요구한 개인배상이 실현되지 않자 부당한 형사처벌을 이유로 국가를 상대로 손해배상 청구소송을 제기했다.[123] 이에 대해 대법원은

"국제규약 제2조 제3항은 위 국제규약에서 인정되는 권리 또는 자유를 침해당한 개인이 효과적인 구제조치를 받을 수 있는 법적 제도 등을 확보할 것을 당사국 상호간의

---

119) 구「노동쟁의조정법」 제13조의 2 제3자 개입금지조항은 1996년 12월 이 법률의 폐지와 함께 일부 개정된 내용이 「노동조합 및 노동관계조정법」 제40조로 이동했으나, 이 조항도 2006년 12월 폐지되었다. 규약위원회의 손종규 사건 판정 이후 약 11년만이었다.

120) 2021년 「대체역의 편입 및 복무 등에 관한 법률」 시행.

121) 한국의 규약위반으로 판단된 사건의 결정문 공지가 피해자 개인을 위한 조치의 거의 전부였다. 초기에는 법무부가 한국 위반의 결정문의 내용을 보도자료 등의 형식으로 발표하다가, 2004년 신학철 사건부터는 관보에 결정문을 번역해 고시함을 원칙으로 해 왔다.

122) 법무부, 국제인권규약상 개인통보의 국내구제방안 연구(법무부, 2005), p.32.

123) *Sohn v. Republic of Korea*, Communication No.518/1992(1995) 참조.

국제법상 의무로 규정하고 있는 것이고, 국가를 상대로 한 손해배상 등 구제조치는 국가배상법 등 국내법에 근거하여 청구할 수 있는 것일 뿐, 위 규정에 의하여 별도로 개인이 위 국제규약의 당사국에 대하여 손해배상 등 구제조치를 청구할 수 있는 특별한 권리가 창설된 것은 아니라고 해석된다." (대법원 1999. 3. 26. 선고 96다55877 판결)

라고 판결해 비록 개인통보절차에서 한국의 규약위반 판정이 내려졌다고 할지라도 이것이 개인에게 새로운 배상청구권을 부여하지 않는다고 판단했다. 사정이 이러하니 규약위원회에서 위반 판정을 받아도 정작 당사자에게는 명분 외 실질적 혜택이 미미한 실정이다.

국내법원에서 확정된 판결 내용이 개인통보절차를 통해 규약위반으로 판정을 받은 경우, 국내에서 구제조치를 실현할 방안은 없는가? 2000년대 중반부에는 한국 정부도 규약위원회 결정의 국내이행방안을 나름 고심했다.[124] 위원회 결정의 국내이행을 위한 방안으로는 대체로 다음과 같은 내용이 검토되었다. 첫째, 자유권규약위원회를 포함하는 인권조약기구 결정에 국내법적 구속력을 부여하는 법률을 제정하여, 이를 통해 기존 판결의 효력을 부인하고 조약기구 결정에 바로 집행력을 부여하는 방안. 둘째, 기존 국내 확정판결과 다른 인권조약기구의 결정이 내려질 경우, 이를 재심사유로 인정하는 방안. 셋째, 기존 확정판결의 효력은 일단 그대로 두고, 정부가 피해자에게 별도의 방법으로 보상금을 지급하는 방안. 그러나 어느 하나의 방안도 아직 실현되지는 않고 있다. 각 방안에 관해 지적된 문제점은 다음과 같다.

첫째 방안에 대해서는 개인통보사건은 엄격한 사법적 절차를 통해 결정이 내려지지 않고 있으며, 국제법적 구속력이 인정되지 않는 규약위원회의 결정에 국내법적 구속력을 부여함은 적절하지 않다는 반론이 제기되었다. 국제적으로도 이러한 입법을 가진 국가가 드물다는 현실도 지적되었다.

둘째 재심을 통해 기존 판결의 효력을 무효화하고 대상자를 구제하는 방안은 첫째 방안이 내포하고 있는 논리적 문제점을 일부 해결할 수 있다고 생각되나, 이 역시 법개정이 필요하기는 마찬가지이다. 규약위원회가 국내판결과 다른 해석을 내렸다는 사실만으로는 현행 형사소송법상 재심의 사유가 되기 어렵기 때문이다(형사소송법 제420조 및 군사법원법 제

---

124) 국가인권위원회는 "유엔인권협약 개인통보제도에 따른 국내구제절차마련 특별법 제정 및 고문방지협약 제21조와 제22조에 대한 수락선언 권고"(2003. 12. 8.)를 발표한 바 있고, "국제인권법의 국내이행에 있어 문제점 및 대안" 심포지움(2004.10.27.)을 주최했다. 법무부도 이 문제에 관한 검토 결과를 전게 주 122의 책자로 발간했고, "UN 개인진정 인용결정의 국내이행방안 공청회"(2007.9.18.)을 주최하기도 했다.

469조 참조). 한편 피해자 입장에서는 국내 확정판결 이후 통상 수년씩 걸리는 국제적 절차에서 위반 판정을 받은 결과가 고작 국내법원에서 언제 마칠지 모르는 재심재판을 다시 시작할 자격을 얻은데 불과하다면 아마 허탈할 것이다. 또한 국내 법원이 재심에서는 기존 법해석을 바꾸어 피해자에게 유리한 법해석을 할지 여부도 미지수이다. 규약위원회도 한국의 제2차 국가보고서 검토에서 권리침해가 인정된 통보자에게 다시 국내법원의 소송절차를 통해 구제를 받으라고 요구함은 적절치 않으며, 한국 정부는 위원회의 결정이 즉각 실현될 수 있는 방안을 마련하라고 요청한 바 있다.[125]

셋째, 기존 국내 판결의 효력은 그대로 두고 정부가 별도의 재원을 통해 피해자에게 보상금을 지급하는 방안이다. 즉 정부가 법적 의무로서 피해자에게 배상하는 것이 아니라, 일종의 호의로서(*ex gratia*) 일정한 금원을 지급하는 방안이다. 이 방안을 통해도 기존 판결의 효력은 유지되므로 부분적인 구제에 불과하다. 피해자로서는 돈 보다 자신이 법적으로 옳았다는 명분 확보를 더 원할지 모르므로 이는 적절한 구제방안이 되지 못할 가능성이 높다. 피해자가 법적 권리로 요구할 수 없다면 만족스러운 보상액수도 기대하기 어려울 것이다.

국내적으로 이상의 방안에 관한 논의만 무성하다가 결국 어떠한 결실도 맺지 못했고, 피해자 개인에 대한 구제는 여전히 미결의 문제로 남아 있다.[126]

【다른 인권조약상의 관련조항】

「경제적·사회적 및 문화적 권리에 관한 국제규약」 제2조

1. 이 규약의 각 당사국은 특히 입법조치의 채택을 포함한 모든 적절한 수단에 의하여 이 규약에서 인정된 권리의 완전한 실현을 점진적으로 달성하기 위하여, 개별적으로 또한 특히 경제적, 기술적인 국제지원과 국제협력을 통하여, 자국의 가용 자원이 허용하는 최대한도까지 조치를 취할 것을 약속한다.

---

125) CCPR/C/79/Add.114(1999), para.21. 한국의 제3차 국가보고서 검토 시에도 규약위원회는 자신의 결정을 즉시 시행해야 한다는 입장을 밝혔다. Concluding Observations on the Republic of Korea, CCPR/C/KOR/CO/3(2006), para.7.

126) 현재 정부 제출안으로 국회에 계류 중인 인권정책기본법(안)은 "국가와 지방자치단체는 대통령령이 정하는 국제인권기구 등의 인권에 관한 권고를 이행하고, 이를 인권정책의 수립·시행 과정에 반영하기 위하여 노력하여야 한다"는 조항(제16조 제1항)을 두고 있으나, 역시 이행강제의 성격은 지니지 못하고 있다.

2. 이 규약의 당사국은 이 규약에서 선언된 권리들이 인종, 피부색, 성, 언어, 종교, 정치적
또는 기타의 의견, 민족적 또는 사회적 출신, 재산, 출생 또는 기타의 신분 등에 의한 어
떠한 종류의 차별도 없이 행사되도록 보장할 것을 약속한다.

3. 개발도상국은, 인권과 국가 경제를 충분히 고려하여 이 규약에서 인정된 경제적 권리를
어느 정도까지 자국의 국민이 아닌 자에게 보장할 것인가를 결정할 수 있다.

Article 2

1. Each State Party to the present Covenant undertakes to take steps, individually and
through international assistance and co-operation, especially economic and technical, to the
maximum of its available resources, with a view to achieving progressively the full
realization of the rights recognized in the present Covenant by all appropriate means,
including particularly the adoption of legislative measures.

2. The States Parties to present Covenant undertake to guarantee that the rights enunciated
in the present Covenant will be exercised without discrimination of any kind as to race,
colour, sex, language, religion, political or other opinion, national or social origin, property,
birth or other status.

3. Developing countries, with due regard to human rights and their national economy, may
determine to what extent they would guarantee the economic rights recognized in the
present Covenant to non-nationals.

「유럽인권협약」

제1조 인권 존중의 의무
체약국은 자신의 관할에 속하는 모든 자에 대하여 이 협약 제1절에 규정된 권리와 자유를
보장한다.

제13조 실효적 구제를 받을 권리
이 협약에 규정된 권리와 자유를 침해당한 모든 사람은 그 침해가 공무집행 중인 자에 의
하여 자행된 것이라 할지라도 국가당국 앞에서의 실효적인 구제조치를 받아야 한다.

제14조 차별의 금지
성별, 인종, 피부색, 언어, 종교, 정치적 또는 그 밖의 의견, 민족적 또는 사회적 출신, 소수
민족에의 소속, 재산, 출생 또는 기타의 신분 등에 의한 어떠한 차별도 없이 이 협약에 규

정된 권리와 자유의 향유가 확보되어야 한다.

Article 1 - Obligation to respect human rights

The High Contracting Parties shall secure to everyone within their jurisdiction the rights and freedoms defined in Section I of this Convention.

Article 13 - Right to an effective remedy

Everyone whose rights and freedoms as set forth in this Convention are violated shall have an effective remedy before a national authority notwithstanding that the violation has been committed by persons acting in an official capacity.

Article 14 - Prohibition of discrimination

The enjoyment of the rights and freedoms set forth in this Convention shall be secured without discrimination on any ground such as sex, race, colour, language, religion, political or other opinion, national or social origin, association with a national minority, property, birth or other status.

「미주인권협약」

제1조 권리를 존중할 의무

1. 이 협약의 당사국은 협약에서 인정된 권리와 자유를 존중하고, 자국 관할권 내의 모든 사람에게 인종, 피부색, 성별, 언어, 종교, 정치적 또는 다른 의견, 민족적 또는 사회적 출신, 경제적 지위, 출생 또는 다른 사회적 조건을 이유로 한 어떠한 차별도 없이 그러한 권리와 자유의 자유롭고 완전한 행사를 보장할 것을 약속한다.
2. 이 협약의 목적상 "사람"이란 모든 인간을 의미한다.

제2조 국내법적 효과

제1조에서 지적된 권리 또는 자유의 행사가 입법 또는 다른 규정에 의하여 아직 보장되지 않는 경우, 당사국은 자국의 헌법절차와 이 협약의 규정에 따라서 이들 권리 또는 자유를 이행하는 데 필요한 입법 또는 그 밖의 조치를 취할 것을 약속한다.

제25조 사법적 보호에 대한 권리

1. 모든 사람은 관련국의 헌법이나 법률 또는 이 협약에 의하여 인정된 자신의 기본권을 침

해하는 행위에 대한 보호를 받기 위하여, 권한 있는 법원이나 법정에 단순하고 신속하거나 여타의 효율적인 구제를 구할 권리가 있다. 그러한 침해가 공무수행 중인 자에 의하여 이루어진 경우에도 동일하다.

2. 당사국은 다음 사항을 약속한다:

a) 그러한 구제를 청구하는 자에게 국가의 법제도에 의하여 규정된 담당기관에 의하여 자신의 권리가 결정되도록 보장한다;

b) 사법적 구제의 가능성을 확대시킨다; 그리고

c) 구제가 부여되면 담당기관이 그러한 구제를 집행할 것을 보장한다.

Article 1. Obligation to Respect Rights

1. The States Parties to this Convention undertake to respect the rights and freedoms recognized herein and to ensure to all persons subject to their jurisdiction the free and full exercise of those rights and freedoms, without any discrimination for reasons of race, color, sex, language, religion, political or other opinion, national or social origin, economic status, birth, or any other social condition.

2. For the purposes of this Convention, "person" means every human being.

Article 2. Domestic Legal Effects

Where the exercise of any of the rights or freedoms referred to in Article 1 is not already ensured by legislative or other provisions, the States Parties undertake to adopt, in accordance with their constitutional processes and the provisions of this Convention, such legislative or other measures as may be necessary to give effect to those rights or freedoms.

Article 25. Right to Judicial Protection

1. Everyone has the right to simple and prompt recourse, or any other effective recourse, to a competent court or tribunal for protection against acts that violate his fundamental rights recognized by the constitution or laws of the state concerned or by this Convention, even though such violation may have been committed by persons acting in the course of their official duties.

2. The States Parties undertake:

(a) to ensure that any person claiming such remedy shall have his rights determined by the competent authority provided for by the legal system of the state;

(b) to develop the possibilities of judicial remedy; and

(c) to ensure that the competent authorities shall enforce such remedies when granted.

「인간과 인민의 권리에 관한 아프리카 헌장」

제1조
이 헌장의 당사국인 아프리카단결기구 회원국들은 헌장에 규정된 권리, 의무와 자유를 승인하며, 이를 실행하기 위한 입법 또는 그 밖의 조치를 취할 것을 약속한다.

제2조
모든 개인은 인종, 민족집단, 피부색, 성별, 언어, 종교, 정치적 또는 그 밖의 의견, 민족적 및 사회적 출신, 재산, 출생 또는 기타의 신분으로 인한 차별 없이 이 헌장에서 인정되고 보장되는 권리와 자유를 향유할 권리를 가진다.

제26조
이 헌장의 당사국들은 법원의 독립성을 보장할 의무가 있으며, 헌장에서 보장된 권리와 자유를 증진하고 보호할 임무를 담당하는 적절한 국내기구를 설립하고 향상시켜야 한다.

Article 1
The Member States of the Organization of African Unity parties to the present Charter shall recognize the rights, duties and freedoms enshrined in this Chapter and shall undertake to adopt legislative or other measures to give effect to them.

Article 2
Every individual shall be entitled to the enjoyment of the rights and freedoms recognized and guaranteed in the present Charter without distinction of any kind such as race, ethnic group, color, sex, language, religion, political or any other opinion, national and social origin, fortune, birth or other status.

Article 26
States parties to the present Charter shall have the duty to guarantee the independence of the Courts and shall allow the establishment and improvement of appropriate national institutions entrusted with the promotion and protection of the rights and freedoms guaranteed by the present Charter.

제3조 남녀평등[*]

이 혜 영

목 차

I. 개관
II. 법적 성격 및 의무의 내용
　1. 보조적 의무
　2. 남녀평등권을 보장할 적극적 의무
III. 위반이 주장되는 주요 영역
IV. 한국의 실행
　1. 헌법적 보호 및 법률 정비
　2. 혼인·가족관계 및 가정생활에서의 남녀
　　평등 확보를 위한 법제 변천
　　가. 호주제 폐지를 주요 골자로 한 2005
　　　년 민법 개정
　　나. 부계혈통주의에 따른 선천적 국적취
　　　득 원칙에 관한 국적법 개정

　3. 젠더폭력·여성폭력으로부터 보호
　　가. 부부강간과 가정폭력
　　나. 강간죄의 성립요건으로서 폭행·협
　　　박과 비동의간음죄 도입 논의
　　다. 낙태죄 및 여아낙태 관행
　4. 노동·고용 영역에서의 성차별 및 공공·
　　민간 영역에서 여성의 과소대표
　　가. 여성 임금노동자의 직장 내 성차별
　　　적 대우 - 기업특성과 고용형태, 임
　　　금수준 중심으로 -
　　나. 여성의 정치참여 및 공공·민간 영역
　　　에서의 여성의 과소대표 문제
[다른 인권조약상의 관련 조항]

이 규약의 당사국은 이 규약에서 규정된 모든 시민적 및 정치적 권리를 향유함에 있어서 남성과 여성의 동등한 권리를 보장하기로 약속한다.

The States Parties to the present Covenant undertake to ensure the equal right of men and women to the enjoyment of all civil and political rights set forth in the present Covenant.

---

[*] 이 글은 필자의 "자유권규약 제3조 남녀평등 확보 의무 이행과정에서의 대한민국의 법제도 변화 -자유권규약위원회 최종견해 중심으로-"(법학연구 제66집(2021))를 수정·보완한 것이다.

Ⅰ. 개관

자유권규약은 규약 전반에 걸쳐 차별금지 원칙 및 평등권 보장에 관한 여러 조항을 두어, 자유는 모든 자에게 차별 없이 평등하게 보장될 때 유의미할 수 있음을 강조하고 있다. 대표적인 조항으로 제2조 제1항(규약이 보호하는 권리에 대한 차별금지)과 제26조(평등권 및 차별금지)가 있다. 이 두 조항은 모두 차별금지사유 중 하나로 성별(sex)을 언급하고 있기에, 이들 조항으로부터 규약 당사국의 성차별 금지의무 및 남녀평등권 보장의무가 도출된다. 이에 더하여 규약 제3조는 규약이 보호하는 권리를 향유함에 있어서 남녀에게 동등한 권리를 보장할 의무를 규정하고 있다.

규약 제2조 제1항 및 제26조로부터 성차별 금지의무 및 남녀평등권 보장의무가 도출됨에도 불구하고 규약이 제3조를 별도 조항으로 설치한 의도는, 남녀의 동등한 권리 실현이 지속적으로 저해되어 온 역사적 배경을 감안하여 이를 보장할 의무를 특별히 강조하고자 한 것으로 보인다.[1] 성차별 금지 및 남녀평등권 보장 의무가 전 세계적으로 적용되는 국제조약에 명시된 역사는 사실 그리 오래되지 않았다. 제1차 세계대전이 종료되던 때로부터 국적이나 인종, 종교, 언어 등을 이유로 한 차별을 금지하는 조약은 발전하기 시작했지만, 1945년 이전까지만 해도 성별을 이유로 한 차별을 금지할 의무는 국제적 수준에서 승인되지 못하고 있었다.[2] 1945년 채택된 UN 헌장은 전문에서 '남녀의 동등한 권리'를 핵심원칙으로 선언함으로써 국제적 수준에서는 처음으로 남녀평등권을 천명하였으며, 연이어서 1948년에 채택된 「세계인권선언」이 이를 재확인함으로써 여성인권 신장에 관한 국제규범 발전에 있어서 전환기를 맞이하였다.[3]

이후 성차별 철폐를 위한 국제규범을 발전시키는 과제는 UN을 중심으로 전개된 인권활동의 우선순위 중 하나였다. 그 결과, 1945년부터 1966년에 자유권규약이 채택되기 전까지 특정 주제영역에서의 여성차별 철폐를 위한 다수의 조약이 채택되었다. 대표적인 예로, 「여성의 정치권에 관한 협약」(1952년 채택, 1954년 발효), 「혼인한 여성의 국적에 관한 협약」(1957년 채택, 1958년 발효), 「혼인에 대한 동의 및 혼인 최저연령, 혼인등록에 관한 협약」(1962년 채택, 1964년 발효), 「동일가치 근로에 대한 남녀 근로자의 동등보수에 관한 ILO 제100호 협약」(1951년 채택, 1953년 발효), 「고용 및 직업상의 차별에 관한 ILO 제111호 협약」(1958년 채택, 1960년 발효), 「교육상 차별금지에 관한 UNESCO 협약」(1960년 채택, 1962년 발

---

1) A/5365(1962), p.24(para.85).
2) Nowak's CCPR Commentary(2019), pp.78(para.1).
3) Taylor's Commentary(2020), pp.88-89.

효)을 들 수 있다.

이러한 배경하에 UN은 남녀평등권에 관한 국제규범의 발전을 견인하기 위하여 새로이 채택될 자유권규약에서도 남녀평등권 확보 의무를 명시적으로 규정할 필요성이 있다고 권고하였다.[4] 그러나 규약문 성안과정에서 제3조의 필요성에 대한 의문은 지속적으로 제기되었다. 특히 제2조 제1항으로부터 규약이 보호하는 권리에 대한 성차별 금지의무가 도출됨에도 불구하고 중복되는 내용의 제3조를 별도 조항으로 설치하는 것이 제2조의 실효성을 약화시킬 수 있다는 우려가 있었다.[5] 또한 제2조에 열거된 다양한 차별금지사유(인종, 피부색, 성별, 언어, 종교, 정치적 또는 기타의 의견, 민족적 또는 사회적 출신, 재산, 출생 또는 기타의 신분 등) 중에서 '성별'을 이유로 한 차별만을 특별 취급하는 것으로 보일 소지가 있으며, 이는 차별금지사유 간에 차등이 있는 것 같은 부당한 인상을 줄 수 있다는 우려도 제기되었다.[6]

이에 대하여 단순히 비차별 원칙을 명시하고 있는 제2조와 달리, 제3조는 "남성과 여성의 동등한 권리를 보장할" 적극적 의무를 요구하고 있다는 점에서 양자는 구별된다는 점이 지적되었다.[7] 또한 UN 총회가 규약에 남성과 여성의 동등함을 명시적으로 인정하는 문구를 포함하라고 권고한 배경도 제3조의 효용성을 옹호하는 논거로 제시되었다.[8] 이에 1962년 UN 총회 제3위원회는 설사 제3조가 제2조와 중복되는 부분이 있다 하더라도 남녀의 동등한 권리 실현이 지속적으로 저해되어 온 역사적 배경을 감안할 때에 UN 헌장상 핵심원칙으로 승인된 남녀의 동등한 권리 보장을 규약에서 재차 강조할 필요성은 여전히 존재한다고 하였다.[9] 결론적으로 이러한 주장이 지지를 얻어 제3조가 채택되었다.[10]

제3조뿐만 아니라 규약의 다른 조항에서도 성차별 금지에 관한 특칙을 발견할 수 있다. 규약 제4조(비상사태시 이행정지) 제1항은 공공 비상사태로 인하여 예외적으로 규약상 의무를 위반하는 조치를 취하는 경우에도 성별 등을 이유로 하는 차별적 조치를 취해서는 안 된다고 하고 있고, 제23조(가정의 보호) 제4항은 혼인기간중 및 혼인해소시에 혼인에 대한

---

4) Nowak's CCPR Commentary(2019), pp.78-79(para.2).

5) A/2929(1955), p.63(para.33).

6) 상계주.

7) 상계주, p.63(para.34).

8) 상계주, p.63(para.33); UN General Assembly Res. 421(V), 1950. 12. 4. section E 참조.

9) A/5365, 1962, p.24(para.85).

10) 한편 제3조에 관한 일반논평 제28호(2000)는 "규약 제2조와 제3조에 규정된 동 규약에서 인정하는 권리들을 모든 개인에게 보장할 의무는 당사국들로 하여금 그러한 권리들을 모든 사람이 향유할 수 있도록 하기 위한 모든 필요한 조치들을 취할 것을 요구한다"고 하여 양 조항이 결국은 같은 목적 달성에 이바지하는 방향으로 수렴하는 성격을 가짐을 시사하고 있다[HRC General Comment No.28(2000), para.3; Taylor's Commentary(2020), p.90].

배우자의 권리 및 책임의 평등을 확보하기 위한 조치의무를 규정하고 있다. 제24조(아동의 권리) 제1항은 아동이 성별 등을 이유로 차별받지 않을 권리를 가진다고 정하고 있으며, 제25조(참정권)는 어떠한 차별도 없이 참정권을 누릴 권리를 규정하고 있다.

한편, 규약 채택 후에 여성차별철폐를 위한 포괄적 조약으로 「여성에 대한 모든 형태의 차별철폐에 관한 협약(여성차별철폐협약)」이 1979년에 채택(1981년 발효)되었고, 여성차별철폐위원회의 이행감독 메커니즘에 의해서 각국의 여성차별적 법제도 및 관행이 다각도로 심사되게 되었다. 이에 더하여 1993년 UN 총회에서 「여성에 대한 폭력 철폐 선언」이 채택되었으며, 2010년 UN 인권이사회에 의해 「여성차별 실무그룹」이 설치되었다. 이러한 발전 배경을 염두에 두면서 다음은 규약 제3조의 법적 성격 및 의무의 내용에 대해서 살펴본다.

II. 법적 성격 및 의무의 내용

제3조는 내용적 유사성 및 중복성으로 인하여 대개 제2조 제1항 및 제26조와 함께 원용된다. 이 세 조항(제3조 및 제2조 제1항, 제26조)은 모두 직접차별뿐만 아니라 간접차별도 금지한다.[11] 또한 특정 구별 행위가 이 세 조항이 금지하는 차별에 해당하는지가 문제 될 때, 구별의 기준이 합리적이고 객관적이며 그 목적이 협약에 따라 합법적인 목적을 달성하기 위한 것인지를 판단기준으로 한다.[12]

1. 보조적 의무

제3조는 규약의 당사국으로 하여금 "이 규약에서 규정된 모든 시민적 및 정치적 권리를 향유함에 있어서" 남녀에게 동등한 권리를 보장할 것을 요구한다. 즉, 제3조에 따라 남녀가 동등하게 향유할 수 있도록 확보할 당사국의 의무는 오로지 이 규약에 규정된 시민적 및 정치적 권리에 제한된다. 이 점에서 제3조는 규약의 다른 조항에 대하여 보조적 성격(accessory character)을 가진 조항이다.[13] 보조적 성격을 가졌다는 점에서 "규약에서 인정되는 권리들"에 대한 차별 없는 존중 및 확보를 요구하는 제2조 제1항과 유사하다.[14] 반면, 평등권 및 차별금지에 관한 일반조항인 제26조는 규약상 권리로 적용범위가 제한되지 않는다는 점에서 독자적 성격(autonomous character)을 가진 조항이다. 따라서 규약에 규정되지

---

11) Taylor's Commentary(2020), pp.88, 733.

12) 상계주.

13) Nowak's CCPR Commentary(2019), pp.81-82(para.7).

14) Taylor's Commentary(2020), p.69.

않은 권리에 대한 차별이 제26조 위반은 될 수 있지만, 제3조 위반이 될 수는 없다.[15]

제3조에 따른 의무의 성격이 다른 조항에 대하여 보조적이라고 해서, 제3조의 적용이 다른 조항상 권리에 대한 침해 여부에 영향을 받는 것은 아니다. 규약 당사국은 규약의 다른 조항에 대한 위반 여부와 무관하게 제3조를 위반할 수 있다.[16] 즉, 제3조상 의무는 다른 조항에 따른 의무와 무관하게 독립적으로 이행될 수 있다.

이러한 제3조의 성격은 *Shirin Aumeeruddy-Cziffra and 19 Other Mauritian Women v. Mauritius* 사건(1981)에 대한 위원회의 견해에 의하여 확인된 바 있다.[17] 이 사건은 20인의 모리셔스 여성들이 제기한 개인통보 사건으로, 1977년에 새롭게 시행되는 모리셔스 이민법이 모리셔스 국적을 가진 남성과 결혼한 외국인 여성의 거주자격은 그대로 유지시키면서, 모리셔스 국적을 가진 여성과 결혼한 외국인 남성의 거주자격은 상실시킨 것이 문제되었다. 새 모리셔스 이민법은 모리셔스 국적을 가진 여성과 결혼한 외국인 남성에 대해서만 새롭게 거주 허가 발급을 신청하도록 하였는데, 이것이 규약 제17조가 규정한 권리(사생활, 가정, 주거 등에 대하여 자의적이거나 불법적인 간섭을 받지 않을 권리)를 '성별'을 근거로 차별적으로 향유하도록 한 것인지가 쟁점이 되었다.

그런데 위원회는 문제가 된 모리셔스 이민법이 성별에 따라 권리를 차별적으로 보장함으로써 제2조 제1항 및 제3조를 위반하였다고 결론을 내린 한편, 규약 제17조가 보호하는 가정생활에 대한 자의적 간섭이 있었는지 여부에 대해서는 판단할 필요가 없다고 하였다.[18] 즉 문제가 된 국내법률이 차별 없이 적용되었더라면 정당화될 수 있었는지를 판단하는 것

---

15) Nowak's CCPR Commentary(2019), p.82(para.7). 규약위원회가 제3조에 관하여 처음으로 발표한 일반논평 제4호(1981)에 따르면 다음의 가능성은 있다. 즉, "the positive obligation undertaken by States parties under that article may itself have an inevitable impact on legislation or administrative measures specifically designed to regulate matters other than those dealt with in the Covenant but which may adversely affect rights recognized in the Covenant."

16) Taylor's Commentary(2020), p.88; Nowak's CCPR Commentary(2019), p.82(para.9.)

17) *Shirin Aumeeruddy-Cziffra and 19 Other Mauritian Women v. Mauritius*, Communication No.35/1978(1981), paras.1.1-1.2, 9.2 (b) 2 (i) 8, 10.1. 통보자들은 규약의 여러 규정에 대한 위반을 주장하였는데, 즉 제2조(규약상 권리에 대한 성별에 따른 차별 금지), 제3조(남녀평등권), 제26조(성차별없는 평등권), 제17조(사생활, 가정, 주거에 대해 자의적이거나 불법적인 침해를 받지 않을 권리), 제23조(혼인 및 가정에 관한 권리)에 대한 위반을 주장하였다.

18) 결론적으로 위원회는 문제된 모리셔스 이민법이 규약 제17조 제1항 및 제23조 제1항과 관련하여 제2조 제1항 및 제3조, 제26조의 위반을 구성한다고 판단하였다. 그런데 위원회가 규약 제26조가 제17조 및 제23조와 관련하여 위반되었다고 판단한 부분은, 규약 제26조가 제2조나 제3조와 달리 보조적 성격을 가지지 않고 독자적 성격을 가진 조항이라는 점을 간과하였다는 점에서 비판의 소지가 있다[Nowak's CCPR Commentary(2019), p.82(note 34).].

은 여기서 중요하지 않으며, 성별에 따라 피해자가 자신의 권리 중 하나를 누리는 데 영향이 있었다는 사실 자체로 차별금지 의무 위반에 해당하기에 충분하다고 보았다.

2. 남녀평등권을 보장할 적극적 의무

제3조는 이 규약의 당사국에 대하여 이 규약에 규정된 모든 권리를 향유함에 있어서 "남성과 여성의 동등한 권리를 보장"할 것을 요구함으로써, 권리 실현을 위한 적극적 의무를 가하고 있다. 이는 규약 제2조 제1항의 문언이 "어떠한 종류의 차별도 없이" 규약상 권리를 존중 및 보장할 것을 요구하는 소극적 의무를 규정하고 있는 것과 구별된다.[19]

제3조의 성격에 대해서 일반논평 제28호는 "규약하에서 보호되는 인권을 여성이 향유하는 것에 있어 [제3조가] 미치는 중요한 영향을 고려"한다고 하면서, "제3조는 모든 인간이 규약에서 규정된 권리 전체를 동등하고 완전하게 향유해야 한다는 점을 내포"하고 있으며, 이에 따라 "당사국은 보호조치를 채택할 뿐만 아니라, 여성에게 효과적이고 평등한 권한을 부여하기 위해 모든 분야에서 적극적인 조치를 채택해야 한다"고 하였다.[20] 당사국이 취해야 할 적극적 조치는 단순히 국내법의 제·개정뿐만 아니라 남녀불평등을 양산해 온 종교적 태도, 전통, 역사, 문화적 뿌리를 바꾸기 위한 장애물의 제거 및 교육을 제공할 의무 등을 포괄한다.[21] 당사국은 이러한 의무를 효과적으로 이행하기 위하여 "사회에서 여성의 실질적인 역할에 관한 정보를 제공함으로써, 법규정에 부가하여 이러한 의무들을 실행하기 위해 취해진 조치가 어떤 것들인지 또는 어떤 조치들이 취해져야 하는지, 어떠한 진척이 있었는지, 직면한 난점은 어떤 것들인지, 그 어려움을 극복하기 위해 어떤 조치들이 취해지고 있는지 [규약위원회가] 확인할 수 있도록 해야 한다."[22]

당사국의 남녀평등권 보장 의무는 공적 영역에서뿐만 아니라 사적 영역에도 적용된다. 예를 들면, 규약 당사국은 고용, 교육, 정치활동 및 주거, 상품과 용역의 공급에 있어서 사적 행위자에 의한 성차별이 종식될 수 있도록 필요한 모든 조치를 취해야 한다.[23]

---

19) 이 점이 규약문 채택과정에서 제3조의 필요성을 지지하는 측의 논거로 제시되기도 하였음은 상기한 바와 같다. 제3조의 성격은, 마치 제2조에 열거된 다른 차별사유 중 하나인 민족적, 인종적 또는 종교적 차별의 금지의무가 제20조 제2항의 민족적, 인종적 또는 종교적 증오고취의 금지의무에 의해 보완·강화되는 것과 마찬가지라는 설명이 있다. 즉, 제2조상의 성차별 금지의무는 제3조의 남녀평등권 확보 의무에 의해 보완·강화된다[Nowak's CCPR Commentary(2019), p.83(para.10) 참조].

20) HRC General Comment No.28(2000), paras.1-3.

21) 상게주, paras.3-5.

22) 상게주, para.3.

23) 상게주, paras.4, 31.

Ⅲ. 위반이 주장되는 주요 영역

위원회는 그동안 규약상 권리를 남녀가 동등하게 향유하는데 방해가 되어왔던 대표적인 차별적 관행을 분석하여 이를 일반논평 제28호에서 요약·제시하였다. 또한 일반논평 제28호는 국가들이 성차별적 관행을 개선하기 위하여 어떤 노력을 다해 왔는지에 관하여, 위원회에게 제공해야 하는 데이터와 정보의 유형을 자세히 설명함으로써 당사국의 의무 이행을 돕고자 하였다. 위원회가 규약에 의해 보호되는 각 권리(관련 조항)별로 지적한 대표적인 성차별 관행은 다음의 [표]와 같다.

[표] 규약이 보호하는 권리(조항)별 대표적인 성차별적 관행[24]

조항	권리	성차별적 관행
제4조	비상사태시 이행정지	• 무력충돌과 같은 비상사태에서 여성에 대하여 차별적으로 가해진 폭력
제6조	생명권	• 여자 영아살해, 미망인 화형, 지참금 살인 등 여성의 생명권을 차별적으로 침해한 관행
제7조, 제24조	고문 등의 금지, 어린이의 권리	• 여성 및 여아에 대한 가정폭력, 강간, 강제낙태, 강제불임시술, 여성할례 관행
제8조	노예제 및 강제노동 금지	• 여성과 아동의 매매 및 성매매, 노예제도
제26권	평등권	• 공공장소에서의 여성의 복장 규제
제9조	신체의 자유	• 여성에 대한 자의적이거나 불평등한 가택구금 등
제7조, 제10조	고문 등의 금지, 피구금자의 권리	• 자유를 박탈당한 여성에 대한 부당한 처우
제12조	거주 이전의 자유	• 여성의 이동의 자유 제한
제13조	외국인의 추방에 대한 절차적 보호	• 외국인 여성의 절차적 권리 미보장
제14조	공정한 재판을 받을 권리	• 여성에 대한 사법적 접근권의 차별적 제한
제16조	법 앞에 인간으로서 인정받을 권리	• 혼인여부나 성별을 이유로 여성의 권리 축소
제17조	사생활의 비밀과 자유	• 여성의 생식능력에 대한 자기결정권 및 사생활 침해
제18조	사상, 양심 및 종교의 자유	• 여성의 사상, 양심 및 종교의 자유 침해 및 간섭

---

24) 상게주, paras.7-32. 제3조 위반사례로 자주 원용되는 주제영역에 대한 개괄적 소개는 Joseph & Castan's Commentary(2013), pp.91-103 참조.

제19조	표현의 자유	• 여성과 소녀들을 폭력 또는 굴욕적이거나 비인도적 대우의 대상으로 묘사하는 외설적인 포르노물의 발행과 배포를 제한하는 법적 조치의 미비
제23조	가정과 혼인	• 결혼에 대하여 여성이 자유롭고 완전한 합의를 할 수 있는 권리를 침해, 자녀양육 및 재산관리 및 분배 등 결혼생활에서의 평등권 침해, 혼인해소시에 보장되어야 할 평등권 침해
제24조	어린이의 권리	• 여아의 교육, 급식, 의료 등에 대한 평등권 침해
제25조	참정권	• 정치참여 및 공무취임에 있어서 여성에 대한 차별
제26조	평등권	• 간통에 대해 여성에게 더 엄중한 처벌을 부과하거나 처벌받지 않은 채로 남아있는 소위 "명예범죄"를 범하는 것, 노동법 영역에서 여성에 대한 차별 등 공적·사적영역에서의 여성에 대한 다양한 차별
제27조	소수자 집단 보호	• 여성차별적 소수 공동체 내의 문화적·종교적 관행

위원회가 제시한 대표적 위반영역을 보면, 제3조상 의무는 노동과 경제생활을 비롯한 공적영역에서 뿐만 아니라 가정생활과 사적영역에서 양성평등을 실현할 것을 포괄하며, 각종 젠더폭력으로부터의 자유로울 권리도 평등권의 일환으로 포섭하였고, 성과 재생산의 권리의 확보 등까지 규범의 적용범위를 확장해왔음을 알 수 있다. 이렇듯 위원회는 일반논평을 통해 규약당사국들에 대하여 상기한 성차별적 관행을 근절하고 남녀에게 동등한 권리를 보장하기 위하여 어떠한 적극적 조치를 취하였는지 위원회에 보고하도록 권고하였다.

Ⅳ. 한국의 실행

지금까지 대한민국을 상대로 제기된 개인통보 사건에서 제3조가 독립적으로 원용된 적은 없다. 반면에 한국이 제출한 국가보고서에 대한 위원회의 최종견해(1차 ~ 4차)에서 여성에 대한 차별 근절 및 여성의 지위 향상은 (제2조 제1항 및 제26조 이행 여부와 더불어서) 주요하게 다루어진 주제이다. 위원회는 4차에 걸쳐 발표된 최종견해에서 대한민국에 대하여 여성차별적 법제를 폐지하고 남녀평등권 확보를 위한 법제를 시행하여 제3조에 따른 의무를 이행하라고 지속적으로 권고하였는데, 이 과정에서 대한민국의 관련 법제가 전반적으로 검토되었기에 이를 통해 한국의 남녀차별적 법제도 및 관행의 현주소를 가늠해 볼 수 있다.

먼저 위원회 권고를 배경으로 남녀차별적 법제가 개선된 대표적인 예로, 부계혈통중심의 가부장적 가족상에 바탕을 두었던 민법상 호주제와 국적법의 선천적 국적취득의 요건를 성차별적으로 규정하는 조항이 개정된 것을 들 수 있다.

젠더폭력·여성폭력으로부터 자유로울 권리를 보장하기 위한 법제도적 노력은 개선된 성과영역과 여전히 개선되어야 할 과제영역이 혼재되어 있다. 부부강간이 처벌될 수 있도록 대법원의 판례변경이 있었던 것은 분명 긍정적인 변화이지만, 여전히 가정폭력에 대한 적극적 대응이 부족한 점과 형법상 강간죄를 동의의 부존재가 아닌 폭행·협박 요건을 중심으로 정의하는 문제는 국제기준에 따라가지 못하고 있는 과제영역이라 할 수 있다. 또한 낙태죄가 폐지된 것은 위원회의 권고에 부합하는 변화라 할 수 있지만, 여전히 관련 입법이 정비되지 않아서 향후 여성의 자기결정권을 존중하는 방향으로의 입법을 해야 할 과제가 남아있다. 또한 성범죄 및 성착취의 양상이 다양해져감에 따라 앞으로 다양한 종류의 젠더폭력 문제를 해결하기 위한 포괄적 전략 마련의 필요성이 커지고 있으며, 이에 대한 위원회의 추후 권고가 어떠할지에 귀추가 주목된다.

이뿐만 아니라 노동 및 고용 영역에서의 성차별 근절을 위한 실효적인 대응방안을 마련할 것이 요구된다. 여전히 여성이 소규모기업에서 비정규직으로 근무하는 비율이 압도적으로 높으며, 남녀간 임금격차도 OECD 국가 중 최하위 수준이다. 남녀고용평등법상 제도 및 다양한 정책들이 유의미한 결과로 이어질 수 있도록 실효성 강화 방안이 고안되어야 할 것이다. 또한 여성의 정치적 대표성과 공공·민간영역에서의 대표성이 여전히 매우 낮은 수준이어서 이를 향상하기 위한 실효적인 대안 마련이 요구된다.

이를 염두에 두면서 다음은 우리 헌법 및 법률상 남녀평등권 보장을 위한 규범적 근거를 개괄적으로 살펴본 후, 지금까지 위원회의 최종견해에서 문제영역으로 지적되어 온 주요 쟁점 중심으로 한국 법제도의 변천과정을 살펴본다.

1. 헌법적 보호 및 법률 정비

우리 헌법 전문은 "정치·경제·사회·문화의 모든 영역에 있어서 각인의 기회를 균등히 하고"라고 하여 성별과 관계없이 모든 국민에 대한 동등한 기회 보장을 강조하고 있다. 또한 제10조에서 "모든 국민은 인간으로서의 존엄과 가치를 가지며, 행복을 추구할 권리를 가진다"고 하여 기본권의 주체가 모든 국민임을 명확히 하고 있으며, 제11조에서 모든 국민의 법 앞에서의 평등을 선언하면서 "누구든지 성별·종교 또는 사회적 신분에 의하여 정치적·경제적·사회적·문화적 생활의 모든 영역에 있어서 차별을 받지 아니한다"고 보장하고 있다. 제32조에서는 노동권에 있어서의 성차별 금지 및 여성에 대한 특별한 보호 필요성을 선언하고, 제34조에서 여성의 복지와 권익 향상을 위하여 노력해야 할 국가의 의무를 규정하였으며, 제36조에서는 양성평등한 혼인 및 모성 보호에 관한 국가의 책임을 강조하고 있다.

또한 대한민국은 1984. 12. 27. 여성차별철폐협약을 비준(1985. 1. 26. 우리나라 발효)하고, 2006. 10. 18. 여성차별철폐협약 선택의정서에도 가입하여(2007. 1. 18. 우리나라 발효) 여성차별철폐위원회의 개인통보 심사권을 수락함으로써 여성차별 철폐 및 남녀평등에 관한 국제적 기준을 수락하였다.

더불어서, 헌법상 양성평등 및 여성차별 철폐의 가치를 실현하기 위한 법률을 제·개정해왔다. 대표적인 예로, 대한민국 헌법상 양성평등 이념을 실현하기 위한 국가와 지방자치단체의 책무 등에 관한 기본적 사항을 규정한 「양성평등기본법」[2014. 5. 28. 전부개정, 舊「여성발전기본법」(1995. 12. 30. 제정)]과, 고용 및 교육, 재화·시설·용역등의 제공 및 이용, 법과 정책의 집행에 있어서 남녀차별을 금지하고 이로 인한 피해자의 권익을 구제함으로써 사회의 모든 영역에서 남녀평등을 실현함을 목적으로 하는 「남녀차별 금지 및 구제에 관한 법률」(1999. 7. 1. 시행), 중앙행정기관의 장 및 지방자치단체의 장이 정책을 수립하거나 시행하는 과정에서 성평등을 실현하기 위한 사항을 규정한 「성별영향평가법」(2011. 9. 15. 제정) 등이 있다.

이렇듯 한국 정부는 헌법상 양성평등을 보장하고 관련 조약을 비준·가입하였으며, 여권신장을 위한 다양한 입법을 정비해 왔으나, 이러한 법제도의 변화가 실제 여권신장에 실효적으로 기여한 정도는 세부 주제영역별로 다소 차이가 있다.

2. 혼인·가족관계 및 가정생활에서의 남녀평등 확보를 위한 법제 변천

가족관계를 다루는 기본법인 우리 민법상의 친족상속편(이하 가족법)은 중국의 종법제의 영향을 받아 부계혈통중심의 가부장적 가족제도를 기초로 성립되었기에, 남존여비사상이 법제 전반의 바탕이 되어 온 측면이 있었다.[25] 전통적 유교 관념의 부계혈통주의의 영향 아래서 제정된 국적법도 선천적 국적취득의 요건을 정함에 있어서 부계혈통주의에 바탕을 두고 있었다. 이에 위원회는 대한민국에 대한 최종견해에서 가족법 및 국적법상 남녀차별적 법제를 정비할 것을 강한 어조로 권고해 왔다. 다음은 위원회의 권고를 배경으로 남녀차별적 법제가 개선된 대표적 예로, 호주제 폐지를 골자로 하는 2005년 민법 개정과, 국적법의 개정과정을 살펴본다.

---

25) 박복순·박선영, "호주제 폐지 이후 관련 법령 정비 방안에 관한 연구", 젠더법학 제2권 제2호(2010), p.76.

가. 호주제 폐지를 주요 골자로 한 2005년 민법 개정

호주제란 "호주를 정점으로 가(家)라는 관념적 집합체를 구성하고, 이러한 가(家)를 직계 비속남자를 통하여 승계시키는 제도"로, 남계혈통을 중심으로 가족집단을 구성하고 이를 대대로 영속시키는 데 필요한 여러 법적 장치라고 할 수 있다.[26] 호주제는 1960년 민법 시행 후 존속되어 온 제도이지만, 양성평등과 개인의 존엄을 이념으로 하는 헌법정신에 반한다는 문제 제기와 폐지주장이 있어 왔다.[27]

위원회에 제출된 최초 국가보고서(1991)에 반박하기 위하여 제출된 민간보고서(1992)는 당시 가족법이 호주제도를 여전히 존속시키고 있는 점을 지적하면서, 호주제도는 남자가 법적으로 한 가족의 가장이 되어 가족관계에서 발생하는 여러 문제에 관하여 법적으로 결정권을 행사하는 남녀차별적 법제로서 '조정'될 것이 아니라 '폐지'되어야 한다고 강조하였었다.[28] 이에 위원회는 최초보고서 심의에 대한 최종견해(1992)에서, 한국에서 "특정 영역에서 여성에 대한 차별이 지속됨"을 주요 우려 사항으로 언급함으로써 대한민국의 차별적 법제도에 대한 시정이 필요함을 시사하였다.[29]

위원회가 대한민국에 대하여 호주제 폐지를 특정하여 권고한 것은 제2차 국가보고서에 대한 최종견해(1999)에서였다. 1998년에 제출된 2차 국가보고서에서 한국 정부는 "성차별적 요소를 많이 두고 있던 가족법은 1990. 1. 개정되어 1991. 1.부터 시행되고 있으나 아직도 일부 성차별적 요소가 남아있다는 여성계의 주장에 따라 정부는 민법학자 및 실무가로 구성된 민법개정특별분과위원회를 발족시켜 1993. 6.부터 1996. 5.까지 34회에 걸쳐 회의를 개최하고 가족법을 재검토하고 있다"고 밝히면서, 이 개정작업의 주된 방향 중 하나는 호주제도의 폐지라고 하였다.[30] 2차 보고에 대한 최종견해(1999)에서 위원회는 여전히 여성에 대한 차별적 태도를 장려하고 강화시키는 법률과 관행이 잔존하는 실태에 대한 우려를 표명하면서, 특히 여성의 종속적 역할로 특징지어지는 가부장제를 반영·강화시키는 호

---

26) 상게주, p.78.
27) 상게주.
28) 민주사회를 위한 변호사 모임·한국기독교교회협의회, 한국 인권의 실상: UN인권이사회에 제출한 정부보고서에 대한 반박(1992), p.110(para.274). 이뿐만 아니라, 당시 가족법에 부부의 재산을 공유로 추정하는 규정이 없어서 이혼하여 재산분할청구권을 행사하고자 할 때에 여성의 기여도에 대한 입증이 어려운 점, 여성이 배우자의 사망으로 상속받는 재산에 대하여 높은 비율의 조세를 부과하고 있는 점을 여전히 개선이 필요한 여성차별적 법제로 지적하였다.
29) Concluding Observations on the Republic of Korea, CCPR/C/79/Add.6(1992), para.8.
30) Second Periodic Reports of Republic of Korea, CCPR/C/114/Add.1(1998), paras.44-45.

주제가 폐지되지 않는 점을 주요 우려사항으로 지적하였다.[31]

이에 정부는 위원회를 비롯한 국내외의 비판을 받아들여, 가(家)의 개념과 호주제를 폐지하여 헌법 이념에 충실하고 현실의 가족생활에 부합하는 평등한 가족제도를 구현하는 내용의 민법 개정안을 마련하여 2003. 11. 국회에 제출하였고, 이러한 제출상황을 3차 국가보고서(2005)에서 설명하였다.[32]

변화의 조짐이 보이던 와중에 2005. 2. 3. 헌법재판소는 마침내 민법상 호주제도의 중심조문들이 헌법상 원칙인 양성평등 원칙과 개인의 존엄에 위배된다며 헌법불합치 결정을 내렸고,[33] 이에 따라 2005년 호주제 폐지를 골자로 하는 민법 개정이 이루어졌다.[34] 위원회는 2006. 4. 26. 대한민국의 제3차 국가보고 전 질의목록을 발표하면서, 한국 정부가 2003년 국회에 제출된 민법 개정안과 호주제 폐지에 관한 진행현황을 위원회에 보고하도록 지시하였고,[35] 이후 2006. 11.에 발표한 최종견해로 "2008년부터 시행되는 호주제 폐지 등을 포함한 민법 개정안이 2005년 3월 국회에서 채택된 점을 환영" 하였다.[36]

나. 부계혈통주의에 따른 선천적 국적취득 원칙에 관한 국적법 개정

대한민국 국적법은 제정 이래 반세기 가깝게 부계혈통주의를 선천적 국적취득의 원칙으로 삼아 왔었다. 즉 1948. 12. 20.에 제정된 국적법 제2조 제1항 제1호에 따르면, "출생한 당시에 부가 대한민국의 국민인 자"만이 선천적으로 한국국민이 될 수 있었다. 이에 한국인을 부로 하고 외국인을 모로 한 자는 한국국적을 취득하는 반면에, 한국인을 모로 하고 외국인을 부로 한 자는 선천적으로 한국국적을 가질 수 없고 별도의 귀화 절차를 거쳐야만 한국국적을 취득할 수 있었다.[37]

---

31) Concluding Observations on the Republic of Korea, CCPR/C/79/Add.114(1999), para.10.

32) Third Periodic Reports of Republic of Korea, CCPR/C/KOR/2005/3(2005), para.65. 3차 국가보고서의 국문본(법무부 제공)을 보면, 해당 보고서는 2004. 5.에 마련된 것으로 보인다. 대한민국 법무부, 시민적 및 정치적 권리에 관한 국제규약에 따른 제3차 보고서(국문본)(2004), p.5. 참조.

33) 헌법재판소 2005. 2. 3. 2001헌가9 등 참조. 이 결정에 나타난 성차별 판단의 논증에 관해서는 양현아, 호주제도 헌법불합치 결정에 나타난 성차별 판단의 논증, 경제와 사회 통권 제88호(2010), pp.215-255 참조. 한편 호주제 폐지 이후 관련 법령 정비에 관한 논의는 박복순·박선영(전게주 25), pp.75-92 참조.

34) 2008. 1. 1.부터 「가족관계의 등록 등에 관한 법률」이 시행되어 기존의 호적법을 대체하게 되었다.

35) List of Issues to Be Taken Up in Connection with the Consideration of the Third Periodic Report of the Republic of Korea, CCPR/C/KOR/Q/3(2006), para.8.

36) Concluding Observations on the Republic of Korea, CCPR/C/KOR/CO/3(2006), para.6.

37) 또한 당시 국적법 제2조 제1항 제2호의 규정은 "출생하기 전에 부가 사망한 경우에는 그 사망 당시에 부가 대한민국의 국민이었던 자"라고 하고 있었다.

위원회에 제출된 대한민국의 최초보고서(1991)에서 한국 정부는 성차별적인 국적법의 문제를 드러내어 논의대상으로 삼지는 않았다. 이에 정부보고서의 미비점을 보완하기 위해 제출된 민간보고서는 정부보고서가 긍정적 변화를 나타내는 법규 및 정책을 주로 나열하고 여전히 성차별적 요소가 있는 것으로 지적되었던 법제도는 보고에서 누락한 측면이 있다고 하면서, 국적법상 아버지의 국적을 기준으로 출생한 자녀의 국적이 정해지도록 규정하고 있는 것을 명백히 여성에 대한 차별적 법제도의 예로 지적함으로써 이에 대한 위원회의 관심을 제고시켰다.[38]

국적법의 성차별적 내용에 대한 국내외 비판이 지속되자, 한국 정부는 1995년 말 국적법 개정특별분과위원회를 새로이 구성하고 개정안 마련 작업에 착수하여 1997년 현행 국적법의 기본이 된 개정안을 입법예고 하였다.[39] 1997. 12. 13. 법률 제5431호로 국적법이 전면 개정되었고, 개정 국적법 제2호 제1항 제1호는 "출생한 당시에 부 또는 모가 대한민국의 국민인 자"는 출생과 동시에 대한민국 국적을 취득한다고 하여 부모·양계혈통주의가 선천적 국적취득의 원칙이 되도록 하였다.

3. 젠더폭력·여성폭력으로부터 보호

위원회는 젠더에 기반한 다양한 폭력을 성차별의 일종으로 이해하고, 젠더폭력으로부터 자유로울 권리를 평등권의 맥락에서 보장되어야 할 기본권으로 보아왔다. 이에 제3조상 남녀평등 보장의무를 근거로 당사국들에게 젠더폭력으로부터의 보호를 위하여 입법 및 절차를 마련할 것을 요구해 왔다. 젠더에 기반한 폭력의 대상이 여성만이 될 수 있는 것은 아니지만, 역사적으로 볼 때에 피해자의 압도적 다수가 주로 여성이었기에, 젠더폭력과 여성폭력이라는 용어는 엄밀한 구분 없이 상호교환적으로 사용되어 온 측면이 있다.[40] 젠더폭력이 여타 다른 폭력과 구별되게 평등권의 맥락에서 다루어지게 된 것은, 이 폭력이 젠더에 기반한 것이기 때문이다.[41] 즉 젠더폭력은 "대등한 기본권 주체들 사이에서 발생하는 침해가 아니라 차별의 토양 위에서 비로소 성립하는 폭력"이다[42]. 성차별이 젠더폭력을 가능하게 하고 촉진하기에, 소극적 성차별 금지를 넘어서 젠더폭력을 근절하기 위한 적극적 노력이 따를 때에야 실질적 성평등이 실현될 수 있다.

---

38) 민주사회를 위한 변호사 모임·한국기독교교회협의회(전게주 28), p.110(para.276).
39) 엄해옥, "지난세기 남북한국적법에서의 남녀평등에 관한 고찰", 일감법학 제33호(2016), p.373.
40) 예를 들어, 여성차별철폐위원회의 일반권고 제19호(1992년)에서도 여성폭력과 젠더폭력이 혼용되었다.
41) 김정혜, "평등권으로서 젠더폭력으로부터 자유로울 권리", 이화젠더법학 제12권 제1호(2020), pp.155-156.
42) 상게주, p.162.

1990년대 이후 한국은 형법상 성범죄 관련 조항에서 성차별적 요건을 개정함으로써 남녀평등 원칙에 부합하는 형법제도를 마련하기 위해 노력해 왔다. 대표적인 예로, 1995. 12. 29. 형법의 일부개정으로 개정 전 강간죄 등이 명시된 장의 제목을 "정조(貞操)에 관한 죄"에서 "강간과 추행의 죄"로 대체하여 강간죄의 보호법익을 '정조'가 아닌 '성적 자기결정권'으로 규정한 것을 들 수 있다.[43] 또한 2012. 12. 18. 형법 개정을 통해 강간죄의 객체를 '부녀'에서 '사람'으로 대체하고, 유사강간죄 규정을 신설하였으며, 모든 성범죄에서 친고죄를 폐지하고 혼인빙자간음죄를 폐지하였다.[44]

또한 다양한 유형의 젠더폭력(성폭력, 가정폭력, 직장 등에서의 성희롱, 성매매 및 성착취 등)에 관한 특별법을 제정하여 가해자 처벌을 강화하고 피해자 보호를 확대하였다.[45] 대표적인 예로, 1994. 1. 5. 제정된 「성폭력범죄의 처벌 및 피해자 보호 등에 관한 법률」과, 1997. 12. 31. 제정된 「가정폭력 방지 및 피해자 보호 등에 관한 법률」을 들 수 있다. 성희롱은 1995. 12. 30. 제정된 「여성발전기본법」(이후 2014. 5. 28. 「양성평등기본법」으로 전부개정)에 예방의 의무로 처음 명시된 이후, 1992. 2. 「남녀 차별금지 및 구제와 관한 법률」 제정 및 「남녀고용평등법」 개정을 통해 금지 및 규제의 법적 근거가 신설되었다. 성매매에 관한 법률은 2000년대 들어 채택되었는데, 현재 시행 중인 법률로는 「아동·청소년의 성보호에 관한 법률」(2009. 6. 9. 전부개정, 舊 청소년의 성보호에 관한 법률」)과 「성매매 알선 등 행위의 처벌에 관한 법률」(2004. 3. 2. 제정)이 있다. 이에 더하여 2018. 12. 24.에는 여성폭력방지정책의 종합적·체계적 추진을 위한 기본적인 사항을 규정함으로써 개인의 존엄과 인권 증진에 이바지하기 위하여 「여성폭력방지기본법」을 제정하였다. 이 법은 '여성폭력'을 "성별에 기반한 여성에 대한 폭력으로 신체적·정신적 안녕과 안전할 수 있는 권리 등을 침해하는 행위로서 관계 법률에서 정하는 바에 따른 가정폭력, 성폭력, 성매매, 성희롱, 지속적 괴롭힘 행위와 그 밖에 친밀한 관계에 의한 폭력, 정보통신망을 이용한 폭력 등"으로 정의하였다(제3조 제1호). 또한 스토킹 범죄 피해의 심각성에도 불구하고 이에 대한 처벌근거 및 피해자 보호가 미흡한 문제를 해결하기 위하여, 2021. 4. 20. 「스토킹범죄의 처벌 등에 관한 법률」을 제정하여 스토킹이 범죄임을 명확히 규정하고, 가해자 처벌 및 그 절차에 관한 특례와 스토킹범

---

43) 하민경, "처의 행위능력 인정과 아내강간 인정 판결을 통해 본 여성 인권의 변화", 법사학연구 제57호 (2018), p.157.
44) 상계주, pp.157-158. 개정 전 형법에서 '부녀(婦女)'만이 강간죄의 객체로 규정되어 있었던 것에 대하여, 대법원이 강간행위가 남녀의 생리적·육체적 차이로 인하여 남성에 의해서 행해지는 것이 대부분이므로 강간죄의 객체를 부녀에 한정하더라도 사회관념상 합리적인 근거가 있는 차등에 해당하여 헌법상 평등 원칙에 반하지 않는다고 보았던 판결로 대법원 1967. 2. 28. 선고 67도1 판결 참조.
45) 김정혜(전계주 41), p.150.

죄 피해자에 대한 각종 보호절차를 마련하여 범죄 발생 초기 단계에서부터 피해자를 보호하여 스토킹이 더욱 심각한 범죄로 이어지는 것을 방지할 수 있도록 하였다.[46]

한편, 상기 입법 노력에도 불구하고 위원회는 대한민국의 법제도 및 관행 중에서 여전히 개선이 필요한 부분이 있다고 지적하고 있는데, 특히 부부강간 및 가정폭력에 대한 적극적 처벌 및 대응이 부족한 점, 형법상 강간죄를 동의의 부존재가 아닌 폭행·협박 요건을 중심으로 정의하는 문제, 안전하지 못한 낙태로 인한 높은 산모 사망률과 여아에 대한 선별적 낙태 문제를 개선할 것을 반복적으로 권고해 왔다. 젠더폭력과 관련해서는 이 외에도 성매매 및 성착취 문제나 스토킹이나 디지털 성범죄 등 중요한 현안이 많지만, 여기서는 위원회가 제1차에서 제4차에 걸친 국가보고서 검토절차에서 중점적으로 지적한 문제영역 중심으로 살펴보기로 한다.[47]

가. 부부강간과 가정폭력

대한민국 형법은 강간죄의 객체를 2012년 형법 개정 전에는 '부녀'로, 개정 후에는 '사람'으로 규정하여, 명문의 규정상 강간죄의 객체에서 법률상 배우자를 배제시키지 않았다. 그러나 우리 대법원은 1970. 3. 10. 실질적인 부부관계가 유지되고 있는 경우에는 설령 남편이 폭력으로써 강제로 처를 간음했다 하더라도 강간죄는 성립하지 않는다고 판시한 이래,[48] 법률상의 처는 강간죄의 객체가 될 수 없다는 입장을 43년간 유지하였다. 이는 부부강간이 가정폭력의 일환으로 이루어지고 있는 현실을 외면한 것이었다. 1991년 한국형사정책연구원의 조사에 따르면 남편에게 심한 폭행을 당한 여성의 경우, 47.8%가 남편이 아내를 폭행한 뒤 강제적으로 성관계를 맺는다고 답하였다.[49]

위원회는 제2차 국가보고에 대한 최종견해(1999)에서부터 대한민국에서 여성에 대한 가정폭력이 심각하고 만연함에도 불구하고 이를 규율하는 법제가 가해자에게 관대한 것에 대한 우려를 표하면서, 특히 부부강간이 형사범죄로서 제대로 처벌받지 못하는 문제를 특정

---

46) 「스토킹범죄의 처벌 등에 관한 법률」은 2021. 10. 21. 시행되었다.
47) 참고로, 위원회는 제4차 국가보고서에 대한 최종견해(2015)에서 성에 기반한 모든 형태와 현상의 폭력을 방지하고 해결하기 위한 포괄적 전략을 채택할 것을 권고하였다[Concluding Observations on the Republic of Korea, CCPR/C/KOR/CO/4(2015), para.19].
48) 대법원 1970. 3. 10. 선고 70도29 판결.
49) 김익기 외, 가정폭력의 실태와 대책에 관한 연구(한국형사정책연구원, 1991), p.109. 한편, "아내를 때린 뒤 남편들은 대개 폭행 후 아내를 달래는 수단이 성관계라고 생각한다. 아내들은 더 맞지 않기 위해 성관계를 맺는다고 답하지만 그런 경우를 강간이라고 생각하는 사람은 아직 드문 형편"이라는 한국여성의 전화 관계자의 말에서 당시의 사회 분위기를 읽을 수 있다. 1990년대 초까지만 해도 부부강간에 대한 문제의식이 낮은 편이었다[하민경(전게주 43), p.159 참조].

하여 지적하고 관련 법률의 정비를 권고하였다.[50] 이후 제3차 국가보고에 대한 최종견해 (2006)에서도 위원회는 대한민국이 가정폭력 대응을 위한 다양한 조치 및 프로그램을 채택 하였음에도 불구하고 여전히 가정폭력에 책임있는 자의 기소 및 처벌에 유의미한 진전이 없으며, 부부강간 처벌 등 가정폭력 대응을 위한 구체적인 입법이 부족하다고 평가하였 다.[51] 이에 가정폭력 근절을 위해 채택한 조치들의 효과를 평가하고 부부강간을 처벌할 수 있도록 형법을 개정할 것을 권고하였고, 또한 법집행 공무원(특히 경찰)이 가정폭력 사건에 잘 대응할 수 있도록 적절한 교육을 제공하고, 대중의 인식제고를 위한 노력을 계속할 것을 권고하였다.[52]

이러한 국내외 비판을 배경으로, 2004년부터 하급심 중심으로 판례의 변화가 생기기 시 작하였다. 2004. 8. 20. 서울중앙지방법원은 실질적인 부부관계가 유지되고 있는 중에 아내 를 강제추행하고 성행위를 강요한 자에 대하여, 혼인의 약속이 한쪽의 성적 자기결정권을 포기하는 것을 포함하지는 않는다고 하면서 처음으로 강제추행치상죄를 인정하였다.[53] 이 후 2009. 1. 16. 부산지방법원은 아내를 흉기로 협박하여 간음한 사안에서 최초로 아내강간 을 인정하였다.[54] 대법원 단계에서의 변화는 2009년에서야 제한적으로 이루어졌다. 2009. 2. 12. 대법원은 이혼 의사의 합치가 있는 상태여서 실질적인 부부관계가 인정될 수 없는 상황에서 배우자에 대한 강간을 최초로 인정하였으나, 정상적인 혼인 관계가 유지되는 경 우의 부부강간 가능성에 대한 판단은 유보하는 한계를 보였다.[55] 2013년에 제출된 대한민 국의 제4차 국가보고서(보고서 마련은 2011. 8.에 이루어짐)는 제3조 이행을 위해 노력한 성과 를 보고하면서 형법상 강간에 부부강간이 포함될 수 있음을 인정하는 판례의 발전이 있었 다며, 상기한 3개의 판결(2004년 서울중앙지방법원 판결, 2009년 부산지방법원 판결, 2009년 대법 원 판결)을 제시하였다.[56]

2013. 5. 16. 대법원은 정상적인 혼인관계 중에 남편이 아내를 부엌칼로 위협해 강제적 성관계를 맺은 사건에서, 마침내 실질적으로 부부관계가 유지되고 있는 경우에도 폭행 및 협박 등으로 강제로 성관계를 할 권리까지 있다고는 할 수 없다며 가해자에 대하여 유죄를 선고하였다.[57] 이러한 판례변화는 실제 사회인식 및 배우자에 대한 가정폭력 실태에도 긍

---

50) Concluding Observations on the Republic of Korea, CCPR/C/79/Add.114(1999), para.11.
51) Concluding Observations on the Republic of Korea, CCPR/C/KOR/CO/3(2006), para.11.
52) 상게주.
53) 서울중앙지방법원 2004. 8. 20. 선고 2003고합1178 판결.
54) 부산지방법원 2009. 1. 16. 선고 2008고합808 판결.
55) 대법원 2009. 2. 12. 선고 2008도8601 판결.
56) Fourth Periodic Reports of Republic of Korea, CCPR/C/KOR/4(2013), pp.92-93.

정적 영향을 끼쳤다. 여성정책연구원의 설문결과에 따르면, 여성이 1년간 배우자로부터의 받은 폭력 피해율이 2013년에는 29.8%였던데 반해 2016년에는 12.1%를 기록했으며, 남성이 1년간 배우자로부터 받은 폭력 피해율도 2013년 27.3%에서 2016년 8.6%로 대폭 하락하였다.[58]

이는 분명 긍정적인 변화였으나, 이후 위원회는 제4차 국가보고에 대한 최종견해(2015)에서 위 대법원 판례변화만으로 부부강간과 가정폭력 문제에 대한 충분한 대응이 되지는 않는다고 평가하였다. 즉 위원회는 여전히 부부강간이 형법상 특정된 범죄가 아닌 점과 가정폭력범에 대한 조건부 기소유예 관행 및 가정폭력 피해자에 대한 보호의 미비에 대한 우려를 표하였다.[59] 이에 모든 상황에서 부부강간이 명백히 범죄가 되도록 할 것과, 가정폭력과 부부강간 사건을 철저히 수사하고 행위자들을 기소하며 유죄 시 상응하는 처벌을 받도록 하고 피해자는 적절한 보상을 받도록 할 것, 피해자들이 대안적 분쟁해결절차로 전환되지 않도록 현재 절차를 개정할 것을 권고하였다.[60]

나. 강간죄의 성립요건으로서 폭행·협박과 비동의간음죄 도입 논의

대한민국 형법 제297조는 강간죄의 성립에 폭행 또는 협박을 요한다. 법원은 여기서 폭행 또는 협박의 정도에 관해 최협의설을 취하고 있다. 즉 폭행 또는 협박의 정도가 피해자의 항거를 불가능하게 하거나 현저히 곤란하게 할 정도여야 한다는 해석이다.[61] 그런데 2005년 이후부터 최근까지의 판례 경향을 보면, 폭행·협박에 대한 규범판단을 유지는 하고 있으나, 실질적 저항행위의 존재를 입증하도록 했던 최협의 입증기준을 완화하는 경향을 보여왔다.[62] 즉, 실질적인 피해자의 저항행위를 입증하도록 요구해왔던 기존의 판례 태

---

57) 대법원 2013. 5. 16. 선고 2012도14788 전원합의체 판결. 그러나 대상판결은 부부간 강간사건을 절차적으로 일반 형사절차로 다루지 않고 가정폭력범죄의 처벌 등에 관한 특례법에 따른 가정보호사건으로 처리하는 것이 더 바람직한 경우가 있다는 여지를 열어두었다[하민경(전게주 43), p.164 참조].
58) 한국여성정책연구원, 2016년 가정폭력 실태조사 연구(여성가족부, 2016), p.160; 하민경(전게주 43), p.164.
59) Concluding Observations on the Republic of Korea, CCPR/C/KOR/CO/4(2015), para.18.
60) 상게주, para.19. 위원회는 대한민국이 2012년에 형법 제297조를 개정하여 강간죄의 객체를 '부녀'에서 '사람'으로 변경한 것과, 2009년까지 총 385개의 성차별적 법률 규정을 개정한 것을 여성에 대한 차별 및 폭력에 대한 대응에 있어서의 긍정적 변화로 언급하였다(para.18).
61) 대법원 1992. 4. 14. 선고 92도259 판결.
62) 예를 들어 대법원 2005. 7. 28. 선고 2005도3071 판결 참조. 이 판결은 "강간죄가 성립하기 위한 가해자의 폭행·협박이 있었는지 여부는 그 폭행·협박의 내용과 정도는 물론 유형력을 행사하게 된 경위, 피해자와의 관계, 성교 당시와 그 후의 정황 등 모든 사정을 종합하여 피해자가 성교 당시 처하였던 구체적인 상황을 기준으로 판단하여야 하며, 사후적으로 보아 피해자가 성교 이전에 범행 현장을 벗어날 수 있

도를 변경하여 합리적인 관점에서 피해자의 저항행위가 제압되거나 피해자가 저항할 수 없었던 상황에 대해 종합적으로 판단함으로써 최협의 정도를 충족하는 사실에 대한 판단기준을 객관적이고 합리적인 관점으로 변경하는 방식으로 사실상 최협의설을 완화해 왔다.[63]

그러나 폭행·협박의 최협의설에 대한 판례 변경이 없기에 여전히 물리적으로 얼마나 저항했는지를 기준으로 판단하는 판례들도 꽤 존재하는 등, 법원 간에 해석의 편차가 커서 처벌의 예견가능성이 떨어지는 문제가 있다는 지적이 있어 왔다.[64] 보다 본질적으로는, 비동의간음죄의 도입 자체가 성폭력에 대한 법적 개념의 근본적인 변경을 포함하는 것이므로, 성적 자기결정권이라는 보호법익에 합치하는 성폭력법 체계로 개선하기 위해서는 강간의 성립요건이 '폭행·협박'이 아닌 '동의 여부'를 기준으로 수정되어야 한다는 주장이 제기되어 왔다.[65] 그러다가 2018년 1월부터 본격적으로 전개된 한국의 미투운동의 영향으로, 폭행·협박에 대한 입증 없이도 상대방의 동의 없는 성행위를 한 것만으로도 처벌할 수 있도록 하는 '비동의간음죄'를 도입하자는 논의가 구체적으로 전개되었다. 이에 따라, 20대 국회 동안 비동의간음죄 관련 법안이 10건이나 발의되기도 하였으나, 모두 2020. 5. 29. 의원들의 임기 만료로 폐기된 상황이다.[66]

이에 대한 위원회의 입장은 1990년대부터 현재까지 비교적 명확하다. 위원회는 1999년에 발표한 제2차 국가보고에 대한 최종견해에서 처음으로 형법상 강간죄 성립요건을 '폭행·협박'이 아닌 '동의의 부존재'를 중심으로 개정할 것을 권고하였다. 즉 여성에 대한 폭력이 심각하고 만연함에도 불구하고 이를 규율하는 법제가 가해자에게 관대한 것에 대한 우려를 표하면서, 성폭력 범죄의 심각성에도 불구하고 강간 피해자 여성에게 '저항'의 증거를 요구하는 문제를 지적하고 관련 법률의 정비를 권고하였다.[67] 이후 제4차 국가보고에 대해 발표한 최종견해(2015)에서도, 모든 형태의 강간의 요건으로 협박이나 폭력이 아닌 동의의 부재를 규정할 것을 권고하였다.[68]

었다거나 피해자가 사력을 다하여 반항하지 않았다는 사정만으로 가해자의 폭행·협박이 피해자의 항거를 현저히 곤란하게 할 정도에 이르지 않았다고 섣불리 단정하여서는 안된다"고 하였다. 또한 피해자 진술의 신빙성에 대한 판단기준으로 옷이 벗겨진 구체적 경위에 대한 일관된 진술을 요구했던 기존 판례를 변경하여, 범행 후 피해자의 행위나 범행 후 정황에 대한 주변인의 진술 등에 대한 종합적인 판단을 통해 피해자의 진술과 전체적인 일치성이 있으면 신빙성이 있다고 판단하였다.

63) 장다혜·이경환, 형법상 성폭력범죄의 판단기준 및 개선방안: 비동의간음죄의 도입가능성을 중심으로(형사정책연구원, 2018), p.41.

64) 상게주.

65) 상게주, pp.45-48.

66) 박복순 외 5인, 제21대 국회 여성·가족 관련 입법과제(여성정책연구원, 2020), p.108.

67) Concluding Observations on the Republic of Korea, CCPR/C/79/Add.114(1999), para.11.

위원회의 이러한 태도는 다른 국제기구 및 국제재판소의 추세에 부합한다. 대표적인 예로, 국제형사재판소 로마규정은 폭력의 위협 또는 강요가 없어도 강압적인 환경을 기회로 하였거나 진정한 동의를 할 수 없는 사람을 상대로 한 성행위는 강간이 될 수 있도록 하고 있다.[69] 또한 여성인권에 관한 가장 대표적 조약기구인 여성차별철폐위원회가 채택한 「젠더 기반 여성폭력에 관한 일반권고 제35호」(2017)도, "강간 등의 성폭력은 개인의 안전 및 신체적, 성적, 심리적 온전성에 대한 권리를 침해하는 범죄로 규정되어야 하며, 부부간, 지인, 데이트 강간을 포함하여 성범죄의 정의는 자유로운 동의가 없다는 점을 기반으로 하며 강압적인 상황을 염두에 두어야 한다"고 하였다.[70] 이렇듯 국제적 추세는 성적 자기결정권이라는 보호법익에 합치하는 방향으로 강간의 성립요건을 규정할 것을 각국에게 요구하고 있으며, 이런 측면에서 현행 형법상 강간죄의 성립요건은 국제적 추세에 부합하는 것은 아니라고 할 수 있다.

다. 낙태죄 및 여아낙태 관행

대한민국 형법 제269조는 임신중단을 한 여성만을 낙태죄로, 제270조는 이를 시술한 의료진을 의사 등의 낙태죄 또는 부동의낙태죄로 처벌하도록 하고 있다.[71] 그러나 낙태죄 처벌조항은 사실상 사문화된 조항이었기에 낙태건수를 줄이고 태아의 생명을 보호한다는 입법목적을 달성하기 위한 방법으로서 사실상 기능을 하지 못하였다. 오히려 오랫동안 안전하지 않은 방식의 낙태가 무분별하게 이루어지는데 이바지한 측면이 있으며, 남녀성별을 감별하여 여아만 낙태하는 선택적 낙태도 만연한 실정이었다.

낙태죄는 규약 제6조가 보장하는 생명권과 제7조가 보장하는 고문 또는 잔혹한, 비인도적인 또는 굴욕적인 취급 또는 형벌을 받지 아니할 권리에 위반되는가와 관련하여 위원회에서 종종 논의되어 왔을 뿐 아니라, 제3조상 여성에 대한 차별에 해당할 수 있는지와 관련

---

68) Concluding Observations on the Republic of Korea, CCPR/C/KOR/CO/4(2015), para.19.

69) International Criminal Court Element of Crimes, art. 7(1)(g)-1 para. 2, 8(2)(b)(xxii)-1 para.2, and 8(2)(e)(vi)-1 para.2; 이혜영, "성범죄·성차별범죄'(Sexual and Gender-Based Crimes)에 관한 국제형사법 발전의 배경 및 현황", 국제법평론 제55호(2020), p.36.

70) CERD General Recommendation No.35(2013): Combating Racist Hate Speech, CERD/C/GC/35 (2013), para.29(e).

71) 다만, 「모자보건법」 제14조에서 본인 또는 배우자가 대통령령이 정하는 우생학적 또는 유전학적 정신장애나 신체질환이 있는 경우, 본인 또는 배우자가 대통령령이 정하는 전염성 질환이 있는 경우, 강간 또는 준강간에 의하여 임신된 경우, 법률상 혼인할 수 없는 혈족 또는 인척간에 임신된 경우, 임신의 지속이 보건의학적 이유로 모체의 건강을 심히 해하고 있거나 해할 우려가 있는 경우에는 예외적으로 낙태를 허용하고 있다.

된 논의도 있어 왔다. 위원회가 대한민국의 국가보고서에 대한 최종견해에서 낙태죄에 대한 우려를 제3조의 남녀평등권과 관련하여 명시적으로 언급한 것은 제2차 보고서에 대한 최종견해(1999)에서부터였다. 당시 위원회는 한국에서의 불안전한 낙태로 인한 높은 산모 사망률을 우려하였는데, 이는 낙태죄 처벌에 대한 불안감으로 불안전한 낙태를 감행하게 되는 관행을 염두에 둔 지적이었다.72) 또한 태아의 성별을 확인하여 여아를 낙태하는 관행에 대한 심각한 우려를 표하였다.73)

이후 위원회는 대한민국의 3차보고 전 질의목록(2006)을 발표하면서, 한국 정부는 안전하지 않은 낙태와 모성사망의 위험을 줄이기 위해 어떤 조치들은 취했는지 보고하도록 하면서, 모성사망의 수준과 의료법 제19조 제2항에 따라 기소된 사건들의 결과에 대한 정보를 제시하라고 지시하였다.74) 또한 태아 성별을 감별하고 여아를 낙태하는 관행을 타개하기 위한 정책의 성공률에 대해서도 보고하도록 하였다.75)

한편, 헌법재판소는 2012. 8. 23. 형법의 낙태 처벌 조항이 합헌이라고 결정하여, 낙태죄가 여성인권에 미칠 영향보다는 태아의 생명권에 미칠 영향을 우선시하였다.76) 그러나 이후 국내외의 여성의 출산선택권에 대한 인식 제고를 배경으로 선례를 변경하여, 2019. 4. 11. 임신중단을 한 여성과 의료진을 처벌하도록 한 형법의 자기낙태죄(제269조 제1항) 및 의사낙태죄(제270조 제1항)에 대하여, 임신한 여성의 자기결정권을 제한하고 있어 침해의 최소성을 갖추지 못했고 태아의 생명보호라는 공익에 대해서만 일방적이고 절대적인 우위를 부여해 임신한 여성의 자기결정권을 침해하였다며 헌법불합치 결정을 내렸으며, 입법부로 하여금 2020년 말까지 관련법을 개정할 것을 명했다.77) 그리고 2020년 말까지 개선입법이 이루어지지 않으면 형법의 자기낙태죄 조항과 의사낙태죄 조항은 2021. 1. 1.부터 효력을 상실하도록 하였다. 그러나 입법시한까지 대체입법이 마련되지 못함으로써 결국 형법의 낙태 처벌 조항은 효력을 상실하였으며, 2021. 9. 현재까지 입법공백 상태가 지속되고 있는 실정이다. 이에 여성의 자기결정권 존중을 우선시한 헌법재판소 판결의 기본 취지를 살리는 입법을 하는 것이 남은 과제라 할 수 있다.

---

72) Concluding Observations on the Republic of Korea, CCPR/C/79/Add.114(1999), para.10.

73) 상게주.

74) List of Issues to Be Taken Up in Connection with the Consideration of the Third Periodic Report of the Republic of Korea, CCPR/C/KOR/Q/3(2006), para.9.

75) 상게주.

76) 헌법재판소 2012. 8. 23. 2010헌바402.

77) 헌법재판소 2019. 4. 11. 2017헌바127.

4. 노동·고용 영역에서의 성차별 및 공공·민간 영역에서 여성의 과소대표

위원회는 대한민국에 대하여 여성이 실질적으로 남성과 동등한 경제·사회생활의 주체가 되는 것을 저해하는 차별적 관행이 충분히 개선되지 않았다는 지적을 지속적으로 해왔다. 특히 여성 임금노동자에 대한 성차별적 대우 문제와, 여성이 공적 영역 등에서 과소대표되는 문제를 중점적으로 지적해 왔다.

우리나라는 1987. 12. 4. 고용영역에서의 남녀평등 확보를 위하여 「남녀고용평등법」을 제정한 이래, 변화하는 사회의 요구에 맞추기 위한 규범적 발전을 이루어 왔는데, 즉 「남녀고용평등법」에 대한 2008년 제8차 개정 시에 명칭을 「남녀고용평등과 일·가정 양립 지원에 관한 법률」로 바꾸어 현재에 이르고 있다. 이 외에도 1999. 2. 5. 제정된 「여성기업지원에 관한 법률」, 2008. 6. 5. 제정된 「경력단절여성등의 경제활동 촉진법」 등이 여성의 경제활동과 지위 향상을 도모하기 위한 규범적 근거가 되어주고 있다.

이러한 입법적 정비에도 불구하고, 여전히 여성이 남성에 대하여 동등한 경제·사회생활의 주체가 실질적으로 되지 못하는 점은 문제로 지적되고 있다. 이에 노동·고용 등 경제생활에서의 남녀평등을 확보하고, 공공·민간 영역에서의 여성의 대표성을 강화하기 위한 법제도를 정비하는 것은 대한민국이 필수적으로 해 나가야 할 과업이라 할 수 있다. 이를 염두에 두면서 다음은 위원회가 지적해 온 주요 쟁점을 중심으로 한국의 남녀차별적 법제도 및 관행의 변화와 현황, 과제를 살펴본다.

가. 여성 임금노동자의 직장 내 성차별적 대우 – 기업특성과 고용형태, 임금수준 중심으로 –

위원회에 제출된 최초보고서에서부터 대한민국 정부는 고용에서의 성차별을 철폐하고 여성 고용 및 경제활동 육성을 지원하기 위한 법제 및 정책을 정비해 왔음을 강조해 왔다.[78] 그러나 고용 및 임금에 있어서 성차별 실태가 심각함에도 불구하고 남녀고용평등법 위반에 대한 약한 제재 및 미비한 법집행의 문제는 최초 정부보고서에 대하여 반박하기 위하여 1992년에 제출된 민간보고서에서부터 주요 성차별 실태로서 강조된 문제였다.[79]

위원회는 이후 제2차부터 제4차 최종견해에 걸쳐 여성들이 소규모 기업에 주로 비정규직으로 고용되어 남성에 비해 적은 임금을 받는 문제를 지속적으로 지적하였고, 이 문제를 개

---

78) Initial Reports of Republic of Korea, CCPR/C/68/Add.1(1991), paras.52-87.
79) 민주사회를 위한 변호사 모임·한국기독교교회협의회(전게주 28), p.110-112(paras.273-284).

선하기 위한 적극적 노력을 다할 것을 권고해 왔다. 먼저 제2차 최종견해(1999)에서 위원회는 고용에 있어서 여성에게 가해지는 차별의 정도와 소규모 기업에서 고용된 많은 수의 여성에 대해 적절한 보호가 제공되지 못하는 실태, 남자와 여자의 임금 불균형 문제에 대해서 깊은 우려를 표하였고, 규약 제3조의 의무 준수를 위하여 남녀차별 금지 및 구제에 관한 법의 실효적 이행을 촉진시키고 여성의 균등한 고용기회와 여건을 보장하기 위한 적극적 조치를 취할 것을 권고하였다.[80]

제3차 최종견해(2006)에서도 위원회는 소규모 기업에 고용되어 일하는 많은 수의 여성이 비정규직 노동자인 점은 여전히 개선되어야 할 한국의 성차별적 현상이라고 지적하였다.[81] 이어서 제4차 최종견해(2015)에서도 비정규직 중 여성이 높은 비율을 차지하는 문제와 남녀 간의 불균형적인 임금 격차가 존재하는 실태에 대한 우려를 표하였다.[82] 더불어서, 위원회는 한국에 대하여 가족과 사회 내의 여성과 남성간의 평등에 대한 더 나은 이해와 지원을 증진하기 위한 포괄적 인식개선 프로그램을 실시하는 등 현재의 가부장적 태도와 성별 고정관념을 근절하기 위한 조치를 개발할 것과, 민간 및 공공 부문의 모든 영역에서 잠정적 특별조치 등 양성간 평등을 확보하기 위한 노력을 강화할 것, 정규 고용에서 가족이 있는 근로자의 필요를 충족하는 조건을 증진하는 등 동일가치 노동에 대한 동일임금을 보장하며 성별 임금격차를 해소하기 위해 조치를 취하고 비정규고용에서 차별을 철폐해야 할 것 등을 권고하였다.[83]

그동안 한국은 남녀고용평등법을 제·개정하여 모집·채용에서 해고에 이르는 고용상의 전 과정에서 발생하는 성차별을 금지시켰고, 노동시장의 성 불평등을 완화하기 위한 국가의 적극적 개입조치인 '적극적 고용개선조치'를 도입하였다.[84] 또한 모성보호와 일·가정양립지원을 통해 여성고용을 확대하기 위하여 배우자 출산휴가제도, 육아기 근로시간 단축제도, 가족돌봄휴직제도 등을 도입하고, 육아휴직의 요건과 육아휴직 급여 등의 부분에서 많은 제도개선을 하였다.[85] 그럼에도 불구하고 법제도적 노력이 실제 여성에 대한 충분한 수준의 고용실태의 개선으로 이어지지는 못했던 것으로 보인다.

2017년 사업체노동실태현황에 관한 조사에 따르면, 10인 미만 소규모 사업체에 종사하는

---

80) Concluding Observations on the Republic of Korea, CCPR/C/79/Add.114(1999), para.12.
81) Concluding Observations on the Republic of Korea, CCPR/C/KOR/CO/3(2006), para.10.
82) Concluding Observations on the Republic of Korea, CCPR/C/KOR/CO/4(2015), para.16.
83) Concluding Observations on the Republic of Korea, CCPR/C/KOR/CO/4(2015), para.17.
84) 박선영 외 4인, 여성·가족 관련 법제의 실효성 제고를 위한 연구(V): 「남녀고용평등법」 제정 30년의 성과와 과제(여성정책연구원, 2017), p.i.
85) 상게주.

여성 비율은 40.7%로, 여전히 남성 비율이 32.2%인 것에 비해 높게 나타났다.[86] 2017년에 여성정책연구원의 연구결과에 따르면, 성별 비정규직 비율에서도 남성이 2003~2016년까지 2,286명에서 2,906명으로 증가한데 비하여 여성 비정규직은 같은 시기에 2,320명에서 3,538명으로 증가하여, 시간이 갈수록 여성 비정규직의 비율은 오히려 더 증가한 것으로 나타났다.[87]

이렇듯 여성이 남성에 비하여 소규모 사업체에 비정규직으로 근무하는 경향은 여성이 상대적으로 저임금을 받는 현상을 고착시키는 결과로 이어져 왔다. 여성정책연구원이 2016년에 수행한 연구에 따르면, 전체근로자 중에서 남성이 받는 월급 수준은 3,364,000원이었는데 반해, 여성은 2,040,000원에 그쳤다.[88] 비정규 근로자의 월급만 비교해보더라도, 남성수준은 1,770,000원이었는데 반해, 여성은 1,128,000원에 그쳤다.[89] 2018년에 실시된 조사에서 남녀간 임금격차 비율은 34.1%로 보고되었는데, 이 수치는 OECD 국가 중 최하위 수준이다.[90] 이에 남녀고용평등법의 실효성이 제고될 수 있도록 국가적 수준에서의 정책적 노력이 더욱 요구된다는 평가이다.

이에 위원회는 대한민국에 대하여 제5차 정기보고서에 관한 보고 전 질의목록을 발표하면서, 제3조상 의무이행과 관련하여 여성의 사회생활 참여를 증가시키기 위해 취한 조치에 대해 보고할 것을 지시하였다.[91] 이에 정부는 제5차 보고서에서 민간 및 공공부문의 모든 영역에서 고용상 성차별을 근절하기 위하여, 2018년부터 관계부처 합동으로 「채용 성차별 해소방안」을 발표하여 추진하였고, 공공기관·금융권을 대상으로 채용 실태조사를 실시하고, 차별 의심사업장에 대한 집중 근로감독을 실시하였으며, 고용상 성차별 익명신고센터를 운영하고 있다고 설명하였다.[92] 또한 노동위원회가 차별적 행위의 중지, 근로조건의 개선,

---

86) 김양지영, "소규모 사업체 여성노동자 노동 실태: '소규모'와 '여성직종특화' 전략 필요", 한국사회보장학회 정기학술발표논문집, 2019권 2호(2019), pp.667-668.

87) 박선영 외 4인(전계주 85), p.iv. 2016년 기준으로 여성 비정규직의 가장 많은 고용항태는 한시적 근로자로, 여성 비정규직의 55.1%를 차지하였다.

88) 상계주, p.v.

89) 상계주.

90) 국가인권위원회, 「시민적 및 정치적 권리에 관한 국제규약」 제5차 국가보고서(안)에 대한 의견표명(2020), p.23. 정부는 적극적 고용개선조치 적용 사업장 전체 성별 임금격차 현황과 해소방안 제출 의무화를 시행하였지만 개별기업의 임금분포 등 구체적인 정보는 포함되지 않고 미제출시 강제수단이 없다.

91) List of Issues Prior to Submission of the Fifth Periodic Report of the Republic of Korea, CCPR/C/KOR/QPR/5(2019), para.7.

92) Fifth Periodic Reports of Republic of Korea: Answers to List of Issues Prior to Submission(2020), para.47.

적정 배상(손해액 3배 범위 이내 징벌적 손해배상 포함) 등 시정조치를 할 수 있도록 관련 법을 개정 중에 있다고 보고하였다.[93] 이뿐 아니라, 동일 가치 노동에 대한 동일 임금 보장 등 근로조건에서의 성차별을 근절하기 위해서 일정 규모 이상 기업을 적극적 고용개선조치 대상 사업장으로 지정하고, 대상 사업장 전체에 임금 현황 제출을 의무화하였으며, 남녀간 동일가치노동 동일임금 원칙을 위반한 사업주에 대한 형사처벌 규정 적용 대상을 전체 사업장으로 확대하여 적용 중이고, 나아가 민간 기업의 임금 정보를 공개하는 '기업임금분포공시제' 도입을 추진 중이라고 하였다.[94] 이에 앞으로 위원회가 한국 정부가 취한 노력에 대하여 어떠한 평가를 할지 귀추가 주목된다.

나. 여성의 정치참여 및 공공·민간 영역에서의 여성의 과소대표 문제

우리나라 여성이 공공·민간 영역에서 과소대표되고 있는 문제는 오랫동안 지적되어 온 문제이다. 특히 여성 정치인의 비율이 지나치게 낮은 문제와, 공공영역에서 고위직으로 갈수록 여성의 비율이 현저히 낮은 문제, 경제계 등 민간영역에서도 정책 및 의사결정권을 행사하는 임원직으로 갈수록 여성의 비율이 낮은 문제에 대한 지적을 받아왔다.

위원회는 3차보고에 대한 최종견해(2006)에서 여전히 시정이 필요한 여성차별 문제에 대한 우려를 표명하면서, 첫째로 정치, 법률, 사법 분야의 고위직에 여성이 과소대표되고 있는 점을 지적하였고, 해당 분야에서의 여성의 참여를 제고하기 위한 조치 마련과 입법부 및 사법부의 고위직에 여성의 대표성을 높이기 위한 노력을 다할 것을 권고하였다.[95] 이후 2015년에 대한민국 정부에 대하여 위원회가 제시한 4차보고 전 질의목록에서도 "사법부, 지방자치단체 및 광역자치단체의 의회 및 집행기구, 특히 의사결정 직위를 포함한 정치적 및 공공 영역에서 여성의 대표성을 증진시키기 위해 취한 조치(관련 통계를 포함 바람)를 보고하도록 지시하였다.[96] 이에 대해 정부는 여성의 공공영역에서의 대표성의 비율이 강화되고 있다고 보고하였으나,[97] 위원회는 4차보고에 대한 최종견해(2015)에서도 여전히 의사결

---

93) 상게주.
94) 상게주, para.48. 한국 정부는 국내 성별임금격차의 주요 원인은 출산기 경력단절, 저임금 근로자의 높은 비중, 불합리한 임금차별 등 구조적 요인에 있다고 진단하였다.
95) Concluding Observations on the Republic of Korea, CCPR/C/KOR/CO/3(2006), para.10.
96) List of Issues Prior to Submission of the Fourth Periodic Report of the Republic of Korea, CCPR/C/KOR/Q4(2015), para.7(b).
97) 쟁점목록에 대한 정부 답변서에 따르면, 여성판사는 2000년 6.8%에서 2013년 27.4%로, 여성 검사는 동기간 1.8%에서 25.4%로 증가하였고 계속 증가하는 추세라고 하였다. 또한 정부는 '제3차 관리직 여성공무원 임용확대계획(2012~2016)'을 수립하여 지방자치단체 5급 이상 여성공무원 비율을 2012년 말 9.9%이며 2016년까지 15.1% 이상 확대할 계획이며 지방자치단체별로 과장, 국장, 부단체장에 1명 이상

정 지위에 여성이 차지하는 비율이 특히 적은 문제에 대한 우려를 반복적으로 표했다.[98] 이뿐만 아니라 위원회는 민간 및 공공 부문의 모든 영역에서 잠정적 특별조치 등 양성간 평등을 확보하기 위한 노력을 강화할 것을 특정하여 권고하였다.[99]

다음의 대한민국의 여성의 정치적 과소대표성과 공공 및 민간영역에서의 과소대표성의 현황과 과제를 살펴본다.

(1) 여성의 정치적 과소대표성

여성의 정치적 대표성을 강화하기 위해, 대한민국은 정당의 비례대표 전국선거구 국회의원선거 후보자와 비례대표선거구 시·도의회 의원선거 후보자중 100분의 30 이상을 여성으로 추천하도록 2000. 2. 16. 정당법을 개정하였고, 2002. 3. 7. 다시 법을 개정하여 시·도의회 의원선거 비례대표 후보자 중 50% 이상을 여성으로 추천하되 후보자명부 순위에 따라 매 2인 마다 여성 1인이 포함되도록 하고, 시·도의회 의원선거 지역후보자 중 여성을 30% 이상 추천하도록 노력해야 하며, 이를 준수한 정당에 대하여는 추가로 보조금을 지급할 수 있도록 규정하였다.[100] 또한, 2010. 3. 2. 공직선거법을 개정하여 지방의회의원 선거 시 지역구 여성의원 할당 관련 제도를 마련하고 위반 시 후보자 등록을 모두 무효로 하는 규정을 신설하였다(제52조 제2항).[101]

이렇듯 대한민국이 2000년 이후부터 여성할당제, 여성정치발전비제도, 여성후보자추천보조금제도 등 다양한 적극적 조치들을 도입하였음에도 불구하고, 여전히 정치영역에서의 여성의 과소대표성은 충분히 해결되지 못하고 있다는 평을 받고 있는데, 이는 여전히 임계치인 30%에도 한참 못 미치는 실태에 머물러 있기 때문이다.[102] 지역구 당선 여성 국회의원 비중은 21대에 11.5%(29명)에 불과하였다.[103]

(2) 여성의 공직에서의 과소대표성

고위공직자 중에서 여성 비율이 여전히 낮은 것도 지속적으로 문제로 지적되어 왔다. 정

의 여성공무원을 임용할 것을 권고하였다고 보고하였다[Replies of the Republic of Korea to the List of Issues, Human Rights Committee 115th Session(2015), para.14].

98) Concluding Observations on the Republic of Korea, CCPR/C/KOR/CO/4(2015), para.16.

99) 상게주, para.17.

100) Third Periodic Reports of Republic of Korea, CCPR/C/KOR/2005/3(2005), para.69.

101) Fourth Periodic Reports of Republic of Korea, CCPR/C/KOR/4(2013), para.56.

102) 장선희, 여성의 정치적 대표성 제고를 위한 법제에 대한 평가와 개정의 방향에 대한 연구, 세계헌법연구 제26권 제1호(2020), p.68.

103) List of Issues Prior to Submission of the Fifth Periodic Report of the Republic of Korea, CCPR/C/KOR/QPR/5(2019), para.7; 국가인권위원회(전게주 91), pp.23-24.

부는 여성의 공직참여 확대를 위해 '양성평등 채용 목표제'를 도입하여 지속적으로 추진해 왔으며,[104] 2006년 이후부터는 여성관리자의 임용확대를 위해 중앙행정기관 4급 이상 여성 관리자 및 지방자치단체 5, 6급 이상 여성관리자 임용확대를 위한 5개년 계획을 각각 시행 하고, 아울러 각 부처 내에서의 여성의 의사결정권 강화를 위해 여성이 주요부서 및 희망부 서에 임용될 수 있도록 관련 규정으로 권고해 왔다.[105] 최근 노력의 구체적 예로, 정부는 여성 관리자 확대를 위하여 2017년 11월 도전적 목표치와 실질적 이행력을 갖춘「공공부문 여성대표성 제고 계획(2018~2022년)」을 수립·이행하였는데, 그 일환으로 '여성인재 DB'를 확충하고, 정부위원회·개방형 직위 등 추천에 활용하였다.[106]

비교적 최근에 실시된 2019년 추진실적 점검에 따른 공공영역에서 고위직의 여성비율을 살펴보면, 고위공무원 7.9%, 본부과장급(4급 이상) 20.8%, 지방과장급(5급 이상) 17.8%, 공공 기관 임원 21.1%, 공공기관 관리자 25.1%, 지방공기업 관리자 9.1%, 국립대 교수 17.3%, 교장 및 교감 44.1%, 군인 간부 6.8%, 일반 경찰 12.6%(경찰관리직 6.1%), 해경 12.7%(해경 관리직 2.5%), 정부위원회 43%를 보이고 있다.[107] 이를 통해 교장 및 교감이나 정부위원회 를 제외하고는, 여전히 대부분의 직위에서 여성비율은 약 25%를 밑돌고 있으며, 특히 고위 공무원과 지방공기업 관리자, 군인 간부, 경찰관리직, 해경관리직에서 여성비율은 10%도 채 되지 않음을 알 수 있다.

(3) 여성의 민간영역에서의 과소대표성

민간 부문의 고위직에서 여성이 과소대표되는 문제는 더 심각한 실정이다. 국제여성기업 이사협회에 따르면, 2017년 기준 한국의 대기업 이사회의 여성 임원 비율이 2.4%로 아시아 ·태평양지역 조사대상 20개국 중 가장 낮은 것으로 조사되었고, 여성가족부가 양성평등기 본법 제20조에 따라 상장법인 전체(2,072개)의 성별 임원 현황을 조사한 결과, 2019년 1분

---

104) Third Periodic Reports of Republic of Korea, CCPR/C/KOR/2005/3(2005), para.68.
105) Fourth Periodic Reports of Republic of Korea, CCPR/C/KOR/4(2013), para.57. 위 계획을 추진한 결 과, 2006년 340명(5.4%)이었던 중앙행정기관 4급 이상 여성관리자가 2010년에는 593명(7.4%)으로 증 가하였으며, 지방자치단체 5급이상 여성공무원은 2006년 1,199명(6.5%)에서 2010년 1,730명(8.6%)으 로 증가하였다. 중앙행정기관의 경우 4급이상 여성관리자 비율이 부처별로 20%이상(4개부처), 10~ 20%미만(5개부처), 5~10%미만(12개부처), 5%미만(19개부처) 등으로 부처의 업무 특성 및 여성공무원 의 부처 선호도에 따라 다소 편차가 있는 것이 사실이다. 정부는 2011년까지 753명(10%), 지방자치단 체는 2011년까지 5급 이상 9.6%, 6급 이상 16.5% 임용을 목표로 적극 노력해 나갈 방침이다.
106) Fifth Periodic Reports of Republic of Korea: Answers to List of Issues Prior to Submission(2020), para.50.
107) 상계주.

기 기준 여성 임원 4.0%, 사외이사 3.1%로 매우 저조하였다.[108] 비교적 최근인 2020년 1분기 기준으로 상장법인 전체(2,148개)의 임원 현황을 조사한 결과, 전체 임원 중 여성 임원은 여전히 4.5%에 불과했고, 여성 임원이 1명 이상 있는 기업은 33.5%에 그쳤다.[109]

위원회에 대한 제5차 국가보고에서 정부는 민간의 자율을 존중하면서도 공공부문의 여성 대표성 제고 노력을 민간까지 확산시키기 위한 정책을 추진하고 있다고 설명하였다.[110] 즉 2019년 3월 기업 내 성별다양성 제고를 위해 10개 경제단체와 「성별균형 포용성장 파트너십」 협약을 체결하고 공동 사업을 추진하였으며, 또한 기업이 스스로 여성 임원확대 목표 등을 수립하고 이행하는 기업과의 자율협약 체결 캠페인을 전개하여 2020년 7월까지 71개 기업과 19개의 협약을 체결하였다고 하였다. 기업 CEO 대상으로 성별 다양성에 대한 강연을 제공해 인식 개선을 유도하고, 상장법인 전체 임원 성별 현황, 주요 산업별 여성 임원 확대 장애 요인을 조사하는 종합 연구를 실시하였고, 나아가 2019년 11월부터 기업 내 성별 균형 확보를 위한 맞춤형 컨설팅을 실시, 2019년도에 27개 기업을 지원하였다고 하였다. 이러한 정부 노력이 실효적인 결과로 이어지기에 충분한 조치인지에 대한 위원회의 평가를 기다려볼 일이다.

【다른 인권조약상의 관련 조항】

경제적·사회적 및 문화적 권리에 관한 국제규약 제3조

이 규약의 당사국은 이 규약에 규정된 모든 경제적, 사회적 및 문화적 권리를 향유함에 있어서 남성과 여성의 동등한 권리를 보장하기로 약속한다.

The States Parties to the present Covenant undertake to ensure the equal right of men and women to the enjoyment of all economic, social and cultural rights set forth in the present Covenant.

---

108) List of Issues Prior to Submission of the Fifth Periodic Report of the Republic of Korea, CCPR/C/ KOR/QPR/5(2019), para.7; 국가인권위원회(전게주 91), pp.23-24.

109) Fifth Periodic Reports of Republic of Korea: Answers to List of Issues Prior to Submission(2020), para.51.

110) 상게주.

인간과 인민의 권리에 관한 아프리카 헌장 제18조

3. 국가는 여성에 대한 모든 차별의 철폐를 보장하고, 국제선언과 협약에 규정된 바와 같이 여성과 아동의 권리보호를 보장한다.

3. The State shall ensure the elimination of every discrimination against women and also ensure the protection of the rights of women and the child as stipulated in international declarations and conventions.

제4조 비상사태 시 이행정지[*]

원 유 민

목 차

Ⅰ. 개관
Ⅱ. 비상사태시 의무의 이행정지
　1. 의무 이행정지의 요건
　　가. 공공의 비상사태
　　나. 비상사태의 선포
　2. 의무 이행정지의 한계
　　가. 비례의 원칙
　　나. 국제법상 의무의 위반 금지
　　다. 차별 금지
Ⅲ. 정지할 수 없는 권리
Ⅳ. 다른 당사국에 대한 통지
Ⅴ. 한국의 실행
　1. 자유권규약 가입 이전 계엄과 긴급조치
　2. 현행 헌법상 국가긴급권
　3. 박근혜 탄핵 정국 당시 계엄 및 위수령 검토
　4. 코로나19위기와 대응조치
[다른 인권조약상의 관련 조항]

제4조[1)]

1. 국가의 존립을 위협하는 공공비상사태의 경우 그리고 그러한 비상사태의 존재가 공식으로 선포된 때에는 이 규약의 당사국은 해당 사태의 긴급성에 의하여 엄격히 요구되는 한도 내에서 이 규약상 의무로부터 이탈하는 조치를 취할 수 있다. 다만, 그러한 조치는 해당 국가의 그 밖의 국제법상 의무와 불합치하지 않아야 하고, 인종, 피부색, 성별, 언어, 종교 또는 사회적 출신만을 이유로 하는 차별을 포함하지 않아야 한다.

2. 이 규정에 따르더라도 제6조, 제7조, 제8조(제1항 및 제2항), 제11조, 제15조, 제16조 및 제18조로부터의 이탈은 허용되지 않는다.

3. 이탈할 권리를 행사하는 이 규약의 당사국은 자국이 이탈한 규정 및 그 이유를 국제연합 사무총장을 통하여 이 규약의 다른 당사국들에게 즉시 통지한다. 당사국은 그러한 이탈을 종료한 날에 동일한 경로를 통하여 그 내용을 추가로 통지한다.

Article 4

1. In time of public emergency which threatens the life of the nation and the existence of

---

[*] 이 글은 필자의 "비상사태 시 국제인권조약상 이행정지와 한국의 실행: 계엄과 코로나19에 대한 검토를 포함하여"(국제법평론 제60호(2021))에 기반해 일부 내용을 수정·보완한 것이다.

which is officially proclaimed, the States Parties to the present Covenant may take measures derogating from their obligations der the present Covenant to the extent strictly required by the exigencies of the situation, provided that such measures are not inconsistent with their other obligations under international law and do not involve discrimination solely on the ground of race, colour, sex, language, religion or social origin.

2. No derogation from articles 6,7,8 (paragraphs 1 and 2), 11, 15, 16 and 18 may be made under this provision.

3. Any State Party to the present Covenant availing itself of the right of derogation shall immediately inform the other States Parties to the present Covenant through the intermediary of the Secretary-General of the United Nations, of the provisions from which it has derogated and of the reasons by which it was actuated. A further communication shall be made, through the same intermediary, on the date on which it terminates such derogation.

Ⅰ. 개관

전쟁과 같은 국가적 위기상황이 닥치면 평상시와 같은 인권의 존중을 기대하기 어렵게 된다. 국가로서는 비상사태를 통제하여 질서를 회복시켜야 하므로 개인의 인권을 제한하는 조치를 취할 필요가 생긴다. 많은 국가들은 헌법에 비상사태를 통제하기 위한 조치를 허용하는 국가긴급권을 규정하고 있고, 우리 헌법도 제76조와 제77조에서 비상계엄과 긴급재정경제명령 등에 대하여 규정하고 있다. 하지만 국가긴급권은 인권침해의 수단으로 남용되기도 한다. 특히 군사독재정권은 권력을 유지하기 위해 비상사태 선포와 비상조치를 남용해 왔다.[2]

규약 제4조는 국가비상사태를 통제하고 질서를 회복시켜야 하는 현실적 필요성을 인정하여 당사국이 규약상의 의무이행을 정지시킬 수 있는 예외적인 경우를 상정한다. 제4조는 국가비상사태 시 인권 보호 의무의 이행정지를 허용하면서도, 국가긴급권이 인권침해의 수단

---

1) "이탈"이란 그 행위 자체가 의무 위반 또는 위법한 행위에 해당할 때 주로 사용된다. 반면 제4조의 derogation은 비상사태시에만 한시적으로 인정되는 제도이다. 규약상의 의무는 비상사태 시에도 계속 존재하며, derogation 기간 동안 그 의무의 이행이 일시적으로 정지될 뿐이다. 비상사태가 종결되면 정지상태가 해제되어 다시 원래의 의무를 이행해야 한다는 의미도 담고 있다. 그런 의미에서 필자는 derogation을 이행정지 또는 정지라는 표현으로 번역하여 사용한다.

2) Nowak's CCPR Commentary(2019), p.88(para.1).

으로 남용되지 않도록 국가긴급권의 한계를 규정한다. 규약상 의무의 이행정지(derogation)는 국가의 존립을 위협하는 공공의 비상사태가 존재하는 경우에만 필요한 범위 내에서 허용되며(제4조 제1항), 이 경우에도 몇몇 권리는 정지될 수 없으며(제4조 제2항), 의무의 이행정지 내용을 UN 사무총장을 통하여 국제사회에 통지해야 한다(제4조 제3항).

규약 제4조 성안과정에서 이러한 조항의 필요성에 관하여 의견이 분분하였다. 비상사태를 전제로 하는 조항을 설치하기보다는 권리 전반을 대상으로 하는 일반적인 권리제한조항만을 설치하자고 주장하거나,[3] 개별 조항에 있는 국가 안보 또는 공공질서 등의 개념만으로도 충분히 비상사태에 대처할 수 있다고 주장하거나,[4] 의무의 이행정지를 공식적으로 허용할 경우 남용될 가능성을 우려하였다.[5] 하지만 전쟁과 같은 극단적 위기 상황에서 규약상 모든 의무가 평상시와 동일하게 집행되기를 기대하기 어렵고, 다른 비상사태에서도 규약의 일부 의무의 면제가 국가의 존립과 국민의 안전에 필수적일 수 있으며, 권리제한조항만으로는 예외적인 비상사태에 충분하게 대처하기 어렵고, 국가의 비상조치 남용을 막기 위하여도 의무의 이행정지에 관한 구체적인 요건을 규정하는 것이 바람직하다는 점이 고려되었다.[6]

규약 제4조의 국제인권조약상 의무를 이행정지(derogation)하는 제도는 권리를 제한(limitation)하는 조항과 비교된다. 국제인권조약에서의 권리제한은 국가안보, 공공질서, 공중보건 또는 도덕 등의 목적을 위하여 조약상 인정된 권리를 제한하는 것을 말한다. 규약에서도 거주이전의 자유(제12조), 사상·양심·종교의 자유(제18조), 표현의 자유(제19조), 집회의 자유(제21조), 결사의 자유(제22조)를 보호하는 조항에서 권리제한을 인정하고 있다. 이행정지와 권리제한의 차이점으로는 첫째, 이행정지는 국가의 존립을 위협하는 공공의 비상사태시에만 가능하지만, 권리제한은 평상시에도 국가안보, 공공질서, 공중보건 또는 도덕 등의 목적을 위해 가능하다. 둘째, 이행정지는 규약 제4조 제2항에 규정된 정지할 수 없는 권리를 제외하고 모든 권리에 대해 적용될 수 있는 반면, 권리제한은 그러한 권리제한규정이 명시적으로 있는 권리에 대해서만 제한될 수 있다. 셋째, 이행정지는 국가비상사태가 존속하는 한정된 기간에만 일시적으로 허용되지만, 권리제한은 그 기간이 정해져 있지 않다. 넷째, 절차적으로는 국가비상사태시 의무를 정지하는 당사국은 해당 조문과 이유를 국제사회에 통

---

3) 미국의 입장. E/CN.4/AC.1/SR.22(1948), pp.3-4. 이후 일반적인 권리제한 규정의 도입은 무산되었다. E/CN.4/SR.126(1949), p.3. 하지만 미국은 여전히 제4조가 불필요한 규정이라는 입장을 취하였다.

4) 미국의 새로운 입장 E/CN.4/SR.127(1949), p.3.

5) A/2929(1955), p.65(para.36).

6) A/2929(1955), p.66(para.37); 참조.

보하여야 하나, 권리제한은 다른 당사국에게 통보할 필요가 없다.[7] 이행정지와 권리제한은 항상 명확하게 구별되는 것은 아니다. 때로는 의무정지조치와 권리제한조치의 내용이 중복될 수도 있다. 당사국들은 국가비상사태가 발생했을 때 가능하다면 이행정지보다는 일반적인 권리제한의 조치를 취하여야 하고, 실제로 많은 국가들이 국가비상사태에도 일반적인 권리제한으로 충분하다고 보아 이행정지조항을 원용하지 않고 있다.[8]

국가비상사태가 발생한 경우 국제인권조약상 인권보호의무를 이행정지하는 제도는 지역인권제도인 1950년 유럽인권협약 제15조와 1969년 미주인권협약 제27조에도 있다. 1981년 아프리카 인권헌장은 이러한 규정을 두고 있지 않다. 규약과 유럽인권협약, 미주인권협약 3개의 인권조약이 각각 발효한 이후 2008년 말까지 국가비상사태에 의한 위 3개의 인권조약상 이행정지조치를 통보한 것을 집계한 연구에 따르면, 총 33개국이 총 586건의 통지를 한 것으로 나타났다.[9] 규약이 발효된 이후 2021년 말까지 총 46개의 국가가 제4조 제3항의 통지를 하였다.[10]

규약위원회는 비상사태의 의미, 비상사태 존부의 판단 기준, 비상사태시 제한할 수 있는 개인의 권리내용과 제한의 정도 등 구체적인 기준을 제시하기 위해 비교적 이른 시기인 1981년 제4조에 관한 일반논평 제5호를 발표하였다.[11] 이후 그 동안의 실행을 반영하여 2001년에 기존의 일반논평 제5호를 대체하는 보다 구체적인 내용의 일반논평 제29호를 발표하였다.[12] 규약 제4조의 해석으로 규약위원회의 일반논평이 가장 권위적인 해석이라고 볼 수 있는데, 그 외에도 전문가회의에서 채택된 해석지침등도 규약 제4조 해석에 고려할 수 있다. 국제법률가위원회의 미주협회(American Association for the International Commission of Jurists)는 1984년 이탈리아의 시라쿠사(Siracusa)에서 '시민적 및 정치적 권리에 관한 국제규약상의 제한 및 이탈 규정에 관한 시라쿠사 원칙'을 채택하였다.[13] 국제법협회(International

7) 위의 네 가지 점에서 이행정지와 권리제한의 차이점을 설명하는 글로 이병화, "공적 긴급사태시 인권조약상 권리정지의 허용 및 한계에 관한 고찰", 국제법학회논총 제55권 제4호(2010), pp.150-151 참조. 이외에도 최태현, "국가의 긴급한 상황하에서의 인권보호의무의 일탈(Derogation)", 한양법학, 제23권 제1집(2012), pp.476-470 참조.

8) 최태현(상계주), p.478.

9) E. Hafner-Burton, L. R. Helfer & C. J. Fariss, *Emergency and Escape: Explaining Derogations from Human Rights Treaties*, International Organization, Vol.65, Issue 4(2011), pp.678-679.

10) https://treaties.un.org/Pages/ViewDetails.aspx?chapter=4&clang=_en&mtdsg_no=IV-4&src=IND (2023. 6. 30. 최종방문)

11) HRC General Comment No.5(1981).

12) HRC General Comment No.29(2001).

13) Siracusa Principles on the Limitation and Derogation Provisions in the International Covenant on

Law Association)는 1985년 '비상사태 하의 인권 규범에 관한 파리 최저기준'을 채택하였다.[14] 이러한 지침들은 제4조의 원만한 운영을 위한 유용한 해석 기준을 제공한다.

Ⅱ. 비상사태시 의무의 이행정지

1. 의무 이행정지의 요건

가. 공공의 비상사태

국가(nation)의 생존을 위협하는 공공의 비상사태가 발생한 경우 당사국은 규약상 의무를 이행정지하는 조치를 취할 수 있다(제4조 제1항 제1문). 국가의 존립을 위협하는 공공의 비상사태는 전쟁, 내전, 홍수와 같은 자연재해뿐만 아니라 대형 산업재해 등 다양한 원인에 의하여 발생할 수 있다. 전쟁은 제4조가 적용될 수 있는 가장 대표적인 비상사태에 해당한다. 유럽인권협약 제15조 제1항과 미주인권협약 제27조 제1항은 비상사태의 일종으로 전쟁을 명시하고 있는 데 반해, 규약 제4조는 전쟁을 직접 언급하지 않고 있다. 이는 유엔이 전쟁을 막는 목적으로 설립되었기 때문에 규약이 묵시적으로라도 전쟁의 가능성을 언급하지 않아야 한다고 보았기 때문이다.[15]

국내적 충돌이나 소요사태(internal conflict or unrest)는 국가의 안전에 심각하고 급박한 위협이 되는 경우에만 의무의 이행정지를 정당화할 수 있다.[16] 1989년 캐나다는 매니토바(Manitoba) 지역에 대규모 화재가 발생하자 비상사태를 선포하였다. 규약위원회는 매니토바 비상사태법(Manitoba Emergency Measures Act)에 따라 취하여진 비상조치가 규약 제4조에 부합하였다고 하였다.[17] 영국은 2001년 9.11 테러 이후 반테러범죄보안법(Anti-Terrorism, Crime and Security Act)을 제정하여 안보를 이유로 체포·구금할 수 있는 범위를 확대하였고, 이러한 신체의 자유 제한이 규약 제9조에 부합하지 않는다고 보아 규약 제4조에 따라 규약 제9조상 의무를 이행정지한다고 통지하였다.[18] 과테말라의 경우 2001년 7월 수형자

---

the Civil and Political Rights, https://www.icj.org/wp-content/uploads/1984/07/Siracusa-principles-ICCPR-legal-submission-1985-eng.pdf에서 다운로드 가능(2023. 6. 30. 최종방문)

14) The Paris Minimum Standards of Human Rights Norms in a State of Emergency, *Am. J. Int'l L. vol.* 79(1985), p.1072. 이 외에도 전문가 회의를 통해 Oslo Statement on Norms and Procedures in Times of Public Emergency or Internal Violence (1988), Queensland Guidelines for Bodies Monitoring Respect for Human Rights during States of Emergency (1990) 등의 기준이 채택되었다.

15) A/2929(1955), pp.66-67(para.39).

16) Siracusa Principles(전게주 13), para.40.

17) A/46/40(1991), p.14-15(para.59).

18) A/57/40(VOL.I)(SUPP)(2002), p.19(para.33).

78명이 탈옥하자 이들을 상대로 고소하였거나 이들의 재판에 증언을 했던 많은 시민들이 위협받고 있다고 판단하여 비상사태를 선포하였다.[19]

한편, 경제적인 위기만으로는 의무의 이행정지를 정당화하기 어렵다.[20] 하지만 심각한 경제위기나 만성적인 굶주림으로 인해서 사회적·정치적 소요사태가 발생한다면 예외적으로 국민의 생명을 위협하는 비상사태가 발생하였다고 볼 수 있다.[21] 에콰도르는 2001년 2월에 경제 위기로 국내 소요사태가 발생하자 비상사태를 선포하였고, 이를 국제사회에 통지하였다.[22]

자연재해나 전염병의 확산도 국가비상사태의 원인이 될 수 있다. 2019년 말 시작된 코로나19 전염병의 확산으로 많은 국가들은 개인의 권리를 제한하는 비상조치를 취하였다. 2020년부터 2021년 말까지 규약 제4조에 의해 이행정지를 UN 사무총장에게 통지한 국가는 총 24개국이다.[23] 유럽인권협약과 미주인권협약상 이행정지를 통지한 국가들을 합하면, 총 33개국이 국제인권조약상 의무를 이행정지하였다.[24] 1976년 이후 매년 평균적으로 4개의 국가가 비상사태를 이유로 이행정지를 통지해왔던 것과 비교하면, 크게 늘어난 숫자이다.[25] 규약위원회는 2020. 4. 24. 규약 제4조와 관련해서 '코로나19와 관련한 규약상 이행정지에 관한 성명서'를 채택하였다.[26] 규약위원회는 이 성명서에서 코로나19와 관련해 규

---

19) A/56/40(VOL.I)(SUPP)(2001), p.20(para.34).

20) Siracusa Principles(전게주 13), para.41.

21) Nowak's Commentary(2019), p.95(para.16).

22) A/56/40(VOL.I)(SUPP)(2001), p.20(para.33).

23) 이 국가들은 아르헨티나, 아르메니아, 칠레, 콜롬비아, 도미니카 공화국, 에콰도르, 엘살바도르, 에스토니아, 에티오피아, 그루지아, 과테말라, 키르기즈스탄, 라트비아, 나미비아, 팔레스타인, 파라과이, 페루, 몰도바, 루마니아, 산마리노, 세네갈, 태국, 토고, 트리니다드 토바고이다. https://treaties.un.org/Pages/ViewDetails.aspx?chapter=4&clang=_en&mtdsg_no=IV-4&src=IND (2023. 6. 30. 최종방문) 한편 아제르바이잔은 코로나19가 아닌 다른 이유로 이행정지를 알렸다. C.N.575.2020.TREATIES-IV.4.

24) 유럽인권협약상 이행정지를 통지한 국가는 총 10개국으로, 규약상 이행정지는 하지 않고 유럽인권협약상 이행정지만 통지한 국가는 3개국(Serbia, Albania, North Macedonia)이다. https://www.coe.int/en/web/conventions/derogations-covid-19 (2023. 6. 30. 최종방문) 미주인권협약상 이행정지를 통지한 국가는 총 15개국으로, 규약상 이행정지는 통지하지 않고 미주인권협약상 이행정지만 통지한 국가는 6개국(Bolivia, Honduras, Panama, Suriname, Uruguay, Venezuela)이다. https://www.oas.org/en/sla/dil/inter_american_treaties_suspension_guarantees.asp (2023. 6. 30. 최종방문)

25) 2020년에 규약 제4조 제3항에 의한 통지를 한 22개 국가 가운데 10개 국가는 규약 가입 이후 처음으로 규약 제4조 제3항에 의한 통지를 하였다. https://treaties.un.org/Pages/ViewDetails.aspx?chapter=4&clang=_en&mtdsg_no=IV-4&src=IND (2023. 6. 30. 최종방문)

26) HRC, Statement on derogations from the Covenant in connection with the COVID-19 pandemic, CCPR/C/128/2(2020).

약상 의무에 영향을 주는 비상조치를 취하면서도 통지를 하지 않은 국가들은 조속히 통지해야 한다고 밝혔고, 코로나사태에 국가들은 개인의 생명권과 건강권을 보호하기 위해 비상조치를 취하는 경우 규약 제4조의 요건을 준수하여야 한다고 재확인하였다.[27] UN 인권최고대표사무소도 2020. 4. 27. 코로나19에 대응하는 조치에 관해 '비상대책과 COVID-19: 지침'을 발표하였다.[28]

나. 비상사태의 선포

국가의 존립을 위협하는 공공의 비상사태가 공식적으로 선포되어 있을 경우에만 규약상 의무를 이행정지할 수 있다.[29] 비상사태의 선포는 법치주의가 가장 필요한 순간에 그 존속을 보장하기 위한 중요한 요건이다.[30] 국가는 국내적 절차에 따라 비상사태를 공식적으로 선포함으로써 비상조치의 시간적, 공간적 적용범위는 어떻게 되는지, 어떠한 권리가 어느 정도 제한받는지 국민에게 알린다.[31] 이행정지되는 범위가 미리 공지됨으로써 공공의 비상사태를 빌미로 일어날 수 있는 무차별적 인권 침해를 방지하는 효과를 거둘 수 있다.

국가비상사태의 선포는 비록 비상사태가 의심의 여지없이 명백하게 존재하더라도, 권한이 있는 국내기관이 비상사태를 선포하지 않으면 비상조치로 인한 규약상 의무 위반이 정당화되지 않는다. 제4조 제1항의 국가비상사태의 선포는 국내에서 입법부와 사법부가 비상조치를 심사하기 위해 필요한 요건으로, 비상조치를 합법적으로 취하는 데 필수적인 요건

---

27) HRC(상게주), paras.1-2. 성명서의 내용을 간략히 소개하면 다음과 같다.
    a. 위반조항과 이유를 통지해야 하고, 이행정지조치에 관한 정보와 관련 법령 등의 정보를 제공해야 한다.
    b. 이행정지조치는 공중보건상황에 필요한 정도만 취해져야하고, 이행정지의 기간, 지역, 범위, 제재는 필요한 범위 내만 인정되어야 한다.
    c. 국가들은 규약의 개별 권리의 제한으로 공중보건 및 공공정책 목적을 달성할 수 있는 경우에는 규약상 권리를 정지할 수 없다.
    d. 국가는 차별적인 방식으로 권리를 정지할 수 없고, 강행규범을 포함하여 다른 국제법상 의무를 위반할 수 없으며 정지할 수 없는 권리를 제한할 수 없다.
    e. 국가는 수용자를 포함하여 모든 사람의 존엄성을 존중하는 방식으로 대우하여야 한다. 또한 비상사태에도 국가적, 인종적, 종교적 증오를 허용해서는 안 된다.
    f. 표현의 자유, 정보와 공공의 논의를 할 수 있는 공적 공간에 접근권은 국가의 비상권력이 규약상 의무와 부합하게 행사되도록 하는 중요한 보호장치이다.
28) OHCHR, Emergency Measures and COVID-19: Guidance, https://www.ohchr.org/Documents/Events/ EmergencyMeasures_COVID19.pdf (2023. 6. 30. 최종방문).
29) 국가비상사태의 공식적 선포는 다른 지역인권조약의 비상사태에 관한 조항에는 없는 요건으로, 규약 제4조에만 있는 요건이다. Nowak's Commentary(2019), p.95(para.17).
30) HRC General Comment No.29(2001), para.2.
31) Joseph & Castan's Commentary(2013), p.919(para.26.74).

이다.[32] 제4조 제1항의 비상사태 선포 요건은 제4조 제3항의 다른 당사국에게 통지할 국제적 의무와는 구별된다. 제1항의 비상사태선포와는 달리, 제3항의 통지는 규약위원회와 다른 당사국들의 국제적 감시를 위한 것으로, 비상조치를 합법적으로 취하는 데 필수적 요건은 아니다.[33]

공공의 비상사태는 미리 명확히 규정되어 있는 당사국의 헌법이나 관련 법률에 근거하여 공식으로 선포되어야 한다.[34] 규약위원회는 아제르바이잔, 네팔, 잠비아의 국가보고서에 대한 최종견해에서 비상사태의 선포와 비상조치의 권한에 관한 국내법 규정이 명확하지 않은 것을 지적한 바 있다.[35]

2. 의무 이행정지의 한계

가. 비례의 원칙

당사국은 "사태의 긴급성에 의하여 엄격히 요구되는 한도 내"에서만 규약상 의무를 이행정지할 수 있다(제4조 제1항 제1문). 이는 비상사태에도 비례의 원칙이 지켜져야 함을 의미한다. 따라서 비상조치의 내용, 기간, 지리적 범위 등은 사태에 대처하기 위하여 필요한 한도로 제한되며,[36] 이는 일시적이고 예외적인 성격만을 가져야 한다.[37] 통상적인 조치로 대처가 가능함에도 불구하고 비상조치가 취하여지면 비례의 원칙에 대한 위반이 될 수 있다.[38]

비상사태시 취해진 조치가 비상사태의 긴급성에 의해 필요하였는지 여부는 개인통보사건에서 중요한 쟁점이 된다.

Salgar de Montejo v. Colombia 사건(1982)에서 콜롬비아 신문사의 간부인 통보자는 총을 판매한 혐의로 1년 징역형을 선고받았다. 당시 콜롬비아에는 비상사태가 선포되어 통보자는 단 1번의 재판밖에 받을 수 없었고 상고할 권리를 인정받지 못했다. 콜롬비아는 당시 비상사태에 대해 규약 제4조 제3항의 통지를 하면서 규약 제19조 제2항(표현의

---

32) Nowak's Commentary(2019), p.95(para.17).

33) Nowak's Commentary(2019), p.95(para.17).

34) Siracusa Principles(전게주 13), para.43.

35) Concluding Observations on Azerbaijan, CCPR/C/79/Add.38(1994), para.7; Concluding Observations on Nepal, CCPR/C/79/Add.42(1995), para.9; Concluding Observations on Zambia, CCPR/C/79/Add. 62(1996), para.11

36) HRC General Comment No.29(2001), paras.4-5; Siracusa Principles(전게주 13), para.51.

37) HRC, HRC General Comment No.29(2001), para.2.

38) Siracusa Principles(전게주 13), para.53.

자유)과 제21조(집회의 자유)가 제한된다고 하였고, 제14조 제5항(상고할 권리)에 대해서는 언급하지 않았다. 규약위원회는 규약 제4조에 따라 비상사태로 인해 규약 제14조 제5항이 이행정지되었는지 증명할 정보가 없다고 지적하였다. 비상사태가 존재하는 것만으로 규약상 의무 위반을 정당화할 수 없어 규약 제14조 위반을 인정하였다.[39]

비상조치로 사법부를 부당하게 탄압한 경우도 규약 제4조에 의해 정당화되지 않는다.

Busyo et al. v. Congo 사건(1982)에서 비상조치에 관한 대통령령에 의해 315명의 판사와 검사가 부패, 무능 등의 이유로 해직되었다. 규약위원회는 콩고정부는 해직조치가 비상사태로 인한 것이라고 하지만, 비상조치로 정지되는 권리의 범위 및 정도, 이러한 비상조치가 필요한 것인지, 지속되는 기간은 언제까지인지에 대해 구체적으로 적시하지 않았다고 지적하였다. 따라서 규약 제25조(참정권)와 제14조(형사절차상의 권리)와 규약 제2조 제1항이 위반되었다고 결정하였다.[40]

나. 국제법상 의무의 위반 금지

비상사태시 취하는 조치가 당사국의 다른 국제법상의 의무와 충돌되어서는 안 된다(제4조 제1항 제2문). 규약 제4조 이행정지를 빌미로 당사국의 다른 국제법상 의무 위반까지 정당화시킬 수 없다. 그 취지는 규약 제5조 제2항에서도 재차 확인된다.[41] 제4조에 규정된 다른 국제법상 의무란 국제관습법과 국제조약(주로 다른 인권조약 및 국제인도법 분야의 조약)에 의하여 인정되는 당사국의 모든 의무를 총칭한다.[42] 특히 비상사태 시에도 이행정지조

---

39) *Salgar de Montejo v. Colombia*, Communication No.64/1979(1982), paras.9.1-10.3.
   한편, 상고할 권리와 관련하여 우리나라는 규약에 가입할 당시 헌법 제110조 제4항이 비상계엄하에서 일부 범죄에 대해 단심재판을 할 수 있다고 규정하여 규약 제14조 제5항의 상고할 권리에 대해 유보를 하였다. 이후 비상계엄 하에서는 규약 제4조에 의해 위 권리에 대해서도 정지할 수 있다는 점을 고려하여 2007년 유보를 철회하였다. 제14조 제5항은 규약 제4조 제2항에 침해 불가능한 권리에 열거되어 있지는 않지만, *Salgar de Montejo v. Colombia* 사건(1982)의 취지를 고려하면, 비상계엄 하에서도 단심재판을 허용하는 경우에도 규약 제4조에서 요구하는 비례의 원칙 등을 준수하여야 한다.
40) *Busyo et al. v. Congo*, Communication No.933/2000(2003), para.5.2.
41) HRC General Comment No.29(2001), para.9; Joseph & Castan's Commentary(2013), p.913(para.26.60); Taylor's Commentary(2020), p.118. 규약 제5조 제2항은 "이 규약의 어떠한 당사국에서 법률, 협정, 규칙 또는 관습에 의하여 인정되거나 또는 현존하고 있는 기본적 인권에 대하여는, 이 규약이 그러한 권리를 인정하지 아니하거나 또는 그 인정의 범위가 보다 협소하다는 것을 구실로 동 권리를 제한하거나 또는 훼손하여서는 안 된다."라고 규정한다.
42) Nowak's Commentary(2019), p.102(para.29).

항을 두지 않은 전시희생자 보호에 관한 제네바 협약이나 ILO 협약 등이 포함된다.[43] 거의 모든 국가가 가입해있는 아동권리협약도 비상사태시 협약상 의무를 이행정지하는 조항을 두고 있지 않다.[44] 특히 아동권리협약 제38조는 무력분쟁의 경우에도 국제인도법상 원칙을 준수하고 아동을 보호하는 조치를 취하여야 한다고 규정하고 있어, 비상사태에도 아동권리협약은 적용된다.[45] 따라서 아동의 권리를 보장하는 규약 제24조가 규약 제4조 제2항에 정지할 수 없는 권리로 규정되어 있지 않더라도, 아동권리협약과 규약에 모두 가입한 국가들은 규약 제24조 아동의 권리를 정지하는 조치를 취할 수 없다.[46]

다. 차별 금지

비상조치시 "인종, 피부색, 성, 언어, 종교 또는 사회적 출신만을 이유로 하는 차별"은 금지된다(제4조 제1항 제2문). 규약에서 차별 금지를 규정하고 있는 다른 조항이[47] 제4조 제2항의 정지할 수 없는 권리에 포함되어 있지 않더라도, 차별 금지 원칙의 본질적 부분은 어떠한 경우에도 훼손될 수 없다는 것을 의미한다.[48] 다만 제4조 제2항에는 "만(solely)"이라는 단어가 삽입되어 있음을 유의해야 한다. 예를 들어 일정 지역에 취해진 비상조치가 일견 특정 집단에 속한 사람들에게만 차별적으로 적용되는 것처럼 보일지라도 실제로 다른 정당화 사유가 있다면 비상조치가 허용될 수 있다.[49] 의도적으로 특정 집단에 속한 사람들을 차별하는 경우가 아닌 한, 이와 같은 간접차별은 적어도 제4조의 위반에 해당하지 않는다.[50]

---

43) Siracusa Principles(전게주 13), paras.66-68; Nowak's Commentary(2019), p.102(para.29).

44) Talyor's Commentary(2020), p.119.

45) HRC General Comment No.29(2001), para.10(각주5). 아동의 권리에 관한 협약 제38조
　1. 당사국은 아동과 관련이 있는 무력분쟁에 있어서, 당사국에 적용 가능한 국제인도법의 규칙을 존중하고 동 존중을 보장할 의무를 진다.
　2. 당사국은 15세에 달하지 아니한 자가 적대행위에 직접 참여하지 아니할 것을 보장하기 위하여 실행가능한 모든 조치를 취하여야 한다.
　3. 당사국은 15세에 달하지 아니한 자의 징병을 삼가야 한다. 15세에 달하였으나 18세에 달하지 아니한 자 중에서 징병하는 경우, 당사국은 최연장자에게 우선순위를 두도록 노력하여야 한다.
　4. 무력분쟁에 있어서 민간인 보호를 위한 국제인도법상의 의무에 따라서, 당사국은 무력분쟁의 영향을 받는 아동의 보호 및 배려를 확보하기 위하여 실행가능한 모든 조치를 취하여야 한다.

46) Joseph & Castan's Commentary(2013), p.914(para.26.61).

47) 규약 제2조, 제3조, 제14조 제1항, 제23조 제4항, 제24조 제1항, 제25조 등의 조항에서 차별 금지 원칙을 반영하고 있다.

48) HRC General Comment No.29(2001), para.8.

49) A/2929(1955), p.68(para.44).

50) Nowak's Commentary(2019), p.103(para.30); Joseph & Castan's Commentary(2013), p.915(para.26.63).

Ⅲ. 정지할 수 없는 권리

비상사태 시 규약상 의무를 이행정지하는 경우에도 제6조(생명권), 제7조(고문 등의 금지), 제8조 제1항 및 제2항(노예제 및 강제 노역 금지), 제11조(계약상 의무 불이행으로 인한 구금 금지), 제15조(죄형법정주의), 제16조(법 앞에 인간으로서 인정받을 권리) 및 제18조(사상, 양심 및 종교의 자유)에 대한 위반은 허용되지 않는다(제4조 제2항). 이러한 권리를 정지할 수 없는 권리(non-derogable rights)라고 한다.

비상사태에도 침해할 수 없는 권리의 범위를 어떻게 정할 것인가에 대하여는 초안작성단계에서도 의견이 분분하였다. 가장 근본적인 권리만 규정할 것인지 아니면 성질상 비상사태에도 침해되기 어려운 권리들을 모두 포함되어야 하는지 논의되었다.[51] 결국 제4조 제2항에는 가장 근본적인 권리만을 규정하기로 최종 합의되어 현재의 7가지의 권리를 침해 불가능한 대상으로 열거하게 되었다.[52] 한편 1950년 채택된 유럽인권협약 제15조 제2항은 침해 불가능한 권리로 4가지를 들고 있고, 1969년 채택된 미주인권협약 제27조 제2항은 침해 불가능한 권리로 11가지를 열거하고 있어서 나중에 채택된 인권협약일수록 침해 불가능한 권리의 종류가 늘어났음을 알 수 있다.[53] 1981년 채택된 아프리카 인권헌장에는 국가비상사태시 조약상 의무를 이행정지하는 조항을 아예 두고 있지 않다.[54]

규약위원회는 규약 제4조 제2항의 정지할 수 없는 권리와 국제법상 강행규범은 관련은 있지만 동일하지는 않다고 하면서 두 개념의 관계에 대해 다음과 같이 설명한다. 제6조 생명권과 제7조 고문금지와 같은 일부 규정은 그 강행규범적 성질을 인정하여 정지할 수 없는 권리로 규정된 것으로 보인다. 하지만 국가비상사태에도 정지될 수 없는 권리가 모두 강

---

51) 각국이 제안한 안은 Bossuyt's Guide(1987), pp.91-92.
52) E/CN.4/SR.195(1950), pp.21-23(paras.131-143); E/CN.4/SR.196(1950), p.7(para.28); Bossuyt's Guide (1987), pp.93-94, 839.
53) 파리기준 Section (c)는 정지할 수 없는 권리로 소수자의 권리, 가정의 보호, 이름에 대한 권리, 아동의 권리, 국적의 권리를 추가로 제안하고 있다. 이는 미주인권협약 제27조 제2항과 동일한 내용이다. 규약 제4조 제2항에 침해 불가능한 권리가 한정적으로 열거되어 있다는 점을 고려하면, 명시적으로 규정되지 않은 권리를 침해 불가능한 권리에 포함시키는 어렵다. 다만 비례의 원칙에 의하여 이러한 권리의 본질적인 요소는 침해될 수 없으므로 사실상 침해 불가능한 권리에 해당한다고 볼 수 있다. Joseph, Schultz & Castan's Commentary(2000), p.630.
54) 한편, 가장 최근인 1994년 채택된 아랍인권헌장(Arab Charter on Human Rights)은 비교적 적은 수의 권리를 침해 불가능한 권리로 열거하고 있어 이러한 추세에 반대된다. 아랍인권헌장 제4조(C)는 국가비상사태시 침해될 수 없는 권리로 고문금지, 강제송환금지, 정치적 비호, 재판, 일사부재리원칙, 죄형법정주의를 열거하고 있다. Joseph, Schultz & Castan's Commentary(2000), p.633.

행규범의 성질을 가지지는 않는다. 제11조 채무불이행으로 인한 구금금지와 제18조 사상, 양심 및 종교의 자유는 국가비상사태를 통제하기 위해 이러한 권리를 정지할 필요가 없기 때문에 정지불가능한 권리로 규정되었다. 더욱이 강행규범은 제4조 제2항에 열거되어 있지 않은 다른 규범도 그 강행규범성이 인정될 수 있다. 따라서 어떠한 강행규범이 규약 제4조 제2항에 열거되어 있지 않더라도, 당사국은 어떠한 상황에서도 강행규범을 위반하는 행위를 정당화하는 근거로 규약 제4조를 원용할 수 없다.[55]

규약 제4조 제2항에 열거된 권리가 침해된 경우 국가비상사태라고 하더라도 정당화되기는 어렵다.

> Suarez de Guerrero v. Colombia 사건(1982)에서 경찰의 기습작전으로 7명이 사망하였다. 당시 콜롬비아는 비상사태를 선포한 상태로 규약 제19조(표현의 자유)와 제21조(집회의 자유)를 제한하는 비상조치를 취하였다. 규약위원회는 규약 제6조에서 보호하는 생명권은 인간의 최고의 권리로, 국가가 개인의 생명을 자의적으로 박탈하는 것은 매우 중대한 문제로 보았다. 경찰이 생명권을 박탈하는 것은 콜롬비아의 비상사태에 관한 법령으로도 정당화되지 않는다고 하였다.[56]

제4조 제2항에 열거되어 있지 않은 권리라고 해서 비상사태 때 무제한적으로 제한될 수는 없다.[57] 규약위원회는 법치주의원칙에 의해 어떠한 비상사태에도 정당한 재판을 받을 권리의 본질적인 요소를 침해해서는 안 된다고 해석한다.[58] 제4조 제2항의 정지할 수 없는 권리를 보호하기 위해서는 사법적인 보장을 포함한 절차적 보장이 이루어져야 한다.[59]

규약위원회는 제4조 제2항에 열거되어 있지 않아도 다음의 권리는 정지될 수 없다고 본다. 첫 번째는 규약 제10조의 자유를 박탈당한 사람에 대한 인도적이고 인간의 고유한 존엄성을 존중한 처우이다. 두 번째로, 인질, 유괴, 또는 인지되지 않는 감금(unacknowledged detention)에 대한 금지는 비상사태에도 정지될 수 없다. 세 번째로, 소수자들에 대한 보호는 어떠한 상황에서도 존중되어야 하고, 이는 국제법상 제노사이드 금지규범, 규약 제4조 제1항의 차별금지, 제18조 사상·양심·종교의 자유가 정지할 수 없는 권리로 규정되어 있

---

55) HRC General Comment No.29(2001), para.11.
56) *Suarez de Guerrero v. Colombia*, Communication No.R.45/1979(1982), para.12.1-13.3.
57) HRC General Comment No.29(2001), para.6.
58) HRC General Comment No.29(2001), para.16.
59) HRC General Comment No.29(2001), para.15.

다는 점에 반영되어 있다. 네 번째로, 국제법상 근거 없이 주민이 강제추방되거나 강제퇴거되는 것은 인도에 반하는 죄를 구성하며, 비상사태에도 이러한 조치를 정당화할 수 없다. 마지막으로, 비상사태를 선포함으로써 당사국에 규약 제20조에 반하여 전쟁을 선전하거나, 차별, 적의 또는 폭력을 선동하는 민족적·인종적·종교적 증오를 고취하는 것은 허용되지 않는다.[60] 규약위원회는 *Giri et al. v. Nepal* 사건(2011)에서 규약 제4조 제2항에 열거되어 있지 않은 규약 제10조 피구금자의 권리는 비상사태에도 침해될 수 없다고 보았다.

통보자는 외부와 의사소통을 할 수 없는 구금(detention *incommunicado*) 상태로 13개월 동안 수차례의 고문과 비인도적 처우를 받았다. 규약위원회는 규약 제10조 제1항의 피구금자의 고유한 존엄성을 존중하는 것은 근본적인 권리로 보편적으로 적용되는 규칙이라고 하였다. 비록 규약 제4조 제2항의 정지할 수 없는 권리로 열거되어 있지는 않지만, 일반국제법상 원칙에 해당하는 이 권리는 침해될 수 없다고 하였다.[61]

Ⅳ. 다른 당사국에 대한 통지

규약상 의무를 이행정지하려는 국가는 위반하려는 조항과 그 이유를 UN 사무총장을 통해 다른 당사국들에게 즉시 통지해야 한다. 이어 이행정지조치가 종료되면 같은 경로를 통하여 그 내용을 통지한다(제4조 제3항). 당사국의 통지를 통해 규약위원회는 비상조치가 사태에 대처하기 위해 필요한 조치였는가를 평가할 수 있게 된다. 다른 당사국에게도 비상조치의 내용이 통지되어 해당 국가가 규약상 의무를 준수하였는지 다른 당사국들에 의한 감시가 가능하게 된다.[62]

규약상 의무를 이행정지한 국가는 조항과 그 이유 및 기간에 대하여 근거법령 등 충분한 정보를 제공해야 한다.[63] 규약위원회는 제4조에 관한 일반논평에서 과거 당사국들이 이 통지의무를 항상 충실히 이행하지는 않았음을 지적하며, 이행정지조치를 신속히 통지할 필요성을 강조하였다.[64] 당사국이 비상사태의 기간을 연장하거나 비상사태의 종료를 선언할 때에도 추가적으로 통지해야 한다.[65] 당사국이 통지의무를 이행했는지 여부와 무관하게 위원

---

60) HRC General Comment No.29(2001), para.13.
61) *Giri et al. v. Nepal*, Communication No.1761/2008(2011), para.7.9.
62) HRC General Comment No.29(2001), para.17.
63) HRC General Comment No.29(2001), para.17; Siracusa Principles(전게주 13), para.45.
64) HRC General Comment No.29(2001), para.17.
65) HRC General Comment No.29(2001), para.17.

회는 당사국의 비상조치가 규약 제4조에 부합했는지 여부를 감독해야 한다.[66] 비상조치가 통지되면 규약위원회는 그 통지가 비상사태 선포 이후 즉시 이루어졌는지, 정지된 규약조항이 통지되었는지, 비상사태 선포 이유에 관해 충분한 정보가 제출되었는지 검토한다.[67] 규약위원회는 해당 국가의 국가보고서를 심의하는 과정에서 규약 제4조와 관련된 모든 쟁점을 조사하고, 제4조의 요건이 충족되었는지 살핀다.[68] 현재까지 46개국이 비상사태로 인한 의무 이탈조치를 통지한 적이 있고, 국가에 따라서는 여러 차례 비상조치를 취한 경우도 있다.[69]

　비상사태에 따른 이행정지는 예외적이고 한시적으로만 인정된다. 그런데 시리아는 1963년 선포한 비상사태를 2005년 국가보고서를 심사받을 당시까지도 유지시키고 있었다. 시리아는 이스라엘과의 분쟁이 그 원인이라고 설명하며, 실제로 이행정지조치가 적용되는 예는 드물다고 주장하였다. 규약위원회는 가능한 한 빨리 비상사태를 해제할 것과 규약에 따른 통지 의무를 이행하라고 촉구하였다.[70] 이집트 또한 1981년에 선포한 비상사태를 2002년 국가보고서가 검토될 당시까지 계속 유지시키고 있었다. 규약위원회는 비상사태가 반영구적으로 존속하고 있음을 지적하며, 그 필요성을 재검토하라고 권고하였다.[71] 페루는 1978년 규약에 가입한 이후로 1983년 3월부터 2021년 말까지 거의 매년 비상사태를 통지하고 있으며, 평균 두 달에 한번 정도로 비상사태의 연장을 통지하고 있다.[72] 이 역시 임시적으로만 인정되어야 할 비상사태를 사실상 영구화시키는 사례이다.

　당사국이 규약 제4조에 따라 비상사태를 선포하고 비상조치를 취할 실체적 의무를 위반

---

66) HRC General Comment No.29(2001), para.17.

67) Nowak's Commentary(2019), p.106(para.36).

68) Nowak's Commentary(2019), p.106(para.36); Taylor's Commentary, pp.115-117.

69) 2021년 말까지 제4조에 따른 이행정지를 통지하였던 국가는 총 46개국으로 알제리, 아르헨티나, 아르메니아, 아제르바이잔, 바레인, 볼리비아, 부르키나 파소, 칠레, 콜롬비아, 도미니카 공화국, 에콰도르, 엘살바도르, 에스토니아, 에티오피아, 프랑스, 그루지야, 과테말라, 이스라엘, 자메이카, 키르기스스탄, 라트비아, 나미비아, 네팔, 니카라과, 파나마, 파라과이, 페루, 폴란드, 몰도바, 루마니아, 러시아, 산마리노, 세네갈, 세르비아, 스리랑카, 팔레스타인, 수단, 수리남, 태국, 토고, 트리니다드토바고, 터키, 우크라이나, 영국, 우루과이, 베네수엘라가 있다. https://treaties.un.org/Pages/ViewDetails.aspx?chapter＝4&clang＝_en&mtdsg_no＝IV-4&src＝IND (2023. 6. 30. 최종방문)

70) Concluding Observations on Syria, CCPR/CO/71/SYR(2001), para.4-7; CCPR/CO/84/SYR(2005).

71) Concluding Observations on Egypt, CCPR/CO/76/EGY(2002), para.6. 이후 이집트는 다음 국가보고서 제출을 지연하다 2019년 11월에 아랍어로 제출하였고 2020년 12월 현재 아직 국가보고서에 대한 심사를 하지 않았다.

72) 페루는 1983년 이래로 1993, 1994, 1995, 1998, 1999, 2001년에만 비상사태의 통지가 없었다. 1990년에서 1992년 사이에 존재했었던 비상사태에 대해서는 1992년에 한꺼번에 통지하였다. https://treaties.un.org/pages/CNs.aspx?cnTab＝tab2&clang＝_en에서 검색 (2023. 6. 30. 최종방문)

하였는지에 대한 판단은 그 국가가 제3항 다른 당사국에게 통지할 절차적 의무를 다했는지 여부에 따라 달라지지 않는다. 하지만 규약 제4조 제3항의 통지에 아무런 실질적 내용이 없는 경우 개인통보절차에서 증명책임을 다하지 못하여 실체적 의무 위반이 인정될 수 있다. 규약위원회는 아래의 *Landinelli Silva v. Uruguay* 사건(1981)에서 그와 같이 설시하였고, 당사국이 규약 제4조의 의무 준수 여부에 대한 증명책임은 국가에게 있다고 보았다.

통보자인 Jorge Landinelli Silva 외 4명은 모두 우루과이에서 1966년과 1971년 선거의 특정 정당의 후보자였던 자들인데, 이 정당은 1973년 11월에 정부의 행정명령에 의하여 불법집단으로 분류되었다. 1976년 9월 1일자 제도법 제4호(Institutional Act No.4)에 의하여 이들은 이후 15년간 선거를 포함하여 모든 정치적 활동에 참여할 권리를 박탈당하였다. 통보자들은 이러한 조치가 제25조에 보장된 참정권을 침해하였다고 주장하였다. 우루과이 정부는 제4조의 비상사태로 인한 이행정지를 주장하였다. 당시 우루과이는 UN 사무총장에게 규약 제4조 제3항의 통지를 하였는데, 이 통지에는 우루과이의 비상사태는 '공지의 사실'이라고만 적시할 뿐 비상조치의 성격과 범위 그리고 비상조치가 필요한지 여부에 대해서는 언급이 없었다. 규약위원회는 당사국이 제4조에 의한 이행정지를 주장하려면 비상사태가 존재하였다는 단순한 주장만으로는 정당성을 인정받을 수 없으며, 비상조치와 제4조의 적용이 필요하였음을 입증하여야 한다고 보았다. 이 사안의 경우 설사 우루과이에 비상사태가 존재했다 하더라도, 이에 대처하기 위하여 우루과이 정부가 통보자들의 참정권을 제한할 필요가 있었음을 증명하지 못하였으므로 우루과이는 규약 제25조를 위반하였다고 결정하였다.[73]

V. 한국의 실행

1. 자유권규약 가입 이전 계엄과 긴급조치

제헌 헌법 이래 한국 헌법은 대통령에게 계엄을 선포할 권한을 부여하는 국가긴급권을 규정하였다. 계엄법에 의하면 계엄은 경비계엄과 비상계엄으로 나뉘는데, 지금까지 비상계엄은 총 10차례 발령되었다.[74] 경비계엄은 총 4차례 발령되었는데, 2차례는 6.25 전쟁 중

---

73) *Landinelli Silva et al. v. Uruguay*, Communication No. 34/1978(1981), para.8.3-8.4.

74) 비상계엄은 ① 1948년 여수순천사건, ② 1948년 제주 4.3 사건, ③ 1950년 6.25 한국전쟁(3차례), ④ 1952년 부산정치파동, ⑤ 1960년 4.19 혁명, ⑥ 1961년 5.16 군부쿠데타, ⑦ 1964년 6.3 사건, ⑧ 1970년 10월 유신, ⑨ 1979년 부마 민주항쟁 사건, ⑩ 1979년 10.26 사태가 발생했을 때 총 10차례 선포되

에, 2차례는 비상계엄 전후로 시위를 진압하기 위한 목적에서 발령되었다.[75] 계엄은 1950년 6.25 전쟁 당시를 제외하고 대부분 독재정권을 유지하기 위한 목적에서 정권에 반대하는 시민의 기본권을 제한하는 용도로 악용되었다. 1971년 제3공화국 당시에는 헌법상 국가긴급권 외에 비상사태 시 대통령에게 국가비상사태를 선포하고 집회시위 등을 금지할 권한을 부여하는 『국가보위에 관한 특별조치법』이 제정되었다. 1972년 10월 박정희 전 대통령은 특별선언으로 국회를 해산시키고 국민의 기본권을 정지시켰다. 이후 1972년 12월 제정된 제4공화국 헌법(제8호)은 대통령에게 계엄선포권 외에도 헌법에 규정된 국민의 자유와 권리를 정지할 수 있는 긴급조치권을 부여했다(제53조). 긴급조치는 제9호까지 발령되었고, 그 내용은 표현의 자유 및 집회의 자유를 광범위하게 제한하는 내용을 포함하였다. 이와 같이 국가긴급권은 정권에 반대하는 의견을 탄압하고 집회시위를 통제하는 방식으로 남용되어 왔다. 과거 한국의 실행은 국가긴급권의 남용을 막는 규약 제4조의 취지에 명백히 반하는 것이지만, 당시는 자유권규약 발효 전이거나 한국은 자유권규약에 가입하지 않은 상태였다.

한편 한국 정부가 1985년 처음으로 규약의 가입 동의안을 국회에 제출하였을 때는 규약 제4조에 대한 유보를 첨부하였다. 당시 헌법(제9호) 제51조 2항에 의하면 대통령은 비상조치로서 "헌법에 규정된 국민의 자유와 권리를 잠정적으로 정지"할 수 있었는데, 이 조항에 따른 대통령의 권한범위가 규약 제4조보다 훨씬 넓었다.[76] 1980년 헌법상 비상조치는 1972년 유신헌법의 긴급조치와 마찬가지로 모든 기본권이 정지될 수 있다고 규정하고 있어서, 정지될 수 없는 권리를 나열하고 있는 규약 제4조 제2항 취지에 명백히 반하는 것이었

었다. 계엄 선포 당시 기간을 연장하거나 지역을 확대하는 후속 계엄을 선포하기도 하였다.

75) 세 번째 경비계엄은 1960년 4.19 혁명 당시 비상계엄 선포 전에 발령되었고, 네 번째 경비계엄은 1961년 5.16 군부쿠데타 당시 비상계엄 선포 후에 집회시위를 진압하기 위한 목적으로 발령되었다.

76) 1980년 제5공화국 헌법 제9호는 유신헌법체제에서의 '긴급조치권'을 폐지하고 '비상조치'를 규정하였다. 1980. 10. 27. 전문개정된 대한민국헌법(제9호) 제51조 ① 대통령은 천재·지변 또는 중대한 재정·경제上의 위기에 처하거나, 국가의 안전을 위협하는 교전상태나 그에 준하는 중대한 비상사태에 처하여 국가를 보위하기 위하여 급속한 조치를 할 필요가 있다고 판단할 때에는 내정·외교·국방·경제·재정·사법 등 국정전반에 걸쳐 필요한 비상조치를 할 수 있다.
② 대통령은 제1항의 경우에 필요하다고 인정할 때에는 헌법에 규정되어 있는 국민의 자유와 권리를 잠정적으로 정지할 수 있고, 정부나 법원의 권한에 관하여 특별한 조치를 할 수 있다.
③ 제1항과 제2항의 조치를 한 때에는 대통령은 지체없이 국회에 통고하여 승인을 얻어야 하며, 승인을 얻지 못한 때에는 그때부터 그 조치는 효력을 상실한다.
④ 제1항과 제2항의 조치는 그 목적을 달성할 수 있는 최단기간내에 한정되어야 하고, 그 원인이 소멸한 때에는 대통령은 지체없이 이를 해제하여야 한다.
⑤ 국회가 재적의원 과반수의 찬성으로 비상조치의 해제를 요구한 때에는 대통령은 이를 해제하여야 한다.

다. 또한 한국의 비상조치는 거의 북한의 동향에서 기인할 것으로 예상되는데, 한국보다 먼저 규약에 가입한 북한에게 비상조치 내용을 통지하는 것은 용인할 수 없다는 이유에서도 제4조를 유보하려고 하였다.[77] 이 규약 가입 동의안은 처리되지 않았고 국회회기 만료로 폐기되었다. 1990년 한국이 규약에 가입할 때에는 1987년 헌법 개정을 거친 후였고, 제4조에 대한 유보는 첨부하지 않았다.

2. 현행 헌법상 국가긴급권

현행 헌법 제76조와 제77조는 국가 비상사태 시 예외적으로 인정되는 국가긴급권으로 대통령에게 계엄과 긴급명령을 선포할 수 있는 권한을 부여하고 있다.[78] 전시·사변 또는 이에 준하는 국가비상사태에 있어서 병력으로써 군사상의 필요에 응하거나 공공의 안녕질서를 유지할 필요가 있을 때에는 법률이 정하는 바에 의하여 대통령은 계엄을 선포할 수 있다. 비상계엄 시에는 영장제도, 언론·출판, 집회·결사의 자유, 정부나 법원의 권한에 관하여 특별한 조치를 할 수 있다(헌법 제77조 제3항). 한편, 계엄법 제9조는 위의 네 가지 사항 외에도 거주·이전의 자유와 단체행동에 대하여도 조치를 특별한 조치를 취할 수 있다고 규정하고 있는데,[79] 계엄사령관에게 헌법상 명시된 범위보다 더 넓은 권한을 부여하고

---

77) 정부 발의, "'시민적 정치적 권리에 관한 국제규약' 가입동의안", 120097, (1985. 10. 14.), p.10; 정인섭, 국제인권규약과 개인통보제도(사람생각, 2001), p.148.

78) 대한민국헌법 제76조 ① 대통령은 내우·외환·천재·지변 또는 중대한 재정·경제상의 위기에 있어서 국가의 안전보장 또는 공공의 안녕질서를 유지하기 위하여 긴급한 조치가 필요하고 국회의 집회를 기다릴 여유가 없을 때에 한하여 최소한으로 필요한 재정·경제상의 처분을 하거나 이에 관하여 법률의 효력을 가지는 명령을 발할 수 있다.
② 대통령은 국가의 안위에 관계되는 중대한 교전상태에 있어서 국가를 보위하기 위하여 긴급한 조치가 필요하고 국회의 집회가 불가능한 때에 한하여 법률의 효력을 가지는 명령을 발할 수 있다.
③ 대통령은 제1항과 제2항의 처분 또는 명령을 한 때에는 지체없이 국회에 보고하여 그 승인을 얻어야 한다.
④ 제3항의 승인을 얻지 못한 때에는 그 처분 또는 명령은 그때부터 효력을 상실한다. 이 경우 그 명령에 의하여 개정 또는 폐지되었던 법률은 그 명령이 승인을 얻지 못한 때부터 당연히 효력을 회복한다.
⑤ 대통령은 제3항과 제4항의 사유를 지체없이 공포하여야 한다.
제77조 ① 대통령은 전시·사변 또는 이에 준하는 국가비상사태에 있어서 병력으로써 군사상의 필요에 응하거나 공공의 안녕질서를 유지할 필요가 있을 때에는 법률이 정하는 바에 의하여 계엄을 선포할 수 있다.
② 계엄은 비상계엄과 경비계엄으로 한다.
③ 비상계엄이 선포된 때에는 법률이 정하는 바에 의하여 영장제도, 언론·출판·집회·결사의 자유, 정부나 법원의 권한에 관하여 특별한 조치를 할 수 있다.
④ 계엄을 선포한 때에는 대통령은 지체없이 국회에 통고하여야 한다.
⑤ 국회가 재적의원 과반수의 찬성으로 계엄의 해제를 요구한 때에는 대통령은 이를 해제하여야 한다.

있어 위헌의 소지가 있다.

　과거 한국 현대사에서는 유신헌법 치하에서의 대통령 긴급조치의 발동 등 국가긴급권이 남용되어 인권을 침해한 사례가 있었으나, 한국이 규약에 가입한 이후에는 규약 제4조를 원용하며 규약상 의무를 이행정지하는 조치가 취해진 적이 없었다. 한국 정부는 규약에 가입한 이후 2021년 현재까지 총 5차례 국가보고서를 제출하였고, 규약위원회는 최종견해를 4차례 채택하였다. 1991년 제출된 최초보고서는 규약 제4조에 관하여 현행 헌법 제76조와 제77조는 국가의 존립을 위태롭게 하는 긴급사태가 발생한 경우 그에 대처하기 위해 대통령에게 긴급명령권과 긴급재정·경제처분 및 명령권, 계엄선포권을 부여하고 있다고 설명하였다.[80] 정부는 1998년에 제출된 2차 보고서에서 계엄법에서 영장제도, 언론·출판, 집회·결사의 자유 또는 정부나 법원의 권한에 관하여만 특별한 조치를 할 수 있다고 설명하며, 규약 제4조 제2항의 권리의 침해는 발생하지 않는다고 하였다.[81] 또한 1993년 8월 12일에 실시된 금융실명제에 관한 긴급재정경제명령이 긴급하게 실시되어야 할 필요가 있었다고 설명하였다.[82] 이후 정부가 2005년 제출한 제3차 보고서나 2013년 제출한 제4차 보고서에서는 규약 제4조에 대해 최초보고서와 제2차 보고서에 설명되어 있다고만 언급하였다.[83] 규약위원회가 한국의 국가보고서를 심의한 후 최종견해를 채택하면서 규약 제4조에 관하여 언급한 적은 없다.

---

79) 계엄법 제9조(계엄사령관의 특별조치권) ① 비상계엄지역에서 계엄사령관은 군사상 필요할 때에는 체포·구금(拘禁)·압수·수색·거주·이전·언론·출판·집회·결사 또는 단체행동에 대하여 특별한 조치를 할 수 있다. 이 경우 계엄사령관은 그 조치내용을 미리 공고하여야 한다.
　② 비상계엄지역에서 계엄사령관은 법률에서 정하는 바에 따라 동원(動員) 또는 징발을 할 수 있으며, 필요한 경우에는 군수(軍需)로 제공할 물품의 조사·등록과 반출금지를 명할 수 있다.
　③ 비상계엄지역에서 계엄사령관은 작전상 부득이한 경우에는 국민의 재산을 파괴 또는 소각(燒却)할 수 있다.
　④ 계엄사령관이 제3항에 따라 국민의 재산을 파괴 또는 소각하려는 경우에는 미리 그 사유, 지역, 대상 등 필요한 사항을 그 재산의 소재지를 관할하는 행정기관과 그 재산의 소유자, 점유자 또는 관리자에게 통보하거나 공고하여야 한다.
80) 한국 정부는 법률로써 국가안전보장, 질서유지 또는 공공복리를 위하여 국민의 자유와 권리를 제한하는 경우에도 필요한 최소한의 경우에 한정되어야 하고, 기본권의 본질적 내용은 침해할 수 없도록 하는 헌법 제37조 제2항의 규정은 헌법 제76조와 제77조의 대통령의 긴급명령과 계엄선포에도 적용된다고 하였다. 대통령의 긴급권적 권한의 행사에 대해서 국회, 법원, 헌법재판소의 통제수단을 두고 있다고 하였다. Initial Report of Republic of Korea, CCPR/C/68/Add.1(1991), para.95-102.
81) Second Periodic Report of Republic of Korea, CCPR/C/114/Add.1(1998), para.69.
82) Second Periodic Report of Republic of Korea, CCPR/C/114/Add.1(1998), para.70.
83) Third Periodic Report of Republic of Korea, CCPR/C/KOR/2005/3(2005), para.99; Fourth Periodic Report of Republic of Korea, CCPR/C/KOR/4(2013), para.103.

한국의 개인통보사건에서 규약 제4조가 정면으로 문제되었던 사건은 없지만, 한국에 대하여 두 번째 내려진 판정인 박태훈 사건에서 규약 제4조가 판단에 고려된 적은 있다. 박태훈은 1983년부터 1989년 사이에 미국 유학 중 재미한국청년연합 시카고지부에 가입하여 미국 내에서 시위를 하였고, 국가보안법 위반 혐의로 기소되어 유죄판결을 받았다. 한국 정부는 박태훈이 제기한 개인통보사건에서 한국의 안보상황상 국가보안법이 개인의 자유권보다 우선하여야 한다고 주장하였다. 규약위원회는 한국이 국가비상사태가 존재하고 그로 인해 기본권제한조치를 취한다는 규약 제4조 제3항의 통지를 하지 않았다는 점을 언급하면서 한국 정부의 주장을 받아들이지 않았고, 규약 제19조 표현의 자유를 침해하였다고 보았다.[84]

3. 위수령 폐지

위수령은 1950년 3월 27일에 육군의 질서 및 군기유지, 군사시설물 보호목적으로 제정된 대통령령으로, 제12조는 재해 또는 비상사태에 즈음하여 서울특별시장·부산시장 또는 도지사로부터 병력출동의 요청을 받았을 때 위수사령관이 병력을 출동하여 경비 및 순찰을 할 수 있도록 규정하였다.[85] 위수령 제12조는 계엄이 선포되지 않아도 비상사태 시 병력을 출동할 수 있게 규정하는데, 이는 어떠한 법률에도 근거하지 않은 내용으로 법률유보원칙에 위반되어 위헌의 소지가 있었다.[86] 규약위원회에 처음 제출된 한국 정부의 국가보고서에 대한 민간보고서는 한국의 역사에서 비상계엄이 군부정권에 의해 악용되었다는 점을 지적하면서,[87] 위수령에 대해서도 언급하였다. 이 보고서는 한국의 위수령과 전투경찰대에

---

84) *Park v. Republic of Korea*, Communication No.628/1995(1998), para.10.4.
85) 구 위수령(2018. 9. 18. 대통령령 제29164호로 폐지되기 전의 것) 제12조(병력출동) ① 위수사령관은 재해 또는 비상사태에 즈음하여 서울특별시장·부산시장 또는 도지사로부터 병력출동의 요청을 받았을 때는 육군 참모총장에게 상신하여 그 승인을 얻어 이에 응할 수 있다.
    ② 전항의 경우에 사태 긴급하여 육군참모총장의 승인을 기다릴 수 없을 때에는 즉시 그 요청에 응할 수 있다. 다만, 위수사령관은 지체없이 이를 육군참모총장에게 보고하여야 한다.
    위수령은 지금까지 3번 발령된 바 있다. 첫 번째는 1965년 한일협정 체결 당시 학생들의 시위를 진압하기 위해 발령되었고, 두 번째는 1971년 교련을 반대하는 학생들의 시위를 진압하기 위해 발령되었고, 세 번째는 1979년 부마사태 당시에 발령되었다.
86) 이광원, 위수령의 해석과 입법방향, 법학논총 제24권 제1호(2011), pp.231-260; 김원중 & 양철호, 「위수령」의 입법적 문제점과 개선방안, 토지공법연구 제63권(2013), pp.437-458.
87) 계엄선포권의 남용이 문제되었던 사안에서 "고도의 정치적, 군사적 성격을 갖고 있는 비상계엄선포를 가리켜 당연무효라고 볼 수 없고 그 계엄선포의 당부를 판단할 권한은 사법부에는 없다"고 보았던 대법원 1981. 1. 23. 선고 80도2756 판결을 소개하며, 한국의 사법부가 계엄선포권의 남용에 대해 아무런 구제방법을 제공하지 않아 규약 제4조의 취지에 위반된다고 하였다. 민주사회를 위한 변호사모임, 한국기독교교회협의회, 한국 인권의 실상 UN 인권이사회에 제출한 정부 보고서에 대한 반박, para.35-37.

대해 계엄을 선포하지 않고 군대 또는 전투경찰대로 치안을 유지하게 하는 제도로 규약 제4조에 위반된다고 언급하였다.[88]

위수령은 법률상 근거 없이 비상사태 시 병력출동권한을 부여한다는 점에서 규약 제4조 위반 및 위헌의 소지가 있었지만, 현행 헌법 이후 시행된 적이 없어서 크게 논의되지 않았었다. 2017년 박근혜 전 대통령 탄핵 정국과 관련하여 2018년 기무사가 작성한 문건이 공개되면서 주목받기 시작하였다. 박근혜 전 대통령에 대한 탄핵소추가 2016년 12월 9일 국회에서 가결되었고, 2017년 3월 10일 헌법재판소는 탄핵사건을 인용함으로써 박근혜 전 대통령은 파면되었다. 2018년 공개된 문건은 국군기무사령부가 탄핵결정 전에 작성한 '계엄 대비계획 세부자료'로, 헌법재판소가 기각 또는 각하를 선고하는 경우 촛불시위가 거세지면 위수령과 계엄을 발령하여 군병력으로 통제하는 방안을 검토하였다.[89] 해당 문건이 문제되는 가운데, 국방부는 2018년 3월 위수령 폐지를 검토하겠다는 입장을 밝혔고, 이후 입법예고를 거쳐[90] 위수령은 2018년 9월 11일 폐지되었다.[91]

4. 코로나19 위기와 대응조치

앞서 보았듯이 총 33개 국가가 코로나19 확산을 통제하기 위해 국제인권조약상 의무를 이행정지하였다.[92] 비상사태를 선포하고 코로나 대응조치를 취하면서도 규약상 이행정지를 통지하지 않은 국가도 상당수 있다. 국가들이 코로나19에 대응하기 위해 취한 조치는 여러 측면에서 기존의 비상조치와 구별된다. 먼저 국가들은 공통되는 위기에 직면하였고 대부분 이동의 자유와 집회결사의 자유를 공통적으로 제한했다.[93] 일부는 정권에 반대하는 의견을

---

88) 민주사회를 위한 변호사모임, 한국기독교교회협의회(상계주), para.38-41.

89) 해당 문서에 의하면, 탄핵 판결 직후 청와대와 일부 지역의 치안 위협시 위수령을 발령하고, 일부 서울 경기 지역 일대 폭력시위로 치안이 마비되면 경비계엄을, 전국적인 폭력시위로 확산되어 정부기능이 마비되면 비상계엄을 선포하는 단계별 대응조치를 검토하였다. 국군기무사령부가 작성한 '계엄 대비계획 세부자료'는 2018년 7월 23일 2급비밀에서 평문으로 비밀이 해제된 후 공개되었다.

90) 국방부공고 제2018-126호

91) 위수령 폐지령(대통령령 제29164호)

92) https://treaties.un.org/Pages/ViewDetails.aspx?chapter＝4&clang＝_en&mtdsg_no＝IV-4&src＝IND (2023. 6. 30. 최종방문) https://www.coe.int/en/web/conventions/derogations-covid-19 (2022. 9. 14. 최종방문) https://www.oas.org/en/sla/dil/inter_american_treaties_suspension_guarantees.asp (2022. 9. 14. 최종방문)
   코로나19와 인권조약상 이행정지에 관해 분석한 글로, 김상걸, 코로나19로 인한 국제인권조약상 의무의 이행정지, 서울법학 제29권 제4호(2022), pp.436-458.

93) Laurence R Helfer, Rethinking Derogations from Human Rights Treaties, American Journal of International Law, Vol.115, No.1(2021), p.24. Helfer는 이 글에서 현재 국제인권조약상 이행정지제도

통제하기 위해 사용되었고, 다양한 국제기구에서 코로나19에 대응하기 위한 지침을 발표했다는 점도 특징적이다.[94]

한국은 코로나19에 대응하는 과정에서 규약 제4조상의 통지를 하지 않았다. 코로나19 위기에 대응하기 위해 국내 법률에 근거하여 비상사태를 선포하고 비상조치를 취한 국가와는 달리, 한국은 일반 법률상 권리제한(limitation)의 형식으로 대응조치를 취하였다.[95] 코로나19 전염병이 확산하자 2020년 3월 이른바 '코로나3법'이라고 불리는 『감염병의 예방 및 관리에 관한 법률』(이하 감염병예방법), 검역법, 그리고 의료법이 개정되었다. 코로나19 대응조치는 국민의 권리를 다방면으로 제한했는데,[96] 감염병 확산을 방지하기 위한 정부의 조치는 주로 감염병예방법에 근거하였다. 특히 감염병예방법 제49조 제1항에 근거해서 여러 사람의 집합을 제한하거나 금지하고(제2호), 감염병 전파의 위험성이 있는 장소 또는 시설의 출입자 명단 작성, 마스크 착용 등 방역지침의 준수를 명하고(제2의2호), 감염병 전파가 우려되어 지역 및 기간을 정하여 마스크 착용 등 방역지침 준수를 명하는 조치(제2의4호)를 취하고 있다.[97]

코로나19에 대응하는 조치가 국내법적으로 헌법상 국가긴급권에 근거하는지, 일반 법률상 권리제한의 형식을 취하는지 여부와 관계없이 대응조치의 내용이 실질적으로 규약 제4조에서 말하는 규약상 의무의 이행정지에 해당한다면, 규약 제4조가 적용된다. 이에 대해서는 이행정지가 아니라 권리제한으로 코로나19에 대응하는 조치를 취하는 것이 국민의 권리보호에 더 유리하고, 선진국도 그러한 정책을 취했다는 점을 지적할 수 있다. 그러나 권리제한으로 규율하는 것이 무조건 인권보호에 선진적인 것이라고 볼 수 없다. 일상적인 법으로 규율하는 범위를 넘어서는 조치를 취한다면 규약 제4조 요건에 해당하는지 검토하고,

---

의 문제점과 개선방안에 대해 논하였다.

94) L. Helfer(상게주), p.25.

95) 코로나19에 대응하는 방법으로, 비상사태를 선포하고 인권조약상 의무의 이행정지를 통지해야 한다는 의견과 가능한 일반 법률로 대응하되 일정 선을 넘으면 비상사태법으로 규율해야 한다는 의견이 나뉘고 있다. 전자의 의견으로 Alan Greene, States Should Declare a State of Emergency Using Article 15 Echr to Confront the Coronavirus Pandemic, *Strassbourg Observers Blog*, 2020, https://strasbourg-observers.com/2020/04/01/states-should-declare-a-state-of-emergency-using-article-15-echr-to-confront-the-coronavirus-pandemic/ (2022. 9. 14. 최종방문) 참조. 후자의 의견으로, Martin Scheinin, Covid-19 Symposium: To Derogate or Not to Derogate?, 2020, https://opiniojuris.org/2020/04/06/covid-19-symposium-to-derogate-or-not-to-derogate/ (2022. 9. 14. 최종방문)

96) 코로나19의 대응조치로 인해 국제인권법상 보호되는 다양한 권리가 제한되고 있음을 보여주는 글로, 백범석, "COVID-19와 국제인권법의 역할", 서울국제법연구 제27권 제1호(2021), pp.29-63 참조.

97) 감염병예방법 제49조 제1항의 예방조치의 법적 성질과 그로 인한 공법적 문제점에 대해서는 김중권, "코로나 팬데믹 시대에 행정법적 위기모드와 관련한 문제점", 법조 제70권 제2호(2021), pp.202-221 참조.

비상사태시의 체제로 전환하여 예외적인 조치를 허용해야 한다. 그렇게 해야 일상시의 인권보호 수준을 낮추지 않으면서 위기에 대응할 수 있다. 비상시에 예외적으로 취해져야 할 조치를 권리제한의 형식으로 취한다면 규약 제4조의 엄격한 요건을 회피하는 방법으로 악용될 수 있고 오히려 일상시의 권리제한의 범위를 확대할 결과를 낳을 수 있다. 생각건대 코로나19는 국가의 존립을 위협하는 공공의 비상사태에 해당하였고, 한국에서의 조치도 실질적으로 비상체제에 맞추어 국민의 기본적 권리와 자유를 광범위하게 제한하였으므로, 한국의 코로나19 대응조치도 규약 제4조가 적용되는 사안이라고 본다.[98]

그렇다면 한국에서의 코로나19 대응조치는 규약 제4조의 요건을 준수하였는가? 이 질문에 대해서는 다음의 세 가지 차원에서 접근할 수 있다. 첫 번째로, 비상사태 시 이행정지의 요건으로서 비상사태 선포 여부이다. 「재난 및 안전관리 기본법」(이하 재난안전법)이 적용되는 재난에는 감염병예방법상 감염병을 포함하고 있는데, 재난안전법 제36조는 재난사태 선포에 관한 규정을 두고 있다. 재난이 발생하거나 발생할 우려가 있는 경우 행정안전부장관이 재난사태를 선포하고, 그 지역에 응급조치 및 여행 등 이동자제권고, 휴교처분 및 재난예방에 필요한 조치를 취하면서, 재난의 위험이 해소된 경우 재난사태를 즉시 해제하도록 규정하고 있다.[99] 한국정부는 코로나19 발생에 대응하기 위해 2020년 2월 23일 감염병 위기를 '심각' 단계로 격상하고(재난안전법 제38조), 국무총리를 본부장으로 하는 중앙재난안전대책본부를 설치하였다. 하지만 코로나19를 이유로 재난사태를 선포하지는 않았다. 한편, 중앙재난안전대책본부에서 약 2주 간격으로 발표하는 사회적 거리두기가 사실상 비상사태 및 조치의 기간을 알리는 역할을 일정 부분 하였다. 코로나19 대응조치의 시점과 종점 및 제한 내용을 명확하게 알린다는 점에서 긍정적인 역할을 하지만, 문제는 사회적 거리두기 단계별 지침의 법률적 근거가 무엇인지 명시하지는 않는다는 점이다.[100] 코로나19 예방조치가 비상체제에서 적용되는 법적 규율임을 알 수 있도록 재난사태를 선포하거나, 사회적 거리두기 공포 절차에 관한 근거규정을 법률에 명확하게 두어야 한다. 공식적으로 재난사

---

98) 코로나19에 대응하기 위한 조치가 규약 제4조상 요건을 충족하는지에 대해 비상사태의 선포, 비례성원칙 및 차별금지원칙 준수, 국제사회에 통지의무를 이행해야 한다는 필자의 소견으로, 원유민, "비상사태 시 국제인권조약상 이행정지와 한국의 실행", 국제법평론 제60권 제1호(2021), pp.89-92.

99) 재난 및 안전관리 기본법 제36조(재난사태 선포) ① 행정안전부장관은 대통령령으로 정하는 재난이 발생하거나 발생할 우려가 있는 경우 사람의 생명·신체 및 재산에 미치는 중대한 영향이나 피해를 줄이기 위하여 긴급한 조치가 필요하다고 인정하면 중앙위원회의 심의를 거쳐 재난사태를 선포할 수 있다. 다만, 행정안전부장관은 재난상황이 긴급하여 중앙위원회의 심의를 거칠 시간적 여유가 없다고 인정하는 경우에는 중앙위원회의 심의를 거치지 아니하고 재난사태를 선포할 수 있다.

100) 김중권(전게주 97), p.203.

태를 선포하지 않은 채 사회적 거리두기 단계별 수칙으로 권리를 제한하는 것은 규약 제4조가 비상사태 선포를 요건으로 하는 취지에 반한다.

두 번째는 규약상 의무 이행정지의 한계로서의 비례성원칙, 국제법상 의무위반 금지, 차별금지원칙 위배 여부이다. 코로나19에 대응하기 위한 조치는 "사태의 긴급성에 의하여 엄격히 요구되는 한도 내"에서만 취해질 수 있고(비례성 원칙), 다른 국제법상 의무를 위반할 수 없으며, 인종·피부색·성·언어·종교 또는 사회적 출신만을 이유로 차별할 수 없다. 중앙재난안전대책본부에서 사회적 거리두기 단계를 발표하면 각 지자체에서 앞서 본 감염병예방법 제49조에 근거하여 사적모임제한, 영업제한, 집합금지 등의 구체적인 행정조치를 취하고 있다. 각각의 행정조치가 위의 요건을 준수하는지 여부는 개별적으로 보아야 한다. 예를 들어 2020년 4월 인권침해의 논란이 있는 전자팔찌(안심밴드)의 경우 자가격리 수칙을 위반한 사람에게 동의를 받아 착용하도록 하지만, 동의하지 않는 경우 자가격리에서 정부지정시설로 변경되고 자비로 비용을 부담해야 하기 때문에 전자팔찌 착용이 사실상 강제된다는 비판이 있다. 전자팔찌가 코로나19 방역을 위해 긴급하고 엄격히 요구되는 범위 내의 비례적인 조치라고 보기 어려울 것이다. 2021년 3월 경기도는 외국인 근로자에게 코로나검사를 의무화하는 행정명령을 내려 34만 명을 검사하고 329명의 확진자를 찾아냈다.[101] 이러한 조치는 외국인과 외국인을 고용한 사업주에게만 적용된 조치로 국적만을 이유로 하는 차별금지원칙에 위배된다. 이 외에도 영업제한조치에 대한 헌법소원, 집회금지처분에 대한 집행정지신청, 각 지자체에서의 행정조치에 대한 행정소송 등이 헌법재판소와 법원에 제기되어 있다. 각 개별적인 처분에 대한 비례성 심사가 사법재판을 통해 이루어지고 있는데, 각각의 조치는 규약 제4조의 한계범위 내에서 취해져야 한다는 점이 고려되어야 한다.

마지막으로, 다른 당사국에게 규약상 이행정지 조치를 통지할 의무이다. 한국은 코로나19에 대응하기 위한 조치를 취하면서도 정지되는 규약 조항과 조치의 내용을 UN 사무총장에게 통지하지 않았다. 규약 제4조 제3항의 통지요건은 비상사태에 대응하기 위한 조치를 취하는 경우 준수해야 하는 의무로, 헌법상 계엄이나 긴급명령을 선포하지 않았더라도 적용된다. 국제법상 의무이행은 국내법 여부에 좌우되지 않으며, 국내법상 법률에 근거하여 적법하게 조치를 취하였다고 해서 자동적으로 국제법상 적법한 의무이행이 되지는 않는다. 한국의 코로나19 예방조치로 인해서 규약 제17조 사생활의 보호, 제21조 집회의 자유 등이 광범위하게 제한되었으므로, 이러한 내용을 국제사회에 통지했어야 한다. UN 사무총장에게

---

101) 연합뉴스, "경기도, 외국인 코로나19 전수검사했더니…329명 확진", 2021년 3월 24일, https://www.yna.co.kr/view/MYH20210324010400038 (2022. 9. 14. 최종방문)

통지함으로써 국제사회에서도 한국에서의 코로나19 대응조치와 이로 인한 인권의 제한 상황을 알 수 있게 했어야 한다.

【다른 인권조약상의 관련조항】

유럽인권협약 제15조(비상시의 의무 예외)

1. 전쟁 또는 국가의 생존을 위협하는 기타 공공의 비상사태의 경우에는, 어떠한 체약국도 사태의 긴급성에 의하여 엄격히 요구되는 한도 내에서 이 협약상 의무를 정지하는 조치를 취할 수가 있다. 다만 이러한 조치는 국제법상 다른 의무에 저촉되어서는 아니된다.
2. 적법한 전쟁행위로 인한 사망의 경우를 제외하고 제2조, 제3조, 제4조 제1항 및 제7조에 대하여는 이 조를 근거로 한 어떠한 이행정지도 허용되지 아니한다.
3. 의무를 정지하는 조치를 취할 권리를 행사하는 어떠한 체약국도 자신이 취한 조치와 그 이유를 유럽심의회 사무총장에게 충분히 통보하여야 한다. 당해 국가는 그러한 조치의 적용이 언제 정지되어 협약 규정이 다시 완전히 이행될 것인지에 대해서도 유럽심의회 사무총장에게 통보하여야 한다.

1 In time of war or other public emergency threatening the life of the nation any High Contracting Party may take measures derogating from its obligations under this Convention to the extent strictly required by the exigencies of the situation, provided that such measures are not inconsistent with its other obligations under international law.
2 No derogation from Article 2, except in respect of deaths resulting from lawful acts of war, or from Articles 3, 4 (paragraph 1) and 7 shall be made under this provision.
3 Any High Contracting Party availing itself of this right of derogation shall keep the Secretary General of the Council of Europe fully informed of the measures which it has taken and the reasons therefor. It shall also inform the Secretary General of the Council of Europe when such measures have ceased to operate and the provisions of the Convention are again being fully executed.

미주인권협약 제27조

1. 당사국은 자국의 독립이나 안보를 위협하는 전쟁, 공적인 위험 또는 기타의 비상사태의

경우에는 상황의 위급성에 의하여 엄격히 요구되는 범위와 기한 내에서 이 협약상 의무를 정지하는 조치를 취할 수 있다. 단, 그러한 조치가 국제법상 자국의 다른 의무와 충돌되지 아니하고, 인종, 피부색, 성, 언어, 종교 또는 사회적 출신을 이유로 한 차별을 포함하지 않아야 한다.

2. 위 규정은 다음 조항의 정지를 인정하지 아니한다: 제3조(법인격에 관한 권리), 제4조(생명권), 제5조(인도적 처우를 받을 권리), 제6조(노예상태로부터의 자유), 제9조(소급입법으로부터의 자유), 제12조(양심과 종교의 자유), 제17조(가정에 대한 권리), 제18조(성명에 대한 권리), 제19조(아동의 권리), 제20조(국적에 대한 권리), 제23조(공무담임권), 또는 이들 권리를 보호하는 데 필요한 사법적 보장.

3. 정지권을 행사하는 당사국은 적용이 정지된 조항, 정지하는 이유 및 정지의 종료 예정일을 미주기구의 사무총장을 통하여 다른 당사국들에게 즉시 통보하여야 한다.

1. In time of war, public danger, or other emergency that threatens the independence or security of a State Party, it may take measures derogating from its obligations under the present Convention to the extent and for the period of time strictly required by the exigencies of the situation, provided that such measures are not inconsistent with its other obligations under international law and do not involve discrimination on the ground of race, color, sex, language, religion, or social origin.

2. The foregoing provision does not authorize any suspension of the following articles: Article 3 (Right to Juridical Personality), Article 4 (Right to Life), Article 5 (Right to Humane Treatment), Article 6 (Freedom from Slavery), Article 9 (Freedom from Ex Post Facto Laws), Article 12 (Freedom of Conscience and Religion), Article 17 (Rights of the Family), Article 18 (Right to a Name), Article 19 (Rights of the Child), Article 20 (Right to Nationality), and Article 23 (Right to Participate in Government), or of the judicial guarantees essential for the protection of such rights.

3. Any State Party availing itself of the right of suspension shall immediately inform the other States Parties, through the Secretary General of the Organization of American States, of the provisions the application of which it has suspended, the reasons that gave rise to the suspension, and the date set for the termination of such suspension.

제5조 권리남용 금지와 안전조항

김 원 희

목 차

Ⅰ. 개관
Ⅱ. 권리남용의 금지
  1. 국가의 권리남용 금지
  2. 사적 당사자의 권리남용 금지
Ⅲ. 안전조항(saving clause)
Ⅳ. 국내적 실행
[다른 인권조약상의 관련 조항]

1. 이 규약의 어떤 규정도 국가, 집단 또는 개인이 이 규약에서 인정되는 권리 및 자유를 파괴하거나, 이 규약에서 규정된 제한의 범위를 넘어 제한함을 목적으로 하는 활동에 관여하거나 행위를 수행할 권리를 가지는 것으로 해석될 수 없다.
2. 이 규약의 당사국에서 법령, 협약 또는 관습에 따라 인정되거나 현존하는 어떠한 기본적 인권도, 이 규약이 그러한 권리를 인정하지 않거나 보다 좁은 범위로 인정한다는 구실로, 제한하거나 훼손할 수 없다.

1. Nothing in the present Covenant may be interpreted as implying for any State, roup or person any right to engage in any activity or perform any act aimed at the destruction of any of the rights and freedoms recognized herein or at their limitation to a greater extent than is provided for in the present Covenant.
2. There shall be no restriction upon or derogation from any of the fundamental human rights recognized or existing in any State Party to the present Covenant pursuant to law, conventions, regulations or custom on the pretext that the present Covenant does not recognize such rights or that it recognizes them to a lesser extent.

Ⅰ. 개관

자유권 규약 제5조는 실체적 권리가 아닌 두 가지 해석원칙을 규정하고 있다. 제5조 제1항은 국가, 집단이나 개인이 타인의 권리를 제한하거나 침해하기 위해 권리를 남용하는 활동이나 행위를 금지하고 있다.[1] 제5조 제1항은 제4조(비상사태)처럼 권리를 제한하는 다른 규정들과 비슷한 내용을 담고 있다. 권리남용의 금지를 규정한 취지는 국가사회주의자, 파시스트, 인종주의자, 전체주의자 등의 활동을 제한하고, 규약에서 보장된 정치적 권리와 자유가 민주주의 체제와 타인의 인권을 파괴하는 데 이용되는 상황을 막기 위한 것이다. 이 점에서 규약 제5조 제1항은 전쟁 선전, 민족적, 인종적 또는 종교적 증오 고취에 관한 제20조와 밀접한 관련성을 가지고 있다.[2]

한편 규약 제5조 제2항은 특정한 기본적 인권이 규약에서 인정되지 않거나, 해당 인권이 인정되더라도 다른 국내법이나 국제법이 규정하고 있는 보호보다 협소하게 보호되는 경우를 규율하고 있다. 규약의 당사국은 그러한 상황을 구실로 기본적 인권을 제한하거나 훼손해서는 안 되고, 규약보다 폭넓게 기본적 인권을 보호하고 있는 다른 국내법이나 국제법을 적용해야 한다.[3] 제5조 제2항은 규약에 보장된 권리들이 최소기준임을 확인하고, 국내법, 국제인권조약, 관습 등을 종합적으로 고려하여 권리 주체에게 더 유리한 규범이 적용되어야 한다는 원칙을 제시하고 있다.[4] 이러한 원칙은 제노사이드 방지협약을 원용하고 있는 제6조(생명권)나 국제노동기구협약을 원용하고 있는 제22조 제3항(결사의 자유)의 내용에 의해 보완된다. 또한 규약의 이행절차보다 다른 국제적 이행절차가 우선할 수 있다고 규정한 제44조와 유엔과 전문기구의 책임을 명시하고 있는 유엔 헌장과 전문기구헌장이 규약보다 우선 적용될 수 있음을 규정한 제46조도 제5조 제2항의 내용을 보완하고 있다. 이러한 규정들의 취지는 개인에게 최대한의 실체적 및 절차적 보호를 부여하기 위한 것이다.

II. 권리남용의 금지

규약 제5조 제1항은 세계인권선언 제30조에 근거를 두고 있다.[5] 규약과 세계인권선언의 원래 초안에서는 국가의 권리남용에 대한 언급이 없었고, 전체주의 체제를 수립하려는 개인과 집단의 시도로부터 국가를 보호하기 위한 내용만 담겨있었다.[6] 제5조 제1항의 문안은

---

1) 자유권규약 제5조 제1항과 비슷한 내용을 규정하고 있는 국제문서로는 세계인권선언 제30조, 사회권 규약 제5조 제1항, 유럽인권협약 제17조, 미주인권협약 제29조(a) 등이 있다.

2) Nowak's CCPR Commentary(2019), p. 113, para. 1.

3) 자유권규약 제5조 제2항과 비슷한 내용을 규정하고 있는 국제문서로는 사회권 규약 제5조 제2항, 유럽인권협약 제53조, 유럽사회헌장(European Social Charter) 제32조, 미주인권협약 제29조(b) 등이 있다.

4) Louis B. Sohn, A Short History of United Nations Documents on Human Rights, in C. M. Eichelberger (ed.), The United Nations and Human Rights, Eighteenth Report of the Commission to Study the Organization of Peace (Scarecrow Press, 1968), p. 174.

5) Bossuyt's Guide(1987), p. 105.

6) Doc. E/600, annex B, art. 22[5] (1947); Doc. E/800, art. 22[5] (1948); Thomas Buergenthal, To

1947년 유엔 인권위원회에서 제시되었던 레바논의 초안에서 처음 등장했다. 1949년에 유엔 인권위원회는 세계인권선언 제30조와 유사한 내용을 담고 있는 초안위원회의 제안을 채택하였다. 초안위원회의 제안은 규약상 권리의 파괴와 국가의 권리남용을 포함하고 있었고, 그러한 권리들에 대한 추가적인 제한을 금지하고 있었다.[7] 사소한 문구 수정을 제외하고 그 제안이 그대로 규약 제5조 제1항과 유럽인권협약 제17조로 채택되었다.[8]

1. 국가의 권리남용 금지

제5조 제1항은 어떤 국가도 규약에서 보장된 권리와 자유를 파괴할 수 없고, 그 권리와 자유를 제한하는 경우에도 규약에 규정된 한계를 초과하여 제한할 수 없다고 규정하고 있다. 규약의 당사국만 언급하는 다른 조항들과 달리, 제5조 제1항은 '당사국(State party)'뿐만 아니라 '어떤 국가(any State)'를 언급하고 있다. 이에 따라 제5조 제1항은 비당사국인 국가의 행위나 활동도 대상으로 할 수 있다. 규약 당사국에게 제5조 제1항은 비상사태 조항(제4조)이나 규약에서 보장된 권리를 제한하고 있는 다른 조항들[9]에 따른 과도한 권리제한의 금지를 의미한다. 합법성, 비례성, 정당한 목적, 공공비상사태 선포 등과 같이 권리를 제한하기 위한 요건들이 충족되었는지 판단할 때 그러한 제한조치를 실시한 국가의 의도가 보충적 역할을 한다.[10] 공공질서, 안전, 보건 또는 도덕을 보호하기 위해 협약상의 권리들을 제한하는 경우에도 권리의 제한 그 자체가 목적이 될 수는 없다. 비상사태가 발생하여 제4

Respect and to Ensure: State Obligations and Permissible Derogations, in Louis Henkin, The International Bill of Rights – The Covenant on Civil and Political Rights (Columbia University Press, 1981), pp. 86.

7) 이 조항은 향후에 나치, 파시스트, 전체주의 사상이 성장할 가능성을 견제하기 위해 규정되었다. E/CN.4/SR.123 (1949), p. 8 ; E/CN.4/SR.181 (1950), paras. 33, 37 참조.

8) 규약 제5조 제1항을 채택하는 과정에서 아무런 논란이 없었던 것은 아니다. 1950년에 미국은 이 규정이 너무 모호하고, 불필요하며 남용될 여지가 있다는 이유로 삭제하자고 제안하였다. E/CN.4/365 (1950), p. 59. 특히 미국은 이 규정이 표현의 자유를 광범위하게 제한할 수 있다는 문제점을 제기하면서 삭제안을 제출하였지만, 매우 근소한 차이의 표결로 부결되었다. E/CN.4/SR.181, para. 58 (1950). 이와 유사하게 표현의 자유와 같이 특정한 권리는 남용금지의 대상에서 제외하자는 제안 또는 국가의 남용에 관한 부분을 삭제하자는 제안이 있었지만, 어느 것도 인권위원회에서 지지를 얻지 못하였다. A/2929 (1955), p. 26.(paras. 56-58).

9) 규약에서 보장된 권리를 제한하는 내용을 규정한 조항으로는 제12조 제3항, 제14조 제1항, 제18조 제3항, 제19조 제3항, 제21조, 제22조 제2항, 제25조 등이 있다.

10) 규약 제5조 제1항은 시민적 및 정치적 권리에 영향을 주는 입법이나 다른 통상적인 정부활동에는 부적절한 의도가 없어야 할 요건을 부과하고 있다고 보는 견해도 있다. O'Donnell, States of Exception," *International Commission of Jurists Review* Vol. 21 (1978), p. 58; Thomas Buergenthal (전게주 6), p. 87.

조의 요건과 상황을 충족하는 이행정지(derogation)를 실시할 때도 규약에서 보장된 권리의 파괴를 목적으로 한 조치는 실시할 수 없다.[11] 예를 들면, 자유권규약위원회는 칠레의 임시 군사정부 수립 자체가 칠레 국민에게는 실질적인 비상사태에 해당하지만, 군사정부가 스스로 비상사태를 유발하여 국민의 인권을 침해하고 비상상태를 유지하는 행위는 규약 제4조와 연계하여 제5조 제1항의 위반에 해당된다고 강조하였다.[12]

규약 제5조 제1항은 자유권규약위원회의 일반논평과 개인통보 사건에서도 원용된 바 있다. 일반논평 제25호에서는 "제25조(참정권)에 의해 인정되고 보호되는 권리들이 현행 규약에 규정된 범위를 넘어서 규약이 보호하는 권리와 자유의 파괴나 제한을 목적으로 하는 행위를 행할 권리를 함축하거나 그러한 행위를 정당화하는 것으로 해석되어서는 안 된다"고 지적하면서 제5조 제1항을 인용하였다.[13] 또한 표현의 자유를 다룬 일반논평 제34호에서도 표현의 자유에 대한 제한은 예외적으로만 허용된다고 지적하면서 규약 제5조 제1항을 원용하였다.[14]

한편, 자유권규약위원회는 우루과이 정부의 요원들이 외국에 있는 자국민을 납치하여 감금하고 고문한 행위가 문제된 2건의 개인통보 사건에서 우루과이의 책임을 인정하면서 제5조 제1항을 근거로 원용한 바 있다. 자유권규약위원회는 규약 제2조 제1항이 장소적 적용 범위를 "자국의 영토 내에 있으며 그 관할권하에 있는 모든 개인"으로 규정하고 있지만, 타국의 영토에서 자행된 규약상의 권리 침해에 대해서도 당사국의 책임을 물을 수 있다고 보았다. 자유권규약위원회는 규약 제5조 제1항을 원용하면서 "이에 따를 때(in line with this) 자국의 영토에서 허용되지 않는 당사국의 규약 위반행위가 타국의 영토에서 허용된다는 해석은 불합리하다"는 견해를 표명하였다.[15] 자유권규약위원회는 타국의 영토에서 자행된 우루과이의 규약 위반행위에 대한 책임의 법적 근거를 규약 제5조 제1항에서 도출하였으나

---

11) 동시에 제5조의 내용은 제4조 제2항에 규정된 훼손할 수 없는 권리에 해당하지 않기 때문에, 당사국은 제5조의 의무로부터 면제될 수도 있다. Nowak's CCPR Commentary(2019), p. 115, para. 5.

12) 자유권규약위원회는 1979년 칠레의 최초 국가보고서를 검토하면서 다음과 같은 의견을 제시하였다. "일부 위원들은 포위 및 비상사태에서 많은 권리가 중지된 것과 관련하여 규약 제4조를 언급하였다. 칠레 국민에게 비상사태를 가져온 것은 바로 임시 군사정부 자체였고, 규약 제4조는 스스로 비상사태를 유발한 자들의 행동을 정당화하기 위해 규정된 것이 아니라는 점이 지적되었다." A/34/40, 17, 19 (1979), para. 78. 더 나아가 유엔 총회는 칠레 정부에게 인권을 침해하는 포위 및 비상사태 상황의 운영을 중지하라고 요청하였다. GA Res. 31/124 of 15 December 1976.

13) HRC General Comment No. 25 (1996), para. 27.

14) HRC General Comment No. 34 (2011), para. 21.

15) *Delia Saldias de Lopez v. Uruguay*, Communication No. 52/1979 (1981), para. 12.3; *Celiberti de Casariego v. Uruguay*, Communication No. 56/1979 (1984), para. 10.3.

그 이유에 대해서는 구체적으로 설명하지 않았다.

이에 관하여 개별의견은 우루과이의 책임을 인정한 다수의견의 결론에 동의하지만, 규약 제5조가 규약의 장소적 적용범위를 확대하기 때문이 아니라 규약에서 보호되는 권리 제한에 대한 한계를 설정하고 있기 때문이라고 지적하였다.[16] 개별의견은 규약의 다른 조항들이 규약의 목적과 정신에 반하는 행위들을 형식적으로 정당화하는 것을 방지하기 위해 제5조가 규정되었으며, 제5조 제1항은 규약에 따라 권리를 제한하더라도 보호되는 권리와 자유의 본질적 내용을 형해화할 수 없는 한계를 설정하고 있다고 설명하였다. 개별의견의 이러한 설명은 규약 제5조 제1항에서 "파괴"와 "제한의 범위를 넘어 제한함"이라는 용어를 선택했다는 점에서도 뒷받침된다.[17] 다수의견과 개별의견을 종합할 때 우루과이가 타국의 영토에서 자행한 규약 위반행위는 규약에서 인정된 권리의 파괴와 규약에 규정된 권리제한의 한계를 벗어나는 남용행위를 금지한 제5조 제1항에 위반된다고 생각된다.

다만 규약 제5조는 제1조에서 제4조까지의 내용과 같이 당사국들의 일반적인 약속(general undertakings)에 관한 조항이기 때문에, 제5조를 선택의정서에 따른 개인통보의 독자적인 근거로 원용할 수는 없다.[18] 자유권규약위원회는 트리니다드토바고에 대한 개인통보 사건에서 제5조만을 근거로 개인통보를 제기할 수 없다고 강조하였다.[19] 다만 자유권규약위원회는 *Wackenheim v. France* 사건(2002)에서 규약 제5조만을 근거로 개인통보를 제기할 수 없더라도, 규약의 다른 조항들을 해석하고 적용함에 있어 제5조를 참작할 수 있다는 입장을 표명하였다.[20]

2. 사적 당사자의 권리남용 금지

규약 제5조 제1항의 초안자들은 민족적 사회주의, 파시스트 또는 그 밖의 전체주의 사상을 지지하는 개인과 집단의 권리남용을 막으려는 의도를 가지고 있었다.[21] 초안자들은 특히 정치적 자유와 권리가 남용될 가능성을 우려하였다. 민주주의와 법치주의의 파괴를 목적으로 하는 정치세력이 정권 획득을 위해 합법을 가장하여 정치적 권리를 남용하는 상황을 막고자 했다.[22] 규약 제4조 비상사태 조항과 제20조 전쟁선전 금지 조항처럼, 권리남용

---

16) *Delia Saldias de Lopez v. Uruguay*, Communication No. 52/1979 (1981), Individual opinion appended to the Committee's views at the request of Mr. Christian Tomuschat.

17) Nowak's CCPR Commentary(2019), pp. 115-116, paras. 6-7.

18) *Wackenheim v. France*, Communication No. 854/1999 (2002), para. 6.5.

19) *H.G.B. and S.P. v. Trinidad and Tobago*, Communication No. 268/1987 (1989), para. 6.2.

20) *Wackenheim v. France*, Communication No. 854/1999 (2002), para. 6.5.

21) A/2929 (1955), p. 75; Bossuyt's Guide(1987), p. 105; Thomas Buergenthal(전게주 6), p. 86.

의 금지는 "전투적 민주주의(militant democracy)"[23] 또는 "전투적 인권개념(militant human rights concept)"의 수단에 해당한다.[24]

그렇지만 정부는 권리남용 금지를 명분으로 과도하게 권리와 자유를 제한하면 안 된다. 규약 제5조 제1항은 정부가 반정부 활동을 저지하기 위한 수단으로 권리남용 금지 규정을 과도하게 원용하지 못하도록 두 가지 제한을 규정하고 있다. 첫째, 제5조 제1항은 구체적인 활동을 권리남용의 요건으로 요구하고 있다. 권리남용에 해당하려면 타인의 인권 파괴나 허용될 수 없는 권리 제한을 목적으로 '활동에 관여하거나(engage in any activity)', 그러한 행위를 위해 권리를 '수행할 것(perform any act)'이 요구된다. 권리를 행사하기 위한 "활동(activity)"이 있는 경우에만 제5조 제1항이 적용될 수 있다. 예를 들면 생명권, 자유권, 인격권, 사생활의 자유, 고문 및 노예화의 금지 등과 같이 개인의 존립과 관련된 권리에는 활동이 필요하지 않으므로 권리남용 금지의 대상이 아니다. 아동의 권리, 평등권 및 형벌 불소급의 원칙도 같은 이유로 권리남용 금지 대상에서 제외된다. 한편 공정한 재판을 받을 권리나 거주·이전의 자유는 해당 권리를 행사하기 위한 활동이 필요하지만, 그 권리들이 타인의 권리를 파괴하거나 제한하기 위해 남용될 가능성은 거의 없다.[25] 결국 남용될 가능성이 있는 권리는 종교, 신념, 표현, 정보, 미디어, 집회, 결사, 노동조합에 관한 자유, 정치적 권리(제18조-제22조), 자결권(제1조), 소수자의 권리(제27조) 등 특정한 종류로 제한된다.

둘째, 규약 제5조 제1항이 금지한 권리남용이 인정되더라도 그 권리를 남용한 개인이나 집단이 해당 권리를 원용할 수 없을 뿐이지 다른 권리까지 박탈당하는 것은 아니다. 제5조 제1항의 권리남용에 해당하더라도 남용한 권리 이외의 권리를 박탈하는 추가적인 법적 효과는 발생하지 않는다.[26] 예를 들면, 국가는 테러행위와 테러조직을 불법화할 수 있으며, 개인이나 집단은 금지된 테러행위를 계획하거나 테러집단을 조직할 권리를 주장할 수 없다. 그러나 개인이나 집단이 테러집단을 조직하거나 테러행위에 관여했다는 이유로 국가가 다른 형사절차상의 권리들까지 박탈할 수는 없다.

유럽인권재판소는 *Lawless* 사건(1961)에서 규약 제5조 제1항과 같은 내용을 규정한 유럽인권협약 제17조의 해석론을 제시한 바 있다. 이 사건에서 아일랜드 정부는 원고가 테러활동에 관여했기 때문에 유럽인권협약상의 보호를 받을 자격이 없다고 주장하였다. 이와 관

---

22) Nowak's CCPR Commentary(2019), p. 116 (para. 8).

23) K. Loewenstein, Militant Democracy and Fundamental Rights I, *American Political Science Review* Vol. 31 (1995), p. 417.

24) Nowak's CCPR Commentary(2019), p. 116, para. 8.

25) Thomas Buergenthal(전게주 6), p. 89.

26) Nowak's CCPR Commentary(2019), pp. 116-7, para. 9.

련해 유럽인권재판소는 제17조에 비추어 타인의 권리 및 자유를 파괴하기 위한 근거로 유럽인권협약을 원용할 수 없다고 보았다. 다만 유럽인권재판소는 유럽인권협약 제17조는 남용된 권리행사만을 금지하는 소극적 적용범위를 가지고 있으므로 유럽인권협약의 다른 규정들에서 보장된 개인의 신체적 기본권을 박탈하는 반대해석은 허용될 수 없다고 판시하였다. 유럽인권재판소는 테러활동에 관여한 개인에게 인신의 자유와 공정한 재판을 받을 권리 등이 박탈될 수 있다는 아일랜드 정부의 주장을 기각하였다.[27] 유럽인권협약 제17조와 규약 제5조 제1항은 문구가 동일하기 때문에 유럽인권재판소의 해석론은 규약 제5조 제1항에도 그대로 적용될 수 있다.[28] 개인이나 단체가 전체주의 정권을 수립하거나 민주적 기본질서를 파괴하는 활동을 위해 규약을 원용할 때 규약 제5조 제1항에 위반된 권리남용에 해당된다. 다만 그 경우에도 당사국이 남용의 대상이 된 권리 이외에 형사절차상의 권리나 그 밖의 권리를 박탈한다면 이는 제5조 제1항의 소극적 적용범위를 넘어서는 것이므로 허용되지 않는다.

대부분의 자유권은 규약에서 규정한 요건을 충족하면 제한될 가능성이 있으나, 인권 보장의 기반이 되는 민주주의와 법치주의를 부인하기 위해 자유권이 주장되는 극단적인 경우에는 권리남용 금지에 따라 더욱 강력하게 권리를 제한할 수 있다. 자유권규약위원회는 *M.A. v. Italy* 사건(1984)에서 해산된 파시스트 정당을 재조직했다는 혐의로 징역형을 선고받은 통보자가 주장한 규약상의 권리 침해를 인정하지 않았다. 자유권규약위원회는 이탈리아에서 파시스트 정당을 복원하려고 한 통보자의 행위는 규약 제5조에 의한 규약의 보호범위에서 배제되며, 규약 제18조 제3항(종교나 신념의 표명), 제19조 제3항(표현의 자유 제한), 제22조(결사의 자유와 단결권)의 규정들과 이탈리아의 국내법의 권리 제한규정에 따라 정당하게 금지되는 행위라고 보아 각하하였다.[29]

Ⅲ. 안전조항(saving clause)

규약 제5조 제2항은 규약상의 인권보장과 다른 국내법 및 국제법의 인권보장 사이에 차이가 있는 경우에 최대한의 인권 보호가 적용되어야 한다는 원칙을 규정하고 있다.[30] 이는

---

27) *Lawless v. Ireland*, no. 332/57, paras. 45-46, ECHR 1961-III.
28) Nowak's CCPR Commentary(2019), p. 117, para. 10.
29) *M.A. v. Italy*, Communication No. 117/1981 (1984), para. 13.3.
30) A/2929 (1955), p. 26, para. 61; L. B. Sohn, The Human Rights Law of the Charter, *Texas International Law Journal* Vol. 12 (1977), p. 137.

규약이 인권보호를 위한 최소기준을 설정하고 있다는 원칙을 반영한 규정이다. 유엔 인권
위원회는 1949년에 규약 제5조 제2항에 관한 영국의 초안을 채택하였고, 그 초안은 거의
그대로 유럽인권협약 제60조(현재 제53조)가 되었다.[31] 당시에 영국의 초안은 국제법보다
국내법을 유리한 규범으로 상정하고 있어 규약과 국내법이 충돌하는 상황에서 국내법 체계
를 우선하는 구실이 될 수 있다고 비판받았다. 이런 이유로 1952년 인권위원회 제8차 회기
에서 국제법 규범을 보다 강력하게 언급하고 있는 칠레의 초안이 채택되었다.[32] 폴란드는
규약과 유엔 헌장의 규정과 정신에 반하지 않는 법규범들로 안전조항을 제한하려는 개정안
을 제시하였으나 채택되지는 못했다.[33]

규약 제5조 제2항은 규약의 전체 내용에 대한 안전조항(saving clause)의 기능을 수행한
다. 제5조 제2항에 따르면 규약에서 명시적으로 인정되지 않은 권리가 당사국의 법령, 협약
또는 관습에 의하여 인정되는 경우나 규약에서도 그 권리가 인정되지만 다른 법규범에서
그 권리를 더 폭넓게 보호하는 경우에 그 유리한 법규범들이 우선 적용된다. 당사국의 법률
과 당사국이 가입한 다른 협정만을 언급하고 있는 유럽인권협약 제53조나 미주인권협약 제
29조(b)와 비교할 때, "법령, 협약 또는 관습"을 열거하고 있는 규약 제5조 제2항이 국제법
규범들을 더욱 강력하게 언급하고 있다고 볼 수 있다. 유럽인권협약 제53조에 규정된 "법
률(laws)"이라는 용어가 넓은 의미로 해석된다는 점을 감안하면, 규약 제5조 제2항과 유럽
인권협약 제53조 간에 실무상의 차이는 없을 것이다.[34]

규약 제5조 제2항은 규약에서 보장되지 않는 권리가 있거나 규약의 보호범위가 다른 규
범들보다 좁다는 구실로 다른 국제법 규범에서 더욱 폭넓게 보호되는 인권을 제한하지 못
하도록 하고 있다. 개인은 자신의 법적 지위를 보호하기 위해 보다 유리한 법규범을 원용할
수 있다. 예를 들면 규약 당사국의 헌법이 재산권을 보장하고 있는데도 규약에 재산권에 관
한 조항이 없다는 것을 구실로 재산권을 제한하거나 침해해서는 안 된다. 이 점에서 "구실
로(on the pretext of)"라는 용어의 해석이 중요하다. 물론 규약을 비준한 당사국이 정당한
헌법 개정절차에 따라 기존에 보장되던 재산권 조항을 폐지하더라도 이것이 규약 제5조 제

---

31) "Nothing in this Covenant may be construed as limiting or derogating from any of the rights and
freedoms which may be guaranteed to all under the law of any contracting State or any
conventions to which it is a party." E/CN.4/317 (1949).
32) E/CN.4/SR.328 (1952), p. 9.
33) Bossuyt's Guide (1987), pp. 108-109.
34) Report of the Committee of Experts to the Committee of Ministers on the problems arising from
the co-existence of the U.N. Covenant on Human Rights and the European Convention on Human
Rights — Differences as regards the Rights Guaranteed, CoE Doc. H(70)7, para. 22.

2항의 취지에 반한다고 보기는 어렵다.[35] 제5조 제2항의 취지는 규약의 당사국이 국내법과 국제법에서 이미 보장되고 있는 권리를 제한하거나 보장을 회피하기 위한 구실로 해당 권리를 미비하게 규정하고 있는 규약을 원용할 수 없다는 것이기 때문이다.

제5조 제2항의 "협약"이라는 용어는 당사국이 비준한 모든 보편적 및 지역적 인권조약을 지칭한다. 규약 자체도 제5조 제2항과 비슷한 내용을 규정한 유럽인권협약 제53조와 미주 인권협약 제29조(b)가 각각 언급하고 있는 "협정(agreement)" 또는는 "협약(convention)"에 해당한다.[36] 여러 인권조약들이 보장하는 실체적 권리에 차이점이 있는 경우에 당사국은 해당 개인에게 가장 유리한 규범을 적용해야 할 의무가 있다. 규약의 당사국이 최근에 다른 인권조약에 가입했는데 새로운 인권조약보다 규약이 해당 인권을 더욱 폭넓게 보호한다면, 신법우선원칙의 적용이 배제되고 당사국은 개인에게 유리한 기존의 규약을 적용해야 한다. 그렇다고 해서 다른 인권조약의 더욱 유리한 규정들이 자동적으로 규약 인권보호 체제의 일부가 된다는 의미는 아니다. 다른 인권조약에서 보장된 권리를 제한하기 위한 목적으로 규약의 미비한 규정을 원용할 수 없을 뿐이다.[37]

한편, 제5조 제2항은 규약과 다른 인권조약, 유엔과 전문기구, 국제적 이행절차의 관계를 다루고 있는 규약의 규정을 원용함으로써 보완될 수 있다. 다른 인권조약에 더욱 실효적으로 인권을 보호할 수 있는 절차나 수단이 있다면 규약과 해당 조약의 규정들을 함께 검토함으로써 실체적 및 절차적인 보호를 최대한 제공할 수 있다. 예를 들면, 생명권은 집단살해방지협약[38]을 원용함으로써 개인의 생명권을 규약 제6조의 내용보다 폭넓게 보호할 수 있다. 규약에서 보장된 결사의 자유는 결사의 자유 및 단결권에 관한 ILO협약 제87호[39]에 의해 보완될 수 있다. 또한 규약 제46조는 규약의 어떠한 규정도 이 규약에서 취급되는 문제에 관하여 유엔의 여러 기관과 전문기구의 책임을 명시하고 있는 유엔 헌장과 전문기구 헌장의 규정을 훼손하지 않도록 해석되어야 한다고 규정하고 있다. 유럽인권협약 제55조는 이 협약의 해석 또는 적용에 관한 분쟁에 대해서는 이 협약에 규정된 분쟁해결수단이 다른

---

35) Vasak, Towards a Specific International Human Rights Law, in K. Vasak and P. Alston(Eds.), The International Dimensions of Human Rights, Paris 1982, pp. 671, 674; Thomas Buergenthal (전게주 6), p. 90.

36) 전게주 34, para. 83.

37) 상게주, para. 85.

38) Convention on the Prevention and Punishment of the Crime of Genocide (1948.12.9. 채택, 1951.1. 12. 발효, 대한민국 적용일 1951.1.12.)

39) Convention concerning Freedom of Association and Protection of the Right to Organise (1948.7.9. 채택, 1950.7.4. 발효, 대한민국 적용일 2022.4.20.).

해결수단에 우선한다고 규정하고 있다. 이에 반해 규약 제44조는 규약의 이행에 관한 규정은 유엔과 그 전문기구의 설립헌장 및 협약 등에 규정된 절차의 적용을 방해하지 않고 당사국들 간에 발효 중인 다른 분쟁해결절차를 이용할 수 있도록 규정하고 있다. 이는 다른 분쟁해결 수단이 규약의 이행수단에 무조건 우선한다는 취지는 아니고 개인에게 더욱 광범위하고 높은 기준의 인권 보호를 제공할 수 있는 다른 절차나 분쟁해결 수단을 배제하지 않음으로써 적극적인 분쟁해결을 장려하기 위한 취지로 이해해야 한다.[40]

【다른 인권조약상의 관련조항】

경제적, 사회적 및 문화적 권리에 관한 국제규약

제5조

1. 이 규약의 어떠한 규정도 국가, 집단 또는 개인이 이 규약에서 인정되는 권리 및 자유를 파괴하거나, 또는 이 규약에서 규정된 제한의 범위를 넘어 제한하는 것을 목적으로 하는 활동에 종사하거나 또는 그와 같은 것을 목적으로 하는 행위를 행할 권리를 가지는 것으로 해석되지 아니한다.

2. 이 규약의 어떠한 당사국에서 법률, 협정, 규칙 또는 관습에 의하여 인정되거나 또는 현존하고 있는 기본적 인권에 대하여는, 이 규약이 그러한 권리를 인정하지 아니하거나 또는 그 인정의 범위가 보다 협소하다는 것을 구실로 동 권리를 제한하거나 또는 훼손하는 것이 허용되지 아니한다.

Article 5

1. Nothing in the present Covenant may be interpreted as implying for any State, group or person any right to engage in any activity or to perform any act aimed at the destruction of any of the rights or freedoms recognized herein, or at their limitation to a greater extent than is provided for in the present Covenant.

2. No restriction upon or derogation from any of the fundamental human rights recognized or existing in any country in virtue of law, conventions, regulations or custom shall be

---

40) Felix Ermacora, Über das Kumulationsverbot in Menschenrechtsverfahren, in Peter Fischer, Alftred Verdross and Heribert F. Köck(eds.), Völkerrecht und Rechtsphilosophie, Internationale Festschrift für Stephan Verosta (Duncker and Humbolt, 1980), p. 188.

admitted on the pretext that the present Covenant does not recognize such rights or that it recognizes them to a lesser extent.

인권 및 기본적 자유의 보호에 관한 유럽인권협약

제17조 권리남용의 금지
이 협약 중의 어떠한 규정도 국가, 집단 또는 개인이 이 협약에 규정된 권리 및 자유를 파괴하거나, 또는 이 협약에 규정된 범위 이상으로 제한하는 것을 목적으로 하는 활동에 종사하거나 수행할 권리를 가지는 것으로 해석되지 아니한다.

Article 17 Prohibition of abuse of rights
Nothing in this Convention may be interpreted as implying for any State, group or person any right to engage in any activity or perform any act aimed at the destruction of any of the rights and freedoms set forth herein or at their limitation to a greater extent than is provided for in the Convention.

제53조 기존 인권의 보장
이 협약중의 어떠한 규정도 체약국의 법률이나 체약국이 당사국인 다른 협정에 의하여 보장되는 인권 및 기본적 자유를 제한하거나 훼손하는 것으로 해석되지 아니한다.

Article 53 Safeguard for existing human rights
Nothing in this Convention shall be construed as limiting or derogating from any of the human rights and fundamental freedoms which may be ensured under the laws of any High Contracting Party or under any other agreement to which it is a· party.

미주인권협약

제29조(해석에 관한 제한)
이 협약의 어떠한 규정도 다음과 같이 해석되어서는 아니된다:
a) 당사국, 단체 또는 개인이 이 협약에서 인정되는 권리와 자유의 향유나 행사를 억압하거나, 또는 이에 규정된 것 이상으로 권리와 자유를 제한함을 허용하는 것;
b) 당사국의 법률 또는 그 국가가 당사국인 다른 협약에 의하여 인정된 권리나 자유의 향

유 또는 행사를 제한하는 것;

c) 인간성에 고유하거나 정부형태로서의 대의민주주의로부터 나오는 기타의 권리나 보장을 배제시키는 것; 또는

d) 인간의 권리와 의무에 관한 미주선언과 기타 동일한 성격의 국제문서가 가지고 있는 효과를 배제시키거나 제한하는 것.

Article 29. Restrictions Regarding Interpretation

No provision of this Convention shall be interpreted as:

(a) permitting any State Party, group, or person to suppress the enjoyment or exercise of the rights and freedoms recognized in this Convention or to restrict them to a greater extent than is provided for herein;

(b) restricting the enjoyment or exercise of any right or freedom recognized by virtue of the laws of any State Party or by virtue of another convention to which one of the said states is a party;

(c) precluding other rights or guarantees that are inherent in the human personality or derived from representative democracy as a form of government; or

(d) excluding or limiting the effect that the American Declaration of the Rights and Duties of Man and other international acts of the same nature may have.

인간과 인민의 권리에 관한 아프리카 헌장

제27조

1. 모든 개인은 자신의 가정, 사회, 국가 및 기타 법적으로 인정된 공동체와 국제사회에 대하여 의무를 진다.

2. 개인의 권리와 자유는 타인의 권리, 집단의 안전, 도덕과 공통의 이익을 존중하면서 행사되어야 한다.

Article 27

1. Every individual shall have duties towards his family and society, the State and other legally recognized communities and the international community.

2. The rights and freedoms of each individual shall be exercised with due regard to the rights of others, collective security, morality and common interest.

제6조 생명권*

도 경 옥

목 차

Ⅰ. 개관
Ⅱ. 국가의 생명권 보호 의무
    1. 법률에 따른 생명권 보호 의무
    2. 경제적·사회적 권리와의 관계
    3. 수용자의 생명권 보호 의무
    4. 생명권 침해에 대한 조사·기소 의무
    5. 강제실종
Ⅲ. 자의적 생명 박탈의 금지
Ⅳ. 사형
    1. 적법한 사형의 요건
    2. 사면 또는 감형
    3. 사형 면제 대상
    4. 범죄인 인도 문제
    5. 규약 제2선택의정서와 사형폐지 추세
Ⅴ. 무력분쟁과 대량살상무기
    1. 무력분쟁과 규약 제6조의 적용 문제

    2. 핵무기 등 대량살상무기
Ⅵ. 낙태와 안락사
    1. 낙태 문제
    2. 안락사 문제
Ⅶ. 한국의 실행
    1. 생명권의 보호
        가. 헌법적 근거
        나. 국가의 보호 의무
    2. 사형
        가. 관련 규정 및 판례
        나. 사형제도에 대한 논의
        다. 평가
    3. 낙태죄
    4. 연명의료의 중단
[다른 인권조약상의 관련 조항]

1. 모든 인간은 고유한 생명권을 가진다. 이 권리는 법률에 따라 보호된다. 어느 누구도 자의적으로 자신의 생명을 박탈당하지 않는다.

2. 사형을 폐지하지 않은 국가의 경우, 사형은 범행 당시에 시행 중이며 이 규약의 규정과 「집단살해죄의 방지 및 처벌에 관한 협약」에 저촉되지 않는 법률에 따라 가장 중한 범죄에 대해서만 선고될 수 있다. 이 형벌은 권한 있는 법원이 선고한 최종판결에 의하여서만 집행될 수 있다.

3. 생명의 박탈이 집단살해죄를 구성하는 경우에는 이 조의 어떤 규정에 따라서도 이 규약

---

* 이 글은 필자의 "국제인권규약상 생명권과 한국의 실행"(외법논집 제46권 제1호(2022))에 기반해 일부 내용을 수정·보완한 것이다.

의 당사국이 「집단살해죄의 방지 및 처벌에 관한 협약」의 규정에 따라 지고 있는 의무로부터 어떤 방법으로든 이탈하는 것이 허용되지 않는다고 이해한다.

4. 사형을 선고받은 사람은 누구나 특별사면 또는 감형을 청구할 권리를 가진다. 사형선고에 대한 일반사면, 특별사면 또는 감형은 모든 경우에 부여될 수 있다.

5. 사형은 18세 미만의 사람이 범한 범죄에 대하여 선고되지 않으며, 임신한 여성에 대하여 집행되지 않는다.

6. 이 조의 어떠한 내용도 이 규약의 당사국이 사형의 폐지를 지연시키거나 방해하기 위해 원용될 수 없다.

1. Every human being has the inherent right to life. This right shall be protected by law. No one shall be arbitrarily deprived of his life.

2. In countries which have not abolished the death penalty, sentence of death may be imposed only for the most serious crimes in accordance with the law in force at the time of the commission of the crime and not contrary to the provisions of the present Covenant and to the Convention on the Prevention and Punishment of the Crime of Genocide. This penalty can only be carried out pursuant to a final judgement rendered by a competent court.

3. When deprivation of life constitutes the crime of genocide, it is understood that nothing in this article shall authorize any State Party to the present Covenant to derogate in any way from any obligation assumed under the provisions of the Convention on the Prevention and Punishment of the Crime of Genocide.

4. Anyone sentenced to death shall have the right to seek pardon or commutation of the sentence. Amnesty, pardon or commutation of the sentence of death may be granted in all cases.

5. Sentence of death shall not be imposed for crimes committed by persons below eighteen years of age and shall not be carried out on pregnant women.

6. Nothing in this article shall be invoked to delay or to prevent the abolition of capital punishment by any State Party to the present Covenant.

Ⅰ. 개관

생명권에 대한 보장 없이는 다른 모든 권리도 의미를 갖기 어려우므로, 생명권은 최고의 권리이며 모든 권리 중에서도 가장 기본적인 권리이다.[1] 이러한 이유에서 규약은 실체적 권리에 관한 규정 중 첫 번째 규정인 제6조에서 생명권을 규정하고 있다. 일반논평 제36호 (2018)[2]는 "생명권은 모든 인간이 본래적으로 가지고 있는 권리로서 그 자체로서도 가장 중요한 것이지만, 생명권은 또한 그것의 효과적인 보호가 다른 모든 권리를 향유하기 위한 전제조건이 되고 그것의 내용이 다른 인권들에 의해 영향을 받을 수 있는 기본적인 권리에 해당한다"며 생명권의 중요성을 강조하였다.[3] 따라서 국가의 존립을 위협하는 공공비상사태의 경우에도 규약 제6조의 위반은 허용되지 않는다.[4] 또한 생명권은 국제법상 강행규범 (*jus cogens*)이라고 주장되기도 한다.[5] 생명권 침해는 사망이라는 결과가 발생해야만 인정되는 것은 아니다. 생명권을 존중하고 보장해야 할 당사국의 의무는 생명의 상실을 초래할 수 있는 합리적으로 예견가능한 위협과 생명을 위협하는 상황으로까지 확장된다.[6] 즉 그러한 위협과 상황이 인명 손실로 이어지지 않더라도 규약 제6조 위반이 인정될 수 있다.

생명권의 특별한 의미는 '고유한'이라는 형용사의 사용과 '가진다'라는 현재 시제의 사용에 의해서 강조되었다.[7] 총회 제3위원회에서 다수의 국가 대표들은 이러한 문구를 통해 생명권이 자연법에 기반을 두고 있음을 표현하고자 하였다.[8] 보편적 및 지역적 차원의 국제인권문서들은 예외 없이 생명권에 관한 조항을 두고 있지만,[9] "모든 인간은 고유한 생명권을 가진다"라는 문장으로 생명권에 관한 조항을 시작한 경우는 규약이 유일하다. 일반논평

---

1) Nowak's CCPR Commentary(2019), p.121(para.1).
2) 생명권에 관한 기존의 일반논평 제6호(1982)와 제14호(1984)는 일반논평 제36호(2018)로 대체되었다.
3) HRC General Comment No.36(2018), para.2.
4) 다만, 국가비상사태의 존재와 성격은 생명의 박탈을 초래한 특정한 작위 또는 부작위가 자의적인지 여부에 관한 결정과 당사국이 취해야 하는 적극적인 조치의 범위에 관한 결정에 영향을 미칠 수 있다. HRC General Comment No.36(2018), para.67.
5) 예컨대, R. Higgins, Derogations under Human Rights Treaties, British Yearbook of International Law vol.48(1976/77), p.282; K. Parker, Jus Cogens: Compelling the Law of Human Rights, Hasting International and Comparative Law Review vol.12, no.2(1989), pp.431-432. 규약위원회는 일반논평 제24호에서 자의적 생명 박탈 금지는 강행규범에 해당하여 국가비상사태에도 유예될 수 없는 권리라고 설명하고 있다. HRC General Comment No.24(1994), para.10.
6) HRC General Comment No.36(2018), para.7.
7) Nowak's CCPR Commentary(2019), p.122(para.3).
8) Nowak's CCPR Commentary(2019), p.122(para.3).
9) 세계인권선언 제3조; 유럽인권협약 제2조; 미주인권협약 제4조; 아프리카 인권헌장 제4조.

제36호(2018)에 따르면, 생명권은 좁게 해석되어서는 안 되며, 생명권은 "외인사 또는 조기사망(unnatural or premature death)을 초래할 의도가 있거나 그러한 죽음을 초래할 것으로 예상되는 작위와 부작위로부터 자유로우며 품위 있는 삶을 누릴 개인의 권리에 관한 것"이다.[10] 이는 규약 당사국이 생명권 보호를 위하여 적극적인 조치를 취할 의무가 있음을 의미한다.

규약 초안 작성 과정에서는 생명권 보호의 규정 방식을 두고 견해가 대립하였다.[11] 첫 번째 견해는 모든 인간은 어떠한 경우에도 자신의 생명을 박탈당하지 않는다는 원칙만을 선언하고, 예외가 인정되는 경우를 언급하지 말아야 한다는 것이었다. 그러나 이에 대해서는 생명의 박탈이 정당화되는 경우가 존재한다는 현실도 반영되어야 한다는 비판이 제기되었다. 두 번째 견해는 규약 당사국이 자신의 의무를 확실히 알 수 있도록 생명의 박탈이 예외적으로 허용되는 경우를 명시적으로 규정하자는 것이었다. 그러나 이에 대해서는 예외를 아무리 주의 깊게 열거하더라도 완전한 답은 제시될 수 없으며, 권리 자체보다 권리의 제한에 더 큰 중요성을 부여하는 것으로 비칠 수 있다는 우려가 제기되었다. 세 번째 견해는 단순하지만 명확하게 '어느 누구도 자의적으로 자신의 생명을 박탈당하지 않으며, 모든 인간의 생명권은 법률에 의하여 보호된다'는 것을 확언하는 방식이 바람직하다는 것이었다. 이 방식은 생명권이 절대적인 권리는 아님을 나타내면서도 예외적인 상황을 일일이 열거할 필요가 없다는 점에서 호응을 얻었고, 최종적으로 이 방식이 채택되었다. 생명권에 관하여 미주인권협약은 규약과 동일한 방식을 취하고 있는 반면,[12] 유럽인권협약은 생명이 박탈될 수 있는 경우를 구체적으로 열거하고 있다.[13]

Ⅱ. 국가의 생명권 보호 의무

1. 법률에 따른 생명권 보호 의무

규약은 당사국이 생명권을 "법률에 따라" 보호해야 함을 명시하고 있다. 이에 따라 당사국은 모든 개인이 생명권을 온전히 누릴 수 있도록 생명권을 행사하는 데 필요한 법적 틀을 확립해야 하며, 사인이나 사적 실체로부터 발생되는 위협을 포함하여 합리적으로 예견 가능한 모든 위협으로부터 생명을 보호하기 위한 적절한 법률 또는 기타 조치를 채택해야

---

10) HRC General Comment No.36(2018), para.3.
11) A/2929(1955), chapter Ⅵ, paras.1-3; A/3764(1957), para.114.
12) 미주인권협약 제4조 제1항.
13) 유럽인권협약 제2조.

한다.[14] 권리를 보장하기 위한 여타 적극적 의무와 마찬가지로 이 의무의 이행 역시 각 당사국의 입법부에 폭넓은 재량이 인정된다.[15] 따라서 국내입법이 전반적으로 부족하거나, 실제적인 위협에 비해 명백히 불충분하게 규정되어 있는 경우에만 규약 제6조 제1항의 위반이 된다.[16] 규약위원회는 일반논평 제36호(2018)에서 "당사국은 생명의 박탈을 초래할 수 있는 모든 폭력의 행사 또는 폭력의 선동에 대한 형사상 금지를 포함한 법적 보호제도를 마련해야 한다"고 강조하면서, 형사상 제재가 필요한 범죄의 예로 살인 및 과실치사, 불필요하거나 과도한 무기의 사용, 영아살해, 명예살인, 사적 제재(lynching), 폭력적인 증오범죄, 혈족 간의 피의 보복(blood fueds), 제식살인(ritual killing), 살해협박, 테러공격 등을 제시하였다.[17] 규약위원회는 여러 국가보고서에 대한 최종견해에서 해당 국가가 사적 행위자에 의한 생명의 박탈을 방지하고 처벌할 의무를 제대로 이행하지 못하였다고 지적하였는데,[18] 이러한 내용이 일반논평에 구체적으로 반영되었다.

또한, 법률에 따른 생명권 보호 의무에 따라 국가기관에 의한 생명 박탈의 근거는 법에 규정되어야 하며, 광범위하거나 자의적인 해석 또는 적용의 방지를 위해 충분히 상세하게 규정되어야 한다.[19] 국가기관에 의한 생명의 박탈은 가장 심각한 사안이기 때문에 법은 국가기관에 의해 생명이 박탈될 수 있는 상황을 엄격하게 통제하고 제한하여야 한다.[20] 이러한 요건을 충족하지 못한 법에 근거하여 생명의 박탈이 이루어지는 경우 이는 자의적 생명박탈에 해당하게 된다. "이 권리는 법률에 따라 보호된다"라고 규정하고 있는 제6조 제1항 2문과 "어느 누구도 자의적으로 자신의 생명을 박탈당하지 않는다"라고 규정하고 있는 제6조 제1항 3문은 부분적으로 중복되므로, 이 문제는 뒤에서 좀 더 심도 있게 살펴보기로 한다.

---

14) HRC General Comment No.36(2018), para.18.
15) Nowak's CCPR Commentary(2019), p.124(para.9).
16) Nowak's CCPR Commentary(2019), p.124(para.9).
17) HRC General Comment No.36(2018), para.20.
18) 예컨대, Concluding Observations on Paraguay, CCPR/C/79/Add.48(1995), para.16; Concluding Observations on Madagascar, CCPR/C/MDG/CO/3(2007), para.17; Concluding Observations on Turkey, CCPR/C/TUR/CO/1(2012), para.13; Concluding Observations on Mozambique, CCPR/C/MOZ/CO/1(2013), para.12; Concluding Observations on Indonesia, CCPR/C/IDN/CO/1(2013), para.17; Concluding Observations on Albania, CCPR/C/ALB/CO/2(2013), para.10.
19) HRC General Comment No.36(2018), para.19.
20) HRC General Comment No.36(2018), para.19.

2. 경제적·사회적 권리와의 관계

생명권이 법률에 따라 어느 정도까지 효과적으로 보호될 수 있는지, 또는 보호되어야 하는지는 이 권리의 보호 범위를 어떻게 이해할 것이냐에 달려 있다. 규약위원회는 생명권의 보호 범위를 확대하여 인간의 생명에 대한 다양한 위협들로부터의 보호를 포함하고 있으며, 이러한 방식으로 생명권과 경제적·사회적 권리를 연결하고 있다.[21] 일반논평 제36호(2018)는 생명권 보호 의무에 따라 당사국은 생명에 직접적인 위험이 될 수 있거나 개인의 존엄한 생명권 향유를 저해하는 사회의 일반적 상황을 해결하기 위해 적절한 조치를 취해야 한다고 하면서, 그러한 상황의 예로 심각한 수준의 범죄 및 총기 폭력, 만연한 교통 및 산업 사고, 환경 파괴, 원주민의 토지·영토·자원 박탈, AIDS·결핵·말라리아와 같은 생명을 위협하는 질병의 창궐, 광범위한 약물 남용, 만연한 기아 및 영양실조, 심각한 빈곤 및 노숙 등을 언급하였다.[22] 'must take'가 아닌 'should take'라는 다소 완화된 표현을 사용하고는 있지만, 일반논평 제36호(2018)는 기존의 일반논평 제6호(1982)에 비해 더 강한 어조로 당사국이 생존조건과 관련하여 적극적인 조치를 채택할 필요성을 강조하고 있다.[23] 규약위원회는 몇몇 국가보고서에 대한 최종견해에서도 규약 제6조의 사회경제적 측면을 다루었다. 예컨대, 규약위원회는 캐나다 국가보고서에 대한 최종견해에서 노숙 문제가 심각한 건강 악화를 초래하고 이것이 사망으로 이어질 수 있다는 점에 우려를 표명하고, 캐나다는 이 문제를 해결하기 위하여 제6조에 따른 적극적인 조치를 취해야 한다고 권고하였다.[24]

그러나 구체적인 사건에서 사회경제적 박탈과 관련하여 규약 제6조 위반의 피해자임을 증명하기는 쉬운 일이 아니다. 이와 관련하여 *Plotnikov v. Russian Federation* 사건(1999)을 살펴보기로 한다.

통보자는 치료를 받지 못하면 신경과 근육이 마비될 수 있는 병을 앓고 있었다. 그는 예금한 돈으로 비싼 약을 구매해 왔는데, 1991년 이후 러시아의 급격한 인플레이션으로 인하여 더 이상 약을 구매할 수 없게 되었다. 통보자는 1993년 이 문제를 스베르들로프

---

21) Nowak's CCPR Commentary(2019), p.126(para.12).
22) HRC General Comment No.36(2018), para.26.
23) 일반논평 제6호에서는 "[생명권을] 보호하기 위해서 각국은 적극적인 조치의 채택을 필요로 한다. 이와 관련하여 규약 당사국이 영·유아 사망률을 낮추고 수명을 연장하기 위해 모든 가능한 조치－특히 영양실조 및 전염병을 퇴치하기 위한 조치－를 취하는 것이 바람직하다"라고 하였다. HRC General Comment, No. 6(1982), para.5.
24) Concluding Observations on Canada, CCPR/C/79/Add.105(1999), para.12.

스크 지방법원에 제소하였다. 법원은 은행이 법률에 따라 그의 예금을 물가에 연동시킨 것이므로 예금의 가치 절하에 대해서 은행은 책임이 없다고 판결하였다. 모스크바 지방법원도 이러한 판결을 확인하였으며, 최고법원은 상고를 기각하였다. 이후 통보자는 잘못된 법률로 인하여 약 구매비가 부족하게 되었고, 이에 따라 자신의 생명이 위협받고 있다고 주장하며, 개인통보를 제출하였다. 규약위원회는 통보자가 급격한 인플레이션의 발생 또는 관련 법률의 인플레이션 조정 실패가 그의 규약상의 권리를 침해하였다는 것을 실제적으로 증명하지 못하였다는 이유로 심리적격이 없다고 결정하였다.[25]

사회경제적 박탈에 따른 생명권 침해가 주장된 다른 사건들에서도 규약위원회는 유사한 취지로 심리적격이 없다고 결정하였다. 하지만 규약위원회는 *Toussaint v. Canada* 사건 (2018)에서 의료서비스와 생명권 간의 관계와 관련하여 주목할 만한 결정을 내렸는데, 사건의 내용은 다음과 같다.

미등록 이민자(undocumented immigrants)인 통보자는 폐색전증, 당뇨병 등을 앓고 있었는데, 캐나다 정부는 그녀가 이민자들을 위한 한시적 의료 프로그램(Interim Federal Health Program, IFHP)의 적용 대상이 아니라는 이유로 의료서비스의 제공을 거부하였다. 통보자는 캐나다가 비정규 이민자 지위를 근거로 생명과 건강을 보호하는 데 필요한 의료서비스에 대한 접근을 거부함으로써 자신의 생명권을 침해하였다고 주장하였다. 캐나다는 통보자가 사실상 규약에 규정되지 않은 의료서비스에 대한 권리를 주장하고 있다며 반박하였지만, 이는 받아들여지지 않았다. 규약위원회는 생명권은 좁게 해석되어서는 안 되며, 당사국은 생명권의 보호를 위해 적극적인 조치를 취해야 한다고 강조하였다. 특히, 의료서비스에 대한 접근성의 부족이 사람을 사망에 이르게 할 수 있는 합리적으로 예견가능한 위험에 노출시킬 수 있는 경우, 당사국은 합리적으로 이용가능하고 접근가능한 의료서비스에 대한 접근을 제공할 의무를 가진다고 하였다. 이러한 이유에서 규약위원회는 캐나다가 규약 제6조를 위반하였다고 판단하였다. 그리고 캐나다가 통보자에 대해서뿐만 아니라 제도적인 차원에서도 구제조치를 마련해야 한다고 결정하였다.[26]

---

25) *Plotnikov v. Russian Federation*, Communication No.784/1997(1999).
26) *Toussaint v. Canada*, Communication No.2348/2014(2018).

이 결정은 모든 인권의 상호의존성과 불가분성을 확인하고 있다는 점에서 의미를 가진다. 이를 계기로 향후 주거, 식량, 물, 위생 등 경제적·사회적 권리와 관련된 다른 영역에서도 생명권의 구조적 침해에 대한 문제 제기가 더 적극적으로 이루어질 가능성이 높다.

3. 수용자의 생명권 보호 의무

규약 당사국은 국가에 의하여 자유가 박탈된 사람들의 생명을 보호하기 위하여 필요한 조치를 취할 특별한 주의의무를 가진다.[27] 체포, 억류, 구금 등에 의하여 그들의 생명과 신체의 완전성을 보호할 책임을 맡았기 때문이다. 수용 중 비정상적인 상황(unnatural circumstances)에서 발생한 인명 손실은 국가 당국에 의한 자의적 생명 박탈로 추정이 되며, 그러한 추정은 당사국이 제6조에 따른 의무를 준수하였음을 뒷받침하는 적절한 조사에 기반할 때에만 반박이 가능하다.[28] 음식 또는 치료의 제공을 거부하거나 자살을 막지 못한 것과 같은 부작위도 규약 제6조 제1항의 위반이 될 수 있다. 규약위원회는 *Dermit Barbato v. Uruguay* 사건(1982)에서 구금상태에 있던 Dermit Barbato의 사망과 관련하여 그가 자살한 것인지 누군가에 의해 살해된 것인지에 대해 명확한 결론을 내릴 수 없으나, 우루과이 당국은 그의 생명을 보호하기 위한 적절한 조치를 취하지 않음으로써 규약 제6조 제1항을 위반하였다고 판단하였다.[29] 다음의 *Lantosov v. Russian Federation* 사건(2002)은 국가의 적극적 생명권 보호 의무와 관련된 좋은 예라고 할 수 있다.

통보자의 아들인 Lantosov는 재판 전 구금상태에서 사망하였다. 동료 수용자들에 따르면 Lantosov의 건강이 악화되었음에도 불구하고 교정당국은 그를 치료하지 않은 채 방치하였다. 통보자는 Lantosov가 사망하기 불과 몇 분 전에야 치료를 받을 수 있었으며, 결국 이러한 상황이 그의 사망을 초래하였다고 주장하였다. 이에 대해 러시아는 Lantosov나 그의 동료 수용자들이 적기에 치료를 요청하지 않았다고 주장하였다. 규약위원회는 그러한 주장이 사실일지라도 개인을 체포하고 억류한 국가로서는 그의 생명을 보호할 책임이 있다고 하면서, 합리적으로 예견가능한 범위 내에서 수용자들의 건강상태를 파악하는 일은 국가의 의무이며, 재정 부족을 이유로 이러한 책임이 줄어들 수는 없다고 설명하였다. 규약위원회는 구금시설 내에서 의료서비스가 적절하게 이루어졌다면 교정당국은 Lantosov의 건강상태의 위험을 감지할 수 있었을 것이며, 또한 그러한

---

27) HRC General Comment No.36(2018), para.25.
28) HRC General Comment No.36(2018), para.29.
29) *Dermit Barbato v. Uruguay*, Communication No.84/1981(1982).

위험을 감지했어야 했다고 보았다. 따라서 러시아가 그의 생명을 보호할 적절한 조치를 취하지 않은 것은 규약 제6조 제1항 위반이라고 판단하였다.[30]

그리고 규약위원회는 *Fabrikant v. Canada* 사건(2003)에서 "국가는 수용자들의 생명과 복지에 책임이 있다"라고 함으로써 수용자들의 적절한 건강상태를 유지하기 위해 국가가 적극적 조치를 취하는 데까지 생명권 보호 의무를 확대하였다.[31] *Cabal and Pasini Bertran v. Australia* 사건(2003)에서는 전염성 질환에 걸린 수용자들과 다른 수용자들을 구분하여 격리하지 않은 것은 규약 제6조 제1항과 제10조 제1항 하에서 문제가 될 수 있다고 하였다.[32] 그러나 이 부분에 대해서 통보자들이 자신들의 주장을 입증하지 못했기 때문에 심리적격이 없다고 결정하였다.

4. 생명권 침해에 대한 조사·기소 의무

규약의 생명권 보호 의무에는 생명권 침해 사건을 조사하고 기소할 당사국의 의무도 포함된다. 생명권 침해에 대한 조사·기소 의무는 규약 제2조 제1항에 규정된 규약에서 인정되는 권리 보장 의무와 규약 제2조 제3항에 규정된 피해자에 대한 효과적인 구제조치 제공 의무에 의하여 보다 강화된다. 생명권과 관련된 "절차적 의무"[33]라고 지칭되기도 하는 이러한 의무는 당사국이 불법적 생명 박탈 가능성을 알았거나 알 수 있었던 경우에 발생하게 된다.[34] 일반논평 제36호(2018)는 생명권의 중요성을 고려할 때 당사국은 행정적 조치나 징계적 조치가 아닌 형사적 조치를 통해 규약 제6조 위반 문제를 다루어야 한다고 강조하고 있다.[35] 나아가 고의적 살해를 저지른 자와 이를 지시한 자에 대한 면제 및 사면, 그리고 사실적·법적 불처벌(impunity)로 이어지는 유사한 조치는 원칙적으로 생명권을 존중하고 보장할 의무와 피해자에게 효과적인 구제를 제공할 의무와 양립할 수 없다고 설명하고 있다.[36]

---

30) *Lantosov v. Russian Federation*, Communication No.763/1997(2002).

31) *Fabrikant v. Canada*, Communication No.970/2001(2003).

32) *Cabal and Pasini Bertran v. Australia*, Communication No.1020/2001(2003), para.7.7. 애초 통보자들은 결핵의 전형적인 증상인 각혈을 하는 수용자들과 함께 수용됨으로써 자신들의 건강권이 침해되었다고 주장하였다. 이에 대해 규약위원회는 건강권은 규약에서 명시적으로 보호되는 권리가 아니라는 점을 지적하면서, 전염성 질환에 걸린 수용자들과 다른 수용자들을 구분하여 격리하지 않은 것은 생명권 또는 피구금자의 권리의 측면에서 문제가 될 수 있다고 보았다.

33) Nowak's CCPR Commentary(2019), p.128(para.16).

34) HRC General Comment No.36(2018), para.27.

35) HRC General Comment No.36(2018), para.27.

36) HRC General Comment No.36(2018), para.27.

규약위원회는 *Marcellana and Gumanoy v. Philippines* 사건(2008)에서 피해자들이 무장단체에 의해 납치된 후 살해된 것과 관련하여 필리핀 당국이 책임규명을 위한 조사를 하지 않은 것은 사법정의 부정(denial of justice)에 해당하며, 따라서 규약 제6조 제1항 위반이라고 결정하였다.[37] 이 사건에서는 규약 제2조 제3항이 함께 고려되었다. 특히, 즉각적인 무력충돌 상황이 아닌 맥락에서 국가기관에 의해 총기나 그 밖의 치명적인 무력이 사용된 경우 당사국은 생명권 침해 문제를 조사할 특별한 의무가 있다.[38] 규약위원회는 *Olmedo v. Paraguay* 사건(2012)에서 피해자가 시위 도중에 경찰의 총을 맞고 사망한 것과 관련하여 당사국이 사건에 대한 조사 및 기소를 위해 적절한 조치를 취하지 않은 것에 의해서도 규약 제6조 제1항의 위반이 성립될 수 있다고 보았다.[39] 이 사건에서도 규약 제2조 제3항이 함께 고려되었다.

제6조 위반 혐의에 대한 조사는 독립적이고 공정해야 하며, 신속하고 철저하게 이루어져야 하며, 효율적이고 신뢰할만하며 투명해야 한다.[40] 그리고 상황에 따라 금전배상, 재활, 만족 등 완전한 배상(full reparation)이 제공되어야 하며, 향후 유사한 침해의 발생을 막기 위한 조치가 취해져야 한다.[41] 한편, 기소 여부나 배상 여부와 관계없이 피해자와 그 가족들은 생명의 박탈 상황과 관련하여 진실을 알 권리가 있다. 따라서 당사국은 생명권 침해 관련 사건에 대한 진실을 규명하기 위하여 적절한 조치를 취해야 하며, 피해자의 가족들에게 조사에 대한 구체적인 정보를 제공해야 한다.[42]

5. 강제실종

규약의 어느 조항에서도 강제실종이란 표현이 명시적으로 사용되지 않았지만, 규약위원회는 강제실종을 "규약에서 인정된 다양한 권리의 지속적인 위반을 나타내는 고유하고 통합된 일련의 행위"라고 설명하고 있다.[43] 「강제실종으로부터 모든 사람을 보호하기 위한 국제협약」은 강제실종을 "국가 기관 또는 국가의 허가, 지원 또는 묵인 하에 행동하는 개인

---

37) *Marcellana and Gumanoy v. Philippines*, Communication No.1560/2007(2008).
38) HRC General Comment No.36(2018), para.29.
39) *Florentina Olmedo v. Paraguay*, Communication No.1828/2008(2012).
40) HRC General Comment No.36(2018), para.28.
41) HRC General Comment No.36(2018), para.28.
42) HRC General Comment No.36(2018), para.28.
43) 예컨대, *Katwal et al. v. Nepal*, Communication No.2000/2010(2015), para.11.3; *Serna et al. v. Colombia*, Communication No.2143/2012(2015), para.9.4; *Sharma et al. v. Nepal*, Communication No.2364/2014(2018), para.9.5; HRC General Comment No.36(2018), para.58.

이나 개인들로 구성된 집단이 사람을 체포, 감금, 납치나 그 밖의 형태로 자유를 박탈한 후 이러한 자유의 박탈을 부인하거나 실종자의 생사 또는 소재지를 은폐하여 실종자를 법의 보호 밖에 놓이게 하는 것"이라고 정의한다(제2조). 「국제형사재판소에 관한 로마규정」의 경우에는 인도에 반한 죄를 구성하는 행위의 하나로 강제실종을 규정하면서, 강제실종을 "국가 또는 정치조직에 의하여 또는 이들의 허가, 지원 또는 묵인을 받아 사람들을 체포, 구금 또는 유괴한 후, 그들을 법의 보호로부터 장기간 배제시키려는 의도 하에 그러한 자유의 박탈을 인정하기를 거부하거나 또는 그들의 운명이나 행방에 대한 정보의 제공을 거절하는 것"이라고 정의하고 있다(제7조). 두 조약에서 강제실종에 대한 정의는 다소 차이가 있는데, 규약위원회는 개인통보사건에서 「국제형사재판소에 관한 로마규정」상의 정의를 인용하고 있다.[44] 강제실종은 규약 제6조(생명권), 제7조(고문 등의 금지), 제9조(신체의 자유), 제16조(법 앞에 인간으로 인정받을 권리) 등 규약의 여러 조항의 위반을 초래할 수 있다.

애초 규약위원회는 피해자가 더 이상 살아 있을 수 없다고 추정할 수 있는 강제실종 사건에 대해서만 규약 제6조 위반이라는 결정을 내렸다.[45] 예컨대, 과거 우루과이의 군사독재정권 시절에 벌어졌던 '격리구금(incommunicado)' 사건 중 하나인 *Irene Bleier Lewenhoff and Rosa Valiño de Bleier v. Uruguay* 사건(1985)에서 규약위원회는 "규약 제6조의 궁극적인 위반이 우루과이 당국에 의해 저질러졌다고 믿을만한 심각한 이유가 있다"라고 함으로써 피해자의 사망을 추정하였다.[46] 그러나 근래에는 인명 손실의 '위험'이 있는 경우에 대해서도 규약 제6조 위반을 인정하고 있다.[47] 예컨대, *Farida Khirani v. Algeria* 사건(2012)에서 규약위원회는 당국에 의해 체포된 후 장기간 실종상태인 피해자와 관련하여 '격리구금'은 생명권을 침해할 위험이 높다는 피해자의 아내(통보자)의 주장을 받아들여 알제리는 피해자의 생명권을 보호할 의무를 이행하지 못하였으므로 규약 제6조를 위반하였다고 결정하였다.[48] 이후 여러 개인통보사건에서 규약위원회는 강제실종의 경우, "자유를 박탈한 후 이러한 자유의 박탈을 부인하거나 실종자의 생사를 은폐하는 것은 그 사람을 법의 보호로부터 배제하는 것이며 그 사람의 생명을 심각하고 지속적인 위험에 처하게 하는 것으로, 국가가 이에 대해 책임이 있다"라고 보았다.[49] 그리고 일반논평 제36호(2018)에서도

---

44) *Bousroual v. Algeria*, Communication No.992/2001(2006), para.9.2.
45) Nowak's CCPR Commentary(2019), p.134(para.24).
46) *Irene Bleier Lewenhoff and Rosa Valiño de Bleier v. Uruguay*, Communication No.30/1978(1985), para.14.
47) Nowak's CCPR Commentary(2019), p.135(para.25).
48) *Farida Khirani v. Algeria*, Communication No.1905/2009(2012), para.7.4.
49) 예컨대, *Abushaala et al. v. Libya*, Communication No.1913/2009(2013), para.6.2; *Basnet et al. v.*

이 점을 분명히 하였다.[50]

일반논평 제36호(2018)에 따르면, 당사국은 개인의 강제실종을 방지하기 위하여 적절한 조치를 취해야 하며, 강제실종에 처했을 수도 있는 개인의 생사와 행방을 확인하기 위해 효과적이고 신속한 조사를 시행해야 한다.[51] 당사국은 또한 강제실종 가해자가 적절한 형사 제재로 처벌되도록 보장해야 하며, 일반적인 형사사법제도 내에서 운영되는 독립적이고 공정한 기관이 실종 사건을 철저하게 조사할 수 있도록 신속하고 효과적인 절차를 도입해야 한다.[52] 당사국은 가해자를 재판에 회부하는 한편, 강제실종의 피해자와 그 가족에게 조사 결과에 대해 알리고 완전한 배상(full reparation)을 제공해야 하는데, 어느 경우에도 강제실종 피해자 가족이 배상 요건을 충족하고자 어쩔 수 없이 강제실종자를 사망신고 하는 일이 없도록 해야 한다.[53] 규약위원회는 보스니아 헤르체고비나를 상대로 한 여러 개인통보사건에서 실종자의 생사와 행방이 불분명함에도 실종자가 사망한 것을 인정해야만 사회수당(social allowance)을 받을 수 있게 되어 있는 점을 지적하면서, 그러한 의무 부과는 비인도적이고 굴욕적인 대우에 해당하여 규약 제7조(고문 등의 금지)에 위반된다고 보았다.[54]

Ⅲ. 자의적 생명 박탈의 금지

모든 인간은 고유한 생명권을 가지지만, 생명권이 절대적인 권리는 아니다. 따라서 생명을 박탈하는 모든 경우가 제6조의 위반은 아니며, 자의적 생명 박탈만이 제6조의 위반이 된다. '자의적으로(arbitrarily)'라는 표현은 유럽인권협약 제2조에서 사용된 '고의로(intentionally)'라는 표현과는 차이가 있다. 인권위원회 논의 과정에서 자의적 생명 박탈이라는 표현이 모호하다는 비판도 있었지만, 자의적 생명 박탈이 고의적 생명 박탈을 포함할 수 있는 점, 생명의 박탈이 허용될 수 있는 경우를 일일이 열거할 필요가 없는 점, 규약의 다른 조항들(제9조 제1항, 제12조 제4항, 제17조 제1항)과 세계인권선언에서도 이러한 표현이 사용된 점 등이 고려

    Nepal, Communication No.2164/2012(2016), para.10.5; *Neupane et al. v. Nepal*, Communication No.2170/2012(2017), para.10.6.

50) HRC General Comment No.36(2018), para.58.

51) HRC General Comment No.36(2018), para.58.

52) HRC General Comment No.36(2018), para.58.

53) HRC General Comment No.36(2018), para.58.

54) 예컨대, *Prutina et al. v. Bosnia and Herzegovina*, Communication Nos.1917/2009, 1918/2009, 1925/2009 and 1953/2010(2013), para.9.6; *Durić et al. v. Bosnia and Herzegovina*, Communication No.1956/2010(2014), para.9.8; *Selimović et al. v. Bosnia and Herzegovina*, Communication No.2003/2010(2014), para.12.7.

되었다.[55] 이러한 논쟁은 총회 제3위원회에서도 반복되었으나, 대다수 국가 대표는 인권위원회가 채택한 '자의적으로'라는 표현을 지지하였다.[56] 규약은 유럽인권협약 제2조 제2항처럼 생명의 박탈이 허용될 수 있는 경우를 명시하지는 않았지만,[57] 생명의 박탈이 자의적이어서는 안 된다는 규정은 자의적이지 않은 생명의 박탈이 있을 수 있다는 것을 묵시적으로 인정하는 것이다.[58] 물론 자의적이지 않은 생명의 박탈이라 하더라도 이러한 예외적인 조치는 법에 의해 확립되어야 하며 자의적인 생명 박탈을 방지하기 위해 고안된 효과적인 제도적 장치를 수반해야 한다.[59]

원칙적으로 국제법이나 국내법에 반하는 생명의 박탈은 자의적 생명 박탈이라고 할 것이나, 국내법상 허용되는 생명의 박탈이라도 자의적인 생명의 박탈로 판단되는 경우가 있을 수 있다는 점에서 '자의성'과 '불법성'은 완전히 같은 개념은 아니다.[60] 규약위원회는 '자의성'이 부적절성, 부당함, 예측 가능성과 적정한 법적 절차의 부재뿐 아니라 합리성, 필요성, 비례성을 포함하는 더 넓은 개념임을 강조하고 있다.[61] 국가기관에 의한 자의적 생명 박탈 문제를 다룬 대표적 사례인 *Suárez de Guerrero v. Colombia* 사건(1982)은 당사국의 국내법에 의해서 정당하다고 인정되는 생명의 박탈의 경우도 규약 제6조의 위반이 될 수 있음을 보여준다.

보고타에서 전 콜롬비아 대사 납치사건 발생하였다. 경찰은 대사가 감금되어 있다고 생각되는 집을 급습하였으나, 대사는 발견되지 않았다. 경찰은 그 집에 잠복하여 용의자들이 돌아오기를 기다렸다가 그들이 집으로 들어오자 사전 경고 없이 발포하였고 용의자들은 모두 사망하였다. 이어서 열린 형사재판에서 경찰은 유괴죄를 방지하고 제한할

---

55) Nowak's CCPR Commentary(2019), p.136(para.28).
56) Bossuyt's Guide(1987), p.123.
57) 유럽인권협약 제2조 제2항은 생명의 박탈이 다음의 상황에서 절대적으로 필요한 힘의 행사의 결과인 때에는 이 조에 위반하여 부과된 것으로 간주되지 않는다고 규정하고 있다: 가. 위법한 폭력으로부터 사람을 보호; 나. 합법적으로 체포를 하거나 합법적으로 구금된 자의 도주를 방지; 다. 폭동 또는 반란을 진압하기 위하여 합법적으로 취하여지는 행동. 일각에서는 여기서 언급된 상황이 규약 하에서 자의적이지 않은 생명 박탈의 예에 해당할 수 있다는 견해를 제시하였으나, 이에 대해 William A. Schabas는 유럽인권협약이 채택된 1950년 당시에는 자의적인 것으로 간주되지 않았던 상황이 오늘날에는 정당화되기 어려울 수도 있다고 지적하였다. Nowak's CCPR Commentary(2019), p.137(para.29).
58) HRC General Comment No.36(2018), para.10.
59) HRC General Comment No.36(2018), para.10.
60) HRC General Comment No.36(2018), para.12.
61) HRC General Comment No.36(2018), para.12.

목적으로 계획된 작전 중에 사람을 죽인 경우는 면책된다는 1978년 법령(Decree No. 0070 of 20 January 1978)에 근거하여 무죄 판결을 받았다. 이후 피해자 중 한 명을 대신하여 개인통보가 제출되었다. 규약위원회는 피해자들이 용의자들에 불과하였으며, 이 사건은 생명의 박탈이 허용될 수 있는 경우 중 어느 것에 의해서도 정당화될 수 없다고 보았다. 즉 생명의 박탈이 고의적이었고, 사전 경고가 없었으며, 법 집행에 필요한 조건들이 충족되지 않았다고 판단하였다. 규약위원회는 피해자들의 생명권이 콜롬비아법에 의해 보호되지 못하였으므로, 콜롬비아가 규약 제6조를 위반하였다고 결론 내렸다.[62]

Suárez de Guerrero v. Colombia 사건(1982)에서 규약위원회는 생명 박탈이 '고의적'이었음을 주목하였다. 그렇다면 국가기관에 의한 고의성이 없거나 부주의에 의한 생명 박탈은 어떻게 보아야 하는가? 이와 관련하여 *Burrell v. Jamaica* 사건(1996)을 살펴본다.

> Burrell은 자메이카 St. Catherine 교도소의 사형수 감방에 수용되어 있었는데, 교도소에서 일어난 소란의 진압 과정에서 총에 맞아 사망하였다. 규약위원회는 인질로 잡혀 있던 교도관들이 모두 풀려나 무력 사용이 더 이상 필요하지 않았던 상황에서 Burrell이 총에 맞았다는 사실에 주목하였다. 규약위원회는 자메이카 정부가 Burrell의 생명을 보호하기 위한 효과적인 조치를 취하지 못하여 규약 제6조 제1항을 위반하였다고 결론 내렸다.[63]

이 사건에서 규약위원회는 고의적으로 Burrell의 생명을 박탈한 것이 아니라는 자메이카의 주장을 받아들인 것으로 보이나, 이러한 상황에서의 생명 박탈 역시 규약 제6조 위반에 해당한다고 판단하였다. 자메이카 정부가 Burrell의 생명을 보호할 의무를 제대로 이행하지 못하였기 때문이다. 앞서 살펴본 것처럼 국가기관에 의한 생명의 박탈은 가장 심각한 사안이므로 법은 국가기관에 의해 생명이 박탈될 수 있는 상황을 엄격하게 통제하고 제한하여야 한다.

일반논평 제36호(2018)에 따르면, 당사국은 법집행 공무원들에 의한 자의적인 생명 박탈을 방지하기 위해 필요한 모든 조치를 취해야 한다.[64] 법집행 공무원에 의한 치명적인 무력의 사용을 통제하기 위한 적절한 입법, 법집행 조치가 인명에 미치는 위험을 최소화하는

---

62) *Suárez de Guerrero v. Colombia*, Communication No.45/1979(1982).
63) *Burrell v. Jamaica*, Communication No.546/1993(1996).
64) HRC General Comment No.36(2018), para.13.

것을 보장할 수 있도록 고안된 절차, 치명적 사고 및 기타 생명을 위협하는 사고에 대한 의무적 보고·검토·조사, 군중 통제 담당인력에 대한 효과적이면서도 덜 치명적인 수단과 보호장비의 제공 등이 이에 해당한다.[65] 특히 법집행 공무원의 모든 활동은 '법집행 공무원 행동강령(the Code of Conduct for Law Enforcement Officials)',[66] '법집행 공무원의 무력 및 총기사용에 관한 기본원칙(the Basic Principles on the Use of Force and Firearms by Law Enforcement Officials)'[67]과 같은 관련 국제기준을 준수해야 한다.

Ⅳ. 사형

1. 적법한 사형의 요건

인권위원회와 총회 제3위원회에서는 생명권에 관한 조항에서 사형 문제를 어떻게 다룰 것인가를 두고 의견이 분분하였다.[68] 일부 국가 대표들은 사형제도가 범죄자의 재사회화를 목표로 하는 현대 형법원리와 모순되고, 오판의 위험성을 완전히 배제할 수 없으며, 사형이 구금보다 범죄 억제 효과가 더 크다고 할 수 없다는 이유로 사형의 절대적인 금지를 주장하였다. 그러나 당시 대다수의 국가가 사형제도를 유지하고 있었기 때문에 사형의 절대적인 금지는 사형존치국들의 규약 비준을 어렵게 할 것이라는 점도 무시할 수 없었다. 결국 사형의 존폐 여부는 각국이 결정할 국내문제로 남기고, 규약은 사형의 즉각적인 폐지를 요구하는 대신 사형의 적용을 엄격하게 제한하는 내용으로 구성되었다. 규약 제6조 제2항은 사형을 폐지하지 않은 국가에서 사형은 범행 당시에 시행 중이며 이 규약의 규정과 「집단살해죄의 방지 및 처벌에 관한 협약」에 저촉되지 않는 법률에 따라 가장 중한 범죄에 대해서만 선고될 수 있으며, 사형은 권한 있는 법원이 선고한 최종판결에 의해서만 집행될 수 있다고 규정하고 있다. 생명권의 보호를 규정한 제6조 제1항은 넓게 해석되어야 하나, 이에 대한 예외규정으로서의 의미를 지니는 제6조 제2항은 좁게 해석되어야 한다.[69]

규약 제6조 제2항 제1문은 사형을 폐지하지 않은 국가의 경우 사형은 범행 당시에 시행 중인 법률에 따라 부과되어야 한다고 규정하고 있는데, 이는 규약 제15조 제1항에 규정된 죄형법정주의 원칙의 적용을 보완하고 재확인하는 의미를 지닌다.[70] 따라서 범행 시점에서

---

65) HRC General Comment No.36(2018), para.13.
66) '법집행 공무원 행동강령'은 1979년 12월 17일 UN 총회 결의 제34/169호에 의해 채택되었다.
67) '법집행 공무원의 무력 및 총기사용에 관한 기본원칙'은 1990년 9월 7일 범죄 예방 및 범죄자 처우에 관한 UN 회의에서 채택되었다.
68) Bossuyt's Guide(1987), pp.126-127, 144; Nowak's CCPR Commentary(2019), p.146(para.43).
69) Taylor's Commentary(2020), p.154; HRC General Comment No.36(2018), para.33.

법에 사형이 규정되어 있지 않다면 사형은 부과될 수 없으며, 모호한 규정에 근거하여 사형이 부과되어서도 안 된다.

또한, 사형을 부과하는 법률은「집단살해죄의 방지 및 처벌에 관한 협약」이나 이 규약의 다른 조항에 저촉되어서는 안 된다.「집단살해죄의 방지 및 처벌에 관한 협약」과의 합치에 대한 요구는 '합법적인' 사형선고에 의하여 집단살해정책이 시행되는 것을 방지하기 위함이다.[71] 규약의 다른 조항과의 합치에 대한 요구의 경우, 사실 이러한 규정이 없더라도 당사국의 법률은 규약의 다른 조항들에 부합되어야 한다는 점에서 사형이 부당한 법률에 근거해서는 안 된다는 것을 확인하는 의미를 가진다.[72] 규약위원회는 *Mbenge v. Zaire* 사건 (1983)에서 "사형을 부과하는 실체법과 절차법 모두 규약의 다른 조항에 저촉되어서는 안 된다"고 언급한 바 있다.[73] 무엇보다도 사형을 부과하는 법률은 규약 제14조(공정한 재판을 받을 권리) 및 제15조(소급효금지의 원칙)에 규정된 절차적 보장을 준수해야 한다. 또한, 사형은 규약 제2조 제1항(차별금지) 및 제26조(평등권)에 반하여 차별적인 방식으로 부과되어서는 안 된다.

규약은 사형이 법률에 의하여 '가장 중한 범죄'에 대해서만 부과될 수 있다고 함으로써 사형대상범죄에 관하여 실질적인 제한을 두고 있다. 인권위원회 논의 과정에서 '가장 중한 범죄'라는 표현이 모호하다는 비판도 있었지만, 더 명확한 표현을 찾기도 어려웠고, 가장 중한 범죄의 망라적 열거에도 합의할 수 없었다.[74] '가장 중한 범죄'를 어떻게 해석하느냐에 따라 사형의 적법성에 관한 판단이 달라지는데, 이와 관련하여 일반논평 제36호(2018)는 '가장 중한 범죄'는 제한적으로 해석되어야 하며, "고의적 살인을 수반하는 극도의 중범죄"만이 이에 해당한다는 점을 분명히 하였다.[75] 그리고 살인미수, 부패 및 기타 경제적·정치적 범죄, 무장강도, 해적행위, 유괴, 마약, 성범죄와 같이 직접적이고 고의적으로 사망을 초래하지 않는 범죄에 대해서는 사형이 부과될 수 없다고 하였다.[76] 그동안 규약위원회는 여러 국가보고서에 대한 최종견해에서 당사국의 사형대상범죄의 적절성 문제를 다루었는데, 일반논평은 이러한 검토 결과를 반영하고 있다. 이 밖에도 규약위원회는 몇몇 국가보고서에 대한 최종견해에서 자살교사, 병역회피, 간첩행위, 전쟁선동, 배교, 간통, 동성애, 인신매

---

70) HRC General Comment No.36(2018), para.38.
71) Nowak's CCPR Commentary(2019), p.150(para.52).
72) Nowak's CCPR Commentary(2019), p.150(para.53).
73) *Mbenge v. Zaire*, Communication No.16/1977(1983), para.17.
74) Bossuyt's Guide(1987), p.129; Nowak's CCPR Commentary(2019), p.155(para.61).
75) HRC General Comment No.36(2018), para.35.
76) HRC General Comment No.36(2018), para.35.

매, 테러자금 조달, 밀수, 불량식품, 유독성 물질의 생산·제조·소비 등도 규약 제6조에 규정된 '가장 중한 범죄'에 해당하지 않는다는 견해를 제시하였다.[77]

한편, 설사 '가장 중한 범죄'에 대한 것이라 하더라도 법관에게 전혀 재량을 인정하지 않는 이른바 '의무적 사형 부과(mandatory death sentence)'는 자의적인 생명 박탈에 해당하여 규약 제6조 제1항에 위반된다. 애초 규약위원회는 *Brown v. Jamaica* 사건(1999)에서 자메이카법의 중살인(重殺人)에 대한 의무적 사형 규정이 규약 위반은 아니라고 해석하였다.[78] 그러나 이후 규약위원회는 *Thompson v. St Vincent and The Grenadines* 사건(2000)에서 의무적 사형 규정은 규약 위반이라고 판단하였다. 당시 세인트빈센트 그레나딘의 법은 모든 '살인(타인을 죽음에 이르게 하는 고의적 폭력 행위)'에 대해 자동적으로 사형이 부과되도록 규정하고 있었다. 이에 대해 규약위원회는 "사형 조항이 피고인의 개인적인 상황이나 특정 범죄의 정황을 고려하지 않고 오직 범죄자가 유죄 판결을 받은 범죄의 범주에만 근거하고 있다"고 하면서, 이러한 의무적 사형제도는 "사형이라는 예외적인 형태의 형벌이 개별적인 상황에서 적절한지에 대한 검토 없이 인간의 가장 기본적인 권리인 생명권을 박탈한다"고 보았다.[79] 규약위원회는 이후 다른 개인통보사건에서도 의무적 사형 규정이 규약 제6조 제1항에 위반된다는 점을 재차 확인하였다.[80] 사실상의 사형 집행 모라토리엄은 이러한 판단에 영향을 미치지 않았다.[81]

규약 제6조 제2항 제2문에 따르면, 사형은 권한 있는 법원이 선고한 최종판결에 의해서만 집행될 수 있다. 일반논평 제36호(2018)는 '권한 있는 법원'은 법률에 따라 사법부 내에 설치되어야 하고, 행정부 및 입법부로부터 독립적이며 공정해야 한다고 설명하고 있다.[82]

---

77) Comments of the Human Rights Committee on Sri Lanka, CCPR/C/79/Add.56(1995), para.14; Concluding Observations on Iraq, CCPR/79/Add.84(1997), para.11; Concluding Observations on Cameroon, CCPR/C/79/Add.116(1999), para.14; Concluding Observations on Bangladesh, CCPR/C/BGD/CO/1(2017), paras.10, 23; Concluding Observations on Sudan, CCPR/C/SDN/CO/5(2018), para.29.

78) *Brown v. Jamaica*, Communication No.775/1997(1999), para.6.14.

79) *Thompson v. St Vincent and The Grenadines*, Communication No.806/1998(2000), para.8.2.

80) 예컨대, *Kennedy v. Trinidad and Tobago*, Communication No.845/1998(2002), para.7.3; *Carpo et al. v. Philippines*, Communication No.1077/2002(2003), para.8.3; *Rayos v. Philippines*, Communication No.1167/2003(2004), para.7.2; *Weerawansa v. Sri Lanka*, Communication No.1406/2005(2009), para.7.2; *Mwamba v. Zambia*, Communication No.1520/2006(2010), para.6.3; *Johnson v. Ghana*, Communication No.2177/2012(2014), para.7.3.

81) *Weerawansa v. Sri Lanka*, Communication No.1406/2005(2009), para.7.2; *Johnson v. Ghana*, Communication No.2177/2012(2014), para.7.3.

82) HRC General Comment No.36(2018), para.45.

또한, 앞서 살펴본 것처럼 사형은 제14조(공정한 재판을 받을 권리) 등 규약의 다른 조항에 저촉되어서는 안 된다. 이는 차별금지, 무죄추정의 원칙, 규약 제14조 제3항에 의해서 보장되는 피고인의 최소한의 권리를 고려한 공정하고 공개적인 심문이 이루어진 후 법률에 의해 규정된 권한 있고 독립적이며 공평한 법원에 의해서만 사형이 부과될 수 있다는 것을 의미한다.[83] 또한, 유죄 판결을 받은 모든 사람은 상급법원에 상소할 권리를 가진다. 규약 위원회는 사형과 관련된 여러 개인통보사건에서 당사국이 규약 제14조를 위반하였고 결과적으로 규약 제6조 제2항도 위반하였다고 판단하였다. 예컨대, *Mbenge v. Zaire* 사건(1983)에서는 규약 제14조 제3항에 규정된 최소한의 보장(특히, 소송에 대한 통고를 받을 권리, 변호준비를 할 권리, 스스로를 방어할 권리)을 위반한 궐석재판에 의한 사형선고는 규약 제6조 제2항에도 위반된다고 결정하였다.[84] *Mansaraj et al v. Sierra Leone* 사건(2001)에서는 사형집행을 유예하라는 규약위원회의 긴급 요청에도 불구하고 군사법원에 의해 유죄 판결을 받은 지 불과 며칠 만에 12명의 전직 군인이 총살당한 것이 문제가 되었는데, 규약위원회는 당사국이 상소권을 규정하고 있는 규약 제14조 제5항을 위반하였을 뿐 아니라 규약 제6조도 위반하였다고 판단하였다.[85]

마지막으로, 규약 제7조(고문 등의 금지)에 비추어 볼 때 사형은 잔인하거나 비인도적이거나 굴욕적인 형벌이 되어서는 안 된다. 일반논평 제36호(2018)는 규약 제7조를 준수하지 않고 이루어지는 사형은 자의적인 사형으로 간주되어 규약 제6조 위반에 해당할 수 있다고 밝히고 있다.[86] 따라서 사형의 집행과정에서는 생명의 손실 이상의 육체적 또는 정신적 고통을 일으키지 않도록 해야 하는데, 특히 사지를 절단하거나 바퀴에 사람을 결박한 후 바퀴를 굴려서 사지를 찢거나 돌을 던지거나 굶겨서 죽이는 것과 같은 잔인한 집행 방법은 규약 제6조 및 제7조에 위반될 것이다.[87]

2. 사면 또는 감형

규약 제6조 제4항은 사형을 선고받은 모든 사람에게 특별사면 또는 감형을 청구할 권리를 인정하고 있으며, 사형선고에 대한 일반사면이나 특별사면이나 감형이 모든 경우에 부여될 수 있다고 규정하고 있다. 인권위원회에서는 "사형을 선고받은 사람은 일반사면, 특별

---

83) Nowak's CCPR Commentary(2019), p.153(para.58).
84) *Mbenge v. Zaire*, Communication No.16/1977(1983), paras.14.1-14.2.
85) *Mansaraj et al v. Sierra Leone*, Communication Nos.839, 840, 841/1998(2001), paras.5.2, 6.1-6.2.
86) HRC General Comment No.36(2018), para.40.
87) Nowak's CCPR Commentary(2019), p.150(para.54).

사면, 감형을 청구할 권리를 가진다"는 안이 논의되기도 하였으나, 일반사면은 행정부가 직권으로(*proprio motu*) 결정하는 조치이고 집단적인 사면의 성격을 띤다는 점에서 개인에게 이에 대한 청구권을 부여하는 것은 적절하지 않다는 데 의견이 모아졌다.[88] 따라서 최종적으로는 '일반사면을 청구할 권리' 부분은 삭제되었다. 규약 제6조 제4항과 관련하여 규약위원회는 어떠한 범주의 사형수도 구제 조치로부터 배제되어서는 안 된다는 점, 그리고 구제를 받기 위한 조건이 비효과적이거나 불필요하게 부담을 지우거나 차별적이어서는 안 되며 자의적인 방식으로 적용되어서도 안 된다는 점을 강조하였다.[89]

"사형을 선고받은 사람은 누구나 특별사면 또는 감형을 청구할 권리를 가진다"라고 규정한 규약 제6조 제4항 제1문의 취지에 따라 당사국은 사면이나 감형에 대한 요청이 의미 있게 고려되거나 적용가능한 절차에 따라 최종적으로 결정되기 전까지 사형이 집행되지 않도록 해야 한다. [90] 참고로 미주인권협약의 경우에는 사면 또는 감형 청구가 담당기관에 의하여 검토되는 동안에는 사형이 집행될 수 없다는 점을 명시적으로 규정하고 있다.[91] 한편, "사형선고에 대한 일반사면, 특별사면 또는 감형은 모든 경우에 부여될 수 있다"고 규정한 규약 제6조 제4항 제2문은 인도주의적 이유에서 사형선고에 대한 일반사면, 특별사면, 감형이 허용될 가능성과 그에 상응하는 절차가 보장되어야 함을 의미한다. 특히, 규약 당사국의 입법부는 특정한 사람이나 특정한 사형범죄에 대해 일반사면, 특별사면, 감형의 가능성을 배제하는 입법을 하는 방식으로 담당기관의 권한 행사를 제한해서는 안 된다.[92]

그렇다면 특별사면 또는 감형을 청구할 권리 행사도 규약 제14조의 절차적 보장에 의하여 규율되어야 하는가? *Kennedy v. Trinidad and Tobago* 사건(2002)에서 이 문제가 다루어졌는데, 규약위원회는 규약 제6조 제4항이 특별사면 또는 감형 청구권의 행사에 관한 특정한 절차에 대해서는 규정하고 있지 않으므로 당사국은 관련 절차에 있어서 상당한 재량을 갖는다고 보았다.[93] 따라서 통보자가 자신의 특별사면 청구와 관련하여 심리 기회를 얻지 못하였고 자신의 요청에 대한 심의 상황을 통지받지 못하였을지라도 당사국의 규약 제6조 제4항 위반은 인정되지 않는다고 결정하였다. 다만, 규약위원회는 일반논평 제36호(2018)에서 특별사면 또는 감형 청구 절차를 다루면서, 관련 절차는 국내법에 규정되어 있어야 하며, 차후에 진행될 과정 및 실질적으로 적용되는 조건에 대한 확실성, 사형을 선고

---

88) Bossuyt's Guide(1987), p.138.
89) HRC General Comment No.36(2018), para.47.
90) HRC General Comment No.36(2018), para.47.
91) 미주인권협약 제4조 제6항.
92) Nowak's CCPR Commentary(2019), p.158(para.65).
93) *Kennedy v. Trinidad and Tobago*, Communication No.845/1998(2002), para.7.4.

받은 사람이 특별사면 또는 감형 절차를 개시하고 자신의 상황을 변론할 권리, 자신의 요청이 언제 고려될지 사전에 통고받을 권리, 결과에 대하여 신속하게 통고받을 권리 등 특정한 필수 보장을 제공해야 한다고 설명하였다.[94]

3. 사형 면제 대상

규약 제6조 제5항은 "사형은 18세 미만의 사람이 범한 범죄에 대하여 선고되지 않으며, 임신한 여성에 대하여 집행되지 않는다"라고 규정하고 있다. 일반논평 제24호(1994)는 임신한 여성이나 아동에 대한 사형 금지와 같이 국제관습법으로 인정되는 규약상의 규정들은 유보의 대상이 될 수 없다고 하였다.[95]

미성년자에 대한 사형 관련 규정과 관련하여 유의할 점은 18세라는 나이가 사형선고 시점이 아닌 범죄행위 시점을 기준으로 한다는 것이다. 다시 말해, 사형으로 처벌할 수 있는 범죄를 저지른 자가 범행 당시에 18세 미만이었다면 이후 형선고 시점에서 18세 이상이 되었다고 하더라도 사형을 부과할 수 없다. 규약의 다른 조항들(규약 제10조 제2항 (b) 및 제3항, 제14조 제1항 및 제4항, 제24조 제1항)에서의 '미성년자'의 경우 각국의 국내법이 '미성년자'를 어떻게 정의하고 있는지에 따라 그 나이가 달라지는 데 반하여, 규약 제6조 제5항에서의 '18세'는 각국의 국내법과 관계없이 획일적으로 적용되는 기준이다. 미국은 1992년 규약 비준 당시 5개의 유보를 첨부하였는데, 그중에는 미국이 18세 미만의 자를 포함한 어떠한 사람(임신한 여성은 제외)에 대해서도 사형을 부과할 수 있다는 내용의 유보도 포함되어 있었다.[96] 이에 대해 11개의 유럽 국가는 미국의 유보가 규약의 대상 및 목적과 합치하지 않는다며 반대하였다.[97] 이후 미국의 제1차 국가보고서에 대한 검토 과정에서도 규약 제6조 유보에 대한 문제 제기가 이어졌고, 미국 국내 법원에서도 소송이 제기되었다. 미국 연방대법원은 2005년 *Roper v. Simmons* 사건에서 잔인하고 비정상적인 형벌(cruel and unusual punishment) 금지를 규정한 수정헌법 제8조와 적법절차의 원칙을 규정한 수정헌법 제14조 하에서 18세 미만의 범죄자에 대한 사형은 금지된다고 선언하였다.[98] 규약위원회는 미국의 제2·3차 통합 국가보고서에 대한 최종견해에서 이러한 판결에 대하여 환영의 뜻을 표하였으며,[99] 미국의 제4차 국가보고서에 대한 최종견해에서는 "당사국의 유보에도 불구하고 연

---

94) HRC General Comment No.36(2018), para.47.
95) HRC General Comment No.24(1994), para.8.
96) CCPR/C/2/Rev.4(1994), p.40.
97) Nowak's CCPR Commentary(2019), p.167(para.80).
98) *Roper v. Simmons*, 543 U.S. 551(2005).
99) Concluding Observations on United States of America, CCPR/C/USA/CO/3/Rev.1(2006), para.6.

방대법원의 *Roper v. Simmons* 판결 이후 규약 제6조 제5항의 완전한 이행(full implementation)"을 긍정적으로 평가한다고 밝혔다.[100] 몇몇 국가보고서에 대한 최종견해에서 제6조 제5항을 적절하게 반영하지 않은 입법에 대한 지적이 있기는 하였지만, 기본적으로 미성년 범죄자에 관한 사형 사례는 매우 드문 편이다.[101]

임신한 여성에 대한 사형 관련 규정은 1951년 인권위원회에서 유고슬라비아에 의해 처음 제안되었다. 유고슬라비아가 제안한 안은 "어떤 경우에도 임신한 여성에 대한 사형선고는 시행되지 않는다"라는 것이었는데,[102] 문언 그대로 해석하면 사형이 부과되거나 사형이 집행되는 시점에서 여성이 임신 중이라면 어떤 경우에도, 즉 아이를 출산한 후에도 사형 집행을 할 수 없다는 것을 의미한다. 그러나 이후 인권위원회 논의과정에서는 임신한 여성에 대한 사형 집행이 아이를 출산할 때까지만 연기되는 것인지, 아니면 아이를 출산한 이후에도 사형 집행은 할 수 없는 것인지를 두고 의견이 분분하였다. 유고슬라비아는 "사형은 임신한 여성에 대하여 집행되지 않는다"라는 것으로 수정할 필요가 있다는 영국의 제안을 받아들였고, 최종적으로 이 안이 인권위원회에서 채택되었다.[103] 이후 총회 제3위원회에서도 다수의 국가 대표는 사형 집행 금지는 아이를 출산하기 전까지만 적용된다는 견해를 밝혔다.[104] 일부 국가 대표가 사형 집행에 관한 지속적인 공포가 태아의 성장에 영향을 미칠 수 있다고 우려하며 유고슬라비아가 처음에 제안했던 안을 따르자고 주장하였지만, 이러한 주장은 받아들여지지 않았다.[105]

4. 범죄인 인도 문제

사형폐지국에서 사형존치국으로의 범죄인 인도 문제는 규약위원회에서 가장 논란이 많았던 쟁점 중 하나였다. 먼저 이에 관한 최초의 본안 결정인 *Kindler v. Canada* 사건(1993)을 살펴본다.

통보자는 1983년 11월 미국에서 일급 살인 및 유괴로 유죄 판결을 받았고, 배심원들은 사형을 권고하였다. 사형이 선고되기 전인 1984년 11월 통보자는 구금 중 탈출하였고, 1985년 4월 사형폐지국인 캐나다의 퀘벡에서 체포되었다. 1985년 7월 미국이 범죄

---

100) Concluding Observations on United States of America, CCPR/C/USA/CO/3(2014), para.3(a).

101) Nowak's CCPR Commentary(2019), p.161(para.70).

102) E/CN.4/573(1951), p.2.

103) E/CN.4/SR.311(1952), p.7.

104) Bossuyt's Guide(1987), p.143.

105) Bossuyt's Guide(1987), p.143.

인 인도를 요청하자, 같은 해 8월에 퀘벡 최고법원은 미국과의 범죄인 인도 조약에 따라 그를 인도하기로 결정하였다. 규약위원회는 당사국이 범죄인 인도 조약의 적용에 있어서 생명권의 보호를 염두에 두어야 하지만, 규약 제6조로 인하여 캐나다가 반드시 인도를 거절하여야 한다거나 사형의 부과나 집행이 되지 않을 것의 보장을 요구하여야 하는 것은 아니라고 판단하였다.106)

이 사건 이후에도 규약위원회는 같은 취지의 결정을 내렸으나,107) 다음의 *Judge v. Canada* 사건(2003)에서 견해를 변경하였다.

이 사건에서도 사형폐지국인 캐나다가 사형존치국인 미국으로 범죄인을 인도한 것이 규약 제6조 위반에 해당하는지가 문제가 되었다. 규약위원회는 사형존치국만이 규약 제6조 제2항 내지 제6항의 사형에 관한 규정을 '이용'할 수 있으며, 사형폐지국은 어떠한 개인이 제6조 제2항 내지 제6항의 적용의 실제적인 위험에 노출되지 않도록 할 의무를 진다고 하였다. 따라서 사형폐지국인 캐나다가 사형이 집행되지 않을 것이라는 보장 없이 사형 집행이 예견될 수 있는 국가로 범죄인을 인도한 것은 규약 제6조 위반이라고 판단하였다.108)

캐나다가 통보자를 미국에 인도하는 것은 규약 위반이 되나, 미국이 사형을 집행하는 것은 규약 위반이 되지 않는다는 결론에 대해 의문을 제기하는 시각도 있을 것이다. 그러나 생명권 보호 조항은 엄격하게 해석되어야 한다. 규약 제6조 제2항은 사형존치국들로 하여금 당분간 사형을 유지할 수 있도록 할 목적이 있을 뿐이다. 규약 제6조 제2항이 사형의 폐지를 연기하거나 사형의 범위를 확대하거나 사형의 도입 또는 재도입을 허용하는 근거가 될 수는 없다. 사형의 재도입에는 자국 관할권 내에서 사형을 시행하여 사형을 직접적으로 재도입하는 것뿐 아니라, 자국의 관할권 내에 있는 개인을 인도, 추방, 강제송환 등을 통해 다른 국가에 넘겨주어 사형에 처할 위험에 직면하게 하는 경우와 같이 사형을 간접적으로 재도입하는 것도 포함된다.109)

---

106) *Kindler v. Canada*, Communication No.470/1991(1993).

107) *Ng v. Canada*, Communication No.469/1991(1993); *Cox v. Canada*, Communication No.539/1993 (1994).

108) *Judge v. Canada*, Communication No.829/1998(2003).

109) Fausto Pocar, individual opinion, *Kindler v. Canada*, Communication No.470/1991(1993).

나아가 규약위원회는 사형존치국이라 하더라도 규약 제6조, 제14조 등 규약의 규정들에 반하는 사형 집행이 이루어질 실제적 위험이 있는 국가로는 범죄인을 인도해서는 안 된다고 보고 있다. 이와 관련하여 *Ostavari v. Republic of Korea* 사건(2014)을 살펴본다.

이란 국적의 이슬람교도였던 통보자는 2005년 5월 30일에 단기상용비자(c-2)를 가지고 한국에 입국하였고, 한국에 체류하는 동안 기독교로 개종하였다. 그는 2005년 11월 4일에 대마초 흡입 혐의로 체포되었고, 법원에서 징역 10개월에 집행유예 2년을 선고받았다. 이후 강제퇴거 명령이 내려졌고, 통보자는 화성외국인보호소에 수용되었다. 그는 보호소를 방문한 이란대사관 직원과의 면담 과정에서 기독교로 개종한 사실을 밝혔다. 그리고 이란으로 돌아갈 의사가 없음을 분명히 하였다. 통보자는 이란 당국이 자신의 개종 사실을 알고 있으므로 자신이 이란으로 돌아가게 되면 고문을 당할 수 있으며, 이란 형법에 따라 사형에 처해질 수도 있다고 주장하였다. 이와 관련하여 규약위원회는 규약의 당사국에 대해 부과되는 일반적 법적 의무의 성격을 다룬 일반논평 제31호(2004)를 언급하였다. 이 일반논평에서는 규약 제2조에 따른 당사국의 의무에는 개인이 실제 이동되는 국가나 개인이 결과적으로 이동될 수 있는 국가에서 회복할 수 없는 피해의 실제적 위험이 있을 수 있다고 믿을만한 상당한 근거가 있는 경우에는 송환, 추방, 축출 등을 하지 않을 의무가 포함된다고 설명하고 있다. 이 같은 내용에 비추어 규약위원회는 한국이 규약 제6조 및 제7조를 위반하였는지를 판단하였는데, 결론적으로 통보자가 이란으로 보내질 경우 배교(背敎)를 이유로 고문을 당하거나 사형에 처할 실제적 위험이 있으므로 통보자를 이란으로 추방하는 것은 규약 제6조 제1항과 규약 제7조에 위반된다고 보았다.[110]

이후 *Jamshidian v. Belarus* 사건(2017)에서도 규약위원회는 벨라루스가 이란 국적의 통보자에게 추방 명령을 내린 것과 관련하여 이란에서 형사피고인의 방어권 행사가 제대로 이루어지지 못하는 현실에 비추어 볼 때 당사국은 통보자가 자의적 처형 위험에 직면하지 않도록 하기 위한 적절한 조치를 취하지 않았다고 보았다.[111] 따라서 통보자에 대한 추방은 규약 제6조 위반에 해당한다고 판단하였다. 한국과 벨라루스는 사형제도를 유지하고 있는 국가들인데, 1997년 이후 사형 집행을 하지 않고 있어 국제사회에서 '실질적 사형폐지국'으로 인식되고 있는 한국과는 달리, 벨라루스는 사형을 집행하고 있다.

---

110) *Ostavari v. Republic of Korea*, Communication No.1908/2009(2014).
111) *Jamshidian v. Belarus*, Communication No.2471/2014(2017), para.9.4.

5. 규약 제2선택의정서와 사형폐지 추세

사형에 관한 규정으로 인해 규약이 사형을 허용하는 것으로 이해되지 않도록 규약은 제6조 제6항에서 "이 조의 어떤 내용도 이 규약의 당사국이 사형의 폐지를 지연시키거나 방해하기 위해 원용될 수 없다"는 내용을 규정하였다. 일반논평 제36호(2018)는 이 조항이 "사형을 완전히 폐지하지 않은 당사국의 경우 가까운 장래에 사실상(*de facto*) 그리고 법적으로 (*de jure*) 사형을 완전히 근절하기 위한 되돌릴 수 없는 길을 가야 한다"는 것을 재확인한다고 설명하고 있다.[112] 이처럼 사형의 점진적 폐지를 염두에 두고 있는 규약 제6조의 취지상 사형을 폐지한 국가는 사형을 다시 도입할 수 없다. 앞서 언급한 것처럼 사형의 재도입에는 직접적인 재도입뿐 아니라 간접적인 재도입도 포함된다.

한편, 규약에는 「사형폐지를 위한 시민적 및 정치적 권리에 관한 국제규약 제2선택의정서」[113](이하 "규약 제2선택의정서"라 한다)가 별개의 조약으로 추가되어 있다. 이는 사형폐지를 위한 국제사회의 약속으로, 1989년 12월 15일 UN 총회에서 133개 투표국 중 107개국의 찬성으로 채택되었다.[114] 규약 제2선택의정서는 1991년 7월 11일 발효되었고, 2023년 10월까지 90개국이 비준하였다. 규약 제2선택의정서는 제1조에서 당사국은 자국의 관할권 내에서 어느 누구에게도 사형을 집행할 수 없으며, 사형폐지를 위한 모든 필요한 조치를 취해야 한다고 규정하고 있다. 일반논평 제36호(2018)에 따르면, 규약과 마찬가지로 규약 제2선택의정서에는 종료에 관한 조항이 없으므로 사형폐지는 법적으로 취소할 수 없다.[115]

규약 제2선택의정서는 제2조 제1항에서 "전쟁 중 자행된 군사적 성격의 가장 중한 범죄에 대한 유죄 판결에 따라 전시에 사형을 적용하도록 하는 내용의 유보가 비준 또는 가입 시에 이루어진 경우를 제외하고는, 이 의정서에 대한 유보는 허용되지 않는다"라고 규정하고 있다. 따라서 규약 제2선택의정서의 비준 또는 가입 시에 제2조에 따른 유보를 한 국가는 전쟁 중 자행된 군사적 성격의 가장 중한 범죄에 대해 사형을 적용할 수 있다.[116] 이는 사형의 절대적 금지를 규정하면 규약 제2선택의정서의 당사국 확보가 어려울 수 있다는 현실적인 고려에 따른 것이었다. 제2조 제1항에 따르면, 유보국의 경우 '전쟁 중' 자행된 군사

---

112) HRC General Comment No.36(2018), para.50.

113) Second Optional Protocol to the International Covenant on Civil and Political Rights, aiming at the abolition of the death penalty

114) A/44/49(1989), p.206.

115) HRC General Comment No.36(2018), para.34.

116) 아제르바이잔, 브라질, 칠레, 키프로스, 엘살바도르, 그리스, 말타, 스페인이 비준 또는 가입 시에 제2조에 따른 유보를 하였는데, 이후 스페인, 말타, 키프로스는 유보를 철회하였다.

적 성격의 가장 중한 범죄에 대해 '전시에' 사형을 적용하는 것이 허용되는 것이므로, 전쟁 발발 이전에 자행된 범죄에 대하여 전시에 사형을 부과하는 경우나 전쟁 중 자행된 범죄에 대하여 평시에 사형을 부과하는 경우는 포함되지 않는다. 제2조 제2항에서는 유보를 하는 당사국은 비준 또는 가입 시에 전쟁 중 적용되는 자국 법령의 관련 조항들을 UN 사무총장에게 통지할 것을 규정하고 있다. 따라서 당사국이 국내 법령을 변경함으로써 유보를 간접적으로 수정하는 것은 불가능하다.117) 그리고 제2조 제3항은 유보를 하는 당사국의 경우 자국 영토에서의 전쟁 상태의 시작과 종료를 UN 사무총장에게 통보하도록 하고 있다.

그렇다면 제2조의 '전쟁'은 어떻게 해석해야 하는가? 사실 현대국제법에서는 '전쟁'이라는 표현보다는 '무력분쟁'이라는 표현이 주로 사용된다. 구유고슬라비아 국제형사재판소(International Criminal Tribunal for the former Yugoslavia; ICTY)는 '무력분쟁'을 "국가들 간에 또는 정부 당국과 조직화된 무장단체 간에 또는 조직화된 무장단체들 간에 무력이 사용된 경우"라고 정의한 바 있다.118) 무력분쟁에 의해 영향을 받는 사람과 재산을 보호하고 분쟁 당사자 간 공격 수단과 방법을 제한하는 것을 목적으로 하는 국제인도법의 경우에는 ICTY와 같이 '무력분쟁'을 국내적 무력분쟁과 국제적 무력분쟁을 모두 포함하는 의미로 넓게 해석하는 것이 바람직할 것이다. 그러나 규약 제2선택의정서의 경우에는 이와는 맥락이 다르다는 점을 고려할 필요가 있다. 제2조의 '전쟁'을 넓게 해석하면 그만큼 예외 인정 범위가 넓어지게 된다. 규약 제2선택의정서의 대상과 목적을 고려한다면, 제2조의 '전쟁'은 적어도 교전국 중 일방에 의해 선포된 국제적 무력분쟁을 의미하는 것으로 좁게 해석되어야 한다는 견해가 설득력을 가진다.119)

규약 제2선택의정서 제3조에 따라 당사국은 규약 제40조에 따른 보고서 제출 시 제2선택의정서 이행을 위해 취한 조치에 대한 정보를 포함시켜야 한다. 그리고 규약 제2선택의정서 제4조에서는 규약 제41조에 따라 규약위원회의 국가 간 통보 접수·심리 권한을 승인한 당사국과 관련해서는 비준 또는 가입 시에 반대 의사를 표명한 경우를 제외하고는 위원회의 권한이 제2선택의정서의 조항까지 확대된다는 점을 규정하고 있다. 제5조에서는 개인통보제도를 규정한 제1선택의정서의 당사국과 관련해서는 비준 또는 가입 시에 반대 의사를 표명한 경우를 제외하고는 규약위원회의 개인통보 접수·심리 권한이 제2선택의정서의 조항까지 확대된다는 점을 규정하고 있다. 한편, 제6조 제1항은 "제2선택의정서의 조항들

---

117) Nowak's CCPR Commentary(2019), p.1088(para.3).

118) *Prosecutor v. Tadić*, Case No. IT-94-1-AR72, Decision on the Defence Motion for Interlocutory Appeal on Jurisdiction, 2 October 1995, para.70.

119) Nowak's CCPR Commentary(2019), p.1089(para.5).

은 규약에 대한 추가 조항들로서 적용된다"고 규정하고 있는데, 이는 공정한 재판을 받을 권리에 관한 제14조를 비롯한 규약의 관련 조항들이 제2선택의정서에도 적용된다는 점을 강조하기 위함이다.[120] 그리고 제6조 제2항은 제2조에 따라 유보가 첨부된 경우를 제외하고는 제1조 제1항에서 보장된 권리는 규약 제4조에 따른 비상사태 시 이행정지의 대상이 될 수 없다는 점을 분명히 하고 있다. 그 밖에 서명·비준·가입(제7조), 발효(제8조), 연방국가의 모든 지역에의 적용(제9조), 제2조, 제4조, 제5조, 제7조, 제8조 관련 정보에 대하여 UN 사무총장의 회원국에 대한 통보(제10조), 정본(제11조)에 관한 규정을 두고 있다.

Ⅴ. 무력분쟁과 대량살상무기

1. 무력분쟁과 규약 제6조의 적용 문제

무력분쟁은 인명 피해를 초래하기 때문에 생명권과 관련된 직접적인 문제를 제기한다. 먼저, 개전법(*jus ad bellum*)과 규약 제6조 간의 관계에 관한 문제를 살펴보기로 한다. 일반논평 제6호(1982)에서는 "전쟁, 제노사이드, 자의적인 생명의 박탈을 초래하는 여타의 대량폭력행위를 방지할 최우선의 의무가 각국에 있다"는 점을 강조한 바 있다.[121] 전쟁의 위험을 피하고 국제평화와 안전을 강화하기 위한 노력이 생명권 보호를 위한 가장 중요한 조건이자 보장책이라는 것이다. 일반논평 제6호(1982)를 대체하는 것으로서 채택된 일반논평 제36호(2018)에서는 이를 보다 발전시켜 "국제법상 침략행위를 하여 생명의 박탈을 초래한 당사국은 그 사실 자체로(*ipso facto*) 규약 제6조를 위반한 것"임을 분명히 하였다.[122] 나아가 "모든 국가가 국제공동체의 일원으로서 생명권을 보호하고 생명권에 대한 광범위하거나 체계적인 공격(침략행위, 국제테러리즘, 제노사이드, 인도에 반한 죄, 전쟁범죄 등)에 반대할 책임"이 있음을 상기시키고, 국제 분쟁을 평화적으로 해결하기 위해 모든 합리적인 조치를 취할 것을 강조하였다.[123] William A. Schabas는 이러한 해석의 의미를 다음과 같이 정리하였다.[124] 첫째, 전쟁 중의 살인은, 그것이 국제인도법에 합치되는 경우라 하더라도, 무력 사용이 UN 헌장에 의하여 허용되지 않는 범위 내에서는 개인의 생명권을 침해한다. 둘째, 규약의 역외적용 문제가 직접적으로 다루어진 것은 아니지만, 영토에 대한 통제를 행사하

---

120) Nowak's CCPR Commentary(2019), p.1095(para.1).
121) HRC General Comment No.6(1982), para.2.
122) HRC General Comment No.36(2018), para.70.
123) HRC General Comment No.36(2018), para.70.
124) Nowak's CCPR Commentary(2019), p.142(para.36).

지 않는 국가의 행위에 대해서도 규약 제6조가 적용될 수 있음을 시사한다.

다음으로, 교전법(*jus in bello*)과 규약 제6조 간의 관계에 관한 문제를 살펴보기로 한다. 무력분쟁 상황에서 인간을 보호하는 역할은 주로 국제인도법이 담당하나, 국제인권법의 적지 않은 내용 역시 무력분쟁 시에도 적용되며 인간의 보호라는 동일한 목적을 추구하고 있다.[125] 즉 국제인도법과 국제인권법은 서로 구별되는 별개의 법 체제이지만, 상호보완적인 기능을 담당하고 있다. 국제사법재판소(International Court of Justice; ICJ)는 *Israeli Wall*에 관한 권고적 의견에서 "인권조약들에 의해 제공된 보호는 무력분쟁의 경우에도 중단되지 않는다"라고 하면서, 무력분쟁 상황에서 국제인도법과 국제인권법이 모두 적용될 수 있다고 보았다.[126] 그리고 *Armed Activities on the Territory of the Congo* 사건에서는 우간다 군대가 콩고민주공화국 영토 내에서 1907년 헤이그 제4협약에 첨부된 「육전에서의 법과 관습에 관한 규칙」과 규약 제6조를 위반하였다고 판결하였다.[127] 이 문제와 관련하여 일반 논평 제36호(2018)는 규약 제6조가 국제인도법 규칙이 적용되는 무력분쟁 상황에서도 계속적으로 적용되며, 국제인도법과 국제인권법은 상호배타적인 관계가 아니라 상호보완적인 관계임을 강조하였다.[128] 구체적으로, 국제인도법과 적용가능한 여타 국제법 규범에 부합하는 치명적인 물리력의 사용은 일반적으로는 자의적이지 않을 것이나, 민간인과 국제인도법에 의해 보호되는 사람의 생명에 대한 위험을 수반하는 국제인도법에 부합하지 않는 조치, 예컨대 민간인, 민간 대상물, 민간인의 생존에 필수불가결한 대상물을 표적으로 삼는 것, 무차별 공격, 사전예방의 원칙 및 비례성의 원칙 미적용, 인간 방패 사용 등의 경우는 규약 제6조 위반이라고 설명한다.[129]

2. 핵무기 등 대량살상무기

대량살상무기(Weapons of Mass Destruction: WMD)는 "원자 폭탄 무기, 방사성 물질 무기, 치명적인 생화학 무기, 그리고 앞에서 언급한 원자 폭탄이나 기타 무기의 파괴적 효과에 필적하는 특성을 가진 미래에 개발될 모든 무기"[130]로, 살상력, 파괴력, 군사전략적 유용성의

---

125) 정인섭, 『신국제법 강의: 이론과 사례』(박영사, 2023), p.1213.

126) Legal Consequences of the Construction of a Wall in the Occupied Palestine Territory, I.C.J., Reports 2004, p.136(para.106).

127) Armed Activities on the Territory of the Congo (*Democratic Republic of the Congo v. Uganda*), Judgment, I.C.J., Reports 2005, p.168(para.216).

128) HRC General Comment No.36(2018), para.64.

129) HRC General Comment No.36(2018), para.64.

130) United Nations, New Weapons of Mass Destruction Radiological Weapons, Disarmament Yearbook

측면에서 재래식 무기와 구별된다. 대량살상무기의 개발과 확산에 대한 우려가 지속됨에 따라 규약위원회는 일반논평 제14호(1984)를 채택하여 이 문제를 별도로 다루었다. 이 일반논평에서는 "핵무기의 개발, 실험, 생산, 보유 및 배치는 오늘날 인류가 직면한 생명권에 대한 가장 큰 위협 중 하나"라고 하였다.[131] 그리고 "이러한 위협의 존재 자체와 심각성이 국가 간에 의심과 공포 분위기를 조성하고 있으며, 그러한 분위기 자체가 UN 헌장 및 국제인권규약에 따른 인권 및 기본적 자유의 보편적 존중과 보장을 촉진하는 데 역행하게 된다"고 지적하였다.[132] 따라서 "핵무기의 생산, 실험, 보유, 배치 및 사용은 금지되어야 하고, 인도에 반하는 죄로 인정되어야 한다"라고 하면서,[133] 규약의 당사국 여부와 관계없이 모든 국가가 이러한 위협을 근절하기 위한 긴급 조치를 취할 것을 촉구하였다.[134] 이 일반논평은 많은 논란을 불러일으켰다. 특히 총회 제3위원회에서 서구 국가들로부터 격렬한 비판을 받았다. 규약 제6조의 해석뿐 아니라 규약위원회의 권한의 범위도 논란의 대상이 되었다. 일반논평 제14호(1984)에도 불구하고 이후 제기된 개인통보사건에서는 핵무기의 배치와 실험으로 생명이 위협받고 있다는 주장은 받아들여지지 않았다.[135] 핵무기의 배치와 실험의 피해자임을 입증하기가 어렵기 때문에 핵문제는 개인통보사건으로 다루어지기 어려운 측면이 있다.[136]

일반논평 제14호(1984)를 대체하는 것으로서 채택된 일반논평 제36호(2018)는 대량살상무기 문제를 다루고 있는데, 여기서는 대량살상무기의 '확산방지(non-proliferation)'에 더 중점을 두고 있다는 점에서 일반논평 제14호(1984)에서의 접근과는 다소 차이가 있다.[137] 구체적으로, "대량살상무기, 특히 핵무기의 위협이나 사용은 무차별적이고 재앙적인 규모로 인간의 생명을 파괴하는 성질을 가지고 있으므로 생명권 존중과 양립할 수 없으며 국제법상의 범죄에 해당할 수 있다"라고 언급한 후, 당사국은 국제의무에 따라 대량살상무기 확산을 방지하고, 대량살상무기의 개발·생산·시험·획득·비축·판매·이전·사용을 삼가고, 기

---

vol.16(1991), p.313.

131) HRC General Comment, No.14(1984), para.4.

132) HRC General Comment, No.14(1984), para.5.

133) HRC General Comment, No.14(1984), para.6.

134) HRC General Comment, No.14(1984), para.7.

135) *E.W. et al. v. Netherlands*, Communication No.429/1990(1993); *A.R.U. v. Netherlands*, Communication No.509/1992(1993); *E.C.W. v. Netherlands*, Communication No.524/1992(1993); *Bordes and Temebaro v. France*, Communication No.645/1995(1996); *Lindon v. Australia*, Communication No.646/1995(1998).

136) Joseph & Castan's Commentary(2013), p.209.

137) Nowak's CCPR Commentary(2019), p.144(para.40).

존 비축무기를 파괴하고, 우발적 사용을 막기 위한 적절한 보호 제공을 위해 필요한 모든 조치를 취해야 한다고 하였다.[138] 또한 당사국이 엄격하고 효과적인 국제 통제 하에서 핵 군축 목표를 달성하기 위해 신의성실하게 협상을 추진하고, 대량살상무기의 실험·사용으로 생명권에 부정적 영향을 받았거나 받고 있는 피해자에 대해서 국제적 책임의 원칙에 따라 충분한 배상(adequate reparation)을 제공할 국제적 의무를 따라야 한다고 강조하였다.[139]

VI. 낙태와 안락사

1. 낙태 문제

생명권은 임신의 순간부터 보호되어야 한다고 규정한 미주인권협약 제4조와는 달리 규약 제6조는 생명의 보호가 시작되는 시점을 명시하지 않고 있다. 규약의 준비문서를 보면, '만들어지고 있는 생명'은 보호 대상에 포함되지 않았다. 1950년에 레바논은 임신의 순간부터 생명을 보호하는 조항을 넣자고 제안하였지만, 이 안은 인권위원회에서 채택되지 않았다.[140] 1957년에 벨기에, 브라질, 엘살바도르, 멕시코, 모로코에 의해 유사한 안이 다시 제출되었으나, 총회 제3위원회에서 부결되었다.[141] 그렇다고 하여 태아가 규약 제6조에 의해 전혀 보호받지 못한다는 결론이 바로 도출되지는 않는다. 낙태를 합법화한 미국 연방대법원의 *Roe v. Wade* 판결에서는 임신 후 첫 3개월 동안은 태아가 생존능력(viability)이 없으므로 낙태를 금지할 수 없고, 4개월부터 6개월의 기간은 산모의 건강을 보호하기 위해서만 낙태를 규제할 수 있으며, 마지막 3개월 동안은 태아가 모체 밖에서 생존능력이 있으므로 낙태가 금지될 수 있다고 보았다.[142] 이 같은 접근에 따르면, 임신 후 첫 3개월 동안에 이루어진 낙태는 태아의 생명권에 영향을 미치지 않는다는 해석이 가능하다.[143]

당사국은 태아를 보호할 의무가 있지만, 동시에 태아의 권리는 어머니의 생명권과 프라이버시권과 같은 다른 기본적인 권리와 균형을 이루어야 할 것이다.[144] 낙태 문제에 있어서 규약위원회의 관심은 여성에게 낙태의 선택 가능성을 보장하는 데 초점이 맞추어져 있다.[145] 규약위원회는 여러 국가보서에 대한 최종견해에서 이 문제를 다루었다. 예컨대, 페

---

138) HRC General Comment No.36(2018), para.66.
139) HRC General Comment No.36(2018), para.66.
140) Bossuyt's Guide(1987), p.120.
141) Bossuyt's Guide(1987), p.121.
142) *Roe v. Wade*, 410 U.S. 113(1973), pp.163-165.
143) Nowak's CCPR Commentary(2019), p.163(para.74).
144) Nowak's CCPR Commentary(2019), p.163(para.74).

루에 대한 최종견해에서는 여성이 강간에 의해 임신한 경우에도 낙태를 법으로 금지하고 있는 점에 대해 우려를 표하면서, 이러한 규정들은 규약 제3조(남녀평등권), 제6조(생명권), 제7조(고문 등의 금지)를 위반하는 것일 수 있다고 하였다.[146] 칠레에 대한 최종견해에서는 많은 여성이 불법 낙태로 생명에 대한 위협을 받는 것을 고려할 때 어떠한 예외도 없이 모든 낙태를 법으로 금지하는 것은 심각한 문제를 초래할 수 있다고 지적하였다.[147] 에콰도르에 대한 최종견해에서는 낙태 금지와 관계가 있어 보이는 젊은 여성들의 높은 자살률에 대해 우려를 표하고, 에콰도르 당국이 원치 않는 임신, 특히 강간에 의한 임신으로 인해 젊은 여성들이 직면하고 있는 문제를 해결하지 못하였다고 지적하였다. 그리고 이런 결과는 규약 제3조(남녀평등권), 제6조(생명권), 제7조(고문 등의 금지)에 위반되며, 이 문제가 미성년인 여성과 관련된 때에는 규약 제24조(어린이의 권리)에도 위반된다고 보았다.[148]

낙태 문제에 대한 규약위원회의 입장은 일반논평 제36호(2018)에서 다시 한번 확인되었다. 일반논평에 따르면, 당사국은 임신의 자발적인 종료를 규제하는 조치를 채택할 수 있으나, 그러한 조치가 임신한 여성의 생명권이나 규약의 기타 권리의 침해를 초래해서는 안 된다.[149] 특히 낙태에 대한 제한은 여성의 생명을 위험하게 하거나, 규약 제7조를 위반하는 신체적 또는 정신적 고통이나 괴로움을 주거나, 차별하거나, 사생활을 자의적으로 간섭해서는 안 된다.[150] 임신한 여성의 생명과 건강이 위협받거나 분만까지 임신을 유지하는 것이 상당한 고통이나 괴로움을 유발할 경우, 그리고 무엇보다 강간이나 근친상간으로 임신했거나 임신이 지속가능하지 않은 경우, 당사국은 낙태에 대한 안전하고 합법적이며 효과적인 접근을 제공해야 한다.[151]

2. 안락사 문제

생명권을 보호할 국가의 의무는 모든 인간에게 제한 없이 적용되나, 그럼에도 불구하고 안락사[152] 문제에 있어서는 다른 접근이 요구된다.[153] 2001년 네덜란드는 세계 최초로 자

---

145) Taylor's Commentary(2020), p.163.
146) Concluding Observations on Peru, CCPR/C/79/Add.67(1996), para.15.
147) Concluding Observations on Chile, CCPR/C/79/Add.104(1999), para.15.
148) Concluding Observations on Ecuador, CCPR/C/79/Add.92(1998), para.11.
149) HRC General Comment No.36(2018), para.8.
150) HRC General Comment No.36(2018), para.8.
151) HRC General Comment No.36(2018), para.8.
152) 안락사의 유형은 대체로 두 가지 기준에 의해서 구분되는데, 하나는 당사자의 의사에 따른 구분이고, 다른 하나는 안락사를 수행하는 사람의 행위에 따른 구분이다. 안락사는 전자의 기준에 따라 '자발적 안락사(voluntary euthanasia)', '반자발적 안락사(involuntary euthanasia)', '비자발적 안락사(non-

발적인 적극적 안락사를 허용하는 법을 제정하였다.[154] 이 법은 치유 가망이 없고 다른 합리적인 해결책이 없는 참을 수 없는 고통의 상황에서 환자의 자발적이고 신중한 요청에 따라 의사가 사람의 생명을 종료시키는 경우에는 이를 처벌할 수 없도록 하였다. 이 법은 12세 이상인 자에 대해서 적용된다. 다만, 12세부터 15세까지의 청소년의 경우에는 부모 또는 법적 보호자의 동의가 필요하다. 규약위원회는 2001년 네덜란드의 국가보고서에 대한 최종견해에서 이 법에 따른 안락사 문제를 언급하였다.[155] 규약위원회는 네덜란드법에 대해 안락사의 남용이나 악용 가능성을 우려하면서 신중한 태도를 취하였지만, 생명의 종료에 대한 미성년자의 동의와 관련된 규정을 제외하고는 규약 제6조의 위반 문제를 제기하지는 않았다. 즉 안락사에 대한 적절한 동의를 보장하기 위해 가능한 모든 절차적 보호조치가 취해질 것을 전제로 예외적인 상황에서는 자발적인 적극적 안락사가 허용될 수 있음을 시사하였다. 규약위원회는 2009년 네덜란드의 국가보고서에 대한 최종견해에서도 유사한 입장을 취하였다.[156] 네덜란드에 이어 벨기에, 룩셈부르크 등 몇몇 국가들도 자발적인 적극적 안락사를 허용하는 법을 제정하였다.

당사국의 입법부가 안락사에 의해 영향을 받을 수 있는 모든 권리를 주의 깊게 검토한 후 형사책임을 제한하고 남용 가능성에 대한 적절한 예방조치를 취한다면, 이는 생명권 보호 의무 이행을 위한 재량의 범위 내에 포섭될 수 있을 것이다.[157] 본인의 명백한 희망에 반하면서까지 국가에 자국민의 생명을 보호할 것이 요구된다고 보기는 어렵다.[158] 일반논

---

voluntary euthanasia)'로 구분되고, 후자의 기준에 따라 '적극적 안락사(active euthanasia)'와 '소극적 안락사(passive euthanasia)'로 구분된다. '자발적 안락사'는 환자의 의지에 따라 시행되는 안락사를 말한다. '반자발적 안락사'는 환자가 자신의 의사를 표명하고 결정을 내릴 수 있음에도 불구하고 환자의 동의 없이 시행되는 안락사를 말한다. '비자발적 안락사'는 환자가 혼수상태인 경우와 같이 생사에 대한 결정을 내릴 능력이 없는 경우에 시행되는 안락사를 말한다. '적극적 안락사'는 치사량의 약물 주사와 같이 환자의 생명을 단축시킬 의도로 구체적인 행위를 함으로써 안락사가 이루어지는 경우를 의미한다. '소극적 안락사'는 생명을 연장할 수 있는 조치를 취하지 않음으로써 안락사가 이루어지는 경우를 의미한다. DVK Chao, NY Chan and WY Chan, Euthanasia revisited, Family Practice vol.19, no.2 (2002), p.128. '반자발적 안락사'는 명백한 살해행위로서 허용될 수 없다. 따라서 생명의료윤리의 관점에서 논의의 가치가 있는 것은 자발적인 적극적 안락사, 자발적인 소극적 안락사, 비자발적인 적극적 안락사, 비자발적인 소극적 안락사이다.

153) Nowak's CCPR Commentary(2019), p.164(para.75).
154) 법의 공식명칭은 "Termination of Life on Request and Assisted Suicide (Review Procedures) Act"이다.
155) Concluding Observations on the Netherlands, CCPR/CO/72/NET(2001), para.5.
156) Concluding Observations on the Netherlands, CCPR/C/NLD/CO/4(2009), para.7.
157) Nowak's CCPR Commentary(2019), p.164(para.75).
158) Nowak's CCPR Commentary(2019), p.164(para.75).

평 제36호(2018)에 따르면, 불치병 환자와 같이 극심한 신체적·정신적 고통과 괴로움으로 존엄하게 죽기를 희망하는 성인이 생명을 용이하게 종결할 수 있도록 의료인이 의학적 치료 또는 수단을 제공하는 것을 허용하는 당사국은 의료인이 환자의 자유롭고 정보에 기반한 명시적이고 모호하지 않은 결정을 준수하는지를 확인할 엄격한 법적·제도적 보호조치의 존재를 보장해야 한다.[159]

VII. 한국의 실행

1. 생명권의 보호

가. 헌법적 근거

근대 입헌주의적 헌법은 인간의 생명권을 자명한 것으로 인식한 나머지 생명권에 관한 조항을 별도로 두지 않았다.[160] 그러나 제2차 세계대전 기간에 자행된 인간 생명 유린 사태에 대한 역사적 반성으로 일부 국가들은 생명권을 헌법에 명문화하였는데, 독일과 일본이 대표적인 예이다.[161] 우리 헌법에는 생명권 보장에 관한 명문의 규정이 없지만, 판례와 학설은 생명권을 헌법상의 권리로 인정하고 있다.

헌법재판소는 생명에 대한 권리는 헌법에 명문의 규정이 없다 하더라도 인간의 생존본능과 존재 목적에 바탕을 둔 선험적이고 자연법적인 권리로서 헌법에 규정된 모든 기본권의 전제로서 기능하는 기본권 중의 기본권이라고 함으로써 헌법해석상 생명권이 당연히 존재하는 것으로 보고 있다.[162]

학자들은 생명권이 헌법에 따라 보장되는 권리라는 점을 인정하면서도, 그 헌법적 근거에 대해서는 이견을 보인다. 먼저 그 근거를 제10조의 '인간의 존엄과 가치'에서 찾는 견해가 있다.[163] 이 견해는 생명권은 인간의 본질적 가치에 해당하므로 생명 박탈은 인간의 존엄과 가치를 침해하는 것이라고 본다. 그리고 인간의 존엄성 존중을 규정한 헌법 제10조, 신체의 자유를 규정한 제12조 제1항, 헌법에 열거되지 아니한 권리도 경시되어서는 안 된

159) HRC General Comment No.36(2018), para.9.
160) 권영성, 『헌법학원론』(법문사, 2009), p.406.
161) 독일기본법은 제2조 제2항에서 "누구든지 생명권과 신체를 훼손당하지 않을 권리를 가진다"고 하고, 제102조에서 사형을 헌법상 명문으로 폐지하였다. 일본헌법은 제13조에서 "생명, 자유 및 행복추구에 대한 국민의 권리는 공공의 복지에 반하지 않는 한 입법 기타의 국정에 있어서 최대한도로 존중하여야 한다"고 규정하였다.
162) 헌법재판소 1996. 11. 28. 95헌바1.
163) 김철수, 『헌법학개론』(박영사, 2007), p.495.

다는 제37조 제1항 등에서 그 헌법적 근거를 구할 수 있다는 견해가 있고,[164] 헌법 제10조와 헌법 제12조가 함께 그 근거가 될 수 있다는 견해가 있다.[165] 한편, 실정헌법상의 근거에 관한 구체적인 언급 없이 생명권은 "'신체적 완전성' 및 '신체활동의 임의성'을 보장하는 신체의 자유의 당연한 전제일 뿐 아니라, '인간의 존엄성'을 그 가치의 핵으로 하는 우리나라 기본질서의 논리적인 기초"라는 주장도 있다.[166] 마지막으로 제37조 제1항을 생명권의 근거로 보는 견해도 있다.[167] 인간의 존엄은 개별기본권으로 구체화되는데, 그러한 구체화를 명문화된 개별기본권에 의한 경우와 명문화되지 않은 개별기본권에 의한 경우로 크게 나누어서 볼 때 생명권을 비롯한 명문화되지 않은 기본권은 헌법 제37조 제1항의 '열거되지 않은 기본권'에 의해 보장된다고 보아야 한다는 것이다.

정부는 규약위원회에 제출한 제1, 2차 국가보고서에서 대한민국 헌법상 생명권 보호에 관한 명문의 규정은 없으나, 1차적으로는 인간의 존엄성 존중을 규정한 헌법 제10조에서, 그리고 2차적으로는 신체의 자유를 규정한 헌법 제12조 제1항에서 생명권 보호의 근거를 구할 수 있다고 설명하였다.[168]

나. 국가의 보호 의무

우리 「형법」은 제250조 제1항에서 "사람을 살해한 자는 사형, 무기 또는 5년 이상의 징역에 처한다"고 함으로써 살인죄를 형사상 금지하고 있으며, 살인 미수죄와 예비·음모죄도 처벌하고 있다. 또한, 제266조에서 "과실로 인하여 사람을 사망에 이르게 한 자는 2년 이하의 금고 또는 700만원 이하의 벌금에 처한다"고 규정하고 있다. 살인, 살해위협, 과실치사 등에 대해 형사상 제재를 가하고 있으므로 규약 제6조 제1항에 따른 국가의 기본적 생명권 보호 의무는 이행하고 있다.

그러나 생명권의 보호 범위를 확대하여 사회경제적 박탈, 무력분쟁, 대량살상무기 등 인간의 생명에 대한 기타 위협들로부터의 보호도 포함시킨다면 규약 제6조 제1항에 따른 국가의 생명권 보호 의무도 확대된다. 한국의 제1차 국가보고서에 대한 시민단체의 반박보고서는 다수의 근로자가 열악한 근로조건 아래서 산업재해를 당하여 생명권을 위협받고 있으며, 다수의 선원이 열악한 작업 환경과 위생, 상급선원의 폭행 또는 이러한 환경을 벗어나

---

164) 권영성(전게주 160), p.406.
165) 성낙인, 『헌법학』(법문사, 2020), p.1136.
166) 허영, 『한국헌법론』(박영사, 2020), p.381.
167) 장영수, 『헌법학』(홍문사, 2020), p.602.
168) Initial Reports of Republic of Korea, CCPR/C/68/Add.1(1991), para.105; Second Periodic Reports of Republic of Korea, CCPR/C/114/Add.1(1998), para.73.

기 위한 탈출로 인하여 생명권을 위협받고 있다고 지적하였다.[169] 이러한 지적은 생명권의 보호 범위를 확대해서 이해한 데 따른 것이라고 할 수 있다. 물론 궁극적으로는 생명권의 보호 범위를 점차 확대하고, 국가가 생명권 보호를 위한 더 적극적인 조치를 취하는 것이 바람직하다. 규약위원회가 생명권은 좁게 해석되어서는 안 되며 당사국은 생명권의 보호를 위해 적극적인 조치를 취해야 한다는 점을 지속적으로 강조해 온 점을 고려할 필요가 있다. 다만, 생명권의 위협이 될 수 있는 모든 경우에 대해 국가가 더 적극적인 조치를 취하지 않았다고 해서 바로 규약 제6조 제1항에 따른 생명권 보호 의무를 위반하였다는 결론이 나오는 것은 아니다. 다양한 형태의 위협과 침해로부터 인간의 생명을 보호할 국가의 의무는 구체적인 상황을 고려하여 규약 제6조의 위반 여부를 판단하여야 한다.

2. 사형

가. 관련 규정 및 판례

한국은 2023년 10월 현재 총 25개의 법률에서 사형을 법정형으로 규정하고 있다. 사형을 법정형으로 규정하고 있는 법률과 사형대상범죄는 다음 표와 같다.

[표] 사형 규정 법률과 사형대상범죄

구분	사형 규정 법률	사형대상범죄
형법	「형법」	내란죄(수괴, 모의참여·지휘·중요임무), 내란목적살인죄, 외환유치죄, 여적죄, 모병이적죄, 시설제공이적죄, 시설파괴이적죄, 간첩죄, 범죄단체 등의 조직죄, 폭발물사용죄, 현주건조물방화치사죄, 살인·존속살해죄, 약취·유인·매매·이송 등 살인죄, 강간 등 살인죄, 인질살해죄, 강도살인죄, 해상강도 살인·치사·강간죄
특별형법	「국가보안법」	반국가단체 구성·가입죄(수괴, 간부 기타 지도적 임무 종사), 목적수행죄, 잠입·탈출죄, 특수가중죄
	「국민보호와 공공안전을 위한 테러방지법」	테러단체 구성·가입죄(수괴)
	「국제형사재판소 관할 범죄의 처벌 등에 관한 법률」	집단살해죄(살해), 인도에 반한 죄(살해), 사람에 대한 전쟁범죄(살해), 인도적 활동이나 식별표장 등에 관한 전쟁범죄(치사), 금지된 방법에 의한 전쟁범죄(치사), 금지된 무기를 사용한 전쟁범죄(사람의 생명·신체·재산 침해)
	「군형법」	반란죄(수괴, 모의참여·지휘·중요임무), 군대 및 군용시설 제공

---

169) 민주사회를 위한 변호사모임·한국기독교교회협의회, 한국 인권의 실상-UN 규약위원회에 제출한 정부 보고서에 대한 반박, 1992, paras.188-190.

	죄, 군용시설 등 파괴죄, 간첩죄, 일반이적죄, 불법전투개시죄, 불법전투계속죄, 불법진퇴죄, 항복죄, 부대인솔도피죄, 직무유기죄(적전(敵前)인 경우), 지휘관의 수소(守所) 이탈죄(적전인 경우, 전시·사변시·계엄지역인 경우), 초병의 수소 이탈죄(적전인 경우), 군무이탈죄(적전인 경우), 특수군무이탈죄(적전인 경우), 적진으로의 도주죄, 위계로 인한 항행 위험죄(전시·사변시·계엄지역인 경우), 거짓 명령·통보·보고죄(적전인 경우), 초령 위반죄(적전인 경우), 근무 기피 목적의 사술죄(적전인 경우), 유해 음식물 공급죄(사람을 사망 또는 상해에 이르게 한 경우, 적을 이롭게 하기 위한 경우), 항명죄(적전인 경우), 집단항명죄(적전인 경우), 상관에 대한 특수폭행·협박죄(적전인 경우), 상관에 대한 폭행치사죄(적전인 경우, 전시·사변시·계엄지역인 경우), 상관에 대한 특수상해죄(적전인 경우), 상관에 대한 중상해죄(적전인 경우, 전시·사변시·계엄지역인 경우), 상관에 대한 상해치사죄(적전인 경우, 전시·사변시·계엄지역인 경우), 상관살해죄, 초병에 대한 특수폭행·협박죄(적전인 경우), 초병에 대한 폭행치사죄(적전인 경우, 전시·사변시·계엄지역인 경우), 초병에 대한 특수상해죄(적전인 경우), 초병에 대한 상해치사죄(적전인 경우, 전시·사변시·계엄지역인 경우), 초병살해죄, 직무수행 중인 군인 등에 대한 폭행·협박치사죄(적전인 경우, 전시·사변시·계엄지역인 경우), 직무수행 중인 군인등에 대한 상해치사죄(적전인 경우, 전시·사변시·계엄지역인 경우), 군용시설 등에 대한 방화죄, 노적 군용물에 대한 방화죄(전시·사변시·계엄지역인 경우), 함선·항공기의 복몰 또는 손괴죄, 군용물 등 범죄에 대한 가중죄, 약탈로 인한 살인·치사죄, 전지 강간죄, 강간 등 살인·치사죄
「마약류 관리에 관한 법률」	영리 목적 또는 상습 위반
「마약류 불법거래 방지에 관한 특례법」	업으로서 한 불법수입
「매장문화재 보호 및 조사에 관한 법률」	도굴 등의 죄의 가중죄(사람을 사망에 이르게 한 경우)
「문화재보호법」	무허가수출 등의 죄, 허위지정 등 유도죄, 손상·은닉 등의 죄의 가중죄(사람을 사망에 이르게 한 경우)
「방사성폐기물 관리법」	방사성폐기물 관리시설 파괴·부당조작 치사죄
「보건범죄 단속에 관한 특별조치법」	부정식품 제조에 의한 사상죄, 부정의약품 제조에 의한 사상죄, 재범자의 특수가중죄
「선박 및 해상구조물에	살인죄, 선박납치 등 살인·치사죄

	대한 위해행위의 처벌 등에 관한 법률」	
	「성폭력범죄의 처벌 등에 관한 특례법」	특수강도강간죄, 강간 등 살인·치사죄
	「아동·청소년의 성보호에 관한 법률」	강간 등 살인·치사죄
	「원자력시설 등의 방호 및 방사능 방재 대책법」	범죄를 목적으로 한 단체·집단 구성죄(수괴), 방사성물질 관련 범죄로 인한 치사죄
	「원자력안전법」	원자로 파괴에 의한 사람의 생명·신체·재산에 대한 위해
	「의무경찰대 설치 및 운영에 관한 법률」	근무 기피 목적 신체 상해죄(적전인 경우)
	「장기등 이식에 관한 법률」	법을 위반한 장기적출 등에 의한 치사죄, 의사가 뇌사조사서를 거짓으로 작성하여 뇌사자가 아닌 사람에게 뇌사판정을 한 것에 의한 치사죄
	「지뢰 등 특정 재래식무기 사용 및 이전의 규제에 관한 법률」	사용금지무기 사용 등에 의한 살해죄
	「철도안전법」	사람이 탑승하여 운행 중인 철도차량에 불을 놓아 소훼하거나 사람이 탑승하여 운행 중인 철도차량을 탈선 또는 충돌하게 하 거나 파괴한 것에 의한 치사죄
	「특정범죄 가중처벌 등에 관한 법률」	약취·유인죄의 가중처벌, 도주차량 운전자의 가중처벌, 강도상 해 등 재범자의 가중처벌, 보복범죄의 가중처벌
	「폭력행위 등 처벌에 관한 법률」	이 법에 규정된 범죄를 목적으로 한 단체·집단 구성죄(수괴)
	「항공보안법」	운항중인 항공기의 안전을 해칠 정도의 항공기 파손, 항공기 납 치에 의한 사상죄, 항공시설 파손에 의한 사상죄
	「항공안전법」	사람이 현존하는 항공기, 경량항공기 또는 초경량비행장치를 항 행 중에 추락 또는 전복시키거나 파괴, 항행 중 항공기 위험 발 생으로 인한 사상죄
	「화학·생물무기의 금지와 특정화학물질·생물작용제 등의 제조·수출입 규제 등에 관한 법률」	화학·생물무기의 사용에 의한 사람의 생명·신체·재산에 대한 위해

[출처] 국가법령정보센터 데이터를 바탕으로 필자 작성

다만, 「소년법」은 제59조에서 "죄를 범할 당시 18세 미만인 소년에 대하여 사형 또는 무기형으로 처할 경우에는 15년의 유기징역으로 한다"고 규정하고 있다. 아울러 「특정강력범죄의 처벌에 관한 특례법」 제4조 제1항은 "특정강력범죄를 범한 당시 18세 미만인 소년을 사형 또는 무기형에 처하여야 할 때에는 「소년법」 제59조에도 불구하고 그 형을 20년의 유기징역으로 한다"고 규정하고 있다.

법무부장관은 사형판결이 확정된 날로부터 6월 이내에 이의 집행을 명령해야 하고(「형사소송법」 제463조, 제465조 제1항), 이 명령으로부터 5일 이내에 사형을 집행하여야 한다(「형사소송법」 제466조). 사형은 교정시설의 사형장에서 교수형으로 집행하며(「형법」 제66조 및 「형의 집행 및 수용자의 처우에 관한 법률」 제91조), 군형법에 의한 사형은 소속 군 참모총장이 지정한 장소에서 총살로써 집행한다(「군형법」 제3조). 심신의 장애로 의사능력이 없는 상태에 있는 사람이나 임신한 여성에 대하여는 법무부장관의 명령으로 사형 집행을 정지하고, 심신장애의 회복 또는 출산 후에 법무부장관의 명령에 의하여 형을 집행한다(「형사소송법」 제469조).

나. 사형제도에 대한 논의

사형에 대해서는 그간 국내에서 사형존치론과 사형폐지론이 대립하여 왔다.

사형존치론의 근거는 다음과 같다. 첫째, 생존본능을 가진 인간에게 사형제도는 흉악범에게 그의 생명의 박탈 가능성을 경고하여 범죄를 예방하는 위하적 효과가 있다는 형사정책적 관점이다. 둘째, 형벌의 본질이 어느 정도 응보에 있는 이상 흉악범에 대한 사형의 집행은 정의를 회복하는 것이라는 법철학적 관점이다. 셋째, 흉악범을 사회로부터 영구히 차단함은 국가 및 사회의 방위를 위하여 필요하며, 이에 사형은 가장 효율적인 수단이라는 국가정책적 관점이다. 넷째, 사형폐지의 당위성을 부정하지는 않지만 국가형벌권의 행사는 각국의 정치·사회·문화적 토양을 고려하여 상대적으로 결정되어야 하며, 현재의 우리 국민의 법감정은 사형제도가 존치되어야 한다는 법사회학적 관점이다.[170]

사형폐지론의 경우 사형제도는 즉각 전면적으로 폐지하여야 한다는 주장과 보다 유보적인 입장이 공존한다고 하겠다. 사형폐지론의 가장 중요한 논거는 바로 인간 생명권의 불가침이다. 즉 인간으로서의 존엄과 가치에 관한 헌법 제10조의 전제가 되는 생명권을 침해하는 사형제도는 헌법이념에 반하는 위헌적 형벌이라는 주장이다. 둘째, 사형은 일반인이 기

---

170) 권영성(전게주 160), p.407; 유기천, 『형법학 총론강의』(법문사, 2011), p.349; 허영, 『헌법이론과 헌법』(박영사, 2017), pp.558-559; 박상기·전지연, 『형법학: 총론·각론 강의』(집현재, 2018), p. 342; 이재상·장영민·강동범, 『형법총론』(박영사, 2019), pp.591-592.

대하는 것처럼 위하적 효과를 갖지 못한다는 형사정책적 반론이다. 셋째, 형벌의 목적을 응보가 아닌 범인의 교화·개선에서 찾을 때 사형은 그 목적에 전혀 부합하지 않는 방식의 형벌이라는 형사정책적 반론이다. 넷째, 사회방위의 목적은 사형이 아닌 다른 방법, 예를 들어 가석방이 절대적으로 금지되는 무기형 등의 방법으로 실현할 수 있다는 형사정책적 반론이다. 끝으로 오판에 의한 형벌의 잘못을 시정할 수 없게 하는 사형은 무자비하고 법의 적정절차를 부인하는 형벌이며, 피해자의 구제에 효과는 별로 없으면서 오직 복수심 충족에 그치는 원시적 형벌이라는 반론이다.[171]

사형제도와 관련하여 대법원은 우리나라의 실정과 국민의 도덕적 감정 등을 고려하여 국가의 형사상 정책으로서 질서유지와 공공복리를 위하여 「형법」, 「군형법」 등에 사형이라는 처벌의 종류를 규정하였다 하여도 이를 헌법에 위반된 조문이라고 할 수 없다고 판시하였다.[172] 2000년대 이후 대법원 판례에서는 사형의 선고는 범행에 대한 책임의 정도와 형벌의 목적에 비추어 그것이 정당화될 수 있는 특별한 사정이 있다고 누구라도 인정할 만한 객관적인 사정이 분명히 있는 경우에만 허용되어야 한다고 함으로써 신중한 심리를 강조하고 있다.[173]

헌법재판소는 1996년 95헌바1 사건에서 재판관 7대2의 의견으로 사형제도는 행위자의 생명과 그 가치가 동일한 하나의 혹은 다수의 생명을 보호하기 위한 불가피한 수단의 선택이라고 볼 수밖에 없고, 우리의 문화수준이나 사회현실에 미루어 보아 당장 무효화하는 것은 타당하지 않다고 결정하였다.[174] 그리고 2010년 2008헌가23 사건에서는 재판관 5대4의 의견으로 사형제도는 우리 헌법이 적어도 간접적으로나마 인정하고 있는 형벌의 한 종류일 뿐만 아니라, 사형제도가 생명권 제한에 있어서 헌법 제37조 제2항에 의한 헌법적 한계를 일탈하였다고 볼 수 없는 이상, 범죄자의 생명권 박탈을 내용으로 한다는 이유만으로 곧바로 인간의 존엄과 가치를 규정한 헌법 제10조에 위배된다고 할 수 없다고 결정하였다.[175]

---

171) 김철수(전게주 163), p.516; 양건, 『헌법강의』(법문사, 2019), p.392; 배종대, 『형법총론』(홍문사, 2020), pp.596-597; 전광석, 『한국헌법론』(집현재, 2020), p.289-290; 김성돈, 『형법총론』(성균관대학교 출판부, 2020). pp.797-798.
172) 대법원 1963. 2. 28. 선고 62도241 판결; 대법원 1967. 9. 19. 선고 67도988 판결; 대법원 1983. 3. 8. 선고 82도 3248 판결; 대법원 1987. 6. 12. 선고 87도1458 판결.
173) 대법원 2003. 6. 13. 선고 2003도924 판결. 사형을 선고한 대법원 판례로는 대법원 2004. 9. 3. 선고 2004도3538 판결; 대법원 2005. 8. 25. 선고 2005도4178 판결; 대법원 2006. 3. 24. 선고 2006도354 판결; 대법원 2009. 2. 26. 선고 2008도9867 판결; 대법원 2013. 1. 24. 선고 2012도8980 판결; 대법원 2015. 8. 27. 선고 2015도5785 판결 등.
174) 헌법재판소 1996. 11. 28. 95헌바1.
175) 헌법재판소 2010. 2. 25. 2008헌가23.

국가인권위원회는 2005년 4월 6일 "사형제도는 생명권의 본질적 내용을 침해하는 것이므로 헌법 제10조 인간존엄과 가치 및 행복추구권 및 헌법 제37조 제2항 과잉금지의 원칙에 따라 폐지되어야 한다. 다만, 사형폐지 이후의 후속조치로서 감형·가석방 없는 종신형제도, 일정기간 감형·가석방 없는 무기형제도, 전쟁 시 사형제도의 예외적 유지 등의 방안이 검토될 수 있으므로 이들 조치의 채택 여부는 국회가 입법과정에서 고려해야 할 것이다."라는 입장을 표명하였다.[176] 국가기관 중에서는 처음으로 사형폐지 입장을 공식적으로 밝힌 것인데, 이후에도 국가인권위원회는 여러 차례 사형폐지 의견을 개진하였다. 2018년에는 국무총리와 외교부장관 및 법무부장관에게 규약 제2선택의정서에 가입할 것을 권고하였다.[177]

한편 국회에서는 1999년 12월 7일 사형폐지특별법안이 처음으로 발의된 이후 여러 차례 관련 법안이 제출되었으나, 모두 국회 임기만료로 폐기되었다.

다. 평가

한국은 1997년 12월 30일 사형수 23명의 형을 집행한 이후 사형 집행을 하지 않고 있어 2007년 12월 30일 이후 국제앰네스티는 한국을 '실질적 사형폐지국'으로 분류하고 있다. 그러나 법률상으로는 여전히 사형이 존속하고 있으므로 이러한 현재의 조항을 전제로 평가한다.

우선 규약 제6조의 실행과 관련하여 특히 문제가 되는 것은 국제기준과 관행에 비추어 볼 때 사형대상범죄의 수가 너무 많다는 점이다. 정부는 규약위원회에 제출한 제1차 국가보고서에서 "대한민국은 형법이나 특별법 등에서 사형을 규정하고 있으나, 사형대상범죄를 내란죄 등 국가존립을 위태롭게 하는 범죄, 인명살상행위 등 흉악범죄 같은 매우 중대한 범죄로 제한하고 있다"고 보고한 바 있다.[178] 또한 인간의 존엄과 가치의 보장이라는 헌법정신과 사형폐지에 관한 국제적 경향을 참작할 때 사형대상범죄를 축소하는 것이 바람직하다는 점을 인정하고,[179] 이에 관련법을 개정하여 15개 조문에서 사형을 폐지하였다는 점,[180] 규약 제6조 제5항의 규정을 국내입법에 반영하여 종래 사형금지연령을 16세 미만에서 18세 미만으로 상향 조정하고 18세 미만의 소년에 대하여는 사형 대신 15년의 유기징역형을

---

176) 국가인권위원회, 사형제도에 대한 국가인권위원회의 의견, 국가인권위원회 공보 제3권 제3호(2005), p. 348.
177) 국가인권위원회, 사형폐지 위한 '자유권규약 제2선택의정서' 가입 권고, 보도자료, 2018. 9. 11.
178) Initial Reports of Republic of Korea, CCPR/C/68/Add.1(1991), para.110.
179) Initial Reports of Republic of Korea, CCPR/C/68/Add.1(1991), para.111.
180) Initial Reports of Republic of Korea, CCPR/C/68/Add.1(1991), para.113.

선고하도록 규정하였다는 점[181]을 보고하였다. 이는 국제인권규약이 국내 인권상황에 어느 정도 긍정적인 영향을 미친 것으로 평가될 수 있는 부분이다. 그러나 아직도 한국에서는 매우 광범위한 종류의 범죄에 대하여 사형을 과할 수 있다. 규약위원회는 한국의 제4차 국가보고서에 대한 최종견해(2015)와 한국의 제5차 국가보고서에 대한 최종견해(2023)에서 현재 사형이 집행되지 않는다 하더라도 사형을 선고받은 사람이 상당수 존재한다는 점을 지적하였다.[182] 앞에서 살펴본 바와 같이 규약위원회는 고의적 살인을 수반하는 극도의 중범죄만이 규약 제6조 제2항에 위반되지 않는 사형대상범죄라고 보고 있다. 결국 이 범위 내에서 법정형으로 사형을 인정하는 것이 규약 제6조에 따른 실행이 될 것이다. 1987년부터 1997년까지 우리나라의 사형 집행 현황을 범죄 종류별로 보면 살인 43명, 강도살인 35명, 존속살해 7명, 유괴살해 9명, 기타 7명인데, 이러한 점을 고려할 때도 중대한 고의적 살인에만 사형을 인정할 필요가 있다.

한편, 정부는 제1차 국가보고서에서 사형선고를 받은 사람은 누구나 헌법 제256조(청원권), 「청원법」 제4조, 제6조, 제7조 등에 의하여 형의 사면 또는 감형을 청구할 수 있다고 보고한 바 있다.[183] 그러나 규약 제6조에서 특별사면 또는 감형을 청구할 권리를 명시적으로 규정하고 있는 만큼, 사면·감형·복권에 관한 사항을 규정하고 있는 「사면법」에서 이러한 권리를 명시적으로 규정하는 것이 바람직할 것으로 보인다. 그리고 청구가 있는 경우에는 최종결정시까지 집행이 정지된다는 점을 명시하여야 할 것이다.

사형에 대한 법정형 규정 방식은 사형만을 과할 수 있는 절대적 법정형과 사형과 자유형을 선택적으로 과할 수 있는 상대적 법정형으로 구분되는데, 우리 「형법」과 「군형법」에서는 일부 범죄에 대하여 사형을 절대적 법정형으로 규정하고 있다. 구체적으로, 「형법」은 여적죄(제93조)의 경우 법정형으로 사형만을 규정하고 있으며, 「군형법」은 12개 항목―반란죄 수괴(제5조 제1항), 군대 및 군용시설 제공죄(제11조), 군용시설 등 파괴죄(제12조), 불법전투개시죄(제18조), 불법전투계속죄(제19조), 항복죄(제22조), 부대인솔도피죄(제23조), 적전 직무유기죄(제24조), 적전 지휘관 수소 이탈죄(제27조), 적진으로의 도주죄(제33조), 적전 집단항명죄 수괴(제45조), 전지 강간죄(제84조)―에서 법정형으로 사형만을 규정하고 있다. 그런데 이러한 규정들은 개개인의 특수한 상황과 성향, 범행의 동기 및 수단, 형을 선고할 때 고려

---

181) Initial Reports of Republic of Korea, CCPR/C/68/Add.1(1991), para.119.

182) Concluding Observations on Republic of Korea, CCPR/C/KOR/CO/4(2015), paras.22-23; Concluding Observations on Republic of Korea, CCPR/C/KOR/CO/5(2023), paras.23-24. 규약위원회는 한국이 법률상 사형제 폐지와 규약 제2선택의정서에 대한 가입을 고려해야 한다고 하였다.

183) Initial Reports of Republic of Korea, CCPR/C/68/Add.1(1991), para.118.

해야 할 그 밖의 요소에 관한 판단을 배제하고, 생명을 박탈한다는 위하적인 측면만을 강조하는 것이므로, 궁극적으로 상대적 법정형으로 바꾸는 것이 바람직하다. 다만, "범죄의 정상(情狀)에 참작할 만한 사유가 있는 경우에는 그 형을 감경할 수 있다"고 규정한 「형법」제53조에 따라 우리나라에서의 절대적 법정형은 작량감경 등을 통해서 사형이 선고되지 않을 가능성이 있으므로, 외국 사례에서 지적된 법관에게 전혀 재량을 인정하지 않는 의무적 사형과는 구별된다. 따라서 「형법」 및 「군형법」상의 몇몇 죄에서 사형을 절대적 법정형으로 규정하고 있다는 사실만으로 규약 제6조 제1항의 위반이라고 하기는 어렵다.

3. 낙태죄

우리나라의 경우 「형법」에서 낙태를 금지하였고,[184] 「모자보건법」 제14조에서 본인 또는 배우자가 대통령령이 정하는 우생학적 또는 유전학적 정신장애나 신체질환이 있는 경우, 본인 또는 배우자가 대통령령이 정하는 전염성 질환이 있는 경우, 강간 또는 준강간에 의하여 임신된 경우, 법률상 혼인할 수 없는 혈족 또는 인척간에 임신된 경우, 임신의 지속이 보건의학적 이유로 모체의 건강을 심히 해하고 있거나 해할 우려가 있는 경우에는 예외적으로 낙태를 허용하였다.

낙태의 허용 여부에 관해서 태아의 생명권우월론과 임부의 출산선택권론이 대립하여 왔는데,[185] 헌법재판소는 2012년 2010헌바402 사건에서 형법의 낙태 처벌 조항이 합헌이라고 결정한 바 있다.[186] 그러나 2019년 2017헌바127 사건에서는 형법의 자기낙태죄 조항(제269조 제1항)과 의사낙태죄 조항(제270조 제1항)에 대하여 헌법불합치 결정을 내렸다.[187] 재판소는 형법의 자기낙태죄 조항과 의사낙태죄 조항의 위헌성은 「모자보건법」에서 정한 사

---

184) 제269조(낙태) ① 부녀가 약물 기타 방법으로 낙태한 때에는 1년 이하의 징역 또는 200만원 이하의 벌금에 처한다.
  ② 부녀의 촉탁 또는 승낙을 받아 낙태하게 한 자도 제1항의 형과 같다.
  ③ 제2항의 죄를 범하여 부녀를 상해에 이르게 한때에는 3년 이하의 징역에 처한다. 사망에 이르게 한 때에는 7년 이하의 징역에 처한다.
  제270조(의사 등의 낙태, 부동의낙태) ① 의사, 한의사, 조산사, 약제사 또는 약종상이 부녀의 촉탁 또는 승낙을 받아 낙태하게 한 때에는 2년 이하의 징역에 처한다.
  ② 부녀의 촉탁 또는 승낙없이 낙태하게 한 자는 3년 이하의 징역에 처한다.
  ③ 제1항 또는 제2항의 죄를 범하여 부녀를 상해에 이르게 한때에는 5년 이하의 징역에 처한다. 사망에 이르게 한때에는 10년 이하의 징역에 처한다.
  ④ 전 3항의 경우에는 7년 이하의 자격정지를 병과한다.
185) 권영성(전게주 160), p.407.
186) 헌법재판소 2012. 8. 23. 2010헌바402.
187) 헌법재판소 2019. 4. 11. 2017헌바127.

유에 해당하지 않는다면 결정가능기간 중에 다양하고 광범위한 사회적 · 경제적 사유로 인하여 낙태 갈등 상황을 겪고 있는 경우까지도 예외 없이 전면적 · 일률적으로 임신의 유지 및 출산을 강제하고, 이를 위반하여 낙태한 경우 형사처벌함으로써 임신한 여성의 자기결정권을 과도하게 침해한다는 점에 있는 것이고, 태아의 생명을 보호하기 위하여 낙태를 금지하고 형사처벌하는 것 자체가 모든 경우에 헌법에 위반된다고 볼 수는 없다고 하였다. 그런데 자기낙태죄 조항과 의사낙태죄 조항에 대하여 각각 단순위헌결정을 할 경우 임신기간 전체에 걸쳐 행해진 모든 낙태를 처벌할 수 없게 됨으로써 용인하기 어려운 법적 공백이 생기게 되므로, 헌법불합치결정을 선고하되 입법자의 개선입법이 이루어질 때까지 계속적 용을 명한다고 밝혔다. 그리고 2020년 12월 31일까지 개선입법이 이루어지지 않으면 형법의 자기낙태죄 조항과 의사낙태죄 조항은 2021년 1월 1일부터 효력을 상실하도록 하였는데, 입법시한까지 대체입법이 마련되지 못함에 따라 형법의 낙태 처벌 조항은 효력을 상실하게 되었다. 규약 하에서는 낙태를 규제하기 위한 조치가 임부의 생명권이나 규약상의 다른 권리를 침해해서는 안 된다는 점이 강조되어 왔고, 우리 헌법재판소의 입장도 이와 다르지 않은 것으로 보인다. 따라서 규약위원회의 해석과 헌법재판소 결정의 취지에 부합되는 방향으로 입법이 이루어지는 것이 남은 과제라 할 수 있다. 규약위원회는 한국의 제5차 국가보고서에 대한 최종견해(2023)에서 낙태죄를 비범죄화한 헌법재판소의 결정에 대한 적절한 입법 및 기타 조치를 취하는 것이 지연되고 있는 것에 우려를 표하고, 안전하고 자발적인 낙태에 대한 효과적인 접근을 보장하기 위해 지체없이 필요한 모든 조치를 취할 것을 촉구하였다.[188]

4. 연명의료의 중단

한국에서는 2008년 서울서부지방법원 판결과 2009년 대법원 판결을 계기로 안락사 문제에 관한 사회적 논의가 확산되었다. 2008년 서울서부지방법원 판결에서는 환자의 회복 가능성이 없어 치료가 의학적으로 무의미하고 환자의 치료중단 의사가 추정되는 경우, 의사는 환자의 자기결정권에 기한 인공호흡기 제거 요구에 응할 의무가 있다고 판단하였다.[189] 그리고 이에 대한 2009년 상고심에서 대법원은 "생명권이 가장 중요한 기본권이라고 하더라도 인간의 생명 역시 인간으로서의 존엄성이라는 인간 존재의 근원적인 가치에 부합하는 방식으로 보호되어야 할 것"이라고 하면서, "회복불가능한 사망의 단계에 이른 후에 환자가

---

188) Concluding Observations on Republic of Korea, CCPR/C/KOR/CO/5(2023), paras.19-20.
189) 서울지방법원 2008. 11. 28. 선고 2008가합6977 판결.

인간으로서의 존엄과 가치 및 행복추구권에 기초하여 자기결정권을 행사하는 것으로 인정되는 경우에는 특별한 사정이 없는 한 연명치료의 중단이 허용될 수 있다"고 판시하였다.[190] 그리고 이때 환자의 자기결정권의 행사는 미리 의료인에게 자신에 대한 연명치료 거부·중단에 관하여 의사를 밝힌 경우 인정되나, 사전의료지시가 없더라도 환자의 평소 가치관이나 신념·상태 등 객관적 사정에 비추어 연명치료의 중단을 선택하였을 것이라고 볼 수 있다면 환자의 의사를 추정할 수 있다고 판시하였다. 이 판결들은 소극적 안락사 또는 존엄사를 인정한 최초의 판결로 간주된다.[191]

서울서부지방법원 판결 이후 국회에서는 '존엄사법안' 등 관련 법안이 발의되기 시작하였다. 한편, 헌법재판소는 2009년 2008헌마385 결정에서 죽음이 임박한 환자의 '연명치료 중단에 관한 자기결정권'이 헌법상 보장된 기본권이기는 하지만, 이러한 권리를 보장하기 위해 반드시 입법이 필요한 것은 아니라고 보았다.[192] '연명치료 중단에 관한 자기결정권'을 보장하는 방법으로서 '법원의 재판을 통한 규범의 제시'와 '입법' 중 어느 것이 바람직한가는 입법정책의 문제로서 국회의 재량에 속한다는 것이다. 이후 연명치료 중단 제도화에 대한 논의가 계속되었고, 2013년 7월에는 대통령 소속 국가생명윤리심의위원회가 "연명의료의 환자결정권 제도화 권고"를 하였는데, 이 권고에서는 제도화의 방법으로 특별법 형태의 입법을 권고하였다. 이 같은 논의를 거쳐 2016년 「호스피스·완화의료 및 임종과정에 있는 환자의 연명의료결정에 관한 법률」이 제정되었다.[193] 이에 따라 19세 이상인 사람은 사전연명의료의향서를 작성하여 연명의료 중단의 자기결정을 할 수 있게 되었다. 안락사와 존엄사의 개념이 모호할 뿐 아니라 안락사와 존엄사라는 용어에는 가지판단적인 측면이 있는 점을 고려하여 법에서는 '연명의료 중단'이라는 가치중립적인 용어가 사용되었다.

앞서 살펴본 것처럼 규약위원회가 규약 제6조 생명권의 관점에서 특히 주목하는 문제는 적극적 안락사이다. 규약위원회는 적극적 안락사에 대한 적절한 동의를 보장하기 위해 가능한 모든 절차적 보호조치가 취해져야 한다는 점을 강조하면서도, 적극적 안락사 자체를

---

190) 대법원 2009. 5. 21. 선고 2009다17417 판결.
191) 안락사와 존엄사의 개념이 명확하게 정립되어 있지 않음에 따라 양자의 관계에 관해서는 다양한 견해가 제시됐다. 소극적 안락사와 존엄사를 동일시하는 견해도 있고, 소극적 안락사는 생명 유지에 필수적인 영양공급, 약물 투여 등을 중단함으로써 생명을 단축시키는 반면 존엄사는 인간적 삶을 살 수 있도록 최선의 의학적인 치료를 다했음에도 불구하고 돌이킬 수 없는 죽음이 임박했을 때 의학적으로 무의미한 연명치료를 중단함으로써 자연적인 죽음에 이르도록 한다는 점에서 양자가 다르다고 보는 견해도 있다.
192) 헌법재판소 2009. 11. 26. 2008헌마385.
193) 법률 제14013호, 2016. 2. 3. 제정, 2017. 8. 4. 시행.

규약 제6조에 반하는 것으로 보지는 않았다. 한국에서 시행되고 있는 연명의료 중단은 소극적 안락사 또는 존엄사에 해당하는 것으로서 생명권 보호 의무의 이행의 측면에서 보다 많은 재량이 인정될 수 있다. 연명의료 중단의 경우에도 오남용으로부터 환자를 보호할 수 있는 적절한 조치가 취해져야 함은 물론이다.

【다른 인권조약상의 관련 조항】

세계인권선언 제3조

모든 사람은 생명과 신체의 자유와 안전에 대한 권리를 가진다.

Everyone has the right to life, liberty and security of person.

유럽인권협약 제2조

1. 모든 사람의 생명권은 법률에 따라 보호된다. 어느 누구도 법에 규정된 형벌이 부과되는 범죄의 유죄확정에 따른 법원의 판결을 집행하는 경우를 제외하고는 고의로 생명을 박탈당하지 아니한다.
2. 생명의 박탈이 다음의 상황에서 절대적으로 필요한 힘의 행사의 결과인 때에는 이 조에 위반하여 부과된 것으로 간주되지 않는다.
   가. 위법한 폭력으로부터 사람을 보호
   나. 합법적으로 체포를 하거나 합법적으로 구금된 자의 도주를 방지
   다. 폭동 또는 반란을 진압하기 위하여 합법적으로 취하여지는 행동

1. Everyone's right to life shall be protected by law. No one shall be deprived of his life intentionally save in the execution of a sentence of a court following his conviction of a crime for which this penalty is provided by law.
2. Deprivation of life shall not be regarded as inflicted in contravention of this article when it results from the use of force which is no more than absolutely necessary:
   (a) in defence of any person from unlawful violence;
   (b) in order to effect a lawful arrest or to prevent the escape of a person lawfully detained;

(c) in action lawfully taken for the purpose of quelling a riot or insurrection.

미주인권협약 제4조

1. 모든 사람은 자신의 생명을 존중받을 권리를 가진다. 이 권리는 법률에 따라 보호되며, 일반적으로 임신의 순간부터 보호되어야 한다. 어느 누구도 자의적으로 자신의 생명을 박탈당하지 않는다.

2. 사형을 폐지하지 않은 국가의 경우, 사형은 가장 중대한 범죄에 대해서만 범죄 행위 이전에 제정되어 그러한 형벌을 규정한 법률에 따라 권한 있는 법원이 선고한 최종판결에 의해서만 부과될 수 있다. 그러한 형벌의 적용은 현재 그것이 적용되지 않는 범죄에 대해서는 확대되지 않는다.

3. 사형은 이를 폐지한 국가에서는 다시 도입되지 않는다.

4. 어떤 경우에도 사형은 정치적 범죄 또는 이와 관련된 일반범죄에 대해서는 부과되지 않는다.

5. 사형은 범행 시 18세 미만이나 70세 이상인 사람에 대해서는 부과되지 않으며, 임신한 여성에게도 적용되지 않는다.

6. 사형선고를 받은 모든 사람은 일반사면, 특별사면 또는 감형을 청구할 권리를 가지며, 이는 어떤 경우에도 부여될 수 있다. 사형은 그러한 청원이 담당기관에 의하여 검토되는 동안에는 집행될 수 없다.

1. Every person has the right to have his life respected. This right shall be protected by law and, in general, from the moment of conception. No one shall be arbitrarily deprived of his life.

2. In countries that have not abolished the death penalty, it may be imposed only for the most serious crimes and pursuant to a final judgment rendered by a competent court and in accordance with a law establishing such punishment, enacted prior to the commission of the crime. The application of such punishment shall not be extended to crimes to which it does not presently apply.

3. The death penalty shall not be reestablished in states that have abolished it.

4. In no case shall capital punishment be inflicted for political offenses or related common crimes.

5. Capital punishment shall not be imposed upon persons who, at the time the crime was committed, were under 18 years of age or over 70 years of age; nor shall it be applied to

pregnant women.

6. Every person condemned to death shall have the right to apply for amnesty, pardon, or commutation of sentence, which may be granted in all cases. Capital punishment shall not be imposed while such a petition is pending decision by the competent authority.

인간과 인민의 권리에 관한 아프리카 헌장 제4조

인간은 불가침이다. 모든 인간은 자신의 생명과 신체의 완전성을 존중받을 권리를 가진다. 어느 누구도 이 권리를 자의적으로 박탈당하지 않는다.

Human beings are inviolable. Every human being shall be entitled to respect for his life and the integrity of his person. No one may be arbitrarily deprived of this right.

제7조 고문 등의 금지

정 인 섭

목 차

Ⅰ. 개관
Ⅱ. 고문 등의 금지
　1. 고문
　2. 잔혹하거나 비인도적이거나 굴욕적인
　　대우
　　가. 의의
　　나. 구금상태
　　다. 정신적 고통 등
　　라. 낙태
　3. 잔혹하거나 비인도이거나 굴욕적인
　　처벌
　　가. 체벌
　　나. 사형
　　다. 종신형
Ⅲ. 동의 없는 의학적 또는 과학적 실험금지
Ⅳ. 당사국의 의무

　1. 의무의 성격
　2. 의무의 내용
　　가. 입법 및 예방의무
　　나. 조사 및 처벌 의무
　　다. 고문에 의한 자백의 이용 금지
　　라. 고문 위험국으로의 송환금지
　　마. 보호의무
　3. 증명책임
Ⅴ. 한국의 실행
　1. 고문범죄에 관한 국내법 규정
　2. 개별 사항
　　가. 고문 위험국으로의 송환
　　나. 체벌
　　다. 공소시효 및 사면
　　라. 독방 구금
[다른 인권조약상의 관련 조항]

어느 누구도 고문 또는 잔혹하거나 비인도적이거나 굴욕적인 대우나 처벌을 받지 않는다. 특히 누구든지 자신의 자유로운 동의 없이 의학적 또는 과학적 실험의 대상이 되지 않는다.

No one shall be subjected to torture or to cruel, inhuman or degrading treatment or punishment. In particular, no one shall be subjected without his free consent to medical or scientific experimentation.

I. 개관

고문은 인간의 인격과 존엄성의 핵심을 직접적이고 고의적으로 공격하는 행위이다.[1] 고문은 인류 역사상 통치자들이 손쉽게 자백을 얻으려는 신문 방법의 하나로 끊임없이 악용되어 왔다. 18세기 이후 유럽에서 계몽주의, 인도주의, 합리주의 등의 영향으로 고문이 점차 법적으로 폐지되기 시작했으나, 현실에서는 오늘날까지 결코 사라지지 않고 있다. 20세기 전반부 소련 스탈린 정권과 독일 나치 정권은 고문을 통치수단으로 체계적이고 광범위하게 활용했음은 악명 높다. 제2차 대전 후에도 알제리에서의 프랑스, 아프리카 식민지에서 포르투갈, 중남미의 독재정권 등이 고문을 널리 자행했음이 유명하다.[2] 제7조의 가장 중요한 목표는 고문방지이지만 고문에는 이르지 않는 잔혹하거나 비인도적이거나 굴욕적인 대우나 처벌 역시 금지하고 있으며, 아울러 당사자의 자유로운 동의 없는 의학적 또는 과학적 실험의 금지도 규정하고 있다.

제2차 세계대전 이후 국제인권 의식의 발달에 따라 인간의 육체적·정신적 존엄을 존중하기 위한 고문금지는 국제사회의 특별한 주목을 받게 되었다. 특히 1948년 세계인권선언 제5조가 고문금지를 선언한 일은 국제적 고문방지운동의 시발점이 되었다. 이 조항은 후일 한 글자의 수정도 없이 본 규약 제7조 제1문으로 그대로 채택되었다. 1950년 유럽인권협약 제3조에서도 거의 동일한 표현이 사용되었다.[3] 국제인권규약 이후에는 1969년 미주인권협약 제5조 제2항, 1975년 UN 고문금지선언, 1981년 아프리카인권헌장 제5조가 이어졌다. 마침내 국제인권 NGO들의 적극적인 지원 아래 1984년 「고문 및 그 밖의 잔혹한·비인도적인 또는 굴욕적인 대우나 처벌의 방지에 관한 협약」(이하 고문방지협약)이 UN 총회에서 채택되었다.[4] 규약이 고문방지의 원칙을 선언하고 있다면, 고문방지협약은 이를 어떻게 실천할지를 구체화 하고 있다. 이후에도 1990년 아동권리협약 제37조 (a)호, 1990년 이주노동자 권리보호협약 제10조, 2006년 장애인권리협약 제15조 제1항에도 본 규약과 같은 내용의 고문방지조항이 설치되었다.

이러한 범세계적 지지를 바탕으로 고문금지는 오늘날 국제법상 강행규범으로 인정되고 있다. 구유고슬라비아 국제형사재판소는 1998년 *Delalić* 1심 판결에서 국제재판소로는 처

---

1) M. Nowak, M. Birk & G. Monina ed., *The United Nations Convention Against Torture and its Optional Protocol: A Commentary* 2nd ed.(Oxford UP, 2019), p.1.

2) 상계주, p.2.

3) 유럽인권협약에서는 "cruel"(잔혹한) 한 단어가 빠졌다.

4) Convention against Torture and Other Cruel, Inhuman or Degrading Treatment or Punishment. 1987년 6월 26일 발효. 2023년 6월 현재 173개 당사국. 1995년 2월 8일 한국에 발효.

음으로 고문금지가 강행규범에 해당한다고 판단했다.[5] 유럽인권재판소 역시 2001년 *Al Adsani* 판결에서 고문금지를 강행규범으로 확인했다.[6] ICJ도 2012년 *Belgium v. Senegal* 판결에서 고문금지가 관습국제법의 일부이자 국제법상 강행규범이라고 판단했다.[7] ICJ는 이 판결에서 고문금지가 수많은 범세계적 국제인권조약에 등장하고 있고, 거의 모든 국가의 국내법이 이를 금지하고 있으며, 고문행위는 국제적으로나 국내적으로 지속적으로 비난받고 있음을 지적하며, 고문금지가 광범위한 국제적 실행과 각국의 법적 확신에 근거하고 있다고 평가했다.

그러나 현실에서는 아직도 세계 많은 나라에서 고문이 은밀하게 이루어지고 있다는 사실도 부인할 수 없다. 현재 173개국이 본 규약과 고문방지협약 당사국임에도 불구하고 고문은 눈에 보이지 않는 곳에서 여전히 폭넓게 자행되고 있다. 국제사면위원회(AI) 조사에 따르면 2009년 1월부터 2013년 5월까지 약 4년 반 사이 세계 141개국에서 고문 사례가 보고되었다고 한다.[8]

제7조는 인간의 신체와 존엄성에 대한 핵심적 보호를 내용으로 하므로, 규약 내 다른 조항에 의한 보호와도 자주 연관이 된다. 내부적으로 제7조의 적용은 규약 제9조(신체의 자유)나 제10조(피구금자의 권리), 때로는 제6조(생명권)와 밀접한 관련을 갖는다. 제7조가 일정한 수준 이상의 심각한 행위를 대상으로 한다면, 제10조는 피구금자의 전반적 상황이 최소한의 수준 이하인 경우를 대상으로 한다. 주로 구금상태에서 벌어지는 제7조 위반은 제10조 위반에도 해당할 가능성이 높다. 대체로 신체의 자유에 대한 중대한 침해는 제7조, 그보다는 심각성이 낮은 경우는 제10조 위반으로 판정되는 경향이 있으나, 종종 양자의 구분이 쉽지 않다. 한편 신체의 자유를 규정한 제9조가 잘 준수된다면 제7조 위반의 결과를 크게 줄일 수 있을 것이다. 강제실종은 제7조, 제9조, 제10조에 동시에 저촉될 가능성이 높으며, 그 결과 사망했다면 제6조 위반에도 해당하게 된다. 제14조 제3항 사호(자백 강요 금지)는

---

5) "454. Based on the foregoing, it can be said that the prohibition on torture is a norm of customary law. It further constitutes a norm of *jus cogens*," *Prosecutor v. Z. Delalić et al.*, ICTY Judgment, Case No. IT-96-21-T(1998). 곧 이어 *Prosecutor v. Furundzija*, Judgment, Case No. IT-95-17/1-T(1998), para. 153; *Prosecutor v. Zoran Kupreskic et al.*, Judgment, Case No. IT-95-16-T(2000), para. 520; *Prosecutor v. D. Kunarac et al.*, Judgment, Case No. IT-96-23-T & IT-96-23/1-T(2001), para.466에서도 고문금지를 강행규범으로 인정했다.

6) *Al Adsani v. U.K.* ECtHR, 34 E.H.R.R. 273(2002), para. 61.

7) "In the Court's opinion, the prohibition of torture is part of customary international law and it has become a peremptory norm(*jus cogens*)." Questions Relating to the Obligation to Prosecute or Extradite, *Belgium v. Senegal*, 2012 ICJ Reports 422, para. 99.

8) Amnesty International, Torture in 2014: 30 Years of Broken Promises(2014), p.10.

제7조 위반을 방지하는데 보충적 역할을 하게 된다.[9]

한국을 포함한 대부분의 자유권규약 당사국은 고문방지협약의 당사국이기도 하므로, 이들 국가는 양 조약의 의무를 동시에 이행해야 한다. 고문방지라는 기본 원칙만을 선언하고 있는 규약과 달리 고문방지협약은 여러 가지 방지절차를 구체화하고 있는 점에서 의의가 있다.[10] 규약상 고문의 의미가 고문방지협약과 완전히 일치하지는 않으나, 규약 제7조의 해석에서는 이 문제에 보다 특화된 고문방지협약의 내용과 실행이 적지 않은 영향을 미치게 된다.

II. 고문 등의 금지

1. 고문

규약 제7조는 고문을 구체적으로 정의하고 있지 않다. 제7조는 같은 조문에서 고문 외에 잔혹하거나 비인도적이거나 굴욕적인 대우나 처벌도 함께 금지하고 있기 때문에 이들 각각의 행위 태양이 어떻게 차이가 나느냐가 궁금할 수 있다. 1975년 UN 총회의 「고문방지선언」은 "잔혹하거나 비인도적이거나 굴욕적인 대우나 처벌"의 더욱 심각하고 고의적 형태가 "고문"이라고 설명했다(제1조 제2항). 고문방지협약도 고문 방지에 관해 보다 강화된 의무를 부과함으로써[11] 고문과 기타 행위 사이 심각성의 위계를 암시한다.[12]

그러나 규약위원회는 제7조가 금지하고 있는 각각의 행위 유형을 구체적으로 구별하려는 시도는 하지 않고 있다. 위원회가 제7조에 관해 두 차례 발표한 일반논평은 공통적으로 이 조항의 적용대상인 금지행위의 목록을 만들거나, 상이한 종류의 처벌이나 대우 간에 명확

---

9) Taylor's Commentary(2020), pp.173-174.
10) 고문방지협약에 따르면 당사국은 자국 관할 내에서 고문을 방지하기 위한 실효적 입법·행정·사법적 조치를 취해야 한다(제2조). 즉 고문을 한 자는 범죄자로 처벌받아야 하며, 미수나 공모자·가담자도 처벌 대상에 포함된다(제4조). 직접 고문을 한 자뿐만 아니라, 고문을 교사·동의·묵인한 자도 처벌 대상이 된다(제1조). 당사국은 자국 내 고문 실행자를 직접 처벌하든가, 처벌을 위해 타국으로 인도해야 한다(제7조). 또한 고문을 받을 위험이 있는 국가로는 사람을 추방·송환·인도해서 아니된다(제3조). 고문방지협약은 임기 4년의 10인의 위원으로 구성된 고문방지위원회(CAT: Committee against Torture)를 설치해 협약 내용과 관련된 각국 보고서를 검토하고 고문 피해자의 개인통보를 조사하도록 한다. 단 개인통보는 협약 제22조를 수락한 국가를 대상으로만 제기될 수 있다. 보다 확실한 고문방지를 위해 1987년 채택된 유럽 고문방지협약은 협약 기구에게 당사국의 감옥이나 기타 구금시설을 예고 없이 방문·조사할 수 있는 권한을 부여하고 있다. 이에 고문방지협약 역시 2002년 추가로 선택의정서를 채택하여 구금장소에 대한 국제기관의 정기방문, 당사국 자체의 국가예방기구 설립 등을 규정하고 있다.
11) 고문방지협약 제16조 제1항 참조.
12) Nowak's CCPR Commentary(2019), p.173(para.5).

한 구별기준을 제시할 필요가 없다는 입장을 견지했다. 차이는 처우의 성격, 목적, 심각성 (nature, purpose and severity)에 달렸다고만 설명했다.[13] 흥미로운 점은 규약위원회 자신은 고문의 정의를 구체적으로 제시하지 않으면서 국가보고서 심의 시 한국을 포함한 몇몇 국가에 대해 국내 형법에 규약 제7조 및 국제규범에 완전히 부합되는 고문의 정의를 포함시키라는 요구를 했다는 사실이다.[14]

　　제7조를 해석함에 있어서는 아무래도 고문방지협약상 고문의 정의가 크게 참고된다. 규약위원회 또한 구체적 사건 판단에 있어서 고문방지협약의 고문 정의를 활용하기도 한다.[15] 고문방지협약 제1조 제1항은 고문을 다음과 같이 정의하고 있다.

　　"이 협약의 목적상 "고문"이라 함은 공무원이나 그 밖의 공무 수행자가 직접 또는 이러한 자의 교사·동의·묵인 아래, 어떤 개인이나 제3자로부터 정보나 자백을 얻어내기 위한 목적으로, 개인이나 제3자가 실행하였거나 실행한 혐의가 있는 행위에 대하여 처벌을 하기 위한 목적으로, 개인이나 제3자를 협박·강요할 목적으로, 또는 모든 종류의 차별에 기초한 이유로, 개인에게 고의로 극심한 신체적·정신적 고통을 가하는 행위를 말한다. 다만 합법적 제재조치로부터 초래되거나, 이에 내재하거나 이에 부수되는 고통은 고문에 포함되지 아니한다."

　　이에 따르면 고문이란 공무원 등이 정보나 자백을 얻어내기 위한 목적에서 타인에게 고의적으로 극심한 신체적 또는 정신적 고통을 가하는 행위라고 이해된다. 그러나 규약의 적용대상은 이보다 더 넓다. 행위자가 공무원 등 공적 자격에서 하는 행동뿐만 아니라, 사적 자격에서 하는 행동도 금지대상에 포함되기 때문이다.[16] 고문은 사인이 가학적 쾌락을 얻거나 개인적 이득을 얻기 위해 저질러지기도 하지만, 아무래도 국가권력의 관여 속에 합법적 또는 불법적으로 자유를 박탈당한 상태에 있는 자에게 가장 빈번하게 발생한다. 규약위원회가 실제 고문을 인정한 사례의 대부분은 고문방지협약 정의에도 합치되는 경우이다.[17]

---

13) HRC General Comment No.7(1982), para.2; HRC General Comment No.20(1992), para.4.
14) Concluding Observations on the Republic of Korea. CCPR/C/KOR/CO/4(2015), para.27. 기타 Concluding Observations on Madagascar, CCPR/C/MDG/CO/3(2007), para.19; Concluding Observations on Barbados, CCPR/C/BAB/CO/3(2007), para.11; Concluding Observations on Botswana, CCPR/C/BWA/CO/1(2008), para.15 등.
15) *Giri v. Nepal*, Communication No. 1761/2008(2011), para.7.5.
16) HRC General Comment No.20(1992), para.2.
17) Taylor's Commentary(2020), p.189.

이상의 내용을 감안할 때 고문은 다음 요소를 핵심으로 포함한다.

첫째, "피해자의 극심한 고통"이다. 이에는 육체적 고통과 정신적 고통을 모두 포함한다.[18] 통상적인 상황에서 감내할만한 수준의 고통은 고문에 해당하지 않는다.

둘째, "가해자의 고의"이다. 고문은 고통을 가하려는 악의적 고의의 소산이다. 긴급상황에서 어쩔 수 없이 마취 없는 절단수술을 실시했다면 이는 고문에 해당하지 않는다. 피해자가 실수로 방치됨으로써 극심한 고통을 겪었다면 이는 비인도적 처우에는 해당할 수 있으나, 고문에는 이르지 않는다.

한편 고문은 통상 "작위"에 의해 발생하지만, "부작위"에 의해 초래될 수도 있다. 예를 들어 고통을 초래하기 위해 고의로 음식물이나 의료제공을 상당 기간 중지하는 경우 고문에 해당할 수 있다.[19]

고문은 국내적으로 내란이나 정치적 긴장이 높을 때 자주 발생하며, 국가별로 군사정부 집권 등 특정 시기에 집중되기도 한다(우루과이, 콜롬비아, 자이레, 네팔 사례 등).[20] 규약위원회에 의해 초기에 고문이 인정된 사건으로는 과거 우루과이의 군부독재정권 시절 벌어졌던 "완전 차단 구금(incommunicado)" 상황 속 신문과정에서 벌어진 다양한 가혹행위와 관련된 사례가 많았다.[21] 구체적으로 조직적 구타, 벌거벗겨 철제침대에 묶은 뒤 손가락·눈꺼풀·코·생식기 등에 전기충격, 담뱃불로 지지기, 장시간 수갑 착용, 피·소변·구토물·대변 등의 혼합물 속에 담그기, 나체로 장시간 기립자세 강요, 사형집행이나 신체절단 위협 등의 행위가 고문으로 지적되었다.[22] 이렇게 행해진 고문은 일반적으로 신체에 영구적 손상을 입혔고, 많은 피해자들이 고문을 이기지 못해 죽거나 실종되었다. 이에 관한 개인통보사건은 대부분 외국으로 도피한 가족에 의해 제출되었다.[23] 과거 우루과이를 상대로 한 사건이 많았던 이유는 이 나라가 선택의정서를 이른 시기에 비준한 원 당사국의 하나였기 때문이다. 선택의정서 발효 초기에는 개인통보사건의 약 3/4이 우루과이 한 나라를 상대로 제출되었다. 이후 아프리카 국가를 상대로 한 통보제기가 비교적 많았지만, 고문은 서구 선진국

---

18) HRC General Comment No.20(1992), para.5. 고문방지협약 제1조 제1항 참조.

19) Joshep & Castan's Commentary(2013), pp.217-219 참조.

20) Taylor's Commentary(2020), pp.189-190.

21) incommunicado에 관해서는 아래 각주 50 관련 본문 참조.

22) *López Burgos v. Uruguay*, Communication No. 52/1979(1981); *Sendic Antonaccio v. Uruguay*, Communication No. 63/1979(1981); *Bleier Lewenhoff et al. v. Uruguay*, Communication No. 30/1978(1982); *Estrella v. Uruguay*, Communication No. 74/1980(1983); *Arzuaga Gilboa v. Uruguay*, Communication No. 147/1983(1985); *Conteris v. Uruguay*, Communication No. 139/1983(1985); *Hugo Rodríguez v. Uruguay*, Communication No. 322/1988(1994) 등 참조.

23) Nowak's CCPR Commentary(2019), p.179(para.16).

에서 역시 예외 없이 벌어졌다. 이슬람 국가와의 대테러 전쟁수행의 명분으로 미국과 영국이 아프가니스탄과 이라크, 쿠바 관타나모 기지 등에서 테러 혐의자에 대한 고문 내지 비인도적 대우를 자행한 사건도 널리 알려졌다.[24]

실제로는 고문과 비인도적 대우 사이 구별이 쉽지 않은 경우가 많다. 1971년부터 1975년까지 북아일랜드에서 일어난 유혈사태를 배경으로 하는 *Ireland v. United Kingdom* 사건 (1978)에서 영국 보안군이 피구금자를 신문함에 있어 소위 "다섯 가지 기술", 즉 1) 머리 가리개를 씌우고 2) 지속적이고 강렬한 소음에 노출시키며 3) 잠을 재우지 않고 4) 충분한 음식과 물을 제공하지 않으며 5) 발끝으로 벽에 기대어 고통스러운 자세로 오랫동안 서 있게 하는 등의 행위를 강제했다. 유럽 인권위원회는 이러한 다섯 가지 행위의 혼합은 단순한 비인도적인 행위가 아니라, 피구금자로부터 정보를 얻기 위해 극도의 정신적 및 신체적 자극을 가해 극심한 고통을 유발하는 고문에 해당한다고 판단했다. 반면 유럽 인권재판소는 이러한 행위를 고문이 아닌 비인도적인 대우로 판시했다.[25] 이후 유럽 인권재판소도 고문의 개념을 좀 더 유연하게 확대해 개개의 행위는 고문에 해당하지 않을지라도 심각한 누적 효과를 야기할 경우 고문으로 해석하고 있다.[26] 인권의식의 고양에 따라 고문의 개념이 과거보다 확장되고 있다.

사실 특히 피구금자에 대한 가혹행위는 고문과 그에는 미치지 않는 잔혹하거나 비인도적이거나 굴욕적인 대우가 혼합되어 가해지는 사례가 많다. 이런 경우 위원회는 일일이 개개 행위의 유형을 구분하기보다 종합적으로 고문과 비인도적 대우가 가해져 규약 제7조 위반이라고만 결론내린다. 사안의 판단과정에서는 고문 발생을 여러 차례 인정한 사건에서도 위원회의 결론은 단순히 제7조 위반이라고만 서술하는 경향이다.[27]

---

24) Concluding Observations on the U.S.A., CCPR/C/USA/CO/3/Rev.1(2006), paras.12-14; Concluding Observations on the U.K., CCPR/C/GBR/CO/6(2008), para.14; Amnesty International, U.S.A.: Briefing to the Human Rights Committee with respect to its review of the state party's combined second and third periodic report on the implementation of the International Covenant on Civil and Political Rights(2006), pp.21-25.

25) *Ireland v. United Kingdom*, 1978 ECtHR 1. 이 사건에 대한 유럽 인권위원회와 유럽 인권재판소의 입장 차이에 대한 분석은 N. Jayawickrama, *The Judicial Application of Human Rights Law*(Cambridge University Press, 2002), pp.308-311을 참조.

26) E. Silinyte, The Application of the Definition of Torture: Nowadays and Perspectives in the Practice of European Court of Human Rights, Contemporary Readings in Law and Social Justice vol.5, no. 2(2013), pp.247-248. *A. Celebi et al. v. Turkey*, ECtHR Application Nos.3076/05 & 26739/05(2010) 참조. 유럽 인권재판소의 이 판결은 *Ireland v. United Kingdom* 사건(1978)의 결론을 번복했다고 해석된다.

27) 예: *Hugo Rodríguez v. Uruguay*, Communication No. 322/1988(1994), para.13; *S. Kodirov v.*

2. 잔혹하거나 비인도적이거나 굴욕적인 대우

가. 의의

"잔혹하거나 비인도적이거나 굴욕적인 대우"란 고문의 핵심 요소인 "고의"나 "극심한 고통" 중 하나가 결여되어 고문으로 인정되기 어려운 다양한 형태의 신체적 또는 정신적 고통 부과를 의미한다.[28] 예를 들어 구금된 피고인에게 수사당국이 자백을 강요하기 위해 고의로 2주간 음식물을 주지 않았다면 고문에 해당하지만, 교도관의 착오로 인해 피고인 수감을 모르고 실수로 벌어진 일이라면 이는 잔혹하거나 비인도적 대우에 해당한다.

"대우(treatment)"란 "처벌(punishment)"보다는 넓은 유형의 행위를 포함한다. "처벌"은 제재를 위한 목적에서 부과되지만, "대우"는 보다 다양한 목적으로 부과될 수 있다. 어떠한 대우가 제7조에 의해 금지된 행위인가는 여러 상황을 종합해서 판단해야 한다. 규약위원회는 문제된 대우의 기간과 방법, 이의 육체적 및 정신적 영향력, 피해자의 성별, 나이, 건강 상태 등 모든 사항을 고려해 평가해야 한다고 보았다.[29] 즉 피해자의 나이나 건강상태와 같은 주관적 요소에 따라 어느 사람에게는 "잔혹하거나 비인도적이거나 굴욕적인 대우"에 해당하는 행위가 사람에 따라서는 아닐 수도 있다.

나. 구금상태

제7조에 위반되는 잔혹하거나 비인도적이거나 굴욕적인 대우는 구금상태에 놓인 자에 대해 가장 빈번하게 발생한다. 피구금자는 교도관이나 동료 수감자로부터 폭력, 학대, 모욕 등에 노출될 가능성이 크기 때문이다. 규약위원회는 특히 「UN 수감자 처우에 관한 표준규칙」의[30] 내용은 각국의 발전상태와 관계없이 준수되어야 한다는 입장이다.[31] 피구금자의 상황은 제7조에 앞서 일단 제10조 제1항 "자유를 박탈당한 모든 사람은 인도적인 또는 인

Uzbekistan, Communication No. 1284/2004(2009), paras.9.2-9.3. 반면 유럽 인권재판소는 문제된 행위가 구체적으로 어느 유형의 행위에 해당하는가를 밝히는 게 보통이다. Joshep & Castan's Commentary (2013), p.229. 유럽 인권재판소는 "비인도적" 대우는 장기간 지속, 강한 육체적 및 정신적 피해, 격렬한 심리적 고통을 전제로 하나, "굴욕적" 대우는 공포·분노·열등의 감정, 모멸감과 타락, 신체적 또는 정신적 저항의 포기 등을 전제로 한다고 구별하는 경향이다. 김태천, "고문의 정의", 저스티스 제87호 (2005. 10), p.91.

28) Taylor's Commentary(2020), p.193 참조.

29) *A. Vuolanne v. Finland*, Communication No. 265/1987(1989), para.9.2.

30) UN Standard Minimum Rules for the Treatment of Prisoners(1955). 이는 2015년 UN 총회 결의 제 70/175호로 개정 채택되었다(일명 Nelson Mandela Rules).

31) *A. Mukong v. Cameroon*, Communication No. 458/1991(1994), para.9.3.

간의 고유한 존엄성이 존중되는 대우를 받는다"는 조항 위반일 가능성이 높다. 적지 않은 사건에서 제7조와 제10조가 동시에 위반되었다고 판정되고 있으나, 아무래도 제7조 위반 판정에 좀 더 엄격한 기준이 적용된다. 다음은 양 조문 모두의 위반이 인정된 전형적인 사례이다.

이 사건 통보자는 감방에 하루 23시간 정도 갇혀 있었는데, 매트리스 등의 침구가 없었으며, 변기시설, 환기 및 조명시설도 열악했다. 수감 중 필요한 음식과 마실 물도 제대로 공급받지 못했다. 천식환자인 통보자는 필요 장비와 약도 압수당했으며, 천식이 발작해도 제대로 치료를 받지 못했다. 규약위원회는 제7조와 제10조 제1항 위반으로 판정했다.[32]

규약위원회에 의해 수감상황이 제7조 위반의 잔혹하거나 비인도이거나 굴욕적인 대우로 인정된 사례들은 매우 많다. 몇 가지 예를 들어본다. 강압에 의한 35시간 동안 눈가리개 착용 형벌과 매트리스 위에 며칠간 미동 없이 앉아있도록 한 조치,[33] 수감자들에게 수치심을 주고 그들에게 불안감을 조성하기 위한 감옥에서의 자의적 조치(예: 반복적인 독방 감금, 다른 감방으로의 지속적인 재배치 등),[34] 여자 수감자들을 수갑을 찬 채로 나체로 세워두기,[35] 구속 후 4일간 음식 미제공,[36] 2일간 고문당한 수감자에 수일간 음식과 물을 주지 않고, 의료치료도 제공하지 않은 행위,[37] 수감 중 총상을 입었으나 제대로 치료를 받지 못해 사망한 사건,[38] 구속된 후 구타당한 수감자가 출혈 계속으로 심각한 상태임을 인지하고도 교도 당국이 여러 시간 동안 방치한 경우,[39] 신장병으로 심각한 통증을 겪는 수감자에게 적절한 치료를 제공하지 않아 2년 이상 고통을 겪게 한 사건,[40] 수감 중 심장마비 발작을 겪었으나 필요한 치료를 1년 이상 받지 못해 지병이 악화된 경우[41] 등이 이에 해당한다. 정신병원에의 수용도 치료목적이 아닌 자의적이고 위법한 강제 수용이라면 피해자에게 정신적·심리

---

32) *C. Brown v. Jamaica*, Communication No. 775/1997(1999), para.6.13.

33) *Soriano de Bouton v. Uruguay*, Communication No. 37/1978(1981), paras.2.3 & 13.

34) *Hiber Conteris v. Uruguay*, Communication No. 139/1983(1985), paras.1.6 & 10.

35) *Arzuaga Gilboa v. Uruguay*, Communication No. 147/1983(1985), paras.4.3 & 13.

36) *E. Tshisekedi et al. v. Zaire*, Communication No. 242/1987(1989), paras.11.3 & 13.

37) *Mika Miha v. Equatorial Guinea*, Communication No. 414/1990(1994), para.6.4.

38) *E. Henry & E. Douglas v. Jamaica*, Communication No. 571/1994(1996), para.6.8.

39) *T. Hemachandra v. Sri Lanka*, Communication No. 2087/2011(2015), para.6.4.

40) *L. Rouse v. Philippines*, Communication No. 1089/2002(2005), para.7.8.

41) *M. Marinich v. Belarus*, Communication No. 1502/2006(2010), para.10.3.

적 고통을 야기하고 이는 제7조 위반에 해당한다.[42] 이상 사건에 따라서는 비인도적 대우와 고문이 함께 인정되기도 했다.

구금시설의 열악한 환경으로 인해 제10조와 함께 제7조 위반이 인정된 사례도 있다. 예를 들어 트럭 창고에 구금되어 결박당한 채 눈가리개를 하고 침구와 음식물도 거의 조달받지 못하고 차가운 바닥에 계속 방치된 경우,[43] 인공조명이 지속되는 과밀한 감방에 수감되고 우기 동안에는 감방 바닥 10cm까지 물이 찬 경우,[44] 작은 독방(1.5m × 2m)에서의 몇 개월간의 구금[45] 등이 이에 해당한다.

특히 독방 수감은 수형자의 심리적·정신적 고통과 질병을 야기하는 등 건강에 다양한 악영향을 미치는 한편, 고문 등 가혹행위가 발생할 가능성이 높은 환경을 조성한다. 따라서 독방 수감은 적용 목적, 물리적 조건, 기간과 함께 당사자의 개인 형편에 따라 제7조 위반에 해당할 수 있다.[46] 특히 장기간 독방 수감은 제7조 위반이 될 가능성이 높다.[47] 24명의 인권전문가가 2007년 채택한 이스탄불 성명은 하루 22시간 이상 작은 감방에 홀로 수용되고, 타인과의 접촉이 거의 중단된 상태를 독방 수감으로 정의하고, 이는 가장 예외적인 경우에 가능한 한 단기간 동안 그리고 다른 수단이 없는 경우에만 적용하라고 제안했다.[48] 다음은 제7조 위반이 인정된 장기 독방 수감의 극단적 사례 중 하나이다.

게릴라 지도자인 통보자는 1992년 7월 페루 리마에서 체포되었다. 그는 해발 4,000m 높이 영하 기온의 뿌노 감옥으로 보내져 9개월 동안 하루 23시간씩 사방 2m 길이 독방에 수감되었다. 그는 1일 30분씩만 감방에서 나올 수 있었고, 누구와의 대화는 물론 편지도 금지되었다. 종신형을 선고받은 후 그는 리마 부근 해군기지 내 지하 감옥에 수감되었다. 그의 감방에는 하루 10분 정도 햇빛이 들어왔다. 첫 1년 동안 면회는 물론 서신 왕래도 금지되었다. 규약위원회는 처음 9개월의 수감생활은 규약 제10조, 종신형 이후 1년간의 수감생활은 비인도적 처우로서 제7조 위반이라고 판정했다.[49]

---

42) *T.V. & A.G. v. Uzbekistan*, Communication No. 2044/2011(2016), para.7.10.

43) *Buffo Carballal v. Uruguay*, Communication No. 33/1978(1981), paras.2.3 & 13.

44) *C. Massiotti et al. v. Uruguay*, Communication No. 25/1978(1982), para.13.

45) *Marais v. Madagascar*, Communication No. 49/1979(1983); *Wight v. Madagascar*, Communication No. 115/1982(1985).

46) Interim report of the Special Rapporteur of the Human Rights Council on torture and other cruel, inhuman or degrading treatment or punishment(A/66/268(2011)), para.72.

47) HRC General Comment No.20(1992), para.6.

48) The Istanbul Statement on the Use and Effects of Solitary Confinement(2007).

49) *Polay Campos v. Peru*, Communication No. 577/1194(1997), paras.8.4-8.6.

한편 "완전 차단 구금(Incommunicado)"이란 외부와의 소통을 완전히 중지시키는 구금의 일종이다. 외부에는 그가 어디에 구금되었는지조차 알려지지 않는 상태에 놓인다. 종종 당국은 피해자를 구금하고 있다는 사실조차 부인하고, 다른 민간단체에 의해 납치되었다고 주장하기도 한다. 가족들은 피해자가 체포된 이후의 운명을 장기간 모르고 지내며, 이는 종종 강제실종으로 연결되었다. 이러한 처지의 피해자는 고문이나 비인도적 대우에 특히 취약할 수밖에 없다.[50] 외부세계와의 접촉이 무제한 차단된 상태의 고통은 수많은 개인통보 사건에서 제7조 위반으로 판정되었다.[51] 다만 40일 동안의 차단 상태는 제7조 위반으로 인정되지 않고, 제9조 제3항 위반으로만 판정된 예가 있다.[52] 완전 차단 구금 역시 규약 제7조와 동시에 제10조 위반으로 판정되는 사례가 많으며,[53] 종종 제9조 제3항 위반에 해당하기도 한다. 규약위원회는 당사국에게 이러한 차단 구금을 금지하는 규정을 만들라고 권고했다.[54]

강제실종은 규약에 명시된 용어는 아니나, 제7조를 포함해 규약상 여러 권리의 침해를 상징하는 독특한 일련의 종합적 행위이다. 즉 강제실종이란 정부 요원이나 국가의 지원을 받는 자가 적법절차에 의하지 않는 방법으로 대상자의 자유를 박탈한 후, 그 사실이나 피해자의 소재와 상황을 은폐하는 경우를 의미한다.[55] 법의 보호를 받을 수 없는 실종자의 운명은 심각하고 지속적 위험에 빠지게 된다. 이는 빈번하게 제7조 위반을 결과하며, 아울러 제6조, 제9조, 제10조 위반에도 이른다.[56] 군부로부터 살해 위협을 받던 노조 지도자가 1990년 5월 택시 탑승 후 수년간 실종되었다면 그간의 정황으로 보아 실종자는 고문이나 잔혹한 대우를 받았으리라 추정되므로, 규약위원회는 제7조 위반이라는 결론을 내렸다.[57]

---

50) Nowak's CCPR Commentary(2019), p.191(para.33).

51) I. Al-Maqrif et al. v. Libya, Communication No. 2006/2010(2014), para.7.5.; T. Ammari et al. v. Algeria, Communication No. 2098/2011(2014), para.8.5; B. Shikhmuradov v. Turkmenistan, Communication No. 2069/2011(2015), para.6.4 등. 기타 같은 취지의 결정례는 Nowak's CCPR Commentary(2019), p.191 각주 152에 다수 수록.

52) M. Boimurodov v. Tajikistan, Communication No.1042/2001(2005), para.7.4. 단 이 사건에서는 구금 중의 다른 대우를 이유로 제7조 위반도 인정되었다(para.7.2).

53) Taylor's Commentary(2020), p.196. 같은 면 각주 172에 그에 해당하는 사례 적시됨.

54) HRC General Comment No.20(2000), para.11. F. Kulov v. Kyrgyzstan, Communication No. 1369/2005(2010), para.8.2.

55) 아래 각주 58의 협약 제2조 참조.

56) Taylor's Commentary(2020), pp.193-194. 강제실종은 때로 국가 아닌 그에 대한 적대세력에 의해 저질러질 수 있다. 이 경우는 국가는 철저한 조사의무를 진다. Nowak's CCPR Commentary(2019), p.192 (para.35).

57) M. Mojica v. Dominican Republic, Communication No. 449/1991(1994), para.5.7.

강제실종에 관해서는 별도로 2006년 「강제실종으로부터 모든 사람의 보호를 위한 협약」이 채택된 바 있다.[58] 「국제형사재판소에 관한 로마규정」도 강제실종을 인도에 반하는 죄의 일종으로 규정하고 있다(제7조 제2항 제1호).

다. 정신적 고통 등

제7조에 의해 금지된 행위에는 피해자에게 신체적 고통을 야기하는 행위뿐 아니라 정신적 고통을 야기하는 행위도 포함된다.[59] 다음은 규약위원회의 판단을 보여주는 몇 가지 사례들이다.

가족이 고문과 가혹행위를 당하는 모습을 참관함에 따른 고통은 제7조 위반에 해당한다.[60] 실종된 피해자의 소재와 운명이 장기간 불확실하면 가족들은 커다란 고통과 불안을 겪게 된다. 군부대에 의해 딸이 연행된 후 실종되었다면 그 어머니의 정신적 고통은 제7조 위반에 해당한다.[61] 아들의 사형집행에 대한 어떠한 정보도 얻지 못하고, 무덤이 어디에 있는지조차도 통보받지 못한 어머니의 정신적인 고통도 제7조 위반으로 판정되었다.[62] 강제실종 등으로 피해자가 사망했다면 국가는 시신을 찾을 의무가 있으며, 시신을 확인하면 가족에게 전달해야 한다.[63]

상황에 따라서는 사건조사나 사법절차 자체가 피해자에게 잔혹하거나 비인도적 대우에 해당할 수 있다. 13세인 원주민 소녀가 여러 차례 강간당한 사실을 조사받기 위해 고통스러운 상태로 경찰서에 대기하고, 의료진은 그녀의 성경험 여부에 관해 필요 이상의 검사를 진행하고, 재판절차에서도 피해자의 입장을 감안하지 않는 고통스러운 확인과정이 반복되었다면 규약위원회는 제7조 위반에 해당한다고 판단했다.[64] 17세의 타밀 소녀가 납치되어 강간당했는데 용의자에 대한 수사가 부당하게 지연되어 14년이 지나 판결이 내려졌고, 재

---

58) International Convention for the Protection of All Persons from Enforced Disappearance. 2010년 발효. 2023년 6월 현재 71개 당사국, 한국 2023년 1월 가입. 이에 앞서 1993년 UN 총회는 「강제실종으로부터 모든 사람의 보호를 위한 선언」을 채택했다(총회 결의 제47/133호).

59) HRC General Comment No.20(1992), para.5.

60) *A. Azizi et al. v. Algeria*, Communication No. 1889/2009(2014), para.7.7.

61) *Quinteros Almeida et al. v. Uruguay*, Communication No. 107/1981(1983), para.14. Taylor's Commentary(2020), p.197 각주 178에 유사 사례 다수 제시.

62) *N. Schedko v. Belarus*, Communication No. 886/1999(2003), para.9.4. Taylor's Commentary (2020), p.199 각주 185에 유사 사례 다수 제시.

63) *M. Ouaghlissi et al. v. Algeria*, Communication No. 1905/2009(2012), para.9; *Al-Maqrif et al. v. Libya*, Communication No. 2006/2010(2014), para.9.

64) *L.N.P. v. Argentina*, Communication No. 1610/2007(2011), para.13.6.

판과정에서 피해자에 대해 경멸적 발언이 거듭되었다면 피해자의 정신적 고통은 제7조 위반에 이른다고 판정했다.[65]

한편 제7조는 재산의 파괴를 통해서도 위반된다. 정부 관리의 명령에 따라 영장 제시도 없이 가족농장이 파괴되고 17년 이상 살던 집에서 쫓겨나 건물과 함께 그 안의 가구와 개인 소지품이 파괴되는 광경을 무기력하게 볼 수밖에 없었다면, 이 과정에서 겪은 정신적 고통은 제7조 위반에 해당한다고 판정되었다.[66]

외국인 범법자라도 그가 추방조치를 감내할 정신건강상태에 이르지 못하면 당사자에게는 제7조 위반이 될 수 있다. 캐나다에서 18세 이후 13년을 거주하면서 지속적인 정신과 치료를 받고 있던 자메이카인이 흉기로 타인을 공격한 범죄를 저질렀다는 이유로 본국 추방이 결정되었다. 규약위원회는 추방이 갑작스러운 치료 중단과 가족 이별로 인한 지원중지로 이어진다면 이러한 결과는 제7조 위반에 해당한다고 판단했다.[67] 다음 역시 유사한 사례이다.

이란인인 사건 통보자는 오스트레일리아로의 적절한 입국자격을 갖추지 못했다는 이유로 수용소에 수년간 수용되었다가 난민지위를 인정받았다. 그는 수용 도중 수차례 자살을 시도하는 등 심각한 정신질환을 앓게 되었다. 석방 후에는 정신질환으로 인해 여러 차례 범죄를 저질렀고, 마침내 본국으로의 추방이 결정되었다. 규약위원회는 수용소에서 통보자의 정신질환 발병을 알면서도 악화방지에 필요한 조치를 게을리한 당국의 행위는 제7조 위반이며, 만약 그를 추방한다면 오스트레일리아에서 발병한 질환의 치료를 계속 받기가 사실상 어렵기 때문에 추방 역시 제7조 위반에 해당한다고 판단했다.[68]

라. 낙태

국제인권법은 오랫동안 낙태를 조심스럽게 다루어왔다. 낙태에 대한 태도는 종교나 문화적 배경에 크게 영향받았으며, 국가별 차이도 컸다. 규약위원회는 1982년 제6조(생명권)에 관한 일반논평 제6호 채택시 낙태에 관한 입장을 밝히려 했으나, 내부 견해 차이를 좁히지 못해 성사되지 못했다. 대신 낙태는 제7조의 문제로 먼저 다루어졌다. 즉 규약위원회는 강

---

65) *X v. Sri Lanka*, Communication No. 2256/2013(2017), para.7.4.

66) *M. Aouali, F. Faraoun & F. Bouregba v. Algeria*, Communication No. 1884/2009(2013), paras.7.2-7.3. 유사한 사건: *H. Mohamed v. Libya*, Communication No. 2046/2011(2014), paras.6.4-6.5.

67) *A.H.G. v. Canada*, Communication No. 2091/2011(2015), para.10.4.

68) *C. v. Australia*, Communication No. 900/1999(2002), paras.8.4-8.5.

간에 의한 임신, 태아나 산모의 건강상태로 보아 임신 계속이 적절하지 않은 경우에도 제도적으로나 사회사정상 낙태를 할 수 없다면 이는 산모에 대한 비인도적 대우가 된다고 해석하고 있다.[69] 다음은 그에 해당하는 몇 가지 사례들이다.

페루의 18세 여성이 임신했는데 병원진단 결과 태아의 뇌가 비정상이고 임신 계속은 산모 건강을 위협할 수 있다고 판단되었다. 가족들은 낙태를 요청했지만 병원에서 낙태시술을 해주지 않았다. 결국 산모가 아이를 분만했으나, 아이는 4일 만에 사망했다. 규약위원회는 이러한 결과를 방치한 국가의 부작위는 산모에게 심리적·정신적 고통을 초래했고, 이는 제7조 위반에 해당한다고 판단했다.[70]

8~10살 정도의 지능을 가진 지적장애 여성(19세)이 강간으로 임신이 되었는데, 법원의 낙태 허가 판결에도 불구하고 아르헨티나에서는 정상적인 절차를 통한 낙태를 할 수 없었다. 태아가 계속 자랐기 때문에 결국 비합법적 방법으로 낙태를 했다. 규약위원회는 가족의 요청에도 강간 피해자에게 임신을 중단시킬 권리를 보장해 주지 못한 국가의 부작위는 피해자에게 신체적·정신적 고통을 야기했고, 그가 지적장애의 젊은 여성이라는 지위를 감안할 때 특히 심각한 규약 제7조 위반에 해당한다고 판단했다.[71]

아일랜드 헌법은 임신의 유지가 산모 생명에 중대한 위험이 되지 않는 한 낙태를 금지하고 있다. 이 사건 통보자는 배 속의 태아가 질병으로 죽어가고 있어서 낙태를 희망했으나 아일랜드 법제상 불가능해 결국은 외국으로 가서 낙태수술을 받았다. 이 과정에서 산모가 임신 중에는 심리적·정신적 고통을 당했고, 낙태 후에는 위법행위를 했다는 수치심 등을 겪었다. 의료보험의 보호도 받지 못했다. 규약위원회는 산모가 겪었던 여러 가지 부정적 경험은 규약 제7조 위반에 해당한다고 판정했다.[72]

---

69) 규약위원회는 낙태수술 의료진에게 국가에 보고의무를 부과하는 조치는 여성의 사생활에 대한 침해라고 설명했다. HRC General Comment No.28(2000), para.20. 이후 규약위원회가 제6조 생명권에 관해 새로 채택한 일반논평 제36호에서는 본문과 같은 내용을 수용했다. HRC General Comment No.36(2018), para.8.

70) *Llantoy Huamán v. Peru*. Communication No. 1153/2003(2005), para.6.3.

71) *L.M.R. v. Argentina*, Communication No. 1608/2007(2011), para.9.2

72) *A. Mellet v. Ireland*, Communication No. 2324/2013(2016), paras.7.2-7.6.

3. 잔혹하거나 비인도이거나 굴욕적인 처벌

처벌(punishment)이란 사법부 결정을 근거로 범법자에게 가해지는 제재이다. 모든 종류의 처벌은 인간의 기본적 권리를 박탈하거나 제한하는 형태를 지닌다. 구금을 통해 거주·이전의 자유를 제한하거나, 투표권 박탈을 통해 정치적 자유를 제한하거나, 생명을 끊음으로써 더 이상 인간일 수 없도록 만든다. 모든 처벌은 비인도적 성격을 지니며, 당사자에게 굴욕감을 주게 된다. 따라서 단순히 비인도적이거나 굴욕적이라는 이유만으로는 제7조 위반의 처벌에 해당하지 않으며, 추가적 요소를 필요로 한다.

과거의 형벌은 잔혹하고 비인도적 행태를 띠는 경우도 적지 않았으나, 인권 개념의 발달은 형벌에 있어서도 인간의 기본적 존엄성이 보존되어야 한다는 생각을 보급함으로써 전통적 처벌방식을 재평가하게 되었다. 처벌과 관련해 근래 논란이 많았던 사항을 항목별로 검토한다.

가. 체벌

체벌(corporal punishment)은 넓은 의미에서 제재나 교화를 목적으로 신체에 고통을 가하는 행위이다. 체벌은 인류 역사상 오랜 세월에 걸쳐 거의 모든 국가의 일상생활 속에 자리잡고 있었다. 과거 특히 교육기관이나 가정에서의 훈육을 위한 체벌은 국가가 관여할 사항이 아닌, 선의의 행동이라는 인식이 강했다. 국제인권조약에서 이를 명문으로 금지하는 경우도 찾기 어렵다.

체벌금지에 비교적 일찍부터 적극적 태도를 보인 기관은 유럽 인권재판소이다. 1978년 유럽 인권재판소는 본 규약과 사실상 동일한 내용의 유럽인권협약 제3조를 해석하면서 영국 맨(Man) 섬 아동법원이 15세 아동의 범죄에 대한 처벌로 회초리 3대를 선고해 집행한 결과는 협약 위반이라는 판결을 내렸다.[73] 그러나 같은 재판소는 후일 영국의 사립 기숙학교에서 교칙에 따라 7세 아동에 대해 실시한 체벌은 정황을 종합할 때 굴욕적인 처벌에 해당하지 않는다고 판단했다.[74] 영국에서 1996년 교육법에 의해 체벌이 금지되자 일단의 기독교계 사립학교 교장들이 이는 종교의 자유 침해라고 주장하는 소송을 제기했으나, 영국 법원에서 패소했다.[75] 이 사건은 유럽 인권재판소에 제소되었지만, 변론 절차 없이 2000년

---

73) *A. Tyrer v. the U.K.*, ECtHR Application No. 5856/72(1978).

74) *Costello-Roberts v. the U.K.*, ECtHR Application No. 13134/87(1993).

75) *Regina v. Secretary of State for Education and Employment and Other(Respondents) ex parte Williams(Appellant) and Others*, [2005] UKHL 15.

신청이 각하되었다. 유럽 인권재판소는 부모에 의한 가정 내 체벌도 협약 제3조 위반이라고 판단했다.[76]

규약위원회는 일반논평을 통해 범죄의 처벌이나 교육적·훈육적 조치로서의 과도한 징벌을 포함한 체벌은 금지되어야 한다고 발표했다. 특히 교육기관과 의료기관에 있는 아동, 학생, 환자들이 이 조항에 의해 보호된다는 점을 강조했다.[77] 다만 "과도한"이라는 전제를 붙여서 위원회의 입장이 다소 모호하다는 비판을 받았으나,[78] 나중에 *G. Osbourne v. Jamaica* 사건(2000)을 통해 태형의 단순 부과나 집행도 제7조 위반이 될 수 있음을 명백히 했다.

George Osbourne은 총기불법소지, 특수강도, 상해 등의 혐의로 기소되어 자메이카 법원에서 징역 15년과 태형 10대를 선고받았다. 그는 눈가리개를 한 채, 하의를 벗기고 강제로 나무통에 밀착되어 나무 회초리로 10대를 맞았다. 집행현장에는 25명의 교도관이 참관하였다. 태형 집행이 끝난 후 의사 진찰은 없었다. 규약위원회는 만장일치로 통보자가 저지른 범죄의 극악성과는 관계없이 태형은 잔혹하거나 비인도이거나 굴욕적인 처벌에 해당한다고 판단했다.[79]

획기적이라고 평가된 이 결정 이후 규약위원회는 체벌이 제7조 위반의 처벌이라는 입장을 견지했다.[80]

한편 고문방지협약 제1조 단서는 "합법적 제재조치로부터 초래되거나, 이에 내재하거나 이에 부수되는 고통은 고문에 포함되지 아니한다"고 규정하고 있다. 그렇다면 국내법에 체벌이 규정되어 있다면 이를 "합법적인 제재조치"로 보아 규약 위반이 아니라고 할 수 있는가? "합법적인 제재조치"란 국내법뿐만 아니라 국제법에 의해서도 "합법적"으로 인정될 수 있어야 하며, 예를 들어 구금에 의한 자유 박탈과 같이 전세계적으로 널리 인정되는 실행만을 의미한다. 따라서 태형이나 신체절단과 같은 형벌이 아무리 국내법에 규정되어 있다고

---

76) *A. v. the U.K.*, ECtHR Application No. 25599/94(1998).

77) HRC General Comment No.7(1982), para.2; HRC General Comment No.20(1992), para.5. UN 인권위원회 역시 "아동을 포함하여 체벌은 잔혹하거나 비인도이거나 굴욕적인 처벌이거나 심지어 고문에 해당할 수도 있다"고 결의한 바 있다. Commission on Human Rights, Resolution 2002/38 on Torture and other cruel, inhumane or degrading treatment or punishment(22 April 2002).

78) Nowak's CCPR Commentary(2019), p.196(para.41).

79) *G. Osbourne v. Jamaica*, Communication No. 759/1997(2000).

80) Nowak's CCPR Commentary(2019), p.196(para.41). 유사 사례: *B. Sooklal v. Trinidad and Tobago*, Communication No. 28/2000(2001), 나무 회초리 12대; *M. Higginson v. Jamaica*, Communication No. 792/1998(2002), 나무 회초리 6대.

하더라도 이를 "합법적인 제재조치"로 볼 수 없다.

1994년 싱가포르에서 미국인 청년이 공공기물 손괴 등의 혐의로 징역 4개월과 벌금형에 더불어 태형 4대의 처벌을 받게 되자, 미국 클린턴 대통령까지 나서 태형만은 면제해 달라고 호소하는 등 국제적 찬반 논란이 벌어졌다. 싱가포르는 태형이 내외국인 모두에게 적용되는 국내법에 따른 조치라며 끝내 이를 집행했다. 싱가포르는 자유권규약과 고문방지협약 당사국이 아니라 태형 실시에 관해 인권조약기구의 평가를 받을 기회는 없었으나, 국제사면위원회(AI)는 이를 잔혹하거나 비인도적이거나 굴욕적인 처벌에 해당한다고 평가했다.[81]

나. 사형

사형은 최고 수준의 체벌이다. 생명권은 국가의 생존을 위태롭게 하는 공공의 비상사태에도 보호가 정지될 수 없는 최고의 권리이다(규약 제4조 제2항).[82] 목숨을 강제로 빼앗는 사형은 다른 어떠한 형벌과도 비교할 수 없는 잔혹하거나 비인도적인 처벌이라고 할 수 있지만, 규약 제6조가 사형제도를 용인하고 있는 이상 이 자체를 제7조 위반으로 보기는 어렵다. 일반 체벌은 제7조 위반이라고 해석하는 반면, 훨씬 심각한 사형의 부과는 제7조 위반이 아니라는 모순은 규약이 사형을 부정하지 못함에 따른 역설적 결과이다.[83]

규약위원회가 일반논평에서 지적하듯이 사형제도는 폐지가 바람직하고, 인정될 경우에는 가장 중대한 범죄로 한정되어야 한다.[84] 사형은 규약 제6조에 의해 보장되는 생명권을 박탈하게 되므로 부과와 집행에 있어서 제6조에 따른 제약도 받게 된다. 즉 사형은 법률에 따라 가장 중대한 범죄에 대해 법원의 최종 판결로만 집행될 수 있고, 18세 미만자에게는 부과되지 않고, 임신부에 대해서는 집행되지 아니한다. 또한 최소한의 육체적·정신적 고통을 수반하는 방법으로 집행되어야 한다. 이러한 기준에 부합되지 않으면 제7조 위반이 될 수 있다. 몇 가지 관련 논점을 검토한다.

(1) 불공정 또는 하자 있는 판결

불공정한 재판을 통한 사형선고, 절차상 하자 있는 판결을 통한 사형선고, 제6조 위반의

---

81) Amnesty International Report 1995 — Singapore (https://www.refworld.org/country,,AMNESTY,, SGP,4562d8cf2,3ae6aa0c18,0.html. 2021.10.5. 확인). UN 인권이사회 UPR 과정에서도 태형 문제가 지적되었으나, 싱가포르측은 이러한 비판을 수용하지 않았다. Report of the Working Group on the Universal Periodic Review: Singapore(2011) (A/HRC/18/11), paras.97.7-97.8.

82) HRC General Comment No.6(1982), para.1; General Comment No.36(2019), para.2.

83) Joseph & Castan's Commentary(2013), p.277.

84) HRC General Comment No.6(1982), para.6; General Comment No.36(2019), para.5.

사형 선고는 실제 집행되지 않아도 제7조 위반이 될 수 있다. 이에 관해 개인통보가 제기되었던 사례를 살펴본다.

규약위원회는 18세 미만자의 범죄에 대한 사형선고 금지(제6조 제5항)를 위반한 사형판결은 무효이며 특히 이후 7년 이상을 사형수로 수감된 사례는 제7조 위반이라고 판단했다.[85] 즉 제6조에 의해 인정될 수 없는 사형판결의 부과는 그 자체가 자동적으로 제7조 위반이 된다. 규약 제14조의 공정한 절차 요건을 갖추지 못한 재판 결과 사형이 선고되었다면 피해자는 자신이 사형될 수 있다는 공포를 갖게 되고 이는 심한 고통을 유발한다. 사형이 집행되지 않았더라도 이는 비인도적 대우에 해당해 규약 제7조 위반이다.[86] 불공정한 재판의 결과 사형판결을 받고 상소했으나 8년간이나 재판이 열리지 않아 자신이 사형될지 모른다는 심리적·정신적 고통을 겪게 했다면 이 역시 비인도적 대우로서 제7조 위반이다.[87] 다음 사례도 사형판결과 관련된 절차적 혼선의 결과가 제7조 위반으로 판정된 경우이다.

통보자는 무장강도 혐의로 체포되어 사형판결을 선고받자 대법원에 상고했다. 1997년 대법원이 그에게 18년형을 통지하자, 통보자는 사형수 감방에서 장기수 감방으로 이감되었다. 그런데 2년 후인 1999년 통보자는 사형판결에 대한 상고가 기각되었다는 통지를 받고, 다시 사형수 감방으로 이감되었다. 이러한 결과에 대해 정부측은 2가지 혐의에 관해 사형과 추가 18년형이 각각 선고되었다고 주장했으나, 당시 통보자는 사형 ─ 감형 ─ 사형에 대한 아무런 설명도 듣지 못했다. 이후 정부는 10년 이상 사형수 감방에 대기 중인 수감자에게는 사형을 면제해 주는 조치를 취했다. 통보자는 총 11년을 복역했으나 중간에 장기수 감방으로 2년 이감되어 사형수 감방에는 9년만 수감되었다는 이유로 면제에서 제외되었다. 통보자는 설사 정부측 주장이 맞더라도 정부의 착오로 자신이 사형면제 혜택을 받지 못하게 되었다고 주장했다. 규약위원회는 아무런 설명도 없이 통보자에게 적용된 혼란스러운 조치는 그를 지속적으로 불안정스럽게 만들고, 번뇌와 정신적 고통을 겪게 한 결과는 잔혹하고 비인도적 처우에 해당하므로 제7조 위반이라고 판단했다.[88]

---

85) *C. Johnson v. Jamaica*, Communication No. 592/1994(1998), para.10.4.

86) *Larrañaga v. Philippines*, Communication No. 1421/2005(2006).

87) *Mwamba v. Zambia*, Communication No. 1520/2006(2010), para.6.8.

88) *W. Chisanga v. Zambia*, Communication No. 1132/2002(2005), para.7.3.

(2) 장기간 사형 대기

과거 장기간 사형집행대기는 제7조 위반이라고 주장하는 개인통보 제출이 적지 않았다. 사형판결을 받고 장기간 감방에 구금되면 임박한 죽음에 대한 극심한 정신적 고통을 겪게 된다. 유럽 인권재판소는 사형판결을 받은 후 집행에 이르기까지 사형수 감방에 장기간 수용되어 지내게 되는 수감자가 극단적 상황에서 겪게 되는 심리적 상태를 "사형 대기열 현상(death row phenomenon)"으로 부르고 이의 비인도적이고 굴욕적인 성격을 인정했다.[89] 그러나 규약 당사국이 사형을 신속하게 집행하지 않고 사형수를 장기간 수용하는 자체를 규약 위반이라고 주장한다면 이는 규약의 대상 및 목적에 어긋나는 해석이 된다. 규약이 사형을 금지하지 않았어도, 사형집행 감소가 규약이 지향하는 궁극적 목표임을 염두에 둔다면 대기기간의 장기화만으로는 제7조 위반이라고 볼 수 없다. 수형자로서는 아무리 대기기간이 힘들어도 사형집행보다는 나을 것이기 때문이다. 장기 수감자는 경우에 따라 감형을 기대할 수도 있다. 이에 십수 년씩 사형수로 수감된 사례들에 관한 개인통보사건에서 긴 기간만을 이유로는 제7조 위반 판정이 내려지지 않았다.[90] "사형 대기열 현상"의 비인도성은 사형제도 자체에서 유래하는 불행한 상황일 뿐이다.

그러나 사형수의 장기수감생활 중에는 제7조 위반에 해당하는 추가 상황이 발생하는 사례가 적지 않다. 예를 들어 사형수 감방에서의 15개월 동안 구타 등 가혹한 수감환경에 처함으로써 정신적 고통과 타격을 입은 경우,[91] 사형집행영장 발부 10일 후 이의 연기가 결정되었는데 이 사실을 20시간 동안 통지하지 않고 예정된 집행시간 45분 전에야 알린 행위,[92] 사형집행을 이해하기 어려울 정도의 정신상태인 사형수에 대한 집행영장의 고지[93] 등은 제7조 위반으로 판정되었다. 또한 사형집행영장을 사형수에게 고지한 후 아무런 설명 없이 그를 2주간 사형실에 수감한 조치는 비인도적 대우로 제7조 위반이라고 판단했다. 사형이 집행되지 않고 있을지라도 사형집행을 통보받은 자는 일반 감방에 수감된 경우와 달리 언제 집행될지 모른다는 극심한 정신적 고통을 겪기 때문이었다.[94] 사형판결을 받고 약

---

89) *Söring v. The U.K.*, ECtHR Application No. 14038/88(1989).

90) *R. Barrett & C. Sutcliffe v. Jamaica*, Communication No. 270/1988 & 271/1988(1992), para.8.4(13년 수감); *R. LaVende v. Trinidad Tobago*, Communication No.554/1993(1995), para.5.5(18년 수감); *R. Bickaroo v. Trinidad Tobago*, Communication No.555/1993(1997), para.5.5(15년 수감); E. Bailey v. Jamaica, Communication No. 709/1996(1999), para.7.6(14년 수감).

91) *A. Wilson v. Philippines*, Communication No. 868/1999(2003), para.7.4.

92) *E. Pratt & I. Morgan v. Jamaica*, Communication No. 210/1986 & 225/1987(1989), para.13.7.

93) *R.S. v. Trinidad Tobago*, Communication No. 684/1996(2002), para.7.2.

94) *W. Pennant v. Jamaica*, Communication No. 647/1995(1998), para.8.6.

12년간 사형수 감방에 수감되었는데, 그의 거듭된 요청에도 불구하고 판결문조차 받지 못했고, 수감 중 교도관에 의해 수시로 구타와 조롱의 대상이 되었으며, 교수형 밧줄 제작을 위한 신체측정까지 한 경우는 규약 제7조와 제10조 위반으로 판정되었다.[95]

그러나 사형집행을 불과 8시간 전에 통지했어도, 사형판결 확정 후 이미 1년 이상의 유예기간이 주어졌다면 가족과의 인사 등 개인적 신변정리가 가능했다고 판단해 제7조 위반이 아니라고 판정되었다.[96]

과거 사형 대기자에 대한 제7조 위반문제는 수감상황이 열악한 자메이카와 트리니다드 토바고에서 자주 제기되었다. 교도관에 의한 구타, 협박 등의 가혹행위, 조명 불량·의료시설 결여·열악한 음식·침구 부족 등의 수감환경이 비인도적 처우로서 제7조 위반을 초래했다.[97] 빈번한 개인통보가 부담이 된 이들 국가는 선택의정서 자체를 탈퇴해 현재는 더 이상의 사건 제출이 불가능해졌다.

(3) 사형집행방법

정당한 절차를 통해 내려진 사형판결이라도 그 집행방법이 잔혹하거나 비인도적 처벌에 해당하지 않아야 한다. 사형집행에 있어서 규약 제7조가 준수되지 않으면 그 집행은 필연적으로 자의적이 되며, 이는 제6조에도 위반된다.[98]

C. Ng v. Canada 사건(1994)에서 규약위원회는 미국 캘리포니아주의 가스 질식을 통한 사형집행방법이 규약 제7조에 어긋난다고 판정하고, 캐나다가 그를 미국으로 범죄인인도한 행위는 결과적으로 제7조 위반이라고 판단했다.[99] 그러나 미국 펜실바니아주에서의 독극물 주사주입을 통한 사형집행은 제7조 위반으로 보지 않았다.[100]

가족에게도 알리지 않고 비밀리에 사형이 집행되어 시신을 가족에게 인도하지 않고, 매장 위치도 알리지 않은 행위는 제7조 위반이라고 판단했다.[101] 또한 위원회는 이란, 북한 등지에서의 공개처형을 통한 사형집행에 비판하며, 투석이나 사지절단을 통한 집행도 제7

---

95) C. Francis v. Jamaica, Communication No. 606/1994(1995), para.9.2.

96) R. Rayos v. Philippines, Communication No. 1167/2003(2004), para.7.1; P. Rolando v. Philippines, Communication No. 1110/2002(2004), para.5.4.

97) Nowak's CCPR Commentary(2019), pp.200-201(para.49).

98) HRC General Comment No.36(2019), para.40.

99) C. Ng v. Canada, Communication No. 469/1991(1994), para.16.4.

100) J. Kindler v. Canada, Communication No. 470/1991(1993), para.15.3-16; K. Cox v. Canada, Communication No. 539/1993(1994), para.17.3.

101) N. Schedko & A. Bondarenko v. Belarus, Communication No. 886/1999(2003), para.9.4; M. Staselovich & I. Lyashkevich v. Belarus, Communication No. 886/1999(2003), para.9.2.

조 위반이라고 판단했다.[102]

다. 종신형

사형 폐지국에서는 심각한 범죄에 대해 가석방이 금지되는 종신형이 선고되는 사례가 증가하고 있다. 아동권리협약은 18세 미만자에게 사형이나 석방 가능성이 없는 종신형의 부과를 금지하고 있다(제37조 a호). 규약위원회 역시 소년범에 대한 종신형은 아무리 중대범죄라도 재심과 석방 가능성이 있는 한도 내에서만 제7조와 조화될 수 있다고 판단했다. 이때 석방 가능성이란 언젠가는 반드시 석방되어야 한다는 의미가 아니라, 수감자의 태도에 따라 현실적인 적용 가능성만 있으면 된다.[103] 다만 위원회는 종신형이 사형보다는 완화된 처벌이며 사형폐지의 대안으로 수용될 수 있음을 인정한다.[104] 종신형 자체만으로는 규약 위반에 해당하지 않으나, 수형에 따른 기타 요소에 의해 제7조 위반이 문제될 수 있다. 종신형이 아니라도 86세의 고령자에게 25년형을 부과해 살아 생전 석방되기 어렵다는 사실만으로는 개인통보요건에 해당하지 않는다.[105]

Ⅲ. 동의 없는 의학적 또는 과학적 실험금지

제2문은 누구든지 자유로운 동의 없이 의학적 또는 과학적 실험 대상이 되지 않는다는 내용이다. 이 조항은 두말할 필요 없이 나치에 의한 강제수용소 인체실험과 같은 비극의 재발을 막기 위해 도입되었다.[106]

성안과정에서 이 조항이 담고 있는 원칙에 대해서는 물론 아무런 반대가 없었으나, 이를 규약에 명문화시킬지에 대해서는 논란이 있었다. 제7조에 의학적 또는 과학적 실험금지를 추가함으로써 이 조항 본래의 목적인 고문금지에 대한 주목을 약화시킨다는 우려가 제기되었고, 동의 없는 실험은 잔혹하거나 비인도적 대우에 포함하므로 별도 문항을 설치할 필요가 없다는 주장도 제시되었다. 사실 규약보다 앞서 만들어진 세계인권선언 제5조나 유럽인권협약 제3조에는 동의 없는 실험금지 조항이 없었다. 나중에 성립된 미주인권협약 제5조

---

102) Concluding observations on Iran, CCPR/C/79/Add.25(1993), paras.8 & 11. 기타 공개처형에 대한 위원회의 비판으로 Concluding observations on Nigeria, CCPR/C/79/Add.65(1996), para.16; Concluding observations on the DPR Korea, CCPR/CO/72/PRK(2001), para.13 등 참조.

103) *B. Blessington & M. Elliot v. Australia*, Communication No. 1968/2010(2014), para.7.7.

104) *A. Quliyev v. Azerbaijan*, Communication No. 1972/2010(2014), para.9.4.

105) *G.C.A.A. v. Uruguay*, Communication No. 2358/2014(2015), para.8.5.

106) A/2929(1955), p.87.

역시 마찬가지였다. 그러나 인권위원회에서는 이 문항에 담겨 있는 내용의 중요성으로 인해 중복 위험이 있더라도 존치시키기로 의견이 모아졌다.[107]

심의과정에서의 또 다른 논란은 합법적인 의학 또는 과학 실험은 금지되지 않는다는 점을 명시하느냐 여부였다. 일부 국가는 강제적 백신 주사, 정신이상자의 부모나 보호자의 동의가 있는 경우, 특수한 상황에서의 강제단종·거세, 진실고백 유도 약물 투입 등을 허용되는 합법적 실험의 목록으로 제시했다. 의식불명자를 위한 긴급수술과 같이 당사자의 이익을 위한 예외가 인정되어야 한다는 점에는 견해가 일치했으나, 일반적으로 수용될 수 있는 예외목록의 작성은 쉽지 않았다. 결국 규약에는 동의 없는 실험금지라는 원칙만 담고, 허용가능한 예외는 명문화하지 않기로 했다.[108]

동의 없는 실험이 금지되므로 당사자의 "자유로운 동의"가 부여된 의학적 또는 과학적 실험은 허용된다. 자유로운 동의란 외부의 압력이나 고의로 잘못된 정보 주입 등이 없는 상태에서 적극적 의사표시를 통한 동의를 의미한다. 묻는 질문에 반대하지 않고 단순히 침묵했다고 동의로 간주되지 않는다. 이 점은 제7조 성안과정에서 제시되었던 "against his will"이 아닌 "without his free consent"이 채택되었다는 사실에서도 추론된다.[109] 구금된 자와 같이 자유로운 의사결정이 의심될 수 있는 상태인 사람의 동의에는 특별한 주의가 필요하다.[110] 경제적 약자, 미성년자, 지적 장애인 등 특별한 보호가 필요한 취약계층의 동의 역시 "자발성" 확인에 특히 유의해야 한다. 신체의 온전성이 지극히 개인적 성격의 권리임을 감안하면 지적 장애인의 경우 법정 대리인이 동의를 대신할 수 없을 것이다.[111] 태아와 관련된 의학 실험 중 부모의 동의만으로 가능한 범위는 명확히 제시하기 쉽지 않으나, 출생 이후 영구적 손상을 가져올 실험은 허용되지 않는다.[112] 동의하에 진행되는 실험이라도 그 내용이 "고문 또는 잔혹하거나 비인도이거나 굴욕적인" 대우에 해당한다면 허용되지 말아야 한다. 그러한 행위 자체가 범죄이기 때문이다.[113]

제7조의 적용대상은 의학적 또는 과학적 실험이다. 따라서 실험에 해당하지 않는 통상적

---

107) A/2929(1955), p.88.
108) Nowak's CCPR Commentary(2019), pp.213-214(para.69).
109) Nowak's CCPR Commentary(2019), p.215(para.72).
110) HRC General Comment No.20(1992), para.7.
111) Nowak's CCPR Commentary(2019), p.215(para.72)는 사체(死體)에 대한 실험도 본인이 생전에 동의한 경우에만 가능하다고 주장한다.
112) Nowak's CCPR Commentary(2019), pp.216-217(para.73).
113) 단 Nowak's CCPR Commentary(2019), p.215(para.72)는 제7조 문언의 의미나 성안 당시의 의사는 그 반대로 추정한다.

인 환자 치료행위는 이 조항의 적용대상이 아니다. 의학적 실험목적이 아니라면 정신 질환자, 약물 중독자, 알콜 중독자에 대한 강제 치료, 전염병 확산 방지를 위한 백신 강제 접종 등도 가능하다. 사망자의 장기를 이식하는 시술 역시 의학적 실험이 아니기 때문에 제7조 적용대상에 해당하지 않는다. 규약위원회는 미국의 국가보고서 심의에서 동의 없는 정신치료제 투여는 당사자의 이익을 위한 마지막 수단으로 예외적인 경우에만 실시되어야 하며, 가능한 단기간에 그쳐야 하고, 독립적인 점검과정이 있어야 한다고 지적했다.[114]

이 조항에 의한 금지대상은 모든 동의 없는 실험이 아니라, 그 내용이 "고문이나 잔혹하거나 비인도이거나 굴욕적인 대우"에 해당하는 실험이다. 제7조는 제1문이 그 같은 대우를 금지하고, 이어서 "특히(in particular)" 동의 없는 의학적 또는 과학적 실험을 금지한다고 규정함으로써 금지의 대상은 제1문과 동일하다는 점을 표시하고 있다. 예를 들어 신체 절단을 유발하는 의학적 실험은 당연히 금지되지만, 수돗물에 불소를 첨가해 구강위생에 대한 효과를 점검하는 수준의 실험은 금지되지 않는다. 다만 본인 동의가 없다는 사실은 그 실험이 잔혹하거나 비인도적 성격으로 판정될 가능성을 높여주며, 특히 본인 의사에 반해 강제로 실시된 실험이라면 더욱 그러하다.[115]

동의 없는 의학적 또는 과학적 실험금지 위반을 이유로 한 개인통보사건은 많지 않다. 그간의 개인통보는 주로 동의 없는 강제 치료가 이 조항 위반임을 주장했으나, 정확히 제7조 제2문 위반으로 판정된 사례는 찾기 어렵다. *Brough v. Aistralia* 사건(2006)에서 통보자는 소년범 수감자에게 본인 동의 없이 향정신성 의약품(Largacil)을 처치함으로써 제7조를 위반했다고 주장했다. 국가측은 이 사실을 부인하지 않았으나, 치료는 수감자의 자해적 행동을 통제하기 위해 의사 처방에 따라 실시되었고, 정신과 의사 진단 하에 계속되었다고 설명했다. 규약위원회는 이 상황이 제7조 위반은 아니라고 판단했다.[116] *Umarov v. Uzbekistan* 사건(2010)에서 통보자의 남편은 수감 중 향정신성 약물이 투여된 현상을 보였고, 조사와 재판과정 내내 같은 현상을 나타냈다. 그를 면회한 변호사는 즉각적인 의료검사를 거듭 요구했으나 실현되지는 않았다. 규약위원회는 이 사건에서 제7조 위반이라는 결론을 내렸으나, 특별히 동의 없는 의학적 실험금지 위반임을 지적하지는 않았다.[117]

대부분의 국가보고서는 자유로운 동의 없는 의학적, 과학적 실험에 관한 구체적 정보를

---

114) Concluding observations on the United States of America, CCPR/C.USA/CO/4(2014), para.18.
115) Nowak's CCPR Commentary(2019), p.216(paras.74-75).
116) *Brough v. Australia*, Communication No. 1184/2003(2006), para.9.5. 다만 이 사건에서 위원회는 통보자의 수감상황이 규약 제10조 제1항과 제3항을 위반했다는 결론을 내렸다(para.9.4).
117) *Umarov v. Uzbekistan*, Communication No. 1449/2006(2010), para.8.3.

포함하지 않고 있다. 규약위원회도 이 점을 지적하며 당사국들이 이 조항을 준수하는데 더 많은 관심을 기울이라고 촉구했다.[118]

Ⅳ. 당사국의 의무

1. 의무의 성격

규약 제7조는 고문금지 등의 행위 주체를 특별히 언급하고 있지 않으나, 이는 국가의 의무일 뿐 아니라 사인 간에도 같은 의무가 적용된다. 규약위원회는 일반논평에서 공적 자격에서의 행위, 공적 자격을 벗어난 행위, 사적 자격에서의 행위 모두를 막론하고 당사국은 이 조항에 의해 금지된 행위로부터 모든 사람을 보호할 의무가 있다고 설명했다.[119] 또한 이 조항은 "No one shall be subjected to ···"의 표현을 사용해 고문금지가 국가의 의무일 뿐 아니라, 개인으로서는 이를 당하지 않을 권리를 가짐을 표시한다.[120]

고문금지는 국제인권법상 특별한 지위를 갖고 있다. 제7조는 어떠한 예외도 인정하지 않고 고문을 절대적으로 금지하고 있다. 이는 심지어 생명권 보장(제6조)이나 노예제 금지(제8조)에도 일정한 제한이 인정되는 경우와 대비된다. 공공의 비상사태라 할지라도 이탈(derogation)이 허용되지 않는다(제4조). 고문방지협약 역시 제2조 제2항에서 "전쟁상태, 전쟁의 위협, 국내의 정치 불안정 또는 그 밖의 사회적 긴급상황 등 어떠한 예외적인 상황도 고문을 정당화하기 위하여 원용될 수 없다"고 규정하고 있다. 이러한 이유에서 제7조에 대한 유보는 규약의 대상 및 목적과 양립하지 않으므로 허용되지 않는다.[121] 고문은 다수 인명의 보호라는 목적을 위해서도 정당화될 수 없다.[122]

---

118) HRC General Comment No.20(1992), para.7.

119) HRC General Comment No.20 (1992), para.2.

120) Nowak's CCPR Commentary(2019), p.172(para.3).

121) 미국은 규약 비준시 자국 헌법에서 인정하는 행위에 대해서만 제7조가 적용된다는 유보를 했다. 이러한 유보는 고문의 개념을 규약이 아닌 국내법에만 의지하겠다는 취지이므로 여러 국가들이 반대의사를 표명했다(덴마크, 네덜란드, 핀란드, 노르웨이, 포르투갈, 스페인, 스웨덴 등). 미국의 국가보고서 심의시 규약위원회는 미국의 유보가 위법하다고 평가했다. Concluding Observations on the U.S.A., CCPR/C/79/Add.50(1995), para.14.

122) 이스라엘에서는 테러혐의자를 조사할 때 "적당한 신체적·정신적 압박"이 용인된다. 이스라엘은 이는 고문이 아닐뿐더러 이를 통해 수많은 테러를 예방할 수 있었다고 주장했으나, 규약위원회는 이스라엘의 국가보고서 검토에서 안보상황이 심각함은 인정하지만 고문은 절대적으로 금지된다고 지적했다. 이스라엘 법원은 필요성을 이유로 고문금지의 범위를 축소하려고 시도했으나, 위원회는 이 역시 인정하지 않았다. Concluding Observations on Israel, CCPR/C/ISR/CO/3(2010), para.11; CCPR/C/ISR/4 (2014), para.14.

한편 고문방지협약 제1조 제1항은 "공무원이나 그 밖의 공무 수행자가 직접 또는 이러한 자의 교사·동의·묵인 아래" 실시되는 고문만을 금지대상으로 규정하고 있다. 공무원으로 행위주체를 한정한 이유는 국가가 일정한 통제 범위 내에 있는 결과만을 책임지겠다는 취지였다. 동서 냉전이 진행 중이던 시절 마련된 고문방지협약은 합의를 달성하기 위해 최소한의 기준만을 규정할 수 있었다. 그렇다고 할지라도 고문방지위원회는 사인(私人)에 의한 고문 등의 행위를 당사국이 방지하거나, 조사하거나, 행위자를 기소·처벌하는데 적절한 주의의무를 다하지 못했다면 국가는 물론 담당자도 위법행위를 동의 또는 묵인한 책임을 져야 한다는 입장이다. 국가가 고문 등의 행위를 방지하고, 책임자를 처벌하고, 피해자를 구제하지 않는다면, 고문 등을 조장하거나 사실상 묵인하는 결과가 되기 때문이다.[123] 고문방지위원회는 내전과정에서 경찰 공무원들이 사인의 고문 등을 방치했다면 이는 부작위에 의한 당사국의 협약 위반이라고 판단했다.[124]

유사한 가혹행위가 공무원과 사인에 의해 자행된 경우 공무원의 행위가 고문으로 인정될 가능성이 더 높다. *A. Wilson v. Philippines* 사건(2003)에서 피해자는 열악한 교도소 환경과 동료 수감자 및 간수들의 폭력적 행동에 관해 개인통보를 제출했다. 규약위원회는 전체적인 처우는 규약 제10조 제1항 위반에 해당한다고 판단했으나, 간수의 행위만은 제7조 위반으로 판단했다.[125]

2. 의무의 내용

고문 등은 그 특성상 사후구제를 통해서는 피해자를 충분히 보호하기 어렵다. 예방이 특히 중요하다. 국가가 고문을 직접 실행하지 않는다고 하여 의무를 다했다고 할 수 없고, 자국 내에서 고문이 실제 발생하지 않도록 예방을 해야 한다. 예방을 위한 첫 번째 단계는 고문 등을 금지하는 입법이며, 이는 위반자 처벌을 포함하고 있어야 한다. 피해자가 확인되면 국가는 신속하고 실효적인 보상을 해야 한다.[126] 고문행위 등의 결과로 피해자가 사망한 경우, 그의 가족이 배상받을 권리를 가진다.

---

123) CAT General Comment No.2(2008), para.18.
124) *Dzemajl et al. v. Yugoslavia*, CAT Communication No. 161/2000(2002).
125) "As at least some of the acts of violence against the author were committed either by the prison guards, upon their instigation or with their acquiescence, there also a violation of article 7." *A. Wilson v. Philippines*, Communication No. 868/1999(2003), para.7.3.
126) 고문방지협약 역시 당사국에게 자국 법체계 안에서 고문 피해자가 구제를 받고, 또한 가능한 한 완전한 재활 수단을 포함해 공정하고 적절한 배상을 받을 수 있는 실효적인 권리를 보장할 의무를 부과하고 있다(제14조).

가. 입법 및 예방의무

규약 당사국은 고문 및 잔혹하고 비인도적이고 굴욕적인 대우나 처벌을 금지함은 물론, 이를 형사범죄로 규정해야 한다. 규약 자체에는 고문 등의 행위자를 형사처벌할 의무가 명기되어 있지 않지만, 규약위원회는 금지된 행위가 공무원이나 국가를 위해 근무하는 자 또는 일반 사인 등 누구에 의해 저질러질지라도 당사국은 이에 적용될 구체적 형벌을 마련해야 한다고 해석한다. 금지된 행위를 직접 실행하거나 명령·조장·묵인 등을 통해 제7조를 위반한 자는 반드시 법적 책임을 져야 하며, 이러한 명령을 거부한 사람이 처벌되거나 불리한 대우를 받아서는 아니된다.[127] 당사국이 이러한 행위를 금지하거나 범죄화하는 입법조치만으로는 충분치 않고, 이를 방지할 행정·사법 또는 기타 조치를 취해야 한다.[128]

규약위원회는 고문 방지를 위한 다양한 예방적 차원의 의무를 강조한다. 정부 당국은 구금시설에서 고문이나 각종 비인도적 처우가 발생하지 않도록 각별히 유의해야 한다. 수감자 신문규칙, 신문방법, 기타 각종 처우에 관해 정기적이고 체계적인 점검이 있어야 하며, 피구금자의 성명과 구금장소, 이의 관리책임자 이름이 등록·공개되어야 하며, 변호사·의사 그리고 가족들의 정기적 접견이 허용되어야 한다. 구금장소에는 고문이나 다른 가혹행위에 사용될 수 있는 어떠한 도구도 비치되지 말아야 한다.[129] 또한 피구금자와 관련된 업무를 담당하는 법집행관, 의료진, 경찰, 기타 관련자 등에 대한 적절한 훈련과 교육이 있어야 한다.[130]

이러한 제도적 장치가 잘 갖추어져 있다면 고문 등에 관한 주장을 반박할 자료가 될 수 있으며 고문 발생의 의심을 해소하는데 도움이 된다. 반면 이러한 조치가 제대로 갖추어지지 않은 경우 고문 등이 실제 발생했으리라는 추정을 높여준다.[131]

---

127) HRC General Comment No.20 (1992), para.13.

128) HRC General Comment No.20 (1992), para.8. 고문방지협약 역시 당사국에게 자국 관할 하 영토 내에서 고문행위를 방지할 실효적인 입법·행정·사법 또는 기타 조치를 취하도록 요구하고 있고(제2조), 모든 고문행위를 형법상의 범죄로 규정할 의무를 부과하고 있다(제4조).

129) HRC General Comment No.7(1982), para.1; General Comment No.20(1992), para.11.

130) HRC General Comment No.20(1992), para.10. 고문방지협약도 "① 당사국은 여하한 형태의 체포, 구금 또는 징역의 대상이 된 개인의 구금, 심문 또는 처리에 관여할 수 있는 민간이나 군의 법집행 요원, 의료인, 공무원 및 그 밖의 요원들의 훈련과정에 고문방지에 관한 교육 및 정보가 충실하게 포함되도록 보장한다. ② 당사국은 위 요원들의 임무 및 기능에 관한 규칙이나 지침에 고문금지 내용을 포함시킨다.(제10조)"고 규정하고 있다.

131) Joseph & Castan's Commentary(2013), p.286.

나. 조사 및 처벌 의무

제7조가 금지한 행위의 피해자에게는 이에 대한 구제를 요청할 수 있는 권리가 국내법상 보장되어야 한다. 효과적인 구제를 위해 담당기관은 이를 신속하고 공정하게 조사해야 한다.[132] 조사에는 가해자 처벌을 위한 수사가 포함되어야 한다.

구제요청이 2년 이상 무시되고 수사가 진행되지 않은 경우나[133] 구제요청 후 8년 반 만에 수사가 개시되었다면[134] 이는 피해자의 신속한 조사를 받을 권리가 침해된 사례이다. 총상에 대한 부상에 관해 법정의 의료조사서가 아무런 언급이 없이 넘어갔거나,[135] 고문혐의자가 조사관에게 자신은 잘못한 일이 없다고 주장하자 더 이상의 질문이 없이 넘어갔다면[136] 이는 철저한 조사의무 위반이다. 피해자의 법정진술로 고문받았음이 주장되고 가해자가 특정되었음에도 불구하고 법원이나 수사당국이 즉시 공정한 조사를 진행하지 않거나,[137] 가해자가 근무하고 있는 경찰에 1차 조사가 맡겨지고 7년 이상 제대로 수사가 이루어지지 않았다면[138] 이는 즉각적이고 공정한 조사 위반으로 판단되었다. 아들이 고문치사되었다고 주장해도 당국은 자연사했다며 적절한 조사를 하지 않은 사건 역시 마찬가지였다.[139] 규약위원회는 이상의 모든 사건에서 규약 제7조와 제2조 제3항 위반을 결정했다.

사건 조사의 방법은 원칙적으로 국가가 결정할 문제이지만, 이것이 자의적이어서는 안 된다.[140] 당국의 조사가 불충분하면 피해자 주장에 신빙성이 주어진다. 피해자가 고문치사되었다고 주장되었음에도 불구하고 당국은 증거가 없다며 제대로 조사를 진행하지 않았다면 피해자측 주장의 증거가 충분치 않더라도 규약위원회는 제7조 위반의 결론을 내렸다.[141]

고문방지협약 역시 고문이 자행되었다고 믿을만한 근거가 있는 경우 당사국에게 신속하고 공정한 조사를 진행할 의무를 부과하고 있다(제12조). 피해자에게는 신속하고 공평한 조사를 받을 권리가 보장되어야 하며, 고소인과 증인은 이로 인해 부당한 취급이나 협박을 받

---

132) HRC General Comment No.20(1992), para.14.
133) *N. Katsaris v. Greece*, Communication No. 1558/2007(2012), para.10.7.
134) *J. Monika v. Cameroon*, Communication No. 1965/2010(2014), paras.12.4-12.5.
135) *Garćia Fuenzalida v. Ecuador*, Communication No. 480/1991(1996), para.9.4.
136) *Z. Suleimenov v. Kazakhstan*, Communication No. 2146/2012(2017), para.8.4.
137) *A. Saidrov et al. v. Kyrgystan*, Communication No. 2359/2014(2017), para.7.2.
138) *M. Abromchik v. Belarus*, Communication No. 2228/2012(2018), para.10.4.
139) *O. Eshanov v. Uzbekistan*, Communication No.1225/2003(2010), para.9.7.
140) *A. Kouidis v. Greece*, Communication No. 1070/2002(2006), para.7.4.
141) *A. Amirov v. Russia*, Communication No. 1447/2006(2009), para.11.6. 동일 취지의 결정: *K. Avadanov v. Azerbaijan*, Communication No. 1633/2007(2010), para.9.5.

지 않아야 한다(제13조).

고문 행위자에 대해서는 기소와 처벌이 이루어져야 한다. 고문방지협약도 고문 등의 행위의 "심각성이 고려된 적절한 형벌로 처벌될 수 있도록 한다"고 규정하고 있다(제4조 제2항). 즉 고문에 대해서는 국내법상 중한 처벌이 적용되어야 한다. 최소한 벌금형이나 집행유예형, 고문의 심각성이 반영되지 않은 단기형은 적절한 처벌이라고 하기 어렵다.[142] 그러나 수사기관의 독립성 미흡, 보복의 위험, 증인 보호의 불충분 등은 불처벌의 위험을 악화시킨다.

국가에 따라서는 고문 등의 범죄에 관해 지나치게 짧은 공소시효만을 인정해 비난을 받고 있다. 규약위원회가 일반논평을 통해 고문범죄는 공소시효가 배제된다는 해석을 제시한 적은 없으나, 개별 당사국의 국가보고서 평가 시에는 공소시효에 관한 입장을 여러 차례 표명한 바 있다. 스웨덴에 대해서는 고문의 중대성에 합당한 공소시효 조항을 채택하라고 요청했고,[143] 고문범죄의 공소시효를 10년으로 규정하고 있는 칠레에 대해서는 이의 연장을 요청했다.[144] 이 점에 관한 규약위원회의 입장은 최근 점점 더 강경해지는 듯하다. 요르단,[145] 마다가스카르,[146] 리히텐슈타인,[147] 라오스,[148] 레바논,[149] 벨라루스에[150] 대해 고문범죄에 대한 공소시효를 없애라고 요청했다.

고문행위자들을 처벌해도 이들에 대한 사면이 쉽게 이루어진다면 처벌의 의의가 사라진다. 이에 규약위원회는 일반논평을 통해 고문행위자에 대한 사면은 고문을 방지할 당사국의 의무와 충돌함을 지적하고 있다.[151] 다음 사건은 이 같은 취지를 보여주고 있다.

Rodriguez는 우루과이의 군사정권 시절인 1983년에 비밀경찰에 의해 가혹한 고문을 당했다. 군사정권의 뒤를 이은 문민정부가 과거 정권 시절에 행해진 모든 범죄에 대한 사법조사를 즉각 종결짓는 포괄적 성격의 사면법을 제정하자, 통보자는 신 정부를 상대

---

142) N. Katona, Obligation to Criminalize Torture, in M. Nowak, M. Birk & G. Monina(전게주 1), p.187.

143) Concluding Observations on Sweden, CCPR/C/SWE/CO/7(2016), paras.26-27.

144) Concluding Observations on Chile, CCPR/C/CHL/CO/6(2014), para.17.

145) Concluding Observations on Jordan, CCPR/C/JOR/CO/5(2017), para.17.

146) Concluding Observations on Madagascar, CCPR/C/MDG/CO/4(2017), para.30.

147) Concluding Observations on Lichtenstein, CCPR/C/LIE/CO/2(2017), para.30.

148) Concluding Observations on Laos, CCPR/C/LAO/CO/1(2018), para.24.

149) Concluding Observations on Lebanon, CCPR/C/LBN/CO/3(2018), para.28.

150) Concluding Observations on Belarus, CCPR/C/BLR/CO/5(2018), para.30.

151) HRC General Comment No.20(1992), para.15.

로 제7조 위반을 주장하는 개인통보를 제출했다. 우루과이 정부는 과거의 고문사실을 부인하지 않았으나, 전 정권에 의해 이루어진 위반행위를 조사할 의무는 없다고 주장했다. 규약위원회는 현 정부가 사면법 제정을 통해 고문 피해자들에 대한 효과적인 구제를 방해하고, 고문 행위자에 대한 불처벌의 분위기를 조성했다며 우루과이의 제7조 위반을 결정했다.[152)]

다. 고문에 의한 자백의 이용 금지

고문이나 가혹행위 등이 이루어지는 가장 주된 이유는 당국이 이를 통해 피의자 또는 피고인으로부터 원하는 진술이나 자백을 얻으려 하기 때문이다. 그러나 고문 등을 통한 임의성 없는 진술이나 자백은 허위일 가능성이 높다. 제7조 위반을 방지하기 위해서는 고문 등을 통해 얻은 진술이나 자백을 사법절차에서 사용되지 못하도록 법률로 금지할 필요가 있다.[153)] 규약은 이 점을 명기하고 있지 않으나, 고문방지협약은 고문을 통해 입증된 진술이 소송에서 증거로 원용되지 아니하도록 보장할 의무를 부과하고 있다(제15조). 규약위원회는 *Bazarov v. Uzbekistan* 사건(2006)에서 고문 피해자의 증언을 바탕으로 유죄판결이 내려진 재판은 규약 제14조 제1항을 위반한 불공정한 재판이었다고 결정했다.[154)]

라. 고문 위험국으로의 송환금지

제7조에 외국송환을 규제하는 내용은 포함되어 있지 않으나, 규약위원회는 일반논평을 통해 당사국이 범죄인인도(extradition), 추방(expulsion), 강제송환(refoulement) 등의 방법으로 개인을 다른 국가로 송환함으로 인해 그가 고문 또는 잔혹하거나 비인도적이거나 굴욕적인 대우나 처벌을 받을 위험에 처하지 않도록 할 의무를 진다고 밝혔다.[155)] 범죄인인도 자체는 규약의 적용대상이 아니나, 범죄인인도의 결과에 대해서는 규약 당사국이 책임져야 함을 의미한다. 이는 고문방지협약이 "어떠한 당사국도 고문받을 위험이 있다고 믿을만한 상당한 근거가 있는 다른 나라로 개인을 추방·송환 또는 인도하여서는 아니된다(제3조 제1항)"는 점을 명시하고 있는 점과 보조를 맞춘 입장이다. 이를 통해 개인이 고문 등을 받지

---

152) *Hugo Rodríguez v. Uruguay*, Communication No.322/1988(1994), para.12.4.
153) HRC General Comment No.20 (1992), para.12.
154) *N. Bazarov v. Uzbekistan*, Communication No. 959/2000(2006), para.8.3. 이 사건의 통보자 자신은 고문을 당하지 않아 제7조 위반이 직접 문제되지는 않았다.
155) HRC General Comment No.20(1992), para.9; General Comment No.31(2004), para.12.

않을 권리는 한층 폭넓게 보장될 수 있다. 이는 규약 당사국뿐만 아니라, 비당사국에 대한 송환에도 적용된다.156)

대상자가 송환되면 그 국가에서 고문 등을 당하리라고 어떻게 예측할 수 있는가? 규약위원회는 해당 국가의 인권상황을 포함한 모든 사실과 상황을 종합해 송환 이후 고문 등을 당하거나 또는 회복할 수 없는 피해를 받을 실질적 위험(real risk)이 있다면 그의 송환은 규약 제7조 위반이라고 판정하고 있다.157)

아프가니스탄인인 통보자는 스웨덴에 난민신청을 한 후 만약 본국으로 송환되면 자신의 성적 지향으로 인해 박해에 처해진다고 주장했다. 스웨덴 당국은 통보자가 자신의 성적 지향문제를 난민심사 후반부가 되어 주장했다며 신뢰성에 의문을 제기했다. 통보자는 양성애자와 동성애자에 관한 편견, 수치심, 보복의 두려움 그리고 성적 지향이 난민 신청 사유가 되는지를 몰라서 등의 이유로 처음에는 이를 주장하지 않았다고 했다. 국제적 보고에 의하면 당시 아프가니스탄에서는 동성애가 최고 사형까지 처해질 수 있는 범죄였다. 규약위원회는 스웨덴이 통보자가 아프가니스탄으로 송환되면 직면하게 될 실질적 위험(real risk)에 관한 주장을 적절히 검토하지 않았다고 보아, 이 같은 상황에서 통보자를 송환한다면 규약 제6조와 제7조 위반이라고 판단했다.158)

튀니지의 경찰 출신인 통보자는 캐나다에 난민 신청을 했으나, 튀니지에서 범죄혐의가 있었다는 이유로 거부되어 추방 위기에 처했다. 캐나다 당국은 본국으로 송환되면 위험에 처한다는 그의 주장이 신빙성과 일관성이 없고, 이를 뒷받침할 증거도 없다고 평가했다. 규약위원회는 여러 정보를 통해 당시까지 튀니지에서는 고문이 실제로 실행되고 있고, 통보자가 과거 국가정책에 반대함으로써 6개월간 구금을 당했고, 현지에서 엄격한 사찰을 받았던 사실, 현재도 수배령이 내려져 있는 점을 종합하면 제7조에 위반된 대우를 받을 실질적 위험이 충분히 입증되었다고 판단했다. 이에 캐나다가 그를 튀니지로 송환함은 제7조 위반이라고 판정했다.159)

---

156) Nowak's CCPR Commentary(2019), p.175(para.8).
157) *M. Alzery v. Sweden*, Communication No. 1416/2005(2006), paras.11.3-11.5; *G.T. v. Australia*, Communication No. 706/1996(1997), paras.8.2-8.4; *E. Pillai et al. v. Canada*, Communication No. 1763/2008(2011), para.11.4 등. HRC General Comment No.31(2004), para.12.
158) *X v. Sweden*, Communication No. 1833/2008(2011), para.9.4.
159) *M. Hamida v. Canada*, Communication No. 1544/2007(2010), para.8.7.

특수한 상황에서는 실질적 위험이 입증되지 않은 송환이라도 제7조 위반으로 판정된 사례가 있다. 소말리아 국적자로 사우디아라비아에서 출생한 통보자는 4살 때 캐나다로 이주했다. 그는 소말리아를 한번도 방문해 보지 못했으며 자기 부족 신분증도 없었다. 단 송환후 특별히 박해에 처할 위험이 입증되지는 않았다. 그래도 규약위원회는 소말리아에서 살아 본 사실이 없고, 현지어도 모르며, 현지에 아무 가족이나 친지가 없는 통보자의 상황은 규약 제6조와 제7조 위반의 실질적 위험에 해당한다고 판단했다.[160] 에리트리아인으로 본국을 합법적으로 출국했음을 입증할 자료가 없고, 양심적 병역거부자인 대상자를 송환할 경우, 그가 처할 위험을 충분히 고려하지 않은 덴마크의 결정도 규약 제7조 위반이라고 판단했다.[161]

때로는 송환 이후 고문 등이 없을 것이라고 상대국 정부가 확약해도 이것만 신뢰한 송환은 규약 제7조 위반으로 판정되기도 한다. 중국 정부의 약속을 바탕으로 한 카자흐스탄의 송환 결정이나 이집트 정부의 약속을 바탕으로 한 스웨덴 정부의 송환 결정은 규약 제7조 위반으로 판단되었다.[162]

그러나 국가가 아닌 사인(私人)에 의한 제7조 위반 위험을 주장하는 경우에는 통보가 수락될 가능성이 낮아진다. Chen은 자신이 중국으로 송환되면 작고한 부친에게 돈을 빌려주었던 자로부터 위해를 당하리라고 주장하며, 네덜란드의 송환은 제7조 위반을 결과한다고 주장했다. 그러나 규약위원회는 중국 당국이 통보자를 왜 그 같은 사적 위협으로부터 보호하지 못하거나 보호하지 않으려 한다는 점이 해명되지 않았다며, 그의 주장을 기각했다.[163] 자신이 파키스탄으로 송환되면 테러리스트의 협박에 노출되게 된다는 통보자의 주장도 규약위원회는 구체성이 없다는 이유에서 인정하지 않았다.[164]

한 가지 유의할 점은 제7조에 근거해 강제송환금지 의무가 부여되더라도 해당자에게 비호를 부여할 의무까지 그 국가가 부담함을 의미하지는 않는다는 사실이다.[165]

마. 보호의무

규약위원회는 개인을 고문이나 비인도적 행위로부터 보호할 당사국의 의무를 점점 적극

---

160) *J. Warsame v. Canada*, Communication No. 1959/2010(2011), para.8.3.

161) *X v. Denmark*, Communication No. 2007/2010(2014), para.9.3.

162) *A. Israil v. Kazakhstan*, Communication No. 2024/2011(2011), paras.9.5-9.6; *M. Alzery v. Sweden*, Communication No. 1416/2005(2006), para.11.5

163) *Z. Chen v. Netherlands*, Communication No. 1609/2007(2010), para.6.4.

164) *D. Khan v. Canada*, Communication No. 1302/2004(2006), para.5.4.

165) *S. Aemei v. Switzerland*, Committee Against Torture, CAT/C/18/D/34/1995(1997), para.11.

적으로 해석하고 있다. 근래 규약위원회는 국가보고서 심사에서 가정폭력의 방지나 특히 여성에게 해로운 관습의 타파를 제7조와 연관시켜 검토하고 있다.

위원회는 당사국에게 여성에 대한 폭력에 관해 포괄적인 자료수집체제의 확립을 요청하고,[166] 가정폭력, 부부 강간, 성희롱 등의 희생자인 여성이 지원을 받을 수 있는 조치와 피난 쉼터나 각종 지원의 확보를 요청하고,[167] 1부 다처, 형사취수, 강제결혼, 여성 할레 등의 관습을 금지하도록 요청하고 있다.[168] 각국에서 폭넓게 벌어지고 있는 가정폭력, 부부 강간의 철저한 수사와 처벌, 이러한 문제를 제기한 여성에 대한 보복의 근절 필요성도 강조한다.[169] 여성 할레 역시 제7조 위반으로 판정하고,[170] 규약위원회는 이러한 관습이 남아 있는 국가에 대해 형법으로 이를 금지시키라고 요청한다.[171]

규약위원회가 제7조의 의미를 적극적으로 해석하는 또 다른 사례는 사회경제적 조건을 이유로도 규약 위반이 발생할 수 있다고 보는 입장이다. 당초 제7조 성안 시의 의도는 극심한 빈곤과 같은 사회경제적 조건으로부터 야기되는 상황은 여기서 말하는 굴욕적 대우에 포함되지 않는다는 취지였다.[172] 그러나 근래 위원회는 인간의 기본적 처우 수준을 만족시키지 못하는 사회·경제적 요인으로도 제7조 위반이 발생할 수 있다는 판정을 내린 사례가 있다.

통보자는 1살 아이를 동반한 시리아 여성으로 유럽으로 와 처음 불가리아에서 난민 지위를 인정받았다. 불가리아의 사회경제적 여건이 워낙 열악해서 이들은 곧 덴마크로 이주했다. 덴마크 당국은 이들을 원 정착지인 불가리아로의 송환을 결정했다. 이들은 제

---

166) Concluding Observations on Ireland, CCPR/C/IRL/CO/4(2014), para.8.

167) Concluding Observations on Haiti, CCPR/C/HTI/CO/1(2014), para.13.

168) Concluding Observations on Benin, CCPR/C/BEN/CO/2(2015), para.12.

169) Concluding Observations on Chad, CCPR/C/TCD/CO/2(2014), para.10; Concluding Observations on Albania, CCPR/C/ALB/CO/2(2013), para.11; Concluding Observations on Côte d'Ivoire, CCPR/C/CIV/CO/1(2015), para.13.

170) "there is no question that subjecting a woman to genital mutilation amounts to treatment prohibited under article 7 of the Covenant." *D. Kaba et al. v. Canada*, Communication No. 1465/20069(2010), para.10.1.

171) HRC General Comment No.28(2000), para.11. Concluding Observations on Senegal, CCPR/C/79/Add.82(1997), para.12: Concluding Observations on Sudan, CCPR/C/SDN/CO/4(2014), para.13; Concluding Observations on Sierrra Leone, CCPR/C/SLE/CO/1(2014), para.12; Concluding Observations on Malawi, CCPR/C/MWI/CO/1/Add.1(2014), para.8; Concluding Observations on Liberia, CCPR/C/LBR/CO/1(2018), paras.22-23.

172) A/2929(1955), para.13.

대로 된 난민정착 프로그램이 없는 불가리아로 송환되면 당국의 재정지원이나 임시숙소도 제공받기 어렵고, 직업도 구할 수 없으며, 지병인 심장병 치료도 받을 수 없으며, 결국 아이와 함께 노숙자가 될 수밖에 없다고 주장하며, 이러한 결과는 규약 제7조 위반에 해당한다며 개인통보를 제출했다. 규약위원회는 이들 가족의 특히 취약한 처지를 감안할 때 불가리아 당국의 대책 약속도 없는 상황에서의 송환은 제7조 위반이라고 판정했다.[173]

3. 증명책임

제7조 관련 사건들의 판정에서는 사실확정이 특히 어렵다. 제7조 위반으로 주장되는 사건 내용은 매우 참혹한 경우가 많아 사실확인만 되면 제7조 위반의 인정이 어렵지 않다. 신체적·정신적 고통을 나타내는 의료기록, 사망자에 대한 부검 결과서, 사망 원인에 관한 의료보고서, 법정에서의 사건 설명기록, 고문 사실을 확인한 다른 법정의 결론, 실종의 발생상황의 구체적 묘사 등은 종종 유력한 증거로 활용된다.[174] 그러나 피해자로서는 신체적 표시가 남지 않았다면 특히 자유를 박탈당한 상태에서 고문 등의 증거를 확보하기 쉽지 않다. 이 같은 증거는 국가가 은폐하려 하면 피해자가 접근하기 어려운 경우가 대부분이다. 규약위원회는 이런 경우 피해자에게 전적인 증명책임을 부과함은 적절하지 않으며, 신뢰가 가는 구체적 피해 주장이 제시되면 이를 반박할 책임은 국가가 부담해야 한다는 입장이다.[175] 다음의 *Mukong v. Cameroon* 사건(1994) 역시 그러한 사례의 하나이다.

이 사건 피해자는 1988년부터 1990년까지 자신이 구금상황이 제7조 위반에 해당한다며 개인통보를 제출했다. 카메룬은 이의 증명책임이 통보자에게 있고, 나아가 구금상황은 자국의 낙후된 사회 실태에서 기인할 뿐이라고 주장했다. 규약위원회는 통보자와 당사국이 증거에 대해 동등한 접근권을 갖지 못함을 인정하고, 이 사건에서 통보자가 자신이 당한 구체적 처우에 관해 상세한 정보를 제공했다면 이를 실증적으로 반박할 책임

---

173) *R.A.A. & Z.M. v. Denmark*, Communication No. 2608/2015(2016), paras.7.2 & 7.9. 또한 심장병을 앓고 있는 아이를 동반한 통보자(이란인)를 이탈리아로 송환하면 생계유지와 치료 확보가 어려워진다는 이유에서 제7조 위반을 판정한 사례: *R. Rezaifar v. Denmark*, Communication No. 2512/2014 (2017), para.9.9.

174) Taylor's Commentary(2020), pp.182-183.

175) Taylor's Commentary(2020), p.182 각주 68에 해당 사례 다수 제시됨.

은 국가측이 져야 한다고 판단했다.[176]

고문당한 아들을 대신해서 어머니가 개인통보를 제출한 사건에서 통보자는 아들을 면회 갈 때마다 고문에 의한 상처를 확인할 수 있었고 아들이 고문자들의 이름을 밝혔다고 주장했다. 반면 국가측은 피해자의 재판과정에서 고문 사실을 주장하지 않았다는 점을 이유로 고문의 증거가 없다고 주장했다. 그러나 규약위원회는 당사국과 통보자 간 증거 접근 가능성에 있어서 차이가 있음을 지적하며, 통보자의 진술만으로도 고문에 대한 증명이 충분히 되었다고 보아 제7조 위반을 판정했다.[177] 다만 규약위원회는 개인적 고통에 대한 피해자의 진술이 아닌 단지 NGO가 제출한 증거로부터 제7조 위반을 추론하는 데는 신중한 입장을 취한다.[178]

V. 한국의 실행

한국은 헌법 및 형법, 형사소송법 등에 고문행위를 금지하고 이를 예방하기 위한 여러 규정을 두고 있으나, 과거 우리 사회에서는 수사과정 중 고문이나 가혹행위가 널리 실행되었음은 잘 알려진 사실이다. 특히 대공사건수사에서 고문이 많이 활용되었다. 국가나 가해자는 밝혀진 고문도 잘 시인하지 않았다. 근래에는 이런 수사관행이 상당히 개선되었다고 평가되며,[179] 최근 법원 판결에서 고문이나 유사 행위가 인정된 경우는 대부분 오래 전 사건의 재심 또는 손해배상 청구(특히 소멸시효 관련)에 관한 건이 많다. 그렇지만 아직도 수사과정이나 구금장소 등에서 고문 또는 비인도적이거나 굴욕적인 대우가 완전히 사라졌으리라고 생각하는 사람은 드물다.[180]

국내 형법에 고문이 독립된 범죄로 규정되어 있지 않기 때문에 재판과정에서 고문이란 용어는 주로 피해자의 주장으로 등장할 뿐, 재판부 판단에는 고문이란 용어 자체가 잘 사용되지 않는다. 판결문의 사실관계 설명에서 고문이나 가혹행위의 내용이 상세히 묘사되는

---

176) *A. Mukong v. Cameroon*, HRC Communication No. 458/1991(1994), para.9.2.

177) *M. Kurbanova v. Tajikistan*, HRC Communication No. 1096/2002(2003), para.7.4.

178) Joseph & Castan's Commentary(2013), p.243.

179) 법원도서관의 종합법률정보상 수사과정에서의 고문을 처벌하는 독직폭행으로 유죄가 내려진 가장 최근의 사례는 서울남부지방법원 2010. 12. 30. 선고, 2010고합331 판결이다.

180) 최근에도 2021년 6월 화성외국인보호소에 수용중인 모로코인이 머리에 헬멧이 쓰인 체 두 팔과 두 다리를 등쪽으로 묶이는 일명 새우꺾기를 당했다는 사실이 보도되었다. 동아일보 2021.9.30., A12. 이 사건에 관해서는 2021년 11월 1일자 법무부 보도자료 참조.

경우도 거의 없다. 대부분 매우 간단한 언급에 그치고 있어서 피해자에게 어느 정도의 고통이 야기되고 어떠한 신체적·정신적 피해가 가해졌는지를 파악하기 어렵다. 따라서 기존 판결문을 통해서는 구체적으로 어떠한 고문행위 등이 있었는지 판단이 쉽지 않다.

규약 제7조 이행과 관련해서 지속적으로 논란이 제기되는 부분은 한국의 국내법이 규약 내용을 충분히 반영하고 있느냐 여부이다.

1. 고문범죄에 관한 국내법 규정

규약위원회는 한국의 국가보고서(제4차)에 대한 평가에서 한국의 형사법이 "국제적으로 인정된 고문의 정의에 해당하는 행위, 특히 정신적 고문이 완전히 범죄화되도록 적절히 보장되고 있지 않다"고 지적하며, 한국은 형법 개정과 함께 고문을 독립된 범죄로 규정함이 바람직하다고 권고했다.[181] 고문방지협약 상의 고문 개념은 규약 제7조보다 협소하다고 평가되고 있음에도 불구하고, 고문방지위원회 역시 한국에 대해 유사한 지적을 반복하고 있다.[182]

이에 대해 한국 정부는 형법에 고문을 다루는 직접적인 조항은 없지만, 기존 헌법, 형법 및 특별법에 의해 고문금지가 국내법에 충분히 반영되어 있다는 입장이다. 즉 자유권규약에 대한 대한민국 정부 제1차 보고서는 "헌법 제12조 제2항은 '모든 국민은 고문을 받지 아니하며, 형사상 자기에게 불리한 진술을 강요당하지 아니한다,' 제12조 제7항은 '피고인의 자백이 고문, 폭행, 협박, 구속의 부당한 장기화 또는 기망 기타의 방법에 의하여 자의로 진술된 것이 아니라고 인정될 때는 이를 유죄의 증거로 삼거나 이를 이유로 처벌할 수 없다'라고 각각 규정하여 고문 또는 잔혹한 대우나 처벌을 금지하고 있고, 나아가서 고문에 의한 자백을 증거로 채택할 수 없다고 규정하여 증거법적 측면에서 그러한 행위들이 피의자에게 가하여지지 아니하도록 이를 보장하고 있다."고 설명했다. 이어 고문을 금지·처벌하는 구체적 법률로 형법 제7장(공무원의 직무에 관한 죄)중 제123조(직권남용), 제124조(불법체포, 불법감금) 및 제125조(폭행, 가혹행위)와 제303조 제2항(업무상 위력 등에 의한 간음), 특정범죄가중처벌 등에 관한 법률 제4조의 2(형법 제124조 및 제125조에 대한 가중처벌) 등을 제시했다.[183] 이 같은 정부의 입장은 이후에도 계속 유지되었다.[184]

---

181) Concluding Observations on the Republic of Korea, CCPR/C/KOR/CO/4(2015), paras.26-28. CCPR/C/KOR/CO/5(2023), para.29-30에서도 유사한 지적.

182) Initial Reports, A/52/44(1997), para.62; Second Periodic Reports, CAT/C/KOR/CO/2(2006), paras. 4-5; Third to Fifth Periodic Reports, CAT/C/KOR/CO/3-5(2017), paras.7-8.

183) Initial Reports, CCPR/C/68/Add.1(1991), paras.130-132.

184) Second Periodic Reports, CCPR/C/114/Add.1(1998), paras.91-93; Fourth Periodic Reports, CCPR/

한편 한국정부의 고문방지협약 국가보고서는 고문금지에 관한 국내법률을 좀 더 상세하게 적시하고 있어 참고가 된다. 이 경우에도 한국 정부는 국내 형법에 고문을 직접 다루는 구체적 규정은 없으나, 형법 및 다른 특별법에 고문행위자를 처벌하기에 충분한 규정들을 포함하고 있다고 주장했다. 즉 "재판, 검찰, 경찰 기타 인신구속에 관한 직무를 행하거나 보조하는 사람"의 행위와 관련해 형법 제125조(폭행, 가혹행위), 제124조 제1항(불법체포, 불법감금), 「특정범죄 가중처벌 등에 관한 법률」 제4조의2(체포·감금 등의 가중처벌)를, "그 이외의 사람"의 행위와 관련해서는 형법 제260조 제1항(폭행), 제262조(폭행치사상), 제283조 제1항(협박), 제324조(폭력에 의한 권리행사방해), 제257조 제1항(상해), 제258조(중상해), 제259조(상해치사), 제273조(학대), 제275조(유기치사상), 제276조 제1항(체포, 감금), 제277조(중체포, 중감금), 제278조(특수체포, 특수감금), 제303조(업무상위력 등에 의한 간음), 제297조(강간), 제298조(강제추행), 제301조(강간 등에 의한 치사상), 제307조(명예훼손), 제311조(모욕), 「폭력행위 등 처벌에 관한 법률」 제2조 제2항 및 제3조를, 기타 형법 제123조(타인의 권리행사방해), 군형법 제62조(가혹행위) 및 「국가안전기획부법 제19조(직권남용죄)를 제시했다.[185]

규약이 요구하는 고문금지가 국내법제에 적절히 수용되어 있는가 여부는 제7조의 국내 실행과 관련된 가장 근본적인 문제이므로 이 부분을 좀 더 상세히 검토한다. 한국은 고문방지협약의 당사국이기도 하므로 규약 제7조 이행을 위해서는 고문방지위원회에서의 지적도 함께 검토함이 유용하다.

제7조는 단순히 고문을 금지하고 있을 뿐이지만, 이는 고문 행위자의 처벌을 포함하는 의미라는 점에는 별다른 이론이 없다.[186] 고문방지협약은 이의 처벌을 명기하고 있기 때문에(제4조), 한국으로서는 고문자 처벌의무를 피할 수 없다. 한국에서 고문범죄 처벌에 가장 적합한 조항은 형법 제7장 그중 특히 제125조(폭행, 가혹행위)이다. 그 내용은 "재판, 검찰, 경찰 그 밖에 인신구속에 관한 직무를 수행하는 자 또는 이를 보조하는 자가 그 직무를 수행하면서 형사피의자나 그 밖의 사람에 대하여 폭행 또는 가혹행위를 한 경우에는 5년 이하의 징역과 10년 이하의 자격정지에 처한다"이다. 이 조항은 고문범죄 처벌을 위한 적절한 수단이 될 수 있는가? 제125조의 내용을 분석해 본다.[187]

C/KOR/4(2013), para.118. 2005년의 제3차 보고서에는 구체적 형법 조항이 지적되지 않았다.

185) Initial Reports, CAT/C/32/Add.1(1996), para.106. 같은 입장은 이후에도 지속되었다. Second Periodic Reports, CAT/C/53/Add.2(2005), para.28; Third to Fifth Periodic Reports, CAT/C/KOR/3-5(2016), para.3.

186) HRC General Comment No.20(1992), para.8.

187) 이 점에 관해서는 이미 오병두, "고문방지협약의 국내적 이행과 형사실체법적 쟁점", 민주법학 제37호(2008.9)와 홍관표, "고문방지협약에 따른 고문의 범죄화", (전남대) 법학논총 제38권 제1호(2018)에서

이 조항의 행위주체는 "재판, 검찰, 경찰 그 밖에 인신구속에 관한 직무를 수행하는 자 또는 이를 보조하는 자"이다. 국내에서 일반적으로 수사권 없는 공무원은 이에 해당되지 않는다고 해석되고 있다. 예를 들어 일반교도관은 형법 제125조의 행위주체가 되지 않는다.[188] 공무 수행자나 공무원, 공무수행자의 교사·동의·묵인 하에 행동하는 사인(私人)도 이 범죄의 행위주체가 될 수 없다.[189] 그렇다면 이는 고문방지협약 상 고문의 주체를 다 포괄하지 못함은 물론, 사적 행위자에 의한 고문도 동일하게 금지하는 규약 제7조의 요구를 만족시키지 못한다.[190]

행위의 객체면에서도 고문방지협약은 "여하한 형태의 체포·구금 또는 징역의 대상이 된 개인"을 대상으로 하며,[191] 규약 제7조의 대상은 자유를 박탈당한 모든 사람이다.[192] 이에 반해 형법 제125조의 적용대상은 형사피의자 및 피고인·증인·참고인 등 재판이나 수사에서 조사대상인 사람으로 한정된다고 해석되고 있어서 이들 조약상 의무와는 차이가 있다.[193]

적용상황에 있어서 형법 제125조는 "직무를 수행하면서 형사피의자나 그 밖의 사람에 대하여 폭행 또는 가혹행위를 한 경우"에 적용되는 범죄이므로, 반드시 직무 관련성을 요구하지 않는 규약 제7조나 고문방지협약에 비해서는 적용상황이 한정적이다.[194]

형벌의 측면에서도 형법 제125조의 형량이 "5년 이하의 징역"이므로 국내 형법상 상해죄(7년 이하 징역)보다도 형량이 낮으며, 형식상 몇 개월 정도의 단기형량이나 집행유예도 가능하다는 점에서 고문범죄의 심각성이 고려된 형량으로 보기 어렵다고 지적을 피할 수 없다.[195] 특정범죄가중처벌법 제4조의 2(체포·감금 등의 가중처벌)는 폭행이나 가혹행위를 통

의 상세한 분석이 있다. 이상 논문은 고문방지협약을 전제로 작성되었으나, 규약 제7조 해석과 관련해서도 직접 도움이 된다. 이하 형법 제125조에 관한 내용은 이들 논문에 힘입은 바 크다.

188) 광주고등법원 1992. 11. 21. 선고 93초43 결정. 오병두(상계주), pp.188-189에서 재인. 홍관표(상계주), p.616 동지.

189) 홍관표(전게주 187), pp.615-617에 보다 구체적 설명이 있다.

190) 전게주 16 및 해당 본문 참조.

191) 고문방지협약 제10조.

192) HRC General Comment No.7(1982), para.2.

193) 홍관표(전게주 187), pp.617-618; 오병두(전게주 187), p.188; 이재상·장영민·강동범, 『형법각론』(제11판)(박영사, 2019), p.713; 이용식, 『형법각론』(박영사, 2019), p.192. 그러나 김일수·서보학, 새로쓴 『형법각론』(제9판)(박영사, 2018), p.644는 행정경찰상 감독·보호를 받는 자 및 그 관계인도 대상에 포함된다고 해석한다. 그러나 이 역시 자유를 박탈당한 모든 사람을 대상으로 보지는 않는다.

194) 홍관표(전게주 187), p.618. 고문방지위훤회 역시 한국의 형법 제125조 등이 제한된 자에게만 적용되는 한계를 지닌다는 점을 지적하고 있다. CAT/C/KOR/CO/2(2006), paras.4-5; CAT/C/KOR/CO/3-5(2017), para.7.

해 상해나 사망을 야기하면 징역 1년(상해) 또는 3년 이상(사망)에 처하도록 되어 있어 상대적으로 높은 형량을 규정하고 있다. 그런데 이 특가법 조항은 형법 제124조 및 제125조의 죄를 전제로 결과가 치사상에 이르면 형을 가중하는 구조이다. 따라서 행위 주체와 객체에 있어서의 근본 한계를 여전히 극복하기 어려운 조항에 불과하다.[196]

기타 조항으로 정부 보고서에서도 지적된 형법 제124조(불법체포·불법감금)는 고문까지는 아니더라도 잔혹하거나 비인도이거나 굴욕적인 대우에 적용될 가능성이 있다. 그런데 이 조항 역시 형법상 공무원 범죄로 규정되어 있다는 점에서 제125조의 한계를 동일하게 지니고 있다.

물론 형법 제125조(및 제124조) 등에 의해 커버될 수 없는 고문행위라 하여 국내에서 불처벌을 의미하지는 않는다. 형법 제257조 제1항(상해), 제260조 제1항(폭행), 제262조(폭행치사상), 제273조 제1항(학대), 제276조 제1항(체포·감금), 제283조 제1항(협박) 등이 고문이나 비인도적·굴욕적인 대우에 적용될 수 있는 상황도 있을 수 있다. 그러나 이들 조항에 의한 처벌은 규약이 고문을 특별한 범죄로 대우하는 취지에 합당하지 않다는 사실은 다언을 요하지 않는다.[197]

규약위원회는 신체적 고통 뿐만 아니라 정신적 고통 역시 고문의 일종으로 대우하고 있으나,[198] 이에 상응하는 적절한 국내법 조항은 사실상 없다고 판단된다.[199]

결론적으로 규약위원회의 지적과 같이 한국의 형사법은 국제적으로 인정된 고문에 해당하는 행위를 아직도 충분히 범죄화하고 있지 못하다. 특히 고문방지위원회는 고문을 별도의 범죄로 형법에 규정하라는 이유를 다음과 같이 설명하고 있다. 고문을 일반 폭행이나 다른 범죄와 구별해 독립적인 범죄로 규정함으로써 고문범죄의 특별한 중요성을 일반인에게 인식시키고, 고문에 대한 억제적 효과를 강화하며, 수사 당국의 고문범죄 추적 능력을 향상시키고, 적절한 처벌의 필요성이 강조되어, 고문방지의 예방적 효과를 기대할 수 있다.[200]

---

195) 고문방지위원회도 같은 견해이다. CAT/C/KOR/CO/3-5(2017), para.7.
196) 오병두(전게주 187), p.189; 홍관표(전게주 187), pp.621-622.
197) 홍관표(전게주 187), p.623.
198) HRC General Comment No.20(1992), para.5.
199) Concluding Observations on the Republic of Korea, CCPR/C/KOR/CO/4(2015), paras.26; CAT/C/KOR/CO/3-5(2017), para.7.
200) CAT General Comment No.2(2008), para.11.

2. 개별 사항

가. 고문 위험국으로의 송환

규약위원회는 규약 제7조가 당사국이 개인을 외국으로 송환한 결과 그가 고문 또는 잔혹하거나 비인도이거나 굴욕적인 대우나 처벌을 받을 위험에 처하지 않도록 할 의무를 포함한다고 해석한다.[201] 국내에서는 난민 신청자의 강제송환과 관련해서 이 문제가 종종 제기되었다. 다만 난민지위협약에는 난민을 "생명이나 자유가 위협받을 우려가 있는 영역의 국경으로 추방하거나 송환하여서는 아니된다"(제33조)라는 보다 직접적인 규정이 있으므로 국내 법원에 강제송환결정 중지를 요구하는 당사자는 주로 이 조항을 원용하지 규약 제7조를 원용하는 경우는 드물다. 난민지위 신청이 국내 행정절차 및 사법절차에서 모두 인용되지 못한 다음 인권조약상 구제절차를 이용하는 경우, 자유권규약 제7조 위반을 주장하는 개인통보가 제출된 사례가 있다. 다음은 이와 관련해 한국의 규약 위반 판정이 내려졌던 사건이다.

> 통보자는 이란인 무슬림이나 평소 기독교에 관심이 있었다. 그는 한국을 단기 상용비자로 방문한 기회에 신앙을 더 심화시켜 기독교로 개종했다. 체류기간을 넘겨 한국에 거주하다가 대마초를 피운 사실이 적발되어 형사처벌을 받고, 본국으로 강제 퇴거명령을 받았다. 한국에서 난민신청을 했으나 기각되었다. 그는 이슬람에서 기독교로 개종했고, 중동 지역 선교를 위해 기독교 대학에서 신학학사를 받았기 때문에 이란으로 송환될 경우 사형 등 가혹한 처벌을 받는다고 주장하며 개인통보를 제출했다. 규약위원회는 통보자가 이란으로 강제송환될 경우 회복할 수 없는 피해를 당할 실질적 위험이 있다고 판단해 한국의 강제송환 결정은 규약 제6조와 제7조 제1항 위반이라고 결정했다.[202]

국내에서 난민신청이 거부되어 출국명령을 받은 자가 만약 본국으로 송환되면 고문을 당할 위험이 있다는 이유에서 고문방지위원회에 개인통보를 제출한 사례도 하나 있었다. 이 경우에는 신청자가 고문의 위험을 충분히 증명하지 못했다고 판단되어 통보가 기각되었다.[203]

국내 법원이나 조약기구에서의 다툼으로 이어지지는 않았지만 강제송환에 따른 고문 등의 위험이 문제된 사례로는 2019년 발생한 북한 어선 귀순자 북송사건이 있다. 사건의 개

---

201) 전게주 155 이하 및 관련 본문 참조.
202) *X v. Republic of Korea*, Communication No. 1908/2009(2014), paras.11.4-11.5.
203) *T.M. v. Republic of Korea*, CAT Communication No. 519/2012(2014).

요는 다음과 같다.

2019년 11월 2일 한국 해군은 동해 NLL 부근해상에서 발견된 북한 어선 1척을 동해항으로 예인해 왔다. 심문과정에서 북한 선원 2인은 귀순의사를 명백히 밝혔는데 정부 당국은 귀순의사의 진정성이 없다고 판단하고 이들의 북송을 결정했다. 11월 5일 북한 당국에 신병인수 의사를 타진해 북한이 이를 수락하자 11월 7일 이들 선원을 판문점을 통해 북측으로 송환했다. 한국 정부는 이 과정을 비공개로 처리하려다 아주 우연히 언론에 노출되었다. 정부는 이들이 동해에서 조업중 동료 선원 16명을 살해한 후 일단 북한으로 입항했다가 신변의 위험을 느껴 다시 남측으로 귀순한 자들이라 주장했다.204) 북송 이후 이들은 처형될 운명임이 너무나 뻔해 이 사건은 국내외적으로 거센 파문을 불러일으켰다. 한미 21개 인권단체가 한국정부의 행위를 규탄하는 성명을 발표했고,205) 국내 30개 인권단체는 공동으로 UN에 구명서한을 발송했다.206) Human Rights Watch 등 국제인권단체의 비판이 이어졌고, 토마스 퀀타나 UN 북한인권특별보고관을 비롯한 UN 인권이사회의 강제실종, 자의적 처형, 고문 등 주제별 특별보고관 및 실무그룹들이 합동으로 우리 정부 조치의 타당성에 관한 질의서를 전달했다.207)

이에 대해 한국 정부는 첫째 전반적인 상황으로 미루어 볼 때 이들의 귀순의사의 진정성을 믿기 어려우며,208) 둘째 이들이 살인 등 중대한 비정치적 범죄 혐의자였으며,209) 셋째 우리 국민의 신변 안전을 고려하는 국가안보적 차원의 이유에서 이들을 수용하지 않았다고 주장했다.210) 그러나 본인들의 명시적 귀순의사에도 불구하고 2~3일의 간단한 조사만으로 이를 믿을 수 없다고 판단한 근거가 무엇인지가 불분명했고, 특히 살인 혐의자라면 북한을 탈출해 귀순하려는 의사가 더 강하리라고 보는 것이 상식적이라는 점에서 송환의 적절성 내지 적법성에 대한 의문이 제기되었

---

204) 조선일보 2019.11.8., A3.

205) 조선일보 2019.11.11., A1.

206) 조선일보 2019.11.19., A 6.

207) Mandate of the Special Rapporteur on the situation of human rights in the Democratic People's Republic of Korea; the Working Group on Enforced or Involuntary Disappearances; the Special Rapporteur on extrajudicial, summary or arbitrary executions and the Special Rapporteur on torture and other cruel, inhuman or degrading treatment or punishment, REFERENCE: AL KOR 3/2019(2020). CCPR/C/KOR/CO/5(2023), para.37도 우려를 표명함.

208) Permanent Mission of the Republic of Korea Geneva, "The ROK Government's Response Regarding the Joint Letter Sent by the Special Procedures of the UN Human Rights Council", KGV/49/2020(2020), p.4.

209) 상계주, pp.7, 11.

210) 전게주 208, pp.6-8.

다. 북한에 관해서는 2005년 이래 UN 총회와 UN 인권이사회에서 인권상황에 관한 결의가 연례적으로 채택되고 있으며, UN 차원에서 인권실태에 관한 조사위원회가 설치되었던 국가 중 하나라는 점에서 인권 침해국이라는 사실이 국제적으로 공인되어 있다. 따라서 탈북 선원이 북한으로 보내지면 고문 또는 그 이상의 처벌을 받으리라고 손쉽게 예상되었다. 한국 정부는 고문방지협약 제16조를 원용하며 조치의 정당성을 주장했지만, 이는 조문의 잘못된 해석을 통한 근거 없는 답변이었다.[211] 당시 한국 정부의 송환조치와 주장 논리는 비판을 면하기 어렵다.[212]

나. 체벌

형사처벌로서의 체형은 국내법 상 허용되지 않으나, 과거 한국의 교육 현장이나 가정에서는 훈육수단의 일종이라는 명목 하에 체벌이 폭 넓게 실행되었음은 공지의 사실이다. 최근까지도 일정한 체벌은 법적으로 허용되었다. 즉 구 초중등교육법 시행령은 "학교의 장은 법 제18조 제1항 본문의 규정에 의한 지도를 하는 때에는 교육상 불가피한 경우를 제외하고는 학생에게 신체적 고통을 가하지 아니하는 훈육·훈계등의 방법으로 행하여야 한다"는 조항을 두고 있어(제31조 제7항), 불가피한 경우 신체적 고통을 가하는 체벌을 허용하고 있었다. 또한 민법 역시 "친권자는 그 자를 보호 또는 교양하기 위하여 필요한 징계를 할 수 있고 법원의 허가를 얻어 감화 또는 교정기관에 위탁할 수 있다"(제915조)고 규정해 가정내 징계 체벌이 허용된다고 해석되고 있었다. 과거 헌법재판소는 "다른 교육적 수단으로는 교정이 불가능하여 체벌을 할 수 밖에 없는 경우" 학교 교육에서의 체벌이 허용된다고 해석했다.[213] 대법원 역시 "교육상의 필요가 있고 다른 교육적 수단으로는 교정이 불가능하여 부득이 한 경우"라면 사회관념상 비난받지 아니할 객관적 타당성이 있는 범위 내의 신체적 체벌을 정당행위로 인정했다.[214]

그러나 초중등교육법 시행령의 위 조항은 2011년 3월 개정되었다. 이 조항은 현재 "학교의 장은 법 제18조 제1항 본문에 따라 지도를 할 때에는 학칙으로 정하는 바에 따라 훈육·훈계 등의 방법으로 하되, 도구, 신체 등을 이용하여 학생의 신체에 고통을 가하는 방법을 사

---

211) 조정현, "월경 북한이탈주민의 법적 지위와 탈북어민 강제송환에 대한 국제인권법적 검토", 외법논집 제444권 제3호(2020), pp.223-225; 홍진영, "범죄를 저지른 북한이탈주민 추방의 법적 문제", 법조 제70권 제3호(2021), pp.279-281.
212) 조정현(상게주), pp.226-227. 북한 선원 강제송환이 위법했다는 여타의 비판으로 홍진영(상게주), pp.290-291; 장영수, "북한 주민 강제송환의 헌법적 쟁점", 세계헌법연구 제26권 2호(2020) 참조.
213) 헌법재판소 2006. 7. 27. 2005헌마1189 결정.
214) 대법원 1988. 1. 12. 선고, 87다카2240 판결.

용해서는 아니된다"(제31조 제8항)로 개정되어 신체적 체벌 금지를 명문화 했다. 민법 제915조 역시 2021년 1월 삭제되었다. 이제 교육 현장은 물론 가정에서도 "아동의 신체를 때리는 방식의 훈육은 허용되지 아니한다."[215] 이러한 법제도 개선에도 불구하고 체벌이 국내 현실에서 사라지지는 않았다고 판단되며, 특히 가정 내 심각한 체벌은 여전히 종종 보고되고 있다.

다. 공소시효 및 사면

규약위원회는 고문 등의 행위가 밝혀지면 그에 책임 있는 자를 반드시 처벌하라고 요구하고 있다.[216] 그런데 고문 범죄에 대한 공소시효를 지나치게 짧게 인정하면 불처벌의 위험이 커진다. 과거 얼굴 없는 고문 기술자로 유명한 이근안씨가 1999년 체포되었으나 알려진 고문혐의 상당 부분에 관해 형사소송법상의 공소시효가 이미 지나 처벌이 어려웠던 사례가 있었고,[217] 1984년 청송교도소에 복역 중인 박영두씨가 교도관들의 집단폭행으로 사망한 사실이 후일 의문사진상규명위원회에 의해 밝혀졌으나 당시 가해자들에 대한 공소시효가 경과된 사례도 있었다.[218] 현재 한국에서 국제형사재판소 관할범죄인 제노사이드, 인도에 반하는 죄, 전쟁범죄에 해당하는 고문행위에 관해서는 공소시효 적용이 배제되나(「국제형사재판소 관할범죄의 처벌 등에 관한 법률」 제6조), 일반 고문행위의 공소시효에 대해서는 별다른 특칙이 없다. 규약위원회가 최근에는 각국 국가보고서 검토과정에서 고문범죄에 대한 공소시효 배제를 요청하고 있음을 감안하면,[219] 한국에서 고문관련 행위의 처벌 형량이 지나치게 가벼운 점과 함께 공소시효에 대한 지적도 조만간 있으리라 예상된다. 고문방지위원회 역시 한국에 대해 고문범죄에 대한 공소시효 부적용도 요청하고 있다.[220]

한편 규약위원회는 고문 범죄자에 대한 사면이 제7조 고문방지의무와 충돌한다고 해석하고 있다.[221] 국내법상 특별히 고문 관련 범죄에 대해 사면을 제한하는 법률은 없다. 다만 이러한 제한 조항이 없어도 실제 고문 범행자를 사면시키지만 않으면 규약 위반은 아니라고 판단된다. 최근 국내에서 고문 범죄자에 대한 사면이 문제된 사례는 없었다.

---

215) 춘천지방법원 2017. 1. 19. 선고, 2015노945 판결.
216) HRC General Comment No.31(2004), para.18.
217) 조선일보 1999.12.17., p.30. 정인섭, "국제법상 인도에 반하는 죄와 이근안·수지김 사건", (서울대) 법학 제43권 제1호(2002), pp.161-162 참조.
218) 동아일보 2001.6.5., p.29.
219) 전게주 143-150 및 관련 본문 참조.
220) CAT/C/KOR/CO/3-5(2017), para.10.
221) HRC General Comment No.20(1992), para.15.

라. 독방 구금

독방 수감은 통상 규약 제10조의 문제로 우선 다루어지나, 제7조 위반으로 다루어지는 경우도 있다.[222] 규약위원회는 구금 중인 사람을 장기간 독방 감금하는 행위는 제7조 위반에 해당할 수 있다고 해석하고 있다.[223] 한국의 국가보고서 평가에서도 재소자에 대한 징벌로 30일까지의 독방 수감이 빈번히 활용된다는 점에 우려를 표명하며 독방 수감은 가장 예외적인 경우에만 사용하라고 요청했다.[224] 그런데 한국의「형의 집행 및 수용자의 처우에 관한 법률」에 따르면 수용자는 독거수용이 원칙이며, 시설 여건이 충분치 않거나 수용자 보호를 위해 필요한 경우 등에 한해 혼거수용을 규정하고 있다(제14조). 국내에서 통상적인 수감자는 독거수용을 선호한다고 알려져 있으며, 교정 당국은 사회적 저명인사의 경우 배려 차원에서 독실을 제공한다. 따라서 추가적인 가혹한 제한이 가해지는 경우가 아니라면 단순히 독방 수감 자체만으로는 바로 제7조 위반이라 하기 어렵다고 본다. 사상전향을 거부하고 13년간 독방에 수감되었던 강용주 사건에 관해 규약위원회는 제7조 위반이 아닌 제10조 위반만을 인정했다.[225]

【다른 인권조약상의 관련 조항】

세계인권선언 제5조

어느 누구도 고문 또는 잔혹하거나, 비인도적이거나, 모욕적인 대우나 처벌을 받지 아니한다.

No one shall be subjected to torture or to cruel, inhuman or degrading treatment or punishment.

아동권리협약 제37조 (a)

어떠한 아동도 고문 또는 기타 잔혹하거나 비인간적이거나 굴욕적인 대우나 처벌을 받지

---

222) 전게주 46 및 관련 본문 참조.
223) HRC General Comment No.20(1992), para.6.
224) Concluding Observations on the Republic of Korea, CCPR/C/KOR/CO/4(2015), para.35.
225) *Y. J. Kang v. Republic of Korea*, Communication No. 878/1999(2003).

아니한다. 사형 또는 석방의 가능성이 없는 종신형은 18세 미만의 사람이 범한 범죄에 대하여 과하여져서는 아니 된다.

No Child shall be subjected to torture or other cruel, inhman or degrading treatment or punishment. Neither capital punishment nor life imprisonment without possibility of release shall be imposed for offences committed by persons below eighteen years of age.

이주노동자 권리보호에 관한 협약 제10조

어떠한 이주노동자나 그 가족도 고문 또는 잔혹하거나 비인도이거나 굴욕적인 대우나 처벌을 받지 아니한다.

No migrant worker or member of his or her family shall be subjected to torture or to cruel, inhman or degrading treatment or punishment.

장애인권리협약 제15조 제1항

그 누구도 고문 또는 잔혹한, 비인도적이거나 굴욕적인 대우나 처벌의 대상이 되지 아니한다. 특히, 그 누구도 자발적인 동의 없이 의학적 또는 과학적 실험의 대상이 되지 아니한다.

No one shall be subjected to torture or to cruel, inhuman or degrading treatment or punishment. In particular, no one shall be subjected without his or her free consent to medical or scientific experimentation.

인권 및 기본적 자유의 보호에 관한 유럽협약 제3조

어느 누구도 고문 또는 비인도적이거나 굴욕적인 대우나 처벌을 받지 아니한다.

No one shall be subjected to torture or to inhuman or degrading treatment or punishment.

미주인권협약 제5조

1. 모든 사람은 자신의 신체적, 정신적 및 도덕적 완전성을 존중받을 권리를 가진다.

2. 어느 누구도 고문 또는 잔혹하거나 비인도적이거나 모욕적인 처벌 또는 대우를 받지 아니한다. 자유를 박탈당한 모든 사람은 인간 고유의 존엄성을 존중받으면서 처우되어야 한다.

1. Every person has the right to have his physical, mental, and moral integrity respected.
2. No one shall be subjected to torture or to cruel, inhuman or degrading punishment or treatment. All persons deprived of their liberty shall be treated with respect for the inherent dignity of the human person.

인간과 인민의 권리에 관한 아프리카 헌장 제5조

모든 개인은 인간으로서의 고유한 존엄성을 존중받으며, 자신의 법적 지위를 인정받을 권리를 가진다. 인간에 대한 모든 형태의 착취와 모욕, 특히 노예제도, 노예무역, 고문, 잔혹하거나 비인도적이거나 굴욕적인 처벌과 대우는 금지된다.

Every individual shall have the right to the respect of the dignity inherent in a human being and to the recognition of his legal status. All forms of exploitation and degradation of man, particularly slavery, slave trade, torture, cruel, inhuman or degrading punishment and treatment, shall be prohibited.

아랍인권헌장 제13조 (a)

(a) The States parties shall protect every person in their territory from being subjected to physical or mental torture or cruel, inhuman or degrading treatment. They shall take effective measures to prevent such acts and shall regard the practice thereof, or participation therein, as a punishable offence.
(b) No medical or scientific experimentation shall be carried out on any person without his free consent.

제8조 노예제 및 강제노동 금지[*]

도 경 옥

목 차

Ⅰ. 개관
Ⅱ. 노예상태의 금지
Ⅲ. 예속상태의 금지
Ⅳ. 강제 또는 의무 노동의 금지
  1. 적용범위
  2. 예외
    가. 범죄에 대한 형벌로서의 중노동
    나. 구금 중의 작업
    다. 군사적 및 국민적 역무
    라. 긴급사태 시의 의무
    마. 통상적인 시민의 의무

  3. 예외 인정 요건
Ⅴ. 한국의 실행
  1. 관련 규정
  2. 주요 쟁점
    가. 단순파업에 대한 형법상 위력업무방해죄 적용
    나. 사회복무요원 제도
    다. 외국인근로자의 사업장 변경 제한
    라. 성매매 목적의 인신매매를 은폐하기 위한 E-6(예술흥행) 비자 사용
[다른 인권조약상의 관련 조항]

---

1. 어느 누구도 노예상태에 놓이지 않는다. 모든 형태의 노예제도 및 노예매매는 금지된다.

2. 어느 누구도 예속상태에 놓이지 않는다.

3. 가. 어느 누구도 강제 또는 의무 노동을 하도록 요구되지 않는다.

  나. 제3항가호의 규정은 범죄에 대한 처벌로 중노동을 수반하는 구금형을 부과할 수 있는 국가에서, 권한 있는 법원의 형의 선고에 따라 중노동을 시키는 것을 배제한다고 해석되지 않는다.

  다. 이 항의 목적상 "강제 또는 의무 노동"이라는 용어는 다음을 포함하지 않는다.

    1) 나호에서 언급되지 않은 작업 또는 역무로서, 법원의 합법적 명령으로 구금되어 있는 사람 또는 그러한 구금으로부터 조건부 석방 중에 있는 사람에게 통상적으로 요구되는 것

    2) 군사적 성격의 역무 및 양심적 병역거부가 인정되는 국가의 경우, 양심적 병역거부자에게 법률상 요구되는 국민적 역무

---

[*] 이 글은 필자의 "국제인권규약상 노예제 및 강제노동 금지와 한국의 실행"(서울국제법연구 제29권 제1호(2022))에 기반해 일부 내용을 수정·보완한 것이다.

3) 공동체의 존립 또는 복지를 위협하는 긴급사태 또는 재난 시에 부과되는 역무

4) 통상적인 시민의 의무에 속하는 작업 또는 역무

1. No one shall be held in slavery; slavery and the slave-trade in all their forms shall be prohibited.

2. No one shall be held in servitude.

3. (a) No one shall be required to perform forced or compulsory labour;

   (b) Paragraph 3 (a) shall not be held to preclude, in countries where imprisonment with hard labour may be imposed as a punishment for a crime, the performance of hard labour in pursuance of a sentence to such punishment by a competent court;

   (c) For the purpose of this paragraph the term "forced or compulsory labour" shall not include:

   (i) Any work or service, not referred to in subparagraph (b), normally required of a person who is under detention on consequence of a lawful order of a court, or of a person during conditional release from such detention;

   (ii) Any service of a military character and, in countries where conscientious objection is recognized, any national service required by law of conscientious objectors;

   (iii) Any service exacted in cases of emergency or calamity threatening the life or well-being of the community;

   (iv) Any work or service which forms part of normal civil obligations.

Ⅰ. 개관

노예제는 힘 있는 사람이 타인을 소유하는 극단적인 표현이며, 인간성 및 존엄성에 대한 직접적인 공격이다.[1] 이에 규약 제8조 제1항은 인간에 대한 특별히 견딜 수 없는 착취 현상에 대한 대응으로 노예상태의 금지를 규정하고 있으며, 나아가 규약 제8조 제2항은 예속상태의 금지도 규정하고 있다. 노예상태 및 예속상태의 금지는 규약뿐 아니라 거의 모든 일반적 인권문서에 예외 없이 삽입되어 있다.[2]

---

1) N. Lassen, Slavery and Slavery-Like Practices: United Nations Standards and Implementation, *Nordic Journal of International Law* vol.57(1988), p.197.

2) 세계인권선언 제4조, 유럽인권협약 제4조 제1항, 미주인권협약 제6조 제1항, 아프리카 인권헌장 제5조 등.

노예 금지는 인권의 국제적 보호 운동이 가장 먼저 전개된 대상이기도 하다. 18세기 후반의 노예 반대투쟁은 인권의 국제적 보호의 가장 중요한 역사적 선례로 되었다.[3] 노예매매의 국제적 금지는 1815년 빈 회의(Congress of Vienna) 시기에 체결된 여러 양자조약으로부터 출발한다. 이후 1841년 오스트리아, 프랑스, 영국, 프러시아, 러시아는 아프리카 노예매매 금지를 위한 다자조약(Treaty for the Suppression of the African Slave Trade)을 체결하였고, 1885년 베를린 의정서(Acts of the Berlin)와 1890년 브뤼셀 회의 일반의정서(General Acts of the Brussels Conference)가 뒤를 이었다. 1926년에는 국제연맹의 후원 하에 「노예매매 및 노예제도 금지 협약(Convention to Suppress the Slave Trade and Slavery)」(이하 "노예 금지 협약"이라 한다)이 채택되었는데, 이는 인권 보호를 위한 최초의 현대적 조약이다. 이 협약은 1953년에 UN 의정서에 의해 한 차례 개정되고, 1956년에 「노예제도, 노예매매 및 노예제도와 유사한 제도와 관습의 폐지에 관한 보충협약(Supplementary Convention on the Abolition of Slavery, the Slave Trade, and Institutions and Practices Similar to Slavery)」(이하 "노예 폐지에 관한 보충협약"이라 한다)에 의해 보완되었는데, 노예 폐지에 관한 보충협약은 부채노예제도(debt bondage), 농노제도(serfdom)와 같은 노예제도 유사관행도 금지하였다. 노예상태 금지와 예속상태 금지는 오늘날 국제법상 강행규범(*jus cogens*)으로 간주되고 있다.[4] 또한, 규약 제4조 제2항은 국가의 존립을 위협하는 공공비상사태의 경우에도 규약 제8조 제1항 및 제2항의 위반은 허용되지 않는다고 규정하고 있다.

규약 제8조는 노예상태 및 예속상태 금지 외에도 모든 형태의 강제 또는 의무 노동을 금지한다. 제1항 및 제2항과는 달리 제3항의 강제 또는 의무 노동 금지에는 일정한 예외가 인정된다. 그러나 현실에 있어서는 노예상태나 예속상태와 강제 또는 의무 노동 간의 구별이 항상 명확하지는 않을 수 있다. 제3항의 행위가 제1항이나 제2항의 행위와 중복되는 경우에는 예외가 인정되지 않는 제1항이나 제2항이 적용된다고 보아야 할 것이다.[5]

노예제도는 공식적으로는 폐지된 지 오래이지만, 아직도 국제이주노동자, 제3세계 국가들에서의 성매매 관광, 인신매매 등과 같은 현대적 형태의 경제적 착취의 결과로서 노예제도와 유사한 관행이 전 세계적으로 광범위하게 남아 있다.[6] 현대적 형태의 노예제도는 상

---

3) Nowak's CCPR Commentary(2019), p.222(para.4).
4) R. Higgns, Derogations under Human Rights Treaties, British Yearbook of International Law vol.48 (1976/77), p.282; Contemporary Forms of Slavery, Updated review of the implementation of and follow-up to the conventions on slavery, Working Paper prepared by David Weissbrodt and Anti-Slavery International, E/CN.4/Sub.2/2000/3(2000), para.4; *Prosecutor v. Brima et al.*, Special Court for Sierra Leone, Case No. SCSL-04-16-T, Judgment, 20 June 2007, p.217, para.705.
5) Taylor's Commentary(2020), p.220.

업적 이익과 결부되어 복잡하고 비밀스러운 방식으로 행해지기 때문에 이의 근절이 쉬운 일은 아니다. 결국 노예제도 및 유사관행의 근절에 있어서 가장 큰 걸림돌은 비도덕적으로 상업적 이익을 추구하는 인간의 이기심과 아직도 남아 있는 잘못된 사회문화적 전통이다.[7]

II. 노예상태의 금지

규약 제8조 제1항은 어느 누구도 노예상태에 놓이지 않으며, 모든 형태의 노예제도 및 노예매매는 금지된다고 규정한다. 세계인권선언 제4조와 유럽인권협약 제4조 제1항과는 달리 규약 제8조는 노예상태 금지와 예속상태 금지를 별개의 조항으로 규정하고 있다. 이는 인간에 대한 경제적 착취의 가장 가혹한 두 유형 간의 근본적인 차이를 강조하기 위해서였다. 규약에서의 노예상태는 인간의 법인격 파괴를 의미하는 것으로서 예속상태에 비하면 상대적으로 제한된 협의의 개념이다.[8]

규약에 노예제도와 노예매매에 관한 정의 규정은 없는데, 이 점에 대하여는 노예 금지 협약이 참고가 된다. 노예 금지 협약 제1조 제1항은 '노예제도'를 "어떤 이에 대해 소유자가 일부 또는 전부의 권한을 행사할 수 있는 지위 또는 상황"이라고 정의하였다. 그리고 노예 금지 협약 제1조 제2항은 '노예매매'를 "노예상태로 빠뜨릴 의도에서 사람을 포획하거나 획득하거나 처분하는 것과 관련된 모든 행위, 팔거나 교환하려고 노예를 획득하는 것과 관련된 모든 행위, 팔거나 교환하려고 획득한 노예의 매매 또는 교환에 의한 모든 처분행위, 그리고 일반적으로 모든 노예매매행위 및 노예수송행위"라고 정의하였다. 프랑스는 여성의 매매도 포함될 수 있도록 '노예매매'를 '인신매매'로 바꾸자고 제안하였다.[9] 그러나 본 조항에서는 전통적 의미에서의 노예제도 및 노예매매만이 다루어져야 한다는 이유에서 이러한

---

6) UN 차별방지 소수자보호 소위원회(United Nations Sub-Commission on Prevention of Discrimination and Protection of Minorities)의 요청에 따라 1984년에 노예제도에 관한 포괄적인 보고서가 발표된 바 있는데, 이 보고서는 전통적 형태의 노예상태, 예속상태, 강제노동, 식민지주의 및 인종차별정책, 신부매매, 성적 착취 등의 상황에서 노예와 유사한 상태에 있는 여성에 대한 주의를 환기시켰다. 또한 이 보고서에서는 현대판 노예제도로 다음을 언급하였다: (ⅰ) '이국적인' 성매매 수요를 충족시키기 위한 북반구와 남반구 간의 여성거래; (ⅱ) 국제적인 성 관련 사업을 위한 아동 및 마약중독자 착취; (ⅲ) 불법이주 노동자 착취; (ⅳ) 아동 강제노동; (ⅴ) 아동거래; (ⅵ) 제3세계 대규모 농업에서의 부채노예제도. B. Whitaker, Slavery: report updating the Report on Slavery submitted to the Sub-Commission in 1966, E/CN.4/Sub.2/1982/20/Rev.1(1984).

7) Nowak's CCPR Commentary(2019), p.224(para.7).

8) A/2929(1955), chapter Ⅵ, para.18.

9) E/CN.4/SR.199(1950), para.101.

제안은 수락되지 않았다.[10]

규약의 당사국은 효과적인 방식으로 노예제도 및 노예매매를 금지해야 한다. 우선 형법에 의해 관련자가 처벌될 수 있도록 해야 한다. 그리고 당사국은 개별적으로 또는 다른 국가들과 협력하여 노예제도 및 노예매매를 방지하기 위하여 가능한 모든 조치를 취해야 한다. 특히 선박에 탑승하여 피난 중이거나 당사국의 영토에서 피난 중인 노예는 법적으로 자유로운 것으로 간주되어 필요한 보호를 받아야 한다.

Ⅲ. 예속상태의 금지

규약 제8조 제2항은 어느 누구도 예속상태에 놓이지 않는다고 규정한다. 예속상태는 인간에 대한 다른 인간의 모든 유형의 지배를 포함하므로 노예상태보다 넓은 개념이다.[11] 초안 과정에서 미국은 '예속상태'를 '채무를 갚기 위한 노역 또는 농노제'로 바꾸자고 제안하였으나, 적용 범위를 지나치게 축소시킨다는 우려에서 이러한 제안은 수락되지 않았다. 또한 미국은 비자발적인 예속상태만을 금지하자고 제안하였으나, 누구도 스스로를 예속상태에 두는 계약을 체결하도록 허용해서는 안 된다는 이유에서 이러한 제안 역시 수락되지 않았다.[12]

노예 폐지에 관한 보충협약에서는 '노예제도와 유사한 제도 및 관행'으로 부채노예제도,[13] 농노제도,[14] 강제혼,[15] 아동 착취[16]를 규정하였다. 먼저 부채노예제도와 관련하여,

---

10) E/CN.4/SR.93(1949), pp.3-4.

11) Bossuyt's Guide(1987), p.167.

12) Bossuyt's Guide(1987), p.167.

13) 노예 폐지에 관한 보충협약 제1조 (a)에서는 '부채노예제도'를 "채무의 변제를 위해 노동의 가치가 적합하게 평가되지 않거나 노동의 기간의 제한, 종류의 정의가 이루어지지 않은 상태에서 채무에 대한 담보조로 채권자의 권리 하에 개인적 노동력을 제공하기로 한 경우"라고 정의하고 있다.

14) 노예 폐지에 관한 보충협약 제1조 (b)에서는 '농노제도'를 "법이나 관습, 혹은 합의에 의해 타인의 소유에 속하는 토지에 거주하면서 대가 여부와 관계없이 그 타인에게 노동력을 제공하고 그러한 신분을 변경하지 못하는 경우"라고 정의하고 있다.

15) 노예 폐지에 관한 보충협약 제1조 (c)에서는 '강제혼'을 "(i) 여성이 거절을 할 어떠한 권리도 없이 자신의 부모, 보호자, 가족 또는 그 밖의 사람이나 단체에게 현금 또는 현물이 주어지는 대가로 결혼이 약속되거나 결혼으로 주어지는 제도 또는 관행, (ii) 여성의 남편, 그의 가족 또는 혈족이 대가 등을 받고 여성을 다른 사람에게 넘길 권리를 가지는 제도 또는 관행, 또는 (iii) 남편이 사망한 여성은 다른 사람에게 상속될 수 있도록 하는 제도 또는 관행"이라고 정의하고 있다.

16) 노예 폐지에 관한 보충협약 제1조 (d)에서는 '아동착취'를 "친부모 또는 보호자가 18세 미만의 아동 또는 청소년을 대가 여부와 관계없이 착취 또는 노동을 목적으로 다른 사람에게 넘기는 제도 또는 관행"이라고 정의하고 있다.

규약위원회는 볼리비아, 네팔, 카자흐스탄 등 일부 국가들에서 이러한 관행이 남아 있는 점에 대해 우려를 표명한 바 있다.[17] 참고로 채무로 인한 구금은 경제적 착취의 요소가 없기 때문에 노예제도 유사관행에는 해당하지 않으며, 따라서 제8조가 아닌 제11조(계약상 의무의 이행불능으로 인한 구금 금지)에서 다루어진다.[18] 농노제도 문제는 규약위원회에서 거의 논의되지 않았다. 강제혼 문제의 경우 규약 체계에서는 제8조보다는 제6조(생명권), 제7조(고문 등의 금지), 제23조(가정과 혼인), 제26조(평등권) 등의 관점에서 다루어지고 있다.[19] 반면, 아동 착취 문제의 경우에는 제24조(어린이의 권리) 외에도 제8조가 적극적으로 적용되고 있다. 아동 착취에는 구걸을 시키는 행위,[20] 노동을 시키는 행위[21] 등이 포함된다. 그 밖에도 모든 형태의 인신매매 또한 예속상태에 해당한다. 인신매매는 젊은 여성이나 아동을 대상으로 이루어지는 경우가 많지만, 기본적으로는 모든 사람이 인신매매의 피해자가 될 수 있다. 그런 점에서 인신매매를 규약 제8조의 문제로 다룰 필요성이 제기된다. 규약위원회는 여러 국가보고서에 대한 최종견해에서 성매매, 성착취, 강제노동 등의 목적으로 이루어지는 인신매매에 대해 우려를 표하였는데, 규약 제8조와 더불어 사안에 따라 규약 제3조(남녀평등권), 제7조(고문 등의 금지), 제16조(법 앞에 인간으로서 인정받을 권리), 제24조(아동의 권리) 등이 함께 적용되었다.[22]

---

17) Concluding Observations on Bolivia, CCPR/C/BOL/CO/3(2013), para.18; Concluding Observations on Nepal, CCPR/C/NPL/CO/2(2014), para.18; Concluding Observations on Kazakhstan, CCPR/C/KAZ/CO/2(2016), para.35.

18) Nowak's CCPR Commentary(2019), p.228(para.13).

19) Concluding Observations on Burkina Faso, CCPR/C/BFA/CO/1(2016), para.15; Concluding Observations on Slovenia, CCPR/C/SVN/CO/3(2016), para.23; Concluding Observations on Pakistan, CCPR/C/PAK/CO/1(2017), para.41; Concluding Observations on Sudan, CCPR/C/SDN/CO/5(2018), para.21.

20) Concluding Observations on Montenegro, CCPR/C/MNE/CO/1(2014), para.19; Concluding Observations on Burkina Faso, CCPR/C/BFA/CO/1(2016), para.35; Concluding Observations on Guinia, CCPR/C/GIN/CO/3(2018), para.39.

21) Concluding Observations on Mozambique, CCPR/C/MOZ/CO/1(2013), para.18; Concluding Observations on Ghana, CCPR/C/GHA/CO/1(2016), para.31; Concluding Observations on Morocco, CCPR/C/MAR/CO/6(2016), para.47; Concluding Observations on Liberia, CCPR/C/LBR/CO/1(2018), para.32.

22) Concluding Observations on Malawi, CCPR/C/MWI/CO/1(2011), para.15; Concluding Observations on Turkey, CCPR/C/TUR/CO/1(2012), para.15; Concluding Observations on Mozambique, CCPR/C/MOZ/CO/1(2013), para.17; Concluding Observations on USA, CCPR/C/USA/CO/4(2014), para.14; Concluding Observations on Greece, CCPR/C/GRC/CO/2(2015), para.21; Concluding Observations on Republic of Korea, CCPR/C/KOR/CO/4(2015), para.40; Concluding Observations on Moldova, CCPR/C/MDA/CO/3(2016), para.19; Concluding Observations on Honduras, CCPR/C/HND/CO/2

노예제도 유사관행을 금지하기 위해 당사국들은 광범위한 금지규정(특히 형법)을 마련하는 한편, 이를 보장하기 위한 적극적인 조치를 취해야 한다. 여러 국가들에서 노예제도 유사관행이 급증하고 있다는 사실은 부채노예제도를 폐지하거나 여성 및 아동 거래를 법률로 금지하는 것만으로는 이러한 범죄행위들을 중단시킬 수 없음을 보여준다. 결국 사회구조의 변화와 이의 근절을 위한 국제적 협력이 필요할 것이다.[23]

Ⅳ. 강제 또는 의무 노동의 금지

1. 적용범위

규약 제8조 제3항 가호는 강제 또는 의무 노동을 금지한다. 규약이 강제 또는 의무 노동을 특별히 정의하고 있지는 않다. 초안 과정에서는 1930년 「강제 또는 의무 노동에 관한 협약(Convention Concerning Forced or Compulsory Labour)」(ILO 협약 제29호, 이하 "강제노동협약"이라 한다) 제2조 제1항, 즉 "이 협약의 목적상 강제 또는 의무 노동은 어떤 사람이 처벌의 위협 하에서 강요되고 자발적으로 제공하지 않은 모든 노동이나 서비스를 의미한다"는 정의 규정이 검토되었으나, 제2조 제2항의 예외 규정[24]과 함께 고려할 때 규약에 포함시키기에는 만족스럽지 않다는 이유에서 포함되지 못하였다.[25] "처벌의 위협 하에서"라는 표현은 작업이나 역무의 수행을 거부하는 경우 처벌을 받을 것이라고 위협한다는 의미로서, 가장 핵심적 요소는 작업이나 역무의 자발성 여부이다.[26] 참고로 비자발성을 특성으로 하는

(2017), para.36; Concluding Observations on Hungary, CCPR/C/HUN/CO/6(2018), para.27; Concluding Observations on Gambia, CCPR/C/GMB/CO/2(2018), para.35.

23) Nowak's CCPR Commentary(2019), p.228(para.14).

24) 「강제노동협약」 제2조 제2항

그럼에도 불구하고, 이 협약의 목적상 강제 또는 의무 노동은 다음을 포함하지 않는다.

가. 전적으로 군사적 성격의 작업에 대해서 의무병역법에 따라 강요되는 노동 또는 서비스

나. 완전한 자치국 국민의 통상적인 시민적 의무의 일부를 구성하는 노동 또는 서비스

다. 법원 유죄 판결의 결과 강요되는 노동 또는 서비스. 다만, 이러한 노동 또는 서비스는 공공기관의 감독 및 관리하에서 실시되며, 민간인, 민간회사 또는 민간단체에 고용되거나 그 지휘 아래에 있지 않는다.

라. 긴급한 경우, 즉 전쟁이나 화재, 홍수, 기근, 지진, 극심한 전염병이나 가축 전염병, 동물이나 곤충류 또는 식물해충의 침입과 같은 재해나 그러한 재해의 우려가 있는 경우, 그리고 일반적으로 주민 전체 또는 일부의 존립이나 안녕을 위태롭게 하는 모든 상황에서 강요되는 노동 또는 서비스

마. 공동체의 직접적인 이익을 위해 공동체 구성원이 수행하고, 따라서 공동체 구성원이 부담해야 하는 통상적인 시민적 의무라고 고려될 수 있는 소규모 공동체 서비스. 다만, 공동체의 구성원 또는 공동체의 직접적인 대표자는 이러한 서비스의 필요성에 대해 상의할 권리를 가진다.

25) A/2929(1955), chapter Ⅵ, para.19.

강제노동과는 달리 노예상태 및 예속상태는 자발적인 경우에도 금지된다.[27] 규약위원회는 *Faure v. Australia* 사건(2005)에서 관련 ILO 문서들의 정의가 규약 제8조 제3항의 강제 또는 의무 노동의 의미를 설명하는 데 도움이 될 수 있다고 하면서도, 금지되는 행위의 지표를 정교화하는 것은 위원회의 일이라고 밝히고 다음의 정의를 제시하였다.

> "강제 또는 의무 노동이라는 용어는 특히 강압적, 착취적 또는 기타 심각한 조건에서 형사제재를 통해 개인에게 부과된 노동부터 지시된 노동을 수행하지 않으면 제재로서 처벌을 가하겠다고 위협하는 상황에서의 보다 경한 형태의 노동에 이르기까지의 행위의 범위를 포함한다."[28]

규약 제8조 제3항에 상대적으로 넓은 범위의 예외가 규정되어 있는 점을 감안할 때 "강제 또는 의무 노동" 역시 폭넓게 해석되어야 할 것이다.[29] 비자발성이라는 주관적 요건 외에, 국가 또는 사인(私人)이 사적 작업이나 역무를 명하고 이 명령에 따르지 않으면 처벌이나 제재를 가하겠다고 위협하는 것으로 객관적 요건은 충족된다.[30] 규약의 문언이나 입법과정에 비추어 볼 때 추가적인 요건은 허용되지 않는다. 유럽인권위원회의 경우 초기에 강제 또는 의무 노동의 정의와 관련하여 부당하거나 압제적이거나 특히 가혹한 노동 등과 같은 기준을 발전시켰으나,[31] 유럽인권재판소는 이러한 접근을 따르지 않았다.[32]

노예상태 및 예속상태 금지와 마찬가지로 강제 또는 의무 노동 금지는 국가는 물론 여타의 사적 행위자도 대상으로 한다. 따라서 사인이 강제노동을 시키고 있다면 당사국은 적극적으로 이러한 관행을 금지시켜야 한다. 규약위원회는 *Bholi Pharaka v. Nepal* 사건(2019)에서 이 문제를 다룬 바 있다.

네팔의 소수민족인 타루족의 일원인 통보자는 가족의 경제적 어려움으로 어린 나이

---

26) J. Fawcett, *The Application of the European Convention on Human Rights*, 2nd ed. (Oxford University Press, 1987), p.57.

27) Y. Dinstein, The Right to Life, Physical Integrity, and Liberty, L. Henkin(ed.), The International Bill of Rights-The Covenant on Civil and Political Rights(Columbia University Press, 1981), p.126.

28) *Faure v. Australia*, Communication No.1036/2001(2005), para.7.5.

29) Nowak's CCPR Commentary(2019), p.229(para.17).

30) Nowak's CCPR Commentary(2019), p.229(para.17).

31) *Iversen v. Norway*, European Commission of Human Rights, Application No.1468/62(1963).

32) *Van der Mussele v. Belgium*, European Court of Human Rights, Application No.8919/80(1983), Series A No.70.

에 카트만두로 보내져 가사도우미로 일하게 되었다. 2010년 네팔군 장교의 가사도우미로 일하게 된 후부터는 학교에 다닐 수 없었으며, 14세의 나이로 매일 오전 4시부터 밤 10시까지 요리, 청소, 세탁, 시장보기 등 각종 집안일을 해야 했고 그에 대한 급여도 받지 못하였다. 통보자는 종종 신체적·정신적 학대를 당하기도 하였다. 통보자는 더 이상 참지 못하고 2012년 7월 마을로 돌아왔는데, 이후 네팔군 장교의 딸이 귀중품 절도 혐의로 통보자를 고소하였다. 통보자는 2012년 8월 체포·구금되었고, 구금되어 있는 동안 고문과 폭행을 당하였다. 2014년 6월, 카트만두 지방 법원은 통보자에게 1개월의 징역과 4,000루피(32유로)의 벌금을 선고하였다. 통보자는 네팔이 규약의 여러 조문을 위반했다고 주장했는데, 그 중에는 제8조 제3항 가호도 포함되어 있었다. 구체적으로, 통보자는 네팔 당국이 아동노동 및 강제노동을 방지하기 위해 필요한 조치를 취하지 않았고, 직권으로 효과적이고 독립적이며 공정하고 철저한 조사를 수행하지 않았으며, 책임자들을 기소하거나 제재를 가하지 않았고, 적절한 피해배상을 제공하지 않았다고 주장하였다. 규약위원회는 네팔이 당시 14세였던 통보자를 학대로부터 보호하지 못하고 관련 조사를 실시하지 않은 것은 규약 제2조 제3항 및 제24조 제1항과 함께 고려할 때 규약 제8조 제3항 위반이라고 결정하였다.[33]

국가도 개인이 자신의 의지에 반하여 노동할 것을 강요하지 말아야 한다. 국가가 광범위하게 노동시장을 규제하거나 계획경제의 틀 속에서 경제 전반을 통제할 때 이러한 의무는 실질적인 중요성을 갖는다.[34] 만일 국가가 형사상의 제재가 수반될 수 있는 일반적인 근로의 의무를 국민에게 부과한다면, 이는 규약 위반이 된다. 예컨대, 구소련의 법은 이른바 '기생적 생활방식'을 규제하였는데, 이러한 반기생법(anti-parasite law)은 강제노동 금지와 정면으로 충돌하는 것이다.[35] 그러나 자신이 원하지 않는 일을 거부한 자에 대해서 실업보조를 중단하는 것은 규약 위반이라고 볼 수 없다. 이 경우 비자발성과 제재의 강도 면에서 강제 또는 의무 노동에는 이르지 못하기 때문이다.[36]

---

33) *Bholi Pharaka v. Nepal*, Communication No.2773/2016(2019), paras.3.6, 7.11.
34) Nowak's CCPR Commentary(2019), p.229(para.18).
35) Y. Dinstein(전게주 27), p.128.
36) *X v. Netherlands*, European Commission of Human Rights, Application No.7602/76(1976).

2. 예외

가. 범죄에 대한 형벌로서의 중노동

강제 또는 의무 노동 금지 규정은 범죄에 대한 처벌로 중노동을 수반하는 구금형을 부과할 수 있는 국가에서 권한 있는 법원의 형의 선고에 따라 중노동을 시키는 것을 금지한다고 해석되지 않는다(규약 제8조 제3항 나호). 인권위원회의 초안 과정에서 "어느 누구도 권한 있는 법원이 범죄에 대한 형을 선고하는 경우를 제외하고는 강제노동을 하도록 요구받지 않는다"는 안이 검토되었으나, 이 같은 광범한 예외는 강제노동 금지를 전면적으로 훼손할 수 있다는 우려에 따라 "권한 있는 법원이 범죄에 대한 형을 선고하는 경우를 제외하고는" 부분은 삭제되었다.[37] 다만, 일부 국가에서는 중노동을 수반하는 구금형이 형벌의 한 형태로 존재하였기 때문에 그러한 형벌제도를 고려한 적절한 조항을 포함시킬 필요가 있다는 판단에서 제8조 제3항 나호가 채택되었다.[38] 제8조 제3항 나호에 규정된 형벌로서의 중노동은 강제노동에 해당하나 명시적으로 허용되는 형태의 강제노동인 반면, 제8조 제3항 다호에 규정된 구금 중의 작업, 군사적 및 국민적 역무, 긴급사태 시의 의무, 통상적인 시민의 의무는 강제노동 자체에 해당되지 않는다. 이처럼 두 규정은 문언상으로는 차이가 있다. 그러나 법적인 관점에서 이러한 차이는 별다른 의미를 갖지 않는다.[39]

제8조 제3항 나호의 적용과 관련해서는 몇 가지 유의사항이 있다. 먼저, 중노동을 수반하는 구금형은 범죄, 즉 심각한 위법행위에 대해서만 부과될 수 있으며, 예컨대 부랑 또는 구걸은 중노동으로 처벌될 수 없다.[40] 인권위원회의 초안 과정에서 정치범을 제외시키자는 논의가 있었으나, 정치범에 관한 명확한 정의가 없고 그 해석이 국가마다 다를 수 있다는 이유에서 결국 반영되지 못하였다.[41] 다음으로, 처벌로서의 강제노동은 이러한 형벌을 명시적으로 규정하고 있는 법률에 근거하여 권한 있는 법원이 선고한 유죄 판결에 의하여서만 부과될 수 있다.[42] "선고에 따라"라는 표현은 이 형벌이 법원에 의하여 명시적으로 언도되어야 함을 의미하므로, 법원이 단순히 유죄 판결을 한 후 행정당국에 의해 중노동 작업장으로 보내진다면 이는 규약 제8조 제3항 나호의 예외에 해당하지 않는다.[43]

---

37) A/2929(1955), chapter Ⅵ, para.20
38) 상게주.
39) Nowak's CCPR Commentary(2019), p.230(para.21).
40) Nowak's CCPR Commentary(2019), p.230(para.22).
41) Bossuyt's Guide(1987), p.173.
42) Nowak's CCPR Commentary(2019), p.231(para.23).
43) Nowak's CCPR Commentary(2019), p.231(para.23).

나. 구금 중의 작업

규약 제8조 제3항 나호에서 언급되지 않은 작업 또는 역무로서, 법원의 합법적 명령으로 구금되어 있는 사람 또는 그러한 구금으로부터 조건부 석방 중에 있는 사람에게 통상적으로 요구되는 작업 또는 역무는 강제 또는 의무 노동에 해당하지 않는다(규약 제8조 제3항 다호 1)). 이는 수용자들에게 일상적인 작업을 시킬 수 있음을 의미한다. 이 규정은 '법원의 합법적인 명령의 결과로서' 부과된 모든 유형의 구금에 적용된다는 점에서 규약 제8조 제3항 나호보다 적용범위가 넓다. 따라서 여기에는 법원의 판결 선고 후의 구금뿐만 아니라 재판 전 구금이나 사법적으로 부과된 기타 형태의 구금이 포함된다. 법정책의 견지에서 확정판결 이전의 피구금자에게 작업을 요구하는 것이 정당화될 수 있을지는 의문이나 일단 법원의 결정만 있으면 규약상으로는 허용된다.[44]

한편, 이 규정은 중노동이나 특별한 노동이 아니라 구금된 자들에게 '통상적으로' 요구되는 작업만을 허용한다. 이는 일반적으로 구금시설 내에서의 일상적인 작업과 수용자들의 사회복귀를 촉진시키는 작업을 의미한다. 인권위원회의 초안 과정에서는 '통상적으로'라는 용어의 필요성에 대하여 논란이 제기되었으나, 중노동이나 교정당국의 자의적 결정으로부터 수용자를 보호한다는 취지에서 포함되었다.[45] 구금시설의 유형에 따라 여러 해석이 가능하겠지만, 개개의 수용자에 대한 특별노동은 금지된다. 필리핀은 수용자에게 작업에 대한 정당한 보수를 받을 권리를 인정하자고 제안하였으나, 인권위원회에서 채택되지 않았다.[46] 또한 「강제노동협약」 제2조 제2항 다호에서와 같이 사기업(私企業)을 위한 작업의 금지 조항도 채택되지 않았다.

"교도소 수감제도는 재소자들의 교정과 사회복귀를 필수 목적으로 하는 대우를 포함한다"고 규정하고 있는 규약 제10조 제3항에 비추어 볼 때, 제8조 제3항 다호 1)에 규정된 교도작업은 주로 재소자들의 사회복귀를 목표로 해야 한다. 이 목표는 조건부 석방 중에 있는 자의 작업에 관해서도 적용된다. 한편, 대체형벌로서 자발적인 사회봉사 ― 특히 범죄에 대한 원상회복으로서 ― 를 이행할 의무는 당사자에게 선택권이 부여되는 한 강제노동이라고는 할 수 없다.[47]

규약위원회는 *Radosevic v. Germany* 사건(2005)에서 제8조 제3항 다호 1) 문제를 다루

---

44) Nowak's CCPR Commentary(2019), p.231(para.25).
45) A/2929(1955), chapter Ⅵ, para.22.
46) E/CN.4/365(1950).
47) Nowak's CCPR Commentary(2019), p.232(para.27).

었다. 통보자는 교도소 수감 중 수행한 작업에 대한 보수를 제공하지 않는 것은 규약 위반이라고 주장하였다. 이에 대해 규약위원회는 규약에 수감자가 수행하는 작업에 대한 적절한 보수 제공은 명시되어 있지 않다고 하면서, 국가는 통상적으로 요구되는 작업이나 역무를 포함하여 수용자에 대한 처우가 본질적으로 사회복귀라는 목적에 부합하도록 보장하기 위한 방식을 선택할 수 있다고 설명하였다.[48]

다. 군사적 및 국민적 역무

군사적 역무 및 양심적 병역거부자에게 법률에 의하여 요구되는 국민적 역무는 강제 또는 의무 노동으로 간주되지 않는다(규약 제8조 제3항 다호 2)). 이러한 예외는 의무적 군사 역무와 자원입대한 군인들에 대한 역무를 포함한 모든 형태의 군사적 역무에 적용된다.[49] 인권위원회에서는 「강제노동협약」 제2조 제2항 가호에서와 같이 "전적으로(purely)" 군사적 성격의 역무로만 제한하자는 제안들이 있었으나, 이러한 표현은 채택되지 않았다.[50]

양심적 병역거부에 관한 구절은 프랑스의 제안으로 인권위원회에서 채택되었다.[51] 어느 국가가 양심적 병역거부를 인정하고 있다면 그들에게 병역의 대체로서 요구되는 국민적 역무는 강제노동에 해당하지 않는다. 레바논은 이들에 대한 최소한의 보호장치로서 군사적 역무를 수행하는 자들과의 동등한 처우를 이 조항에 포함시키자고 제안하였으나, 그렇게 자세한 규정은 부적절하다는 이유에서 수락되지 않았다.[52]

한편, 이 조항에 양심적 병역거부가 언급되고 있다고 하여 이로부터 양심적 병역거부권이 추론되지는 않는다.[53] 오히려 "양심적 병역거부가 인정되는 국가의 경우"라는 문언에 비추어 볼 때, 양심적 병역거부를 인정할지 여부는 국가의 재량이며 규약상의 의무는 아니라는 해석도 가능하다. *L.T.K. v. Finland* 사건(1985)에서 규약위원회는 그 같은 입장을 취하였다.[54] 그러나 *Yoon and Choi v. Republic of Korea* 사건(2007)에서 규약위원회는 규약 제8조 제3항은 "양심적 병역거부권을 승인하지도 부인하지도 않으며", 양심적 병역거부는 오직 규약 제18조에 의하여 판단하여야 한다고 해석하였다.[55] 현재로서는 제18조가 양

---

48) *Radosevic v. Germany*, Communication No.1292/2004(2005), para.7.3.
49) Nowak's CCPR Commentary(2019), p.232(para.28).
50) Bossuyt's Guide(1987), p.177.
51) E/CN.4/SR.104(1949), p.8.
52) 상게주.
53) Nowak's CCPR Commentary(2019), p.232(para.29).
54) *L.T.K. v. Finland*, Communication No.185/1984(1985), para.5.2.
55) *Yoon and Choi v. Republic of Korea*, Communication Nos.1321/2004 and 1322/2004(2007), para.8.

심적 병역거부를 인정하고 있다는 해석이 규약위원회의 최종적 입장이다.

라. 긴급사태 시의 의무

공동체의 존립 또는 복지를 위협하는 긴급사태 또는 재난 시에 부과되는 역무는 강제 또는 의무 노동에 포함되지 않는다(규약 제8조 제3항 다호 3)). 유럽인권협약 제4조 제3항 다호 및 미주인권협약 제6조 제3항 다호와 거의 유사한 이 예외 조항은 인권위원회에서 쉽게 수용되었다. 「강제노동협약」 제2조 제2항 라호는 이러한 긴급사태나 재난에 해당되는 경우로서 전쟁, 화재, 홍수, 기근, 지진, 심한 전염병 또는 가축 유행병, 동물이나 곤충이나 식물해충에 의한 침입 등을 예시적으로 열거하고 있다. 규약 제4조 제1항의 일반적 이행정지 규정은 국가의 존립을 위협하는 공공비상사태의 경우에만 적용될 수 있는 반면, 규약 제8조 제3항 다호 3)은 공동체의 존립 또는 복지를 위협하는 긴급사태 또는 재난의 경우에도 적용될 수 있다.

마. 통상적인 시민의 의무

통상적인 시민의 의무를 구성하는 작업이나 역무는 강제 또는 의무 노동에 해당되지 않는다(제8조 제3항 다호 4)). 유럽인권협약 제4조 제3항 라호 및 미주인권협약 제6조 제3항 라호에도 동일한 규정이 있다. 이 예외 조항은 「강제노동협약」 제2조 제2항 나호 및 마호에서 기원을 찾을 수 있다. 그러나 「강제노동협약」은 통상적인 시민의 의무뿐만 아니라 소규모의 공동체 역무도 언급하고 있다. 소규모의 공동체 역무에는 식민지에서의 전형적인 역무(예를 들어 식민지 관리 수송 역무)도 포함되는 것으로 해석되었다. 이에 인권위원회의 초안 과정에서 ILO 대표는 이러한 역무를 위한 예외 조항을 두는 한편, 가능한 한 빠른 시간 내에 당사국들이 이를 폐지할 것을 규정하자고 제안하였다.[56] 그러나 인권위원회는 그런 종류의 관행이 규약에 존속되어서는 안 된다고 보아, 예외의 대상을 대부분의 국가에서 일반적으로 인정되는 시민의 의무로 제한하기로 하였다.[57]

규약에는 어떤 종류의 작업이나 역무가 통상적인 시민의 의무에 해당되는지는 구체적으로 적시되지 않았다. "완전한 자치국 국민의 통상적인 시민적 의무의 일부를 구성하는 노동 또는 서비스"라고 규정하고 있는 「강제노동협약」 제2조 제2항 나호에 비추어 본다면, 민주주의 공동체에서 국가의 기능을 이행하기 위하여 절대적으로 필요하지만, 사람의 힘 외에

---

56) E/CN.4/158(1949).
57) A/2929(1955), chapter Ⅵ, para.25.

는 다른 방식으로 이루어질 수 없는 그러한 작업이나 역무만을 의미한다고 추정된다.[58] 규약위원회는 앞서 언급한 *Faure v. Australia* 사건(2005)에서 "통상적인 시민의 의무로 간주되기 위해서는 해당 노동이 최소한 예외적인 조치가 아니어야 하고, 징벌적 목적이나 효과가 있어서는 안 되며, 규약에 따른 합법적인 목적을 달성하기 위해 법에 의해 규정되어야 한다"고 설명하였다.[59] '통상적인' 시민의 의무라고 할지라도 그 내용에 따라서는 '특정한 범주'의 시민들에 대한 의무로 이해될 수도 있다.[60] 예를 들어 세금을 확인하고 부과하는 데 참여할 의무, 의료지원을 할 의사의 의무, 변호인으로 활동할 변호사의 의무 등이 이에 해당될 수 있다.[61] 그러나 긴급사태나 재난 시의 소방 작업이나 제방구축 작업과 같은 가장 전형적인 시민적 의무는 제8조 제3항 다호 4)가 아니라 제8조 제3항 다호 3)에 근거하여 부과될 수 있다.[62]

3. 예외 인정 요건

규약 제8조 제3항은 강제 또는 의무 노동 금지에 대한 예외를 열거하고 있으나, 아무리 예외에 해당한다고 할지라도 강제 또는 의무 노동이 무제한 요구될 수는 없다. 규약은 이 같은 강제 또는 의무 노동 부과의 요건이나 한계는 언급하고 있지 않다. 이 경우 「강제노동협약」은 규약을 해석함에 있어서 좋은 지침을 제공한다. 예를 들어 「강제노동협약」 제11조는 "강제 또는 의무 노동은 외견상 나이가 18세 이상 45세 이하인 신체 건강한 성인남성에게만 요구될 수 있다"고 규정하고 있다. 제12조와 제13조는 12개월 중 강제 또는 의무 노동에 동원될 수 있는 기간은 최대 60일을 초과할 수 없으며, 노동 시간은 자발적인 노동의 통상적인 노동시간과 동일하여야 한다고 규정하고 있다. 제14조와 제15조는 강제 또는 의무 노동에 대한 보수와 노동으로 인한 상해, 질병, 장애, 사망에 대한 보상을 규정하고 있다. 그리고 1957년 「강제노동 폐지에 관한 협약(Convention concerning the Abolition of Forced Labour)」(ILO 협약 제105호) 제1조는 강제노동을 정치적 강제의 수단이나 경제발전을 위한 목적이나 노동의 규율이나 차별의 수단으로 이용하지 못하도록 하고 있다. 또한, 예외적으로 강제노동을 부과하더라도 규약 제7조(고문 등의 금지)나 제26조(평등권)와 같은 규약의 다른 조항들을 위반하지 말아야 하며, 「경제적·사회적 및 문화적 권리에 관한 국제규약」이나

---

58) Nowak's CCPR Commentary(2019), p.234(para.33).
59) *Faure v. Australia*, Communication No.1036/2001(2005), para.7.5.
60) *X v. Austria*, European Commission of Human Rights, Application No.5593/72(1973).
61) Nowak's CCPR Commentary(2019), p.234(para.33).
62) P. Dijk & F. Hoof, *Theory and Practice of the European Convention on Human Rights*(Deventer, 1990), p.249.

ILO 협약들에 포함된 바와 같은 노동관계법의 최소한의 기준을 충족해야 한다.[63)

총회 제3위원회에서는 규약 제8조에 노예제 폐지와 강제노동 폐지에 관한 국제협약들을 명시적으로 언급하자는 제안이 있었다. 그러나 오랜 논의 끝에 그러한 특별한 언급은 하지 않기로 하고, 다만 규약과 다른 국제협약과의 관계 문제는 일반 조항에서 다루기로 합의하였다(규약 제5조 제2항 참조).[64)

V. 한국의 실행

1. 관련 규정

헌법에 노예제 금지가 명문화되어 있지는 않으나, 노예제는 인간의 존엄성을 규정한 헌법 제10조에 비추어 당연히 금지된다. 이러한 헌법 규정의 정신에 따라 우리 형법은 폭행 또는 협박으로 의무 없는 행위를 강요한 자, 사람을 매매한 자, 영리의 목적이나 국외이송의 목적으로 사람을 약취 또는 유인한 자, 이러한 행위를 통해 약취, 유인, 매매 또는 이송된 사람을 수수 또는 은닉한 자 등을 징역형에 처하고 있다(제324조, 제288조, 제289조, 제292조).

강제노동 금지는 헌법 제12조 제1항에 명시되어 있는데, 헌법은 '법률과 적법한 절차'에 의한 경우를 제외하고는 본인의 의사에 반하는 노역은 일체 과할 수 없게 하였다. 이러한 취지에 따라 「근로기준법」은 강제노동을 금지하고 있다. 사용자는 폭행, 협박, 감금, 그 밖에 정신상 또는 신체상의 자유를 부당하게 구속하는 수단으로써 근로자의 자유의사에 반하는 노동을 강요하지 못하며(제7조), 그 위반에 대해서는 벌칙이 적용된다(제107조). 현실적으로 특히 문제가 될 수 있는 경우는 친권자나 법정대리인이 그 지위를 이용하여 미성년자를 강제로 노동에 종사시키거나, 금전소비대차 등 금전적 수단을 매개로 근로자에게 원치 않는 노동을 강제하는 경우이다. 전자의 경우와 관련하여 「근로기준법」은 친권자나 후견인이 미성년자의 근로계약을 대리할 수 없도록 규정하고 있고(제67조 제1항), 임금은 미성년자가 독자적으로 청구할 수 있도록 하였다(제68조). 그리고 후자의 경우와 관련해서는 위약 예정의 금지(제20조), 전차금(前借金) 상계의 금지(제21조), 강제 저금의 금지(제22조) 등을 규정하고 있다. 한편, 「직업안정법」은 폭행·협박 또는 감금이나 그 밖에 정신·신체의 자유를 부당하게 구속하는 것을 수단으로 직업소개, 근로자 모집 또는 근로자공급을 한 자를 처벌하고 있다(제46조 제1항). 그리고 「아동복지법」은 아동에게 구걸을 시키거나 아동을 이용하여

---

63) Nowak's CCPR Commentary(2019), p.235(para.36).
64) A/4045(1958), para.29.

구걸하는 행위를 금지하며, 이를 위반한 자는 징역 또는 벌금에 처하도록 규정하고 있다(제17조, 제71조).

한편, 규약 제8조 제3항 다호와 관련하여 「민방위기본법」은 민방위사태가 발생하거나 발생할 것이 확실하여 응급조치를 취하여야 할 급박한 사정이 있을 때에는 대통령령이 정하는 바에 따라 필요한 범위에서 민방위상 꼭 필요한 영업 또는 그 밖의 업무의 계속·재개를 명할 수 있도록 하였고(제32조 제1항), 정당한 사유 없이 이러한 명령에 불응하였을 때에는 징역 또는 벌금이나 구류에 처할 수 있도록 하였다(제37조).

2. 주요 쟁점

가. 단순파업에 대한 형법상 위력업무방해죄 적용

국내실행과 관련하여 특히 문제가 되었던 사항은 단순파업에 대한 형법상 위력업무방해죄 적용이 규약 제8조 제3항 가호 강제노동 금지 조항에 위배되는지 여부였다. 문화방송 노조가 1996년 3월 14일부터 4월 5일까지 파업을 하자, 검찰은 노조 간부들이 공모하여 노무제공을 거부하는 등 위력으로써 회사의 방송제작업무를 방해하였다며 이들을 형법상 업무방해죄로 기소하였다. 재판과정에서 정부 당국의 처벌의 위협으로 근로자에게 업무를 강요하는 결과가 된다면 규약 위반이라는 주장이 제기되었다.

과거부터 대법원은 쟁의행위란 근로자들이 단결하여 사용자에게 압박을 가하는 것이므로 본질적으로 위력에 의한 업무방해의 요소를 포함하고 있다고 전제하고, 집단적 노무제공 거부행위를 위력업무방해죄로 처벌하여 왔다.[65] 즉 파업 등의 쟁의행위는 본질적·필연적으로 위력에 의한 업무방해의 요소를 포함하고 있으므로 정당성이 인정되어 위법성이 조각되지 않는 한 위력업무방해죄로 처벌할 수 있다는 것이었다.

문화방송 노조사건은 헌법재판소로 제기되었다.[66] 이 사건에서 노조 측은 "기업의 근로관계는 근로자와 사용자 사이의 근로계약에 의하여 형성되는 사법상의 권리의무관계로서 근로자의 노무제공 거부행위를 형사처벌하는 것은 결국 강제노동에 해당하여 이는 헌법 제12조 제1항 후문에 위반되며, 집단적 노무제공의 거부, 즉 파업의 경우도 그 본질은 근로자 개개인의 노무제공 거부행위와 같은 것이므로 그 과정에서 폭력이나 협박 또는 다른 근로자들에 대한 위력의 행사 등 별도의 위법행위가 없는 한 집단적 노무제공 거부행위 그 자

---

65) 대법원 1991. 1. 29. 선고 90도2852 판결; 대법원 1991. 4. 23. 선고 90도2771 판결; 대법원 1991. 11. 8. 선고 91도326 판결; 대법원 1996. 2. 27. 선고 95도2970 판결; 대법원 1996. 5. 10. 선고 96도419 판결 등.
66) 헌법재판소 1998. 7. 16. 97헌바23.

체는 형사처벌의 대상이 될 수 없다"고 주장하였다. 또한, 집단적 노무제공 거부행위를 형사처벌하는 것은 「강제노동 폐지에 관한 협약」 제1조 (d)와 규약 제8조 제3항에도 배치된다고 주장하였다. 이러한 주장에 대해 헌법재판소는 다음과 같이 판단하였다.

> "대법원 판례는 비록 단체행동권의 행사가 본질적으로 위력성을 가져 외형상 업무방해죄의 구성요건에 해당한다고 하더라도 그것이 헌법과 법률이 보장하고 있는 범위 내의 행사로서 정당성이 인정되는 경우에는 위법성이 조각되어 처벌할 수 없다는 것으로 헌법이 보장하는 근로3권의 내재적 한계를 넘어선 행위(헌법의 보호영역 밖에 있는 행위)를 규제하는 것일 뿐 정당한 권리행사까지 처벌함으로써 본인의 의사에 반하여 강제노역을 강요하거나 근로자라는 신분만으로 불합리한 차별을 하는 것은 아니라고 판단되므로, 대법원의 해석방법이 헌법상의 강제노역금지원칙, 근로3권 및 평등권 등을 침해하지 않는다. … 강제노동의 폐지에 관한 국제노동기구의 제105호 조약은 우리나라가 비준한 바가 없고, 헌법 제6조 제1항에서 말하는 일반적으로 승인된 국제법규로서 헌법적 효력을 갖는 것이라고 볼 만한 근거도 없으므로 이 사건 심판대상 규정의 위헌성 심사의 척도가 될 수 없다. … 시민적 및 정치적 권리에 관한 국제규약 제8조 제3항은 범죄에 대한 처벌로서 노역을 정당하게 부과하는 경우와 같이 법률과 적법한 절차에 의한 경우를 제외하고는 본인의 의사에 반하는 노역은 과할 수 없다는 우리 헌법 제12조 제1항 후문과 같은 취지라고 할 수 있는데, 그렇다면 위 규약과 우리 헌법은 실질적으로 동일한 내용을 규정하고 있다 할 것이므로 이 사건 심판대상 규정 또는 그에 관한 대법원의 해석이 우리 헌법에 위반되지 않는다고 판단하는 이상 위 규약 위반의 소지는 없다."[67]

그러나 대법원과 헌법재판소의 이러한 태도에 대해서는 비판이 가하여졌다. 단순한 노무제공의 거부는 업무방해죄의 구성요건에 해당되지 않고 이의 처벌은 강제노역금지에 위반될 수 있다는 견해가 제시되었고,[68] 부작위에 불과한 단순한 노무 제공 거부 행위는 업무

---

67) 헌법재판소가 위헌결정을 내리지는 않았으나, 소극적인 노무제공 거부에 대해서 업무방해죄의 성립을 인정하는 것이 헌법 위반의 문제를 낳을 소지가 있다는 점은 다음과 같은 방론에서 지적된 바 있다: "연장근로의 거부, 정시출근, 집단적 휴가의 경우와 같이 일면 근로자들의 권리 행사로서의 성격을 갖는 쟁의행위에 관하여도 정당성이 인정되지 않는다고 하여 바로 형사처벌할 수 있다는 대법원 판례의 태도는 지나치게 형사처벌의 범위를 확대하여 근로자들의 단체행동권의 행사를 사실상 위축시키는 결과를 초래하여 헌법이 단체행동권을 보장하는 취지에 부합하지 않고 근로자들로 하여금 형사처벌의 위협 하에 노동에 임하게 하는 측면이 있음을 지적하여 두고자 한다."
68) 김형배, 단순한 집단적 노무제공거부행위에 대한 포섭의 위헌성, 노동법률(1998. 9), p.17.

방해죄의 구성요건에 해당되지 않는 것이 아니라 아예 그러한 구성요건 자체가 존재하지 않는다는 견해도 제시되었다.[69] 또한 업무방해죄의 규정이 폭넓게 해석될 수 있고, 그 위반에 대한 법정형이 과중하다며, 이는 궁극적으로 안정되고 조화로운 노사관계에 도움이 되지 않는다는 지적도 제기되었다.[70]

이후 헌법재판소는 파업에 대한 업무방해죄의 적용이 위헌이 아님을 재확인하면서도, 종래 정당한 쟁의행위에 대해서도 업무방해죄의 위력성을 긍정하던 논리에 변화를 주었다.[71] 헌법재판소는 헌법에 규정된 단체행동권이라는 기본권 행사에 본질적으로 수반되는 정당화할 수 있는 업무의 지장 초래는 업무방해에 해당한다고 볼 수 없으며, 업무방해죄의 구성요건에 해당하되 단지 위법성이 조각된다는 해석은 헌법상 기본권의 보호영역을 하위 법률을 통해 지나치게 축소시키는 것이라고 판시하였다. 이러한 헌법재판소의 결정이 있은 후 대법원도 종전의 입장을 변경하였다.[72] 대법원은 쟁의행위로서 파업이 언제나 업무방해죄에 해당한다고 볼 것은 아니고, 전후 사정과 경위에 비추어 사용자가 예측할 수 없는 시기에 전격적으로 이루어져 사용자의 사업운영에 심대한 혼란 내지 막대한 손해를 초래하는 등으로 사용자의 사업 계속에 관한 자유의사가 제압·혼란될 수 있다고 평가할 수 있는 경우에 비로소 집단적 노무제공의 거부가 위력에 해당하여 업무방해죄가 성립한다고 보는 것이 타당하다고 보았다. 이 전원합의체 판결 이후로 정당성이 없는 쟁의행위라 하더라도 파업이 전격적으로 이루어졌다고 보기 어렵다는 이유로 또는 파업으로 말미암아 심대한 혼란 내지 막대한 손해가 초래될 위험이 있었다고 보기 어렵다는 이유로 업무방해죄 성립을 부정하고 무죄를 선고한 판결들이 등장하게 되었다.[73]

헌법재판소와 대법원의 이 같은 태도 변화는 긍정적으로 평가될 수 있다. 하지만 변경된 입장에 따르더라도 사업주의 고발 행위를 막을 수는 없으며 기소 자체를 규제하지는 못한다. 단지 유죄가 선고될 확률이 적어졌다는 것을 의미할 뿐이다.[74] 업무방해죄 적용을 통한

---

69) 박홍규, 업무방해죄 판례의 비상식성, 영남법학 제5권 제1·2호(1999), pp.294-295.

70) Interim Report on Complaints against the Government of the Republic of Korea presented by the Korean Confederation of Trade Unions(KCTU), the Korean Automobile Workers' Federation (KAWF), the International Confederation of Free Trade Unions(ICFTU) and the Korean Metal Workers' Federation(KMWF), Report No.327(2002), paras.491-492.

71) 헌법재판소 2010. 4. 29. 2009헌바168.

72) 대법원 2011. 3. 17. 선고 2007도482 전원합의체 판결.

73) 김동현·이혜영, 결사의 자유에 관한 국제노동기구(ILO) 기본협약 비준과 노동법의 쟁점(사법정책연구원, 2022), p.422.

74) 국가인권위원회, UN 인권이사회의 대한민국에 대한 제3차 국가별 인권상황 정기검토(UPR) 관련 국가인권위원회 독립의견서, 2017. 3. 30., para.25.

파업권 제한에 대해서는 국제적으로도 우려의 목소리가 높다. 다만, 국제인권규약 차원에서는 이 문제가 규약의 강제노동 금지보다는 「경제적·사회적 및 문화적 권리에 관한 국제규약」의 파업을 할 수 있는 권리의 관점에서 다루어지고 있다. 사회권규약위원회는 한국의 제3차 국가보고서와 제4차 국가보고서에 대한 최종견해에서 파업 참가 노동자에 대해 업무방해죄를 적용한 형사처벌 사례가 지속되고 있는 점에 대해 우려를 표하였다.[75] ILO 결사의 자유 위원회도 지속적으로 이 문제를 지적해 왔다.[76] 위원회는 제1865호 사건 제382차 보고서(2017)에서 '파업의 전격성'과 '심대한 혼란 내지 막대한 손해' 기준은 지나치게 광범위하고 평화적인 파업에 대한 업무방해죄의 적용을 배제하지 못한다며, 형법 제314조를 재검토하기 위한 필요한 조치를 취할 것, 평화적 파업에 대해서는 업무방해죄 기소를 하지 않을 것, 평화적 파업에 대한 업무방해죄 기소를 취하할 것을 촉구하였다.[77] 그러나 우리 헌법재판소는 2022년 5월 26일 재판관 4대5의 의견으로 형법 제314조(업무방해죄) 제1항 중 "위력으로써 사람의 업무를 방해한 자" 부분이 헌법에 위반되지 않는다며 다시 한번 합헌 결정을 내렸다.[78] 한국 정부는 2021년 4월 20일에 결사의 자유에 관한 제87호 협약과 98호 협약에 대한 비준서를 기탁하였고, 이 협약들은 2022년 4월 20일 한국에 대해 발효되었

---

75) Concluding Observations on Republic of Korea, E/C.12/KOR/CO/3(2009), para.20; Concluding Observations on Republic of Korea, E/C.12/KOR/CO/4(2017), para.38.

76) 결사의 자유에 관한 ILO 협약의 이행을 감시하는 ILO감시시스템은 일반감시절차와 특별감시절차로 나뉘어져 있다. 일반감시절차는 결사의 자유에 관한 제87호 협약(「결사의 자유 및 단결권 보호에 관한 협약」)과 제98호 협약(「단결권 및 단체교섭권 원칙의 적용에 관한 협약」)을 비준한 국가를 대상으로 이루어진다. 해당 국가들은 협약의 이행상황에 대한 보고서를 정기적으로 ILO 사무국에 제출할 의무가 있으며, 보고서는 협약권고전문가위원회에 의해 검토된다. 특별감시절차는 결사의 자유 원칙 위반 사건에 대해 결사의 자유 위원회가 실시하는 절차이다. 결사의 자유 위원회는 제소 대상 국가가 결사의 자유에 관한 협약을 비준하고 있는지 여부와 관계없이 이를 심사할 임무가 있다. 이에 대한 자세한 설명은 김근주·이승욱, ILO 결사의 자유 핵심협약과 사회적 대화(한국노동연구원, 2018), pp.8-11 참조.

77) International Labour Organization(ILO), Committee on Freedom of Association, Effect given to the recommendations of the committee and the Governing Body, Report No.382(2017), Case No. 1865 (Republic of Korea), para.93.

78) 헌법재판소 2022. 5. 26. 2012헌바66. 합헌의견은 단체행동권은 집단적 실력 행사로서 위력의 요소를 가지고 있으므로 단체행동권 행사라는 이유로 무조건 형사책임이나 민사책임이 면제된다고 보기 어렵다고 판시하였다. 이어 심판대상조항은 직업의 자유나 경제활동의 자유 및 거래질서 등을 보호하기 위하여 사용자가 예측하지 못한 시기에 전격적으로 이루어져 사용자의 사업운영에 심대한 혼란이나 막대한 손해를 초래하여 사용자의 사업 계속에 관한 자유의사를 제압 혼란시켰다고 평가할 수 있는 집단적 노무제공 거부에 한하여 형사처벌의 대상으로 삼고 있는 것이므로 단체행동권을 침해한다고 볼 수 없다고 하였다. 이에 대해 일부 위헌의견은 근로자들이 단순히 소극적으로 노무제공을 거부하는 형태의 쟁의행위인 단순파업을 하는 경우에도 항상 심판대상조항에 의한 형사처벌의 위협을 감수하여야 하고, 이는 그 자체로 단체행동권의 행사를 위축시킬 위험이 있다고 지적하였다.

다. 따라서 이 쟁점은 앞으로 더욱 문제가 될 것으로 예상된다. 관련 국제규범의 취지를 고려하여, 폭력이나 협박 또는 다른 근로자들에 대한 위력의 행사 등 별도의 위법행위가 수반되어 해당 범죄의 구성요건이 충족되는 경우에만 형사책임을 묻는 것이 타당할 것이다.

나. 사회복무요원 제도

국내에서는 현역병 복무를 대체하는 사회복무요원 제도(구 공익근무요원 제도)가 강제노동 금지에 저촉되는지 여부를 두고 논란이 있어 왔다. 규약이나 「강제노동협약」 모두 군사적 성격의 작업이나 역무는 강제노동 금지의 예외로 인정하고 있으나, 사회복무요원의 근무의 내용은 "군사적 성격의 작업이나 역무"라고 보기 어려운 측면이 있기 때문이다. 사회복무요원 제도는 국가기관, 지방자치단체, 공공단체, 사회복지시설 등의 공익목적 수행에 필요한 사회복지, 보건·의료, 교육·문화, 환경·안정 등의 사회서비스업무 및 행정업무 지원을 위한 병역의무의 한 형태로 운영하는 제도이다. 병역판정 신체검사 결과 4급 보충역으로 병역처분된 사람이 대상이다.

사회복무가 강제노동에 해당하느냐는 논란은 규약보다는 「강제노동협약」의 비준 준비과정에서 제기되었는데,79) 한국의 「강제노동협약」 비준이 늦어진 주요 원인이기도 하였다.80) 문재인 정부는 「강제노동협약」 등 ILO 핵심협약 비준을 국정과제로 추진하였고, 이 과정에서 보충역 제도의 강제노동 해당 여부 및 개선방안에 대한 논의를 진행하였다. 논의 결과, 정부는 한국의 보충역 제도의 경우 징병제 하에서 병역의무의 형평성 차원에서 운영되는 제도라는 점을 고려할 때 「강제노동협약」과 관련하여 ILO에서 문제 삼는 공공사업 및 경제개발을 목적으로 운영하는 제도로 보기 어렵고, ILO도 의무병역의 일환으로 부과되는 비군사적 복무를 모두 협약 위반으로 보지는 않으므로, 보충역 제도가 「강제노동협약」에 배치되지 않는다고 판단하였다.81) 따라서 보충역 제도의 전면 폐지가 아닌 협약 취지를 최대한 반영한 제도 개선을 통해 협약에 대한 비준절차를 진행하기로 하였다.82) 특히 정부는 ILO

---

79) 규약 이행에 관한 한국의 국가보고서 심의과정에서 공익근무나 사회복무가 문제된 적은 없었다.

80) 구 공익근무요원 제도의 강제노동 해당 여부에 대한 논란에 대해서는 정인섭, "시민적 및 정치적 권리에 관한 국제규약과 군장병 인권", 법학(서울대학교) 제48권 4호(2007), pp.37-41.

81) 대한민국 정책브리핑, "보충역 제도, 'ILO 협약에 전면 배치 아냐' 판단", 고용노동부, 2019. 5. 28.

82) 2006년에 국가인권위원회가 "ILO 강제근로 관련 제29호, 제105호 협약 가입 권고 결정"에서 공익근무제도가 협약이 금지하는 강제노동에는 해당하지 않는다고 판단한 점도 고려되었다. 국가인권위원회의 구체적인 판단내용은 다음과 같다: "공익근무요원제도가 병역의무의 일환으로 행하여지고 있다는 점, 현역복무자와 공익근무요원간의 복무를 비교하여 보았을 경우 공익근무요원으로서의 복무가 현역복무자의 복무보다 유리하다고 볼 수 있으며 또한 유사시에는 현역병으로 전환될 수 있다는 점, 그리고 동 협약의 제정목적에 비추어 보았을 때, 공익근무요원제도가 동 협약에 위반한다고 보기 어려울 것이다. 단, 향후

가 비군사적 복무라 하더라도 이것이 '개인적 특혜(privilege granted to individuals)'라면 강제 노동에 해당하지 않는다고 보고 있는 점을 강조하였다. 실제로 ILO는 관련 문서들에서 의무병역의 틀 내에서 수행되거나 대체복무로서 수행되는 비군사적 작업이 허용될 수 있는 '특정한 상황(specific circumstances)'이 있다고 하면서, 긴급사태 시에 작업에 동원되는 경우, 공병부대가 군사훈련의 일환으로 도로 및 교량 건설에 참여하는 경우, 개인의 요청에 따라 개인에게 부여되는 특혜에 해당하는 경우(예컨대 양심적 병역거부자에 대한 대체복무)를 제시한 바 있다.[83] 그리고 비군사적 작업이 개인적 특혜에 해당하는지 아니면 강제노동을 통해 경제·사회 발전을 추구하는 수단인지를 검토함에 있어서는 '관련자의 수'와 '선택이 이루어지는 조건'이 적절히 고려되어야 한다고 밝혔다.[84]

그동안 공중보건의사, 전문연구요원, 산업기능요원 등 다른 보충역과는 달리 사회복무요원에게는 사회복무요원으로 복무할지 현역으로 복무할지에 대한 선택권이 부여되어 있지 않았다. 구체적으로, 사회복무요원 또는 사회복무요원 소집 대상자는 신체등급 4급 해당자로서 현역 복무가 가능하지만 병력수급 사정을 고려하여 원칙적으로 사회복무요원으로 복무케 하고, 이들 중 현역 복무를 원하는 자에 대해서는 질병 또는 심신장애가 치유되었거나 학력이 변동된 경우에 한하여 현역 복무가 가능하도록 허용하고 있었다(「병역법」 제65조 제8항 제1호). 이에 개인의 의사를 반영할 수 있는 방안을 마련함으로써 협약과의 상충 소지를 최소화할 필요성이 제기되어, 사회복무요원 및 사회복무요원 소집 대상자에게 복무 선택권을 부여하는 방향으로 「병역법」이 개정되었다(법률 제18003호, 2021. 4. 13. 일부개정, 2021. 10. 14. 시행).[85] 그리고 정부는 2021년 4월 20일에 「강제노동협약」에 대한 비준서를 기탁

공익근무요원의 배정에 있어 당사자의 의사가 최대한 반영될 수 있도록 법률적, 제도적 절차를 개선하여 협약의 취지에 더욱 적극적으로 부합하도록 하는 것이 바람직하다 할 것이다." 국가인권위원회 공보 제5권 제1호(2007), p.56.

83) 예컨대, International Labour Office, Fundamental rights at work and international labour standards, 2003, p.39; International Labour Office, Giving globalization a human face, 2012, p.113. para.275.
84) 상계주.
85)

개정 전	개정 후
제65조(병역처분 변경 등)	제65조(병역처분 변경 등)
⑧ 지방병무청장은 다음 각 호의 어느 하나에 해당하는 사람이 현역 또는 사회복무요원의 복무를 원하는 경우에는 대통령령으로 정하는 바에 따라 처분을 취소하고 병역처분을 변경할 수 있다.	⑧ 지방병무청장은 다음 각 호의 어느 하나에 해당하는 사람이 현역 또는 사회복무요원의 복무를 원하는 경우에는 대통령령으로 정하는 바에 따라 처분을 취소하고 병역처분을 변경할 수 있다.
1. 보충역(사회복무요원과 사회복무요원 소집 대상인	1. 보충역(사회복무요원과 사회복무요원 소집 대상인

하였고, 이 협약은 2022년 4월 20일 한국에 대해 발효되었다.[86]

다. 외국인근로자의 사업장 변경 제한

　　외국인 고용허가제에 따른 외국인근로자 사업장 변경 제한도 논쟁이 지속되어온 이슈이다. 「외국인근로자의 고용 등에 관한 법률」(이하 "외국인고용법"이라 한다)의 고용허가제란 국내인력을 구하지 못한 기업이 정부로부터 고용허가를 받아 비전문취업(E-9) 체류자격을 가진 외국인근로자를 고용할 수 있도록 한 제도이다(제8조). 고용허가제로 입국한 외국인근로자는 (ⅰ) 사용자가 정당한 사유로 근로계약기간 중 근로계약을 해지하려고 하거나 근로계약이 만료된 후 갱신을 거절하려는 경우, (ⅱ) 휴업, 폐업, 사용자에 대한 고용허가의 취소와 고용의 제한, 기숙사 기준을 위반한 기숙사의 제공, 사용자의 근로조건 위반 또는 부당한 처우 등 외국인근로자의 책임이 아닌 사유로 인하여 사회통념상 그 사업 또는 사업장에서 근로를 계속할 수 없게 되었다고 인정하는 경우, (ⅲ) 상해 등으로 외국인근로자가 해당 사업장에서 계속 근무하기는 부적합하나 다른 사업장에서 근무하는 것은 가능하다고 인정되는 경우에만 사업장 변경을 신청할 수 있다(제25조 제1항). 사업장 변경을 신청한 날부터 3개월 이내에 근무처 변경허가를 받지 못하거나 사용자와 근로계약이 종료된 날부터 1개월 이내에 사업장 변경을 신청하지 않은 외국인근로자는 출국하여야 하다(제25조 제3항). 외국인근로자의 사업장 변경은 최초 취업활동 기간 3년 동안 3회, 재고용 기간인 1년 10개월 동안 2회까지 가능하며, 상기 (ⅱ)의 경우, 즉 사용자의 근로조건 위반, 부당한 처우 등 외국인근로자의 책임이 아닌 사유로 사업장을 변경하게 된 경우에는 변경 횟수의 제한 없이 사업장 변경이 가능하다(제25조 제4항). 이 같은 외국인근로자 사업장 변경 제한 규정은 사업장 변경을 완전히 자유롭게 허용할 경우 내국인을 고용하지 못한 기업에 외국 인력을 공

보충역만 해당한다)이나 전시근로역으로서 질병 또는 심신장애가 치유되었거나 학력이 변동된 사람	보충역만 해당하며, 제1항제2호에 따라 보충역으로 편입되거나 제11항 전단에 따라 병역처분이 변경된 사람은 제외한다)
2. 제64조제1항제2호에 해당되어 병역이 면제된 사람	2. 전시근로역으로서 질병 또는 심신장애가 치유되었거나 학력이 변동된 사람
<신 설>	3. 제64조제1항제2호에 해당되어 병역이 면제된 사람

---

86) 그러나 「강제노동 폐지에 관한 협약」에 대한 비준은 아직까지 이루어지지 못하고 있다. 「강제노동 폐지에 관한 협약」은 정치적 견해 표명이나 파업 참가에 대한 제재로 강제노동을 부과하는 것을 금지하고 있는데, 현행 「집회 및 시위에 관한 법률」, 「국가보안법」 등에서는 노역을 수반하는 징역형을 규정하고 있으므로, 이 협약을 비준하려면 관련 법률들에서 징역형을 없애고 노역을 수반하지 않는 금고형이나 벌금형으로 형량을 낮춰야 한다. 정부는 "제105호 협약의 경우 우리나라 형벌체계와 분단국가 상황 등을 고려할 때 추가적인 검토가 필요하다"고 함으로써 이 문제를 추후 논의할 과제로 남겨 두었다.

급하고자 마련된 고용허가제의 목적 달성이 어려워질 수 있다는 우려에 따른 것이다.

헌법재판소는 2011년 2007헌마1083 사건에서 구 외국인고용법(2009. 10. 9. 법률 제9798호로 개정되기 전의 것)의 사업장 변경 제한 조항 문제를 다룬 바 있다.[87] 청구인들은 외국인근로자의 사업장 변경은 원칙적으로 3회를 초과할 수 없도록 하고, 예외적으로 사업장 변경이 외국인근로자의 책임이 아닌 사유만으로 이루어진 경우 1회에 한하여 추가로 변경을 허용하고 있는 외국인고용법 제25조 제4항 및 동법 시행령 제30조 제2항이 청구인들의 직업선택의 자유, 근로의 권리 등을 침해하여 위헌이라고 주장하면서 헌법소원심판을 청구하였다.[88] 특히 청구인들은 사업장 변경 제한 조항이 외국인근로자의 계약해지의 자유를 사실상 부정하거나 제한하고 있어 외국인근로자를 강제노동에 놓일 위험에 처하게 한다고 주장하였다. 이에 대해 헌법재판소는 "사업장의 최대 변경가능횟수를 설정한 것은 청구인들의 근로의 권리를 제한하는 것이 아니라 직업의 자유 중 직장 선택의 자유를 제한하는 것"이라고 전제하고, 다음과 같은 이유에서 이 사건 법률조항은 청구인들의 직장 선택의 자유를 침해하지 않는다고 보았다.

"이는 내국인근로자의 고용기회 보호와 중소기업의 인력부족 해소라는 고용허가제의 도입목적을 달성하는 한편, 청구인들이 우려하고 있는 바와 같은 사업장 변경의 전면적 제한으로 인하여 발생할 수 있는 외국인근로자의 강제노동을 방지하기 위한 것으로 외국인근로자에 대한 보호의무를 상당한 범위에서 이행하고 있다고 할 것이므로 이 사건 법률조항이 입법자의 재량의 범위를 넘어 명백히 불합리하다고 할 수는 없다."

이 같은 결정에 대해서는 헌법재판소가 외국인근로자의 '직장을 그만둘 권리' 또는 '직장을 떠날 자유' 제한에 따라 발생할 수 있는 직장에서의 착취나 예속의 문제를 다루지 않고 단순히 직장 선택의 기회의 문제로 쟁점을 축소·환원시켰다는 비판이 제기된다.[89] "사적 관계에서 인간의 노동은 온전히 개인의 자유의지에 의하여 제공되어야 하고, 국가는 어떠한 형태로든 노동자에 대해 그러한 자유를 제한하는 법적 강제 내지 위협을 부과해서는 안 된다는 것이 강제노동금지 원칙의 핵심"임에도 불구하고 헌법재판소가 이 문제에 대한 검

---

87) 헌법재판소 2011. 9. 29. 2007헌마1083.

88) 외국인고용법 제25조 제4항은 2009년 그 내용 일부가 개정되어 "휴업, 폐업, 그 밖에 외국인근로자의 책임이 아닌 사유로 그 사업장에서 근로를 계속할 수 없게 되었다고 인정되는 경우" 횟수 제한 없이 사업장 변경이 가능하게 되었다.

89) 김지혜, "외국인근로자의 사업장 변경제한과 강제노동금지의 원칙", 공법연구 제44집 제3호(2016).

토를 간과하였다는 것이다.[90]

2020년 3월 15일에는 이주노동자 5명이 사용자의 일방적 근무시간 변경, 연장근로수당 미지급, 기숙사비 추가 공제, 무면허 건설기계 조종 강요, 협박성 발언, 근로계약 불이행 위약금 예정 계약, 보호장구 미지급, 산재 사고 목격 등의 사유로 사업장 변경을 하려고 하나, 외국인고용법과 고용노동부고시 '외국인근로자의 책임이 아닌 사업장변경 사유'가 정하는 사업장 변경 사유에 해당하지 않는다며 헌법소원심판을 청구하였다. 이에 대해 헌법재판소는 2021년 12월 23일 재판관 7대2의 의견으로 외국인고용법(2014. 1. 28. 법률 제12371호로 개정된 것) 제25조 제1항, 고용노동부고시 '외국인근로자의 책임이 아닌 사업장변경 사유' (2019. 7. 16. 고용노동부고시 제2019-39호로 개정되고, 2021. 4. 1. 고용노동부고시 제2021-30호로 개정되기 전의 것) 제4조 및 제5조가 청구인들의 직장 선택의 자유 등 기본권을 침해하지 않는다고 결정하였다.[91]

그러나 외국인근로자의 사업장 변경 제한 제도에 대한 국제사회의 판단은 이와 다르다. 2014년 ILO의 협약과 권고의 적용에 관한 전문가위원회는 한국의 「고용 및 직업상의 차별에 관한 협약」(ILO 협약 제111호)[92]에 대한 심사에서 부당한 처우를 받는 외국인근로자의 경우 무제한 사업장 변경을 허용하는 방향으로 법이 개정된 것을 환영한다고 밝히면서도, 즉각적인 사업장 변경을 요구할 수 있는 차별의 피해자를 "객관적으로 인정하는(objectively recognize)" 방법이 명확하지 않다고 지적하였다.[93] 그리고 규약위원회는 한국의 제4차 국가보고서에 대한 최종견해에서 외국인근로자들이 고용허가제 하에서 현재의 고용주의 허가 없이는 고용주를 바꿀 수 없거나 외국인고용법 제25조에 따라 극히 제한된 상황에서만 사업장을 변경할 수 있는 점에 대하여 우려를 표하고, 고용허가제 하의 모든 외국인근로자들이 자유롭게 작업장을 변경할 수 있도록 하라고 권고하였다.[94] 인종차별철폐위원회도 한국의 제17~19차 국가보고서에 대한 최종견해에서 사업장 변경 횟수 제한 규정을 지적하고, 사업장 변경 제한을 폐지하는 내용으로 법률을 개정할 것을 권고하였다.[95] 정부는 규약위

---

90) 상게주, p.204.

91) 헌법재판소 2021. 12. 23. 2020헌마395.

92) Convention Concerning Discrimination in respect of Employment and Occupation.

93) International Labour Organization(ILO), Committee of Experts on the Application of Conventions and Recommendations(CEACR), Observation concerning Discrimination (Employment and Occupation) Convention, 1958 (No.111)-Republic of Korea, 2014.

94) Concluding Observations on Republic of Korea, CCPR/C/KOR/CO/4(2015). paras.40-41.

95) Concluding Observations on the combined seventeenth to nineteenth periodic reports of the Republic of Korea, CERD/C/KOR/CO/17-19(2018), paras.9-10.

원회에 제출한 제5차 국가보고서에서 제도 개선을 통해 사업장 변경 외국인근로자 수가 제도 시행 초기 대비 3배 이상 증가(2006년 18,867건 → 2019년 51,913건)하였다고 밝히고 있다.[96] 제도 개선 노력과 성과는 긍정적으로 평가되나, 국제사회의 지적과 권고에 따라 한국이 당사국인 인권조약들에 부합하도록 외국인근로자 사업장 변경 제한 제도 자체를 근본적으로 재검토할 필요가 있다고 판단된다.

라. 성매매 목적의 인신매매를 은폐하기 위한 E-6(예술흥행) 비자 사용

E-6(예술흥행) 비자는 수익이 따르는 음악, 미술, 문학 등의 예술활동과 수익을 목적으로 하는 연예, 연주, 연극, 운동경기, 광고·패션모델, 그 밖에 이에 준하는 활동을 하려는 외국인에게 발급되며(「출입국관리법 시행령」 제12조, 별표 1의2), 활동 분야에 따라 E-6-1(예술·연예), E-6-2(호텔·유흥), E-6-3(운동)으로 구분된다.[97] 2019년 기준으로 E-6 비자로 체류하고 있는 외국인은 총 3,549명으로, E-6-1 비자 체류외국인은 981명, E-6-2 비자 체류외국인은 2,266명, E-6-3 비자 체류외국인은 302명이다.[98] 이 중 E-6-2(호텔·유흥) 비자를 통해 한국에 입국한 외국인 여성들의 상당수가 본래의 목적활동을 수행하기보다는 유흥업소에 넘겨져 성매매, 성착취 목적의 인신매매의 피해자가 되고 있는 문제가 지속적으로 제기되어 왔다.[99]

앞서 살펴본 것처럼 모든 형태의 인신매매는 규약에서 금지하는 예속상태에 해당한다. 이러한 맥락에서 규약위원회는 한국의 제4차 국가보고서에 대한 최종견해에서 E-6 비자로 입국한 여성들의 상당수가 성매매를 강요당하는 상황에 우려를 표하고, 성매매 목적의 인신매매를 은폐하기 위해 E-6 비자가 활용되지 않도록 E-6 비자의 사용을 규제할 것을 권고하였다.[100] 여성차별철폐위원회도 한국의 제7차 국가보고서와 제8차 국가보고서에 대한 최종견해에서 E-6-2 비자 소지자의 상당수가 성매매 목적의 인신매매의 피해자가 되는 실정

---

96) Fifth Periodic Reports of Republic of Korea, CCPR/C/KOR/5(2021), para.121.

97) 구체적으로, E-6-1(예술·연예) 비자는 수익이 따르는 음악, 미술, 문학 등의 예술활동 및 전문 방송연기에 해당하는 자와 공연법의 규정에 의한 전문 연예활동에 종사하는 자에게 발급되며, E-6-2(호텔·유흥) 비자는 E-6-1에 해당하지 않고 관광진흥법에 의한 호텔업시설, 유흥업소 등에서 공연 또는 연예활동에 종사하는 자에게 발급되며, E-6-3(운동) 비자는 축구, 야구, 농구 등 프로 운동선수 및 그 동행 매니저 등으로 운동 분야에 종사하는 자에게 발급된다.

98) "최근 5년간 E-6 자격 체류외국인 연도별 현황", 법무부 체류관리과 정보공개결정통지서, 2020. 12. 24. 박찬걸, "호텔·유흥비자(E-6-2) 소지 외국인 여성에 대한 인신매매의 합리적인 대응방안", 刑事政策 제33권 제2호(2021), p.157에서 재인용.

99) 이병렬 외, 예술흥행비자 소지 이주민 인권상황 실태조사(국가인권위원회, 2014), pp.127-136.

100) Concluding Observations on Republic of Korea, CCPR/C/KOR/CO/4(2015), paras.40-41.

에 우려를 표하고, E-6-2 비자 제도 개정, 외국인 여성을 고용하는 유흥업소에 대한 모니터링 강화 등의 조치를 취할 것을 권고하였다.[101] 인종차별철폐위원회 역시 한국의 제15·16차 국가보고서와 제17·18·19차 국가보고서에 대한 최종견해에서 연예산업 종사를 위해 부여되는 E-6 비자가 성매매와 인신매매에 악용되고 있는 점에 우려를 표하고, 한국 정부가 E-6 비자를 재검토할 것을 권고하였다.[102] 미국 국무부가 매년 발간하는 인신매매보고서(Trafficking in Persons Report)에서도 이 문제가 반복적으로 지적되었다.

국제사회의 권고에 따라 법무부는 2020년 1월 1일부터 호텔·유흥 분야의 행정업무 대리 규정 폐지, 체류 기간 단기 부여로 체류관리 강화, 인신매매 피해자 식별지표 작성 의무화, 불법체류율이 높은 국가의 국민에 대한 비자 심사 강화, 공연장소 관리 강화, 인신매매 방지 안내서 배포 등의 내용으로 E-6-2 비자 제도를 개선하여 시행하고 있다.[103] 한편, 2021년 4월 20일에는 「인신매매등방지 및 피해자보호 등에 관한 법률」(이하 "인신매매방지법"이라 한다)이 제정·공포되었다.[104] 인신매매방지법은 국제규범에 부합한 '인신매매등' 개념 정의, 범부처 통합 대응체계 구축, 피해자 조기 식별·보호·지원 강화를 주요 내용으로 하고 있다. 이러한 법제도 개선이 E-6-2 비자의 악용 관행을 근절할 수 있을지에 대해서는 기대와 우려가 엇갈리고 있다. E-6-2 비자 문제를 외국인 여성의 성매매 문제로 치부하지 않고 인신매매의 문제로 접근하여 E-6-2 비자의 악용사례에 대한 예방, 엄격한 처벌, 피해자 보호 조치가 유기적으로 실행될 수 있도록 하는 것이 핵심일 것이다.[105]

---

101) Concluding Observations on the seventh periodic report of the Republic of Korea, CEDAW/C/KOR/CO/7(2011), paras.22-23; Concluding Observations on the eighth periodic report of the Republic of Korea, CEDAW/C/KOR/CO/8(2018), paras.24-25.

102) Concluding Observations on the fifteenth and sixteenth periodic reports of the Republic of Korea, CERD/C/KOR/CO/15-16(2018), para.16; Concluding Observations on the combined seventeenth to nineteenth periodic reports of the Republic of Korea, CERD/C/KOR/CO/17-19 (2018), para.25.

103) "법무부, 외국인 호텔·유흥 분야 종사자 인권보호 강화한다 – UN 등 국제사회 권고에 따라 예술·흥행(E-6) 비자 제도 개선 –", 법무부 보도자료, 2019. 12. 10. 법무부는 계속 논란이 제기되고 있는 E-6-2 비자를 완전히 폐지하는 방안도 포함하여 검토하였으나, 폐지할 경우 종합유원시설과 3급 이상 관광호텔 등 약 1,400여개 업체에 종사하고 있는 수많은 국민들의 생계에 악영향을 미칠 수 있고 외국인 관광객 유치 등 국내 경제에도 지장을 초래할 우려가 있어 제도 자체를 폐지하지는 않되, 인권보호 기능을 강화하는 방향으로 개선하였다고 밝혔다.

104) 법률 제18100호, 2021. 4. 20. 제정, 2023. 1. 1. 시행.

105) 박찬걸(전게주 98), pp.175-176.

세계인권선언 제4조

어느 누구도 노예상태나 예속상태에 놓이지 않는다. 모든 형태의 노예제도 및 노예매매는
금지된다.

No one shall be held in slavery or servitude; slavery and the slave trade shall be prohibited
in all their forms.

유럽인권협약 제4조

1. 어느 누구도 노예상태나 예속상태에 놓이지 않는다.
2. 어느 누구도 강제 또는 의무 노동을 하도록 요구되지 아니한다.
3. 이 조의 목적상 "강제 또는 의무 노동"이라는 용어는 다음을 포함하지 않는다.
   가. 이 협약 제5조의 규정에 따라 부과된 구금 중 또는 그러한 구금으로부터 조건부 석
       방에서 통상적으로 요구되는 작업
   나. 군사적 성격의 역무 또는 양심적 병역거부가 인정되고 있는 국가에서 병역의무 대신
       실시되는 역무
   다. 공동체의 존립 또는 복지를 위협하는 긴급사태 또는 재난 시에 부과되는 역무
   라. 통상적인 시민의 의무에 속하는 작업 또는 역무

1. No one shall be held in slavery or servitude.
2. No one shall be required to perform forced or compulsory labour.
3. For the purpose of this article the term "forced or compulsory labour" shall not include:
   (a) any work required to be done in the ordinary course of detention imposed according
       to the provisions of Article 5 of this Convention or during conditional release from
       such detention;
   (b) any service of a military character or, in case of conscientious objectors in countries
       where they are recognised, service exacted instead of compulsory military service;
   (c) any service exacted in case of an emergency or calamity threatening the life or well-
       being of the community;

(d) any work or service which forms part of normal civic obligations.

미주인권협약 제6조

1. 어느 누구도 노예상태나 비자발적인 예속상태에 놓이지 않으며, 이는 노예매매와 여성매매와 같이 어떠한 형태로든 금지된다.

2. 어느 누구도 강제 또는 의무 노동을 하도록 요구되지 않는다. 이 조항은 특정범죄에 대한 형벌이 강제노동으로서 자유를 박탈하는 것인 국가에서 권한 있는 법원에 의하여 부과된 형벌의 이행을 금지하는 의미로 해석되지 않는다. 강제노동이 재소자의 존엄성이나 신체적 또는 지적 능력에 부정적 영향을 끼쳐서는 안 된다.

3. 이 조항의 목적상 다음의 경우는 강제 또는 의무 노동에 해당하지 않는다.

　　가. 권한 있는 사법당국이 선고한 형벌 또는 공식적인 결정을 집행함에 있어서 재소자에게 통상적으로 요구되는 작업 또는 역무. 그러한 작업 또는 역무는 공공기관의 감독과 통제 하에서 수행되어야 하며, 그러한 작업 또는 역무를 이행하는 자가 어떠한 개인, 회사, 또는 법인의 처분에 맡겨져서는 안 된다;

　　나. 군복무와 양심적 병역거부자가 인정되는 국가에서 군복무를 대신하여 법률이 규정한 국가적 역무;

　　다. 공동사회의 존립 또는 복지를 위협하는 위험 또는 재난 시 요구되는 역무; 또는

　　라. 통상적인 시민의 의무에 속하는 작업 또는 역무.

1. No one shall be subject to slavery or to involuntary servitude, which are prohibited in all their forms, as are the slave trade and traffic in women.

2. No one shall be required to perform forced or compulsory labor. This provision shall not be interpreted to mean that, in those countries in which the penalty established for certain crimes is deprivation of liberty at forced labor, the carrying out of such a sentence imposed by a competent court is prohibited. Forced labor shall not adversely affect the dignity or the physical or intellectual capacity of the prisoner.

3. For the purpose of this article, the following do not constitute forced or compulsory labor:

(a) work or service normally required of a person imprisoned in execution of a sentence or formal decision passed by the competent judicial authority. Such work or service shall be carried out under the supervision and control of public authorities, and any persons performing such work or services shall not be placed at the disposal of any private party, company, or juridical person;

(b) military service and, in countries in which conscientious objectors are recognized, national service that the law may provide for in lieu of military service;

(c) service exacted in time of danger or calamity that threatens the existence or the well-being of the community; or

(d) work or service that forms part of normal civic obligations.

인간과 인민의 권리에 관한 아프리카 헌장 제5조

모든 개인은 인간으로서의 고유한 존엄성을 존중받으며, 자신의 법적 지위를 인정받을 권리를 가진다. 인간에 대한 모든 형태의 착취와 모욕, 특히 노예제도, 노예매매, 고문, 잔혹하거나 비인도적이거나 굴욕적인 처벌과 대우는 금지된다.

Every individual shall have the right to the respect of the dignity inherent in a human being and to the recognition of his legal status. All forms of exploitation and degradation of man particularly slavery, slavery trade, torture, cruel, inhuman or degrading punishment and treatment shall be prohibited.

제9조 신체의 자유[*]

원 유 민

목 차

Ⅰ. 개관
Ⅱ. 불법 및 자의적 체포·구금 금지
　　1. 신체의 자유와 안전에 대한 권리
　　2. 체포 및 구금의 개념
　　3. 불법 체포·구금 금지
　　4. 자의적 체포·구금 금지
Ⅲ. 체포이유와 피의사실을 고지 받을 권리
Ⅳ. 재판 전 피구금자의 권리
　　1. 신속히 법관의 심사를 받을 권리
　　2. 합리적 기간 내의 재판
　　3. 불구속 재판의 원칙

Ⅴ. 구금적부 심사청구권
Ⅵ. 배상청구권
Ⅶ. 한국의 실행
　　1. 일반 형사절차
　　2. 인신보호법
　　3. 출입국관리법상 외국인 수용
　　4. 정신보건시설에의 강제입원 문제
　　5. 영창제도
　　6. 북한이탈주민의 임시보호조치
[다른 인권조약상의 관련 조항]

제9조

1. 모든 사람은 신체의 자유와 안전에 대한 권리를 가진다. 누구든지 자의적으로 체포되거나 구금되지 않는다. 어느 누구도 법률로 정한 근거 및 절차에 따르지 않고는 자신의 자유를 박탈당하지 않는다.

2. 체포된 사람은 누구든지 체포 시에 체포이유를 고지받으며, 자신에 대한 피의사실을 신속히 고지받는다.

3. 범죄 혐의로 체포되거나 구금된 사람은 법관 또는 법률에 의하여 사법권 행사 권한을 부여받은 그 밖의 공무원에게 신속히 회부되고, 합리적인 기간 내에 재판을 받거나 석방될 권리를 가진다. 재판을 기다리는 사람을 구금하는 것은 일반 원칙이 될 수 없으며, 그 밖의 모든 사법절차 단계에서의 재판을 위하여, 그리고 필요한 경우 판결 집행을 위하여 출석할 것이라는 보증하에 석방될 수 있다.

4. 체포 또는 구금에 의하여 자유를 박탈당한 사람은 누구든지, 법원이 그의 구금의 합법성

---

[*] 이 글은 박영길의 "시민적 및 정치적 권리에 관한 국제규약 해설(5): 제9조 신체의 자유"(공익과 인권 제4권 제2호(2007))에 기반해 그 내용을 수정·보완한 것이다.

을 지체 없이 결정하고, 그의 구금이 합법적이지 않은 경우 그의 석방을 명령할 수 있도록, 법원에서 절차를 취할 권리를 가진다.

5. 불법적인 체포 또는 구금의 피해자는 누구든지 집행가능한 배상청구권을 가진다.

Article 9

1. Everyone has the right to liberty and security of person. No one shall be subjected to arbitrary arrest or detention. No one shall be deprived of his liberty except on such grounds and in accordance with such procedure as are established by law.

2. Anyone who is arrested shall be informed, at the time of arrest, of the reasons for his arrest and shall be promptly informed of any charges against him.

3. Anyone arrested or detained on a criminal charge shall be brought promptly before a judge or other officer authorized by law to exercise judicial power and shall be entitled to trial within a reasonable or to release. It shall not be the general rule that persons awaiting trial shall be detained in custody, but release may be subject to guarantees to appear for trial, at any other stage of the judicial proceedings, and, should occasion arise, for execution of the judgement.

4. Anyone who is deprived of his liberty by arrest or detention shall be entitled to take proceedings before a court, in order that court may decide without delay on the lawfulness of his detention and order his release if the detention is not lawful.

5. Anyone who has been the victim of unlawful arrest or detention shall have an enforceable right to compensation.

I. 개관

모든 사람은 불법적이거나 자의적으로 신체의 자유가 박탈되지 않을 권리를 가진다. 신체의 자유는 1215년 영국의 마그나카르타에서도 찾아볼 수 있을 만큼 인간의 가장 오래된 기본권 중의 하나이다.[1] 신체의 자유와 안전은 그 자체가 소중하지만, 신체의 자유에 대한 위협이 역사적으로 다른 권리의 향유를 방해하는 수단으로 사용되었다는 이유에서도 중요

---

1) 마그나카르타 선언 제39조. "지위가 동등한 사람들의 합법적인 판단이나 나라의 법에 의한 것 말고는, 그 어떤 자유민도 체포 또는 구금되거나 점유한 것을 박탈당하거나 법의 보호를 박탈당하거나 추방되거나 어떤 식으로든 해를 입어서는 안 되며, 또한 짐도 직접 혹은 누군가를 보내서 그에게 강제로 법을 집행하지 않을 것이다." 피터 라인보우 지음, 정남영 옮김, 『마그나카르타 선언』(갈무리, 2012), p.333.

하다.[2] 신체의 자유의 박탈은 국가가 범죄에 대처하고 사회질서를 유지하는 데 필요한 가장 일반적인 형벌의 수단으로도 기능해 왔다.[3] 규약 제9조는 개인의 신체의 자유 박탈을 전면적으로 금지하는 것이 아니라, 국가 또는 사인에 의하여 불법적이거나 자의적으로 신체의 자유가 침해되지 않도록 방지하는 목적을 가진다.[4]

제9조는 총 5개 항으로 구성되어 있다. 제1항은 체포나 구속이 자의적이거나 불법적이지 않아야 한다고 선언하고 있다. 제2항 내지 제4항에서는 신체의 자유와 안전을 확보하기 위한 절차적 보장의 내용을 담고 있다. 그리고 제5항에서는 불법적으로 체포 또는 구속된 자에 대한 배상을 규정한다. 제2항의 일부와 제3항은 범죄 피의자에 대한 형사절차에 한해 적용되지만, 제4항의 구금의 적법성 심사와 같은 절차적 보장은 신체의 자유를 박탈당한 모든 사람에게 적용된다.[5] 제9조의 권리는 국가비상사태가 발생하면 규약 제4조에 의해 정지될 수 있다. 하지만 국가비상사태에도 제9조 제4항의 법원에 의해 구금의 합법성을 심사받을 권리와 같은 필수적인 부분은 정지되어서는 안 된다.[6]

1947년 실무그룹의 초안에서는 자유의 박탈이 허용되는 사유를 구체적으로 나열하였다. 그 사유는 형의 집행과 재판 전 구금, 법원명령 위반, 정신적 장애, 미성년자 보호, 강제추방 전 구금으로 현재 유럽인권협약 제5조에 규정된 사유와 동일하게 규정되어 있었다.[7] 국가들은 알코올 중독자, 전염병 환자, 아동, 적국 국적자 등 신체의 자유 제한이 허용되는 사유 40가지를 추가적으로 제안하였다.[8] 하지만 정당한 체포·구금이 가능한 모든 사유를 규정하는 것이 사실상 불가능하고, 가능하더라도 자유를 박탈하는 사유를 길게 나열하는 방식은 바람직하지 않았다.[9] 인권위원회(Commission on Human Rights)는 1949년 누구든지 자의적으로 체포되거나 구금되지 않는다는 호주의 제안을 만장일치로 채택하였다.[10] 그리고 '누구도 법률이 정한 절차에 따르지 않는 한 자유를 박탈당하지 않는다'는 인도안을 필리핀의 제안으로 '법률이 정한 이유와 절차에 따르지 않는 한'으로 수정한 초안이 10:6으로 통과되었다.[11]

---

2) HRC General Comment No.35(2014), para.2.

3) Nowak's CCPR Commentary(2019), p.237(para.2); Joseph & Castan's Commentary(2013), p.341.

4) Nowak's CCPR Commentary(2019), p.238(para.3); Joseph & Castan's Commentary(2013), p.341.

5) HRC General Comment No.35(2014), para.4.

6) HRC General Comment No.29(2001), para.16. HRC General Comment No.35(2014), para.66. Nowak's CCPR Commentary(2019), p.238(para.3); Taylor's Commentary(2020), p.275.

7) E/CN.4/21(1947), annex B, p.33-34, 당시 초안상 제10조에 규정되어 있음.

8) E/CN.4/AC.1/23(1948); Bossuyt's Guide(1987), pp.189-191.

9) A/2929(1955), chapter VI, p. 99, para.28

10) E/CN.4/SR.95, p.7. para.44. Bossuyt's Guide(1987), pp.193-194, 199 참조.

제2항에 대해서는 체포의 이유를 체포할 때 고지하는지 아니면 체포 이후 고지하는지 여부가 논의되었다. 처음에는 체포이유와 피의사실의 고지 모두 체포 이후 '신속히' 고지하는 미국의 제안이 채택되었다.[12] 이후 칠레의 수정안을 반영하여 체포이유는 체포시에 고지하고, 피의사실은 체포 후 '신속히' 고지하는 미국의 절충안이 채택되었다.[13] 제3항의 재판 전 피구금자의 권리에 대해서는 형사절차상의 피의자에게만 적용할지 아니면 모든 구금된 사람에게 적용할지에 대해 논의가 집중되었다. 1950년 초안작성그룹에서 '범죄 혐의로 체포되거나 구금된 사람'이 채택되었고,[14] 적용범위를 모든 구금된 사람으로 확대하는 프랑스의 제안은 1952년에 철회되었다.[15]

제4항의 구속적부 심사청구권은 인신보호(habeas corpus)의 성격을 가지는 권리로 규정되었다. 초안 작성 당시 당사국들이 자국의 국내법체제 안에서 절차를 마련하도록 '인신보호'(habeas corpus)라는 표현은 '법원에서 절차'(proceedings before a court)라는 중립적인 표현으로 수정되었다.[16] 제5항의 배상받을 권리에 대해서는 미국이 오직 고의 또는 중과실로 권리침해를 한 사람을 상대로만 배상청구를 하도록 그 범위를 좁히는 제안을 하였으나, 채택되지 않았다.[17]

신체의 자유는 1948년 세계인권선언 제3조에 규정되어 있다. 세계인권선언 제3조는 실체적 권리조항 중 첫 번째 조항으로, 그만큼 신체의 자유와 안전에 대한 권리가 개인과 사회 전체를 위해 매우 중요하다는 점을 의미한다.[18] 신체의 자유와 안전에 대한 권리는 지역인권협약에도 규정되어 있다. 1950년 유럽인권협약 제5조는 체포·구금이 허용되는 사유를 나열하고 있는데 반해, 1969년 미주인권협약 제7조는 규약 제9조와 비슷하게 법률이 정한 이유와 절차에 따르지 않는 한 신체의 자유를 박탈당하지 않는다고 규정한다. 1981년 아프리카인권헌장 제6조는 다른 조약에 비해 가장 간단하게 규약 제9조 제1항에 담긴 내용만을 규정하고 있다.

---

11) E/CN.4/231(1949); E/CN.4/SR.96(1949), pp.8-9.
12) E/CN.4/170/Add.4(Bossuyt's Guide(1987), p.203에서 재인용), E/CN.4/SR.98(1949), p.14.
13) E/CN.4/399, E/CN.4/406(Bossuyt's Guide(1987), p.204에서 재인용), E/CN.4/SR.145(1950), p.13, para.56.
14) E/CN.4/421(Bossuyt's Guide(1987), p.208에서 재인용), E/CN.4/SR.154(1950), p.6, para.27.
15) E/CN.4/L.151(Bossuyt's Guide(1987), p.209에서 재인용), E/CN.4/SR.314(1952), p.5.
16) A/2929(1955), p.100, para.35.
17) E/CN.4/394(Bossuyt's Guide(1987), p.218에서 재인용), E/CN.4/SR.148(1950), p.9, para.38.
18) HRC General Comment No.35(2014), para.2.

II. 불법 및 자의적 체포·구금 금지

1. 신체의 자유와 안전에 대한 권리

규약 제9조 제1항 제1문은 '신체의 자유와 안전에 대한 권리'(right to liberty and security of person)를 보장한다. 제9조의 신체의 자유는 신체적 구속으로부터의 자유를 의미하고, 일반적 행동의 자유에 대한 내용이 아니다.[19] 자유의 박탈은 경찰서 유치장 구금, 판결 확정 이후 형의 집행, 가택연금, 행정구금, 강제입원, 아동의 시설보호, 공항의 제한구역에서의 구금, 강제추방을 포함한다.[20] 규약위원회에 통보되는 대부분의 사건들은 형사절차와 관련되지만, 일부 사건은 출입국관리, 정신병원, 군대에서의 구금에 관한 것들이다.[21] 일반적인 신체 이동의 자유에 대한 제한은 제9조가 아니라 제12조 이동의 자유에 대한 제한이 된다.[22] 한 국가 내 특정 지역으로의 이동이나 여행을 금지하는 조치는 규약 제12조 이동의 자유 위반이 될 수는 있지만, 제9조는 문제되지 않는다. 규약위원회도 통보자가 특정한 지역을 벗어날 수 없도록 한 스웨덴의 주거제한 조치는 제9조 위반은 아니라고 결정하였다.[23]

제9조는 신체의 자유와 더불어 안전에 대한 권리를 규정하고 있다. 여기서 신체의 안전은 신체적·정신적 손상으로부터의 자유 및 신체적·정신적 완전성에 관한 것이다.[24] 안전에 대한 권리를 별도로 인정한 이유는 국가뿐만 아니라 사인에 의한 신체의 완전성 침해를 방지할 의무를 국가에게 부여하기 위해서이다. 국가는 다른 사인으로부터 신체의 자유를 보호하기 위해 적절한 조치를 취할 의무가 있다.[25] *Delgado Paez v. Colombia* 사건(1999)에서 종교와 윤리 교사였던 통보자는 지목구장(Apostolic Prefect)과 교육당국을 비판한 이후 익명의 전화로 살해위협을 받게 되었다. 그의 동료가 실제로 살해되자 그는 생명에 대한 위

---

19) HRC General Comment No.35(2014), para.3.

20) HRC General Comment No.35(2014), para.5.

21) 출입국 관리 목적의 구금과 관련된 사건으로 *Torres v. Finland*, Communication No.291/1988(1990), para.8. 및 *A v. Australia*, Communication No.560/1993(1997), para.10. 군대의 징벌 목적 구금과 관련된 사건으로 *Vuolanne v. Finland*, Communication No.265/1987(1989), para.10. 그리고 정신병동 구금과 관련된 사건으로 *A v. New Zealand*, Communication No.754/1997(1999), para.7.4., 개별의견 등 참조.

22) HRC General Comment No.35(2014), para.5.

23) *Celepli v. Sweden*, Communication No.456/1991(1994), para.6.1. 이와 유사한 사건으로는 *Karker v. France*, Communication No.833/1998(2000), para.8.5. Joseph & Castan's Commentary (2013), p.345.

24) HRC General Comment No.35(2014), para.3.

25) HRC General Comment No.35(2014), para.7-9. *Marcellana and Gumanoy v. Philippines*, Communition No.1560/2007(2008), para.7.7.

협을 피해 프랑스로 망명한 후 개인통보를 제출하였다. 규약위원회는 제9조의 안전에 대한 권리가 체포와 구금과 같은 공식적인 신체의 자유 박탈의 상황에만 인정되는 것은 아니며, 국가는 개인의 안전을 보호하기 위해 합리적이고 적절한 조치를 취할 의무가 있다고 하였다. 규약위원회는 콜롬비아 정부가 타인의 위협으로부터 통보자의 안전을 적극적으로 보호해주지 않았다는 이유에서 규약 제9조 안전에 대한 권리를 침해하였다고 결정하였다.[26]

규약위원회는 특히 인권운동가나 언론인에 대한 위협, 증인에 대한 보복, 여성에 대한 폭력, 군대 내 괴롭힘, 아동에 대한 폭력, 성적 지향이나 성정체성을 이유로 한 폭력, 장애인에 대한 폭력 등 특정 집단에게 나타나는 폭력의 유형에 따라 적절히 대처해야 한다고 밝혔다.[27]

2. 체포 및 구금의 개념

체포(arrest)란 신체의 자유의 박탈이 시작되는 모든 억류행위를 말하고, 규약 제9조의 체포는 국내법에서 규정하는 체포만을 의미하는 것은 아니다.[28] 구금(detention)은 체포로 시작되고 석방될 때까지 지속되는 신체의 자유의 박탈 상태를 말한다.[29] 제9조의 체포 및 구금은 수사기관이 형사절차상 범죄 피의자를 체포하고 구속하는 경우뿐만 아니라 다른 원인에 의한 신체의 자유 박탈도 포함한다. 전염병 확산방지를 위해 격리되거나 병원에 수용되는 경우도 이에 해당한다.[30] 공공안전을 이유로 한 행정구금, 출입국관리 목적의 외국인 보

---

26) *Delgado Páez v. Colombia*, Communication No.195/1985(1990), paras.5.5-5.6. 이 사건에서 규약위원회는 신체의 안전에 대한 권리가 신체의 자유와 별도의 독자적인 권리임을 인정하였다. Joseph & Castan's Commentary(2013), p.342; Taylor's Commentary(2020), p.246.
   신체의 안전에 관한 그 밖의 사건들로 다음을 참조: *Bwalya v. Zambia*, Communication No.314/1988 (1993), para.6.4; *Mojica v. Dominican Republic*, Communication No.449/1991(1994), para.5.4; *Oló Babamonde v. Equatorial Guinea*, Communication No.468/1991(1993), para.9.2; *Tshishimbi v. Zaire*, Communication No.542/1993(1996), para.5.4; *Leehong v. Jamaica*, Communication No.613/1995(1999), para.9.3; *Dias v. Angola*, Communication No.711/1996(2000), para.8.3; *Chongwe v. Zambia*, Communication No.821/1998(2000), para.5.3; *Jiménez Vaca v. Colombia*, Communication No.859/1999(2002), para.7.2; *Jayawardena v. Sri Lanka*, Communication No.916/2000(2002), para.7.2; *Rajapakse v. Sri Lanka*, Communication No.1250/2004(2006), para.9.7; *Njaru v. Cameroon*, Communication No.1353/2005(2007), para.6.3.
27) HRC General Comment No.35(2014), para.9.
28) HRC General Comment No.35(2014), para.13.
29) HRC General Comment No.35(2014), para.13 이는 국내 형사소송법상의 용어와 약간의 차이가 있다. 형사소송법상 체포란 초동수사 단계에서 피의자에게 가해지는 단기간의 신체구속을 말하며, 구속이란 체포 후 계속되거나 또는 선행의 체포 없이 단독으로 행해지는 비교적 장기간의 신체구금을 말한다. 신동운, 『간추린 신형사소송법』(제12판)(법문사, 2020), p.131-132.

호소에의 구금, 강제입원의 경우에도 제9조가 적용된다.[31]

3. 불법 체포·구금 금지

체포 및 구금과 같이 신체의 자유를 박탈하고자 할 때는 반드시 법률이 정한 절차에 따라야 한다. 여기서의 법률은 국회가 제정한 법률을 말하나, 영미법계 국가의 경우 불문법도 포함될 수 있다.[32] 외국에서 범죄인인도 절차를 거치지 않고 피의자를 납치한 후 본국으로 이송하여 재판한 경우 불법적인 체포·구금에 해당하므로 규약 제9조 제1항에 위반된다.[33] 형집행기간이 지난 구금,[34] 석방명령이 내려진 이후의 구금,[35] 국가의 불법적 납치,[36] 정치적인 이유에서의 체포[37] 등의 개인통보사건에서도 불법 체포·구금을 인정하였다.[38]

4. 자의적 체포·구금 금지

체포나 구금이 정당하다고 인정되기 위해서는 법률의 규정에 따라 이루어졌다는 것만으

---

30) N. Jayawickrama, The Judicial Application of Human Rights Law (Cambridge University Press, 2002), pp.398-399.

31) HRC General Comment No.35(2014), paras.15, 18, 19. 참고로 규약위원회는 제9조 제2항이 이른바 예방적 구금에도 적용된다고 보았다. 예방적 구금이란 형사상의 징벌적 조치가 아니라 사전주의적 행정조치로, 개인으로 하여금 어떤 행위를 하지 못하도록 미리 차단하는 목적을 갖는 조치이다. 규약위원회는 테러, 간첩, 불법마약거래의 혐의가 있는 경우 15일간 구금한 후 또 15일을 연장해서 구금할 수 있도록 한 페루의 법에 대해 우려를 표명하였다. Concluding Observations on Peru, CCPR/C/79/Add.67 (1996), para.18. 재소자가 유죄판결 시 부과된 형량을 모두 복역한 경우, 규약 제9조와 제15조에 따라 형량을 소급적으로 연장할 수 없고, 당사국은 민사적 구금(civil detention)이라는 이름으로 형사적 수감에 준하는 구금을 부과함으로써 그러한 금지사항을 회피할 수 없다. HRC General Comment No.35 (2014), para.21. *Fardon v. Australia*, Communication No.1629/2007(2010), para.7.4.

32) Nowak's CCPR Commentary(2019), p.248(para.26).

33) *Domukovsky et al. v. Georgia*, Communication Nos. 623-624, 626-627/1995(1998), para. 18.2. 이 사안에서는 아제르바이잔에서 체포된 후 조지아로 이송되어 조지아에서 형사재판을 받았다.

34) *Weismann Lanza et al. v. Uruguay*, Communication No.8/1977(1980), para.16.

35) *Torres Ramirez v. Uruguay*, Communication No.4/1977(1980), para.18.; *Moriana Valentini de Bazzano v. Uruguay*, Communication No.5/1977(1979), para.10; *Buffo Carballal v. Uruguay*, Communication No.33/1978(1981), para.13; *Soriano de Bouton v. Uruguay*, Communication No.37/1978(1981), para.13; *Terán Jijón v. Ecuador*, Communication No.277/1988(1992), para.6.

36) *Sergio Euben López Burgos v. Uruguay*, Communication No.52/1979(1981), para.13; *Lilian Celiberti de Casariego v. Uruguay*, Communication No.56/1979(1981), para.11.

37) *Martinez Portorreal v. Dominican Republic*, Communication No.188/1984(1987), para. 11; *Mukong v. Cameroon*, Communication No.458/1991(1994), para.10; *Zelaya Blanco v. Nicaragua*, Communication No.328/1988(1994), para.11.

38) Joseph & Castan's Commentary(2013), p.348.

로 충분하지 않다. 체포·구금에 관한 법률의 내용과 집행이 합법적이어야 할 뿐만 아니라 자의적이지 않아야 한다. 규약 제9조는 개인의 신체의 자유를 박탈하기 위한 요건으로 합법성과 자의성 금지라는 이중의 보호망을 쳐두고 있다.

체포와 구금이 국내법에 의해 적법한 것일지라도 자의적인 체포 구금이 될 수 있다. 자의성이라는 개념은 불법성뿐만 아니라 부적절성, 부정의, 예측 불가능성, 그리고 영미법상의 적법절차 위반의 요소와 합리성, 필요성, 비례성의 요소도 포함하는 넓은 의미로 이해될 수 있다.[39] 결국 어떤 행위가 자의적인가 여부는 각 사건의 구체적인 상황을 고려하여 판단할 수밖에 없다. 이하에서는 규약위원회가 어떠한 경우 자의적이라고 판단하였는지를 살펴본다.

네덜란드 변호사인 통보자 Hugo van Alphen은 범죄에 대한 공범의 혐의로 사법당국에 의해 체포되어 9주 동안 구금되었다. 그는 체포와 구금이 본인과 자신의 고객에 대한 정보를 제공하도록 강요하기 위한 의도에서 이루어졌다고 주장하였다. 네덜란드 정부는 자국의 형사소송절차에 따라 재판 전 구금이 적법하게 집행되었다고 주장하였다. 규약위원회는 규약 제9조 제1항의 '자의성'은 법에 반한다는 의미와 동일하지 않으며, 부적절성, 부정의, 예측 불가능성도 포함하는 넓은 의미로 해석하였다. 따라서 구금은 적법해야 할 뿐만 아니라 정황상 합리적이어야 한다고 보았다. 또한 구금은 도주, 증거인멸 또는 재범의 방지와 같이 필요한 경우에만 구금되어야 한다고 보았다. 규약위원회는 이 사건에서 그러한 이유가 있는지 네덜란드 정부가 설명하지 않았다고 하였다. 네덜란드 정부는 통보자가 비밀유지의무에서 벗어났고, 또 수사상 접근성을 위해서 통보자를 구금해야 할 필요가 있었다고 주장하였다. 규약위원회는 통보자에게 비밀유지의무가 면제되었더라도 수사에 협조할 의무가 있는 것은 아니라고 보았고, 통보자의 구금은 규약 제9조 제1항을 위반한다고 결정하였다.[40]

출입국관리절차상 구금은 그 자체로 자의적인 것은 아니지만, 그러한 구금은 정황상 합리적이고 필요하며 비례적이어야 하고, 구금기간이 연장되는 경우 재심사되어야 한다.[41] 처음 비호신청자가 당사국에 입국했을 때 입국과 비호신청을 접수하기 위해 짧은 기간 동

---

39) HRC General Comment No.35(2014), para.12; Nowak's CCPR Commentary(2019), p.248(para.27) 참조.
40) *van Alphen v. The Netherlands*, Communication No.305/1988(1990), para.5.8.
41) HRC General Comment No.35(2014), para.18.

안 수용될 수 있다. 하지만 그 이후의 구금은 해당 개인에 대한 구금사유가 없는 한 자의적 구금이 된다.[42] 다음은 통보자가 난민신청 후 심사받는 동안 장기간 시설에 수용되었던 사례이다.

캄보디아 국적의 통보자는 1989년 다른 25명과 함께 보트를 이용해 호주에 입국하였고 출입국이민센터시설에 구금되었다. 그는 바로 난민신청을 하였지만 1992년 호주의 난민지위결정위원회에 의해 거부되었다. 통보자는 호주의 법률 개정과 인도주의적 고려를 통해 4년 만에 석방되었다. 규약위원회는 먼저 형사절차가 아닌 난민수용시설에 구금하는 경우에도 제9조가 적용됨을 확인하면서, 자의성은 부적절성, 부정의를 포함하는 넓은 의미로 이해되어야 함을 지적하였다. 규약위원회는 도주나 증거인멸의 방지와 같은 모든 상황을 고려하여 필요한 경우가 아니면 통보자에 대한 구금은 자의적이라고 보았다. 호주 정부는 통보자가 불법입국자로서 도주의 우려가 있어서 구금하였다고 주장하였다. 규약위원회는 호주정부가 난민신청자를 구금할 수는 있지만 그러한 구금이 정당화되기 위해서는 정기적인 심사를 통해 재검토되어야 하며, 구금연장에 필요한 이유가 제시되어야 한다고 보았다. 규약위원회는 난민신청자에 대한 4년간의 구금은 자의적이라고 결정하였다.[43]

유사한 사건에서 규약위원회는 어떠한 사법심사의 기회도 주어지지 않은 채 외국인을 2년 이상 구금하는 것은 자의적이라고 보았다.[44] 또한 보트를 타고 호주에 먼저 입국한 아프가니스탄 출신의 남편은 2개월 만에 난민수용시설에서 석방된 반면, 뒤늦게 도착한 그의 부인과 아들은 조사 결과 아프가니스탄이 아닌 파키스탄 출신으로 의심된다는 이유에서 2년 10개월 이상 구금된 사건이 있었다. 규약위원회는 그의 부인과 아들에 대한 장기간의 구금은 자의적이라고 판단하였다.[45] 한편 네덜란드 정부가 보호자 미동반 미성년으로 난민신청을 한 사람을 3개월 반 동안 구금한 사건에서 구금이 자의적이었는지 문제되었다. 규약위원회는 신청자가 네덜란드에 도착한 이후 11개월 동안 지냈던 시설에서 도망갔던 점을 고려하면, 그를 행정절차가 진행되는 기간 동안 구금하기로 한 결정은 비합리적이지 않고, 강제추방할 가능성이 없어지자 그를 석방하였던 점을 고려하여 자의적 구금에 해당하지 않

---

42) *F.K.A.G. et al. v. Australia*, Communication No.2094/2011(2013), paras.9.3-9.4.
43) *A v. Australia*, Communication No.560/1993(1997), para.9.4.
44) *C. v. Australia*, Communication No.900/1999(2002), para.8.2.
45) *Bakhtiyari v. Australia*, Communication No.1069/2002(2003), para.9.7.

아 규약 제9조를 위반하지 않았다고 보았다.[46]

강제입원도 장애가 있다는 이유만으로 정당화될 수 없으며, 심각한 위험으로부터 장애인을 보호하고 타인에게 손상을 입히지 않도록 방지하기 위해 필요하고 비례적인 경우에만 인정된다.[47] 뉴질랜드의 정신건강법에 따라 약 10년간 정신병동에 구금된 통보자가 자신의 구금은 자의적이고 불법적이라고 주장한 사건이 있었다.[48] 규약위원회는 통보자의 구금이 3명으로 구성된 정신과의사위원회의 의견에 기초하였고, 정신과의사위원회가 통보자의 상태를 정기적으로 심사하고 있었던 점을 고려하여 규약 제9조 제1항을 위반하지 않았다고 결정하였다.[49] 다른 사례로 이탈리아인이 호주에 입국한 후 관광비자가 만료된 이후에도 호주 여성과 결혼하여 자녀를 낳고 살던 중 영주권을 신청하였으나, 오히려 미등록체류를 이유로 구금된 사건이 있었다. 규약위원회는 통보자에 대한 구금 결정의 이유에 비추어 볼 때 구금이 비례적이기 때문에 호주정부의 조치가 자의적이지 않다고 보았다.[50]

규약상 권리를 정당하게 행사하였는데, 이에 대한 형사처벌로 체포되거나 구금되었다면 자의적 체포·구금에 해당한다.[51] *Zelaya Blanco v. Nicaragua* 사건(1994)에서 산디니스타 정부에 대해 비판한 대학 교수가 영장 없이 체포된 경우 규약 제9조 위반이 인정되었다.[52] 우리나라의 양심적 병역거부 개인통보 사건 중 2015년, 2020년 결정에서도 사상, 양심 및 종교의 자유를 보장하는 규약 제18조의 위반뿐만 아니라 양심적 병역거부로 인한 형사처벌은 자의적 구금에 해당한다고 보아 규약 제9조 제1항 위반도 함께 인정하였다.[53]

III. 체포이유와 피의사실을 고지 받을 권리

제9조 제2항에 의하면 체포된 사람은 누구든지 체포시에 체포 이유를 고지받고 그에 대한 피의사실을 신속히 고지받을 권리가 있다. '체포된 사람은 누구든지' 제9조 제2항이 적용되기 때문에 형사상의 이유로 체포된 사람뿐만 아니라 행정집행 등을 이유로 체포된 사

---

46) *Jalloh v. Netherlands*, Communication No.794/1998(2002), para.8.2

47) HRC General Comment No.35(2014), para.19.

48) *A v. New Zealand*, Communication No.754/1997(1999). 이 사건에서 구금의 연장 여부는 법원이 정기적으로 결정하였다. Joseph & Castan's Commentary(2013), p.351.

49) *A v. New Zealand*, Communication No.754/1997(1999), para.7.2.

50) *Madafferi et al. v. Australia*, Communication No. 1011/2001(2004), para.9.2.

51) HRC General Comment No.35(2014), para.17.

52) *Zelaya Blanco v. Nicaragua*, Communication No.328/1988(1994), para.10.3.

53) *Kim et al. v. Republic of Korea*, Communication No.2179/2012(2015), para.7.5; *Bae et al. v. Republic of Korea*, Communication No.2846/2016(2020), para.7.6.

람에게도 적용된다.[54] 이러한 고지는 두 단계의 절차로 진행된다. 피체포자는 체포당하는 즉시 체포이유를 고지받아야 하며, 그 이후에는 신속히 그에 대한 범죄 피의사실을 고지받아야 한다.

체포이유의 고지는 체포의 형식, 체포이유의 정당성 여부와 관계없이 신체의 자유가 박탈되는 모든 종류의 체포에 적용된다.[55] 모든 체포된 사람에게 체포이유를 고지하는 이유는 체포이유가 근거 없다고 생각하는 경우 석방을 청구할 수 있도록 하기 위해서이다.[56] 체포시 그 이유의 고지는 반드시 피체포자가 이해하는 언어로 해야 한다.[57] 체포이유의 고지는 체포되는 즉시 이루어져야 하지만, 예외적으로 통역사가 출석하기 전까지 지연되는 등의 사정으로 즉각적인 소통이 불가능할 수 있다. 이 경우 체포이유의 고지는 필요한 최소 수준으로 지체되어야 한다.[58]

체포 이후에는 피의사실에 대한 고지는 '신속히' 이루어져야 하나, 체포되는 즉시 이루어져야 하는 것은 아니다.[59] 체포이유의 고지가 모든 종류의 체포에 적용되는 것과 달리, 범죄 피의사실의 고지는 형사절차와 관련해서만 적용된다.[60] 일반적인 형사절차뿐만 아니라 군사재판절차 또는 다른 특별한 형사처벌절차에도 적용되고,[61] 피체포자가 이해하는 언어로 고지하여야 한다.[62] 범죄 피의사실의 고지는 체포·구금이 적절한지 신속하게 판단하기 위한 것으로, 제14조 제3항 가호상 추후 형사재판을 준비할 수 있을 정도로 상세하게 고지되지 않아도 된다.[63]

---

54) 예컨대 출입국관리국 공무원이 미등록체류자를 체포하는 경우가 있다. 제9조 제3항에서는 '범죄 혐의'(a criminal charge)를 사용하고 있는 반면, 제2항에서는 단순히 '피의사실'(any charges)이란 용어를 사용함으로써 제2항의 적용범위를 넓히고 있다.

55) HRC General Comment No.35(2014), para.24.

56) HRC General Comment No.35(2014), para.25. *Campbell v. Jamaica*, HRC Communication No.248/1987(1992), para.6.3.

57) HRC General Comment No.35(2014), para.26. *Wilson v. Philippines*, HRC Communication No.868/1999(2003), paras. 3.3 and 7.5.

58) HRC General Comment No.35(2014), para.27. 규약위원회는 통역이 없어서 체포이유를 이해할 수 없었다는 통보자의 주장이 규약 제9조 제2항의 위반을 구성하지 않는다고 판단하였다. *Griffin v. Spain*, Communication No.493/1992(1995), para.9.2; *Leehong v. Jamaica*, Communication No.613/1995(1999), para.9.4.

59) HRC General Comment No.35(2014), para.30.

60) HRC General Comment No.35(2014), paras.24, 29.

61) HRC General Comment No.35(2014), para.29. 특별법원에 관한 사례로 *Aboufaied v. Libya*, Communication No.1782/2008(2012), para.7.6.

62) HRC General Comment No.35(2014), para.30.

63) HRC General Comment No.35(2014), para.30.

범죄 피의사실 고지의 신속성이란 구체적인 상황을 고려하여 부당한 지체가 있었는지 여부를 판단하여야 한다.

변호사이면서 한 인권단체의 회원인 Ilombe는 2002년 2월 콩고의 군법원 검찰에 의해 체포되었다. 그는 체포된 지 48시간이 지나서야 국가안보를 침해한 이유로 체포되었다는 말을 들었다. 그리고 또 다른 인권단체인 인권감시위원회 Shandwe 위원장도 2002년 4월 군사법원 검찰에 의해 체포되어 구금된 지 7일 후에 교도소로 이송되었다. 그는 체포이유와 피의사실에 대해 어떠한 고지도 받지 못하였다. 이후 그는 국가안보 침해와 간첩혐의로 기소되었다. 그러나 이들은 각각 구금된 지 9개월과 11개월 후에 법원의 재판 없이 석방되었다. 규약위원회는 체포 당시 체포이유를 고지받지 못한 사실에 대하여 규약 제9조 제2항 위반을 인정하였다. 단순히 '국가안보를 침해했기 때문'이라는 고지도 체포이유로 충분하지 않다고 판단하였다.[64]

통보자가 체포된 지 8시간 이후 체포 이유와 범죄혐의를 고지한 사례에서는 규약위반을 인정하지 않았다. 이 사건에서는 통역관이 퇴근하고 없던 저녁 6시부터 아침 9시 사이에 체포가 이루어졌기 때문에 불가피하였다고 판단하였다.[65] 하지만 체포 이후 2일이 지난 후에 범죄 피의사실의 고지가 있었던 경우 규약위원회는 체포 시에 체포 이유와 피의사실을 고지받아야 함을 지적하면서 규약 제9조 제2항 위반을 인정하였다.[66] 그 외에도 체포이유와 범죄 피의사실을 7일간 고지하지 않은 사건,[67] 범죄 피의사실을 26일 동안 고지하지 않은 사건,[68] 체포와 구금 이유를 전혀 고지하지 않은 채 8개월 이상 감금한 사건에서 규약위원회는 제9조 제2항이 위반되었다고 판단하였다.[69]

---

64) *Ilombe and Shandwe v. Democratic Republic of the Congo*, Communication No.1177/2003(2006), para.6.2. 이 사건에서 규약위원회는 군사법원의 명령에 의한 수개월 동안의 민간인 감금은 제9조 제1항의 자의적 구금에 해당하며, 9개월 또는 11개월 동안 법관에 회부하지 않는 것은 제9조 제3항을 위반한다고 결정하였다. 그리고 상소가 허용되지 않는 군사법원에서 재판을 받음으로써 구금의 합법성에 대한 이의제기권이 박탈당했다는 통보자의 주장을 받아들여 제9조 제4항 위반도 결정하였다.

65) *Hill v. Spain*, Communication No.526/1993(1997), para.12.2.

66) *Ismailov v. Uzbekistan*, Communication No.1769/2008(2011), para.7.2.

67) *Grant v. Jamaica*, Communication No.597/1994(1996), para.8.1.

68) *Kelly v. Jamaica*, Communication No.253/1987(1991), para.5.8.

69) *Luyeye v. Zaire*, Communication No.90/1981(1983), para.8.

Ⅳ. 재판 전 피구금자의 권리

1. 신속히 법관의 심사를 받을 권리

형사상의 혐의로 체포되거나 구금된 사람은 신속히 법관 또는 법률에 의해 사법권 행사 권한을 부여받은 그 밖의 공무원에게 회부되어야 한다. 피체포자나 피구금자가 청구해야 비로소 법관 앞에 서는 것이 아니라, 그가 청구하지 않아도 자동적으로 사법기관에 회부되 어야 한다.[70] 이 때 법관 또는 그 밖의 공무원은 체포·구금된 자의 유무죄 여부를 판단하 는 것이 아니라 재판 전에 그를 구금하는 것이 필요한지를 판단한다. 체포·구금된 자는 법 관 앞에 직접 출석하여야 한다. 체포·구금된 자가 직접 출석하면 법관이 체포·구금된 자 에게 구금시설에서 어떤 대우를 받았는지 조사할 수 있는 기회가 생긴다.[71]

규약은 체포 또는 구금된 사람이 신속히 법관 등에 회부될 것을 요구하고 있는데, 과연 어느 정도의 시간이 '신속히'에 부합하는가? 논리적으로 여기서의 '신속히'는 같은 조항 후 문의 체포·구금 이후 합리적인 기간 내에 재판을 받을 권리의 '합리적인 기간'이나 제14조 제3항 다호의 부당한 지체 없이 재판을 받을 권리의 '부당한 지체 없이' 보다 짧은 시간이 다.[72] 각국의 사법현실과 개별 사건의 구체적 상황에 따라 신속성의 의미는 달라질 수 있 다. 신속성의 의미는 객관적 정황에 따라 달라질 수 있지만, 체포시점으로부터 수일을 초과 해서는 안 된다.[73] 규약위원회는 체포된 사람을 이송하고 법관의 심사를 받도록 준비하는 데 일반적으로 48시간이면 충분하고, 그 이상의 시간이 걸린 경우는 예외적이어야 하며, 상 황에 의해 정당화되어야 한다고 본다.[74] 규약위원회는 통보자가 집에서 체포된 이후 경찰 서에 구금된 지 50시간이 지난 후 석방되었던 사건에서 규약위원회에 제공된 정보만으로는 규약 제9조 제3항을 위반하였다는 주장이 증명되지 않았다고 보았다.[75] 하지만 통보자들이

---

70) HRC General Comment No.35(2014), para.32.

71) HRC General Comment No.35(2014), para.34.

72) N. Jayawickrama(전게주 30), p.406.

73) HRC General Comment No.35(2014), para.33. *Vyacheslav Berezhnoy v. Russia*, Communication No.2107/2011(2016), para.9.2.

74) HRC General Comment No.35(2014), para.33. 국가들의 보고서에 대한 의견을 통해 규약위원회는 '신 속히'를 48시간 이내의 시간으로 보다 엄격히 해석하고 있다. Concluding Observations on Zimbabwe, CCPR/C/79/Add.89(1998), para.17; Concluding Observations on Lesotho, CCPR/C/79/Add. 106 (1999), para.18; Concluding Observations on Gabon, CCPR/CO/70/GAB(2000), para.13; Concluding Observations on the Czech Republic, CCPR/CO/72/CZE(2001), para.17; Concluding Observations on Kuwait, CCPR/CO/69/KWT(2000), para.12; Concluding Observations on Mali, CCPR/CO/77/MLI(2003), para.19.

3일 동안 구금된 후 법관에게 회부된 사안에서 이 기간 동안의 구금 필요성에 대해 당사국이 설명하지 않은 경우 규약 제9조 제3항 위반을 인정하였다.[76] 규약위원회는 법관에게 회부되지 않은 채 4일,[77] 5일,[78] 7일,[79] 11일,[80] 5개월,[81] 6년[82]의 기간 동안 구금되었던 사안에서 당사국이 구금기간의 연장에 대해 충분히 설명하지 않는 경우 규약 제9조 제3항이 위반되었다고 보았다. 한편, 구금된 사람이 미성년자인 경우 24시간 이내와 같이 더 강화된 기준이 적용되어야 한다.[83]

재판 전 구금된 사람은 법관 또는 법률에 의하여 사법권 행사 권한을 부여받은 그 밖의 공무원에게 회부하여야 한다. 이 조항에 법관 외에 그 밖의 공무원이 추가된 이유는 국가에 따라서는 경미한 형사사건의 경우 법관이 아닌 기관이 구속의 적합성을 판단하는 제도를 갖고 있기 때문이다. 각국의 사법체계가 상이하여 일률적으로 설명하기가 어려웠기 때문에, 규약 제9조 제3항은 '법률에 의하여 사법권 행사 권한을 부여받은 그 밖의 공무원'의 의미를 명확하게 정의하지 않았다. 다음 사건에서는 검사가 이러한 '그 밖의 공무원'에 해당하는지 여부가 문제되었다.

헝가리에 살고 있는 러시아 시민인 통보자는 살인죄로 체포되었는데, 첫 재판을 받기까지 1년 넘게 구금되었다. 헝가리 정부는 검사가 재판 전 구금을 연장할 수 있게 하는 법률에 따라 통보자가 구금되었으며, 법률에 따라 검사의 명령에 의해 여러 차례 구금이 연장되었다고 주장하였다. 또한 검찰총장은 법률에 따라 의회에 의해 선출되고 의회에 대해 책임을 지며 검찰총장 휘하에 있는 검사들도 행정부와는 독립적 기관이기 때문

---

75) *Martinez Portorreal v. Dominican Republic*, Communication No.188/1984(1987), para. 10.2. 한편 규약위원회는 73시간의 구금이 문제되었던 사건에서 심리적격을 부정하였다. 네덜란드 국내법은 체포 이후 3일 이내에 수사판사의 심사를 받도록 규정하고 있었는데, 통보자는 체포되고 73시간 후 수사판사의 심사를 받았다면서 규약 제9조 제3항 위반을 주장하였다. 규약위원회는 당사국이 국내법을 적용하였는지 여부는 규약위원회가 아닌 당사국이 판단할 사항이고, 통보자는 즉시 법관이나 그 밖의 공무원에게 회부되었으므로 규약 제9조 제3항의 문제는 제기되지 않는다고 보아 심리적격이 없다(inadmissible)고 보았다. *van der Houwen v. The Netherlands*, Communication No.583/1994(1995), para.4.3.

76) *Borisenko v. Hungary*, Communication No.852/1999(2002), para.7.4.

77) *Freemantle v. Jamaica*, Communication No.625/1995(2000), para.7.4.

78) *Nazarov v. Uzbekistan*, Communication No.911/2000(2004), para.6.2.

79) *Lumbala v. Democratic Republic of the Congo*, Communication No.2214/2012(2015), para.6.3.

80) *Lobban v. Jamaica*, Communication No.797/1998(2004), para.8.3.

81) *Aber v. Algeria*, Communication No.1439/2005(2007), para.7.6.

82) *Abbassi and Madani v. Algeria*, Communication No.1172/2003(2007), para.8.4.

83) HRC General Comment No.35(2014), para.33.

에 검사는 제9조 제3항의 '그 밖의 공무원'에 해당한다고 주장하였다. 규약위원회는 사법권은 독립적이고 객관적이고 또한 공정한 공무원에 의해 행사되어야 한다고 전제하고, 검사는 이러한 사법권을 행사한다고 볼 만큼의 '객관성과 공정성'을 지닌 기관이라고는 볼 수 없다고 판단하였다.[84]

규약위원회는 그 이후 일련의 개인통보사건과 일반논평에서도 검사는 규약 제9조 제3항의 사법권을 행사하는 그 밖의 공무원으로 볼 수 없다고 결정하였다.[85]

2. 합리적 기간 내의 재판

형사상 혐의로 체포되어 구금된 사람은 합리적인 기간 내에 재판을 받거나 석방되어야 한다(제9조 제3항). 범죄가 중대하거나 계속적으로 조사할 필요가 있다는 이유만으로는 피구금자에 대한 재판 전 구금을 정당화시키지 못한다. 이 조항은 재판의 부당한 지연을 금지하고 있는 제14조 제3항 다호의 내용과 상당 부분 중복되기 때문에, 두 조항은 동시에 위반될 수 있다.[86] 두 조항의 차이를 찾는다면, 제14조 제3항 다호는 체포·구금 여부와 관계없이 검사의 기소로 시작해서 법원에서 최종판결이 내려지는 기간에 초점을 둔 반면, 제9조 제3항은 체포 또는 구금되어 처음 법정이 열리기까지의 기간에 초점을 둔 것으로 보인다.[87] 어느 정도의 기간이 합리적인가 역시 사건의 모든 상황을 종합적으로 고려하여 판단할 수밖에 없다. 다음은 재판 전 구금의 기간이 문제가 된 사건이다.

프랑스 국적의 사립탐정 2명이 여러 가지 범죄혐의를 이유로 볼리비아에서 체포되었고, 그들이 구금 상태에서 1심 재판을 받는 데 약 4년이 걸렸다. 볼리비아 정부는 볼리비아 법에 따라 조사가 진행되었고, 행정적 또는 다른 이유로 인해 재판이 지연될 수 있으며, 적절한 사법행정 예산이 부족하여 형사소송에서의 지연이 발생할 수 있다고 항

---

84) *Kulomin v. Hungary*, Communication No.521/1992(1996), para.11.3.

85) HRC General Comment No.35(2014), para.32. *Platonov v. Russian Federation*, Communication No.1218/2003(2005), para.7.2; *Bandajevsky v. Belarus*, Communication No.1100/2002(2006), para. 10.3; *Sultanova v. Uzbekistan*, Communication No.915/2000(2006), para.7.7; *Reshetnikov v. Russian Federation*, Communication No.1278/2004(2009), para.8.2; *Ismailov v. Uzbekistan*, Communication No.1769/2008(2011), para.7.3; *Munarbek Torobekov v. Kyrgysztan*, Communication No.1547/2007 (2011), para.6.2.

86) HRC General Comment No.32(2007), para.61; Taylor's Commentary(2020), p.269-270.

87) Joseph & Castan's Commentary(2013), p.370.

변하였다. 규약위원회는 기본적으로 '합리적 기간'이라는 것은 개별 사건마다 평가해야 할 사안이라고 보았으나, 형사사법행정을 위한 예산의 부족이나 증거수집의 지연 등은 첫 재판을 받기까지 약 4년이나 걸린 정당한 이유가 될 수 없다고 보았다. 규약위원회는 볼리비아 정부가 제9조 제3항을 위반했다고 결정하였다.[88]

그 밖에도 규약위원회는 재판의 진행에 관한 아무런 설명 없이 약 16개월 간 구금한 경우 제9조 제3항의 위반을 인정하였다.[89] 반면 마약범죄 혐의로 체포된 사람이 석방될 경우 증거인멸의 우려가 있어 3개월 동안 재판 전 구금을 한 경우는 합리적 기간을 벗어나지 않았다고 판단하였다.[90]

3. 불구속 재판의 원칙

피의자에 대한 수사는 불구속상태에서 하는 것이 원칙이고, 재판에 회부되는 사람에 대한 구금은 예외가 되어야 한다.[91] 재판 전 구금은 합법적이고, 상당하고, 필요한 경우에만 인정되어야 한다. 피구금자는 법정 출석을 조건으로 석방된다.[92] 보증으로 반드시 금전보증을 해야 하는 것은 아니지만, 일반적으로 보석금제도가 이용된다.[93] 보석은 재판 전 구금을 대체하는 성격을 지닌다. 도주, 증거인멸, 또는 재범의 가능성이 있는 경우에는 보석이 인정되지 않을 수 있다.[94] 그리고 다른 방법으로는 통제할 수 없는, 사회에 대한 명백하고 중대한 위협이 되는 사람에 대하여는 보석이 인정되지 않을 수 있다.[95] 다음은 외국인임을 이유로 보석을 허용하지 않아서 문제된 사건이다.

영국인인 통보자들은 차량폭파 혐의로 스페인에서 체포되었다. 통보자들의 보석신청은 허용되지 않았는데, 스페인 정부는 16개월의 재판 전 구금은 통상적이며, 통보자들을 석방하면 스페인 영토를 떠날 위험이 있어서 보석을 허가하지 않았다고 주장하였다.

---

88) *Fillastre v. Bolivia*, Communication No.336/1988(1991), para.6.4.

89) *Teesdale v. Trinidad and Tobago*, Communication No.677/1996(2002), para.9.3.

90) *W.B.E. v. The Netherlands*, Communication No.432/1990(1992), para.6.4.

91) HRC General Comment No.35(2014), para.38,

92) HRC General Comment No.35(2014), para.38,

93) Yoram Dinstein, Right to Life, Physical Integrity, and Liberty, in Louis Henkin(ed.), The International Bill of Rights (Columbia University Press, 1981), p.134.

94) N. Jayawickrama(전게주 30), p.411.

95) *Machado de Campora and Campora Schweizer v. Uruguay*, Communication No.66/1980(1982), para.18.1.

규약위원회는 재판 전 구금은 예외적으로 실행되어야 하며, 증거인멸, 증인에 대한 영향력 행사, 도주 등의 경우를 제외하고는 원칙적으로 보석이 인정되어야 한다고 하였다. 규약위원회는 스페인 정부가 출국 우려의 근거나 보석의 액수 등 다른 조건을 부여할 수 있는지에 대한 정보를 제공하지 않았다고 하였다. 외국인이라서 보석이 허가되면 영토를 떠날 것이라는 단순한 추측만으로 규약 제9조 제3항의 원칙에 대한 예외를 정당화하지 않는다고 보았고, 스페인 정부가 규약 제9조 제3항을 위반하였다고 결정하였다.[96]

V. 구금적부 심사청구권

자유를 박탈당한 모든 사람은 이유를 막론하고 법원으로부터 지체 없이 구금의 합법성에 대해 판단 받을 권리가 있다(제9조 제4항). 이는 영미법상의 인신보호청구권(the right to *habeas corpus*)에서 유래하는 것으로,[97] 불법적인 인신구속에 대한 법원의 구제장치로 도입되었다. 구금이 합법적이지 않다고 판단하는 경우, 법원은 지체 없이 그의 석방을 명해야 한다. 법관의 체포영장이나 구속영장 발부를 통해 일단 체포 또는 구금된 자도 여전히 제4항의 권리를 가진다.

제9조 제4항은 위와 같은 형사절차에 한정되지 않고, 기타 어떠한 사유로든 자유를 박탈당한 모든 사람에게 적용된다. 제9조 제4항은 형사절차상 구금뿐만 아니라 공공안전을 이유로 한 구금, 대테러구금, 강제입원, 외국인수용, 범죄인인도를 위한 구금과 아무런 근거 없는 구금에도 적용된다.[98] 제9조 제4항은 법관의 통제가 일반적으로 보장되고 있는 형사절차보다는 다른 사유로 억류되어 절차적 보장이 미흡한 사람들에게 더욱 중요한 의미를 지닌다.[99] 제9조 제3항이 체포·구금된 자의 청구 여부와 관계없이 자동적으로 법관의 심사를 받는 것과는 달리, 제9조 제4항은 체포·구금된 자나 대리인에게 구속적부심 청구 여부를 선택하도록 권리를 부여한다.[100] 체포·구금된 자는 구속적부심을 청구할 권리에 관해 그가 이해하는 언어로 고지받아야 한다.[101]

---

96) *Hill v. Spain*, Communication No.526/1993(1997), para.12.3.

97) HRC General Comment No.35(2014), para.39.

98) HRC General Comment No.35(2014), para.40.

99) N. Rodley, The Treatment of Prisoners(Paris: UNESCO, 1987), p.267.

100) HRC General Comment No.35(2014), para.46.

101) HRC General Comment No.35(2014), para.46; Body of Principles for the Protection of All Persons under Any Form of Detention or Imprisonment, General Assembly resolution 43/173, 9 December 1988, Principles 13 & 14; Taylor's Commentary(2020), p.273.

여기서 법원이란 일반적으로 사법부 내의 법원을 의미한다.[102] 특정한 행정기관이나 법원의 보조적 역할을 수행하는 가석방위원회 또는 재범자위원회 같은 기관이 제9조 제4항에서 말하는 법원의 개념에 포함될 수 있는지는 구체적으로 판단해야 한다. 예를 들어 *Tai Wairiki Rameka et al. v. New Zealand* 사건(2003)에서 통보자들은 법원이 아닌 가석방위원회에서 자신들의 구금의 연장 여부를 결정하는 것은 규약 제9조 제4항 위반이라고 주장하였다. 규약위원회는 통보자들이 법률에 의해 설립된 가석방위원회가 독립적이지 못하거나 편파적이거나 목적을 수행하기에 부족하다고 보아야 하는 이유를 설명하지 못하였다고 보았다. 아울러 뉴질랜드의 가석방위원회의 결정이 고등법원 또는 상소법원의 심사대상이 됨을 지적하였다.[103] 이는 규약위원회가 뉴질랜드의 가석방위원회를 제4항의 '법원'의 일종으로 보았음을 의미한다. 반면, 핀란드의 군인인 통보자가 군무를 이탈하여 10일간의 징계영창 처분을 받은 사안에서는 달리 판단하였다. 군인에 대한 징계영창 처분에 대해 군감독장교(supervisory military officer)에 의한 재심사제도가 마련되어 있다고 하여도 군감독장교가 제4항에서 말하는 법원에 해당하지는 않기 때문에 핀란드정부는 규약 제9조 제4항을 위반하였다고 하였다.[104]

자유의 박탈에 대한 법원의 심사는 지체 없이 실시되어야 한다. 제9조 다른 조항의 '즉시', '합리적 기간 내' 등과 마찬가지로 '지체 없이'가 구체적으로 어느 정도의 시간을 의미하는지는 개별적 상황에 따라 판단할 수밖에 없다. 다음 사건에서는 법원의 결정 없이 외국인을 7일간 구금한 것이 '지체 없이' 법원의 심사를 받게 한 것인지 문제되었다.

통보자는 스페인 국적자로 스페인에서 1984년 테러단체의 일원 혐의로 체포되어 10일 동안 구금된 적이 있었다. 통보자는 1987년 8월 핀란드에 도착하여 비호를 신청하였는데, 1987년 10월 8일 외국인법에 따라 경찰에 의해 체포되었고, 1988년 3월 스페인으로 인도될 때까지 구금명령이 내무부장관의 결정에 의해 7일씩 7번에 걸쳐 연장되었다. 통보자의 구금기간 중 경찰의 명령에 의해 구금되었던 1987년 10월 8일부터 15일까지, 1987년 12월 3일부터 10일까지, 1988년 1월 5일부터 10일까지의 구금에 대해, 통보자는 법원에 구금의 합법성을 심사해 달라고 청구할 기회를 갖지 못하였다. 핀란드 정부는 외국인법에 따라 경찰의 구금명령에 의해 구금되었고, 7일이 지난 후 내무부장관의 결정으로 구금이 확정되면 법원의 심사가 가능하다고 주장하였다. 규약위원회는 통보자

---

102) HRC General Comment No.35(2014), para.45.
103) *Rameka et al. v. New Zealand*, Communication No.1090/2002(2003), para.7.4.
104) *Vuolanne v. Finland*, Communication No.265/1987(1989), para.9. 6.

가 경찰명령에 의해 구금되었던 기간에 대해 구금 이후 두 번째 주가 되기 전까지는 구금의 합법성에 대한 심사를 청구할 수 없었으므로, 위 세 기간 동안의 구금은 규약 제9조 제4항에 위반된다고 결정하였다.[105]

그 밖에 규약위원회는 인신보호청구권이 불가능하였던 2개월 반 동안의 구금은 규약 제9조 제4항에 위반된다고 결정하였다.[106]

VI. 배상청구권

불법적인 신체구속에 대하여 피구금자는 배상을 청구할 권리(right to compensation)를 갖는다(제9조 제5항).[107] 제9조 제4항이 불법적으로 체포·구금된 자가 즉각적으로 석방되도록 한다면, 제9조 제5항은 불법 체포·구금의 피해자에게 배상을 요구할 권리를 부여한다. 제4항의 구속적부 심사청구권과 제5항의 배상청구권은 인권침해에 대해 당사국이 제공해야 하는 효과적인 구제조치에 해당한다. 제9조 제5항의 배상은 규약 제2조 제3항의 피해자에게 제공되는 다른 효과적인 구제조치에 포함되고, 제2조 제3항의 구제조치를 대체하지는 않는다.[108] 배상청구권이 성립되기 위하여 신체구속에 대한 정부의 고의나 과실은 요하지 않는다.[109] 제9조 제5항은 배상청구권이 있음을 규정하고 있을 뿐, 실제 배상의 구체적인 기준과 이행은 각국의 실행에 맡겨놓고 있다.[110]

여기서 '불법적'이라고 할 때는 당사국의 국내법을 위반한 경우는 물론 규약 조항을 위반한 경우도 포함한다.[111] 그러므로 당사국 국내법상으로는 합법적일지라도 내용상 자의적인 체포·구금에 해당하면 그 피해자에게 배상청구권이 인정된다. 예를 들어 불법입국한 난민 신청자를 국내법에 따라 합법적으로 구금을 하였을지라도, 그 구금이 규약 제9조 제1항에 비추어 자의적이라고 판단되면 국가는 적절한 배상을 하여야 한다.[112] 한편, 다음 사건에서

---

105) *Torres v. Finland*, Communication No.291/1988(1990), para.7.2
106) *Berry v. Jamaica*, Communication No.330/1988(1994), para.11.1
107) 유럽인권협약 제5조 제5항도 동지.
108) HRC General Comment No.35(2014), para.49.
109) Nowak's Commentary(2019), p.266.
110) Taylor's Commentary(2020), p.277.
111) HRC General Comment No.35(2014), para.51.
112) *A. v. Australia*, Communication No.560/1993(1997), paras.9.4-9.5; *C. v. Australia*, Communication No.900/1999(2002), paras.8.2-8.3, 10.

규약위원회는 불법구금의 기간에 대해서만 배상청구권을 인정하였다.

　　통보자인 Soteli Chambala는 1987년 2월 7일부터 잠비아의 공공안전보전법에 따른 경찰구금령에 따라 구금되었다. 다음 달인 3월이 되서야 범죄이유를 고지받았으며 1년 넘게 재판에 회부되지 않았다. 1988년 9월 22일 고등법원은 그를 구금할 이유가 없다고 결정하였지만, 그 해 12월에 이르러 비로소 석방되었다. 이 사건에서 규약위원회는 1987년 2월 7일부터 석방시까지 22개월의 전 구금기간이 규약 제9조 제1항에 위반되는 자의적 구금에 해당하여 규약 제2조 제3항과 함께 제9조 제1항 위반을 인정하였다. 특히 통보자의 구금기간 중 고등법원의 결정이 있었던 1988년 9월 22일 이후 석방시까지 2개월 동안의 구금에 대해서는 제9조 제1항상 자의적일 뿐만 아니라 잠비아 국내법을 위반하였고 규약 제9조 제5항의 배상청구권을 침해하였다고 보았다.113)

VII. 한국의 실행

　　신체의 자유와 안전에 관한 기본적인 국내법 조항으로는 헌법 제12조와 형사소송법 제195조 내지 제245조가 있다. 헌법 제12조는 모든 국민이 신체의 자유를 가짐을 천명한 후, 이어 법률에 의하지 아니하고는 체포·구속되지 않을 권리(제1항), 체포 또는 구속의 이유를 고지받을 권리(제5항), 체포 또는 구속을 당한 모든 사람의 적부심사 청구권(제6항)을 규정하고 있다.114) 규약 제9조의 각 조항별로 살펴보면, 규약 제9조 제1항에 대해서는 헌법 제12조 제1항이 신체의 자유를, 헌법 제12조 제3항이 영장주의 원칙을 규정하고 있다. 규약 제9조 제2항과 관련하여 형사소송법 제72조는 구속하기 전에 범죄사실의 요지, 구속의 이유와 변호인을 선임할 수 있음을 고지하도록 규정하고 있고, 체포에 대해 형사소송법 제

---

113) *Chambala v. Zambia*, Communication No.856/1999(2003), para.7.2-7.3.
114) 헌법 제12조 ① 모든 국민은 신체의 자유를 가진다. 누구든지 법률에 의하지 아니하고는 체포·구속·압수·수색 또는 심문을 받지 아니하며, 법률과 적법한 절차에 의하지 아니하고는 처벌·보안처분 또는 강제노역을 받지 아니한다.
　　③ 체포·구속·압수 또는 수색을 할 때에는 적법한 절차에 따라 검사의 신청에 의하여 법관이 발부한 영장을 제시하여야 한다. 다만, 현행범인인 경우와 장기 3년 이상의 형에 해당하는 죄를 범하고 도피 또는 증거인멸의 염려가 있을 때에는 사후에 영장을 청구할 수 있다.
　　⑤ 누구든지 체포 또는 구속의 이유와 변호인의 조력을 받을 권리가 있음을 고지받지 아니하고는 체포 또는 구속을 당하지 아니한다. 체포 또는 구속을 당한 자의 가족등 법률이 정하는 자에게는 그 이유와 일시·장소가 지체없이 통지되어야 한다.
　　⑥ 누구든지 체포 또는 구속을 당한 때에는 적부의 심사를 법원에 청구할 권리를 가진다.

200조의5에서 같은 내용이 규정되어 있다.[115] 규약 제9조 제3항의 구속영장 실질심사는 형사소송법 제201조의 2에 규정되어 있다. 규약 제9조 제4항의 인신보호청구에 관해 헌법 제12조 제6항은 체포구속의 적부심사청구권을 규정하고, 형사소송법 제214조의 2는 체포·구속적부심사제도를 규정하고 있으며, 형사절차 외의 구금에 대해서는 별도로 인신보호법이 제정되어 있다. 규약 제9조 제5항과 관련하여 헌법 제28조에서 형사보상청구권을 보호하고 있으며, 국내에 「형사보상 및 명예회복에 관한 법률」이 제정되어 있다(조문 비교는 글 마지막에 표로 정리되어 있음).

1. 일반 형사절차

가. 구속영장 실질심사제도

구속영장 실질심사제도는 규약 제9조와 관련하여 과거 논란이 적지 않았던 조항이다. 한국정부는 1985년 처음으로 규약을 비준하기로 결정하고 가입동의안을 국회에 제출하였다. 당시에는 판사가 피의자의 구속여부를 결정할 때 검사가 작성한 구속영장서류만을 보고 피의자를 심문하지 않았다. 그 때의 구속제도는 제9조 제3항이 요구하는 영장실질심사제를 갖추지 못하고 있었기 때문에 정부는 이 조항을 유보할 예정이었다.[116] 1985년의 가입동의안은 정부 여당의 소극적 자세와 유보에 대한 야당의 반대 등으로 인하여 국회에서 제대로 심의되지 못하고, 12대 국회 임기만료로 자동 폐기되었다. 이후 1989년 노태우정부의 규약 가입동의안이 다시 국회에 제출되었고, 이번에는 제9조 제3항에 대한 유보가 첨부되지 않았다. 이 가입 동의안이 국회를 통과하였고, 1990년 4월 한국 정부는 규약을 비준하였다. 당시 정부는 체포·구금된 자를 법원이나 '검찰'에 신속히 송치하면 제9조 제3항을 만족시키는 것으로 해석하고 이를 유보하지 않았다.[117] 그러나 앞서 살펴본 바와 같이 검사는 제9조 제3항의 '그 밖의 공무원'으로 볼 수 없다고 해석되고 있어서 당시의 한국 정부의 해석은 잘못된 것이었다.[118] 따라서 규약의 당사국이 된 이후에도 한국은 제9조 제3항이 요구

---

115) 대법원은 이러한 구속을 위한 실력행사를 하기 전에 하는 통고는 현행범인을 체포하는 경우뿐만 아니라 긴급체포의 경우에도 적용되는 것이며, 달아나는 피의자를 붙들거나 폭력으로 대항하는 피의자를 실력으로 제압하는 경우에는 붙들거나 제압하는 과정에서 하거나 그것이 여의치 않은 경우 일단 붙들거나 제압한 후 지체 없이 행하여야 한다고 하였다. 대법원 2000. 7. 4. 선고 99도4311 판결.

116) "시민적 및 정치적 권리에 관한 국제규약" 가입동의안, 의안번호 120097호, 1985. 10. 14. 정부제출안, p.10.

117) 허방빈, "국제인권규약 가입에 따른 문제점 검토", 저스티스 제21권(1988), p.27. 허방빈은 규약 가입 당시 외무부 국제조약과장이었다. 황정근, "구속영장실질심사제도의 개선방안", 형사정책연구 제8권 제4호(1997), p.29. 규약 가입 당시 법무부 검사의 입장을 알 수 있는 글로, 조창구, "국제인권규약 가입과 그 시행상의 문제점에 관한 심포지움 토론요지", 저스티스 제21권(1988.12.), pp.55-57 참조.

하는 수준의 구속영장 실질심사제를 전혀 갖추지 못하고 있었다.

1995년 형사소송법 개정을 통해 제201조의2를 신설하여 구속영장실질심사제가 국내에 처음으로 도입되었다. 하지만 이 조항도 규약 제9조 제3항의 요구를 충분히 만족시키는 것은 아니었다. 당시 형사소송법 제201조의2는 판사가 구속사유를 판단하기 위해 피의자를 '심문할 수 있다'고 규정하고 있었다. 규약위원회는 한국의 국가보고절차에서 이러한 임의적 심문제도에 대해 모든 체포·구속된 피의자가 자동적으로 법관의 심문을 받게 하는 제9조 제3항에 위반된다고 지적하였다.[119]

2007년 개정된 형사소송법 제201조의2 제1항은 "체포된 피의자에 대하여 구속영장을 청구받은 판사는 지체없이 피의자를 심문하여야 한다."라고 규정하여 필요적 구속전 피의자 심문제도를 도입하였고, 구속 전 피의자 심문기일에서 검사와 변호인의 의견진술권(제201조의2 제4항) 규정을 신설하여 이 문제가 개선되었다.

나. 경찰서 유치장 문제

규약 제9조 제3항의 재판 전 구금과 관련하여, 현재 한국에서 피의자가 체포·구속된 경우 경찰서 유치장에 있다가 사건이 검찰로 이송될 때 피의자의 신변도 교도소, 구치소와 같은 구금시설로 이송된다. 사법경찰관이 피의자를 구속한 때에 10일 이내에 검사에게 구속 피의자를 인치하지 않으면 석방해야 하고(형사소송법 제202조), 검사는 피의자를 구속한 때 또는 사법경찰관으로부터 피의자의 인치를 받은 때에는 10일 이내에 공소를 제기하지 아니하면 석방해야 한다(형사소송법 제203조).[120] 통상 구속피의자는 경찰서 유치장에 10일, 교도소와 구치소와 같은 교정시설에 10일 있게 된다.[121]

규약위원회는 일반논평 제35호에서 규약 제9조 제3항의 법관의 심사를 받은 이후 경찰서

---

118) 정인섭, 『국제인권규약과 개인통보제도』(사람생각, 2000), p.153. 황정근, 상게주, pp.28-30. 이 글에 규약 가입 당시 제9조 제3항과의 저촉문제와 함께 이후 도입된 구속영장실질심사제도를 임의적 심문에서 필요적 심문으로 개정할 국제법상 의무가 있다고 설명한다. 황정근, 상게주, pp.30-31.

119) Concluding observations on Republic of Korea, CCPR/C/79/Add.114(1999), para.13; Concluding observations on Republic of Korea, CCPR/C/KOR/CO/3(2006), para.16.

120) 이때 구속기간은 피의자를 체포 또는 구인한 날부터 기산한다(형사소송법 제203조의2)

121) 경찰서 유치장에 미결수용자를 수용하는 법적 근거는 형의 집행 및 수용자의 처우에 관한 법률 제87조에 있다.
형의 집행 및 수용자의 처우에 관한 법률 제87조(유치장) 경찰관서에 설치된 유치장은 교정시설의 미결수용실로 보아 이 법을 준용한다.
형의 집행 및 수용자의 처우에 관한 법률 시행령 제107조(유치장 수용기간) 경찰관서에 설치된 유치장에는 수형자를 30일 이상 수용할 수 없다.

유치장으로 돌아와서는 안 되고, 구금된 사람의 권리가 침해될 위험이 적은 별도의 기관이 감독하는 다른 시설로 돌아와야 한다고 본다.[122] 일본의 경우 구속피의자를 공소제기 전까지 경찰서 유치장에 최대 23일까지 구금하는 '대용감옥(Daiyo Kangoku)'제도를 운영하고 있는데, 규약위원회는 대용감옥제도를 폐지할 것을 지속적으로 권고하고 있다.[123] 피의자를 별도의 구금시설(교도소, 구치소)이 아닌 수사기관(경찰서 유치장)의 지배 하에 두게 되면, 자백강요 등의 위법수사의 위험이 커지고 변호인 접견권과 같은 권리를 보장하는 데 문제가 있기 때문이다. 규약위원회는 경찰서 유치장 구금을 12일까지 가능하게 한 마다가스카르의 법에 대해서도 경찰서 유치연장결정이 규약위원회의 일반논평 제35호에 부합한 기준에 따라 이루어질 수 있도록 재검토하라고 요청하였다.[124] 이러한 국제인권기준에 비추어볼 때 한국에서 영장실질심사 이후 구속피의자를 다시 경찰서 유치장에 돌아오게 하고 최대 10일 동안 있게 하는 경찰서 유치구금의 실행은 규약 제9조의 취지에 부합하지 않는다.

다. 해적 체포와 법관의 심사를 받을 권리

규약 제9조 제3항의 해석과 관련하여, 소말리아 해적을 공해상에서 체포한 경우에도 48시간 이내에 법관의 심사를 받아야 하는지 문제된다. 규약 제9조 제3항은 체포 이후 법관에게 회부되기까지 48시간이 넘는 경우 구체적인 상황에 의해 정당화되어야 한다고 해석되는데,[125] 공해에서 해적을 체포하고 본국으로 이송하는 과정은 특별한 예외상황으로 인정될 수 있다.[126]

---

122) HRC General Comment No.35(2014), para.36.

123) Concluding Observations on Japan, CCPR/C/JPN/CO/5(2008), para.18; Concluding Observations on Japan, CCPR/C/JPN/CO/6(2014), para.18;

124) Concluding Observations on Madagascar, CCPR/C/MDG/CO/4(2017), para.33-34.

125) HRC General Comment No.35(2014), para.33. 국가들의 보고서에 대한 의견을 통해 규약위원회는 '신속히'를 48시간 이내의 시간으로 보다 엄격히 해석하고 있다. Concluding Observations on Zimbabwe, CCPR/C/79/Add.89(1998), para.17; Concluding Observations on Lesotho, CCPR/C/79/Add. 106(1999), para.18; Concluding Observations on Gabon, CCPR/CO/ 70/GAB(2000), para.13; Concluding Observations on the Czech Republic, CCPR/CO/ 72/CZE(2001), para.17; Concluding Observations on Kuwait, CCPR/CO/69/KWT(2000), para.12; Concluding Observations on Mali, CCPR/CO/77/MLI(2003), para.19.

126) 유럽인권재판소에서도 규약 제9조 제3항과 유사한 유럽인권협약 제5조 제3항의 해석이 문제되었다. 프랑스 해군은 2008년 별도의 2개의 사건에서 프랑스 선박을 납치한 소말리아 국적의 해적 9명을 체포하였다. Ali Samatar 사건에서는 4일 20여 시간이 지난 후 프랑스 경찰에게 인도했고, Hassan 사건에서는 6일 16시간 후에 경찰에게 인도하였다. 프랑스 경찰은 48시간 구금한 이후에 수사판사의 판단을 받게 되었다. 이 두 사건에서 유럽인권재판소는 체포된 이후 본국으로 이송된 과정은 필요 이상으로 지체되지는 않았고, 체포 이후 프랑스 국내에 도착까지의 구금은 '예외적인 상황(wholly exceptional

한국 법원에서도 이러한 문제가 제기되었다. 국군 청해부대 소속 군인은 2011년 1월 21일 6시경 소말리아 인근 공해상에서 소말리아 해적들을 체포하였고, 2011년 1월 30일 4시경 부산 김해공항에서 남해지방해양경찰청 소속 경찰관에게 인도하였다. 검사는 소말리아 해적들이 국내에 도착하기 직전인 2011년 1월 29일 20시 30분경 부산지방법원에 구속영장을 청구하였고, 부산지방법원은 2011년 1월 30일 8시경 피의자심문을 거친 후 같은 날 10시 40분경 구속영장을 발부하였다. 재판과정에서 피고인들은 체포된 이후 48시간 이내에 구속영장이 청구되지 않았다고 주장하였다. 대법원은 검사 또는 사법경찰관리가 아닌 사람이 현행범인을 체포한 때에는 즉시 검사 등에게 인도하여야 하고(형사소송법 제213조 제1항), 여기서 '즉시'라고 함은 반드시 체포시점과 시간적으로 밀착된 시점이어야 하는 것은 아니고, '정당한 이유 없이 인도를 지연하거나 체포를 계속하는 등으로 불필요한 지체를 함이 없이'라는 뜻으로 해석하였다. 검사 또는 사법경찰관리 아닌 이에 의하여 현행범인이 체포된 후 불필요한 지체 없이 검사 등에게 인도된 경우, 구속영장 청구기간인 48시간의 기산점은 검사 등이 현행범인을 인도받은 때라고 해석하였다.[127]

라. 형사보상청구권

불법적인 체포구금을 당한 사람의 배상청구권을 규정하고 있는 규약 제9조 제5항에 상응하는 국내법으로 헌법 제28조 형사보상청구권이 있다. 강제수사 이후 실체적 판단 결과 무죄판결이 나온 경우 피의자에게 미결구금기간에 대한 보상을 제공한다. 형사피의자 또는 형사피고인으로서 구금되었던 자가 법률이 정하는 불기소처분을 받거나 무죄판결을 받은 때에는 법률이 정하는 바에 의하여 국가에 정당한 보상을 청구할 수 있다(헌법 제28조). 「형사보상 및 명예회복에 관한 법률」은 보상요건을 형사소송절차(재심이나 비상상고 절차 포함)에서 무죄재판을 받아 확정된 사건의 피고인이 미결구금을 당한 경우로 규정하고 있다.

헌법 제28조와 「형사보상 및 명예회복에 관한 법률」의 형사보상청구권은 구금이 불법적이었을 것을 요건으로 하지 않는다. 합법적인 구금 이후 무죄판결을 받은 경우에도 형사보상을 받을 수 있다. 하지만 규약 제9조 제5항의 배상청구권은 체포·구금의 불법성에 근거

---

circumstances)이 존재한다고 보았다. 하지만 프랑스에 도착한 이후 즉시 법관에게 심사받게 하지 않고 48시간 동안 경찰서에 구금한 것에 대해서는 유럽인권협약 제5조 제3항 위반이라고 보았다. European Court of Human Rights, *Ali Samatar and Others v. France*, Applications nos. 17110/10 and 17301/10(2014); European Court of Human Right, *Hassan and Others v. France*, Applications 46695/10 and 54588/10(2014).

127) 대법원 2011. 12. 22. 선고 2011도12927 판결.

한다는 점에서 적법한 행위로 인한 손실 '보상'이 아니라 불법적인 체포·구금이라는 위법한 행위로 인한 손해(피해) '배상'의 성질을 갖는다. 또한 종국적인 재판의 결과가 무죄일 것을 요구하지 않는다. 따라서 한국의 형사보상청구권 제도는 체포구속 자체의 불법성에 기한 배상청구권을 보장하는 규약 제9조 제5항의 취지에 완전히 부합하지는 않는다.

불법 체포·구속의 피해자는 일반적인 국가배상을 청구할 수 있다(헌법 제29조, 국가배상법). 국가배상청구는 공무원의 고의과실을 요건으로 한다는 점에서(국가배상법 제2조), 피해자는 체포구속의 불법성 외에도 위법수사를 한 수사관의 고의과실을 요건을 입증해야 한다. 하지만 규약 제9조 제5항의 배상청구권은 신체구속에 대한 정부의 고의나 과실은 요하지 않는다는 점[128]에서는 국가배상청구와 개념적으로 차이가 있다.

2. 인신보호법

규약 제9조 제4항은 구속적부 심사청구권을 규정하고 있는데, 우리나라에서 형사절차에 의해 신체구속을 당한 사람은 형사소송법 제214조의2에 따라 관할법원에 체포 또는 구속의 적부심사를 청구할 수 있다. 체포영장 또는 구속영장에 의하여 체포 또는 구속된 피의자뿐만 아니라 그의 변호인, 법정대리인, 배우자, 직계친족, 형제자매나 가족, 동거인 또는 고용주도 구속적부심사청구권이 있다.

한편 규약 제9조 제4항에서 말하는 체포 또는 구금된 자는 형사절차에 의하여 신체의 자유가 박탈된 자만을 가리키지 않고, 의료시설이나 각종 행정적 보호 및 수용시설 등에 수용되어 출입이 통제된 모든 자를 가리킨다. 국내에서는 과거 형사절차에 의하지 않고 실질적으로 구금된 경우 그러한 구금의 적법성을 법원에서 심사할 제도가 없었지만, 2007년 '인신보호법'이 제정되면서 행정구금이나 사인에 의한 구금에 대해 법원에 그 적법성심사를 청구할 수 있는 제도가 마련되었다.

인신보호법이 적용되는 구금은 자유로운 의사에 반하여 국가, 지방자치단체, 공법인 또는 개인, 민간단체 등이 운영하는 의료시설·복지시설·수용시설·보호시설에 수용·보호 또는 감금되어 있는 자를 뜻하고, 형사절차에 따라 체포·구속된 자, 수형자 및 「출입국관리법」에 따라 보호된 자는 명시적으로 제외되어 있다(인신보호법 제2조).[129] 피수용자에 대한 수용이

---

128) Nowak's Commentary(2019), p.266(para.61).

129) 인신보호법의 적용범위와 관련하여, 서울중앙지방법원은 북한이탈주민이 함경남도 요덕수용소 등에 수감되어 있는 북한주민을 구제해달라는 인신보호청구를 각하하였다(서울중앙지방법원 2016. 10. 24. 선고 2016인3 결정). 그 논거는 첫째, 인신보호법 제4조를 고려하면, 현 사안에서 서울중앙지법에 재판관할권이 있다고 해석하기 힘들고, 그렇다고 사건을 이송할 다른 법원도 없다고 하였다. 둘째, 북한지역

위법하게 개시되거나 적법하게 수용된 후 그 사유가 소멸되었음에도 불구하고 계속 수용되어 있는 때에는 피수용자, 그 법정대리인, 후견인, 배우자, 직계혈족, 형제자매, 동거인, 고용주 또는 수용시설 종사자는 법원에 구제를 청구할 수 있다(제3조). 또한 이러한 구제청구권이 있음을 구금이 개시되기 전에 피수용자에게 고지되어야 한다(제3조의2). 법원은 구제청구를 각하한 경우를 제외하고 심문기일을 지정하여 구제청구자와 수용자를 소환하여 직접 심문하여야 한다(제10조). 법원은 구제청구사건을 심리한 결과 그 청구가 이유가 있다고 인정되는 때에는 결정으로 피수용자의 수용을 즉시 해제할 것을 명해야 한다(제13조).[130]

한편, 인신보호법에 불법수용에 대해 규약 제9조 제5항에 상응하는 배상청구권 등은 규정되어 있지 않다. 인신보호법에 대해서는 적용범위에 출입국관리법상 외국인이 배제되어 있는 점(제2조),[131] 다른 법률에 구제절차가 있는 경우에는 상당한 기간 내에 그 법률에 따른 구제를 받을 수 없음이 명백할 것을 요구하는 보충성 요건(제3조 단서)[132] 등에 대해 비판이 제기되고 있다.

3. 출입국관리법상 외국인 수용

출입국관리법상 보호소에 수용되어 있는 외국인은 실질적으로 신체의 자유가 박탈되어 수용되어 있지만, 그러한 수용의 적법성을 법관에게 심사받을 수 없다. 이들은 인신보호법의 적용범위에서도 명시적으로 제외되어 있다(인신보호법 제2조). 인신보호법 제2조에서 「출입국관리법」에 따라 보호된 자는 제외한다" 부분에 관해 헌법재판소는 청구인들의 신체의 자유를 침해하거나 평등권을 침해하지 않는다는 결정을 하였다.[133]

외국인의 보호소 수용의 법적 근거는 출입국관리법 제6장 제3절 보호(제51조 이하)에 있다. 출입국관리공무원은 외국인이 강제퇴거의 대상이 해당된다고 의심할 만한 상당한 이유

에 수용된 피수용자에 대하여 인신보호법이 규정하고 있는 심리절차에 따라 재판을 진행하는 것이 사실상 불가능하다고 하였다. 셋째, 소송당사자들의 공평, 편의, 예측가능성 및 적절한 재판결과를 담보하기에 부족하며, 넷째, 설사 해당 북한주민의 석방을 명하더라도 이를 강제할 수 있는 수단이 없어서, 재판의 실효적 집행 가능성이 사실상 없다는 이유가 제시되었다.

130) 인신보호법 제15조는 구제청구자와 수용자는 법원의 결정에 대하여 불복하면 7일 이내에 즉시항고할 수 있다. 위 조항은 인신보호법상 피수용자인 구제청구자의 즉시항고 제기기간을 '3일'로 정한 부분에 대해 피수용자의 재판청구권을 침해한다는 위헌결정에 따라 개정된 조항이다. 헌법재판소 2015. 9. 24. 2013헌가21 참조.

131) 김학성, 인신보호법에 대한 비판적 고찰, 강원법학 제44권(2015), p.43-46; 공진성, 인신보호법의 개선방안에 관한 연구, 법학연구 제63집(2020).

132) 김학성(상계주), pp.46-58.

133) 헌법재판소 2014. 8. 28. 2012헌마686, 판례집 26-2상, 397.

가 있고 도주하거나 도주할 염려가 있으면 지방출입국·외국인관서의 장으로부터 보호명령서를 발급받아 그 외국인을 보호할 수 있다(출입국관리법 제51조 제1항). 외국인의 보호장소는 외국인보호실·외국인보호소 기타 법무부장관이 지정하는 장소가 될 수 있다.[134] 보호에 대한 이의신청은 보호명령서에 의해 보호된 자 또는 그의 법정대리인이 출입국관리사무소장·출장소장 또는 외국인보호소장을 거쳐 법무부장관에게 할 수 있다(제55조). 지방출입국·외국인관서의 장은 해당 외국인이 퇴거강제사유에 해당하면 강제퇴거명령서를 발부하여 국외 송환의 절차를 밟는다. 용의자가 강제퇴거명령에 이의가 있으면 7일 이내에 법무장관에게 이의신청서를 제출할 수 있다(제58조 내지 제60조).

출입국관리법상 보호조치는 강제퇴거명령을 받은 이후에도 적용된다. 출입국관리법 제63조 제1항은 "지방출입국·외국인관서의 장은 강제퇴거명령을 받은 사람을 여권 미소지 또는 교통편 미확보 등의 사유로 즉시 대한민국 밖으로 송환할 수 없으면 송환할 수 있을 때까지 그를 보호시설에 보호할 수 있다."고 규정한다. 대법원은 강제퇴거명령을 받은 외국인의 보호명령에 대해 "강제퇴거명령의 집행확보 이외의 다른 목적을 위하여 이를 발할 수 없다는 목적상의 한계 및 일단 적법하게 보호명령이 발하여진 경우에도 송환에 필요한 준비와 절차를 신속히 마쳐 송환이 가능할 때까지 필요한 최소한의 기간 동안 잠정적으로만 보호할 수 있고 다른 목적을 위하여 보호기간을 연장할 수 없다는 시간적 한계를 가지는 일시적 강제조치"라고 해석하며 그 한계를 설시하였다.[135]

그러나 출입국관리법상 외국인의 수용소보호제도는 '보호'라는 명목에도 불구하고 실질은 신체의 자유를 박탈하는 구금에 해당하므로 규약 제9조 제4항에서 말하는 구금에 해당한다. 외국인보호소에서 두 다리를 묶는 방법으로 포승을 사용한 뒤, 포승과 뒷수갑을 연결하여 묶는 방법으로 보호장비를 사용하는 방법(이른바 '새우꺾기') 등의 인권 침해 사례가 지적되고 있다.[136] 출입국관리법상 외국인의 수용소 보호제도는 다음과 같은 점에서 규약 제9조 제4항에서 요구하는 기준에 부합하지 않는다.

먼저 규약 제9조 제4항은 자유를 박탈당한 모든 사람에게 법관으로부터 지체 없이 구금의 합법성을 심사받을 권리를 보장하지만, 출입국관리법상 외국인 보호조치는 법관의 심사

---

134) 출입국관리법 제52조 제2항. 출입국관리법 시행규칙 제59조에서는 '기타 법무부장관이 지정하는 장소'를 "구치소·교도소 그밖에 법무부장관이 따로 지정하는 장소를 말한다."라고 규정하고 있는데, 형사범이 수감되는 장소에 외국인을 같이 수용하는 것은 문제가 있다.

135) 대법원 2001. 10. 26. 선고 99다68829 판결.

136) 이 사건은 2021년 5월 한 차례, 6월 두 차례 화성외국인보호소에서 보호 중인 난민신청자를 손목수갑, 발목수갑, 포승을 이용하여 사지를 등 뒤로 묶어 결박한 상태로 장기간 방치한 사건이었다. 국가인권위원회는 2021. 12. 13. 보호일시해제를 권고하였다(21진정0451000, 21진정0477800 병합).

를 받을 권리가 보장되어 있지 않다. 외국인 수용시설 보호가 '보호'라는 명칭을 사용하고 있지만, 실질적으로 형사절차상의 체포구속과 다르지 않다. 체포영장에 해당되는 보호명령서를 발급받아 인신을 구속하고, 긴급한 경우에는 '긴급명령서'를 발부받아 보호조치를 한다(제51조). 이러한 신체의 자유의 박탈이 법관의 영장 없이 행정처분만으로 진행되고 있으며, 구금에 대한 적법성을 판단하는 과정에 법관 등의 사법기관가 개입하는 절차가 없어 사법부의 통제를 받고 있지 않다. 법무부장관에게 보호 또는 강제퇴거명령에 대한 이의신청을 할 수 있지만, 법무부장관은 규약 제9조 제4항에서 말하는 '법원'에 해당하지 않는다. 출입국관리법에 따라 수용시설에 보호된 외국인은 법원에 구금의 적법성 판단을 구할 청구를 할 수 없어 규약 제9조 제4항의 취지에 반한다.

더욱이 출입국관리법상 외국인의 수용은 기간의 제한이 없는 장기간의 구금으로 이어질 수 있다. 유엔 자의적구금실무그룹(Working Group on Arbitrary Detention, WGAD)의 일반적 해석(deliberation)을 통해 구금된 개인들의 책임이 없는 사유로 그들을 송환하지 못하여 구금하고 있는 경우, 잠재적으로 무기한 구금되어 자의적 구금의 대상이 되지 않도록 그러한 사람들을 석방되어야 한다고 명시하였다.[137] 그런데 출입국관리법 제63조는 강제퇴거명령을 받은 외국인을 즉시 국외로 송환할 수 없을 경우 '송환할 수 있을 때까지' 그를 보호시설에 보호할 수 있다고 규정하여, 구금의 기한에 제한을 두고 있지 않다. 지방출입국·외국인관서의 장은 보호기간이 3개월을 초과하는 경우 법무부장관으로부터 사전 승인을 받아 보호를 연장할 수 있다(법 제63조 제2항). 대법원은 외국인의 보호소 수용을 일정한 조건하에서만 적용되는 '시간적 한계를 가지는 일시적 강제조치'라고 해석하였으나,[138] 그 이후에도 사실상 상한이 없다는 점은 계속해서 문제되었다.

장기구금의 문제는 외국인이 수용소에서 난민신청을 하는 경우 더욱이 문제되고 있다. 출입국관리법 제63조상 강제퇴거대상자가 송환 준비를 갖추어 송환되기까지 보호기간의 평균은 11일 정도이지만,[139] 난민신청을 하는 경우 보호기간이 매우 길어질 수 있다. 난민심사는 난민인정심사단계, 이의신청단계, 3심까지의 심사단계를 거칠 수 있는데, 이 과정에서 보호기간이 무제한적으로 연장될 수 있다.[140] 국내에 최장기 피수용자는 3년 9개월 동안 화성외국인수용소에 수용되어 있었다.[141] 규약위원회도 2015년 제4차 최종견해에서 한국

---

137) UN Working Group on Arbitrary Detention, Revised Deliberation No. 5 on Deprivation of Liberty of Migrants, 7 February 2018, para. 27.
138) 대법원 2001. 10. 26. 선고 99다68829 판결.
139) 헌법재판소 2018. 2. 22. 2017헌가29, 판례집 30-1상, 186.
140) 김대근, 난민의 인권보장을 위한 구금관련 규정 정비 방안, 한국형사정책연구원(2015), p.20
141) 이일, 출입국관리법 제63조에 따른 기간의 제한이 없는 구금 및 출입국관리법에 따라 보호된 사람의 인

의 이민구금에 대해 구금기간에 법적 상한이 없다는 점을 지적하며, 이민구금의 기간을 제한하고 이러한 구금은 적절한 최소 기간 동안만 최후의 수단으로서 사용되며 독립적인 정기적 감독을 받도록 권고하였다.[142]

강제퇴거명령을 받은 사람을 보호하면서 보고기간의 상한을 규정하지 않은 출입국관리법 제63조 제1항에 대하여 헌법재판소는 2023. 3. 23. 헌법불합치 결정을 하였다.[143] 헌법재판소는 이 조항이 보호의 일시적·잠정적 강제조치로서의 한계를 벗어나는 것이라는 점, 단지 강제퇴거명령의 효율적 집행이라는 행정목적 때문에 기간의 제한이 없는 보호를 가능하게 하는 것은 행정의 편의성과 획일성만을 강조한 것으로 피보호자의 신체의 자유를 과도하게 제한하는 것인 점, 강제퇴거명령을 받은 사람을 보호함에 있어 그 기간의 상한을 두고 있는 국제적 기준이나 외국의 입법례에 비추어 볼 때 보호기간의 상한을 정하는 것이 불가능하다고 볼 수 없는 점 등을 고려하면, 심판대상조항은 침해의 최소성과 법익균형성을 충족하지 못한다고 보았다. 헌법불합치 결정에 고려된 국제기준으로 국제연합(UN)의 '자의적 구금에 관한 실무그룹'(Working Group on Arbitrary Detention) 및 유럽연합(EU) 불법체류자 송환지침을 언급되었다. 이러한 국제 기준과 입법례는 최초 구금기간 6개월, 연장시 12개월과 같은 구체적인 기준을 제시하고 있다.

헌법재판소는 헌법불합치 결정을 선언하면서 2025. 5. 31.을 시한으로 입법자가 개정할 때까지 계속 적용된다고 선언하였다. 새로운 입법이 만들어질 때 단순히 보호기간의 상한을 설정하는 것으로는 충분하지 않을 수 있다. 규약 제9조 제4항의 취지에 따르고 헌법불

신보호법 미적용의 문제, 출입국관리법과 적법절차 국회토론회(2015), p.34. 국내 최장기 피수용자는 최종적으로 난민인정을 받았지만, 3년 9개월의 수용기간 동안 자살충동도 숱한 자산충동을 겪고, 스트레스로 대부분의 치아가 손실되었지만 그러한 피해에 대해서는 보상받지 못하였다.

142) Concluding observations on Republic of Korea, CCPR/C/KOR/CO/4(2015), para.38-39.
난민법 시행 전의 사건에서 서울행정법원은 난민불인정처분을 받은 후 이의신청을 하여 심사 중인 상황에서 취업허가기간 외 취업활동을 한 난민신청자에게 내린 강제퇴거명령 및 보호명령을 취소하였다(서울행정법원 2013. 10. 10. 선고 2013구합13617 판결). 난민신청자의 특수성을 인정치 않고 불법취업한 난민신청자들에게 기계적으로 강제퇴거명령을 내리고 난민인정심사가 모두 종료될 때까지 집행할 수도 없는 강제퇴거명령의 확보를 위해 보호명령을 내려 사실상 자의적, 장기구금을 해왔던 정부당국의 실무관행에 제동을 건 판결로 평가받고 있다. 난민법 시행된 이후에도 난민의 체류와 관련된 행정처분이 결국 해당난민에 대한 장기구금으로 연결된다는 점에서, 해당 처분의 적법성이 문제되는 사건이 문제되고 있다. 최근판례의 예로, 장기체류 중 사정변경으로 체류기간만료에 임박하여 난민신청을 한 자에 대한 체류자격변경 불허가처분을 취소한 판결(수원고등법원 2020. 8. 19. 선고 2020누10162 판결); 체류기간 내에 난민신청을 한 자에 대하여 재신청이라는 이유로 내린 체류자격변경 불허가처분의 무효를 확인한 판결(서울행정법원 2020. 9. 10. 선고 2019구단64429 판결); 체류기간을 9일 초과하여 난민신청을 한 자에 대한 출국명령처분을 취소한 판결(서울행정법원 2019. 11. 7. 선고 2019구단63044 판결) 등 참조.

143) 헌법재판소 2023. 3. 23. 2020헌가1등.

합치 결정에 제시된 기준에 비추어 보면 지나치게 긴 기간 동안 외국인을 구금하도록 입법되어서는 안 된다. 한편 이 결정이 헌법에 합치되지 않는다고 선언한 부분은 기한의 제한 없이 구금 가능하게 한 부분이므로, 출입국관리법에 따라 수용된 외국인이 법원에 적법성 판단을 청구할 수 없어 규약 제9조 제4항에 위반된다는 문제점은 여전히 남아있다.

4. 정신보건시설에의 강제입원 문제

2021년 한 해 동안 정신의료기관에 입원한 사람은 115,121명으로, 그 중 자신의 의사에 반하여 입원입소한 건수는 30,272건에 달한다.[144] 같은 해 교정시설에 수용 중인 수형자가 33,548명인 점[145]과 비교하면 상당히 많은 사람이 정신의료기관에 입원되어 있다. 정신의료기관에 정신질환자의 입원에는 자의에 의하지 않고 입원하게 되는 경우가 주로 문제된다. 특히 보호의무자에 의한 입원은 과거 정신보건법에 의하면 정신질환자의 보호의무자 2인의 동의가 있고 정신과전문의 1인의 진단으로 정신질환자를 입원시킬 수 있었다. 정신의료기관에의 입원이 실질적으로 신체의 자유를 박탈하는 행위임에도 불구하고 법원 등 제3자적 기관의 개입이나 점검은 없다. 이에 가족의 요청이 있으면 정신병원에서는 정확한 심사판단이 없이 강제입원을 시키는 사례가 적지 않았고, 무고한 사람이 정신질환자로 둔갑하여 강제로 신체의 구속을 당하는 경우가 때때로 발생하여 사회적 물의가 야기되었다. 강제입원된 환자에 관하여는 정신보건심판위원회에서 계속 입원의 필요성 여부 결정하나,[146] 형식적인 서류심사로만 진행되어 실질적인 통제는 이루어지기 어려운 구조였다.

이후 2007년 인신보호법의 제정으로 정신의료기관 입원자도 이 법에 따른 구제를 요청할 수 있게 되었지만, 정신의료기관에 비자의적 입원문제는 계속해서 지적되었다. 규약위원회도 2006년 정신보건시설에 강제입원된 환자들에게 변호인의 조언이 제공되지 않는 점에 대해 우려를 나타냄과 동시에 모든 형태의 억류에 대한 사법심사를 보장하라고 요청하였다.[147] 규약위원회는 2015년에도 정신의료기관에 상당히 많은 사람이 비자발적으로 입원해 있는 점을 우려하면서, 그 개인의 의사를 존중하고 그 의사가 대리인을 통해 대변될 수 있도록 하며, 강제입원에 대한 절차적 실체적 보호장치가 마련되어야 한다고 권고하였다.[148]

---

144) 2021년도에 보호입원 26,005건, 행정입원 4,256건, 보호입소 11건이 있다. 국립정신건강센터, 2021년 국가 정신건강현황 보고서(2022), p.78, 83.

145) 법무부 교정본부, 2022 교정통계연보(2022), p.60. 2021년도에 교정시설에 수용된 사람은 수형자 33,548명, 미결수용자 18,109명 노역장유치 711명이다.

146) 구 정신보건법 제28조.

147) Concluding observations on Republic of Korea, CCPR/C/KOR/CO/3(2006), para.14. 및 para. 16.

148) Concluding observations on Republic of Korea, CCPR/C/KOR/CO/4(2015), para.28-29.

이와 같은 문제가 계속 지적되었던 정신보건법은 2016년 5월 개정되어 법률의 명칭을 「정신보건법」에서 「정신건강증진 및 정신질환자 복지서비스 지원에 관한 법률」로 변경하였다. 보호의무자에 의한 입원에 대해서도 입원 요건과 절차를 강화한 진단입원 제도를 도입하고, 서로 다른 정신의료기관에 소속된 정신과 전문의 2명 이상이 계속 입원을 진단하되, 그 중 국공립 정신의료기관 또는 보건복지부장관이 지정하는 정신의료기관에 소속된 정신과 전문의가 1명 이상 포함되도록 개정하였고, 계속입원 심사 주기를 단축하였다(제43조).[149] 헌법재판소는 위 법률이 시행되기 전인 2016년 9월에 개정 전의 정신보건법 제24조에 대해 보호의무자 2인의 동의와 정신건강의학과 전문의 1인의 진단으로 정신질환자에 대한 보호입원이 가능하도록 한 것이 신체의 자유를 침해한다고 보아 헌법불합치 결정을 하였다.[150]

5. 영창제도

실질적으로 신체의 구속이지만 영장주의의 적용을 받지 않던 제도로 군대 내 영창제도가 있었다.[151] 영창이란 사병에 대한 징계의 일종으로 15일 이내의 기간 동안 대상자를 소속 부대, 함정의 영창, 기타 구금장에 감금하는 것을 의미하였다(구 군인사법 제57조 제2항 제3호). 영창처분은 군대라는 특수한 조직내 규율 유지를 위하여 소속부대장에 의하여 부과되는 행정징계벌의 일종이었다. 영창은 단기간의 인신구금으로 민간의 즉심과 유사한 외관을 가지나,[152] 즉심이 형사벌의 일종으로 법관의 결정에 기하여 부과되는 것과 달리 이는 행정벌로서 법관의 결정이 아닌 지휘관의 결정만으로 부과되었다.

과거 영창은 군대 내 복무규율의 유지를 위하여 신체구금이 필요할 때 처하는 것이므로 가장 무거운 징계처분에 해당하였다(구 군인사법 제59조의2 제1항). 병에 대하여는 중대장 및 이에 준하는 부대 또는 기관의 장이 징계권을 갖는다(같은 법 제58조 제1항 제5호). 영창 처분은 장교 등 3인으로 구성된 징계위원회의 심의와 인권담당 군법무관의 적법성 심사를 거쳐

---

149) 보호입원제도에 대해 유엔장애인권리협약에 비추어 검토한 논문으로, 이명화, 「유엔장애인권리협약 제12조의 법적능력과 헌법재판소의 강제입원 관련 결정」, 국제법학회논총 제66권 제2호(2021), pp.103-128.

150) 헌법재판소 2016. 9. 29. 2014헌가9, 판례집 28-2상, 276

151) 정인섭, 「시민적 및 정치적 권리에 관한 국제규약」과 군장병 인권, 서울대학교 법학 제48권(2007), p.41-46 참조.

152) 군장병에게도 범증이 명백하고 죄질이 경미한 사건에 대하여 적용되는 즉결심판제도가 있으나, 20만원 이하의 벌금 또는 과료만이 가능하고 민간인에 대한 즉결심판과 같이 인신 구류 결정은 불가능하다. 군사법원법 제501조의 14 이하.

징계권자가 행하였다(구 군인사법 제59조의 2 제2항).[153] 영창처분을 받은 자는 30일 이내에 항고할 수 있었다(구 군인사법 제60조 제1항). 항고심사위원회는 5인 이상 9인 이내의 장교로 구성되며, 그중 1인은 군법무관 또는 법률에 소양이 있는 장교로 임명한다(군인사법 제60조의 2).

영창처분에 대해서는 사법기관에 의한 적법성심사를 받지 못한다는 점에서 규약 제9조 제4항에 위반되는 문제가 있었다.[154] 제4항의 '체포 또는 구금에 의하여 자유를 박탈당한 사람은 누구든지, 법원이 그의 구금의 합법성을 지체 없이 결정'하고, 자신의 구금이 합법적이 아닐 경우 석방될 수 있도록 법원에 절차를 취할 권리가 보장되지 못하였다. 규약위원회도 핀란드에 대한 개인통보 사건에서 군인에 대한 징계영창 처분에 대하여 군감독장교에 의한 재심사제도가 마련되어 있다고 하여도 군감독장교가 제4항에서 말하는 법원에 해당하지는 않기 때문에 규약 제9조 제4항이 위반되었다고 하였다.[155] 한국의 영창제도에서도 일반 장교가 중심이 된 항고심사위원회를 통한 이의만 가능하며, 독립성을 갖춘 사법기관에 의한 심사를 받을 기회가 보장되지 않기 때문에 같은 문제가 있었다.

이후 군 영창제도는 2020년 2월 군인사법 개정으로 폐지되었다. 군인사법이 개정되기 전 구법 조항에 대해 헌법재판소는 같은 해 9월 병에 대한 징계처분으로 일정기간 부대나 함정 내의 영창, 그 밖의 구금장소에 감금하는 영창처분이 가능하도록 규정한 구 군인사법 제57조 제2항 중 '영창'에 관한 부분이 헌법 제12조 제1항, 제3항의 영장주의에 위배된다고 선언하며 위헌결정을 하였다.[156]

군 영창제도는 폐지되었지만 영창제도의 문제점은 의무경찰대와 의무소방대에 남아있다. 헌법재판소는 2016년 전투경찰순경에 대한 징계처분으로 영창을 규정하고 있던 구 전투경찰설치법 제5조가 헌법 제12조 제1항 적법절차원칙을 위배하였는지와 신체의 자유를 침해하였는지에 대해 합헌을 선언하였다.[157] 이 결정에서 위헌의견이 5인으로 다수였지만 6인의 위헌정족수에 이르지 못하여 합헌이 선언되었다. 전투경찰설치법은 2015년 「의무경찰대 설치 및 운영에 관한 법률」로 개정되었고, 작전전경제도가 폐지되고 의무경찰로 일원화되었다. 「의무경찰대 설치 및 운영에 관한 법률」은 의무경찰에 대한 징계로 여전히 영창을 규정하고 있고(제5조), 이에 불복하는 소청은 경찰공무원징계위원회에서 심사한다(제6조). 영

---

153) 인권담당 군법무관은 징계사유, 절차, 양정의 적정성 등을 심사하여 징계권자에게 통보하여야 하는데, 징계권자는 그 의견을 존중하여야 한다. 군인사법 제59조의 2 제3항 및 제5항.
154) 영창제도의 각종 문제점은 정인섭(전게주 151), pp.42-43 참조.
155) *Vuolanne v. Finland*, Communication No.265/1987(1989), para.9.6.
156) 헌법재판소 2020. 9. 24. 2017헌바157등, 공보 제288호, 1234
157) 헌법재판소 2016. 3. 31. 2013헌바190, 판례집 28-1상, 345.

창은 의무소방원에 대한 징계로도 규정되어 있다(「의무소방대설치법」제5조), 불복하는 소청은 소방공무원징계위원회에서 심사한다(같은 법 제6조).

6. 북한이탈주민의 임시보호조치

북한이탈주민이 한국에 오게 되는 경우 북한이탈주민의 보호 및 정착지원에 관한 법률(이하 북한이탈주민법) 제7조에 따라 보호를 신청하여야 하는데, 국가정보원장은 보호신청자에 대하여 보호결정 등을 위하여 필요한 조사 및 일시적인 신변안전조치 등 임시보호조치를 할 수 있다(제7조 제3항). 통상적으로 북한이탈주민보호센터(과거 명칭은 중앙합동신문센터)에 수용되고, 과거에는 최대 180일까지 수용될 수 있었다(구 북한이탈주민법 시행령 제12조).[158]

규약위원회는 이에 대해 우려를 표하면서, 북한이탈주민들이 가능한 한 최소한의 기간 동안만 구금되도록 해야 하며, 구금된 사람들은 구금된 전 기간 동안 변호인 접견권이 보장되어야 하고, 당사국은 개인을 제3국으로 추방하기 전에 추방을 중지시키는 효력을 가진 적절한 독립적 절차에 의한 심사를 제공하는 명확하고 투명한 제도를 도입해야 한다는 의견을 밝혔다.[159] 이후 2017년 북한이탈주민법 시행령 제12조의3이 신설되어 임시보호조치의 기간은 90일을 초과할 수 없도록 규정하였다.

북한이탈주민에 대한 임시보호조치는 실질적으로 인신구속에 해당하고, 인신보호법상 구제청구의 대상이 된다. 조사과정에서 간첩 여부 또는 국가보안법 위반 여부 등에 대한 조사가 이루어진다면, 형사절차상 수사의 성격을 띠므로, 변호인에 대한 접견권 등이 보장되어야 한다.[160] 임시보호조치 기간이 180일에서 90일로 줄었지만, 북한이탈주민법상 임시보호조치는 신체의 자유를 구속하는 것으로, 사법적 통제의 대상이 되어야 하고 절차적 권리가 보장되어야 한다.

---

158) 한편 헌법재판소에 국가정보원이 북한이탈주민을 법관이 발부한 영장에 의하지 아니하고 사실상 최장 180일까지 중앙합동신문센터의 1인실에 강제로 감금하는 것은 영장주의에 위배하여 신체의 자유를 침해한다는 주장이 제기된 사안이 있었지만, 재판의 전제성이 없어서 각하되었다. 헌법재판소 2018. 4. 26. 2014헌바449, 공보 제259호, 685.

159) Concluding observations on Republic of Korea, CCPR/C/KOR/CO/4(2015), para.36-37.

160) 북한이탈주민법상 국가정보원장의 임시보호조치로 중앙합동신문센터에 수용되어 있던 사안에서, 중앙합동신문센터에 불법구금한 상태에서 국가보안보안법 위반의 진술을 이끌어내고 변호인 접견을 허용하지 않아 신체의 자유, 영장주의, 변호인접견권 등을 위반하였고 한이탈주민이 아님이 명백해진 이후에도 171일 동안 수용하여 임시보호조치의 재량권의 범위를 일탈하였음 등의 이유로 국가배상을 인정한 사건으로 서울중앙지방법원 2020. 11. 12. 선고 2017가합578530 판결이 있다. 이 사건은 항소하여 2021. 5. 현재 서울고등법원 2020나2047046에 계류 중이다.

규약 제9조	국내 헌법 및 법률 규정
1. 모든 사람은 신체의 자유와 안전에 대한 권리를 가진다. 누구든지 자의적으로 체포되거나 구금되지 않는다. 어느 누구도 법률로 정한 근거 및 절차에 따르지 않고는 자신의 자유를 박탈당하지 않는다.	헌법 제12조 ① 모든 국민은 신체의 자유를 가진다. 누구든지 법률에 의하지 아니하고는 체포·구속·압수·수색 또는 심문을 받지 아니하며, 법률과 적법한 절차에 의하지 아니하고는 처벌·보안처분 또는 강제노역을 받지 아니한다. ③ 체포·구속·압수 또는 수색을 할 때에는 적법한 절차에 따라 검사의 신청에 의하여 법관이 발부한 영장을 제시하여야 한다. 다만, 현행범인인 경우와 장기 3년 이상의 형에 해당하는 죄를 범하고 도피 또는 증거인멸의 염려가 있을 때에는 사후에 영장을 청구할 수 있다.
2. 체포된 사람은 누구든지 체포 시에 체포이유를 고지받으며, 자신에 대한 피의사실을 신속히 고지받는다.	헌법 제12조 ⑤ 누구든지 체포 또는 구속의 이유와 변호인의 조력을 받을 권리가 있음을 고지받지 아니하고는 체포 또는 구속을 당하지 아니한다. 체포 또는 구속을 당한 자의 가족등 법률이 정하는 자에게는 그 이유와 일시·장소가 지체없이 통지되어야 한다. 형사소송법 제72조(구속과 이유의 고지) 피고인에 대하여 범죄사실의 요지, 구속의 이유와 변호인을 선임할 수 있음을 말하고 변명할 기회를 준 후가 아니면 구속할 수 없다 다만, 피고인이 도망한 경우에는 그러하지 아니하다. 형사소송법 제200조의5(체포와 피의사실 등의 고지) 검사 또는 사법경찰관은 피의자를 체포하는 경우에는 피의사실의 요지, 체포의 이유와 변호인을 선임할 수 있음을 말하고 변명할 기회를 주어야 한다.
3. 범죄 혐의로 체포되거나 구금된 사람은 법관 또는 법률에 의하여 사법권 행사 권한을 부여받은 그 밖의 공무원에게 신속히 회부되고, 합리적인 기간 내에 재판을 받거나 석방될 권리를 가진다. 재판을 기다리는 사람을 구금하는 것은 일반원칙이 될 수 없으며, 그 밖의 모든 사법절차 단계에서의 재판을 위하여, 그리고 필요한 경우 판결 집행을 위하여 출석할 것이라는 보증하에 석방될 수 있다.	형사소송법 제201조의2(구속영장 청구와 피의자 심문) ① 제200조의2·제200조의3 또는 제212조에 따라 체포된 피의자에 대하여 구속영장을 청구받은 판사는 지체 없이 피의자를 심문하여야 한다. 이 경우 특별한 사정이 없는 한 구속영장이 청구된 날의 다음날까지 심문하여야 한다. ② 제1항 외의 피의자에 대하여 구속영장을 청구받은 판사는 피의자가 죄를 범하였다고 의심할 만한 이유가 있는 경우에 구인을 위한 구속영장을 발부하여 피의자를 구인한 후 심문하여야 한다. 다만, 피의자가 도망하는 등의 사유로 심문할 수 없는 경우에는 그러하지 아니하다.
4. 체포 또는 구금에 의하여 자유를 박탈당한 사람은 누구든지, 법원이 그의 구금의 합법성을 지체	헌법 제12조 ⑥ 누구든지 체포 또는 구속을 당한 때에는 적부의 심사를 법원에 청구할 권리를 가진다. 형사소송법 제214조의2(체포와 구속의 적부심사) ①체포 또는

없이 결정하고, 그의 구금이 합법적이지 않은 경우 그의 석방을 명령할 수 있도록, 법원에서 절차를 취할 권리를 가진다.	구속된 피의자 또는 그 변호인, 법정대리인, 배우자, 직계친족, 형제자매나 가족, 동거인 또는 고용주는 관할법원에 체포 또는 구속의 적부심사를 청구할 수 있다. ②피의자를 체포 또는 구속한 검사 또는 사법경찰관은 체포 또는 구속된 피의자와 제1항에 규정된 자 중에서 피의자가 지정하는 자에게 제1항에 따른 적부심사를 청구할 수 있음을 알려야 한다. 인신보호법 제3조(구제청구) 피수용자에 대한 수용이 위법하게 개시되거나 적법하게 수용된 후 그 사유가 소멸되었음에도 불구하고 계속 수용되어 있는 때에는 피수용자, 그 법정대리인, 후견인, 배우자, 직계혈족, 형제자매, 동거인, 고용주 또는 수용시설 종사자(이하 "구제청구자"라 한다)는 이 법으로 정하는 바에 따라 법원에 구제를 청구할 수 있다. 다만, 다른 법률에 구제절차가 있는 경우에는 상당한 기간 내에 그 법률에 따른 구제를 받을 수 없음이 명백하여야 한다. 제3조의2(구제청구 고지 등) ① 수용자는 피수용자에 대한 수용을 개시하기 전에 제3조에 따라 구제를 청구할 수 있음을 고지하여야 한다. ② 수용자 및 구제청구자(피수용자는 제외한다)는 피수용자가 제3조에 따라 구제청구를 하는 것을 방해하여서는 아니 된다.
5. 불법적인 체포 또는 구금의 피해자는 누구든지 집행가능한 배상청구권을 가진다.	헌법 제28조 형사피의자 또는 형사피고인으로서 구금되었던 자가 법률이 정하는 불기소처분을 받거나 무죄판결을 받은 때에는 법률이 정하는 바에 의하여 국가에 정당한 보상을 청구할 수 있다. 형사보상 및 명예회복에 관한 법률 제2조(보상 요건) ①「형사소송법」에 따른 일반 절차 또는 재심(再審)이나 비상상고(非常上告) 절차에서 무죄재판을 받아 확정된 사건의 피고인이 미결구금(未決拘禁)을 당하였을 때에는 이 법에 따라 국가에 대하여 그 구금에 대한 보상을 청구할 수 있다. ② 상소권회복에 의한 상소, 재심 또는 비상상고의 절차에서 무죄재판을 받아 확정된 사건의 피고인이 원판결(原判決)에 의하여 구금되거나 형 집행을 받았을 때에는 구금 또는 형의 집행에 대한 보상을 청구할 수 있다.

【다른 인권조약상의 관련 조항】

세계인권선언

제3조 모든 사람은 생명권과 신체의 자유와 안전을 누릴 권리가 있다.
제9조 어느 누구도 자의적인 체포, 구금 또는 추방을 당하지 아니한다.

Article 3 Everyone has the right to life, liberty and security of person.
Article 9 No one shall be subjected to arbitrary arrest, detention or exile.

유럽인권협약 제5조(신체의 자유와 안전에 대한 권리)

1. 모든 사람은 신체의 자유와 안전에 대한 권리를 가진다. 어느 누구도 다음의 경우에 있어서 법률로 정한 절차를 따르지 아니하고는 자유를 박탈당하지 않는다.
   a. 권한 있는 법원의 유죄결정 후의 사람의 합법적 구금.
   b. 법원의 합법적 명령에 따르지 않기 때문이거나, 또는 법률이 규정한 의무의 이행을 확보하기 위한 사람의 합법적 체포 또는 구금.
   c. 범죄를 범했다고 의심할 만한 합리적인 이유가 있을 때, 또는 범행이나 범행 후 도주를 방지하기 위하여 필요하다고 믿을 만한 합리적 이유가 있을 때, 그를 권한 있는 사법당국에게 회부하기 위한 목적에서 실시되는 합법적 체포 또는 구금.
   d. 교육적인 감독의 목적으로 합법적 명령에 의한 미성년자의 구금, 또는 권한 있는 사법당국으로 회부하기 위한 목적에 따른 합법적인 미성년자의 구금.
   e. 전염병의 전파를 방지하기 위하여, 또는 정신이상자, 알코올중독자, 마약중독자 및 부랑자의 합법적 구금.
   f. 불법 입국을 방지하기 위하여, 또는 강제퇴거나 범죄인인도를 위한 절차가 행하여지고 있는 사람의 합법적 체포 또는 구금.
2. 체포된 모든 사람은 그가 이해하는 언어로 그의 체포 사유 및 피의 사실을 신속하게 통고받는다.
3. 이 조 제1항 c호 규정에 따라 체포 또는 구금된 모든 사람은 법관 또는 법률에 의하여 사법권 행사 권한을 부여받은 그 밖의 공무원에게 신속히 회부되고, 또한 그는 합리적인 기간 내에 재판을 받거나 또는 재판 중에 석방될 권리를 가진다. 재판을 위하여 출석할 것이라는 보증하에 석방될 수 있다.

4. 체포 또는 구금에 의하여 자유를 박탈당한 사람은 누구든지 법원이 그의 구금의 합법성을 지체 없이 결정하고, 그의 구금이 합법적이 아닌 경우에는 석방이 명령되도록 법원에 절차를 취할 권리를 가진다.

5. 이 조의 규정에 위반된 체포 또는 구금의 피해자는 누구든지 집행 가능한 배상을 받을 권리를 가진다.

Article 5 Right to liberty and security

1. Everyone has the right to liberty and security of person. No one shall be deprived of his liberty save in the following cases and in accordance with a procedure prescribed by law:

   (a) the lawful detention of a person after conviction by a competent court;

   (b) the lawful arrest or detention of a person for non-compliance with the lawful order of a court or in order to secure the fulfillment of any obligation prescribed by law;

   (c) the lawful arrest or detention of a person effected for the purpose of bringing him before the competent legal authority on reasonable suspicion of having committed an offence or when it is reasonably considered necessary to prevent his committing an offence or fleeing after having done so;

   (d) the detention of a minor by lawful order for the purpose of educational supervision or his lawful detention for the purpose of bringing him before the competent legal authority;

   (e) the lawful detention of persons for the prevention of the spreading of infectious diseases, of persons of unsound mind, alcoholics or drug addicts or vagrants;

   (f) the lawful arrest or detention of a person to prevent his effecting an unauthorised entry into the country or of a person against whom action is being taken with a view to deportation or extradition.

2. Everyone who is arrested shall be informed promptly, in a language which he understands, of the reasons for his arrest and of any charge against him.

3. Everyone arrested or detained in accordance with the provisions of paragraph 1.(c) of this article shall be brought promptly before a judge or other officer authorised by law to exercise judicial power and shall be entitled to trial within a reasonable time or to release pending trial. Release may be conditioned by guarantees to appear for trial.

4. Everyone who is deprived of his liberty by arrest or detention shall be entitled to take proceedings by which the lawfulness of his detention shall be decided speedily by a court and his release ordered if the detention is not lawful.

5. Everyone who has been the victim of arrest or detention in contravention of the

provisions of this article shall have an enforceable right to compensation.

미주인권협약 제7조

1. 모든 사람은 개인적 자유와 안전을 누릴 권리를 가진다.
2. 당사국의 헌법이나 그에 따라 제정된 법률에 미리 규정된 이유와 조건에 의하지 아니하고는 어느 누구도 자신의 신체적 자유를 박탈당하지 않는다.
3. 어느 누구도 자의적인 체포 또는 구금을 당하지 않는다.
4. 구금된 자는 자신의 구금사유를 고지받아야 하며, 자신에 대한 혐의를 신속하게 통지받아야 한다.
5. 구금된 자는 판사 또는 법률에 의하여 사법권 행사 권한을 가진 그 밖의 공무원 앞에 신속히 회부되고, 합리적인 기간 내에 재판을 받거나 또는 소송절차의 계속을 침해함이 없이 석방될 권리를 가진다. 그가 재판에 출석할 것을 보장하기 위한 보증 하에 석방될 수 있다.
6. 자유를 박탈당한 자는 법원이 그의 체포나 구금의 적법성에 대하여 지체 없이 판단하고, 체포나 구금이 불법적인 경우 그의 석방을 명할 수 있도록, 권한 있는 법원에 절차를 취할 권리가 있다. 자신의 자유가 박탈당할 위험을 받고 있다고 믿는 자는 그러한 위협의 적법성을 판단할 수 있도록 권한 있는 법원에 절차를 취할 권리가 있다는 법률을 가진 당사국에서, 이러한 구제조치는 제한되거나 폐지될 수 없다. 이해관계자 또는 그의 대리인이 이러한 구제조치를 청구할 수 있다.
7. 어느 누구도 채무로 인하여 구금되어서는 안 된다. 이 원칙은 부양의무의 불이행에 대하여 권한 있는 사법기관이 내리는 명령을 제한하지 아니한다.

1. Every person has the right to personal liberty and security.
2. No one shall be deprived of his physical liberty except for the reasons and under the conditions established beforehand by the constitution of the State Party concerned or by a law established pursuant thereto.
3. No one shall be subject to arbitrary arrest or imprisonment.
4. Anyone who is detained shall be informed of the reasons for his detention and shall be promptly notified of the charge or charges against him.
5. Any person detained shall be brought promptly before a judge or other officer authorized by law to exercise judicial power and shall be entitled to trial within a reasonable time or

to be released without prejudice to the continuation of the proceedings. His release may be subject to guarantees to assure his appearance for trial.

6. Anyone who is deprived of his liberty shall be entitled to recourse to a competent court, in order that the court may decide without delay on the lawfulness of his arrest or detention and order his release if the arrest or detention is unlawful. In States Parties whose laws provide that anyone who believes himself to be threatened with deprivation of his liberty is entitled to recourse to a competent court in order that it may decide on the lawfulness of such threat, this remedy may not be restricted or abolished. The interested party or another person in his behalf is entitled to seek these remedies.

7. No one shall be detained for debt. This principle shall not limit the orders of a competent judicial authority issued for nonfulfillment of duties of support.

인간과 인민의 권리에 관한 아프리카 헌장 제6조

모든 개인은 신체의 자유와 안전에 대한 권리를 가진다. 어느 누구도 사전에 법률로 규정된 이유와 조건에 해당하지 않는다면 자신의 자유를 박탈당하지 않는다. 특히 어느 누구도 자의적으로 체포되거나 구금당하지 아니한다.

Every individual shall have the right to liberty and to the security of his person. No one may be deprived of his freedom except for reasons and conditions previously laid down by law. In particular, no one may be arbitrarily arrested or detained.

제10조 피구금자의 권리[*]

목 차

Ⅰ. 개관
  1. 본 조항의 의의 및 목적
  2. 본 조항의 성격 및 다른 조항과의 관계
  3. 피구금자의 인권에 관한 기타 국제기준
Ⅱ. 자유를 박탈당한 사람에 대한 인도적 대우
  1. 제10조 제1항의 적용 범위: "자유를 박탈당한 사람"
  2. "인도적이고 인간의 고유한 존엄성이 존중되는 대우"의 원칙
  3. 제7조와 제10조 제1항의 관계
  4. 비인도적 대우의 구체적 유형
    가. 수용거실의 최소한의 조건 위반
    나. 건강을 침해하는 대우
    다. 피구금자의 내·외부로부터의 격리
    라. 기타 비인도적 대우로 인정된 사례의 유형
Ⅲ. 미결수용자에 대한 대우

Ⅳ. 수형제도의 목적
Ⅴ. 미성년 수용자에 대한 대우
  1. 미성년인 피구금자에 대한 특별한 보호
  2. 미성년 미결수용자에 대한 대우
  3. 미성년 범죄자에 대한 대우
Ⅵ. 한국의 실행
  1. 피구금자 보호에 관한 법체계
    가. 교정시설의 피구금자에 대한 기본권 보호
    나. 출입국관리법 상의 보호 대상이 된 외국인 피구금자의 기본권 보호
  2. 주요 사안의 검토
    가. 교정시설의 과밀수용 문제
    나. 교정시설 수용자의 건강권 보장 문제
    다. 징벌로서의 금치 집행에 있어서 장기 독방구금의 문제
[다른 인권조약상의 관련 조항]

1. 자유를 박탈당한 모든 사람은 인도적인 또한 인간의 고유한 존엄성이 존중되는 대우를 받는다.
2. 가. 미결수용자는 예외적인 사정이 있는 경우를 제외하고는 수형자와 분리되며, 유죄판결을 받지 않은 사람으로서의 지위에 적절한 별도의 대우를 받는다.
   나. 미성년 미결수용자는 성인과 분리되며, 가능한 한 신속히 재판에 회부된다.
3. 교도소 수감제도는 재소자들의 교정과 사회복귀를 필수 목적으로 하는 대우를 포함한다.

---

[*] 이 글은 필자의 "피구금자의 권리에 관한 국제인권규범과 한국의 실행"(인권법평론 제31호(2023.8.))에 기반하여 일부 내용을 수정·보완한 것이다.

미성년 범죄자는 성인과 분리되며, 그들의 연령 및 법적 지위에 적절한 대우가 부여된다.

1. All persons deprived of their liberty shall be treated with humanity and with respect for the inherent dignity of the human person.

2. (a) Accused persons shall, save in exceptional circumstances, be segregated from convicted persons and shall be subject to separate treatment appropriate to their status as unconvicted persons;

   (b) Accused juvenile persons shall be separated from adults and brought as speedily as possible for adjudication.

3. The penitentiary system shall comprise treatment of prisoners the essential aim of which shall be their reformation and social rehabilitation. Juvenile offenders shall be segregated from adults and be accorded treatment appropriate to their age and legal status.

I. 개관

1. 본 조항의 의의 및 목적

제10조는 자유를 박탈당한 상황으로 인하여 취약한 상태에 있는 모든 사람[1]에 대하여 인도적이고 인간으로서의 고유한 존엄성을 존중하여 대우할 당사국의 적극적인 의무에 관한 규정이다.[2] 제10조 제1항의 인도적 대우에 관한 원칙을 기초로 하여, 제2항과 제3항에서는 당사국이 특히 형사사법의 영역에서 준수하여야 할 구체적인 의무의 내용을 규정하고 있다.[3]

과거에는 자유를 박탈당한 사람, 특히 교정시설 수용자와 국가의 관계를 일종의 특별권력관계[4]로 보아, 일반적인 국민과 국가의 관계와는 달리 법률유보의 원칙이 적용되지 않는다는 견해가 유력하였다. 즉, 국가가 수용 목적을 달성하기 위하여 필요하다면 법률에 의하

---

1) 이하에서는 원칙적으로 제10조 제1항의 "자유를 박탈당한 모든 사람"을 그 문언 그대로 또는 피구금자로 지칭하고, 문맥상 특히 교정시설에 구금된 사람을 의미할 때에는 수용자로 지칭한다.

2) HRC General Comment No.21(1992), para.3.

3) HRC General Comment No.21(1992), para.8.

4) 특별권력관계론은 독일에서 전개되어 온 이론이다. 미국에서 건국 이래 1960년대까지 유지되어 온 불개입 원칙(The 'Hand-Off' Doctrine, 수형자는 법률이 자애로서 범죄자에게 부여하고 있는 권리를 제외한 일체의 개인적 권리를 박탈당하며, 법원은 교정당국의 행정에 간섭하지 않는다는 원칙을 말함)도 특별권력관계론과 같은 맥락에 있다.

지 않고도 수용자의 기본권을 제한할 수 있고, 행형의 일상적 업무에 대하여는 행형 당국의 전권적 재량이 인정되므로 수용자의 기본권을 제한하는 행위라도 사법심사의 대상이 되지 않는다는 것이다.[5] 이러한 특별권력관계론에 입각한 교정은 수용자의 생명권과 신체의 완전성에 관한 이익 외에도 다양한 인권, 예컨대 사생활의 비밀과 자유, 평등권, 교육을 받을 권리, 종교 및 표현의 자유 등을 광범위하게 침해하는 결과를 야기하였다. 자유 박탈에 불가피하게 수반되는 권리 제약의 정도를 넘어서는 수준의 인권 침해가 존재하였음에도, 자유 박탈에 수반되는 "내재적인 제약(inherent limitation)"이라는 단순한 언급으로 그러한 결과가 정당화되었던 것이다.[6] 제10조는 위와 같은 특별권력관계론에 따른 인권 침해의 손쉬운 정당화를 경계하여 자유를 박탈당한 사람의 권리 제한 범위를 축소하거나 적어도 그 제한의 내용을 구체적으로 정의함으로써, 이들에 대한 최소한의 인도적 대우를 보장하고자 하는 데에 목적이 있다.[7]

2. 본 조항의 성격 및 다른 조항과의 관계

본 조항은 규약 제7조(고문 등의 금지) 및 제9조(신체의 자유)의 권리와 긴밀한 관련을 맺고 있으나, 그 적용 범위나 성격이 반드시 같지는 않다. 우선 제7조는 특별한 정도의 고난에 이르는 열악한 대우(고문 또는 잔혹하거나 비인도적이거나 굴욕적인 대우나 처벌)만을 금지하되, 자유를 박탈당한 사람에만 한정하지 않고 모든 사람에 대하여 고문을 받지 않을 권리를 보장한다. 반면, 제10조는 자유를 박탈당한 사람을 그 대상으로 하되, 당사국에게 이들에 대하여 고문 등을 받지 않을 권리를 소극적으로 보장하는 데에 그치지 않고 최소한의 인도적 대우에 관한 기준을 마련할 적극적 의무를 부여한다.[8] 다음으로 제9조에 따라 보장되는 신체의 자유는 기본적으로 자의적이거나 불법적으로 체포나 구금을 당하지 않을 권리를 의

---

5) 신양균, 형 집행법(화산미디어, 2012), p.27.
6) Nowak's CCPR Commentary(2019), para.3. 독일의 형법학자 Berthold Freudenthal은 1909년 프랑크푸르트 사회·상업학 아카데미(현재의 프랑크푸르트 대학의 전신) 총장 취임 기념으로 「수형자의 국법상 지위(Die staatsrechtliche Stellung des Gefangenen)」라는 제목으로 강연을 하면서, 국가와 자유박탈 상태의 수형자의 관계는 기본적으로 권리와 의무의 상호성에 입각한 법률관계여야 하고, 형벌에 의하여 합목적적으로 제한된 이외의 자유는 수형자도 일반인과 똑같이 향유할 수 있어야 한다고 주장함으로써 국가와 수형자 사이의 특별권력관계론 붕괴의 이론적 논거를 제공하였다. 금용명, 교정학: 행형론과 수용자처우(박영사, 2021), p.201.
7) Nowak's CCPR Commentary(2019), para.4.
8) Taylor's Commentary(2020), p.282; Nowak's CCPR Commentary(2019), para.1. 규약위원회가 개인통보사건에서 제7조와 제10조의 관계를 구체적으로 어떻게 파악하고 있는지에 대하여는 뒤에서 상세히 다룬다.

미하는 반면, 제10조에 따라 보장되는 권리는 체포나 구금의 합법·불법과 관계없이 자유를 박탈당한 모든 사람에게 보장되어야 할 최소한의 권리를 의미한다. 요컨대, 제10조는 전통적인 인권의 목록에 포함된 권리인 제7조 및 제9조상의 권리 보장만으로는 해결되지 않는 인권 구제의 필요에 부응하기 위하여 마련된 조항이라고 할 수 있다.9)

본 조항이 협약상의 다른 조항들과 중첩적으로 적용되는 경우가 다수 있다. 그 중 대표적인 몇 가지만 예로 든다. 구금시설의 조건이 과밀수용, 식사와 생활조건, 위생, 의료의 열악함으로 인하여 생명을 위협할 정도에 이르면 제10조와 함께 제6조(생명권)의 권리가 침해될 수 있다.10) 수용자에 대한 신체검사에 법집행 공무원이 참여하거나,11) 여성 수용자 전용 교정시설에서 남성 교도관이 단독으로 업무를 수행하는 경우,12) 수용자의 통신의 자유에 과도한 제한을 가하는 경우13)에는 제10조와 함께 제17조(사생활의 비밀과 자유)의 권리가 침해될 수 있다. 여호와의 증인 등 양심적 병역거부로 인하여 형을 선고받은 수형자에게 종교적 신념을 이유로 더 열악하게 대우하는 경우에는 제18조(사상, 양심 및 종교의 자유)가,14) 사상범에게 정치적 신념을 이유로 더 열악하게 대우하는 경우에는 제19조(표현의 자유)가15) 함께 문제되고, 두 경우 모두 제26조의 평등권 침해 문제를 함께 발생시킨다. 또한, 아동의 권리에 관한 제24조와 미성년 수용자의 분리수용에 관한 제10조 제2항, 제3항이 함께 적용되는 경우가 있다.16)

본 조항에 따른 권리는 규약 제4조에 따른 비상사태에서의 이행정지가 불가능한 권리의 목록에 명시되어 있지는 않으나, 규약위원회는 본 조항에서 보장하고자 하는 '인간의 고유한 존엄성'이 협약의 전문(preamble)에 명시되어 있고, 본 조항이 제4조 제2항에 명시되어 있는 제7조와 긴밀한 관계에 있다는 점을 고려할 때 이행정지가 불가능한 것으로 해석하여야 한다는 입장을 취하고 있다.17)

---

9) Taylor's Commentary(2020), p.282; Nowak's CCPR Commentary(2019), para.1.

10) Gambia, CCPR/C/GMB/CO/2(2018), para.33.

11) Hungary, CCPR/C/HUN/CO/6(2018), para.35.

12) USA, CCPR/C/79/Add.50(1995), para.20.

13) *Estrella v. Uruguay*, Communication No.74/1980(1990), para.9.2; *Khadzhiev v. Turkmenistan*, Communication No.2079/2011(2015), para.8.8.

14) *Uchetov v. Turkmenistan*, Communication No.2226/2012(2016), paras.2.5,2.6,7.3,7.4.

15) *Kang v. Korea*, Communication No. 878/1999(2003), para.7.2.; *Kozulina v. Belarus*, Communication No. 1773/2008(2014), paras.9.3,9.5.

16) *Brough v. Australia*, Communication No. 1184/2003(2006), paras.9.3,9.4.

17) HRC General Comment No.29(2001), para.13; *Giri et al. v. Nepal*, Communication No.1761/2008 (2011), para.7.9. 규약위원회가 위와 같은 견해를 밝혔음에도 불구하고, 터키 정부는 2016년 군부 쿠데타를 진압한 후 국가비상사태를 선포하면서 제4조 제3항에 따라 통지한 이행정지 조항의 목록에 본 조

3. 피구금자의 인권에 관한 기타 국제기준

「UN 수용자 처우에 관한 최저기준 규칙(Standard Minimum Rules for the Treatment of Prisoners, 이하 UN 최저기준 규칙)」은 피구금자에 대한 인권 보장적인 대우를 직접적인 규율 대상으로 하는 대표적인 국제기준이다. 위 규칙은 1955년 제1회 UN 범죄방지 및 범죄자 처우 회의(the First United Nations Congress on the Prevention of Crime and the Treatment of Offenders)에서 채택되고 1957년 UN 경제사회이사회에서 승인되었다.[18] 규약 성안에 관한 UN 총회 제3위원회의 논의 당시 몇몇 국가는 제10조에서 공식적으로 위 규칙을 원용할 필요가 있다고 제안하였으나, 위 규칙의 개정 가능성으로 인하여 그러한 제안은 받아들여지지 않았다.[19] 다만, UN 총회 제3위원회의 1958년 보고서에서는 제10조의 성안 과정에서 위 규칙이 참고되었다는 점을 명시적으로 언급하였고, 실제 규약위원회는 제10조의 해석 및 적용과 관련하여 위 규칙을 해석 지침으로 활발하게 원용하고 있다. UN 총회 제3위원회 논의에서 예견되었던 대로 위 규칙은 2015년에 60년 동안의 교정학의 발전 성과를 반영하는 방향으로 대폭 수정되었고, 수정된 규칙은 '넬슨 만델라 규칙(Nelson Mandela Rule)'으로 명명되어 UN 총회에 의하여 채택되었다.[20]

규약위원회는 일반논평 제21호에서 당사국에 대하여 국가보고서에 UN 최저기준 규칙과 더불어 「모든 형태의 억류 또는 구금 하에 있는 사람들을 보호하기 위한 원칙」,[21] 「법집행 공무원을 위한 행동강령」,[22] 「고문 또는 잔혹하거나 비인도적이거나 굴욕적인 대우나 처벌로부터 수용자 및 피구금자를 보호함에 있어서 의료진, 특히 의사의 역할에 관한 의료윤리 원칙」[23] 등을 어느 정도로 수용자에 대한 대우에 적용하고 있는지 밝힐 것을 권고한 바 있다.[24]

항의 권리를 포함시켰다. Turkey: C.N.580.2016.TREATIES-Ⅳ.4, 2 August 2016.

18) The Economic and Social Council, resolution 663 C (ⅩⅩⅠⅤ) of 31 July 1957.

19) A/4045(1958), para.84.

20) A/RES/70/175. 이하에서는 2015년 개정 전 규칙을 언급할 때에는 UN 최저기준 규칙으로, 개정 후 규칙을 언급할 때에는 넬슨 만델라 규칙으로 지칭하기로 한다. 이하 넬슨 만델라 규칙의 번역은 대체로 법무부 교정본부 발간 교정관계 국제규약집에 수록된 번역을 따랐다.

21) The Body of Principles for the Protection of All Persons under Any Form of Detention or Imprisonment, 1998.

22) The Code of Conduct for Law Enforcement Officials, 1978.

23) The Principles of Medical Ethics relevant to the Role of Health Personnel, particularly Physicians, in the Protection of Prisoners and Detainees against Torture and Other Cruel, Inhuman or Degrading Treatment or Punishment, 1982.

24) HRC General Comment No.21(1992), para.5.

Ⅱ. 자유를 박탈당한 사람에 대한 인도적 대우

1. 제10조 제1항의 적용 범위: "자유를 박탈당한 모든 사람"

제10조 제2항은 미결수용자에 대하여, 제10조 제3항은 수형자에 대하여만 각각 적용되는 반면, 제10조 제1항은 당사국의 법과 권한에 의하여 자유를 박탈당한 모든 사람에 대하여 적용된다.[25] 따라서 위 조항은 범죄 혐의가 있어 수사 또는 재판을 받으며 구금 중이거나 형 집행 중인 수용자에 대하여는 물론, 행정법규에 따라 구금된 사람, 난민심사 절차 중 구금된 사람, 정신병원을 비롯한 의료시설에 구금된 사람 등에 대하여도 적용된다. 규약위원 회는 *Mpandanjila v. Zaire* 사건(1986)에서 특정 지역으로 유배(banishment)된 기간 동안의 열악한 대우는 제10조 제1항 위반에 해당한다고 판단하기도 하였다.[26] 또한, 위 조항은 인종, 피부색, 성별, 언어, 종교, 정치적 또는 기타의 의견, 민족 또는 사회적 출신, 재산, 출생 또는 기타 신분 등에 따른 어떠한 종류의 차별도 없이 적용되어야 한다.[27]

또한 당사국은 당사국이 직접 운영하는 구금시설뿐만 아니라, "자국의 관할 하에 있는 모든 기관과 시설",[28] 예컨대 민영교도소나 사설 정신병원, 사회복지센터[29] 등에서도 제10 조 제1항의 권리가 보장되도록 할 의무가 있다. 다만, 위와 같은 의무와는 별개로, 규약위 원회는 뉴질랜드에 대한 최종견해에서 형 집행 등 구금 및 수용자의 호송에 관한 국가의 핵심 사무를 민간 부분에 위탁하게 될 경우 제10조 제1항을 비롯한 협약상의 제반 권리의

---

25) HRC General Comment No.21(1992), para.2.
26) *Mpandanjila v. Zaire*, Communication No.138/1983(1986), para.9. 통보자는 자이르(현 콩고 민주공화 국)의 국회의원으로, 다른 국회의원들 및 기업가와 함께 Mobutu 대통령에게 공개 서한을 보냈다는 이유 로 국회의원의 지위를 박탈당하고, 체제 전복을 모의하였다는 등의 혐의로 기소되어 징역 15년을 선고받 았다. 이후 통보자는 사면으로 석방되었으나, 가족들과 함께 수도인 Kinshasa에서 추방되어 Tshilunde 라는 마을로 강제 유배를 당하였다. 통보자와 가족들은 위 마을에서 엄중하게 감시를 당하였고, 마을의 다른 구성원들과의 접촉 및 최소한의 생활을 위한 경제 활동이 금지되어 영양실조의 위기에 놓이게 되 었다. 또한 이들은 제대로 된 의료적 처치를 받을 수도 없었다. 통보자가 처한 감시와 고립의 정도에 비 추어 볼 때, 통보자가 처한 상황은 유배보다는 구금에 상응하는 것으로 볼 수 있으므로 제10조 위반이 인정될 수 있었던 것이다. Nowak's CCPR Commentary(2019), para.8.
27) HRC General Comment No.21(1992), para.4.
28) HRC General Comment No.21(1992), para.2.
29) 규약위원회는 슬로바키아에 대한 최종견해에서 철장 침대(cage-bed)를 사회복지센터나 정신치료 시설에 서 피구금자의 이동 제한 수단으로 지속적으로 사용하는 것에 대한 우려를 표명하며, 사용을 중단할 것 을 촉구하였다. Concluding Observations on Slovakia, CCPR/CO/78/SVK(2003), para.13. 체코와 크로 아티아에 대하여도 유사한 견해가 제시되었다. Concluding Observations on Czech Republic, CCPR/ C/CZE/CO/2(2007), para.13; Concluding Observations on Croatia, CCPR/C/HRV/CO/2(2009), para. 2.

효과적인 보호가 약화되리라는 우려를 표명한 바 있다.[30] 즉, 규약위원회는 구금에 관한 국가 사무는 가능한 한 민영화하지 않는 것이 원칙적으로 바람직하고,[31] 그럼에도 불구하고 민영화된 경우에는 당사국이 수용자에게 제10조를 비롯한 협약상의 모든 권리가 보장될 수 있도록 운영 주체를 면밀히 감독하여야 한다는 입장[32]을 취하는 것으로 정리할 수 있다.

Cabal and Pasini Bertran v. Australia 사건(2003)에서는 민영교도소에서 통보자들의 호송을 위하여 2명이 동시에 앉을 수 없는 삼각형의 좁은 이동식 철장(holding cage)에 통보자들을 구금한 것이 제10조 위반이라는 주장이 제기되었다. 규약위원회는 "공권력의 행사 및 구금과 관련한 국가의 핵심 사무를 민간 부분에 위탁하였다는 사정이 당사국의 협약상 의무를 면제시켜 주는 것은 아니"[33]라는 기존의 입장을 재확인하면서, 위 민영교도소에서 2인이 동시에 앉을 수 있는 호송 수단을 마련하지 아니한 것은 당사국의 제10조 제1항 위반을 구성한다고 판단하였다.

2. "인도적이고 인간의 고유한 존엄성이 존중되는 대우"의 원칙

제10조 제1항의 문언은 인권위원회에서 프랑스가 제안한 "자유를 박탈당한 모든 사람은 인도적인 대우를 받는다"[34]는 표현이 그 출발점이 되었다. 여기에 UN 총회 제3위원회에서 튀니지가 제안한 수정안이 받아들여져 "인간의 고유한 존엄성이 존중되는"이라는 표현이 추가되었다.[35] "인도적인(with humanity)"이라는 용어가 언어마다 반드시 동일한 의미를 갖지 않으므로, 위 조항의 의미를 보다 분명하게 하기 위한 목적으로 그와 같은 표현을 추가한 것이다.[36]

자유를 박탈당한 모든 사람은 자유의 박탈로 인하여 야기되는 것 외의 어떠한 곤경이나 제약도 당하지 않아야 하고, 이들의 존엄성은 자유로운 사람들과 동등한 조건 하에 보장되어야 한다. 따라서 자유를 박탈당한 사람은 폐쇄된 환경에서 불가피한 제약의 범위 내에서 규약상의 모든 권리를 누릴 수 있다.[37] 또한, 음식물, 생활을 위한 적정한 설비, 의류 등의

---

30) Concluding Observations on New Zealand, CCPR/CO/75/NZL(2002), para.13; Concluding Observations on New Zealand, CCPR/C/NZL/CO/5(2010), para.11.

31) Joseph & Castan's Commentary(2013), para.9.197.

32) Concluding Observations on New Zealand, CCPR/C/NZL/CO/5(2010), para.11.

33) *Cabal and Pasini Bertran v. Australia*, Communication No.1020/2001(2003), para.7.2.

34) "All persons deprived of their liberty shall be treated with humanity." E/CN.4/SR.371, p. 11. Bossuyt's Guide(1987), p.224에서 재인용.

35) A/4045, para. 70, 85(a). Bossuyt's Guide(1987), p.224에서 재인용.

36) A/4045, para. 79. Bossuyt's Guide(1987), p.224에서 재인용.

37) HRC General Comment No.21(1992), para.3.

생활용품, 의료상의 적절한 조치, 근로와 교육의 기회 등에 관한 권리와 같이 사회권 규약에 포함된 권리도 일정 부분 보장되어야 한다. 이와 같은 인권에 대한 적절한 보장이 없다면, 제10조 제3항에서 규정하고 있는 교정과 사회복귀라는 교정 체계의 목적 또한 제대로 달성될 수 없다.[38]

일반논평 제21호에서는 자유를 박탈당한 모든 사람을 인도적이고 존엄성을 존중하여 대우하여야 한다는 원칙은 기본적이면서 보편적으로 적용 가능한 원칙이라고 밝히고 있다. 따라서 위 원칙에 따른 최소한의 인도적 대우의 수준이 당사국의 가용 자원 수준에 좌우되어서는 안 된다고 한다.[39] *Giri v. Nepal* 사건(2011)에서 통보자는 테러에 관여한 혐의로 체포되어 구금된 기간 동안 모기 등의 벌레가 가득하고 채광이 없는 수용거실에서 침구가 없는 철제 침대에서 수면을 하면서 적당한 물과 음식물을 제공받지 못하는 등의 구금 조건에 처한 것이 제10조 제1항 위반이라고 주장하였다. 이에 대하여 당사국은 네팔 국민의 일반적인 생활수준에 비추어 볼 때 그러한 정도의 구금조건은 상당히 인도적인 것이라고 답변하였으나, 규약위원회는 위와 같은 원칙을 상기시키며 당사국이 제10조 제1항을 위반하였다고 판단하였다.[40]

구체적으로 어떠한 대우가 최소한의 인도적 대우라고 할 수 있는가? 이 점과 관련하여 앞서도 언급하였듯이 규약위원회는 UN 최저기준 규칙 또는 넬슨 만델라 규칙의 여러 규정들을 활발히 참조하여 판단을 내리고 있다. 예컨대 *Mukong v. Cameroon* 사건(1994)에서 규약위원회는 당사국에게는 그 발전 수준과 무관하게 최소한의 인도적인 구금 조건을 확보할 의무가 있고, 그러한 최소한의 기준에는 UN 최저기준 규칙 제10조, 제12조, 제17조, 제19조 등에 따른 대우, 즉 개별 수용자를 위한 최소한의 면적 확보, 적절한 위생시설의 설치, 저급하거나 수치심을 주지 않는 의복, 개별 침대, 건강과 체력 유지를 위하여 적절한 영양분이 포함된 음식의 제공 등이 포함된다고 보았다.[41]

한편, 규약위원회는 제10조 제1항에 따라 금지되는 비인도적 대우로 판단되려면 그러한 대우가 "최소한도의 심각성의 수준(a minimum level of severity)"에 이르러야 한다는 취지로

---

38) Nowak's CCPR Commentary(2019), para.12.
39) HRC General Comment No.21(1992), para.4.
40) *Giri v. Nepal*, Communication No. 1761/2008(2011), para.7.9.
41) *Mukong v. Cameroon*, Communication No.458/1991(1994), para.9.3. 그 외에 UN 최저기준 규칙을 명시적으로 언급한 결정례로, *Benhadj v. Algeria*, Communication No. 1173/2003(2007), para.8.5; 넬슨 만델라 규칙을 명시적으로 언급한 결정례로, *Mukhtar v. Kazakhstan*, Communication No. 2304/2013(2015), para.7.3(제22조), *Askarov v. Kyrgyztan*, Communication No. 2231/2012(2016), para.8.5(제24조).

언급한 바 있다.[42] 이러한 수준에 이르렀는지에 관한 판단은 사안과 관련한 모든 제반 상황을 종합하여 이루어져야 하고, 여기에는 해당 피구금자에 대한 대우의 특성과 맥락, 그 지속기간, 그에 따른 육체적 또는 심리적 영향, 그리고 사안에 따라서는 피구금자의 성별, 연령, 건강 및 기타 상태가 포함된다고 한다.[43]

3. 제7조와 제10조 제1항의 관계

규약위원회는 제7조와 제10조 제1항의 관계에 대하여 여러 기회에 입장을 밝혔으나, 그 입장에 반드시 일관성이 있다고 보기는 어렵다.

자유를 박탈당한 사람에 대하여 고문 또는 잔혹하거나 비인도적이거나 굴욕적인 대우가 있었다고 판단하는 경우, 규약위원회가 제7조 위반이라고만 판단하고 제10조 제1항에 대하여는 특별히 언급하지 아니한 사례들이 있는 반면,[44] 제7조와 제10조 제1항 위반을 중첩적으로 인정한 사례들도 존재한다.[45] 특히 후자는 규약 위반으로 지적된 행위의 유형이 다양하고 상호 중첩적일 때의 판단 방식이다.[46]

다른 한편으로, 통보자가 제7조와 제10조 제1항 위반을 동시에 주장하였음에도 불구하고 규약위원회가 제10조 제1항 위반에 관하여만 판단하고 제7조에 대한 판단으로는 나아가지 아니한 일련의 판례들이 존재한다. 위 판례들에서 규약위원회는 "제10조는 자유를 박탈당한 사람들에 대하여 특별히 다루고 있는 규정이고, 제7조에 일반적으로 제시된 요건에 해당하는 사람들도 포괄"하기 때문에, 통보자에 대한 처우가 제10조 제1항에 위반한 비인도적 대우라고 판단하는 이상 같은 사실관계에 대하여 제7조에 기초한 통보자의 주장에 대하여는 별도로 판단하지 않는다는 입장을 취하였다.[47] 이러한 입장은 제10조 제1항을 제7조에 대한 특별법으로 파악하는 것이라는 평가가 있다.[48]

---

42) *Brough v. Australia*, Communication No.1183/03(2006), para.9.2.

43) *Brough v. Australia*, Communication No.1183/03(2006), para.9.2.

44) 통보자가 제7조 위반을 주장하였으나 규약위원회가 통보자의 제7조 위반에 관한 주장에 관한 사실관계는 오히려 제10조의 범주에 속하는 것이라고 판단한 후, 제10조 제1항 위반을 인정한 예도 있다. *Griffin v. Spain*, Communication No. 493/1992(1995), paras.3.1,6.3.

45) *Linton v. Jamaica*, Communication No. 255/1987(1992), para.8.5. 외 다수

46) Taylor's Commentary(2020), p.286. 구체적인 결정례도 위 문헌의 해당 부분 참조.

47) *Mwamba v. Zambia*, Communication No. 1520/2006(2010), para.6.4; *Madafferi v. Australia*, Communication No. 1011/2001(2004), para.9.3; *Benhadj v. Algeria*, Communication No. 1173/2003 (2007), para.8.5; *R.S. v. Trinidad and Tobago*, Communication No. 684/1996(2002), para.7.3; *Arutyunyan v. Uzbekistan*, Communication No. 917/2000(2004), para.6.2.

48) Taylor's Commentary(2020), p.306.

일부 사건에서 규약위원회는 모든 피구금자에 대하여 일반적으로 구금조건이 열악하였던 경우에는 제10조 제1항을, 통보자가 다른 피구금자에 비하여 특별히 더 열악한 대우를 받은 경우에는 제7조를 적용하는 입장을 취한 것처럼 보이기도 한다.[49] 그러나 구금의 일반적인 조건이 지나치게 가혹한 경우 제7조 위반을 인정한 예가 있는 반면,[50] 통보자 개인에 대하여 특별히 구체적인 폭력이 가해진 경우 제10조 제1항 위반을 인정한 예[51]도 있는 등 이러한 입장도 일관되게 관철되고 있는 것은 아니다.[52]

아래에서 비인도적 대우의 유형과 관련된 개인통보사건들을 소개함에 있어서는 제7조의 위반만 인정되었거나 제7조와 제10조 제1항의 위반이 동시에 인정된 사례는 가급적 제외하고, 제10조 제1항의 위반만이 언급된 사례를 중심으로 하여 소개하기로 한다.

4. 비인도적 대우의 구체적 유형[53]

가. 수용거실의 최소한의 조건 위반

넬슨 만델라 규칙 제13조에서는 "수용자가 사용하도록 마련된 모든 시설, 특히 모든 취침 시설은 기후조건을 고려하고 특히 공기의 용적, 최소면적, 조명, 난방 및 환기 등에 관하여 적절한 고려를 함으로써 건강유지에 필요한 모든 조건을 충족하여야 한다"고 규정하고 있다. 조명과 환기에 대하여는 제14조에서 다시 구체적으로 규정하고 있는데, 위 조항에 따르면 피구금자가 생활하거나 작업하는 모든 장소에 피구금자가 자연광으로 독서하거나 작업을 할 수 있을 만큼 넓은 창문이 설치되어야 하고, 인공적인 통풍설비 유무와 관계없이

---

49) 가령, *Pinto v. Trinidad and Tobago*, Communication No. 512/1992(1996), para.8.3(통보자가 모든 수용자에게 동일하게 영향을 미치는 구금 조건에 대한 언급 외에 그가 어떠한 처우를 받았는지에 대한 상세한 설명을 제공하지 않았다는 점에서, 제7조의 위반은 없는 것으로 판단하고, 통보자의 다른 주장과 관련하여 제10조 제1항 위반을 인정함).

50) 예컨대, *Portorreal v. Dominican Republic*, Communication No. 188/1984(1987), para.9.2,11.

51) *Walker and Richards v. Jamaica*, Communication No. 639/1995(2001), para.8.1.

52) 제10조 제1항은 제7조에 의하여 포괄되지 않는 피구금자에 대한 비인도적인 대우를 예방하고자 하는 보충 조항으로서의 성격을 가지고 있다는 점을 감안할 때, 통보자에 대한 대우가 제7조의 고문 등에 이르는 정도에 해당하는 가혹한 경우라면 제7조 위반에 관하여 우선적으로 판단을 하는 것이 타당한 판단 방식이라는 것이 해설자의 사견이다. 즉, 제7조 위반에 관한 통보자의 주장에 관하여 먼저 판단한 후, 만일 제7조 위반에까지 이르는 정도의 대우에 해당하지 않는다면 보충적으로 제10조 위반 여부에 대하여 판단하는 것이 논리적인 판단 순서이다. 문제된 대우의 주관적 범위(피구금자 개인에게만 적용되는 대우인지, 피구금자 일반에게 적용되는 대우인지)는 제7조와 제10조의 적용 범위에 관한 적절한 판단 기준이라 할 수 없다.

53) 비인도적 대우의 유형은 주로 Taylor's Commentary(2020), p.292 이하의 설명 및 함께 소개된 최종견해와 개인통보사건을 참조하여 정리하였다.

창문으로 신선한 공기가 들어올 수 있어야 하며, 수용자의 시력을 해치지 아니하고 독서하거나 작업하기에 충분한 정도의 인공조명이 제공되어야 한다.

용적과 바닥 면적과 관련하여, 독거 또는 혼거의 수용거실이 지나치게 협소한 것이 제10조 제1항 위반으로 판단되었던 여러 사례들이 있다.[54]

혼거 수용거실의 협소함은 곧바로 과밀수용의 문제와 연결되는바,[55] 과밀수용은 제10조 제1항과 관련하여 가장 빈번하게 다루어지는 비인도적 대우의 유형이다. 다수의 개인통보 사건에서 과밀수용이 제10조 제1항의 위반에 해당한다고 판단되었다.[56] 여러 당사국에 대한 최종견해에서도 과밀수용의 문제가 언급되었는데, 규약위원회는 그 해결 방안으로 신규 교정시설을 건설하거나[57] 징역형에 대한 대안을 마련할 것[58] 등을 당사국에 권고하였다. 징역형에 대한 대안으로 구체적으로 언급된 것으로는 가석방과 사회봉사의 활용을 늘리는 방안[59]이 있다. 특히 규약위원회는 여성과 아동에 대하여 악영향을 미치는 과밀수용에 대한 우려를 표시하였고,[60] 과밀수용이 영양실조, 질병과 사망의 원인을 제공할 수 있다는 점도 지적하였다.[61]

---

54) *Evans v. Trinidad and Tobago*, Communication No. 980/2000(2003), para.6.4(5년간 사형수로서 가로 1.8m, 세로 2.7m의 수용거실에 독거수용); *Wight v. Madagascar*, Communication No. 115/1982(1985), paras.15.2.17(1개월 동안 비인도적인 환경의 가로 1.5m, 세로 2m 면적의 지하실에 외부차단구금) 등.

55) *Kennedy v. Trinidad and Tobago*, Communication No. 845/1998(2002), para.7.8(통보자가 체포된 후 42개월 동안 최소 5명, 최대 10명의 수용자와 함께 가로 1.8m, 세로 2.7m 면적의 수용거실에 수용되어 있었던 사안).

56) *Portorreal v. Dominican Republic*, Communication No.188/1984(1987), paras.9.2,11.(가로 20m, 세로 5m 면적의 수용거실에 125명을 수용); *Henry v. Trinidad and Tobago*, Communication No.752/1997 (1999), paras.2.4,7.4.(사형수인 통보자를 5명의 수용자와 함께 가로 1.8m, 세로 2.7m 면적의 수용거실에 23시간 동안 수용하며 하나의 요강을 공동으로 사용하게 함); *Maharjan v. Nepal*, Communication No.1863/2009(2012), paras.2.3,8.7.(이가 들끓는 수용거실에 과밀수용); *Abdullayev v. Turkmenistan*, Communication No.2218/2012(2015), para.7.3.(40명을 1개 수용거실에 수용하면서 철제 통 1개를 대소변 용도로 비치하고 하루에 한 번만 비움); *A.S. v. Nepal*, Communication No. 2077/2011(2015), para.8.4. (26명을 작은 수용거실에 과밀수용).

57) Concluding Observations on Croatia, CCPR/C/HRV/CO/3(2015), para.19; Concluding Observations on Slovenia, CCPR/C/SVN/CO/3(2016), para.26.

58) Concluding Observations on Brazil, CCPR/C/BRA/CO/2(2005), para.16; Concluding Observations on Botzwana, CCPR/C/BWA/CO/1(2008), para.17; Concluding Observations on Tanzania, CCPR/C/TZA/CO/4(2009), para.19; Concluding Observations on Malawi, CCPR/C/MWI/CO/1(2011), para.13; Concluding Observations on Indonesia, CCPR/C/IDN/CO/1(2013), para.21; Concluding Observations on Croatia, CCPR/C/HRV/CO/3(2015), para.19.

59) Concluding Observations on Kenya, CCPR/C/KEN/CO/3(2012), para.16.

60) Concluding Observations on Ethiopia, CCPR/C/ETH/CO/1(2011), para.23.

61) Concluding Observations on Morocco, CCPR/C/79/Add.44(1994), para.12.

자연광 또는 인공조명이 지나치게 부족하거나, 수면을 방해할 정도로 인공조명이 지속되는 환경에서의 수용은 비인도적 대우에 해당한다. 넬슨 만델라 규칙 제43조 제1항 (다)에서는 수용자에 대한 징벌적 조치를 하는 경우라도 암실이나 항상 불이 켜진 공간에 수용하는 행위는 금지된다고 명시하고 있다. 개인통보사건에서는 수용거실에 인공조명이 전혀 없고 작은 환풍구를 통하여 자연광이 약간 들어올 수 있었던 경우,[62] 수용거실에 자연광이 전혀 들어오지 않고, 수용거실 밖에 위치한 24시간 켜진 형광등 외에는 아무런 조명이 설치되어 있지 않았던 경우,[63] 하루 종일 인공조명이 켜져 있었던 경우[64] 등이 제10조 제1항 위반으로 판단되었다.

수용거실 내에서 적절한 환기가 이루어지지 않는 것,[65] 수용거실의 습도와 온도가 극단적으로 높거나 낮은 상황[66]이 제10조 제1항 위반으로 판단된 사례들도 다수 존재한다.

나. 건강을 침해하는 대우

(1) 비위생적 환경

구금 장소 내의 위생설비는 모든 수용자가 청결하고 단정하게 생리적 욕구를 해소하기에 적합하여야 하고(넬슨 만델라 규칙 제15조), 적절한 목욕 및 샤워설비가 마련되어 모든 수용자가 계절과 지역에 따라 일반 위생상 필요한 만큼 자주 기후에 알맞은 온도로 목욕하거나 샤워할 수 있도록 하여야 하며(위 규칙 제16조), 수용자에게 건강과 청결 유지에 필요한 만큼의 물과 세면용품이 지급되어야 한다(위 규칙 제18조 제1항). 또한 수용자가 상시 사용하는 시설의 모든 구역이 항상 적절히 관리되고 세심하게 청결이 유지되어야 한다(위 규칙 제17조).

---

62) *Campbell v. Jamaica*, Communication No. 618/1995(1998), paras.3.2,7.2.

63) *Evans v. Trinidad and Tobago*, Communication No. 980/2000(2003), paras.2.3,6.4.

64) *Améndola Massiotti and Baritussio v. Uruguay*, Communication No. 25/1978(1982), paras.11,13; *Bequio v. Uruguay*, Communication No. 88/1981(1983), paras.10.3,12.

65) *Campbell v. Jamaica*, Communication No. 618/1995(1998), para.7.2; *Barkovsky v. Belarus*, Communication No. 2247/2013(2018), paras.6.2,6.3; *S.P. v. Russian Federation*, Communication No. 2152/2012(2016), para.12.3(창문이 작은 구멍들이 뚫린 금속판으로 막혀 있어 적절한 자연광과 공기가 들어오지 못함).

66) *Laufuente Peñarrieta et al, v. Bolivia*, Communication No. 176/1984(1987), para.15.2(매우 작고 습한 수용거실에의 독거수용); *Masslotti and Baritussio v. Uruguay*, Communication No. R.6/25(1982), para.11(우기에 수용거실의 바닥에 물이 5 내지 10cm 정도로 차오름); *Polay Campos v. Peru*, Communication No. 577/1994(1997), para.8.4(지나치게 낮은 온도); *Quliyev v. Azerbaijan*, Communication No. 1972/2010(2014), para.7.3(수용거실의 벽과 천장과 바닥이 전부 콘크리트로 지어져서 여름에는 지나치게 덥고 겨울에는 지나치게 추운 현상); *Hudaybergenov v. Turkmenistan*, Communication No. 2222/2012 (2015), para.7.3(여름에는 지나치게 덥고 겨울에는 지나치게 추운 현상) 등.

수용거실의 비위생적 환경은 과밀수용의 문제에 거의 예외 없이 수반되는바,[67] 다수의 개인통보사건에서 제10조 제1항 위반으로 판단되었다.[68]

(2) 적절한 수면 설비의 결여

넬슨 만델라 규칙 제21조에서는 모든 수용자에게 해당 지역 또는 국가의 수준에 맞추어 개별 침대와 충분한 전용침구가 제공되어야 하고, 침구는 청결한 상태로 지급되고 항상 잘 정돈되어야 하며, 청결을 유지할 수 있도록 충분히 자주 교환되어야 한다고 규정한다. 이와 같은 적절한 수면 설비가 결여되어 제10조 제1항 위반으로 판단된 개인통보사건이 다수 존재한다.[69]

---

67) Concluding Observations on Kenya, CCPR/CO/83/KEN(2005), para.19(극단적인 과밀수용이 위생과 수용자 건강관리 시스템의 결여 상태와 결합된 구금조건은 수용자의 생명을 위협할 수 있다고 지적); Concluding Observations on Congo, CCPR/C/COD/CO/3(2006), para.20(수인할 수 없는 위생 및 영양 상태와 만연한 과밀수용에 대하여 지적); Concluding Observations on Philippines, CCPR/C/PHL/CO/4(2012), para.19(위생과 과밀수용 문제를 함께 지적), Concluding Observations on Ireland, CCPR/C/IRL/CO/4(2014), para.15(과밀수용과 수용거실 내 위생시설 결여 문제에 대한 해결이 지지부진하다는 지적); Concluding Observations on Albania, CCPR/C/ALB/CO/2(2013), para.16(위생과 과밀수용 문제를 함께 지적); Côte d'Ivoire, CCPR/C/CIV/CO/1(2015), para.19(매우 심각한 과밀수용과 불충분한 위생 조건이 지적됨).

68) *Campbell v. Jamaica*, Communication No. 618/1995(1998), para.7.2(쥐와 바퀴벌레로 가득한 비위생적 환경); *Henry v. Trinidad and Tobago*, Communication No. 752/1997(1999), paras.2.4,7.3(바퀴벌레가 가득한 수용거실, 주방이 화장실로부터 3m 떨어져 있어 쥐와 곤충으로 가득한 상황이 지적됨); *Evans v. Trinidad and Tobago*, Communication No. 980/2000(2003), para.6.4(요강 외의 위생시설 부재); *Lloyd Reece v. Jamaica*, Communication No. 96/1998(2003), para.2.4,7.8(넘치는 쓰레기통, 배설물 구덩이, 심각한 악취, 1일 1회만 교체되는 요강, 배설물과 곤충으로 오염된 급수, 수용자들에 의하여 공유되는 지저분한 플라스틱 식기 등이 지적됨); *Pavlyuchenkov v. Russian Federation*, Communication No. 1628/2007(2012), para.9.2(과밀수용 상태에서 화장실과 분리되지 않은 거실에서 식사를 하게 함); *Iskiyaev v. Uzbekistan*, Communication No. 1418/2005(2009), para.9.3(결핵이 창궐함); *Japparow v. Turkmenistan*, Communication No. 2223/2012(2015), para.7.2(통보자가 수감 중 결핵에 전염됨); *Bobrov v. Belarus*, Communication No. 2181/2012(2018), para.8.2(과밀수용과 함께, 공동거실에서 분리되지 않은 화장실이 가림막 없이 사용됨을 지적).

69) *Henry v. Trinidad and Tobago*, Communication No. 752/1997(1999), paras.2.4,7.3(판지 상자 조각 위에서 잠을 자도록 함); *Brown v. Jamaica*, Communication No. 775/1997(1999), para.6.13(매트리스나 다른 침구가 제공되지 않음); *Abdullayev v. Turkmenistan*, Communication No.2218/2012(2015), para.7.3(숫자가 불충분한 더러운 담요가 침구로 제공됨); *Maharjan v. Nepal*, Communication No.1863/2009(2012), paras.2.3,8.7(바닥에서 담요만 깔고 자게 함); *P. v. Russian Federation*, Communication No. 2152/2012(2016), para.12.4(이가 들끓는 매트리스로 인해 심각한 피부 질환을 얻게 됨); *Bobrov v. Belarus*, Communication No. 2181/2012(2018), para.8.2(나무 널빤지 위에서 10명이 함께 수면을 취하도록 함).

(3) 실외운동 기회의 박탈

실외운동은 피구금자의 신체적, 정신적 건강을 유지하는 데에 중요한 역할을 하므로, 실외운동의 기회 보장은 피구금자의 건강권 보장에 있어서 핵심적인 요소 중의 하나가 된다. 이에 넬슨 만델라 규칙 제23조 제1항에서는 실외작업을 하지 않는 모든 수용자에 대하여 날씨가 허락하는 한 매일 적어도 1시간의 적당한 실외운동을 할 수 있도록 하여야 한다고 규정하고 있다. 적절한 실외운동 기회의 박탈로 인하여 제10조 제1항 위반으로 인정된 다수의 개인통보사건들이 있다.70)

(4) 부적합하거나 불충분한 음식물과 식수 제공

교정당국은 모든 수용자에 대하여 통상적인 식사 시간에 건강과 체력 유지에 충분한 영양과 건전한 품질을 갖춘 잘 조리된 음식을 제공하여야 하고(넬슨 만델라 규칙 제22조 제1항), 식수는 수용자가 원하는 경우에 언제든지 제공하여야 한다(같은 조 제2항).

일정한 기간 동안 음식이나 식수가 전혀 제공되지 않음으로 인하여 제10조 제1항 위반으로 인정된 다수의 개인통보사건들이 있다.71) 음식이 제공되었다 하더라도 그것이 단조롭고 부적합한 식사이거나,72) 양이 불충분한 경우73)에는 제10조 위반이 될 수 있다. 피구금자의 특수한 필요에 의한 식단을 전혀 고려하지 않고 부적합한 음식을 제공한 경우에도 제10조 제1항 위반이 된다.74) 음식이나 식수의 부적합, 불충분함과 관련되어서는 여러 당사국에

---

70) *Henry v. Trinidad and Tobago*, Communication No. 752/1997(1999), para.7.8(운동 시간이 1시간 미만이고, 작은 운동장에서 수갑을 찬 상태에서 운동을 하도록 함); *Brown v. Jamaica*, Communication No. 775/1997(1999), para.6.13(운동 기회가 완전히 박탈됨); *Pavlyuchenkov v. Russian Federation*, Communication No. 1628/2007(2012), para.9.2(실외 운동의 기회 박탈); *Bobrov v. Belarus*, Communication No. 2181/2012(2018), para.8.2(매일 걷기 운동을 할 수 없고, 항상 수용거실에만 갇혀 있도록 함); *Mukhtar v. Kazakhstan*, Communication No. 2304/2013(2015), para.2.23(협소한 폐쇄 공간에서 이틀에 한 번 75분간 걸을 수 있도록 함).

71) *Wolf v. Panama*, Communication No. 289/1988(1992), para.6.7(5일 동안 음식을 제공받지 못함); *Tshidika v. Congo*, Communication No. 2214/2012(2015), para.6.5(구금된 처음 이틀 동안 물과 음식을 제공받지 못함. 구금된 기간 동안 신문을 받으며 당한 신체적 폭력에 대해서는 별도로 제7조 위반을 인정); *A.S. v. Nepal*, Communication No. 2077/2011(2015), para.8.4(20시간 이상 물과 음식을 제공받지 못함. 경찰들에 의하여 불법 구금된 후 당한 신체적 폭력에 대해서는 별도로 제7조 위반을 인정); *Mwamba v. Zambia*, Communication No. 1520/2006(2010), para.6.4(3일간 음식과 물을 제공받지 못함).

72) *Sharifova et al. v. Tajikistan*, Communication No. 1209, 1231/2003 & 1241/2004(2008), para.6.4.

73) *Karimov and Nursatov v. Tajikistan*, Communication No. 1108 & 1121/2002(2007), para.7.3(3일간 음식을 제공받지 못하고 약간의 물만 제공받았고, 그 이후에도 불충분한 음식을 제공받음).

74) *Kennedy v. Trinidad and Tobago*, Communication No. 845/1998(2002), para.7.8(다만 어떠한 식단을 통보자가 필요로 하였는지에 대하여는 구체적으로 언급되지 않았다).

대한 최종 견해에서도 언급된 바 있다.[75]

(5) 의료적 조치의 결여

피구금자에게 보건의료 서비스를 제공하는 것은 국가의 의무로, 수용자는 지역사회에서 제공되는 것과 동일한 수준의 보건의료 혜택을 누릴 수 있어야 하고, 무상으로 법적 신분으로 인한 차별 없이 필요한 보건의료 서비스를 이용할 수 있어야 한다(넬슨 만델라 규칙 제24조 제1항).

피구금자가 적절한 치료를 받을 수 있는 조치를 취하지 않은 경우 제10조 제1항 위반으로 판단된 개인통보사건이 다수 존재한다.[76] 피구금자가 스스로 단식투쟁 등의 사유로 건강상의 장애를 초래하였다 하더라도 적절한 의료적 처치가 이루어져야 한다는 결론은 달라질 수 없으며, 그러한 조치가 취하여지지 않았다면 제10조 제1항 위반에 해당한다.[77] 피구금자에게 시의적절한 의료 서비스가 제공되지 않는다는 점은 여러 당사국에 대한 최종견해에서 지적된 사항이기도 하다.[78]

---

75) Concluding Observations on Chad, CCPR/C/TCD/CO/1(2009), para.23; Concluding Observations on Côte d'Ivoire, CCPR/C/CIV/CO/1(2015), para.19; Concluding Observations on Thailand, CCPR/CO/84/THA(2005), para.16; Concluding Observations on Cameroon, CCPR/C/CMR/CO/4(2010), para.21; Concluding Observations on Madagascar, CCPR/C/MDG/CO/3(2007), para.22; Concluding Observations on Kyrgyzstan, CCPR/C/KGZ/CO/2(2014), para.17; Concluding Observations on Bulgaria, CCPR/C/BGR/CO/3(2011), para.18; Concluding Observations on Central African Republic, CCPR/C/CAF/CO/2(2006), para.15; Concluding Observations on Grenada, CCPR/C/GRD/CO/1(2009), para.16.

76) *Mukhtar v. Kazakhstan*, Communication No. 2304/2013(2015), para.7.3(통보자가 고혈압, 좌심실비대증, 뇌미세출혈, 뇌혈류장애 등의 건강 문제를 겪고 있음에도 불구하고 적절한 치료의 기회가 주어지지 아니함); *Mambu v. Congo*, Communication No. 2465/2014(2016), para.9.4(어깨 통증 및 팔 기능 장애로 인해 구치소 내 의료진으로부터 입원과 내과 전문의 상담, 어깨 촬영이 권고되었음에도 그에 상응하는 아무런 조치가 취하여지지 않았고, 이후 뇌졸중을 일으켜 뇌 촬영이 권고되었음에도 아무런 조치가 취해지지 않음); *Engo v. Cameroon*, Communication No. 1397/2005(2009), paras.3.1,7.5(통보자에게 녹내장이 있어 안과 전문의의 진료를 받아야 함에도 구금되어 있는 2년간 안과 치료를 받지 못하여 시력에 심대한 장애가 발생함); *Askarov v. Kyrgyztan*, Communication No. 2231/2012(2016), para.8.5(장기간 구금된 통보자에 대하여 국제인권 NGO의 섭외로 파견된 의사의 진찰 결과 시력 손상, 외상성 뇌손상, 척추 외상의 소견이 있어 치료가 즉각적으로 필요한 상황이었고, 추가적으로 관상동맥질환을 강하게 의심할 수 있는 가슴 통증과 호흡 곤란 증상도 있었으나, 어떠한 추가 진단도 치료도 이루어지지 않음); *Howell v. Jamaica*, Communication No. 798/1998(2003), para.2.9,6.2(치과 치료를 제대로 받지 않아 여러 개의 치아가 소실됨).

77) *Kozulina v. Belarus*, Communication No. 1773/2008(2014), para.9.5(통보자가 벨라루스 정권에 의한 인권 탄압에 항의하며 수감 상태에서 53일 동안 단식 투쟁을 하는 동안 통보자의 친척들이 외부의 독립된 의료진의 방문을 요구하였으나 거부당함).

다. 피구금자의 내 · 외부로부터의 격리

(1) 독방구금(solitary confinement)[79]

넬슨 만델라 규칙 제44조에서는 독방구금(solitary confinement)에 대하여 "의미 있는 타인과의 접촉 없이 22시간 또는 하루 이상 수용자를 구금하는 것"으로 규정하고 있다. 이러한 독방구금은 형 집행의 통상적인 방법으로 이용되어서는 안 되고, 특수한 경우에 한하여 최후의 수단으로, 가능한 한 최소한의 시간으로 한정하여 권한 있는 기관으로부터 별도의 허가를 받아 이용되어야 한다(위 규칙 제45조 제1항). 또한 15일 연속으로 독방구금을 하는 경우에는 장기 독방구금(prolonged solitary confinement)으로 간주되는데(제44조), 이러한 장기 독방구금은 수용자에 대하여 징벌의 수단으로도 금지된다(제43조 제1항 (나)). 규약위원회는 여러 기회에 독방구금의 제한적 활용 필요에 대하여 언급하였다. 예컨대 규약위원회는 덴마크에 대한 최종견해에서 "독방구금은 심각한 심리적 결과를 초래할 수 있는 가혹한 징벌로, 긴급한 필요가 있는 경우에만 정당화될 수 있고", "예외적인 상황에서 제한된 기간에만 한정하여 독방구금을 활용하지 않는다면 제10조 제1항을 위반하는 것"이라고 지적하면서, 독방구금에 관한 기존의 실무를 재고하고 오로지 긴급한 필요가 있는 사안에서만 활용할

---

78) Concluding Observations on Mongolia, CCPR/C/79/Add.120(2000), para.12; Concluding Observations on Korea(DPRK), CCPR/CO/72/PRK(2001), para.16; Concluding Observations on Botswana, CCPR/C/BWA/CO/1(2008), para.17; Concluding Observations on Chad, CCPR/C/TCD/CO/1(2009), para.23; Concluding Observations on Bulgaria, CCPR/C/BGR/CO/3(2011), para.18; Concluding Observations on Turkey, CCPR/C/TUR/CO/1(2012), para.18; Concluding Observations on Peru, CCPR/C/PER/CO/5(2013), para.21; Concluding Observations on Côte d'Ivoire, CCPR/C/CIV/CO/1(2015), para.19; Concluding Observations on Croatia, CCPR/C/HRV/CO/3(2015), para.19; Concluding Observations on Jamaica, CCPR/C/JAM/CO/4(2016), para.32; Concluding Observations on Moldova, CCPR/C/MDA/CO/3(2016), para.28; Concluding Observations on Bangladesh, CCPR/C/BGD/CO/1(2017), para.26; Concluding Observations on Swaziland, CCPR/C/SWZ/CO/1(2017), para.35; Concluding Observations on Thailand, CCPR/C/THA/CO/2(2017), para.34; Concluding Observations on Turkmenistan, CCPR/C/TKM/CO/2(2017), para.23; Concluding Observations on Belarus, CCPR/C/BLR/CO/5(2018), para.36; Concluding Observations on Liberia, CCPR/C/LBR/CO/ 1(2018), para.35.

79) solitary confinement에 정확하게 대응하는 우리 교정 관련 법령 또는 실무상의 용어를 찾기는 어렵다. 「형의 집행 및 수용자의 처우에 관한 법률」에서는 '독거수용'이라는 용어가 사용되고 있으나, 위 법에 따른 '독거수용'은 주간에는 교육 · 작업 등의 처우를 위하여 일과에 따른 공동생활을 하는 것을 전제로 한 처우상 독거수용(위 법 시행령 제5조 제1호)을 기본 모습으로 하므로, 공동생활의 참여를 배제하는 solitary confinement에 위 용어를 사용하는 것은 적절하지 않다. 이에 넬슨 만델라 규칙에 대한 법무부 교정본부의 번역과 달리 기존의 국내 문헌 및 인권 관련 문서에서 사용되던 예에 따라 독방구금이라는 용어로 번역하기로 한다.

것을 촉구하였다.[80] 규약위원회는 미국에 대해서도 "독방구금의 활용에 대하여 엄격한 제한을 가하고", "특히 18세 미만의 사람 및 심각한 정신적 장애가 있는 수형자에 대한 독방구금을 폐지할 것"을 권고하였다.[81]

규약위원회는 일반논평 제20호에서 장기 독방구금은 제7조 위반에 해당할 수 있다고 언급하였다.[82] 다만, 그럼에도 불구하고 *Kang*(강용주) *v. Republic of Korea* 사건(2003)에서 규약위원회는 13년간의 장기 독방구금에 대하여 제7조 위반 여부에 관하여 판단하지 않고 제10조 위반의 문제로만 다루었다.[83]

통보자 강용주는 구미학생간첩단 사건에 가담하였다는 이유로 체포된 후 국가보안법 위반 혐의로 기소되어 1986년 1월 20일 무기징역형을 선고받았고, 1986년 9월 23일 대법원의 상고 기각으로 그 형이 확정되었다. 그는 사상전향제도 하에서 비전향 좌익 확신범으로 분류되어[84] 13년 동안 독방구금 상태에서 복역하다가 1999년 일반사면으로 석방되었다. 규약위원회는 대한민국에 대하여 규약 선택의정서가 발효된 후의 8년을 포함한 13년의 장기 독방구금은 당사자 본인에게 너무나도 엄중하고 근본적인 영향을 끼치는 것이므로, 이를 정당화하기 위해서는 최대한의 진지하고 상세한 설명이 필요하다고 하였다. 그러나 당사국이 이처럼 장기간 통보자를 독방구금하면서 그 근거를 오로지 통보자의 추정적인 정치적 견해에만 두는 것은 그와 같은 특별히 높은 정당화의 수준을 만족시키지 못하는 것으로, 통보자의 고유한 존엄성을 보호하는 제10조 제1항 및 교정과 사회복귀가 구금의 핵심적 목표가 될 것을 요구하는 제10조 제3항을 위반하는 것이라고 하였다.

(2) 외부와의 접촉 차단

수용자의 외부와의 의사소통은 사회적 존재로서의 인간의 본성을 유지하기 위해 필요할 뿐만 아니라, 가족관계와 사회적 기반의 유지를 통해 안정된 수용생활을 이어나가고 출소

---

80) Concluding Observations on Denmark, CCPR/CO/70/DNK(2000), para.12.
81) Concluding Observations on USA, CCPR/C/USA/CO/4(2014), para.20. 그 외에도 에스토니아에 대하여는 탈영병에 대한 3개월 이하의 독방구금 가능성에 대한 우려를 표시하였다. Concluding Observations on Estonia, CCPR/CO/77/EST(2003), para.11.
82) HRC General Comment No.20(1992), para.6.
83) 그 이유는 통보자의 독방구금에 관한 주장의 초점이 제7조가 아닌 제10조 제1항에 맞추어져 있었기 때문이라는 설명으로, Joseph & Castan's Commentary(2013), para.9.219.
84) 대한민국의 비전향 장기수에 대한 가혹한 구금 조건 전반에 대한 설명으로는, 최정기, 비전향 장기수 - 0.5평에 갇힌 한반도(책세상, 2000), pp.55-99가 유용하다.

후 원만한 사회생활을 영위하는 데에 기여할 수 있으므로,[85] 수용자에게 핵심적으로 보장되어야 하는 권리 중의 하나이다. 규약위원회는 *Estrella v. Uruguay* 사건(1990)에서 수용자의 서신에 대한 통제와 검열은 규약 제17조(사생활의 비밀과 자유)에 합치되는 수준이어야 할 뿐만 아니라 제10조에서 요구하는 인도적 대우의 기준에도 부합하여야 함을 명백히 하면서, 특히 수용자는 필요한 감독 하에 그들의 가족 및 친지와 정기적으로 의사소통을 할 수 있어야 한다고 판단하였다.[86] 수용자에게는 가족뿐 아니라 변호인과의 접견 등의 기회도 보장되어야 한다.[87] 규약위원회가 개인통보 사건에서 가족 또는 변호인과의 의사소통이 차단되어 제10조 제1항 위반에 해당한다고 본 여러 결정례가 있다.[88]

외부차단구금(incommunicado)은 접견, 서신수수, 전화통화 등 변호인·가족·친지와의 모든 의사소통이 차단되는 형태의 구금을 말한다. 독방구금은 많은 경우에 외부차단구금의 핵심 부분을 구성한다.[89] 규약위원회는 우루과이에 관한 초기의 사건들에서 수개월 동안 이어진 외부차단구금이 제10조 제1항 위반에 해당한다고 판단하였으나,[90] 규약위원회가 규약 제7조에 관한 일반논평 제20호에서 당사국들이 외부차단구금을 금지하는 명시적인 조항을 입법해야 한다[91]고 언급한 이후 제기된 *McCallum v. South Africa* 사건(2010)에서는 1개월 동안의 외부차단구금에 대해 제7조 위반을 인정하였다.[92] 그러나 다른 한편으로 2주간의 외부차단구금이 문제되었던 *Arutyunyan v. Uzbekistan* 사건(2004)에서는 제10조 제1항 위반을 인정하면서 제7조에 대해서는 따로 판단할 필요가 없다고 보았다.[93]

---

85) 신양균(전게주 5), p.188.
86) *Estrella v. Uruguay*, Communication No. 74/1980(1990), para.9.2. 넬슨 만델라 규칙 제58조 제1항에서도 수용자에게는 필요한 감독 하에 정기적으로 서신, 접견 등의 방법에 의한 가족 또는 친지와의 의사소통이 허용되어야 한다고 규정하고 있다.
87) 넬슨 만델라 규칙 제61조 참조.
88) *Kozulina v. Belarus*, Communication No. 1773/2008(2014), paras.9.3,9.5(변호인의 접견을 거부); *Mukhtar v. Kazakhstan*, Communication No. 2304/2013(2015), para.7.3(가족 및 변호인과의 접견을 거부); *Ortikov v. Uzbekistan*, Communication No. 2317/2013(2016), para.10.4(변호인과 부인의 면회를 제한) 등.
89) A/66/268, para.44.
90) *Valentini de Bazzano v. Uruguay*, Communication No. 5/1977(1984), para.10; *Pietraroia v. Uruguay*, Communication No. 44/1979(1984), para.17; *Cubas Simones v. Uruguay*, No. 70/1980 (1982), para.12.
91) HRC General Comment No.20(1992), para.11.
92) *McCallum v. South Africa*, Communication No. 1818/2005(2010), para.6.5.
93) *Arutyunyan v. Uzbekistan*, Communication No. 917/2000(2004), para.6.2.

라. 기타 비인도적 대우로 인정된 사례의 유형

(1) 교도관이나 다른 피구금자에 의한 위해의 방치

당사국은 교도관이나 다른 피구금자의 신체적, 정신적 폭력 등으로부터 피구금자를 보호하여야 할 의무가 있다.[94] 규약위원회는 크로아티아에 대한 최종견해에서 동료 수형자에 의한 학대에 당사국이 제대로 대처하지 못하는 점에 대한 우려를 표명하였다.[95]

규약위원회는 당사국이 피구금자를 결핵 등의 전염병을 앓고 있는 다른 피구금자[96] 또는 정신적 문제로 인하여 특별한 처우를 요하는 다른 피구금자[97]로부터 적절히 분리하여 보호하지 못한 것에 대하여 우려를 표명한 바 있다.

(2) 피구금자의 사생활 침해

넬슨 만델라 규칙 제11조 (가)에서는 "남자와 여자는 가능한 한 분리된 시설에 구금되어야 하고, 남자와 여자를 함께 수용하는 시설에서는 여자용으로 사용되는 설비의 전체를 완전히 분리하여야 한다"고 규정하고 있다. *Tshidika v. Congo* 사건(2015)에서 규약위원회는 남성과 여성 피구금자를 분리하여 수용함으로써 수용자의 사생활과 존엄성을 보호하여야 함에도 그러한 조치가 취하여지지 않은 것은 제10조 제1항 위반에 해당한다고 판단하였다.[98] 특기할 것은 본 사건에서 통보자는 남성이었다는 점이다. 즉, 남성과 여성 피구금자의 분리는 남성과 여성 모두의 사생활과 존엄성을 보호하기 위한 것이라는 점을 위 결정을 통하여 알 수 있다. 한편, 여성 수용자의 사생활을 특히 보호하기 위하여 여성 수용자들은 여성 교도관에 의하여 감호되어야 한다.[99] 규약위원회는 캐나다에 대한 최종견해에서 여성 교정시설에서 여성 수용자와 직접 접촉하는 남성 교도관을 채용하는 관행을 중단할 것을 권고하였고,[100] 미국에 대한 최종견해에서는 여성 수용자 구역에 남성 교도관이 출입할 때에는 항상 여성 교도관을 동반하도록 하는 입법을 촉구하였다.[101]

---

94) Joseph & Castan's Commentary(2013), para.9.216.

95) Concluding Observations on Croatia, CCPR/CO/71/HRV(2003), para.14.

96) Concluding Observations on Turkmenistan, CCPR/C/TKM/CO/2(2017), paras.22-23.

97) Concluding Observations on Cambodia, CCPR/C/KHM/CO/2(2015), para.14; Concluding Observations on Switzerland, CCPR/C/CHE/CO/4(2017), paras.38-39.

98) *Tshidika v. Congo*, Communication No. 2214/2012(2015), para.6.5.

99) HRC General Comment No.28(2000), para.15.

100) Concluding Observations on New Zealand, CCPR/C/NZL/CO/5(2010), para.16.

101) Concluding Observations on United States, CCPR/C/USA/CO/3/Rev.1(2006), para.33.

(3) 취약한 지위에 있는 피구금자에 대한 특별한 배려의 결여

피구금자가 소수 인종이나 정신적·신체적 장애, 노령 등으로 인하여 수용생활에 취약한 조건을 갖고 있는 경우에는 그와 같은 점을 특히 고려한 조치가 이루어져야 한다. *Hamilton v. Jamaica* 사건(1999)[102]에서는 하지마비의 장애가 있는 통보자에 대하여 교정당국이 그에 상응하는 적절한 조치를 취하지 아니한 점이 문제되었다.

통보자는 척추 아래쪽에 입은 총격으로 인하여 하지가 마비되었고, 이로 인해 다른 수용자들의 도움 없이는 교정시설 내에서 이동이 불가능하였다. 또한 통보자는 요강을 스스로 수용거실 밖으로 옮길 수 없었으므로 다른 수용자들에게 돈을 주며 요강을 치워 줄 것을 부탁해야 했고, 돈을 마련하지 못한 경우에는 요강을 치우지 못한 상태로 지내야 했다. 규약위원회는 통보자가 장애인으로서 겪은 어려움에 대하여 당사국이 향후 적절한 조치를 취하겠다는 입장을 표명한 외에는 달리 통보자 주장에 대한 반박이 존재하지 않았으므로, 통보자가 인도적이고 인간으로서의 고유한 존엄성을 존중받으며 대우받지 못하였다고 판단하여 제10조 제1항 위반을 인정하였다.

Ⅲ. 미결수용자에 대한 대우

제10조 제2항 (가)는 미결수용자와 수형자의 분리수용을 원칙으로 선언하고 있는바, 이는 규약 제14조 제2항에 따라 미결수용자에게 보장되는 무죄로 추정받을 권리에 상응하는 것이다.[103]

위 조항의 문언도 제10조 제1항과 마찬가지로 인권위원회에서의 프랑스의 제안에 기초하고 있는데, 프랑스의 초안에는 "미결수용자는 수형자와 동일한 대우를 받아서는 안 된다"[104]고 표현되어 있다. 그러나 위와 같은 표현이 반드시 미결수용자에 대한 더 나은 대우를 의미한다고 볼 수는 없기에, 영국의 수정 제안에 따라 현재와 같은 내용으로 인권위원회에서 최종 성안되었다.[105] 다만 이 단계에서는 아직 "예외적인 경우를 제외"한다는 표현은 포함되어 있지 않았다.

---

102) *Hamilton v. Jamaica*, Communication No. 616/1995(2000).

103) HRC General Comment No.21(1992), para.9.

104) 원문은 다음과 같다. "Accused persons shall not be subjected to the same treatment as convicted persons". E/2256, p.54(F). Bossuyt's Guide(1987), p.226에서 재인용.

105) A/2929, Chap. Ⅵ, para.41. Bossuyt's Guide(1987), p.226에서 재인용.

UN 총회 제3위원회의 논의 당시 몇몇 당사국들은 분리수용에 관하여 당사국이 부담하여야 하는 의무가 지나치게 엄격하다는 이의를 제기하였고, 이에 네덜란드는 "통상적으로 (normally)"라는 문언을 추가할 것을 제안하였다.[106] 그러나 위와 같은 문언이 위 조항의 규범력을 부당하게 약화시킬 수 있다는 우려가 다시 제기됨에 따라, 결국 현재의 "예외적인 경우를 제외"한다는 문언으로 대체되었다.[107] 이러한 문언에 대하여도 여전히 예외가 남용될 가능성에 대한 우려가 제기되었으나, 결국 위 조항은 찬성 27, 반대 25, 기권 16의 근소한 표차로 가결되었다.[108] 이와 같은 입법적 연혁은 분리수용에 대한 예외는 매우 엄격하게 인정되어야 함을 시사한다는 견해가 있다.[109]

미결수용자의 분리수용은 반드시 미결수용자와 수형자를 별도의 건물에 수용하여야 한다는 의미로 받아들여야 하는가? 이 점에 대하여는 *Pinkney v. Canada* 사건(1981)에서 다루어진 바 있다.

미국인인 통보자는 캐나다에 체류하던 중 체포된 후 공갈죄로 기소되었다. 통보자는 미결수용자로 Lower Mainland Regional Correctional Centre에 구금되어 있는 동안 수형자들과 분리수용되지 않은 것이 제10조 제2항의 위반에 해당한다고 주장하였다. 이에 대하여 당사국은 위 교정시설에서는 다른 수형자들로부터 위해를 당할 우려로 인하여 보호가 필요한 수형자들에 대한 보호수용(protective custody) 조치를 시행하고 있는데, 그러한 조치의 일환으로 이들로 하여금 미결수용자 구금 구역에서 배식과 청소 업무를 하도록 하되, 직무 수행에 불가피한 경우를 제외하고는 미결수용자들과 접촉을 하지 않도록 하고 위 구역의 분리된 층에 별도로 수용하고 있음을 설명하고, 이러한 조치가 제10조 제2항에 위반되는 것은 아니라고 답변하였다. 규약위원회는 제10조 제2항 (가)의 분리수용은 미결수용자를 반드시 수형자와 별도의 건물에 수용하여야 한다는 것은 아니고, 별도의 구역(separate quarter)에 수용하여야 한다는 의미로 해석된다고 판단하였다. 또한, 당사국이 설명한 바에 따른 조치는 미결수용자와 수형자의 접촉이 수형자의 직무 수행에 필요한 최소한도로 엄격하게 유지된다는 조건 하에서라면 제10조 제2항 (가)에 위반되는 것이라고 볼 수 없다고도 하였다. 이에 통보자의 제10조 제2항 위반에 관한 주장은 받아들여지지 않았다.

---

106) A/4045, para.72. Bossuyt's Guide(1987), p.227에서 재인용.
107) A/4045, para.80, Bossuyt's Guide(1987), p.226에서 재인용.
108) A/4045, para.80, 85(c). Bossuyt's Guide(1987), p.227에서 재인용.
109) Nowak's CCPR Commentary(2019), para.20.

위 조항은 미결수용자에 대하여 그 지위에 상응하는 보호를 제공하는 것을 목적으로 하기 때문에, 수형자가 미결수용자로부터 분리수용이 이루어지지 않았다는 점을 근거로 하여 제10조 제2항 (가)의 위반을 주장할 수 있다고는 보이지 아니한다.[110]

규약위원회가 제10조 제2항 (가)의 위반을 인정한 사례[111]는 그리 많은 편은 아니다. 다만 최종견해에서는 분리수용이 제대로 시행되지 아니한 예가 꾸준히 지적되고 있다.[112]

Ⅳ. 수형제도의 목적

제10조 제3항 제1문에서는 교정 체계의 본질적인 목적은 수형자의 교정(reformation)과 사회복귀(social rehabilitation)에 있음을 천명하고 있다. 위 조항은 당사국이 수형자의 처우에 관하여 채택하여야 할 정책에 관한 규정이라는 점에서 규약에 포함시키는 것에 다소 논쟁적인 측면이 있다는 평가가 있다.[113]

위 조항이 국가가 형벌을 부과하는 목적에 응보적 관점이 완전히 배제되어야 한다는 요구를 하는 것으로 볼 수는 없고, 다만 응보만이 유일한 형벌의 목적이 되어서는 안 된다는 의미를 포함한 것으로 보아야 한다.[114] 교정과 사회복귀라는 목적 달성을 위해서 당사국은 수형자에 대한 교육, 재교육, 취업 지도와 직업훈련 등의 기회를 제공하여야 하고, 석방 후 지원 프로그램도 마련할 필요가 있다.[115] 구체적으로 어떤 대우가 위와 같은 목적 달성을

---

110) 같은 취지로, Joseph & Castan's Commentary(2013), para.9.235. *Minogue v. Australia* 사건(2004)에서 통보자는 수형자인 자신이 미결수용자로부터 분리되어 수용되지 않은 것이 제10조 제2항 (가)의 위반이라고 주장하였고, 이에 대하여 당사국은 수형자인 통보자가 위 조항 위반을 주장할 수 없다고 답변한 바 있다. 그러나 호주는 규약 가입 당시 제10조 제2항 (가)에 대하여 분리수용의 원칙은 점진적으로 달성하여야 할 목표라는 이유를 들면서 유보하였으므로, 통보자의 위 조항 위반 주장은 그로 인하여 각하되었다. *Minogue v. Australia*, Communication No. 954/2000(2004), para.6.5.

111) *Wolf v. Panama*, Communication No. 289/1988(1992), para.6.8; *Morrison v. Jamaica*, Communication No. 663/1995(1998), para.8.3; *Lewis v. Jamaica*, Communication No. 708/1996(1997), para.8.5; *Wilson v. Philippines*, Communication No. 868/1999(2003), para.7.3; *Gorji-Dinka v. Cameroon*, Communication No. 1134/2002(2005), para.5.3.

112) 예컨대, Concluding Observations on Albania, CCPR/CO/82/ALB(2004), para.16; Concluding Observations on Thailand, CCPR/CO/84/THA(2005), para.16; Concluding Observations on Jamaica, CCPR/C/JAM/CO/3(2011), para.23; Concluding Observations on Ireland, CCPR/C/IRL/CO/4(2014), para.15.

113) Joseph & Castan's Commentary(2013), para.9.241.

114) HRC General Comment No.21(1992), para.10.

115) HRC General Comment No.21(1992), paras.10,11; Concluding Observations on Belgium, CCPR/C/79/Add.99(1998), para.19(당사국에 대하여 전과자들이 재범을 저지르지 않고 사회에 재통합될 수 있

위한 방법에 해당하는지는 원칙적으로 당사국이 스스로 선택할 수 있다는 점에서,[116] 제10조 제3항이 위반되어 통보자의 권리가 구체적으로 침해되었다는 주장을 성공적으로 펼치기는 쉽지 않다. 예컨대 *Jensen v. Australia* 사건(2001)[117]의 경우 통보자는 교도소에서의 강도 높은 치료의 결과 사회복귀와 재통합에 충분히 준비되어 있음에도 불구하고 당사국이 형의 집행을 계속 이어나가는 것은 제10조 제3항 위반에 해당한다고 주장하였다. 그러나 규약위원회는 당사국의 교정 체계를 살펴볼 때 교정과 사회복귀를 위한 다양한 프로그램과 메커니즘이 준비되어 있는 반면, 통보자가 당사국의 제10조 제3항 위반에 관한 실질적 주장을 펼치지 못하였다고 하면서 이 부분 주장을 각하하였다. 한편, *Kang v. Republic of Korea* 사건(2003)에서 제10조 제3항 위반이 인정된 것은 통보자에 대한 독방구금이 전적으로 그의 사상전향 거부에 근거하였다는 점에서 응보만이 그와 같은 처우의 유일한 목적이 되었기 때문이다.

규약위원회는 미국에 대하여 일부 최고보안등급 교정시설에서 주당 5시간 동안만 수용거실 밖에서의 활동을 허용하고, 비인격화된 환경에서 엄격하게 통제된 조건 속에서 운영되고 있는 등의 사정은 제10조 제3항의 요청과 조화되기 어려움을 지적하였고,[118] 영국에 대하여는 수형자에 대한 선거권 박탈이 제10조 제3항의 요청을 충족시키지 못한다고 언급한 바 있다.[119]

V. 미성년 수용자에 대한 대우

1. 미성년인 피구금자에 대한 특별한 보호

제10조 제2항 (나)와 제10조 제3항에서는 당사국이 미성년인 피구금자를 특별히 보호할 의무를 명시함으로써, 제14조 제4항(형사재판에서 미성년자에 대한 대우)과 함께 형사절차의

도록 구금 기간과 석방 기간 모두에 대하여 재사회화 프로그램을 발전시킬 것을 촉구함).

116) *Radosevic v. Germany*, Communication No. 1292/2004(2005), para.7.3.

117) *Michael Jensen v. Australia*, Communication No. 762/1997(2001).

118) Concluding Observations on USA, CCPR/C/USA/CO/3/Rev.1(2006), para.32.

119) Concluding Observations on United Kingdom of Great Britain and Northern Ireland, CCPR/C/GBR/CO/6(2008), para.28. 영국은 1983년 국민대표법(Representation of the People Act 1983) 제3조 제1항에 수형자의 투표권을 박탈하는 내용의 규정을 두었는데, 유럽인권재판소는 *Hirst v. United Kingdom* 사건(2005)에서 위 법률에서와 같이 모든 수형자에 대하여 형기, 범죄의 성격이나 죄질, 개인의 상황과 관계없이 자동으로 투표권을 박탈하는 것은 협약 가입국의 재량 범위를 넘는 것으로서 유럽인권협약에 위반된다고 판단하였다. 그럼에도 불구하고 영국은 위 판결에 따라 법률을 개정하는 조치를 취하지 않고 있었으므로, 규약위원회는 이 점에 대한 우려를 표명한 것이다.

맥락 내에서 아동의 권리에 관한 일반조항인 규약 제24조를 강화하는 역할을 한다.[120] 제10조에 미성년자의 특별한 보호에 관한 조항이 필요하다는 주장은 UN 제3위원회 논의 당시 실론(현 스리랑카)에 의하여 처음 제기되었고, 이후 문구에 대한 일부 수정을 거쳐 현재의 조문 형태로 가결되었다.[121]

위 두 조항에서는 미성년자의 연령 상한에 대하여 명시하고 있지 않다. 규약위원회는 일반논평 제21호에서, 원칙적으로 미성년자의 연령은 당사국이 각국의 사회적, 문화적 조건 등에 비추어 결정할 문제라고 하면서도, 18세 미만의 사람에 대한 사형 선고를 금지하는 제6조 제5항에서 시사하는 바와 같이 최소한 형사사법의 영역에서 18세 미만의 사람은 미성년자로 파악되어야 한다는 입장을 취하고 있다.[122]

아동의 권리에 관한 협약 제37조 제3항에서도 규약 제10조와 유사한 취지의 규정을 두고 있다. 즉, 위 조항에서는 "자유를 박탈당한 모든 아동은 인도주의와 인간 고유의 존엄성에 대한 존중에 입각하여 그리고 그들의 연령상의 필요를 고려하여 처우되어야 한다. 특히 자유를 박탈당한 모든 아동은 성인과 함께 수용되는 것이 아동 최상의 이익에 부합한다고 판단되는 경우를 제외하고는 성인과 분리되어야 하며, 예외적인 경우 외에는 서신과 면회를 통해 가족과 연락할 권리를 가진다."고 규정한다. 규약위원회는 당사국에 대하여 국가보고서에 「소년사법 운용에 관한 UN 최저기준규칙(이른바 '베이징 규칙')[123]의 적용 여부를 밝힐 것을 요구하고 있다.[124]

2. 미성년 미결수용자에 대한 처우

제10조 제2항 (나)의 전단에서는 당사국이 미성년 미결수용자를 성인과 분리하여 수용할 의무에 대하여 규정하고 있다. 위 조항은 미결수용자와 수형자의 분리수용 원칙에 대한 예외를 인정하는 제10조 제2항 (가)와는 달리, 당사국에게 미성년 미결수용자를 성인으로부터 분리할 절대적 의무를 부과한다. *Koreba v. Belarus* 사건(2010)에서 규약위원회는 당사국이 17세의 미성년자인 통보자를 체포한 후 11일 동안 중범죄자를 포함한 성인들과 함께 구금한 조치는 제10조 제2항 (나)의 위반에 해당한다고 판단하였다.[125]

위 조항의 후단에서는 당사국이 미성년의 미결수용자를 "가능한 한 신속히" 재판

120) Joseph & Castan's Commentary(2013), para.9.237.
121) A/4045, paras.82,83. Bossuyt's Guide(1987), p.232에서 재인용.
122) HRC General Comment No.21(1992), para.13.
123) United Nations Standard Minimum Rules the Administration of Juvenile Justice, 1987.
124) HRC General Comment No.21(1992), para.13.
125) *Koreba v. Belarus*, Communication No. 1390/2005(2010), para.7.4.

(adjudication)에 회부할 의무에 대하여 규정하고 있다. 위 조항은 미성년자에 대한 재판 전의 구금 기간을 최소화하고자 하는 데에 목적이 있는 것으로,[126] 제9조 제3항에서 범죄 혐의로 체포된 모든 사람에 대하여 "합리적인 기간 내에" 재판을 받을 권리를 보장하는 것보다 더욱 강화된 보호를 미성년자에게 제공하는 것이다.[127] 규약위원회는 *Berezhnoy v. Russian Federation* 사건(2016)에서 16세의 미성년자인 통보자를 체포하여 기소한 때로부터 1년이 넘은 시점까지 심리가 개시되지 않았다는 사실과 관련하여, 당사국이 그러한 심각한 절차적 지연에 대한 적절한 설명을 제공하고 있지 않은 이상 통보자의 제10조 제2항(나)에 따른 신속한 재판을 받을 권리가 침해되었다고 판단하였다.[128]

위 조항에서의 재판(adjudication)은 제9조 및 제14조의 재판(trial)보다는 넓은 의미로 해석된다. 즉, 법원에 의한 형사재판만을 의미하는 것이 아니라, 소년 범죄에 관한 심리와 판단 권한이 있는 비사법기구의 절차도 포함한다.[129]

3. 미성년 범죄자에 대한 대우

제10조 제3항에서는 당사국에 대하여 미성년 범죄자를 성인으로부터 분리수용하고, 연령 및 법적 지위에 적합한 대우를 할 것을 요구하고 있다. 예컨대 미성년 범죄자의 노역 시간을 성인보다 단축하고, 가족 및 친척과의 접촉을 늘리는 등의 조치가 그러한 대우에 포함될 수 있다.[130]

규약위원회는 *Thomas v. Jamaica* 사건(1999)[131]에서 당사국이 15세에 형을 선고받은 통보자를 성인 수형자들과 함께 수용한 것은 제10조 제3항 위반에 해당한다고 판단하였다. 미성년자에게 적합하지 아니한 대우가 문제된 사례로는 *Brough v. Australia* 사건(2006)[132]이 있다.

통보자는 경미한 수준의 정신장애가 있는 17세의 어보리진(호주 원주민)이다. 그는 강도, 폭행 등으로 징역형을 선고받은 후 Kariong Juvenile Detention Centre에 수용되어 있다가 위 교정시설에서 일어난 폭동에 가담한 후 성인 교정시설인 Parklea

---

126) Nowak's CCPR Commentary(2019), para.25.
127) HRC General Comment No.35(2014), para.59.
128) *Berezhnoy v. Russian Federation*, Communication No. 2107/2011(2016), para.9.4.
129) Nowak's CCPR Commentary(2019), para.25; Taylor's Commentary(2020), p.311.
130) HRC General Comment No.21(1992), para.13.
131) *Thomas v. Jamaica*, Communication No. 800/1998(1999).
132) *Brough v. Australia*, Communication No. 1184/2003(2006).

Correctional Centre로 이감되었다. 통보자는 다른 수용자들과 혼거수용될 경우 다른 수용자들이나 위 교정시설의 안전을 위협할 수 있다는 점을 근거로 외부와의 소통이 단절된 채 2개월 넘게 독방구금되었고, 감시카메라 렌즈를 가리는 행동을 하였다는 이유로 속옷을 제외한 나머지 의복 및 담요를 포함하여 렌즈를 가릴 수 있는 모든 물건을 이틀 동안 빼앗겼으며, 72시간 동안 인공조명이 켜진 상태로 구금되었다. 통보자는 독방구금이 장기화되면서 자살 시도를 포함하여 반복되는 자해를 하는 등 심리적 상태가 점차 부정적 방향으로 발전하였으나, 교정 당국은 신경억제제를 투여하는 외에 통보자에 대하여 심리 치료 등의 기회를 제공하지 않았다. 규약위원회는 당사국이 제10조 제3항 및 제24조 제1항에 따라 미성년 범죄자에 대하여 그의 연령과 법적 지위에 맞는 처우를 하여야 함에도 불구하고, 당사국이 통보자를 외부와 단절된 상태로 독방에 장기간 구금하고 장기간 인공 채광에 노출되도록 하였으며, 의복과 담요를 빼앗은 것은 그가 미성년자일 뿐만 아니라 장애와 어보리진이라는 점으로 인하여 취약한 지위에 있다는 점과 상응하지 않는 대우라고 지적하였다. 이에 규약위원회는 통보자에 대한 당사국의 대우가 규약 제10조 제1항, 제3항에 위반된 것이라고 판단하였다.

Blessington and Elliot v. Australia 사건(2014)[133]에서는 미성년자에 대한 가석방 없는 무기징역형이 제10조 제3항에 부합하는지 여부가 다루어졌다.

통보자들은 14세 또는 15세의 미성년자일 당시 여성을 납치하여 강간하고 살해했다는 혐의로 기소되어 무기징역형을 선고받았다. 담당 판사는 무기징역형을 선고하면서 이들이 저지른 범죄의 야만성에 비추어 볼 때 이들의 낮은 연령에도 불구하고 장래에 가석방을 하지 않을 것을 권고한다고 하였으나, 선고 당시의 관련 법률에 따르면 판사의 위 권고에는 아무런 법적 효력이 없었다. 선고 후 법 개정에 따라 통보자들은 30년의 형 집행기간이 도과한 후에 비로소 형기 조정을 신청할 수 있게 되었는데, 형기 조정 신청이 있는 때에 New South Wales 주의 가석방 위원회는 가석방 금지 기간의 종기만을 결정할 수 있고, 가석방 금지 기간의 종기가 도과하면 사망이 임박하였거나 신체 활동이 불가능한 상태에 이르렀을 때에만 가석방이 가능하였다. 규약위원회는 미성년자에 대한 무기징역형의 선고는 그들이 저지른 범죄 및 제반 정황의 중대성에도 불구하고 재사회화를 위한 구체적인 진전이 있을 경우에는 가석방이 현실적으로 가능하여야

---

133) *Blessington and Elliot v. Australia*, Communication No. 1968/2010(2014).

만 제10조 제3항에 부합할 수 있는 것이라고 하였다. 제10조 제3항에 따라 미성년 범죄자를 연령과 법적 지위에 맞게 처우한다는 것은 장래의 그 어떤 개인과 사회의 발전에도 불구하고 미성년자로서 한 행동으로 인하여 평생 동안 재사회화와 석방이 불가능하다는 단정적인 결론을 내리는 것을 배제한다는 것이기 때문이다. 규약위원회는 18세 미만의 사람이 저지른 범죄에 대하여는 가석방 없는 무기징역형이 선고되어서는 안 된다는 아동의 권리에 관한 협약 제27조 (가)항이 규약 해석에 유용한 준거가 될 수 있다고 하였다. 이러한 판단을 전제로, 규약위원회는 통보자들이 가석방 신청을 하기 위하여 감내하여야 하는 수형 기간과 가석방의 까다로운 요건, 통보자들이 범행 당시 미성년자였다는 점을 종합할 때, 이들에 대한 무기징역형은 규약 제7조, 제10조 제3항, 제24조에 위반되는 것이라는 결론을 내렸다.

Ⅵ. 한국의 실행

1. 피구금자 보호에 관한 법체계

가. 교정시설의 수용자에 대한 기본권 보호

(1) 형의 집행 및 수용자의 처우에 관한 법률

교정시설에 구금된 수용자의 처우는 1951년 3월 2일 제정된 행형법에 의하여 규율되기 시작하였다. 그러나 제정 행형법은 그 내용과 형식에 있어서 일본 감옥법을 크게 벗어나지 못하였다.[134] 1961년의 행형법 전면개정(제1차 개정)으로 우리나라의 독자적인 행형제도 시행의 발판이 마련되기는 하였으나, 여전히 수용자에 대한 강제적 규율의 확보와 교정시설의 안전한 관리에 초점이 맞추어져 있을 뿐 수형자의 교화와 사회복귀를 위한 처우라는 근대 행형의 이념이 표명되었다고 볼 수 없었고, 수용자의 기본권 보호 필요성에 대한 고려도 부족하였다.[135] 이처럼 법령 자체에 의한 수용자 기본권 보호 체계가 미비한 상태에서 1990년대부터 헌법재판소와 국가인권위원회[136]가 내린 일련의 결정들은 교정행정에 실질적 법치주의가 뿌리내리게 하고 수용자 인권 보호에 관한 사회 전반의 인식을 강화하는 데

---

134) 이언담, 한국교정 70년의 회고 – 수용자 기본권 확장을 중심으로 –, 교정연구 제69호(2015), p.50.
135) 박상열, 행형법개정의 의의, 교정연구 제47호(2010), p.9.
136) 국가인권위원회가 교정 분야에서 가혹행위, 의료 및 보호조치 소홀, 부당한 처우, 서신수수 및 집필권 침해, 부당한 징벌이나 보호장치(계구)의 사용 등과 관련하여 다수의 진정을 접수, 처리하고 교정시설의 직원에 대한 인권교육을 통하여 인권침해적 시설과 처우를 개선하고 구금시설 수용문화를 개선하는 등의 성과를 거두었다는 긍정적인 평가로, 김태명, 행형법 개정과 수용자의 권리구제제도, 교정연구 제35호(2007), p.170.

에 강력한 영향을 미쳤다. 위 기관들이 주도한 변화의 흐름을 이어 받아 2004년부터 행형법의 전면 개정이 추진되었고, 2007. 12. 21. 법률 제8728호로 행형법의 전부개정 법률인 「형의 집행 및 수용자의 처우에 관한 법률」(이하 형 집행법)이 공포되고 2008. 12. 22. 시행되기에 이르렀다.[137] 형 집행법으로 행형법을 전부개정한 가장 중요한 의의는 법률의 규정에 의하여 국가가 수용자의 자유와 권리를 제한하는 범위와 그 한계를 분명히 하고자 하였다는 점이다.[138]

교정시설 수용자 인권의 관점에서 주목할 만한 형 집행법의 주요 내용은 다음과 같다.[139]

첫째, 종래에 존재하였던 차별금지 규정에 장애·나이·출신지역·출신민족·용모 등 신체조건·병력, 혼인 여부, 정치적 의견 및 성적 지향 등의 사항을 추가(제5조)함으로써 국가인권위원회법에서 규정하고 있는 차별금지 사유를 전부 포괄하였다.

둘째, 집필에 대한 사전허가제를 폐지(제49조)하였고, 접견 및 서신수수의 허가제를 폐지(제41조, 제43조 제1항)하고 서신 무검열 원칙을 도입(제43조 제4항)하였으며, 중요사항과 관련한 가족통지 규정을 신설(제21조, 제37조)하고 귀휴요건을 완화(제77조)하는 등으로 수용자의 외부교통권을 강화하였다. 또한, 종교의 자유(제45조)를 확대하여 보장하는 내용을 규정하였다.

셋째, 교정시설 신축 시 원칙적으로 수용규모가 500명 이내가 되도록 하고, 교정시설의 설비기준을 규정하는 등 수용환경의 개선을 꾀하였다(제6조).

넷째, 행형의 목표는 수형자의 교정·교화와 건전한 사회복귀를 도모하는 것임을 명확히 하고, 수형자의 교정·교화와 사회적응능력 함양을 위하여 수형자의 개별적 특성에 알맞은 개별처우계획을 수립하도록 하였다(제56조, 제57조).

다섯째, 여성·노인·장애인 수용자를 특별히 보호하기 위하여 신체적·심리적 특성, 나이·건강상태 및 장애의 정도 등을 고려하여 그 처우에 있어 적정한 배려를 하도록 하고, 외국인 수용자에 대하여는 언어·생활문화 등을 고려하여 적정한 처우를 하도록 하였다(제50조, 제54조).

---

137) 수용자 인권의 관점에서 볼 때, 1995년의 제5차 개정은 미결수용자에 대한 처우를 강화하였다는 점에서, 1999년의 제7차 개정은 수용자에 대한 인권존중의 원칙 및 차별금지 원칙을 천명하고 수용자의 외부교통권, 집필권을 보장하였다는 점에서 의의가 있다.
138) 박상열(전게주 134), p.22. 다만, 위 법에 대하여도 여전히 수용자의 권리에 관한 법률적 기초가 미약하고, 향상된 사회 전반의 인권 의식을 충분히 반영하지 못하고 있다는 지적이 존재한다. 국가인권위원회 용역보고서, 교정시설 수용자의 인권 및 처우 개선방안에 대한 연구 — 「형의 집행 및 수용자의 처우에 관한 법률」 중심으로 — (2022. 11.), p.1.
139) 이하 내용은 금용명(전게주 6), pp.92-93을 참조함.

여섯째, 미결수용자는 무죄추정에 합당한 처우를 받는다는 원칙을 명시하고, 미결수용자가 규율 위반으로 조사를 받거나 징벌 집행 중이라 하더라도 소송서류의 작성, 변호인과의 접견, 편지수수 등 수사 및 재판과정에서의 권리행사를 보장하였다(제79조, 제84조, 제85조).

(2) 수형자와 미결수용자의 기본권 보장에 관한 헌법재판소의 판례

헌법재판소는 재판소 설립 초기부터 수형자와 미결수용자의 기본권 제한은 구금목적에 필요한 한도 내에서만 법률의 근거에 따라 이루어져야 한다는 전제에서 행형법, 형 집행법의 개별 법령 및 교정시설 장 등의 수형자, 미결수용자에 대한 권력적 사실행위 다수에 대하여 위헌임을 확인하는 취지의 결정을 하였다. 수형자, 미결수용자의 기본권 제한의 범위에 관한 헌법재판소의 기본적인 입장을 정리하면 다음과 같다.

(가) 수형자의 법적 지위와 기본권 제한

징역형의 집행은 수형자를 일정한 장소에 구금하여 사회로부터 격리하고 그 자유를 박탈하여 이에 정역을 가함으로써 범죄에 대한 응보를 하는 것을 목적 중의 하나로 하므로, 수형자의 신체활동의 자유 등 기본권이 제한되기 마련이다. 그러나 그 이외의 권리나 자유에 대해서는 징역형 집행의 또 다른 목적인 수형자의 교화, 갱생을 도모하는 것과, 구금시설이 다수의 수형자를 구금하여 집단으로 관리하는 시설이므로 내부의 규율질서를 유지하여야 한다는 두 가지 요청으로부터 필요한 경우에 그 목적을 달성하기 위하여 합리적인 범위 내에서 제약을 가하는 것이 허용되는 데 불과하다.[140] 결국 수형자의 기본권 제한에 대한 구체적 한계는 헌법 제37조 제2항에 따라 구체적인 자유·권리의 내용과 성질, 그 제한의 태양과 정도 등을 교량하여 설정하게 되고, 수용시설 내의 안전과 질서를 유지하기 위하여 이들 기본권의 일부 제한이 불가피하다 하더라도 그 본질적인 내용을 침해하거나 과잉금지원칙을 위반하여서는 아니 된다.[141]

구체적인 사안에서 헌법재판소가 수형자의 기본권 보장과 관련하여 판시한 예를 소개한다. 수형자는 그 법적 지위의 특성상 일반인들과는 달리 강제로 격리되어 수용의 목적과 기능에 맞도록 설치된 구금시설에서 생활하여야 하나, 헌법 제35조 제1항에서 보장하는 건강하고 쾌적한 환경에서 생활할 권리를 구체화하고 있는 형 집행법[142]에 따라 '적정한 수준의 공간과 채광·통풍·난방을 위한 시설이 갖추어진 거실에서 건강하게 생활할 권리'를 가진

---

140) 헌법재판소 2013. 9. 26. 2011헌마398.
141) 헌법재판소 2005. 2. 24. 2003헌마289; 헌법재판소 2011. 10. 25. 2009헌마691.
142) 형 집행법 제6조 제2항에서는 "교정시설의 거실·작업장·접견실이나 그 밖의 수용생활을 위한 설비는 그 목적과 기능에 맞도록 설치되어야 한다. 특히, 거실은 수용자가 건강하게 생활할 수 있도록 적정한 수준의 공간과 채광·통풍·난방을 위한 시설이 갖추어져야 한다"고 규정하고 있다.

다.[143] 또한, 수형자는 민사, 행정, 헌법소송 등의 쟁송을 함에 있어 소송대리인인 변호사와의 접견을 통하여 조력을 받음으로써 재판청구권을 보장받아야 하는바, 자유형의 본질상 수형자에게는 외부와의 자유로운 교통·통신에 대한 제한이 수반되고, 이에 따른 재판청구권의 제한도 불가피하지만 이러한 제한 역시 교정시설의 목적과 특성, 즉 신체적 구속의 확보, 교도소 내의 수용질서 및 규율을 위해 필요한 한도를 벗어날 수 없다.[144] 수형자의 선거권 제한은 범죄자가 범죄의 대가로 선고받은 자유형의 본질에서 당연히 도출되는 것이 아니므로, 범죄자의 선거권 제한 역시 보통선거원칙에 기초하여 필요 최소한의 정도에 그쳐야 한다.[145]

(나) 미결수용자의 법적 지위와 기본권 제한

무죄가 추정되는 미결수용자의 자유와 권리에 대한 제한은 구금의 목적인 도망·증거인멸의 방지와 시설 내의 질서 및 안전 유지를 위한 필요 최소한의 합리적인 범위를 벗어나서는 아니 된다.[146] 또한, 미결구금은 수사 및 재판 등의 절차확보를 위해 불가피한 것이기는 하나 실질적으로 형의 집행에 유사한 자유의 제한을 초래하는 폐단이 있다는 것은 널리 인식되어 있는 사실이다. 미결수용자들은 구금으로 인해 긴장, 불안, 초조감을 느끼는 등 심리적으로 불안정한 상태에 빠지고 위축되며, 육체적으로도 건강을 해치기 쉽고, 자칫 열악하고 불리한 환경의 영향으로 형사절차에서 보장되어야 할 적정한 방어권 행사에 제약을 받거나 나아가 기본적 인권이 유린되기 쉽다. 그러므로 구금 자체의 폐단을 최소화하고 필요 이상으로 자유와 권리가 제한되는 것을 피하기 위해서, 그리고 이들의 형사절차상 방어권의 실질적 보장을 위해서는 규율수단의 선택에 있어 충돌되는 이익들간의 신중한 비교교량을 요하며, 통제의 효율성에만 비중을 두어서는 안 된다.[147] 나아가 무죄추정의 원칙이 적용되는 미결수용자에 대한 기본권 제한은 징역형 등의 선고를 받아 그 형이 확정된 수형자의 경우와는 달리 더 완화되어야 할 것이며, 이들의 권리는 가능한 한 더욱 보호됨이 바

---

143) 헌법재판소 2014. 6. 26. 2011헌마150.

144) 헌법재판소 2013. 9. 26. 2011헌마398(교도소장이 수형자와 헌법소원 사건의 국선대리인인 변호사의 접견내용을 녹음, 기록한 것은 수형자인 청구인의 재판청구권을 침해한 것임을 확인한 사례); 헌법재판소 2015. 11. 26. 2012헌마858(수형자와 소송대리인인 변호사의 접견을 일반 접견에 포함시켜 시간은 30분 이내, 횟수는 월 4회로 제한한 구 형 집행법 시행령이 수형자의 재판청구권을 침해한다고 보아 잠정적용 헌법불합치 결정을 한 사례).

145) 헌법재판소 2014. 1. 28. 2012헌마409 등(지나치게 전면적·획일적으로 수형자의 선거권을 제한한 공직선거법 제18조 제1항 제2호는 위헌적이라는 이유로, 잠정적용 헌법불합치 결정을 한 사례).

146) 헌법재판소 1999. 5. 27. 97헌마137 등; 헌법재판소 2001. 7. 19. 2000헌마546; 헌법재판소 2011. 12. 29. 2009헌마527.

147) 헌법재판소 2001. 7. 19. 2000헌마546.

람직하다.[148]

나. 출입국관리법상의 보호 대상이 된 외국인 피구금자의 기본권 보호

출입국관리법 제2조 제11호에서는 위 법에 따른 '보호'의 의미를 "출입국관리공무원이 제46조 제1항 각 호에 따른 강제퇴거 대상에 해당된다고 의심할 만한 상당한 이유가 있는 사람을 출국시키기 위하여 외국인보호실, 외국인보호소 또는 그 밖에 법무부장관이 지정하는 장소에 인치하고 수용하는 집행활동"으로 정의하고 있다. 그 용어 자체로는 구금이라는 실질이 명확히 드러나지 않으나, 피보호자의 의사에 반하여 일정기간 동안 일정 장소에 격리함으로써 신체의 자유를 제한한다는 점에서 출입국관리법상 '보호'는 실질적으로 구금에 해당한다.[149] 따라서 위 법에 따라 외국인보호소 등에 '보호'되어 있는 피보호자는 규약 제10조 제1항에 따른 대우를 받아야 한다.[150]

출입국관리법 제56조의3 제1항에서는 피보호자의 인권을 최대한 존중하여야 하고, 국적, 성별, 종교, 사회적 신분 등을 이유로 피보호자를 차별하여서는 아니 된다고 규정하고 있다. 같은 조 제3항에서는 환자, 임산부, 노약자, 19세 미만인 사람, 그에 준하는 사람으로서 지방출입국·외국인관서의 장이 특별히 보호할 필요가 있다고 인정하는 사람의 경우에는 특별히 보호하여야 한다고 규정한다. 피보호자에 대한 구체적인 대우에 관한 내용은 출입국관리법 제57조의 위임에 따라 법무부령인 외국인보호규칙에 규정되어 있다. 외국인보호규칙의 상세 내용은 형 집행법 및 그 시행령의 내용과 상당 부분 유사한데, 실질적으로도 외국인보호소는 운동시간과 종교시간 외에는 피보호자들이 보호실을 벗어날 수 없고, 식사, 용변 등 모든 일과가 철창 안의 보호실에서 이루어지는 등 교정시설과 동일하게 운영되고 있다.[151]

출입국관리법상의 보호가 형사구금이 아닌 행정구금임을 고려하면 피보호자에 대한 기본권 제한은 교정시설 수형자에 대한 기본권 제한보다 더욱 엄격한 요건 하에 이루어져야 할 것이다. 이러한 관점에서, 국가인권위원회는 「2018년도 외국인보호소 방문조사에 따른 권고」[152]에서 현재의 보호외국인에 대한 과도한 통제 위주의 수용 관리는 보호소 측의 관리

---

148) 헌법재판소 2001. 7. 19. 2000헌마546.

149) 국가인권위원회 2018. 7. 26.자 결정(「출입국관리법 일부개정법률안」에 대한 의견표명); 김진 외 4인, 한국 이주구금제도의 문제점에 관한 국제인권법적 검토, 공익과 인권 제20호(2020), p.55; 여경수, 출입국관리법상 외국인 보호제도의 개선방안, 일감법학 제41호(2018. 10.), p.76; 이근우, 보호인가 구금인가? 출입국관리법상 강제처분 비판, 비교형사법연구 제14권 제2호(2012), p.485.

150) 국가인권위원회 2019. 2. 12.자 결정(2018년도 외국인보호소 방문조사에 따른 권고).

151) 국가인권위원회 2018. 7. 26.자 결정(「출입국관리법 일부개정법률안」에 대한 의견표명).

의 편의를 우선적으로 고려한 것으로, 최근의 외국인보호소 운영에 관한 국제적 흐름과는 동떨어져 있음을 지적하였다. 이에 국가인권위원회는 보호외국인들을 종일 거실에 수용하고 있는 현재의 통제 위주 운영에서 벗어나, 일정 시간 제한된 구역 안에서 자유롭게 이동할 수 있도록 하는 등 보호외국인의 자율성 확대를 통한 인권 친화적 보호시설로의 전향적 검토 및 개선 운영이 필요하다고 하면서, "보호외국인에 대한 현재의 과도한 통제 위주 운영에서 자율성을 바탕으로 친인권적으로 운영되도록 외국인보호소 운영시스템을 변경"할 것을 법무부장관에게 권고한 바 있다.[153]

그런데 오히려 현실에서는 외국인보호소의 피보호자에 대한 처우가 교정시설의 수형자에 대한 처우보다도 더 열악하다는 점이 꾸준히 지적되어 왔다.[154] 특히 장기간 수용[155]된 보

---

152) 국가인권위원회 2019. 2. 12.자 결정(2018년도 외국인보호소 방문조사에 따른 권고).

153) 법무부는 이와 같은 권고를 일부 수용하여 화성외국인보호소 여성보호동에 대하여 2주 간의 시범 운영을 거쳐 2022. 4. 18.부터 이른바 '개방형 보호시설'의 운영을 시작하였다. 기존의 폐쇄형 시설에서는 외국인이 철창으로 가로막힌 약 8평 정도의 보호실에 배정되어 보호실 밖으로 나올 수 없었으나, 위 여성보호동에서는 9개 방의 철창을 제거하여 보호동 내에서 자유로운 이동을 할 수 있도록 보장한 것이다. 또한, 남성보호동에 대하여도 일부 보호동에 대하여는 일과 시간 동안 철창을 열어둔 상태로 '준개방형 보호시설'을 시범 운영하기로 하였다. 그 외에도 주간에 운동장을 상시 개방하고, 인터넷 컴퓨터실과 휴대전화 사용공간을 별도로 마련하는 등의 개선 조치를 하였다. 법무부 2022. 4. 7.자 보도자료, 인권친화적 개방형 보호시설로 탈바꿈한 화성외국인보호소. 위와 같은 개선 조치로 인하여 개방형 보호시설 내 외국인의 주간 생활공간이 크게 확대되었고, 운동할 권리가 크게 개선되었으며, 인터넷과 휴대전화기 이용의 기회가 대폭 확대되는 등 실제 상당한 개선이 이루어진 점을 긍정적으로 평가하면서도 동시에 그 한계를 지적하는 문헌으로, 이상현, 이른바 '개방형 외국인보호시설'의 운영현황과 문제점, 국가인권위원회 · 대한변호사협회 · 유엔난민기구 공동주최 대안적 외국인 보호시설의 운영현황과 개선방안 토론회 자료집, p.6. 이하.

154) UN 고문방지위원회는 2017. 5. 11. 대한민국 제3 · 4 · 5차 통합 국가보고서에 관한 최종견해에서 과밀하고 열악한 보호시설 상황에 대하여 우려를 표명한 바 있다. Committee against Torture, Concluding observations on the combined third to fifth periodic reports of the Republic of Korea, CAT/C/KOR/CO/3-5, para.41.

155) 출입국관리법 제63조 제1항에서는 강제퇴거명령을 받은 사람을 여권 미소지 또는 교통편 미확보 등의 사유로 즉시 대한민국 밖으로 송환할 수 없으면 '송환할 수 있을 때까지' 그를 보호시설에 보호할 수 있도록 규정함으로써, 보호기간의 상한을 두지 않고 있다. 강제퇴거대상자의 장기 수용 원인으로는 임금체불, 소송진행, 신병치료, 여행증명서 신규발급 등의 사유가 있으며, 특히 난민인정절차를 진행 중인 피보호자의 경우 장기 수용의 가능성이 매우 높아진다. 공진성, 출입국관리법상 강제퇴거의 집행을 위한 '보호'의 헌법합치성, 법학연구 제58집(2018. 12.), 전북대학교 법학연구소, p.195. 헌법재판소 2023. 3. 23. 2020헌가1, 2021헌가10(병합) 결정에서는 이처럼 보호기간의 상한을 두지 아니함으로써 장기퇴거대상자에 대한 무기한 보호가 가능하게 하는 것은 보호의 일시적 · 잠정적 강제조치로서의 한계를 벗어나고, 단지 강제퇴거의 효율적 집행이라는 행정목적 때문에 기간의 제한이 없는 보호를 가능하게 하는 것은 행정의 편의성과 획일성만을 강조한 것으로 피보호자의 신체의 자유를 과도하게 제한하는 것이며, 강제퇴거명령의 집행을 확보하면서 보호기간의 상한을 정하는 것이 입법적으로 불가능하다고 보기 어렵고, 보호기간 연장에 대한 법무부장관의 승인제도만으로는 보호기간의 상한을 두지 않은 문제

호외국인의 육체 및 건강상의 문제가 심각하다.[156] 외국인보호규칙 제20조 제1항은 1개월 이상 보호하는 보호외국인에게는 2개월마다 1회 이상 담당의사 또는 외부의사의 건강진단을 받게 하여야 한다는 규정을 두고 있으나, 보호소의 건강진단을 위한 기본적인 검사 장비와 의료 인력의 미비로 인하여 위 규정이 제대로 시행되지 못하고 있는 것으로 보인다.[157] 또한 UN 최저기준 규칙에 따르면 피구금자는 무상으로 사회에서 제공되는 것과 동일한 수준의 보건의료 혜택을 누려야 함에도, 외국인보호규칙 제21조 제1항에서는 보호외국인이 자기 부담으로 외부 의료기관에서 진료받기를 요청하는 경우 병이나 상처의 정도와 도주 우려 등을 판단한 후 이를 허가할 수 있도록 하고 있다. 그런데 의료 장비 및 인력이 미비하다보니 간단한 질병도 외부 의료기관을 방문하지 않으면 진료를 받기가 어려우므로 결국 보호외국인은 유상으로 진료를 받아야 하는 상황에 처하게 되고, 진료 과정에서 통역이 제공되지도 않는다.[158] 장기 수용된 보호외국인들은 단속과정에서 겪은 트라우마와 보호소 내의 생활로 인한 답답함, 우울감, 불면증, 고립감 등을 호소하고 있으나, 2017년에 화성외국인보호소에서 일시적으로 운영되었던 심리상담은 심리상담사의 계약기간 만료 후 더 이상 진행되지 않았고, 다른 보호소들에서도 전문적인 심리상담을 제공하지 못하고 있다.[159] 이와 같은 건강권 보장 측면에서의 미흡함 외에도, 보호외국인의 난민 지위 불인정, 강제퇴거명령을 다투는 재판 출석을 위한 외출을 보호시설장의 재량에 맡겨 두고 실제로 법정에 직접 출석하는 것을 대부분 허용하고 있지 않아 재판청구권이 침해되고 있다는 점,[160] 면회시간이 평일로만 제한되고 있고 면회신청인과 보호외국인 사이를 칸막이로 막은 면회실

가 보완되기 어려운 점 등을 고려할 때, 위 조항은 피보호자의 신체의 자유를 침해하여 위헌이라고 판단하였다(2025. 5. 31.을 시한으로 개선입법이 있을 때까지 계속 적용을 명하는 잠정적용 헌법불합치 결정).

156) 애초에 외국인보호 제도는 단기 보호를 전제로 하여 설계되었기 때문에 장기간 수용된 보호외국인에 대한 처우와 관한 규정이 미비한 상태라는 점이 열악한 처우의 원인으로 지적된다. 양희철, 외국인보호시설 내 처우의 문제점과 개선방안, 국회의원 이수진·대한변호사협회·UN난민기구·난민인권네트워크 공동주최 「외국인보호시설 내 인권침해현황과 개선방안」 토론회 자료집(2021), p.19.

157) 화성보호소는 내부에 검진을 할 수 있는 장비가 구비되어 있지 않고, 1년 가까이 보호시설 내 의사가 공석이었다는 지적으로, 상계주, p.13.

158) 심아정, '비국민'의 시간이 고여 있는 장소, 화성외국인보호소에 계류된 삶과 구금의 실태, 외국인 보호소 고문 사건 대응 공동대책위원회 주최 「외국인보호소인가 강제수용소인가: '새우꺾기' 고문을 비롯한 인권침해 증언대회」 자료집(2021), pp.21,22.

159) 이에 국가인권위원회는 장기 수용 보호외국인에 대한 정신건강 증진을 위해 상시적 전문 심리상담 프로그램을 마련하여 운영할 것을 법무부에 권고한 바 있다. 국가인권위원회 2019. 2. 12.자 결정(2018년도 외국인보호소 방문조사에 따른 권고).

160) 양희철(전계주 156), p.14.

에서 인터폰을 통하여만 의사소통이 가능하도록 하고 있으며, 인터넷과 휴대전화기의 사용이 자유롭지 못하여 외부와의 접견 및 소통에 지나친 제약이 가해지는 점,[161] 보호외국인을 독방에 격리하고 면회와 운동 등을 제한하는 특별계호 처분이 이루어지는 객관적이고 세부적인 기준과 절차가 명확하지 않고, 보호장비의 사용과 관련하여 법적 통제가 충분히 이루어지지 않는 점[162] 등이 문제로 지적되고 있다.

국가인권위원회는 2021년 외국인보호시설 방문조사를 실시한 후, 법무부장관에게 보호외국인에 대한 인권침해 예방 및 인권증진을 위하여 수용환경, 의료 및 건강권, 사생활 및 인격권, 외부교통권, 취약자 및 장기보호외국인에 대한 처우와 관련하여 관련 제도와 정책을 개선할 것을 권고하였다.[163] 구체적으로는 과밀수용으로 인한 인간의 존엄과 가치 등이 침해되지 않도록 보호해제 및 보호일시해제를 적극 검토할 것, 실외운동 시간을 매일 최소 1시간 이상 보장할 것, 의료조치 및 건강권 보장을 위해 내·외부진료 연계강화, 보호소 내 응급의료체계 구축 및 의료인력 보강, 외부진료 재원 확보를 추진하고 정신건강 증진을 위해 심리검사 또는 우울척도 검사를 도입할 것, 모든 보호실에 대한 일률적 영상정보처리기기 촬영과 화장실 및 탈의공간 촬영을 금지하고, 사고 발생 위험성이 높은 보호외국인 관리를 위한 대안을 마련할 것, 원칙적으로 보호시설 내 휴대전화 사용 및 인터넷 사용이 가능하도록 할 것, 전염 우려가 없는 HIV 감염인 등을 단순한 우려를 이유로 격리하지 않도록 하고, 입소절차 및 생활전반에서 피보호자의 감염사실이 노출되지 않도록 특별한 주의를 기울일 것 등이 권고되었다.

2. 주요 사안의 검토

가. 교정시설의 과밀수용 문제

대한민국에서 과밀수용의 문제는 이미 1960년대부터 고질적인 문제로 지적되어 왔다. 형집행법 제14조에서는 수용자에 대한 독거수용을 원칙으로 하되, 다만 독거실 부족 등 시설여건이 충분하지 아니한 때 등의 사유가 있으면 혼거수용을 할 수 있도록 하고 있다. 그러나 현실에서는 공간부족과 절대적으로 많은 수용자 수, 국가재정상의 이유 등으로 오히려 혼거수용이 원칙이 되고 있고, 많은 경우 정원 초과 상태에서 혼거수용이 이루어지고 있다.[164]

---

161) 양희철(전게주 156), pp.15,16. 이 점에 대하여 다소간의 개선이 이루어지고 있다는 점은 앞서 언급하였다.
162) 양희철(전게주 156), pp.18,19.
163) 국가인권위원회 침해구제제2위원회 2022. 5. 9.자 결정(2021 외국인보호시설 방문조사에 따른 보호외국인 인권증진을 위한 제도개선 권고).
164) 국가인권위원회 침해구제제2위원회 2021. 11. 5.자 21진정0032900 등 결정(교정기관의 과밀수용으로

이에 2013년에는 과밀수용으로 인하여 헌법상 보장되는 인간의 존엄과 가치, 행복추구권, 인격권 및 인간다운 생활을 할 권리를 침해당하였다는 취지의 헌법소원이 제기되었다. 이 사건에서 청구인이 다른 수용자 5명 또는 4명과 함께 수용되었던 혼거실에서의 1인당 수용면적은 1인당 수평투영면적 1.49㎡ 또는 1.79㎡, 실제 개인사용가능면적 1.06㎡ 또는 1.27㎡으로 성인 남성의 평균 신장인 174cm 전후의 키를 가진 사람이 팔을 마음껏 펴기도 어렵고 어느 쪽으로 발을 뻗더라도 발을 다 뻗지 못하며, 다른 수형자들과 부딪치지 않기 위하여 모로 누워 칼잠을 자야 할 정도로 매우 협소하였다. 헌법재판소는 2016. 12. 29. 2013 헌마142 결정으로 이러한 수준의 과밀수용은 수용자의 인간의 존엄과 가치를 침해한 것으로 위헌임을 확인하였다. 헌법재판소는 구체적인 판단에 앞서서 과밀수용의 문제점에 대하여 다음과 같이 상세히 설명하고 있다.

재사회화의 목적을 달성하기 위해서는 그에 알맞는 적절한 환경과 조건을 갖출 것이 요구된다. 그런데 교정시설의 수용면적, 관리인원의 수 등 제반 사정에 비추어 적정한 수를 초과하는 수용인원이 교정시설에 수용되는 이른바 '과밀수용'의 경우, 교정시설의 위생 상태가 불량하게 되어 수형자 간에 질병이 퍼질 가능성이 높아지고, 관리인원이 부족하게 되어 수형자의 접견·운동을 제한하게 되거나 음식·의료 등 서비스가 부실해질 수 있으며, 수형자들의 처우불만이 제대로 해소되지 못하고 수형자 간 긴장과 갈등이 고조됨으로써 싸움·폭행·자살 등 교정사고가 빈발하게 될 수 있다. 또한 과밀수용은 수형자의 특성에 따른 개별화된 교정프로그램의 작동을 불가능하게 하고, 교정공무원들에게 과도한 직무를 부과하고 심리적 부담을 갖게 하여 직무수행능력에 악영향을 미칠 수도 있다.
이와 같이 과밀수용은 교정교화를 위한 적절한 환경과 조건을 갖추지 못함으로써 교정시설의 질서유지에 부정적 영향을 주고 교정역량을 저하시켜, 결국 교정의 최종 목적인 수형자의 재사회화를 저해하게 한다.

헌법재판소는 "수형자가 인간 생존의 기본조건이 박탈된 교정시설에 수용되어 인간의 존엄과 가치를 침해당하였는지 여부를 판단함에 있어서는 1인당 수용면적뿐만 아니라 수형자 수와 수용거실 현황 등 수용시설 전반의 운영 실태와 수용기간, 국가 예산의 문제 등 제반 사정을 종합적으로 고려할 필요가 있다"고 하면서도, "교정시설의 1인당 수용면적이 수형자의 인간으로서의 기본 욕구에 따른 생활조차 어렵게 할 만큼 지나치게 협소하다면 이는

인한 인권침해).

그 자체로 국가형벌권 행사의 한계를 넘어 수형자의 인간의 존엄과 가치를 침해하는 것"이라고 하였다. 이러한 법리에 비추어 볼 때, 헌법재판소는 청구인이 인간으로서의 기본 생활에 필요한 최소한의 공간조차 확보되지 못한 방실에서 신체적·정신적 건강이 악화되거나 인격체로서의 기본 활동에 필요한 조건을 박탈당하는 등 극심한 고통을 경험하였을 가능성이 크다고 판단하였고, 따라서 청구인이 인간으로서의 최소한의 품위를 유지할 수 없을 정도로 과밀한 공간에서 이루어진 이 사건 수용행위는 청구인의 인간으로서의 존엄과 가치를 침해하여 헌법에 위반되는 것이라는 결론을 내렸다. 특히 위 헌법재판소 결정에서 재판관 박한철, 김이수, 안창호, 조용호는 보충의견을 통하여 구체적으로 수형자 1인당 적어도 2.58㎡[165) 이상의 수용면적을 상당한 기간(늦어도 5년 내지 7년) 이내에 확보하여야 함을 촉구하면서, 그 규범적 근거로 헌법 제10조와 형 집행법 등 국내법뿐 아니라, 규약 제10조 제1항과 UN 최저기준 규칙 제10조를 명시적으로 언급한 점이 주목된다.

대한민국의 과밀수용 문제에 대해서는 규약위원회에서도 위 헌법재판소 결정 직전에 있었던 제4차 국가보고 당시에 우려를 표명한 바 있다.[166) 국가인권위원회에도 과밀수용에 관한 진정건수가 지속적으로 접수되고 있고, 과밀수용으로 인한 국가배상 청구 사건도 줄을 잇고 있다. 이에 국가인권위원회는 과밀수용 해소를 위한 실효적 구제방안을 강구하고 과밀수용으로 인한 인권침해의 실제적 해소방안을 찾기 위한 직권조사를 실시하였고, 그 결과 과밀수용의 문제는 미결구금의 증가, 자유형 증가 및 여전히 많은 노역장유치, 가석방 제도의 소극적 운영, 국내 교정시설의 구조적 문제(대형시설 중심, 교정시설 노후화) 등에 원인이 있다고 분석하였다. 국가인권위원회는 위와 같은 분석에 따라, 법무부장관에게 ① 유휴수용동의 활용, 여성수용자 거실 확대 등 우선적 조치사항을 시행할 것, ② 교정시설의 신축과 증축 등의 대책 및 지역주민 설득방안을 마련하여 시행할 것, ③ 가석방 적격심사 신청대상자 선정 시 형집행률 기준을 완화하는 등 가석방을 적극적으로 확대할 방안을 마련할 것, ④ 위 사항들에 대한 이행상황을 정례적으로 통지할 것을 권고하였다. 더불어 검

---

165) 구체적으로는 법무부에서 마련한 '법무시설 기준규칙'(2011. 12. 29. 법무부 훈령 제848조로 개정된 것) 제3조 제3항 및 별표 1에서 혼거실의 경우 수용자 1인당 수용면적을 2.58㎡로 규정하고 있고, '수용구분 및 이송·기록 등에 관한 지침' 제82조 제1항 제2호에서 혼거실의 수용정원 산정기준을 2.58㎡당 1명으로 규정하고 있는 것은 국가가 예산확보, 수용인원 발생에 대한 수요예측, 부지선정 등 교정시설 확충과 관련하여 발생하는 여러 가지 어려움에도 불구하고 적어도 해당 면적이 확보되어야만 교정시설 내에서 수형자가 인간의 존엄과 가치를 유지하여 생활할 수 있다는 판단 아래 설정한 기준이므로, 현재의 시점에서 수형자를 위하여 확보되어야 할 교정시설 내 1인당 최소수용면적에 관한 일응의 기준으로 볼 수 있을 것이라고 하였다. 위 '법무시설 기준규칙'은 2014. 12. 29. 개정되어 1인당 수용면적 기준을 3.40㎡(국제적십자사 기준)로 확대하였다.

166) Concluding Observations on Republic of Korea, CCPR/C/KOR/CO/4(2015), para.34.

찰총장에게는 불구속 수사의 원칙을 구현하여 미결구금을 줄이기 위한 방안을 마련하고 이행상황을 정례적으로 통지할 것을, 국무총리에게는 법무부장관과 검찰총장에게 권고한 사항들의 이행을 위하여 필요한 법령 개정, 예산, 인력 등을 위해 법무부, 행정안전부, 기획재정부 등 관련 부처가 참여하는 협의체를 구성하여 교정시설 과밀수용 문제를 신속히 해결할 것을, 대법원장에게는 불구속 재판의 원칙을 구현하여 미결구금을 줄이기 위한 방안을 마련할 것을 각각 권고하였다.[167] 또한, 대법원은 2022. 7. 14. 과밀수용으로 인한 국가배상청구를 인용한 부산고등법원 판결에 대한 대한민국의 상고를 기각하였다.[168] 원심[169]은 수용자 1인당 도면상 면적이 2㎡ 미만인 거실에 수용되었는지를 위법성 판단의 기준으로 삼아 186일간 과밀수용 상태에 있었던 원고 1에 대하여는 1,500,000원, 323일간 과밀수용 상태에 있었던 원고 2에 대하여는 3,000,000원의 범위에서 위자료 청구를 인용하였는데, 대법원은 ① 수면은 인간의 생명 유지를 위한 필수적 행위의 하나인 점, ② 관계법령[170]상 수용자에게 제공되는 일반 매트리스의 면적은 약 1.4㎡인데, 이는 수용자 1인당 수면에 필요한 최소한의 면적으로 볼 수 있는 점, ③ 교정시설에 설치된 거실의 도면상 면적에서 사물함이나 싱크대 등이 설치된 공간을 제외하면 수용자가 실제 사용할 수 있는 면적은 그보다 좁을 수밖에 없는 점 등을 고려하면, 원심이 도면상 면적 2㎡를 기준으로 삼아 국가배상책임을 인정한 것은 수긍할 수 있다고 보았다.

동부구치소에서의 코로나-19 집단감염 사태는 과밀수용의 감염병 확산 위험이 현실화된 사례이다. 교정시설 집단감염의 근본적 원인은 밀폐·밀접·밀집이라는 소위 '3밀' 환경의 구조적 문제라고 지적되는데, 특히 '밀집' 요인과 관련하여 동부구치소는 2020년 11월 기준으로 수용인원이 총 2,419명으로 정원 2,077명 대비 116.9%의 과밀상태에 있었다.[171] 다른

---

167) 국가인권위원회 2018. 11. 5.자 17직권0002100 등 결정(구금시설 과밀수용으로 인한 수용자 인권침해 직권조사 등).

168) 대법원 2022. 7. 14. 선고 2017다266771 판결.

169) 부산고등법원 2017. 8. 31. 선고 2014나50975 판결.

170) 형집행법 시행규칙 제7조 제2호, 제9조, 「수용자 피복관리 및 제작·운용에 관한 지침」 제2조 [별표 7] 제2항.

171) 남재성, 코로나(COVID)-19에 따른 교정시설의 감염병 위기관리체계 개선방안 모색, 한국중독범죄학회보 제11권 제3호(2021), p.7. 이에 더하여 동부구치소에서는 집단감염 발생 초기 단계에서 적절한 대응체계를 가동하지 못하고, 이로 인해 수용자들에 대한 신속한 의료적 개입과 지원을 하지 못함으로써 코로나-19 집단감염을 더욱 확산시켰다. 특히 확진자와 최소 하루 이상 함께 생활한 밀접접촉자들을 확진 수용자와 즉시 분리한다는 이유로 밀접접촉자 185명을 대강당으로 집합시킨 후 4시간 동안 대기시키고 감염방지를 위한 거리유지 등 핵심 방역수칙 준수를 위한 노력을 소홀히 한 점은 수용자들의 건강권을 침해한 것이라는 판단으로, 국가인권위원회 2021. 3. 31.자 20진정0915200 결정(구치소의 코로나-19 의심 수용자에 대한 의료조치 미흡 등).

교정시설의 경우에도 과밀수용이 해소되지 않음은 마찬가지이다.[172] 국가인권위원회는 집필일자 기준으로 가장 최근인 2022. 5. 31.에도 수용자에 대한 과밀수용은 인간의 존엄성에 반하는 비인도적 처우이므로 법무부장관에게 조속한 시일 내에 개선을 위한 대책을 마련할 것을 재차 권고하였다.[173]

나. 교정시설 수용자의 건강권 보장 문제

교정시설 수용자의 인권은 점차 강화되는 추세에 있으나, 수용자에 대한 의료처우는 여전히 국제기준에 부합하지 아니하여 미흡하다는 지적을 받고 있다. 가장 우선적으로는 교정시설의 의료인력 충원이 충분히 이루어지지 않고 있다는 문제가 있다. 교정시설 수용자들의 의료 수요는 꾸준히 증가하고 있으나,[174] 의료 인력의 충원이 그에 비례하여 증가하지는 않고 있는 상황이기 때문이다. 2020년 기준으로 전국 교정시설의 의사(의무관) 정원 117명 중 92명만이 충원되어 정원을 채우지 못하고 있는 것이 현실이고,[175] 그로 인한 의료공백은 공중보건의사에 의하여 채워지고 있다. 이와 같은 상황에서 수용자들의 의료처우에 관한 불만 또한 증가하고 있어, 2020년 국가인권위원회 통계에 의하면 2001년부터 2020년까지 교정시설 수용자의 진정 사례 중 '의료조치 미흡'이 24.3%(총 32,748건 중 7,964건)를 차지하고 있다.[176] 교정시설 내에서 치료가 불가능한 경우에는 외부 의료기관에의 접근이 충분히 보장되어야 할 것이나, 수용자 1인이 외부 의료기관에 방문하기 위해서는 계호인력 3명이 출장 근무를 하여야 하고 입원할 경우에는 24시간 3교대의 감시가 필요하므로,[177] 다른 교정 관련 업무에 공백을 초래하거나 비번인 교도관을 동원하는 것이 불가피하다. 따라서 교정당국으로서는 외부진료 허용에 방어적인 입장을 취할 수밖에 없게 되고, 이에 의무관은 외부진료 신청을 허가하였으나 보안과장의 반대로 외부진료가 시행되지 않은 경우

---

172) 2020년 전체 교정시설에서의 수용정원 대비 수용자 비율은 110.8%이다.

173) 국가인권위원회 2022. 5. 31.자 21진정0027900 결정(교정기관의 과밀수용으로 인한 인권침해 등).

174) 교정시설 내 환자 수는 2011년 14,664명에서 2020년 24,520명으로 가파르게 증가하였다. 특히 정신질환(1,539명 → 4,978명), 고혈압(5,602명 → 9,221명), 당뇨(2,747명 → 5,024명) 환자의 증가가 두드러진다. 법무부 교정본부, 2021 교정통계연보, p.97.

175) 상계주, p.106.

176) 국가인권위원회, 2020 국가인권위원회 통계, pp.99-100. 구체적으로는 의무과 방문을 통한 의무관 진료 면담이 어렵고, 전문적 의료처우를 받기 위한 외부병원 이용이 이루어지지 못했다는 내용이 의료 관련 진정사건의 70% 이상으로 나타난다고 한다. 국가인권위원회 2018. 8. 20.자 결정(구금시설 수용자 건강권 증진을 위한 개선 방안 권고).

177) 청년의사 2021. 2. 4.자, 코로나 19가 들춰낸 교정시설 의료환경, 바뀔 수 있을까(인터넷 링크: https://www.docdocdoc.co.kr/news/articleView.html?idxno=2007084, 2022. 1. 20. 최종방문).

들이 다수 발생하는 것으로 보인다.[178]

UN고문방지위원회는 대한민국의 제3, 4, 5차 국가보고서에 대한 최종견해에서 교정시설 수용자의 의료 서비스 및 외부 의료시설에 대한 접근성이 부족하다는 점에 대한 우려를 표명하면서, 의료 인력을 추가 고용하고 전문적인 의료 서비스를 필요로 하는 수용자들로 하여금 외부 의료기관에서 진료를 받을 수 있도록 하는 조치를 긴급히 실행할 것을 권고한 바 있다.[179] 이에 대하여 법무부는 의료 인력이나 외부 진료를 위한 호송 업무를 담당할 수 있는 교도관 인력을 획기적으로 확대하기보다는 원격 화상진료를 확대하는 방향으로 대처하고 있는 것으로 보인다.[180] 그러나 원격 화상진료를 통해서는 꾀병, 약물의존과 같은 교정시설 환자의 특수성을 고려하기 어렵고, 약물부작용 등으로 인한 재진료에 신속한 대처가 어려우며, 정신과 진료의 경우 인지행동치료나 지지요법이 필수적임에도 불구하고 단순 약물처방에 그칠 수밖에 없다는 지적이 있다.[181]

국가인권위원회는 법무부장관에게 구금시설 수용자에게 적절하고 전문적인 의료 처우를 제공하기 위하여, ① 의무관 진료면담까지의 소요시간 단축 및 진료기록에 대한 체계적인 관리 등 1차 진료를 강화할 수 있는 방안을 마련할 것, ② 의무관 충원·유지를 위해 적절한 근로조건 개선방안을 마련하고, 의료수요가 큰 치과·정신과 분야 의료 인력을 충원하고, 외부 의료 인력의 초빙 방문 진료를 확대할 것, ③ 외부진료 관련, 의무관의 권한을 강화하고, 계호인력 확보방안을 마련할 것, ④ 야간·공휴일 등 의료공백 최소화 및 응급상황 대응을 위해 당직 의사제도의 도입, 공공의료기관 연계강화 등 개선방안을 마련할 것, ⑤ 신입수용자 검진을 내실화하고, 정기검진 시 사회 건강서비스와 동일한 수준의 검진항목 확대 등 적극적인 관리방안을 마련할 것을 권고하였다.[182]

다. 징벌로서의 금치 집행에 있어서 장기 독방구금의 문제

넬슨 만델라 규칙 제44조에서 규정하는 독방구금의 상황은 형 집행법 제108조 제14호의

---

178) 국가인권위원회 2018. 8. 20.자 결정(구금시설 수용자 건강권 증진을 위한 개선 방안 권고).
179) Committee against Torture, Concluding observations on the combined third to fifth periodic reports of the Republic of Korea, CAT/C/KOR/CO/3-5, paras.21,22.
180) 법무부는 UN고문방지협약 제6차 국가보고서에서 지난 국가보고 이후 외부 전문의료기관 진료 의뢰를 늘리기 위한 조치가 있었는지에 관한 질문에 대하여 2020년 11월 기준으로 47개 교정기관 및 31개 협력 병원에 원격의료 시스템을 구축하였다는 점을 강조하고 있다. 법무부, UN고문방지협약 제6차 국가보고서 – 보고 전 질의목록에 대한 답변(국문), p.26.
181) 메디게이트 뉴스 2019. 3. 27.자, 교정시설 원격의료 확대? 전문인력 확충 및 외부병원 진료 활성화 우선해야 (https://www.medigatenews.com/news/3258336295, 2022. 1. 20. 최종방문).
182) 국가인권위원회 2018. 8. 20.자 결정(구금시설 수용자 건강권 증진을 위한 개선 방안 권고).

금치 처분과 관련하여 발생할 수 있다. 금치는 징벌 대상자를 징벌거실에 구금하고 일정한 생활조건에 제약을 가하는 것으로,[183] 형 집행법에서 정하고 있는 징벌의 종류 중 가장 중한 징벌에 해당한다. 금치가 항상 독방구금을 전제로 하는 것은 아니지만, 대부분의 경우 징벌거실(0.46㎡ 크기의 창문이 딸린 4.6㎡ 크기의 거실)에 독방구금하는 방식으로 금치가 이루어진다.[184] 금치 처분을 받은 사람에게는 형 집행법 제108조 제4호부터 제12호까지의 처우제한 조치(공동행사 참가 정지, 신문열람 제한, 텔레비전 시청 제한, 자비구매물품 사용 제한, 작업정지, 전화통화 제한, 집필 제한, 편지수수 제한, 접견 제한)가 포괄적으로 함께 부과되고, 다만 소장이 수용자의 권리구제, 수형자의 교화 또는 건전한 사회복귀를 위하여 특히 필요하다고 인정하면 집필[185] · 서신수수 또는 접견을 허가할 수 있다. 2016. 12. 2. 법률 제14281호로 개정되기 전의 형 집행법 제112조 제3항에서는 실외운동도 집필 · 서신수수 · 접견과 마찬가지로 소장의 허가가 있는 경우에만 할 수 있도록 규정하고 있었다. 그러나 헌법재판소는 실외운동은 수용자의 신체적 · 정신적 건강을 유지하는 데 필수적이고, 금치처분을 받은 모든 수용자에게 실외운동을 원칙적으로 금지하여야 할 필요성을 찾기 어려우므로, 금치처

---

183) 헌법재판소 2016. 5. 26. 2014헌마45.
184) 유병철, 국제인권기준에 따른 수용자 금치제도의 개선방안, 한국공안행정학회보 제84호(2021), p.166.
185) 구 행형법 시행령(2000. 3. 28. 대통령령 제16759호로 개정되고 2008. 10. 29. 대통령령 제21095호로 전부개정되기 전의 것) 제145조 제2항에서는 금치 처분을 받은 자에 대해서는 그 기간 중 예외 없이 일체의 집필을 금지하고 있었다. 이에 대하여 헌법재판소는 금치 기간 중 집필을 무조건적으로 금지하는 것은 수형자의 교화를 위한 표현의 자유 등 기본권의 필요최소한도의 제한 범위를 넘어선 것이어서 위헌이라고 판단하였다(헌법재판소 2005. 2. 24. 2003헌마289). 이에 형 집행법에서는 소장이 집필을 허가할 수 있다는 예외를 두게 되었으나, 여전히 원칙적으로 집필을 금지하고 있다는 점에서 표현의 자유에 대한 지나친 제한이라는 비판이 있었다. 이 쟁점을 다룬 헌법재판소 2014. 8. 28. 2012헌마623 결정에서는 금치 처분을 받은 수용자들은 이미 수용시설의 안전과 질서유지에 위반되는 행위, 그 중에서도 가장 중한 평가를 받은 행위를 한 자들이라는 점에서 집필과 같은 처우 제한의 해제는 예외적인 경우로 한정될 수밖에 없고, 2003헌마289 결정 이후 입법자는 집필을 허가할 수 있는 예외를 규정하고 금치처분의 기간도 단축하였으며, 나아가 미결수용자는 징벌집행 중 소송서류 작성 등 수사 및 재판 과정에서의 권리행사가 제한 없이 허용되는 점 등을 감안하면, 금치 기간 중 원칙적 집필 제한이 수용자의 표현의 자유를 침해하지 않는다고 판단하였다. 그러나 재판관 4인(이정미, 김이수, 이진성, 강일원)의 반대의견에서 지적하듯이 집필행위 자체는 정신활동과 관계되는 지극히 개인적인 행위로서 수용시설의 질서와 안전의 유지에 어떤 위험을 줄 수 있는 행위가 아니고, 경우에 따라서는 기억력의 한계로 인하여 수용자의 표현의 자유가 온전히 무시되는 경우가 있을 수도 있다는 점을 고려하면, 금치 처분을 받은 자의 집필을 원칙적으로 허용하고 수용자의 규율 위반의 귀책사유과 집필 사이에 내용적 관련성이 있는 등의 경우에만 예외적으로 집필을 제한하는 것이 타당하다고 생각된다. 같은 취지로, 조성용, 형의 집행 및 수용자의 처우에 관한 법률상 금치의 문제점과 개선방안, 저스티스 통권 제168호(2018), p.211(위 논문에서는 서신수수, 접견도 원칙적으로 허용하고 예외적으로만 제한하여야 한다고 주장한다. p.218).

분을 받았다는 이유만으로 원칙적으로 실외운동을 금지하는 것은 신체의 자유 침해에 해당하여 위헌이라고 판단하였다.[186] 위 결정에 따라 형 집행법 제112조 제4항에 도주 또는 자해의 우려가 있는 경우, 다른 사람에게 위해를 끼칠 우려가 있는 경우, 그 밖에 시설의 안전 또는 질서를 크게 해칠 우려가 있는 경우로서 법무부령으로 정하는 경우에만 건강유지에 지장을 초래하지 아니하는 범위에서 실외운동을 제한할 수 있도록 하되, 그 경우에도 매주 1회 이상은 실외운동을 할 수 있도록 하는 내용의 규정이 신설되었다.

형 집행법 제108조에서는 징벌의 종류를 다양하게 규정함으로써 주로 금치를 중심으로 징벌이 집행되었던 관행을 개선하고자 하였으나, 형 집행법 시행 이후에도 여전히 금치가 징벌의 중심을 차지하고 있다. 다른 종류의 징벌이 금치를 대체할 수 있을 정도로 징벌의 효과를 발휘할 수 있을 것을 기대하기 어렵다는 점이 금치의 남용을 낳고 있는 것이다.[187] 규약위원회는 대한민국에 대한 제4차 최종견해에서 재소자에 대한 징벌의 가장 흔한 형태로서 독방구금으로서의 금치가 사용된다는 점에 대한 우려를 표시하였고, 독방구금이 가장 예외적인 경우에만 사용되도록 하여야 한다는 견해를 표명하였다.[188]

금치의 최장기간은 30일로 제한되어 있으나, 2개 이상의 징벌사유가 경합하는 때 등에는 장기의 2분의 1까지 가중할 수 있으므로, 45일까지도 금치가 가능하다. 또한, 금치를 연속적으로 부과할 때 그 기간을 제한하는 규정이 없으므로, 또 다른 별개의 규율위반행위로 인하여 연속된 징벌 집행을 하는 경우에는 45일을 초과하는 금치의 집행도 가능하게 된다. 국가인권위원회는 2021. 9. 29.자 21진정0108800 결정(교정시설의 부당한 연속 금치 징벌)에서 넬슨 만델라 규칙 제43조와 제44조에서 연속해서 15일을 초과하는 독방구금을 금지하고 있다는 점[189]을 지적하며, 법무부장관에게 교정시설 수용자에게 과도한 연속적 금치 징벌 집행이 이루어지지 않도록 징벌의 집행에 관한 형 집행법 제112조를 개정하고, 징벌 부과기준에 관한 형 집행법 시행규칙 제215조에 심각한 징벌대상행위가 아닌 한 금치 징벌은 최후 수단으로 사용될 수 있도록 제한 규정을 마련할 필요가 있다는 의견을 표명하였다.[190]

---

186) 헌법재판소 2016. 5. 26. 2014헌마45.
187) 정승환, 구금시설 수용자에 대한 징벌제도의 개선방안, 형사정책연구 제22권 제2호(2011), p.105, 106. 현재의 징벌 제도 전반에 대한 개선 필요성에 관하여는 국가인권위원회 2019. 1. 16.자 18방문0001500 결정(2018년 교정시설 방문조사에 따른 수용자 인권증진 개선 권고) 참조.
188) Concluding Observations on Republic of Korea, CCPR/C/KOR/CO/4(2015), paras.34,35.
189) 국가인권위원회가 2018년도 교정시설 방문조사 당시 방문한 10개 교정시설로부터 제출받은 자료에 따르면, 2017. 8.부터 2018. 7. 사이에 15일을 초과하는 금치 징벌을 받은 수용자의 수는 전체 금치징벌자 대비 적게는 약 41%, 많게는 약 60%에 이를 정도로 만연해 있으며, 연속 88일, 95일의 금치 처분을 받은 사례도 보고되었다. 국가인권위원회 2019. 1. 16.자 18방문0001500 결정(2018년 교정시설 방문조사에 따른 수용자 인권증진 개선 권고).

【다른 인권조약상의 관련 조항】

미주인권협약 제5조

① 모든 사람은 자신의 신체적, 정신적 및 도덕적 완전성을 존중받을 권리를 가진다.

② 어느 누구도 고문이나 잔혹한, 비인도적인 또는 굴욕적인 처벌 또는 대우를 받지 아니한다. 자유를 박탈당한 모든 사람은 인간 고유의 존엄성이 존중되는 대우를 받아야 한다.

③ 형벌은 범죄인 이외의 사람에게 확대 적용되어서는 아니 된다.

④ 피고인은 예외적인 경우를 제외하고는 유죄선고를 받은 자와 분리되어야 하며, 유죄선고를 받지 않은 자로서 그의 지위에 적합한 별도의 대우를 받아야 한다.

⑤ 형사소송에 계류 중인 미성년자는 성인과 분리되어야 하고, 가능한 한 신속하게 특별법원에 회부되어야 하며, 미성년자로서의 지위에 알맞은 대우를 받는다.

⑥ 자유를 박탈하는 형벌은 수형자의 교정과 사회재적응을 기본목표로 한다.

1. Every person has the right to have his physical, mental, and moral integrity respected.

2. No one shall be subjected to torture or to cruel, inhuman, or degrading punishment or treatment. All persons deprived of their liberty shall be treated with respect for the inherent dignity of the human person.

3. Punishment shall not be extended to any person other than the criminal.

4. Accused persons shall, save in exceptional circumstances, be segregated from convicted persons, and shall be subject to separate treatment appropriate to their status as unconvicted persons.

5. Minors while subject to criminal proceedings shall be separated from adults and brought before specialized tribunals, as speedily as possible, so that they may be treated in accordance with their status as minors.

6. Punishments consisting of deprivation of liberty shall have as an essential aim the reform and social readaptation of the prisoners.

---

190) 위 결정에서는 금치 처분이 넬슨 만델라 규칙에서 언급하는 독방구금과는 그 수준이 다르다 할지라도 수용자에게 가중된 징벌적 구금을 부가하는 것이고, 수용자에게 허용되는 작업, 교류 등을 차단한다는 점에서 개인에게 미치는 환경적 가혹성이 크게 다르다고 보긴 어렵다고 지적하였다.

제11조 계약상 의무의 이행불능으로 인한 구금 금지

도 경 옥

목 차

Ⅰ. 개관
Ⅱ. 적용범위
  1. 계약상 의무
  2. 이행불능

3. 구금 금지
Ⅲ. 한국의 실행
[다른 인권조약상의 관련 조항]

어느 누구도 계약상 의무의 이행불능만을 이유로 구금되지 않는다.

No one shall be imprisoned merely on the ground of inability to fulfil a contractual obligation.

Ⅰ. 개관

계약상 의무, 그 중에서도 특히 채무를 불이행하면 구금을 하는 실행은 적어도 기원전 5세기경에 로마에서 시작되었다.[1] 즉, 초기의 로마법에는 채권자의 요청이 있는 경우 사건이 심리될 때까지 채무자를 체포, 구금할 수 있도록 하는 규정이 있었다. 그러나 로마인들은 이른바 '채무자 구금제도'를 없애기로 하여 기원전 326년 이러한 법이 폐지되었다. 이후 로마에서 채무불이행자에 대한 구금은 불법이 되었다.[2] 그러나 '채무자 구금제도'는 로마인들에게만 있었던 문화는 아니다. 거의 모든 다른 문화권에서도 채무불이행자를 구금하는 제도가 어느 정도는 허용되어 왔다.[3] 채무불이행자를 구금하는 이유에는 범죄의 억제라는 명분도 없지 않았지만, 우선은 채무 상환의 유도가 중요한 목적이었을 것이다.[4] 이러한 관행은 고대 이후에도 계속되었다. 예를 들어 영국의 초기 정착민들은 로마인들보다도 더 엄

---

1) 로마 최초의 성문법인 12표법에서 이러한 규정을 찾을 수 있다. B. Vogt, State v. Imprisonment for Debt in South Dakota, *South Dakota Law Review* vol.46(2001), p.338.
2) 상계주, p.339.
3) 상계주.
4) 상계주, p.340.

격하게 채무불이행자를 취급하였다. 1066년 노르만 정복 이전에는 채권자가 채무불이행자를 노예로 삼을 수 있었다.[5] 1267년에는 채무불이행자를 구금하는 법이 만들어졌으며,[6] 1285년에는 채권자의 요청이 있으면 보안관이 채무불이행자를 즉각 체포, 구금할 수 있는 법이 마련되었다.[7] 영국인들이 북아메리카로 이주하면서 이 제도가 미국으로 계수되었고, 17세기 말 무렵에는 미국에서도 '채무자 구금제도'가 확고히 확립되었다.[8] 그러나 미국에서는 18세기경부터 '채무자 구금제도'를 재평가하기 시작하였다.[9] 19세기에는 몇몇 주들이 채무불이행자의 구금을 금지하는 주헌법을 제정하였으며, 20세기 초에는 대부분의 주들이 주헌법이나 법률로 채무불이행자의 구금을 금지하기에 이르렀다.[10] 채무불이행자의 구금은 다음과 같은 이유에서 점차 금지된 것으로 보인다. 첫째, 채무자가 구금되어 있는 동안에는 일을 아예 할 수 없으므로 채무불이행자에 대한 구금은 채무 상환의 유도라는 원래 목적을 달성하는 데 실패하였다. 둘째, 채무불이행자의 구금은 채무자의 가족이나 사회에 좋지 않은 영향을 미친다는 인식이 확산되었다.[11]

규약 제11조는 체포·억류에 관한 일반조항인 규약 제9조를 보완하며 신체의 자유를 보호하는 역할을 한다.[12] 내용과 형식에 있어서 약간의 차이가 있기는 하나 유럽인권협약 제4추가의정서 제1조와 미주인권협약 제7조 제7항도 규약 제11조와 동일한 취지의 규정이다. 규약 제4조 제2항에 따르면 국가의 존립을 위협하는 공공비상사태의 경우에도 규약 제11조의 위반은 허용되지 않는다.

계약상 의무의 이행불능으로 인한 구금은 규약 제8조 제2항에 따라 금지되는 부채노예제도(debt bondage)와도 관계가 깊다. 즉, 채무로 인한 구금은 물론, 계약상 의무가 이행되지 않는다고 하여 채권자에게 신체적으로 종속되어 채무를 갚기 위한 강제노동을 하는 부채노예제도 역시 금지된다. 양자의 관련성은 준비문서에도 잘 나타나 있다. 인권위원회에서 미국은 "어느 누구도 계약상 의무의 단순한 위반의 결과로서 구금되거나 예속상태가 되어서는 안 된다"는 공통의 금지 조항을 제안하였었다.[13] 그러나 논의과정에서 "예속상태"라는

---

5) 상계주.
6) The Statute of Marlbridge.
7) The Statute of Merchants.
8) B. Vogt(전게주 1), p.343.
9) 상계주.
10) 상계주, p.345.
11) R. James, Putting Fear back into the Law and Debtors back into Prison: Reforming the Debtors' Prison System, *Washburn Law Journal* vol.42(2002), pp.146-148.
12) Nowak's CCPR Commentary(2019), p.294(para.1).
13) E/CN.4/21(1947), Annex C; E/CN.4/37(1947); E/CN.4/AC.1/8/Rev.1(1947).

표현은 삭제되었고, "계약상 의무의 단순한 위반의 결과로서"라는 문구는 "계약상 의무의 이행불능만을 이유로"라는 표현으로 대체되었다.[14] 이후 인권위원회와 총회 제3위원회에서 이에 대한 수정안이 여러 차례 제출되었었지만, 최종적으로는 별다른 변경이 없었다.

Ⅱ. 적용범위

1. 계약상 의무

'계약상'이라는 용어는 사인들 간의 계약과 사인과 국가기관 간의 계약을 포함하여 모든 민사상의 계약을 의미한다. 이는 또한 보수의 약속, 유언과 같은 일방적인 행위의 결과로서 발생하는 의무도 포함한다. 총회 제3위원회에서 몇몇 대표들은 '계약상'이라는 용어가 지나치게 제한적이라고 판단하여, 상법과 노동법 분야의 의무의 불이행으로부터 발생하는 어떠한 형태의 채무로 인한 구금도 금지시키는 규정을 두자고 주장하였다. 그러나 '계약상'이라는 용어를 '민사상'이라는 용어로 대체하자는 콜롬비아의 주장은 수락되지 않았다.[15] '계약상'이란 용어를 엄격하게 해석하면 불법행위로부터 기인한 의무(특히 손해배상의무)의 이행불능은 제11조의 적용범위에 포함되지 않는다.[16]

'의무'라는 용어는 단지 금전적인 채무(monetary debts)에 한정되지 않는다. "계약상 의무의 이행(to fulfil a contractual obligation)"을 "계약상 채무의 상환(to pay a contractual debt)"으로 수정하자는 미국과 필리핀의 제안은 인권위원회에서 채택되지 않았다.[17] 대다수의 대표들은 '계약상 의무'라는 표현이 계약에 따라 착수된 역무의 수행이나 물품의 전달을 포함하여 어떤 행위를 하거나 하지 않을 모든 의무를 의미하는 것으로 해석되어야 한다고 강조하였다.

제11조는 계약상 의무에만 적용된다. 따라서 사법상의 의무이든 공법상의 의무이든 간에 법정 의무(statutory obligation)를 이행하지 않은 데 따른 자유의 박탈은 금지되지 않는다.[18] 법정 의무의 이행을 강제하기 위해 법원이 부과하는 자유의 박탈 역시 금지되지 않는다.[19]

---

14) Bossuyt's Guide(1987), pp.237-238.

15) A/C.3/SR.855(1958), para.9.

16) Y. Distein, The Right to Life, Physical Integrity and Liberty, in L. Henkin(ed.), The International Bill of Rights – The Covenant on Civil and Political Rights(Columbia University Press, 1981), p.136.

17) E/CN.4/170(1949) and E/CN.4/170/Add.4(1949); E/CN.4/211(1949); E/CN.4/212(1949); E/CN.4/216(1949); E/CN.4/SR.102(1949), p.11.

18) Nowak's CCPR Commentary(2019), p.295(para.5).

미주인권협약의 경우에는 "어느 누구도 채무로 인하여 억류되어서는 안 된다"고 하면서, "이 원칙은 부양의무의 불이행에 대하여 권한 있는 사법기관이 내리는 명령을 제한하지 않는다"고 규정하고 있다(제7조 제7항).[20] 규약위원회는 *Liberto Calvet Ráfols v. Spain* 사건 (2005)에서 이 문제를 다루었다. 사건의 내용은 다음과 같다.

> 통보자는 부인과 이혼하기로 합의하였고, 1990년 법원도 이를 승인하였다. 1992년 이혼한 부인의 신청에 따라 열린 재판에서 법원은 어머니가 딸을 양육하고 아버지인 통보자는 매달 25,000페세타(150.28 유로)를 양육비로 지급하라고 명령하였다. 1995년 10월 이혼한 부인은 법원에 1993년의 석 달 치 미지급액, 1994년의 두 달 치 미지급액, 1995년분 미지급액의 지급을 청구하였다. 2001년 3월 바르셀로나 형사법원은 통보자의 행위가 스페인 형법 제227조상의 가족유기죄에 해당한다고 보아 유죄판결을 내렸고, 그에게 8주간의 구금과 미지급액의 상환을 선고하였다. 통보자는 이 판결이 규약 제11조 위반이라며 항소하였다. 그러나 2심 판결의 결과도 1심과 동일하였다. 이에 통보자는 헌법재판소에 소를 제기하였으나, 헌법재판소도 그의 주장을 받아들이지 않았다. 통보자는 고의가 아닌 금전 부족에 따른 채무불이행에 대해 자유의 박탈을 선고한 판결과 가족부양비를 지급하지 못한 경우 자유의 박탈을 규정하고 있는 스페인 형법 제227조는 규약 제11조에 위배된다며 규약위원회에 개인통보를 제출하였다. 규약위원회는 이 통보가 계약상의 의무가 아니라 스페인 형법 제227조에 규정되어 있는 것처럼 법적 의무의 불이행과 관련된 사건이라고 보았다. 즉, 양육비를 지급할 의무가 통보자와 그의 전 부인과의 이혼합의로부터 발생한 것이 아니라, 스페인법에서 발생하였다고 보았다. 따라서 이 사건은 규약 제11조의 적용대상이 아니므로 심리적격이 없다고 결정하였다.[21]

민사상의 채무와 관련된 형사범죄에 대해서도 제11조의 보호가 부여되지 않는다. *Maksim Gavrilin v. Belarus* 사건(2007)의 통보자는 부동산 중개인을 사칭해 부동산 거래 보증금을 받은 것에 대해 사기죄가 인정되어 7년의 구금형과 몰수형을 선고받았다. 통보자는 고의가 아닌 금전 부족에 따른 채무불이행에 대하여 법원이 구금형을 선고한 것은 제11조 위반에 해당한다고 주장하였다. 규약위원회는 "채무로 인한 구금 금지가 민사상의 채무와 관련된 형사범죄에는 적용되지 않는다"고 하면서, "사기죄(fraud), 과태파산죄(negligent bankruptcy),

19) Nowak's CCPR Commentary(2019), p.295(para.5).
20) Nowak's CCPR Commentary(2019), p.295(para.5).
21) *Liberto Calvet Ráfols v. Spain*, Communication No.1333/2004(2005).

사기파산죄(fraudulent bankruptcy)를 저지른 자는 채무를 더 이상 갚을 수 없는 때에도 구금형으로 처벌할 수 있다"고 하였다.[22] 규약위원회는 이후에 제기된 개인통보사건들에서도 민사상 채무와 관련된 형사범죄에 대해 제11조를 원용하는 것은 허용되지 않는다고 보았다.[23]

2. 이행불능

제11조는 계약상 의무의 불이행이 오직 채무자의 '이행불능'으로 인한 경우에만 적용된다. 계약상 의무의 이행을 단순히 거절하는 자는 그 동기와 무관하게 제11조의 보호를 받지 못한다.[24] 다만, 이행불능과 이행거절의 구분이 항상 쉽지는 않을 것이다. 준비문서에 따르면, 적어도 부정하게 지급불능 상태를 초래한다면 제11조의 보호범위에서 제외된다.[25] 고의적으로 지급불능 상태를 초래하는 행위는 이미 대부분의 국가들에서 형사범죄에 해당되며, 국가는 도주의 우려가 있는 경우 그를 재판 전에 구금할 수도 있다. 결론적으로 이행거절은 지나치게 광의로 해석되지 말아야 한다. 그렇지 않으면 제11조가 제공하는 보호의 취지가 훼손될 수 있기 때문이다.[26]

3. 구금 금지

규약과 유럽인권협약 제4추가의정서와 미주인권협약의 관련 규정들을 살펴보면, 조약마다 금지되는 구금의 유형에 다소 차이가 있음을 알 수 있다. 구체적으로, 규약 제11조는 교도소 내의 구금("imprisoned")만을 규정하고 있고, 유럽인권협약 제4추가의정서 제1조는 모든 종류의 자유의 박탈("deprived of his liberty")이라고 표현하고 있으며, 미주인권협약 제7조 제7항은 억류("detained")로 표현하고 있다. 그러나 규약 제11조의 초안자들의 의도가 오직 교도소 내 구금만을 금지시키려는 것은 아니었다고 판단된다. 예를 들어 사인(私人)인 채권자가 교도소 내 구금만 아니라면 채무자를 '구금'할 수도 있다는 의미는 아니었을 것이다. 그렇다면 규약 제11조의 "구금"도 모든 방식의 자유의 박탈이라는 넓은 의미로 해석하

---

22) *Maksim Gavrilin v. Belarus*, Communication No.1342/2005(2007), para.7.3.
23) *Foumbi v. Cameroon*, Communication No.2325/2013(2014), para.8.7; *H.S. v. Australia*, Communication No.2015/2010(2015), para.8.3; *Zogo Andela v. Cameroon*, Communication No.2764/2016(2017), para.6.11.
24) Taylor's Commentary(2020), p.323.
25) 필리핀은 제11조에 "사기의 죄를 범한 것이 아닌 한"이라는 문구를 추가하자고 제안하였는데, 인권위원회는 사기로 인한 경우는 당연히 제11조의 보호로부터 제외된다는 이유에서 이를 받아들이지 않았다. E/CN.4/365(1950); E.CN.4/SR.150(1950), para.31.
26) Nowak's CCPR Commentary(2019), p.297(para.8).

는 것이 타당하다.[27]

계약상 의무의 이행불능으로 인한 구금 금지는 주로 국가를 대상으로 한다. 그러므로 당사국은 이를 허용하는 국내법령이 있다면 이를 모두 폐지하여야 하며, 또한 사인도 그 같은 구금행위를 하지 못하도록 조치하여야 한다.

한편, 콩고민주공화국은 자국의 국내법은 채무자가 불성실한 행동으로 스스로 지급불능 상태를 초래하는 경우를 포함하여 일정한 조건 하에서는 채무로 인한 구금을 허용하고 있다는 이유에서 제11조를 유보하였다.[28] 이에 대해 벨기에와 네덜란드는 이러한 유보는 제11조의 역사적 배경의 관점에서 불필요할 뿐만 아니라, 제11조는 정지 불가능한 권리(non-derogable rights)를 포함하고 있기 때문에 유보가 허용될 수 없다며 반대하였다.[29] 그러나 영국이 영국왕실의 속령인 저지 섬에서는 제11조를 적용하지 않겠다는 유보[30]를 첨부한 것에 대하여는 어떠한 반대도 없었다. 규약위원회는 콩고(구 콩고민주공화국)와 영국의 국가보고서에 대한 최종견해에서 제11조에 대한 유보에 유감을 표명하고, 이의 철회를 권고하였다.[31] 영국은 2015년에 제11조에 대한 유보를 철회하였다.[32]

III. 한국의 실행

대한민국의 국내법 중 계약상 의무의 이행불능으로 인한 구금 금지를 명시적으로 허용하는 법령은 없다. 국내법상 계약상 의무의 불이행은 민사책임만을 발생시킬 뿐, 이행불능 자체만으로는 범죄를 구성하지 않는다. 따라서 어느 누구도 계약상 의무의 이행불능만을 이유로 구금되지 않는다. 한국의 제1차부터 제4차까지의 국가보고서도 이를 확인하였다.[33] 한국의 1991년 제1차 국가보고서는 "법무부의 형사법개정특별심의위원회에서 상환능력이

---

27) Nowak's CCPR Commentary(2019), p.297(para.9).

28) C.N.321.1983.TREATIES-4/10/3.

29) C.N.297.1984.TREATIES-23.

30) C.N.193.1976.TREATIES-6.

31) Concluding Observations on Congo, CCPR/C/79/Add.118(2000), para.16; Concluding Observations on United Kingdom and Northern Ireland regarding the Crown Dependencies of Jersey, Guernsey and the Isle of Man, CCPR/C/79/Add.119(2000), para.13.

32) C.N.97.2015.TREATIES-IV.4.

33) Initial Reports of Republic of Korea, CCPR/C/68/Add.1(1991), para.199; Second Periodic Reports of Republic of Korea, CCPR/C/114/Add.1(1998), para.145; Third Periodic Reports of Republic of Korea, CCPR/C/KOR/2005/3(2005), para.209; Fourth Periodic Reports of Republic of Korea, CCPR/C/KOR/4(2013), para.208.

있음에도 불구하고 채무이행을 회피하는 악질 채무자를 처벌하기 위하여 채무불이행죄의 신설을 검토한 바 있으나 규약의 정신을 존중하여 국내 형법에 규정하지 않기로 결론을 내렸다"고 언급하였는데,[34] 이는 규약이 국내 인권 보장에 영향을 미친 사례라고 평가할 수 있다.

한편, 한국의 「부정수표 단속법」 제2조 제2항은 "수표를 발행하거나 작성한 자가 수표를 발행한 후에 예금부족, 거래정지처분이나 수표계약의 해제 또는 해지로 인하여 제시기일에 지급되지 아니하게 한 경우" 처벌한다고 규정하여 일견 이 조항이 규약 제11조와 충돌되지 않는가라는 의문이 제기될 수 있다. 헌법재판소는 2001년 99헌가13 사건에서 규약 제11조와 「부정수표 단속법」 제2조 제2항의 관계를 다룬 바 있다. 이 사건의 위헌심판 제청 법원은 지급거절될 것을 예견하고 수표를 발행한 뒤 지급제시기일에 수표금이 지급되지 아니하게 한 수표발행인을 형사처벌하도록 한 「부정수표 단속법」 제2조 제2항이 규약 제11조와 정면으로 배치되어 헌법 제6조 제1항의 국제법 존중주의에 위반된다며 위헌심판을 제청하였다. 이에 대해 헌법재판소는 다음과 같이 판단하였다.[35]

"이 사건 법률조항에서 규정하고 있는 부정수표 발행행위는 지급제시될 때에 지급거절될 것을 예견하면서도 수표를 발행하여 지급거절에 이르게 하는 것이다. 따라서 이 사건 법률조항은 수표의 지급증권성에 대한 일반 공중의 신뢰를 배반하는 행위를 처벌하는 것으로 그 보호법익은 수표거래의 공정성인 것이고 나아가 소지인 내지 일반 공중의 신뢰를 이용하여 수표를 발행한다는 점에서 그 죄질에 있어 사기의 요소도 있다하여 처벌하는 것이다. 결코 '계약상 의무의 이행불능만을 이유로 구금'되는 것이 아니므로 국제법 존중주의에 입각한다 하더라도 위 규약 제11조의 명문에 정면으로 배치되는 것이 아니다."

헌법재판소는 2011년 2009헌바267 사건에서도 동일한 판단을 내렸다.[36] 이 사건의 청구인은 자유경제질서 하에서 개인이 수표를 발행하여 교부하고 수취하는 민사적인 거래행위에 대하여 국가가 수표금 미지급을 이유로 인신구속이라고 하는 공권력을 동원하는 것은 수표발행인으로 하여금 자신의 신체 내지 신체의 자유를 담보로 제공하고 수표를 발행하도록 하는 것이며, 이는 규약 제11조를 침해하여 국제법 존중주의에 위반된다고 주장하였다.

---

34) Initial Reports of Republic of Korea, CCPR/C/68/Add.1(1991), para.200.
35) 헌법재판소 2001. 4. 26. 99헌가13.
36) 헌법재판소 2011. 7. 28. 2009헌바267.

이에 대해 헌법재판소는 「부정수표 단속법」 제2조 제2항은 수표의 본질적 기능을 보장하여 국민의 경제생활의 안전을 보호하기 위한 것이며, 수표의 소지인 등의 구체적인 재산상 손해를 방지·전보하기 위한 것이 아니라고 하면서, 고의로 수표거래의 안전성을 훼손하는 행위를 처벌하는 것일 뿐 인신을 담보로 채무이행을 강제하려는 것이 아니므로, 이를 전제로 국제법 존중주의에 위반된다고 하는 청구인의 주장은 이유 없다고 밝혔다. 「부정수표 단속법」 제2조 제2항은 "지급거절될 것을 예견"하면서도 수표를 발행하여 지급거절에 이르게 하여 고의적으로 계약상 의무의 이행불능을 초래한 행위를 처벌하는 조항이므로 규약 제11조와의 충돌은 발생하지 않는다. 따라서 헌법재판소의 결정은 타당하다고 판단된다.

한편, 규약 제11조는 '계약상 의무의 이행불능'으로 인한 '구금' 금지를 규정하고 있음에도 불구하고 우리 법원이 규약 제11조의 문언의 범위를 넘어 관련 검토를 한 경우들이 발견된다. 예를 들어 '대여금 사기'와 관련한 판결에서 법원은 규약 제11조가 채무불이행에 대한 형사처벌을 금지하고 있음을 전제로 "규약의 취지에 비추어 보아도, 소위 '대여금 사기'에 있어서 검사는 금원을 대여할 당시부터 피고인에게 차용금을 변제할 의사나 능력이 없었는지 여부 및 기망행위가 존재하였는지 여부에 관하여 높은 수준의 증명책임을 지는 것이고, 그 입증 여부는 엄격히 판단되어야 한다"고 판시하였다.[37] '이행불능'은 채무불이행의 유형 중 하나이며 '구금'은 형사처벌의 유형 중 하나이므로, 규약 제11조가 채무불이행 전반에 대하여 벌금과 과료를 포함하는 형사처벌을 금지한다고 설시한 것은 문제가 있다.[38]

[다른 인권조약상의 관련 조항]

유럽인권협약 제4추가의정서 제1조

어느 누구도 계약상 의무의 이행불능만을 이유로 자유를 박탈당하지 않는다.

No one shall be deprived of his liberty merely on the ground of inability to fulfil a contractual obligation.

---

37) 서울남부지방법원 2013. 10. 17. 선고 2013고합16 판결.
38) 홍관표, 국제인권조약을 원용한 법원의 판결에 관한 검토, 저스티스 제149권(2015), pp.182-183; 이혜영, 법원의 국제인권조약 적용 현황과 과제(사법정책연구원, 2020), p.183.

미주인권협약 제7조 제7항

어느 누구도 채무로 인하여 억류되어서는 안 된다. 이 원칙은 부양의무의 불이행에 대하여 권한 있는 사법기관이 내리는 명령을 제한하지 않는다.

No one shall be detained for debt. This principle shall not limit the orders of a competent judicial authority issued for nonfulfillment of duties of support.

제12조 거주 및 이전의 자유[*]

김 선 일

목 차

Ⅰ. 개 관
Ⅱ. 거주 및 이전의 자유
  1. 거주 및 이전의 자유 일반
  2. 외국인
Ⅲ. 출국의 자유
Ⅳ. 거주 · 이전 · 출국의 자유에 대한 제한
  1. 제한 사유
    가. 국가안보
    나. 공공질서
    다. 공중 보건 또는 도덕
    라. 타인의 권리와 자유의 보호
  2. 제한 요건
    가. 법률에 의한 제한
    나. 필요성 및 비례성의 원칙

  다. 그 밖의 권리와의 양립가능성
Ⅴ. 자국으로 입국할 권리
  1. 자 국
  2. 자의성
Ⅵ. 한국의 실행
  1. 북한 방문의 제한
  2. 보안관찰처분
  3. 출국금지처분
  4. 여권의 사용 제한 등
  5. 국적이탈의 자유
  6. 화교의 출입국
  7. 외국인 이주노동자
[다른 인권조약상의 관련 조항]

1. 합법적으로 어느 국가의 영역 내에 있는 모든 사람은, 그 영역 내에서 이동의 자유 및 거주의 자유에 관한 권리를 가진다.
2. 모든 사람은 자국을 포함하여 어느 나라에서도 자유로이 출국할 수 있다.
3. 위에 언급된 권리는 법률에 의하여 규정되고, 국가안보, 공공질서, 공중보건이나 도덕, 또는 타인의 권리와 자유를 보호하기 위하여 필요하고, 이 규약에서 인정되는 그 밖의 권리와 부합하는 제한을 제외하고는 어떤 제한도 받지 않는다.
4. 어느 누구도 자국으로 입국할 권리를 자의적으로 박탈당하지 않는다.

---

[*] 이 글은 필자의 "국제인권규약상 거주 · 이전의 자유 및 한국의 실행"(경찰법연구 제20권 제3호(2022)) 및 "캐나다 이민국의 '범죄 · 수사경력회보서' 요청 관련 법적 쟁점"(경찰법연구 제20권 제2호(2022))의 Ⅲ - 1 부분의 내용을 수정 · 보완한 것이다.

1. Everyone lawfully within the territory of a State shall, within that territory, have the right to liberty of movement and freedom to choose his residence.

2. Everyone shall be free to leave any country, including his own.

3. he above-mentioned rights shall not be subject to any restrictions except those which are provided by law, are necessary to protect national security, public order (ordre public), public health or morals or the rights and freedoms of others, and are consistent with the other rights recognized in the present Covenant.

4. No one shall be arbitrarily deprived of the right to enter his own country.

I. 개 관

거주 및 이전의 자유는 개인의 자유로운 발전에 필수 불가결한 기본적 인권의 하나이다. 과거 봉건제도 하에서는 인간이 토지에 종속되어 사실상 이전의 자유가 없었다. 이전의 자유의 보장은 중세적 질서의 타파를 의미하였고, 개인의 해방과 아울러 직업선택의 자유도 보장됨을 의미하였다. 이전의 자유는 프랑스 혁명 이래 개인의 자유를 구성하는 본질적 요소로 간주되었다. 그러나 아직도 주권국가들은 개인의 이전의 자유를 무제한적으로 보장하지는 않으려고 한다. 예를 들어, 개인의 출입국에 대한 통제를 완전히 포기한 국가는 그다지 많지 않다. 20세기 사회주의 국가들은 자본주의 국가들 보다 개인의 이전의 자유를 비교적 경시하였고, 엄격한 통제를 실시한 경우가 많았다.[1] 또한 자유주의적 사조를 가진 서구의 국가들조차 이전의 자유의 법적 성격에 대해 다양한 평가를 하였다. 일례로 1950년 'UN 인권위원회(이하 인권위원회)'에서 영국 대표는 이전의 자유와 거주지 선택권을 기본적 인권으로 볼 수 있는지에 대해 영국 정부가 의구심을 품고 있다고 발언한 바 있다.[2] 즉 이전의 자유는 근본적인 권리가 아니라 부수적 성격의 권리에 불과하다고 보았다. 반면 이전의 자유는 신체의 자유에 대한 권리의 본질적 일부이자 중요한 인권이라는 시각도 있었다.[3] 적지 않은 국가들이 이전의 자유를 광범위하게 보장하는 데 회의적이었던 주요 이유는 무엇인가? 이전의 자유가 한 국가의 국경에 머무르지 않고 다른 권리들에 비해 국가주권을 더욱 저해한다는 인식이 각 국가들 사이에 팽배했기 때문이다.[4] 그렇지만 21세기의

---

1) Nowak's CCPR Commentary(2019), p.301(para.4).

2) E/CN.4/365(1950), p.34.

3) A/2929(1955), chapter VI, para.52.

국제질서나 국제환경에 비추어 볼 때 개인의 이전의 자유에 대한 관점의 변화가 요구된다. 역사상 그 어느 때보다 인간의 이주는 국경을 초월하여 빈번히 이루어지고 있기 때문이다.5) 유럽연합처럼 국가간 경계가 허물어질수록 이전의 자유에 대한 제한도 완화 내지 제거될 가능성이 높다.

인권위원회에 상정된 초기 초안들은 주로 세계인권선언 제13조를 바탕으로 작성되었다.6) 국가주권에 대한 침해를 우려하여 영국 대표는 규약 제12조의 삭제를 제안하였으나 다른 국가들의 동의를 얻지 못하였다. 이후 규약 제12조에 대한 논의는 주로 이전의 자유에 대한 제한조건을 어떻게 규정할 것인가에 초점이 모아졌다. 일부 대표들은 제한사유들을 모두 열거하는 방식도 검토하였지만, 그 같은 규정방식에 대해 합의를 얻기란 사실상 불가능하다고 보았다.7) 이후 오랜 논의를 거쳐 1954년 인권위원회 최종초안 제12조에서는 제1항 서문에 제한사유를 규정하고, 제한의 대상이 되는 권리들인 거주·이전·출국의 자유를 각 호에 배치하는 방식이 채택되었다.8) 그리고 1959년 UN 총회 제3위원회에서 아르헨티나, 벨기에, 이란, 이탈리아, 필리핀 5개국 공동 수정안이 최종적으로 채택되어 현재의 조문으로 성안되었다.9)

규약 제12조는 이전의 자유에 대한 권리를 3가지로 구분하고 있다. 즉 국내적 이전의 권리(제1항), 자국을 포함한 어느 나라에서도 출국할 권리(제2항), 자국으로 입국할 권리가 그것이다(제4항). 한편 유럽인권협약 제4추가의정서 제3조 제1항 및 제4조, 미주인권협약 제22조 제5항 및 제9항, 아프리카인권헌장 제12조 제5항 등의 지역적 협정들과는 달리, 규약에는 자국민의 추방을 금지하는 조항이 없다.10) 초안 작성 과정에서 자국민 추방금지를 명문화하자는 제안이 부결되었는데, 그 이유는 민주사회에서 당연한 내용이라 굳이 명문화할

---

4) Nowak's CCPR Commentary(2019), p.302(para.4).

5) 그 요인으로는 경제적 기회의 창출이나 기후변화, 그리고 정치적 박해나 전쟁의 참화 등이 제시될 수 있다. Nowak's CCPR Commentary(2019), p.299(para.1).

6) 1946년 초안위원회의 초안들(E/CN.4/21, Annexes A, B, G), 1949년 인권위원회에서의 레바논 초안들(E/CN.4/215와 Rev. 1), 1947년 및 1950년 인권위원회에서의 미국 초안들(E/CN.4/37(1947), E/CN.4/365(1950)).

7) 예를 들어, 1948년 초안위원회는 이전의 자유를 제한하는 14개 항목을 제시하였으며, 이후 남아프리카와 호주, 그리고 인도 등이 추가적인 제한사유를 제안하였다(E/800(1948), pp.25-26, E/CN.4/199(1949), E/CN.4/217(1949) 등).

8) E/2573(1954), p.67.

9) 5개국 공동 수정안은 1954년 최종초안과 달리 제한사유를 제3항에 배치하였고 공공안녕을 공공질서로 대체하였다. 이 수정안은 찬성 58, 반대 1, 기권 11표로 채택되었다. A/4299(1959), pp.2-6.

10) Nowak's CCPR Commentary(2019), p.301(para.3).

필요가 없다는 반론때문이었다.[11]

또한 세계인권선언 제14조, 미주인권협약 제22조 제7항 및 제8항, 아프리카인권헌장 제12조 제3항 및 제23조 제2항 (a)호와는 달리, 규약에는 비호를 구할 권리가 포함되지 않았다. 비호를 구할 권리가 곧바로 해당 국가에게 비호를 부여해야 할 국제법상 의무를 의미하지는 않는다.[12] 규약 제12조 제2항의 자국에서 출국할 권리의 보장을 통하여 타국에서 비호를 구할 권리도 간접적으로 실현될 수 있을 것이다.

한편 규약 제12조 제3항은 거주 및 이전의 자유에 대한 제한 요건을 규정하고 있다. 다만 이러한 제한은 같은 조 제1항과 제2항에 규정된 이전의 자유, 거주의 자유, 그리고 출국의 자유에 대해서만 적용된다. 같은 조 제4항에 규정되어 있는 자국으로 입국할 권리에 대해서는 제한 조항이 적용되지 않으므로 국가도 이를 금지시킬 수 없다. 그렇지만 규약 제4조에 따라 국민의 생존을 위협하는 공공의 비상사태가 발생한 경우에는 제4항을 포함하여 규약 제12조 전체의 적용이 정지될 수 있다.[13]

II. 거주 및 이전의 자유

1. 거주 및 이전의 자유 일반

한 국가 내에서 합법적으로 있는 모든 사람은 내·외국인을 막론하고 그 영역 안에서 자유롭게 거주지를 선택하고 이전할 수 있는 권리를 향유한다. 거주 및 이전의 자유는 규약 제12조 제3항에 규정된 사유 이외의 특정한 목적이나 이유에 의해서는 제한될 수 없다. 합법적이지 않은 모든 형태의 강제이주나 정당한 이유 없이 한 국가 내의 특정지역에 대한 출입이나 체류를 금지한다면 이는 규약에 위배된다. 예를 들어, 특정 범주의 인디언들만을 캐나다 인디언 보호구역에 거주토록 한다면 이는 원칙적으로 그에 속하지 아니하는 사람들의 거주의 자유를 침해할 수 있다. 그러나 원주민의 정체성 보호 내지 보장을 목적으로 국가가 정당한 제한을 가한다면 규약 제27조 및 제12조 제3항에 따라 허용될 수 있다.[14] 한

---

11) A/2929(1955), chapter VI, paras.58-59.

12) R. Jennings & A. Watts, Oppenheim's International Law 9th ed., vol. 1(Longman Group UK Limited and Mrs Tomoko Hudson, 1992), pp.901-903.

13) 실제 제12조는 가장 많이 적용이 정지된 규약상 조문들 중의 하나였다. Nowak에 의하면, 2018년 1월 기준(자메이카의 통고시까지) 약 24개 당사국들이 제12조(종종 제1항을 명기하기도 함)의 적용정지를 UN 사무총장에게 통고한 바 있다고 한다. Nowak's CCPR Commentary(2019), p.303(para.7) 및 주) 20. 한편 제12조의 적용정지 사례는 최근에도 발견된다. 예컨대 2021년 1월 과테말라의 규약 제12조 등의 적용제한조치(Guatemala: C.N.47.2021.TREATIES-IV.4) 등.

편 개인이 거주지를 변경하기 위해서 당국의 허가를 받아야 한다거나 목적지의 관할당국으로부터 승인을 얻을 것도 요구되지 말아야 한다.[15]

거주 및 이전의 자유는 종종 신체의 자유와 결부되어 다뤄지기도 한다. 체포와 구금을 포함한 신체의 자유에 대한 제한(예: 가택연금)은 거주 및 이전의 자유에 대한 제한이 될 수 있다. 그렇지만 양자의 경계가 명확히 구분되지 않는 경우도 있다. 예를 들어, 유럽인권재판소는 *Guzzardi v. Italy*(1980) 사건에서 2.5㎢ 규모의 Asinara섬에 범죄자를 강제 격리시킨 후 당국의 특별한 감시 하에 있게 한 조치가 신체의 자유의 침해에 해당한다고 보았다. 이에 반해 유럽인권위원회는 동일한 사안에 대해 신체의 자유가 아니라 이전의 자유와 거주지 선택의 자유를 침해한다고 보았다.[16]

오늘날 무력충돌, 소요사태, 인권침해, 또는 자연재해나 인위재난 등 다양한 원인에 의해 국내실향민들이 종종 발생되고 있다. 이들이 국내적 거주 및 이전의 자유를 온전히 누리지 못하는 경우가 적지 않다. 예를 들어, 아이티에서는 지진 발생으로 대량 실향민들이 발생했는데, 수용소에서 생활하던 사람들이 강제로 쫓겨나는 일이 이어졌다.[17] 보스니아-헤르체고비나에 대한 최종견해에서 규약위원회는 국내실향민들이 귀환하는 경우 이들의 사회재통합과 고용·교육, 사회공공서비스에의 동등한 접근권 보장, 그리고 상당수 귀환 주민들이 있는 지역에 대한 지뢰제거 조치 등을 요구하기도 하였다.[18] 또한 규약위원회는 마케도니아와 크로아티아에서 발생한 국내실향민들에 대해서 해당 정부에게 '국내실향에 관한 지도원칙(Guiding Principles on Internal Displacement)'에 따라 장기적인 효과를 지닌 해결책을 제시하도록 요구한 바 있다.[19]

---

14) *Sandra Lovelace v. Canada*, Communication No.24/1977(1981), paras.15-16.

15) HRC General Comment No.27(1999), para.5.

16) *Guzzardi v. Italy*, ECtHR Application No.7367/76(1980), paras.56, 104.

17) Concluding Observations on Haiti, CCPR/C/HTI/CO/1(2014), para.18.

18) Concluding Observations on Bosnia and Herzegovina, CCPR/C/BIH/CO/1(2006), para.20.

19) Concluding Observations on Macedonia, CCPR/C/MKD/CO/2(2008), para.15; Concluding Observations on Croatia, CCPR/C/HRV/CO/2(2009), para.14. 한편 '국내실향에 관한 지도원칙(이하 지도원칙)'은 전 세계 2천 5백만 명 이상의 국내실향민을 보호하고 지원하기 위해 UN 총회와 인권위원회의 요청으로 UN 사무총장에 의해 임명된 국내실향민담당대표(Representative of the Secretary-General on Internally Displaced Persons)인 Francis M. Deng의 주도 하에 1998년 성안되어 인권위원회에 제출되었다. 지도원칙은 목적과 범위를 기술한 도입부 이외에 국제인권법과 국제인도법 등을 반영한 5개 섹션 총 30개 원칙으로 구성되어 있다. 특히 지도원칙에는 국내실향민들이 누릴 수 있는 자유와 권리에 관한 자세한 사항, 즉 평등하고 차별 없이 국제법 및 국내법상의 권리와 자유의 향유뿐 아니라 생명권, 인간의 존엄성, 신체의 자유, 강제징집으로부터 보호받을 권리, 거주 및 이전의 자유, 가정생활을 존중받을 권리, 필요한 음식이나 의복을 제공받는 등 적절한 생활수준을 향유할 권리, 적절한 의료 지원을 받을

'팔레스타인 점령지역에서 이스라엘이 건설한 장벽 사건'과 관련하여 규약 제12조 제1항의 위반이 문제되기도 하였다. 국제사법재판소(이하 ICJ)는 이스라엘이 건설한 장벽으로 인해 거주민들의 국내적 거주 및 이전의 자유가 침해되었다고 판단했다.[20] 규약위원회 역시 이스라엘의 장벽 건설로 인해 "Seam Zone"에 거주하는 사람들의 이전의 자유에 대한 각종 제한들과 동예루살렘 거주 팔레스타인사람들의 처우 및 불안정한 지위에 대해 우려를 표명하였다. 그러면서 ICJ의 권고적 의견에 따라 장벽의 방향을 변경하고 팔레스타인사람들이 그들의 생활공간과 생계수단에 완전히 접근할 수 있도록 보장하라고 요구했다.[21] 또한 규약위원회는 동예루살렘에서 거주하고 있는 팔레스타인사람들의 거주지 선택의 자유와 이전의 자유에 대한 권리를 이스라엘이 보장할 것을 요청하기도 하였다.[22] 이스라엘에 대한 최종견해에서 규약위원회는 가자지구의 봉쇄에 대해서도 우려를 표명하였다. 특히 응급의료 등 제한된 범위에 해당하는 사람들만이 가자지구를 벗어날 수 있도록 함으로써 이전의 자유가 방해받고 있는 현상에 주목하였다. 결국 규약위원회는 가자지구 내 민간인들의 이전의 자유와 상품의 반입 또는 반출 등을 제한하는 여하한 조치들도 규약상 의무들과 부합되어야 한다고 요구하였다.[23] 최근 인종차별철폐위원회도 가자지구 내 상황을 우려하면서 이전의 자유 보장과 함께 주거·교육·보건·식수·위생 등 필수시설에의 접근을 당사국이 보장하라고 촉구하였다.[24]

한편 당사국은 거주 및 이전의 자유를 공권력뿐만 아니라 사인(私人)의 간섭으로부터도 보호할 의무가 있다. 특히 여성의 경우 거주 및 이전의 자유가 법률이나 관행은 물론 가족·친척을 비롯한 타인의 결정에 속박되지 않도록 국가가 적극적으로 보호하여야 한다.[25] 또한 당사국은 민족적·종교적 기원을 포함한 여하한 사유들을 이유로 사람들이 강제이주 당하지 않도록 이를 방지할 의무가 있다.[26]

규약위원회의 결정례를 살펴보면, 국내에서의 거주 및 이전의 자유에 대한 제한을 다룬

권리, 법 앞의 평등, 재산권, 사상·양심·종교·신념·표현의 자유, 취업 및 경제활동의 자유, 교육을 받을 권리 등이 명시되어 있다. 이에 관한 자세한 내용은 E/CN.4/1998/53/Add.2(1998) 참조.

20) Legal Consequences of the Construction of a Wall in the Occupied Palestinian Territory, Order of 30 January 2004, ICJ Reports 2004, p.3, para.134.

21) Concluding Observations on Israel, CCPR/C/ISR/CO/4(2014), para.17.

22) 상계주, para.18.

23) 상계주, para.12.

24) Concluding Observations on the combined seventeenth to nineteenth reports of Israel, CERD/C/ISR/CO/17-19(2020), paras.44-45.

25) HRC General Comment No.27(1999), para.6.

26) Nowak's CCPR Commentary(2019), p.309(para.19).

사건들이 적지 않다. 주로 가택연금, 귀향금지, 국내의 특정지역에 거주 내지 체류토록 하는 강제조치 등이 그러한 사례다. *Ngalula Mpandanjila et al. v. Zaire* 사건(1986)에서 국회의원들이 포함된 통보자들은 자이르 대통령에 대해 공개적으로 항의했다는 이유로 체포, 가택연금, 기타 특정지역 고립 등 강제조치를 당했다. 이에 대해 규약위원회는 보안군에 의한 지속적인 감시와 외부세계로부터 완전히 고립시킨 조치가 통보자들에 대한 신체의 자유 침해뿐 아니라 거주 및 이전의 자유 등도 침해한다고 결정하였다.[27] *Ketenguere Ackla v. Togo* 사건(1996)에서 토고공화국 경찰간부였던 통보자는 정부에 의해 조작된 비리혐의로 해직·구금·재산몰수 등의 처분을 받음과 동시에 고향으로 돌아가는 것이 금지되었다. 규약위원회는 토고 정부가 규약 제12조가 보장하고 있는 거주 및 이전의 자유를 같은 조 제3항에 근거하여 제한했다는 어떠한 증거도 제시하지 않았다는 이유에서 통보자에 대한 귀향금지명령은 거주 및 이전의 자유에 대한 침해로서 규약에 위반된다고 결정하였다.[28] *Fongum Forji-Dinka v. Cameroon* 사건(2005)에서 통보자는 반역죄의 혐의로 체포되었다가 무죄 판결을 받았음에도 불구하고 카메룬 정부가 계속 가택연금을 하자 개인통보를 제기하였다. 규약위원회는 카메룬 정부가 통보자의 가택연금을 정당화시키는 어떠한 예외사유도 제시하지 않았기 때문에 규약 제9조 제1항의 신체의 자유뿐만 아니라 제12조 제1항의 거주 및 이전의 자유도 침해했다고 결정하였다.[29] 그밖에 *A.M.H. El Hojouj Jum'a et al. v. Libya* 사건(2014)에서는 일가족 중 한 명이 이라크에 대한 배반행위를 했다는 혐의로 당국에 체포되어 비인간적인 처우를 받았고, 나머지 가족구성원들 역시 이라크 당국으로부터 지속적인 감시와 괴롭힘, 살해 협박 기타 각종 위협, 단전·단수를 비롯한 공공서비스 단절 등에 시달리다가 고향을 떠나 트리폴리로 도피하여 숨어 지낸 후 네덜란드로 망명하기도 하였다.[30] 이 사건에서 리비아 정부는 아무런 항변도 제기하지 않았다. 결국 규약위원회는 리비아 당국의 행위에 대해 규약 제7조, 제9조, 제17조 위반 이외에 정부 당국에 의한 살해 협박 등으로 인해 고향을 떠나 타지에서 숨어 지낼 수밖에 없었다는 점에서 통보자들의 거주지 선택의 자유가 침해되었다는 이유로 제12조 제1항에도 위반된다고 결정했다.[31]

---

27) *Nqalula Mpandanjila et al. v. Zaire*, Communication No.138/1983(1986).
28) *Ketenguere Ackla v. Togo*, Communication No.505/1992(1996).
29) *Fongum Forji-Dinka v. Cameroon*, Communication No.1134/2002(2005).
30) Ashraf El Hojouj는 이라크의 한 소아과병원에서 의사로 활동하던 중 5명의 불가리아 출신 간호사와 공모하여 393명의 아동들에게 후천성면역결핍증후군(HIV/AIDS)을 유발하는 주사제를 투여하여 전염병을 발생시키고 계획적인 살해를 했다는 혐의로 1999년 1월 29일 이라크 당국에 의해 체포되었다. 통보자들에 의하면, Ashraf El Hojouj의 행위는 이라크 당국에 의해 이라크의 안전에 반하는 행위, 즉 일종의 배반행위로 인식되었다고 한다.

그러나 규약 제12조 제3항에 규정된 조건에 따라 거주지 선택의 자유를 제한한다면 이는 규약 위반에 해당하지 아니한다. *Samira Karker v. France* 사건(2000)은 프랑스가 국가안보를 이유로 통보자의 거주지를 제한한 경우였다.

정치운동단체인 Ennahdha의 공동설립자인 통보자 Samira Karker는 1987년 튀니지에서 사형선고를 받은 후 프랑스로 도피하였다. 그는 1988년 프랑스 정부로부터 난민자격을 인정받아 프랑스에 거주하였다. 1993년 그는 테러단체를 지원한 혐의로 프랑스 정부로부터 추방명령을 받았으나, 실제로 추방되는 대신 Finistére 지역에 거주하도록 명령받았다. 통보자는 이러한 거주제한조치가 규약 제12조에 위배된다고 주장하며 파리 법원에 이 명령의 취소를 구하는 소를 제기했으나 기각당하자 규약위원회에 개인통보를 제기하였다. 규약위원회는 프랑스 정부가 통보자의 테러단체 지원혐의에 관한 증거를 법원에 제시했을 뿐 아니라, 프랑스 법원이 모든 증거를 검토한 끝에 이를 받아들였다는 점 등에 주목하였다. 결국 규약위원회는 프랑스 정부가 국가안보를 이유로 통보자의 거주지를 제한한 조치에 대해 규약 제12조 제3항의 제한조건 남용이 아니라고 판정하였다.[32]

2. 외국인

규약 제12조 제1항의 "모든 사람"에는 외국인도 포함된다. 따라서 외국인이라 할지라도 타국에 합법적으로 있다면 거주 및 이전의 자유가 보장된다. 그렇다면 외국인이 '합법적으로 있다'는 말은 무엇을 의미하는가? 외국인이 타국에 있는 것이 "합법적"이기 위해서 반드시 형식적 의미의 법률, 즉 국회가 제정한 법률에 근거할 필요는 없다. 외국인이 타국의 법제도에 따라 또는 유효한 거주허가증을 소지하고 타국에 입국하였다면, 그는 그 국가에서 '합법적으로 있게' 된다.[33] 그러나 거주허가기간이 만료되거나 체류자격을 박탈당한다면 거주의 합법성은 상실된다. 주의할 점은, 외국인이 비록 타국에 불법적으로 입국했다 하더라도 이후 그의 체류가 합법화되었다면 규약 제12조 제1항의 "합법적으로 어느 국가의 영역 내에 있는" 경우에 해당한다는 것이다.[34]

---

31) *A.M.H. El Hojouj Jum'a et al. v. Libya*, Communication No.1958/2010(2014).

32) *Samira Karker v. France*, Communication No.833/1998(2000).

33) Nowak's CCPR Commentary(2019), p.305(para.11).

34) HRC General Comment No.27(1999), para.4. 이와 관련, 규약위원회는 *Ismet Celepli v. Sweden* 사건(1994)을 그 예로 들고 있다. Celepli는 튀르키예에서의 정치적 박해를 피해 1975년 스웨덴에 도착하였다. 스웨덴 정부는 그에게 난민지위까지 부여하지는 않았지만 스웨덴에서의 체류를 허가하였다(para.2.1). 그렇다면 이 사건이 불법 입국 후 합법적인 체류로 그 지위가 변경된 사례로 제시될 수 있는지 의문이

국가는 외국인에게 입국을 허가할 때 일정한 조건을 부과할 수 있다.[35] 즉 국가는 외국인의 입국 허가 시 거주기간이나 자격·취업 등과 관련된 조건을 설정할 수 있다. 그러나 일단 당사국 영역에 입국이 허가된 외국인은 규약에서 인정하고 있는 다른 여러 가지 권리를 향유할 수 있다.

타국에 합법적으로 있는 외국인이라도 그 법적 지위는 내국인과 차이가 있을 수 있다. 예를 들어 외국인은 내국인보다 규약 제12조 제3항에 따른 제한을 받을 가능성이 많다. 또한 국내 거주 및 이전의 자유도 특정지역으로 제한될 수 있다. 다음 *Ismet Celepli v. Sweden* 사건(1994)은 외국인과 내국인의 지위에 있어서 근본적인 차이를 보여주는 사례이다.

통보자 Ismet Celepli는 국적국인 튀르키예의 정치적 박해를 피해 1975년 스웨덴으로 도피하였다. 그는 스웨덴에서 체류허가를 받았으나 난민으로 인정받지는 못하였다. 그는 1984년 테러활동에 관여한 혐의로 스웨덴 정부에 의해 체포되었으나, 기소되지는 않고 대신 추방명령을 받았다. 그러나 튀르키예로 송환될 경우 정치적인 박해를 받을 우려가 있어 실제 추방이 집행되지는 않았다. 대신 스웨덴 정부는 그의 거주지를 특정지역으로 제한하는 명령을 내렸는데, 이 제한은 1991년 철회되었다. 통보자는 자신이 결코 테러활동에 관여한 적이 없고, 자신에 대한 제한조치의 근거가 무엇인지 알지도 못한 상태에서 거주지를 제한당했다고 주장하며 규약위원회에 개인통보를 제기하였다. 스웨덴 정부는 테러활동의 혐의가 있는 외국인의 거주지를 제한하는 것은 테러활동에 대응하기 위한 조치로서 1973년부터 시행되었으며, 또한 규약 제12조 제3항에 명시되어 있는 국가안보와 공공질서를 보호하기 위해 국내법에 따라 취한 정당한 조치였다고 항변하였다. 규약위원회는 스웨덴 정부가 통보자를 추방하는 대신 일정한 제한 하에 스웨덴에 계속 거주토록 허용하였다는 사실에 주목하고, 스웨덴 정부가 통보자의 거주 및 이전의 자유를 제한한 조치는 규약 제12조 제3항의 위반이 아니라고 판정하였다.[36]

외국인이 타국에 거주하기 위해서는 입국이 선행되어야 한다. 그런데 개인은 타국의 허가 없이 그 국가로 입국할 수 없음이 원칙이다.[37] 규약 제12조 역시 외국인에게 타국으로

다. 'Celepli가 1975년 스웨덴에 도착하여 합법적인 체류허가를 받았다가 1984년 테러활동 혐의로 인해 추방명령을 받았지만 인도주의적 고려로 실제 집행되지는 않았고 대신 조건부 체류허가를 받게 되었다 (para.9.2)'고 보는 게 더 적절하다.

35) HRC General Comment No.15(1986), para.6.

36) *Ismet Celepli v. Sweden*, Communication No.456/1991(1994).

37) HRC General Comment No.27(1999), para.4.

입국할 권리까지 부여하지는 않는다.[38] 규약 제12조 제4항도 "자국으로 입국할 권리"만을 언급하고 있을 뿐, 외국으로 입국할 권리까지 포함하고 있지 않다.

그러나 일정한 상황에서는 외국인도 입국과 거주에 관해 규약을 포함한 국제인권조약상의 보호를 향유할 수 있다.

규약위원회는 특정 국가(아르메니아)의 성(姓)을 가진 외국인들이 자의적이거나 차별적인 사유에 기하여 아제르바이잔으로의 접근이 거부되지 않도록 당사국이 보장하라고 요구한 바 있다.[39] 또한 국가는 임시난민자격을 인정받은 망명신청자들에게 과도한 제한을 부과하지 말아야 하며, 이들이 부과된 제한을 위반하였다는 사유만으로 망명신청을 거부해서는 아니 된다.[40] 망명신청자들의 개별적인 상황을 감안하여 거주 및 이전의 자유에 대한 제한 여부를 결정함이 바람직하다.[41]

이주노동자권리협약 제44조 제1항은 "당사국은 가정이 사회의 자연적이며 기초적 단위이고, 사회와 국가의 보호를 받을 권리를 가짐을 인정하며, 이주노동자 가족들의 결합의 보호를 보장하기 위하여 적절한 조치를 취한다"라고 규정하고 있다. 또한 같은 협약은 이주노동자가 사망하거나 혼인이 해소된 경우, 취업국은 자국에 거주하고 있는 가족들의 체류허가를 부여하는 데 호의적인 고려를 하도록 요청하고 있다(제50조 제1항). 이는 관련국가가 이주노동자와 그 가족들을 위해 자국의 국내법상 가능한 범위 내에서 이들 가족구성원의 입국이나 체류를 허가하도록 권장하는 취지의 조항이다.

III. 출국의 자유

규약 제12조 제2항은 모든 사람에 대하여 출국의 자유를 인정하고 있다. 출국의 자유는 개인이 해외에서 체류하고자 하는 목적이나 기간에 따라 제한되어서는 아니 된다.[42] 출국에는 일시적인 해외여행뿐만 아니라, 해외이주를 위한 영구적 출국도 포함된다. 또한 출국의 자유는 자국 내에 합법적으로 체류하고 있는 사람뿐만 아니라 불법체류 외국인들을 포함한 "모든 사람"에게 인정된다.[43] 그러나 출국의 자유 역시 규약 제12조 제3항에 의해 제한될 수 있다. 개인이 어느 국가에서 출국하고자 할 때 도착국을 결정할 권리도 주어진

---

38) HRC General Comment No.15(1986), para.5.
39) Concluding Observations on Azerbaijan, CCPR/C/AZE/CO/4(2016), para.45.
40) Concluding Observations on Lithuania, CCPR/C/79/Add.87(1997), para.15.
41) Joseph & Castan's Commentary(2013), p.399.
42) HRC General Comment No.27(1999), para.8.
43) Joseph & Castan's Commentary(2013), p.399.

다.[44] 다만 실제 입국에는 도착국의 동의를 필요로 한다. 미성년자는 적어도 일정한 연령에 도달할 때까지는 출국 또는 이민의 자유가 제한된다. 이들은 부모의 친권행사에 영향을 받기 때문이다.[45]

거주지국과 국적국은 공히 개인의 출국의 자유를 보장할 의무가 있다. 즉 거주지국은 1차적으로 개인의 출국에 간섭하지 않을 소극적 의무가 있으며, 국적국은 여행에 필요한 서류를 발급함으로써 출국의 가능성을 실효적으로 보장할 적극적인 의무가 있다. 개인으로서는 거주지국과 국적국이 동일한 경우가 많겠지만, 다른 경우도 있다.

Oló Bahamonde v. Equitorial Guinea 사건(1993)에서 규약위원회는 적도 기니 정부가 통보자에게 아무런 설명 없이 여권발급을 거부한다면 그가 임의로 본국에서 출국할 권리를 부인당하는 결과가 되므로 규약 제12조 제2항 위반이라고 판정하였다.[46] 외국인 노동자들이 출국하기 위하여 출국비자를 받아야 하는 제도는 실질적으로 개인의 출국권을 제한하게 될 가능성이 있다.[47] 남편의 동의가 없는 경우 여성의 출국권을 제한하는 법률이나,[48] 고용주들이 외국인 노동자들의 여권을 압류하는 상황은 규약 제12조 제2항에 저촉된다.[49] 국가가 정당한 이유 없이 개인의 여권을 압류한다면 역시 규약 제12조 제2항의 위반이 된다.

> 무슬림형제단의 단원이었던 통보자 *Farag El Dernawi*는 리비아에서의 정치적인 박해를 피해 스위스로 망명하였다. 리비아는 그가 자국 사법당국에 의해 범죄자로 기소되었다는 이유로 가족재결합을 위해 스위스로 향하던 그의 부인과 자식들의 여권을 압수하였다. 이 사건에서 규약위원회는 개인의 출국권은 규약 제12조 제3항에 의해서만 제한될 수 있는데, 리비아가 통보자의 부인과 자식들의 여권을 압수한 조치를 정당화시키는 어떠한 근거도 제시하지 않았다는 이유에서 리비아의 여권 압수조치는 규약 제12조 제2항에 위반된다고 판정하였다.[50]

특히 국가는 규약 제12조 제3항에 따른 제한사유에 해당하지 않는다면 해외에 체류하는 자국민에게도 여권 발급이나 필요한 유효기간의 연장을 거부해서는 안 된다.

---

44) 상게주.
45) Nowak's CCPR Commentary(2019), p.310(para.22).
46) *Oló Bahamonde v. Equatorial Guinea*, Communication No.468/1991(1993).
47) Concluding Observations on Gabon, CCPR/C/79/Add.71(1996), para.16.
48) Concluding Observations on Lebanon, CCPR/C/79/Add.78(1997), para.18.
49) 상게주, para.22.
50) *Farag El Dernawi v. Libyan Arab Jamahiriya*, Communication No.1143/2002(2007).

통보자 *Loubna El Ghar*는 모로코에 거주하던 리비아인이었다. 그는 모로코 주재 리비아 영사관에 수년간에 걸쳐 여권발급을 신청했지만 합법적인 근거 없이 계속 여권발급을 거부당했다. 이 사건에서 규약위원회는 해외에 거주하고 있는 자의 출국권은 거주지국뿐만 아니라 국적국에 의하여도 보장되어야 하며, 이러한 권리는 규약 제12조 제3항에 따른 제한사유에 의하지 않고는 침해되지 말아야 한다고 전제하였다. 여권은 자국을 포함하여 어느 나라에서도 출국하는 데 필수적인 수단이므로 리비아 정부가 정당한 이유 없이 통보자의 여권 발급을 거부한 행위는 규약 제12조 제2항이 보장하고 있는 출국권에 대한 침해라고 판정하였다.[51]

Samuel Lichtensztejn v. Urguay 사건(1983)에서는 "국가가 여권 발급을 거부할 수 있는 정당화사유는 규약 제12조 제3항의 특정한 사유에 근거해야 하며, 거주지국이 통보자에게 신분증과 여행서류를 발급했다고 하여도 국적국의 여권 발급 또는 갱신 의무는 결코 면제되지 않는다"라고 판정하였다.[52]

그밖에 사법절차의 부당한 지연으로 인하여 출국이 제한된다면 이 역시 규약 제12조 제2항 위반에 해당될 수 있다. *Miguel González del Río v. Peru* 사건(1992)에서 페루 사법당국은 통보자에 대하여 체포영장을 발부한 뒤 그 효력을 7년 이상 지속시켰다. 그동안 통보자에 대한 사법절차가 진행되었으나 언제 종결될지 알 수 없었으며, 그는 계속 출국금지 상태에 놓였다. 이 사건에서 규약위원회는 제12조 제3항에 따라 당사국은 국가안보와 공공질서의 보호를 이유로 개인의 출국권을 제한할 수 있으므로, 정상적인 사법절차가 계속되는 동안에는 출국을 금지시킬 수 있다고 인정하였다. 그러나 사법절차가 부당하게 지연되는 경우까지 출국권의 제한이 정당화될 수는 없다고 보았다. 따라서 사법절차의 지연으로 인하여 이 사건의 통보자가 7년간 출국할 수 없었고, 나아가 이 상태가 기약 없이 지속되고 있다면 규약 제12조 제2항상의 권리를 침해하는 결과가 된다고 판단하였다. 또한 사법절차의 부당한 지연은 공정한 재판을 받을 권리를 규정하고 있는 규약 제14조에도 저촉된다고 판정하였다.[53] 최근 *Lazaros Petromelidis v. Greece* 사건(2021) 역시 통보자의 양심적 병역거부와 대체복무 불이행을 이유로 반복적으로 소환, 체포영장 발부, 유죄판결 선고 등 사법절차가 진행되었고 그 과정에서 통보자가 약 14년간 출국금지된 사례이다. 규약위원회는 사법절차가 부당하게 지연되는 경우까지 출국권의 제한이 정당화될 수는 없다는 전제에서

---

51) *Loubna El Ghar v. Libyan Arab Jamahiriya*, Communication No.1107/2002(2004).
52) *Samuel Lichtensztejn v. Uruguay*, Communication No.77/1980(1983), paras.8.2-8.3.
53) *Miguel González del Río v. Peru*, Communication No.263/1987(1992).

사안을 판단했다. 그 결과, 규약위원회는 통보자가 양심의 자유에 대한 자신의 권리를 정당하게 행사하는 과정에서 비난의 여지가 있는 국가 간섭의 과도한 지속, 즉 지나치게 장기간 상당 부분 정당성이 결여된 사법절차와 출국금지조치를 받았다고 보아 규약 제12조 제2항의 출국권이 침해되었다고 판정하였다.[54]

때때로 출국의 자유는 지나친 관료주의적 행위 기타 장애요소들로 인해 방해받기도 한다. 예를 들어, 특별한 형식의 서류를 작성토록 하는 행위, 고용주나 가족의 보증을 요구하는 행위, 여행 경로를 상세히 설명하도록 요구하는 행위, 여권 발급에 행정당국의 서비스 비용을 실질적으로 초과하는 과도한 수수료를 요구하는 행위, 여행서류 발급을 비합리적으로 지연시키는 행위, 가족 동반 여행을 금지하는 행위, 귀국 예치금이나 귀국 항공권을 요구하는 행위, 출국 예정자를 신체적으로 위협하거나 해고·체포하는 행위, 그리고 도착국이나 그곳에서 거주하고 있는 자의 초청장을 요구하는 행위, 신청자가 국가의 명예를 훼손했다는 이유로 여권을 발급하지 않는 행위 등이 그러한 사례들이다.[55] 그밖에 규약위원회는 파키스탄의 여권법이 여권의 취소, 몰수 또는 압수가 가능한 상황들을 명시하고 있지 않은 점에 대해 우려를 표명한 바 있다.[56]

다소 예외적이긴 하나, 일부 국가들은 여전히 출국사증을 요구하고 있다. 규약위원회는 시리아 정부가 다수의 특정국민들에게 출국할 때마다 출국사증을 발급받도록 요구하는 것에 대해 규약 제12조 제2항의 위반에 해당한다고 보았다.[57] 또한 규약위원회는 우즈베키스탄 정부가 해외여행을 하려는 개인들에 대해 출국사증을 발급받도록 요구하고 있는 것에 대해 우려를 표명하면서 출국사증제도를 폐지하라고 요구한 바 있다.[58] 특히 출국사증제도가 인권옹호자, 정치적 반대세력, 독립적인 성향의 언론인들의 해외여행을 차단하는 데 악용되고 있다는 점도 지적된 바 있다.[59] 또한 파키스탄에서는 출국통제목록(Exit Control List)을 작성하여 정치적 반대세력의 해외출국을 제한하는 사례가 보고된 바 있다.[60]

한편 규약 제12조 제3항이 인정하는 사유에 해당한다면 당사국은 개인의 출국의 자유를

---

54) *Lazaros Petromelidis v. Greece*, Communication No.3065/2017(2021). 이 사건에서 규약위원회는 규약 제12조 제2항 이외에 제9조 제1항(자의적 구금 금지), 제14조 제7항(일사부재리), 제18조 제1항(양심의 자유)상의 통보자의 권리도 함께 침해되었다고 판정하였다.

55) HRC General Comment No.27(1999), para.17.

56) Concluding Observations on Pakistan, CCPR/C/PAK/CO/1(2017), paras.29-30.

57) Concluding Observations on Syria, CCPR/CO/71/SYR(2001), para.21.

58) Concluding Observations on Uzbekistan, CCPR/C/UZB/CO/3(2010), para.18.

59) Concluding Observations on Uzbekistan, CCPR/C/UZB/CO/4(2015), para.20.

60) Concluding Observations on Pakistan, CCPR/C/PAK/CO/1(2017), para.29.

제한할 수 있다. 이를 근거로 국가는 병역(대체복무 포함) 미필자의 출국을 제한할 수 있는
가?

　　핀란드인으로 병역미필인 통보자 Lauri Peltonen은 과거 여러 차례 군복무 소집에 응
하지 않았다. 핀란드 여권법은 여권발급을 위하여 병역의무에 관한 각종 증명서의 제출
을 요구하고 있었다. 그는 이러한 서류의 제출 없이 스웨덴 주재 핀란드대사관을 통해
여권발급을 신청했지만 핀란드 정부에 의하여 거부당했다. 이 사건에서 규약위원회는
국가안보와 공공질서의 보호를 위해 핀란드 정부가 병역미필자의 이전의 자유를 제한할
수 있으므로, 규약 위반이 발생하지 않았다고 판정하였다.[61]

그런데 이 사건 결정 1년 후 규약위원회는 러시아의 국가보고서에 대한 최종견해에서 병
역미필자가 '원칙적으로' 출국권을 향유하지 못하는 점에 대하여 유감을 표명하였다.[62] 국
가는 병역미필자의 출국이 향후 병역의무 이행에 지장을 주지 않을 것이라는 입증을 요구
할 수 있다. 그러나 여권 발급과 관련된 모든 증빙서류를 관할당국에 제출하는 등 정상적인
절차를 거친 경우에도 다른 특별한 사유 없이 단지 병역미필이라는 이유만으로 여권 발급
이 거부된다면 규약 제12조 제2항의 위반이 될 수 있다.

Ⅳ. 거주 · 이전 · 출국의 자유에 대한 제한

1. 제한 사유

가. 국가안보

국가에 대하여 중대한 정치적 또는 군사적 위협이 발생하였거나 군대와 기타 안보기관의
원활한 직무수행을 위하여 개인의 거주 · 이전 · 출국의 자유가 제한될 수 있다. 예를 들어,
일정한 군사안보지역의 경우 허가받지 않은 일반인의 접근을 통제한다거나, 군복무 중인
자에게는 출국이나 거주지 이전이 제한된다거나, 군사기밀을 보유한 자의 거주 · 이전의 자
유를 제한하는 조치 등이 가능하다.

UN 안전보장이사회가 타인의 생명을 위협하는 테러활동혐의자들에게 부과하는 여행금
지조치 역시 규약 제12조 제3항의 제한 사유에 해당될 수 있다. 즉 국가안보나 공공질서를

---

61) *Lauri Peltonen v. Finland*, Communication No.492/1992(1994).
62) Concluding Observations on Russian Federation, CCPR/C/79/Add.54(1995), para.20.

위해 거주·이전·출국의 자유가 제한될 수 있다. *Sayadi & Vinck v. Belgium* 사건(2008)에서 통보자들은 2002년 UN 제재위원회의 여행금지조치로 인해 자신들이 생활하고 있는 벨기에를 여행하거나 그 나라에서 출국할 수 없게 되었다고 주장했다. 이에 대해 규약위원회는 UN 헌장 제7장에 따라 채택된 안전보장이사회 결의를 준수할 의무로부터 국가안보 또는 공공질서를 보호하기 위해 필요한 경우 규약 제12조 제3항에 따른 제한이 가능하다고 보았다. 그러나 이 사건에서 벨기에 검찰의 요청에 의해 개시된 범죄수사는 2005년 무혐의로 종결되었다. 벨기에 정부 역시 통보자들을 여행금지 대상자 목록에서 제외시켜달라고 안전보장이사회에 요청하였다. 이에 대해 규약위원회는 통보자들이 벨기에의 국가안보나 공공질서에 어떠한 위협도 야기하지 않았다고 보아 규약 제12조 제3항에 따른 제한이 정당화되지 않는다고 판정하였다.[63]

나. 공공질서

공공질서란 공공의 안녕, 범죄의 예방뿐만 아니라 인권에 대한 존중과 양립되는 보편적으로 수락된 공동체의 근본원칙들을 포함하는 개념으로 이해할 수 있다.[64] 공공질서에 의한 권리의 제한은 민주사회가 지향하는 보편적이고 국제적인 기준에 알맞게 실시되어야 한다. 예를 들어, 군복무 관련 의무를 불이행한 병역미필자에 대한 출국 제한, 합법적으로 신체의 자유가 박탈당한 자(예: 수형자)에 대한 거주·이전의 제한, 원활한 교통 흐름을 위한 각종 교통통제조치, 환경보호를 위한 제한(예: 조류보호지역 또는 산림지대에 대한 접근 통제, 자연보호지역 등에서의 운전 금지 등), 소요사태를 이유로 한 일시적 야간통행 금지 조치, 테러공격의 위협에 따른 이전의 자유 제한 등 다양한 상황이 공공질서를 위한 제한으로 합리화될 수 있다.

반면 과거 인종차별에 기반한 남아프리카공화국의 거주 및 이전의 자유에 대한 제한은 규약 제2조 제1항, 제26조의 차별금지조항은 물론, 제12조 제3항의 요건에도 부합되지 않았다. 국내 여행을 위해서는 '여행자 증명서'를 발급받아야 하는 북한 주민들의 상황에 대해서도 규약 제12조 제1항에 부합되지 않는다는 강한 의구심이 제기된 바 있다.[65] 그밖에 투르크메니스탄에서는 비공식적으로 통행금지를 명하여 주민들이 밤 10시 이전에 귀가하도록 강제한 후 미이행자들에게 신원확인 등의 목적으로 24시간 동안 체포하는 관행이 보고되기도 했다. 규약위원회는 국내 이전의 자유에 대한 자의적인 제한으로 보아 개선을 촉구했

---

63) *Sayadi & Vinck v. Belgium*, Communication No.1472/2006(2008), paras.10.4-10.8.
64) Nowak's CCPR Commentary(2019), p.319(para.45).
65) Concluding Observations on Korea(DPR), CCPR/CO/72/PRK(2001), para.19.

다.66) 다음 사건처럼 프랑스에서도 '공공질서'를 이유로 일정한 주거가 없는 자에게 특정한 제한을 가한 조치가 문제된 적이 있다.

통보자 Claude Ory는 프랑스 북서부의 LeMans시의 어느 카라반에서 생활하고 있었다. 프랑스 법령(Act No.69-3, Decree No.70-708)상 6개월 이상 일정한 주거가 없거나 이동식주거지에 살면서 고정수입이 없는 사람들이 국내 여행을 하려면 '여행카드'를 발급받아야 한다. 또한 위 법령에 따라 여행카드 소지자는 3개월마다 경찰당국의 날인을 받아야 하며 이를 위반할 경우 벌금에 처해질 수 있었다. 위 법령의 적용대상이었던 통보자는 '경찰로부터 날인 받을 의무'를 이행하지 않아 최종적으로 50유로의 벌금형을 선고받게 되었다. 프랑스 정부는 공공질서를 이유로 위와 같은 제한을 부과했다고 항변하였다. 그렇지만 '정기적으로 날인 받을 의무의 불이행과 그에 따른 벌금부과조치가 공공질서 유지를 위해 필요하며 비례적인 조치였다는 점'이 충분히 소명되지는 않았다. 이에 대해 규약위원회는 통보자에게 부과된 제한조치가 규약 제12조 제3항의 조건을 충족시키지 못한다는 이유로 제12조 제1항의 위반에 해당한다고 판정하였다.67)

출국의 자유 또는 이민의 자유가 구체적인 상황에서 공공질서를 이유로 제한될 수 있는지 여부를 평가하는 것은 더욱 어려운 문제다. 예를 들어, 조세포탈 등 범죄혐의가 없음에도 불구하고 사적 개인 간 또는 국가에 대한 민사상 채무불이행을 이유로 출국의 자유가 제한될 수 있는가?68) 또한 국가는 자신이 양성한 전문 인력들이 해외로 유출되지 않도록 하기 위해 교육비 미상환 등 채무불이행을 빙자하여 이들의 출국의 자유를 제한할 수 있는가? 구체적인 사실관계에 따라 결론이 달라지겠지만, 공공질서의 개념이 폭넓게 해석되지 않도록 주의할 필요가 있다.

다. 공중 보건 또는 도덕

감염병 확산을 방지하기 위한 격리조치와 같이 공중보건을 위하여도 개인의 이전의 자유가 제한될 수 있다.69) 또한 재난으로 오염된 지역, 핵처리시설 부근, 수질보존지역 등에 대

---

66) Concluding Observations on Turkmenistan, CCPR/C/TKM/CO/2(2017), para.28.
67) *Claude Ory v. France*, Communication No.1960/2010(2014).
68) 과거 규약위원회는 조지아에서 사적 계약상 의무의 불이행을 이유로 개인을 감금하거나 그 거주지를 벗어날 자유를 박탈한 것에 대해 관련 민·형사법령을 규약 제11조 및 제12조와 부합하도록 개선하라고 촉구한 바 있다. Concluding Observations on Georgia, CCPR/CO/74/GEO(2002), para.10.
69) Nowak's CCPR Commentary(2019), p.322(para.50).

한 접근 금지 등이 공중보건을 위한 통제로 합리화될 수 있다.[70]

매춘에 대한 통제는 공중도덕의 보호를 위하여 인정될 수 있다.[71] 예를 들어, 국가는 매춘을 일정한 구역(예: 홍등가 등)으로 제한하고, 미성년자의 출입을 금지시킬 수 있다. 또한 국가는 공중도덕을 근거로 '알몸 일광욕'을 사유지 기타 특정한 구역으로 한정하여 허용할 수 있다. 그렇지만 공중도덕을 이유로 출국의 자유를 제한하는 조치가 정당화될 수 있는 상황을 상정하기란 쉽지 않다.

라. 타인의 권리와 자유의 보호

거주·이전·출국의 자유는 "타인의 권리와 자유"를 보호하기 위해 필요한 경우에도 제한될 수 있다. 여기서의 "타인의 권리와 자유"는 규약 제18조 제3항에 규정된 "타인의 기본적 권리와 자유"에 비해 더 넓은 개념이다. 왜냐하면 제12조 제3항이 보호하려는 대상은 타인의 '기본적' 권리와 자유뿐만 아니라, 규약이 보장하고 있는 타인의 '그 밖의' 모든 권리와 자유를 포함하기 때문이다.[72]

타인의 재산권 보호와 관련하여, 개인은 타인의 사유지에 무단으로 출입하여 사생활 등을 침해하지 말아야 하므로 원칙적으로 공공지역에 마련된 도로를 통해 이동해야 한다.[73] 부모가 자녀에 대한 양육의무를 회피할 목적으로 출국하려 한다면 국가는 이 조항을 근거로 부모의 출국을 금지시킬 수 있다.[74] 그 외에도 국가는 타인에게 위험을 가할 수 있는 중증정신병자 등을 일정한 장소에 수용할 수 있다.[75]

한편 국가는 규약 제27조에 따라 소수민족을 보호하기 위한 특별자치구를 설치하고, 다른 인구집단이 이곳으로 거주·이전하는 것을 제한할 수 있다.[76] 또한 소수민족의 구성원

---

70) 반면 오염지역으로의 접근 통제와 상반되는 조치가 취해진 사례도 발견된다. 지난 2014년 일본에 대한 최종견해에서 규약위원회는 후쿠시마 원전사고 이후의 일본 정부의 조치를 문제 삼은 바 있다. 일본 정부가 후쿠시마지역에 대한 방사능노출수준의 임계치를 높게 설정한 것과 대피지역의 일부를 지정철회하기로 한 결정에 대해 우려를 표명하면서, 이러한 조치로 인해 피난민들이 고도로 오염된 지역으로 되돌아가지 않을 수 없는 상황이 되었다고 지적하였다. Concluding Observations on Japan, CCPR/C/JPN/CO/6(2014), para.24.

71) Nowak's CCPR Commentary(2019), p.322(para.51).

72) 상게주, pp.322-323(para.52).

73) Taylor's Commentary(2020), p.343.

74) Nowak's CCPR Commentary(2019), p.323(para.54).

75) 상게주, p.324(para.55).

76) *Sandra Lovelace v. Canada*, Communication No.24/1977(1981), paras.15-19; HRC General Comment No.27(1999), para.16.

들은 그들의 거주지를 떠나거나 다시 돌아올 권리를 박탈당해서는 안 된다. 코소보에 대한 최종견해에서 규약위원회는 소수민족집단거주지에서 생활하고 있는 자들의 이전의 자유와 필수서비스(예: 사법적 구제제도, 의료서비스, 교육 등)에의 접근이 제한되고 있는 상황에 대해 우려를 표명하였다.[77] 또한 규약위원회는 북사이프러스지역의 튀르키예 정착민들이 사이프러스섬에 설치된 그린라인(Green Line: 두 적대지역을 구분하고 있는 선)을 넘지 못하도록 제한받고 있는 상황에 대해 거주 및 이전의 자유가 부당하게 제한받고 있다고 평가했다. 그러면서 새로운 접근 통로 개설 등 남·북지역 거주민들 사이의 교류가 확대될 수 있는 방안을 마련토록 사이프러스 정부에 요청하기도 하였다.[78]

2. 제한 요건

가. 법률에 의한 제한

규약 제12조 제3항은 "법률에 의하여 규정"된 경우에만 같은 조 제1항과 제2항상의 권리를 제한할 수 있다. 여기서의 법률은 일반적으로 형식적 의미의 법률, 즉 의회가 제정한 법률을 의미한다. 영미법계 국가에서는 Common Law도 이에 포함한다. 따라서 거주 및 이전의 자유를 제한하는 행정조치는 그러한 제한을 규정하고 있는 법률에 근거하여 집행하는 경우에만 허용된다.[79]

국가가 제정한 법률이라도 거주·이전·출국의 자유의 본질을 훼손시키는 내용을 담아서는 아니 된다. 즉 권리와 제한의 관계, 규범과 예외의 관계가 뒤바뀌어서는 안 된다. 또한 해당 법률은 그 제한에 관한 정확한 기준을 두어야 하며, 행정당국에게 무제한적인 재량을 부여하지 않아야 한다.[80] 과거 규약위원회는 벨라루스에 대한 최종견해에서 출국의 자유에 대한 제한사유들이 모호하게 규정되어 있는 경우가 많아 당국에게 폭넓은 해석의 여지를 줄 수 있다는 점을 꼬집었다. 즉 국가기밀 소지, 의무불이행, 민사소송의 진행 등과 같은 사유들은 당국이 출국제한조치를 부과하기 위한 사유로 남용할 여지가 많다는 것이다.[81] 또한 규약위원회는 벨라루스 정부가 특정인들에게 자의적인 여행금지조치를 부과하고 있는 상황에 우려를 표명하였다. 즉 벨라루스에서 활동하는 인권옹호자, 법률가, 언론인들에게 당국이 그러한 조치를 반복해서 부과한다면 이는 규약에 의해 요구되는 법적 명확성, 필요성, 비례

---

77) Concluding Observations on Kosovo(Serbia), CCPR/C/UNK/CO/1(2006), para.19.
78) Concluding Observations on Cyprus, CCPR/C/CYP/CO/4(2015), para.17.
79) HRC General Comment No.27(1999), para.12.
80) 상계주, para.13.
81) Concluding Observations on Belarus, CCPR/C/79/Add.86(1997), para.12.

성 원칙에 위배될 수 있다는 것이다.[82] 그밖에 규약위원회는 테러리즘을 사유로 임시입국금지 및 시민권 박탈 명령을 내릴 수 있도록 한 영국의 상황에 대해서도 우려를 표명하였다. 그러면서 위와 같은 제한조치의 부과가 적절한 절차적 보호 내에서 합법성·필요성·비례성 원칙에 따라 이루어질 수 있도록 당사국이 관련 법률을 재검토하라고 요청하였다.[83]

다음 사례는 출국의 자유 등에 대한 제한이 법률에 근거한 것이지만, 구체적으로 어떠한 제한 사유에 해당하는지 당사국이 밝히지 않아 규약 제12조 제2항의 위반으로 결정된 사건이다.

통보자 Svetlana Orazova는 1964년 투르크메니스탄에서 태어났다. 그녀는 2004년 1월 우즈베키스탄 타슈켄트行 비행기에 탑승하려다가 보안요원에 의해 제지된 후 수년 동안 타국으로 출국하지 못했다. 통보자는 출국이 제한된 이유를 알아내기 위해 노력했지만, 관련 행정당국들은 매번 그 이유를 통보해 주지 않았다. 다만 투르크메니스탄의 前국무총리였던 그녀의 동생이 해외에 있는 반정부단체에서 활동하고 있기 때문에 출국이 제한된 것이라는 비공식적 답변을 관계 행정기관의 종사자들로부터 들을 수 있었다. 그녀는 각급 법원에 자신의 상황을 호소했지만 거부당하자 규약위원회에 개인통보를 제기했다. 투르크메니스탄 정부는 통보자의 주장에 대해 근거가 없다며 반박하였다. 특히 검찰청은 '이주법(Law on Migration)' 제32조에 따라 통보자와 그 가족들의 출국권이 일시적으로 제한되었다고 밝혔다.[84] 이에 대해 규약위원회는 해당 정부의 검찰총장 명의로 제출된 서한에 주목하였다. 이 서한에는 통보자와 그 가족이 이주법 제32조에 따라 임시적으로 출국이 제한되었다는 내용이 포함되어 있다. 그러나 그러한 제한부과조치를 정당화하는 법적 근거가 구체적으로 무엇인지, 즉 이주법 제32조의 출국 제한 사유들 중 어느 사유에 근거해서 통보자에 대한 출국이 제한되었는지에 대해서는 아무런 설명이 담겨있지 않았다. 결국 규약위원회는 통보자에게 부과된 제한조치가 규약 제12조 제3항의 요건을 충족하지 못했다는 이유로 제12조 제2항의 출국권 침해에 해당한다고 판정했다.[85]

---

82) Concluding Observations on Belarus, CCPR/C/BLR/CO/5(2018), para.49.
83) Concluding Observations on the United Kingdom of Great Britain and Northern Ireland, CCPR/C/GBR/CO/7(2015), para.15.
84) 이주법 제32조에는 11가지 출국 제한 사유들이 규정되어 있는데, 그러한 제한부과조치는 임시적이어야 한다. 제한 사유들에는 국가기밀정보를 인지하고 있는 경우, 형사절차가 진행되고 있는 경우, 유죄판결이 확정된 경우, 법원판결에 의한 의무부과조치가 이행되지 않은 경우 등이 포함되어 있다.
85) *Svetlana Orazova v. Turkmenistan*, Communication No.1883/2009(2012). 한편, 최근 개인통보사건

나. 필요성 및 비례성 원칙

거주·이전·출국의 자유는 필요한 경우에만 제한될 수 있다. 규약 제14조 제1항, 제21조, 제22조 등에서는 "민주사회"에서 "필요"한 범위 내에서 자유 또는 권리를 제한할 수 있다고 규정하고 있다. 유럽인권협약 제4추가의정서 제2조 제3항 역시 "민주사회에서 필요한" 범위 내에서 거주 및 이전의 자유를 제한할 수 있다고 규정하고 있다. 그러나 제12조 제3항을 비롯하여 규약 제18조 및 제19조 등에서는 단지 "필요한" 경우 제한이 가능하다고 규정하고 있다. "민주사회에서 필요한"이라는 구절은 민주주의 원칙이라는 기준에 따라 권리 제한의 가능 여부를 평가하려는 취지인 반면, 단순한 "필요성"의 요건은 비례성의 원칙에 따라서 그 제한 가능성을 평가하려는 취지라는 점에서 비교가 된다.[86] 필요성이란 '객관적인' 기준에 따라야 한다는 의미도 내포하고 있다. 따라서 거주·이전·출국의 자유에 대한 제한은 당사국이 규약 제12조 제3항에 열거된 제한 사유에 따라 실시되었다고 생각하는 것만으로는 충분치 않고, 그러한 제한의 목적을 달성하기 위해 필요하다고 객관적으로 인정될 수 있을 때 정당화된다.[87]

제한 조치들은 비례성 원칙에 부합해야 한다. 그러한 제한들은 보호기능을 달성하는 데 적합해야 하며, 또한 소기의 결과를 달성하기 위한 여러 방법 중 최소한이어야 한다. 그리고 이 제한들은 보호되어져야 하는 이익과 균형을 이루어야 한다.[88] 비례성 원칙은 제한 사유를 담고 있는 법률 그 자체뿐만 아니라 행정당국이나 사법기관이 법률을 적용하는 경우에도 준수되어야 한다. 또한 규약상의 권리에 대한 제한은 항상 예외적이어야 하며 결코 원칙이 되어서는 아니 된다.[89] 그리고 제한 사유나 요건은 의심스러운 경우 엄격히 해석되어야 한다.

다. 그 밖의 권리와의 양립가능성

규약 제12조 제3항은 "그 밖의 권리와 부합"하는 경우에만 거주·이전·출국의 자유를 제한하는 데 이용될 수 있다. 이는 거주·이전·출국의 자유를 제한하는 법률의 내용이 정당한

에서 규약위원회가 통보자들에 대한 출국금지사유가 무엇인지 투르크메니스탄 당국이 밝히지 않은 데 대해 규약 제12조 위반이라고 판정한 사례도 발견된다. *Rashid Ruzimatov et al. v. Turkmenistan*, Communication No.3285/2019(2022).

86) Nowak's CCPR Commentary(2019), p.317(para.40).

87) 상계주.

88) HRC General Comment No.27(1999), para.14.

89) 상계주, para.13.

것이어야 한다는 의미이다.[90] 즉 제12조 제3항상의 다른 두 가지 제한 조건인 '법률에 의한 제한'과 '필요성'이란 요건을 충족시키더라도, 규약상의 다른 권리들 – 예를 들어, 표현의 자유, 집회의 자유, 종교의 자유와 충돌하는 경우에는 제한의 정당성이 부인될 수 있다.[91]

V. 자국으로 입국할 권리

규약 제12조 제4항은 "어느 누구도 자국으로 입국할 권리를 자의적으로 박탈당하지 않는 다"라고 규정하고 있다. 국민이 국적국으로 입국할 권리는 관습국제법상의 권리로서 국적 국은 자국민의 입국을 허용할 법적 의무가 있다.[92]

자국 귀환권은 단순히 본국으로 입국할 권리만이 아닌 다양한 함의를 지닌다. 이 권리는 개인이 자국에 체류할 권리를 내포한다.[93] 단순히 출국하였다가 돌아올 권리만을 의미하지 않으며, 해외에서 출생한 국민이 국적국으로 처음 입국할 권리도 내포한다.[94] 이 권리는 또한 타국으로의 자국민의 강제이주나 집단추방이 금지된다는 의미를 내포하고 있다. 또한 자국 귀환권은 그 나라와 개인 간의 특별한 관계를 인정하는 것이다.[95] 특히 이 권리는 자발적으로 자국으로 귀환하기를 희망하는 난민들에게 특별한 중요성이 있다. 규약위원회는 종종 귀환과 재정착문제에 관한 우려를 표명해왔다. 그러면서 당사국들이 적절한 주거장소의 제공 등 이들의 귀환과 재정착을 촉진하기 위한 조치를 적극적으로 취하라고 요구하였다.[96] 지난 2018년 국제형사재판소(ICC)는 방글라데시로 추방 또는 강제이주를 당한 로힝야족이 자국인 미얀마로 귀환하지 못하는 상황에 대해 입장을 표명한 바 있다. 즉 국제형사재판소는 규약 제12조 제4항을 언급하면서 미얀마 정부가 로힝야족의 귀환을 금지 또는 방해하였음이 입증된다면 이는 로마규정상 인도에 반한 죄로서의 박해와 유사한 성격을 지니게 된다고 보았다.[97]

---

90) A/2929(1955), para.54.
91) Taylor's Commentary(2020), p.343.
92) R. Plender, International Migration Law revised 2nd ed.(Martinus Nijhoff, 1988), p.133.
93) Taylor's Commentary(2020), p.345.
94) Nowak's CCPR Commentary(2019), p.325(para.57).
95) HRC General Comment No.27(1999), para.19.
96) Concluding Observations on Bosnia and Herzegovina, CCPR/C/BIH/CO/2(2012), para.16; Concluding Observations on Kosovo(Serbia), CCPR/C/UNK/CO/1(2006), para.18.
97) 또한 이는 인도에 반한 죄로서의 '기타 비인도적 행위(로마규정 제7조 제1항 k호)'에도 해당될 수 있다. ICC, "Decision on the "Prosecution's Request for a Ruling on Jurisdiction under Article 19(3) of the Statute"," ICC-RoC46(3)-01/18, 2018. 9. 6., para.77.

한편 입국권을 가진 개인이 생명·신체에 대한 위협으로 인하여 자국으로 입국할 수 없는 상황에 처한다면 국가가 효과적인 보호조치를 취할 의무도 파생된다. 다음의 *Luis Asdrúbal Jiménez Vaca v. Colombia* 사건(2002)은 이 점을 보여준다.

콜롬비아인 Luis Asdrúbal Jiménez Vaca는 1980년부터 콜롬비아 내에서 각종 노동·사회단체의 법률고문 등으로 활동하였다. 그는 군대와 보안기관 등의 고문, 살해 협박, 감시 등에 시달렸으며, 1988년 4월에는 정체불명의 괴한들로부터 총격을 받기도 하였다. 결국 그는 1989년 영국으로 망명을 신청하여 난민자격을 부여받았다. 그는 콜롬비아 정부가 자신의 생명·신체의 안전을 보호하려 하지 않아서 사실상 콜롬비아에 거주하거나 입국할 수 없는 상황이라고 주장하며 규약위원회에 개인통보를 제기했다. 이에 대해 콜롬비아 정부는 노동단체 지도자 등의 신변보호를 위한 새로운 프로그램이 마련되어 통보자가 입국하더라도 이제는 안전을 보장받을 수 있으리라고 주장하면서도, 폭력사건으로 인하여 영향을 받았다는 이유로 입국을 주저하는 자의 입국권까지 국가가 책임질 수는 없다고 항변했다. 이 사건에서 규약위원회는 과거 통보자의 신체의 자유가 침해되었던 사실에 주목하면서, 콜롬비아 정부는 그가 안전하게 입국하여 거주할 수 있도록 실효적인 대책을 제시하지는 않았기 때문에 사실상 통보자의 입국권과 거주권이 침해되었다고 판정하였다.[98]

1. 자 국

이 조항의 "자국(his own country)"이란 국적국만을 의미하는가? 유럽인권협약 제4추가의정서 제3조 제2항과 미주인권협약 제22조 제5항은 국적국으로의 입국임을 명시하고 있다. 반면 규약 제12조 제4항을 비롯하여 아프리카인권헌장 제12조 제2항, 세계인권선언 제13조 제2항 등은 보장대상이 내국인에 한정되는지 여부를 명확히 표시하지 않고 있다. 이 조항의 성안과정을 살펴본다.

현재의 제12조 제4항에 해당하는 조항은 초기 초안에는 포함되어 있지 않았으나, 1949년 인권위원회 회의에서 레바논 대표가 "Anyone is free to return to his country"를 추가하자고 제안함으로써 포함되었다. 이후 규약의 성안과정에서 자국을 어떠한 의미로 규정할지에 대하여 여러 차례 논란이 벌어졌다. 즉 명확히 국적국만 지칭하는 표현을 사용할 지, 아니면 일정한 외국을 포함하는 의미로 규정할 것인가의 대립이었다. 최종적으로 채택된

---

98) *Luis Asdrúbal Jiménez Vaca v. Colombia*, Communication No.859/1999(2002).

"his own country"라는 표현은 이 점을 명확히 하지 않은 일종의 타협의 산물이었다.[99] 결국 이 조항의 해석은 이후의 국제실행에 맡겨진 결과가 되었다고 평가된다.

규약위원회에서의 개인통보사건 중 *Charles E. Stewart v. Canada* 사건(1997)은 "자국"의 의미에 관하여 논쟁을 초래한 대표적인 사건이다.[100] 우선 사건의 내용을 본다.

> 통보자 Charles E. Stewart는 영국국적을 보유한 상태에서 7살 때 캐나다 Ontario로 이민을 가서 그곳에서 어머니, 형제, 자녀 등 가족과 함께 계속 거주하였다. 후일 그는 마약 소지, 상해, 교통범죄 등을 이유로 캐나다 이민법에 따라 추방명령을 받았다. 이에 대해 Stewart는 추방을 당하게 되면 캐나다로의 재입국은 거의 불가능하게 되며, 자신에게 "사실상의 자국"은 영국이 아니라 캐나다라고 주장하며 개인통보를 제기하였다. 반면 캐나다 정부는 캐나다 이민법의 기본 원칙상 "캐나다 시민이 아닌 자는 캐나다에 입국하여 거주할 절대적인 권리를 갖고 있지 않다"는 점을 강조하며, Stewart에 대한 추방결정은 캐나다 국민의 안전과 공공이익을 보호하기 위해 내려진 정당한 조치였다고 항변하였다.

이 사건에 대한 규약위원회의 다수의견은 다음과 같다.

> 이 사건에서 핵심적인 쟁점은 캐나다에서 장기 거주한 사람이 캐나다의 국적을 취득하지 않고 자신의 원래 국적을 계속해서 유지했을 때, 캐나다가 과연 그의 "자국"으로 간주될 수 있는가 여부이다. 만약 통보자가 캐나다 국적을 원하였는데 비합리적인 제약에 의해 국적취득을 못하였다면, 규약 제12조 제4항이나 제13조의 해석에 있어서 그에게는 일생의 대부분을 보낸 캐나다가 "자국"일 수 있다. 그러나 통보자는 자발적인 의사로 캐나다의 국적을 취득할 수 있었음에도 불구하고 그렇게 하지 않고 여전히 영국국적을 보유하고 있었다. 따라서 그에게는 규약 제12조 제4항에 의하여 캐나다로의 입국권이 보호되지 않는다.

이에 대하여 소수의견은 위 다수의견이 규약 제12조 제4항의 적용범위를 너무 좁게 해석했다고 비판했다. 즉 제12조 제4항은 개인이 특정국가의 사회적 환경 속에서 생활하면서

---

99) 이 조항의 성립과정에 관하여는 정인섭, 국제법상 자국 귀환권 – 영주 외국인의 귀환권을 중심으로, 한국방송통신대학 논문집 제11집(1990), pp.6-9.
100) *Charles E. Stewart v. Canada*, Communication No.558/1993(1997).

구축한 인적·정신적 유대를 보호하기 위한 취지의 조항이라고 보았다. 따라서 통보자는 국적국인 영국과는 어떠한 유대나 연관도 없는 상태에서 현재의 거주지인 캐나다에서 장기간 거주하며 밀접한 인적·가족적 유대를 맺고 있었으며 이에 계속 캐나다에 거주할 의사가 있다면 그에게는 캐나다가 "자국"이라고 보았다.

이 사건의 소수의견은 물론 다수의견도 규약 제12조 제4항의 "자국"이 국적국에 한정된다고는 보지 않았다. 다만 외국인의 거주지국을 어느 정도 "자국"에 포용하느냐에 대하여 의견이 엇갈렸다. 이후 규약위원회는 1999년 발표된 일반논평 제27호를 통하여 규약 제12조 제4항은 내국인과 외국인을 구별하지 않고 있으며, 여기의 "자국"은 국적국보다 더 폭넓은 개념임을 재확인하였다. 즉 거주지국의 국적을 자의로 박탈당한 무국적자는 물론 개인과 국가간의 영구적 관계를 형성하고 있는 장기거주자도 제12조 제4항의 보호를 받을 수 있다고 해석하였다.[101]

일반논평 제27호가 발표된 지 10여 년이 경과하면서 규약 제12조 제4항의 해석을 둘러싼 규약위원회 내부의 입장에 변경이 있었다. 과거 *Charles E. Stewart v. Canada* 사건 (1997)의 소수의견이 제시한 '밀접하고 지속적인 유대관계의 형성 여부'가 "자국"인지를 판단하는 '주요한' 기준이 되었기 때문이다. 예를 들어, *Stefan Lars Nystrom v. Australia* 사건(2011)에서 규약위원회의 다수입장이 그러하다. 통보자는 스웨덴에서 태어났지만 태어난 지 한 달이 되지 않은 시점부터 호주에서 생활하였다. 그러다가 강간 및 무장강도를 포함한 다수의 범죄를 범하였다는 이유로 호주 정부에 의해 추방되었다. 규약위원회는 통보자가 호주와 밀접한 유대를 맺고 있다는 점, 호주에 그의 가족들이 거주하고 있는 점, 호주에서 추방될 때까지 사실상 평생 거주하였다는 점, 그리고 국적 외에는 스웨덴과의 유대관계가 없다는 점 등을 이유로 그의 "자국"이 호주라고 판단하였다.[102] 참고로 이 사건에서 통보자는 자신이 호주시민이라고 생각하여 호주 국적을 취득할 생각을 하지 못했다고 한다.

그렇지만 위 사건 결정 이후 3년이 지난 2014년에도 "자국"의 의미와 그 범위를 둘러싼 규약위원회 내부에서의 논쟁은 그치지 않았다. 다음의 *Timur Ilyasov v. Kazakhstan* 사건 (2014)은 그러한 단면을 보여주고 있다. 먼저 사실관계를 살펴본다.

---

101) HRC General Comment No.27(1999), para.20.
102) *Stefan Lars Nystrom v. Australia*, Communication No.1557/2007(2011), paras.2.1-2.8, 7.4-7.5. 그러나 이 사건에서 과거 *Charles E. Stewart v. Canada* 사건(1997)의 다수의견과 같은 취지의 입장을 지지하는 Gerald L. Neuman과 Yuji Iwasawa의 (공동)반대의견과 "자국"으로 인정할 수 있는 범주를 엄격히 해석하려는 Nigel Rodley, Helen Keller, Michael O'Flaherty의 (공동)반대의견이 있었다.

러시아 국적의 Timur Ilyasov(1971년생)는 1994년부터 카자흐스탄에서 거주하다가 2000년 영주자격을 부여받아 그곳에서 계속 거주하였다. 2003년 카자흐스탄 국적의 여성과 결혼한 그는 슬하에 아들(카자흐스탄 국적)을 두고 있었다. 이후 2008년 2월 통보자는 자신의 아들과 함께 러시아에 있는 부모님댁을 방문하여 6개월 남짓 체류하였다. 그런데 여행을 마치고 그가 다시 카자흐스탄으로 입국하려 하였지만 당국에 의해 불허되었다. 이러한 조치는 러시아가 카자흐스탄에 제공한 기밀정보를 바탕으로 취해진 것이었다. 해당 정보에 따르면, 통보자가 러시아에서 불법적 활동을 하였다고 한다. 카자흐스탄 당국은 해당 정보를 근거로 카자흐스탄의 국가안보를 보호하기 위해 그의 입국을 허용하지 않은 것이라고 밝혔다.[103]

이 사건의 심리적격심사 단계에서 규약위원회는 규약 제12조, 제17조, 제19조 제2항 및 제23조상의 쟁점들이 심리대상이 된다고 하였다. 그런데 본안심사를 거친 후에 규약위원회는 카자흐스탄 당국의 입국거부조치로 인해 통보자가 규약 제17조와 제23조상의 권리를 침해받았다고 결정하였다. 그러면서 규약 제12조와 제19조의 위반 여부에 대해서는 규약위원회의 입장을 별도로 표명하지 않았다.[104] 이 결정에 대해 개별 또는 공동 보충의견들이 제시되었는데, 규약 제12조 제4항상 카자흐스탄이 통보자의 "자국"이 될 수 있는지 여부가 그 쟁점이었다.[105] 먼저 통보자와 같이 이미 국적국이 존재하며 그 국가와의 유대관계도 지속되고 있는 타국 거주 영주외국인들에게까지 제12조 제4항이 적용되어서는 안 된다는 입장이 개진되었다. 이 조항을 지나치게 확대적용하게 될 경우 그 본질적인 보호 목적이 저해될 수 있다는 이유에서다. 이 입장에 따르면, 자국으로의 입국권을 보장하는 취지는 국적민에 대한 강제추방을 사실상 막고 그들의 귀환권을 보장하는 데 있다고 한다.[106] 반면 통보자의 "자국"에 카자흐스탄이 해당될 수 있다는 반론도 제기되었다. 그 주요 이유와 취지는 다음과 같다. ① 일반논평 제27호의 '국적민과 동일시될 수 있는 외국인들의 범주'는 단

---

103) *Timur Ilyasov v. Kazakhstan*, Communication No.2009/2010(2014), paras.2.1-2.7.

104) 상게주, paras.7.1-7.8.

105) 참고로 이 사건에서 통보자가 왜 카자흐스탄 국적을 자발적으로 취득하지 않았는지에 대해 별다른 언급이 되어 있지 않다. 당사국 역시 이를 문제 삼지도 않았다.

106) Joint opinion of Committee members Gerald L. Neuman, Yuji Isasawa & Walter Kälin (Concurring), paras.5-9. 한편 규약위원회 일반논평 제27호에 언급되어 있는 '국적민과 동일시될 수 있는 외국인들의 범주'를 열거하면서 통보자의 경우 이미 러시아 국적을 보유하고 있으므로 위와 같은 범주에 해당되지 않는다는 입장도 개진되었다. Individual opinion by Committee member Anja Seibert-Fohr(concurring), paras.3-5.

지 '예시사항'일 뿐이다. ② 통보자와 같이 거주지국과의 "특별한 유대 또는 자격"을 갖고 있는 자들이 '단지 외국인으로 간주'될 수는 없다. 따라서 국적민과 마찬가지로 제12조 제4항상의 보호가 이들에게 부여되어야 한다. ③ 통보자와 같이 가족관계를 형성하고 있는 영주권자에게 규약 제17조와 제23조는 적절한 보호책이 될 수 있다. 하지만, 가족관계가 없는 영주권자에게는 해당 규정들이 별다른 의미를 지니지 못한다. 이 경우 규약 제12조 제4항이 의미를 지닐 수 있다.[107]

아쉽게도 현재 시점에서 위와 같은 논쟁은 여전히 진행 중인 것으로 보인다. 아래 두 사건에서 규약위원회는 "자국" 여부 판단기준에 대해 각기 상반된 입장을 취하고 있다.

먼저, 지난 2018년 결정된 *Deepan Budlakoti v. Canada* 사건(2018)에서는 "자국" 여부에 대한 판단 시 "밀접하고 지속적인 유대관계" 기준이 적용되었는데, 이 기준에 대한 반대의견이 규약위원회 내부에서 존재하지 않았다.

> 통보자 Budlakoti는 1989년 10월 캐나다에서 태어났다. 그의 부모는 1985년부터 1989년 6월까지 주 캐나다 인도대사(High Commissioner of India) 등의 가정도우미로 일했다. 이후 그의 부모는 여러 절차를 걸쳐 1996년과 1997년 캐나다 시민권을 획득했다. 통보자에 따르면, 그와 그의 부모는 그가 캐나다에서 태어났기 때문에 당연히 캐나다 시민권을 부여받은 것으로 믿고 있었다고 한다.[108] 실제 통보자는 캐나다 정부로부터 2차례 캐나다 여권을 발급받기도 하였다. 그런데 통보자는 2건의 범죄(무단침입 및 총기소지·거래)를 범하였다는 이유로 캐나다 당국으로부터 추방명령을 받게 되었고, 이에 개인통보를 제기하게 되었다. 이에 대해 규약위원회는 다음과 같은 이유로 통보자의 "자국"이 캐나다임을 분명히 하였다. ① 통보자가 캐나다에서 태어나서 그곳에서 평생 생활하였고 교육도 받았다는 점, ② 그의 부모와 동생이 캐나다 시민권자라는 점, ③ 1회 2주간 방문사실 외에 그의 국적국인 인도와 유대관계가 없다는 점, ④ 그의 부모와 함께 자신이 캐나다 시민임을 믿고 있었던 점, ⑤ 캐나다 정부가 통보자에게 2차례에 걸쳐 캐나다 여권을 발급한 사실, ⑥ 그가 캐나다 시민권자가 아니라는 점을 사전에 알았

---

107) Individual opinion by Committee member Yuval Shany(concurring), paras.2-7.
108) 통보자에 따르면, 출생 당시 그의 부모는 외교기관 관련 업무를 하지 않았기 때문에 캐나다 방문비자를 발급받은 상태였다고 한다. 이에 대해 캐나다 정부는 통보자의 부모가 1990년 취업허가증을 발급받았으며 통보자의 출생 당시에는 공식적으로 외교기관에 고용되어 있는 상태였기 때문에 캐나다 법령(The Citizenship Act)에 따라 통보자에게 시민권을 부여하지 않았다고 설명했다. 외교사절은 접수국의 관할권에 종속되지 않는다는 원칙에 따라 외교기관 종사자(외국국적)의 자녀는 캐나다에서 출생하더라도 시민권을 부여받지 못한다는 이유에서다.

다면 시민권을 획득하기 위해 노력했을 것이라는 점 등이 그것이다. 즉 규약위원회는 통보자와 캐나다 사이에 "밀접하고 지속적인 유대관계"가 형성되었다고 보았다.[109]

그런데 지난해 있었던 *Graham Cayzer v. Australia* 사건(2022) 결정에서 규약위원회는 과거 *Charles E. Stewart v. Canada* 사건(1997)에서의 다수의견에 동조하는 입장을 취했다. 즉 '밀접하고 지속적인 유대관계의 형성 여부'를 "자국" 여부 판단에 있어 '주요한' 기준으로 삼지 않았다.

영국 국적의 통보자는 5살 때인 1965년 가족과 함께 호주로 이주하였는데, 아동·청소년 성범죄 등으로 인해 추방되기 전까지 약 52년간 그곳에서 거주하였다. 다만 그는 영국 시민권을 포기하지는 않았다. 통보자는 1981년 호주에서의 군입대 과정에서 시민권 수여식에 참가했다고 주장하였지만, 호주 정부는 징병관(recruiting officer)에게 시민권을 부여할 권한이 주어져 있지 않다며 반박했다. 또한 통보자는 호주에서 선거권과 피선거권을 행사했다고 주장했는데, 호주 정부는 통보자에게 부여된 선거권이 과거 특정 부류의 영주권자들에게 부여된 법적 특권으로 인한 것이라고 항변하였다. 이에 대해 규약위원회는 먼저 통보자가 호주 시민권자가 아니라는 호주 정부의 입장을 받아들였다.[110] 그러면서 호주가 통보자의 "자국"에 해당하는지 여부에 대해 추가로 심사하였다. 그 결과 규약위원회는 통보자가 ― 국적 취득과 관련하여 호주 정부에 의해 비합리적인 제약을 받지 않았음에도 ― 호주 국적을 취득하지 않았을 뿐 아니라 영국 국적을 계속 보유하고 있었다는 점에서, 호주를 통보자의 "자국"으로 볼 수 없다고 보았다(이는 앞에서 살펴본 *Charles E. Stewart v. Canada* 사건(1997)의 다수의견과 그 입장을 같이 한다: 필자 주). 또한 규약위원회는 호주 정부가 통보자의 상황을 심사하는 과정에서 호주에서의 영주 의사, 호주 시민권을 신청하지 않고 영국 국적을 포기하지 않은 점, 공직에의 관여 등 호주와 맺은 사회적 연계성, 출생지국과의 연계의 결여, 가족생활에 미치는 영향 등을 적절하게 고려했음을 인정하였다. 그러면서 현 사건에서 통보자의 "자국"을 호주로 볼 만한 '예외적인' 정황들도 발견되지 않는다고 판단하였다.[111]

---

109) *Deepan Budlakoti v. Canada*, Communication No.2264/2013(2018).
110) 통보자의 호주 시민권 보유 여부와 관련하여 호주의 이용가능한 모든 국내 절차에서 심리되었는데 통보자가 그 절차적 위법의 문제를 제기하지 않았으므로, 통보자가 호주 시민권자가 아니라는 호주 정부의 결정에 개입할 필요가 없다는 게 그 이유였다.
111) *Graham Gayzer v. Australia*, Communication No.2981/2017(2022), paras.1.1-1.6, 8.1-8.6. 이 사건에

결국 규약 제12조 제4항의 "자국"의 의미와 범위, 그리고 그 판단기준에 관한 규약위원회 내부에서의 논쟁은 추후로 그 해결이 미뤄지게 되었다.

개인이 별다른 진정한 유대도 없이 과거 일시적으로 어느 국가의 시민권을 인정받았었다면 그 국가를 "자국"이라고 할 수 있을까? 다음 사건을 본다.

    *Simalae Toala*를 비롯한 통보자들은 모두 서사모아에서 태어난 자들이다.[112] 1924년부터 1949년 사이에 서사모아에서 태어난 자들은 1928년 영국 국적 및 (뉴질랜드) 외국인의 지위에 관한 법률에 의해 모두 뉴질랜드 시민으로 간주된다는 뉴질랜드 법원의 판결(*Lesa* 판결)에 의해 뉴질랜드 시민으로 인정되었다. 그러나 후일 뉴질랜드는 새로운 법률을 제정하여 위 판결의 효력을 상실시켰다. 이에 따라 *Lesa* 판결을 통해 뉴질랜드 시민권자로 인정받았던 대부분의 서사모아인들은 더 이상 뉴질랜드 시민으로 인정받지 못하게 되었다. 이 사건의 통보자들은 뉴질랜드의 이러한 조치를 비난하면서 이미 부여된 시민권을 다시 박탈하고 이들을 추방하는 조치는 결과적으로 규약 제12조 제4항의 입국권을 침해한다고 주장하였다.

    이에 대해 뉴질랜드는 1924년에서 1949년 사이에 서사모아에 거주하였던 사람들은 위임 및 신탁통치라는 특별한 성격의 제도에 따라 독특한 지위를 갖는 자들일 뿐, 영국이나 뉴질랜드 시민이 아니었다고 주장하였다. 또한 1962년 서사모아가 독립했으므로 이제 이들은 단지 서사모아의 시민권만을 보유한다고 주장하였다. 따라서 통보자들은 더 이상 뉴질랜드 시민이 아니므로 1987년 뉴질랜드 이민법 규정에 의해 통보자들을 추방한 조치는 정당하며, 규약 제12조 제4항이 보장하는 입국권을 박탈하지도 않았다고 반박하였다.

    규약위원회는 통보자들과 뉴질랜드 사이에 "진정한 유대"가 존재하는지 여부에 주목하였다. 통보자들은 뉴질랜드에서 출생하지 않았고, 뉴질랜드인의 후손도 아니었으며, 뉴질랜드와 별다른 유대도 없었다. 그들은 *Lesa* 판결 이후부터 시민권을 박탈한 뉴질랜드 법률이 통과되기 이전의 기간 동안 뉴질랜드에 거주하지도 않았다. 규약위원회는 이러한 상황들을 종합적으로 고려하여 *Lesa* 판결만으로는 뉴질랜드를 통보자들의 "자국"

서 다수의견이 "자국" 인정 범위를 엄격하게 제한하고 있다고 비판하며 "밀접하고 지속적인 유대관계" 기준에 비추어 볼 때 통보자의 "자국"은 호주라고 보아야 한다는 개별반대의견도 있었다. Individual opinion of Committee member Arif Bulkan(dissenting).

[112] 서사모아는 제1차 대전 이후 뉴질랜드에 의해 위임통치 및 식민통치 되었다가 1962년 1월 1일 독립하였다.

으로 볼 수 없다고 판단하였다. 따라서 뉴질랜드의 조치는 규약 제12조 제4항의 입국권 침해에 해당하지 않는다고 결정하였다.[113]

한편 규약위원회는 1998년 이스라엘의 국가보고서에 대한 최종견해에서 1948년 이스라엘의 건국과 동시에 이 지역을 떠나게 된 팔레스타인인과 그 후손들이 다시 돌아올 수 있는 귀환권을 존중하라고 촉구하였다.[114] 중동전의 와중에서 이스라엘에 점령된 West Bank와 Gaza 지구를 떠난 팔레스타인인들에게도 동일한 귀환권이 보장되어야 할 것이다.[115]

식민지나 기타 속령에 속하는 자들의 본국이 그들의 "자국"이 될 수 있는가의 문제가 제기된다. 유럽인권협약 제56조 및 같은 협약 제4추가의정서 제5조 제4항에 의하면, 식민지역은 거주 및 이전의 자유와 자국민의 추방금지가 적용되는 지역과 '별개의 지역'으로 취급된다. 그러나 규약은 이에 대해 아무런 언급을 하고 있지 않다. 1979년 네덜란드는 유보를 통해 규약 제12조 제1항, 제2항, 제4항의 적용에 있어서 속령인 안틸리스제도를 네덜란드와 '별개의 영토 내지 국가'로 간주한다고 선언한 바 있다. 이에 따라 안틸리스제도에 합법적으로 거주하고 있는 사람이 네덜란드 본토에 입국할 권리를 부여받지 못하게 되었다.[116]

영국은 주민들이 거주하지 않고 있다는 이유로 영국령인도양식민지역에 규약이 적용되지 않는다고 하였다. 이 지역에 거주하던 일루와부족은 1960년대 말부터 1970년대 말까지 사이에 차고스군도에서 타지역으로 강제이주되었다. 영국 정부는 자신이 이들의 귀환을 금지시킨 조치에 대해 합법적이지 않다는 점을 인정하였다. 규약위원회는 영국 정부에게 이들의 귀환권을 보장하기 위한 조치를 취하라고 요구했다.[117]

---

113) *Simalae Toala et al. v. New Zealand*, Communication No.675/1995(2000).

114) Concluding Observations on Israel, CCPR/C/79/Add.93(1998), para.22. 그러나 이후의 2003년, 2010년, 2014년 이스라엘의 국가보고서에 대한 최종견해 어디에도 '귀환권'에 관한 언급이 포함되어 있지 않다.

115) Joseph & Castan's Commentary(2013), p.416.

116) C.N.3167.1978.TREATIES-14(1979). 이후 지난 2010년 네덜란드는 그 구성영토(네덜란드의 유럽지역, 카리브해 연안지역, 아루바, 쿠라카오, 신트마르텐)의 각각을 규약 제12조 제1항의 적용에 있어서 '별개의 영토'로, 제12조 제2항 및 제4항의 적용에 있어서 '별개의 국가'로 간주한다는 선언을 하였다 (C.N.669.2010.TREATIES-28).

117) Concluding Observations on the United Kingdom of Great Britain and Northern Ireland, CCPR/C/GBR/CO/6(2008), para.22; Concluding Observations on the Overseas Territories of the United Kingdom and Northern Ireland, CCPR/CO/73/UKOT(2001), para.38.

2. 자의성

개인이 자국으로 입국할 권리는 어떠한 경우에도 "자의적으로(arbitrarily)" 박탈되어서는 안 된다. "자의적"이라는 개념은 입법, 사법, 행정 등 모든 국가 행위에 적용된다. 즉 국가의 행위가 법률에 의해 이루어졌더라도 규약의 규정이나 의도 및 목적에 부합되어야 하며, 어떠한 상황에서도 합리적이어야 한다.[118] 당사국은 개인의 국적을 박탈하거나 개인을 제3국으로 추방함으로써 자의적으로 그 사람이 자국에 귀환하는 것을 막지 않아야 한다.

규약위원회에 따르면, 자국으로 입국할 권리를 박탈하는 상황이 합리적인 경우는 거의 없다고 한다.[119] *Jama Warsame v. Canada* 사건(2011)은 이러한 상황을 잘 보여주고 있다. 이 사건에서 통보자는 소말리아에서 태어났지만 실제 그의 "자국"은 캐나다였다. 그런데 그는 중대 범죄를 범하였다는 이유로 캐나다 정부로부터 소말리아로 추방될 상황에 처하게 되었다. 이에 대해 규약위원회는 통보자가 소말리아로 추방될 경우 캐나다 이민법 상 캐나다로 재입국하는 것이 사실상 불가능하다는 점에 주목하였다. 규약위원회는 이러한 상황은 범죄예방이라는 추방의 목적을 고려하더라도 비례적이지 않다는 점에서 "자의적"이라고 보았다. 결국 통보자가 실제 추방된다면 규약 제12조 제4항에 위반된다는 판정이 내려졌다.[120] 또한 *Stefan Lars Nystrom v. Australia* 사건(2011)에서 규약위원회는 추방결정과 그 원인이 된 범죄행위 사이의 시간적 간격이 길다는 점에 주목하였다. 예를 들어, 통보자는 무장강도죄로 마지막 유죄판결을 받은 지 최소 7년이 지난 시점에서 추방명령을 받았다. 호주 정부는 추방결정이 뒤늦게 이루어진 점에 대해 그 정당화사유를 제시하지 못했다. 결국 통보자에 대한 추방결정은 "자의적"으로 이루어진 것이라 판정되었다.[121]

VI. 한국의 실행

헌법 제14조는 "모든 국민은 거주·이전의 자유를 가진다"라고 규정하고 있다. 거주 및 이전의 자유에는 국내에서의 거주 및 이전의 자유는 물론 국외이주·해외여행·귀국의 자유 등 국외 거주 및 이전의 자유도 포함된다. 거주 및 이전의 자유는 헌법 제37조 제2항에 따

---

118) HRC General Comment No.27(1999), para.21.

119) 상게주.

120) *Jama Warsame v. Canada*, Communication No.1959/2010(2011).

121) *Stefan Lars Nystrom v. Australia*, Communication No.1557/2007(2011), para.7.6. 유사한 취지의 내용으로는 *Deepan Budlakoti v. Canada*, Communication No.2264/2013(2018), para.9.4 참조.

라 국가안전보장, 질서유지 또는 공공복리를 위해 필요한 경우에 법률로써 제한할 수 있다.

1. 북한 방문의 제한

현재 한국 국민은 정부의 허가 없이 북한을 방문하면 처벌받는다. 남한 주민이 북한을 방문하려면 통일부장관으로부터 방문승인을 받아 통일부장관이 발급한 방문증명서를 소지하여야 한다. 이를 위반한 경우 3년 이하의 징역 또는 3천만원 이하의 벌금에 처하게 된다(남북교류협력에 관한 법률 제9조 및 제27조). 또한 "국가의 존립·안전이나 자유민주적 기본질서를 위태롭게 한다는 정을 알면서 반국가단체의 지배 하에 있는 지역으로부터 잠입하거나 그 지역으로 탈출한 자는 10년 이하의 징역에 처"하게 된다(국가보안법 제6조 제1항). 정부와 사법부는 일관되게 북한을 국가보안법상의 반국가단체로 판단하고 있다.[122] 북한 지역 방문에 대한 이상과 같은 규제가 규약 제12조의 이전의 자유 침해에 해당되는가?

과거 민주사회를위한변호사모임과 한국기독교교회협의회는 한국의 제1차 국가보고서에 대한 반박보고서에서 잠입과 탈출이라는 이름으로 남한과 북한을 단순히 이동하는 것을 처벌하는 관련 조항이 규약 제12조 제2항과 제4항에 위반된다고 주장하였다.[123] 그러나 북한을 반국가단체로 전제하는 한 규약 제12조 제3항에 따라 국가는 국가안보를 위하여 이 같은 지역으로의 방문을 금지하거나 제한할 수 있다. 다만 국가보안법 제6조 제1항에 따르면 행위자가 "국가의 존립·안전이나 자유민주적 기본질서를 위태롭게 한다는 정을 알면서" 반국가단체 지역을 방문하는 경우의 처벌을 규정하고 있을 뿐, 그의 행위가 실제로 국가안보나 자유민주적 기본질서에 대한 위해를 초래하였는지 여부는 문제 삼지 않는다.[124] 최소한 "국가의 존립·안전이나 자유민주적 기본질서를 위태롭게" 하기 위한 "의도"를 가지고 반국가

---

122) 헌법재판소 2002. 4. 25. 99헌바27, 51; 헌법재판소 1998. 8. 27. 97헌바85; 헌법재판소 1997. 1. 16. 92헌바6; 헌법재판소 1997. 1. 16. 89헌마240; 헌법재판소 1990. 4. 2. 89헌가113. 대법원 2015. 1. 22. 선고 2014도10978 판결; 대법원 2012. 10. 11. 선고 2012도7455 판결; 대법원 2010. 7. 23. 선고 2010도1189 판결; 대법원 2008. 4. 17. 선고 2004도4899 판결; 대법원 1997. 11. 20. 선고 97도2021 전원합의체 판결; 대법원 1995. 9. 26. 선고 95도1624 판결; 대법원 1994. 5. 24. 선고 94도930 판결; 대법원 1993. 10. 8. 선고 93도1951 판결.

123) 민주사회를위한변호사모임·한국기독교교회협의회, 한국인권의 실상: UN 인권이사회에 제출한 정부 보고서에 대한 반박(역사비평사, 1992), pp.44-45.

124) 이 점에 대하여 헌법재판소는 별 문제가 없다는 입장이다. 헌법재판소 1997. 1. 16. 92헌바6; 헌법재판소 2002. 4. 25. 99헌바27, 51. 다만 (구)국가보안법 제7조(찬양·고무 등) 제1항·제3항·제5항에 대하여 "국가의 존립·안전이나 자유민주적 기본질서를 위태롭게 한다는 정을 알면서"라는 주관적 구성요건 외에 "반국가단체를 위하여"라는 주관적 요건과 "반국가단체에 실질적인 이득을 제공한 때"라는 객관적인 요건을 추가해야 위헌성을 모면할 수 있다는 견해로는 헌법재판소 1997. 1. 16. 92헌바6 사건에서의 조승형 반대의견 참조.

단체 지역으로 방문하는 행위를 금지·처벌하도록 적용요건을 엄격히 할 필요가 있다.[125]

2. 보안관찰처분

과거 민간단체들은 보안관찰처분이 "자기의 범죄행위에 대해 모든 처벌을 다 받은 사람에게 다시 행정처분에 의하여 양심에 반하는 신고의무를 부과하고, 주거를 결정하고 이동할 자유를 침해하며 … 규약 제12조, 제17조, 제18조 등에 위반"된다고 비판하였다.[126] 그러나 헌법재판소는 이 문제를 다음과 같이 평가하였다.

> "이 법(보안관찰법: 필자 주)은 우리의 국가적 이념이고 우리 헌법의 정치적 기본질서이기도 한 자유민주적 기본질서를 유지·보장하기 위한 수단으로 기능한다 할 것이어서 그 입법목적의 정당성이 인정된다. … 법 제12조의 보안관찰처분심의위원회의 의결을 거쳐 법무부장관으로부터 보안관찰처분을 받은 자("피보안관찰자")는 인적·물적 환경, 주요활동사항, 통신·회합한 사항 및 여행에 관한 사항 등 법령이 정한 사항에 대하여 신고하여야 할 의무를 부담하게 되나(법 제18조, 같은 법 시행령 제24조), 그 신고의무 외에는 피보안관찰자에게 별다른 의무를 부과하거나, 신체의 자유 내지 거주·이전의 자유 등에 대한 제한을 거의 가하지 아니하고 있다. … 이 법상의 보안관찰처분은 국가의 안전과 사회의 안녕을 유지하기 위하여 필요한 최소한의 자유제한적인 의무만을 부과하고 있어, 형사벌로서의 제재라기보다는 오히려 행정상의 의무부과에 가깝다고 할 수 있다."[127]

이 결정에서 지적하고 있듯이 보안관찰처분이 재범의 위험성을 예방하고 사회복귀를 촉진시킴으로써 국가의 안전과 사회의 안녕을 유지함을 목적으로 한다면, 그 자체로는 규약 제12조 제3항이 인정하는 권리제한사유와 충돌되지 않는다고 판단된다. 그러나 보안관찰제도의 실제 운영에 있어서 과도한 통제가 이루어져 대상자의 거주 및 이전의 자유를 필요

---

125) 그간 한국의 국가보고서에 대한 규약위원회의 최종견해와 UN 인권이사회 UPR 실무그룹 보고서에서 우리나라 국가보안법의 폐지나 불분명한 용어의 사용을 통한 확대해석을 경계하는 지적이 꾸준히 제기되어 왔다. 특히 '사실상 국가안보에 위협이 되지 않는 행위'를 처벌하지 말라는 요구가 규약위원회의 초기 최종견해 시부터 제기된 바 있다(Concluding Observations on the Republic of Korea, CCPR/C/79/Add.6(1992), para.6).

126) 민주사회를위한변호사모임·한국기독교교회협의회(전게주 123), pp.55-56.

127) 헌법재판소 1997. 11. 27. 92헌바28. 한편 헌법재판소는 보안관찰처분의 요건과 절차를 규정한 보안관찰법상 근거조항들(제2조, 제3조, 제4조, 제12조 제1항, 제14조)이 적법절차원칙, 법관에 의한 재판을 받을 권리, 양심의 자유, 그리고 사생활의 비밀과 자유를 침해하지 않으며, 이중처벌금지원칙과 명확성원칙에 위배되지도 않는다고 결정하였다. 헌법재판소 2015. 11. 26. 2014헌바475.

이상으로 침해하게 된다면, 그 같은 결과는 규약 제12조 위반이 될 수 있다. 또한 보안관찰법상의 특정 조항이 개인의 기본권을 과도하게 침해함으로써 해당 개인의 거주 및 이전의 자유에 간접적인 제한을 가하는 상황을 상정해 볼 수도 있다. 예를 들어, 지난 2021년 헌법재판소는 보안관찰처분대상자가 교도소 등에서 출소 전에 신고한 '거주예정지 등의 사항'에 변동이 있는 경우 이를 신고토록 하고 그 위반시 처벌하는 보안관찰법상의 심판대상조항 (제6조 제2항 및 제27조 제2항)에 대해 '침해최소성원칙 위반' 등을 이유로 헌법불합치결정을 선고한 바 있다.[128] '보안관찰처분대상자'는 '피보안관찰자'와 달리 재범의 위험성에 관한 판단을 받지 않았음에도 피보안관찰자와 거의 동일한 신고의무가 부과되고 그 의무 위반시 동일한 법정형으로 형사처벌될 뿐 아니라, '거주예정지 등의 변동사항'의 신고에 있어 기간의 상한이 없는 무기한의 신고의무를 부담할 수도 있는 등 오히려 피보안관찰자보다 더 가혹한 부담을 안고 있다는 게 그 주요 이유였다. 이 사건에서 거주 및 이전의 자유에 대한 제한이 직접 문제되지는 않았지만,[129] 심판대상 조항들이 보안관찰처분대상자에게 '거주예정지 등의 변동사항'을 사실상 무기한으로 신고하도록 의무를 부과하고 있었다는 점에서 거주 및 이전의 자유에 부수적인 영향을 미쳤다고 볼 수도 있다. 여하튼 보안관찰법에 근거한 권리의 제한은 국가안보, 공공질서 등의 목적 달성을 위해 필요한 최소한도로 이루어져야 한다.[130]

보안관찰처분을 내릴 것이냐의 핵심적인 판단기준은 재범의 위험성이므로 이에 대한 자의적 결정이나 권리남용이 발생하면 규약 제12조의 권리가 침해될 가능성이 있다.[131] 지난 2017년 우리나라 정부는 제3차 UPR 정부 보고서에서 "보안관찰처분의 요건인 재범위험성에 대한 객관적·실질적 심사, 당사자에 대한 철저한 조사, 보안관찰처분심의위원회 구성의 다양화 등 재범위험성에 대한 심사를 엄밀히 하여 보안관찰처분이 남용되지 않도록 하고 있다"라는 입장을 개진한 바 있다.[132] 그러나 과거 재범 위험성에 대한 판단이 자의적이었다는 민간단체의 비판이 거셌던 게 사실이다.[133] 이에 대해 대법원은 보안관찰처분의 요건으로서 "재범의 위험성이란 장래 다시 보안관찰해당범죄를 범할 개연성을 의미하고, 이는 종전에 범한 보안관찰해당범죄의 종류와 성격, 처분대상자의 범정, 형 집행 기간 중에 처분

---

128) 헌법재판소 2021. 6. 24. 2017헌바479.
129) 이 사건에서 헌법재판소(위헌의견 및 헌법불합치의견)는 심판대상조항이 과잉금지원칙을 위반하여 청구인의 사생활의 비밀과 자유 및 개인정보자기결정권을 침해한다고 결정하였다.
130) HRC General Comment No.27(1999), para.14.
131) 상게주, para.13.
132) 제3차 국가별 정례인권검토(UPR) 대한민국 정부 보고서(2017), para.28.
133) 민주화실천가족운동협의회, 국가보안법 적용상에서 나타난 인권실태(2003), pp.52-67.

대상자가 보인 행태, 형 집행 이후의 사회적 활동 및 태도, 생활환경, 성행 등 여러 사정을 종합적으로 고려하여 판단하여야 하며, 보안관찰처분의 기간갱신결정을 할 때에는 '갱신 시점을 기준'으로 '기존의 보안관찰에도 불구하고 여전히 보안관찰해당범죄의 재범을 방지하기 위하여 보안관찰을 계속할 필요성'이 있다고 인정되어야 한다"라고 판시하고 있다.[134] 따라서 재범 위험성의 판단기준을 가급적 명확히 규정할 필요가 있으며, 행정처분이 아닌 법원의 결정을 통해 보안관찰처분을 부과하는 방안을 검토할 필요가 있다.[135]

3. 출국금지처분

과거 (구)출입국관리법상의 출국금지사유가 지나치게 추상적이어서 정부 당국이 자의적으로 특정인의 출국을 금지할 수 있는 길을 열어놓고 있다는 비판이 제기된 바 있다. 예를 들어, (구)출입국관리법 제4조 제1항 1호의 "범죄의 수사를 위하여 그 출국이 부적당하다고 인정되는 자," 6호의 "대한민국의 이익을 현저하게 해할 염려가 있는 자"라는 조항이 비판되었으며, 또한 출국금지 대상자에게 이 사실을 통지하는 규정이 없다는 점도 비판을 받았다.[136] 그밖에 출국금지의 구체적 사유가 법률이 아닌 법무부령인 출국금지업무처리규칙에 규정되어 있다는 문제점을 갖고 있었다.

현재는 출입국관리법과 같은 법 시행규칙(법무부령, 명칭 변경)이 여러 차례 개정됨에 따라 출국금지사유가 더욱 명확하고 구체화되어 추상성 부분은 상당히 해소되었다.[137] 또한 출입국관리법에 당사자에 대한 출국금지결정(또는 해제) 통지제도도 설치되어 있다.[138] 규약상 출국의 자유는 제12조 제3항에 의하여 제한될 수 있으므로 출국금지제도 자체가 규약과 충돌되지는 않는다. 다만 이 역시 실제 운영과정에서 자의적으로 적용되는 경우 충돌의 가능성은 있다.

4. 여권의 사용제한 등

현행 여권법상 "천재지변·전쟁·내란·폭동·테러 등" 이른바 "국외 위난상황으로 인하여 국민의 생명·신체나 재산을 보호하기 위하여 국민이 특정 국가나 지역을 방문하거나 체류하는 것을 중지시키는 것이 필요하다고 인정하는 때에는" 해당 국가나 지역에서의 여

---

134) 대법원 2016. 8. 24. 선고 2016두34929 판결.
135) 보안관찰법의 개정방향에 대해서는 민주화실천가족운동협의회(전게주 133), pp.213-221 참조.
136) 민주사회를위한변호사모임·한국기독교교회협의회(전게주 123), p.104.
137) 출입국관리법 제4조(출국의 금지) 및 같은 법 시행규칙 제6조의2(출국금지 대상자).
138) 출입국관리법 제4조의4(출국금지결정 등의 통지).

권의 사용을 제한하거나 방문·체류를 금지할 수 있도록 하고 있다(제17조).139) 이를 위반한 경우에는 1년 이하의 징역이나 1천만원 이하의 벌금에 처할 수 있다(제26조). 이에 따라 여권사용이 제한되거나 방문이 금지되는 지역은 외교부장관이 고시한다.140) 이 조문의 취지는 2007년 7월 정부의 경고를 무시하고 아프가니스탄에 선교여행을 갔던 한국인 23명이 무장단체에 납치되고 일부는 살해되어 전국민을 충격에 빠뜨렸던 것과 같은 사건의 재발을 막기 위함이었다. 이 같은 여행제한조치에 대하여 헌법재판소는 일관되게 거주 및 이전의 자유 침해가 아니라고 판단하고 있다. 지난 2020년 헌법재판소는 '여행금지국가로 고시된 사정을 알면서도 외교부장관으로부터 예외적 여권사용 등의 허가를 받지 않고 여행금지국가를 방문하는 등의 행위를 형사처벌하는 여권법 조항'에 대해 다음과 같이 설시하였다.

천재지변·전쟁·내란·폭동·테러 등 국외 위난상황에서 국민의 생명·신체나 재산에 대한 피해에 사후적으로 대응하는 데에는 한계가 있고, 우리나라의 주권이 미치지 않는 국외에서 발생하는 상황을 사전에 예방하기도 어렵다. 또한 국외 위난상황은 외교적 분쟁, 재난이나 감염병의 확산 등 국가·사회에 큰 영향을 미칠 수 있다. (중략) 이 사건 처벌조항의 입법목적은 정당하고, 이 사건 처벌조항은 이에 적합한 수단이다. 해외여행이 증가하고 국제 테러리즘이 심각한 국제문제로 대두되면서 재외국민 보호를 위한 사후적 대처만으로 그 피해를 줄일 수 없게 되었다. 특히 2007년에 발생한 아프가니스탄 한국인 납치사건 당시에도 국외 위난상황을 알리는 제도가 있었지만 위와 같은 사건을 예방할 수 없었다. 이를 계기로 여권법에 이 사건 처벌조항을 도입하여 여행금지제도의 실효성을 강화하고자 하였다. (중략) 외교부장관으로부터 허가를 받은 경우에는 이 사건 처벌조항으로 형사처벌되지 않도록 가벌성이 제한되어 있고, 이를 위반한 경우에도 처벌수준이 비교적 경미하다. 따라서 이 사건 처벌조항은 침해의 최소성원칙에 반하지 않는다. 국외 위난상황이 우리나라의 국민 개인이나 국가·사회에 미칠 수 있는 피해는 매우 중대한 반면, 이 사건 처벌조항으로 인한 불이익은 완화되어 있으므로, 이 사건 처벌조항은 법익의 균형성원칙에도 반하지 않는다. 그러므로 이 사건 처벌조항은 과잉금지

---

139) 이 조문은 지난 2007년 1월 19일 여권법 일부개정시 신설되었다(법률 제8242호, 2007. 4. 20. 시행).
140) 2023년 10월 현재 외교부고시 제2023-4호에 따라, 8개 국가(수단, 이라크, 소말리아, 아프가니스탄, 예멘, 시리아, 리비아, 우크라이나) 5개 지역(팔레스타인 가자지구, 아르메니아-아제르바이잔 접경지역, 필리핀·러시아·벨라루스 일부지역)에 대해 "정세 및 치안상황 불안"을 이유로 대한민국 국민(국회 동의를 얻어 해외에 파견되는 국군부대 소속 국민 제외)의 여권 사용이 제한되거나, 또는 그곳으로의 방문이나 현지 체류가 금지되어 있다(단 일정한 예외가 있음).

원칙에 반하여 청구인의 거주·이전의 자유를 침해하지 않는다.[141]

그러나 이 같은 헌법재판소의 판단이 타당한지는 의문이다. 규약상 개인의 이전의 자유와 출국의 권리는 "국가안보, 공공질서, 공중보건이나 도덕, 또는 타인의 권리와 자유를 보호하기 위하여 필요"한 경우에 한해서 제한될 수 있을 뿐이다(제12조 제3항). 한국 헌법상으로도 개인의 거주 및 이전의 자유는 "국가안전보장·질서유지 또는 공공복리를 위하여 필요한 경우에 한하여" 제한될 수 있다(제37조 제2항). 타인의 침해로부터 국민의 생명과 재산을 보호하는 것은 국가의 존재이유이기도 하나, 국민이 자신의 생명이나 재산을 위험한 상태에 빠뜨릴지도 모른다는 이유로 국가가 개인의 해외여행을 금지하거나 처벌할 수 있는 근거는 규약이나 헌법 어디에도 없다. 즉 단순히 국가가 국민의 생명, 신체, 재산과 같은 사익을 보호하기 위하여 개인의 여행을 제한할 수는 없고, 국민에 대한 위해의 발생이 국가안보나 공공질서 등과 같은 공익에 중대한 위협으로 발전할 것이 예견되는 경우에 한하여 제한조치가 가능할 뿐이다. 국제적으로도 개인의 위험을 보호하기 위하여 여행금지국을 지정하고 위반시 벌칙을 가하는 입법례는 찾기 어렵다고 한다.

여권발급 거부처분과 관련하여 김덕홍씨 사건이 사법부의 판단을 받은 바 있다. 1997년 황장엽씨와 함께 한국으로 망명한 김덕홍은 2003년 미국 연구기관으로부터 방문초청을 받아 2004년 여권 발급을 신청하였다. 그러나 정부는 방미기간 중 신변위해의 가능성이 농후하다는 이유에서 미국 초청자측이나 관계기관에 의하여 신변안전대책이 강구되기 전에는 여권을 발급할 수 없다며 거부하였다. 해외여행을 하려는 사람에게 상대국으로부터 자신의 신변안전대책에 관한 확약을 받아오라는 요구는 법적 근거도 없고 전례도 없었다. 결국 대법원은 해외여행의 자유라는 국민의 기본권이 막연한 우려만으로 과도하게 제한될 수 없고, 미국측의 신변안전보장 요구는 여권발급을 거부할 법 소정의 사유가 될 수 없으며, 설사 방미 중 그의 신변에 문제가 발생하여도 대한민국의 이익이나 공공의 안전을 해할 상당한 이유가 있다고 보기 어려우며, 방미 중 테러를 당할 개연성이 상당하다고 보기도 어렵다는 점 등을 이유로 정부의 여권발급 거부처분은 위법한 조치라고 판단하였다.[142] 규약이나 헌법 해석상 타당한 판결이었다.

---

141) 헌법재판소 2020. 2. 27. 2016헌마945. 동지: 헌법재판소 2008. 6. 26. 2007헌마1366.
142) 대법원 2008. 1. 24. 선고 2007두10846 판결.

5. 국적이탈의 자유

거주 및 이전의 자유에는 국적변경 또는 국적이탈의 자유도 포함되는가? 규약 제12조는 이 점을 명문화하고 있지 않다. 세계인권선언 제15조 제2항은 국적변경 또는 국적이탈의 자유를 규정하고 있지만 이것이 거주 및 이전의 자유에 포함되는지 여부는 명확하지 않다. 이에 대해 헌법재판소는 "국적을 이탈하거나 변경하는 것은 헌법 제14조가 보장하는 거주·이전의 자유에 포함"된다고 인정한 바 있다.[143] 헌법학계 역시 거주 및 이전의 자유에 국적변경 또는 국적이탈의 자유가 포함되는 것으로 해석하고 있다.[144] 다만 무국적자의 발생방지가 오늘날 국제사회에 있어서 국적입법의 기본원칙임을 감안할 때, 한국 국적을 이탈하여 무국적자가 되는 자유까지 보장된다고는 볼 수 없다.[145]

6. 화교의 출입국

국내에서 화교는 수 대째 외국인 자격으로 생활하고 있다. 이들 대부분이 한말 또는 일제시기 국내로 와서 정착하였다. 과거에는 한국과 중국(대만 및 중국) 모두 부계혈통주의 국적법을 갖고 있어서 화교를 부(父)로 하여 출생한 자(子)는 모(母)가 한국인이더라도 화교로 인정되었다. 현재 우리나라에 거주하고 있는 화교는 출입국관리법상 영주(F-5)자격이나 거주(F-2)자격을 부여받아 거주하고 있다.[146] 출입국관리법상 영주자격을 가진 외국인은 활동범위 및 체류기간의 제한을 받지 않는다(제10조의3 제1항). 이들이 인천공항을 이용하여 출·입국하는 경우에는 내국인 심사대를 이용할 수 있어서 외국인 심사대의 이용에 따른 장시간 대기를 피할 수 있다.[147]

영주자격을 가진 재한 화교가 우리나라를 출국한 후 2년 이내에 재입국하고자 하는 경우에는 재입국허가가 면제된다.[148] 즉 영주 화교들이 2년 이내 귀환하는 경우 내국인과 같은 출·입국의 자유가 인정된다. 그러나 출국한지 2년 이후에 한국으로 귀환하려면 재입국허

---

143) 헌법재판소 2006. 11. 30. 2005헌마739.
144) 김철수, 『헌법개설』(제14판)(박영사, 2015), p.165; 권영성, 『헌법학원론』(개정판)(법문사, 2010), p.470; 허영, 『한국헌법론』(전정19판)(박영사, 2023), p.534; 성낙인, 『헌법학』(제22판)(법문사, 2022), p.1465.
145) 권영성(상계주), pp.470-471; 허영(상계주), p.534; 성낙인(상계주), p.1465.
146) 재한 화교가 우리나라에 이주하게 된 것은 약 120여년 전인 1882년 임오군란 직후라고 알려져 있다. 재한 화교의 한국에서의 이주 및 정착의 역사에 대해서는 양필승, "한국 화교의 어제, 오늘 및 내일 - 새로운 희망의 시대를 맞이하여-", 국제인권법 제3호(2000), pp.140-157 참조.
147) 법무부 보도자료, "영주자격 외국인에 대한 출입국심사장의 내국인대우 실시(2004년 10월 26일)."
148) 출입국관리법 제30조 제1항 단서 및 같은 법 시행규칙 제44조의2 제1항 1호.

가면제기간의 연장허가절차 등을 거쳐야 한다.[149] 그렇다면 국내에서 수 대째 거주하면서 생활의 모든 근거를 한국에 두고 있는 재한 화교들은 한국 정부의 허가가 있어야 귀환할 수 있는 존재인가?

이 문제와 관련하여 일본의 국가보고서에 대한 규약위원회의 최종견해가 주목된다. 일본에 거주하는 재일한국인 특별영주자들에게는 4년까지의 재입국허가 기간이 인정되고, 이는 최대 5년까지 연장될 수 있다.[150] 또한 재입국허가를 받아 출국한 특별영주자가 일본으로 귀환하는 경우 입국심사관은 일반 외국인과 달리 여권의 유효성만 심사할 수 있으며, 일본 출입국관리법상 다른 입국거부사유에 관하여는 심사를 할 수 없다.[151] 그러나 규약위원회는 일본의 재입국허가제도가 법무장관의 재량에 따라 부여됨을 주목하며, 이로 인하여 수 세대를 일본에 거주한 영주권자의 해외 출국권과 귀환권이 보장되지 않을 수 있다고 우려하였다. 규약위원회는 규약 제12조 제4항의 "자국"은 "국적국"과 동의어가 아니라는 점을 상기시키며, 일본의 재입국허가제도는 규약에 저촉된다고 해석하였다. 이에 재일한국인과 같은 영주자에게는 출국 전 재입국허가를 요구하는 조항을 폐지하라고 촉구하였다.[152]

동일한 논리를 적용한다면 역시 수세대를 한국에 거주한 재한 화교들에 대하여도 재입국 허가의 적용은 규약 제12조 제4항 위반이 된다. 재한 화교들에게는 한국으로의 귀환이 허가 대상이 아니라 권리로서 보장되어야 한다.

7. 외국인 이주노동자

국내에 체류하고 있는 외국인노동자들의 인권침해 문제는 여러 각도에서 비판되고 있다. 외국인노동자들을 고용하고 있는 국내 사업주들이 외국인노동자들의 이탈을 방지하기 위해 여권 등 신분증을 압류하는 경우가 있다고 한다. 아직도 이러한 사례가 있다면 출입국관리법 제33조의3(외국인등록증 등의 채무이행 확보수단 제공 등의 금지)에 위반되며, 규약 제12조에도 위반된다. 규약위원회 역시 고용주가 외국인노동자의 여권을 압류하는 행위를 비판한 바 있다.[153] 또한 외국인노동자들의 노동 현장 이탈을 막기 위하여 외출 금지나 과도한 감시를 한다면 이 역시 규약 제12조 제1항의 위반이 된다.

---

149) 출입국관리법 시행규칙 제44조의2 및 제39조의8.

150) 日本国との平和条約に基づき日本の国籍を離脱した者等の出入国管理に関する特例法 제10조 제1항.

151) 위 같은 법 제7조. 이에 대한 상세는 정인섭, 『재일교포의 법적지위』(서울대학교 출판부, 1996), pp.197-198 참조.

152) Concluding Observations on Japan, CCPR/C/79/Add.102(1998), para.18.

153) Concluding Observations on Lebanon, CCPR/C/79/Add.78(1997), para.22.

【다른 인권조약상의 관련 조항】

세계인권선언

제13조

1. 모든 사람은 각국의 영역 내에서 이전과 거주의 자유에 관한 권리를 가진다.
2. 모든 사람은 자국을 포함한 어떤 나라로부터도 출국할 권리가 있으며, 또한 자국으로 돌아올 권리를 가진다.

1. Everyone has the right to freedom of movement and residence within the borders of each State.
2. Everyone has the right to leave any country, including his own, and to return to his country.

제14조

1. 모든 사람은 박해를 피하여 타국에서 피난처를 구하고 비호를 향유할 권리를 가진다.
2. 이 권리는 비정치적인 범죄 또는 국제연합의 목적과 원칙에 반하는 행위만으로 인하여 제기된 소추의 경우에는 활용될 수 없다.

1. Everyone has the right to seek and to enjoy in other countries asylum from prosecution.
2. This right may not be invoked in the case of prosecutions genuinely arising from non-political crimes or from acts contrary to the purposes and principles of the United Nations.

유럽인권협약 제4추가의정서

제2조 (이동의 자유)

1. 합법적으로 국가의 영역 내에 있는 모든 사람은 그 영역 내에서 이전의 자유와 주거선택의 자유에 관한 권리를 가진다.
2. 모든 사람은 자국을 포함하여 어떠한 국가로부터도 자유롭게 떠날 수 있다.
3. 공공질서의 유지, 범죄의 예방, 위생 및 도덕의 보호, 또는 타인의 자유 및 자유의 보호를 위하여 민주사회에 있어서 국가안보 또는 공공의 안전에 필요한 것으로서 법률에 의하지 아니하고는, 이러한 권리의 행사에 관하여 어떠한 제한도 부과되지 아니한다.
4. 특정한 분야에서는 제1항에 규정된 권리들이 민주사회에서 공익에 의하여 정당화되고

법률에 의하여 부과되는 제약을 받을 수 있다.

1. Everyone lawfully within the territory of a State shall, within that territory, have the right to liberty of movement and freedom to choose his residence.
2. Everyone shall be free to leave any country, including his own.
3. No restrictions shall be placed on the exercise of these rights other than such as are in accordance with law and are necessary in a democratic society in the interests of national security or public safety, for the maintenance of ordre public, for the prevention of crime, for the protection of health or morals, or for the protection of the rights and freedoms of others.
4. The rights set forth in paragraph 1 may also be subject, in particular areas, to restrictions imposed in accordance with law and justified by the public interest in a democratic society.

제3조 (자국민의 추방금지)
1. 어느 누구도 자신의 국적국의 영역으로부터 개별적으로든 집단적 조치에 의하든 추방당하지 아니한다.
2. 어느 누구도 자기의 국적국의 영역으로 입국할 권리를 박탈당하지 아니한다.

1. No one shall be expelled, by means either of an individual or of a collective measure, from the territory of the State of which he is a national.
2. No one shall be deprived of the right to enter the territory of the state of which he is a national.

제4조 (외국인의 집단적 추방의 금지)
외국인의 집단적 추방은 금지된다.

Collective expulsion of aliens is prohibited.

미주인권협약

제22조 (이전과 거주의 자유)
1. 합법적으로 당사국 영역 내에 있는 모든 사람은 법률에 따라 그 안에서 이전과 거주의 권리를 가진다.

2. 모든 사람은 자국을 포함하여 어떠한 국가로부터도 자유로이 퇴거할 권리를 가진다.

3. 위의 권리의 행사는 법률에 의하여 규정되고 범죄를 예방하거나 국가안보, 공공안전, 공공질서, 공중도덕, 공공보건 또는 타인의 권리 및 자유를 보호하기 위하여 민주사회에서 필요한 범위 내에서만 제한될 수 있다.

4. 제1항에서 인정된 권리의 행사는 공익을 위하여 지정된 지역에서는 법률에 의하여 제한될 수 있다.

5. 어느 누구도 자신의 국적국으로부터 추방될 수 없으며, 국적국으로 입국할 권리를 박탈당하지 아니한다.

6. 합법적으로 이 협약당사국의 영역 내에 있는 외국인은 법률에 따라 내려진 결정에 의하여만 추방될 수 있다.

7. 정치적 범죄 또는 이와 관련된 범죄로 인하여 추적받고 있는 경우, 모든 사람은 외국에서 그 국가의 법률과 국제협약에 따라 비호를 구하고 부여받을 권리를 가진다.

8. 외국인이 특정 국가에서 인종, 국적, 종교, 사회적 지위 또는 정치적 견해를 이유로 그의 생명이나 신체적 자유에 대한 권리가 침해당할 위험에 처한 경우, 그 국가가 자신의 출신국인지 여부와 상관없이 어떠한 경우에도 당해 국가로 추방되거나 송환될 수 없다.

9. 외국인의 집단추방은 금지된다.

1. Every person lawfully in the territory of a State Party has the right to move about in it, and to reside in it subject to the provisions of the law.

2. Every person has the right to leave any country freely, including his own.

3. The exercise of the foregoing rights may be restricted only pursuant to a law to the extent necessary in a democratic society to prevent crime or to protect national security, public safety, public order, public morals, public health, or the rights or freedoms of others.

4. The exercise of the rights recognized in paragraph 1 may also be restricted by law in designated zones for reasons of public interest.

5. No one can be expelled from the territory of the state of which he is a national or be deprived of the right to enter it.

6. An alien lawfully in the territory of a State Party to this Convention may be expelled from it only pursuant to a decision reached in accordance with law.

7. Every person has the right to seek and be granted asylum in a foreign territory, in accordance with the legislation of the state and international conventions, in the event he is being pursued for political offences or related common crimes.

8. In no case may an alien be deported or returned to a country, regardless of whether or

not it is his country of origin, if in that country his right to life or personal freedom is in danger of being violated because of his race, nationality, religion, social status, or political opinions.

9. The collective expulsion of aliens is prohibited.

인간과 인민의 권리에 관한 아프리카 헌장

제12조

1. 모든 개인은 법률을 준수하는 한 국가의 영역 내에서 이전과 거주의 자유에 대한 권리를 가진다.

2. 모든 개인은 자국을 포함한 어떠한 나라로부터도 출국하고, 자국으로 돌아올 권리를 가진다. 이 권리는 국가안보, 법과 질서, 공중보건 또는 도덕의 보호를 위하여 법률에 규정된 제한에만 구속된다.

3. 모든 개인은 박해를 받는 경우 타국의 법률과 국제협약에 따라 그 국가에서 비호를 요청하고 획득할 권리를 가진다.

4. 이 헌장의 당사국 영역으로 합법적으로 입국한 외국인은 법률에 따라 취하여진 결정에 의하여만 그로부터 추방될 수 있다.

5. 외국인의 대량추방은 금지된다. 대량추방이란 민족적, 인종적, 종족적 또는 종교적 집단을 대상으로 하는 경우이다.

1. Every individual shall have the right to freedom of movement and residence within the borders of a State provided he abides by the law.

2. Every individual shall have the right to leave any country including his own, and to return to his country. This right may only be subject to restrictions, provided for by law for the protection of national security, law and order, public health or morality.

3. Every individual shall have the right, when prosecuted, to seek and obtain asylum in other countries in accordance with laws of those countries and international conventions.

4. A non-national legally admitted in a territory of a State Party to the present Charter, may only be expelled from it by virtue of a decision taken in accordance with the law.

5. The mass expulsion of non-nationals shall be prohibited. Mass expulsion shall be that which is aimed at national, racial, ethnic or religious groups.

제13조 외국인 추방에 대한 절차적 보장[*]

목 차

Ⅰ. 개관
  1. 의의 및 입법경과
  2. 규약상 다른 조항들과의 관계
Ⅱ. 적용의 대상 및 범위
  1. 보호대상 외국인
  2. 도착국
  3. 집단적 추방
  4. 비호를 구할 권리와 범죄인인도
Ⅲ. 추방결정의 합법성
Ⅳ. 절차적 보장
  1. 추방에 반대하는 이유를 제시할 권리
  2. 이의신청권
  3. 대리인 선임권

  4. 국가안보에 의한 예외
Ⅴ. 한국의 실행
  1. 국가보고서의 내용과 UN 인권기구의
     입장 검토
  2. 출입국관리법상 강제퇴거
    가. 강제퇴거 결정과 이의심사 기관의
        동일성
    나. 이의심사 기간 중 강제퇴거 집행
    다. 이의신청 기각 결정에 대한 다양한
        권리구제절차 이용 기회 부여
  3. 재한 화교의 강제퇴거
[다른 인권조약상의 관련 조항]

합법적으로 이 규약의 당사국의 영역 내에 있는 외국인은, 법률에 따라 이루어진 결정에 따라서만 그 영역에서 추방될 수 있으며, 국가안보상 불가피한 이유로 달리 요구되는 경우를 제외하고는 자신의 추방에 반대하는 이유를 제시할 수 있고, 권한 있는 당국 또는 그 당국이 특별히 지명한 사람(들)에 의하여 자신의 사안을 심사받고 이를 위하여 대리인을 선임하는 것이 허용된다.

An alien lawfully in the territory of a State Party to the present Covenant may be expelled therefrom only in pursuance of a decision reached in accordance with law and shall, except where compelling reasons of national security otherwise require, be allowed to submit the reasons against his expulsion and to have his case reviewed by, and be represented for the purpose before, the competent authority or a person or persons especially designated by the competent authority.

---

[*] 이 글은 필자의 "'자유권규약' 제13조의 해석 및 국내적 적용"(경찰학연구 제18권 제1호(2018))의 체계나 내용을 바탕으로 작성되었지만 최근 자료와 새로운 논의 등을 반영하여 대폭 수정·보완한 것이다.

Ⅰ. 개관

1. 의의 및 입법경과

국제법상 국가는 자국 내의 외국인을 추방시킬 수 있는 광범위한 재량을 갖는다고 인정되어 왔다.[1] 그러나 국가의 이 같은 권한은 일정한 제약을 받는 것도 사실이다. 즉 국가는 외국인을 자의적으로 추방하여서는 아니 되며, 추방의 집행도 합리적인 절차와 방식을 따라야 한다. 이를 추방대상자인 외국인의 관점에서 보면 타국의 자의적이고 비합리적인 방식의 추방에 대하여는 여러 가지 항변권이 보장되어야 함을 의미한다. 규약 제13조 역시 국가의 외국인 추방에 대하여 기본적인 제한을 둠으로써 자의적인 추방을 방지하는 데 그 의의가 있다.[2] 즉 제13조는 당사국에 합법적으로 거주하는 외국인의 추방을 금지하고 있지는 않다. 그렇지만 외국인은 법률에 따른 결정에 의해서만 당사국 영역에서 추방될 수 있다. 또한 자신의 추방에 반대하는 이유를 제시할 권리, 이의신청권, 대리인 선임권 등 절차적 보호가 추방대상 외국인에게 보장되어야 한다. 다만 "국가안보상 불가피한 이유"가 있는 경우에 한하여 예외적으로 이 같은 절차적 보호가 부여되지 않을 수 있다.

규약 제13조에 대한 인권위원회 초안과정에서는 외국인에 대한 '자의적인' 추방을 방지할 수 있는 절차적 보장을 마련하는 데 논의의 초점이 모아졌다.[3] 이로 인해 실질적인 추방 사유를 열거적으로 적시하자는 제안들은 각국 대표들로부터 거의 지지를 받지 못하였다.[4] 오히려 '자의적인 추방을 금지'하자는 1947년 영국의 제안에 각국 대표들이 우선 합의하였다.[5] 이후 1948년 인권위원회 초안에는 추방이 "법률에 규정된 절차에 따라" 이루어져야 한다는 내용이 등장하였다.[6] 이후 다양한 절차적 보호방안이 논의되었고, 1951년 「난민의 지위에 관한 협약(이하 난민지위협약)」 제32조를 바탕으로 규약 제13조가 성안되었다.[7] 마침내 난민지위협약상 절차적 보호규정을 기초로 한 영국의 제안이 약간의 수정을 거쳐 인권

---

1) R. Jennings & A. Watts, *Oppenheim's International Law* 9ᵗʰ ed.(Longman Group, 1992), p.940; J. Crawford, *Brownlie's Principles of Public International Law* 9ᵗʰ ed.(Oxford University Press, 2019), p.593.
2) Stig Jägerskiöld, The Freedom of Movement, in Louis Henkin(ed.), The International Bill of Rights− The Covenant on Civil and Political Rights(Columbia University Press, 1981), p.184.
3) Nowak's CCPR Commentary(2019), pp.336-337(para.4).
4) 예를 들어, 추방은 법률에 규정된 범죄에 대한 처벌로서 사법적 결정이 있는 경우가 아니면 이루어질 수 없다는 내용 등이 그러하다. E/CN.4/21(1947), Annex A, Art.33.
5) E/CN.4/SR.9(1947), p.3; E/600(1947), p.32(제12조).
6) E/800(1948), p.22(제12조).
7) A/2929(1955), p.114(para.64).

위원회에서 승인되었다.[8]

이후 1959년 UN 총회 제3위원회에서 벨기에는 규약 제13조의 보호대상을 "합법적으로 정착한(lawfully established)" 외국인으로 제한하자는 수정안을 제출했으나 채택되지 못했다. 이는 자칫 지나치게 제한된 범주의 외국인에 대해서만 제13조의 절차적 보장이 부여될 수 있다는 우려 때문이었다.[9] 그리고 논의 끝에 "자신의 사안을 심사받고"라는 문구와 "권한 있는 당국 또는 그 당국이 특별히 지명한 사람(들)"이라는 문구가 제13조에 포함되었다. 후자의 경우 난민지위협약 제32조의 문구에서 참조되었는데, 이는 행정당국이 자신의 의사결정권한을 명시적으로 제3자(또는 제3의 기관)에게 위임할 수 있는 가능성을 열어두기 위해서였다. 결국 규약 제13조 전체는 UN 총회 제3위원회에서 찬성 69, 반대 0, 기권 3표로 채택되었다.[10]

2. 규약상 다른 조항들과의 관계

규약 제13조는 국가가 외국인을 추방할 경우 절차적인 제한을 부과하고 있지만, 실체적인 추방사유에 대해서는 언급하고 있지 않다. 그리하여 실체적인 추방사유가 규약과 일치하는지 여부는 규약의 다른 조항들에 의하여 판단해야 한다.

먼저 인종, 피부색, 성, 언어 등을 이유로 한 모든 차별적인 추방은 규약 제2조, 제3조, 또는 제26조에 위반될 수 있다. 예를 들어, 과거 룩셈부르크에 대한 최종견해에서 규약위원회는 추방명령에 대한 이의신청 절차가 모든 외국인들에게 동등하게 적용되지 않고 유럽경제공동체(European Economic Community)의 회원국 국민들에게 유리하게 적용되는 상황에 대해 우려를 표명한 바 있다.[11] 지난 2014년 이스라엘에 대한 최종견해에서는 특히 에리트레아인들과 남수단인들을 포함한 난민신청자들에 대한 난민 인정 비율이 지나치게 낮다는 점이 지적되기도 하였다.[12] 또한 리히텐슈타인에 대한 최종견해에서 규약위원회는 사회부조(social benefits)를 받고 있는 자들 중 15년 이상 리히텐슈타인에서 계속하여 거주하지 않은 외국인들에 대해 거주허가를 취소할 수 있도록 한 규정에 대해 우려를 표명하였다. 그러

---

8) 영국의 제안 내용 중 "추방될 이유가 없다는 것을 밝히는 증거를 제출하고(to submit evidence to clear himself)"라는 문구는 "자신의 추방에 반대하는 이유를 제시할(to submit the reasons against his expulsion)"이라는 문구로, 그리고 첫 문장의 "shall"이라는 용어는 "may"로 대체되었다. 수정된 영국의 제안은 찬성 8, 반대 3, 기권 7표로 채택되었다. E/CN.4/141(1952); E/CN.4/SR.318(1952), p.9.

9) A/C.3/L.786(1959); A/C.3/SR.960(1959), para.36.

10) A/C.3/SR.960(1959), para.36.

11) Concluding Observations on Luxembourg, CCPR/A/41/40(1986), para.66.

12) Concluding Observations on Israel, CCPR/C/ISR/CO/4(2014), para.20.

면서 규약위원회는 사회부조를 받고 있는 15년 미만 거주 외국인이라 하더라도 진정으로 사회부조가 필요한 자이거나 더 큰 위험에 노출될 수 있는 사람들을 보호하기 위한 방안 마련을 요청했다.[13]

자의적으로 생명을 박탈당하거나 고문을 받을 가능성이 있는 국가로 외국인을 추방한다면 규약 제6조와 제7조에 위배될 수도 있다.[14] 다음의 *Osayi Omo-Amenaghawon v. Denmark* 사건(2015)이 그러한 예에 해당한다.

나이지리아 국적의 통보자 Osayi Omo-Amenaghawon은 덴마크인 부부 등의 도움으로 2010년 4월 6일 덴마크에 입국하였다. 그런데 이들 부부는 통보자가 입국한 지 얼마 되지 않아 매춘을 강요하는 등의 불법행위를 범하였다. 이들 부부가 통보자에게 도움을 준 실제 이유는 통보자를 덴마크에서 인신매매에 이용하기 위해서였다. 이후 통보자는 덴마크 경찰에 해당 부부의 범죄사실을 신고하였고, 이들은 최종적으로 유죄판결을 받아 복역하게 되었다. 재판과정에서 통보자는 증언을 한 바 있으며, 그로 인해 이들 부부로부터 살해위협을 받게 되었다. 특히 덴마크인 남편의 남동생이 나이지리아에 거주하고 있었는데, 그는 통보자가 나이지리아로 돌아오게 되면 살해할 것이라고 협박하였다. 이후 통보자는 덴마크 출입국관리당국에 망명을 신청했지만 거부되자 난민심사위원회에 이의를 제기했으나 결국 받아들여지지 않았다. 통보자가 나이지리아로 돌아가더라도 덴마크인 부부나 그 친척으로부터 보복이나 박해를 당할 가능성이 희박하다는 이유였다. 결국 통보자는 정해진 기한 내에 자발적으로 덴마크를 떠나도록 명령받았다. 이에 대해 규약위원회는 통보자가 덴마크인 부부와 그 지인 등에 의해 인신매매를 당하였다는 점에 주목하였다. 그러면서 규약위원회는 덴마크 정부가 통보자가 처한 특별한 상황들을 적절하게 고려하지 않았다고 보았다. 즉 통보자는 인신매매의 피해자로서 가해자들의 보복 등에 노출되어 있다는 점, 가해자들의 형사재판절차에서 증언하였다는 점, 그리고 통보자가 당면한 생명과 신체적·정신적 온전성에 대한 심각한 위협에 대해 나이지리아 정부가 적절한 보호를 부여할 능력이 있는지 여부 등을 덴마크 정부가 충분히 고려하지 않았다고 보았다. 따라서 규약위원회는 통보자가 나이지리아로 추방당한다면 규약 제6조 및 제7조상의 권리 침해에 해당된다고 판정하였다.[15]

---

13) Concluding observations on Liechtenstein, CCPR/C/LIE/CO/2(2017), paras.31-32.
14) Joseph & Castan's Commentary(2013), p.419.
15) *Osayi Omo-Amenaghawon v. Denmark*, Communication No.2288/2013(2015).

한편 특정한 상황에서 외국인의 추방은 '가정에 관한 권리(제17조 및 제23조)'나 '아동의 권리(제24조)'를 침해할 수 있다. 먼저 *Zeyad Khalaf Hamadie Al-Gertani v. Bosnia and Herzegovina* 사건(2013)에서 규약위원회는 추방으로 인해 가정이 분리되는 상황이 규약 제17조 등의 위반에 해당하는지 여부를 판단하는 기준을 제시한 바 있다.[16] 즉 이러한 상황이 가정생활에 대한 자의적인 간섭에 해당되지 않고 객관적으로 정당화될 수 있는지를 판단하기 위해서는 두 가지 사항이 고려되어야 한다. 첫째, 당사국이 대상자를 추방하는 사유가 중대한 것인지 여부, 둘째, 추방의 결과 가정과 그 구성원들이 직면하게 될 곤경의 정도가 그것이다. 이 사건에서 보스니아-헤르체고비나 정부는 통보자가 왜 자국의 국가안보에 위협을 주는지 명확히 밝히지 않았다. 또한 통보자의 가정에 대한 간섭이 중대하고 객관적인 이유로 정당화될 수 있다는 점을 해당 정부가 입증하지 못했다.[17] 결국 규약위원회는 보스니아-헤르체고비나 정부가 통보자를 추방한다면 규약 제17조와 제23조 위반에 해당된다고 보았다.[18] 또한 *Muneer Ahmed Husseini v. Denmark* 사건(2014)에서도 당사국의 추방명령이 규약 제23조와 제24조에 위반되는지 여부가 쟁점이 되었다. 이 사건에서 아프가니스탄 국적의 통보자(1986년 출생)는 5살 때부터 덴마크에 거주하였다. 그는 청년시절부터 성년이 된 이후까지 수차례에 걸쳐 중대한 범죄행위를 자행하였다. 그때마다 덴마크 법원은 그에게 유죄를 선고했고, 결국 통보자는 2008년 덴마크 법원으로부터 최종적으로 추방명령을 받게 되었다. 그러나 추방명령은 2013년까지 집행되지 않았다. 그 사이에 통보자는 2006년 결혼한 덴마크 국적의 여성과의 사이에서 두 명의 미성년 자녀를 두게 되었다. 이에 대해 규약위원회는 통보자에 대한 추방명령 이후 발생한 중대한 사정변경(두 명의 미성년 자녀 출생)과 특히 통보자에 대한 추방 집행이 미성년 자녀들에게 부여되는 특별한 보호를 받을 권리와 어느 정도 양립될 수 있는지 여부를 덴마크 당국이 재심사하지 않았음에 주목하였다. 결국 규약위원회는 국가와 사회로부터 보호받을 '가정의 권리'와 특별한 보호를 받

---

16) 이 사건에서 통보자는 이라크 국적(수니파)으로 1991년 군복무 중 탈영을 한 후 도피생활을 하다가 1995년 가명과 함께 위조여권을 사용하여 보스니아-헤르체고비나에 입국하였다. 이후 그는 보스니아-헤르체고비나 국적을 가진 여성과 혼인하여 슬하에 3명의 미성년 자녀를 두게 되었다. 시간이 흐른 뒤 그는 자신의 진짜 이름을 당국에 신고했는데, 당국은 그가 보스니아-헤르체고비나의 공공질서와 국가안보에 위협이 되는 인물이라는 이유로 최종적으로 추방을 명하였다.

17) 통보자가 자신의 국적국인 이라크로 추방될 경우 가정의 분리를 막기 위해서는 그 가족구성원들 역시 이라크로 이주해야 하는 상황에 처하게 된다. 그런데 가족구성원들은 모두 보스니아-헤르체고비나 국적을 가진 자들로 아랍어를 전혀 사용할 수 없었고, 이라크 문화에 익숙하지도 않았다. 즉 가족구성원들은 심각한 곤경에 직면할 수 있는 상황이었다.

18) *Zeyad Khalaf Hamadie Al-Gertani v. Bosnia and Herzegovina*, Communication No.1955/2010 (2013).

을 '아동의 권리'를 적절히 고려하지 않았다는 이유로 덴마크 당국이 규약 제23조 제1항 및 제24조를 위반했다고 판정하였다.[19]

Ⅱ. 적용의 대상 및 범위

1. 보호대상 외국인

규약 제13조는 자의적인 추방으로부터 외국인을 보호하기 위해 일정한 절차적 보장을 마련하고 있다. 여기서 보호를 받게 되는 '외국인'이란 타국 국적의 외국인들뿐 아니라 난민지위협약상 무국적자나 난민들까지 포함하는 개념이다.[20] 이러한 개념정의는 국제법위원회(ILC)의 '2014년 외국인의 추방에 관한 조문초안(Draft articles on the expulsion of aliens)'에 의해서도 확인된다. 위 조문초안 제2조 (b)호는 "외국인"을 개인이 소재하고 있는 영역국의 국적을 보유하지 않는 자로 정의하고 있는데, 국제법위원회는 해당 주석에서 외국인의 범주에 타국 국적 보유자뿐 아니라 무국적자도 포함됨을 분명히 하고 있다.[21]

거주지국과 '밀접하고 지속적인 유대관계'가 형성된 외국인들 역시 규약상 보호를 받을 수 있다. 다시 말해서, 거주지국 내에서의 인적·가족적 유대관계가 형성되었고 계속해서 거주할 의사를 가졌으며 거주지국 이외의 국가와 어떠한 유대관계도 존재하지 않는 외국인은 규약 제12조 제4항 및 제13조에 따라 추방으로부터 보호받을 수 있다.[22]

한편 규약 제13조는 당사국 영역 내에 "합법적으로 있는" 외국인들에게만 적용된다. 예를 들어, 해당 외국인이 거주지국의 사법제도(반드시 형식적 의미의 법률에 한하지 않음)에 따라 입국하였고, 또한 입국사증과 같은 유효한 거주허가증을 소지하고 있다면 그의 거주는 합법적이다. 과거 *Anna Maroufidou v. Sweden* 사건(1981)에서 스웨덴 정부는 통보자의 망명신청에 대한 결정절차가 진행되는 기간 동안 통보자가 스웨덴에 합법적으로 거주할 수 있도록 허가증을 발급하였는데, 규약위원회는 이 경우에도 규약 제13조가 적용됨을 분명히 한 바 있다.[23] 그밖에 외국인이 당사국 영역에 합법적으로 있다가 이후 추방명령을 받았다고 하더라도 그의 체류가 불법적으로 되지는 않는다. 만약 추방명령으로 인해 해당 외국인의 체류가 불법적인 상태로 변경된다고 한다면, 규약 제13조의 절차적 보장은 더 이상 적

---

19) *Muneer Ahmed Husseini v. Denmark*, Communication No.2243/2013(2014).

20) Nowak's CCPR Commentary(2019), p.337(para.6); Taylor's Commentary(2020), p.359.

21) International Law Commission, Draft articles on the expulsion of aliens, with commentaries(2014), p.5.

22) Nowak's CCPR Commentary(2019), p.338(para.6).

23) *Anna Maroufidou v. Sweden*, Communication No.58/1979(1981), para.9.2.

용되지 못하고 무용지물이 되고 말기 때문이다.[24]

　그렇지만 불법입국자와 법률상의 기간 또는 허가받은 기간보다 오래 체류한 외국인은 규약 제13조에 의해 보호받을 수 없다.[25] 다만 어떤 외국인의 입국 또는 체류의 합법성 여부가 문제될 경우, 강제추방이나 강제이송으로 이어질 수 있는 그 합법성 여부에 대한 결정은 규약 제13조에 따라 내려져야 한다.[26]

2. 도착국

　일반적으로 추방 대상 외국인은 그의 입국을 허가하는 국가로 가는 것이 허용되어야 한다.[27] 추방 대상 외국인의 "자국"에 해당하는 국가는 규약 제12조 제4항에 따라 해당 외국인을 입국시킬 의무가 있다.[28] 외국인을 추방하려는 국가는 해당 외국인을 타국으로 보내는 데 있어서 일정한 제약을 받는다. 즉 추방국은 고문, 살해, 사형선고 기타 규약상 권리의 심각한 침해를 받을 염려 등 '회복할 수 없는 위해의 실제적 위험'이 있는 국가로 그를 추방하지 않을 의무를 부담한다.[29]

　규약위원회의 국가보고서에 대한 최종견해에서 강제송환의 위험과 그러한 송환을 방지하기 위한 입법적 조치가 결여되어 있는 사례들이 적지 않게 다루어진 바 있다.[30]

　홍콩의 경우, 추방절차의 대상자들이 규약의 보장내용에 의해 상시 보호받지 못하고 있는 현실과 추방절차의 진행과정에 대한 감독기관의 적절한 감시가 이루어지지 않고 있는 점에 대해 우려가 제기되었다. 규약위원회는 국제적인 보호를 받을 필요가 있는 자들이 규약에 따라 모든 단계에서 적절하고 공정한 대우를 받을 수 있도록 홍콩 당국이 이를 보장하라고 요구했다. 또한 규약위원회는 강제송환 금지원칙을 강조하면서 송환시 실제적인 위험이 존재하는지 여부를 평가할 때 그 인정요건을 지나치게 높게 설정하지 않도록 홍콩 당국에 촉구했다.[31]

　러시아의 경우, 규약위원회는 고문 받을 염려가 있는 국가로 외국인을 범죄인인도하거나 비공식적으로 이송하고 있는 러시아의 행태에 주목하였다. 특히 러시아가 2005년 안디잔

---

24) Nowak's CCPR Commentary(2019), p.338(para.7).
25) HRC General Comment No.15(1986), para.9.
26) 상계주.
27) 상계주.
28) Taylor's Commentary(2020), p.355.
29) HRC General Comment No.31(2004), para.12; Taylor's Commentary(2020), p.355.
30) 관련 사례는 Nowak's CCPR Commentary(2019), p.344, 각주 62 참조.
31) Concluding Observations on Hong Kong, China, CCPR/C/CHN-HKG/CO/3(2013), para.9.

시위에 관여한 혐의를 받은 자들을 우즈베키스탄으로 송환하는 것에 대해 우려가 표명되었다. 규약위원회는 테러혐의자들을 포함한 어떠한 개인도 고문 등을 받을 위험에 노출되지 않도록 당사국이 이를 보장하도록 요구했다. 또한 개인이 추방되기 전에 사법기관에 의해 심사받을 수 있도록 명확하고 투명한 절차를 마련하라는 요구도 제시되었다.[32]

그밖에 규약위원회는 바베이도스의 국내법이 난민지위 부여와 강제송환 금지원칙에 관한 내용을 규정하고 있지 않은 데 우려를 표명하면서 관련 법률을 마련하라고 요구한 바 있다.[33]

3. 집단적 추방

규약 제13조는 유럽인권협약 제4추가의정서 제4조, 미주인권협약 제22조 제9항, 아프리카인권헌장 제12조 제5항과 달리, 외국인에 대한 '집단적 추방'을 명시적으로 금지하고 있지 않다.[34] 그렇지만 규약위원회는 일반논평 제15호에서 '규약 제13조가 개별 추방대상자에게 이 조의 절차적 보장을 이용할지 여부를 결정할 수 있도록 규정하고 있기 때문에, 이조는 집단적 추방을 위한 법률 또는 결정과 양립할 수 없다'고 해석하고 있다.[35] 또한 지난 2001년 도미니카공화국의 국가보고서에 대한 최종견해에서 규약위원회는 아이티 인종에 대한 집단적 추방에 대해서 우려를 표명하면서 다음과 같은 견해를 표명했다. 즉 집단적 추방은 (ⅰ) 규약 제12조 제4항에 비추어 볼 때 비록 도미니카공화국의 국민은 아니지만 이 국가를 그들의 "자국"으로 간주할 수 있는 개인들의 상황을 전혀 고려하지 않았고, (ⅱ) 집단적 추방으로 인해 "잔혹하고 비인도적인 또는 굴욕적인 취급"을 받을 위험에 처하는 경우 규약 제7조에 위배될 수 있음을 고려하지 않았으며, (ⅲ) 개인이 도미니카공화국에서 합법적으로 거주하고 있는지 여부가 다투어질 때 규약 제13조의 절차적 보호에 따라서 추방 여부를 결정해야 함에도 집단적 추방에서는 이러한 절차가 무시되기 때문에 규약에 위배된다고 했다.[36] 이러한 규약위원회의 입장은 국제사법재판소(이하 ICJ)의 *Ahmadou Sadio Diallo* 사건(2010)에서 두 명의 재판관들에 의해 지지된 바 있다.[37] 그리고 2014년 국제법

---

32) Concluding Observations on Russian Federation, CCPR/C/RUS/CO/6(2009), para.17.

33) Concluding Observations on Barbados, CCPR/C/BRB/CO/3(2007), para.10.

34) 유럽인권협약 제4추가의정서 제4조(외국인의 집단적 추방의 금지) "외국인의 집단적 추방은 금지된다.", 미주인권협약 제22조(이전과 거주의 자유) 제9항 "외국인의 집단추방은 금지된다.", 아프리카인권헌장 제12조 제5항 "외국인의 대량추방은 금지된다. 대량추방이란 민족적, 인종적, 종족적 또는 종교적 집단을 대상으로 하는 경우이다." 그밖에 이주노동자권리협약 제22조 제1항 역시 집단적 추방을 명문으로 금지하고 있다.

35) HRC General Comment No.15(1986), para.10.

36) Concluding Observations on Dominican Republic, CCPR/CO/71/DOM(2001), para.16.

37) Ahmadou Sadio Diallo(*Republic of Guinea v. Democratic Republic of the Congo*), Merits,

위원회의 '외국인의 추방에 관한 조문초안' 제9조에서도 일정한 예외를 제외하고는 외국인에 대한 집단적 추방을 명시적으로 금지하고 있다.[38]

　한편 최근 유럽인권재판소는 스페인령 멜릴랴(Melilla, 모로코 동북 해안의 항구도시)의 국경장벽을 불법적으로 월경한 2명의 외국인들을 스페인 당국이 추방한 *N.D. and N.T. v. Spain* 사건(2020)에서 집단적 추방 문제를 다룬 바 있다. 이 사건에서 2명의 원고들은 각기 말리와 코트디부아르 국적을 보유한 자들이다. 이들은 스페인 당국의 허가 없이 2014년 8월 모로코 영토로 둘러싸여 있는 스페인령 멜릴랴 국경장벽을 넘자마자 스페인 민간경비대원들에 의해 모로코 당국으로 인계되었다. 그 과정에서 이들에 대한 신원확인이나 이들이 처한 구체적인 정황에 대한 개별적인 심사가 이루어지지는 않았다. 이들은 집단적 추방을 금지하고 있는 유럽인권협약 제4추가의정서 제4조 등의 권리가 침해되었다는 이유로 유럽인권재판소에 소송을 제기하였다. 이에 대해 2017년 10월 '7인 판사 재판부(Chambers, 이하 재판부)'는 원고측 주장을 받아들였다. 민간경비대원들이 월경한 원고들을 즉시 추방한 조치가 집단적 추방에 해당한다고 보았기 때문이다. 이후 스페인 당국은 사건을 '17인 판사 대재판부(Grand Chamber, 이하 대재판부)에 회부하였다. 대재판부에 따르면, 유럽인권협약 제4추가의정서 제4조의 규정 목적은 '국가가 외국인을 추방함에 있어서 각 개인의 개별적인 상황을 심사하지 않음으로 인해 그러한 개인들이 자신의 추방에 반대하는 이유를 제시하지 못하는 것을 막는 데 있다'고 한다. 그러면서 재판부의 입장과 달리 대재판부는 다음과 같은 이유로 스페인 당국이 집단적 추방을 금지하고 있는 협약상의 규정을 위반하지 않았다고 보았다. (i) 스페인 당국이 취업사증이나 비호신청 등 합법적인 입국 수단들을 실효적으로 제공하고 있음에도 원고들이 이러한 수단을 이용하지 않고 불법적인 월경을 하였다. (ii) 원고들이 그러한 수단들을 이용하지 않은 데 대해 스페인 당국에게 책임을 귀속시킬 수 있는 객관적인 사실관계에 근거한 설득력 있는 사유가 제시되지 못했다. 종합하면, "원고 자신의 행위(the applicant's own conduct)"로 인해 개별적인 추방결정이 이루어지지 않았다는 점에서 대재판부는 스페인 당국에게 귀책사유가 없다는 입장을 취했다.[39]

　Judgment, ICJ Reports 2010, Joint Declaration of Judges Keith and Greenwood, para.4.
38) 제9조 집단적 추방의 금지
　　1. 현 조문초안의 목적상, 집단적 추방은 하나의 집단으로서의 외국인들의 추방을 의미한다.
　　2. 외국인의 집단적 추방은 금지된다.
　　3. 현 조문초안에 따라 집단의 개별 구성원에 대한 특정한 상황의 평가가 이루어진 이후 및 그러한 평가에 근거하여 추방이 이루어졌다면, 국가는 외국인 집단의 구성원들을 동시에 추방할 수 있다.
　　4. 현 조문초안은 추방국이 관여한 무력충돌 시에 외국인들의 추방에 적용되는 국제법 원칙을 저해하지 아니한다.

4. 비호를 구할 권리와 범죄인인도

초기 규약 성안 당시부터 비호를 구할 권리와 범죄인인도 문제를 제13조에 포함시켜 다루자는 논의가 있었지만, 이를 둘러싼 다양한 제안들은 모두 받아들여지지 않았다.[40]

먼저 비호를 구할 권리와 관련하여, 그 원칙이나 내용을 규약 제13조 내지 여타 조문에 포함시킬 것인지 여부가 논의되었다.[41] 그런데 논의 당시 이 권리가 세계인권선언 제14조에 포함되는 기본적 권리라는 점에 대한 합의가 있었지만, 이를 규약상 적극적인 의무로 전화하려는 시도가 타당한지에 대해서는 많은 국가들이 의문을 가졌다.[42] 그 주요 이유는 다음과 같다. (ⅰ) 특정 개인에게 비호를 부여할지 여부는 주권국가들만이 결정할 수 있어야 한다. (ⅱ) 허위의 구실을 악용하여 비호를 구하려는 외국의 선동가들이 개별 국가에 유입될 가능성이 있다. 특히 그러한 바람직하지 못한 외국인들을 추후에 추방하는 데 장애가 발생할 수 있음을 고려한다면 대부분의 국가들은 애초에 비호를 구할 권리를 부여하지 않으려 할 것이다. (ⅲ) 특정 국가에 대규모의 난민들이 유입된다면 그 국가는 물질적·경제적 문제에 봉착하게 될 것이다. 특히 특정 국가가 비호를 거부하는 경우 그 해결을 위한 국제협력장치가 존재하지 않는다.[43] 그밖에 정치적 박해를 받을 우려가 있는 사람 등 비호를 부여할 대상자의 범위에 대한 다양한 의견들이 개진되었으나 국가간 이견이 노정되는 등 그 범주를 정하기도 어려웠다.[44]

한편 범죄인인도에 관한 원칙이나 내용을 규약 제13조에 포함시킬 것인지 여부에 대해서도 논의가 이어졌지만 각국 대표들은 의견차를 좁히지 못했다. 예를 들면, 1950년 인권위원회 제6차 회기에서 필리핀 대표는 '범죄인인도가 정치범죄에 적용되지 않아야 한다'는 내용을 포함시키자고 제안했지만 채택되지 못했다.[45] 또한 1952년 인권위원회 제8차 회기에서

---

39) 집단적 추방 금지 위반 여부에 대한 대재판부의 판단은 *N.D. and N.T. v. Spain*, ECtHR Applications nos. 8675/15 and 8697/15, Merits and Just Satisfaction, 2020. 2. 13., paras.206-232 참조. 이 사건에 대한 분석은 G. Giliberto, A Brand-New Exclusionary Clause to the Prohibition of Collective Expulsion of Aliens: The Applicant's Own Conduct in *N.D. and N.T. v. Spain*, Human Rights Law Review vol.21(2021) 참조.

40) A/2929(1955), Chapter Ⅵ, para.62.

41) 1947년 인권위원회의 초안위원회(Drafting Committee) 보고서에는 "모든 국가가 정치적 난민들에게 비호를 부여할 권리를 가진다"라는 문구가 별개의 조문 형태로 규정되어 있었다. E/CN.4/21(1947), Annex A, art.34.

42) A/2929(1955), Chapter Ⅵ, para.65.

43) 상계주, paras.66-67.

44) 상계주, paras.68-69.

칠레·우루과이·유고슬라비아 대표들은 공동으로 '비호를 구할 권리가 보장되는 사람들은 범죄인인도되지 않아야 한다'는 내용을 포함시키자고 제안했지만 역시 거부되었다.[46] 이와 같이 각국의 입장차이가 좁혀지지 못한 데에는 여러 가지 비판적인 이유가 기저에 자리 잡고 있었기 때문이다. 규약의 대상이나 목적은 기본적 인권을 규율하는 데 있을 뿐 그로부터 파생되는 권리를 규정하는 데 있지 않다거나, 범죄인인도에 관한 사항은 너무 복잡한 문제이므로 단일 조문에 포함시킬 수 없다는 입장들이 그러하다.[47] 또한 범죄인인도로부터 면제되는 자들의 범주는 비호부여대상자의 그것과 동일하다는 점에서 그 범주를 둘러싼 해석상 어려움에 대한 우려 또한 제기되었다.[48] 이 외에도 규약에 범죄인인도에 관한 조항을 삽입할 경우 범죄인인도 관련 조약과의 관계설정상 어려움이 야기될 수 있다거나, 또는 별도의 범죄인인도협약이 마련될 수도 있다는 의견이 제시되었다.[49]

현재 규약 제13조는 당사국의 국내법에 추방으로 기술되었든 아니면 그와 다른 용어로 기술되었든 상관없이 외국인이 강제적으로 출국되는 모든 절차에 적용될 수 있다.[50]

그렇다면 타국 국경에서 비호를 구하는 자(또는 망명신청자)도 규약 제13조의 절차적 보호를 받을 수 있는가? 최근 *A.B. and P.D. v. Poland* 사건(2022)에서 규약위원회는 이와 관련된 사안을 심사한 바 있다. 러시아 국적의 부부인 통보자들은 일부 친척들이 체첸공화국 불법무장단체에 소속되어 있다는 혐의와 관련하여 당국으로부터 구타, 고문, 성폭행 등 박해를 받게 되자 2017년 러시아에서 도피하였다. 이후 이들은 두 자녀와 함께 벨라루스와 국경을 마주하고 있는 테레스폴(Terespol, 폴란드 동부의 국경도시) 국경경비대에 20여 차례 이상 망명신청을 하였으나 모두 거부당했고 폴란드 입국사증이 없다는 이유로 계속해서 입국이 불허되어 벨라루스 지역으로 돌아가지 않을 수 없게 되자 개인통보를 제기하였다. 반면, 폴란드 정부는 통보자들이 국경경비대에 망명신청 등 국제적 보호를 요청한 적이 없었으므로 망명신청자 또는 법적 지위가 불분명한 외국인에 해당하지 않아 폴란드 영역에 입국하거나 체류할 권리가 없다고 반박하였다. 이에 대해 규약위원회는 다음과 같은 주요한 이유로 통보자들이 규약 제13조상의 권리를 침해당했다고 판정하였다. (ⅰ) 당사국 영역 내에 있거나 그 관할권 하에 있는 망명신청자들을 포함한 모든 개인들은 － 국적 여하를 불문하고 － 규약상 권리를 향유할 수 있다. (ⅱ) 규약 제13조는 당사국 영역 내에 합법적

45) E/CN.4/SR.155(1950), para.12.
46) E/CN.4/SR.318(1952), p.8; E/CN.4/L.190/Rev.2(1952).
47) A/2929(1955), Chapter Ⅵ, para.70.
48) 상게주, para.71.
49) 상게주, para.72.
50) HRC General Comment No.15(1986), para.9.

으로 있는 외국인들만을 보호하지만, 현 사건과 같이 비인간적이거나 굴욕적인 처우 또는 비차별에 대한 문제 등이 제기되는 특정 상황에서는 입국이나 거주와 관련하여서도 규약상 보호가 부여될 수 있다. (ⅲ) 외국인의 입국 또는 체류의 합법성이 다투어지는 경우, 그에 관한 결정은 추방으로 이어질 수도 있으므로 규약 제13조에 따라 이루어져야 한다. (ⅳ) 폴란드 정부는 통보자들이 국제적 보호 요청을 하지 않았음을 입증할 관련 증거, 즉 국경경비대 내에서의 인터뷰기록 등을 규약위원회에 제출하지 않았다. 따라서 현 사건에서 폴란드 당국은 통보자들의 망명신청 등 국제적 보호 요청을 접수 내지 인정하지 않았거나 평가하지 않았음이 인정된다. 이러한 상황에서 폴란드 당국이 통보자들에게 망명신청자 또는 법적 지위가 불분명한 개인으로서의 지위를 부여하지 않았다면, 그러한 결정은 자의적으로 이루어진 것이다. (ⅴ) 폴란드 정부는 통보자들에게 자신들의 보호 요청을 정당하게 심사받을 기회를 부여하지 않았으며 이의신청의 기회나 권리를 부여하지 않는 등 절차적 보장을 제공하지 않았다.[51]

한편 과거 규약위원회는 범죄인인도가 규약 제13조의 적용범위 내에 있는지 여부를 두고 그 입장의 변화를 겪어 왔다. 비교적 초기의 개인통보사건인 *M.A. v. Italy* 사건(1984)에서 규약위원회는 "규약의 어떠한 조항도 당사국이 어떠한 자에 대한 범죄인인도를 타국에게 요청하는 것을 불법적으로 만들지 않는다"라고 하여 범죄인인도와 규약 제13조의 관련성을 인정하지 않았다.[52] 그러나 이후 *Pierre Giry v. Dominican Republic* 사건(1990)에서 규약위원회는 "규약 제13조의 추방은 폭넓게 해석되어야 하며, 범죄인인도 역시 제13조의 적용을 받는다"라고 함으로써 자신의 견해를 변경했다.[53] 이러한 견해는 이후 일관되게 유지되었다. 이하 주요 사건을 살펴본다.

Joseph Kindler v. Canada 사건(1994)에서 미국 국적의 통보자는 1급 살인 및 유괴죄로 미국 펜실베니아주에서 사형선고를 받은 후 수용시설에서 탈출하여 캐나다로 도피하였으나 검거된 후 미국으로 범죄인인도 되었다. 이 당시 캐나다는 일부 군사범죄를 제외하고 사형제를 폐지한 상태였다. 그리고 캐나다와 미국 사이의 범죄인인도조약상 캐나다는 미국으로

---

51) *A.B. and P.D. v. Poland*, Communication No.3017/2017(2022). 이 사건에서 규약위원회는 폴란드 정부가 규약 제13조 이외에 제7조(고문 등의 금지) 및 제2조 제3항(효과적인 구제조치 보장)도 함께 위반했다고 판정했다.

52) 이 사건에서 통보자 M.A.는 이탈리아에서 파시스트 정당을 재건하는 데 관여했다는 혐의로 형을 선고받고 조건부 석방기간 중 프랑스로 망명하기 위해 도피했으나 다시 이탈리아로 범죄인인도 되자 개인통보를 제기하였다. 이 사건에서 통보자는 자신이 정치범임에도 불구하고 범죄인인도 되었으므로 규약 위반이라고 주장했다. *M.A. v. Italy*, Communication No.117/1981(1984), paras.1.2, 1.3, 2.3, 13.4.

53) *Pierre Giry v. Dominican Republic*, Communication No.193/1985(1990), para.5.5.

부터 사형을 집행하지 않겠다는 보증을 요구할 수 있었다. 그러나 캐나다 법무부장관이 미국 정부를 상대로 이러한 보증을 요구하지 않자 통보자는 규약위원회에 개인통보를 제기했다. 이에 대해 규약위원회는 통보자가 불법적으로 입국했음에도 불구하고 범죄인인도에 반대하는 이유를 제시할 충분한 기회를 제공받는 등 규약 제13조상의 광범위한 절차적 보호를 받았다고 결정했다.[54]

Rakesh Saxena v. Canada 사건(2016)에서 통보자는 캐나다에서 태국으로 범죄인인도되었는데, 양국 간 체결된 범죄인인도조약상의 인도대상범죄 이외의 범죄혐의로 태국에서 수사 및 재판을 받을 위험에 처했다. 그는 캐나다 당국이 관련 조약상 특정성원칙을 포기하면서 자신에게 이에 대한 이의신청 등 절차적 보호를 부여하지 않았다고 주장했다. 이에 대해 규약위원회는 범죄인인도 역시 규약 제13조의 적용범위 내에 있다고 전제하였다. 그러면서 캐나다 당국이 통보자에게 특정성원칙의 포기에 대한 이의신청권 등 절차적 항변권을 부여하지 않았고, 또한 사법심사를 받을 가능성을 배제하였다는 이유로 규약 제13조 위반에 해당한다고 결정했다.[55]

Ⅲ. 추방결정의 합법성

추방은 "법률에 따라 이루어진 결정"에 의해야 하며, 그러한 결정은 법원 또는 행정당국에 의해 이루어져야 한다.[56] 그런데 규약 제13조는 합법적인 추방 사유가 무엇인지에 대해서는 침묵하고 있어, 당사국들은 이 문제에 대해서 상당한 재량을 갖고 있다고 할 수 있다.[57] 그렇지만 당사국의 법률, 즉 국내법은 규약의 여러 다른 조항들과 양립가능해야 한다.[58] 예컨대, 관련 국내법은 규약 제2조와 제3조, 그리고 제26조의 차별금지조항 등에 저촉되지 않아야 한다.[59] 실제 규약위원회는 *Anna Maroufidou v. Sweden* 사건(1981)에서 "규약 제13조는 법률의 실체적·절차적 요건 모두의 준수를 요구한다"라고 하여 이를 뒷받침하고 있다.[60]

---

54) *Joseph Kindler v. Canada*, Communication No.470/1991(1994).

55) *Rakesh Saxena v. Canada*, Communication No.2118/2011(2016). 이 사건의 개요와 규약위원회의 주요 결정이유는 아래 Ⅳ-1 부분 참조.

56) Nowak's CCPR Commentary(2019), p.340(para.11).

57) 자유권규약 초안 성안 시 이에 관한 논의는 A/2929(1955), pp.113-114, paras.63-64 참조.

58) N. Jayawickrama, *The Judicial Application of Human Rights Law — National, Regional and International Jurisprudence*(Cambridge University Press, 2002), p.471.

59) Nowak's CCPR Commentary(2019), p.340(para.11).

규약위원회의 위와 같은 입장은 *Ahmadou Sadio Diallo* 사건(2010)에서 ICJ가 밝힌 의견에 의해 지지된 바 있다.[61] ICJ에 의하면, 규약 제13조의 "법률에 따름"이라는 문구는 규약 제13조 등의 준수를 위한 필요조건이지 충분조건이 아니라고 한다. 따라서 준거법인 국내법 그 자체는 규약의 여타 요건들과 부합되어야 한다. 또한 추방은 그 본질상 자의적이지 않아야 한다. 왜냐하면 자의적인 처우로부터의 보호는 규약상 권리들을 포함한 국제인권보호규범들에 의해 보장된 권리들의 핵심에 위치해 있기 때문이다.[62] 실제 이 사건에서 콩고민주공화국(이하 DRC) 당국은 1983년 입법명령 제15조를 근거로 Diallo의 행위 등이 자국의 공공질서, 특히 경제·재정·통화 분야의 질서를 위반하였고 그러한 위반이 계속되고 있다는 일반적이고 추상적인 이유를 추방사유로 제시했다.[63] 이에 대해 ICJ(다수의견)는 Diallo의 어떠한 활동들이 공공질서에 대한 위협에 해당하는지 파악할 수 없으며, 이는 곧 '추방논거의 부재'와 다름없다고 보았다. 또한 DRC 출입국관리법령상 거주허가증을 소지하고 있는 외국인을 추방하기 전에 출입국관리당국이 해당 외국인과 상담을 실시해야 하며 그러한 사실이 있었음을 추방결정서에 반영해야 하는데, ICJ는 이러한 사항들이 준수되지 않았다고 보았다. 결국 ICJ는 Diallo의 추방이 구체적인 사유 없이 자의적으로 이루어졌고 DRC법상 외국인들에게 부여되는 절차적 보장이 준수되지 않았다는 점에서 "법률에 따라" 추방이 이루어지지 않았다는 취지의 판단을 하였다.[64]

규약 제13조는 비록 허용가능한 실체적인 추방사유를 규정하고 있지는 않지만, 추방사유가 명백히 자의적인 경우에는 그러한 사유를 규정하고 있는 국내법이 실질적인 합법성을

---

60) *Anna Maroufidou v. Sweden*, Communication No.58/1979(1981), para.9.3.

61) Ahmadou Sadio Diallo(이하 Diallo) 사건 개요 : 기니아 국적의 사업가인 Diallo는 콩고민주공화국(이하 DRC)에 32년간 거주하였다. 그는 DRC의 공공질서를 침해했다는 이유 등으로 1995년부터 1996년 1월까지 DRC 정부에 의해 체포·구금된 후 최종적으로 추방당했다. 기니아의 주장에 의하면, Diallo는 DRC에서 두 개의 사업체를 운영하고 있었는데 DRC와 DRC 정부가 주주인 정유회사가 Diallo의 두 회사에 막대한 채무를 지고 있었고 Diallo는 자신의 채권을 회수하는 과정에서 불법적으로 추방당했다고 한다. ICJ는 DRC가 Diallo를 불법 체포·감금한 데 대해 규약 제9조 제1항 및 제2항 위반을, 불법 추방한 점에 대해서는 규약 제13조 위반이라고 판정했다.

62) Ahmadou Sadio Diallo(*Republic of Guinea v. Democratic Republic of the Congo*), Merits, Judgment, ICJ Reports 2010, para.65.

63) 1983년 입법명령(The 1983 Legislative Order) 제15조에 따르면, '외국인이 DRC에 있음으로 인하거나 그러한 외국인의 행위가 평화 또는 공공질서를 침해하거나 침해할 염려가 있는 경우' 추방이 이루어질 수 있다고 한다.

64) Ahmadou Sadio Diallo(전게주 62), paras.72-74. ICJ(다수의견)가 궁극적으로 규약 제13조 위반이라고 판단한 데에는 Diallo가 자신의 추방에 반대하는 이유를 제시할 권리를 보장받지 못하였을 뿐 아니라, DRC 당국이 절차적 보호의 예외사유인 '불가피한 국가안보'에 해당하는 어떠한 증거도 제시하지 못했다는 점이 참작되었다.

담보하고 있는지 여부를 규약위원회가 심사할 수 있다. 예를 들어, *Eric Hammel v. Madagascar* 사건(1987)에서는 통보자 Eric Hammel이 규약위원회에 개인통보를 제기한 사람들을 변호했다는 이유로 마다가스카르 정부로부터 추방명령을 받게 되었다. 이 사건에서 규약위원회는 위와 같은 통보자의 활동을 이유로 마다가스카르 정부가 추방명령을 내린 것은 합법적이지 않다고 판단하였다. 즉 통보자의 활동이 합법적인 추방사유에 해당하지 않는다고 보았다. 자유권규약의 정신에 비추어 볼 때 옹호될 수 없을 뿐 아니라 그와 부합되지도 않는다는 이유에서다.[65]

그렇지만 당사국의 법원이나 행정당국이 내린 추방결정의 합법성 여부를 실질적으로 심사할 수 있는 규약위원회의 권한에는 일정한 한계가 있다. 예컨대 *Anna Maroufidou v. Sweden* 사건(1981)에서 규약위원회는 신의칙에 위배되었다거나 권한남용이 있었음이 명백한 경우가 아니라면 당사국의 권한 있는 당국이 그러한 국내법을 올바르게 해석·적용하였는지의 여부에 대해서는 판단을 자제한다는 입장을 밝힌 바 있다(이른바 *Maroufidou* 공식).[66]

한편 2001년 북한의 국가보고서에 대한 최종견해에서 규약위원회는 외국인의 추방은 신중하게 집행되어야 한다는 입장과 함께, 외국인의 추방을 규정하는 어떠한 법률 또는 형식적인 절차도 존재하지 않은 상황에 대해 개탄하면서 조속한 입법을 촉구했다.[67] 같은 해 모나코의 국가보고서에 대한 최종견해에서도 규약위원회는 모나코 정부가 외국인의 추방을 정당화시키는 사유를 전혀 제시하고 있지 않은 상황에 대해 우려를 표명한 바 있다.[68] 또한 2018년에는 비호(망명)신청자들이 박해받을 위험이 없는 국가에서 체류한 이후 노르웨이 영역으로 입국한 경우 본안에 대한 심사를 생략하고 그러한 비호 신청을 거절할 수 있도록 한 노르웨이의 개정법률(안)에 대한 문제점이 지적되기도 했다.[69]

IV. 절차적 보장

규약위원회에 따르면, 규약 제13조의 목적은 법률에 따라 이루어진 결정에 따라서만 추

---

65) *Eric Hammel v. Madagascar*, Communication No.155/1983(1987), para.19.3.

66) *Anna Maroufidou v. Sweden*, Communication No.58/1979(1981), para.10.1; Nowak's CCPR Commentary(2019), p.342(para.15); Taylor's Commentary(2020), pp.360-361; Joseph & Castan's Commentary(2013), p.422; Ahmadou Sadio Diallo(전게주 37), para.11.

67) Concluding Observations on Democratic People's Republic of Korea, CCPR/CO/72/PRK(2001), para.21.

68) Concluding Observations on Monaco, CCPR/CO/72/MCO(2001), para.16.

69) Concluding Observations on Norway, CCPR/C/NOR/CO/7(2018), para.32.

방을 허용함으로써 "자의적인 추방을 방지"하는 데 있다.[70] 이러한 목적을 달성하기 위한 일환으로, 규약 제13조에는 추방대상자에게 부여되는 다양한 절차적 보장책들이 마련되어 있다. 외국인은 추방에 대한 구제절차를 추구하는 과정에서 아래에서 살펴볼 절차적 보장책들을 충분히 이용할 수 있어야 한다.

한편 규약 제13조의 절차적 보장내용은 제14조(공정한 재판을 받을 권리)에 반영되어 있는 적법절차의 개념을 수용하고 있으므로 제14조를 고려하여 해석되어야 한다.[71] 또한 규약 제14조 제1항에 반영되어 있는 공평성, 공정성, 그리고 재판에서의 평등 개념과 제13조는 사법기능을 행사하는 모든 기관들에 의해 존중되어야 한다.[72] 만일 국내법이 사법기관에 추방 또는 강제퇴거의 결정 임무를 위임하고 있다면, 규약 제14조 제1항에 명시된 재판에서의 평등 보장을 비롯해 이러한 보장에 내포된 공평성, 공정성, 무기평등의 원칙이 적용될 수 있다. 물론 규약 제14조의 모든 보장내용은 추방이 형사 제재의 형태를 띠거나, 또는 추방 명령의 위반이 형법상 처벌될 경우에 적용된다.[73]

1. 추방에 반대하는 이유를 제시할 권리

추방대상자는 권한 있는 당국 또는 그 당국이 특별히 지명한 사람(들)에게 자신의 추방에 반대하는 이유를 제시할 권리를 향유한다. 이는 난민지위협약 제32조 제2항의 "그 난민은 추방될 이유가 없다는 것을 밝히는 증거를 제출하고"라는 문구를 수용한 것이다.[74]

추방에 반대하는 이유는 통상적으로 구두심리에서 주장되겠지만,[75] 규약 제13조에는 제14조 제3항 라호와 달리 개인의 출석권이 명시적으로 언급되어 있지 않다.[76] 이러한 점에 비춰보면, 규약 제13조로부터 추방대상자가 반론을 제시하기 위해 권한 있는 당국 등이 행

---

70) HRC General Comment No.15(1986), para.10.
71) HRC General Comment No.32(2007), para.62.
72) *A.A. v. Canada*, Communication No.1819/2008(2011), para.7.7.
73) HRC General Comment No.32(2007), para.62.
74) Nowak's CCPR Commentary(2019), p.344(para.18).
75) *M.F. v. Netherlands*, Communication No.173/1984(1984), para.4. 이 사건에서 칠레 국적의 M.F.는 칠레에서의 정치적인 박해와 구금을 이유로 1981년 네덜란드에 정치적 망명을 신청했으나 기각당한 후 네덜란드의 국내절차에 의해 추방명령을 받자 개인통보를 제기하였다. 추방에 반대하는 이유를 제시할 권리와 관련하여 규약위원회는 '통보자가 구두심리 등 공식절차에서 자신의 의견을 표명할 충분한 기회를 부여받았다'는 취지의 입장을 개진한 바 있다. 한편 스웨덴의 국가보고서에 대한 최종견해에서 규약위원회는 추방결정 등으로 인해 영향을 받는 개인들에게 적절한 심리가 부여되지 않아 온 관행에 대해 우려를 표명하면서 일정한 상황 하에서 그러한 관행이 규약 제13조상의 문제를 야기할 수 있다는 의견을 밝히기도 했다. Concluding Observations on Sweden, CCPR/C/79/Add.58(1995), para.16.
76) 규약 제14조 제3항 라호 : "본인의 출석하에 재판을 받으며…(이하 생략)."

하는 심리절차에 반드시 출석할 수 있어야 한다는 결론이 도출되지는 않는다. 따라서 어떠한 형태로든 반론을 제시할 충분한 기회가 부여되면 족할 것이다.

이와 관련하여 규약위원회는 외국인이 추방 또는 범죄인인도에 반대하는 사유를 충분히 제시할 기회를 갖지 못했다면 해당 국가는 규약 제13조를 위반한 것이라고 결정한 바 있다.

먼저 *Eric Hammel v. Madagascar* 사건(1987)으로 '추방'에 반대하는 이유를 제시할 권리가 보장되지 않은 경우이다.

통보자 Hammel은 마다가스카르에서 20여 년간 변호사로 활동해 오던 중 규약위원회에 개인통보를 제기한 2명의 남아프리카인들을 변호했다는 이유로 1982년 체포되었으며 국적국인 프랑스로 추방되었다. 그러나 통보자는 추방 집행 2시간 전에 추방 통보를 받았을 뿐 아니라 추방 결정에 대한 어떠한 항변도 제기할 기회를 부여받지 못했다. 추방 이후 그는 마다가스카르 법원에 이의를 제기했는데 1986년 마다가스카르 행정재판소는 그가 위와 같은 변호행위로 인해 마다가스카르의 국제적 위신 등을 손상시켰기 때문에 추방된 것이라며 이의신청을 기각했다. 이에 대해 규약위원회는 통보자가 자신의 추방에 반대하기 위한 어떠한 효과적인 구제절차도 제공받지 못했다는 것에 주목하면서 마다가스카르 정부가 규약 제13조를 위반했다고 판정했다.[77]

둘째, '범죄인인도'에 반대하는 이유를 제시할 권리가 보장되지 않아 규약 제13조를 위반한 사례로는 *Pierry Giry v. Dominican Republic* 사건(1990)을 들 수 있다.

프랑스 시민이자 Saint-Barthélemy(Antilles) 제도에 거주했던 통보자 Giry는 미국으로 마약을 밀매했다는 혐의로 1985년 도미니카공화국에서 체포된 후 곧바로 푸에르토리코로 강제송환 되었다. 통보자는 자신이 도미니카공화국 정부로부터 아무런 행정적·사법적 구제절차도 제공받지 못한 채 강제로 추방되었으므로 도미니카공화국 정부가 규약 제13조를 위반했다며 규약위원회에 개인통보를 제기했다. 이에 대해 규약위원회는 범죄인인도 역시 제13조의 적용을 받는다고 하면서, 도미니카공화국 정부가 통보자에게 범죄인인도의 상황에서 자신의 추방에 반대하는 이유를 제시하거나 권한 있는 당국에 의해 심사받을 기회를 제공하지 않았으므로 제13조를 위반했다고 판정했다.[78]

---

77) *Eric Hammel v. Madagascar*, Communication No.155/1983(1987).
78) *Pierre Giry v. Dominican Republic*, Communication No.193/1985(1990).

마지막으로, 정상적인 절차를 거쳐 범죄인인도가 이루어졌으나 이후 관련 국가 간 '특정성원칙'의 적용을 포기하기로 합의한 사항이 통보자의 권리를 침해하였다는 내용의 결정도 있었다. 다음의 *Rakesh Saxena v. Canada* 사건(2016)이 그러한 예이다. 먼저 사건 개요를 살펴본다.

2009년 범죄인인도가 이루어지기 전까지 캐나다에 소재하고 있었던 인도 국적의 통보자는 1985년부터 1995년까지 방콕상업은행 등 태국 소재 여러 금융기관에서 컨설턴트로 활동했다. 1996년 그는 방콕상업은행장과 공모하여 은행자금을 횡령하였다는 혐의와 태국 증권거래법을 위반하였다는 혐의로 태국 당국에 의해 범죄인인도 청구 대상자가 되었다. 태국의 범죄인인도 청구에 대해 캐나다 정부는 자국 범죄인인도법에 따라 통보자를 체포한 후 관련 절차를 진행하여 최종적으로 2009년 10월 범죄인인도를 하였다. 그런데 태국 정부는 인도청구의 원인이 된 범죄혐의 이외의 여타 범죄혐의에 대해서도 통보자를 처벌하기를 원하여 캐나다 정부에게 특정성원칙의 적용을 포기하도록 요청하였다. 이에 대해 캐나다 법무부장관은 여타 범죄혐의들 중 일부에 대한 특정성원칙의 적용포기에 동의하였다. 통보자에 따르면, 범죄인인도절차가 진행되는 동안 캐나다 정부는 수차례에 걸쳐 특정성원칙에 의한 보호를 받을 것이라는 점을 통보자에게 약속했다고 한다. 그리고 특정성원칙의 적용포기와 관련된 절차가 진행되는 동안 통보자는 규약 제13조에 따른 절차적 보장을 부여받지 못했다고 주장했다. 결국 통보자는 캐나다 정부가 규약 제13조를 위반했다며 개인통보를 제기하였다.[79]

위 사건에서 캐나다 정부는 규약 제13조가 추방절차에 한하여 적용되며, 범죄인인도에 관한 양자조약에 의해 합법적으로 행사될 수 있는 특정성원칙의 적용포기 문제에 대해서는 적용되지 않는다고 항변하였다. 이에 대해 규약위원회는 다음과 같은 주요한 이유로 캐나다 정부가 규약 제13조를 위반했다고 판단하였다. 첫째, 범죄인인도는 규약의 보호 범위 내에 있다. 둘째, 규약 제13조에 비추어 볼 때 범죄인인도를 결정할 권한 있는 당국은 법원인 반면, 현 사건에서 특정성원칙의 적용포기에 관한 동의는 법무부장관에 의해 이루어졌으며 그 과정에서 어떠한 사법적 심사나 적정한 절차적 보장도 없었다. 셋째, 캐나다 당국이 통보자에게 특정성원칙에 따른 보증을 제공하겠다고 반복적으로 약속했음에도 불구하고 그러한 약속이 지켜지지 않았다. 넷째, 통보자는 태국 정부의 특정성원칙 적용포기 요청에 관하

---

79) *Rakesh Saxena v. Canada*, Communication No.2118/2011(2016), paras.1.1-3.4.

여 자신의 의사를 표명하지 못했을 뿐 아니라 법원으로 하여금 그러한 포기 요청의 적절성을 심사하도록 요구할 기회도 부여받지 못하였다. 게다가 캐나다 정부의 특정성원칙 적용 포기 결정에 대해 통보자가 이의신청할 기회를 전혀 갖지 못하였다. 다시 말해서 규약 제13조에 의해 보호되는 적정절차가 보장되지 않았다.[80]

한편 규약위원회는 오스트리아에 대한 최종견해에서 오스트리아 정부가 난민 신청 여성과 그 자녀들에게 난민처리업무를 담당하는 여성공무원에 의한 인터뷰와 여성통역자를 지원하지 않음으로써 이들에게 충분한 반론의 기회를 제공하지 않은 점에 대해 우려를 표명하였다.[81] 또한 일본의 국가보고서에 대한 최종견해에서 규약위원회는 모든 망명신청자들이 관련 절차가 진행되는 동안 법적 조력이나 통역 등을 지원받을 수 있도록 당사국이 이를 보장하라고 강조한 바 있다.[82]

2. 이의신청권

규약 제13조는 추방대상자에게 권한 있는 당국 또는 그 당국으로부터 위임받은 자에 의해서 자신의 사안이 심사되도록 할 권리, 즉 '이의신청권'을 명시적으로 인정하고 있다.[83] 여기서의 권한 있는 당국은 반드시 사법기관일 필요는 없다. 그렇지만 심사기관은 구속력 있는 결정을 내릴 수 있는 권한을 가진 독립적이고 객관적인 성격을 띤 기관이어야 한다. 만약 권한 있는 당국이 행정기관이라면, 해당 기관은 심사를 위해 특별히 지정된 한 명 이상의 사람 또는 위원회에 의사결정 권한을 위임할 수 있다. 추방대상자에게 부여되는 이의신청권은 규약 제14조 제5항의 "상급 법원에서 법률에 따라 심리를 받을 권리"와 구별된다.[84]

규약위원회는 앞의 *Eric Hammel v. Madagascar* 사건(1987)에서 마다가스카르 정부가 정당한 이유 없이 통보자에게 이의신청권 등 효과적인 구제수단을 부여하지 않았다는 이유로 규약 제13조를 위반했다고 결정했다. 그리고 콜롬비아 국적의 통보자가 1987년 에콰도르에서 미국의 마약단속국 기관원 등에 의해 납치된 후 '이의신청 등의 절차 없이' 미국으로 강제송환 되었다며 규약위원회에 개인통보를 제기한 *Edgar Cañón Garicía v. Ecuador* 사건(1991)에서, 규약위원회는 *Eric Hammel v. Madagascar* 사건(1987)과 마찬가지로 제

---

80) 같은 결정, paras.11.2-12.
81) Concluding Observations on Austria, CCPR/C/AUT/CO/4(2007), para.18.
82) Concluding Observations on Japan, CCPR/C/JPN/CO/5(2008), para.25.
83) 규약위원회의 견해에 의하면, 이의신청권은 추방, 이민 또는 망명의 거부 결정 모두에 적용된다. Concluding Observations on Sweden, CCPR/C/79/Add.58(1995), para.24.
84) 규약 제14조 제5항 : "유죄판결을 받은 모든 사람은 자신의 유죄판결 및 형의 선고에 대하여 상급 법원에서 법률에 따라 심리를 받을 권리를 가진다."

13조의 위반을 결정했다.[85] 또한 베네수엘라의 국가보고서에 대한 최종견해에서 규약위원회는 아무런 이의신청 절차도 규정하지 않은 베네수엘라의 외국인법(Aliens Act) 제35조에 대해 우려를 표명한 바 있다.[86] 한편 추방대상자에게 부여된 이의신청권은 국내법상의 절차적 조건을 충족해야 한다. 즉 추방대상자가 자신이나 변호인의 부주의로 상소기간 내에 상급 법원에 상소를 제기하지 않았다면, 규약 제13조가 보장하고 있는 이의신청권은 보호될 수 없다. 아래의 *Ngoc Si Truong v. Canada* 사건(2003)이 이에 해당한다.

통보자 Ngoc Si Truong은 1980년 10월 캐나다에서 영주자격을 부여받은 이후 여러 차례에 걸쳐 상해, 침입절도 등을 범했다는 이유로 1992년 7월 캐나다 정부로부터 추방명령을 받았다. 이에 통보자는 1993년 7월 캐나다 출입국 및 난민 위원회의 항소부에 항소를 제기했으나 기각당했다. 이후 통보자는 연방법원에 상고하고자 했지만, 변호인의 부주의로 법정기간 내에 상고제기에 필요한 '항소부의 결정이유서'의 발급을 신청하지 않아 결국 1993년 11월 연방법원으로부터 상고 각하 결정을 받았다. 이에 통보자는 캐나다 법원이 규약 제13조에서 보장하고 있는 이의신청권을 보장하지 않았다며 규약위원회에 개인통보를 제기했다. 규약위원회는 규약 제13조가 이의신청권을 폭넓게 보장하고 있다 하더라도 통보자 자신이나 변호인의 부주의로 상소청구에 필요한 시간적·절차적 요건을 준수하지 못했다면, 이는 '개인이 이용 가능한 모든 국내적 구제조치를 완료하지 않은 것'에 해당한다고 보았다. 따라서 규약위원회는 규약 선택의정서 제2조를 근거로 심리부적격 결정을 하였다.[87]

규약위원회는 일반논평 제15호에서 '외국인은 추방결정에 대해 그가 취할 수 있는 모든 방법을 다 이용할 자격이 있으며, 이는 자신에 관한 사건의 모든 상황에서 효과적이어야 한다'고 강조했다.[88] 따라서 추방결정에 대한 이의신청 기한이 지나치게 짧다거나,[89] 이의신

---

85) *Edgar Cañón García v. Ecuador*, Communication No.319/1988(1991). 이 사건에서 에콰도르 신정부는 구정부의 기관원 등에 의해 행정적·절차적인 불법행위가 이루어졌음을 인정했으며 관련자들을 조사한 후 불법행위가 인정되면 형사처벌하겠다고 규약위원회에 통보했다.

86) Concluding Observations on Venezuela, CCPR/C/79/Add.13(1992), para.9.

87) *Ngoc Si Truong v. Canada*, Communication No.743/1997(2003). 또한 유사한 사건으로 *A.P.A. v. Spain*, Communication No.433/1990(1994) 참조.

88) HRC General Comment No.15(1986), para.10.

89) Concluding Observations on Chile, CCPR/C/CHL/CO/6(2014), para.23; Concluding Observations on Ukraine, CCPR/C/UKR/CO/7(2013), para.18.

청을 심리할 권한 있는 기관이 독립성을 결여하고 있다거나,[90] 또는 이의신청의 정지적 효력을 인정하지 않는다면,[91] 이는 위의 규약위원회의 입장에 부합되지 않을 가능성이 높다. 그렇다면 당사국은 후술하는 '불가피한 국가안보 사유'에 의한 예외의 경우를 제외하고 '이의심사 기간 중에 추방결정의 집행을 보류'해야 하는 것인가? 규약 제13조는 이에 대해 어떠한 언급도 하고 있지 않다. 이에 반해 이주노동자권리협약은 "이의심사 기간 중 당사자는 추방결정의 집행정지를 요청할 권리를 가진다"라는 내용을 명문으로 규정하고 있다(제22조 제4항). 또한 유럽인권협약 제7추가의정서 제1조 제2항에는 "외국인의 추방이 공공질서를 위하여 필요하거나 국가안보에 근거하고 있을 경우, 외국인은 이 조 제1항 a, b, c에 따른 권리 행사 이전에 추방될 수 있다"라고 규정되어 있는데, 이를 역으로 해석하면 예외적인 경우를 제외하고는 이의신청 절차 등이 완료되지 않은 상태에서 추방결정은 집행되지 않고 정지된다는 것을 의미한다. 생각건대, 이의심사 기간 중에 추방결정을 집행한다면 이의신청권은 그 의미를 상실하므로 불가피한 국가안보 사유 등 예외적인 사유가 존재하지 않는 한 같은 기간 중에 추방결정을 집행해서는 안 될 것이다.[92] 그런데 *Mansour Ahani v. Canada* 사건(2004)에서 캐나다 정부는 개인통보사건에 대한 최종결정일 전까지 통보자를 추방하지 않도록 한 규약위원회의 '긴급보호조치' 요청을 준수하지 않고, 최종결정일 전에 통보자를 추방했다.[93] 이에 대해 규약위원회는 규약 제39조에 따라 채택된 위원회 규칙 86에 따른 긴급보호조치는 선택의정서상의 위원회의 임무수행에 필수적인 것이라고 강조했다. 그리하여 위의 긴급보호조치를 준수하지 않고 고문 또는 사형에 처해질 가능성이 있는 타국으로 통보자를 추방한다면 이는 규약상의 권리보호를 저해시키는 결과를 야기하므로, 캐나다가 규약 선택의정서상의 의무를 위반했다고 결정했다.[94]

90) Concluding Observations on Japan, CCPR/C/JPN/CO/5(2008), para.25; Concluding Observations on Greece, CCPR/C/GRC/CO/2(2015), para.29; Concluding Observations on Rwanda, CCPR/C/RWA/CO/4(2016), para.29.

91) Concluding Observations on Japan, CCPR/C/JPN/CO/6(2014), para.19; Concluding Observations on Latvia, CCPR/C/LVA/CO/3(2014), para.14; Concluding Observations on Greece, CCPR/C/GRC/CO/2(2015), para.30.

92) Nowak's CCPR Commentary(2019), p.346(para.19).

93) *Mansour Ahani v. Canada*, Communication No.1051/2002(2004), para.2.9. 이 사건에서 이란 국적의 통보자는 1992년 캐나다 정부에 의해 난민지위협약상의 난민으로 인정되어 캐나다에 거주하던 중, 이듬해인 1993년 캐나다 정부에 의해 테러활동 및 청부살인에 관여한 혐의로 구금됐으며, 구금 이후 9년만인 2002년에 이란으로 추방됐다.

94) *Mansour Ahani v. Canada*, Communication No.1051/2002(2004), paras.8.1-8.2.

3. 대리인 선임권

규약 제13조는 추방대상자의 '대리인 선임권'을 규정하고 있다. 난민지위협약 제32조 제2항을 수용한 이 권리는 자신의 사안을 심사할 권한 있는 당국에서 이루어지는 절차에 적용된다. 또한 대리인 선임권에 기해 추방대상자는 자신의 비용으로 변호인을 선임하여 법적 조력을 받을 수 있다.[95] 추방은 그 자체적으로 외국인의 생존권 및 기본적 인권을 상당 부분 제한하며 외국인은 특히 법적 조력을 받을 필요가 있다는 점을 고려하면, 대리인 선임권은 상당히 중요한 의미를 지닌다.[96] 따라서 당사국은 추방대상자가 법적 조력을 받을 수 있도록 관련 신청절차에 관한 정보를 제공해야 하며, 추방대상자가 유상으로 법적 조력을 받을 수 없는 모든 상황에서 무료 법률 지원이 가능한지 여부에 대해서도 이를 알려주어야 한다.[97]

4. 국가안보에 의한 예외

규약 제13조에서 명시하고 있는 다양한 절차적 보호들은 '불가피한 국가안보'를 이유로 그 보장이 이루어지지 않을 수 있다. 이 역시 난민지위협약 제32조 제2항의 내용을 수용한 것이다. 여기서의 "국가안보"라는 개념은 외국의 무력 사용 또는 그 위협으로부터 국가의 영토보전 및 정치적 독립의 보호라는 의미로 해석될 수 있다. 그러나 "국가안보"를 전시 상황 또는 국가비상사태로부터의 보호라는 의미로 지나치게 좁게 해석할 필요는 없으며, 통상적으로는 스파이 방지, 군사기밀 보호, 테러리스트의 활동 등으로부터 국가를 보호하는 것으로 이해할 수 있다.[98] 그렇지만 규약 제13조의 보호절차는 국가안보상 "불가피한 이유"가 있는 때에 한해서 예외적으로 그 적용이 배제된다고 보아야 한다. 또한 "불가피한 이유"에 해당되는지 여부는 개인의 권리와 국가의 안보이익 사이의 균형을 적절히 고려하여 엄격하게 해석될 필요가 있다.[99]

국가안보상 불가피한 이유로 절차적 보호 없이 추방이 결정된 대표적인 사례로는 *Samira Karker v. France* 사건(2000)을 들 수 있다.

---

95) Nowak's CCPR Commentary(2019), p.346(para.21); Taylor's Commentary(2020), p.364.

96) Nowak's CCPR Commentary(2019), p.346(para.21).

97) Concluding Observations on Denmark, CCPR/CO/70/DNK(2000), para.17; Concluding Observations on Ireland, CCPR/C/IRL/CO/3(2008), para.20.

98) Nowak's CCPR Commentary(2019), p.347(para.22).

99) Taylor's Commentary(2020), p.355.

프랑스 정부로부터 정치적 난민으로 인정받은 통보자 Samira Karker는 테러활동에 적극 가담했다는 혐의로 1993년 프랑스 정부로부터 긴급추방명령을 받았다. 이에 대해 통보자는 프랑스의 국가안보를 위태롭게 할 만한 어떠한 행위도 하지 않았으며, 테러활동 가담혐의에 대해 법원에 출석하여 자신의 입장을 충분히 제시하지 못했다며 규약위원회에 개인통보를 제기했다. 그러나 프랑스 정부는 통보자에 대한 추방명령은 그가 무장투쟁을 행하는 이슬람테러단체와 밀접한 관련을 맺고 있다는 국가기관의 정보에 기인한 것으로 프랑스의 국가안보를 위해 불가피했다고 항변했다. 이에 대해 규약위원회는 '통보자에 대한 추방결정이 프랑스의 국가안보(공공의 안전)를 위해 불가피하게 이루어졌으므로 그에게 자신의 추방에 반대하는 이유를 제시할 권리를 부여하지 않았다고 하여 규약 제13조 위반이라고 볼 수는 없다'고 판정했다.[100]

그런데 당사국의 '국가안보에 의한 예외' 항변은 구체적인 사유에 근거해야 하며 또한 그 사유가 타당해야 한다. 이와 관련하여 과거 *V.M.R.B. v. Canada* 사건(1988)에서 규약위원회는 캐나다 정부가 통보자를 '무력에 의해 정부를 전복하는 데 관여하거나 선동할 수 있는 위험인물'로 평가한 구체적인 사유가 무엇인지에 대해서 심사를 하지 않는 등 소극적인 입장을 취했었다.[101] 그러나 지난 2004년 결정된 *Vjatseslav Borzov v. Estonia* 사건(2004)에서 규약위원회는 '위의 *V.M.R.B. v. Canada* 사건(1988)이 국가안보를 근거로 한 당사국의 항변을 입증할 수 있는 구체적인 사유를 심사할 위원회의 권한을 스스로 포기한 것으로 해석하지 말아야 한다'고 강조했다. 그러면서 국가안보에 관련된 사유가 존재하는지 여부 및 그러한 사유가 타당한지 여부에 대해서 국가에게 무제한적인 재량을 주지는 않으며, 이에 대한 심사는 개인통보사건의 관련 정황 및 규약의 관련 조항에 따라 개별적으로 이루어져야 한다고 하였다.[102] 이러한 입장은 *V.M.R.B. v. Canada* 사건(1988)과 비교할 때 훨씬 진일보된 것으로 규약위원회가 당사국이 제시한 "국가안보상 불가피한 이유"에 대해 보다 적극적으로 심사할 수 있음을 강조하고 있다고 평가할 수 있다.[103]

---

100) *Samira Karker v. France*, Communication No.833/1998(2000).
101) *V.M.R.B. v. Canada*, Communication No.236/1987(1988). 또한 Joseph & Castan's Commentary (2013), p.425 참조.
102) *Vjatseslav Borzov v. Estonia*, Communication No.1136/2002(2004), para.7.3.
103) Ahmadou Sadio Diallo 사건(2010)에서 ICJ 역시 규약위원회와 유사한 입장을 취한 바 있다. 즉 국제 조약이 규정하고 있는 중요한 절차적 보호가 배제되는 예외적인 경우라면, 그러한 예외적인 사유에 해당하는지 여부를 판단하는 데 있어서 단순히 해당 국가의 재량에만 맡길 수 없다는 취지다. 이 사건에서 DRC 정부의 "불가피한 국가안보"를 사유로 한 항변은 증명 부재를 이유로 받아들여지지 않았다.

여기서 한 가지 주의할 점이 있다. 외국인이 규약 제7조상의 고문 등 실질적인 위험에 처할 수 있는 국가로 추방될 수 있는 상황을 상정해 볼 수 있다. 이러한 경우 추방결정 과정에서 '국가안보에 의한 예외'의 적용은 제한되며, 오히려 추방대상자에게 추방에 반대하는 이유를 제시할 권리와 이의신청권을 부여하는 등 더욱 강한 절차적 보장이 주어져야 한다. 아래의 *Mansour Ahani v. Canada* 사건(2004)은 이러한 예를 분명하게 보여주고 있다.

통보자 Ahani는 이란 국적으로 캐나다 정부로부터 난민자격을 부여받아 거주하던 중 국가안보에 위험을 줄 수 있다는 이유로 9년 동안 구금된 뒤 이란으로 추방당할 위기에 처하게 되었다. 그는 자신이 이란으로 추방당할 경우 고문을 받을 위험이 있다는 점과 자신에 대한 추방결정에 대해 항변할 기회를 부여받지 못했다는 이유로 캐나다 정부가 규약 제7조와 함께 제13조를 모두 위반했다고 주장했다. 이에 대해 규약위원회는 규약 제7조의 '고문받지 않을 권리'라는 가장 고차원적인 가치 중의 하나가 침해받을 우려가 있는 경우 추방대상자가 제13조의 절차적 보호를 통해 항변할 수 있어야 한다고 보았다. 그런데 이 사건에서 캐나다 정부는 '국가안보에 의한 예외' 사유를 주장하면서 추방대상자에게 이러한 절차적 보호를 부여하지 않았다. 결국 규약위원회는 캐나다 정부가 규약 제7조와 제13조를 위반했다고 판정했다.[104]

V. 한국의 실행

1. 국가보고서의 내용과 UN 인권기구의 입장 검토

우리나라는 비교적 초·중기인 제1차-제3차 자유권규약에 관한 국가보고서에 출입국관리법상 외국인의 강제퇴거 사유와 절차 등을 언급한 바 있다. 제1차 국가보고서에는 외국인의 강제퇴거 사유와 절차에 관한 간략한 설명이 담겨져 있다.[105] 특히 강제퇴거 대상자가 출입국관리 공무원 중에서 임명된 조사관의 면전에서 충분한 해명 또는 변호의 기회를 부여받을 수 있고, 강제퇴거결정의 이유를 고지 받을 수 있으며, 법무부장관에게 이의신청을 할 수 있다는 내용이 포함되어 있다. 또한 강제퇴거명령에 대하여 행정심판이나 행정소송

Ahmadou Sadio Diallo(전게주 62), para.74.

104) *Mansour Ahani v. Canada*, Communication No.1051/2002(2004).

105) 한국의 실행부분 이전까지 규약 제13조의 "expulsion"을 추방으로 번역하였으나, 한국의 실행부분에서는 우리나라 법령상 용어인 "강제퇴거"라는 용어를 추방이라는 용어와 병용한다.

의 제기가 가능하며, 행정소송의 결정에 불복 시 대법원에 상고할 수 있다는 내용도 함께 반영되어 있다.[106] 제2차 국가보고서에도 출입국관리법상 강제퇴거 사유가 일정하게 제한되어 있다는 내용과 함께 강제퇴거 현황 등이 포함되어 있다.[107] 제3차 국가보고서에는 강제퇴거 사유와 강제퇴거자 현황 및 강제퇴거결정에 대한 이의제기 현황, 강제퇴거명령을 받은 사람의 보호 및 보호해제에 관한 법률 규정 및 보호시설 현황, 불법체류 외국인 현황, 외국인고용법 제정을 통해 일정한 조건을 충족한 불법체류 외국인에게 거주자격을 부여할 수 있다는 내용, 불법체류 외국인 자진신고 제도 및 그 성과, 그리고 영주권자에 대한 추방 사유의 엄격한 제한 등이 그 내용으로 포함되어 있다.[108]

한국의 국가보고서(제1차-제4차)에 대한 규약위원회의 최종견해와 UN 인권이사회 UPR 실무그룹 보고서(제1차-제3차)에서 외국인의 추방에 대한 절차적 보호가 쟁점이 된 적은 거의 없다. 다만 지난 2015년 규약위원회는 한국의 국가보고서(제4차)에 대한 최종견해에서 "북한이탈주민들이 보호받을 요건을 충족하지 못한다고 결정되면 독립적인 심사 없이 제3국으로 퇴거될 수 있다고 주장한 보고에 대해 우려한다"라는 입장을 밝혔다. 그러면서 이들이 "제3국으로 추방되기 전에 추방을 중지시키는 효력을 가진 적절한 독립적 절차에 의한 심사를 제공하는 명확하고 투명한 절차가 도입되어야 한다"라는 의견이 개진되었다.[109] 이에 대해 우리 정부는 제5차 국가보고서에서 "「북한이탈주민의 보호 및 정착지원에 관한 법률(이하 북한이탈주민법)」에 따라 보호신청한 북한이탈주민을 제3국으로 추방한 사례는 없다"라며 간단히 답변하였다.[110] 실제 그러한 사례가 없음을 우리나라 정부가 공식 확인하고 있는 것으로 보인다.

그렇다면 우리나라에 소재하고 있는 북한이탈주민을 외국으로 강제퇴거할 수 있는가? 다음과 같은 이유로 부정하는 것이 타당하다. (ⅰ) 규약 제13조의 추방대상자는 "외국인"에게 한정된다. (ⅱ) 북한이탈주민법상 "북한이탈주민"이란 '북한에 주소, 직계가족, 배우자, 직장 등을 두고 있는 사람으로서 북한을 벗어난 후 외국 국적을 취득하지 아니한 사람'을 의미한다. 만약 북한이탈주민이 위 법상의 보호를 받기 위해서는 보호신청을 하여야 하며, 관련 절차를 거쳐 최종적으로 통일부장관이 보호 여부를 결정하게 된다. 즉 북한이탈주민이라고 하여 모두 위 법상 보호대상자가 되는 것은 아니다.[111] (ⅲ) 과거 대법원은 '조선국

---

106) Initial Reports, CCPR/C/68/Add.1(1991), paras.205-208.
107) Second Periodic Reports, CCPR/C/114/Add.1(1998), paras.151-152.
108) Third Periodic Reports, CCPR/C/KOR/2005/3(2005), paras.220-225.
109) Concluding Observations on Korea(ROK), CCPR/C/KOR/CO/4(2015), paras.36-37.
110) 제5차 국가보고서(2020), para.142(영문본). 제5차 국가보고서 관련 자료는 https://www.moj.go.kr/ bbs/moj/124/432034/download.do(2023. 10. 20. 최종방문) 참조.

적 취득 후 북한법에 의하여 북한국적을 취득하여 중국 주재 북한대사관에서 해외공민증을 발급받은 자'에 대해 '대한민국 국민'이라고 설시한 바 있다.[112] (iv) 이러한 점을 종합해 보면, 우리나라에 소재하고 있는 북한이탈주민은 – 보호대상자인지 여부와 관계없이 – 외국인이라고 볼 만한 특별한 사정이 없는 한 대한민국 국민으로서 강제퇴거의 대상이 되지 아니한다.[113]

한편 우리나라는 1963년 3월 5일 출입국관리법을 제정한 이래 2023년 10월 현재까지 54차례에 걸쳐 법률을 개정한 바 있다. 이에 따라 출입국관리법 제6장상 강제퇴거 사유와 강제퇴거결정에 대한 이의심사, 강제퇴거명령서의 집행 등과 관련한 규정들도 적지 않게 개정되어 왔다. 그렇지만 이와 같은 법률 개정에도 불구하고 강제퇴거 대상 외국인의 인권 보호, 특히 '외국인 추방에 대한 절차적 보호가 사건의 모든 상황에서 유효할 수 있도록 모든 편의가 주어져야 한다'는 규약위원회의 일반논평에 비추어 제기될 수 있는 몇 가지 쟁점을

---

111) 북한이탈주민법 제2조, 제3조, 제7조, 제8조, 그리고 제9조 등.

112) "조선인을 부친으로 하여 출생한 자는 남조선과도정부법률 제11호 국적에관한임시조례의 규정에 따라 조선국적을 취득하였다가 제헌헌법의 공포와 동시에 대한민국 국적을 취득하였다 할 것이고, 설사 그가 북한법의 규정에 따라 북한국적을 취득하여 중국 주재 북한대사관으로부터 북한의 해외공민증을 발급받은 자라 하더라도 북한지역 역시 대한민국의 영토에 속하는 한반도의 일부를 이루는 것이어서 대한민국의 주권이 미칠 뿐이고, 대한민국의 주권과 부딪치는 어떠한 국가단체나 주권을 법리상 인정할 수 없는 점에 비추어 볼 때, 그러한 사정은 그가 대한민국 국적을 취득하고 이를 유지함에 있어 아무런 영향을 끼칠 수 없다." 대법원 1996. 11. 12. 선고 96누1221 판결.

113) "출입국관리법 소정의 외국인으로서 대한민국 밖으로 강제퇴거를 시키기 위하여는 상대방이 대한민국의 국적을 가지지 아니한 외국인이라고 단정할 수 있어야 하고, 따라서 재외 국민이 다른 나라의 여권을 소지하고 대한민국에 입국하였다 하더라도 그가 당초에 대한민국의 국민이었던 점이 인정되는 이상 다른 나라의 여권을 소지한 사실 자체만으로는 그 나라의 국적을 취득하였다거나 대한민국의 국적을 상실한 것으로 추정·의제되는 것이 아니므로, 다른 특별한 사정이 없는 한 그와 같은 재외 국민을 외국인으로 볼 것은 아니고, 다른 나라의 여권을 소지하고 입국한 재외 국민이 그 나라의 국적을 취득하였다거나 대한민국의 국적을 상실한 외국인이라는 점에 대하여는 관할 외국인보호소장 등 처분청이 이를 입증하여야 한다." 같은 판결.

지난 20대 국회에서 홍일표 의원 등 의원 11인은 출입국관리법에 북한이탈주민이 외국인에 해당되지 않는다는 점이 명시되어 있지 않아 이를 명시할 필요가 있다는 취지의 법률개정안을 발의한 바 있다. 출입국관리법 일부개정법률안, 홍일표 의원 대표 발의, 의안번호 24600, 발의일 2020. 2. 11. 그러나 이 법안은 2020. 5. 29. 20대 국회 임기만료와 동시에 자동폐기 되었다.

한편 2019년 11월에 발생한 북한 선원 강제송환 사건, 즉 북한 영역에서 중대한 범죄(같은 선박에 있던 선장 및 선원 16명 살해 혐의)를 저지르고 남한 영역에 들어온 북한 선원 2명이 서면으로 귀순의사를 밝혔음에도 불구하고 그 진정성을 인정할 수 없다는 등의 이유로 우리 정부가 판문점을 통해 이들을 북한 측에 인도한 것을 둘러싼 제반 법적 쟁점(북한 주민의 법적 지위와 남한에 입국한 북한 주민에 대한 강제송환의 위법성 등)에 관한 자세한 내용은 홍진영, "범죄를 저지른 북한이탈주민 추방의 법적 문제", 법조 제70권 제3호(2021), pp.253-281 참조.

아래에서 다룬다.114)

2. 출입국관리법상 강제퇴거

가. 강제퇴거 결정과 이의심사 기관의 동일성

규약 제13조는 강제퇴거 결정에 대한 이의심사 시 "권한 있는 당국 또는 그 당국이 특별히 지명한 사람(들)"에 의하도록 규정하고 있다. 그런데 출입국관리법은 이의심사기관을 출입국관리사무소장의 상급기관인 법무부장관으로 지정하고 있을 뿐 제3의 위원회 등에 그 심사권한을 위임할 수 있다는 내용을 명문으로 규정하고 있지는 않다(제60조). 이러한 사항이 규약 제13조에 위반되지는 않으나 강제퇴거는 해당 외국인에게 심각한 불이익을 미칠 수 있으므로 더욱 객관적인 심사 기회가 그러한 자에게 부여될 필요가 있다. 따라서 강제퇴거 결정에 대한 이의심사가 '독립적인 지위와 권한을 가진 기관'에서 이루어질 필요가 있다.115)

나. 이의심사 기간 중 강제퇴거 집행

출입국관리법상 강제퇴거명령을 받은 자가 법무부장관에게 이의신청을 한 경우 그 결정이 이루어지기 전이라도 강제퇴거명령이 집행될 수 있다.116) 이를 '원칙적'으로 금지하는 내용이 위 법률에 담겨져 있지 않기 때문이다. 이러한 문제는 강제퇴거명령을 받은 자가 행정소송을 제기하여 소송이 계속 중인 경우에도 마찬가지로 발생한다. 지난 2012년 헌법재판소는 청구인들이 강제퇴거명령에 대한 취소소송과 집행정지신청을 제기하였음에도 서울출입국관리사무소장이 강제퇴거명령을 집행한 것에 대해 헌법에 위반되는지 여부를 심사한 바 있다. 이 사건에서 헌법재판소는 "취소소송의 제기는 처분 등의 효력이나 그 집행 또는 절차의 속행에 영향을 주지 아니하므로(행정소송법 제23조 제1항, 일명 '집행부정지원칙': 필자 주) 청구인들의 취소소송이나 집행정지신청에 관한 법원의 판단 전에 강제퇴거명령을 집행한 것이 위법하다고 할 수 없고, 청구인들이 취소소송과 집행정지신청을 제기한 사실을 피청구인(서울출입국관리사무소장: 필자 주)이 미리 알고 강제퇴거의 집행을 개시한 것으로 볼 만한 자료도 없어 피청구인의 강제퇴거명령 집행행위가 청구인들의 재판청구권을 침해하였다고 볼 수 없다"라고 결정한 바 있다.117) 다만 법원에서는 행정소송법 제23조 제2항과 제

---

114) HRC General Comment No.15(1986), para.10.
115) 거주 및 영주 자격을 가진 외국인들에 대해서는 처음부터 사법적 판단에 의해서 강제퇴거를 결정하는 방안을 고려하자는 의견에 대해서는 박상순, "외국인의 강제퇴거제도에 관한 연구", 법무연구 제26호(1999), pp.577-578; 이규창, 추방과 외국인 인권(한국학술정보, 2006), pp.296-297, 312-313 참조.
116) 박상순(상계주), pp.525-526.
117) 헌법재판소 2012. 8. 23. 2008헌마430. 이 결정에 대한 자세한 평석은 공진성, "출입국관리법상 '보호'

3항을 고려하여 일정한 경우 강제퇴거 집행정지 결정을 내리고 있음을 알 수 있다.[118] 예를 들어, 서울고등법원은 1996년 '강제퇴거명령은 이를 집행할 경우 신청인에게 회복하기 어려운 손해가 생길 우려가 있어 이를 예방하기 위한 긴급한 필요가 인정되고, 달리 그 집행의 정지로 인하여 공공복리에 중대한 영향을 미칠 우려가 있는 때에 해당한다고 볼만한 자료가 없다는 이유로 그 집행을 정지'시킨 바 있다.[119]

　　현행 출입국관리법상 강제퇴거명령을 받은 사람이 (ⅰ) 난민법에 따라 난민인정 신청을 하였으나 난민인정 여부가 결정되지 않았거나, (ⅱ) 난민법 제21조에 따라 법무부장관에게 이의신청을 하였으나 이에 대한 심사가 끝나지 아니한 경우에는 그 자가 '대한민국의 공공의 안전을 해쳤거나 해칠 우려가 있다고 인정되지 않는 한' 송환되어서는 안 된다(제62조 제4항). 또한 난민법상 난민신청자는 본인의 의사에 반하여 강제로 송환되지 않는다.[120] 이와 관련하여, 지난 2013년 서울행정법원은 미얀마 국적의 甲이 2011년 6월 입국 후 같은 달 28일 난민인정 신청을 하였다가 난민불인정 처분을 받고 이의신청을 하여 심사 중인 상황에서 체류자격 외 활동허가기간이 지났음에도 취업활동을 계속하다가 적발되자 출입국관리소장이 강제퇴거명령 및 보호조치를 한 사안에 대해 위법하다고 판시한 바 있다. 이 사건의 재판부는 해당 강제퇴거명령이 위법한 주요 이유를 다음과 같이 설시하였다. (ⅰ) 난민신청자에게 생계비 등을 지원할 수 있도록 규정하고 있는 새로운 난민법(2012년 2월 제정, 2013년 7월 시행)이 시행되기 이전에는 정부가 난민신청자에게 아무런 생계지원을 제공하지 않았다. 이런 상황에서 취업활동을 일체 불허하는 것은 인간의 존엄성과 생존권을 보장해야 할 문명국가의 헌법정신에 어긋난다.[121] (ⅱ) 난민인정 신청 이후 그 결정까지 및 이의신청 후

　　　　및 '강제퇴거'와 외국인의 기본권 보호－헌재 2012. 8. 23. 2008헌마430 결정에 대한 평석", 공법학연구 제14권 제1호(2013), pp.221-248 참조.
118) 행정소송법 제23조(집행정지)
　　　② 취소소송이 제기된 경우에 처분등이나 그 집행 또는 절차의 속행으로 인하여 생길 회복하기 어려운 손해를 예방하기 위하여 긴급한 필요가 있다고 인정할 때에는 본안이 계속되고 있는 법원은 당사자의 신청 또는 직권에 의하여 처분등의 효력이나 그 집행 또는 절차의 속행의 전부 또는 일부의 정지(이하 "執行停止"라 한다)를 결정할 수 있다. 다만, 처분의 효력정지는 처분등의 집행 또는 절차의 속행을 정지함으로써 목적을 달성할 수 있는 경우에는 허용되지 아니한다.
　　　③ 집행정지는 공공복리에 중대한 영향을 미칠 우려가 있을 때에는 허용되지 아니한다.
119) 서울고등법원 1996. 4. 27. 선고 96부436 결정. 이후 이 사건은 대법원에서 다시 다뤄졌는데, 대법원에서의 쟁점은 출입국관리법상의 강제퇴거명령의 집행이 정지되면 강제퇴거명령의 집행을 위한 보호명령의 집행도 당연히 정지되어야 하는지 여부 등이었다. 대법원 1997. 1. 20. 선고 96두31 결정. 따라서 원심인 서울고등법원이 행한 '강제퇴거명령의 집행정지결정'부분에 대해서는 달리 다루어진 바 없다.
120) 난민법 제3조(강제송환의 금지).
121) 국가인권위원회 역시 지난 2011년 '난민인정불허처분취소 소송이 최종적으로 마무리될 때까지 진정인

그 결정까지 각 1년 이상의 기간이 소요되는 행정지체의 현실과 생계지원 없이 추가적인 취업활동도 허가받지 못해 불가피하게 불법취업을 한 점을 감안하면, 정부가 이를 빌미로 강제퇴거하는 것은 그 정당성을 인정하기 어렵다. (iii) 여러 사실관계를 종합하면 甲이 난민인정 신청을 남용하였다고 단정할 수 없는 상황에서, 설사 난민불인정 처분이 이루어졌다 하더라도 이의신청 및 소송절차가 종료될 때까지는 특별한 사정이 없는 한 국내체류가 가능하도록 배려해야 한다. (iv) 새로운 난민법은 '난민불인정결정에 대한 행정심판 또는 행정소송이 진행 중인 사람'에 대해 본인의 의사에 반하여 강제송환되지 않는다고 규정하고 있으나(제2조 4호 (다)목 및 제3조), 이 법률은 그 시행 이후 최초로 난민인정을 신청한 경우에 한하여 적용된다(부칙 제1조). 따라서 이 사건에서 위 규정은 적용되지 않는다. 그런데 출입국관리법 제62조 제4항에는 난민불인정 처분에 대한 '행정소송'이 계속 중인 경우를 강제퇴거명령서의 집행 보류 사유로 정하고 있지 않는 등 입법의 정비가 불완전한 채로 남아 있다. (v) 출입국관리법 제62조 제4항 단서에는 난민신청자가 "대한민국의 공공의 안전을 해쳤거나 해칠 우려가 있다고 인정"되는 경우 강제퇴거가 집행되어 송환될 수 있다는 내용이 규정되어 있다. 그런데 이러한 요건에 해당되는지 여부는 강제퇴거명령서의 집행 요건이 아니라 강제퇴거명령 자체의 요건으로 편입하는 것이 적어도 입법론으로 타당하다. 강제퇴거 집행단계에서 당국이 잘못 판단해 강제퇴거명령을 집행해 버리면 이후 난민신청자의 재판 받을 기회가 사실상 봉쇄되어 버리기 때문이다. 난민지위협약 제32조 및 제33조가 난민에 대한 추방과 송환을 원칙적으로 금지하면서 극히 예외적인 사유가 있는 경우에만 이를 허용하고 있다는 점에서 그 예외적 허용사유는 엄격하게 해석되어야 한다. 이러한 점을 고려해 볼 때, 현 사건에서 생존을 위해 취업활동허가 없이 취업활동을 하였더라도 이것만으로 "대한민국의 공공의 안전을 해쳤거나 해칠 우려가 있다"고 보기 어렵다.[122] 이 사건은 난민법이 시행되기 이전에 우리나라에 입국하여 난민신청을 한 사람의 상황을 다룬 것으로 새로운 난민법상의 권리보장이 직접 부여되지 않은 경우에 해당한다. 그렇지만 위 사건 재판부의 입장에서 알 수 있듯이 난민신청자에 대한 강제퇴거명령과 그 집행 문제에 대해서는 엄격한 해석이 요구된다.

한편 강제퇴거명령과 그 집행에 대한 법률상 제한(출입국관리법 제62조 제4항 등)을 난민신

과 그 가족이 인간으로서의 존엄성을 유지할 수 있도록 취업활동을 허가하는 등 관련 대책을 마련하여 시행할 것'을 법무부에 권고한 바 있다. 국가인권위원회 2011. 5. 23.자 10진정0323200 결정. 한편 현행 난민법은 난민신청자에 대한 생계비 등 지원 및 난민인정 신청일부터 6개월이 지난 경우 취업 허가가 가능토록 규정하고 있다(제40조).

122) 서울행정법원 2013. 10. 10. 선고 2013구합13617 판결.

청을 한 강제퇴거명령 대상자에게만 국한시킬 특별한 이유도 발견하기 어렵다. 강제퇴거명령이나 그 집행이 행정당국의 잘못된 판단에 의해 이루어졌을 경우, 회복할 수 없는 피해가 발생할 개연성은 비단 난민법상 난민신청자에게만 국한되지 않을 것이기 때문이다. 이와 관련하여 국가인권위원회는 지난 2002년 조선족 중국인 및 이주노동자 강제퇴거' 관련 각 진정사건에서, '강제퇴거명령에 대한 이의신청을 제기한 경우 이의신청 및 행정소송 등 필요한 구제조치가 종결되기 이전에 강제퇴거명령이 집행되면 피해자들에게 회복할 수 없는 피해 발생이 예상되므로 구제조치에 대한 절차가 종결될 때까지 강제퇴거 명령의 집행이 정지되어야 한다'고 결정한 바 있다.[123] 결국 강제퇴거명령을 받은 자가 이의신청이나 행정심판 또는 행정소송을 제기한 경우에는 그 절차가 종결될 때까지 강제퇴거명령이 집행되지 않도록 이를 명문화할 필요가 있다.[124]

다. 이의신청 기각 결정에 대한 다양한 권리구제절차 이용 기회 부여

강제퇴거 대상자는 출입국관리법상 법무부장관에 대한 이의신청 이외에 다른 다양한 권리구제절차를 이용할 수 있다. 먼저 행정심판 청구 또는 행정소송의 제기가 가능하다. 이를 위해 출입국관리사무소는 강제퇴거 대상 외국인이 행한 이의신청을 기각하는 결정에 대해 행정소송 등을 제기할 수 있는 기회를 충분히 갖도록 조치해야 할 필요가 있다. 그런데 출입국관리법은 법무부장관에 대한 이의신청과 관련된 내용만을 규정하고 있을 뿐 그 이후의 권리구제절차에 대해서는 침묵하고 있다. 그렇지만 법률의 규정과 상관없이 출입국관리 당국이 그러한 기회를 충분히 제공하지 않았을 경우, 강제퇴거 대상자는 자신이 사법심사를 받을 권리를 부여받지 못하였으며 변호인의 조력을 받을 권리를 침해당했다는 이유로 규약 제13조의 위반을 원용할 수 있다. 과거 국가인권위원회는 '출입국관리사무소가 진정인들의 보호명령 및 강제퇴거명령에 대한 이의신청을 기각하는 결정서를 팩스로 송달하고 곧바로 진정인들에 대해 강제출국 조치함으로써 진정인들의 이의신청기각결정에 대한 행정소송을

---

123) 국가인권위원회 2002. 8. 9. 선고 02진인1382 결정; 국가인권위원회 2002. 8. 24.자 02진인1467 결정. 이러한 입장은 '난민인정불허처분취소소송'을 진행 중인 난민신청자가 불법취업을 하였다는 사유로 외국인보호시설에 보호되거나 강제퇴거 되지 않도록 해당 소송 절차가 종료될 때까지 강제퇴거명령을 보류할 것을 권고한 사례에서도 재차 확인된다. 국가인권위원회, 난민신청자에 대한 강제퇴거명령 및 보호에 관한 개선 권고, 2009. 2. 23.자 결정.

124) 과거 17대 국회에서 이원영 의원 등 10인의 의원은 '강제퇴거명령에 대하여 이의신청, 국가인권위원회 진정, 행정소송 제기 등의 구제절차가 진행 중인 경우 그 절차에 대한 결정이 있기 전까지는 강제퇴거명령의 집행을 하여서는 아니 된다(법안 제62조 제4항)'는 내용의 규정을 신설하는 법안을 국회에 발의한 바 있다. 출입국관리법 일부개정법률안, 이원영 의원 대표 발의, 의안번호 174591, 발의일 2006. 7. 6. 그러나 이 법안은 2008. 5. 29. 17대 국회 임기만료와 동시에 자동폐기 되었다.

제기할 수 있는 권리를 실질적으로 박탈하였을 뿐 아니라 보호처분이라는 일종의 행정상의 강제처분을 당한 진정인들이 변호인과의 접견교통권을 행사할 권리마저 침해하였다'고 판단한 바 있다.[125] 한편 강제퇴거 대상자가 행정소송 판결에 불복하는 때에는 대법원에 상고할 수 있다. 또한 공권력의 행사 또는 불행사로 인해 헌법에서 보장하고 있는 기본권을 침해받은 경우에는 헌법재판소에 헌법소원심판을 청구할 수 있다. 다만 다른 법률에 구제절차가 있는 경우에는 그 절차를 모두 거친 후가 아니면 청구할 수 없다.[126] 그 외에도 국가인권위원회에 진정을 제기하여 권리구제를 받을 수 있다.

3. 재한 화교의 강제퇴거

현재 한국에는 2만여 명의 화교가 거주하고 있다고 추정된다.[127] 이들의 대부분은 일제시대 이전 한반도로 이주한 중국인과 그 후손들이다. 이들의 형식적 국적은 대만 등이나 수대에 걸쳐 한국사회에 거주한 이들의 생활실태는 내국인과 다름이 없다. 국내 영주권자의 대부분도 이들이다. 이들 화교들도 강제퇴거시킬 수 있는가?

재한 화교 역시 법적으로는 외국인이므로 강제퇴거의 대상이 될 수 있다. 국내법상 영주권자는 형법상 내란 또는 외환의 죄를 범한 자, 5년 이상의 징역 또는 금고의 형을 선고받고 석방된 자 중 법무부령이 정하는 자, 그리고 출입국관리법 제12조의3(선박 등의 제공금지)을 위반하거나 이를 교사 또는 방조한 자에 한하여 강제퇴거시킬 수 있다(출입국관리법 제46조 제2항). 즉 영주권자는 일반 외국인에 비하여는 범위가 크게 축소되어 있으나, 여전히 강제퇴거가 불가능하지는 않다.

그러나 재한 화교들과 같이 거주국과 밀접한 유대관계를 구축하고 있는 정주 외국인에 대한 강제퇴거는 일반 외국인의 경우와 동일한 차원에서 판단할 수는 없다. 규약 제12조 제4항의 자국 귀환권상의 "자국(his own country)"이란 국적국보다 폭넓은 개념으로 장기거

---

125) 국가인권위원회 2008. 4. 28.자 08진인28 결정.
126) 헌법재판소법 제68조 제1항.
127) 우리 정부는 자유권규약에 관한 제4차 국가보고서에서 "화교"에 대한 통계는 별도로 보유·관리하고 있지 않다고 밝힌 바 있다. 다만 우리 정부는 2010년 4월 기준 영주자격 소지자를 포함한 장기체류자격 (F-2(거주), F-5(영주) 등)으로 국내에 있는 대만인이 총 21,692명이라고 확인하였다. Fourth Periodic Reports, CCPR/C/KOR/4(2013), para.384. 한편 법무부 출입국·외국인정책 통계월보에 의하면 2023년 9월 30일 기준 대만 국적자로서 우리나라에 체류하고 있는 사람은 33,522명으로 확인된다. 그런데 위 통계 월보에 나타난 국적별 체류외국인에는 장기체류자뿐 아니라 단기체류자도 모두 망라되어 있어 실제 우리나라에 장기체류자격을 가지고 생활하고 있는 대만인들은 위 수치보다 훨씬 적다고 볼 수 있다. 참고로 2023년 9월 말 기준 우리나라 전체 체류외국인의 73.1%가 장기체류 중이다. 법무부 출입국·외국인정책본부, 출입국·외국인정책 통계월보(2023년 9월), pp.19-21.

주를 통하여 영구적 관계를 형성하고 있는 국가도 이에 포함된다.[128] 재한 화교들이 이 조항을 통하여 한국으로 입국할 권리를 보장받는다면, 이들에 대한 강제퇴거는 실질적으로 무의미해진다. 재한 화교의 강제퇴거는 실제로 가족의 영구적 이별을 결과하므로 규약 제23조의 위반 문제도 대두될 것이다. 따라서 국가안보상 불가피한 이유가 없는 한 재한 화교의 강제퇴거는 규약 제12조와 제13조 그리고 제23조 위반이라고 판단되며, 이때 국가안보상의 사유는 매우 엄격히 해석되어야 한다.

다음은 1972년 대법원이 '국내 출생의 화교가 반공법 위반으로 유죄판결을 받았다는 이유로 출입국관리당국이 강제퇴거를 명한 것에 대해 위법한 처분'이라고 판단한 사례다.

> 출입국관리법 제31조, 제42조(구법: 필자 주)의 규정상 출입국관리사무소장의 국내에 체류중인 외국인에 대한 강제퇴거명령은 법규에 의하여 의무화된 사항이 아니었고 동 소장의 자유재량에 속하는 사항이었다는 점에 비추어 그가 채택한 각 증거들을 종합하여 인정한 원고가 우리나라에서 오래 거주하고 있던 중국인의 아버지와 한국인 어머니 사이에서 1945년 우리나라에서 출생 성장하여 우리나라여성과 결혼하였고 본 건 강제퇴거결정에 의하여 송환될 당시까지 충주시내에서 노모(63세)를 모시고 중국음식점을 경영하였을 뿐 아니라 그 형수 매형 등이 모두 우리나라 사람이며 원고의 평소 사상도 반공적이어서 몸에 반공항아라는 문신까지 새기었고 1969.10.20.경부터는 한국화교 반공구국회 충주 지부장직에 피임되었던 사실 등을 감안하면 그에게 비록 그 판결이 인정한 바와 같은 국시에 위배되는 반공법위반의 범행에 의하여 징역 1년 6월, 3년간 집행유예의 판결까지 선고받은 잘못이 있었다할지라도 그에 대하여 강제퇴거를 명한 본 건 처분은 심히 가혹하고 부당하여 재량의 범위를 일탈한 위법한 처분이었다 할 것이다.[129]

과거 재한 화교가 강제퇴거 된 사례가 없었던 것은 아니다.[130] 다만 그 사건은 한국주재 대만 대사관에서 폭력을 행사한 화교를 대만정부가 인수하기를 원하여 한국정부가 이를 수용한 일종의 정치적 결정이었다. 일반적으로 우리나라 출입국관리 당국이 재한 화교에 대

---

128) HRC General Comment No.27(1999), para.20.

129) 대법원 1972. 3. 20. 선고 71누202 판결.

130) 1965년 주한 중화민국(대만) 대사관측이 명동의 부지 일부를 일본인에게 비공개리에 매각한 사실이 알려지자 1965년 7월 19일 재한 화교 약 500명이 대사관 앞에서 항의 데모를 하고, 대사관에 진입하여 유리창과 기물 등을 파손한 사건이 있었다. 사건 직후인 7월 23일 왕명요(王明耀), 송진무(宋振武) 양 인은 대만으로 강제송환 되었다. 조선일보 1965.7.20. 7면 및 1965.7.24. 3면.

한 강제퇴거를 시도하지는 않고 있다.

  결론적으로 재한 화교와 같은 정주외국인에 대해서는 강제퇴거가 적용되지 말아야 한다. 만약 강제퇴거에 해당하는 매우 엄중한 위법행위를 범하더라도 가족상황, 생활실태, 개전의 정 등 제반사정을 종합적으로 고려하여 영주자격을 취소하고 이후 거주자격으로 체류자격을 변경하는 처분 정도가 적절할 것이다.[131] 참고로 일제시대부터의 일본 거주자와 그 후손인 재일한국인에 관하여도 과거 일본정부가 강제퇴거를 서도한 경우 한국 정부는 원칙적으로 그들의 신병을 인수하지 않았다. 결국 일본 정부로서도 이들을 보낼 곳이 없게 되었으므로, 이들의 일본 내 체류자격을 변경시키기만 하고 계속 거주를 인정하지 않을 수 없었다.[132]

【다른 인권조약상의 관련 조항】

세계인권선언 제9조

어느 누구도 자의적인 체포, 구금 또는 추방을 당하지 아니한다.

No one shall be subjected to arbitrary arrest, detention or exile.

인권 및 기본적 자유의 보호에 관한 유럽협약 제4추가의정서 제4조(외국인의 집단적 추방의 금지)

외국인의 집단적 추방은 금지된다.

Collective expulsion of aliens is prohibited.

유럽인권협약 제7추가의정서 제1조(외국인의 추방에 관한 절차적 보장)

1. 어느 국가의 영토에 적법하게 거주하는 외국인은 법률에 따른 결정에 의한 경우를 제외

---

131) 영주자격에서 거주자격으로 체류신분이 변경되면 국내에서 지방참정권을 행사할 수 없게 된다. 공직선거법 제15조 제2항 3호. 주민투표권도 사실상 행사할 수 없게 된다. 주민투표법 제5조 제1항 2호.
132) 일본정부는 전전부터 거주하던 재일한국인 및 그 후손 111명의 강제퇴거를 시도하였으나, 한국정부는 1988년까지 그 중 17명만을 수용하였다. 이에 관한 상세는 정인섭, 『재일교포의 법적 지위』(서울대학교 출판부, 1996), pp.209-210 참조.

하고는 추방되지 아니하며, 다음의 권리가 부여된다.

가. 자신의 추방에 대하여 이의를 제기할 수 있다.

나. 자신의 사건을 재검토하게 할 수 있다.

다. 권한 있는 기관 또는 그 기관에 의하여 지명된 사람 앞에 위와 같은 목적을 위하여 출두될 수 있다.

2. 외국인의 추방이 공공질서를 위하여 필요하거나 국가안보에 근거하고 있을 경우, 외국인 은 이 조 제1항 가호, 나호 및 다호에 따른 권리 행사 이전에 추방될 수 있다.

1. An alien lawfully resident in the territory of a State shall not be expelled therefrom except in pursuance of a decision reached in accordance with law and shall be allowed:

(a) to submit reasons against his expulsion,

(b) to have his case reviewed, and

(c) to be represented for these purposes before the competent authority or a person or persons designated by that authority.

2. An alien may be expelled before the exercise of his rights under paragraph 1.a, b and c of this Article, when such expulsion is necessary in the interests of public order or is grounded on reasons of national security.

미주인권협약 제22조(이전과 거주의 자유)

6. 합법적으로 이 협약당사국의 영역 내에 있는 외국인은 법률에 따라 내려진 결정에 의하 여만 추방될 수 있다.

8. 외국인이 특정 국가에서 인종, 국적, 종교, 사회적 지위 또는 정치적 견해를 이유로 그의 생명이나 신체적 자유에 대한 권리가 침해당할 위험에 처한 경우, 그 국가가 자신의 출 신국인지 여부와 상관없이 어떠한 경우에도 당해 국가로 추방되거나 송환될 수 없다.

9. 외국인의 집단추방은 금지된다.

6. An alien lawfully in the territory of a State Party to this Convention may be expelled from it only pursuant to a decision reached in accordance with law.

8. In no case may an alien be deported or returned to a country, regardless of whether or not it is his country of origin, if in that country his right to life or personal freedom is in danger of being violated because of his race, nationality, religion, social status, or political opinions.

9. The collective expulsion of aliens is prohibited.

인간과 인민의 권리에 관한 아프리카 헌장 제12조

4. 이 헌장의 당사국 영역으로 합법적으로 입국한 외국인은 법률에 따라 취하여진 결정에 의하여만 그로부터 추방될 수 있다.
5. 외국인의 대량추방은 금지된다. 대량추방이란 민족적, 인종적, 종족적 또는 종교적 집단을 대상으로 하는 경우이다.

4. A non-national legally admitted in a territory of a State Party to the present Charter, may only be expelled from it by virtue of a decision taken in accordance with the law.
5. The mass expulsion of non-nationals shall be prohibited. Mass expulsion shall be that which is aimed at national, racial, ethnic or religious groups.

난민의 지위에 관한 협약

제32조(추방)
1. 체약국은 국가안보 또는 공공질서를 이유로 하는 경우를 제외하고 합법적으로 그 영역에 있는 난민을 추방하여서는 아니 된다.
2. 이러한 난민의 추방은 법률에 정하여진 절차에 따라 이루어진 결정에 의하여서만 행하여진다. 국가안보를 위하여 불가피한 이유가 있는 경우를 제외하고 그 난민은 추방될 이유가 없다는 것을 밝히는 증거를 제출하고, 또한 권한 있는 기관 또는 그 기관이 특별히 지명하는 자에게 이의를 신청하고 이 목적을 위한 대리인을 세우는 것이 인정된다.
3. 체약국은 상기 난민에게 타국가에의 합법적인 입국허가를 구하기 위하여 타당하다고 인정되는 기간을 부여한다. 체약국은 그 기간 동안 동국이 필요하다고 인정하는 국내 조치를 취할 권리를 유보한다.

1. The Contracting States shall not expel a refugee lawfully in their territory save on grounds of national security or public order.
2. The expulsion of such a refugee shall be only in pursuance of a decision reached in accordance with due process of law. Except where compelling reasons of national security otherwise require, the refugee shall be allowed to submit evidence to clear himself, and to

appeal to and be represented for the purpose before competent authority or a person or persons specially designated by the competent authority.

3. The Contracting States shall allow such a refugee a reasonable period within which to seek legal admission into another country. The Contracting States reserve the right to apply during that period such internal measures as they may deem necessary.

제33조(추방 또는 송환의 금지)

1. 체약국은 난민을 어떠한 방법으로도 인종, 종교, 국적, 특정 사회집단의 구성원 신분 또는 정치적 의견을 이유로 그 생명이나 자유가 위협받을 우려가 있는 영역의 국경으로 추방하거나 송환하여서는 아니 된다.

2. 체약국에 있는 난민으로서 그 국가의 안보에 위험하다고 인정되기에 충분한 상당한 이유가 있는 자 또는 특히 중대한 범죄에 관하여 유죄의 판결이 확정되고 그 국가공동체에 대하여 위험한 존재가 된 자는 이 규정의 이익을 요구하지 못한다.

1. No Contracting State shall expel or return ("refouler") a refugee in any manner whatsoever to the frontiers of territories where his life or freedom would be threatened on account of his race, religion, nationality, membership of a particular social group or political opinion.

2. The benefit of the present provision may not, however, be claimed by a refugee whom there are reasonable grounds for regarding as a danger to the security of the country in which he is, or who, having been convicted by a final judgement of a particularly serious crime, constitutes a danger to the community of that country.

모든 이주노동자와 그 가족의 권리보호에 관한 국제협약

제22조

1. 이주노동자와 그 가족에 대한 집단적 추방 조치는 금지된다. 각 추방사건은 개별적으로 심리되고 결정되어야 한다.

2. 이주노동자와 그 가족은 권한 있는 당국에 의하여 법률에 따른 결정에 의하여만 당사국의 영역으로부터 추방될 수 있다.

3. 추방의 결정은 그가 이해하는 언어로 통고되어야 한다. 본인의 요구가 없으면 의무적이 아닌 경우라도 만약 요구를 하면 결정은 문서로 통보되어야 하며, 국가안보에 의한 예외적인 경우를 제외하고는 결정의 이유가 진술되어야 한다. 이러한 권리는 결정 이전 또는

늦어도 결정 시에는 당사자에게 고지되어야 한다.

4. 사법당국에 의한 최종 판결이 발표되는 경우를 제외하고 당사자는 자기가 추방되지 말아야 할 이유를 제출할 권리가 있으며, 권한 있는 기관에 의하여 그 사건이 심사받을 수 있어야 한다. 단, 국가안보상의 긴요한 사유가 있는 경우에는 그러하지 아니하다. 심사기간 중 당사자는 추방결정의 집행정지를 요청할 권리를 가진다.

5. 이미 집행된 추방결정이 나중에 무효로 되었을 때, 당사자는 법률에 따른 보상을 청구할 권리를 가지며, 이전의 결정은 그가 당해 국가로 재입국하는 것에 방해사유가 될 수 없다.

6. 추방의 경우 당사자에게는 출국 전 또는 후에 임금청구권, 그에게 귀속될 다른 권리 또는 현행 채무를 해결하기 위한 합리적인 기회가 주어져야 한다.

7. 추방 결정의 집행을 해하지 않는 범위에서 그 결정의 대상인 이주노동자 또는 그 가족은 출신국 이외의 국가로의 입국을 모색할 수 있다.

8. 이주노동자 또는 그 가족이 추방되는 경우 추방 비용을 당사자에게 부담시켜서는 아니된다. 당사자는 자신의 여행경비의 지불을 요구받을 수 있다.

9. 취업국으로부터의 추방 그 자체로는 임금수령권과 그에게 귀속될 다른 권리를 포함하여 이주노동자 또는 그 가족이 그 국가의 법률에 따라 획득한 어떠한 권리도 손상시키지 아니한다.

1. Migrant workers and members of their families shall not be subject to measures of collective expulsion. Each case of expulsion shall be examined and decided individually.

2. Migrant workers and members of their families may be expelled from the territory of a State Party only in pursuance of a decision taken by the competent authority in accordance with law.

3. The decision shall be communicated to them in a language they understand. Upon their request where not otherwise mandatory, the decision shall be communicated to them in writing and, save in exceptional circumstances on account of national security, the reasons for the decision likewise stated. The persons concerned shall be informed of these rights before or at the latest at the time the decision is rendered.

4. Except where a final decision is pronounced by a judicial authority, the person concerned shall have the right to submit the reason he or she should not be expelled and to have his or her case reviewed by the competent authority, unless compelling reasons of national security require otherwise. Pending such review, the person concerned shall have the right to seek a stay of the decision of expulsion.

5. If a decision of expulsion that has already been executed is subsequently annulled, the

person concerned shall have the right to seek compensation according to law and the earlier decision shall not be used to prevent him or her from re-entering the State concerned.

6. In case of expulsion, the person concerned shall have a reasonable opportunity before or after departure to settle any claims for wages and other entitlements due to him or her and any pending liabilities.

7. Without prejudice to the execution of a decision of expulsion, a migrant worker or a member of his or her family who is subject to such a decision may seek entry into a State other than his or her State of origin.

8. In case of expulsion of a migrant worker or a member of his or her family the costs of expulsion shall not be borne by him or her. The person concerned may be required to pay his or her own travel costs.

9. Expulsion from the State of employment shall not in itself prejudice any rights of a migrant worker or a member of his or her family acquired in accordance with the law of that State, including the right to receive wages and other entitlements due to him or her.

제23조

이주노동자와 그 가족은 이 협약상의 권리를 침해받았을 때, 출신국 또는 그 나라의 이익 대표국의 영사 또는 외교당국의 보호와 지원을 요청할 권리를 가진다. 특히 추방의 경우 당사자는 이 권리에 대하여 지체 없이 고지받으며, 추방국 당국은 이 권리의 행사를 용이하게 하여야 한다.

Migrant workers and members of their families shall have the right to have recourse to the protection and assistance of the consular or diplomatic authorities of their State of origin or of a State representing the interests of that State whenever the rights recognized in the present Convention are impaired. In particular, in case of expulsion, the person concerned shall be informed of this right without delay and the authorities of the expelling State shall facilitate the exercise of such right.

제14조 공정한 재판을 받을 권리[*]

원 유 민

목 차

Ⅰ. 개관
Ⅱ. 공정하고 공개적인 재판을 받을 권리
  1. 재판에서의 평등
  2. 범죄 혐의 또는 소송상 권리 및 의무의
    확인
  3. 법률에 의하여 설치된 권한 있는 독립적
    이고 공평한 법원
  4. 공정한 재판
  5. 재판의 심리 공개와 판결의 공개
Ⅲ. 무죄로 추정받을 권리
Ⅳ. 형사재판상 피고인의 권리
  1. 범죄에 대해 통지받을 권리
  2. 변호를 준비할 권리
  3. 부당한 지체 없이 재판받을 권리
  4. 재판에 출석할 권리와 변호인의 조력을
    받을 권리

  5. 증인을 소환하고 신문할 권리
  6. 통역을 받을 권리
  7. 진술거부권
Ⅴ. 미성년자에 대한 재판
Ⅵ. 상소권
Ⅶ. 형사보상청구권
Ⅷ. 일사부재리 원칙
Ⅸ. 한국의 실행
  1. 군사법원의 독립성과 민간인에 대한
    재판
  2. 변호인 조력권
  3. 통역을 받을 권리
  4. 제14조 제5항 상소권 유보와 철회
  5. 제14조 제7항 일사부재리원칙 유보와
    철회
[다른 인권조약상의 관련 조항]

제14조

1. 모든 사람은 재판에 있어 평등하다. 모든 사람은, 자신에 대한 범죄 혐의 또는 소송상 권리 및 의무를 확인함에 있어, 법률에 따라 설치된 권한 있는 독립적이고 공평한 법원에 의한 공정한 공개심리를 받을 권리를 가진다. 민주사회의 도덕, 공공질서 또는 국가안보를 이유로 하거나 당사자들의 사생활 이익을 위하여 필요한 경우, 또는 공개가 사법정의를 해치게 될 특별한 사정 하에 법원이 엄격히 필요하다고 판단하는 범위 내에서 재판의 전부 또는 일부는 언론 및 대중에 공개되지 않을 수 있다. 다만, 형사소송 또는 그 밖의

---

[*] 이 글은 필자의 "국제인권규약상 공정한 재판을 받을 권리"(서울국제법연구 제29권 1호(2022))를 일부
수정 · 편집한 것이다.

소송에서 선고되는 모든 판결은 미성년자의 이익을 위하여 달리 필요한 경우 또는 해당 절차가 혼인관계 분쟁이나 아동 후견에 관한 절차인 경우를 제외하고는 공개된다.

2. 모든 형사피의자 및 형사피고인은 법률에 따라 유죄가 입증될 때까지 무죄로 추정받을 권리를 가진다.

3. 모든 사람은 자신에 대한 범죄 혐의를 확인함에 있어 적어도 다음 사항을 완전히 평등하게 보장받을 권리를 가진다.

　가. 자신에 대한 범죄 혐의의 성격 및 이유에 관하여 자신이 이해하는 언어로 신속하고 상세하게 통지받는 것

　나. 변호 준비를 위하여 충분한 시간 및 편의를 가지고, 자신이 선임한 변호인과 연락을 취하는 것

　다. 부당하게 지체됨이 없이 재판을 받는 것

　라. 본인의 출석하에 재판을 받으며, 직접 또는 본인이 선임하는 변호인의 조력을 통하여 변호하는 것. 변호인이 없는 경우, 변호인의 조력을 받을 수 있는 권리에 대하여 통지 받는 것. 또한 사법정의상 필요한 경우, 만약 변호인의 조력에 대한 충분한 지불 수단을 가지고 있지 않다면 본인이 지불하지 않고, 변호인의 조력을 받을 수 있는 것

　마. 자신에게 불리한 증인을 신문하거나 신문 받도록 하는 것과 자신에게 불리한 증인과 동일한 조건하에 자신을 위한 증인을 출석시키고 신문 받도록 하는 것

　바. 법정에서 사용되는 언어를 이해하지 못하거나 말할 수 없는 경우에는 무료로 통역인의 조력을 받는 것

　사. 자신에게 불리한 진술 또는 유죄의 자백을 강요당하지 않는 것

4. 미성년자의 경우, 그 절차는 그들의 연령과 그들의 사회복귀 증진이 바람직하다는 점을 고려한 것이어야 한다.

5. 유죄판결을 받은 모든 사람은 자신의 유죄판결 및 형의 선고에 대하여 상급 법원에서 법률에 따라 심리를 받을 권리를 가진다.

6. 어떤 사람이 확정판결에 따라 범죄에 대한 유죄판결을 받았고, 추후에 새로운 사실 또는 새로 발견된 사실로 인해 오심이 있었음이 결정적으로 입증됨으로써 그에 대한 유죄판결이 파기되었거나 사면을 받았을 경우, 유죄판결의 결과로 처벌을 받은 사람은 법률에 따라 보상을 받는다. 다만, 알려지지 않은 사실이 적시에 공개되지 않은 점이 전체적으로 또는 부분적으로 그에게 책임이 있었다는 것이 증명된 경우에는 그렇지 않다.

7. 어느 누구도 각국의 법률 및 형사절차에 따라 이미 확정적으로 유죄판결 또는 무죄판결을 받은 행위에 관하여는 거듭 재판 또는 처벌 받지 않는다.

Article 14

1. All persons shall be equal before the courts and tribunals. In the determination of any criminal charge against him, or of his rights and obligations in a suit at law, everyone shall be entitled to a fair and public hearing by a competent, independent and impartial tribunal established by law. The press and the public may be excluded from all or part of a trial for reasons of morals, public order (ordre public) or national security in a democratic society, or when the interest of the private lives of the parties so requires, or to the extent strictly necessary in the opinion of the court in special circumstances where publicity would prejudice the interests of justice; but any judgement rendered in a criminal case or in a suit at law shall be made public except where the interest of juvenile persons otherwise requires or the proceedings concern matrimonial disputes or the guardianship of children.

2. Everyone charged with a criminal offence shall have the right to be presumed innocent until proved guilty according to law.

3. In the determination of any criminal charge against him, everyone shall be entitled to the following minimum guarantees, in full equality: (a) To be informed promptly and in detail in a language which he understands of the nature and cause of the charge against him;

   (b) To have adequate time and facilities for the preparation of his defence and to communicate with counsel of his own choosing;

   (c) To be tried without undue delay;

   (d) To be tried in his presence, and to defend himself in person or through legal assistance of his own choosing; to be informed, if he does not have legal assistance, of this right; and to have legal assistance assigned to him, in any case where the interests of justice so require, and without payment by him in any such case if he does not have sufficient means to pay for it;

   (e) To examine, or have examined, the witnesses against him and to obtain the attendance and examination of witnesses on his behalf under the same conditions as witnesses against him;

   (f) To have the free assistance of an interpreter if he cannot understand or speak the language used in court;

   (g) Not to be compelled to testify against himself or to confess guilt.

4. In the case of juvenile persons, the procedure shall be such as will take account of their age and the desirability of promoting their rehabilitation.

5. Everyone convicted of a crime shall have the right to his conviction and sentence being reviewed by a higher tribunal according to law.

6. When a person has by a final decision been convicted of a criminal offence and when subsequently his conviction has been reversed or he has been pardoned on the ground that a new or newly discovered fact shows conclusively that there has been a miscarriage of justice, the person who has suffered punishment as a result of such conviction shall be compensated according to law, unless it is proved that the non-disclosure of the unknown fact in time is wholly or partly attributable to him.

7. No one shall be liable to be tried or punished again for an offence for which he has already been finally convicted or acquitted in accordance with the law and penal procedure of each country.

Ⅰ. 개관

인권이 침해된 사람이 자신의 권리를 구제하기 위해 국내에서 이용할 수 있는 마지막 권리구제절차는 법원에서의 재판이다. 개인이 국가에 대해 재판절차를 이용하여 자신의 권리를 주장할 수 있도록 국가는 사법적 권리구제절차를 제공해야 한다. 국제인권법은 이러한 개인의 권리를 재판청구권으로 보호하고 있다. 시민적·정치적 권리에 관한 국제규약(이하 규약) 제14조는 공정한 재판을 받을 권리를 보장하며, 특히 형사절차에서의 구체적인 보장 내용을 규정한다. 제14조 제1항에서는 재판상 평등권, 모든 종류의 소송에서 공정한 재판을 받을 권리와 공개재판을 받을 권리 등을 보장하고 있다. 제14조 제2항 내지 제7항에서는 형사재판에서의 공정한 재판의 구체적인 요소를 규정함으로써 형사피의자나 피고인에게 부여되어야 하는 최소한의 권리를 보장한다. 제2항은 무죄로 추정 받을 권리를 규정하고 있고, 제3항은 피의자와 피고인의 변호할 권리 및 변호인의 조력을 받을 권리를 상세하게 보장하고 있다. 또한 제4항은 형사재판상 미성년자의 특수성을 규정하고 있으며, 제5항은 상소권을, 제6항은 오심에 대한 보상청구권을 보장하고 있고 제7항은 일사부재리의 원칙을 규정하고 있다.

재판청구권 보호와 형사절차상 권리보장은 영미 보통법상 적법절차원칙에서 유래한다.[1] 공정한 재판을 받을 권리는 1948년 세계인권선언에서도 보장되었다. 세계인권선언 제10조는 모든 사람의 독립적이고 공평한 법정에서 완전히 평등하게 공정하고 공개된 재판을 받을 권리를 보장하였고, 제11조 제1항은 형사절차에서 무죄로 추정받을 권리를 규정하였

---

1) Nowak's CCPR Commentary(2019), p.352(para.1)

다.[2] 1966년 채택된 규약은 제14조 제1항에서 모든 사람에게 인정되는 재판에서의 평등권과 다양한 소송유형에서 인정되는 공정한 재판을 받을 권리를 규정하였고, 형사절차에서의 권리보장에 대해서는 제14조 제2항부터 제7항까지 구체적인 권리보장내용을 각각 별도의 조항에 규정하였다. 규약 제14조는 형사재판절차상 권리조항으로 알려져 있는데, 제1항 권리는 형사재판절차에 국한되지 않음에 유의해야 한다. 재판청구권은 지역인권제도에서도 보장되고 있으며, 1950년 유럽인권협약 제6조, 1978년 미주인권협약 제8조, 1981년 아프리카인권헌장 제7조 제1항에 재판청구권이 규정되어 있으며, 상세한 내용은 조금씩 상이한 부분도 있다.

제14조는 규약에서 가장 긴 조항이다. 그만큼 특히 형사소송절차에 적용되는 절차적 권리보장을 자세하게 규정하고 있다. 규약위원회(Human Rights Committee)는 제14조에 대해 각국 국내법이나 법전통과 관계없이 모든 당사국이 준수해야 하는 절차적 권리를 보장한다고 설명한다.[3] 하지만 각국 사법현실상 형사법제도는 다르게 운영되고, 제14조 내용과 일치하지 않는 경우도 많다. 이러한 점을 반영하듯 제14조는 당사국이 가장 많이 유보와 해석선언을 제출한 조항이기도 하다.[4] 규약위원회는 제14조 특정 조항에 대한 유보가 수락된다 하더라도, 제14조 공정한 재판에 대한 권리의 일반적 유보는 허용되지 않는다고 밝혔다.[5] 규약은 국가비상사태가 발생한 경우 한시적으로 규약상 권리보호를 정지하는 이행정지제도를 제4조에 두고 있는데, 이 경우에도 재판청구권의 본질적인 부분은 정지될 수 없다고 본다.[6] 이는 다른 권리를 보장하기 위한 수단으로서 역할을 하기 때문이기도 하다.

규약 제14조는 규약위원회에 제기된 수많은 개인통보사건에서 위반이 주장되었던 조문이다. 규약위원회는 개인통보사건 견해가 쌓이면서 제14조 각 조항을 해석하며 판례법을 형성할 수 있었다. 개인통보사건뿐만 아니라 국가보고서 검토과정에서도 각국 사법제도가

---

2) 한편 세계인권선언 제11조 제2항은 소급처벌 금지원칙 내용을 담고 있었는데, 이는 규약에서는 제14조가 아닌 제15조에 별도 조항으로 규정되었다.

3) HRC General Comment No.32(2007), para.4.

4) 제14조 일부 조항에 대해 유보를 제출한 국가로는, 오스트레일리아, 오스트리아, 바하마스, 방글라데시, 바베이도스, 벨기에, 벨리즈, 덴마크, 핀란드, 프랑스, 감비아, 독일, 가이아나, 아이슬란드, 리히텐슈타인, 룩셈부르크, 몰타, 모나코, 네덜란드, 뉴질랜드, 노르웨이, 스웨덴, 트리니다드 토바고, 영국, 미국이 있다. 아일랜드, 프랑스(일부), 이탈리아, 한국, 스위스, 베네수엘라는 규약 제14조에 관한 유보를 제출하였다가 철회하였다.
https://treaties.un.org/Pages/ViewDetails.aspx?src＝TREATY&mtdsg_no＝IV－4&chapter＝4&clang＝_en#39 (2023. 6. 29. 최종방문)

5) HRC General Comment No.24(1994), para.8; HRC General Comment No.32(2007), para.5.

6) HRC, General Comment No.29(2001), para.16.

재판청구권 보호에 충분한지 검토하였다. 이러한 경험을 바탕으로 규약위원회는 1984년 일반논평 제13호에서 제14조 공정한 재판을 받을 권리의 해석지침을 발표하였고, 그 이후에도 제14조 의미를 구체화하기 위한 노력을 계속하여 2007년 일반논평 제32호를 발표하였다. 이 글에서는 규약위원회의 일반논평과 개인통보사건, 국가보고서에 대한 최종견해 등을 검토하여 제14조 공정한 재판받을 권리의 구체적인 의미를 각 조항별로 차례로 분석한다.[7]

Ⅱ. 공정하고 공개적인 재판을 받을 권리

규약 제14조 제1항 모든 소송과 형사사건에 대해 독립적이고 공평한 법원에서 공정하고 공개적인 재판을 받을 권리는 적법절차원칙 중 가장 본질적인 부분이다. 제14조 제2항 내지 제7항이 형사절차에서의 공정한 재판을 구체적으로 규정한다면, 제14조 제1항은 일반 재판절차에서 절차적 권리보장을 위해 당사국이 광범위하고 적극적인 조치를 취하도록 규정한다.[8]

1. 재판에서의 평등

제14조 제1항 1문은 "모든 사람은 재판에 있어 평등하다."라고 규정하여 재판상 평등을 포괄적으로 보장하고 있다. 규약 제26조는 일반적인 평등권으로 법 앞의 평등을 규정하고 있는데, 제14조는 그 중에서 재판상 평등을 규정하고 있다. 이렇게 포괄적으로 재판상 평등을 규정하는 조항은 다른 지역인권협약에는 규정되어 있지 않다. 특정한 집단의 사람에 대한 차별을 금지하는 개별적인 인권조약에서는 법원 앞에서 평등한 대우를 받을 권리를 향유함에 있어 인종, 피부색 또는 민족이나 종족의 기원에 구별 없이(인종차별철폐협약) 또는 여성과 남성을 동등히(여성차별철폐협약) 대우하여야 한다고 규정한다.[9]

제14조 제1항 1문에서 보장하는 재판에서의 평등은 바로 다음 문장인 2문에 언급되는

---

7) 규약 제14조의 조항별로 분석한 글로 김원희, "기획 – 국제인권규약 해설(2) : 제14조 공정한 재판을 받을 권리", 공익과 인권, 제3권 제1호(2006), pp.121-228이 있다. 이 글에서는 그 이후 2007년 발표된 일반논평 제32호와 최근까지 개인통보사건 및 국내 형사절차상 변화 등을 반영하여 제14조 각 조항별 해설을 제공하고자 한다. 제14조 각 조항별 개인통보사건들은 Nowak's CCPR Commentary(2019), pp. 350-434; Joseph & Castan's Commentary(2013), pp.430-520; Taylor's Commentary(2020), pp.369-428 영문 주석서 세 권을 참조하여 정리하였다.

8) Nowak's CCPR Commentary(2019), p.361(para.14.)

9) 모든 형태의 인종차별 철폐에 관한 국제협약 제5조 (a); 여성에 대한 모든 형태의 차별철폐에 관한 협약 제15조 제2항 참조.

법원뿐만이 아니라 국내법에 의해 사법업무를 위임받은 모든 사법기관에도 적용된다.10) 예를 들어 공무원에 대한 징계절차나11) 범죄인 인도절차는12) 제14조 제1항 2문 형사소송절차에는 해당하지 않아 제14조 제1항 2문상 권리보장이 적용되지 않지만, 이러한 절차에도 제14조 제1항 재판상 평등원칙은 적용된다.

재판에서의 평등은 범죄 혐의의 유무나 소송상 권리의무를 결정하는 법원에 접근할 권리를 포함한다.13) 당사국은 개인의 재판청구권을 효과적으로 보장하기 위해 제도를 구축해야 할 적극적 의무를 가진다. 재판받을 권리와 재판에서의 평등권은 당사국 국민뿐만 아니라 당사국 영토에 있거나 관할권 하에 있는 모든 개인에게 국적에 관계없이 보장된다. 재판에 접근할 권리를 보장함에 있어 법적 근거 없는 차별이나 객관적이고 합리적인 이유로 정당화되지 않는 차별은 금지된다.14) 인종, 피부색, 성별, 언어, 종교, 정치적 또는 기타 의견, 민족적 또는 사회적 출신, 재산, 출생 또는 기타 신분을 이유로 개인의 타인을 상대로 한 소송제기를 금지할 수 없다.15) *Avellanal v. Peru* 사건(1989)에서 페루 민법 제168조는 부부재산에 관해 남편만이 부부재산을 대표할 수 있었다. 예를 들어 법원에 소제기하는 행위에 있어서 부인은 남편과 동등한 권한이 없었다. 규약위원회는 페루 민법 제168조 적용은 법원 앞에서 동등할 권리를 침해하고 성별에 기한 차별에 해당하므로 규약 제14조 제1항 위반을 인정하였다.16)

재판에 접근할 권리를 보장하기 위해서는 구체적인 조치가 취해져야 한다. 먼저 변호인의 조력을 받지 못하는 경우 개인이 재판에 접근하거나 참여할 권리가 실질적으로 보장되지 않을 수 있다. 규약 제14조 제3항 라호는 형사소송절차에서 변호인의 조력을 받을 권리를 명시적으로 규정하고 있는데, 형사소송절차 외 소송에서도 당사국은 재정적 여건이 되지 않는 개인에게 변호인의 조력을 받을 권리를 제공하도록 권장되고, 경우에 따라서는 의무적으로 보장하기도 한다.17) *Henry v. Jamaica* 사건(1999)에서 통보자는 형사재판에서

---

10) HRC General Comment No.32(2007), para.7.
11) 규약위원회는 공무원에 대한 징계절차가 제14조 제1항 2문 범죄 혐의 또는 소송상 권리의무를 확인하는 소송절차에는 해당하지 않지만, 공무원의 징계절차에도 제14조 제1항 재판상 평등원칙이 적용된다고 판시하였다. *Perterer v. Austria*, Communication No. 1015/2001(2004), para.9.2.
12) 범죄인인도절차에 대해서도 형사재판절차에는 해당하지 않지만, 재판상 공정성과 재판상 평등에 관한 주장은 규약 제14조 제1항 문제로 보았다. *Everett v. Spain*, Communication No. 961/2000(2004), para.6.4.
13) HRC General Comment No.32(2007), para.9.
14) *Ibid.*
15) *Ibid.*
16) *Ato del Avellanal v. Peru*, Communication No. 202/1986(1988), para.10.1-11.

사형을 선고받은 후 사형 집행, 구금여건, 사형수 대기기간이 잔인한 형벌에 해당한다고 주장하기 위해 헌법소원을 신청하려고 하였다. 규약위원회는 규약 제14조 제1항이 당사국에게 형사재판 외 절차에서 법적 조력을 제공하라고 명시하지는 않지만, 모든 사람에게 동등하게 재판에 접근할 수 있도록 보장할 의무를 부여한다고 하였다. 이 사건에서 규약위원회는 통보자가 사형수이고, 그가 직접 헌법소원을 제출할 수 없으며, 헌법소원 대상이 사형 집행의 위헌성이라는 점을 고려하였다. 이에 당사국은 통보자가 재판에 접근할 수 있도록 법적 조력을 제공하는 등 조치를 취했어야 한다고 보아 제14조 제1항 위반을 인정하였다.[18] 강제퇴거소송이 문제되었던 사안으로 *Gatilov v. Russia* 사건(2017)에서 통보자는 공판에 관한 통지를 받지 못하여 공판에 참석하지 못했다고 주장하였다. 규약위원회는 러시아가 강제퇴거 공판에 관한 날짜와 시각을 통지하지 못한 이유를 설명하지 못하여 규약 제14조 제1항을 위반하였다고 결정하였다.[19]

그 외에도 소송비용이 지나치게 많다면 사실상 소송 당사자가 재판에 접근하지 못하게 되어 규약 제14조 제1항에 위반될 수 있다. *Äärelä and Näkkäläjärvi v. Finland* 사건(2001)에서 순록을 사육하는 핀란드 사미(Sami)족 사람들은 국유지에 벌목하고 도로를 건설하는 사업 허가에 대해 공익소송을 제기하였다. 통보자들은 1심에서 일부 승소하였지만, 항소법원에서 패소하였다. 항소법원은 관련 법률을 엄격하게 해석하여 소송비용을 패소자가 모두 부담하도록 결정하였다. 규약위원회는 항소법원이 특정한 사람들의 사정이나 비슷한 상황에 처한 사람들이 법원에 접근하는 데 미칠 영향을 고려하지 않고 소송비용을 패소자가 모두 부담하게 한 결정은 통보자들의 제14조 제1항상 권리를 침해한다고 보았다.[20] 한편 법원에의 접근권은 소송 당사자가 아닌 사람에게도 인정될 수 있다. *LNP v. Argentina* 사건(2011)에서 통보자는 강간 피해를 입은 선주민 소녀였다. 해당 범죄에 관한 재판에서 피고인들은 무죄를 선고받았는데, 통보자는 그 재판에 참여할 권리가 충분히 보장받지 못하였다고 주장하였다. 통보자는 소송에 참여할 권리를 통지받지 못해 재판과정에 참여할 수 없었고, 무죄 판결도 통지받지 못했으며, 특히 재판과정이 모두 통역 없이 스페인어로

---

17) HRC General Comment No.32(2007), para.10.

18) *Henry v. Trinidad and Tobago*, Communication No. 752/1997(1998), para.7.6. 이외에도 유사한 사안으로 *Currie v. Jamaica*, Communication No. 377/1989(1994), para.13.4; *Shaw v. Jamaica*, Communication No. 704/1996(1998), para.7.6; *Taylor v. Jamaica*, Communication No. 707/1996 (1997), para.7.3; *Kennedy v. Trinidad and Tobago*, Communication No. 845/1998(2002), para.7.10 참조.

19) *Gatilov v. Russia*, Communication No. 2171/2012(2017), para.9.2

20) *Äärelä and Näkkäläjärvi v. Finland*, Communication No. 779/1997(2001), para.7.2.

진행되어 소통하는 데 어려움을 겪었다는 점이 지적되었다. 이에 따라 규약 제14조 제1항 통보자의 동등하게 재판에 접근할 권리가 침해되었다고 보았다.[21]

재판에서의 평등은 소송절차에서 무기 평등도 보장한다.[22] 법률에 근거한 객관적이고 합리적인 이유가 없는 한, 모든 당사자에게 동등한 절차적 권리가 보장되어야 한다.[23] 예를 들어 형사재판 결과에 대해 검사는 항소할 수 있지만 피고인 측은 항소할 수 없다면 제14조 제1항 위반에 해당한다.[24] 양 당사자 간 평등 원칙은 민사소송절차에도 적용되고, 무엇보다 상대방이 제출한 주장과 증거를 다툴 기회가 각자에게 주어져야 한다.[25] *Vojnović v. Croatia* 사건(2009)에서 규약위원회는 국내법원이 통보자가 신청한 증인을 받아들이지 않은 결정이 자의적이었다고 보았다. 이에 규약 제14조 제1항 공정한 재판과 법원 앞에서의 평등을 위반하였다고 보았다.[26]

2. 범죄 혐의 또는 소송상 권리의무의 확인

규약 제14조 제1항 2문은 모든 사람은 그에 대한 범죄 혐의나 소송상 권리 및 의무를 확인하기 위해 재판을 청구할 권리를 가진다고 규정한다. 규약에서 '범죄 혐의'의 의미는 당사국 국내법체계에서의 분류 기준과 관계없이 규약 자체 의미에 따른다.[27] 목적, 성격, 심각성 기준에서 봤을 때 형사적인 성격의 제재가 부과될 수 있는 경우에는 국내법상 기준과 관계없이 형사피고인의 권리를 보장하는 제14조가 적용된다.[28] *E.V. v. Belarus* 사건(2014)에서 통보자는 평화적 집회에 참여했다는 이유로 제재를 받았는데 그 제재는 국내법상 행정적 성격으로 취급되었다. 규약위원회는 그 제재 목적이 형벌을 통한 그와 타인의 행위 억제에 있고, 통보자가 위반한 법규정이 징계법과 같이 특별한 지위를 가지고 있는 사람만이 아니라 일반 행사에 참여하는 모든 개인을 대상으로 한다는 점을 주목하였다. 법규정의 일반성과 형벌의 목적으로 봤을 때 통보자에게 부과된 제재는 규약 제14조 형벌적 성격을 가진다고 보았다.[29]

---

21) *LNP v. Argentina*, Communication No. 1610/2007(2011), para.13.5
22) HRC General Comment No.32(2007), para.13.
23) *Ibid.*
24) *Weiss v. Austria*, Communication No. 1086/2002(2003), para.9.6
25) HRC General Comment No.32(2007), para.13.
26) *Vojnović v. Croatia*, Communication No. 1510/2006(2009), para.8.3.
27) Nowak's CCPR Commentary(2019) p.363(para.17); *Perterer v. Austria*, Communication No.1015/2001(2004), para.9.2 참조.
28) *Arkadyevich v. Russia*, Communication No.2141/2012(2015), para.7.6.
29) *E.V. v. Belarus*, Communication No.1989/2010(2014), para.6.5.

제14조 제1항 2문은 범죄 혐의뿐만 아니라 '소송상 권리의무'를 확인하는 절차를 포함한다. 국문번역본상 '소송상 권리 및 의무'에 해당하는 영문본 문구는 "rights and obligations in a suit at law"으로 민사적 성격이라는 점을 명시하지 않고 '소송상 권리 및 의무'를 가리킨다. 하지만 'ses droits et obligations de caractère civil'라고 규정한 프랑스어본에서는 민사적 성격의 권리의무를 포함한다는 점이 명백하게 드러난다. 이러한 표현상 차이로 인해 민사재판이 아닌 행정재판 등 다른 소송에서 당사자가 갖는 권리의무에도 제14조 제1항이 적용되는지 문제될 수 있다. 규약위원회는 해당 문구가 규약의 다양한 언어 버전에 다르게 표시되어 있는데, 각각은 모두 규약 정본이고(규약 제53조), 교섭기록으로는 언어적 불일치 문제를 해결할 수 없다고 본다.30) 대신 '소송상 권리의무'에 해당하는지 여부는 당사국 국내법체계상 일방당사자가 국가기관인지 여부나 특정한 유형의 법원에서 재판되는지에 따라 결정되지 않고, 문제되는 권리의 성격을 고려하여 결정된다고 본다. 소송상 권리의무의 다툼에 관한 절차에는 (i) 계약, 재산, 불법행위 등 사법 영역에 속하는 권리의무를 결정하는 소송절차, (ii) 징계 외 사유로 공무원 해직,31) 군인의 사회보장 혜택32) 및 연금수급권 결정, 또는 국유지 사용이나 사유재산 수용에 관한 소송 등 행정법 영역에서의 동등한 절차가 해당되며, (iii) 이 외에도 다른 소송도 포함될 수 있는데, 단 구체적인 사안별로 관련된 권리 특성을 고려하여야 한다.33) *Y.L. v. Canada* 사건(1986)에서 전직 군인의 장애연금청구권이 소송상 권리에 해당되는지 문제되었다.

통보자는 캐나다 군대에서 정신질환을 이유로 강제전역된 후 장애연금을 청구하였지만, 연금수급권판정위원회와 연금재심위원회로부터 거부되었다. 이 사건에서 연금재심위원회 절차가 제14조 제1항 절차에 해당되는지 문제되었다.

규약위원회는 다음과 같은 기준을 제시하였다. '소송상(in a suit at law)'이라는 개념은

---

30) HRC General Comment No.32(2007), para.16.

31) *Casanovas v. France*, Communication No. 441/90(1994), para.5.2. 공무원 해직과 달리 공무원 승진과 관련된 사안에서는 규약 제14조 소송상 권리에 해당하지 않는다고 보았다. *Kolanowski v. Poland*, Communication No. 837/98(2003), para.6.4. *Kazantzis v. Cyprus* 사건(2003)에서 규약위원회는 판사를 임명하는 절차는 규약 제25조 다호 공무담임권에 해당할 수 있다 하더라도, 규약 제14조 소송(suits at law)상 권리의무의 다툼에 관한 결정에 속하지 않는다고 결정하였다. *Kazantzis v. Cyprus*, Communication No. 972/2001(2003), para.6.5.

32) *García Pons v. Spain* 사건(1995)에서 규약위원회는 사회보장수급권절차에서 제14조 제1항 위반 여부를 검토할 심리적격이 있다고 보았고, 본안에서 법원에서 진행된 사회보장수급권 결정절차에 제14조가 적용된다고 하였다. *García Pons v. Spain*, Communication No.454/1991(1995), para. 9.3.

33) HRC General Comment No.32(2007), para.16.

정부, 준국가기관, 자치단체와 같은 일방 당사자의 지위나 개별적인 법체계에서 해당 권리를 다투게 정하는 특정한 법정(forum)이 아니라 문제되는 권리의 성격에 따라 결정되어야 한다. 특히 공법과 사법 사이에 본질적 차이를 두지 않고, 법원이 법률에 규정을 두거나 다른 사법통제 방식으로 1심이나 항소심에서 절차에 대한 통제를 행사하는 보통법 체계에서는 더욱 그렇다. 이러한 점에서 개인통보사건은 개별적인 특징을 고려하여 심사되어야 한다. 이 사건에서는 캐나다 연방법원법률에 사법통제가 가능하도록 규정하고 있기 때문에 캐나다 법제도상 연금에 관한 절차가 사법기관의 감독과 통제 하에 있다고 보았다. 이에 따라 규약상 권리침해 가능성이 충분하지 않다고 보아 심리적격이 없다고 결정하였다.[34]

규약 제14조 제1항 2문에 규정된 법원에 접근할 권리는 국내법상 개인에게 권리를 수여하지 않는 경우에는 적용되지 않는다.[35] 예를 들어 공직에서 높은 지위로 승진할 권리,[36] 판사로 임명될 권리,[37] 사형을 감형받을 권리[38]에는 규약 제14조 제1항이 적용되지 않았다. 특히 공무원, 군인, 수형자과 같이 행정적 통제를 받는 사람으로서 형벌이 아닌 징계조치처분을 받고 그 처분을 다투는 경우에는 제14조 제1항이 문제되지 않는다.[39] 규약 제14조 제1항 2문은 범죄인인도, 강제퇴거, 강제추방 절차에도 적용되지 않는데, 이러한 절차에는 다른 절차적 권리보장이 적용될 수 있다.[40] 외국인 강제추방절차에 규약 제14조 제1항 절차적 권리보장이 적용되지 않지만, 그 절차에는 외국인의 추방제한에 관한 규약 제13조가 적용될 수 있다.[41] 이러한 사법절차에는 제14조 제1항 1문 재판상 평등원칙도 적용될

---

34) *Y.L. v. Canada*, Communication No. 112/81(1986), para.9.2-10.

35) HRC General Comment No.32(2007), para.17.

36) *Kolanowski v. Poland*, Communication No. 837/98(2003), para.6.4.

37) *Kazantzis v. Cyprus*, Communication No.972/2001(2003), para.6.5; *Jacobs v. Belgium*, Communication No. 943/2000(2004), para. 8.7; *Rivera v. Fernández v. Spain*, Communication No. 1396/2005(2005), para.6.3.

38) *Kennedy v. Trinidad and Tobago*, Communication No. 845/1998(2002), para.7.4.

39) *Perterer v. Austria*, Communication No. 1015/2001(2004), para.9.2.

40) HRC General Comment No.32(2007), para.17. 규약위원회는 *Esposito v. Spain* 사건(2007)에서 범죄인 인도절차는 규약 제14조 범죄 혐의를 결정하는 절차에 해당하지 않는다고 보았다. *Esposito v. Spain*, Communication No. 1359/2005(2007), para. 7.6.

41) 규약위원회는 외국인 강제추방에 관한 절차는 규약 제13조 적용대상이지만, 제14조 제1항 소송상 권리의무에는 해당되지 않는다고 보고 있다. *Zundel v. Canada*, Communication No. 1341/2005(2007), para.6.8; *D v. Denmark*, Communication No. 2007/2010(2014), para.8.5; *M.A. v. Denmark*, Communication No.2240/2013(2017), para.6.4; *D et al. v. Denmark*, Communication No. 2293/

수 있음은 앞에서 본 바와 같다.[42]

3. 법률에 의하여 설치된 권한 있는 독립적이고 공평한 법원

규약 제14조 제1항 2문은 모든 사람에게 법률에 따라 설치된 권한 있는 독립적이고 공평한 법원에서 재판받을 권리를 보장한다. 여기서 '법원'은 명칭에 관계없이, 법에 의해 설치되고, 행정부와 입법부로부터 독립적인 기관이거나, 사법절차에서 구체적 사안의 법적 쟁점을 독립적으로 결정하는 기관을 말한다.[43] 이 조항은 형사상 기소된 피고인에게 법원에 접근할 권리를 보장하고, 형사유죄판결이 법원이 아닌 다른 기관에서 이루어지는 경우에는 규약 제14조에 위반된다. 소송상 권리의무를 결정하는 절차도 적어도 한 단계는 규약 제14조 제1항 법원에서 이루어져야 한다.[44]

규약 제14조 제1항 '법원'은 법적 권한, 독립성, 공정성을 갖추어야 하며, 여기에는 예외가 허용되지 않는다.[45] 사법기관의 독립성은 판사 임명 절차 및 자격과 관련이 있고, 정년이나 임기가 만료될 때까지 재임을 안전하게 보장한다. 승진·인사이동·정직·해직과 관련된 조건을 보장하고, 행정부와 입법부의 정치적 개입으로부터 실제로 독립적이도록 보장한다.[46] 만약 행정부와 사법부의 권한과 기능이 구별되지 않거나 행정부가 사법부를 통제한다면 독립성 있는 사법기관이라고 볼 수 없다.[47] 판사의 독립성을 보장하기 위해서는 판사의 지위와 임기·안전·보수·근무여건·연금·정년에 관한 내용을 법률로 보장해야 한다.[48] 판사는 직권남용이나 무능력의 중대한 사유가 있는 경우에만 헌법이나 법률에 규정된 객관적이고 공정한 절차에 따라 해임이 가능하다.[49] *Bahamonde v. Equatorial Guinea* 사건(1993)에서 통보자는 적도 기니 법원에서 사법적 구제를 위한 시도를 수차례 하였지만 모두 실패하였다고 주장하였다. 규약위원회는 재판상 평등은 법원에 대한 접근권 자체를 포함하고, 개인이 자신의 권리구제를 위해 사법제도를 이용하려는 시도가 체계적으로 좌절된다면 제14조 제1항 보장취지에 반한다고 보았다. 이러한 맥락에서 적도 기니 대통령이 사법부를

2013(2017), para.6.8.

42) HRC General Comment No.32(2007), para.7.
43) HRC General Comment No.32(2007), para.18.
44) *Ibid.*
45) *Ibid*, para.19.
46) *Ibid.*
47) *Ibid.*
48) *Ibid.*
49) *Ibid.*, para.20.

통제하고 있다는 통보자의 주장에 대해, 사법부와 행정부의 기능과 관할권이 명확하게 구별되지 않거나, 행정부가 사법부를 통제하거나 지시한다면 규약 제14조 제1항이 말하는 독립적이고 공정한 법원으로 볼 수 없다고 하였다.[50] *Cedeño v. Venezuela* 사건(2012)에서 통보자 석방을 명령한 재판장이 당일에 체포되었고 그 다음날 베네수엘라 대통령은 언론에서 재판장을 '강도'라고 부르며 중대하게 처벌되어야 한다고 발언하였다. 규약위원회는 베네수엘라 임시판사 시스템은 판사 지위가 보장되지 않고 미리 정해진 절차 없이 해직될 수 있으며 행정부의 지시를 따르지 않는 판사는 보복의 대상이 된다는 점에서 이러한 사법당국은 독립적이지 않다고 보았다.[51]

또한 법원은 공정해야 하는데, 공정성은 두 가지 의미를 갖는다. 먼저, 판사는 개인적 편향이나 선입견이 판결에 영향을 미쳐서는 안 되고, 자신이 맡은 특정한 사건에 선입견을 가져서는 안 된다. 한 쪽 당사자에게 유리하고 다른 당사자에게 불리한 방식으로 부적절하게 행동해서는 안 된다. 다음으로 법원은 합리적인 관찰자가 보기에 공정하게 보여야 한다.[52] 즉, 판사는 실제로 공정해야 하고, 또 다른 사람이 보기에도 공정하게 보여야 한다. *Castedo v. Spain* 사건(2008)에서 대학강사 임용절차에서 통보자가 아닌 다른 사람에게 점수를 조금 높게 주고 그 사람을 임용하였던 결정을 다투었다. 그런데 주심판사가 같은 대학 부교수였다. 규약위원회는 판사의 공정성에 대한 통보자의 우려는 객관적으로 설명되었다고 보며, 그러한 법원은 공정하지 않다고 보았다.[53]

규약 제14조는 법원의 성격과 관계없이 제14조 범위에 속하는 모든 법원에 적용된다. 특별한 관할권을 가지는 형사법원이 국내 법률에 의해 허용되고 또 규약 제14조 권리가 보장된다면, 그러한 특별법원의 창설이 금지되지는 않는다.[54] 군사법원이나 특별법원에서 군인이 아닌 민간인에 대해 재판할 수 있는지도 문제된다. 규약위원회는 제14조가 군사법원이나 특별법원에서의 민간인 재판을 금지하고 있지 않지만, 제14조 요건을 준수해야 한다고 본다.[55] 군사법원이나 특별법원에서 민간인에 대해 재판하는 경우 제14조상 권리가 보장되도록 필요한 모든 조치를 취해야 한다. 군사법원이나 특별법원에서의 민간인 재판은 예외적이어야 한다. 당사국은 그러한 재판이 필수적이고, 객관적이고 중대한 사유에 의해 인정되며, 해당 개인의 신분이나 혐의 내용상 일반법원에서는 그 재판을 할 수 없는 경우 등으

---

50) *Oló Babamonde v. Equatorial Guinea*, Communication No. 468/1991(1993), para.9.4.
51) *Cedeño v. Venezuela*, Communication No. 1940/2010(2012), paras.7.2-7.3.
52) HRC General Comment No.32(2007), para.21.
53) *Lagunas Castedo v. Spain*, Communication No. 1122/2002(2008), para.9.8.
54) *Manzano et al. v. Colombia*, Communication No. 1616/2007(2010), para.6.5.
55) HRC General Comment No.32(2007), para.22.

로 제한되어야 한다.56) 이때 군사법원의 민간인 재판을 정당화해야 하는 입증책임은 당사국이 진다. 당사국은 특정한 그룹의 개인을 일반재판이나 보안이 강화된 다른 형태의 일반재판으로 할 수 없고, 군사법원에서도 피고인의 규약 제14조 권리가 완전히 보호되었다는 점을 입증해야 한다.57)

보통의 일반법원과는 다른 특별법원도 규약 제14조상 허용되는지 문제되었다. *Kavanagh v. Ireland* 사건(2001)에서 통보자는 아일랜드 특별형사법원에서 재판받았다. 배심원이 있는 일반형사법원과 달리 특별형사법원은 다수결로 결정하는 판사 세 명으로 구성되어 있었다. 특정한 증인과 관련된 증거조사에는 피고인이 직접 참여할 수 없는 등 일반형사법원과는 다른 절차가 적용되었다.58) 아일랜드 특별형사법원에 관해 규약위원회는 통보자를 특별형사법원에 기소한 결정이 합리적이고 객관적인 근거에 기반한다는 점을 당사국이 보여주지 못하였다는 이유로 규약 제26조(법 앞의 평등)를 침해하였다고 보았다. 규약위원회는 '법원 앞의 평등'을 침해하여 규약 제14조 제1항을 위반하였는지 여부는 더 살펴볼 필요가 없다고 결정하였다.59) 이러한 다수의견에 대해 규약 제26조 외에도 규약 제14조 제1항에 담긴 평등원칙이 위반되었다는 소수의견이 있었다. 동일한 범죄를 저지른 모든 사람이 일반법원에서 재판되는 것이 아니라 행정부의 재량에 따라 특별법원에 기소된다면 평등원칙은 위반되었다고 보았다.60)

대테러조치 등과 관련하여 익명의 판사(faceless judges)로 구성된 특별재판도 문제되었다. 이 경우 판사의 신원이 당국에게 확인되더라도, 피고인에게 판사의 신원이 알려지지 않는다면 문제된다. 더욱이 재판 절차에서 일반인뿐만 아니라 피고인과 변호인까지도 배제하거나, 변호인을 선임할 권리가 제한된다. 외부와 단절된 구금기간에 선임한 변호사와 연락을 금지하거나 제한하는 등 문제도 발생한다. 이러한 경우 공정한 재판의 기본적 요건을 충족

---

56) *Ibid.*

57) *Benhadj v. Algeria*, Communication No. 1173/2003(2007), para. 8.8; *El Abani (El Ouerfeli) et al. v. Libya*, Communication No.1640/2007(2010), para.7.8; *Akwanga v. Cameroon*, Communication No.1813/2008(2011), para.7.5. 한편 Salvioli 위원과 Rivas Posada 위원은 군사법원에서 민간인 재판은 허용되어서는 안 된다는 취지로 의견을 밝혔다. *Musaev v. Uzbekistan*, Communication No. 1914-6/2009(2012), Joint opinion by Committee members Mr. Fabián Omar Salvioli and Mr. Rafael Rivas Posada (partially dissenting), para.2-4.

58) *Kavanagh v. Ireland*, Communication No. 819/1998(2001), para.2.3.

59) *Ibid.*, para.10.3.

60) *Ibid.*, Individual opinion of Committee members Louis Henkin, Rajsoomer Lallah, Cecilia Medina Quiroga, Ahmed Tawfik Khalil and Patrick Vella, para.1-2.

시켰다고 보기 어렵다.[61] 규약위원회는 *Polay Campos v. Peru* 사건(1997)에서 익명의 판사들로 구성된 특별법원은 규약 제14조 제1항 법원은 독립적이고 공정해야 하고 또 그렇게 보여야 한다는 공정한 재판의 의미에 반한다고 보았다. 이에 제14조 제2항 무죄추정원칙과 제14조 제3항 나호, 라호에도 위반된다고 선언하였다.[62] 이러한 판시는 다른 후속 개인통보사건에서도 재확인되었다.[63]

4. 공정한 재판

제14조 제1항은 사법기관에 의해 공정한 공개심리를 받을 권리를 보장한다. 공정한 재판의 개념에는 공정하고 공개된 심리가 포함된다.[64] 소송절차의 공정성은 어느 쪽 당사자로부터든 어떠한 동기에서든 어떠한 직간접적 영향, 압력, 위협, 개입을 받지 않도록 한다.[65] 제14조 제1항 공정한 재판받을 권리는 모든 소송절차에서의 절차적 권리를 보장한다. 제14조 제2항 내지 제7항과 제15조는 형사소송절차에서의 절차적 권리를 보장하므로, 형사절차가 아닌 다른 소송에서의 절차적 권리는 제14조 제1항에 의해 보장된다. *Morael v. France* 사건(1989)에서 규약위원회는 프랑스 도산법상 소송절차에 공정한 재판 원칙을 적용하였다. 공정한 심리는 무기평등, 당사자주의, 직권으로 원고에게 불리하게 변경하는 판결 금지 및 신속한 절차 등 조건이 충족되어야 한다고 하였다.[66]

공정한 재판의 중요한 요소 중 하나는 신속성이다. 형사소송절차에서의 부당한 지연은 제14조 제3항 다호에서 명시적으로 규정하고 있다. 민사소송에서도 복잡하지 않은 사건의 지연이나 당사자의 행위로 인하지 않은 지연은 제14조 제1항 공정한 재판 원칙에 위배된다.[67] 재판의 신속성은 일률적으로 판단할 수 없고, 재판의 성격을 고려하여 규약 제14조 제1항 위반여부를 판단한다. 규약위원회의 개인통보사건을 살펴보면, 아동의 양육권이나 부모의 면접권 소송은 신속하게 판단될 필요가 있으며,[68] 양육권에 관한 절차가 개시된 후

---

61) HRC General Comment No.32(2007), para.23.
62) *Polay Campos v. Peru*, Communication No. 577/1994(1997), para.8.8.
63) *Arredondo v. Peru*, Communication No. 688/1996(2000), para. 10.5; *Gutiérrez Vivanco v. Peru*, Communication No. 678/1996(2002), para. 7.1; *Casafranca de Gómez v. Peru*, Communication No. 981/2001(2003), para.7.3.
64) HRC General Comment No.32(2007), para.25.
65) *Ibid.*
66) *Morael v. France*, Communication No. 207/1986(1989), para.9.3.
67) HRC General Comment No.32(2007), para.27; *Munoz Hermoza v. Peru*, Communication No. 203/1986(1988), para.11.3.
68) *Fei v. Colombia*, Communication No. 514/1992(1995), para.8.4.

4년에 가까운 지연은 과도하게 길다고 보았다.[69] 국적에 관한 결정에 대한 사법심사가 2년 4개월 동안 지연되는 것은 합리적이지 않다고 하였다.[70] 7년 가까이 진행된 국유 건물에 거주하기 위한 임차권 분쟁도 지나치다고 보았다.[71] 13년 걸린 사회보장혜택에 관한 소송도 비합리적인 지연에 해당하며,[72] 공무원 임용에 관한 소송이 7년 반 지연되었던 사안도 합리적으로 정당화되지 않는다.[73] 복잡하지 않은 고용에 관한 분쟁이 57개월간 지연된 경우 규약 제14조 제1항 위반이라고 보았다.[74] 고문에 관한 집단소송에서 접수료와 같이 복잡하지 않은 쟁점을 판단하는 데 8년 지연된 사례도 지나치게 길다고 하였다.[75] 반면, 난민심사가 5년 이상 지연되었던 사건에서 세 가지 다른 사안이 관련이 있었고, 난민심사법원·연방법원·고등법원의 전 단계를 거쳤던 경우에는 부당하지 않다고 보았다.[76] 공무원 해직을 다투는 소송이 2년 9개월 걸린 사안도 규약 위반으로 보지 않았다.[77]

규약 제14조는 절차적 평등과 공정성을 보장하지 권한 있는 법원이 어떠한 오류도 범하지 않을 것을 보장하는 제도는 아니다.[78] 원칙적으로 구체적 사건에서 사실관계, 증거판단, 국내법 적용의 심사는 당사국 국내법원의 몫이다. 하지만 국내법원의 판단이 명백하게 자의적이거나 오류가 있거나 재판거부에 해당한다고 보여지는 경우 또는 국내법원이 독립성과 공정성을 갖추지 못한 경우에는 제14조가 문제될 수 있다.[79] 규약위원회는 사실관계를 재평가하거나 국내법의 적용을 심사하는 당사국 국내법원의 제4심 역할을 하지 않는다.[80] 국내법원의 불공정한 행위가 명백하지 않은 경우 국내법원의 재판에 선입견이나 흠결이 있다고 쉽게 인정하지 않는다.[81] 이 기준은 피고인에게 불리한 증거 평가,[82] 법원에 의한 사

---

69) *Zoltowski et al. v. Australia*, Communication No.2279/2013(2015), para.7.6.
70) *Gonzalez et al. v. Guyana*, Communication No. 1246/2004(2010), para.14.2.
71) *Vojnovic v. Croatia*, Communication No. 1510/2006(2009), para.8.4.
72) *García Bolívar v. Venezuela*, Communication No. 2085/2011(2014), para.7.3
73) *Lederbauer v. Austria*, Communication No. 1454/2006(2007), para.8.2
74) *Perterer v. Austria*, Communication No. 1015/2001(2004), para. 10.7.
75) *Pimentel et al. v. Philippines*, Communication No. 1320/2004(2007), para.9.2.
76) *Dranichnikov v. Australia*, Communication No. 1291/2004(2006), para. 7.2.
77) *Casanovas v. France*, Communication No. 441/1990(1994), para.7.3-7.4.
78) HRC General Comment No.32(2007), para.26.
79) *Ibid*.
80) *Van Meurs v. The Netherlands*, Communication No. 215/1986(1990), para.7.1. 규약위원회의 이러한 판시에 대해 Wako 위원은 Hendriks v. The Netherlands 사건에서 사법상 오류의 판단에 소극적인 규약위원회 입장에 대해 우려를 표명하였다. *Hendriks v. The Netherlands*, Communication No. 201/1985(1988), Appendix II, para. 3.
81) *Zheludkov v. Ukraine*, Communication No. 726/1996(2002), para.5.3.
82) *Sahadeo v. Guyana*, Communication No. 728/1996(2001), para.6.3.

실관계 및 증거 평가,[83] 범인식별과정의 적법성 및 신빙성,[84] 국내법원에 의한 국내법 해석,[85] 배심원에 대한 판사의 지시[86] 등 사건에 적용되었다.[87]

국내법원으로부터 구속력 있는 결정을 받았지만 그 결정을 집행하는 데 실패한 경우 규약 제14조 제1항 위반이 될 수 있다. *Czernin v. Czech Republic* 사건(2005)에서 통보자들은 공산주의정권 당시 몰수되었던 재산 회복을 청구하여 승소판결을 받았다. 규약위원회는 그 판결을 이행하지 않는 행정당국의 부작위와 과도한 지연은 규약 제14조 제1항을 위반한다고 보았다.[88] 반면 *Sechremelis v. Greece* 사건(2010)에서 통보자들은 2차 대전 당시 입은 피해에 대해 독일을 상대로 그리스 법원에 손해배상소송을 제기하여 승소하였다. 하지만 그 후 그리스 법무부장관은 그 승소판결의 집행을 거부하였다. 그리스는 주권국가(독일)는 타국(그리스)에서 강제집행으로부터 면제를 누린다는 국제법상 주권면제 법리를 주장하였다. 규약위원회는 법무부장관이 강제집행에 동의하지 않은 결정은 규약 제14조 제1항 위반에 해당하지 않는다고 보았다.[89] *Sayadi and Vinck v. Belgium* 사건(2008)에서 통보자들은 UN 안보리 결의의 제재를 받는 명단에 오르게 되어 그들 자산이 동결되고 여행이 제한되었다. 통보자들은 벨기에가 UN 안보리에 자신들 이름을 넘겨주었기 때문에 제재명단에 오르게 되었다고 주장하였다. 벨기에 국내법원은 벨기에 정부에게 통보자들 이름이 UN 제재명단에서 삭제되도록 요청하라고 명하였다. 벨기에 정부는 이를 요청하였지만 명단에서 삭제되지 않았다. 이 사안에서 규약위원회는 벨기에 정부가 법원 명령을 이행하였다는 점에서 규약 제14조 제1항이 위반되지 않았다고 보았다.[90]

5. 재판의 공개심리와 판결 공개

제14조 제1항 2문은 재판에서 공개심리를 받을 당사자의 주관적 권리를 보장하고 있다.

---

83) *Cridge v. Canada*, Communication No. 1529/2006(2009), para.6.5.

84) *Piandiong et al v. The Philippines*, Communication No. 869/1999(2000), para.7.2

85) *Fernandez Murcia v. Spain*, Communication No. 1528/2006(2008), paras.3.3, 4.3.

86) *Teesdale v. Trinidad and Tobago*, Communication No. 677/1996(2002), para.5.4

87) Taylor's Commentary(2020), p.384.

88) *Czernin v. Czech Republic*, Communication No. 823/1998(2005), para.7.5. 다른 판결의 집행과 관련한 사안으로 *Bonilla Lerma v. Colombia*, Communication No.1611/2007(2011), para.10.2-10.3 참조.

89) *Sechremelis v. Greece*, Communication No. 1507/2006(2010), para.10.5. 규약위원회는 이 판단이 국제법의 향후 발전과 또 그러한 발전이 이미 이루어졌을 수 있다는 점에 영향을 미치지 않는다는 단서를 달았다.

90) *Sayadi and Vinck v. Belgium*, Communication No. 1472/2006(2008), para.10.9

3문에서는 그러한 권리가 일정한 예외적 상황에서 제한될 수 있음을 규정하고 있다. 공개가 제한되는 예외사유는 민주사회의 도덕, 공공질서 또는 국가안보를 이유로 하거나 당사자들의 사생활 이익을 위하여 필요한 경우, 또는 공개가 사법정의를 해치게 될 특별한 사정이 있는 경우이다. 공개재판원칙은 소송절차의 투명성을 보장하고 개인과 더 나아가 사회의 이익을 보장하는 수단이 된다.[91] 그러한 의미에서 공개심리 원칙은 소송절차 당사자의 권리일 뿐만 아니라 민주사회의 일반인이 갖는 권리이기도 하다.[92]

범죄 혐의 또는 소송상 권리의무의 확인에 관한 모든 재판에서 구두재판 및 공개재판이 원칙이다.[93] 법원은 공판의 시간과 장소에 관한 정보를 일반에게 공개해야 한다. 법원은 사건에 대한 잠재적인 관심과 공판의 진행시간을 고려하여 합리적인 제한 하에 관심 있는 일반인이 참석할 수 있도록 적절한 시설을 제공해야 한다.[94] 규약위원회는 *Van Meurs v. The Netherlands* 사건(1990)에서 재판 공개는 당사자 요청과 관계없이 인정되는 당사국 의무이며, 국내입법과 사법관행상 일반인이 원한다면 공판에 참석할 수 있어야 한다고 강조하였다.[95]

공개심리 원칙은 재판의 모든 단계에 적용되는 것은 아니고, 서면에 의한 심리가 가능한 상소심이나 검찰 및 다른 당국에 의한 기소전 결정과 같은 절차에는 적용되지 않을 수 있다.[96] *Rodríguez Orejuela v. Colombia* 사건(2002)에서 통보자에 대한 판결은 공개되었지만, 재판과정에서 심리절차가 공개적으로 진행되지 않았다. 규약위원회는 규약 제14조 제3항 라호, 마호에 규정된 변호권 보장을 위해 모든 형사소송절차는 형사피고인이 직접 공판에 참석하거나 변호인이 대리할 수 있고, 증거를 제출하거나 증인을 구두로 심문할 수 있는 권리를 보장해야 한다고 하였다. 규약위원회는 이 사건에서 통보자의 규약 제14조 공정한 재판을 받을 권리 침해를 인정하였다.[97]

심리는 일반인에게 공개되어야 하지만, 예외적인 경우에는 언론을 포함하여 일반인의 재판절차 전체나 일부 참석이 제한될 수 있다. 민주사회의 도덕, 공공질서 또는 국가안보를 이유로 하거나 당사자들의 사생활 이익을 위하여 필요한 경우, 또는 공개가 사법정의를 해치게 될 특별한 사정이 있는 경우 법원이 엄격히 필요하다고 판단하는 범위 내에서 재판의

---

91) HRC General Comment No.32(2007), para.28.
92) Nowak's CCPR Commentary(2019), p.375(para.37)
93) HRC General Comment No.32(2007), para.28.
94) *Ibid.*
95) *Van Meurs v. The Netherlands*, Communication No. 215/1986(1990), paras. 6.1-8.
96) HRC General Comment No.32(2007), para.28.
97) *Rodríguez Orejulela v. Colombia*, Communication No. 848/1999(2002), para.7.3.

전부 또는 일부는 언론 및 대중에 공개되지 않을 수 있다(제14조 제1항 3문).

국민에 의한 사법권 통제와 같은 민주주의적 요청을 고려하면 판결문이 공개되어 모든 사람이 접근할 수 있어야 한다.[98] 공개재판에서 구두로 판결을 선고하는 방식이나 서면으로 작성된 판결문을 공개하는 방식 또는 구두선고와 판결문공개를 모두 하는 방식으로 판결에 대한 접근을 보장할 수 있다.[99] 따라서 일부 사람들만 판결문에 접근할 수 있거나 판결문 열람이 특정한 이익에 따라 제한될 수 있다면 제14조 제1항에 위반된다.[100]

유럽인권협약 제6조 제1항은 판결이 공개적으로 선언되어야 한다고 규정하는 반면에, 미주인권협약 제8조나 아프리카인권헌장 제7조에는 판결 공개에 관한 규정이 없다. 이러한 협약과는 달리 규약 제14조 제1항은 판결은 공개되어야 한다고 규정하면서, 판결에 대한 접근을 제한하는 사유를 열거한다. 미성년자의 이익을 위하여 필요한 경우 또는 당해 절차가 혼인관계 분쟁이나 아동 후견에 관한 절차인 경우에는 판결에 대한 접근이 제한된다.

Ⅲ. 무죄로 추정받을 권리

모든 형사피의자 및 형사피고인은 법률에 따라 유죄가 입증될 때까지 무죄로 추정받을 권리를 가진다(제14조 제2항). 무죄추정권은 공정한 재판의 필수적인 내용으로, 지역인권협약인 유럽인권협약 제6조 제2항, 미주인권협약 제8조 제2항, 아프리카인권헌장 제7조 제1항 제2호에도 규정되어 있다. 무죄추정원칙에 대해서 유럽연합 지침에는 이 원칙이 피고인뿐만 아니라 공소제기 전에 있는 피의자에게도 적용된다고 명시한다.[101]

인권보호의 필수적인 원칙인 무죄추정 원칙은 혐의의 입증책임을 검찰에게 부여한다. 혐의가 합리적 의심을 넘어 입증될 때까지 어떠한 범죄혐의도 추정되지 않도록 보장한다. 의심스러운 경우에는 피고인에게 유리하게 해석되며, 피고인은 무죄추정 원칙에 따라 대우받아야 함을 의미한다.[102] 무죄추정 원칙은 형사절차에만 적용되고 민사절차에는 적용되지

---

98) Nowak's CCPR Commentary(2019), p.380(para.47).

99) *Ibid.*

100) *Ibid.*

101) Directive (EU) 2016/343 of the European Parliament and of the Council of 9 March 2016 on the Strengthening of certain aspects of the presumption of innocence and the right to be present at the trial in criminal proceedings, Official Journal of the European Union, 11.3.2016 L65/1, Article 2; 주호노, "변호인선임권과 접견교통권에 관한 비교법적 고찰", 경희법학 제49권 제4호(2014), pp.268-269.

102) HRC General Comment No.32(2007), para.30.

않는다.[103)

규약위원회는 피고인에게 지나친 입증책임을 부여하고 유죄가 합리적인 의심을 넘어 입증되지 않은 경우 규약 제14조 제2항이 위반되었다고 본다. *J.O. v. France* 사건(2011)에서 통보자는 영국 국적자로 프랑스에서 회사를 공동설립하였고, 그곳에서 무급 명예직에 있었다. 통보자는 프랑스에서 실업수당을 받는 동안 명예직 근무를 신고하지 않았고, 실업수당에 대한 허위사실신고 혐의로 노동법에 따라 유죄를 선고받았다. 프랑스 법원은 유죄판결에 통보자가 노동법을 위반하지 않았음을 증명하지 못하였다고만 언급하였고, 그의 유죄를 입증하는 다른 증거를 제시하지는 않았다. 규약위원회는 프랑스 법원이 통보자에게 지나친 입증책임을 부담시켰고, 합리적인 의심을 넘어 유죄를 입증하지 못하였다고 보아 제14조 제2항 위반을 인정하였다.[104)

재판에 있어서 예단배제 의무는 형사재판을 담당하는 판사뿐만 아니라 모든 공공당국에게 인정된다. 모든 공공당국은 재판 결과를 예단해서는 안 된다. 예를 들어 피고인 유죄를 단언하는 공식발표를 삼가야 한다. 피고인은 공판절차에서 수갑이 채워져 있거나 유치장에 구금되어서는 안 되며, 기타 위험한 범죄자로 보일 수 있는 방식으로 공판절차에 출석해서는 안 된다.[105) 언론도 무죄추정을 훼손하는 보도를 하지 말아야 한다. 기소전 구금기간이 죄의 유무나 정도를 나타내는 것으로 받아들여져서는 안 되고, 보석을 불허하는 결정이나 민사소송에서의 책임 인정은 무죄추정에 영향을 미쳐서는 안 된다.[106) *Gridin v. Russian Federation* 사건(2000)에서 경찰서장이 통보자가 살인자임을 확신한다고 공표하는 모습이 텔레비전에 방송되었다. 통보자는 이와 같은 성명으로 무죄추정 원칙이 위반되었다고 주장하였다. 규약위원회는 대법원 재판과정에서 이 문제가 제기되었지만, 대법원이 이 쟁점에 대해 구체적으로 답변하지 않았다는 점에 주목하였다. 규약위원회는 모든 공공당국은 재판 결과 예단을 삼가야 하고, 이 사건에서 당국이 제14조 제2항 요건을 충족하지 못하였다고 보아 통보자의 권리가 침해되었다고 결정하였다.[107)

이 외에 규약위원회는 내무부장관,[108) 대통령,[109) 국영 언론사[110)에 의한 발표로 인해

---

103) *Morael v. France*, Communication No. 207/1986(1989), para.9.5. 규약위원회는 네덜란드에 대한 개인통보사건 2건에서 오심에 대한 배상청구 소송에 제14조 제2항이 반드시 적용되지는 않는다고 보았다. *W.J.H v. The Netherlands*, Communication No. 408/90(1992), para.6.2; *W.B.E. v. The Netherlands*, Communication No. 432/90(1992), para.6.6.

104) *J.O. v. France*, Communication No. 1620/2007(2011), para.9.6.

105) HRC General Comment No.32(2007), para.30.

106) *Ibid*.

107) *Gridin v. Russian Federation*, Communication No. 770/1997(2000), paras. 3.5, 8.3.

무죄추정원칙이 위반되었다고 본 사례가 있다. 반면 *Kh.B. v. Kyrgyzstan* 사건(2017)에서 키르기스스탄 국회의 결의에 통보자 이름이 분리주의운동 참여자로 언급된 이후 분리주의와 대규모 폭동을 조직한 혐의로 통보자가 기소되었다. 규약위원회는 국회 결의가 통보자의 무죄추정에 어떠한 영향을 미쳤는지 정보가 제공되지 않아 무죄추정원칙 위반을 인정하지 않았다.[111]

한편 중대사건의 경우 국민의 알 권리를 보장하기 위해 수사기관의 범죄수사 결과를 발표할 수 있다. 이 경우에도 당사국은 피의자의 무죄추정권이 보장될 수 있도록 주의해야 한다.

Lula da Silva v. Brazil 사건(2022)에서 브라질 전직 대통령 룰라는 퇴임 이후 부패 및 자금세탁 혐의로 재판을 받게 되었는데, 담당 판사, 연방 검사 및 경찰이 언론에서 적극적으로 활동하여 자신의 무죄추정권이 침해되었다고 주장하였다. 규약위원회는 부패를 단절하고 또 전직 대통령과 같은 공적 관심사를 국민에게 알릴 정당한 이익이 당사국에게 있음을 인정하였다. 하지만 이 사안에서 브라질 대법원도 담당판사의 행동으로 통보자가 유죄를 선고받을 것이라는 일반적인 기대가 형성되었다고 보았던 점을 지적하였다. 검사도 통보자의 유죄를 인정하는 공개적 발언을 삼가고 유죄의 기대가 형성되지 않도록 주의해야 한다고 하였다. 이에 따라 통보자의 제14조 제2항 무죄추정권이 침해되었다고 인정하였다.[112]

보석신청 기각은 경우에 따라 제14조 제2항이 위반될 수 있다. 규약위원회는 보석신청 기각이 선험적으로 통보자의 무죄추정권에 영향을 미치지는 않는다고 보았다. 하지만 9년이 넘는 기간 동안 통보자를 재판전 구금 상태로 방치한 경우 통보자의 무죄추정권에 영향을 주므로 제14조 제2항 위반이라는 결정을 내렸다.[113] 수사관이 피의자에게 국영텔레비전

---

108) *Kozulina v. Belarus*, Communication No. 1173,2008(2014), para.9.8

109) *Cedeño v. Venezuela*, Communication No. 1940/2010(2012), para.7.4; *Pinchuk v. Belarus*, Communication No. 2165/2012(2014), para.8.3.

110) *Engo v. Cameroon*, Communication No. 1397/2005(2009), para.7.6

111) *Kh.B. v. Kyrgyzstan*, Communication No. 2163/2012(2017), para.11.2; 다른 사건에서 공위공직자가 언론과 OSCE 회의에서 통보자의 집을 수색한 결과 비밀문서를 발견했다고 발언하였던 사안에서 통보자는 무죄추정원칙이 위반되었다고 주장했지만, 해당 발언이 통보자의 무죄추정에 어떻게 영향을 미쳤는지 정보가 제공되지 않아 그 주장을 받아들이지 않았다. *Esergepov v. Kazakhstan*, Communication No. 2129/2012(2016), para.10.6

112) *Lula da Silva v. Brazil*, Communication No. 2841/2016(2022), paras.8.12-8.14.

113) *Cagas et al. v. Phlippines*, Communication No. 788/1997(2001), para.7.3.

방송에서 자신의 죄를 인정하도록 강요한 경우에도 제14조 제2항이 문제될 수 있다. 규약 위원회는 재판결과에 대한 예단배제 의무가 모든 공공당국에게 있다고 하면서 제14조 제2 항 위반이라고 결정하였다.[114]

Ⅳ. 형사재판상 피고인의 권리

규약 제14조 제3항은 "모든 사람은 자신에 대한 범죄 혐의를 확인함에 있어 적어도 다음 사항을 완전히 평등하게 보장받을 권리를 가진다."고 규정하고, 아래 7개 호에서 형사절차 상 권리의 최소한 보장 내용을 규정한다.

1. 범죄에 대해 통지받을 권리

제14조 제3항 가호는 '자신에 대한 범죄 혐의의 성격 및 이유에 관하여 자신이 이해하는 언어로 신속하고 상세하게 통지받을 권리'를 규정하고 있다. 제14조 제3항 가호 피고인에게 통지할 의무는 규약 제9조 제2항[115] 체포된 사람이 체포사유를 통지받을 권리와 구별된다. 제14조 제3항 가호 통지받을 권리는 불구속 상태에 있는 피고인에게도 보장되지만, 기소되 기 전 수사단계에 있는 피의자에게는 적용되지 않는다. 기소전 구금된 피의자는 제9조 제2 항 체포사유를 통지받은 권리를 별도로 보장받는다.[116] 제14조 제3항 가호에 따른 피고인 에 대한 범죄혐의의 성질 및 이유 통지는 그가 국내법에 따라 정식으로 기소되거나 그가 기소되었다고 공개적으로 알려지자마자 신속하게 정보가 전달되어야 한다. 통지는 구두로 혐의를 통지하고 추후에 서면으로 확인되거나, 서면으로 통지할 수 있다. 통지에는 기소된 범죄사실과 그 근거법령을 둘 다 명시해야 한다. 궐석재판의 경우에도 피고인에게 범죄혐 의와 소송절차에 대해 알려야 한다.[117]

Kurbanova v. Tajikistan 사건(2003)에서 통보자는 2001. 5. 5.에 다른 이유로 구금되었 다. 그가 2001. 4. 29. 발생한 살인사건 용의자라는 사실을 2001. 6. 11.에서야 통지받았고, 2001. 7. 30. 살인사건으로 기소되었다. 그는 2001. 5. 5. 구금된 이후로 2001. 7. 23.전까지 변호인 조력을 받을 수 없었다. 규약위원회는 범죄혐의사실 통지를 지연시키고 변호인 조

---

114) *Khalilov v. Tajikistan*, Communication No. 973/2001(2005), para.7.4.
115) 규약 제9조 제2항 체포된 사람은 누구든지 체포 시에 체포이유를 고지받으며, 자신에 대한 피의사실을 신속히 고지받는다.
116) HRC General Comment No.32(2007), para.31.
117) *Ibid*.

력을 뒤늦게 받게 한 것은 규약 제14조 제3항 가호 위반에 해당한다고 보았다.[118] *Khoroshenko v. Russian Federation* 사건(2011)에서 통보자는 체포된 후 24일이 지나 범죄혐의사실의 일부를 통지받았고 나머지 범죄혐의사실은 수사 막바지에야 통지받았다. 이는 당사국 국내법령상 30일 이내 통지 규정에는 부합되지만, 규약위원회는 제14조 제3항 가호 위반이라고 보았다.[119]

2. 변호를 준비할 권리

제14조 제3항 나호는 "변호 준비를 위하여 충분한 시간 및 편의를 가지고, 자신이 선임한 변호인과 연락을 취하는 것"이라고 규정하여 변호를 준비할 권리를 규정하고 있다. 제14조 제3항 나호는 공정한 재판과 무기평등원칙을 보장하는 중요한 요소이다.[120] 경제적 여건이 되지 않는 피고인은 재판 시작 전과 진행 도중 무료 통역이 제공되어야만 변호인과 소통하는 경우가 있을 수 있다.[121]

피의자는 재판 시작 전에도 변호인 조력을 받을 수 있어야 하며, 경찰 신문단계에서도 인정된다. *Gridin v. Fussian Federation* 사건(2000)에서 통보자가 체포된 즉시 변호인을 요청했지만 5일 동안 요청이 받아들여지지 않았다. 이에 규약위원회는 그 기간 있었던 피의자 신문은 규약 제14조 제3항 나호 위반으로 보았다.[122] 규약위원회는 영국 국가보고서에 대한 최종견해(2008)에서 경찰 판단에 따라 변호인접근권을 48시간까지 지연시킬 수 있도록 규정한 반테러법(anti-terrorism)에 대해 우려하였다. 당사국은 테러용의자를 포함하여 모든 구금된 사람에게 즉시 변호인접근권을 부여해야 한다고 권고하였다.[123]

'충분한 시간'의 길이는 개별 사건 상황에 따라 달라질 수 있다. 변호인이 재판을 준비할 시간이 충분하지 않다고 합리적으로 느낀다면, 재판 연기를 신청해야 할 책임은 변호인에게 있다.[124] 당사국은 변호인의 행위가 사법정의에 부합하지 않는다는 사정이 판사에게 명백했거나 명백했어야 하는 경우를 제외하고, 당사국은 변호인 행위로 인한 책임을 지지 않는다.[125] 피고인에게 중범죄 혐의가 있어 변호를 준비할 시간이 추가적으로 필요하여 합리

---

118) *Kurbanova v. Tajikistan*, Communication No. 1096/2002(2003), para.7.3.
119) *Khoroshenko v. Russian Federation*, Communication No. 1304/2004(2011), paras.4.3, 9.6.
120) HRC General Comment No.32(2007), para.32.
121) *Ibid.*
122) *Gridin v. Russian Federation*, Communication No. 770/1997(2000), para.8.5.
123) Concluding Observations on the United Kingdom of Great Britain and Northern Ireland, CCPR/C/GBR/CO/6(2008), para.19.
124) HRC General Comment No.32(2007), para.32.

적으로 재판연기 요청을 한 경우 이를 허락해야 할 의무가 있다.[126]

'충분한 편의'는 문서와 다른 증거에 대한 접근을 포함한다. 검찰이 재판절차에 제시하려는 피고인에게 불리한 증거와 피고인에게 유리한 증거 모두에 접근할 수 있어야 한다. 피고인에게 유리한 증거에는 피고인 무죄를 입증하는 증거뿐만 아니라 피고인 자백이 자의적이지 않았다는 증거와 같이 피고인 변호에 도움이 되는 증거를 모두 포함한다.[127] 피고인이 재판절차에 사용되는 언어를 이해하지 못하는 경우에 모든 소송서류에 대한 번역이 제공되어야 하는 것은 아니다. 그의 변호인이 재판 언어를 이해하는 경우 변호인이 소송서류에 접근할 수 있다면 충분하다.[128]

변호인과 소통할 권리를 보장하기 위해서는 피고인이 신속하게 변호인에게 접근할 수 있어야 한다. 변호인과 의뢰인 접견은 비밀이 완전히 보장되는 조건에서 이루어져야 한다.[129] *Sannikov v. Belarus* 사건(2018)에서 통보자는 수사단계에서 변호인과 비밀이 보장되는 접견이나 연락을 할 수 없었다. 변호인은 통보자의 참혹한 여건과 대우에 관해 문제를 제기하였지만 변호사자격을 박탈당하였다. 규약위원회는 이 사안에서 당사국이 제14조 제1항, 제3항 나호, 마호를 위반한다고 보았다.[130] 외부와 연락이 단절된 구금(*incommunicado detention*),[131] 익명의 판사들(faceless judges),[132] 피고인 의사에 반하여 국선변호인이 임명된 경우[133]는 변호를 준비할 권리를 침해한 전형적인 사례에 해당한다.

3. 부당한 지체 없이 재판받을 권리

제14조 제3항 다호는 '부당하게 지체됨이 없이 재판을 받는 권리'를 규정하고 있다. 이 권리의 목적은 피고인을 미래가 불확실한 상태에 오랫동안 두지 않고, 피고인이 구금된 경

---

125) *Ibid.*

126) *Ibid.*

127) *Ibid.*, para.33.

128) *Ibid.*; *Harward v. Norway*, Communication No. 451/1991(1994), para.9.5.

129) HRC General Comment No.32(2007), para.34.

130) *Sannikov v. Belarus*, Communication No. 2212/2012(2018), para.6.7.

131) *Wight v. Madagascar*, Communication No. 115/1982(1985), para.17; *Pietraroia v. Uruguay*, Communication No. 44/1979(1981), para. 17; *Drescher Caldas v. Uruguay*, Communication No. 43/1979(1981), para.13.3; *Laufuente Penarrieta et al. v. Bolivia*, Communication No. 176/1984 (1987), para.16; *Boimurodov v. Tajikistan*, Communication No. 1042/2001(2005), para.7.3.

132) *Polay Campos v. Peru*, Communication No. 577/1994(1997), para.8.8.

133) 주로 우루과이에서 군사법원에 의해 변호인이 임명된 경우 문제되었다. *Celiberti de Casariego v. Uruguay*, Communication No. 56/1979(1981), para.11; *Teti Izquierdo v. Uruguay*, Communication No. 73/1980(1982), para.9.

우 재판 기간 동안 필요 이상으로 신체의 자유를 박탈당하지 않기 위해서이다. 더 나아가 정의를 추구하기 위한 목적도 있다.[134] 제14조 제3항 다호는 재판 전 피구금자에게 체포된 때로부터 합리적인 기간 내에 재판을 받거나 석방될 권리를 보장하는 제9조 제3항과 중복되는 부분이 있다.[135] 제9조 제3항은 구금된 피의자에게 인정되는 권리로 재판이 시작되기 전 구금되어 있는 기간에 관한 규정이고, 제14조 제3항 다호는 실제 재판종결까지의 기간에 관한 규정이다.[136] 재판 전 구금이 지나치게 긴 경우 제9조 제3항과 제14조 제3항이 동시에 위반될 수 있다.[137] 피의자가 기소되어 피고인 신분을 가지게 되면 구금 여부와 관계없이 제14조 제3항 다호 부당한 지체 없이 재판받을 권리를 갖는다. 피고인이 미성년자인 경우에는 재판이 더욱 신속하게 진행되어야 필요성이 있다. 규약위원회는 미성년자인 피고인이 체포되고 재판이 시작되기까지 1년이 걸린 경우 규약 제10조(피구금자의 권리) 제2항 나호와 제14조 제3항 다호를 동시에 위반한다고 보았다.[138]

부당한 지체 없이 재판받을 권리는 공소제기 시부터 보호되며, 공판이 시작되는 시점까지뿐만 아니라 상소심에서의 종국적인 판결시까지 보장된다.[139] 재판은 1심과 상소심을 포함한 모든 단계에서 부당한 지체 없이 진행되어야 한다.[140] 항소심 단계에서도 재판은 신속하게 진행되어야 한다. 재판기록을 작성하는 데 2년 반이 걸려 항소가 거의 3년간 지체된 경우 규약위원회는 제14조 제3항 다호에 위반되었다고 결정하였다.[141] 통보자의 항소가 기각된 후 45개월이 지나도록 서면으로 작성된 기각결정문을 받지 못해서 상고하지 못했던 사건에서도 규약위원회는 제14조 제3항 다호에 위반되었다고 결정하였다.[142]

재판이 부당하게 지체되었는지 여부는 사건의 복잡성, 피고인의 행위, 행정부와 사법부과 관련사건을 처리하는 방식을 고려하여 개별사건 상황에 따라 판단한다.[143] 사건이 복잡한 경우에는 재판 지체가 문제되지 않을 수 있다. 규약위원회는 사기 혐의로 체포된 후 판결선고까지 4년 반이 걸린 사안에서 사기 혐의에 대한 수사가 복잡할 수 있고, 재판 지체가 필요한 사안이 아니었다는 점이 입증되지 않았다고 보았다.[144] 형제가 차량폭파 혐의로 체

---

134) HRC General Comment No.32(2007), para.35.
135) Joseph & Castan's Commentary(2013), p.485(para.14.130)
136) *Ibid.*
137) *Sahadeo v. Guyana*, Communication No. 728/1996(2001), para. 9.2.
138) *Berezhnoy v. Russian Federation*, Communication No. 2107/2011(2016), para.9.4
139) HRC General Comment No.32(2007), para.35.
140) *Ibid.*
141) *Pinkney v. Canada*, Communication No. 27/1978(1980), paras.10, 22.
142) *Pratt and Morgan v. Jamaica*, Communication No. 210/1986(1989), para.13.4-13.5, 14.
143) HRC General Comment No.32(2007),para.35.

포된 이후 체포와 항소 기각까지 3년 걸린 사안에서 당사국은 사건이 복잡해서 재판이 지체되었다고 주장하였다. 하지만 규약위원회는 사안이 복잡하다고 보지 않았고 유일한 증언이 있은 후에 수사가 더 진행되지 않아 통보자의 제14조 제3항 다호 권리가 침해되었다고 보았다.[145] 한편, 재판 지체가 통보자나 통보자 변호인 행위로 인한 경우에는 규약 제14조 제3항 다호 위반을 인정하지 않았다.[146]

재판의 신속한 진행은 당사국의 경제적 여건과도 관련이 있지만, 당사국은 최소기준을 지켜야 한다. *Lubuto v. Zambia* 사건(1995)에서 체포시부터 대법원 판결까지 8년 가까이 걸렸다. 당사국인 잠비아는 통보자의 재판 지체를 인정하면서, 잠비아는 개발도상국이라서 사법부에 행정적인 지원을 해줄 수 없었기 때문이라고 답변하였다. 규약위원회는 잠비아의 경제적으로 어려운 상황을 인정하였지만 규약은 모든 당사국이 준수해야 하는 최소기준을 규정한다고 강조하였다. 8년의 재판지체는 규약 제14조 제3항 다호를 위반한다고 보았다.[147]

4. 재판에 출석할 권리와 변호인의 조력을 받을 권리

규약 제14조 제3항 라호는 '본인의 출석하에 재판을 받으며, 또한 직접 또는 본인이 선임하는 변호인의 법적 조력을 통하여 변호할 권리'를 보장하고 있다. 이 권리는 세 가지 세부적인 권리로 구분되는데, 첫째 재판에 출석할 권리, 둘째 피고인이 직접 변호하거나 본인이 선임한 변호인을 통해 변호할 권리와 이를 통지받을 권리, 셋째 경제적 여유가 없는 경우 무상으로 법적 조력을 받을 권리이다.[148]

첫째, 피고인은 자신 재판에 출석할 권리가 있다. 재판 출석과 관련해서 궐석재판이 문제될 수 있는데, 규약위원회는 적절한 사법행정을 위해서는 일정한 경우 궐석재판이 허용될 수 있다고 본다.[149] 예를 들어 피고인이 미리 재판절차에 대해 통지받았음에도 출석할 권리를 행사하지 않는 경우 궐석재판이 가능하다.[150] 궐석재판은 적절한 시기에 피고인을 소환하고 재판 날짜와 장소를 미리 통지하는 등 필요한 조치를 취한 경우에만 규약 제14조

---

144) *Wolf v. Panama*, Communication No. 289/88(1992), para.6.4
145) *Hill et al. v. Spain*, Communication No. 526/1993(1997), para.12.4. 한편, *Wolf v. Panama* 사건과 *Hill v. Spain* 사건에서의 규약위원회의 입증책임에 관한 법리가 일관되지 않는다는 지적이 있다. Joseph & Castan's Commentary(2013), p.485(para.14.132).
146) *Stephens v. Jamaica*, Communication No. 373/1989(1995), para.9.8.
147) *Lubuto v. Zambia*, Communication No. 390/1990(1995), paras.5.1-5.3, 7.3.
148) HRC General Comment No.32(2007), para.36.
149) *Ibid.*
150) *Ibid.*

제3항 라호에 위배되지 않는다.[151] *Maleki v. Italy* 사건(1999)에서 통보자는 마약 밀매 혐의로 궐석재판을 받아 공정한 재판받을 권리가 침해되었다고 주장했다. 당사국인 이탈리아는 규약 제14조 제3항 라호를 유보하였다고 항변하였다. 규약위원회는 당사국이 통보자가 적절한 시간에 재판에 관한 통지를 받았다는 사실을 입증하지 못하였다고 보았다. 이에 이탈리아가 유보한 조항인 제14조 제3항이 아니라 다른 조항인 제14조 제1항이 위반되었다고 결정하였다.[152]

재판절차에 변호인이 출석하더라도 피고인의 직접 출석을 대신할 수 없다. 규약위원회는 항소심 단계에서 변호인 4명이 재판에 출석했지만, 통보자가 피고인으로서 직접 재판에 출석하려는 요청이 거부되었던 사안에서 제14조 제3항 라호 위반을 인정하였다. 규약위원회가 이렇게 결정한 데에는 항소심 재판절차에서 사실과 법을 다시 판단하였고, 유무죄 판단에 대한 새로운 평가가 이루어졌다는 사실이 중요하게 작용하였다.[153] 반면, 상고심에서 유무죄에 대한 판단을 다시 하지 않은 경우에는 다르게 보았다. 통보자의 상고가 대법원 패널에 의해 기각된 이후 대법원 전원재판부에서 재판을 열어 형량이 바뀌었다. 그런데 그 재판에 검찰은 참석했지만 그 피고인이나 변호인에게 그 재판이 통지되지 않았다. 규약위원회는 무기평등원칙에 의해 동등한 절차적 권리가 양 당사자에게 부여되어야 한다고 지적하며, 제14조 제3항 라호 문제가 아니라 일반조항인 제14조 제1항이 위반되었다고 보았다.[154] 다른 개인통보사건에서는 통보자가 자신의 재판에 참석하기 위해 요청했지만 거부되었고 영상으로만 재판에 참석하였다. 규약위원회는 사법정의에 부합하는 이익이 있는 경우에만 재판에 참석할 권리에 대한 제한이 허용된다고 언급하면서 제14조 제3항 라호를 위반하였다고 보았다.[155]

둘째, 피고인은 자신이 직접 변호하거나 자신이 선임한 변호인을 통해 변호할 권리가 있으며, 이 내용을 통지받을 권리가 있다. 피고인이 직접 변호할 권리와 변호인을 통해 변호할 권리는 상호배타적인 관계가 아니므로,[156] 피고인은 자신을 직접 변호하면서 동시에 변호인을 통해 변호할 수 있다. 규약 제14조 제3항 라호는 직접 "또는" 본인이 선임하는 자의 법적 조력을 통한 변호를 규정하므로, 문언상 피고인이 변호인 조력을 거부할 수 있는 가능성을 인정하고 있다. 하지만 변호인 조력 없이 직접 변호할 권리는 절대적인 권리가 아니

---

151) *Ibid.*
152) *Maleki v. Italy*, Communication No. 699/1996(1999), paras. 9.4-10.
153) *Tyan v. Kazakhstan*, Communication No. 2125/2011(2017), para.9.3.
154) *Quliyev v. Azerbaijan*, Communication No. 1972/2010(2014), para.9.3.
155) *Dorofeev v. Russian Federation*, Communication No. 2041/2011(2014), para. 10.6.
156) HRC General Comment No.32(2007), para.37.

며, 사법정의를 위해 피고인의 의사와 다르게 변호인이 선정될 수 있다. 특히 피고인이 재판진행을 지속적으로 방해하거나, 중대범죄 혐의로 기소되어 있는데 피고인 자신의 이익을 변호할 수 없거나, 피고인이 직접 증인을 신문하게 되면 증인이 고통이나 위협을 느끼는 경우에는 변호인 선정이 필요할 수 있다.[157] 피고인의 변호인선임권이 제한될 때에는 객관적이고 중대한 목적이 있어야 하고, 사법정의를 위해 필요한 범위를 넘어 과도하게 제한되어서는 안 된다.[158] 우루과이 군사법원에서 직권으로 임명된 변호사 두 명 중에서만 변호인을 선택하도록 강제한 사건과[159] 민간 변호사가 있었음에도 군사법원이 직권으로 선임한 변호사를 선임하도록 강제한 사건에서 자신이 선택한 변호인을 선임할 권리가 침해되었다고 보았다.[160] 카자흐스탄에서 통보자는 자신이 선임한 변호사는 보안 확인이 되지 않았다는 이유로 법원이 거부했고, 법원이 직권으로 선임한 변호인은 통보자에게 불리하게 활동했다고 주장했다. 규약위원회는 이 사안에서 규약 제14조 제3항 라호 위반을 인정하였다.[161] 사형이 선고될 수 있는 사건에서는 피고인의 변호권이 강하게 보장되어야 한다.[162]

셋째, 사법정의를 위해 필요한 경우 충분한 지불수단이 없는 피고인은 무상으로 법적 조력을 받을 권리를 갖는다. 사법정의를 위해 변호인이 필요한지 여부를 판단할 때 범죄가 중대한지 여부와 상소심 단계에서 승소할 객관적 가능성이 있는지 여부는 중요하게 고려된다.[163] 예를 들어, 교통법규를 위반하여 벌금형 1000 크로네(노르웨이 화폐)가 부과된 사안에서, 규약위원회는 국가 비용에 의한 변호인 선임이 사법정의를 위해 필요하다는 점이 입증되지 않았다고 보았다.[164] 반면 사형선고가 가능한 사건은 재판의 모든 단계에서 변호인 조력을 받을 권리가 보장되어야 한다.[165] 제14조 제3항 라호 무상으로 법적 조력을 받는

---

157) *Ibid.*

158) *Ibid.*

159) *Estrella v. Uruguay*, Communication No. 74/1980(1983), paras. 8.6, 10.

160) *Viana Acosta v. Uruguay*, Communication No. 110/1981(1984), paras. 13.2, 15.

161) *Esergepov v. Kazakhstan*, Communication No.2129/2012(2016), para.11.5

162) *Pinto v. Trinidad and Tobago* 사건(1990)에서 통보자의 항소를 위해 변호인이 법원에 의해 직권으로 선임되었다. 통보자가 1심에서 이미 부적절하게 변론활동을 했던 해당 변호인을 거부할 수 있는지 문제되었다. 통보자는 항소 준비과정에서 변호인과 상담할 기회를 갖지 못하였고, 통보자가 직접 다른 변호인을 선임하려고 하였다. 규약위원회는 사형이 선고될 수 있는 사건에서 재판이 연기되더라도 변호인을 선임하려는 통보자의 요청을 받아들였어야 한다고 보았다. 사형선고가 가능한 사건에서 정의가 적절하고 효과적으로 보장되도록 피고인에 대한 법적 조력이 제공되어야 한다고 강조하며 제14조 제3항 라호 위반을 인정하였다. *Pinto v. Trinidad and Tobago*, Communication No. 232/1987(1990), para.12.5.

163) HRC General Comment No.32(2007), para.38.

164) *O.F. v. Norway*, Communication No. 158/1983(1984), para.5.6.

경우 변호인을 선택할 권리까지 부여하지는 않는다.[166]

당국에 의해 선임된 변호인은 피고인을 효과적으로 변호해야 한다. 당사국은 피고인이 선임한 변호인 잘못으로 인한 책임을 지지 않는다. 하지만 국선변호인의 명백한 부정행위나 무능력으로 인해 당사국의 제14조 제3항 라호 위반이 인정될 수 있다. 이때 국선변호인 행위가 사법정의에 부합하지 않는다는 점이 판사에게 명백히 드러나야 한다.[167] *Kelly v. Jamaica* 사건(1989)에서 국선변호인은 항소의 이익이 없다고 생각하여 피고인인 통보자와 상의하지 않고 항소를 취하하였다. 규약위원회는 제14조 제3항 라호가 무료로 선임되는 변호인을 선택할 권리를 보장하지는 않지만, 변호인으로 임명되었다면 그 변호인이 사법정의를 위해 효과적으로 변론하도록 보장해야 한다고 보았다. 이러한 조치에는 항소를 취하할지 아니면 항소심에서 변호할지에 대해 통지하고 상의하는 절차가 포함된다고 보아 피고인의 권리가 침해되었다고 보았다.[168] 국선변호인이 증인신문이 있는 공판에 출석하지 않아 반대신문하지 못한 경우에도 당사국 책임이 인정될 수 있다.[169]

5. 증인을 소환하고 신문할 권리

규약 제14조 제3항 마호는 '자신에게 불리한 증인을 신문하거나 신문받도록 할 권리'와 '자신에게 불리한 증인과 동일한 조건으로 자신을 위한 증인을 출석시키고 신문받도록 할 권리'를 보장하고 있다. 피고인이 검사와 동일하게 증인을 소환하고 출석시켜서 신문할 권리는 무기평등원칙에 기반한다. 피고인과 변호인이 효과적으로 변론하고 검찰과 동일하게 증인 출석을 강제하고 증인 신문이나 반대신문을 할 법적 권리를 보장한다.[170] 이 권리는 피고인이나 변호인이 요청하는 모든 증인의 출석을 강제할 무제한적인 권리는 아니다. 변론과 관계있다고 인정받은 증인을 소환하고, 피고인 측에 불리한 증인을 신문하고 탄핵할 적절한 기회만을 보장받는다.[171] 당사국의 입법부는 규약 제7조(고문 등의 금지)에 반하여 취득한 진술, 자백 및 다른 증거의 증거능력을 결정하고 법원의 증거 평가방법을 규정해야 한다.[172]

---

165) HRC General Comment No.32(2007), para.38.

166) *Teesdale v. Trinidad and Tobago*, Communication No. 677/1996(2002), para.9.6.

167) HRC General Comment No.32(2007), para.38.

168) *Kelly v. Jamaica*, Communication No. 253/1987(1989), para.5.10.

169) *Hendricks v. Guyana*, Communication No. 838/1998(2002), para.6.4

170) HRC General Comment No.32(2007), para.39.

171) *Ibid.*

172) *Ibid.*

증인을 소환함에 있어서 법원은 공정성 원칙과 무기평등 원칙을 위반해서는 안 된다. *Antonaccio v. Uruguay* 사건(1981)에서 통보자의 재판이 궐석으로 또 비공개적으로 진행되었고 군사법원으로부터 30년 징역형을 선고받았다. 규약위원회는 통보자가 자신에게 유리한 증인을 소환하고 신문할 기회를 갖지 못하여 규약 제14조 제3항 마호가 위반되었다고 보았다.[173] *Y.M. v. Russian Federation* 사건(2016)에서 증인채택과 관련한 여러 사정을 함께 고려하여 제14조 제3항 마호 위반 여부를 판단한 바 있다. 이 사건에서 통보자는 중요한 증인을 반대신문할 기회를 갖지 못했고, 통보자가 신청한 증인 6명은 법원에 소환되지 않았다. 통보자의 아내는 배우자특권을 이용하여 증언을 거부하였는데도 아내가 경찰서에서 한 진술은 소송기록에 포함되었다. 규약위원회는 피고인의 증인소환권이 무제한으로 인정되지는 않지만, 피고인이나 변호인이 변론에 관련이 있는 증인을 소환하고 자신에게 불리한 증인을 신문·탄핵할 적절한 기회를 가질 수 있어야 한다고 하였다. 통보자의 제14조 제3항 마호 권리가 침해되었다고 보았다.[174]

일부 국가에서는 증인을 보호하기 위하여 증인 신분을 피고인에게 공개하지 않기도 한다. 네덜란드는 증인신원보호법에 일정한 경우에 해당하면 국가안보를 위해 증인 신원을 변호인단에게 공개하지 않도록 규정하였다. 변호인은 판사를 통해 간접적으로 증인에게 신문을 할 수 있었지만, 변호인은 증인신문절차에 출석할 수 없었다. 규약위원회는 네덜란드 국가보고서에 대한 최종견해(2009)에서 증언의 신빙성을 평가하는 데 증인의 신원과 태도가 중요하다는 점을 고려하였다. 네덜란드 증인신원보호법은 피고인의 자신에게 불리한 내용을 탄핵할 능력이 상당히 제약받는다고 지적하였다. 규약위원회는 피고인 자신에게 불리한 증인을 신문할 권리를 완전히 보장하도록 이 법을 적용하라고 권고하였다.[175] 한편 최근에는 심각한 인권침해사건의 증인보호문제도 제기되고 있다. 규약위원회는 당사국에게 전쟁범죄와 관련된 증인지원프로그램을 운영할 때 심리적 지원이 부족하거나 법정 안팎에서 피고인과 대면하게 되는 상황 등을 지적하였다.[176] 증인을 위협하는 사건을 수사하거나[177] 증인보호프로그램을 운영하고,[178] 증인이 안전하고 알려지지 않은 곳에서 영상으로

---

173) *Sendic Antonaccio v. Uruguay*, Communication No. 63/1979(1981), paras. 12.3, 16.2, 20.

174) *Y.M. v. Russian Federation*, Communication No. 2059/2011(2016), para. 9.9.

175) Concluding Observations on the Netherlands, CCPR/C/NLD/CO/4(2009), para.13.

176) Concluding Observations on Bosnia and Herzegovina, CCPR/C/BIH/CO/2(2012), para.13 참조; Concluding Observations on Philippines, CCPR/C/PHL/CO/4(2012), para.16 참조.

177) Concluding Observations on Bosnia and Herzegovina, CCPR/C/BIH/CO/2(2012), para.13.

178) Concluding Observations on Liberia, CCPR/C/LBR/CO/1(2018), para.11; Concluding Observations on Namibia, CCPR/C/ NAM/CO/2(2016), para.24(e); Concluding Observations on Serbia Montenegro,

증언하는 방법 등을 이용하라고 제안하였다.[179]

6. 통역을 받을 권리

규약 제14조 제3항 바호 '법정에서 사용되는 언어를 이해하지 못하거나 말할 수 없는 경우에는 무료로 통역인의 조력을 받을 권리'는 공정성과 무기평등 원칙이 형사재판절차에 적용되어 보장되는 권리이다.[180] 통역을 받을 권리는 구두심리 절차의 모든 단계에서 인정되고, 국민과 외국인 모두에게 적용된다.[181] 규약 성안과정에서 통역을 받을 권리가 재판 그 자체의 통역만을 의미하는지 아니면 공소장, 증거물, 판결문 등 모든 서류의 번역까지 포함하는지 여부가 문제되었다. 인권위원회(UN Human Rights Commission)에서 소련과 유고슬라비아는 재판과 관련된 모든 서류까지 통역을 받도록 폭넓게 보장해야 한다고 제안하였지만 그 제안은 근소한 차이로 받아들여지지 않았다.[182]

피고인의 모국어가 법정 공식 언어가 아니더라도 피고인이 충분히 자신을 변호할 정도로 법정 공식언어를 안다면, 무상으로 통역을 받을 권리가 인정되지 않는다.[183] *Guesdon v. France* 사건(1990)에서 규약위원회는 제14조 제3항 바호가 피고인이 일상적으로 사용하는 언어나 가장 편하게 사용하는 언어로 재판절차가 진행되도록 요구할 권리까지 보장하지는 않는다고 하였다. 피고인이 법정 공식언어를 충분히 구사하는 경우, 법정의 언어가 아닌 다른 언어로 의사를 표현하는 방법이 더 적절한지 여부를 확인하지 않아도 된다고 결정하였다.[184]

7. 진술거부권

규약 제14조 제3항 사호는 자신에게 불리한 진술 또는 유죄의 자백을 강요당하지 않을

CCPR/CO/81/SEMO(2004), para.12; Concluding Observations on Kosovo, CCPR/C/UNK/CO/1 (2006), para.12.

179) Concluding Observations on Sri Lanka, CCPR/C/LKA/CO/5(2014), para.14(b).

180) HRC General Comment No.32(2007), para.40.

181) *Ibid.*

182) E/CN.4/253, 284; E/CN.4/L.124; E/CN.4/SR.109, 12, SR.110, 7, SR.323, 16; A/2929, 43.

183) HRC General Comment No.32(2007), para.40.

184) 프랑스에서 브르타뉴어 사용을 주장한 사건이었다. *Guesdon v. France*, Communication No. 219/1986(1990), para.10.3; 유사한 사건으로 *C.L.D. v. France*, Communication No. 439/1990(1991), para.4.2; 핀란드에서 스웨덴어 사용을 주장한 사건으로 *C.E.A. v. Finland*, Communication No. 316/1988(1991), para.6.2; 에스토니아에서 러시아어 사용을 주장한 사건으로 *Zeynalov v. Estonia*, Communication No. 2040/2011(2015), para.9.3 참조.

권리, 즉 진술거부권을 형사절차상 권리로 규정하고 있다. 이러한 자기부죄(自己負罪)의 금지는 영미 보통법에서 유래하였고 오늘날 공정한 재판의 필수적인 요소로 인정된다.[185] 이는 수사당국이 피고인에게 범죄 자백을 획득할 목적으로 직접 또는 간접으로 물리적인 압박이나 부당한 심리적 압박을 가하지 않아야 함을 의미한다.[186] 자백을 획득할 목적으로 규약 제7조(고문 등의 금지)를 위반하는 방법으로 피고인을 대우하는 것은 허용되지 않는다. 당사국 국내법은 규약 제7조에 반하여 획득한 진술과 자백이 증거로 사용되지 않도록 규정해야 한다. 단 진술과 자백이 제7조에 위반하는 고문이나 다른 비인도적 대우가 자행되었다는 증거로 사용된 경우에는 증거로 사용될 수 있다. 당사국은 피고인의 진술이 자신의 자유로운 의사로 이루어졌다는 증명책임을 진다.[187]

Burgos v. Uruguay 사건(1981) 사건에서 통보자가 자신에게 불리한 허위 진술서에 서명하도록 강요받았고, 그 진술이 재판에서 사용되었다고 주장하였다. 규약위원회는 당사국이 통보자 주장을 반박하지 못했고, 통보자의 유죄를 입증하는 서면 서명을 강요하여 규약 제14조 제3항 사호를 위반을 인정하였다.[188] *Sánchez López v. Spain* 사건(1999)에서 스페인 교통법규는 제한속도를 위반하여 사진이 찍힌 차량의 소유자에게 운전자 신원을 밝힐 법적 의무를 부과하였다. 통보자는 이 의무가 제14조 제2항 무죄로 추정될 권리와 제14조 제3항 사호 자신에게 불리한 진술을 거부할 권리를 위반한다고 주장하였다. 규약위원회는 제한속도 위반이라는 교통법규가 아니라 교통당국에 협조할 의무를 위반하여 처벌되었다고 보았다. 이러한 처벌은 규약 제14조 제3항 사호 적용범위에 포함되지 않는다고 보았다.[189]

V. 미성년자에 대한 재판

규약 제14조 제4항은 미성년자에 대한 형사재판절차는 그들의 연령과 그들의 사회복귀 증진이 바람직하다는 점을 고려하여 진행되어야 한다고 규정한다. 미성년자도 규약 제14조의 권리를 성인과 동일하게 보장받는다.[190] 여기에 더해 미성년자는 특별한 보호를 받는다.

---

185) Nowak's CCPR Commentary(2019), p.410(para.108)
186) HRC General Comment No.32(2007), para.41.
187) *Ibid.*
188) *López Burgos v. Uruguay*, Communication No. 52/1979(1981), paras.11.5, 13.
189) *Sánchez López v. Spain*, Communication No. 777/1997(1999), para.6.4.
190) HRC General Comment No.32(2007), para.42. 규약은 제24조에 아동의 권리를 규정하고 있는데, 제14조 외에 다른 조항에도 아동의 절차적 권리가 보장되어 있다. 제6조 제5항은 18세 미만 미성년자 범죄에 대한 사형을 금지하고, 제10조 제2항과 제3항은 미성년자가 아동과 재판전 구금과 구금시설에서

형사재판절차에서 미성년자와 부모님·법적 보호자를 통해 범죄혐의를 통지받아야 하고, 변론을 준비하고 제출하기 위해 적절한 조력을 받아야 한다. 변호인과 기타 적절한 조력 및 부모님·법적 보호자 출석 하에 최대한 신속하게 공정한 재판을 받아야 한다. 단 아동의 나이나 상황을 고려했을 때 아동의 최선의 이익(best interest)을 위하지 않은 경우에는 예외로 한다.191)

당사국은 형사책임연령을 정하여 그 연령 미만의 아동과 미성년자가 범죄로 형사재판을 받지 않도록 하고, 그 연령은 신체적, 정신적 성숙도를 고려하여야 한다.192) 규약위원회는 벨기에 국가보고서에 대한 최종견해(2010)에서 16세-18세 미성년자가 성인과 같게 재판을 받아서는 안 된다는 견해를 밝혔다.193) 규약위원회는 형사책임연령을 10살 또는 그 미만으로 정하는 국가에게 지나치게 형사책임연령이 낮아 국제인권기준에 부합하지 않는다고 우려하였다.194) 특히 영국 반사회적행동명령(anti-social behaviour order)은 민사상 명령이지만, 위반하면 구금시설에 최대 5년까지 처벌받을 수 있다. 잉글랜드와 웨일스에서는 10살, 스코틀랜드에서는 8살 이상 아동에게도 적용될 수 있다는 점을 우려하였다.195)

당사국은 미성년자가 자신의 나이에 부합하는 방식으로 대우받도록 보장하기 위해 적절한 미성년자 형사사법제도를 마련해야 한다.196) UN 총회는 1985년과 1990년 각각 미성년자 형사사법제도와 미성년자 구금에 관해 결의를 채택하였고, 이 결의는 제14조 제4항 해석에 도움이 된다.197) 미성년자의 재판전 구금이나 재판기간 동안의 구금은 최대한 피해야 한다.198) 미성년자의 재판전 구금에 대해서는 아동권리위원회가 일반논평 제10호(2007)에

성인 수용자와 분리되어 있어야 한다고 규정한다. 아동의 권리에 관한 협약 제40조도 아동의 형사재판 절차상에서의 권리를 상세하게 규정한다.

191) *Ibid.*

192) *Ibid.*

193) Concluding Observations on Belgium, CCPR/C/BEL/CO/5(2010), para.23.

194) 잠비아의 8세에 대해 Concluding Observations on Zambia, CCPR/C/79/Add.62(1996), para.19; 수리남 10세에 대해 Concluding Observations on Suriname, CCPR/CO/80/ SUR(2004), para.17; 네팔의 10세에 대해 Concluding Observations on Nepal, CCPR/C/NPL/CO/2(2014), para.17; 호주의 일부 범죄 10세에 대해 Concluding Observations on Australia, CCPR/C/AUS/CO/6(2017), para.43.

195) Concluding Observations on the United Kingdom of Great Britain and Northern Ireland, CCPR/C/GBR/CO/6(2008), para.20.

196) HRC General Comment No.32(2007), para.43.

197) UN Standard Minimum Rules for the Administration of Juvenile Justice, A/RES/40/33(1985), Annex; UN Rules for the Protection of Juveniles Deprived of their Liberty, A/RES/45/113(1990), Annex.

198) HRC General Comment No.32(2007), para.42.

더 상세한 기준을 제시하였다. 아동의 재판전 구금은 마지막 수단으로만 사용해야 하고, 구금기간은 법률에 의해 제한되어야 한다.[199] 구금된 아동은 24시간 내에 구금의 합법성에 대한 심사가 이루어져야 하고 가능하다면 2주 간격으로 정기적으로 재심사받아야 한다. 법원 기타 관계기관이 공소제기 후 늦어도 6개월 전에는 최종 결정을 내리도록 법적으로 규정되어 있어야 한다.[200] 러시아를 상대로 제기되었던 개인통보사건에서 미성년자가 체포된 후 미성년자의 어머니에게 구두로만 체포사실을 알려주었다. 어머니는 두 달 가까이 지나고 나서야 미성년자의 법적 대리인으로 임명되었다. 규약위원회는 이 사안에서 규약 제14조 제4항 위반을 인정하였다.[201] 다른 사건으로, 벨라루스에서 17세 미성년자가 11일 동안 임시적인 구금시설에 중범죄자를 포함한 성인과 함께 있었다. 변호인이나 법적 대리인이나 사회복지사가 동석하지 않은 상태에서 신문을 받았다. 규약위원회는 이러한 처우가 미성년자의 제10조 제2항 나호와 제14조 제4항의 권리를 침해하였다고 결정하였다.[202]

당사국은 범죄혐의를 받는 미성년자의 사회복귀를 위해 적절한 경우 형사재판이 아닌 다른 조치를 취해야 한다. 예를 들어 가해자와 피해자 사이의 중재, 가해자 가족과의 면담, 상담, 지역사회 자원봉사, 교육프로그램 등이 있다. 이러한 조치는 규약 및 다른 인권기준에 부합해야 한다.[203]

Ⅵ. 상소권

규약 제14조 제5항은 "유죄판결을 받은 모든 사람은 자신의 유죄판결 및 형의 선고에 대하여 상급 법원에서 법률에 따라 심리를 받을 권리를 가진다."라고 규정하고 있다. 제14조 제5항 상소권은 범죄에 대해 유죄판결을 받은 모든 사람에게 보장된다. 규약 영문본은 상소 대상이 되는 범죄를 crime이라고 표현하는데, 불문본은 infraction, 스페인어본은 delito 라는 단어를 사용하여 상소권이 비교적 경한 범죄에도 적용된다는 점을 보여준다.[204] 규약은 상소권이 '법률에 따라' 인정된다고 규정하는데, 이는 상소권 존재 여부 자체가 당사국의 재량에 맡겨져 있다는 의미가 아니다. 상급법원에서 상소가 진행되는 방법과 상소심을 판단할 법원을 법률로 정한다는 의미이다.[205] 제14조 제5항은 여러 심급에 상소할 권리까지

---

199) CRC General Comment No.10(2007), para.80.

200) *Ibid.* para.83.

201) *Berezhnov v. Russia*, Communication No. 2107/2011(2016), para.9.7

202) *Koreba v. Belarus*, Communication No. 1390/2005(2010), para.7.4.

203) HRC General Comment No.32(2007), para.44.

204) *Ibid.* para.45.

보장하지 않는다. 하지만 국내법으로 여러 심급에 상소할 권리를 보장하는 경우에는 각각의 심급에 효과적으로 접근할 권리를 보장해야 한다.[206] 제14조 제5항은 형사소송절차에만 적용되고, 소송상 권리의무나 형사상 상소절차와 관련이 없는 다른 절차에는 적용되지 않는다.[207]

규약 제14조 제5항은 1심 법원의 유죄판결이 최종적인 경우에만 위반되는 것이 아니다. 1심에서 무죄를 받고 나서 항소심 또는 최종심에서 유죄를 받은 경우 그 후 상급법원에 상소할 권리가 보장되지 않는다면 제14조 제5항이 위반될 수 있다.[208] 미국과 같은 국가에서는 1심에서 무죄가 선고되면 상소할 수 없게 되어 있어 이러한 문제가 생기지 않는다. 하지만 1심에서 무죄판결이 있은 후에 항소심에서 유죄선고가 가능한 대륙법계 국가에서는 제14조 제5항 상소권을 침해하는지 문제될 수 있다. 이 때문에 많은 국가들이 자국 국내법체계에서는 1심 무죄 이후 2심에서 유죄판결이 가능하다는 이유로 유보를 제출하였다.[209] 규약위원회는 2심에서 처음으로 유죄판결을 받은 경우에도 상소권이 보장되어야 한다는 입장이다. 규약위원회는 1심법원에서 무죄를 선고받았지만, 항소심에서 유죄를 받은 후 항소심 판결에 대해 상소할 수 없었던 *Gomaríz Valera v. Spain* 사건(2005)에서 제14조 제5항 위반을 인정하였다. 이 결정에서 제14조 제5항이 상급법원에서 판결을 받을 권리뿐만 아니라 피고인이 받은 유죄판결에 대해 다시 판단을 받을 권리를 보장한다고 하였다. 당사국이 유보하지 않는 한, 1심에서 무죄판결을 받은 이후 2심에서 유죄판결을 받은 경우에도 죄의 유무와 형량에 대해 상소할 권리가 보장되어야 한다고 보아 제14조 제5항 상소권 침해를 인정하였다.[210] *Calderón Bruges v. Colombia* 사건(2012)에서 통보자는 1심에서 무죄판결을 받고 항소심에서도 유지되었으나, 대법원에서 유죄가 인정되어 5년 징역형을 선고받았다. 규약위원회는 이 사안에서 유죄판결이 상급법원에서 판단받을 수 없었다는 이유로 제14조 제5항 위반을 인정하였다.[211] 규약위원회 다수의견에 대해서는 많은 대륙법계 국가의 사법제도와 부합하지 않는다는 개별의견이 있었다.[212] 유럽 국가의 유보에 대해서도 규약

---

205) *Ibid.*

206) *Ibid.*

207) *Ibid.* para.46.

208) *Ibid.* para.47.

209) 벨기에(C.N.113.1983.TREATIES-4), 독일(999 UNTS 293-294)은 규약 제14조 제5항에 대해 유보하였다. 룩셈부르크(C.N.265.1983.TREATIES-3/8/2)와 오스트리아(1103 UNTS 395)는 제14조 제5항이 자신의 법체계와 충돌하지 않는다는 취지로 선언하였다.

210) *Gomaríz Valera v. Spain*, Communication No. 1095/02(2005), para.7.

211) *Calderón Bruges v. Colombia*, Communication No.1641/2007(2012), para.7.3.

212) *Gomaríz Valera v. Spain*, Communication No. 1095/02(2005), Individual Opinion of Committee

제14조 제5항이 애초에 2단계 심급원칙만을 보장한다는 점에서 애초에 유보할 필요가 있는지 의문스럽다는 견해도 있다.[213]

한편, 하급심에서 유죄판결을 받은 후 대법원에서 하급심법원의 유죄판결을 인정하면서 더 무거운 형을 선고한 경우에는 규약 제14조 제5항이 위반되지 않을 수 있다. 규약위원회는 많은 국가에서 상급심 법원이 하급심 법원이 선고한 형을 줄이거나 늘릴 수 있다는 점을 언급하면서, 대법원이 하급심 법원과 달리 통보자가 종범이 아니라 정범에 해당한다고 보아 형을 늘린 사안에서 규약 제14조 제5항이 위반되지 않았다고 보았다.[214]

일부 국가는 헌법에 고위공직자의 특정 범죄는 헌법재판소 또는 대법원에서 형사재판을 하는 제도를 두고 있다. 재판을 하는 법원이 최고법원이라 하더라도 상급법원에 상소할 권리를 보장해야 한다. 단심재판제도는 당사국이 유보를 하지 않는 이상 규약 제14조 제5항에 부합하지 않는다.[215] *Fanali v. Italy* 사건(1983)에서 이탈리아는 대통령과 장관의 형사재판이 헌법재판소에서 단심으로 진행되는 제도에 대해 유보하였는데, 이 유보가 퇴직한 공군장군에게도 적용되는지 문제되었다. 규약위원회는 대통령 또는 장관이 저지른 범죄와 관련된 범죄로 일반인이 헌법재판소에서 형을 선고받은 경우 '대통령과 장관을 상대로 제기된 기소에 관한 헌법재판소의 소송'으로 볼 수 있다고 해석하였다. 따라서 규약 제14조 제5항에 관한 이탈리아의 유보가 이 사안에도 적용된다고 보았다.[216]

상소 절차에서 사건이 충분히 고려될 수 있도록 당사국은 죄의 유무와 형량에 대해 증거판단과 법률적 판단 둘 다 충분한지 실질적으로 심사해야 한다.[217] 사실관계에 대한 판단 없이 유죄판결의 형식적 사항이나 법률적 판단만 심사하는 것은 제14조 제5항에 부합하지 않는다. 한편, 제14조 제5항 상소권은 법원에서 사건의 사실관계를 검토할 수 있으면 된다. 재판을 다시 하거나 공판을 반드시 열어야 하는 것은 아니다. 예를 들어 상급법원에서 유죄를 선고받은 사람의 주장을 상세하게 살펴보고, 항소이유에 언급된 증거를 고려한 후 그 사안에서 유죄를 인정할 만한 증거가 충분하다고 판단한 경우에는 제14조 제5항에 위반되지 않는다.[218]

Member Ms. Ruth Wegwood.

213) Nowak's CCPR Commentary(2019), pp.421(para.125).

214) *Pérez Escolar v. Spain*, Communication No. 1156/2003(2006), para.9.2.

215) HRC General Comment No.32(2007), para.47. 최고법원에서의 단심재판과 관련하여 이탈리아(1106 UNTS 370), 룩셈부르크(C.N.265.1983), 네덜란드(1120 UNTS 491), 스위스(1678 UNTS 395)가 유보를 제출하였고, 이탈리아(C.N.1291.2005)와 스위스(C.N.544.2007)는 추후에 유보를 철회하였다.

216) *Fanali v. Italy*, Communication No. 75/1980(1983), para.11.8-12.

217) HRC General Comment No.32(2007), para.48.

상소권을 보장하기 위해 하급심 법원의 유죄판결에 적절하게 이유가 제시되어 있고, 유죄판결과 공판기록 등 상소권을 행사하기 위해 필요한 서류에 접근할 수 있어야 한다.[219] 상급법원에서 판단이 부당하게 지체된다면 제14조 제3항 다호 신속한 재판을 받을 권리와 함께 제14조 제5항 상소권도 침해된다.[220] 항소를 하는 데 기초가 되는 판결문을 제공하지 않는 경우 제14조 제5항이 위반된다.[221] 항소심 법원이 항소를 기각하는 이유를 전혀 밝히지 않는다면 상소권이 침해된다.[222] 항소허가신청을 구두로 기각하면서 이유를 제공하지 않는 경우에도 제14조 제5항 위반이 인정된다.[223]

사형이 선고된 사건에서 상소권은 더욱 중요하다. 사형판결을 검토하는 상급법원이 경제적 여유가 없는 사형 판결을 선고받은 사람에게 법적 조력을 제공하지 않는 결정을 한다면 제14조 제3항 라호 무상으로 법적 조력을 받을 권리뿐만 아니라 제14조 제5항 상소권도 침해한다. 법적 조력을 제공하지 않으면 상급법원에서 유죄판결과 형량을 효과적으로 판단받지 못하게 되기 때문이다.[224]

당사자가 스스로 상소권을 포기할 수 있는지 여부가 *Estevill v. Spain* 사건(2003)에서 문제되었다. 통보자는 1심재판을 대법원에서 받았는데, 자신의 상소권이 침해되었다고 주장하였다. 규약위원회는 스페인 법제도상 카탈로니아 고등법원에 기소되면 상소권이 보장되는데, 통보자 자신이 주장하여 대법원에서 바로 1심재판을 받게 되었다는 점을 지적하였다. 통보자가 경험이 많은 전직 판사라는 점을 고려하여, 대법원에서의 1심재판을 주장함으로써 통보자는 상소권을 포기한 것으로 보았다.[225]

VII. 형사보상청구권

규약 제14조 제6항은 "어떤 사람이 확정판결에 따라 범죄에 대한 유죄판결을 받았고, 추후에 새로운 사실 또는 새로 발견된 사실로 인해 오심이 있었음이 결정적으로 입증됨으로

---

218) *Ibid.*
219) *Ibid.* para.49.
220) *Ibid.*
221) *Henry v. Jamaica*, Communication No. 230/87(1991), para.8.4; *Khadzhiyev and Muradova v. Turkmenistan*, Communication No. 2252/2013(2018), para.7.11.
222) *Aboushanif v. Norway*, Communication No. 1542/2007(2008), para.7.2.
223) *Reid v. Jamaica*, Communication No.355/1989(1994), para.14.3.
224) HRC General Comment No.32(2007), para.51.
225) *Pascual Estevill v. Spain*, Communication No. 1004/2001(2003), para.6.2.

써 그에 대한 유죄판결이 파기되었거나 사면을 받았을 경우, 유죄판결의 결과로 처벌을 받은 사람은 법률에 따라 보상을 받는다. 다만, 알려지지 않은 사실이 적시에 공개되지 않은 점이 전체적으로 또는 부분적으로 그에게 책임이 있었다는 것이 증명된 경우에는 그렇지 않다."라고 규정하여 오심판결에 대한 보상청구권을 규정하고 있다. 당사국은 보상이 실제로 합리적 기간 내에 이루어지도록 입법을 마련해야 한다.[226]

제14조 제6항 보상청구권은 피고인의 책임 있는 사유로 인해서 중대한 사실이 밝혀지지 않았음이 증명된 경우에는 인정되지 않는다. 이때 입증 책임은 당사국에 있다.[227] 재판이 확정되기 전에 유죄판결이 파기되거나,[228] 인도적이거나 재량적 성격의 사면을 받거나, 형평을 고려한 사유로 유죄판결이 파기된 경우와 같이 오심판결을 전제하지 않는 경우에는 보상청구권이 인정되지 않는다.[229] *Muhonen v. Finland* 사건(1985)에서 통보자는 군복무 거부로 11개월 징역형을 선고받아 8개월을 복역한 이후에 윤리적 신념에 기초한 병역거부자 지위를 인정받아 사면되었다. 규약위원회는 이 경우 오심이 입증되어서가 아니라 형평을 고려하여 사면되었다는 이유로 제14조 제6항이 위반되지 않았다고 결정하였다.[230]

보상은 개인이 형벌을 받은 경우에만 인정된다. 이때 형벌은 주로 징역형을 의미하지만, 명문규정상 제14조 제6항 보상청구권은 모든 유형의 형벌을 받은 경우 인정될 수 있다. 반면에 규약 제9조 제5항 배상청구권은 피의자가 불법적으로 체포 또는 구금된 경우에 한하여 인정된다.[231] 제14조 제6항 위반이 최초로 인정된 개인통보사건은 *Dumont v. Canada* 사건(2010)이다.

통보자는 52개월 징역형을 선고받고 34개월 복역하였는데, 퀘벡항소법원은 새로운 증거가 제출되어 합리적 의심을 넘은 정도로 유죄가 입증되지 않았다고 보아 그를 석방하였다. 캐나다는 자국 형사법체계상 유죄판결을 받은 사람의 석방(acquittal)은 무죄(innocence)를 전제하지 않는다는 점을 설명하였다. 캐나다는 통보자의 무죄가 입증되지 않았고, 제14조 제6항 오심은 실제로 죄가 없음이 밝혀진 경우에만 인정된다고 주장하였다.

규약위원회는 제14조 제6항이 무죄가 입증된 경우에만 인정되는지에 대해서는 명확

---

226) HRC General Comment No.32(2007), para.52.

227) *Ibid*. para.53.

228) *Irving v. Australia*, Communication No. 880/1999(2002), para.8.4

229) HRC General Comment No.32(2007), para.53.

230) *Muhonen v. Finland*, Communication No. 89/1981(1985), paras.11.2, 12.

231) Nowak's CCPR Commentary(2019), pp.423-424(para.134).

한 입장을 밝히지 않았다. 이 사건에서 통보자가 석방되었음에도 해당 사건을 재검토하고 진범을 잡기 위한 수사를 개시하는 절차가 진행되지 않았고, 민사소송도 9년간 진행되면서 통보자에게 자신의 무죄를 입증할 구제책이 주어지지 않았다고 보았다. 이에 따라 효과적인 구제를 받을 권리를 보장하는 규약 제2조 제3항과 함께 제14조 제6항이 위반되었다고 결정하였다.[232]

Ⅷ. 일사부재리원칙

규약 제14조 제7항은 "어느 누구도 각국의 법률 및 형사절차에 따라 이미 확정적으로 유죄판결 또는 무죄판결을 받은 행위에 관하여는 거듭 재판 또는 처벌 받지 않는다."라고 규정하여 일사부재리(一事不再理, *Ne bis in idem*) 원칙을 보장한다. 재판을 통해 유죄 또는 무죄를 선고받은 사람은 같은 법원이나 새로운 법원에서 동일한 혐의로 재판받지 않는다.

양심적 병역거부자를 새로운 군복무명령에 따르지 않았다는 이유로 반복적으로 처벌하는 것은 병역거부자의 반복적인 행위가 일관된 양심에 근거한다면 동일한 범죄에 대한 처벌에 해당한다.[233] 여호와의 증인인 양심적 병역거부자가 투르크메니스탄에서 두 번 재판받아 처벌되었다. 투르크메니스탄 국내법에 따르면 군소집명령을 반복적으로 받을 수 있었고, 형사처벌을 두 번 이상 받은 후에야 군소집명령에서 면제될 수 있었다. 규약위원회는 통보자의 규약 제14조 제7항의 권리가 침해되었다고 보았다.[234] 규약위원회는 이스라엘 국가보고서에 대한 최종견해(2010)에서 군복무거부에 대한 반복적인 처벌은 일사부재리원칙에 위배될 수 있으므로, 중단되어야 한다고 지적하였다.[235]

제14조 제7항은 궐석재판으로 유죄를 선고받은 사람이 다시 재판을 청구하는 것을 금지하지는 않지만, 이 경우 다시 받은 재판에 대해서는 일사부재리원칙이 적용된다.[236] 제14조 제7항은 상급법원이 하급심법원의 유죄판결을 파기하고 다시 재판하라고 명하는 환송판결에는 적용되지 않는다.[237] 또한 무죄판결 당시에 알려지지 않았던 새로운 증거가 발견되는 등 예외적인 상황에서는 형사재판을 재개할 수 있다.[238]

---

232) *Dumont v. Canada*, Communication No. 1467/2006(2010), para.23.3-23.6.
233) HRC General Comment No.32(2007), para.55.
234) *Abdullayev v. Turkmenistan*, Communication No. 2218/2012(2015), para.7.4-7.5.
235) Concluding Observations on Israel, CCPR/C/ISR/CO/3(2010), para.19.
236) HRC General Comment No.32(2007), para.54.
237) *Ibid*. para.56.
238) *Ibid*.

일사부재리원칙은 형사재판에만 적용되고, 규약 제14조상 형사범죄에 해당하지 않는 징계처분에는 적용되지 않는다.[239] 성범죄로 유죄판결을 받아 징역형 복역을 종료한 이후 다시 예방적 행정구금을 받았던 사건에서 규약 제14조 제7항이 문제되었다. 규약위원회는 이러한 구금이 자의적 구금에 해당한다고 보아 규약 제9조 제1항 위반을 선언하였지만, 제14조 제7항은 판단할 필요가 없다고 보아 그 위반여부는 판단하지 않았다.[240] 이에 대해 위원 두 명은 개별의견을 밝히면서 예방적 구금이 과거 범죄와 동일한 근거에서 결정된 것이 아니라 정당한 보호 목적에서 취해졌다고 보았다. 이에 규약 제14조 제7항 일사부재리원칙에 위배되지 않는다고 보았다.[241]

규약 제14조 제7항은 한 국가 내 재판에만 적용되고 두 개 이상 국가에서 재판받는 상황에는 적용되지 않는다.[242] *A.P. v. Italy* 사건(1987)에서 통보자는 스위스에서 처벌받은 후 동일한 범죄에 대해 이탈리아에서 처벌받았다. 규약위원회는 제14조 제7항이 타국에서의 소송에 대해 적용되지 않는다고 보았다.[243] 규약위원회는 이후 일반논평에서 이러한 해석이 동일한 범죄로 다시 다른 국가에서 재판받지 않도록 국제조약을 체결하는 등 국가들의 노력을 훼손하려는 것은 아니라고 설명하였다.[244]

IX. 한국의 실행

한국 헌법 제27조는 규약 제14조에 해당하는 재판청구권을 보장한다. 모든 국민은 헌법과 법률이 정한 법관에 의하여 법률에 의한 재판을 받을 권리를 가진다(헌법 제27조 제1항). 군인 또는 군무원이 아닌 국민은 특정한 경우를 제외하고 군사법원의 재판을 받지 않는다(제27조 제2항). 모든 국민은 신속한 재판을 받을 권리를 갖는다(제27조 제3항 1문). 형사재판과 관련해서, 모든 형사피고인은 공개재판을 받을 권리를 가지며(제27조 제3항 2문), 유죄판결이 확정될 때까지 무죄로 추정된다(제27조 제4항). 형사소송법은 형사재판상 피고인의 권

---

239) *Ibid.* para.57.
240) *Fardon v. Australia*, Communication No. 1629/2007(2010), para.7.4-7.5. 같은 날 결정된 유사한 사건으로 *Tillman v. Australia*, Communication No. 1635/2007(2010) 참조.
241) *Fardon v. Australia*, Communication No. 1629/2007(2010), Individual opinion of Committee members Mr. Krister Thelin and Ms. Zonke Zanele Majodina, para.7.4.
242) HRC General Comment No.32(2007), para.57.
243) *A.P. v. Italy*, Communication No. 204/1986(1987), para.7.3. *ARJ v. Australia* 사건(1996)에서도 같은 판시를 하였다. *ARJ v. Australia*, Communication No. 692/96(1996), para.6.4
244) HRC General Comment No.32(2007), para.57.

리에 대한 규정을 두고 있다. 미성년자에 대한 형사절차와 관련해서는 소년법이 적용될 수 있다. 규약 제14조 제6항 보상청구권에 대응하는 국내법으로는 헌법 제28조과 「형사보상 및 명예회복에 관한 법률」이 있다. 규약 제14조 제7항 일사부재리원칙은 헌법 제13조 제1항 후단에 보장되어 있다. 이하에서는 규약 제14조 이행과 관련하여 문제될 수 있는 국내법에 대하여 몇 가지 쟁점에 대해 살펴본다.[245]

규약 제14조	한국 헌법 및 형사소송법
제14조 제1항 공정하고 공개적인 재판을 받을 권리	**헌법 제27조** ① 모든 국민은 헌법과 법률이 정한 법관에 의하여 법률에 의한 재판을 받을 권리를 가진다. ② 군인 또는 군무원이 아닌 국민은 대한민국의 영역안에서는 중대한 군사상 기밀·초병·초소·유독음식물공급·포로·군용물에 관한 죄중 법률이 정한 경우와 비상계엄이 선포된 경우를 제외하고는 군사법원의 재판을 받지 아니한다. ③ 모든 국민은 신속한 재판을 받을 권리를 가진다. 형사피고인은 상당한 이유가 없는 한 지체없이 공개재판을 받을 권리를 가진다.
제14조 제2항 무죄로 추정받을 권리	**헌법 제27조** ④ 형사피고인은 유죄의 판결이 확정될 때까지는 무죄로 추정된다.
제14조 제3항 형사재판상 피고인의 권리 가. 범죄에 대해 통지받을 권리 나. 변호를 준비할 권리 다. 부당한 지체 없이 재판받을 권리 라. 재판에 출석할 권리와 변호인의 조력을 받을 권리 마. 증인을 소환하고 신문할 권리 바. 통역을 받을 권리 사. 진술거부권	**헌법 제12조** ② 모든 국민은 고문을 받지 아니하며, 형사상 자기에게 불리한 진술을 강요당하지 아니한다. ④ 누구든지 체포 또는 구속을 당한 때에는 즉시 변호인의 조력을 받을 권리를 가진다. 다만, 형사피고인이 스스로 변호인을 구할 수 없을 때에는 법률이 정하는 바에 의하여 국가가 변호인을 붙인다. **제27조** ③ 모든 국민은 신속한 재판을 받을 권리를 가진다. 형사피고인은 상당한 이유가 없는 한 지체없이 공개재판을 받을 권리를 가진다. **형사소송법 제30조(변호인선임권자)** ① 피고인 또는 피의자는 변호인을 선임할 수 있다. **제33조(국선변호인)** ① 다음 각 호의 어느 하나에 해당하는 경우에 변호인이 없는 때에는 법원은 직권으로 변호인을 선정하여야 한다. 1. 피고인이 구속된 때 2. 피고인이 미성년자인 때 3. 피고인이 70세 이상인 때

---

245) 이 글에서 다루지 않은 쟁점 중에 규약 제14조 제3항 마호 증인을 소환하고 신문할 권리 중 반대신문권의 국내 실행이 있다. 한국 형사소송법 제314조와 제316조 제2항에 의하면 반대신문권이 보장되지 않은 전문증거도 증거능력이 인정될 수 있다. 규약 제14조 제3항 마호 반대신문권이 한국 형사소송법상 증거법 해석에 미치는 영향을 분석한 논문으로 이창온, 형사소송법상 반대신문권과 국제인권법의 적용가능성에 관한 연구, 형사소송 이론과 실무 제13권 제3호(2021), pp.103-112 참조.

	4. 피고인이 듣거나 말하는 데 모두 장애가 있는 사람인 때
	5. 피고인이 심신장애가 있는 것으로 의심되는 때
	6. 피고인이 사형, 무기 또는 단기 3년 이상의 징역이나 금고에 해당하는 사건으로 기소된 때
	② 법원은 피고인이 빈곤이나 그 밖의 사유로 변호인을 선임할 수 없는 경우에 피고인이 청구하면 변호인을 선정하여야 한다.
	③ 법원은 피고인의 나이·지능 및 교육 정도 등을 참작하여 권리보호를 위하여 필요하다고 인정하면 피고인의 명시적 의사에 반하지 아니하는 범위에서 변호인을 선정하여야 한다.
	제34조(피고인·피의자와의 접견, 교통, 진료) 변호인이나 변호인이 되려는 자는 신체가 구속된 피고인 또는 피의자와 접견하고 서류나 물건을 수수(授受)할 수 있으며 의사로 하여금 피고인이나 피의자를 진료하게 할 수 있다.
	제35조(서류·증거물의 열람·복사) ① 피고인과 변호인은 소송계속 중의 관계 서류 또는 증거물을 열람하거나 복사할 수 있다.
	제161조의2(증인신문의 방식) ① 증인은 신청한 검사, 변호인 또는 피고인이 먼저 이를 신문하고 다음에 다른 검사, 변호인 또는 피고인이 신문한다.
	제163조(당사자의 참여권, 신문권) ① 검사, 피고인 또는 변호인은 증인신문에 참여할 수 있다.
	제180조(통역) 국어에 통하지 아니하는 자의 진술에는 통역인으로 하여금 통역하게 하여야 한다.
	제182조(번역) 국어 아닌 문자 또는 부호는 번역하게 하여야 한다.
	제312조(검사 또는 사법경찰관의 조서 등) ④ 검사 또는 사법경찰관이 피고인이 아닌 자의 진술을 기재한 조서는 적법한 절차와 방식에 따라 작성된 것으로서 그 조서가 검사 또는 사법경찰관 앞에서 진술한 내용과 동일하게 기재되어 있음이 원진술자의 공판준비 또는 공판기일에서의 진술이나 영상녹화물 또는 그 밖의 객관적인 방법에 의하여 증명되고, 피고인 또는 변호인이 공판준비 또는 공판기일에 그 기재 내용에 관하여 원진술자를 신문할 수 있었던 때에는 증거로 할 수 있다. 다만, 그 조서에 기재된 진술이 특히 신빙할 수 있는 상태하에서 행하여졌음이 증명된 때에 한한다.
제14조 제4항 미성년자에 대한 재판	**소년법 제1조 이하** **제1조(목적)** 이 법은 반사회성(反社會性)이 있는 소년의 환경 조정과 품행 교정(矯正)을 위한 보호처분 등의 필요한 조치를 하고, 형사처분에 관한 특별조치를 함으로써 소년이 건전하게 성장하도록 돕는 것을 목적으로 한다.
제14조 제5항 상소할 권리	**형사소송법 제388조 이하** **제338조(상소권자)** ① 검사 또는 피고인은 상소를 할 수 있다.

제14조 제6항 형사보상청구권	**헌법 제28조** 형사피의자 또는 형사피고인으로서 구금되었던 자가 법률이 정하는 불기소처분을 받거나 무죄판결을 받은 때에는 법률이 정하는 바에 의하여 국가에 정당한 보상을 청구할 수 있다.
제14조 제7항 일사부재리원칙	**헌법 제13조** ① 모든 국민은 행위시의 법률에 의하여 범죄를 구성하지 아니하는 행위로 소추되지 아니하며, 동일한 범죄에 대하여 거듭 처벌받지 아니한다.

1. 군사법원의 독립성과 민간인에 대한 재판

규약 제14조 제1항은 법률에 따라 설치된 권한 있는 독립적이고 공평한 법원에서 재판받을 권리를 보장한다. 한국 군사법원이 규약 제14조 제1항에 부합하는지와 관련해서 크게 두 가지 쟁점이 문제될 수 있다. 첫 번째로, 군사법원이 제14조 제1항에서 요구하는 독립성과 공정성을 갖추었는지 문제된다. 두 번째로, 군사법원에서 군인이나 군무원이 아닌 민간인도 재판을 받을 수 있는데, 제14조 제1항 요건이 충족되었는지 문제된다.

먼저, 한국 군사법원이 규약 제14조 '독립적이고 공평한 법원'에 해당하는지 살펴본다. 규약 제14조는 개인에게 공정한 재판을 받을 권리가 보장되는 한, 당사국이 군사법원과 같은 특별한 관할권을 가지는 형사법원을 창설하는 것 자체를 금지하지는 않는다.[246] 한국 군사법원의 법적 근거는 헌법 제110조에 있다. 헌법 제110조 제1항은 군사재판을 관할하기 위하여 특별법원으로서 군사법원을 둘 수 있다고 규정한다. 군사법원에 대해서는 국내에서 제기된 문제점 및 개선방안을 정리하면 다음과 같다. 첫째, 군사법원의 필요성에 대해서 전시가 아닌 평시에는 군사법원을 존치할 필요가 없으므로, 평시에는 일반법원이 관할권을 가져야 한다는 비판이 있었다.[247] 둘째, 군사법원의 심급제도에 관해서, 헌법 제110조 제2항은 군사법원의 상고심은 대법원에서 관할하도록 규정한다. 고등군사법원제도를 폐지하고 항소심은 일반법원에서 담당해야 한다는 주장이 제기되었다.[248] 셋째, 군사법원의 공정성 및 독립성과 관련하여, 관할관제도와 심판관제도에 관한 비판이 제기되었다. 보통군사법원의 관할관은 그 설치되는 부대와 지역의 사령관, 장 또는 책임지휘관이었다. 군검찰권과 군

---

246) *Manzano et al. v. Colombia*, Communication No. 1616/2007(2010), para.6.5.

247) 군사법원을 폐지하자는 주장으로 한상희, "군사법원체제의 개혁", 입법학연구 제11집 제2호(2014), pp.40-43; 이계수, 박병욱, "군사법원 폐지를 위한 사례연구", 민주법학 제60호(2016), pp.258-268 참조; 궁극적으로 평시 군사법원을 폐지해야 한다는 견해로 김현주, "개정 군사법원법에 대한 비판적 연구", 한국군사학논집 제73집 제3권(2017), pp.146-148.

248) 군사법원 폐지의 단계적 임시조치로 항소심 사건을 일반 고등법원에서 다루도록 하는 주장으로 한상희, 상계주, p.43 참조,

사법권을 모두 가진 관할관의 권한이 지나치게 넓어 군사법원의 독립성을 침해한다는 비판이 있었다.[249] 넷째, 군사법원의 재판은 원칙적으로 군판사가 담당하지만, 관할관이 지정하는 경우 군판사가 아닌 일반장교를 심판관으로 임명할 수 있었다(군사법원법 제26조, 제27조). 심판관제도는 비법률가에 의한 재판이라는 비판이 있었다.[250] 더 나아가 군판사, 군검찰관, 군변호인 모두 군법무관이라는 하나의 인력풀에서 선발되고 서로 순환보직된다는 점도 지적되었다.[251]

군사법제도의 문제점에 대해서는 개선하려는 노력이 있었고, 일부 개선되었다. 2004년 대법원 산하 사법개혁위원회는 심판관제도 폐지, 관할관의 확인감경권 폐지 등 개혁안을 제시하였다. 2005년 대통령 자문기구인 사법제도개혁추진위원회를 통해 개혁안이 논의된 적이 있었지만,[252] 입법되지 못하였다.[253] 이후 2014년 육군에서 윤일병이 선임병들의 구타와 가혹행위로 사망하는 사건이 발생하자 군사법제도 개혁안이 다시 논의되었고, 2016년 군사법원법이 개정되었다. 보통군사법원이 설치되는 부대 등을 축소하고, 보통군사법원은 원칙적으로 군판사 3명으로 구성하여 예외적인 경우에만 심판관을 재판관으로 지정할 수 있도록 하였다. 관할관이 형을 감경할 수 있는 대상과 범위를 제한하였다.[254] 2021년 성추행 피해 공군 부사관 사망 사건으로 군검찰 및 군사법제도의 문제점이 드러나면서 다시 군사법제도 개혁이 논의되었고, 2021년 9월 군사법원법이 개정되었다. 개정법에 의하면 1심 군사재판을 담당하는 군사법원이 국방부장관 소속으로 설치되었다. 고등군사법원을 폐지하여 일반 법원이 항소심을 담당하게 되었다. 검찰단을 국방부장관 및 각 군 참모총장 소속으로 하였고, 관할관 및 심판관 제도를 폐지하였다.[255]

---

249) 한상희(전게주 247), pp.45-46. 관할관은 군사법원의 재판관을 지정하고 군사법원 선고 결과를 최종 확인하여야 선고의 효력이 발생하는 권한을 가지고 있었다. 관할관은 선고된 형의 3분의 1 미만 범위에서 감경할 수 있는 권한을 가지고 있었다(군사법원법 제379조).

250) 한상희(전게주 247), pp.43-45. 한편, 헌법재판소는 군사법원의 심판관제도에 대해 합헌결정을 두 차례 하였다. 헌법재판소 1996. 10. 31. 93헌바25, 판례집 8-2, 443; 헌법재판소 2009. 7. 30. 2008헌바162, 판례집 21-2상, 280.

251) 한상희(전게주 247), p.44.

252) 당시 인권실태에 대해서는 국가인권위원회, 2003년도 연구용역보고서, 군 사법제도 운영 및 인권침해 현황 실태조사 참조.

253) 김현주(전게주 247), p.137.

254) 군사법원법(2016. 1. 6. 법률 제13722호로 개정된 것) 제6조 제2항, 제26조 제1항, 제27조의2 신설 등. 이 법은 2017. 7. 7. 시행되었다.

255) 군사법원법(2021. 9. 24. 법률 제18465호로 개정된 것) 제6조 및 제10조, 제8조, 제22조 등. 이 법은 2022. 7. 1. 시행된다. 2021년 개정된 군사법원법의 문제점에 대해서는 이현정, 군 사법제도 개선방안, 법학연구 제29권 제4호(2021), pp.150-160 참조.

민간인 재판에 대해 규약 제14조는 군사법원에서의 민간인 재판을 금지하지 않지만, 민간인 재판은 예외적이어야 한다. 민간인 재판은 필수적이고 객관적이고 중대한 사유에 의해서만 인정되며, 그 재판의 개인이나 혐의 내용이 일반 법원에서 재판할 수 없는 경우 등으로 제한되어야 한다.[256] 민간인에 대한 군사법원의 재판권도 제한적으로 인정되어야 하는데, 한국의 경우 재판권 범위가 지나치게 넓다는 지적이 있었다. 헌법 제27조 제2항은 "군인 또는 군무원이 아닌 국민은 대한민국의 영역안에서는 중대한 군사상 기밀·초병·초소·유독음식물공급·포로·군용물에 관한 죄중 법률이 정한 경우와 비상계엄이 선포된 경우를 제외하고는 군사법원의 재판을 받지 아니한다."라고 규정하여 민간인에 대한 군사재판을 제한하고 있다. 현재 시행되고 있는 군사법원법에 의하면, 군사법원은 군인 및 군무원에 대한 재판권을 가진다(군사법원법 제2조). 군형법에 규정된 13개 이상 군사범죄를 범한 사람은 민간인도 군인에 준하여 군형법을 적용한다고 규정하여(군형법 제1조 제4항), 민간인에 대한 군사법원 재판이 가능한 범죄를 나열하고 있다. 그 외에도 군사법원은 계엄법과 군사기밀보호법 제13조 업무상 군사기밀 누설의 죄 및 그 미수범죄에 대해서도 민간인을 재판할 수 있다(군사법원법 제3조). 한편, 군사시설에 관한 죄를 범한 민간인 재판에 대해서는 헌법재판소가 2013년 위헌결정을 내렸다. 1987년 헌법개정 당시 군사시설에 관한 죄를 범한 민간인에 대한 군사법원 재판권을 의도적으로 제외하였던 과정을 고려하여 헌법 제27조 제2항에 규정된 군용물에는 군사시설이 포함되지 않는다고 보았다.[257] 2021년 군사법원법이 개정될 때 민간인에 대한 군사법원 재판권에 대해서도 성폭력범죄, 군인 등 사망사건 관련 범죄 및 군인이 되기 전에 저지른 범죄를 제외하여 일반법원이 재판권을 행사하도록 하였다.[258]

2. 변호인 조력권

규약 제14조 제3항 나호는 변호 준비를 위하여 본인이 선임한 변호인과 연락을 취할 권리를, 라호는 변호인 조력을 받을 권리를 보장하고 있다. 헌법 제12조 제4항은 "누구든지 체포 또는 구속을 당한 때에는 즉시 변호인의 조력을 받을 권리를 가진다."라고 규정하여 구속피의자의 변호인 조력권을 명시하고 있다. 변호인 조력권과 관련하여 한국에서 가장 문제된 쟁점은 피의자 신문시 변호인 참여할 권리가 보장되고 있는지 여부였다. 과거 형사소송법에는 피의자 신문시 변호인 입회권에 관한 규정을 두고 있지 않았고, 변호인의 입회

---

256) HRC General Comment No.32(2007), para.22.
257) 헌법재판소 2013. 11. 28. 2012헌가10, 판례집 25-2하, 338.
258) 군사법원법(2021. 9. 24. 법률 제18465호로 개정된 것) 제2조 제2항

요청을 거부하는 수사관행이 있었다.

이에 대해 대법원은 2003년 구금된 피의자 신문시 변호인 참여를 요구할 권리를 인정하였다. 다만 신문을 방해하거나 수사기밀을 누설하는 등 염려가 있다고 의심할 만한 상당한 이유가 있는 특별한 사정이 있음이 객관적으로 명백하여 변호인 참여를 제한하여야 할 필요가 있다고 인정되는 경우에는 변호인 참여를 제한할 수 있다고 결정하였다.[259] 헌법재판소도 2004년 불구속 피의자의 변호인 조력을 받을 권리는 우리 헌법에 나타난 법치국가원리, 적법절차원칙에서 인정되는 당연한 내용이라고 설시하면서, 불구속 피의자가 신문을 받을 때 변호인 참여를 요구할 권리를 인정하였다.[260] 이후 형사소송법이 2007년 개정되면서 제243조의2를 신설하여 피의자 신문시 변호인 참여권을 명문으로 규정하였다.

규약위원회는 한국에서의 변호인 조력권에 대해 우려를 몇 차례 표시하였다. 3차 국가보고서에 대한 최종견해(2006)에서 재판전 구금단계에서 변호사와의 면접이 피의자 신문 동안에만 이루어지고, 피의자 신문 시에도 경찰관이 변호인 참여를 제한할 수 있다는 점을 지적하였다.[261] 형사소송법에 피의자 신문시 변호인참여권이 명문으로 규정된 이후에 제출된 한국정부 4차 국가보고서 심의과정에서 시민단체는 문제점이 여전히 존재한다는 보고서를 제출하였다. 형사소송법 제243조의2 및 검찰사건사무규칙에 의해 피의자 신문시 변호인참여권이 '신문을 방해'하거나 '수사에 현저한 지장을 초래'하는 경우 제한될 수 있는데, 이러한 제한사유가 불명확하다는 점을 지적하였다.[262] 규약위원회는 제4차 최종견해(2015)에서 구금된 피의자 수사 중 변호사 접근권이 제한되는 사유가 명확하게 규정되어 있지 않아 변호인이 부적절하게 배제될 수 있다는 점을 우려하였다. 구금된 피의자의 변호인 조력권이 어떠한 상황에서도 제한되지 않도록 법률을 개정하라고 권고하였다.[263]

헌법재판소는 2018년 인천국제공항 송환대기실에 약 5개월째 수용되어 있는 난민신청인의 변호인 조력권을 인정하는 결정을 하였다. 공항 등 출입국항으로 통해 대한민국에 입국

---

259) 대법원 2003. 11. 11. 선고 2003모402 결정.

260) 헌법재판소 2004. 9. 23. 2000헌마138, 판례집 16-2상, 543.

261) Concluding Observations on Republic of Korea, CCPR/C/KOR/CO/3(2006), para.14.

262) South Korean Human Rights Organizations Network (83 NGOs), Concerns and Recommendations on the Republic of Korea, NGO Submission to The UN Human Rights Committee(2015.6.), p.28. 이 보고서는 법무부가 2014년 민변 소속 변호사들이 피의자에게 진술 거부 또는 혐의 부인을 요구했다는 이유로 대한변호사협회에 징계를 신청했던 사건을 소개하였다.

263) Concluding Observations on Republic of Korea, CCPR/C/KOR/CO/4(2015), paras.32-33. 규약위원회는 5차보고서를 위한 질의서에서 구금된 사람에게 구금 초기부터 변호인 접근권이 보장되고 있는지 질의하였다. List of issues prior to submission of the 5th periodic report of the Republic of Korea, CCPR/C/KOR/QPR/5(2019), para.17.

하여 난민신청을 하는 경우 회부심사를 받는 기간인 7일 동안 난민신청대기실에서 대기하다가 불회부결정을 받게 되면 송환대기실로 옮겨져 출국해야 한다. 난민신청인이 불회부결정을 행정소송 등으로 다투게 되면 그 절차가 끝날 때까지 송환대기실에 있거나 공항 내 환승구역에 있게 된다.[264] 청구인은 난민인정심사불회부결정을 받은 후 불회부결정 취소소송을 제기하였고, 자신에 대한 송환대기실 수용을 해제해달라는 인신보호청구의 소를 제기하였다. 청구인은 인신보호청구가 인용되어 수용이 해제될 때까지 약 5개월 간 송환대기실에 수용되어 있었다. 수용기간 중 청구인의 변호인은 접견신청을 했는데, 법적 근거가 없다는 이유로 거부되었다. 헌법재판소는 먼저 인천국제공항 송환대기실은 출입문이 철문으로 되어 있는 폐쇄된 공간이고, 송환대기실 밖 환승구역으로 나갈 수 없었으며, 공중전화 외에는 외부와 소통 수단이 없었다는 점을 고려하여 청구인이 헌법 제12조 제4항에 규정된 '구속'상태에 있었다고 보았다. 이에 따라 변호인 접견신청 거부로 헌법 제12조 제4항상 변호인 조력권이 침해되었다고 보았다.[265] 공항에 구금된 난민신청인의 변호인 조력권을 보다 실질적으로 보장하기 위해서는 행정구금된 사람의 변호인 조력권의 규정 명문화, 난민신청인에게 변호인 조력권 고지, 난민신청단계에 소송구조제도의 확대적용, 국선변호인 조력권 제공, 독립된 변호인 접견장소 마련, 난민면접심사에 변호인 참여 등 개선방안이 제안되고 있다.[266]

3. 통역을 받을 권리

규약 제14조 제3항 바호는 법정에서 사용되는 언어를 이해하지 못하거나 또는 말할 수 없는 경우 무료로 통역의 조력을 받을 권리를 보장한다. 법정에서의 통역에 대해, 한국 헌법은 사법통역에 관한 규정을 두고 있지 않다. 법원조직법 제62조 제1항은 법정에서 사용하는 언어를 국어로 정하면서, 제2항에서 "소송관계인이 국어가 통하지 아니하는 경우에는 통역에 의한다."라고 규정한다. 형사소송법 제180조는 "국어에 통하지 아니하는 자의 진술

---

264) 난민신청의 과정과 관련하여 제기되는 문제점에 대해서는 이재강, "난민신청자의 변호사 도움을 받을 권리", 헌법학연구 제26권 제2호(2020), pp.48-53.

265) 헌법재판소 2018. 5. 31. 2014헌마346, 판례집 30-1하, 166. 헌법재판소는 이 결정으로 기존 선례(헌법재판소 2012. 8. 23. 2008헌마430)를 변경하였다. 한편 이 결정의 재판관 2인의 개별의견은 난민신청인의 송환대기실 수용을 헌법 제12조 제4항 '구속'으로 볼 수 없으므로, 제12조 제4항 변호인 조력권이 아닌 제27조 재판청구권가 침해되었다고 보았다.

266) 정영훈, "공항 구금 난민신청인의 헌법상 변호인조력권 인정 및 보장 방안 – 헌재 2018. 5. 31. 2014헌마346 결정을 중심으로", 인권과 정의 제499권(2021), pp.19-23; 성중탁, "출입국 외국인(난민)의 기본권 보장범위에 관한 헌재 결정 및 관련 법제에 대한 검토와 그 개선방안 – 헌법재판소 2018. 5. 31. 2014헌마346 결정을 중심으로", 행정판례연구 제25권 제1호(2020), pp.370-374.

에는 통역인으로 하여금 통역하게 하여야 한다."라고 규정하여 법정진술에 국한하지 않고, 법정에서뿐만 아니라 형사절차 전반에서 통역이 제공되어야 함을 명시한다. 형사소송법 제181조는 "듣거나 말하는 데 장애가 있는 사람의 진술에 대해서는 통역인으로 하여금 통역하게 할 수 있다."라고 규정한다. 사법통역은 형사절차 외에 소년보호절차,[267] 민사소송절차에도 적용되고 있다.[268]

규약 제14조 제3항 가호는 형사피의자·피고인에게 범죄 혐의의 성격 및 이유에 관하여 그가 이해하는 언어로 신속하고 상세하게 통지받을 권리를 보장하고 있다. 규약 제9조 제2항은 "체포된 사람은 누구든지 체포 시에 체포이유를 고지받으며, 자신에 대한 피의사실을 신속히 고지받는다."라고 규정하고 있는데, 체포될 때에도 그가 이해하는 언어로 체포이유가 고지되어야 한다.[269] 경찰이 외국인 피의자를 경찰서에서 조사하는 경우 통역인을 소환하여 조사를 진행한다. 외국인 피의자를 현장에서 체포하는 경우 16개 언어로 미란다원칙이 등록되어 있는 애플리케이션이나 외국어 통번역 애플리케이션과 전화통역서비스를 활용하고 있다.[270] 하지만 전화통역서비스를 통한 외국인피의자 미란다원칙 고지사례를 분석한 연구에 의하면 체포 시 권리고지가 정확하게 통역되지 않는 것으로 보인다.[271] 사법기관에서 피의자 신문에 앞서 전달하는 진술거부권, 변호인선임권 등의 통역도 정확한 권리 내용이 전달되기 어렵다고 지적된다.[272] 통역이 문제되었던 형사판례 중 대부분은 경찰조사단계에서 통역이 제공되지 않아 피고인의 의사와 다르게 피의자 신문조서가 작성되었다고 이의를 제기하는 사건이라는 점을 고려하면,[273] 형사절차 전반에 걸쳐 통역제도가 개선되어야 할 필요가 있다.[274]

한국의 사법통역 실행에 대해서는 외국인과 장애인이 소송당사자인 경우에만 사법절차를

---

267) 소년법 제26조 제1항
268) 민사소송법 제143조 제1항.
269) HRC General Comment No.35(2014), para.26. *Wilson v. Philippines*, Communication No.868/1999 (2003), paras. 3.3 and 7.5.
270) 홍서연, "피의자 권리 고지 통역에 관한 연구: 'Bbb 코리아' 전화통역 사례를 중심으로", 번역학연구 제20권 제5호(2019), p.278.
271) 홍서연(상계주), pp.284-299.
272) 검찰 또는 사법경찰관이 피의자를 신문하기 전에 진술거부권, 변호인 조력권 등 피의자의 권리를 고지하는데(형사소송법 제244조의3), 피의자 권리고지 내용이 충실하게 통역되기 어렵다는 사례연구가 있다. 이지은, "피의자 권리 고지 통역을 통해 본 사법통역 교육의 필요성", 번역학연구 제18권 제2호(2017), pp.133-145.
273) 장원경, "사법통역 관련 국내외 판례 연구", 법학논집 제18권 제3호(2014), pp.390-393.
274) 형사절차의 단계별로 통역제도의 현황과 문제점에 대해서 주호노, "외국인범죄에 있어서 통역을 받을 권리 : 유럽인권협약을 중심으로", 경희법학 제49권 제1호(2014), pp.181-196.

진행하기 위한 필요최소한 정도로 제공되고 있다는 지적이 있다. 소송절차 전반에 걸쳐 절차적 권리가 보장된다는 개선방안이 제안되고 있다. 통역의 제공범위를 형사피고인 외에도 범죄피해자, 소년보호사건에서 소년의 보호자, 장애인 방청객으로 넓히고 가사조사 및 가사조정절차에도 통역을 제공하여야 한다는 제안이다.[275] 선주민소녀가 강간범죄 피해를 입었는데 해당범죄의 재판과정이 모두 통역 없이 진행되었던 사안에서 범죄피해자의 규약 제14조 제1항 동등하게 재판에 접근할 권리 침해가 인정되었던 *LNP v. Argentina* 결정(2011)이 있다.[276] 이 견해를 고려하면 소송절차 참여자가 통역을 받을 권리는 규약 제14조 제1항 재판접근권 차원에서도 보장되어야 한다.

난민인정신청절차에서도 통역이 제공되어야 하고, 난민신청인의 절차적 권리가 충분히 보장되어야 한다. 난민법 제14조는 "법무부장관은 난민신청자가 한국어로 충분한 의사표현을 할 수 없는 경우에는 면접 과정에서 대통령령으로 정하는 일정한 자격을 갖춘 통역인으로 하여금 통역하게 하여야 한다."라고 규정하고 있다. 난민인정신청절차에서의 통역과 관련하여 법무부는 2015년부터 2017년까지 난민신청자 신청을 신속, 집중, 일반, 정밀 네 단계로 분류하였다. 신속사건은 면접을 간이하게 진행사고 사실조사를 생략하는 지침을 두었다. 그런데 서울출입국·외국인청에서 난민신청을 한 아랍권 난민신청자들의 면접조서가 면접내용과 관계없이 동일한 내용이 반복되는 등 통역에 심각한 문제가 있어 면접조서가 조작되었다는 사실이 드러났고, 여기에는 동일한 통역인의 서명이 있었다. 문제가 제기되자 법무부는 942건을 전수조사하여 55건에 대해 조작이 있었음을 인정하고 난민불인정결정을 직권취소하였다.[277] 이후 서울행정법원에서 2017년 최초로 난민신청인 진술을 허위로 작성한 절차적 위법이 있었음을 인정하여 난민불인정처분을 취소하는 판결이 있었다.[278] 이후 2021년 서울중앙지방법원은 난민 면접조서 조작 사건에 대해 국가의 손해배상 책임을 인정하였다.[279] 국가인권위원회는 2020년 이 사건에 관한 진정 결정에서 난민법 개정을 통해 난민면접과정에서의 녹음녹화를 의무화하고, 난민신청자에게 녹음녹화 파일을 포함하여 면접과정에서 생성된 자료에 대해 열람과 복사를 보장하기를 권고하였다.[280]

---

275) 이지은, 장원경, "사법통역제도 개선에 관한 소고", 법학논집 제20권 제3호(2016), pp.256-261. 이 외에도 대법원 재판예규로 '통역·번역 및 외국인 사건 처리 예규'가 있지만, 다양한 사법절차 전반에 걸쳐 필요한 통역의 제공방식과 범위, 통역사의 자격요건 등을 명시하는 법령은 없다.

276) *LNP v. Argentina*, Communication No. 1610/2007(2011), para.13.5

277) 이 사건의 경위에 대해서는 인권난민센터, 법무부 난민 면접조서 조작사건(2020) 참조.

278) 서울행정법원 2017. 10. 12. 선고 2017구단4294 판결

279) 서울중앙지방법원 2021. 12. 3. 선고 2018가단5200580 판결

280) 국가인권위원회 2020. 9. 10. 18진정0572400 결정.

4. 제14조 제5항 상소권 유보와 철회

한국은 규약에 가입하면서 제14조 제5항(상소권)에 대해 대한민국 헌법을 포함한 국내법에 일치되도록 적용한다는 유보를 첨부하였다.[281] 한국이 유보를 첨부했던 이유는 "비상계엄 하 군사재판에서 단심제를 허용하는 헌법 제110조 및 군사법원법 제534조와 저촉"하기 때문이었다.[282] 헌법 제110조 제4항은 "비상계엄하의 군사재판은 군인·군무원의 범죄나 군사에 관한 간첩죄의 경우와 초병·초소·유독음식물 공급·포로에 관한 죄 중 법률이 정하는 경우에 한하여 단심으로 할 수 있다. 다만 사형을 선고한 경우에는 그러하지 아니하다."고 규정하여 예외적으로 단심제를 인정하고 있다. 이러한 단심제가 가능하다는 점에서 상소권을 보장하는 제14조 제5항에 유보를 제출하였다.

한국의 제14조 제5항 유보에 대해서는 비판적인 견해가 제기되었다.[283] 헌법 제110조 제4항 단심제도는 비상계엄 시에만 적용되는데, 비상계엄 시 규약상 권리가 제한되는 상황은 규약 제4조에 의해 정당화될 수 있기 때문이다. 규약은 제4조에 국가의 존립을 위협하는 공공비상사태시 일시적으로 규약상 권리를 제한할 수 있도록 당사국의 규약상 의무를 정지하는 규정을 두고 있다. 제4조 제2항은 비상사태 시에도 정지될 수 없는 권리를 나열하고 있다. 여기에 제14조 공정한 재판을 받을 권리는 포함되어 있지 않아 비상사태 시 제한될 수 있는 권리로 해석되었다. 규약위원회도 꾸준히 제14조 제5항에 대한 유보를 철회하라고 권고하였다.[284] 한국은 2007년 4월 2일 규약 제14조 제5항에 대한 유보를 철회하였다.

한편, 앞서 보았듯이 1심에서 무죄가 선고되었더라도 항소심에서 유죄선고가 가능한 국가에서 항소심 유죄판결에 대한 상소권 제한이 규약 제14조 제5항에 부합하는지 문제된다. 규약위원회는 이 경우에도 당사국이 유보하지 않는 한, 2심 유죄판결에 대해 상소할 권리

---

281) 한국의 유보선언은 다음과 같다. "대한민국 정부는 동 규약을 심의한 후, 동 규약의 제14조 5항, 제14조 7항, 제22조 및 제23조 4항의 규정이 대한민국 헌법을 포함한 관련 국내법 규정에 일치되도록 적용될 것임과 동 규약 제41조상의 인권이사회의 권한을 인정함을 선언하며, 이에 동규약에 가입한다."

282) 시민적 정치적 권리에 관한 국제규약 가입동의안, 의안번호 제130634호, 1989. 10. 24. 정부제출, p.9.

283) 제14조 제5항에 대한 유보 철회 필요성을 지적하였던 견해로 정인섭, 『국제인권규약과 개인통보제도』(사람생각, 2000), 177-178면; 이정선, "대한민국의 「시민적 및 정치적 권리에 관한 국제규약」 제14조 제5항 유보 검토", 서울국제법연구 제8권 제2호(2001), 263-264면 참조.

284) Concluding Observations on the Republic of Korea, CCPR/C/79/Add.6(1992), para.9; Concluding Observations on the Republic of Korea, CCPR/C/79/Add.114(1999), para.20; Concluding Observations on the Republic of Korea, CCPR/C/KOR/CO/3(2006), para.8. 규약위원회는 4차 최종견해 (2015)에서 규약 제14조 제5항에 대한 유보철회를 긍정적으로 평가하였다. Concluding Observations on the Republic of Korea, CCPR/C/KOR/CO/4(2015), para.5.

가 보장되어야 한다고 본다.[285] 유럽 다수 국가는 실제로 유보를 제출하였다.[286] 한국 형사재판 심급제도와 관련하여 같은 문제가 제기될 수 있다.[287] 한국 형사재판제도에서도 항소심에서 1심재판결과보다 불리한 판결을 선고할 수 있으며, 1심에서 무죄 선고 후 2심에서 유죄를 선고하는 경우도 가능하다. 그런데 항소심 이후 상고할 수 있는 범위가 입법상 그리고 법원 해석상 제한되어 있다. 한국 형사소송법 제383조는 상고이유를 4가지 사유로 제한하고 있다.[288] 형사소송법 제383조 제4호에 의하면, 항소심 판결에 대해 사실오인이나 양형부당을 이유로 한 상고는 사형, 무기 또는 10년 이상 징역이나 금고가 선고된 사건에 한해서만 인정된다. 1심에서 무죄를 선고받은 후 항소심에서 10년 미만 형이 선고된 경우에는 사실오인이나 양형부당을 이유로 한 상고가 입법상 제한되어 있다. 더욱이 판례는 상고이유를 더욱 제한적으로 해석하고 있다. 대법원은 상고심은 항소심에서 심판대상으로 되었던 사항에 한하여 상고이유의 범위 내에서 그 당부만을 심사하여야 한다고 본다. 대법원은 항소인이 항소이유로 주장하거나 항소심이 직권으로 심판대상으로 삼아 판단한 사항 이외의 사유는 적법한 상고이유가 되지 않는다고 본다.[289] 한국 상고제도는 1심 무죄판결 이후 항소심에서 유죄판결을 받은 경우 상고할 권리가 제한된다는 점에서 규약위원회의 제14조 제5항 해석과 일치되지 않는다고 볼 여지가 있다.

---

285) HRC General Comment No.32(2007), para.47; *Gomaríz Valera v. Spain*, Communication No. 1095/2002(2005), para.7; *Calderón Bruges v. Colombia*, Communication No.1641/2007(2012), para.7.3. 한편, 하급심에서 유죄판결을 받은 후 대법원에서 하급심법원의 유죄판결을 인정하면서 더 무거운 형을 선고한 경우에는 규약 제14조 제5항이 위반되지 않을 수 있다. *Pérez Escolar v. Spain*, Communication No. 1156/2003(2006), para.9.2.

286) 벨기에(C.N.113.1983.TREATIES-4), 독일(999 UNTS 293-294)은 규약 제14조 제5항에 대해 유보하였다. 룩셈부르크(C.N.265.1983.TREATIES-3/8/2)와 오스트리아(1103 UNTS 395)는 제14조 제5항이 자신의 법체계와 충돌하지 않는다는 취지로 선언하였다.

287) 이정선(전게주 283), p.262 이하 참조.

288) 형사소송법 제383조(상고이유) 다음 사유가 있을 경우에는 원심판결에 대한 상고이유로 할 수 있다.
    1. 판결에 영향을 미친 헌법·법률·명령 또는 규칙의 위반이 있는 때
    2. 판결후 형의 폐지나 변경 또는 사면이 있는 때
    3. 재심청구의 사유가 있는 때
    4. 사형, 무기 또는 10년 이상의 징역이나 금고가 선고된 사건에 있어서 중대한 사실의 오인이 있어 판결에 영향을 미친 때 또는 형의 양정이 심히 부당하다고 인정할 현저한 사유가 있는 때

289) 대법원 2019. 3. 21. 선고 2017도16593-1 전원합의체 판결. 이 판결에는 피고인의 상소권을 부당하게 제한한다는 개별의견과 형사소송법 규정 문언 범위를 벗어난다는 개별의견이 있다. 이 판결에 대해 비판적인 견해로 이승준, "이른바 상고이유 제한 법리의 타당성에 대한 소고", 서울법학 제29권 제1호 (2021), pp.193-228.

5. 제14조 제7항 일사부재리원칙 유보와 철회

한국은 규약에 가입하면서 제14조 제7항(일사부재리 원칙)에 대해 대한민국 헌법을 포함한 국내법에 일치되도록 적용한다는 유보를 제출하였다. 유보를 한 이유는 "외국에서 받은 형은 감경 또는 면제할 수 있다고 규정하고 있는 형법 제7조와 저촉"되고, "국가마다 법과 제도가 상이하므로 외국에서 받은 형을 무조건적으로 국내에서 인정할 수는 없"기 때문이었다.[290] 하지만 이러한 유보는 규약 제14조 제7항을 잘못 해석한 데에서 비롯되었다. 규약위원회는 제14조 제7항 일사부재리원칙이 한 국가 내 재판에만 적용되고 두 개 이상 국가에서 재판받는 상황에는 적용되지 않는다고 해석한다.[291] 규약위원회는 이러한 입장을 *A.P. v. Italy* 사건(1987)에서 밝혔다.[292] 따라서 한국의 당시 국내법에 의하더라도 규약 제14조 제7항과 저촉되지 않는다고 볼 수 있었다. 규약위원회는 한국 최초 국가보고서에 대한 최종견해(1992년)에서 규약 제14조에 대한 유보를 철회하라고 권하였고,[293] 한국은 1993년 1월 21일 규약 제14조 제7항에 대한 유보를 철회하였다.[294]

한편 당시 형법 제7조는 2015년 헌법재판소에서 헌법불합치 결정을 받아 2016년 개정되었다.[295] 과거에는 외국에서 형의 집행을 받은 사람은 외국에서 형의 집행을 받은 사람은 형을 감경 또는 면제할 수 있었으나(임의적 감면), 현재에는 그 집행된 형의 전부 또는 일부를 선고하는 형에 산입해야만 한다(필요적 산입).[296] 헌법재판소는 외국에서의 형 집행의 임의적 감면을 규정하였던 구 형법 제7조에 대해서 두 가지 쟁점에 대해 판단하였다. 먼저 이중처벌금지원칙은 동일한 범죄에 대하여 대한민국 내에서 거듭 형벌권이 행사되어서는 안

---

290) 시민적 정치적 권리에 관한 국제규약 가입동의안, 의안번호 제130634호, 1989. 10. 24. 정부제출, p.9.

291) HRC General Comment No.32(2007), para.57.

292) *A.P. v. Italy*, Communication No. 204/1986(1987), para.7.3. *ARJ v. Australia* 사건(1996)에서도 같은 판시를 하였다. *ARJ v. Australia*, Communication No. 692/96(1996), para.6.4

293) 1차 최종견해(1992), CCPR/C/79/Add.6, para.9. 규약위원회는 2차 최종견해(1999)에서 제14조 제7항에 대한 유보철회를 긍정적으로 평가하였다. Concluding Observations on the Republic of Korea, CCPR/C/79/Add.114(1999), para.20.

294) 정인섭, "국제인권규약 가입 10년의 회고", 국제인권법 제3호(2000), p.5.

295) 2016.12.20 법률 제14415호

296)

개정되기 전 조문	현행 조문
제7조(외국에서 받은 형의 집행) 범죄에 의하여 외국에서 형의 전부 또는 일부의 집행을 받은 자에 대하여는 형을 감경 또는 면제할 수 있다.	제7조(외국에서 집행된 형의 산입) 죄를 지어 외국에서 형의 전부 또는 일부가 집행된 사람에 대해서는 그 집행된 형의 전부 또는 일부를 선고하는 형에 산입한다.

된다는 뜻이므로 헌법 제13조 제1항 이중처벌금지원칙에 위배되지 않는다고 판단하였다. 헌법재판소는 규약 제14조 제7항도 "다수 국가의 관할에 대하여 적용되는 것이 아니며, 단지 판결이 내려진 국가에 대한 관계에서 이른바 이중위험(double jeopardy)을 금지하는 것"으로 본다는 규약위원회의 *A.P. v. Italy* 사건(1987)을 인용하였다. 헌법재판소는 두 번째 쟁점인 신체의 자유에 대해서는 위반을 인정하였다. 한국 형법에 의한 처벌 시 외국에서 받은 형의 집행을 전혀 반영하지 않을 수 있는 것은 과잉금지원칙에 위배되어 신체의 자유를 침해한다고 보아 헌법불합치 결정을 선고하였다.[297] 이 판례는 구체적인 쟁점은 다르지만, 결론적으로 규약위원회 해석상 인정되는 권리보호범위보다 더 폭넓게 피고인의 권리를 보호한 드문 사례라고 볼 수 있다.

【다른 인권조약상의 관련 조항】

세계인권선언

제10조
모든 사람은 자신의 권리, 의무 그리고 자신에 대한 형사상 혐의에 대한 결정에 있어 독립적이며 공평한 법정에서 완전히 평등하게 공정하고 공개된 재판을 받을 권리를 가진다.

제11조
1. 모든 형사피의자는 자신의 변호에 필요한 모든 것이 보장된 공개 재판에서 법률에 따라 유죄로 입증될 때까지 무죄로 추정받을 권리를 가진다.

Article 10
Everyone is entitled in full equality to a fair and public hearing by an independent and impartial tribunal, in the determination of his rights and obligations and of any criminal charge against him.

Article 11
1. Everyone charged with a penal offence has the right to be presumed innocent until proved guilty according to law in a public trial at which he has had all the guarantees

---

297) 헌법재판소 2015. 5. 28. 2013헌바129.

necessary for his defence.

유럽인권협약 제6조

1. 모든 사람은 소송상의 권리 및 의무, 또는 범죄혐의의 결정을 위하여 법률에 의하여 설립된 독립적이고, 공평한 법원에 의하여 합리적인 기한 내에 공정한 공개심리를 받을 권리를 가진다. 판결은 공개적으로 선고되며, 다만 민주사회에 있어서의 도덕, 공공질서 또는 국가안보를 위한 경우, 미성년자의 이익이나 당사자들의 사생활보호를 위하여 필요한 경우, 또는 공개가 사법정의를 해할 특별한 사정이 있다고 법원이 판단하는 경우 엄격히 필요한 한도 내에서 언론 또는 대중에 대하여 재판의 전부 또는 일부가 공개되지 아니할 수 있다.
2. 범죄혐의로 기소된 모든 사람은 법률에 따라 유죄가 입증될 때까지는 무죄로 추정된다.
3. 범죄혐의로 기소된 모든 사람은 다음과 같은 최소한의 권리를 가진다.
   (a) 그에 대한 기소의 성격 내지 이유를 그가 이해하는 언어로 신속하고 상세하게 통지받을 것.
   (b) 자신의 변호의 준비를 위하여 충분한 시간과 편의를 가질 것.
   (c) 직접 또는 본인이 선택한 법적 조력을 통하여 자신을 변호할 것, 또는 법적 조력을 위한 충분한 지불수단을 가지고 있지 못하지만 사법정의를 위하여 필요한 경우에는 무료로 법적 조력이 부여될 것.
   (d) 자기에게 불리한 증인을 심문하거나 심문받도록 할 것, 그리고 자기에게 불리한 증인과 동일한 조건으로 자신을 위한 증인을 출석시키도록 하고 또한 심문받도록 할 것.
   (e) 법정에서 사용되는 언어를 이해하지 못하거나 또는 말할 수 없는 경우에는 무료로 통역의 조력을 받을 것.

1. In the determination of his civil rights and obligations or of any criminal charge against him, everyone is entitled to a fair and public hearing within a reasonable time by an independent and impartial tribunal established by law. Judgment shall be pronounced publicly but the press and public may be excluded from all or part of the trial in the interests of morals, public order or national security in a democratic society, where the interests of juveniles or the protection of the private life of the parties so require, or to the extent strictly necessary in the opinion of the court in special circumstances where publicity would prejudice the interests of justice.

2. Everyone charged with a criminal offence shall be presumed innocent until proved guilty according to law.

3. Everyone charged with a criminal offence has the following minimum rights:

 (a) to be informed promptly, in a language which he understands and in detail, of the nature and cause of the accusation against him;

 (b) to have adequate time and facilities for the preparation of his defence;

 (c) to defend himself in person or through legal assistance of his own choosing or, if he has not sufficient means to pay for legal assistance, to be given it free when the interests of justice so require;

 (d) to examine or have examined witnesses against him and to obtain the attendance and examination of witnesses on his behalf under the same conditions as witnesses against him;

 (e) to have the free assistance of an interpreter if he cannot understand or speak the language used in court.

미주인권협약 제8조

1. 모든 사람은 자신에 대한 형사기소를 확정함에 있어서나 자신의 민사상, 노동, 재정상 또는 기타 성격의 권리와 의무를 결정하기 위하여, 법률에 의하여 사전에 설립된 권한 있고 독립적이며 공정한 법원에 의하여 정당한 보장을 받으며 합리적인 기한 내에 심리를 받을 권리를 가진다.

2. 범죄혐의로 기소된 모든 사람은 법률에 따라 유죄로 입증될 때까지 무죄로 추정받을 권리를 가진다. 소송 계속 중 모든 사람은 적어도 다음과 같은 보장을 완전 평등하게 받을 권리를 가진다:

 a) 피고인이 법정에서의 언어를 이해하거나 말할 수 없는 경우, 무료로 번역인이나 통역인의 도움을 받을 권리;

 b) 피고인에 대한 기소내용의 상세한 통지;

 c) 자신의 변론준비를 위한 충분한 시간과 수단;

 d) 피고인이 자신을 직접 변호하거나 또는 자신이 선택한 변호인의 조력을 받으며, 자신의 변호인과 자유로이 그리고 비공개로 상의할 권리;

 e) 피고인이 자신을 직접 변호하지 못하거나 법률이 정한 기간 내에 변호인을 고용하지 못하는 경우, 국내법이 정하는 바에 따라 유상 또는 무상으로 국가가 제공하는 변호인의 조력을 받을 불가양의 권리;

f) 법원에 출석한 증인을 심문하고, 사실관계를 밝힐 수 있는 감정인이나 기타 다른 사람을 증인으로서 출석시킬 방어권;

g) 자신에게 불리한 증언이나 유죄인정을 강요받지 않을 권리; 그리고

h) 상급법원에 상소할 권리.

3. 피고인의 유죄자백은 그것이 어떠한 종류의 강압에 의하지 않고 이루어진 경우에만 유효하다.

4. 상소할 수 없는 판결에 의하여 무죄선고를 받은 자는 동일한 사유로 새로운 재판을 받지 아니한다.

5. 형사소송절차는 사법정의를 보호하는 데 필요한 경우 이외에는 공개되어야 한다.

1. Every person has the right to a hearing, with due guarantees and within a reasonable time, by a competent, independent, and impartial tribunal, previously established by law, in the substantiation of any accusation of a criminal nature made against him or for the determination of his rights and obligations of a civil, labor, fiscal, or any other nature.

2. Every person accused of a criminal offense has the right to be presumed innocent so long as his guilt has not been proven according to law. During the proceedings, every person is entitled, with full equality, to the following minimum guarantees:

(a) the right of the accused to be assisted without charge by a translator or interpreter, if he does not understand or does not speak the language of the tribunal or court;

(b) prior notification in detail to the accused of the charges against him;

(c) adequate time and means for the preparation of his defense;

(d) the right of the accused to defend himself personally or to be assisted by legal counsel of his own choosing, and to communicate freely and privately with his counsel;

(e) the inalienable right to be assisted by counsel provided by the state, paid or not as the domestic law provides, if the accused does not defend himself personally or engage his own counsel within the time period established by law;

(f) the right of the defense to examine witnesses present in the court and to obtain the appearance, as witnesses, of experts or other persons who may throw light on the facts;

(g) the right not to be compelled to be a witness against himself or to plead guilty; and

(h) the right to appeal the judgment to a higher court.

3. A confession of guilt by the accused shall be valid only if it is made without coercion of any kind.

4. An accused person acquitted by a nonappealable judgment shall not be subjected to a new

trial for the same cause.

5. Criminal proceedings shall be public, except insofar as may be necessary to protect the interests of justice.

인간과 인민의 권리에 관한 아프리카 헌장

제7조

1. 모든 개인은 자신의 청구를 심리받을 권리를 가진다. 이는 다음을 포함한다:

    a) 현행의 조약, 법률, 규정 및 관습에 의하여 인정되고 보장되는 자신의 기본권을 침해한 행위에 대하여 권한 있는 국가기관에 심사를 청구할 권리;

    b) 권한 있는 법원이나 법정에 의하여 유죄로 입증될 때까지 무죄로 추정받을 권리;

    c) 자신이 선임한 변호인에 의하여 변호받을 권리를 포함하는 변호할 권리;

    d) 공정한 법원이나 법정에 의하여 합리적인 기간 내에 재판을 받을 권리.

제26조

이 헌장의 당사국들은 법원의 독립성을 보장할 의무가 있으며, 헌장에서 보장된 권리와 자유를 증진하고 보호할 임무를 담당하는 적절한 국내기구를 설립하고 향상시켜야 한다.

Article 7

1. Every individual shall have the right to have his cause heard. This comprises:

    (a) the right to an appeal to competent national organs against acts of violating his fundamental rights as recognized and guaranteed by conventions, laws, regulations and customs in force;

    (b) the right to be presumed innocent until proved guilty by a competent court or tribunal;

    (c) the right to defence, including the right to be defended by counsel of his choice;

    (d) the right to be tried within a reasonable time by an impartial court or tribunal.

Article 26

States parties to the present Charter shall have the duty to guarantee the independence of the Courts and shall allow the establishment and improvement of appropriate national institutions entrusted with the promotion and protection of the rights and freedoms guaranteed by the present Charter.

제15조 소급처벌금지

김 원 희

목 차

Ⅰ. 개관
Ⅱ. 소급입법의 금지
Ⅲ. 형벌 불소급의 원칙
  1. 형벌
  2. 무거운 형벌의 소급금지
  3. 가벼운 형벌의 소급적용

Ⅳ. 소급효금지 원칙의 예외
Ⅴ. 한국의 실행
  1. 관련 법령
  2. 보안처분
  3. 형사소송법상 공소시효
[다른 인권조약상의 관련 조항]

1. 어느 누구도 행위 시의 국내법 또는 국제법에 따라 범죄를 구성하지 않는 작위 또는 부작위를 이유로 유죄인 것으로 되지 않는다. 또한 범죄가 행하여진 때에 적용될 수 있었던 형벌보다 중한 형벌이 부과될 수 없다. 범죄인은 범행 후에 보다 가벼운 형벌을 부과하는 규정이 법률에 정해진 경우에는 그에 따른 혜택을 받는다.
2. 이 조의 어떠한 규정도 국제사회가 인정한 법의 일반원칙에 따라 그 행위 시에 범죄가 되는 작위 또는 부작위에 대하여 어떠한 사람을 재판하고 처벌함을 방해하지 않는다.

1. No one shall be held guilty of any criminal offence on account of any act or omission which did not constitute a criminal offence, under national or international law, at the time when it was committed. Nor shall a heavier penalty be imposed than the one that was applicable at the time when the criminal offence was committed. If, subsequent to the commission of the offence, provision is made by law for the imposition of the lighter penalty, the offender shall benefit thereby.
2. Nothing in this article shall prejudice the trial and punishment of any person for any act or omission which, at the time when it was committed, was criminal according to the general principles of law recognized by the community of nations.

Ⅰ. 개관

소급효금지의 원칙이란 행위 당시에는 형사처벌의 대상이 되지 아니하였으나 범행 이후 그 행위를 처벌하기 위한 소급입법을 금지하는 법리를 의미한다. 소급효금지의 원칙은 "법률 없으면 범죄 없고 형벌 없다"(*nullum crimen, nulla poena sine lege*)로 표현되는 죄형법정주의의 핵심 원칙 중 하나이다.[1] 역사적으로 프랑스의 1789년 인간 및 시민의 권리선언 제8조와 1789년 미국 헌법 제1조 제9항은 소급효금지 원칙을 규정하였다. 형사상 소급효금지의 원칙을 도입한 최초의 국제인권문서는 유엔 인권위원회가 마련한 시민적 및 정치적 권리에 관한 국제규약(이하 규약) 초안이다.[2] 인권위원회 실무반은 1948년 규약 제15조의 초안을 작성하였다. 1950년에는 규약 제15조 초안과 거의 같은 내용이 유럽인권협약 제7조로 채택되었다. 한편 유엔 인권위원회는 제15조 제1항에 법률의 변경으로 인하여 형의 경중에 변경이 있게 되면 가벼운 형벌을 적용해야 한다는 내용을 추가하여 제15조가 현재의 모습을 갖추었다.[3]

소급효금지의 원칙은 공정한 재판을 받을 권리 및 형사절차상의 권리를 보장하고 있는 규약 제14조와 밀접한 관련이 있다. 실제로 일부 인권문서들에서는 두 가지 내용을 같은 조항에서 규정하고 있다. 예를 들어 세계인권선언 제11조는 무죄추정의 원칙과 소급효금지의 원칙을 하나의 조항에 규정하고 있다.[4] 아프리카인권헌장 제7조 제2항도 소급효금지의 원칙을 형사피고인의 다른 권리들과 함께 규정하고 있다. 그러나 규약은 민주사회에서 죄형법정주의가 지니는 중요성을 고려하여 제14조와 별도로 제15조에 소급효금지원칙을 규정하고 있다. 나아가 규약 제4조는 국가비상 시에도 침해될 수 없는 권리(non-derogable right)에 제15조를 포함하고 있다. 유럽인권협약 제7조와 미주인권협약 제9조에서도 소급효금지의 원칙은 다른 형사절차상의 보장과는 별개의 조항으로 규정되어 있다.[5] 또한 1998년

---

1) C. Kress, Nulla poena nullum crimen sine lege, in R, Wolfrum (ed), The Max Planck Encyclopedia of Public International Law(Oxford University Press, 2012), p. 890.

2) Bossuyt's Guide(1987), p. 321.

3) Nowak's CCPR Commentary(2019), pp. 435-437. 그 이후에도 제15조의 불명확한 부분에 관하여 다양한 수정안과 긴 토론이 있었지만 총회 제3위원회는 제15차 회기에서 별다른 수정 없이 제15조의 내용을 그대로 채택하였다. A/4625(1960), para. 4.

4) 세계인권선언 제11조 제2항의 원문 참조. "No one shall be held guilty of any penal offence on account of any act or omission which did not constitute a penal offence, under national or international law, at the time when it was committed. Nor shall a heavier penalty be imposed than the one that was applicable at the time the penal offence was committed."

5) 유럽인권협약 제15조 제2항과 미주인권협약 제27조 제2항 역시 모두 소급효금지의 원칙을 비상시에도

「국제형사재판소에 관한 로마규정」(이하 ICC규정) 제22조 제1항도 소급효금지의 원칙을 독립된 조항으로 규정하였다.

규약 제15조 제1항은 일반적인 소급효금지의 원칙을 규정하고 있지만, 제2항은 "국제사회에 의하여 인정된 법의 일반원칙"에 따른 처벌이 가능함을 규정하고 있다. 제15조 제2항은 제2차 세계대전 이후 전범에 대한 재판과 처벌의 경험에서 제안되었으나, 초안에 대한 논의과정에서 도입 여부를 둘러싸고 적지 않은 논란이 있었다. 이 글에서는 규약 제15조의 적용과 해석에 관한 국제실행을 살펴보고 국제인권법상 소급효 금지원칙의 적용범위와 한계를 분석하고자 한다. 먼저 규약 제15조 제1항의 내용을 소급입법금지의 원칙과 형벌불소급의 원칙으로 나누어 살펴본다. 다음으로 제15조 제2항의 채택 여부에 관하여 이루어졌던 논의를 살펴봄으로써 제2항에 내포된 소급효금지 원칙의 제한적 의미를 검토한다. 또한 소급효금지 원칙에 관한 국내 법령과 판례 등을 검토함으로써 제15조의 국내적 이행상황을 평가하고, 국가공권력에 의한 인권침해에 대한 소급효금지 원칙의 적용 범위와 한계에 관한 시사점을 검토하고자 한다.

II. 소급입법의 금지

제15조 제1항은 "법률 없으면 범죄 없다(*nullum crimen sine lege*)"는 죄형법정주의 원칙을 규정하고 있다. 범죄와 형벌은 사전에 국내법 또는 국제법에 규정되어 있어야 하고 범행 당시의 형벌보다 무겁게 변경된 형벌의 소급적용은 금지된다. 자유권규약위원회는 제15조 제1항에 근거하여 범죄의 구성요건이 충분하게 법률에 규정되었는지를 판단하고 있으며,[6] 테러범죄나 극단주의 활동과 같은 범죄를 모호하게 규정한 국내법에 대해 우려를 표명한 바 있다.[7] 자유권규약위원회는 범죄와 형벌이 작위 또는 부작위가 실행된 때에 유효한 법률에 명확하고 정확하게 규정되어 있어야 한다는 점이 죄형법정주의의 요청이라고 지적하였다.[8]

제15조 제1항 1문의 "국내법"이란 대륙법계 국가의 경우 의회가 제정한 법률을 의미하나, 영미법계 국가에서는 커먼로(Common Law)의 불문규범도 포함한다. 주로 당사국들의 국내 형사법이 이에 해당한다. 이러한 의회 입법 또는 커먼로의 불문규범의 내용은 그 법률을 준수해야 하는 모든 사람이 알 수 있도록 공개되어 있어야 한다. 제1항 1문의 "국제법"

위반될 수 없는 권리로 규정하고 있다.
6) *Baumgarten v. Germany*, Communication No.960/2000(2003), para. 9.3.
7) Concluding Observations, Russia, CCPR/CO/79/RUS(2003), para. 20.
8) HRC General Comment No. 29(2001), para. 7.

이라는 문구는 1949년 인권위원회에서 우루과이와 프랑스가 제안한 것이었다. 우루과이와 프랑스는 행위 당시 국제법상 범죄에 해당하는 행위이지만 국내법상 처벌 대상이 아니라는 이유로 처벌을 회피할 가능성을 방지하기 위해 제1항에 "국제법"을 언급할 필요가 있다고 주장하였다.[9] 유엔 총회 제3위원회의 논의에서 제15조 제1항의 "국제법"은 조약과 관습국제법 양자를 의미한다고 이해되었다.[10]

규약 제15조 제1항에서 언급된 국제법은 국내법상 처벌되지 않는 행위에 대한 처벌의 근거가 될 수 있다. 행위 당시에 국내법상 처벌되지 않는 작위 또는 부작위를 실행한 자라도 그 행위가 조약과 관습국제법에 따라 처벌되는 경우에는 유죄판결을 받을 수 있다. 조약에서 국제범죄를 규정하고 있는 예로는 1948년 집단살해죄의 방지와 처벌에 관한 협약 제2조, 포로의 대우에 관한 1949년 8월 12일자 제네바협약(제3협약) 제130조, 전시에 있어서의 민간인의 보호에 관한 1949년 8월 12일자 제네바협약(제4협약) 제147조, 1973년 아파르트헤이트 범죄의 진압 및 처벌을 위한 협약 제2조 등을 들 수 있다. ICC규정은 관습국제법상 국제범죄로 확립된 집단살해죄, 인도에 반한 죄, 전쟁범죄, 침략범죄의 개념을 제6조부터 제8조의2에서 규정하고 있다. 한편, 관습국제법상의 범죄로는 해적행위, 노예제, 집단살해죄, 인도에 반한 죄, 전쟁범죄, 침략범죄 등이 있다. 관습국제법상 국제범죄로 확립된 범죄들을 성문화하는 다자조약이 체결되면 해당 국제범죄는 조약과 관습국제법 양자에 의해 금지된다. 그러한 다자조약에 가입하지 않은 국가들에 대해서는 여전히 국제범죄를 규율하는 관습국제법이 적용된다. 따라서 제15조 제1항에서 언급된 국제법은 국내형법상 처벌되지 않는 행위에 대한 처벌 가능성의 근거일 뿐만 아니라 국제형법의 소급적용을 방지하는 보호장치라고 할 수 있다.[11]

죄형법정주의 원칙은 모든 범죄에 적용된다. 자유권규약위원회는 조약법에 관한 비엔나협약 제31조 제1항에 따라 규약을 해석하면 범죄라는 용어는 특정 국내법 체계나 사전적 정의와는 독립적으로 해석되어야 하며,[12] 규약 제14조 제1항 및 제3항의 "형사상의 죄

---

9) E/CN.4/228 (1949); E/CN.4/SR.112 (1949); A/2929 (1955), para. 94

10) A/C.3/SR.1008 (1960), paras. 2-3; A/4625 (1960), para. 14.

11) H. N. A. Noor Muhammad, Due Process of Law for Persons Accused of Crime, in L. Henkin (ed), The International Bill of Rights: The Covenant on Civil and Political Rights(New York: Columbia University Press, 1981), p. 164.

12) 자유권규약위원회는 규약에서 사용된 용어들이 여러 국가의 오랜 전통에서 유래된 것이지만, 특정 국내법 체계와 모든 사전적인 개념 정의와는 독립적인 의미를 갖는 것으로 해석해야 한다는 태도를 유지하고 있다. *Van Duzen v. Canada*, Communication No. 50/1979(1982), para. 10.2; *Sayadi and Vinck v. Belgium*, Communication No. 1472/2006(2008), para. 7.3.

(criminal charge)"의 의미에 따라 해석되어야 한다고 본다.[13]

자유권규약위원회는 제15조 위반이 주장되었던 개인통보 사건들에서 통보자에게 부과된 제재나 조치가 형사상 범죄인지를 판단하였다. 자유권규약위원회는 노사관계에서의 징계조치나 수형자의 면접교섭권 제한 등의 제재는 형사 범죄와 관련성이 없다는 이유로 통보를 기각하였다. 또한 유엔 안전보장이사회 결의에 따른 여행금지나 자산동결과 같은 제재는 형벌의 성격을 갖지만, 규약 제14조 제1항의 의미상 형사상의 죄에 관련된 것이 아니므로 제15조의 범위에 포섭되지 않는다고 보았다.[14]

한편 자유권규약위원회는 무리하게 제15조 위반을 원용한 개인통보도 받아들이지 않았다. *Rogerson v. Australia* 사건(2002)에서 통보자는 법원의 경고를 준수하지 않아서 법정모독죄로 유죄판결을 받고 변호사 명단에서 제명되었는데 이것이 제15조 위반이라고 주장하였다. 이에 대해 자유권규약위원회는 통보자의 행위 당시 호주법상 법정모독 행위는 이미 범죄였기 때문에 제15조 제1항 위반이 아니라고 결정하였다.[15] 또한 사기죄로 유죄판결을 받은 자가 제15조 제1항 위반을 주장했던 *J. O. v. France* 사건(2011)에서 자유권규약위원회는 통보자의 행위가 행위 시의 프랑스 형법에 따라 범죄를 구성하기 때문에 제15조 제1항 위반이 아니라고 결정하였다.[16]

다만 자유권규약위원회는 형사상의 죄를 소급적용하여 처벌한 것이 명백한 경우에 대해서는 제15조가 위반되었다는 결론을 내렸다. 우루과이에서는 행위 시에 합법적이었던 정치활동과 조합활동이 사후입법에 따라 범죄로 규정되고 처벌되었는데, 자유권규약위원회는 그러한 형벌의 소급적용이 죄형법정주의 원칙에 위반된다고 보았다.[17] *Gómez Casafranca v. Peru* 사건(2003)에서 자유권규약위원회는 행위 시의 법정형과 개정된 법령에 따른 법정형이 달라져서 실제로는 행위 시보다 가중된 25년의 징역형이 선고된 경우에도 규약 제15조에 위반된다고 보았다.[18]

판결 확정 후 소급입법에 따른 처벌이 있는지를 판단할 때 자유권규약위원회는 당사국

---

13) *Rogerson v. Australia*, Communication No. 802/1998(2002), para. 9.4; *J. L. v. Australia*, Communication No. 491/1992(1992), para. 4.3; *Stirk v. the Netherlands*, Communication No. 1001/2001(2002), para. 7.3.

14) *Sayadi and Vinck v. Belgium*, Communication No. 1472/2006(2008), para. 10.11.

15) *Rogerson v. Australia*, Communication No. 1080/2002(2002). para. 7.4.

16) *J. O. v. France*, Communication No. 1620/2007(2011), para. 9.8.

17) *Weinberger Weisz v. Uruguay*, Communication No. 28/1978(1980), paras. 12, 16; *Pietraroia v. Uruguay*, Communication No. 44/1979(1981). paras. 13.2, 17.

18) *Gómez Casafranca v. Peru*, Communication No.981/2001(2003).

국내법원의 판결을 존중하는 경향이 있다. 자유권규약위원회는 자신이 제4심 법원이 아니기 때문에 국가 형벌권이나 다양한 형사사법 분류 및 내용에 관한 논쟁을 해명할 권한이 없다는 인식을 보여준 바 있다.[19] 자유권규약위원회는 국내법원의 판결이 자의적이거나, 명백한 오류가 있거나 재판거부에 해당한다고 입증되지 않는 한 개별 사건의 사실과 증거를 평가하고 국내 법령을 적용하는 것은 당사국의 법원이라는 기본 태도를 유지하고 있다.[20]

Ⅲ. 형벌 불소급의 원칙

1. 형벌

제15조 제1항은 형법의 소급적용을 금지할 뿐만 아니라, 범죄 행위 시에 국내법 또는 국제법에 규정되어 있지 않았던 형벌이나 행위시법의 형벌 보다 가중된 형벌의 부과를 금지하고 있다. 즉 소급효금지의 원칙은 사후입법에 따른 처벌뿐만 아니라 가중된 형벌의 부과도 금지한다. 이때 소급처벌이 금지되는 형벌은 형법에 규정되어 있는 형식적 의미의 형벌에 국한되는 것인지 다른 형사적 제재나 불이익까지 포함되는 것인지가 문제될 수 있다.

자유권규약위원회는 형사처벌이 명백하게 사후적으로 부과되었으면 "형벌"이 소급적용되었다고 본다. 형벌이라는 용어는 형사상의 죄와 밀접하게 관련되어 있다. *A.R.S. v. Canada* 사건(1981)에서는 가석방을 위한 조건으로 통보자의 범행 시에 존재하지 않았던 필수적 보호관찰(mandatory supervision)이 추가되었는데 이것이 규약 제15조 위반인지가 문제되었다. 자유권규약위원회는 필수적 보호관찰의 부과는 범죄인의 이익과 그의 사회복귀를 위한 지원 조치이므로 형벌의 일종이 아니라서 제15조에 위반되지 않는다고 보았다.[21] 또한 징계조치에 의하여 감봉과 퇴직 처분을 받은 통보자가 소급효금지 원칙의 위반을 주장한 *Strik v. The Netherlands* 사건(2002)에서 자유권규약위원회는 규약 제14조와 제15조는 형사범죄에 대해서만 적용된다는 이유로 통보를 각하하였다.[22]

다른 개인통보 사건에서는 유죄판결을 받은 수감자에 대한 일정한 권리 제한이 제15조 위반인지가 문제되었다. *Van Grinsven v. The Netherlands* 사건(2003)에서 아내를 살해하여 유죄판결을 받은 통보자는 자녀들과의 면접교섭권과 전화 통화할 권리를 주장했지만, 국내법원이 이를 거부하자 규약 제15조 위반이라고 주장하며 개인통보를 제출하였다. 통보

---

19) *Isalas Dassum et al. v. Ecuador*, Communication No. 2244/2013(2016), para. 7.13.

20) 상계주, para. 7.14.

21) *A.R.S. v. Canada*, Communication No. 91/1981(1981).

22) *Strik v. The Netherlands*, Communication No. 1001/2001(2002).

자는 자녀들과의 만남과 통화를 제한하는 더 무거운 제재가 추가된 것은 제15조 위반이라고 주장하였다. 자유권규약위원회는 통보자의 양육권을 박탈하고 감옥에서의 면접교섭권과 전화 통화할 권리를 부인한 법원의 결정은 양육권에 관한 가사소송절차에 따라 이루어진 것으로서 제15조에 규정된 형벌과는 직접 관련이 없다는 이유에서 통보를 각하하였다.[23]

가석방에 관한 법률이 수감자에게 유리하게 개정되었으나 소급적용되지 않았던 사건에서 자유권규약위원회는 규약 제15조가 위반되지 않았다고 보았다.[24] *Van der Plaat v. New Zealand* 사건(1982)에서 통보자는 유죄판결 이후 자신에게 유리하게 개정된 가석방에 관한 법률이 적용되었다면 더욱 일찍 석방될 수 있었기 때문에 제15조 제1항이 위반되었다고 주장하였다. 자유권규약위원회는 가석방에 관한 권리의 변경이 규약 제15조 제1항의 형벌에 해당한다고 가정하더라도, 통보자가 개정된 가석방 법률에 따랐다면 자신의 형기가 단축된 판결이 내려졌을 것이라는 주장을 입증하지 못했다고 보았다. 자유권규약위원회는 통보자의 주장이 판사와 통보자 자신의 가정적인 상황에 대한 추측에 기반하고 있고, 가석방의 요건과 조건에 관하여 법원에 재량권이 부여되어 있으며, 가석방의 부여는 통보자의 행동에 달려있다는 점에서 제15조 제1항이 위반되지 않았다고 판단하였다.[25]

결국 제15조 제1항의 "형벌"이란 "범죄에 대한 처벌"을 의미하기 때문에, "형벌"의 의미는 논리적으로 규약 제14조의 "형사상의 범죄"의 개념과 관련하여 해석해야 한다.[26] 따라서 제14조에 규정된 형사범죄의 의미에 상응하여 부과되는 모든 제재는 그 법률적 성격이나 담당 기관의 형식적 성격과는 무관하게 형벌에 해당한다고 보아야 한다. 다만 형벌의 범위를 지나치게 좁게 해석함으로써 형법이 정한 형벌의 종류가 아닌 형사적 제재나 불이익에 대해 소급입법이 허용된다면 자의적 처벌로부터 인권을 보호하고자 하는 형벌불소급원칙의 취지가 몰각될 우려가 있다. 이와 관련하여 *de León Castro v. Spain* 사건(2009)에서 제시된 반대의견은 더 무거운 석방 규정을 사후적으로 적용하는 것은 규약 제15조에 위반될 가능성이 있다고 지적하면서, 가석방 제도가 규약 제15조의 적용범위에서 완전히 배제된다는 당사국의 주장을 반박하는 견해를 개진한 바 있다.[27]

---

23) *Van Grinsven v. The Netherlands*, Communication No. 1142/2002(2003).

24) *Van Duzen v. Canada*, Communication No. 50/1979(1982); *MacIsaac v. Canada*, Communication No. 55/1979(1982).

25) *Van der Plaat v. New Zealand*, Communication No. 1492/06(2008).

26) 규약 제15조 제1항의 형벌의 의미에 관한 자세한 내용은 다음 문헌을 참조. T. Opsahl and A. de Zayas, The Uncertain Scope of Article 15(1) of the International Covenant on Civil and Political Rights, Canadian Human Rights Yearbook Vol. 1(1983), pp. 250-253.

27) *de León Castro v. Spain*, Communication No. 1388/2005(2009), Individual (dissenting) Opinion of

2. 무거운 형벌의 소급금지

제15조 제1항 2문은 행위 당시에 적용되는 형벌보다 더욱 "무거운 형벌"의 부과를 금지하고 있다. 같은 종류의 형벌 간에 어느 것이 더 무거운 형벌인가는 쉽게 판단할 수 있다. 예를 들어 1년 이상의 징역은 2년 이상의 징역보다 가벼운 형벌이고, 500만원의 벌금은 5000만원의 벌금보다 가벼운 형벌이다. 자유권규약위원회는 *Lemercier v. France* 사건(2006)에서 30년 징역형이 무기징역형보다 가벼운 형벌이라고 판단한 바 있다.[28] *Shikhmuradov et al. v. Turkmenistan* 사건(2015)에서 통보자는 투르크메니스탄 정부를 전복하고 대통령을 암살하려고 했다는 혐의로 대법원에서 25년 징역형을 선고받았는데, 그 직후 정치조직인 인민위원회가 25년 징역형을 무기징역형으로 변경하는 결정을 내렸다. 통보자의 행위 시 형법은 해당 범죄에 대해 25년 징역형을 가장 무거운 형벌로 규정하고 있었고 무기징역은 규정되어 있지 않았다. 자유권규약위원회는 통보자에게 유죄판결이 내려진 이후에 이전보다 무거운 형벌인 무기징역이 부과되었기 때문에 규약 제15조 제1항이 위반되었다고 결정하였다.[29]

그러나 실제에 있어서 각국의 형법이 고정된 하나의 형벌과 형량만을 규정하고 있는 경우는 드물다. 보통 여러 종류의 형벌에는 형량의 상한과 하한의 범위가 설정되어 있고, 구체적 양형의 재량권은 법관에게 부여되어 있다. 법관은 형법에 규정된 여러 종류의 형벌 중에서 특정한 종류의 형벌을 선택하고, 그 선택된 법정형의 범위 내에서 참작할 사유를 반영하여 구체적인 선고형을 결정하게 된다. 따라서 법률의 개정으로 인해 형량의 상한과 하한이 변경될 때는 형벌의 경중을 판단하기 어려운 경우가 발생하게 된다. 예를 들면 행위 당시에는 3년 이상 10년 이하의 징역형이었던 법률조항이 개정되어 5년 이상 10년 이하의 징역형으로 변경되었다면, 개정법을 적용하는 것은 반드시 무거운 형벌의 부과가 되는가? *Gómez Casafranca v. Peru* 사건(2003)에서 자유권규약위원회는 법 개정으로 형량의 하한이 상향된 경우를 검토하였다. 통보자는 1986년에 테러행위에 가담했다는 혐의로 구속되어 페루 국내법원에서 재판받았으나 1988년 무죄판결을 받고 석방되었다. 그런데 무죄판결 선고 후 상당한 기간이 지난 시점에서 법무부장관실은 1988년 판결의 무효를 대법원에 신청하였고, 대법원은 1997년 4월 11일 사실관계 확정과 증거 확인이 적절히 이루어지지 않았다는 이유로 1988년 판결의 무효를 선고하였다. 이로 인해 통보자는 같은 혐의에 대해 다

Wedgewood.

28) *Lemercier v. France*, Communication No. 1228/2003(2006), para. 6.5.

29) *Shikhmuradov et al. v. Turkmenistan*, Communication No. 2069/2011(2015), para. 6.7.

시 재판받았고, 반테러특별형사부는 1998년 1월 30일 통보자에게 개정된 법률에 따라 25년 징역형을 선고하였다. 통보자는 자신에게 행위시법이 아닌 재판 시법이 적용됨으로써 규약 제15조의 소급효금지의 원칙이 위반되었다고 주장하였다.[30] 이에 대해 자유권규약위원회는 행위 시에 규정된 형벌은 "12년 이상의 징역형"이었으나 법률개정으로 인해 "무기징역 또는 25년 이상의 징역형"으로 변경됨에 따라 통보자에게 더 무거운 형벌이 부과될 수 있는 상황이 초래되었음을 인정하였다. 통보자가 신법에 규정된 형벌 중 가장 낮은 25년형을 선고받았지만, 이것은 구법상의 가장 낮은 형과 비교해볼 때 2배 이상이 되는 것이었다. 페루의 국내법원은 구법이 적용되었다면 어떤 형벌이 선고되었을지에 대해 아무런 설명도 하지 않았다. 이에 자유권규약위원회는 이 사건에서 규약 제15조가 위반되었다고 결정하였다.[31]

Westerman v. the Netherlands 사건(1999)에서는 병역의무 이행을 거부한 자에게 적용되는 군형법이 통보자에게 유리하게 개정되었고 통보자가 새로운 군형법에 따라 재판을 받았음에도 9개월의 징역형을 선고받은 것이 규약 제15조 제1항 위반인지가 다투어졌다.[32] 이에 대해 자유권규약위원회는 징집명령을 거부하는 통보자의 행위가 종전의 군형법에 의해서도 범죄였고, 새로운 군형법에 의해서도 범죄라는 점에 주목하였다. 또한 행위 시의 군형법에 따르면 1회 거부는 21개월 징역형, 반복적인 거부는 42개월의 징역형이 부과될 수 있었다. 자유권규약위원회는 군형법의 개정으로 범죄의 성격이 달라지긴 했지만, 통보자에게 부과된 9개월의 자유형이 범죄행위 시에 적용될 수 있었던 형벌보다 무거운 형벌이 아니므로 제15조 위반은 아니라고 결정하였다.[33] 이와 사실관계가 비슷한 다음의 *Jan Filipovich v. Lithuania* 사건(2003)에서도 자유권규약위원회는 사후입법에 따라 형량의 상한이나 하한이 변경되었더라도 실제로 부과된 형벌이 행위 시의 형벌보다 가중되지 않았다면 제15조가 위반되지 않았다고 판단하였다.[34]

리투아니아 형법 제104조는 고의에 의한 살인죄에 대한 형벌을 3년 이상 12년 이하의 금고로 규정하고 있었는데, 형법이 개정되어 5년 이상 12년 이하의 자유형으로 변경되었다. 통보자인 Jan Filipovich는 법 개정 이전에 범죄를 범하였고, 1991년에 6년 형을 선고받았다. 판결문에는 구형법이 적용된 것인지 개정 형법이 적용된 것인지에 대하

---

30) *Gómez Casafranca v. Peru*, Communication No. 981/2001(2003), paras. 2.1.-2.7.
31) 상게주, para. 7.4.
32) *Westerman v. the Netherlands*, Communication No. 682/1996(1999).
33) 상게주, para. 9.2.
34) *Jan Filipovich v. Lithuania*, Communication No. 875/1999(2003).

여 언급이 없었다. 통보자는 개정법에 따라 행위 시보다 무거운 형벌이 자신에게 부과되어 규약 제15조가 위반되었다고 주장하였다.

이에 대해 자유권규약위원회는 통보자에 대한 6년 형이 구형법에 규정된 형벌의 범위(3년 이상 12년 이하)를 벗어나지 않는다는 점과 통보자의 형벌을 가중하는 관련 사정들이 존재하였다는 리투아니아의 주장에 주목하였다. 자유권규약위원회는 통보자에게 부과된 6년 형이 제15조 제1항에 위반되는 것은 아니라고 결론내렸다.

사형을 무기징역형으로 변경하는 법 개정이 문제된 개인통보 사건들에서 자유권규약위원회는 사형이 무기징역보다 무거운 형벌이므로 사형을 무기징역형으로 대체하는 사후입법이 소급적용되더라도 제15조 제1항의 위반은 아니라고 결정한 바 있다.[35] *Tofanyuk v. Ukraine* 사건(2010)에서는 사형판결의 근거가 된 법률이 우크라이나 헌법재판소의 위헌결정에 따라 폐지되었고 위헌결정 당시 통보자에게 부과될 수 있는 최대 법정형은 15년 징역형이었으나, 의회가 모든 사형을 무기징역형으로 감경하는 법률을 통과시킴으로써 통보자에게 15년 형이 아닌 무기징역형이 부과되었다. 통보자는 자신에게 15년 징역형이 아닌 무기징역형의 부과는 제15조 제1항의 위반이라고 주장하였다. 이에 대해 자유권규약위원회는 통보자에게 무기징역형을 부과하도록 규정하고 있는 개정 법률들이 사형을 폐지하라는 위헌결정의 취지를 잘 반영하고 있으며, 헌법재판소가 구체적으로 통보자의 형량 감경 또는 다른 형벌로의 대체를 명하지 않았다는 점에 주목하였다. 결국 자유권규약위원회는 통보자가 행한 범죄에 대해 사형을 무기징역형으로 대체한 것은 제15조 제1항 위반이 아니라고 결정하였다.[36] 사형은 형벌의 집행 효과가 영구적이라는 점에서 다른 형벌들과 차별성을 가지기 때문에 형벌의 경중을 비교하기가 비교적 수월한 것으로 보인다.

다만 종류가 서로 다른 형벌 간에는 경중의 비교가 더욱 어려워진다. 벌금형은 징역형보다 항상 가벼운 것인가? 예를 들어 가난한 사람에게는 1개월의 징역형이 상당한 고액의 벌금형보다는 가벼운 형벌이 될 수 있지만, 부유한 사람들에게는 그 반대일 것이다. 또한 행위 시의 법에는 징역형만 규정되어 있었는데, 법이 개정되어 법관이 벌금형과 징역형 중에서 선택할 수 있게 되었다면 신법은 구법보다 더 가벼운 형벌인가? 제15조 제1항 3문의 "가벼운 형"이 가지는 모호한 의미 때문에 당시 이의 삭제가 제안되기도 하였으나, 결과적

---

35) *Tofanyuk v. Ukraine*, Communication No. 1346/2005(2010), para. 11.3; *Butovenko v. Ukraine*, Communication No. 1412/2005(2011), para. 7.13; *Quliyev v. Azerbaijan*, Communication No. 1972/2010(2014), para. 9.4; *Akhadov v. Kyrgyzstan*, Communication No. 1503/2006(2011), para. 7.6.
36) *Tofanyuk v. Ukraine*, Communication No. 1346/2005(2010), para. 11.3.

으로는 표결에 부쳐지지도 못하였다.[37] 무기징역형, 유기징역형, 벌금형 등 다른 종류의 형벌 간의 경중을 획일적으로 판단하기에는 현실적인 어려움이 존재하고, 구체적 사안에서 제15조 제1항의 해석을 둘러싼 문제는 여전히 남아 있다.

앞에서 살펴본 결정례를 종합해보면 자유권규약위원회는 형벌의 상한과 하한이 변경됨으로써 무거운 형벌이 부과될 가능성이 생겼다는 사실만으로 제15조가 위반되었다고 판단하지 않는다. 자유권규약위원회는 형량의 범위가 확대되었다는 형식적 기준보다는 실제로 부과된 형량이 가중되었는지를 기준으로 형벌의 경중을 파악하고 있다. 따라서 어느 형벌이 더욱 무거운 것인가의 문제는 개정된 형벌 규정의 내용, 개정 전후 형벌의 종류, 실질적인 선고의 내용 등 모든 관련사정을 고려하여 사안별로 결정해야 한다.[38]

3. 가벼운 형벌의 소급적용

제15조 제1항 3문에 따르면 범죄행위 이후에 더욱 가벼운 형벌을 규정하는 법률개정이 있는 경우에 당사국은 범죄인에게 새로운 법령을 소급적용해야 한다. 3문의 내용은 1950년 이집트가 인권위원회에서 제안한 수정안에서 유래하였다.[39] 죄형법정주의는 국가의 형사처벌로부터 시민의 자유와 권리를 최대한 보장하기 위한 장치이며, 가볍게 변경된 형벌의 소급적용은 죄형법정주의의 정신을 더욱 충실히 구현하는 제도라고 볼 수 있다. 이는 보다 인도주의적인 형사법을 제정하려는 현대적인 추세와도 부합한다.[40]

다만 제3문을 초안하는 과정에서 구체적 의미와 적용을 둘러싸고 많은 논란이 있었다. 논의과정에서 가벼운 형벌의 의미가 무엇인지 모호하다는 점과 형량이 가벼워진 법률의 시적 적용범위에 관한 문제점들이 제기되었다. 논란의 초점은 확정판결 이후 법 개정으로 형량이 가벼워진 경우에도 신법을 소급적용하여 형량이 단축되어야 하는지였다. 유엔 인권위원회에서 영국은 이 조항을 삭제하자고 제안했지만, 찬성 5, 반대 10, 기권 3의 표결로 부결되었다.[41] 노르웨이도 적용상의 문제점을 지적하며 유엔 총회 제3위원회에서 삭제하자고 제안했지만, 표결에 부쳐지기 전에 철회한 바 있다.[42] 영국도 가벼운 형벌이 소급적용될 수 있는 시점을 유죄판결의 선고 시까지로 한정하자는 수정안을 제3위원회에서 제시하였지만,

---

37) Torkel Opsahl and Alfred de Zayas(전게주 25), pp. 252-253.
38) Nowak's CCPR Commentary(2019), p. 364.
39) E/CN.4/425. 이 조문의 채택과정에 관한 상세는 다음 문헌을 참조. David Weissbrodt, The Right to a Fair Trial(Martinus Nijhoff Publishers, 2001), pp. 81-90.
40) Nowak's CCPR Commentary(2019), p. 443.
41) E/CN.4/SR.324, p. 17.
42) A/C.3/SR.1011, p. 17.

찬성 28, 반대 34, 기권 18의 근소한 차이로 부결되었다.[43] 결국 삭제안이나 수정안은 모두 부결되었고 현재의 내용대로 채택되었다.

따라서 제15조 제1항 3문을 문리적으로만 해석하면, 범죄행위에 대한 판결이 확정된 이후 형량이 가볍게 개정된 경우에도 범죄인은 가볍게 변경된 형벌의 소급적용을 주장할 수 있다. 이러한 해석론에 따르면 당사국의 국내법이 가벼운 형벌의 소급적용을 허용하지 않으면 규약 제15조 제1항 위반이라는 주장도 가능하다고 생각된다. 또한 판결이 이미 확정된 이후 법률의 폐지 또는 개정으로 형량이 행위 시보다 가볍게 변경되었으면 국내법원은 재심 등의 절차를 통해 가벼운 형벌을 규정한 신법을 소급적용해야 한다.[44]

그러나 가볍게 변경된 형벌이 아무런 제한이나 한계 없이 범죄인에게 소급적용되어야 한다는 주장은 현실적으로 무리가 있다. 이 조항을 위와 같이 문리적으로만 해석하면 당사국으로서는 국내 형법을 개정할 때 무거운 형벌을 폐지하거나 보다 가벼운 형벌로 변경하는 시도를 하기 어렵게 된다. 예를 들어 3년 이상 7년 이하의 징역형을 규정하고 있던 기존 법률에 따라 5년 징역형을 선고받은 자가 있는데, 해당 법령이 개정되어 2년 이상 5년 이하의 징역형으로 형벌의 상한과 하한이 변경되었다면 범죄인이 신법에 따라 형기 감축을 요구할 권리가 있는지 문제된다. 법이 개정될 때마다 기존 수감자들에 대한 새로운 판결이 필요하게 되면, 법적 안정성에 작지 않은 타격이 가해질 우려가 있다.[45] 나아가 신법에 따라 가볍게 변경된 형량 이상의 수감생활을 한 범죄자의 경우 부당한 구금을 이유로 보상을 청구할 수 있는지도 문제될 수 있다.

이러한 문제점을 인식한 독일[46], 이탈리아,[47] 미국,[48] 트리니다드 토바고[49] 등 일부 국가들은 이 조항의 적용범위를 제한하는 유보를 첨부하고 규약에 가입하였다. 그렇다면 유

---

43) A/C.3/SR.1013, p. 45.
44) H. N. A. Noor Muhammad(전게주 10), p. 164.
45) T. Opsahl and A. de Zayas(전게주 25), p. 247.
46) 독일은 행위 시보다 가벼운 형벌을 부과하는 법률이 제정되면 일정한 예외를 제외하고 그때까지 유효했던 법률이 개정 전에 행해진 범죄에 계속 적용될 수 있는 방식으로 규약 제15조 제1항이 적용된다는 유보를 첨부하였다. 규약 당사국들의 유보 내용은 웹사이트 참조.
   https://treaties.un.org/Pages/ViewDetails.aspx?src=TREATY&mtdsg_no=IV-4&chapter=4&clang=_en#EndDec (2021.4.8. 최종방문)
47) 이탈리아는 제15조 제1항의 마지막 조항이 진행 중인 사건에만 적용되는 것으로 간주하며, 이미 확정판결을 받은 자는 판결 이후의 가벼운 형벌의 부과에 따른 이익을 누리지 못한다는 유보를 첨부하였다.
48) 미국은 제15조 제1항 3문을 준수하지 않겠다는 유보를 첨부하였다.
49) 트리니다드 토바고는 제15조 제1항 3문이 진행 중인 사건들에만 적용되는 것으로 간주한다는 유보를 첨부하였다.

보를 하지 않은 대부분의 다른 당사국들은 가벼운 형벌의 제한 없는 소급적용을 인정하고 있다고 보아야 하는가? 한국을 포함한 다른 당사국들이 그러한 국가실행을 보이고 있지는 않다. 제15조 제1항 3문의 적용범위를 범죄 실행 이후 판결선고 이후까지 무조건 확대함으로써 발생하는 문제점들을 고려할 때, 가벼운 형의 소급적용은 종국판결이 선고되기 이전 "소송이 진행 중인 경우까지"로 한정하는 묵시적 제한이 내포되어 있다고 해석할 필요가 있다.50) 다만 이러한 견해도 사형과 같이 한번 집행되면 회복 불가능한 형벌에 대하여는 확정판결 이후라도 가볍게 변경된 형이 소급적용되어야 함을 인정한다. 법개정으로 사형이 폐지되었는데도 기존의 사형판결을 집행한다면 생명권을 보장하고 있는 규약 제6조의 취지에도 어긋날 것이다.51) 앞에서 살펴본 사형 관련 법개정이 문제된 사건들에서 자유권규약위원회는 사형이 무기징역보다 무거운 형벌이므로 사형을 무기징역형으로 대체하는 사후입법이 소급적용되더라도 제15조 제1항의 위반은 아니라고 결정한 바 있다.52)

제15조 제1항 3문에 따르면 재판과정에서 보다 가벼운 형을 부과하거나 더 이상 범죄를 구성하지 않도록 법률이 개정된 경우에는 신법이 소급적용되어야 한다. 범죄 후 법률의 변경이 있더라도 형이 중하게 변경되거나 형의 변경이 없는 경우에는 행위 시의 법률을 적용해야 한다. 다만 이 경우에 개정되는 법률의 범위를 어디까지 인정할 것인지가 문제될 수 있다. 즉 3문의 법률의 의미를 좁게 해석하여 직접 적용된 형벌 법규의 개정만을 의미하는지 아니면 범죄의 구성요건을 판단하기 위한 관련 법률의 개정까지 포함한다고 볼지에 따라 가볍게 변경된 형벌의 소급적용 여부가 달라질 수 있다. 예를 들면 타인 소유의 재물을 횡령하는 행위를 처벌하는 형법은 개정되지 않았지만, 소유권을 결정하는 다른 법률의 규정이 변경되어 행위 시에는 범죄였던 행위가 재판 시에는 범죄를 구성하지 않는 경우가 있을 수 있다. 이때 형벌 법규가 아닌 소유권 관련 법률의 변경도 소급적용의 대상이 되어야 하는가? *Cochet v. France* 사건(2010)에서 자유권규약위원회는 제15조 제1항이 가볍게 변경된 형벌의 소급적용을 인정하고 있으므로 이 조항을 좁게 해석하면 안 되고, 더 이상 범죄를 구성하지 않는 행위에 대한 형벌을 폐지하는 법률도 당연히 소급적용되어야 한다는 취지로 결정하였다.53)

---

50) Nowak's CCPR Commentary(2019), p. 366; T. Opsahl and A. de Zayas(전게주 25), p. 245; Committee of Experts of the Council of Europe, in CE Doc. H(70)7, para. 152.

51) 종신형 역시 이 범주에 포함될 수 있을 것이다. Nowak's CCPR Commentary (2019), p.366.

52) *Tofanyuk v. Ukraine*, Communication No. 1346/2005(2010), para. 11.3; *Butovenko v. Ukraine*, Communication No. 1412/2005(2011), para. 7.13; *Quliyev v. Azerbaijan*, Communication No. 1972/2010(2014), para. 9.4; *Akhadov v. Kyrgyzstan*, Communication No. 1503/2006(2011), para. 7.6.

53) *Cochet v. France*, Communication No. 1760/08(2010), para. 7.3.

제15조 제1항 3문의 의미를 정리하면 법 개정으로 행위 시의 형벌보다 가벼운 형벌이 규정되면 법원은 가벼운 형벌을 소급적용해야 하지만, 개정된 법의 소급적용 의무는 이미 확정판결이 내려진 사건에까지 미치지 않는다. 따라서 확정판결 이후에 가벼운 형벌을 규정한 신법을 소급적용할지 여부는 개별국가에 맡겨져 있다. 다만 사형과 같이 특수한 형벌의 경우에는 확정판결 이후에도 개정된 가벼운 형벌을 소급적용하는 것이 타당하다. 참고로 국제형사재판소 규정 제24조 제2항은 "확정판결 전에 당해 사건에 적용되는 법에 변경이 있는 경우, 수사 중이거나, 기소 중인 자 또는 유죄판결을 받은 자에게 더욱 유리한 법이 적용된다"라고 규정하여 행위자에게 유리하게 변경된 법률의 시간적 적용범위는 "확정판결 이전"까지임을 분명히 하고 있다.[54]

Ⅳ. 소급효금지 원칙의 예외

제15조 제2항은 "국제사회에 의하여 인정된 법의 일반원칙"에 따라 범죄에 해당하는 행위는 행위 시의 국내법상 범죄가 아니었더라도 처벌될 수 있음을 규정하고 있다. 이 규정은 2차 세계대전 이후 전범의 처벌을 위해 체결된 뉘른베르크 국제군사재판소 헌장과 그에 따른 재판소의 판결에서 인정된 국제법 원칙에 관련된 것이다. 유엔 총회는 뉘른베르크 헌장과 판결에서 인정된 국제법의 원칙을 확인하는 1946년 12월 11일자 결의 95(Ⅰ)를 만장일치로 채택하였다.[55]

이 조항의 초안 과정에서 영국은 국제사법재판소 규정 제38조에 있는 "문명국가"라는 표현을 사용하자고 제안했지만, 그 표현은 제국주의를 인정하는 어감이 있으며 비문명화된 국가가 있다는 뜻으로 오해될 수 있어 "국제사회(the community of nations)"를 사용하자는 의견이 많았다. 논란 끝에 "국제사회에 의해 인정된 법의 일반원칙"이라는 표현이 채택되었다.[56] 한편, 유럽인권협약 제7조 제2항은 "문명국가(the civilised nations)에 의하여 승인된 법의 일반원칙"이라는 표현을 사용하고 있다.

제15조 제2항은 1947년 인권위원회 제2차 회기에서 처음 제안되었으나, 인권위원회와 총회 제3위원회에서는 이 조항을 유지해야 하는지를 둘러싼 논란이 계속되었다. 당시 미국

---

54) ICC규정 제24조에 대한 자세한 내용은 다음 문헌을 참조. P. Saland, International Criminal Law Principles, in Roy S. Lee(ed), The International Criminal Court: The Making of the Rome Statute (1999), pp. 196-197.

55) A/2929, pp. 126-127; A/4625, paras. 15-16.

56) 이에 관한 상세는 David Weissbrodt(전게주 39), p. 86 참조.

과 칠레 대표단은 규약이 기본적으로 개인과 국적국의 관계를 규율하기 위한 것인데, 제15조 제2항이 규정하고자 하는 전범에 대한 처벌근거는 국제법상의 문제이고 소급효금지 원칙의 예외를 인정하므로 삭제하자고 주장하였다. 이에 반해 영국 대표단은 제15조 제2항이 국제법상 적용될 수 있는 일반원칙의 설명에 불과하고 문명국가에 의해 인정된 법의 일반원칙도 국제법을 구성하기 때문에 국제전범재판에 사후법(*ex post facto* law)이 적용되지 않았다고 설명하면서 이 조항의 유지를 주장하였다.[57] 이후에도 논란은 계속되어 인권위원회는 제5차 회기에서 제15조 제2항을 삭제하기로 했다가, 제6차 회기에 부활시키기도 하였다. 제8차 회기에서는 제15조 제2항의 전체 내용을 그대로 유지하기로 하였다.[58] 1960년 유엔 총회 제3위원회 제15차 회기에서 일부 국가들이 "국제사회에 의하여 인정된 법의 일반원칙"이라는 문구는 정확한 법적 개념이라고 볼 수 없고 법의 일반원칙을 근거로 범죄가 정의될 수 없다고 주장하며 제2항의 삭제를 다시 제안하였다.[59] 제15조 제2항의 삭제안은 표결에서 반대 51, 찬성 19, 기권 10으로 부결되었고, 제15조 제2항이 현재의 내용대로 유지되었다.[60]

규약 제15조 제2항의 법적 의미와 적용범위에 대한 논란은 여전히 계속된다. 제1항에 행위 시의 "국제법"에 의한 처벌이 이미 규정되어 있는데, 제2항이 추가로 필요한 의의가 있는가? 행위 시의 국내법에 따르면 처벌 대상이 아닐지라도 "국제법"에 의하여 범죄로 인정된다면 제15조 제1항에 따라 처벌할 수 있다. 문언만 본다면 제1항과 제2항의 차이는 전자는 국내법상 처벌되지 않는 행위가 "국제법"에 따라 처벌될 가능성도 규정하고 있고, 후자는 "국제사회의 의하여 인정된 법의 일반원칙"에 따라 처벌될 가능성을 규정하고 있다는 점이다. 법의 일반원칙도 국제법의 법원이라고 보는 통설의 입장에 따른다면 제2항은 별다른 존재의의를 갖기 어렵다. 오직 법의 일반원칙은 국제법의 법원이 아니라고 보는 입장에서만 제2항은 독자적 의의가 있다. 학자에 따라서는 "법의 일반원칙"이 죄형법정주의에서 요구되는 최소한의 명확성을 갖추지 못하고 있으므로, 제15조 제2항은 죄형법정주의에 위배된다고 비판하기도 한다.[61] "법의 일반원칙"은 사실상 구체적인 범죄의 금지를 포함하지

---

57) A/4625 (1960), p. 4, paras. 15-16.

58) 제2항의 유지에 관한 표결은 찬성 13, 반대 0, 기권 5로 채택되었다. E/CN.4/SR.24, p. 17.

59) 제2항의 삭제를 주장한 국가로는 아르헨티나, 사우디아라비아, 브라질, 이탈리아 및 일본 등이 있었다.

60) 아르헨티나 정부는 규약에 가입하면서 제15조 제2항은 아르헨티나 헌법 제18조에 규정된 원칙에 따라 적용되어야 한다는 태도를 밝히었다. 논의과정에 관한 상세는 David Weissbrodt(전게주 39), pp. 75-91 참조.

61) M. Cherif Bassiouni, *Crimes against Humanity in International Criminal Law*(Kluwer Academic Publisher, 1992), pp. 141-142.

않으며, 그러한 금지는 관습국제법에서만 발견될 수 있다는 이유에서 이 조항의 필요성에 대한 의문이 제기되기도 한다.[62] 또한 제2차 세계대전의 전범 처벌을 염두에 두고 이 조항을 설치하였다면, 이제는 더 이상 제15조 제2항이 필요하지 않다는 비판도 가능하다. 뉘른베르그 헌장과 그 판결은 유엔 총회 결의 제95(I)호 채택으로 국제사회의 전폭적인 지지를 받았고 이미 관습국제법의 지위를 획득하였다.[63] 따라서 2차 세계대전 당시의 국제범죄가 다시 실행되더라도 제15조 제1항으로 충분히 대처할 수 있고, 국제범죄에 대한 처벌은 구유고국제형사재판소 등과 같은 임시국제재판소의 규정이나 ICC규정에도 이미 반영되어 있다.

이와 같은 비판론에 대해 국제사회에 의하여 인정된 법의 일반원칙에 따른 범죄의 의미를 일정한 범위로 한정함으로써 규약 제15조 제2항의 독자적인 의미와 적용범위를 찾고자 하는 견해도 제시되고 있다.[64] 이 견해는 법의 일반원칙에 따른 범죄란 제15조 제1항이 포섭하는 국제법, 특히 국제형법상의 범죄에 해당하지는 않지만, 국제사회를 대변할 수 있는 광범위한 수의 국가들의 국내법에서 범죄를 구성하는 행위를 의미한다고 본다. 다만 소급효금지 원칙의 예외가 남용될 소지를 차단하기 위해 국제형법상의 범죄를 구성하지 않는 중대한 인권침해에 대해서만 제15조 제2항이 적용된다는 해석론을 제시하면서 과도기 정의(transitional justice)가 필요한 상황에서 이 조항이 적용될 수 있다고 본다.[65]

자유권규약위원회는 구동독의 개인통보 사건에서 규약 제15조 제2항을 적용한 바 있다. 구동독의 국방부 차관이자 국경수비대장이었던 바움가르텐(Baumgarten)은 독일통일 전에 구동독 월경자들의 살상을 명령했다는 이유로 통일 후 독일의 국내법원에서 유죄판결을 받았다. 바움가르텐은 자신에 대한 독일법원의 판결이 규약 제15조의 위반이라고 주장하면서 개인통보를 제출하였다.[66] 사건의 구체적인 내용은 다음과 같다.

구동독 정부는 1950년대와 60년대에 급증한 구 서독행 탈출행렬을 막고 국경선 무단 침입 행위를 저지하기 위해 국경선법을 제정하였다. 이 법에 따라 국경수비대의 총기 사용이 허가되었고, 수백 명의 월경자가 구동독의 국경 부근에서 살상되었다. 구동독 체제하에서는 국경수비대의 살상행위가 국내법에 따른 정당행위로 인정되었다. 1990년

---

62) A. Cassese, *International Criminal Law*(Oxford University Press, 2003), pp. 148-149.
63) I. Brownlie, *International Law and the Use of Force by States*(Clarendon Press, 1963), pp. 154-213; F. A. Boyle, *Defending Civil Resistance Under International Law*(Transnational Publishers, 1988), p. 62.
64) C. Kress(전게주 1), p. 896.
65) 상게주, pp. 896-897.
66) *Baumgarten v. Germany*, Communication No. 962/2000(2003).

독일이 통일되었고, 통일조약은 통일 이전에 행해진 범죄에 대해서는 원래의 범죄 행위지법이 적용되도록 규정하였다. 통일조약에 따르면 구동독에서의 범죄에 대해서는 구동독법이 적용되었다. 그런데 통일 후 독일 연방대법원은 구동독의 국경수비대장이었던 바움가르텐의 월경자 살상 명령에 대해 유죄판결을 내렸고,[67] 그 판결은 연방헌법재판소에 의해서도 확인되었다.[68] 바움가르텐은 과거 동독법 하에서 합법적이었던 자신의 행위는 제15조 제1항의 국제법상의 범죄도 아니고, 제15조 제2항의 국제사회에 의하여 인정된 법의 일반원칙에 따른 범죄도 아니므로 자신에 대한 유죄판결은 규약 제15조에 위반된다고 주장하였다.

자유권규약위원회는 우선 바움가르텐의 행위가 실행 당시 구동독의 형법이나 국제법에 따라 범죄에 해당하는지를 검토하였다. 문제된 살상행위가 구동독 주민들의 자유로운 출국권(규약 제12조)을 부인하는 체제 속에서 이루어졌으며, 구동독 당국과 국경수비대원들은 평화롭게 출국권을 행사하려는 월경자들을 제지하기 위해 살상 무기를 사용하였다고 보았다. 또한 살상 무기가 최후수단으로 사용되었더라도 생명권을 보장하고 있는 규약 제6조에 따라 비례원칙을 충족시켜야 했었다는 점과 나아가 규약 당사국들은 자국의 군대에 의한 자의적인 살상을 방지해야 할 의무가 있다는 점을 상기시켰다.[69] 결국 자유권규약위원회는 비례원칙에 반하여 살상 무기를 사용한 통보자의 행위는 당시에도 "국제사회에 의하여 인정된 법의 일반원칙"에 따른 범죄행위였다고 판단하였다.[70] 또한 바움가르텐의 행위는 규약 제6조를 위반한 것이며, 구동독법에 따르더라도 유죄라는 독일 측의 주장을 인정하였다. 결론적으로 자유권규약위원회는 바움가르텐에 대한 독일법원의 유죄판결이 제15조에 위반되지 않는다고 판단하고 통보를 기각하였다.

자유권규약위원회는 통보자의 행위가 규약 제15조 제2항에서 규정한 국제사회에 의하여 인정된 법의 일반원칙에 따른 범죄에 해당한다고 보았고, 행위 시의 구동독법에 따라서도

---

67) BGH JZ 1993, S. 202, 203.
68) 독일법원은 이 사건이 당시 유효한 구동독 국내법상의 비례원칙 또는 국제인권법상의 인권 보호 의무를 위반하여 살상 무기를 사용한 것이므로 국경선법에도 불구하고 살인죄에 해당하며, 위법성을 조각할 특별한 정당화 사유도 존재하지 않았다고 판단하였다. BVerfGE, 2 BvR 1851/94 u.a. - Mauerschuten. 이 판결에 대한 상세는 Klaus Marxen(김성천 옮김), "소급효 금지의 근거와 범위-구동독 정부의 범죄 행위에 대한 형사 사법적 처리에 관한 독일 내에서의 최근의 논의 전개", 형사법연구 제8권(1995), p. 194; 법무부, 독일통일 10년의 법적고찰(법무자료 제234집)(법무부, 2000), pp. 95-116; 김동률, "체제범죄의 형법적 청산에 있어 형벌불소급원칙의 극복원리", 형사정책 제25권 제2호(2013), pp. 153-177 참조.
69) HRC General Comment No. 6(1982), para. 3 참조.
70) *Baumgarten v. Germany*, Communication No. 962/2000(2003), paras. 9.4-9.5.

처벌 가능하다는 독일법원의 결론에 동의하는 결정을 내렸다. 한편 월경자들을 살상한 국경수비대가 구동독법에 따라 처벌된 적이 없다는 사실은 본 사건과 무관하고 범죄 성립에 영향이 없다고 보았다. 본래 소급효금지는 국가의 자의적인 소급입법과 소급처벌로부터 국민을 보호하기 위하여 확립된 원칙이므로 엄격한 준수가 요구된다. 그러나 위 바움가르텐 사건에서는 구동독의 공산 체제에서 국가권력을 담당하였던 자가 살상행위에 관한 자신의 행위에 대해 처벌을 회피하기 위하여 소급효금지의 원칙을 주장하였다. 권위주의 체제하에서 권력 담당자가 실행한 국가범죄 행위를 일반 국민의 범죄행위와 동일하게 보고 소급효금지의 원칙을 엄격하게 적용하는 것은 자의적인 처벌로부터 개인을 보호하려는 죄형법정주의와 소급효금지원칙의 본래 취지와 부합되지 않는 결과를 가져올 수 있다.[71] 독일 연방대법원은 바움가르텐과 관련된 사건에서 소급효금지의 원칙에 의하여 보호되어야 할 법적 신뢰는 정당성을 갖추어야 한다고 해석함으로써 소급효금지의 원칙의 적용범위를 제한하였다. 자유권규약위원회 역시 국가공권력을 남용하여 인권침해를 자행한 과거 권력의 담당자가 소급효금지 원칙을 주장하여 면책을 시도한 것에 대해 규약 제15조 제2항의 국제사회에 의해 인정된 법의 일반원칙을 근거로 제한하는 해석론을 제시하였다. 이러한 자유권규약위원회의 결정은 앞에서 살펴본 여러 비판에도 불구하고 과도기 정의가 필요한 상황에서 규약 제15조 제2항이 적용될 가능성이 있음을 시사하고 있다.

V. 우리나라의 국가실행

1. 관련 법령

대한민국의 헌정사에서는 해방 후 반민족행위자의 처벌을 위한 특별법이나 3·15 부정선거 관련자 처벌을 위한 각종 특별법 등과 같이 시대적 상황과 정의의 요청에 따라 여러 차례 소급입법이 제정된 바 있다.[72] 현행 헌법 제13조는 소급입법에 따른 형사소추나 기본권 침해를 방지하기 위해 소급효금지 원칙을 규정하고 있다. 헌법 제13조 제1항은 "모든 국민은 행위 시의 법률에 의하여 범죄를 구성하지 아니하는 행위로 소추되지 아니한다"고 규정하고, 제2항은 "모든 국민은 소급입법에 의하여 참정권의 제한을 받거나 재산권을 박탈당하지 아니한다"고 규정하고 있다.

---

71) Wanja Andreas Welke(한상훈 역), "소급효금지 원칙의 의의와 한계", 민주법학 제10호(1996), pp. 130-132.
72) 대한민국 헌정사에서 등장했던 소급입법으로는 반민족행위자처벌법(1948.09.22 제정), 부정선거관련자처벌법(1960.12.31 제정), 반민주행위자공민권제한법(1960.12.31 제정), 부정축재특별처리법(1961.04.17 제정), 정치활동정화법(1962.03.16 제정), 정치풍토쇄신을위한특별조치법(1980.11.05 제정) 등이 있었다.

또한 형법 제1조는 범죄의 성립과 처벌을 규정하면서 소급효금지의 원칙을 구체화하고 있다. 제1조 제1항은 "범죄의 성립과 처벌은 행위 시의 법률에 따른다"라고 규정하고, 제2항은 "범죄 후 법률이 변경되어 그 행위가 범죄를 구성하지 아니하게 되거나 형이 구법(舊法)보다 가벼워진 경우에는 신법(新法)에 따른다"라고 규정하고 있다.[73] 나아가 형법 제1조 제3항은 "재판이 확정된 후 법률이 변경되어 그 행위가 범죄를 구성하지 아니하게 된 경우에는 형의 집행을 면제한다"라고 규정함으로써 재판 확정 후 법률이 변경되어 형벌이 폐지된 경우를 규율하고 있다.

형법 제1조 제2항에 따라 행위 시와 재판 시 사이에 피고인에게 유리한 방향으로 법률이 개정되면 피고인은 변경된 법률에 따른 이익을 누린다. 법률의 개정으로 그 행위가 범죄를 구성하지 않게 되고 행위자가 법원에 기소되었다면 법원은 형사소송법 제326조 4호에 따라 범죄 후의 법령개폐로 형이 폐지되었을 때 해당함을 이유로 면소판결을 내릴 수 있다. 법률의 개정으로 형이 가볍게 변경되었으면 법원은 신법을 적용해야 하고, 법률의 변경에도 형의 경중에 변화가 없는 때에는 행위시법주의의 원칙에 따라 구법을 적용해야 한다. 형법 제50조는 형벌의 경중에 관해 규정하고 있다. 사형, 징역, 금고, 자격상실, 자격정지, 벌금, 구류, 과료, 몰수의 순서로 무거운 형벌이 정해지며, 무기금고와 유기징역은 무기금고를 무거운 형벌로 하고 유기금고의 장기가 유기징역의 장기를 초과할 때는 유기금고를 무거운 형벌로 규정하고 있다(제50조 제1항). 또한 같은 종류의 형은 장기가 긴 것과 다액이 많은 것을 무거운 것으로 하고 장기 또는 다액이 같은 경우에는 단기가 긴 것과 소액이 많은 것을 무거운 것으로 정하고 있다(제50조 제2항). 이와 같이 규정된 이외에는 죄질과 범정을 고려하여 형의 경중을 정하도록 하고 있다(제50조 제3항).

한편, 행위 이후 재판까지의 사이에 법률이 여러 차례 개정될 때 어떤 법률을 적용해야 하는지 문제가 될 수 있지만, 형법은 이에 관한 별도의 규정을 두고 있지 않다. 여러 차례 개정된 특정강력범죄의 처벌에 관한 특례법의 적용이 문제된 사건에서 대법원은 범죄행위 시와 재판 시 사이에 여러 차례 법령이 개정되어 형의 변경이 있는 경우에는 이 점에 관한 당사자의 주장이 없더라도 형법 제1조 제2항에 의하여 직권으로 그 전부의 법령을 비교하여 그 중의 가장 형이 가벼운 법령을 적용해야 한다고 판시한 바 있다.[74] 수차례에 걸친 법률 개정이 있을 때 가장 경한 법률을 적용한 대법원의 판단은 죄형법정주의에 충실한 해석이

---

73) 한국 정부가 자유권규약위원회에 제출한 최초보고서와 제2차 보고서에서도 본문의 조항들을 나열하면서 소급효금지의 원칙이 국내적으로 잘 준수되고 있다고 설명하고 있다. CCPR/C/ 68/Add.1 (1991), paras. 223-225; CCPR/C/114/Add.1 (1998), paras. 175-176.

74) 대법원 2012. 9. 13. 선고 2012도7760 판결.

며, 규약 제15조 제1항 3문의 취지에도 부합된다. 다만 유죄판결이 확정되면 형의 집행만 남게 되고 법관은 더 이상 형량 결정에 개입할 수 없다. 형 집행은 검사의 직무에 속하고, 이미 내려진 확정판결은 영향을 받지 않는다. 따라서 형법 제1조 제3항은 재판확정 후 법률의 변경으로 유죄판결을 받은 행위가 더 이상 범죄를 구성하지 않게 된 경우에는 남은 형의 집행만을 면제한다고 규정하고 있다. 일반적으로 형사법이 개정 또는 폐지될 때는 그러한 개정법 또는 폐지법률의 장래효가 부칙에 규정됨으로써 시간적 적용범위를 명확히 하고 있다.

유죄판결이 확정된 이후 그 판결의 근거가 되었던 법률이 헌법재판소에 의해 위헌결정을 받으면 어떻게 되는가? 헌법재판소법 제47조는 위헌결정의 소급효에 대해 규정하고 있다. 원칙적으로 헌법재판소가 위헌으로 결정한 법률 또는 법률의 조항은 그 결정이 있는 날부터 효력을 상실한다(제47조 제2항). 다만 다른 법률과 달리 형벌에 관한 법률 또는 법률의 조항에 대한 위헌결정이 내려지면 그 법률이나 조항은 소급하여 효력을 상실한다(제47조 제3항). 이러한 경우에 헌법재판소가 해당 법률 또는 법률의 조항에 대해 종전에 합헌으로 결정한 사건이 있는 경우에는 그 결정이 있는 날의 다음 날로 소급하여 효력을 상실한다. 형벌에 관한 법률의 위헌결정에 소급효가 인정되더라도 이미 확정된 유죄판결의 기판력이 자동적으로 무효가 되는 것은 아니다. 위헌으로 결정된 법률에 근거한 유죄의 확정판결에 대해서는 형사소송법에 따라 재심을 청구할 수 있다(제47조 제4항 및 제5항).

규약 가입 시 한국은 제15조에 관하여 별다른 유보를 하지 않았다. 규약 제15조가 가볍게 변경된 형벌의 소급적용을 무제한적으로 요구하는 것은 아니며, 확정판결 이후 법령의 개정으로 형벌이 가볍게 변경된 경우를 어떻게 규율할 것인지는 당사국의 재량에 맡겨진 것으로 볼 수 있다. 이와 관련하여 형법 제1조 제3항은 재판이 확정된 후 법률이 변경되어 그 행위가 범죄를 구성하지 아니하게 된 경우에만 형의 집행을 면제하고 있어, 재판 확정 후에 헌법재판소의 위헌결정이 있는 경우가 아니라면 법 개정으로 형벌이 가볍게 변경되더라도 그로 인한 혜택을 받는 방법은 없다. 예를 들면 사형판결이 확정되었는데 법률이 개정되어 해당 범죄의 법정형에서 사형이 삭제되거나 가벼운 형벌로 대체될 때 범죄자가 가벼운 형벌의 소급적용을 받을 수 있을지 문제된다. 형사소송법 제420조 5호는 "유죄를 선고받은 자에 대하여 무죄 또는 면소를, 형의 선고를 받은 자에 대하여 형의 면제 또는 원판결이 인정한 죄보다 가벼운 죄를 인정할 명백한 증거가 새로 발견된 때"를 재심사유로 규정하고 있으나, 법 개정으로 사형이 폐지된 경우를 재심사유로 보기는 어렵다. 따라서 우리나라의 현행법상 사형판결의 근거가 되었던 법률이 헌법재판소의 위헌결정을 받지 않는 이상 범죄인에게 유리한 법률 변경이 있더라도 기존의 사형판결을 번복할 수 있는 법적 수단은 존재하지 않는다. 규약 제6조와 제15조를 종합적으로 고려할 때 국내 형법이나 관련 법률의 개정으로 사형이 폐지될 때는 이미 사형판결이 확정된 자들에게 가볍게 변경된 형벌이 적용될 수 있도록 국내법적 정비가 필요하다고 생각된다.

2. 보안처분

보안처분은 형벌과 달리 재범의 위험성이 있는 범죄인으로부터 사회를 방위하기 위하여 범죄인에 대해 가해지는 모든 조치를 의미한다. 보안처분에 관한 법률은 장래를 향하여 범죄인으로부터 재범의 위험성을 제거하기 위하여 제정되거나 개정된다. 학계에서는 보안처분에 대해 형벌불소급의 원칙이 적용되는지에 대해 견해 대립이 있으나, 보안처분의 소급적용을 허용하면 형벌불소급의 원칙의 실질적 의미가 상실된다는 점에서 보안처분에도 소급효금지의 원칙을 적용해야 한다는 견해가 다수설이다.[75]

사법부는 원칙적으로 보안처분의 소급적용 가능성을 인정하지만, 보안처분의 성격과 제재 정도에 따라 소급적용을 부인하는 견해를 밝히고 있다. 대법원은 보호관찰은 형벌이 아니라 보안처분의 성격을 갖는 것이므로 반드시 행위 이전에 규정되어 있어야 하는 것은 아니고, 재판 시의 규정에 따라 보호관찰을 받도록 명할 수 있으며 이러한 해석이 형벌불소급의 원칙이나 죄형법정주의에 위배되지 않는다고 판시한 바 있다.[76] 헌법재판소도 보안처분은 형벌과 달리 행위자의 장래 위험성에 근거하는 것으로 행위 시가 아닌 재판 시의 재범 위험성 여부에 관한 판단에 따라 결정되므로, 원칙적으로 재판 당시 현행법을 소급적용할 수 있다는 견해를 밝히고 있다.[77] 헌법재판소는 범죄행위 당시에 없었던 위치추적 전자장치 부착 명령을 성폭력 범죄 출소예정자에게 소급적용할 수 있게 한 '특정 범죄자에 대한 위치추적 전자장치 부착 등에 관한 법률' 부칙 제2조 제1항이 소급효금지원칙에 위반된 것이 아니라고 결정하였다. 헌법재판소는 전자장치 부착이 전통적 의미의 형벌은 아니며, 이를 통하여 피부착자의 위치만 국가에 노출될 뿐 그 행동 자체를 통제하지 않는다는 점에서 비형벌적 보안처분에 해당하므로, 이를 소급적용하도록 한 부칙경과조항은 헌법 제13조 제1항 전단의 소급처벌금지원칙에 위배되지 않는다고 보았다.[78]

다만 보안처분이라고 할지라도 의무적 노동을 부과하거나 실질적으로 신체의 자유를 제한하는 내용을 포함하고 있는 경우에 법원은 형벌불소급의 원칙에 따라 행위시법을 적용해

---

75) 이재상 외 2인, 『형법총론』(박영사, 2017), p. 20; 김일수/서보학, 『새로쓴 형법총론』(박영사, 2018), p. 63; 임웅, 『형법총론』(법문사, 2018), p. 24; 배종대, 『형법총론』(홍문사, 2017), p. 60; 오영근, 『형법총론』(박영사, 2018), p. 33.

76) 대법원 1997. 6. 13. 선고 97도703 판결.

77) 헌법재판소 2012. 12. 27. 2010헌가82, 2011헌바393(병합) 결정.

78) 헌법재판소 2015. 9. 24. 2015헌바35 결정.

야 한다는 태도를 보이고 있다. 대법원은 가정폭력범죄를 범한 자에 대한 사회봉사명령은 환경의 조정과 성행의 교정을 목적으로 하는 보안처분의 성격을 가지는 것이지만, 가정폭력 범죄행위에 대하여 형사처벌 대신 부과되는 것으로서 가정폭력범죄를 범한 자에게 의무적 노동을 부과하고 여가시간을 박탈하여 실질적으로는 신체적 자유를 제한하게 되므로 이에 대해 원칙적으로 형벌불소급의 원칙에 따라 행위시법을 적용하여야 한다고 판시하였다.[79] 또한 대법원은 전자장치 부착 등에 관한 법률 부칙 제2조 제2항의 소급적용과 관련하여 명확한 경과규정을 두지 않은 것이 문제된 사건에서 실질적으로 신체의 자유를 제한하는 보안처분은 소급적용하면 안 된다고 판단하였다. 대법원은 소급적용에 관한 명확한 경과규정을 두지 않은 경우에 전자장치 부착명령에 관하여 범죄인에게 실질적인 불이익을 추가하는 내용의 법 개정이 있고 그 규정의 소급적용에 관한 명확한 경과규정이 없는 한 그 규정의 소급적용은 부정해야 한다는 의견을 밝혔다. 대법원은 실질적으로 신체의 자유를 제한하는 보안처분의 소급적용을 부정하는 것이 피고인의 권익 보장이나 부칙에서 일부 조항을 특정하여 그 소급적용에 관한 경과규정을 둔 입법자의 의사에 부합하는 것이라고 판시하였다.[80]

국내법원은 원칙적으로 형벌과 다른 성격을 가진 보안처분의 소급적용을 인정하지만, 그러한 보안처분이 형벌적 성격을 가지고 있어 신체의 자유를 박탈하거나 박탈에 상당하는 정도로 신체의 자유를 제한할 때는 소급효금지의 원칙을 적용하고 있다. 이러한 국내법원의 판례는 앞에서 살펴본 개인통보 사건들에서 자유권규약위원회가 취한 입장에 부합한다고 평가할 수 있다.

3. 형사소송법상 공소시효

「5·18민주화운동등에관한특별법(이하 5·18민주화운동법)」 제2조는 1979년 12월 12일과 1980년 5월 18일을 전후하여 발생한 헌정질서파괴범죄행위에 대하여는 국가의 소추권 행사에 장애사유가 존재하였다고 본 1993년 2월 24일까지의 기간에는 공소시효의 진행이 정지된 것으로 본다고 규정하였다. 5·18민주화운동법 규정에 따라 전두환과 노태우 두 전직 대통령을 포함한 17명이 12·12 및 5·18 사태와 관련하여 내란죄와 반란죄 등의 혐의로 기소되어 재판에 회부되었다. 재판 진행 중에 5·18민주화운동법 제2조가 헌법 제13조 제1항 전단의 형벌불소급의 원칙에 위반되는지가 다투어졌고, 이에 관한 위헌법률심판이 헌법

---

79) 대법원 2008. 7. 24. 선고 2008어4 판결.
80) 대법원 2013. 7. 25. 선고 2013도6181 판결.

재판소로 제청되었다.[81) 헌법재판소는 공소시효 제도와 죄형법정주의에 관한 여러 가지 복잡한 쟁점들을 다루었다. 그중에서도 규약 제15조와 관련된 핵심 쟁점은 5·18민주화운동법 제2조를 통해 공소시효가 이미 완성된 행위에 대하여 처벌을 가능하게 한 것이 형벌불소급의 원칙에 위배되는지였다.

헌법재판소는 먼저 5·18민주화운동법 제2조에 의한 공소시효의 정지가 헌법 제12조 제1항의 적법절차 조항이나 제13조 제1항의 죄형법정주의와 형벌불소급 조항에 위배되는가를 검토하였다. 공소시효를 정지시키면 결과적으로 국가의 형사소추권 행사기간이 사후적으로 연장되기 때문에 이것이 소급효금지원칙에 위반되는지가 문제되었다. 헌법재판소는 형벌불소급의 원칙이란 "행위의 가벌성"의 조건을 사후적으로 변경하여 소급적으로 범죄를 신설하거나 형벌을 가중하는 것을 금지하는 의미라고 해석하였다. 반면 공소시효는 이미 정해져 있는 범죄에 대한 소추 가능성에 관련된 문제로서 "가벌성" 자체와 관련된 제도가 아니므로, 공소시효가 연장된다고 해서 곧바로 형벌불소급의 원칙에 위배되지는 않는다고 보았다.

또한 5·18민주화운동법 제2조가 이미 완성된 공소시효에 대하여 사후적으로 시효정지를 새롭게 규정함으로써 이른바 진정소급효를 갖는 경우에는 형벌불소급의 원칙에 위배되는게 아닌지 다투어졌다.[82) 헌법재판소가 위헌법률심판을 인용하려면 6인 이상의 위헌의견이 필요한데, 시효정지의 진정소급효 문제에 관해 재판관들 사이에 5대 4로 견해가 나뉘면서 합헌결정이 내려졌다. 5인의 재판관은 공소시효가 이미 완성되어 소추할 수 없는 상태에 이르렀으나 뒤늦게 시효를 연장하는 법률을 제정하였다면, 피의자의 신뢰보호의 원칙이나 법적 안정성의 측면에서 볼 때 사후적으로 처벌하려는 새로운 법률을 제정하는 것과 같은 결과를 가져온다고 해석하였다. 따라서 공소시효가 완성된 이후 다시 소추할 수 있는 근거 법률을 제정하였다면 소급효금지의 원칙에 위배되는 위헌법률이라는 의견을 표명하였다.[83) 반면에 4인의 재판관은 다음과 같은 이유에서 비록 이 사건이 공소시효가 완성된 경우라고 하여도 특별법에 따른 시효의 연장이 소급효금지의 원칙 등에 위배되지 않아 합헌이라는 의견을 제시하였다.

---

81) 헌법재판소 1996. 2. 16. 96헌가2, 96헌바7·13(병합) 결정.
82) 헌법재판소는 아직 공소시효가 완성되지 않은 범죄에 대한 시효연장(이른바 부진정 소급효)은 소급효금지의 원칙에 비추어도 별다른 문제가 없다고 보았다. 즉 아직 공소시효가 완성되지 않은 이상 피의자로서는 예상된 시점에 반드시 시효가 완성되리라는 것에 대한 보장이 없는 불확실한 기대를 가질 뿐이므로, 이로 인하여 보호될 수 있는 신뢰이익은 상대적으로 미약할 뿐이라고 보았다. 헌법재판소 1996. 2. 16. 96헌가2, 96헌바7·13(병합) 결정.
83) 다만 이 사건에서 헌법재판소는 공소시효가 이미 완성되었는지에 관하여는 판단하지 않았기 때문에, 5인의 재판관은 특별법 제2조에 대하여 한정합헌의견의 형식을 취하였다.

"기존의 법에 의하여 형성되어 이미 굳어진 개인의 법적 지위를 사후입법을 통하여 박탈하는 것 등을 내용으로 하는 진정소급입법은 개인의 신뢰보호와 법적 안정성을 내용으로 하는 법치국가원리에 의하여 헌법적으로 허용되지 않는 것이 원칙이지만, 특단의 사정이 있는 경우, 즉 기존의 법을 변경하여야 할 공익적 필요는 심히 중대한 반면에 그 법적 지위에 대한 개인의 신뢰를 보호하여야 할 필요가 상대적으로 정당화될 수 없는 경우에는 예외적으로 허용될 수 있다(···). 그러한 진정소급입법이 허용되는 예외적인 경우로는 일반적으로, 국민이 소급입법을 예상할 수 있었거나, 법적 상태가 불확실하고 혼란스러웠거나 하여 보호할 만한 신뢰의 이익이 적은 경우와 소급입법에 의한 당사자의 손실이 없거나 아주 경미한 경우, 그리고 신뢰보호의 요청에 우선하는 심히 중대한 공익상의 사유가 소급입법을 정당화하는 경우를 들 수 있다. 이를 대별하면 진정소급입법이 허용되는 경우는 구법에 의하여 보장된 국민의 법적 지위에 대한 신뢰가 보호할 만한 가치가 없거나 지극히 적은 경우와 소급입법을 통하여 달성하려는 공익이 매우 중대하여 예외적으로 구법에 의한 법적 상태의 존속을 요구하는 국민의 신뢰보호이익에 비하여 현저히 우선하는 경우로 크게 나누어 볼 수 있다."

결국 헌법재판소는 공소시효의 완성으로 인한 피의자의 법적 지위를 보호해야 할 신뢰이익은 매우 미약한 데 반하여, 5·18민주화운동법 조항을 정당화하는 공익적 필요는 매우 중대하다고 평가하였다.[84] 따라서 5·18민주화운동법이 설사 공소시효가 완성된 뒤에 시행된 사후적 소급입법이라고 하더라도 죄형법정주의에 반하지 않음은 물론, 법치국가의 원리, 평등원칙, 적법절차의 원리에도 반하지 아니하고, 따라서 헌법에 위반되지 아니한다고 결론내렸다. 이러한 헌법재판소의 합헌 결정에 따라 대법원은 전두환 외 16인에 대해 유죄판결을 확정하였다.[85]

헌법재판소는 규약 제15조를 심사기준으로 적용하거나 판결 이유에서 언급하지 않았고, 우리 헌법만을 심사기준으로 적용하였다. 다만 우리 헌법과 형법은 규약 제15조 소급효금

---

84) "집권과정에서 헌정질서파괴범죄를 범한 자들을 응징하여 정의를 회복하여 왜곡된 우리 헌정사의 흐름을 바로 잡아야 할 뿐만 아니라, 앞으로는 우리 헌정사에 다시는 그와 같은 불행한 사태가 반복되지 않도록 자유민주적 기본질서의 확립을 위한 헌정사적 이정표를 마련하는 것이 국민의 줄기찬 요구이자 여망이며, 작금의 시대적 과제이다. 그러므로 이 사건 반란행위자들 및 내란행위자들의 군사반란죄나 내란죄의 공소시효완성으로 인한 법적 지위에 대한 신뢰이익이 보호받을 가치가 별로 크지 않음에 비하여 이 법률조항은 위 행위자들의 신뢰이익이나 법적 안정성을 물리치고도 남을 만큼 월등히 중대한 공익을 추구하고 있다고 평가할 수 있다."

85) 대법원 1997. 4. 17. 선고 96도3376 판결.

지원칙의 내용을 거의 그대로 규정하고 있었기 때문에, 헌법재판소의 결정은 규약 제15조의 국내적 이행에 관한 향후 사건에도 중요한 선례가 될 것이다. 소급효금지 원칙은 국가공권력의 자의적 행사로부터 국민을 보호하기 위한 목적에서 발전된 법원칙이다. 국가공권력의 담당자가 인간의 존엄성을 해치는 불법행위를 한 후 소급효금지 원칙의 보호를 받으려고 한다면 이는 본래 취지를 몰각시키는 결과가 된다. 그런 점에서 5·18민주화운동법 제2조에 대한 헌법재판소의 합헌 의견은 바움가르텐의 개인통보 사건에서 자유권규약위원회의 결론과 유사한 논리구조를 가지고 있다. 국가공권력 담당자에 의해 자행된 위법한 인권침해행위에 대해서까지 소급효금지의 원칙이 무제한적으로 적용되지 않는다는 두 사건의 법적 판단은 남북통일과 체제불법 청산을 과제로 안고 있는 우리에게 매우 중요한 시사점을 제공하고 있다.

【다른 인권조약상의 관련 조항】

세계인권선언 제11조 제2항

어느 누구도 행위시의 국내법 또는 국제법상으로 범죄를 구성하지 아니하는 작위 또는 부작위를 이유로 유죄로 되지 아니한다. 또한 범죄가 행하여진 때에 적용될 수 있는 형벌보다 무거운 형벌이 부과되지 아니한다.

No one shall be held guilty of any penal offence on account of any act or omission which did not constitute a penal offence, under national or international law, at the time when it was committed. Nor shall a heavier penalty be imposed than the one that was applicable at the time the penal offence was committed.

유럽인권협약 제7조

1. 어떤 누구도 행위시의 국내법 또는 국제법에 의하여 범죄를 구성하지 아니하는 작위 또는 부작위를 이유로 유죄로 되지 아니한다. 어느 누구도 범죄가 행하여진 때에 적용될 수 있는 형벌보다도 중한 형벌을 받지 아니한다.
2. 이 조는 그 행위시 문명국가에 의하여 승인된 법의 일반원칙에 따르면 범죄에 해당하는 작위 또는 부작위를 이유로 하여 당해인을 재판하고 처벌하는 것을 방해하지 아니한다.

1. No one shall be held guilty of any criminal offence on account of any act or omission which did not constitute a criminal offence under national or international law at the time when it was committed. Nor shall a heavier penalty be imposed than the one that was applicable at the time the criminal offence was committed.

2. This article shall not prejudice the trial and punishment of any person for any act or omission which, at the time when it was committed, was criminal according to the general principles of law recognised by civilised nations.

미주인권협약 제9조

어느 누구도 행위시에 적용 가능한 법률에 의하여 형사범죄를 구성하지 아니하던 작위 또는 부작위로 인하여 유죄로 되지 아니한다. 범죄가 행하여진 때에 적용될 수 있었던 형벌보다 중한 형벌은 부과될 수 없다. 범죄행위 이후의 법률이 보다 가벼운 형의 부과를 규정하는 경우, 유죄판결을 받은 자는 그 혜택을 받는다.

No one shall be convicted of any act or omission that did not constitute a criminal offense, under the applicable law, at the time it was committed. A heavier penalty shall not be imposed than the one that was applicable at the time the criminal offense was committed. If subsequent to the commission of the offense the law provides for the imposition of a lighter punishment, the guilty person shall benefit therefrom.

인간과 인민의 권리에 관한 아프리카 헌장 제7조 제2항

어느 누구도 행위시에 법적으로 처벌 가능한 범죄를 구성하지 않는 작위 또는 부작위로 인하여 유죄로 되지 아니한다. 행위시에 규정이 없던 범죄에 대하여는 어떠한 형벌도 가해질 수 없다. 형벌은 개인적인 것이며, 범죄인에 대하여서만 부과될 수 있다.

No one may be condemned for an act or omission which did not constitute a legally punishable offence at the time it was committed. No penalty may be inflicted for an offence for which no provision was made at the time it was committed. Punishment is personal and can be imposed only on the offender.

제16조 법 앞에 인간으로 인정받을 권리

박 영 길

목 차

Ⅰ. 개관
Ⅱ. 적용 범위
  1. 자국의 관할권 외 지역
  2. 출생과 사망
    가. 태아와 낙태
    나. 사자(死者)
  3. 공적 장부 등록 여부
    가. 난민과 미등록 체류자
  나. 미등록 또는 지연된 출생 등록
  다. 생존자의 사망선고
  라. 부당한 사법절차
  4. 강제실종
Ⅳ. 한국에서의 실행
  1. 헌법상 인간으로 인정받을 권리
  2. 형제복지원 사건
[다른 인권조약상의 관련 조항]

모든 사람은 어디에서나 법 앞에 인간으로 인정받을 권리를 가진다.

Everyone shall have the right to recognition everywhere as a person before the law.

Ⅰ. 개관

제16조는 모든 사람은 법 앞에 인간으로 인정받을 권리가 있음을 선언하고 있다. 이는 사람이 법적인 의미에서 존재할 권리,[1] 즉 법인격을 가질 권리를 의미한다. 법인격이 인정되지 않는 사람에게는 법이 정하는 어떠한 권리를 스스로 주장하고 행사함에 있어서 큰 제약이 따른다.[2] 따라서 이 권리는 다른 모든 권리 행사의 필수적 전제조건이 되며 어떠한 비상상황에서도 침해될 수 없는 절대적인 권리이다.[3] 이 조항은 과거 정치적 이유로 개인

---

1) Taylor's Commentary(2020), p.445.; Nowak's CCPR Commentary(2019), p.448(para.1).
2) Taylor's Commentary(2020), p.445.
3) 규약 제4조 제2항은 비상사태의 경우에도 제16조(법 앞의 인간)를 포함해서 제6조(생명권), 제7조(고문금지), 제8조 제1항 및 제2항(노예금지), 제11조(민사구금금지), 제15조(소급처벌금지) 및 제18조(사상, 양심 및 종교의 자유)에 대한 위반을 허용하지 않고 있다. Nowak's CCPR Commentary(2019), p.449 (paras.1-2)

의 각종 권리를 박탈하고 중요한 사회활동을 불가능하게 만들었던 "법인격 박탈" 제도(civil death)나 인간을 물건과 같이 거래의 대상으로 삼았던 노예제도와 같은 것을 인정하지 않으려는 의지에서 비롯되었다.[4] 법 앞에 인간으로 인정받을 권리는 1948년 세계인권선언 제6조, 1969년 미주인권협약 제3조 그리고 1981년 아프리카 인권헌장 제5조에서도 규정하고 있지만, 1950년 유럽인권협약에는 직접적으로 기술하는 규정이 없다.

1947년 초안위원회가 처음 만든 제16조의 초안은 지금과는 많이 달랐다. 당시 초안은 누구도 시민권(civil rights)의 행사를 제한받지 않으며 법인격을 박탈당하지 않는다고 하면서, 미성년자, 한정치산자 및 유죄를 선고받은 사람을 제외한다고 규정하였었다. 이 초안에 대해 '법인격'이란 말이 모호하고, 조항의 목적이 법적 행위능력을 다루는 것이 아니라는 지적들이 있었다. 결국에는 제16조가 "모든 사람은 어디에서나 법 앞에 인간으로 인정받을 권리를 가진다."고 하는 1948년 세계인권선언 제6조를 그대로 수용하는 것으로 정해졌다.[5]

한편, 제16조의 법 앞에 인간으로 인정받을 권리는 민법상의 권리능력과 유사한 면이 있다.[6] 그렇지만 민법상 권리능력이 권리와 의무의 주체가 될 수 있는 "자격 내지 능력"을 의미하는 반면[7] 제16조는 법 앞에 인간으로 인정받는 것 자체가 하나의 권리라는 점에서 차이가 있다. 다만 두 개념 모두 인간이라면 누구에게나 인정되는 핵심적인 권리라는 점에서는 차이가 없다. 또한 제16조의 인간으로 인정받을 권리는 단독으로 책임을 부담할 수 있는 능력인 행위능력 또는 책임능력으로 보는 견해가 있으나,[8] 사실 이와는 구별되는 개념이다.[9] 미성년자나 한정치산자 혹은 금치산자가 그들의 행위능력이나 책임능력을 제한받는다고 해서 그들의 법인격도 제한받는 것은 아니기 때문이다. 따라서 그들에 대한 행위능력이나 책임능력을 제한하는 것이 곧 인간으로 인정받을 권리를 침해하는 것은 아니다.

제16조 위반 여부에 대해 규약위원회에 통보된 사건들을 보면 이 조항만 단독으로 다루는 경우는 없으며 규약상의 다른 권리들의 위반 주장과 병행해서 또는 그에 부수적으로 다루어진다. 하지만 이는 제16조가 생명권(제6조)이나 신체의 자유(제9조) 등 보다 구체적인

---

4) Nowak's CCPR Commentary(2019), p.449; F. Volio, Legal Personality, Privacy, and the Family, in L. Henkin(ed.), The International Bill of Rights: the Covenant on Civil and Political Rights (Columbia University Press, 1981), pp.186-187.

5) Bossuyt's Guide(1987), pp.335-337.

6) Joseph & Castan's Commentary(2013), p.299.

7) 곽윤직, 『민법총칙』(제5판)(박영사, 2005), p.74.

8) 예컨대 Volio(전게주 4), pp.187-188. 규약의 초안과정에서도 제16조에 행위능력을 포함하는 것으로 볼지에 대한 논의가 있었으나 결국 행위능력은 의미하지 않는 것으로 의견의 일치를 보았다. Bossuyt's Guide(1987), p.336.

9) Nowak's CCPR Commentary(2019), p.449.

534 박 영 길

권을 규정한 규약의 다른 조항들에 비해 일반적 보호 성격을 지니기 때문이지 인권보호에 있어서 중요성이 낮기 때문은 아니다.

Ⅱ. 적용 범위

1. 자국의 관할권 외 지역

제16조에 의하면 모든 사람은 "어디에서나" 법 앞에 인간으로 인정받을 권리가 있다. 여기서 "어디에서나"라는 용어는 규약 제2조 제1항과 연결해서 해석될 필요가 있다. 제2조 제1항은 규약의 적용대상을 "자국의 영토 내에 있으며, 그 관할권 하에 있는 모든 개인"으로 규정한다. 이 조항에 따라 국가는 외국에 있는 사람에게까지 이 권리를 인정해야 할 의무는 없다. 이렇게 보면 제16조의 "어디에서나"라는 말은 굳이 없어도 되는 것으로 생각할 수 있다. 실제로 초안 논의과정에서도 이를 삭제하자는 의견이 있었다.[10] 그렇지만 논의과정에서 "어디에서나"라는 말이 나름 의미가 있으므로 남겨두자는 것이 다수 국가들의 의견이었으며, 초안위원회도 이 말이 세계인권선언에도 있는 점을 주목하여 수용하였다.[11] 결국 "어디에서나"라는 단어를 존속시킨 것은 국가가 자국의 관할권 내에 있지 않은 개인이라 하더라도 그의 법인격을 적극적으로 부인해서는 안 되며, 국내외를 불문하고 모든 국가가 이 권리를 보호하고 그 이행을 감시해야 한다는 점을 강조한 것이다.[12]

2. 출생과 사망

가. 태아와 낙태

인간은 출생부터 사망에 이르기까지 법인격을 가진다. 출생의 시점, 즉 출산에 임박한 진통시, 신체의 일부 노출시, 또는 전부 노출시 중 어느 때를 출생으로 볼 것인지는 민법이나 형법 등에서 구체적으로 보호하고자 하는 법익이 무엇인지에 따라 다를 수 있다. 이러한 출생 시점에 대한 논의와는 별개로, 태아에게 출생을 조건으로 법인격을 인정할 수 있는지 하는 문제가 있다. 제16조 권리의 성질상 제한적 범위에서 태아를 법인격의 주체로 인정하는 데는 무리가 없다.[13] 제한적이지만 법인격 주체로 인정됨으로써 태아는 민법상의 상속권을 가지고, 증여의 수혜자가 될 수 있으며, 태아를 살해하면 낙태죄로 처벌될 수 있다.

---

10) Bossuyt's Guide(1987), p.336.
11) A/4625(1960), p.9.
12) F. Volio(전게주 4), p.189.
13) Taylor's Commentary(2020), p.456.; Nowak's CCPR Commentary(2019), p.452(para.6).

태아의 법인격과 관련해서 출생한 후에야 비로소 인간으로 인정하는 캐나다 형법이 제16조 위반이라고 주장하는 개인통보사건이 있었다.[14] 통보자는 캐나다 형법상 태아가 법인격을 인정받지 못하여 1987년부터 2001년까지 한 해에 약 10만 명의 낙태가 자행되고 있다고 주장하였다. 그러나 규약위원회는 직접 피해자 또는 그 대리인만이 개인통보를 할 수 있도록 규정한 규약 선택의정서 제1조를 근거로 들면서 통보자의 행위에 대해 심리적격을 인정하지 않았다. 결국 태아가 법 앞에 인간으로 인정받을 권리가 있는지 여부에 대해 규약위원회는 판단하지 않았다. 규약위원회의 판단 기회를 놓친 것은 아쉽지만, 추후 이와 유사한 사건에서 태아의 부모가 대리인으로서 개인통보를 한다면 규약위원회가 태아의 법인격 침해여부를 다룰 가능성은 있다.

나. 사자(死者)

태아와는 반대되는 측면에서 문제되는 경우가 사자(死者), 즉 죽은 사람에 관한 사안이다. 사망의 시점을 심장박동이 멈추었을 때로 볼 것인지 또는 뇌사의 때로 볼 것인지의 문제는 의학적 장기기증이나 종교적 문제 등과 얽혀서 오랜 동안 논쟁이 되고 있다. 그런데 이와는 별개로 죽은 사람 자체에 대해서도 일정한 법인격이 인정되는지 하는 문제가 있다. 이는 죽은 사람을 단순히 하나의 물건, 즉 권리의 객체로 취급할 것인지 아니면 일정한 권리의 주체로 인정할 것인지 하는 문제이다. 이와 관련한 개인통보사건으로 칠레 정부를 상대로 한 *Acuña Inostroza et al v. Chile* 사건(1999)이 있다.

1973년 Acuña Inostroza와 다른 17명의 희생자들이 칠레의 한 마을에서 경찰에 의해 체포된 후 군인들에게 넘겨져 처형되었다. 1990년 6월 희생자들의 유해가 어디 있는지 확인하기 위한 소송이 Los Lagos 형사법원에 제기되었으며, 이에 따라 특별조사관이 임명되었다. 하지만 이 사건은 군사법원에서 다루어져야 한다는 이의신청으로 인해 재판은 중단되었다. 1991년 대법원은 사건의 관할권이 군사법원에 있다고 결정하였다. 그러나, 사건을 맡은 군사법원은 1973년 당시 사건을 조사하지 않기로 결정하였다. 이에 대해 규약위원회에 사건을 통보한 청구인은 희생자의 죽음을 조사하지 않기로 한 군사법원의 결정은 희생자들을 법 앞에 인간으로 인정하지 않은 것이기 때문에 칠레 정부가 규약 제16조를 위반했다고 주장하였다.[15]

---

14) *Peter Michael Queenan v. Canada*, Communication No.1379/2005(2005).
15) *Acuña Inostroza et al v. Chile*, Communication No. 717/1996(1999), para.3.4.

이 사건에 대해 규약위원회는 사건이 규약이 발효한 1976년 3월 23일 이전에 발생한 것이라는 이유로 심리적격이 없다고 결정하였다.[16] 하지만 위원 중에는 제16조의 권리는 사람이 사망한 후에도 인정되는 것이라는 반대의견도 있었다.[17] 또한 강제실종 후 사망한 경우의 사건에서 규약위원회의 일부 위원들은 제16조에 의해 보호되는 권리가 개인의 사망과 함께 소멸되지만 유언이나 장기기증에서와 같이 사망 후에도 효력을 가진다고 보았다.[18] 따라서 사자에 대한 권리 인정 여부에 대해 아직까지는 규약위원회가 다수의견으로서 명확히 견해를 표현한 적은 없다.

3. 공적 장부 등록 여부

가. 난민과 미등록 체류자

난민이나 외국인이 합법적인 절차를 통해 입국하지 않았거나 합법적인 체류기간이 지나 미등록 체류자 신분이 되었다고 해서 이들이 인간으로서 가지는 기본적 인권이 무시되어서는 안된다. 이들은 여전히 생명권, 고문받지 않을 권리, 평등권 등 규약이 보장하는 기본적 인권들을 누리며, 당연히 법 앞에 인간으로 인정받을 권리도 가진다. 그런데 국내 법원이 그들을 난민으로 인정하지 않고,[19] 체류자격을 연장하지 않거나 추방하도록 하는 결정이 곧바로 제16조의 위반을 의미하지 않는다. 그들은 법원을 통해 관련 법률의 적절한 적용을 받은 것이기 때문이다.

나. 미등록 또는 지연된 출생 등록

법 앞에 인간으로 인정받을 권리는 출생과 함께 시작하므로, 출생신고는 이 권리 보장의 기초가 된다. 규약 제24조 제2항은 "모든 어린이는 출생 후 즉시 등록되고, 성명을 가져야 한다."고 규정하고 있다. 일반논평 17에서 규약위원회는 이 조항은 아동의 법인격 인정을 촉진하기 위한 목적을 가진다고 보았다.[20] 하지만 아직도 행정체계가 완비되지 않은 많은 국가들에서 아이들의 출생 등록이 안 되어 있거나 늦게 등록 되는 경우가 있으며, 미등록 혹은 출생등록 지연의 원인도 매우 다양하다. 예를 들어 출생 등록하는 행정시스템이 잘 갖추어져 있지 않는 국가의 경우, 10대가 출산한 경우 아이를 등록하기 위해 까다로운 법원

---

16) *Acuña Inostroza et al v. Chile*, Communication No. 717/1996(1999). para.6.4
17) *Acuña Inostroza et al v. Chile*, Communication No. 717/1996(1999), Hipólito Solari Yrigoyen의 반대의견.
18) *Acuña Inostroza et al v. Chile*, Communication No. 717/1996(1999), Christine Chanet의 개별의견.
19) *Sima Booteh v. Netherlands*, Communication No.1204/2003(2005).
20) 일반논평 17: 제24조 아동의 권리(1989), para.7.

명령서를 받아오게 하는 경우, 과도한 등록비용을 부과하는 경우 또는 이주민이나 난민이 거주하는 곳의 열악한 환경의 경우가 있다.[21] 규약위원회에 통보된 사건들 중에서는 아직까지 출생 미등록 또는 지연등록을 이유로 제16조의 위반이 인정된 사례는 없는 것으로 보인다. 미등록 또는 지연출생 등록의 문제는 제24조 아동의 권리와도 관련이 있다. 한편 시민권 또는 국적과 관련해서, 규약위원회는 크로아티아가 일부 소수민족들에게 시민권 취득을 어렵게 하는 것에 대해 제26조(평등권), 제27조(소수민족)와 함께 제16조를 언급하면서 우려를 표한 사례는 있었다.[22]

다. 생존자의 사망선고

어떤 사람의 생사불명 상태가 장기간 지속되고 있을 때 이해관계자들의 불이익을 해소하기 위한 제도가 실종선고이다. 법원이 실종자에 대해 실종선고를 하면 그는 법적으로는 사자(死者)로 취급된다. 실종선고된 사람의 재산에 대해서는 상속 등의 법적 효력이 발생한다. 물론 실종선고를 받았다고 해서 그 사람의 인권이 박탈되는 것은 아니다. 실제로 살아 있는 실종선고된 사람은 생명권, 신체의 자유 등 인간으로서 누리는 기본적 인권들을 여전히 지니고 있기 때문이다.

그러나 이러한 실종선고와는 다른 목적으로 생존자를 사망선고하는 경우에는 제16조를 위반할 가능성이 높다. 예를 들어 이집트의 보고서[23]를 심사한 규약위원회는 1980년대 이집트의 콥틱 공동체가 사회에서 평등한 권리를 누리지 못하며, 콥틱 교회의 목사는 가택연금이 되고, 교회의 인쇄물 출판이 금지되고, 교회가 예배당을 수리하거나 짓는 데도 어려움을 겪는다는 보고들이 있다고 하면서, 이집트에 관련 정보 제출을 요구하였다. 그러면서 규약위원회는 특히 제16조의 맥락에서 볼 때, 무슬림 종교법 하에서는 타종교로 개종한 무슬림인이 법적인 사망자로 간주된 것으로 보인다고 지적하였다.[24]

라. 부당한 사법절차

불공정한 재판의 결과로 사형선고가 이루어졌다면 그 사람은 법 앞에 인간으로 인정받을

---

21) Taylor's Commentary(2020), p.452.
22) Concluding observations on Croatia, CCPR/C/HRV/CO/2(2009), para.16.
23) CCPR/C/26/Add.1/Rev.1(1984).
24) CCPR/A/39/40(1984), p.57(para.301). "Noting particularly in the context of article 16 that under the Muslim Code of Religious Law it appeared that Muslims who converted to another religion were considered legally dead, members requested information on the legal status of such converts." Taylor's Commentary(2020), p.449.

권리를 침해당한 것인가? 실제로 이러한 주장을 하는 개인통보사건이 여럿 있었다. 우즈베키스탄 국민인 T.M.과 Z.I.는 그들의 아들인 R.M.과 S.I.를 대신해서 개인통보를 신청했다. 신청 당시 R.M.과 S.I.는 계획살인과 강도 범죄를 이유로 사형을 선고받고서 교도소의 사형수 수감동에 갇혀있었다. 그런데 그들은 조사과정에서 물리적, 심리적 강요 가운데 자백을 했으며 재판과정에서도 그들의 주장은 고려되지 않았다고 하면서, 이러한 조사와 재판과정의 부당함은 제16조를 위반하는 것이라고 주장하였다. 이에 대해 규약위원회는 제출된 자료들만으로는 제16조의 위반을 인정하기 어렵다고 판단하여 통보자의 주장을 받아들이지 않았다.[25] 이와 유사한 다른 사건들[26]에서도 통보자의 주장이 받아들여지지 않은 것을 볼 때, 규약위원회가 사법절차의 부당함을 이유로 하는 제16조 위반을 인정할 가능성은 낮아 보인다.

4. 강제실종

강제실종은 국가 권력에 의해 개인의 인권이 유린되는 대표적인 사례이다. 2000년대 이후 제기된 제16조 관련 개인통보 사건들은 대부분이 강제실종에 관한 것이며, 특히 제16조 위반을 인정한 사건들은 거의 모두 강제실종과 관련 있다.[27] 2006년 채택된 강제실종보호협약은 강제실종을 "국가 또는 국가의 허가, 지원, 묵인 하에 행동하는 개인이나 단체에 의한 체포, 감금, 납치 또는 기타 형태의 자유 박탈과, 그에 이어서 자유 박탈의 시인을 거부하거나 실종자의 운명이나 소재를 은폐함으로써, 이러한 사람을 법의 보호 밖에 두는 것"으로 정의한다.[28]

2006년 강제실종보호협약의 채택은 규약위원회가 제16조와 관련해서 전향적 태도를 취하는 중요한 계기가 된 것으로 보인다. 이는 다음 두 가지 점에서 확인할 수 있다. 첫째, 규약위원회가 결정 채택일을 기준으로 2006년까지는 제16조 위반 결정이 거의 없었으나, 2007년 이후에는 급증하였다. 둘째, 2007년을 기점으로 강제실종에 관한 제16조 위반 판단이 늘어나다가 2010년 결정부터는 강제실종 위반에 대해 규약위원회가 기술하는 방식과 내

---

25) *T. M. and Z. I. v. Uzbekistan*, Communication No. 1206/2003(2010), para.6.2.

26) *Mr. Akbarkhudzh Tolipkhuzhaev v. Uzbekistan*, Communication No. 1280/2004(2009); *Ms. Roza Uteeva v. Uzbekistan*, Communication No. 1150/2003(2007); *Mrs. Tamara Chikunova v. Uzbekistan*, Communication No. 1043/2002(2007).

27) 2001년부터 2021년까지 규약위원회에 제기된 제16조 관련 개인통보 사건들 80개 중에서 61개가 강제실종과 관련 있다. 규약위원회는 고문, 강제구금, 부당한 재판 주장과 같이 강제실종과 무관한 사건들에 대해서는 통보자의 제16조 위반 주장을 받아들이지 않았다.

28) 강제실종보호협약(International Convention for the Protection of All Persons from Enforced Disappearance) 제2조. 번역본은 국가인권위원회·법무부, "UN 강제실종협약 가입 방안 모색 전문가 세미나"(2019.12.12.) 자료집 부록 참조.

용이 거의 정형화되었을 뿐만 아니라 강제실종의 규약위반 인정에 대해 "확립된 법리"라는 말을 일관되게 사용해 오고 있다. 이렇게 정형화되기 시작한 사건은 *Dr. Adam Hassan Aboussedra v. Libya Arab Jamahiriuya* 사건(2010)으로, 주요 내용은 다음과 같다.

모하메드와 그의 가족 및 형제들은 1989년 그의 집에서 보안국에 의해 영장도 없이 잡혀가 3년 동안 구금되었었다. 이 기간 동안 그의 아버지를 포함해서 남은 가족들은 잡혀간 가족들의 생사를 알 수가 없었다. 1995년 잡혀갔던 모하메드의 다섯 형제들이 풀려났지만, 모하메드는 계속해서 구금되었으며 구금 기간 동안 어떠한 법적 조치도 취할 수가 없었다. 모하메드가 체포되어 구금된 지 15년이 지난 2004년에 인민법원에서 재판이 열렸다. 재판 결과 모하메드에게 종신형이 선고되었으나, 추가적인 재판을 거쳐서 그는 2009년에 석방되었다. 통보자는 이러한 강제실종이 법 앞에 인간으로 인정받을 권리를 침해했다고 주장하였다.[29]

위 사건에 대해 규약위원회는 아래와 같이 결정하였다.

제16조와 관련해서, 위원회는 확립된 법리란 말을 반복하는데, 이에 의하면 희생자가 마지막으로 발견되었을 때 국가 당국의 통제 하에 있었고, 그 혹은 그의 친척들이 사법적 구제(규약 제2조 제3항)를 포함한 실효적 구제조치를 취하기 위한 노력들이 조직적으로 방해되었다면, 사람을 법의 보호로부터 장기간 의도적으로 제거하는 것은 그 혹은 그녀의 법 앞에 인간으로 인정받을 권리를 부정하는 것이 될 수 있다. 본 사건에서, 청구인은 그의 형제가 영장 없이 그리고 체포에 대한 법적 근거의 통보 없이 1989년 1월 19일 체포되었다. 그는 여러 비밀장소로 옮겨졌으며 그에 대한 소식을 파악하고자 하는 그의 가족들의 노력은 2009년 1월까지 아무런 성과도 없었다. 비록 1992년 4월 가족의 방문을 허용하면서 그가 아부 살림의 교도소에 구금되어 있는 것을 가족이 알고 있었지만, 리비아 당국은 가족에게 그에 대한 추가정보를 제공하지 않았다. 따라서 위원회는 모하메드 하산 아부세드라의 강제실종은 규약 제16조를 위반하여 구금의 대부분 동안 법의 보호를 부인하였으며 법 앞에 인간으로 인정받을 권리를 박탈한 것이다.

---

29) *Dr. Adam Hassan Aboussedra v. Libya Arab Jamahiriuya*, Communication No. 1751/2008(2010), paras.1~3.8.

규약위원회의 위 결정에 따르면, 피해자가 마지막으로 발견되었을 때 국가 당국의 통제 내에 있었고, 그 또는 그녀의 친척의 효과적인 구제조치를 위한 노력이 조직적으로 방해되어 온 경우, 장기간 동안 법의 보호로부터 개인을 의도적으로 제거하는 것이 법 앞에 인간으로 인정받을 권리를 부인하는 것이 될 수 있다.[30] 규약위원회의 확립된 법리를 정리하면, 강제실종이 제16조 위반이 되기 위해서는 마지막 발견시 국가의 통제 내에 있을 것, 친척 등의 구제조치 노력이 조직적으로 방해 받았을 것, 그리고 강제실종이 장기간 계속 이루질 것의 요건이 충족되어야 한다.[31]

규약위원회의 위 결정 이후 강제실종 관련 제16조에 대한 결정들에서 사건의 사실관계에 관한 기술만 다를 뿐 조항 위반의 취지에 대한 기술은 위의 내용과 거의 동일하다. 2001년 부터 2021년까지 규약위원회에 제기된 강제실종에 관한 61개 사건 중에서 47개 사건에 대해 제16조의 위반이 인정되었다.

Ⅳ. 한국에서의 실행

1. 헌법상 인간으로 인정받을 권리

한국 법령에 법 앞에 인간으로 인정받을 권리를 직접적으로 규정한 조항은 없지만, 이를 간접적으로 뒷받침하는 조항들은 여러 곳에서 찾을 수 있다. 먼저 헌법 제10조는 "모든 국민은 인간으로서의 존엄과 가치를 가지며"라고 함으로써 이 권리를 간접적으로 보장하고 있다. "국민의 자유와 권리는 헌법에 열거되지 아니한 이유로 경시되지 아니한다"는 헌법 제37조 제1항도 이 권리를 뒷받침 한다. 물론 여기서 '국민'에는 외국인도 포함한다. 그리고 민법 제3조는 "사람은 생존한 동안 권리와 의무의 주체가 된다."고 하여 모든 사람이 권리능력이 있음을 확인하고 있다. 법 앞에 인간으로 인정받을 권리는 헌법 제37조 제2항의 "국가안전보장·질서유지 또는 공공복리"를 위해서도 제한될 수 없는 절대적 기본권이다. 따라서 인간으로 인정하지 않는 예외를 법률로 규정하는 것은 허용되지 않는다. 한국정부는 인권이사회에 제출한 제1차 보고서에서 법 앞에 인간으로 인정받을 권리가 특별한 경우

---

30) *Dr. Adam Hassan Aboussedra v. Libya Arab Jamahiriuya*, Communication No. 1751/2008(2010). para.7.9.

31) 2020년에 강제실종으로 제16조 위반이 인정된 사건들을 열거하면 다음과 같다.
Djegdjigua Cherguit v. Algeria, Communication No.2828/2016(2020); *Malika Bendjael and Merouane Bendjael v. Algeria*, Communication No.2893/2016(2020); *Rachid Braih v. Algeria*, Communication No.2924/2016(2020); *Aïcha Habouchi v. Algeria*, Communication No.2819/2016 (2020); *Ahmed Souaiene and Aïcha Souaiene v. Algeria*, Communication No.2819/2016(2020).

제한될 수 있다고 하면서, 제한 사유로 미성년자, 심신상실자 및 유죄 판결을 받은 자의 자격상실 및 자격정지를 제시하였다.[32] 그러나 이는 제16조의 의미를 오해한 데서 비롯된 것이다. 앞서 이 글에서 기술한 바와 같이, 법 앞에 인간으로 인정받을 권리는 행위능력이나 책임능력의 문제가 아니라 인간이라면 누구에게나 인정되는 권리이기 때문이다.

2. 형제복지원 사건

형제복지원 사건은 규약 제16조 법 앞에 인간으로 인정받을 권리와 밀접한 관련이 있다. 이 사건은 1975년부터 1987년까지 국가의 부랑인 단속 명분 아래 무고한 시민들을 복지원 시설에 불법감금하여 강제노역, 구타, 학대, 폭행 등을 일삼은 일을 말한다. 복지원 자체 기록에 의하면 12년 동안 513명이 사망했으며 주검 일부는 암매장됐는데, 실제로는 훨씬 더 많은 희생자가 있을 것으로 추정된다. 1987년 원생 1명이 직원의 구타로 사망하고 35명이 집단 탈출하면서 형제복지원의 실상이 세상에 알려지게 되었다.

1987년 이 사건을 수사한 검찰은 형제복지원 원장을 업무상 횡령, 특수감금 등의 혐의로 기소하였다. 당시 1심 법원은 공소사실을 전부 유죄로 인정하였지만,[33] 항소심 법원은 수용시설에서의 주간의 감금행위는 형법 제20조에 따른 정당행위를 인정하여 무죄로 판단하고 야간의 감금행위에 대해 유죄로 판단하였다.[34] 하지만 대법원은 피해자들을 작업장에 수용한 조치는 법령에 근거한 정당한 직무수행행위이고 야간 감금행위는 수용 중인 부랑인들의 이탈 방지를 위한 조치로 형사상 감금죄를 구성하지 않는다고 판단하여 사건을 파기환송하였다.[35] 이에 1차 환송심 법원이 다시 야간감금행위에 대해 유죄로 판단하자[36] 상고심인 대법원이 재차 사건을 파기환송하였으며,[37] 2차 환송심 법원이 대법원의 결정을 수용하여 야간감금행위에 대해 무죄로 판단하였다.[38] 검찰이 상고하였으나 대법원이 기각함으로써 사건이 마무리되었다.[39]

2018년 4월 검찰 과거사위원회는 위헌적인 내무부 훈령에 따른 부랑자 수용은 불법감금

---

32) 한국의 시민적 및 정치적 권리에 관한 국제규약에 관한 제1차 보고서(1992). CCPR/C/68/Add.1, paras. 228-230.
33) 부산지방법원 울산지원 1987. 6. 23. 선고 87고합33 판결.
34) 대구고등법원 1987. 11. 12. 선고 87노1048 판결.
35) 대법원 1988. 3. 8. 선고 87도2671 판결.
36) 대구고등법원 1988. 7. 7. 선고 88노1444 판결.
37) 대법원 1988. 11. 8. 선고 88도1580 판결.
38) 대구고등법원 1989. 3. 15. 선고 88노593 판결.
39) 대법원 1989. 7. 11. 선고 89도698 판결. 이상의 원심판결의 주요 내용은 대법원 2021. 3. 11. 선고 2018오2 판결 참조.

에 해당한다면서 검찰에 형제복지원 사건의 재조사를 권고했다. 이에 검찰은 진상조사를 벌여 당시 법원이 위헌·무효인 훈령을 근거로 피고인에 대한 공소사실 중 주간 감금행위와 야간 감금행위에 대해 형법 제20조(정당행위)를 적용하여 무죄로 판단한 것이 법령에 위반한다고 판단하여 2018년 11월과 2019년 2월 각각 대법원에 비상상고를 하였다. 비상상고는 "검찰총장은 판결이 확정한 후 그 사건의 심판이 법령에 위반한 것을 발견한 때에는 대법원에 비상상고를 할 수 있다."고 규정한 형사소송법 제441조에 근거한 조치를 말한다.

2건의 비상상고 사건에 대해 대법원은 2021년 3월 11일 모두 기각하는 판결을 내렸다.[40] 대법원은 본 사건이 비상상고의 요건인 "그 사건의 심판이 법령의 위반"에 해당하지 않는다고 본 것이다. 대법원은 원판결 법원이 감금행위에 대해 벌하지 않기 위해 적용한 법령은 이 사건 훈령이 아니라 정당행위에 관한 형법 제20조와 상급심 재판의 기속력에 관한 법원조직법 제8조이며, 해당 훈령은 정당행위를 적용하기 위한 여러 전제사실들 중 하나로 보았다. 대법원은 이렇게 법리의 한계 상 사건을 기각할 수밖에 없다고 하면서도, 본 사건이 갖는 문제의 심각성은 단순히 '신체의 자유' 침해가 아니라 헌법의 최고가치인 '인간의 존엄성'이 침해된 것이라고 하면서, 새롭게 출범한 진실화해위원회에 의한 피해자들의 피해회복을 기대하였다.[41]

2020년 12월 재출범한 제2기 진실화해위원회는 형제복지원 사건을 제1호 사건으로 접수하여 진상조사 절차를 진행하였다.[42] 2021년 5월 조사개시 후 2022년 8월 24일 조사결과를 발표한 진실화해위원회는 확인된 형제복지원의 총 사망자 수는 그 동안 알려진 것보다 100여 명이 많은 657명이며, "사회통제적 부랑인정책, 사회복지 및 치안관계 법령, 내무부 훈령 제410호, 부산시 부랑인 일시보호 위탁계약 등을 근거로 공권력이 직·간접적으로 부랑인으로 칭한 사람들을 형제복지원에 강제수용해 강제노역, 폭행, 가혹행위, 사망, 실종 등 중대한 인권침해가 있었음을 확인"했다고 발표하였다. 이어서 진실화해위원회는 특히 국가에 대해서는 형제복지원 강제수용 피해자와 유족들에게 공식적으로 사과하고, 피해회복 및 치유 방안을 마련할 것, 그리고 국회에 대해서는 2022년 6월 21일 국무회의를 통과한 강제실종방지협약을 조속히 비준 동의할 것을 권고하였다.[43]

형제복지원 사건은 규약위원회가 규약 제16조의 위반을 인정한 강제실종의 전형적인 사

---

40) 대법원 2021. 3. 11. 선고 2018오2 판결 및 2019오1 판결.
41) 대법원 2021. 3. 11. 선고 2018오2 판결 4항.
42) 진실·화해를 위한 과거사 정리 위원회, 「진실·화해를 위한 과거사정리 기본법」(2020.6.9. 제정, 2020. 12.10. 시행)을 근거로 2020년 12월 10일 재출범.
43) 진실화해위원회, 보도자료 "형제복지원 인권침해사건 진실규명 겨정 기자회견문 및 보도자료"(2022. 8.24.).

례에 해당한다. 형제복지원은 비록 민간인이 운영한 것이었지만 재정의 80%를 국가와 지방
정부의 지원을 받았으며 정부의 관리 하에 있었다. '부랑인'으로 치부하여 시민들을 시설에
강제구금한 주된 근거는 1975년 12월 시행된 내무부 훈령 제410호였다.[44] 많은 선량한 시
민들이 아무런 고지 없이 시설에 오랜 기간 동안 강제로 구금되어 강제노역과 폭행을 당하
고 많은 사람이 사망에 이르렀으며, 가족과 연락이 되지 않은 채 어떠한 법적 보호도 받지
못하였다. 규약위원회는 강제실종된 피해자의 마지막 발견시 국가의 통제 내에 있고, 피해
자의 친척 등의 구제조치 노력이 조직적으로 방해 받고, 그리고 강제실종이 장기간 계속 이
루어지는 경우 규약 제16조의 위반을 인정하고 있다.

【다른 인권조약상의 관련 조항】

세계인권선언 제6조

모든 사람은 어디에서나 법 앞에 인간으로서 인정받을 권리를 가진다.

Everyone has the right to recognition everywhere as a person before the law.

미주인권협약 제3조

모든 사람은 법 앞에 인간으로서 인정받을 권리를 가진다.

Every person has the right to recognition as a person before the law.

인간과 인민의 권리에 관한 아프리카 헌장 제5조

모든 개인은 인간으로서의 고유한 존엄성을 존중받으며, 자신의 법적 지위를 인정받을 권
리를 가진다. (……)

Every individual shall have the right to the respect of the dignity inherent in a human being
and to the recognition of his legal status. (……)

---

44) 내무부 훈령 제410호, "부랑인 신고, 단속, 수용, 보호와 귀향 및 사후관리에 관한 업무처리지침".

제17조 사생활의 비밀과 자유[1]

백 범 석

목 차

Ⅰ. 개관
Ⅱ. 국가의 보호의무와 한계
  1. 프라이버시권 보호를 위한 국가의 적극
    적 조치 의무
  2. 법적 보호의 한계
    가. 일반유보 조항의 부재
    나. 불법성과 자의성
Ⅲ. 적용범위
  1. 사생활
    가. 정체성
    나. 신체적, 정신적 완전성
    다. 사생활의 비밀
    라. 자주성
    마. 타인과의 관계형성
  2. 가정
    가. 이주와 가족분리
    나. 자녀양육권과 면접교섭권

    다. 기타
  3. 주거
  4. 통신
  5. 명예와 평판
Ⅳ. 한국의 실행
  1. UN 인권메커니즘과 프라이버시권 관련
    국내 이슈
  2. 주요 사안
    가. 개인정보자기결정권
    나. 형사사법 절차에서의 사생활 보호
    다. 감염병 등 재난대응 법정책과 사생
      활 보호
    라. CCTV, 전자신분증, 바이오인식 기
      술 등을 통한 전자감시체제와 사생
      활 보호
    마. 군형법 제92조의6 추행죄
[다른 인권조약상의 관련 조항]

1. 어느 누구도 그의 사생활, 가정. 주거 또는 통신에 대하여 자의적이거나 불법적인 간섭을 받거나 그의 명예와 평판에 대한 불법적인 공격을 받지 않는다.

2. 모든 사람은 그러한 간섭 또는 공격으로부터 법의 보호를 받을 권리를 가진다.

1. No one shall be subjected to arbitrary or unlawful interference with his privacy,[2] family, home or correspondence, nor to unlawful attacks on his honour and reputation.[3]

2. Everyone has the right to the protection of the law against such interference or attacks.

---

1) 규약 제17조는 프라이버시권(right to privacy)을 보장하는 조항으로 헌법 제17조상의 사생활의 비밀과 자유에 상응한다. 그러나 사생활의 비밀과 자유가 모든 사생활의 보호를 말하는 것이 아니기 때문에 규약상 프라이버시권과는 차이가 있다. 따라서 이하에서는 프라이버시권이라는 표현을 주로 사용한다.

Ⅰ. 개관

규약 제17조는 제6조(생명권), 제7조(고문 등의 금지)와 제9조(신체의 자유), 제16조(법앞의 인간으로서 인정받을 권리)과 함께, 인간으로서의 개인의 사적 영역 내지 개인실존(individual existence: 성품, 외모, 명예 등을 포함)을 존중할 권리를 보장한다.[4] 이는 18-19세기 서구 사회에서 발전한 자유주의 사상의 핵심인 각 개인은 자기 삶의 자율적 주체로서 타인의 간섭을 받지 않고 행동할 수 있어야 한다는 생각이 반영되어 있다.[5]

국제인권법상 이러한 프라이버시권을 별도의 권리로서 명문으로 처음 인정한 것은 세계인권선언 제12조이다. 규약 제17조도 세계인권선언 제12조의 내용을 거의 그대로 따르고 있다.[6] 세계인권선언 및 본 규약은, 사생활(privacy)을 가족, 주거, 통신 등의 각각의 사적 영역과는 별도로 보호하고 있다. 이러한 구별은 프라이버시권이 발전되어 온 과정을 반영한다.[7] 즉 프라이버시권이라는 독자적인 개념이 생겨나기 전까지 개인의 자유는 전통적으로 사적인 영역이라고 여겨지는 주거, 가족 및 통신의 영역을 보호함으로써 충분히 보호될 수 있는 것으로 여겨졌다. 그러나 19세기 들어 서구 부르주아 사회는 공/사 영역의 분리라는 관념이 생겨나게 되었다. 여기서 공적 영역이 엄격한 법적, 사회적, 도덕적 규범에 의해 개인의 활동이 제한되는 영역을 나타낸다면, 사적 영역은 소위 열린 사회(open society)로부터 분리된 자신의 내적인 은밀한 영역을 의미한다. 따라서 자유주의 핵심 사상(자신의 행복을 추구하기 위해서라면 자율적으로 삶을 결정하고 원하는 대로 행동할 수 있어야 한다)을 충분히

---

2) 제1항의 privacy는 사생활로 번역되어 제17조 보호대상 중 하나를 의미하는 협의로도 쓰이지만, 때로는 제1항에 열거되어 있는 보호대상을 모두 포괄하는 광의로도 쓰인다. 이하에서는 광의로 쓰일 때에는 프라이버시로, 협의로 쓰일 때에는 공식번역본에 따라 사생활로 번역하여 양자를 구별한다.

3) 제1항의 reputation은 기존 공식 번역본에서는 신용이라고 번역되었으나 이번에 정정본을 통해 평판으로 변경되었다. 통상 국내법에서 신용은 금융거래 등 상거래에서 상대방의 경제적인 지불능력 및 지불의사에 대한 신뢰, 즉 credit를 의미한다. (법제처, 법령용어한영사전 및 신용정보의 이용 및 보호에 관한 법률 참조). 그러나 이와 달리 제17조의 reputation은 개인이 사회적으로 얻고 있는 객관적인 평가 일반을 의미하기때문에 신용은 reputation을 구성하는 일부분에 해당할 뿐이다. 따라서 평판으로 번역을 정정한 것은 적절해 보인다.

4) Nowak's CCPR Commentary(2019), p.460(para.2).

5) Nowak's CCPR Commentary(2019), p.459(para.1).

6) 규약 초안성안 과정을 보면, 세계인권선언 제12조에 표현된 일반 원칙을 전세계 모든 법체계에 적용될 수 있는 정확한 법적 용어로 번역하는 것은 매우 어려운 일이라는 취지에서 제17조 제정 자체를 회의적인 시각으로 바라보는 견해가 제기되었다. 그러나 이러한 어려움이 있다고 해서 사생활, 가정, 통신, 명예와 평판에 대한 조항을 포함시키지 않는다면 규약에 심각한 결함을 낳게 될 것이라는 반론이 제기되었다. 결국 그러한 반론이 설득력을 얻어 제17조가 제정되었다. Bossuyt's Guide(1987), pp.339-340.

7) Nowak's CCPR Commentary(2019), p.460(paras.3-4).

실현하기 위해서는 사적 영역에서의 행동만 보호되는 것으로는 불충분하고 공적 영역에서 일어나는 사적인 행동도 보호될 필요성이 커졌다.[8] 규약이 가정, 주거, 통신 이외의 포괄적 개념으로서 사생활을 별도로 명문화 한 의미가 여기에 있다. 결국 프라이버시로부터 도출할 수 있는 권리는 술을 마실 권리, 동성애자로서 살아갈 권리 또는 다수로부터 비난받는 행사에 참가할 수 있는 권리에 이르기까지 다양하며, 이는 자의적이고 불법적인 간섭으로부터 보호받아야 한다.

한편 21세기 들어 정보화 사회가 도래하면서 프라이버시는 유례가 없을 만큼 현저한 침해의 위협을 받고 있다. 오늘날 새로운 정보처리기술, 전자기기의 소형화, 통신 기술의 고도화 등을 통한 과도한 개인정보수집과 함께, 상업적 및 정치적 목적을 위한 개인정보의 조작을 목도해 왔다.[9] 국가뿐만 아니라 기업과 같은 비국가행위자에 의해 프라이버시가 침해될 수 있는 위협도 증가하였다. 프라이버시권은 사회의 변화에 민감하게 반응하는 권리이며 그 개념의 외연이 유연성을 띠고 변화하고 있음을 알 수 있다.

II. 국가의 보호의무와 한계

1. 프라이버시권 보호를 위한 국가의 적극적 조치 의무

전통적으로 자유권은 국가권력에 대해 개인의 자유를 방어하기 위한 권리, 즉 국가에 대한 방어권으로 이해되어 왔다. 그러나 개인의 프라이버시권은 오늘날 국가뿐만 아니라 사회적 세력이나 단체 또는 강력한 힘을 지닌 개인에 의해서도 침해될 가능성이 높다. John Stuart Mill도 자유에 대한 위협은 국가에 의하여만 야기되지 않음을 적시하며, 프라이버시는 사회에서 널리 통용되는 사상이나 다수의 감정의 전제, 횡포 뿐 아니라 종교, 도덕 권력 등을 포함한 모든 형태의 공격으로부터 보호받아야 한다고 보았다.[10] 프라이버시권의 보호를 위해 국가가 적극적 조치를 취할 의무는 이러한 측면에서 도출된다.

규약위원회는 일반논평 제16호를 통해 국가 스스로가 개인의 프라이버시를 자의적, 불법적으로 침해하는 것을 금지할 뿐 아니라, 제3자로부터 개개인이 프라이버시를 침해당하지 않도록 국가가 적절한 법적 보호를 제공할 의무가 있음을 분명히 밝히고 있다.[11] 일반논평 제31호도 자유권 규약 자체가 "당사국에게 몇몇 조항에서 사인이나 사적 단체의 활동을 다

---

8) 상게서.
9) Report on the right to privacy in the digital age, A/HRC/48/31(2021).
10) Nowak's CCPR Commentary(2019), p.461(para.5).
11) HRC General Comment No.16(1988), para.9.

룰 적극적 의무가 존재하는 특정한 영역들을 구상한다"고 적시하면서 그 예로 제17조를 들고 있다. 미국, 영국, 호주 등 영미법계 일부 국가들은 제17조는 국가 당국에 의한 침해만을 금지하는데 국한되어야 한다는 입장을 취했다. 사인 간의 프라이버시권 침해 문제를 다루기 위해서는 자국의 사법(private law) 체계 개정이 불가피하며, 결국 현저한 변화와 어려움이 발생할 것을 우려하였기 때문이다. 하지만 이러한 견해는 인권위원회 및 총회에서 받아들여지지 않았다.[12]

또한 국가의 적극적 조치에는 효과적인 구제 수단을 제공할 의무도 포함된다. 위원회는 *L. P. v Czech Republic* 사건(2002)에서 당사국이 제17조 위반에 대한 구제책으로 사법부의 판결 이행을 실질적으로 확보할 수 있는 조치를 취할 의무가 있다고 보았다.[13] 그러나 제3자의 침해로부터 프라이버시권을 보호할 의무를 인정한다고 해서, 프라이버시권이 일반적인 청구권으로서의 성격을 갖게 되는 것은 아니다. *A. S. v Canada* 사건(1981)에서 위원회는 각 당사국에게 이미 와해된 가족생활을 적극적으로 회복시켜주어야 할 의무까지 부과하는 것은 아니라는 취지에서 제17조를 소극적으로 해석하였다.[14] 즉 국가가 적극적인 조치를 통하여 사적인 활동이나 가족생활, 주거 생활, 통신 등을 장려하거나 촉진하여야 할 의무까지 지는 것은 아니다.[15]

2. 법적 보호의 한계

가. 일반유보 조항의 부재

제17조는 규약 제12조 제3항(거주이전의 자유), 제18조 제3항(사상, 양심 및 종교의 자유), 제19조 제3항(표현의 자유), 제21조(집회의 자유) 및 제22조(결사의 자유)와 달리 국가안보, 공공질서, 공중보건 또는 도덕의 보호 내지 타인의 권리와 자유를 보호하기 위해 필요한 경우 해당 권리에 대한 제한을 허용하는 조항을 두고 있지 않다. 유럽인권협약 제8조 제2항[16]을 모델로 하여 권리제한 조항을 삽입하고자 했던 덴마크, 네덜란드, 아일랜드에 의한 개정안은 38 대 20(기권16)으로 부결되었다.[17] 구체적인 제한 정도를 결정할 수 있는 각 당사국의

---

12) Draft International Covenants on Human Rights, Annotation, A/2929(Jul.1, 1955) Ch.Ⅵ., para.100; Nowak's CCPR Commentary(2019), p.461(para.5).

13) *L. P. v Czech Republic*, Communication No.946/2000(2002), para.8.

14) *A. S. v Canada*, Communication No.68/1980(1981), para.8.2.(b).

15) Nowak's CCPR Commentary(2019), p.462(para.6).

16) 유럽인권협약 제8조 제2항 "법률에 합치되고, 국가안보, 공공의 안전 또는 국가의 경제적 복리, 질서유지와 범죄의 방지, 보건 및 도덕의 보호, 또는 다른 사람의 권리 및 자유를 보호하기 위하여 민주사회에서 필요한 경우 이외에는, 이 권리의 행사에 대하여는 어떠한 공공당국의 개입도 있어서는 아니된다."

권리를 과도하게 규제할 뿐 아니라 제17조의 광범위한 적용범위를 자칫 국가 권력에 의한 간섭으로 한정시킬 수 있다는 우려에서였다.[18)

나. 불법성과 자의성

제17조 위반 여부를 판단하기 위해 위원회는 우선 사생활, 가정, 주거 또는 통신에 대하여 간섭을 받았거나, 명예와 평판에 대한 공격이 있었는지를 검토하여야 한다. 만약 있었다면, 다음 단계로 이러한 간섭이 자의적이거나 불법적이었는지 또는 공격이 불법적이었는지를 판단하여야 한다.[19) 마지막으로 위원회는 자의적이거나 불법적 간섭일 경우, 범죄예방 및 공공의 안전과 같은 정당한 목적에 비례한 조치였는지 여부를 결정하여야 한다.[20)

우선 불법적(unlawful)이라 함은 법률에 명시된 경우를 제외하고는 절대 간섭할 수 없음을 의미한다.[21) 또한 당사국은 프라이버시권 침해를 폭넓게 허용하는 법안을 입법하거나, 프라이버시를 간섭하는 데 국가기관에 비합리적으로 넓은 재량을 부여해서는 아니된다. 이 경우 제17조 제2항에 규정된 적극적 보호의무를 위반하는 것이 된다. 한편 위원회는 개인 통보사건에서 '불법적'의 법은 당사국 실정법을 의미한다고 보았다.[22) 그러나 그 외 법적 구속력있는 국제규범도 포함되는 것으로 해석된다.[23)

다음으로 자의적이라는 문구를 별도로 삽입한 것은 프라이버시권의 보호와 관련된다. 즉 법률에 의한 간섭이라도 규약의 규정, 의도 및 목적에 부합해야 하며 동시에 구체적 상황에서 합리적이어야 한다.[24) 여기서 합리적(reasonable)이라 함은 프라이버시에 대한 어떠한 간섭도 그 추구되는 목적에 수단이 비례해야 하며, 동시에 그 상황에 필수불가결해야 함을

---

17) A/4625(1960), para.39.

18) Nowak's CCPR Commentary(2019), p.463(para.7).

19) 제17조는 사생활, 가족, 주거 또는 통신에 대해서는 자의적이거나 불법적인 침해를 금지하고 있는 반면, 명예와 평판에 대하여는 불법적인 공격만을 금지하고 있다. 이러한 차이를 둔 이유는, 명예와 필연적으로 충돌을 빚을 수밖에 없는 표현의 자유 역시 두텁게 보호받아야 할 권리이기 때문인 것으로 이해된다.

20) 예를 들어 *Ilyasov v Kazakhstan* 사건(2014)에서 위원회는 국가안보, 공공질서, 공중보건 또는 도덕에 위협이 된다고 볼 여지가 없기 때문에 당사국의 자의적 간섭은 프라이버시권 위반에 해당한다고 판단하였는데, 이는 제12조 제3항과 같은 유보조항이 제17조에 내재된 것으로 인식한 것으로 보인다. *Ilyasov v. Kazakhstan*, Communication No.2009/2010(2014), para.7.7; Nowak's CCPR Commentary(2019), p.463(para.8).

21) HRC General Comment, No.16(1988), para.3.

22) *Aumeeruddy-Cziffra et al. v. Mauritius*, Communication No.35/1978(1981), para.9.2(b)2(i)4; *Toonen v. Australia*, No.488/1992(1994), para.8.6.; HRC General Comment No.16(1988), para.2.

23) Nowak's CCPR Commentary(2019), p.464(para.10).

24) HRC General Comment No.16(1988), para.4.

의미한다.[25] 이에 더하여 부정의(不正義)함, 예견불가능성, 변덕스러움 등이 자의성이란 개념을 이루는 요소로 제시된다.[26]

규약 초안 성안과정에서는 자의적이라는 개념이 부정확하고 모호하며, 불법적 이상의 추가적 의미를 갖는 것도 아니어서 해당 단어를 빼야 한다는 주장이 제기되었다.[27] 그러나 법적 조치일지라도 재량권을 남용하거나 절차를 무시하는 등의 자의적 간섭이 있을 수 있기 때문에 필요하다는 의견이 다수를 차지하였다. 또한 '자의적'은 국가의 사인에 대한 간섭에 적용되고, '불법적'은 사인의 사인에 대한 간섭에 적용되는 것으로 보아야 한다는 견해도 일부 제기되었지만, 개인은 공히 국가 및 사인의 자의적이거나 불법적인 간섭으로부터 보호되어야 한다는 의견이 다수였다.[28] 이는 현재까지 제17조의 일반적인 해석으로 받아들여지고 있다.[29]

Ⅲ. 적용범위

1. 사생활

사생활이 정확하게 무엇을 의미하는지에 대한 명확한 합의는 없다. 그러나 앞서 언급한 바와 같이 적어도 사생활에 대한 간섭 금지는 타인의 자유와 사생활을 침해하지 않는 한 개인실존(individual existence)과 자주성을 보장받아야 함을 의미한다. 같은 맥락에서 위원회는 개인통보사건을 통해 사생활이란 타인과의 관계를 통해서든, 혹은 홀로이든 스스로의 정체성을 자유롭게 표현할 수 있는 개인의 삶의 영역을 의미한다고 밝혔다.[30] 한편 유럽인권협약 제8조는 사생활을 private life로 표현하였지만 이는 통상적으로 규약에 사용된

---

25) 비례성에 대한 강조는 일반논평 제16호 성안 과정에서 Rosalyn Higgins 의견(CCPR/C/SR.749)을 참조. Nowak's CCPR Commentary(2019), p.465(para.11)에서 재인용.

26) 상게서, p.465(para.13).

27) A/4625(1960), para.36.

28) A/2929(1955), Ch.Ⅵ., para.101.

29) 위원회는 수감자 서신의 과도한 검열은 자의적 간섭으로 제17조 위반에 해당한다고 판단하였다. *Angel Estrella v. Uruguay*, Communication No.74/1980(1983), paras.9.2, 10; 또한 자의적 간섭은 절차적인 측면에 국한되지 않고 간섭의 합리성, 즉 규약의 취지 및 목적에 부합하는지 여부까지 포함한다고 밝혔다. *Canepa v. Canada*, Communication No.558/1993(1997), para.11.4.

30) *Coeriel and Aurik v. The Netherlands*, Communication No.453/1991(1994), para.10.2.; *G. v. Australia*, Communication No.2172/2012(2017), para.7.2. 원문은 다음과 같다. "The Committee considers that the notion of privacy refers to the sphere of a person's life in which he or she can freely express his or her identity, be it by entering into relationships with others or alone."

privacy와 같은 의미를 가진 것으로 본다.[31)]

사생활의 개념에 어떤 사항들이 포함되는지, 그것이 하나의 상위개념으로부터 도출될 수 있는지 혹은 통일된 기준 없이 유형화를 할 수밖에 없는지 등에 대해서는 의견이 분분하지만, 대체로 다음과 같은 내용이 포함된다고 볼 수 있다.

가. 정체성

정체성이란 개개인에게 존재하는 고유한 특징, 즉 내가 나 이외의 어떤 사람과도 같지 않다는 사실을 말해 주는 특징을 말한다. 여기에는 한 사람의 성명,[32)] 외모, 복장과 머리 내지는 수염의 스타일,[33)] 성 정체성,[34)] 특별한 과거,[35)] 종교적 신념,[36)] 사상과 감정 등이 포함된다. 이 중 사람의 성명을 프라이버시에 의해 보호되는 것으로 판단한 두 개의 통보사건을 살펴 보기로 한다. 먼저 *Coeriel and Aurik v. The Netherlands* 사건(1994)의 내용은 다음과 같다.

통보자들은 힌두교에 귀의한 후, 사제가 되기 위해 힌두식의 성과 이름을 따르는 것이 필수적이라고 하며 법무부장관에게 성의 변경허가를 신청하였다. 그러나 네덜란드 법률상[37)] 변경허가 요건을 충족하지 못한다는 이유로 이는 거부되었다. 네덜란드 당국

---

31) Nowak's CCPR Commentary(2019), p.466(para.14).

32) *Leonid Raihman v. Latvia*, Communication No.1621/2007(2010), para.8.3. 한편 어린이의 성명은 규약 제24조 제2항을 통해서도 특별히 보호된다.

33) *Clement Boodoo v. Trinidad and Tobago*, Communication No.721/1996(2002), paras.6.6.-6.7. 위원회는 무슬림수감자가 수염을 기르지 못하도록 한 것은 제18조 종교의 자유를 침해했을 뿐만 아니라 사생활에 대한 간섭으로 제17조에도 반한다고 결정하였다.

34) *G. v. Australia*, Communication No.2172/2012(2017).

35) *Hopu and Bessert v. France*, Communication No.549/1993(1997), para.10.3. 폴리네시아 원주민들은 자신들이 대대로 살아온 땅(조상 묘장지 ancestral burial grounds 포함)이 프랑스 정부에 의해 국유화된 후 이곳에 특급호텔부지의 건설공사가 착수된 것에 대해 자유권규약 위반이라고 주장하였다. 위원회는 소수민족인 통보자들의 조상과의 관계는 그들의 정체성을 이루는 중요한 요소라고 판단하여 가족에 관한 권리를 보장한 제23조뿐만 아니라 사생활에 자의적 간섭으로 제17조에도 반한다고 결정하였다.

36) 개인적 종교활동은 규약 제18조뿐만 아니라 동 조항을 통해서도 보호받는다. Nowak's CCPR Commentary (2019), p.467(para.16).

37) 네덜란드 '성(surname)의 변경허가에 관한 준칙'은, 원칙적으로 성의 변경은 ⓐ 불경스럽거나 ⓑ 우스꽝스럽거나 ⓒ 너무 평범해서 특징이 없거나 ⓓ 귀화한 국민의 본래 이름을 네덜란드어로 발음할 수 없는 때에 허가할 수 있다고 규정한다. 그리고 예외적으로 '성이 변경되지 않는다면 지원자의 정신적 또는 육체적 행복을 위협할 수 있는 경우', '성이 변경되지 않는다면 신청인과 국가 모두의 이익을 고려했을 때 불합리한 결과를 초래할 경우'에도 가능하도록 되어 있다. *Coeriel and Aurik v. The Netherlands*,

은 규약 제18조를 위반함과 동시에, 사생활에 대한 불법적인 혹은 자의적인 간섭으로 규약 제17조에도 반한다는 통보자들의 주장에 대해 위원회는 "사람의 성(姓)은 한 사람의 정체성의 중요한 부분을 구성하고, 따라서 자신의 성명을 자유롭게 선택하고 변경할 있는 권리가 자의적이거나 불법적인 간섭으로부터 보호되어야 한다"고 밝혔다. 이어서 법무부장관의 거부처분은 네덜란드 국내법에 의해 이루어진 것으로 불법적이라고 할 수 는 없다고 보았다. 그러나 거부처분의 근거가 되는 준칙이 성의 변경이 가능한 상황을 좁게 규정하고 있고, 기타 재량을 통해 허가할 수 있는 경우도 예외적인 경우에 국한하기 때문에, 통보자에 대한 성명 변경허가 거부처분은 자의적인 간섭에 해당한다고 판단하였다.[38]

다음으로 *Leonid Raibman v. Latvia* 사건(2010)에서는 사회통합을 위해 소수민족의 언어에 기반한 성명을 국가공식언어에 맞추어 개정하도록 한 라트비아 국내규범이 문제가 되었다. 위원회는 이러한 조치가 국가의 재량에 속하지만, 강제적으로 어형에 변화를 주어 성(姓)을 사실상 다르게 만들거나 발음상 변형을 가하는 것은 과도한 간섭으로 공식언어를 보호한다는 입법 취지에 비례하지 않다고 판단하였다.[39]

한편 정체성은 출생증명서와 같은 국가 공식 문서를 통해서도 분명히 드러난다.[40] 예를 들어 위원회는 아직 혼인을 하지 않은 경우에 한해 성전환자가 출생증명서상의 성(性)을 바꿀 수 있도록 한 국내법은 제17조에 반한다고 결정하였다. 이혼을 통해서만 자신의 성정체성에 맞게 출생신고서를 변경할 수 있다면, 이는 통보인의 사생활에 과도한 간섭이 된다고 보았기 때문이다.[41] 또한 정부에 의한 출생증명서 변조를 사생활의 간섭에 해당한다고 본

Communication No.453/1991(1994), para.4.2.

[38] 상게서, paras.10.3-10.5. 위원회의 결정에 대해 Herndl 위원은 과연 사생활이 무엇을 의미하는지 명확한 해석을 내릴 수 없다며 제17조를 규약상 가장 불가사의한 조항이라고 비판하였다. Ando 위원도 사람의 성(surname)은 개인의 사생활이라는 배타적인 영역에 속하는 것이 아니라는 반대의견을 제시하였다. 즉 성이 다양한 사회적 역사적 문화적 의미를 갖는 비서구사회에서는 단지 개인의 정체성을 표현하는 도구로만 바라볼 수 없다는 것이다.

[39] *Leonid Raibman v. Latvia*, Communication No.1621/2007(2010), para.8.3.; 유사한 사건이 2008년 우크라이나 정부를 상대로도 통보되었는데 위원회는 같은 취지의 결정을 내렸다. *Bulgakov v. Ukraine*, Communication No.1803/2008(2012), paras.7.2.-7.3.

[40] Nowak's CCPR Commentary(2019), p.468(para.18).

[41] *G. v. Australia*, Communication No.2172/2012(2017), paras.7.4., 7.6. 오스트렐리아 정부는 동성결혼을 허용하지 않는 국내법과의 충돌문제로 인한 불가피한 조치였다고 항변하였지만, 위원회는 이미 통보자의 여권상 성(sex) 변경이 허가되었다는 점을 들며, 이러한 정부의 입장을 받아들이지 않았다.

사건도 있었다.[42]

나. 신체적, 정신적 완전성

제7조(고문금지)나 제10조(피구금자의 권리) 위반에는 해당하지 않더라도 신체적, 정신적 완전성(integrity)을 침해하는 경우 제17조에 의해 보호받을 수 있다.[43] 예를 들어, 행정기관에 의한 고의적이지만 사소한 모욕 또는 작은 다툼은 제7조의 위반은 아니지만 그것이 불법적이거나 자의적이라면 사생활에 대한 허용되지 않는 침해라고 볼 수 있다.[44] 일반논평 제16호는 개인의 신체 수색 시에는, 수색을 받는 사람의 존엄성을 존중하는 방법으로 수색이 이루어질 수 있도록 효과적인 조치가 취해져야 한다고 밝힌다. 따라서 국가의 요청에 따라 신체수색을 하는 국가공무원이나 의료인은 반드시 피수색자와 동일한 성(性)을 가진 사람이어야 한다.[45]

환자가 의식불명 상태에 있어 동의가 불가능했거나 혹은 거부 의사가 명백함에도 불구하고 이루어진 의학적 조치도 원칙적으로는 사생활에 대한 간섭으로 간주된다. 다만 자의적이지 않고 합법적인 경우, 즉 목적이 정당하고 비례성의 원칙이 준수되었을 때에는 허용 가능하다.[46] 예를 들어 친자관계 확인을 위한 강제채혈은 그것이 인간의 존엄과 완전성을 현저하게 떨어뜨리는 방법으로 행해지지 않는 한, 자식과 친모의 정당한 이익과 관련되어 있으므로 제17조 위반이 아니다.[47] 의식이 없는 사람의 생명을 구하기 위한 긴급 수술이나, 정신병, 성병, 전염병이나 약물중독과 관련한 강제조치도 마찬가지이다.[48]

자유권규약위원회는 *Mellet v. Ireland* 사건(2016)에서 낙태금지의 경우도 제17조의 프라이버시권에 관한 문제로 보았다.

통보인은 임신 21주차에 자신의 태아가 선천적 결함을 가지고 있으며 출산직후 사망할 것이라는 사실을 알게 되었다. 그러나 아일랜드는 법으로 낙태를 금지하고 있기 때

---

42) *Monaco de Gallicchio et al. v. Argentina*, Communication No.400/1990(1995), para.10.4.

43) Nowak's CCPR Commentary(2019), p.468(para.19).

44) 상게서, p.469(para.19).

45) HRC General Comment No.16(1988), para.8.

46) 유럽인권재판소는 당시 7세 초등학생에 대한 체벌 문제를 다룬 사안에서 목적의 정당성 및 비례성의 원칙에 따라 허용되는 것으로 보았다. 따라서 유럽인권협약 제8조(프라이버시권)상의 신체적 정신적 완전성을 침해하였다고 보기 어렵다고 판단하였다. *Costello-Roberts v. the United Kingdom*, ECtHR Application No.13134/87(Mar.25 1993), para.36.

47) Nowak's CCPR Commentary(2019), p.469(para.19).

48) 상게서.

문에, 사실상 통보인은 출산할 때까지 태아를 가지거나 아니면 타국으로 가서 합법적으로 임신중절을 하는 양자택일의 상황에 놓여졌다. 위원회는 이러한 현실이 통보인에게 심대한 고통을 야기하기에 제7조(고문금지)에 반할뿐만 아니라 임산부 개인의 선택 여지를 비합리적이고 자의적으로 간섭하기 때문에 제17조에도 반한다고 보았다.[49]

일반논평 제28호 역시 여성의 임신을 사생활에 대한 영역으로 보아, 국가가 불임에 대해 일정수의 자식을 가진다든가 특정 나이가 되어야 하는 등의 요건을 부과하는 경우 또는 의료진에게 낙태 수술을 한 여성에 대해 보고할 법적 의무를 부과하는 경우 등은 사생활의 간섭 행위로 제17조에 반할 수 있다고 적시한다.[50]

한편 강간, 성적 학대, 괴롭힘 등은 사생활의 본질적인 영역에 대한 심각한 침해가 될 수 있다. 위원회는 *L.N.P. v. Argentina* 사건(2011)에서 미성년 강간피해자에 대한 과도한 조사 및 지연된 법원 심리는 명예의 불법적인 간섭이 될 뿐만 아니라 사생활의 영역에 대한 자의적인 간섭이 될 수 있다고 보았다.[51]

이와 같이 아동, 장애인, 여성을 포함해 사회적 취약 계층은 법률의 적용에 있어서 그에 상응하는 사생활의 보호를 받아야 한다.[52] 위원회는 시각장애인에게 선거시 구두로 투표하도록 한 선거규정은 비밀투표를 보장한 제25조뿐만 아니라 장애인의 신체적 정신적 완전성을 침해하므로 사생활에 대한 간섭으로 제17조에도 반한다고 밝혔다.[53] 에이즈환자의 개인 신상정보를 공개하도록 하거나 테스트를 강제로 받게하는 경우[54] 또는 비자발급 및 혼인신고시 HIV 감염여부에 관한 진단서를 제출하도록 하는 경우[55]에 대해서도 같은 이유로 사생활의 침해로 판단하였다. 일반논평 제28호는 고용하기 전에 임신테스트를 요구하는 경우 여성의 사생활을 침해할 수 있다며, 제17조 상의 권리에 대한 여성의 평등한 향유를 방해

---

49) *Mellet v. Ireland*, Communication No.1608/2013(2016), para.7.8. 이후 위원회는 *Whelan v. Ireland* 사건(2017)에서도 같은 법리를 적용하여 제17조에 반한다고 결정하였다. *Whelan v. Ireland*, Communication No.2425/2014(2017), para.7.9. 참조.
50) HRC General Comment No.28(2000), para.20.
51) *L.N.P. v. Argentina*, Communication No.1610/2007(2011), para.13.7.
52) 유럽인권재판소는 정신박약자에게 성적 모욕이 가해진 경우에도 친고죄 규정을 적용한 네덜란드 형법은 장애인의 사생활에 대해 실질적이고 효과적인 보호를 위해 적극적인 조치를 취하지 않는 것으로 보았다. 따라서 해당 네덜란드 형법 조항은 유럽인권협약 제8조 프라이버시권을 침해한 것으로 판단하였다. *X and Y v. Netherlands*, ECtHR Application no.8978/80(Mar.26 1985) paras.28-32.
53) Concluding Observations, Malta, CCPR/C/MLT/CO/2(2014), para.21.
54) Concluding Observations, Malawi, CCPR/C/MWI/CO/1/Add.1(2014), para.20.
55) Concluding Observations, Turkmenistan, CCPR/TKM/CO/2(2017), para.32.

하는 법률과 공적 또는 사적 행위를 근절할 국가의 적극적 의무를 설시한다.[56]

다. 사생활의 비밀

제17조는 사생활의 비밀, 즉 남에게 알리고 싶지 않은 개인의 특성, 행동 또는 정보를 대중으로부터 비밀로 할 권리(right to intimacy)를 포함한다. 주로 주거와 통신에 대한 보호를 통해 보장되지만, 그 외에 의사, 변호사, 성직자 등이 직무상 알게 된 비밀, 선거에 있어 투표한 내용의 비밀 등도 사생활의 비밀에 속하는 것으로 보호된다.[57] 또한 공개되었을 때 난처함을 초래할 개인의 사적 영역이 무단으로 수집, 타인에게 전달되거나 출판되는 것도 제한될 수 있다. 이러한 사적 사항에는 개인이 은밀하게 소장하고 있는 누드 사진이나 일기, 편지와 같은 사적인 문서, 성도착 및 변태성욕을 포함한 성생활, 기타 공개되었을 경우 대중의 웃음거리로 만들 수 있는 것들이 포함된다.[58]

그러나 사생활의 비밀은 사적 영역이 외부에 공개되는 경우에만 침해되는 것은 아니다. 개인의 내밀한 영역에 침입하거나 사생활을 엿보는 행위 그 자체도 부당한 간섭이 될 수 있다.[59] 예를 들어 감옥에 수감된 수형자가 교도관의 감시 하에, 또는 사실상 동료 수형자 앞에서 소변을 보도록 하는 조치는 규약 제7조 내지는 제10조상의 비인도적 처우에 해당하는지 여부에 관계 없이, 제17조에 따른 사생활의 부당한 간섭이 될 수 있다.[60] 또한 사생활의 비밀은 비밀 감시를 당하지 않을 권리도 포함한다. 그러한 비밀 감시는 공공장소에서도 행해져서는 안 된다.[61]

디지털 신기술의 발전으로 인해 개인정보의 보호는 오늘날 사생활의 비밀에 해당하는 주요 요소가 되었다.[62] 이때 개인정보라 함은 개인적 정보 즉 사적 영역의 정보와 개인에 관한 정보 즉 개인의 신상과 관련되는 일체의 정보를 모두 포함한다. 전자의 측면에서 개인정보는 고전적 프라이버시 즉 개인의 사적이고 내밀한 영역에 대한 보호와 밀접한 관련을 가진다. 이에 반해 후자의 측면에서 보는 개인정보는 내밀한 사적 정보뿐만 아니라 신상과 관

---

56) HRC General Comment No.28(2000), para.20.
57) Nowak's CCPR Commentary(2019), p.471(para.23).
58) 상게서.
59) 상게서, p.471(para.24).
60) 위원회는 교도관 앞에서 수형자를 나체로 있도록 하고, 엉덩이를 벌리고 쪼그려 앉았다 일어나기를 수차례 반복하도록 하는 행위 등은 정부의 해명이 없는 한 제17조에 반한다고 판단하였다. *Clement Boodoo v. Trinidad and Tobago*, Communication No.721/1996(2002), paras.2.7., 6.7.
61) Nowak's CCPR Commentary(2019), p.471(para.24).
62) 상게서, p.471(para.25).

련된 모든 정보를 포함하기 때문에 개인의 자율성, 인격성과도 관련이 있다.[63] 일정한 범위에서 노출이 묵인 내지 감수되었던 즉 공적인 생활영역에 있는 개인정보라 하더라도 본인이 예견할 수 있었던 방식이나 한도를 벗어나 무한정 유포될 경우 인간은 모욕감을 느끼게 되며, 자율적 인격 형성에 지장을 받게 된다. 이때 개개인에게 주어져야 할 법적인 보호는 고전적 프라이버시와는 거리가 멀지만, 개인의 자기결정권 측면에서는 보호의 가치가 충분히 있다.

따라서 당사국은 제17조 제2항에 기반하여 개인정보의 자동 기록, 가공, 사용 및 이동을 모니터링 하고, 동시에 국가기관 및 사설 단체가 이들 정보를 오용하지 못하도록 보호할 것이 요구된다.[64] 이는 수령, 가공 및 사용할 법적 권한이 없는 자들로부터 개인정보를 보호할 효과적인 조치를 취할 의무도 포함한다.[65] 일반논평 제16호는 모든 개인은 자신의 정보가 어디에 저장되었는지, 저장된다면 어떠한 정보가 어떠한 목적으로 저장되었는지를 이해하기 쉬운 방식으로 확인할 권리가 있다고 밝힌다. 또한 어떤 공공기관, 개인 또는 사설 단체가 자신의 파일을 관리하고 있는지에 대해 확인할 수 있어야 하며, 동시에 법률에 위반하여 수집, 처리되었을 경우 모든 개인은 수정 및 삭제를 요청할 권리가 주어져야 한다고 적시한다.[66] 예를 들어 위원회는 전국적인 규모의 강제적 DNA 검사를 통한 데이터베이스 구축은 프라이버시권에 대한 불필요한 과도한 간섭이 될 수 있다는 우려를 표명한 바 있다.[67] 그리고 당사국에 다음과 같은 상세한 권고를 내린 바 있다. 즉 DNA 정보 수집은 심각한 범죄 피의자에 한하여 법원결정에 기반하여 이루어져야 하며, 동시에 해당 개인은 즉각 법원에 합법성 여부에 대한 이의를 제기할 수 있어야 한다. 또한 일정기간이 지난 경우 저장된 기록은 삭제되어야 하며, DNA 정보의 사용을 모니터링할 수 있는 시스템을 갖추어 오용을 막아야 한다.[68]

---

63) 우리나라의 개인정보보호법 체제는 개인정보를 개인에 관한 비밀 정보로 국한시키지 않고 개인을 알아볼 수 있는 일체의 정보라고 정의하기 때문에, 후자의 관점을 취하고 있다. 개인정보보호법 제2조 제1호 및 공공기관의 개인정보 보호에 관한 법률 제2조 제2호 참조.

64) Concluding Observations, Spain, CCPR/C/ESP/CO/5(2008), para.11.

65) Concluding Observations, France, CCPR/C/FRA/CO/4(2008), para.22.

66) HRC General Comment No.16(1988), para.10.

67) Concluding Observations, Kuwait, CCPR/C/KWT/CO/3(2016), paras.20-21; 같은 맥락에서 위원회는 DNA 검사는 규약 제17조가 보장하는 프라이버시권과 중요한 관련이 있다는 의견도 표명한 바 있다. Concluding Observations, Denmark, CCPR/CO/70/DNK(2000), para.15.

68) 상게서; Concluding Observations, Switzerland, CCPR/C/CHE/CO/4(2017), para.47.

라. 자주성

제17조상의 사생활의 보호는 타인의 자유를 침해하지 않는 한, 자신의 사생활을 법질서의 테두리 안에서 누구의 간섭도 받지 않고 자율적으로 형성하고 전개할 권리를 포함한다.[69] 그런데 종종 개인의 자기결정에 따른 행동이 제3자에게 영향을 미치지 않는 사적 영역에 머물러 있음에도 불구하고, 이러한 행동이 일반적으로 승인된 종교, 도덕, 사회규범에 어긋난다거나 당사자 자신의 건강을 직접적으로 해한다는 이유로 국가가 금지하는 경우가 있다. 예를 들어 자살이나 자상(self-mutilation)을 금지하거나, 알코올, 니코틴이나 중독성 약물에 대해 다소 엄격한 규제를 가하는 것, 안전벨트를 매거나 보호용 헬멧을 착용하도록 규정하는 것,[70] 단식투쟁으로 인해 생명이 위태로운 재소자에게 강제로 음식물을 투여하는 것 등이 여기에 해당한다. 이러한 조치는 공히 사생활에 대한 간섭이지만 사회 구성원의 생명권, 신체의 안전을 보호한다는 합리성을 갖춘 때에는 정당화될 수 있다. 다만 국가가 공공질서 또는 공공선을 위해 개인의 사생활에 간섭할 수 있다는 주장이 쉽게 받아들여진다면 개인의 사적 영역이 심각하게 훼손될 수 있음은 주의해야 한다.[71]

마. 타인과의 관계형성

제17조상의 프라이버시권은 개인이 자신의 고유한 인격을 발전시키고 완성시키기 위해 타인과의 관계를 시작하고 발전시킬 권리도 포함한다.[72] 예를 들어 인공수정에 있어 정자

---

69) Nowak's CCPR Commentary(2019), p.472(para.26).

70) 안전벨트나 헬멧 착용 의무화가 이러한 종류의 간섭에 포함되는지에 대해서는 논란이 있다. 시크 교도인 인도계 캐나다인이 작업장에서 안전 헬멧의 강제는 제18조(사상, 양심, 종교의 자유) 위반이라고 통보를 제기했으나 위원회는 제17조 위반 여부는 검토하지 않았다. *Bhinder v. Canada*, Communication No.208/1986(1989), para.4.1. 한편 유럽인권재판소는 안전벨트의 의무적 착용이 유럽인권협약 제8조가 보호하는 사생활에 영향을 미치지 않는다고 결정하였다. *X v. Belgium*, ECtHR Application No.8707/79 (Dec.13 1979) 참조. 판결문 원문은 다음과 같다. "[The compulsory wearing of safety belts by the drivers and passengers of motor-vehicles] in no way affect a person's "private life", however broadly this expression is interpreted." 그러나 Nowak은 제8조 위반여부를 떠나, 사생활에 절대 영향을 주지 않는다는 판단 자체는 잘못된 것이라는 견해를 취하고 있다. 상게서, p.473(para.27).

71) 상게서. 예를 들어 부랑자나 걸인의 구걸행위 또는 매춘부의 자발적 성매매행위에 대한 정부의 제한 조치는 합리성의 원칙(principle of reasonableness)에 따라 취해져야 한다.

72) Nowak's CCPR Commentary(2019), p.473(para.28); 유럽인권이사회는 유럽인권협약 제8조 프라이버시 권에 대해 타인과의 관계를 형성하고 발전시킬 권리가 포함된다는 입장을 밝혔다. 원문은 다음과 같다. "[Art.8 ECHR infers a basic] right to establish and to develop relationships with other human beings, especially in the emotional field, for the development and fulfillment of one's own personality." *Brüggemann and Scheuten v. Federal Republic of Germany*, European Commission

기증자와 태아의 관계가 이러한 사적 영역에 놓일 수 있다. 정자 기증자의 완전한 익명성은 프라이버시권으로서 보호되어야 하지만, 이 경우 자녀는 자신의 생물학적 부모에 대한 정보를 알 권리가 침해될 수 있기 때문이다.[73] 이와 같이 부모와 자녀간 법적인 관계 형성과 관련된 결정 문제가 있을 수 있다.[74]

타인과의 관계형성에 관한 사생활 보호는 성적 자기결정권과 관련하여서도 위원회에 다수 제기되어 왔다. 사인간 성행위 규제는 사생활의 간섭이 될 수 있기 때문이다. 따라서 당사국이 개인의 사적 성행위에 대해 과도한 도덕적 제한을 가하는 것은 사생활의 자의적 간섭으로 제17조에 반할 수 있다.[75] 물론 아동과 청소년을 보호하기 위한 규제조치는 필요하며, 성매매를 포함한 공공장소에서의 성행위를 제한하는 조치도 공중도덕을 보호한다는 측면에서 허용될 수 있다.[76]

위원회는 *Toonen v. Australia* 사건(1994)에서 동성간 성행위를 처벌하는 형법규정을 두는 것은 사생활에 대한 자의적인 간섭이 된다고 판단하였다.

통보자는 오스트렐리아 태즈매니아 섬(Tasmania)에 거주하는 성소수자 인권활동가이다. 남성간 성행위의 다양한 형태를 범죄화하고 있는 태즈매니아 형법에 대해, 위원회는 성인간의 합의에 의한 성행위는 사생활의 영역에 포함되며 설사 형법조항이 10년 동안 실제 적용된 바 없더라도 조항이 존치하는 한 통보자의 사생활에 대한 자의적 간섭이 된다고 판단하였다. 태즈매니아 주 정부는 이 법이 에이즈의 효과적인 예방을 통한 공중 보건의 증진과 공중 도덕 보호라는 정당한 목적에 의하여 정당화된다고 항변하였지

Report No.6959/75(Jul.12 1977), p.100.

73) Andreas S. Voss, "The Right to Privacy and Assisted Reproductive Technologies," New York Law School Journal of Int'l & Comparative Law Vol.21(2001); Oliver Hallich, "Sperm Donation and the Right to Privacy," The New Bioethics Vol.23(2017).

74) 프랑스는 친생모가 원하는 경우 출산사실에 대한 익명성을 보장함으로써 친생모의 의사를 최대한 보장하는 규정을 민법 등에 두고 있다. 이에 익명출산으로 출생한 자녀가 프랑스의 익명출산에 관한 규정이 유럽인권협약 제8조(사생활 및 가족생활 보호) 및 제14조(차별금지)에 반한다는 이유로 소를 제기하였다. 유럽인권재판소는 프랑스 입법을 관용의 범위 안에서 합리적인 선택으로 볼 수 있다면서 해당 규정이 협약 위반에 해당하지 않는다고 판시한 바 있다. 친생모의 프라이버시권 보장을 우선시한 것으로 볼 수 있다. *Odievre v. France*, ECtHR Application No.42326/98(Feb.13 2003) 참조; 2009년 베이비박스가 최초로 설치된 이후 한국 사회에서도 영아 유기를 조장할 수 있다는 우려 속에 이에 대한 대안으로 보호출산에 관한 특별법안이 국회에서 발의된 바 있다. 「보호출산에 관한 특별법안」(의안번호 제5963호) 참조.

75) Nowak's CCPR Commentary(2019), p.474(para.29).

76) 상게서.

만, 위원회는 동성간 성행위의 형사처벌이 에이즈 확산을 방지하려는 목적에 맞는 합리적이거나 적절한 수단이 될 수 없다고 보았다. 공중도덕에 관한 문제는 전적으로 자국 내 사회적 합의에 의해 결정할 문제라는 주정부의 주장도 배척되었다.[77]

2. 가정

세계인권선언 제12조, 유럽인권협약 제8조 그리고 미주인권협약 제11조 공히 프라이버시권과 관련해 가정의 보호를 명시적으로 언급하고 있지만, 사실 규약 초안 성안과정을 보면, 처음에는 가정이 빠져 있었다.[78] 이후 세계인권선언 제12조를 인용하며 가정을 삽입하자는 제안이 1960년 UN 총회 제3위원회에서 만장일치로 채택되면서 현재의 제17조 문안이 완성되었다.[79]

가정은 제23조에서 규정하듯 "사회의 자연적이고 기초적인 단위"(natural and fundamental group unit of society)이다. 다만 제17조에 가정이 포함된 이유는, 제23조가 보호하는 가정이라는 제도 그 자체가 아닌, 가족 구성원 개개인의 프라이버시를 불법적이거나 자의적인 간섭으로부터 특별히 보호하기 위함에 있다.[80] 따라서 위원회는 규약의 목적에 비추어 볼 때 제17조상 가정이라는 용어는 관련 당사국 사회에서 이해되는 모든 형태의 가정을 포함하도록 광범위하게 해석되어야 한다고 보았다.[81] 문화적 전통도 구체적 상황에서는 가정의

---

77) *Toonen v. Australia*, Communication No.488/1992(1994), paras.8.1.-8.7. 특이하게도 이 사건의 경우, 당사국인 오스트렐리아 연방정부는 태즈매니아 주 정부와 반대되는 입장에 서서 통보자의 주장을 지지하였다. 당시 태즈매니아를 제외한 오스트렐리아 5개 주에서는 동성간 성행위를 처벌하는 조항을 모두 폐기한 상태였다.
위원회는 당사국 국가심의 최종견해를 통해서도 성인 동성간의 동의에 의한 성관계를 범죄로 규정하는 법률이 존치하는 한 이는 규약 제17조에 위반된다는 입장을 수차례에 걸쳐 밝혔다.
Concluding Observation, Chile CCPR/C/79/Add.104(1999), para.20; Concluding Observations, Kuwait, CCPR/C/KWT/CO/3(2016), para.8; Concluding Observations, Malawi, CCPR/C/MWI/CO/1/Add.1(2014), para.10; Concluding Observations, Morocco, CCPR/C/MAR/CO/6(2016), para.13; Concluding Observations, Cameroon, CCPR/C/CMR/CO/4(2010), para.12; Concluding Observations, Burundi, CCPR/C/BDI/CO/2(2014), para.8; Concluding Observations, Jamaica, CCPR/C/JAM/CO/4 (2016), para.15; Concluding Observations, Togo, CCPR/C/TGO/CO/4(2011), para.14; Concluding Observations, Mauritania, CCPR/C/MRT/CO/1(2013), para.8; Concluding Observations, Ethiopia, CCPR/C/ETH/CO/1(2011), para.12.

78) A/4625(1960), para.37.

79) 상게서. 일부 문화권에서는 주거(home)가 가족의 거주공간만을 반드시 의미하지 않는다는 이유에서 가정이 추가되어야 한다는 제안이 지지되기도 하였다.

80) Nowak's CCPR Commentary(2019), p.476(para.30).

81) HRC General Comment No.16(1988), para.5; 위원회는 동성커플도 제17조상의 가정에 해당한다고 보

의미를 정함에 있어 고려할 요소가 된다.[82] 예를 들어 전통 아프리카 사회의 대가족은 서유럽의 부모, 직계자녀 중심의 가족개념보다 더 넓은 의미로 이해된다.[83] 그러나 서구국가에서도 제17조가 단지 결혼한 부모와 그들의 자식이라는 핵가족 체계만을 보호하는 정도의 의미에 머무르는 것은 아니다.[84] 제17조에서 보호하는 가족생활은 결혼, 입양에 기초한 법적인 의미의 가족에만 한정되는 것이 아니고, 이와 다른 사실상의 관계도 아우른다. 즉 제17조상의 가족생활로 보호할만한 관계가 존재하는지 여부를 결정함에 있어 공동생활 여부, 관계의 지속성, 함께 아이를 키우며 서로에 대한 헌신성을 증명할 수 있는지 여부 등이 종합적으로 고려되어야 한다.[85] 예를 들어 위원회는 *Aumeeruddy-Cziffra et al. v. Mauritius* 사건(1981)에서 자국인과 결혼한 외국인의 성(sex)에 따라 영주권 부여에 차별을 둔 이민법은 규약 제3조(남녀평등) 및 제26조(평등권의 보호)뿐만 아니라 제17조가 보호하는 가족생활을 자의적으로 간섭하는 조치에 해당한다고 판단하였다.[86] 그러나 *A. S. v Canada* 사건(1981)에서는 입양에 의하여 맺어진 모녀관계라 하더라도 2년만 같이 살았을 뿐 이후 17년간 서로 떨어져 지내 왔다면, 이 경우 제17조에 의해 보호되어야 할 가족관계는 없다고 보

았다. *Joslin et al. v. New Zealand*, Communication No.902/1999(2002), para.4.8.

82) *Hopu and Bessert v. France* 사건(1997)에서 프랑스정부는 매장된 조상의 유골을 가정의 범위에 포함하여 판단하는 것은 과도하게 범위를 확장한 해석이라는 항변하였지만, 위원회는 타이티 원주민의 경우 조상과의 관계가 개개인의 정체성을 이루는 중요한 요소로 이러한 문화적 전통을 고려하여 가정의 범위를 판단해야 한다고 보았다. *Hopu and Bessert v. France*, Communication No.549/1993(1997), paras.5.10., 10.3.

83) Nowak's CCPR Commentary(2019), p.476(para.31).

84) 통보인이 배우자 또는 직계자녀가 없기에 보호해야 할 가정이 없다는 캐나다 정부의 항변에 대해, 위원회는 과거 통보인과 함께 난민지위를 받았던 친척들은 제17조상의 가정에 해당한다고 보았다. *Jama Warsame v. Canada*, Communication No.1959/2010(2011), paras.8.7.-8.8. ; 위원회는 통보인과 혼인하지 않은 파트너 사이에 낳은 자식간에도 제17조가 보호하는 가족관계가 존재한다고 판단하였다. *M.G.C. v. Australia*, Communication No.1875/2009(2015), para.11.8.

85) *I.M.Y. v. Denmark* 사건(2016)에서 위원회는 통보인이 자신의 부모 및 형제와 10년간 강한 유대(strong ties)를 가졌음을 보여주는 충분한 정보를 제시하지 못하는 한, 이들의 관계는 제17조가 보호하는 가정에 해당하지 않는다고 판단하였다. *I.M.Y. v. Denmark*, Communication No.2559/2015(2016), para.7.8.; *Natalya Tcholatch v. Canada* 사건(2007)에서 통보인은 자신의 딸과 출생후 4년간 같이 살았지만, 이후 딸은 입양되었다. 통보인은 이후에도 딸과 몇년간 접촉을 하였는데, 이 경우 두 사람간의 관계는 제17조가 보호하는 가정에 해당한다고 보았다. *Natalya Tcholatch v. Canada*, Communication No.1052/2002(2007), para.8.2.

86) 1977년 새로 제정된 이민 및 추방에 관한 법률은 모리셔스인 아내와 혼인한 외국 국적 남편이 거주허가를 받은 경우에만 배우자와 함께 모리셔스에 거주할 수 있게 하였다. 이에 위원회는 해당 법률이 외국국적 남편이 향후 추방될 가능성을 상존하게 함으로써 현 주거 상황에 불안정을 초래한다는 이유로 제17조상의 자의적인 간섭에 해당한다고 판단하였다. *Aumeeruddy-Cziffra et al v. Mauritius*, Communication No.35/1978(1981), para.9.2(b)2(i)2.

았다.[87]

가. 이주와 가족분리

제17조상의 가정과 관련해 위원회는 주로 외국인의 입국, 거주허가 혹은 추방과 관련된 쟁점들을 판단해 왔다.[88] 규약은 당사국 영토 내의 외국인의 입국 및 거주에 관한 권리를 인정하고 있지 않다. 하지만 위원회는 일반논평 제15호를 통해 비차별, 비인도적 처우금지 및 가정생활에 대한 존중과 같은 문제가 대두될 경우에는 외국인의 입국과 거주에 관련된 사항일지라도 규약상의 보호를 향유할 수 있다고 본다.[89]

외국인 추방이 제17조가 보호하는 가정생활 및 프라이버시권을 침해했는지 여부를 판단하기 위해서는 여러 요소를 검토해야 하는데 공히 비례성의 원칙이 적용된다. 즉 가족 일부 구성원이 당사국에 거주할 권리를 가지게 되었다고 해도 이러한 단순한 사실만으로는 다른 구성원의 추방 조치를 반드시 자의적 간섭으로 보아야 할 것은 아니다.[90] 당사국이 추방하려는 이유와 추방에 의해 남은 가족 구성원이 겪을 어려움을 함께 고려해 객관적으로 판단해야 한다.[91]

초기 개인통보 사건에서 위원회는 당사국에게 자국 이민법에 따른 추방조치가 통보자 가정의 화합을 유지하는데 장애가 되는 자의적인 간섭이 아님을 증명할 특별한 상황이나 예외적 요인이 있음을 밝히도록 요구하였다.[92] 그러나 이러한 위원회의 결정에 대한 반대의견이 이후 여러 개인통보사건에서 제기되었다.[93] 반대 위원들은 가정생활의 존중과 보호를 강조하는 유럽인권협약 제8조와 달리 규약 제17조는 가정에 대한 불법적인 또는 자의적인 간섭의 금지를 규정하고 있기 때문에 유럽인권재판소의 심사기준이 그대로 위원회에 적용될 수 없다고 주장한다.[94] 즉 추방으로 인한 가정생활의 변화가 곧바로 통보자 가정의 화

---

87) *A. S. v Canada*, Communication No.68/1980(1981), para.5.1.

88) Nowak's CCPR Commentary(2019), p.477(para.34).

89) HRC General Comment No.15(1986), para.5.

90) *A. B. v. Canada*, Communication No.2387/2014(2017), para.8.6. 원문은 다음과 같다. "the mere fact that certain members of the family are entitled to remain on the territory of a State party does not necessarily mean that requiring other members of the family to leave involves such interference."

91) *D. T. et al. v. Canada*, Communication No.2081/2011(2016), para.7.6.; *Madafferi et al. v. Australia*, Communication No.1011/2001(2004), para.9.8.

92) Nowak's CCPR Commentary(2019), pp.478-479(para.36).

93) *Winata et al. v. Australia*, Communication No.930/2000(2001); *Nystrom et al. v. Australia*, Communication No.1557/2007(2011); *Dauphin v. Canada*, Communication No.1792/2008(2009).

94) *Madafferi et al. v. Australia*, Communication No.1011/2001(2004), Wedgwood 위원의 개별의견 참조.

합을 깨는 것으로 기계적으로 결정하지 말아야 하며, 제17조에 반하는 가정에 대한 자의적인 간섭인지 여부는 비례성의 원칙에 따라 판단해야 한다.[95]

위원회는 외국인의 범죄행위를 이유로 이루어진 추방조치에 관한 개인통보 사건에서 이러한 쟁점을 지속적으로 다루었다. *Stewart v. Canada* 사건(1996)과 *Canepa v. Canada* 사건(1997) 통보인은 어린 시절 캐나다로 이주하였으나 사정이 있어 귀화하지 않은 채 외국국적을 유지하였다. 이후 계속된 범죄행위로 인해 결국 추방조치가 취해진 사건이다. 위원회는 설사 통보인이 자신의 국적국과 사실상 유대가 없고, 캐나다에서 인생 대부분을 살고 가족관계를 형성해 왔다고 할지라도 심각한 범죄전과에 기반한 캐나다 정부의 추방조치는 제17조에 반하지 않는 정당한 간섭이라고 판단하였다.[96] 앞서 살펴 보았듯이 기본적으로는 제17조에 따라 통보인의 가정생활이 보호받아야 하지만, 해당 사안과 같은 경우에는 미래의 심각한 범죄행위를 방지하고 대중을 보호할 공익이 더 크다는 이유에서 였다. 같은 취지로 *A. B. v. Canada* 사건(2017)에서도 위원회는 통보인에 대한 추방조치를 용인하였다.[97]

반대로 *Nystrom et al. v. Australia* 사건(2011)에서 통보인은 10세 이후로 아동강간, 방화, 재물손괴, 무장강도, 절도, 마약소지 등 심각한 범죄전과기록을 가지고 있었지만, 위원회는 당사국의 추방 조치가 제17조에 반한다고 판단하였다. 통보인이 모친 및 누이와 깊은 유대관계(수감기간 포함)를 가져왔기에 추방조치는 가정생활에 돌이킬 수 있는 결과를 낳는다고 보았기 때문이다. 비례성의 원칙을 적용하여 해당 사안에서는 가정생활 및 프라이버시권이 우선한다고 판단한 것이다.[98]

그 외에도 난민신청 결정 전에 남편을 아내 및 자녀와 분리조치를 취한 사건,[99] 심각한 질병에 걸린 자녀를 둔 통보인에게 즉각적인 추방조치를 취한 사건,[100] 국적국에서 20년 전에 저지른 범죄행위에 기반해 나쁜 평판을 이유로 추방한 사건[101] 타국에 망명한 남편과

---

95) *Winata et al. v. Australia*, Communication No.930/2000(2001), Bhagwati, Khalil, Kretzmer, Yalden 의원의 개별의견 참조.

96) *Stewart v. Canada*, Communication No.538/1993(1996), para.12.10.; *Canepa v. Canada*, Communication No.558/1993(1997), paras.11.4.-11.5.

97) *A. B. v. Canada*, Communication No.2387/2014(2017), paras.8.6.-8.11.

98) 위원회는 통보인의 비자 취소 결정이 내려진 시기에는 알코올중독에서 벗어나 취업을 하였다는 점 등도 고려하였다. *Nystrom et al. v. Australia*, Communication No.1557/2007(2011), paras.7.10.-7.11; 다음의 사건에서도 위원회는 가족관계를 돌이킬 수 없을 만큼 단절하게 만든다는 이유로 제17조 위반으로 결정하였다. *Warsame v. Canada*, Communication No.1959/2010(2011), paras.8.7.-8.10.

99) *Bakhtiyari et al. v. Australia*, Communication No.1069/2002(2003), para.9.6.

100) *D. T. et al. v. Canada*, Communication No.2081/2011(2016), paras.7.5.-7.11.

101) *Madafferi et al. v. Australia*, Communication No.1011/2001(2004), para.9.8.

부친을 만나려고 해도 여권이 압수되어 당사국을 떠날 수 없게 된 사건102)에서 위원회는 가정에 대한 자의적 간섭으로 제17조를 위반하였다고 결정하였다. 한편 국가안보를 이유로 추방조치를 취한 사건에서 위원회는 분명한 이유가 고지되고, 통보인이 이의를 제기할 수 있는 등 절차가 정당하게 이루어지지 않는 한 제17조에 반한다고 보았다.103)

나. 자녀양육권과 면접교섭권

부모 자식간에 정기적 접촉과 소통, 개인적 관계를 유지하는 것은 가정 생활 보호의 중요한 요소가 된다. 따라서 친권의 상실과 관련된 문제, 부모의 이혼 시 양육권 없는 부모의 면접교섭권 문제 등은 가정과 관련해 주요 쟁점으로 등장할 수 있다.104) 이 경우 당사국은 규약 제23조 제4항에 따라 혼인해소의 경우 자녀에 대한 필요한 보호조치를 취해야 할 뿐만 아니라, 제17조에 의거 가정생활을 보호해야할 적극적인 의무가 있다.

자녀양육권과 면접교섭권에 대한 판단은 부모 자식간에 개인적 관계를 유지할 수 있는지 여부 및 아동 최선의 이익(best interests of the child)에 기반하여 객관적으로 이루어져야 한다.105) 예를 들어 L. P. v. Czech Republic 사건(2002)에서 위원회는 체코 정부가 통보자와 통보자 아들의 정기적인 접촉을 보장하도록 한 체코 법원의 판결을 집행하지 않은 것은 통보자 및 통보자 아들의 가정생활에 대한 침해라고 결정하였다.106) Fei v. Colombia 사건 (1995)에서는 통보인의 면접교섭권이 전 배우자의 반대로 인해 실행되지 못했음에도 불구하고, 이를 실현할 조치가 당사국에 의해 취해지지 않고 과도하게 지연된 경우 제17조 위반에 해당한다고 보았다.107) Tcholatch et al. v. Canada 사건(2007)에서 위원회는, 모친에 의해 학대받은 4세 딸을 수용시설에 보낸 조치는 적법하게 이루어졌더라도, 이후 사법기관의 감독 없이 해당 단체가 자의적으로 매우 제한적인 조건하에서만 통보인이 자녀를 접촉할 수 있도록 한 것은 자의적 간섭으로 제17조 위반이라고 결정하였다.108)

---

102) *El Dernawi et al. v. Libya*, Communication No.1143/2002(2007), para.6.3.

103) *Leghaei et al. v. Australia*, Communication No.1937/2010(2015), para.10.5.; *Al-Gertani v. Bosnia and Herzegovina*, Communication No.1955/2010(2013), para.10.9.

104) Nowak's CCPR Commentary(2019), p.482(para.41).

105) *Zoltowski et al. v. Australia*, Communication No.2279/2013(2015), para.7.3.

106) *L. P. v Czech Republic*, Communication No.946/2000(2002), para.7.3.

107) *Fei v. Colombia*, Communication No.514/1992(1995), paras.8.8., 8.10.

108) *Tcholatch et al. v. Canada*, Communication No.1052/2002(2007), paras.8.3., 8.6.

다. 기타

그 외 제17조가 보호하는 가정에 대한 불법적 또는 자의적 간섭은 이혼금지 조치를 통해서도 발생할 수 있다. 즉 지나치게 엄격한 이혼 요건으로 인하여 이미 붕괴된 결혼생활을 청산하고 새로운 법적인 가족관계를 형성하는 것이 방해된다면 이는 제17조에 반할 수 있다.[109] 수형자의 경우 가족 접견을 과도하게 제한하는 조치는 자의적 간섭이 될 수 있다. 같은 맥락에서 UN 피구금자에 관한 최저기준규칙(UN Standard Minimum Ruls for the Treatment of Prisoners, 소위 넬슨 만델라 규칙)도 제43조 제3항에서 규율위반에 대한 처벌 또는 제한적 조치로 가족과의 연락을 금지해서는 안되며 오직 보안 및 질서 유지에 필요한 경우에 한해 제한될 수 있다고 규정하고 있다. 더 나아가 위원회는 불치병에 걸려 수형자의 건강이 악화되는 와중에도 이러한 사실을 가족에게 알리지 않았다면 이는 가정 생활에 대한 자의적 간섭으로 제17조 위반에 해당한다고 보았다.[110]

3. 주거

주거는 프라이버시권의 가장 고전적인 보호 영역이다. 공적 생활에서 분리된 개인 공간에서 자신의 필요와 욕구에 부응하는 방법으로 자기실현을 추구할 수 있는 최소한의 보루로 여겨져 왔기 때문이다.[111] 주거(home)라는 단어는 친밀함, 은신처, 안전함과 같은 다양한 감정들을 포함하는 의미로 사용된다. 이와 같이 한 인간이 방해의 위협으로부터 벗어나 사생활을 보존하고 가정적인 평화와 조화, 따뜻함을 발전시키고 즐길 수 있는 물리적 공간을 의미한다.[112]

제17조에 의해 보호되는 주거는 진정한 의미의 주거(dwelling) 즉 살림용도로 지어진 개인 소유의 공간에 국한되는지, 아니면 법적 권원(소유권, 임대권 등) 또는 사용유형(본가, 주말 농장, 별장 등)에 상관없이 모든 형태의 집을 포함하는지 문제가 된다. 또한 영업 활동을 영위하는 공간이 보호되는지 여부도 논쟁이 있다.[113] 협의의 해석을 선호하는 입장에서는 주

---

109) Nowak's CCPR Commentary(2019), p.484(para.44).

110) *Morales Tornel v. Spain*, Communication No.1473/2006(2009), para.7.4.

111) Nowak's CCPR Commentary(2019), p.484(para.45).

112) 상게서, p.485(para.45).

113) 유럽사법재판소는 유럽인권협약 제8조는 사업용 부지에 적용되지 않는 다고 본 반면, 유럽인권재판소는 상업적 활동을 영위하는 공간과 그렇지 않은 공간을 명확히 구분하기 용이하지 않은 경우도 있다는 이유로 보다 유연한 입장을 취하고 있다. *Niemietz v. Germany*, ECtHR Application No.1371/88 (1992). 상게서에서 재인용.

거라는 단어에 대한 문언적 해석과 이 권리를 보호하게 된 역사적인 맥락에 비추어볼 때 생활공간만 포함된다고 주장한다.[114] 그러나 광의의 해석을 선호하는 입장에서는 규약의 목적에 비추어볼 때 포괄적인 보호를 제공할 필요가 있다는 점과 제17조의 주거라는 용어의 의미에 대해 규약 초안 논의과정에서도 세부적으로 설명 내지 언급이 없었다는 점을 근거로 든다.[115] 위원회는 일반논평 제16호를 통해 동 규약의 제17조에서 사용된 주거(영어로 "home", 아랍어의 "manzel", 중국어의 "zhuzhai", 불어의 "domicile", 러시아어의 "zhilische", 그리고 스페인어의 "domicilio")는 인간이 거주하거나 일상적인 생활을 꾸려 나가는 장소를 나타내는 것으로 이해되어야 한다고 보았다.[116] 즉 광의의 해석을 취하고 있는 것으로 보인다. 따라서 캠핑카나 트레일러, 주거용 보트 또한 제17조의 보호영역에 포함될 수 있다.

개인의 동의 없는 주거 침입은 제17조상의 간섭에 해당한다. 전자감시 장치, 도청 장치, 몰래카메라에 의한 촬영 및 강압에 의하거나 은밀하게 이루어지는 가택침입이 모두 포함된다. 유럽인권재판소는 환경에 의한 극심한 방해(예를 들어 소음, 악취, 빛공해 등)도 주거에 대한 간섭이 될 수 있다고 판시하고 있다.[117] 그러나 적법하고 동시에 자의적이지 않은 간섭은 허용된다. 대표적인 예가 형사절차상의 가택 수색이다.[118] 제17조가 유럽인권협약 제8조와 같은 명백한 단서조항을 두고 있지 않지만, 위원회는 적법하고 자의적이지 않은 가택 수색이 되려면 재판에 필요한 증거 수집에 한정하여, 법으로 명백히 권한이 부여된 국가기관(주로 법원)에 의해 이루어져야 한다는 입장을 취하고 있다.[119] 또한 그 과정에 있어서 비

---

114) 상게서, p.485(para.46).
115) Fernando Volio, "Legal Personality, Privacy and the Family," in Louis Henkin ed., *The International Bill of Rights: The Covenant on Civil and Political Rights* (Columbia University Press, 1981), p.196.
116) HRC General Comment No.16(1988), para.5. 같은 맥락에서 위원회는 당사국이 가정과 주거의 용어가 자국 내에서 가지는 의미를 국가보고서에 제시하도록 권장하고 있다.
117) 유럽인권재판소는 거주지 인근에 쓰레기 처리장을 둔 결과 그 곳에서 발산되는 연기, 소음과 악취로 인하여 심각한 건강상의 위해를 초래하였다면 이는 유럽인권협약 제8조상의 프라이버시권을 침해한 것이라 판시하였다. 피해자의 가정과 사생활이 존중받을 권리와 공익 사이에 적절한 균형이 이루어지지 않았다고 본 것이다. *López Ostra v. Spain*, ECtHR Application No.16798/90(1994); 영국 런던 히드로 공항에 야간 비행을 허용하는 것이 인근 주민의 편안하게 잠들 수 있는 권리를 침해하는지 여부가 문제된 사안에서 유럽인권재판소는 프라이버시권이 이러한 권리를 포함한다는데 동의하였지만 그럼에도 불구하고 야간비행이 제8조 제2항 상의 국가의 경제적 복리라는 목적으로 정당화될 수 있기 때문에 유럽인권협약 제8조를 위반하였다고 볼 수 없다고 판시하였다. *Hatton and others v. United Kingdom*, ECtHR Application No.36022/97(2003).
118) Nowak's CCPR Commentary(2019), p.486(para.48).
119) HRC General Comment No.16(1988), para.8. 우리 헌법에서는 이러한 원칙이 영장주의의 원칙으로 표현된다.

례성의 원칙이 지켜져야 한다.[120] 한편 재난상황(예를 들어 화재, 홍수, 지진 등) 발생시에는 사적인 주거에 들어가는 것이 허용될 수 있다.[121]

반대로 주거공간으로부터의 퇴거명령 역시 자의적인 간섭이 될 수 있다. 퇴거절차가 제대로 지켜지지 않았으며, 동시에 주거 내 개인소유물을 훼손하고 국내법에 규정된 대체숙소를 제공하지 않은 채 통보인을 퇴거시킨 사건에서 위원회는 당사국이 제17조를 위반하였다고 보았다.[122] 2010년 지진으로 인해 집을 잃은 아이티 주민들을 거주하던 난민캠프로부터 강제로 퇴거시킨 아이티 정부의 조치에 대해 위원회는 제17조 위반행위에 해당한다며 우려를 표명한 바도 있다.[123]

Naidenova et al. v. Bulgaria 사건(2012)에서 위원회는 법적 소유권은 없었지만 해당 거주지(시유지)에서 70년 넘게 정부당국의 묵인하에 살아온 통보인에 대한 강제퇴거 조치는 제17조에 반하는 자의적 간섭에 해당한다고 결정하였다. 당사국은 법적 소유권을 근거로 퇴거가 적법하다고 항변하였지만 그외 긴급히 강제퇴거 조치를 취한 다른 정당한 이유를 제시하지 못하였다. 그에 반해 통보인은 거주 지역에서 오랜 시간 공동체 생활을 영위해 오면서 거주지와 강한 유대관계를 형성해 왔기 때문에, 설사 무제한적으로 통보인이 해당 지역에서 거주할 수는 없겠지만 적어도 통보인을 위한 시유지 내 대체거주지에 대한 고려는 있어야 했다고 본 것이다.[124]

그 외에도 거주지에 대한 단전 및 단수 행위,[125] 경찰의 전화협박 및 주거지 강제방문,[126] 그리고 난민신청자의 본국의 잔류한 가족에 대한 거주지 밀착감시[127] 등에 관한 사안에서 위원회는 공히 제17조가 보호하는 주거의 불법적 또는 자의적 간섭에 해당한다고 판단하였다.

---

120) *Rojas Garcic et al. v. Colombia*, Communication No.687/1996(2001), paras.2.1., 10.3.

121) Nowak's CCPR Commentary(2019), p.486(para.48).

122) *Gatilov v. Russia*, Communication No.2171/2012(2017), paras.9.3.-9.4.; *Chiti et al. v. Zambia*, Communication No.1303/2004(2012), para.12.8.

123) Concluding Observation, Haiti, CCPR/C/HTI/CO/1(2014), para.18. 같은 맥락에서 위원회는 도시개발프로젝트의 일환으로 대규모 주택철거 또는 강제퇴거조치를 취한 당사국에게 반대입장을 취하였다. Concluding Observation, Turkmenistan, CCPR/C/TKM/CO/2(2017), paras.34-35; Concluding Observation, Mongolia, CCPR/C/MNG/CO/6(2017), paras.35-36.

124) *Naidenova et al. v. Bulgaria*, Communication No.2073/2011(2012), paras.14.5.-14.6.

125) *El Hojouj Jum'a et al. v. Libya*, Communication No.1958/2000(2014), para.6.7.

126) *Fernando et al. v. Sri Lanka*, Communication No.1862/2009(2011), para.7.6.

127) *Tshidika v. Democratic Republic of the Congo*, Communication No.2214/2012(2015), para.6.7.

4. 통신

통신이라는 단어는 제17조가 성안될 당시만 하여도 주로 서신에 의한 의사소통을 의미하였다. 그러나 오늘날 이 용어는 이메일, 소셜미디어, 문자메세지, 기타 기계 장치 및 전자통신 수단에 의한 원거리 의사소통의 모든 형태를 포괄한다.[128] 또한 규약 초안 성안 당시에는 우편이 주된 통신수단으로 국가기관에 의해 관리되었던 반면, 현대에는 전자통신이 시장 지배적 매체로 부상하면서 국가보다 사기업(예를 들어 이동통신 및 인터넷망 서비스업체)의 역할이 더 커지게 되었다. 따라서 규약상 권리보호 책임도 개인과 국가간 수직적 관계에서 수평적 관계로 변화되었고, 오늘날 국가의 역할은 주로 개인통신사업자를 규율하는데 있다.[129]

통신의 보호는 본질적으로 그 비밀성에 기초한다. 즉 통신의 완전성과 비밀성은 법적 및 사실상으로 모두 보장되어야 한다.[130] 서신은 중간에 전달이 차단되어서는 안 되며, 타인이 미리 개봉하거나 읽지 않은 상태 그대로 수신인에게 전달되어야 한다. 전자 감시, 전화나 전보 및 그 외의 형태의 통신에 대한 차단, 도청과 대화의 녹음도 금지된다. 물론 통신의 자유가 절대적인 자유는 아니므로 일정한 목적에 의하여 간섭이 허용되어야 할 경우가 있지만, 이 경우에도 법률에 의하여 그 근거가 마련되어 있어야 한다.[131]

또한 감시행위는 영장 등을 통한 사법부의 승인이 반드시 필요하며 동시에 정부는 감시 감청에 대한 효과적이고 독립적인 감독 시스템을 갖추어야 한다.[132] 사기업에 의해 운용되는 전자통신의 경우에도 제17조 제2항에 기반하여 당사국은 자의적 간섭을 방지할 통신보호법을 마련하여야 한다. 특히 열악한 사이버보안체제는 심각한 프라이버시권 침해로 이어질 수 있다. 더 나아가 새로운 디지털 기술의 발전 변화는 인구 전체에 대한 무차별적 모니터링을 용이하게 하고, 이는 불법적이거나 자의적인 대중감시로 연결된다.[133] 공공목적 하

---

128) Nowak's CCPR Commentary(2019), p.489(para.53).

129) 상계서.

130) HRC General Comment No.16(1988), para.8.

131) Concluding Observations, Turkmenistan, CCPR/C/TKM/CO/2(2017), paras.36-37; Concluding Observations, HongKong Special Administrative Region(China), CCPR/C/HKG/CO/2(2006), para.12.

132) Concluding Observations, Namibia, CCPR/C/NAM/CO/2(2016), paras.37-38; Concluding Observations, Sweden, CCPR/C/SWE/CO/7(2016), paras.36-37; Concluding Observations, Poland, CCPR/C/POL/CO/7(2016), paras.39-40; Concluding Observations, Honduras, CCPR/C/HND/CO/2 (2017), para.39.

133) UN Special Rapporteur on the Right to Privacy, *Report on Governmental surveillance and privacy in the digital age*, A/HRC/34/60(2017); Concluding Observations, Norway, CCPR/C/NOR/CO/7 (2018), para.21.

에 시행되는 감시정책일지라도 적절한 인권보호장치가 없이는 사생활을 부당하게 간섭하는 행위가 될 수 있다.[134]

통신의 자유와 관련하여 수형자의 권리도 중요하게 다루어진다.[135] 수형자도 일반인과 마찬가지의 통신의 자유를 누리며, 다만 수형 생활에 있어서 요구되는 통상적인 그리고 합리적인 제한만을 받게 된다. 이는 UN 피구금자처우에 관한 최저기준규칙에 의해서도 보장된다.[136] *Pinkney v. Canada* 사건(1980)에서 위원회는 수형자의 통신의 자유를 제한하는 법률은 법을 적용하는 공무원의 자의성이 통제될 수 있도록 충분히 구체적일 필요가 있다고 보았다.[137] *Angel Estrella v. Uruguay* 사건(1983)에서 위원회는 수형자가 필요성 및 비례성의 원칙에 맞는 감독 하에 가족과 지인들로부터 정기적으로 방문을 받고, 편지를 교환할 수 있는 권리가 있다고 판단하였다.[138]

---

134) *Van Hulst v. the Netherlands*, Communication No.903/1999(2004), para.7.6. 위원회는 범죄예방을 위한 공익적 목적이 있더라도 변호사와 의뢰인간의 전화도청은 사생활의 간섭이 될 수 있기 때문에 비례성 및 필요성의 원칙을 지켜야 한다고 보았다. 다만 해당 사안에서 정부의 조치는 정당하다고 판단하였다.

135) Nowak's CCPR Commentary(2019), p.491(para.56).

136) *Amanklychev v. Turkmenistan*, Communication No.2078/2011(2016), para.7.5.; *Khadzhiev v. Turkmenistan*, Communication No.2079/2011(2015), para.8.8.; UN 피구금처우에 관한 최저기준규칙 상의 관련 조항은 다음과 같다: 규칙 제37조(피구금자는 필요한 감독 하에 일정기간마다 가족 또는 신뢰할만한 친구와의 통신 및 접견이 허용되어야 한다), 규칙 제92조(미결수용자는 구금 사실을 즉시 가족에게 알리도록 허용되어야 하고, 가족 및 친구와 통신하고 이들의 방문을 받기 위하여 필요한 편의가 전부 제공되어야 하는데 이에 대한 제한과 감시는 오직 재판과 시설의 안전질서를 위하여 필요한 경우에 한한다.)

137) *Pinkney v. Canada*, HRC Communication No.27/1978(1980), paras.31-34. 당시 캐나다의 행형법은 "수형자가 변호인 아닌 자와 주고받는 모든 편지는 교도소장이나 그로부터 권한을 위임받은 공무원에 의해 열람되어야 하며, 그 내용에 이의가 있거나 과도하게 장문인 경우에는, 열람권자의 재량 하에 편지의 전부 또는 일부를 차단하거나 삭제할 수 있다"고 규정하였다. 이에 대해 위원회는 이와 같이 매우 일반적인 용어들로만 구성된 법조항은 자의적인 법적용을 막을 수 있는 충분한 법적인 보호 장치를 제공하기에 미흡한 것이라는 의견을 밝혔다. 제17조는 불법적이고 자의적인 간섭을 금지하고 있을 뿐만 아니라, 제2항에서 국가로 하여금 그러한 침해를 막기 위한 법적 보호 장치를 둘 적극적 의무까지도 두고 있기 때문이다.

138) *Estrella v Uruguay*, HRC Communication No.74/1990(1983), paras.1.13., 9.2., 10. 반정부 활동을 해왔던 통보인은 경찰에 비밀리에 납치되어 고문을 당했고, 열악한 조건의 감옥에 장기 구금되었다. 또한 수감 중 변호사 등 외부 사람에게 편지를 쓸 수 없었으며, 통보인이 쓴 편지는 검열되어 일부 문장이 자의적으로 삭제되거나 발송자체가 거부되기도 하였다. 수감기간 중 도착했을 수백 통의 편지 중 그가 받아본 것은 단지 35통이었으며, 7개월 동안 단 한 통도 받지 못한 적이 있었다. 위원회는 교도 당국이 수형자의 통신에 대해 통제하고 검열할 수 있지만, 그것은 자의적인 통제권 행사를 제어할 수 있는 만큼의 충분한 법적 장치가 존재할 경우에만 허용된다고 보았다.

5. 명예와 평판[139)]

유럽인권협약 제8조와 달리 세계인권선언 제11조 및 이를 반영한 규약 제17조는 명예와 평판을 보호한다. 그러나 사생활, 가정, 주거와 통신의 경우에 비해 명예와 평판은 상대적으로 보호를 덜 받는다.

먼저 명예와 평판에 대한 공격이란 모든 종류의 간섭을 포괄할 수 있는 것이 아니고, 특정 강도 이상의 간섭만을 의미한다. 제17조 성안 과정에서 다수의 당사국은 개인의 명예나 평판에 영향을 미치는 것이라 하더라도 그것이 공정한 견해이거나 진실에 기초한 진술이라면 공격으로 간주되어서는 안 된다고 강조했다.[140)] 또한 공격은 타인의 명예나 평판에 대한 고의적인 훼손만을 의미한다.[141)]

명예와 평판의 경우 불법적인 공격만이 금지되고, 자의적인 공격은 금지되지 않는다. 초안 성안과정의 준비문서에는 자의적인이라는 용어를 별도로 삽입해야 한다는 제안은 찾아볼 수 없다. 이는 편집상의 실수라거나 부당한 생략이라기 보다도 표현의 자유를 두텁게 보호하려는 의도가 반영된 것으로 볼 수 있다.[142)]

다시 말해 제17조가 보호하는 명예와 평판에 대한 불법적이고 고의적으로 행해진 거짓 진술에 기초한 공격만이 금지된다고 볼 수 있다.[143)] 그리고 당사국은 제17조 제2항에 따라 국내 법률을 통해 허위 주장에 의한 명예, 평판의 공격으로부터 개인을 보호할 적극적 의무가 있다.

이와 같이 제17조는 명예와 평판에 대한 불법적인 공격을 금지한다. 이 때 명예와 평판,

---

139) 언급한 바와 같이 제17조 제1항 'reputation'은 개인이 사회적으로 얻고 있는 객관적인 평가 일반을 의미하기 때문에 통상 국내법에서 주로 금융거래 등 상거래에서 상대방의 경제적인 지급 능력 및 지급 의사에 대한 신뢰를 의미하는 '신용'보다는 이번 정정본으로 통해 변경된 '평판'으로 번역함이 더 적절해 보인다.

140) A/2929(1955), Ch.VI., para.103.

141) Nowak's CCPR Commentary(2019), p.492(para.58).

142) 상게서, p.492(para.59).

143) 여기서 불법적이란 당사국 국내법 조항 또는 적용가능한 국제법의 위반을 의미한다. 상게서, p.493(para.60) ; 관련하여 위원회는 사실적시 명예훼손죄를 입법한 당사국에 대해 이를 폐지할 것을 지속적으로 권고해 오고 있다. 대한민국의 제4차 국가보고서에 대한 최종견해에서도 위원회는 한국에서 사실을 적시한 경우에도 공공의 이익에 관한 경우를 제외하고는 형사적으로 기소가 될 수 있다는 점에 대해 우려를 표하면서, 명예훼손의 비범죄화를 고려하고, 진실에 근거한 항변에는 더 이상의 요건이 부과되지 않도록 해야 한다고 권고하였다. Concluding Observations on Republic of Korea, CCPR/C/KOR/CO/4(2015), para.46; CCPR/C/KOR/5(2021), paras.175-176. 보다 상세한 내용은 제19조(표현의 자유)에 대한 주석을 참조한다.

양 용어는 일부 중복되어 쓰이기도 하지만 분명히 의미하는 바가 다르다. 명예(honour)가 자기 자신에 대한 주관적 평가에 좀 더 가깝다면, 평판(reputation)은 타인에 의한 평가를 의미하기 때문이다.[144] 제17조 초안성안 과정에서도 몇몇 당사국은 평판이 명예보다 좀 더 넓은 의미로 쓰이기 때문에 명예라는 용어는 불필요하다고 보았다. 그러나 양자는 언급한 바와 같이 엄연히 다른 개념이기 때문에 두 용어 모두 규약에 반영되어야 한다는 입장이 최종적으로 받아들여졌다.[145]

한 사람의 명예에 대한 공격은 그 사람의 자긍심을 훼손하는 것으로 평판에 대한 공격보다 존엄성, 완전성, 프라이버시를 더 심각하게 침해할 수 있다.[146] 같은 맥락에서 명예에 대한 공격은 항상 그 사람의 품성(moral character)에 대한 판단을 포함하는 반면, 평판은 직업적 실패에 대한 단순한 혐의를 제기함으로써 침해될 수 있다. 또한 평판은 공연성 있는 공격에 의해서만 침해되지만, 명예는 대면 및 다른 사람이 없는 상황에서도 치욕스러운 대우를 받았을 때 침해될 수 있다.[147]

명예에 대한 격렬한 공격은 제17조뿐만 아니라 제7조상의 굴욕적인 취급에도 해당할 수 있으며, 수형자의 경우 제10조의 존엄성을 존중받을 권리도 침해하는 것이 된다.[148] 정부의 비리를 폭로한 내부고발자가 오히려 부당하게 수감되고, 이후에도 보복이 두려워 오랜 시간 실직 상태로 있어야만 했던 사건에서 위원회는 통보인의 명예와 평판이 불법적인 공격으로부터 보호되지 못하였고, 당사국의 조치는 제17조 위반에 해당한다고 판단하였다.[149]

반정부인사를 체포하여 강제로 정신감정을 받게 하고, 의료기록을 조작하여 정신장애에 시달리고 있다는 허위진단서를 만들며, 더 나아가 언론에 이를 유포한 사안에서 위원회는 정부의 조치를 제17조가 보장하는 통보자의 명예와 평판에 대한 불법적인 공격으로 보았다.[150] 과거 전과기록조차 없었던 통보인이 자국 정부에 의해 UN 안전보장이사회 결의에 따른 테러리스트 제재명단에 기재된 사안에서 위원회는 설사 당사국 정부가 이후 제재명단에서 통보인의 이름을 삭제할 권한이 없더라도 애초에 기재되도록 한 책임이 있으며, 이는

---

144) 상게서, p.493(para.61).
145) A/4625(1960), para.38.
146) Nowak's CCPR Commentary(2019), p.493(para.61).
147) 이러한 구분은 우리 국내법상 명예훼손에서의 '명예' 개념에는 부합하지 않는 측면이 있다. 특히 형법상 명예훼손죄는 명예를 객관적인 사회적 평판을 의미하는 것으로 보며, 공연성을 구성요건으로 두고 있기 때문이다.
148) 상게서.
149) *Kerrouche v. Algeria*, Communication No.2128/2012(2016), para.8.6.
150) *Birindwa et al. v. Zaire*, Communication No.241/1987(1989), para.13.

통보인의 명예와 평판에 대한 불법적인 공격에 해당한다고 보았다.[151]

Ⅳ. 한국의 실행

1. UN 인권메커니즘과 프라이버시권 관련 국내 이슈

지금까지 위원회는 총 다섯차례에 걸쳐 제출된 대한민국 국가보고서에 대한 최종견해에서 제17조와 관련한 내용은 다음과 같다. 먼저 제2차 국가보고서에 대한 최종견해에서 위원회는 광범위한 도청 및 수집된 정보의 오용 또는 남용에 대한 구제책이 존재하지 않은 문제에 대한 우려를 표명하였다. 제4차 국가보고서에 대한 최종견해에서는 군대 내 남성간 합의에 의한 성적 행위를 처벌하는 군형법 제92조의 6(추행) 조항 폐지 및 성소수자에 대한 차별적 조치를 시정할 것을 권고하였다. 또한 국회에 상정된 대테러법안 상의 사이버테러의 정의가 모호하여 감시, 감청행위 조치 등이 자의적으로 적용될 수 있다는 점에 우려를 표명하였다. 마지막으로 지난 2019년 위원회가 제출한 제5차 국가보고서 심의를 위한 쟁점목록을 보면 1) 군형법상 추행죄 폐지 문제, 2) 테러방지법에 따른 감청, 개인정보, 위치정보 수집 및 테러위험인물에 대한 정보수집과 프라이버시권 침해 문제, 3) 기지국 수사, 실시간 위치추적, 영장주의를 배제한 가입자 정보 요청 및 제공, 폭넓은 감청 허용 등 사인간 통신에 대한 정부의 감시 및 감청 문제 등이 주로 제기되었다.

한편 UN 인권이사회의 보편적정례검토의 경우 제1차 심의에서는 주민등록번호제도와 개인정보 수집 문제가, 제2차 심의에서는 개인정보보호법과 개인정보가 침해된 피해자에 대한 구제책 보장 문제가, 제3차 심의에서는 외국인 근로자에 대하 의무적 HIV 검사제도, 가정폭력과 부부간 성폭력 문제, 정보통신망법과 개인정보보호에 관한 문제가, 제4차 심의에서는 인공지능과 같은 빅데이터를 활용한 시스템과 개인정보보호 문제 등이 규약 제17조 프라이버시권과 관련해서 제기된 바 있다.

규약위원회에 제17조와 관련한 개인통보사건도 2013년 제출되어 2018년 최종 결정이 내려진 바 있다.[152] 외국인 교사에 대한 의무적 HIV 및 마약류 검사 정책과 관련한 사안으로, 위원회는 해당 조치가 규약 제2조 제1항 및 제26조에 보장된 차별받지 않을 권리를 침해했을 뿐만 아니라 제17조에도 반한다고 결정하였다. 검사결과를 정부가 공개하도록 요구한 점, 당사자의 사전 동의 없이 강제적으로 검사를 요구한 점, 그리고 검사 거부시 비자갱

---

151) *Sayadi et al. v. Belgium*, Communication No.1472/2006(2008), paras.10.12-10.13.
152) *Vandom v. the Republic of Korea*, Communication No.2273/2013(2018), paras.8.6., 8.9.

신이 거부되는 점 등을 종합적으로 볼 때 사생활에 대한 자의적이고 비합리적인 간섭에 해당한다고 보았다. 또한 객관적이고 정당한 목적 하에 정책을 적용했다는 정부의 항변에 대해서도, HIV 양성 판정을 근거로 한 입국, 체류, 거주에 대한 제한이 공중보건을 증진한다는 증거가 없으며 오히려 한국인 및 재외동포 교사에게는 동 정책을 적용하지 않음으로써 필요성과 비례성 원칙에도 반한다고 판단하였다.

2. 주요 사안

이하에서는 규약 제17조와 연계하여 고려해 볼 수 있는 한국의 실행을 주요 사안을 중심으로 간략하게 살펴본다.

가. 개인정보자기결정권

우리나라의 경우 전국민을 대상으로 주민등록번호제도가 시행되고 있으며 이는 기본적인 주민 관리부터 보건, 선거 등 다양한 행정영역에서 신속하고 손쉬운 신원 확인을 가능하게 하는 등 폭넓게 활용되어 왔다. 또한 인공지능, 빅데이터와 같은 첨단 디지털 신기술의 등장으로 종전과 비교도 되지 않을 정도로 대량의 정보를 신속하게 처리하면서 한국 경제사회는 근본적인 혁신과 변화의 시대를 맞이하고 있다.

이와 같이 신기술을 활용한 개인정보의 수집, 저장, 이용은 민간 및 공공 분야에서 다양한 사회적 경제적 이익을 창출하고 있지만, UN 인권이사회는 이미 오래 전부터 정보주체 본인의 의사에 기하지 않거나 명백한 공익적 필요에 근거하지 않는 무분별한 개인정보 수집과 이용, 수집된 개인정보를 정보주체가 인지한 범위를 넘어 제3자에게 제공, 개인정보의 분실, 유출 등과 같은 부정적 여파도 폭넓게 나타나는데 우려를 표해 왔다.[153]

헌법재판소는 "자신에 관한 정보가 언제 누구에게 어느 범위까지 알려지고 또 이용되도록 할 것인지를 그 정보주체가 스스로 결정할 수 있는 권리"를 개인정보자기결정권이라는 이름의 헌법상 열거되지 않은 기본권의 하나로 2005년부터 인정해 왔다.[154] 또한 개인정보에 대해서는 "개인의 신체, 신념, 사회적 지위, 신분 등과 같이 개인의 인격주체성을 특징짓

---

153) Possible impacts, opportunities and challenges of new and emerging digital technologies with regard to the promotion and protection of human rights, A/HRC/47/52(2021), paras.15-26.
154) 헌법재판소 2005. 5. 26. 99헌마513 결정; 같은 맥락에서 법무부는 최근 인격권과 인격권의 침해배제 및 예방청구권을 명시한 민법 개정안을 입법예고하였다. 개정안은 민법 제3조의2 1항을 신설해 인격권을 "사람의 생명, 신체, 건강, 자유, 명예, 사생활, 성명, 초상, 개인정보, 그 밖의 인격적 이익에 대한 권리"로 정의했다. 법무부 공고 제2022-86호(2022.4.5.) 참조.

는 사항으로서 그 개인의 동일성을 식별할 수 있게 하는 일체의 정보라고 할 수 있고, 반드시 개인의 내밀한 영역이나 사사(私事)의 영역에 속하는 정보에 국한되지 않고 공적 생활에서 형성되었거나 이미 공개된 개인정보까지 포함한다."고 결정하여 개인의 동일성을 식별할 수 있는 모든 개인정보는 개인정보자기결정권을 통하여 보호됨을 인정하였다.155) 개인정보자기결정권의 핵심은 자신에 관한 정보의 수집, 이용, 제공 등을 원칙적으로 정보주체의 의사에 따르도록 하는 것으로, 여기서 정보주체의 동의는 자유로운 결정에 기초해야 한다.156) 따라서 개인정보와 관련한 헌법적 보호는 개인정보 그 자체보다는 개인정보에 대한 자율적 통제에 초점을 둔 헌법에 규정된 사생활의 비밀에 근거하는 기본권으로 이해된다.

UN 인권최고대표사무소는 오늘날 정보통신 기술의 발달로 인해 정보주체의 동의가 형식적으로 이루어지고 이러한 사전동의에 기대어 오히려 개인정보의 오남용이 이루어질 위험성이 커지기에 실질적인 프라이버시권 보호를 위해 당사국이 법제도를 정비할 것을 요구한다.157) 즉 정보주체의 자율적 통제권을 위해 일차적으로 개인정보에 접근하여 그 저장 또는 처리현황을 파악할 수 있는 기회가 법적으로 보장되어야 하며, 동시에 부정확하거나 불완전한 개인정보에 대해 정보주체는 언제든지 정보 보유자에게 오류사항을 지적하고 정정을 요구할 수 있어야 한다. 개인정보가 수집 당시 예정된 기간을 경과하여 이용되거나 업무처리상 더이상 필요하지 않은 경우 혹은 본래의 목적 외의 용도로 처리되는 경우에는 언제든지 정보주체는 개인정보처리자에게 개인정보의 폐기를 청구할 수 있어야 한다.

이러한 내용들은 2011년 제정된 개인정보보호법158)을 통해 원칙적으로 보장되고 있지만, 여전히 관련 국내법은 정보주체 권리강화보다 주로 개인정보 활용에 방점을 두고 있다는 비판이 적지 않다.

나. 형사사법 절차에서의 사생활 보호

형사사법 절차는 범죄의 실체적 진실을 밝히기 위한 것으로 국가는 이를 위해 범죄와 관

---

155) 상게주.

156) 권건보, "개인정보보호의 헌법적 기초와 과제", 저스티스 제144호(2014), p.14; 전상현, "개인정보자기결정권의 헌법상 근거와 보호영역", 저스티스 제169호(2018).

157) Report on the right to privacy in the digital age, A/HRC/48/31(2021), para.59.

158) 2020년에는 개인정보의 오남용 및 유출 등을 감독할 감독기관을 개인정보보호위원회로 일원화한다는 취지로 개인정보보호법, 정보통신망법, 신용정보의 이용 및 보호 등에 관한 법률 등 소위 데이터3법이 동반개정되었다. 개정 과정에서 데이터 활용 활성화를 위한 가명정보 도입 범위 및 요건을 보다 명확히 하고 정보주체 권리를 보호하기 위한 안전조치를 강화할 필요가 있다는 의견이 있었으나 반영되지 않았다. 국가인권위원회, 개인정보보호법 등 '데이터3법' 국회 통과에 대한 국가인권위원장 성명 보도자료, (2020.1.15.) 참조.

련이 있을 것으로 추정되는 다양한 정보를 발견해 수집하고 분석한다. 수사기관의 입장에서는 정보가 바로 증거이며, 더 많은 정보가 유죄 입증의 가능성을 높여준다. 따라서 보다 강력한 수단을 동원하여 더 많은 정보를 수집, 이용하려고 한다. 그러나 정보주체의 입장에서는 반대로 가급적 자신의 사적 영역을 폭넓게 보호받고자 하기 때문에 국가의 형사사법 작용과 사생활의 비밀 혹은 통신의 비밀처리는 본질적으로 밀접한 관계를 지닌다. 이에 범죄혐의자의 정보를 탐지하는 활동인 압수 및 수색은 헌법 제12조에서 명시하는 바 법률의 근거가 있는 경우에만 가능하며 나아가 적법절차의 원칙과 영장주의 원칙이 적용되고, 자기에게 불리한 진술을 강요당하지 않을 권리가 보장된다.

한편 수사의 목적으로 수집된 정보는 형사절차의 진행과정에 따라 필요한 범위 내에서 다수의 형사사법기관 간에 서로 제공 공유되기도 한다. 내사에서 수사, 공판, 행형에 이르기까지 형사절차 전 과정에 걸쳐 수많은 개인정보가 다수의 기관 간에 처리 및 공유되며 그 과정에서 새로운 개인정보가 생성될 수 있다. 심지어 범죄자에 대한 형사절차가 모두 종결된 이후에도 그 형사절차에서 수집, 생성된 다양한 개인정보는 추후 범죄수사나 예방에 활용하기 위한 목적으로 데이터베이스에 저장되기도 한다. 문제는 범죄자의 행위를 응보하고 다른 범죄를 예방하기 위한 형사사법 절차는 원칙적으로 정의롭고 사회체계를 유지하기 위해 필수적인 국가작용이라는 관점에서 프라이버시나 통신의 비밀 제한이 때때로 폭넓게 용인되는 경향을 보인다는데 있다.[159] 실제로 헌법재판소는 통신비밀보호법이 수사기관의 광범위한 위치정보 추적자료 제공요청을 허용하여 정보주체의 기본권을 과도하게 제한한다고 결정한 바 있다.[160] 그럼에도 불구하고 다양한 정보를 수집하려는 형사사법 절차의 본

---

159) 오늘날 휴대전화, 특히 스마트폰은 일상생활과 밀접한 연관을 가지면서 개인의 연락처, 사진, 메시지 통화내역, 이동경로 등의 다양한 정보가 저장된다. 하지만 사용자는 휴대전화에 어떠한 정보가 저장되는지 인지하지 못하거나 모두 알기 어려운 상태인 경우도 많은데 이와 관계없이 사용자에 대한 정보는 휴대전화에 지속적으로 축적된다. 이에 수사기관 입장에서는 소유자에 대한 정보가 집약되어 있는 범죄 피의자의 휴대전화를 최대한 조속히 확보하고자 한다. 형사소송법 제109조 제1항은 압수수색하려는 물건에서 사건과 관련 있는 부분만을 분리할 수 있다면 해당 부분만을 선별하여 압수 수색한다는 선별압수의 원칙을 규정하고 있다. 하드디스크가 표준화되어 있어 정보의 검색이나 분류가 상대적으로 손쉬운 컴퓨터의 경우 저장된 정보에 대해 압수수색을 실시하는 경우 피압수자 등이 참여하는 가운데 전용 프로그램을 이용한 탐색을 거쳐 선별압수가 이루어진다. 그에 반해 휴대전화의 경우는 기기 자체를 일단 매체압수하고 정보의 선별없이 전체 내용을 그대로 하나의 파일로 복제한 후 피압수자에게 환부하고, 이후 복제된 파일을 탐색하여 범죄 관련 정보를 선별하는 방식을 취한다고 한다. 이에 컴퓨터 전자정보 압수는 선별압수 비율이 80%를 초과하는 반면 휴대전화 전자정보 압수는 매체압수 비율이 거의 100%에 달한다는 연구 결과도 있다. 오현석, "전자증거의 선별압수와 매체압수에 관한 연구", 석사학위논문(서울대학교 융합과학기술대학원, 2019), pp.8-14.

160) 헌법재판소 2018. 6. 28. 2012헌마191, 550, 2014헌마357(병합) 결정; 헌법재판소 2018. 6. 28. 2012헌

질적 특성상 대량의 정보 수집과 저장, 적법절차 혹은 보충성의 원칙에 위배되는 과도한 정보 수집이나 제공과 같이 개선되어야 할 부분이 많다. 예를 들어 전기통신사업법 제83조에서 법원, 검사 또는 수사관서의 장 등이 재판, 수사 형의 집행을 위하여 통신자료의 제공을 요청하면 전기통신사업자는 그 요청에 따를 수 있도록 규정하여 사실상 별도의 영장주의나 통제절차 없이 이를 제공하도록 하는 점이나, 통신비밀보호법에서 제6조에 기반하여 통신제한조치의 총연장기간을 과도하게 설정하거나,[161] 제13조 규정과 같이 실시간 추적자료 및 기지국에 대한 통신사실확인자료 제공에 대해서는 보충성 요건을 신설하였지만 정작 전기통신을 수단으로 하는 범죄 등에 대해서는 다시 보충성의 적용을 제외하여 사실상 회피할 수 있도록 한 점 등이 이에 해당한다.

앞서 살펴본 바와 같이 통신의 비밀의 보호대상에는 통신내용 그 자체뿐만 아니라 통신의 당사자에 관한 사항, 즉 당사자의 성명, 주소, 전화번호, 인터넷서비스 아이디 등도 포함된다고 보아야 한다. 이들 사항을 통해서도 특정 통신의 내용을 추정할 가능성이 있기 때문이다.[162] 따라서 통신비밀보호법이 규정하고 있는 통신사실확인자료나 전기통신사업법상 통신자료는 공히 통신의 비밀 보호대상이 되며 모두 사후적으로는 개인정보가 된다. 통신비밀보호법제의 운영에 있어 정보주체의 개인정보자기결정권이 그 한계로서 작용하여야 한다는 것을 의미한다.[163]

위원회는 대한민국 제4차 국가보고서에 대한 최종견해에서 한국의 통신자료 제공 제도에 대해 우려를 표명한 바 있으며, 이후 통신비밀보호법은 프라이버시권 보호의 관점에서 사전영장주의가 적용되도록 법령 개선이 일부 이루어졌다.[164]

마538 결정.

161) 헌법재판소는 통신제한조치의 연장을 허가함에 있어 총연장기간 또는 총연장횟수의 제한을 두지 않은 통신비밀보호법의 규정이 헌법에 합치하지 않는다고 결정하였다. 헌법재판소 2010. 12. 28. 2009헌가30; 이에 2019년 통신비밀보호법 개정에서 제6조 제8항을 신설, 통신제한조치의 총 연장기간을 1년을 초과할 수 없도록, 예외적으로 형법 중 내란외환의 죄나 국가보안법에 규정된 죄 등에 대해서는 총 연장기간 3년을 초과할 수 없도록 규정하였다. 그러나 헌법재판소 결정은 감청 당시에 개인이 감청 사실을 알 수 없기 때문에 방어권을 행사하기 어려운 상황이라는 점에서 영장을 통해 사실을 고지 받고 시행되는 압수 수색의 경우보다 오히려 기본권 제한의 정도가 크며 이 기간을 연장하는 것은 예외에 대해 다시금 특례를 설정하는 것이 되므로 최소한에 그쳐야 한다는 기준을 제시한 바 있다. 따라서 개정 통신비밀보호법에서 감청 연장의 기간을 단지 원칙적 1년, 예외적 3년으로 규정한 것은 그 근거가 불명확할 뿐만 아니라 과도하다는 비판이 제기되어 왔다. 국가인권위원회, 통신비밀보호법 일부개정법률안에 대한 의견표명 결정(2019.7.22.) 참조.

162) 김일환, "통신비밀의 헌법상 보호와 관련 법제도에 관한 고찰", 형사정책 제16권(2004), p.34.

163) 황성기, "현행 통신비밀보호법제의 헌법적 문제점", 언론법학 제14권(2015), p.13.

164) 최종견해에서 "위원회는 전기통신사업법 제83조 제3항에 따라 수사기관이 수사목적을 이유로 영장 없

다. 감염병 등 재난대응 법정책과 사생활 보호

2020년 초부터 국내에서도 코로나바이러스감염증(COVID-19, 이하 코로나19)이 급속하게 퍼지면서 2년이 넘도록 한국의 정치, 사회, 경제 시스템에 막대한 영향을 미치고 있다. 한국은 코로나19 감염병 위기를 극복하기 위해 개인정보 수집, 제공 절차를 통한 감시대상자 추적, CCTV나 기타장비와 같은 디지털 기술을 활용한 감시 체계를 구축하여 적극적으로 활용해 왔다. 이와 같이 감염병 등 재난에 대응하기 위한 법정책은 헌법 제37조 제2항이 규정하는 국가안전보장, 질서유지, 공공복리 다시 말해 공익을 위한 정당한 제한 조치로 일견 인정되고 있다. 그러나 공익을 위한 개별 국가의 다양한 대응조치들은 국민의 건강권과 생명권 등 인권보호의 중요한 역할을 하지만 반대로 다양한 인권침해의 주된 동인이 될 수도 있다. 한국의 경우에도 코로나19 상황에서의 대응조치가 과연 침해될 수 있는 개인의 기본권, 특히 프라이버시권을 과도하게 제한하지 않고 균형있고 적절하게 조화시킬 수 있는 합헌적인 기준이나 제도가 마련되었는지는 의문이다.

우선 코로나19 대응과 관련하여 감염병의 예방 및 관리에 관한 법률(이하 감염병예방법)에 따른 감시 추적 체계가 사생활 영역 침해 등 광범위한 인권 침해 문제를 최소하기 위해 정부의 정책을 규율하는 법적장치가 부재하거나 불충분하게 규정되어 있다는 비판이 있다.[165] 정당한 제한이 되기 위해 헌법 및 국제인권규범이 규정하는 합법성, 비례성, 차별금지 등의 제 원칙이 제대로 반영되지 않았다는 것이다. 예를 들어 감염병예방법은 제2조 제14호 및 제15의2호에 따라 법률의 적용대상으로 감염병의심자 또는 감염병의사환자를 규정하고 있는데 입법목적을 고려하더라도 누가 여기에 해당하는지 모호하고 불명확한 측면이 있다. 해석여지에 따라서는 적용범위가 필요 이상으로 확장될 수 있다는 것이다. 또한 제34조의2에 따라 정부는 감염병 확산에 따라 주의 이상의 위기경보가 발령되면 감염병환자의 이동경로, 이동수단, 진료의료기관 및 접촉자 현황 등의 정보를 정보통신망 게재 또는

이 전기통신사업자에게 이용자 정보를 요구한다는 것에 대해 우려한다"고 적시하고, 이어서 "대한민국 정부는 국가 안보를 위한 감시를 포함해 모든 감시가 규약에 부합하도록 보장하기 위해 필요한 법 개정을 하여야 한다. 특히 이용자 정보는 영장이 있을 때만 제공해야"한다면서 통신자료 제공에 대해 사전영장주의 적용을 권고하였다. Concluding Observations, the Republic of Korea, CCPR/C/KOR/CO/4(2015), paras.42-43; 이에 2020년 통신비밀보호법 일부개정을 통해 수사기관이 긴급통신제한조치를 집행한 모든 경우에 법원에 허가청구를 하도록 하고 허가를 받지 못한 경우 취득자료를 폐기하도록 규정함으로써 통신제한조치 남용을 방지하기 위한 제도적 장치를 마련하였다.

165) 서채완, "감염병 위기 속 인권보장을 위한 입법과제", 코로나19와 인권 토론회 자료집(코로나19인권대응네트워크, 2020), pp.47-48.

보도자료 배포 등의 방법으로 신속히 공개할 것을 규정하고 있다. 그러나 어디까지 정보공개를 할 수 있는가에 대한 규정은 여전히 모호하다. 마지막으로 제76조의2가 규정하는 제공요청의 대상이 되는 정보는 그 항목이 과다하고 제공요건도 불명확하여 자의적인 해석 및 적용이 우려된다. 감염병예방법의 절차에 따라 수집, 분석, 활용된 다양한 개인정보가 추후 다른 목적으로 오용될 위험은 없는지, 제대로 파기 또는 관리되는지의 시점과 요건도 명확히 확정되어 있지 않다.166) 한편 CCTV와 같은 범죄예방, 각종 재해 방지를 위한 감시 체계의 설치와 운영에 대해서는 주로 개인정보 보호법을 통해 규율하고 있다. 최근 몇년간 지방자치단체들은 공공기관이 각자의 목적을 위해 설치한 CCTV를 통합하여 관제하는 소위 CCTV 통합관제센터를 설치하였는데, 법률상 설치 및 운영 근거가 명확하지 않고, 특정 개인영상정보를 여러 기관이 활용, 제공, 공유한다는 점에서 프라이버시권 보호 필요성은 한층 강조되고 있다.167)

시민적 및 정치적 권리에 관한 국제규약상 제한 및 이행정지 조항에 관한 시라쿠사원칙168)은 긴급 및 안전조치가 필요한 경우라 하더라도 일시적이고 비례적이어야 함을 강조한다. 즉 코로나19 상황에서도 특정 인권을 제한하는 감염병 통제 조치를 취할 수 있지만 이는 첫째, 법률에 규정되고 법에 따라 실행되어야 하며, 둘째, 시급한 공공의 정당한 목적을 위한 것이어야 하며, 셋째, 목적을 달성하기 위한 수단은 민주사회에서 엄격히 필요한 경우에만 부과할 수 있으며 동시에 침해와 제한이 가장 적은 것이어야 하며, 넷째, 비합리적 또는 차별적인 방법을 포함하여 자의적으로 부과해서는 안 된다. 또한 일반적 제한기준을 넘어 국가의 존립을 위협하는 공공의 비상사태와 같은 특별한 상황에서는 당사국의 인권의무 이행을 정지하는 조치가 허용되지만, 이 경우에도 반드시 예외적이고 일시적이어야 하며 매우 제한적이어야 한다. UN 인권최고대표사무소도 일련의 보고서를 통해 코로나19 상황에서

---

166) 이와 같이 민감한 개인정보가 외부로 유출될 경우 프라이버시권 침해 우려가 높기 때문에 보관 및 관리에 있어 상당한 주의가 필요하지만, 정부의 주된 관심은 그보다는 신속하고 정확한 정보 획득을 통한 효과적 대응조치 수행에 초점을 맞추어 왔다. 더욱이 2020년 6월부터 실시하고 있는 전자출입명부(QR코드)는 포괄적이고 사전적인 개인정보수집장치로 일부 지자체에서는 자체적으로 공공기관 출입에 유사한 시스템을 확대 도입하려는 움직임까지 보이고 있다. 아무런 제약 없이 새로운 제도가 코로나19 상황 종식 이후 도입될 가능성이 우려되는 부분이다. 이처럼 문제는 이러한 조치들로 인해 프라이버시권이 지속적으로 심각하게 침해되거나 필요이상으로 제한받고 있지만, 모순되게도 많은 사람들이 향후 현 상황을 비정상이 아닌 일상적인 것으로 보게 되는 것일 수 있다.

167) 최미경, 최정민, "CCTV 통합관제센터 운영실태 및 개선방안", 입법정책보고서 Vol.29(국회입법조사처, 2019).

168) Siracusa Principles on the Limitation and Derogation Provisions in the International Covenant on Civil and Political Rights. UN Commission on Human Rights, E/CN.4/1985/4(Sep. 28, 1984).

의 긴급조치 및 정보기술을 통한 감시 관련 사항에 대해 유사한 내용을 강조해 왔다.

라. CCTV, 전자신분증, 바이오인식 기술 등을 통한 전자감시체제와 사생활 보호

정보통신기술의 발달과 이에 따른 민감한 대량의 개인정보처리는 정보주체의 개인정보자기결정권과 프라이버시권을 위협하는 요인으로 작용함은 이미 강조한 바이다. 그런데 이는 시민으로서 또는 소비자로서의 정보주체뿐만 아니라 노동자로서의 정보주체에도 부정적 영향을 미칠 수 있다.[169] 정보통신기술이 생산성 강화 등을 위한 업무수행의 핵심적 요소로 쓰이면서 이러한 기술은 동시에 작업통제 등을 위한 감시수단으로 사용되어 해당 사업장 근로자의 작업과정은 물론 사적인 영역에서까지 권리침해의 가능성에 상시 노출되어 있는 실정이다. 이와 같은 정보통신기술의 발전과 플랫폼 노동으로 대표되는 근로환경 자체의 변화는 전자적 노동감시에서 근로자의 사생활이나 개인정보자기결정권의 본질적 측면이 침해되지 않도록 하는 법제도가 요구된다. 예를 들어 CCTV, 전자신분증, 웹사이트 접속, 메신저 및 메일 사용 등 인터넷 이용 모니터링, GPS 스마트 기기를 통한 위치추적 점검 등 전자적 노동감시에 사용되는 정보통신기술은 상당히 다양하다. 이러한 관리감독수단은 기업 영업기밀, 기술정보 등의 유출 위험성을 효과적으로 예방하고, 생산현장에서의 근로자 안전 및 사업장 내 기물파손과 도난방지, 나아가 경영혁신 차원에서도 효과적인 도구임은 분명하다. 그러나 같은 정보통신기술이 동시에 근로자 개개인에 대한 직접적인 통제감시장치로 악용된다던가, 무제한적으로 허용된다면 이는 헌법 제17조가 보장하는 사생활의 비밀과 자유 및 프라이버시권의 과도한 제한으로 충분히 볼 수 있다. 또한 업무와 사적 영역의 구분이 어려운 근무환경에서 사용자 소유의 통신설비를 사용한다는 것만으로 근로자의 사전 동의나 협의 없이 사적 통신에 임의로 모니터링, 열람하는 것은 헌법 제18조 통신의 비밀을 제한할 소지가 역시 크다. 따라서 근로자의 프라이버시권 등 기본적 권리를 과도하게 침해하지 않도록 하기 위한 균형적인 법제도 자치가 마련되어야 한다. 물론 개인정보보호법, 통신비밀보호법 제3조 및 제14조, 정보통신망 이용촉진 및 정보보호 등에 관한 법률 제49조, 위치정보의 보호 및 이용 등에 관한 법률 제15조 및 제18조 등이 이러한 보호장치에 해당한다. 그러나 이들 법률은 기본적으로 공공기관 대 국민관계 또는 민간사업자 대 소비자 관계에서의 개인정보 처리에 그 규율의 초점이 맞춰져 있기 때문에 실제 노동 현장에서 전자적 노동감시를 규율하는데는 한계가 있다. 더욱이 많은 경우 근로자의 동의를 받아 운영하는 형태를 취하지만 노사관계의 특수성을 고려하면 진정한 의사로 한 것으로 보기 어

---

169) 진보네트워크센터 외, 디지털 노동감시 실태조사 및 법제도 개선방안(2021), p.1.

렵고 결국 절차적 형식에 지나지 않는 경우가 많다.[170]

마. 군형법 제92조의6 추행죄

규약위원회는 군형법 제92조의6 추행죄의 폐지를 지속적으로 권고해 왔다. 하지만 헌법재판소는 2002년, 2011년, 2016년 세 차례에 걸쳐 군형법 추행죄가 합헌이라고 결정하였다. "구 군형법 제92조의 '기타 추행'은 군이라는 공동사회의 건전한 생활과 군기의 확립을 입법목적으로 하는데, 동성 군인 사이의 성적 만족행위를 금지하고 형사처벌하는 것은 이러한 입법목적을 달성하기 위한 적절한 수단이며, 우리나라의 안보상황과 징병제도하에서 단순한 행정상의 제재만으로는 동성 군인간의 추행행위를 효과적으로 규제하기 어려우므로, 위 조항은 과잉금지원칙에 위배되지 아니한다"는 이유에서였다. 즉 심판대상조항은 군인의 성적자기결정권, 사생활의 비밀과 자유, 신체의 자유를 침해하지 아니한다고 보았다.[171] 그러나 이러한 결정은 앞서 살펴 보았던 *Toonen v. Australia* 사건(1994)에서 동성간 성행위를 처벌하는 형법규정을 두고 있는 것이 프라이버시에 대한 자의적인 침해가 된다고 보았던 위원회의 입장에 분명히 배치된다. 위원회의 일련의 대한민국 국가보고서 최종견해뿐만 아니라 국가인권위원회의 국가인권정책기본계획(NAP) 권고안에서도 지속적으로 동성애 편견과 차별을 내포하고 있는 군형법을 정비할 것을 권고해 왔다.

최근 대법원은 군형법 제92조의6에 근거한 성소수자 군인 색출수사로 인해 추행죄로 기소된 사건에 대하여 유죄로 인정한 원심을 파기하고 무죄 취지로 파기환송하였다.[172] 다수의견은 "동성 간의 성행위가 객관적으로 일반인에게 성적 수치심이나 혐오감을 일으키게 하고 선량한 성적 도덕관념에 반하는 행위라는 평가는 이 시대 보편타당한 규범으로 받아들이기 어려워졌다"고 설시한다. 사적 공간에서 자발적 합의에 따른 성행위를 한 경우 군이라는 공동사회의 건전한 생활과 군기라는 보호법익을 침해하였다고 보기 어렵다고 지적한다. 동시에 현행 군형법의 보호법익에는 군인의 성적 자기결정권도 포함된다고 강조한다. 따라서 이러한 경우까지 처벌한다면 헌법상 보장된 평등권, 인간으로서의 존엄과 가치, 행복추구권을 침해하는 것이므로 허용될 수 없다고 판결하였다.

---

170) 전게서, p.114.
171) 헌법재판소 2002. 6. 27. 2001헌바70 결정; 헌법재판소 2011. 3. 31. 2008헌가21 결정; 헌법재판소 2016. 7. 28. 2012헌바258 결정.
172) 대법원 2022. 4. 21. 선고 2019도3047 판결.

세계인권선언 제12조

어느 누구도 그의 사생활, 가정, 주거 또는 통신에 대하여 자의적인 간섭을 받거나 또는 그의 명예와 명성에 대한 비난을 받지 아니한다. 모든 사람은 이러한 간섭이나 비난에 대하여 법의 보호를 받을 권리를 가진다.

No one shall be subjected to arbitrary interference with his privacy, family, home or correspondence, nor to attacks upon his honour and reputation. Everyone has the right to the protection of the law against such interference or attacks.

유럽인권협약 제8조

1. 모든 사람은 그의 사생활, 가정생활, 주거 및 통신을 존중받을 권리를 가진다.
2. 법률에 합치되고, 국가안보, 공공의 안전 또는 국가의 경제적 복리, 질서유지와 범죄의 방지, 보건 및 도덕의 보호, 또는 다른 사람의 권리 및 자유를 보호하기 위하여 민주사회에서 필요한 경우 이외에는, 이 권리의 행사에 대하여는 어떠한 공공당국의 개입도 있어서는 아니된다.

1. Everyone has the right to respect for his private and family life, his home and his correspondence.
2. There shall be no interference by a public authority with the exercise of this right except such as is in accordance with the law and is necessary in a democratic society in the interests of national security, public safety or the economic well-being of the country, for the prevention of disorder or crime, for the protection of health or morals, or for the protection of the rights and freedoms of others..

미주인권협약 제11조

1. 모든 사람은 자신의 명예를 존중받고 자신의 존엄성을 인정받을 권리를 가진다.
2. 어느 누구도 자신의 사생활, 가족, 가정, 또는 서신에 대하여 자의적이거나 남용적인 간

섭을 받지 아니하며, 자신의 명예나 평판에 대한 불법적인 공격을 받지 아니한다.

3. 모든 사람은 그러한 간섭 또는 공격에 대하여 법률의 보호를 받을 권리를 가진다.

1. Everyone has the right to have his honor respected and his dignity recognized.

2. No one may be the object of arbitrary or abusive interference with his private life, his family, his home, or his correspondence, or of unlawful attacks on his honor or reputation.

3. Everyone has the right to the protection of the law against such interference or attacks..

아동권리협약 제16조

1. 어떠한 아동도 사생활, 가족, 가정 또는 통신에 대하여 자의적 이거나 위법적인 간섭을 받지 아니하며 또한 명예나 신망에 대한 위법적인 공격을 받지 아니한다.

2. 아동은 이러한 간섭 또는 비난으로부터 법의 보호를 받을 권리를 가진다.

1. No child shall be subjected to arbitrary or unlawful interference with his or her privacy, family, home or correspondence, nor to unlawful attacks on his or her honour and reputation.

2. The child has the right to the protection of the law against such interference or attacks.

모든 이주노동자와 그 가족의 권리보호에 관한 국제협약 제14조

이주노동자와 그 가족은 사생활, 가정, 주거, 서신 또는 기타 통신에 대하여 자의적이거나 불법적인 간섭을 받거나 또는 그의 명예와 신용에 대한 불법적인 비난을 받지 아니한다. 이 주노동자와 그 가족은 그러한 간섭 또는 비난에 대하여 법률의 보호를 받을 권리를 가진다.

No migrant worker or member of his or her family shall be subjected to arbitrary or unlawful interference with his or her privacy, family, home, correspondence or other communications, or to unlawful attacks on his or her honour and reputation. Each migrant worker and member of his or her family shall have the right to the protection of the law against such interference or attacks.

제18조 사상, 양심 및 종교의 자유

홍 관 표

목 차

Ⅰ. 개관
  1. 의의
  2. 제정 경위
Ⅱ. 사상, 양심 및 종교의 자유
  1. 보호대상으로서의 사상, 양심 또는 종교
  2. 스스로 선택한 종교나 신념을 가지거나
    받아들일 자유
  3. 종교나 신념을 표명할 자유
    가. 개인적으로 또는 타인과 공동체로 /
      공적 또는 사적으로
    나. 종교나 신념을 표명하는 방식
  4. 제한 가능성
Ⅲ. 종교나 신념을 가지거나 받아들일 자유
  에 대한 강제 금지
Ⅳ. 종교나 신념을 표명할 자유에 대한 제한
  1. 의의
  2. 제한의 요건 일반
  3. 법률의 규정에 의한 제한
  4. 제한의 목적
    가. 공공의 안전
    나. 질서
    다. 보건 및 도덕

    라. 타인의 기본적 권리 및 자유
  5. 보호하기 위한 필요성
Ⅴ. 자녀의 종교·도덕 교육에 대한 부모의
  자유
  1. 자녀의 범위
  2. 사립학교에서의 종교 교육
  3. 국공립학교에서의 종교 교육
  4. 자녀의 사상, 양심 및 종교의 자유와의
    관계
Ⅵ. 관련 문제
  1. 양심적 병역거부권
    가. UN 인권위원회 및 UN 인권이사회
      결의를 통한 양심적 병역거부권의
      인정
    나. 자유권규약위원회의 양심적 병역거
      부권 인정
    다. 양심적 병역거부권과 대체복무
  2. 강제송환금지
Ⅶ. 한국의 실행
  1. 사상전향제·준법서약제 폐지
  2. 양심적 병역거부 및 대체복무제도 도입
[다른 인권조약상의 관련 조항]

1. 모든 사람은 사상, 양심 및 종교의 자유에 대한 권리를 가진다. 이러한 권리는 스스로 선택하는 종교나 신념[1]을 가지거나 받아들일 자유와 개인적으로 또는 타인과 공동체로 그리고 공적 또는 사적으로[2] 예배, 의식,[3] 실천 및 교육을 통하여 그의 종교나 신념을 표명하는 자유를 포함한다.

2. 어느 누구도 스스로 선택하는 종교나 신념을 가지거나 받아들일 자유를 침해할 수 있는 강제를 받지 않는다.

3. 자신의 종교나 신념을 표명하는 자유는 법률에 규정되고 공공의 안전, 질서,[4] 보건, 도덕 또는 타인의 기본적 권리 및 자유를 보호하기 위하여 필요한 경우에만 제한될 수 있다.

4. 이 규약의 당사국은 부모 또는 경우에 따라, 법정후견인이 그들 자신의 신념에 따라 자녀를 종교적 및 도덕적으로 교육할 수 있는 자유를 존중할 것을 약속한다.

1. Everyone shall have the right to freedom of thought, conscience and religion. This right shall include freedom to have or to adopt a religion or belief of his choice, and freedom, either individually or in community with others and in public or private, to manifest his religion or belief in worship, observance, practice and teaching.

2. No one shall be subject to coercion which would impair his freedom to have or to adopt a religion or belief of his choice.

3. Freedom to manifest one's religion or beliefs may be subject only to such limitations as are prescribed by law and are necessary to protect public safety, order, health, or morals or the fundamental rights and freedoms of others.

4. The States Parties to the present Covenant undertake to have respect for the liberty of parents and, when applicable, legal guardians to ensure the religious and moral education of their children in conformity with their own convictions.

I. 개관

1. 의의

세계인권선언과 자유권규약 및 사회권규약으로 구성된 국제인권장전의 규범체계는 이성을 가진 존재인 인간이 자신의 운명을 개척해나가는 주인이라는 철학적 가정에 기반하여,[5]

---

1) 'belief'는 '신앙' 또는 '믿음'으로 번역하는 것이 더 자연스러워 보이나, 자유권규약 불어정본의 "une religion ou une conviction" 문구를 고려하면, 국문본의 번역인 '신념'이 더 적절하다. Nowak's CCPR Commentary(2019), p.505(para.14) 참조.

2) 'in public or private'은 '공개적으로 또는 개인적으로'라고 번역하는 것이 그 의미 전달에 더 바람직하고, 이렇게 번역한다면 'individually'는 '개별적으로'라고 번역하는 것이 더 바람직하다는 의견이다.

3) 'observance'는 '규율준수'로 번역하는 것이 그 의미 전달에 더 바람직하다는 의견이다.

4) 'order'는 'public'의 수식을 받는 것으로 보아 '공공질서'로 번역하는 것이 더 바람직하다는 의견이다.

인류사회의 모든 구성원에게 고유의 존엄성과 평등하고 양도할 수 없는 권리가 있음을 인정하는 것으로부터 출발하고 있다.[6] 사상, 양심 및 종교의 자유는 이성을 가진 존재인 인간의 대표적인 정신적 자유이며, 그 중요성 때문에 종종 의견 및 표현의 자유와 함께 자유권규약의 핵으로 불린다.[7] 자유권규약이 제4조 제2항에서 국가의 존립을 위협하는 공공비상사태의 시기에조차 사상, 양심 및 종교의 자유에 관한 제18조로부터의 이탈을 허용하지 않고 있는 점은 이러한 사상, 양심 및 종교의 자유의 근본적 성격을 반영한 것이다.[8]

사상, 양심 및 종교의 자유는 그 중요성만큼이나 논쟁의 여지가 많은 자유이기도 하다. 종교나 신념, 특히 종교는 그 절대성 내지 배타성으로 인해 오히려 종교의 자유를 포함한 타인의 인권에 대한 억압으로 이어질 수 있으며, 역사상 많은 전쟁의 원인이 되어오기도 했다. 종교와 국가의 관계에 관하여도 무신론적 국가, 정교분리에 기초하여 다양한 종교를 동등하게 수용하는 국가, 국교를 인정하는 국가, 종교법의 법률에 대한 우위를 인정하는 국가에 이르기까지 다양한 스펙트럼이 존재한다.[9] 이와 같은 종교나 신념의 논쟁적 성격으로 인하여, 자유권규약 제18조에 사상, 양심 및 종교의 자유가 포함되기는 했지만, 그 내용에 관하여 제정 과정에서부터 당사국들 사이에 의견 대립이 있었다. 또한 UN은 1981년 총회에서 「종교나 신념에 기초한 모든 형태의 불관용과 차별 철폐에 관한 선언」을 채택하기도 하였으나, 종교나 신념에 관한 법적 구속력 있는 개별 인권조약을 별도로 제정하지는 못하고 있는 상황이다.[10]

2. 제정 경위

자유권규약의 제정에 있어서는 우선 '개종의 자유'를 명문으로 규정할 것인가에 대한 다툼이 있었다. 초안 위원회의 1차 회기에 영국이 제시한 초안에서는 종교의 유지뿐만 아니라 변경할 자유까지도 명시하였으나[11], UN 총회 제3위원회의 5, 9, 15차 회기에서 사우디아라비아를 앞세운 이슬람국가들은 이에 대해 반대하였다.[12] 결과적으로는 15차 회기에서

---

5) Nowak's CCPR Commentary(2019), p.498(para.1).
6) UDHR, Preamble; ICCPR, Preamble: ICESCR, Preamble.
7) Nowak's CCPR Commentary(2019), p.498(para.1).
8) HRC General Comment No.22(1993), para.1.
9) Nowak's CCPR Commentary(2019), p.499(para.2).
10) Nowak's CCPR Commentary(2019), p.500(para.3).
11) Bossuyt's Guide(1987), p.351. 구체적으로 제1항이 "Every person shall be free to hold any religious or other belief dictated by his conscience and to change his belief"라고 규정하고 있었다.
12) Bossuyt's Guide(1987), p.357. 이들은 이미 제1항에서 개종의 자유를 묵시적으로 규정하고 있다는 점을 근거로 들었다. 개종의 자유를 개념상 부정하지는 않았고 자유권규약에 명시적인 표현이 드러나는 것

브라질, 필리핀이 제안한 'freedom to have a religion or belief of his choice'라는 문구가 반대 없이 통과되었고(찬성 67, 기권 4), 'or to adopt'는 영국의 제안으로 포함되었다(찬성 54, 기권 15).[13]

또한 제3항의 제한 규정에 대해서 소련은 '국가의 법률과 공중 도덕의 명령'에 따르도록 하는 제안을 하였는데,[14] 이는 결국 채택되지는 못하였다(찬성 9, 반대 4, 기권3).[15] 대신에 제한의 이유들을 모두 나열하는 방식이 채택되었는데, 이는 오로지 종교나 신념을 표명하는 자유에 국한되었다.

마지막으로 제4항의 자신의 신념에 따라 자녀를 종교적 및 도덕적으로 교육할 수 있는 부모의 권리를 교육권과의 관계에서 성질상 어디에 편제할 것인가를 두고 논란이 있었다.[16] 그리스가 UN 총회 제3위원회에서 한 제안은 사회권규약에 규정이 있다는 이유로 처음에 거부되었다가 이후 사회권규약의 해당 조항에 적극적인 국가의 의무가 포함되어 있지 않다는 설득이 이루어진 후에야 채택되었다(찬성 30, 반대 17, 기권 27).[17]

II. 사상, 양심 및 종교의 자유

1. 보호대상으로서의 사상, 양심 또는 종교

논의에 앞서 가장 먼저 이루어져야 할 작업은 바로 개념의 정의일 것이다. 그런데 사상, 양심, 종교 및 신념의 자유와 관련해서는 개념을 정의하는 것부터 녹록지 않다. 앞서 언급한 절대성 내지 배타성으로 인해 개념의 확립과정에서 합의가 이루어질 가능성이 크지 않고, 자칫 개념 정의가 편향적으로 된다면 이는 다른 사상, 양심 또는 종교를 가진 이들에 대한 탄압의 수단이 될 수도 있기 때문이다.[18] 자유권규약도 사상, 양심, 종교 그리고 신념

을 꺼려했던 것으로 보인다. 따라서 조문의 표현과 무관하게 해석상 개종의 자유가 인정됨은 분명하다.
13) Bossuyt's Guide(1987), p.358.
14) E/CN.4/272, p.1.
15) Nowak's CCPR Commentary(2019), p.501(para.3).
16) 세계인권선언 제26조 제3항, 사회권규약 제13조 제3항 참조.
17) Bossuyt's Guide(1987), p.369.
18) 예컨대 종교에 대한 개념정의에 '유일신' 내지 '절대신'의 개념이 포함된다면 힌두교와 같은 다신을 섬기는 종교는 종교가 아닌 것으로 되어 배척되고 탄압될 가능성이 있다. 한편, UN 인권위원회의 개인통보 사안 가운데 *Ross v. Canada*, Communication No.736/1997(2000) 사건에서는 반유대주의도 종교에 포함될 것인가가 문제되었다. 즉, 개인이 특정한 종교를 신봉하는 것이 아니라 다른 종교에 대한 반감을 가지거나 다른 종교를 부인하는 것을 종교에 해당한다고 볼지가 문제였는데, 인권위원회는 분명하게 판단하지 않았다.

에 대하여 별도의 정의 규정을 두지 않고 있다. 따라서 가능하면 개념 정의를 폭넓게 함으로써 '일단은' 사상, 양심, 종교에 해당하는 것으로 본 후, 제18조 제3항에 따른 제한 가능성을 따져보는 것이 보다 바람직한 태도라 생각한다.[19]

제18조 제1항의 사상, 양심 및 종교의 자유는 광범위하고 심오한 것으로, 모든 사항에 관한 사고의 자유, 개인적인 확신 그리고 종교나 신념에의 서약을 포괄하며,[20] 사상의 자유와 양심의 자유는 종교 및 신념의 자유와 동등하게 보호된다.[21]

제18조에 의하여 보호되는 종교나 신념에는 신의 존재에 대한 믿음뿐만 아니라 신의 부존재에 대한 믿음, 세상과 자연의 모든 것이 신이라는 믿음, 신과 인간이 상호 무관하다는 믿음까지 포함된다.[22] 아울러 경험하지 않은 실체를 인식하는 것은 불가능하다는 철학적 관점이나 개인이 보유하고 있는 '삶의 철학'[23]도 제18조의 보호대상이다.[24] 이와 같이 제18조의 신념은 신앙이나 종교적 믿음뿐만 아니라 '비종교적 신념'까지 아우르는 의미로 해석된다.[25]

개인통보사건을 통해 주장된 비종교적 신념의 예로는 '비종교적인 인본주의적 삶의 자세'(non-religious humanist life stance)[26] 또는 '인본주의자'(humanist),[27] '자유로운 의지와 양심'(free will and conscience),[28] '평화주의자'(pacifist),[29] '병역거부에 대한 도덕적 확신'(ethical conviction),[30] '군대의 본질이 인간의 도덕적 목표(moral destination)와 상충된다는 견해',[31] '핵무기에 대한 양심적 거부',[32] '바람직하지 않은 생각'(undesirable thoughts),[33]

---

19) Joseph & Castan's Commentary(2013), p.563(paras.17.02-17.03) 참조.

20) HRC General Comment No.22(1993), para.1.

21) HRC General Comment No.22(1993), para.1.

22) HRC General Comment No.22(1993), para.2.

23) *Leirvåg et al. v. Norway*, Communication No.1155/2003(2004), para.14.2.

24) Nowak's CCPR Commentary(2019), p.505(para.15).

25) Nowak은 자유권규약 불어정본 제18조의 "uno religion ou uno conviction" 문구와 UN 총회 제3위원회에서 UN 인권국장 John Humphrey가 유고슬라비아 대표의 질문에 답변하면서 불가지론(agnosticism), 자유 사상(free thought), 무신론(atheism) 및 합리주의(rationalism)와 같은 기타의 신념을 포괄하기 위하여 "religion or belief"라는 중의적인 용어를 의도적으로 사용한 Krishnaswami의 연구를 언급한 점을 그 근거로 제시하였다. Nowak's CCPR Commentary(2019), p.505(para.14).

26) *Leirvåg et al. v. Norway*, Communication No. 1155/2003(2004), para.3.1.

27) *Leirvåg et al. v. Norway*, Communication No. 1155/2003(2004), para.4.1, 5.1 and 6.1.

28) *Lee v. Republic of Korea*, Communication No. 1119/2002(2005), para.3.2.

29) *Jung et al. v. Republic of Korea*, Communication Nos. 1593-1603/2007(2010), para.2.12.

30) *L. T. K. v. Finland*, Communication No. 185/1984(1985), para.2.1; *Muhonen v. Finland*, Communication No. 89/1981(1984), para.1.

31) *Westerman v. Netherlands*, Communication No. 682/1996(1999), para.3.1.

'어떠한 정당에 의하여 추천된 연방후보자명부에 포함되지 않은 것'[34] 등이 있었다.

민주주의나 공산주의[35]와 같은 정치적 신념도 '비종교적 신념'의 범주에 포함될 수 있겠으나, 자유권규약위원회는 '해산된 파시스트당'(the dissolved fascist party)을 재건하려다 미수에 그친 행위가 자유권규약 제5조에 따라 자유권규약의 보호 대상에서 제외된다고 판단한 바 있다.[36]

한편 '신념'과 '견해' 또는 '확신'과의 관계에 관하여, 연방투표법에 따라 법에 규정된 예외를 제외하고는 선거에서 투표하는 것이 모든 유권자의 의무로 규정되어 있던 호주의 국민인 통보인이 정치인의 발언과 약속을 독립적으로 평가할 수 없어 의미 있는 투표 결정을 할 정보가 불충분하다는 인식 하에 2010년 연방선거에서 투표를 하지 않기로 결정하고 이를 이유로 부과된 벌금을 납부한[37] 다음, 자신에게 부과된 벌금통지가 자신의 비종교적 신념을 표명할 자유를 정당한 이유 없이 제한하여 자유권규약 제18조에 따른 자신의 권리를 침해했다고 주장[38]하면서 제기한 개인통보사건에서, 자유권규약위원회는 제18조의 "신념"은 폭넓게 해석될 수 있고, 신념의 내용은 그 숭배자들이 스스로 정의해야 하겠지만, 일반적으로 신념은 삶에 대한 원칙이나 철학적 고찰의 체계에 의하여 형성되고, 모든 견해나 확신이 신념에 해당하는 것은 아니라는 입장을 밝혔다.[39] 당해 사건에서 자유권규약위원회는 자유권규약 제18조 제1항에 관하여 2010년 연방선거에서 투표하지 않겠다는 통보인의 바람이 자유권규약 제18조에서 의미하는 신념에 근거했다는 점을 증명할 설득력 있는 주장을 통보인이 제출하지 못했음을 이유로 심리부적격 결정을 하였다.[40]

---

32) *J.v.K. and C.M.G. v. K.-S. v. Netherlands*, Communication No.483/1991(1992), para.2.1.

33) *A v. New Zealand*, Communication No. 754/1997(1999), para.5.1.

34) *A.P. v. Russian Federation*, Communication No. 1857/2008(2013), para.2.2.

35) Nowak's CCPR Commentary(2019), p.506(note.48) 참조. 다만, 여기에서 예시하고 있는 *Kang v. Republic of Korea*, Communication No.878/1999(2003) 사건의 경우, 신청인이자 피해자인 강용주는 사상전향제에 따라 자신이 공산주의자로 간주되는 것을 거부하였으므로, 공산주의 신념과 관련된 적절한 예시는 아니다.

36) 자유권규약위원회는 해산된 파시즘정당을 재건하려다 미수에 그쳤음을 이유로 유죄판결을 받은 피해자와 그 가족들이 제기한 개인통보사건에 대한 결정에서, 피해자의 행위가 자유권규약 제5조에 따라 자유권규약의 보호 대상에서 제외되고 해당 이탈리아법이 자유권규약 제18조 제3항, 제19조 제3항, 제22조 제2항 및 제25조에 따라 정당화될 수 있는 것으로 보인다고 설시하면서, 자유권규약의 규정과 양립할 수 없음을 이유로 자유권규약 선택의정서 제3조에 따라 심리부적격으로 판단한 바 있다. *M.A. v. Italy*, Communication No.117/1981(1984), para.13.3.

37) *Alger v. Australia*, Communication No. 2237/2013(2017), paras.2.1-2.4.

38) *Alger v. Australia*, Communication No. 2237/2013(2017), para.3.3.

39) *Alger v. Australia*, Communication No. 2237/2013(2017), para.6.5.

40) *Alger v. Australia*, Communication No. 2237/2013(2017), para.6.5.

다음으로 특히 '종교'와 관련하여, 제18조에 의해 보호되는 종교는 우리 사회에서 이미 종교로 인정받고 있는 전통적인 기성 종교로만 국한되는 것이 아니며, 제18조의 보호 대상이 되기 위해 이러한 전통적인 종교와 제도적 성격이나 관행이 유사할 것을 요구받지도 않는다.[41] 새롭게 창립된 신흥종교나 사회 내의 지배적인 종교에서 적대시하는 종교라고 하더라도 제18조의 보호대상이 된다.[42]

개인통보사건을 통해 주장된 종교의 예로는 '기독교인'(Christian)[43] 또는 '기독교' (Christianity),[44] '천주교도'(Roman Catholic),[45] '동방정교 신자'(Orthodox Christian),[46] '콥트 교도'(Coptic Christian),[47] '복음주의침례교'(Evangelist Christian Baptist Church),[48] '오순절운 동'(Pentecostal Movement),[49] '해방신학'(liberation theology),[50] '형제회(퀘이커교도)'(Society of Friends(Quakers)),[51] '여호와의증인'(Jehovah's Witness),[52] '여호와의증인의특별전시간종

---

41) HRC General Comment No.22(1993), para.2.

42) 자유권규약위원회는 새롭게 창립되었다거나 지배적인 종교공동체에 의해 적대시될 수 있는 종교적 소수 자임을 나타냈다는 등을 이유로 종교나 신념을 차별하는 경향에 대하여 우려를 밝힌 바 있다. HRC General Comment No.22(1993), para.2.

43) *T.D.J. v. Denmark*, Communication No. 2654/2015(2019), para.2.1; *R.G. et al. v. Denmark*, Communication No. 2351/2014(2015), para.2.1; *X v. Denmark*, Communication No. 2515/2014(2015), para.2.5; *Khan v. Canada*, Communication No. 1302/2004(2006), para.2.1; *Buckle v. New Zealand*, Communication No. 858/1999(2000), para.3.2; *B.L. v. Australia*, Communication No. 2053/2011 (2014), para.2.2; *Omo-Amenaghawon v. Denmark*, Communication No. 2288/2013(2015), para.2.1; *C.L. and Z.L. v. Denmark*, Communication No. 2753/2016(2018), para.2.5; *J.I. v. Sweden*, Communication No. 3032/2017(2020), para.2.1.

44) *E.K. v. Denmark*, Communication No. 2346/2014(2019), para.2.10; *M.J.K. v. Denmark*, Communication No. 2338/2014(2017), para.2.4; *V.R. and N.R. v. Denmark*, Communication No. 2745/2016 (2016), para.2.3; *Merhdad Mohammad Jamshidian v. Belarus*, Communication No. 2471/2014 (2017), para.7.1; *W.K. v. Canada*, Communication No. 2292/2013(2018), para.2.2; *M.M. v. Denmark*, Communication No. 2345/2014(2019), para.2.12; *I.K. v. Denmark*, Communication No. 2373/2014(2019), para.2.4.

45) *Sister Immaculate Joseph et al. v. Sri Lanka*, Communication No. 1249/2004(2005), para.1; *Jung et al. v. Republic of Korea*, Communication No. 1593-1603/2007(2010), para.2.12.

46) *Tatyana Yachnik v. Belarus*, Communication No. 1990/2010(2014), para.2.1.

47) *F. and G. v. Denmark*, Communication No. 2593/2015(2017), para.2.1.

48) *Leven v. Kazakhstan*, Communication No. 2131/2012(2014), para.2.1.

49) *X v. Denmark*, Communication No. 2007/2010(2014), para.2.1.

50) *Delgado Páez v. Colombia*, Communication No. 195/1985(1990), para.2.1.

51) *J.P. v. Canada*, Communication No. 446/1991(1991), para.2.1.

52) *Yoon and Choi v. Republic of Korea*, Communication Nos. 1321-1322/2004(2006), paras.2.1 and 2.5; *Jeong et al. v. Republic of Korea*, Nos. 1642-1741/2007(2011), para.2.1; *Atasoy and Sarkut v. Turkey*, Communication Nos. 1853-1854/2008(2012), paras. 2.1 and 2.5; *Yong-kwan Kim et al. v.*

들의전세계성직자회'(the Worldwide Order of Special Full-Time Servants of Jehovah's Witnesses),[53] '불교도'(Buddhist),[54] '조로아스터교'(Zoroastrianism),[55] '이슬람교'(Muslim faith)[56] 또는 '이슬람교도'(Muslim),[57] '아흐마디이슬람교도'(Ahmadi(Ahmadiyya) Muslim),[58] '자마트'(jamaat),[59] '시크교'(Sikh faith)[60] 또는 '시크교도'(Sikh),[61] '힌두교'(Hindu religion, Hinduism),[62] '민스크 비슈누파공동체(크리슈나 의식공동체)'(Minsk Vaishnava community

Republic of Korea, Communication No. 2179/2012(2014), para.2.1; *Zafar Abdullayev v. Turkmenistan*, Communication No. 2218/2012(2015), para.2.1; *Mahmud Hudaybergenov v. Turkmenistan*, Communication No. 2221/2012(2015), para.2.1; *Ahmet Hudaybergenov v. Turkmenistan*, Communication No. 2222/2012(2015), para.2.1; *Japparow v. Turkmenistan*, Communication No. 2223/2012 (2015), para.2.1; *Aminov v. Turkmenistan*, Communication No. 2220/2012(2016), para.2.1; *Matyakubov v. Turkmenistan*, Communication No. 2224/2012(2016), para.2.1; *Yegendurdyyew v. Turkmenistan*, Communication No. 2227/2012(2016), para.2.1; *Nasyrlayev v. Turkmenistan*, Communication No. 2219/2012(2016), para.2.1; *Nurjanov v. Turkmenistan*, Communication No. 2225/2012(2016), para.2.1; *Uchetov v. Turkmenistan*, Communication No. 2226/2012(2016), para.2.1; *Ch.H.O. v. Canada*, Communication No. 2195/2012 (2016), para.2.1; *Durdyyev v. Turkmenistan*, Communication No. 2268/2013(2018), para.2.1; *Bekmanov and Egemberdiev v. Kyrgyzstan*, Communication No. 2312/2013(2019), para. 2.1; *Juma Nazarov et al. v. Turkmenistan*, Communication No. 2302/2013(2019), para.2.1; *Jong-bum Bae et al. v. Republic of Korea*, Communication No. 2846/2016(2020), para.2.1; *Huseynova v. Azerbaijan*, Communication No. 2845/2016(2020), para. 2.1; *Mammadov et al. v. Azerbaijan*, Communication No.2928/2017(2020), para.2.1; *Bekzhan et al. v. Kazakhstan*, Communication No. 2661/2015(2020), para.2.1; *Aziz Aliyev et al. v. Azerbaijan*, Communication No. 2805/2016(2021), para.2.1.

53) *B.A.E.W. and E.M.W. v. Sweden*, Communications No. 2744/2016(2020), para.2.1; *J.D.P. and K.E.P. v. Sweden*, Communication No. 2743/2016(2020), para.2.1; *U.M.H. v. Sweden*, Communication No. 2742/2016(2020), para.2.1; *W.E.O. v. Sweden*, Communication No. 2741/2016(2020), para.2.1.

54) *Jung et al. v. Republic of Korea*, Communication Nos. 1593-1603/2007(2010), para.2.3.

55) *Z v. Denmark*, Communication No. 2329/2014(2015), para.3.3.

56) *Boodoo v. Trinidad and Tobago*, Communication No. 721/1996(2002), para.2.4.

57) *Hudoyberganova v. Uzbekistan*, Communication No. 931/2000(2004), para.2.1; *F.A. v. France*, Communication No. 2662/2015(2018), para.3.4; *Seyma Türkan v. Turkey*, Communication No. 2274/2013(2018), para.2.1; *Sonia Yaker* v. France, Communication No. 2747/2016(2018), para.2.1.

58) *A and B v. Denmark*, Communication No. 2291/2013(2016), para.2.1.

59) *Suleimenov v. Kazakhstan*, Communication No. 2146/2012(2017), para.2.8.

60) *Bikramjit Singh v. France*, Communication No. 1852/2008(2012), para.1.1.

61) *Singh Bhinder v. Canada*, Communication No. 208/1986(1989), para.1; *Ranjit Singh v. France*, Communication No. 1876/2009(2011), para.1.1; *Mann Singh v. France*, Communication No. 1928/2010(2013), para.3.2.

62) *Coeriel and Aurik v. Netherlands*, Communication No. 453/1991(1993), para.2.1; *M.Z.B.M. v. Denmark*, Communication No. 2593/2015(2017), para.3.2.

(community of Krishna consciousness)),[63] '크리슈나 의식협회'(Krishna Consciousness Society),[64] '유대교'(Jewish faith),[65] '유대교 사상에 반대하는 종교적 성격의 견해'(religious opinions opposing the philosophy of Judaism),[66] '프리메이슨 교단'(the Order of Freemasons)의 구성원이 아님,[67] '세계교회회의'(Assembly of the Church of the Universe),[68] '라스타파리교'(Rastafari religion),[69] '파룬궁'(Falun Gong),[70] '사이언톨로지교 신자'(Scientologist),[71] '종교적 신념 및 양심'(religious belief and conscience)[72] 등이 있었다.

자유권규약위원회는 대마초를 교회의 성체로 부르며 대마초의 보호, 경작, 소유, 배포, 관리, 무결성, 숭배를 그 신앙으로 하는 '세계교회회의'(Assembly of the Church of the Universe)의 지도자이면서 전권대사인[73] 통보인들이 캐나다마약관리법 위반으로 체포·구금되자 제기한 개인통보사건에서, '주로 혹은 전적으로(primarily or exclusively) 마약을 숭배하거나 배포하는 신념'은 자유권규약 제18조의 범위 안에 들어올 수 없다고 설시하면서[74] 해당 개인통보사건을 심리부적격으로 결정한 바 있다.[75] 다만 자유권규약위원회는 '라스타파리교'(Rastafari religion)[76]의 신자이면서 예비변호사인 통보인이 변호사가 되기 위해 법이 요구하는 사회봉사를 유관 단체에 신청하는 과정에서 기존 2건의 대마소지유죄판결과 함께 종교적으로 대마를 계속 사용할 의사를 밝힌 후 신청이 거부되자,[77] 종교적 목적으로 대마

---

63) *Malakhovsky and Pikul v. Belarus*, Communication No. 1207/2003(2005), para.2.1.

64) *Geller v. Kazakhstan*, Communication No. 2417/2014(2019), para.2.1.

65) *Waldman v. Canada*, Communication No. 694/1996(1999), para.1.2.

66) *Ross v. Canada*, Communication No. 736/1997(2000), para.5.2.

67) *M. v. Belgium*, Communication No. 2176/2012(2015), para.3.9.

68) *M.A.B., W.A.T. and J.-A.Y.T. v. Canada*, Communication No. 570/1993(1994), para.1.

69) *Prince v. South Africa*, Communication No. 1474/2006(2007), para.2.1.

70) *Z. v. Australia*, Communication No. 2049/2011(2014), para.2.1; *J.D. v. Denmark*, Communication No. 2204/2012(2016), para.2.1.

71) *Rosenberg and Jacquart v. France*, Communication No. 2584/2015(2020), para.2.1.

72) *Jung et al. v. Republic of Korea*, Communication Nos. 1593-1603/2007(2010), paras.2.1 and 2.2.-2.12.

73) *M.A.B., W.A.T. and J.-A.Y.T. v. Canada*, Communication No.570/1993(1994), para.2.1.

74) *M.A.B., W.A.T. and J.-A.Y.T. v. Canada*, Communication No.570/1993(1994), para.4.2.

75) *M.A.B., W.A.T. and J.-A.Y.T. v. Canada*, Communication No.570/1993(1994), para.5.(a).

76) '라스타파리교'는 자메이카와 뒤이어 에티오피아에서 유래한 종교로, 식민·억압·지배를 전복하기 위한 흑인의식운동이며, 대마초의 사용이 라스타파리교의 핵심이고, 종교의식에서는 영성체의 일환으로 대마초를 성배(물담배)를 통해 흡입하거나 향으로 피우고, 개인적으로는 대마초를 향으로 피우거나 목욕하거나 흡연하거나 마시거나 먹기도 한다. *Prince v. South Africa*, Communication No. 1474/2006(2007), para.2.1.

77) *Prince v. South Africa*, Communication No. 1474/2006(2007), paras.2.1, 2.2 and 2.4.

를 사용하는 것을 허용하는 입법적 예외를 마련하지 않은 것이 종교의 자유에 대한 권리 위반이라고 주장한[78] 개인통보사건에서, 해당 사건의 사실적·법률적 측면이 *M.A.B., W.A.T. and J.-A.Y.T. v. Canada* 사건과 상이하며 라스타파리교는 제18조의 의미 내에서의 종교로 해당 사건에서 쟁점이 되지 않는다고 하면서 그 심리적격을 인정했다.[79]

아울러 자유권규약 제18조에 관한 개인통보사건에서 무신론자(atheist)[80]가 주장된 예도 있었다.

2. 스스로 선택한 종교나 신념을 가지거나 받아들일 자유

제18조 제1항 및 제2항은 스스로 선택하는 종교나 신념을 가지거나 받아들을 자유라고 규정하고 있다. 이는 종교나 신념을 가지거나 받아들일 자유가 필연적으로 종교나 신념을 선택할 자유를 수반한다는[81] 점을 확인한 것이다. 종교나 신념을 선택할 자유에는 기왕의 자신의 종교나 신념을 계속 유지할 권리, 자신의 현재의 종교나 신념을 다른 종교나 신념으로 변경할 권리, 무신론적 관점을 취할 권리가 모두 포함된다.[82]

스스로 선택하여 가지거나 받아들인 종교나 신념에 대하여 이를 고백하지 않을 권리도 제18조에 의하여 보호되며,[83] 종교나 신념을 고백하도록 강요하면 제18조 제2항 위반에 해당하게 된다.

3. 종교나 신념을 표명할 자유

사상, 양심 및 종교는 기본적으로 개인의 내심적 영역의 문제이지만 언제나 내면에만 머무르는 것은 아니다. 오히려 외부를 향한 표출을 통해 사상, 양심 및 종교의 가치가 더 커지기도 한다. 자유권규약 역시 제1항과 제3항에서 'manifest'라는 단어를 사용해 외적인 측면에서의 사상, 양심 및 종교의 자유를 보장하고 있다.

가. 개인적으로 또는 타인과 공동체로 / 공적 또는 사적으로

사상, 양심 및 종교의 자유에 따라 종교나 신념이 외부로 표명되는 양상에 관하여 자유

---

78) *Prince v. South Africa*, Communication No. 1474/2006(2007), para.7.2.
79) *Prince v. South Africa*, Communication No. 1474/2006(2007), paras.6.5 and 6.6.
80) *Vassilari et al. v. Greece*, Communication No. 1570/2007(2009), para.2.5; *Q.A. v. Sweden*, Communication No. 3070/2017(2019), para.2.2.
81) HRC General Comment No.22(1993), para.5.
82) HRC General Comment No.22(1993), para.5.
83) HRC General Comment No.22(1993), para.2.

권규약 제18조 제1항은 '개인적으로 또는 타인과 공동체로' 표명할 자유와 '공적 또는 사적으로' 표명할 자유를 구분하고 있다. '개인적으로 또는 타인과 공동체로'는 종교나 신념을 표명하는 양상이 개개인이 각자 개별적으로 표명하는 것인지 아니면 다른 사람과 함께 공동으로 표명하는 것인지를 기준으로 하는 구분이다. '공적 또는 사적으로'는 공공장소에서 공개적으로 표명되는 것인지 아니면 사적 장소에서 비공개적으로 표명되는지를 기준으로 하는 구분으로 이해된다. 따라서 어떤 사람은 공공장소에서 혼자서 공개적으로 자신의 종교나 신념을 표명할 수도 있고, 사적이고 개인적인 장소에서 홀로 자신의 종교나 신념을 표명할 수도 있으며, 다른 사람들과 함께 공공장소에서 공개적으로 종교나 신념을 공동으로 표명할 수도 있고, 다른 사람들과 함께 사적이면서 비공개적인 장소에 모여 종교나 신념을 표명할 수도 있는 것이다.

나. 종교나 신념을 표명하는 방식

사상, 양심 및 종교의 자유를 외부적으로 표명함에는 여러 가지 방식이 있을 수 있다. 경우에 따라서는 자유권규약 제19조에서 보장하는 표현의 자유나 제21조에서 규정하는 집회의 자유, 제22조의 결사의 자유도 그 방식이 될 수 있다. 그렇지만 제18조를 해석함에 있어서는 제1항에 명시적으로 규정된 방식들에 초점을 두어야 하고, 명시적으로 규정된 표명의 방식에 대한 해석을 통해 제18조에 의한 사상, 양심 및 종교의 자유에 관한 보장 범위를 검토해 볼 수 있을 것이다. 다만, 제18조 제1항에 명시된 예배, 의식, 실천 및 교육이 각각 명확히 구분될 수 있는 것이 아니라는 측면에서, 제18조 제1항에 규정된 표명의 방식들은 열거적인 것이 아니라 예시적인 것으로 봄이 타당하며, 예배, 의식, 실천 및 교육에 의하여 종교나 신념을 표명할 자유는 광범위한 행위를 포괄하는[84] 것으로 폭넓게 해석될 필요가 있다.

(가) 예배

예배의 개념은 그 믿음을 직접적으로 나타내는 종교적인 제례행위(ritual acts)나 의식행위(ceremonial acts)뿐만 아니라 그러한 제례행위나 의식행위에 불가결한 예배장소의 건립, 제례의 절차나 물건의 사용, 상징물의 전시, 축일과 안식일의 준수 등의 다양한 실행행위에까지 확대된다.[85]

---

84) HRC General Comment No.22(1993), para.4.
85) HRC General Comment No.22(1993), para.4.

(나) 의식 및 실천

종교나 신념의 의식 및 실천은 의식행위뿐만 아니라 식사규정의 준수, 특유한 의복이나 머리덮개의 착용, 인생의 특정 단계와 연관된 종교전례에의 참여, 일정 집단에 의하여 관습적으로 사용되는 특정 언어의 사용과 같은 관행까지도 포함할 수 있다.[86]

개인통보사건을 통해 주장된 의식 및 실천의 예로는 '턱수염'(beard)[87]을 기르는 것, '헤드스카프'(headscarf)[88] 또는 '히잡'(hijab),[89] '니캅'(niqab),[90] '터번'(turban),[91] '케스키'(keski)[92]의 착용 등이 있었다. '가발'(wig)의 경우에 일반적으로는 종교적 의미나 중요성이 갖는 것으로 인정되지 않겠으나, 이슬람교도 여성인 통보인이 종교적 신념에 따라 머리카락을 가리기 위해 헤드스카프 대신에 가발을 착용한 개인통보사건에서, 자유권규약위원회는 통보인이 가발을 착용한 종교적 목적과 그에 대한 제한 이유를 고려하여 자유권규약 제18조 제1항의 범위에 해당한다고 보았다.[93]

(다) 교육

교육은 종교 학교나 공립학교에서 이루어지는 교육은 물론 기타 비공식적으로 내지 선교를 통해 이루어지는 일체의 교육까지도 포함한다.[94] 또한 종교단체의 기본적인 업무 수행에 불가결한 행위들 특히 그 종교지도자, 사제 및 교사를 선정할 자유, 신학교나 종립학교를 설립할 자유, 종교 서적이나 출판물을 마련하고 배포할 자유도 교육에 포함된다.[95]

---

86) HRC General Comment No.22(1993), para.4.

87) *Boodoo v. Trinidad and Tobago*, Communication No. 721/1996(2002), para.2.4.

88) *Hudoyberganova v. Uzbekistan*, Communication No. 931/2000(2004), para.2.1; *F.A. v. France*, Communication No. 2662/2015(2018), para.2.2.

89) *Z.B.E. v. Spain*, Communication No. 3085/2017(2019), para.1.

90) 얼굴 전면을 덮는 베일. *Sonia Yaker* v. France, Communication No. 2747/2016(2018), para.2.1.

91) *Singh Bhinder v. Canada*, Communication No.208/1986(1989), para.2.7; *Ranjit Singh v. France*, Communication No. 1876/2009(2011), para.3.1; *Mann Singh v. France*, Communication No. 1928/2010(2013), para.2.2.

92) 시크교에서 성스럽게 생각하는 자르지 않은 긴 머리카락을 가리기 위한 미니터번으로 종종 사용되는 어두운 색상의 작고 가벼운 터번의 한 종류로, 젊은이들이 큰 터번을 하기 전에 착용하거나 큰 터번 대신에 착용하곤 한다. *Bikramjit Singh v. France*, Communication No. 1852/2008(2012), para.2.3.

93) *Seyma Türkan v. Turkey*, Communication No. 2274/2013(2018), para.7.3.

94) Nowak's CCPR Commentary(2019), p.519(para.37).

95) HRC General Comment No.22(1993), para.4.

4. 제한 가능성

제18조는 사상의 자유, 양심의 자유, 스스로 선택하는 종교나 신념을 가지거나 받아들일 자유와 종교나 신념을 표명할 자유를 구별하여 규율하고 있다. 제18조 제3항의 제한은 종교나 신념을 표명할 자유에 한정된다. 따라서 사상의 자유, 양심의 자유나 자기가 스스로 선택하는 종교나 신념을 가지거나 받아들일 자유에 관하여는 어떠한 제한도 허용되지 않고, 무조건적으로 보호된다.[96]

Ⅲ. 종교나 신념을 가지거나 받아들일 자유에 대한 강제 금지

제18조 제2항은 종교나 신념을 가지거나 받아들일 권리를 침해할 수 있는 강제를 금지하고 있는데, 이러한 강제에는 그 종교적 신념이나 집회에 충실하도록 강제하기 위하거나, 그 종교나 신념을 부인하도록 강제하기 위하여 또는 그 종교나 신념을 개종하도록 강제하기 위하여 물리적인 폭력이나 형사제재를 가할 위협을 하는 것을 포함하며, 그 대상자가 신자인지 비신자인지는 관계없다.[97] 종교적 성격을 갖지 않는 모든 신념의 보유자도 동일한 보호를 받는다.[98] 또한 제18조 제2항에 따라, 어떤 사람도 자신의 사상을 드러내거나 특정 종교 혹은 신념에 대한 지지를 드러내도록 강요받지 않아야 한다.[99]

이와 관련하여 개인통보사건 중 재판에 증인으로 참석한 '무신론자'(atheist)인 통보인들이 증인신문을 위한 선서를 할 때에 그리스 형사소송법 제218조에 따른 신에게 맹세하는 기독교식 선서(Christian oath)가 아닌 같은 법 제220조 제2항에 따른 시민의 선서(civil oath)를 허가받기 위해서 자신들이 기독교 신앙을 갖고 있지 않음을 표명하도록 강제되었다고 주장한[100] 사건이 있었다. 이에 대해 당사국은 같은 법 제218조 및 제220조에 따라 자신의 신앙을 실제로 표명하지 않고도 종교적 선서와 시민의 선서 중 하나를 선택할 수 있다고 주장했는데,[101] 결국 자유권규약위원회는 해당 사건에서 사실과 법률 모두에 대해 다툼이 있는 해석을 일치시킬 수 없었다고 하면서, 청원인들이 심사적격을 위해 자신들의 주장을 증명하는데 실패했다고 하여 해당 청원을 심리부적격으로 판단했고[102] 이에 따라 본안에 대

---

96) HRC General Comment No.22(1993), para.3.
97) HRC General Comment No.22(1993), para.5.
98) HRC General Comment No.22(1993), para.5.
99) HRC General Comment No.22(1993), para.3.
100) *Vassilari et al. v. Greece*, Communication No. 1570/2007(2009), paras.2.5 and 5.5.
101) *Vassilari et al. v. Greece*, Communication No. 1570/2007(2009), para.4.7.

한 판단이 이루어지지는 않았다.

교육, 의료, 고용, 선거권, 피선거권, 공무담임권 기타 자유권규약의 규정에 의하여 보장된 권리에의 접근을 제한하는 것과 동일한 의도나 효과를 가진 정책이나 관행도 제18조 제2항에 위배되는 금지되는 강제의 예에 해당한다.[103]

이와 관련하여 독실한 '동방정교 신자'(Orthodox Christian)인 통보인이 벨라루스에서 새로 도입한 모든 시민에게 개인식별번호(personal identity number)가 부여된 여권에 대하여 이름을 숫자로 대체하는 것이 품위를 손상시키는 것이며 하느님의 형상으로 창조된 개인을 영혼이 없는 물건과 동일시하는 반기독교적 상징주의라는 이유로 개인식별번호가 없는 여권의 발급을 요청하였으나 거절된 다음 유효한 신분증명서가 없는 상태로 지내다가 퇴직하면서 신청한 연금 승인이 거부되자,[104] 당국이 자신의 종교적 신념을 모욕하는 개인식별번호가 없는 여권의 발급을 거부하고 그 후 신형 여권을 제시할 수 없다는 이유만으로 연금 승인을 거부한 것은 자유권규약 제18조 제1항 및 제2항에 따른 자신의 권리를 침해하는 강제라고 주장한[105] 개인통보사건이 있었다. 다만, 자유권규약위원회는 해당 사건에서 신형 여권을 획득하는 외에 다른 신분증명서류를 제출하여 연금에 대한 권리를 입증할 가능성이 없다는 점을 통보인이 증명하지 못했다고 판단하여 심리부적격 결정을 했고,[106] 이에 따라 본안에 대한 판단은 이루어지지 않았다.

자녀의 종교나 신념을 강제당하지 않을 자유는 자유권규약 제18조 제4항에 따라 부모의 종교 내지 신념에 따라 자녀를 교육할 권리로 인해 제한될 수 있다. 따라서 자녀가 부모의 바램에 따라 특정 종교집단에 가입하기 위해 세례를 받는 것은 그 자녀가 미성년자로서 부모나 종교단체 혹은 국가에 의하여 허용될 수 없는 영향을 받음이 없이 자율적으로 결정할 수 있었던 경우라면 자유권규약 위반이 문제되지 않는다.[107]

한편 자유권규약위원회는 양심적 병역거부권에 대한 견해를 변경하여 양심적 병역거부권이 사상·양심·종교의 자유에 대한 권리에 내재되어 있다[108]고 하면서 어떤 개인이라도 자신의 종교나 신념과 조화될 수 없다면 의무군복무를 면제받을 권리가 있고, 이 권리는 강제로 침해되어서는 안 된다[109]고 판단해오고 있다. 양심적 병역거부권에 관하여는 뒤에 관련

---

102) *Vassilari et al. v. Greece*, Communication No. 1570/2007(2009), para.6.4.

103) HRC General Comment No.22(1993), para.5.

104) *Tatyana Yachnik v. Belarus*, Communication No. 1990/2010(2014), paras.2.1-2.4.

105) *Tatyana Yachnik v. Belarus*, Communication No. 1990/2010(2014), para.3.1.

106) *Tatyana Yachnik v. Belarus*, Communication No. 1990/2010(2014), para.8.4.

107) Nowak's CCPR Commentary(2019), p.508(para.21).

108) *Jeong et al. v. Republic of Korea*, Communications No. 1642-1741/2007(2011), para. 7.3.

문제를 통해 상술한다.

Ⅳ. 종교나 신념을 표명할 자유에 대한 제한

1. 의의

자유권규약 제18조 제3항에서는 종교나 신념을 표명할 자유에 대해 일정한 요건을 충족하는 경우 제한을 허용하고 있다. 자유권규약위원회는 자유권규약 제18조 제3항이 엄격하게 해석되어야 한다는 입장을 밝히고 있다.[110] 제18조 제3항은 제한이 법률에 의하여 규정되고 공공의 안전, 질서, 보건, 도덕 또는 타인의 기본적 권리 및 자유를 보호하기 위하여 필요한 경우에만 종교나 신념을 표명할 자유에 대한 제한을 허용하고 있다. 따라서 제18조 제2항에 규정된 종교나 신념을 가지거나 받아들임에 있어서 강제 받지 않을 자유와 제18조 제4항에 규정된 자녀의 종교·도덕 교육에 대한 부모 및 법정후견인의 자유는 제18조 제3항에 따라 제한될 수 없다.[111] 그리고 종교나 신념을 표명할 자유에 대하여 부과된 제한은 제18조에서 보장된 권리를 손상시키는 방식으로 적용되어서는 안 된다.[112]

2. 제한의 요건 일반

사상, 양심 및 종교의 자유에 대한 허용되는 제한이 되려면 제18조 제3항에 규정된 다음의 세 가지 요건이 준수되어야 한다: ① 법률의 규정이 있을 것(prescribed by law), ② 공공의 안전, 질서, 보건, 도덕 또는 타인의 기본적 권리 및 자유를 보호하기 위한 목적이 있을 것(protect public safety, order, health or morals of the fundamental rights and freedoms of others), ③ 제한이 위 ②에 나열된 목적 달성을 위해 필요할 것(necessary). 이러한 규정 형식은 기본적으로 자유권규약의 다른 제한 규정들과 같다.[113]

---

109) *Jeong et al. v. Republic of Korea*, Communications No. 1642-1741/2007(2011), para. 7.3.
110) HRC General Comment No.22(1993), para.8.
111) HRC General Comment No.22(1993), para.8.
112) HRC General Comment No.22(1993), para.8.
113) 제12조 제3항 "위에 언급된 권리는 법률에 의하여 규정되고, 국가안보, 공공질서, 공중보건이나 도덕, 또는 타인의 권리와 자유를 보호하기 위하여 필요하고, 이 규약에서 인정되는 그 밖의 권리와 부합하는 제한을 제외하고는 어떤 제한도 받지 않는다",
제19조 제3항 "이 조 제2항에 규정된 권리의 행사에는 특별한 의무와 책임이 따른다. 따라서 그러한 권리의 행사는 일정한 제한을 받을 수 있다. 다만, 그 제한은 법률에 규정되고 다음 사항을 위하여 필요한 경우로 한정된다. 가. 타인의 권리 또는 평판의 존중, 나. 국가안보, 공공질서, 공중보건, 또는 공중도덕의 보호",

제한의 허용성을 살필 때는 자유권규약의 다른 규정들을 함께 고려해야 한다. 제20조에서 '전쟁을 위한 어떠한 선전'이나 '차별, 적의 또는 폭력의 선동에 해당되는 민족, 인종 또는 종교에 대한 증오의 고취'는 법률로 금지된다고 규정하고 있는 바에 따라, 종교나 신념에 대한 어떠한 표명도 '전쟁을 위한 선전'이 되어서는 안 되며, '차별, 적의 또는 폭력의 선동에 해당되고 민족, 인종 또는 종교에 대한 증오의 고취'가 되어서는 안 된다.[114][115] 제20조 제2항에서 예정하고 있는 '차별, 적의 또는 폭력의 선동에 해당되는 민족, 인종 또는 종교에 대한 증오의 고취'를 법률로 금지하는 조치는 종교적 소수자 및 여타 종교단체의 제18조 및 제27조에 의하여 보장된 권리를 행사할 권리에 대한 침해 그리고 종교적 소수자 및 여타 종교단체를 향한 폭력이나 박해 행위로부터의 중요한 보호수단에 해당한다.[116] 제18조 제3항에 따라 허용되는 제한의 범위를 해석함에 있어서 인종, 피부색, 성별, 언어, 종교, 정치적 또는 그 밖의 의견, 민족적 또는 사회적 출신, 재산, 출생 또는 그 밖의 신분 등 제2조, 제3조 및 제26조에 명시된 모든 사유에 대한 평등권과 차별받지 않을 권리를 포함하여 자유권규약에 따라 보장된 권리들을 보호하기 위한 필요에서부터 시작하여 다음 단계로 나아가야 한다.[117]

종교나 신념을 표명할 자유에 대한 제한은 차별적인 목적을 위해 부과되어서는 안 되며, 차별적인 방식으로 적용되어서도 안 된다.[118] 어떤 종교가 국교로 승인되었다거나 어떤 종교가 공식적·전통적으로 창립되었다거나 또는 어떤 종교의 신도가 인구의 대다수를 차지한다는 사실이 그 자체로 제18조에 따른 종교의 자유에 대한 권리 혹은 제27조에 따른 소

제21조 "평화적인 집회의 권리가 인정된다. 이 권리의 행사에 대하여는 국가안보, 공공안전, 공공질서, 공중보건 또는 공중도덕의 보호, 또는 타인의 권리 및 자유의 보호를 위하여 민주사회에서 필요하며 법률에 합치되게 부과되는 제한 이외의 어떠한 제한도 부과될 수 없다",
제22조 제2항 "이 권리의 행사에 대하여는 국가안보, 공공안전, 공공질서, 공중보건 또는 공중도덕의 보호, 또는 타인의 권리 및 자유의 보호를 위하여 민주사회에서 필요하며 법률에 규정된 제한 이외의 어떠한 제한도 부과될 수 없다. 이 조는 군대와 경찰의 구성원이 이 권리를 행사하는 데 대하여 합법적인 제한을 부과하는 것을 방해하지 않는다."

114) HRC General Comment No.22(1993), para.7.
115) 자유권규약위원회는 제20조가 온전히 효과를 발하기 위해서는 제20조에 기술된 '전쟁을 위한 선전'과 '차별, 적의 또는 폭력을 선동하는 민족적·인종적·종교적 증오의 고취'가 공공정책에 위배된다는 점을 명시하고 위반 사례에 대하여 상응하는 제재를 규정한 법률이 존재해야 한다고 하였으며, 당사국으로서는 스스로 그러한 선전 및 고취를 하지 않도록 자제하는 것은 물론 제20조에 따라 필요한 입법적 조치를 취할 의무를 충실히 이행하는데 필요한 조치를 채택해야 한다는 견해를 제시하였다. HRC General Comment No.11(1983), para.2.
116) HRC General Comment No.22(1993), para.9.
117) HRC General Comment No.22(1993), para.8.
118) HRC General Comment No.22(1993), para.8.

수민족이 그들 자신의 종교를 표명하고 실행할 권리의 향유에 대한 침해 혹은 신자가 아닌 사람이나 다른 종교를 추종하는 사람에 대한 차별이 되는 것은 아니지만, 그러한 사실로 인해 이와 같은 침해나 차별이 초래되어서는 안 된다.[119] 마찬가지로 일련의 신념이 헌법, 법령, 집권당의 선언문 등에서 혹은 실제 관행에 있어서 공식이념으로 다루어진다고 하더라도 그 자체로 제18조에 따른 사상, 양심 및 종교의 자유가 침해되거나 그 공식이념을 받아들이지 않거나 그에 반대하는 사람에 대한 차별이 되는 것은 아니지만, 그러한 침해나 차별로 이어져서는 안 된다.[120] 정부업무를 위한 임명자격을 지배적인 종교의 신자들로 제한하는 조치, 지배적인 종교의 신자들에게 경제적 특혜를 주는 조치, 다른 신앙의 실행에 특별한 제약을 부가하는 조치와 같이 신자가 아닌 사람이나 다른 종교를 추종하는 사람을 차별하는 일정한 조치들은 종교나 신념을 이유로 한 차별금지와 제26조에 따른 어떠한 차별도 없이 법의 평등한 보호를 받을 권리 보장과 일치하지 않는다.[121]

3. 법률의 규정에 의한 제한

법률의 규정이 있을 것이라는 요건에서 '법률'이란 입법권을 가진 의회가 제정한 형식적 의미의 법률을 의미한다. 또한 성문화되지 않았지만 성문법과 동일한 효력을 가지는 관습법 역시 여기서의 '법률'에 해당한다고 보기도 한다.[122] 그렇지만 이는 구체적인 사정에 따라 다를 수 있다. 특히 제한의 수단으로 형벌을 택한다면 관습형법은 원칙적으로 금지되기 때문이다. 개별 사안별로 검토가 필요하다고 본다.

자유권규약위원회는 니캅(niqab)을 착용하고 길을 가던 이슬람교도인 통보인이 공공장소에서 얼굴을 가리는 복장을 착용한 경범죄로 기소되어 프랑스 지방법원에서 150 유로의 벌금을 지불하라는 명령을 받게 되자[123] 해당 유죄판결이 자유권규약 제18조에 따른 권리를 침해한다고 주장하며 제기한 개인통보 사건에서,[124] 자유권규약위원회는 공공장소에서 얼굴을 가리기 위한 의도의 복장을 금지하는 프랑스 법률 제2010-1192호가 통보인이 착용하는 니캅에 적용될 수 있고 그 결과 통보인이 자신의 종교적 접근에 해당하는 복장을 포기하도록 강요받거나 형사처벌의 위험에 처할 수 있으므로 해당 법률에 따라 도입된 금지가 자유권규약 제18조 제1항의 의미 내에서 자신의 신념이나 종교를 표명할 통보인의 자유의

---

119) HRC General Comment No.22(1993), para.9.
120) HRC General Comment No.22(1993), para.10.
121) HRC General Comment No.22(1993), para.9.
122) Nowak's CCPR Commentary(2019), p.524(para.46).
123) *Sonia Yaker v. France*, Communication No. 2747/2016(2018), para.2.2.
124) *Sonia Yaker v. France*, Communication No. 2747/2016(2018), para.8.2.

제한에 해당한다고 판단했다.[125]

형법 위반과 종교를 표명할 자유에 대한 제한과의 관계에 관하여, 자유권규약위원회는 사이언톨로지교 영적연합회(Association spirituelle de l'Eglise de scientologie)의 사무총장 및 대표인 통보인들이[126] 사이언톨로지교의 교리를 가장한 심리적 통제를 행사하여 조직적 사기범죄(gang fraud)를 저질렀다는 이유로 프랑스 법원에서 유죄판결을 선고받자[127] 자신들에 대한 판결이 자신의 종교를 실행하고 표명할 권리에 대한 자유권규약 제18조 제3항에 따라 정당화될 수 없는 국가의 간섭이라고 주장[128]하며 제기한 개인통보 사건에서, 단지 어떤 종파에 소속되어 있다는 사실이 국내 형법의 면제사유가 되는 것은 아니라는 점을 지적했고, 유죄판결이 형법 위반의 결과가 아니라 오히려 오직 사이언톨로지교의 구성원이라는 사정에 기인한 것이라는 결론에 이를만한 관련 정보를 통보인들이 제공하지 못했다는 이유로 자유권규약 제18조 위반이라고 할 수 없다고 결정한 바 있다.[129]

법률에 규정된 제한인지 여부에 대하여 통보인과 당사국의 주장이 일치되지 않는 경우에, 자유권규약 제18조 제3항의 다른 요건으로 침해 여부를 판단할 수 있다면, 자유권규약위원회는 법률에 규정된 제한인지 여부에 대한 판단을 유보하는 입장을 보이기도 한다. 이슬람교도 여성인 통보인이 종교적 신념에 따라 머리카락을 가리기 위해 헤드스카프 대신에 가발을 착용했음을 이유로 대학이 통보인의 등록을 거부한 개인통보사건에서, 통보인은 가발은 물론 헤드스카프의 착용도 법적으로 금지된 것이 아니라고 주장한 반면에 당사국은 헤드스카프 착용에 대한 제한이 법률에 근거한 '2006년 학생 선발 및 배치, 고등교육 프로그램 및 정원에 관한 핸드북'에 기술되어 있으므로 법률로 마련된 것이라고 주장한데 대하여, 자유권규약위원회에는 자유권규약 제18조 제1항에 열거된 권리에 대한 제한은 제18조 제3항의 다른 요건에도 부합해야 하기 때문에 이 문제를 해결할 필요가 없다고 설시했다.[130]

4. 제한의 목적

종교나 신념을 표명할 자유에 대한 제한은 제18조 제3항에 규정된 목적을 위한 경우에만 적용될 수 있다.[131] 따라서 제18조는 자유권규약 제4조 제2항에 규정된 공공의 비상사태의

---

125) *Sonia Yaker v. France*, Communication No. 2747/2016(2018), para.8.3.
126) *Rosenberg and Jacquart v. France*, Communication No. 2584/2015(2020), para.2.1.
127) 통보인들에게는 징역 2년의 집행유예 및 벌금 30,000 유로의 판결이 선고되었다. *Rosenberg and Jacquart v. France*, Communication No. 2584/2015(2020), para.2.8.
128) *Rosenberg and Jacquart v. France*, Communication No. 2584/2015(2020), para.3.1.
129) *Rosenberg and Jacquart v. France*, Communication No. 2584/2015(2020), para.10.4.
130) *Seyma Türkan v. Turkey*, Communication No. 2274/2013(2018), para.7.5.

시기에조차 그 위반이 허용되지 않으며, 이러한 사실은 사상, 양심 및 종교의 자유가 근본적인 자유임을 반영한 것이다.[132]

가. 공공의 안전

종교나 신념을 표명할 자유는 사람들의 안전을 위협하는 특정한 위험을 야기한다면 제한될 수 있고 그래야 한다.[133] 자유권규약이 제한의 목적으로 '공공의 안전'을 규정한 것은 바로 이 때문이다. '국가안보'는 제12조 제3항(거주·이전의 자유), 제13조(외국인 추방에 대한 절차적 권리), 제14조 제1항(공개재판을 받을 권리), 제19조 제3항 나호(표현의 자유), 제21조(평화적인 집회의 권리), 제22조 제2항(결사의 자유)에서 자유권규약에 따라 보장된 자유와 권리에 대한 제한을 허용하는 근거로 규정되어 있으나, 제18조 제3항에서는 허용되는 제한의 목적으로 '국가안보'를 명시하지 않고 있으므로, '국가안보'을 이유로 한 종교나 신념을 표명할 자유에 대한 제한은 허용되지 않는다.[134] 이러한 규정들 그리고 자유권규약 제4조 제2항과의 관계상 '공공의 안전'은 국가안보보다 좁게 해석되어야 한다.[135][136]

공공의 안전과 관련하여, 캐나다 국영철도회사에서 근무하던 시크교도인 통보인이 '안전모 구역'(hard hat area)에서 모든 근로자에게 안전헤드기어를 착용하도록 한 회사의 새로운 안전모규정에도 불구하고 남성의 머리복장(headwear)은 터번(turban)으로만 이루어져야 한다는 '시크교'(Sikh religion)의 기본 교리를 이유로 해당 규정의 준수를 거부하고 다른 직위로의 전보도 거절한 결과 회사로부터 해고되자[137] 안전모규정에 따라 자신의 종교적 신념을 표명할 권리가 침해되었다며[138] 제기한 개인통보사건에서, 통보인은 자신의 안전헤드기어 착용 거부로 야기되는 안전상의 위험이 자신에게 국한된 것이기 때문에 안전모규정이 공공의 안전을 보호하기 위해 필요한 제한이 아니라고 주장하였으나,[139] 자유권규약위원회는 자유권규약 제18조 제3항에 명시된 사유[140]에 의해 정당화되는 제한이라고 판단했다.[141]

131) HRC General Comment No.22(1993), para.8.

132) HRC General Comment No.22(1993), para.1.

133) Nowak's CCPR Commentary(2019), p.526(para.50).

134) HRC General Comment No.22(1993), para.8.

135) Nowak's CCPR Commentary(2019), p.526(para.50).

136) 이에 대하여 다수의 국가안보를 위한 제한들이 공공질서를 이유로 한 제한으로 허용될 수 있다는 견해도 있다. Joseph & Castan's Commentary(2013), p.573(para.17.30).

137) *Singh Bhinder v. Canada*, Communication No.208/1986(1989), paras.2.1, 2.3 and 2.7.

138) *Singh Bhinder v. Canada*, Communication No.208/1986(1989), para.3.

139) *Singh Bhinder v. Canada*, Communication No.208/1986(1989), para.3.

140) 자유권규약위원회가 명시된 사유로 공공의 안전을 특정하여 언급하지는 않았다.

나. 질서

종교나 신념을 표명할 자유는 질서의 유지를 위해서도 제한될 수 있다. 여기서 질서가 단순히 '질서'를 의미하는지 아니면 '공공의 질서'를 의미하는지 해석의 문제가 있다. 그러나 자유권규약의 프랑스어판에서는 'de la sécurité, de l'ordre et de la santé publique'라고 되어있는데 여기서 뒤의 '공공의'가 앞선 '안보'와 '질서', '건강'을 모두 수식하는 것은 분명하다. 따라서 영어판에서도 public이 order도 수식한다고 봄이 옳다. 다만 공공의 질서는 개념의 포괄성으로 인해 남용의 여지가 있으므로 가능하면 좁은 의미로 해석되어야 한다.142)

다. 보건 및 도덕

보건을 위해 종교나 신념을 표명할 자유를 제한하는 예로 전염병에 대한 백신접종을 의무화하는 경우를 상정할 수 있다.143) 도덕이라는 관념은 여러 사회적 전통, 철학적 전통 및 종교적 전통으로부터 도출되므로, 종교나 신념을 표명할 자유에 대한 도덕을 보호하기 위해 필요한 제한은 어느 하나의 전통에서 배타적으로 도출된 것이 아닌 원칙들에 근거해야 한다.144)

라. 타인의 기본적 권리 및 자유

자유권규약 제12조 제2항, 제19조 제3항, 제21조, 제22조 제2항 등과 다르게 제18조에서는 '기본적(fundamental)'이라는 단어가 추가되었다. 이는 사상, 양심, 종교의 자유에 대한 제한을 정당화하는 '타인의 자유 내지 권리'의 범위가 상대적으로 좁다는 것을 의미하는 것으로, 사상, 양심, 종교의 자유의 보장 범위는 그만큼 더 넓게 해석된다.

그렇다면 어떤 권리가 '기본적' 권리에 해당하는가. 단순한 법률상 권리는 제외하고 각국의 헌법에 의해 보장되는 기본권이나 국제인권규약에서 보장하는 자유 내지 권리만이 포함된다고 해석함이 타당하다. 또한 헌법이나 국제인권규약에서 명시적으로 보장하지 않더라도 마땅히 인정되어야 할 권리 내지 자유가 있다면 이 역시 해당될 수 있을 것이다.

---

141) *Singh Bhinder v. Canada*, Communication No.208/1986(1989), para.6.2.
142) 자유권규약 제12조, 제14조, 제19조, 제21조, 제22조의 '공공질서'와 의미가 다르다고 한다. Nowak's CCPR Commentary(2019), pp.526-527(para.51).
143) Nowak's CCPR Commentary(2019), p.527(para.55).
144) HRC General Comment No.22(1993), para.8.

5. 보호하기 위한 필요성

종교나 신념을 표명할 자유에 대한 제한은 그 제한이 기반을 두고 있는 구체적인 필요성과 직접적으로 관련이 있어야 하고, 비례적(proportionate)이어야 한다.145) 비례적이어야 한다는 것은 '비례의 원칙'을 준수해야함을 의미한다. 목적의 정당성, 수단의 적합성, 피해의 최소성, 법익의 균형성으로 요약되는 비례의 원칙의 기준이 동일하게 적용된다고 하겠다.

시크교도이자 인도국민인146) 통보인이 프랑스의 공립 고등학교에서 케스키(keski)를 착용하고 이를 벗기를 거부함으로써 '공립 초·중·고등학교에서 학생이 자신의 종교적 소속을 두드러진 방식으로 표명하는 상징이나 복장을 착용하는 것이 금지된다'는 2004년 3월 13일자 법률 제2004-228호를 위반했다는 이유로 학교에서 영구제적된147) 개인통보사건에서, 자유권규약위원회는 케스키를 착용함에 의하여 통보인이 다른 학생들의 권리나 자유 또는 학교 질서에 위협을 가할 수 있다는 설득력 있는 증거를 당사국이 제시하지 못했고 학생을 학교로부터 영구제적하는 제재는 비례적이지 않으며 통보인과 같은 연령대의 사람이 당사국 내에서 받아야 할 교육에 심각한 영향을 미칠 수 있다고 하여 자유권규약 제18조 제2항에 따른 필요성 없이 자신의 종교를 표명하는 자유를 침해한 것이라고 결정했다.148)

이슬람교도 여성인 통보인이 종교적 신념에 따라 머리카락을 가리기 위해 헤드스카프 대신에 가발을 착용했음을 이유로 대학이 통보인의 등록을 거부한 개인통보사건에서, 자유권규약위원회는 자신의 종교를 표명하는 자유에 대한 제한에 해당하는 대학의 통보인에 대한 등록 거부가 어떻게 공공의 안전, 질서, 보건 또는 타인의 기본적 권리 및 자유를 보호하기 위한 합법적인 목적에 기여하는지 여부 그리고 어떻게 그러한 목적에 필요하고 비례적이었는지를 당사국이 설명하고자 시도하지 않았던 점과 이와 같이 그 목적에 관하여 명확한 정당화 사유가 없는 폭넓은 제한으로 통보인이 대학 공부를 계속할 기회를 상실했다는 점에 주목하여 자유권규약 제18조에 따른 통보인의 권리 침해라고 판단했다.149)

사립아동보육센터에서 영유아 교사로 근무하면서 종교적 신념 때문에 헤드스카프를 착용해오던 통보인이 육아휴직을 마치고 복직하기 직전에 센터내부규정에 따라 헤드스카프를 착용하고 복직하는 것이 허용되지 않는다는 센터장의 통지가 있었음에도 불구하고 헤드스

---

145) HRC General Comment No.22(1993), para.8.
146) *Bikramjit Singh v. France*, Communication No. 1852/2008(2012), para.1.1.
147) *Bikramjit Singh v. France*, Communication No. 1852/2008(2012), para.2.6.
148) *Bikramjit Singh v. France*, Communication No. 1852/2008(2012), para.8.7.
149) *Seyma Türkan v. Turkey*, Communication No. 2274/2013(2018), para.7.6.

카프를 착용하고 복직하여 보고했다는 이유로 '중대한 위법행위'(serious misconduct)에 해당하는 불복종을 이유로 한 해고 통지를 받은[150] 개인통보사건에서, 자유권규약위원회는 헤드스카프의 착용이 그 자체로 개종권유행위(act of proselytism)에 해당하는 것으로 간주될 수 없으며, 헤드스카프의 착용이 어떠한 방식으로 아동보육센터의 목적과 모순되는지를 당사국이 설명하지 않았고, 센터에 다니는 아동과 부모의 기본적 권리와 자유를 침해할 수 있다고 결론짓기에 충분한 정당화 사유도 제공되지 않았으며, 통보인이 이미 오랜 기간 센터에서 헤드스카프를 착용해왔고, 다른 이유 없이 헤드스카프를 벗기를 거부했다는 이유만으로 퇴직금 수령으로부터 배제되는 특히 치욕적인 등급인 '중대한 위법행위'로 해고되는 결과가 야기된 점을 고려할 때, 통보인의 사건에서 부과된 제한 및 그 적용이 의도된 목적에 비례하지 않는다고 보았다.[151]

V. 자녀의 종교·도덕 교육에 대한 부모의 자유

제18조 제4항은 부모 또는 경우에 따라 법정후견인이(이하에서는 서술의 편의상 '부모'라고만 한다) 그들 자신의 신념에 따라 자녀를 종교적 및 도덕적으로 교육할 수 있는 자유가 있음과 이에 대한 존중을 약속할 자유권규약 당사국의 의무를 규정하고 있다. 사회권규약 제13조 제3항에도 유사한 내용이 규정되어 있다.[152] 부모가 자신의 신념에 따라 자녀를 종교적 및 도덕적으로 교육할 수 있는 자유는 제18조 제1항에 명시되어 있는 교육을 통하여 그의 종교나 신념을 표명할 자유의 보장과도 연관되어 있다.[153] 다만, 제18조 제4항을 통해 부모의 자녀교육권을 보장해야할 국가의 적극적 의무가 도출되지는 않는다. 그저 부모가 자신의 신념에 따라 자녀를 교육하는 것을 방해하지 않으면 충분하다. 자녀의 취학 전에는 자녀교육에 국가가 개입할 여지가 적기 때문에 부모의 자녀교육권이 제한 내지 침해될 가

---

150) *F.A. v. France*, Communication No. 2662/2015(2018), para.2.1. and 2.2.

151) *F.A. v. France*, Communication No. 2662/2015(2018), para.8.8. and 8.9.

152) "이 규약의 당사국은 부모 또는 경우에 따라서 법정후견인이 그들 자녀를 위하여 공공기관에 의하여 설립된 학교 이외의 학교로서 국가가 정하거나 승인하는 최소한도의 교육수준에 부합하는 학교를 선택하는 자유 및 그들의 신념에 따라 자녀의 종교적, 도덕적 교육을 확보할 수 있는 자유를 존중할 것을 약속한다."(The States Parties to the present Covenant undertake to have respect for the liberty of parents and, when applicable, legal guardians to choose for their children schools, other than those established by the public authorities, which conform to such minimum educational standards as may be laid down or approved by the State and to ensure the religious and moral education of their children in conformity with their own convictions).

153) HRC General Comment No.22(1993), para.6.

능성이 희박하다.154) 문제는 자녀가 학교에 들어가는 시점부터 발생한다.

1. 자녀의 범위

제18조 제4항에서의 자녀는 자유권규약의 다른 규정들(제23조 제4항이나 제24조)과의 체계적 해석상 18세 미만의 사람이라고 해석함이 무난할 것이다.155)

2. 사립학교에서의 종교 교육

자녀교육권을 보장받는 가장 좋은 방법은 자녀를 부모의 신념과 부합하는 교육관 내지 설립목적을 가지고 있는 사립학교에 보내는 것이다. 재정적인 여유가 있다면 스스로 사립학교를 설립하는 것도 방법이다.156) 만일 국가에서 허용한다면 홈스쿨 제도를 이용하는 것도 좋은 방안이 되겠다. 이처럼 부모가 사립 교육기관을 택한 경우, 국가가 다른 사립학교만을 우대한다면 자유권규약 위반의 문제가 발생한다.157)

3. 국공립학교에서의 종교 교육

종교 및 윤리의 일반적인 역사와 같은 교과목에 대한 국공립학교에서의 교육은 그러한 교육이 중립적이고 객관적인 방식으로 이루어지는 것을 전제조건으로 하여 허용된다.158)

국공립학교에서 교육에 특정 종교나 신념에 대한 교육을 포함시키는 것은 제18조 제4항에 위배되며, 부모나 후견인의 희망 사항을 수용한 차별적이지 않은 면제나 대체교육의 제공이 이루어지는 경우에 한하여 허용될 수 있다.159) 이러한 태도는 *Erkki Hartikainen v. Finland* 사건에서도 확인되었다.160)

---

154) Nowak's CCPR Commentary(2019), p.533(para.65).

155) Nowak's CCPR Commentary(2019), p.532(para.64).

156) Nowak's CCPR Commentary(2019), p.533(para.65).

157) Nowak's CCPR Commentary(2019), p.533(para.66). 같은 취지의 자유권규약위원회 결정으로는 캐나다 온타리오주에서 종교학교 중 카톨릭학교에만 공적 지원이 이루어지고 통보인의 자녀들이 다니는 유대교학교에는 공적 지원이 이루어지지 않은 것이 합리적이고 객관적일 수 없는 차별이라고 판단한 *Waldman v. Canada*, Communication No. 694/1996(1999), para.10.5. 다만 이 사건에서 자유권규약 제26조의 침해는 인정되었지만, 자유권규약 제18조에 대해서는 구체적인 검토가 이루어지지 않았다.

158) HRC General Comment No.22(1993), para.6.

159) HRC General Comment No.22(1993), para.6.

160) *Erkki Hartikainen v. Finland*, Communication No. 40/1978(1984).

4. 자녀의 사상, 양심 및 종교의 자유와의 관계

제18조 제4항에 의해 보장되는 부모의 권리가 자녀의 사상, 양심, 종교의 자유와 충돌하지 않도록 주의해야 한다. 이와 관련해 자유권규약위원회가 자유권규약 제18조 제4항에 따른 부모의 자녀교육권과 같은 조 제1항에 의해 보장되는 자녀의 사상, 양심, 종교의 자유 간에 분명한 한계 설정을 하지 않는다는 지적[161]이 있는가 하면, 아동권리협약 제12조 제1항에 따라 아동의 나이와 성숙도에 따라 아동의 견해에 정당한 비중이 부여되어야 하고 일정한 연령부터는 자녀의 의견이 부모의 자유보다 우선되어야 한다는 의견[162]도 있다. 부모의 권리행사가 지나치다면 자녀에게는 오히려 자유권규약 제18조 제2항에 규정된 '강제'로 다가올 수도 있기 때문에 부모는 이 권리를 행사함에 있어 신중해야 한다. 부모는 자신이 가지는 권리에는 자녀의 복리를 위한 측면도 있음을 잊지 말아야 한다.

VI. 관련 문제

1. 양심적 병역거부권[163]

자유권규약 제18조는 양심적 병역거부권에 관하여 이를 별도로 명시하지 않고 있다.[164] 그러나 UN 인권위원회(Commission on Human Rights)와 UN 인권이사회(Human Rights Council)는 세계인권선언 제18조와 함께 자유권규약 제18조에 규정된 사상, 양심 및 종교의 자유에 대한 권리의 합법적인 행사로 모든 사람에게 '양심적 병역거부권'이 인정된다는 결의를 지속적으로 채택해오고 있다.[165] 자유권규약위원회도 양심적 병역거부권이 자유권규

---

161) Joseph & Castan's Commentary(2013), p.588(para.17.54.)
162) Nowak's CCPR Commentary(2019), p.532(para.64).
163) 이하의 내용은 홍관표, 국제인권규범으로서의 양심적 병역거부권, 공법연구 제49집 제3호(2021), pp.90-105의 내용을 발췌하여 정리한 것이다.
164) '양심적 병역거부'라는 용어는 의외로 자유권규약의 다른 조문에서 확인된다. 자유권규약 제8조 제3항 가호는 "어느 누구도 강제 또는 의무 노동을 하도록 요구되지 않는다"라고 하여 강제 또는 의무 노동을 금지하면서, 같은 항 다호 2)목에서 "양심적 병역거부가 인정되는 국가의 경우, 양심적 병역거부자에게 법률상 요구되는 국민적 역무"는 제3항의 적용상 "강제 또는 의무 노동"이라는 용어에 포함되지 않는다고 규정하고 있다. 양심적 병역거부자에 대한 대체복무가 자유권규약 제8조 제3항 가호에 따라 금지되는 강제 또는 의무 노동이 아니라는 취지의 규정이지만, 이에 기초하여 자유권규약을 성안하는 과정에서 '양심적 병역거부'에 관한 인식이 있었고 '양심적 병역거부'라는 용어가 자유권규약 제8조 제3항 다호 2)목에 사용되었음에도 불구하고 자유권규약 제18조에 '양심적 병역거부'가 포함되지 않은 것이 자유권규약 제18조의 사상·양심·종교의 자유에 양심적 병역거부가 포함되지 않는다는 것을 반증한다는 주장이 제기될 여지가 있다.

약 제18조로부터 도출된다는 입장이다.

가. UN 인권위원회 및 UN 인권이사회 결의를 통한 양심적 병역거부권의 인정

UN 인권위원회는 1987년 3월 10일 제54차 회의에서는 양심적 병역거부가 세계인권선언과 자유권규약에 따라 인정된 사상, 양심 및 종교의 자유에 대한 권리의 합법적인(legitimate) 행사로 고려되어야 한다는 점을 승인하도록 각 국에 호소하는[166][167] 수준의 1987/46호 결의를 채택하는데 그쳤지만,[168] 2년 뒤인 1989년 5월 8일 채택한[169] 1989/59호 결의에서는 세계인권선언 제18조와 자유권규약 제18조[170]를 명시하여 여기에 규정된 바에 따른 사상, 양심 및 종교의 자유에 대한 권리의 합법적인 행사로서의 '양심적 병역거부권'을 인정한다는[171] 점을 공식화하면서 마침내 일반적인 양심적 병역거부권[172]의 존재를 선언했다.[173] 그리고 UN 총회 60/251호 결의[174]로 설립되어 같은 해 6월 19일[175]부터 UN 인권위원회의 역할을 발전적으로 계승하게 된 UN 인권이사회도 이러한 점을 재확인하는 결의[176]를 계속 채택해오고 있다.

나. 자유권규약위원회의 양심적 병역거부권 인정

자유권규약위원회는 1985년 7월 9일 *L. T. K. v. Finland* 개인통보사건에 대해 심리부적격 결정을 하면서 자유권규약 제18조가 양심적 병역거부권을 포괄하고 있는 것으로 해석될

---

165) A/HRC/35/4(2017), para.10.
166) E/CN.4/RES/1987/46(1987), para.1.
167) 원래의 초안의 "determines"(결정한다)를 제안자인 오스트리아 대표가 "appeals"(호소한다)로 수정하여 제안하였고, 이 수정안에 대하여 표결이 이루어졌다. E/CN.4/1987/60(1987), p.242.
168) E/CN.4/1987/60(1987), p.109.
169) E/CN.4/1989/86(1989), p.255.
170) UN 인권위원회가 1995년에 채택한 1995/83호 결의부터는 자유권규약위원회가 1993년 제48차 회기에 채택한 자유권규약 제18조에 관한 일반논평 제22호도 근거로 함께 제시되기 시작한다.
171) E/CN.4/RES/1989/59(1989), para.1.
172) UN 총회는 1978년 12월 20일 제33차 회기 제90차 본회의에서 채택한 33/165호 결의를 통해 모든 사람의 '인종차별정책(apartheid)을 집행하기 위해 이용될 군대나 경찰에 복무하기를 거부할 권리'를 인정한 바 있다. A/RES/33/165(1978), para.1.
173) Jeremy K. Kessler, The Invention of a Human Rights: Conscientious Objection at the United Nations, 1947-2011, Columbia Human Rights Law Review, Vol. 44(2013), p.778.
174) A/RES/60/251(2006).
175) UN 인권이사회의 제1차 회기가 2006년 6월 19일부터 같은 달 30일까지 개최되었다. UN 인권이사회 웹페이지<https://www.ohchr.org/EN/HRBodies/HRC/Pages/AboutCouncil.aspx> 참조.
176) A/HRC/RES/20/2(2012); A/HRC/RES/24/17(2013); A/HRC/RES/36/18(2017).

수 없다는[177][178] 입장을 밝힌 바 있었다.

자유권규약위원회는 이후 1993년에 자유권규약 제18조에 관한 일반논평 제22호[179]을 채택했는데, 바로 이 일반논평 제22호에서부터 자유권규약 제18조가 양심적 병역거부권을 보장하지 않는다고 한 위 개인진정 사건에서의 견해를 변경하여, 양심적 병역거부권이 제18조로부터 도출될 수 있다는 입장을 밝히기 시작했다.[180]

> 자유권규약이 양심적 병역거부권을 명시적으로 언급하고 있지는 않지만, 살상용 무기(lethal force)를 사용해야 할 의무가 양심의 자유 및 종교·신념을 표명할 권리와 심각하게 상충될 수 있기 때문에, 자유권규약위원회는 그러한 권리가 제18조로부터 도출될 수 있다고 믿는다.[181][182]

자유권규약위원회는 1999년 11월 3일 채택한 *Westerman v. Netherlands* 개인통보사건에 대한 결정에서 일단 양심적 병역거부권이 자유권규약 제18조로부터 도출될 수 있다고 한 일반논평 제22호를 재확인했다.[183] 다만 양심적 병역거부의 인정 요건으로 '폭력적 수단의 사용을 이유로 한 극복할 수 없는(insurmountable) 양심적 병역거부'일 것을 요구한 네덜란드법은 자유권규약 제18조에 부합한다고[184] 판단하여 신청인의 통보를 기각했다. 이는 일반논평 제22호 11항 중 '살상용 무기를 사용해야 할 의무'라는 부분에 중점을 둔 판단으로 이해된다.[185]

---

177) *L. T. K. v. Finland*, Communication No. 185/1984(1985) "자유권규약은 양심적 병역거부권을 규정하지 않고 있다; 자유권규약 제18조는 물론 제19조도, 특히 자유권규약 제8조 제3항 (c)호 (ii)목을 고려하면, 그러한 권리를 포괄하고 있는 것으로 해석될 수 없다." A/40/40(SUPP)(1985), p.242.

178) 구체적인 사안을 보면, 진정인이 핀란드의 「비무장 대체복무법」(Unarmed and Alternative Service Act)에 따라 '윤리적 신념에 기초한 진지한 도덕적 고려'를 이유로 병역 거부를 담당기관에 통보했으나 병역심사위원회가 그 증명이 없다고 결정하면서 병역의무의 이행을 명한 사례로, 양심적 병역거부자에 대한 대체복무 자체가 허용되지 않는 경우와는 다른 사례이다. A/40/40(SUPP)(1985), p.240.

179) HRC General Comment No.22(1993).

180) Joseph & Castan's Commentary(2013), p.579.

181) HRC General Comment No.22(1993), para. 11.

182) 다만, 일반논평 제22호의 위 문언으로만 보면, '살상용 무기(lethal force)를 사용해야 할 의무'와의 상충을 논거로 삼고 있기 때문에, 비전투적 업무를 담당하는 군복무에 대한 병역거부와의 관계에 대한 의문이 생길 여지가 있어 보인다.

183) *Westerman v. Netherlands*, Communication No. 682/1996(1999), para. 9.3.

184) *Westerman v. Netherlands*, Communication No. 682/1996(1999), para. 9.5.

185) HR/PUB/12/1(2012), p.10.

그리고 약 7년이 지난 2006년 11월 3일 자유권규약위원회는 드디어 그 설립 이후 최초로 개인통보사건에서 양심적 병역거부와 관련하여 당사국이 자유권규약 제18조 제1항을 위반했다고 판단하고 신청인의 통보를 인용하는 결정을 채택했다.[186] 바로 우리나라를 상대로 윤여범, 최명진 두 사람이 자유권규약위원회에 개인통보를 신청한 *Yoon and Choi v. Republic of Korea* 사건(사건번호 1321/2004호 및 1322/2004호)에 대한 결정이었다.[187] 자유권규약위원회는 자유권규약 제18조에 대한 이해가 문맥과 목적에 비추어 시간에 따라 서서히 변화한다는 입장을 전제로,[188] 진정하게 보유한 종교적 신념의 직접적 표현으로 징집을 거부한 진정인들에 대한 유죄판결 및 형의 선고는 종교·신념을 '표명'할 능력에 대한 제한에 해당하며,[189] 그러한 제한은 자유권규약 제18조 제3항에 의하여 정당화되어야 하는데,[190] 당사국이 이를 증명하지 못했으므로,[191] 당사국은 자유권규약 제18조 제1항을 위반했다고 판단했다.[192] 양심적 병역거부에 대한 이러한 접근방식은 정의민 등 11명이 제기한 총 11건의 *Jung et al. v. Republic of Korea* 사건(사건번호 1593/2007호~1603/2007호)에 대하여 2010년 3월 23일 채택한 결정[193]에서도 유지되었다.

그런데 2011년 3월 24일 자유권규약위원회는 정민규 등 100명이 제기한 총 100건의 *Jeong et al. v. Republic of Korea* 사건(사건번호 1642/2007호~1741/2007호)에 대한 결정[194]을 채택하면서, 양심적 병역거부권의 성격에 관하여 일반논평 제22호 및 기존의 견해들을 변경하는 새로운 해석의견을 제시했다. 즉 자유권규약위원회는 이 결정에서 양심적 병역거부권이 사상·양심·종교의 자유에 대한 권리에 내재되어 있다고 하면서,[195] 어떤 개인이라

---

186) Jeremy K. Kessler(전게주 173), p.753.

187) *Yoon and Choi v. Republic of Korea*, Communications Nos. 1321/2004 and 1322/2004(2006).

188) *Yoon and Choi v. Republic of Korea*, Communications Nos. 1321/2004 and 1322/2004(2006), para. 8.2.

189) *Yoon and Choi v. Republic of Korea*, Communications Nos. 1321/2004 and 1322/2004(2006), para. 8.3.

190) *Yoon and Choi v. Republic of Korea*, Communications Nos. 1321/2004 and 1322/2004(2006), para. 8.3.

191) *Yoon and Choi v. Republic of Korea*, Communications Nos. 1321/2004 and 1322/2004(2006), para. 8.4.

192) *Yoon and Choi v. Republic of Korea*, Communications Nos. 1321/2004 and 1322/2004(2006), para. 9.

193) Jung et al. v. Republic of Korea, Communications Nos. 1593 to 1603/2007(2010).

194) *Jeong et al. v. Republic of Korea*, Communications No. 1642-1741/2007(2011).

195) "The right to conscientious objection to military service inheres in the right to freedom of thought, conscience and religion." *Jeong et al. v. Republic of Korea*, Communications No. 1642-1741/2007(2011), para. 7.3.

도 자신의 종교나 신념과 조화될 수 없다면 의무군복무를 면제받을 권리가 있고, 이 권리는 강제로 침해되어서는 안 된다고[196] 설시했다. 이러한 문구는 '어느 누구도 스스로 선택하는 종교나 신념을 가지거나 받아들일 자유를 침해할 수 있는 강제를 받지 않는다'고 규정한 자유권규약 제18조 제2항을 염두에 둔 것으로, 양심적 병역거부권이 더 이상 '종교나 신념을 표명할 자유'가 아닌 내심의 자유(forum internum)의 영역에 속하는 '스스로 선택하는 종교나 신념을 가지거나 받아들일 자유'라는 해석의견을 명시한 것으로 이해된다. 이에 따르면 진정한 양심적 병역거부자에 대하여 의무군복무를 위해 징집하고 거부하면 제재를 가하는 것은 그 자체로 절대적으로 보호되어야 할 자유권규약 제18조 제1항의 '스스로 선택하는 종교나 신념을 가지거나 받아들일 자유'[197]를 강제로 침해하는 것이 되고, 자유권규약 제18조 제3항에 근거하여 '공공의 안전, 질서, 보건, 도덕 또는 타인의 기본적 권리 및 자유' 보호를 이유로 한 제한을 주장할 여지는 없어지게 된다. 실제로 이 결정에서 자유권규약위원회는 이전의 결정들과 달리 제한의 필요성에 대한 증명 여부를 따로 설시하지 아니한 채, 신청인들에 대한 후속 유죄판결 및 형의 선고가 양심의 자유 침해로 자유권규약 제18조 제1항에 위반한 것이고, 무기사용을 금하는 양심이나 종교적 신념을 지닌 사람에 대하여 이루어진 의무군복무를 위한 징집 거부에 대한 제재는 자유권규약 제18조 제1항에 위배된다고 설시하였다.[198][199] 아울러 자유권규약위원회는 이 결정에서 양심적 병역거부자에게 군의 지휘를 받지 않는 군사 영역 이외의 민간 대체복무를 수행하도록 강제하는 것은 가능하지만, 이러한 민간 대체복무가 징벌적인(punitive) 성격을 가져서는 안 되고, 공동체를 위한 진정한 봉사이면서 인권 존중과 조화를 이루는 것이어야 한다고 설시하여, 양심적 병역거부자에 대한 민간 대체복무의 성격에 관하여도 의견을 밝혔다. 또한 자유권규약위원회는 김용관 등 50명이 제기한 *Yong-kwan Kim et al. v. Republic of Korea* 사건(사건번호 2179/2012호)에 대한 결정에서 병역은 그 자체로 타인의 생명을 박탈할 위험을 지니고 있음이 분명한 수준의 공범으로 개인을 연루시킨다는 점에서 교육이나 납세와 상이하다는 입장

---

196) "The right must not be impaired by coercion."

197) UN 인권최고대표사무소는 UN 인권이사회에 제출한 양심적 병역거부에 관한 분석보고서에서 '자유권규약 제18조 제1항에 따른 종교나 신념을 가질 절대적으로 보호되는 권리'라는 표현을 사용했다. A/HRC/35/4(2017), para. 5.

198) *Jeong et al. v. Republic of Korea*, Communications No. 1642-1741/2007(2011), para. 7.4.

199) 다만 이러한 다수 의견에 대하여 위원 3인(Yuji Iwasawa, Gerald L. Neuman and Michael O'Flaherty)은 양심적 병역거부권을 '종교·신념을 표명할 자유'로 이해하는 기존의 입장을 유지하는 것을 전제로, 유사 사례에서 자유권규약 제18조 제1항 위반을 판단한 우리나라에 대한 종전의 견해와 동일한 내용의 이유 설시가 이루어져야 한다는 개별 의견(individual opinion)을 제시하였다.

을 추가로 밝혔다.200) 양심적 병역거부권이 사상·양심·종교의 자유에 대한 권리에 내재되어 있다는 자유권규약위원회의 입장은 이후의 개인통보에 대한 결정201)에서도 계속 유지되고 있다.

다. 양심적 병역거부권와 대체복무

UN 인권위원회 및 UN 인권이사회가 징병제 국가에서의 대체복무제를 도입을 권고·촉구하고 있으나, 양심적 병역거부권의 인정과 대체복무의 도입이 반드시 결부되어야 하는 것은 아니다. 양심적 병역거부권은 그 행사에 따른 병역의 '면제'와 '불이익 금지'에 초점이 있고, 반드시 징병제 국가에서의 징집병에 한하여 양심적 병역거부권이 문제되는 것은 아니며, 국제적으로 보면 대체복무제 도입 없는 양심적 병역거부의 인정도 가능하기 때문이다. 그렇지만 다른 한편 양심적 병역거부권이 강압에 의하여 침해되어서는 안 된다고 보는 자유권규약위원회도 국가가 양심적 병역거부자에게 민간 대체복무를 수행하도록 강제하는 것은 가능하다는 입장이다.202) 다만, 그러한 대체복무제의 성격은 비전투적이며 민간의 성

---

200) *Yong-kwan Kim et al. v. Republic of Korea*, Communication No. 2179/2012(2014), para.7.3.

201) *Atasoy and Sarkut v. Turkey*, Communication Nos. 1853-1854/2008(2012), para.10.4; *Yong-kwan Kim et al. v. Republic of Korea*, Communication No. 2179/2012(2014), para.7.3; *Zafar Abdullayev v. Turkmenistan*, Communication No. 2218/2012(2015), para.7.7; *Mahmud Hudaybergenov v. Turkmenistan*, Communication No. 2221/2012(2015), para.7.5; *Ahmet Hudaybergenov v. Turkmenistan*, Communication No. 2222/2012(2015), para.7.5; *Japparow v. Turkmenistan*, Communication No. 2223/2012(2015), para.7.6; *Aminov v. Turkmenistan*, Communication No. 2220/2012(2016), para.9.7; *Matyakubov v. Turkmenistan*, Communication No. 2224/2012(2016), para.7.7; *Yegendurdyyew v. Turkmenistan*, Communication No. 2227/2012(2016), para.7.5; *Nasyrlayev v. Turkmenistan*, Communication No. 2219/2012(2016), para.8.7; *Nurjanov v. Turkmenistan*, Communication No. 2225/2012(2016), para.9.3; *Uchetov v. Turkmenistan*, Communication No. 2226/2012(2016), para.7.6; *Durdyyev v. Turkmenistan*, Communication No. 2268/2013(2018), para.7.3; *Juma Nazarov et al. v. Turkmenistan*, Communication No. 2302/2013(2019), para.7.3; *Jong-bum Bae et al. v. Republic of Korea*, Communication No. 2846/2016 (2020), para.7.3.

202) *Jeong et al. v. Republic of Korea*, Communications No. 1642-1741/2007(2011), para.7.3; *Yong-kwan Kim et al. v. Republic of Korea*, Communication No. 2179/2012(2014), para.7.3; *Zafar Abdullayev v. Turkmenistan*, Communication No. 2218/2012(2015), para.7.7; *Mahmud Hudaybergenov v. Turkmenistan*, Communication No. 2221/2012(2015), para.7.5; *Ahmet Hudaybergenov v. Turkmenistan*, Communication No. 2222/2012(2015), para.7.5; *Japparow v. Turkmenistan*, Communication No. 2223/2012(2015), para.7.6; *Aminov v. Turkmenistan*, Communication No. 2220/2012(2016), para.9.7; *Matyakubov v. Turkmenistan*, Communication No. 2224/2012(2016), para.7.7; *Yegendurdyyew v. Turkmenistan*, Communication No. 2227/2012

격을 원칙으로 하면서 공익적이지만 징벌적(punitive) 성격은 아니어야 하며, 양심적 병역거부자의 거부 이유와 조화될 수 있어야 한다. 대체복무의 기간과 조건에 대한 차별은 금지되는데, 자유권규약위원회는 라트비아의 제2차 국가보고서를 심의한 후 채택한 최종견해에서 대체복무기간이 군 복무기간의 2배까지 이른 경우에 차별적이라고 우려한 바 있다.203)

2. 강제송환금지

자유권규약 제18조 위반을 주장하는 개인통보 사건들 중 강제송환금지와 관련된 사건들이 있다. 예를 들어 특정 종교의 신자인 통보인이 본국으로 강제송환되는 경우에 그러한 종교적 신념을 보유하고 있음을 이유로 본국에서 살해당하거나 자의적인 구금 혹은 고문을 당할 우려가 있기 때문에 자신을 본국으로 강제송환하는 것이 자유권규약 제18조 제1항에 위반된다고 주장하는 경우이다. 이러한 사건의 경우에 자유권규약위원회는 생명권에 관한 제6조 그리고 고문 등을 받지 않을 권리에 관한 제7조에 따른 주장과 제18조 제1항에 따른 주장을 분리할 수 없음을 이유로 일단 그 심리적격을 인정한다.204) 다만 자유권규약위원회는 통보인이 자유권규약 제6조 및 제7조에 따른 주장 없이 제2조의 일반의무 위반만을 주장한 경우에는 심리부적격으로 결정했다.205)

자유권규약위원회는 일반논평 제31호(2004년) 12항에서 자유권규약 제2조의 의무는 어떤 사람이 이동되는 국가 또는 순차로 이동될 국가 내에서 자유권규약 제6조 및 제7조에 예견된 것과 같은 '회복할 수 없는 위해(irreparable harm)의 실질적인 위험'이 있다고 믿을 만한 충분한 이유가 있는 경우에 그를 그 영토로부터 범죄인인도, 강제퇴거, 추방 기타 이동시키

(2016), para.7.5; *Nasyrlayev v. Turkmenistan*, Communication No. 2219/2012(2016), para.8.7; *Nurjanov v. Turkmenistan*, Communiction No. 2225/2012(2016), para.9.3; *Uchetov v. Turkmenistan*, Communication No. 2226/2012(2016), para.7.6; *Durdyyev v. Turkmenistan*, Communication No. 2268/2013(2018), para.7.3; *Juma Nazarov et al. v. Turkmenistan*, Communication No. 2302/2013(2019), para.7.3; *Jong-bum Bae et al. v. Republic of Korea*, Communication No. 2846/2016(2020), para.7.3

203) A/59/40(Vol. I)(2004), para. 65(15).

204) *X v. Denmark*, Communication No. 2007/2010(2014), para.8.4; *Z. v. Australia*, Communication No. 2049/2011(2014), para.8.3; *Tatyana Yachnik v. Belarus*, Communication No. 1990/2010 (2014), para.6.5 and 6.6; *Z v. Denmark*, Communication No. 2329/2014(2015), paras.6.4 and 6.5; *A and B v. Denmark*, Communication No. 2291/2013(2016), para.7.4; *J.D. v. Denmark*, Communication No. 2204/2012(2016), paras.10.7 and 10.10; *F. and G. v. Denmark*, Communication No. 2593/2015(2017), para.7.6; *M.M. v. Denmark*, Communication No. 2345/2014 (2019), para.7.7.

205) *Ch.H.O. v. Canada*, Communication No. 2195/2012(2016), paras.9.4 and 9.5.

지 않을 의무를 포함한다고 밝힌 바 있다.[206] 자유권규약위원회는 강제송환금지와 연계하여 자유권규약 제18조 위반을 주장하는 개인통보 사건들에 대한 본안 심사에서, 위 일반논평 제31호(2004년) 12항을 기반으로 하여, 위험이 통보인 개인에 대한 것인지 그리고 회복할 수 없는 위해의 실질적인 위험이 존재한다는 점을 증명할 충분한 근거를 제공하기 위한 높은 기준점을 충족하는지 여부에 따라 당사국이 자유권규약 제6조 및 제7조를 위반하였는지를 심사해오고 있다.[207] 당사국이 제6조 및 제7조에 따른 강제송환금지의무를 위반한 것으로 판단하는 경우에,[208] 자유권규약위원회는 제18조 제1항에 관하여는 별도로 심사하지 않는다.[209]

자유권규약위원회는 강제송환될 경우 개인에 대한 회복할 수 없는 해악의 실질적 위험이 존재하는지 여부를 판단함에 있어서, 송환될 본국의 일반적인 인권상황을 포함한 모든 관련 요소 및 환경이 고려되어야 한다고 판단했다.[210] 다만, 자유권규약위원회는 그 위험의 존재 여부에 대한 평가가 명백히 자의적이거나 명백한 오류 또는 부정의에 이른 것으로 증명될 수 있는 경우가 아닌 한, 이러한 위험의 존재 여부를 결정하기 위하여 사실과 증거를 조사하는 것은 당사국의 기관이 담당하는 것이 일반적이라는 입장이다.[211] 이는 특별한 사

---

206) HRC General Comment No.31(2004), para.12.
207) *X v. Denmark*, Communication No. 2007/2010(2014), para.9.2; *Z v. Denmark*, Communication No. 2329/2014(2015), para.7.2; *A and B v. Denmark*, Communication No. 2291/2013(2016), para.8.3; *J.D. v. Denmark*, Communication No. 2204/2012(2016), para.11.3; *F. and G. v. Denmark*, Communication No. 2593/2015(2017), para.8.2; *M.M. v. Denmark*, Communication No. 2345/2014(2019), para.8.3.
208) 강제송환금지의무 위반으로 판단한 사건으로, *X v. Denmark*, Communication No. 2007/2010(2014), para.9.3; *F. and G. v. Denmark*, Communication No. 2593/2015(2017), para.8.5.
209) *X v. Denmark*, Communication No. 2007/2010(2014), *Z. v. Australia*, Communication No. 2049/2011(2014), para.9.7; para.9.4; *Z v. Denmark*, Communication No. 2329/2014(2015), para.7.4; *A and B v. Denmark*, Communication No. 2291/2013(2016), para.8.6; *F. and G. v. Denmark*, Communication No. 2593/2015(2017), para.8.6.
210) *X v. Denmark*, Communication No. 2007/2010(2014), para.9.2; *Z v. Denmark*, Communication No. 2329/2014(2015), para.7.2; *A and B v. Denmark*, Communication No. 2291/2013(2016), para.8.3; *J.D. v. Denmark*, Communication No. 2204/2012(2016), para.11.3; *F. and G. v. Denmark*, Communication No. 2593/2015(2017), para.8.2; *M.M. v. Denmark*, Communication No. 2345/2014(2019), para.8.3.
211) *Z. v. Australia*, Communication No. 2049/2011(2014), para.9.3 and 9.4.; *Tatyana Yachnik v. Belarus*, Communication No. 1990/2010(2014), para.7.3; *Z v. Denmark*, Communication No. 2329/2014(2015), para.7.4; *A and B v. Denmark*, Communication No. 2291/2013(2016), para.8.3; *J.D. v. Denmark*, Communication No. 2204/2012(2016), para.11.4; *F. and G. v. Denmark*, Communication No. 2593/2015(2017), para.8.2; *M.M. v. Denmark*, Communication No. 2345/2014

정이 없는 한 자유권규약위원회가 당사국 기관의 행한 위험의 존재 여부에 대한 조사 및 평가 결과를 존중한다는 의미이다.

Ⅶ. 한국의 실행

우리나라에 대한 국가보고서 심의는 총 5차례에 걸쳐 이루어졌고, 국가보고서 심의 후 최종견해를 통해, 자유권규약위원회는 제18조와 관련하여, 국가보안법의 점진적 폐지,[212] 준법서약제의 폐지,[213] 병역으로부터 면제될 양심적 병역거부자의 권리를 인정하기 위한 필요한 조치 채택 및 자유권규약 제18조에 따른 입법,[214] 징역형을 선고받고 있는 모든 양심적 병역거부자의 즉시 석방,[215] 양심적 병역거부자들의 형사기록 삭제,[216] 양심적 병역거부자들에 대한 충분한 보상 지급,[217] 양심적 병역거부자들의 개인정보가 공개되지 않도록 보장,[218] 양심적 병역거부에 대한 법적 승인,[219] 양심적 병역거부자에 대한 민사적 성격의 대체복무 제공,[220] 군복무자와 비교하여 과도하게 장기인 대체역 복무기간에 따른 양심적 병역거부자에 대한 차별적 대우의 철폐,[221] 교정시설 이외의 장소로의 대체역 복무 확대,[222] 현역 군인의 양심적 병역거부권 인정과 양심적 병역거부자들에 대한 보상 제공이 될 수 있도록 법률 개정[223]을 권고한 바 있다.

또한 자유권규약 선택의정서에 따른 우리나라에 대한 개인통보 중 제18조 위반을 인정한 사건은 모두 117건이었는데, 이 중 '사상전향제' 및 '준법서약제'에 관한 1건을 제외하고, 116건[224] 모두 양심적 병역거부에 관한 개인통보였다.

(2019), para.8.4.
212) CCPR/C/79/Add.114(1999), para.8.
213) CCPR/C/78/Add.114(1999), para.15.
214) CCPR/C/KOR/CO/3(2006), para.17.
215) CCPR/C/KOR/CO/4(2015), para.45.
216) CCPR/C/KOR/CO/4(2015), para.45.
217) CCPR/C/KOR/CO/4(2015), para.45.
218) CCPR/C/KOR/CO/4(2015), para.45.
219) CCPR/C/KOR/CO/4(2015), para.45.
220) CCPR/C/KOR/CO/4(2015), para.45.
221) CCPR/C/KOR/CO/5(2023), para.52.
222) CCPR/C/KOR/CO/5(2023), para.52.
223) CCPR/C/KOR/CO/5(2023), para.52.
224) 개인통보사건 1건에 통보인이 388명까지 이르는 경우도 있어서, 양심적 병역거부와 관련된 통보인의 수는 총 582명이었다.

1. 사상전향제·준법서약제 폐지

사상전향제 및 준법서약제에 관한 *Kang v. Republic of Korea* 사건에서 자유권규약위원회는 '사상전향제' 및 '준법서약제'가 제18조 위반이라고 보았고,[225] 침해의 심각성에 상응하는 보상을 통보인에게 제공할 것과 향후 유사한 위반을 방지할 것을 권고하였다.[226]

국내적으로 사상전향제는 1998년 준법서약제로 변경되었고, 준법서약제는 2003년 7월에 폐지되었다. 그렇지만 통보인에게 침해의 심각성에 상응하는 보상을 제공하도록 한 자유권규약위원회의 권고는 이행되지 않고 있다.

2. 양심적 병역거부 및 대체복무제도 도입

양심적 병역거부에 관하여는 *Yoon and Choi v. Republic of Korea* 사건(사건번호 1321/2004호 및 1322/2004호),[227] *Jung et al. v. Republic of Korea* 사건(사건번호 1593/2007호~1603/2007호),[228] *Jeong et al. v. Republic of Korea* 사건(사건번호 1642/2007호~1741/2007호),[229] *Jong-nam Kim et al. v. Republic of Korea* 사건(사건번호 1786/2008),[230] *Young-kwan Kim et al. v. Republic of Korea* 사건(사건번호 2179/2012),[231] *Jong-bum Bae et al. v. Republic of Korea* 사건(사건번호 2846/2016)[232]에서, 자유권규약위원회가 종교적 신념 및 양심적 거부에 기인한 의무군복무의 이행 거부를 이유로 한 기소 및 유죄판결을 자유권규약 제18조 위반으로 판단하였다. 자유권규약위원회는 해당 결정을 통해 보상을 포함한 효과적인 구제조치를 통보인에게 제공할 것,[233] 형사기록을 삭제할 것,[234] 양심

---

225) *Kang v. Republic of Korea*, Communication No. 878/1999(2003), para.7.2.

226) *Kang v. Republic of Korea*, Communication No. 878/1999(2003), para.9.

227) *Yoon and Choi v. Republic of Korea*, Communications Nos. 1321/2004 and 1322/2004(2006).

228) *Jung et al. v. Republic of Korea*, Communications Nos. 1593 to 1603/2007(2010).

229) *Jeong et al. v. Republic of Korea*, Communications No. 1642-1741/2007(2011).

230) *Jong-nam Kim et al. v. Republic of Korea*, Communication No. 1786/2008(2012).

231) *Young-kwan Kim et al. v. Republic of Korea*, Communication No. 2179/2012(2014).

232) *Jong-bum Bae et al. v. Republic of Korea*, Communication No. 2846/2016(2020).

233) *Yoon and Choi v. Republic of Korea*, Communications Nos. 1321/2004 and 1322/2004(2006), para.10; *Jung et al. v. Republic of Korea*, Communications Nos. 1593 to 1603/2007(2010), para.9; *Jong-nam Kim et al. v. Republic of Korea*, Communication No. 1786/2008(2012), para.9; *Young-kwan Kim et al. v. Republic of Korea*, Communication No. 2179/2012(2014), para.9; *Jong-bum Bae et al. v. Republic of Korea*, Communication No. 2846/2016(2020), para.9.

234) *Jong-nam Kim et al. v. Republic of Korea*, Communication No. 1786/2008(2012), para.9; *Young-kwan Kim et al. v. Republic of Korea*, Communication No. 2179/2012(2014), para.9;

적 병역거부권을 보장하는 입법적 조치를 채택할 것,[235] 향후 유사한 위반을 방지할 것[236]을 권고하였다.

일제 강점기 '여호와의 증인'의 신사참배 거부와 징병거부에서부터 시작되어[237] 국민개병의 징병제가 정착된 이후 매년 적게는 200여 명,[238] 많게는 800여 명[239]까지 형사처벌을 받아 왔던 양심적 병역거부 문제는 2004년 10월 18일 제출되어 2006년 11월 3일 자유권규약 제18조 위반으로 결정된 *Yoon and Choi v. Republic of Korea* 사건에 대한 결정문을 시작으로 2016년 9월 19일 제출되어 2020년 3월 13일 결정된 *Jong-bum Bae et al. v. Republic of Korea* 사건까지 총 116건에 걸쳐 582명의 통보인이 포함된 개인통보와 자유권규약위원회의 결정이 누적되는 동안에도 그 이행을 위한 실마리를 찾지 못하다가, 2018년 6월 28일 헌법재판소가 2011헌바379 등 사건에 대하여 한 헌법불합치 결정과 같은 해 11월 1일 대법원이 2016도10912 병역법위반 사건에 대하여 선고한 전원합의체 판결을 통해 사법적 해결방안이 마련되었고, 2019년 12월 31일 「병역법」 개정 및 「대체역의 편입 및 복무 등에 관한 법률」(이하, "대체역법"이라 한다) 제정으로 입법적·제도적 개선이 이루어졌다.

헌법재판소는 2018년 6월 28일 2011헌바379 등 사건에 대하여 병역의 종류로 양심적 병역거부자에 대한 대체복무제를 규정하지 아니한 구 「병역법」 제5조 제1항[240]이 과잉금

Jong-bum Bae et al. v. Republic of Korea, Communication No. 2846/2016(2020), para.9.

235) *Jong-nam Kim et al. v. Republic of Korea*, Communication No. 1786/2008(2012), para.9; *Young-kwan Kim et al. v. Republic of Korea*, Communication No. 2179/2012(2014), para.9; *Jong-bum Bae et al. v. Republic of Korea*, Communication No. 2846/2016(2020), para.9.

236) *Yoon and Choi v. Republic of Korea*, Communications Nos. 1321/2004 and 1322/2004(2006), para.10; *Jung et al. v. Republic of Korea*, Communications Nos. 1593 to 1603/2007(2010), para.9; *Jong-nam Kim et al. v. Republic of Korea*, Communication No. 1786/2008(2012), para.9; *Young-kwan Kim et al. v. Republic of Korea*, Communication No. 2179/2012(2014), para.9; *Jong-bum Bae et al. v. Republic of Korea*, Communication No. 2846/2016(2020), para.9.

237) 1939년 '여호와의 증인' 38명이 신사참배 거부와 일제징병 거부로 체포되었다고 한다. 임종인, 양심적 병역거부자에게 대체복무를 인정하여 우리도 인권선진국으로 나아가자, 인물과 사상 통권 제95호, 인물과사상사, 2006, pp.105-106.

238) 1994년에 집총거부로 처벌받은 사람은 233명이었다. 국방위원회 전문위원, 병역법중개정법률안(임종인 의원 대표발의) 검토보고서, 2004, p.6.

239) 2002년에 집총거부와 입영거부로 처벌받은 사람의 합계는 828명이었다. 국방위원회 전문위원, 앞의 검토보고서, p.6.

240) 구체적으로 심판의 대상이 된 법률은 ① 구 「병역법」(2000. 12. 26. 법률 제6290호로 개정되고, 2006. 3. 24. 법률 제7897호로 개정되기 전의 것) 제5조 제1항, ② 구 「병역법」(2006. 3. 24. 법률 제7897호로 개정되고, 2009. 6. 9. 법률 제9754호로 개정되기 전의 것) 제5조 제1항, ③ 구 「병역법」(2009. 6. 9. 법률 제9754호로 개정되고, 2010. 1. 25. 법률 제9955호로 개정되기 전의 것) 제5조 제1항, ④ 구 「병역법」(2010. 1. 25. 법률 제9955호로 개정되고, 2013. 6. 4. 법률 제11849호로 개정되기 전의 것)

지원칙에 위배하여 양심적 병역거부자의 양심의 자유를 침해한다고 판단하면서, 2019년 12월 31일을 시한으로 입법자의 개선입법이 이루어질 때까지 잠정적으로 적용되도록 하는 헌법불합치 결정을 하였다.[241] 다만 헌법재판소는 이 결정에서 종래 합헌으로 판단해왔던 입영 기피에 대한 「병역법」의 처벌조항[242]에 대해서는 헌법에 위반되지 않는다는 입장을 유지했다.[243]

이러한 헌법재판소의 결정으로부터 약 4개월 뒤인 2018년 11월 1일, 대법원은 2016도10912 병역법위반 사건에 대한 전원합의체 판결을 통해, 입영 기피에 대한 처벌조항인 「병역법」 제88조 제1항의 구성요건해당성 조각사유인 '정당한 사유'의 해석과 관련하여, '진정한 양심에 따른 병역거부'라면 이 '정당한 사유'에 해당한다고 판단하여 이와 배치되는 기존의 대법원 판례[244]를 변경하면서, 종전 판례에 따라 '양심적 병역거부'가 '정당한 사유'에 해당하지 않는다고 판단한 원심판결을 파기환송하였다.[245] 이 대법원 전원합의체 판결에 따라, 국회가 헌법재판소의 헌법불합치 결정을 고려하여 양심적 병역거부자에 대한 대체복무제를 도입하는 개선입법을 하기 전이라도, '진정한 양심'에 따른 병역거부자에게는 더 이상 「병역법」 제88조 제1항의 형사처벌을 받지 않을 수 있는 길이 열렸다. 이후 법원의 판결은 피고인의 양심적 병역거부 주장에 대하여 '진정한 양심'에 따른 병역거부인지를 판단하는데 주안점을 두게 되었고, '진정한 양심'에 따른 병역거부로 보기 어렵다고 판단한 사례도 나타났다.[246]

제5조 제1항, ⑤ 구 「병역법」(2013. 6. 4. 법률 제11849호로 개정되고, 2016. 1. 19. 법률 제13778호로 개정되기 전의 것) 제5조 제1항, ⑥ 구 「병역법」(2016. 1. 19. 법률 제13778호로 개정되고, 2016. 5. 29. 법률 제14183호로 개정되기 전의 것) 제5조 제1항, ⑦ 「병역법」(2016. 5. 29. 법률 제14183호로 개정된 것) 제5조 제1항이었다.

241) 헌법재판소 2018. 6. 28. 선고 2011헌바379 등 결정.

242) 구체적으로 심판의 대상이 된 법률은 ① 구 「병역법」(2004. 12. 31. 법률 제7272호로 개정되고, 2009. 6. 9. 법률 제9754호로 개정되기 전의 것) 제88조 제1항 본문 제1호, ② 구 「병역법」(2009. 6. 9. 법률 제9754호로 개정되고, 2016. 5. 29. 법률 제14183호로 개정되기 전의 것) 제88조 제1항 본문 제1호, ③ 「병역법」(2016. 5. 29. 법률 제14183호로 개정된 것) 제88조 제1항 본문 제1호, ④ 구 「병역법」(1999. 2. 5. 법률 제5757호로 개정되고, 2009. 6. 9. 법률 제9754호로 개정되기 전의 것) 제88조 제1항 본문 제2호, ⑤ 구 「병역법」(2009. 6. 9. 법률 제9754호로 개정되고, 2013. 6. 4. 법률 제11849호로 개정되기 전의 것) 제88조 제1항 본문 제2호이었다.

243) 재판관 이진성, 김이수, 이선애, 유남석의 일부위헌의견이 있었으나, 법률의 위헌결정이나 헌법소원에 관한 인용결정을 할 수 있는 「헌법재판소법」 제23조 제2항 제1호의 심판정족수인 재판관 6인 이상의 찬성에 미달했다.

244) 대법원 2004. 7. 15. 선고 2004도2965 전원합의체 판결, 대법원 2007. 12. 27. 선고 2007도7941 판결 등.

245) 대법원 2018. 11. 1. 선고 2016도10912 전원합의체 판결.

246) 침례를 받지 않은 여호와의증인이 종교적 신념의 형성 여부 및 그 과정 등에 관하여 구체성을 갖춘 자

2018년 11월 1일 이전에 이미 병역법 위반으로 유죄판결이 확정된 양심적 병역거부자에 대한 구제방안으로 특별사면의 필요성에 제기되었고, 법무부는 2019년 12월 31일자로 특별사면을 단행하면서 양심적 병역거부 사범을 포함시켜 형기를 종료한 양심적 병역거부사범 1,878명에 대하여는 그 자격 제한을 회복하는 복권을 실시하였으며, 가석방 중인 1명에 대하여는 잔형의 집행을 면제하였다.[247]

그리고 2019년 12월 31일 법률 제16852호로 「병역법」 제5조 제1항 제6호에 병역의 종류 중 하나로 '대체역'[248]을 신설하는 개정이 이루어졌으며, 같은 날 대체역의 편입 및 복무에 관한 사항을 규정함을 목적으로 한 대체역법도 제정되었다. 그리고 이렇게 개정된 「병역법」과 제정된 대체역법에 따라, 2020년 10월 26일 양심적 병역거부자 63명이 최초로 대체복무요원으로 소집되었고, 대전교도소 내 대체복무교육센터에 3주간의 교육을 마친 후 목표교도소와 대전교도소에서 대체복무요원으로 복무를 시작했다[249] 대체역법에 따라 「대한민국헌법」이 보장하는 양심의 자유를 이유로 대체역을 이행하려는 사람은 대체역 편입신청[250] 후 대체역 심사위원회[251]의 심사를 거쳐 인용 결정[252]을 받아야 하며, 신청인은 대체역 심사위원회가 인용 결정을 하는 날에 대체역으로 편입되고,[253] 대체복무요원은 교도소, 구치소, 교도소·구치소의 지소[254]에서 36개월[255] 동안 공익에 필요한 업무[256]에 복무

료를 제대로 제출하지 않았음에도 석명을 구한 다음 추가로 심리·판단하지 아니한 채 병역법 제88조 제1항의 정당한 사유가 인정된다고 보아 무죄로 판단한 원심판결을 파기환송한 판결(대법원 2020. 7. 9. 선고 2019도17322 판결); 특정 종교를 신봉하고 있다는 취지로 변소하는 것만으로는 진정한 양심에 기반을 둔 병역거부라고 단정할 수 없다고 한 판결(대법원 2020. 7. 23. 선고 2018도14415 판결); 여호와의증인 신도가 종교 활동을 중단하여 9년 동안 활동하지 않다가 입영을 거부한 후 종교활동을 재개한 사안에서 진정한 양심에 따른 병역거부로 보기 어렵다고 한 판결(대법원 2020. 9. 3. 선고 2020도8055 판결).

247) 법무부, 보도자료 - 2020년 신년 특별사면 실시, 2019. 12. 30.자.

248) 「병역법」 제5조 제1항 제6호에 따르면, 대체역은 '병역의무자 중 「대한민국헌법」이 보장하는 양심의 자유를 이유로 현역, 보충역 또는 예비역의 복무를 대신하여 병역을 이행하고 있거나 이행할 의무가 있는 사람으로서 「대체역법」에 따라 대체역에 편입된 사람'을 말한다.

249) 법무부, 보도자료 - 법무부, 『대체복무 교육센터 첫 교육 시행』, 2020. 10. 26.자.

250) 대체역법 제3조.

251) 대체역 심사위원회는 대체역 편입신청 등을 심사·의결하기 위한 위원회로 병무청장 소속으로 설치된다. 대체역법 제4조.

252) 대체역법 제13조.

253) 대체역법 제15조 제1항.

254) 대체역법 제16조 제1항, 대체역법 시행령 제18조.

255) 대체역법 제18조 제1항.

256) 무기·흉기를 사용하거나 이를 관리·단속하는 행위, 인명살상 또는 시설파괴가 수반되거나 그러한 능력 향상을 위한 행위, 그 밖에 이와 유사한 행위는 대체업무에 포함되어서는 아니 된다. 대체역법 제16

하게 된다.

　이로써 양심적 병역거부자를 병역법위반으로 형사처벌해 온 아픈 역사가 끝을 맞이하게
되었다. 가장 직접적으로는 양심에 따른 결정으로 인한 형사처벌과 그에 따른 여러 불이
익[257] 그리고 병역기피자라는 사회적 비난의 사슬로부터 벗어나 대체복무를 수행함으로써
이제 우리 사회의 구성원으로 당당하게 자리매김할 기회를 갖게 된 양심적 병역거부자 개
개인의 인권 보장에 큰 향상이 이루어진 것이지만, 아울러 국내 인권 정책·제도의 큰 변화
이기도 하면서, 국제인권규범이 국내적으로 이행된 대표적 사례로 받아들여질 수도 있
다.[258][259]

　다만 통보인에게 보상을 포함한 효과적인 구제조치를 제공하도록 한 자유권규약위원회의
권고는 여전히 이행되지 않고 있다.[260]

【다른 인권조약상의 관련 조항】

세계인권선언 제18조

모든 사람은 사상, 양심 및 종교의 자유에 대한 권리를 가진다. 이러한 권리는 종교 또는
신념을 변경할 자유와, 단독으로 또는 다른 사람과 공동으로 그리고 공적으로 또는 사적으
로 선교, 행사, 예배 및 의식에 의하여 자신의 종교나 신념을 표명하는 자유를 포함한다.

조 제1항 제1호 내지 제3호.

257) 공무원 임용 제한 및 해직, 각종 관허업의 특허·허가·인가·면허 등, 인적사항 공개, 전과자로서의 각
　　종 유·무형의 불이익이 수반될 수 있다. 헌법재판소 2018. 6. 28. 선고 2011헌바379 등 결정 중 재판
　　관 이진성, 김이수, 이선애, 유남석의 일부위헌의견 참조.

258) 한편 대체복무기관을 교도소, 구치소 및 교도소·구치소의 지소로 한정하고 있는 대체역법 제16조 제1
　　항 및 대체역법 시행령 제18조, 대체복무요원의 복무기간을 36개월로 정하고 있는 대체역법 제18조 제
　　1항, 대체복무요원은 합숙하여 복무하도록 한 대체역법 제21조 제2항 등에 대하여 위헌확인을 구하는
　　다수의 헌법소원사건이 접수되어 현재 헌법재판소에서 심리 중에 있다.

259) 자유권규약위원회도 우리나라에 대한 제5차 국가보고서를 심의한 후 채택한 최종견해에서 현재의 대체
　　역 제도가 현역복무(18~21개월)와 비교하여 차별적이고 징벌적인(punitive) 것으로 생각되는 36개월
　　을 복무기간으로 정하고 있는 점과 대체역이 교정시설에서의 복무로 제한되는 점을 우려했다. CCPR/
　　C/KOR/CO/5(2023), para.51.

260) 자유권규약위원회는 양심적 병역거부자에게 제공된 보상이 없다는 보고에 우려하면서, 자유권규약위원
　　회의 종전의 권고 및 견해에 따라 교도소에서 석방되고 범죄기록이 말소된 양심적 병역거부자들에게
　　보상을 제공할 수 있도록 법률을 개정할 것을 고려해야 한다고 우리나라에 권고했다. CCPR/C/KOR/
　　CO/5(2023), paras.51 and 52.

Everyone has the right to freedom of thought, conscience and religion; this right includes freedom to change his religion or belief, and freedom, either alone or in community with others and in public or private, to manifest his religion or belief in teaching, practice, worship and observance.

모든 형태의 인종차별 철폐를 위한 국제협약 제5조 (d)호 (vii)목

제2조에 규정된 기본적 의무에 따라, 체약국은 특히 아래의 제 권리를 향유함에 있어서 인종, 피부색 또는 민족이나 종족의 기원에 구별없이 만인의 권리를 법앞에 평등하게 보장하고 모든 형태의 인종차별을 금지하고 폐지할 의무를 진다.

  (d) 기타의 민권 특히
    (vii) 사상, 양심 및 종교의 자유에 대한 권리

In compliance with the fundamental obligations laid down in article 2 of this Convention, Sates Parties undertake to prohibit and to eliminate racial discrimination in all its forms and to guarantee the right of everyone, without distinction as to race, colour, or national or ethnic origin, to equality before the law, notably in the enjoyment of the following rights:

  (d) Other civil rights, in particular:
    (vii) The right to freedom of thought, conscience and religion;

아동의 권리에 관한 협약 제14조

1. 당사국은 아동의 사상·양심 및 종교의 자유에 대한 권리를 존중하여야 한다.
2. 당사국은 아동이 권리를 행사함에 있어 부모 및 경우에 따라서는, 후견인이 아동의 능력 발달에 부합하는 방식으로 그를 감독할 수 있는 권리와 의무를 존중하여야 한다.
3. 종교와 신념을 표현하는 자유는 오직 법률에 의하여 규정되고 공공의 안전, 질서, 보건이나 도덕 또는 타인의 기본권적 권리와 자유를 보호하기 위하여 필요한 경우에만 제한될 수 있다.

1. States Parties shall respect the right of the child to freedom of thought, conscience and religion.
2. States Parties shall respect the rights and duties of the parents and, when applicable, legal guardians, to provide direction to the child in the exercise of his or her right in a manner

consistent with the evolving capacities of the child.

3. Freedom to manifest one's religion or beliefs may be subject only to such limitations as are prescribed by law and are necessary to protect public safety, order, health or morals, or the fundamental rights and freedoms of others.

모든 이주노동자 및 그 가족 구성원의 권리의 보호에 관한 국제협약 제12조

1. 이주노동자 및 그 가족 구성원은 사상, 양심 및 종교의 자유에 대한 권리를 가진다. 이러한 권리는 스스로 선택하는 종교나 신념을 가지거나 받아들일 자유와 단독으로 또는 다른 사람과 공동으로, 공적으로 또는 사적으로 예배, 의식, 행사 및 선교에 의하여 그의 종교나 신념을 표명하는 자유를 포함한다.

2. 이주노동자 및 그 가족 구성원은 스스로 선택하는 종교나 신념을 가지거나 받아들일 자유를 침해하게 될 강제를 받지 아니한다.

3. 자신의 종교나 신념을 표명하는 자유는 법률에 규정되고 공공의 안전, 질서, 공중보건, 도덕 또는 타인의 기본적 권리 및 자유를 보호하기 위하여 필요한 경우에만 제한받을 수 있다.

4. 이 협약의 당사국은 부모 중 적어도 한 사람이 이주노동자인 경우에 부모 또는 경우에 따라 법정 후견인이 그들의 신념에 따라 자녀의 종교적, 도덕적 교육을 확보할 자유를 존중할 것을 약속한다.

1. Migrant workers and members of their families shall have the rights of thought, conscience and religion. This right shall include freedom to have or to adopt a religion or belief of their choice and freedom either individually or in community with others and in public or private to manifest their religion or belief in worship, observance, practice and teaching.

2. Migrant workers and members of their families shall not be subject to coercion that would impair their freedom to have or to adopt a religion or belief of their choice.

3. Freedom to manifest one's religion or belief may be subject only to such limitations as are prescribed by law and are necessary to protect public safety, order, health or morals or the fundamental rights and freedoms of others.

4. States Parties to the present Convention undertake to have respect for the liberty of parents, at least one of whom is a migrant worker, and, when applicable, legal guardians to ensure the religious and moral education of their children in conformity with their own convictions.

유럽인권협약 제9조

1. 모든 사람은 사상, 양심 및 종교의 자유에 대한 권리를 가진다; 이러한 권리는 그의 종교나 신념을 변경할 자유와 단독으로 또는 다른 사람과 공동으로, 공적 또는 사적으로 예배, 선고, 행사 및 의식에 의하여 그의 종교나 신념을 표명할 자유를 포함한다.
2. 자신의 종교나 신념을 표명할 자유는 법률에 규정되고 민주사회에서 공공의 안전을 위하여 필요하거나 공공질서, 공중보건, 도덕 또는 타인의 권리 및 자유를 보호하기 위하여 필요한 경우에만 제한받는다.

1. Everyone has the right to freedom of thought, conscience and religion; this right includes freedom to change his religion or belief and freedom, either alone or in community with others and in public or private, to manifest his religion or belief, in worship, teaching, practice and observance.
2. Freedom to manifest one's religion or beliefs shall be subject only to such limitations as are prescribed by law and are necessary in a democratic society in the interests of public safety, for the protection of public order, health or morals, or for the protection of the rights and freedoms of others.

미주인권협약 제12조

1. 모든 사람은 양심 및 종교의 자유에 대한 권리를 가진다. 이러한 권리는 자신의 종교나 신념의 자유를 유지하거나 변경할 자유와 단독으로 또는 다른 사람과 함께, 공적 또는 사적으로 자신의 종교나 신념을 공언하거나 전파할 자유를 포함한다.
2. 어느 누구도 그의 종교나 신념을 유지하거나 변경할 자유를 침해할 수 있는 제한을 받지 아니한다.
3. 자신이 종교나 신념을 표명할 자유는 법률에 규정되고 공공의 안전, 질서, 공중보건, 도덕 또는 타인의 권리나 자유를 보호하기 위하여 필요한 경우에만 제한받을 수 있다.
4. 부모 또는 가능한 경우에 후견인은 자신의 신념에 따라 자녀나 피후견인의 종교적 및 도덕적 교육을 제공할 권리를 가진다.

1. Everyone has the right to freedom of conscience and of religion. This right includes freedoms to maintain or to change one's religion or beliefs, and freedom to profess or

disseminate one's religion or beliefs, either individually or together with others, in public or in private.

2. No one shall be subject to restrictions that might impair his freedom to maintain or to change his religion or beliefs.

3. Freedom to manifest one's religion and beliefs may be subject to the limitation prescribed by law that are necessary to protect public safety, order, health, or morals, or the rights or freedoms of others.

4. Parents or guardians, as the case may be, have the right to provide for the religious and moral education of their children or wards that is in accord with their own convictions.

인간과 인민의 권리에 관한 아프리카 헌장 제8조

양심의 자유, 종교의 공언 및 자유로운 실천은 보장된다. 어느 누구도 법과 명령에 따라 이러한 자유의 행사를 제한하는 조치에 굴복될 수 없다.

Freedom of Conscience, the profession and free practice of religion shall be guaranteed. No one may, subject to law and order, be submitted to measures restricting the exercise of these freedoms.

제19조 표현의 자유[*]

도 경 옥

<table>
<tr><td>

Ⅰ. 개관
Ⅱ. 의견의 자유
Ⅲ. 표현의 자유
  1. 적용범위
  2. 정보접근권
Ⅳ. 표현의 자유에 대한 제한
  1. 채택배경
  2. 제한요건
  3. 제한사유
    가. 타인의 권리 또는 평판의 존중
    나. 국가안보의 보호
    다. 공공질서의 보호

</td><td>

    라. 공중보건 또는 공중도덕의 보호
Ⅴ. 한국의 실행
  1. 관련 규정
  2. 주요 쟁점
    가. 국가보안법상 찬양·고무죄
    나. 형법 및 정보통신망법상 사실 적시
       명예훼손죄
    다. 남북관계발전법상 대북전단 규제
    라. 정보통신망법상 임시조치 제도
    마. 공연법상 외국인 공연 추천 제도
[다른 인권조약상의 관련 조항]

</td></tr>
</table>

1. 모든 사람은 간섭받지 않고 의견을 가질 권리를 가진다.
2. 모든 사람은 표현의 자유에 대한 권리를 가진다. 이 권리는 구두, 서면 또는 인쇄, 예술의 형태 또는 스스로 선택하는 그 밖의 수단을 통하여, 국경에 관계없이, 모든 종류의 정보와 생각을 구하고 받으며 전달하는 자유를 포함한다.
3. 이 조 제2항에 규정된 권리의 행사에는 특별한 의무와 책임이 따른다. 따라서 그러한 권리의 행사는 일정한 제한을 받을 수 있다. 다만, 그 제한은 법률에 규정되고 다음 사항을 위하여 필요한 경우로 한정된다.
  가. 타인의 권리 또는 평판의 존중
  나. 국가안보, 공공질서, 공중보건, 또는 공중도덕의 보호

1. Everyone shall have the right to hold opinions without interference.

---

[*] 이 글은 필자의 "국제인권규약상 표현의 자유와 한국의 실행"(국제법평론 통권 제61호(2022))에 기반해 일부 내용을 수정·보완한 것이다.

2. Everyone shall have the right to freedom of expression; this right shall include freedom to seek, receive and impart information and ideas of all kinds, regardless of frontiers, either orally, in writing or in print, in the form of art, or though any other media of his choice.

3. The exercise of the rights provided for in paragraph 2 of this article carries with it special duties and responsibilities. It may therefore be subject to certain restrictions, but these shall only be such as are provided by law and are necessary:

(a) For respect of the rights or reputations of others;

(b) For the protection of national security or of public order (*ordre public*), or of public health or morals.

Ⅰ. 개관

모든 사람은 자유로이 자신의 의견을 형성하고 자신의 의견을 외부에 표현하는 자유를 갖는 동시에 이를 통하여 국가의 의사 형성과정에 참여할 수 있다. 이를 의견과 표현의 자유라고 한다. 의견과 표현의 자유에 대한 권리는 시민적 권리로서의 성격과 정치적 권리로서의 성격을 모두 갖고 있어서 종종 규약의 핵심적 권리라고 하거나, 규약에서 보장하고 있는 모든 다른 권리들의 시금석이라고도 한다.[1] 일반논평 제34호(2011)[2]는 의견과 표현의 자유를 다음과 같이 설명하고 있다.

"의견과 표현의 자유는 인간의 완전한 발전에 필수불가결한 조건이며, 모든 사회에서 필수적이다. 의견과 표현의 자유는 모든 자유롭고 민주적인 사회를 위한 초석을 구성한다. 의견의 자유와 표현의 자유는 서로 긴밀하게 연관되어 있으며, 표현의 자유는 의견을 교환하고 발전시킬 수 있는 수단을 제공한다."[3]

과거 서방국가들과 사회주의국가들은 서로 다른 시각에서 표현의 자유에 대한 권리를 이해하였다. 먼저 서방국가들에 따르면, 모든 개인은 외부의 간섭 없이 자신의 의견을 형성하

---

1) K. Partsch, Freedom of Conscience and Expression, and Political Freedoms in L. Henkin(ed.), The International Bill of Rights(Columbia University Press, 1983), p.216.
2) 표현의 자유에 관한 기존의 일반논평 제10호(1983)는 일반논평 제34호(2011)로 대체되었다.
3) HRC General Comment No.34(2011), para.2.

고 이를 표현할 자유를 갖는다.[4] 따라서 표현의 자유는 개인의 프라이버시의 필수 요소이며 외부의 개입으로부터 보호되어야 한다. 그러나 의견의 표명이 직접적으로 타인의 권리를 침해하거나 사회질서에 대한 명백하고 직접적인 위협을 구성하는 등 예외적인 경우에는 국가의 개입이 허용된다. 다만, 그렇다고 해서 국가가 적극적 조치를 통해 이 권리를 보장할 의무까지 부담하는 것은 아니라고 보았다. 이에 반해 사회주의국가들은 개인에 대한 간섭의 배제보다는 개인의 사회적 통합과 사회관계의 집단적 구조화를 목표로 하며, 표현의 자유의 기능 역시 이러한 측면에 방점이 찍혀 있다.[5] 결과적으로 사회주의국가 헌법에서는 표현의 자유가 사회주의적 목적의 틀 안에서 정치적 권리로서만 보장되었다. 또한 국가가 이 권리를 보장하기 위해 신문이나 서적 출판을 위한 기술 및 재정 지원 보장 등 포괄적인 조치를 취할 의무가 있다고 이해되었다. 표현의 자유에 대한 이해의 대립은 규약 제19조의 채택 과정에도 영향을 미쳤다. 인권위원회 초안 과정에서 소련은 "정치적 자유권은 오직 민주주의의 원칙에 합치되고 국제협력과 세계평화를 강화하기 위한 경우에만 보장되며, 당사국들은 이 권리를 보장하기 위한 포괄적 지원조치를 취해야 한다"라는 내용을 삽입하자고 주장하였다.[6] 그러나 소련의 제안은 채택되지 않았고, 최종적으로는 서방국가들의 주장이 조문에 반영되었다. 구체적으로, 규약 제19조는 세계인권선언 제19조, 인권위원회에서 영국·미국·프랑스의 제안, 정보의 자유 소위원회와 1948년 제네바에서 개최된 정보의 자유에 관한 UN 회의가 제시한 제안 등에 기초하여 만들어졌다.[7]

1950년 유럽인권협약 제10조, 1969년 미주인권협약 제13조, 1981년 아프리카 인권헌장 제9조에서도 표현의 자유에 관한 조항을 두고 있는데, 규약은 몇 가지 점에서 다른 인권조약들과 차이가 있다. 첫째, 다른 인권조약들과는 달리 규약은 의견을 가질 권리와 표현의 자유에 대한 권리를 각각 별개의 항으로 구별하고 있다. 조문의 채택 과정에서 의견을 가질 권리와 표현의 자유에 대한 권리는 각각 서로 다른 권리이므로 별개의 조항에 규정하여야 한다는 견해가 더 많은 지지를 받았다.[8] 둘째, 유럽인권협약에는 "공권력에 의해 간섭받지 않고"라는 내용이 명시적으로 규정되어 있는 데 반해 규약에는 이러한 내용이 규정되어 있지 않은데, 이는 규약이 국가권력에 의한 침해뿐 아니라 사인에 의한 침해로부터도 이 자유를 보호하려는 취지로 규정되었음을 의미한다. 총회 제3위원회에서 대다수의 국가 대표는

---

4) Nowak's CCPR Commentary(2019), p.542(para.3).
5) Nowak's CCPR Commentary(2019), p.542(para.4).
6) E/CN.4/220(1949); E/CN.4/L.125(1952).
7) E/CN.4/365(1950); E/CN.4/433/Rev.2(1950); E/CN.4/L.156/Rev.1(1952).
8) E/CN.4/SR.164(1950), paras.28, 37, 49, 51, 55; E/CN.4/SR.322(1952), p.4.

사적 이해관계나 미디어 독점도 정부의 검열 조치만큼이나 정보의 자유로운 흐름을 침해할 수 있다고 보았다.[9] 따라서 규약의 당사국은 의견과 표현의 자유 향유를 저해하는 사적 개인이나 단체의 모든 행위로부터 개인을 보호해야 한다.[10] 셋째, 유럽인권협약이나 아프리카 인권헌장과는 달리 규약은 정보를 '구할' 자유를 명시적으로 규정하고 있다. 넷째, 유럽인권협약에 비해 규약은 표현의 자유를 제한할 수 있는 사유를 보다 추상적으로 규정하고 있다.

Ⅱ. 의견의 자유

제19조 제1항은 모든 사람은 간섭받지 않고 의견을 가질 권리를 가진다고 규정하고 있다. 의견의 자유는 마음의 영역에 속하는 순전히 사적인 문제이다. 그런 의미에서 공적 문제 또는 인간관계의 문제라고 할 수 있는 표현의 자유와 구별된다. 사람이 의견을 형성하고 자유로운 이성에 기초하여 자신의 의견을 발전시킬 자유는 절대적인 것으로서, 어떠한 예외나 제한도 허용되지 않는다.[11] 이에 일반논평 제34호(2011)는 제19조 제1항에 대한 유보는 규약의 대상과 목적에 부합하지 않는다고 밝히고 있다.[12] 그리고 의견의 자유가 규약 제4조 제2항에 국가비상사태 시에도 이행정지가 불가능한 권리(non-derogable rights)로 명시되어 있지는 않지만, 의견의 자유는 비상사태를 통제하기 위해 정지할 필요가 있는 권리에 해당하지 않는다는 점에서 이행정지의 대상이 될 수 없다고 하였다.[13] 나아가 일반논평 제34호(2011)는 의견의 자유를 다음과 같이 구체적으로 설명하고 있다.

"의견의 자유는 자신이 자유롭게 선택한 의견을 언제든 이유를 불문하고 바꿀 수 있는 권리로까지 확장된다. 어느 누구도 자신의 실제적(actual) 의견이나 인지된(perceived) 의견이나 추정된(supposed) 의견을 이유로 규약상의 권리를 침해받아서는 안 된다. 모든 종류의 의견은 정치적이든, 과학적이든, 역사적이든, 윤리적이든, 종교적이든 그 특성을 불문하고 보호되어야 한다. 의견을 가지는 행위 자체를 범죄화하는 것은 제19조 제1항에 위배된다. 의견을 가졌다는 이유로 사람을 체포, 억류, 재판, 구금 등으로 괴롭

---

9) A/C.3/L.919(1961).
10) HRC General Comment No.34(2011), para.7.
11) Nowak's CCPR Commentary(2019), p.545(para.9).
12) HRC General Comment No.34(2011), para.5.
13) HRC General Comment No.34(2011), para.5.

히거나 위협하거나 낙인을 찍는 것은 제19조 제1항의 위반에 해당한다."[14)

개인이 자신의 의지에 반하거나 적어도 묵시적 동의 없이 의견 형성에 영향을 받을 때, 그리고 이것이 강압이나 협박 또는 허용되지 않는 다른 유사한 수단에 의해 이루어지는 경우, 개인의 의견을 가질 권리가 침해되었다고 말할 수 있을 것이다. 다음의 *Yong-Joo Kang v. Republic of Korea* 사건(2003)은 의견의 자유 침해가 인정된 대표적인 사례이다.

> 통보자는 북한 공산주의 체제의 동조자로 대한민국의 국가안보에 위해가 되는 체제 전복적인 행위를 하였다는 혐의로 기소되어 수감되었다. 복역 중이던 그는 사상전향을 강요받았으나 이를 거부하였다. 이로 인해 그는 13년 동안 독방에서만 복역하였다. 규약위원회는 수감자의 내심의 정치적 의견을 바꾸기 위해서 교도소 내에서 더 좋은 처우를 부여한다거나 가석방의 가능성이란 유인책을 차별적으로 제시하는 '사상전향제도'와 그에 뒤이은 '준법서약제도'는 제19조 제1항 위반이라고 판단하였다.[15)

일반논평 제34호(2011)는 이 사건을 인용하며, "의견을 갖도록 강요하거나 의견을 갖지 않도록 강요하는 모든 형태의 노력은 금지된다"는 점을 분명히 하였다.[16)

Ⅲ. 표현의 자유

1. 적용범위

제19조 제2항은 모든 사람은 표현의 자유에 대한 권리를 가진다고 규정하고 있다. 이 권리는 국경에 관계없이 모든 종류의 정보와 생각을 구하고 받으며 전달하는 자유를 포함한다. 이 조항은 사실상 표현과 정보에 관련된 공적인 자유의 전 영역을 보호하고 있다.[17)

규약은 모든 종류의 정보와 생각에 대하여 표현의 자유를 보호한다. 초안 과정에서는 이 점에 대한 논란도 없지 않았으나, 표현의 자유의 대상범위를 축소하려는 시도는 다수의 지지를 받지 못하였다. 따라서 타인에게 전달할 수 있는 모든 형태의 생각 및 의견의 표현과 수신, 정치적 담론, 개인적 사안이나 공적 사안에 대한 의견, 선거유세, 인권에 대한 토론,

---

14) HRC General Comment No.34(2011), para.9.
15) *Yong-Joo Kang v. Republic of Korea*, Communication No.878/1999(2003), paras.2.5, 7.2.
16) HRC General Comment No.34(2011), para.10.
17) Nowak's CCPR Commentary(2019), p.547(para.14).

저널리즘, 문화적·예술적 표현, 가르침, 종교적 담화, 상업적 광고 등이 모두 제19조 제2항에 의해 보호된다.[18] 제19조 제2항은 극심한 모욕으로 간주될 수 있는 표현까지도 권리의 범주에 포함한다.[19] 다만, 그러한 표현은 제19조 제3항 및 제20조(전쟁선전 및 증오고취의 금지)에 따라 제한될 수 있다.

정보의 유포나 생각의 표출은 이를 넘어서서 적극적으로 실행하는 행동과는 구별된다.[20] 예를 들어 반국가단체를 설립하여 정부 전복을 위한 구체적 준비를 하는 행위는 표현의 자유에 의해 보호되지 않는 범죄행위이다. 그러나 의견 표명에 불과한 경우 당사국은 그 내용이 아무리 비판적인 것일지라도 국가안보를 이유로 이러한 자유를 억압하거나 의견 표시자를 처벌할 수 없다.

표현의 형식면에서도 제19조 제2항의 적용범위는 매우 광범위하다. 제19조 제2항은 모든 형태의 표현과 그러한 표현의 배포 수단을 보호한다. 구체적으로, 표현의 형태에는 음성언어, 문자언어, 수화, 이미지나 예술품과 같은 비언어적 표현이 포함되며, 표현의 수단에는 책, 신문, 전단지, 포스터, 현수막, 의상, 법적 제출물이 포함된다.[21] 또한 모든 형태의 시청각적, 전자적 표현과 인터넷에 기반한 표현 방식도 포함된다.[22] 인권위원회와 총회에서는 유럽인권협약과 같이 "국가가 방송, 텔레비전 또는 영화 산업에 대하여 허가를 요구하는 것을 제한하지 않는다"는 단서를 붙일 것인지에 관하여 논란이 있었다.[23] 이 같은 단서를 둘 경우 미디어뿐 아니라 그 내용까지도 규제될 수 있다는 우려가 제기되었고, 필요한 제한은 제19조 제3항의 공공질서 보호를 목적으로 적용될 수 있을 것이라는 판단에 따라 결국 이 같은 단서 규정은 채택되지 않았다.[24]

다음의 *Auli Kivenmaa v. Finland* 사건(1994)은 규약위원회가 현수막과 같은 표현 수단도 제19조 제2항에 의해 보호된다는 점을 확인한 사례이다.

통보인은 핀란드를 방문한 외국 수반의 인권 탄압 전력을 비판하는 내용의 현수막을 들어 올리다가 경찰에 체포되었다. 핀란드 정부는 시위 중의 의견 표명은 제19조가 아닌 제21조(집회의 자유)의 적용을 받아야 하며, 따라서 집회의 자유에 대한 제한조치가

---

18) HRC General Comment No.34(2011), para.11.
19) HRC General Comment No.34(2011), para.11.
20) Nowak's CCPR Commentary(2019), p.549(para.18).
21) HRC General Comment No.34(2011), para.12.
22) HRC General Comment No.34(2011), para.12.
23) E/CN.4/446(1950); A/C.3/L.924(1961).
24) A/C.3/SR.1076(1962), para.36.

적용되어야 한다고 주장하였다. 이에 대해 규약위원회는 개인이 정치적 의견을 표현할 권리는 제19조에서 보장하는 표현의 자유의 일부를 구성한다고 하면서, 통보자는 현수막을 통하여 이러한 권리를 행사하였다고 하였다. 그리고 결론적으로 핀란드가 제19조를 위반하였다고 판단하였다.[25]

2. 정보접근권

제19조 제2항은 의견의 표현뿐만 아니라 정보를 구하고 받으며 전달하는 자유도 보호한다. 정보의 자유는 제19조 제1항에 의해 보호되는 의견을 형성하는 데 있어서 필수불가결하다. 표현의 자유의 맥락에서 정보를 구하고 받을 자유는 그 중요성에도 불구하고 정보를 전달할 자유에 비해 덜 익숙한 측면이 있는데, 이는 일반적으로 접근가능한 정보에 접근할 수 있는 권리이다.[26] 이러한 권리는 정보의 수동적인 수용을 넘어 정보에 대한 적극적인 조사와 탐색으로 확장된다. 정보를 구할 권리를 명문화하면 타인의 사적 영역에 대한 침해를 포함하여 언론인에 의한 무제한적인 조사 활동의 빌미가 제공될지도 모른다는 우려로 인해 제19조 제2항은 총회 제3위원회에서 많은 논란의 대상이 되었다.[27] '구하다(seek)'라는 공격적인 단어를 좀 더 온건한 '모으다(gather)'로 대체하자는 제안도 있었으나, 이러한 제안은 받아들여지지 않았다.[28] '구하다'라는 용어를 지지한 국가들은 이를 통하여 정보 및 생각의 적극적인 획득을 보호하고자 하였으며, 권리의 남용에 대한 우려는 제19조 제3항에 의한 제한으로 충분히 불식될 수 있다고 보았다.

제19조 제2항의 정보를 구하고 받을 자유는 공공기관이 보유한 정보에 접근할 권리를 포함한다.[29] 여기에서 공공기관에는 국가기관(행정부, 입법부, 사법부), 국가·지방·지역 수준의 여타 정부기관과 공공기관이 모두 포함된다. 일반논평 제34호(2011)는 정보접근권 실행을 위해 당사국은 공공의 이익에 관련된 정부의 정보를 공적 공간에 선제적으로 공개해야 하고, 그러한 정보에 대해 쉽고 신속하며 효과적이고 실질적인 접근을 보장하기 위해 모든 노력을 기울여야 하며, 정보접근에 필요한 절차를 법으로 제정해야 한다고 강조하였다.[30]

정보접근권은 미디어가 공적 사안에 접근할 권리와 미디어의 생산물을 일반대중이 수신할 권리를 포함하며, 이 부분에서 규약 제25조(참정권)와 관련이 있다.[31] 다음의 *Robert W.*

---

25) *Auli Kivenmaa v. Finland*, Communication No.412/1990(1994), para.9.3.
26) Taylor's Commentary(2020), p.545.
27) Bossuyt's Guide(1987), p.384.
28) A/C.3/L.919(1961); A/C.3/L.929/Add.1/Corr.1(1961); A/C.3/SR.1077(1962), para.55.
29) HRC General Comment No.34(2011), para.18.
30) HRC General Comment No.34(2011), para.19.

Gauthier v. Canada 사건(1999)은 개인통보사건 중 처음으로 미디어의 정보접근의 중요성 문제를 다루었다.

신문 발행업자인 통보자는 사적 단체인 '의회출입기자단(Parliamentary Press Gallery)'에 가입신청을 하였으나, 제한적인 권한만 인정되는 임시출입증을 발급받았다. 이에 통보자는 의회 프레스 시설에 대한 공평한 접근 거부는 제19조 침해라고 주장하며 개인통보를 제출하였다. 규약위원회는 캐나다가 사적 단체로 하여금 의회 프레스 시설에 대한 접근을 통제하도록 허용하면서 자의적인 배제를 방지하는 장치를 두지 않은 점을 지적하고, 이러한 제도는 의회의 효과적인 기능 수행과 그 구성원들의 안전을 확보하기 위해 필요하고도 비례에 맞는 제한으로 보기 어렵다고 판단하였다. 따라서 캐나다가 제19조 제2항을 위반하였다고 결정하였다.[32]

이 사건에서 규약위원회는 제19조 제2항 위반이라는 결론을 내리는 데 있어 규약 제25조의 공무에 참여할 권리를 함께 고려하였다. 규약위원회는 일반논평 제25호(1996)에서 "제25조에 의해 보호되는 권리의 충분한 향유를 보장하기 위해서 시민, 후보자, 선출된 대표자들 간에 공적 문제와 정치적 문제에 대한 정보와 생각의 자유로운 소통이 필수적"이라고 한 점에 주목하였다. 이러한 내용과 제19조를 함께 보면, 이는 시민들이 특히 미디어를 통해 정보에 폭넓게 접근할 수 있어야 하며 선출된 기관과 그 구성원의 활동에 대한 정보와 의견을 전파할 기회를 가져야 함을 의미한다는 것이다.[33] 규약위원회는 유사한 문제가 제기된 *Marina Koktish v. Belarus* 사건(2014)에서 *Gauthier v. Canada* 결정을 인용하며 '언론인 허가제도(accreditation schemes for journalists)'에 대해 다음과 같이 설명하였다.[34] 첫째, 언론인 허가제도는 특정한 장소 및/또는 사건에 대한 특별 접근권을 언론인에게 제공하기 위해 필요한 경우에만 허용된다. 둘째, 언론인 허가제도는 저널리즘이 광범위한 행위자에 의해 공유되는 기능이라는 점을 고려하고 객관적 기준에 근거하여 규약 제19조 및 여타 조항에 부합하는 방식에 따라 비차별적으로 적용되어야 한다. 셋째, 허가 관련 기준은 구체적이고 공정하고 합리적이어야 하며 적용이 투명해야 한다.

정보에 대한 접근을 필요로 하는 이유에 따라서는 일반인도 언론인에게 주어지는 것과

---

31) HRC General Comment No.34(2011), para.18.
32) *Robert W. Gauthier v. Canada*, Communication No.633/1995(1999), paras.13.5.-13.6.
33) 상게주, para.13.4.
34) *Marina Koktish v. Belarus*, Communication No.1985/2010(2014), para.8.3.

같은 보호를 받을 수 있다. 규약위원회는 *Toktakunov v. Kyrgyzstan* 사건(2011)에서 이 문제를 다루었다.

통보자는 청소년 인권단체의 법률자문가로 근무하였다. 이 단체는 법무부 중앙교정국에 사형수 수에 대한 정보를 요청했으나, 법무부는 해당 정보가 기밀이라는 이유로 정보 제공을 거부하였다. 이에 통보자는 키르기스스탄이 정보를 구하고 받을 권리를 침해하였다며 규약위원회에 개인통보를 제기하였다. 규약위원회는 이 사건의 경우처럼 공공단체나 개인이 공적 관심사에 대한 감시 기능을 수행하는 데 있어 국가가 보유한 정보에 접근할 필요가 있을 때, 그러한 단체나 개인에게는 언론에 제공되는 것과 같은 보호가 보장되어야 한다고 설명하였다. 규약위원회는 이 사건에서 통보자의 정보접근권 행사에 대한 제한은 국가안보, 공공질서, 공중보건, 공중도덕 또는 타인의 권리나 평판의 존중을 위해 필요한 것으로 간주될 수 없으므로, 키르기스스탄 교정당국의 정보 제공 거부는 제19조 제2항 위반이라고 판단하였다.[35]

정보접근권 문제는 여러 국가보고서에 대한 최종견해에서도 자주 지적되었다. 구체적으로, 정보접근권 보호를 위한 입법 미비,[36] 인권운동가나 정치활동가가 사용하는 일부 인터넷 사이트에 대한 접근 차단,[37] 인터넷 사용 및 콘텐츠에 대한 모니터링,[38] 국가의 온라인 미디어 통제,[39] 낙태 관련 정보에 대한 접근 제한[40] 등이 문제가 되었다.

Ⅳ. 표현의 자유에 대한 제한

1. 채택배경

제19조 제3항은 타인의 권리나 평판의 존중, 국가안보의 보호, 공공질서의 보호 또는 공

---

35) *Toktakunov v. Kyrgyzstan*, Communication No.1470/2006(2011), paras.7.4-7.8.
36) Concluding Observations on Jamaica, CCPR/C/JAM/CO/4(2016), para.48; Concluding Observations on Namibia, CCPR/C/NAM/CO/2(2016), para.40; Concluding Observations on Gambia, CCPR/C/GMB/CO/2(2018), para.40.
37) Concluding Observations on Syria, CCPR/CO/84/SYR(2005), para.13.
38) Concluding Observations on Iran, CCPR/C/IRN/CO/3(2011), para.27.
39) Concluding Observations on Belarus, CCPR/C/BLR/CO/5(2018), para.49.
40) Concluding Observations on Ireland, CCPR/C/79/Add.21(1993), para.15; Concluding Observations on Colombia, CCPR/C/COL/CO/7(2016), para.21; Concluding Observations on Pakistan, CCPR/C/PAK/CO/1(2017), para.15.

중보건이나 공중도덕의 보호를 위하여 필요한 경우에는 법률에 근거하여 표현의 자유에 대한 권리에 일정한 제한을 가할 수 있다고 규정하고 있다. 인권위원회와 총회에서는 표현의 자유에 대한 제한을 규정하는 방식을 둘러싸고 논란이 있었다.[41] 제한의 대상이 될 수 있는 표현을 망라적으로 열거하자는 주장[42]과 허용가능한 일반적인 제한사유를 간략히 제시하자는 주장이 대립하였는데, 최종적으로 후자가 채택되었다.

제19조 제3항의 논의 과정에서는 사전검열의 허용 여부도 중요한 쟁점이었다.[43] "언론에 대한 사전검열은 명시적으로 금지되어야 한다", "문서 및 인쇄물, 라디오, 뉴스에 대한 사전검열은 존재해서는 안 된다"와 같은 규정을 두자는 제안이 있었으나, 제19조 제2항이 국경에 관계없이 모든 수단을 통하여 정보를 구하고 받으며 전달할 자유를 이미 보장하였고 제19조 제3항의 제한이 검열을 승인하는 것으로 이해되어서는 안 된다고 생각했기 때문에 그러한 제안은 받아들여지지 않았다.[44]

한편, 제19조 제3항은 표현의 자유에 대한 권리의 행사에는 특별한 의무와 책임이 따른다고 강조하고 있다. 이 규정은 당사국에게 현대 매스미디어에 의한 권리의 남용에 대응할 수 있는 수단을 제공하기 위해 채택되었다.[45] 표현의 자유와 정보를 구할 자유는 타인의 권리(특히 프라이버시)를 침해할 수 있으며, 표현의 자유 행사가 타인의 의견 및 표현의 자유와 충돌하는 결과가 발생할 수도 있다. 제19조 제3항의 특별한 의무와 책임 규정은 사인에 의한 인권에 대한 간섭이 발생하지 않도록 보장할 당사국의 의무를 강화한다.[46]

2. 제한요건

표현의 자유를 제한하는 가장 전형적인 유형은 검열, 배포나 수입의 금지, 출판물·영화·그래픽 작품의 몰수, 영화 상영의 금지, 공연의 금지, 의회 발언의 금지와 같이 표현 자체나 이를 담고 있는 매체에 대하여 일정한 제재를 가하는 것이다. 두 번째 제한유형은 '바람직하지 않은' 표현을 간접적으로 규제하기 위해서 출판사·인쇄소·영화배급사·극장·방송

---

41) Bossuyt's Guide(1987), pp.387-388.
42) 제한의 대상이 될 수 있는 표현을 망라적으로 열거하자는 안의 경우, 주로 범죄를 교사하거나 선동하는 표현, 폭력을 통한 정부 전복을 꾀하는 표현, 국가나 거래에 관한 비밀의 누설, 다른 국가와의 우호친선을 해하는 표현, 사법부의 독립을 침해하는 표현, 명예나 평판과 같은 개인의 권리를 침해하는 표현, 외설적인 표현, 신성모독의 표현 등을 규제하자고 제안하였다.
43) Bossuyt's Guide(1987), pp.398-399.
44) A/2929(1955), Chapter.Ⅵ, para.136.
45) Bossuyt's Guide(1987), p.386.
46) Nowak's CCPR Commentary(2019), p.564(para.43).

·텔레비전 사업을 국가적으로 통제하거나, 집회나 결사나 노조결성을 금지하거나, 대학이나 의회를 폐쇄하는 등과 같이 특정 기관이나 단체를 법적으로 규제하는 것이다. 세 번째 제한유형은 형벌을 과하거나 판매금지, 구금, 추방과 같은 예방적 조치를 취함으로써 스스로를 표현하고자 하는 개인에 대해 직접적으로 압박을 가하는 것이다.

표현의 자유를 보장하기 위해 상기 행위들이 무조건 금지되는 것은 아니다. 개별 사건별로 제19조 제3항에 근거하여 제한이 가능한지 여부가 검토되어야 한다. 즉 제한은 법률에 규정되어야 하고, 열거된 제한사유 중 하나에 해당해야 하며, 이러한 목적 달성을 위해 필요한 것이어야 한다. 특히, 여론 형성에 영향을 미치는 언론기관들에게는 진실하고 정확하며 공평하게 정보를 제공할 일반적 의무와 함께 자신들의 권한을 남용하지 않을 특별한 책임이 따른다.[47]

제한사유에 대해서는 아래에서 별도로 살펴보기로 하고, 여타 제한요건을 구체적으로 검토하면 다음과 같다. 먼저 표현의 자유에 대한 제한은 "법률", 즉 형식적인 의미에서의 의회입법으로 규정되어야 한다. 일반논평 제34호(2011)에 따르면, 표현의 자유에 대한 제한은 인권에 대한 심각한 축소에 해당하기 때문에 전통법, 종교법, 기타 관습법에 규정된 제한사항은 규약에 부합하지 않는다.[48] 표현의 자유를 제한하는 법률은 다음 기준을 충족해야 한다.[49] 첫째, 개인이 그에 따라 자신의 행동을 규제할 수 있도록 충분히 정밀하게 만들어져야 하며, 대중이 이에 쉽게 접근 가능하도록 해야 한다. 둘째, 표현의 자유에 대한 제한을 집행하는 자에게 그 제한과 관련하여 무제한의 재량을 부여해서는 안 된다. 셋째, 그 집행을 담당하는 자가 어떤 종류의 표현이 제한되고 제한되지 않는지 확인할 수 있도록 충분한 지침을 제공해야 한다. 따라서 행정적 규정이나 모호한 법규정을 근거로 표현의 자유를 제한하는 것은 제19조 위반이다.

다음으로 표현의 자유에 대한 제한은 규약 제19조 제3항에 열거된 목적 중 하나를 달성하기 위해 "필요한" 것이어야 한다. 이 필요성 요건은 비례성 심사를 내포한다. 즉 표현의 자유에 대한 제한은 추구되는 목적에 비례해야 하며, 그러한 제한은 어디까지나 예외적이어야지 원칙이 될 수는 없다.[50] 일반논평 제34호(2011)에 따르면, 제한적 조치는 보호적 기능을 달성하기에 적절해야 하고, 보호적 기능을 달성하기 위한 조치 중에서도 침해를 최소화하는 조치여야 하며, 보호되는 이익에 비례해야 한다.[51] 또한, 비례성의 원칙은 그러한

---

47) Nowak's CCPR Commentary(2019), p.564(para.45).
48) HRC General Comment No.34(2011), para.24.
49) HRC General Comment No.34(2011), para.25.
50) Nowak's CCPR Commentary(2019), p.565(para.47).

제한을 규정하는 법률에서뿐만 아니라 그러한 법률을 적용하는 행정당국과 사법당국에 의해서도 존중되어야 한다.[52] 그리고 비례성의 원칙은 문제가 되는 표현의 형식과 배포 수단을 모두 고려해야 하는데, 예컨대 규약은 공적·정치적 영역의 인물에 관한 민주사회의 공적 토론 환경에서의 자유로운 표현에 특히 높은 가치를 부여한다.[53] 당사국은 표현의 자유에 대한 제한을 위해 정당한 근거를 원용하는 경우 위협의 정확한 성격과 취해진 특정 조치의 필요성 및 비례성을 명확하고 개별적인 방식으로 증명해야 하며, 특히 표현과 위협 간의 '직접적이고 즉각적인 연관성(direct and immediate connection)'을 증명해야 한다.[54] 규약위원회는 해당 사건에서 규약 제19조 제3항에 열거된 목적을 위해 취해진 조치가 필요한 이유에 대한 '개별적인 정당성(individualized justification)'이 인정되지 않는 경우 표현의 자유에 대한 권리 침해가 있다고 판단한다.[55] 한편, 규약의 다른 조항(제14조 제1항, 제21조, 제22조 제2항)이나 유럽인권협약 제10조 제2항과는 달리 규약 제19조 제3항에는 "민주사회에서 필요한"이라는 표현이 포함되어 있지 않다. 인권위원회에서 이 같은 표현을 삽입하자는 논의가 있었으나 채택되지는 못하였다.[56] 결국 규약의 해석상 제한의 필요성을 평가하기 위한 기준은 민주주의 원리라기보다는 그러한 제한이 해당 사건에서 비례성의 원칙에 부합하는지 여부라고 보아야 한다.[57]

3. 제한사유

가. 타인의 권리 또는 평판의 존중

(1) 타인의 권리 존중

규약에 있는 다른 조항들과 마찬가지로 제19조 제3항은 타인의 권리를 보호하기 위해 표현의 자유에 대한 제한을 규정하고 있다. "타인"에는 개인뿐만 아니라 공동체의 구성원들도 포함된다.[58] 따라서 종교나 민족으로 규정된 공동체의 일원을 가리키는 것일 수 있다. "권리"에는 규약에서 인정되는 인권뿐만 아니라 보다 일반적으로 국제인권법에서 인정되는 인권이 모두 포함된다.[59] 예컨대, 타인의 종교의 자유를 보호하거나, 프라이버시를 보호하거

---

51) HRC General Comment No.34(2011), para.34.
52) HRC General Comment No.34(2011), para.34.
53) HRC General Comment No.34(2011), para.34.
54) HRC General Comment No.34(2011), para.35.
55) *Hak-Chul Shin v. Republic of Korea*, Communication No. 926/2000(2004). para.7.3.
56) E/CN.4/438/Rev.1(1950); E/CN.4/L.156/Rev.1(1952).
57) Nowak's CCPR Commentary(2019), p.566(para.47).
58) HRC General Comment No.34(2011), para.28.

나, 투표권을 보호하거나, 소수자를 보호하기 위하여 표현의 자유에 대해 일정한 제한을 부과할 수 있다. *Faurisson v. France* 사건(1996)은 타인의 권리 보호를 위해 표현의 자유에 대한 제한이 허용될 수 있음을 보여주는 대표적인 사례이다.

프랑스의 교수인 통보자는 홀로코스트 과정에서 사용된 것으로 알려진 살인 방법에 의문을 품고 확실한 증거를 찾고자 하였다. 그는 특히 아우슈비츠 등의 강제수용소에 정말로 살인을 목적으로 한 가스실이 있었는지 의문을 제기하였다. 한편, 1990년에 프랑스 의회는 인도에 반하는 죄의 존재에 이의를 제기하는 것을 범죄행위로 규정하는 소위 'Gayssot Act'를 통과시켰다. 통보자는 한 프랑스 잡지와의 인터뷰에서 이 법이 연구와 표현의 자유에 대한 위협이 되며, 나치 강제수용소에 유대인을 학살하기 위한 가스실은 존재하지 않았다고 주장하였다. 그 결과 통보자와 해당 잡지의 편집장은 벌금형을 선고받았다. 이에 통보자는 표현의 자유를 침해받았다고 주장하며 개인통보를 제기하였다. 규약위원회는 'Gayssot Act'의 적용이 이 사건의 사실관계와 다른 조건에서는 규약과 양립할 수 없는 결정이나 조치로 이어질 수도 있다고 하였다. 그러나 규약위원회의 임무는 당사국이 제정한 법률을 일반적으로 비판하는 것이 아니라, 이 사건에서 표현의 자유에 대한 제한요건이 충족되었는지를 판단하는 것이라고 하였다. 규약위원회는 'Gayssot Act'에 의한 통보자의 표현의 자유에 대한 제한은 반유대주의적 정서로부터 유대인 사회를 보호하기 위한 것이므로 규약 제19조 제3항 하에서 필요한 것이었다고 판단하였다.[60]

위의 사건에서 규약위원회는 'Gayssot Act' 자체에 대해서는 문제를 제기하지 않았다. 그러나 이후 규약위원회는 이른바 '기억법(memory-laws)'에 대해 변화된 입장을 제시하였다. 규약위원회는 헝가리 국가보고서에 대한 최종견해(2010년)에서 "당사국의 '기억법'이 제2차 세계대전 이후의 역사 이해에 대한 다양한 견해를 범죄화할 위험이 있다"고 우려하고, 규약 제19조 및 제20조에 부합되도록 '기억법'을 재검토할 것을 권고하였다.[61] 여기서 더 나아가 일반논평 제34호(2011)에서는 "역사적 사실에 대한 의견 표현을 처벌하는 법은 규약에 따라 당사국에 부과된 의견 및 표현의 자유의 존중과 관련한 의무와 양립할 수 없다"고 하였다.[62] 이어 "규약은 과거사건에 관한 잘못된 의견이나 부정확한 해석의 표현에 대한 일반

---

59) HRC General Comment No.34(2011), para.28.
60) *Faurisson v. France*, Communication No.550/1993(1996), para.9.6.
61) Concluding Observations on Hungary, CCPR/C/HUN/CO/5(2010), para.19.

적 금지(general prohibition)를 허용하지 않는다"고 하면서, "의견의 자유에 대한 권리는 결코 제한되어서는 안 되며, 표현의 자유와 관련한 제한은 제19조 제3항에서 허용되거나 제20조에서 요구되는 수준을 초과할 수 없다"는 점을 재차 강조하였다.[63] 이후 규약위원회는 여러 국가보고서에 대한 최종견해에서 '기억법'의 문제를 지적하고 있다. 예컨대, 러시아 국가보고서에 대한 최종견해(2015)에서는 2차 세계대전에서 소련의 역할을 왜곡하는 것을 범죄화하는 법률이 표현의 자유에 대한 위축 효과를 발생시킬 수 있다고 우려하였다.[64] 폴란드 국가보고서에 대한 최종견해(2016)에서는 2차 세계대전 당시 독일 점령 하의 폴란드에서 운영된 나치 수용소에 대해 폴란드와의 연관성을 암시하는 표현을 사용한 자는 3년 이하의 징역에 처하도록 한 법안을 재검토할 것을 권고하였다.[65] 해당 법안은 2018년 3월에 발효하였는데, 국제적 여론이 악화되자 폴란드 의회는 2018년 6월에 징역형을 삭제하는 내용의 개정안을 통과시켰다. 규약위원회는 리투아니아 국가보고서에 대한 최종견해(2018)에서도 나치의 유대인 학살 시 리투아니아인의 가담을 언급하지 못하도록 한 조치에 우려를 표하고, 당사국은 표현의 자유를 행사하는 개인과 단체를 '국가안보에 대한 위협'으로 공개적으로 지칭하는 것을 중단해야 한다고 하였다.[66]

위의 최종견해와 일반논평에서도 언급된 것처럼 타인의 권리 보호를 위한 표현의 자유 제한은 규약 제20조(전쟁선전 및 증오고취의 금지)와 밀접하게 관련되어 있는데, 규약위원회는 *Ross v. Canada* 사건(2000)에서 처음으로 제19조와 제20조를 연계하여 적용하였다. 사건의 내용은 다음과 같다.

캐나다 뉴브런즈윅에서 교사로 근무하는 통보자는 평소 많은 반유대적 저작물을 제작하였다. 다만, 자신의 수업에서 반유대적 견해를 밝히지는 않았다. 그의 활동에 대해

---

62) HRC General Comment No.34(2011), para.49. 참고로 일반논평은 이러한 설명을 하면서 각주에서 *Faurisson v. France* 사건(1996)을 인용하고 있다. 그런데 *Faurisson v. France* 사건(1996)에서는 'Gayssot Act'에 의해 통보자의 표현의 자유를 제한한 것이 규약 제19조에 위반되지 않는다는 결정이 내려졌으므로, 인용의 적절성에 대한 의문이 제기될 수 있다. 애초 일반논평 초안에서는 *Faurisson v. France* 사건(1996)을 인용하면서 '기억법'을 규약 제19조에 위반되는 것으로 기술하지는 않았었다. 그러나 이후 규약위원회는 '기억법'에 대한 보다 강력한 입장을 채택하기로 하고 초안을 수정하였는데, 이 과정에서 초안에 있던 각주의 내용이 정리되지 않고 그대로 포함된 것으로 파악된다. Nowak's CCPR Commentary(2019), p.561(para.37).

63) HRC General Comment No.34(2011), para.49.

64) Concluding Observations on Russia, CCPR/C/RUS/CO/7(2015), para.19.

65) Concluding Observations on Poland, CCPR/C/POL/CO/7(2016), paras.37-38.

66) Concluding Observations on Lithuania, CCPR/C/LTU/CO/4(2018), paras.27-28.

학부모로부터 항의가 제기되자 학교 측은 그의 수업을 감시하고 징계에 처하는 등의 조치를 취하였으나 수업 자체를 금지하지는 않았다. 이후 해당 학군 소속 유대인 학생의 부모는 학교 교육위원회가 통보자에 대해 적절한 조치를 취하지 못함으로써 반유대적 견해가 묵인되었고 유대인 및 다른 소수 학생들이 차별당하였다고 주장하며 뉴브런즈윅 인권위원회에 탄원서를 제출하였다. 그 결과 통보자에게는 1주일 무급휴가와 이후 수업을 담당하지 않는 자리로의 보직 이동 처분이 내려졌다. 이 사건에 대해 규약위원회는 통보자의 표현의 자유에 대한 규제는 유대인 학생들이 선입견, 편견, 편협함이 없는 학교시스템을 가질 수 있는 권리와 자유를 보호하기 위해 필요한 제한으로 간주될 수 있으므로 규약 제19조에 위배되지 않는다고 결정하였다.[67]

Faurisson v. France 사건(1996)과 *Ross v. Canada* 사건(2000)에서 프랑스 정부와 캐나다 정부는 통보자에 대한 조치는 "차별, 적의 또는 폭력의 선동에 해당되는 민족, 인종 또는 종교에 대한 증오의 고취는 법률로 금지된다"라고 규정한 규약 제20조 제2항에 따른 것이므로, *J.R.T. and Western Guard Party v. Canada* 사건(1984)에서처럼 심리적격이 없다는 결정을 내려줄 것을 요구하였으나,[68] 규약위원회는 두 사건에서 모두 이러한 요구를 받아들이지 않고 본안판단에 들어갔다. 규약위원회는 *Faurisson v. France* 사건(1996)에서는 제20조 제2항에 대한 고려 없이 제19조 위반 여부만 검토하였다. 그러나 *Ross v. Canada* 사건(2000)에서는 제19조와 제20조의 관계에 주목하였다. 캐나다 정부의 제20조 제2항에 기초한 심리부적격 주장과 관련하여 규약위원회는 제20조에 근거한 표현의 자유에 대한 제한은 동시에 제19조 제3항이 허용하는 범위 내에 포함되어야 하므로 이는 본안심리에서 다루어질 문제라고 하였다.[69] 그리고 본안판단에서 제19조 제3항 하에서 종교적 증오로부터 보호받아야 할 유대인들의 권리 보호를 위해 반유대적 감정을 고양시키거나 강화하는 표현에 대한 제한은 허용될 수 있다고 보았으며, 이러한 제한은 규약 제20조 제2항에 반영된

---

67) *Ross v. Canada*, Communication No.736/1997(2000), para.11.6.
68) *J.R.T. and the Western Guard Party v. Canada*(1984) 사건은 규약위원회가 제20조 제2항을 적용해 판단을 내린 최초의 사건이다. 캐나다의 정당 중 하나인 Western Guard Party는 녹음된 메시지를 사용하여 당원을 모집하고 당의 정책을 홍보하였는데, 메시지에는 반유대적인 내용이 포함되어 있었다. 캐나다 정부가 이것이 인권법에 반한다며 이들의 전화 이용을 차단하자, 이 정당의 지도자는 표현의 자유 침해를 이유로 개인통보를 제기하였다. 규약위원회는 통보자가 전파하려는 견해는 규약 제20조 제2항에 따라 금지되는 내용이 명백하므로 이 통보는 규약과 양립될 수 없으며, 따라서 심리적격이 없다고 결정하였다. *J.R.T. and the Western Guard Party v. Canada*, Communication No.104/1981(1984).
69) *Ross v. Canada*, Communication No.736/1997(2000), para.10.6.

원칙에 의해서도 뒷받침된다고 설명하였다.[70] 이후 규약위원회는 일반논평 제34호(2011)에서 "제19조와 제20조는 양립가능하며 상호보완적"이라고 하면서, 제20조에 의해 금지되는 행위들은 모두 제19조 제3항에 의한 제한대상에 포함되며, 따라서 제20조에 의해 정당화되는 제한은 제19조 제3항의 요건도 함께 충족시켜야 한다고 설명하였다.[71]

한편, 타인의 권리 보호를 위해 표현의 자유에 대한 제한이 필요하다는 당사국의 항변이 받아들여지지 않은 대표적인 사례로는 *John Ballantyne et al. v. Canada* 사건(1993)이 있다.

> 통보자들은 영어가 모국어인 사람들로서 불어권인 캐나다 퀘벡주에 살고 있었다. 퀘벡주정부가 상업적 광고에는 불어만을 사용해야 한다는 법을 통과시키자, 통보자들은 표현의 자유를 침해받았다며 개인통보를 제기하였다. 퀘벡주정부는 옥외광고와 같은 상업적 광고는 제19조의 적용범위에 포함되지 않는다고 주장하는 한편, 상업광고에 불어만을 사용하도록 한 것은 불어 사용 공동체 보호를 위해 필요한 조치였다고 주장하였다. 이에 대해 규약위원회는 상업적 광고 역시 제19조의 적용범위에 포함된다고 해석하였다. 이어 퀘벡주정부의 조치가 제19조 제3항에 따른 타인의 권리에 대한 존중을 위해 필요한 조치였는지 여부를 검토하였다. 규약위원회는 불어 외의 언어로 광고할 수 있는 자유에 의해 불어 사용 공동체가 자신의 언어를 사용할 권리를 위협받는 것은 아니라고 보았다. 따라서 캐나다가 제19조 제2항을 위반하였다고 판단하였다.[72]

(2) 타인의 평판 존중

제19조 제3항은 타인의 평판을 보호하기 위해서도 표현의 자유가 제한될 수 있다고 규정하고 있는데, 평판은 규약 제17조 제1항에 의해 프라이버시의 일부로서도 보호된다. 제17조와 제19조 제3항을 함께 고려하면, 당사국은 표현의 자유를 제한할 권한이 있을 뿐만 아니라 허위 주장에 의한 명예와 평판에 대한 고의적 침해에 대응하여 법적 보호를 제공할 의무도 있다.[73] 모욕, 명예훼손, 비방이 진실한 주장에 근거하고 있거나 고의성이 없다 하더라도 타인의 평판 존중을 위해 필요한 경우에는 제19조 제3항에 따라 법률에 의해 제한

---

70) 상게주, para.11.5.
71) HRC General Comment No.34(2011), para.50.
72) *John Ballantyne et al. v. Canada*, Communication Nos.359, 385/1989(1993), paras.11.3-11.4.
73) Nowak's CCPR Commentary(2019), p.568(para.51).

될 수 있다.[74] 다만, 이러한 제한의 경우에는 비례성의 원칙이 엄격히 준수되어야 한다.[75] 그렇지 않으면 표현의 자유가 침해될 수 있는 위험이 있기 때문이다. 진실의 증명 요건이 지나치게 높게 설정되어서도 안 된다.[76]

타인의 평판 보호를 이유로 정당화될 수 있는 표현의 자유에 대한 가장 명백한 제한은 명예훼손에 관한 법이다. 일반논평 제34호(2011)는 "명예훼손법(defamation laws)은 제19조 제3항에 부합하고 표현의 자유를 억압하지 않도록 주의를 기울여 입법해야 한다"고 하면서, 특히 다음 사항을 강조하였다.[77] 첫째, 모든 명예훼손법, 특히 명예훼손에 대한 형사처벌 규정은 진실에 근거한 항변과 같은 항변사유를 두어야 하고, 그 성격상 검증이 필요하지 않은 표현 형태에는 적용되지 않아야 한다. 둘째, 적어도 공적 인물에 관한 논평에 대해서는 악의 없이 실수로 나온 허위 발언을 처벌하거나 다른 방식으로 불법화하지 않도록 해야 한다. 셋째, 어떤 경우에도 비판의 주제가 공공의 이익에 관한 것이면 반드시 항변사유로 고려되어야 한다. 넷째, 당사국은 과도한 징벌적 조치와 처벌을 내리지 않도록 주의를 기울여야 한다. 다섯째, 당사국은 명예훼손의 비범죄화를 고려해야 하고, 어떤 경우에도 형사법의 적용은 가장 중대한 명예훼손 사건에서만 용인되어야 하며, 구금은 결코 적절한 형벌이 될 수 없다. 규약위원회는 *Adonis v. Philippines* 사건(2012)에서 이러한 기준을 적용하여 명예훼손법에 따른 제재의 적절성 문제를 검토하였다.

라디오 방송국 진행자인 통보자는 한 의원이 방송인과 불륜관계라는 정보를 접하고 자신이 진행하는 프로그램에서 이를 보도하였다. 이미 다른 신문사들에 의해 관련 보도가 나온 상황이었으며, 라디오 프로그램에서 해당 의원의 이름은 공개되지 않았다. 이후 해당 의원 측은 필리핀 형법의 명예훼손죄 조항에 근거하여 통보자를 고소하였다. 법원은 통보자가 해당 의원의 명예와 평판을 훼손하였다고 결정하고 배상금의 지급과 구금형을 선고하였다. 이에 통보자는 자신의 표현의 자유가 부당하게 제한되었다고 주장하며 규약위원회에 개인통보를 제출하였다. 규약위원회는 일반논평 제34호(2011)에서 제시된 명예훼손법 관련 기준에 비추어 볼 때 이 사건에서 통보자에 대해 부과된 구금형 제재는 규약 제19조 제3항에 부합하지 않는다고 결론 내렸다.[78]

---

74) Nowak's CCPR Commentary(2019), p.568(para.51).
75) Nowak's CCPR Commentary(2019), p.568(para.51).
76) Nowak's CCPR Commentary(2019), p.568(para.51).
77) HRC General Comment No.34(2011), para.47.
78) *Adonis v. Philippines*, Communication No.1815/2008(2012), paras.7.7-7.10.

규약위원회는 공적 인물에 대한 모욕행위를 처벌하는 규정과 관행에 대해서도 우려를 표하였다. *Bodrozic v. Serbia and Montenegro* 사건(2005)에서는 저널리스트인 통보자가 유명 정치인에 대한 비판 기사를 작성했다는 이유로 모욕죄에 대한 유죄 판결을 받은 것이 문제가 되었는데, 규약위원회는 통보자에 대한 기소 및 판결을 타인의 권리와 평판을 보호하는 데 필요한 조치로 보기 어렵다고 하면서 규약 제19조 제2항 위반이라고 판단하였다.[79] 일반논평 제34호(2011)는 이 사건을 인용하며 표현의 형태가 공적 인물을 모욕하는 것으로 간주된다는 사실만으로 처벌을 정당화할 수 없다고 하면서, 국가원수나 정부수반과 같이 최고 정치권력을 행사하는 자를 포함하여 모든 공적 인물은 정당하게 비판과 정치적 반대의 대상이 된다는 점을 강조하였다.[80]

나. 국가안보의 보호

규약 제19조 제3항은 국가안보를 보호하기 위해 표현의 자유가 제한될 수 있다고 규정하고 있는데, 규약 제12조(거주·이전의 자유), 제13조(외국인의 추방), 제14조(공정한 재판을 받을 권리), 제21조(집회의 자유), 제22조(결사의 자유)와 마찬가지로 국가안보를 이유로 한 표현의 자유에 대한 제한은 국가 전체에 대한 정치적 또는 군사적 위협이 심각한 경우에만 허용될 수 있다.[81] 예컨대, 군사기밀의 입수나 유포, 정치적 불안 상황에서 정부에 대한 폭력적인 전복을 직접적으로 주장하는 서적의 발간, 규약 제20조 제1항상의 전쟁선전은 국가안보를 이유로 금지될 수 있다.[82]

다음의 *Jong-Kyu Sohn v. Republic of Korea* 사건(1995)에서 당사국은 통보자의 표현의 자유에 대한 제한이 국가안보의 보호를 위해 정당화될 수 있다고 주장하였으나, 규약위원회는 이러한 주장을 받아들이지 않았다.

대우조선에서 노동쟁의가 발생하자, 대기업연대회의 회원들은 대우조선 노조의 쟁의를 지지하는 성명을 채택하였다. 이 성명서는 팩시밀리로 대우조선 노조로 전송되었고, 대량으로 복사되어 배포되었다. 연대회의 모임에 참석하였던 (주)금호의 노조위원장인 통보자는 바로 다른 회원과 함께 체포되어 (구)노동쟁의조정법 제13조의 2 노동쟁의에 대한 제3자 개입금지 조항 위반 혐의 등으로 구속, 기소되었다. 통보자는 1심 판결에서

---

79) *Bodrozic v. Serbia and Montenegro*, Communication No.1180/2003(2005), para.7.2.
80) HRC General Comment No.34(2011), para.38.
81) Nowak's CCPR Commentary(2019), p.570(para.55).
82) Nowak's CCPR Commentary(2019), p.570(para.55).

642   도 경 옥

징역 1년 6월에 집행유예 3년을 선고받았고, 이 형은 대법원에서의 상고 기각으로 확정되었다. 이에 통보자는 대우조선의 파업에 대한 자신의 지지 성명을 유죄로 처벌한 행위가 규약 제19조 제2항의 표현의 자유를 침해한 것이라며 규약위원회에 개인통보를 제출하였다. 이에 대해 한국 정부는 이 사건에서 문제가 된 지지 성명은 국가 전체의 노동자들에게 파업을 선동하기 위한 것이었고, 어느 나라든지 국가적 총파업이 일어난다면 국가안보와 공공질서가 위협받는 것은 당연하다고 항변하였다. 이 사건에서 규약위원회는 통보자의 성명서 발표가 규약상의 정보와 생각을 전달할 권리를 행사한 것임을 인정하였다. 반면 한국 정부는 통보자의 표현의 자유 행사가 초래하였다고 하는 위협이 구체적으로 어떠한 것인지 설명하지 못하였으며, 한국 정부가 주장한 내용 중 그 어떠한 것도 제19조 제3항에 규정된 제한요건을 충족하지 못한다고 판단하였다.[83]

Albert Womah Mukong v. Cameroon 사건(1994)에서는 국가의 일체성을 보호하고 강화하기 위해 통보자의 표현의 자유를 제한한 것이 규약상 허용될 수 있는지가 쟁점이 되었는데, 규약위원회는 당사국의 조치를 통해서는 이러한 목적이 달성될 수 없으므로 규약 제19조 위반이라고 결정하였다.

통보자는 저널리스트로서 카메룬의 단일 정당체제를 비판하고 다당제 민주주의의 도입을 주장하는 활동을 벌여 왔다. 그는 1988년 BBC 방송과의 인터뷰에서 카메룬의 대통령과 정부를 비판한 이후 체포되어 상당 기간 구금되었다. 통보자는 언론자유의 침해를 이유로 규약위원회에 개인통보를 제출하였다. 카메룬 정부는 통보자를 체포한 것은 규약 제19조 제3항에 규정된 제한요건을 충족한다고 주장하였다. 표현의 자유는 국가의 정치적 상황과 전반적 상황을 고려하여 행사되어야 하는데, 카메룬은 자국의 독립 및 재통합 이래로 국가의 일체성을 강화하기 위해 꾸준히 투쟁해 왔다는 것이 정부 측 주장의 근거였다. 이에 대해 규약위원회는 어려운 정치적 상황 하에서 국가의 일체성을 보호하고 강화한다는 목적은 다당제 민주주의와 민주적 교의, 그리고 인권의 주장에 재갈을 물리려는 것으로는 달성될 수 없다고 하면서 규약 제19조 위반이라고 결론 내렸다.[84]

국가안보의 보호는 표현의 자유에 대한 제한을 정당화하기 위해 빈번하게 원용되는 사유

---

83) *Jong-Kyu Sohn v. Republic of Korea*, Communication No.518/1992(1995), paras.10.3-10.4, 11.
84) *Albert Womah Mukong v. Cameroon*, Communication No.458/1991(1994), para.9.7.

이다. 이에 일반논평 제34호(2011)에서는 당사국들은 국가안보와 관련되는 법이 제19조 제3항에 부합하는 방식으로 마련되고 적용되도록 각별한 주의를 기울여야 한다고 하면서, 국가안보에 해가 되지 않는 정당한 공익적 정보를 은폐·저지하거나, 정당한 공익적 정보의 배포를 이유로 언론인, 연구자, 환경운동가, 인권운동가 등을 기소하기 위해 그러한 법을 원용하는 것은 제19조 제3항에 부합하지 않는다고 밝히고 있다.[85]

다. 공공질서의 보호

규약의 모든 권리 제한 규정들에서 제한사유로 언급되고 있는 공공질서는 제19조 제3항의 초안 과정에서도 논의가 되었다. 인권위원회에서는 이 모호한 표현을 유럽인권협약에서와 같이 '무질서 또는 범죄의 방지'로 대체하자는 안이 제출되었으나, 이 안은 근소한 차이로 채택되지 못하였다.[86] 따라서 '공공질서'는 '무질서 또는 범죄의 방지'를 포함하는 더욱 넓은 개념이라고 할 수 있는데, "모든 민주주의 사회가 바탕을 두고 있는, 그리고 인권존중과 합치하는, 보편적으로 수락된 근본적 원칙들",[87] "사회의 평화롭고 효과적인 기능을 보장하는 규칙의 총합"[88]과 같은 정의가 제시된 바 있다.

초안 과정에서의 논의를 보면, 방송, 텔레비전 또는 영화 산업에 대한 허가 또는 인쇄물에 대한 수입 제한이 이러한 제한사유에 의해 정당화된다는 것을 분명히 알 수 있다.[89] 그러나 이것이 공공질서의 보호 차원에서 국가의 방송 독점이 정당화될 수 있다는 의미로 이해되어서는 안 된다. 정보원의 다원화는 정보와 생각을 받을 자유를 향유하는 데 있어서 본질적인 부분이라고 할 수 있다. 따라서 규약 당사국은 미디어를 독점적으로 통제해서는 안되고 미디어의 다양성을 증진해야 하며, 민간 미디어 그룹에 의한 부당한 언론 장악이나 집중을 방지하기 위해 규약에 부합하는 적절한 조치를 취해야 한다.[90]

그밖에 비밀정보 공개 방지, 사법부의 공정성 유지, 규약 제20조 제2항의 인종적 증오 고취 금지도 공공질서의 개념에 포함될 수 있으므로 이러한 사유에 의한 표현 및 정보의 자유에 대한 제한 역시 허용될 수 있다. 비밀기관이나 공무원의 표현의 자유를 제한하거나 수감자들의 정보의 자유를 제한하는 것 또한 공공질서 보호 차원에서 정당화될 수 있다. 공공질서 보호를 위한 제한의 필요성에 대해서는 특히 엄격한 요건들이 부과되어야 한다.[91] 그

---

85) HRC General Comment No.34(2011), para.30.
86) E/CN.4/440(1950); E/CN.4/SR.167(1950), para.19.
87) Nowak's CCPR Commentary(2019), p.570(para.56).
88) Joseph & Castan's Commentary(2013), p.617(para.18.56).
89) A/2929(1955), Chapter.Ⅵ, para.132.
90) HRC General Comment No.34(2011), para.40.

렇지 않으면 표현 및 정보의 자유가 완전히 침해되거나 원칙과 예외가 뒤바뀔 수 있기 때문이다.

한편, 일반논평 제34호(2011)에 따르면, 공공질서 유지를 이유로 특정 공공장소에서의 연설을 규제하는 것은 '특정한 상황' 하에서 허용될 수 있다.[92] 규약위원회는 아래의 *Patrick Coleman v. Australia* 사건(2006)에서는 그러한 '특정한 상황'이 인정되지 않는다고 보았다.

통보자는 퀸즈랜드 타운스빌의 한 보행자전용지구에서 허가를 받지 않고 권리, 언론의 자유, 토지권 등을 주제로 15분~20분간 공개연설을 하였다. 그는 타운스빌시의회지방법에 따라 기소되었고, 법원에서 유죄가 인정돼 벌금형을 선고받았다. 이후 그는 벌금을 내지 않아 5일 동안 구금되었다. 이 사건에서 규약위원회는 당사국이 개인의 표현의 자유와 특정 지역의 공공질서 유지에 대한 일반적 이익 간의 균형을 유지하기 위해 허가제도를 도입할 수 있다고 하더라도 그러한 제도는 제19조와 부합하지 않는 방식으로 운영되어서는 안 된다고 하였다. 이어 통보자의 연설이 위협적이거나 과도하게 방해가 되거나 보행자전용지구의 공공질서를 위태롭게 할 가능성이 있는 것으로 보이지 않는다고 하였다. 규약위원회는 통보자의 행위에 대한 당사국의 대응은 과도한 것으로서 규약 제19조 제3항에 부합하지 않으며, 따라서 통보자의 표현의 자유를 침해하였다고 판단하였다.[93]

라. 공중보건 또는 공중도덕의 보호

(1) 공중보건의 보호

규약의 다른 권리 제한 규정들과 마찬가지로 제19조는 공중보건을 제한사유의 하나로 규정하고 있다. 공중보건 보호를 이유로 한 표현의 자유 제한 문제를 다룬 개인통보사건은 아직 없지만, 규약의 다른 권리들에 관한 해석에 비추어 본다면 건강을 위협하는 물질이나 습관에 대해 오해를 일으킬만한 출판 금지, 담배·술·약물·마약 등에 대한 광고 제한, 위험성을 알리는 경고문구가 부착될 수 있도록 상표 사용 통제 등이 공중보건 보호를 위해 표현의 자유가 제한될 수 있는 경우에 해당할 수 있다.[94]

그동안은 공중보건과 표현의 자유와의 실질적인 관련성은 매우 적은 것으로 간주되었다.

---

91) Nowak's CCPR Commentary(2019), p.571(para.59).
92) HRC General Comment No.34(2011), para.31.
93) *Patrick Coleman v. Australia*, Communication No.1157/2003(2006), para.7.3.
94) Nowak's CCPR Commentary(2019), p.572(para.60); Taylor's Commentary(2020), p.574.

그러나 코로나19 국면에서 방역 조치와 표현의 자유 간의 충돌 문제가 직접적으로 제기됨에 따라 향후 규약 차원에서도 관련 논의가 촉발될 것으로 예상된다. 코로나19 관련 허위 정보가 넘쳐나자 여러 국가가 허위 정보 유포를 처벌하는 법을 제정하였고, 이 같은 법은 정부에 대한 비판을 단속하고 차단하는 데 악용되기도 하였다. 이와 관련하여 UN 인권최고대표사무소는 "코로나19에 대한 허위 정보를 규제하는 조치는 대중적이지 않은 의견이나 소수의 의견에 대한 검열을 초래할 수 있으므로 주의를 기울여 고안해야 한다"고 하면서, 허위 정보 관련 범죄에 대해서는 형사처벌을 하지 말고 허위 정보 유포를 막기 위해 덜 침해적인 수단을 사용하라고 권고하였다.[95] 그리고 UN 의견 및 표현의 자유 증진·보호 특별보고관은 "전염병 대유행과 의견 및 표현의 자유"에 관한 보고서에서 코로나 대유행 국면에서 5가지 영역─당국이 보유한 정보에 대한 접근, 인터넷에 대한 접근, 독립적인 미디어의 보호 및 촉진, 공중보건 관련 허위 정보, 공중보건 관련 감시─에서의 우려사항을 제시하고, 정보에 대한 접근, 독립적인 미디어, 기타 자유로운 표현이 전염병 대처에서 중요하다고 강조하였다.[96]

(2) 공중도덕의 보호

공중도덕의 보호를 위해서도 표현의 자유가 제한될 수 있는데, 전형적인 예로는 포르노그래피나 신성모독의 제한 또는 금지를 들 수 있다. 일반논평 제34호(2011)는 규약 제20조 제2항에 명시된 특정한 경우를 제외하고는 신성모독법 등 종교 또는 기타 신앙 체계에 대한 존중 결여의 표시를 금지하는 것은 규약에 위반된다고 하면서, 그러한 금지는 제19조 제3항의 엄격한 요건은 물론 제2조(당사국의 이행의무), 제5조(권리남용 금지와 안전조항), 제17조(사생활의 비밀과 자유), 제18조(사상, 양심 및 종교의 자유), 제26조(평등권)에도 부합해야 한다고 밝히고 있다.[97] 공중도덕의 보호를 위해 표현의 자유를 제한한 것과 관련된 개인통보사건으로는 *Leo R. Hertzberg et al. v. Finland* 사건(1982)이 있다.

통보자들은 국가의 통제를 받는 핀란드 방송국을 포함한 핀란드 국가기관들이 동성애를 다루는 라디오 프로그램 및 TV 시리즈를 검열함으로써 자신들의 표현 및 정보의 자유에 대한 권리를 침해하였다고 주장하였다. 이에 대해 규약위원회는 공중도덕은 사

---

95) UN OHCHR, Emergency Measures and Covid-19: Guidance, 27 April 2020.
96) UN Special Rapporteur on the promotion and protection of the right to freedom of opinion and expression, Disease pandemics and the freedom of opinion and expression, A/HRC/44/49(2020).
97) HRC General Comment No.34(2011), para.48.

회에 따라 광범위하게 다르며 보편적으로 적용될 수 있는 공통의 기준이 없으므로 어느 정도의 판단여지(margin of appreciation)가 관련 국가기관들에 부여되어야 한다고 강조하였다. 따라서 규약 제19조 제2항 하에서 통보자들의 권리에 대한 어떠한 침해도 없다고 결론 내렸다.[98]

이 사건은 규약위원회가 규약 당사국들이 '판단여지'를 가진다는 것을 언급한 유일한 사건이기도 한데, 민주사회에서 가장 본질적인 요소의 하나로서의 표현의 자유의 기능과 인권보호의 관점에서 이 같은 접근이 적절했는지에 대해서는 의문이 제기되었다.[99] 규약위원회는 이 사건 이후 제기된 다른 개인통보사건에서 "표현의 자유의 범위는 판단여지에 따라 평가되지 않는다"고 밝혔으며,[100] 일반논평 제34호(2011)에서도 이 점을 분명히 하고 있다.[101]

V. 한국의 실행

1. 관련 규정

규약 제19조 제1항의 의견을 가질 권리는 양심의 자유에 관하여 규정하고 있는 대한민국 헌법 제19조에 의해 보장된다. 규약 제19조 제2항의 표현의 자유에 대한 권리는 "모든 국민은 언론·출판의 자유를 가진다"라고 규정하고 있는 헌법 제21조 제1항과 "모든 국민은 학문과 예술의 자유를 가진다"라고 규정하고 있는 헌법 제22조 제1항에 의하여 보장된다. 또한 헌법 제21조 제2항에서는 "언론·출판에 대한 허가나 검열은 인정되지 아니한다"고 명시적으로 규정하고 있다.

---

98) *Leo R. Hertzberg et al. v. Finland*, Communication No.61/1979(1982), paras.10.3-10.4. 그러나 이 사건의 개별의견에서 세 명의 위원은 다음과 같은 입장을 취하였다:
"제19조 제3항의 '공중도덕'의 개념과 내용은 상대적이며 변화적인 것이다. 표현의 자유에 대한 제한은 편견을 관철하거나 불관용을 증대시키는 것과 같은 방법으로 적용되어서는 안 된다. 다수를 불쾌하게 하고 놀라게 하며 혼란스럽게 하는 의견을 포함하여 소수의견에 대해서는 표현의 자유를 보호하는 것이 특히 중요하다. 그러므로 핀란드법의 관련 규정이 다수의 도덕관념을 반영하는 것이라 하더라도 이 자체로 규약 제19조 제3항에 따른 제한을 정당화하기에 충분한 것은 아니다."
Individual Opinion by Committee members Opsahl, Lallah and Tarnopolsky in *Leo R. Hertzberg et al. v. Finland*, Communication No.61/1979(1982).
99) Nowak's CCPR Commentary(2019), p.573(para.62); Joseph & Castan's Commentary(2013), p.625 (para.18.69).
100) 예컨대, *Ilmari Länsman et al. v. Finland*, Communication No.511/1992(1994), para.9.4.
101) HRC General Comment No.34(2011), para.36.

규약 제19조 제3항의 표현의 자유에 대한 제한은 헌법 제21조 제4항과 일반적 권리유보조항인 헌법 제37조 제2항에 규정되어 있다. 먼저 헌법 제21조 제4항은 언론·출판은 타인의 명예나 권리 또는 공중도덕이나 사회윤리를 침해하여서는 안 되며 언론·출판이 타인의 명예나 권리를 침해한 때에는 피해자는 이에 대한 피해의 배상을 청구할 수 있다고 규정하여 표현의 자유 행사와 관련된 특별한 의무와 책임을 분명히 하고 있다. 다음으로 헌법 제37조 제2항에 따르면 표현의 자유에 대하여 기본권 제한에 관한 일반원칙에 따라 법률에 의한 제한이 가능하다. 개별 조항마다 제한규정을 두고 있는 규약과는 달리 우리 헌법에서는 일반적 권리유보조항을 두고 있어 형식적인 면에서는 차이를 보이지만, 헌법 제37조 제2항에서 국가안전보장, 질서유지, 공공복리를 제한사유로 규정하고 있을 뿐만 아니라 헌법 제21조 제4항에서 타인의 명예나 권리, 공중도덕, 사회윤리를 별도로 언급하고 있으므로 실질적인 면에서는 차이가 없다고 할 것이다. 한편, 헌법 제76조에 의하여 대통령이 긴급명령을 발한 경우에는 언론·출판의 자유도 일반적인 원칙에 따르지 않고 긴급명령에 의해 제한을 받게 되고, 헌법 제77조에 의하여 비상계엄이 선포되면 법률이 정하는 바에 따라 언론·출판의 자유에 대하여 특별한 조치를 취할 수 있다.

언론과 출판이 그 내재적 한계를 벗어남으로써 남용되는 경우에 이를 규율하는 규정으로는 명예훼손(형법 제307~309조), 정보통신망을 통한 명예훼손(「정보통신망 이용촉진 및 정보보호 등에 관한 법률」(이하 "정보통신망법"이라 한다) 제70조), 모욕(형법 제311조), 음란물 반포(형법 제243조), 업무상 비밀누설(형법 제317조), 타인의 자유 또는 명예의 침해(민법 제751조), 내란죄·외환죄의 선동, 공공질서의 교란 또는 국가질서파괴의 선동(형법 제90조 제2항, 제101조 제2항, 제120조 제2항, 국가보안법 제4조 제1항 제6호, 제7조) 등이 있다.

헌법재판소는 "헌법 제21조에 언론·출판의 자유, 즉 표현의 자유를 규정하고 있는데, 이 자유는 전통적으로는 사상 또는 의견의 자유로운 표명과 그것을 전파할 자유를 의미하는 것으로서 개인이 인간으로서의 존엄과 가치를 유지하고 행복을 추구하며 국민주권을 실현하는 데 필수불가결한 것으로 오늘날 민주국가에서 국민이 갖는 가장 중요한 기본권의 하나로 인식되고 있다"고 판시하였다.[102] 그리고 "언론·출판의 자유의 내용으로서는 의사표현·전파의 자유, 정보의 자유, 신문의 자유 및 방송·방영의 자유 등이 있는데, 이러한 언론·출판의 자유의 내용 중 의사표현·전파의 자유에 있어서 의사표현 또는 전파의 매개체는 어떠한 형태이건 가능하며 그 제한이 없으므로, 담화·연설·토론·연극·방송·음악·영화·가요 등과 문서·소설·시가·도화·사진·조각·서화 등 모든 형상의 의사표현 또는 의

---

102) 헌법재판소 1992. 2. 25. 89헌가104.

사전파의 매개체를 포함한다"고 판시하였다.[103]

2. 주요 쟁점

가. 국가보안법상 찬양·고무죄

규약 제19조의 국내적 실행과 관련하여 특히 문제가 되는 것은 "국가의 존립·안전이나 자유민주적 기본질서를 위태롭게 한다는 정을 알면서 반국가단체나 그 구성원 또는 그 지령을 받은 자의 활동을 찬양·고무·선전 또는 이에 동조하거나 국가변란을 선전·선동한 자는 7년 이하의 징역에 처한다"라고 규정하고 있는 국가보안법 제7조이다.[104] 현행 제7조와 같은 내용으로 규정이 이루어진 것은 1991년이다. 그전까지 국가보안법 제7조는 "반국가단체나 그 구성원 또는 그 지령을 받은 자의 활동을 찬양·고무 또는 이에 동조하거나 기타의 방법으로 반국가단체를 이롭게 한 자는 7년이하의 징역에 처한다"라고 규정되어 있었다. 1990년에 헌법재판소는 이 같은 규정에 대해 "각 그 소정의 행위가 국가의 존립·안전을 위태롭게 하거나 자유민주적 기본질서에 위해를 줄 명백한 위험이 있을 경우에만 축소적용되는 것으로 해석한다면 헌법에 위반되지 아니한다"며 한정합헌결정을 내렸고,[105] 이러한 취지를 반영하여 "국가의 존립·안전이나 자유민주적 기본질서를 위태롭게 한다는 정

---

103) 헌법재판소 2002. 4. 25. 2001헌가27.

104) 제7조(찬양·고무등) ① 국가의 존립·안전이나 자유민주적 기본질서를 위태롭게 한다는 정을 알면서 반국가단체나 그 구성원 또는 그 지령을 받은 자의 활동을 찬양·고무·선전 또는 이에 동조하거나 국가변란을 선전·선동한 자는 7년 이하의 징역에 처한다.

   ② 삭제

   ③ 제1항의 행위를 목적으로 하는 단체를 구성하거나 이에 가입한 자는 1년 이상의 유기징역에 처한다.

   ④ 제3항에 규정된 단체의 구성원으로서 사회질서의 혼란을 조성할 우려가 있는 사항에 관하여 허위사실을 날조하거나 유포한 자는 2년 이상의 유기징역에 처한다.

   ⑤ 제1항·제3항 또는 제4항의 행위를 할 목적으로 문서·도화 기타의 표현물을 제작·수입·복사·소지·운반·반포·판매 또는 취득한 자는 그 각항에 정한 형에 처한다.

   ⑥ 제1항 또는 제3항 내지 제5항의 미수범은 처벌한다.

   ⑦ 제3항의 죄를 범할 목적으로 예비 또는 음모한 자는 5년 이하의 징역에 처한다.

105) 헌법재판소 1990. 4. 2. 89헌가113. 헌법재판소는 '국가의 존립·안전을 위태롭게 한다'는 것은 "대한민국의 독립을 위협·침해하고 영토를 침략하며 헌법과 법률의 기능 및 헌법기관을 파괴·마비시키는 것으로 외형적인 적화공작 등을 일컫는다"고 판시하였다. 그리고 '자유민주적 기본질서에 위해를 준다'는 것은 "모든 폭력적 지배와 자의적 지배 즉 반국가단체의 일인독재 내지 일당독재를 배제하고 다수의 의사에 의한 국민의 자치, 자유·평등의 기본원칙에 의한 법치주의적 통치질서의 유지를 어렵게 만드는 것으로서 구체적으로는 기본적 인권의 존중, 권력분립, 의회제도, 복수정당제도, 선거제도, 사유재산과 시장경제를 골간으로 한 경제질서 및 사법권의 독립 등 우리의 내부체제를 파괴·변혁시키려는 것이다"라고 판시하였다.

을 알면서"라는 문구를 삽입하는 것으로 개정이 이루어졌다.

하지만 이 같은 개정에도 불구하고 국제사회는 국가보안법 제7조에 대해 지속적으로 우려를 표명해 왔다. 규약위원회는 한국의 제1차 국가보고서에 대한 최종견해(1992)에서 국가보안법의 일반적인 문제점을 지적한 후 국가보안법의 단계적 폐지를 권고하였다.106) 그리고 한국의 제2차 국가보고서에 대한 최종견해(1999)에서는 국가보안법 제7조 문제를 직접적으로 제기하였다.107) 구체적으로, 규약위원회는 국가보안법 제7조의 '반국가단체 고무'로 간주될 수 있는 활동들의 범위가 부당하게 광범위한 것에 대해 우려를 표명하였다. 적성단체의 주장과 일치하거나 적성단체에 대해 동조하는 것으로 여겨진다는 이유만으로는 규약상 표현의 자유에 대한 제한이 허용되지 않는다는 것이다. 이러한 이유에서 규약위원회는 규약에 부합하도록 국가보안법 제7조를 개정할 것을 한국에 촉구하였다. 한국의 제3차 국가보고서에 대한 최종견해(2006)에서도 국가보안법 제7조에 따른 기소가 계속되고 있는 점에 우려를 표한 후, 이 조항에 따라 표현의 자유를 제한하는 것은 규약 제19조 제3항의 요건을 충족하지 못한다고 지적하였다. 이어 한국은 국가보안법 제7조와 이로 인해 부과된 형벌이 규약의 요건에 일치하도록 보장하는 것을 긴급한 사안으로 삼아야 한다고 강조하였다.108) 한국의 제4차 국가보고서에 대한 최종견해(2015)와 한국의 제5차 국가보고서에 대한 최종견해(2023)에서는 국가보안법 하에서 기소가 지속되고 있고 국가보안법 제7조가 표현의 자유를 위축시킬 수 있으며 국가보안법이 검열 목적으로 사용되는 것에 우려를 표하고, 국가보안법 제7조의 폐지를 촉구하였다.109)

규약위원회는 국가보안법 제7조 위반으로 국내법원에서 유죄 판결을 받은 통보자들이 제출한 개인통보사건들에서도 규약 제19조 위반을 확인하였다.110) *Keun-Tae Kim v. Republic of Korea* 사건(1998), *Tae Hoon Park v. Republic of Korea* 사건(1998), *Hak-Chul Shin v. Republic of Korea* 사건(2004)의 구체적인 내용은 다음 표와 같다.

---

106) Concluding Observations on Republic of Korea, CCPR/C/79/Add.6(1992), paras.6, 9.

107) Concluding Observations on Republic of Korea, CCPR/C/79/Add.114(1999), para.9.

108) Concluding Observations on Republic of Korea, CCPR/C/KOR/CO/3/CRP.1(2006), para.18.

109) Concluding Observations on Republic of Korea, CCPR/C/KOR/CO/4(2015), paras.48-49; Concluding Observations on Republic of Korea, CCPR/C/KOR/CO/5(2023), paras.53-54.

110) *Keun-Tae Kim v. Republic of Korea*, Communication No.574/1994(1998); *Tae Hoon Park v. Republic of Korea*, Communication No.628/1995(1998); *Hak-Chul Shin v. Republic of Korea*, Communication No. 926/2000(2004).

[표] 국가보안법 제7조 관련 개인통보사건

사건명	사실관계	통보자의 주장과 한국 정부의 주장	규약위원회 결정
김근태 대 대한민국 (1998)	전국민족민주운동연합 정책기획위원회 및 집행위원회 위원장인 김근태는 정부비판, 미국의 내정간섭 반대, 민족통일을 호소하는 정치적 연설과 유인물의 배포를 이유로 기소되어 1심에서 국가보안법 제7조, 집회 및 시위에 관한 법률, 폭력행위 등 처벌에 관한 법률 위반을 이유로 징역 3년 및 자격정지 1년을 선고받았음. 2심에서는 징역 2년 및 자격정지 1년을 선고받았음. 이 판결은 대법원의 상고 기각으로 확정되었음.111)	−통보자: 규약 제19조 제2항에 위반에 해당함. −한국 정부: 통보자의 유인물 배부는 국가의 존립과 자유민주적 공공질서에 대한 명백한 위험을 초래하였음.	당사국은 통보자의 표현의 자유 행사가 초래하였다고 하는 위협의 정확한 실체를 밝히지 못하였고 통보자를 처벌하는 것이 국가안보를 위해 왜 필요한 것인지에 대한 구체적인 이유를 제시하지 못하였기 때문에 통보자의 표현의 자유를 제한한 것은 규약 제19조 제3항의 요건과 부합하지 않음. 따라서 규약 제19조 위반에 해당함.
박태훈 대 대한민국 (1998)	박태훈은 미국 시카고의 일리노이 대학에 유학 중 한국청년연맹에 가입, 활동하였음. 또한 그는 미국에서 평화적 시위와 집회에 참석하여 특정한 정치적 구호나 입장에 대한 동조 입장을 표명하였음. 이로 인해 그는 한국에 귀국한 후 서울형사지방법원에서 국가보안법 제7조 제1항과 제3항 위반으로 유죄 판결을 받고, 이후 육군고등군사법원을 거쳐 대법원에서 유죄가 확정되었음.	−통보자: 규약 제19조 제1항 및 제2항 위반에 해당함. −한국 정부: 북한 공산주의자의 행위를 용인하는 이적단체인 한총련의 구성원으로서 통보자의 행위, 즉 시위 및 집회 참여와 정치적 구호나 입장에 대한 동조는 한국의 민주체제 수호에 위협이 됨.	당사국은 통보자의 표현의 자유 행사와 관련하여 당사국이 주장하는 위협의 정확한 성격을 특정하지 못하였고, 당사국의 어떠한 주장도 규약 제19조 제3항에 의하여 허용되는 표현의 자유 행사에 대한 제한을 정당화하지 못하였음. 따라서 규약 제19조 위반에 해당함.
신학철 대 대한민국 (2004)	직업화가인 신학철은 문제가 된 '모내기'라는 그림을 그렸고, 그 그림은 널리 배포되었음. 그의 주장에 따르면 그 그림은 어린 시절 자신의 전원생활 경험에 기반해 조국의 평화통일과 민주화의 꿈을 묘사한 것이라고 함. 이로 인해 그는 국가보안법 제7조 위반으로 기소된 후, 1심과 2심에서	−통보자: 규약 제19조 제2항 위반에 해당함. −한국 정부: 표현의 자유를 침해하지 않은 적법한 조치임. * 표현의 자유에 대한 제한사유는 제시되지 않았는데, 규약위원회는 대법원 판결에 의하면	당사국은 이 사건의 그림이 제19조 제3항에 규정된 제한사유에 미치는 위협의 정확한 성격과 통보자에 대한 유죄 판결이 필수적인 이유를 구체적으로 증명하지 못하였음. 따라서 규약 제19조 위반에 해당함.

모두 무죄 판결을 받았음. 그러나 대법원은 원심을 파기하고 사건을 서울지법으로 돌려보냈고 파기환송심에서 국가보안법 위반죄로 징역 10월에 선고유예 2년과 그림 몰수가 선고되었음.	국가안보의 보호가 권리제한의 이유라고 설명하였음.	

[출처] *Keun-Tae Kim v. Republic of Korea*, Communication No.574/1994(1998); *Tae Hoon Park v. Republic of Korea*, Communication No.628/1995(1998); *Hak-Chul Shin v. Republic of Korea*, Communication No. 926/2000(2004)을 바탕으로 필자 요약·정리

최근 국가보안법 제7조에 따른 기소 건수는 크게 감소한 것으로 나타나고 있으며, 이는 관련 사건에 대한 신중한 접근을 보여주는 것으로서 긍정적으로 평가된다. 하지만 법 규정이 그대로 남아 있는 한 국가보안법 제7조가 남용되거나 악용될 가능성은 상존한다는 점에서 여전히 우려스러운 측면이 있다. 또한, 국가보안법 제7조가 엄격한 해석을 통해 제한적으로 적용된다고 하더라도, 그러한 규정의 존재는 그 자체로 표현의 자유를 위축시킬 수 있다. 대한민국의 존립·안전이나 자유민주적 기본질서가 찬양·고무 등의 행위에 의해 위협받을 수 있다는 전제가 현시대 상황에서 타당한지에 대해서도 생각해 볼 필요가 있다. 국제사회의 지속적인 비판을 감수하면서까지 국가보안법 제7조를 존치시키는 것이 과연 필요한지에 대한 건설적인 논의가 필요한 시점이라고 판단된다.

나. 형법 및 정보통신망법상 사실 적시 명예훼손죄

우리 형법은 제307조 제1항에서 "공연히 사실을 적시하여 사람의 명예를 훼손한 자는 2년 이하의 징역이나 금고 또는 500만원 이하의 벌금에 처한다"라고 규정하고 있다. 다만, 형법 제310조는 "제307조 제1항의 행위가 진실한 사실로서 오로지 공공의 이익에 관한 때에는 처벌하지 아니한다"고 함으로써 명예훼손죄의 위법성조각사유를 규정하고 있다. 한편, 명예훼손의 수단이 전파성이 강한 '신문, 잡지 또는 라디오 기타 출판물'이거나 '정보통신망'인 경우에는 일반 명예훼손죄보다 가중처벌하되, '비방할 목적'이라는 주관적 구성요건을 추가하여 사실 적시 명예훼손죄의 성립을 보다 엄격하게 하고 있다. 구체적으로, 형법 제309조 제1항은 "사람을 비방할 목적으로 신문, 잡지 또는 라디오 기타 출판물에 의하

---

111) 2014년 5월 29일 서울고법은 김근태 전 의원에 대한 재심에서 국가보안법 위반 혐의에 대해 증거불충분 등의 이유로 무죄를 선고하였다. 집회 및 시위에 관한 법률 위반 혐의에 대해서는 '현저히 사회적 불안을 야기시킬 우려가 있는 집회 또는 시위'를 금지한다는 조항이 1989년 폐지됐다는 이유로 기소 자체를 무효화하는 면소 판결을 내렸다.

여 제307조 제1항의 죄를 범한 자는 3년 이하의 징역이나 금고 또는 700만원 이하의 벌금에 처한다"라고 규정하고 있다. 그리고 정보통신망법 제70조 제1항은 "사람을 비방할 목적으로 정보통신망을 통하여 공공연하게 사실을 드러내어 다른 사람의 명예를 훼손한 자는 3년 이하의 징역 또는 3천만원 이하의 벌금에 처한다"라고 규정하고 있다. 형법과 정보통신망법은 사실 적시 명예훼손죄를 반의사불벌죄로 정하고 있다(형법 제312조 제2항, 정보통신망법 제70조 제3항). 즉 친고죄가 아니기 때문에 피해 당사자가 아닌 제3자에 의한 고발도 가능하다.

헌법재판소는 2016년 2월 25일 정보통신망법 제70조 제1항이 헌법에 위반되지 않는다고 결정한 바 있다.[112] 헌법재판소는 정보통신망을 이용한 명예훼손범죄가 급증하는 추세에 따라 명예훼손적인 표현을 규제함으로써 인격권을 보호해야 할 필요성은 매우 크다고 전제하였다. 이어 해당 조항이 '비방할 목적'이라는 주관적 구성요건을 추가로 요구하여 그 규제 범위를 최소한도로 하고 있는 점, 민사상 손해배상 등 명예훼손 구제에 관한 다른 제도들이 형사처벌을 대체하여 정보통신망에서의 악의적이고 공격적인 명예훼손행위를 방지하기에 충분한 덜 제약적인 수단이라고 보기 어려운 점 등을 고려할 때, 정보통신망법 제70조 제1항은 표현의 자유를 침해하지 않는다고 판단하였다.

헌법재판소는 2021년 2월 25일 형법 제307조 제1항에 대해서도 합헌 결정을 하였다.[113] 헌법재판소는 오늘날 명예훼손적 표현의 전파속도와 파급효과가 광범위해지고 있는 점, 우리나라의 민사적 구제 방법만으로는 형벌과 같은 예방효과를 확보하기 어려운 점을 언급하였다. 그리고 "제307조 제1항의 행위가 진실한 사실로서 오로지 공공의 이익에 관한 때에는 처벌하지 아니한다"라고 규정한 형법 제310조를 강조하면서, 헌법재판소와 대법원이 이 조항의 적용범위를 넓게 해석하여 형법 제307조 제1항으로 인한 표현의 자유 제한을 최소화함과 동시에 명예훼손죄가 공적인물과 국가기관에 대한 비판을 억압하는 수단으로 남용되지 않도록 하고 있다고 설시하였다.

그러나 국제사회는 사실 적시 명예훼손죄에 대해 지속적으로 우려를 표명해 왔다. UN 의견 및 표현의 자유 증진·보호 특별보고관은 2011년 한국의 표현의 자유에 대한 실태보고서에서 명예훼손죄를 통해 이루어지는 표현의 자유에 대한 제한에 우려를 표명하고 명예훼손죄의 폐지를 권고한 바 있다.[114] 특별보고관은 "어떠한 진술이 명예훼손에 해당하기

---

112) 헌법재판소 2016. 2. 25. 2013헌바105, 2015헌바234(병합).
113) 헌법재판소 2021. 2. 25. 2017헌마1113, 2018헌바330(병합).
114) Frank La Rue, Report on the mission to the Republic of Korea of the Special Rapporteur on the promotion and protection of the right to freedom of opinion and expression, A/HRC/17/27/

위해서는 허위여야 하고, 타인의 평판을 훼손시켜야 하며, 타인의 평판을 훼손시키려는 악의적인 의도로 이루어져야 한다"고 설명하였다.[115] 그리고 "명예훼손 소송에서 사죄 및/또는 정정을 포함한 다양한 구제 수단이 이용될 수 있을 것이나, 형사제재, 특히 구금형은 결코 적용되어서는 안 된다"고 강조하였다.[116]

규약위원회 차원에서는 한국의 제4차 국가보고서에 대한 최종견해(2015)에서부터 이 문제가 다루어졌다. 규약위원회는 한국에서 형사상 명예훼손죄 적용이 증가하고 있는 점, 이러한 사건에 대하여 장기 징역형의 선고 등 가혹한 처벌이 이루어지고 있는 점, 특히 사실을 적시한 경우에도 공공의 이익에 관한 경우를 제외하고는 형사적으로 기소가 될 수 있다는 점에 대해 우려를 표하였다.[117] 이어 한국은 명예훼손의 비범죄화를 고려해야 하고, 구금은 결코 적절한 형벌이 될 수 없음에 유념하면서 가장 중대한 명예훼손 사건에 대해서만 형법을 적용해야 하며, 진실에 근거한 항변에는 더 이상의 요건이 부과되지 않도록 해야 한다고 권고하였다.[118] 규약위원회는 한국의 제5차 국가보고서에 대한 최종견해(2023)에서도 이와 유사한 취지로 권고하였다.[119]

한편, UN 여성차별철폐위원회는 한국의 법체계 하에서 성폭행 피해 사실을 폭로한 피해자들도 사실 적시 명예훼손죄의 처벌 대상이 될 수 있다는 점에 주목하였다. 여성차별철폐위원회는 한국의 제8차 국가보고서에 대한 최종견해(2018)의 '여성에 대한 젠더 기반 폭력' 항목에서 성폭력 범죄를 당국에 신고하거나 주변에 알린 피해자에 대한 명예훼손 고소 등이 피해자에게 침묵을 강요하고 2차 피해를 발생시킨다고 지적하였다.[120]

사실의 적시라고 하더라도 타인의 명예에 대한 침해적 요소가 있을 수 있다. 따라서 표현의 자유와 명예의 보호라는 두 가지 가치를 조화롭게 실현하는 것이 필요하며, 그런 의미에서 규약 하에서도 명예훼손에 대한 규제 자체가 금지되는 것은 아니다. 핵심은 진실한 사실을 적시하는 표현행위를 형사처벌의 대상으로 삼아서는 안 된다는 것이다. 현행 형법 하에서 사실 적시 명예훼손으로 고소를 당한 사람은 최종적으로 형사처벌을 면하기 위해서는 자신이 공표한 사실이 진실임을 증명해야 할 뿐만 아니라 자신의 공표가 '공공의 이익'을 위한 것이었음을 입증해야 한다. 명예훼손의 수단이 신문, 잡지 또는 라디오 기타 출판물이거나

Add.2(2011), paras.21-28, 89.

115) 상게주, para.27.
116) 상게주.
117) Concluding Observations on Republic of Korea, CCPR/C/KOR/CO/4(2015), para.46.
118) 상게주, para.47.
119) Concluding Observations on Republic of Korea, CCPR/C/KOR/CO/5(2023), paras.53-54.
120) Concluding Observations on Republic of Korea, CEDAW/C/KOR/CO/8(2018), para.22.

정보통신망인 경우에는 '비방할 목적'이 구성요건으로 추가되어 있는데, 우리 판례는 '비방할 목적'과 '공공의 이익'을 상반되는 관계에 있다고 보고 있으며,[121] 명예훼손죄에 대한 위법성 조각사유를 규정한 형법 제310조의 판단 방법과 거의 동일한 방법으로 '비방할 목적' 여부를 판단하고 있다. 헌법재판소 결정에서 다수의견은 '공공의 이익' 항변이나 '비방할 목적' 항변에 의해 표현의 자유 제한을 최소화할 수 있다고 하지만, 과연 그러한지는 의문이다. 기본적으로 '공공의 이익'이나 '비방할 목적'은 추상적이고 모호한 개념이다. 이는 동일하거나 유사한 사안에 대해서도 재판부에 따라 다른 판단이 나올 가능성이 상존한다는 것을 의미한다. 그리고 사실 적시 명예훼손으로 고소가 되면 조사 없이 각하 처리되는 일부 예외를 제외하고는 기본적으로 관련 형사절차가 진행되며 면책 여부는 법원의 최종판결에서 결정되는데,[122] 자신의 표현행위로 인해 수사·재판절차에 회부될 수 있다는 사실만으로도 표현의 자유에 대한 위축효과가 발생할 수 있다. 무엇보다 현행 사실 적시 명예훼손죄 조항은 규약위원회가 규약 제19조 제3항에 부합하지 않는다고 밝힌 구금형 제재를 규정하고 있다는 점에서 규약에 따른 기준과 상당한 괴리가 있다. 외국의 입법례를 살펴보아도 명예훼손 자체를 비범죄화하는 추세이며, 더욱이 사실 적시 명예훼손을 처벌하는 경우는 매우 드물다.[123] 이러한 점을 고려하여 사실 적시 명예훼손죄 폐지를 적극 검토할 필요가 있다.

다. 남북관계발전법상 대북전단 규제

2020년 12월 대북전단 규제에 관한 조항을 포함하는 내용으로 「남북관계발전에 관한 법률」(이하 "남북관계발전법"이라 한다)이 개정되었다.[124] 구체적인 규정은 다음과 같다.

제24조(남북합의서 위반행위의 금지) ① 누구든지 다음 각 호에 해당하는 행위를 하여 국민의 생명·신체에 위해를 끼치거나 심각한 위험을 발생시켜서는 아니 된다.

---

121) 즉 행위자의 주요한 동기나 목적이 '공공의 이익'을 위한 것이라면 '비방할 목적'이 부정되어 명예훼손이 성립하지 않게 된다. 대법원 2003. 12. 26. 선고 2003도6036 판결, 대법원 2009. 5. 28. 선고 2008도8812 판결 등.

122) 검찰사건사무규칙(법무부령) 제115조 제3항 제5호에서는 "고소·고발 사건(진정 또는 신고를 단서로 수사개시된 사건을 포함한다)의 사안의 경중 및 경위, 피해회복 및 처벌의사 여부, 고소인·고발인·피해자와 피고소인·피고발인·피의자와의 관계, 분쟁의 종국적 해결 여부 등을 고려할 때 수사 또는 소추에 관한 공공의 이익이 없거나 극히 적은 경우로서 수사를 개시·진행할 필요성이 인정되지 않는 경우"에는 '각하' 한다고 규정하고 있다.

123) 이에 대한 자세한 검토는 윤해성, 김재현, 사실적시 명예훼손죄의 비범죄화 논의와 대안에 관한 연구(한국형사정책연구원, 2018), pp.57-67.

124) 법률 제17763호, 2020. 12. 29. 일부개정, 2021. 3. 30. 시행.

1. 군사분계선 일대에서의 북한에 대한 확성기 방송

2. 군사분계선 일대에서의 북한에 대한 시각매개물(게시물) 게시

3. 전단등 살포

② 통일부장관은 제1항 각 호에서 금지된 행위를 예방하기 위하여 필요한 경우에는 관계 중앙행정기관의 장 또는 지방자치단체의 장에게 협조를 요청할 수 있다. 이 경우 관계 중앙행정기관의 장 또는 지방자치단체의 장은 특별한 사유가 없으면 협조하여야 한다.

제25조(벌칙) ① 제24조제1항을 위반한 자는 3년 이하의 징역 또는 3천만원 이하의 벌금에 처한다. 다만, 제23조제2항 및 제3항에 따라 남북합의서(제24조제1항 각 호의 금지행위가 규정된 것에 한정한다)의 효력이 정지된 때에는 그러하지 아니하다.

② 제1항의 미수범은 처벌한다.

남북관계발전법 제4조 정의 조항에 따르면, '전단등'은 "전단, 물품(광고선전물·인쇄물·보조기억장치 등을 포함한다), 금전 또는 그 밖의 재산상 이익"을 말하며(제5호), '살포'는 "선전, 증여 등을 목적으로 전단등을 「남북교류협력에 관한 법률」 제13조 또는 제20조에 따른 승인을 받지 아니하고 북한의 불특정 다수인에게 배부하거나 북한으로 이동(단순히 제3국을 거치는 전단등의 이동을 포함한다)시키는 행위"를 말한다(제6호).

이와 같은 개정에 대해 국제사회는 우려를 표명하였다. 휴먼 라이츠 워치, 휴먼 라이츠 파운데이션, 국제앰네스티 등 주요 국제인권단체들은 이른바 '대북전단금지법'이 표현의 자유를 침해한다고 비판하였다. 미국 의회 내 초당적 기구인 '톰 랜토스 인권위원회(Tom Lantos Human Rights Commission)'는 2021년 4월 15일 한반도 표현의 자유에 관한 청문회를 개최하였다. UN 인권메커니즘 차원에서도 문제가 제기되었는데, 2021년 4월 19일 Irene Khan 의견 및 표현의 자유 증진·보호 특별보고관, Tomás Ojea Quintana 북한인권특별보고관, Clement Nyaletsossi Voule 평화적 집회·결사의 자유 특별보고관, Mary Lawlor 인권수호자 특별보고관은 공동으로 남북관계발전법 개정에 관한 질의 서한을 한국 정부에 발송하였다.[125] 특별보고관들은 서한에서 "개정 법률이 모호한 문구로 인해 광범위하게 해석될 수 있으며, 그것의 적용이 한국 내 시민사회 행위자들의 일부 형태의 표현의 자유와 정당한 활동에 대한 불균형적인 처벌로 이어질 수 있다"고 하면서, 이 경우 규약 제19조(표현의 자유)

---

125) <https://spcommreports.ohchr.org/TMResultsBase/DownLoadPublicCommunicationFile?gId=26313> (검색일: 2023. 10. 31.)

와 제22조(결사의 자유) 등 국제인권법을 위반할 수 있다고 지적하였다. 그리고 남북관계발전법 개정이 국제인권법에 부합하는지 여부, 특히 전단등 살포 관련 조항에 의해 범죄화되는 행위의 범위와 그것이 규약 제19조와 어떻게 양립할 수 있는지에 대한 정보 제공을 요청하였다.

정부는 2021년 7월 8일 이에 대한 회신을 발송하였다.[126] 정부는 먼저 2014년에 북측이 우리 측 민간단체의 전단 살포에 대해 고사총 발사로 대응한 전례가 있다고 설명하였다. 또한, 우리 법원이 전단 살포는 접경지역에 사는 국민들의 생명과 신체에 대한 급박하고 심각한 위험을 발생시킨다고 판시한 점(의정부지방법원 2015. 1. 6. 선고 2014가단109976 판결), 대북전단 살포행위와 휴전선 부근 주민들의 생명·신체에 급박한 위험을 발생시키는 북한의 도발 행위 사이에 인과관계가 있다고 판시한 점(의정부지방법원 2015. 10. 8. 선고 2015나50546), 대법원에서 원심을 확정한 점(대법원 2016. 2. 25. 선고 2015다247394 판결)을 언급하였다. 그리고 개정 법률은 접경지역 주민의 생명을 보호하고 그들의 안전을 보장하는 데 필요한 최소한의 제한을 부과하고 있으며, 표현의 '방법'을 제한하고 있는 것이므로, 국제인권법상 허용될 수 있다고 주장하였다. 그리고 개정 법률은 지나치게 광범위한 활동에 대한 제한을 부과하지 않으며, 처벌에 있어서 비례성 원칙에 반하지 않으므로, 규약 제19조에 부합한다는 취지로 설명하였다.

그러나 이러한 정부의 인식은 그동안 규약 제19조 관련 사안에 대해 규약위원회가 제시한 해석과는 차이가 있다. 규약위원회에 따르면, 당사국은 표현이 초래할 수 있는 위협의 정확한 성격과 취해진 특정 조치의 필요성 및 비례성을 명확하고 개별적인 방식으로 증명해야 하는데, 특히 표현과 위협 간의 단순한 인과관계가 아닌 '직접적이고 즉각적인 연관성'을 증명해야 한다. 남북관계발전법상 대북전단 규제의 경우, 국민의 생명·신체에 대한 위해나 심각한 위험의 발생이 대북전단 살포행위 그 자체에 의해서가 아니라 대북전단 살포행위에 대한 북한의 무력대응에 의해 초래되는 것이라는 점, 3년 이하의 징역형을 규정하고 있는 점, 국민의 생명·신체에 대한 위해나 심각한 위험의 발생이 없는 경우에도 미수범으로 처벌하는 점 등을 고려할 때 규약상 표현의 자유에 대한 제한요건을 충족한다고 보기 어렵다.

남북관계발전법상 대북전단 규제에 대해서는 헌법소원심판이 청구되었는데, 헌법재판소의 판단 또한 다르지 않았다. 헌법재판소는 2023년 9월 26일 재판관 7대2의 의견으로 남북관계발전법 제24조 제1항 제3호 및 제25조 중 제24조 제1항 제3호에 관한 부분이 표현의

---

126) <https://spcommreports.ohchr.org/TMResultsBase/DownLoadFile?gId=36417> (검색일: 2023. 10. 31.)

자유를 침해하여 헌법에 위반된다고 결정하였다.127) 헌법재판소는 심판대상조항이 과잉금지원칙과 책임주의원칙에 위배되어 표현의 자유를 침해한다고 판단하였다.128) 먼저 과잉금지원칙 위반 부분을 살펴보면, 심판대상조항의 궁극적인 의도는 북한 주민을 상대로 하여 북한 정권이 용인하지 않는 일정한 내용의 표현을 금지하는 데 있으므로 심판대상조항은 표현의 '내용'을 제한하는 결과를 가져온다고 보았다. 그리고 국가가 정치적 표현의 내용을 규제하는 것은 원칙적으로 중대한 공익의 실현을 위하여 불가피한 경우에 한하여 허용되고, 특히 정치적 표현의 내용 중에서도 특정한 견해, 이념, 관점에 기초한 제한은 과잉금지원칙 준수 여부를 심사할 때 더 엄격한 기준이 적용되어야 한다고 하였다. 헌법재판소는 입법목적의 정당성과 수단의 적합성은 인정하였다. 그러나 전단등 살포를 일률적으로 금지·처벌하지 않더라도 「경찰관 직무집행법」 등에 따라 대응하거나 「집회 및 시위에 관한 법률」의 옥외집회 및 시위의 신고와 유사한 방식을 도입하면 심판대상조항을 통한 제한보다 덜 침익적인 수단이 될 수 있는 점, 심판대상조항은 징역형까지 두고 있고 그 미수범도 처벌하도록 함으로써 국가형벌과의 과도한 행사라고 볼 수 있는 점을 고려할 때 침해의 최소성이 인정되지 않는다고 하였다. 그리고 심판대상조항으로 접경지역 주민의 안전이 확보되고 평화통일의 분위기가 조성될지는 단언하기 어려운 반면, 심판대상조항이 초래하는 정치적 표현의 자유에 대한 제한은 매우 중대하므로 법익의 균형성도 인정되지 않는다고 하였다. 다음으로 책임주의원칙 위반 부분을 살펴보면, 국민의 생명·신체에 대한 위해나 심각한 위험의 발생이 전적으로 제3자인 북한에 의해 초래되고 이에 대해 행위자의 지배가능성이 인정되지 않는 이상 비난가능성이 없는 자에게 형벌을 가하는 것과 다름이 없으므로 심판대상조항은 책임주의원칙에 위배된다고 하였다. 헌법재판소의 이 같은 결정으로 전단등 살포를 금지·처벌하는 남북관계발전법 조항은 즉시 효력을 상실하였다. 헌법재판소도 전단등 살포에 대하여 북한이 강하게 반발하여 왔고 북한이 이를 빌미로 적대적 조치를 감행할 경우 접경지역 주민을 비롯한 국민의 생명·신체의 안전이 위협받을 수 있는 현실을 인정하고 있으므로 표현의 자유를 침해하지 않는 방향으로 입법적 보완을 하는 것을 고려할 필요가 있다.

---

127) 헌법재판소 2023. 9. 26. 2020헌마1724.
128) 위헌의견을 낸 재판관 7명은 구체적 논증과정에서 재판관 4명(이은애, 이종석, 이영진, 김형두)의 위헌의견과 재판관 3명(유남석, 이미선, 정정미)의 위헌의견으로 나누어졌는데, 재판관 4명은 심판대상조항이 과잉금지원칙과 책임주의원칙에 위배되어 표현의 자유를 침해한다고 판단하였고, 재판관 3명은 심판대상조항이 과잉금지원칙에 위배되어 표현의 자유를 침해하며 책임주의원칙 위반은 문제가 되지 않는다고 판단하였다. 한편, 합헌의견을 낸 재판관 2명(김기영, 문형배)은 심판대상조항이 과잉금지원칙에도 위배되지 않고 책임주의원칙에도 위배되지 않는다고 판단하였다.

라. 정보통신망법상 임시조치 제도

정보통신망법상 임시조치 제도는 사생활 침해, 명예훼손 등 권리침해 게시물의 급격한 전파를 막기 위해 2007년 도입된 제도로, 권리를 침해받은 자가 포털 등 정보통신서비스 제공자에게 정보의 삭제요청을 하면 정보통신서비스 제공자가 최장 30일간 해당 정보에 대한 이용자의 접근을 임시적으로 차단할 수 있도록 하는 조치를 말한다. 구체적인 규정은 다음과 같다.

제44조의2(정보의 삭제요청 등) ① 정보통신망을 통하여 일반에게 공개를 목적으로 제공된 정보로 사생활 침해나 명예훼손 등 타인의 권리가 침해된 경우 그 침해를 받은 자는 해당 정보를 처리한 정보통신서비스 제공자에게 침해사실을 소명하여 그 정보의 삭제 또는 반박내용의 게재(이하 "삭제등"이라 한다)를 요청할 수 있다.

② 정보통신서비스 제공자는 제1항에 따른 해당 정보의 삭제등을 요청받으면 지체 없이 삭제·임시조치 등의 필요한 조치를 하고 즉시 신청인 및 정보게재자에게 알려야 한다. 이 경우 정보통신서비스 제공자는 필요한 조치를 한 사실을 해당 게시판에 공시하는 등의 방법으로 이용자가 알 수 있도록 하여야 한다.

③ (생 략)

④ 정보통신서비스 제공자는 제1항에 따른 정보의 삭제요청에도 불구하고 권리의 침해 여부를 판단하기 어렵거나 이해당사자 간에 다툼이 예상되는 경우에는 해당 정보에 대한 접근을 임시적으로 차단하는 조치(이하 "임시조치"라 한다)를 할 수 있다. 이 경우 임시조치의 기간은 30일 이내로 한다.

⑤ (생 략)

⑥ 정보통신서비스제공자는 자신이 운영·관리하는 정보통신망에 유통되는 정보에 대하여 제2항의 규정에 따른 필요한 조치를 한 경우에는 이로 인한 배상책임을 줄이거나 면제받을 수 있다.

임시조치 제도는 권리침해 여부가 불분명한 정보를 일방적 삭제요청에 의해 차단되도록 하면서도 정보게재자의 이의제기나 복원을 보장하지 않고 있어 표현의 자유를 과도하게 제약한다는 논란이 지속적으로 제기되어 왔다. 이와 관련하여 헌법재판소는 정보통신망법상의 임시조치 제도에 대해 2012년에 합헌 결정을 내린 데 이어 2020년에도 합헌 결정을 내렸다.[129] 2020년 결정에서 다수의견은 정보통신서비스 제공자와 이용자가 정보통신서비스 이용계약의 당사자의 지위에 있으며 정보통신서비스 제공자가 정책에 따라 정보게재자의 이의제기권이나 복원권을 규정할 수 있는 점, 사인인 정보통신서비스 제공자가 임시조치를 하였다고 하여 그것이 해당 정보에 대한 표현의 금지를 의미하는 것은 아니고 정보게재자는 해당 정보를 다시 게재하거나 다른 곳에 게재할 수도 있기 때문에 표현의 자유 제한이 심대하다고 보기 어려운 점 등을 이유로 임시조치 제도는 표현의 자유를 침해하지 않는다고 판시하였다.

그러나 임시조치 제도에 대한 국제사회의 판단은 이와 다르다. 2011년에 UN 의견 및 표현의 자유 증진·보호 특별보고관은 임시조치 제도를 포함하여 정보통신망법 제44조의2의 문제점을 전반적으로 지적한 바 있다. 특별보고관은 인터넷상의 정보를 통제할 책임이 독립적인 기구가 아니라 정보통신서비스 제공자에게 위임되어 있는 점, 정보통신서비스 제공자는 제44조의2 제6항의 배상책임 감면 규정을 고려하여 정보를 삭제하거나 차단할 가능성이 높은 점, 정보게재자의 이의제기에 대하여 정보통신서비스 제공자의 후속조치에 관한 규정이 마련되어 있지 않은 점에 대하여 우려를 표하였다.130)

앞에서 살펴본 것처럼 표현의 자유에 대한 제한적 조치는 타인의 권리에 대한 보호적 기능을 달성하기에 적절해야 하고, 보호적 기능을 달성하기 위한 조치 중에서도 침해를 최소화하는 조치여야 하며, 보호되는 이익에 비례해야 한다. 현행 임시조치 제도는 일정 기간 동안 표현의 자유보다는 사생활의 비밀과 자유 또는 인격권을 우선시하고 있으며 더욱이 임시조치의 대상이 되는 정보는 권리침해 여부가 불분명한 정보라는 점, 그리고 정보게재자의 재게시청구가 있는 경우나 임시조치기간이 종료한 경우 등 향후의 분쟁해결절차가 정보통신서비스 제공자의 자율 또는 재량에 맡겨져 있다는 점에서 규약 제19조 제3항에 따른 비례성 원칙에 부합된다고 보기 어렵다. 따라서 사생활의 비밀과 자유 또는 인격권을 보호하는 정도와 표현의 자유를 제한하는 정도 사이에 적정한 비례를 유지할 수 있도록 관련 규정의 개정이 필요하다고 판단된다.

마. 공연법상 외국인 공연 추천 제도

공연법에 따르면 국내에서 공연하려는 외국인이나 외국인을 국내에 초청하여 공연하려는 자는 영상물등급위원회의 추천을 받아야 하며, 추천받은 사항을 변경하려는 때에도 영상물등급위원회의 추천을 받아야 한다(제6조 제1항). 위원회의 추천을 받지 아니한 외국인의 공

---

129) 헌법재판소 2012. 5. 31. 2010헌마88; 헌법재판소 2020. 11. 26. 2016헌마275.
130) Frank La Rue(전게주 114), paras.41-42.

연물은 (ⅰ) 국가나 지방자치단체가 외국인을 국내에 초청하여 공연하게 하려는 경우, (ⅱ) 외국의 단체 또는 개인이 종교의식·친목 또는 연구발표를 목적으로 국내에서 공연하려는 경우, (ⅲ) 국내의 단체 또는 개인이 종교의식·친목 또는 연구발표를 목적으로 외국인을 국내에 초청하여 공연하게 하려는 경우, (ⅳ) 공익법인이 사회 일반의 이익에 이바지할 목적으로 외국인을 국내에 초청하여 공연하게 하려는 경우를 제외하고는 국내에서 공연할 수 없다(제6조 제2항). 영상물등급위원회는 공연내용이나 그 출연자가 국가이익을 해칠 우려가 있을 때, 공공의 질서와 선량한 풍속을 해칠 우려가 있을 때, 국내의 공연질서를 문란하게 하거나 해칠 우려가 있을 때, 그 밖에 대통령령으로 정하는 기준에 해당할 때에는 추천하지 아니할 수 있다(제7조 제1항). 제6조 제1항 또는 제2항을 위반하여 영상물등급위원회의 추천을 받지 않고 외국인의 공연물을 국내에서 공연한 자는 3년 이하의 징역 또는 3천만원 이하의 벌금에 처한다(제40조).

　　외국인의 공연물 공연행위는 의사표현 형식의 하나이므로 표현의 자유의 보호범위 내에 있다. 공연법상 외국인 공연 추천 제도는 허가를 받기 위한 표현물의 제출의무, 행정기관에 해당하는 영상물등급위원회의 사전심사절차, 허가를 받지 않은 의사표현의 금지, 심사절차를 관철할 수 있는 강제수단이라는 요소를 모두 갖추고 있으므로, 우리 헌법과 규약이 절대적으로 금지하고 있는 사전검열에 해당하여 헌법과 규약 위반이라고 판단된다.

【다른 인권조약상의 관련 조항】

세계인권선언 제19조

모든 사람은 의견과 표현의 자유에 대한 권리를 가진다. 이 권리는 간섭받지 않고 의견을 가질 자유와 어떠한 매체를 통해서든 국경에 관계없이 정보와 생각을 구하고 받으며 전달하는 자유를 포함한다.

Everyone has the right to freedom of opinion and expression; this right includes freedom to hold opinions without interference and to seek, receive and impart information and ideas through any media and regardless of frontiers.

유럽인권협약 제10조

1. 모든 사람은 표현의 자유에 대한 권리를 가진다. 이 권리는 의견을 가질 자유와 국경에

관계없이 공권력에 의해 간섭받지 아니하고 정보와 생각을 받고 전달하는 자유를 포함한다. 본 조항은 국가가 방송, 텔레비전 또는 영화 산업에 대하여 허가를 요구하는 것을 제한하지 않는다.

2. 이러한 자유의 행사는 의무와 책임을 수반하므로 법률에 규정되고, 국가안보, 영토적 일체성 또는 공공의 안전, 무질서나 범죄의 방지, 보건이나 도덕의 보호, 타인의 평판이나 권리의 보호, 비밀로 얻은 정보의 공개 방지, 또는 사법부의 권위와 공정성의 유지를 위하여 민주사회에서 필요한 형식, 조건, 제한 또는 제재의 대상이 될 수 있다.

1. Everyone has the right to freedom of expression. This right shall include freedom to hold opinions and to receive and impart information and ideas without interference by public authority and regardless of frontiers. This article shall not prevent States from requiring the licensing of broadcasting, television or cinema enterprises.

2. The exercise of these freedoms, since it carries with it duties and responsibilities, may be subject to such formalities, conditions, restrictions or penalties as are prescribed by law and are necessary in a democratic society, in the interests of national security, territorial integrity or public safety, for the prevention of disorder or crime, for the protection of health or morals, for the protection of the reputation or rights of others, for preventing the disclosure of information received in confidence, or for maintaining the authority and impartiality of the judiciary.

미주인권협약 제13조

1. 모든 사람은 사상과 표현의 자유에 대한 권리를 가진다. 이 권리는 구두, 서면, 인쇄, 예술의 형태 또는 스스로 선택하는 그 밖의 수단을 통하여, 국경에 관계없이, 모든 종류의 정보와 생각을 구하고 받으며 전달하는 자유를 포함한다.

2. 전 항에 규정된 권리의 행사는 사전검열의 대상이 되지 않으나 사후적인 책임부과의 대상은 되고 이는 다음과 같은 목적을 위해 필요한 범위 내에서 법률에 명확하게 규정되어야 한다.

   가. 타인의 권리 또는 평판의 존중, 또는

   나. 국가안보, 공공질서, 공중보건, 또는 공중도덕의 보호

3. 표현의 권리는 신문용지, 무선방송주파수, 또는 정보의 보급에 사용되는 장비에 대한 정부나 사인의 규제 남용과 같은 간접적인 수단이나 방법에 의하여 또는 생각과 의견의 교

환과 유포를 저해하는 어떠한 다른 수단에 의해 제한되지 않는다.

4. 위의 제2항에도 불구하고, 공공오락은 오직 아동과 청소년에 대한 도덕의 보호를 위한 접근을 규제하기 위한 목적으로는 법률에 의한 사전 검열의 대상이 된다.

5. 전쟁의 선전과 인종, 피부색, 종교, 언어 또는 민족적 출신을 이유로 사람 또는 집단에 대하여 불법적인 폭력 또는 기타 유사한 행동을 선동하는 민족적, 인종적 또는 종교적인 증오의 주장은 법률에 의하여 처벌되는 범죄로 간주되어야 한다.

1. Everyone has the right to freedom of thought and expression. This right includes freedom to seek, receive, and impart information and ideas of all kinds, regardless of frontiers, either orally, in writing, in print, in the form of art, or through any other medium of one's choice.

2. The exercise of the right provided for in the foregoing paragraph shall not be subject to prior censorship but shall be subject to subsequent imposition of liability, which shall be expressly established by law to the extent necessary to ensure:

   (a) respect for the rights or reputations of others; or

   (b) the protection of national security, public order, or public health or morals.

3. The right of expression may not be restricted by indirect methods or means, such as the abuse of government or private controls over newsprint, radio broadcasting frequencies, or equipment used in the dissemination of information, or by any other means tending to impede the communication and circulation of ideas and opinions.

4. Notwithstanding the provisions of paragraph 2 above, public entertainments may be subject by law to prior censorship for the sole purpose of regulating access to them for the moral protection of childhood and adolescence.

5. Any propaganda for war and any advocacy of national, racial, or religious hatred that constitute incitements to lawless violence or to any other similar action against any person or group of persons on any grounds including those of race, color, religion, language, or national origin shall be considered as offences punishable by law.

인간과 인민의 권리에 관한 아프리카 헌장 제9조

1. 모든 개인은 정보를 받을 권리를 가진다.
2. 모든 개인은 법의 테두리 안에서 자신의 의견을 표현하고 배포할 권리를 가진다.

1. Every individual shall have the right to receive information.
2. Every individual shall have the right to express and disseminate his opinions within the law.

제20조 전쟁선전 및 증오고취의 금지

정 인 섭

목 차

Ⅰ. 개관
Ⅱ. 전쟁 선전의 금지
Ⅲ. 증오 고취의 금지
  1. 민족, 인종 또는 종교에 대한 증오
  2. 증오의 고취
  3. 차별, 적의 또는 폭력의 선동
Ⅳ. 법률로 금지
Ⅴ. 적용상의 쟁점
  1. 표현의 자유와의 관계

  2. 개인통보의 근거 여부
  3. 혐오표현
Ⅵ. 한국의 실행
  1. 국가보고서의 내용과 검토
  2. 전쟁 선전의 금지
  3. 민족, 인종 또는 종교에 대한 증오의
    고취 금지
[다른 인권조약상의 관련 조항]

1. 전쟁을 위한 어떠한 선전도 법률로 금지된다.
2. 차별, 적의 또는 폭력의 선동에 해당되는 민족, 인종 또는 종교에 대한 증오의 고취는 법률로 금지된다.

1. Any propaganda for war shall be prohibited by law.
2. Any advocacy of national, racial or religious hatred that constitutes incitement to discrimination, hostility or violence shall be prohibited by law.

Ⅰ. 개관

제20조는 전쟁 선전과 민족·인종 또는 종교에 대한 증오의 고취를 금지하고 있다. 제20조는 언뜻 서로 다른 성격의 내용을 한 조문에 담고 있는 듯 보이나, 제1항과 제2항은 모두 제2차 대전과 나치즘으로 인한 역사적 경험에 대한 대처라는 동일한 목적에서 탄생한 조항이다.[1] 최근에는 특히 혐오표현의 확산과 관련해 주로 제2항이 더 주목을 받고 있다.

---

1) Nowak's CCPR Commentary(2019), p.576(para.1).

제20조는 몇 가지 점에서 규약상 여타 조항과는 다른 특징을 지닌다. 첫째, 규약의 통상적인 조항은 개인에게 권리를 보장하는 내용인 데 반해, 제20조는 당사국에게 일정한 행위를 법률로 금지할 의무를 부과하는 내용이다.[2] 둘째, 제20조는 규약의 다른 조항이 보장하고 있는 권리를 오히려 제한하려는 목적을 갖는다. 가장 핵심 관련조항은 제19조(표현의 자유)이다.[3] 셋째, 규약은 보장된 권리에 대해 제한이 필요할 경우 통상 해당조항 내에 제한 가능성을 열어 놓는 방식을 취하고 있으나,[4] 제20조는 의무적 금지를 독립된 조항으로 규정하고 있다. 이는 제20조가 규약 내 다른 권리들에게 공통적으로 적용될 내용임을 표시해 준다.[5]

규약 성안과정 중 이 조항에 관한 논의는 1947년 「차별방지 소수자보호 소위원회」에서 소련 대표의 제안으로부터 시작되었다. 즉 소련 대표는 민족·인종·종교에 대한 증오의 고취나 인종·국적·종교에 근거로 한 차별 행동을 형사처벌을 통해 금지하자고 제안했다.[6] 초기에는 이 같은 입장이 일반적 지지를 받지 못했다. 소련 대표는 이후 논의과정에서 같은 주장을 반복했고, 마침내 1952년 「차별방지 소수자보호 소위원회」 회의에서 현재의 제2항과 유사한 문구의 내용이 채택되었다.[7] 한편 전쟁 선전금지에 관한 제1항은 1961년 총회 제3위원회 토의과정에서 처음에는 표현의 자유에 대한 제한 조항의 형태로 제시되었는데, 역시 적지 않은 논란이 제기되었지만 새롭게 UN에 가입한 제3세계 국가들의 적극적 지지를 받아 삽입되게 되었다.[8]

토의과정에서 이러한 조항 설치에 반대하는 측은 불명확한 개념을 통해 표현의 자유가 무분별하게 제한될 수 있음을 우려했다. 즉 표현의 자유에 대한 기존 제한규정만으로도 동일한 목적을 달성할 수 있는데, 이 조항은 자칫 정부의 검열제도를 합리화할 수 있다고 보았다. 다른 조항과 달리 구체적 권리보장을 규정하는 형식이 아니라는 점에서 규약 체제와

---

2) 예를 들어 고문에 관해 규약 제7조는 누구도 고문을 받지 아니한다고 규정하고 있지, 국가에게 고문금지 의무를 부과하는 방식을 취하지 않고 있다. 다만 규약 내에서 제20조가 일정한 행위를 금지할 의무를 부과하는 유일한 조항은 아니다. 규약 제8조 1항(노예제 및 노예매매 금지)이나 제26조(차별금지) 등도 금지의무 부과 형식의 조항이다.

3) 기타 사상·양심·종교의 자유에 관한 제18조, 집회의 권리에 관한 제21조, 결사의 자유에 관한 제22조도 제20조와 긴장관계에 놓일 가능성이 큰 조항이다.

4) 예: 제18조 제3항 "자신의 종교나 신념을 표명하는 자유는 [···] 보호하기 위하여 필요한 경우에만 제한될 수 있다." 기타 제19조 제3항, 제22조 제2항 등도 마찬가지이다.

5) Nowak's CCPR Commentary(2019), p.577(para.2).

6) E/CN.4/Sub.2/21(1947); E/CN.4/SR.34(1947), p.91. Bossuyt's Guide(1987), p.403에서.

7) E/CN.4/SR.379(1952), p.14. Bossuyt's Guide(1987), p.410에서.

8) A/5000(1961), para.25 이하.

맞지 않는다는 비판도 제기되었다. 반대로 설치를 지지하는 측은 선전의 강력한 영향력을 고려할 때 법률에 의한 금지가 필요하며, 표현의 자유에 대한 제한 규정만으로는 이러한 선전에 충분한 대처가 어렵다고 주장했다. 또한 전쟁 선전과 민족·인종·종교에 대한 증오의 고취를 금지시키는 조치는 언론자유에 대한 위협이 되지 않으며, 이 조항은 냉전 해소와 평화공존에도 기여하리라고 보았다.[9]

논란 끝에 1961년 UN 총회 제3위원회에서 제1항은 찬성 53, 반대 21, 기권 9으로, 제2항은 찬성 50, 반대 18, 기권15로 채택되었다. 제20조 전체는 찬성 52, 반대 19, 기권 12의 표결로 가결되었다.[10] 사회주의 국가와 제3세계 국가들은 이 조항을 전폭적으로 지지했으나, 다수의 서구 선진국들은 반대했다. 서구국가들이 반대한 가장 큰 이유는 인권과 민주주의 실현에 필수적인 표현의 자유를 다른 권리의 실현을 위해 제한하는데 부정적이었기 때문이었다.[11] 결과적으로 이 조항에 대해서는 훗날 서국국가들의 유보가 많이 첨부된 편이다.[12]

제20조는 규약 제4조 비상사태시 이탈 불가 조항에 포함되어 있지 않으나, 규약위원회는 비상사태에도 이로부터의 이탈이 정당화될 수 없다고 해석하고 있다.[13] 이제까지 비상사태를 이유로 제20조의 이탈을 통고한 사례도 없었다. 규약위원회는 제2항 "민족, 인종 또는 종교에 대한 증오의 고취" 부분에 대해서는 유보할 수 없다고 해석하고 있다.[14]

다른 인권조약들을 보면 유럽인권협약이나 아프리카 인권헌장은 제20조와 같은 내용을 포함하고 있지 않으나, 미주인권협약은 유사한 조항을 설치하고 이를 범죄로 처벌하도록 규정하고 있다(제13조 제5항). 인종차별철폐협약 역시 인종적 증오나 차별 선동을 형사범으로 처벌하라고 요구한다(제4조). 혐오표현이 확산되고 사회문제화 되자 유럽연합은 2008년 "인종주의와 외국인 혐오에 관한 특정 방식 및 표현의 형사법을 통한 방지 기본결정"을 채택해 "인종, 피부색, 종교, 혈통, 국민적 또는 민족적 출신과 관련해 특정 집단이나 개인에 대한 폭력과 증오의 공개적 선동"을 의도적으로 실행하는 경우 이를 처벌하도록 의무화했다.[15]

---

9) A/2929(1953), para.189-194; A/5000(1961), para.43-46.

10) A/5000(1961), para.49,

11) Nowak's CCPR Commentary(2019), p.580(para.8).

12) 오스트레일리아, 벨기에, 덴마크, 핀란드, 프랑스, 아이슬란드, 아일랜드, 룩셈부르크, 몰타, 네덜란드, 뉴질랜드, 노르웨이, 스웨덴, 스위스, 영국 등이 제20조에 대해 유보를 첨부하고 있다.

13) HRC General Comment No.29(2001), para.13 (e).

14) HRC General Comment No.24(1994), para.8.

15) Article 1 (1) (a), Council Framework Decision 2008/913/JHA on Combating Certain Forms and Expressions of Racism and Xenophobia by Means of Criminal Law.

Ⅱ. 전쟁 선전의 금지

"전쟁을 위한 어떠한 선전도 법률로 금지된다(제20조 제1항)." 이는 전쟁 선전이라는 특정한 표현의 자유(또는 집회의 자유와 같은 다른 정치적 권리)에 대한 제한이다. 제1항은 나치 제 3제국에서와 같은 선동적 전쟁선전을 금지하려는 취지에서 마련되었다. 즉 전쟁 선동은 나치 권력강화의 바탕이 되었고, 이후 침략전쟁과 대학살로 이어졌기 때문이었다.[16] 이 조항의 목적은 안보위협으로부터 국가를 보호하려는데 있지 않으며, 전쟁선전으로부터 개인을 보호하는데 있다.[17]

규약에 "전쟁" 자체는 정의되지 않았다. 전쟁이란 기본적으로 국가 간의 무력충돌이다. 따라서 한 국가에서의 내전은 국제적 무력분쟁으로 발전하지 않는 한 제20조 제1항의 적용대상이 아니다.[18] 일부 국가는 제20조 제1항이 방어적 무력사용의 선전도 금지하게 될지 모른다고 우려했으나,[19] 여기서 금지되는 대상은 국제법적으로 허용되지 않는 전쟁의 선전이다. 즉 "UN 헌장에 위배되는 침략행위나 평화의 파괴를 위협하거나 그러한 결과를 야기하는 모든 형태"의 선전이 금지되나, "헌장에 합치되는 자위권이나 인민의 자결권과 독립권"의 고취는 금지대상이 아니다.[20] 또한 UN 헌장 제7장에 의해 안보리가 허가한 무력사용의 선전도 이 조항의 금지대상은 아니다.[21] 1990년 이라크의 쿠웨이트 침공으로 인해 안보리가 무력사용을 허가한 다국적군의 이라크 공격행위가 그러한 예이다.

규약은 "선전(propaganda)"의 의미를 정의하고 있지 않다. 선전이 본래 부정적 의미로 시작된 단어는 아니었으나, 언제부터인가 경멸적이거나 부정적 의미로 주로 사용된다. 국제법상으로나 각국 국내법상 선전의 의미가 통일적으로 자리 잡혀 있다고 보기 어렵다는 이유에서 개념의 불명확으로 인한 악용이 우려되기도 했다.[22] 반면 뉘른베르크 전범재판의 판결, 새로운 전쟁의 선전과 선동에 대해 취해질 조치에 관한 UN 총회 결의 제110호(Ⅱ), 평화에 반하는 선전을 비난하는 UN 총회 결의 제381호(Ⅴ), 정보 자유에 관한 협약 초안 등

---

16) M. Kearney, Propaganda for War, Prohibition, in R. Wolfrum ed., The Max Plank Encyclopedia of Public International Law(Oxford UP, 2012), Vol. Ⅷ, p.515(para.2).

17) M. Kearney(상게주), p.518(para.14).

18) Nowak's CCPR Commentary(2019), p.581(para.12).

19) 프랑스는 이 조항의 "전쟁"이 국제법상 위법한 전쟁만을 의미한다는 유보를 첨부했다.

20) HRC General Comment No.11(1983), para.2.

21) Joseph & Castan's Commentary(2013), p.628(para.18.78).

22) Council of Europe에서 전문가들의 우려는 K. Partsch, Freedom of Conscience and Expression, and Political Freedom, in L. Henkin ed., The International Bill of Rights: The Covenant on Civil and Political Rights(Columbia UP, 1981), p.227 참조.

을 지적하며, 선전이라는 용어가 이미 국내적으로나 국제적으로 자주 다루어져 왔다는 반박도 있었다.[23] 규약 성안과정에서 선전의 개념을 정의하려는 노력은 없었으며, 규약위원회 역시 이의 의미를 명확히 제시한 바 없다.

선전이란 사실에 대한 부정확하거나 과장된 주장을 전파하기 위해 의도적이고 분명한 목적 아래 다양한 방법으로 타인에게 영향을 미치려는 행위를 가리킨다고 정의될 수 있다.[24] 도발, 교사, 선동에 해당할 정도로 부정적이거나 단순화한 가치판단의 전파도 이에 포함된다. 선전의 수단으로는 신문, 방송, 영화, 인터넷, 집회 등 다수의 사람들에게 의도를 전달할 수 있는 모든 방법이 포함된다.[25] 그렇다고 해서 모든 의사표현이나 자기주장이 여기서 말하는 선전에 해당하지 않음은 물론이다. 선전은 고의적 행위를 통해서만 가능하며, 과실에 의한 선전은 있을 수 없다.

이 조항이 금지하려는 선전은 이로 인해 전쟁위협이 객관적으로 격화되거나 전쟁이 실제 발발하는 결과까지 요구하지는 않는다. 중요한 점은 국제법상 금지되는 전쟁을 감행할 의지를 촉발시키거나 강화하려는 목적으로 진행한 선전 활동이냐 여부이다.[26] 안보문제에 대한 학술연구나 정책의 발표 등은 금지대상에 포함되지 않으며, 만약 이를 제한한다면 제19조 제3항 위반이 된다.[27]

당초의 예상과 달리 규약 실행과정에서 제20조 제1항은 일반인은 물론 규약위원회의 관심을 끌지 못했다. 과거에는 UN 총회 결의에서 전쟁선전 금지가 언급되는 경우가 적지 않았으나,[28] 특히 동구권 체제변화 이후에는 총회 결의에서 그러한 언급도 찾기 어려워졌다. 이를 근거로 한 개인통보가 제기된 사례도 없고, 학술적 논의 또한 많지 않아 국제인권규약 조항 중에서는 그다지 주목받지 못한 조항 중 하나가 되었다.[29]

---

23) A/5000(1961), para.47.

24) Nowak's CCPR Commentary(2019), p.581(para.11).

25) 상게주 같은 곳.

26) Nowak's CCPR Commentary(2019), p.582(para.12).

27) Nowak's CCPR Commentary(2019), p.580(para.9).

28) UN GA Resolution 110(II)(1947), GA Resolution 381(V)(1050), GA Resolution819(IX)(1954), GA Resolution2037(XX)(1965), GA Resolution 2625(XXV)(1970), GA Resolution 33/73(1978), GA Resolution 34/88(1979), GA Resolution36/103(1981), GA Resolution 42/22(1987) 등. M. Kearney(전계주 16), p.517(para.10) 정리에서.

29) M. Kearney(전계주 16), p.515(para.1).

Ⅲ. 증오 고취의 금지

"차별, 적의 또는 폭력의 선동에 해당되는 민족, 인종 또는 종교에 대한 증오의 고취는 법률로 금지된다(제20조 제2항)." 이 역시 제2차 대전 무렵의 파시즘과 나치즘 그리고 극단적 인종차별주의의 경험에서 비롯된 대응조항이다. 규약은 제2조와 제26조에 포괄적 차별금지조항을 두고 있는데, 이에 더해 제20조 제2항은 차별을 선동하는 증오의 고취를 금지한다. 이 조항은 특수한 형태의 표현을 억제함으로써 개인 또는 집단 구성원에게 증오와 차별로부터 자유로울 권리를 보장해 주기 위한 목적을 가진다.[30]

제2항은 표현의 자유에 대한 예외조항으로 설치되었기 때문에 엄격하게 운영되어야 하며, 적용에 있어서 합법성은 물론, 필요성과 비례성의 원칙도 지켜져야 한다.[31] 이행을 위한 국내법에서 "선동"이나 "고취" 등을 폭넓게 정의할 경우 자의적 남용이 우려된다.[32] 차별, 적의 또는 폭력의 선동이 될 민족, 인종 또는 종교에 대한 증오의 고취는 해당국가 내부를 겨냥하든 외국을 겨냥하든 관계없이 금지되어야 한다.[33] 이하 핵심 개념을 분석한다.

1. 민족, 인종 또는 종교에 대한 증오

제2항은 "민족, 인종 또는 종교"에 대한 증오의 고취를 금지한다. 이는 민족적, 인종적 또는 종교적 특성을 지닌 집단이나 그 구성원이라는 이유만으로 증오 고취의 대상으로 삼아서는 안 된다는 의미이다. 따라서 그 이외의 분야, 예를 들어 젠더, 성적 지향, 장애, 연령, 정치적 의견 등을 이유로 한 증오에 대해서는 이 조항이 직접 적용되지 않는다.[34] 적용대상이 비교적 좁게 규정된 이유는 원래의 입법취지가 제2차 대전의 역사적 경험에 대한 대응목적에서 비롯되었기 때문이다.[35] 이에 근래에는 조문상 "민족, 인종 또는 종교"에 대한 증오를 예시적 열거로만 이해하고, 장애·성적 지향·젠더·출신계급 등 다른 사유에 기인한 증오고취 역시 적용대상으로 포용하자는 주장도 제기된다.[36] 그러나 이러한 시도는

---

30) *M. Rabbae et al. v. Netherlands*, Communication No.2124/2011(2017), para.10.4.
31) Rabat Plan of Action on the Prohibition of Advocacy of National, Racial or Religious Hatred that Constitutes Incitement ot Discrimination, Hostility or Violence (2012)(A/HRC/22/17/Add.4(2013)(이하 Rabat Plan of Action), para.18. *M. Rabbae et al. v. Netherlands*, Communication No.2124/2011 (2017), paras.10.4.
32) Rabat Plan of Action(상게주), paras.15.
33) HRC General Comment No.11(1983), para.2.
34) Nowak's CCPR Commentary(2019), p.585(para.21).
35) 국제인권법이 오늘날보다 덜 발달된 시점에 규약이 성안되었기 때문이라는 이유 또한 지적된다. Article 19, Prohibiting Incitement to Discrimination, Hostility or Violence(2012), p.20.

문언 해석의 한계를 넘어서는 주장이다. 여타 근거에 기반한 증오의 고취는 규약 제2조, 제19조 제3항, 제26조 등 다른 조항이나 규약 이외의 방법을 통해 대처해야 한다.

국제사회는 오래전부터 특정한 민족, 인종, 종교에 대한 증오의 해소를 위해 노력했다. 「제노사이드 방지협약」(1948), 「인종차별철폐협약」(1966), 「종교 또는 신념에 근거한 모든 형태의 불관용 및 차별의 철폐를 위한 선언」(1981)[37] 등은 대표적 관련 성과물로서 각기 규율하는 대상과 정도에는 차이가 있으나 전반적으로 제20조 제2항 해석에 좋은 참고가 된다. 그중 「제노사이드 방지협약」은 "국민적·민족적·인종적 또는 종교적(a national, ethnical, racial or religious)" 집단을 보호대상으로 하나(제2조), 본 규약에서는 "ethnical"이 대상에서 빠져 3종류의 증오만을 규정하고 있어 비교된다. 그러나 「제노사이드 방지협약」의 "ethnical"은 본 조항상 "national"과 "racial"의 개념에 포함된다고 해석되며,[38] 주로 "national"의 개념에 포용되는 경우가 많을 것이다.[39] 이에 양 조약이 포용하는 개념은 사실상 동일하다고 보면 본 조항을 이해함에 있어서는 제노사이드 방지협약에 관한 르완다 국제형사재판소의 해석이 유용하다. 즉 민족적(national) 증오란 같은 국적이나 공통의 언어 또는 문화를 가진 집단에 대한 증오이며, 인종적(racial) 증오란 지리적 기반을 같이 하며 공통된 신체적 특징을 가진 집단에 대한 증오이며, 종교적 증오란 동일한 종교나 신앙형태를 가진 집단에 대한 증오이다.[40] 종교적 증오에는 무신론자 집단에 대한 증오도 포함된다.

이러한 집단, 특히 민족적·인종적 집단은 본인 의사와 관계없이 출생에 의해 자동적으로 소속되며 이탈이나 변경이 불가능하다. 종교적 집단의 경우 본인 의사에 따른 소속변경이 가능하나, 선천적 소속이 평생 유지되는 경우가 많다. 이러한 집단은 구성원 소속이 대체로 안정적으로 지속되며, 집단에 대한 증오를 구성원 개인의 노력으로 회피하기 어렵다. 특정 집단에 소속되었다는 사실 — 즉 당사자로서 책임질 일도 없고, 피할 수도 없는 사유로 증오의 대상이 된다면 이는 당연히 합리성이 결여된 잘못된 결과이다.

---

36) Article 19(상게주), pp.20-21.

37) Declaration on the Elimination of All Forms of Intolerance and of Discrimination Based on Religion or Belief. A/RES/36/55(1981.11.25.).

38) Nowak's CCPR Commentary(2019), pp.585-586(para.21).

39) national을 제노사이드 방지협약에서는 "국민"적으로 번역하고 있지만, 본 규약상의 national은 ethnical을 포용하는 개념이라 생각하면 "민족"으로 번역함이 적절하다. 다음 각주 41 판결 내용 소개 시에는 양자를 합한 개념으로 사용한다.

40) *Prosecutor v. Jean-Paul Akayesu*, International Criminal Tribunal for Rwanda, Case No. ICTR-96-4-T (1998), paras.511-515 참조.

2. 증오의 고취

제2항은 민족, 인종 또는 종교에 대한 "증오의 고취"를 금지한다. "증오(hatred)"란 무엇인가? 증오는 주로 내심의 상태를 가리킨다. 규약위원회는 아직 증오를 특별히 정의한 바 없다. 일반논평 제34호 초안과정에서는 증오를 "대상자에 대한 강력한 맹비난, 적의 및 혐오의 감정"으로 규정한 바 있었으나, 최종 채택과정에서는 삭제되었다.[41] UN 인권이사회 Frank La Rue 특별보고관의 「의견과 표현의 자유 증진과 보호에 관한 보고서(2012)」(이하 「표현의 자유 보고서」)는 증오를 "대상집단에 대한 강력하고 비이성적인 맹비난, 적의 및 혐오의 감정"으로 표현했다.[42] 모욕적 표현 정도는 이 조항의 금지대상인 증오에 해당하지 않는다. 예를 들어 특정 종교나 신념에 대한 존중을 표시하지 않는 행동 역시 증오에는 이르지 않는다. 결국 "민족, 인종 또는 종교에 대한 증오"란 민족적, 인종적 또는 종교적 이유에서 비롯되어 특정 집단이나 그 소속원에 대해 품는 강력하고 비이성적인 맹비난, 적의 및 혐오의 감정으로 이해할 수 있다.

"고취(advocacy)"는 무엇을 의미하는가? 일반논평 제34호 작성과정에서 "고취"란 "행동이나 반응을 끌어내기 위한 의도에서 나온 공개적 형태의 표현"이라는 초안이 준비되었다가, 최종적으로는 삭제되었다.[43] 「표현의 자유 보고서」는 고취의 의미를 "대상 집단에 대한 증오의 명백하고 고의적이고 공개적이며 적극적인 지지와 홍보"로 제시했다.[44] 규약위원회는 *J.R.T. & Western Guard Party* 결정(1984)에서 수신전용 전화선을 통해 통화자에게 반유태적 내용의 음성녹음을 들려주는 행위를 "인종 또는 종교에 대한 증오의 고취"에 해당한다고 판단했다.[45]

증오의 고취라는 개념은 본래 차별적 동기를 내포하고 있다. 특정 대상에 대한 아무런 차별적 의도 없이 증오를 고취할리 없기 때문이다. 이에 증오를 고취하는 내용물이라도 차별적 의도 없이 배포한다면 제20조 제2항의 금지대상이 되지 않게 된다. 예를 들어 반유태인 단체가 활동의 일환으로 히틀러 저작물을 보급하려 한다면 이는 규약의 금지대상이나, 이를 20세기 유럽역사 수업에서 수강자에게 읽으라고 배포한다면 금지대상이 되지 않는다.

---

41) Draft General Comment No.34, CCPR/C/GC/34/CRP.3, para.53. Nowak's CCPR Commentary(2019), p.586(para.22.)에서.

42) Report of the Special Rapporteur on the Promotion and Protection of the Right to Freedom of Opinion and Expression(2012: A/67/357)(이하 「표현의 자유 보고서」), para.44 (a).

43) CCPR/C/GC/34/CRP.3, para.53. Nowak's CCPR Commentary(2019), p.584(para.19)에서.

44) 「표현의 자유 보고서」(전게주 42), para.44 (b).

45) *J.R.T. & the Western Guard Party v. Canada*, Communication No.104/81(1984), para.8 (b).

후자의 경우 차별적 동기가 없기 때문이다.

3. 차별, 적의 또는 폭력의 선동

이 조항은 특히 "차별, 적의 또는 폭력의 선동"이 될 민족, 인종 또는 종교에 대한 증오의 고취를 금지한다. 즉 단순한 "민족, 인종 또는 종교에 대한 증오의 고취" 자체는 금지대상이 아니며, 양 요건이 중첩적으로 해당되어야 이의 적용을 받는다. 표현의 자유에 대한 제한이라는 이 조항의 예외적 성격으로 인해 적용요건이 엄격화 되어 있다.

위에 등장하는 개념 중 "차별"은 국제인권법에서 널리 다루어지고 있는 개념이며, 특히 규약 제2조와 제26조의 해석을 통해 이를 파악할 수 있다. 「표현의 자유 보고서」는 나머지 개념을 다음과 같이 제시한 바 있다.[46] 즉 "적의"(hostility)는 단순히 내심에서 증오나 적개심을 갖는 정도 이상의 증오의 표출을 의미한다.[47] "폭력"(violence)이란 부상, 사망, 심리적 피해, 성장장애, 결핍 등을 결과하거나 또는 이를 야기할 가능성이 농후한 타인(또는 집단)에 대한 물리적 힘이나 권한의 행사이다. "선동"(incitement)이란 특정 민족, 인종 또는 종교 집단에 속하는 사람에 대해 차별, 적의 또는 폭력의 즉각적 위험을 야기하는 발언이다. 이러한 의도의 선동이라면 이로 인한 "차별, 적의 또는 폭력"의 실제 발생 여부와 관계없이 그 자체로 금지된다.[48] 다만 선동자를 형사처벌 하려는 경우 선동으로 인해 대상집단에 실제 해악이 가해질 합리적 가능성이 있는 경우로 제한할 필요가 있다.[49]

Ⅳ. 법률로 금지

당사국은 제1항에 규정된 전쟁의 선전이나 제2항에 규정된 증오의 고취를 법률로 금지해야 한다. 국가기관이 금지된 행위를 하지 말아야 함은 물론, 사인(私人)이나 국영 또는 반관영 매체에 의한 행위도 금지되어야 한다. 금지가 효과적으로 작동하기 위해서는 위반자에 대한 적절한 제재를 담고 있어야 한다.[50]

---

46) 「표현의 자유 보고서」(전게주 42), para.44.
47) 증오와 적의의 차이에 대해 일찍이 K. Partsch는 증오는 주관적 요소가 강한 반면, 적의는 이의 외부적 표출을 의미한다고 구별했다. 즉 증오 없이는 적의도 없게 되며, 증오는 결국 적의에 이르게 된다고 보았다. K. Partsch(전게주 22), p.228.
48) 르완다 국제형사재판소는 제노사이드 선동행위(동 재판소 규정 제2조 제3항 c호)는 반드시 제노사이드의 발생을 야기하지 않아도 그 자체로 처벌대상이 된다고 판단했다. *Nahimana et al. v. the Prosecutor*, ICTR Case No. ICTR-99-52-A(2007), para.678.
49) Rabat Plan of Action(전게주 31), para.29 (f).

위반자에게 반드시 형사적 제재가 가해져야 하는가? 규약 성안과정 중 전쟁선전에 대해 형사처벌을 규정하자는 제안이 있었으나 채택되지 않았다.[51] 형사처벌이 금지를 실현하기 위한 효과적인 수단임은 분명하나, 규약은 어떠한 방법으로 금지를 실현할지를 일단 각 당사국에 맡기고 있다. 즉 단순히 법률에 의한 금지만을 요구하므로 제재 내용이 형사처벌이 아닌, 민사적·행정적 조치에 그쳐도 무방하다.[52] 표현의 자유 보호를 고려한다면 형사처벌은 심각하고 극단적인 증오의 고취만으로 한정함이 바람직하다.[53] 다만 반드시 법률에 의한 금지가 필요하며, 법제정 없이 단순히 교육이나 홍보를 통해 목적을 달성하려 한다면 이는 불충분하다.[54] 한편 금지조치는 규약상 다른 조항의 제한 내용, 특히 제18조 제3항, 제19조 제3항, 제21조, 제22조 제2항 등이 허용하는 범위 내로 포용되어야 하며, 사전검열은 합리화될 수 없다. 형사처벌을 규정한 경우 반드시 유죄판결을 확보할 의무까지 부과되지는 않는다. 검사가 공정하게 수사하고 기소했다면 이에 대한 판단은 독립된 사법부의 몫이며 무죄판결이 바로 국가의 제20조 제2항 위반을 의미하지 않는다.[55]

한편 「인종차별철폐협약」 제4조는 당사국에게 인종적 증오나 인종차별의 선동을 처벌해야 할 범죄로 선언하라고 요구한다.[56] 노르웨이에서 반유태주의자로 친나치 활동을 하던 자가 기소되었으나 표현의 자유에 의해 보호되고 최종적으로 무죄판결을 받은 결과에 대해 인종차별철폐위원회는 노르웨이가 협약 제4조 및 제6조를 위반했다고 판정했다.[57] 한국을 포함한 대다수의 규약 당사국이 동시에 「인종차별철폐협약」의 당사국이므로 그런 국가에서는 최소한 인종적 증오나 인종차별의 선동에 형사제재가 적용되어야 한다. 본 규약 제20조에 의한 금지는 「인종차별철폐협약」 제4조와 밀접한 연관 하에 운용됨이 바람직하다.

---

50) General Comment No.11(1983), para.2. *M. Rabbae et al. v. Netherlands*, Communication No.2124/2011(2017), para.9.7.

51) A/2929(1953), para.194.

52) *M. Rabbae et al. v. Netherlands*, Communication No.2124/2011(2017), para.10.4.

53) 「표현의 자유 보고서」(전게주 42), para.47.

54) K. Partsch(전게주 22), p.228.

55) *M. Rabbae et al. v. Netherlands*, Communication No.2124/2011(2017), paras.10.6-10.7.

56) 「인종차별철폐협약」 제4조는 추가로 인종차별주의자 활동에 대한 재정적 및 여타 지원의 금지, 인종차별 활동단체의 금지 등도 규정하고 있다.

57) *The Jewish Community of Oslo et al. v. Norway*, CERD Communication No.30/2003(2005).

V. 적용상의 쟁점

1. 표현의 자유와의 관계

제20조는 독립된 조항이나 이를 통한 제한은 규약의 다른 조항들과 함께 적용된다. 주로 제19조 표현의 자유를 비롯해, 제18조 사상·양심·종교의 자유, 제21조 집회의 권리, 제22조 결사의 자유 등이 자주 관련될 것이다. 다만 제20조는 내용상 제19조의 제4항에 해당한다고 평가되기도 할 정도로 특히 표현의 자유의 한계와 밀접한 연관성을 갖는다. 성안과정에서 이를 제19조의 일부로 설치하는 방안도 검토되었으나 독립 조항으로 설치하기로 하고, 양자간의 밀접한 관계를 보여 주기 위해 제19조 바로 다음 자리에 배치되었다.[58] 실제 「미주인권협약」은 제20조와 거의 동일한 내용을 사상과 표현의 자유에 대한 조항(제13조)의 제5항으로 설치하고 있다.

표현의 자유와 관련해 제20조의 역할이 무엇인지에 대해 규약위원회의 초기 입장은 다소 불분명했었다. 규약위원회가 제20조 제2항을 적용해 판단을 내린 최초의 사건은 Western Guard Party 결정(1984)이다. 이 단체는 캐나다 정당으로 수신전용 전화선을 통해 통화자에게 반유태적 내용의 음성녹음을 들려주며 당원을 모집했다. 녹음내용이 인권법 위반이라는 이유로 캐나다 정부가 이들의 전화이용을 차단하자, 이 정당 지도자는 표현의 자유 침해를 이유로 개인통보를 제기했다. 규약위원회는 통보자가 전파하려는 견해는 규약 제20조 제2항이 금지하라는 내용이 명백하므로 이 통보는 규약 규정과 양립될 수 없다며 선택의정서 제3조를 근거로 신청을 각하했다.[59]

이 결정에 대해서는 문제의 녹음내용이 단순히 제20조에 해당한다는 이유만으로 각하결정을 하지 말고, 캐나다 정부의 조치가 규약 제19조 제3항의 제한에도 부합하는가에 관해 본안판단을 했어야 한다는 비판이 제기되었다.[60]

반면 반유태적 발언으로 프랑스에서 이른바 Gayssot 법에 의해 처벌받은 자가 개인통보를 제기한 *Faurisson v. France* 결정(1996)에서는 규약위원회가 다른 입장을 보였다.[61] 사

---

58) K. Partsch(전게주 22), pp.226-227.

59) *J.R.T. & the Western Guard Party v. Canada*, Communication No.104/1981(1984).

60) Nowak's CCPR Commentary(2019), p.588(para.26).

61) Gayssot법은 제2차 대전 후 전범처벌의 근거가 되었던 평화에 반하는 죄, 전쟁범죄, 인도에 반하는 죄에 관한 역사적 사실을 부인하는 자를 처벌하기 위해 프랑스에서 제정된 "인종차별, 유태인 또는 외국인을 배척하는 모든 행위를 처벌하는 1990년 7월 13일 법률 제90-615호"를 가리킨다. Gayssot는 이 법안의 중심 발의자이다. 그 제9조 내용은 다음과 같다. "1945년 8월 8일 런던협정에 부속된 국제군사재판소규정 제6조에 정의된 한 개 또는 수 개의 반인도적 범죄의 존재를 제23조에 명시된 수단 중 하나를 통해

건의 내용은 다음과 같다.

프랑스는 제2차 대전 무렵 저질러진 유태인 학살 등의 범죄행위에 관해 이의를 제기하는 자를 처벌하기 위해 Gayssot 법을 제정했다. 프랑스 대학교수인 Faurisson은 가스실을 이용한 유태인 학살 증거를 찾으려 노력했으나 발견하지 못했다며, 나치 수용소의 가스실이 과연 존재했는가에 의심을 품었다. 가스실 학살의 증거가 없다고 주장한 그는 여러 차례 살해 위협과 폭행 상해를 당했다. Gayssot 법이 제정된 직후 그는 한 월간지와의 인터뷰에서 이 법이 표현의 자유에 대한 위협이 되며, 유태인 학살을 위한 가스실은 없었다고 다시 주장했다. Faurisson과 잡지 편집인은 Gayssot 법에 의해 기소되어 벌금형을 선고받자 개인통보를 제출했다.[62]

이 사건에서 프랑스측 주장의 하나는 통보자의 반유태적 발언이 규약 제20조 제2항에 따라 금지시켜야 할 대상이므로 Western Guard Party 사건(1984)에서처럼 신청을 각하하라는 요청이었다. 그러나 규약위원회는 이 요구를 받아들이지 않고, 본안 내용을 검토하기로 했다. 결론에서 프랑스 정부의 조치는 규약 제19조 제3항 가호에 합당한 제한이라며 Faurisson의 구제요청을 기각했다. 이번에는 오히려 제20조 제2항이 결정의 근거가 될 수 있는지 여부가 검토되지 않았다.[63] 이때까지는 제20조가 표현의 자유와 연계되어 적용되지 않은 셈이다.

다음 *Ross v. Canada* 결정(2000)에서 규약위원회는 처음으로 한 개의 사안에 제19조와 제20조를 함께 적용했다.

이 사건의 통보자 Ross는 교사인데 평소 많은 반유태적 저작물을 제작했다. 단 자신의 수업에서는 특별히 반유태적 입장을 표명하지 않았다. 평소 그의 활동에 대해 학부

부인한 자 및 동 규정 제9조에 근거해 범죄조직으로 선언된 조직의 구성원이나 프랑스 법원 또는 국제법원에 의해 그러한 범죄로 유죄판결을 받은 자에 의해 범해진 부인행위는 제24조 제6항에 규정된 형벌에 처한다." 이는 구체적으로 공공장소나 집회에서의 연설, 외침, 협박이나 공공장소나 집회에서 판매 또는 진열되는 각종 저작물에 대한 지지, 또는 대중에 전시된 벽보, 게시물 및 모든 음성영상매체 수단을 통해 국제군사재판소 규정 제6조에 규정된 범죄를 부인하는 자는 징역 또는 벌금형에 처한다는 의미이다. 이 법은 제정 후 몇 차례 개정되었다. 그 내용의 상세는 정관선, "프랑스 반인도적 범죄 부인 처벌규정에 관한 고찰", 인권과 정의 2019년 6월호, pp.30-32 참조.

62) *Faurisson v. France*, Communication No.550/1993(1996).
63) 같은 결정, paras.9.1-10.

형으로부터 항의가 계속되자 Ross에게는 1주일 무급휴가와 이후 수업을 담당하지 않는 자리로의 보직 이동이 명령되었다. 그리고 반유태적 견해를 계속 출간하면 즉시 해고된다는 조건부 처분이 내려졌다. Ross는 이러한 조치가 자신의 종교와 표현의 자유 침해라고 주장했고, 이 사건은 최종적으로 캐나다 대법원으로까지 올라갔다. 캐나다 대법원은 Ross에 대한 조치가 전반적으로 종교와 표현의 자유에 대한 합리적 제한이라고 평가했으나, 단 반유태적 출간물을 발간하면 즉시 해고된다는 통지만은 Ross의 헌법상 권리를 지나치게 제한하는 무효의 조치라고 판단했다. 이 결과에 대해 Ross는 규약 위반을 주장하며 개인통보를 제기했다.[64]

캐나다 정부는 Western Guard Party 사건(1984)에서와 같이 자신은 규약 제20조에 따른 의무를 이행했을 뿐이므로 신청을 각하해야 한다고 주장했다. 그러나 규약위원회는 제20조에 근거한 표현의 자유에 대한 제한은 동시에 제19조 제3항에 의해 제한이 허용되는 범위 내에 포함돼야 하므로 이는 본안심리에서 다루어질 문제라고 판단했다.[65] 이어 캐나다 정부의 조치가 종교적 증오로부터 보호받아야 할 유태인들의 권리 옹호를 위해 필요하므로 제19조 제3항이 허용하는 제한 범위에 속하며, 이는 또한 규약 제20조 제2항에 반영된 원칙의 지지를 받으므로 표현의 자유 침해가 아니라고 결론내렸다.[66] 즉 규약위원회는 캐나다의 조치를 표현의 자유 제한에 관한 제19조 제3항에 의해 정당화하면서, 동시에 제20조 제2항을 보충적 논거로 활용했다.[67]

이후 규약위원회는 일반논평을 통해 양 조항의 관계를 좀 더 분명히 제시하고 있다. 즉 제20조에 의해 정당화되는 금지는 제19조 제3항의 요건도 함께 만족시켜야 한다고 해석한다. 제20조에 의해 금지되는 조치는 동시에 모두 제19조 제3항에 의한 제한대상에 포함되어야 한다.[68] 양자의 차이는 제19조 제3항이 일정한 행위에 대한 국가의 제한을 허용하고 있다면, 제20조는 그중 특별한 행위에 대해서만은 국가가 반드시 금지할 의무를 진다는 점이다. 그런 의미에서 제20조는 제19조 제3항에 대한 특별법에 해당한다.[69] 따라서 규약위원회는 제19조와 제20조의 내용이 서로 양립가능하며 상호보완적이라고 해석한다.[70] 이 같

---

64) *Ross v. Canada*, Communication No.736/1997(2000).
65) 같은 결정, para.10.6.
66) 같은 결정, paras.11.5-11.6.
67) Nowak's CCPR Commentary(2019), p.589(para.27).
68) HRC General Comment No.34(2011), para.50.
69) HRC General Comment No.34(2011), para.51.
70) HRC General Comment No.11(1983), para.2; HRC General Comment No.34(2011), para.50. *M.*

은 양 조항의 관계는 제20조와 제18조(사상·양심·종교의 자유), 제21조(집회의 자유) 또는 제22조(결사의 권리) 사이에서도 동일하게 적용될 것이다. 즉 국가가 제20조를 근거로 일정한 행위를 금지한다면 그 조치는 내용에 따라 제18조 제3항, 제21조, 제22조 제2항 등이 제한을 허용하는 범위 내에 포용될 수 있어야 한다.[71]

2. 개인통보의 근거 여부

제20조는 국가에게 일정한 행위를 금지할 의무만을 부과하고 있는데, 국가가 이러한 의무를 적절히 이행하지 못했다는 이유로도 개인통보가 제기될 수 있는가? 아니면 개인통보를 제기하기 위해서는 국가의 제20조 위반으로 인해 피해자가 규약상의 다른 권리를 침해당하는 추가적 결과의 발생이 필요한가? 이는 제20조가 개인이 권리침해를 주장할 독립된 근거조항이 될 수 있는가 여부의 문제이다.

규약위원회는 이 점에 관해 처음에는 모호한 태도를 취했다. *Vassilari et al. v. Greece* 결정(2009)은 피해자가 제20조 제2항을 개인통보의 근거로 제시했던 최초의 사건이었다. Vassilari 등은 집시인들에 대한 인종적 편견과 증오를 주장한 혐의자들이 그리스 당국으로부터 아무런 제재도 받지 않게 되자 제20조 제2항 위반을 주장하며 개인통보를 제출했다. 그런데 이 사건에서 규약위원회는 통보자가 사건을 충분히 입증하지 못했다는 이유로 신청을 각하하고 제20조가 개인통보의 근거가 될 수 있는지 여부는 검토하지 않았다.[72] 무슬림 여성의 히잡을 나치 표식에 비유한 정치인의 발언에 대해 사법 당국이 별다른 제재를 가하지 않자 규약 제20조 제2항, 제27조 등의 위반을 주장한 *Anderson v. Denmark* 사건(2010)에서는 통보자가 문제의 발언으로 인해 개인적으로 어떠한 피해를 받았는지가 입증되지 않았다는 이유로 역시 신청을 각하했다.[73]

그런데 위 *Vassilari et al. v. Greece* 결정(2009)에서 몇몇 위원은 소수의견을 통해 제20조 제2항 자체가 피해자들에게 보호를 제공하고 있으며, 이에 관한 피해자는 개인통보를 제출할 수 있다고 주장하며, 제20조 제2항 위반 여부를 검토하지 않은 다수의견을 비판한 바 있었다.[74] 이 같은 소수의견은 8년 후인 2017년 다음 결정을 통해 다수의견으로 되었다. 사건 내용은 다음과 같다.

Rabbae et al. v. Netherlands, Communication No.2124/2011(2017), para.10.4.

71) Taylor's Commentary(2020), p.580.
72) *Vassilari et al. v. Greece*, Communication No.1570/2007(2009), para.6.5.
73) *Anderson v. Denmark*, Communication No.1868/2009(2010).
74) *Vassilari et al. v. Greece*, Communication No.1570/2007(2009), Individual Opinion of A. Amor (dissenting) 및 Individual Opinion of A. Fathalla & Bouzid Lazhari.

네덜란드 국회의원이자 극우정당 설립자인 Wilders는 평소 무슬림 또는 비(非)서구 출신 이민자에 대한 차별과 폭력, 증오를 고취하는 언행을 자주 했다. 모로코인들은 폭력적이고, 무슬림은 범죄가 많다고 주장했다. 더 이상 이민을 받지 말고 이들을 추방해야 한다고도 주장했다. 네덜란드 거주 모로코계 무슬림들은 인종차별적 모욕과 선동을 계속하는 Wilders의 처벌을 요청하고 민사적 손해배상도 청구했으나, 법원은 최종적으로 이들의 요청을 받아들이지 않았다. 모로코계 무슬림인 M. Rabbae 등은 이러한 결과가 규약 제20조 제2항 위반이라고 주장하며 개인통보를 제기했다.[75]

심리과정에서 네덜란드측은 제20조 제2항 자체는 개인에게 권리를 부여하는 내용이 아니므로 개인통보의 근거조항이 될 수 없다고 주장했다.[76] 그러나 규약위원회가 이번에는 Vassilari 결정의 소수의견과 같은 입장을 취했다. 즉 위원회는 제20조 제2항이 국가에 대해 형식적인 입법의무만을 부과하는데 그치지 않고, 개인에 대해 차별로부터의 보호를 제공하므로 제20조 제2항은 개인통보를 제기할 독자적 근거조항이 된다고 판단했다.[77] 그러나 일부 위원은 위 결정의 개별의견을 통해 제20조 제2항은 당사국에게 입법의무를 부과하고 있을 뿐, 이를 통해 보호될 독자적 인권을 창설하지 않으며 따라서 개인통보의 독립된 근거조항이 될 수 없다는 입장을 고수했다.[78] 이후 동일한 유형의 개인통보가 제기되지 않아 규약위원회의 다수의견이 재확인될 기회는 아직 없었다.

3. 혐오표현

1990년대 이후 각국에서는 외국인 이주자, 특정 종교 신봉자, 장애인 등 사회적 약자 또는 소수자 집단에 대해 합리적 근거도 없이 차별적 비하나 적대감을 노골적으로 표현하고 선동하는 이른바 혐오표현(hate speech)이 사회문제화 되고 있다. 한국 역시 예외가 아니다. 이러한 현상 역시 기본적으로는 의견표시의 일종이라는 이유에서 표현의 자유의 일부로 보호되어야 한다는 주장이 있는가 하면, 그 해악과 피해가 크므로 적극적으로 규제해야 한다는 목소리도 높았다. 혐오표현의 개념을 정확히 어떻게 이해하느냐에 대해서는 국제적으로 통일된 판단기준이 없고, 개별 연구자의 견해도 상이하므로 그 내용과 정도에 따라 대처방안 역시 다양하게 제시되었다.[79] 그러나 특별한 속성(국적, 인종, 종교 등)을 지닌 일정한 집

---

75) *M. Rabbae v. Netherlands*, Communication No.2124/2011(2017).
76) 같은 결정, para.4.3.
77) 같은 결정, para.9.7. 단 규약위원회는 본안 판단에서 네덜란드측의 규약 위반은 없었다고 결정했다.
78) 같은 결정, Individual Opinions of Y. Sahny & N. Rodley.

단이나 그 소속원이라는 이유만으로 그들에 대한 차별, 적의 또는 폭력의 의사를 드러내거나 이를 선동하는 행위를 표현의 자유라는 미명 하에 방치할 수 없다는 데는 별다른 이견이 없다.

혐오표현 대처와 관련해 가장 빈번하게 거론되는 국제기준이 바로 규약 제20조 제2항이다. 즉 혐오표현의 개념을 어떻게 파악하는 입장이든 "차별, 적의 또는 폭력의 선동에 해당하는 민족, 인종 또는 종교에 대한 증오의 고취"는 국제사회가 간과할 수 없는 가장 심각한 유형의 혐오표현이기 때문이다. 그러나 제20조 제2항이 모든 형태의 혐오표현에 대한 대책을 제공하기는 어렵다. 적용대상이 비교적 한정적이기 때문이다. 제20조 제2항의 적용대상이 아닌 혐오표현은 규약 제18조와 제19조의 적용대상이 되는 경우가 많을 것이다. 인종을 이유로 한 혐오표현에 대해서는 인종차별철폐협약이 중요한 판단기준을 추가로 제시해 준다.[80] 제노사이드 방지협약도 일정한 역할을 할 수 있다.

그러나 이러한 기존의 국제인권조약은 각기 나름의 필요에 의한 제한적 목적을 갖고 탄생한 조약이므로 오늘날 확산되고 있는 다양한 원인과 내용의 혐오표현에 총체적으로 대처하기에는 불충분하다. 이에 현대 국제인권법의 변화에 맞춰 제20조 제2항의 적용대상을 확대 해석하자는 주장도 있으나,[81] 문언상의 제한을 해석으로 대처하기에는 한계가 있다. 혐오표현에 대한 대처에는 규약 제20조 이상의 종합적 노력이 필요하다.

Ⅵ. 한국의 실행

1. 국가보고서의 내용과 검토

대한민국 정부는 이제까지 여러 차례의 국가보고서를 제출하며 제20조의 국내이행 현황을 소개했다. 1991년 제출된 최초보고서는 제20조에 관해 다음과 같이 설명했다.

"헌법 전문에 '항구적인 세계평화와 인류 공영에 이바지함으로써' … 그리고 헌법 제5조 제1항은 '대한민국은 국제평화의 유지에 노력하고 침략적 전쟁을 부인한다'라고 각각 규정하고 있다. 이 규정의 절대적 성격으로 인하여 이에 대해서는 특별한 법률의 공포

---

79) 이 문제에 관한 전반적 이해를 위한 논문으로는 김지혜, "차별선동의 규제", 법조 2015년 9월호(제708호); 이주영, "혐오표현에 대한 국제인권법적 고찰", 국제법학회논총 제60권 제3호(2015); 한위수, "혐오표현의 규제에 대한 인권법적 고찰", 헌법논집 제30집(2019) 등 참조.
80) Rabat Plan of Action(전게주 31), para.14
81) Article 19(전게주 35), pp.20-21.

를 요하지 않으며, 위 조항들은 규약 제20조 제1항과 일치한다. [···] 모든 시민은 어떠한 차별도 없이 동등하게 인간으로서의 가치와 존엄성을 가진다. 이러한 기본원리에 따라 민족적, 인종적 또는 종교적 증오를 부추기는 행위는 처벌받는다."[82]

이어 이행에 적용될 국내법규로 형법 제101조 제2항(외환죄의 선동, 선전), 제111조(외국에 대한 사전(私戰)), 제112조(중립명령 위반)를 지적했다. 제2차 보고서(1998) 역시 최초 보고서와 거의 유사한 설명에 이어 두 문단에 걸쳐 한국 정부의 평화통일 노력과 남북교류 진척 상황을 추가로 서술했다.[83] 제3차 보고서(2005)에서는 제1항과 관련해 한국의 국제형사재판소 규정 가입을 지적하고, 제2항에 관해서는 남북정상회담의 개최 등 평화통일 노력을 설명했다.[84] 제4차 보고서(2011)에서도 한국 정부는 제1항에 대해서는 남북대화와 교류에 관한 내용을, 제2항에 대해서는 국제형사재판소 가입에 따른 국내 이행입법 제정을 설명하고 있다.[85]

이 같은 한국 정부의 보고내용은 제20조의 취지와는 거의 동문서답에 가까운 설명이다. 제1차 및 제2차 국가보고서에서 제1항 이행을 뒷받침할 국내법률로 지적된 형법 제101조 제2항(외환죄의 선동, 선전)의 적용에는 "외국과의 통모" 또는 "적국을 위하여"라는 조건이 전제되므로 단순히 전쟁을 위한 선전을 금지하라는 규약 요구와는 거리가 있으며, 관련되더라도 규약의 취지를 매우 제한적으로만 실현하는데 그칠 수밖에 없다. 제111조 외국과의 사전(私戰) 금지와 제112조 중립명령 위반죄 역시 제1항의 내용을 실현하는 조항으로 보기는 어렵다. 단순히 헌법 제5조 제1항 "국제평화의 유지에 노력하고 침략적 전쟁을 부인한다"라는 구절만으로는 전쟁 선전이 금지되었다고 해석하기 힘들다. 다른 국내 형사특별법상으로도 전쟁 선전 자체를 금지하는 조항은 없다. 「국제형사재판소 규정」 가입에 따라 제정된 「국제형사재판소 관할범죄의 처벌 등에 관한 법률」을 통해 전쟁의 선전이나 민족·인종·종교에 대한 증오의 고취를 금지하는 제20조의 취지가 실현될 수 있는 상황 역시 제한적이다. 요약한다면 한국 국가보고서에 제시된 현행 국내법률을 통해서는 대체로 예외적인 상황에 한해 제20조의 내용이 실현될 수 있을 뿐, 일반적 이행에는 이르기 어렵다.

그럼에도 불구하고 제20조의 국내실행상의 문제점에 관해서는 그간 국내 NGO 보고서는 물론 규약위원회에서도 별다른 지적이 없었다. 제1차 내지 제3차 국가보고서 심의시 제출

---

82) Initial Reports of Republic of Korea(CCPR/C/68/Add.1(1991)), paras.250-251.
83) Second Periodic Reports of Republic of Korea(CCPR/C/114/Add.1(1998)), paras.209-212.
84) Third Periodic Reports of Republic of Korea(CCPR/C/KOR/2005/3(2005)), paras.302-305.
85) Fourth Periodic Reports of Republic of Korea(CCPR/C/KOR/4(2013)), paras.293-296.

된 민변 등의 민간보고서에서는 제20조에 관한 언급 자체가 없었다. 제4차 보고서 심의를 위한 국내 민간단체 합동보고서(2014)에서 처음으로 "외국인과 성소수자"에 대한 혐오 표현과 증오 선동이 확산되는 현상이 지적되었을 뿐, 관련 국내법 현황에 대해서는 별다른 설명이나 비판은 없었다.[86] 국가인권위원회의 「제4차 국가보고서 초안에 대한 의견표명」에서도 제20조에 관해서는 아무런 언급이 없었다.[87] 제20조가 규약의 다른 조항에 비해 관심도가 떨어져서 그런지 한국 정부의 부실한 보고에도 불구하고 규약위원회는 이 조항에 관해서는 어떠한 지적이나 관심도 표명하지 않았다.[88] 결론적으로 규약 제20조가 법률로써 금지를 요구하는 사항이 국내법제도에 반영되어 있는지 여부는 제대로 분석조차 이루어지지 않고 있다. 이하 제1항과 제2항을 구분해 검토한다.

2. 전쟁 선전의 금지

국내 형사법상 전쟁선전이 특별히 금지되어 있지 않으며, 다른 법률에서도 그런 내용은 발견되지 않는다. 다만 「방송통신위원회의 설치 및 운영에 관한 법률」에 의해 설치된 방송통신심의위원회의 「정보통신에 관한 심의규정」은 국제평화, 국제질서 및 국가간 우의를 현저히 해할 우려가 있는 정보의 유통을 금지하고 있으므로(제5조), 이를 통해 인터넷 등에 의한 전쟁선전의 전파는 규제가 가능할 것이다. 한편 출판물(전자간행물 포함)이 전쟁을 "과도하게 묘사하거나 조장하여 인간의 존엄성과 건전한 사회질서를 뚜렷이 해치는" 경우 간행물윤리위원회가 이를 유해간행물로 지정·고시할 수 있으나,[89] 전쟁을 선전하는 간행물의 제작이나 배포를 일반적으로 금지할 방법은 없다. 전쟁 선전의 과정에서 폭력, 손괴, 방화 등이 야기되면 그러한 결과에 대해 처벌이 가능할 뿐이며, 외국과의 통모 없이 평화적 활동(예: 집회)을 통해 전쟁을 선전한다면 현재 이를 막을 법률은 없다. 참고로 독일 형법은 "이 법의 장소적 적용범위 내에서 집회를 통해 또는 문서(제11조 제3항)의 반포를 통해 공연히 침략전쟁(제80조)을 선동한 자는 3월 이상 5년 이하의 징역형에 처한다"라는 조항을 두고 있어 대비된다(제80조 a).[90]

---

86) Joint NGO Submission to the United Human Rights Committee for the List of Issues for the Fourth Periodic Report Submitted by the Republic of Korea; Human Right in the Republic of Korea (2014), p.78.

87) 국가인권위원회, 「시민적 및 정치적 권리에 관한 국제규약 이행에 관한 제4차 국가보고서 초안에 대한 의견표명」(2011).

88) Concluding Observations on the Republic of Korea. CCPR/C/79/Add.6(1992); CCPR/C/79/Add.114 (1999); CCPR/C/KOR/CO/3(2006); CCPR/C/KOR/CO/4(2015) 참조.

89) 출판문화산업진흥법 제19조 제1항.

3. 민족, 인종 또는 종교에 대한 증오의 고취 금지

국내 법제상 "차별, 적의 또는 폭력의 선동이 될 민족, 인종 또는 종교에 대한 증오의 고취" 역시 일반적으로 금지되어 있다고 볼 수 없다.

제2항의 금지하는 대상 중 특히 "인종적 증오"와 관련해서는 「인종차별철폐협약」 제4조 또한 당사국에게 인종적 증오나 인종차별의 선동을 형사범죄로 규정하라고 요구하고 있으므로 국내 법제에 관한 인종차별철폐위원회에서의 논의가 이해에 도움이 된다. 「인종차별철폐협약」에 대한 한국의 국가보고서는 시종 기존 국내법으로 제4조 이행이 가능하다고 주장하며, 구체적으로 형법 제307조(명예훼손), 제309조(출판물에 의한 명예훼손), 제311조(모욕) 등에 의해 처벌된다고 설명했다.[91] 그러나 대법원의 일관된 판례에 의할 때 이는 사실과 다르다.

명예훼손죄가 성립하려면 명예의 주체가 특정되어야 한다. 즉 대법원은

> "명예훼손죄는 어떤 특정한 사람 또는 인격을 보유하는 단체에 대하여 그 명예를 훼손함으로써 성립하는 것이므로 그 피해자는 특정한 것임을 요하고, 다만 서울시민 또는 경기도민이라 함과 같은 막연한 표시에 의해서는 명예훼손죄를 구성하지 아니한다 할 것이지만, 집합적 명사를 쓴 경우에도 그것에 의하여 그 범위에 속하는 특정인을 가리키는 것이 명백하면, 이를 각자의 명예를 훼손하는 행위라고 볼 수 있다."[92]

라고 해석한다. 따라서 대상을 단순히 흑인, 동남아인, 일본인 등과 같은 집합명사로 지칭하며 이들에 대한 민족적, 인종적, 종교적 증오를 고취한 경우 명예훼손죄는 통상 성립되지 않는다. 집합명사라도 오직 대상이 소집단이라 특정인을 가리키는 행위임이 명백한 경우에 한해 명예훼손죄가 성립할 뿐이다.

모욕죄 역시 대법원은 "그 피해자가 특정되어야 한다. [···] 집단표시에 의한 모욕은, 모욕의 내용이 그 집단에 속한 특정인에 대한 것이라고는 해석되기 힘들고, 집단표시에 의한

---

90) 또한 독일 형법 제80조는 침략전쟁을 예비하고 이로 인해 독일로 하여금 전쟁의 위험을 초래하게 한 자는 무기 또는 10년 이상의 징역형에 처한다고 규정하고 있다. 조문 번역은 법무부, 독일형법(2008)에 의함.

91) CERD/C/KOR/17-19(2017), para.35; CERD/C/KOR/15-16(2012), para.51; CERD/C/KOR/14 (2006), para.60; CERD/C/426/Add.2(2002), para.57. 위 CERD/C/KOR/15-16(2012), para.50 등은 형법 제25장 상해와 폭행죄에 의한 대처가 가능하다고 추가했다.

92) 대법원 2000. 10. 10. 선고 99도5407 판결.

비난이 개별구성원에 이르러서는 비난의 정도가 희석되어 구성원 개개인의 사회적 평가에 영향을 미칠 정도에 이르지 아니한 경우에는 구성원 개개인에 대한 모욕이 성립되지 않는다."고 해석한다.[93] 다만 모욕의 경우도 대상이 "구성원 개개인에 대한 것으로 여겨질 정도로 구성원 수가 적거나 당시의 주위 정황 등으로 보아 집단 내 개별구성원을 지칭하는 것으로 여겨질 수 있는 때에는 집단 내 개별구성원이 피해자로서 특정된다."고 본다.[94] 따라서 집단의 크기, 집단의 성격, 집단 내에서의 피해자의 지위 등을 감안할 때 피해자가 특정될 수 있는 경우에만 모욕죄가 성립한다. 예를 들어 여성 아나운서 일반에 대한 비하적 발언을 통해 개개 여성 아나운서에 대한 모욕죄는 성립되지 않으며,[95] 36,000명의 회원을 가진 인터넷카페 회원을 비방한 경우에도 개개 회원에 대한 모욕죄가 성립하지 않는다.[96]

결론적으로 국내에서는 비교적 예외적 상황에서만 형법상 명예훼손죄나 모욕죄를 통해 인종차별적 증오의 고취를 처벌할 수 있으며, 이를 통한 전반적 대처는 불가능하다. 국내 형법상 명예훼손죄는 개인의 개별적 법익 보호를 목적으로 하는 조항이므로, 이를 통해 집단에 대한 증오고취를 금지하려는 제20조 제2항의 취지를 실현하기 어렵다는 점은 당연한 논리적 귀결이다. 인종차별철폐위원회 역시 한국 국가보고서에 대한 평가에서 시종일관 기존 국내법이 인종차별철폐협약 제4조 이행에 미흡하므로 시급히 법제도를 정비하라고 요구해 왔다.[97] 이상은 인종차별적 행위를 중심으로 한 설명이지만 민족·종교에 대한 증오의 고취에 관해서도 명예훼손죄나 모욕죄로 적절한 대처가 불가능하기는 마찬가지이다.

규약 제20조가 반드시 형사적 금지를 요구하지는 않으므로, "민족, 인종 또는 종교에 대한 증오의 고취"에 대해 명예훼손을 이유로 한 민사적 손해배상(위자료)을 받게 함으로써 금지를 실현하는 효과를 낼 수 있을까? 민법 제751조 제1항은 "타인의 신체, 자유 또는 명예를 해하거나 기타 정신상 고통을 가한 자는 재산 이외의 손해에 대하여도 배상할 책임이 있다"고 규정하고 있다. 그런데 대법원은 명예훼손을 이유로 민사적 손해배상을 구하는 경우에도 기본적으로 형법과 같은 기준을 적용한다. 즉 대법원은 "이른바 집단표시에 의한 명예훼손은, 명예훼손의 내용이 그 집단에 속한 특정인에 대한 것이라고 해석되기 힘들고 집단표시에 의한 비난이 개별구성원에 이르러서는 비난의 정도가 희석되어 구성원 개개인의

---

93) 대법원 2014. 3. 27. 선고 2011도15631 판결.

94) 같은 판결.

95) 같은 판결.

96) 대법원 2013. 1. 10. 선고 2012도13189 판결.

97) Concluding Observations on the Republic of Korea. CERD/C/KOR/CO/17-19(2019), para.6; CERD/C/KOR/CO/15-16(2012), paras.7-8; CERD/C/63/CO/9(2003), para.9; CERD/C/304?Add.65 (1999), para.9 등.

684　정 인 섭

사회적 평가에 영향을 미칠 정도에 이르지 아니하는 것으로 평가되는 경우에는 구성원 개개인에 대한 명예훼손이 성립되지 아니한다.”고 해석한다. 다만 “명예훼손의 내용이 구성원 개개인에 대한 것으로 여겨질 정도로 구성원의 수가 적거나 당시 주위 정황 등으로 보아 집단 내 개별구성원을 지칭하는 것으로 여겨질 수 있는 때에는 집단 내 개별구성원이 피해자로서 특정”될 수 있다고 보고 있다.[98] 따라서 일본인, 흑인, 무슬림 등과 같은 집합명사를 사용하며 이들에 대한 민족적, 인종적, 종교적 증오를 고취한 경우 통상적인 상황에서는 민사적 손해배상이 실현되기 어렵다.[99]

그렇다면 규약 제20조 제2항을 실현할 수 있는 다른 국내법은 없는가를 살펴본다. 방송이나 인터넷 정보통신망을 통한 “민족, 인종 또는 종교에 대한 증오”를 고취하는 내용의 전파는 다음 규정 등을 통해 상당부분 규제가 가능하다.

「방송법」은 “방송은 성별·연령·직업·종교·신념·계층·지역·인종 등을 이유로 방송편성에 차별을 두어서는 아니 된다”는 조항을 두고 있고(방송법 제6조 제2항), 위반시 과징금 부과 등의 제재가 가능하다(제100조). 또한 「방송심의에 관한 규정」은 방송이 “지역간, 세대간, 계층간, 인종간, 종교간 차별·편견·갈등을 조장”하지 말 것(제29조)과 특정 인종, 민족, 국가 등에 대한 편견 조장 금지(제31조), 특정 종교 및 종파의 비방 금지(제32조) 등을 규정하고 있다. 그리고 「방송광고심의에 관한 규정」도 방송광고가 “국가, 인종, 성, 연령, 직업, 종교, 신념, 장애, 계층, 지역 등을 이유로 차별하거나 편견을 조장하는 표현을” 사용하지 말 것(제13조)을 규정하고 있다. 위반시 「방송법」에 따른 제재가 가능하다.

「방송통신위원회의 설치 및 운영에 관한 법률」에 의해 설치된 방송통신심의위원회의 「정보통신에 관한 심의규정」도 인종차별·집단학살·테러 등 국제평화 및 국제질서를 현저히 해할 우려가 있는 정보와 외국의 정치·종교·문화·사회에 대한 비방·비하·멸시 등 국가 간의 우의를 현저히 해할 우려가 있는 정보 등은 인터넷 등을 통해 유통할 수 없도록 규정하고 있다(제5조). 위반하면 시정요구·정보삭제 등이 가능하다(제15조).

그러나 이러한 개별법을 통한 분야별 대처만으로는 제20조의 요구를 달성하는데 한계가 있을 수밖에 없다. 예를 들어 개인이 평화로운 집회나 출판물을 통해 민족, 인종 또는 종교에 대한 증오를 고취하는 행위는 명예훼손에 해당하는 예외적 경우가 아닌 한 규제나 피해

---

98) 대법원 2014. 4. 24. 선고 2013다74837 판결. 동지: 대법원 2003. 9. 2. 선고 2002다63558 판결, 대법원 2006. 5. 12. 선고 2004다35199 판결 등.

99) 집합명사를 사용한 경우 역시 오직 제한된 구성원 수나 주위 정황상 “집단 내 개별구성원을 지칭하는 것으로 여겨질 수 있는 때에는 집단 내 개별구성원이 피해자로서 특정”되어 손해배상 청구가 인정된다. 상게주 판결들.

자 보호가 불가능하다. 결국 제20조가 금지하고 있는 행위를 효과적으로 규제하기 위해서는 민형사상 제재를 아우르는 새로운 법률의 제정이 필요하다.[100] 한국은 자유권규약의 당사국임과 동시에 인종차별철폐협약 및 제노사이드 방지협약의 당사국이므로 대처법률의 제정 시에는 규약상의 요구뿐만 아니라, 나머지 협약이 요구하는 수준(해당행위의 형사범죄화)도 만족시킬 수 있도록 유의해야 한다.

【다른 인권조약상의 관련조항】

모든 형태의 인종차별철폐에 관한 국제협약 제4조

체약국은 어떤 인종이나 특정 피부색 또는 특정 종족의 기원을 가진 인간의 집단이 우수하다는 관념이나 이론에 근거를 두고 있거나 또는 어떠한 형태로든 인종적 증오와 차별을 정당화하거나 증진시키려고 시도하는 모든 선전과 모든 조직을 규탄하며 또한 체약국은 이같은 차별을 위한 모든 고무 또는 행위를 근절시키기 위한 즉각적이고 적극적인 조치를 취할 의무를 지며 이 목적을 위하여 세계인권선언에 구현된 제 원칙 및 이 협약 제5조에 명시적으로 언급된 제 권리와 관련하여 특히 체약국은

(a) 인종적 우월성이나 증오, 인종차별에 대한 고무에 근거를 둔 모든 관념의 보급 그리고 피부색이나 또는 종족의 기원이 상이한 인종이나 또는 인간의 집단에 대한 폭력행위나 폭력행위에 대한 고무를 의법 처벌해야 하는 범죄로 선언하고 또한 재정적지원을 포함하여 인종주의자의 활동에 대한 어떠한 원조의 제공도 의법 처벌해야 하

---

100) 독일은 형법 제130조 2항에 다음과 같은 조항을 두어 규약 제2항의 금지행위를 범죄로 규정하고 있다. "다음 각호의 1에 해당하는 자는 3년 이하의 자유형 또는 벌금형에 처한다.
   1. 일부 주민, 민족적·인종적·종교적 집단 또는 민족성에 의하여 분류된 집단에 대한 증오심을 선동하거나 이들에 대한 폭력적·자의적 조치를 촉구하거나, 일부 주민 또는 위 집단을 모욕 또는 악의로 비방하거나 허위사실에 의하여 명예를 훼손함으로써 인간의 존엄을 침해하는 것을 그 내용으로 하고 있는 문서(제11조 제3항)에 관하여 다음과 같은 행위를 한 자.
     a) 반포행위
     b) 공연히 전시, 게시, 상영하거나 기타 그 접근을 용이하게 하는 행위
     c) 18세 미만자에게 제공, 양여하거나 기타 그 접근을 용이하게 하는 행위
     d) 위 문서 또는 이를 통하여 만들어진 제작물을 a 내지 c에 의한 방법으로 사용하거나 타인의 사용을 가능하게 하기 위하여 제조, 취득, 인도, 보관, 공여, 광고, 선전, 수입 또는 수출하는 행위
   2. 제1호에 규정된 내용의 표현물을 방송, 미디어 또는 전신을 통하여 반포한 자." 번역은 법무부(전게주 90)에 의함.

는 범죄로 선언한다.

(b) 인종차별을 촉진하고 고무하는 조직과 조직적 및 기타 모든 선전활동을 불법으로 선언하고 금지시킨다. 그리고 이러한 조직이나 활동에의 참여를 의법 처벌하는 범죄로 인정한다.

(c) 국가 또는 지방의 공공기관이나 또는 공공단체가 인종차별을 촉진시키거나 또는 고무하는 것을 허용하지 아니한다.

Article 4

States Parties condemn all propaganda and all organizations which are based on ideas or theories of superiority of one race or group of persons of one colour or ethnic origin, or which attempt to justify or promote racial hatred and discrimination in any form, and undertake to adopt immediate and positive measures designed to eradicate all incitement to, or acts of, such discrimination and, to this end, with due regard to the principles embodied in the Universal Declaration of Human Rights and the rights expressly set forth in article 5 of this Convention, inter alia:

(a) Shall declare an offence punishable by law all dissemination of ideas based on racial superiority or hatred, incitement to racial discrimination, as well as all acts of violence or incitement to such acts against any race or group of persons of another colour or ethnic origin, and also the provision of any assistance to racist activities, including the financing thereof;

(b) Shall declare illegal and prohibit organizations, and also organized and all other propaganda activities, which promote and incite racial discrimination, and shall recognize participation in such organizations or activities as an offence punishable by law;

(c) Shall not permit public authorities or public institutions, national or local, to promote or incite racial discrimination.

미주인권협약 제13조

5. 전쟁의 선전과 인종, 피부색, 종교, 언어 또는 민족적 출신 등을 이유로 개인 또는 집단에 대하여 불법적인 폭력이나 기타 유사한 행동을 선동하는 민족적, 인종적 또는 종교적인 증오의 고취는 법률에 의하여 처벌되는 범죄로 간주된다.

Article 13 (Freedom of Thought and Expression)

5. Any propaganda for war and any advocacy of national, racial, or religious hatred that constitute incitements to lawless violence or to any other similar action against any person or group of persons on any grounds including those of race, color, religion, language, or national origin shall be considered as offenses punishable by law.

제21조 집회의 자유

장 태 영

┌─── 목 차 ───┐

Ⅰ. 개관
Ⅱ. 보호 범위
   1. 집회의 자유의 주체
   2. 평화적인 '집회'
   3. '평화적인' 집회
   4. 평화적인 집회의 자유와 당사국의 의무
Ⅲ. 집회의 자유에 대한 제한
   1. 제한의 의의
   2. 제한의 요건
   3. 제한과 콘텐츠 중립

   4. 제한에 관한 구체적인 쟁점
   5. 비상사태와 이행정지
Ⅳ. 한국의 실행
   1. 한국의 집회 관련 법체계
   2. 옥외집회와 시위에 관한 신고제
   3. 옥외집회와 시위의 금지 장소·금지 시간
   4. 코로나와 집회의 제한
   5. 살수차와 차벽을 활용한 집회 대응
   6. 디지털 기술발전과 집회
[다른 인권조약상의 관련 조항]

평화적인 집회의 권리가 인정된다. 이 권리의 행사에 대하여는 국가안보, 공공안전, 공공질서, 공중보건 또는 공중도덕의 보호, 또는 타인의 권리 및 자유의 보호를 위하여 민주사회에서 필요하며 법률에 합치되게 부과되는 제한 이외의 어떠한 제한도 부과될 수 없다.

The right of peaceful assembly shall be recognized. No restrictions may be placed on the exercise of this right other than those imposed in conformity with the law and which are necessary in a democratic society in the interests of national security or public safety, public order (ordre public), the protection of public health or morals or the protection of the rights and freedoms of others.

Ⅰ. 개관

집회는 사회의 다양한 목소리를 집단적으로 표현하는 수단으로 민주사회의 근간이 된다. 사람은 집회를 통하여 자신의 주장, 의견, 입장을 표명하고 논증하며, 자신이 혼자가 아님을 인식하고 다른 사람과 연대할 수 있다. 집회는 집회의 직접적인 상대방이나 반대자는 물론 일반 대중의 관심을 얻는 효과적인 방편이 된다. 집회는 특히 소외되기 쉬운 사회적 약자와 소수자를 위한 중요한 의사표현의 수단이다. 반대 입장을 가진 국가, 단체, 기관, 인사에 대한 공개적인 비판을 가하는 한편 불만과 갈등을 해소하는 통로가 되고, 이로써 사회 안정과 사회 통합에 기여한다. 유권자와 대표자 사이의 소통을 촉진함으로써 대의제를 보완하고 국민주권주의를 공고히 한다.[1]

요컨대 집회의 자유는 기본적 인권으로 국가, 지방자치단체, 다수 집단, 반대자 등에게 저항하는 한편 이들과 소통하는 수단이 되고, 이로써 민주주의를 유지·강화하며, 궁극적으로는 사회 전체를 건강하게 한다. 또한 집회의 자유는 다양한 다른 자유와 권리를 주장, 보호, 실현하는 데 이바지하는 역할도 한다.[2]

다만 민주사회에서 견해와 사상의 대립, 논쟁적인 사안을 둘러싼 충돌 가능성은 내재적인 것이다. 특히 다수의 사람이 참가하는 집회로 사회에 다소간 불편과 혼란이 발생할 수밖에 없다. 집회의 자유를 보장·촉진하기 위해서는 국가는 물론 사회 전체의 협조, 관용, 이해가 필요하다. 집회의 자유의 내용, 당사국의 의무, 집회의 자유에 대한 제한과 그 한계는 집회의 자유의 의의는 물론 집회를 둘러싼 위와 같은 긴장관계에 대한 이해에서 출발해야 한다.

자유권규약은 제1문과 제2문으로 구성된 제21조에서 집회의 자유를 규정한다.[3] 대체로 '권리를 가진다(have/has/shall have the right)'라는 형식으로 된 자유권규약의 다른 조항과 달리 제21조는 독특하게 '권리가 인정된다(shall be recognized)'고 규정한다.[4] 그러나 이러한 규정 내용이 집회의 자유에 특별한 차등을 두었거나 당사국의 보호 의무가 완화될 수 있다는 점을 상정한 것은 아니다.[5]

규정 체계상 당사자가 제21조에 따른 보호를 받는지 여부는 2단계로 검토한다.[6] 먼저 집회가 제1문에서 정한 평화적인 집회에 해당하는지 여부이다. 만약 평화적인 집회라면, 당사

---

1) 참정권의 효과적인 행사를 위해서는 집회의 자유가 충분히 보장되어야 한다는 HRC General Comment No. 25(1996), para. 12도 참조.
2) HRC General Comment No. 37(2020), para. 2.
3) 제21조의 문언은 전반적으로 프랑스, 영국, 미국의 초안 내지 제안에 기초하고 있다. E/CN.4/21(1947), E/CN.4/306(1949), E/CN.4/365(1950), Bossuyt's Guide(1987), p. 414 이하에서.
4) 초안 당시 최초 제안은 "There shall be freedom of peaceful assembly" 내지 "All persons shall have the right to assemble peaceably"였다. E/CN.4/21, Annex A(1947), E/CN.4/56(1947), Bossuyt's Guide(1987), p. 413에서.
5) E/CN.4/SR.169(1950), Bossuyt's Guide(1987), p. 416에서; Draft International Covenants on Human Rights Annotation(A/2929, 1955), ch. Ⅵ, para. 140.
6) 이와 관련하여 HRC General Comment No. 37(2020), para. 11도 참조.

국은 특별한 사정이 없는 한 당사자의 집회의 자유를 보장하고 이에 관한 의무를 이행해야 한다. 다음으로 당사국이 집회에 어떤 제한을 가한 경우, 그 제한이 제2문의 요건을 충족하는지 여부이다. 당사국은 제2문의 요건을 모두 충족한 경우에만 집회의 자유를 제한할 수 있다. 제2문의 요건 중 어느 하나라도 충족하지 못하였다면, 당사국이 자유권규약을 위반하여 집회의 자유를 침해하였다고 평가할 수 있다.

Ⅱ. 보호 범위

1. 집회의 자유의 주체

모든 사람이 집회의 자유의 주체가 된다. 집회의 자유는 집회가 개최된 국가의 국적이나 주민등록을 조건으로 하지 않는다. 외국인과 무국적자는 내국인과 동일하게 집회의 자유를 행사할 수 있다.[7] 종족적·종교적·언어적 소수민족,[8] 이민자,[9] 난민,[10] 망명 신청자도 마찬가지이다.

공무원의 공정성에 대한 공신력과 공직상의 복무능력에 해가 되지 않는다면, 공무원의 집회의 자유를 특별한 근거 없이 제한할 수는 없다.[11] 제22조 제2항은 군대와 경찰의 구성원에 대하여 결사의 자유 행사를 제한하는 것이 가능하다고 규정하지만, 제21조는 군인, 경찰에 대한 특별한 제한을 규정하지 않았다.[12] 따라서 단지 군인, 경찰이라는 이유만으로 집회의 자유를 제한하는 것은 자유권규약에 부합한다고 보기 어렵다. 국가안보 또는 공공안전을 위하여 군인, 경찰에 대한 집회의 자유의 제한이 허용되는지 여부는 사안에 따라 개별

---

7) HRC General Comment No. 37(2020), para. 5; HRC General Comment No. 15(1986), para. 7; Concluding Observations on Kuwait, CCPR/C/KWT/CO/3(2016), para. 42.
다만 프랑스, 오스트리아는 제21조가 유럽인권협약 제16조(외국인의 정치활동 제한)에 부합하게 적용·이행된다는 취지로 유보를 하였다. International Covenant on Civil and Political Rights, Declarations and Reservations.
https://treaties.un.org/Pages/ViewDetails.aspx?src=TREATY&mtdsg_no=IV-4&chapter=4&clang=_en(2022. 4. 10. 최종방문).

8) HRC General Comment No. 23(1994), para. 5.2.

9) Concluding Observations on Dominican Republic, CCPR/C/DOM/CO/6(2017), para. 32.

10) Concluding Observations on Nepal, CCPR/C/NPL/CO/2(2014), para. 14.

11) Venice Commission and OSCE/ODIHR, *Guidelines on Freedom of Peaceful Assembly* 3rd ed. (2019), para. 110.

12) 유럽인권협약 제11조 제2항은 군대, 경찰 또는 행정부의 구성원에 대한 집회의 자유의 제한을 인정한다. 또한 러시아는 법률로써 병역 복무자에 대한 집회의 자유의 제한을 인정하고 있다. State Party Report (Russian Federation), CCPR/C/84/Add.2(1995), para. 246.

·구체적인 검토를 해야 한다.[13]

2. 평화적인 '집회'

제21조는 '집회'를 정의하지 않았다.[14] 자유권규약위원회도 일반논평 제37호(2020)[15]나 개인통보사건[16]에서 집회의 정의를 제시하지는 않았다. 다만 일반적으로 집회는 '특정한 목적을 위한 의도적이고 일시적인 수인의 회합'이라고 이해되고 있다.[17]

집회는 1인을 초과하는 참가자를 상정한다.[18] 따라서 이른바 '1인 시위'는 제21조에서 정한 집회에 포함되지 않고, 제2문에서 정한 제한도 적용되지 않는다. 물론 1인 시위는 자유권규약의 다른 조항, 예컨대 제19조(표현의 자유)에 의하여 보호될 수 있다.[19]

다수의 사람이 공유하는 목적과 의사가 집회의 중요한 표지가 된다.[20] 여러 사람이 특정 장소에 우연히 모여 있다고 해서 집회라고 볼 수는 없다. 물론 집회는 다양한 목적을 가질 수 있고, 연예, 문화, 상업 목적의 집회도 보호된다.[21]

참가자는 집회에서 제19조 제2항에 규정된 '정보와 생각의 추구, 접수, 전달'을 하는 것이 일반적이다. 집회의 정보와 사상이 반드시 정치적 성격일 필요는 없다.[22] 그러나 순수하게

---

13) Nowak's CCPR Commentary(2019), p. 606(para. 24).
   프랑스, 벨기에는 유럽인권협약에서 인정되는 군인, 경찰에 대한 제한이 제21조에도 적용된다는 취지의 유보를 하였다. International Covenant on Civil and Political Rights, Declarations and Reservations. https://treaties.un.org/Pages/ViewDetails.aspx?src=TREATY&mtdsg_no=IV-4&chapter=4&clang=_en(2022. 4. 10. 최종방문).

14) 구 소련은 초안 과정에서 집회를 'meetings, street processions and demonstrations'와 같은 용어로 구체화하려고 하였으나 프랑스 등의 반대로 채택되지는 못하였다. E/CN.4/222(1949), E/CN.4/L.126(1952), E/CN.4/SR.325(1952), Bossuyt's Guide(1987), p. 414 이하에서.

15) 일반논평 제37호(2020)는 집회의 여러 가지 특징적 요소를 설명하거나 그 예시를 제시함으로써 집회의 의미를 구체화하는 방식을 취하고 있다. HRC General Comment No. 37(2020), para. 12. 이하 참조.

16) 예컨대 *Patrick Coleman v. Australia*, Communication No. 1157/2003(2006); *Mr. Vladimir Velichkin v. Belarus*, Communication No. 1022/2001(2005); *Kivenmaa v. Finland*, Communication No. 412/1990(1994) 참조.

17) Nowak's CCPR Commentary(2019), p. 595(para. 5). 일반논평 제37호(2020)가 제시하고 있는 집회의 특징적 요소도 위와 같다.

18) *Patrick Coleman v. Australia*(전게주 16), para. 6.4. 1인 연설이 집회에 해당하는지 여부가 쟁점 중 하나가 된 사건으로, 자유권규약위원회는 통보자가 '단독으로 행동(acting alone)'하였다면서 이는 제21조에서 정한 집회에 해당하지 않는다고 판단하였다.

19) HRC General Comment No. 37(2020), para. 13.

20) *Kivenmaa v. Finland*(전게주 16), Mr. Kurt Herndl 반대의견 참조.

21) HRC General Comment No. 37(2020), para. 12.

22) 일반논평 제37호(2020)는 정치적 표현에 관한 집회는 보다 강화된 보호를 받아야 한다고 설명한다. 상

사적인 회합이 제21조에서 정한 집회에 해당한다고 보기는 어렵다.[23] 집회의 자유는 특히 사회적·정치적 견해의 형성 등 민주주의적 기능에 초점을 두기 때문이다. 예컨대 개인의 생일, 결혼을 축하하는 회합을 집회라고 보기는 어렵다.[24]

제21조는 '집회(assembly)'라는 용어만을 사용하고 있으나 행진, 시위 등도 당연히 제21조에 의하여 보호된다. 집회는 옥내 또는 옥외에서, 사유 재산·건물 또는 공로·공공장소·광장에서, 한 장소에서 또는 이동하면서, 도보 또는 운송 수단을 통하여, 폐쇄·제한된 인원 또는 공중에 널리 개방된 방식과 같이 다양한 형태와 방법으로 개최·진행될 수 있다.[25] 집회는 과거에는 보통 '오프라인' 회합으로 인식되었으나 '온라인'을 통한 원격 참여도 제21조의 보호 범위에 포함된다.[26]

집회는 대체로 사전 준비과정을 거쳐 개최된다. 그러나 특별한 준비 없이 개최되는 긴급 집회 내지 우발집회 역시 제21조의 보호를 받는다. 어떤 집회에 대한 반대 입장을 표명하기 위하여 특별한 준비 없이 자발적으로 형성된 대항집회도 마찬가지로 제21조에 의하여 보호된다.[27]

3. '평화적인' 집회

제21조의 보호대상은 '평화적인(peaceful)' 집회이다.[28] '평화'라는 용어는 일반적으로 '비폭력(non-violent)'과 호환될 수 있다.[29] 일방의 주장을 타방에게 폭력으로 강요하는 행위는 정당화될 수도 없고, 보호될 수도 없다. 비평화적인 집회는 제2문의 요건을 충족할 필요 없

계주, para. 32. 이와 관련하여 자유권규약은 민주사회의 공적 토론에서 하는 정치적 영역의 인물에 관한 표현에 높은 가치를 인정한다. HRC General Comment No. 34(2011), para. 34.

23) Nowak's CCPR Commentary(2019), p. 597(paras. 8, 9).
   이와 달리 집회는 모든 공적·사적 회합을 포괄한다는 주장도 있다. Nihal Jayawickrama, The Judicial Application of Human Rights Law(Cambridge University Press, 2002), p. 724.

24) 이와 관련하여 Joseph & Castan's Commentary(2013), p. 646에서 저자는 가족·친구의 회합, 종교적 집회 등은 제17조(사생활의 비밀과 자유), 제18조(사상, 양심 및 종교의 자유)에 의하여 보호되므로, 제21조는 다른 조항에 포섭되지 않는 집회를 대상으로 한다고 해석한다.

25) HRC General Comment No. 37(2020), para. 6; Nowak's CCPR Commentary(2019), p. 595(para. 5).

26) HRC General Comment No. 37(2020), para. 13. 이와 관련하여 Report of the Special Rapporteur (Clément Nyaletsossi Voule) on the rights to freedom of peaceful assembly and of association, A/HRC/41/41(2019), paras. 4, 10, 11, 16도 참조.

27) HRC General Comment No. 37(2020), para. 14.

28) 세계인권선언 제20조, 유럽인권협약 11조, 미주인권협약 제15조는 제21조와 마찬가지로 'peaceful assembly'라는 용어를 사용한다. 반면 아프리카 인권헌장 제11조는 'peaceful assembly'라는 용어를 사용하지 않는다.

29) HRC General Comment No. 37(2020), para. 15.

이 제한될 수 있다. 폭력은 대체로 집회 참가자가 재산의 중대한 손상, 타인의 상해·사망에 이를 수 있는 물리력을 행사하는 것을 의미한다.[30] 재물손괴, 신체에 대한 위협·공격, 방화, 투석, 화염병 투척, 무기 사용이 폭력의 주요한 표지가 될 수 있다.

평화성 여부는 폭력이 '집회 참가자'로부터 연유하는지를 기준으로 판단한다.[31] 집회를 관리하는 법집행공무원, 대항집회 참가자, 집회 외부인이 집회 참가자에게 폭력을 행사한 것을 두고 해당 집회가 비평화적이라고 평가할 수는 없다.[32] 그리고 집회가 외부의 폭력 대응을 유발할 수 있다는 사정, 예컨대 어떤 집회의 정보와 사상이 다수 집단의 생각과 배치되어 집회 외부인이 집회 참가자에게 폭력적인 행동을 할 수 있다는 근거만을 들어 해당 집회를 제한하여서도 안 된다.[33] 오히려 당사국은 이러한 폭력 대응을 관리하고 이로부터 집회를 보호할 의무가 있다. *Alekseev v. Russian* 사건(2013)에서 이러한 측면이 쟁점 중 하나가 되었다.[34]

통보자는 러시아 국민으로 인권운동가(동성애자)이다. 통보자는 이란의 성소수자 탄압을 규탄하기 위하여 주 러시아 이란 대사관 앞에서 집회(30명 미만)를 개최하기로 하였다. 러시아 당국은 사회의 부정적인 반응을 야기할 수 있고 집회 참가자에게 위험이 발생할 수 있다는 사유를 근거로 통보자의 집회 개최 신청을 거부하였다.

자유권규약위원회는 러시아 당국의 거부처분은 해당 집회의 장소, 일자, 시간, 기간, 방식과 무관하고, 해당 집회의 사안이 사회의 부정적인 반응을 야기할 수 있다는 점에만 기초하고 있으므로, 집회의 자유에 대한 가장 중대한 제한에 해당한다고 판단하였다.[35] 그리고 다음과 같이 집회 외부의 폭력 대응과 당사국의 보호 의무에 관하여 의미 있는 판단을 하였다. 즉 집회 외부인에게는 짜증나거나 모욕적인 사상에 관한 집회라도 제21조에 의하여 보호되어야 한다. 당사국은 집회 외부인에 의한 폭력으로부터 집회 참가자가 집회의 자유를 행사할 수 있도록 보호할 의무가 있다. 폭력적인 대응집회라는 불분명하고 일반적인 위험이나 당국이 이러한 폭력을 예방하기 어려울 수도 있다는 가

---

30) Venice Commission Guidelines on Freedom of Peaceful Assembly(전게주 11), para. 51.

31) HRC General Comment No. 37(2020), para. 18.

32) Nowak's CCPR Commentary(2019), p. 600(para. 14).

33) African Commission on Human and Peoples' Rights, Guidelines on Freedom of Association and Assembly in Africa(2017), para. 70(a).

34) *Alekseev v. Russian Federation*, Communication No. 1873/2009(2013).

35) 아래에서 살펴보는 바와 같이, 집회의 주장, 의견, 사상과 같은 이른바 '콘텐츠'에 기초한 집회 제한은 집회의 자유에 대한 중대한 간섭에 해당한다.

능성만으로는 집회를 금지하는 사유가 될 수 없다.

자유권규약위원회는 러시아 당국에 의한 통보자의 집회의 자유에 대한 제한은 공공 안전을 위하여 민주사회에서 필요하다고 인정할 수 없고, 제21조에 위반된다고 결론 내렸다.

집회 참가자가 무기로 볼 여지가 있는 물건, 방독면 또는 안전모와 같은 보호 장비를 소지하였다는 사정만으로 곧바로 집회 참가자의 행위가 폭력적이라고 평가할 수는 없고, 구체적인 사안에 따라 평화성 여부를 검토해야 한다.[36] 여러 제반 사정 중에서도 특히 무기 휴대에 관한 국내 규정, 해당 지역의 문화적 관습, 폭력 의사에 관한 증거의 존부, 해당 물건의 휴대로 현출되는 폭력 위험성 등을 고려하여 평화성 여부를 판단해야 한다.[37] 그리고 복면이나 마스크를 착용했다는 사정만으로 집회 참가자에게 폭력 의사가 있다고 간주하여서는 안 된다.[38] 한편 실제로 사용하지는 않더라도 참가자가 무기 또는 무기로 간주될 수 있는 물건으로 무장한 경우 해당 집회는 평화적이라고 볼 수 없다는 견해가 있다.[39] 이와 관련하여, 미주인권협약 제15조는 '비무장의 평화로운 집회(peaceful assembly, without arms)'의 권리가 인정된다고 규정한다. 미주인권협약의 문언에 따른다면, 참가자가 무장한 집회는 평화적이라고 보기 어려울 것이다. 다만 제21조에는 미주인권협약과 같이 '비무장'이라는 용어가 명시되지는 않았다.

집회의 자유는 집회 참가자 개개인이 향유한다. 따라서 집회 참가자 중 일부가 폭력적이라고 하여 평화적인 다른 참가자, 주최자, 집회 자체를 비평화적이라고 단정할 수는 없다.[40] 원칙적으로 당국의 조치도 폭력적인 집회 참가자에 한정되어야 한다. 집회 내에 폭력

---

36) HRC General Comment No. 37(2020), para. 20.

37) 상게주.

38) 상게주, para. 60. 일반논평 제37호(2020)는 복면, 마스크 사용에 의한 익명화 조치가 평화적 집회의 표현 요소를 구성할 수 있고, 사생활을 보호하고 집회 외부인의 보복에 대응하는 데 기여할 수도 있다고 본다.

39) 이와 관련하여 Nowak's CCPR Commentary(2019), p. 600(para. 13) 참조. 저자는 실제로 사용하지는 않더라도 참가자가 무기 또는 무기로 간주될 수 있는 물건으로 무장한 경우 해당 집회는 평화적이라고 보기 어렵다고 해석한다. 다만 저자는 안전모와 같은 방어적 수단의 착용만으로는 평화성이 상실되지 않는다고 본다.

40) HRC General Comment No. 37(2020), para. 17; Joint report of the Special Rapporteur(Maina Kiai) on the rights to freedom of peaceful assembly and of association and the Special Rapporteur on extrajudicial, summary or arbitrary executions on the proper management of assemblies, A/HRC/31/66(2016), para. 20; *Ziliberberg v. Moldova*, ECHR Application No. 61821/00(2004).

적인 집회 참가자가 존재하고 그에 대한 당국의 어떤 제한이 허용된다고 하더라도, 평화적인 참가자는 특별한 사정이 없는 한 계속하여 집회의 자유를 행사할 수 있다.[41]

물론 평화적인 집회와 비평화적인 집회의 경계가 언제나 명확한 것은 아니다. 집회의 자유를 두텁게 보호하기 위하여 집회는 일응 평화적이라고 추정되어야 한다.[42] 당사국이 어떤 집회가 비평화적인 집회라는 근거로 해당 집회를 제한하거나 보호 의무를 이행하지 않으려고 한다면, 비평화적인 집회라는 점을 증명해야 한다. 만약 당사국이 이러한 증명을 하지 못한다면, 제21조를 위반하였다고 평가될 수 있다.

다수의 사람이 집회에 참가하는 경우 다소간 혼란은 충분히 예상할 수 있다. 국가와 같은 공적 주체는 물론 사적 주체도 이를 어느 정도 감수하고 양해할 것이 요구된다.[43] 따라서 평화성은 되도록 넓게 해석할 필요가 있다.[44] 예컨대 연좌시위, 단순한 밀침, 보행자 · 교통 방해만으로 곧바로 평화성을 상실하지는 않는다. 폭력을 수반하지 않는 시민 불복종이나 직접 행동 캠페인(direct action campaigns) 역시 마찬가지이다.[45] 집회가 국내법에서 정한 일정한 절차와 요건을 충족하지 못하였거나 미신고와 같은 국내법 위반이 있다 하더라도, 이러한 사정만으로 비평화적인 집회라고 단정할 수는 없다.[46]

비평화적인 집회로서 제21조의 보호 범위에 포함되지 않는다고 하여 곧바로 자유권규약의 다른 자유와 권리까지 모두 박탈되는 것은 아니다. 예컨대 생명권, 인간의 존엄, 표현의 자유, 사상 · 양심 · 종교의 자유, 결사의 자유, 잔혹하고 비인간적이며 굴욕적인 대우나 처벌로부터 자유로울 권리, 사생활의 비밀과 자유, 참정권, 모든 인권침해로부터 효과적인 구제를 받을 권리에 의한 보호는 비평화적인 집회라도 보장되어야 한다.[47] 당사국이 집회 관계인의 인권을 보호할 의무 자체에서 면제되는 것도 아니다.[48]

---

41) *Ezelin v. France*, ECHR Application No. 11800/85(1991); Joseph & Castan's Commentary(2013), p. 626.

42) Joint report of the Special Rapporteur 2016(전계주 40), para. 18; Report of the Special Rapporteur (Maina Kiai) on the rights to freedom of peaceful assembly and of association, A/HRC/23/39 (2013), para. 50; Report of the Special Rapporteur(Maina Kiai) on the rights to freedom of peaceful assembly and of association, A/HRC/20/27(2012), para. 26.

43) HRC General Comment No. 37(2020), para. 31.

44) OHCHR, Human Rights: Handbook for Parliamentarians(2005), p. 118.

45) HRC General Comment No. 37(2020), paras. 14-15.

46) 상계주, para. 16. 참고로 유럽인권재판소는 평화적인 집회라면, 설령 국내법 위반 사유가 있더라도, 예컨대 미신고 집회 · 시위에 대하여도 당국이 어느 정도 인내할 필요가 있다는 취지로 판시하여 왔다. *Frumkin v. Russia*, ECHR Application No. 74568/12(2016), para. 97; *Oya Ataman v. Turkey*, ECHR Application No. 74552/01(2006), para. 37.

47) Joint report of the Special Rapporteur 2016(전계주 40), paras. 18-19.

4. 평화적인 집회의 자유와 당사국의 의무

평화적인 집회라면, 당사자는 간섭 없이 집회의 자유를 행사할 수 있고 당사국은 이를 보장해야 한다. 집회의 자유는 집회의 목적, 정보, 사상과 같은 '콘텐츠'와 집회의 일시, 장소, 기간, 형태, 방법과 같은 '형식' 모두를 자유롭게 결정할 수 있도록 보장한다. 제21조는 단지 집회가 진행 중인 동안에만, 개최 장소에서만 집회 참가자를 보호하는 것이 아니다.[49] 집회의 자유는 회합 자체는 물론 그 이전과 이후에 있는 집회와 관련된 다양한 활동 전반, 즉 집회를 준비·조직하고, 집회에 소속·참가하며, 집회에서 표현 활동을 하고, 집회를 자유롭게 마칠 수 있는 권리를 포괄한다.[50] 예컨대 집회 조직·개최를 위한 인적·물적 자원의 동원, 각종 행사 준비와 이에 관한 정보의 배포, 집회 참가를 위한 이동, 집회 참가자간 소통, 집회에서의 각종 표현, 집회의 중계, 집회 중 이동, 집회 이후의 이탈 모두가 보호된다.[51] 집회에 참가하지 않을 권리도 보장된다.[52] 당사국이 개인에게 향후 집회를 조직하지 않겠다거나 집회에 참가하지 않겠다는 약속이나 서약을 요구할 수는 없다.[53]

위와 같은 권리의 이면으로 당사국은 평화적인 집회를 보장하고 확보할 소극적·적극적 의무를 부담한다. 당사국은 소극적 의무로, 평화적인 집회에 부당한 간섭이 가해지지 않도록 해야 한다.[54] 무엇보다 당사국은 아래에서 살펴보는 '콘텐츠 중립(content neutral)'을 유념하여 특별한 사정이 없는 한 집회의 목적이나 표현 내용에 관여해서는 안 된다. 그리고 집회의 자유는 모든 형태의 간섭으로부터 보호되어야 한다.[55] 당사국은 대항집회 참가자,

---

48) Joseph & Castan's Commentary(2013), p. 646.

49) HRC General Comment No. 37(2020), para. 33.

50) 상계주.

51) *Evrezov et al. v. Belarus*, Communication No. 1999/2010(2014), para. 8.5; *Tulzhenkova v. Belarus*, Communication No. 1838/2008(2011), para. 9.3.

52) 자유권규약위원회는 투르크메니스탄이 대규모 행사에 대중을 강제적으로 동원한 점에 대하여 우려를 표명하였다. Concluding Observations on Turkmenistan, CCPR/C/TKM/CO/2(2017), para. 44.

53) 자유권규약위원회는 요르단 당국이 시위에 관여하지 않겠다는 취지가 담긴 문서에 서명하게 하는 관행과 캄보디아 당국이 시위에 참가하지 않겠다는 취지가 담긴 무인(拇印) 문서를 요구하는 관행에 대하여 각각 우려를 표명하였다. Concluding Observations on Jordan, CCPR/C/JOR/CO/5(2017), para. 32; Concluding Observations on Cambodia, CCPR/C/KHM/CO/2(2015), para. 22.

54) HRC General Comment No. 37(2020), para. 23.

55) Draft Annotation(전게주 5), ch. Ⅵ, para. 139.
채택되지는 않았으나 초안 과정에서 정부의 간섭에 한하여 집회의 자유가 보호되어야 한다는 취지의 제안이 있었다. 예컨대 미국은 초안 과정에서 "Every one shall have the right to be free from governmental interference to assemble peaceably"와 같은 문언을 제안하였다. E/CN.4/365(1950), Bossuyt's Guide(1987), p. 414에서.

집회 외부인, 사설 보안업체와 같은 국가가 아닌 주체의 간섭을 비롯하여 모든 형태의 차별적인 공격으로부터 집회의 자유를 보호할 의무가 있다.[56]

당사국은 적극적 의무로, 평화적인 집회를 촉진하고 참가자가 추구하는 목적을 달성할 수 있도록 확보할 의무를 부담한다.[57] 당사국은 집회의 자유를 효과적으로 행사할 수 있는 법적·제도적 체계를 마련해야 한다.[58] 특히 집회로 인하여 다소간 혼란과 혼잡이 발생할 수밖에 없으므로, 도로봉쇄, 교통우회, 치안관리와 같이 당국의 특별한 조치가 수반되어야 하는 경우가 적지 않다.[59] 그러나 당국이 집회를 관리하고 질서를 유지하는 과정에서 발생할 수 있는 일정한 경비를 사전에 책정하여 징수하는 것은 제21조와 부합하지 않는다. 집회 관계인에게 치안, 의료, 청소, 기타 공공 서비스의 비용을 부담하게 하는 것도 마찬가지이다.[60] 다만 당사국이 집회 장소를 무상으로 제공할 의무를 부담한다고 보기는 어렵다.[61]

당사국은 국내법의 해석·적용을 비롯한 집회 관련 조치 전반에서 차별이 발생하지 않도록 해야 한다.[62] 특히 소수민족,[63] 여성,[64] 장애인,[65] 아동[66]이 집회의 자유를 행사하는

---

56) HRC General Comment No. 37(2020), para. 25; *Fedotova v. Russian Federation*, Communication No. 1932/2010(2012), para. 10.4; Concluding Observations on Chile, CCPR/C/CHL/CO/6(2014), para. 19.

57) *Turchenyak et al. v. Belarus*, Communication No. 1948/2010(2013); Concluding Observations on Benin, CCPR/C/BEN/CO/2(2015), para. 33.

58) HRC General Comment No. 37(2020), para. 24.

59) 상게주.

60) *Poliakov v. Belarus*, Communication No. 2030/2011(2014), paras. 8.2-8.3; Concluding Observations on Belarus, CCPR/C/BLR/CO/5(2018), para. 51(a); Concluding Observations on Switzerland, CCPR/C/CHE/CO/4(2017), para. 48; ACHPR Guidelines on Freedom of Association and Assembly(전게주 33), para. 102(b).

61) Nowak's CCPR Commentary(2019), p. 605(para. 21).

62) Concluding Observations on Mongolia, CCPR/C/MNG/CO/6(2017), paras. 11-12; Concluding Observations on Kenya, CRC/C/KEN/CO/3-5(2016), paras. 27-28; Concluding Observations on Russian Federation, CCPR/C/RUS/CO/7(2015), para. 10; Concluding Observations on Georgia, CCPR/C/GEO/CO/4(2014), para. 8; Concluding Observations on Paraguay, CCPR/C/PRY/CO/3 (2013), para. 9.

63) 「모든 형태의 인종차별 철폐에 관한 국제협약」 제5조는 체약국이 평화적인 집회의 자유에 대한 권리를 향유함에 있어서 인종, 피부색 또는 민족이나 종족의 기원에 구별 없이 만인의 권리를 법 앞에 평등하게 보장하고 모든 형태의 인종차별을 금지하고 폐지할 의무를 진다고 규정한다.

64) 「여성에 대한 모든 형태의 차별철폐에 관한 협약」 제7조는 당사국은 국가의 정치적 및 공적 생활에서 여성에 대한 차별을 철폐하기 위하여 모든 적절한 조치를 취하여야 하며, 특히 남성과 동등한 조건으로 국가의 공적, 정치적 생활과 관련된 비정부 기구 및 단체에 참여할 권리 등을 여성에게 확보하여야 한다고 규정한다.

65) 「장애인의 권리에 관한 협약」 제29조는 당사국은 장애인이 다른 사람과 동등하게 정치적 권리와 기회를

데 있어 모든 차별을 철폐·방지해야 한다.[67] 나아가 보다 적극적인 조치로서, 기존에 차별을 받아온 집단의 구성원이나 집회 참가에 곤란을 겪을 수 있는 사람에 대하여는 공평하고도 효과적인 권리 보장을 위하여 특별한 노력과 배려를 해야 한다.[68] 특히 다수 여론에 반하는 집회나 사회적 약자 계층이 개최·참가하는 집회의 경우, 당사국은 안전확보 조치, 대항집회의 적절한 분리·통제에 의하여 해당 집회를 보호하고 충돌이 발생하지 않도록 해야 한다.[69]

Ⅲ. 집회의 자유에 대한 제한

1. 제한의 의의

집회의 자유는 절대적인 권리가 아니고, 제21조 제2문에 따라 제한될 수 있다.[70] 물론 제2문은 제한의 합법적 근거이지만, 제한의 한계로서 더 큰 의미가 있다.[71] 평화적인 집회는 제2문의 요건을 충족한 경우에만 제한될 수 있다. 즉 제한은 '① 법률에 합치되게 부과되고, ② 열거된 일정한 목적을 위해야 하며, ③ 민주사회에서 필요한 것'이어야 한다. 제한은 당연히 예외적으로만 인정되어야 한다.[72]

제한은 해당 집회와 집회 참가자의 행위에 대한 개별적인 평가에 기초해야 한다. 제한은 비차별적이고(제2조 제1항), 권리의 본질을 침해해서는 안 된다(제5조 1항). 부당한 위축 효과를 야기하거나 집회의 개최·참가를 방해하는 것을 종국적인 목표로 삼아서도 안 된다.[73]

향유할 수 있도록 보장하며, 장애인이 차별 없이 다른 사람과 동등하게 공적 활동 수행에 효과적이고 완전하게 참여할 수 있는 환경을 적극적으로 조성하고, 장애인의 공적 활동에의 참여를 장려한다고 규정한다.

66) 「아동의 권리에 관한 협약」 제15조 제1항은 당사국은 아동의 평화적 집회의 자유에 대한 권리를 인정한다고 규정한다.

67) 자유권규약위원회는 아제르바이잔에서 성소수자의 집회의 자유를 제한하고 이들을 차별하는 조치가 반복되고 있다는 점에 대하여 우려를 표명하였다. Concluding Observations on Azerbaijan, CCPR/C/AZE/CO/4(2016), para. 8.

68) HRC General Comment No. 37(2020), para. 25; Joint report of the Special Rapporteur 2016(전게주 40), para. 16.

69) *Plattform "Ärzte für das Leben" v. Austria*, ECHR Application No. 10126/82(1988), para. 32.

70) 초안 과정에서 제2문의 조동사로서 'shall'이 제안되었으나, 당사국이 어떠한 제한을 해야 하는 의무를 부담하는 것은 아니기 때문에 미국의 제안에 따라 'may'가 채택되었다. E/CN.4/SR.325(1952), Bossuyt's Guide(1987), p. 445에서.

71) HRC General Comment No. 37(2020), para. 8.

72) 이와 관련하여 HRC General Comment No. 27(1999), para. 13도 참조.

73) 상게주, para. 36.

어떠한 제한도 궁극적으로는 집회의 자유를 보장·촉진한다는 기본 원칙에 따라야 한다.[74]

당사국은 제한의 정당성에 관한 증명책임을 부담한다.[75] 당사국이 집회를 제한한 경우 해당 제한이 제2문의 요건을 충족하였다는 점을 증명해야 한다. 만약 당사국이 이를 증명하지 못한다면, 집회의 자유를 침해하였다고 평가될 수 있다.[76]

2. 제한의 요건

가. 법률에 합치되는 제한

'법률에 합치되어야(in conformity with the law)' 집회의 자유를 제한할 수 있다. 다른 조항의 제한 규정에서 '법률에 의하여 규정되고(provided/prescribed by law)'라는 문언을 사용한 것과 비교된다.[77] 당사국이 구체적인 사안에 부합하는 행정처분 등을 통하여 탄력적인 제한 조치를 확보할 수 있도록 '법률에 합치되게'라는 문언이 채택되었다.[78]

'법률에 합치되게'는 '법률에 의하여 규정되고'보다 사실상 완화된 요건이다. '법률에 의하여 규정되고'는 제한이 반드시 법률로 규정되어야 한다는 의미이다.[79] 그러나 '법률에 합치되게'는 어떤 제한이 법률에 직접 명시될 것을 요구하지는 않는다. 법집행기관이 법률에 의하여 일반 수권을 받아 개별 사건에서 구체적인 제한을 실행할 수 있다.[80] 여기서 법집행기관에 제한에 관한 일정한 재량권이 인정된다.[81] 재량권 행사에 관한 구체적인 규정은 법률이 아니라 위임에 따라 하위 법규에 규정될 수 있다. 다만 관계 법령의 내용은 명확해야 하고,[82] 법집행기관에 비구속적이거나 광범위한 재량권을 부여해서는 안 된다.[83]

---

74) *Turchenyak et al. v. Belarus*(전게주 57), para. 7.4.

75) *Strizhak v. Belarus*, Communication No. 2260/2013(2018), para. 6.5; *Poplavny v. Belarus*, Communication No. 2019/2010(2015), para. 8.4; *Gryb v. Belarus*, Communication No. 1316/2004 (2011), para. 13.4.

76) *Chebotareva v. Russian Federation*, Communication No. 1866/2009(2012), para. 9.3; Nowak's CCPR Commentary(2019), p. 605(para. 22).

77) 예컨대 제12조 제3항, 제18조 제3항, 제19조 제3항, 제22조 제2항.

78) 초안 과정에서 '법률에 합치되게'와 '법률에 의하여 규정되고' 모두가 제안되었고, 프랑스는 'in pursuance of this law'를 제안하기도 하였다. 결국 벨기에의 제안을 거쳐 'in conformity with the law' 가 채택되었다. E/CN.4/307(1950), E/CN.4/SR.169(1950), Bossuyt's Guide(1987), p. 416에서.

79) HRC General Comment No. 22(1993), para. 8.

80) Draft Annotation(전게주 5), ch. Ⅵ, para. 141; Nowak's CCPR Commentary(2019), p. 606(para. 25).

81) Thérèse Murphy, "Freedom of Assembly", Harris and Joseph(eds), The International Covenant on Civil and Political Rights and United Kingdom Law(Clarendon Press, 1995), p. 443. 다만 저자는 제2문과 같은 규정 내용은 적절하지 않은 측면이 있다고 본다.

82) 명확성은 법치국가의 원칙 중 하나이다. 법률은 수범자가 접근 가능해야 하고, 규제 내용을 이해하고 무엇이 허용되고 허용되지 않는지 파악하여 이에 맞게 행동할 수 있는 지침이 될 수 있을 정도로 명확해야

나. 제한의 목적

제한은 제2문에 규정된 목적을 위한 것이어야 한다. 초안 당시 제한의 목적에 'in the general interest'와 같은 문구를 추가하자는 제안이 있었으나 채택되지 않았다.[84] 이러한 초안 과정에 비추어 보더라도 제2문에 규정된 목적은 단순한 예시로 보기 어렵다. 제2문에 열거된 목적에 한해서만 집회의 자유를 제한할 수 있다.[85] 공공의 이익에 부합할 수 있다는 추상적인 목적으로 제한이 정당화될 수는 없다. 당사국은 제2문에 열거된 목적 중 적어도 어느 하나를 위한 제한이라는 점을 증명해야 한다.

(1) 국가안보[86]

국가안보는 일반적으로 무력의 사용 또는 그 위협으로부터 영토를 보전하고 정치적 독립을 보호하는 것을 의미한다.[87] 외국이 아닌 내부 세력으로부터의 보호도 포함된다. 예컨대 심각한 정치적 불안 내지 전쟁선전(제20조 제1항)이 발생하는 상황에서 정부 전복을 주장하는 시위는 국가안보를 목적으로 제한될 수 있다. 다만 집회가 평화적이라면 국가안보라는 목적은 상당히 예외적으로만 원용될 수 있다.[88]

(2) 공공안전과 공공질서[89]

공공안전을 제한의 목적으로 원용하기 위해서는 집회가 재산 또는 사람의 안전, 신체, 생명에 현실적이고 상당한 위험을 초래하는 경우에 해당해야 한다.[90] 예컨대 집회가 약탈로

한다. 이와 관련하여 HRC General Comment No. 34(2011), para. 25도 참조.

83) HRC General Comment No. 37(2020), para. 39; *Nepomnyashchiy v. Russian Federation*, Communication No. 2318/2013(2018), para. 7.7.

84) E/CN.4/SR.120(1949), Bossuyt's Guide(1987), p. 417에서; Draft Annotation(전게주 5), ch. Ⅵ, para. 143.

85) HRC General Comment No. 37(2020), para. 41.

86) '국가안보(national security)'라는 목적은 제12조 제3항, 제13조, 제14조, 제19조 제3항, 제22조에도 규정되어 있다.

87) The Siracusa Principles on the Limitation and Derogation of Provisions in the International Covenant on Civil and Political Rights, E/CN.4/1985/4 Annex(1984), para. 29; Alexandre Kiss, "Permissible Limitations on Rights", Louis Henkin(ed), The International Bill of Rights: The Covenant on Civil and Political Rights(Columbia University Press, 1981), p. 297.

88) HRC General Comment No. 37(2020), para. 42.

89) '공공안전(public safety)'이라는 목적은 제18조 제3항, 제22조 제2항에도 규정되어 있다. 그리고 '공공질서(public order)'라는 목적은 제12조 제3항, 제14조 제1항, 제19조 제3항, 제22조 제2항에도 규정되어 있다.

90) The Siracusa Principles(전게주 87), para. 33. 이와 관련하여 *Alekseev v. Russian Federation*(전게주 34), para. 9.6; Concluding Observations on former Yugoslav Republic of Macedonia, CCPR/C/

비화되어 경찰이 집회 내·외부인의 안전을 보장할 수 없는 경우이다. 이러한 경우는 평화적인 집회에 해당하지 않을 가능성도 높다.

공공질서는 사회의 적절한 기능을 확보하는 규칙의 총체 내지 사회가 기초하고 있는 일련의 기본 원칙을 의미한다.[91] 다만 공공질서는 그 의미가 명확하지 않고 모호한 측면이 있다.[92] 따라서 광범위한 제한을 정당화하기 위하여 공공질서라는 목적에 과도하게 의존해서는 안 된다.[93] 집회의 의견이나 사상이 대중의 부정적인 반응을 야기할 수 있다거나 이로써 공공질서가 침해될 수 있다는 단순한 가능성만으로는 제한이 정당화되기 어렵다.[94] 당사국은 공공질서에 대한 현존하고 급박한 위험의 존재를 증명해야 한다.[95]

(3) 공중보건 또는 공중도덕의 보호[96]

공중보건은 전염병이 발생하거나 여러 사람의 회합이 건강상 위험한 경우에 예외적으로 원용될 수 있다.[97] 예컨대 집회의 위생 상황에 비추어 집회 참가자나 공중에 중대한 건강상 위험을 초래하는 경우,[98] 수질보전 구역과 같이 특별한 보호가 필요한 장소의 집회는 공중보건을 위하여 제한할 수 있다.[99] 당사국은 특별한 사정이 없는 한 집회 참가자의 수를 제한해서는 안 되는데, 공중보건을 위하여 거리두기가 필요한 경우 이러한 제한이 허용될 수도 있다.[100] 코로나 사태로 인하여 한국을 포함한 다수의 당사국이 공중보건을 위하여 집회를 제한하는 조치를 취하였고, 아예 이행정지를 통지하는 당사국도 적지 않았다.[101]

MKD/CO/3(2015), para. 19도 참조.

91) HRC General Comment No. 37(2020), para. 44; The Siracusa Principles(전게주 87), para. 22.

92) 초안 과정에서도 공공질서라는 개념이 모호하고 이에 따라 남용될 수 있다는 점이 논의되었다. E/CN.4/SR.169(1950), Bossuyt's Guide(1987), p. 417에서.

93) Concluding Observations on Algeria, CCPR/C/DZA/CO/4(2018), paras. 45-46; Concluding Observations on Kazakhstan, CCPR/C/KAZ/CO/1(2011), para. 26.

94) *Alekseev v. Russian Federation*(전게주 34), para. 9.6.

95) Nihal Jayawickrama(전게주 23), p. 732.

96) '공중보건(health/public health)'이라는 목적은 제12조 제3항, 제18조 제3항, 제19조 제3항, 제22조 제2항에도 규정되어 있다. 그리고 '도덕(morals)'이라는 목적은 제12조 제3항, 제14조 제1항, 제18조 제3항, 제19조 제3항, 제22조 제2항에도 규정되어 있다.

97) HRC General Comment No. 37(2020), para. 45.

98) 프랑스 내 불법 체류자 등이 약 2개월 동안 교회를 점령하고 단식투쟁을 실시하였는데, 관계 당국이 위생·건강 상태의 악화가 심각하다는 근거 등을 들어 소개(疏開) 명령을 한 사건이 있었다. 유럽인권재판소는 프랑스 당국의 조치가 비례성 원칙에 위배되지 않고 집회의 자유가 침해되었다고 보기는 어렵다고 판단하였다. *Cisse v. France*, ECHR Application No. 51346/99(2002).

99) Nowak's CCPR Commentary(2019), p. 611(para. 38).

100) HRC General Comment No. 37(2020), para. 59.

101) Statement on derogations from the Covenant in connection with the COVID-19 pandemic,

702   장태영

과거 조지아는 특정 지역의 'H5N1 조류인플루엔자' 확산 방지를 위하여 비상사태를 선포하고 이행정지를 통지한 적이 있다.[102] 건강상 위험을 넘어 국민의 생존을 위협하는 중대한 상황이라는 전제 하에 당사국이 통상적인 제한을 넘어 제4조 제3항에서 정하는 이행정지를 결정한 사례로 볼 수 있다.

공중도덕은 예컨대 성지(聖地), 묘지에서의 집회에 대한 제한의 목적이 될 수 있다.[103] 다만 공중도덕의 보호를 위한 제한은 예외적으로 인정되어야 한다.[104] 공중도덕은 보편적인 인권, 다원주의, 평등의 관점에서 이해하여야 한다.[105] 특수한 사회적·철학적·종교적 전통에서 도출되는 도덕을 보호한다는 명목으로 집회를 제한할 수는 없다.[106] 특정한 성적 지향이나 성적 정체성을 표현하려는 집회를 제한하기 위하여 공중도덕을 원용할 수도 없다.[107]

(4) 타인의 권리 및 자유의 보호[108]

타인의 권리 및 자유는 특히 집회 외부인에 대한 보호와 관련된다.[109] 타인의 권리 및 자유가 기본적 인권만을 의미하는 것은 아니다.[110] 타인의 사유 재산, 인격권을 비롯하여 다양한 권리 및 자유가 고려될 수 있다. 집회는 대체로 일정한 장소의 점유·사용이 필요하고 다소간 혼란을 야기할 수밖에 없으므로, 사회 전체가 적절한 범위 내에서 이를 감내할 필요가 있다. 집회의 자유와 타인의 권리 및 자유를 조화롭게 추구해야 한다.

CCPR/C/128/2(2020).

102) International Covenant on Civil and Political Rights, Declarations and Reservations. https://treaties.un.org/Pages/ViewDetails.aspx?src=TREATY&mtdsg_no=IV-4&chapter=4&clang=_en(2022. 4. 10. 최종방문).

103) Nowak's CCPR Commentary(2019), p. 611(para. 38).

104) HRC General Comment No. 37(2020), para. 46.

105) HRC General Comment No. 34(2011), para. 32.

106) HRC General Comment No. 22(1993), para. 8.

107) *Alekseev v. Russian Federation*(전게주 34) para. 9.6; *Fedotova v. Russian Federation*(전게주 56), paras. 10.5-10.6.

108) '타인의 권리 및 자유(rights and freedoms of others)'라는 목적은 제12조 제3항, 제22조 제2항에도 규정되어 있다. 한편 제18조 제3항에서는 '타인의 기본적 권리 및 자유(fundamental rights and freedoms of others)'라고 규정하고, 19조 제3항에서는 '타인의 권리 또는 신용(rights or reputations of others)'이라고 규정한다.

109) HRC General Comment No. 37(2020), para. 47.

110) 이와 달리 David Feldman, "Freedom of Expression", Harris and Joseph(eds), The International Covenant on Civil and Political Rights and United Kingdom Law(Clarendon Press, 1995), pp. 391, 412에서 저자는 기본적 인권 및 자유로 한정된다는 취지의 해석을 제시한다.

다. 민주사회에서 필요한 제한

제한은 '민주사회'에서 '필요'한 것이어야 한다.[111] 제한은 단지 편리하거나 합리적이라는 이유로 정당화될 수 없다. 민주주의, 법의 지배, 다원주의의 관점에서 필요성과 비례성이 모두 충족되어야 한다.[112]

초안 과정에서 '민주사회'가 다소간 모호하고 당사국마다 달리 해석될 여지가 있다는 지적이 있었다.[113] 그러나 민주사회의 원칙에 따라 제2문이 적용되어야 집회의 자유가 충실히 보호될 수 있다는 견해가 우세하였고, 민주사회는 UN 헌장, 세계인권선언에 규정된 원칙을 존중하는지 여부에 따라 구별·파악할 수 있다는 논거가 수용되었다.[114] 다원주의, 관용, 관대를 민주사회의 일반적인 기준으로 볼 수 있다.[115] 정치적 의사결정의 시민 참여, 인권 존중, 공권력에 의한 인권침해의 실질적 견제, 평등원칙 등도 민주사회의 표지가 될 것이다.[116] 집회의 자유에 대한 제한은 이러한 민주사회의 원칙에 비추어 정당화될 수 있어야 한다. 예컨대 당국이 대다수 시민의 생각과 사상에 반한다는 사정만으로 집회를 제한한다면, 이는 다원주의와 관용을 기초로 하는 민주사회에 필요한 제한이라고 보기 어렵다.

제한이 '필요'한지 여부는 제한이 효과적인지 여부와 달리 판단하기가 쉽지 않다. 실제적인 판단에서는 다음과 같은 단계의 검토를 거친다. 먼저 제한은 압도적인 사회적 필요에 부합해야 하고, 이러한 제한으로 특정한 목적을 달성한다는 적합성이 있어야 한다. 그리고 다양한 제한 중에서 가장 덜 침익적인 수단을 선택해야 한다.[117] 또한 제한은 비례적이어야 하는데, 여기에는 가치평가를 요한다. 제한의 성격 및 부정적 효과와 제한에 따른 이익을 비교형량하는 것이다.[118] 만약 부정적 효과가 이익보다 큰 경우 제한은 비례성을 충족하지

---

111) '민주사회에서 필요한(necessary in a democratic society)'은 제22조 제2항에도 규정되어 있다. 제14조 제1항에는 '민주사회에 있어서(in a democratic society)'라는 용어가 사용되었다.
한편 '민주사회에서 필요한(necessary in a democratic society)'은 유럽인권협약 제11조, 미주인권협약 제15조에도 규정되어 있으나, 아프리카 인권헌장 제11조에는 규정되어 있지 않다.

112) HRC General Comment No. 37(2020), para. 40; HRC General Comment No. 34(2011), para. 34.

113) Karl Josef Partsch, "Freedom of Conscience and Expression, and Political Freedoms", Louis Henkin(ed), The International Bill of Rights: The Covenant on Civil and Political Rights(Columbia University Press, 1981), p. 232; Alexandre Kiss(전게주 87), p. 305.

114) Draft Annotation(전게주 5), ch. Ⅵ, para. 143.

115) 이와 관련하여 *United Communist Party of Turkey v. Turkey*, ECHR Case No. 133/1996/752/951 (1998), para. 43; *Handyside v. United Kingdom*, ECHR Application No. 5493/72(1976), para. 49도 참조.

116) Nowak's CCPR Commentary(2019), p. 608(para. 30); Alexandre Kiss(전게주 87), pp. 307-309.

117) *Toregozbina v. Kazakhstan*, Communication No. 2137/2012(2014), para. 7.4.

못하고, 이러한 제한은 허용될 수 없다.[119] 비례성 원칙은 제한을 규정하는 국내 법령 자체뿐만 아니라 해당 국내 법령을 집행·적용하는 당국에 의해서도 준수되어야 한다.

3. 제한과 콘텐츠 중립

당사국은 집회의 자유를 제한함에 있어 콘텐츠 중립을 유념해야 한다.[120] 집회의 일시, 장소, 기간, 형태, 방법이 아닌 집회의 주장, 의견, 사상과 같은 콘텐츠에 기초한 제한은 집회의 자유에 대한 중대한 간섭에 해당한다.[121] 콘텐츠에 따른 제한은 집회의 민주적 기능과 다원주의, 관용이라는 민주사회의 원칙과 양립하지 않는다. 다양한 입장과 견해를 가진 각계각층의 정치적·사회적 참여를 촉진한다는 집회의 근본 목적에도 부합하지 않는다.[122] 참고로 일반논평 제34호(2011)는 상당히 모욕적인 내용의 표현까지 제19조 제2항(표현의 자유)의 보호 범위에 포함된다고 본다.[123]

다만 집회의 콘텐츠가 사회에 매우 중대한 해악을 초래하거나 해악이 '사상의 자유경쟁'에 의하여 해소될 수 없는 경우에는 일정한 제한을 가할 수 있다. 예컨대 전쟁을 선전하거나 민족적·인종적·종교적 증오를 고취하는 내용의 집회에 대하여는 제한이 허용될 수 있다.[124] 다만 이 경우에도 제한은 원칙적으로 집회 전체가 아니라 위와 같은 행위를 한 집회 참가자에게 한정되어야 한다.[125]

---

118) 자유권규약위원회는 비례성을 여러 차례 강조하여 왔다. 예컨대 *Faurisson v. France*, Communication No. 550/1993(1996). 이와 관련하여 Venice Commission Guidelines on Freedom of Peaceful Assembly(전게주 11), para. 131도 참조.

119) HRC General Comment No. 37(2020), para. 40.

120) *Amelkovich v. Belarus*, Communication No. 2720/2016(2019), para. 6.6; *Alekseev v. Russian Federation*(전게주 34), para. 9.6; Concluding Observations on Equatorial Guinea, CCPR/C/GNQ/CO/1(2019), paras. 54-55.

121) *Alekseev v. Russian Federation*(전게주 34), para. 9.6.

122) HRC General Comment No. 37(2020), para. 48.

123) HRC General Comment No. 34(2011), para. 11.

124) David Feldman, "Content Neutrality", Ian Loveland, Importing the First Amendment: Freedom of Expression in American, English and European Law(Hart Publishing, 1998), p. 138.
자유권규약위원회와 유럽인권재판소는 콘텐츠에 기초한 집회의 자유에 대한 제한 사유로서 대체로 음란, 민주주의 폐지, 국가안보 침해, 폭력 선동을 인정하고 있다고 한다. Jochen Abr. Frowein, "Incitement Against Democracy as a Limitation of Freedom of Speech", David Kretzmer·Francine Kershman Hazan, Freedom of Speech and Incitement Against Democracy(Kluwer Law International, 2000), p. 33.

125) HRC General Comment No. 37(2020), para. 50.

4. 제한에 관한 구체적인 쟁점

가. 집회의 장소와 시간

(1) 집회의 장소

집회는 일반적으로 물리적인 장소를 요한다. 장소는 집회의 목적, 표현 내용과 밀접한 관계를 가진다. 집회의 상대방이나 반대자가 소재하는 장소, 중요한 사건이 발생한 장소, 민주주의의 장(場)으로 인식된 장소와 같이 장소 자체가 집회에 특별한 의미를 부여하는 경우도 있다. 장소의 제한은 집회의 자유에 커다란 제약이 된다.

당사국은 특별한 사정이 없는 한 집회가 상정한 상대방의 가시(可視)·가청(可聽) 내 장소, 집회 관계인이 추구하는 목적에 부합하는 장소에서 집회를 할 수 있도록 보장해야 한다.126) 집회의 상대방이나 대중의 관심을 얻기 어려운 먼 곳으로 집회를 물러나게 해서는 안 된다.127) 대항집회도 특별한 사정이 없는 한 대항하고자 하는 집회의 가시·가청 내 장소에서 개최될 수 있어야 한다.128)

평화적인 집회는 원칙적으로 공중이 이용하는 모든 장소에서 개최될 수 있어야 한다.129) 당사국은 집회를 위하여 공공장소를 개방하고 효율적인 사용을 촉진할 의무를 부담한다. 공공장소에 관한 국내 법령에 따라 집회를 제한할 수 있다 하더라도 제2문의 요건을 충족해야 한다.130) 수도(首都), 도시 내 특정 지역, 도심 외곽을 제외한 모든 공공장소, 도시 내 모든 도로에서 집회를 허용하지 않는 포괄적 금지는 허용될 수 없다.131) 특별한 사정이 없는 한 법원, 의회, 역사적 중요 장소의 주변을 집회의 절대적 금지 장소로 지정해서는 안 된다. 이러한 장소의 집회를 제한하더라도 되도록 제한의 폭을 좁게 설정해야 하고, 제한을 정당화할 수 있는 분명한 근거가 제시되어야 한다.132)

사유지이지만 널리 공중이 이용하여 공공장소에 준하는 장소에서도 평화적인 집회가 보

---

126) *Turchenyak et al. v. Belarus*(전게주 57), para. 7.4; *Strizhak v. Belarus*(전게주 75), para. 6.5.

127) Concluding Observations on Kazakhstan, CCPR/C/KAZ/CO/1(2011), para. 26.

128) HRC General Comment No. 37(2020), para. 26.

129) Protest and Human Rights: Standards on the rights involved in social protest and the obligations to guide the response of the State, Office of the Special Rapporteur(Edison Lanza) for Freedom of Expression of the Inter-American Commission on Human Rights, OEA/SER.L/V/II. CIDH/RELE/INF.22/19(2019), para. 72.

130) HRC General Comment No. 37(2020), para. 55.

131) *Turchenyak et al. v. Belarus*(전게주 57), para. 7.5; *Sudalenko v. Belarus*, Communication No. 1992/2010(2015), para. 8.5; Concluding Observations on Algeria, CCPR/C/DZA/CO/4(2018), para. 45.

132) HRC General Comment No. 37(2020), para. 56.

장되어야 한다.[133] 다만 재산권 등 타인의 이해관계를 적절히 고려해야 한다. 사적 장소에 대한 집회 제한의 정도는, 해당 장소가 일상적으로 공중에 공개되었는지 여부, 집회로 인하여 해당 장소에 야기될 수 있는 간섭의 성격과 정도, 해당 장소의 권리자가 동의하는지 여부, 해당 장소에 대한 소유권 등이 집회 동안 제한받는지 여부, 집회 참가자가 집회의 목적을 달성할 수 있는 다른 합리적인 수단이 있는지 여부 등에 따라 달라질 수 있다.[134]

(2) 집회의 시간

집회 시간의 제한과 관련하여, 당사국은 집회 참가자가 효과적으로 자신의 목적을 추구하고 견해를 표명할 수 있는 기회를 가질 수 있어야 한다는 점을 유념해야 한다.[135] 특정 일시에 집회가 개최될 수 있다거나 개최될 수 없다는 제한은 정당한 사유가 없다면 제21조에 부합한다고 보기 어렵다.[136] 또한 평화적인 집회는 집회 참가자 스스로 종결할 수 있어야 한다.

집회가 단지 빈번하게 개최된다는 사유만으로 제한될 수는 없다. 집회의 시점, 기간, 빈도가 집회의 목적을 달성하기 위한 중요한 역할을 할 수 있기 때문이다. 다만 지속적인 집회의 누적된 영향은 집회의 제한에 관한 비례성 심사에서 부정적인 사유로 고려될 수 있다. 예컨대 심야에 주거 지역에서 집회가 반복적으로 개최되어 인근 주민에게 심대한 영향을 미치는 경우이다.[137]

나. 허가제와 신고제

집회에 관한 허가제는 허용되지 않는다.[138] 당국의 사전 허가를 받아야 비로소 권리 행사가 가능한 허가제는 집회의 자유가 기본적 인권이라는 자유권규약의 원칙과 양립하지 않는다.[139] 반면 신고제는 허용된다.[140] *Kivenmaa v. Finland* 사건(1994)에서 신고제가 쟁

---

133) *Giménez v. Paraguay*, Communication No. 2372/2014(2018), para. 8.3; *Annenkov and others v. Russia*, ECHR Application No. 31475/10(2017), para. 122.

134) HRC General Comment No. 37(2020), para. 57; *Appleby and others v. United Kingdom*, ECHR Application No. 44306/98(2003), para. 47.

135) *Éva Molnár v. Hungary*, ECHR Application No. 10346/05(2008), para. 42.

136) Concluding Observations on Tajikistan, CCPR/C/TJK/CO/3(2019), para. 49.

137) HRC General Comment No. 37(2020), para. 54.

138) Concluding Observations on the Netherlands re Netherlands Antilles, CCPR/CO/72/Net(2001), para. 20; Concluding Observations on Belgium, CCPR/C/79/Add.99(1998), para. 23; Concluding Observations on Mongolia, CCPR/C/79/Add.7(1992), para. 5; Concluding Observations on United Republic of Tanzania, CCPR/C/79/Add.12(1992), para. 11.

139) Concluding Observations on Gambia, CCPR/C/GMB/CO/2(2018), para. 41; Concluding Observations

점 중 하나가 되었다.[141]

    통보자는 핀란드 국민으로 사회민주주의 청년단체의 사무총장이다. 통보자는 외국 수반의 핀란드 대통령 방문행사에서 약 25명의 단체 회원과 함께 군중 사이에서 전단을 배포하고 배너를 내걸었다. 핀란드 당국은 통보자가 신고 없이 공적 회합(public meeting)을 개최하여 공적 회합에 관한 국내 법률 중 신고 규정(옥외에서 개최되는 시위 등 공적 회합 최소 6시간 전 신고)을 위반하였다는 혐의로 기소하였다. 핀란드 법원은 신고 규정 위반을 유죄로 판단하고, 통보자를 벌금형에 처하였다.

    자유권규약위원회는 핀란드가 제정·시행하는 시위 6시간 전 신고 규정 자체는 제21조의 제한 규정에 부합한다고 보았다. 다만 외국 수반의 공식 방문에 따른 환영행사에서 다수의 사람이 회합한 것을 두고, 핀란드가 주장하는 바와 같은 시위라고 볼 수는 없다고 판단하였다. 따라서 핀란드가 시위 관련 국내 법률을 통보자에게 적용한 것은 제21조에 위반된다는 취지로 결론 내렸다.

    이에 대하여 통보자의 해당 회합은 제21조에서 정한 집회에 해당하고, 핀란드가 제21조를 위반하였다고 보기 어렵다는 취지의 Mr. Kurt Herndl의 반대의견이 있다.

신고제는 집회를 제한하는 측면이 있지만, 평화적인 집회를 보호·촉진하고 집회 내·외부인의 권리를 보호하는 데 도움이 되는 측면도 있기 때문에 허용된다.[142] 신고제 역시 다른 제한과 마찬가지로 제2문의 요건을 충족해야 한다.[143] 명목은 신고제이면서 실제로는 허가제로 운영하거나 신고제를 애초부터 집회 관련 활동을 제한하는 수단으로 악용해서는 안 된다.[144] 광범위한 신고 사항과 복잡다단한 절차의 요구도 허용되지 않는다.[145] 사실상

---

    on Morocco, CCPR/C/MAR/CO/6(2016), para. 45; ACHPR Guidelines on Freedom of Association and Assembly(전게주 33), para. 71.

140) *Kivenmaa v. Finland*(전게주 16), para. 9.2; Report of the Special Rapporteur 2012(전게주 42), para. 28; Nihal Jayawickrama(전게주 23), p. 727. 참고로 유럽인권재판소 역시 신고제가 집회의 자유의 본질을 침해하는 것은 아니라고 판시하여 왔다. 예컨대 *Éva Molnár v. Hungary*(전게주 135), para. 35 참조.

141) *Kivenmaa v. Finland*(전게주 16).

142) ACHPR Guidelines on Freedom of Association and Assembly(전게주 33), para. 72.

143) *Sekerko v. Belarus*, Communication No. 1851/2008(2013), para. 9.4.

144) Concluding Observations on Uzbekistan, CCPR/C/UZB/CO/5(2020), paras. 46-47; Concluding Observations on Jordan, CCPR/C/JOR/CO/5(2017), para. 32.

145) Concluding Observations on Morocco, CCPR/C/79/Add.113(1999), para. 24.

집회의 금지 내지 사실상 허가제로 이어질 수 있기 때문이다.

같은 맥락에서 과도한 조기 신고제는 제21조에 부합한다고 보기 어렵다.[146] 다만 신고 기간에 관한 명확한 기준이 확립되지는 않았다. 자유권규약위원회는 대규모 집회에 관하여 30일 전 허가를 받도록 한 우크라이나의 규정이 과도한 제한이라고 보았다.[147] 그리고 15일 전 신고를 정한 몰도바의 규정[148]과 타지키스탄의 규정,[149] 14일 전 신고를 정한 몰디브의 규정,[150] 7일 전 신고를 정한 모리셔스의 규정,[151] 3일 전 신고를 정한 케냐의 규정[152]에 대하여 각각 우려를 표명하였다. UN 특별보고관 Maina Kiai는 신고 기간은 당국이 집회에 대하여 준비할 수 있는 시간을 부여할 수 있되, 되도록 짧아야 한다면서 48시간 전 신고가 이상적이고 길어도 수일 이내로 설정해야 한다는 권고를 하였다.[153]

자유권규약위원회는 신고제가 옥외집회에 한정되어야 한다고 판단하였다.[154] 사전에 신고하는 것이 곤란한 긴급집회 내지 우발집회에는 신고를 요구할 수 없다.[155] 집회의 성격, 장소, 규모, 기간에 비추어 영향력이 상당히 작은 경우에는 신고 대상에서 제외할 필요가 있다. 앞서 살펴본 *Kivenmaa v. Finland* 사건(1994)에 대하여, 해당 회합이 공공질서에 미치는 위험이 미미한 점에 비추어 신고제에 관한 국내 법률의 적용이 부적절하다는 측면과 포괄적인 신고제를 비판적으로 검토하였다는 측면에서 본다면 자유권규약위원회의 판단에 수긍할 점이 있다고 평가되기도 한다.[156]

신고 사항은 집회의 공중에 대한 잠재적인 영향력에 비례해야 하고, 신고에 관한 비용을

---

146) Concluding Observations on Algeria, CCPR/C/DZA/CO/4(2018), para. 45; Concluding Observations on Switzerland, CCPR/C/CHE/CO/4(2017), para. 48; Concluding Observations on Kenya, CCPR/CO/83/KEN(2005), para. 23; Concluding Observations on Cyprus, CCPR/C/79/Add.88(1998), para. 15.

147) Concluding Observations on Uzbekistan, CCPR/C/UZB/CO/4(2015).

148) Concluding Observations on Moldova, CCPR/C/SR.2038(2002).

149) Concluding Observations on Tajikistan, CCPR/C/TJK/CO/3(2019)

150) Concluding Observations on Maldives, CCPR/C/MDV/CO/1(2012).

151) Concluding Observations on Mauritius, CCPR/C/79/Add.60(1996).

152) Concluding Observations on Kenya, CCPR/CO/83/KEN(2005).

153) Joint report of the Special Rapporteur 2016(전게주 40), para. 28(d).

154) Concluding Observations on Morocco, CCPR/C/79/Add.113(1999), para. 24. 참고로 네덜란드는 공공장소와 비공공장소로 나누어 공공장소에서의 집회에 대하여 신고제를 도입하고 있다. State Party Report(the Netherlands), CCPR/C/NET/99/3(2000).

155) *Popova v. Russian Federation*, Communication No. 2217/2012(2018), para. 7.5; *Éva Molnár v. Hungary*(전게주 135), para. 38.

156) Joseph & Castan's Commentary(2013), pp. 650, 651. 다만 저자는 이러한 자유권규약위원회의 판단은 다분히 사후적인 관점에 따른 것이라는 비평을 함께 하였다.

부과해서는 안 된다.[157] 당국의 회신이 신고의 완결이나 집회 개최의 요건이 될 수는 없다.[158] 당국이 신고에 대한 일정한 접수증을 발부하는 절차가 오·남용되는 경우 집회의 자유를 침해할 여지가 있다.[159] 당국이 신고 이후 집회에 일정한 제한을 부과하는 경우, 당사자가 사법 절차와 같은 일정한 불복 절차에 따라 이의할 수 있는 충분한 시간을 확보할 수 있게 통지해야 한다.[160]

집회를 신고하지 않았다는 사정만으로 해당 집회에 대한 참가가 위법하게 되는 것은 아니다. 미신고를 집회 해산이나 집회 관계인 체포의 사유로 삼아서도 안 된다. 미신고 집회라는 사정만으로 당사국이 평화적인 집회를 촉진하고 집회 참가자를 보호해야 하는 의무에서 면제되는 것은 아니다.[161]

다. 집회의 금지와 해산

당사국은 집회의 사전 금지와 같은 극단적인 제한은 최후 수단으로 고려하고, 제한이 필요하더라도 가장 덜 침익적인 수단을 우선 강구해야 한다.[162] 예컨대 전면적인 금지에 앞서 집회의 연기, 재배치나 다른 안전확보 조치를 시도해야 한다.[163] 집회로 인한 위험을 사전에 모두 제거한다는 명목으로 개최 이전부터 제한을 가하기보다는 되도록 자유롭게 집회를 개최할 수 있도록 하되 위험이 현실화되면 사후적으로 관리·대처하는 접근 방식도 고려해야 한다.[164]

당국이 중대한 위협으로부터 집회 내·외부인을 보호할 수 없다는 점이 명백한 예외적인 경우에 한하여 금지가 허용될 수 있다.[165] 불명확한 폭력의 위험성이나 당국이 폭력을 방지하기 어려울 수 있다는 가능성만으로 금지가 정당화될 수 없다. 구체적인 위험성 평가에 기초하였을 때 당국의 법집행능력과 적절한 관련 조치에 의하더라도 상황을 통제할 수 없다는 점이 증명되어야 한다.[166] 이와 달리 당국이 구체적인 조사·평가도 하지 않은 채, 집회에 대처할 인적·물적 자원이 부족하다는 사유만으로 집회를 금지한 조치는 정당화될 수

---

157) HRC General Comment No. 37(2020), para. 70.
158) Joint report of the Special Rapporteur 2016(전게주 40), para. 28(e).
159) Concluding Observations on Morocco, CCPR/CO/82/MAR(2004).
160) HRC General Comment No. 37(2020), para. 72.
161) 상게주, para. 71.
162) Venice Commission Guidelines on Peaceful Assembly(전게주 11), para. 132.
163) HRC General Comment No. 37(2020), para. 52.
164) 상게주, para. 37.
165) 상게주, para. 52.
166) *Alekseev v. Russian Federation*(전게주 34), para. 9.6.

없다.[167]

사후에 집회를 해산하는 것 역시 극히 예외적인 경우에 한정되어야 한다. 보다 완화된 조치, 예컨대 특정인의 분리, 체포만으로는 대처할 수 없는 중대한 폭력의 위험이 임박하였다는 명백한 증거가 있는 경우에만 해산이 가능하다.[168] 해산명령의 요건은 국내법에 규정되어야 하고, 정당한 권한을 가진 공무원만이 해산명령을 할 수 있다.[169] 평화성을 유지하는 집회는, 설령 교통방해와 같은 혼란을 야기하더라도, 이러한 혼란이 중대하고 지속적인 경우에 한하여 해산될 수 있다.[170] 해산은 모든 덜 침익적인 수단이 효과적이지 않은 경우에 최후 수단으로만 고려해야 한다. 예컨대 집회로 혼란이 발생하는 경우, 먼저 주최자, 참가자 스스로 혼란을 통제하도록 하는 것이 바람직하다. 다음 단계로서 당국이 일정한 조치를 취하거나 집회에 개입함으로써 위험을 방지해야 한다. 마지막으로 이러한 조치로도 중대한 위험을 통제할 수 없는 상태인 경우에 한하여 해산을 고려할 수 있다.

라. 무기 등의 사용

집회에 대한 당국의 무력 사용은 예외적인 경우에 한정되어야 한다. 무력 사용이 허용되더라도 그 이전에 비폭력적인 수단을 모두 동원하고, 사전 경고를 해야 한다. 비폭력적인 수단과 사전 경고 모두 효과가 없다는 점이 명백한 경우에 한하여, 이를 거치지 않고 무력을 사용할 수 있다.[171]

해산명령을 한 경우에도 무력 사용은 되도록 회피하고, 불가피한 경우에도 필요최소한의 무력을 사용해야 한다.[172] 무력 사용은 폭력이나 그 위협에 관계된 특정 단체 또는 개인에게 한정되어야 한다. 수동적으로 저항하는 사람에게 경상 이상의 상해를 야기할 가능성이 있는 무력을 사용해서는 안 된다.[173] 폭력적인 집회를 해산하는 경우에도 당국은 항시 인권 보호를 염두에 두어야 한다. 참고로 자유권규약위원회가 최종견해에서 집회 참가자에

---

167) *Barankevich v. Russia*, ECHR Application No. 10519/03(2007), para. 33.

168) HRC General Comment No. 37(2020), para. 85.

169) 상계주.

170) Joint report of the Special Rapporteur 2016(전계주 40), para. 62.

171) HRC General Comment No. 37(2020), para. 78.

172) Basic Principles on the Use of Force and Firearms by Law Enforcement Officials by the Eighth United Nations Congress on the Prevention of Crime and the Treatment of Offenders(1990), principle 13; Report of the Special Rapporteur(Christof Heyns) on extrajudicial, summary or arbitrary executions, A/HRC/26/36(2014), para. 75.

173) United Nations Human Rights Guidance on Less-Lethal Weapons in Law Enforcement, HR/PUB/20/1(2019), para. 2.10.

대한 경찰견 사용에 우려를 표명하고, 군중 통제와 범죄자 처리에 관한 경찰의 훈련을 확대할 것을 촉구한 사례가 있다.[174]

모든 무력 사용은 제6조(생명권), 제7조(고문 등의 금지)에 규정된 원칙에 부합해야 하고,[175] 필요최소한의 무력이 사용되어야 한다. 필요성이 소멸한 경우, 예컨대 폭력적인 특정인이 체포된 경우, 더 이상의 무력 사용은 허용되지 않는다.[176] 합법적인 목적에 비례하는 정도 이상의 무력도 사용할 수 없다.[177]

총기는 집회 관리를 위한 적절한 도구가 되기 어렵다.[178] 특별한 사정이 없는 한 총기는 해산을 위하여 사용해서도 안 된다.[179] 사망 내지 중상의 급박한 위협에 직면하는 등 명백한 필요성이 인정되는 경우 해당 위험원에 한정하여 총기가 사용될 수 있다.[180] 총기를 자동 모드에서 사용하거나 무차별적으로 발포하는 것은 위법하다.[181] 고무 코팅 탄환의 발포 역시 생명에 위협이 될 수 있으므로 앞서 본 요건을 모두 준수해야 한다.[182] 당국이 무력 사용을 준비하는 경우 미리 적절한 의료시설을 확보해 두어야 한다.[183]

최루탄과 물대포는 무차별적인 효과를 발휘할 수 있다. 집회 참가자가 해산할 수 있는 적절한 기회를 부여하고 사전 경고를 한 이후 최후 수단으로만 사용해야 한다. 최루탄은 밀폐 공간에서는 사용할 수 없다.[184]

당사국은 모든 무기에 대하여 엄격하고 독립적인 테스트를 시행하고, 무기를 소지하는 공무원에 대한 훈련을 실시해야 한다. 무기의 영향력을 평가하고 이에 대한 모니터링도 해야 한다.[185] 모든 무력 사용은 적절히 기록되고 관련 보고서에 즉시 반영되어야 한다. 이러

---

174) Concluding Observations on Denmark, CCPR/C/79/Add.68(1996).

175) HRC General Comment No. 36(2018), paras. 13-14.

176) Code of Conduct for Law Enforcement Officials, A/RES/34/169(1979), art. 3.

177) 상게주, commentary to art. 3.

178) ACHPR Guidelines on Freedom of Association and Assembly(전게주 33), para. 21.2.4.

179) Basic Principles on the Use of Force and Firearms(전게주 172), principle 14.

180) HRC General Comment No. 36(2018), para. 12; Basic Principles on the Use of Force and Firearms(전게주 172), principles 9, 14.

181) Joint report of the Special Rapporteur 2016(전게주 40), paras. 60, 67.

182) Guidance on Less-Lethal Weapons(전게주 173), para. 7.5.8.

183) HRC General Comment No. 37(2020), para. 88.

184) Guidance on Less-Lethal Weapons(전게주 173), para. 7.3.7; Report of the International Commission of Inquiry mandated to establish the facts and circumstances of the events of 28 September 2009 in Guinea, S/2009/693 Annex(2009), para. 62.

185) HRC General Comment No. 36(2018), para. 14; Basic Principles on the Use of Force and Firearms(전게주 172), principles 2, 3; Guidance on Less-Lethal Weapons(전게주 173), section 4.

한 보고서에는 무력 사용의 근거, 효과성, 결과를 포함하여 상세한 제반 사정을 적시해야 하고, 필요성과 비례성을 평가할 수 있을 정도의 충분한 정보를 담고 있어야 한다.186) 당사국은 불법적인 무력 사용 기타 위법행위의 혐의에 대하여 적시에 공정하게 조사할 의무가 있고,187) 피해자에게 효과적인 구제수단을 제공해야 한다.188)

5. 비상사태와 이행정지

제4조 제2항에는 제21조가 규정되지 않았다. 따라서 당사국은 제4조 제1항에 따라 '비상사태'를 근거로 집회의 자유에 관한 의무를 위반하는 조치를 할 수 있다.189) 과거 구 유고슬라비아, 아르메니아, 태국, 과테말라, 베네수엘라, 에콰도르, 콜롬비아 등은 제4조 제3항에 따라 UN 사무총장에게 계엄 내지 긴급사태 선포와 제21조 등에 관한 이행정지를 통지한 사례가 있다.190) 최근에는 코로나 사태로 인하여 다수의 당사국이 이행정지를 통지하였다. 자유권규약위원회는 이행정지 사례가 증가하자 2020년 성명서를 채택하여 당사국이 개별 조문에서 정한 통상적인 제한으로 공중보건 등을 확보할 수 있는 경우 이행정지를 해서는 안 된다는 점을 강조하였다.191)

당사국이, 예컨대 심각한 대규모 폭력 사태 또는 최근 코로나 사태와 같은 심각한 공중보건상 위험에 대처하기 위하여 이행정지를 선택하는 경우, 해당 사태가 국민의 생존을 위협하는 등 제4조에 규정된 요건이 엄격하게 충족되어야 한다.192) 제21조 제2문에서 정한 통상적인 제한으로 충분히 대처할 수 있는 경우라면, 제4조의 이행정지에 의존하여서는 안 된다.193)

---

186) Guidance on Less-Lethal Weapons(전게주 173), paras. 3.3-3.5.
187) Concluding Observations on Bahrain, CCPR/C/BHR/CO/1(2018), para. 36; Concluding Observations on Democratic Republic of the Congo, CCPR/C/COD/CO/4(2017), paras. 43-44.
188) 이와 관련하여 Basic Principles and Guidelines on the Right to a Remedy and Reparation for Victims of Gross Violations of International Human Rights Law and Serious Violations of International Humanitarian Law, A/RES/60/147 Annex(2006) 참조.
189) 제4조의 요건 등에 관하여는 HRC General Comment No. 29(2001) 참조.
　　참고로 헌법 제77조 제3항은 비상계엄이 선포된 때에는 법률이 정하는 바에 의하여 집회의 자유에 관하여 특별한 조치를 할 수 있다고 규정한다.
190) International Covenant on Civil and Political Rights, Declarations and Reservations. https://treaties.un.org/Pages/ViewDetails.aspx?src=TREATY&mtdsg_no=IV-4&chapter=4&clang=_en(2022. 4. 10. 최종방문).
191) Statement on derogations 2020(전게주 101).
192) 이와 관련하여 HRC General Comment No. 29(2001), paras. 5-9 참조.
193) 상게주, para. 5.

IV. 한국의 실행

1. 한국의 집회 관련 법체계

한국의 집회 관련 법체계를 간략히 보면, 헌법 제21조 제1항에서 집회의 자유를 규정하고, 같은 조 제2항에서 집회에 대한 허가를 인정하지 않는다고 규정한다. 집회에 관한 일반법으로서 「집회 및 시위에 관한 법률」(이하 집시법)이 제정·시행되고 있다.

집시법은 집회를 정의하고 있지는 않다. 대법원은 집회를 '특정 또는 불특정 다수의 사람이 공동의 의견을 형성하여 이를 대외적으로 표명할 목적 아래 일시적으로 일정한 장소에 모이는 것'이라고 해석하고, '2인 집회'도 집시법상 집회에 해당한다고 본다.[194] 집시법은 특히 '옥외집회와 시위'에 대하여 각종 규제를 하고, 옥외집회와 시위를 준별하고 있다.[195] 다만 학문, 예술, 체육, 종교, 의식, 친목, 오락, 관혼상제 및 국경행사에 관한 집회는 일정한 규제 대상에서 배제하고 있다.

자유권규약은 평화적인 집회를 최대한 보장한다는 원칙에 서 있다. 그런데 집시법 제1조는 집시법의 목적이 '적법한 집회 및 시위를 최대한 보장하고 위법한 시위로부터 국민을 보호'하는 데 있다고 규정한다. '평화적인 집회 대(對) 폭력적인 집회'가 아닌 '적법 집회 대 위법 집회'의 구도를 상정하고, 평화적인 집회가 아니라 '법에 맞는 집회'의 자유를 보장한다는 관점에 기초하고 있다. 이러한 관점은 자칫 집회의 자유가 기본적 인권이 아니라 국내 법률에 의하여 비로소 인정된다거나 국내 법률에 위반되면 언제든지 금지, 해산, 처벌할 수 있다는 접근 방식으로 이어질 수 있다.[196] 이러한 접근 방식이 경찰 등 법집행기관의 집회 대응기조에서 이미 드러났다는 지적도 있다.[197] 더욱이 집시법의 규정 전반을 보면, 일률적

자유권규약위원회는 코로나 확산으로 이행정지를 통지하는 국가가 증가하자 성명서를 채택하여 당사국은 개별 조문에서 정한 통상적인 제한으로 공중보건 등을 확보할 수 있는 경우 이행정지를 하여서는 안 된다는 점을 강조하였다. Statement on derogations 2020(전게주 101), para. 2(c).

194) 대법원 2012. 5. 24. 선고 2010도11381 판결; 대법원 2008. 6. 26. 선고 2008도3014 판결.

195) 집시법 제2호 제1호, 제2호에 의하면, 옥외집회는 '천장이 없거나 사방이 폐쇄되지 아니한 장소에서 여는 집회'이고, 시위는 '여러 사람이 공동의 목적을 가지고 도로, 광장, 공원 등 일반인이 자유로이 통행할 수 있는 장소를 행진하거나 위력 또는 기세를 보여, 불특정한 여러 사람의 의견에 영향을 주거나 제압을 가하는 행위'이다.

196) UN 특별보고관 Maina Kiai도, 이러한 접근 방식은 집회의 자유가 국내 법률에 의하여 인정된다는 전제를 하고 있어 적절하지 않다는 취지로 지적하였다. Report of the Special Rapporteur(Maina Kiai) on the rights to freedom of peaceful assembly and of association on his mission to the Republic of Korea, A/HRC/32/36/Add.2(2016), para. 20.

197) 김선일·정준선, 『집회·시위의 이론과 실제』(박영사, 2019), p. 228.

으로 집회 이전에 거쳐야 하는 절차, 집회 관계인의 각종 의무와 준수 사항, 다양한 규제와 처벌이 주된 내용을 이루고 있다. 평화적인 집회를 최대한 보장하겠다기보다는 집시법에 부합하면 비로소 집회의 자유를 행사할 수 있다는 인상마저 주고 있다. 집시법은 패러다임과 체계 전반을 자유권규약의 원칙에 맞게 수정할 필요가 있다.

2. 옥외집회와 시위에 관한 신고제

집시법 제6조 제1항은 옥외집회와 시위를 시작하기 전 720시간 전부터 48시간 전에 목적, 일시, 장소, 주최자, 참가 예정인 단체와 인원, 시위의 경우 그 방법을 적은 신고서를 관할 경찰관서장에게 제출해야 한다고 규정한다. 같은 조 제2항은 경찰관서장은 신고자에게 접수증을 즉시 내주어야 한다고 규정한다.

옥외집회와 시위는 예외 없이 반드시 신고해야 하고, 미신고 집회·시위는 해산명령(집시법 제20조 제1항 제2호)과 형사처벌(집시법 제22조 제2항)의 대상이 된다.[198] 미신고 집회·시위에 해당하기만 하면, 예외 없이 해산과 형사처벌이라는 강력한 제한을 할 수 있도록 규정한 것은 자유권규약에 부합한다고 보기 어렵다.[199] 그리고 집시법은 48시간 전 신고가 사실상 불가능하거나 상당히 곤란한 긴급집회 내지 우발집회에 대한 신고의 예외 내지 신고기간의 축소를 규정하지 않았다.[200] 집회의 규모, 공중에 대한 영향력에 따른 신고의 완화역시 규정하지 않았다. 이러한 규정 내용에 대해서도 자유권규약에 부합하는지 의문이 제기될 수 있다.

헌법재판소는 다수의 사건에서 신고제와 48시간의 신고 기간 그리고 미신고 집회·시위에 대한 형사처벌이 집회의 자유를 침해하지는 않는다고 결정하였다.[201] 다만 2014년 결정은 위헌은 아니라고 판단하면서도, 긴급집회의 경우 신고 가능성이 존재하는 즉시 신고해

---

[198] 경찰이 개최 사실을 미리 알고 있었거나 평화롭게 옥외집회와 시위가 진행되었다 하여 신고의무가 면제되지는 않는다. 대법원 2011. 10. 27. 선고 2011도8118 판결 참조.

[199] 집시법 제22조 제2항은, 미신고 집회·시위의 주최자에 대하여 헌법재판소의 결정에 따라 해산된 정당의 목적을 달성하기 위한 집회 또는 시위의 주최자와 집단적인 폭행, 협박, 손괴, 방화 등으로 공공의 안녕 질서에 직접적인 위협을 끼칠 것이 명백한 집회 또는 시위의 주최자와 동일한 법정형을 규정하고 있다. 이는 법익 침해나 위험의 정도가 상당히 다른 것을 동일하게 처벌하는 것으로 형벌 체계상의 균형을 상실한 것으로 볼 여지도 있다.

[200] UN 특별보고관 Maina Kiai는 집시법상 신고제가 특히 긴급집회에 관하여 사실상 허가제가 된다고 지적하였다. Report of the Special Rapporteur on Korea 2016(전게주 196), para. 19.

[201] 헌법재판소 2021. 6. 24. 선고 2018헌마663 결정; 헌법재판소 2018. 6. 28. 선고 2017헌바373 결정; 헌법재판소 2015. 11. 26. 선고 2014헌바484 결정; 헌법재판소 2014. 1. 28. 선고 2011헌바174, 282, 285, 2012헌바39, 64, 240(병합) 결정; 헌법재판소 2009. 5. 28. 선고 2007헌바22 결정.

야 하는 것으로 해석되고, 즉시 신고한 긴급집회에 미신고 처벌규정을 적용할 수는 없다고 보았다. 그리고 미신고 집회·시위의 경우에도 48시간 내에 신고할 수 없는 긴급한 사정이 있고 해당 집회·시위가 평화롭게 진행되었다면 사안에 따라 위법성 또는 책임이 조각될 여지가 있다고 판단하였다.[202] 대법원도 집회 과정에서 불특정 다수나 일반 공중 등 외부와 접촉하여 제3자의 법익과 충돌하거나 공공의 안녕질서에 해를 끼칠 수 있는 상황에 대한 예견 가능성조차 없거나 일반적인 사회생활 질서의 범위 안에 있는 것으로 볼 수 있는 경우에는 미신고 옥외집회 개최행위로 처벌할 수 없다고 판단하였다.[203] 이러한 대법원이나 헌법재판소의 판단 취지가 '법해석'이나 '법적용' 단계에 반영되는 데 그칠 것이 아니라 자유권규약에 부합하지 않는 현행 집시법의 상태 자체를 해소할 필요가 있다. 한편 헌법재판소의 합헌 결정에서도, 어떠한 예외도 규정하지 않은 채 일률적으로 사전신고를 의무화하고 사전신고 의무 위반에 대하여 형사처벌을 하는 것은 헌법에 위반된다는 반대의견은 지속적으로 제기되어 왔다.[204]

집시법에서 특별히 온라인 신고를 금지하는 것은 아니지만 실무상 '방문' 신고만을 허용하고 있다.[205] 집시법상 48시간 전 신고가 예외 없는 의무인 이상 평화적인 긴급집회를 보호하고 신속한 신고를 보장하기 위하여 온라인 신고를 허용할 필요성이 있다.[206]

구 집시법(2016. 1. 27. 법률 제13834호로 개정되기 전의 것) 제8조 제2항은 시간과 장소가 중복되는 2개 이상의 신고가 있는 경우 후순위 집회에 금지통고를 할 수 있다고 규정하였다. 그런데 이를 악용하여 타인의 집회 개최를 방해하고자 허위의 집회 신고를 남발하는 사례가 적지 않았다. 집시법이 2016. 1. 27. 개정되면서 중복 신고의 경우 경찰관서장은 시간 및 장소의 분할 개최를 권유하고 권유가 받아들여지지 않을 경우 후순위 집회에 금지통고를 할 수 있도록 규정하였다. 그리고 선순위 신고 이후 집회를 하지 않는 경우 24시간 전에 철회 신고서를 제출하도록 하고 경찰관서장은 철회된 사실을 금지통고를 받은 후순위 집회 주최자에게 즉시 알려 최초에 신고한 대로 집회를 개최할 수 있도록 하였다.

---

202) 헌법재판소 2014. 1. 28. 선고 2011헌바174, 282, 285, 2012헌바39, 64, 240(병합) 결정.
203) 대법원 2013. 10. 24. 선고 2012도11518 판결.
204) 헌법재판소 2021. 6. 24. 선고 2018헌마663 결정; 헌법재판소 2018. 6. 28. 선고 2017헌바373 결정; 헌법재판소 2015. 11. 26. 선고 2014헌바484 결정; 헌법재판소 2014. 1. 28. 선고 2011헌바174, 282, 285, 2012헌바39, 64, 240(병합) 결정.
205) 이와 관련하여 김선일·정준선(전게주 197), p. 90 이하 참조.
206) 경찰개혁위원회는 2017년 경찰청에 '온라인 집회·시위 신고시스템' 도입을 권고하였다. 경찰개혁위원회(인권보호 분과), '집회·시위 자유보장 방안'(2017. 9. 1.) 참조.
UN 특별보고관 Maina Kiai 역시 온라인 신고 시스템의 사용을 권고하였다. Joint report of the Special Rapporteur 2016(전게주 40), para. 28(c).

3. 옥외집회와 시위의 금지 장소 · 금지 시간

가. 옥외집회와 시위의 금지 장소

헌법재판소는 장소 선택의 자유가 집회의 자유의 한 실질을 형성한다고 본다.[207] 다른 법익의 보호를 위하여 정당화되지 않는 한 집회 장소를 항의의 대상으로부터 분리시키는 것이 금지된다고 판단하였다.[208] 집시법은 옥외집회와 시위가 원칙적으로 금지되는 일정한 장소를 규정한다. 다만 금지 장소가 점차 축소되고, 전면 금지가 아닌 예외를 인정하는 방향으로 개정되기는 하였다.

구 집시법(1989. 3. 29. 법률 제4095호로 개정된 것)은 제11조에서 제1호 국회의사당, 각급 법원, 국내 주재 외국의 외교기관, 제2호 대통령 관저, 국회의장 공관, 대법원장 공관, 제3호 국무총리 공관, 국내 주재 외국의 외교사절의 숙소 경계지점 100m 이내를 금지 장소로 규정하였다. 제3호에 대하여만 행진의 경우를 예외로 인정하였다.[209]

헌법재판소는 2003년 국내 주재 외국의 외교기관 경계지점 100m 이내를 금지 장소로 설정한 집시법 규정에 대하여 위헌이라고 결정하였다. 입법자가 특정 장소의 집회에 '일반적으로 고도의 법익충돌 위험이 있다'는 예측 판단을 전제로 집회를 원칙적으로 금지할 수는 있으나, 과도한 기본권 제한이 완화될 수 있도록 예외 조항을 두지 않고 위험 상황이 존재하지 않는 경우에도 예외 없이 집회를 금지하는 것은 최소 침해의 원칙에 위반되어 집회의 자유를 침해한다고 판단하였다.[210] 집시법이 2004. 1. 29. 개정되면서 금지 장소로서 '국내 주재 외국의 외교기관이나 외교사절의 숙소'를 제4호에 따로 규정하되, 일정한 예외 사유를 인정하였다.

헌법재판소는 2018년 3건의 결정으로 제1호 중 '국회의사당' 부분,[211] 제3호(국무총리 공관),[212] 제1호 중 '각급 법원' 부분[213]이 과잉금지원칙 위반으로 집회의 자유를 침해하여 헌법에 합치되지 않는다고 결정하였다. 집시법이 2020. 6. 9. 개정되면서 제1호 국회의사당,

---

207) 헌법재판소 2005. 11. 24. 선고 2004헌가17 결정.

208) 헌법재판소 2003. 10. 30. 선고 2000헌바67, 83(병합) 결정.

209) 집시법이 1991. 11. 30. 법률 제4408호로 개정되면서 제11조 제1호에 '헌법재판소'가, 제2호에 '헌법재판소장 공관'이 각각 추가되었다.

210) 헌법재판소 2003. 10. 30. 선고 2000헌바67, 83(병합) 결정.

211) 헌법재판소 2018. 5. 31. 선고 2013헌바322, 2016헌바354, 2017헌바360, 398, 471, 2018헌가3, 4, 9 (병합) 결정.

212) 헌법재판소 2018. 6. 28. 선고 2015헌가28, 2016헌가5(병합) 결정.

213) 헌법재판소 2018. 7. 26. 선고 2018헌바137 결정.

제2호 각급 법원, 헌법재판소, 제4호 국무총리 공관, 제5호 국내 주재 외국의 외교기관이나 외교사절의 숙소의 경계지점 100m 이내를 금지 장소로 정하되, 각각 이에 대한 예외 사유를 규정하였다. 그리고 2022년에는 제3호 중 '대통령 관저' 부분, 2023년에는 제3호 중 '국회의장 공관' 부분 역시 과잉금지원칙에 위배되어 집회의 자유를 침해하므로 헌법에 합치되지 않는다고 결정하였다.[214]

현재 집시법 제11조는 제3호에서 대통령 관저(이하 관저), 국회의장 공관[215]과 대법원장·헌법재판소장 공관의 경계지점 100m 이내(이하 부근)를 예외 사유 없는 절대적 금지 장소로, 제1, 2, 4, 5호에서 국회의사당·각급 법원·헌법재판소 청사, 국무총리 공관, 외국의 외교기관과 외교사절의 숙소 부근을 예외 사유 있는 상대적 금지 장소로 정한다.

집시법은 국회, 법원, 헌법재판소의 경우에는 수장의 공관 부근을 절대적 금지 장소로, 업무 공간으로서 청사 부근을 상대적 금지 장소로 규정하였다. 반면 대통령의 경우에는 관저 부근만 절대적 금지 장소로 규정하면서 업무 공간으로서 대통령 집무실(이하 집무실)은 명시하지 않고 있다. 물론 과거에는 관저와 집무실이 청와대에 함께 있어 관념적이기는 하나 집무실 부근까지 절대적 금지 장소가 되는 효과가 발생하였다. 그런데 최근 집무실이 용산 국방부 청사로 이전되어 관저와 집무실이 분리되면서 집무실 부근이 금지 장소에 해당하는지 논란이 발생하였다. 경찰이 관저에는 집무실이 포함되므로, 예컨대 '이태원로 상 국방부 앞 구간'은 관저 부근으로서 금지 장소에 해당한다고 판단하여, 집회 신고자에게 부분 금지통고를 한 사례가 있었다. 그러나 서울행정법원은 2022. 5. 11. 부분금지통고 집행정지 사건에서 관저에는 집무실이 포함되지 않는다고 판단하였다.[216] 관저 부근과 달리 집무실 부근은 집시법이 정한 금지 장소로 볼 수 없고, 집회 장소가 집무실 부근이라는 사유로 집회를 제한할 수는 없다는 취지이다. 다만 집시법의 규정 취지나 입법자의 의사에 비추어 집무실 부근을 금지 장소로 보는 것이 타당하다는 반론도 제기될 수 있다. 나아가 집무실 부근의 집회 제한에 관하여는 국회의사당·각급 법원·헌법재판소 청사 부근을 상대적 금지 장소로 정한 다른 규정과의 균형을 고려해야 한다는 지적도 가능하다. 결국은 집시법 개정

214) 헌법재판소 2022. 12. 22. 선고 2018헌바48, 2019헌가1(병합) 전원재판부 결정, 헌법재판소 2023. 3. 23. 선고 2021헌가1 전원재판부 결정.
215) 헌법재판소는 위 결정들에서 '대통령 관저' 부분과 '국회의장 공관' 부분에 대하여 위헌을 선언할 필요가 있으나 단순위헌 결정을 하여 그 효력을 상실시킬 경우, 대통령과 국회의장의 기능 보호에 관한 법적 공백이 초래될 우려가 있다고 보아 헌법불합치 결정을 선고하되, 2024. 5. 31.을 시한으로 입법자의 개선입법이 이루어질 때까지 잠정 적용되도록 정하였다.
216) 서울행정법원 2022. 5. 11.자 2022아11236 결정. 서울행정법원은 부분금지통고의 효력을 일정한 조건 하에 본안 사건의 판결 선고시까지 정지하도록 결정하였다.

으로 불명확한 부분을 신속히 해소하는 것이 요청된다.

한편 UN 특별보고관 Maina Kiai는 관저를 비롯한 특정 장소 부근에 대한 예외 없는 집회 금지가 비례성을 충족하지 못한다는 의견을 밝혔다.[217] 또한 특정 장소의 집회를 금지하되 예외를 허용하는 규정은 자유와 제한의 관계를 전도시키고, 권리를 특혜로 변질시킨다고 지적하였다.[218] 향후 입법 개선을 통해 절대적 금지 장소는 되도록 폐지하고, 상대적 금지 장소를 정할 필요성이 인정된다고 하더라도 현재와 같은 원칙적 금지, 예외적 허용이 아니라 원칙적 허용, 예외적 금지의 체계로 변경하는 것이 바람직하다.[219]

나. 옥외집회와 시위의 금지 시간

집시법 제10조 본문은 일몰 후, 일출 전 옥외집회와 시위를 금지하였다. 다만 같은 조 단서에서 집회의 성격상 부득이하여 주최자가 질서유지인[220]을 두고 미리 신고한 경우 관할 경찰관서장은 질서 유지를 위한 조건을 붙여 일몰 후, 일출 전 옥외집회를 허용할 수 있다고 규정하였다.

헌법재판소는 2009년 제10조 본문과 단서가 전체로서 야간옥외집회에 대한 허가제를 규정하여 헌법 제21조 제2항에 위반되므로, 제10조 중 '옥외집회' 부분은 헌법에 합치되지 않는다고 결정하였다.[221] 2014년에는 일률적인 야간시위 금지는 과잉금지원칙 위반으로 집회의 자유를 침해한다고 판단하면서, 제10조 본문에는 위헌 부분과 합헌 부분이 공존하고 있어 제10조 본문 중 '시위' 부분을 '해가 진 후부터 같은 날 24시까지[222]의 시위'에 적용하는 한 헌법에 위반된다고 결정하였다.[223]

---

217) Report of the Special Rapporteur on Korea 2016(전게주 196), para. 30; Report of the Special Rapporteur 2013(전게주 42), para. 63.
218) Report of the Special Rapporteur on Korea 2016(전게주 196), para. 30; Joint report of the Special Rapporteur 2016(전게주 40), para. 21.
219) 참고로 금지 장소로서 '대통령 관저'를 '대통령 집무실 및 대통령 관저'로 변경하는 내용의 집시법 개정안이 발의되어 있다. 집시법 일부개정 법률안(구자근 의원 대표발의), 의안번호 15344(2022. 4. 20.).
220) 집시법 제2조 제4호에 의하면, 질서유지인은 '주최자가 자신을 보좌하여 집회 또는 시위의 질서를 유지하게 할 목적으로 임명한 자'이다.
221) 헌법재판소 2009. 9. 24. 선고 2008헌가25 결정. 헌법재판소는 이 결정에서 2010. 6. 30.을 입법 시한으로 제시하고 개선 입법이 이루어지지 않는 경우 집시법 제10조 중 '옥외집회' 부분은 2010. 7. 1.부터 효력을 상실한다고 정하였다.
222) 헌법재판소가 '이미 보편화된 야간의 일상적인 생활의 범주'에 속한다고 판단한 시간대이다.
223) 헌법재판소 2014. 3. 27. 선고 2010헌가2, 2012헌가13(병합) 결정.
    이후 헌법재판소는 구 집시법(2007. 5. 11. 법률 제8424호로 개정되기 전의 것) 제10조에 대하여도 '일몰시간 후부터 같은 날 24시까지의 옥외집회 또는 시위'에 적용하는 한 헌법에 위반된다고 결정하였다.

헌법재판소 결정에 따라 옥외집회는 시간제한 없이 허용되고, 시위는 자정부터 일출 전까지만 금지되고 있다. 집시법 제10조는 현재까지 특별히 개정되지는 않았다.[224]

한편 자유권규약위원회는 2015년 한국에 대한 최종견해에서 자정 이후의 시위 금지에 대하여 우려를 표명하였다.[225] UN 특별보고관 Maina Kiai는 앞서 본 금지 장소와 마찬가지로 특정 시간의 집회를 금지하되 예외를 허용하는 규정은 자유와 제한의 관계를 전도시킨다고 지적하였다.[226] 향후 입법 개선을 통해 예외 사유 없는 절대적 금지 시간을 정하는 규정은 되도록 폐지하고, 원칙적 허용, 예외적 금지의 체계를 채택하는 것이 바람직하다.

4. 코로나와 집회의 제한

「감염병의 예방 및 관리에 관한 법률」(이하 감염병예방법) 제49조 제1항 제2호는 질병관리청장, 시·도지사, 시장·군수·구청장 그리고 보건복지부장관은 감염병을 예방하기 위하여 집회를 제한하거나 금지하는 조치를 할 수 있다고 규정한다. 제80조 제7호로 집회 제한 조치를 위반한 경우 형사처벌할 수 있는 규정까지 두었다.[227] 이러한 규정과 이에 따른 집회 제한 조치는 공중보건이라는 목적을 위한 집회의 제한에 해당한다. 실제로 지방자치단체장이 코로나 확산 방지를 명목으로 제49조 제1항 제2호를 근거로 관할 지역에 대하여 일정기간 집회를 금지하는 조치를 하고, 제한 기간을 연장하는 방식을 취하는 사례가 많이 있었다.[228]

집회 제한 조치에도 불구하고 단체 또는 개인이 집회 신고를 하면 지방자치단체장과 관할 경찰서장이 금지통고를 하게 되는데, 금지통고를 받은 당사자가 법원에 금지통고에 대한 효력정지를 신청한 사건이 있었다. 서울행정법원은 행정청으로서는 감염병 예방에 관한

헌법재판소 2014. 4. 24. 선고 2011헌가29 결정.

224) 참고로 금지 시간을 변경하는 내용의 집시법 개정안이 2건 발의되어 있다. 집시법 일부개정 법률안(윤재옥 의원 대표발의), 의안번호 1037(2020. 6. 26.)은 옥외집회와 시위의 금지 시간을 오전 0시부터 오전 6시까지로 정하였다. 집시법 일부개정 법률안(전용기 의원 대표발의), 의안번호 2373(2020. 7. 24.)은 시위의 금지 시간을 오전 0시부터 오전 7시까지로 정하였다(오전 0시부터 오전 7시까지 옥외집회는 자유롭게 할 수 있으나 질서유지인을 두도록 정하였다).

225) Concluding Observations on Republic of Korea, CCPR/C/KOR/CO/4(2015), para. 52.

226) Report of the Special Rapporteur on Korea 2016(전게주 196), para. 30; Joint report of the Special Rapporteur 2016(전게주 40), para. 21.

227) 실제로 지방자치단체장의 집회 제한 조치에도 불구하고 집회를 개최한 사람을 형사처벌하는 판결이 선고되었다. 예컨대, 서울중앙지방법원 2021. 11. 4. 선고 2021고단561 판결(벌금 200만 원, 확정); 수원지방법원 안산지원 2021. 8. 19. 선고 2021고단1131 판결(벌금 150만 원, 확정) 참조.

228) 예컨대 서울특별시장은 2021. 7. 12. 서울특별시고시 제2021-362호(서울시 코로나 확산 방지를 위한 서울 전역 집회 금지 고시)로 서울특별시 전역에서 개최되는 집회를 2021. 7. 12. 0시부터 2021. 7. 25. 24시까지 금지하였다. 이후 서울특별시장은 집회 금지 기간을 여러 차례 연장하였다.

상당한 재량을 가지지만, 집회 제한 조치는 감염병 확산 우려가 있음이 객관적·합리적인 근거에 의하여 분명하게 예상될 때 필요최소한의 범위 내에서 이루어져야 한다고 판단하였다. 옥외집회를 전면 금지하는 조치는 과도한 제한에 해당하여 효력을 그대로 인정하기 어렵다고 결정하고, 법원이 정한 일정한 제한 내에서[229] 집회를 허용하는 내용으로 금지통고의 효력을 일부 정지시켰다.[230] 지방자치단체장이 감염병예방법의 포괄적인 규정에 따라 집회를 전면 금지하더라도, 법원이 집회의 자유와 국민보건과의 조화를 도모하여 집회 제한의 범위를 축소한 것으로 볼 수 있다.

지방자치단체장은 집회의 시간, 기간, 규모, 방법과 아울러 거리두기, 마스크 착용 등의 방역수칙, 백신접종에 관한 제반 상황을 고려하여 집회 제한 조치의 정도, 범위, 기간 등을 구체적으로 정해야 한다. 보다 근본적으로는 감염병예방법을 개정할 필요성도 있다. 즉 감염병예방법에서 정하는 '감염병'의 범위 자체가 넓은데도 제49조 제1항 제2호에서 치명률, 집단 발생의 우려, 전파 가능성에 따른 제한의 정도, 기간, 범위를 세분화하지 않았고, 전반적으로 규정 자체가 상당히 포괄적이다. 집회 제한 조치 이전에 지방자치단체장 등이 거쳐야 하는 절차에 관한 특별한 규정도 없다.

5. 살수차와 차벽을 활용한 집회 대응

가. 살수차

경찰은 대규모 시위, 예컨대 2011년 '한미FTA저지 시위', 2015년 '세월호참사 진상규명 시위'에서 살수차를 사용하여 교통방해, 신고 범위를 넘는 행진을 막거나 폭력행위에 대응하였다.[231] 이로 인하여 집회 참가자가 다치거나 심지어 사망하는 사건까지 발생하였다. UN 특별보고관 Maina Kiai는 물대포 사용에 대하여 효과가 무차별적이고 중대한 상해를 초래할 가능성이 있다며 우려를 표명하였다.[232]

---

229) 서울행정법원은 집회 참석자 규모를 주최자 측 포함 총 49명 이내로 한정하고, 집회 참가자들이 사용할 의자 또는 좌석을 설치하여 간격 2m 이상의 거리를 두며, 코로나19 검사 테이블(비접촉 체온계 또는 화상체온 측정기)과 참석자 명부를 비치해야 한다는 등의 집회 허용 일자 및 시간, 집회 참석자 규모, 집회 장소, 집회 조건에 관한 제한을 설정하였다.

230) 서울행정법원 2021. 10. 29.자 2021아12713 결정; 서울행정법원 2021. 10. 29.자 2021아12714 결정; 서울행정법원 2021. 10. 29.자 2021아12722 결정; 서울행정법원 2021. 10. 29.자 2021아12724 결정; 서울행정법원 2021. 10. 29.자 2021아12736 결정 등 참조.

231) 살수차의 살수 방법은 분사각도를 45° 이상으로 하여 물줄기를 발사함으로써 물줄기가 소낙비처럼 시위대에 떨어지게 하는 '분산살수', 공중을 향하여 물줄기가 포물선이 되도록 발사하는 '곡사살수', 물줄기가 일직선 형태가 되도록 시위대에 직접 발사하는 '직사살수', 최루액 혹은 염료를 물에 혼합하여 살수하는 '최루액 혼합살수', '염료 혼합살수' 등이 있다.

대법원은 직사살수로 상해를 입은 집회 참가자가 국가를 상대로 손해배상을 청구한 사건에서, 살수차는 필요최소한의 범위에서만 사용해야 하고, 특히 인명 또는 신체에 위해를 가할 가능성이 더욱 커지는 직사살수는 타인의 법익이나 공공의 안녕질서에 직접적이고 명백한 위험이 현존하는 경우에 한해서만 사용할 수 있다고 보았다. 그리고 집시법에서 정한 해산 사유를 구체적으로 고지하는 적법한 절차에 따른 해산명령을 시행한 후에 직사살수의 방법으로 해산을 할 수 있다고 전제하고, 경찰이 해산명령 절차를 거치지 아니한 채 직수살수를 한 것은 위법하다고 판단하였다.[233] 그리고 서울고등법원은 백남기씨 사망 사건에 관하여, 직사살수를 지시한 서울지방경찰청장, 서울지방경찰청 기동단장과 직사살수를 실시한 살수차 운영요원 2명에 대하여 주의의무 위반을 인정하고 업무상과실치사의 공소사실을 유죄로 인정하였다.[234]

헌법재판소는 2018년 최루액 혼합살수가 위헌이라고 판단하였다. 살수차 사용은 기본권에 대한 중대한 제한을 초래하므로 살수차 사용 요건이나 기준은 법률에 근거를 두어야 하는데, 경찰청 내부 지침인 「살수차 운용지침」에서 혼합살수를 정하고 있을 뿐, 다른 근거 법령이 없으므로 위 지침은 법률유보원칙에 위배되고 위 지침만을 근거로 한 혼합살수는 신체의 자유와 집회의 자유를 침해한다고 결정하였다.[235] 헌법재판소 결정에 따라 대통령령인 「위해성 경찰장비의 사용기준 등에 관한 규정」이 2020. 1. 7. 개정되면서 '살수차의 사용기준'이 새롭게 규정되었다. 헌법재판소는 2020년에는 백남기씨를 사망에 이르게 한 직사살수 역시 위헌이라고 판단하였다. 목적의 정당성은 인정되지만, 수단의 적합성, 침해의 최소성, 법익 균형성을 충족하지 못하므로 과잉금지원칙에 반하여 백남기씨의 생명권과 집회의 자유를 침해하였다고 결정하였다.[236]

현행 「위해성 경찰장비의 사용기준 등에 관한 규정」[237] 제13조의2 제1항은 소요사태로 인해 타인의 법익이나 공공의 안녕질서에 대한 직접적인 위험이 명백하게 초래되는 경우, 국가중요시설에 대한 직접적인 공격행위로 인해 해당 시설이 파괴되거나 기능이 정지되는 등 급박한 위험이 발생하는 경우에 한하여 살수차를 사용할 수 있다고 규정한다. 같은 조 제3항은 일반적인 살수로 위험을 제거·완화시키는 것이 곤란한 경우 최소한의 범위에서

---

232) Report of the Special Rapporteur on Korea 2016(전게주 196), para. 33.
233) 대법원 2019. 1. 17. 선고 2015다236196 판결.
234) 서울고등법원 2019. 8. 9. 선고 2018노1671 판결(확정).
235) 헌법재판소 2018. 5. 31. 선고 2015헌마476 결정.
236) 헌법재판소 2020. 4. 23. 선고 2015헌마1149 결정.
237) 경찰관 직무집행법 제10조 제6항에서 위해성 경찰장비의 종류 및 그 사용기준, 안전교육·안전검사의 기준 등은 대통령령으로 정한다고 규정한다.

722   장 태 영

최루액을 혼합하여 살수할 수 있다고 규정한다.[238] 다만 현재 경찰은 집회 현장에서 살수차를 사실상 사용하지 않고 있다.

나. 차벽

경찰은 대규모 시위에서 신고 범위를 넘는 행진, 불법 폭력사태를 미리 예방하기 위하여 특정 지역, 예컨대 광화문 일대, 서울광장 주변을 다수의 경찰버스를 촘촘하게 주차하는 방법으로 둘러싸는 '차벽'을 세우기도 하였다. UN 특별보고관 Maina Kiai는 차벽 설치는 필요성과 비례성을 충족하지 못한다며 우려를 표명하였다.[239]

경찰은 2009. 5.경 노무현 전 대통령 시민분향소(덕수궁 대한문 앞)를 찾은 사람들이 서울광장에서 불법 시위를 개최하는 것을 막기 위하여 서울광장 주변에 차벽을 설치하고 서울광장 출입을 제지하였다. 헌법재판소는 이러한 통행 제지는 과잉금지원칙을 위반하여 일반적 행동자유권을 침해한 것으로 위헌이라고 판단하였다. 전면적인 통행제지는 급박하고 명백하며 중대한 위험이 있는 경우에 한하여 취할 수 있는 거의 마지막 수단에 해당한다고 전제하였다.[240]

2015. 11.경 개최된 전국노동자대회에서 다수의 집회 참가자가 종로구청 입구 사거리를 점거하고 광화문 방면으로 진출을 시도하자 경찰이 차벽을 설치하여 이를 차단한 사건이 있었다. 대법원은 이러한 차벽 설치가 위법하지는 않다고 판단하였다. 당시 도로 점거가 신고 범위를 현저하게 일탈하였고 그 자체로 형사처벌 대상에 해당하는 점, 대규모 행진으로 물리적 충돌이 발생하고 시민의 재산, 생명, 신체에 중대한 손해가 발생할 위험이 있었던 점, 미신고 집회와 금지 장소의 집회라는 범죄를 막을 긴급한 필요가 있었고 차벽 이외에 별다른 수단이 없었던 점 등을 고려하였다. 그리고 차벽 설치 전에 이를 집회 참가자에게 경고하지 않았더라도 차벽 설치가 위법하게 되는 것은 아니라고 판시하였다.[241]

6. 디지털 기술발전과 집회

디지털 기술의 급속한 발전은 집회의 형태나 당국의 집회 관리에 큰 영향을 미치고 있다. 최근 많은 집회 관련 활동이 온라인으로 이루어지고, 디지털 서비스에 의존하고 있다. 당사

---

238) 경찰개혁위원회는 2017년 경찰청에 이와 유사한 취지의 '집회 · 시위 자유보장 방안'을 권고하였다. 경찰개혁위원회(인권보호 분과), '집회 · 시위 자유보장 방안'(2017. 9. 1.) 참조.
239) Report of the Special Rapporteur on Korea 2016(전게주 196), para. 37.
240) 헌법재판소 2011. 6. 30. 선고 2009헌마406 결정.
241) 대법원 2017. 7. 18. 선고 2017도725 판결. 같은 취지로 대법원 2017. 5. 31. 선고 2016도21077 판결도 참조.

국은 평화적인 집회와 관련된 인터넷, 네트워크를 방해하거나 차단해서는 안 된다.242) 그리고 인터넷서비스제공자, 인터넷중개자가 부당하게 집회를 제한하거나 참가자의 사생활을 침해하지 않도록 확보할 의무를 부담한다.243) 특히 감시 기술이 고도화되면서 위험원에 대한 발견이 용이하게 되었지만, 반대로 사생활을 침해하고 위축 효과를 야기할 가능성도 높아졌다.244) 당국의 집회 관련 정보 수집은 종국적으로 집회의 자유를 보장하는 데 목적을 두어야 하고, 집회의 자유를 억제하는 수단이 되어서는 안 된다.245)

다수의 사람이 이용하는 온라인 플랫폼을 보유·운영하는 회사의 영향력이 점차 커지고 있다.246) 이러한 회사 역시 집회의 자유를 비롯한 인권을 침해하지 않도록 적절한 조치를 취하고, 인권을 증진·강화하기 위하여 정부, 시민 사회와 협력할 필요가 있다.247)

헌법재판소는 일반적으로 집회를 '일정한 장소를 전제로 하여 특정 목적을 가진 다수인이 일시적으로 회합하는 것'이라고 해석한다.248) 그러나 향후 일정한 장소에 물리적으로 회합하는 것이 아닌 완전한 '온라인 집회'가 확산되고 점차 보편화될 수도 있다. 이 경우 집회 신고, 집회에 대한 방해 금지, 경찰관의 출입, 집회 해산에 관한 개념과 이해는 과거와 상당히 달라질 수 있다. 현행법상 옥외집회는 물론 옥외집회와 시위의 금지 장소·금지 시간 관련 규정은 무의미해질 수도 있다. 향후 집회, 집회의 자유와 그 제한에 관하여 시대 변화에 부합하는 이해와 접근이 필요할 것이다.

---

242) HRC General Comment No. 37(2020), para. 34; Concluding Observations on Cameroon, CCPR/C/CMR/CO/5(2017), para. 41.

243) HRC General Comment No. 37(2020), para. 34.

244) 상계주, para. 10.

245) 상계주, para. 61

246) Report of the Special Rapporteur 2019(전게주 26), paras. 3, 4. UN 특별보고관 Clément Nyaletsossi Voule는 정부가 반체제 인사, 정치적 반대자, 인권 활동가 등의 감시, 탄압에 디지털 기술을 활용하는 점과 아울러 지배적 온라인 플랫폼(예컨대, 페이스북, 트위터, 유튜브)이 '문지기'로서 개인이 온라인 공간에 접근하고 참여할 수 있는지 여부에 관하여 막강한 영향력을 행사하고 있는 점을 지적하였다.

247) 이와 관련하여 상계주, paras. 82-91 참조.

248) 헌법재판소 2014. 1. 28. 선고 2011헌바174, 282, 285, 2012헌바39, 64, 240(병합) 결정.

【다른 인권조약상의 관련 조항】

세계인권선언 제20조 제1항

1. 모든 사람은 평화적 집회와 결사의 자유에 관한 권리를 가진다.

1. Everyone has the right to freedom of peaceful assembly and association.

유럽인권협약 제11조

1. 모든 사람은 자신의 이익을 보호하기 위하여 노동조합을 조직하고, 이에 가입하는 권리를 포함하여 평화적인 집회 및 다른 사람과의 결사의 자유에 관한 권리를 가진다.
2. 이 권리의 행사에 대하여는 법률에 의하여 규정되고, 국가안보 또는 공공의 안전, 무질서 및 범죄의 방지, 보건 및 도덕의 보호, 또는 다른 사람의 권리 및 자유의 보호를 위하여 민주사회에서 필요한 것 이외의 어떠한 제한도 가하여져서는 아니 된다. 이 조는 국가의 군대, 경찰 또는 행정부의 구성원이 이러한 권리를 행사하는데 대하여 합법적인 제한을 부과하는 것을 방해하지 아니한다.

1. Everyone has the right to freedom of peaceful assembly and to freedom of association with others, including the right to form and to join trade unions for the protection of his interests.
2. No restrictions shall be placed on the exercise of these rights other than such as are prescribed by law and are necessary in a democratic society in the interest of national security or public safety, for the prevention of disorder or crime, for the protection of health or morals of for the protection of the rights and freedoms of others. This Article shall not prevent the imposition of lawful restrictions on the exercise of these rights by members of the armed forces, or of the police or of the administration of the state.

미주인권협약 제15조

비무장의 평화로운 집회의 권리가 인정된다. 이 권리의 행사에 대하여는 법률에 따라서 부과되고, 국가안보, 공공의 안전이나 공공질서를 위하여 또는 공중보건이나 도덕, 타인의 권리나 자유를 보호하기 위하여 민주사회에서 필요한 것 이외의 어떠한 제한도 과하여져서는 아니 된다.

The right of peaceful assembly, without arms, is recognized. No restrictions may be placed on the exercise of this right other than those imposed in conformity with the law and necessary in a democratic society in the interest of national security, public safety or public order, or to protect public health or morals or the rights or freedoms of others.

인간과 인민의 권리에 관한 아프리카 헌장 제11조

모든 개인은 다른 사람들과 자유롭게 집회할 권리를 가진다. 이 권리의 행사는 법률에 규정된 필요한 제한, 특히 국가안보, 안전, 보건, 윤리 및 타인의 권리와 자유를 위하여 규정된 제한에만 구속된다.

Every individual shall have the right to assemble freely with others. The exercise of this right shall be subject only to necessary restrictions provided for by law, in particular those enacted in the interest of national security, the safety, health, ethics and rights and freedoms of others.

제22조 결사의 자유[*]

이 혜 영

목 차

Ⅰ. 개관
Ⅱ. 적용범위(제1항)
  1. 결사의 목적 및 형태
  2. 결사할 자유
  3. 결사하지 않을 자유
  4. 노동조합
    가. 적극적 권리
    나. 소극적 권리
    다. 파업권
Ⅲ. 제한(제2항)
  1. 제한 요건
    가. 법률에 의하여 규정될 것
    나. 열거된 제한사유에 해당할 것

    다. 민주사회에 필요한 제한일 것
  2. 군대와 경찰
Ⅳ. 특별유보 및 ILO 기본협약과의 관계(제3항)
Ⅴ. 한국의 실행
  1. 헌법적 근거
  2. 조약의 비준·가입 및 유보
  3. 주요 쟁점
    가. 공무원의 노조가입
    나. 교원의 노조가입
    다. 해고자 등 노조가입
    라. 미등록 이주노동자의 노조가입
[다른 인권조약상의 관련 조항]

---

1. 모든 사람은 자기의 이익을 보호하기 위하여 노동조합을 결성하고 이에 가입하는 권리를 포함하여 타인과의 결사의 자유에 대한 권리를 가진다.

2. 이 권리의 행사에 대하여는 국가안보, 공공안전, 공공질서, 공중보건 또는 공중도덕의 보호, 또는 타인의 권리 및 자유의 보호를 위하여 민주사회에서 필요하며 법률에 규정된 제한 이외의 어떠한 제한도 부과될 수 없다. 이 조는 군대와 경찰의 구성원이 이 권리를 행사하는 데 대하여 합법적인 제한을 부과하는 것을 방해하지 않는다.

3. 이 조의 어떠한 규정도 「결사의 자유 및 단결권 보호에 관한 1948년의 국제노동기구협약」의 당사국이 그 협약에 규정된 보장을 침해할 수 있는 입법조치를 취하거나 이를 침해하는 방식으로 법률을 적용하는 것을 허용하지 않는다.

---

[*] 이 글은 필자의 "자유권으로서 '결사의 자유'에 관한 국제법적 의무와 한국의 실행 -자유권규약 제22조에 대한 유보 철회를 촉구하며-"(법학연구 제25권 제3호(2022))를 수정·보완한 것이다.

1. Everyone shall have the right to freedom of association with others, including the right to form and join trade unions for the protection of his interests.

2. No restrictions may be placed on the exercise of this right other than those which are prescribed by law and which are necessary in a democratic society in the interests of national security or public safety, public order (ordre public), the protection of public health or morals or the protection of the rights and freedoms of others. This article shall not prevent the imposition of lawful restrictions on members of the armed forces and of the police in their exercise of this right.

3. Nothing in this article shall authorize States Parties to the International Labour Organization Convention of 1948 concerning Freedom of Association and Protection of the Right to Organize to take legislative measures which would prejudice, or to apply the law in such a manner as to prejudice, the guarantees provided for in that Convention.

Ⅰ. 개관

결사의 자유에 대한 권리는 시민적 권리 및 정치적 권리로서의 성격을 모두 가진다.[1] 시민적 권리로서 결사의 자유는 국가나 사인에 의한 방해 없이 단체를 조직하거나 이에 가입할 자유를 보장하는 기능을 한다.[2] 정치적 권리로서 결사의 자유는 민주주의를 지탱하는 데 필수 불가결한 기능을 하는데, 정당의 존립 및 다당제의 근거가 되어주며 다양한 정치적 이해관계가 효과적으로 표현되는 데 기여한다.[3] 표현의 자유와 집회의 자유에 대한 권리도 시민적·정치적 권리로서의 성격을 모두 가진다는 점에서 결사의 자유와 유사한 측면이 있으며 이들은 상호보완적으로 기능한다.[4] 즉 결사의 자유와 집회의 자유는 모두 표현의 자유의 효과적 보장에 기여하는데, 결사의 자유는 장기적인 단체의 활동을 보장함으로써, 집회의 자유는 정치적 견해 등이 표현될 수 있는 장을 보장함으로써 표현의 자유 실현을 보조하는 기능을 한다.[5]

한편, 결사의 자유는 경제적 및 사회적 권리로서의 성격도 가진다는 면에서 집회의 자유

---

1) Nowak's CCPR Commentary(2019), p.614(para.2).
2) Taylor's Commentary(2020), p.611.
3) Taylor's Commentary(2020), pp.610-611.
4) Nowak's CCPR Commentary(2019), p.614(para.2).
5) R. Clayton & H. Tomlinson, The Law of Human Rights(Oxford University Press, 2003), p.1146.

와 구별된다.[6] 특히 결사의 자유는 노동조합을 자유롭게 조직하고 이에 가입할 자유를 보장함으로써 경제적 권리를 뒷받침한다. 노동자의 단결권은 자유권규약과 함께 「경제적, 사회적 및 문화적 권리에 관한 국제규약」(이하 사회권규약) 제8조와, 국제노동기구(International Labour Organization, ILO) 기본협약인 「제87호 결사의 자유 및 단결권 보호에 관한 협약」(1948)과 「제98호 단결권 및 단체교섭권 협약」(1949)에서 더욱 구체적으로 보장하고 있다. 이렇듯 노동자의 단결권이 사회권규약 및 ILO 협약들에 의해 구체적으로 보장됨에도 불구하고 이에 관한 조항을 자유권규약에도 설치할 실익이 있는지에 대한 의문이 규약문 성안 과정에서도 제기되기도 하였다. 결론적으로 이를 자유권규약에도 규정하지 않을 경우에 이 권리가 시민적 및 정치적 권리가 아니라는 오해를 야기할 수 있다는 데에 공감대가 형성되어 자유권규약에도 결사의 자유에 관한 독립조항이 설치되게 되었다.[7]

또한 결사의 자유가 가지는 다면적 성격으로 인하여 결사의 자유를 집회의 자유 등으로부터 분리해서 독립된 권리로 규정하는 것에 관해서도 이견이 없지 않았다. 예를 들어 자유권규약 초안의 성안 과정에서 소련은 결사의 자유와 집회의 자유의 밀접한 관련성을 고려하여 양자를 같은 조항에 함께 규정하자고 제안하였다.[8] 이 제안은 「세계인권선언」 제20조 및 「인권 및 기본적 자유의 보호에 관한 유럽협약」(이하 유럽인권협약) 제11조가 양자를 한 조항에 함께 규정한 선례에 바탕을 둔 것이었다. 그러나 다수의 국가는 양자가 상호 밀접한 관련성을 가지기는 하지만 별도의 조항으로 설치될 정도로 충분히 구별되는 내용의 권리라는 데 의견을 같이하였고, 이에 따라 결사의 자유에 대한 권리는 독립적 권리로서의 규범적 위상을 가지게 되는 현재의 방식으로 규약에 채택되었다.[9]

한편 결사의 자유에 관한 권리는 다양한 개별 인권조약 및 지역인권협약에 의해서도 추가적으로 보장되고 있다. 즉 세계인권선언 제20조와 사회권규약 제8조, ILO 제87호 협약, ILO 제98호 협약 외에도 여러 개별 인권조약들은 보호대상자들의 결사의 자유에 대한 권리를 보장하는 조항을 별도로 두고 있다. 예를 들어, 「소수민족 보호를 위한 골격협약」 제7조는 인종·종교·언어적 소수자에 대하여, 「모든 형태의 인종차별 철폐에 관한 국제협약」 제5조 제(d)(ix)항은 인종적 소수자에 대하여, 「아동의 권리에 관한 협약」 제15조 제1항은 아동에 대하여, 「장애인의 권리에 관한 협약」 제29조 제(b)항은 장애인에 대하여, 「모든 이주노동자와 그 가족의 권리보호에 관한 협약」 제26조는 이주노동자에 대하여, 「난민지위에

---

6) Nowak's CCPR Commentary(2019), 614(para.3).

7) A/2929(1956), p.161(para.146).

8) E/CN.4/L.126(1952).

9) A/2929(1956), pp.160-164; E/CN.4/SR.120(1949), p.11.

관한 협약」제15조는 난민에 대하여, 「무국적자 지위에 관한 협약」제15조는 무국적자에 대하여, 「여성에 대한 모든 형태의 차별철폐에 관한 협약」제7조 제(c)항은 여성에 대하여 결사의 자유를 각각 보장하고 있다. 또한 지역인권협약들, 즉 유럽인권협약 제11조, 「미주 인권협약」제16조, 「인간과 인민의 권리에 관한 아프리카 인권헌장」제10조도 결사의 자유를 보장하고 있다.

II. 적용범위(제1항)

1. 결사의 목적 및 형태

제1항은 "모든 사람은...[중략]... 타인과의 결사의 자유에 대한 권리를 가진다"고 하고 있을 뿐, 결사의 목적이나 형태를 제한하고 있지 않으므로 제1항의 적용대상이 되는 결사체의 범위는 매우 광범위하다. 결사의 목적이 종교적, 정치적, 상업적, 문화적, 사회적, 사교적인지를 불문하며, 결사체의 형태에 대한 제한도 없다.[10)

다만 공법상 법인은 개인의 자유로운 의사가 개입되지 않은 상태에서 법령에 의해 조직되었으므로 제22조의 적용대상이 아니다.[11) 위원회는 *Franz Wallmann v. Austria* 사건 (2004)에서, 제22조는 개인의 자유로운 의사로 조직된 결사체에만 적용된다며 다음과 같이 강조하였다.

오스트리아 상공회의소법에 의하면 호텔은 의무적으로 오스트리아 상공회의소에 가입해야 했다. 1996년 지방 상공회의소가 호텔 소유주인 통보인에게 10,230실링의 연회비 납부를 요구하자, 통보인은 상공회의소에의 강제 가입은 통보인의 결사의 자유를 침해한다며 연회비 납부를 거부하고 위원회에 개인통보를 제기하였다. 위원회는 제22조는 사적 단체에만 적용되는데, 오스트리아 상공회의소가 공법상의 조직이라는 이유로 이 사안에 제22조가 적용되지 않는다고 보았다. 이에 따라 통보인에 대한 가입 강제와 연회비 부과는 제22조에 대한 침해를 구성하지 않는다고 결정하였다.[12)

---

10) Nowak's CCPR Commentary(2019), p.615(para.6).
11) Taylor's Commentary(2020), p.614.
12) *Franz Wallmann v. Austria*, Communication No.1002/2001(2004). paras.2.1-2.7, 9.3-10. 위원회는 결사의 자유에 관한 권리보장을 회피하기 위한 목적으로 의도적으로 공법상 조직으로 설립한 경우라면 제22조의 적용이 고려될 수 있다고 보았으나, 이 사안에서 문제 된 상공회의소는 제22조의 보호를 회피하기 위해 설립된 조직에 해당하지도 않는다고 보았다.

2. 결사할 자유

제1항에 따라 모든 사람은 타인과 공동의 목적을 이루기 위하여 단체를 조직하거나 이미 존재하는 단체에 가입할 적극적 자유를 가진다. 따라서 개인은 국가나 사인으로부터 방해받지 않고 자유로운 의사로 타인과 연대하여 단체를 조직하거나 이미 존재하는 단체에 가입할 수 있어야 한다. 이를 위해 국가는 단체가 장기적 목적 추구를 위하여 법인으로 설립되는 데 필요한 법적인 틀을 제공할 의무를 가진다. 만약 국내법상 단체가 합법적으로 활동하기 위해서는 등록이 요구되는 경우라면, 국가가 특정 단체의 등록신청을 거부하는 것은 결사의 자유에 대한 중대한 침해에 해당할 수 있다. 위원회는 여러 국가보고서에 대한 최종견해에서, 단체의 설립 및 활동을 위해 등록을 요구하고 미등록시 범칙금을 부과하는 입법 하에서 국가기관이 인종적 소수자 및 성소수자 등을 대표하는 특정 단체들에 대한 등록절차를 부당하게 지체하는 것에 대한 우려를 표명해 왔다.[13]

결사의 자유는 비단 개인이 단체를 조직하거나 단체에 가입할 자유만을 보장하는 데 그치지 않으며, 단체의 회원들이 자유롭게 단체활동을 영위해 나갈 자유도 보장한다. 위원회는 *Korneenko v. Belarus* 사건(2012)에서 국가가 통보인이 소속된 시민단체에서 컴퓨터로 국회의원 선거 및 대통령 선거를 감시하고 미등록 출판물 및 선전자료를 만드는 등 정치적 활동을 하였다는 이유로 벌금을 부과하고 컴퓨터 장비를 압수한 것은 단체의 자유로운 활동에 대한 부당한 개입으로서 결사의 자유를 침해에 해당한다고 판단하였다.[14]

단체의 활동을 영위할 자유에 대한 가장 극단적인 침해는 단체를 해산시키는 것이다. *Belyatsky et al. v. Belarus* 사건(2007) 등에서 위원회는 제22조상 결사의 자유는 단체를 자유로이 조직하거나 단체에 가입할 자유뿐만 아니라 단체의 활동을 자유로이 영위할 자유도 포함한다고 강조하면서, 단체의 해산은 제22조 제2항 상의 제한사유가 충족된 경우에 한하여 정당화될 수 있다고 하였다.[15]

결사의 자유는 국가에 의해 침해될 수도 있지만, 사인에 의해서도 침해될 수 있다. 규안 성안 과정에서 결사의 자유가 오로지 정부의 개입으로부터의 자유만을 의미하는 것으로 규정하자고 제안했던 미국안은 많은 반대에 부딪혀 채택되지 못했다.[16] 따라서 국가는 사인

---

13) Concluding Observation on Greece, CCPR/C/GRC/CO/2(2015), paras.39-40; Concluding Observations on Sri Lanka, CCPR/C/LKA/CO/5(2014), para.22.
14) *Korneenko v. Belarus*, Communication No. 1226/2003(2012), paras.2.1-2.2, 10.2-10.4.
15) *Belyatsky et al. v. Belarus*, Communication No. 1296/2004(2007), para.7.2.
16) E/CN.4/365(1950); E/CN.4/SR/171(1950), paras.86, 91.

에 의한 결사의 자유 침해가 일어나지 않도록 할 적극적 의무도 부담한다.

3. 결사하지 않을 자유

제22조의 결사의 자유는 적극적 측면에서의 단체 결성·선택·가입의 자유뿐 아니라, 소극적인 측면에서의 단체를 결성하지 아니할 자유 및 특정 단체에의 가입을 강요당하지 아니할 자유를 포함한다.[17] 제22조에 소극적 자유가 명시되어 있지는 않지만, 이는 일반적 결사의 자유에서 당연히 도출되는 것으로 해석된다.[18] 위원회는 *Gauthier v. Canada* 사건(1999)에서 소극적인 결사의 자유에 대한 입장을 다음과 같이 표명하였다.

> 캐나다 신문사의 발행인인 통보인은 '의회 출입 기자단'(Parliamentary Press Gallery)이라는 사적 단체에 가입신청을 하였으나 거절당했다. 그런데 캐나다 의회규정에 의하면, 의회 출입 기자단 회원인 기자에 한하여 의회에의 출입자격이 부여되었기 때문에 통보인은 국회에 상시 출입할 수 있는 동등한 자격을 부여받지 못하였다. 이에 통보인은 규약 제19조가 보호하는 표현의 자유를 침해당했다고 주장하면서 위원회에 개인통보하였다. 위원회는 통보의 심리적격을 인정하는 결정을 하면서 해당 의회규정이 제19조뿐 아니라 제22조와 제26조를 침해할 여지도 있다고 하였다. 이에 본안 단계에서 통보인은 의회 출입 기자단에 소속되지 않은 기자들에게 의회에 대한 접근을 제한하는 해당 규정은 단체에 가입하지 않을 자유를 보장하는 제22조에도 위반된다는 주장을 펼쳤다. 이 주장에 대하여 위원회는 제22조에 따라 소극적 결사의 자유도 보장된다는 점을 부정하지 않았다. 다만 이 사건 통보인이 제22조와 관련된 권리침해에 대하여 필요한 입증을 하지는 못하였다고 보고 해당 부분에 대한 심리적격 결정을 철회하였다. 그러나 이에 대해서 위원 7인은 소수의견을 통해 결사의 자유에는 국가에 의해 특정 단체에 대한 가입을 강요받지 않을 권리인 소극적 결사의 자유가 포함되며, 의회 시설에 대한 접근 조건으로서 단체 가입을 요구할 경우에 해당 조치가 규약에 의해 허용되는 제한인지 여부를 입증할 책임은 국가에 있다고 하였다. 소수의견은 통보인이 제22조상의 권리 침해에 관하여 충분히 입증을 하였다고 판단하였다.[19]

---

17) Nowak's CCPR Commentary(2019), p.617(para.12.).
18) Taylor's Commentary(2020), pp.614-615.
19) *Gauthier v. Canada*, Communication No. 633/1995(1999), paras.2.1-2.5, 13.2, Individual Opinion (partly dissenting).

소극적 결사의 자유는 자신이 소속되기를 원하는 단체를 선택할 수 있는 자유와 그러한 단체가 없다면 새로운 단체를 설립할 수 있는 자유가 있을 때에야 실효적으로 보장되고 있다고 할 수 있다. 예컨대 인권증진을 위한 단체가 오로지 한 개만 존재할 수밖에 없는 제약이 있는 상황에서 해당 단체의 목적과 방법에 동의할 수 없다는 이유로 해당 단체에 가입하기를 원치 않는 경우라면, 해당 단체에의 가입이 강제되지 않는다는 사실만으로 결사의 자유가 충분히 보장되고 있다고 할 수 없다. 자신이 소속되기를 원하는 단체가 존재하는 단체 중에 없는 경우에 새로운 단체를 설립할 수 있는 자유가 법적으로나 사실상으로나 보장될 때에야 결사의 자유가 온전히 보장되고 있다고 할 수 있다.[20]

4. 노동조합

제1항은 "모든 사람은 자기의 이익을 보호하기 위하여 노동조합을 결성하고 이에 가입하는 권리를 포함하여 타인과의 결사의 자유에 대한 권리를 가진다"고 함으로써 노동조합을 결사의 한 유형으로서 특별히 언급하고 있다.

결사의 한 유형으로서 노동조합을 결성하고 이에 가입할 권리가 시민권의 성격을 가지는 점은 제1항에서 "자기의 이익"(his interests)을 보호하기 위하여 그러한 권리를 가진다고 한 것에서도 드러난다. 비교하자면, 사회권규약 제8조는 모든 사람이 "그의 경제적, 사회적 이익을 증진하고 보호하기 위하여" 노동조합을 결성하고 이에 가입할 권리를 가진다고 규정함으로써 노동조합의 결성·가입권의 경제적·사회적 권리로서의 측면을 부각시켰다. 반면에 자유권규약에서 사용된 "자기의 이익"을 보호하기 위하여 라는 문구는 노동조합이 개별 회원들의 시민권을 위해서도 활동해야 함을 강조하기 위한 목적으로 의도적으로 선택되었다.[21] 이 점을 염두에 두면서 다음은 노동조합의 결성·가입권의 적극적 측면과 소극적 측면, 단체행동권으로서 파업권에 대한 내용을 살펴본다.

---

20) Nowak's CCPR Commentary(2019), p.618(para.13).
21) 제3위원회에서의 규약 성안과정에서 "자기의 이익을 보호하기 위하여"라는 문구를 삭제하자는 벨기에안은 기각되었다. 당시 ILO 대표가 해당 문구를 지지하는 의견을 개진한 것이 기각의 주요 배경이 되었다 [A/C.3/SR.1086(1962), paras.3, 16, 33; A/C.3/SR.1087(1962), paras.4-5]. 한편 *J.B. et al. v. Canada* 사건(1986)에서 일부 위원들은 별개의견을 통해 해당 문구("자기의 이익을 보호하기 위하여")는 오로지 노동조합 결성 및 가입에의 자유를 수식하는 것이며 결사의 자유 전체를 수식하는 것은 아니라고 하였는데, 이는 문언의 구조상 타당한 해석이다[*J.B. et al. v. Canada*, Communication No. 118/1982 (1986), appendix(individual opinion), para.3.].

가. 적극적 권리

모든 사람은 자기의 이익을 보호하기 위하여 방해 없이 자유로이 노동조합을 결성할 권리와 자신이 원하는 노동조합을 선택하여 가입할 권리, 자유롭게 노동조합을 운영하고 단체활동을 영위할 권리를 가진다.[22] 따라서 노동조합에서의 활동을 이유로 개인을 형사처벌하거나 박해하는 것은 금지된다.[23] 위원회는 *López Burgos v. Uruguay* 사건(1981)에서, 우루과이가 노동조합장인 피해자를 불온결사죄(offence of subversive association) 혐의로 체포하고 고문 등 잔혹한 대우를 한 후에 실종되어 생사불명 상태에 처하게 한 행위는 결사의 자유에 대한 심각한 위반에 해당한다고 하였다.[24]

나. 소극적 권리

제1항에 언급된 노동조합을 결성하고 이에 가입할 권리가 노동조합에의 가입을 강요당하지 아니할 소극적 자유를 포함하는가 여부에 대해서는 이견이 존재해 왔다. 사실 노동조합에의 가입을 강제하면 조합원의 수를 충분히 확보할 수 있게 되고, 노동조합이 보다 효과적으로 조합원의 이익을 보호할 수 있도록 노동조합의 힘을 강화시키는 효과를 가지는 측면이 있다.

조합원임을 고용의 조건으로 삼아 조합원이 아닌 경우에는 해고하도록 하는 제도를 '클로즈드 숍'(closed shop)이라고 하는데, 클로즈드 숍 제도가 규약상 결사의 자유에 위반되는가가 위원회에서 다루어진 적은 없다. 그렇지만 영국의 클로즈드 숍 제도가 결사의 자유에 대한 침해에 해당하는지가 유럽인권재판소에서 다루어진 적은 있다. 유럽인권협약상 결사의 자유 조항과 규약상 결사의 자유 조항이 매우 유사하고 양자가 유사한 역사적 배경 하에서 채택된 점을 고려할 때, 클로즈드 숍에 관한 유럽인권재판소의 판단은 규약의 적용범위를 이해함에 있어서도 중요한 참조자료가 된다.[25] 이를 염두에 두면서 다음은 *Young, James & Webster v. The United Kingdom* 사건(1981)에서의 유럽인권재판소의 결정 및 논거를 검토한다.

---

22) Nowak's CCPR Commentary(2019), p.619(para.15.).

23) Taylor's Commentary(2020), p.617.

24) *López Burgos v. Uruguay*, Communication No. 52/1979(1981), paras.13-14.

25) J. Humphrey, "Political and Related Rights", *in* T. Meron, ed., Human Rights in International Law: Legal and Policy Issues(Oxford University Press, 1986), pp.171-191; Nowak's CCPR Commentary (2019), pp.619-620(para.16).

영국의 클로즈드 숍 제도는 노조가입 여부를 고용의 조건으로 삼고 노조가입을 거부하는 경우에 해고할 수 있도록 하고 있다. 이 사건의 통보인들은 개인적·정치적 이유로 조합원이 되는 것에 반대하였는데, 당시 영국법은 종교적 신념을 이유로만 노조가입을 거부할 수 있도록 하였기에 개인적·정치적 이유로 가입을 거부한 통보인들은 해고되었다. 이에 통보인들은 유럽인권협약 제11조의 결사의 자유를 침해받았다며 유럽인권재판소에 제소하였다. 재판소 다수의견은 노조가입을 강제하는 제도 자체는 협약 위반이 아닐 수 있다고 하는 한편, 생계수단을 박탈하는 해고라는 제재의 가혹성에 주목하였다. 즉 해당 제도가 노조가입 거부에 대한 제재로서 해고를 허용하는 것은 지나치게 가혹하다고 보아, 영국의 해당 제도가 협약 제11조가 보장하는 결사의 자유의 위반에 해당한다고 하였다.[26]

다. 파업권

사회권규약 제8조 제1항이 파업권을 명시하고 있는 것과 달리, 자유권규약 제22조 제1항은 파업권에 대해서 언급하고 있지 않다. 이에 자유권규약이 파업권까지 보장하는지 여부가 문제된다.

위원회는 *J.B. et al. v. Canada* 사건(1986)에 대한 심리적격성을 부정하는 결정을 하면서 규약 제22조에 파업권이 포함되지 않는다고 판단하였는데, 이 결정은 위원회 역사상 가장 논쟁적인 결정 중 하나로 여겨지고 있다.[27] 이 사건의 통보인들은 공무원의 파업을 금지한 캐나다 앨버타주의 1977년 공무원법이 규약 제22조가 보장하는 결사의 자유를 침해한다고 주장하며 위원회에 개인통보를 제기하였다. 결론적으로 위원회는 해당 통보의 재판적격성을 부정하는 결정을 하면서, 사회권규약 제8조 제1항이 노동조합 결성·가입권과 파업권을 별도로 규정하고 있음에도 불구하고 제22조 제1항이 노동조합 결성·가입권만 언급한 것은 파업권을 포함시키지 않기로 의도한 것이라고 판단하였다.

그런데 이러한 다수의견에 대하여 위원 5인은 반대의견을 개진하였다. 반대의견은 다수의견이 제22조의 적용범위를 너무 좁게 해석했다고 비판하였다. 제22조 제1항에 "(그 구성원의) 이익을 보호하기 위한" 것이 노동조합의 목적으로 규정된 점에 비추어 볼 때, 노동조합의 단체행동권이 제22조의 보호 범위에서 배제된다면 "(그 구성원의) 이익을 보호하기 위한" 활동

---

26) *Young, James & Webster v. The United Kingdom*, ECtHR Judgment, No. 7601/76; 7806/77(1981). 한편 노동조합 강제가입제도 자체가 소극적 결사의 자유의 침해에 해당한다는 소수의견(8인)이 있었다.
27) Nowak's CCPR Commentary(2019), pp.621-623(paras.19-22).

이 이루어질 수 없으므로 단결권 역시 유명무실해질 것이기 때문이다. 또한 규약 제22조에서 파업권을 명기하지 않은 이유는, 결사의 자유에 대한 일반적 권리를 규정하는 정황에서 파업행위라는 특정 행위만을 언급함이 적절치 않을 수 있다는 고려 때문이지 파업권을 배제시키려는 의도는 아닐 수 있다고 지적하였다. 더불어서 규약 제22조상 결사의 자유를 해석함에 있어서 사회권규약 제8조 및 ILO 제87호 협약에 대한 해석과 합치되도록 해석할 필요가 있다고도 지적하였다. 이에 위원회가 노동조합의 단체행동권을 인정하고 통보자들의 파업권이 부당하게 제한을 받았는지에 대한 본안심사를 했어야 했다고 논변하였다.[28]

그런데 위 사건에 대한 최초 통보가 규약위원회에 제출된 1982년 이전에 위 사안은 먼저 ILO의 결사의 자유위원회(Committee on Freedom of Association)에서 다루어졌었다. 결사의 자유위원회는 위 사안에 대한 1978년 결정에서, ILO 헌장이나 ILO 제87호 협약 어디에도 파업권이 명시되어 있지 않음에도 불구하고 앨버타주 정부에 파업의 금지를 필수적인 공공업무 분야로 한정하라고 권고함으로써 상기한 규약위원회의 입장과는 다른 판단을 하였다.[29]

사실 규약위원회도 제22조를 항상 좁게만 해석해 왔던 것은 아니었다. 파업권을 직접적 주제로 다룬 것은 아니었지만, *López Burgos v. Uruguay* 사건(1981)에서 이미 위원회는 규약 제22조의 결사의 자유에 대한 권리는 노동조합원으로서 활발한 노동운동을 영위할 권리까지 포괄하는 광의의 의미를 가진다고 해석하였다. 즉 해당 사건에서 위원회는 통보인이 노동조합장으로서 활발히 노동운동을 주도하였다고 해서 우루과이 정부가 박해를 가한 것은 제22조 위반에 해당된다고 결정한 바 있다.[30]

한편, *J. B. et al. v. Canada* 사건(1986) 결정 이후에 파업권에 대한 위원회의 입장은 점차적으로 변해왔다. 즉 위원회는 1990년대에 아일랜드, 과테말라, 독일, 칠레 등 여러 국가의 국가보고서에 대한 최종견해에서 파업권에 대하여 종전과는 다른 입장을 보였다.[31] 예

---

28) *J. B. et al. v. Canada*, Communication No. 118/1982(1986), paras.1.2, 6.2-6.5, appendix (Individual Opinion).

29) ILO Committee on Freedom of Association, 187th Report(1978), Case No. 893(Canada), para.546. 이후 1983년 케나다 앨버타 주 정부는 ILO결사의 자유위원회의 권고대로 문제의 지방공무원법을 개정하였다. 참고로 ILO 이행감독기구인 결사의 자유위원회는 ILO 헌장이나 ILO 제87호 협약 어디에도 파업권이 명시되어 있지 않음에도 불구하고 파업권을 결사의 자유에 내재하는 권리로 인정하는 법리를 발전시켜 왔다[ILO, Freedom of Association – Compilation of Decisions of the Committee on Freedom of Association, 6th ed(2018), para.752 참조].

30) *López Burgos v. Uruguay*, Communication No. 52/1979(1981), paras.2.1, 13.

31) Concluding Observation on Ireland, CCPR/C/79/Add.21(1993), para. 17; Concluding Observation on Guatemala, CCPR/C/79/Add.63(1996), para. 23; Concluding Observation on Germany, CCPR/C/

를 들어 1996년 독일에 대하여 위원회는 "국가 주요 부분과 국가 명의의 권한을 행사하지 않는 공무원들의 쟁의를 절대적으로 금지하는 것은 제22조에 위반될 수 있다"는 우려를 표명하였다.[32] 1999년 칠레에 대해서도 "공무원의 노조 결성, 단체 교섭권 및 파업의 일반적 금지는 규약 제22조에 따라 심각한 문제를 야기한다"며 관계 법률을 검토할 것을 권고하였다.[33] 2004년 리투아니아에 대하여는 리투아니아의 개정 노동법 중 파업금지에 관한 규정이 규약 제22조에 위반될 가능성이 있음을 지적하면서 법 개정을 권고하였다.[34] 보다 최근인 2017년 도미니칸공화국에 대하여도 "단결권 및 단체교섭권, 파업권을 포함하는 근로자의 결사의 자유를 실제에서 보장하기 위한 조치를 채택할 것"을 권고하였다.[35] 이상과 같은 위원회의 일련의 입장 변화를 종합해 볼 때, 파업권에 관한 개인통보가 다시 제기된다면 위원회가 종전과는 다른 판단을 할 가능성도 있을 것으로 예상된다.

Ⅲ. 제한(제2항)

1. 제한 요건

제2항은 "[결사의 자유에 대한 권리]의 행사에 대하여는 국가안보, 공공안전, 공공질서, 공중보건 또는 공중도덕의 보호, 또는 타인의 권리 및 자유의 보호를 위하여 민주사회에서 필요하며 법률에 규정된 제한 이외의 어떠한 제한도 부과될 수 없다"라고 하여 결사의 자유에 대한 제한이 정당화될 수 있는 경우를 명기하는 한편, 명기된 사유 이외의 어떠한 제한도 부과될 수 없도록 하고 있다.

이에 따르면 결사의 자유권의 행사에 대한 제한이 정당화되기 위해서는 반드시 다음의 세 가지 요건이 충족되어야 한다.[36] 첫째, 제한이 법률에 의하여 규정되어야 한다. 둘째 제22조 제2항에 열거된 사유, 즉 국가안보, 공공안전, 공공질서, 공중보건 또는 공중도덕의 보호, 또는 타인의 권리 및 자유의 보호 목적 중 하나를 달성하기 위한 제한이어야 한다. 셋째, 해당 목적을 달성하기 위하여 민주사회에서 필요한 제한이어야 한다. 다음은 각 요건에 대하여 순서대로 살펴본다.

79/Add.73(1996), para. 18; Concluding Observation on Chile, CCPR/C/79/Add.104(1999), para. 25.

32) Concluding Observation on Germany, CCPR/C/79/Add.73(1996), para. 18.

33) Concluding Observation on Chile, CCPR/C/79/Add.104(1999), para.25.

34) Concluding Observation on Lithuania, CCPR/CO/80/LTU(2004), para.18.

35) Concluding Observation on Dominican Republic, CCPR/C/DOM/CO/6(2017), para.32.

36) Nowak's CCPR Commentary(2019), p.624(para.24.).

가. 법률에 의하여 규정될 것

먼저 제한이 "법률에 규정된"(prescribed by law) 제한이어야 한다는 의미를 살펴본다. 이 문언의 통상적 의미에 따르면, 제한이 제정 법률이나 이에 상응하는 충분한 확정성을 가지는 관습법에 규정되어야 한다는 의미로 볼 수 있다.[37] 제한이 "법률에 규정된"(prescribed by law) 제한이어야 한다는 표현은 제18조(사상, 양심 및 종교의 자유)에 대한 제한(제3항)에서도 동일하게 사용되고 있다.[38] 지금까지 제22조에 대한 일반논평은 발표된 바 없지만, 제18조에 대한 일반논평(제22호)에서 위원회는 법률에 의하여 규정된다는 의미를 "제한의 부과는 반드시 법률에 의해 규율되어야 하며(must be established by law), 제18조에서 보장하는 권리를 손상시키는 방식으로 적용되어서는 안 된다"고 설명하였다.[39]

이 의미를 보다 구체적으로 이해하기 위하여 유사한 제한을 부과하고 있는 다른 조항상 표현과 비교해볼 필요가 있다. 예를 들어 제21조(집회의 자유)는 집회의 자유에 대한 제한이 "in conformity with the law"여야 한다고 하고 있는데 이는 직역하면 "법률에 부합하게"라는 의미로, 법률에 규정된 것과 구별된다. 즉 제21조상 집회의 자유에 대한 제한은 신속성이 요구되는 경우에 행정결정으로도 할 수 있겠으나 그 행정결정이 법률에 부합될 것이 요구된다는 점에서 다른 의미를 가진다.[40] 더불어서, 제12조(거주이전의 자유)와 제19조(표현의 자유)에 대한 제한요건을 규정한 조항(제3항)은 관련 자유에 대한 제한이 "provided by law"여야 한다고 정하고 있는데, 이는 "prescribed by law"와 유사한 개념으로 이해된다.[41] 제19조(표현의 자유)에 관한 일반논평(제34호)은 제한하는 법률이 다음과 같은 수준의 구체성을 가질 것을 요구하고 있어서, 이를 참조할 수 있다.

"제3항의 목적상, 규범이 "법률"의 특징을 지니기 위해서는, 충분히 정밀하게 공식화되어 사람들의 행위를 규제할 수 있어야 하며, 대중이 이에 쉽게 접근 가능하도록 해야 한다. 법률은 표현의 자유에 대한 제한을 집행하는 자에게 그 제한과 관련해 제약 없는 재량을 부여해서는 안 된다. 법률은 그 집행을 담당하는 자가 어떤 종류의 표현은 적절히 제한될 수 있고 어떤 표현은 제한될 수 없는지 알 수 있도록 충분한 지침을 제공해

---

37) HRC General Comment No.22(1993), para.8; Nowak's CCPR Commentary(2019), p.624.
38) Taylor's Commentary(2020), p.620.
39) HRC General Comment No.22(1993), para.8.
40) Taylor's Commentary(2020), p.620.
41) Taylor's Commentary(2020), p.620. 다만 규약상 'prescribed by law'와 'provided by law' 간에 의미의 차이가 있는지에 관해서는 불분명한 측면이 있다.

야 한다."[42]

나. 열거된 제한사유에 해당할 것

제22조 제2항에 열거된 사유, 즉 국가안보, 공공안전, 공공질서, 공중보건 또는 공중도덕의 보호, 또는 타인의 권리 및 자유의 보호 목적 중 하나를 달성하기 위한 제한만이 정당화될 수 있다. 다음은 각 사유의 의미에 대하여 검토한다.

첫째, 국가안보 또는 공공안전을 달성하기 위한 제한은 정당화될 수 있다.[43] 국가안보는 단순히 추정적인 위협이 아닌 구체적인 위협이 있을 때에만 제한사유로서 원용될 수 있다. 관련해서 위원회는 *Jeong-Eun Lee v. Korea* 사건(2005)에서 다음과 같이 판단하였다.

통보인은 한총련의 구성원이었다. 1997년 대법원의 판결에 의하여 한총련이 국가보안법이 규정하는 이적단체로 규정된 이래, 통보인은 이적단체 가입 혐의로 국가보안법 제7조 제1항, 제3항, 제5항 위반으로 기소되어 2001년 유죄 판결을 받았다. 위원회는 이 사건에서 해당 조치가 제22조 제2항에 열거된 목적 중 하나를 달성하기 위하여 민주사회에서 필요한 제한이었는지 여부를 중점적으로 검토하였다. 한국 정부는 한총련이 국가안보와 민주질서에 대한 위협이 될 수 있는 단체이므로, 문제 된 조치는 북한의 위협에 맞서 국가안보와 민주질서를 보호하기 위한 것으로서 정당화될 수 있다고 주장하였다. 그러나 위원회는 한국 정부가 한총련 가입으로 인하여 제기되는 국가안보 및 민주질서에 대한 위협의 정확한 성격을 구체적으로 입증하지 못하였다고 판단하였다. 즉 결사의 자유에 대한 제한이 정당화되기 위해서는 합리적이고 객관적인 정당화 사유의 존재만으로 충분하지 않으며, 열거된 사유에 대한 구체적 위협이 입증되어야 한다고 하였다. 나아가 위원회는 한총련 가입 금지가 국가안보 또는 민주질서에 대한 추정적·가정적 위협이 아닌 실제적 위협을 방지하기 위하여 필요한 조치여야 하며, 덜 침해적인 조치로는 위협 방지에 불충분함을 입증해야 한다고 하였다. 결론적으로 위원회는 한국 정부와 법원이 통보인 처벌이 국가안보와 민주질서에 대한 위협을 막으려는 목적을 달성하는 데에 필요한 이유 역시 입증하지도 못했다고 보았고, 이로써 통보인에 대한 유

---

42) HRC General Comment No.34(2011), para.25.
43) 국가안보에 추가해서 공공의 안전을 제한 사유로 포함시킨 것은 영국의 제안에 따른 결과였으나, 결사의 자유에 대한 제한사유 중에서 국가안보와 별도의 사유로서 유의미한 수준의 빈도로 원용되고 있지는 않는 것으로 보인다[Taylor's Commentary(2020), p.623].

죄 판결은 제22조에 위반된다고 판시하였다.[44]

둘째, 공공질서 유지를 위한 제한도 정당화될 수 있는 제한이다. 국가는 공공질서 유지를 위해 단체의 설립 및 활동을 규율하는 법을 시행할 수 있다. 이에 따라 단체 설립 요건으로 등록을 요구하고 등록의 형식이나 내용을 규율하는 것 자체는 공공질서 유지라는 정당한 목적을 위한 제한으로 여겨질 수 있다.[45] 그러나 그 제한은 달성하려는 목적에 비해서 과도해서는 안 된다.[46] 예를 들어 *Nikolai Kungurov v. Uzbekistan* 사건(2011)에서 위원회는 공공질서 유지 목적에 비해 부과되는 제한이 과도한 경우에 제22조 위반에 해당한다고 하였다.[47]

셋째, 공중보건 또는 공중도덕의 보호를 위한 제한은 정당화될 수 있다. 예를 들면 제약 회사나 유조선 회사의 활동은 공중보건을 이유로 제한될 수 있을 것이며, 포르노 상영관은 공중도덕을 이유로 제한될 수 있다.[48] 그러나 이 경우에도 부과된 제한은 달성하려는 목적에 비해서 과도해서는 안 된다.[49] *Malakhovsk v. Belarus* 사건(2005)에서 벨라루스 정부가 Minsk Vaishnava 공동체의 종교단체 등록 신청을 기각한 것이 공중도덕을 위한 정당한 제한이었는지가 문제가 되었다. 비록 이 사건의 다수의견은 규약 제18조 위반 판단을 하였다는 이유로 제22조 위반에 대해서는 검토하지 않았지만, 별개의견은 새로운 종교단체 등록 요건으로 20년간의 종교활동과 10개의 공동체 존재를 요구하는 것은 사실상 신생종교의 등록을 막는 결과를 초래하기에 정당화되기 힘든 과도한 제한이라고 하였다.[50]

넷째, 타인의 권리 및 자유의 보호를 위해 필요한 경우에 개인의 결사의 자유는 제한될 수 있다. 예를 들어 규약 제20조 제2항에 따라 금지되는 차별, 적의 또는 폭력의 선동이 될 수 있는 민족적, 인종적 또는 종교적 증오의 고취를 위한 단체의 조직 및 활동은 제한될 수 있다.[51] 다만 이런 경우에도 제한의 필요성이 입증되어야 하며, 국가는 달성하려는 목적에 비례하는 조치를 채택해야 한다. 결사의 자유를 덜 침해할 수 있는 조치가 있다면 그러한 조치를 채택해야 한다.[52]

---

44) *Jeong Eun Lee v. Republic of Korea*, Communication No. 1119/2002(2005), paras.2.1-2.5, 7.2-8.
45) Nowak's CCPR Commentary(2019), pp.625-626(para.28).
46) Taylor's Commentary(2020), p.624.
47) *Kungurov v. Uzbekistan*, Communication No. 1478/2006(2011), paras.8.5-8.7.
48) Nowak's CCPR Commentary(2019), p.626(para.30).
49) Taylor's Commentary(2020), p.626.
50) *Malakhovsky and Pikul v. Belarus*, Communication No. 1207/2003(2005), Individual Opinion.
51) Taylor's Commentary(2020), p.626.

다. 민주사회에 필요한 제한일 것

결사의 자유에 대한 행사의 제한은 상기한 목적달성을 위하여 민주사회에서 필요한 제한이어야 한다. 위원회는 여러 개인통보 사건에서 "민주사회에서 필요한 것"의 의미에 관하여, "정부와 다수 대중에 의해 지지받지 못하는 사상을 주장하는 결사라 할지라도 그러한 결사를 포함한 다양한 결사들의 존재와 기능이야말로 민주사회의 토대 중 하나"라고 설명하였다.[53] 따라서 결사의 자유권 행사에 대한 제한은 다원주의와 관용을 특징으로 하는 민주사회에 필요한 제한이어야 하며, 그 예로 인종차별을 고취시키는 단체설립 및 활동을 금지하고 위반자를 처벌하는 것을 들 수 있다.[54]

2. 군대와 경찰

군대와 경찰은 그 특수한 신분 및 업무 성격으로 인하여 결사의 자유를 제한받을 수 있다. 제22조 제2항은 "이 조는 군대와 경찰의 구성원이 이 권리를 행사하는 데 대하여 합법적인 제한을 부과하는 것을 방해하지 않는다"라는 점을 명시하고 있다. 군대와 경찰에 대한 특별 제한은 유럽인권협약 제11조 제2항을 모델로 작성된 것인데, 유럽인권협약과 비교해 볼 때 규약은 다음의 두 가지 면에서 차이를 보인다.

첫째, 유럽인권협약은 제11조에서 결사의 자유와 집회의 자유를 함께 규정하면서 두 가지 자유 모두가 특별 제한규정의 대상이 되도록 하고 있는 반면, 규약은 이들 권리들을 각각 제21조와 제22조에서 따로 규정하면서 특별 제한규정은 결사의 자유에만 적용되도록 하였다. 둘째, 유럽인권협약은 군대와 경찰뿐만 아니라 공무원의 결사의 자유에 대해서도 특별 제한을 부과할 수 있도록 하고 있는 반면, 규약은 군대와 경찰만을 언급하고 있다.[55]

군대와 경찰 구성원의 결사에 대한 제한 역시 법률에 의해 규정되어야 한다. 그러나 일반적 제한과 달리 다음의 두 가지의 요건은 충족하지 않아도 된다. 즉 제22조 제2항에서 열거되어 있는 제한 사유 중 하나에 해당하지 않고 민주사회에서 필요한 경우가 아닌 경우라도 군대와 경찰의 결사의 자유를 제한할 수 있다. 다만 이 경우에도 결사의 자유의 본질적 내용을 침해해서는 안 되며, 경찰의 노동조합 설립이나 가입에 대한 전면적인 금지는 제

---

52) Taylor's Commentary(2020), p.626.

53) 예를 들어 *Zvozskov et al. v. Belarus*, Communication No. 1039/2001(2006), para.7.2.; *Korneenko et al. v. Belarus*, Communication No. 1274/2004(2006), para.7.3 참조.

54) Taylor's Commentary(2020), p.621.

55) 미주인권협약 제16조 제3항, ILO 제87호 협약 제9조 제1항도 규약처럼 특별 제한이 군대와 경찰 구성원의 결사의 자유에만 적용되도록 규정하고 있다.

22조에 합치되지 않는다.[56] 이러한 해석은 제22조 제2항이 군대와 경찰 구성원의 권리 "행사"에 대해 제한을 부과할 수 있다고 하면서, 결사의 존재 자체에 대한 제한을 명시하지 않고 있는 점에 의해 뒷받침된다.[57]

제22조는 특별 제한의 대상인 군대와 경찰의 구성원의 범위를 명시적으로 규정하지 않고 있다. 각국의 국내법에 따라 군인의 구별은 비교적 용이하나, 경찰과 국내 치안 활동을 담당하는 여타 행정 기관 간의 경계는 유동적이다. 예를 들어 세무기관, 사법기관, 소방서, 산림기관 등과 같이 준경찰권을 행사하는 공무원의 결사의 자유는 제22조 제2항 제1문의 적용만을 받는지 또는 제2항 제2문에 따라 특별한 제한의 대상이 되는지는 각 당사국의 해석에 따라 달라질 수 있다.[58] 그러나 경찰의 정의를 되도록 좁게 규정하여 형식적 의미의 법집행 경찰로 한정하는 것이 제22조의 정신에 보다 부합할 것이다.

관련해서 ILO 제87호 협약 제9조 제1항에 대한 ILO 결사의 자유위원회 및 전문가위원회의 해석을 참조할 가치가 있다. 결사의 자유위원회는 "제87호 협약의 적용에서 배제될 수 있는 군인은 엄격한 방식으로 정의되어야 한다"는 입장이고, 전문가위원회도 "협약의 이 조항[에서]... 의문이 있는 경우 근로자는 민간인으로 판단되어야 한다"고 권고하고 있다.[59] 이런 이유로 군대의 민간인력이나 소방관, 교도관, 세무공무원 및 출입국공무원, 근로감독관, 안전요원은 군대 및 경찰에 포함되지 않는다고 해석해 왔다. ILO 결사의 자유위원회는 민간경비원과 같은 안전요원에 대해서도 "그 업무의 성질을 이유로 성질상 무기를 휴대할 필요가 있는 근로자에 대해서도 단결권이 보장되어야 한다"고 해석해 왔다.[60]

IV. 특별유보 및 ILO 기본협약과의 관계(제3항)

제3항은 "이 조의 어떠한 규정도 「결사의 자유 및 단결권 보호에 관한 1948년의 국제노동기구협약」의 당사국이 그 협약에 규정된 보장을 침해할 수 있는 입법조치를 취하거나 이를 침해하는 방식으로 법률을 적용하는 것을 허용하지 않는다"는 취지의 특별 유보 조항이다.

규약 성안과정에서 노동조합에 대한 더 강화된 보호의 근거를 명시하자는 의견에 따라

---

56) Nowak's CCPR Commentary(2019), p.628(para.35).
57) Nowak's CCPR Commentary(2019), p.628(para.36). 또한 결사에 대한 전면적인 금지보다는 특정 결사에의 참여 또는 일정한 활동만을 제한하고자 했던 초안자들의 의도는 규약 성안과정상의 준비문서에 의해서도 확인된다.
58) Nowak's CCPR Commentary(2019), p.628(para.37).
59) ILO(전게주 29), para.347.
60) 상게주, paras.372-373.

ILO 제87호 협약을 제22조 제3항에 특별 유보조항으로 규정하였다. 그러나 이 조항의 필요성에 반대하는 의견도 많았다. ILO 제87호 협약은 제22조보다 노동조합의 단결권 등과 관련하여 폭넓은 보호를 제공한다. 따라서 자유권규약 당사국이 동시에 ILO 협약의 당사국인 경우, 제22조에 특별한 언급이 없어도 당연히 제87호 협약상의 의무를 이행해야 한다. 반면에 ILO 제87호 협약의 당사국이 아닌 경우라면 제22조 제3항 이외의 의무가 강제되지 않는다.

그럼에도 불구하고 ILO 제87호 협약의 적용과 관련한 특별 유보 조항의 존재는, ILO 제87호 협약에 대한 해석이 규약 제22조을 해석함에 있어서 전혀 무관하지 않을 수 있음을 보여준다. *J. B. et al. v. Canada* 사건(1986)의 소수의견이 파업권이 제22조의 보호범위에 속한다는 주장의 근거로서 규약 제22조를 ILO 제87호 협약과 일치되게 해석하여야 한다는 점을 내세운 것도 이러한 맥락에서 이해할 수 있다.[61]

V. 한국의 실행

1. 헌법적 근거

결사의 자유와 관련하여 한국 헌법은 다음의 3개의 규정을 두고 있다. 첫째, 대한민국 헌법 제21조 제1항은 "모든 국민은 결사의 자유를 가진다"고 하여 결사의 자유를 보장하고 있고, 제2항은 "결사에 대한 허가는 인정되지 아니한다"고 하여 결사의 허가제를 금지하고 있다. 둘째, 제8조 제1항은 "정당의 설립은 자유이며 복수정당제는 보장된다"고 규정함으로써 정당설립의 자유와 복수정당제도를 채택하고 있다. 셋째, 제33조 제1항은 "근로자는 근로조건의 향상을 위하여 자주적인 단결권, 단체교섭권 및 단체행동권을 가진다"고 하여 근로3권을 보장하는 한편, 제2항은 "공무원인 근로자는 법률이 정하는 자에 한하여 단결권, 단체교섭권 및 단체행동권을 가진다"라고 하여 공무원은 법률에 의하여 인정된 자에 한하여 근로3권을 가지도록 하고 있다. 또한 제3항은 "법률이 정하는 주요방위산업체에 종사하는 근로자의 단체행동권은 법률이 정하는 바에 의하여 이를 제한하거나 인정하지 아니할 수 있다"고 하여 주요방위산업체 종사 근로자의 단체행동권을 법률로서 제한할 수 있도록 하고 있다.

2. 조약의 비준·가입 및 유보

한국은 1990년 자유권규약에 가입하면서 제14조 제5항, 제14조 제7항, 제23조 제4항과

---

61) *J.B. et al. v. Canada*, Communication No. 118/1982(1986), appendix(individual opinion).

함께 제22조에 대한 유보를 첨부하였다. 당시 한국에서는 교원과 공무원의 노조 결성이 일반적으로 금지되고 있었으며, 특히 교원노조 문제가 사회적으로 커다란 주목을 받던 시기였다. 한국 정부는 교원노조를 허용하지 않는다는 입장을 고수하고 있었기 때문에 제22조에 대하여 국내법의 한도 내에서만 적용하겠다는 취지의 유보를 첨부한 것이었다.[62] 이후 한국은 제22조를 제외한 나머지 조항에 대한 유보를 모두 철회하였다. 이로써 제22조는 대한민국이 유보한 유일한 조항으로 남아있다.

규약위원회는 대한민국의 국가보고서에 대한 최종견해에서 여러 차례 제22조에 대한 유보철회를 권고해 왔다. 제2차 최종견해(1999)에서 "아직도 남아있는 유보사항인 제22조에 대하여 그 철회를 검토할 것을 강력히 권고"한 이래,[63] 제3차 최종견해(2006) 및 제4차 최종견해(2015)에서도 반복적으로 제22조에 대한 유보 철회를 강한 어조로 권고하였다.[64] 위원회는 비교적 최근인 2019년에 제5차 국가보고서 제출을 위한 쟁점목록을 제시하면서도 제22조 유보 철회를 위해 취한 조치를 보고하도록 지시하였다.[65]

한편 한국은 2021년 4월 20일 결사의 자유에 관한 ILO 기본협약인 제87호 협약과 제98호 협약에 대한 비준서를 기탁하였고, 이들 협약은 기탁일로부터 1년 후인 2022년 4월 20일 발효하였다. 그런데 ILO 제87호 및 제98호 협약은 특히 다음의 두 가지 측면에서 자유권규약 제22조보다 더 두텁게 결사의 자유를 보장할 것을 요구하고 있다. 첫째, 규약위원회가 파업권에 대해 유보적 입장을 취해온 것과 달리, ILO 전문가위원회와 결사의 자유위원회는 파업권을 결사의 자유 원칙에서 파생되는 당연한 권리로서 인정해 왔다.[66] 즉 1959년에 ILO 전문가위원회가 결사의 자유와 관련한 최초의 일반조사(General Survey)에서 ILO 제87호 협약 제3조(근로자단체 및 사용자단체의 자유로운 단체 운영 및 활동권)로부터 파업권을 도출할 수 있다고 한 이래, ILO 이행감독기구들은 파업권을 협약이 보장하는 단결권의 내재적 귀결로서 근로자와 그 단체가 그 경제적·사회적 이익을 촉진하고 옹호하기 위해 사용할 수 있는 핵심적 수단으로 보아왔다.[67] 둘째, 규약 제22조 제2항은 결사의 자유가 법률

---

62) 정인섭, 국제인권규약과 개인통보제도(사람생각, 2000), pp. 147, 151-154.

63) Concluding Observations on the Republic of Korea, CCPR/C/79/Add.114(1999), paras.19-20.

64) Concluding Observations on the Republic of Korea, CCPR/C/KOR/CO/3(2006), para.8; Concluding Observations on the Republic of Korea, CCPR/C/KOR/CO/4(2015), para.55.

65) List of Issues Prior to Submission of the Fifth Periodic Report of the Republic of Korea, CCPR/C/KOR/QPR/5(2019), para.23.

66) ILO(전게주 29), para.752; ILO Committee on Freedom of Association, 363rd Report(2012), Case No. 2602(Republic of Korea), para.465; ILO Committee on Freedom of Association, 365th Report(2012), Case No. 2829(Republic of Korea), para.577.

67) ILO, Report of the Committee of Experts on the Application of Conventions and

에 의하여 제한될 수 있는 경우를 허용하고 있으나, ILO 제87호 및 제98호 협약에는 그러한 제한 규정이 없고, 협약이 보장하는 결사의 자유에 관한 권리들은 법률에 의해서도 제한될 수 없도록 하고 있다.[68] 이에 한국에 대하여 상기 ILO 기본협약들이 발효한 후에도 계속해서 규약 제22조에 대한 유보를 유지할 명분이나 실익이 있는지 의문이다. ILO 기본협약에 따라 부담하게 된 의무의 내용을 감안할 때, 한국이 규약 제22조에 대한 유보를 철회한다고 하여 새롭게 부담하게 될 의무가 추가되지는 않을 것으로 보이기 때문이다.

특히 규약 제22조에 대한 유보를 첨부한 주요 이유가 교원과 공무원의 노조 결성을 허용하지 않기 위함이었다는 점을 감안할 때, 우리 정부가 교원과 공무원의 노조결성 및 가입권을 모든 직급에 대하여 업무와 기능과 무관하게 예외 없이 보장할 것을 요구하는 ILO 협약을 비준하였다는 것은 이미 관련 국제적 기준을 수용할 의지를 보인 것으로 이해할 수 있다. 국제사회의 거듭된 유보철회 권고에도 불구하고 이를 계속 회피하는 것은 규약의 당사국으로서 신의성실한 태도는 아닐 것이다. 앞으로 한국은 규약 제22조에 대한 유보를 철회함으로써 결사의 자유에 관한 국제적 기준을 적극적으로 수용하고 이행할 의지를 가지고 있음을 더욱 적극적으로 보여줄 필요가 있다.

3. 주요 쟁점

지금까지 대한민국의 국가보고서에 대한 위원회의 최종견해에서 제22조와 관련하여 지적을 받아 온 주요 쟁점은 다음과 같다. 즉 위원회는 공무원 및 교원의 결사의 자유에 대해 남아있는 제약들에 대한 우려를 표명하면서 이들의 단결권을 보장하라고 권고하였고,[69] 해고된 근로자를 포함한 모든 부문의 노동자들이 노조에 가입할 수 있도록 할 것을 권고하였다.[70] 또한 외국인 근로자들에 대한 차별을 우려하였다.[71]

한편 EU는 2019. 1. 21.에 한국의 구 「노동조합 및 노동관계조정법」(이하 노동조합법) 일부가 한-EU FTA 노동조항상 의무에 부합하지 않는다는 등의 이유로 전문가패널 소집을 요청하였었다.[72] 이후 2021. 1. 25.에 일반에 공개된 전문가패널 최종보고서는 노동자 개념,

---

Recommendations, ILC, 43rd Session(1959), Part I, Report III, pp.114-115.

68) ILO Freedom of Association and Protection of the Right to Organise Convention, C87 (1948. 7. 9.), arts.1, 8(2) 참조,

69) Concluding Observations on the Republic of Korea, CCPR/C/79/Add.114(1999), para.19; Concluding Observations on the Republic of Korea, CCPR/C/KOR/CO/3(2006), para.19; Concluding Observations on the Republic of Korea, CCPR/C/KOR/CO/4(2015), paras.54-55.

70) Concluding Observations on the Republic of Korea, CCPR/C/KOR/CO/4(2015), paras.54-55.

71) Concluding Observations on the Republic of Korea, CCPR/C/KOR/CO/3(2006), para.12.

노조가입 범위, 노조 임원 자격에 관한 구 노동조합법 조항이 ILO 결사의 자유 원칙에 어긋남으로써 한-EU FTA 노동조항을 위반하였다며 한국을 대상으로 법개정을 권고하였다.[73] 상기한 패널보고서는 노동조합법이 개정(2021. 1. 5. 법률 제17864로 개정)되기 전인 2020. 11. 말까지의 상황을 기준으로 작성된 것이었다. 이에 정부는 패널보고서에 대한 정부입장을 발표하면서 노동조합법 개정으로 기존에 지적된 문제가 해소되었다고 하였으나,[74] 개정법이 우리 노동법제와 국제노동기준 사이에 상충되는 모든 지점들을 아우른다고 볼 수는 없어서 앞으로 국제노동기준과 국내법의 합치여부 내지 충돌에 관한 문제는 계속해서 쟁점이 될 것으로 예상된다.

이를 염두에 두면서 다음은 지금까지 규약위원회에 의해 지적되어 온 주요 쟁점, 즉 ① 공무원의 노조가입, ② 교원의 노조가입, ③ 해고자 등의 노조가입, ④ 미등록 이주노동자의 노조가입에 관한 한국의 실행을 검토한다.

가. 공무원의 노조가입

구 「공무원의 노동조합 설립 및 운영 등에 관한 법률」(이하 공무원노조법) 제6조에 따르면, 5급 이상의 공무원들은 노동조합에 가입할 수 없었고, 특정직공무원 중에서 외무행정·외교정보관리직을 제외한 공무원, 즉 법관 및 검사, 소방직 공무원, 교육공무원 등도 노동조합에 가입할 수 없었다. 이뿐만 아니라 다른 공무원에 대하여 지휘·감독권을 행사하거나 다른 공무원의 업무를 총괄하는 업무에 종사하는 공무원, 인사·보수에 관한 업무를 수행하는 공무원 등 노동조합과의 관계에서 행정기관의 입장에서 업무를 수행하는 공무원, 교정·수사 또는 그 밖에 이와 유사한 업무에 종사하는 공무원, 업무의 주된 내용이 노동관계의 조정·감독 등 노동조합의 조합원 지위를 가지고 수행하기에 적절하지 아니하다고 인정되는 업무에 종사하는 공무원도 노동조합에 가입할 수 없었다.

이에 대해서 규약위원회는 제3차 최종견해(2006)에서 고위직 공무원의 노조결성 및 가입

---

72) 이 외에도 EU는 한국이 4개 ILO 기본협약을 비준하지 않은 것이 FTA 노동조항상 기본협약 비준 노력 의무에 위배된다는 이유도 제기하였으나, 이에 대해서 전문가패널은 FTA 노동조항 위반에 해당하지 않는다고 판단하였다.

73) European Commission, "Panel of Experts Confirms Republic of Korea is in Breach of Labour Commitments under Our Trade Agreement", https://trade.ec.europa.eu/doclib/press/index.cfm?id= 2238(2021. 1. 25. 최종방문).

74) 고용노동부, 한-EU FTA 전문가 패널 보고서 관련 고용노동부 차관 브리핑(2021. 1. 25.) 참조("먼저, 패널의 세 가지 권고 사항 중 우리 노조법과 관련한 두 가지는 지난해 12월 법 개정으로 이행되었다고 판단됩니다.").

을 허용하라고 권고하였으며,[75] 제4차 최종견해(2015)에서도 공무원의 결사의 자유에 대한 부당한 제한이 부과되고 있다며 공무원들의 단결권을 더욱 보장하라고 권고하였다.[76] ILO 결사의 자유위원회도 대한민국에 대하여 공무원의 계급과 기능에 무관하게 5급 이상의 공무원, 소방관, 교도소 직원, 근로감독관 등 모든 공무원이 자신의 선택에 따라 노동조합을 설립하고 가입할 권리를 완전히 누리도록 보장할 것을 2006년부터 2017년까지 3차례에 걸쳐 권고하였다.[77]

이러한 국제사회의 권고를 배경으로 한국은 공무원노조법을 개정하여 2021. 7. 6.부터 시행하였다. 개정법은 규약위원회 및 ILO 결사의 자유위원회의 권고를 상당 부분 반영하여 직급제한을 폐지함으로써 5급 이상 공무원의 노조가입을 허용하였고(제6조 제1항 제1호, 제2호, 제3호),[78] 소방공무원과 교육공무원(교원은 제외)의 노조가입을 허용하였다(제6조 제1항 제2호). 또한 퇴직공무원에 대하여도 노조가입을 허용하되, 그 자격은 노조 규약을 통해 자율적으로 정하도록 하였다(제6조 제1항 제4호).[79] 한편 직무 특성에 따른 가입제한 조문(제6조 제2항)을 정비하여, "업무의 주된 내용이" 다른 공무원에 대하여 지휘·감독권을 행사하거나 다른 공무원의 업무를 총괄하는 업무에 종사하는 공무원과, "업무의 주된 내용이" 인사·보수 또는 노동관계의 조정·감독 등 노동조합의 조합원 지위를 가지고 수행하기에 적절하지 아니한 업무에 종사하는 공무원은 노동조합에 가입할 수 없도록 하였다. 이로써 근로감독관은 노조가입 대상에서 제외되게 되었다. 또한 국제사회의 거듭된 권고에도 불구하고, 교정·수사 등 공공의 안녕과 국가안전보장에 관한 업무에 종사하는 공무원, 즉 교도관은 노조가입 대상에서 제외되었다(제6조 제2항 제3호).

개정법이 노조가입 범위에서 직급기준을 삭제함으로써 5급 이상 공무원의 노조가입을 허

75) Concluding Observations on the Republic of Korea, CCPR/C/KOR/CO/3(2006), paras.8, 19.

76) Concluding Observations on the Republic of Korea, CCPR/C/KOR/CO/4(2015), paras.54-55.

77) ILO Committee on Freedom of Association, 340th Report(2006), Case No. 1865(Republic of Korea), paras.751-752; ILO Committee on Freedom of Association, 346th Report(2007), Case No. 1865 (Republic of Korea), paras.738-741; ILO Committee on Freedom of Association, 382nd Report (2017), Case No. 1865(Republic of Korea), para.42.

78) 개정법은 공무원노동조합 가입범위에서 직급기준을 삭제함으로써 5급 이상 공무원의 노조가입을 허용하였으나, 법 개정 이후에도 지휘·감독자 등 직무에 따른 가입 제한은 기존과 동일하게 유지하였다. 따라서 실제로는 5급 이상 중 실무에 종사하는 공무원만이 노조가입을 할 수 있을 것이다.

79) 이에 따라 구법 하에서 "면직·파면 또는 해임된 공무원은 노동위원회에 부당노동행위 구제신청을 한 경우를 제외하고는 '근로자가 아닌 자'에 해당하는 것으로 보아야 한다"고 판시한 대법원 판례는 개정법이 퇴직공무원에 대하여도 노조가입을 허용함에 따라 더 이상 유지되기 어렵게 되었다. 관련해서 대법원 2014. 4. 10. 선고 2011두6998 판결 참조.

용하고 소방 및 교육공무원(국립대 조교 등), 퇴직공무원의 노조가입도 허용한 것은 국제적 기준에 부합하는 방향으로의 개정이라고 평가할 수 있다. 그러나 교정공무원과 근로감독관, 지휘·감독자 등 관리 및 정책결정권한을 가진 공무원의 노조가입을 부정하고 있는 것은 여전히 국제적 기준과는 차이를 보이는 부분으로 향후 노동법 해석에서 논란이 지속될 수 있는 지점이다.[80]

나. 교원의 노조가입

구 「교원의 노동조합 설립 및 운영에 관한 법률」(이하 교원노조법) 제2조에 따르면, 해직 교원을 비롯하여 퇴직한 교원과 유아교육법과 고등교육법 상의 교원은 노동조합에 가입할 수 없었다. 이에 대하여 규약위원회는 교사의 결사의 자유에 관해 남아있는 제약들이 규약 제22조의 요건을 충족시키지 않는다고 지적하였고,[81] 해고된 사람을 포함한 모든 부문의 노동자들이 노조에 가입할 수 있도록 하라고 권고하였다.[82] ILO 결사의 자유위원회도 한국 정부에게 해직 교사가 노동조합에 가입하는 것을 금지하는 조항을 개정하거나 폐지하라고 촉구하였다.[83]

마침내 교원노조법이 개정되어(2020. 6. 9. 법률 제17430호로 개정) 유치원 교사와 대학 교수에게도 노조가입이 허용되게 되었다(제2조). 또한 이후에 새로 개정된 교원노조법(2021. 1. 6. 법률 제17861호로 개정)에 따라 해직 교원도 노조가입을 할 수 있게 되었다(제2조). 이에 따라 문제가 되어왔던 교원의 노동조합 가입 쟁점은 대체로 해결이 된 것으로 보인다. 앞으로 개정법이 국제기준에 부합하는 방향으로 운용되는지 지켜볼 일이다.[84]

다. 해고자 등 노조가입

노동조합법 제2조 제1호는 "근로자"를 "직업의 종류를 불문하고 임금·급료 기타 이에 준하는 수입에 의하여 생활하는 자"로 정의하고, 제4호에서 "노동조합"을 "근로자가 주체가 되어 자주적으로 단결하여 근로조건의 유지·개선 기타 근로자의 경제적·사회적 지위의 향상을 도모함을 목적으로 조직하는 단체 또는 그 연합단체를 말한다"고 규정하고 있다. 그런

---

80) 김동현·이혜영, "결사의 자유에 관한 국제노동기구(ILO) 기본협약 비준과 노동법의 쟁점", 사법정책연구원(2022), p.271.
81) Concluding Observations on the Republic of Korea, CCPR/C/79/Add.114(1999), para.19.
82) Concluding Observations on the Republic of Korea, CCPR/C/KOR/CO/4(2015), para.55.
83) ILO Committee on Freedom of Association, 371st Report(2014), Case No. 1865(Republic of Korea), para.53.
84) 관련해서 대법원 2021. 12. 30. 선고 2017도15175 판결; 김동현·이혜영(전게주 80), pp.280-281 참조.

데 노동조합법 제4호 단서는 "근로자가 아닌 자의 가입을 허용하는 경우"에는 노동조합으로 보지 아니한다고 하고 있다.[85] 이처럼 노동조합법이 규정하는 노동조합의 개념에서 그 구성원인 근로자의 범위를 어떻게 규정하는지는 매우 중요하다. 근로자로 인정받지 못하는 자는 노동조합을 결성하거나 이에 가입할 수 없으며, 근로자 아닌 자가 가입한 노동조합은 노동조합법상 노조지위를 잃게 될 수 있기 때문이다. 관련해서 해고자 및 종업원 아닌 조합원(비종사자)을 노조가입이 허용되는 근로자로 볼 수 있는가가 문제 된다.

개정 전 구 노동조합법 제2조 제4호 라목은 "근로자가 아닌 자의 가입을 허용하는 경우"에는 노동조합으로 보지 않는다고 하면서, "다만, 해고된 자가 노동위원회에 부당노동행위를 구제신청을 한 경우에는 중앙노동위원회의 재심판정이 있을 때까지는 근로자가 아닌 자로 해석하여서는 아니 된다"고 규정하고 있었다. 그런데 대법원은 구법 하에서의 근로자 개념을 초기업 노조(산업별·직종별·지역별 노조 등)와 기업별 노조로 이원화하여, 초기업 노조의 경우에는 실업자나 구직자를 비롯하여 노동3권을 보장할 필요성이 있는 자도 근로자에 해당한다고 보는 반면에, 기업별 노조의 경우에는 (해고의 효력을 다투는 법적 절차가 진행 중인 경우를 예외로) 실업자와 구직자를 근로자에 해당하지 않는다고 보았다.[86]

이에 대해서 규약위원회는 제4차 국가보고에 대한 최종견해에서 "해고된 근로자들에게 가입자격이 주어진다는 이유로 노동조합 설립신고가 거부된 사건에 대해 우려한다"고 하면서, 당사국에 대하여 해고된 사람을 포함한 모든 부문의 노동자들이 노조에 가입할 수 있도록 할 것을 권고하였다.[87] ILO 결사의 자유위원회도 해고된 근로자 및 실직자의 조합원 자격 유지를 부정하고 있는 우리나라 구 노동조합법 제2조 제4호 라목에 대하여 "조합원 자격요건의 결정은 노동조합이 그 재량에 따라 규약으로 정할 문제이고 행정당국은 노동조합의 이러한 권리를 침해할 수 있는 어떠한 개입도 하여서는 아니 된다"고 하였다.[88] 또한 "조합원이 해고됨으로써 그 자가 자신의 단체 내에서 조합활동을 계속하지 못하도록 하는 것은 반조합적 차별행위의 위험성을 내포하는 것이며, 노동조합 임원이 조합원이 아니라는 이유로 노동조합의 유효성을 문제 삼거나 노동조합설립신고를 거부하는 결과를 초래하고 있으므로, 해당 법규정을 폐지함으로써 결사의 자유 원칙 위반상황을 신속하게 종결할

---

85) 다만, 해고된 자가 노동위원회에 부당노동행위의 구제신청을 한 경우에는 중앙노동위원회의 재심판정이 있을 때까지는 근로자가 아닌 자로 해석하여서는 아니 된다(구 노동조합법 제2조 제4호 라목).

86) 대법원 2004. 2. 27. 선고 2001두8568 판결; 대법원 2017. 6. 29. 선고 2014도7129 판결. 관련 분석은 김동현·이혜영(전게주 80), pp.239-241 참조.

87) Concluding Observations on the Republic of Korea, CCPR/C/KOR/CO/4(2015), paras.54-55.

88) ILO Committee on Freedom of Association, 327th Report(2002), Case No. 1865(Republic of Korea), para.490.

것"[89])을 권고하였다.

이러한 배경에서 개정된 노동조합법(2021. 1. 5. 법률 제17864로 개정)은 대법원의 종전 판례에 의해 기업별 노조에 해고자 등의 노조가입을 제한하는 것으로 반대해석되는 구 노동조합법 제2조 제4호 라목 단서를 삭제하고, 종래 일시적 실업자나 구직자도 포함하는 것으로 해석되고 있었던 라목 본문의 근로자만을 남김으로써 기업별 노조에도 해고자 등이 가입할 수 있도록 노조원 자격을 확대하였다.[90] 또한 노동조합법 제5조 제2항과 제3항을 신설하여, 사업 또는 사업장에 종사하는 근로자가 아닌 조합원은 사용자의 효율적인 사업 운영에 지장을 주지 아니하는 범위에서 사업 또는 사업장 내에서 노동조합 활동을 할 수 있도록 하고, 종사근로자인 조합원이 해고되어 노동위원회에 부당노동행위의 구제신청을 한 경우에는 중앙노동위원회의 재심판정이 있을 때까지는 종사근로자로 보도록 하였다.

다만 개정법은 제2조 제4호 라목 본문에서 노동조합으로 보지 않는 사유로 "근로자가 아닌 자의 가입을 허용하는 경우"를 존치하였는데, 이 의미에 대하여 정부는 프랜차이즈 점주 등 순수한 자영업자들로 구성된 노동조합을 노동조합법상 노조로 보지 않겠다는 취지라고 설명하였다.[91] 이러한 정부의 설명에 따르면, 기업별 노조의 조합원 중에 순수 자영업자가 일부라도 포함되어 있다면 조합 전체에 대한 노동조합법상 보호가 배제될 수 있다. 이는 노동조합의 가입대상과 범위는 노동조합이 자율적으로 정하여야 한다는 원칙에 부합하지 않을 수 있다.[92] 또한 종업원이 아닌 조합원의 사업장 내 조합활동을 허용하되 일정한 제한을 두는 규정(제5조 제2항 및 제3항)에 따라 비종사근로자인 조합원, 특히 초기업노조의 간부·조합원들과 간접고용 근로자들이 사업장 내에서 조합활동을 할 때 추가적 제한을 받게 될 가능성도 존재한다.[93]

라. 미등록 이주노동자의 노조가입

규약위원회는 제3차 국가보고서에 대한 최종견해에서 "외국인 근로자들이 직장에서 직면

89) ILO Committee on Freedom of Association, 307th Report(1997), Case No. 1865(Republic of Korea), paras.224, 333; ILO Committee on Freedom of Association, 353th Report(2009), Case No. 1865 (Republic of Korea), para.749(c)(v).
90) 고용노동부, "「개정 노동조합 및 노동관계조정법」 설명자료"(2021. 3.), p.23; 김동현·이혜영(전게주 80), p.248.
91) 고용노동부, "「개정 노동조합 및 노동관계조정법」 설명자료"(2021. 3.), p.25; 김동현·이혜영(전게주 80), p.248.
92) 김동현·이혜영(전게주 80), p.248.
93) 윤애림, "국제노동인권 기준에 비추어 본 정부 노조법 개정안의 문제점", 『노조법 개정 관련 노사정 토론회』, 고용노동부(2020. 10. 21.), pp.10-11.

하는 지속적인 차별행위와 학대에 대한 보호 및 시정조치가 마련되어 있지 않은 점을 우려한다"고 하면서, 이러한 한국의 현실이 제22조에 부합하지 않음을 시사한 바 있다.[94] 또한 ILO 결사의 자유위원회도 이주노동자들을 노조활동을 했다는 이유로 추방하는 것은 노조활동에 대한 부당한 방해행위에 해당한다고 하면서, "결사의 자유와 단체교섭권, 고용과 직업에서의 차별금지, 강제노동금지 및 아동노동의 철폐에 관한 ILO의 기본협약은 체류자격상 지위와 관계없이 모든 이주근로자를 대상으로 한다"고 강조하였다.[95]

한편 대법원은 2015년 6월 25일에 미등록 이주노동자가 포함된 노동조합의 합법성을 인정하는 판결을 선고하였는데, 해당 판결은 외국인이 체류자격 유무와 무관하게 우리 노동법상 단결권의 주체라는 점을 다음과 같이 명확히 하였다는 점에서 큰 의의가 있다.[96] 즉 대법원은 "타인과의 사용종속관계 하에서 근로를 제공하고 그 대가로 임금 등을 받아 생활하는 사람은 노조법상 근로자에 해당하고, 노조법상의 근로자성이 인정되는 한, 그러한 근로자가 외국인인지 여부나 취업자격의 유무에 따라 노조법상 근로자의 범위에 포함되지 아니한다고 볼 수는 없다."고 판시하였다.[97]

다만 대법원 판결은 "외국인 근로자들이 조직하려는 단체가 '주로 정치운동을 목적으로 하는 경우'와 같이 노조법 제2조 제4호 각목 해당여부가 문제된다고 볼 만한 객관적 사정이 있는 경우에는" 설립신고가 반려될 수 있을 뿐 아니라, 설령 설립신고를 마쳤다 하더라도 적법한 노조가 아닐 수 있다는 취지의 언급을 하였다.[98] 그런데 실제 이 사안에서 외국인 근로자들이 조직하려는 단체였던 '서울경기인천 이주노동자 노동조합'의 활동에는 고용허가제 폐지 및 이주노동자 합법화 운동 등 정치적 성격을 가지는 활동이 포함되어 있었다. 이에 대법원 판결 직후인 2015. 7.에 해당 조합이 재차 설립신고를 하자, 서울지방고용노동청은 해당 조합의 주목적이 정치운동이라는 이유로 설립신고 수리를 거부하고 규약 수정을 요구했다.[99] 따라서 위 판결에서 정치운동을 주된 목적으로 하는 노동조합을 일률적으로 부정하는 취지로 읽힐 수 있는 부분의 타당성에 대한 논란의 소지는 남아있다고 볼 수 있다.

---

94) Concluding Observations on the Republic of Korea, CCPR/C/KOR/CO/3(2006), para.12.
95) ILO Committee on Freedom of Association, 353rd Report(2009), Case No. 2620(Republic of Korea), paras.788, 795.
96) 김동현·이혜영(전게주 80), pp.281-283.
97) 대법원 2015. 6. 25. 선고 2007두4995 전원합의체 판결.
98) 판례의 설시는 방론이기는 하지만 노동행정 현장에서는 실제 규범력을 발휘하는 측면이 있다. 김동현·이혜영(전게주 80), p.285 참조.
99) 이다혜, "이주노조 대법원 판결의 의의와 한계", 노동법학 제56호(2015), p.372.

세계인권선언 제20조

1. 모든 사람은 평화적 집회와 결사의 자유에 관한 권리를 가진다.
2. 어느 누구도 어떤 결사에 소속될 것을 강요받지 아니한다.

1. Everyone has the right to freedom of peaceful assembly and association.
2. No one may be compelled to belong to an association.

경제적·사회적 및 정치적 권리에 관한 국제규약 제8조

1. 이 규약의 당사국은 다음의 권리를 확보할 것을 약속한다.
   (a) 모든 사람은 그의 경제적, 사회적 이익을 증진하고 보호하기 위하여 관계단체의 규칙에만 따를 것을 조건으로 노동조합을 결성하고, 그가 선택한 노동조합에 가입하는 권리. 그러한 권리의 행사에 대하여는 법률로 정하여진 것 이외의 또한 국가안보 또는 공공질서를 위하여 또는 타인의 권리와 자유를 보호하기 위하여 민주 사회에서 필요한 것 이외의 어떠한 제한도 과할 수 없다.
   (b) 노동조합이 전국적인 연합 또는 총연합을 설립하는 권리 및 총연합이 국제노동조합조직을 결성하거나 또는 가입하는 권리
   (c) 노동조합은 법률로 정하여진 것 이외의 또한 국가안보, 공공질서를 위하거나 또는 타인의 권리와 자유를 보호하기 위하여 민주사회에서 필요한 제한 이외의 어떠한 제한도 받지 아니하고 자유로이 활동할 권리
   (d) 특정국가의 법률에 따라 행사될 것을 조건으로 파업을 할 수 있는 권리
2. 이 조는 군인, 경찰 구성원 또는 행정관리가 전기한 권리들을 행사하는 것에 대하여 합법적인 제한을 부과하는 것을 방해하지 아니한다.
3. 이 조의 어떠한 규정도 결사의 자유 및 단결권의 보호에 관한 1948년의 국제노동기구협약의 당사국이 동 협약에 규정된 보장을 저해하려는 입법조치를 취하도록 하거나, 또는 이를 저해하려는 방법으로 법률을 적용할 것을 허용하지 아니한다.

1. The States Parties to the present Covenant undertake to ensure:

(a) The right of everyone to form trade unions and join the trade union of his choice, subject only to the rules of the organization concerned, for the promotion and protection of his economic and social interests. No restrictions may be placed on the exercise of this right other than those prescribed by law and which are necessary in a democratic society in the interests of national security or public order or for the protection of the rights and freedoms of others;

(b) The right of trade unions to establish national federations or confederations and the right of the latter to form or join international trade-union organizations;

(c) The right of trade unions to function freely subject to no limitations other than those prescribed by law and which are necessary in a democratic society in the interests of national security or public order or for the protection of the rights and freedoms of others;

(d) The right to strike, provided that it is exercised in conformity with the laws of the particular country.

2. This article shall not prevent the imposition of lawful restrictions on the exercise of these rights by members of the armed forces or of the police or of the administration of the State.

3. Nothing in this article shall authorize States Parties to the International Labour Organisation Convention of 1948 concerning Freedom of Association and Protection of the Right to Organize to take legislative measures which would prejudice, or apply the law in such a manner as would prejudice, the guarantees provided for in that Convention.

유럽인권협약 제11조

1. 모든 사람은 자신의 이익을 보호하기 위하여 노동조합을 조직하고, 이에 가입하는 권리를 포함하여 평화적인 집회 및 다른 사람과의 결사의 자유에 관한 권리를 가진다.

2. 이 권리의 행사에 대하여는 법률에 의하여 규정되고, 국가안보 또는 공공의 안전, 무질서 및 범죄의 방지, 보건 및 도덕의 보호, 또는 다른 사람의 권리 및 자유의 보호를 위하여 민주사회에서 필요한 것 이외의 어떠한 제한도 가하여져서는 아니된다. 이 조는 국가의 군대, 경찰 또는 행정부의 구성원이 이러한 권리를 행사하는 데 대하여 합법적인 제한을 부과하는 것을 방해하지 아니한다.

1. Everyone has the right to freedom of peaceful assembly and to freedom of association with others, including the right to form and to join trade unions for the protection of his

interests.

2. No restrictions shall be placed on the exercise of these rights other than such as are prescribed by law and are necessary in a democratic society in the interests of national security or public safety, for the prevention of disorder or crime, for the protection of health or morals or for the protection of the rights and freedoms of others. This article shall not prevent the imposition of lawful restrictions on the exercise of these rights by members of the armed forces, of the police or of the administration of the State.

미주인권협약 제16조

1. 모든 사람은 이념적, 종교적, 정치적, 경제적, 노동, 사회적, 문화적, 체육 또는 기타의 목적을 위하여 자유로운 결사의 권리를 가진다.
2. 이 권리의 행사는 법률에 의하여 규정되고 국가안보, 공공의 안전이나 공공질서를 위하여 또는 공중보건이나 도덕, 타인의 권리 및 자유를 보호하기 위하여 민주사회에서 필요한 제한에만 복종한다.
3. 이 조의 규정은 군대와 경찰의 구성원에 대한 결사의 권리의 행사금지를 포함하여 합법적 제한을 부과하는 것을 방해하지 아니한다.

1. Everyone has the right to associate freely for ideological, religious, political, economic, labor, social, cultural, sports, or other purposes.
2. The exercise of this right shall be subject only to such restrictions established by law as may be necessary in a democratic society, in the interest of national security, public safety or public order, or to protect public health or morals or the rights and freedoms of others.
3. The provisions of this article do not bar the imposition of legal restrictions, including even deprivation of the exercise of the right of association, on members of the armed forces and the police.

인간과 인민의 권리에 관한 아프리카 헌장 제10조

1. 모든 개인은 법률을 준수하는 한 자유로운 결사의 권리를 가진다.
2. 제29조에 규정된 연대의무를 전제로 하여 어느 누구도 특정결사에 가입할 것을 강요받지 아니한다.

1. Every individual shall have the right to free association provided that he abides by the law.
2. Subject to the obligation of solidarity provided for in 29 no one may be compelled to join an association.

제23조 가정과 혼인

공 수 진

목 차

I. 개관
II. 가정의 보호
  1. 가정의 의미
  2. 보호의 의미
    가. 개관
    나. 부모의 양육권 및 면접교섭권
    다. 강제추방
    라. 가족 결합
    마. 강제퇴거
    바. 소결
III. 혼인을 할 권리와 가정을 이룰 권리
  1. 혼인적령
  2. 혼인의 합의
  3. 혼인의 주체
  4. 혼인을 할 권리
  5. 가정을 이룰 권리
IV. 혼인에 대한 평등한 권리와 책임
  1. 혼인에 대한 권리와 책임
  2. 점진적 조치

V. 한국의 실행
  1. 가정의 보호
    가. 헌법 제36조 제1항에 따른 혼인과
       가족생활의 보장
    나. 국내법상 보호를 받는 가정
    다. 외국인의 강제추방
    라. 가족 결합 및 재결합
  2. 혼인을 할 권리와 가정을 이룰 권리
    가. 혼인적령
    나. 동성혼 및 동성 커플에 대한 차별
    다. 동성동본 금혼제도 및 여성에 대한
       재혼금지기간
    라. 친양자 제도
    마. 강제불임수술
  3. 혼인에 대한 평등한 권리와 책임
    가. 규약 제23조 제4항에 대한 유보
    나. 호주제 및 부성주의 원칙
    다. 혼인 해소 시 평등
[다른 인권조약상의 관련 조항]

1. 가정은 사회의 자연적이며 기초적인 단위이고, 사회와 국가의 보호를 받을 권리를 가진다.
2. 혼인적령의 남녀가 혼인을 하고, 가정을 이룰 권리가 인정된다.
3. 혼인은 양당사자의 자유롭고 완전한 합의 없이는 성립되지 않는다.
4. 이 규약의 당사국은 혼인 중 및 혼인해소 시에 혼인에 대한 배우자의 평등한 권리 및 책임을 보장하기 위하여 적절한 조치를 취한다. 혼인해소의 경우, 자녀에게 필요한 보호를 위한 조치를 마련한다.

1. The family is the natural and fundamental group unit of society and is entitled to protection by society and the State.
2. The right of men and women of marriageable age to marry and to found a family shall be recognized.
3. No marriage shall be entered into without the free and full consent of the intending spouses.
4. States Parties to the present Covenant shall take appropriate steps to ensure equality of rights and responsibilities of spouses as to marriage, during marriage and at its dissolution. In the case of dissolution, provision shall be made for the necessary protection of any children.

Ⅰ. 개관

제23조는 가정이 사회와 국가의 보호를 받을 권리를 가진다고 선언하고, 혼인을 할 권리와 가정을 이룰 권리를 인정하며, 당사국이 혼인에 대한 배우자의 평등한 권리와 책임을 보장하기 위하여 적절한 조치를 취할 의무가 있음을 규정한다.

제23조는 규약의 다른 조항과 구별되는 다음 특징을 가진다. 첫째, 제23조는 가정과 혼인이라는 사법(私法)상의 제도를 보장한다. 당사국은 가정과 혼인을 사법상 특별한 제도로 규정하고, 국가와 사인 사이의 관계에서뿐만 아니라 사인들 사이의 관계에서도 가정과 혼인이 부당한 간섭을 받지 않도록 가정과 혼인을 보호해야 할 적극적 의무를 가진다.[1] 둘째, 제23조는 가정과 혼인이 사인들 사이에서 보호되어야 함을 고려하여 사회도 보호의 주체로 명시한다.[2] 규약상 제23조 제1항 외에 제24조 제1항(아동의 권리)만이 사회를 보호의 주체로 규정한다. 셋째, 규약의 다른 조항은 당사국의 즉각적인 의무 이행을 강제하나, 제23조 제4항은 당사국의 점진적인 의무 이행을 허용한다.[3] 다만 규약위원회는 제23조 제4항을 즉각적인 의무 이행을 강제하는 제3조(남녀평등권), 제26조(평등권 및 차별금지)와 함께 판단하는 경향이 있어서, 실무상 즉각적인 의무 이행과 점진적인 의무 이행을 구별할 실익은 크지 않다.

---

1) Nowak's CCPR Commentary(2019), p.634(para.2).
2) Nowak's CCPR Commentary(2019), p.639(para.14).
3) Nowak's CCPR Commentary(2019), p.634(para.3).

성안과정 중 제23조에 대한 논의는 1953년 여성지위위원회가 세계인권선언 제16조가 규약에 포함되어야 한다고 요청하면서 시작되었다.[4] 규약 제23조 제1항은 세계인권선언 제16조 제3항을 그대로 옮긴 것으로, 1961년 UN 총회 제3위원회에서 전원 일치로 가결되었다.[5] 규약 제23조 제2항과 세계인권선언 제16조 제1항 제1문은 모두 혼인을 할 권리와 가족을 이룰 권리를 인정하고 있다. 세계인권선언 제16조 제1항 제1문은 성년을 영어로는 'full age', 프랑스어로는 'âge nubile'라고 각각 표현하였는데, 규약 제23조 제2항은 두 표현이 통일적으로 이해되도록 영어 표현을 'marriageable age'로 변경하였다.[6] 세계인권선언 제16조 제1항 제1문의 '인종, 국적 또는 종교에 따른 어떠한 제한도 받지 아니하고'라는 문구는 규약 제2조(당사국의 이행의무)와 중복되고, 제한의 근거가 되는 요인들을 충분히 규정하지 못한다는 지적이 있어 생략되었다.[7] 세계인권선언 제16조 제1항 제1문은 개인이 혼인을 할 권리와 가족을 이룰 권리를 가진다고 천명하는 데 반하여, 규약 제23조 제2항은 위 권리들이 국가에 의하여 인정되어야 한다고 표현하는데, 후자의 표현 방식이 국가의 의무를 완화하려는 의도를 반영한다고 볼만한 성안과정상 자료는 발견되지 않는다.[8] 규약 제23조 제2항 역시 UN 총회 제3위원회에서 전원 일치로 가결되었다.[9] 다음으로 규약 제23조 제3항은 세계인권선언 제16조 제2항의 내용을 부정문으로 표현한 것으로, UN 총회 제3위원회에서 찬성 82, 기권 2로 가결되었다.[10]

규약 제23조 제4항 제1문은 성안과정에서 가장 논란이 되었다. 일부 국가들은 배우자 사이의 불평등은 전통, 교리, 종교적 관행 등에서 비롯되어 정부 주도로 급진적인 변화를 이끌어내기 어렵고, 점진적 이행을 허용하는 사회권규약을 통해 세계인권선언 제16조의 요청을 실현할 수 있으며, 규약 제3조(남녀평등권)와 중복되는 내용을 규정할 필요가 없다는 등의 이유로 위 조항에 반대했다.[11] 다른 국가들은 자유권규약에 배우자 사이의 평등에 관하여 명시해야 하고, 당사국들은 국내법을 개정할 수 없다면 유보할 수 있다는 등의 이유로 위 조항에 찬성하였다.[12] 이에 UN 총회 제3위원회에서 찬성 의견과 반대 의견을 절충하여

---

4) A/2929(1955), para.153.
5) A/5000(1961), para.87.
6) Nowak's CCPR Commentary(2019), p.649(para.31).
7) A/2929(1955), para.167.
8) Nowak's CCPR Commentary(2019), p.646(para.25).
9) A/5000(1961), para.87.
10) A/5000(1961), para.87.
11) A/2929(1955), paras.157-159; A/5000(1961), para.82.
12) A/2929(1955), para.159; A/5000(1961), para.83.

당사국이 '배우자의 평등을 보장하기 위하여 적절한 조치를 취할 수 있도록' 하는 내용이 추가된 15개국의 개정안이 제출되었고, 위 개정안은 찬성 76, 반대 1, 기권 7로 가결되었다.[13] 규약 제23조 제4항 제2문은 혼인의 해소로 인하여 영향을 받을 수 있는 모든 자녀에 대하여 필요한 보호를 위한 조치를 규정하는 3개국의 개정안에 근거한 것인데, 위 개정안은 찬성 53, 반대 3, 기권 26으로 가결되었다.[14]

가정에 대하여 자의적이거나 불법적인 간섭을 받지 않을 권리를 인정하는 제17조(사생활의 비밀과 자유)와 가족 구성원인 아동의 권리를 규정하는 제24조 제1항(아동의 권리)은 제23조와 밀접한 관계가 있다. 위 조항들 사이의 관계는 뒤에서 살펴볼 개인통보사건을 통하여 구체화되고 있다.

제23조는 규약 제4조 비상사태 시 이행정지 불가 조항에 포함되어 있지 않으나, 규약위원회는 제23조 제4항 중 차별 금지에 관한 부분은 이행정지가 정당화될 수 없다고 해석한다.[15] 규약위원회는 혼인적령의 남녀에게 혼인을 할 권리를 박탈할 수 없다는 것은 국제관습법이므로, 당사국은 제23조 제2항 중 혼인적령의 남녀가 혼인할 권리에 관한 부분에 대해서는 유보할 수 없다고 해석한다.[16]

다른 국제인권조약상 관련 조항은 다음과 같다. 사회권규약 제10조 제1항은 가정이 보호와 지원을 받아야 하고, 혼인이 양 당사자의 자유로운 동의 하에 성립하여야 한다고 규정한다. 여성차별철폐협약 제16조 제1항은 당사국이 혼인과 가족관계에 관한 모든 문제에 있어 여성에 대한 차별을 철폐하기 위한 모든 적절한 조치를 취할 의무를 구체화하고, 제2항은 혼인을 위한 최저 연령을 정하는 등 당사국이 취해야 할 조치를 규정한다. 아동권리협약 제9조 제3항은 아동이 부모의 일방 또는 쌍방으로부터 분리된 경우 부모와 개인적 관계 및 직접적인 면접교섭을 유지할 권리를 가져야 한다는 원칙을 규정한다. 이주노동자권리협약 제4조는 가족(members of the family)을 정의하고, 제14조는 모든 이주노동자와 그 가족에 대하여 가족, 가정에 대하여 자의적이거나 불법적인 간섭을 받지 않을 권리를 규정하며, 제44조는 등록되거나 합법적 상황의 이주노동자와 그 가족에 관하여 이주노동자 가족들의 결합을 보장하고 재결합을 촉진하기 위하여 당사국이 부담하는 의무를 규정하고, 제50조는 등록되거나 합법적 상황의 이주노동자가 사망하거나 혼인의 해소 시 취업국이 자국에 거주하고 있는 이주노동자 가족에 대하여 취하여야 할 조치를 구체화하고 있다. 유럽인권협약

---

13) A/5000(1961), para.87.
14) 상계주.
15) HRC General Comment No.29(2001), para.8.
16) HRC General Comment No.24(1994), para.8.

제12조는 혼인적령 남녀의 혼인을 할 권리, 가정을 이룰 권리를 인정한다. 미주인권협약 제17조는 자유권규약 제23조와 거의 동일한 내용을 규정하고 있다. 아프리카 인권헌장 제18조는 가정이 국가에 의하여 보호를 받는다고 규정하는 데 그치지 않고, 국가는 '공동체에 의해 인정된 도덕과 전통적 가치의 수호자'인 가정을 지원할 의무가 있다고 명시한다.

II. 가정의 보호

1. 가정의 의미

제23조 제1항은 가정의 전통적 기능들이 국가로 이전되는 등 가정이 해체되는 사회적 흐름에 맞서, 사회 구조의 기초로서 가정을 보호하려는 취지에서 마련되었다.[17] 규약에 '가정'의 정의규정은 없다. 가정의 정의가 국가별로 다르고 한 국가 내에서도 지역별로 다를 수 있어, 가정에 대한 표준적인 정의를 내리기 불가능하기 때문이다.[18] 규약위원회는 어떠한 집단이 당사국의 법률과 관행에 따라 가정이라고 간주될 경우, 그 집단은 제23조에 따라 보호되는 가정으로 인정된다고 해석한다.[19] 제17조 제1항(사생활의 비밀과 자유)의 가정도 당사국 내 모든 형태의 가정을 포함할 수 있도록 넓게 해석되어야 한다.[20] 또한 혼인하지 않은 커플과 그 자녀들, 한부모와 그 자녀들을 포함하여 다양한 형태의 가족을 수용하고, 이러한 맥락에서 여성의 동등한 대우를 보장하는 것이 중요하다.[21]

가정의 의미가 넓게 인정된 사례로는 *Hopu and Bessert v. France* 사건(1997)이 있다. 프랑스령 타히티의 원주민들은 유럽인들이 정착하기 전 조성된 매장지대에 매장되어 있는 선조들과 맺는 관계가 가정에 포함되고, 프랑스 정부가 관광시설을 건설하도록 매장지대를 임대하는 것은 제17조 제1항(사생활의 비밀과 자유), 제23조 제1항에 위반된다고 주장하였다. 규약위원회는 가정의 의미는 넓게 해석되어야 하고 구체적인 상황에서 가정을 정의할 때 문화적 전통이 고려되어야 함을 전제로, 원주민들과 선조들 사이의 직접적인 친족 관계가 입증되지 않는다고 하더라도 원주민들과 선조들 사이의 관계가 가정이 아니라고 볼 수는 없다고 판단하였다.[22] 반면 4인의 반대의견은 위 원주민들과 선조들 사이의 직접적인 친족 관계가 입증되지 않아 이들은 가정을 이룬다고 할 수 없다는 이유로, 위 사안은 제17조 제1항 대신

---

17) Nowak's CCPR Commentary(2019), p.635(para.5); Taylor's Commentary(2020), p.632.
18) HRC General Comment No.19(1990), para.2.
19) 상게주.
20) HRC General Comment No.16(1988), para.5.
21) HRC General Comment No.28(2000), para.27.
22) *Hopu and Bessert v. France*, Communication No.549/1993(1997), para.10.3.

제27조(종족적, 종교적 또는 언어적 소수자의 권리)에 따라 다뤄져야 한다는 입장이었다.[23]

가정은 혈연, 혼인, 입양 등으로 형성된다. 혈연에 관하여 살펴보면, 부모 일방과 자녀 사이는 부모의 혼인 여부와 관계없이 성립하므로, 부모가 혼인하지 않았거나 부모가 이혼하여 부모 일방이 자녀와 동거하지 않더라도 부모와 자녀 사이는 가정으로 인정된다.[24] 혼인에 관하여 살펴보면, 혼인은 법률혼뿐만 아니라 동거와 같이 법률혼을 매개로 하지 않은 관계도 포함한다.[25] 가정의 보호는 법률혼 관계가 존재하지 않는다는 이유로 약화되지 않고, 별거, 부정(不貞), 부부관계의 부재라는 이유로 박탈되지도 않는다.[26] 입양을 통해서도 생물학적 관계가 없는 양부모와 양자 사이에 가정을 이룰 수 있다.[27]

다만 혈연, 혼인, 입양 등에 관한 형식적 관계가 존재한다고 하여 바로 규약 제23조의 가정으로 인정되는 것은 아니다. 규약위원회는 형식적 관계보다 실질적 가족생활이 존재하는지를 기준으로 가정의 존재를 판단하는데, 실질적 가족생활의 존재는 동거, 경제적 연결, 밀접하고 일상적인 관계 등이 존재하였는지를 근거로 인정한다.[28] 예컨대, 캐나다 국적의 부모와 폴란드 국적의 자녀가 캐나다와 폴란드에서 각각 17년 동안 떨어져 산 경우 둘 사이에 실질적인 가족생활이 존재한다고 볼 수 없으므로, 부모인 통보자는 규약 제23조 제1항에 근거해서는 자녀를 캐나다로 입국하게 하는 허가를 취득할 권리를 주장할 수 없다.[29] 규약위원회의 실질적 가족생활 법리에 대해서는 분쟁 등 외부적 요인으로 인하여 비자발적으로 분리된 가족을 불리하게 하려는 의도로 위 법리가 사용될 우려가 있다는 비판이 있다.[30]

실질적인 가족생활을 하고 있는 동성 커플은 국제인권법상 어떻게 보호되고 있는지 살펴본다. 첫째, 자유권규약 제23조 제1항, 제2항, 사회권규약 제10조 등을 통하여 동성혼을 인정해야 할 국가의 의무를 도출하기는 어려우나, 동성 커플을 법적으로 인정해야 할 국가의 의무를 도출할 수 있다. 동성 커플에 대한 법적 인정은 시민 결합, 혼인 등 다양한 형태를

---

23) *Hopu and Bessert v. France*, Communication No.549/1993(1997), Individual Opinion of Kretzmer, Buergenthal, Ando and Colville, paras.4-5. 다만 프랑스는 규약 제27조를 유보했기 때문에 위 사안에서 제27조 위반 여부는 애초에 다루어질 수 없었다.

24) *Hendriks v. Netherlands*, Communication No.201/1985(1988), para.10.3.

25) *Balaguer Santacana v. Spain*, Communication No.417/1990(1994), para.10.2.

26) *Ngambi and Nébol v. France*, Communication No.1179/2003(2004), para.6.4.

27) *A.S. v. Canada*, Communication No.68/1980(1981), para.5.1(입양으로 가정을 이룰 수 있다는 점이 전제되었으나, 실질적인 가족관계가 결여되어 규약상 보호를 받는 가정으로 인정되지 않음).

28) *Balaguer Santacana v. Spain*, Communication No.417/1990(1994), para.10.2.

29) *A.S. v. Canada*, Communication No.68/1980(1981), paras.5.1,8.2.

30) B. Saul, D. Kinley, and J. Mowbray, The International Covenant on Economic, Social and Cultural Rights: Commentary, Cases, and Materials(Oxford University Press, 2014), p.732.

취할 수 있는데, 국가는 법적 인정의 방식을 선택할 재량이 있다.[31] 이후 III. 3. 부분에서 자세히 살펴보듯이 동성 커플이 자유권규약 제23조 제2항의 혼인할 권리의 주체로 인정되지 않으므로, 국가는 반드시 혼인의 형태로 동성 커플을 인정해야 할 의무를 부담하지 않는다.[32] 사회권규약 제10조는 자유권규약 제23조 제1항과 마찬가지로 가정에 대한 보호를 규정하는데, 사회권규약위원회는 국가보고서 심의를 통하여 사회권규약 제10조 등에 근거하여 국가는 동성 커플을 법적으로 인정하여야 할 의무가 있다고 밝힌 바 있다.[33] 둘째, 혼인한 이성 커플과 사실혼 관계의 이성 커플에게 모두 연금 수령, 상속, 증여, 일방의 사망 이후 다른 일방의 공공주택 임차권, 외국인 일방에 대한 영주권 부여 등에 있어 혜택이 부여되지만, 동성 커플에게 위와 같은 혜택이 부여되지 않는 경우가 있다. 규약위원회는 사실혼 관계의 이성 커플에게는 연금 수령 혜택이 부여되고, 동성 커플에게는 이러한 혜택이 부여되지 않은 상황을 다룬 개인통보사건에서, 두 집단 사이의 차별 취급에 합리적 이유가 없다고 판단하여 규약 제26조(평등권 및 차별금지) 위반을 인정하였다.[34] 셋째로, 혼인 혹은 시민결합을 해소할 것을 요건으로 성별 정정을 허용하는 법률은 허용되지 않는다.[35] 규약위원회는 개인통보사건에서 혼인 중에 있는 성전환자가 이혼하지 않으면 출생 신고상 성별을 정정할 수 없도록 하는 오스트레일리아의 제도는 사생활과 가정에 대한 자의적인 간섭이 되어 규약 제17조(사생활의 비밀과 자유)에 위반될 뿐만 아니라, 혼인 여부, 성적 지향에 따른 차별이 되어 규약 제26조(평등권 및 차별금지)에 위반된다고 판단하였다.[36] 마지막으로, 아동권리위원회의 국가보고서 심의 및 일반논평에 의하면, 국가는 동성 커플의 자녀를 부모의 성적 지향을 이유로 차별하지 않아야 할 의무를 부담한다.[37]

사회권규약, 여성차별철폐협약, 아동권리협약은 가정 내지 가족에 대한 정의조항을 두고 있지 않지만, 이주노동자권리협약은 가족에 대한 정의조항을 두고 있다.

---

31) United Nations High Commissioner for Human Rights, Living Free and Equal(United Nations, 2016), p.75.

32) *Joslin et al. v. New Zealand*, Communication No.902/1999(2002), para.8.2.

33) E/C.12/BGR/CO/R.4-5(2012), para.17.

34) *Young v. Australia*, Communication No.941/2000(2003), para.10.4; *X v. Colombia*, Communication No. 1361/2005(2007), para.7.2.

35) Concluding Observations on Ireland, CCPR/C/IRL/CO/4(2014), para.7. 규약위원회는 규약 제23조 외에도 제2조(당사국의 이행의무), 제3조(남녀평등권), 제26조(평등권 및 차별금지)를 근거조항으로 나열한다.

36) *G v. Australia*, Communication No.2172/2012(2017), paras.7.10,7.15.

37) CRC General Comment No. 15(2013), para.8; CRC/C/GAM/CO/2-3(2015), paras.29-30.

2. 보호의 의미

가. 개관

규약은 '보호'의 의미를 구체화하지 않는다. 국가와 사회가 가정에 부여할 수 있는 법적인 보호 내지 수단은 국가별로 다르고, 다양한 사회적·경제적·정치적·문화적 조건과 전통에 달려 있다.[38] 국가는 적어도 사법상 가정을 보장하고 개인에게 가정을 형성할 기회를 부여해야 한다.[39] 사법상 가정이라는 제도가 보장됨으로써, 가정을 이루는 개인들은 동거와 자녀 양육에 있어 상대적으로 강화된 보호를 받을 수 있다.[40] 제23조는 국가뿐만 아니라 사회도 의무자로 규정한다. 그러나 국가에 대하여 의무를 강제하는 규약의 구조에 비추어 보면, 사회의 의무는 국가 정책 등에 따라 간접적으로 부과될 것이다.[41] 당사국은 국가보고서를 통해 사회 단체들이 가정에 대하여 필수적인 보호를 제공하는 방식, 국가가 위 단체들에게 재정적 혹은 기타 지원을 하고 있는지 여부 및 그 정도, 국가가 위 단체들의 활동이 규약과 일치하도록 보장하기 위하여 취하는 조치 등에 관하여 밝혀야 한다.[42] 제23조 제1항은 '가정'이 국가와 사회의 보호를 받는다고 규정하지만, 실무상으로는 자신이 속한 가정이 보호를 받을 권리를 '개인'이 주장하게 된다.[43]

보호의 내용은 규약위원회의 개인통보와 국가보고서 심의를 통해 구체화되어 왔다. 이하에서는 부모의 양육권 및 면접교섭권, 강제추방, 가족 결합, 강제퇴거의 영역에서 위와 같이 구체화된 보호의 내용을 살펴본다.

나. 부모의 양육권 및 면접교섭권

부모의 자녀에 대한 양육권 및 면접교섭권이 법원의 결정으로 제한되는 경우 당사국은 법원이 규약 제23조를 적용할 수 있도록 법률상 일정한 기준을 마련해야 한다. 위 기준은 예외적인 상황이 존재하지 않는다면 부모와 자녀가 개인적 관계를 유지하고 직접적이고 정기적인 연락을 유지할 수 있도록 보장해야 한다. 예외적인 사정이 존재하지 않는데도 불구

---

38) *Aumeeruddy-Cziffra and et al. v. Mauritius*, Communication No.35/1978(1981), para.9.2(b)2(ii).
39) F. Volio, Legal Personality, Privacy, and the Family, in L. Henkin ed., The International Bill of Rights: the Covenant on Civil and Political Rights(Columbia University Press, 1981), p.201; Nowak's CCPR Commentary(2019), p.639(para.12).
40) Nowak's CCPR Commentary(2019), p.639(para.13).
41) Nowak's CCPR Commentary(2019), p.639(para.14).
42) HRC General Comment No.19(1990), para.3.
43) F. Volio(전게주 39), p.201; Taylor's Commentary(2020), p.634.

하고 부모와 자녀 사이의 교류를 완전히 차단하는 법원의 결정은 규약 제23조에 위반된다.[44] 규약위원회는, 부모인 통보인이 아이를 체벌한 적이 있고, 가톨릭 지원단체에 대해 비협력적이었으며, 정신적 장애가 있을 수 있다는(통보인 본인은 정신적 장애를 가지고 있다는 사실을 다투고 있음) 사정만으로는 통보인과 자녀 사이의 교류를 완전히 차단할만한 예외적인 사정에 해당하지 않는다고 보았다.[45] 규약위원회는 부모의 자녀에 대한 양육권 및 면접교섭권을 제한하는 국내 법원의 결정이 규약 제23조를 위반하는지 여부를 판단하는 과정에서 절차적 보장이 잘 이루어지고 있는지에 주목하는 경향이 있다. 재판 과정에서 판단 누락, 절차적 지연 등이 있다면 제23조 위반을 인정할 가능성이 높은 반면,[46] 절차적 보장이 제대로 이루어진 경우에는 제23조 위반으로 인정할 가능성이 낮다.[47] 규약위원회가 일반론으로 설시하는 부모와 자녀 사이의 '개인적 관계'와 '직접적이고 정기적인 연락'과 같은 문언은[48] 아동권리협약 제9조 제3항에 등장하므로, 이에 관한 아동권리위원회의 해석론을 참고할 수 있다.[49]

다. 강제추방

당사국이 외국인을 국적국으로 강제추방하는 경우 가족들이 분리된다는 점에서 규약 제23조 위반이 문제된다. 이 경우 규약위원회는 당사국이 외국인을 강제추방해야 하는 필요성과 가족들이 강제추방의 결과로 감당해야 하는 어려움을 형량하여 제23조 위반 여부를 판단한다. *Madafferi v. Australia* 사건(2001)에서 당사국이 외국인을 강제추방해야 하는 필요성으로 통보인의 체류자격이 없고, 이민 당국에 대해 거짓된 주장을 하였으며, 20년 전 이탈리아에서 저질렀고 이미 집행이 면제된 범죄경력이 있다는 점이 고려되었다. 가족들이 강제추방의 결과로 감당해야 하는 어려움으로는 통보인이 14년째 오스트레일리아에서 거주

---

44) *Tcholatch v. Canada*, Communication No.1052/2002(2007), paras.8.7-8.8.

45) 상게주, para.8.8.

46) *Asensi Martínez v. Paraguay*, Communication No.1407/2005(2009), paras.7.3-7.5.

47) *Buckle v. New Zealand*, Communication No.858/1999(2000), para.9.2; *E.B. v. New Zealand*, Communication No.1368/2005(2007), para.9.5.

48) *Tcholatch v. Canada*, Communication No.1052/2002(2007), para.8.7.

49) J. Doek, Commentary on the United Nations Convention on the Rights of the Child, Articles 8-9: The Right to Preservation of Identity and the Right Not to Be Separated from His or Her Parents (Brill, 2006), pp.29-30. 위 문헌에 따르면, '개인적 관계'와 '직접적이고 정기적인 연락'은 구별되는 개념이다. 통상 개인적 관계를 유지하기 위하여 직접적이고 정기적인 연락이 필요하다. 그러나 지리적 거리 등으로 인하여 직접적이고 정기적인 연락을 할 수 없다고 하여 개인적 관계를 유지하기가 불가능한 것은 아니다.

하면서 가정을 꾸렸고, 가족들이 함께 살기 위해서는 이탈리아어를 하지 못하는 13, 11살의 아이들과 잘 알지도 못하는 이탈리아에 정착해야 하며, 이처럼 익숙하지 않은 환경에서 정신 건강이 악화된 통보인을 보살펴야 한다는 점이 고려되었다. 전자의 사정보다 후자의 사정이 중하므로, 규약위원회는 통보인을 강제추방하는 오스트레일리아 정부의 결정이 제23조 제1항을 위반하였다고 판단하였다.[50] *Dauphin v. Canada* 사건(2008)에서는 2살 때부터 강제추방 결정을 받은 20살 당시까지 체류자격 없이 캐나다에 거주하고, 강도범으로 형 집행을 완료한 통보인을 아이티로 강제추방하여, 그로 하여금 국적국이라는 사실 외에는 아무런 기반도 없는 아이티에 거주하도록 하는 캐나다 정부의 결정이 제23조 제1항 위반으로 인정되었다.[51]

Winata v. Australia 사건(2001)은 외국인인 부모가 강제추방 대상자가 되고 국적자인 자녀는 당사국 체류자격이 있는 경우를 다루었다. 인도네시아 국적자인 Winata와 Li는 오스트레일리아에서 체류자격 없이 거주하던 중인 1988년 아들 Barry를 출산하였고, Barry는 오스트레일리아에서 출생 후 10년 동안 거주함으로써 1998년 오스트레일리아 국적을 취득하였다. 다수의견은 Winata, Li가 14년 동안 오스트레일리아에 거주하고, 그 자녀가 13년 전에 오스트레일리아에서 태어나 학교를 다니는 등 사회적 관계를 맺어왔다는 이례적인 상황을 고려하면, 당사국이 Winata, Li를 강제추방하기 위해서는 단지 이민법을 집행한다는 사유 외에 추가적인 사유를 제시하여야 한다고 판시하였다.[52] 위 사안에서 당사국은 추가적인 사유를 제시하지 못하였으므로 Winata, Li에 대한 강제추방은 규약 제17조 제1항(사생활의 비밀과 자유) 위반 및 부수적으로 제23조 위반으로 인정되었다. 이 사건을 통하여 규약위원회는 아동인 국적자가 학교를 다니고 그 과정에서 사회적 관계를 맺는 등 당사국과 긴밀한 관계를 형성하였다면, 당해 아동의 신체적·심리적 혼란을 초래하지 않는 방법으로 가급적 그 관계가 유지되어야 한다는 점을 강조한다.[53] 이 사건과 달리 아동의 신체적·심리적 혼란이 크지 않을 것으로 예상되는 상황에서는 가족 구성원의 강제추방으로 인한 제23조 제1항 위반이 인정되지 않았다.[54]

---

50) *Madafferi v. Australia*, Communication No.1011/2001(2004), para.9.8.
51) *Dauphin v. Canada*, Communication No.1792/2008(2009), para.8.4.
52) *Winata v. Australia*, Communication No.930/2000(2001), para.7.3.
53) Joseph & Castan's Commentary(2013), p.682(para.20.32).
54) *Sahid v. New Zealand*, Communication No.893/1999(2003)(조부모가 강제추방되더라도 손자는 부모와 함께 국적국에서 생활할 수 있는 상황); *Rajan and Rajan v. New Zealand*, Communication No.820/1998(2003)(국적자인 자녀가 어려서 부모를 따라 국적국을 떠나야 한다는 사정만으로 제23조 제1항 위반에 대한 충분한 주장이 될 수 없음).

라. 가족 결합

가족 결합의 경우 강제추방과 유사한 상황들이 발생할 수 있다. *Aumeeruddy-Cziffra et al v. Mauritius* 사건(1978)에서는 외국인 아내에 대해서는 자동적으로 체류자격을 부여하는 반면, 외국인 남편에 대해서는 재량에 따라 체류자격을 부여하는 모리셔스 이민법이 배우자의 성별에 따라 가족이 누리는 보호를 달리하여 제23조 제1항 위반으로 인정되었다.[55] 규약위원회의 국가보고서 심의에 따르면, 성별을 불문하고 모든 외국인 배우자에 대하여 국적을 취득할 권리를 제한하는 정책도 제23조 제1항 위반이 될 수 있다.[56]

국가보고서 심의를 통하여 규약위원회는 가족 재결합과 관련한 다음과 같은 입장도 밝힌 바 있다. 재결합의 대상이 되는 가족 구성원은 배우자, 미성년인 자녀, 미성년인 자녀의 부모에 한정되지 않고, 성년인 피부양 자녀, 미성년인 형제자매 등을 포함할 때 규약 제23조 제1항의 취지에 더욱 부합할 수 있다.[57] 외국인 노동자가 가족 재결합을 위한 허가를 얻기 위하여 18개월을 대기해야 하는 경우,[58] 외국인 배우자와 결합하려면 혼인의 진정성을 인정받을 때까지 5년을 대기하고 그 외국인 배우자가 시민권을 취득하려면 추가로 대기해야 하는 경우,[59] 가자지구 등 특정 지역 출신의 팔레스타인인 배우자 혹은 이스라엘 정부에 의하여 적국으로 분류된 국가에 거주하는 배우자와의 재결합은 제한되는 경우,[60] 가족 재결합의 전제로서 혈연관계 확인을 위하여 DNA 검사를 도입한 경우,[61] 가족 재결합을 신청하려는 사람에게 일정 이상 소득 요건을 요구하는 경우,[62] 임시 보호 자격을 가진 사람이 가족 재결합을 신청하려면 직전 3년 동안 영주권이 있어야 한다고 요구하는 경우,[63] 거주 허가 정책으로 인하여 가족 구성원들이 중국 본토와 홍콩에서 떨어져 지내게 되는 경우[64] 등은 모두 제23조와 조화되기 어렵다.

---

55) *Aumeeruddy-Cziffra et al. v. Mauritius*, Communication No.35/1978(1981), paras.9.2(b)2(ii)2-9.2(b)2(ii)4.
56) Concluding Observations on Zimbabwe, CCPR/C/79/Add.89(1998), para.19.
57) Concluding Observations on Austria, CCPR/C/AUT/CO/4(2007), para.19.
58) Concluding Observations on Switzerland, CCPR/C/79/Add.70(1996), para.18.
59) Concluding Observations on Israel, CCPR/C/79/Add.93(1998), para.26.
60) Concluding Observations on Israel, CCPR/C/ISR/CO/4(2014), para.21.
61) Concluding Observations on France, CCPR/C/FRA/CO/4(2008), para.21.
62) Concluding Observations on Norway, CCPR/C/NOR/CO/6(2011), para.15.
63) Concluding Observations on Denmark, CCPR/C/DNK/CO/6(2016), paras.35-36.
64) Concluding Observations on Hong Kong Special Administrative Region, CCPR/C/HKG/CO/2(2006), para.15.

난민도 규약 제23조를 통하여 가족 결합에 관하여 다룰 수 있다. 「난민의 지위에 관한 협약」은 가족결합의 원칙을 명시적으로 규정하고 있지 않다. 위 협약의 중요한 해석상 기준이 되는 UN 난민기구의 '난민 지위의 인정기준 및 절차 편람과 지침'에 따르면, 가장이 난민정의 기준을 충족하면 일반적으로 가족결합의 원칙에 따라 그 부양가족에게도 난민지위가 부여되고, 그 부양가족은 최소한 배우자와 미성년 자녀를 포함한다.[65] 대한민국 난민법 제37조는 법무부장관은 난민인정자의 배우자 또는 미성년자인 자녀가 입국을 신청하는 경우 입국 금지 사유를 규정한 출입국관리법 제11조에 해당하는 경우가 아니면 입국을 허가해야 한다고 규정하여 가족결합의 원칙을 구체화하고 있다. 이에 더하여 규약 제23조는 난민의 가족 결합을 유지하기 위한 비호국의 적극적인 노력이 충분한지 여부를 판단할 수 있는 구속력 있는 기준이 된다.[66]

마. 강제퇴거

마지막으로 당사국에 의한 강제퇴거 역시 가정 생활에 있어 중대한 영향을 미친다. 규약위원회는 이른바 '집시'[67] 인구에 대한 강제퇴거, 주거지 파괴가 문제 된 사안에서 규약 제17조(사생활의 비밀과 자유) 및 제23조 위반을 인정하였다.[68]

바. 소결

Hopu and Bessert v. France 사건(1997), *Madafferi v. Australia* 사건(2001), *Winata v. Australia* 사건(2001) 등에서 규약위원회는 제17조(사생활의 비밀과 자유) 위반 여부를 주로 심사하고, 제23조 내지 제23조 제1항은 부수적으로 심사하는 경향이 있다. 규약위원회는 당사국의 공권력 행사가 규약 제17조에 위반된다고 판시한 후, 규약 제23조 제1항도 함께 (in conjunction with) 위반된다고 간략하게 덧붙인다. 이러한 심사구조 하에서 가정이 보호를 받을 적극적인 권리를 부여하는 규약 제23조 제1항의 고유한 특성은 전면으로 드러나지 않는다. 반면 규약 제23조가 아동에 대한 보호를 규정하는 제24조 제1항(아동의 권리)과 함께 판단될 때 규약 제23조 제1항에 따른 국가의 적극적 의무의 내용이 더욱 구체적으로 드

---

65) HCR/1/P/4/ENG/REV.3(2011), paras.184-185.

66) J. Hathaway, *The Rights of Refugees under International Law* 2nd ed.(Cambridge University Press, 2021), p.687.

67) 다만 집시(gypsy)는 모욕적인 의미를 함축할 수 있으므로, 이들을 롬(roma)으로 지칭하는 것이 바람직하다. UN 인권메커니즘상 롬(roma) 용어에 대해서는 A/HRC/29/24, paras.2-3 참조.

68) *Georgopoulos et al. v. Greece*, Communication No.1799/2008(2010), para.7.3; *I Elpida et al. v. Greece*, Communication No.2242/2013(2016), para.13.

러나는 경향이 있다.[69] 사회권규약 제10조 역시 가정에 대한 보호를 규정하고 있는바, 사회권규약위원회의 실무가 발전됨에 따라 규약 제23조 제1항에 따른 국가의 적극적 의미의 내용이 더욱 구체화될 가능성이 있다.[70]

Ⅲ. 혼인을 할 권리와 가정을 이룰 권리

1. 혼인적령

규약은 혼인적령이라는 용어를 사용하지만, 혼인적령을 구체적으로 정하지 않는다. 규약위원회는 혼인적령은 관련 법률에 따라 배우자가 될 상대방에게 자신의 자유롭고 완전한 합의를 표현할 수 있는 나이어야 한다고 해석한다.[71] 이러한 맥락에서 혼인적령은 혼인에 대한 합의를 규정한 규약 제23조 제3항뿐만 아니라 예속상태를 금하는 규약 제8조 제2항(노예제 및 강제노동 금지)과의 관계에서도 중요하다.[72] 또한 남녀에게 동일한 혼인적령이 적용되어야 한다.[73]

혼인적령에 대해서는 자유권규약 외 다음과 같은 기준을 참고할 수 있다. 여성차별철폐협약 제16조 제2항은 "아동의 약혼과 혼인은 아무런 법적효과가 없으며 혼인을 위한 최저연령을 정하고 공공등기소에 혼인등록을 의무화하기 위하여 입법을 포함한 모든 필요한 조치를 취하여야 한다."고 규정한다. 여성차별철폐위원회는 아동권리위원회와 공동으로 발표한 일반권고에서 혼인 최소연령을 18세로 정하고, 예외적인 상황에서 더 이른 나이에 혼인이 허용된다고 하더라도 16세 미만인 아동의 혼인은 어느 경우에도 허용될 수 없다고 논평한다.[74] 「혼인의 동의, 혼인을 위한 최소연령 및 혼인신고에 관한 협약」(Convention on Consent to Marriage, Minimum Age for Marriage, and Regislation of Marriages) 제2조는 당사국은 혼인을 위한 최소연령을 구체화하기 위한 법적인 조치를 취하여야 한다고 규정한다. 규약위원회는 혼인적령을 구체적으로 정하지 않은 반면, 여성차별철폐위원회는 18세라는 구체적 기준을 마련하였으므로, 후자의 실무를 통해 혼인적령에 관한 보다 엄격한 감시가 이뤄질 것으로 보인다.

---

69) Taylor's Commentary(2020), p.639.
70) B. Saul, D. Kinley, and J. Mowbray(전게주 30), p.724.
71) HRC General Comment No.19(1990), para.4.
72) Taylor's Commentary(2020), p.647.
73) HRC General Comment No.28(2000), para.23.
74) CEDAW Joint General Recommendation No.31/CRC Joint General Comment No.18(2014), para.55 (e).

2. 혼인의 합의

혼인하려는 당사자는 합의할 수 있는 능력은 갖추어야 하므로, 당사국은 행위능력이 없는 사람, 정신적 무능력·주취·약물 복용 등으로 혼인 당시 온전한 상태가 아니었던 사람에 대해서는 혼인을 금지할 수 있다.[75] 혼인하려는 일방 당사자가 이미 혼인하였다는 사실 등 혼인과 관련한 본질적인 사항에 대하여 기망하는 경우에는 다른 상대방의 혼인에 대한 의사표시는 유효하지 않은 것으로 인정될 수 있다.[76]

강제혼은 혼인에 대한 동의가 없는 혼인이므로, 규약 제23조 제3항에 의하여 금지된다. 여성차별철폐위원회와 아동권리위원회는 공동으로 발표한 일반권고/일반논평에서 강제혼의 다양한 형태에 대하여 다음과 같이 서술한다.

> "강제혼은 한 당사자 및/또는 양 당사자가 혼인에 대한 완전하고 자유로운 동의를 개인적으로 표명하지 않은 혼인이다. 강제혼은 아동의 혼인, 교환 또는 거래혼(바드*baad*와 바달*baadal*), 노예혼, 수계혼(레비레이트*levirate*, 남편이 사망한 경우 미망인이 죽은 남편의 형제와 혼인하도록 강제하는 혼인) 등 다양한 형태로 나타난다. 어떤 상황에서는 강간 가해자가 형사상 처벌을 피하기 위하여 피해자 가족의 동의를 얻어 피해자인 여성과 혼인할 경우 강제혼이 발생한다. 이민의 맥락에서 강제혼이 발생하기도 한다. 소녀가 가족과 같은 지역 출신인 사람과 혼인하기 위하여 또는 그녀의 대가족 구성원 등이 일정한 목적국으로 이주하거나 거주하는 데 필요한 문서를 제공해 주기 위하여 혼인한 경우에도 강제혼이 된다. 또한 분쟁 중 무장집단은 강제혼을 더욱 많이 활용하고 있고, 소녀들은 분쟁 후 닥친 기근을 피하기 위한 수단으로 강제혼을 선택하기도 한다. 강제혼은 당사자 중 일방이 종결하거나 그로부터 벗어날 수 없는 혼인으로 정의될 수도 있다. 강제혼으로 인하여 종종 소녀들은 개인적, 경제적인 자율성을 박탈당하고, 혼인을 피하거나 벗어나기 위하여 도주, 자기희생, 자살을 시도한다."[77]

규약 제23조 제3항은 혼인 양 당사자의 합의만을 규정할 뿐, 부모 등 제3자의 의사 여부를 묻지 않는다. 성안과정에서는 미성년인 당사자의 합의에 더하여 부모, 후견인, 당국 등의 동의를 요구하는 것이 규약 제23조 제3항과 양립할 수 있다는 점이 확인되었다.[78] 따라

---

75) Nowak's CCPR Commentary(2019), pp.656-657(para.45).

76) B. Saul, D. Kinley, and J. Mowbray(전게주 30), pp.789-790.

77) CEDAW Joint General Recommendation No.31/CRC Joint General Comment No.18(2014), para.23.

서 혼인의 일방 또는 양 당사자가 미성년인 경우, 국가가 혼인 당사자들의 합의뿐만 아니라 미성년인 당사자의 부모의 합의까지 요구하더라도 규약 제23조 제3항에 위반된다고 할 수 없다.[79]

3. 혼인의 주체

규약 제23조 제2항의 '남녀'(men and women)의 해석은 동성간 혼인을 할 권리가 인정되는지와 관련하여 문제된다. *Joslin et al v. New Zealand* 사건(2002)은 동성혼을 금지하는 뉴질랜드 혼인법이 동성 커플의 혼인을 할 권리를 침해하는지를 다루었다. 통보자인 동성 커플들은 남녀 문언은 오직 남자만이 여자, 여자만이 남자와 혼인할 수 있다는 의미가 아니라, 집단으로서의 남자들 혹은 집단으로서의 여자들이 혼인할 수 있다는 의미라고 주장하였다.[80] 이에 반해 규약위원회는 남녀를 다음과 같이 해석하였다.

> "규약 제23조 제2항은 '모든 인간', '모든 사람', '모든 개인' 대신 '남녀'라는 용어를 사용하여 권리를 정의하는 규약상 유일한 실체적 조항이다. 규약 제23조 제2항은 규약 제3장의 다른 부분에서 사용되는 일반적 용어 대신 '남녀'라는 용어를 사용하고 있으므로, 그로부터 유래하는 당사국의 의무는 서로 혼인하려고 하는 남자와 여자 사이의 결합만을 혼인으로 인정해야 한다는 것으로 일관되고 통일적으로 이해할 수 있다."[81]

규약위원회의 위 해석에 대해서는 성안과정, 문언 등을 근거로 하는 다음과 같은 비판이 제기되었다. 먼저 성안과정상 남녀라는 문언은 남자와 여자 사이의 결합만을 혼인으로 인정하는 전통적 견해를 지지하기 위해서가 아니라, 혼인에서 여성의 동등한 지위를 강조하기 위하여 들어갔으므로, 규약위원회는 성안과정상 의도와 다른 해석을 하고 있다.[82] 나아가 규약 제23조 제2항의 남녀라는 용어는 남녀가 '서로'(each other, one another, only each other) 혼인할 수 있는 권리를 규정한 것이 아니라, 각 젠더를 가진 사람이 원하는 누구와도 혼인할 수 있는 권리를 규정한 것으로도 해석될 수 있다.[83] *Joslin et al v. New Zealand*

---

78) A/C.3/SR.1093(1961), paras.10, 77.
79) F. Volio(전게주 39), p.202.
80) *Joslin et al. v. New Zealand*, Communication No.902/1999(2002), para.3.8.
81) 상계주, para.8.2.
82) Nowak's CCPR Commentary(2019), pp.647-648(para.28); P. Gerber, K. Tay, and A. Sifris, Marriage: A Human Right for All?, Sydney Law Review vol.36(2014), p.647.
83) B. Saul, D. Kinley, and J. Mowbray(전게주 30), p.787.

사건(2002)에서 표명된 규약위원회의 견해가 동성 커플의 혼인할 권리에 대한 권위적인 해석으로 남아있는 상황에서, 국가는 반드시 혼인의 형태로 동성 커플을 인정해야 할 의무를 부담하지는 않는다. 다만 규약 제23조 제1항, 제26조(평등권 및 차별금지), 사회권규약 제10조 등에 근거하여 국가는 동성 커플을 법적으로 인정하고, 연금 수령 등에 있어 사실혼 관계에 있는 이성 커플과 비교하여 차별하지 아니할 의무를 부담한다.

4. 혼인을 할 권리

혼인을 할 권리가 실현되려면, 당사국은 혼인을 사법상 제도로 규정하고, 혼인이 유효하게 성립되도록 절차적으로 보장해야 하며, 혼인을 할 권리를 침해하지 아니하고, 사인이 혼인을 할 권리를 침해하지 못하도록 혼인 당사자들을 보호해야 한다.[84]

규약 제23조 제2항은 혼인적령을 제외하고는 혼인을 할 권리에 대한 어떠한 제한이 허용되는지에 관하여 규정하고 있지 않다. 그러나 위 조항의 목적이나 성안 배경을 고려할 때 혼인을 할 권리에 대한 일정한 제한은 허용될 수 있다.[85] 혼인이 일정한 요건에 따라 이루어지도록 하는 경우, 당해 요건이 과도하지 않다면 위 조항에 위반되지 않을 것이다.[86] 당사국은 종교혼과 민법상 혼인이 모두 가능하도록 해야 하는데, 종교혼을 이행한 후 당해 혼인이 민법상 이행·확인·등록되도록 강제하는 것은 규약과 양립할 수 있다.[87] 근친혼 금지 내지 중혼 금지는 규약이 성안되던 당시 대부분 국가에서 일반적으로 받아들여지고 있던 제한으로서, 성안과정에서 이는 규약 제23조 제2항과 양립가능한 것으로 인정되었다.[88] 일부다처제는 여성에 대한 용인할 수 없는 차별을 구성하므로, 당사국은 일부다처제를 폐지하여야 한다.[89] 따라서 일부다처제를 폐지하기 위하여 혼인을 할 권리를 제한하는 것은 정당화될 수 있다. 여성에 한하여 재혼을 제한하는 경우, 특정 종교를 가진 여성이 종교가 없거나 다른 종교를 가진 남성과 혼인을 할 수 없도록 하는 경우도 여성의 혼인을 할 권리를 침해하는 제도 및 관행이다.[90]

교회법의 영향을 받은 국가에서는 이혼을 허용하지 않고 동시에 중혼을 금지하고 있는

---

84) Nowak's CCPR Commentary(2019), p.645(para.25).
85) Nowak's CCPR Commentary(2019), p.651(para.33).
86) F. Volio(전게주 39), pp.201-202.
87) HRC General Comment No.19(1990), para.4.
88) F. Volio(전게주 39), p.202; Nowak's CCPR Commentary(2019), p.651(para.33).
89) HRC General Comment No.28(2000), para.24; CEDAW General Recommendation No.21(1994), para.14.
90) HRC General Comment No.28(2000), para.24.

경우가 있어 혼인 당사자들의 이혼할 권리와 그들과 재혼하고자 하는 제3자의 혼인을 할 권리의 제한이 문제된다. 규약 제23조 제2항은 혼인을 할 권리를 제한하는 명시적인 규정을 두고 있지 않으므로 혼인에 대한 제한은 엄격하게 인정되어야 하고, 규약 제23조 제4항은 혼인의 해소를 명시하여 혼인이 사별 또는 이혼으로 해소될 수 있는 가능성을 염두에 두고 있으므로, 절대적인 이혼 금지는 규약 제17조(사생활의 비밀과 자유) 및 제23조 제2항 위반이 된다.[91]

5. 가정을 이룰 권리

가정을 이룰 권리는 혼인을 할 권리와 구별된다. 혼인하지 않은 사람들도 가정을 이루어 왔고, 규약 제23조 제1항 부분에서 살펴본 것과 같이 가정의 의미는 넓게 이해되고 있기 때문이다.[92]

가정을 이룰 권리는 원칙적으로 자녀를 출산할 가능성을 내포한다.[93] 규약위원회는 가족 계획 정책은 규약에 부합하여야 하고, 특히 차별적이거나 강제적이어서는 안 된다고 한다.[94] 이러한 맥락에서 아동권리위원회는 중국의 1가구 1자녀 정책이 여자 아동의 생명에 대한 위협을 방지하고, 장애인에 대한 사실상 차별을 유발하지 않도록 수정되어야 한다는 점을 지적한 바 있다.[95] 가정 구성원들은 자연생식, 인공생식, 입양 등을 통하여 자녀를 가질 수 있다. 자연생식은 산아 제한, 강제 불임 수술, 피임 도구의 사용 강제 등을 통하여 제한될 수 있고, 인공생식은 인공수정 금지, 시험관 시술 금지, 대리모 혹은 배아 기증 금지 등을 통하여 제한된다.[96] 규약 제6조(생명권), 제7조(고문 등의 금지), 제8조(노예제 및 강제노동 금지), 제17조(사생활의 비밀과 자유), 제24조(아동의 권리), 제26조(평등권 및 차별금지)에 따른 인권을 보호하기 위하여 필요한 인공생식에 대한 일정한 제한은 허용 가능할 것이다. 예컨대, 당사국은 상업적 대리모를 금지하고, 정자 또는 난자 기능자에 대한 익명성을 절대적으로 보장하며, 생식세포 복제, 유전자 조작, 배아 실험 등을 제한할 수 있다.[97] 당사국은 가정을 이루려는 사람들로 하여금 입양 및 그에 준하는 구속력 있는 방식으로 자녀를 가질

---

91) Nowak's CCPR Commentary(2019), pp.653-654(paras.37-39).

92) Nowak's CCPR Commentary(2019), pp.654-655(para.40); Taylor's Commentary(2020), p. 649.

93) HRC General Comment No.19(1990), para.5.

94) 상게주.

95) CRC/C/15/Add.56(1996), para.36; CRC/C/CHN/CO/2(2005), para.60(d).

96) HRC General Comment No.19(1990), para.5; Nowak's CCPR Commentary(2019), pp.655-656 (para.42).

97) HRC General Comment No.19(1990), para.5.

수 있도록 해야 하는데, 이러한 권리가 혼인한 커플 혹은 이성 커플에게만 인정될 경우 규약 제23조 제2항과 양립하기 어렵다.[98]

가정을 이룰 권리는 함께 살 가능성도 내포한다. 함께 살 가능성은 정치적, 경제적 혹은 기타 비슷한 이유들로 인해 가족 구성원들이 떨어져 있는 경우, 국내 차원에서 그리고 다른 국가들과 협력하여 가족의 화합이나 재결합을 위해 적절한 조치를 취하는 것을 의미한다.[99] 다만 국가보고서 심의나 개인통보사건을[100] 보면, 규약위원회는 제23조 제2항의 가정을 이룰 권리보다는 제23조 제1항의 가정의 보호를 통하여 가족 재결합권을 도출하는 것으로 보인다.

IV. 혼인에 대한 평등한 권리와 책임

1. 혼인에 대한 권리와 책임

규약 제23조 제4항은 당사국이 혼인 중 및 혼인해소 시 혼인에 대한 배우자의 평등한 권리와 책임을 보장하여야 할 의무를 규정한다. 여성차별철폐협약 제16조 제1항 (c)호는 규약 제23조 제4항과 유사한 내용을 규정한다. 여성차별철폐협약은 이에 그치지 않고 제16조 제1항 (d)호에서 '부모의 혼인상태를 불문하고 자녀에 관한 문제에 있어 부모로서의 동일한 권리와 책임', (g)호에서 '가족성 및 직업을 선택할 권리를 포함하여 부부로서의 동일한 개인적 권리', (h)호에서 '무상이든 혹은 유상이든 간에 재산의 소유, 취득, 운영, 관리, 향유 및 처분에 관한 양 배우자의 동일한 권리'를 보장하여야 한다고 규정하여 동등하게 보장되어야 할 권리를 구체화하고 있다.

혼인 중 평등을 보장하기 위하여 당사국은 주거 선택, 가사 업무, 자녀의 보호와 양육, 자녀의 종교적·도덕적 교육, 부모의 국적을 자녀에게 물려줄 자격, 공동 혹은 배우자 일방 소유의 재산의 소유와 관리 등 모든 측면에서 배우자 쌍방에 대해 동등한 권리와 의무가 인정되도록 해야 한다.[101] 당사국은 혼인으로 인한 국적의 취득이나 상실, 영주권, 배우자

---

98) Concluding Observations on New Zealand, CCPR/C/NZL/CO/6(2016), paras.27-28(시민결합을 한 사람들에게 입양을 할 권리를 인정하지 않는 법률은 차별적이라고 하면서 이를 개정할 것을 촉구함); Concluding Observations on Italy, CCPR/C/ITA/CO/6(2017), paras.10-11(동성 커플에게 입양할 권리를 인정하지 않는 법률을 지적하면서 동성 커플로 하여금 일방의 생물학적 자녀를 포함하여 자녀를 입양할 수 있도록 관련 법률을 검토할 것을 요청함).

99) HRC General Comment No.19(1990), para.5.

100) *Ngambi and Nébol v. France*, Communication No.1179/2003(2004), para.6.4; *El Dernawi v. Libyan Arab Jamahiriya*, Communication No.1143/2002(2007), para.6.3.

각자가 원래의 가족성(姓)을 계속 사용할 권리, 배우자가 새로운 성(姓)의 선택에 있어 대등하게 결정할 권리와 관련하여 차별이 발생하지 않도록 보장해야 한다.[102] 여성차별철폐위원회는 혼인기간 중 보통법 원칙, 종교법, 관습법에 근거하여 기혼자들에게 권리와 책임을 부여할 경우 여성이 혼인에 대하여 남성과 동등한 지위와 책임을 가지기 어렵고, 남편이 가장(家長) 혹은 주요한 의사결정권자의 지위를 부여받게 되어, 여성차별철폐협약에 위반된다고 지적한 바 있다.[103]

혼인 해소에 관하여 살펴본다. 혼인은 일방 배우자의 사망, 이혼, 혼인 무효, 혼인 취소 등으로 해소된다. 혼인 해소 사유는 법률과 그 적용상 남녀에 있어 동일하게 규정되어야 한다.[104] 혼인 해소를 위한 절차에 있어서도 남녀 사이의 평등이 보장되어야 한다. 규약위원회는 이러한 맥락에서 남편이 일방적으로 아내와 이혼할 수 있도록 하는 이슬람법상의 혼인파기(repudiation) 제도를 비판한 바 있다.[105] 혼인 해소 시 평등을 보장하기 위하여 당사국은 별거, 이혼, 자녀의 양육권, 부양비, 위자료, 면접교섭권 또는 친권의 상실과 회복에 대한 법적 근거와 절차에 있어 차별을 금지하여야 한다.[106] 혼인이 배우자 일방의 사망으로 인하여 해소되었을 경우, 여성은 남성과 동등한 상속권을 가져야 한다.[107]

규약 제23조 제4항 제2문은 혼인의 해소의 경우에는 자녀에게 필요한 보호를 위한 조치를 마련하여야 한다고 규정한다. 규약위원회는 제23조 제4항 제2문은 혼인을 통하여 출생하였거나 입양된 아동을 보호하는 근거로, 제24조 제1항(아동의 권리)은 혼외 관계에서 출생한 아동을 보호하는 근거로 각각 파악한다.[108]

혼인 해소 시 일방 배우자의 면접교섭권이 제한되어 규약 제23조 제4항 위반이 문제된 사안으로는 *Hendriks v. the Netherlands* 사건(1988)과 *Fei v. Colombia* 사건(2000)이 있다. 규약위원회는 두 사건에서 모두 '법원이 자녀에 대한 면접교섭에 관하여 판단하는 데 있어, 예외적인 사정이 존재하지 않는다면 부모와 자녀가 개인적 관계를 유지하고 직접적이고 정기적인 연락을 유지할 수 있도록 보장해야 하고, 부모 한 명이 일방적으로 면접교섭에 반대

---

101) HRC General Comment No.19(1990), para.8; HRC General Comment No.28(2000), para.25.
102) HRC General Comment No.19(1990), para.7; HRC General Comment No.28(2000), para.25.
103) CEDAW General Recommendation No.21(1994), para.17.
104) M. Freeman, C. Chinkin & B. Rudolf eds. The UN Convention on the Elimination of All Forms of Discrimination against Women: A Commentary(Oxford University Press, 2012), pp.425-426.
105) HRC General Comment No.28(2000), para.26.
106) HRC General Comment No.19(1990), para.9.
107) HRC General Comment No.28(2000), para.26; CEDAW General Recommendation No.27(2010), para.26.
108) *Balaguer Santacana v. Spain*, Communication No.417/1990(1994), para.10.4.

한다는 사정은 예외적인 사정이 될 수 없다.'는 일반론을 확인하였다.[109] *Hendriks* 사건에서 통보인은 이혼한 전 부인의 반대로 인하여 자녀에 대한 면접교섭을 제한받고 있었고, 네덜란드 법원은 면접교섭을 허용하는 것은 자녀에게 불필요한 긴장을 야기할 수 있다는 이유로 통보인과 자녀 사이의 면접교섭을 허용하지 아니하였다. 규약위원회는 원칙적으로 자녀가 부모와 영속적인 관계를 맺을 권리와 부모의 면접교섭권을 인정하면서도 현 상황에서 아동의 이익을 고려할 때 위 권리들이 행사될 수 없다고 판단한 네덜란드 법원의 판단을 존중하여 규약 제23조 위반을 인정하지 않았다.[110] *Fei* 사건에서 통보인은 이혼한 전 남편의 방해로 인하여 자녀들에 대한 면접교섭을 제한받고 있었고, 콜롬비아 법원은 면접교섭을 허용하는 명령을 내렸으나, 전 남편의 계속적인 방해로 인하여 통보인은 자녀들을 만나지 못했다. 통보인은 전 남편을 법원 명령 불이행으로 고소하였으나, 콜롬비아 검찰의 절차 지연과 부작위로 인하여 형사절차는 통보인의 면접 교섭에 별다른 도움이 되지 못하였다. 이러한 상황에서 규약위원회는 부모와 자녀 사이의 면접 교섭을 제한할 예외적인 사정이 존재하지 않음에도 통보인의 면접 교섭을 제한한 것은 자녀의 최선의 이익에 부합하지 않고, 규약 제23조 제4항 위반을 구성한다고 결정하였다.[111] 두 사건에서 살펴보듯이, 법원이 혼인 해소 시 자녀의 최선의 이익을 고려하여 면접교섭을 제한하는 특정한 조치를 할 때, 양육하지 않는 부모 일방은 자녀를 교섭할 권리를 제한받게 된다. 규약위원회는 위와 같은 제한이 정당화되는지 판단할 때 법원의 재판에서 절차적 보장이 제대로 지켜지고 있는지 고려하는데, 이는 위 두 개인통보사건의 결론을 달라지게 한 원인 중 하나로 보인다.[112] 다만, *Hendriks* 사건의 별개의견은 면접교섭에 관하여 법원에 대하여 상당한 재량을 인정하는 네덜란드 국내법이 면접교섭을 구하는 부모 일방의 이익을 보다 적절하게 고려할 수 있도록 더욱 구체적인 심사기준을 마련하여야 한다고 지적하고 있다.[113]

2. 점진적 조치

규약 제23조 제4항 제1문에 대한 성안과정상 논의나 문언을 고려하면, 위 조항은 당사국에 대하여 점진적 조치를 허용하는 것으로 해석된다. 다만 규약위원회는 위 조항을 즉각적

---

109) *Hendriks v. Netherlands*, Communication No.201/1985(1988), para.10.4; *Fei v. Colombia*, Communication No.514/1992(1995), para.8.9.
110) *Hendriks v. Netherlands*, Communication No.201/1985(1988), paras.10.4-10.5.
111) *Fei v. Colombia*, Communication No.514/1992(1995), para.8.10.
112) Joseph & Castan's Commentary(2013), p.698(para.20.65).
113) *Hendriks v. Netherlands*, Communication No.201/1985(1988), Individual Opinion of Wako, paras.5-6.

인 의무 이행을 요하는 규약 제3조(남녀평등권), 제26조(평등권 및 차별금지)와 함께 다루고 있기 때문에, 실무상 규약 제23조 제4항 제1문의 고유한 특성이 부각되지는 않는다.[114]

V. 한국의 실행

1. 가정의 보호

가. 헌법 제36조 제1항에 따른 혼인과 가족생활의 보장

규약 제23조에 대응될 수 있는 헌법 조항은 제36조 제1항이다. 헌법 제36조 제1항은 "혼인과 가족생활은 개인의 존엄과 양성의 평등을 기초로 성립되고 유지되어야 하며, 국가는 이를 보장한다."고 규정한다. 대한민국 정부의 제1차 보고서(1991)는 헌법 제36조 제1항을 통하여 개인은 혼인과 가족생활에 대한 국가의 침해로부터 구제를 받을 수 있다고 설명한다.[115] 위 보고서는 헌법 제36조 제1항의 성격을 주로 주관적 방어권으로 소개하고 있으나, 헌법재판소는 헌법 제36조 제1항의 성격을 보다 복합적으로 이해한다. 헌법 제36조 제1항은 국가에 혼인과 가정을 침해하지 못하도록 하고, 혼인과 가정을 제3자로부터 보호해야 하며, 개인의 존엄과 양성의 평등을 바탕으로 하는 혼인·가족제도를 실현해야 할 의무를 부과한다.[116] 이러한 이해를 바탕으로 헌법재판소는 일정한 정책이 혼인한 부부를 혼인하지 아니한 자에 비하여 차별 취급하는 것이라면 과잉금지원칙 심사에 의하여 정당화되지 않는 한 헌법 제36조 제1항에 위반된다고 본다. 예컨대, 누진과세제도 하에서 혼인한 부부에게 조세부담의 증가를 초래하는 부부자산소득합산과세를 규정한 구 소득세법 조항,[117] 종합부동산세의 과세방법을 개인별 합산이 아니라 세대별 합산으로 규정하여 혼인한 자 또는 가족과 함께 세대를 이룬 자에게 조세 부담을 증가시키는 구 종합부동산세법 조항은[118] 각각 헌법 제36조 제1항에 위반된다. 다만 헌법 제36조 제1항의 혼인에 사실혼은 포함되지 않으므로,[119] 헌법 제36조 제1항의 보호를 받는 혼인은 자유권규약 제23조의 보호를 받는 혼인보다 제한적이다.

---

114) Joseph & Castan's Commentary(2013), p.693(para.20.55); Nowak's CCPR Commentary(2019), p.660(para.53).
115) CCPR/C/68/Add.1(1991), paras.277-278.
116) 헌법재판소 2000. 4. 27. 98헌가16등 결정.
117) 헌법재판소 2002. 8. 29. 2001헌바82 결정; 헌법재판소 2005. 5. 26. 2004헌가6 결정.
118) 헌법재판소 2008. 11. 13. 2006헌바112등 결정.
119) 헌법재판소 2014. 8. 28. 2013헌바119 결정.

나. 국내법상 보호를 받는 가정

대한민국 정부의 제1차 내지 제4차 국가보고서는 민법, 한부모가족지원법, 다문화가족지원법 등을 통하여 정의된 다양한 형태의 가정을 소개하는 데 많은 분량을 할애하고 있다.

규약위원회는 2015년 제4차 심의 당시 양육비 제공에 있어 입양부모에 비하여 불공평한 처우를 포함하여 미혼모에 대한 만연한 사회적 낙인과 차별에 대하여 우려를 표명하면서, 미혼모에 대한 차별을 철폐하고, 특히 교육, 고용, 주거 등 미혼모에게 제공되는 지원을 강화하며, 이들이 입양부모와 같은 양육비를 받을 수 있도록 해야 한다고 권고하였다.[120] 미혼모와 그 자녀로 이루어진 가정에 대한 차별을 철폐하고, 미혼모와 그 자녀에 대한 특별한 지원이 이루어져야 하며, 한부모가족지원법을 개정하고 그 이행을 확보하려는 노력이 필요하다는 것은 대한민국 정부에 대한 UPR 심의에서 반복적인 권고가 이루어진 부분이기도 하다.[121]

다문화가족지원법은 다문화가족을 ① 결혼이민자와 출생, 인지, 귀화를 통하여 대한민국 국적을 취득한 자로 이루어진 가족, ② 인지, 귀화를 통하여 대한민국 국적을 취득한 자와 출생, 인지, 귀화를 통하여 대한민국 국적을 취득한 자로 이루어진 가족으로 정의한다. 인종차별철폐위원회는 2012년 심의 당시 다문화가족이 한국인과 외국인 사이의 결합만을 규정할 뿐 외국인들 사이의 결합은 포함하지 않아 대한민국에 체류하는 많은 가족이 다문화가족지원법의 혜택을 받지 못하는 문제를 지적하며, 위 정의조항을 개정할 것을 권고하였다.[122]

다. 외국인의 강제추방

외국인이 강제로 출국하게 되어 외국인과 그 가족들이 떨어지게 되는 경우 외국인은 강제퇴거명령, 출국명령 등의 취소를 구하는 소를 제기한다. 강제퇴거명령과 출국명령은 모두 재량행위이다. 법원은 재량권 행사에 하자가 있는지 판단하면서 한편으로 외국인의 출입국과 체류를 적절하게 통제하고 조정함으로써 국가의 이익과 안전을 도모하려는 공익적 측면과 다른 한편으로 외국인이 우리나라에서 체류하면서 형성한 개인적 이익을 비교·형량한다. 외국인의 개인적 이익으로는 국내의 경제적·사회적 기반, 가족결합권, 재산권 등이 있는데, 가족결합권과 관련해서는 가족과 헤어져야 하는 점 등이 고려된다.[123] 이때 강제퇴거

---

120) Concluding Observations on the Republic of Korea, CCPR/C/KOR/CO/4(2015), paras.16-17.
121) A/HRC/22/10(2012), para.124.28; A/HRC/37/11(2017), paras.130.48-130.49.
122) CERD/C/KOR/CO/15-16(2012), para.17.
123) 서울행정법원 실무연구회, 『행정소송의 이론과 실무』(사법발전재단, 2013), p.371.

명령을 받은 외국인이 가족과 헤어져야 하는 점이 그의 개인적 이익으로 고려될 때 규약 제23조, 헌법 제36조 제1항의 요청과 조화될 수 있다.

가족과 헤어져야 하는 점을 원고의 개인적 이익으로 고려하여, 강제퇴거명령에 하자가 있다고 판단하여 이를 취소한 몇몇 하급심 판례가 발견된다.[124] 청주지방법원 2018. 5. 17. 선고 2017구합2276 판결(확정)은 원고가 대한민국에서 적법하게 출생하여 경제적, 사회적, 문화적 기반은 대한민국에만 형성되어 있고, 이후 불법체류나 불법취업 상태는 부모의 과실에 기한 것일 뿐 스스로 불법을 저질러서 발생한 것은 아니라는 점 등을 고려하여 원고에 대한 강제퇴거명령을 취소하였다. 위 판결은 재량권을 행사할 때 고려해야 할 공익적 측면으로서 국가의 안전보장뿐만 아니라 국내에 사회적 기반을 형성한 외국인의 인권과 사회통합이라는 가치를 언급하였다는 점에서 주목할 만하다.

가족과 떨어져야 하는 점을 원고의 개인적 이익으로 고려하여, 출국명령에 하자가 있다고 판단하여 이를 취소한 대표적인 하급심 판례는 다음과 같다. 서울행정법원 2008. 4. 16. 선고 2007구합24500 판결(확정)은 HIV 감염 외국인인 원고에 대한 출국명령에 재량권의 하자가 있다고 판단하면서, 원고가 한국인인 생모의 초청으로 적법하게 국내에 입국하였고 중국 내에는 달리 원고를 돌볼 만한 가족이 없으며 한국인인 가족들이 여전히 원고와 함께 생활하기를 희망한다는 점을 원고의 개인적 이익으로 고려하였다. 인천지방법원 2018. 8. 21. 선고 2018구단50045 판결(확정)은 과거 위조여권을 사용한 불법입국 정황이 적발된 원고에 대한 출국명령에 재량권의 하자가 있다고 판단하면서, 원고가 현재 희귀병을 앓고 있고 모든 가족들이 국내에 있는바 출국명령이 집행될 경우 투병 중인 원고만 중국으로 추방되어 가족과 유리된 생활을 하게 되는 것은 헌법 제36조 제1항, 시민권규약 제23조 제2항에 근거한 가족결합권을 침해할 가능성이 있다는 점을 원고의 개인적 이익으로 고려하였다.

라. 가족 결합 및 재결합

앞서 살펴본 강제추방이 한국에서 함께 살던 외국인이 출국하여 그 가족이 분리되는 문

---

124) 대전고등법원 2008. 10. 16. 선고 2008누1519 판결(확정, 원고가 추방될 경우 한국인인 배우자가 상당 기간 억지로 원고와 별거할 것을 강요하거나 원고와 함께 사실상 강제 출국하도록 심리적 압박을 가하게 되는 결과가 되는 점을 원고의 개인적 이익으로 고려), 서울고등법원 2010. 10. 14. 선고 2010누15362 판결(확정, 원고가 이미 국내에 정착하여 네 식구로 구성된 가정을 이루어 살고 있고 강제퇴거명령에 의하여 원고와 그 가족들이 사실상 삶의 기반을 잃게 되는 점을 원고의 개인적 이익으로 고려), 인천지방법원 2011. 12. 1. 선고 2011구합3443 판결(확정, 원고는 터키 국적의 부인 및 딸과 함께 거주하고 있어 원고가 쫓겨나는 경우 원고의 가족도 함께 터키로 돌아가야 할 처지에 놓이게 되는 점을 원고의 개인적 이익으로 고려) 등.

제를 다룬다면, 가족 결합 및 재결합은 이미 분리되어 있던 가족구성원이 함께 살기 위하여 입국하는 경우를 다룬다. 외국인은 체류자격 또는 영주자격이 있어야 입국할 수 있고, 체류자격과 체류기간의 범위에서 한국에서 체류할 수 있다(출입국관리법 제10조, 제17조 참조). 만약 당사국이 체류자격을 정할 때 가족의 결합이나 재결합을 위하여 적절한 조치를 취하지 않았다면, 규약 제23조 제1항 또는 제2항과 양립하기 어렵다. 국내에서는 주로 결혼이민(F-6) 체류자격 요건, 비전문취업(E-9) 체류자격을 가진 외국인의 가족 동반과 관련하여 가족 결합 및 재결합이 논의된다.

외국인 배우자가 대한민국에 입국하여 국내에서 혼인생활을 하기 위해서는 체류자격이 있어야 한다. '국민의 배우자'는 결혼이민(F-6) 체류자격 중 하나로 정해져 있다. 여기에 해당하는 외국인은 먼저 국민인 배우자의 초청을 받아야 하고, 이후 국민인 배우자의 신원보증을 받아 사증을 발급받아야 한다. 그런데 초청 단계에서 외국인 배우자가 중국, 베트남, 필리핀, 캄보디아, 몽골, 우즈베키스탄, 태국 국민인 경우에 국민인 배우자는 국제결혼 안내프로그램을 이수하여야만 외국인 배우자를 초청할 수 있다. 외국인 배우자와의 가족 결합과 관련하여 규약위원회는 별다른 지적을 하지 않았으나, 다른 UN 인권메커니즘은 지속적으로 우려를 표명하였다. 사회권규약위원회는 2009년 심의 당시 외국인 배우자가 결혼이민(F-6) 사증을 신청하려면 국민인 배우자에 의존해야 하는 절차가 여성에 대한 차별이 될 수 있다고 지적하였다.[125] 인종차별에 대한 특별보고관은 2015년 특정한 국적의 배우자와 혼인한 한국인에게 국제결혼 안내프로그램 이수를 강제하는 실무를 폐지할 것을 권고하였다.[126] 이 쟁점은 헌법재판에서도 문제되었다. 국제결혼 안내프로그램 이수의 근거 조항에 관하여 법정의견은 당해 심판청구가 적법하지 않다는 이유로 각하의견을 냈지만, 2인의 반대의견은 본안 판단에 나아가 위 조항이 혼인의 자유, 가족결합권을 침해한다는 이유로 위헌의견을 냈다.[127]

고용허가제 하에서 이주노동자에게 부여되는 비전문취업(E-9) 체류자격은 이주노동자가 본국으로 귀국하는 것을 전제로 하므로 가족 동반을 허용하지 않고 있다. 이주노동자가 가족과 재결합할 수 없다는 점에 대해서는 이주민 인권에 대한 특별보고관이 2007년에, 인종차별철폐위원회가 2019년에 각각 지적한 바 있다.[128]

---

125) E/C.12/KOR/CO/3(2009), para.12.
126) A/HRC/29/46/Add.1(2015), para.72.
127) 헌법재판소 2013. 11. 28. 2011헌마520 결정.
128) A/HRC/4/24/Add.2(2007), paras.23,60; CERD/C/KOR/CO/17-19(2019), paras.9-10.

2. 혼인을 할 권리와 가정을 이룰 권리

가. 혼인적령

혼인적령은 제정 민법에서 남자 만 18세, 여자 만 16세로 정해져 있었고, 2007. 12. 12. 부터 시행된 민법에서 비로소 남녀 모두에게 만 18세로 정해지게 되었다. 당시 개정이유에 따르면, 남녀에게 다른 혼인적령을 규정하는 것은 불합리한 차별로서 남녀평등에 반한다는 비판이 있어 헌법상 양성평등 원칙을 구현하기 위하여 동일한 혼인적령을 규정하기에 이르렀다.

혼인적령과 관련하여 아동권리위원회는 2019년 심의를 통해 대한민국 내 이주민 사회에서 아동의 혼인이 이루어지는 경우가 있다고 하면서 대한민국 정부로 하여금 아동의 혼인을 금지하고, 이러한 관행을 철폐하기 위하여 이주민 출신국과의 협력, 이주민에 대한 주민등록 절차 수립 등 모든 조치를 취할 것을 촉구한 바 있다.[129]

나. 동성혼 및 동성 커플에 대한 차별

규약 제23조 제1항, 제26조(평등권 및 차별금지), 사회권규약 제10조 등에 근거하여 국가는 동성 커플을 법적으로 인정하고, 연금 수령 등에 있어 사실혼 관계에 있는 이성 커플과 비교하여 차별하지 아니할 의무를 부담하는데, 현행 한국 법제에서 동성 커플을 법적으로 인정하는 제도는 마련되어 있지 않다.

먼저 동성혼에 관하여 살펴본다. 헌법, 민법, 가족관계등록법상 동성혼이 인정되는지 문제된 사건으로는 서울서부지방법원 2016. 5. 25.자 2014호파1842 결정이 있다. 위 결정은 혼인은 '남녀'의 애정을 바탕으로 일생의 공동생활을 목적으로 하는 도덕적, 풍속적으로 정당시되는 결합을 가리키는 것으로 해석되므로, 동성 커플의 혼인신고는 적법한 혼인신고가 아니라고 보았다.

대법원 2011. 9. 2. 선고 2009스117 전원합의체 결정은 성전환자가 혼인 중에 있거나 미성년자인 자녀가 있는 경우에는 성별정정은 허용되지 않는다고 판단하였다. 대법원은 위와 같은 상황에 있는 성전환자의 성별정정을 허용하지 않는 주요 근거로, 우리 민법은 동성혼을 허용하지 않는데 이러한 성전환자에게 성별정정을 허용하면 동성혼의 외관을 현출시켜 결과적으로 동성혼을 인정하는 셈이 된다는 점을 들고 있다. 제4차 보고서 심의를 위한 국내 민간단체 합동보고서(2014)는 위와 같이 성별정정을 제한하는 대법원의 '성전환자의 성

---

129) CRC/C/KOR/C/5-6(2019), para.30.

별정정허가신청사건 등 사무처리지침'이 성전환자의 규약 제23조상 권리를 침해한다고 지적하였다.130) 규약위원회는 이를 규약 제23조를 통하여 접근하지 않았고, 대신 제2조(당사국의 이행의무), 제17조(사생활의 비밀과 자유), 제26조(평등권 및 차별금지)와 관련된 쟁점으로 파악하여, 대한민국에 대하여 성전환자의 법적 인정을 쉽게 할 것을 권고했다.131)

다만 최근 하급심은 실질적으로 사실혼과 같은 생활공동체 관계에 있는 동성 커플에게 국민건강보험법상 직장가입자·피부양자의 관계를 인정해야 한다고 판단하였다. 국민건강보험공단은 사실혼 관계에 있는 이성 배우자에 대하여 피부양자 자격을 인정하나, 동성 커플 일방에 대하여 피부양자 자격을 인정하지 않고 있다. 서울고등법원 2023. 2. 1. 선고 2022누32797 판결은 사실혼 배우자와 동성 커플 일방은 성적 지향에 따라 선택한 생활공동체의 상대방인 직장가입자가 그들과 이성인지 동성인지만 달리할 뿐 본질적으로 동일한 집단임에도 불구하고, 국민건강보험공단이 사실혼 배우자에 대해서만 피부양자 자격을 인정하는 것은 합리적 이유가 없는 차별이라고 판단하였다.132)

다른 UN 인권메커니즘은 동성 커플이 법적 인정을 받지 못함에 따라 경험하게 되는 다양한 차별에 대하여 검토했다. 사회권규약위원회는 2017년 심의 당시 동성 커플이 사회권규약상 권리를 누리는 데 있어 차별을 받는다는 점을 우려하면서 사회보장, 재생산 건강, 주택과 관련하여 성소수자에 대하여 차별적이거나 차별적인 효과가 있는 법적 및 규제적 조항들을 개정할 것을 권고했다.133) 적정 주거 특별보고관은 임대주택 정책이 성소수자 커플은 인정하지 않는 반면 신혼인 이성 커플을 우선시하는 조치를 취하는 점, 동거하던 성소수자 커플의 일방이 사망한 경우 나머지 일방의 주거의 안정을 보장하기 위한 상속 내지 임대차에 관한 법률이 마련되어 있지 않다는 점을 지적하였다.134)

다. 동성동본 금혼제도 및 여성에 대한 재혼금지기간

규약 제23조 제2항에 따른 혼인을 할 권리를 침해하는 대표적인 제도로는 동성동본 금혼제도, 여성에 대한 재혼금지기간이 있다. 동성동본 금혼제도는 헌법재판에서 먼저 문제되었다. 헌법재판소는 동성동본인 혈족 사이에서는 혼인하지 못한다고 규정한 구 민법 제809조

---

130) Joint NGO Submission to the United Human Rights Committee for the List of Issues for the Fourth Periodic Report Submitted by the Republic of Korea; Human Rights in the Republic of Korea(2014), p.88.

131) Concluding Observations on the Republic of Korea, CCPR/C/KOR/CO/4(2015), paras.14-15.

132) 국민건강보험공단이 상고하여 2023년 10월을 기준으로 상고심 계속 중이다(대법원 2023두36800).

133) E/C.12/KOR/CO/4(2017), paras.24-25.

134) A/HRC/40/61/Add.1(2019), para.83.

는 촌수의 원근과 관계없이 일률적으로 혼인을 금지하여 혼인 상대방을 결정할 수 있는 자유를 침해하고 남계혈족에만 한정하여 성별에 의한 차별을 하고 있으므로, 헌법 제10조(인간의 존엄과 가치, 행복추구권), 제11조 제1항(평등권), 제36조 제1항, 제37조 제1항(과잉금지원칙)에 위반된다고 선언하였다.[135] 헌법재판소는 구 민법 제807조의 위헌성을 인정하면서도 국회가 위헌성을 직접 제거할 수 있도록 헌법불합치결정을 선고하였다. 국회는 2005년 민법 개정 시 혼인이 금지되는 범위를 '동성동본인 혈족'에서 '8촌 이내의 혈족'으로 축소하였다. 당시 개정이유에 따르면, 동성동본 금혼제도는 남녀평등과 혼인의 자유를 침해할 우려가 있어 폐지되었다. 헌법재판소는 8촌 이내의 혈족 사이에는 혼인할 수 없도록 하는 민법 제809조 제1항이 근친혼으로 인하여 가까운 혈족 사이의 상호관계 및 역할, 지위와 관련하여 발생할 수 있는 혼란을 방지하고 가족제도의 기능을 유지하기 위하여 필요한 최소한의 제한으로, 혼인의 자유를 침해하지 않는다고 판단하였다.[136]

여자는 혼인관계를 종료한 날로부터 6월을 경과하지 아니하면 혼인하지 못한다고 규정하였던 구 민법 제811조 역시 2005년 민법 개정 시 삭제되었다. 당시 개정이유에 따르면, 이 규정은 부성추정의 충돌을 피할 목적으로 도입되었으나 여성에 대한 차별적인 규정으로 비춰질 수 있고 친자관계감정기법의 발달로 이러한 제한 규정을 둘 필요성이 없어져 삭제되었다.

라. 친양자 제도

규약 제23조 제2항에 따른 가족을 이룰 권리는 입양제도를 통하여 자녀를 가질 수 있는 가능성을 내포하는데, 이러한 가능성이 협소하게 인정되는 경우 규약 제23조 제2항과 양립하기 어렵다. 2005년 민법 개정 이전까지 양자는 양부모의 혼인 중의 자로서 신분을 취득하나, 친생부모(親生父母)의 성과 본을 유지하는 등 친생부모와의 일정한 관계를 유지하였다. 그런데 위 개정으로 도입된 친양자 제도에 따르면, 양자는 양부모와 친생자관계로 보아 양부모의 성과 본을 따르도록 하고, 친생부모와의 관계는 종료시키도록 하였다. 이에 친양자로 입양되면 양자와 친생자 사이의 차별이 없어지기 때문에 양자는 친생자와 동일한 조건에서 성장할 수 있게 된다.

현행 친양자 제도가 가족을 이룰 권리를 과도하게 제한하는지는 헌법재판에서 다루어졌다. 현행 민법상 친양자 입양이 이루어지려면, ① 친양자를 입양하려는 사람이 3년 이상 혼인 중인 부부여야 하고, ② 친양자가 되려는 사람이 미성년자여야 하며, ③ 친양자가 될 사

---

135) 헌법재판소 1997. 7. 16. 95헌가6등 결정.
136) 헌법재판소 2022. 10. 27. 2018헌바115 결정.

람의 친생부모가 친양자 입양에 동의하여야 한다. ① 요건으로 독신자는 친양자를 입양할수 없다. 이 문제에 관해 헌법재판소는, 양자는 혼인관계를 바탕으로 한 안정된 가정에 입양되어 더 나은 양육조건에서 성장할 수 있게 되므로 양자의 복리가 증진되는 반면, 독신자는 친양자 입양은 할 수 없지만 여전히 일반입양은 할 수 있으므로, 독신자의 가족생활의자유가 침해되지 않는다고 판단하였다.[137] 법무부는 2021. 11. 9. ① 요건을 개정하여 친양자가 될 사람의 복리를 충분히 보장할 수 있는 25세 이상의 사람이라면 독신자에게도 친양자 입양을 허용하는 골자의 민법 개정안을 입법예고하였다.[138] 또한 ③ 요건으로 친생부모가 동의해야 친생자 입양이 이루어지게 하면, 친생자가 되려는 사람의 가족생활에 관한 기본권이 제한된다. 이 문제에 관해 헌법재판소는, 친양자 입양으로 친생부모와 그 자녀 사이의 친족관계가 단절되는 등 그 친생부모의 지위에 중대한 영향을 미치는 점, 친생부모 역시가족생활에 관한 기본권을 보유하고 있는 점, '친생부모의 친권이 상실되거나 사망 기타 그밖의 사유로 동의할 수 없는 경우'에는 친생부모의 동의를 요하지 않는 점 등을 고려하면, 친생자가 되려는 사람의 가족생활에 관한 기본권이 침해되지 않는다고 판단하였다.[139]

마. 강제불임수술

규약 제23조 제2항에 따른 가족을 이룰 권리는 자연생식을 통하여 자녀를 가질 가능성을내포하는데, 국가가 강제불임수술을 단행한다면 규약 제23조 제2항과 양립하기 어렵다. 국내에서는 장애인에게 강제불임수술을 시행한 관행이 규약 제23조 제2항 등에 위반된다는점이 지적되고 있다.

'한센인피해사건의 진상규명 및 피해자 지원 등에 관한 법률'은 한센인입소자가 수용시설에 격리 수용되어 본인의 동의 없이 단종수술을 당한 사건을 '한센인피해사건'으로 정의하고(제2조 제3호 가목), 한센인피해사건에 관한 진상을 파악하고 피해자에 대한 지원을 해야할 국가의 의무를 규정하고 있다. 대법원도 국가가 한센인들에 대하여 정관절제수술 또는임신중절수술을 시행한 것은 이들의 자손을 낳고 단란한 가정을 이루어 행복을 추구할 권리 등을 침해한 행위로 보아 민사상 불법행위로 인한 손해배상책임을 인정하였다.[140]

법적인 금지에도 불구하고 강제불임수술이 이루어지는 관행과 관련하여 장애인권리위원

---

137) 헌법재판소 2013. 9. 26. 2011헌가42 결정.
138) 법무부, 1인가구 확대에 따른 독신자의 친양자 입양 허용 및 형제자매의 유류분 삭제 - 「민법」 및「가사소송법」 일부개정법률안 입법예고 -, 2021. 11. 9.자 보도자료 참조.
139) 헌법재판소 2012. 5. 31. 2010헌바87 결정.
140) 대법원 2017. 2. 15. 선고 2014다230535 판결.

회는 2014년 심의를 통해 장애여성에 대한 강제불임시술이 실시되는 상황에 대하여 우려를 제기하였고,[141] UPR 심의에서도 대한민국 정부가 장애여성에 대한 강제불임시술 관행을 조사하고 금지해야 한다는 권고가 이뤄졌다.[142]

3. 혼인에 대한 평등한 권리와 책임

가. 규약 제23조 제4항에 대한 유보 및 유보 철회

대한민국 정부는 규약을 가입하면서 제23조 제4항에 대하여 유보하였다.[143] 이후 대한민국 정부는 1991. 3. 15. 위 조항에 대한 유보를 철회하였다.[144] 당시 민법이 1990. 1. 13. 법률 제4199호로 개정되고 1991. 1. 1.부터 시행되었는데, 위 민법은 ① 친족의 범위를 부계와 모계 혈족의 구분 없이 각각 8촌 이내로 하고, ② 호주제도를 존치하되 호주상속제도를 호주승계제도로 변경하며, ③ 호주의 권리와 의무에 대한 규정을 대폭 삭제하고, ④ 부부의 동거 장소를 부부의 협의에 의하도록 하고 공동생활에 필요한 비용도 부부가 공동으로 부담하도록 하였으며, ⑤ 친권 행사나 이혼 시 양육권에 관하여 부모가 협의하여 정하도록 하고 협의가 되지 않으면 가정법원이 결정하도록 하는 내용 등을 골자로 하였다. 규약 제23조 제4항에 대한 유보 철회는 위 민법이 시행됨에 따라 이루어졌다.[145]

대한민국 정부는 여성차별철폐협약을 가입하면서 제16조 제1항 (c), (d), (f), (g)호에 대해서도 유보하였다가 1991. 3. 15. 위와 같은 민법 개정에 따라 제16조 제1항 (c), (d), (f)호에 대한 유보도 철회하였다.[146] 제16조 제1항 (c)호는 '혼인 중 및 혼인을 해소할 때의 동일한 권리와 책임'을 규정하는데, 부부가 협의로 동거의 장소를 정하고 공동생활에 필요한 비용을 부담하도록 하는 등으로 민법이 개정되면서 유보를 철회하였다. 제16조 제1항 (d)호는 '부모의 혼인상태를 불문하고 자녀에 관한 문제에 있어 부모로서의 동일한 권리와 책임'을, 같은 항 (f)호는 '아동에 대한 보호, 후견, 재산관리 및 자녀입양 또는 국내법제상 존재하는 개념 중에 유사한 제도와 관련하여 동일한 권리와 책임'을 각각 규정하고 있는데, 친권 행사와 이혼 시 양육권에 관하여 부부의 협의로 정하도록 하고 협의가 되지 않으면

---

141) CRPD/C/KOR/CO/1(2014), paras.33-34.

142) A/HRC/37/11(2017), paras.132.116-132.117.

143) C.N.113.1990.TREATIES-2/5/3.

144) C.N.70.1991.TREATIES-1/3/1.

145) 제7회 국무회의, 시민적 및 정치적 권리에 관한 국제규약 제23조 제4항에 대한 유보 철회(의안 제117호), 1991. 2. 7.자 회의록 참조.

146) C.N.61.1991.TREATIES-2; 제7회 국무회의, 여성에 대한 모든 형태의 차별철폐에 관한 협약 제16조 제1항(다),(라),(바)호에 대한 유보 철회(의안 제116호), 1991. 2. 7.자 회의록 참조.

가정법원이 결정하도록 하는 등으로 민법이 개정되면서 유보를 철회하였다. 그런데 비록 완화된 형태이기는 하나 호주제가 여전히 존속하고 있는 상황에서 대한민국 정부가 1991. 3. 15. 여성차별철폐협약 제16조 제1항 (c)호 등에 대한 유보를 철회한 것은 다소 성급한 결정이었던 것으로 평가된다.[147] 자유권규약 제23조 제4항과 여성차별철폐협약 제16조 제1항 (c)호는 거의 동일한 내용을 규정하고 있는바, 위와 같은 비판은 자유권규약 제23조 제4항의 유보 철회에 대해서도 적용된다.

나. 호주제 및 부성주의 원칙

호주제는 혼인 중 평등을 실현하지 못하도록 하는 대표적인 걸림돌이었다. 규약위원회는 1999년 제2차 심의 당시 호주제는 여성이 부수적인 역할을 가지게 되는 가부장적인 사회를 반영하면서 동시에 강화한다고 하면서 호주제에 대한 우려를 표시하였다.[148] 헌법재판소는 2005년 호주제가 성역할에 관한 고정관념에 기초한 차별이고, 개인을 가(家)의 유지와 계승을 위한 도구적 존재로 취급하는 제도라는 이유로 헌법 제36조 제1항에 반한다고 판단하였다. 헌법재판소는 국회가 위헌성을 직접 제거할 수 있도록 헌법불합치결정을 선고하였다.[149]

호주제를 전제로 한 구 민법 제781조 제1항은 자(子)는 부(父)의 성(姓)과 본(本)을 따르도록 하고 다만 부가 외국인인 때에는 모의 성과 본을 따를 수 있도록 규정하고 있었다. 헌법재판소는 2005년 구 민법 제781조 제1항이 개인과 가족의 구체적 상황을 고려하지 않고 일방적으로 부성주의 원칙을 강제하고, 예외도 인정하지 않는다는 이유로 위헌으로 판단하였다. 헌법재판소는 국회가 위헌성을 직접 제거할 수 있도록 헌법불합치결정을 선고하였다.[150]

두 헌법불합치결정을 계기로 국회는 ① 호주제를 폐지하고, ② 자녀의 성과 본은 부의 성과 본을 따르는 것을 원칙으로 하되 혼인신고 시 부모의 협의에 의하여 모의 성과 본도 따를 수 있도록 하며(제781조 제1항), ③ 자녀의 복리를 위하여 법원의 허가를 받아 자녀의 성과 본을 변경할 수 있도록 하는 내용으로(제781조 제6항) 민법을 개정하였다. 위 민법은 2005. 3. 31.부터 시행되었다.

완화된 형태이기는 하나 부성주의 원칙을 유지하는 것에 대해서는 다른 UN 인권메커니

---

147) 김선욱, "유엔여성차별철폐협약과 한국여성입법정책", 법학논집 제4권 제4호(2000), pp.149-150; 윤진수, "여성차별철폐협약과 한국가족법", 서울대학교 법학 제46권 제3호(2005), p.89 참조.

148) Concluding Observations on the Republic of Korea, CCPR/C/79/Add.114(1999), para.10.

149) 헌법재판소 2005. 2. 3. 2001헌가9등 결정.

150) 헌법재판소 2005. 12. 22. 2003헌가5등 결정.

즘을 통한 비판이 제기되고 있다. 대한민국 정부는 부성주의 원칙으로 인하여 '가족성 및 직업을 선택할 권리를 포함하여 부부로서의 동일한 개인적 권리'를 보장한다고 규정한 여성차별철폐협약 제16조 제1항 (g)호에 대하여 여전히 유보하고 있다. 여성차별철폐위원회는 2018년 심의 당시 부성주의를 규정한 민법 제781조 제1항을 개정하고 여성차별철폐협약 제16조 제1항 (g)호에 대한 유보를 철회할 것을 권고하였다.[151] 민법 제781조 제1항에 대해서는 헌법 제36조 제1항 등을 침해한다는 이유로 헌법소원심판이 청구되어, 2023년 10월을 기준으로 2021헌마262호로 계속 중이다.

다. 혼인 해소 시 평등

규약위원회에 대하여 대한민국 정부는 재산형성에 대한 배우자의 기여도를 감안하여 배우자간 상속, 증여에 대한 공제액 범위를 확대하고,[152] 이혼숙려기간을 도입하였으며, 양육비 부담에 관한 내용을 확인하기 위한 양육비부담조서를 도입한 점에 관하여 소개하였고,[153] 규약위원회는 이에 대한 별다른 언급을 하지 않았다.

여성차별철폐위원회는 법률혼 및 사실혼 해소 시 달리 계약을 맺지 않는 이상 배우자의 재산 형성에 대한 기여도에 따라 부부의 재산이 분할된다는 점에 우려를 표하면서, 동등한 재산 분할 원칙을 규정하는 입법적 조치를 취할 것을 권고하였다.[154]

인종차별철폐위원회와 인종차별에 관한 특별보고관은 한국인인 남성과의 혼인을 통해 자녀가 출생하였는지 여부, 자녀를 양육하는지 여부, 혼인의 귀책사유가 있는지 여부 등을 기준으로 이혼 혹은 별거하는 이주민 여성에 대하여 결혼이민(F-6) 체류자격을 부여하는 출입국관리법 시행령 조항에 대하여 우려를 표명하였다.[155] 대법원은 결혼이민 체류자격의 요건 중 '자신에게 책임이 없는 사유로 정상적인 혼인관계를 유지할 수 없는 사람'을 '자신에게 주된 책임이 없는 사유로 정상적인 혼인관계를 유지할 수 없는 사람', 즉 '혼인파탄의 주된 귀책사유가 국민인 배우자에게 있는 경우'라고 해석한다.[156] 위 해석으로 혼인파탄의 주된 귀책사유가 한국인 배우자에게 있다면 상대방은 결혼이민(F-6) 체류자격이 부여받게 되는데, 인종차별철폐위원회와 인종차별에 관한 특별보고관이 지적한 문제가 어느 정도 완화될 수 있다.

---

151) CEDAW/C/KOR/CO/8(2018), paras.9,47.
152) CCPR/C/68/Add.1(1991), p.236.
153) CCPR/C/KOR/4(2013), paras.328-329.
154) CEDAW/C/KOR/CO/8(2018), paras.46-47.
155) A/HRC/29/46/Add.1(2015), para.72; CERD/C/KOR/CO/17-19(2019), para.21.
156) 대법원 2019. 7. 4. 선고 2018두66869 판결.

【다른 인권조약상의 관련 조항】

세계인권선언 제16조

1. 성인 남녀는 인종, 국적 또는 종교에 따른 어떠한 제한도 없이 혼인하고 가정을 이룰 권리를 가진다. 그들은 혼인에 대하여 혼인기간 중 그리고 혼인해소 시에 동등한 권리를 향유할 자격이 있다.
2. 혼인은 장래 배우자들의 자유롭고 완전한 동의 하에서만 성립된다.
3. 가정은 사회의 자연적이고 기초적인 단위이며, 사회와 국가의 보호를 받을 권리가 있다.

경제적, 사회적 및 문화적 권리에 관한 국제규약 제10조

이 규약의 당사국은 다음 사항을 인정한다.
1. 사회의 자연적이고 기초적인 단위인 가정에 대하여는, 특히 가정의 성립을 위하여 그리고 가정이 부양 어린이의 양육과 교육에 책임을 맡고 있는 동안에는 가능한 한 광범위한 보호와 지원이 부여된다. 혼인은 혼인 의사를 가진 양 당사자의 자유로운 동의하에 성립된다.

Article 10

The State Parties to the present Covenant recognize that:
1. The widest possible protection and assistance should be accorded to the family, which is the natural and fundamental group unit of society, particularly for its establishment and while it is responsible for the care and education of dependent children. Marriage must be entered into with the free consent of the intending spouses.

여성에 대한 모든 형태의 차별철폐에 관한 협약 제16조

1. 당사국은 혼인과 가족관계에 관한 모든 문제에 있어서 여성에 대한 차별을 철폐하기 위한 모든 적절한 조치를 취하여야 하며, 특히 남녀평등의 기초 위에 다음을 보장하여야 한다.
   (a) 혼인을 할 동일한 권리
   (b) 자유로이 배우자를 선택하고 상호간의 자유롭고 완전한 동의에 의해서만 혼인을 할 동일한 권리

(c) 혼인 중 및 혼인을 해소할 때의 동일한 권리와 책임

(d) 부모의 혼인상태를 불문하고 자녀에 관한 문제에 있어 부모로서의 동일한 권리와 책임: 모든 경우에 있어서 자녀의 이익이 최우선적으로 고려되어야 함

(e) 자녀의 수 및 출산 간격을 자유롭고 책임감 있게 결정할 동일한 권리와 이 권리를 행사할 수 있게 하는 정보, 교육 및 제 수단의 혜택을 받을 동일한 권리

(f) 아동에 대한 보호, 후견, 재산관리 및 자녀입양 또는 국내법제상 존재하는 개념 중에 유사한 제도와 관련하여 동일한 권리와 책임: 모든 경우에 있어서 아동의 이익이 최우선적으로 고려되어야 함

(g) 가족성 및 직업을 선택할 권리를 포함하여 부부로서의 동일한 개인적 권리

(h) 무상이든 혹은 유상이든 간에 재산의 소유, 취득, 운영, 관리, 향유 및 처분에 관한 양 배우자의 동일한 권리

2. 아동의 약혼과 혼인은 아무런 법적 효과가 없으며 혼인을 위한 최저 연령을 정하고 공공 등기소에 혼인등록을 의무화하기 위하여 입법을 포함한 모든 필요한 조치를 취하여야 한다.

Article 16

1. States Parties shall take all appropriate measures to eliminate discrimination against women in all matters relating to marriage and family relations and in particular shall ensure, on a basis of equality of men and women:

(a) The same right to enter into marriage;

(b) The same right freely to choose a spouse and to enter into marriage only with their free and full consent;

(c) The same rights and responsibilities during marriage and at its dissolution;

(d) The same rights and responsibilities as parents, irrespective of their marital status, in matters relating to their children; in all cases the interests of the children shall be paramount;

(e) The same rights to decide freely and responsibly on the number and spacing of their children and to have access to the information, education and means to enable them to exercise these rights;

(f) The same rights and responsibilities with regard to guardianship, wardship, trusteeship and adoption of children, or similar institutions where these concepts exist in national legislation; in all cases the interests of the children shall be paramount;

(g) The same personal rights as husband and wife, including the right to choose a family name, a profession and an occupation;

(h) The same rights for both spouses in respect of the ownership, acquisition, management, administration, enjoyment and disposition of property, whether free of charge or for a valuable consideration.

2. The betrothal and the marriage of a child shall have no legal effect, and all necessary action, including legislation, shall be taken to specify a minimum age for marriage and to make the registration of marriages in an official registry compulsory.

아동의 권리에 관한 협약 제9조

3. 당사국은 아동의 최선의 이익에 반하는 경우 외에는, 부모의 일방 또는 쌍방으로 분리된 아동이 정기적으로 부모와 개인적 관계 및 직접적인 면접교섭을 유지할 권리를 가짐을 존중하여야 한다.

Article 9

3. States Parties shall respect the right of the child who is separated from one or both parents to maintain personal relations and direct contact with both parents on a regular basis, except if it is contrary to the child's best interests.

모든 이주 노동자와 그 가족의 권리보호에 관한 국제협약

제4조

이 협약의 적용상 "가족"은 이주노동자와 혼인한 자 또는 해당법률에 따르면 혼인과 같은 효력을 갖는 관계에 있는 자는 물론 피부양 자녀 및 해당법률 또는 관계국간의 양자 또는 다자협정에 의하여 가족으로 인정되는 여타의 피부양자를 말한다.

제44조

1. 당사국은 가정이 사회의 자연적이며 기초적인 단위이고, 사회와 국가의 보호를 받을 권리를 가짐을 인정하며, 이주노동자 가족들의 결합의 보호를 보장하기 위하여 적절한 조치를 취한다.

2. 당사국은 이주노동자가 그의 배우자나 해당법률에 따르면 혼인과 동등한 취급을 받는 관계에 있는 자 및 미혼의 피부양 미성년 자녀와 재결합하는 것을 촉진하기 위하여 자신

의 권한 내에서 적절한 조치를 취한다.

3. 취업국은 이주노동자의 다른 가족에 대하여도 인도적 견지에서 본지 제2항에 규정된 것과 동등한 대우를 부여함을 호의적으로 고려한다.

Article 4

For the purposes of the present Convention the term "members of the family" refers to persons married to migrant workers or having with them a relationship that, according to applicable law, produces effects equivalent to marriage, as well as their dependent children and other dependent persons who are recognized as members of the family by applicable legislation or applicable bilateral or multilateral agreements between the States concerned.

Article 44

1. States Parties, recognizing that the family is the natural and fundamental group unit of society and is entitled to protection by society and the State, shall take appropriate measures to ensure the protection of the unity of the families of migrant workers.

2. States Parties shall take measures that they deem appropriate and that fall within their competence to facilitate the reunification of migrant workers with their spouses or persons who have with the migrant worker a relationship that, according to applicable law, produces effects equivalent to marriage, as well as with their minor dependent unmarried children.

3. States of employment, on humanitarian grounds, shall favourably consider granting equal treatment, as set forth in paragraph 2 of the present article, to other family members of migrant workers.

유럽인권협약 제12조(혼인의 권리)

혼인 적령의 남녀는 이 권리행사에 관한 국내법에 따라 혼인을 하고 가정을 구성할 권리를 가진다.

Article 12 Right to marry

Men and women of marriageable age have the right to marry and to found a family, according to the national laws governing the exercise of this right.

미주인권협약 제17조(가정에 대한 권리)

1. 가정은 사회의 자연적이고 기초적인 단위이며, 사회와 국가의 보호를 받을 권리가 있다.
2. 국내법상의 요건을 충족하면 혼인 적령기의 남녀는 혼인을 하고 가정을 부양할 권리가 인정된다. 단 그 요건들은 이 협약에 규정된 비차별 원칙에 영향을 주지 않아야 한다.
3. 혼인은 장래의 배우자들의 자유롭고 완전한 합의 없이는 이루어지지 아니한다.
4. 당사국은 혼인 기간 중 및 혼인의 해소 시에 혼인에 대한 배우자의 권리 평등과 책임의 적정한 균형을 보장하기 위하여 적절한 조치를 취한다. 혼인해소의 경우 오직 아동의 최선 이익만을 기반으로 아동의 보호에 필요한 조치가 취하여져야 한다.
5. 법률은 서출자와 적출자에 대하여 동등한 권리를 인정한다.

Article 17 Rights of the Family
1. The family is the natural and fundamental group unit of society and is entitled to protection by society and the state.
2. The right of men and women of marriageable age to marry and to raise a family shall be recognized, if they meet the conditions required by domestic laws, insofar as such conditions do not affect the principle of nondiscrimination established in this Convention.
3. No marriage shall be entered into without the free and full consent of the intending spouses.
4. The States Parties shall take appropriate steps to ensure the equality of rights and the adequate balancing of responsibilities of the spouses as to marriage, during marriage, and in the event of its dissolution. In case of dissolution, provision shall be made for the necessary protection of any children solely on the basis of their own best interests.
5. The law shall recognize equal rights for children born out of wedlock and those born in wedlock.

인간과 인민의 권리에 관한 아프리카 헌장 제18조

1. 가정은 사회의 자연적 단위이며 기초이다. 가정은 이의 신체적 건강과 도덕을 돌보아야 하는 국가에 의하여 보호받는다.
2. 국가는 공동체에 의하여 인정된 도덕과 전통적 가치의 수호자인 가정을 지원할 의무가 있다.

Article 18

1. The family shall be the natural unit and basis of society. It shall be protected by the State which shall take care of its physical health and moral.

2. The State shall have the duty to assist the family which is the custodian of morals and traditional values recognized by the community.

제24조 아동의 권리[*]

백 상 미

목 차

Ⅰ. 개관
Ⅱ. 아동의 권리에 관한 협약과의 관계
Ⅲ. 주요 내용
  1. 아동에 대한 특별한 보호
    가. 아동의 범위
    나. 차별 금지
    다. 특별한 보호를 받을 권리
  2. 출생등록 및 성명권
  3. 국적을 취득할 권리

Ⅳ. 한국의 실행
  1. 규약위원회의 최종견해
  2. 국가보고서 내용 및 현황에 대한 검토
    가. 의무취학기간 연령 아동에 대한
        고용방지 조치
    나. 청소년의 의미
    다. 보편적 출생등록제
  [다른 인권조약상의 관련조항]

모든 아동은 인종, 피부색, 성별, 언어, 종교, 민족 또는 사회적 출신, 재산 또는 출생에 따른 어떠한 차별도 받지 않으며, 미성년자로서의 지위로 인하여 요구되는 보호조치를 자신의 가족, 사회 및 국가로부터 받을 권리를 가진다.

모든 아동은 출생 후 즉시 등록되고, 성명을 가져야 한다.

모든 아동은 국적을 취득할 권리를 가진다.

Every child shall have without any discrimination as to race, colour, sex, language, religion, national or social orgin, property, or birth, the right to such measures of protection as are required by his status as a minor on the part of his family, society and the State.

Every child shall be registered immediately after and shall have a name.

Every child has the Right to acquire a nationality

---

* 이 글은 필자의 "시민적 및 정치적 권리에 관한 국제규약상 아동의 권리와 한국의 실행"(외법논집 제46권 제3호(2022))을 부분적으로 수정하고 재정리한 것이다.

Ⅰ. 개관

규약 제24조는 미성년자의 지위로 인해 아동에게 요구되는 특별한 보호에 대해 규정하고 있다. 이는 역사적으로 국제법이 아동의 시민적 및 정치적 권리를 제한적으로 인정해왔다는 점을 생각할 때, 의미 있는 성과라고 평가할 수 있다.[1] 자유권 규약에 아동에 대한 특별한 보호를 규정해야 한다는 제안은 아동이 필요로 하는 바가 어른들의 필요와는 차이가 있다는 점을 인식한 데서 시작되었다.[2] 폴란드와 유고슬라비아는 1962년 UN 총회 제3위원회에서 아동의 권리에 관한 독립된 조항 초안을 제출하였다. 해당 초안의 지지자들은 세계인권선언 제25조 제2항과 1959년 UN 아동권리 선언(UN Declaration on the Rights of the Child)을 지적하며 아동 보호에 관한 규정의 필요성을 주장하였다.[3] 이들 선언에서 천명된 원칙에 법규범의 지위를 부여함으로써 규약 당사국에게 구속력을 갖도록 하자는 것이 주장이었다. 초안의 지지자들은 이와 함께 사회권 규약 제10조 제3항에서 아동과 연소자들을 위한 특별한 보호를 규정하고 있으므로 자유권 규약에서도 아동의 권리를 위한 독립된 조항을 규정할 필요가 있다고 주장하였다.[4] 반면 규약의 규정들은 아동을 포함한 모든 사람에게 적용되는데, 아동에 대한 특별 조항을 두는 것이 규약의 취지에 부합하는 지와 관련해 의문을 제기하는 부류도 있었다.[5] 아동의 권리에 관한 특별 규정이 자칫하면 규약에 규정되어 있는 다른 권리가 아동에게는 온전히 적용되는 것은 아니라는 인상을 줄 수 있다는 것이다. 이들은 노인이나 장애인과 같이 보호가 필요한 다른 집단에 대한 고려는 제외한 채 유독 아동에 대한 차별에 대해서만 특별한 보호를 제공해야 한다는 규정을 두어야 하는지와 관련해서도 타당한 근거를 찾을 수 없다고 주장하였다. 또한 규약 제2조 제1항에서 모든 개인이 규약상의 권리를 향유하도록 규정하고 있음을 고려할 때, 아동에 대한 특별 보호 조항을 둘 필요가 없다고 하였다.[6]

이외에 초안 제3항에 규정되어 있던 혼외출생 아동의 권리에 관한 문제, 제4항에 규정되어 있던 아동의 국적권에 관한 문제에 대해서도 국가 간에 첨예한 대립이 계속되었다. 혼외출생 아동의 권리를 규정에 명시하는 것에 대해 반대하는 측의 주된 주장은 해당 규정이 규약 제23조에서 보호하고 있는 가정의 안정성을 위태롭게 만들 수 있다는 것이었다.[7] 한

---

1) Joseph & Castan's Commentary (2013), p.701.
2) Taylor's Commentary(2020), p.659.
3) Nowak's CCPR Commentary(2019), pp.667-668, (para.1).
4) A/5365(1962), p.6.
5) *ibid.*
6) Nowak's CCPR Commentary(2019), p.668, (para.2).

편 제4항과 관련해서는 국적권은 아동에게만 국한된 문제가 아니라는 점, 국적 문제가 가지는 복잡성 때문에 규약 초안의 다른 조항에서도 국적권에 대해 규정하고 있지 않다는 점이 반대의견으로 제시되었다.[8] 이후 폴란드와 유고슬라비아가 제출한 초안은 위와 같은 논쟁을 거듭하며 수차례 수정되고 구체화 되었다. 칠레, 과테말라 등의 국가는 초안에서 제3항을 삭제할 것을 제안하였고, 폴란드는 제3항과 관련해 혼인외 출생 아동의 권리를 제한해서는 안 된다는 것에서 혼인 외 출생 아동의 법적 지위를 향상시키기 위해 노력한다는 취지의 문구로 바꾼 수정안을 제시했으나 이 역시 반대에 부딪혔다. 제24조와 관련해 UN 총회에서 제기된 주장들은 인권위원회에서도 반복되었지만 제기된 문제의 법적 함의에 대해 충분한 조사가 이루어지거나 합의가 성립되지 못한 채 초안은 제3위원회로 돌아오게 되었다. 제3위원회에서 폴란드와 유고슬라비아를 포함한 8개국은 혼외 출생 아동 부분을 삭제하고, 국적을 취득할 권리 부분은 포함한 절충안을 제시하였고, 제3위원회는 이를 최종적으로 채택하였다.[9]

Ⅱ. 아동의 권리에 관한 협약과의 관계

1989년 UN 총회에서 채택된 아동의 권리에 관한 협약은 아동의 시민적 및 정치적 권리, 아동의 복지 및 경제적·사회적 및 문화적 권리에 관한 규약에 규정되어 있는 주요 권리에 대해 규정하고 있다.[10] 협약은 규정 및 아동권리위원회의 모니터링[11]을 통해 아동에게 필요한 보호조치와 관련해 좀 더 명확한 해석을 제시한다.[12] Fabián Salvioli 위원은 *X.H.L. v. Netherlands* 사건(2011)에 대한 개별의견을 통해 협약이 규약위원회가 결정을 내리는 데 있어 중요한 역할을 한다는 점에 대해 언급하였다. 그는 규약 제24조 제1항과 관련해 어떠한 조치를 도입해야 하는지는 규약에 구체적으로 명시되어 있지 않기 때문에 이에 대해서는 각 당사국이 결정할 문제라고 하면서도 그러한 조치는 아동의 권리에 관한 협약과 같은 국제적 의무의 틀 안에서 채택되어야 한다고 하였다. 그는 또한 협약에 규정되어 있는 의무

---

7) Nowak's CCPR Commentary(2019), pp.668, 675, (paras.2. 17).

8) A/5655(1963), para.76.

9) A/5365(1962), pp.3, 4; A/C.3/L/1174(1963); Nowak's CCPR Commentary(2019), pp.668, 675, 694, (para.3, 17, 52).

10) Joseph & Castan's Commentary (2013), p.702.

11) 아동의 권리에 관한 협약 제43조, 제44조, 제45조. 아동권리위원회는 10명의 전문가로 구성되며, 협약 당사국이 제출한 국가보고서를 검토하고, 이에 대해 제안 및 일반적 권고를 할 수 있다.

12) Taylor's Commentary(2020), p.661.

들은 규약 제24조와 밀접한 관련이 있을 뿐 아니라 당사국이 협약 및 규약의 아동 관련 규정을 준수했는지를 판단하는 데 있어 규약위원회에 분석의 척도를 제시한다고 하였다.13) Nigel Rodley 및 Mr Krister Thelin 위원은 같은 사건에 대한 반대의견을 통해 규약위원회가 아동의 최선의 이익이 제24조 해석을 위한 유일한 기준인 것처럼 해당 개념을 적용한 것에 대해 비판하면서 그 근거로 아동의 권리에 관한 협약 규정을 제시하였다. 협약 제3조 제1항이 아동의 최선의 이익을 주요 고려사항 중 하나로 규정하고 있는 것으로 볼 때, 이 사건에서도 유일한 고려사항이 될 수 없다는 것이다.14) 이상을 통해 볼 때, 아동의 권리에 관한 협약은 규약위원회가 규약 제24조를 해석하는 데에도 영향을 미치고 있음을 확인할 수 있다. 이에 이하에서는 규약 제24조의 해석 및 한국의 제24조 이행상황을 검토함에 있어 관련이 있는 경우 협약의 규정과 아동권리위원회의 최종견해도 함께 언급하기로 한다.15)

III. 주요 내용

1. 아동에 대한 특별한 보호

가. 아동의 범위

규약 제24조는 성년의 연령에 대해 언급하고 있지 않다. 18세 미만에 대한 사형선고 금지를 규정하고 있는 규약 제6조 제5항은 특정 연령을 명시하고 있는 규약 내 유일한 조항이지만 '18세 미만의 사람'이 아동을 의미하는지 또는 미성년자를 지칭하는 것인지에 대해서는 언급하고 있지 않다. 반면 아동의 권리에 관한 협약은 제1조에서 아동은 18세 미만의 모든 사람을 의미한다고 하고 있다.

자유권규약위원회는 아동이 성인이 되는 연령은 각 당사국이 자국의 사회적·문화적 상황을 고려하여 결정해야 하는 문제로 보았다. 다만 규약위원회는 아동이 민사상 성인의 연령에 이르게 되는 시기, 형사책임연령, 노동법상 성인연령 등이 각국의 법령에 어떻게 규정되어 있는지를 보고서에 명시할 것을 각 당사국에게 요구하였다.16) 이로 미루어 볼 때, 규

---

13) *X.H.L. v. Netherlands.* Individual opinion of Fabián Salvioli in Communication No. 1564/2007 (2011), paras.3-5.

14) *X.H.L. v. Netherlands.* Individual opinion of Nigel Rodley and Mr Krister Thelin (dissenting) in Communication No. 1564/2007(2011).

15) 아동권리협약의 당사국은 196개국(2022년 3월 9일 기준)으로 사실상 거의 모든 국가가 가입하고 있어 규약 가입국이면서 아동권리협약에는 가입하지 않은 경우는 없을 것으로 보인다. 규약의 당사국은 173개국(2022년 3월 9일 기준)이다.

16) HRC General Comment No. 17(1989), para.4.

약위원회도 아동의 권리에 관한 협약과 마찬가지로 아동의 개념을 형사책임연령에 도달하기 전까지의 아동, 청소년을 포함하는 미성년자의 관점에서 폭넓게 해석하고 있음을 유추할 수 있다. 이는 규약 제24조 제1항이 당사국들로 하여금 아동이 미성년자로서의 지위로 인해 요구되는 보호를 받을 수 있도록 규정하고 있는 사실과도 부합한다.[17]

규약위원회는 또한 각 회원국이 성인 연령을 지나치게 낮게 설정해서는 안 되며, 어떠한 경우에도 국내법에서 정하고 있는 성인의 연령을 이유로 18세 미만의 사람에 대한 규약상의 의무를 위반한 것을 정당화할 수 없다는 점을 강조함으로써 각 당사국이 미성년의 연령을 결정하는 문제에 있어 무한한 재량권을 가지고 있지 않음을 분명히 하였다.[18] 이와 관련해 규약위원회는 가이아나가 행사책임연령을 너무 낮게 규정하고 있는 데 대해 우려를 표명한 바 있다. 가이아나의 국내법은 10세 미만의 아동도 구금이 가능한 것으로 규정하고 있었다. 규약위원회는 해당 국내법에 대해 구금 시 미성년 피고인은 성인과 분리되며, 연령이 낮은 미성년의 경우 구금되어서는 안 된다고 규정하고 있는 규약 제10조 제2항 및 제24조에 부합하도록 조치를 취할 것을 가이아나에게 권고하였다.[19] 규약위원회는 8세 이상 12세 미만의 아동도 판사의 결정에 따라 형사적 책임을 질 수 있다고 규정한 스리랑카의 형법에 대해서도 깊은 우려를 표명한 바 있으며[20], 18세 미만의 연령에 대해 가석방 없는 종신형을 적용하는 것을 허용하고 있는 미국에 대해서도 우려를 표명하였다. 미국은 규약 제10조 제2항 b호와 제3항, 규약 제14조 제4항에도 불구하고 예외적인 경우에는 청소년을 성인과 같이 취급할 것이라는 내용의 유보를 선언한 바 있다. 그러나 규약위원회는 아동에게 가석방 없는 종신형을 적용할 수 있다는 규정 자체가 규약 제24조를 준수하지 않는 것이라고 하면서 미국에 이를 시정하기 위한 모든 적절한 조치를 도입하라고 요구하였다.[21]

규약위원회는 혼인가능 최저연령을 지나치게 낮게 정하고 있는 당사국의 법령에 대해서도 우려를 표명해왔다. 베네수엘라는 혼인이 가능한 최저연령을 여자 14세, 남자 16세로 규정하고 있었는데, 규약위원회는 여자가 임신 또는 출산을 하는 경우 여성의 혼인 연령이 더욱 낮을 수 있음을 지적하면서 이 같은 규정 및 관행이 규약 제24조 제1항과 양립하지 않는다고 하였다.[22] 규약위원회는 여자와 남자의 혼인가능 최저연령을 다르게 규정하는 데

---

17) Nowak's CCPR Commentary(2019), p.673, (para.13).
18) HRC General Comment No. 17(1989), para.4.
19) Concluding Observations on Guyana, CCPR/C/79/Add.121(2000), para.16.
20) Concluding Observations on Sri Lanka, CCPR/C/79/Add.56(1995), para.20.
21) Concluding Observations on United States of America, CCPR/C/USA/CO/3/Rev.1(2006), para.34.
22) Concluding Observations on Venezuela, CCPR/CO/71/VEN(2001), para.18; Joseph & Castan's Commentary (2013), p.708.

대해서도 문제를 제기한 바 있다. 규약위원회는 프랑스가 혼인 가능 최저연령을 여자 15세, 남자 18세로 규정한 데 대해 여자의 혼인가능 최저연령이 지나치게 낮게 설정되었음을 지적하고, 해당 연령을 조정할 것을 권고하였다.[23] 프랑스는 규약위원회의 권고를 받아들여 법률의 개정을 통해 남자와 여자의 혼인가능 최저연령을 18세로 규정하였다.[24]

한편 태아도 제24조에 의해 보호받을 수 있는지와 관련해 문제가 제기될 수 있다. 페루는 "태아"라는 용어를 명시한 규정 초안을 제시한 바 있으나 당시 큰 주목을 받지 못했다.[25] 아동의 권리에 관한 협약 전문은 "아동은 신체적·정신적 미성숙으로 인하여 출생 전후를 막론하고 적절한 법적 보호를 포함한 특별한 보호와 배려를 필요로 한다는 점에 유념해야" 한다는 점을 상기하고 있고, 규약위원회도 2011년 몽골에 대한 최종견해를 통해 제24조가 태아에 대한 보호조치를 제공할 수 있음을 시사한 바 있다. 규약위원회는 몽골의 산모 사망률이 높은 것과 관련해 고위험 임신 케이스에 대한 공공의료서비스 체계의 미비를 지적하면서 규약 제24조를 원용하였다.[26] 태아의 권리와 관련해서는 생명권을 규정하고 있는 규약 제6조의 초안 작성과정에서도 논의된 바 있다. 제6조와 관련해 레바논은 1950년, 임신한 순간부터를 생명의 보호가 시작되는 시점으로 보자고 제안하였으나, 인권위원회는 이를 채택하지 않았다.[27] 이후 1957년에도 총회 제3위원회에서 브라질 외 4개국이 유사한 안을 제출하였으나 투표결과 부결되었다. 당시 해당 안에 대한 반대 의사를 표시한 측에서는 국가가 임신 시점을 결정할 수 없고, 생명의 보호가 시작되는 시점을 임신한 순간으로 규정할 경우, 이는 의사의 권리·의무와도 결부되는 문제라는 점을 그 이유로 제시하였다.[28] 한편 규약위원회는 제6조와 관련해 칠레에 대한 최종견해를 통해 예외 없이 법으로 낙태를 금지하는 것에 대해 우려를 표명한 바 있고[29], 일반논평 제38호를 통해 임부의 생명권을 고려하여 특정한 경우 낙태에의 안전하고, 합법적인 접근을 제공해야 한다는 의견을 표명 하였다.[30] 이를 앞서 살펴본 규약위원회의 2011년 몽골에 대한 최종견해와 함께 종합적으로 고려할 때, 태아도 제24조에 의해 일정부분 보호를 받을 수 있다는 점은 부인할 수 없으나, 그 범위가 어디까지인지는 아직까지 명확하지 않다고 할 수 있다.

---

23) Concluding Observations on France, CCPR/C/79/Add.80(1997), para.25.

24) CCPR/C/FRA/CO/4(2008), para.9.

25) A/5365(1962), p. 6; Nowak's CCPR Commentary(2019), p. 674, para.15.

26) Concluding Observations on Mongolia, CCPR/C/MNG/CO/5(2011), para.20.

27) E/CN.4/386(1950), para. 1; Bossuyt's Guide(1987), pp.120-121.

28) Bossuyt's Guide(1987), p.120.

29) Concluding Observations on Chile, CCPR/C/79/Add.104(1999), para.15.

30) HRC General Comment No.36(2018), para.8.

나. 차별 금지

규약은 모든 아동이 인종, 피부색, 성별, 언어, 종교, 민족 또는 사회적 출신, 재산 또는 출생에 따른 어떠한 차별로부터도 보호받아야 한다고 규정하고 있다. 규약위원회는 차별의 금지는 규약 제2조에서도 규정하고 있고, 제26조에서도 모든 사람이 법 앞에 평등하다는 점을 규정하고 있으며, 아동도 이들 권리를 향유하지만 제24조에 포함된 차별금지 규정은 특히 이 조항에서 언급되고 있는 보호조치와 관련이 있음을 강조하였다. 이에 규약 당사국들은 모든 분야에 있어서 아동에 대한 차별을 제거하는 보호조치를 자국의 법령과 실행을 통해 어떻게 실행하고 있는지에 대해 보고해야 한다.[31] 규약위원회는 각 당사국이 교육, 보건 등 제24조에 규정된 아동에 대한 보호조치를 실행함에 있어 남자와 여자 아동 간에 차별이 없도록 해야 하며 법률의 제정이나 다른 적절한 조치를 통해 여자 아동의 자유와 행복을 저해하는 모든 문화적 또는 종교적 관행을 제거하고 이와 관련한 내용을 보고서에 포함시킬 것을 요구하였다.[32]

규약위원회는 제24조 제1항에 규정된 차별금지를 위한 보호조치와 관련해 각 당사국의 혼외 출생 아동의 처우에 대해 주목하고 의견을 표명한 바 있다. 혼외 출생 아동은 우선 혼인 내 출생 아동과 동등하게 규약 제24조 제2항과 제3항에서 규정하고 있는 출생등록 및 성명권, 국적 취득권을 향유한다. 그러나 혼외 출생 아동이 상속권 등 기타 법적 권리에 대해서도 혼인 내 출생 아동과 동등한 권리를 가지는지에 대해서는 규약 제24조 제1항에 명확히 규정된 바가 없다. 초안 작성 당시 이 문제와 관련해 당사국 간 입장 차가 존재했었다. 당시 폴란드와 유고슬라비아가 제시한 초안에는 결혼을 통해 출생했는지의 여부가 아동의 권리를 제한해서는 안 된다는 문구가 포함되어 있었다.[33] 이에 반대 입장을 표명한 국가들은 혼외 출생 아동을 혼인 내 출생 아동과 완전히 동등하게 취급하는 것은 가정의 안정성을 위협할 수 있다고 주장하였다. 이들은 특히 한 남성에게 혼인을 통해 낳은 자녀와 혼인 외에 얻은 자녀가 있는 경우, 혼외 출생 아동에게 혼인 내 출생 아동과 동등한 상속권을 부여하는 것에 부정적인 태도를 보였다. 이에 폴란드와 유고슬라비아는 '규약 당사국은 혼외 출생 아동의 법적 지위 향상을 위해 조치를 취해야 한다'는 문구로 기존의 안을 수정하였으나 해당 수정안도 일부 국가의 반대에 부딪혀 최종적으로 규정에 포함되지 않았다.[34] 이처럼 아동에 대한 차별금지 보호조치 조항에 혼인 외 출생 아동을 명시하는 데는

---

31) HRC General Comment No. 17(1989), para.5.
32) HRC General Comment No. 28(2000), para.28.
33) A/5365(1962), p.3.

국가들 간 입장이 첨예하게 대립했으나, 혼인 외 출생 아동이 차별로부터 보호를 받아야 한다는 데 대해서는 대부분의 당사국들이 동의하였다.[35] 이후 국가들이 정기적으로 제출하는 보고서와 규약위원회의 최종견해를 통해 혼인 외 출생 아동과 혼인 내 출생 아동의 법적 권리에 있어 구별을 하려는 당사국들의 시도가 두드러지게 나타나고 있지는 않음을 확인할 수 있다.[36]

규약위원회는 국내법률상 혼인 외 출생자에 대한 차별적인 조치를 규정하고 있는 조항을 폐지하지 않은 당사국에 대해서는 우려를 표명하거나 시정을 권고하고, 시정조치를 이행한 당사국에 대해서는 환영의 의사를 표명해 오고 있다.[37] 리비아와 아이슬란드에 대한 최종견해에서 해당 국가들이 각각 법과 관행을 통해 혼외 출생 아동에 대해 지속적으로 차별적 조치를 부과해 온 것에 대해 우려를 표명하고, 이 같은 실행이 규약 제24조 및 제26조와 양립하지 않음을 지적하면서 시정조치를 권고한 것이 그 예이다.[38] 영국에 대한 최종견해에서는 영국령인 포클랜드 제도가 혼인 외 출생 아동에 대한 차별을 제거하기 위해 노력하고 있으나, 가족법 개정 시 혼인 외 출생자의 지위를 폐지하지 않은 사실을 지적하였다.[39] 프랑스에 대해서는 혼외 출생 아동이 상속권을 완전히 보장받지 못하는 경우가 있는 것에 대해 우려를 표명하고, 모든 혼외 출생 아동에게 혼인 내 출생 아동과 동등한 상속권을 부여할 것을 권고한 바 있다.[40] 한편 규약위원회의 이같은 권고에 따라 아이슬란드는 시민법의 개정을 통해 혼외 출생 아동에 대한 차별조항을 폐지하였고[41], 독일도 혼외 출생 아동에게 혼인 내 출생 아동과 다른 법적 지위를 부여하던 법조항을 폐지하였다.[42]

---

34) Nowak's CCPR Commentary(2019), p.674, (para.17).

35) A/5365(1962), p.3.

36) Nowak's CCPR Commentary(2019), p.674, (para.16).

37) Nowak's CCPR Commentary(2019), p.674, (para.16); Concluding Observations on United Kingdom of Great Britain and Nothern Ireland and Overseas Territories of the United Kingdom of Great Britain and Nothern Ireland, CCPR/CO/73/UKOT(2001), para.30; Concluding Observations on Iceland, CCPR/CO/83/ISL(2005), para.4.

38) Concluding Observations on Libyan Arab Jamahiriya, CCPR/C/79/Add.101(1998), para.18; Concluding Observations on Iceland, CCPR/C/79/Add.98(1998), para.11.

39) Concluding Observations on United Kingdom of Great Britain and Nothern Ireland and Overseas Territories of the United Kingdom of Great Britain and Nothern Ireland, CCPR/CO/73/UKOT (2001), para.30.

40) Concluding Observations on France, CCPR/C/79/Add.80(1997), para.25.

41) Concluding Observations on Iceland, CCPR/CO/83/ISL(2005), para.4.

42) Concluding Observations on Germany, CCPR/CO/80/DEU(2004), para.4.

다. 특별한 보호를 받을 권리

규약 제24조 제1항이 규정하고 있는 아동에 대한 특별한 보호조치는 '미성년자로서의 지위'에서 기인한다.[43] 미성년자는 신체적으로 성장의 단계에 있고, 사회에 적응하는 단계에 있으므로 성인과 구별하여 특별히 보호할 필요가 있다. 제24조를 포함한 규약의 일부 조항들은 당사국이 미성년자를 위해 성인보다 더 크고 두터운 보호조치를 도입해야 함을 시사한다. 이에 생명권과 관련해 18세 미만의 사람이 범한 범죄에 대해서는 사형이 선고되지 않으며, 합법적인 자유권 박탈과 관련해서도 미성년 피고인은 성인과 분리되며 가능한 한 신속히 재판에 회부되고, 소년범 기결수는 성인과 분리 수감될 뿐 아니라 그들의 연령 및 법적 지위에 상응하는 대우가 부여되는 것이다. 규약위원회는 이와 같은 특별한 보호조치가 아동이 규약상의 권리를 충분히 향유하도록 보장하기 위한 것이지만 그러한 조치는 유아사망률을 줄이고, 아동의 영양실조를 근절시키는 것과 같이 경제적·사회적·문화적일 수 있다는 점에 대해서도 주목하였다.[44] 즉, 이러한 보호는 교육에 있어서의 특별한 보호, 가족 내에서의 특별한 보호, 성적 착취와 노동력 착취와 같은 각종 착취로부터의 보호, 그리고 마약거래 및 전투병에 이용되는 것으로부터의 보호 등 거의 모든 영역을 총망라한다.

자유권 규약과 아동의 권리에 관한 협약은 아동의 적절한 발달을 위한 환경을 제공해야 하는 1차적 주체를 가정으로 인식하고 있다. 규약위원회는 일반논평을 통해 규약이 아동에 대한 필수적 보호를 보장할 책임을 가정, 사회, 국가에 부여하고 있음을 언급하면서 각 주체가 해당 책임을 얼마큼씩 부담해야 하는지는 규약에 명시되어 있지 않지만 주요 책임은 가정, 특히 부모에게 있다고 하였다. 이에 아동이 속한 가정의 모든 구성원, 특히 부모는 자녀의 인격이 조화롭게 발달하고, 규약에서 인정하고 있는 권리를 향유할 수 있는 환경을 조성할 의무가 있다.[45]

(1) 국가 및 사회의 조력의무

규약 제24조 제1항에 규정된 아동에 대한 특별한 보호의무는 1차적으로 가정이 담당하지만 국가와 사회도 가정이 아동 보호의무를 다할 수 있도록 돕고, 아동이 가정으로부터 규약상의 보호를 받지 못하는 경우에는 가정환경에 개입해 이를 시정하는 조치를 취해야 한다. 규약위원회는 자녀의 부모가 모두 밖에서 일을 하는 경우가 증가하고 있는 현상을 고려

---

43) 규약 제24조 제1항 본문 및 HRC General Comment No. 17(1989), para.4.
44) HRC General Comment No. 17(1989), paras.2, 3.
45) HRC General Comment No. 17(1989), para.6.

하여 부모가 아동에 대한 규약상의 의무를 다할 수 있도록 국가가 자녀돌봄 시설의 마련 등 제도적 지원을 보장해야 한다고 강조하였다. 이에 규약 당사국은 각 가정이 아동 보호의무를 이행하는 것을 돕기 위해 국가, 사회 및 사회의 각 기관이 어떤 방식으로 각자의 책임을 다하고 있는지와 관련한 사항을 보고서에 명시해야 한다.[46]

이에 따르면 아동이 속한 가정의 안정성을 불필요하게 위협하는 회원국의 법률도 문제가 될 수 있다. 규약위원회는 스위스에 대한 최종견해를 통해 해외에서 자녀를 입양한 경우 부모가 스위스에서 해당 입양에 대해 인정을 받으려면 국내 입양 절차를 모두 다시 거쳐야 하는 스위스의 법제도에 대해 우려를 표명하였다. 입양을 영구적으로 인정받기 위해서는 총 2년의 기간을 거쳐야 하는데, 이 기간 동안 양부모는 입양을 철회할 수 있으며, 입양된 아이에게는 갱신이 가능한 거주 자격이 부여된다. 규약위원회는 이 두 가지 포인트가 법적으로나 감정적으로 입양아동이 자신의 지위를 위태롭다고 느끼게 할 수 있는 요인이라고 지적하였다. 규약위원회는 양부모가 스위스 국적을 가지고 있는 경우, 해외에서 입양된 아동이 스위스에 도착한 즉시 스위스 국적을 부여하고, 양부모가 외국인인 경우에는 이들의 체류자격과 동일한 자격을 입양 아동에게 부여하고 2년의 숙려기간을 거쳐 입양을 인정하는 절차도 적용하지 않는 등의 방식으로 법제도를 개선할 것을 스위스 정부에 권고하였다.[47]

규약위원회는 아동이 가정으로부터 필요한 보호를 받지 못하는 경우 국가의 역할이 어떠해야하는 지에 대해서도 의견을 피력한 바 있다. 위원회는 아동학대, 자녀 방치 등의 행위를 통해 가정이 아동에 대한 특별한 보호 제공의무를 다하고 있지 않다는 사실을 국가가 인지하게 될 경우 이에 개입해 부모의 친권을 제한하고, 필요한 경우에는 가정으로부터 아동을 분리하는 등의 조치를 취해야 한다고 하였다.[48] 이 같은 견해는 *Buckle v New Zealand* 사건(2000)에서 확인된 바 있다.

이 사건의 통보자는 1세에서 8세 사이의 연령에 있는 여섯 명의 자녀를 둔 여성으로서 자신에 대해 자녀를 양육할 수 없는 상태라고 진단하고, 자녀들로부터 분리시킨 뉴질랜드 당국의 조치가 자유권 규약 제17조, 제18조, 제23조 및 제24조 위반이라며 개인통보를 제기하였다. 뉴질랜드 당국은 이 사건 통보자와 자녀들을 분리시키는 결정을 내리기 전, 여러 차례 사회복지사들과 통보자 가족들 간의 만남을 주선하여 해결책을 모색하고, 아이들이 보건 및 기타 사회복지 서비스를 받을 수 있도록 지원하는 조치를 취

---

46) HRC General Comment No. 17(1989), para.6; Joseph & Castan's Commentary (2013), p.710.
47) Concluding Observations on Switzerland, CCPR/C/79/Add.70(1996), paras.19, 30.
48) Joseph & Castan's Commentary (2013), p.716; HRC General Comment No. 17(1989), para.6.

하였다. 그러나 이 같은 조치에도 불구하고 통보자의 상태가 더욱 악화되자 법원은 통보자를 자녀들로부터 분리하기로 결정하였다. 통보자는 해당 분리 조치가 규약 제24조에 규정되어 있는 생모의 보살핌을 받을 권리를 자신의 자녀들로부터 박탈한 것이라고 주장하였다. 그러나 규약위원회는 뉴질랜드 당국과 법원이 관련 자료를 면밀히 검토한 후 아동의 최선의 이익을 고려하여 이 같은 결정을 내린 것이라고 하면서 뉴질랜드가 국가의 가정 보호 의무를 규정하고 있는 제23조를 위반한 것이 아니며, 아동에 대한 특별한 보호를 규정하고 있는 규약 제24조를 위반한 사실도 없다고 판단하였다.[49]

(2) 면접 교섭권(parental access or child access)

아동은 양쪽 부모 모두를 만나고, 관계를 형성할 권리를 가진다. 규약위원회는 일반논평에서 부모가 이혼한 경우에도 아동은 양쪽 부모 모두를 만날 권리를 보장받아야 하며 이는 아동의 최선의 이익을 고려한 필수적 보호조치임을 강조하였다.[50] 규약위원회는 *Martínez v. Paraguay* 사건(2009)에서 이 같은 견해를 확인한 바 있다.

이 사건 통보자는 스페인 국적의 남성으로 파라과이 국적인 통보자의 전 부인이 통보자의 동의 없이 세 명의 자녀[51]와 함께 파라과이로 떠나자 직접 파라과이로 건너가 양육권 소송을 진행하였다. 통보자는 파라과이 법원에 자녀들이 스페인으로 돌아갈 수 있도록 결정해 줄 것을 요청하였고, 법원은 통보자의 자녀들이 스페인으로부터 탈취되었음을 인정하면서 즉시 자녀들을 통보자에게로 인도하라고 명하였다. 그러나 파라과이 고등법원은 1심 법원의 판결을 파기하였고, 대법원도 통보자의 상고를 기각하였다. 이에 통보자는 파라과이의 조치가 규약 제23조 및 제24조 위반이라며 개인통보를 제출하였다.[52] 파라과이 고등법원과 대법원은 통보자 자녀들의 최선의 이익을 고려해 판결을 내렸다고 설명하였다. 그러나 규약위원회는 두 법원이 무엇이 자녀들의 최선의 이익인지, 이 같은 결정을 내리게 된 근거가 무엇인지 제시하지 못했다고 하면서 파라과이가 규약 제23조에 규정된 가정이 국가로부터 보호받을 권리, 규약 제24조 제1항에 규정되

---

49) *Buckle v. New Zealand*, Communication No. 858/1999(2000), paras.1, 2.1, 5.3, 9.2, 9.3.

50) HRC General Comment No. 17(1989), para.6.

51) 세 명 중 두 명의 자녀가 당시 미성년의 나이었으며, 이에 통보자는 이 두 명의 미성년 자녀와 관련해 개인통보를 제출하였다.

52) *Juan Asensi Martínez, Liz-Valeria and Lorena-Fabiana Asensi Mendoza v. Paraguay*. Communication No. 1407/2005(2009), paras.1, 2.1, 2.5, 2.6.

어 있는 아동이 미성년자로서의 지위로 인해 요구되는 보호조치를 받을 권리를 침해하였다고 판단하였다.[53]

규약위원회는 양육권 및 면접 교섭권과 관련해서는 가급적 국내법원의 결정에 개입하지 않는 태도를 보여왔으나, *Martínez v Paraguay* 사건(2009)과 같이 국내법원이 해당 문제에 대해 빈약한 근거를 바탕으로 판결을 내리거나 한쪽 부모가 법원의 판결을 이행하지 않는데도 불구하고 당국이 이행확보조치를 취하지 않는 경우에는 규약 위반 여부에 대해 좀더 적극적으로 검토하고 판단을 내리고 있는 것을 확인할 수 있다.[54] 비록 규약 제24조 위반 여부에 대해 판단한 케이스는 아니지만 *L.P. v. Czech Republic* 사건(2002)에서도 규약위원회의 이 같은 입장을 확인할 수 있다.

체코 법원은 통보자에게 정기적으로 아들을 만날 수 있는 권한을 부여하였으나, 통보자의 전 부인은 법원의 결정을 따르지 않았고 법원은 전 부인에 대해 여러 차례 벌금을 부과하였다. 이 사건 통보자는 1994년, 전 부인이 법원의 명령을 따르지 않는 것에 대해 소송을 제기하였으나 체코 법원은 통보자의 통보가 2002년 2월, 규약위원회에 전달될 때까지 이에 대한 결정을 내리지 않았다. 규약위원회는 체코 법원이 전 부인에게 여러 차례 벌금을 부과하긴 하였으나 통보자의 권리 확보를 위한 다른 조치로 대체되지 않은 점, 통보자가 제기한 소송에 대해서도 상당한 시간이 흐를 때까지 법원의 판단이 이루어지지 않은 점을 고려할 때, 체코 당국이 아들을 만날 권리와 관련해 통보자에게 효과적인 구제조치를 제공하지 못했다고 보고 규약 제17조 및 제2조의 위반이 있었다고 판단하였다.[55]

(3) 가족결합 및 이주

아동이 국외 추방 명령을 받는 경우 규약 제24조 제1항 상의 특별한 보호조치와 규약 제23조 제1항의 가정에 대한 보호가 함께 문제가 될 수 있다.[56] 규약에 가족 재결합에 관한 명문의 규정이 있는 것은 아니다. 그러나 아동의 권리에 관한 협약 제10조 제1항은 가족의

---

53) *Asensi Martínez v. Paraguay.* Communication No. 1407/2005(2009), paras.7.3, 7.4, 7.5.
54) Joseph & Castan's Commentary (2013), p.714.
55) *L.P. v. Czech Republic.* Communication No. 946/2000(2002), paras.1, 2.2, 2.3, 7.4, 8; Joseph & Castan's Commentary (2013), p.714.
56) Nowak's CCPR Commentary(2019), p.688, (para.44).

재결합을 위해 아동 또는 그 부모가 당사국에 입국하거나 출국하기 위한 신청은 긍정적이며 인도적인 방법으로 신속하게 취급되어야 하고, 당사국은 이러한 요청의 제출이 신청자와 그 가족 구성원들에게 불리한 결과를 수반하지 않도록 보장해야 한다고 규정하고 있다. 규약위원회는 이와 관련해 해외에서 이주한 가족원들의 가족 재결합에 대해 엄격한 법정책을 도입해 적용하는 규약 당사국들에 우려를 표명해왔다. 한 예로 규약위원회는 캐나다가 규약 제23조 및 제24조상에 규정된 권리를 고려하지 않고 자국에 오래 거주한 외국인의 추방과 관련한 정책을 도입한 것에 대해 우려를 표명한 바 있다.[57] 규약위원회는 또한 미성년 자녀가 국외 추방명령을 받아 가족으로부터 분리되는 경우나 부모가 추방명령을 받아 자녀로부터 분리되는 경우와 관련해 제출된 개인통보에 대해 아동의 최선의 이익을 고려하여 사건을 검토해 왔다. 규약위원회는 자녀나 부모 중 어느 한쪽이 국외추방 명령을 받는 경우에 자녀가 부모와 동반해 출국하는 것이 현실적으로 가능한 것인지, 자녀와 부모가 분리되는 경우 심리적, 물리적 환경 측면에서 자녀가 받게 될 영향은 어떤 것인지 등의 요소를 아동의 최선의 이익 고려 사항에 반영하였다.[58]

El-Hichou v Denmark 사건(2007)은 미성년 자녀와 외국에 거주하는 부친의 가족 재결합이 문제가 되어 제출된 개인통보로 이 사건 통보자는 모로코 국적자였다.

> 1990년 통보자의 부모가 이혼하면서 통보자의 어머니가 양육권을 부여받았고, 통보자의 부친은 덴마크로 건너가 재혼했다. 통보자는 2002년, 덴마크 당국에 부친과 함께 살 수 있도록 거주허가를 내 줄 것을 요청했으나 덴마크 이민국은 이를 거절하였다. 이후 2003년, 통보자의 모친이 재혼을 하면서 양육권을 통보자의 부친에게 양도하였고, 통보자는 다시 덴마크 당국에 거주허가를 요청하였다. 덴마크 당국은 통보자의 요청을 받아들이지 않았으나, 통보자는 2004년 9월, 부친이 있는 덴마크에 입국해 거주하기 시작했고, 2004년부터 2007년까지 덴마크 이민국과 법원에 거주허가를 요청하는 절차를 진행하였으나 끝내 거주허가를 받지 못하고, 출국명령을 받게 되었다. 통보자는 양육권이 부친에게 양도된 사실이 있음에도 불구하고 거주허가 요청을 거절한 덴마크 당국의 조치가 부친과 함께 살면서 가정의 보호를 받을 권리를 부당하게 제한한 것이라고 하면서 덴마크가 규약 제23조 및 제24조를 위반하였다고 주장하였다. 규약위원회는 통보자가 부친과 함께 살면서 가정생활을 유지하는 것은 미성년자로서의 지위로 인해 요구되

57) Concluding Observations on Canada, CCPR/C/79/Add.105(1999), para.15.
58) Nowak's CCPR Commentary(2019), p. 689, (para. 44); *D.T. et al. v. Canada.* Communication No. 2081/2011(2016), para.7. 10.

는 보호조치로서 통보자가 향유하는 권리임을 강조하면서 가족재결합을 허용하지 않고, 통보자에게 출국명령을 내린 덴마크 당국의 조치가 규약 제23조 및 제24조 제1항을 위반한 것이라고 판단하였다.[59]

Sahid v New Zealand 사건(1999)은 규약위원회가 가족결합을 제24조 제1항에 규정된 아동이 미성년자로서의 지위로 인해 받을 수 있는 특별한 보호조치로 인식하고 있음을 알 수 있게 해 준다.

피지 국적의 통보자는 뉴질랜드에 거주하고 있는 딸과 뉴질랜드에서 태어나 뉴질랜드 국적을 가지고 있는 손자를 방문하였다가 거주비자를 요청하였으나 뉴질랜드 당국은 이를 허가하지 않았다. 통보자는 뉴질랜드의 결정이 규약 제23조 제1항과 제24조 제1항에 따라 자신과 딸, 손자가 향유하는 권리를 침해하는 것이라고 주장하였다.

규약위원회는 해당 사건을 미성년자 자녀의 부모에게 자녀를 남겨두고 자국으로 떠날 것을 명령한 것이 문제된 바 있었던 다른 개인통보 사건과 비교하면서 통보자의 딸이 성인인 점, 통보자가 자국으로 돌아가더라도 손자는 자신의 부모와 계속 뉴질랜드에 남게 된다는 점을 들어 뉴질랜드가 규약 제23조를 위반한 사실이 없다고 판단하였다.[60]

(4) 착취

규약 제24조 제1항이 규정하고 있는 아동이 미성년자의 지위로 인해 보장받아야 할 특별한 보호조치에는 성적 학대, 아동노동, 인신매매, 납치, 소년병 징집 등 각종 착취로부터의 보호도 포함된다. 규약위원회는 일반논평과 최종견해, 개인통보사건에 대한 판단을 통해 각 당사국이 각종 착취로부터 아동을 보호하기 위한 법·제도를 마련해야 한다고 촉구해왔다.

먼저 아동 성착취 문제와 관련해 규약위원회는 스리랑카 내에서 어린 소년들이 매춘 행위에 동원되는 등 아동이 국내 서비스 산업에서 성적으로 착취되고 있는 상황에 우려를 표명한 바 있다.[61] 규약위원회는 또한 일본이 아동 매춘 및 아동 포르노그라피 규제를 위한 법 제정 계획을 밝힌 것에 대해 성적 동의 최소연령이 13세로 규정되어 있는 이상 해당 법

---

59) *Mohamed El-Hichou v. Denmark.* Communication No. 1554/2007(2010), paras.1.1, 2.2-2.7, 3.5, 3.6, 7.3-7.5.

60) Joseph & Castan's Commentary (2013), pp.682-683, 716; *Mohammed Sahid v. New Zealand* Communication No. 893(1999), paras.1, 4.25, 8.2.

61) Concluding Observations on Sri Lanka, CCPR/C/79/Add.56(1995), para.24.

이 제정되어 시행된다고 해도 18세 미만의 아동이 이를 통해 보호받을 것을 기대하기 어렵다는 견해를 밝혔다. 규약위원회는 이 외에도 어린이 유괴와 아동 성착취가 형법상 범죄행위에 해당함에도 불구하고 매춘 목적으로 외국 국적의 아동을 일본에 데려오는 것을 금지하는 법조항이 부재한 것에 대해서도 지적하고 시정을 권고하였다.[62] 한편 벨기에에 대해서는 소아성애 포르노그라피의 제작, 판매 및 유통 현황에 대해 우려를 표명하면서 관련 제작물의 소유 및 유통을 근절하기 위해 효과적인 조치를 취할 것을 촉구하였다.[63] 한편 UN 총회는 2000년 5월, 아동에 대한 성적 착취를 근절하기 위한 목적으로 아동 매매·아동 성매매 및 아동 음란물에 관한 아동권리에 관한 협약 선택의정서를 채택하였다.[64]

아동노동 문제는 제2차 세계대전 발발 전 국제인권법 분야에서 관심을 받기 시작했으며, 이를 금지하는 최초의 협약들은 1919년 국제노동기구 총회에서 채택된 바 있다.[65] 아동의 권리에 관한 협약 제32조도 당사국이 아동은 경제적 착취 및 위험하거나, 아동의 교육에 방해되거나, 아동의 건강이나 신체적·지적·정신적·도덕적 또는 사회적 발전에 유해한 여하한 노동의 수행으로부터 보호받을 권리를 가진다는 점을 인정하고, 이의 이행을 보장하기 위한 법·제도적 조치를 강구해야 한다고 규정하고 있다. 아동 노동자들이 적정한 임금을 지급 받지 못하는 경우는 빈번하게 나타나며, 일 때문에 교육의 기회를 보장받지 못하는 경우도 비일비재하다. 이는 아동의 육체적·정신적 건강 및 발달도 약화시킬 수 있다.

규약위원회는 아동노동의 이와 같은 점에 주목하여 규약 제24조를 원용, 각 당사국의 상황에 대해 우려를 표명하고 시정조치를 권고해 왔다. 위원회는 각 당사국에 대한 최종견해를 통해 경마 기수, 목화 수확, 광업 등 위험한 직종 및 가혹한 노동환경에 아동이 동원되고 있는 상황에 우려를 표하고, 가사노동에 아동을 투입시키지 말 것을 촉구하였다.[66] 또한 아동노동 실태와 학교 출석률 문제를 연계하여 검토하기도 하였다.[67] 이와 관련해 위원회는 인도에 대한 최종견해를 통해 인도 당국이 아동노동과 관련한 법을 제정하고 시행하는 등의 조치를 취했음에도 불구하고 상황이 개선되지 않고 있는 점에 우려를 표하면서 헌법

---

62) Concluding Observations on Japan, CCPR/C/79/Add.102(1998), para.29.

63) Concluding Observations on Belgium, CCPR/C/79/Add.99(1998), para.27.

64) 2002년 1월 18일 발효.

65) Nowak's CCPR Commentary(2019), p.685, (para.36).

66) Concluding Observations on Uzbekistan, CCPR/C/UZB/CO/3(2010), para.23; Concluding Observations on Morocco, CCPR/C/MAR/CO/6(2016), paras.47, 48; Concluding Observations on Haiti, CCPR/C/HTI/CO/1(2014), para.14; Concluding Observations on Mongolia, CCPR/C/MNG/CO/6(2017), paras.27-28; Concluding Observations on Uzbekistan, CCPR/C/UZB/CO/4(2015), para.19.

67) Concluding Observations on Honduras, CCPR/C/HND/CO/1(2006), para.12; Nowak's CCPR Commentary(2019), p.686, para.37.

에 규정된 14세 미만 아동에 대한 무상의무교육 이행확보 조치를 시행할 것과 아동노동 근절을 위한 관련법이 제대로 이행되고 있는지를 감시하는 독립기구의 창설도 고려해 볼 것을 권고하였다.[68]

아동 인신매매 문제는 주로 아동노동과 연계되어 다루어지고 있다. 이는 아동 인신매매가 아동 매춘과 같이 특정 산업분야와 연관되거나 아동노동을 강제할 목적으로 자행되는 측면이 있기 때문이다. 자유권 규약위원회는 아동 인신매매에 대해서는 피해자 보호뿐 아니라 인신매매 산업에 연루된 사람의 처벌에도 초점을 두고 문제를 검토해왔다.[69] 규약위원회는 그리스에 대한 최종견해에서 아동 피해자가 포함된 인신매매 사건에 대한 당국의 조사가 충분히 이루어지지 않은 점, 인신매매범들에 대해 징역형이 선고된 경우가 적은 점, 피해자에 대한 지원 조치가 미약한 점 등을 지적하고 인신매매 방지조치를 강화할 것을 그리스 당국에 권고하였다.[70] 탄자니아에 대한 최종견해를 통해서는 탄자니아 당국이 여성 및 아동 인신매매와 관련한 구체적 조치에 대해 충분한 정보를 제시하지 못했음을 지적하고, 인신매매 방지법률의 효과적인 이행을 확보하고, 인신매매 피해자의 인권보장을 위해 충분한 주의를 기울일 것을 권고하였다.[71] 한편 아동 인신매매와 납치는 불법 입양, 경제적으로 어려움을 겪고 있는 부모들의 아동매매와도 밀접한 연관성이 있다. 이에 규약위원회는 후견인제도 및 아동 입양과 관련한 적절한 법제도 마련이 아동 납치를 방지하기 위해 필수적이라는 점을 강조하였다.[72]

규약위원회는 소년병 문제와 관련해 각 당사국이 무력 충돌상황에 아동이 직접 참여하지 않도록 보장하는 국내적 조치에 대한 정보를 보고서에 명시하는 것이 필요하다는 견해를 밝힌 바 있다.[73] 아동의 권리에 관한 협약 제38조 및 제네바협약 제1추가의정서 제77조 제2항은 15세 미만 아동의 징병을 금지하고 있으며, 국제형사재판소에 관한 로마규정 제8조 제2항 b호는 국제적 무력 충돌에 있어 15세 미만의 아동을 군대에 징집 또는 모병하거나 그들을 적대행위에 적극적으로 참여하도록 이용하는 행위를 전쟁범죄로 규정하고 있다. 그러나 아동의 권리에 관한 협약 제38조는 아동이 처할 수 있는 가장 위험한 상황 중의 하나

---

68) Concluding Observations on India, CCPR/C/79/Add.81(1997), para.34.

69) Concluding Observations on Haiti,, CCPR/C/HTI/CO/1(2014), para.14; Concluding Observations on Benin, CCPR/C/BEN/CO/2(2015), paras.14-15.

70) Concluding Observations on Greece, CCPR/C/GRC/CO/2(2015), paras.21-22.

71) Concluding Observations on United Republic of Tanzania, CCPR/C/TZA/CO/4(2009), para.17.

72) Joseph & Castan's Commentary (2013), p.720; Concluding Observations on Argentina, CCPR/C/79/Add.46 (1995), para.16.

73) HRC General Comment No. 17(1989), para.3.

인 무력충돌에 대해 다루고 있음에도 불구하고, 18세 미만의 자를 아동으로 정의한 제1조를 적용하지 않고, 오히려 더 낮은 연령을 설정했다는 이유로 거센 비판을 받았다. 이러한 비판은 아동의 무력충돌 참여에 관한 아동권리협약 선택의정서에 대한 논의를 가속화시켰다.[74] 이에 2002년 2월에 발효한 아동의 무력충돌 참여에 관한 선택의정서는 징병 금지 연령을 18세 미만으로 규정하고 있다. 자유권 규약위원회는 콜롬비아에서 법정 최소 연령 미만의 아동이 게릴라 및 준군사단체에 의해 강제 징집되고 있는 상황에 우려를 표명하면서 규약 제24조의 완전한 이행을 위해 소년병 징집을 금지하고, 위반자들을 처벌하는 등의 실효적인 조치를 도입할 것을 콜롬비아 당국에 촉구하였다.[75] 한편 수단에 대해서는 소년병 강제 징집 관행을 없애기 위해 노력하고 있다고 보고한 것과는 달리 실제 동원 해제된 소년병의 수는 거의 없는 점에 대해 우려를 표명한 바 있다. 규약위원회는 또한 출생등록 등 등록제도의 미비로 군대 내 복역 중인 병사들의 정확한 연령을 파악하기 어려운 상황에 대해서도 지적하고 시정방안을 마련할 것을 수단 정부에 촉구하였다.[76]

2. 출생등록 및 성명권

규약 제24조 제2항은 모든 아동이 출생 후 즉시 등록되고 성명을 가질 권리가 있음을 규정하고 있다. 아동에게 출생등록 및 성명권을 보장하는 것은 규약 제16조에 규정되어 있는 모든 사람이 법 앞에 인정받을 권리와도 밀접한 관련이 있다. 아동은 출생 즉시 국가의 공식 대장에 등록되고 이름을 가짐으로써 법적으로 존재가치를 인정받게 되기 때문이다.[77] 규약위원회는 출생등록 의무규정을 두는 주요 목적이 어린이 유괴, 매매 및 기타 규약이 보장하는 권리 향유와 양립하지 않는 형태로 아동에게 자행되는 행위의 위험을 줄이기 위한 것이라는 견해를 밝힌 바 있다.[78] 규약위원회는 또한 출생등록의 보장이 아동의 교육권 및 적절한 사회복지 서비스를 받을 권리와도 밀접한 관련이 있다며 그 중요성을 피력하였다.[79]

---

74) Mark A. Drumbl & John Tobin, Article 38: The Rights of Children in Armed Conflict, in The UN Convention on the Rights of the Child: A Commentary (Oxford University Press, 2019), p. 1506; Rachel Brett, Child Soldiers: law, politics and practice, The International Journal of Children's Rights vol. 4(1996), pp.116, 117.
75) Concluding Observations on Colombia, CCPR/C/79/Add.76(1997), paras.27, 42.
76) CCPR/C/SDN/CO/3(2007), para.17.
77) Taylor's Commentary(2020), p.685.
78) HRC General Comment No. 17(1989), para.7.
79) Nowak's CCPR Commentary(2019), p.693, (para.52); Concluding Observations on Bosnia and Herzegovina, CCPR/C/BIH/CO/2(2012), para.17; Concluding Observations on Suriname, CCPR/C/SUR/CO/3(2015), para.43.

한편 규약위원회는 소수집단, 토착민, 이주민, 지방 거주민의 자녀들이 출생등록이 되어있지 않은 경우가 많다는 점을 지적하였으며[80], 이민자, 망명신청인, 난민 신청인들의 자녀 중 출생등록이 되어있지 않은 아동에 대해 출생 신고 시기가 늦어진 것에 대한 처벌 없이 등록절차를 진행해 줄 것을 각 당사국에 촉구하였다.[81] 규약위원회는 2015년 대한민국에 대한 최종견해에서 한국에서 출생한 외국인 자녀의 경우 한국에 있는 자국 대사관에 출생등록을 하게 되어 있는데, 이는 난민신청인, 난민인정자, 인도적 체류자의 자격으로 체류하고 있은 외국인에게는 적절하지 않은 제도임을 지적하기도 하였다.[82]

출생등록 의무는 규약 제2조 제1항에 따라 아동의 국적에 관계없이 당사국 영토에서 출생한 모든 아동에게 적용되며, 아동에게 보장되는 다른 권리와 마찬가지로 출생등록 및 성명권을 보장할 1차적 책임은 자녀의 부모, 아동의 법정후견인 또는 기타 아동에 대해 법적 책임을 부담하는 사람에게 있다. 한편 규약 당사국은 출생등록 및 성명권 보장과 관련해 적절한 법·제도를 마련할 적극적 의무를 부담한다.[83] 이러한 당사국의 적극적 의무에는 아동이 불법적인 방법으로 신분 요소 중 일부 또는 전부를 박탈당했을 때, 이의 신속한 회복을 위해 적절한 원조와 보호를 제공하는 것도 포함된다.[84]

Mónaco de Gallicchio and ors. v. Argentina 사건(1990)은 성명권과 신분보장을 하지 않은 당사국의 조치가 제24조 제2항 위반으로 판단된 경우다.

이 사건 통보자의 손녀 Xiamen Vicario는 출생한지 9개월이던 1977년, 모친과 함께 부에노스 아이레스에 위치한 연방경찰서 본부로 연행되었다. Vicario의 부친은 다음날 경찰에 체포되었으며, 이후 Vicario의 양친은 실종되었다. 아르헨티나 당국은 1983년 Vicario 부모 실종건에 대해 조사하였으나 이들의 행방은 밝혀지지 않았고, Vicario의 할머니이자 이 사건 통보자인 Monaco 여사는 1984년, 자신의 손녀가 한 간호사의 집에 살고 있는 것을 발견하였다. 이후 Monaco 여사는 임시 후견인 지위를 부여받았으

---

80) Concluding Observations on Thailand, CCPR/CO/84/THA(2005), para.22; Concluding Observations on Bosnia and Herzegovina, CCPR/C/BIH/CO/2(2012), para.17; Concluding Observations on Honduras, CCPR/C/HND/CO/1(2006), para.18; Concluding Observations on Suriname CCPR/C/SUR/CO/3(2015), paras.43-44; Concluding Observations on Chad, CCPR/C/TCD/CO/1(2009), para.27.

81) Concluding Observations on Montenegro, CCPR/C/MNE/CO/1(2014), para.17; Concluding Observations on Rwanda, CCPR/C/RWA/CO/4(2016), paras.43-44.

82) Concluding Observations on the Republic of Korea, CCPR/C/KOR/CO/4(2015), para.56.

83) Nowak's CCPR Commentary(2019), p.694, (para.53).

84) *Ibid.*; 아동의 권리에 관한 협약 제8조 제2항도 이에 대해 규정하고 있다.

나, 간호사에 대한 형사절차가 진행되는 동안 법정 후견인이 아니라는 이유로 소송에 참여하지 못했고, 손녀가 Xiamen Vicario라는 이름을 되찾고, 법적 신분을 인정받기까지는 10년 이상의 시간이 소요되었다. 이에 통보자는 자신이 후견인으로서 소송절차에 참여하지 못하도록 한 법원의 조치 및 아르헨티나 당국이 모든 법적 절차가 완료될 때까지 손녀가 간호사가 지어준 이름을 계속 사용하도록 한 조치가 규약 제16조 위반이라며 1990년 4월, 규약위원회에 개인통보를 제출하였다. 규약위원회는 통보자를 손녀의 소송에 참여할 수 있도록 법정 후견인으로 인정하지 않은 것, 통보자의 성명 Xiamen Vicario를 법적으로 인정하고, 신분증을 발급하는 데 있어 10년 이상의 기간이 소요된 것은 규약 제24조 제2항의 위반을 구성한다고 판단하였다.[85]

3. 국적을 취득할 권리

세계인권선언 제15조와 미주인권협약 제20조는 모든 사람이 국적을 가질 권리를 가진다는 규정을 두고 있으나 자유권 규약은 국적권에 대한 일반규정을 두고 있지 않다.[86] 규약 초안 작성 당시 폴란드는 1959년 UN 아동권리선언[87] 제3조와 동일한 문구, '아동은 출생 시부터 성명과 국적을 부여받는다'를 사용한 안을 제출하였다.[88] 그러나 이에 대해 국가들은 국적을 취득할 권리를 국제법적으로 구속력 있는 권리로 인정할 경우 여러 가지 해결하기 어려운 문제가 발생할 수 있다는 반대 의견을 제시하였다. 이 같은 국가들의 저항은 국적을 결정하는 데 있어 속인주의 원칙이나 속지주의 원칙 중 각 당사국이 우선적으로 적용하는 원칙이 다르고, 국적 문제는 국가의 고유한 주권 사항이라는 인식이 강한 분야라는 점에 근거를 두고 있었다.[89] 이처럼 국적권 규정을 두는 것에 대한 국가 간 의견 대립은 첨예하였으나, 각 당사국은 아동이 무국적 상태에 놓이는 상황은 방지해야 한다는 데에는 동의하였다. 이에 규약 제24조 제3항을 통해 모든 아동이 국적을 취득할 권리를 가진다는 내용이 규정될 수 있게 되었다.

규약 제24조 제3항은 아동에게 국적을 취득할 권리를 보장한다. 규약위원회는 제24조 제3항이 아동이 무국적자로서 사회와 국가로부터 보호받지 못하는 상황을 방지하기 위한 목

---

85) *Mónaco de Gallicchio and on her behalf and on behalf of her granddaughter Ximena Vicario v. Argentina*. Communication No. 400/1990(1995), paras.2.4, 3.2, 8.3, 8.5, 10.3-10.5
86) Nowak's CCPR Commentary(2019), p.694, (para.54).
87) Declaration of the Rights of the Child Art.3.
88) A/5365(1962), para.5.
89) Nowak's CCPR Commentary(2019), p.695, para.55.

적으로 규정된 것이라고 하면서 각 당사국이 자국 영토 내에서 태어난 모든 아동에게 자국 국적을 부여해야 한다는 의무를 부과하는 규정은 아니라는 견해를 밝힌 바 있다. 그러나 각 당사국은 국내적으로든 타국과의 협력을 통해서든 출생한 모든 아동이 국적을 가지도록 모든 적절한 조치를 도입해야 한다. 이에 따라 각 당사국은 대상 아동이 혼인 내 출생 아동인지 아니면 혼인 외 출생 아동인지, 부모가 국적을 가지고 있는지 또는 부모가 어느 국가의 국적을 가지고 있는지 등을 이유로 국적 취득에 있어 차별 규정을 두어서는 안 된다.90)

규약위원회는 에콰도르에 대한 최종견해를 통해 에콰도르 내에서 체류자격 없이 체류하고 있는 난민들이 추방당할 것이 두려워 에콰도르에서 태어난 자녀들에 대한 출생 신고를 하지 못하고 있는 현실을 지적한 바 있다. 규약위원회는 에콰도르 국내법에 따르면 국내에서 출생한 모든 아동은 에콰도르 국적을 부여받을 수 있는데, 부모의 불법 체류 문제 때문에 해당 아동이 무국적 상태에 놓이고 있다고 하면서 불법 체류하고 있는 난민의 국내출생 자녀들에게 국적권을 보장하는 조치를 취할 것을 권고하였다.91) 규약위원회는 콜롬비아에 대한 최종견해에서도 규약 제24조 제3항을 원용해 콜롬비아 당국은 국내에 있는 모든 아동에게 국적을 취득할 권리를 보장할 의무가 있다고 강조하면서 국내에 있는 무국적 아동에게 콜롬비아 국적 부여를 고려할 것을 권고하였다.92)

Ⅳ. 한국의 실행

1. 규약위원회의 최종견해

한국은 1991년부터 현재까지 총 다섯 차례에 걸쳐 국가보고서를 제출하였으며, 규약위원회는 1992년부터 2015년까지 총 4번의 최종견해를 통해 한국의 규약 이행에 대한 평가와 권고사항을 제시한 바 있다. 제24조와 관련해서 규약위원회는 총 두 번의 의견을 표명한 바 있는데, 먼저 1992년 최종견해에서는 청소년의 정확한 정의 및 의무교육을 받아야 할 연령에 해당하는 아동의 고용을 방지하기 위해 한국이 어떤 조치를 취하고 있는지와 관련해 추가 정보를 제시할 것을 요청하였다.93) 다음으로 규약위원회는 2015년 최종견해에서 외국아동의 출생등록과 관련해 의견을 표명하였다. 위원회는 한국에서 출생한 외국 아동의 경우 한국에 있는 자국 대사관에서 출생등록을 해야 하는데, 부모가 망명 신청자이거나 한

---

90) HRC General Comment No. 17(1989), para.8.
91) Concluding Observations on Ecuador, CCPR/C/79/Add.92(1998), para.18.
92) Concluding Observations on Colombia, CCPR/C/79/Add.76(1997), para.43.
93) A/47/40(1992), p.113(para.486).

국에서 난민인정을 받은 경우, 또는 인도적 체류자격을 부여받은 경우에는 자국 대사관에 찾아가는 것이 사실상 불가능하다는 점을 지적하였다. 이에 규약위원회는 한국 정부가 부모의 법적 지위나 출신과 관계없이 모든 아동의 출생등록이 가능하도록 보장해야 한다고 권고하였다.[94]

한국이 외국인 아동의 출생등록과 관련해 이 같은 권고를 받은 것은 처음이 아니다. UN 아동권리위원회는 2011년 최종견해에서 아동의 생물학적 부모가 아동에 대해 보편적 출생등록을 하는 데 있어 한국의 현행 법제와 실행이 부적절하다는 데에 우려를 표명하면서 이와 함께 난민, 망명 신청자, 불법체류 중인 이주민들이 실질적으로 자녀에 대한 출생등록을 할 수 없는 점을 지적하였다. 또한 아동의 출생등록권에 대해 규정하고 있는 아동의 권리에 관한 협약 제7조의 이행을 위해 부모의 법적 지위나 출신과 무관하게 모든 아동의 출생등록이 가능하도록 조치할 것을 한국 정부에 촉구하였다.[95] UN 경제적·사회적·문화적 권리위원회도 2017년 최종견해에서 국민이 아닌 자는 출생등록을 포함한 각종 사회보장제도 및 공적서비스로부터 배제된다는 점에 우려를 표명하면서 한국이 부모의 지위와 무관하게 아동의 보편적 출생등록을 보장할 것을 요청하였다.[96] 이밖에 UN 여성차별철폐위원회의 2018년 최종견해와 UN 인종차별철폐위원회의 2018년 최종견해도 각각 한국 내 보편적이고 의무적인 출생등록제의 부재로 인해 미등록 이주여성의 자녀가 무국적자가 될 위험에 처하는 점과 한국에서 출생한 외국인의 자녀는 자국 대사관에 출생등록을 하도록 되어 있어 외국 출신의 부모에게서 태어난 아동의 출생등록이 체계적으로 이루어지지 않고 있는 점에 대해 우려를 표한 바 있다.[97]

이하에서는 우리나라가 협약 제24조의 이행과 관련해 규약위원회로부터 요청 및 제도개선 권고를 받은 사항에 대해 국가보고서를 통해 답변한 내용을 살펴보고 실행현황에 대해서도 검토해 보기로 한다.

2. 국가보고서 내용 및 현황에 대한 검토

가. 의무취학기간 연령 아동에 대한 고용 방지조치

대한민국 정부는 1997년에 제출한 제2차 국가보고서에서 의무취학기간 연령대에 있는 아동은 헌법 제31조와 제32조를 통해 교육을 받도록 보장되고, 이들의 근로도 보호를 받는

---

94) Concluding Observations on the Republic of Korea, CCPR/C/KOR/CO/4(2015), paras.56-57.
95) CRC/C/KOR/CO/3-4(2012), paras.36-37.
96) E/C.12/KOR/CO/4(2017), paras.26-27.
97) CEDAW/C/KOR/CO/8(2018), paras.34-35;

다고 보고하였다.[98] 헌법 제31조 제2항은 모든 국민이 자녀에게 초등교육과 법률이 정하는 교육을 받게 할 의무를 진다고 규정하고 있으며, 제32조 제5항은 연소자의 근로는 특별한 보호를 받는다고 규정하고 있다. 우리 정부는 또한 근로기준법, 아동복지법, 초·중등교육법의 관련 조항을 통해서도 이들에 대한 보호가 제공되고 있다고 하였다. 근로기준법 제64조 제1항은 15세 미만의 사람(중학교에 재학 중인 18세 미만 포함)은 근로자로 사용하지 못하도록 규정하고 있고, 제69조는 15세 이상 18세 미만의 사람은 하루 7시간, 1주일에 35시간을 초과해 근로할 수 없도록 하고 있으며, 제65조 제1항은 18세 미만자를 도덕상 또는 보건상 유해·위험한 사업에 사용하지 못한다고 규정하고 있다. 이와 함께 아동에 대한 경제적 착취를 막기 위해 제67조 제1항을 통해 친권자나 후견인이 미성년자의 근로계약을 대리할 수 없도록 규정하고 있다.[99] 보고서에 명시되어 있지는 않으나, 초·중등교육법 제52조는 산업체에 근무하는 청소년이 중학교·고등학교 교육을 받을 수 있도록 하기 위해 산업체 인근 학교에 특별학급을 두는 것에 대해 규정하고 있으며, 제53조는 산업체의 경영자가 해당 산업체에 근무하는 청소년의 취학을 방해하는 행위를 금지하는 내용을 규정하고 있다. 우리 정부는 이밖에도 상기한 헌법 및 법률상의 규정을 통해 5인 이상 사업장의 18세 미만 근로자 비율이 1980년에는 2.8퍼센트에 달했으나 1995년에는 0.4퍼센트로 급감했다는 내용도 함께 보고서에 명시하였다.[100]

2005년에 제출한 제3차 국가보고서에서 한국은 의무취학연령 아동의 고용문제와 관련한 법령 및 보호체계에 대한 전반적인 설명은 생략하고, 경제활동에 참여하고 있는 미성년자의 수치 변화와 근로 형태에 대해 간략하게 소개하고 있다. 이에 따르면 경제활동에 참여하는 청소년의 숫자는 1977년에 160만 2천 명으로 정점에 달했다가 이후로는 꾸준히 감소해 2001년에는 41만 5천 명을 기록했다. 또한 근로 형태도 생계를 목적으로 하는 것에서 향후 취업에 도움이 되는 전문적인 경험을 쌓기 위한 것으로 변화했다고 보고하고 있다.[101] 이후 한국 정부가 2013년에 제출한 제4차 국가보고서에는 아동노동에 관한 내용이 담겨있지 않으며, 규약위원회가 2019년에 작성한 제5차 국가보고서 심의를 위한 쟁점목록에도 이와 관련한 질의는 찾아볼 수 없다.[102]

---

98) CCPR/C/114/Add.1(1997), para.237.
99) CCPR/C/114/Add.1(1997), paras.237, 239. 조문번호는 2021. 5. 18. 일부 개정되어 2021. 11. 19. 시행된 근로기준법 기준임.
100) CCPR/C/114/Add.1(1997), para.240.
101) CCPR/C/KOR/2005/3(2005), para.341.
102) CCPR/C/KOR/4(2013), paras.334-363; CCPR/C/KOR/QPR/5(2019).

나. 청소년의 의미

대한민국 정부가 1997년부터 2021년까지 제출한 국가보고서에 청소년의 정확한 의미에 대한 추가 정보를 제시하라는 규약위원회의 요청에 대해 답변한 내용은 없으나, 아동, 미성년자, 청소년의 연령에 대해 규정하고 있는 대한민국의 법령을 정리하면 다음과 같다. 먼저 민법 제4조는 '성년'에 이르는 시기를 만19세로 규정하고 있고, 이에 따라 미성년자가 법률행위를 하기 위해서는 법정대리인의 동의를 얻어야 한다.[103] 아동복지법과 입양촉진 및 절차에 관한 특례법은 각각 제3조 제1항과 제2조 제1항에서 18세 미만의 자를 '아동'으로 규정하고 있고, 청소년 보호법은 제2조 제1항에서 만19세 미만의 사람을 '청소년'으로 정의하고 있다. 소년법은 제2조에서 19세 미만인 자를 '소년'으로 정의하고 있으며, 형법 제9조는 14세가 되지 아니한 자의 행위는 벌하지 않는다고 하여 '형사미성년자'의 연령을 만13세로 규정하고 있다. 이상의 규정을 볼 때, 우리나라는 각 법률의 입법취지에 따라 규약 제24조에서 의미하는 아동에 해당하는 용어 및 연령 범위를 상이하게 규정하고 있음을 알 수 있다.

아동의 연령과 관련해 최근 한국에서 활발하게 논의가 진행되고 있는 주제로는 형사책임 연령 인하를 들 수 있다. 이른바 '인천 초등생 살인사건'[104], '부산 여중생 폭행사건'[105]과 같은 소년범죄 사건이 언론을 통해 보도되어 전 국민의 공분을 사게 되면서 촉법소년 상한 연령의 하향조정, 소년법 폐지, 소년범에 대한 형사처벌 강화 등에 대한 여론이 폭발하자 관련 논의가 탄력을 받게 된 것이다. 2012년부터 2016년까지 제19대 국회에 제출된 소년법 일부개정법률안이 16건이었던 것에 비해 2016년부터 2020년까지 제20대 국회에 제출된 소년법 일부개정법률안은 42건에 달하는 것에서도 이를 확인할 수 있다. 2022년 12월에는 법무부가 형사처벌 가능연령 기준을 14세에서 13세로 낮추는 형법[106] 및 소년법 개정안[107]

---

103) 민법 제5조.

104) 2017년 3월, 김모양(당시 16세)은 인천 연수구의 한 공원에서 같은 아파트에 사는 초등학생 A양(당시 8세)을 집으로 유인해 살해하고 시신을 훼손하여 시신의 일부를 인터넷 커뮤니티에서 알게된 박모양(당시 18세)에게 전달하였다. 대법원은 2018년 9월 13일, 김모양과 박모양에게 각각 징역 20년과 징역 13년을 선고한 원심을 확정했다. 대법원 2018. 9. 13. 선고 2018도7658, 2018전도54, 55, 2018보도6, 2018모2593.

105) 2017년 9월 1일, 여중생 4명(당시 13세, 14세, 15세)이 부산광역시 소재 공터에서 중학생 피해자(당시 15세)를 폭행하고, 가해자 중 한 명이 SNS 메신저를 통해 피해 사진 등을 선배에게 송부한 내용이 인터넷에 공개된 사건. 가해자 4명 모두 소년부에 송치되어 보호처분을 받았다. 법률신문, 2018년 2월 12일, "부산 여중생 폭행사건 가해자 3명 소년원 송치 선고", <https://www.lawtimes.co.kr/Legal-News/Legal-News-View?serial=140277> (2022. 1. 8. 최종방문).

을 국회에 제출한 바 있다. 제출된 소년법 개정법률안의 주요 내용으로는 우선, 일부 범죄 소년들의 경우 나이가 어리기 때문에 처벌을 피할 수 있다는 점을 악용하는 경우가 있으므로 특정강력범죄의 처벌에 관한 특례법, 성폭력범죄의 처벌 등에 관한 특례법, 형법 등의 법률에 규정되어 있는 특정 강력범죄를 범한 소년에 대해서는 소년법의 적용을 배제해야 한다는 주장이 있다.[108] 이와 같은 맥락이지만 특정범죄 사건의 경우에만 소년법 적용을 배제하는 것이 아니라 아예 적용 연령을 조정하자는 주장도 있다. 소년법 제4조 제2항 제2호는 형벌 법령에 저촉되는 행위를 한 10세 이상 14세 미만인 소년을 촉법소년으로 정의하고 있는데, 촉법소년의 상한 연령을 만13세 또는 만12세로 하향조정하자는 것이다.[109] 해당 법률안 제안의 주요 이유는 특정범죄에 대한 소년법 배제 적용안과 크게 다르지 않지만 한 가지 주목할 만한 점은 최근 교육환경의 변화와 매체의 발달로 인해 소년의 정신적·육체적 성장 속도가 가속화되고 있어 범죄 행위의 저연령화 및 흉포화가 병행되고 있다는 것이다.

제20대 국회에 제출된 소년법 개정 법률안은 한 건을 제외하고 모두 임기만료로 폐기되었지만[110] 제21대 국회에도 유사한 내용의 개정 법률안이 여러 건 제출[111]되어 있는바, 상기 개정안의 내용을 검토해 볼 필요가 있다. 먼저 특정 범죄에 대한 소년법의 적용 배제를 제안하는 측에서는 최근 청소년에 의한 강력범죄가 증가하는 추세인데도 소년법 적용으로 인해 형사처분이 이루어지지 않고, 죄질에 비해 가벼운 처분을 받게 되는 경우가 많아 현행법의 범죄예방효과가 떨어진다고 주장한다. 이에 개정안은 특정 범죄를 범했거나 자신이 소년법 적용대상이어서 형이 완화될 것을 알고 범죄 행위를 했거나 4회 이상 범죄 행위를 한 소년에게는 소년법의 적용을 배제하는 것을 그 내용으로 하고 있다.[112] 그러나 최근 소년에 의한 강력범죄가 증가하고 있다는 객관적인 근거는 없다. 2020년 법무연수원에서 발

---

106) 2022. 12. 28. 의안번호 제2119216호.

107) 2022. 12. 28. 의안번호 제2119215호.

108) 2017. 9. 8. 김정우 의원안; 2018. 7. 20. 원유철 의원안; 2018. 11. 23. 김경진 의원안; 2018. 11. 23. 박맹우 의원안; 2019. 5. 8. 유성엽 의원안; 2019. 5. 23. 박맹우 의원안.

109) 2017. 9. 7. 장제원 의원안; 2017. 9. 8 이석현 의원안; 2017. 9. 8. 김도읍 의원안; 2017. 9. 13. 박덕흠 의원안; 2018. 9. 5. 강효상 의원안; 2018. 11. 23. 김경진 의원안.

110) 국회를 통과한 법률안(의안번호: 2015144)은 촉법소년 연령조정과 직접적으로 관련이 있는 내용은 아니다.

111) 2021. 12. 22. 김용판 의원안; 2021. 9. 23. 김용민 의원안; 2021. 6. 8. 이종배 의원안; 2020. 11. 19. 양경숙 의원안; 2020. 7. 31. 윤영석 의원안; 2021. 2. 2. 전용기 의원안; 2021. 6. 11. 김병욱 의원안.

112) 2019. 5. 23. 박맹우 의원안; 2019. 5. 8. 유성엽 의원안; 2018. 11. 23. 김경진 의원안; 2018. 7. 20. 원유철 의원안; 2017. 9. 8. 김도읍 의원안.

간한 통계자료를 보면 2010년부터 2019년까지 지난 10년간 소년강력범죄 발생 수는 오히려 비슷한 수준을 유지하고 있다.[113] 또한 특정 범죄를 범한 소년의 경우라도 확정판결이 선고되지 않아 실제로 특정 범죄 행위를 했는지 여부가 명확하지 않은 상황이기 때문에 소년이 해당 범죄를 범한 것으로 가정하고 형사사건으로 처리하는 것은 검사선의주의에 대한 입법적 제한이 될 수 있어 타당하지 않다.[114] 무엇보다도 특정 범죄를 범한 소년이 자신이 소년법 적용 대상임을 알고 범죄 행위를 했다는 사실을 증명할 수 있는 방법이나 이를 판단할 수 있는 객관적인 기준의 마련도 쉽지 않다.

다음으로 형사책임연령 인하 주장에 대해 살펴보면 개정안 제시의 주요 근거가 경제, 교육 등 전반적인 생활여건의 향상으로 소년의 신체적·정신적 성숙도가 빨라졌다는 것인데, 이 또한 객관적으로 증명이 어려운 주장이다. 과거 같은 나이의 소년과 비교할 때, 요즘 소년이 신장, 체중 등 신체적인 면에서 발육상태가 더 좋아졌다는 점은 객관적 수치 등을 통해 확인이 가능하겠지만 정신적인 성숙도까지 객관적으로 평가하는 것은 불가능하기 때문이다. 또한 형법 제정 당시 연소자는 현재보다 훨씬 어린 나이에 경제활동을 시작하여 경제활동을 시작하는 등 사회의 일원으로서 역할을 담당하고 있었던 점을 고려하면 입법자는 이와 같은 사회적 상황을 반영해 형사미성년자 하한연령을 14세로 설정했다고 볼 수 있다.[115] 이와 같은 점을 생각할 때, 개정안에 제시된 이유에 근거해 촉법소년의 상한 연령을 하향 조정하는 것은 타당하지 않은 것으로 보인다. 최근 소년범죄가 저연령화되고 있어 형사미성년자의 연령을 인하해야 한다는 주장에 대해서도 검토해 보면 14세－15세의 소년 강력범죄는 2010년 27.1%에서 2019년에는 31.1%로 증가하였고, 16세－17세는 2010년 49.1%에서 2019년 42.9%로 감소, 18세는 2010년 23.5%에서 2019년에는 26%로 증가한 것으로 나타났다.[116] 이 같은 통계로 볼 때, 소년범죄가 저연령화 및 흉포화되고 있다고 단정 짓기는 어렵다. 또한 소년법 제4조 제2항에 따라 형벌 법령에 위배되는 행위를 한 10세 이상 14세 미만의 소년에게 보호처분을 부과할 수 있고, 보호처분은 형사제재의 성격을 갖는다는 점도 고려할 필요가 있다.[117] 무엇보다도 규약 제24조 제1항이 아동에 대한 특별한 보호를 규정한 취지 및 앞서 살펴본 바와 같이 10세 미만의 아동도 구금이 가능하다고 규정하고 있는 가이아나

---

113) 법무연수원, 2020 범죄백서, p.556.
114) 박찬걸, "제20대 국회에 제출된 소년법 개정법률안에 대한 검토－제재강화에 대한 비판을 중심으로－", 형사정책 제32권 제2호(2020), p.153.
115) 김혁, "형사책임연령과 소년법 개정 논의에 대한 비판적 고찰", 비교형사법연구 제21권 제1호(2019), p.273; 박찬걸(전게주 114), pp.155-156.
116) 법무연수원, 2020 범죄백서, p.559.
117) 김혁(전게주 115), p.277.

와 8세 이상 12세 미만의 아동도 판사의 결정에 따라 형사 책임을 질 수 있다고 규정하고 있는 스리랑카 등에 대해 규약위원회가 깊은 우려를 표명한 점을 고려할 때, 촉법소년 상한 연령의 하향 조정 문제에 대해서는 더욱 신중한 접근이 필요할 것으로 보인다.

다. 보편적 출생등록제

우리 정부는 규약위원회가 2015년 최종 견해를 통해 외국아동의 출생등록과 관련해 부모의 법적 지위나 출신에 관계없이 모든 아동의 출생등록이 가능하도록 보장할 것을 권고한 데 대하여 2021년에 제출한 제5차 대한민국 국가보고서에서 관련 실행을 언급하고 있다. 규약위원회는 2015년 최종견해뿐 아니라 2019년 제5차 대한민국 국가보고서 심의를 위한 쟁점목록상의 질의를 통해서도 이 문제와 관련해 우리 정부가 어떤 조치를 취하고 있는지에 대해 보고할 것을 요구하였다.[118] 이에 대해 우리 정부는 보편적 출생등록제도 도입을 위한 입법 과정에 있으며, 이를 위해 2018년 11월에 아동관련 민간 전문가와 정부 관계자가 참여한 출생등록제 도입 방안 토론회를 개최하고, 2018년 12월에는 출생등록제 이행 추진자문단을 발족하였으며, 법률안 초안을 준비하고 있다고 답변하였다. 또한 의료기관의 출생통보를 의무화하는 출생통보제 도입을 검토하고 있다는 점도 명시하였다.[119]

법무부는 2021년 6월 21일, 출생통보제 도입을 위한 가족관계의 등록 등에 관한 법률(이하 가족관계등록법) 일부개정법률안을 입법 예고하였다. 동법률안은 2023년 6월 30일 국회본회의를 통과하여 2024년 7월 19일부터 시행된다. 개정법률안은 국가가 아동의 개별적인 출생 사실을 파악할 수 있는 자료를 확보할 방안이 없는 한계를 보완하고자 아동이 출생한 의료기관으로 하여금 국가기관에 출생 사실을 통보하도록 해 누락된 아동에 대한 신고가 신속히 이루어지도록 출생통보제를 도입하는 것이라고 그 취지를 설명하고 있다. 가족관계등록법은 부모의 출생신고를 원칙으로 하고 있는데, 해당 제도의 도입을 통해 부모가 출생신고를 하지 않아 유기되거나 학대받는 아동을 보호하고자 하는 것이다. 이에 법무부는 가족관계등록법 내에 제44조의 3, 제44조의 4 및 제44조의 5를 신설하여 출생이 있었던 의료기관의 장이 14일 이내 건강보험심사평가원에 아동의 출생정보를 제출하고, 건강심사평가원은 해당 정보를 지체 없이 시·읍·면의 장에게 송부하도록 하였다. 시·읍·면의 장은 신고가 누락된 아동을 발견한 경우 그 부모에게 7일 이내 출생신고를 하도록 최고하고, 그럼에도 출생신고가 이루어지지 않을 경우에는 시·읍·면의 장이 감독법원의 허가를 받아 직

---

118) CCPR/C/KOR/QPR/5(2019), para.27.
119) CCPR/C/KOR/5(2021)), paras.209-210.

권으로 아동의 출생을 기록해야 한다.[120] 현재 우리나라에서 출생아의 99.5%가 병원에서 태어나고 있는 사실을 고려하면 병원 밖에서 태어나는 아이들을 제외한 대부분의 아이들이 출생통보제를 통해 신고될 수 있다는 점에서[121] 해당 제도의 도입을 긍정적으로 평가할 수 있을 것이다. 그러나 출생통보제 도입으로 한국이 외국인 아동의 출생등록과 관련해 앞서 언급한 규약위원회, 아동권리 위원회 등으로부터 받은 권고를 이행하는 것으로 볼 수는 없다. 가족관계등록법은 적용 범위를 국민으로 한정하고 있어[122] 부모가 모두 외국인인 경우, 한국에서 출생한 아동이 자국법에 따른 출생등록이 불가능할 때에는 여전히 이들에 대한 출생등록권이 보장되지 않기 때문이다. 따라서 외국인 아동을 포함한 모든 국내 출생 아이들의 출생등록권을 보장하기 위해서는 가족관계등록법의 적용대상 개선을 동반한 출생통보제를 도입하거나 보편적 출생등록제의 도입이 필요하다.

한편 보편적 출생통보제 도입과 관련하여 앞서 언급한 토론회 개최나 자문단 발족 외에 현재까지 우리 정부가 취한 조치는 없다. 다만 제20대 국회에서 보편적 출생등록제 도입을 위한 두 건의 가족관계등록법 개정안이 제출된 바 있다.[123] 두 개정안은 외국인 부모에게서 출생한 자녀에 대해서도 가족관계 등록법에 따른 출생신고가 가능하도록 하고 있지만 내용과 형식 면에서는 차이를 보이고 있다. 먼저 윤덕후 의원안은 국내에서 외국인 부모로부터 출생한 자녀가 우리나라에 출생신고를 할 수 있도록 특례규정을 신설하는 것이 주 내용이다. 반면 원혜영 의원안은 국내에서 출생한 외국인 자녀의 경우 외국인아동출생등록부를 따로 작성하여 국내 아동과 별도로 관리하는 규정을 신설하는 내용을 담고 있다. 이 두 개정안은 국회를 통과하지 못하고 회기 만료로 모두 폐기되었다. 한편 제21대 국회에서는 2023년 6월 15일, 소병천 의원이 외국인아동의출생등록에관한 법률안을 대표발의 하였다. 해당안은 부모가 대한민국에서 태어난 외국인 아동의 출생등록 신청을 하도록 하고 부 또는 모의 신청이 불가능할 경우에는 친족이나 분만에 관여한 의사 등이 14일 이내에 시·읍·면의 장에게 출생정보를 통지해야 한다고 규정하고 있다. 해당안은 2022년 10월 22일 현재 위원회 심사가 진행 중이다.[124]

---

120) 법무부, 제2021-188호. 동 법률안은 2022년 3월 2일 국무회의를 통과하였으며, 2022년 3월 4일에 국회에 제출되었다; 가족관계의등록등에관한 법률 제44조의 3~제44조의 5(2023.7.18.신설) 참조.
121) 경향신문, 2022년 1월 1일, "세상에 있지만 행정상 없는 '미명이', <https://www.khan.co.kr/national/national-general/article/202201011451001#csidx779684c9f6ae875be1c23d9212e17a4> (2022.1.10.최종방문).
122) 가족관계의 등록 등에 관한 법률 제1조.
123) 2018. 8. 28. 윤후덕 의원안; 2018. 9. 27. 원혜영 의원안.
124) 2023.6.15. 의안번호 2122683.

국내에서 출생한 외국인 아동이 출생등록을 하기 어려운 경우는 부모가 난민, 망명신청자, 인도적 체류자인 경우 외에도 많다. 외국에서의 출생신고를 법적으로 허용하지 않아 한국에 있는 자국 대사관을 방문하더라도 출생신고가 불가능한 경우도 있고, 미혼모의 출생신고를 허용하지 않는 국가도 있다. 미등록 외국인들도 불법체류 사실이 대사관에 알려질 것을 우려해 자국 대사관에 자녀의 출생신고를 꺼리는 것이 현실이며, E-9체류자격(비숙련·저숙련 노동)으로 체류하고 있는 이주노동자에게는 가족동반이 허용되지 않아 자녀가 출생한 경우 자녀와 함께 자국으로 돌아가거나 자녀만을 자국으로 돌려보내야 한다.[125] 현재 대한민국에서 외국인 아동은 외국인 등록이 되어있는지 여부와 관계없이 거주사실을 확인할 수 있는 서류만 제출하면 거주지 내에 있는 초등학교나 중학교 입학 및 전학이 가능하고[126], 만 12세 이하의 아동은 체류자격과 무관하게 필수 예방 접종을 무료로 받을 수 있다. 그러나 이는 체류자격의 관점에서 불법으로 체류하고 있는 외국인의 자녀를 보호하기 위한 최소한의 조치이지 아동의 신분증명을 위해 시행하고 있는 제도는 아니다. 우리 정부는 2017년 UN 아동권리위원회에 제출한 제5·6차 국가보고서에서도 이와 비슷한 취지로 자국 대사관에 출생신고를 할 수 없는 난민, 난민신청자 또는 인도적 체류자의 자녀는 의사가 발급한 출생증명서를 통해 외국인 등록을 할 수 있다고 보고한 바 있다.[127] 그러나 UN 인권이사회는 "출생등록이란 국가의 법적 요건에 따라 출생 사실과 특성(characteristics of birth)[128]을 신분등록부에 계속적·영구적·보편적으로 기록하는 것을 말한다"[129]고 하였고, 이에 비추어 볼 때, 체류자격 증명을 위한 외국인 등록제는 계속적이고 영구적이며 보편적인 신분등록이 될 수 없다.

대법원은 대한민국 국민인 부(父)가 사실혼 관계에 있는 중국 국적의 모(母)와의 사이에서 태어난 자녀의 출생신고가 문제된 사건에서 출생등록권은 법 앞에 인간으로 인정받을 권리로서 모든 기본권 보장의 전제가 되는 기본권이므로 법률로써 이를 제한하거나 침해할 수 없다며 대한민국 국민으로 태어난 아동의 출생등록 될 권리를 인정한 바 있다.[130] 그러

125) 현소혜, 외국인 아동을 위한 보편적 출생등록제의 도입 필요성과 도입방안, 가족법연구 제34권 제2호, pp.150-153.

126) 현소혜(전게주 125), 159면; 초·중등교육법 시행령 제19조 제2항 제2호 및 제75조 제2항 제2호.

127) CRC/C/KOR/5-6(2018), para.59.

128) 정상 출산의 경우 성별, 출생시 체중, 잉태연령 등의 사항과 사산의 경우 부모의 연령 등을 기록하는 것. UK Office for National Statistics, <https://www.ons.gov.uk/peoplepopulationandcommunity/births deathsandmarriages/livebirths/bulletins/birthcharacteristicsinenglandandwales/previousReleases> (2022.1.19.최종방문).

129) A/HRC/27/22, para.4.

130) 대법원 2020. 6. 8. 자 2020스575 결정.

나 기본권 보장의 전제가 되는 출생등록권 부여에 대한민국 국적의 아동과 외국인 아동 간 차별을 둘 이유가 없다는 점, 사회적 신분의 취득은 출생등록에서부터 시작된다는 사실을 고려할 때, 국내에서 출생한 모든 아동이 출생등록 될 수 있도록 현행 제도를 개편하는 것이 필요하다.

【다른 인권조약상의 관련 조항】

세계인권선언 제25조 제2항

(……) 모든 어린이는 부모의 혼인 여부에 관계없이 동등한 사회적 보호를 향유한다.

All children, whether born in or out of wedlock, shall enjoy the same social protection.

경제적, 사회적 및 문화적 권리에 관한 국제규약

제10조 제3항
가문 또는 기타 조건에 의한 어떠한 차별도 없이, 모든 어린이와 연소자를 위하여 특별한 보호와 원조의 조치가 취하여진다. 어린이와 연소자는 경제적, 사회적 착취로부터 보호된다. 어린이와 연소자를 도덕 또는 건강에 유해하거나 또는 생명에 위험하거나 또는 정상적 발육을 저해할 우려가 있는 노동에 고용하는 것은 법률에 의하여 처벌할 수 있다. 당사국은 또한 연령제한을 정하여 그 연령에 달하지 않은 어린이에 대한 유급노동에의 고용이 법률로 금지되고 처벌될 수 있도록 한다.

Special measures of protection and assistance should be taken on behalf of all children and young persons without any discrimination for reasons of parentage or other conditions. Children and young persons should be protected from economic and social exploitation. Their employment in work harmful to their morals or health or dangerous to life or likely to hamper their normal development should be punishable by law. States should also set age limits below which the paid employment of child labour should be prohibited and punishable by law.

제12조 제2항 (a)

(……) 이 규약 당사국은 모든 사람이 도달 가능한 최고 수준의 신체적·정신적 건강을 향유할 권리를 가지는 것을 인정한다.

(a) 사산율과 유아사망률의 감소 및 어린이의 건강한 발육

(……)The steps to be taken by the States Parties to the present Covenant to achieve the full realization of this right shall include those necessary for:
The provision for the reduction of the stillbirth-rate and of infant mortality and for the healthy development of the child

미주인권협약 제19조

모든 아동은 미성년이라는 조건에 의하여 자신의 가족, 사회 및 국가에게 요구되는 보호조치를 받을 권리를 가진다.

Every minor child has the right to the measures of protection required by his condition as a minor on the part of his family, society, and the state.

경제적, 사회적 및 문화적 권리에 관한 미주인권협약 추가의정서 제16조

모든 아동은 출신에 관계없이 미성년자로서 그의 가정, 사회 및 국가의 보호를 요구할 권리가 있다. 모든 아동은 부모의 보호와 책임하에서 성장할 권리를 가진다. 예외적으로 법원에서 인정된 상황을 제외하고는 어린 나이의 아동은 어머니로부터 분리되어서는 아니된다. 모든 아동은 적어도 초등교육 단계에서는 무상의 의무교육을 받고, 상급교육과정에서 교육을 계속 받을 권리를 가진다.

Every child, whatever his parentage, has the right to the protection that his status as a minor requires from his family, society and the State. Every child has the right to grow under the protection and responsibility of his parents; save in exceptional, judicially-recognized circumstances, a child of young age ought not to be separated from his mother. Every child has the right to free and compulsory education, at least in the elementary phase, and to continue his training at higher levels of the educational system.

인간과 인인의 권리에 관한 아프리카 헌장 제18조 제3항

국가는 여성에 대한 모든 차별의 철폐를 보장하고, 국제선언과 협약에 규정된 바와 같이 여성과 아동의 권리보호를 보장한다.

The State shall ensure the elimination of every discrimination against women and also ensure the protection of the rights of the woman and the child as stipulated in international declarations and conventions.

장애인의 권리에 관한 협약 제18조 제2항

장애 아동은 출생 즉시 등록되며, 출생 시부터 이름을 가질 권리, 국적을 취득할 권리 및 가능한 한 자신의 부모가 누구인지 알고 그 부모에 의하여 양육될 권리를 갖는다.

Children with disabilities shall be registered immediately after birth and shall have the right from birth to a name, the right to acquire a nationality and, as far as possible, the right to know and be cared for by their parents.

모든 이주노동자와 그들의 가족 구성원의 권리보호를 위한 국제협약 제29조

이주노동자의 자녀는 성명, 출생등록 및 국적에 대한 권리를 가진다.

Each child of a migrant worker shall have the right to a name, to registration of birth and to a nationality.

아동의 권리에 관한 선언(1959)

아동의 권리에 관한 협약(1989)

아동매매, 아동매춘 및 아동포르노그라피에 관한 선택의정서(2000)

아동의 무력충돌 참여에 관한 아동권리협약 선택의정서(2000)

제25조 참정권

백 범 석

목 차

Ⅰ. 개관
Ⅱ. 권리의 주체
Ⅲ. 정치에 참여할 권리
   1. 간접참정권
   2. 직접참정권
Ⅳ. 선거권과 피선거권
   1. 선거 기회의 보장
   2. 보통선거
   3. 평등선거
   4. 비밀선거

5. 자유선거
Ⅴ. 공무담임권
Ⅵ. 한국의 실행
   1. 기탁금제도에 의한 피선거권 제한
   2. 수형자의 참정권 제한
   3. 재외국민의 참정권 보장
   4. 교원의 참정권 제한
   5. 정주외국인의 지방참정권
   6. 장애인의 참정권 보장
[다른 인권조약상의 관련 조항]

모든 시민은 제2조에 언급된 어떠한 차별이나 불합리한 제한도 받지 않으며 다음의 권리 및 기회를 가진다.

  가. 직접 또는 자유로이 선출한 대표자를 통하여 정치에 참여하는 것

  나. 보통·평등 선거권에 따라 비밀투표에 의하여 행하여지고, 선거인의 의사의 자유로운 표명을 보장하는 진정하고 정기적인 선거에서 투표하고 피선되는 것

  다. 일반적인 평등 조건 하에 자국의 공직에 취임하는 것

Every citizen shall have the right and the opportunity, without any of the distinctions mentioned in article 2 and without unreasonable restrictions:

(a) To take part in the conduct of public affairs, directly or through freely chosen representatives;

(b) To vote and to be elected at genuine periodic elections which shall be by universal and equal suffrage and shall be held by secret ballot, guaranteeing the free expression of the will of the electors;

(c) To have access, on general terms of equality, to public service in his country.

Ⅰ. 개관

자유권 규약은 공식 명칭에서 드러나듯이 시민적 권리뿐만 아니라 정치적 권리를 포함한다. 시민적 권리가 부당한 국가의 간섭 또는 개입으로부터 개인의 자유를 보호하기 위한 것인 반면, 정치적 권리는 국가의 정치적 의사결정 과정에서 개인의 적극적인 참여를 보장하는 성격을 띤다.[1] 오늘날 인권, 민주주의, 법의 지배 그리고 굿 거버넌스(good governance)는 밀접한 연관을 가진 개념으로 이해된다. UN은 1993년 비엔나 세계인권회의에서 채택한 비엔나 선언 및 행동계획을 통해 민주주의, 발전 및 인권의 존중 간의 상호의존적이며 상호연관적인 측면을 강조하였다.[2] 이와 같이 주권, 자결권 및 다수의 폭제로부터 소수를 보호할 수 있는 정치적 의사결정 과정에서의 동등한 참여는 민주주의의 주요 요소이자 국제인권법상의 주요 권리 중 하나로 보호 및 보장되어 왔다.[3]

규약은 제25조에서 정치적 권리를 구체적으로 규정한다. 조항의 내용을 보면, 우선 가호는 참정권 일반으로 직접선거 및 자유선거에 의한 대표자 선출을 통해 정치에 참여할 권리를 다룬다. 다음으로 나호는 참정권의 구체적 내용인 보통선거, 평등선거, 비밀선거에 의한 선거권 및 피선거권 행사를, 마지막으로 다호는 공무담임권을 규정한다. 규약상의 여타 다른 조항들이 국가의 영토와 관할권 내의 모든 개인에게 보장되는 권리인데 비해 제25조의 참정권은 국민의 권리로 이해된다.[4]

일반논평 제25호(1996)은 제25조의 몇 가지 주요 특징을 밝힌다. 첫째, 참정권은 자결권과 구별된다. 규약 제1조 자결권은 인민(people)이 자유로이 정치적 지위를 결정하고 정부나 헌법의 형태를 선택할 권리를 의미하는 반면, 제25조 참정권은 개인(individual)이 정치를 조직하는 절차에 참여할 수 있는 권리라고 규정한다.[5] 위원회는 *Diergaardt v. Namibia* 사건(1998)에서 제25조의 권리가 개인적 성격의 권리임을 분명히 하였다.[6] 둘째, 제25조에 명시

---

1) Nowak's CCPR Commentary(2019), pp.698-699(para.1).

2) Vienna Declaration and Programme of Action, A/CONF/157/23(1993), para.8.

3) 세계인권선언 제21조; T. Franck, The Emerging Right to Democratic Governance, *American Journal of International Law* Vol.86 (1992); G. Fox, The Right to Political Participation in International Law, *Yale Journal of International Law* Vol.17 (1992); D. Beetham, *Democracy and Human Rights* (Polity, 1999); T. Landman, Democracy and Human Rights: Concepts, Measures, and Relationships, *Politics and Governance* Vol.6 (2018) 등 참조.

4) Joseph & Castan's Commentary(2013), pp.727-728.

5) HRC General Comment No.25(1996), para.2.

6) *Diergaardt et al. v. Namibia*, Communication No. 760/1997(1998). 통보인은 나미비아 소수민족인 레호보트 공동체(Rehoboth Basters)의 일원이다. 해당 공동체는 고유의 사회·문화·언어·경제를 가지

적으로 표현되지 않았지만 참정권의 행사는 객관적이고 합리적인 기준에 근거해야 한다. 즉 법의 지배 원칙이 강조된다.[7] 셋째, 효과적인 참정권의 실현을 위해서는 반드시 표현의 자유(제19조), 집회의 자유(제21조) 및 결사의 자유(제22조)가 완전히 보장되어야 한다.[8]

한편 제25조 성문 과정을 보면, 이미 정치적 권리가 세계인권선언 제21조에 규정되었음에도 불구하고, 참정권을 규약에 포함시킬지 여부에 대한 이견이 있었다. 서구 유럽국가들이 주로 유보적 입장을 취했는데, 각국의 정치체제가 다양하고 정치적 권리도 상이한 위상을 가지기 때문에 규약 내에 구속력 있는 개인의 권리로서 획일적으로 규정하는 것은 부적절하다고 보았다.[9] 그러나 결과적으로 제3세계 국가들을 포함한 상당수 국가들의 지지 가운데 정치적 권리인 참정권은 규약에 포함되었다.[10] 이하에서는 제25조 참정권의 내용을 구체적으로 살펴본다.

Ⅱ. 권리의 주체

제25조가 보호 및 보장하는 권리의 주체는 모든 국민이다. 그런데 규약은 누가 국민의 자격을 갖는가에 대해 따로 규정하고 있지 않다. 국민의 정의와 국적취득 요건은 원칙적으로 당사국의 국내 관할 사항이기 때문이다. 외국인이 정치적 권리를 행사할 수 있는지 여부도 당사국의 재량에 속한다.[11] 예를 들어 국내선거에서 외국인 영주권자가 투표권을 행사할 수 있는지 여부를 국가는 자유롭게 정할 수 있다. 다만 일국이 참정권을 부여하기로 한

며 자치 법률에 따라 생활해 왔다. 이후 나미비아 독립 과정에서 입법권 및 행정권을 일시적으로 양도하였다. 그러나 나미비아 정부는 1990년 독립 후에도 레호보트 공동체에게 자치권을 반환하지 않았고, 공동체가 정착하여 살았던 지역은 두 구역으로 분리되어 각각 다른 행정구역에 통합되었다. 통보인은 자신들의 정착지가 분할됨으로써 레호보트 공동체는 개별 행정구역 내 소수집단으로 전락하였고, 공적 생활에도 효과적으로 참여하지 못하게 되었다는 이유로 규약 제25조 가호 및 다호의 위반을 주장하였다. 위원회는 제25조상의 권리가 개인의 권리임을 강조하면서, 설사 공적 생활에 대한 레호보트 공동체로서의 영향력이 감소하였더라도, 공동체 구성원 개인이 향유하는 공무참여권 및 공직취임권이 약화되었다고 보기는 어렵기 때문에 규약 위반이 아니라고 판단하였다.

7) 상게주, para.4. 예를 들어 2003년 러시아의 제5차 국가보고서에 대한 최종견해에서 위원회는 "체첸공화국의 정치적 적법성과 법의 지배를 복원시키기 위해 러시아는 제25조를 완전히 준수해야 한다"고 권고하였다. Concluding Observations on Russia Federation, CCPR/CO/79/RUS(2003), para.23.

8) HRC General Comment No.25(1996), paras.24-25.

9) Nowak's CCPR Commentary(2019), pp.701-702(para.5). 실제로 1950년 채택된 유럽인권협약(ECHR)에는 정치적 권리에 관한 조문이 없고, 이후 제1추가의정서 제3조를 통해 반영되었다.

10) UN General Assembly, A/2929(1953), Chapt. VI., para.170.

11) Nowak's CCPR Commentary(2019), p.704(para.11). 다만 그 재량이 무제한적으로 허용되는 것은 아니다. 위원회는 국적 취득 요건을 과중하게 설정하지 못하도록 권고한다.

이상, 인종, 피부색, 성, 언어, 종교, 정치적 또는 기타의 의견, 민족적 또는 사회적 출신, 재산, 출생 또는 기타의 신분 등을 이유로 차별하여서는 안 된다.[12] 이 경우 외국인에 대한 차별적인 참정권 부여는 제25조 위반이 아닌, 일반적인 비차별 의무를 규정한 제2조 제1항에 의해 금지된다.[13] 외국인은 제25조가 보호하는 권리의 주체가 아니기 때문이다.

제25조 본문은 "모든 시민은 제2조에 규정하는 어떠한 차별이나 또는 불합리한 제한도 받지 아니하고"라고 규정하고 있다. 일반논평 제25호(1996)도 참정권을 향유함에 있어 국민들 간에 차별을 두지 말아야 한다고 밝힌다. 따라서 선거권을 가진 모든 이들이 자신의 권리를 행사할 수 있도록 가능한 모든 효과적인 조치를 취해야 하며, 여기에는 문맹, 언어장벽, 빈곤 및 이동의 자유 제한 등과 같은 참정권의 적극적 행사를 가로막는 장애물을 해소하는 모든 조치를 포함한다.[14] 또한 당사국이 출생에 의해 국적이 부여된 자와 귀화에 의해 국적을 획득한 이들 간의 참정권 향유에 차이를 두는 경우는 제25조에 반할 수 있다.[15] 한편 외국인 영주권자와 같은 국적국 국민이 아닌 특정집단이 지방선거에서 투표권을 가진다거나 특정 공직에는 참여할 수 있는 등 제한적으로 참정권을 향유할 경우, 당사국은 국가보고서에 이러한 사실을 적시해야 한다.[16]

Ⅲ. 정치에 참여할 권리

국민이 참정권을 향유하는 방식은 당사국의 정치 체제에 따라 달라진다. 제25조도 특정한 정부형태나 이에 기반한 선거제도를 의도적으로 상정하지 않는다. 가호의 성안과정도 그러한 점을 분명히 보여준다. 구 소련 대표가 제안한 "자국의 국정에 참여할 수 있는"(to take part in the government of the States)이라는 세계인권선언 제21조에 따른 문구 대신 "정치(공무)에 참여할 수 있는"(to take part in the conduct of public affairs) 이라는 프랑스 대표

---

12) 2009년 크로아티아의 제2차 국가보고서에 대한 최종견해에서 위원회는 특정 인종집단 및 세르비아 소수민족만을 차별하여 정치참여를 제한하지 않도록 권고하였다. Concluding Observations on Croatia, CCPR/C/HRV/CO/2(2009), para.18; 2012년 투르크메니스탄의 제1차 국가보고서에 대한 최종견해에서도 위원회는 특정 소수민족이 정치결정과정에서 참여가 제한되는 점에 대해 우려하면서 임시 특별조치를 통해 참여를 보장하도록 권고하였다. 또한 모든 소수민족의 정치참여와 대표성 여부를 판단할 수 있는 데이터를 차기 국가심의에 제공하도록 요청하였다. Concluding Observations on Turkmenistan, CCPR/C/TKM/CO/1(2012), para.22.
13) Joseph & Castan's Commentary(2013), p.728.
14) HRC General Comment No.25(1996), paras.11-12.
15) 상게주, para.3.
16) 상게주.

가 제안한 표현을 채택하였는데, 그 이유는 전자의 표현이 미국 권리장전 상의 자유 정부 (free government)가 연상되기 때문이었다. 의도적으로 정치(공무)라는 모호한 표현을 사용 함으로써 개별 당사국의 다양한 민주주의 정치체제를 포괄적으로 아우르고자 하였다.[17] 따라서 국가의 정치 형태와 구조를 최종적으로 결정하는 권력이 국민에게 있는 한 이에 부합하는 민주정치체제를 갖춘 경우는 대부분 포함된다. 그러나 전제군주제나 독재정치체제와 같이 제25조에서 보장하는 참정권의 본질적인 요소인 국민주권원리를 침해하는 경우는 해당하지 않는다.[18] 예를 들어 2001년 북한의 제2차 국가보고서에 대한 최종견해에서 위원회는 북한정치체제에서 새로운 정당이 탄생하거나 이를 위한 국내 입법을 예상할 수 없는 상황은 자유로이 선출한 대표자를 통해 정치에 참여할 수 있도록 한 제25조에 반한다고 보았다.[19] 결국 제25조는 국민의 동의를 바탕으로 하는 민주 정부의 핵심에 있다.[20]

한편 가호의 "정치"란 국가의 공적·정치적 활동에의 참여만을 의미한다. 국내법에 따라 기업의 노사위원회 위원으로 선출되는 경우처럼 사적 영역에서의 채용문제는 해당하지 않는다.[21] "정치에 참여"는 입법, 사법 및 행정을 포함한 광범위한 개념의 정치권력 행사를 의미하며, 모든 공공행정과 국제적·국내적·지역적 차원에서의 정책 수립 및 이행을 포괄한다.[22] 개별 시민이 정치에 참여할 수 있는 방식은 각국 헌법 및 법률에 의해 정해진다.[23]

관련한 몇 가지 주요 개인통보사건을 살펴본다. 위원회는 선거참여를 위한 요건이 명확히 제시되지 않고, 정부가 승인한 정당에 한해 정치활동을 허용하는 것은 비합리적인 제한에 해당한다고 판단하였다.[24] 그러나 법률에 의해 공공질서와 국가안보에 위협이 될 수 있는 극우정당의 재창당을 금지한 조치는 제25조가 보장하는 권리의 정당한 제한이 될 수 있다.[25] 한편 당원의 자격을 포함한 정당결사의 자유는 정치정당의 자율성을 존중한다는 차원에서 통보인의 정치에 참여할 권리보다 우선한다고 보았다.[26]

---

17) Nowak's CCPR Commentary(2019), p.705(para.14).

18) 상계주.

19) Concluding Observations on DPRK, CCPR/CO/72/PRK(2001), para.25.

20) HRC General Comment No.25(1996), para.1.

21) *Mumtaz Karakurt v. Austria*, Communication No. 965/2000(2002), para. 8.2.

22) HRC General Comment No.25(1996), para.5.

23) 상계주.

24) *Chiiko Bwalya v. Zambia*, Communication No. 314/1988(1993), para.6.6. 당시 일당제 정치체제를 표방한 잠비아 정부가 승인하지 않는 정당 소속이라는 이유만으로 유력 야당정치인의 총선 출마를 거부하고 선거운동의 기회마저 박탈한 것은 제25조 가호가 보장하는 정치에 참여할 권리를 현저히 침해한다고 보았다.

25) *M.A. v. Italy*, Communication No. 117/1981(1984) at 190, para.7. 위원회는 이탈리아 정부가 통보인의 파시스트당의 재창당을 금지한 조치가 제25조에 반하지 않는다고 보았다.

1. 간접참정권

오늘날 시민의 직접 참여만으로 국가를 통치한다는 것은 현실적으로 불가능하다. 이에 제25조 가호는 "자유로이 선출한 대표자를 통하여 정치에 참여"할 권리를 규정함으로써 당사국에 자국 시민의 간접참정권을 보장할 의무를 부과한다.[27] 이러한 간접참정권을 통한 정치참여는 "자유로이 선출한 대표자"가 "실질적으로" 정부권력을 행사함으로써 이루어지며,[28] 제25조 나호에 부합하는 선거를 통해 다시금 그 권력 행사에 대한 책임을 지게 된다.[29] 또한 간접적 참정권은 법률에 의해 수립된 투표절차에 따라 행사되어야 하며, 선출한 대표자는 헌법에 따라 부여된 권력만을 행사할 수 있다.[30] 따라서 비민주적 정부기구가 중요한 정치권력을 행사하는 것은 제25조 위반에 해당한다. 예를 들어 선출직이 아닌 임명직 상원위원에게 의회가 채택한 법안의 통과를 막을 권한을 부여하거나, 군부가 국가안전보장회의를 통해 주요 국가정책에 대한 거부권을 행사할 수 있도록 한다면 이는 제25조에 반한다.[31]

2. 직접참정권

제25조 가호는 세계인권선언 제21조 제1항처럼 공무에 직접 참여할 수 있는 권리도 보장한다. 국민표결(referendum) 및 신임투표(plebiscite)와 같은 국민투표를 통한 직접참정권 행사도 상정해 볼 수 있기 때문이다.[32] 참정권자는 공적 토론과 대화를 통해서뿐만 아니라 스스로 조직을 만들어 직접 영향력을 행사하는 방식으로도 정치에 참여할 수 있다. 그리고 직접참정권의 효과적 실현을 위해서는 표현의 자유 및 집회·결사 자유가 보장되어야 한다.[33]

참정권자의 구체적인 직접정치참여 방식 즉 누가 어떠한 요건하에 직접참정권을 행사할 수 있는지는 개별국가의 헌법 및 국내법 제정에 의해 결정된다. 예를 들어 국민투표에 특정거주요건을 만족한 참정권자에게만 투표권을 부여한 사건에서 위원회는 당사국의 조치가

---

26) *P. Arenz et al. v. Germany*, Communication No. 1138/2002(2002). 독일기독교민주연합당(기민당)이 사이언톨로지 신자에게 당원권을 박탈한 사건에서 이러한 조치를 허용한 독일 국내법원의 판단은 정치정당의 자율성을 존중한 것으로 제25조 가호에 반하지 않는다고 판단하였다.

27) Joseph & Castan's Commentary(2013), pp.732-733.

28) 시민이 선출한 대표자가 실질적으로 정부권력을 행사한다는 것은 법적으로 집행력이 보장되어야 하며, 실제 권력이 없는 자문적 기관에 그쳐서는 안 된다는 것을 의미한다. 상계주, p.732.

29) HRC General Comment No.25(1996), para.7.

30) 상계주.

31) Concluding Observations on Chile, CCPR/C/79/Add.104(1999), para.8.

32) Nowak's CCPR Commentary(2019), p.706(para.16).

33) HRC General Comment No.25(1996), para.8.

정당하며 제25조에 반하지 않는다고 판단하였다.[34] 같은 맥락에서 당사국 내 모든 원주민의 직접참정권 보장은 제25조로부터 도출될 수 없다는 것이 위원회의 일관된 입장이다.[35] 다만 제27조(소수자의 권리)에 기반하여 소수민족 구성원에게 영향을 미치는 정책의사 결정 과정에 이들의 효과적인 참여를 보장하도록 당사국에 요구할 수는 있다.[36] 일반논평 제23호(1994)도 이러한 점을 밝히고 있다.[37]

Ⅳ. 선거권과 피선거권

선거권은 가장 중요한 정치적 권리이다. 제25조 나호는 선거로 선출되어야 할 기관을 명시하고 있지 않기 때문에 원칙적으로 어떠한 정부기관의 공직을 선출직으로 할지 여부는 다양한 정치체제 하에 개별 국가의 재량에 속한다.[38] 그러나 당사국의 재량이 무제한적으로 허용되지는 않는다. 특히 법적 및 사실상의 권한을 모두 갖고 있는 국가기관의 경우 직접이든 간접이든 선거를 통해 정당성을 부여받아야 한다.[39] 예를 들어 입법부는 선거를 통해 선출되어야 하며, 시의회 같은 지방자치단체가 중앙정부로부터 독립적으로 공권력을 행

---

34) *Gillot et al. v. France* Communication No 932/2000(2002). 민족자결권에 의해 뉴칼레도니아의 독립 찬반을 묻는 국민투표에 참여할 수 있는지 여부가 문제된 사안이었다. 프랑스국적의 통보인들은 3－9년을 뉴칼레도니아에서 거주한 이들이었는데 프랑스 정부가 국민투표 참여 요건으로 10년 이상 거주할 것을 요구하면서 투표권이 제한되었다. 이에 제25조에서 보장하는 직접참정권이 침해되었다는 이유로 통보를 제기하였다. 그러나 위원회는 제25조에 반하지 않는다고 판단하였다. 뉴칼레도니아의 미래를 결정하는 국민투표에 해당 영토와 밀접한 연결고리를 가진 이들에 한해 투표권을 제한한 것은 당사국 재량에 따른 정당한 조치로 보았기 때문이다.
35) *Marshall v. Canada*, Communication No. 205/1986(1991). 1982년 캐나다는 헌법이 보장하는 원주민의 권리를 구체적으로 인정·확인하기 위한 방식의 일환으로 다양한 원주민 대표가 참여하는 특별헌법회의를 개최하였다. 그러나 정부의 거절로 회의에 참가할 수 없었던 Mikmaq 인디언 부족대표는 직접참정권을 보장한 제25조 가호 위반을 이유로 통보를 제기하였다. 캐나다 정부는 규약 제25조가 모든 시민이 회의에 참석할 권한을 보장하는 것으로 해석할 수 없다고 항변하였고 위원회는 이를 받아들였다. 제25조 가호가 보장하는 직접참정권은 국가정책으로 인해 직접 영향을 받는 특정집단이 자신의 정치참여 방식을 선택할 무조건적인 권리로 해석될 수 없다고 보았기 때문이다.
36) 예를 들어 2002년 스웨덴의 제5차 국가보고서에 대한 최종견해에서 위원회는 제27조를 인용하며 원주민인 Sami민족이 그들의 전통적인 토지 및 경제활동에 영향을 줄 수 있는 정책 의사결정 과정에 직접 참여하여 적극적으로 의견을 개진할 수 있도록 권고한 바 있다. Concluding Observations on Sweden, CCPR/CO/74/SWE(2002), para.15.
37) HRC General Comment No.23(1994), para.7; *Länsman et al. v. Finland*, Communication No. 511/1992(1994)도 참조.
38) Nowak's CCPR Commentary(2019), p.708(para.22).
39) 상계주, p.709(para.22).

사하기 위해서는 해당기구 역시 선거를 통한 대표자 선출이 요구된다.[40] 어떠한 경우든 당사국이 자국 헌법에 의해 국가기관의 공직자를 선거를 통해 선출해야 할 때에는 제25조 나호에 규정된 선거권 및 피선거권의 원칙을 적용하여야 한다.[41]

1. 선거 기회의 보장

당사국은 선거 자격이 있는 모든 이들의 실효적 권리행사를 보장하기 위한 적극적인 조치를 취해야 한다.[42] 유권자 등록이 필요한 경우 선거권자는 이를 용이하게 할 수 있어야 하며, 등록에 불필요한 지장을 초래해서는 안 된다.[43] 등록을 부당하게 방해하거나 투표권자를 위협하는 것은 당사국 법률에 의해 엄격히 금지되어야 한다. 등록을 위해 거주지가 필요한 경우 이러한 요구는 합리적으로 제시되어야 한다. 예를 들어 주소지가 부재한 노숙자의 투표권을 제외하는 방식으로 거주요건을 설정해서는 안 된다. 또한 당사국은 투표권의 효과적인 행사를 위한 충분한 정보를 유권자 교육 및 등록 캠페인을 통해 제공해야 한다.[44]

앞서 언급한 바와 같이 당사국은 투표권을 향유하는데 장애가 될 수 있는 문맹, 언어장벽, 빈곤 및 이동의 자유 제한 등과 같은 요소를 해소하기 위한 조치를 선제적으로 취해야 한다.[45] 예를 들어 다양한 소수언어가 존재하는 국가의 경우 투표권 행사를 위한 안내정보는 각 언어로 번역되어 제공되어야 한다. 또한 문맹인의 효과적인 투표권 행사를 위해서는 사진이나 기호와 같은 수단을 활용할 수 있다. 위원회는 당사국이 국가보고서를 통해 어떠한 투표권 행사의 장애요인이 있었으며, 이를 극복하기 위해 무슨 조치를 적극적으로 취했는지 설명할 것을 요구한다.[46] 한편, 피선거권의 경우에는 명백히 차별금지의 원칙에 반하지 않는 이상,[47] 공직 수행을 위해 일정한 자격을 요구하는 것이 곧바로 제25조 위반이 되

---

40) 상게주.
41) 상게주.
42) HRC General Comment No.25(1996), para.11.
43) 상게주.
44) 상게주.
45) 상게주, para.12; 예를 들어 1993년 아일랜드의 제1차 국가보고서에 대한 최종견해에서 위원회는 아일랜드 유일의 토착 유목민족인 travelling community가 선거뿐만 아니라 정치 참여를 확대할 수 있도록 적극적 우대조치를 취할 것을 권고하였다. Concluding Observations on Ireland, CCPR/C/79/Add.21 (1993), para.23; 1997년 인도의 제3차 국가보고서에 대한 최종견해에서는 지방자치단체 선출직의 3분의 1 이상을 여성에게, 나머지 일부는 특정 카스트 계급 및 소수부족민을 위해 할당하기로 하는 인도헌법 개정을 환영하며 이는 규약 제25조에 부합한다고 보았다. 오랜 기간 차별 받아온 사회적 약자층의 정치적 지위를 향상시키기 위한 적극적 우대조치에 해당하기 때문이다. Concluding Observations on India, CCPR/C/79/Add.81(1997), para.10.
46) 상게주.

는 것은 아니다. 예를 들어 소수민족 출신에게 선출직 공무원이 되기 위해 공용어능력을 요구하는 것은 규약 위반이 아니다.[48]

2. 보통선거

제25조 나호는 모든 시민이 투표하거나 피선될 권리를 가진다고 규정한다. 보통선거의 원칙을 밝힌 것으로 선거권 및 피선거권이 특정 집단이나 계층에만 주어지지 않고, 모든 개인이 가져야 할 기본적인 권리임을 의미한다.[49] 따라서 선거권 및 피선거권의 행사는 법률에 의한 객관적이고 합리적인 근거에 의한 경우를 제외하고는 정지되거나 배제되어서는 안 된다.[50]

(1) 선거권

법률에 의한 객관적이며 합리적인 기준에 따른 선거권 제한은 어떠한 경우에 해당할까? 법률에 따라 정신적 장애 또는 최소연령을 이유로 한 선거권 제한 조치는 보통선거의 원칙에 반하지 않을 수 있다.[51] 다만 정신적 장애의 경우에도 획일적으로 판단하여 모든 정신지체 장애인에게 선거권을 제한한다면 이는 허용될 수 없다.[52]

---

47) 예를 들어 *Narrain et al. v. Mauritius* 사건(2013)에서 위원회는 힌두, 무슬림, 중국계 모리셔스, 또는 일반주민 중 어디에 해당하는지 후보자등록 신청서에 표시하지 않은 자는 일반선거에 출마할 수 없도록 한 모리셔스 국내법은 피선거권자 간에 차별을 둔 것으로 제25조 나호 위반에 해당한다고 결정하였다. *Narrain et al. v. Mauritius*, Communication No. 1744/2007(2013).

48) 통보자는 지방선거에 출마하였으나, 후보자에게 요구하는 정도의 라트비아어 능력시험을 통과하지 못하였다는 이유로 선거위원회가 후보명단에서 제외된 사건에서 위원회는 국내법에 따라 선출직 공직자에게 일정한 공용어(라트비아어) 능력을 갖추도록 요구한 조치는 제25조 위반이 아니라고 보았다. 다만 다른 이유로 통보자의 참정권은 침해되었다고 판단하였는데, 언어능력을 검증하기 위한 과정이 객관적인 기준을 갖추지 못했고, 절차적 정당성도 결여되었기 때문이다. *Ignatāne v. Latvia*, Communication No. 884/1999(2001). 이후 라트비아 정부는 후보자의 언어요건심사를 폐지하였지만, 심사기준과 절차를 재정비하여 2010년 재도입하였다.

49) Nowak's CCPR Commentary(2019), p.713(para.33). 참고로 여성인권의 신장은 여성참정권의 발전사와 맥을 같이 한다. 보통선거의 원칙에 따라 여성에게 투표권을 보장한 것은 대부분 20세기가 지나서였다. 1789년 프랑스혁명을 통해 "인간과 시민의 권리선언"이 발표되었지만, 여성의 인권은 포함되지 않았다. 1870년 흑인노예에게 참정권을 준 미국이 여성의 참정권을 인정한 것이 1920년이었으며, 프랑스는 1944년에서야 여성에게 참정권을 허용했다. 여성 참정권을 허용하지 않은 마지막 국각인 사우디아라비아에서는 2015년이 되서야 여성이 투표권을 행사할 수 있었다. 그러나 이마저도 유권자 등록시 남성 가족의 동의를 얻어야하는 제한적 참정권 행사이다.

50) HRC General Comment No.25(1996), para.4.9

51) 상계주.

52) Nowak's CCPR Commentary(2019), pp.716-717(para.39); 예를 들어 2017년 호주의 제6차 국가보고서

유죄판결을 받은 수형자의 선거권을 일시적으로 제한하는 것은 원칙적으로 그 기간이 과하지 않는 한 제25조에 반하지 않는다.[53] 이 경우에도 선거권 정지 기간은 범죄와 형량에 비례해야 한다. 즉 수형자의 선거권 제한은 법률에 의해 가능하며 엄격한 비례원칙이 적용된다.[54] 예를 들어 수형자의 선거권을 최대 10년간 정지시킬 수 있도록 법률로 규정한 사건,[55] 통보인이 재판에서 무죄방면되고 과거 유죄판결기록 역시 사면법에 의해 말소되었음에도 불구하고 오랜 시간 유권자 명부에서 제외시킨 사건[56]이나, 야당 의원의 정치적 권리(선거권 포함)를 15년간 박탈한 사건[57] 모두 위원회는 제25조 나호가 보장하는 보통선거의 원칙에 대한 과도한 제한이 될 수 있다고 보았다. 또한 특별한 이유 없이 군사학교생도의 재학기간 내내 선거권을 제한한 사건에서 위원회는 합리적인 조치가 될 수 없다고 판단하였다.[58] 그 외 신체적 장애를 이유로 선거권을 제한하거나, 언어능력, 교육요건, 재산정도 등을 갖출 것을 요구하는 것은 비합리적인 제한이 될 수 있다.[59]

에 대한 최종견해에서 정신이상자의 선거권을 제한한 연방선거법은 투표를 할 수 있는 능력 여부를 고려한 객관적이고 합리적인 근거 없이 모든 지적, 정신적 장애인의 참정권을 박탈하는 것으로 차별에 해당한다고 보았다. Concluding Observations on Australia, CCPR/C/AUS/CO/6(2017), paras.47-48; 2013년 체코공화국의 제3차 국가보고서에 대한 최종견해에서는 사실상 투표권을 행사할 수 있는 능력이 있음에도 불구하고 특별히 지적, 정신적 장애인의 법률행위를 과도하게 제한하는 체코 법원의 판결에 우려를 표명하였다. Concluding observations on the Czech Republic, CCPR/C/CZE/CO/3(2013), para.12.

53) 상게주, para.14. 그러나 구금상태에 있지만 유죄 선고를 받지 않은 자의 투표권 행사가 배제되어서는 안된다. 유럽인권재판소도 범죄단체 가담 혐의를 받고 있다는 이유로 공판전 구치 중인 사람의 유권자 명부 등록을 박탈한 조치는 유럽인권협약 제1추가의정서 제3조상의 선거권을 침해한 것이라고 판시한 바 있다. *Labita v. Italy* 사건(No.26772/95, ECHR 2000) 참조.

54) 이 사건에서 일부 위원은 마약, 납치 등을 위해 범죄조직을 구성하고, 권력을 남용하여 유죄판결을 받은 통보인에게 수감기간동안에만 선거권을 제한한 것은 비합리적이거나, 비례성의 원칙에 반한다고 볼 수 없다는 반대의견을 표명하였다. *Yevdokimov et al. v. Russia*, Communication No. 1410/2005(2011); 2005년 유럽인권재판소는 모든 수형자에게 일률적으로 투표권을 박탈하도록 규정한 영국의 국민대표법(Representation of the People Act 1983)이 유럽인권협약 제1추가의정서 제3조(참정권)를 위반한다고 판결하였다. 위원회 역시 2008년 제6차 국가보고서 및 2015년 제7차 국가보고서에 대한 최종견해에서 해당 법률이 규약 제25조에 반한다고 보았다. Concluding observations on United Kingdom of Great Britain and Northern Ireland, CCPR/C/GBR/CO/6(2008) para.28 & CCPR/C/GBR/CO/7(2015) para.25.

55) Concluding Observations on United Kingdom of Great Britain and Northern Ireland (Hong Kong), CCPR/C/79/Add. 57(1996), para.19.

56) *Gorji-Dinka v. Cameroon*, Communication No. 1134/2002(2005), para.5.6.

57) *Jorge Landinelli Silva v. Uruguay*, Communication No. 34/1978(1981); *Alba Pietraroia Alba Pietraroia v. Uruguay*, Communication No. 44/1979(1984).

58) Concluding Observations on Paraguay, CCPR/C/79/Add.48(1995), para.23.

59) Nowak's CCPR Commentary(2019), p.716(para.39); HRC General Comment No.25(1996), para.10.

(2) 피선거권

피선거권의 경우 선거권에 비해 상대적으로 보다 높은 정도의 제한을 요구하는 것이 가능하다. 예를 들어 특정 공직선출을 위해 보다 높은 연령 기준을 부과하는 것은 합리적인 기준이 될 수 있다.[60] 피선거인으로 등록하기 위한 특정 조건을 요구하는 것은 기본적으로 국가의 재량 사항이기 때문이다. 다만 그 제한의 정도가 과도하거나 차별적이어서는 안 된다. 특히 규약 제2조상의 차별금지원칙에 위반한 제한은 어떠한 경우에도 허용되지 않는다.[61]

규약에 대한 유보 선언을 통해 성별, 인종 기타 이유로 피선거권을 제한하는 것은 허용될 수 있을까? 예를 들어 벨기에는 1983년 부계 남성만 왕위를 계승할 수 있도록 한 자국 국내법을 이유로 제25조에 대한 유보를 선언한 바 있다.[62] 이후 맏이우선으로 왕위계승제도를 바꾸면서 1998년 유보를 철회하였다. 쿠웨이트도 1996년 선거권 및 피선거권을 남성의 권리로 제한하고 군인 및 경찰을 참정권의 주체에서 배제한 국내법과의 충돌문제를 이유로 유보 선언을 하였다.[63] 이후 위원회는 해당 유보가 규약의 대상과 목적에 양립하지 않는다는 이유로 철회를 권고하였고,[64] 마침내 2016년 쿠웨이트는 권고안을 일부 반영하여 여성의 선거권 및 피선거권 행사를 인정하였다.[65]

한편 피선거권의 보장은 선거권의 효과적 실현을 의미한다. 선출직에 출마할 권리와 기회의 효과적인 보장은 후보자를 자유롭게 선택할 수 있는 선거권의 보장으로 이어지기 때문이다.[66] 따라서 당사국은 교육, 거주 및 출신과 같은 비합리적이거나 차별적인 요구조건에 의해, 또는 정치적 파벌 관계에 있다는 이유로 피선거권을 제한하거나 배제해서는 안 된다.[67] 특정 집단에 속하는 자의 피선거권을 제한하는 법률조항을 둔 경우 당사국은 위원회에 이를 충분히 설명하여야 한다. 후보 등록일, 등록비용, 기탁금 등에 관한 조건도 차별적이어서는 아니된다.[68] 예를 들어 선거에 후보로 나서기 위해 과도한 비용이 요구된다면, 이러한 요건은 피선거권자의 권리를 보장하는 제25조에 반한다.[69] 또한 선거에 입후보하기

---

60) HRC General Comment No.25(1996), para.4.
61) Nowak's CCPR Commentary(2019), p.735(para.74).
62) C.N.113.1983.TREATIES-4 (1983).
63) C.N.191.1996.TREATIES-1/4 (1996).
64) Concluding observations on Kuwait, CCPR/C/KWT/CO/2(2011), para.7.
65) C.N.423.2016.TREATIES-IV.4(2016).
66) HRC General Comment No.25(1996), para.15.
67) 상게주.
68) HRC General Comment No.25(1996), para.16.
69) Concluding observations on United States of America, CCPR/C/79/Add 50(1995), para.24.

위해 특정 정당의 당원이 되도록 요구하거나, 일정수 이상의 추천인을 요구하는 것도 피선거권을 비합리적으로 제한하는 조치가 될 수 있다.[70]

법관, 군고위 간부 및 공무원의 공직선거 입후보 제한 조치는 권력분립 원칙에 따른 이해관계의 충돌을 피하기 위한 것으로 피선거자의 권리를 과도하게 제한하지 않는 선에서 인정된다.[71] 단 해당 공직 재직과 양립할 수 있다고 간주할 만한 합리적인 이유가 존재하는 경우는 예외이다. *Debreczeny v. The Netherlands* 사건(1995)에서 위원회는 해당 이슈를 다루었다.

경찰(경사)인 통보자는 근무 지역 시의회 의원선거에 입후보하여 승리하였으나, 시의회는 경찰공무원이라는 이유로 의원 당선을 인정하지 않았다. 네덜란드 지방자치법 제25조가 지방자치단체에 속한 공무원은 시의회 의원으로 선출될 수 없다고 규정하였기 때문이다. 규약 제25조 나호의 피선거인의 권리를 침해당했다는 통보인의 주장에 대해, 네덜란드 정부는 시청 공무원이 동시에 시의회 의원으로 활동할 경우 지방자치제의 근간인 권력분립 원칙을 흔들 수 있다는 우려로 인해 피선거권 제한 조항을 두었고 이는 정당한 제한이라고 항변하였다. 위원회는 민주적 의사결정과정을 보호하기 위한 합리적 제한조치로 제25조 나호에 반하지 않는다고 보았다.[72]

3. 평등선거

보통선거의 원칙이 "누가 선거권을 가지는가"라는 선거권자의 자격에 대한 차별금지를 뜻하는 반면, 평등선거의 원칙은 "개개인의 선거권이 같은 무게를 가지는가"하는 선거권자의 투표가치에 대한 차별금지를 의미한다.[73] 따라서 투표의 수적 평등(1인1표제)은 반드시 지켜져야 하며 동시에 모든 선거권자의 표는 동등한 가치(1표1가제)를 가져야 한다.[74]

선거구가 합리적으로 획정되지 않아 선거구별 인구편차가 심화되면 자연히 투표가치의 격차가 발생한다. 예를 들어 10만 명의 A선거구에서 1인의 국회의원을 선출할 경우, 20만 명의 B선거구에서는 2인의 국회의원을 선출해야 선거권 가치의 평등이 달성된다. 만약 B선

---

70) HRC General Comment No.25(1996), para.17.
71) HRC General Comment No.25(1996), para.16.
72) *Debreczeny v. The Netherlands*, Communication No.500/1992(1995).
73) Nowak's CCPR Commentary(2019), p.718(para.42).
74) HRC General Comment No.25(1996), para.21.

거구에서도 1인의 국회의원만을 선출할 수 있다면, B선거구의 유권자는 A선거구의 유권자와 비교했을 때 절반의 가치에 불과한 투표권을 행사한 것이다. 이와 같이 현저한 불균등을 초래하여 표의 등가성을 깨뜨리거나 특정집단을 차별하는 결과를 초래한다면 제25조가 보장하는 평등선거의 원칙을 해하게 된다.[75]

제25조는 특정한 선거제도를 상정하고 있지 않다. 그러나 순수한 비례대표제를 제외한 모든 선거제도는 유권자의 의사를 선거 결과에 반영함에 있어 어느 정도 편차가 불가피하게 수반된다. 모든 선거구를 인구가 완전히 균등하게 획정하여 각 선거권자의 투표가치를 전적으로 동일하게 만드는 것은 현실적으로 불가능하기 때문이다. 결국 중요한 것은 각 선거구의 인구편차 및 이에 따른 투표가치의 격차를 어느 정도까지 합리적인 선에서 수용할 수 있느냐이다. 적어도 선거제도에 통상적으로 수반되는 불가피한 정도의 편차를 넘는 고의적 게리맨더링은 금지된다.[76]

4. 비밀선거

제25조 성안 과정에서 당사국 간에 가장 이견이 없었던 것은 비밀선거의 원칙이다.[77] 비밀선거는 소수집단을 다수로부터 효과적으로 보호할 수 있다. 따라서 자유선거를 가장 잘 보장하는 수단이 된다.[78] 당사국은 비밀선거를 보장하기 위해 필요한 모든 조치를 취해야 한다.[79] 선거권자의 사전투표의사와 실제 투표결과가 자신의 의사에 반하여 강제로 공개되지 않도록 해야하며, 투표 시에도 불법적이거나 임의적인 간섭으로부터 선거권자를 보호해야 한다.[80] 투표함의 보안 역시 보장되어야 한다.[81] 투표 및 개표 절차는 법률에 따라 독립

---

75) 상계주; 통보인이 속한 선거구는 인구비율 대비 1400명 당 1명의 시의원을 선출하게 되는 반면, 다른 선거구는 200명당 1명의 시의원을 선출하게 되는 등 선거구 간 인구편차가 너무 크다면 제25조가 보장하는 평등선거의 원칙에 반한다. *Matyus v. Slovakia*, Communication No.923/2000(2002); 홍콩 국회의원 60석 중 20석에 대해서만 선거를 통해 지역대표를 선출하고, 나머지는 직능대표제(functional constituency)에 의해 업종별로 투표를 하도록 한 경우 사실상 선거권자간에 차별을 초래하므로 제25조 나호에 반한다. Concluding Observations on United Kingdom of Great Britain and Northern Ireland, CCPR/C/79/Add.57(1996), para. 19.
76) Nowak's CCPR Commentary(2019), p.719(para.43).
77) 상계주, p.720(para.46).
78) 상계주.
79) HRC General Comment No.25(1996), para.20.
80) 선거권자가 기표하는 모습을 타인이 볼 수 없도록 기표소를 가리거나, 투표지를 보이지 않게 봉투를 제공하는 것, 제3자가 투표과정에 개입할 수 없도록 투표소를 감시하는 등의 조치가 모두 이에 해당한다. Nowak's CCPR Commentary(2019), p.720(para.46).
81) HRC General Comment No.25(1996), para.20; 투표 및 개표 절차에 대한 독립적인 감독, 사법심사 또

적인 감독 하에 이루어져야 하며, 투표 절차 및 개표 결과에 이의가 있을 경우에는 사법심사 및 여타 상응하는 제도를 마련함으로써 선거권자가 투표 및 개표의 보안을 신뢰할 수 있어야 한다.[82] 한편 장애인 및 문맹인의 경우, 이들이 투표를 할 수 있도록 편의를 제공하되 투표 자체는 비밀선거의 원칙에 따라 독립적으로 이루어져야 한다. 전자투표 기술은 신체적 장애를 가진 사람이나 언어능력이 제한된 사람의 비밀투표권을 보다 확실하게 보장하는 방법이 될 수 있다. 그러나 종이투표 방식과 달리 기록이 남지 않게 되므로 전자투표시스템의 해킹 등을 통해 투표 결과를 왜곡·변조할 위험을 어떻게 효과적으로 방지할 수 있을지는 여전히 숙제로 남아 있다.[83]

5. 자유선거

제25조 나호에 규정된 "선거인의 의사의 자유로운 표명을 보장하는 진정한 정기적 선거"는 자유선거의 원칙을 의미한다. 첫째, 선거권자는 투표 시점에 국한되지 않고, 선거가 치러지기 이전부터 정부에 의한 폭력이나 폭력의 위협, 강제, 유인 및 선동으로부터 벗어나 독립적으로 자유로이 의견을 형성할 자유를 가진다.[84] 다시 말해 선거권자는 어떠한 종류의 부당한 영향력이나 강제력 없이 입후보자에게 자유롭게 투표할 수 있어야 하며, 국민투표에 부쳐진 법안 또는 정책에 대하여도 찬성 또는 반대의 의사를 자유롭게 표명할 수 있어야 한다.[85] 이는 정부를 지지하거나 반대할 자유를 포함한다. 둘째, 선거는 일정한 시간 간격을 두고 치러지는 정기적 선거여야 한다. 다만 시간범위를 어떻게 설정할지는 국가의 재량사항이다.[86] 셋째, 진정한 선거여야 한다. 조항에 규정된 "진정한 선거"가 무엇을 의미

는 여타 상응하는 절차의 이용이 가능하여, 선거권자가 투표 및 개표의 보안을 신뢰할 수 있어야 한다.

82) *Katashynskyi v. Ukraine*, Communication No.2250/2013(2018); *Sinitsin v. Belarus*, Communication No.1047/2002(2006); Concluding Observations on Iran, CCPR/C/IRN/CO/3(2011), para.29; Concluding Observations on Jordan, CCPR/C/JOR/CO/4(2010), para.18; *Rodríguez Castaneda v. Mexico* 사건 (2013)에서 통보인은 언론인(기자)으로 대통령선거에서 사용된 모든 투표용지(무효표 포함)에 직접 접근할 자유를 거부한 선거위원회의 결정은 규약 제19조에서 보장하는 언론의 표현의 자유를 침해한 것이라고 주장하였다. 그러나 위원회는 제25조를 근거로 멕시코 국내 법률에 따른 개표심사 절차를 이용하는 것으로 충분하다고 보았다. *Rodríguez Castaneda v. Mexico*, Communication No.2202/2012(2013).

83) S. Birch & B. Watt, Remote Electronic Voting: Free, Fair and Secret?, *The Political Quarterly* Vol.75 (2004), pp.62, 68-69.

84) Nowak's CCPR Commentary(2019), p.711(para.26); HRC General Comment No.25(1996), para.19; Concluding Observations on Democratic Republic of the Congo, CCPR/C/COD/CO/4(2017) paras. 47-48.

85) HRC General Comment No.25(1996), para.19.

86) 일반적인 국가실행을 보면 대다수 국가들이 3-7년 간격으로 선거를 치른다. Joseph & Castan's

하는지 규약 및 일반논평은 구체적으로 다루지 않는다. 다만 제25조 초안성안 과정을 보면 당사국들은 "진정한 선거"란 "선거인의 의사의 자유로운 표명을 보장하는" 선거를 의미한 것으로 이해된다.[87] 이에 더하여 오늘날에는 복수정당제(다원주의)가 확산되면서 자유선거의 원칙에 따라 선거권자가 다양한 입후보자 또는 정당 중에서 자유롭게 선택할 수 있는 선거를 진정한 선거라고 본다.[88] 따라서 당사국은 다양한 정치정당의 활동을 보장해야 하며,[89] 정당 등록을 법률에 의해 과도하게 제한해서는 안 된다.[90]

자유선거의 원칙은 제18조(사상·양심·종교의 자유), 제19조(표현의 자유), 제21조(집회의 자유) 및 제22조(결사의 자유)를 통해 보장되는 정치적 자유와 밀접한 관련을 가진다.[91] 선거권자 및 피선거권자 모두 자유로이 정치적 공적 문제에 관한 정보와 의견을 교환할 수 있어야 하며, 특히 검열 또는 제한 없이 언론을 통해 자유롭게 정치적 의사를 표명할 수 있어야 한다.[92] 언론에 대한 과도한 정보통제는 제19조에 반할 뿐만 아니라 결과적으로 제25조가 보장하는 자유선거의 원칙도 현저히 제한할 수 있다.[93] 또한 당사국은 선거캠페인에 대한 규칙을 제정할 수 있으나 이러한 조치가 표현의 자유를 현저히 제한해서는 안 된다. *Sudalenko v. Belarus* 사건(2015)과 같은 선거캠페인의 과도한 제한조치는 자유선거의 원칙을 침해한다.

야당 정치인인 통보자는 선거캠페인의 일환으로 신문사에 자신의 정치적 견해를 알릴 수 있는 기사를 내 줄 것을 요청하였다. 하지만 벨라루스 선거법에 따라 모든 입후보자가 5분간 무료로 국영라디오방송을 통해 자신의 견해를 알릴 수 있다는 이유로 기사 게재는 거부되었다. 또한 시내 광장에서의 집회 신청도 시정부가 거부하였다. 선거규칙에 따라 유권자와의 만남은 시내 중심부에서 떨어진 특정 장소에서만 가능하다는 이

Commentary(2013), p.750.

87) UN General Assembly, A/5000 (1961), para.64.

88) Nowak's CCPR Commentary(2019), pp.709-710(para.24).

89) 위원회는 경쟁정당의 부재 및 새로운 정당창설을 위한 국내 입법을 예상할 수 없는 한 북한의 정치체제와 선거제도는 참정권을 침해한 것이라고 지적하였다. Concluding Observations on DPRK, CCPR/CO/72/PRK(2001), para.25; Concluding Observations on Kuwait, CCPR/C/KWT/CO/2(2011), para.29.

90) Concluding Observations on Uzbekistan, CCPR/CO/83/UZB(2005), para.21. & CCPR/C/UZB/CO/3 (2010), para.25.

91) HRC General Comment No.25(1996), para.25. 개인적으로 또는 정당과 여타 단체를 통해 정치활동에 참여할 자유, 공적 문제에 대해 토론할 자유, 평화로운 시위 및 집회를 개최할 자유, 비판하고 반대할 자유, 정치적 문건을 출판할 자유, 선거운동을 할 자유 및 정치적 견해을 선전할 자유를 포함한다.

92) Nowak's CCPR Commentary(2019), p.712(para.28).

93) Concluding Observations on Armenia, CCPR/C/79/Add. 100(1998), para. 21.

유에서였다. 위원회는 이러한 정부의 조치가 표현의 자유, 집회 및 결사의 자유와 같은 정치적 권리를 과도하게 제한함으로써 결국 제25조를 위반하였다고 보았다.[94]

Kim Jong-Cheol v. Republic of Korea 사건(2005)에서는 선거일을 앞두고 일정 기간동안 선거에 관한 여론조사결과의 공표를 금지하는 것이 제19조(표현의 자유) 및 제25조(자유선거의 원칙)에 반하는지 문제가 되었다. 위원회는 금지기간이 상당하지 않는 이상 선거의 공정성을 확보하기 위한 합리적 제한 조치라고 판단하였다.[95] 그러나 이 사건에서 위원회 위원 총18인 중 7인이 반대의견을 표명하였다. 자유선거가 자유로운 의견교환을 필요불가결한 요건으로 하고, 여론조사결과 공표는 전반적인 선거권자의 의견을 알 수 있는 유일한 수단이라는 이유에서였다. 따라서 상당한 기간동안 공표를 금지하는 것은 선거의 공정이라는 목적을 달성하기 위한 합리적 제한이 될 수 없다고 보았다.

V. 공무담임권

제25조 다호는 공무담임권을 규정한다. 특권집단이 공직을 독점하지 못하도록 하는데 그 목적이 있지만, 최소 연령, 교육수준, 도덕성 기타 자격조건과 같은 공직취임 요건의 설정을 배제하진 않는다.[96] 따라서 앞서 살펴본 바와 같이 민주주의 원리가 반영된 제25조 나호의 경우 피선거권자의 권리를 과도하게 제한할 수 없지만, 제25조 다호가 보장하는 공무담임권의 경우 상대적으로 보다 높은 수준의 제한이 가능하다고 해석된다.[97] 즉 선출직 공무원에 비해 임명직 공무원은 보다 엄격한 요건이 설정될 수 있다.

"공직"(public service)는 통상 입법, 행정, 사법을 포함한 모든 국가영역에서의 직위를 의미한다.[98] 따라서 국립대학교 강사,[99] 법원 판사[100]는 제25조 다호에 의해 보호받는 대상에 해당한다. 그러나 국제기구에서의 직위는 포함되지 않는다.[101]

---

94) *Sudalenko v. Belarus*, Communication No.1992/2010(2015), para.8.6.
95) *Kim Jong-Cheol v. Republic of Korea*, Communication No.968/2001(2005), para.8.3.
96) Nowak's CCPR Commentary(2019), pp.724-725(para.56); UN General Assembly, A/5000 (1961), para.96.
97) 상게주, p.725(para.56).
98) Nowak's CCPR Commentary(2019), p.726(para.59).
99) *Aduayom et al. v. Togo*, Communications Nos.422/1990, 423/1990 and 424/1990(1996).
100) *Mikhail Ivanovich Pastukhov v. Belarus*, Communication No.814/1998(2003).
101) *H. v.d. P. v. the Netherlands* 사건에서 위원회는 유럽특허청(European Patent Office)의 임명정책은 제25조 다호의 범주에 해당하지 않는다며 각하하였다. *H. v. d. P. v. the Netherlands*, Communication

"일반적인 평등 조건하에" 공무담임권을 보장하기 위해서는 임명, 승진, 정직 및 해고의 기준과 절차가 투명하고 객관적이어야 한다.[102] 공석이 된 공직에 관한 정보공개부터 객관적 기준에 따른 선발과정 시행까지 모두 포함한다. 해고 시에도 법률에 의해 합리적 기준에 따라 적법한 절차에 의해 이루어져야 하며,[103] 효과적인 사법절차를 통해 정직 및 해고를 다툴 수 있는 권리도 인정된다.[104]

또한 기회균등 및 실력주의 원칙에 따라 안정된 임기를 보장받아야 하며, 동시에 정치적 간섭이나 영향력으로부터 자유로울 수 있어야 한다.[105] 이는 특정 공직을 유지하기 위한 법적 권리를 보장해 주어야 한다는 의미는 아니며,[106] 누구나 어떠한 차별이나 불합리한 제한 없이 공직에 취임할 공정한 기회를 보장받을 수 있음을 뜻한다.[107] 예를 들어 위원회는 중앙 및 지방정부 내 모든 공직에 취임하는 조건으로 과거 정권시절 행적에 대한 양심선언을 서면으로 제출하도록 요구하고 이를 거부할 시 자동으로 공직에서 배제토록 하였다면 이러한 조치는 차별없이 공직에 접근할 기회를 비합리적으로 제한한 것이라고 판단하였다.[108]

공직에 대한 접근의 평등을 보장하기 위해 필요한 경우 당사국은 적극적 조치를 취할 수 있다.[109] 따라서 여성, 흑인, 소수민족과 같이 전통적으로 불이익을 받아왔던 사회적 약자층이나 오랜 기간 탄압받았던 정당을 위한 당사국의 적극적 우대조치는 합리적이고 일시적으로 취해지는 한 제2조에서 금지하는 차별에 해당하지 않는다.[110] 예를 들어 *Stella Costa v. Uruguay* 사건(1987)에서 위원회는 우루과이 정부의 적극적인 조치가 동 규약상 차별금지 원칙에 반하지 않는다고 보았다.

No.217/1986(1987), Supp. No.40(A/42/40) p.185.
102) HRC General Comment No.25(1996), para.23.
103) *Abdoulaye Mazou v. Cameroon*, Communication No. 630/1995(2001). 카메룬의 치안판사였던 통보인은 쿠데타 시도에 가담하였다는 혐의를 받고 도피 중이었던 남동생을 숨겨 주었다는 이유로 5년의 징역형을 선고받았다. 그리고 구금 중 대통령령에 의해 공식적으로 공직을 상실하였다. 이후 사면법 제정을 계기로 통보인은 대통령, 법무부장관, 대법원을 상대로 퇴직 무효화와 공직 복귀를 요구하였지만 아무런 구제를 받지 못했다. 다시 10년이 지나서야 대법원은 통보인을 해고한 대통령령을 무효화하였고, 통보인은 복직할 수 있었다. 위원회는 카메룬 대법원의 복직 판결은 통보인이 해고당한 이후 무려 10년이나 지난 시점에서 이루어진 부당하게 지연된 결정인데다, 복직될 자격이 있는 직위를 회복시켜 주지 않았으므로 제25조가 보장하는 공무담임권을 침해하였다고 보았다.
104) Nowak's CCPR Commentary(2019), pp.727-728(para.61).
105) HRC General Comment No.25(1996), para.23.
106) Joseph & Castan's Commentary(2013), p.753.
107) *Wieslaw Kall v. Poland*, Communication No. 552/1993(1997), para.13.2.
108) Concluding Observations on Estonia, CCPR/C/79/Add.59(1996), para.14.
109) HRC General Comment No.25(1996), para.23.
110) Nowak's CCPR Commentary(2019), p.726(para.60).

통보인은 우루과이의 공직에 취임하기 위해 다수의 정부기관에 이력서를 제출하며 노력해 왔지만 성과는 없었다. 그러던 중 과거 기관법 7호(1977)에 의해 해고된 공무원이 주로 공직에 임명되고 있다는 사실을 알게 되었다. 1987년 통과된 법령을 통해 이들이 재고용될 수 있도록 권리가 부여되었기 때문이다. 통보인은 이러한 법령이 본인을 포함한 일반 시민에 비해 특정 집단에 보다 많은 권리를 부여하는 차별적 조치로 제25조에 위반된다고 주장하였다. 위원회는 다수의 공무원을 해고한 조치는 우루과이 군사정부 시절에 이루어진 반면, 새로이 수립된 민주정부에 의해 통과된 재고용을 용이하게 한 법령은 과거 잘못된 정부정책에 대한 시정조치로 이해해야 한다고 보았다. 따라서 군사정부 시절 정치적 이유로 해고당한 공무원들이야말로 제25조 위반의 피해자로서 구제조치를 받을 권리가 있다고 판단하였다.[111]

한편 제25조 다호가 보장하는 공무담임권은 평등한 조건하에 공직에 취임할 기회를 가질 권리뿐만 아니라 이를 유지할 권리도 포함한다.[112] 지속적인 괴롭힘과 위협이 있어 왔음에도 정부의 보호조치가 부재하여 결국 공직 유지가 불가능해졌다면 당사국은 제25조 다호를 위반한 것이 된다.[113]

VI. 한국의 실행

국민주권의 원리와 선거를 통한 국민의 참여를 위하여 헌법 제24조는 "모든 국민은 법률이 정하는 바에 의하여 선거권을" 보장하고 있다. 여기서 선거권이란 규약 제25조에서 규

---

111) *R. D. Stalla Costa v. Uruguay*, Communication No.198/1985(1987).

112) 예를 들어 독일의 제4차 국가보고서에 대한 최종견해에서 위원회는 과거 동독 출신 공무원의 임기보장 및 해고 여부를 판단할 기준이 모호하여 예전에 표명한 정치적 견해를 이유로 공직에서 해고될 가능성이 크다면서, 보다 명확한 기준을 제시할 것을 권고하였다. Concluding Observations on Germany, CCPR/C/79/Add. 73 (1996), para. 17.

113) *William Eduardo Delgado Páez v. Colombia*, Communication No.195/1985(1990), para.5.9. 통보인은 고등학교 종교교사로 임명되었으나 카톨릭학교에서 해방신학을 가르친다는 이유로 관할구역내 지목 구장으로부터 지속적인 비난을 당하였다. 결국 더 이상 신학을 가르치지 못하고 된 통보인은 교사직을 유지하기 위해 부득이 전혀 전문지식이 없는 수공예 과목을 가르칠 수밖에 없었다. 그러나 이후에도 살해 협박 전화가 오는 등 괴롭힘은 계속되었다. 동료 교사가 관사 근처에서 피살 되면서 생명에 위협을 느낀 그는 형사법원에 소를 제기하였지만 적절한 보호를 받지는 못하였고, 마침내 통보인은 교사직을 사임하고 자국을 떠나 프랑스에 정치적 망명을 하게 되었다. 위원회는 통보인에게 보호조치를 취하지 않은 콜롬비아 정부는 제25조 다호가 보장하는 공무담임권에 근거한 통보인의 권리를 침해한 것이라 판단하였다.

정한 바와 같이 국민이 보통·평등·직접·비밀선거에 의하여 공무원을 선출하는 권리를 말한다.[114] "법률에 정하는 바에 의하여" 선거권을 가진다는 규정은 법률유보의 형식을 취하고 있지만 이것은 선거권을 제한하기 위한 것이라기보다 이를 실현하고 보장하기 위한 것이다.[115] 이러한 해석은 위원회의 입장과도 부합한다.[116] 따라서 선거권을 제한하는 입법은 헌법 제37조 제2항에 따라 필요하고 불가피한 예외적인 경우에만 그 제한이 정당화될 수 있다.

일반논평 제25호는 당사국이 국가보고서를 통해 기술해야 할 선거권과 피선거권에 관한 내용을 밝히고 있는데,[117] 우리나라의 경우 주로 공직선거법에 규정되어 있다. 예를 들어 공직선거법 제15조 제2항에 따라 선거권은 만18세 이상의 주민등록이 되어 있는 대한민국 국민, 재외국민[118]으로서 3개월 이상 주민등록표에 올라있고 주민등록이 되어 있는 경우 그리고 영주의 체류자격 취득일 후 3년이 경과한 외국인으로서 외국인등록대장에 올라 있는 사람에게 있다. 피선거권의 경우 공직선거법 제16조 제2항과 제3항에서 각각 국회의원 및 지방의회 의원과 지방자치단체장의 피선거권 연령을 만25세 이상으로 규정하고 있었으나[119] 2021년 12월 만18세로 낮추는 내용의 개정안이 국회를 통과하였다. 개정조항은 2022년 3월 국회의원 재·보궐 선거부터 곧바로 적용되었다.[120]

대한민국 국가보고서 심의는 지금까지 총 5차례에 걸쳐 이루어 졌다. 위원회는 제25조 참정권을 직접적으로 다룬 최종견해를 채택하지 않았다. 다만 2019년 7월 위원회가 채택한 대한민국 제5차 국가보고서 제출 전 쟁점목록에서는 교원노조의 정치적 활동을 금지하는 것이 어떻게 제25조에 부합하는 합리적 제한인지, 1년 이상의 징역형을 받은 자의 선거권을 박탈하는 공직선거법 제18조 제1항 제2호 및 피치료감호자의 선거권을 정지하는 치료감

---

114) 헌법재판소 2016. 3. 31. 2015헌마1056 결정 참조.
115) 헌법재판소 2018. 1. 25. 2015헌마821 결정 참조.
116) HRC General Comment No.25(1996), paras.10-11.
117) 상계주, paras.3, 12-14, 18, 22, 24.
118) 재외국민은 재외동포의 출입국과 법적 지위에 관한 법률 제2조 제1호에 따른 국민으로서 해외이주법 제12조에 따른 영주귀국의 신고를 하지 아니한 사람 중 주민등록이 말소된 사람이 귀국 후 재등록 신고를 하거나, 주민등록이 없던 사람이 귀국 후 최초로 주민등록 신고를 한 경우에 해당한다. 주민등록법 제6조 제3호 참조.
119) 헌법재판소는 기존 공직선거법 조항이 만25세 미만인 국민의 공무담임권을 침해하지 않는다고 여러 차례 결정한 바 있다. 헌법재판소 2016. 12. 29. 2016헌마227 결정; 헌법재판소 2017. 10. 26. 2016헌마623 결정; 헌법재판소 2018. 6. 28. 2017헌마1362 결정 참조.
120) 그러나 여전히 대통령의 피선거권은 공직선거법 제16조 제1항에 따라 현재 5년 이상 국내에 거주하고 있는 40세 이상의 국민에게만 주어진다.

호 등에 관한 법률 제47조 제2항이 규약 제25조에 합치되도록 하기 위한 조치에 대한 질의가 있었다.121)

한국 정부를 상대로 제기된 개인통보사건 중에서는 유일하게 *Kim Jong-Cheol v. Republic of Korea* 사건(2005)이 제25조를 다루고 있다.122) 다만 위원회는 통보인의 제25조에 근거한 주장은 그 근거가 충분치 않다고 보아 심리적격성을 인정하지 않았고, 제19조(표현의 자유) 제3항에 따른 정당한 제한인지 여부만 검토하였다.123) 위원회는 금지기간이 상당하지 않는 이상 여론조사결과 공표금지는 선거의 공정성을 확보하기 위한 합리적 제한조치로 규약에 반하지 않는다고 판단하였다. 헌법재판소의 일관된 입장이기도 하다.124) 그러나 7인의 위원은 선거여론조사가 선거권 행사에 있어 가장 중요한 정보라고 할 수 있기 때문에 통보인에게 취해진 조사결과 공표제한 기간은 필요최소한의 범위를 넘는 과잉 규제라며 반대의견을 표명하였다. 현재 공직선거법은 선거여론조사심의위원회 설치와 함께 공정성 확보를 위해 조사기관 등록제, 여론조사신고제, 여론조사 기준 마련 등 선거여론조사 단계별로 세밀하고 엄격한 규제 법령을 구비하고 있다.125) 따라서 현행 개정 법률에 따라 선거여론조사의 결과 유통을 선거일 전 6일부터 선거일 투표마감까지 금지하는 것도 불합리한 제한이 될 수 있다. 선거여론조사결과 공표금지기간은 향후 축소되는 방향으로 개정하는 것이 타당하다.

이하에서는 규약 제25조와 연계하여 고려해 볼 수 있는 한국의 실행을 주요 사안을 중심으로 간략하게 살펴본다.

1. 기탁금제도에 의한 피선거권 제한

헌법재판소는 공직선거법상 기탁금제도 그 자체에 위헌성이 있는 것은 아니라고 보았다.126) 그러나 "기탁금의 액수가 너무 고액이어서 재산을 가지지 못한 국민의 후보등록을

---

121) 대한민국 정부가 약식보고절차에 동의함에 따라 2020년 9월 제출한 쟁점목록에 대한 답변서로 제5차 국가보고서를 갈음하였다.

122) *Kim Jong-Cheol v. Republic of Korea*, Communication No.968/2001(2005).

123) 상게서, para.7.3.

124) 선거여론조사 결과공표금지기간을 규정한 공직선거및부정선거방지법 제108조 대해 재판소는 언론 출판의 자유 및 알권리를 제한한다고 하면서도 여론조사 조작이나 왜곡 및 결과 공표에 의한 부정적 영향에 따른 선거 공정성 훼손 우려(이른바 밴드왜건 효과나 반대로 열세자 효과) 속에서 합헌 결정을 내려 입법부의 재량을 존중하는 태도를 보여왔다. 헌법재판소 1995. 7. 21. 92헌마1877 결정; 헌법재판소 1998. 5. 28. 97헌마362 결정; 헌법재판소 1999. 1. 28. 98헌바64 결정 참조.

125) 공직선거법 제8조의8 및 제8조의9 등 참조.

126) 헌법재판소 1989. 9. 8. 88헌가6 결정.

현저히 제한하여 결과적으로 국민의 참정권을 침해하는 정도"에 이를 시에는 위헌 문제가 제기될 수 있다고 보았다. 이러한 경우는 동시에 규약 제25조 위반 여부도 문제가 될 수 있다. 일반논평 제25호는 기탁금을 피선거권의 행사 조건으로 부과할 경우 그 조건이 합리적이며 비차별적이어야 한다고 규정하고 있기 때문이다.[127]

2. 수형자의 참정권 제한

2014년 헌법재판소는 형의 집행유예기간인 자에 대한 선거권 박탈에 대하여 위헌결정을, 수형자의 선거권 박탈에 대하여는 헌법 불합치결정을 내렸다.[128] 결정문에서 재판소는 수형자의 선거권을 획일적, 무차별적으로 제한한 것은 유럽인권조약 제1의정서 제3조 위반이라고 선언한 유럽인권재판소 판결 및 선거권을 제한하는 국내법 조항에 대해 위헌을 선언한 외국 대법원의 판결을 언급하였다. 직접적인 법적 구속력을 갖지 않는 국제인권조약 및 재판소의 판례 등을 참조하여 선거권에 대한 구체적인 해석이 어떻게 되는지 살펴보았다는 점은 유의미하다.[129] 해당 결정에 따라 징역형 등의 선고를 받고 집행유예기간인 자는 위헌결정과 동시에 선거권을 회복하게 되었으며, 수형자의 선거권 회복에 대하여는 2년 정도의 개정시한을 두고 국회에 입법개선의무를 부과하였다. 2015년 개정된 공직선거법 제18조 제1항 제2호는 "1년 이상 징역의 형의 선고를 받고 그 집행이 종료되지 아니한 사람"에 대해 선거권을 제한하고 있다.

그러나 여전히 수형자의 선거권은 일반적이며 자동적으로 박탈되고 있어 규약 제25조에 반한다고 볼 여지가 높다.[130] 일련의 개인통보사건에서 위원회는 선거권 정지기간은 범죄와 형량에 비례해야 한다는 입장을 견지하며 수형자의 선거권 제한 조치에 엄격한 비례원칙를 적용해 왔기 때문이다.[131] 즉 보통선거 및 평등선거의 원칙이 국민주권원리에 입각한

---

127) HRC General Comment No.25(1996), paras.16-17.
128) 헌법재판소 2014. 1. 28. 2012헌마409 결정.
129) 원유민, "헌법재판소 위헌결정과 국제인권법", 국제법학회논총 제65권 제2호 (2020), pp.142-143.
130) 그러나 헌법재판소는 "법원의 양형관행을 고려할 때 1년 이상의 징역형을 선고받은 사람은 공동체에 상당한 위해를 가하였다는 점이 재판과정에서 인정된 자"라는 점을 고려할 때, "선거권 제한 기간은 각 수형자의 형의 집행이 종료될 때까지이므로 형사책임의 경중과 선거권 제한기간은 비례"하다고 보았다. 따라서 "과실범, 고의범 등 범죄의 종류를 불문하고, 침해된 법익의 내용을 불문하며, 형 집행 중에 이뤄지는 재량적 행정처분인 가석방 여부를 고려하지 않고 선거권을 제한"한다고 하여 불필요한 조치가 아니며 과잉금지원칙을 위반하여 청구인의 선거권을 침해하지 않는다고 결정하였다. 이에 반해 "수형자에 대한 형벌 이외의 기본권 제한은 수형자의 정상적 사회복귀라는 목적에 부응하는 것일 때 정당화"될 수 있기 때문에 수형자라는 이유로 선거권을 제한하는 것은 헌법에 위반한다는 반대의견이 있었다. 헌법재판소 2017. 5. 25. 2016헌마292·568(병합) 결정.

민주국가를 실현하기 위한 필수적 요건이라면 선거권을 최대한 보장하는 방향으로 개정이 필요하며, 선거권을 제한하는 법률의 합헌성 여부를 판단하는 경우에는 엄격한 심사가 요구된다.[132]

3. 재외국민의 참정권 보장

규약 제25조는 제2조 제1항이 규정하는 바와 같이 자국의 영토 내에 있으며 그 관할권 하에 있는 국민들에게만 적용된다고 보는 것이 일반적인 해석이다. 따라서 규약에 따르면 당사국 영토 내에 거주하지 않은 재외국민 모두에게 투표권이 있다고 보기 어렵다.[133] 이러한 일반적 규약 해석과 달리 재외국민의 선거권 부여 여부에 대한 문제는 헌법재판소에서 지속적으로 다루어 왔다. 예를 들어 2014년 주민등록이 되어 있거나 재외동포의 출입국과 법적 지위에 관한 법률 제6조에 따라 국내거소신고를 한 재외국민만 국민투표에 참여할 수 있도록 한 국민투표법 제14조 제1항에 대해 헌법불합치 결정이 내려졌다.[134] "국민투표는 선거와 달리 국민이 직접 국가의정치에 참여하는 절차이므로 국민투표권은 대한민국 국민의 자격이 있는 사람에게 반드시 인정되어야 하는 권리"이기 때문에 "국민의 본질적 지위에서 도출되는 국민투표권을 추상적 위험 내지 선거기술상의 이유로 배제하는" 해당 조항은 헌법이 보장하는 재외국민[135]의 참정권을 침해한다고 본 것이다.[136]

---

131) *Yevdokimov et al. v. Russia*, Communication No. 1410/2005(2011); *Gorji-Dinka v. Cameroon*, Communication No. 1134/2002(2005), para.5.6.; *Jorge Landinelli Silva v. Uruguay*, Communication No. R.8/34(1981), Supp. No.40 (A/36/40) p.130; *Alba Pietraroia Alba Pietraroia v. Uruguay*, Communication No. 44/1979(1984), p.76; Concluding observations on United Kingdom of Great Britain and Northern Ireland, CCPR/C/GBR/CO/6(2008) para.28 & CCPR/C/GBR/CO/7(2015) para. 25.

132) 공직선거법 제18조 제1항 제3호 중 "선거범으로서 100만 원 이상의 벌금형의 선고를 받고 그 형이 확정된 후 5년을 경과하지 아니한 자 또는 형의 집행유예의 선고를 받고 그 형이 확정된 후 10년을 경과하지 아니한 자'에 관한 부분이 헌법 제24조가 보장하는 선거권을 침해하는지 여부를 다룬 2018년 사건에서 헌법재판소는 "선거범으로부터 부정선거의 소지를 차단하여 공정한 선거가 이루어지도록 하기 위해 선거권을 제한하는 것이 효과적인 방법"이고, 선거권의 제한기간도 "공직선거마다 벌금형의 경우 1회 정도, 징역형의 집행유예의 경우에도 2∼3회 정도 제한하는 것"에 불과하다는 점 등을 언급하며 청구인의 선거권을 침해한다고 볼 수 없다고 결정하였다. 헌법재판소 2018. 1. 25. 2015헌마821 결정.

133) 참고로 다자조약 중 재외국민 참정권에 관한 조항을 가진 것은 이주노동자권리협약이 유일하다. 이주노동자협약 제41조 제1항은 "이주노동자와 그 가족은 출신국의 법률에 따라 자국의 공무에 참여할 권리를 가지며, 그 나라의 선거시 선거권과 피선거권을 가진다"고 규정한다.

134) 헌법재판소 2014. 7. 24. 2009헌마256 결정; 2010헌마394(병합) 결정.

135) 2021년 외교부가 공개한 재외동포현황을 보면 전체 재외동포 중 재외국민은 약 250만명, 외국국적동포는 약 480만명이다. 외교부, 2021 재외동포현황(2021) 참조.

4. 교원의 참정권 제한

교원은 학생을 지도하는 자로서 그 직무수행에 있어 자주성, 중립성, 공공성 등이 요구되므로 헌법과 국내관련 법률은 공히 교육 및 교원의 정치적 중립성을 규정하고 있다.[137] 헌법재판소는 2004년 초·중등교원의 정당가입이나 선거운동을 금지한 정당법 및 선거법에 대해 국민의 교육기본권 보장이라는 공익상의 이유로 교원의 정치적 자유 제한은 헌법상 정당화된다고 재판관 전원일치로 합헌결정을 하였다.[138] 2020년에도 같은 취지에서 국가공무원법과 정당법상의 교원의 정당가입제한은 합헌으로 결정하였다.[139] 또한 교원노조의 정치활동을 금지한 교원의 노동조합설립및운영등에관한법률 제3조에 대해 헌법재판소는 교육의 정치적 중립성, 학생의 학습권 등을 감안하여 합헌으로 결정하였다.[140]

그러나 위원회는 교원의 정치활동을 전면적으로 금지하는데 반대하고 교원의 정치적 표현의 자유는 최소한 보장해야 한다는 입장을 취하고 있다.[141] 앞서 살펴본 바와 같이 참정권을 향유함에 있어 국민들 간에 차별을 두지 말아야 하며, 특정 공직 재직자의 경우 제한조치가 허용될 수 있지만 이 경우에도 과도하게 제한하지 말아야 한다는 점을 개인통보사건, 국가보고서심의 및 일반논평을 통해 밝혀왔기 때문이다. 2019년 채택한 보고전 쟁점목록을 보면 위원회는 교원노조의 정치적 활동을 금지한 것이 규약 제25조에 어떻게 부합하는지 질의하는데, 한국 정부는 "교원의 정치적 편향성은 학생의 교육권에 영향을 미칠 우려가 있고, 집단적인 정치적 견해 표명은 그 파급효과가 크기 때문에 교원노조의 정치활동이

---

136) 한편 헌법재판소는 2015년 12월31일까지 개선입법을 요청하였지만 판결 이후 현재까지 국회가 개정절차를 이행하지 않아 해당 조항은 효력상실 상태에 있다. 이 조항이 효력이 없어진다고 하여 국민투표 자체가 불가능해졌는지에 대해서는 다양한 견해가 있지만, 문제가 된 조항을 개정하기 전에는 투표인 명부를 작성할 수 없는 만큼 국민투표를 하기 어렵다는 견해가 많다.

137) 헌법 제31조 제4항은 "교육의 자주성·전문성·정치적 중립성 및 대학의 자율성은 법률이 정하는 바에 의하여 보장된다"고 규정한다. 정당법 제22조, 공직선거법 제60조 및 국가공무원법 제65조 등은 교수를 제외한 교원은 정당 당원이나 발기인 자격에서 제외하며, 동시에 정치단체 결정에 관여하거나 가입할 수 없다고 규정한다.

138) 헌법재판소 2004. 3. 25. 2001헌마710 결정.

139) 헌법재판소 2020. 4. 23. 2018헌마551 결정. 단 정당외 정치단체의 결성과 가입제한은 위헌으로 보았는데 정당외의 정치단체에 대해서는 가입이나 결성금지는 명확하지 않은 제한이 될 수 있다는 이유에서였다.

140) 헌법재판소 2014. 8. 28. 2011헌바32, 2011헌가18, 2012헌바185(병합) 결정.

141) Concluding Observations on Republic of Korea, CCPR/C/79/Add.114(1999), para.19; Concluding Observations on Republic of Korea, CCPR/C/KOR/CO/4(2015), paras.54-55. 다만 이러한 논의는 주로 규약 제22조(결사의 자유)와 관련하여 다루어져 왔다.

허용되면 교육의 중립성이 침해될 가능성이 높다"고 답변하였다. 유엔사회권규약위원회도 2001년 대한민국의 제2차 국가보고서에 대한 최종견해에서 "교원 및 공무원들의 노동조합을 결성하고 참여할 권리, 단체교섭권, 파업권이 법과 실제 모두에서 보장되어야 한다"고 권고하였다.142) 국제노동기구 역시 2015년과 2016년 두 차례에 걸쳐 초·중등 교원이 정치적 견해를 이유로 차별받지 않도록 권고하였으나 정부는 모두 받아들이지 않았다. 그러나 2021년 교원노조법이 개정되었고, 같은 해 2월에는 국제노동기구 결사의 자유에 관한 핵심협약 제87호 및 제98호 비준동의안이 국회를 통과하여 2022년 4월 발효되었다. 이에 교원노조의 정치활동에 관한 기존 국내법리와 판례도 향후 국제기준에 부합하는 방향으로 변경될 수 있길 기대한다.

5. 정주외국인의 지방참정권

외국인은 국민이 아닌 자, 즉 외국국적자와 무국적자 그리고 이중국적자를 포함하는 개념으로 이해된다.143) 인간의 존엄과 가치 및 행복추구권 등과 같이 인간의 권리로 볼 수 있는 기본권에 대해서는 외국인도 기본권 주체가 될 수 있다.144) 그러나 헌법재판소는 원칙적으로 국민의 권리인 선거권 및 피선거권 그리고 국민투표권 등은 외국인이 누릴 수 없거나 제한적으로만 향유할 수 있다고 본다.145)

위원회도 제25조 참정권의 권리주체로 외국인을 포함시킬지 여부는 당사국의 재량사항으로 본다.146) 그러나 일단 외국인에게 참정권을 부여하기로 했다면, 그 요건을 과중하게 설정하여 차별적으로 부여해서는 안 된다고 밝힌 바 있다.

우리나라의 경우 2005년 공직선거법 개정을 통해 영주권을 취득한 후 3년이 지난 외국인에게 지방선거에 참여할 수 있는 투표권을 부여하고 있다.147) 선거권을 가진 외국인은 지방선거 운동도 할 수 있다.148) 다만 어떠한 경우에도 외국인의 피선거권은 인정되진 않는다.149) 통상 참정권은 선거권과 피선거권 모두를 의미하는데 반해, 우리나라의 경우 정주

---

142) Concluding Observations on Republic of Korea, E/C.12/1/Add.59(2001), paras.19, 39.
143) 헌법재판소 2000. 8. 31. 97헌가12 결정.
144) 헌법재판소 2011. 9. 29. 2007헌마1083, 2009헌마230,352(병합) 결정. 헌법재판소는 직장선택의 자유는 단순히 국민의 권리가 아닌 인간의 권리로 보아야 할 것이므로 외국인도 향유할 수 있다고 보았다.
145) 헌법재판소 2000. 8. 31. 97헌가12 결정.
146) Nowak's CCPR Commentary(2019), p.704(para.11).
147) 공직선거법 제15조 제2항 제3호 참조.
148) 공직선거법 제60조 제1항 제1호 참조.
149) 공직선거법 제16조 제3항, 제4항 참조. 제3항은 국민에게만 지방선거에서의 피선거권을 인정하고 있으며, 제4항도 주민등록을 명시적으로 요구하고 있다. 따라서 별도로 외국인등록대장에 등록되어야 하는

외국인에게 지방선거의 선거권만 인정하고 있다. 만약 선거권과 피선거권을 달리 취급해야할 합리적인 근거가 없다면, 법률에 의해 외국인의 지방선거 피선거권만을 배제하는 것은 차별조치로 제25조에 반할 수 있다.[150] 정주외국인의 지방정치에의 참여가 명목상의 것이 아닌 사회통합이라는 관점에서 보다 유의미한 것이 될 수 있으려면 피선거권도 제한해서는 안 될 것이다.

6. 장애인의 참정권 보장

사회적 배제의 위험에 노출된 장애인의 선거권을 보장한다는 것은 비장애인과 마찬가지로 개인의 기본권 보장이라는 측면에서 뿐만 아니라 장애인의 사회참여의 기회를 확대시킨다는 점에서 중요하다. 위원회도 장애인의 투표절차에의 접근 보장을 지원하고 이러한 보장 조치가 충분히 고지되어야 함을 강조한다.[151] 장애인 참정권에 대한 주된 쟁점으로는 투표소로의 이동 및 진입의 문제,[152] 투표소 안에서의 기표행위와 관련된 편의제공 문제, 투표권 행사의 전제가 되는 선거정보에 관한 접근성 문제,[153] 선거운동에 있어서의 형평성 문제[154] 등이 있어 왔다.[155]

그런데 이러한 문제들은 주로 신체적 장애인에 초점을 맞추고 논의되어 왔고, 정신적 장애인의 참정권은 여전히 관심의 사각지대에 놓여 있다.[156] 더욱이 2011년 민법 개정으로 성년후견제가 도입되면서 금치산자·한정치산자라는 용어가 삭제된 반면 공직선거법 제18조 제1항은 여전히 금치산자의 선거권을 배제하도록 규정하고 있다. 해당 조항의 개정이 필요한 부분이다. 다만 피성년후견인으로 대체되기 보다는 해당 조항을 삭제하는 것이 바람직 하다. 모든 국민이 일정 연령에 도달하면 사회적 신분, 재산, 인종, 성별, 교육 등에 관계없이 선거권을 갖는다는 보통선거의 원칙은 헌법 및 규약 제25조에 따라 보장되어야 하

정주외국인은 국민에 해당하지도 않고, 주민등록의 대상도 아니라는 점에서 지방선거에서의 피선거권을 보장받지 못한다.

150) 피선거권이 국가의사 형성에 참여하는 공무에 관계되는 일이기 때문에 부정된다는 견해도 있지만 국가공무원법 제26조의3은 외국인을 공무원으로 임용할 수 있도록 규정하고 있다. 더욱이 당선 이후 지방의회의원 혹은 지방자치단체장으로서의 수행활동은 관련법률에 따른 합리적, 합목적적 통제가 가능하다. 오동석, "한국에서 외국인 참정권 문제의 헌법적 검토", 공익과 인권 제2권 제1호(2005), pp.64-65.

151) HRC General Comment No.25(1996), para.20.

152) 대법원 2002. 5. 31. 선고 2002다4375 판결.

153) 헌법재판소 2009. 5. 28. 2006헌마285 결정; 헌법재판소 2014. 5. 29. 2012헌마913 결정; 헌법재판소 2016. 12. 29. 2016헌마548 결정.

154) 헌법재판소 2009. 2. 26. 2006헌마626 결정.

155) 윤수정, "장애인의 참정권 보장", 공법연구 제47집 제1호(2018), pp.203-204.

156) 상게주.

기 때문이다.157)

　앞서 살펴본 바와 같이 위원회도 모든 선거권자가 현실에서 선거권을 행사할 수 있도록 배려해야 할 적극적 의무를 국가가 부담해야 한다고 보았다.158) 정신적 장애인과 같이 정치적 판단능력이 부족한 사람의 선거권을 제한하는 것은 정당한 조치가 될 수 있지만, 현 제도와 같이 모든 정신적 장애인에게 무조건적인 제한은 규약 제25조에 반한다. 정신적 장애인에게도 선거권이 있다는 인식 하에 잔존능력을 충분히 활용해 의사결정을 하고 투표에 참여할 수 있도록 실질적인 지원을 도모하는 법정책을 모색해야 한다.

【다른 인권조약상의 관련 조항】

세계인권선언 제21조

1. 모든 사람은 직접 또는 자유롭게 선출된 대표를 통하여 자국의 통치에 참여할 권리를 가진다.
2. 모든 사람은 자국의 공무에 취임할 동등한 권리를 가진다.
3. 국민의 의사는 정부의 권위의 기초가 된다. 이 의사는 보통 및 평등 선거권에 의거하며, 또한 비밀투표 또는 이와 동등한 자유로운 투표 절차에 따라 실시되는 정기적이고 진정한 선거를 통하여 표현된다.

인권 및 기본적 자유의 보호에 관한 유럽인권협약 제1추가의정서 제3조

체약국들은 입법부의 선출에 있어서 국민의 자유로운 의사 표시를 확보할 수 있는 조건하에 합리적인 간격을 두고 비밀투표에 의한 자유선거를 실시할 것을 약속한다.

미주인권협약 제23조

1. 모든 시민은 다음과 같은 권리와 기회를 향유한다:

---

157) 공직선거법 역시 제6조, 제38조, 제70조, 제72조, 제82조의2, 제147조 제11항, 제151조, 제157조 등에서 선거권자 그중에서도 장애인의 선거권을 행사할 수 있도록 필요한 조치를 취하여야 할 국가의 의무를 규정하고 있다.
158) HRC General Comment No.25(1996), paras.11-12.

a) 직접 또는 자유로이 선출된 대표를 통하여 공적 업무수행에 참여하는 것;

b) 진정으로 정기적인 선거에서 투표하고 선출되는 것. 선거는 보통 및 평등선거에 의하여, 그리고 유권자의 의사의 자유로운 표현이 보장되는 비밀투표에 의하여야 한다;

c) 일반적으로 평등한 조건하에서 자국의 공무에 취임하는 것.

2. 법률은 연령, 국적, 거주, 언어, 교육, 민사적 및 정신적 능력 또는 형사소송에서 권한 있는 법원에 의한 선고를 근거로 하여서만 위 조항에서 언급된 권리와 기회의 행사를 규제할 수 있다.

인간과 인민의 권리에 관한 아프리카 헌장 제13조

1. 모든 시민은 직접 또는 법률의 규정에 따라 자유롭게 선출된 대표자를 통하여 자국의 통치에 자유롭게 참여할 권리를 가진다.

2. 모든 시민은 자국의 공무에 평등하게 취임할 권리를 가진다.

3. 모든 개인은 법 앞에 만인의 엄격한 평등에 따라 공공재산과 역무를 이용할 권리를 가진다.

인종차별철폐협약 제5조 제c항

제2조에 규정된 기본적 의무에 따라 체약국은 특히 아래의 제 권리를 향유함에 있어서 인종, 피부색 또는 민족이나 종족의 기원에 구별없이 만인의 권리를 법 앞에 평등하게 보장하고 모든 형태의 인종차별을 금지하고 폐지할 의무를 진다.

(c) 정치적 권리 특히 선거에 참가하는 권리, 보통·평등 선거의 기초 위에서 투표하고 입후보하는 권리, 각급 공공업무의 행사는 물론 정부에 참여하는 권리 그리고 공공업무에의 평등한 접근을 할 권리

여성차별철폐협약 제7조

당사국은 국가의 정치적 및 공적생활에서 여성에 대한 차별을 철폐하기 위하여 모든 적절한 조치를 취하여야 하며, 특히 남성과 동등한 조건으로 다음의 권리를 여성에게 확보하여야 한다.

(가) 모든 선거 및 국민투표에서의 투표권 및 선거에 의해 선출되는 모든 공공기구에의 피선거권

(나) 정부정책의 입안 및 동 정책의 시행에 참여하며 공직에 봉직하여 정부의 모든 직급에서 공공직능을 수행할 권리

(다) 국가의 공적, 정치적 생활과 관련된 비정부 기구 및 단체에 참여할 권리

장애인권리협약 제29조

당사국은 장애인이 다른 사람과 동등하게 정치적 권리와 기회를 향유할 수 있도록 보장하며, 다음의 사항을 약속한다.

(가) 장애인이 투표하고 선출될 수 있는 권리와 기회를 포함하여, 다른 사람과 동등하게, 직접 또는 자유롭게 선택한 대표를 통한 정치 및 공적생활에 효과적이고 완전하게 참여할 수 있도록 특히 다음의 사항을 통하여 보장할 것

(1) 투표절차, 시설 및 자료가 적절하고, 접근가능하며, 그 이해와 사용이 용이하도록 보장할 것

(2) 적절한 경우 보조기술 및 새로운 기술의 사용을 촉진하여, 장애인이 위협당하지 아니하고 선거 및 국민투표에서 비밀투표를 할 권리와, 선거에 출마하고 효과적으로 취임하여 정부의 모든 단계에서 모든 공적 기능을 수행할 장애인의 권리를 보호할 것

(3) 유권자로서 장애인 의사의 자유로운 표현을 보장하고, 이를 위하여 필요한 경우, 장애인의 요청에 따라 그가 선택한 사람에 의하여 투표에 있어 도움을 받도록 인정할 것

(나) 장애인이 차별 없이 다른 사람과 동등하게 공적 활동 수행에 효과적이고 완전하게 참여할 수 있는 환경을 적극적으로 조성하고, 다음을 포함한 장애인의 공적 활동에의 참여를 장려할 것

(1) 국가의 공적·정치적 활동과 관련된 비정부기구 및 비정부단체와 정당 활동 및 운영에의 참여

(2) 국제적, 국내적, 지역적 및 지방적 차원에서 장애인을 대표하는 장애인 단체의 결성과 가입

제26조 평등권 및 차별금지[*]

이 혜 영

목 차

Ⅰ. 개관

Ⅱ. 법적 성격

Ⅲ. 법 앞에 평등

Ⅳ. 법의 평등한 보호를 받을 권리

  1. 차별의 의미

  2. 간접차별

  3. 적극적 조치

  4. 대사인적 효력

Ⅴ. 차별금지 사유

  1. 인종·피부색

  2. 성별

  3. 언어

  4. 종교

  5. 정치적 또는 그 밖의 의견

  6. 민족 또는 사회적 출신

  7. 재산

  8. 출생

  9. 그 밖의 신분 등의 어떠한 이유

    가. 장애

    나. 나이

    다. 국적

    라. 성적 지향 및 성별 정체성

    마. 건강상태 등

Ⅵ. 한국의 실행

  1. 헌법 및 법률에 의한 보장

    가. 헌법적 근거

    나. 차별금지법 현황 및 과제 – 포괄적

       차별금지법 제정 논의 중심으로 –

  2. 주요 쟁점

    가. 정치적 의견에 따른 차별

    나. 성적 지향 및 성별 정체성에 따른 차별

    다. 인종차별

[다른 인권조약상의 관련 조항]

모든 사람은 법 앞에 평등하고 어떠한 차별도 없이 법의 평등한 보호를 받을 권리를 가진다. 이러한 점에서 법률은 모든 차별을 금지하고, 인종, 피부색, 성별, 언어, 종교, 정치적 또는 그 밖의 의견, 민족 또는 사회적 출신, 재산, 출생 또는 그 밖의 신분 등의 어떠한 이유에 따른 차별에 대하여도 평등하고 효과적인 보호를 모든 사람에게 보장한다.

All persons are equal before the law and are entitled without any discrimination to the equal

---

* 이 글은 필자의 "「시민적 및 정치적 권리에 관한 국제규약」 제26조: 평등권 및 차별금지에 관한 국제법적 의무와 한국의 실행"(이화젠더법학 제14권 제2호(2022))을 수정·보완한 것이다.

protection of the law. In this respect, the law shall prohibit any discrimination and guarantee to all persons equal and effective protection against discrimination on any ground such as race, colour, sex, language, religion, political or other opinion, national or social origin, property, birth or other status.

Ⅰ. 개관

자유와 평등은 인권의 두 축으로, 자유는 모든 자에게 평등하게 보장될 때 의미가 있다.[1] 이는 평등권 및 차별금지 원칙이 자유권규약 전반에 걸쳐 반복적으로 강조되고 있는 것에서도 드러난다. 그러나 이렇듯 평등권 보장 의무가 전 세계적으로 적용되는 국제조약에 명시된 역사는 사실 그리 오래되지 않았다. 1919년 제1차 세계대전이 종료된 후에 국제연맹규약에 인종평등 원칙을 포함시키려는 시도가 있었으나, 여러 국가들의 반대에 부딪혀 실현되지 못했다.[2] 제2차 세계대전 동안 인종주의 및 파시즘으로 인한 참상을 경험한 후에야 국가들은 비로소 평등권 및 차별금지 원칙을 국제조약에 명시하는 데 합의하였다.

그 결과 1945년 채택된 UN 헌장은 전문에서 "남녀 및 대소 각국의 평등권에 대한 신념을 재확인"하고, 제1조에서 UN의 목적을 "인종·성별·언어 또는 종교에 따른 차별 없이 모든 사람의 인권 및 기본적 자유에 대한 존중을 촉진하고 장려"하는 것으로 선언하였다.[3] 또한 1948년 채택된 세계인권선언 제2조는 "모든 사람은 인종, 피부색, 성, 언어, 종교, 정치적 또는 기타의 견해, 민족적 또는 사회적 출신, 재산, 출생 또는 기타의 신분과 같은 어떠한 종류의 차별이 없이, 이 선언에 규정된 모든 권리와 자유를 향유할 자격이 있다"고 선언하였고, 제7조에서 "모든 사람은 법 앞에 평등하며 어떠한 차별도 없이 법의 동등한 보호를 받을 권리를 가진다"고 규정하였다.

이러한 배경을 바탕으로 1966년에 채택된 자유권규약은 평등권 및 차별금지 원칙을 여러 조항에 걸쳐 특별히 강조하고 있다. 우선 규약상 모든 권리는 원칙적으로 모든 개인에게

---

1) Nowak's CCPR Commentary(2019), p.738(para.1).
2) Taylor's Commentary(2020), p.67; P. Lauren, *Power and Prejudice: The Politics and Diplomacy of Racial Discrimination* 2nd ed.(Westview Press, 1996), pp.99-100. 당시 일본은 연맹규약에 "인종을 이유로 한 법률적 또는 사실상의 어떠한 구별도 하지 않는 공평하고 정의로운 대우를 받을 권리"를 포함시키고자 하였는데 그러한 제안은 반대에 부딪혀 실현되지 못했다[Nowak's CCPR Commentary(2019), p.753(para.28)].
3) UN Charter, preamble, art. 1(3).

평등하게 보장된다.4) 또한 규약 제2조 제1항은 당사국에 대하여 자국의 영토 내에 있으며 그 관할권 하에 있는 모든 개인에 대하여 어떠한 종류의 차별도 없이 이 규약에서 인정되는 권리들을 존중하고 보장할 의무를 부담시키고 있으며, 제3조는 규약상 권리를 향유함에 있어서 남성과 여성에게 동등한 권리를 보장할 것을 재차 요구하고 있다.

이 외에도 규약 제4조 제1항은 비상사태 시에 규약상 의무의 이행정지가 정당화될 때에도 "인종, 피부색, 성별, 언어, 종교 또는 사회적 출신만을 이유로 하는 차별을 포함하지 않아야 한다"고 규정한다. 제24조 제1항은 아동에 대한 차별금지 의무를, 제25조는 참정권의 평등한 향유를 보장할 것을 당사국들에게 요구한다. 제20조 제2항은 "차별, 적의 또는 폭력의 선동에 해당되는 민족, 인종 또는 종교에 대한 증오의 고취"를 "법률로 금지"시키고 있다. 또한 제14조 제1항은 재판에서의 평등권을, 제23조 제2항상 혼인에 대한 배우자의 권리 및 책임의 평등을 규정한다. 권리의 자의적 박탈을 금지하는 방법으로 평등권의 실현을 도모하는 조항들도 있다. 즉, 제6조 제1항은 생명권의 자의적 박탈 금지를, 제9조 제1항은 자의적 체포·억류 금지를, 제12조 제4항은 자국에 돌아올 권리의 자의적 박탈 금지를, 제17조 제1항은 생활, 가정. 주거 또는 통신에 대하여 자의적이거나 불법적인 간섭을 받지 않을 권리를 보장할 것을 요구한다. 이에 더하여 제26조는 모든 사람이 법 앞에 평등하고 어떠한 차별도 없이 법의 평등한 보호를 받을 권리를 가진다고 규정하고 있다.

한편, 규약 채택 전후로 「모든 형태의 인종차별 철폐에 관한 국제협약」(1965), 「아파르트헤이트 범죄의 진압 및 처벌을 위한 국제협약」(1973), 「여성에 대한 모든 형태의 차별철폐에 관한 협약」(1979) 등 다양한 영역에서의 차별을 금지하는 개별조약들이 채택되면서 차별금지에 관한 국제규범의 발전을 견인하였다. 지역인권조약에도 평등권에 관한 일반조항이 포함되었다. 대표적인 예로 미주인권협약 제24조, 아프리카인권헌장 제3조를 들 수 있다. 유럽인권협약에는 규약 제26조와 같은 평등권에 관한 일반조항은 없으나, 제14조가 협약상 권리의 차별 없는 보장의무를 규정하고 있으며, 유럽인권협약 제12의정서(2000) 제1조는 "법으로 보장된 어떠한 권리의 향유"도 차별 없이 보장되어야 한다고 규정하고 있다.5)

---

4) 권리의 성격상 예외적으로 제13조는 외국인에게, 제24조는 아동에게, 제25조는 모든 시민에게, 제27조는 소수민족에만 적용된다.
5) 유럽인권협약 제12의정서 제1조는 다음과 같다: "The enjoyment of any right set forth by law shall be secured without discrimination on any ground such as sex, race, colour, language, religion, political or other opinion, national or social origin, association with a national minority, property, birth or other status."

Ⅱ. 법적 성격

규약 제2조 제1항과 제3조, 제26조는 차별을 금지하고 평등 실현을 도모한다는 점에서 내용적으로 유사한 측면이 있다. 먼저 이 세 조항은 모두 직접차별뿐만 아니라 간접차별을 금지한다. 또한 특정 구별 행위가 이 세 조항이 금지하는 차별에 해당하는지가 문제될 때에, 구별의 기준이 합리적이고 객관적이며, 그 목적이 협약에 따라 합법적인 목적을 달성하기 위한 것인지를 판단기준으로 한다.6) 또한 제2조와 제26조는 차별금지사유로 "인종, 피부색, 성별, 언어, 종교, 정치적 또는 그 밖의 의견, 민족 또는 사회적 출신, 재산, 출생 또는 그 밖의 신분"을 동일하게 열거하고 있다.

그러나 제2조 및 제3조는 이 규약에서 인정되는 권리의 차별 없는 보호를 내용으로 한다는 점에서 보조적 성격(accessory character)을 가지는 조항인 데 반해, 제26조는 규약상 권리로 적용범위가 제한되지 않는다는 점에서 독자적 성격(autonomous character)을 가진다.7) 따라서 규약에 규정되지 않은 권리에 대한 차별이 제26조 위반은 될 수 있지만, 제2조 제1항이나 제3조 위반이 될 수는 없다.8) 즉 제26조는 제2조의 단순 반복이 아니며, 평등권에 관한 별개의 독립된 권리를 규정한 조항이다. 제26조에 따른 평등권 보장의 적용범위는 규약에서 인정되는 권리에 제한되지 않기에, 규약에 규정되지 않은 권리 및 자유를 향유함에 있어서 차별이 있었다면 제26조 위반에 해당할 수 있다. 예를 들어, 규약 어디에도 공원 벤치에 앉을 수 있는 권리를 보장할 것을 내용으로 하는 규정은 없으나, 규약 당사국이 유대인이나 흑인이 공원 벤치에 앉는 것을 금지하는 법을 제정하였다면 이는 제26조 위반을 구성할 수 있다.9)

위원회가 제26조의 독립적 성격을 확고히 한 것은 1987년 네덜란드 실업수당법이 규약 제26조를 위반하였는지가 문제된 사안에 대한 결정에서부터이다. 1987년 이전까지만 해도 위원회는 제26조를 구체적 사안에 적용함에 있어서 매우 신중한 입장을 보였으나,10)

---

6) Taylor's Commentary(2020), p.730.

7) Nowak's CCPR Commentary(2019), p.741(para.7).

8) Nowak's CCPR Commentary(2019), pp.742-745(paras.11-14). 이렇듯 평등권에 관한 독자적 성격의 일반조항을 별도의 독립조항으로 두는 구조는 「세계인권선언」(1948) 제7조를 따른 것이었다.

9) Nowak's CCPR Commentary(2019), p.745(para.15).

10) 1987년 전후 위원회의 제26조 적용범위에 대한 법리 변화에 대한 개괄적 설명은 N. Ando, The Evolution and Problems of the Jurisprudence of the Human Rights Committee's Views Concerning Article 26 *in* N. Ando (ed), Towards Implementing Universal Human Rights: Festschrift for the Twenty-Fifth Anniversary of the Human Rights Committee(Nijhoff, 2004) 참조.

Broeks v. the Netherlands 사건(1987)에서 제26조가 독자적 성격을 가지는 점을 다음과 같이 명확히 하였다.

네덜란드 실업수당법(1976)은 남성에 대해서는 혼인여부와 무관하게 실업수당을 지급하면서 기혼 여성에 대하여는 부양의무자임을 증명하는 경우에만 실업수당을 지급하도록 하였다. 네덜란드인 간호사였던 이 사건 통보인(Broeks)은 장애를 얻어 직장을 그만둔 여성이었는데, 1976년 개정 실업수당법 시행으로 더 이상 실업수당을 못 받게 되자, 남성에 대해서는 혼인여부와 무관하게 실업수당을 지급하면서 기혼 여성에 대하여는 부양의무자임을 증명하는 경우에만 실업수당을 지급하도록 하는 네덜란드 실업수당법에 따른 조치가 규약 제26조가 금지하는 성별(sex)과 지위(status)에 따른 차별에 해당한다고 주장하며 개인통보를 제기하였다. 이에 대하여 네덜란드 정부는 실업수당을 받을 권리는 자유권규약이 보장하는 성격의 권리가 아니며, 「경제적, 사회적 및 문화적 권리에 관한 국제규약」이 보장하는 사회권에 해당하는 권리이므로 자유권규약 제26조 위반이 될 수 없다고 항변하였다. 그러나 위원회는 규약 제26조는 제2조의 단순반복이 아니며 독립된 권리라고 하면서, 비록 자유권규약이 당사국에 대하여 사회보장(실업수당)을 모든 사람에게 제공할 것을 요구하지는 않지만, 당사국이 일단 그러한 입법을 제정하였다면 해당 입법은 제26조에 부합해야 한다고 하였다.[11]

이후 1989년 위원회는 차별금지에 관한 일반논평 제18호를 채택하면서, 상기 *Broeks v. the Netherlands* 사건(1987)에서 확립된 법리를 다음과 같이 재확인하였다.

제2조는 차별로부터 보호되는 권리의 범위를 규약상의 권리로 제한하는 반면, 제26조는 그러한 제한을 구체적으로 명시하지 않는다. 즉, 제26조는 모든 사람이 법 앞에 평등하고 차별 없이 법의 평등한 보호를 받을 권리가 있으며, 또한 법은 위에 열거된 이유들을 근거로 한 어떠한 차별에 대해서도 모든 사람이 평등하고 효과적인 보호를 받을 수 있도록 보장할 것을 규정하고 있다. 제26조는 제2조에서 이미 규정한 보장조항의 단순한 반복이 아니라 그 자체로 별개의 독립된 권리를 부여하고 있다는 것이 본 위원회의 견해이다...[중략]... 다시 말해서, 제26조가 담고 있는 차별금지는 동 규약에서 규정한 권리들에 제한되어 적용되는 것은 아니다.[12]

---

11) *Broeks v. the Netherlands*, Communication No.172/1984(1987), paras.1-2.3, 12.1-12.4.

이렇듯 규약상 권리 이외의 권리에 관한 입법도 모두 제26조에 부합해야 한다는 것은, 규약위원회에 제기될 수 있는 개인통보 사건의 대상이 선택의정서 당사국의 모든 입법으로 까지 확장됨을 의미한다. 이는 사회보장 수급이나 연금수령 등 사회권에 해당하는 권리에 관한 입법이 규약 제26조에 부합하지 않는다며 제기된 개인통보도 자유권규약위원회의 판단대상이 된다는 뜻이다. 만약 당사국이 사회보장 수급의 범위를 일정 부류의 사람으로 제한하는 입법을 시행하였는데 위원회가 해당 입법이 규약 제26조에 부합하지 않으므로 사회보장 수급권을 차별 없이 확대·보장하라고 권고하였다면, 해당 권고를 이행하기 위해서 당사국은 즉각적으로 사회보장 수급권을 차별 없이 확대보장해야 하는 것이다. 이는 당사국에 과중한 재정적 부담을 지우는 결과로 이어질 수 있다.[13] 이런 이유로 많은 국가들은 제26조의 적용범위를 규약상 권리 이외의 권리에까지 확장한 위원회의 해석에 반발하였다.[14] 단적인 예로, 독일과 스위스, 리히텐슈타인은 각각 1993년, 1992년, 1998년에 위원회의 개인통보제도를 수락하는 선택의정서를 비준하면서, 규약에 규정된 권리가 아닌 권리에 대한 제26조 위반을 주장하는 개인통보는 수락하지 않는다는 취지의 유보를 첨부하기도 하였다.[15] 위원회도 이러한 반발을 의식하였는지 이후 위원회는 당사국의 입법이 합리적 구별에 해당할 수 있는 폭을 상당히 넓게 인정함으로써, 사회권 분야에서의 제26조 위반 주장에 대해서는 비교적 제한적으로 개인통보를 수락하는 경향을 보이고 있다.[16]

Ⅲ. 법 앞에 평등

제26조 제1문은 "모든 사람은 법 앞에 평등"하다고 시작한다. 연혁적으로 볼 때, 제1문상 법 앞에서의 평등이 법내용상의 평등을 요구하는 것은 아님에 유념하여야 한다. 이는 오로

---

12) HRC General Comment No.18(1989), para.12.

13) N. Ando(전게주 10), p.223.

14) 정인섭, 『국제인권규약과 개인통보제도』(사람생각, 2000), pp.70-71.

15) C. Tomuschat, The Human Rights Committee's Jurisprudence on Article 26 — A Pyrrhic Victory? *in* N. Ando (ed), Towards Implementing Universal Human Rights: Festschrift for the Twenty-Fifth Anniversary of the Human Rights Committee(Nijhoff, 2004), p.229.

16) 예를 들어 *Danning v. The Netherlands*, Communication No. 180/1984(1987); *Cavalcanti Araujo-Jongen v. The Netherlands*, Communication No. 418/1990(1993); *Julian and Drake v. New Zealand*, Communication No. 601/1994(1997) 참조. 다만 이후 몇몇의 결정에서 위원회가 일관성 없는 판단을 하거나 제26조를 부적절하게 적용하는 경우가 있어서, 앞으로 위원회가 제26조를 마치 일반조항처럼 지나치게 폭넓게 활용하는 것을 경계해야 한다는 지적도 있었다. 이에 대해서는 N. Ando(전게주 10) 참조.

지 행정부나 사법부가 법률을 집행하거나 적용하는 과정에서 차별하지 않을 것을 요구하는 의미, 즉 법적용상의 평등을 의미한다.[17] 그렇다고 여기서의 평등이 각 개인의 재능이나 고유한 특징을 무시하고 모든 자가 똑같은 대우를 받아야 한다는 의미는 아니다. 객관적으로 같은 상황은 같게, 다른 상황은 다르게 취급하라는 의미이다.[18]

이는 개인통보 사건에서도 확인된다. 예를 들어 위원회는 *Borzov v. Estonia* 사건(2004)에서 "법 적용에 따른 개인의 손해가 합리적이고 객관적인 근거에 바탕을 두지 않는 등 법규정이 자의적인 방식으로 적용되었다면, 개인의 법 앞에서의 평등권은 침해되었을 수 있다"고 하였다.[19] 또한 *Sister Immaculate Joseph et al. v. Sri Lanka* 사건(2005)에서도 법규정이 합리적이고 객관적인 사유 없이 자의적인 방식으로 불공평하게 집행된 경우에 제26조상 법 앞에서의 평등에 대한 위반에 해당한다고 다음과 같이 판단하였다.

> 스리랑카인 로마카톨릭 수녀인 통보인은 자신이 수도회관 구장으로 섬기고 있는 성 프란체스코 3차교단 성십자 수녀회에 대한 법인설립 신청이 기각당하자, 그러한 처분이 종교에 따른 차별이라며 개인통보를 제기하였다. 통보인은 스리랑카 대법원이 유사한 종교적 목적과 활동을 하는 불교단체들에 대해서는 재판상 절차적 보장을 제공하고 법인설립을 허가하면서, 통보인이 소속된 종교단체만 달리 취급하는 합리적이고 객관적인 이유를 제시하지 못했다고 주장하였다. 이에 대하여 위원회는 제26조상 법 앞에서의 평등은 다른 취급을 정당화할 만한 객관적이고 합리적인 이유가 없는 한 유사한 상황에 처한 자들에 대하여 법원이 동일한 절차를 보장할 것을 요구한다고 하였다. 결론적으로 위원회는 스리랑카 대법원이 다른 유사한 신청을 한 불교단체들에 대해서는 절차적 통지를 해주면서 통보인이 소속된 종교단체에 대해서는 어떠한 절차적 통지나 진술할 기회를 주지 않은 채 법인설립 신청을 기각한 것은 규약 제26조 첫 문장의 법 앞에서의 평등에 대한 위반에 해당한다고 판단하였다.[20]

---

17) Nowak's CCPR Commentary(2019), p.746(para.16).

18) Nowak's CCPR Commentary(2019), p.746(para.16).

19) *Borzov v. Estonia*, Communication No. 1136/2002(2004), para.7.2.

20) *Sister Immaculate Joseph et al. v. Sri Lanka*, Communication No. 1249/2004(2005), paras.2.1-2.4, 7.4-7.5.

Ⅳ. 법의 평등한 보호를 받을 권리

제26조 제1문 후단에 따라, 모든 사람은 "어떠한 차별도 없이 법의 평등한 보호를 받을 권리를 가진다." 규약 성안 과정(제3위원회)에서 브라질 대표는 '법의 평등한 보호를 받을 권리'를 '법 앞에 평등'으로부터 도출되는 성격의 권리로 규정하자는 제안을 하였으나 해당 제안은 기각되었다.[21] 한편 인도 대표는 양자가 다른 개념임이 명확히 드러나도록 양자를 병렬적으로 규정하자는 제안을 하였는데, 이 제안이 68 대 1로 채택되어(기권 8) 현재와 같은 구조가 되었다.[22] 따라서 연혁적으로 볼 때, 제1문상 '법의 평등한 보호를 받을 권리'는 '법 앞에 평등'과 구별되는 개념이다.

'법의 평등한 보호를 받을 권리'는 당사국이 입법을 통하여 법내용상의 평등을 실현함으로써 보장될 수 있다. 이 권리의 실현을 위하여 당사국은 차별적 입법을 하지 않을 소극적 의무뿐 아니라, 차별로부터 실효적 보호를 보장하기 위하여 특별법을 제정하거나 적극적 보호조치를 하는 등의 적극적 의무도 부담한다.[23]

규약 성안 과정에서 '법 앞에 평등'과 '법의 평등한 보호를 받을 권리'가 구별되는 개념으로 채택된 점, '법 앞에 평등'의 의미가 오로지 법적용상의 평등에 제한되는 점을 감안할 때, 제26조 제2문의 입법적 의무는 오로지 제1문 후단의 '법의 평등한 보호를 받을 권리'와 관련된 의무로 보는 것이 타당하다.[24] 이에 따라 제1문과 제2문을 연결하여 읽으면, "어떠한 차별도 없이 법의 평등한 보호를 받을 권리"를 "위하여 법률은 모든 차별을 금지하고, 인종, 피부색, 성, 언어, 종교, 정치적 또는 기타의 의견, 민족적 또는 사회적 출신, 재산, 출생 또는 기타의 신분 등의 어떠한 이유에 의한 차별에 대하여도 평등하고 효과적인 보호를 모든 사람에게 보장"하여야 한다. 이를 염두에 두면서 다음은 제26조상 차별의 의미에 대해서 살펴본다.

1. 차별의 의미

규약에는 차별에 대한 정의 조항이 없으며, 차별의 의미는 위원회의 해석에 의해 발전·확인되어 왔다. 차별의 의미와 관련해서, 위원회는 모든 차등조치(differentiation)가 차별(discrimination)은 아니라고 선언해 왔다. 대표적인 예로, 일반논평 제18호는 규약이 모든

---

21) A/C.3/SR.1102(1962), para.38.
22) A/C.3/SR.1102(1962), para.62.
23) Nowak's CCPR Commentary(2019), pp.748-749(para.21).
24) Nowak's CCPR Commentary(2019), pp.748-749(para.21).

경우에 있어서 동일한 취급을 요구하는 것은 아니라고 하면서, 규약의 여러 조항도 차등적 처우를 인정하고 있음을 환기하였다. 예를 들어 규약 제6조 제5항은 18세 미만인 자에 대한 사형 선고를 금지하고 임산부에 대한 사형의 집행을 금지하고 있다. 제10조 제3항은 미성년 범죄자를 성인과 격리하도록 요구하고 있으며, 제25조는 일정한 정치적 권리는 당사국의 시민만이 향유할 수 있도록 하고 있다.[25]

그렇다면 차등조치는 어떠한 경우에 허용되는가? 위원회는 "차등조치에 대한 기준이 합리적이고 객관적이며 그 목적이 동 규약에 따라 정당한 목표를 달성하기 위한 것"이라면, 그러한 차등조치는 차별이 아니라는 기준을 확립해 왔다.[26] 여기서 차등조치에 대한 기준이 합리적인가 여부는, 조치가 내려진 구체적 정황 및 관련 국가의 일반적 상황(문화 및 종교적 배경, 특수한 사회적 전통 및 관습 등), 현대사회에서 급변하는 사회적 가치와 도덕적 기준(예를 들어 동성애에 대한 사회적 가치의 변화) 등을 종합적으로 고려하여 판단한다.[27] 이런 점에서 특정 차등조치가 차별인가가 문제되는 사건은, 규약이 변화하는 사회가치에 따라 진화적으로 해석·적용될 것이 요구되는 살아있는 문서(living instrument)임을 가장 잘 보여주는 사례가 될 수 있다.[28] 차별인지 여부가 변화하는 사회가치의 영향을 받아 결정되기 때문이다.

위원회가 문제된 차등조치가 합리적이고 객관적 기준에 따른 것이 아니라고 보아 제26조 위반을 선고한 대표적인 예로 *Gueye et al v. France* 사건(1989)을 들 수 있다.

세네갈이 프랑스로부터 독립하기 전에 프랑스군에 복무한 후에 은퇴한 세네갈인 군인인 통보인들은 세네갈이 프랑스로부터 독립(1960)함에 따라 프랑스 국적을 잃게 되었다. 세네갈 독립 당시까지만 해도 은퇴한 군인들은 프랑스 국적자인지 세네갈 국적자인지 불문하고 모두 동일한 액수의 연금을 지급받았다. 그런데 프랑스는 70년대 중반 법개정을 통해 세네갈 국적자는 1/10 정도로 축소된 금액의 연금만 지급받을 수 있도록 하였다. 이에 통보인들은 해당 법개정에 따른 조치는 제26조 금지하는 차별에 해당한다며 프랑스를 대상으로 개인통보를 제기하였다. 위원회는 프랑스 국적자와 세네갈 국적자 모두 당시에 프랑스 시민으로서 프랑스군을 위해 복무하였음에도 불구하고 이후 국적의 변화를 이유로 연금에 차등을 두는 것은 합리적이고 객관적인 기준이라 할 수 없

---

25) HRC General Comment No.18(1989), para.8.
26) HRC General Comment No.18(1989), para.13.
27) Nowak's CCPR Commentary(2019), p.750(para.22).
28) Nowak's CCPR Commentary(2019), p.750(para.22).

다고 보아 제26조 위반판단을 하였다.[29]

다만 위원회는 차별사건에서 사실판단에 관하여는 당사국 국내법원의 재량을 존중해 왔기에, 비교대상이 되는 두 그룹이 유사한 상황에 처했는가에 대한 의문이 있는 경우에 판단을 유보하는 경향을 보였다. 예를 들어, *Castell-Ruiz et al. v. Spain* 사건(2006)에서 위원회는 다음과 같은 이유로 규약 위반이 없다고 하였다.

> 나바라 의료시설에 근무하고 있는 의사인 통보인들은 주어진 업무 외에 별도로 개인환자도 추가적으로 진료하고 있었다. 그런데 나바라 의료시설법은 의료시설에서의 업무에만 배타적으로 종사할 것을 조건으로 전속계약을 한 의사들에 대해서는 기본급의 45% 이상의 특별수당을 제공하도록 하는 반면, 통보인들과 같이 업무 외로 개인환자도 추가로 진료하는 의사들에 대해서는 45% 미만의 특별수당을 제공하도록 차등을 두었다. 이에 통보인들은 전속계약을 한 의사들과 자신들 간에 의무 근무시간 및 업무상 책임범위 등에 차이가 없음에도 불구하고 특별수당에 차등을 두는 것은 규약 제26조가 금지하는 차별에 해당한다며 통보를 제기하였다. 이에 대해서 위원회는 "서로 다른 두 집단에 속한 의사들이 처한 상황이 사실상 같은지 다른지에 대한 결정은 기본적으로 사실판단을 요하는 것으로, 국내법원이 판단할 부분"이라고 설시한 후에, 제시된 기록만 봐서는 통보인들이 전속계약을 한 의사와 사실상 유사한 상황에 처하여서 동등한 보수를 받을 자격이 있음을 정당화할 만한 근거를 발견할 수 없다고 하였다. 더불어서 위원회는 전속계약을 체결할지는 전적으로 의사들의 의사에 달려있다는 사실도 지적하면서, 이 사건에서 규약 제26조 위반이 있다고 볼 수 없다고 하였다.[30]

2. 간접차별

제26조에 따라 금지되는 차별은 직접차별뿐만 아니라 간접차별도 포괄한다. 위원회는 규약 자체에는 차별에 대한 정의 조항이 없지만 인종차별철폐협약 및 여성차별철폐협약으로부터 차별의 의미를 도출할 수 있다고 하면서, 간접차별도 제26조 위반에 해당하는 차별로 보았다. 즉 위원회는 차별이란 용어가 "인종, 피부색, 성별, 언어, 종교, 정치적 또는 기타

---

29) *Gueye et al v. France*, Communication No. 196/1985(1989), para.9.5.
30) *Castell-Ruiz et al. v. Spain*, Communication No. 1164/2003(2006), paras.7.2-7.3.

의견, 민족이나 종족의 기원, 재산, 출생 또는 기타 지위에 근거하여 인권과 기본적 자유를 인식, 향유 또는 행사하는 것을 저해하거나 무효화하는 효과 또는 목적을 가지는 모든 구별, 배척, 제한 또는 우선권을 포함하는 것으로 이해되어야 한다"고 함으로써 차별의 의미를 광의로 정의해 왔다.[31] 이에 따라 제26조가 금지하는 차별은 공공기관에 의해 규제되고 보호되는 모든 영역에서의 법률적 차별이나 사실적 차별을 포괄하며, 차별의 의도가 있을 것이 필수적으로 요구되지 않는다.[32] 차별적 의도가 없어서 중립적으로 보이는 규칙이나 조치일지라도, 그 효과가 차별적이면 제26조 위반이 될 수 있다.[33] 보다 구체적으로는, 특정 규칙이나 결정의 침해적 효과가 보호받아야 할 특징을 가진 자들에게 객관적이고 합리적인 정당화 사유 없이 배타적이거나 불균형하게 미치면 차별에 해당한다.[34]

예를 들어, *Bhinder Singh v. Canada* 사건(1989)은, 특정 위험한 작업장에서 안전모 착용을 의무화한 법규가 종교적 신념으로 안전모 착용을 거부하는 시크교 교도들에 대한 차별적 입법인지가 문제된 사건이었다. 이 사건에서 위원회는 "모든 자들에게 차별 없이 적용되는, 겉보기엔 중립적으로 보이는 법규가 사실상 시크교 교도들을 차별하는 방식으로 작동됨"을 인정하였다.[35]

또한 위원회는 *Althammer v. Austria* 사건(2003)에서 간접차별이 되기 위해서는 "[문제된] 규칙이나 조치의 해악이 배타적이거나 불균형적으로 특정 인종, 피부색, 성, 언어, 종교, 정치적 또는 기타의 의견, 민족적 또는 사회적 출신, 재산, 출생 또는 기타의 신분 등을 가진 자에게 영향을 미쳐야"하며, "그러한 영향을 가진 규칙이나 결정이 객관적이고 합리적인 근거에 바탕을 둔다면 차별에 해당하지 않는다"고 함으로써, 간접차별에 관한 보다 구체적인 기준을 제시하였다.[36]

한편, 위원회가 정당화될 수 없는 간접차별이 존재한다고 보아 제26조 위반을 인정한 대표적 사례로 *Derksen v. Netherlands* 사건(2004)이 있다.

---

31) HRC General Comment No.18(1989), para.7. 강조를 위하여 기울임체가 필자에 의해 적용됨.
32) Nowak's CCPR Commentary(2019), p.750(para.23).
33) Nowak's CCPR Commentary(2019), p.750(para.23).
34) *Mellet v. Ireland*, Communication No. 2324/2013(2016), para.8.
35) *Bhinder Singh v. Canada*, Communication No. 208/1986(1989), para.6.1. 다만 위원회는 특정 위험한 작업장에서 발생할 수 있는 상해 및 전기충격으로부터의 보호를 위해 필수적인 안전모의 착용을 거부한 통보인에 대한 해고조치는 합리적이며 규약에 부합하는 객관적 목적에 이바지하므로 정당화될 수 있다고 보았다. 이에 해당 사안에서 규약 위반이 없다고 결론 내렸다(para.6.2).
36) *Althammer v. Austria*, Communication No. 998/2001(2003), paras.2.3, 10.2.

네덜란드의 「일반과부 및 고아법」(이하 구법)은 혼인관계에 있던 중 과부가 된 자의 편친슬하 자녀에게만 수당을 지급하고, 혼외자에 대해서는 수당을 지급하지 않았었다. 1996년 7월 1일 네덜란드는 과부가 된 시점에 혼인상태였는지와 무관하게 생존가족들이 수당을 받을 수 있도록 하는 「생존부양가족법」(이하 신법)을 새로 제정했는데, 단 적용대상은 신법 시행 이후 태어난 자녀로 한정했다. 이 사건 통보인은 혼외자를 임신한 이후인 1995년 2월 22일에 사고로 아이의 부(父)를 잃어 과부가 되었기에 신법의 적용을 받을 수 없었다. 이에 통보인은 신법이 1996년 7월 1일이라는 날짜를 기준으로 유사한 상황에 처한 자녀들을 차별한 것은 합리적 근거가 될 수 없다는 이유로 개인통보를 제기하였다. 위원회는 이 사안에서 신법이 1996년 7월 1일 날짜를 기준으로 유사한 상황에 처한 자녀들 간에 차별적 취급을 한 것은 합리적 사유라고 볼 수 없다고 하였다. 특히 신법의 제정 목적이 혼인여부에 따라 편친 슬하의 자녀에 대하여 차별적 효과를 낳았던 구법을 시정하기 위함임을 감안할 때, 적용범위를 확대함으로써 존재하던 차별을 제거할 수 있었음에도 불구하고 날짜를 기준으로 차별을 존속시킨 것은 제26조 위반을 구성한다고 하였다.[37]

3. 적극적 조치

실질적 평등을 달성하기 위해서 특정 집단의 사람들에 대한 우대조치가 필요한 경우가 있다. 이 경우에 우대조치는 차별을 야기해 온 상황을 교정하고 과거의 차별을 보상하거나 실질적 평등을 지원하기 위한 조치로서의 의미를 가지며, '어퍼머티브액션'(affirmative action), '특별조치'(special measures), '합리적 편의제공'(reasonable accommodation) 등의 형태로 실현된다. 위원회도 일반논평 제18호에서 "당사국들이 평등의 원칙을 지키기 위해서 이 규약에 의해 금지된 차별을 야기하거나 영속시키는 상황을 줄이거나 철폐하기 위해 때로는 평등실현 조치를 취할 필요"가 있다고 하면서, "실질적인 차별을 바로잡기 위해 차등조치의 필요성이 인정되는 한, 이는 규약에서 보장하는 정당한 조치에 해당한다"고 하였다.[38]

Waldman v. Canada 사건(1999)에서 캐나다 정부는 가톨릭 학교에 대한 우선적 재정지원이 정당한 평등실현 조치로 정당화될 수 있다고 주장하였는데, 위원회는 차등조치를 정당화할 필요성이 더 이상 존속하지 않음에 주목하여 그러한 주장을 배척하였다.

---

37) *Derksen v. Netherlands*, Communication No. 976/2001(2004), para.9.3.
38) Taylor's Commentary(2020), p.742.

캐나다 연방이 형성되던 1867년에는 개신교가 압도적 다수종교(82%)였고 로마가톨릭이 소수종교(17%)였다. 이에 당시 개신교에 의해 교육이 완전히 장악될 가능성을 견제하고 로마가톨릭의 종파교육권을 보장하기 위하여, 1867년 연방헌법은 로마가톨릭에 대한 우대조치를 정당화하는 규범적 근거를 마련하였다. 이에 근거하여 온타리오주는 로마카톨릭을 공립학교로 인가하고 이에 대해서만 우대적 재정지원을 제공해 왔다. 온타리오주 주민인 통보인은 유대교인인데, 유대교는 공립학교가 없어서 자녀들을 유대교 사립학교에 보낼 수밖에 없었다. 그런데 온타리오주가 로마카톨릭에 대해서만 공립학교로 인가하여 재정지원을 제공하는 까닭에 통보인은 상대적으로 높은 교육비 부담을 감내해야만 했다. 이에 캐나다의 조치가 종교에 따른 차별적 조치임을 주장하며 1996년에 통보를 제기하였다. 위원회는 차등조치의 역사적 근거가 더 이상 유효하지 않고(1991년 인구조사에 따르면, 개신교 인구 44%, 로마카톨릭 36%, 기타종교 8%를 차지함), 캐나다의 다른 주들이 종교를 이유로 한 차등적 지원을 철폐하였음에도 불구하고 온타리오주가 그러한 차등조치를 존속할 합리적 이유가 없다고 보아 규약 위반을 인정하였다.[39]

반면에 위원회는 과거의 부정의를 교정할 필요성이 존재한다고 판단되는 경우에는 평등 실현을 위한 차등조치의 정당성을 옹호하였다. 예를 들어 *Stalla Costa v. Uruguay* 사건(1987)에서 과거에 신념 및 정치적 견해, 노동조합에의 활동을 근거로 부당하게 해고된 우루과이 공무원들을 우선 복직시켜주기 위한 우대조치의 정당성이 문제되었다. 통보인은 이전에 부당해고된 공무원들이 우선 임용됨에 따라 통보인을 비롯하여 정부기관에 근무하기를 희망하는 많은 자들이 피해를 입었다며 통보를 제기하였으나, 위원회는 과거의 부정의를 교정하고 실효적 구제를 제공하기 위한 해당 조치의 정당성이 인정된다고 보았다.[40]

4. 대사인적 효력

제26조상 법의 평등한 보호를 받을 권리는 사인에 의한 차별로부터 보호받을 권리까지 포괄하는 개념이다. 제26조 성안과정에서부터 국가들은 제26조가 당사국에게 부과하는 의무는 고용 및 교육, 운송, 숙박, 식당, 극장, 공원, 해변 등 준공공 분야에서 사인 간에 이루어지는 차별적 관행을 철폐할 의무도 포함하는 의미라고 강조하였다.[41] 따라서 만약 인종이나 피부색, 종교 등의 특징을 공유하는 특정 집단의 사람들에 대해서만 사인이 경영하는

---

39) *Waldman v. Canada*, Communication No. 694/1996(1999), paras.2.1-3.5, 10.5-10.6.
40) *Stalla Costa v. Uruguay*, Communication No. 198/1985(1987), para.10.
41) A/C.3/SR/1098, §§6, 25; A/C.3/SR.1099, §2; A/C.3/SR.1101, §§18, 52.

식당이나 사립학교, 사설 운송수단 등에의 출입이 지속적으로 거부되고 있다면, 규약 당사국은 제26조에 따라 그러한 차별을 중단시키고 예방하기 위한 조치를 취해야 할 의무를 부담한다.[42]

위원회가 사인에 의한 차별로부터 보호받을 권리가 제26조로부터 도출된다고 명시한 예로, *Nahlik v. Austria* 사건(1996)을 들 수 있다. 통보인은 자신이 퇴직한 후에 체결된 단체교섭 협정에 현직 근로자와 퇴직자 간 퇴직연금액 산정기준에 차등을 두는 내용이 포함됨에 따라 불이익을 입은 것과 관련해서 호주 정부의 제26조 위반책임이 있다고 주장하였다. 이에 대하여 호주 정부는 단체협정은 국가가 관여하지 않는 사법상 계약이기 때문에 제26조의 적용대상이 아니라고 항변하였다. 위원회는 결론적으로 통보인이 단체교섭 협정상 현직 근로자와 퇴직자를 구별한 것이 객관적이지 않거나 자의적이거나 비합리적인 구별임을 입증하지 못하였음을 이유로 심리부적격 결정을 내렸으나, 호주 정부의 항변에 대해서는 다음과 같은 강한 어조로 배척하였다. "규약 제2조 및 제26조에 따라 당사국은 자국의 영토 내에 있고 자국의 관할권의 적용을 받는 모든 개인을 차별로부터 보호해야 할 의무를 부담하며, 따라서 당사국 법원은 차별이 공공 영역에서 발생하였거나 고용과 같은 준공공 영역에서 사인 간에서 발생하였는지 불문하고 모든 개인들을 차별로부터 보호할 의무를 부담한다." 또한 위원회는 이 사안에서 단체협정이 법에 의해 규율 받고 있으며 노동 및 사회문제 연방장관의 승인 없이는 발효되지 않는 점과 단체협정이 공공정책을 시행하는 공법상 기구인 사회보장위원회 직원에 관한 것이라는 점을 고려하여 호주 정부의 항변에 동의하지 않았다.[43]

V. 차별금지 사유

제2문은 차별을 정당화할 수 없는 사유로 "인종, 피부색, 성별, 언어, 종교, 정치적 또는 그 밖의 의견, 민족 또는 사회적 출신, 재산, 출생 또는 그 밖의 신분 등"을 열거하고 있다. "그 밖의 신분 등"(such as... other status)이라는 개방적 문구를 통하여 열거되지 않은 사유도 정당화될 수 없는 사유에 포함될 수 있음을 알 수 있다. 차별금지 사유 간에 명시적으로 부여된 서열은 존재하지 않는다.

개인통보 사건에서 가장 많은 위반결정을 받은 사유는 성별, 정치적 견해, 종교, 국적이

---

42) Nowak's CCPR Commentary(2019), p.792(para.100).
43) *Nahlik v. Austria*, Communication No. 608/1995(1996), para.8.2.

었다.[44] 반면 국가보고서에 대한 최종견해를 보면, 사회의 인식변화에 따라 주로 문제되는 차별금지 사유가 변화해 왔는데, 최근에는 LGBTI(레즈비언, 게이, 양성애자, 트랜스젠더, 인터섹스)에 대한 차별이 주요 쟁점으로 다뤄지고 있다.[45] 규약위원회 초기활동에서는 장애를 이유로 한 차별이 제대로 다뤄지지 않았었으나 시간이 지날수록 중요하게 다뤄지게 되었으며, 여성에 대한 차별은 항상 중요하게 다뤄져왔으나 시간이 지날수록 주요 쟁점은 변화해 왔다. 예컨대, 2000년대 이후에는 여성에 대한 폭력이나 젠더 폭력, 공적영역에 있어서의 여성의 참여, 여성의 재생산권 등이 주요 쟁점으로 다뤄지고 있다.[46]

사안에 따라 여러 사유들이 중첩되어 차별사유를 특정하기 힘든 경우도 있다. 예를 들어, *Vandom v. Republic of Korea* 사건(2018)에서 한국 법무부가 한국계 아닌 외국인 영어강사에 대해서만 비자 연장시에 HIV/AIDS 검사를 받도록 한 조치가 문제 되었다. 위원회는 그러한 "국적 및 민족"(nationality or ethnicity)에 따른 구별이 공중보건에 실효성이 없고 정당화할 수 없는 차별에 해당한다고 보아 제26조에 대한 위반이라고 판단하였다.[47] 그런데 이 사안에서 '한국계 아닌 외국인 영어강사'(foreign language instructors of non-Korean ethnicity)에 대한 차별이 정확히 국적을 이유로 한 차별인지, 인종이나 민족성을 이유로 한 차별인지, 외국인 영어강사라는 직업군에 대한 차별인지, HIV 고위험군 해당자에 대한 차별인지를 특정하기는 쉽지 않은 문제이다.[48] 이를 염두에 두면서 다음은 위원회에서 다루어진 차별금지 사유에 관한 주요 결정례를 검토한다.

1. 인종·피부색

인종을 이유로 한 차별금지 원칙이 UN 헌장 제1조 제3항에서 선언된 이래, 「집단살해죄의 방지와 처벌에 관한 협약」(1948), 「모든 형태의 인종차별 철폐에 관한 국제협약」(1965), 「아파르트헤이트 범죄의 진압 및 처벌을 위한 국제협약」(1973) 등 여러 다자조약이 채택되었다. 규약 제20조 제2항도 "차별, 적의 또는 폭력의 선동에 해당되는 민족, 인종 또는 종교에 대한 증오의 고취는 법률로 금지된다"고 하여 인종을 근거로 한 증오의 고취를 별도로 금지하고 있다.

---

44) Nowak's CCPR Commentary(2019), p.751(para.25).
45) Nowak's CCPR Commentary(2019), p.751(para.25).
46) Nowak's CCPR Commentary(2019), p.751(para.25).
47) *Vandom v. Republic of Korea*, Communication No. 2273/2013(2018), paras.8.4-8.5.
48) Nowak's CCPR Commentary(2019), p.752(para.27); *Vandom v. Republic of Korea*, Communication No. 2273/2013(2018), para.8.5. 이 사건에서 위원회는 차등조치가 국적 및 민족에 바탕을 둔 구별이라고 하기는 하였으나, 차별에 해당한다는 결정을 하면서 차별의 근거사유를 명확히 특정하지는 않았다.

인종차별철폐협약상의 인종차별의 정의는 인종에 근거한 차별뿐 아니라, 피부색, 가문 또는 민족이나 종족의 기원에 근거를 어떠한 구별, 배척, 제한 또는 우선권을 포괄하는 것으로 광의로 규정되어 있는데,[49] 자유권규약위원회는 규약상 인종차별의 의미를 규명하는 데에도 이를 차용해 왔다.[50] 규약위원회의 최근 견해들을 보면, 인종차별 개념을 피부색뿐만 아니라 민족성에 기반한 차별을 포함하는 개념으로 이해하고 있으며, (논쟁의 소지가 있기는 하지만) 카스트에 기반한 차별까지 포함하는 것으로 광의로 이해하고 있음을 알 수 있다.[51]

위원회는 국가보고에 대한 최종견해에서 다양한 인종차별에 대한 우려를 표명해 왔다. 비록 위원회가 인종이나 피부색에 의한 차별인지 항상 명시적으로 특정하지는 않았지만, 위원회는 선주민에 대한 차별,[52] 아프리카계 온두라스인에 대한 차별,[53] 아프리카계 미국인에 대한 차별,[54] 발칸 반도의 알바니아어를 사용하는 로마니(집시)에 대한 차별,[55] 중앙아프리카 피그미족인 바트와 부족에 대한 차별,[56] 무국적 부족민에 대한 차별,[57] 일본 내 불가촉천민인 부라쿠민(部落民, 부락민) 여성에 대한 차별,[58] 이탈리아 내 로마니(집시)에 대한 차별,[59] 소수민족 집단에 대한 차별,[60] 캄보디아 내 베트남인에 대한 차별,[61] 유대인에 대한 차별,[62] 무슬림에 대한 차별,[63] 팔레스타인인에 대한 차별[64] 등 다양한 인종, 피부색, 민족, 종족, 사회계급 등에 대한 차별에 대한 우려를 표명해 왔다.[65]

개인통보 사건에서 위원회가 인종·피부색에 기반한 차별에 해당한다고 보아 제26조 위

49) International Convention on the Elimination of All Forms of Racial Discrimination, UNTS, vol. 660, p. 195 (21 December 1965), art. 1.
50) Taylor's Commentary(2020), p.752.
51) Nowak's CCPR Commentary(2019), p.753(para.28); Concluding Observations on Bangladesh, CCPR/C/BGD/CO/1(2017), para.11; Concluding Observations on Nepal, CCPR/C/NPL/CO/2(2014), para.9; Concluding Observation on India, CCPR/C/79/Add.81(1997), paras.8, 10, 15.
52) Concluding Observations on Costa Rica, CCPR/C/CRI/CO/6(2016), para.10.
53) Concluding Observations on Honduras, CCPR/C/HND/CO/2(2017), para.11.
54) Concluding Observations on the United States of America, CCPR/C/USA/CO/4(2014), paras.8, 11.
55) Concluding Observations on Montenegro, CCPR/C/MNE/CO/1(2014), paras.18-19.
56) Concluding Observations on Rwanda, CCPR/C/RWA/CO/4(2016), paras.47-48.
57) Concluding Observations on Kuwait, CCPR/C/KWT/CO/3(2016), paras.10-11.
58) Concluding Observations on Japan, CCPR/C/JPN/CO/6(2014), para.9.
59) Concluding Observations on Italy, CCPR/C/ITA/CO/6(2017), paras.12-15.
60) Concluding Observations on Austria, CCPR/C/AUT/CO/5(2015), paras.17-18.
61) Concluding Observations on Cambodia, CCPR/C/KHM/CO/2(2015), para.8.
62) Concluding Observations on Hungary, CCPR/C/HUN/CO/6(2018), paras.17-18.
63) Concluding Observations on France, CCPR/C/FRA/CO/5(2015), para.23.
64) Concluding Observations on Israel, CCPR/C/ISR/CO/4(2014), paras.7-8, 16-18, 21.
65) Nowak's CCPR Commentary(2019), p.754(para.29).

반 결정을 내렸던 예는 상대적으로 적었으나, 인종적 특성만을 이유로 용의자를 색출하는 등 인종 프로파일링을 하는 것이 문제된 사건들이 있었다. 예를 들어, *Williams Lecraft v. Spain* 사건(2009)에서는 법집행 기관이 불법이민자 색출을 위한 신분확인을 하면서 인종적 특성만을 이유로 통보인을 색출한 조치의 정당성이 문제되었다. 위원회는 신분확인 절차 자체는 공공안정과 범죄예방이라는 정당한 목적달성에 이바지하는 측면이 있지만, 인종적 특성이 통보인을 불법이민자로 색출하는 결정적 요소가 된 것은 합리적이고 객관적인 이유로 볼 수 없다고 보아 제26조 위반 결정을 내렸다.[66]

2. 성별[67]

성별을 사유로 한 차별금지는 규약 제2조 제1항(규약상 권리의 차별금지)뿐 아니라 제3조(남녀평등권)에서 특별히 보장하고 있다.[68] 성별을 사유로 한 차별 사례에서 규약 제26조와 함께 제2조 및 제3조가 종종 함께 원용되는 이유이다.[69]

여성차별에 관한 개인통보 사건들 중에서 제26조 위반이 인정된 대표적인 사례로, 사회보장 혜택이 성별에 따라 차별적으로 지급된 것의 정당성이 문제 된 사례를 들 수 있다.[70] 예를 들어, *Broeks v. the Netherlands* 사건(1987)에서 위원회는 네덜란드 실업수당법이 결혼한 여성은 생계부양자임을 입증해야만 실업수당을 지급하는 반면에 결혼한 남성에 대해서는 그러한 입증을 요구하지 않은 것은 성별에 따른 부당한 차별에 해당한다고 판단하였다.[71]

국가보고서에 대한 최종견해에서는 노동·고용 영역에서의 성차별이 종종 지적되었는데, 특히 동일가치의 노동에 대해 동일한 보수가 여성에게 지급되지 않는 문제 및 여성에게 동일한 직업선택의 자유가 주어지지 않는 문제 등이 지적되었다.[72] 한편 여성의 재생산권과

---

66) *Williams Lecraft v. Spain*, Communication No. 1493/2006(2009), paras.7.2, 7.4.

67) 성별에 따른 차별에 관해서는 제3조 부분에서 상세히 검토하였으므로, 여기서는 주요 쟁점을 개괄적으로나마 간략하게 살펴보기로 한다. 자세한 내용은 제3조 설명 부분 참조.

68) 제3조는 "이 규약의 당사국은 이 규약에서 규정된 모든 시민적 및 정치적 권리를 향유함에 있어서 남녀에게 동등한 권리를 확보할 것을 약속한다"고 규정하고 있다.

69) 예를 들어 *Lovelace v. Canada*, Communication No. 24/1977(1981), para.18; *Aumeeruddy-Cziffra et al. v. Mauritius*, Communication No. 35/1978(1981), para.10.1. 참조.

70) *Broeks v. the Netherlands*, Communication No. 172/1984(1987); *Pauger v. Austria*, Communication No. 415/1990(1992); *Hendrika Vos v. the Netherlands*, Communication No. 218/1986(1989).

71) *Broeks v. the Netherlands*, Communication No. 172/1984(1987), paras.12-15.

72) Nowak's CCPR Commentary(2019), p.760(para.40). 여성 임금노동자가 동일한 보수를 받지 못하는 문제에 관해서는 Concluding Observations on Canada, CCPR/C/CAN/CO/6(2015), para.7; Concluding Observations on Azerbaijan, CCPR/C/AZE/CO/4(2016), paras.14-15 참조. 여성의 직업선택의 자유에 관해서는 Concluding Observations on Bahrain, CCPR/C/BHR/CO/1(2018), para.20 참조.

낙태시술에 대한 접근권 문제도 위원회에서 오랫동안 논쟁적 영역이었다. 위원회는 여러 국가들의 보고서에 대한 최종견해에서 반복적으로 "특히 강간이나 근친상간으로 인해 임신을 한 경우나 태아의 생존이 불가능한 경우에, 임신한 여성 및 여아의 생명이나 건강이 위태롭거나 계속 임신을 만기까지 할 경우에 임신한 여성 및 여아에게 심각한 피해나 고통이 유발될 수 있는 경우라면, 산모가 안전하고 적법하며 효과적으로 자발적 임신중절을 할 수 있어야 한다"고 강조하였다.[73] 이 밖에 성희롱 및 여성에 대한 폭력(성폭력 포함)은 위원회 활동의 초기에는 그다지 주목받지 못했으나, 시간이 지날수록 매우 중요시 되고 있다.[74] 또한 정치권 등 공공영역에서 여성이 과소대변되고 있는 문제와 혼인생활에 있어서의 양성평등의 보장 필요성은 최근 들어 더욱 강조되고 있는 쟁점이다.[75] 반면에 여전히 근절되지 않고 있는 악습, 즉 일부 국가들에 존속하고 있는 여성성기훼손, 가슴다림질, 일부다처혼의 관행들은 예전부터 지금까지 계속해서 문제로 지적되어 오고 있는 관행이다.[76]

3. 언어

규약은 제27조(소수자 보호)에서도 "언어적 소수민족이 존재하는 국가에 있어서는...[중략]... 그들 자신의 언어를 사용할 권리가 부인되지 아니한다"고 하여, 소수언어에 대한 보호규정을 두고 있다.

위원회에 제기된 개인통보 사건들을 보면, 언어를 사유로 한 차등적 조치에 정당성을 주장하는 국가들의 동기는 다양한 형태를 띤다. 즉 소수언어 보호를 위한 우대조치가 필요하다고 주장하는 국가도 있는 한편, 사회통합을 위해 언어통일의 필요성을 옹호한 신생 독립국도 있었다. 선거 후보자 자격검증이나 귀화 요건으로서 언어능력 검증을 요구하는 국가에서 검증절차가 자의적이거나 차별적 방식으로 되었는지가 문제된 사건들도 있었다. 각 사건에서 위원회는 개별 사안에 따라 구체적 주장의 정당성을 판단하였다. 다음은 몇 가지 주요 결정을 예시적으로 살펴본다.

73) 예를 들어 Concluding Observations on the Dominican Republic, CCPR/C/DOM/CO/6, para.16 참조.
74) Nowak's CCPR Commentary(2019), pp.763-764(paras.44-45). 예를 들어 Concluding Observations on Australia, CCPR/C/AUS/CO/6(2017), paras.21-22; Concluding Observations on Georgia, CCPR/C/GEO/CO/4(2014), para.7 참조.
75) Concluding Observations on Denmark, CCPR/C/DNK/CO/6(2016), para.16; Concluding Observations on Argentina, CCPR/C/ARG/CO/5(2016), paras.7-8; Concluding Observations on Bangladesh, CCPR/C/BGD/CO/1(2017), para.11; Concluding Observations on Azerbaijan, CCPR/C/AZE/Co/4(2016), paras.14-15.
76) Concluding Observations on Burkina Faso, CCPR/C/BFA/CO/1(2016), paras.12-13; Concluding Observations on Cameroon, CCPR/C/CMR/CO/5(2017), para.19.

Ballantyne et al. v. Canada 사건(1993)에서는 퀘벡주에서 프랑스어 이외의 언어로 상업광고를 하는 것을 금지한 조치의 정당성이 문제되었다. 이 사안에서 캐나다 정부는 언어에 대한 실질적 평등실현을 위해 소수언어인 프랑스어에 대한 우대조치가 필요하다고 항변하였다. 위원회는 해당 조치가 규약 제19조 제2항(표현의 자유) 위반에 해당한다고 보았으나, 조치의 적용을 모든 언어 사용자가 동일하게 받는다는 이유로 제26조 위반은 아니라고 판단하였다.[77] 즉 영어 사용자뿐 아니라 프랑스어 사용자도 영어권 고객을 유인하기 위하여 영어 상업광고를 할 수 없음에 주목하여 제26조 위반에 해당하는 차별이 존재하지 않는다고 판단하였다.[78]

Diergaardt et al. v. Namibia 사건(2000)에서는 갓 독립한 나미비아가 사회통합을 위해 영어를 공식언어로 채택함에 따라 소수부족 언어는 행정부, 사법부, 교육 등 공공영역에서 사용할 수 없게 된 것이 문제되었다. 위원회는 그러한 조치를 소수부족 언어 사용자(이 사건에서 Afrikaans)에 대한 차별로 보아 제26조 위반 결정을 하였다.[79] 그런데 이 결정에 대해서는 영어가 나미비아의 공식 언어로 채택되었을 뿐 문제된 Afrikaans는 다른 여러 소수부족 언어와 동일하게 취급되었다는 점에서 차별이 아니라는 6인의 반대의견이 있었다.[80]

4. 종교

종교에 의한 차별은 제26조 외에도 제18조(사상, 양심 및 종교의 자유)와 제17조(사생활의 보호)에 의해서도 규율된다. 또한 종교에 의한 차별은 다른 차별금지 사유와 중첩되어 발생하는 사례가 많은데, 특히 인종 및 민족에 의한 차별과 자주 중첩된다. 유대인이나 무슬림의 예에서도 알 수 있듯이, 같은 인종 및 민족은 보통 같은 종교에 바탕을 둔 문화권을 형성하기 때문이다.

국가보고서에 대한 최종견해에서 종교에 의한 차별이 문제 된 사례 유형은 국적 취득에 있어서 종교에 따른 차별, 고용 및 교육에 있어서 종교에 의한 차별, 다른 종교 간의 혼인 제한, 종교에 따른 참정권의 제한, 재정 지원에 있어서 종교에 따른 차별 등 광범위한 영역을 아우른다.[81]

---

77) *Ballantyne et al. v. Canada*, Nos. 359/1989 et al.(1993), para.11.5.
78) 개인의견을 발표한 18인의 위원 중 누구도 해당 사안이 간접차별에 해당할 수 있는 가능성을 고려하지 않음은 흥미롭다. Nowak's CCPR Commentary(2019), p.766(para.49) 참조.
79) *Diergaardt et al. v. Namibia*, Communication No. 760/1997(2000), para.10.10.
80) *Diergaardt et al. v. Namibia*, Communication No. 760/1997(2000), Individual Opinion by Amor (Dissenting), Individual Opinion by Ando (Dissenting), Individual Opinion by Bhagwati, Colville and Yalden (Dissenting), Individual Opinion by Lallah (Dissenting).

개인통보 사건에서는 특정 교파 소속의 교육기관에 대한 국가의 재정지원의 정당성,[82] 특정 종교에 대한 법인설립 신청 거부,[83] 종교적 신념 내지 관행에 반하는 의무적 조치의 정당성[84] 등이 제26조 위반과 관련하여 주요 쟁점으로 다루어졌다. 다음은 몇 가지의 대표 사례를 예시적으로 검토한다.

Prince v. South Africa 사건(2004)에서는 대마초의 소지와 사용을 금지하는 조치가 대마초(마리화나)를 명상에 사용하는 라스타파리아교인에 대한 간접차별이 될 수 있는지가 쟁점이 되었다. 위원회는 간접차별이 되기 위해서는 문제된 규칙의 해약이 배타적이거나 불균형적으로 해당 종교의 신봉자들에게 미쳐야 하는데, 이 사안에서 문제된 대마초 금지는 마약의 유익성을 신봉하는 모든 사람에 대하여 공평하게 적용되기에 간접차별에 해당하지 않는다고 판단하였다.[85]

이 외에도 머리 및 얼굴을 가리는 부르카 착용을 제한하는 국내법이 무슬림 여성에 대한 간접차별에 해당하는지가 여러 차례 쟁점이 되었다.[86] 예로 들면, *Yaker v. France* 사건(2018)과 *Hebbadj v. France* 사건(2018)에서는 공공장소에서 얼굴을 가리는 행위를 금지하는 프랑스 국내법이 문제되었다. 위원회는 문제된 국내법이 종교적 신념에 따라 얼굴을 가리는 무슬림 여성들로 하여금 공공장소에 나오지 못하고 집에만 머무르도록 소외시키는 조치일 수 있다며 간접차별에 해당한다고 보아 제26조 위반 판단을 하였다.[87]

종교적 신념에 따른 양심적 병역거부자에게 허용된 대체복무 조건이 가혹하여 제26조 위반이 될 수 있는지가 문제된 사건들도 다수 있었다. *Järvinen v. Finland* 사건(1990)에서는 핀란드의 양심적 병역거부제도의 정당성이 문제되었다. 이 제도는 종교적 신념의 진정성에 대한 검증절차 없이 통상의 군 복무기간(12개월)에 비해 장기의 대체복무(16개월)를 선택할

---

81) Taylor's Commentary(2020), pp.773-774.

82) *Waldman v. Canada*, Communication No. 694/1996(1999).

83) *Sister Immaculate Joseph et al. v. Sri Lanka*, Communication No. 1249/2004(2005).

84) *Bhinder Singh v. Canada*, Communication No. 208/1986(1989).

85) *Prince v. South Africa*, Communication No. 1474/2006(2007), para.7.5.

86) *F.A. v. France*, Communication No. 2662/2015(2015); *Seyma Türkan v. Turkey*, Communication No. 2274/2013(2018).

87) *Sonia Yaker v. France*, Communication No. 2747/2016(2018), paras.8.15-8.17; *Miriana Hebbadj v. France*, Communication No. 2807/2016(2018), paras.7.15-7.17. 규약위원회의 이러한 법리는 유럽인권재판소의 판단과 대비된다. 유럽인권재판소는 프랑스의 부르카 금지법이 종교적 표현권을 방해하기는 하지만 공생을 지향하는 정당한 목적에 부합하고 국가들의 판단의 재량 영역에 속한다고 보아 유럽인권협약 제9조(사상, 양심, 종교의 자유)에 위반되지 않는다고 판단하였다. 관련해서 *SAS v. France*, ECtHR Judgment, No. 43835/11(2014) 참조.

수 있도록 하고 있었다. 위원회는 어려운 진정성 검증절차를 면제해 주는 대신에 4개월의 추가근무를 요구하는 해당 제도를 비합리적이거나 징벌적 성격을 가진다고 볼 수 없다고 보아, 제26조 위반이 없다고 판단하였다.[88] 반면에 *Foin v. France* 사건(1999)에서는 통상의 의무복무 기간은 12개월인데 반해 대체복무 기간은 24개월을 요구하는 제도의 정당성이 문제 되었다. 위원회는 이 정도의 복무기간의 차이는 합리적이고 객관적이라 할 수 없다며, 제26조 위반에 해당하는 차별적 제도라고 판단하였다.[89]

5. 정치적 또는 그 밖의 의견

정치적 또는 그 밖의 의견을 이유로 한 차별은 제26조 외에도 제18조(사상, 양심 및 종교의 자유)와 제19조(표현의 자유)에 의해서도 규율된다. 세 조문에 대한 위반이 함께 선고된 예로 *Kang v. Republic of Korea* 사건(2003)을 들 수 있다. 한국의 사상전향제도는 과거 권위주의 정권 하에서 국가보안법이나 반공법 등을 위반한 공안사범들을 대상으로 가석방 가능성과 감옥 내 더 나은 차별적인 처우라는 유인책을 제공함으로써 정치적 견해를 바꾸기 위해 고안된 제도였다. 위원회는 한국의 사상전향제도가 정치적 의견에 따른 의사표현의 자유를 제한하는 차별적 제도로서 제26조 위반에 해당한다고 판단하였다.[90]

정치적 견해를 이유로 한 차별 사건은 종종 다양한 종류의 불이익과 학대를 동반한다. *Bwalya v. Zambia* 사건(1993)의 통보인은 잠비아 내 정당의 대표였으나 국가당국에 의해 후보 출마 준비 및 선거 캠페인에 참가하는 모든 활동으로부터 배제 당하였다. 또한 숱한 협박과 겁박에 시달렸고, 직장을 잃고 가족들과 함께 살던 집에서도 쫓겨난 후에 불법결사 혐의로 구금당하였다. 위원회는 잠비아가 규약 제9조(신체의 자유), 제12조(거주 이전의 자유), 제19조 제1항(표현의 자유), 제25조 제a항(참정권)상 의무를 위반하였다고 결정하였고, 더불어서 제26조에 대한 위반도 있었다고 판단하였다.[91]

정치적 의견이 아닌 그 밖의 의견을 이유로 인한 차별이 있었는지가 문제된 사건의 예로 *Gedumbe v. Congo* 사건(2002)을 들 수 있다. 부룬디에 파견된 자이르(지금의 콩고민주공화

---

88) *Järvinen v. Finland*, Communication No. 295/1988(1990), paras.6.1-7.

89) *Foin v. France*, Communication No. 666/1995(1999), para.10.3. 비슷한 결론을 내린 다른 사건의 예로 *Maille v. France*, Communication No. 689/1996(2000), para.10.4; *Venier and Nicolas v. France*, Nos. 690/1996 & 691/1996(2000), para.10.4 참조.

90) *Kang, Yong Joo v. Republic of Korea*, Communication No. 878/1999(2003), paras.7.2, 8. 위원회는 제26조뿐만 아니라 제18조 제1항 및 제19조 제1항 위반에도 해당한다고 판단하였다.

91) *Bwalya v. Zambia*, Communication No. 314/1988(1993), paras.6.6-6.7. 유사한 사건으로 *Oló Bahamonde v. Equatorial Guinea*, Communication No. 468/1991(1993), para.9.5 참조.

국에 존재하던 옛 국가) 대사였던 통보인은 특정 고위 공무원이 횡령을 하였다는 의혹을 제기하였다가 해당 공무원에 의해 징계조치도 없이 불법적으로 공직에서 정직되었다. 위원회는 통보인이 제기한 의혹으로 인하여 차별적 처우를 당하는 것을 방관한 당사국에 대하여 규약 제2조 및 제25조 제c항(공무취임권의 평등보장), 제26조 위반 결정을 하였다.[92]

위원회는 국가보고서에 대한 최종견해에서 인권옹호자, 언론인, 정치적 활동가, 정치적 반대자, 노동조합 간부, 정권에 대해 반대의견을 표명하는 자들에 대한 다양한 종류의 보복조치에 대한 우려를 종종 표명해 왔으며, 이들의 권리 및 자유를 제한하는 차별적 조치에 대해서 규약 제19조(표현의 자유), 제21조(집회의 자유), 제22조(결사의 자유)에 대한 위반 가능성과 함께 제26조 위반 가능성도 다루었다.[93]

6. 민족 또는 사회적 출신

민족을 이유로 한 차별은 인종 및 피부색을 이유로 한 차별로도 다루어질 수 있는 한편, 민족적 출신(national origin)에 따른 차별과 국적(nationality)에 따른 차별은 구별되는 개념이다.[94] 지금까지 민족적 출신에 따른 차별을 이유로 제26조 위반을 주장한 개인통보 사건은 모두 심리적격을 인정받지 못했다.[95] 예를 들어 *Drobek v. Slovakia* 사건(1997)이 있다.

1945년 슬로바키아는 '베네 칙령'으로 독일계가 소유한 모든 부동산을 몰수하였다. 이에 따라 통보인은 아버지와 삼촌으로부터 물려받은 부동산(슬로바키아 수도 소재)을 몰수당했다. 이후 슬로바키아 내 공산당이 물러난 후에 복권법이 제정되어 이전에 몰수되었던 재산에 대한 반환조치가 실시되었으나, 복권법은 '베네 칙령'에 따라 몰수된 재산은 포함시키지 않았다. 이에 통보인은 슬로바키아 정부가 제2차 세계대전 이후에 만연했던 독일 출신에 대한 차별정책을 승인함으로써 규약 제2조 및 제26조상 차별금지 의무를 위반하였다며 개인통보를 제기하였다. 그러나 위원회는 이에 대해 심리적격이 없다는

---

92) *Gedumbe v. Congo*, Communication No. 641/1995(2002), para.5.3("To the extent that the Committee has found that there was no effective legal procedure allowing the author to invoke his rights before a tribunal (article 25 (c) in conjunction with article 2), no separate issue arises concerning the conformity of proceedings before such a tribunal with article 14 of the Covenant. With regard to article 26, the Committee sustains the author's reasoning by finding a violation of article 25 (c).").

93) Taylor's Commentary(2020), p.775.

94) Nowak's CCPR Commentary(2019), p.772(para.63). 국적에 따른 차별에 대해서는 이후 제26조에 열거되지 않은 다른 사유에 근거한 차별 부분에서 다룬다.

95) Nowak's CCPR Commentary(2019), p.773(para.65).

결정을 내렸다. 구 정권에 의해 자행된 불법으로 인한 피해자들을 모두 구제해주지 않았다고 해서 그것만으로 제26조가 금지하는 차별이라고 보기는 힘들다고 판단하였기 때문이었다. 한편, 이에 대해서 심리적격은 성급한 결정이었으며, 위원회가 본안에 대하여 판단했어야 한다는 2인의 반대의견이 있었다.[96]

한편 사회적 출신을 이유로 한 차별 사건이 지금까지 위원회에 개인통보로 제기된 적은 없다. 다만 규약상 사회적 출신의 의미를 다른 인권조약기구의 견해로부터 추정할 수 있다. 사회권규약위원회는 일반논평 제20호에서 사회적 출신의 의미를 "개인이 물려받은 사회적 지위"로 보았는데, 이 정의에 따르면 사회적 출신은 후술할 차별금지사유인 재산 및 출생과 중첩될 수 있는 개념이다.[97] 한편 국제노동기구 전문가위원회는, 사회적 출신을 반드시 물려받지 않아도 "개인의 계급, 사회적·직업적 분류 또는 카스트"와 관련된 상황으로 보고 있어서 개념상 차이가 있다.[98]

7. 재산

차별금지 사유로서 재산의 의미는 사회권규약위원회의 일반논평 제20호로부터 추정할 수 있다. 사회권규약위원회는 재산을 "부동산과 동산의 소유 또는 부족을 포괄하는 광의의 개념"으로 정의하였다.[99]

위원회가 "재산과 동등한 근거"(grounds equivalent to those of property)에 의한 차별이 인정된다며 제26조 위반 결정을 한 사례로, *Haraldsson et al. v. Iceland* 사건(2007)이 있다. 이 사안에서 아이슬란드가 특정 어족의 보호를 위하여 어획량 할당 법제를 시행한 것이 문제되었다. 즉 아이슬란드는 해당 법제에 따라 어획량 할당의 대상이 되는 어족에 대하여 1980년대 초 특정 기간 동안 낚아온 어부들에 대해서만 무료로 어획량을 할당해주는 한편, 다른 어부들에 대해서는 무료 할당을 받은 어부들로부터 대가를 지불하고 할당량의 일부를 사거나 대여 받도록 하였다. 위원회는 아이슬란드의 어획량 할당 법제의 입법목적(한정된 어족보호)은 정당하다고 볼 수 있으나, 차등조치의 근거 및 방식이 합리적이고 객관적인 기준에 의거하지 않았다고 보아 제26조 위반 결정을 하였다.[100]

---

96) *Drobek v Slovakia*, Communication No. 643/1995(1997), para.6.5. 이 결정 이후의 후속 사건들에 대한 결정과 반대의견에 대해서는 Nowak's CCPR Commentary(2019), pp.772-773(para.64) 참조.
97) ICESC General Comment No.20(2009), para.24.
98) ILO Report of the Committee of Experts on the Application of Conventions and Recommendations (articles 19, 22 and 35 of the Constitution), Report III (Part 1B) (2012), paras.802-804.
99) ICESC General Comment No.20(2009), para.25.

8. 출생

출생을 이유로 한 차별이 문제되는 쟁점은, 혈통이나 가문, 신분에 기반을 둔 차별부터 혼외자녀에 대한 차별, 무국적자의 자녀에 대한 차별, 입양자녀에 대한 차별 등 태어날 때부터 주어진 조건을 이유로 가해지는 다양한 차별을 아우른다. 규약은 제26조 외에도 제24조에서 특별히 "모든 아동은 인종, 피부색, 성별, 언어, 종교, 민족 또는 사회적 출신, 재산 또는 출생에 따른 어떠한 차별도 받지 않으며, 미성년자로서의 지위로 인하여 요구되는 보호조치를 자신의 가족, 사회 및 국가로부터 받을 권리를 가진다"고 하여 자녀가 출생 등을 이유로 차별받지 않도록 하고 있다.

특히 혼외자녀들은 많은 지역에서 차별의 대상이 되어왔기에, 위원회는 당사국들에게 특별히 혼외자녀를 차별하는 법제(상속, 국적취득, 출생등록 등에서의 차별)를 폐지·수정할 것을 권고해 왔다.101) 개인통보 사건에서도 혼외자녀에 대한 차등조치가 종종 쟁점이 되었는데, 제26조 위반이 선고된 대표적인 예로 앞서 소개한 *Derksen v. Netherlands* 사건(2004)을 들 수 있다. 이 사건에서 위원회는 혼외 자녀에 대해서도 자녀수당을 지급할 수 있도록 개정한 신법의 입법목적을 고려할 때, 신법의 적용범위를 법 시행 이후로만 제한한 조치는 합리적 근거에 바탕을 둔 정당한 차등조치로 볼 수 없다고 판단하였다.102)

위원회는 출생을 근거로 한 차등조치라 할지라도 합리적 근거가 있는 경우에는 제26조 위반으로 볼 수 없다고 하였다. 즉, *Gillot et al. v. France* 사건(2002)에서 프랑스령 뉴칼레도니아의 독립에 대한 주민투표의 유권자 자격요건으로서 뉴칼레도니아 영토와의 강력한 유대감을 확인하기 위하여 영토 내 거주기간, 본인 및 부모의 출생지, 관습적 시민신분 소유 여부 등을 고려한 것이 출생에 따른 차별이 되는가가 쟁점이 되었다. 위원회는 민족자결권 행사를 위한 독립투표라는 한정된 목적을 위해 영토와의 강력한 유대감의 증거가 될 수 있는 요건들을 고려한 것은 객관적이고 합리적인 조치로 보아 규약 위반이 없다고 판단하였다.103)

한편, 출생을 이유로 한 차등조치라 할지라도 규약상 평등원칙에 따른 판단의 대상이 되

---

100) *Haraldsson et al. v. Iceland*, Communication No. 1306/2004(2007), paras.10.3-10.4. 다만 이 사건에서 차등조치의 사유가 '재산'으로 볼 수 있는가에 대해서는 반대의견(Dissenting Opinion by Yuji Iwasa)이 있었다.
101) 예를 들면 Concluding Observations on Libyan Arab Jamahiriya, CCPR/C/LBY/CO/4(2007), para.27; Concluding Observations on Japan, CCPR/C/JPN/CO/5 (2008), para.28.
102) *Derksen v. Netherlands*, Communication No. 976/2001(2004), para.9.3.
103) *Gillot et al. v. France*, Communication No. 932/2000(2002), paras.13.5-13.16.

기에 부적절하다는 판단을 받은 제도도 있었다. 즉, *Martínez de Irujo v Spain* 사건(2004)에서 대대로 내려오는 귀족 작위가 아버지로부터 남자형제에게로만 계승되고 여자에게로는 계승되지 않는 것이 제26조상 차별이 될 수 있는지가 문제되었다. 위원회는 귀족 작위의 계승과 같이 불가분적이고 절대적 성격을 가지는 제도는 제26조가 보호하는 법 앞에서의 평등원칙 및 차별금지 원칙이 지향하는 근본가치의 적용을 받기에 부적절한 제도여서 제26조 위반 주장이 원용될 수 없는 성격의 사안이라는 이유로 심리부적격 결정을 하였다.[104]

9. 그 밖의 신분 등의 어떠한 이유

제26조 제2문은 차별금지사유를 열거하면서 "그 밖의 신분 등의 어떠한 이유에 따른"(on any ground such as... or other status) 차별에 대한 보호를 보장할 것을 요구하고 있다. 조항의 원문(영어)을 보면, 차별금지 사유를 열거하기 전에 "such as"라는 문구를 사용하였음을 알 수 있다. 이는 열거된 차별금지 사유가 총망라적 사유가 아니며 예시적 사유임을 드러낸다. 또한 위원회는 "그 밖의 신분"(other status)을 열거된 사유 이외의 일반적 잔여사유를 포괄하는 무정형적 개념으로 해석해 왔다.[105]

그렇다고 해서 제26조의 차별금지 사유가 어떠한 유형이든지 모두 허용하는 무제한적 개념은 아니다. "such as"(~와 같은)라는 단어의 통상적 의미로 미루어볼 때, 차별금지 사유는 열거된 항목들과 비슷한 종류의 사유여야 할 것이다. 즉, 제26조의 적용대상이 되는 차별금지 사유가 무제한적으로 확장되는 개념은 아니며, 다만 열거된 사유들과의 유사성이 인정되는 사유들을 포괄하는 개방적 개념으로 이해할 수 있다.[106] 사회권규약위원회도 일반논평 제20호에서 "그 밖의 신분"(other status)의 의미를 "명시적으로 인정된 사유들과 비슷한 성격의 것으로,..[중략]... 이 추가적 사유들은 취약성을 가지고 소외됨으로 인해 고통받았으며 계속 고통받고 있는 사회집단의 경험이 반영될 때 대개 인정되는 사유"라고 정의하였다.[107] 종합하면, "그 밖의 신분"(other status)은 열거된 사유와 유사한 성격의 것으로, 사회 정황의 변화에 따라 사회적 약자 내지 소수자들이 겪는 고통스러운 경험을 지속적으로 반영하여 진화되어 가는, 개방성을 가지는 무정형적 사유이다.

지금까지 그 밖의 신분에 포섭된다고 인정된 사유들을 보면, 장애, 나이, 국적, 성적 지향

---

104) *Hoyos y Martínez de Irujo v Spain*, Communication No. 1008/2001(2004), para.6.5.
105) Nowak's CCPR Commentary(2019), p.775(para.70). 예를 들어 *Haraldsson et al. v. Iceland*, Communication No. 1306/2004(2007), para.10.2, Dissenting Opinion by Yuji Iwasawa.
106) Nowak's CCPR Commentary(2019), p.775(para.70).
107) ICESC General Comment No.20(2009), para.27.

및 성별 정체성, 건강상태 등을 아우른다. 여기서는 각 대표 사유별 문제된 주요 쟁점을 살펴본다.

가. 장애

위원회 초기 활동에서는 장애를 이유로 한 차별이 제대로 다뤄지지 않았었다. 위원회 초기에 장애로 인한 차별을 받았다고 주장하며 제기된 개인통보 사건은 모두 (다양한 이유로) 심리부적격 결정을 받았으며, 국가보고에 대한 최종견해에서 장애로 인한 차별을 지적한 예가 없었던 것은 아니지만 매우 드물었다.[108] 위원회가 장애를 이유로 한 차별에 대해 처음으로 공식적인 관심을 표명한 것은 1996년에서였다. 당시 일반논평 제25호(1996)는 처음으로 신체장애를 이유로 한 투표권의 제한은 비합리적이라고 하였다.[109]

그런데 지난 10여 년 사이에 장애로 인한 차별이 위원회에서 주목을 받기 시작하였다. 최근 들어 위원회는 국가보고에 대한 최종견해에서 장애인에 대한 다양한 차별적 관행을 지적하고 개선을 촉구해 왔다. 즉 지적장애 및 인지장애를 가진 여성 및 여아에 대한 비자발적 비치료적 불임시술을 하는 관행에 대한 우려를 표명하였고,[110] 장애인에 대한 불임시술의 해악 및 결과에 대하여 의료인이 알 수 있도록 연수를 실시하라고 권고했으며,[111] 장애아동은 아프기 때문에 다른 아동으로부터 분리되어야 한다는 사회적 인식과 장애인이 겪는 정보 및 소통수단에의 접근의 어려움 등에 대하여 지적하였고,[112] 교육 및 고용, 공공교통수단, 공공건물을 이용함에 있어서 장애인이 차별받지 않도록 할 것을 요구하였으며,[113] 정신장애인의 투표권 제한에 대해 우려를 표명하였다.[114]

개인통보 사건에서 장애 사유가 충분히 고려되지 않았음을 이유로 제26조 위반이 선고된 예로, *Q v. Denmark* 사건(2015)을 들 수 있다.

> 이 사건 통보인은 덴마크에 인도적 보호지위로 거주하다가 귀화신청을 하였는데, 덴마크어와 모국어인 아랍어에 대해 모두 문맹이며 심각한 만성 정신질환 및 신체질환 등 장

---

108) Nowak's CCPR Commentary(2019),p.777(para.72).

109) HRC General Comment No. 25(1996), para.10.

110) Concluding Observations on Australia, CCPR/C/AUS/CO/6(2017), paras.23-24.

111) Concluding Observations on Spain, CCPR/C/ESP/CO/6(2015), para.10.

112) Concluding Observations on Azerbaijan, CCPR/C/AZE/CO/4(2016), para.10; Concluding Observations on the Dominican Republic(2017), CCPR/C/DOM/CO/6, para.9.

113) Concluding Observations on Romania, CCPR/C/ROU/CO/5(2017), paras.19-20.

114) Concluding Observations on Cambodia, CCPR/C/KHM/CO/2(2015), para.26.

애을 가지고 있음을 이유로 언어능력 검증에서의 예외인정을 요청하였으나 기각 당하였다. 이 사건에서 통보인은 귀화요건으로서 언어능력을 요구하는 것 자체를 문제 삼지는 않았으며, 다만 언어능력을 요구하는 절차가 자의적이고 차별적인 방식으로 집행되었음을 문제 삼았다. 위원회는 당사국이 법률을 제정하고 시행함에 있어서 장애와 같은 사유를 충분히 고려하여 차별적 법집행이 이루어지지 않도록 해야 함에도 불구하고, 통보인이 제출한 예외인정 요청을 기각한 결정의 이유가 통보인에게 전혀 고지되지 않았음에 주목하였다. 결론적으로 덴마크 당국이 통보인의 신청을 기각하는 데에 합리적이고 객관적인 이유가 있음을 입증하는데 실패하였다고 보아 제26조 위반 결정을 하였다.[115]

나. 나이

나이는 위원회에 의하여 명백하게 "기타의 신분"의 하나로서 제26조에 따른 차별금지 사유가 될 수 있다고 인정된 사유이다.[116] *Love et al. v. Australia* 사건(2003)은 콴타스 호주 항공사의 60세 정년퇴직 제도가 나이에 따른 차별인지가 문제된 사건이었다. 위원회는 포괄적 사회보장제도가 제공되고 있는 상황에서 정년퇴직 제도 자체는 근로자를 보호하기 위한 것으로 일반적으로 나이에 따른 차별로 볼 수 없다고 하였다. 특히 해당 제도는 항공 안전의 최대치 확보라는 정당한 목적에 이바지하기 위하여 국내외로 광범위하게 시행되고 있는 60세 정년퇴직 제도를 시행한 것으로, 객관성 및 합리성 기준이 충족되는 제도라고 판단하였다.[117] 반면에 *Albareda v. Uruguay* 사건(2011)에서 위원회는 고위 공무원의 다른 직위 간에 10년이라는 정년의 차이가 나는 것은 정당화될 수 없는 수준의 차이라고 판단하였다.[118]

다. 국적

규약문 성안 과정에서 국가들은 국적에 의한 차별을 명시적으로 차별금지 사유에 포함시키기를 꺼렸다. 이에 만장일치로 국적은 제26조에 열거된 차별금지 사유에서 제외되었다.[119] 그러나 이후 위원회는 외국인의 지위에 관한 일반논평 제15호에서 규약 제13조(외국인 추방

---

115) *Q v. Denmark*, Communication No. 2001/2010(2015), paras.7.2-7.5.

116) *Love et al. v. Australia*, Communication No. 983/2001(2003), paras.8.2.

117) *Love et al. v. Australia*, Communication No. 983/2001(2003), paras.8.2-8.3. 위원회는 국제노동기구(ILO) 협약 어디에도 정년퇴직 제도가 협약에 대한 위반이 된다고 명시된 적이 없음도 강조하였다.

118) *Albareda v. Uruguay*, Nos. 1637/2007, 1757 & 1765/2008(2011), paras.9.3-9.4.

119) Nowak's CCPR Commentary(2019), p.780(para.78).

제한)와 제15조(참정권)을 제외한 다른 모든 규약상 권리는 자국민과 외국인에게 동일하게 적용되며, 외국인도 법 앞에서의 평등과 법의 평등한 보호를 받을 권리를 향유한다고 선언함으로써 국적이 제26조상 차별금지 사유가 되도록 하였다.120)

국적에 따른 차별이 문제가 된 대표적 개인통보 사건으로 *Gueye et al v. France* 사건(1989)을 들 수 있다. 이 사건에서 위원회는 은퇴한 군인에 대한 연금 지급의 합리적 기준은 과거 복무한 병역이어야지 국적이 될 수 없다고 하였다. 이로써 프랑스군에 복무하고 은퇴한 이후에 세네갈이 프랑스로부터 독립함에 따라 프랑스 국적을 잃은 자들에게 현저히 적은 연금을 지급하는 것은 제26조 위반에 해당한다고 하였다.121)

한편, *Tsarjov v. Estonia* 사건(2007)은 외국인 간 국적을 기준으로 한 차별대우가 문제된 사건이었다. 이 사건의 통보인은 구 소련에서 태어나 국가보안위원회(KGB)에서 고위직(중위)으로 활동한 자로, 에스토니아에서 거주허가 신청을 하였으나 허가를 받지 못하였다. 이에 통보인은 그러한 조치가 유럽연합(EU)이나 북대서양조약기구(NATO)의 회원국이 아닌 국가(소비에트 공화국 연방)의 국민이란 이유로 한 차별이라며 개인통보를 제기하였다. 그러나 위원회는 역사적으로 에스토니와 구 소련 간의 관계를 감안할 때에 국가보안위원회 소속 군인출신인 통보인에 대한 거주허가 발급의 금지는 국가안보를 이유로 정당화될 수 있는 조치라고 하면서 통보인의 주장을 기각하였다.122)

라. 성적 지향 및 성별 정체성

제26조가 성안되던 때에만 해도 성적 지향이나 성별 정체성을 차별금지 사유에 포함시킬지는 아예 논의대상이 아니었다. 위원회에서 성적 지향에 대한 전향적 판단을 하기 시작한 것은 *Toonen v. Australia* 개인통보 사건(1994)에서부터이다. 위원회는 호주 태즈메이니아주에서의 동성간 성행위의 형사처벌이 규약 제2조 제1항(규약상 권리의 차별금지) 및 제17조(사생활 보호)에 위반된다고 판단하면서, 별도로 제26조 위반 판단을 할 필요는 없다고 보았다.123) 그러나 호주가 성적 지향이 제26조상 열거된 차별금지 사유 중에서 기타의 신분에 해당하는지를 명확히 해달라고 요청하자, 위원회는 제2조 제1항 및 제26조에 열거된 차별금지 사유 중에서 성별(sex)에 성적 지향이 포섭된다는 해석을 하였다.124) 이후 위원회는 성적

---

120) HRC General Comment No. 15(1986), paras.2, 7, 9.

121) *Gueye et al v. France*, Communication No. 196/1985(1989), para.9.5.

122) *Tsarjov v. Estonia*, Communication No. 1223/2003(2007), p.7.4.

123) *Toonen v. Australia*, Communication No. 488/1992(1994), paras.10-11.

124) *Toonen v. Australia*, Communication No. 488/1992(1994), para.8.7. 그런데 이후 비슷한 쟁점을 다룬 후속 사건들에서는, 위원회는 *Toonen* 사건을 "성 또는 성적 지향"에 기반한 차별금지를 인용한 선례로

지향이 어떤 차별금지 사유에 해당하는지를 명시하지 않고, 다만 "규약 제26조 하의 차별금지는 성적 지향에 기반한 차별을 포함한다"고 설시하는 태도를 종종 보이기도 하였다.[125]

초반의 다소 조심스러운 태도와 달리, 시간이 지날수록 위원회는 성적 지향과 성별 정체성에 따른 차별에 대해 적극적으로 판단하는 경향을 보였다. 특히 2010년 이후 발표된 국가보고서에 대한 최종견해에서 성적 지향과 성별 정체성에 대한 차별 문제가 주요 고려사항으로 다뤄지고 있는 점은 주목할 만하다. 위원회는 지속적으로 규약 당사국들에 대하여 동성 간 동의 하에 이루어진 성행위를 형사처벌하지 않을 것,[126] 동성애자 학생이 학교에서 쫓겨나는 문제 및 LGBTI(레즈비언, 게이, 양성애자, 트랜스젠더, 인터섹스)에 대해 가해지는 차별적 폭력 문제를 해결할 것,[127] 성적 지향 및 성별 정체성으로 인한 차별을 금지하는 입법을 할 것,[128] 동성애, 양성애, 성전환에 대한 사회적 낙인찍기 및 성적 지향이나 성별 정체성에 기반한 혐오표현이나 차별, 폭력을 용인하지 않을 것을 권고하고 있다.[129]

다만 개인통보 사건에서 동성혼을 인정하지 않는 것이 제26조 위반인가가 문제되었을 때에 위원회는 규약으로부터 바로 동성혼을 인정할 의무까지 도출하기는 힘들다는 태도를 보여 왔다. 예를 들어 *Joslin et al. v. New Zealand* 사건(2002)에서 위원회는 당사국이 동성혼을 인정하지 않는다는 사실만으로 규약 제26조를 위반하였다고 볼 수 없다고 하였다.[130] 그러나 이 결정이 2002년에 선고된 점과 최근 들어 이 영역에 있어서 위원회의 태도가 급진적으로 변화하고 있는 점을 고려할 때, 앞으로 법리 변화를 기대해볼 수 있다는 견해도 나오고 있다.[131] 최근의 법리변화를 상징적으로 보여주는 예로, 2017년에 호주에 대한 최종견해에서 위원회는 동성혼을 명시적으로 금지하는 법률은 동성커플에 대한 차별적 처우를 야기할 수 있다며 이에 대한 우려를 표명하였다.[132]

관련해서 혼인은 남성과 여성 간에만 가능하다고 규정한 호주 결혼법과 관련하여 2017

언급하였다. 예를 들어 *Young v. Australia*, Communication No. 941/2000(2003), para.10.4 참조.

125) 예를 들어 *Fedotova v. Russia*, Communication No. 1932/2010(2012), para.10.5 참조.

126) Concluding Observations on Bangladesh, CCPR/C/BGD/CO/1(2017), para.11.

127) Concluding Observations on Burundi, CCPR/C/BDI/CO/2(2014), para.8; Concluding Observations on Costa Rica, CCPR/C/CRI/CO/6(2016), paras.11-12.

128) Concluding Observations on Cambodia, CCPR/C/KHM/CO/2(2015), para.9.

129) Concluding Observations on the Russian Federation, CCPR/C/RUS/CO/7(2015), para.10.

130) *Joslin et al. v. New Zealand*, Communication No. 902/1999(2002), paras.8.2-8.3.

131) Nowak's CCPR Commentary(2019), p.787(para.90).

132) Concluding observations on Australia, CCPR/C/AUS/CO/6(2017), para.29("The Committee is concerned about the explicit ban on same-sex marriage in the Marriage Act 1961, which results in discriminatory treatment of same-sex couples, including in matters relating to divorce of couples who married overseas.").

년에 선고된 두 개의 개인통보 사건을 주목할 만하다. 먼저 *C et al. v. Australia* 사건 (2017)에서는 외국에서 결혼한 동성부부의 혼인이 호주에서 인정되지 않아 이들이 호주에서 이혼절차를 밟을 수 없는 것이 문제 되었다. 호주의 결혼법은 호주 국내법이 허용하지 않는 결혼, 즉 16세 이하의 결혼이나 일부다처제에 따른 결혼을 외국에서 한 경우에도 이를 혼인으로 인정하여 호주 국내법에 따른 이혼절차를 밟을 수 있도록 하고 있었다. 그러나 호주 결혼법은 혼인은 남녀 간에만 가능하다고 정의하였기에, 외국에서 결혼한 동성부부는 호주에서 이혼절차를 밟을 수 없었다. 위원회는 호주가 국내법으로 허용하지 않는 결혼도 외국에서 한 경우에는 결혼으로 인정하여 이혼절차의 대상이 되도록 하면서, 동성결혼이라는 이유만으로 관할권 밖에서의 결혼까지 인정하지 않는 것은 성적 지향에 따른 차별로서 정당화될 수 없다며 규약 제26조 위반에 해당한다고 결정하였다.[133]

한편, *G. v. Australia* 사건(2017)은 위원회가 최초로 트랜스젠더에 대한 차별에 대하여 제26조 위반 판단을 한 사건이다. 이 사건에서 결혼한 트랜스젠더인 통보인이 출생등록증에 표시된 성별을 전환한 성별로 정정해달라고 한 신청에 대하여 통보인이 이혼하지 않는 한 성별정정을 해줄 수 없다며 기각한 조치가 차별인지가 문제 되었다. 호주가 다른 신분증명적 성격의 공식문서에 대한 성별정정은 다 허용하고 있었음에도 불구하고 통보인의 신청을 기각한 이유는, 호주 결혼법상 결혼 개념이 남녀 간에만 가능하다고 정의되어 있었기 때문이었다. 위원회는 미혼의 트랜스젠더나 트랜스젠더가 아닌 자와 달리, 결혼한 트랜스젠더에 대해서만 이혼하지 않는 한 출생등록증에서의 성별정정을 해주지 않는 것은 결혼한 트랜스젠더에 대한 부당한 차별에 해당한다고 보아 제26조 위반 판단을 하였다.[134]

마. 건강상태 등

위원회는 최근들어 건강상태를 이유로 한 차별도 제26조와 관련하여 다루어 왔다. 특히 HIV/AIDS 감염자 및 에볼라 바이러스 생존자에 대한 차별에 대한 우려를 표명해 왔다.[135] 위원회는 설사 공공안전을 위해 특정 건강상태를 보이는 사람들에 대한 자유 및 권리를 일정부분 제한하는 경우라 할지라도, 합리적이거나 객관적 이유 없이 교육, 고용, 건강보험, 여행, 사회보장, 거주, 비호신청 등에 접근할 권리를 박탈해서는 안 된다는 입장이다.[136] 관련해서 사회권규약위원회는 일반논평 제20호에서 정신병이나 한센병 등에 대한 광범위한

---

133) *C et al. v. Australia*, Communication No. 2216/2012(2017), paras.8.6-9.6.
134) *G. v. Australia*, Communication No. 2172/2012(2017), paras.7.12-7.15.
135) Concluding Observations on the Initial Report of Liberia, CCPR/C/LBR/CO/1(2018), pagra.16.
136) Nowak's CCPR Commentary(2019), p.788(para.92).

낙인찍기는 종종 개인들이 규약상 권리를 온전히 향유하는 것을 침해하므로 당사국이 이에 대한 대응조치를 취할 것이 요구된다고 하면서, 건강상태를 이유로 한 건강보험의 가입거부는 합리적이거나 객관적인 정당화 사유가 있지 않는 한 차별에 해당할 수 있다고 하여서, 이를 참조할 필요가 있다.[137]

이 외에도 위원회는 거주지 및 거주 자격, 경제적·사회적 지위, 혼인여부 및 가족형태 등으로 인한 차별이 있었다는 주장도 제26조 위반이 문제되는 쟁점으로 다루어 왔다.[138] 제26조가 포섭하는 차별금지사유는 앞으로도 급변하는 사회환경에 따른 차별의 유형 변화와 이에 대한 인식, 도덕적 기준 등의 변화의 영향을 받아 진화적으로 확장·다양화되어 갈 것이다. 이에 제26조에 대한 위반 여부를 판단함에 있어서 끊임없이 변화하는 차별의 유형과 사회가치에 대한 민감성을 가질 것이 요구된다.

Ⅳ. 한국의 실행

1. 헌법 및 법률에 의한 보장

가. 헌법적 근거

우리 헌법은 여러 조문에 걸쳐 평등권 내지 평등원칙을 보장하고 있다. 헌법 전문(정치·경제·사회·문화의 모든 영역에 있어서 각인의 기회를 균등히 할 것), 제11조(평등권 및 평등원칙), 제20조 제2항(종교에 의한 차별금지), 제31조 제1항(교육의 기회균등), 제32조 제4항(근로관계에서 여성차별 금지), 제36조 제1항(혼인과 가족생활에서 양성평등), 제39조 제2항(병역의무), 제41조 제1항과 제67조 제1항, 제116조 제1항(선거와 선거운동), 제119조 제2항(균형 있는 국민경제 발전), 제123조 제2항(지역간 균형 있는 발전)에서 평등권 내지 평등원칙을 보장하고 있다.[139]

이 중에서 평등권에 관한 기본조항은 제11조이다. 제11조 제1항은 "모든 국민은 법 앞에 평등하다. 누구든지 성별·종교 또는 사회적 신분에 의하여 정치적·경제적·사회적·문화적 생활의 모든 영역에 있어서 차별을 받지 아니한다"고 규정하고 있다.[140] 이 조항의 의미 및 성격에 관하여 헌법재판소는 "헌법 제11조 제1항이 규정하는 평등의 원칙은 일체의 차별적 대우를 부정하는 절대적 평등을 의미하는 것이 아니라 법의 적용·입법에 있어서 불

---

137) ICESC General Comment No.20(2009), para.33.
138) Nowak's CCPR Commentary(2019), pp.789-790(paras.93-95); Taylor's Commentary(2020), pp.780-783.
139) 김학성, 『헌법학원론 2017년판』(피앤씨미디어, 2017), p.418.
140) 헌법 제11조 제2항은 사회적 특수계급제도의 금지를, 제3항은 영전일대의 원칙(훈장 등 영전의 세습 및 특권화 배제)을 규정하고 있다.

합리한 조건에 따른 차별을 하여서는 아니 된다는 것을 뜻하고, 따라서 비록 차별적인 대우를 하는 경우에도 그것이 합리적인 근거에 의한 때에는 평등의 원칙에 어긋나는 것이 아니"라고 해석해 왔다.[141] 또한 "모든 국민이 법 앞에 평등하다는 것도 형식적인 법적용상의 평등만을 뜻하는 것이 아니라 법의 제정까지도 포함한 모든 국가작용의 실질적인 평등원리의 구현을 목표로 하는 의미로 이해되며, 이러한 의미에서 평등권의 보장은 형식적으로만 파악할 수 없는 것이고 법의 실질적 내용까지 종합적으로 살핀 뒤에 합리적으로 판단할 것을 요구한다"고 하였다.[142] 헌법재판소는 제11조의 평등권 내지 평등원칙 위반 여부를 판단하는 심사기준으로 자의금지원칙과 비례성원칙을 적용해 왔다.[143]

헌법 제11조 제1항은 차별금지 사유로 "성별·종교 또는 사회적 신분"의 3가지 사유만을 제시하고 있으나, 통설에 의하면 이는 예시적 사유이다.[144] 그렇다고 해서 단순한 예시는 아니다. 열거된 3가지 사유와 동등한 비중을 지닌 경우에 한해 동일한 취급을 요구하는 예시 사유로 보는 것이 타당하다는 점에서 이를 제한적 예시 사유라 할 수 있다.[145]

나. 차별금지법 현황 및 과제 - 포괄적 차별금지법 제정 논의 중심으로 -

1987년 6월 항쟁 이후에 제정된 「남녀고용평등과 일·가정 양립 지원에 관한 법률」(남녀고용평등법, 1988년 시행)을 예외로 하면, 우리나라에서 차별금지법이 본격적으로 등장한 것은 1999년 이후의 일이다. 1999년에 제정·시행된 「남녀차별금지 및 권리구제 등에 관한 법률」(남녀차별금지법, 2005년 폐지)을 시작으로, 2001년에 제정된 「국가인권위원회법」(2001년 시행)은 인권구제의 조사대상의 범위에 평등권 침해의 차별행위를 포괄적으로 규정한 한국 최초의 법률이었다.[146] 이후 오랜 입법투쟁의 결과로 「장애인차별금지 및 권리구제에 관한 법률」(장애인차별금지법, 2008년 시행), 「고용상 연령차별금지 및 고령자고용촉진에 관한 법률」(연령차별금지법, 2009년 시행), 「기간제 및 단기간근로자 보호 등에 관한 법률」, 「파견근로자 보호 등에 관한 법률」(두 법률을 합쳐서 '비정규직보호법'이라 한다, 모두 2007년 시행)이

---

141) 헌법재판소 2007. 8. 30. 2003헌바51.

142) 헌법재판소 2007. 8. 30. 2003헌바51.

143) 이에 대해서는 김학성(전게주, 139), pp.433-437; 헌법재판소 2001. 2. 22. 2000헌마25; 헌법재판소 1999. 12. 23. 98헌마363 참조.

144) 김태환, "성적 지향에 기초한 차별에 관한 연구: 국내법 사례를 중심으로", 인권연구 제4권 제1호 (2021), p.55.

145) 김학성(전게주, 139), pp.423-424.

146) 안진, "포괄적 차별금지법의 입법쟁점에 대한 일고찰 - 현행 차별금지법제의 문제점을 중심으로 -", 법학연구 제38권 제1호(2018), p.538.

제정되었다.

이렇듯 개별적 차별금지법이 있음에도 불구하고 포괄적 차별금지법 제정이 추가적으로 필요하다는 요구는 계속 있었다. 국가인권위원회는 2001년 출범 초기부터 포괄적 차별금지 법안의 마련에 주력하였으며,[147] 2006년 7월에는 「차별금지법 권고법안」을 권고하기도 하였다.[148] 최근 들어 규약위원회도 한국의 국가보고서에 대한 최종견해(2015)에서 "특정한 형태의 차별을 금지하는 다수의 개별법이 존재한다는 것을 확인하면서도, 포괄적인 차별금지법이 없다는 것을 우려"하였고, "포괄적인 차별금지법, 명시적으로 삶의 모든 영역을 다루고 인종과 성적 지향 및 성별 정체성을 포함하는 모든 사유에 근거한 차별을 정의하고 금지하는 법률을 제정"하라고 권고하였다.[149] 또한 위원회는 "이러한 법률은 공적, 사적 행위자 모두의 직·간접 차별에 대해 적절한 제재를 부과하고, 효과적인 구제책을 제공하여야 한다"고 강조하였다.[150]

그동안 한국에도 포괄적 차별금지법이 필요함을 옹호하는 진영에서 제시해 온 논거는 다음과 같다. 첫째, 개별적 차별금지법은 특정 사유 또는 영역과 관련하여 특별히 차별을 금지할 필요성으로 제정된 것이기에 이들이 규율하지 못하는 공백이 생길 수밖에 없으며, 따라서 모든 차별금지 사유와 영역을 포괄적으로 규율하는 포괄적 차별금지법이 필요하다는 것이다.[151] 둘째, 차별구제의 실효성을 강화하기 위해 포괄적 차별금지법이 필요하다는 것이다. 차별시정기구를 단일화하는 것이 효과적이고 효율적인 차별구제 및 차별금지 정책 수행을 위해 유리하며, 여러 차별금지 사유가 합쳐져서 불리한 대우를 받는 경우인 복합차별의 문제를 대응하기 위해서도 포괄적 차별시정기구는 필요하기 때문이다.[152] 셋째, 평등과 차별금지가 헌법상 중요 이념인 점을 감안할 때, 이에 관한 기본법을 제정할 당위성이 인정된다는 것이다.[153]

이렇듯 포괄적 차별금지법 제정에 대한 국내외의 요구와 기대가 높아져 왔지만 제20대 국회의 임기가 만료될 때까지만 해도 유의미한 수준의 입법적 논의가 이루어지지 못했다. 그러다가 제21대 국회 개시와 함께 포괄적 차별금지와 관련한 법안들이 여러 개 발의되기

---

147) 상게주, p.544.
148) 홍관표, "차별금지법 제정 방안에 관한 검토", 이화젠더법학 제13권 제2호(2021), p.2.
149) Concluding Observations on the Republic of Korea, CCPR/C/KOR/CO/4(2015), paras.12-13.
150) Concluding Observations on the Republic of Korea, CCPR/C/KOR/CO/4(2015), para.13.
151) 홍성수, "포괄적 차별금지법의 필요성: 평등기본법을 위하여", 이화젠더법학 제10권 제3호(2018), p.7; 안진(전게주, 146), pp.564-565.
152) 홍성수(상게주), p.8; 안진(전게주, 146), p.565.
153) 홍성수(상게주), pp.10-11.

시작하면서 입법 논의가 급물살을 타기 시작하였다. 즉 2020년 6월 29일 장혜영 의원이 대표발의한 '차별금지법안'에 이어, 2021년 6월 16일에는 이상민 의원이 '평등에 관한 법률안'을 대표발의했으며, 2021년 8월에는 박주민 의원과 권인숙 의원이 각각 '평등에 관한 법률안', '평등 및 차별금지에 관한 법률안'을 발의했다. 이에 제21대 국회의 임기가 만료되는 2024년 5월 29일까지 포괄적 차별금지법 제정의 필요성에 대한 공감대가 더욱 두텁게 형성되고, 새로운 입법이 담아야 할 내용에 관한 충실한 검토가 이루어질 것이 촉구되고 있다.[154]

1. 주요 쟁점

지금까지 대한민국을 상대로 제기된 개인통보 사건에서 규약 제26조에 대한 위반 결정이 내려졌던 사례는 2건이다. 첫째는 권위주의 정권 하에서 유지되었었던 사상전향제도가 제26조의 권리를 침해한다고 결정한 *Kang v. Republic of Korea* 사건(2003)이고,[155] 둘째는 한국계 아닌 외국인 원어민 강사에 대해서만 비자 연장 시에 HIV/AIDS 검사를 받도록 한 조치가 제26조 위반에 해당한다고 결정한 *Vandom v. Republic of Korea* 사건(2018)이다.[156] 첫째 사례에서 문제 된 조치가 정치적 의견에 대한 차별의 기초 위에서 의사표현의 자유를 제한하였다면, 둘째는 한국계 아닌 외국민 원어민 강사라는 인종 및 국적, 특정 직업군에 대한 차별의 기초 위에서 채택된 정책이었다고 할 수 있다.

한편 대한민국 국가보고서에 대한 최종견해에서 위원회가 제26조와 관련하여 지적한 쟁점은 시기별로 변화해 왔다.[157] 위원회는 제2차 보고에 대한 최종견해(1999)에서는 사상전향제도를 대체한 준법서약제도의 차별성에 특히 주목하였다.[158] 그런데 최근 들어서는 특별히 성적 지향 및 성별 정체성에 근거한 차별과 인종차별 문제에 주목하고 있다. 예를 들어 위원회는 한국의 제4차 국가보고서에 대한 최종견해(2015)에서, "특히 인종차별과 성적 지향 및 성별 정체성에 근거한 차별을 정의하고 이를 금지하는 법률이 현재 부재한 점을

---

154) 포괄적 차별금지법 제정 필요성에 관한 논의는 홍관표(전게주 148); 홍성수(전게주 151); 안진(전게주 146) 참조.

155) *Yong Joo Kang v. Republic of Korea*, Communication No. 878/1999(2003), paras.7.2, 8. 위원회는 제26조뿐만 아니라 제18조 제1항 및 제19조 제1항 위반에도 해당한다고 판단하였다.

156) *Vandom v. Republic of Korea*, Communication No. 2273/2013(2018), paras.8.4-8.5.

157) 대한민국의 국가보고서에 대한 최종견해에서 제26조 위반이 우려되는 쟁점으로 여성에 대한 차별이 주요하게 다루어져 왔으나, 해당 내용은 제3조(남녀평등권)의 국가실행 부분에서 상세히 검토하고 있으므로 여기서는 이를 제외한 쟁점만 다루기로 한다.

158) Concluding Observations on the Republic of Korea, CCPR/C/79/Add.114(1999), para.15.

우려한다"고 강조하였다.[159] 위원회는 이어서 한국 정부에 대하여 "포괄적인 차별금지법, 명시적으로 삶의 모든 영역을 다루고 인종과 성적 지향 및 성별 정체성을 포함하는 모든 사유에 근거한 차별을 정의하고 금지하는 법률을 제정"하라고 권고하였다.[160] 위원회는 이후 제5차 국가보고 심의를 위한 보고 전 질의목록(2019)을 발표하였을 때도, 한국 정부에 "명시적으로 삶의 모든 영역을 다루며, 인종과 성적 지향 및 성별 정체성을 포함하는 모든 사유에 근거한 차별을 정의하고 금지하는 포괄적 차별금지법을 채택하기 위해 취한 조치에 대해 보고"할 것을 지시하였다.[161] 이는 위원회가 한국 내에 특히 인종차별 및 성적 지향 및 성별 정체성에 근거한 차별문제를 우려하고 있음을 보여준다.

차별의 근거사유가 다양한 만큼 차별 관련 국가실행은 포괄적일 수밖에 없으며 관련 국가실행을 다 서술하는 것은 지면의 한계상 불가능하다. 여기서는 위원회의 개인통보 결정 및 대한민국 국가보고서에 대한 최종견해에서 제26조 위반으로 다루어진 주요 쟁점인, ① 정치적 의견에 따른 차별적 법제도 관련 문제와 ② 성적 지향 및 성별 정체성에 근거한 차별, ③ 인종차별과 관련된 한국의 실행을 중점적으로 살펴본다.

가. 정치적 의견에 따른 차별

(1) 사상전향제도 및 준법서약제도

한국의 사상전향제도의 기원은 일제 강점기 말기에 치안유지법 위반사범(주로 독립운동가나 조선인 사상범 대상)에 대하여 항일사상 포기와 일본에의 충성맹세를 석방조건으로 요구했던 제도에서 찾을 수 있다.[162] 일제 강점기의 사상전향제도의 유산은 해방 후 권위주의 정권 하에서 국가보안법이나 반공법 등을 위반한 공안사범들을 대상으로 가석방 가능성과 감옥 내 더 나은 차별적인 처우라는 유인책을 제공하여 사상전향서를 쓰도록 한 제도로 이어졌다.[163] 이 제도는 이후 1998년 준법서약제도로 대체되기 전까지 존속했다.

---

159) Concluding Observations on the Republic of Korea, CCPR/C/KOR/CO/4(2015), para.12.

160) Concluding Observations on the Republic of Korea, CCPR/C/KOR/CO/4(2015), para.13.

161) List of Issues Prior to Submission of the Fifth Periodic Report of the Republic of Korea, CCPR/C/KOR/QPR/5(2019), para.5.

162) 김희훈, "일제강점기 후반 사상전향과 전향 관변단체 그리고 사상전향의 유산", 한일관계사연구 제69호 (2020), pp.96-97.

163) 상게주, p.97. 즉 훗날 1998년에 준법서약제도로 대체될 때까지 존속했던 사상전향제도를 규정한 구 「가석방심사등에관한규칙」 제14조 제2항은, 국가보안법 위반 사범 등에 대하여 사상전향서 제출을 가석방의 조건으로 하고 있었다. 또한 구 「사회안전법」 제7조 제1항과 「사회안전법 시행령」 제11조 제 1항에서는 보안처분면제결정신청을 위해서는 사상전향서를 첨부한 신청서를 관할 경찰서장에게 제출 하도록 되어 있어 사상 전향서의 제출을 보안처분의 면제요건으로 하였다.

1998년 한국 정부는 일제 때부터 내려오던 사상전향제도를 폐지하고, 대신 대한민국 체제와 법을 준수하겠다는 준법서약을 하면 수형자 등급을 높여주고 가석방을 가능케 하는 준법서약제도를 도입하였다.[164] 그러나 준법서약제도 또한 사상전향제의 변형에 불과하다는 비판이 계속 제기되었다. 예를 들어 규약위원회는 한국의 제2차 국가보고서에 대한 최종견해에서 준법서약제도는 제26조에 위배되는 차별적 제도라며 폐지를 권고하였다.[165] 국내외 비판이 지속되자, 2003년 법무부는 준법서약제도가 "헌법상 양심의 자유를 침해한다는 비판이 계속 제기되고, 형사정책상 실효성이 없다는 지적"을 수용한다고 하면서, 준법서약제도를 폐지하였다.[166]

위원회가 한국의 구 사상전향제도 및 구 준법서약제도의 차별적 성격을 확인해 준 개인통보 사례로, *Kang v. Republic of Korea* 사건(2003)이 있다.

이 사건의 통보인인 강용주는 전남대학교 의예과에 재학 중이던 학생으로, 1986년에 군부정권 타도를 위한 학생운동을 하던 중에 '구미유학생 간첩단 사건'에 연루되어 무기징역을 선고받았다.[167] 통보인은 복역 중에 사상전향 요구에 동의하지 않음을 이유로 엄격한 가석방 절차와 열악한 처우의 대상이 되었으며,[168] 끝까지 사상전향서 작성을 거부하여 결국 구미유학생 간첩단 사건 연루자 중에서 가장 마지막으로 1999년에서야 석방될 수 있었다.[169] 통보인은 복역 중이던 1998년에 사상전향제도가 규약 제26조 및 제18조 제1항(사상 및 양심의 자유), 제19조 제1항(의견의 자유)을 침해한다며 위원회에 개인통보를 제기하였다.[170] 위원회는 한국의 사상전향제도뿐만 아니라 준법서약제도에 내

---

164) 가석방심사등에관한규칙(법무부령 제467호, 일부개정 1998. 10. 10., 시행 1998. 10. 10., 타법 폐지 2008. 12. 19.) 제14조 제2항; 수형자분류처우규칙(법무부령 제480호, 전부개정 1999. 5. 20., 시행 1999. 6. 1., 타법폐지 2008. 12. 19.) 제41조 제2항.

165) Concluding Observations on the Republic of Korea, CCPR/C/79/Add.114(1999), para.15.

166) 가석방심사등에관한규칙(법무부령 제536호, 일부개정 2003. 7. 31., 시행 2003. 7. 31., 타법폐지 2008. 12. 19.) 개정이유; 수형자분류처우규칙(법무부령 제541호, 일부개정 2003. 11. 24., 시행 2003. 11. 24., 타법폐지 2008. 12. 19.).

167) 김승현, "보안관찰법의 법적·실무적 쟁점: '강용주 사건'에 대한 기록", 공익과 인권 제20호(2020), pp.5-6. 구미 유학생 간첩단 사건은 당시 국가안전기획부(안기부)가 관련자들을 고문하여 간첩으로 조작한 사건으로, 2020. 2., 서울중앙지방법원은 위 사건의 주범으로 사형을 선고받았던 양동화 등이 청구한 재심재판에서 안기부의 고문 사실 및 사법부의 오판을 인정하고 35년 만에 무죄를 선고하였다[서울중앙지방법원 2020. 2. 14. 선고 2017재고합38 판결 참조].

168) *Yong Joo Kang v. Republic of Korea*, Communication No. 878/1999(2003), paras.2.5.

169) 김승현(전게주, 167), pp.5-6.

170) *Yong Joo Kang v. Republic of Korea*, Communication No. 878/1999(2003), para.1.

재한 차별적 성격을 지적하면서, 양 제도 모두 정치적 견해에 따른 의사표현의 자유를 제한하는 차별적 제도로서 제26조 위반에 해당한다고 판시하였다.[171]

(2) 보안관찰법

2003년 준법서약제도는 폐지되었으나, 그 이후에도 「보안관찰법 시행령」상 준법서약서 제출제도는 존속하였다. 「보안관찰법」은 국가보안법위반 사범 등 사상범에 대하여 출소 후에도 보안관찰처분을 함으로써 광범위하고 집중적인 감시 및 통제를 할 수 있도록 하는 법이다.[172] 그런데 구 「보안관찰법 시행령」 제14조 제1항에 따르면, 보안관찰처분을 면제받기 위해서는 준법서약서를 제출할 것이 요구되었다. 이에 이미 헌법상 양심의 자유 침해를 이유로 폐지된 제도를 10년이 넘게 보안관찰법 시행령에 남아있도록 하는 것은 법질서의 통일성을 해치는 법 개정상의 불비이며, 준법서약서 제출 여부에 따라 재범의 위험성 유무를 담보할 수도 없을 뿐 아니라 이미 법무부장관이 재범의 위험성이 없다고 판단하여 처분을 갱신하지 않은 대상자에 대하여 다시 준법정신 유무를 판별하는 것은 모순이라는 점이 지적되었다.[173] 법무부는 2019. 10. 8. 마침내 보안관찰법 시행령을 일부개정하여 보안관찰 면제처분 신청 시 준법서약서를 제출하도록 한 조항을 삭제함으로써 준법서약서 제출 제도를 폐지하였다.[174] 이로써 2019. 10.에서야 우리나라 형사사법체제에서 준법서약서의 존재가 완전히 사라지게 된 것이다.

다만 사상범에 대한 차별적 감시 및 통제를 정당화한다는 지적이 계속 있었던 보안관찰법 자체는 여전히 남아있다.[175] 보안관찰법은 1997년, 2001년, 2003년, 2015년 네 차례에 걸쳐 헌법재판소에서 위헌법률심사를 받았는데, 헌법재판소는 네 번 모두 합헌결정을 내렸다.[176] 해당 법률이 헌법상 평등원칙에 위반된다는 주장에 대하여, 헌법재판소는 보안관찰처분 대상자는 민주주의 체제의 수호와 사회질서 유지, 국민의 생존 및 자유에 직접적이고 중대한 영향을 미치는 보안관찰해당범죄를 저질렀다는 점에서 보호처분 대상자와 차이가 존재하여 같은 범주에서 비교하는 것이 적절하지 않다고 하였고, 보호관찰법은 신고의무

---

171) *Yong Joo Kang v. Republic of Korea*, Communication No. 878/1999(2003), paras.7.2, 8. 위원회는 제26조뿐만 아니라 제18조 제1항 및 제19조 제1항 위반에도 해당한다고 판단하였다.
172) 보안관찰법(법률 제4132호, 전부개정 1989. 6. 16., 시행 1989. 9. 17.) 제1조.
173) 김승현(전게주, 167), p.40.
174) 법무부, 법무부, 보안관찰처분 면제 신청시 첨부 준법서약서 폐지, 로이슈(2019. 10. 9.).
175) 보안관찰법의 주요 내용에 대한 내용은 김승현(전게주, 167), pp.10-14 참조.
176) 헌법재판소 1997. 12. 27. 92헌바28; 헌법재판소 2001. 7. 19. 2000헌바22; 헌법재판소 2003. 6. 26. 2001헌가17; 헌법재판소 2015. 11. 26. 2014헌바475.

위반에 대하여 형사처벌 못지않은 불이익(유예된 형의 선고·집행, 가석방·임시퇴원 취소 등)을 부과할 수 있으므로, 형평에 맞지 않을 정도의 불합리한 차별이 있다고 볼 수도 없다고 하였다.[177]

한편 2018. 2. 21. 서울중앙지방법원에서 보안관찰법위반에 대하여 무죄를 선고한 최초판결이 나온 것은 특기할 만하다.[178] 위에서 언급한 *Kang v. Republic of Korea* 사건(2003)의 통보인인 강용주는 1999. 2. 25. 형집행정지로 14년 만에 석방되면서부터 보안관찰처분 대상자가 되었으나, 보안관찰법이 위헌적 법률이라며 이에 대한 불복종을 선언하고, 이후 15년간 보안관찰처분 대상자에게 요구되는 신고의무를 거부하였다. 이후 2017. 3. 23. 검찰이 지난 신고의무 위반행위에 대해 일괄하여 공소를 제기하자, 강용주는 보안관찰법의 처벌근거조항에 대한 위헌법률심판제청 신청과 함께 무죄를 주장했다.[179] 결론적으로 서울중앙지방법원은 2018. 2. 22. 강용주에게 대하여 다음과 같은 이유로 무죄를 선고하였다.[180]

첫째, 형사법원은 신고의무 불이행으로 인한 보안관찰법위반죄의 성립 여부를 판단함에 있어 그 선결문제로서 처분의 위법 여부를 심리·판단할 수 있으며, 피고인에 대한 보안관찰처분 자체가 위법함에도 그 처분에 따라 부과되는 신고의무를 이행하지 않았다고 하여 형벌을 부과한다면, 이는 법치주의의 원칙 및 기본권보장규정에 반하는 것이다. 둘째, 피고인에게 부과된 보안관찰처분의 사유인 재범의 위험성이 인정되지 않으므로 해당 처분은 위법하며, 피고인이 보안관찰법의 폐지를 주장하면서 불복종을 주장하고 있는 것은 헌법상 보장되는 기본적인 정치적 표현의 자유 또는 양심의 자유를 벗어나는 행위로 보기 어렵다.

결론적으로 법원은 강용주에 대한 보안관찰처분 자체가 위법하다고 판단한 다음, 위법한 보안관찰처분을 따르지 않은 것은 죄가 될 수 없다는 이유로 무죄를 선고하였다. 이 판결로 인하여 보안관찰법에 불복종하였다는 이유만으로 형사처벌을 가할 수 있는 것으로 여겨왔던 관행에 제동이 걸리게 되었으며 보안관찰법에 따른 자의적인 처분으로부터 구제받을 수 있는 길이 열리게 된 것은 의미 있는 변화이다.

나. 성적 지향 및 성별 정체성에 따른 차별

한국의 개별법률 등에서 성적 지향 및 성별 정체성을 이유로 차별하지 않을 것을 명시하

---

177) 김승현(전게주, 167), p.17.
178) 서울중앙지방법원 2018. 2. 21. 선고 2017고단1698 판결(확정).
179) 김승현(전게주, 167), p.14.
180) 서울중앙지방법원 2018. 2. 21. 선고 2017고단1698 판결(확정). 참고로 서울중앙지방법원은 위헌법률심판 제청신청은 기각하였는데, 피고인의 무죄가 확정됨에 따라 처벌 근거조항에 대한 위험심사형 헌법소원은 제기할 길이 없어지게 되었다. 위 논거에 대한 분석으로 김승현(전게주, 167), pp.30-31 참조.

고 있는 예로 「국가인권위원회법」 제2조 제3항, 「형의 집행 및 수용자 처우에 관한법률」 제5조, 「군에서의 형의 집행 및 군수용자의 처우에 관한 법률」 제6조, 법무부 훈령 「인권보호수사준칙」 제4조를 들 수 있다. 그러나 해당 규정들은 실제 성적 지향 및 성별 정체성에 따른 차별 문제에 대한 실효적 구제를 제공하고 미래의 차별을 예방하기에 부족하다. 다음은 제26조 위반에 해당한다는 규약위원회의 지적이 있었던 한국의 관련 법제도 및 관행을 살펴본다.

(1) 「군형법」상 추행죄

우리 「군형법」 제92조의6은 항문성교 및 기타 추행을 한 자를 추행죄로 처벌하도록 하고 있다. 이는 군대 내 성소수자 처벌 조항으로, 사실상 동성인 군인들 사이의 성관계를 합의 여부를 불문하고 처벌하는 방식으로 운용되어 왔다. 규약위원회는 제4차 국가보고에 대한 최종견해(2015)에서 "「군형법」 제92조의6에 따라 군대 내 남성간 합의에 의한 성적 행위를 처벌하는 것"에 대한 우려를 표명하였으며,[181] 이후 제5차 국가보고서 쟁점목록(2019)에서도 한국 정부에게 군형법 제92조의6 폐지를 위해 취한 조치와 해당 조항에 따른 유죄 판결 건수를 보고하라고 지시하였다.[182] 이에 대하여 한국 정부는 제5차 국가보고로 「군형법」 제92조의6은 군 기강을 저해하는 추행행위를 한 경우에만 처벌하는 조항이며, 「부대관리훈령」 제253조가 "병영내 동성애자 장병은 평등하게 취급되어야 하며, 동성애 성향을 지녔다는 이유로 차별받지 아니한다"고 정하고 있으므로 이에 따라 장병들의 성적 지향에 따른 차별이 발생하지 않도록 유의하고 있다고 설명하였다.[183]

「군형법」 제92조의6에 대해서는 여러 차례 위헌법률심판 및 헌법소원이 제기되었으나, 헌법재판소는 2016. 7. 군형법 추행죄에 대해 합헌 결정을 내렸다.[184] 이는 2002년과 2011년에 이어 세 번째 합헌 결정이었다.[185] 2002년, 2011년, 2016년 세 차례에 걸친 헌법재판소의 결정 이유는 거의 동일하다. 즉 동성 간 성행위가 객관적으로 일반인에게 혐오감을 일으키게 하고 선량한 성적 도덕관념에 반하여 군이라는 공동사회의 건전한 생활과 군기를 해칠 수 있기 때문에 처벌이 정당화된다는 것이다.[186] 이는 동성애에 대한 혐오적인 시각

---

181) Concluding Observations on the Republic of Korea, CCPR/C/KOR/CO/4(2015), para.14.

182) List of Issues Prior to Submission of the Fifth Periodic Report of the Republic of Korea, CCPR/C/KOR/QPR/5(2019), para.6(c).

183) Fifth Periodic Reports of Republic of Korea: Answers to List of Issues Prior to Submission(2020), paras.44-46.

184) 헌법재판소 2016. 7. 28. 2012헌바258.

185) 김지혜, "혐오와 차별 – 군형법 추행죄에 대한 헌법재판소 결정 비판 –", 공법연구 제46권 제3호(2018), p.31.

에 바탕을 둔 것으로, 성적 지향을 이유로 차별해서는 안 된다는 규약위원회의 권고와는 상당한 괴리가 있는 태도이다. 군형법상 추행죄에 대해서는 다시 위헌법률심판제청과 헌법소원이 제기되어 현재(2022. 8. 기준) 심리 중이다.

한편, 2022. 4. 21. 대법원은 동성인 군인들이 영외 사적 공간에서 근무시간 외에 자발적 의사 합치에 따라 성관계 등을 한 경우에는 군형법 제92조의6가 적용될 수 없다고 판결함으로써, 사적 공간에서 합의하에 이루어진 것인지 여부 등을 따지지 않고 남성 군인 간 성행위는 그 자체로 「군형법」 제92조의6에 따라 처벌된다고 판단한 이전 판례를 변경하였다.[187] 이 판결의 대상사건은 육군본부 중앙수사단이 군 내 동성애자 군인을 색출하여 형사처벌할 목적으로 수십 명의 군인 등을 상대로 그들의 과거행적을 수사한 후 십여 명의 군인을 기소한 사건의 일환이었다. 기록상 당시 피고인들은 아무런 문제없이 충실하게 군복무를 하고 있었으며, 영외의 사적 공간에서 근무 시간 외에 자유로운 합의 하에 성행위를 하였을 뿐이었다. 군인의 은밀한 사생활 영역을 파헤쳐 수사하고 처벌하는 것이 군기 확립에 긍정적 영향이 있을 수 있음을 정당화할 만한 정황도 없었다. 이에 대법원은 "동성 간의 성행위가 객관적으로 일반인에게 성적 수치심이나 혐오감을 일으키게 하고 선량한 성적 도덕관념에 반하는 행위라는 평가가 이 시대 보편타당한 규범으로 받아들이기 어렵게 되었다"고 하면서, "동성 간의 성행위가 그 자체만으로 '추행'이 된다고 본 종래의 해석은 더 이상 유지하기 어려워졌다"고 판시하였다. 이는 규약위원회의 그간의 권고에 부합하는 해석이며, 성적 지향을 이유로 차별받지 않을 권리보장에 이바지하는 판례변경이라 할 수 있다.

(2) 전환치료 선전 등 혐오 표현

UN 인권최고대표실(OHCHR)에서 2019년에 발간한 국제인권법상 성적 지향 및 성별 정체성 등에 관한 국제인권기준에 의하면, 동성애적 성적 지향과 성전환자의 성별 정체성을 바꾸기 위한 목적으로 가해지는 소위 '전환치료'(conversion therapist)는 비윤리적·비과학적·비효율적이며, 심한 경우에는 고문에 상응하는 행위에 해당한다.[188]

그럼에도 불구하고 2015년에 국가인권위원회와 국회가 동성애자, 양성애자, 성전환자를 위한 전환치료 선전을 위한 모임이 개최될 수 있도록 건물사용 허가를 준 것이 알려지면서 비판이 따랐다.[189] 규약위원회는 제4차 국가보고에 대한 최종견해(2015)에서 "동성애자, 양

---

186) 헌법재판소 2002. 6. 27. 2001헌바70; 헌법재판소 2011. 3. 31. 2008헌가21; 헌법재판소 2016. 7. 28. 2012헌바258.

187) 대법원 2022. 4. 21. 선고 2019도3047 판결.

188) UN OHCHR, Born Free and Equal: Sexual Orientation, Gender Identity and Sex Characteristics in International Human Rights Law 2nd ed., HR/PUB/12/06/Rev.1(2019), p.38.

성애자, 성전환자를 위한 소위 '전환치료' 모임을 국회와 국가인권위원회 건물에서 개최할 수 있도록 건물사용허가를 한 것"이 성적 지향 및 성별 정체성에 따른 차별에 해당한다며 우려를 표명하였고, 한국정부에 대하여 "소위 '전환치료'의 선전, 혐오표현 또는 폭력을 포함, 성적 지향 또는 성별 정체성에 근거한 모든 형태의 사회적 낙인과 차별을 용인하지 않는다는 것을 명시적, 공식적으로 표명"할 것을 권고하였다. 또한 "동성애자, 양성애자, 성전환자, 간성인 개인을 보호하기 위한 법적 체계를 강화"하고, "민간 단체가 소위 '전환 치료'를 위해 국가 소유의 건물을 사용할 수 없도록" 하라고 강조하였다.190)

이후 위원회는 제5차 국가보고서 쟁점목록(2019)을 발표하면서, 한국 정부에 대하여 "공식 행사 등에서 LGBTI에 대한 차별, 혐오 표현, 폭력 문제를 해결하기 위하여 취한 조치 및 '전환치료'의 선전에 대응하기 위하여 취한 조치"를 국가보고서에 포함시킬 것을 지시하였다.191) 이에 대하여 한국정부는 차별 및 혐오표현, 폭력이 모욕·명예훼손·폭행 등 범죄에 이르면 현행법으로 처벌할 수 있고, 범죄 행위가 차별에 기인한 점은 사법부의 양형기준에서 '비난할만한 범행 동기'에 해당하며, 혐오 표현에 대해 적용될 수 있는 규정으로 「정보통신망 이용촉진 및 정보보호 등에 관한 법률」과 「방송통신위원회의 설치 및 운영에 관한 법률」, 「방송심의에 관한 규정」 조항 등이 있다는 일반론적인 설명만 한 후, 전환치료 기타 성소수자에 대한 혐오적 선전에 대응하기 위하여 어떠한 구체적인 조치를 취하였는지에 관해서는 명시적인 답변을 하지 않았다.192)

(3) 성전환자의 성별정정

출생 시 지정받은 성별과 자신이 인식하는 성별정체성이 다른 트랜스젠더에게 있어 성별정정은 법 앞에 개인의 성별을 인정받고 사회 속에서 차별과 혐오 없이 삶을 영위하기 위한 중요한 절차이다. 한국에서 트랜스젠더의 성별정정을 규율하는 법률은 존재하지 않는다.

입법이 부재한 상황 하에서 2006년 대법원은 일정한 요건을 갖춘 트랜스젠더의 호적상 성별 기재를 정정할 수 있다는 결정을 내렸다. 즉 "성전환자도 인간으로서의 존엄과 가치를 향유하며 행복을 추구할 권리와 인간다운 생활을 할 권리가 있고 이러한 권리들은 질서유

---

189) 국가인권위 제자리 찾기 공동행동·민변 소수자인권위원회·성소수자 차별반대 무지개행동, <성명> 국가인권위의 인권침해적 '전환치료' 행사 대관을 규탄한다!(2015. 3. 19.).

190) Concluding Observations on the Republic of Korea, CCPR/C/KOR/CO/4(2015), paras.14-15.

191) List of Issues Prior to Submission of the Fifth Periodic Report of the Republic of Korea, CCPR/C/KOR/QPR/5(2019), para.6.

192) Fifth Periodic Reports of Republic of Korea: Answers to List of Issues Prior to Submission(2020), paras.38-39.

지나 공공복리에 반하지 아니하는 한 마땅히 보호받아야 한다(헌법 제10조, 제34조 제1항, 제37조 제2항)"는 점을 확인하면서, "호적법이 성전환자의 호적상 성별란 기재를 수정하는 절차규정을 두지 않은 이유는 입법자가 이를 허용하지 않기 때문이 아니라 입법 당시에는 미처 그 가능성과 필요성을 상정하지 못하였기 때문"이라고 지적하였다. 이에 "사회통념상 전환된 성을 가진 자로 인식되어 법률적으로 전환된 성으로 평가될 수 있는 성전환자"에 해당한다고 인정되는 경우에는 구 호적법 제120조에서 정한 절차에 따라 호적상 성별 기재의 정정을 허가할 수 있다고 판시하였다.[193]

대법원은 2006년 상기 전원합의체 결정을 실무적으로 이행하기 위하여 2006년 9월 6일 대법원 호적예규 제716호로 「성전환자의 성별정정허가사건등 사무처리지침」을 제정하였다. 성별정정에 있어 사실상의 요건과 첨부서류를 제시한 이 대법원 예규는 실무적인 지침서 역할을 하고 있다. 그러나 대법원 예규가 제시하는 요건은 '생식능력제거', '외부성기 형성수술', '혼인 중이 아닐 것', '미성년자녀가 없을 것', '탈법적 의도가 아닐 것'을 요구하는 등 지나치게 엄격한 면이 있으며, 제출해야 하는 서류 역시 지나치게 많고 복잡하여 트랜스젠더의 권리를 오히려 침해한다는 비판이 있었다.[194] 또한 서류 준비에 있어 부모동의서를 요구하였는데, 아직까지 트랜스젠더에 대한 사회적 편견과 혐오가 심한 상황에서 가족들 역시 이러한 혐오를 내면화하여 트랜스젠더 자녀의 정체성을 인정하지 못한 경우에 이 요건은 사실상 성별정정을 불가능하게 만드는 측면이 있었다.[195] 이에 규약위원회는 제4차 국가보고서에 대한 최종견해(2015)에서 성전환의 법률상 인정에 대해 엄격한 요건을 둔 것에 대한 우려를 표명하면서, 성전환의 법적 인정에 대한 접근성을 촉진하라고 권고하였다.[196]

이러한 지적을 바탕으로 해당 대법원 예규는 여러 차례 개정을 거쳤다. 중요한 변화로, 2019년 개정에 따라 성별정정 신청서에 첨부해야 하는 필수서류 목록에서 부모 동의서가 삭제된 것을 들 수 있다. 또한 2020년 개정에 의해 성별정정 절차가 보다 더 간소하게 바뀌었다. 즉 기존에 반드시 제출해야 했던 가족관계증명서, 2명 이상 정신과 전문의 진단서나 감정서, 성전환 시술 의사 소견서, 생식능력 없다는 전문의 감정서, 2명 이상 성장 환경 진술서 및 인우 보증서 등이 참고용 제출 가능 서류로 변경되었다. 다만 그동안 성별정정 절차에서 문제적 관행으로 지적되어 온, 서류 작성에 관한 정보를 찾을 수 없는 문제, 판사의

---

193) 대법원 2006. 6. 20. 선고 2004스42 전원합의체 결정.
194) 류민희 외 4인, "트랜스젠더의 성별정정 절차개선을 위한 성별정정 경험조사", 「제2회 공익·인권 분야 연구 결과 보고서」(서울지방변호사회, 2018), p.80.
195) 상게서, p.143.
196) Concluding Observations on the Republic of Korea, CCPR/C/KOR/CO/4(2015), para.14.

인권침해적인 질문, 필요 이상으로 길어지는 심리 등은 여전히 충분히 해결되지 못했다는 평가가 있다. 성별정정에 관한 특별법 제정이 이루어져서 향후 제도 개선뿐만 아니라 교육 및 인식개선을 위한 규범적 근거를 마련하는 것이 장기적으로는 바람직할 것이다.[197]

(4) 성전환자의 군 복무

규약위원회는 대한민국 제5차 보고 전 질의목록(2019)에서 한국 정부에 대하여 "군대 내를 포함하여, 동성애자, 양성애자, 성전환자, 간성인에 대한 차별 및 폭력 근절을 위해 취한 조치에 대해 보고"할 것을 지시하는 등, 성소수자가 군대 내에서 차별받지 않도록 조치를 취할 것을 독려해 왔다.[198]

관련해서 특기할 만한 판결로, 2021. 10. 7. 대전지방법원이 군복무 중 휴가기간 동안 성전환수술을 받고 부대에 복귀한 변OO 전 하사에 대하여 '심신장애' 판정을 내려 강제전역 시킨 육군의 처분을 취소하는 판결을 선고함으로써, 성전환수술을 받았다는 이유만으로 강제전역당할 수 없음을 명확히 한 것을 들 수 있다.[199] 이 판결에서 재판부는 "성전환자의 음경상실, 고환결손을 심신장애라고 보는 것은, 성전환수술의 목적, 방법, 성질 등에 비추어 부당하고, 성전환자의 '성별 정체성'을 이유로 차별을 하는 것으로서 헌법, 양성평등기본법, 국가인권위원회법, 국제법 등에 위반된다"고 판시함으로써, 성전환자에 대한 차별적 인식이 국내법뿐만 아니라 국제법에 의해서도 규율되는 문제임을 환기시켰다.

이 판결에 대해 2021. 10. 20. 육군 측은 항소하겠다는 입장을 밝히기도 하였으나, 10. 22. 법무부가 행정소송자문위원회의 권고를 받아들여 항소포기를 지휘함에 따라 항소는 이

---

197) 류민희 외 4인(전게주, 194), p.143.

198) List of Issues Prior to Submission of the Fifth Periodic Report of the Republic of Korea, CCPR/C/KOR/QPR/5(2019), para.6(d).

199) 대전지방법원 2021. 10. 7. 선고 2020구합104810 판결(확정). 변 하사는 2021. 3. 첫 변론 전 목숨을 끊어 판결 결과를 보지 못했다. 사건의 발단을 살펴보면, 변OO 전 하사는 2019. 11. 29, 휴가 중 태국 병원에서 성전환수술을 하고 부대에 복귀한 후 받은 의무조사에서 '심신장애' 판정을 받고 전역심사위원회에 회부되었다. 이에 변OO 전 하사는 2019. 12. 관할 법원에서 성별정정 허가를 신청하는 한편, 여군으로서 군복무를 이어가고 싶다는 뜻을 밝히면서 육군에 전역심사 연기를 요청하였다. 2020. 1. 21. 국가인권위원회도 육군에 심사 연기를 권고하였다. 그러나 육군은 전역심사를 강행하였고, 2020. 1. 22. 변 하사에 대한 강제전역 처분이 내려졌다. 한편, 2020. 2. 10. 관할 법원은 변 하사의 법적 성별을 남성에서 여성으로 정정하는 결정을 내렸다. 그러나 이후 변 하사는 육군의 강제전역 처분이 부당하다며 이에 대한 취소 소송을 이어나가던 중인 2021. 3. 3. 자택에서 스스로 목숨을 끊어 사망한 채 발견되었다. 변하사의 사망은 군뿐만 아니라 한국 사회 전반에 걸쳐 성전환자에 대한 차별 및 군복무 허용 여부에 관한 찬반 논란을 야기했다. 이후 변 하사의 유족들이 전역 처분 취소소송을 이어나간 결과, 2021. 10. 7. 대전지방법원에서 원고승소 판결이 선고되었다.

루어지지 않았고, 해당 판결은 확정되었다. 육군은 성전환자의 군 복무 문제에 관련해 "군의 특수성, 사회적 공감대 등을 종합적으로 고려하여 관련 법규와 제도를 검토해 나갈 예정"이라고 설명하면서, 국방부도 연내 관련 정책 연구용역을 발주할 계획이라고 발표하였다.[200] 향후 규약위원회의 권고에 부합하는 방향으로 제도가 설계될지 지켜봐야 할 것이다.

다. 인종차별

국가인권위원회가 2020년 세계 인종차별철폐의 날에 즈음하여 발표한 '한국사회의 인종차별 실태와 인종차별철폐를 위한 법제화 연구'에 따르면, 국내 이주민 응답자 68.4%, 공무원·교원 응답자 89.8%가 '한국에 대체로 인종차별이 존재한다'고 응답하였다. 이는 응답자 대부분이 한국 사회의 인종차별 문제를 인식하고 있음을 보여주는 유의미한 지표이다.[201]

규약위원회도 대한민국 내에 존재하는 외국인 등에 대한 차별문제에 대한 우려를 지속적으로 표명해 왔다. 제3차 보고에 대한 최종견해(2006)에서 외국인 근로자들이 직장에서 직면하는 지속적인 차별행위와 학대에 대한 우려를 표명한 이래,[202] 위원회는 제4차 보고에 대한 최종견해(2015)와 제5차 보고 전 질의목록(2015)에서는 포괄적 차별금지법 제정을 독려하는 이유로, 대한민국 내에 인종차별에 근거한 차별을 정의하고 이를 금지하는 국내법률이 부재한 점을 지적하였다.[203] 또한 제5차 보고 전 질의목록(2019)에서는 대한민국 정부에 대하여 "이주민, 망명 신청자, 난민, 인도적 체류자, 무국적자에 대한 차별 및 혐오표현 근절과 출생등록 및 의료조건, 주거, 교육, 고용 등과 같은 기본 서비스에 대한 접근권 보장을 위해 취한 조치에 대해" 보고할 것을 지시함으로써, 대한민국 내 외국인 등에 대한 차별문제를 위원회가 인지하고 있음을 보여주었다.[204]

관련 국내법제를 살펴보면, 먼저 대한민국 헌법 제11조는 "모든 국민은 법 앞에 평등하다"고 하고 있어서, 문언상 평등권의 주체에 외국인이 포함되는지가 불분명한 측면이 있다.[205] 이에 대하여 헌법재판소는 해당 권리의 성질상 모든 인간에게 보편적으로 적용되는

---

200) 권혁철, 고 변희수 전 하사 전역취소 판결 확정, 한겨레(2021. 10. 27.)

201) (사)한국이주여성인권센터(연구책임자 김지혜), "한국사회의 인종차별 실태와 인종차별철폐를 위한 법제화 연구", 국가인권위원회(2019), pp.ii-iv.

202) Concluding Observations on the Republic of Korea, CCPR/C/KOR/CO/3(2006), para.12.

203) Concluding Observations on the Republic of Korea, CCPR/C/KOR/CO/4(2015), para.12; List of Issues Prior to Submission of the Fifth Periodic Report of the Republic of Korea, CCPR/C/KOR/QPR/5(2019), para.5.

204) List of Issues Prior to Submission of the Fifth Periodic Report of the Republic of Korea, CCPR/C/KOR/QPR/5(2019), para.26.

205) 2018. 3. 문재인 전 대통령이 발의한 「대한민국헌법 개정안」은 천부인권적 성격을 가진 기본권의 주체

것이라면 '인간'의 권리로서 외국인도 기본권의 주체가 된다는 입장이나,[206] "참정권 등에 대한 성질상 제한 및 상호주의에 의한 제한"이 있을 수 있다고 하여 권리의 보편성을 온전히 인정하지는 않는 유보적 태도이다.[207] 다만 헌법 제6조 제1항이 "헌법에 의하여 체결·공포된 조약과 일반적으로 승인된 국제법규는 국내법과 같은 효력을 가진다"고 하고, 제2항에서 "외국인은 국제법과 조약이 정하는 바에 의하여 그 지위가 보장된다"고 하고 있으므로, 규약상 평등권 및 차별금지 원칙에 비추어볼 때 외국인 역시 헌법 제11조 제1항에 따른 평등권을 동등하게 보장받는다고 봄이 타당하다.[208]

개별 법률에서 출신 국가나 인종 등을 이유로 한 차별의 금지를 규정하고 있는 예로, 「국가인권위원회법」 제2조 제3항(종교, 출신 국가, 출신 민족, 인종, 피부색 등에 의한 차별금지), 「형의 집행 및 수용자의 처우에 관한 법률」 제5조(종교, 출신 국가, 출신 민족 등에 의한 차별금지), 「병역법」 제3조 제3항(인종, 피부색 등에 의한 차별금지), 「재한외국인 처우 기본법」 제10조(재한외국인 또는 그 자녀에 대한 차별방지 의무), 「문화다양성의 보호와 증진에 관한 법률」 제3조 제3항(국적, 민족, 인종, 종교, 언어에 의한 차별금지)을 들 수 있다. 그러나 해당 법률 조항들은 대체로 선언적 성격에 그친다는 점에서 실질적 차별금지의 효과를 낳기에는 한계가 있다. 이에 인종차별의 정의 및 유형, 인종차별 행위의 중지 및 피해의 구제, 증오범죄와 선동의 범죄화, 인종차별적 혐오표현의 규제, 인종주의의 해소 및 다양성 존중의 증진을 위한 내용을 포함하는, 실효적 인종차별철폐를 가능케 하는 데 기여할 수 있는 법제정이 필요한 실정이다.[209]

를 '국민'에서 '사람'으로 확대하는 내용을 포함하고 있었다. 이에 따라 「대한민국헌법」 제2장의 제목을 '국민의 권리와 의무'에서 '기본적 권리와 의무'로 변경하였고, 인간의 존엄성, 행복추구권, 평등권, 신체의 자유, 이중처벌 및 연좌제 금지, 사생활의 자유, 양심의 자유, 종교의 자유, 학문·예술의 자유, 청원권, 재판청구권의 주체를 '국민'에서 '사람'으로 변경하였다. 그밖에도 차별금지 사유인 '성별·종교 또는 사회적 신분'에 '장애·연령·인종·지역'을 추가하여, 종전에 해석상 인정되던 '인종'에 따른 차별금지를 명시적으로 규정하였다. 그러나 2018. 5. 위 개정안이 국회 본회의에 상정되었으나, 정족수 부족으로 투표가 성립되지 못하였다.

206) 헌법재판소 2007. 8. 30. 2004헌마670; 헌법재판소 2011. 9. 29. 2007헌마1083등; 헌법재판소 2011. 9. 29. 2009헌마351; 헌법재판소 2016. 3. 31. 2014헌마367.

207) 헌법재판소 2001. 11. 29. 99헌마494; 헌법재판소 2007. 8. 30. 2004헌마670.

208) (사)한국이주여성인권센터(연구책임자 김지혜)(전게주 201), pp.177-178.

209) 이 외에도 「국가공무원법」 제59조의2 제2항과 「지방공무원법」 제51조의2 제2항은 공무원의 차별하지 않을 의무에 대하여, 「교육기본법」 제4조 제1항, 「영유아보육법」 제3조 제3항, 「아동복지법」 제2조 제1항 및 제4조 제5항, 「청소년 기본법」 제5조 제2항은 교육 및 아동청소년 관련 차별금지에 관하여, 「근로기준법」 제6조, 「외국인근로자의 고용 등에 관한 법률」 제22조, 「노동조합 및 노동관계조정법」 제9조, 「근로복지기본법」 제3조 제2항, 「예술인 복지법」 제4조 제2항, 「고용정책 기본법」 제6조 제1항은 고용 관련 차별금지에 관하여, 「보행안전 및 편의증진에 관한 법률」 제3조 제2항, 「응급의료에 관한 법

인종차별에 포섭될 수 있는 사안은 매우 다양하다. 이하에서는 특별히 규약위원회에서 제26조 위반결정을 받은 '한국계 아닌 외국인 원어민 강사 HIV/AIDS 의무검사 제도'와, 규약 제26조 위반에 해당한다는 비판을 받은 '외국인 노동자 코로나19 진단검사 행정명령' 중심으로 한국의 실행을 살펴본다.

(1) 한국계 아닌 외국인 원어민 강사 HIV/AIDS 의무검사 제도

2007. 12. 15. 한국 법무부는 한국계 아닌 외국인에 대하여 회화지도비자(E-2)의 승인 및 연장 요건으로 HIV/AIDS 및 마약류 검사 결과 제출을 의무적으로 요구하는 정책을 시행하였다. 이 제도는 2007년 10월 한국에서 영어강사로 근무했던 캐나다 국적인이 태국에서 아동 성추행 혐의로 체포된 것을 계기로 신설되었다.[210] 체포된 캐나다인은 한국에서 특정활동(E-7) 사증으로 일하였고, HIV 보균자도 아니었으며, 불법적인 약물을 투여한 사실도 없었고, 태국에서 체포되기 이전에는 전과도 없었다.[211] 그럼에도 불구하고 법무부는 원어민 영어강사들의 자질에 대한 부정적 여론과 불안감을 잠재우고자 한국계 아닌 외국인에 대하여 회화지도비자(E-2) 발급 및 연장 요건으로 범죄이력 조회와 함께 에이즈 검사를 의무화하기로 한 것이다.[212] 이에 많은 외국인 강사들과 인권단체들은 원어민 영어강사 및 에이즈 환자들에 대한 잘못된 편견을 확산시키는 차별적 제도라며 크게 반발하였다.

해당 제도 하에서 HIV/AIDS 검사결과 제출 거부를 이유로 해고되어 출국해야 했던 뉴질랜드 국적의 외국인 강사(L.G.)가 인종차별철폐위원회에 개인통보를 제기하면서, 해당 제도의 위법성이 인종차별철폐위원회에 의해 판단되었다. *L.G. v. Republic of Korea* 사건(2015)의 개요와 위원회의 결정내용은 다음과 같다.

이 사건 통보인은 뉴질랜드 국적의 외국인으로, 대한민국 교육부 산하 '원어민 영어교육 사업'(EPIK) 담당위원회로부터 신규 원어민 영어보조교사로 채용되어 2008년 E-2 비자를 발급받아 입국하였다. 통보인은 근무 첫 1년 동안 좋은 평가를 받고 재계약 제안을 받았으나, 출입국관리국에서 요구하는 HIV 및 마약류 검사가 차별적 조치라고 느

률」 제3조, 「국민기초생활보장법」 제33조 제3항은 공중시설 및 사회보장 관련 차별금지에 관하여 규정하고 있으나, 이들은 대체로 실효적 인종차별철폐를 가능케 하기에는 한계가 있는 선언적 성격의 조항들이다. 외국인 및 이주민에 대한 차별금지의 법적 근거가 될 수 있는 국내법제의 개괄적 소개는 (사)한국이주여성인권센터(연구책임자 김지혜)(전게주 201), pp.183-184의 '[표 54] 인종차별 관련 현행 규정', pp.i-xi 참조.

210) 김민경, 타임紙, 韓 외인 강사 에이즈검사제 신랄 비판, 아시아경제(2010. 12. 27.).
211) *L.G. v. Republic of Korea*, CERD Communication No. 51/2012(2015), para.2.4.
212) 이승윤, 부적격 원어민 강사 비자 금지법 추진, YTN(2007. 10. 24.).

껴 해당 검사받기를 거부함에 따라 직장을 잃게 되었다. 통보인은 출국하기 전에 국가인권위원회와 대한상사중재원에 해당 조치의 차별성을 고발하는 진정을 하였으나 이듬해 4월과 6월 각각 거부당하자, 2012. 12. 12. 인종차별철폐위원회에 개인통보를 제기하였다. 인종차별철폐위원회는 통보인이 국가인권위원회 등에게 의무적 HIV 및 마약류 검사제도가 오로지 영어 원어민 교사들의 인종에 기초한 차별적 정책이라고 주장하였음에도 불구하고, 국가인권위원회가 이에 대해 제대로 판단하지 않고 진정을 거부한 것 자체가 협약상 권리를 침해한 것이라고 판단하였다. 즉 당사국이 협약상 인종차별적 정책을 조사하고 이를 철폐하기 위해 적극적 조치를 취할 의무 및 인종차별행위로부터 효과적인 구제를 제공할 의무를 다하지 않았다고 본 것이다. 또한 인종적으로 한국계가 아닌 외국인 영어 교사에 한정된 의무적 검사정책은 공중보건이나 그 밖의 어떠한 이유로도 정당화될 수 없으며, 협약상 근로에 대한 권리에 있어서의 평등을 보장할 당사국의 의무를 위반하여 인종, 피부색, 민족이나 종족의 기원의 구분 없이 일할 권리를 침해한 것이라고 판단하였다. 이에 따라 한국 정부에 대하여 통보인에 대한 적절한 피해보상을 제공할 뿐만 아니라, 인종차별적 규정 및 정책 폐지와 외국인 혐오에 대한 대책마련을 촉구하였다.[213]

이 외에도 한국 사립대학에서 가르치던 미국 국적의 영어강사(Anrea Vandom)가 2013년에 자유권규약위원회에 개인통보를 제기하였다. *Andrea Vandom v. Republic of Korea* 사건(2018)의 개요와 위원회의 결정내용은 다음과 같다.

이 사건 통보인은 미국 국적의 외국인으로 2006. 3. 2.부터 2009년경까지 사립대학에서 영어강사로 근무하였다. 2009. 2. 27. 통보인은 E-2 비자 갱신 신청과정에서 의무적 HIV 및 마약 검사 결과를 포함한 건강확인서를 제출해야 한다는 안내를 받았다. 당시 같은 학교에 근무하였던 원어민 외국인 강사 중 한국계 외국인 강사 및 한국인과 결혼한 외국인 강사 등은 다른 비자유형(F-4, F-2)에 해당하여 건강확인서 제출요구를 받지 않았다. 이에 통보인은 한국계 아닌 외국인 강사에 대해서만 요구되는 의무검사가 차별적이며 사생활에 대한 권리와 인간의 존엄에 대한 권리를 침해한다는 이유로 거부하였다. 이후 출입국관리사무소는 통보인에 대하여 검사의무 불이행을 이유로 체류 연장 취소를 통보하고 출입국관리법 위반 혐의로 출석요구를 하였으며, 대학 측은 의무검사를

---

213) *L.G. v. Republic of Korea*, CERD Communication No. 51/2012(2015) 참조.

하지 않으면 교사직 계약을 종료할 뿐 아니라 다른 동료 원어민 교사들에게도 피해가 있을 것이라며 통보인을 압박하였다. 심리적 압박감을 크게 느낀 통보인은 2009. 7. 사직서를 제출하고 대한민국에서 출국하였다. 출국 전에 통보인은 대한민국을 상대로 헌법소원을 제기하였으나, 2011. 9. 29. 헌법재판소는 통보인의 청구를 각하하였다. 이에 진정인은 2013. 7. 규약위원회에 해당 제도가 차별적이라며 개인통보를 제기하였다. 이 통보에 대하여 한국 정부는 공중보건을 증진하고 공공질서를 유지하기 위하여 해당 정책을 도입하였다고 반박하였다. 그러나 위원회는 공중보건과 공공질서 유지라는 목적 하에 HIV 및 마약류 검사를 비슷한 지위에 있는 다른 이들에게는 요구하지 않고 한국계 재외동포가 아닌 외국인 원어민 강사라는 특정 집단에만 의무적으로 요구한 이유에 대하여 한국이 정당한 설명을 제공하지 못한 점에 주목하였다. 위원회는 결론적으로 한국계 아닌 외국인 강사에 대해서만 요구되는 의무검사가 객관적이고 합리적인 근거에 바탕을 두고 있거나 공중보건 및 공공질서 유지를 위한 목적임을 한국이 충분히 증명하지 못하였으며, 이로써 규약 제26조에서 보장하는 권리 침해가 있었다고 결론 내렸다.[214]

한편 *Andrea Vandom v. Republic of Korea* 사건(2018)이 아직 계류 중이던 2017년, 한국 법무부는 한국계 아닌 외국인 원어민 강사에 대한 HIV/AIDS 의무검사 제도를 폐지하였다. 이는 *L.G. v. Republic of Korea* 사건(2015)에서 인종차별철폐위원회가 발표한 권고를 수용한 결과로 보인다. 해당 제도가 폐지됨에 따라 앞으로 HIV/AIDS 의무검사 거부를 이유로 직업을 잃거나 체류연장이 거절되는 외국인 강사 사례는 더는 발생하지 않게 되었다. 다만 과거 정책 시행 중에 입은 피해에 대한 손해배상청구의 과제만이 남게 되었다.

인종차별철폐위원회와 자유권규약위원회로부터 권리 침해가 있었다는 결정을 받은 각 통보인은 모두 대한민국을 상대로 손해배상청구의 소를 제기하였다. 그런데 판결 결과는 정반대였다. 먼저 *L.G. v. Republic of Korea* 사건(2015)의 통보인이 제기한 소에 대하여, 2019. 10. 29. 서울중앙지방법원은 과거 우리 정부가 외국인 강사에 대해서만 HIV/AIDS 검사를 강제한 것은 구 에이즈예방법 제8조의2 제3항("사업주는 근로자에게 후천성면역결핍증에 관한 검진결과서를 제출하도록 요구할 수 없다")에 위반되는 행위이거나 감염인 또는 감염인으로 오해받아 불이익을 입을 처지에 놓인 사람에 대한 보호의무를 저버린, 위법성이 농후한 행위로서 사회질서에 위반되는 행위이므로 국가가 원고가 입은 손해를 배상하라는 판결을 내렸다.[215] 원고가 재임용을 거부당해 출국한지 10년 만에 내려진 승소판결이었다.[216]

---

214) *Andrea Vandom v. Republic of Korea*, Communication No. 2273/2013(2018).

피고 대한민국은 더 이상의 상소를 포기하였고, 이 판결은 확정되었다.

그런데 *Andrea Vandom v. Republic of Korea* 사건(2018)의 통보인이 제기한 손해배상 청구의 소에 대하여 정반대의 판결이 선고되었다. 2021. 8. 19., 1심법원(서울중앙지방법원)은 외국인 강사에 대하여 HIV/AIDS 검사결과를 제출하도록 요구한 행위가 위법하여 원고의 권리를 침해하였다고 볼 수 없다며 원고의 청구를 기각하였다.[217] 이러한 결과에 도달하기 위해 3단계의 논증이 제시되었다. 첫째, 판결문은 우리 헌법 및 출입국관리법, 구 에이즈예방법, 자유권규약, 사회권규약, 인종차별철폐협약의 문언으로부터 외국인이 HIV 및 마약류 검사를 전혀 받지 않은 채 체류기간 연장허가를 받을 권리를 도출하기 어렵다고 전제하였다. 다음으로, 자유권규약위원회의 관련 결정(2018)은 법적 구속력이 인정되지 않는다는 이유를 들어 배척하였으며, 규약위원회 결정의 규범적 가치나 타당성에 대한 논증은 없었다. 마지막으로 판결문은 외국인 원어민 강사에 대한 HIV/AIDS 의무검사 정책이 시행된 배경에는 아동 연쇄 성추행 혐의로 인터폴에 공개수배된 국내 영어교사에 관한 보도에서 알 수 있듯이 국내 체류 외국인 강사에 의해 야기된 심각한 사회문제가 있었다고 하면서, 구 출입국관리법 제11조 제1항 제1호("법무부장관은 전염병환자·마약중독자 기타 공중위생상 위해를 미칠 염려가 있다고 인정되는 외국인에 대하여 입국을 금지할 수 있다")에 따라 외국인 강사에 대하여 HIV/AIDS 의무검사를 요구한 정책의 목적은 정당하다고 하였다. 결론적으로 외국인 원어민 강사에 대하여만 HIV/AIDS 의무검사를 요구하는 지침의 내용이 객관적 합리성을 명백히 결여하지 않았으며 오히려 구 출입국관리법 제11조 제1항 제1호의 취지에 부합하는 것으로서 그 정당성과 합리성이 인정되므로, 해당 지침에 따른 이 사건 요구행위가 헌법이나 자유권규약, 사회권규약, 인종차별철폐협약 등 각 국제규약에 위배되는 행위라

---

215) 서울중앙지방법원 2019. 10. 29. 선고 2018가단5125207 판결(확정).
216) 법원은 피고가 제기한 소멸시효 완성의 항변에 대하여는, 단기소멸시효 기간이 경과하지 않았거나 신의성실의 원칙에 반하여 허용될 수 없다며 항변을 배척하였다. 즉, 원고로서는 인종차별철폐위원회가 개인통보에 대한 결정을 발표한 날인 2015. 6. 12.에서야 비로소 정부 소속 공무원들이 직무를 집행하는 과정에서 인종차별적 지침을 작성·배포하였음을 알게 되었으므로 그때부터 피고에 대한 손해배상 청구가 사실상 가능하게 되었다고 보아야 하며, 그때부터 3년의 단기소멸시효가 완성되기 전인 2018. 6. 9. 소가 제기되었으므로 단기소멸시효기간이 완성될 수 없다고 본 것이다. 더불어서, 원고가 이 사건 요구에 불응하여 계약 갱신을 하지 못하고 출국하는 등 피해를 입었음에도 불구하고 위법한 지침의 폐지와 자신의 권리 구제를 위하여 국내, 국외에서 법적 노력을 계속한 상황을 보건대 원고가 결코 권리 위에 잠자고 있지 않았음은 분명한 반면, 원고의 조치에 대하여 다투기만 할 뿐 책임 있는 조치를 취하지 않은 피고가 소멸시효의 완성을 주장하여 채무이행을 거절하는 것은 신의성실의 원칙에 반하여 허용될 수 없다고 판시하였다.
217) 서울중앙지방법원 2021. 8. 19. 선고 2020가단5322063 판결.

고 보기 어렵다고 결론 내렸다.

이 판결에 대하여 원고는 불복하여 항소하였으나, 2022. 12. 21. 항소심 재판부 또한 원고의 항소를 기각하였다.[218] 항소심 재판부는 자유권규약위원회의 견해에 관해서는 법적 구속력을 인정하기 어렵다는 일반론적인 설시만 하였을 뿐, 대한민국 헌법 제6조 제1항에 따라 국내법적 효력을 가지는 자유권규약의 해석 및 적용에 관한 자유권규약위원회의 견해를 수용할 수 없는 내용적인 이유 내지 위원회의 견해보다 자신의 견해가 어떤 이유에서 국제법적으로 더 타당하거나 우월한지에 관한 논증을 제시하지는 않았다. 원고는 상고하였으나, 2023. 6. 1. 대법원은 원심의 판단이 정당하다며 상고를 기각하였다.[219]

상기 판결의 타당성은 별론으로 하더라도, 인종차별철폐위원회와 자유권규약위원회로부터 인권침해적이라는 판단을 받은 후에 법무부도 문제를 인지하여 스스로 폐지한 제도의 위법성을 확인한 법원의 확정판결까지 있음에도 불구하고 이렇듯 선례를 부정하는 판결들이 선고됨으로써 판결에 대한 예측가능성이 떨어지는 상황이 초래되었음은 부인하기 힘들다. 또한 상기 판결들이 규약위원회 결정의 규범적 가치나 내용적 타당성에 대한 논증은 제시하지 않은 채, 규약위원회 견해를 법적 구속력이 없다는 법형식적 이유만을 내세워 배척한 것은 규약위원회의 해석적 권위를 실질적으로 존중하는 태도는 아닐 것이다.

(2) 외국인 노동자 코로나19 진단검사 강제조치

2021. 3. 17. 서울시는 지역사회에서의 코로나19 감염확산을 차단하기 위하여 「감염병의 예방 및 관리에 관한 법률」에 따라 고시 제2021-139호로 '서울시내 사업장에 1인 이상 외국인 노동자를 고용하고 있는 사업주와 외국인 노동자(미등록 외국인 포함)'에게 코로나19 진단검사를 받도록 강제하는 행정명령을 내렸다. 행정명령에는 정해진 날짜까지 진단검사를 받지 않으면 200만원 이하의 벌금이 부과되거나 감염 시 발생하는 모든 비용에 구상권이 청구될 수 있다는 내용이 포함되어 있었다. 이에 따라 감염위험 요인과 무관하게 한국 국적이 아닌 모든 외국인 노동자들은 진단검사를 의무적으로 받아야 하고, 그렇지 않을 경우 불이익을 감수해야 하는 상황에 놓이게 되었다. 이러한 행정명령이 내려진 것은 서울시뿐만이 아니었다. 경기·대구·경북·강원·인천·광주·전남 등에서도 외국인 노동자에게 코로나19 검사의 의무를 부과하는 내용의 행정명령을 시행해 왔다.

이에 국내외로 각계에서 비판이 따랐다. 코로나19인권대응네트워크, 서울대 인권센터, 차별금지법제정연대, 외국인이주노동운동협의회 등은 해당 행정명령이 헌법상 평등권을 침해

---

218) 서울중앙지방법원 2022. 12. 21. 선고 2021나57829 판결.
219) 대법원 2023. 6. 1. 선고 2023다204262 판결.

일 뿐만 아니라, 자유권규약 제26조 등 인권조약의 평등권 관련 규정에 대한 위반에 해당한다며 철회를 촉구했다. 예를 들어 서울대 인권센터는 "집단감염 발병의 근본 원인은 밀집·밀접·밀폐로 감염에 취약한 노동조건과 열악한 주거 환경이지 그곳에 종사하는 노동자들의 국적에 있지 않[음에도 불구하고]... 국내에서 일하는 외국인들을 코로나19 전파 위험이 높은 집단으로 일반화하는 효과를 불러일으켜 외국인에 대한 사회적 낙인과 혐오를 조장할 수 있다"고 강조하였고, "이번 행정명령은 대한민국 정부가 비준한 「모든 형태의 인종차별 철폐에 관한 국제협약」(인종차별철폐협약), 「시민적 및 정치적 권리에 관한 국제규약」(자유권규약), 「경제적, 사회적 및 문화적 권리에 관한 국제규약」의 평등권 관련 규정 위반"이라고 지적하였다.[220] 국가인권위원회도 2021. 3. 22. "이러한 지방자치단체의 행정명령이 이주민의 평등권을 침해하였는지에 대해 「헌법」, 「국가인권위원회법」, 인종차별철폐협약 등 국제기준, 유엔이 각 국의 방역 등 공중보건 조치가 차별과 인권침해로 연결되지 않도록 마련한 지침> 등을 근거로 검토하였고, 2021. 3. 22. 제6차 전원위원회에서 코로나19 감염가능성이 국적에 차이가 있지 않음에도 합리적 이유 없이 이루어진 행정명령은 외국인에 대한 차별적 조치로 즉시 중단해야 한다고 판단"하였다.[221]

결국 서울시는 고시 이틀 만인 3. 19. 행정명령을 철회하였고, 대신 3밀(밀집·밀접·밀폐)의 근무환경에 있는 고위험 사업장에 대한 검사 '권고'를 하는 것으로 행정명령을 변경하였다. 또한 경기도는 외국인 도내 사업장에서 음성 판정을 받은 외국인 노동자만 채용할 수 있도록 하는 행정명령을 검토했다가 이를 공식 취소한다고 발표했다.[222] 이러한 일련의 사태들은 코로나19 상황같이 사회적 불안감이 가중된 시기에 채택되는 정책이 다른 인종 및 국적을 가진 외국인들에게 보다 차별적으로 작용할 수 있음을 보여준다.

【다른 인권조약상의 관련 조항】

세계인권선언 제2조

모든 사람은 법 앞에 평등하며 어떠한 차별도 없이 법의 동등한 보호를 받을 권리를 가진

---

220) 서울대학교 인권센터, 의견서(2021. 3. 18).
221) 국가인권위원회, 이주노동자에게만 코로나19 진단검사 강요하는 것은 외국인에 대한 차별(2021. 3. 22.).
222) 임동현, '외국인 노동자 전수검사', 이들이 코로나 감염원?, 시사주간(2021. 3. 22.).

다. 모든 사람은 이 선언에 위반되는 어떠한 차별과 그러한 차별의 선동으로부터 동등한 보호를 받을 권리를 가진다.

All are equal before the law and are entitled without any discrimination to equal protection of the law. All are entitled to equal protection against any discrimination in violation of this Declaration and against any incitement to such discrimination.

미주인권협약 제24조

모든 사람은 법 앞에서 평등하다. 따라서 그들은 차별 없이 법의 평등한 보호를 받을 권리를 가진다.

All persons are equal before the law. Consequently, they are entitled, without discrimination, to equal protection of the law.

인간과 인민의 권리에 관한 아프리카 헌장 제3조

1. 모든 개인은 법 앞에서 평등하다.
2. 모든 개인은 법의 평등한 보호를 받을 권리가 있다.

1. Every individual shall be equal before the law.
2. Every individual shall be entitled to equal protection of the law.

제27조 소수집단의 권리

이 주 영

목 차

Ⅰ. 개관
Ⅱ. 권리 주체
  1. 민족적, 종교적 또는 언어적 소수집단에
    속하는 사람
    가. 민족적, 종교적 또는 언어적 소수집단
    나. 국적, 체류기간 또는 국가승인과의
      관련성
    다. 개인의 권리, 집단적 성격
Ⅲ. 소수집단 보호 규범의 내용과 쟁점
  1. 소수집단의 존재할 권리
  2. 소수집단의 문화적, 종교적, 사회적 정체
    성에 대한 권리

    가. 문화를 향유할 권리
    나. 종교를 표명하고 실행할 권리
    다. 자신의 언어를 사용할 권리
Ⅵ. 한국의 실행
  1. 국가보고서의 내용과 검토
  2. 민족적, 종교적 또는 언어적 소수집단의
    권리
    가. 소수집단의 인정 및 차별과 혐오표
      현으로부터의 보호
    나. 소수집단의 문화·종교·언어에 대한
      권리
[다른 인권조약상의 관련 조항]

민족적, 종교적 또는 언어적 소수집단이 존재하는 국가의 경우, 그러한 소수집단에 속하는 사람들은 그 집단의 다른 구성원들과 공동체로 그들 자신의 문화를 향유하거나, 그들 자신의 종교를 표명하고 실행하거나, 그들 자신의 언어를 사용할 권리가 부인되지 아니한다.

In those States in which ethnic, religious or linguistic minorities exist, persons belonging to such minorities shall not be denied the right in community with the other members of their group, to enjoy their own culture, to profess and practise their own religion, or to use their own language.

Ⅰ. 개관

제27조는 민족적, 종교적, 또는 언어적 소수집단(ethnic, religious or linguistic minorities)에 속하는 사람들의 권리를 규정하고 있다. 현대사회에서 마이너리티(minorities)는 일상생활에

서 차별을 겪는 집단 또는 그러한 집단에 속하는 사람을 지칭하는 언어로 일반적으로 사용되지만, 제27조의 보호범위는 그 중 민족적, 종교적 또는 언어적 소수집단에 속하는 사람들이다. 이 조항은 보편적 인권조약 중에서 민족적, 종교적 또는 언어적 소수집단의 권리를 명시적으로 다루는 유일한 조항이다.[1]

소수집단[2]의 보호는 근대국민국가가 형성되는 과정에서 지속적인 관심사였다. 새롭게 국가가 탄생하고 국경이 재설정되는 과정에서 소수집단의 처우가 분쟁의 불씨를 안고 있었기 때문이었다. 제1차 세계대전 이후 국제연맹 하에서 소수집단 보호에 관한 일련의 조약들이 체결되었는데, 소수집단에 대한 박해로 인해 분쟁이 발생하는 것을 방지하는 데 주된 목적이 있었다.[3] 기본적인 내용으로, 국적·언어·인종 또는 종교에 관계 없이 모든 거주자의 생명과 자유에 대한 보호, 법 앞의 평등, 종교의 자유, 언어 사용의 자유, 종교기관·사회단체·교육기관 등을 동등하게 설립·운영할 수 있는 소수집단의 권리 보장, 자신의 모어로 교육받을 수 있는 권리 등이 포함되었다.[4] 국제연맹은 소수집단의 권리에 관한 사건을 상설국제사법재판소에 회부할 수 있는 권한을 갖게 되었다.[5] 하지만 소수집단 보호 의무는 폴란드, 체코슬로바키아, 헝가리, 유고슬라비아, 불가리아 등, 독일을 제외한 제1차 세계대전 패전국과 동유럽 및 중부유럽의 신생국에만 한정되었는데,[6] 소수집단 보호는 '덜 문명화된' 국가에서만 필요하다고 여겼던 당시 영국, 프랑스, 이탈리아 등과 같은 강대국들의 인식이 반영되었기 때문이다.[7] 이후 나치 독일에 의한 인종주의의 제도화와 홀로코스트라는 극단적 인권침해가 보여주었듯이, 국제연맹의 소수집단 보호 노력은 실패하였다.

제2차 세계대전 이후, 국가가 개개인의 인권을 침해하지 않도록 보호하는 국제규범의 채택은 시대적 요청으로 여겨졌지만, 소수집단 권리 보호에 대해서는 국가들이 소극적이었다. 세계인권선언은 소수집단의 권리에 관한 명시적 조항을 포함하지 않았다.[8] 유럽국가들은 소수집단 권리 조항의 필요성을 강조한 반면, 미국, 캐나다, 호주, 뉴질랜드 및 남미 국가들

---

1) Nowak's CCPR Commentary(2019) p.797(para.4).
2) 이 글에서 소수집단 또는 소수자는 달리 특정하지 않는 한, 민족적, 종교적 또는 언어적 소수집단 및 소수자를 말한다.
3) A. Clapham, *Human Rights*(Oxford University Press, 2007), p.25.
4) 「Treaty of Peace between the United States of America, the British Empire, France, Italy and Japan and Poland」. Signed 28 June 1919, Articles 2, 7, 8.
5) M. Mazower, Minorities and the League of Nations in Interwar Europe, *Daedalus* vol.126(1997) p.51.
6) P. Macklem, Minority Rights in International Law, *I·CON* Vol.6(2008) p.547.
7) M. Mazower(전게주 5), p.52.
8) Nowak's CCPR Commentary(2019) p.796(para.2).

은 선주민(indigenous peoples)[9]이나 이주민에 대한 동화정책을 옹호하였고, 세계인권선언 성안 과정에서 이러한 시각차가 좁혀지지 않았기 때문이었다.[10] 다만, UN 총회는 "소수집단의 운명에 무관심한 채 있을 수는 없다"며, UN 인권위원회 산하 차별방지와 소수자보호에 관한 소위원회(이하 차별방지 소수자보호 소위원회)에 "소수자 문제에 관한 면밀한 연구"를 수행하도록 하였다.[11] 차별방지 소수자보호 소위원회는 오랜 논의 끝에 「시민적 및 정치적 권리에 관한 국제규약」(이하 자유권규약)에 독립적인 소수집단 보호 조항이 포함되어야 한다는 견해를 바탕으로 조문안을 제출하였는데 그것이 제27조 성안 논의의 시발점이 되었다.[12]

인권위원회에서의 자유권규약 성안 논의에서도 소수집단 보호를 둘러싸고 이른바 이민자 국가들과 유럽국가들 간 의견 차이가 되풀이되었다. 일반적인 차별금지 조항과 별도로 민족적, 종교적 또는 언어적 소수자에 대한 보호 조항이 필요한지, 독립적인 조항을 둔다면 권리 주체를 개인으로 할지 집단으로 할지, 소수자 범위에 이주민이 포함되는지 등이 주요 쟁점이었다.[13] 논의 끝에 1961년 제3위원회에서 찬성 80, 기권 1로, 국적에 대한 요건 없이, 민족적, 종교적 또는 언어적 소수집단 구성원 개인의 권리를 보장하는 형식의 현 조항이 채택되었다.[14] 국제연맹 하에서의 소수집단 보호는 특정 지역에 한정되어 있었고 권리 보호보다는 지역 안정의 맥락이 강하였던 것에 비추어 볼 때, 제27조는 소수집단에 속하는 개인의 권리를 보편적으로 보장하게 되었다는 점에서 의의가 있다.[15]

1970-80년대에 접어들면서 소수집단 보호에 대한 관심이 점차 확산되어, 관련 국제규범과 절차들이 잇따라 마련되었다. 국제법상 민족적·종교적·언어적 소수집단 보호 규범

---

9) Indigenous peoples는 국제법 맥락에서 "다른 사람들이 현재 지배하는 땅에서 침략 이전에 살고 있던 거주민의 살아 있는 후손들"을 의미한다. Joseph & Castan's Commentary(2013), p.839(para.24.15). 국내에서는 원주민, 선주민, 토착민 등으로 번역되고 있으며, indigenous peoples에 관한 주요 국제문서인 ILO의 「Indigenous and Tribal Peoples Convention」(1989, 제169호)이나 「The United Nations Declaration on the Rights of Indigenous Peoples」(2007)는 공식번역본이 없다. 「21세기 정치학 대사전」 국문본은 indigenous peoples를 선주민(先住民)으로 번역하고 있고 국제앰네스티 한국지부도 선주민이라는 용어를 사용하고 있어, 이 글에서는 indigenous peoples에 관한 번역어로 선주민을 사용한다.
10) Nowak's CCPR Commentary(2019), p.796(para.2).
11) The Fate of Minorities, G.A. Resolution 217C(III) (12 December 1948).
12) Nowak's CCPR Commentary(2019), p.799(para.7).
13) A/2929, Draft International Covenants on Human Rights, Report by the Secretary-General(1955), para.184, also cited in Bossuyt's Guide(1987) p.494; A/5000, Draft International Covenants on Human Rights, Report of the Third Committee(1961), para.120, also cited in Bossuyt's Guide, p.496; Nowak's CCPR Commentary(2019), pp.800-801(paras.8-10).
14) Nowak's CCPR Commentary(2019), p.801(para.10).
15) Taylor's Commentary(2020), p.787.

의 초기 단계에는 새로운 국가 형성과 국가영토 재설정 과정에서 소수민족의 보호가 주 관심이었는데, 이후 선주민과 이주민들로 그 관심 범위가 확대되어 갔다. UN에서는 1992년 「국민적 또는 민족적, 종교적, 그리고 언어적 소수집단에 속하는 사람의 권리에 관한 선언」 (이하 UN 소수집단 권리 선언)을 채택하였는데,[16] 자유권규약 제27조의 내용을 보다 상세하게 규정하고 있다. UN 소수집단 권리 선언의 이행을 돕기 위하여, UN 인권이사회 내 소수집단에 관한 특별보고관이 2005년 신설되었고, UN 소수집단에 관한 인권 이슈 포럼이 2007년에 설립되었다. 소수집단에 포함되는 주제로, 선주민 권리에 관한 특별보고관이 2001년 처음 임명되었고, 「UN 선주민의 권리에 관한 선언」[17]이 2007년 채택되었으며, 같은 해 선주민 권리에 관한 전문가 메커니즘(Expert Mechanism on the Rights of Indigenous Peoples)이 설립되었다. 1989년 채택된 「아동의 권리에 관한 협약」(이하 아동권리협약) 제30조는 권리의 내용면에서 자유권규약 제27조와 거의 유사한 문언을 사용하여 소수집단에 속하는 아동의 권리를 보호하되, 소수집단과 선주민을 병기하였다.[18] 국제노동기구(ILO)에서는 1989년 「선주민과 부족민에 관한 국제노동기구 협약 169호」를 채택하였다.[19] 탈냉전 이후 소수집단 문제가 다시 분출되기 시작하면서, 유럽 안보협력기구(OSCE)에서는 1992년 소수민족에 관한 고등판무관(High Commissioner on National Minorities)을 임명하여, 소수민족 문제로 인한 갈등을 외교적, 정치적으로 개입하여 중재하도록 하였다. 유럽평의회에서는 1992년 「지역 또는 소수 언어에 대한 유럽헌장」,[20] 1995년 「소수민족 보호를 위한 유럽기본협약」(이하 유럽 소수민족 기본협약)[21]을 채택하였다. 유럽 소수민족 기본협약은 소수민족을 보호하는 단일조약으로 의미가 있지만 유럽 지역에 한정되며, 아시아, 중동, 아프리카, 미주 지역에는 소수집단 보호를 위한 조약이 없는 상태이다.

---

16) 「Declaration on the Rights of Persons Belonging to National or Ethnic, Religious and Linguistic Minorities」(1992).
17) 「United Nations Declaration on the Rights of Indigenous Peoples」(2007).
18) 「아동권리협약」 제30조 원문: "In those States in which ethnic, religious or linguistic minorities or persons of indigenous origin exist, a child belonging to such a minority or who is indigenous shall not be denied the right, in community with other members of his or her group, to enjoy his or her own culture, to profess and practise his or her own religion, or to use his or her own language."
19) 「ILO Indigenous and Tribal Peoples Convention No.169」(1989).
20) 「The European Charter for Regional or Minority Languages」(1992).
21) 「The European Framework Convention for the Protection of National Minorities」(1995).

II. 권리 주체

1. 민족적, 종교적, 또는 언어적 소수집단에 속하는 사람

소수자는 통상적으로 어떤 집단 내에서 수적으로 소수임을 의미한다.[22] 소수자를 단순히 수적인 측면보다 사회적 권력관계에서 취약한 위치에 있는 사람들로 개념화하기도 하지만, 제27조에서 소수집단은 통상적 의미에 따라 당사국 내에서 수적으로 소수인 집단을 뜻한다는 것이 자유권규약위원회의 해석이다. *Ballantyne et al. v. Canada* 사건(1993)에서 규약위원회는 캐나다 퀘벡주 내 영어권 시민들이 제27조상의 언어적 소수집단에 해당하는지를 검토하였는데, 이때 다수의견은 제27조에서 소수집단은 기본적으로 한 국가 내 전체 인구를 기준으로 수적으로 소수인 집단을 의미한다고 해석하였다.[23]

가. 민족적, 종교적, 또는 언어적 소수집단

제27조는 다양한 소수집단 중 민족, 종교, 또는 언어 측면에서 소수집단에 속하는 사람들을 보호 범위로 하는데, 민족적, 종교적, 언어적 특징은 상호 중첩될 수도 있다. 민족적 소수집단(ethnic minorities)은 생물학적 차이 유무와 관계없이, 고유의 문화와 역사를 지니고 있어 인구의 다수와 구분되는 집단을 의미한다.[24] 규약 성안과정에서 '에스닉(ethinic) 마이너리티'란 용어가 신체적 외양이나 생물학적인 특징과 주로 관련성을 갖는 '인종적(racial) 마이너리티' 대신 선택되었는데, 문화적·역사적 특징까지 포함하기 위해서였다.[25] 또한, 소

---

22) 옥스퍼드 영어사전은 minority를 다음과 같이 설명한다. 1. the smaller part of a group; less than half of the people or things in a large group 2. A small group within a community or country that is different because of race, religion, language, etc.

23) *Ballantyne et al. v. Canada v.* Communication Nos. 359/1989, 385/1989 (1993), para.11.2. 이러한 해석에 따라, 규약위원회는 캐나다 내 영어 사용 시민들이 특정 주에서는 수적으로 소수일지라도 제27조 상의 언어적 소수자에 해당하지 않는다고 보았다. 다만, 위원 중 4인은 국가 전체로 볼 때 수적 소수자가 아니더라도 특정 지역에서 민족적, 언어적 또는 문화적 소수자에 속하는 사람에 대해 제27조의 보호를 적용하지 않는 것에 반대하며, 제27조 하에서 소수자 집단을 판단하는 기준에 대해 위원회에서 더 검토할 필요가 있다는 소수의견을 제시하였다.(Elizabeth Evatt, and co-signed by Messrs Ando, Bruni Celli, and Dimitrijevic) 규약위원회가, 당사국 전체인구 기준 수적으로 소수는 아니지만 억압받는 민족, 종교, 또는 언어적 집단을 제27조의 보호범위에서 배제하는 것이 정당한가라는 문제가 제기될 수 있다. 하지만 이러한 경우, 차별로부터 보호받을 권리 또는 해당 사안과 관련된 규약 상의 다른 권리가 적용될 수 있다. *Ballantyne et al. v. Canada*에서는 퀘벡주에서 프랑스어로만 상업적 광고를 하도록 제한하는 것에 대해 제19조를 적용하여 영어 사용자인 개인통보자의 표현의 자유 침해를 인정하였다.

24) Nowak's Commentary(2019), p.808(para.26).

25) F. Capotorti(Special Rapporteur of the Sub-Commission on Prevention of Discrimination and Protection of Minorities), Study on the Rights of Persons Belonging to Ethnic, Religious and

련은 규약 논의 과정에서 이 권리의 주체를 "내셔널(national) 마이너리티"로만 한정하는 안을 인권위원회에 제출하였으나, 채택되지 않았다.26) '에스닉 마이너리티(ethnic minority)'가 문화적, 역사적, 또는 생물학적 특징과 관련된 개념이라면, 이러한 속성에 더해 '내셔널 마이너리티(national minority)'는 "독립에 대한 정치적 의지라는 주관적 요소"까지 내포한다.27) 이러한 성안과정의 논의를 볼 때, 제27조가 보호하는 민족적 소수집단(에스닉 마이너리티)은 인종적 마이너리티와 내셔널 마이너리티를 포괄한다.28)

종교적 소수집단은 어떤 종교를 표명하고 실행하는 데에서 다수 인구와 구분되는 집단을 말한다. 스스로 자신의 종교를 선택함으로써 소속이 확립되는 경우가 있다는 점에서 종교적 소수자는 민족적 소수자나 언어적 소수자와 차이가 있다.29) 그러나 어떤 종교를 적극적으로 선택하거나 따르지 않더라도 종교적 배경에서 나거나 자랐기 때문에 특정 종교와 자신을 연결시키는 사람들 역시 상당히 많다.30) 따라서 종교적 소수자는 개개인의 신념으로서 어떤 종교를 표명하고 실행하는 측면뿐 아니라 문화적 측면에서도 이해할 필요가 있다.

언어적 소수집단은 인구 다수가 사용하는 언어나 공식 언어가 아닌 다른 언어를 사용하는 집단을 의미한다. 이러한 소수언어가 반드시 문자언어까지 있어야 하는 것은 아니지만, 다수가 사용하는 언어와 발음이 조금 다른 정도의 지역 방언을 사용하는 사람들은 제27조가 의미하는 언어적 소수집단이라 할 수 없다.31) UNESCO에 따르면, 전세계 약 6천여 개의 언어가 사용되고 있으며 이 중 상당수가 소수언어이며 특히 약 43%에 달하는 소수언어가 사용자 감소로 소멸 위기에 놓여 있다.32)

선주민은 해당 국가 내에서 대부분 민족적·언어적 소수집단의 요소를 지니고, 종교적 소수집단의 성격을 띠는 경우도 있어, 제27조가 보호하는 소수집단에 해당한다.33) 규약위원

Linguistic Minorities(1979), p.34(para.197).

26) F. Capotorti(상게주), pp.32-33(paras.173, 181).

27) Nowak's CCPR Commentary(2019), p.808(para.27).

28) F. Capotorti(전게주 25), p.35(para.201). 차별방지 소수자보호 소위원회 특별보고관 Francesco Capotorti 는 소수집단에 속하는 사람의 권리에 관한 보고서에서 "'에스닉 마이너리티' 용어로 '인종적 소수집단'이 라는 용어를 대체하고 '내셔널 마이너리티'에 대한 언급을 생략한 것은 최대한 포괄적인 표현을 사용하고자 하는 바람이 반영된 것"이라며, "에스닉 마이너리티 범주에 인종적, 내셔널 마이너리티가 포함되는 것으로 해석해야 한다"고 설명하였다.

29) Nowak's CCPR Commentary(2019), p.808(para.25).

30) 상게주, p.808(para.25).

31) 상게주, p.808(para.25).

32) C. Moseley(ed.), Atlas of the World's Languages in Danger, 3rd edn. UNESCO Publishing(2010); R. Izsák, Report of the Independent Expert on minority issues(2012), p.6(para18).

33) 「UN 선주민의 권리에 관한 선언」이나 「독립국가의 선주민과 부족민에 관한 국제노동기구 협약 169호」은

회는 캐나다의 퍼스트 네이션(First Nations),[34] 스웨덴과 핀란드의 사미인(Sami),[35] 뉴질랜드의 마오리인(Maori),[36] 페루의 아이마라인(Aymara)[37] 등 많은 선주민 사건을 제27조 하에서 다루었다.

나. 국적, 체류기간 또는 국가승인과의 관련성

제27조는 '소수집단에 속하는 사람들(persons)'을 권리의 주체로 하고 있다. 정치참여의 권리를 규정하는 규약 제25조에서는 명시적으로 시민(citizen)을 주어로 하고 있고, 국제연맹 하 소수집단 보호에 관한 조약들은 '소수집단에 속하는 국민(nationals)'을 소수집단 보호에 관한 조항[38]에서 사용하고 있는 점에 비추어 볼 때, 제27조의 문언은 해당 국가의 국적이 이 조항의 보호 범위와 무관함을 나타낸다. 규약위원회의 일반논평들은 이러한 점을 분명히 확인하는 해석지침을 제시하고 있다. 외국인의 지위에 관한 일반논평 제15호는 외국인이 제27조가 의미하는 소수집단에 속하는 경우, 그들도 마찬가지로 제27조상의 권리를 누릴 수 있어야 한다고 밝힌 바 있다.[39] 소수집단에 관한 일반논평 제23호는 제27조의 문언상 "보호 대상이 되는 개인들은 당사국의 시민(citizens)일 필요가 없"으며, "따라서 당사국은 제27조상의 권리를 시민에게만 한정해서는 안 된다"라고 재확인하였다.[40]

상당한 기간의 체류나 영주(永住)가 제27조상의 권리향유의 요건이 되는지가 또 다른 논점이 될 수 있다. 규약위원회는 문언상 체류 기간은 이 권리 향유와 무관하므로 이 조항에서 소수집단에 속하는 사람은 "국민이거나 시민권자일 필요가 없듯이 영주권자일 필요도 없"다고 밝혔다.[41] 즉, 민족적, 종교적 또는 언어적 소수집단에 속하는 사람이라면, 당사국

선주민을 소수집단 일반과 구분된 집단으로 본다는 점에서, 규약위원회와는 다른 접근을 취하고 있다.

34) *Lovelace v. Canada*, Communication No.24/1977(1981); *Lubicon Lake Band v. Canada*, Communication No.167/1984(1990); *George Howard v. Canada*, Communication No. 879/1999(2005).

35) *Kotok v. Sweden*, Communication No.197/1985(1988); *Länsman et al. v. Finland*, Communication No.511/1992(1994); *Länsman et al. v. Finland*, Communication No. 671/1995(1996); *Äärelä et al. v. Finland*, Communication No.779/1997(2001); *Lansman et al., v. Finland*, Communication No. 1023/2001(2005), *Kalevi Paadar et al. v. Finland*, Communication No. 2102/2011(2014); *Tiina Sanila-Aikio v. Finland*, Communication No.2668/2015(2018).

36) *Apirana Mahuika et al. v. New Zealand*, Communication No. 547/1993(2000).

37) *Angela Poma Poma v. Peru*, Communication No. 1457/2006(2009).

38) 예를 들어, 「Treaty of Peace between the United States of America, the British Empire, France, Italy and Japan and Poland」. Signed June 28, 1919, Article 8.

39) HRC General Comment No.15(1986), para.7.

40) HRC General Comment No.23(1994), para.5.1.

41) 상계주, para.5.2.

내에서 이주노동자이든 방문자이든 제27조의 보호범위에 속한다.[42)]

일부 국가에서는 국가의 승인이 있어야만 소수집단의 존재가 인정되고, 정부가 정한 요건을 충족하지 못하면 소수집단으로서의 정체성에 대한 권리를 인정받지 못 하는 경우가 있다. "민족적, 종교적, 또는 언어적 소수집단이 존재하는 국가의 경우"라는 문언을 제27조 보호범위에 해당하는 소수집단의 존재가 마치 국가의 승인에 의해 정해지는 것처럼 잘못 해석하는 것이다.[43)] 규약위원회는 "당사국에 민족적, 종교적 또는 언어적 소수집단이 실재하는지는 당사국의 결정에 따라 달라지지 않"음을 분명히 하였다.[44)] 한 국가 내에서 민족, 종교, 또는 언어 측면에서 다수 인구와 구분되는 집단이 있다면, 마땅히 제27조가 규정하는 권리를 누릴 수 있어야 한다.

규약위원회는 여러 국가에 대한 최종견해에서 국가가 소수집단을 자의적인 판단으로 제한하는 관행에 대해 문제로 지적해 왔다. 이를테면, 이탈리아인, 헝가리아인, 집시(Gypsy)[45)]에 대해서만 소수집단으로서의 특별보호를 인정하고 소수집단에 속하는 다른 이주민에는 그러한 권리를 부인하는 슬로베니아,[46)] 자국 영토 내에서 최소 한 세기 동안 살아 온 사람들만 소수집단으로 규정하는 헝가리,[47)] 트레블러(Traveller)는 민족적 소수집단으로 인정하지 않는 아일랜드,[48)] 아이누인, 류큐/오키나와인을 선주민으로 공식적으로 인정하지 않는 일본,[49)] 무슬림 이외 다른 민족적, 종교적 또는 언어적 소수집단은 없다고 전제하면서 "투르크"나 "마케도니아"가 포함되는 이름을 단체명으로 사용하지 못하게 하는 그리스[50)] 등에 대해 규약위원회는 제27조와 관련해 우려를 표명했다.

---

42) 상게주, para.5.2.

43) J. Pejic, Minority Rights in International Law, *Human Rights Quarterly* vol.19(1997), p.669.

44) HRC General Comment No.23(1994), para.5.2. 국가의 자의적 판단이 아닌, 객관적 사실에 의해 소수집단을 판단하여야 한다는 원칙은 일찍이 상설국제사법재판소의 불가리아 내 그리스인 공동체(Grec-Bulgarian "Communities")에 대한 권고적 의견에서 확립되었다. 상설국제사법재판소는 불가리아와 그리스 간의 소수집단 보호 조약상 소수집단 개념에 대한 해석을 제시하였는데, "공동체(소수집단)가 실재하는지는 사실의 문제이지, 법의 문제가 아니"라고 하였고, 조약 관점에서는 국내법이 소수집단을 인정하는지 여부를 검토할 필요가 없다고 하였다. Greco-Bulgarian Communities, Advisory Opinion, 1930 PCIJ, paras.35-36.

45) '집시'나 '트레블러'는 로마, 로마니집시, 스코티시 아이리쉬 트레블러와 같이 유랑하며 사는 삶을 민족적 정체성으로 하는 소수집단이다.

46) HRC Concluding Observations on Slovenia, CCPR/C/79/Add.40(1994), para.12.

47) HRC Concluding Observations on Hungary, CCPR/C/HUN/CO/5(2010), para.22.

48) HRC Concluding Observations on Ireland, CCPR/C/IRL/CO/3(2008), para.23.

49) HRC Concluding Observations on Japan, CCPR/C/JPN/CO/5(2008), para.32.

50) HRC Concluding Observations on Greece, CCPR/CO/83/GRC(2005), para.20.

다. 개인의 권리, 집단적 성격

제27조에서 규정하는 권리 주체는 "소수집단에 속하는 사람", 즉 개인이다. 하지만, 제27조는 "그 집단의 다른 구성원들과 공동체로"라는 문구를 포함하여, 권리의 집단적 성격을 함께 나타낸다. 일반논평 제23호에서 위원회는 "제27조가 보호하는 권리는 개인의 권리이지만, 이러한 권리는 소수집단이 자신의 문화, 언어 또는 종교를 유지할 수 있는 능력에 의존한다"[51]고 설명하였다. 자유권규약위원회 초기 위원이었던 Christian Tomuschat가 평하였듯이 "소수집단의 존재가 그 자체로 보호되지 않는다면, (소수집단에 속하는) 개인의 권리는 쉽게 실체를 잃어버리게" 된다.[52] 즉, 소수집단에 속하는 개인의 권리가 실현되기 위해서는, 소수집단의 존재가 인정되어야 한다. 이러한 점에서, 제27조는 개인을 권리 주체로 하는 규약상 여타의 권리들과 구별된다. 물론, 소수집단에 속하는 개개인은 다른 모든 사람들처럼 규약 제2조 제1항과 제26조에 따라 차별 없이 규약상 권리를 향유하고 법의 평등한 보호를 받을 수 있어야 한다.[53] 하지만 출신국가, 인종, 종교 등에 따른 차별이 금지되어 있고, 법 앞의 평등이 보장되어 있다 하더라도, 소수집단의 문화, 종교, 언어를 같은 집단의 다른 사람들과 향유할 권리는 독립적인 가치를 갖는다.[54] 제27조가 고유하게 보호하는 권리는 소수집단의 문화적 전통, 교육·언론매체, 종교기관 등이 유지될 때 향유될 수 있다.[55]

제27조는 개인의 권리로 조문화되어 있으므로 규약 제1선택의정서에 따른 개인통보절차에서 다루어질 수 있다. 이는 집단적 성격을 갖는 권리를 구제할 수 있는 통로가 될 수 있다는 점에서 큰 의미를 갖는다. 규약위원회는 일반논평에서 제27조는 제1조와 달리 개인의 권리이고 선택의정서에 따른 개인통보절차에서 인정되는 권리임을 확인한 바 있다.[56] *Lubicon Lake Band v. Canada* 사건(1990)에서 캐나다 선주민 중 하나인 Lubicon Lake Band와 추장은 캐나다 앨버타 주 정부의 석유 및 가스 개발 허가로 사냥, 낚시 등 자신들의 전통적인 삶의 방식이 심각하게 해를 입었다며 제1조 자결권 위반을 주장하였다. 이에

---

51) HRC General Comment No.23(1994), para.6.2.
52) C. Tomuschat, Protection of Minorities under Article 27 of the International Covenant on Civil and Political Rights, in R. Bernhardt (ed.) Festschrift Hermann Mosler, Springer-Verlag(1983) p.966.
53) HRC General Comment No.23(1994), paras.4, 5.3.
54) 예를 들어, 프랑스 정부는 자국 내에서는 차별이 법으로 금지되어 있어 민족적, 종교적 또는 언어적 소수집단이 없다는 입장을 유지하고 있는데, 규약위원회는 제27조의 독립적 의미를 재환기시켰다. HRC, Concluding Observations on France, CCPR/C/79/Add.80(1997), para.24.
55) J. Pejic(전게주 43), p.674.
56) HRC General Comment No.23(1994), para.3.1.

대하여, 위원회는 "선택의정서는 개인의 권리 침해에 대해 개인들이 이용할 수 있는 절차이고, 대상이 될 수 있는 권리는 규약 제6조부터 제27조에 이르는 권리들"임을 환기시키면서, 선주민들이 제1조 위반으로 제기한 문제를 제27조 "집단의 다른 구성원들과 공동체로 그들의 문화를 향유할 권리" 하에서 다루고, 권리 침해를 인정하였다.[57] 또한, *Tiina Sanila-Aikio v. Finland* 사건(2018)에서 위원회는 제27조상의 개인의 권리가 집단적 성격을 갖는 측면을 언급하면서, 사안의 성격에 따라 피해의 집단적 성격이 제27조가 보호하는 개인의 권리가 침해되었는지 여부를 판단하는 데 핵심적 요소일 수 있다고 밝혔다.[58]

다른 한편, 소수집단에 속하는 사람들의 권리가 같은 집단의 구성원인 개인의 권리와 충돌하는 상황도 있을 수 있다. *Lovelace v. Canada* 사건(1984)이 대표적이다. 비인디언 배우자와 혼인하여 인디언으로서의 법적 지위를 상실한 여성이 이혼 후에도 자신이 나고 자란 인디언 보호구역에 돌아와 살 수 없도록 하는 조치가 문제가 되었다. 규약위원회는 소수집단의 권리 보호 조치가 소수집단에 속하는 개인의 권리를 제한하는 경우, 그러한 조치의 정당성을 판단하기 위해 합리성과 객관성을 기준으로 삼았고 위 조치는 "합리적이지 않고 부족의 정체성 보존에 필수적이라 볼 수도 없다"며 제27조가 보장하는 권리의 침해를 인정하였다.[59] 소수집단을 보호하기 위한 조치가 그 집단에 속하는 개인의 권리를 제한하는 다른 개인통보사건에서도 규약위원회는 조치가 합리적이고 객관적인지를 중심으로 권리 침해 여부를 판단하였다.[60]

---

57) *Lubicon Lake Band v. Canada*, Communication No.167/1984(1990), para.32.2.

58) *Tiina Sanila-Aikio v. Finland*, Communication No.2668/2015(2018), para.6.9.

59) *Lovelace v. Canada*, Comunication No.24/1977(1984), paras.16-17. 애초에 Lovelace의 개인통보는 인디언 남성과 달리, 인디언 여성의 경우에 대해서만 비인디언 배우자와 혼인하면 인디언으로서의 지위와 혜택을 박탈하는 인디언법 규정이 규약 제2조 제1항, 제26조, 제27조 등에 위배된다고 주장하였다. (para.1) 캐나다 정부는, 인디언법은 인디안 소수자들을 보호하기 위한 목적으로 제정되었고 개정을 위해서는 인디언 공동체와 협의를 거쳐야 하는데, 성평등에 대한 공동체 내 견해 차이를 이유로 문제가 되는 규정 개정에 시간이 걸린다고 진술하였다.(para.5) 규약위원회는 인디언법의 해당규정이 차별인지에 대해서는 검토하지 않았는데, Lovelace가 비인디언 배우자와 결혼하여 인디언법의 해당 규정을 적용받은 것이 캐나다가 자유권규약을 비준하기 전이었기 때문이다.(para.10) 대신, 규약위원회는 캐나다에 대한 최종견해에서 "여성만 손해를 감수해야 하는 방식으로 인디안 보호구역에 대한 집단과 개인의 이익을 형량하는 것은 규약 제2조, 3조, 26조, 27조에 부합하지 않는다"는 점을 강조하면서 "인디안 보호구역 거주권한과 보호구역 토지에 대한 부부재산과 관련한 사안에서 아보리진 여성들이 사실상 경험하는 차별 문제를 해소할 조치를 취"할 것을 권고하였다. HRC Concluding Observations on Canada, CCPR/C/CAN/CO/5(2006), para.22.

60) *Kitok v. Sweden*에서는 사미인의 생존수단의 보존과 환경을 위한 목적으로 순록사육자의 수를 제한하는 조치가 합리적이고 객관적인 정당성을 갖고 있고 소수집단 전체의 존속과 안녕을 위해 필수적이라고 보았다. *Kitok v. Sweden*, Communication No.197/1985(1988), paras.9.5, 9.8. 마오리인의 조업권을 보장

Ⅲ. 소수집단 보호 규범의 내용과 쟁점

제27조는 문언의 형식만 보면 당사국에게 소극적 의무만 부과하는 것처럼 이해될 수 있으나,[61] 소수집단의 권리에 대한 규범과 인식이 발전하면서 당사국의 의무가 보다 적극적으로 해석되어 왔다.[62] 규약위원회는 이 조항의 목적이 "소수집단이 문화적, 종교적, 사회적 정체성을 유지하고 지속적으로 발전시킬 수 있도록 하여, 사회 전체를 풍요롭게 하는데" 있다고 설명하였다.[63] 이러한 목적에 비추어, 당사국은 소수집단의 권리를 부정하거나 침해하지 않아야 할 뿐더러, 다른 행위자가 소수집단의 권리가 침해하지 않도록 보호하여야 할 의무를 지닌다고 위원회는 해석한다.[64]

1. 소수집단의 존재할 권리

소수집단 권리 보호는 소수집단이 자신의 문화적, 종교적, 사회적 정체성을 유지하며 존속할 수 있도록 하는 데에서 출발한다.[65] 소수집단의 존재할 권리는「집단살해죄의 방지와 처벌에 관한 협약」(1948)[66]과「국제형사재판소에 관한 로마규정」(2001)[67]이 규정하고 있는 집단살해죄(제노사이드) 금지, 반인도범죄 금지에 의해 보호된다.[68] UN 소수집단 권리선언 (1992) 제1조는 소수집단의 존재할 권리를 보호할 의무가 국가에게 있음을 명시적으로 규

하면서 어종별로 쿼터를 설정해 초과어획을 방지하는 조치가 쟁점이 된 Mahuika v. New Zealand에서도 마오리인 공동체 전체에 이익이 되고 피해를 주장하는 개인들에 대해서도 합리적이고 객관적인 조치로 정당화될 수 있다고 결론을 내렸다. *Mahuika et al. v New Zealand*, Communication No. 547/1993 (2000), para.9.6.

61) 인권위원회에서 조문 논의 때 "국가는 국민적 소수집단의 권리를 보장한다"는 문구를 포함하는 소련의 안이 있었으나, 반대8, 찬성4, 기권4로 채택되지 않았다. 칠레, 영국, 호주가 이러한 문구는 국가에 적극적 의무를 지워, 소수집단 의식을 인위적으로 일으키고 자극하게 될 수 있다고 주장하였다. 현 27조 문안의 형식은 규약 성안 당시 정부 대표들의 소수자 보호에 대한 소극적 태도가 반영된 결과로 볼 수 있다.

62) Capotorti는 "제27조에서 규정한 권리에 효력을 부여하기 위해서는, 국가의 적극적이고 지속적인 조치가 필요"하며 "국가의 단순히 소극적인 태도는 권리가 실효성을 잃도록 만들 것"이라고 경고하였다. F. Capotorti(전게주 25), p.99(para.588).

63) HRC General Comment No.23(1994), para.9.

64) 상계주, para.6.1.

65) Nowak's CCPR Commentary(2019), p.817(paras.44-45).

66) 「Convention on the Prevention and Punishment of the Crime of Genocide」(1948).

67) 「Rome Statute of the International Criminal Court」(2001).

68) Nowak's CCPR Commentary, p.817(para.4); C. Lennox, Human Rights, Minority Rights, Non-Discrimination and Pluralism: A Mapping Study of Intersections for practitioners, Global Center for Pluralism(2018), p.10.

정하고 있다.[69] 따라서, 국가는 민족적, 종교적 또는 언어적 소수집단의 존재를 위협하는 조치를 가하지 않아야 하며,[70] 나아가 소수집단이 자신의 정체성을 유지하며 안전하게 살아가는 것을 위협하는 혐오표현과 증오범죄로부터 소수집단과 그에 속하는 사람들을 보호하여야 할 의무가 있다.[71] 규약위원회는 소수집단에 대한 혐오표현과 증오범죄 문제에 대해 여러 국가의 최종견해에서 우려를 표시해 왔다. 이를테면, 터키에서 무슬림이 아닌 다른 종교집단이나 그 외 다른 소수집단에 대하여 증오범죄가 발생하고 있는 상황,[72] 일본에서 조선인, 중국인 또는 부락구민과 같은 소수집단에 대해 증오와 차별을 선동하는 인종주의가 확산되고 외국인 학생들을 포함해 소수집단에 대한 괴롭힘과 폭력이 많이 발생하는 상황,[73] 스위스에서 무슬림, 유대인, 로마 공동체에 대한 헤이트스피치와 증오범죄가 증가하고 있는 상황[74] 등을 위원회는 비차별과 평등에 대한 제2조, 제26조, 증오선동을 금지하는 제20조 제2항과 함께 제27조와 관련하여 다루었고, 제20조 제2항에 따라 차별, 적의 또는 폭력의 선동이 될 민족적, 인종적 또는 종교적 증오의 고취를 법으로 금지하여야 할 국가의 의무 이행을 촉구하였다.

2. 소수집단의 문화적, 종교적, 사회적 정체성에 대한 권리

소수집단에 속하는 사람들은 다른 사람들과 마찬가지로 차별금지와 평등에 관한 제2조 제1항과 제26조의 보호를 받는다. 이에 더하여, 제27조는 소수집단의 문화적, 종교적, 사회적 정체성에 대한 권리를 보호하여야 할 고유한 목적을 갖는다.[75] 한 사회 내에서 민족, 종교 또는 언어 측면에서 소수자인 경우, 자신이 속한 소수집단의 정체성을 유지하면서 동등하게 권리를 향유하는 것이 어렵기 때문이다. 따라서, 제27조 하에서 국가는 소수집단의 정

---

69) Article 1 "States shall protect the existence and the national or ethnic, cultural, religious and linguistic identity of minorities within their respective territories and shall encourage conditions for the promotion of that identity."

70) Nowak's CCPR Commentary(2019), p.818(para.46).

71) 상게주, p.819(para.47).

72) HRC Concluding Observations on Turkey, CCPR/C/TUR/CO/1, 2012(para.22).

73) HRC Concluding Observations on Japan CCPR/C/JPN/CO/6, 2014(para.12).

74) HRC Concluding Observations on Switzerland, CCPR/C/CHE/CO/4, 2017(para.20).

75) 규약 성안 과정을 보고하는 1955년 UN 사무총장의 보고서는 "시민적 및 정치적 권리 규약 초안의 제2조 제1항과 제24조(현행 제26조)가 일반적 차별금지 원칙을 담고 있지만, 다른 인구 구성원들과 실질적으로 평등한 지위를 소수집단에게 보장하기 위해 차등대우를 할 수 있다는 것이 동의되었"다는 점을 규약 초안에 소수집단 권리 조항이 포함된 배경으로 설명하고 있다. A/2929, Draft International Covenants on Human Rights, Report by the Secretary-General(1955), para.184, also cited in Bossuyt's Guide (1987), para.183.

체성과 이들의 문화, 종교, 또는 언어에 대한 권리를 보호하기 위해 필요한 경우, 적극적 조치를 취하여야 한다. 이러한 조치는 "제27조가 보장하는 권리의 향유를 가로막거나 저해하는 조건을 시정하기 위한" 목적을 위해 필요하며, "합리적이고 객관적인 기준에 기초한다면, (평등 원칙에 부합하는) 정당한 차등"에 해당한다.[76]

가. 문화를 향유할 권리

(1) 문화

문화를 향유할 권리에서 "문화는 다양한 형태를 띨 수 있으며, 특히 선주민들 사례에서는 토지 자원의 사용과 관련한 특정한 삶의 양식이 그 다양한 형태에 포함"된다.[77] 문화는 소수집단의 문화적 정체성의 주요 요소가 되는 풍습, 의식, 주거양식, 식습관뿐 아니라, 전통적인 생계수단이나 경제활동도 포괄한다.[78] 규약위원회는 문화향유권과 관련해 선주민의 경제활동과 토지사용에 관한 개인통보를 여러 건 다루었다. *Lubicon Lake Band v. Canada* 사건(1990)에서 규약위원회는 소수집단 문화에 핵심적인 경제활동에 소수집단 다른 구성원들과 함께 참여하는 것이 제27조가 보호하는 문화를 향유할 권리에 해당된다고 보았다.[79] *Kitok v. Sweden* 사건(1988)에서는 경제활동에 대한 규제는 일반적으로 국가의 재량사항이지만, 어떤 경제활동이 소수민족 문화에서 핵심적인 경우에는 제27조의 보호를 받는다고 밝혔다.[80]

또한, 규약위원회는 *Länsman et al. v. Finland* 사건(1994)에서 사미인의 순록사냥 활동,[81] *Mahuika v. New Zealand* 사건(2000)에서 마오리인의 어업 활동,[82] *Poma Poma v.*

---

76) HRC General Comment No.23(1994), para.6.2. 규약위원회의 차별금지에 관한 일반논평 제18호는 "평등 원칙은 규약이 금지하는 차별을 야기하거나 지속시키는 조건을 줄이거나 없애기 위하여 적극적 조치 (affirmative action)를 취할 것을 요구한다"는 점을 강조하면서, "실제 차별을 시정하기 위해 필요한 조치라면, 그것은 규약 하에서 정당한 차등"이라는 해석을 제시하고 있다. HRC General Comment No.18 (1989), para.10.

77) HRC General Comment No.23(1994), para.7.

78) Nowak's CCPR Commentary(2019), pp.826-827(para.63).

79) *Lubicon Lake Band v. Canada*, Communication No.167/1984(1990), para.32.2. 이 사건에서 개인통보자들은 캐나다 정부가 선주민 루비콘 레이크 밴드의 땅을 석유와 가스 개발과 같은 상업적 목적을 위해 수용하여 자신들의 경제적 토대를 파괴하고 전통적 생존수단을 앗아갔으며, 이에 대한 구제도 제대로 받을 수 없다며 규약 제1조 위반을 주장하였다. 위원회는 이 사건에 대하여 제1조 대신 제27조 위반 여부를 검토하였고 권리 침해를 인정하였다.(para.33.)

80) *Kitok v. Sweden*, Communication No.197/1985(1988), para.9.2.

81) *Länsman et al v. Finland*, Communication No.511/1992(1994), para.9.2.

82) *Mahuika et al. v. New Zealand*, Communication No.547/1993(2000), para.9.3.

Peru 사건(2009)에서 아이마라인의 라마 사육[83]이 제27조의 보호범위에 해당한다고 인정하였다. 각각의 활동이 해당 소수집단 문화에 큰 중요성을 갖는다고 본 것이다. 반면, *Diergaardt v. Namibia* 사건(1998)에서 레호보스 바스터(Rehoboth Baster) 공동체에 속한 사람들이 현재 땅에서 가축을 사육하고 있는 것에 대해서는 이 공동체가 그곳에 정착하여 산 기간이 125년 정도로 그다지 길지 않고 경제적 용도로 해당 토지를 사용하고 있는 성격이 강하기 때문에 이를 제27조의 개념상 이들 집단의 고유한 문화로 볼 수 없다고 하였다.[84] *Hopu and Bessert v France* 사건(1997)은 선주민이 아닌 민족적 소수집단이 제기한 드문 사건이고 식민지에서의 민족문화유산에 대한 보존 문제를 제기한다는 점에서 주목되었으나, 프랑스가 제27조를 유보하고 있어 이 건에서 문화향유권 위반 여부는 본안 심사 없이 각하되었다.[85]

(2) 국가의 의무

제27조상 문화를 향유할 권리를 존중하기 위하여 당사국은 소수집단의 고유한 문화와 생활양식을 위협하지 않을 의무를 지닌다.[86] *Lubicon Lake Band v. Canada* 사건(1990)에서 규약위원회는 석유와 가스 개발과 같은 상업적 목적을 위해 선주민의 토지를 대규모로 수용하여 소수집단의 생활양식과 문화를 위협하는 조치는 제27조에 위배된다고 결정하였다.[87] 이스라엘에 대한 최종견해에서는 베두인(아랍계 유목민)들의 "전통적 유목경제, 사회적 관계, 농촌 생활양식"을 충분히 고려하지 않은 채 거주지를 파괴하고 그들을 웨스트 뱅크의 도시 지역으로 강제이주시키는 것에 대해 우려를 표명하면서 강제퇴거 및 이주를 중단하라고 권고하였다.[88]

---

83) *Poma Poma v. Peru*, Communication No. 1457/2006(2009), para.7.3.
84) *Diergaardt v. Namibia*, Communication No.760/1997(1998), para.10.6. 레호보스 바스터 공동체는 남부 아프리카 코이인과 유럽 출신 정착민(Afrikaans settlers)의 후손들로 19세기 후반에 현재의 땅에 정착하였다.
85) *Hopu and Bessert v. France*, Communication No 549/1993(1997), para.4.3. 프랑스 정부가 프랑스령 타히티의 폴리네시아인 주민들의 선조 무덤이 있는 토지에 호텔 건축을 허가하였는데, 개인통보자들은 이 묘지가 폴리네시아인들의 역사, 문화, 삶에서 중요한 의미를 가지며 호텔 건축 허가는 제17조(사생활에 대한 권리), 제23조(가족생활에 대한 권리), 제27조 위반이라고 주장하였다. 위원회는 제27조에 대해서는 각하하고, 제17조, 제23조 위반을 인정하였다. 심사에 참여하였던 14인의 위원 중 5인은 프랑스의 제27조에 대한 유보가 해외의 프랑스령에도 적용된다는 위원회 다수의 해석에 의문을 제기하는 한편, 이 개인통보가 제27조와 관련해 중요하게 검토되어야 할 사안을 포함한다며 제27조에 대한 위원회의 각하 결정에 대해 반대 의견을 표하였다.(Elizabeth Evatt, Cecilia Medina Quiroga, Fausto Poscar, Martin Scheinin, Maxwell Yalden)
86) Nowak's Commentary, p.826(para.63).
87) *Lubicon Lake Band v. Canada*, Communication No.167/1984(1990), para.33.

나아가, 당사국은 소수집단의 문화적 정체성을 보호하는 조치를 취할 의무가 있다.[89] 소수집단의 문화적 정체성 보호를 위한 조치는 문화다양성 정책의 일환이기도 하다.[90] 소수집단 중 선주민의 문화적 정체성에 대한 권리 보호와 관련해서는, 인종차별철폐위원회의 선주민의 권리에 대한 일반권고 제23호에서 보다 상세한 지침을 볼 수 있다. 인종차별철폐위원회는 △선주민의 고유한 문화, 역사, 언어와 생활양식 존중 및 보존, △선주민들이 문화적 특성에 맞게 지속가능한 경제·사회 발전을 도모할 수 있는 여건 조성, △선주민의 권리와 이익에 관련된 결정을 할 때 고지된 동의 확보, △선주민의 문화적 전통 및 풍습 활성화 노력 보장 등을 당사국의 의무로 제시하고 있다.[91]

또한, 소수집단에 영향을 미치는 사안에 대해 의사결정할 때 소수집단 구성원들의 효과적인 참여를 보장하여야 한다.[92] 이때 당사국은 단지 소수집단 구성원과의 '협의'를 넘어 '자유로운 사전에 고지된 동의'(Free, Prior and Informed Consent)를 확보하여야 한다. 규약위원회는 선주민 권리와 함께 발전해 온 이 원칙을 2007년 *Poma Poma v. Peru* 사건(2009)에서 소수집단의 권리 맥락으로 확대하여 적용하였다.[93] 이후 최종견해에서도 제27조와 관련해 같은 원칙을 확인하였는데, 이를테면 미국에 대한 최종견해에서 정부가 개발정책, 천연자원 이용에 대한 사업을 계획할 때, 부정적 영향을 받을 수 있는 선주민 공동체와 협의하고 자유로운, 사전에 고지된 동의를 확보하여야 한다고 권고하였다.[94] 사회권규약위원회 역시 소수집단에 영향을 미치는 법·정책의 기안과 집행에서 이들의 참여를 보장하여야 하며, 특히 소수집단의 생활양식과 문화적 자원 보존이 위태로워질 가능성이 있을 때에는 당사국의 핵심 의무로 소수집단 구성원의 "자유롭고 사전에 고지된 동의"를 확보하여야 한다고 밝혔다.[95]

---

88) HRC Concluding Observations on Israel(2014), para.9.
89) HRC General Comment No.23(1994), para.7.
90) 문화적 다양성 보호·증진 정책을 채택하는 것은 경제적, 사회적 및 문화적 권리에 관한 국제규약 제15조 제1항 문화생활에 참여할 권리 실현을 촉진하기 위하여 사회권규약 당사국이 실행해야 할 조치 중 하나이다. CESCR General Comment No.21(2009), para.52.
91) CERD General Recommendation No. 23(1997), para.4.
92) HRC General Comment No.23(1994), para.7.
93) Poma Poma v. Peru, Communication No. 1457/2006(2009), para.7.6. '자유로운 사전에 고지된 동의' 확보는 「UN 선주민의 권리에 관한 선언」(2007)에서 확립된 원칙으로, 여러 조항에 걸쳐 언급되어 있다.(제10조, 11조, 19조, 29조, 32조)
94) HRC Concluding Observations on USA(2014), para.25. 일본에 대한 최종견해에서도 아이누, 류뷰/오키나와인에 영향을 미칠 수 있는 정책 결정 시 '자유로운 사전에 고지된 동의' 확보를 권고하였다. HRC Concluding Observations on Japan(2014), para.26.
95) CESCR General Comment No.21(2009), para.55(e).

(3) 개발사업과 문화향유권

국가가 경제발전을 시행하는 과정에서 소수집단의 생활양식과 문화에 부정적인 영향을 미치는 경우들이 적지 않다. 규약위원회는 관련된 개인통보사건들을 검토하면서, 심사기준을 확립해 왔다. *Länsman et al. v. Finland* 사건(1994)에서 규약위원회는 국가가 재량에 따라 개발을 촉진하거나 기업의 경제활동을 허가할 수 있지만 이때 소수집단의 문화를 향유할 권리를 부정하여서는 안 된다고 강조하였고, 동시에 "소수집단에 속하는 사람들의 삶에 제한적인 영향을 미치는 것은 반드시 권리 침해라 할 수 없다"고 보았다.96) 그렇다면 개발사업은 어떠한 때에 문화향유권 침해에 이르게 되는가. 이와 관련해, 규약위원회는 개발사업이 심대한 영향을 미쳐 소수집단이 더이상 전통적인 생활양식과 문화를 지속해 나갈 수 없는 상황인지, 전통적 활동에 대한 보호조치가 있었는지, 소수집단 구성원들이 해당 사안의 결정에 효과적으로 참여할 수 있도록 보장하는 조치가 있었는지를 검토하여야 한다고 밝혔다.97) 1996년에 결정된 두 번째 *Länsman et al. v. Finland* 사건(1996)에서도 같은 기준이 적용되었는데, 규약위원회가 절차적 측면을 넘어 개발사업이 소수집단의 문화에 미치는 영향을 실질적으로 평가하고 권리 침해 여부를 판단하는 데에는 한계가 있어 보인다.98) 당사국과 소수집단 간에 개발사업이 미치는 영향의 정도에 대해 견해가 대립하는데, 제출된 자료만으로 위원회가 실태를 정확히 파악하기는 어렵기 때문이다.

이후에는 규약위원회가 절차적 측면을 중심으로 개발사업 관련 사건들을 검토하는 경향

---

96) *Länsman et al. v. Finland*, Communication No.511/1992(1994), para.9.4.
97) 상계주, para.9.5. 이러한 기준은 일반논평 제23호 제7항을 기초로 하고 있다. 이 사건에서는 정부의 채석 허가가 문제가 되었는데, 규약위원회는 채석 허가를 결정하기 전에 선주민들의 이익이 고려되었고 협의를 거쳤고, 채석작업이 선주민들의 전통적인 생활양식이자 생존수단인 순록 사냥에 피해를 입힌 것으로 보이지 않고 미래의 활동과 관련해서도 순록사냥에 미치는 영향을 최소화하는 방식으로, 해당 지역에서 순록을 사육하지 않는 기간에만 채석사업이 허가되었다는 점을 검토하여, 권리 침해를 인정하지 않았다.(paras.9.6-9.7) 다만, 이후에라도 선주민의 전통적 생활양식에 심대하게 영향을 미칠 정도로 자원 채굴이 더 큰 규모로 허가된다면, 그때는 제27조 위반에 이르게 될 것이라는 점을 경고하며, 당사국이 계약을 연장하거나 새로운 사업을 허가할 때 감독 의무를 진다는 점을 강조하였다.(para.9.8)
98) *Länsman et al. v. Finland*, Communication No.671/1995(1996). 이 사건에서 판단대상은 산림채벌 허가가 제27조 권리를 침해하였는지였는데, 해당 지역에서 시행된 산림채벌이 문화향유권을 부인하는 정도에 이르는지에 대하여 양측에서 제출한 정보로는 판단이 불가능하다고 보았다.(para.10.5) 다만 선주민 공동체가 산림채벌을 결정하는 과정에서 함께 협의를 하였고, 앞으로 예정된 산림채벌의 규모가 순록 사냥의 존속을 위협할 정도로 보이지 않는다는 점을 들어 권리 침해가 아니라고 결정하였다.(paras.10.6, 11) 하지만 산림채벌 사업 단독으로는 권리 침해에 이르지 않더라도, 사미인 지역에서 채굴 등 다른 개발사업들의 영향까지 더해질 때 문화향유권을 침식하는 결과가 초래할 수 있기 때문에 당사국이 이러한 점에 대해 주의를 기울여야 한다고 강조하였다.(para.10.7)

을 보였다. 즉, 당사국이 해당 의사결정에서 소수집단 구성원의 참여를 보장하였는지, 소수집단의 전통적 생활양식 및 문화 보존을 위해 필요한 조치를 취했는지 여부를 주된 심사 대상으로 삼았다. 이를테면, *Mahuika et al. v New Zealand* 사건(2000)에서 규약위원회는 당사국이 분쟁 대상이 되는 법률을 채택하는 과정에서 마오리인 공동체 구성원들과 폭넓게 협의를 진행하였고, 마오리인에게 어업이 갖는 문화·종교적 중요성에 특별히 주의를 기울이면서 마오리인 공동체와 개인들이 어업에 계속 종사할 수 있게 하기 위해 필요한 조치를 취하였다는 점을 주목하였다.[99] *Poma Poma v. Peru* 사건(2009)은 문화향유권에 관한 개인통보 중 드물게 권리 침해가 인정된 사건인데, 정부가 물길을 바꾸는 지하수 개발사업을 하면서 아이마라인 공동체와 어떠한 협의도 진행하지 않았고, 전통적인 경제활동에 미치는 영향을 측정하는 독립적 조사를 실시하지 않았으며, 물길 전환으로 인해 아이마라인의 라마 사육 등 전통적 활동에 미치는 부정적인 효과를 최소화하는 조치를 취하지 않았고, 피해에 대한 구제노력도 기울이지 않았다는 점이 권리 침해 결정의 주요 근거가 되었다.[100]

나. 종교를 표명하고 실행할 권리

(1) 제18조 종교의 자유와의 관계

종교적 소수집단에 속하는 사람들이 종교를 표명하고 실행할 권리는 규약 제18조가 보장하는 종교의 자유와 긴밀한 관계가 있다. 제18조는 종교의 자유가 "스스로 선택하는 종교나 신념을 가지거나 받아들일 자유와 단독으로 또는 다른 사람과 공동으로, 공적 또는 사적으로 예배, 의식, 행사 및 선교에 의하여 그의 종교나 신념을 표명하는 자유를 포함"한다고 규정한다. 제27조가 보장하는 권리는 소수집단에 속하는 사람들이 종교의 자유를 행사할 수 있도록 "소수집단의 문화적, 종교적, 그리고 사회적 정체성의 존속과 지속적인 발전을

---

99) *Mahuika et al. v New Zealand*, Communication No. 547/1993(2000), para.9.8. 이 사건에서는 마오리인의 조업권을 공식적으로 인정하면서 어종별로 쿼터를 설정해 초과 어획을 방지하도록 하는 와이탕기 조약(어업청구권) 합의에 관한 법(Treaty of Waitangi (Fisheries Claims) Settlement Act 1992) 제정이 개인통보자의 제27조 권리를 침해하는지가 논점이었다.(para.9.3) 마오리인들 다수와 달리, 개인통보인과 그들이 속한 부족은 본 합의에 반대하였다.(para.9.6) 위원회는 본 합의와 관련 절차가 마오리인들 내 분열을 낳았다는 점에 유감을 나타내면서도, 마오리인들의 폭넓은 협의 참여 등 본문에서 기술한 이유를 들어 제27조 권리 침해를 인정하지 않았다.

100) *Poma Poma v. Peru*, Communication No.1457/2006(2009), para.7.7. 한편, Poma Poma v. Peru에서는 관련 의사결정에 소수집단의 참여를 보장하는 것과 관련해, 단지 협의가 아니라 "자유로운 사전 고지된 동의"가 요구된다며 보다 엄격한 기준을 제시하였다. 또한, 어떠한 조치가 문화향유권을 제한할 때, 소수집단 공동체와 구성원의 (문화적 정체성의) 존속이라는 관점에서 비례성 원칙에 부합하여야 함을 강조하였다.(para.7.6.)

보장하는" 데[101])에 목적이 있다는 점에서 종교의 자유와 차별금지 규범에 대해 보완적 역할을 한다.

(2) 국가의 의무

당사국은 종교적 소수집단에 속하는 사람들이 차별 없이 종교를 표명하고 실행할 권리를 누릴 수 있도록 하여야 한다. 종교의 자유에 대한 일반논평은 "종교적 소수집단을 대표한다는 사실 등의 이유로 어떤 종교나 신앙을 차별하는 경향"에 대해 우려를 표하였다.[102] 규약위원회는 국교나 전통적인 종교, 또는 인구 다수가 따르는 종교가 있다 해서 소수 종교를 따르는 사람이 차별을 받아서는 안 된다고 강조하였다.[103] 주류 종교를 가진 사람에 한정해 공직 진출을 제한하거나 경제적 특혜를 주거나, 반대로 소수 종교를 가진 사람에 대해 제약을 가하는 등의 조치는 종교를 이유로 한 차별금지 규범에 반한다.[104] 따라서 당사국은 종교적 소수집단이 종교 관련 기관 등록, 시설 건립, 의식 실시, 교육 제공 등 차별 없이 자신의 종교를 표명하고 실행할 수 있도록 보장하여야 한다. 또한, 종교적 소수집단에 속하는 사람들이 폭력과 박해 없이 제18조와 제27조상의 권리를 누릴 수 있도록 제20조 제2항에 따라 종교적 소수집단 등에 대한 증오선동에 효과적으로 대응하여야 한다.[105]

한편, 종교적 소수집단을 위한 조치가 마치 이들에게만 특혜를 부여하는 것처럼 잘못된 인식을 불러일으켜 오히려 종교적 소수집단을 비난하고 고립시키는 데 빌미로 작용하는 경우가 있다. 종교의 자유에 관한 특별보고관은 보편주의적 접근이 이러한 문제를 피하는 데 최선이라고 강조하였는데,[106] 즉, 종교적 소수집단이 종교를 표명하고 실행하는 데 차별이 없는지 살피고, 차별이 있다면 그러한 문제를 시정하고 필요한 조치를 하는 것이 보편주의적 접근이라 할 수 있다. 규약위원회가 국가보고서나 개인통보 심사에서 종교적 소수집단 문제를 다룰 때 주로 제18조 종교의 자유나 제26조 법의 평등한 보호를 근거로 하는 것도 이러한 접근의 일환이다.

규약위원회는 국가보고서를 심사할 때, 종교적 소수집단과 관련해서는 제18조, 제26조, 제27조가 함께 적용되는 문제로 다룬다. 예를 들어, 스리랑카에 대한 최종견해에서, 규약위원회는 무슬림, 타밀, 기독교인처럼 종교적 소수집단에 속하는 사람들이 종교를 이유로 입

---

101) HRC General Comment No.23(1994), para.7.
102) HRC General Comment No.22(1993), para.2.
103) 상계주, para.9.
104) 상계주, para.9.
105) 상계주, para.9.
106) H. Bielefeldt, Report of the Special Rapporteur on Freedom of Religion or Belief(2012), para.60.

학을 거부당하고, 힌두, 무슬림, 복음주의 기독교, 여호와의 증인이 종교의식을 행하는 장소가 공격을 당하는 상황에 우려를 나타내면서, 종교적 소수집단을 차별로부터 효과적으로 보호하고 소수집단을 상대로 한 폭력을 신속하고 효과적으로 수사·기소하라고 권고하였다.[107] 세르비아에 대한 최종견해에서는 공식적인 종교단체 등록이나 법인 지위 확보에서 "전통적" 종교와 그렇지 않은 종교를 구분하는 것을 지적하고, 종교에 대하여 동등처우의 원칙을 보장하여야 한다고 강조하였다.[108] 또한, 아일랜드에 대하여 종교를 이유로 학교 진학에서 차별이 없도록 법률을 도입하고 종교적 소수자나 신앙이 없는 아동에게 학교나 교육과정에서 다양한 선택지를 보장하라고 권고하였다.[109] 스위스에서 이슬람 사원의 상징적 건축물인 미나렛(첨탑) 건설을 금지하는 국민투표와 무슬림에게 차별적인 캠페인이 진행되는 것에 대해 우려하였고,[110] 이후 헌법에 미나렛 건설 금지 조항이 추가되자 이를 시정하기 위한 조치를 취하라고 스위스에 권고하였다.[111] 또한, 무슬림에게 특별히 영향을 미치는 학교나 공공장소에서의 복장 규정들에 대해 재검토를 요청하였다.[112] 리히텐슈타인에 대한 최종견해에서는 국가가 종교단체에 재정 지원을 하는 경우, 동등처우 원칙을 적용하여야 함을 강조하였다.[113]

종교적 소수자 이슈에 대한 개인통보의 경우 주로 제18조(사상, 양심 및 종교의 자유)나 제26조(평등권) 위반 여부를 중심으로 검토되어 왔다. *Waldman v. Canada* 사건(1999)에서 규약위원회는 당사국이 종교 학교에 재정을 지원한다면 차별이 없어야 하고, 일부 종교 학교에만 재정 지원을 하는 경우 "합리적이고 객관적인 기준"에 기초해야 한다고 밝혔다.[114]

---

107) HRC Concluding Observations on Sri Lanka, CCPR/C/LKA/CO/R.5(2014), para.23.

108) HRC Concluding Observations on Serbia, CCPR/C/SRB/CO/2(2011), para.20, and HRC Concluding Observations on Serbia, CCPR/C/SRB/CO/3(2017), paras.36-37.

109) HRC Concluding Observations on Ireland, CCPR/C/IRL/CO/4(2014), para.21.

110) HRC Concluding Observations on Switzerland, CCPR/C/CHE/CO/3(2009), para.8.

111) HRC Concluding Observations on Switzerland, CCPR/C/CHE/CO/4(2017), paras.42-43.

112) 상게주, paras.44-45. 스위스에서는 공공장소에서 얼굴을 가리는 베일 금지규정이 2013년 티치노주에서 처음 도입된 이후, 여러 주에서 관련 규정 도입이 이어졌고, 2021년에는 국민투표를 통해 공공장소에서 얼굴을 모두 가리는 것을 금지하는 헌법 조항이 도입되었다. 이러한 규정은 사실상 이슬람 여성의 전통 복장인 '부르카'나 '니캅'을 공공장소에서 금지하기 위한 것으로 '부르카 금지법'으로 불리며, 이를 어기면 최고 1만 스위스 프랑의 벌금을 내야 한다.

113) HRC Concluding Observations on Liechtenstein, CCPR/C/LIE/CO/2(2017), para.28.

114) *Waldman v. Canada*, Communication No. 694/1996(1999), para.10.6. 개인통보인은 가톨릭 학교만 정부 지원을 받고 자신의 자녀들이 다니는 유대교학교는 정부 지원을 받지 못한다며 규약 제18조, 제26조, 제27조 위반을 주장하였다. 가톨릭 학교를 공립학교로 편입시켜 지원하기 시작한 것은 1867년인데, 당시에는 온타리오주에서 소수종교에 해당하였던 가톨릭 교인 보호가 그 취지였다.(para.10.3)

현재 온타리오주에서 가톨릭 교인들이 유대인들에 비해 불리한 위치에 있지 않아[115] 가톨릭 학교만 재정 지원을 받고 유대교 학교는 그렇지 못한 차등대우는 객관적이고 합리적이라 할 수 없으며 법의 평등한 보호 위반이라고 인정하였다.[116] 제18조, 제27조에 대해서는 별도로 검토할 필요가 없다고 밝혔다. 반면, 마틴 쉐이닌 위원은 보충의견에서, 애초 가톨릭 학교에 대한 정부 지원이 종교적 소수집단 보호에서 출발한 것이니만큼 제27조도 검토할 필요가 있다고 보았다.[117] 정부가 종교적 소수집단 보호 차원에서 종교 학교에 재정을 지원한다면 전체 교육체계 안에서 지속적으로 운영될 정도로 해당 학교에 다니는 아동 수가 충분한가를 객관적이고 합리적인 차등지원 기준 중 하나로 할 수 있다고 제시하였다.[118]

Sister Immaculate Joseph et al. v. Sri Lanka 사건(2005)에서 규약위원회는 합리적이고 객관적인 사유 없이, 불교 우선 조항에 근거해 가톨릭 수녀원의 법인 등록을 거부하는 것은 종교적 믿음에 근거한 차별로 제26조 위반이라 인정하였고, 제27조에 대해서는 별도로 다루지 않았다.[119] *Sergey Geller v. Kazakhstan* 사건(2019)에서는 종교시설로 등록된 곳 이외 장소에서 종교의식을 행하였다는 이유로 법적 근거 없이 크리슈나 의식 국제협회 대표에 대하여 정부가 벌금을 부과한 것은 종교의 자유에 대한 정당한 제한이라 볼 수 없다며 '다른 사람들과 함께 종교를 표명할 권리' 침해를 인정하였다.[120] 종교시설로 등록된 장소 외에서 종교의식을 행할 때에 사전허가를 받도록 하는 것은 종교시설이 없는 종교적 소수집단의 권리를 제한하는 측면이 있어 제27조에 비추어 심사할 수 있는 사안이지만, 국내구제절차 소진 완료 요건 미충족으로 각하되었다.[121]

공공장소에서의 복장규정도 종교적 소수집단에 관한 주요 쟁점 중 하나이다. *Singh v. France* 사건(2012)에서 규약위원회는 "케스키나 터반 착용은 (시크교인 남성에게) 단순히 종교적 상징이 아니고 정체성의 필수적 요소이고 종교적 의무에 속한"다는 개인통보인의 주장을 긍정하였다.[122] 케스키 착용이 다른 학생들이나 학교 질서에 어떤 위협을 가하는지에

115) *Waldman v. Canada*, Communication No. 694/1996(1999), para.10.4.

116) 상계주, para.10.6.

117) 상계주, Individual opinion by member Martin Scheinin (concurring), para.4.

118) 상계주, Individual opinion by member Martin Scheinin (concurring), para.5. 쉐이닌 위원은 이 사건에서 유대교학교 역시 그러한 기준을 충족하기 때문에, 가톨릭학교와 유대교학교 간 정부 지원에서의 차등은 차별이라는 위원회 결정에 동의한다는 입장이었다.

119) Sister Immaculate Joseph et al. v. Sri Lanka, Communication No.1249/2004(2005), paras.7.3-7.6.

120) *Sergey Geller v. Kazakhstan*, Communication No.2417/2014(2019), para.10.4.

121) 상계주, para.9.5. 개인통보인이 국내구제절차에서는 이 사안을 제기하지 않았기 때문이다.

122) *Singh v. France*, Communication No.1852/2008(2012), para.8.7. 공립 초중등학교에서 종교적 상징을 착용하지 못하도록 하는 법령을 근거로 머리에 케스키(Keski)를 쓰고 등교한 학생을 퇴학 처분한

대한 근거 없이 퇴학처분이 이루어졌고, 이는 학생이 마땅히 받아야 할 교육에 심각한 영향을 미친다며 제18조 종교의 자유 위반임을 인정하였다.[123] 이 사건의 개인통보인은 제27조 위반에 대해서는 별도로 주장하지 않았다.

(3) 정당한 제한

제27조는 정당한 제한에 대한 요건을 명문화하고 있지 않은데, 제18조 제3항에서 규정하는 종교의 자유에 대한 제한 요건을 적용할 수 있다. *Prince v. South Africa* 사건(2007)에서 규약위원회는 카나비스 사용이 종교적 소수집단이 행하는 의식의 한 부분이라는 점을 인정할 수 있지만, 공중의 안전, 질서, 건강, 윤리 또는 타인의 기본권과 자유 보호를 위해 법으로 카나비스 소지 및 사용을 금하는 것은 종교의 자유에 대한 정당한 제한에 해당한다고 보았다.[124]

다. 자신의 언어를 사용할 권리

(1) 소수 민족이 자신의 언어를 사용할 권리

제27조는 언어적 소수집단에 속하는 사람이 다른 사람들과 함께 자신의 언어를 사용할 권리를 포함한다. 제27조가 보장하는 언어 사용에 대한 권리는 언어적 소수집단에 속하는 사람들을 권리 주체로 한다는 점에서 언어에 대한 일반적 권리인 표현의 자유와 차이가 있다.[125] 소수 언어를 사용할 권리 보호는 소수집단의 문화적, 종교적, 사회적 정체성의 존속과 지속적인 발전을 보장하는 데 목적이 있다.[126] 문화의 다양성 측면에서도 중요성을 갖는데,「경제적, 사회적 및 문화적 권리에 관한 국제규약」제15조 제1항(a)의 문화생활에 참여할 권리에 대한 일반논평에서 사회권규약위원회는 문화 다양성을 보호 · 증진하는 정책이 문화생활에 참여할 권리 이행을 위한 당사국의 의무에 포함된다고 하면서, 공영방송에서의 소수 언어 장려를 그러한 정책의 예로 들었다.[127]

것이 문제가 되었다.

123) 상계주, para.8.7.

124) *Prince v. South Africa*, Communication No. 1474/2006(2007), paras.7.3-7.4. 규약위원회는 라스타파리(Rastafari) 교인이 종교적 소수집단에 속하는 사람이며 카나비스(대마) 사용이 라스타파리교 의식의 주요 요소임은 인정하였다. 교인에게만 수입, 운송, 유통을 허용하더라도 유출되는 경우 공공에 대한 위협이 될 수 있으므로 정부가 종교적 예외를 허용하지 않는다고 하여 종교의 자유나 종교적 소수집단의 권리에 대한 불합리한 제한이라 볼 수 없다고 밝혔다.

125) HRC General Comment No.23(1994), para.5.3.

126) 상계주, para.9.

127) CESCR General Comment No.21(2009), para.52.

(2) 국가의 의무

언어적 소수집단의 권리 보호를 위해서도 국가의 적극적 조치가 요구된다.[128] 언어적 소수집단의 권리는 소수집단의 언어가 유지되어야만 의미를 갖는다는 점에서,[129] 언어적 소수집단에게 자신의 언어를 배울 수 있는 교육에 대한 권리가 핵심적이다. 이와 관련해 참고할 국제문서로서, 1960년 채택된 UNESCO 「교육상 차별금지에 관한 협약(Convention against Discrimination in Education, 1960)」은 "소수 민족에 속하는 사람들이 그들 자신의 교육활동을 수행하는 학교를 유지하고 각 국가의 교육정책에 따라 그들의 언어를 사용하거나 가르칠 권리"를 확인하였다.(제5조 제1항(c)) UN 소수집단 권리 선언은 소수집단에 속하는 사람들이 "자신의 모어를 배우고 학습지도를 받을 수 있는 충분한 기회"를 가질 수 있도록 가능한 적절한 조치를 취할 것을 국가의 의무로 규정하였다.(제4조 제3항)

규약위원회에 제기된 개인통보 중 소수민족 구성원이 자신의 언어로 교육받을 권리를 직접 다룬 사건은 없다. 그러나, 소수민족 언어 간행물의 재등록 거부가 문제가 된 *Mavlonov and Sa'di v. Uzbekistan* 사건(2009)에서 규약위원회는 해당 간행물이 소수민족 청년에 대해 교육자료의 역할을 하고 있고 타지크 학교가 직면하는 문제들을 다룬다는 점을 주목하면서, "제27조 맥락에서, 소수집단이 자신의 언어로 교육을 받는 것은 소수집단 문화에서 아주 기본적인 요소"라고 강조하였다.[130] 규약위원회는 "우즈베키스탄 내 타지크 소수민족들 사이에서 중요한 사안을 소통하는 수단"으로서 소수민족 언어 간행물이 갖는 중요성을 재확인하면서, 정부가 소수민족 언어 간행물 재등록을 거부해 정식 발간을 막아 타지크 소수민족 문화를 향유할 권리를 침해하였다고 인정하였다.[131]

소수민족 언어를 사용하는 학교에 대한 규약위원회의 견해는 일본 정부의 정기보고서 심사에서 좀 더 분명하게 나타난다. 일본 정부가 조선학교를 인정하지 않는 것은 위원회의 지속적인 우려 대상이었다.[132] 한국어로 교육을 하는 학교(조선학교)의 경우, 다른 일반 학교들에 비해 정부 보조가 현저히 낮아 기부에 상당 부분 의존해야 하는 상황인데 다른 사립

---

128) HRC General Comment No.23(1994), para.6.1.

129) 상계주, para.6.2.

130) *Mavlonov and Sa'di v. Uzbekistan*, Communication No. 1334/2004(2009), para.8.7. 규약위원회는 해당 간행물이 타지크계 학생과 청년들에게 필요한 교육적 자료를 담고 있고 타지크 언어 교과서의 부족, 우즈벡 언어 수업의 강제 개설과 같이 타지크 학교가 겪는 어려움을 보도해 왔다는 점을 주목하였다.

131) 상계주, para.8.7.

132) HRC Concluding Observations on Japan, CCPR/C/79/Add.102(1998), para.13; HRC Concluding Observations on Japan, CCPR/C/JPN/CO/5(2008), para.31.

학교나 국제학교들과 달리 기부에 대한 면세나 감세 혜택이 없다는 점도 문제로 지적되었다.[133] 규약위원회는 정부 보조를 늘리고 다른 사립학교 기부와 동일한 세제 혜택을 적용하여 한국어로 가르치는 학교가 적절한 재정으로 운영되도록 보장하라고 권고하였다.[134]

현실적으로, 한 사회 내에 있는 모든 소수민족 구성원이 다 자신의 언어로 교육을 받기는 어렵다. UN 소수집단 권리 선언이 모어를 배우고 모어로 학습지도를 받을 수 있는 충분한 기회를 제공하여야 함을 당사국의 의무로 규정하면서, "가능한 한"이라는 문구를 넣은 것은 현실적 가능성이 고려대상이 될 수밖에 없음을 의미한다.

교육 이외, 행정이나 법원 절차에서 소수 언어 사용도 중요한 이슈이다.[135] 해당 국가 내에서 소수 언어 사용자가 상당 비율을 차지하는 경우, 국가가 해당 소수 언어로 법원 및 행정 서비스를 제공해야 할 필요성이 커진다. 규약위원회는 이스라엘에서 아랍어로 제공되는 행정서비스가 제한적이고 대법원의 주요 결정도 아랍어로 번역되지 않고 있는 점을 지적한 바 있다.[136] 이스라엘에서는 아랍어를 사용하는 인구가 전체 인구의 20% 가량 된다. UN 인권이사회의 소수집단에 관한 독립전문가는 국내 거주하는 사람들이 사용하는 모든 언어로 국가가 모든 활동과 서비스를 제공해야 할 의무는 없지만 "언어 사용자의 숫자와 국내 분포 등 언어적 소수집단에 관련된 여러 요소를 고려해" 당사국이 언어적 소수집단의 권리에 대한 의무를 제대로 이행하고 있는지 점검하여야 한다고 밝혔다.[137]

한편, 규약위원회는 피고인이 법정 언어를 제대로 이해하지 못하거나 그 언어로 자신의 의견을 밝히기 어려운 경우에는 통역이 제공되어야 하지만, 공정한 재판에 대한 권리가 법정에서 자신이 가장 쉽게 사용할 수 있는 언어 사용을 보장하지는 않는다고 밝혔다.[138] 법원 절차에서 공식언어를 사용하도록 하여 제14조(공정한 재판을 받을 권리)와 제27조(소수집

---

133) HRC Concluding Observations on Japan, CCPR/C/JPN/CO/5(2008), para.31.
134) 상계주, para.31.
135) 그밖에 소수 언어와 관련한 사건으로 40년 이상 사용해 온 러시아-유대계 라트비아인의 러시아어 이름을 일방적으로 라트비아어 표기법으로 바꾼 것에 대해 사생활의 자유 침해를 인정한 *Raihman v. Latvia*가 있다. 이 사건에서 라트비아 정부는 공식언어인 라트비아어 활성화가 목적이라고 주장하였는데, 규약위원회는 이름의 표기법을 일방적으로 바꾼 것은 합리적 조치라 볼 수 없고 비례성에도 부합하지 않는다며 사생활의 자유(제17조) 침해임을 인정하였다. 위원회는 제27조 위반 여부에 대해서는 별도로 검토하지 않았다. *Raihman v. Latvia*, Communication No.1621/2007(2010).
136) HRC Concluding Observations on Israel(2010), para.23. 당시에는 아랍어가 히브리어와 함께 공식언어였음에도 사정이 그러하였다. 이스라엘은 2018년 법을 개정하여 히브리어만을 유일한 공식언어로 정하였다.
137) R. Izsák, Report of the Independent Expert on Minority Issues, (2012), para.74.
138) *Guesdon v. France*, Communication No.219/1986(1987), paras.10.3.-10.4.

단의 권리)를 위반했다는 주장에 대해 규약위원회는 공정한 재판에 대한 권리가 어떻게 저해되었는지 설명되지 않았다며 인정하지 않았다.[139] 행정절차에서 특정 언어에 대해서만 공무원에게 답하지 않도록 지시한 경우에는 제26조(평등권) 위반을 인정한 바 있지만,[140] 소수 언어로 행정 서비스를 제공할 적극적 의무에 관한 것은 아니었다.

한편, 언어적 소수집단의 권리에는 소수집단 구성원들이 자신이 살고 있는 사회의 문화와 언어를 이해하며 그 사회에 참여할 권리가 포함된다. UN 소수집단 권리 선언은 소수집단 역시 "사회의 전반적 지식을 습득할 적절한 기회를 가질 수 있어야" 한다고 명시하였다.(제4조 제4항) 「교육상 차별금지에 관한 협약」에 따르면, 소수민족에 속하는 사람들이 학교를 운영하며 자신의 언어를 사용하고 가르칠 권리가 "소수민족이 사회 전체의 문화와 언어를 이해하고, 사회 활동에 참여하는 것을 저해하는 방법으로 행사"되거나 "교육 수준이 관할 당국이 규정하거나 또는 일정한 일반수준보다 낮"아서는 안 되며, 이러한 학교 입학은 선택사항이어야 한다.(제5조 제1항(c))

VI. 한국의 실행

1. 국가보고서의 내용과 검토

대한민국 정부가 1991년 제출한 최초 국가보고서는 제27조에 관해 "한국에서는 누구도 자신의 문화를 향유하고, 자신의 종교를 표명·실행하거나 자신의 언어를 사용할 권리가 부정되지 않는다. 그러나, 한국에는 민족적, 종교적, 언어적 또는 문화적 소수집단이 없다."[141]라고 설명했다. 제2차 보고서(1988)는 최초보고서와 같은 내용에 추가로 "제27조상 엄격한 의미의 소수집단은 없지만, 귀화한 재외 화교 또는 대한민국에 거주하는 한국계 아닌 국민들 모두 헌법과 규약에 따라 자신의 문화, 종교, 그리고 언어를 향유한다"고 서술하였다.[142] 제3차 보고서(2005)에서는 "외국 국적의 주민과 귀화한 시민을 포함한 모든 소수집단"이 문화, 종교, 언어에 대한 권리를 향유한다고 설명하였다.[143] 이어, 외국인학교가 교육과정 개

---

139) *M.K. v. France*, Communication No.222/1987(1989), para.8.4.; *Diergaardt v. Namibia*, Communication No. 760/1997(2000), para.10.9.

140) *Diergaardt v. Namibia*, Communication No. 760/1997(2000), para.10.10. 이 사건에서 규약위원회는 정부가 공무원들에게 아프리칸어를 사용하는 서면 또는 구두 소통에 대해서는 아예 답하지 않도록 지시한 것은, 의도적으로 아프리칸어만 그 대상으로 삼았다는 점에서 법 앞의 평등 위반이라고 인정하였다.

141) Initial Reports of Republic of Korea(CCPR/C/68/Add.1(1991)), para.312.

142) Second Periodic Reports of Republic of Korea(CCPR/C/114/Add.1(1998)), para.257.

143) Third Periodic Reports of Republic of Korea(CCPR/C/KOR/2005/3(2005)), para.367.

발에 대해 자율성을 부여하고, 해당 국가로부터 학력을 인정받도록 하는 것을 "문화 및 언어적 다양성의 이점을 확인"하는 조치로 설명하였다.[144] 제4차 보고서(2013)는 "한국에는 자신의 문화, 종교, 언어를 유지하여 집단적 정체성을 형성하는 고유한 소수집단이 없다"면서, 그렇지만 모든 귀화 외국인과 소수민족 등 외국 국적자의 경우 자신의 문화, 종교, 언어를 누릴 수 있다는 설명을 되풀이하였다.[145] 이외에, 2002년 영주비자(F5) 도입, 지방선거 투표권 확대 등으로 인해 화교들의 상황이 개선되었다고 서술하였다.[146] 제5차 보고서(2021)에서는 민족적 소수자에 대한 차별 대응과 관련해,[147] 방송심의규정 제31조 문화다양성 존중에 따라 방송통신심의위원회가 특정 인종, 민족, 국적 등에 대한 편견과 차별 선동이 있는지 방송 프로그램을 심의한다는 점과 정부가 문화다양성에 대한 인식을 높이는 캠페인과 여러 행사를 실시하고 있다는 점을 밝혔다.[148]

이러한 국가 보고 내용은 민족적, 종교적, 또는 언어적 소수집단의 권리에 대한 정부의 낮은 인식을 드러낸다. 우선 정부는 민족적, 종교적 또는 언어적 소수집단의 존재를 인정하지 않고 있다. 영주제도의 도입이나 외국인 주민에 대한 지방선거 투표권 확대는 긍정적 변화임이 분명하지만, 정부가 귀화한 이주민이든 외국 국적자든 국내에서 자신의 문화, 종교, 언어를 누리지 못하는 사람이 없다고 단언할 수 있는 근거가 되지는 않는다. 외국인학교 중 특히 화교학교의 학력 불인정은 소수집단의 문화적, 언어적 정체성에 대한 권리 보호 조치라 할 수 없다.[149] 소수민족·인종에 대한 편견과 차별 선동과 관련해서는, 아직 인종차별 및 차별 선동을 명문으로 금지하는 법률이 없으며 방송이나 인터넷 정보통신망상의 차별 또는 편견 조장 표현에 대해 개별 법률을 통해 부분적으로 규제하고 있어 소수자를 차별 및 증오 선동으로부터 보호하는 데 한계적이다. 요약하자면, 민족적, 종교적, 또는 언어적 소수집단의 권리는 인식과 제도 전반에서 상당히 미흡하게 보호되고 있는 것이 현실이다.

국내 NGO 보고서에서도 제27조의 국내실행에 대한 평가 의견을 찾기 어렵다. 민족적, 종교적 또는 언어적 소수집단이 자신들의 정체성을 유지하며 살아가도록 존중·지원하는 문제에 대해서는 아직 제대로 분석·논의되지 못하고 있는 현실을 나타내는 것이라 할 수 있다. 제4차 국내 민간단체 합동 보고서에서 이주민 인권 문제는 차별금지 및 평등, 인신의

---

144) 상게주, para.368.
145) Fourth Periodic Reports of Republic of Korea(CCPR/C/KOR/4(2013)), para.383.
146) 상게주, paras.385-386.
147) 이전 보고서와 달리 제5차 보고서는 이슈별로 한국의 상황이 기술되어 있다.
148) Fifth Periodic Report of Republic of Korea(CCPR/C/KOR/5(2021)), paras.27-28.
149) 외국인학교는 국내에 체류 중인 외국인 자녀와 외국 거주기간이 3년 이상인 내국인이 입학대상이다. 화교학교의 학력 불인정 문제는 아래에서 다시 살펴 본다.

자유, 피구금자에 대한 인도적 처우, 증오선동 금지와 관련해서만 다루어졌다.[150] 규약위원회도 지금까지 제27조에 대해서는 별다른 지적이 없었다. 제27조 실행에 대해서는 인종차별철폐위원회, 아동권리위원회의 민족적·인종적 소수집단 관련 권고를 함께 볼 필요가 있다.

2. 민족적, 종교적 또는 언어적 소수집단의 권리

가. 소수집단의 인정 및 차별과 혐오표현으로부터의 보호

제27조의 실행은 현재 한국의 다민족적 성격을 인식하는 것에서부터 출발하여야 한다. 국내 체류 외국인의 수는 매년 계속 늘어 2019년 기준 체류 외국인의 수는 2,524,656명으로 전체 인구 대비 4.87%에 이르렀다.[151] 2020년에는 코로나19 영향으로 그 비율이 3.93%로 줄었지만, 한국의 사회경제적 상황과 인구변동을 볼 때 앞으로도 체류 외국인의 수는 계속 늘 전망이다. 또한, 한국 국적을 취득하였어도 결혼이민자, 귀화자, 다문화가족자녀 등 한국 주류사회와 다른 문화적 특성을 지닌 사람들이 존재한다. 그러나 한국사회에서는 국가보고서에서 드러나듯이 고유한 민족적, 종교적 또는 언어적 특성을 가진 소수집단이 없다고 인식하거나,[152] 이주민이나 이주민 자녀에 대하여 고유한 문화적 특성을 존중하기보다는 한국 주류사회문화에 적응하라는 동화주의적 태도가 팽배하다.[153] 인종차별철폐위원회는 "대한민국이 민족적 단일성을 강조하는 것은 대한민국 영토에 거주하는 타 민족 및 국적 집단 사이의 이해, 관용, 우의를 증진하는 데 저해가 될 수 있다"고 지적하였고, "현재 대한민국의 실제 상황에 더 이상 적합하지 않은 단일민족 국가라는 대한민국 이미지를 극복하기 위하여 교육, 문화 및 정보 분야에서 적절한 조치를 채택"하도록 권고했다.[154]

민족적, 인종적 또는 언어적 소수집단의 인권은 차별금지와 평등에 관한 제2조 제1항과 제26조, 그리고 차별, 적의 또는 폭력의 선동이 될 민족적, 인종적 또는 종교적 증오의 고취 금지에 관한 제20조 제2항과 밀접하게 연관된다. 한국은 인종차별을 정의하고 금지하는 법률이 없어, 자유권규약위원회, 인종차별철폐위원회 등이 정부에 인종차별을 포함하여 포

---

150) Joint NGO Submission to the United Human Rights Committee for the List of Issues for the Fourth Periodic Report Submitted by the Republic of Korea; Human Right in the Republic of Korea(2014).

151) 법무부, 2020 출입국·외국인정책 통계연보(2021), p.40.

152) Initial Reports of Republic of Korea(CCPR/C/68/Add.1(1991)), para.312; Fourth Periodic Reports of Republic of Korea(CCPR/C/KOR/4(2013)), para.383.

153) 김선택, "다문화사회와 헌법", 헌법학연구 제16권 제2호(2010), p.10; 김중혁, 황기식, 송문석, "한국의 단일민족주의와 다문화 수용방안", 사회과학연구, 제35권 제4호(2019), p.177.

154) CERD, Concluding Observations on the Republic of Korea(2007), para.12.

괄적인 차별금지법을 제정하라고 거듭 권고해 왔다.[155] 민족적, 인종적, 또는 언어적 소수집단에 대한 혐오표현과 관련해서도 국가 실행이 미흡한 상황이다. 본 주석서의 제20조에 대한 장에서 평하였듯이, 방송이나 인터넷 정보통신망을 통한 "민족적, 인종적 또는 종교적 증오"를 고취하는 내용의 전파는 「방송법」 및 「방송통신위원회의 설치 및 운영에 관한 법률」의 하위 심의 규정들로 규제가 가능하나, 민족적, 인종적 또는 종교적 소수집단에 대한 증오를 고취하는 혐오표현을 금지하는 상위법이 없어 집회나 출판물을 통한 혐오표현 등에 대해서는 규범의 공백이 존재하며 방송이나 인터넷 정보통신망상에서의 혐오표현 규제에 있어서도 집행의 한계가 있다.

인종차별철폐위원회는 이주민과 난민, 특히 무슬림 난민에 대한 이해를 높이고, 편견이나 잘못된 정보에 대응하여 사회 내에서 이주민에 대한 적대감을 줄일 수 있도록 환경을 조성하기 위해 필요한 조치를 취하도록 요구하였다.[156] 현대적 형태의 인종주의, 인종차별, 외국인혐오와 기타 불관용에 관한 특별보고관도 학교교육과 미디어를 통해 다양한 문화에 대한 이해와 수용도를 높이도록 권고하였다.[157] 민족적, 종교적, 또는 언어적 소수집단이 차별 없이 안전하게 자신의 문화적 정체성을 유지하며 살아갈 수 있도록 하기 위해서는, 다양한 문화에 대한 이해와 존중을 촉진하는 교육과 언론의 역할이 중요하다. 「재한외국인 처우 기본법」은 제4장에서 다문화에 대한 이해 증진 및 세계인의 날 행사 등 '국민과 재한외국인이 더불어 살아가는 환경 조성'에 관해 규정하고 있다. 「다문화가족지원법」 제5조는 다문화가족에 대한 이해 증진을 위하여 다문화 이해 교육을 실시하고 홍보 등 필요한 조치를 실시하도록 하고 있다. 다문화에 대한 이해 증진을 법으로 정하고 있는 것은 고무적이나, 이러한 법규 역시 여전히 다민족·다문화를 외국인의 문제로 전제로 하고 있어 한계적이다. 또한, 「다문화가족지원법」은 한국 국민과 외국인 배우자 간 혼인으로 구성된 가족만을 '다문화가족'으로 하고 있어 그 범위가 지나치게 좁을뿐더러, 다양한 문화와 언어의 공존과 존중을 핵심으로 하는 '다문화'의 의미를 퇴색시킨다.[158] 인종차별철폐위원회는 '다문화가족'의 정의를 확대하라고 요구해 왔다.[159]

---

155) HRC Concluding Observations on the Fourth Periodic Report of the Republic of Korea, CCPR/C/KOR/CO/4(2015), paras.12-13; CERD Concluding Observations on Periodic Reports of the Republic of Korea. CERD/C/KOR/CO/17-19(2019), paras.5-6; CERD/C/KOR/CO/15-16(2012), paras.6-7 등.

156) CERD Concluding Observations on Periodic Reports of the Republic of Korea. CERD/C/KOR/CO/17-19(2019), paras. 7-8.

157) M. Ruteere, Special Rapporteur on Contemporary Forms of Racism, Racial Discrimination, Xenophobia and Related Intolerance, Visit to the Republic of Korea(2015), paras.75-76.

158) 김대환, "다문화가족지원법의 문제점과 개선방안", 세계헌법연구, 2020, 제26권 제3호.

나. 소수집단의 문화·종교·언어에 대한 권리

민족적·언어적 소수집단이 자신의 모어를 배우고 그 언어로 교육을 받는 것은 자신의 문화적 정체성을 유지하는 데 중요하다. 현재까지 국내에 유일한 소수민족 교육기관은 화교학교이다. 19세기 후반 이후 한국에 이주해 뿌리를 내리고 살고 있는 중국·대만계 이민자들이 자신들의 문화적·언어적 정체성을 유지하기 위해 화교학교를 만들었고,[160] 이들 화교학교는 대만의 학제를 따르고 있다.[161] 화교학교는 2006년 18개교였는데 2018년 기준 10개교로 그 수가 줄고 있다.[162] 화교학교의 학력이 인정되지 않는 것도 여러 요인 중 하나이다. 국가인권위원회는 2006년 한국 내 화교학교 학력을 불인정하는 것은 화교들이 자기의 언어로 교육받을 권리, 행복추구권 침해 및 출신국가를 이유로 한 차별에 해당한다고 보고 당시 교육인적자원부장관에게 한국학교 진학 시 화교학교의 학력을 인정하는 방안을 마련하도록 권고한 바 있다.[163] 특히 이 결정에서 국가인권위원회는 "대한민국이 가입 비준한 국제인권조약이 소수민족이 자신들의 고유의 언어 및 문화 등을 향유할 권리를 천명하고 있고 그 해석상 화교들이 자기의 언어로 교육받을 권리를 보장 받아야 함이 명백"하다고 규약 제27조를 직접 원용하였다. 이밖에, 다른 외국인과는 달리 한국사회 구성원으로서 정착하여 생활하고 있는 화교의 경우에는 그 특수한 상황을 고려해 교육권 증진이 개선되어야 할 필요성이 있고, 대만에 있는 한국인 학교는 학력을 인정받고 있다는 점도 설명하였다.

국어와 국사를 연간 120시간 가르쳐야 하고 교육부가 인정한 교원자격증을 소지한 교사가 가르쳐야 학력을 인정받는 외국인학교에 대한 기준이 화교학교에도 동일하게 적용되고 있다(「초·중등교육법」제60조의2, 「외국인학교 및 외국인유치원의 설립·운영에 관한 규정」제12조). 최소한의 한국어와 국사 교육은 소수민족 자녀의 사회통합을 위해서도 필요하지만, 자신의

---

159) CERD Concluding Observations on Periodic Reports of the Republic of Korea. CERD/C/KOR/CO/17-19(2019), paras.23-24; CERD/C/KOR/CO/15-16(2012), para.17 등.

160) 박경태, 『소수자와 한국사회: 이주노동자, 화교, 혼혈인』(후마니타스, 2008), p.180. 국내 최초의 화교학교는 1902년에 설립되어 벌써 100년이 넘는 역사를 가지고 있다.

161) 이덕수, "구술 자료를 통해 본 한국 화교의 역사적 경험과 화교 교육", 한국외국어대학교 석사학위논문(2012).

162) 박경태(전게서 160), p.175; 교육부, 외국인학교 운영현황(18.9월기준). 2018년 9월 기준으로 운영되는 화교학교는 한국한성화교소학교, 한국한성화교중고등학교, 한국영등포화교소학교, 수원화교중정소학교, 인천화교소학교/중산중·고등학교, 한국대구화교중고등학교, 한국대구화교초등학교, 부산화교소학교, 부산화교중고등학교, 원주화교소학교이다.

163) 국가인권위원회, 2006.8.29. 04진차386 화교학교 학력 불인정 차별 결정.

문화적 정체성을 지키고자 하는 바람으로 운영되는 화교학교에 대해 한국어와 국사를 기준으로 학력 인정 여부를 판단하는 것은 제27조의 온전한 실행이라 보기 어렵다. 규약위원회가 일본 정부에게 한국어로 가르치는 조선학교의 학력 불인정 문제에 대한 우려를 지속적으로 표명해 왔다는 점을 한국 상황에서 성찰해 볼 필요가 있다.[164]

국내 무슬림 이주민들의 인권 존중과 보호 역시 제27조의 실행과 관련해 중요한 과제이다. 2018년 예멘 난민들을 대상으로 반무슬림 혐오가 광범위하게 유포되었던 데 이어, 대구에서는 2020년 9월 허가를 받고 공사 중이던 이슬람 사원 건축이 무슬림과 이슬람교에 대한 편견에 기반한 반대로 중단되어 있는 상태이다. 국가인권위원회는 대구 북구청에 대한 의견 표명을 통해 "합리적 이유 없이 종교를 이유로 사원 건축공사를 중단"시켰다고 보고, "이슬람 사원 건축 공사가 재개될 수 있도록 필요한 조치를 취하는 것이 바람직하다"고 밝혔다.[165] 또한, 이슬람 사원 건축 반대 측의 현수막 및 피켓 중 일부에는 "무슬림들에 대해 차별과 폭력을 선동하는 내용이 담겨" 있다며 관할 지방자치단체장은 옥외광고물법을 적극적으로 해석·적용하여 "현수막 및 피켓 중 인종차별적 내용에 해당되는 현수막 등에 대해 제거나 필요한 조치를 취해야 할 의무가 있다"고 했다.[166] 2021년 12월 대구지방법원은 대구 북구청이 이슬람 사원 공사 중지 처분을 내리는 과정에서 법적 근거를 제시하지 않았고 공사 중지에 관해 건축주들에게 미리 알리고 의견을 듣는 절차도 거치지 않았다며 공사중지 처분에 대한 취소를 명령했다.[167] 2022년 4월 항소심에서도 공사 중단 조치가 잘못됐다고 판단하며 '공사 중지 처분 취소 소송' 선고공판에서 대구 북구청의 항소를 기각했고,[168] 같은 해 9월 대법원이 북구청장의 상고를 심리불속행 기각함으로써 이슬람 사원에 대한 공사 중단 조치가 위법하다는 판단이 최종 확정되었다.[169]

---

164) HRC Concluding Observations on Japan(1998), para.13; HRC Concluding Observations on Japan (2008), para.31.
165) 국가인권위원회, 2021. 9. 2. 21진정0426300 이슬람 사원에 대한 부당한 공사중지 통보 등 결정, p.10.
166) 상계주, pp.12-13.
167) 대구지법 제1행정부 2021. 12. 1. 선고 2021구합22687 판결.
168) 대구고법 제1행정부 2022. 4. 22. 선고 2021누5575 판결.
169) 대법원 2022. 9. 16. 선고 2022두44170 판결.

아동의 권리에 관한 협약 제30조

인종적·종교적 또는 언어적 소수자나 원주민이 존재하는 국가에서 이러한 소수자에 속하거나 원주민인 아동은 자기 집단의 다른 구성원과 함께 고유 문화를 향유하고, 고유의 종교를 신앙하고 실천하며, 고유의 언어를 사용할 권리를 부인당하지 아니한다.

Article 30

In those States in which ethnic, religious or linguistic minorities or persons of indigenous origin exist, a child belonging to such a minority or who is indigenous shall not be denied the right, in community with other members of his or her group, to enjoy his or her own culture, to profess and practise his or her own religion, or to use his or her own language.

UNESCO 교육상 차별금지에 관한 협약 제5조

1. 본 협약 당사국은 아래와 같이 합의한다: [...]
(다) 소수민족이 그들 자신의 교육활동을 수행하는 학교를 유지하고 각 국가의 교육정책에 따라 그들의 언어를 사용하거나 그들의 언어로 가르치는 것을 인정해야 한다. 단:
   (1) 이 권리는 이들 소수민족이 지역사회의 문화와 언어를 이해하고, 또 지역 사회 활동에 참여하는 것을 방해하는 방법으로 행사되거나 또는 국가주권을 침해하는 것이 아니며;
   (2) 교육의 수준이 관할 당국이 규정하거나 또는 일정한 일반수준보다 낮은 것이 아니며;
   (3) 그러한 학교에의 취학은 선택권이 있다.

Article 5

1. The States Parties to this Convention agree that: [...]
(c) It is essential to recognize the right of members of national minorities to carry on their own educational activities, including the maintenance of schools and, depending on the educational policy of each State, the use or the teaching of their own language, provided however:
   (i) That this right is not exercised in a manner which prevents the members of these

minorities from understanding the culture and language of the community as a whole and from participating in its activities, or which prejudices national sovereignty;

(ii) That the standard of education is not lower than the general standard laid down or approved by the competent authorities; and

(iii) That attendance at such schools is optional.

소수민족 보호를 위한 유럽기본협약 제5조

1. 당사국은 소수 민족에 속하는 사람들이 그들의 문화를 유지 및 발전시키는 데 필요한 조건을 증진하고 그들의 정체성의 필수 요소, 즉 그들의 종교, 언어, 전통 및 문화유산을 보존하여야 한다.

2. 당사국은 일반 (사회)통합 정책에 따라 취해지는 조치를 저해하지 않으면서, 소수 민족에 속하는 사람들의 의사에 반하여 동화를 목표로 하는 정책 또는 관행을 삼가고 동화를 목표로 하는 모든 조치에서 이들을 보호해야 한다.

Article 5

1. The Parties undertake to promote the conditions necessary for persons belonging to national minorities to maintain and develop their culture, and to preserve the essential elements of their identity, namely their religion, language, traditions and cultural heritage.

2. Without prejudice to measures taken in pursuance of their general integration policy, the Parties shall refrain from policies or practices aimed at assimilation of persons belonging to national minorities against their will and shall protect these persons from any action aimed at such assimilation.

제3부 국제인권규약 이행제도

백 범 석

목 차

Ⅰ. 자유권규약위원회
Ⅱ. 국가보고제도
Ⅲ. 국가 간 통보제도
Ⅳ. 개인통보제도
  1. 통보인
    가. 개인
    나. 피해자
    다. 대리인에 의한 통보
  2. 통보사건의 요건
    가. 규약상의 권리침해 사건
    나. 선택의정서 적용일 이후의 사건
    다. 당사국 관할권 내 사건
  3. 국내적 구제 완료의 원칙

    가. 국내적 구제절차의 요건
    나. 국내적 구제 완료 원칙의 배제
    다. 국내적 구제 완료 여부의 심사
  4. 기타 통보 배제 사유
    가. 익명의 통보
    나. 통보권의 남용
    다. 다른 국제적 구제절차 진행 중 제기
      된 통보
  5. 심리절차
    가. 개인통보서의 접수
    나. 통보사건의 심리
[다른 인권조약상의 관련 조항]

국제인권조약은 조약이 정한 다양한 제도에 따라 당사국의 이행 여부를 실효적으로 감독하며 이는 조약기구를 통해 운용된다. 기본적으로 조약이 보장하는 권리를 보호, 증진하기 위해 다음의 세 가지 이행제도를 두고 있다.

우선 국가보고제도로 당사국에 정기적으로 자국 내 인권상황을 보고할 의무를 부과한다. 조약기구는 제출된 국가보고서를 심의하고 권고의견을 냄으로써 개별 당사국 인권상황을 감독하며 향후 효과적 조약 이행을 돕는다. 최초로 인종차별철폐협약이 당사국의 정기적 보고의무를 부과하였다. 뒤이어 자유권 및 사회권규약이 이를 규정하였고 이후 제정된 주요 국제인권 조약은 공히 국가보고제도를 도입하였다.[1] 단 국가보고제도는 당사국에 대해 보고의무만을 부과할 뿐 위반사항에 대한 강제적인 구제 또는 시정확보를 요구하지 않는다. 따라서 상대적으로 취약한 이행확보 수단을 가졌다고 평가될 수 있으나 국제사회의 여론과 신뢰가 중요시되는 오늘날 각국은 보고의무에 상당한 부담을 가지며,[2] 실제 개별 당

---

1) 정인섭, 『신국제법강의』(제13판)(박영사, 2023), p.950.
2) 상계주, p.951.

사국 인권상황을 감독하는 규약상 가장 중요한 제도로 자리매김하고 있다.

거의 모든 국제인권조약에 규정되어 있는 또 다른 제도는 국가 간 통보제도이다.3) 다만 조약별로 강제적 또는 선택적 절차인지 여부, 통보제도 개시 요건, 심리 종결 후 보고서 내용 및 공개 여부 등에서 다소 차이가 있다. 예를 들어 규약과 달리 인종차별철폐협약은 강제적 절차로 국가 간 통보제도를 규정한다.4) 인종차별철폐협약의 경우 다른 인권조약과 달리 상대적으로 인종차별이라는 인권침해에 대한 집단적 책임이 강조되기 때문으로 이해된다.

마지막으로 인권조약의 효과적 이행을 위한 이행·감독 절차가 개인통보제도이다.5) 이는 권리침해를 받은 피해자 개인이 직접 서면으로 조약기구에 사건을 통보할 수 있도록 한 제도이다. 그러나 인권조약 당사국 국민이면 누구나 해당 통보제도를 이용할 수 있는 것은 아니다. 일반적으로 개인통보제도는 당사국이 선택적으로 수락할 수 있는 절차이기 때문이다.6) 그럼에도 불구하고 개인이 직접 조약기구에 자신의 권리침해를 이유로 통보를 제기할 수 있다는 점은 여타 인권조약상 이행제도와 다른 특별한 의미가 있다. 오늘날 국제법상 개인의 기본적 인권 보호가 폭넓게 인정되나 그 구제책은 여전히 제한적이기 때문이다. 국가가 유일한 국제법상 주체였던 전통국제법 질서에서 국가책임 추궁 주체로 개인을 다루지 않았다. 하지만 국제인권법이 발전하면서 규약을 포함한 다수의 국제인권조약은 개인통보제도를 마련하게 되었다.7)

---

3) 국가 간 통보제도는 각각 사회권규약 선택의정서 제10조, 고문방지협약 제21조, 강제실종 협약 제32조, 이주노동자협약 제74조, 아동권리협약 제3선택의정서 제12조, 인종차별철폐협약 제11조에 규정되어 있다. 이에 더하여 고문방지협약 제30조, 강제실종 협약 제42조, 이주노동자협약 제92조, 인종차별철폐협약 제22조, 여성차별철폐협약 제30조는 조약의 해석 및 적용에 관한 당사국 간 분쟁이 직접 교섭에 의해 해결되지 아니하는 경우 중재재판에 회부하고, 만약 재판구성에 합의하지 못할 시에는 당사국 일방이 국제사법재판소에 문제를 회부할 수 있도록 규정한다. 9개의 주요 국제인권조약 중 장애인권리협약만 국가 간 통보제도를 가지고 있지 않으며 동 협약 선택의정서도 개인통보제도만을 규정한다.

4) 인종차별철폐협약의 경우 국가 간 통보가 일단 개시되면 위원회가 가장 먼저 통보를 받는 등 주도적 역할을 하게 되어 있다. 동 협약은 분쟁 당사국 간 우호적 해결에 도달하였는지를 불문하고 특별조정위원회가 보고서에 모든 조사결과와 권고내용을 포함하도록 강제하고 이를 모든 당사국에 전달하도록 규정한다. 보고서 공개 여부에 관한 규정이 없는 규약과 크게 대비된다.

5) 시민적 및 정치적 권리에 관한 국제규약 선택의정서(Optional Protocol to the International Covenant on Civil and Political Rights: 이하 자유권규약 선택의정서)가 개인통보(individual communication)이라는 용어를 사용하는 반면, 다른 국제인권조약은 개인진정(individual complaint)라는 표현을 사용하고 있다. 이하 "개인통보"로 통칭한다.

6) 개인통보제도는 자유권규약에 관한 제1선택의정서, 사회권규약 선택의정서, 여성차별철폐협약 선택의정서, 아동권리협약 선택의정서, 장애인권리협약 선택의정서 및 인종차별철폐협약 제14조, 고문방지협약 제22조, 이주노동자협약 제77조, 강제실종협약 제31조에 규정되어 있다. 선택의정서가 아닌 본 조약에 규정된 경우에도 이에 대한 당사국 수락이 따로 요구된다.

규약도 제28조에서 이행 감독기구로 당사국으로부터 독립된 자유권규약위원회(Human Rights Committee)를 설립하고, 제40조 및 제41조에서 이행 감독절차로 각각 국가보고제도와 국가 간 통보제도를 두도록 규정한다. 개인통보제도의 경우 제1선택의정서를 통해 별도로 다룬다. 이하에서는 규약위원회의 활동과 구성 및 역할에 대해 설시한다. 이어서 이행 감독절차인 국가보고제도, 국가 간 통보제도, 개인통보제도의 운용과 특징 등을 살펴본다. 특히 우리나라에서도 활발히 활용되어 온 개인통보제도의 경우 관할권, 심리적격부터 본안 심리까지 그 운용과 특징에 대한 제1선택의정서 및 절차규칙의 내용도 상세히 검토한다.

I. 자유권규약위원회

자유권규약위원회의 영문명은 Human Rights Committee이다. 다른 인권조약기구가 조약명에 기반한 위원회 명칭을 가졌지만, 규약위원회만 유일하게 상기 표현을 취하고 있어 헌장 상 인권기구, 예를 들어 인권이사회(Human Rights Council)와 혼동을 유발한다.[8] 그러나 위원회는 UN 헌장 상 기구가 아닌 규약상 기구로 인권이사회와 구별된다. 당사국 대표들은 규약 성안 전에 위원회 명칭을 논의할 필요가 있다며 다양한 제안을 하였다.[9] UN 구) 인권위원회와 UN 총회는 규약위원회를 세계인권선언과 함께 국제인권 장전을 이루는 규약기구라는 점에서 현재의 명칭을 채택하였다. 사회권을 포괄하는 기구는 아니지만, 규약 성안 당시 창설된 유일한 규약기구는 자유권규약위원회였기 때문이다.[10] 규약위원회는 임시조직이 아닌 영구적인 기관이라는 점, 준사법기관으로서의 성격을 띠고 있지만, 조약기구의 결정은 법적 구속력이 없다는 점 등도 고려하여 위원회(committee)라는 명칭을 사용하게 되었다.[11]

위원회는 독립된 인권전문가 18인으로 구성되며, 위원 중에서 2년 임기의 위원장 1인,

---

7) 조약기구는 개인통보제도를 통해 제기된 사건을 심의하고 조약 위반 여부를 결정함으로써 인권조약 해석에 관한 선례도 축적한다.

8) 양 기구의 머리글자(acronym)는 HRC로 동일하다.

9) Human Rights Council과 Human Rights Committee의 경우, 기존 UN 기구인 구) 인권위원회(Commission on Human Rights)와 혼동을 줄 수 있다는 의견이, Human Rights Tribunal 또는 Human Rights Forum의 경우는 위원회가 사법 또는 중재의 성격을 가진 기구가 아니므로 부적절하다는 의견이, 마지막으로 Human Rights Board 또는 High Commission for Human Rights의 경우 다른 인권조약기구와 서열(hierarchy) 문제를 야기할 수 있다는 이유로 바람직하지 않다는 비판이 있었다. A/2929 (1955), p.198.

10) 사회권규약위원회는 1985년에서야 경제사회이사회 결의(E/RES/1985/17)로 설립되었다.

11) Nowak's CCPR Commentary(2019), p.839-840(paras.2-4).

부위원장 3인 및 보고관 1인의 임원을 선출한다.[12] 자유권규약위원회 절차규칙을 보면 규약위원회 위원은 높은 도덕성을 가진 인권전문가로 규약 당사국 국적의 국민으로 구성되며(제28조 제2항), 개인 자격으로 선출되어 직무를 수행한다(제28조 제3항). 규약위원회 위원은 개별 당사국의 대표가 아닌 독립적인 전문가임을 의미한다. 위원회는 사법기구가 아니지만, 위원의 독립성과 중립성을 보장함으로서 준사법기관의 성격이 보장된다. 위원회 결정이 가지는 권위를 높여주는 중요한 요소가 될 수 있기 때문이다. 다만 당사국의 추천 과정을 보면 실제로는 각국 정부와 관련이 있는 사람을 선호하며, 위원은 자신의 본업은 따로 있고 파트타임으로 활동하기 때문에 완전한 독립성을 기대하기 어려울 수밖에 없다. 또한 재선을 위해 당사국 재추천이 있어야 한다는 점도 독립성에 대한 의문을 일으키는 요소이다.[13] 각 당사국은 2인 이하로 위원 후보자를 지명할 수 있고, 추천된 명단에서 비밀투표를 통해 위원을 선출한다(제29조).

선출 절차는 다음과 같다. 궐위가 선언되어 보충선거가 필요한 경우를 제외하고(제33조 및 제34조), UN 사무총장은 선거 최소 4개월 전 규약 당사국에 위원 후보추천을 제출하도록 요청한다. 당사국이 3개월 내 후보자를 추천하면, 사무총장은 취합된 명단을 선거일 1개월 전까지 모든 당사국에 회람한다(제30조 제1-3항). 선거는 당사국 3분의 2를 정족수로 하고, 출석하여 투표하는 당사국 대표의 최대 및 절대 다수표를 획득한 후보를 위원으로 선출한다(제30조 제4항). 위원은 4년 임기로 재선될 수 있으며, 현재 위원회는 2년마다 9인의 위원을 새로 선출한다(제32조).

동일국적 국민이 2인 이상 위원으로 선출될 수 없으며, 위원회는 지리적으로 공평하게 안배되고 상이한 문명 및 법률체제가 대표될 수 있도록 고려한다(제31조). 그러나 위원선출을 위한 지역적 배분이 미리 정해져 있지는 않다.[14] 2022년 현재 규약위원회 위원의 지역별 출신을 보면 남미 2인, 아프리카 7인, 아시아 2인, 유럽 6인 및 북미 1인으로 구성되어 있다.[15] 개인 자격으로 규약위원회 직무를 수행하는 독립된 위원은 UN 전문가로서의 편의,

---

12) 위원회는 임원선출(제39조) 외에도 개인통보사건에 대한 특별보고관 및 국가보고 최종견해에 대한 특별보고관 등을 위원 중에서 선임할 수 있다. 2021년 개정 자유권규약위원회 절차규칙(이하 절차규칙) 제92조 이하 참조. CCPR/C/3/Rev.12(2021).

13) Nowak's CCPR Commentary(2019), p.842-843(para.9); p.846(paras.3-4).

14) 이와 달리 헌장 상 기구인 UN 인권이사회 자문위원회의 경우 아프리카 지역 5인, 아시아 5인, 동유럽 2인, 남미 3인, 유럽과 북중미 3인으로 지역적 배분이 사전에 정해져 있다.

15) 2023년 현재 규약은 총 173개국이 비준하였고 지역별로 보면 남미 30개국, 아프리카 52개국, 아시아 39개국, 유럽 43개국, 오세아니아 7개국, 북미 2개국임을 고려하면, 위원회 위원의 지역적 출신 구성과 비례한다고 보기 어렵다. 한편 한국인 최초로 서창록 고려대 교수가 임기 4년(2021~2024년)의 위원으로 당선되어 현재 활동하고 있다.

특권 및 면제를 향유한다(제43조).[16]

위원회는 연중 3번 회기를 갖는데 통상 3-4주의 일정으로 제네바 소재 UN 본부에서 모인다(제37조).[17] 원칙상 제39조 제2항에 따라 위원 과반수에 의해 결정되지만, 실제로는 투표 없이 반대 의사 표시가 없는 것을 보고 결정하는 컨센서스(consensus) 방식이 주로 사용된다. 단 위원회의 최종견해나 결정에 첨부될 개별의견(separate opinion)을 쓸 기회가 각 위원에게 보장된다.[18]

위원회의 주요 활동 중 하나는 필요시 규약의 해석과 적용 원칙에 대한 일반논평(general comment)[19] 채택이다. 유권해석을 통해 규약 적용의 통일성을 기할 수 있는 권위 있는 기준점으로 평가되는 일반논평은 규약 제40조 제4항에 기반을 둔다. 해당 조문은 위원회가 제출된 국가보고서를 심의한 후 위원회 자체 보고서와 위원회가 적절하다고 판단하는 일반적 의견을 당사국에 송부할 것을 규정한다. 그런데 여기서 말하는 일반적 의견은 특정 국가에 관한 것뿐만 아니라 규약 전반에 걸쳐 일반성을 갖는 문제에 대한 위원회의 견해를 포함한다고 해석된다.[20] 따라서 일반논평은 규약상 보장된 권리의 효과적 이행, 개별 권리의 내용과 적용에 대한 문제, 규약 조문의 발전적 적용을 위한 규약 당사국 간 협력 방안 등을 모두 포함한다.[21]

일반논평은 모든 위원의 컨센서스에 의해 채택되며[22] 2023년 현재 총 37개가 채택되었다. 1981년 제1호를 시작으로 1986년 제15호까지 채택되었는데 당시 일반논평은 대부분 5-6개 절(paragraph)로 이루어진 간략한 형태를 취하였다. 그러나 최근 채택된 새로운 일반논평은 과거와 비교하면 그 분량이 대단히 늘어났고 논의의 깊이도 상당하다. 예를 들어

---

16) 또한 제35조는 총회의 승인을 얻어 위원이 보수를 받도록 규정한다. 그러나 2002년 UN 총회 결의를 통해 상징적으로만 1달러(미국통화)의 사례(honorarium)를 위원에게 지급하는 것으로 결정되어 현재까지 이를 따르고 있다. Nowak's CCPR Commentary(2019), pp.863-864(para.3); Comprehensive study of the question of honorariums payable to members of organs and subsidiary organs of the United Nations, A/RES/56/272(2002), para.2.

17) 과거 뉴욕본부에서 1회(봄 회기), 제네바에서 2회(여름 및 가을 회기) 위원회가 열렸으나 2013년 이후로는 제네바에서만 회기를 가진다. Nowak's CCPR Commentary(2019), pp.871-872(para.6).

18) 절차규칙 제103조. 이러한 절차 역시 위원의 독립성과 위원회의 준사법적 성격을 보여준다.

19) 주요 국제인권 조약기구는 공히 일반논평(general comment) 또는 일반권고(general recommendation)라는 형식으로 개별 조약 규정에 관한 해석을 채택하여 발간한다. 일반논평이라는 이름은 자유권 및 사회권규약위원회, 고문방지위원회, 아동권리위원회, 이주노동자위원회, 장애인권리위원회에서, 일반권고란 이름은 인종차별철폐위원회, 여성차별철폐위원회에서 사용하고 있다.

20) A/36/40(1981) annex IV; Nowak's CCPR Commentary(2019), p.907(para.46).

21) 상게주.

22) Nowak's CCPR Commentary(2019), pp.907-908(paras.47-48).

제6조 생명권에 대한 일반논평 제36호(2018)나 제21조 집회의 자유에 대한 일반논평 제37호(2020)는 각각 70절·281개의 각주, 102절·149개의 각주를 갖추고 있다. 규정된 내용도 과거 개인통보사건이나 국가보고에 대한 최종견해뿐만 아니라 지역 인권재판소 판결, 다른 조약기구 결정 및 특별절차 보고서, UN 총회 결의와 선언, 국제인도법 및 국제환경법 분야의 조약, 연성법 형태의 원칙 등까지 폭넓은 주제와 다양한 문서를 포함한다.23)

이러한 일반논평은 그 자체로 법적 구속력을 인정받는 문서는 아니지만, 위원회가 당사국 인권실행을 감독하며 취합한 가장 종합적인 최신 정보에 기반하여 위원 간의 숙려된 논의와 의견 수렴 과정을 바탕으로 채택한 문서이기 때문에 국제적 기준의 해석을 보여주는 매우 권위 있는 중요한 해석 자료로 여겨진다.24)

Ⅱ. 국가보고제도

위원회는 관련 이해당사자 등의 의견 청취, 당사국 대표의 답변 청취를 거쳐 보고서를 심사하고 당사국에 의견을 제안 및 권고하는 국가보고제도를 두고 있다(제40조). 당사국은 자유권규약 서명·비준 후 정기적으로 위원회에 규약의 국내 이행상황을 다룬 정례보고서를 제출해야 한다. 통상 5년을 기준으로 하나 반드시 그런 것은 아니다. 절차규칙 제66조에 따르면 국가보고서의 제출 요청은 위원회가 결정한 일정한 주기에 따르거나 적당하다고 판단되는 다른 시기에 행해질 수 있다. 보고서에는 "규약에서 인정된 권리를 실현하기 위하여 취한 조치와 그러한 권리를 향유함에 있어 성취된 진전사항에 관한" 내용을 담아야 한다(제40조 제1항). 일반논평 제2호(1981)는 반영되어야 할 상세한 보고내용을 권고하는데 여기에는 "규약상 의무에 관한 관련 법률 및 기타 규범뿐만 아니라 당사국 법원과 기타 기구의 관행과 결정은 물론 규약에서 인정된 권리의 실제적인 이행과 향유의 정도, 달성된 성과, 규약상 의무이행에 있어서의 요소와 장애를 보여줄 수 있는 추가적인 관련 사실"을 포함한다.25) 즉 국가보고서에는 단지 관련 국내법만을 설시하는 것이 아니라 관련 판례 및 국가기관의 결정을 적시하고 실제 이행 정도 및 효과적 이행을 위한 장애물도 함께 정확하게 기술되어야 한다.

그러나 당사국이 부실한 보고서를 기한을 도과하여 제출하거나 또는 전혀 제출조차 않았더라도 해당 국가에 사실상 이를 강제할 방법은 없다. 위원회는 2002년 절차규칙을 개정하

---

23) 상계주.

24) 사법정책연구원, 법원의 국제인권조약 적용 현황과 과제(2020), p.42.

25) HRC General Comment No.2(1981), para.3.

면서 보고서 제출의무를 해태한 국가에 대해 과거의 보고서, 심의록 또는 모든 이용 가능한 정보에 기초하여 심사를 강행하는 방식으로 국가보고 제도의 실효성을 확보하였다.[26] 일례로 제2차 국가보고서 제출을 17년째 지연한 감비아에 대해 위원회는 개정된 절차규칙에 따라 보고서 없이 국가심의에 들어갔다.[27] 이에 감비아도 정부 대표를 부득이 파견하여 의견을 개진하였고 위원회는 심의 후 최종견해를 채택했다.[28]

당사국으로부터 보고서가 송부되면 위원회는 이를 심사한다. 심사는 위원과 이해관계자가 함께 참석한 상태의 공개된 절차로 이루어진다. 개별 위원이 보고서를 검토하면서 의견을 개진하거나 질문을 하면 정부 대표가 이에 대해 답변을 하게 되어 있는데 이를 건설적 대화(constructive dialogue) 과정이라고 칭한다.[29] 어느 국가의 잘못을 심판하는 자리가 아니라, 위반 사안에 대해 당사국을 설득하고 조정하여 스스로 이행 수준을 개선해 나가도록 한다는 취지이다.

국가보고서에 대한 심의가 시간이 지남에 따라 점차 지체되면서 보다 원활한 진행을 위해 2013년부터는 다음과 같은 간소화된 심의절차를 밟고 있다.[30] 먼저 국가심의가 예정된 세션 개최 10-12주 전 보고 전 쟁점목록(list of issues prior to reporting: LoIPR)을 시민사회를 포함한 개별 이해관계자가 제출하면, 위원회는 이를 포함해 검토한 후에 보고 전(前) 쟁점목록을 채택한다. 당사국은 해당 목록에 기반한 답변서를 제출하는데 통상 국가보고서로 갈음된다.[31] 심의 3주 전까지 국가보고서(쟁점목록에 대한 답변서)에 대한 NGO 및 국가인권기구 보고서[32]가 각각 제출되면, 위원회는 이들 문서 등을 참조하여 당사국 국가심의를 시행한다. 그리고 심의 결과에 따라 최종견해가 채택된다. 당사국은 최종견해에 따른 위원회의 권고사항을 얼마나 이행했는지 사후보고(follow-up report)를 통상 3년 이내에 제출해야

---

26) 관련 내용은 일반논평 제1호를 대체한 일반논평 제30호(규약 제40조에 따른 당사국의 보고의무)를 통해서도 확인할 수 있다. HRC General Comment No.30(2002), para.4; Nowak's CCPR Commentary (2019), pp.887-888(para.7).

27) 상계주.

28) Concluding Observations on Gambia, CCPR/C/GMB/CO/2(2018), para.4.

29) Nowak's CCPR Commentary(2019), pp.898-899(paras.29-31); 정인섭(전계주 1), p.951.

30) 상계주, pp.888-889(paras.8-9).

31) 따로 국가보고서를 추후에 작성, 제출할 필요가 없어졌기 때문에 심의절차도 단축될 수 있다.

32) 어느 국가나 자국의 문제점을 노출시키기보다는 숨기려는 경향이 있기 때문에 국가보고서만으로는 효과적인 심의를 위한 충분한 정보를 확보하기 어려운 경우가 많다. 따라서 상당수 국가의 국내인권단체는 자국 인권상황에 관한 비판적 대안보고서(alternative report)를 적극적으로 제출하여 위원회 검토에 도움이 될 자료를 제공해 왔다. 국제사면위원회(Amnesty International), 국제법률가위원회(International Commission of Jurists) 등과 같은 국제 NGO도 자신들이 수집한 정보와 국가보고서를 비교, 분석한 보고서를 제출하기도 한다.

한다.[33)]

위원회의 최종견해는 법적 구속력을 가지지 않는다. 자유권규약뿐만 아니라 대부분 국제인권조약기구가 지역 인권법원과 같이 법적 구속력 있는 판결이나 권고적 의견을 내릴 권한을 갖고 있지 않다.[34)] 실제로도 위원회는 수사기관이 아닌 감독기관으로서의 역할을 수행하기 때문에[35)] 최종견해에서 당사국에 대한 지나친 비난은 자제하는 경향을 보인다. 그럼에도 불구하고 위원회의 최종견해는 국가보고제도의 중요한 요소가 된다. 규약 이행에 영향을 미치는 구조적 문제점을 파악하고 개별 인권침해 사안을 분명히 밝힐 수 있는 척도가 되기 때문이다. 또한 당사국이 향후 규약 이행을 효과적으로 해나가는지 살펴볼 수 있는 기준이자 차기 심의를 위한 출발점 역할도 한다.[36)]

대한민국의 경우 총 다섯 번에 걸쳐 국가보고서를 제출하였고 2023년 10월 제5차 국가심의를 마쳤다.[37)] 제1차 국가보고서는 규약 발효 다음 해인 1991년 제출되었고. 위원회는 1992년 이틀간 심의를 거쳐 최종견해를 발표하였다. 제2차 국가보고서는 1997년 제출되었고, 위원회는 1999년 최종견해를 발표하였다. 제3차 국가보고서는 2005년 제출되었고, 위원회는 같은 해 심의를 거쳐, 2006년 최종견해를 발표하였다. 제4차 국가보고서는 2013년 제출되었고, 위원회는 이틀간 심의를 거쳐 최종견해를 발표하였다.[38)]

---

33) Note by the Human Rights Committee on the procedure for follow-up to concluding observations, CCPR/C/161(2021), paras.7-8.

34) 이러한 측면을 보완하기 위해 개별 인권조약기구는 조문해석에 대한 가이드라인으로 제시하는 일반논평(general comments)을 채택할 권한을 가진다. 일반논평은 국제인권 규범 해석에 대한 권위 있는 기준으로 평가되기 때문이다.

35) 따라서 위원회는 부족한 정보의 수집이나 사실확인을 위한 현장 방문조사를 원칙적으로 실시하지 않는다. 정인섭(전게주 1), p.951.

36) Nowak's CCPR Commentary(2019), pp.906-907(para.45).

37) 제5차 국가보고서는 2019년 8월 21일 보고 전 쟁점목록이 채택된 후 2020년 8월 2일 답변서로 갈음한 국가보고서를 제출하였으나 코로나 사태로 인해 위원회 활동이 전반적으로 지연되면서 심의가 지체되었다. 제5차 국가보고서에는 제4차 최종견해의 이행상황을 비롯하여 차별 근절 및 여성에 대한 폭력 근절, 군대 내 인권침해 예방, 이주민·난민에 대한 혐오 표현 근절, 평화적 집회권리 보장 등 자유권 관련 법령, 정책, 제도 등 현황과 정부의 조치가 담겨 있다.

38) 제4차 최종견해에서 위원회는 아동학대범죄의 처벌 등에 관한 특례법(2014), 난민법(2013), 장애인차별금지 및 권리구제 등에 관한 법률(2007) 등의 제정, 2012년 형법 개정으로 강간죄의 객체를 부녀에서 사람으로 변경한 점, 2009년 공직선거법 개정으로 재외국민의 투표권 행사를 보장한 점 등을 긍정적으로 평가하였다. 권고사항으로는 국가인권위원회의 독립성과 위원 임명의 투명성을 확보하기 위한 법률 제정, 인종과 성적지향을 포함한 포괄적인 차별금지법 제정 및 성적지향이나 성 정체성을 이유로 한 차별금지, 사형제 폐지, 비자발적인 정신병원 입원의 엄격히 제한, 군대 내 가혹행위에 대해 공정한 조사와 피해자 보호, 양심적 병역거부 인정과 대체복무제 도입, 양심적 병역거부자의 전과기록 말소, 평화적인 집회의 자유 보장, 제22조(결사의 자유)에 대한 유보를 철회하여 공무원 등 모든 노동자의 노동조합 결

Ⅲ. 국가 간 통보제도

제41조는 국가 간 통보제도를 규정한다. 규약상 국가 간 통보제도는 통보국과 피통보국 모두의 특별조항 수락 선언을 전제로 하고, 특별조정위원회 절차 역시 별도의 당사국의 사전 동의가 있어야 개시되는 등 모든 절차가 당사국의 자발성을 기반으로 한다. 즉 위원회가 국가 간 통보를 접수 심사할 권한을 인정한다는 선언을 한 당사국은 해당 제도의 통보국 및 피통보국이 될 수 있다(제41조 제1항). 이와 같이 국가 간 통보제도는 상호주의를 기반으로 하는 선택적 분쟁해결 절차로 이해된다.[39] 또한 국가 간 통보제도에 따른 위원회의 결정 및 특별조정위원회의 보고서는 공히 법적 구속력이 없다.

국가 간 통보제도가 개시되려면, 우선 피통보국이 규약상 의무를 이행하지 않고 있다는 통보국의 주장이 있어야 한다.[40] 피통보국은 이러한 내용을 가장 먼저 통지받게 된다. 위원회는 문제해결을 위한 주선을 제공해야 하며, 통보 접수일부터 12개월 이내에 보고서를 제출해야 한다. 문제해결에 도달한 경우 보고서는 통보 사실과 취해진 시정조치 등에 관한 간략한 설명을 포함하는 반면, 당사국 간에 상호 만족하는 결과에 이르지 못한 경우 보고서는 통보 사실에 관한 간략한 설명에 국한된 내용만을 담을 수 있다.

한편 후자와 같이 문제해결에 도달하지 못한 경우 위원회는 양 당사국의 사전 동의를 얻어 특별조정위원회(ad hoc conciliation commission)를 구성하여 문제를 회부할 수 있다(제42조 제1항). 해당 위원회는 12개월 이내 규약위원회 위원장에게 보고서를 제출해야 하는데, 기간 내에 주선을 제공하여 심리를 종료할 수 없는 경우 보고서는 심의현황에 대한 간략한 설명에 국한된다. 한편 기간 내 당사국 간 우호적 해결에 도달한 경우 보고서는 사실과 도달한 해결에 관한 간략한 설명에 국한되지만, 반대로 도달하지 못한 경우에는 당사국 간의 통보 쟁점에 관련된 모든 사실문제에 대한 자체의 조사결과 및 문제의 우호적인 해결 가능성에 관한 결정을 보고서에 기술해야 한다. 이때, 당사국은 3개월 이내에 보고서 내용(시정조치 포함)의 수락 여부를 위원회에 통지해야 한다.

국가 간 통보제도는 통보국이 피통보국의 조약상 인권 보호 의무 위반을 주장하여 개시된다는 측면에서 필연적으로 국가 간 분쟁의 외관을 가질 수밖에 없다. 따라서 제41조 및 제42조에서 상호 조정, 주선, 우호적인 해결 등의 표현이 사용되고, 당사국 모두의 동의를 사전에 얻어야 특별조정위원회라는 별도의 기구가 구성되도록 규정한 것은 통보제도에 따

성 보장 등을 제시하였다.

39) Nowak's CCPR Commentary(2019), p.921(para.12).
40) 상계주, pp.922-923(para.15).

른 당사국 간의 긴장과 갈등을 완화하려는 의도로 풀이된다. 실제로 규약 당사국 간에 국가 간 통보제도가 활용된 적은 없다. 여타 다른 인권조약 역시 그간 국가 간의 외교적 마찰 우려 등을 이유로 한 번도 해당 제도가 이용된 적이 없었다. 그런데 2018년 3월 최초로 인종차별철폐위원회에 카타르로부터 사우디아라비아와 아랍에미리트를 상대로 한 2건의 통보가, 같은 해 4월 팔레스타인으로부터 이스라엘을 상대로 한 1건의 통보가 각 접수되었다.[41] 특히 2023년 현재 진행 중인 팔레스타인과 이스라엘 사이의 국가 간 통보사건은 국제인권조약의 효과적 이행을 강화할 수 있는지 재평가해 볼 수 있는 중요한 시험대이다.[42]

Ⅳ. 개인통보제도[43]

규약은 효과적 이행을 위한 이행 감독절차 중 하나로 개인통보제도를 선택의정서를 통해 따로 두고 있다.[44] 규약상 권리침해를 받은 피해자 개인이 직접 서면으로 위원회에 사건을 통보할 수 있도록 한 제도이다. 그러나 앞서 언급하였듯이 당사국이 선택적으로 수락할 수 있는 절차로 사전에 당사국이 동의(제1선택의정서라는 별도의 조약에 가입·비준)한 경우에만

---

41) UN OHCHR, Decision of the ad hoc Conciliation Commission on the request for suspension submitted by Qatar concerning the interstate communication Qatar v. the Kingdom of Saudi Arabia (2021.3.15.); UN OHCHR, Decision of the ad hoc Conciliation Commission on the request for suspension submitted by Qatar concerning the interstate communication Qatar v. the United Arab Emirates(2021.3.15.) https://www.ohchr.org/en/treaty-bodies/cerd/inter-state-communications 참조.

42) 인종차별철폐위원회는 팔레스타인과의 조약 관계를 배제하는 이스라엘의 일방선언에도 불구하고 첫째, 인권조약은 공공선을 달성하려는 목적하에 비 상호주의적 의무를 규정하므로 여타 다른 일반조약과 구별되며, 둘째, 인종차별은 국제사회가 가장 우선 규탄해야 할 인권침해 행위이며, 셋째, 인종차별철폐 협약상의 국가 간 통보제도는 협약 당사국 여부만을 요건으로 하는 강제적 절차라는 이유로 관할권을 2019년 인정하였다. 또한 위원회는 이스라엘이 자국 내 실효적 국내 구제절차가 존재한다는 사실을 입증하지 못하였을 뿐만 아니라, 팔레스타인 국적자들이 이스라엘 법원에 소를 제기하는데 제한을 받고 있으므로 사실상 국내 구제절차를 완료하리라 기대할 수 없다는 이유로 심리적격(admissibility)도 2020년 인정하였다. UN Committee on the Elimination of Racial Discrimination, Decision on the jurisdiction of the inter-State communication submitted by the State of Palestine against Israel, CERD/C/103/5(2020); Decision on the admissibility of the inter-State communication submitted by the State of Palestine against Israel, CERD/C/103/R.6(2021) 참조.

43) 제4절 개인통보제도는 주로 정인섭, 『국제인권규약과 개인통보제도』(사람생각, 2000)의 내용을 요약 및 보완하여 기술하였다.

44) 선택의정서 당사국은 2023년 6월 기준 117개국으로 현재 규약 가입·비준국이 173개국임을 감안하면 당초 예상보다 많은 국가의 지지를 받지 못하였다고 볼 수 있다. 특히 많은 수의 개발도상국이 가입하지 않았고, 영국과 미국 역시 가입하지 않은 상태이다.

해당 당사국을 상대로 한 개인통보가 가능하다.

　최초 통보사건은 1976년 8월 접수되었지만,[45] 실제 심의는 1977년 열린 제2차 위원회 회기부터였다.[46] 매년 통보되는 사건 숫자는 전반적으로 증가하고 있다.[47] 2013년까지 약 100건 정도였던 것이 2014년 이후로는 평균 200건대에 달한다.[48] 이에 위원회에 심사가 계류 중인 사건도 폭발적으로 증가하면서 계속하여 심의가 적체되고 있다.[49]

　개인통보사건이 접수되면, 위원회는 피통보국, 관련 인권침해 사안과 규약조항, 사건번호 등을 규약위원회 홈페이지를 통해 공개하고 있다. 위원회는 통보한 개인을 가리켜 통보인(author)이란 용어를 사용한다.[50] 이는 선택의정서에서 찾아볼 수 없는 명칭이다. 한편 UN 인권최고대표사무소에서 통상 사용되고 있는 진정(complaint)이나 청원(petition)과 같은 용어 대신 위원회는 선택의정서 제1조에 포함된 통보(communication)라는 용어를 유지하고 있는데 실무상 차이는 없다.[51]

1. 통보인[52]

　선택의정서 제1조는 "규약에 규정된 권리를 그 당사국에 의해 침해당한 피해자라고 주장하는 개인"으로부터 위원회가 통보를 접수하고 심리할 수 있다고 규정한다.

가. 개인

　여기서 개인은 자연인을 의미한다. 외국인도 포함된다.[53] 통보인이 자연인인 이상 그 숫

---

45) *A. et al. v. S.*, Communication No.1/1976(1976).

46) Nowak's CCPR Commentary(2019), p.979(para.1).

47) Report of the Secretary-General, Status of the human rights treaty body system, A/77/279(2022), Annex VI. UN 인권조약기구 시스템 현황(조약별 비준, 국가보고, 개인통보사건 통계)은 2년마다 UN 총회에 보고서 형태로 제출된다. 2023년 6월 현재 확인할 수 있는 가장 최근 자료는 2022년 발간된 보고서로 2021년까지 인권조약기구에 통보된 모든 사건을 포함한다. 규약위원회에 접수된 개인통보사건은 다른 인권조약기구에 비해 월등히 많다.

48) 상게주. 특히 2018–2019년에는 평균 300건대에 달한다. 이후 Covid-19 사태가 발생하면서 2020년 170건으로 줄었지만 2021년 212건으로 다시 늘었다.

49) Nowak's CCPR Commentary(2019), p.979(para.1).

50) 상게주, p.980(para.4); HRC General Comment No.33(2009), para.5.

51) 상게주, p.980(para.5); HRC General Comment No.33(2009), para.6 개인통보사건은 인권최고대표사무소 내 청원담당팀(petitions team)이라는 부서에서 제일 먼저 접수한다.

52) 규약위원회는 개인통보사건 심리적격(admissibility) 검토 시 해당 요소를 인적 관할권(*ratione personae*) 문제로 다룬다.

53) 정인섭(전계주 43), p.48.

자가 몇 명인지는 문제가 되지 않는다.[54] 그러나 협회,[55] 정당,[56] 회사[57]와 같은 단체가 자신의 권리침해를 이유로 한 통보는 받아들여지지 않았다. 개인이 아니기 때문이다.

그렇다면 개인이 아닌 자결권과 같은 집단적 권리(collective rights) 침해를 이유로 한 해당 집단의 통보는 가능할까? *The Mikmaq tribal society v. Canada* 사건(1980)에서 통보인은 대족장으로 자기 부족의 자결권이 침해되었다고 주장하였다.[58] 위원회는 통보인이 실제 해당 부족으로부터 대표 자격을 위임받았다고 볼 수 없다는 이유로 각하했지만, 판단의 근간에는 부족이 자결권 침해를 주장할 수 있다는 전제가 깔려있다.[59] 따라서 집단 명의의 통보도 특정 상황에서는 가능하다고 판단된다.

나. 피해자

권리침해를 당한 피해자가 통보할 수 있다. 아직 피해가 발생하지 않은 추상적 사건에 대한 통보는 수락되지 않는다.[60] 피해자가 되기 위해서는 국가의 행위와 권리침해 사이에 인과관계가 있어야 하며,[61] 통보인이 이를 밝히지 못한 경우 통보는 받아들여지지 않는다.[62] 다시 말해 통보인은 국가의 어떠한 구체적 행위로 인한 실질적 피해자임을 충분히

---

54) *E.W. et al. v. The Netherlands*, Communication No.429/1990(1993), para.6.3. 6,588명이 집단으로 통보한 사건에서 위원회는 집단소송의 형태를 띤 통보사건을 배제하는 명문의 규정이 선택의정서에 없을 뿐더러 통보한 개개인이 모두 권리침해 피해자에 해당하므로 심리적격을 갖추었다고 보았다.

55) *A group of associations for the defence of the rights of disabled and handicapped persons in Italy v. Italy*, Communication No.163/1984(1984), para.5.

56) *J. R. T. and the W. G. Party v. Canada*, Communication No.104/1981(1984), para.8(a).

57) *A publication and a printing company v. Trinidad and Tobago*, Communication No.361/1989 (1989), para.3.2; *S. M. v. Barbados*, Communication No.502/1992(1994), para.6.3 공정한 재판을 받을 권리를 침해받았다는 이유로 상업회사가 통보한 사건이다. 해당 회사에는 단 한 명의 주주이자 소유자가 존재하였음에도 불구하고 위원회는 소유자 개인이 아닌 회사의 권리침해를 이유로 통보하는 경우 선택의정서 제1조 규정에 따라 심리적격을 갖추지 못한 것으로 판단하여 각하하였다; *Singer v. Canada*, Communication No.455/1991(1994), para.11.2. 반대로 회사의 대표자가 자기 개인의 권리가 침해당했다는 이유로 통보한 사건의 경우, 통보가 받아들여졌다. 통보인은 회사가 아닌 자연인, 개인이 되기 때문이다.

58) *The Mikmaq tribal society v. Canada*, Communication No.78/1980(1980), para.2.1.

59) 상계주, para.8.2; Nowak's CCPR Commentary(2019), p.989(para.10).

60) 정인섭(전게주 43), p.49; *X.Q.H. et al. v. New Zealand*, Communication No.2197/2012(2014), para.6.3; *Gillot et al. v. France*, Communication No.932/2000(2002), para.10.5; *Shirin Aumeeruddy-Cziffra and 19 other Mauritian women v. Mauritius*, Communication No.35/1978(1981), para.9.2.

61) 정인섭(전게주 43), p.49.

62) 절차규칙 제97조 및 제99조; *Fatima Anderson v. Denmark*, Communication No.1868/2009(2010), paras.6.4-6.5; *Leonardus Johannes Maria de Groot v. The Netherlands*, Communication No.578/

입증하여야 하며 그러지 못한 경우 통보는 각하된다.[63] 다만 위원회는 그동안 통보사건을 심의하면서 직접 피해를 입었는지 여부를 판단할 일관된 기준을 정립하지는 못한 것으로 평가된다.[64]

통보인 자신이 직접 피해자가 아니라도 개인통보가 허용되는 경우가 있다.[65] 또한 특정 국내법 또는 정책으로 인해 향후 피해자가 될 잠재적인 위험에 처한 경우엔 당장은 피해자가 아니라도 통보를 받아들인다.[66] 규약위반 사태를 방지하기 위해 적극적인 행동을 취하지 않은 국가의 부작위가 권리침해로 인정되어 통보를 받아들인 예도 있다.[67] 한편 개인의

1994(1995), para.4.4; *Ponsamy Poongavanam v. Mauritius*, Communication No.567/1993(1994), para.4.2.

63) 정인섭(전게주 43), p.50; Nowak's CCPR Commentary(2019), pp.991-992(paras.13-15); *Claudia Andrea Marchant Reyes et al. v. Chile*, Communication No.2627/2015(2017), para.6.4; *Mrs. Olga Dranichnikov v. Australia*, Communication No. 1291/2004(2007), paras.6.4., 6.6; *E. P. et al. v. Colombia*, Communication No.318/1988(1990), para.8.2.

64) Nowak's CCPR Commentary(2019), pp.990-991(para.13).

65) 이처럼 간접 피해자 개념을 인정하면 피해자의 범위는 넓어지고 통보의 허용 범위도 확장된다. 정인섭(전게주 43), p.51; *María del Carmen Almeida de Quinteros et al. v. Uruguay*, Communication No.107/1981(1990), para.14. 이 사건에서 통보인은 정부에 의해 강제실종된 딸의 어머니로, 위원회는 그녀도 딸의 실종으로 인해 심한 정신적인 충격을 받았기에 규약 제7조(고문 금지 등)의 피해자에 해당한다고 밝혔다; *C et al. v. Australia*, Communication No. 2216/2012(2017), para.8.6. 반대로 이 사건에서 성전환자인 통보인은 이혼하지 않는 한 성별 정정을 해줄 수 없다는 피통보국의 조치가 자신뿐만 아니라 딸에 대해서도 규약 제14조(공정한 재판을 받을 권리) 및 제26조(평등권) 상의 권리를 간접적으로 침해한 것이라고 주장하였지만 위원회는 딸의 경우 피해자에 해당하지 않는다고 보았다.

66) 다만 위원회는 피해자가 될 잠재적 위험이란 단순한 이론적인 가능성 이상이어야 한다고 밝혔다. *Shirin Aumeeruddy-Cziffra and 19 other Mauritian women v. Mauritius,* Communication No.35/1978 (1981), para.9.2; 동성애자를 처벌한다는 형법 규정이 존재하는 경우, 설사 피통보국에서 실제 형사처벌된 사례가 없었다고 할지라도, 위원회는 동성애자인 통보인의 개인적 생활에 위협이 되고 있다는 이유로 피해자에 해당한다고 보았다. *Toonen v. Australia,* Communication No.488/1992(1994), para.8.2; 모국어가 영어인 통보인에게 피통보국 정부가 국내법을 통해 사업광고에 불어만을 사용하도록 하여 통보인이 자신의 사업에 필요한 상업광고에 영어를 쓸 수 없게 된 사건에서, 위원회는 설사 통보인이 기존에 당국으로부터 경고나 제재를 받은 적이 없더라도 피해자(표현의 자유)에 해당한다고 보았다. *Ballantyne, Davidson, McIntyre v. Canada,* Communications Nos.359/1989 and 385/1989(1993), para.10.4; 사형제도 존치국으로의 범죄인인도만으로도 통보인의 생명권이 침해받을 수 있다고 본 사건도 있다. 위원회는 사형폐지국은 어떠한 개인이 제6조(생명권) 제2항 내지 제6항 적용의 실제적 위험에 노출되지 않도록 할 의무가 있으므로, 사형 미집행에 대한 보장 없이 사형집행이 예견될 수 있는 국가로 범죄인을 인도하였다면 이는 규약 제6조 위반이라고 판단하였다. *Judge v. Canada,* Communication No.829/1998(2003).

67) 국가의 부작위에 대한 책임 문제는 과거 중남미 군사정권에 의해 자행된 여러 만행과 관련한 사건에서 주로 제기되었다. 정인섭(전게주 43), p.55; *Guillermo Ignacio Dermit Barbato et al. v. Uruguay*, Communication No.84/1981(1990), para.10; *Joaquín David Herrera Rubio et al. v. Colombia*,

권리침해 주체는 반드시 국가에 한정되지 않으며, 예를 들어 지방자치단체,[68] 국영기관,[69] 국가기능이 일부 위임된 특정 기관[70] 또는 국선변호인과 같은 사인[71]에 의해서도 일어날 수 있다.

다. 대리인에 의한 통보

피해자 개인이 통보할 수 있다고 하여 반드시 본인이 직접 해야 한다는 의미는 아니다. 명문의 규정은 없지만, 위원회는 피해자의 위임을 받았거나 긴밀한 관계에 있는 대리인의 통보를 수락해 왔다.[72] 또한 피해자 개인이 제3자(변호사 등)를 통해 통보할 권리를 당사국이 부인한다면 이는 선택의정서에 따른 의무위반에 해당한다고 밝혔다.[73] 현행 절차규칙 제99조(b)도 피해자 개인의 대리인(representative)에 의한 통보를 허용한다. 다만 대리인의 통보 제기는 피해자 자신이 직접 통보할 수 없는 경우에만 허용된다.[74]

대리인이 될 수 있는 특별한 자격요건은 없다. 그러나 대리인이 통보하려면, 피해자의 명시적 동의를 받는 등 개인으로부터 정당하게 권한을 위임받았음을 증명해야 한다.[75] 그렇다면 피해자가 이미 사망하였거나 납치되어 연락이 전혀 되지 않는 등 스스로 통보하는 것

Communication No.161/1983(1990), para.10.3.

[68] *Lindgren et al. v. Sweden*, Communications Nos.298/1988 and 299/1988(1991), para.10.4.

[69] 위원회는 국영방송사에 의한 통보인의 권리침해를 주장을 받아들였다. *Leo Hertzberg et al. v. Finland*, Communication No.61/1979(1985), para.9.1.

[70] 오스트리아 사회보험위원회는 국가기관이 아니지만, 사회보장법 이행을 위해 설립되었다. 위원회는 해당 기관이 국가기능 일부를 수행한다고 판단하여 통보를 인정하였다. *Franz Nahlik v. Austria*, Communication No. 608/1995(1996), para.8.2.

[71] *Paul Kelly v. Jamaica*, Communication No. 253/1987(1991), para.5.10. 국선변호인이 통보인과 사전 상의 없이 항소권을 자의적으로 포기함으로써 자신의 규약상 권리(공정한 재판을 받을 권리 및 법 앞의 평등)가 침해되었다고 통보한 사안에서 위원회는 국선변호인의 행위에 대해 국가가 책임을 져야 한다고 밝히며 심리적격을 인정하였다.

[72] 정인섭(전게주 43), p.59; 다만 피해자 개인을 대리하여 특정 단체가 통보하는 것은 앞서 다룬 단체 자신의 침해행위를 이유로 통보를 제기하는 것(이는 허용되지 않음)과 분명히 구별되어야 한다. Nowak's CCPR Commentary(2019), pp.997-998(para.4); *Ulyana Zakharenko and Elena Zakharenko v. Belarus*, Communication No.2596/2015(2017), para.6.3.

[73] *Vitaly Symonik v. Belarus*, Communication No.1952/2010(2014), para.5.2.

[74] 절차규칙 제99조.

[75] 절차규칙 제91조. Mr. Colin McDonald and Mr. Nicholas Poynder, on behalf of Mr. Y v. Australia, Communication No.772/1997(1996), para.6.3; 위원회가 구체적인 사안에서 대리인의 자격에 대해 직접 적시하기도 한다. 예를 들어 다음의 사건 참조. *R.I.H. and S.M.D. v. Denmark*, Communication No.2640/2015(2017), para.5.1, fn.24; *Francis Hopu and Tepoaitu Bessert v. France*, Communication No.549/1993(1997), para.1; *Solis Palma v. Panama*, Communication No. 436/1990(1994), para.5.2.

이 불가능하고 동시에 대리 권한을 타인에게 위임할 수 없는 상황이라면 어떠한가? 이러한 경우엔 예외적으로 피해자를 대신하여 대리인이 통보할 수 있다. 다만 피해자와 통보인 간에는 주로 가족과 같은 밀접한 관계가 있어야 한다.[76] 예를 들어 배우자,[77] 자식,[78] 손자,[79] 부모,[80] 양부모,[81] 형제[82] 그리고 사촌[83]에 의한 통보가 받아들여졌다. 이에 반해 부모로부터 방치되고 심각한 성폭력에 오랜 시간 노출된 미성년 피해자를 대리하여 시민단체가 통보한 *X v Serbia* 사건(2007)에서 위원회는 가족과 같은 밀접한 관계가 아닌 자 또는 단체가 대리하여 통보하기 위해서는 엄격한 요건이 필요함을 밝혔다. 해당 단체가 피해자를 대리하기 위한 명시적 동의를 개인, 법정후견인 또는 부모 그 누구로부터 얻기 힘든 상황임을 인정하였지만, 위원회는 사실상 권한을 위임받지 않은 이상 통보는 받아들일 수 없다고 결정하였다.[84]

대리인을 통한 통보는 특히 미성년자와 아동이 피해자가 된 경우 부모가 대신하여 통보할 수 있다는 점에서 유용하게 이용될 수 있다.[85] 당사국 국내법에 따라 부모가 미성년 자녀에 대한 친권을 행사할 수 없는 경우라도 이와 별개로 선택의정서에 근거하여 해당 부모는 자녀를 대신하여 통보할 수 있다.[86]

---

76) *Lyubov Kovaleva and Tatyana Kozyar v. Belarus*, Communication No.2120/2011(2012), para.10.2. 피해자를 위해 그의 어머니와 누나가 통보한 사건에서 위원회는 설사 오류로 인해 대리권 표시가 무효가 되었더라도 이처럼 가족으로 엮인 밀접한 관계에서는 대리인에 의한 통보가 인정된다고 밝혔다; *Gilberto François Croes v. The Netherlands*, Communication No.164/1984(1988), paras.1, 10, 11. 통보인 사망 후, 피해자 아버지를 대신하여 상속자가 개인통보 사건 심리를 계속하도록 요청하였는데 위원회는 이를 받아들였다. 다만 국내구제절차를 완료하지 않았음을 이유로 사건은 각하되었다; *E.H.P. v. Canada*, Communication No.67/1980(1982), para.8. 이 사건에서 위원회는 아직 태어나지 않은 미래 세대를 위한 통보는 허용되지 않는다고 결정하였다.

77) *Moriana Hernandez Valentini de Bazzano v. Uruguay*, Communication No.5/1977(1984), para.5. 이 사건에서 통보인은 자신뿐만 아니라, 남편, 양아버지, 어머니를 대표하여 통보하였는데 위원회는 밀접한 가족관계에 있음을 이유로 심리적격을 갖추었다고 보았다.

78) *Laing et al. v. Australia,* Communication No.901/1999(2004), para.1.

79) *Mónaco de Gallicchio et al. v. Argentina,* Communication No.400/1990(1995), para.1.

80) *Teillier Arredondo v. Peru,* Communication No.688/1996(1998), para.1.

81) *Moriana Hernandez Valentini de Bazzano v. Uruguay,* Communication No.5/1977(1984), paras.2, 5.

82) *Annadurdy Khadzhiyev et al. v. Turkmenistan,* Communication No.2252/2013(2018), para.1.

83) *Makhmadim Karimov and Amon Nursatov v. Tajikistan,* Communication Nos.1108/2002 and 1121/2002(2007), para.1.

84) *X v Serbia*, Communication No.1355/2005(2007), paras.6.5-6.7.

85) 정인섭(전게주 43), p.60.

86) *P.S. v. Denmark*, Communication No. 397/1990(1992), para.5.2; *Balaguer Santacana v. Spain*, Communication No. 417/1990(1994), para.6.1.

2. 통보사건의 요건

가. 규약상의 권리침해 사건[87]

"규약에 규정된 권리"가 침해당했다고 주장하는 경우에만 통보를 제출할 수 있으며(선택의정서 제1조), "규약 규정과 양립할 수 없다고 간주할 경우" 통보는 허용되지 아니한다.(제3조)[88] 그러나 규약상의 권리는 정도의 차이는 있지만 추상적 개념으로 구성되어 있기에 실제 통보내용이 규약상 권리침해에 해당하는지 여부를 쉽게 판단하기 어려운 경우가 많다.[89] 이에 위원회는 일반논평을 채택하여 규약 조문에 관한 해석기준을 제시한다. 국가보고 심의에 따른 최종견해(concluding observation) 및 개인통보사건 심의에 따른 결정(view)도 선례가 축적되어 가면서 규약 해석과 적용을 위한 지표로 활용된다.

피해자 개인은 통보서를 제출할 때 자신이 침해당한 권리가 규약 몇 조에 해당하는지 구체적으로 적시할 필요가 있다.[90] 그러나 부정확하게 특정하였거나 그 내용이 미흡하다고 하여 통보가 각하되지는 않는다. 위원회는 침해된 권리 내용에 대한 사실관계가 구체적으로 특정되면 직권으로 관련 조항의 적용 여부를 판단할 수 있기 때문이다.[91]

규약 제2부 즉 제2조(당사국이행의무), 제3조(남녀평등), 제4조(비상사태 시 이행정지) 및 제5조(권리남용금지)는 일반적 의무를 규정한 것으로 개인의 실체적 권리를 규정한 제6조부터 제27조까지의 제3부와 달리 독립적인 권리침해의 근거가 될 수 없다.[92] 따라서 제2부 규정만을 근거로 한 개인통보는 수락되지 않는다. 다만 제3부에 규정된 구체적 권리가 침해된 경우, 제2부의 내용이 함께 검토될 수 있다.[93]

---

87) 규약위원회는 개인통보사건 심리적격 검토 시 해당 요소를 물적 관할권(*ratione materiae*) 문제로 다룬다.

88) 예를 들어 위원회는 소득세 차별문제(*K.B. v. Norway*, No.53/1979(1979)), 비호권(*V.M.R.B. v. Canada*, 246/1987(1988), para.6.3.), 파업권(*J.B. et al. v. Canada*, No.118/1982(1986)), 사회권 규약상 권리차별(제26조 관련한 사건 각주 85 이하에서 설명) 등의 권리침해를 근거로 한 개인통보사건에서 규약에 열거된 권리가 침해된 경우가 아니라는 이유로 받아들이지 않았다.

89) 정인섭(전게주 43), p.63.

90) 상계주, p.66; Nowak's CCPR Commentary(2019), p.1003(para.14).

91) 절차규칙 제99조; *A.S. v. Canada*, Communication No.68/1980(1981), para.1. 이 사건에서 통보인은 규약 특정조항 위반을 명시하지 않은 채 사실관계만을 상세히 설명하며 도움을 요청하였고, 위원회는 직권으로 문제 될만한 규정을 선별하여 검토하였다. 그러나 사안에 적용될 조항은 없다고 판단하여 통보를 각하했다; Nowak's CCPR Commentary(2019), p.1003(para.14).

92) 정인섭(전게주 43), p.68.

93) 상계주, p.68; HRC General Comment No.31(2004), para.9; *H.G.B and S.P. v. Trinidad and Tobago*, Communication No.268/1987(1989), para.6.2. 이 사건에서 위원회는 규약 제2조 및 제5조와 같이 제2부의 권리만을 개인통보의 근거로 원용할 수 없다고 전제하며, 규약 제3부의 다른 규정이 적용

일반논평 제18호는 제26조(법 앞의 평등)의 독자적 성격을 강조하면서 해당 조항에 담긴 차별금지는 동 규약에 규정된 권리에 제한되어 적용되는 것은 아니라고 확인한다.[94] 위원회는 개인통보사건에서도 제26조의 이러한 점을 반복하여 강조하였다.[95] 특히 사회권 규약상의 권리를 원용하여 제26조 위반을 주장하는 개인통보를 받아들일 수 있는지 여부가 문제였는데, 위원회는 이를 제한적으로 수락해 왔다.[96] 일부 당사국은 이에 반발하여 제26조 위반을 주장하는 개인통보는 수락할 수 없다는 유보를 첨부하기도 하였다.[97]

나. 선택의정서 적용일 이후의 사건[98]

가입·비준한 날로부터 3개월 후 개인통보제도는 당사국에 적용된다(선택의정서 제9조). 결국 해당 국가에서는 비준서 기탁 후 3개월이 지난 시점에서 발생한 권리침해 사건에 대하여만 개인통보를 제기할 수 있다. 조약법에 관한 비엔나 협약 제28조(조약의 불소급)가 반영된 결과이다.[99] 실제 선택의정서가 발효된 초기에는 위원회에 제기된 상당수의 개인통보 사건이 당사국의 선택의정서 적용 이전에 발생한 사건이라는 이유로 심리적격(admissibility)이 인정되지 않았다.[100] 하지만 피해자에 대한 국내 사법절차가 선택의정서 가입 이전에

되는지를 직권으로 조사하였다.

94) HRC General Comment No.18(1989), para.12.

95) *Broeks v. the Netherlands*, Communication No.172/1984(1987), paras.1-2.3., 12.1-12.4.

96) 정인섭(전게주 43), pp.71-72.

97) 정인섭(전게주 43), pp.71-72; Nowak's CCPR Commentary(2019), pp.1020-1021(para.32); 일반적으로 당사국이 유보한 규약상 권리침해를 이유로 한 통보는 수락되지 않는다. 물론 규약이 명시적으로 유보 가능성을 규정하고 있지 않지만 규약의 대상 및 목적과 양립하지 않는 한 유보는 허용되는 것으로 보기 때문이다. 일반논평 제24호도 같은 입장을 취하고 있다. HRC General Comment No.24(1994), para.13; Nowak's CCPR Commentary(2019), p.994(para.20), p.1018(para.28); *C.L.D. v. France* 사건(1988)의 Birame Ndiaye 위원은 개별의견을 통해 해당 문제에 대해 상세히 설시한다. *C.L.D. v. France* No.228/1987(1988) paras.3-4. of Individual opinion by Birame Ndiaye; *Christopher Bethel v. Trinidad and Tobago*, Communication No.830/1998(1999), Individual opinions by Fausto Pocar and Martin Scheinin.

98) 규약위원회는 개인통보사건 심리적격 검토 시 해당 요소를 시간적 관할권(*ratione temporis*) 문제로 다룬다.

99) Nowak's CCPR Commentary(2019), p.1010(para.12).

100) 예를 들어 한 국가가 규약 가입 이후 선택의정서에 별도로 가입한 경우를 보자. 해당 국가가 현재 선택 의정서 당사국이지만, 개인통보는 선택의정서상의 제도이므로 규약 적용일 이후 선택의정서 적용 이전에 발생한 권리침해에 대해서는 개인통보가 제기될 수 없다. *M.T. v. Spain*, Communication No. 310/1988(1991), para.5.2; *J. K. v. Canada*, Communication No.174/1984(1985), para.7.1; *M.A. v. Italy*, Communication No.117/1981(1984), para.13.1; 한편 일부 당사국은 선택의정서 적용일 이전의 권리 침해 사건에 대해 위원회의 권한을 인정하지 않는 유보를 선언하였으나 일반논평 제24호는 이러한 유

개시되었으나 적용일 이후 최종판결이 내려져 권리침해가 확정된 경우, 이러한 최종판결일을 기준으로 개인통보는 받아들여진다.[101]

요컨대 권리침해가 선택의정서 적용일 이전에 발생하였다면 원칙적으로 위원회는 개인통보를 수락하지 않는다. 그러나 권리침해가 적용일 이후까지 계속되는 경우는 통보가 인정된다.[102] 특히 국내 법률, 판결집행 및 정책이행에 따른 권리침해의 계속적 효력을 인정하여 선택의정서 발효일 이후에도 규약위반의 결과를 발생시킨다고 결정한 개인통보사건이 많았다.[103]

국가승계 시에는 시적 관할권의 적용문제가 더욱 복잡해질 수 있다. 예를 들어 *Simunek et al. v. The Czech Republic* 사건(1995)에서 위원회는 과거 체코슬로바키아 연방공화국 시절 법률이 권리침해를 야기한 경우 승계국인 체코공화국을 피통보국으로 하여 개인통보를 할 수 있는지 판단해야 했다.[104]

폴란드 국적자인 통보인은 체코슬로바키아 연방공화국에서 제정된 국가배상법(1991년

보는 불필요한 것으로 시적 관할권에 따른 성명이라고 보았다. HRC General Comment No.24(1994), para.14.

101) *Tae Hoon Park v. Republic of Korea*, Communication No.628/1995(1998), paras.2.6., 6.2.

102) HRC General Comment No.24(1994), para.14; 이하는 권리침해가 선택의정서 적용일 이전에 발생하였더라도 이후까지 권리침해의 계속적 효과(continuing effect)가 인정되는지를 위원회가 판단하여 개인통보 수락 여부를 결정한 사건이다. *M.Z. v. Kazakhstan*, Communication No.2145/2012(2017), para.11.3; *Dmitry Tyan v. Kazakhstan*, Communication No.2125/2011(2017), para.7.3; *Almas Kusherbaev v. Kazakhstan*, Communication No.2027/2011(2013), para.8.2; *Khilal Avadanov v. Azerbaijan*, Communication No.1633/2007(2010), para.6.2; *Tim Anderson v. Australia*, Communication No.1367/2005(2006), para.7.3; *A.I.E. v. Libyan Arab Jamahiriya*, Communication No.457/1991(1991), para.4.2; *Sandra Lovelace v. Canada*, Communication No.24/1977(1984), para.13.1.

103) *Ramazan Esergepov v. Kazakhstan*, Communication No.2129/2012(2016), para.10.5; *Adimayo M. Aduayom, Sofianou T. Diasso and Yawo S. Dobou v. Togo*, Communications Nos. 422/1990, 423/1990 and 424/1990(1996), paras.6.2., 7.3; *Ibrahima Gueye et al. v. France*, Communication No. 196/1985(1989), para.5.3; 상기 제시된 개인통보사건에서 계속적 침해가 인정되었다면 반대로 다음 사안들에서는 피통보국의 선택의정서 가입 이후 정책, 입법, 조치가 권리침해가 계속됨을 확인하는 것으로 해석되지 않는다는 이유로 통보를 인정하지 않았다; *Surat Davud Oglu Huseynova v. Azerbaijan*, Communication No.2042/2011(2014), para.6.6; *Armand Anton v. Algeria*, Communication No.1424/2005(2006), para.8.3; *Alexandros Kouidis v. Greece*, Communication No.1070/2002(2006), para.6.3; *Evan Julian et. al. v. New Zealand*, Communication No.601/1994(1997), paras.8.2-8.3. 이 사건은 조약 체결로 인해 계속된 침해가 있었다고 하기에는 피통보국이 조약 체결 이후 국내적으로 관련 조치를 취한 것이 없었기에 통보를 인정할 수 없다고 본 사안이다.

104) *Simunek et al. v. The Czech Republic*, Communication No.516/1992(1995).

4월 발효)에 따라 1976년 전후로 몰수된 재산에 대한 반환을 요청하였으나 해당 법률은 과거 공산정부로부터 재산을 수탈당한 연방공화국 시민에게만 적용된다는 이유로 거부 되었다. 이에 해당 법률이 제26조(법 앞의 평등)에 보장된 자신의 권리를 침해한다고 주 장하여 통보문을 제출하였다. 한편 체코슬로바키아 연방공화국은 1975년 규약에, 1991 년 3월 선택의정서에 가입하였다. 1992년 12월 연방이 해체되면서 체코공화국이 양 조 약을 승계하였다. 따라서 해당 개인통보는 1991년 9월 체코슬로바키아 연방공화국을 상 대로 제출되었지만 1995년 7월 위원회의 결정은 체코공화국을 피통보국으로 하여 내려 졌다. 위원회는 우선 몰수로 인한 통보인의 재산권 침해는 선택의정서 적용일 이전에 발생한 것으로 규약에 의해 보호받지 못함을 확인하였다. 하지만 국가배상법의 경우 선 택의정서 적용일(1991년 6월) 이전에 발효되었지만, 해당 법률은 이후로도 별다른 변화 없이 지속해서 시행되었기 때문에 차별적 권리침해의 계속적 효력이 인정된다고 보았 다. 결국 위원회는 체코공화국이 규약을 승계한 피통보국으로써 규약 제26조 위반에 따 른 구제책을 마련하라고 권고하였다.[105]

과거 정부에서 자행된 심각한 인권침해에 대한 피해자의 배상받을 권리에 대해 위원회는 상기 소개한 개인통보사건보다는 전반적으로 덜 진보적인 태도를 보여 왔다.[106] 예를 들어 군사정부 시절 체포되어 구금되었던 피해자가 현 문민정부를 상대로 배상을 요청할 수 있 는지가 문제 된 사건에서 위원회는 제14조(법 앞의 평등)에 반한 체포·구금조치는 선택의정 서 가입 이전 군사정부에 의해 발생하였기에 통보를 수락할 수 없다고 결정하였다.[107]

한편 선택의정서 제12조 제2항에 따라 당사국이 선택의정서를 탈퇴하면, 탈퇴의 효력이 발생한 이후 접수된 개인통보사건은 설사 권리침해가 그 전에 발생하였더라도 받아들여지 지 않는다.[108]

---

105) 상계주, paras.4.3-4.5., 5, 11.8., 12.1.-12.3.
106) Nowak's CCPR Commentary(2019), p.1014(para.19).
107) *S.E. v. Argentina*, Communication No.275/1988(1990), para.5.3; *R.A.V.N. et al. v. Argentina*, Communication No.343/1988(1990), para.5.3; 과거 공산정부 시절 자행된 인권침해 행위에 대해서도 유사한 결정을 한 바 있다. *Vladimir Kulomin v. Hungary*, Communication No. 521/1992(1996), para.6.2.
108) Nowak's CCPR Commentary(2019), p.1012(para.15). 선택의정서의 경우와 달리 인권 및 기본적 자유의 보호에 관한 유럽협약(Convention for the Protection of Human Rights and Fundamental Freedoms, 이하 유럽 인권협약) 제58조 제2항은 "의무위반에 해당할 수 있기 때문에 폐기가 발효하기 이전에 체 약국이 이행하였어야 한 행위에 관하여는 이 같은 폐기가 해당 체약국을 협약상의 의무로부터 면제시 켜 주는 것은 아니다."라고 규정한다. 즉 유럽 인권체제에서는 탈퇴 후에도 구) 당사국의 법적 책임 문

다. 당사국 관할권 내 사건[109]

당사국은 "자국의 영역 내에 있으며, 그 관할권 하에 있는 모든 개인"에 대하여 규약상의 권리를 보장해야 한다(규약 제2조 제1항). 따라서 선택의정서 당사국 내 거주하는 자국민뿐만 아니라 외국인도 권리침해를 이유로 위원회에 개인통보를 제기할 수 있다.[110] 권리침해 발생 시 당사국 관할 내에 있으면 이후 통보 제출 시 당사국 영역 내에 머물지 않더라도 통보는 수락된다.[111]

통보인이 외국에 체류하는 동안 당사국으로부터 권리침해를 받은 경우도 개인통보를 제기할 수 있다.[112] 위원회는 규약에 반하는 권리침해가 당사국과 개인 간의 관계에서 성립하는 한 선택의정서 제1조에 규정된 "관할권에 속하는" 개인에 해당하며,[113] 반드시 당사국 영역 내 발생한 사건에 한정할 필요는 없다고 본다. 자국 내에서 저지를 수 없는 규약 위반행위를 타국 영역 내에서 실행하면 허용된다는 해석은 명백히 부당한 결과가 되기 때문이다.[114] 결국 관할권 하에 있다는 의미를 위원회는 폭넓게 해석함으로써 피해자의 권리

제가 야기될 수 있다.

109) 규약위원회는 개인통보사건 심리적격 검토 시 해당 요소를 장소적 관할권(*ratione loci*) 문제로 다룬다.

110) 정인섭(전계주 43), pp.79, 84. 다만 외교관은 당사국(주재국)을 상대로 권리침해를 이유로 한 개인통보를 할 수 없다. 외교관은 주재국 관할권에 복종하는 자로 볼 수 없으며 외교관에 대한 침해는 통상 본국에 대한 침해로 간주되기 때문이다; 일반논평 제31호(규약의 당사국에 대해 부과되는 일반적 법적 의무의 성질)는 해당 조항은 설사 당사국 영토 내에 존재하지 않을지라도 당사국의 권한이나 실효적 통제 하에 있는 사람이라면 누구에게든 당사국은 규약에 규정된 권리를 존중하고 보장해야 한다는 것을 의미한다고 본다. 또한 규약의 권리 향유자는 당사국 영토 내에 있거나 관할권 하에 있는 개인이면 어느 나라의 국적을 가졌는지 아니면 무국적자인지와 상관없이 누구나 포함한다. HRC General Comment No.31(2004), para.10; Nowak's CCPR Commentary(2019), p.1016(paras.21-22); *Andrea Vandom v. Republic of Korea*, Communication No.2273/2013(2018); *Mohammed Ajaz and Amir Jamil v. Republic of Korea*, Communication No.644/1995(1999); *Essono Mika Miha v. Equatorial Guinea*, Communication No.414/1990(1994), paras.4.1., 5.1.

111) 정인섭(전계주 43), pp.80-81; *Carmen Améndola Massiotti and Graciela Baritussio v. Uruguay*, Communication No.25/1978(1982), paras.7.1-7.2; *Antonio Viana Acosta v. Uruguay*, Communication No.110/1981(1983), para.6; 상기 사건과 달리 다음 사안은 정신적 피해 발생지가 어디인지 여부를 다툰다. 피통보국에서 발생한 딸의 강제실종으로 인한 통보인(타국 거주)의 정신적 피해도 피통보국 관할권 내에서 일어난 것으로 볼 수 있는지 여부가 논란이 되었다. 위원회는 딸의 실종 당시 통보인이 피통보국에 체류하였다는 사실을 들어 관할권 내 권리침해가 있었다고 판단하였다. *María del Carmen Almeida de Quinteros et al. v. Uruguay*, Communication No.107/1981(1983), paras.7.3 and 14.

112) *Lopez Burgos v. Uruguay*, Communication No.52/1979(1981), paras.12.1-12.3.

113) 상계주, para.12.2.

114) 상계주.

구제를 가능한 보장한다.[115] 예를 들어 당사국 정부 비밀요원이 타국에서 자국민을 납치, 암살한 사건에 대해 제2조 제1항 및 선택의정서 제1조는 위원회가 통보를 받아들이지 않을 장애 사유가 될 수 없음을 강조한 바 있다.[116] 더 나아가 일반논평 제36호(2019)는 "국제법이 규정한 침략 행위에 관여한 당사국이 생명 박탈을 초래하면 그 자체로 동 규약의 제6조를 위반한 것이다"라고 규정하여 당사국 영토 밖에서의 행위로 규약상 책임을 지울 수 있음을 보여준다.[117]

한편 당사국이 범죄인 인도조약에 따라 합법적으로 타국에 개인을 인도하는 경우도 청구국 관할권 내에서 해당인의 권리침해가 명백히 예견된다면 규약위반이 될 수 있다.[118] 위원회는 강제송환금지의 원칙을 고려한 사건에서도 유사한 입장을 취했다.[119] 다만 주로 제6조(생명권)와 제7조(고문 금지) 위반의 경우 통보를 받아들였고, 제17조(사생활의 보호 등) 및 제24조(아동의 보호),[120] 제19조(표현의 자유)[121]를 이유로 한 경우는 인정하지 않았다.

3. 국내적 구제 완료의 원칙

피해자 개인은 권리침해가 발생한 당사국에서 인정되는 국내적 구제절차를 모두 밟고 그럼에도 불구하고 구제가 이루어지지 않은 경우에만 개인통보를 할 수 있다.[122] 따라서 위원회는 국내적 구제절차를 완료하였는지 우선 심사한다. 만약 완료하지 않았다면 사건은 심리 없이 종결된다.[123] 국내적 구제 완료의 원칙은 외교적 보호권 행사의 요건으로 오래 전부터 확립된 국제관습법이며[124] 국제법의 핵심 가치인 주권존중의 원칙이 반영된 결과이

---

115) 정인섭(전게주 43), p.83; 국제사법재판소도 팔레스타인 장벽에 관한 권고적 의견(Legal Consequences of the Construction of a Wall in the Occupied Palestinian Territory, Advisory Opinion, ICJ Reports 2004)을 통해 두 건의 개인통보 사건, *Lopez Burgos v. Uruguay* 사건(1981) 및 *Montero v. Uruguay* 사건(1983)을 인용하면서 자유권규약의 역외적용성을 인정한 바 있다. 최지현, "국제인권조약의 장소적 적용범위 확대−역외적용 가능성에 대한 일반적 고찰", 안암법학 제34권(2011).

116) *Lilian Celiberti de Casariego v. Uruguay*, Communication No.56/1979(1981), para.10.3; *Lopez Burgos v. Uruguay*, 상게주, para.12.3.

117) Nowak's CCPR Commentary(2019), p.1017(para.26).

118) *Kindler v. Canada*, Communication No.470/1991(1993), paras.6.2., 13.1.

119) Nowak's CCPR Commentary(2019), p.1016(para.23).

120) *A.S.M. and R.A.H v. Denmark*, Communication No.2378/2014(2017), para.7.5.

121) *E.U.R.* v Denmark, No.2469/2014(2016), para.8.3.

122) 선택의정서 제2조; 절차규칙 제102조 제2항; 정인섭(전게주 43), p.85; Nowak's CCPR Commentary (2019), p.1047(para.22).

123) 선택의정서 제5조 제2항 나호.

124) 정인섭(전게주 1), pp.963-964.

다. 다른 인권조약 개인통보제도에도 일반적으로 인정되고 있다.[125] 국내적 구제절차를 국제인권보장체제 일부로 수용함으로써,[126] 위원회는 해당 절차를 통해 실제 심의해야 할 사건 수를 조절할 수 있고, 법원 등 당사국 권리구제기관은 국제조약기구의 잠재적 심사를 염두에 두고 한층 신중한 판단을 내리게 된다.[127]

　이용 가능한 구제조치란 우선 사법적 구제절차를 가리키며, 통보인은 이러한 절차가 이용 가능하지 않거나[128] 실효성이 없음을 입증하지 않는 한 국내적 구제절차를 완료하였다고 볼 수 없다.[129] 대한민국의 경우 원칙적으로 최종심인 대법원판결 또는 헌법재판소 결정으로도 권리구제를 받지 못했을 때 위원회에 통보할 수 있다. 다만 대법원과 같은 최종 권리구제기관에 의해 또는 위헌법률심사제도가 없는 당사국에서 국내법에 의해 직접 권리침해가 발생하였다면 사실상 국내적 구제절차가 더이상 존재하지 않으므로 바로 통보할 수 있다.[130]

가. 국내적 구제절차의 요건

　첫째, 국내적 구제절차는 피해자 개인이 실제로 이용할 수 있어야 한다.[131] 예를 들어 당사국의 긴급보안 조치 때문에 구금되어 구속적부심사조차 청구할 수 없었다면 통보인은 사

---

125) 또한 국가 간 통보제도에도 국내적 구제 완료의 원칙은 적용된다. 규약 제41조 제1항 다호. 참고로 ILO 결사의 자유 위원회의 이의제기 절차는 국내적 구제 완료의 원칙이 적용되지 않는다. 따라서 국내 재판 계류 중에도 이의를 제기하는 게 가능하다.

126) 제2조 제3항은 규약상 권리를 침해당한 자에 대해 당사국이 효과적 구제조치를 확보하고 집행할 의무를 규정한다. 이는 선택의정서상의 국내적 구제 완료의 원칙과 밀접하게 연계되어 있다. 따라서 실제 당사국 국내 법원이 규약을 재판규범으로 받아들였는지 여부와 관계없이 피해자 개인은 우선 국내적 구제절차를 밟아야 한다. *A. et al. v. Norway*, Communication No.224/1987(1988), para.6.2; 제2조 제3항 문언에는 사법적 구제에 대한 선호가 표시되어 있다. 위원회도 법원을 통한 구제를 기본적으로 가장 효과적인 국내 구제수단으로 본다. *George Howard v. Canada*, Communication No.879/1999 (2005), para.8.4; *P.S. v. Denmark*, Communication No.397/1990(1992), para.5.4; *R.L.M. v. France*, Communication No.363/1989(1992), para.5.4.

127) 정인섭(전게주 43), p.86.

128) 그러나 행정적 절차, 예를 들어 신청 기간, 법정에 답변 제출 기간 등을 부주의로 도과한 경우는 이에 해당하지 않는다. *Jagjit Singh Bhullar v. Canada*, Communication No.982/2001(2006), para.7.3.

129) Nowak's CCPR Commentary(2019), p.1052(para.30); *R.T. v. France*, Communication No. 262/1987 (1989), para.7.4.

130) 정인섭(전게주 43), p.87; 다만 사법부를 통한 제소가 허용되지 않더라도 행정기관에 실효적인 권리 구제를 요청할 수 있는 경우에는 국내적 구제절차에 해당하며 이를 완료해야 한다. *S.S. v. Norway*, Communication No.79/1980(1982), para.6.2.

131) 정인섭(전게주 43), p.87.

실상 이용할 수 있는 사법적 구제수단이 없다고 본다.[132] 위원회는 국내적 구제절차가 존재하지만 과도한 방해나 불합리한 제한이 존재하는 경우도 사실상 그 절차를 이용할 수 없다고 판단한다.[133] 다만 추가적인 구제절차가 존재하였음에도 당사국이 통보인에게 고지하지 않았기 때문에 사실상 이용 가능성이 없다는 항변은 받아들여지지 않았다.[134] 특히 통보인이 변호사의 조력을 받는 경우에 그러하다.[135] 만약 피해자가 빈곤하여 변호인의 조력을 받을 수 없어 소송 자체를 하지 못했다면 국내적 구제절차를 완료한 것으로 갈음할 수 있을까? 피해자 개인이 법률구조제도를 이용할 수 있는 경우 국내적 구제절차는 남아있다고 보지만, 법률구조 제공이 정부로부터 거부된 사안에서 위원회는 더이상 이용 가능한 국내절차가 없다고 결정하였다.[136]

둘째, 국내적 구제절차는 실효성이 있어야 한다.[137] 이는 구제 가능성을 합리적으로 기대할 수 있어야 하며,[138] 침해된 권리를 구제하는 데 적합해야 함을 의미한다. 예를 들어

---

132) *William Torres Ramirez v. Uruguay*, Communication No.4/1977(1977), paras.14-15.

133) *Mabel Pereira Montero v. Uruguay*, Communication No.106/1981(1982), para.6.1.

134) *Larry James Pinkney v. Canada*, Communication No.27/1978(1981), paras.24, 25, 32; 반대로 당사국 정부 결정에 대해 불복할 수 없다는 적극적인 고지가 있었다면 설사 통보인에게 이용할 수 있는 구제수단이 남아있더라도 국내적 구제절차는 완료된 것으로 본다. 통보인이 정부의 고지로 인해 더는 국내적 구제수단이 존재하지 않는다고 확신하였기 때문이다. *Paavo Muhonen v. Finland*, Communication No.89/1981(1985), para.6.1.

135) *Larry James Pinkney v. Canada*, Communication No.27/1978(1981), para.32.

136) *Allan Henry v. Trinidad and Tobago*, Communication No.752/1997(1998), para.6.2; *Ellis v. Jamaica*, Communication No.276/1988(1992), para.9.2; *Hibbert v. Jamaica*, Communication No.293/1988(1992), para.6.2; *Little v. Jamaica*, Communication No.283/l988(1991), paras.7.2-7.6; *Henry v. Jamaica*, Communication No.230/l987(1991), paras.7.3-7.6. 상기 사건은 형사소송 및 헌법소원에서 법률구조가 정부로부터 거부된 경우였다. 이와 달리 행정소송에서 법률구조가 거부된 통보사건에서 위원회는 국내적 구제절차가 완료되지 않았다고 결정하였다. 법률구조 거부 결정에 대한 재검토절차가 있음에도 불구하고 이를 통보인이 요청하지 않았기 때문이었다. *Gheorghe Pasla v. Australia*, Communication No.751/1997(1999), paras.6.2-6.3; Nowak's CCPR Commentary(2019), p.1051 (para.26) 한편 헌법재판소법 제70조 제1항은 "변호사를 대리인으로 선임할 자력이 없는 경우에는 헌법재판소에 국선대리인을 선임하여 줄 것을 신청할 수 있다"고 하여 국선대리인제도를 규정하고 있다. 따라서 헌법소원을 청구하려는 개인이 무자력을 이유로 법률구조를 신청하였으나 거부되었다면, 해당인은 바로 위원회에 개인통보를 접수할 수 있을 것이다. 정인섭(전게주 43), p.92.

137) Nowak's CCPR Commentary(2019), p.1049(para.24), p.1050(para.26); 그러나 구제의 실효성에 대한 단순한 의구심만으로는 충분하지 않다. *J.B. v Australia*, No. 2798/2016(2017), para.7.5; 또한 상소 시 승소 가능성이 의심스럽다는 이유나 소송에 경비가 많이 들거나 장기간 지연될 거 같다는 우려 정도는 이에 해당하지 않는다. 정인섭(전게주 43), p.96;

138) 참고로 규약 선택의정서와 달리 다른 인권조약, 예를 들어 고문방지협약 제22조 제5항(b), 여성차별철폐협약 선택의정서 제4조 제1항, 아동권리협약 제3선택의정서 제7조(e), 장애인권리협약 선택의정서

위원회는 국가정보기관이 자행한 납치살해로 인한 생명권 침해와 같은 심각한 인권침해의 경우 피해자 가족에 대한 배상금 지급 및 가해 책임자 징계절차와 같은 당사국의 행정조치는 실효성 있는 국내적 구제절차가 될 수 없다고 보았다.[139] 또한 이미 대법원이 본질적으로 동일한 유형의 권리침해 사건에서 이를 부인하는 판결을 내렸거나, 헌법재판소가 동일 법률조항에 대해 합헌으로 결정하였다면, 통보인은 국내적 구제절차를 다시 밟을 필요가 없다.[140] 합리적 수준의 성공 가능성이 없기 때문이다. 당사국 권리구제기관이 정상적으로 기능할 수 없음이 명백한 경우도 마찬가지이다.[141] 특히 통보인이 반정부인사로서 당사국 정부로부터 박해를 받는 사안에서 위원회는 이러한 이유로 국내적 구제절차가 실효성이 없다고 판단하였다.[142]

나. 국내적 구제 완료 원칙의 배제

국내적 구제절차가 부당하게 지연되는 경우 그 절차는 완료하지 않아도 된다.[143] 형사소송이 불합리하게 지연되면 신속한 재판을 받을 권리가 침해된다고 규정한 규약과 같은 맥락에서 이해할 수 있다.[144] 따라서 피해자 개인은 국내 소송절차가 이유 없이 불합리하게 장기간 지연되면 최종판결이 내려지기 전이라도 개인통보를 제출할 수 있다.[145] 단 지연의

제2조(d)는 조항 내에 "구제수단의 적용이 부당하게 지연되거나 협약 위반으로 피해를 받은 자에게 효과적인 구제를 기대할 수 없는 경우"에는 국내적 구제 완료의 원칙을 배제하도록 명문으로 규정한다.

139) *Bautista de Arellana v. Colombia*, Communication No.563/1993(1995), paras.5.1., 8.2; 이와 같이 침해된 권리의 성격에 따라 인정되는 실효적 구제수단도 달라진다. 고문, 자의적 살인(arbitrary killing), 또는 강제실종의 피해자에게 단순한 행정적인 처분은 효과적이고 적절한 구제수단이 될 수 없다. *Villafane Chaparro et al. v. Colombia*, Communication No.612/1995(1997), para.5.2; Nowak's CCPR Commentary(2019), p.1049(para.24).

140) 정인섭(전게주 43), p.93; *Dietmar Pauger v. Austria*, Communication No.716/1996(1999), para.6.2; *Tae Hoon Park v. Republic of Korea*, Communication No.628/1995(1998), para.6.3; *Jong-Kyu Sohn v. Republic of Korea*, Communication No.518/1992(1995), para.6.1.

141) *Kanta Baboeram-Adhin et al. v. Suriname*, Communication Nos.146/1983 and 148 to 154/1983 (1985), para.9.2

142) *Irving Phillip v. Trinidad and Tobago*, Communication No.594/1992(1998), para.6.4; *Womah Mukong v. Cameroon*, Communication No.458/1991(1994), para.8.3.

143) 선택의정서 제5조 제2항 나호; Nowak's CCPR Commentary(2019), p.1051(paras.28-29); 특히 아동의 양육권 관련한 개인통보사건에서 위원회는 이러한 측면을 중히 고려하였다. *Fei v. Colombia*, Communication No.514/1992(1995), para.5.1; *Balaguer Santacana v. Spain*, Communication No.417/1990(1994), para.6.3; *S.H.B. v. Canada*, Communication No.192/1985(1987), para.4.2.

144) 제14조 제3항은 피고인의 부당한 지연 없이 재판을 받을 권리를, 제9조 제3항은 판결 전 피구금자가 체포된 때로부터 합리적 기간 내에 재판을 받거나 석방될 권리를 규정한다.

145) *Mrs. Isidora Barroso v. Panama*, Communication No.473/1991(1995), paras.5.1-5.2. 통보인은 보석

책임이 통보인에게 있다면 불합리한 지연이 아니므로 국내적 구제 완료 원칙을 배제할 수 없다.[146]

국내적 구제절차는 당사국에 통상적으로 제공되는 구제수단을 의미한다. 예외적이거나 특별한 절차, 예를 들어 최종판결 확정 후 재심청구, 사면 및 감형 탄원까지 밟을 것을 요구하지 않는다.[147] 이러한 특별 구제절차가 실효적인 국내 구제수단임을 주장하려면 그 입증책임은 당사국에 있다.[148]

없이 3년 반 이상 구금되었다. 구금 중 구속적부심사는 별다른 이유 없이 거부되고 여러 차례 연기되었다. 위원회는 이러한 경우 국내적 구제절차가 불합리하게 지연(unreasonably prolonged)되었다고 보아 국내적 구제 완료 원칙을 배제하고 심리적격을 인정하였다; *Luis Alberto Solorzano v. Venezuela*, Communication No.156/1983(1986), para.5.6. 피고인은 영장없이 체포, 구금되었고 이후 7년이 지나서야 1심 재판이 변론 종결단계에 이르렀다. 더 나아가 2심과 그에 대한 불복절차는 전혀 진척되지 않았다. 위원회는 실제 확정판결까지 상당한 시간이 소요될 것으로 예상되므로 이럴 때 구제절차는 불합리하게 지연되었다고 보았다; *Clyde Neptune v. Trinidad and Tobago*, Communication No.523/1992 (1996), paras.3.4., 4.5. 1심 판결에 3년, 2심 재판은 이후 7년이 지나도록 종결되지 않은 사건에서 위원회는 국내적 구제 완료 원칙의 배제를 인정하였다.

146) 정인섭(전게주 43), p.99; Nowak's CCPR Commentary(2019), p.1052(para.29); *H.S. v. France*, Communication No.184/1984(1990), para.9.4. 통보인의 소송이 6년 넘게 지연되었지만, 위원회는 법원 질의 사항에 통보인이 응답을 못 하고 변론연기를 요청한 사실 및 2회 이상 변호사를 교체한 점 등을 들어 소송 지연 책임은 통보인에게 있다고 보았다. 따라서 국내적 구제절차는 불합리하게 지연되지 않았다고 판단하였다.

147) 정인섭(전게주 43), p.99; Nowak's CCPR Commentary(2019), p.1049(para.24); 법원 판결 이후 법무부 장관에게 청원한 때도 국내적 구제절차로 인정되지 않는다. *Andrei Sviridov v. Kazakhstan*, Communication No.2158/2012(2017), para.9.3; *Anatoly Poplavny and Leonid Sudalenko v. Belarus*, Communication No.2139/2012(2016), para.7.3; *Sergey Lozenko v. Belarus*, Communication No.1929/2010(2014), para.6.3; *Nikolai Alekseev v. Russian Federation*, Communication No.1873/2009(2013), para.8.4; 같은 맥락에서 진실과 화해 위원회(truth and reconciliation commission)와 같은 기구는 통보인이 완료해야 할 국내적 구제수단으로 보지 않는다. *Purna Maya v. Nepal*, No.2245/2013(2017), para.11.4; *Sabita Basnet v Nepal*, No.2164/2012(2016), para.9.3; *Chhedulal Tharu and others v Nepal*, No.2038/2011(2015), para.9.3; *Giri et al. v. Nepal*, Communication No.1761/2008(2014), para.6.3.

148) Nowak's CCPR Commentary(2019), p.1049(para.24), p.1052(para.30); *Petr Gatilov v. Russia*, Communication No.2171/2012(2017), para.8.3; *Evgeny Basarevsky and Valery Rybchenko v. Belarus*, Communication Nos.2108-2109/2011(2016), para.8.3; *E.Z. v. Kazakhstan*, Communication No.2021/2010(2015), para.7.3; *Alexander Protsko and Andrei Tolchin v. Belarus*, Communication Nos.1919-1920/2009(2013), para.6.5; *Elsa Cubas v. Uruguay*, Communication No.70/1980(1982), paras.6.1., 9. 이 사건에서 당사국 우루과이는 국내법에 규정된 파기 및 재심이라는 특별구제절차를 이용하거나 조건부 조기 석방 신청을 하지 못했으므로 통보인이 국내적 구제절차를 완료하지 않았다고 주장하였다. 그러나 당사국이 다른 통보사건에서 이례적(exceptional in nature)이라고 표현한 절차를 왜 통보인이 밟아야 하는지 그 이유를 입증하지 못했다면서 위원회는 상기 절차를 이용 가능한 구제수

다. 국내적 구제 완료 여부의 심사

심리적격은 위원회의 직권심리 사항이므로 설사 당사국의 이의제기가 없더라도 국내적 구제절차를 완료하였는지를 직접 검토해야 한다.[149] 이때, 국내적 구제절차는 위원회가 심리적격을 결정하는 시점까지만 완료하면 된다. 반드시 개인통보를 제출하기 전 완료되어야 하는 것은 아니다.[150] 위원회가 국내적 구제절차 미 완료를 이유로 통보를 받아들이지 않았더라도 이후 통보인은 구제절차 완료를 이유로 재심사를 요청할 수 있다.[151] 반대로 본안심리에 들어간 이후 당사국에 의해 제출된 증거에 근거하여 심리적격을 재심사할 수도 있다.[152] 즉 당사국은 사건 심리가 상당히 진행된 시점에서도 국내적 구제 미 완료의 항변을 제기할 수 있다.

한편 통보인은 가능한 국내적 구제절차를 완료하기 위한 상당한 주의의무(due diligence)가 있다. 예를 들어 상소기간을 도과하여 구제절차를 더는 밟을 수 없게 된 경우 위원회는 통보인이 국내적 구제절차 이행에 적절한 주의를 기울이지 않았다는 이유로 통보를 받아들이지 않았다. 통보인이 구제수단에 관한 법령을 잘 알지 못하였다는 사실은 변명이 될 수 없기 때문이다.[153]

단으로 인정하지 않았다.

149) 절차규칙 제97조 제2항과 제99조; 정인섭(전게주 43), p.101; *Clyde Neptune v. Trinidad and Tobago*, Communication No.523/1992(1996), paras.4.1., 4.5. 트리니다드 토바고 정부는 심리적격에 대한 어떤 의견도 제출하지 않았지만(para.4.1), 위원회는 직권으로 문제를 검토하였다(para.4.5); *Cox v. Canada*, Communication No.539/1993(1994), para.10.2. 캐나다 정부는 국내구제절차 완료 여부에 따른 심리적격 항변 의견을 제시하지 않겠다고 명백히 밝혔음에도 불구하고 위원회는 이를 본안심리 전에 판단하였다; *El-Megreisi v. Libyan Arab Jamahiriya*, Communication No.440/1990(1994), paras.4.1-4.2. 이 사건에서 위원회는 국내적 구제절차 완료 여부에 대한 의견을 당사국에 요청하였으나 응답이 없었다. 이런 경우 본안심리를 배제할 이유가 없다고 보았다. 당사국이 위원회의 의견요청에 침묵한 경우 사실상 국내 구제절차가 완료되었다고 판단한 것이다.

150) 정인섭(전게주 43), p.103; *Robert Faurisson v. France*, Communication No.550/1993(1996), para. 6.1. 통보인이 개인통보 제출 이후에 상소하였고 이후 최종심에서 기각된 사건에서 위원회는 심리적격 심의 전 국내적 구제절차가 완료되었다고 보았다.

151) 절차규칙 제100조 제2항; 정인섭(전게주 43), p.104. 그러나 일반적으로 이러한 경우 통보인은 새로운 통보를 제출하는 경향이 있다. *Stephens v. Jamaica*, Communication No.373/1989(1995), para.1.

152) 절차규칙 제101조 제5항; 당사국이 제시한 새로운 증거를 근거로 국내 구제절차가 완료되지 않았다고 판단하여 뒤늦게 심리불허 결정을 내린 사례는 많다. 이 경우 위원회 결정의 표제는 통상 "revised decision on admissibility"로 적시된다. *Sara et al. v. Finland*, Communication No.431/1990(1994), paras.8.1-8.4., 9; *Gilberto François Croes v. The Netherlands*, Communication No.164/1984(1988), para.10; *C.F. et al. v. Canada*, Communication No.113/1981(1985), paras.10.1.-10.2, 11; Nowak's CCPR Commentary(2019), p.1050(para.25).

국내적 구제절차 미 완료에 대한 입증 책임은 당사국에 있다. 이때 당사국은 여전히 국내적 구제수단이 존재한다는 점뿐만 아니라 해당 절차가 이용 가능하고 실효성 있음을 밝혀야 한다.[154] 즉 법령에 규정된 일반적 구제절차를 적시하거나 예방적 보호제도가 마련되었다는 지적만으로는 부족하다.[155]

4. 기타 통보 배제 사유

"통보가 익명이거나, 통보를 제출할 권리의 남용이거나 규약 규정과 양립할 수 없다고 간주할 경우" 통보는 허용되지 않는다(선택의정서 제3조). 규약의 경우 지역 인권조약에 비해 요구되는 심리적격(admissibility)이 상대적으로 적다.[156] 대부분 통보 배제 사유는 개인통보 사건의 절차적 요건과 관련이 있다.[157]

가. 익명의 통보

익명의 통보는 수락되지 않는다.[158] 통보인은 제출서류에 성명, 주소, 생년월일, 직업 등 신원 확인할 수 있는 인적사항을 정확히 기재해야 한다.[159] 이러한 정보가 불충분한 경우 사무국은 기한 내에 통보인에게 보완을 요청할 수 있다.[160] 통보인의 신원이 밝혀져야 당사국은 어떠한 행위가 문제 되는지 정확히 알 수 있고 통보인 주장에 효과적으로 항변할

---

153) 법률의 무지는 면책되지 아니한다(*ignorantia iuris neminem excusat*)는 법의 일반원칙이 반영된 것으로 본다. *A.P.A. v. Spain*, Communication No.433/1990(1994), para.6.2; 다만 통보인이 제소를 하지 않은 사실은 인정되더라도 변호인의 조력 및 법원으로부터 통지를 받지 않았기 때문이라면, 이 경우 구제절차를 밟지 않은 책임은 통보인에게 있지 않다. 위원회는 국내적 구제절차가 부분적으로 완료되지 않았음에도 심리적격을 인정하여 본안심리에 들어갔다(paras.6.1, 6.3-6.4).

154) *Lucía Arzuaga Gilboa v. Uruguay*, Communication No. 147/1983(1985), paras.7.2., 12; *N.G. v. Uruguay*, Communication No.131/1982(1984), para.6.

155) 정인섭(전게주 43), p.105; Nowak's CCPR Commentary(2019), p.1052(para.30); *Sandra Lovelace v. Canada*, Communication No.24/1977(1984), para.9(b); *Miguel A. Millan Sequeira v. Uruguay*, Communication No.6/1977(1984), para.9(b).

156) Nowak's CCPR Commentary(2019), p.1005(para.1).

157) 이러한 이유로 유럽인권재판소는 제기된 사건의 10% 정도만 심리적격을 충족하였다고 판단해온 반면, 위원회는 제출된 통보사건 중 반 이상을 심리적격이 갖추어졌다 보고 본안심리를 진행하였다. 특히 선택의정서는 다른 지역 인권조약과 달리 명백히 근거 없는(manifestly ill-founded) 통보는 심리적격을 배제하는 사유로 규정하지 않는다. 이에 관한 논의는 이하 "통보권의 남용"에서 더 상세히 다룬다. Nowak's CCPR Commentary(2019), 상게주.

158) 절차규칙 제99조 (a).

159) 절차규칙 제90조 제1항.

160) 절차규칙 제90조 제2-3항.

수 있으며, 적절한 구제조치를 취할 수 있기 때문이다.[161] 위원회 입장에서도 통보인의 신원확인은 필요하다. 통보인의 일방적 의견 진술에 의존하지 않을 수 있고 통보 이전에 국내적 구제절차를 완료하였는지 검토할 수 있기 때문이다.[162] 그러나 다수의 통보인이 있는 경우 일부 통보인의 신원만 밝히도록 허용할 수 있다.[163] 단 당사국이 모든 통보인의 인적사항을 알 필요가 없다고 위원회가 예외적으로 인정한 경우에 한한다.

나. 통보권의 남용

통보를 제출할 권리가 남용된 경우 그러한 통보는 배제된다.[164] 위원회는 어떠한 경우 남용에 해당하는지 판단할 넓은 재량을 가진다.[165] 예를 들어 국내 재판절차 진행 중에는 아무런 이의를 제기하지 않다가 이후 상당 기간이 지나 규약위반을 주장한 사건,[166] 국내 구제절차가 본인에게 적대적이고 편파적이었다는 등 통보인이 지나치게 포괄적이고 추상적인 주장을 한 사건,[167] 그리고 마약의 숭배와 배포를 주목적으로 하는 종교단체가 종교의 자유 침해를 주장한 사건[168] 등에서 위원회는 모두 통보권의 남용에 해당한다고 결정하였다.

---

161) 정인섭(전게주 43), pp.107-108; *Ben Ali v. Tunisia*, Communication No.2130/2012(2015), paras. 4.10., 5.2. 튀니지 정부는 2011년 1월까지 대통령직을 수행하였던 이의 변호사가 통보한 사건에서 익명의 통보로 허용될 수 없다고 주장하였다. 변호사의 서명이 예전 것과 일치하지 않다는 이유에서였다. 그러나 이러한 항변은 위원회에 의해 다루어지지 않았다. 다른 이유로 심리적격을 갖추지 못해 통보가 거부되었기 때문이다.

162) 상계주.

163) *Shirin Aumeeruddy-Cziffra and 19 other Mauritian women v. Mauritius*, Communication No.35/1978(1981), paras.1.1., 4. 20명의 모리셔스 여성으로 구성된 통보인은 자신의 신원을 모리셔스 정부로부터 비밀로 해 달라고 요청하였고 이후 그들 중 1인 Aumeeruddy-Cziffra만의 신원을 공개하였다. 위원회는 통보를 받아들였고 그녀의 인적사항만 당사국에 알려주었다. 지금까지 위원회가 일부 통보인의 신원을 익명으로 한 유일한 통보사건이다. Nowak's CCPR Commentary(2019), p.1007(para.4); 그러나 통보인의 익명성(anonymity)과 비밀유지(confidentiality)는 구분되어야 한다는 지적도 있다. 절차규칙 제111조(당시 제102조) 등에 따라 통보인의 신원은 위원회의 모든 심의과정 및 결정에서 비밀로 유지될 수 있다는 이유에서였다. *El Abani et al. v. Libyan Arab Jamahiriya*, Communication No.1640/2007(2011), Individual opinion by Abdelfattah Amor.

164) 절차규칙 제99조(c); 예를 들어 위원회는 통보인이 과거 각하된 사건과 상당 부분 같은 내용의 통보(여전히 국내적 구제절차 완료 및 국내법에 따른 권리침해 여부의 입증이 미비하였다)를 짧은 시일 내에 다시 제출하였다면 이는 통보권 남용에 해당한다고 보았다. *K.L. v. Denmark*, Communication No.72/1980(1980).

165) 정인섭(전게주 43), p.109.

166) *Z.P. v. Canada*, Communication No.341/1988(1991), para.5.5. 통보인이 규약 제14조 제3항 나호에 따라 "변호의 준비를 위하여 충분한 시간 및 편의"를 가질 권리가 침해되었다고 사후적으로 주장하는 것은 금반언에 반하며 이러한 경우 통보권의 남용에 해당한다고 보았다.

167) *J.J.C. v. Canada*, Communication No.367/1989(1991), para.5.2.

특별한 이유 없이 장기간 사건을 방치하였다가 통보를 제기하는 경우도 통보권의 남용에 해당할 수 있다.[169] 선택의정서는 통보기한을 제한하는 명문의 규정을 두고 있지 않다. 그러나 위원회는 절차규칙을 통해 "통보권의 제한은 원칙상 통보 지체를 이유로 시간적 관할권에 관한 심리적격을 배제하지 않는다. 그러나 국내적 구제절차가 종료된 이후 5년이 경과하였거나, 다른 국제적 구제절차를 통한 최종결정이 내려진 후 3년이 지난 후 통보를 제기한다면, 이는 정당한 지체 사유가 존재하지 않는 한 통보권의 남용이 될 수 있다"라고 규정한다.[170]

지금까지 위원회가 심의한 개인통보사건을 보면, 통보권 남용을 이유로 사건을 배제하는 데 소극적이었다고 평가된다.[171] 예를 들어 인종을 이유로 교도관이 자신에 모욕과 신체적 학대를 가하였다는 통보인의 주장에 대해 당사국은 두 차례에 걸쳐 조사하였지만 관련 증거를 찾을 수 없었다며 통보권이 남용되었다고 항변하였지만 받아들여지지 않았다.[172] 통보인이 위원회의 권한을 넘는 배상을 요구하였다는 이유로 통보권의 남용을 주장한 사안에서도 위원회는 그러한 이유가 통보 자체를 배제할 수는 없다고 판단하였다.[173] 또한 최초

---

168) *M.A.B., W.A.T. and J.-A.Y.T. v. Canada*, Communication No.570/1993(1994), paras.4.2-4.3.

169) *M.B. v. Czech Republic*, Communication No.1849/2008(2012), para.7.4; *R.A.D.B. v. Colombia*, Communication No.1800/2008(2011), para.7.3; *Claude Fillacier v. France*, Communication No.1434/2005(2006), para.4.3; 상기 사건들과 달리 유럽인권재판소 판결 후 2년이 경과한 사건(*B.H. v. Austria*, Communication No.2088/2011(2017), para.8.2), 국내 법원의 최종판결 후 3년 5개월이 경과한 사건(*Polackova and Polacek v. Czech Republic*, Communication No.1445/2006(2007), para. 6.3) 및 4년이 경과한 사건(*Vjatseslav Tsarjov v. Estonia*, Communication No.1223/2003(2007), para. 6.3) 등에서는 통보권의 남용이 인정되지 않았다.

170) 절차규칙 제99조(c); Nowak's CCPR Commentary(2019), p.1009(para.9); *F.A.H. and others v. Colombia*, Communication No.2121/2011(2017), para.8.3, footnote 15. 해당 절차규칙 조항은 "may"라는 단어를 사용함으로써 이러한 규칙이 위원회의 자유재량에 속한다고 적시한다; *Bohuslav Zavrel v. The Czech Republic*, Communication No.1615/2007(2010), para.8.4. 이 사건에서 당사국은 국내 법원 판결(1992년)과 위원회 통보 제출 시점(2006년) 사이에 상당한 기간이 흘렀음을 이유로 통보권의 남용을 주장하였다. 그러나 위원회는 통보 제출 이후 같은 사안에 대한 헌법재판소의 2007년 결정으로 국내 구제절차가 완료되었다고 지적하면서 이러한 항변을 받아들이지 않았다. 상당 기간 국내 구제절차가 완료되지 않은 상황을 통보인의 정당한 지체 사유로 보았기 때문이다; *Christian Nekvedavičius v. Lithuania*, Communication No.2802/2016(2017), para.6.5. 이 사건에서 당사국은 최종적인 국내 법원의 판결(2003년)과 위원회 통보 제출 시점(2014년) 사이에 상당한 기간이 흘렀음을 이유로 통보권의 남용을 주장하였다. 그러나 위원회는 통보인이 이후 유럽인권재판소에 소를 제기하였고 각하 판결(이미 국내 구제절차 완료 후 6개월이 경과하였다는 이유에서였다)이 2013년에 나왔음을 이유로 이러한 항변을 받아들이지 않았다. 유럽인권재판소를 통한 구제절차를 정당한 지체 사유로 보았기 때문이다.

171) 정인섭(전게주 43), p.109; Nowak's CCPR Commentary(2019), pp.1007-1008(para.8).

172) *Larry James Pinkney v. Canada*, Communication No.27/1978(1981), paras.24-25.

173) *Rebeca Elvira Delgado Burgoa v. Bolivia*, Communication No.2628/2015(2018), paras.4.2., 10.3.

통보 시 주장할 수 없었던 사실을 이후 새로운 통보를 통해 제기하는 경우 통보권의 남용에 해당하지 않는다고 보았다.[174]

한편 위원회는 당사국 법원이 소송 과정에서 국내법을 적절히 해석·적용했는지,[175] 사실인정과 증거채택 과정에 오류는 없는지,[176] 또는 적용법률이 위헌법률인지 여부 등은 판단할 수 없다. 개인통보제도는 당사국 국내법, 행정조치, 또는 판결이 규약상 권리침해에 해당하는지를 묻기 위해 창설되었으며, 본질적으로 당사국 법원의 권한에 속하는 내용에 근거한 통보는 배제되기 때문이다.[177] 따라서 국내법의 적용이 명백히 자의적이거나 재판 거부에 해당하여 규약을 위반하는 결과가 발생하지 않는 한 당사국 법원의 판단을 심의할 권한은 없다.[178]

통보인이 최소한의 증거도 제출하지 않는 등 명백히 근거 없는(manifestly ill-founded) 주장이라고 판단되는 경우에도 위원회는 통보를 받아들이지 않는다.[179] 예를 들어 비영어 사용권 출신 법관이 주재하는 공정한 재판이 새롭게 열려야 한다고 유고슬라비아계 캐나다 국적 통보인이 주장한 사건,[180] 영어와 불어를 적절하게 구사하고 국내 재판에서도 통역을 요청하지 않은 통보인이 통역 미제공을 이유로 제14조 제3항 위반을 주장한 사건,[181] 출신을 이유로 한 차별 때문에 더 무거운 형을 선고받았다고 주장하였으나 이를 입증할 만한 사실이 없었던 사건[182] 등에서 위원회는 규약에 열거된 어떤 권리가 침해되었다고(선택의정

---

174) *Dwayne Hylton v. Jamaica*, Communication No.600/1994(1996), paras.6.2-6.4. 단 최초 통보 시 제기할 수 있었던 사실을 이후 새로운 통보를 통해 주장한다면 통보권의 남용에 해당한다. 유럽 인권협약 제35조(심리적격의 기준) 제2항은 "재판소에 의하여 이미 다루어진 사건과 실질적으로 동일한 사안"을 제출하는 제소는 다루지 않는다고 명문으로 규정한다.

175) *D.S. v. Jamaica*, Communication No.304/1988(1991), para.5.2.

176) *Mohammed Ajaz and Amir Jamil v. Republic of Korea*, Communication No.644/1995(1999), para. 14.2; *Drbal v. The Czech Republic*, Communication No.498/1992 (1994), para.6.3.

177) 결국 위원회는 당사국 제4심(상급심) 법원의 역할을 하지 않는다고 볼 수 있다. 정인섭(전게주 43), p.117; Nowak's CCPR Commentary(2019), p.1055(para.34).

178) 정인섭(전게주 43), p.121; *Anna Maroufidou v. Sweden*, Communication No.58/1979(1981), para. 10.1.

179) 정인섭(전게주 43), pp.121-122; Nowak's CCPR Commentary(2019), p.1002(para.13); 유럽인권재판소는 사건을 각하하는 데 있어 해당 사유를 폭넓게 적용해 왔다. 많은 수의 사건을 심리해야 하는 재판소의 부담을 덜기 위해서였다. 그러나 선택의정서는 이를 명문으로 규정하고 있지 않다. 성안 초기에는 이를 포함하여 제안된 초안(A/C.3/L.1355, para.3(3)(c)도 있었지만, 최종적으로 받아들여지지 않았다. 규약의 "목적 및 그 규정의 이행을 더욱 잘 달성"하려는 개인통보제도의 취지에 반한다는 이유에서였다. A/6546(1966), paras.474-485 참고.

180) *Z.Z. v. Canada*, Communication No.17/1977(1978).

181) *Z.P. v. Canada*, Communication No.341/1988(1991), para.5.2.

서 제2조) 볼 수 없다며 통보를 받아들이지 않았다.

그런데 통보인이 실제 규약상 권리침해 피해자인지 여부를 본안심리 하는 건 위원회의 임무이기 때문에, 심리적격은 통보인의 침해 주장만으로 충족된다.[183] 명백히 근거 없는 주장이 통보를 배제한다는 명문의 규정도 선택의정서에는 없다. 그러나 통상 주장이라고 하려면 단순히 위반 사실이 있음을 제기하는데 그치지 않고 통보인 자신이 피해자임을 충분히 입증할 수 있어야 한다.[184] 따라서 위원회는 이를 입증할 최소한의 근거가 없는 사건의 경우, 선택의정서 제2조(규약상의 권리침해 사건) 또는 제3조 통보권의 남용을 이유로 통보를 받아들이지 않았다.

다. 다른 국제적 구제절차 진행 중 제기된 통보

동일한 문제가 다른 국제적 구제절차를 통해 심사 중인 경우 통보는 허용되지 않는다.[185] 이는 다른 인권조약에도 공통으로 포함된 내용이다.

먼저 "국제조사 또는 해결절차"는 다른 인권조약, 지역 인권재판소와 지역인권위원회 등을 통한 피해자 개인의 구제절차를 의미한다. 따라서 지역 인권기구가 다수 피해자의 인권침해 상황을 일반적으로 조사하거나[186] 사회권규약위원회가 통보 당사국 국가보고서를 심의하는 경우[187] 이에 해당하지 않는다. 특정 개인의 권리침해를 구제하기 위한 절차가 아니기 때문이다.[188] 같은 맥락에서 ILO 결사의 자유 위원회가 당사국 노동조합 상황에 대해 전반적인 조사를 시행하거나 자의적 처형에 관한 UN 특별보고관이 국가별 실태를 조사하는 경우는, 설사 통보인에 대한 사안을 포함하더라도, 통보를 배제하는 사유에 해당하지 않는다.[189] 국제사면위원회(Amnesty International)나 국제법률가위원회(International Commission

---

182) *E.H. v. Finland*, Communication No.170/1984(1985), para.5.

183) Nowak's CCPR Commentary(2019), p.1003(para.14).

184) 상게주; 절차규칙 제99조(b); A/39/40(1984), para.588.

185) 선택의정서 제5조 제2항 가호; 절차규칙 제99조(e).

186) *Blancov v. Nicaragua*, Communication No.328/1988(1994), para.5.2.

187) *S.W.M. Broeks v. The Netherlands*, Communication No.172/1984(1987), para.6.2.

188) 정인섭(전게주 43), p.115.

189) ILO 결사의 자유 위원회는 개인이 이의제기를 할 수 없으며 노동자 및 사용자 단체만 가능한 특별 감독기구이다. *John Khemraadi Baboeram et al. v. Suriname*, Communication Nos.146/1983 and 148 to 154/1983(1985), para.9.1; 특히 UN 인권이사회 특별절차를 통해 특정 국가, 지역 및 조직적이고 광범위한 인권침해 사태를 조사하는 경우 위원회는 선택의정서 제5조 제2항 가호에 해당하지 않는다고 보았다. *Lounis Khelifati v. Algeria*, Communication No.2267/2013(2017), para.5.2; *Tahar Ammari v. Algeria*, Communication No.2098/2011(2014), para.7.2; *Salem Saad Ali Bashasha v. The Libyan Arab Jamahiriya*, Communication No.1776/2008(2010), para.6.2; 다음 사건에서 위원회

of Jurists)와 같은 비정부기구의 조사 절차도 다른 국제적 구제절차에 해당하지 않는다.190)

다음으로 "동일 사안"은 동일 피해자가 다른 국제적 절차를 통해 같은 사건의 구제를 요청하는 경우 발생한다.191) 특히 미주 인권협약은 피해자와 관련 없는 제3자(개인 및 단체 포함)도 누구나 미주인권위원회에 사건을 진정할 수 있도록 규정하였기 때문에 동일한 문제인지 여부가 검토된 개인통보사건이 상당수 있었다.192) 위원회는 통보인 동의 없는 제3자의 진정은 통보를 배제하지 않는다고 보았다.193) 같은 사건에 관련된 다른 피해자들이 타 절차를 통해 구제를 요청한 때도 마찬가지이다.194) 동일 문제는 다른 국제적 절차를 통해 동일 피해자의 구제를 그 자신이나 그를 대리할 권한 있는 사람이 요청한 경우에 발생하기 때문이다.195)

마지막으로 "심사되고 있지 않을 것"은 다른 국제절차에 의한 조사가 종결되었거나 결정이 내려진 상태임을 의미한다. 즉 현재 사건에 대한 조사가 진행 중이라면 통보는 배제된다.196) 그러나 타 절차가 계속되더라도 중복통보 여부를 심의하기 이전에 철회되었다면 통보는 받아들여진다.197) 만약 비합리적으로 오랜 기간 사건이 타 절차를 통해 계류 중이라

는 구) 인권위원회에 의한 조사가 통보를 배제하지 않는다고 보았다. *Ati Antoine Randolph v. Togo*, Communication No.910/2000(2003), para.8.4.

190) *John Khemraadi Baboeram et al. v. Suriname*, 상계주; *Eugène Diomi Ndongala Nzo Mambu v. Democratic Republic of the Congo*, Communication No.2465/2014(2016), para.8.2.

191) *Elena Pronina v. France*, Communication No.2390/2014(2014), paras.4.3-4.4. 동일 문제는 같은 개인, 사건 및 실체적 권리를 의미한다. 위원회는 제14조 제1항과 유럽 인권협약 제6조 제1항과는 보호되는 범위와 내용에 일부 상이한 부분이 있지만 본질적으로 같은 권리로 수렴되기 때문에 동일 문제로 보아 통보를 받아들이지 않았다; *Casanovas v. France*, Communication No.441/1990(1994), paras. 5.1-5.2. 앞서 사건과 달리 공무원의 해직과 같은 소송상 권리 의무 다툼의 경우 유럽 인권협약 제6조 제1항이 다루지 않는 반면 제14조 제1항은 보호한다는 이유(물적 관할권에 포함됨)로 위원회는 동일 사건으로 보지 않고 통보를 받아들였다.

192) *Alberto Altesor v. Uruguay*, Communication No.10/1977(1982), para.7.2. 이 사건에서 통보인이 미주 인권위원회에 제출한 진정은 철회되었지만, (통보 이후 제출된) 제3자에 의한 진정은 그대로 남아있었다. 위원회는 통보인과 관련 없는 제3자의 진정은 통보를 배제하지 않는다고 보았다; *Miguel Angel Estrella v. Uruguay*, Communication No.74/1980(1983), para.4.3.

193) 상계주.

194) *Carl Henrik Blom v. Sweden*, Communication No.191/1985(1988), para.7.2; *Duilio Fanali v. Italy*, Communication No.75/1980(1983), para.7.2.

195) 상계주.

196) *Christian Nekvedavičius v. Lithuania*, Communication No.2802/2016(2017), para.6.4. 통보인은 유럽 인권재판소의 판결이 집행되고 있지 않다는 이유로 사실상 타 절차에 의한 구제가 종결되었다고 주장하였다. 그러나 위원회는 판결의 집행(follow-up procedure)은 각료위원회의 소관으로 현재 다른 국제적 구제절차에 의해 진행 중(being examined)인 사안으로 보아야 한다며 통보를 받아들이지 않았다.

197) 실제로 위원회는 동일 사건이 다른 국제절차에 회부되었음을 발견하면 이 사실을 통보인에게 알린다.

면 어떨까? 이 경우 선택의정서 제5조 제2항 나호를 원용하여 통보는 허용될 수 있다.[198]

한편 많은 유럽 인권협약 당사국(덴마크, 프랑스, 독일, 아이슬란드, 아일랜드, 룩셈부르크, 말타, 노르웨이, 스페인, 스웨덴, 터키 등)은 타 절차에 의해 종결된 사건도 위원회 심리 대상에서 배제된다는 유보를 첨부하였다.[199] 이는 유럽 각료이사회의 권고사항이기도 하였다. 유럽 인권협약 구제절차에 따른 결정에 불복한 개인이 동일 사안을 위원회에 통보하는 것을 방지하기 위함이다. 결과적으로 위원회가 지역 인권기구의 상급심 역할을 하게 되기 때문이다.[200]

5. 심리절차

선택의정서는 개인통보절차를 상세히 규정하고 있지 않다. 핵심적인 요소만을 간결히 적시할 뿐 구체적인 내용은 주로 절차규칙을 통해 부정기적으로 보완하고 있다. 이하는 2021년 개정 절차규칙(CCPR/C/3/Rev.12)을 중심으로 개인통보사건의 심리절차를 단계별로 살펴

이후 통보인이 타 절차를 철회하는 경우 통보를 수락해 왔다. *Guerra and Wallen v. Trinidad and Tobago*, Communications Nos.575/1994 and 576/1994(1995), para.6.3; *Raúl Cariboni v. Uruguay*, Communication No.159/1983(1987), paras.2.5., 5.2; 절차규칙 제100조 제2항.

198) Nowak's CCPR Commentary(2019), pp.1046-1047(para.20); UN 법률실은 선택의정서 제5조 제2항의 "어떤 통보도 심리하지 아니한다"라는 마지막 문장은 가호와 나호를 함께 고려하여 판단되어야 한다는 의견을 표명하였다. CCPR/C/SR.33(1977), para.23.

199) Nowak's CCPR Commentary(2019), pp.1037-1038(paras.4-5); 정인섭(전게주 43), pp.116-117; 해당 조항 유보와 관련한 사건은 다음과 같다. 스페인 정부는 자국의 선택의정서 제5조 제2항 가호에 대한 유보로 인해 통보가 배제되어야 한다고 주장하였다. 그러나 위원회는 유럽인권재판소가 절차상 심리적 격을 갖추지 못했음을 이유로 사건을 각하하였고 실체적인 권리침해 여부를 충분히 판단하지 않았다고 보았다. 따라서 다른 국제적 절차에 의해 구제를 이미 밟은 경우로 볼 수 없다며 통보를 받아들였다. 6인의 의원은 유보된 내용에 해당한다는 반대의견을 개진하였다. 통보인은 유럽인권재판소와 위원회 중 통보를 어디에 제기할지 선택할 수 있었다는 이유에서였다. *María Cruz Achabal Puertas v. Spain*, Communication No.1945/2010(2013), para.7.3; 그 외 절차적 이유로 또는 진정 기한을 도과하였기 때문에 유럽 인권협약 구제절차로부터 각하된 사안에 대해 위원회가 통보를 인정한 사건들은 다음과 같다. *Ali Djabangir oglu Quliyev v. Azerbaijan*, Communication No.1972/2010(2014), para.8.2; *Barbara Wdowiak v. Poland*, Communication No.1446/2006(2006), para.6.2; *Mohammed Alzery v. Sweden*, Communication No.1416/2005(2006), para.8.1; *Luis Bertelli Gálvez v. Spain*, Communication No.1389/2005(2005), para.4.3; 반대로 유럽 인권협약 제39조가 규정한 우호적 해결에 이른 경우, 위원회는 타 절차에 의해 종결된 사안으로 판단하여 유보를 인정하고 통보를 받아들이지 않았다. *Robert and Marie-Françoise Petit v. France*, Communication No.1384/2005(2007), para.6.3.

200) 반대로 네덜란드, 알바니아, 안도라, 벨기에, 사이프러스, 그리스, 리히텐슈타인, 리투아니아, 산마리노, 포르투갈 등의 국가는 유보하지 않았다. 유럽 인권 협약상 구제절차는 지역적 인권 보호 체제로 선택의정서 개인통보절차와 근본적으로 다르다는 이유에서였다. Nowak's CCPR Commentary(2019), p.1039(para.7).

본다.

가. 개인통보서의 접수

위원회의 모든 절차는 서면으로 진행된다.[201] 따라서 첫 단계로 규약상 권리침해를 주장하는 개인이 구제를 요청하는 통보서를 서면 제출함으로써 심리절차는 개시된다.

통보서에는 1) 통보인의 성명, 주소, 출생연월일, 직업 및 신원인증, 2) 당사국명, 3) 통보의 목적, 4) 위반을 주장하는 규약조항, 5) 사실관계 및 주장을 입증할 증거, 6) 국내적 구제절차를 완료한 내용, 7) 다른 국제적 구제절차에 동일 사건이 심리되었거나 심리 중인지 여부와 그 결과가 기재되어야 한다.[202] 기재 내용을 추가로 보완할 필요가 있는 경우 위원회는 이를 적절한 기한 내에 통보인에게 요청할 수 있다.[203] 만약 특정 또는 다수의 개인을 대표하여 통보를 제출하는 경우 대리인은 피해 당사자의 동의를 받아야 하고, 이들의 성명을 적시해야 한다.[204]

---

201) 선택의정서 제2조, 제4조 제2항, 제5조 제1항; 사용언어의 경우 UN 공식 언어와 마찬가지로 아랍어, 중국어, 영어, 프랑스어, 러시아어, 스페인어 중 하나를 선택하여야 한다. 그러나 그 외 서면 제출 시 기술적인 요건(예를 들어 통보서의 분량, 글자 크기, 간격 등)에 대한 규정은 없다. 절차규칙 제24조 및 제88조 제4항 참조; Nowak's CCPR Commentary(2019), pp.1024(para.1); 선택의정서가 명문으로 금지하는 규정을 두고 있지 않으나 구두 증언은 실무상 거의 활용되지 않는다. 구두 증언이 허용되면 심리 기간은 대폭 늘어나고 위원회의 업무부담은 가중되기 때문이다. 통보인 입장에서도 직접 위원회를 방문해 구두 증언을 하기 쉽지 않다. 재정적 부담이 만만치 않기 때문이다. 결국 당사국에만 유리한 결과를 낳을 수 있다. 정인섭(전계주 43), p.137; Nowak's CCPR Commentary(2019), p.1030(para.12). 다만 2016년 위원회는 예외적으로 규약의 해석에 대한 일반원칙을 쟁점으로 하거나, 규약에 반하는 폭넓은 국가실행이 드러난 중요한 사건의 경우 예외적으로 구두변론을 허용하도록 결정하였고 이에 관한 가이드라인을 채택했다. 해당 구두변론을 공청회(oral hearing)라고 칭한다. 절차규칙 제101조 제4항; Guidelines on making oral comments concerning communications, CCPR/C/159/Rev.1(2016); 실제로 2017년 가석방 자격에 대한 개인통보사건에서 위원회는 공청회를 비공개 형식으로 개최한 바 있다. 당시 통보인 변호사는 직접 출석하였고 통보 당사국 뉴질랜드 정부 대표는 화상회의 방식으로 참여하였다. *Allan Brian Miller and Michael John Carroll v. New Zealand*, Communication No.2502/2014(2017), paras.6.1-6.4. 현재까지는 해당 사건이 유일하나 앞으로도 이러한 구두변론이 통보사건에서 빈번히 활용된다면 선택의정서 절차가 서면으로만 진행된다고 더는 볼 수 없을지도 모른다.

202) 절차규칙 제90조 제1항.

203) 절차규칙 제90조 제2항. 적절한 시간을 설정하는 이유는 지나치게 절차가 지연되지 않도록 하기 위함이다.

204) 절차규칙 제91조; 필요한 정보의 누락을 막고 효율적인 업무처리를 위해 위원회는 일반설문과 표준통보서(model communication) 양식을 정하여 통보인에게 제공하고 있다. 계속되는 요청에도 필수정보를 제공하지 않는 경우 해당 통보는 중단되거나 유예된다. Kristen Young, *The Law and Process of the U.N. Human Rights Committee*(2002), p.147; Dominic McGoldrick, *The Human Rights Committee: Its Role in the Development of the International Covenant on Civil and Political*

UN 사무총장이 통보를 접수한다.[205] 일정 기간 취합된 통보서는 사무총장을 통해 위원회에 전달된다.[206] 이때 각 통보사건 내용을 요약한 사실자료(fact sheets)를 준비하여 함께 전달한다. 해당 목록은 통보인을 익명 처리한 후 대중에 공개된다.[207] 위원회는 전달받는 즉시 절차규칙 제107조에 따라 위원 중 임명된 신규통보 특별보고관(special rapporteur on new communication)을 통해 통보내용을 검토하고 사건 등록 여부를 결정한다.[208] 등록이 결정되면 위원회는 통보 당사국에 고지하고 6개월 내 서면 답변을 제출하도록 요청한다.[209] 다만 개인통보가 그 자체로 명백히 수락 불가능한 경우 특별보고관은 통보 당사국에 고지할 필요 없이 바로 결정을 내릴 수 있다.[210]

고지받은 당사국은 6개월 이내에 심리적격 및 본안심리에 관한 입장, 통보인에게 구제를 제공했는지 여부 등을 서면으로 기술하여 제출해야 한다.[211] 답변서를 기한 내에 준비하지 못할 정당한 사유가 있다면, 당사국은 기한 연장을 요청할 수 있다.[212] 반대로 당사국이 심리적격에 대해 우선 검토해 달라고 요청할 수도 있다.[213] 특별보고관이 동의하면[214] 당사국은 심리적격에 대한 의견만을 서면으로 제출한다. 이때 통보인은 당사국의 항변서에 대한 답변을 추가로 제출할 기회를 가진다.[215] 위원회는 통보인 및 당사국 외에도 통보사건의 적절한 심리를 위해 필요하다면 제3자가 제출한 서류를 받을 수 있다.[216]

Rights(OUP, 1994), pp.129, 529; Nowak's CCPR Commentary(2019), p.1025(para.2); 정인섭(전게주 43), p.126.

205) 실무상 UN 인권최고대표사무소 청원담당 부서(Petition Unit)가 업무를 맡는다. 이때 선택의정서 당사국이 아니거나, 서면으로 작성되지 않거나 익명으로 제출된 통보서는 접수를 받지 않는다. 절차규칙 제88조 제3항.

206) 절차규칙 제88조 및 제89조.

207) 절차규칙 제89조 제2항. 최근까지도 목록은 비공개였지만 2016년 제118차 회기에서 위원회는 웹사이트를 통해 공개하기로 결정하였다. A/72/40(2016), para.37.

208) 절차규칙 제92조 제1항.

209) 절차규칙 제92조 제2항; 단 통보사건을 당사국에 전달하였다고 하여 심리적격을 통과하였다는 의미는 아니다. 절차규칙 제92조 제4항.

210) 이때 특별보고관의 결정은 반드시 위원회 전체회의에서 회람 및 확인 과정을 거쳐야 한다. 절차규칙 제92조 제3항.

211) 절차규칙 제92조 제5항. 당사국이 반드시 심리적격과 본안심리에 대한 의견을 동시에 제출할 필요는 없다. 기한 내에 분리하여 답변서를 제출할 수도 있다. 한편 필요한 경우 통보인은 제출된 당사국의 답변서에 다시 추가 항변할 수 있으며, 특별보고관도 본안심리 전에 통보인과 당사국에 이후 사건 진행 현황을 재차 물을 수 있다. 절차규칙 제92조 제6항 및 제12항.

212) 절차규칙 제92조 제11항.

213) 절차규칙 제93조 제1항. 이러한 요청은 고지받은 2개월 이내에 이루어져야 한다.

214) 상게주. 특별보고관의 동의 여부는 위원회의 결정에 따른다.

215) 절차규칙 제93조 제2항.

통보사건 등록 후 위원회는 사후 회복이 곤란한 권리침해가 우려되는 등 긴급한 사정이 있는 경우 당사국에 잠정조치(interim measures)를 요청할 수 있다.[217] 예를 들어 통보인에 대한 사형집행[218] 또는 강제송환이 임박한 경우 위원회는 집행보류를 요구할 수 있다. 그 외 통보인에게 긴급한 의료조치가 필요한 경우 이를 당사국에 촉구한 사례도 있다.[219] 잠정적 또는 일시적 조치를 이행하지 않은 당사국은 선택의정서에 따른 의무를 위반한 것으로 본다.[220] 다만 이러한 잠정조치에 대한 위원회의 의견 표명이 곧바로 본안심리 결정을 의미하지는 않는다.[221] 당사국은 통보 심리절차 어느 단계에서도 정당한 사유에 의한 잠정조치 철회를 요구할 수 있다.[222] 위원회는 통보인, 통보 대리인, 통보인 가족을 포함해 통보로 인해 협박 및 보복을 받을 위험에 놓인 개인에 대한 보호조치도 당사국에 요청할 수 있다.[223]

한편 통보 당사국 또는 통보인과 동일국적이거나, 통보사건에 대해 이해관계를 가지거나, 또는 과거 동일 사건에 대한 결정(예를 들어 국내 재판 시 담당 판사)에 관여한 위원은 위원회 개인통보사건의 심리절차에 참여할 수 없다.[224] 상기 이유 외에도 위원 스스로 심리에 계속하여 참여할 수 없다고 판단되면 위원장에게 이를 알려야 한다.[225]

---

216) 절차규칙 제96조. 해당 서류는 통보인 및 당사국에 전달되어야 한다.
217) 최종적인 결정이 내려지기 전이라면 위원회는 언제든 요청할 수 있다. 절차규칙 제94조 제1항; 잠정조치는 통보인에 의해 요청되거나 위원회에 의해 자체적으로 결정될 수 있다. HRC General Comment No.33(2009), para.19; 위원회는 비회기 중에도 긴급한 잠정조치를 요청할 수 있도록 잠정조치 특별보고관(special rapporteurs on interim measures)을 두고 있다. 절차규칙 제107조 제2항.
218) *Earl Pratt and Ivan Morgan v. Jamaica*, Communication No.210/1986(1989), para.3.
219) *Eugène Diomi Ndongala Nzo Mambu v. Democratic Republic of the Congo*, Communication No.2465/2014(2016), paras.1.2., 7.2., 9.4.
220) HRC General Comment No.33(2009), para.19. 일반논평 제33호뿐만 아니라 절차규칙 제94조 제2항에도 같은 내용이 규정되어 있다; *Mansour Ahani v. Canada*, Communication No.1051/2002(2004), paras.5.1-5.3., 12; 잠정조치가 법적 구속력을 갖는지 여부에 대해 부정적 견해가 있지만, 위원회는 일반논평 및 일련의 개인통보사건에서 절차규칙에 따른 잠정조치는 위원회의 역할에 필수적이라고 결정하였다. 적어도 통보자의 권리 구제가능성을 높이는 하나의 기준으로 당사국은 잠정조치를 존중할 필요가 있다.
221) 절차규칙 제94조 제2항.
222) 절차규칙 제94조 제3항.
223) 이때 위원회는 위협행위에 관한 사실여부를 분명히 서면으로 밝히도록 당사국에 함께 요청할 수 있다. 절차규칙 제95조; *Navruz Tahirovich Nasyrlayev v. Turkmenistan*, Communication No.2219/2012 (2014), para.1.2.
224) 절차규칙 제108조.
225) 절차규칙 제109조; *Robert Faurisson v. France*, Communication No.550/1993(1996), Statement by Mr. Thomas Buergenthal. 나치 홀로코스트로 인해 가족이 학살되었고, 본인 역시 아우슈비츠 수용소

나. 통보사건의 심리

위원회는 통보가 접수된 순서에 따라 사건을 심리한다.[226] 다만 필요한 경우 순서는 다르게 정할 수도 있다.[227] 적절하다고 판단될 시 두 건 이상의 통보를 병합하여 처리할 수 있다.[228] 절차규칙은 심리적격과 본안에 대한 위원회 결정이 다수결의 원칙을 따르도록 규정한다. 즉 심리적격 수락 및 규약위반 여부는 위원 과반수 출석과 투표로 결정된다.[229] 통보사건의 모든 심리는 비공개로 진행된다.[230]

(1) 심리적격 검토

통보가 접수되면 위원회는 우선 심리적격을 갖추었는지 검토한다.[231] 앞서 살펴본 바와 같이 심리적격을 갖추지 못한 경우 통보는 받아들여지지 않으며 위원회는 본안심리에 들어가지 않는다.[232] 전원 위원회 심리 전, 절차규칙 제107조 제1항에 따라 최소 5인 이상으로 구성된 실무그룹(working group)이 심리적격을 검토한다.[233] 실무그룹 모든 위원이 동의하면 통보를 수락하지 않을 수 있다. 이러한 결정[234]은 전원 위원회에 전달되며 공식 토론 없이 확정된다.[235] 그러나 위원 중 누구라도 전원 회의를 요청할 수 있고, 이 경우 위원회가 사건을 심리한 후 통보의 수락 여부를 결정한다. 통상 실무그룹은 심리적격 검토와 본안심리를 함께 수행하지만 모든 실무그룹 위원이 동의할 경우 심리적격만 분리하여 검토한다.[236]

위원회 또는 실무그룹이 심리적격을 갖추었다고 결정하기 위해서는 다음의 사항이 확인되어야 한다.[237] 첫째, 익명이어서는 안 되며, 선택의정서 당사국 관할권 내 개인이 제기한 통보여야 한다. 둘째, 통보인은 통보 당사국으로부터 규약상 권리침해를 당한 피해자임을

의 생존자라는 이유로 Buergenthal 위원은 해당 통보사건을 스스로 회피하였다.
226) 절차규칙 제97조 제1항.
227) 상게주.
228) 절차규칙 제97조 제3항.
229) 절차규칙 제97조 제4항.
230) 절차규칙 제111조 제1항.
231) 절차규칙 제97조 제2항.
232) 절차규칙 제102조 제2항.
233) 절차규칙 제98조 제1항. 실무그룹 회의는 4인을 정족수로 한다.
234) 본안심리를 통해 결정(view)를 제시하는 것과 달리 절차규칙은 심리적격에 대해서는 위원회가 결정 (decision)한다고 다르게 표현한다.
235) 절차규칙 제98조 제4항.
236) 절차규칙 제98조 제5항.
237) 절차규칙 제99조.

충분한 근거에 기반하여 주장해야 한다.[238] 셋째, 통보권이 남용되지 말아야 한다.[239] 넷째, 통보는 규약의 규정과 양립 가능해야 한다. 다섯째, 다른 국제적 해결절차에서 동일 사건이 심리되고 있지 않아야 한다. 여섯째, 이용 가능한 모든 국내적 구제절차를 완료했어야 한다.

심리적격을 갖추지 못해 통보를 받아들이지 않기로 했다면, 위원회는 즉시 이 사실을 사무총장을 통해 통보인과 당사국에 전달해야 한다.[240] 위원회의 결정은 최종적이며 독립된 결정문 형태로 공표한다. 다만 이후 통보인이 심리적격을 갖추게 되었다면 기존 결정은 취소되고 위원회의 심사절차가 재개될 수 있다.[241] 반대로 통보를 받아들여 본안심리에 들어갔더라도 당사국이 심리적격 불충족 사유를 추후 입증한다면 심리는 종결될 수 있다.[242]

(2) 본안심리

심리적격 검토 후 통보를 받아들이기로 하였다면 위원회 또는 실무그룹은 본안심리에 들어가고, 동시에 통보인과 당사국에 이 사실을 전달해야 한다.[243] 위원회는 통보인 및 관련 당사국으로부터 제출된 모든 서면 자료를 바탕으로 통보를 심리한다.[244] 당사국으로부터 본안심리에 대한 항변서가 제출되지 않은 경우, 예를 들어 통보가 접수된 이후 당사국이 심리적격 검토만을 우선 요청하였거나, 실무그룹에서 심리적격만 분리하여 검토한 때에는 통보 당사국은 6개월 이내에 본안심리에 관한 입장 및 통보인에게 구제를 제공했는지를 서면으로 제출해야 한다.[245]

이처럼 위원회는 통보인과 당사국이 서면으로 제출한 정보를 바탕으로 사실관계를 파악해야 하므로 양측간에 주장이 엇갈릴 경우 어려움에 부닥칠 수 있다.[246] 당사자와 목격자

---

238) 피해자 개인이나 대리인에 의해 통보가 제출되어야 하지만 본인이 직접 통보할 수 없는 사정이 있는 경우 피해자를 대신하여 제출된 통보도 수락될 수 있다. 절차규칙 제99조(b).

239) 통보권의 제한은 원칙상 통보 지체를 이유로 시간적 관할권(*ratione temporis*)에 관한 심리적격을 배제하지 않는다. 그러나 국내적 구제절차가 종료된 이후 5년이 경과하였거나, 다른 국제적 구제절차를 통한 최종결정이 내려진 후 3년이 지난 후 통보를 제기한다면, 이는 정당한 지체 사유가 존재하지 않는한 통보권의 남용이 될 수 있다. 절차규칙 제99조(c); 각주 161 참조.

240) 절차규칙 제100조 제1항. 단 앞서 살펴본 바와 같이 통보가 명백히 수락 불가능하여 당사국에 알리지 않고 바로 결정을 내렸으면 통보인에게만 이 사실을 전달하면 된다.

241) 절차규칙 제100조 제2항.

242) 절차규칙 제101조 제5항.

243) 절차규칙 제101조 제1항.

244) 선택의정서 제5조 제1항; 절차규칙 제102조 제1항.

245) 절차규칙 제101조 제2항; 이는 당사국의 의무이다. 따라서 요청한 정보를 당사국이 충분히 제공하지 않았다면 위원회는 본안심리를 통해 통보인의 주장에 더욱 무게를 두게 된다. *Zinaida Shumilina et al. v. Belarus*, Communication No.2142/2012(2017), para.6.1.

에 대한 구두심사 또는 현장방문을 통해 사실을 확인할 수 없고 오로지 서면으로 제공된 정보에만 의지해야 하기 때문이다. 이에 통보인 또는 당사국에 전문가의견서, 의사소견서, 목격자 진술, 법원판결문, 국내절차에 따른 조사보고서 등을 추가로 요청할 수 있다. 위원회는 공중도덕을 보호하려는 검열조치였는지 판단하기 위해 동성애 관련 라디오방송 텍스트를 제출하도록 요구하기도 하였다.[247] 그 외 통보 당사국에 대한 특별절차 등 UN 인권이사회 보고서 및 조약기구 국가보고서도 관련이 있는 한 심리에 참고할 수 있는 자료로 본다.[248]

한편 개인통보사건 심사는 사법소송이 아니기에 위원회는 증거가치를 인정하는데 상대적으로 탄력적인 기준을 적용한다.[249] 만약 주장자에게 입증책임이 있다는 소송법상 일반원칙을 따른다면 거의 모든 입증책임이 통보인 개인에게 부과될 수 있다. 이는 개인에게 일방적으로 불리한 결과를 가져온다. 국가에 의해 권리침해가 발생한 경우 통상 그 사건에 대해 국가만 정확한 정보와 자료를 가지며 개인이 이를 입수하기란 사실상 불가능하기 때문이다.[250] 따라서 위원회는 통보인과 당사국이 동등하게 증거에 대한 접근수단을 갖고 있지 않다는 점을 인식하여 전적으로 통보인에게 입증책임을 부담시키지 않는다. 특히 당사국이 구체적 증거 없이 단지 국내 법조문 등 일반 참고자료만 제시한다거나[251] 단순한 부인만을 거듭하며 심사절차에 협조하지 않은 경우[252] 위원회는 통보인의 근거 있는 주장에 신뢰를 부여해 왔다.[253] 더 나아가 통보인 주장을 조사할 독립된 조사위원회를 구성하도록 당사국에 요청하기도 하였다.[254] 선택의정서 제4조 제2항에 반하여 6개월이 지나도록 당사국이 관련 진술서를 제출하지 않는다고 하여 위원회가 이를 강제하기는 어렵다.[255] 그러나 당사

---

246) Nowak's CCPR Commentary(2019), p.1031(para.14).

247) *Leo Hertzberg et al. v. Finland*, Communication No.61/1979(1982), para.10.2. 라디오방송 텍스트는 서면으로 제출될 수 있으나 그 외 영화, 텔레비전 방송 및 미술작품 등도 위원회가 심리에 참고할 수 있을까? 이 경우는 선택의정서 제5조 제1항에 부합하는 정보에 해당한다고 보기 어려울 수 있다.

248) Nowak's CCPR Commentary(2019), p.1032(para.15).

249) 정인섭(전게주 43), pp.131-134; Nowak's CCPR Commentary(2019), pp.1032-1033 (paras.16-17).

250) 정인섭(전게주 43), p.131; Yasoda Sharma v. Nepal, Communication No.1469/2006(2008), para.7.5; *Edriss El Hassy and Abu Bakar El Hassy v. Libyan Arab Jamahirya*, Communication No.1422/2005(2007), para.6.7; *Ali Medjnoune v. Algeria, Communication* No.1297/2004(2006), para.8.3.

251) *Ann Maria Garcia Lanza de Netto v. Uruguay*, Communication No.8/1977(1980), para.15.

252) *Edgardo Dante Santullo Valcada v. Uruguay*, Communication No.9/1977(1979), para.10.

253) HRC General Comment No.33(2009), para.10.

254) *Olimzhon Eshonov v. Uzbekistan*, Communication No.1225/2003(2010), para.9.6.

255) 이론적으로 위원회는 사법기구가 아니므로 당사국이 정보를 제공하거나 의견을 제출할 의무는 없다. 그러나 사실상 많은 국가가 그렇게 하고 있다. 더욱이 위원회가 심리한 개인통보사건을 보면 통보절차

국이 고의로 심리를 지연시켰거나 더는 제출을 기다리기 어렵다고 판단되는 경우 위원회는 통보인의 근거 있는 주장을 그대로 인정해 왔다.[256]

일단 본안심리를 통해 사실이 확정되면 위원회는 규약 위반 여부를 판단한다. 실무그룹에서 사전에 본안심리를 하는 경우 위원회에 권고의견을 제출한다.[257]

(3) 결정

이러한 절차를 거쳐 위원회는 최종적인 결정(view)을 제시하며, 통보인과 당사국에 송부한다.[258] 이는 원칙적으로 일반에 공개된다. 위원회 결정은 통보인에 의해 주장된 침해사항에 대한 위원회의 판단과 권리침해가 확인된 경우 구제조치를 명시한다.[259] 본안심리에 참여한 위원은 개별의견을 제출할 수 있으며 이는 결정에 첨부된다.[260]

규약에 의해 설립되어 규약 해석을 담당하고 있는 기관인 위원회의 권위 있는 결정은[261] 비록 당사국에 대해 법적 구속력을 가지지 않지만,[262] 법원 결정과 유사한 형식으로 제시된다.[263] 일반논평 제33호는 결정이 "공평성, 위원회 위원의 독립성, 규약의 용어에 대한 신중한 해석, 결정사항의 결정적 성격 등을 포함하는 사법 정신에 입각해서 도달된다"라고 평가한다.[264] 지금까지 매년 많은 수의 개인통보가 제출되면서 위원회는 규약 개별 조항의

가 점차 사법적 성격을 띠고 있음을 알 수 있다. 위원회는 일반논평 제33호를 통해 통보 당사국의 반대 증거 및 설명이 불충분한 경우 규약에 위반될 수 있다고 밝혔다. HRC General Comment No.33 (2009), paras.8., 15.

256) *Lounis Khelifati et al. v Algeria*, Communication No.2267/2013(2017), para.6.1; *Ram Maya Nakarmi et al. v. Nepal*, Communication No.2184/2012(2017), para.11.4; *Barno Saidova v. Tajikistan*, Communication No.964/2001(2004), para.6.1.

257) 절차규칙 제98조 제3항.

258) 절차규칙 제102조 제3항; 선택의정서 제5조 제4항.

259) 일반논평 제33호는 위원회가 침해사항을 확인한 경우 결정을 통해 기본적으로 규약 제2조 제3항 가호에 따라 당사국이 통보인에게 효과적인 구제조치를 제공할 의무가 있음을 분명히 적시해야 한다고 규정한다. HRC General Comment No.33(2009), paras.12., 14; Nowak's CCPR Commentary(2019), p.1055(para.34).

260) 절차규칙 제103조.

261) HRC General Comment No.33(2009), para.13.

262) 따라서 결정이나 판결이 아닌 견해라고 명명하는 것이 더 적절하다고 볼 수도 있다. 정인섭(전게주 43), p.142.

263) 먼저 통보된 사실관계가 적시되고 심리적격 충족 여부에 관한 통보인과 당사국의 입장을 요약하여 제시한다. 이어서 통보 수락 여부에 대한 위원회의 결정을 기술하며 필요시 가능한 잠정조치를 요청한다. 다음으로 통보 본안에 대한 통보인과 당사국의 주장을 설시하고 마지막으로 인정된 사실에 기반한 위원회의 규약상 권리침해 여부 판단과 법적 근거가 제시된다. 위반 시 구제조치의 요구도 포함된다. Nowak's CCPR Commentary(2019), p.1055(para.34).

264) HRC General Comment No.33(2009), para.11.

해석과 이행에 관한 상당한 선례를 축적할 수 있었다.[265] 아울러 위원회의 결정은 UN 총회에 제출되는 위원회 연례보고서를 통해 그 내용이 첨부되고 공개됨에 따라 공적 기록으로 남게 된다.[266]

위원회는 규약위반이 인정된다고 판단한 국가에 대해 결정 이후 어떠한 조처를 하였는지 정해진 시한 내에 이행상황을 보고하도록 요청한다. 또는 특별보고관을 임명하여 해당 보고관이 당사국 및 통보인과 연락하며 사후 이행조치(follow-up procedure)에 관해 감독·보고하도록 할 수 있다.[267] 법적 구속력 없는 위원회 결정의 실효성을 일정 부분 보완할 수 있는 절차이다.

한편 위원회 결정의 법적 효력 여부[268]에 관한 대한민국의 실행을 살펴보면 기본적으로 국내 법원은 법적 구속력 여부만을 이분법적으로 판단해 왔다. 법적 구속력이 없고 단지 권고적 효력이 있다는 것이다.[269] 이러한 법원의 태도는 국내법을 해석함에 있어 국제법적 가치를 반영하기보다는 국내법의 틀에 맞추어 국제법의 내용을 해석해 왔다고 평가된다. 그러나 기본적으로 당사국은 조약기구의 결정을 신의칙에 따라 고려 및 존중할 최소한의 의무가 있다.[270] 같은 맥락에서 선택의정서를 가입한 국가는 위원회 결정에 대한 국내적 이행절차를 밟겠다는 약속도 같이한 것으로 추정할 수 있다.[271] 위원회 결정은 결국 규약상 권리침해 여부를 판단하는 행위로 일단 위반으로 판단되면 국제사회는 당사국을 국제법 위반 국가로 강하게 비판할 수 있다.[272] 더욱이 오랜 시간 결정에 따른 사후 이행조치가 부재하다면 이는 국제법과 국내법이 일치하지 않는 상황이 지속되고 있음을 의미한다.[273]

하지만 국내 법원의 완고한 입장에도 불구하고 개인통보제도는 대한민국에서 적극적으로 활용되어 왔다. 국가보안법 위반이나 양심적 병역거부 등 특정 이슈를 중심으로 120여 건의 개인 통보가 제출되었으며 대부분 규약위반이 인정되었다. 특히 지속적으로 문제 되어

---

265) 단 선례에 구속되는지 명문으로 규정되어 있지 않고 위원회가 분명한 견해를 밝힌 바도 없다. 일반적으로 개별 사건에 따라 유연하게 검토한다고 평가된다. 정인섭(전계주 43), p.143.

266) HRC General Comment No.33(2009), para.17; 선택의정서 제6조.

267) 절차규칙 제106조; HRC General Comment No.33(2009), paras.16., 18.

268) 대한민국의 국제인권법 실행에 있어 가장 논쟁적인 이슈 중 하나가 인권조약기구의 개인 진정결정의 이행에 관한 문제이다.

269) 김태천, "개인통보제도에 따른 국내적 구제방안", 법조 제56권(2007), pp.108-112.

270) 이근관, "국제인권 규약상의 개인통보제도와 한국의 실행", 국제인권법 제3호(2000), pp.61-62.

271) 박찬운, "개인 진정결정 불이행을 원인으로 한 국가배상소송 가능성", 법학논총 제35권(2018), p.98.

272) 박찬운, "자유권규약위원회 개인통보제도 결정의 국내적 이행을 위한 방안 소고", 저스티스 제103호(2008), pp.209-212.

273) 김민서, "한국에서의 자유권규약 이행 현황에 대한 논고", 법학논고 제30집(2009).

온 양심적 병역거부 사안에 대해 위원회는 1991년 이후 양심적 병역거부가 제18조(사상·양심의 자유)에 포함된다고 해석해 왔다. 마침내 2018년 헌법재판소는 위 조항과 일반논평 제22호, UN 구) 인권위원회와 인권이사회의 일련의 결의, 위원회의 대한민국 제3·4차 국가보고서에 대한 최종견해, 개인통보사건 결정 등을 원용하며 대체복무제를 규정하지 않은 병역법 제5조에 대해 헌법불합치 결정을 하였다.[274]

---

274) 헌법재판소 2018. 6. 28. 2011헌바379 결정.

제4부 자료

목 차

1. 「시민적 및 정치적 권리에 관한 국제규약」 및 선택의정서

   가. 「시민적 및 정치적 권리에 관한 국제규약」

   나. 「시민적 및 정치적 권리에 관한 국제규약 선택의정서」

   다. 「사형폐지를 위한 시민적 및 정치적 권리에 관한 국제규약 제2 선택의정서」

2. 일반논평(제1호 ― 제37호)

3. 대한민국 국가보고서에 대한 최종견해

4. 대한민국에 대한 개인통보사건 일람

1. 「시민적 및 정치적 권리에 관한 국제규약」 및 선택의정서

가. 「시민적 및 정치적 권리에 관한 국제규약」*

이 규약의 당사국은,

「국제연합헌장」에 선언된 원칙에 따라 인류사회의 모든 구성원의 고유의 존엄성 및 평등하고 양도할 수 없는 권리를 인정하는 것이 세계의 자유, 정의 및 평화의 기초가 됨을 고려하고,

이러한 권리가 인간의 고유한 존엄성으로부터 유래함을 인정하며,

「세계인권선언」에 따라, 시민적, 정치적 자유 및 공포와 결핍으로부터의 자유를 향유하는 자유 인간의 이상은 모든 사람이 자신의 경제적, 사회적 및 문화적 권리뿐만 아니라 시민적 및 정치적 권리를 향유할 수 있는 여건이 조성되는 경우에만 성취될 수 있음을 인정하며,

인권과 자유에 대한 보편적 존중과 준수를 증진시킬 「국제연합헌장」상 국가의 의무를 고려하며,

타인, 그리고 자신이 속한 공동체에 대한 의무를 가지고 있는 개인이, 이 규약에서 인정된 권리의 증진과 준수를 위하여 노력할 책임이 있음을 인식하여,

다음의 조문들에 합의한다.

제1부

제1조

1. 모든 사람은 자결권을 가진다. 그 권리에 기초하여 모든 사람은 그들의 정치적 지위를 자유로이 결정하고, 그들의 경제, 사회 및 문화 발전을 자유로이 추구한다.

2. 모든 사람은, 호혜의 원칙에 입각한 국제경제협력으로부터 발생하는 의무 및 국제법상의 의무를 해치지 않고 그들 자신의 목적을 위하여 그들의 천연의 부와 자원을 자유로이 처분할 수 있다. 어떠한 경우에도 사람은 그들의 자체적인 생존수단을 박탈당하지 않는다.

3. 비자치 및 신탁통치 지역의 행정책임을 맡고 있는 국가를 포함하여 이 규약의 당사국은 「국제연합헌장」의 규정에 따라 자결권의 실현을 증진하고 그 권리를 존중한다.

---

* 채택일 1966.12.16., 발효일 1976.3.23., 단 제41조는 1979.3.28. 발효. 대한민국 적용일 1990.7.10.
  본 번역은 외교부가 2023.6.9. 관보를 통해 수정 고시한 내용임.
  대한민국 가입시 유보: "대한민국 정부는 동 규약을 심의한 후, 동 규약의 제14조 5항, 제14조 7항, 제22조 및 제23조 4항의 규정이 대한민국 헌법을 포함한 관련 국내법 규정에 일치되도록 적용될 것임과 동 규약 제41조상의 인권이사회의 권한을 인정함을 선언하며, 이에 동 규약에 가입한다."
  대한민국의 유보철회 : 이상 유보 중 제23조 제4항에 대한 유보는 1991년 3월 15일 철회했으며(조약 제1042호), 제14조 제7항에 대한 유보는 1993년 1월 21일 철회했으며(조약 제1122호), 제14조 제5항에 대한 유보를 2007년 4월 2일 철회했음(조약 제1840호).

International Covenant on Civil and Political Rights

PREAMBLE

The States Parties to the present Covenant,

Considering that, in accordance with the principles proclaimed in the Charter of the United Nations, recognition of the inherent dignity and of the equal and inalienable rights of all members of the human family is the foundation of freedom, justice and peace in the world,

Recognizing that these rights derive from the inherent dignity of the human person,

Recognizing that, in accordance with the Universal Declaration of Human Rights, the ideal of free human beings enjoying civil and political freedom and freedom from fear and want can only be achieved if conditions are created whereby everyone may enjoy his civil and political rights, as well as his economic, social and cultural rights,

Considering the obligation of States under the Charter of the United Nations to promote universal respect for, and observance of, human rights and freedoms,

Realizing that the individual, having duties to other individuals and to the community to which he belongs, is under a responsibility to strive for the promotion and observance of the rights recognized in the present Covenant,

Agree upon the following articles:

PART I

Article I

1. All peoples have the right of self-determination. By virtue of that right they freely determine their political status and freely pursue their economic, social and cultural development.

2. All peoples may, for their own ends, freely dispose of their natural wealth and resources without prejudice to any obligations arising out of international economic co-operation, based upon the principle of mutual benefit, and international law. In no case may a people be deprived of its own means of subsistence.

3. The States Parties to the present Covenant, including those having responsibility for the administration of Non-Self-Governing and Trust Territories, shall promote the realization of the right of self-determination, and shall respect that right, in conformity with the provisions of the Charter of the United Nations.

제2부

제2조

1. 이 규약의 각 당사국은 자국의 영역 내에 있으며, 그 관할권 하에 있는 모든 개인에 대하여 인종, 피부색, 성별, 언어, 종교, 정치적 또는 그 밖의 의견, 민족적 또는 사회적 출신, 재산, 출생 또는 그 밖의 신분 등에 따른 어떠한 종류의 차별도 없이 이 규약에서 인정되는 권리를 존중하고 보장하기로 약속한다.

2. 이 규약의 각 당사국은 현행 입법조치 또는 그 밖의 조치에 의하여 아직 규정되어 있지 않은 경우, 이 규약에서 인정되는 권리가 실현될 수 있도록 필요한 입법조치 또는 그 밖의 조치를 채택하기 위하여 자국의 헌법 절차 및 이 규약의 규정에 따라 필요한 조치를 취하기로 약속한다.

3. 이 규약의 각 당사국은 다음을 약속한다.

가. 이 규약에서 인정되는 권리 또는 자유를 침해당한 사람에 대하여, 그러한 침해가 공무집행 중인 사람에 의하여 자행되었을지라도 효과적인 구제조치를 받도록 보장한다.

나. 그러한 구제조치를 청구하는 개인에 대하여, 권한 있는 사법, 행정 또는 입법 당국 또는 그 국가의 법체제가 규정하는 그 밖의 권한 있는 당국에 의하여 그의 권리가 확인되도록 보장하고, 사법적 구제조치의 가능성을 향상시킨다.

다. 그러한 구제조치가 허용되는 경우, 권한 있는 당국이 이를 집행하도록 보장한다.

제3조

이 규약의 당사국은 이 규약에 규정된 모든 시민적 및 정치적 권리를 향유함에 있어서 남성과 여성의 동등한 권리를 보장하기로 약속한다.

제4조

1. 국가의 존립을 위협하는 공공비상사태의 경우 그리고 그러한 비상사태의 존재가 공식으로 선포된 때에는 이 규약의 당사국은 해당 사태의 긴급성에 의하여 엄격히 요구되는 한도 내에서 이 규약상 의무로부터 이탈하는 조치를 취할 수 있다. 다만, 그러한 조치는 해당 국가의 그 밖의 국제법상 의무와 불합치하지 않아야 하고, 인종, 피부색, 성별, 언어, 종교 또는 사회적 출신만을 이유로 하는 차별을 포함하지 않아야 한다.

2. 이 규정에 따르더라도 제6조, 제7조, 제8조(제1항 및 제2항), 제11조, 제15조, 제16조 및 제18조로부터의 이탈은 허용되지 않는다.

3. 이탈할 권리를 행사하는 이 규약의 당사국은 자국이 이탈한 규정 및 그 이유를 국제연합 사무총장을 통하여 이 규약의 다른 당사국들에게 즉시 통지한다. 당사국은 그러한 이탈을 종료한 날에 동일한 경로를 통하여 그 내용을 추가로 통지한다.

PART II

Article 2

1. Each State Party to the present Covenant undertakes to respect and to ensure to all individuals within its territory and subject to its jurisdiction the rights recognized in the present Covenant, without distinction of any kind, such as race, colour, sex, language, religion, political or other opinion, national or social origin, property, birth or other status.

2. Where not already provided for by existing legislative or other measures, each State Party to the present Covenant undertakes to take the necessary steps, in accordance with its constitutional processes and with the provisions of the present Covenant, to adopt such legislative or other measures as may be necessary to give effect to the rights recognized in the present Covenant.

3. Each State Party to the present Covenant undertakes:

(a) To ensure that any person whose rights or freedoms as herein recognized are violated shall have an effective remedy, notwithstanding that the violation has been committed by persons acting in an official capacity;

(b) To ensure that any person claiming such a remedy shall have his right thereto determined by competent judicial, administrative or legislative authorities, or by any other competent authority provided for by the legal system of the State, and to develop the possibilities of judicial remedy;

(c) To ensure that the competent authorities shall enforce such remedies when granted.

Article 3

The States Parties to the present Covenant undertake to ensure the equal right of men and women to the enjoyment of all civil and political rights set forth in the present Covenant.

Article 4

1 . In time of public emergency which threatens the life of the nation and the existence of which is officially proclaimed, the States Parties to the present Covenant may take measures derogating from their obligations under the present Covenant to the extent strictly required by the exigencies of the situation, provided that such measures are not inconsistent with their other obligations under international law and do not involve discrimination solely on the ground of race, colour, sex, language, religion or social origin.

2. No derogation from articles 6, 7, 8 (paragraphs 1 and 2), 11, 15, 16 and 18 may be made under this provision.

3. Any State Party to the present Covenant availing itself of the right of derogation shall immediately inform the other States Parties to the present Covenant, through the intermediary of the Secretary-General of the United Nations, of the provisions from which it has derogated and of the reasons by which it was actuated. A further communication shall be made, through the same intermediary, on the date on which it terminates such derogation.

제5조

1. 이 규약의 어떤 규정도 국가, 집단 또는 개인이 이 규약에서 인정되는 권리 및 자유를 파괴하거나, 이 규약에서 규정된 제한의 범위를 넘어 제한함을 목적으로 하는 활동에 관여하거나 행위를 수행할 권리를 가지는 것으로 해석될 수 없다.

2. 이 규약의 당사국에서 법령, 협약 또는 관습에 따라 인정되거나 현존하는 어떠한 기본적 인권도, 이 규약이 그러한 권리를 인정하지 않거나 보다 좁은 범위로 인정한다는 구실로, 제한하거나 훼손할 수 없다.

제3부

제6조

1. 모든 인간은 고유한 생명권을 가진다. 이 권리는 법률에 따라 보호된다. 어느 누구도 자의적으로 자신의 생명을 박탈당하지 않는다.

2. 사형을 폐지하지 않은 국가의 경우, 사형은 범행 당시에 시행 중이며 이 규약의 규정과 「집단살해죄의 방지와 처벌에 관한 협약」에 저촉되지 않는 법률에 따라 가장 중한 범죄에 대해서만 선고될 수 있다. 이 형벌은 권한 있는 법원이 선고한 최종판결에 의하여서만 집행될 수 있다.

3. 생명의 박탈이 집단살해죄를 구성하는 경우에는 이 조의 어떤 규정에 따라서도 이 규약의 당사국이 「집단살해죄의 방지와 처벌에 관한 협약」의 규정에 따라 지고 있는 의무로부터 어떤 방법으로든 이탈하는 것이 허용되지 않는다고 이해한다.

4. 사형을 선고받은 사람은 누구나 특별사면 또는 감형을 청구할 권리를 가진다. 사형선고에 대한 일반사면, 특별사면 또는 감형은 모든 경우에 부여될 수 있다.

5. 사형은 18세 미만의 사람이 범한 범죄에 대하여 선고되지 않으며, 임신한 여성에 대하여 집행되지 않는다.

6. 이 조의 어떤 내용도 이 규약의 당사국이 사형의 폐지를 지연시키거나 방해하기 위해 원용될 수 없다.

제7조

어느 누구도 고문 또는 잔혹하거나 비인도적이거나 굴욕적인 대우나 처벌을 받지 않는다. 특히 누구든지 자신의 자유로운 동의 없이 의학적 또는 과학적 실험의 대상이 되지 않는다.

Article 5

1. Nothing in the present Covenant may be interpreted as implying for any State, group or person any right to engage in any activity or perform any act aimed at the destruction of any of the rights and freedoms recognized herein or at their limitation to a greater extent than is provided for in the present Covenant.

2. There shall be no restriction upon or derogation from any of the fundamental human rights recognized or existing in any State Party to the present Covenant pursuant to law, conventions, regulations or custom on the pretext that the present Covenant does not recognize such rights or that it recognizes them to a lesser extent.

PART III

Article 6

1. Every human being has the inherent right to life. This right shall be protected by law. No one shall be arbitrarily deprived of his life.

2. In countries which have not abolished the death penalty, sentence of death may be imposed only for the most serious crimes in accordance with the law in force at the time of the commission of the crime and not contrary to the provisions of the present Covenant and to the Convention on the Prevention and Punishment of the Crime of Genocide. This penalty can only be carried out pursuant to a final judgement rendered by a competent court.

3. When deprivation of life constitutes the crime of genocide, it is understood that nothing in this article shall authorize any State Party to the present Covenant to derogate in any way from any obligation assumed under the provisions of the Convention on the Prevention and Punishment of the Crime of Genocide.

4. Anyone sentenced to death shall have the right to seek pardon or commutation of the sentence. Amnesty, pardon or commutation of the sentence of death may be granted in all cases.

5. Sentence of death shall not be imposed for crimes committed by persons below eighteen years of age and shall not be carried out on pregnant women.

6. Nothing in this article shall be invoked to delay or to prevent the abolition of capital punishment by any State Party to the present Covenant.

Article 7

No one shall be subjected to torture or to cruel, inhuman or degrading treatment or punishment. In particular, no one shall be subjected without his free consent to medical or scientific experimentation.

제8조

1. 어느 누구도 노예상태에 놓이지 않는다. 모든 형태의 노예제도 및 노예매매는 금지된다.

2. 어느 누구도 예속상태에 놓이지 않는다.

3. 가. 어느 누구도 강제 또는 의무 노동을 하도록 요구되지 않는다.

나. 제3항가호의 규정은 범죄에 대한 처벌로 중노동을 수반하는 구금형을 부과할 수 있는 국가에서, 권한 있는 법원의 형의 선고에 따라 중노동을 시키는 것을 배제한다고 해석되지 않는다.

다. 이 항의 목적상 "강제 또는 의무 노동"이라는 용어는 다음을 포함하지 않는다.

1) 나호에서 언급되지 않은 작업 또는 역무로서, 법원의 합법적 명령으로 구금되어 있는 사람 또는 그러한 구금으로부터 조건부 석방 중에 있는 사람에게 통상적으로 요구되는 것

2) 군사적 성격의 역무 및 양심적 병역거부가 인정되는 국가의 경우, 양심적 병역거부자에게 법률상 요구되는 국민적 역무

3) 공동체의 존립 또는 복지를 위협하는 긴급사태 또는 재난 시에 부과되는 역무

4) 통상적인 시민의 의무에 속하는 작업 또는 역무

제9조

1. 모든 사람은 신체의 자유와 안전에 대한 권리를 가진다. 누구든지 자의적으로 체포되거나 구금되지 않는다. 어느 누구도 법률로 정한 근거 및 절차에 따르지 않고는 자신의 자유를 박탈당하지 않는다.

2. 체포된 사람은 누구든지 체포 시에 체포이유를 고지받으며, 자신에 대한 피의사실을 신속히 고지받는다.

3. 범죄 혐의로 체포되거나 구금된 사람은 법관 또는 법률에 의하여 사법권 행사 권한을 부여받은 그 밖의 공무원에게 신속히 회부되고, 합리적인 기간 내에 재판을 받거나 석방될 권리를 가진다. 재판을 기다리는 사람을 구금하는 것은 일반 원칙이 될 수 없으며, 그 밖의 모든 사법절차 단계에서의 재판을 위하여, 그리고 필요한 경우 판결 집행을 위하여 출석할 것이라는 보증하에 석방될 수 있다.

4. 체포 또는 구금에 의하여 자유를 박탈당한 사람은 누구든지, 법원이 그의 구금의 합법성을 지체 없이 결정하고, 그의 구금이 합법적이지 않은 경우 그의 석방을 명령할 수 있도록, 법원에서 절차를 취할 권리를 가진다.

5. 불법적인 체포 또는 구금의 피해자는 누구든지 집행가능한 배상청구권을 가진다.

Article 8

1. No one shall be held in slavery; slavery and the slave-trade in all their forms shall be prohibited.

2. No one shall be held in servitude.

3. (a) No one shall be required to perform forced or compulsory labour;

(b) Paragraph 3 (a) shall not be held to preclude, in countries where imprisonment with hard labour may be imposed as a punishment for a crime, the performance of hard labour in pursuance of a sentence to such punishment by a competent court;

(c) For the purpose of this paragraph the term "forced or compulsory labour" shall not include:

(i) Any work or service, not referred to in subparagraph (b), normally required of a person who is under detention in consequence of a lawful order of a court, or of a person during conditional release from such detention;

(ii) Any service of a military character and, in countries where conscientious objection is recognized, any national service required by law of conscientious objectors;

(iii) Any service exacted in cases of emergency or calamity threatening the life or well-being of the community;

(iv) Any work or service which forms part of normal civil obligations.

Article 9

1. Everyone has the right to liberty and security of person. No one shall be subjected to arbitrary arrest or detention. No one shall be deprived of his liberty except on such grounds and in accordance with such procedure as are established by law.

2. Anyone who is arrested shall be informed, at the time of arrest, of the reasons for his arrest and shall be promptly informed of any charges against him.

3. Anyone arrested or detained on a criminal charge shall be brought promptly before a judge or other officer authorized by law to exercise judicial power and shall be entitled to trial within a reasonable time or to release. It shall not be the general rule that persons awaiting trial shall be detained in custody, but release may be subject to guarantees to appear for trial, at any other stage of the judicial proceedings, and, should occasion arise, for execution of the judgement.

4. Anyone who is deprived of his liberty by arrest or detention shall be entitled to take proceedings before a court, in order that court may decide without delay on the lawfulness of his detention and order his release if the detention is not lawful.

5. Anyone who has been the victim of unlawful arrest or detention shall have an enforceable right to compensation.

제10조

1. 자유를 박탈당한 모든 사람은 인도적인 또한 인간의 고유한 존엄성이 존중되는 대우를 받는다.

2. 가. 미결수용자는 예외적인 사정이 있는 경우를 제외하고는 수형자와 분리되며, 유죄판결을 받지 않은 사람으로서의 지위에 적절한 별도의 대우를 받는다.

나. 미성년 미결수용자는 성인과 분리되며, 가능한 한 신속히 재판에 회부된다.

3. 교도소 수감제도는 재소자들의 교정과 사회복귀를 필수 목적으로 하는 대우를 포함한다. 미성년 범죄자는 성인과 분리되며, 그들의 연령 및 법적 지위에 적절한 대우가 부여된다.

제11조

어느 누구도 계약상 의무의 이행불능만을 이유로 구금되지 않는다.

제12조

1. 합법적으로 어느 국가의 영역 내에 있는 모든 사람은, 그 영역 내에서 이동의 자유 및 거주의 자유에 관한 권리를 가진다.

2. 모든 사람은 자국을 포함하여 어느 나라에서도 자유로이 출국할 수 있다.

3. 위에 언급된 권리는 법률에 의하여 규정되고, 국가안보, 공공질서, 공중보건이나 도덕, 또는 타인의 권리와 자유를 보호하기 위하여 필요하고, 이 규약에서 인정되는 그 밖의 권리와 부합하는 제한을 제외하고는 어떤 제한도 받지 않는다.

4. 어느 누구도 자국으로 입국할 권리를 자의적으로 박탈당하지 않는다.

제13조

합법적으로 이 규약의 당사국의 영역 내에 있는 외국인은, 법률에 따라 이루어진 결정에 따라서만 그 영역에서 추방될 수 있으며, 국가안보상 불가피한 이유로 달리 요구되는 경우를 제외하고는 자신의 추방에 반대하는 이유를 제시할 수 있고, 권한 있는 당국 또는 그 당국이 특별히 지명한 사람(들)에 의하여 자신의 사안을 심사받고 이를 위하여 대리인을 선임하는 것이 허용된다.

Article 10

1. All persons deprived of their liberty shall be treated with humanity and with respect for the inherent dignity of the human person.

2. (a) Accused persons shall, save in exceptional circumstances, be segregated from convicted persons and shall be subject to separate treatment appropriate to their status as unconvicted persons;

(b) Accused juvenile persons shall be separated from adults and brought as speedily as possible for adjudication. 3. The penitentiary system shall comprise treatment of prisoners the essential aim of which shall be their reformation and social rehabilitation. Juvenile offenders shall be segregated from adults and be accorded treatment appropriate to their age and legal status.

Article 11

No one shall be imprisoned merely on the ground of inability to fulfil a contractual obligation.

Article 12

1. Everyone lawfully within the territory of a State shall, within that territory, have the right to liberty of movement and freedom to choose his residence.

2. Everyone shall be free to leave any country, including his own.

3. The above-mentioned rights shall not be subject to any restrictions except those which are provided by law, are necessary to protect national security, public order (ordre public), public health or morals or the rights and freedoms of others, and are consistent with the other rights recognized in the present Covenant.

4. No one shall be arbitrarily deprived of the right to enter his own country.

Article 13

An alien lawfully in the territory of a State Party to the present Covenant may be expelled therefrom only in pursuance of a decision reached in accordance with law and shall, except where compelling reasons of national security otherwise require, be allowed to submit the reasons against his expulsion and to have his case reviewed by, and be represented for the purpose before, the competent authority or a person or persons especially designated by the competent authority.

제14조

1. 모든 사람은 재판에 있어 평등하다. 모든 사람은, 자신에 대한 범죄 혐의 또는 소송상 권리 및 의무를 확인함에 있어, 법률에 따라 설치된 권한 있는 독립적이고 공평한 법원에 의한 공정한 공개심리를 받을 권리를 가진다. 민주사회의 도덕, 공공질서 또는 국가안보를 이유로 하거나 당사자들의 사생활 이익을 위하여 필요한 경우, 또는 공개가 사법정의를 해치게 될 특별한 사정 하에 법원이 엄격히 필요하다고 판단하는 범위 내에서 재판의 전부 또는 일부는 언론 및 대중에 공개되지 않을 수 있다. 다만, 형사소송 또는 그 밖의 소송에서 선고되는 모든 판결은 미성년자의 이익을 위하여 달리 필요한 경우 또는 해당 절차가 혼인관계 분쟁이나 아동 후견에 관한 절차인 경우를 제외하고는 공개된다.

2. 모든 형사피의자 및 형사피고인은 법률에 따라 유죄가 입증될 때까지 무죄로 추정받을 권리를 가진다.

3. 모든 사람은 자신에 대한 범죄 혐의를 확인함에 있어 적어도 다음 사항을 완전히 평등하게 보장받을 권리를 가진다.

가. 자신에 대한 범죄 혐의의 성격 및 이유에 관하여 자신이 이해하는 언어로 신속하고 상세하게 통지받는 것

나. 변호 준비를 위하여 충분한 시간 및 편의를 가지고, 자신이 선임한 변호인과 연락을 취하는 것

다. 부당하게 지체됨이 없이 재판을 받는 것

라. 본인의 출석하에 재판을 받으며, 직접 또는 본인이 선임하는 변호인의 조력을 통하여 변호하는 것. 변호인이 없는 경우, 변호인의 조력을 받을 수 있는 권리에 대하여 통지 받는 것. 또한 사법정의상 필요한 경우, 만약 변호인의 조력에 대한 충분한 지불수단을 가지고 있지 않다면 본인이 지불하지 않고, 변호인의 조력을 받을 수 있는 것

마. 자신에게 불리한 증인을 신문하거나 신문 받도록 하는 것과 자신에게 불리한 증인과 동일한 조건하에 자신을 위한 증인을 출석시키고 신문 받도록 하는 것

바. 법정에서 사용되는 언어를 이해하지 못하거나 말할 수 없는 경우에는 무료로 통역인의 조력을 받는 것

사. 자신에게 불리한 진술 또는 유죄의 자백을 강요당하지 않는 것

4. 미성년자의 경우, 그 절차는 그들의 연령과 그들의 사회복귀 증진이 바람직하다는 점을 고려한 것이어야 한다.

5. 유죄판결을 받은 모든 사람은 자신의 유죄판결 및 형의 선고에 대하여 상급 법원에서 법률에 따라 심리를 받을 권리를 가진다.

6. 어떤 사람이 확정판결에 따라 범죄에 대한 유죄판결을 받았고, 추후에 새로운 사실 또는 새로 발견된 사실로 인해 오심이 있었음이 결정적으로 입증됨으로써 그에 대한 유죄판결이 파기되었거나 사면을 받았을 경우, 유죄판결의 결과로 처벌을 받은 사람은 법률에 따라 보상을 받는다. 다만, 알려지지 않은 사실이 적시에 공개되지 않은 점이 전체적으로 또는 부분적으로 그에게 책임이 있었다는 것이 증명된 경우에는 그렇지 않다.

Article 14

1. All persons shall be equal before the courts and tribunals. In the determination of any criminal charge against him, or of his rights and obligations in a suit at law, everyone shall be entitled to a fair and public hearing by a competent, independent and impartial tribunal established by law. The press and the public may be excluded from all or part of a trial for reasons of morals, public order (ordre public) or national security in a democratic society, or when the interest of the private lives of the parties so requires, or to the extent strictly necessary in the opinion of the court in special circumstances where publicity would prejudice the interests of justice; but any judgement rendered in a criminal case or in a suit at law shall be made public except where the interest of juvenile persons otherwise requires or the proceedings concern matrimonial disputes or the guardianship of children.

2. Everyone charged with a criminal offence shall have the right to be presumed innocent until proved guilty according to law.

3. In the determination of any criminal charge against him, everyone shall be entitled to the following minimum guarantees, in full equality:

(a) To be informed promptly and in detail in a language which he understands of the nature and cause of the charge against him;

(b) To have adequate time and facilities for the preparation of his defence and to communicate with counsel of his own choosing;

(c) To be tried without undue delay;

(d) To be tried in his presence, and to defend himself in person or through legal assistance of his own choosing; to be informed, if he does not have legal assistance, of this right; and to have legal assistance assigned to him, in any case where the interests of justice so require, and without payment by him in any such case if he does not have sufficient means to pay for it;

(e) To examine, or have examined, the witnesses against him and to obtain the attendance and examination of witnesses on his behalf under the same conditions as witnesses against him;

(f) To have the free assistance of an interpreter if he cannot understand or speak the language used in court;

(g) Not to be compelled to testify against himself or to confess guilt.

4. In the case of juvenile persons, the procedure shall be such as will take account of their age and the desirability of promoting their rehabilitation.

5. Everyone convicted of a crime shall have the right to his conviction and sentence being reviewed by a higher tribunal according to law.

6. When a person has by a final decision been convicted of a criminal offence and when subsequently his conviction has been reversed or he has been pardoned on the ground that a new or newly discovered fact shows conclusively that there has been a miscarriage of justice, the person who has suffered punishment as a result of such conviction shall be compensated according to law, unless it is proved that the non-disclosure of the unknown fact in time is wholly or partly attributable to him.

7. 어느 누구도 각국의 법률 및 형사절차에 따라 이미 확정적으로 유죄판결 또는 무죄판결을 받은 행위에 관하여는 거듭 재판 또는 처벌 받지 않는다.

제15조

1. 어느 누구도 행위 시의 국내법 또는 국제법에 따라 범죄를 구성하지 않는 작위 또는 부작위를 이유로 유죄인 것으로 되지 않는다. 또한 범죄가 행하여진 때에 적용될 수 있었던 형벌보다 중한 형벌이 부과될 수 없다. 범죄인은 범행 후에 보다 가벼운 형벌을 부과하는 규정이 법률에 정해진 경우에는 그에 따른 혜택을 받는다.

2. 이 조의 어떠한 규정도 국제사회가 인정한 법의 일반원칙에 따라 그 행위 시에 범죄가 되는 작위 또는 부작위에 대하여 어떠한 사람을 재판하고 처벌함을 방해하지 않는다.

제16조

모든 사람은 어디에서나 법 앞에 인간으로서 인정받을 권리를 가진다.

제17조

1. 어느 누구도 그의 사생활, 가정, 주거 또는 통신에 대하여 자의적이거나 불법적인 간섭을 받거나 그의 명예와 평판에 대한 불법적인 공격을 받지 않는다.

2. 모든 사람은 그러한 간섭 또는 공격으로부터 법의 보호를 받을 권리를 가진다.

제18조

1. 모든 사람은 사상, 양심 및 종교의 자유에 대한 권리를 가진다. 이러한 권리는 스스로 선택하는 종교나 신념을 가지거나 받아들일 자유와 개인적으로 또는 타인과 공동체로 그리고 공적 또는 사적으로 예배, 의식, 실천 및 교육을 통하여 그의 종교나 신념을 표명하는 자유를 포함한다.

2. 어느 누구도 스스로 선택하는 종교나 신념을 가지거나 받아들일 자유를 침해할 수 있는 강제를 받지 않는다.

3. 자신의 종교나 신념을 표명하는 자유는 법률에 규정되고 공공의 안전, 질서, 보건, 도덕 또는 타인의 기본적 권리 및 자유를 보호하기 위하여 필요한 경우에만 제한될 수 있다.

4. 이 규약의 당사국은 부모 또는 경우에 따라, 법정후견인이 그들 자신의 신념에 따라 자녀를 종교적 및 도덕적으로 교육할 수 있는 자유를 존중할 것을 약속한다.

7. No one shall be liable to be tried or punished again for an offence for which he has already been finally convicted or acquitted in accordance with the law and penal procedure of each country.

Article 15

1. No one shall be held guilty of any criminal offence on account of any act or omission which did not constitute a criminal offence, under national or international law, at the time when it was committed. Nor shall a heavier penalty be imposed than the one that was applicable at the time when the criminal offence was committed. If, subsequent to the commission of the offence, provision is made by law for the imposition of the lighter penalty, the offender shall benefit thereby.
2. Nothing in this article shall prejudice the trial and punishment of any person for any act or omission which, at the time when it was committed, was criminal according to the general principles of law recognized by the community of nations.

Article 16

Everyone shall have the right to recognition everywhere as a person before the law.

Article 17

1. No one shall be subjected to arbitrary or unlawful interference with his privacy, family, home or correspondence, nor to unlawful attacks on his honour and reputation.
2. Everyone has the right to the protection of the law against such interference or attacks.

Article 18

1. Everyone shall have the right to freedom of thought, conscience and religion. This right shall include freedom to have or to adopt a religion or belief of his choice, and freedom, either individually or in community with others and in public or private, to manifest his religion or belief in worship, observance, practice and teaching.
2. No one shall be subject to coercion which would impair his freedom to have or to adopt a religion or belief of his choice.
3. Freedom to manifest one's religion or beliefs may be subject only to such limitations as are prescribed by law and are necessary to protect public safety, order, health, or morals or the fundamental rights and freedoms of others.
4. The States Parties to the present Covenant undertake to have respect for the liberty of parents and, when applicable, legal guardians to ensure the religious and moral education of their children in conformity with their own convictions.

제19조

1. 모든 사람은 간섭받지 않고 의견을 가질 권리를 가진다.

2. 모든 사람은 표현의 자유에 대한 권리를 가진다. 이 권리는 구두, 서면 또는 인쇄, 예술의 형태 또는 스스로 선택하는 그 밖의 수단을 통하여, 국경에 관계없이, 모든 종류의 정보와 생각을 구하고 받으며 전달하는 자유를 포함한다.

3. 이 조 제2항에 규정된 권리의 행사에는 특별한 의무와 책임이 따른다. 따라서 그러한 권리의 행사는 일정한 제한을 받을 수 있다. 다만, 그 제한은 법률에 규정되고 다음 사항을 위하여 필요한 경우로 한정된다.

가. 타인의 권리 또는 평판의 존중

나. 국가안보, 공공질서, 공중보건, 또는 공중도덕의 보호

제20조

1. 전쟁을 위한 어떠한 선전도 법률로 금지된다.

2. 차별, 적의 또는 폭력의 선동에 해당되는 민족, 인종 또는 종교에 대한 증오의 고취는 법률로 금지된다.

제21조

평화적인 집회의 권리가 인정된다. 이 권리의 행사에 대하여는 국가안보, 공공안전, 공공질서, 공중보건 또는 공중도덕의 보호, 또는 타인의 권리 및 자유의 보호를 위하여 민주사회에서 필요하며 법률에 합치되게 부과되는 제한 이외의 어떠한 제한도 부과될 수 없다.

제22조

1. 모든 사람은 자기의 이익을 보호하기 위하여 노동조합을 결성하고 이에 가입하는 권리를 포함하여 타인과의 결사의 자유에 대한 권리를 가진다.

2. 이 권리의 행사에 대하여는 국가안보, 공공안전, 공공질서, 공중보건 또는 공중도덕의 보호, 또는 타인의 권리 및 자유의 보호를 위하여 민주사회에서 필요하며 법률에 규정된 제한 이외의 어떠한 제한도 부과될 수 없다. 이 조는 군대와 경찰의 구성원이 이 권리를 행사하는 데 대하여 합법적인 제한을 부과하는 것을 방해하지 않는다.

3. 이 조의 어떤 규정도 「결사의 자유 및 단결권 보호에 관한 1948년 국제노동기구협약」의 당사국이 그 협약에 규정된 보장을 침해할 수 있는 입법조치를 취하거나 이를 침해하는 방식으로 법률을 적용하는 것을 허용하지 않는다.

Article 19

1. Everyone shall have the right to hold opinions without interference.

2. Everyone shall have the right to freedom of expression; this right shall include freedom to seek, receive and impart information and ideas of all kinds, regardless of frontiers, either orally, in writing or in print, in the form of art, or through any other media of his choice.

3. The exercise of the rights provided for in paragraph 2 of this article carries with it special duties and responsibilities. It may therefore be subject to certain restrictions, but these shall only be such as are provided by law and are necessary:

(a) For respect of the rights or reputations of others;

(b) For the protection of national security or of public order (ordre public), or of public health or morals.

Article 20

1. Any propaganda for war shall be prohibited by law.

2. Any advocacy of national, racial or religious hatred that constitutes incitement to discrimination, hostility or violence shall be prohibited by law.

Article 21

The right of peaceful assembly shall be recognized. No restrictions may be placed on the exercise of this right other than those imposed in conformity with the law and which are necessary in a democratic society in the interests of national security or public safety, public order (ordre public), the protection of public health or morals or the protection of the rights and freedoms of others.

Article 22

1. Everyone shall have the right to freedom of association with others, including the right to form and join trade unions for the protection of his interests.

2. No restrictions may be placed on the exercise of this right other than those which are prescribed by law and which are necessary in a democratic society in the interests of national security or public safety, public order (ordre public), the protection of public health or morals or the protection of the rights and freedoms of others. This article shall not prevent the imposition of lawful restrictions on members of the armed forces and of the police in their exercise of this right.

3. Nothing in this article shall authorize States Parties to the International Labour Organisation Convention of 1948 concerning Freedom of Association and Protection of the Right to Organize to take legislative measures which would prejudice, or to apply the law in such a manner as to prejudice, the guarantees provided for in that Convention.

제23조

1. 가정은 사회의 자연적이며 기초적인 단위이고, 사회와 국가의 보호를 받을 권리를 가진다.

2. 혼인적령의 남녀가 혼인을 하고, 가정을 이룰 권리가 인정된다.

3. 혼인은 양당사자의 자유롭고 완전한 합의 없이는 성립되지 않는다.

4. 이 규약의 당사국은 혼인 중 및 혼인해소 시에 혼인에 대한 배우자의 평등한 권리 및 책임을 보장하기 위하여 적절한 조치를 취한다. 혼인해소의 경우, 자녀에게 필요한 보호를 위한 조치를 마련한다.

제24조

1. 모든 아동은 인종, 피부색, 성별, 언어, 종교, 민족 또는 사회적 출신, 재산 또는 출생에 따른 어떠한 차별도 받지 않으며, 미성년자로서의 지위로 인하여 요구되는 보호조치를 자신의 가족, 사회 및 국가로부터 받을 권리를 가진다.

2. 모든 아동은 출생 후 즉시 등록되고, 성명을 가져야 한다.

3. 모든 아동은 국적을 취득할 권리를 가진다.

제25조

모든 시민은 제2조에 언급된 어떠한 차별이나 불합리한 제한도 받지 않으며 다음의 권리 및 기회를 가진다.

가. 직접 또는 자유로이 선출한 대표자를 통하여 정치에 참여하는 것

나. 보통·평등 선거권에 따라 비밀투표에 의하여 행하여지고, 선거인의 의사의 자유로운 표명을 보장하는 진정하고 정기적인 선거에서 투표하고 피선되는 것

다. 일반적인 평등한 조건 하에 자국의 공직에 취임하는 것

제26조

모든 사람은 법 앞에 평등하고 어떠한 차별도 없이 법의 평등한 보호를 받을 권리를 가진다. 이러한 점에서 법률은 모든 차별을 금지하고, 인종, 피부색, 성별, 언어, 종교, 정치적 또는 그 밖의 의견, 민족 또는 사회적 출신, 재산, 출생 또는 그 밖의 신분 등의 어떠한 이유에 따른 차별에 대하여도 평등하고 효과적인 보호를 모든 사람에게 보장한다.

제27조

민족적, 종교적 또는 언어적 소수집단이 존재하는 국가의 경우, 그러한 소수집단에 속하는 사람들은 그 집단의 다른 구성원들과 공동체로 그들 자신의 문화를 향유하거나, 그들 자신의 종교를 표명하고 실행하거나, 그들 자신의 언어를 사용할 권리가 부인되지 않는다.

Article 23

1. The family is the natural and fundamental group unit of society and is entitled to protection by society and the State.

2. The right of men and women of marriageable age to marry and to found a family shall be recognized.

3. No marriage shall be entered into without the free and full consent of the intending spouses.

4. States Parties to the present Covenant shall take appropriate steps to ensure equality of rights and responsibilities of spouses as to marriage, during marriage and at its dissolution. In the case of dissolution, provision shall be made for the necessary protection of any children.

Article 24

1. Every child shall have, without any discrimination as to race, colour, sex, language, religion, national or social origin, property or birth, the right to such measures of protection as are required by his status as a minor, on the part of his family, society and the State.

2. Every child shall be registered immediately after birth and shall have a name.

3. Every child has the right to acquire a nationality.

Article 25

Every citizen shall have the right and the opportunity, without any of the distinctions mentioned in article 2 and without unreasonable restrictions:

(a) To take part in the conduct of public affairs, directly or through freely chosen representatives;

(b) To vote and to be elected at genuine periodic elections which shall be by universal and equal suffrage and shall be held by secret ballot, guaranteeing the free expression of the will of the electors;

(c) To have access, on general terms of equality, to public service in his country.

Article 26

All persons are equal before the law and are entitled without any discrimination to the equal protection of the law. In this respect, the law shall prohibit any discrimination and guarantee to all persons equal and effective protection against discrimination on any ground such as race, colour, sex, language, religion, political or other opinion, national or social origin, property, birth or other status.

Article 27

In those States in which ethnic, religious or linguistic minorities exist, persons belonging to such minorities shall not be denied the right, in community with the other members of their group, to enjoy their own culture, to profess and practise their own religion, or to use their own language.

제4부

제28조

1. 인권위원회(이하 이 규약에서 위원회라 한다)를 설치한다. 위원회는 18인의 위원으로 구성되며 아래에 규정된 임무를 수행한다.

2. 위원회는 높은 도덕성을 가지고 인권분야에서 능력이 인정된 이 규약의 당사국 국민들로 구성하고, 법률적 경험을 가진 일부 인사의 참여가 유익하다는 점을 고려한다.

3. 위원회의 위원은 개인 자격으로 선출되고, 직무를 수행한다.

제29조

1. 위원회의 위원은 제28조에 규정된 자격을 가지고 이 규약의 당사국에 의하여 선거를 위하여 추천된 인사 명단 중에서 비밀투표로 선출된다.

2. 이 규약의 각 당사국은 2인 이하의 인사를 추천할 수 있다. 이러한 인사는 추천하는 국가의 국민이어야 한다.

3. 동일인이 재추천받을 수 있다.

제30조

1. 최초 선거는 이 규약의 발효일 후 6개월 이내에 실시된다.

2. 국제연합 사무총장은, 제34조에 따라 선언된 결원에 대한 보궐선거를 제외하고, 위원회의 구성을 위한 각 선거일의 최소 4개월 전에, 이 규약 당사국이 3개월 이내에 위원회의 위원후보 추천을 제출하도록 당사국에 서면 초청장을 발송한다.

3. 국제연합 사무총장은, 이와 같이 추천된 모든 인사의 알파벳순 명단을 그 추천 당사국명과 함께 작성하여 각 선거일 최소 1개월 전에 그 명단을 이 규약 당사국에게 송부한다.

4. 위원회 위원의 선거는 국제연합 사무총장이 국제연합 본부에서 소집한 이 규약의 당사국회의에서 실시된다. 이 회의에서는 규약 당사국의 3분의 2를 정족수로 하고, 출석하여 투표하는 당사국 대표로부터 절대다수표를 획득한 최다득표 인사가 위원으로 선출된다.

제31조

1. 위원회는 동일국가의 국민을 2인 이상 포함할 수 없다.

2. 위원회 선거에서는 위원직이 지리적으로 공평하게 안배되고 상이한 문명형태 및 주요 법체계가 대표되도록 고려한다.

PART IV

Article 28

1. There shall be established a Human Rights Committee (hereafter referred to in the present Covenant as the Committee). It shall consist of eighteen members and shall carry out the functions hereinafter provided.

2. The Committee shall be composed of nationals of the States Parties to the present Covenant who shall be persons of high moral character and recognized competence in the field of human rights, consideration being given to the usefulness of the participation of some persons having legal experience.

3. The members of the Committee shall be elected and shall serve in their personal capacity.

Article 29

1 . The members of the Committee shall be elected by secret ballot from a list of persons possessing the qualifications prescribed in article 28 and nominated for the purpose by the States Parties to the present Covenant.

2. Each State Party to the present Covenant may nominate not more than two persons. These persons shall be nationals of the nominating State.

3. A person shall be eligible for renomination.

Article 30

1. The initial election shall be held no later than six months after the date of the entry into force of the present Covenant.

2. At least four months before the date of each election to the Committee, other than an election to fill a vacancy declared in accordance with article 34, the Secretary-General of the United Nations shall address a written invitation to the States Parties to the present Covenant to submit their nominations for membership of the Committee within three months.

3. The Secretary-General of the United Nations shall prepare a list in alphabetical order of all the persons thus nominated, with an indication of the States Parties which have nominated them, and shall submit it to the States Parties to the present Covenant no later than one month before the date of each election.

4. Elections of the members of the Committee shall be held at a meeting of the States Parties to the present Covenant convened by the Secretary General of the United Nations at the Headquarters of the United Nations. At that meeting, for which two thirds of the States Parties to the present Covenant shall constitute a quorum, the persons elected to the Committee shall be those nominees who obtain the largest number of votes and an absolute majority of the votes of the representatives of States Parties present and voting.

Article 31

1. The Committee may not include more than one national of the same State.

2. In the election of the Committee, consideration shall be given to equitable geographical distribution of membership and to the representation of the different forms of civilization and of the principal legal systems.

제32조

1. 위원회의 위원은 4년 임기로 선출된다. 모든 위원은 재추천된 경우에 재선될 수 있다. 다만, 최초 선거에서 선출된 위원 중 9인의 임기는 2년 후에 만료된다. 이들 9인 위원은 최초 선거 후 즉시 제30조제4항에 언급된 회의의 의장이 추첨으로 선정한다.

2. 임기 만료 시 선거는 이 규약 제4부의 위 조항들에 따라 실시된다.

제33조

1. 위원회의 위원이 일시적 성격의 결석이 아닌 다른 이유로 인해 자신의 직무를 더 이상 수행할 수 없다고 다른 위원 전원이 합의할 경우, 위원회의 의장은 국제연합 사무총장에게 이를 통보하며, 사무총장은 이때 해당 위원직의 궐위를 선언한다.

2. 위원회의 위원이 사망 또는 사임한 경우, 의장은 국제연합 사무총장에게 이를 즉시 통보하고, 사무총장은 사망일 또는 사임의 효력발생일부터 그 직의 궐위를 선언한다.

제34조

1. 제33조에 따라 궐위가 선언되고, 교체될 위원의 임기가 궐위 선언일 후 6개월 이내에 만료되지 않을 경우, 국제연합 사무총장은 이 규약의 각 당사국에게 이를 통보하며, 각 당사국은 결원을 충원하기 위하여 제29조에 따라서 2개월 이내에 후보를 추천할 수 있다.

2. 국제연합 사무총장은 이와 같이 추천된 인사의 명단을 알파벳순으로 작성하고, 이를 이 규약 당사국에게 송부한다. 보궐선거는 이 규약 제4부의 관련 규정에 따라 실시된다.

3. 제33조에 따라 선언되는 결원을 충원하기 위하여 선출되는 위원회 위원은 그 조의 규정에 따라 궐위된 위원의 잔여임기 동안 재직한다.

제35조

위원회의 위원은 국제연합총회가 위원회의 책임의 중요성을 고려하여 결정하는 조건에 따라, 국제연합총회의 승인을 얻어 국제연합의 재원에서 보수를 받는다.

제36조

국제연합 사무총장은 이 규약에 따른 위원회의 효과적인 임무수행을 위하여 필요한 직원과 편의를 제공한다.

Article 32

1. The members of the Committee shall be elected for a term of four years. They shall be eligible for re-election if renominated. However, the terms of nine of the members elected at the first election shall expire at the end of two years; immediately after the first election, the names of these nine members shall be chosen by lot by the Chairman of the meeting referred to in article 30, paragraph 4.

2. Elections at the expiry of office shall be held in accordance with the preceding articles of this part of the present Covenant.

Article 33

1. If, in the unanimous opinion of the other members, a member of the Committee has ceased to carry out his functions for any cause other than absence of a temporary character, the Chairman of the Committee shall notify the Secretary-General of the United Nations, who shall then declare the seat of that member to be vacant.

2. In the event of the death or the resignation of a member of the Committee, the Chairman shall immediately notify the Secretary-General of the United Nations, who shall declare the seat vacant from the date of death or the date on which the resignation takes effect.

Article 34

1. When a vacancy is declared in accordance with article 33 and if the term of office of the member to be replaced does not expire within six months of the declaration of the vacancy, the Secretary-General of the United Nations shall notify each of the States Parties to the present Covenant, which may within two months submit nominations in accordance with article 29 for the purpose of filling the vacancy.

2. The Secretary-General of the United Nations shall prepare a list in alphabetical order of the persons thus nominated and shall submit it to the States Parties to the present Covenant. The election to fill the vacancy shall then take place in accordance with the relevant provisions of this part of the present Covenant.

3. A member of the Committee elected to fill a vacancy declared in accordance with article 33 shall hold office for the remainder of the term of the member who vacated the seat on the Committee under the provisions of that article.

Article 35

The members of the Committee shall, with the approval of the General Assembly of the United Nations, receive emoluments from United Nations resources on such terms and conditions as the General Assembly may decide, having regard to the importance of the Committee's responsibilities.

Article 36

The Secretary-General of the United Nations shall provide the necessary staff and facilities for the effective performance of the functions of the Committee under the present Covenant.

제37조

1. 국제연합 사무총장은 위원회의 최초 회의를 국제연합 본부에서 소집한다.
2. 최초 회의 이후, 위원회는 위원회 절차규칙에 규정된 시기에 회합한다.
3. 위원회는 통상 국제연합 본부나 제네바 소재 국제연합 사무소에서 회합한다.

제38조

위원회의 모든 위원은 취임에 앞서 위원회의 공개석상에서 자기의 직무를 공평하고 양심적으로 수행할 것을 엄숙히 선언한다.

제39조

1. 위원회는 임기 2년의 임원을 선출한다. 임원은 재선될 수 있다.
2. 위원회는 자체의 절차규칙을 제정하며 이 규칙은 특히 다음 사항을 규정한다.
가. 의사정족수는 위원 12인으로 한다.
나. 위원회의 의결은 출석위원 과반수의 투표로 한다.

제40조

1. 이 규약의 당사국은 규약에서 인정된 권리를 실현하기 위하여 채택한 조치와 그러한 권리를 향유함에 있어 진전된 사항에 관한 보고서를 다음과 같이 제출할 것을 약속한다.
가. 관련 당사국에 대하여 이 규약이 발효한 지 1년 이내
나. 그 이후에는 언제든지 위원회가 요청하는 때
2. 모든 보고서는 국제연합 사무총장에게 제출되며, 사무총장은 위원회가 심의할 수 있도록 이를 위원회에 송부한다. 보고서에는 이 규약의 이행에 영향을 미치는 요소와 장애가 있을 경우, 이를 기재한다.
3. 국제연합 사무총장은, 위원회와의 협의 후, 관련 전문기구에 그 전문기구의 권한 분야에 속하는 보고서의 해당 부분 사본을 송부할 수 있다.
4. 위원회는 이 규약의 당사국이 제출한 보고서를 검토한다. 위원회는 자체보고서와 위원회가 적절하다고 판단하는 일반논평을 당사국에게 송부한다. 위원회는 또한 이 규약의 당사국으로부터 접수한 보고서의 사본과 함께 그 일반논평을 경제사회이사회에 송부할 수 있다.
5. 이 규약의 당사국은 이 조 제4항에 따라 표명된 논평에 대한 견해를 위원회에 제출할 수 있다.

Article 37

1. The Secretary-General of the United Nations shall convene the initial meeting of the Committee at the Headquarters of the United Nations.

2. After its initial meeting, the Committee shall meet at such times as shall be provided in its rules of procedure.

3. The Committee shall normally meet at the Headquarters of the United Nations or at the United Nations Office at Geneva.

Article 38

Every member of the Committee shall, before taking up his duties, make a solemn declaration in open committee that he will perform his functions impartially and conscientiously.

Article 39

1. The Committee shall elect its officers for a term of two years. They may be re-elected.

2. The Committee shall establish its own rules of procedure, but these rules shall provide, inter alia, that:

(a) Twelve members shall constitute a quorum;

(b) Decisions of the Committee shall be made by a majority vote of the members present.

Article 40

1. The States Parties to the present Covenant undertake to submit reports on the measures they have adopted which give effect to the rights recognized herein and on the progress made in the enjoyment of those rights:

(a) Within one year of the entry into force of the present Covenant for the States Parties concerned;

(b) Thereafter whenever the Committee so requests.

2. All reports shall be submitted to the Secretary-General of the United Nations, who shall transmit them to the Committee for consideration. Reports shall indicate the factors and difficulties, if any, affecting the implementation of the present Covenant.

3. The Secretary-General of the United Nations may, after consultation with the Committee, transmit to the specialized agencies concerned copies of such parts of the reports as may fall within their field of competence.

4. The Committee shall study the reports submitted by the States Parties to the present Covenant. It shall transmit its reports, and such general comments as it may consider appropriate, to the States Parties. The Committee may also transmit to the Economic and Social Council these comments along with the copies of the reports it has received from States Parties to the present Covenant.

5. The States Parties to the present Covenant may submit to the Committee observations on any comments that may be made in accordance with paragraph 4 of this article.

제41조

1. 이 규약 당사국은 어느 한 당사국이 다른 당사국이 이 규약에 따른 의무를 이행하고 있지 않다고 주장하는 통보를 위원회가 접수하여 심의하는 권한을 갖고 있다고 인정하는 선언을 이 조에 따라 언제든지 할 수 있다. 이 조에 따른 통보는 자국과 관련하여 위원회의 권한을 인정하는 선언을 한 당사국이 제출한 경우에만 접수되고 심의될 수 있다. 위원회는 그러한 선언을 하지 않은 당사국에 관한 통보는 접수하지 않는다. 이 조에 따라 접수된 통보는 다음 절차에 따라 처리된다.

가. 이 규약 당사국은 다른 당사국이 이 규약의 규정을 이행하고 있지 않다고 판단할 경우, 서면통보로 이 문제에 관하여 그 당사국의 주의를 환기할 수 있다. 통보를 접수한 국가는 접수 후 3개월 이내에 해당 사안을 해명하는 설명서 또는 그 밖의 진술을 서면으로 통보국에 제공한다. 해당 해명서에는 가능한 그리고 관련된 범위 내에서, 그 국가가 해당 문제에 대하여 취하였거나, 진행 중이거나 이용 가능한 국내절차와 구제조치에 관한 언급이 포함되어야 한다.

나. 접수국이 최초 통보를 접수한 후 6개월 이내에 해당 문제가 양 관련 당사국에게 만족스럽게 조정되지 않을 경우, 어느 한 당사국은 위원회 및 다른 당사국에 대한 통보로 해당 문제를 위원회에 회부할 권리를 가진다.

다. 위원회는 회부된 문제를, 일반적으로 승인된 국제법 원칙에 따라, 모든 이용 가능한 국내구제절차가 원용되고 완료되었음을 확인한 이후에만 처리한다. 다만, 구제절차의 적용이 불합리하게 지연되고 있을 경우에는 그렇지 않다.

라. 위원회가 이 조에 따라 통보를 심사할 경우 비공개 회의를 개최한다.

마. 다호의 규정에 따를 것을 조건으로, 위원회는 이 규약에서 인정된 인권과 기본적 자유에 대한 존중에 기초하여 문제를 우호적으로 해결하기 위하여 관련 당사국에게 주선을 제공한다.

바. 위원회는 회부받은 어떠한 문제에 관하여도 나호에 언급된 관련 당사국들에게 관련 정보는 어떤 것이든지 제공하도록 요청할 수 있다.

사. 나호에 언급된 관련 당사국은 해당 문제가 위원회에서 심의되고 있는 동안 자국의 대표를 참석시키고 구두 및/또는 서면으로 의견을 제출할 권리를 가진다.

아. 위원회는 나호에 따른 통보 접수일 후 12개월 이내에 보고서를 제출한다.

1) 마호 규정에 따른 해결에 도달한 경우, 위원회는 보고서에 사실관계 및 도달된 해결에 관해서만 간략히 기술한다.

2) 마호 규정에 따른 해결에 도달하지 못한 경우, 위원회는 보고서에 사실관계에 관해서만 간략히 기술하고 관련 당사국이 제출한 서면 의견서 및 구술의견 기록서를 첨부한다.

모든 경우에 보고서는 관련 당사국에 통보된다.

Article 41

1. A State Party to the present Covenant may at any time declare under this article that it recognizes the competence of the Committee to receive and consider communications to the effect that a State Party claims that another State Party is not fulfilling its obligations under the present Covenant. Communications under this article may be received and considered only if submitted by a State Party which has made a declaration recognizing in regard to itself the competence of the Committee. No communication shall be received by the Committee if it concerns a State Party which has not made such a declaration. Communications received under this article shall be dealt with in accordance with the following procedure:

(a) If a State Party to the present Covenant considers that another State Party is not giving effect to the provisions of the present Covenant, it may, by written communication, bring the matter to the attention of that State Party. Within three months after the receipt of the communication the receiving State shall afford the State which sent the communication an explanation, or any other statement in writing clarifying the matter which should include, to the extent possible and pertinent, reference to domestic procedures and remedies taken, pending, or available in the matter;

(b) If the matter is not adjusted to the satisfaction of both States Parties concerned within six months after the receipt by the receiving State of the initial communication, either State shall have the right to refer the matter to the Committee, by notice given to the Committee and to the other State;

(c) The Committee shall deal with a matter referred to it only after it has ascertained that all available domestic remedies have been invoked and exhausted in the matter, in conformity with the generally recognized principles of international law. This shall not be the rule where the application of the remedies is unreasonably prolonged;

(d) The Committee shall hold closed meetings when examining communications under this article;

(e) Subject to the provisions of subparagraph (c), the Committee shall make available its good offices to the States Parties concerned with a view to a friendly solution of the matter on the basis of respect for human rights and fundamental freedoms as recognized in the present Covenant;

(f) In any matter referred to it, the Committee may call upon the States Parties concerned, referred to in subparagraph (b), to supply any relevant information;

(g) The States Parties concerned, referred to in subparagraph (b), shall have the right to be represented when the matter is being considered in the Committee and to make submissions orally and/or in writing;

(h) The Committee shall, within twelve months after the date of receipt of notice under subparagraph (b), submit a report:

(i) If a solution within the terms of subparagraph (e) is reached, the Committee shall confine its report to a brief statement of the facts and of the solution reached;

(ii) If a solution within the terms of subparagraph (e) is not reached, the Committee shall confine its report to a brief statement of the facts; the written submissions and record of the oral submissions made by the States Parties concerned shall be attached to the report. In every matter, the report shall be communicated to the States Parties concerned.

2. 이 조의 규정은 이 규약의 10개 당사국이 이 조 제1항에 따른 선언을 하였을 때 발효된다. 당사국은 해당 선언문을 국제연합 사무총장에게 기탁하며, 사무총장은 선언문의 사본을 다른 당사국에 송부한다. 선언은 사무총장에 대한 통보로 언제든지 철회될 수 있다. 해당 철회는 이 조에 따라 이미 송부된 통보의 대상이 되는 사안을 심의하는 것을 방해하지 않는다. 사무총장이 선언 철회의 통보를 접수한 후에는, 관련 당사국이 새로운 선언을 하는 경우를 제외하고, 당사국에 의한 통보는 더 이상 접수되지 않는다.

제42조

1. 가. 제41조에 따라 위원회에 회부된 문제가 관련 당사국들에게 만족스럽게 해결되지 않은 경우, 위원회는 관련 당사국의 사전 동의를 얻어 특별조정위원회(이하 조정위원회라 한다)를 임명할 수 있다. 조정위원회는 이 규약에 대한 존중에 기초하여 해당 문제를 우호적으로 해결하기 위하여 관련 당사국에게 주선을 제공한다.

나. 조정위원회는 관련 당사국이 수락하는 5인으로 구성된다. 관련 당사국이 3개월 이내에 조정위원회의 전부 또는 일부의 구성에 관하여 합의에 이르지 못한 경우, 합의에 이르지 못한 해당 위원은 비밀투표를 통해 위원회 위원 중에서 위원회 위원 3분의 2의 다수결로 선출된다.

2. 조정위원회의 위원은 개인자격으로 직무를 수행한다. 위원은 관련 당사국, 이 규약의 비당사국 또는 제41조에 따른 선언을 행하지 않은 당사국의 국민이어서는 안 된다.

3. 조정위원회는 자체적으로 의장을 선출하고 절차규칙을 채택한다.

4. 조정위원회의 회의는 통상 국제연합 본부 또는 제네바 소재 국제연합 사무소에서 개최된다. 그러나, 이 회의는 조정위원회가 국제연합 사무총장 및 관련 당사국과 협의하여 결정하는 그 밖의 편리한 장소에서도 개최될 수 있다.

5. 제36조에 따라 설치된 사무국은 이 조에 따라 임명된 조정위원회도 지원한다.

6. 위원회가 접수하여 정리한 정보는 조정위원회가 이용할 수 있으며, 조정위원회는 관련 당사국에게 그 밖의 관련 정보의 제공을 요구할 수 있다.

7. 조정위원회는 사안을 충분히 심의한 후, 그러나 어떠한 경우에도 해당 사안을 접수한 후 12개월 이내에, 관련 당사국에 통보하기 위하여 위원회의 위원장에게 보고서를 제출한다.

가. 조정위원회가 12개월 이내에 해당 사안에 대한 심의를 완료할 수 없을 경우, 조정위원회는 보고서에 해당 사안의 심의현황에 관해서만 간략히 기술한다.

2. The provisions of this article shall come into force when ten States Parties to the present Covenant have made declarations under paragraph I of this article. Such declarations shall be deposited by the States Parties with the Secretary-General of the United Nations, who shall transmit copies thereof to the other States Parties. A declaration may be withdrawn at any time by notification to the Secretary-General. Such a withdrawal shall not prejudice the consideration of any matter which is the subject of a communication already transmitted under this article; no further communication by any State Party shall be received after the notification of withdrawal of the declaration has been received by the Secretary-General, unless the State Party concerned has made a new declaration.

Article 42

1. (a) If a matter referred to the Committee in accordance with article 41 is not resolved to the satisfaction of the States Parties concerned, the Committee may, with the prior consent of the States Parties concerned, appoint an ad hoc Conciliation Commission (hereinafter referred to as the Commission). The good offices of the Commission shall be made available to the States Parties concerned with a view to an amicable solution of the matter on the basis of respect for the present Covenant;

(b) The Commission shall consist of five persons acceptable to the States Parties concerned. If the States Parties concerned fail to reach agreement within three months on all or part of the composition of the Commission, the members of the Commission concerning whom no agreement has been reached shall be elected by secret ballot by a two-thirds majority vote of the Committee from among its members.

2. The members of the Commission shall serve in their personal capacity. They shall not be nationals of the States Parties concerned, or of a State not Party to the present Covenant, or of a State Party which has not made a declaration under article 41.

3. The Commission shall elect its own Chairman and adopt its own rules of procedure.

4. The meetings of the Commission shall normally be held at the Headquarters of the United Nations or at the United Nations Office at Geneva. However, they may be held at such other convenient places as the Commission may determine in consultation with the Secretary-General of the United Nations and the States Parties concerned.

5. The secretariat provided in accordance with article 36 shall also service the commissions appointed under this article.

6. The information received and collated by the Committee shall be made available to the Commission and the Commission may call upon the States Parties concerned to supply any other relevant information. 7. When the Commission has fully considered the matter, but in any event not later than twelve months after having been seized of the matter, it shall submit to the Chairman of the Committee a report for communication to the States Parties concerned:

(a) If the Commission is unable to complete its consideration of the matter within twelve months, it shall confine its report to a brief statement of the status of its consideration of the matter;

나. 이 규약에서 인정된 인권에 대한 존중에 기초하여 해당 사안이 우호적인 해결에 도달된 경우, 조정위원회는 보고서에 사실관계와 도달된 해결에 관해서만 간략히 기술한다.

다. 나호의 규정에 따른 해결에 도달하지 못한 경우, 조정위원회의 보고서에는 관련 당사국 간의 쟁점과 관련된 모든 사실관계 문제에 대한 자체의 조사결과 및 해당 사안의 우호적인 해결 가능성에 관한 견해를 기술한다. 이 보고서는 관련 당사국이 제출한 서면 의견서와 구술의견 기록서도 포함한다.

라. 다호에 따라서 조정위원회의 보고서가 제출되는 경우, 관련 당사국은 그 보고서를 접수한 후 3개월 이내에 위원회의 위원장에게 보고서 내용의 수락여부를 통보한다.

8. 이 조의 규정은 제41조에 따른 위원회의 책임에 영향을 주지 않는다.

9. 관련 당사국은 국제연합 사무총장이 제출하는 견적에 따라 조정위원회 위원의 모든 경비를 균등히 분담한다.

10. 국제연합 사무총장은 필요한 경우, 이 조 제9항에 의하여 관련 당사국이 분담금을 납입하기 전에 조정위원회 위원의 경비를 지급할 수 있다.

第43조

위원회의 위원과 제42조에 따라 임명되는 특별조정위원회의 위원은 「국제연합의 특권과 면제에 관한 협약」의 관련 조항에 규정된 바에 따라 국제연합을 위하여 임무를 수행하는 전문가의 편의, 특권 및 면제를 향유한다.

第44조

이 규약의 이행규정은 국제연합과 그 전문기구의 설립문서 및 협약에 의하여 또는 그에 따라 인권분야에 규정된 절차의 적용에 영향을 주지 않으며, 이 규약 당사국이 당사국간에 발효 중인 일반 또는 특별 국제협정에 따라 분쟁을 해결하기 위하여 다른 절차를 이용하는 것을 방해하지 않는다.

第45조

위원회는 그 활동에 관한 연례보고서를 경제사회이사회를 통하여 국제연합총회에 제출한다.

(b) If an amicable solution to the matter on tie basis of respect for human rights as recognized in the present Covenant is reached, the Commission shall confine its report to a brief statement of the facts and of the solution reached;

(c) If a solution within the terms of subparagraph (b) is not reached, the Commission's report shall embody its findings on all questions of fact relevant to the issues between the States Parties concerned, and its views on the possibilities of an amicable solution of the matter. This report shall also contain the written submissions and a record of the oral submissions made by the States Parties concerned;

(d) If the Commission's report is submitted under subparagraph (c), the States Parties concerned shall, within three months of the receipt of the report, notify the Chairman of the Committee whether or not they accept the contents of the report of the Commission.

8. The provisions of this article are without prejudice to the responsibilities of the Committee under article 41.

9. The States Parties concerned shall share equally all the expenses of the members of the Commission in accordance with estimates to be provided by the Secretary-General of the United Nations.

10. The Secretary-General of the United Nations shall be empowered to pay the expenses of the members of the Commission, if necessary, before reimbursement by the States Parties concerned, in accordance with paragraph 9 of this article.

Article 43

The members of the Committee, and of the ad hoc conciliation commissions which may be appointed under article 42, shall be entitled to the facilities, privileges and immunities of experts on mission for the United Nations as laid down in the relevant sections of the Convention on the Privileges and Immunities of the United Nations.

Article 44

The provisions for the implementation of the present Covenant shall apply without prejudice to the procedures prescribed in the field of human rights by or under the constituent instruments and the conventions of the United Nations and of the specialized agencies and shall not prevent the States Parties to the present Covenant from having recourse to other procedures for settling a dispute in accordance with general or special international agreements in force between them.

Article 45

The Committee shall submit to the General Assembly of the United Nations, through the Economic and Social Council, an annual report on its activities.

제5부

제46조

이 규약의 어떠한 규정도 이 규약에서 다뤄지는 사안에 관하여 국제연합의 여러 기관과 전문기구 각각의 책임을 명시하고 있는 「국제연합헌장」 및 전문기구헌장의 규정을 해치는 것으로 해석되지 않는다.

제47조

이 규약의 어떠한 규정도 모든 사람이 그들의 천연의 부와 자원을 충분히 그리고 자유로이 향유하고 이용할 수 있는 고유의 권리를 해치는 것으로 해석되지 않는다.

제6부

제48조

1. 국제연합의 모든 회원국 또는 전문기구의 모든 회원국, 「국제사법재판소규정」의 모든 당사국 그리고 국제연합총회가 이 규약 당사국이 되도록 초청한 그 밖의 어느 국가든지 이 규약에 서명할 수 있다.
2. 이 규약은 비준의 대상이다. 비준서는 국제연합 사무총장에게 기탁된다.
3. 이 조 제1항에 언급된 어느 국가든지 이 규약에 가입할 수 있다.
4. 가입은 가입서를 국제연합 사무총장에게 기탁함으로써 효력이 생긴다.
5. 국제연합 사무총장은 이 규약에 서명 또는 가입한 모든 국가에게 각 비준서 또는 가입서의 기탁을 통지한다.

제49조

1. 이 규약은 35번째 비준서 또는 가입서가 국제연합 사무총장에게 기탁된 날 후 3개월째 되는 날에 발효한다.
2. 35번째 비준서 또는 가입서가 기탁된 후에 이 규약을 비준하거나 이에 가입하는 각 국가에 대하여, 이 규약은 그 국가의 비준서 또는 가입서가 기탁되는 날 후 3개월째 되는 날에 발효한다.

제50조

이 규약의 규정은 어떠한 제한이나 예외 없이 연방국가의 모든 지역에 적용된다.

PART V

Article 46

Nothing in the present Covenant shall be interpreted as impairing the provisions of the Charter of the United Nations and of the constitutions of the specialized agencies which define the respective responsibilities of the various organs of the United Nations and of the specialized agencies in regard to the matters dealt with in the present Covenant.

Article 47

Nothing in the present Covenant shall be interpreted as impairing the inherent right of all peoples to enjoy and utilize fully and freely their natural wealth and resources.

PART VI

Article 48

1. The present Covenant is open for signature by any State Member of the United Nations or member of any of its specialized agencies, by any State Party to the Statute of the International Court of Justice, and by any other State which has been invited by the General Assembly of the United Nations to become a Party to the present Covenant.
2. The present Covenant is subject to ratification. Instruments of ratification shall be deposited with the Secretary-General of the United Nations.
3. The present Covenant shall be open to accession by any State referred to in paragraph 1 of this article.
4. Accession shall be effected by the deposit of an instrument of accession with the Secretary-General of the United Nations.
5. The Secretary-General of the United Nations shall inform all States which have signed this Covenant or acceded to it of the deposit of each instrument of ratification or accession.

Article 49

1. The present Covenant shall enter into force three months after the date of the deposit with the Secretary-General of the United Nations of the thirty-fifth instrument of ratification or instrument of accession.
2. For each State ratifying the present Covenant or acceding to it after the deposit of the thirty-fifth instrument of ratification or instrument of accession, the present Covenant shall enter into force three months after the date of the deposit of its own instrument of ratification or instrument of accession.

Article 50

The provisions of the present Covenant shall extend to all parts of federal States without any limitations or exceptions.

제51조

1. 이 규약 당사국은 개정을 제안하고 이를 국제연합 사무총장에게 제출할 수 있다. 사무총장은 이 규약 당사국에게 개정안을 통보하면서 그 제안에 대해 심의하고 표결하기 위한 당사국회의 개최에 찬성하는지 여부를 사무총장에게 알리도록 요청한다. 당사국 중 최소 3분의 1이 당사국회의 개최에 찬성하는 경우, 사무총장은 국제연합의 주관하에 회의를 소집한다. 당사국회의에 출석하고 표결한 당사국의 과반수로 채택된 개정은 승인을 위하여 국제연합총회에 제출된다.

2. 개정은 국제연합총회가 이를 승인하고 각기 자국의 헌법 절차에 따라 이 규약 당사국 3분의 2의 다수가 수락하는 때 발효한다.

3. 개정은 발효시 이를 수락한 당사국을 구속하고, 그 밖의 당사국은 계속하여 이 규약의 규정 및 그 당사국이 수락한 이전의 모든 개정에 구속된다.

제52조

제48조제5항에 따른 통보와 관계없이, 국제연합 사무총장은 그 조 제1항에 언급된 모든 국가에 다음의 세부사항을 통지한다.

가. 제48조에 따른 서명, 비준 및 가입

나. 제49조에 따른 이 규약의 발효일 및 제51조에 따른 모든 개정의 발효일

제53조

1. 이 규약은 중국어, 영어, 프랑스어, 러시아어 및 스페인어본이 동등하게 정본이며 국제연합 문서보관소에 기탁된다.

2. 국제연합 사무총장은 제48조에 언급된 모든 국가에 이 규약의 인증등본을 송부한다.

Article 51

1. Any State Party to the present Covenant may propose an amendment and file it with the Secretary-General of the United Nations. The Secretary-General of the United Nations shall thereupon communicate any proposed amendments to the States Parties to the present Covenant with a request that they notify him whether they favour a conference of States Parties for the purpose of considering and voting upon the proposals. In the event that at least one third of the States Parties favours such a conference, the Secretary-General shall convene the conference under the auspices of the United Nations. Any amendment adopted by a majority of the States Parties present and voting at the conference shall be submitted to the General Assembly of the United Nations for approval.

2. Amendments shall come into force when they have been approved by the General Assembly of the United Nations and accepted by a two-thirds majority of the States Parties to the present Covenant in accordance with their respective constitutional processes.

3. When amendments come into force, they shall be binding on those States Parties which have accepted them, other States Parties still being bound by the provisions of the present Covenant and any earlier amendment which they have accepted.

Article 52

Irrespective of the notifications made under article 48, paragraph 5, the Secretary-General of the United Nations shall inform all States referred to in paragraph I of the same article of the following particulars:

(a) Signatures, ratifications and accessions under article 48;

(b) The date of the entry into force of the present Covenant under article 49 and the date of the entry into force of any amendments under article 51.

Article 53

1. The present Covenant, of which the Chinese, English, French, Russian and Spanish texts are equally authentic, shall be deposited in the archives of the United Nations.

2. The Secretary-General of the United Nations shall transmit certified copies of the present Covenant to all States referred to in article 48.

나. 「시민적 및 정치적 권리에 관한 국제규약 선택의정서」*

이 의정서의 당사국은,

「시민적 및 정치적 권리에 관한 규약」(이하 "규약"이라 한다)의 목적 및 그 규정의 이행을 더욱 잘 달성하기 위하여 규약 제4부에 따라 설치된 인권위원회(이하 "위원회"라 한다)가 규약에 규정된 권리에 대한 침해의 피해자라고 주장하는 개인의 통보를 이 의정서의 규정에 따라 접수하고 심리할 수 있도록 하는 것이 적절함을 고려하여

다음과 같이 합의하였다.

제1조

이 의정서의 당사국이 된 규약 당사국은 그 관할권에 속하고 규약에 규정된 권리를 그 당사국에 의해 침해당한 피해자라고 주장하는 개인의 통보를 접수하고 심리하는 위원회의 권한을 인정한다. 위원회는 이 의정서의 당사국이 아닌 규약 당사국에 관한 어떠한 통보도 접수하지 않는다.

제2조

제1조의 규정을 따른다는 조건 아래, 규약에 열거된 어떤 권리가 침해되었다고 주장하는 개인은 모든 이용 가능한 국내 구제절차를 완료한 경우, 위원회에 심리를 위한 서면통보를 제출할 수 있다.

제3조

위원회는 이 의정서에 따른 통보가 익명이거나 통보를 제출할 권리의 남용이거나 규약 규정과 양립할 수 없다고 간주할 경우에는 그러한 통보를 허용할 수 없다고 간주한다.

제4조

1. 제3조의 규정을 따른다는 조건 아래, 위원회는 이 의정서에 따라 제출되는 통보에 관하여 규약의 어떤 규정을 위반하고 있다고 지목된 당사국의 주의를 환기한다.
2. 주의를 환기받은 국가는 6개월 이내에 그 사안 및 취하여진 구제조치가 있는 경우 이를 해명하는 설명서 또는 진술서를 위원회에 제출한다.

---

* 채택일 1966.12.19. 발효일 1976.3.23. 대한민국 적용일 1990.7.10.
  본 번역은 외교부가 2023.6.9. 관보를 통해 수정 고시한 내용임.

Optional Protocol to the International Covenant on Civil and Political Rights

The States Parties to the present Protocol,

Considering that in order further to achieve the purposes of the International Covenant on Civil and Political Rights (hereinafter referred to as the Covenant) and the implemenㅅation of its provisions it would be appropriate to enable the Human Rights Committee set up in part IV of the Covenant (hereinafter referred to as the Committee) to receive and consider, as provided in the present Protocol, communications from individuals claiming to be victims of violations of any of the rights set forth in the Covenant.

Have agreed as follows:

Article I

A State Party to the Covenant that becomes a Party to the present Protocol recognizes the competence of the Committee to receive and consider communications from individuals subject to its jurisdiction who claim to be victims of a violation by that State Party of any of the rights set forth in the Covenant. No communication shall be received by the Committee if it concerns a State Party to the Covenant which is not a Party to the present Protocol.

Article 2

Subject to the provisions of article 1, individuals who claim that any of their rights enumerated in the Covenant have been violated and who have exhausted all available domestic remedies may submit a written communication to the Committee for consideration.

Article 3

The Committee shall consider inadmissible any communication under the present Protocol which is anonymous, or which it considers to be an abuse of the right of submission of such communications or to be incompatible with the provisions of the Covenant.

Article 4

1. Subject to the provisions of article 3, the Committee shall bring any communications submitted to it under the present Protocol to the attention of the State Party to the present Protocol alleged to be violating any provision of the Covenant.

2. Within six months, the receiving State shall submit to the Committee written explanations or statements clarifying the matter and the remedy, if any, that may have been taken by that State.

제5조

1. 위원회는 개인 및 관련 당사국으로부터 입수된 모든 서면정보를 고려하여, 이 의정서에 따라 접수된 통보를 심리한다.

2. 위원회는 다음 사항을 확인한 경우가 아니면, 개인으로부터의 어떠한 통보도 심리하지 않는다.

가. 동일 사안이 다른 국제조사 또는 해결 절차에 따라 심사되고 있지 않을 것

나. 개인이 모든 이용 가능한 국내 구제절차를 완료하였을 것. 다만, 구제절차가 불합리하게 지연되고 있을 경우에는 그렇지 않다.

3. 위원회가 이 의정서에 따라 통보를 심사하는 회의는 비공개로 한다.

4. 위원회는 관련 당사국과 개인에게 위원회의 견해를 송부한다.

제6조

위원회는 규약 제45조에 따른 연례보고서에 이 의정서에 따른 위원회 활동개요를 포함한다.

제7조

이 의정서의 규정은 1960년 12월 14일 국제연합총회가 채택한 「식민지와 그 인민에 대한 독립 부여 선언」에 관한 결의 1514(XV)의 목적이 달성될 때까지 「국제연합헌장」과 국제연합 및 그 전문기구하에서 체결된 그 밖의 국제협약과 문서로 이들에게 부여된 청원권을 어떠한 경우에도 제한하지 않는다.

제8조

1. 규약에 서명한 어느 국가든지 이 의정서에 서명할 수 있다.

2. 이 의정서는 규약을 비준하였거나 이에 가입한 국가의 비준 대상이다. 비준서는 국제연합 사무총장에게 기탁된다.

3. 규약을 비준하였거나 이에 가입한 어느 국가든지 이 의정서에 가입할 수 있다.

4. 가입은 가입서를 국제연합 사무총장에게 기탁함으로써 효력이 생긴다.

5. 국제연합 사무총장은 이 의정서에 서명 또는 가입한 모든 국가에게 각 비준서 또는 가입서의 기탁을 통지한다.

Article 5

1. The Committee shall consider communications received under the present Protocol in the light of all written information made available to it by the individual and by the State Party concerned.

2. The Committee shall not consider any communication from an individual unless it has ascertained that:

(a) The same matter is not being examined under another procedure of international investigation or settlement;

(b) The individual has exhausted all available domestic remedies. This shall not be the rule where the application of the remedies is unreasonably prolonged.

3. The Committee shall hold closed meetings when examining communications under the present Protocol.

4. The Committee shall forward its views to the State Party concerned and to the individual.

Article 6

The Committee shall include in its annual report under article 45 of the Covenant a summary of its activities under the present Protocol.

Article 7

Pending the achievement of the objectives of resolution 1514(XV) adopted by the General Assembly of the United Nations on 14 December 1960 concerning the Declaration on the Granting of Independence to Colonial Countries and Peoples, the provisions of the present Protocol shall in no way limit the right of petition granted to these peoples by the Charter of the United Nations and other international conventions and instruments under the United Nations and its specialized agencies.

Article 8

1. The present Protocol is open for signature by any State which has signed the Covenant.

2. The present Protocol is subject to ratification by any State which has ratified or acceded to the Covenant. Instruments of ratification shall be deposited with the Secretary-General of the United Nations.

3. The present Protocol shall be open to accession by any State which has ratified or acceded to the Covenant.

4. Accession shall be effected by the deposit of an instrument of accession with the Secretary-General of the United Nations.

5. The Secretary-General of the United Nations shall inform all States which have signed the present Protocol or acceded to it of the deposit of each instrument of ratification or accession.

제9조

1. 규약의 발효를 조건으로, 이 의정서는 10번째 비준서 또는 가입서가 국제연합 사무총장에게 기탁된 날 후 3개월째 되는 날에 발효한다.

2. 10번째 비준서 또는 가입서가 기탁된 후에 이 의정서를 비준하거나 이에 가입하는 각 국가에 대하여, 이 의정서는 그 국가의 비준서 또는 가입서가 기탁되는 날 후 3개월째 되는 날에 발효한다.

제10조

이 의정서의 규정은 어떠한 제한이나 예외 없이 연방국가의 모든 지역에 적용된다.

제11조

1. 이 의정서 당사국은 개정을 제안하고 이를 국제연합 사무총장에게 제출할 수 있다. 사무총장은 이 규약 당사국에게 개정안을 통보하면서 그 제안에 대해 심의하고 표결하기 위한 당사국회의 개최에 찬성하는지 여부를 사무총장에게 알리도록 요청한다. 당사국 중 최소 3분의 1이 당사국회의 개최에 찬성하는 경우, 사무총장은 국제연합의 주관하에 회의를 소집한다. 당사국회의에 출석하고 표결한 당사국의 과반수로 채택된 개정은 승인을 위하여 국제연합총회에 제출된다.

2. 개정은 국제연합총회가 이를 승인하고 각기 자국의 헌법 절차에 따라 이 의정서 당사국 3분의 2의 다수가 수락하는 때 발효한다.

3. 개정은 발효시 이를 수락한 당사국을 구속하고, 그 밖의 당사국은 계속하여 이 의정서의 규정 및 그 당사국이 수락한 이전의 모든 개정에 의하여 구속된다.

제12조

1. 당사국은 언제든지 국제연합 사무총장에 대한 서면통보로 이 의정서를 폐기할 수 있다. 폐기는 사무총장이 통보를 접수한 날 후 3개월째 되는 날에 효력이 발생된다.

2. 폐기는 그 효력이 발생하기 전에는 제2조에 따라 제출된 통보에 대하여 이 의정서의 규정이 계속적으로 적용되는 것에 영향을 주지 않는다.

Article 9

1. Subject to the entry into force of the Covenant, the present Protocol shall enter into force three months after the date of the deposit with the Secretary-General of the United Nations of the tenth instrument of ratification or instrument of accession.

2. For each State ratifying the present Protocol or acceding to it after the deposit of the tenth instrument of ratification or instrument of accession, the present Protocol shall enter into force three months after the date of the deposit of its own instrument of ratification or instrument of accession.

Article 10

The provisions of the present Protocol shall extend to all parts of federal States without any limitations or exceptions.

Article 11

1. Any State Party to the present Protocol may propose an amendment and file it with the Secretary-General of the United Nations. The Secretary-General shall thereupon communicate any proposed amendments to the States Parties to the present Protocol with a request that they notify him whether they favour a conference of States Parties for the purpose of considering and voting upon the proposal. In the event that at least one third of the States Parties favours such a conference, the Secretary-General shall convene the conference under the auspices of the United Nations. Any amendment adopted by a majority of the States Parties present and voting at the conference shall be submitted to the General Assembly of the United Nations for approval.

2. Amendments shall come into force when they have been approved by the General Assembly of the United Nations and accepted by a two-thirds majority of the States Parties to the present Protocol in accordance with their respective constitutional processes.

3. When amendments come into force, they shall be binding on those States Parties which have accepted them, other States Parties still being bound by the provisions of the present Protocol and any earlier amendment which they have accepted.

Article 12

1. Any State Party may denounce the present Protocol at any time by written notification addressed to the Secretary-General of the United Nations. Denunciation shall take effect three months after the date of receipt of the notification by the Secretary-General.

2. Denunciation shall be without prejudice to the continued application of the provisions of the present Protocol to any communication submitted under article 2 before the effective date of denunciation.

제13조

이 의정서 제8조제5항에 따른 통보와 관계없이, 국제연합 사무총장은 규약 제48조제1항에 언급된 모든 국가에 다음의 세부사항을 통지한다.

가. 제8조에 따른 서명, 비준 및 가입

나. 제9조에 따른 이 의정서의 발효일 및 제11조에 따른 모든 개정의 발효일

다. 제12조에 따른 폐기

제14조

1. 이 의정서는 중국어, 영어, 프랑스어, 러시아어 및 스페인어본이 동등하게 정본이며 국제연합 문서보관소에 기탁된다.

2. 국제연합 사무총장은 규약 제48조에서 언급된 모든 국가에 이 의정서의 인증등본을 송부한다.

Article 13

Irrespective of the notifications made under article 8, paragraph 5, of the present Protocol, the Secretary-General of the United Nations shall inform all States referred to in article 48, paragraph I, of the Covenant of the following particulars:

(a) Signatures, ratifications and accessions under article 8;

(b) The date of the entry into force of the present Protocol under article 9 and the date of the entry into force of any amendments under article 11;

(c) Denunciations under article 12.

Article 14

1. The present Protocol, of which the Chinese, English, French, Russian and Spanish texts are equally authentic, shall be deposited in the archives of the United Nations.

2. The Secretary-General of the United Nations shall transmit certified copies of the present Protocol to all States referred to in article 48 of the Covenant.

다. 「사형폐지를 위한 시민적 및 정치적 권리에 관한 국제규약 제2 선택의정서」*

이 의정서의 체약국은,

사형폐지가 인간의 존엄 향상과 인권의 전진적 발전에 기여한다고 믿으며,

1948년 12월 10일에 채택된 세계인권선언 제3조 및 1966년 12월 16일에 채택된 「시민적 및 정치적 권리에 관한 국제규약」 제6조를 상기하며,

「시민적 및 정치적 권리에 관한 국제규약」 제6조가 폐지가 바람직스러움을 강력하게 시사하는 문언으로 사형폐지를 언급하고 있음에 유의하며,

사형의 모든 폐지 조치가 생명권 향유에 있어서 전진으로 간주되어야 함을 확신하며,

이에 사형을 폐지하자는 국제적 약속을 취함이 바람직스러우므로,

다음과 같이 합의하였다.

제1조

1. 이 선택의정서 당사국의 관할권 내에 있는 사람은 누구도 사형을 집행당하지 않는다.
2. 각 당사국은 그 관할권 내에서 사형폐지를 위한 모든 필요한 조치를 취해야 한다.

제2조

1. 전쟁 중 범행된 군사적 성격의 극히 중대한 범죄에 대한 유죄판결에 의하여 전시에는 사형을 적용할 수 있다는 유보를 비준 또는 가입 시에 하지 않는다면, 이 선택의정서에 대하여는 어떤 유보도 허용되지 아니한다.
2. 이러한 유보를 한 당사국은 비준 또는 가입 시에, 전시에 적용되는 국내법 관련규정을 국제연합 사무총장에게 통보하여야 한다.
3. 이러한 유보를 한 당사국은 자국 영역에 적용되는 전쟁상태의 개시 또는 종료를 국제연합 사무총장에게 통고하여야 한다.

제3조

이 선택의정서 당사국은 규약 제40조 규정에 따라 인권위원회에 제출하는 보고서에 이 의정서를 실시하기 위하여 취한 조치에 관한 정보를 포함시켜야 한다.

---

* 채택일 1989.12.15. 발효일 1991.7.11. 대한민국 미가입. 비공식 번역.

Second Optional Protocol to the International Covenant on Civil and Political Rights, aiming at the abolition of the death penalty

The States Parties to the present Protocol,

Believing that abolition of the death penalty contributes to enhancement of human dignity and progressive development of human rights,

Recalling article 3 of the Universal Declaration of Human Rights, adopted on 10 December 1948, and article 6 of the International Covenant on Civil and Political Rights, adopted on 16 December 1966,

Noting that article 6 of the International Covenant on Civil and Political Rights refers to abolition of the death penalty in terms that strongly suggest that abolition is desirable,

Convinced that all measures of abolition of the death penalty should be considered as progress in the enjoyment of the right to life,

Desirous to undertake hereby an international commitment to abolish the death penalty,

Have agreed as follows:

Article 1

1. No one within the jurisdiction of a State Party to the present Protocol shall be executed.
2. Each State Party shall take all necessary measures to abolish the death penalty within its jurisdiction.

Article 2

1. No reservation is admissible to the present Protocol, except for a reservation made at the time of ratification or accession that provides for the application of the death penalty in time of war pursuant to a conviction for a most serious crime of a military nature committed during wartime.
2. The State Party making such a reservation shall at the time of ratification or accession communicate to the Secretary-General of the United Nations the relevant provisions of its national legislation applicable during wartime.
3. The State Party having made such a reservation shall notify the Secretary-General of the United Nations of any beginning or ending of a state of war applicable to its territory.

Article 3

The States Parties to the present Protocol shall include in the reports they submit to the Human Rights Committee, in accordance with article 40 of the Covenant, information on the measures that they have adopted to give effect to the present Protocol.

제4조

규약 제41조 규정에 의한 선언을 한 당사국에 관하여는, 그 당사국이 비준 또는 가입 시 반대 입장을 표명하지 않는 한, 다른 당사국이 의무를 이행하지 않는다는 것을 주장하는 당사국의 통보를 인권위원회가 수리하고 심의하는 권한이 이 의정서 규정에도 미친다.

제5조

1966년 12월 16일에 채택된 「시민적 및 정치적 권리에 관한 국제규약」에 관한 제1 선택의정서 당사국에 관하여는, 그 당사국이 비준 또는 가입 시에 반대의 입장을 표명하지 않는 한, 그 관할권에 복종하는 개인으로부터의 통보를 인권위원회가 수리하고 심의하는 권한이 이 의정서 규정에도 미친다.

제6조

1. 이 의정서의 규정은 규약의 추가 규정으로 적용된다.
2. 이 의정서 제2조에 규정된 유보의 가능성을 침해하지 않는 한, 이 의정서 제1조 제1항에서 보장되는 권리는 규약 제4조 규정에 의한 어떠한 이탈조치의 대상이 되지 않는다.

제7조

1. 이 의정서는 규약에 서명한 모든 국가의 서명을 위하여 개방된다.
2. 이 의정서는 규약을 비준하거나 가입한 어떠한 국가에 의하여도 비준되어야 한다. 비준서는 국제연합 사무총장에게 기탁된다.
3. 이 의정서는 규약을 비준하거나 가입한 어떠한 국가도 가입할 수 있도록 개방된다.
4. 가입은 국제연합 사무총장에게 가입서를 수탁함으로써 발효한다.
5. 국제연합 사무총장은 이 의정서에 서명하거나 가입한 모든 국가에 대하여 각 비준서 또는 가입서의 수탁을 통지한다.

제8조

1. 이 의정서는 열번째의 비준서 또는 가입서가 국제연합 사무총장에게 수탁된 날로부터 3개월 후에 발효한다.
2. 열번째의 비준서나 가입서가 수탁된 이후 이 의정서를 비준하거나 가입한 국가에 대해서는 그 국가의 비준서나 가입서가 수탁된 날로부터 3개월 후에 발효한다.

Article 4

With respect to the States Parties to the Covenant that have made a declaration under article 41, the competence of the Human Rights Committee to receive and consider communications when a State Party claims that another State Party is not fulfilling its obligations shall extend to the provisions of the present Protocol, unless the State Party concerned has made a statement to the contrary at the moment of ratification or accession.

Article 5

With respect to the States Parties to the first Optional Protocol to the International Covenant on Civil and Political Rights adopted on 16 December 1966, the competence of the Human Rights Committee to receive and consider communications from individuals subject to its jurisdiction shall extend to the provisions of the present Protocol, unless the State Party concerned has made a statement to the contrary at the moment of ratification or accession.

Article 6

1. The provisions of the present Protocol shall apply as additional provisions to the Covenant.
2. Without prejudice to the possibility of a reservation under article 2 of the present Protocol, the right guaranteed in article 1, paragraph 1, of the present Protocol shall not be subject to any derogation under article 4 of the Covenant.

Article 7

1. The present Protocol is open for signature by any State that has signed the Covenant. 2. The present Protocol is subject to ratification by any State that has ratified the Covenant or acceded to it. Instruments of ratification shall be deposited with the Secretary-General of the United Nations.
3. The present Protocol shall be open to accession by any State that has ratified the Covenant or acceded to it.
4. Accession shall be effected by the deposit of an instrument of accession with the Secretary-General of the United Nations.
5. The Secretary-General of the United Nations shall inform all States that have signed the present Protocol or acceded to it of the deposit of each instrument of ratification or accession.

Article 8

1. The present Protocol shall enter into force three months after the date of the deposit with the Secretary-General of the United Nations of the tenth instrument of ratification or accession.
2. For each State ratifying the present Protocol or acceding to it after the deposit of the tenth instrument of ratification or accession, the present Protocol shall enter into force three months after the date of the deposit of its own instrument of ratification or accession.

제9조

이 의정서의 규정은 어떤 제한이나 예외도 없이 연방국가의 모든 지역에 적용된다.

제10조

국제연합 사무총장은 규약 제48조 제1항이 규정하는 모든 국가에게 다음 사항을 통지한다.

가. 이 의정서 제2조 규정에 의한 유보, 통보 및 통고.

나. 이 의정서 제4조 또는 제5조 규정에 의한 성명.

다. 이 의정서 제7조 규정에 의한 서명, 비준 및 가입.

라. 이 의정서 제8조 규정에 의한 이 의정서의 발효일.

제11조

1. 아랍어, 중국어, 영어, 프랑스어, 러시아어 및 스페인어를 정본으로 하는 이 의정서는 국제연합 문서보관소에 수탁된다.

2. 국제연합 사무총장은 이 의정서의 인증등본을 규약 제48조에 규정된 모든 국가들에게 송부한다.

Article 9

The provisions of the present Protocol shall extend to all parts of federal States without any limitations or exceptions.

Article 10

The Secretary-General of the United Nations shall inform all States referred to in article 48, paragraph 1, of the Covenant of the following particulars:

(a) Reservations, communications and notifications under article 2 of the present Protocol;

(b) Statements made under articles 4 or 5 of the present Protocol;

(c) Signatures, ratifications and accessions under article 7 of the present Protocol:

(d) The date of the entry into force of the present Protocol under article 8 thereof.

Article 11

1. The present Protocol, of which the Arabic, Chinese, English, French, Russian and Spanish texts are equally authentic, shall be deposited in the archives of the United Nations.

2. The Secretary-General of the United Nations shall transmit certified copies of the present Protocol to all States referred to in article 48 of the Covenant.

2. 일반 논평(General Comment)*

<table>
<tr><td align="center" colspan="2">목 차</td></tr>
</table>

제1호: 보고 의무

제2호: 보고 지침

제3호: 제2조 (국가 차원에서의 이행)

제4호: 제3조 (모든 시민적 및 정치적 권리 향유에 대한 남녀평등권)

제5호: 제4조 (이행정지)

제6호: 제6조 (생명권)

제7호: 제7조 (고문 또는 잔혹하거나 비인도 적이거나 굴욕적인 대우나 처벌의 금지)

제8호: 제9조 (신체의 자유와 안전에 대한 권리)

제9호: 제10조 (자유를 박탈당한 사람의 인도적 처우)

제10호: 제19조 (의견의 자유)

제11호: 제20조 (전쟁선전의 금지)

제12호: 제1조 (자결권)

제13호: 제14조 (사법 운영)

제14호: 제6조 (생명권)

제15호: 규약상 외국인의 지위

제16호: 제17조 (사생활에 대한 권리)

제17호: 제24조 (아동의 권리)

제18호: 차별금지

제19호: 제23조 (가정)

제20호: 제7조 (고문 또는 잔혹하거나 비인 도적이거나 굴욕적인 대우나 처벌의 금지)

제21호: 제10조 (자유를 박탈당한 사람에 대한 인도적 처우)

제22호: 제18조 (사상, 양심 및 종교의 자유)

제23호: 제27조 소수집단의 권리

제24호: 자유권규약 또는 그에 따른 선택의 정서의 비준 또는 가입 시의 유보, 또는 규약 제41조에 따른 선언과 관련된 사안

제25호: 제25조 (참정권)

제26호: 의무의 지속

제27호: 제12조 (이동의 자유)

제28호: 제3조 (여성과 남성 간의 권리의 평등)

제29호: 제4조 (국가비상사태 시 이탈조치)

제30호: 규약 제40조에 따른 당사국의 보고 의무

제31호: 규약의 당사국에 대해 부과되는 일 반적 법적 의무의 성질

제32호: 제14조 (재판에서 평등할 권리 및 공정한 재판을 받을 권리)

제33호: 시민적 및 정치적 권리에 관한 국제 규약 선택의정서 당사국의 의무

제34호: 제19조 (의견과 표현의 자유)

제35호: 제9조 (신체의 자유와 안전)

제36호: 제6조 (생명권)

제37호: 제21조 (평화적 집회의 권리)

---

* 이 번역은 국가위원회 번역 등 기존 국내 번역본을 참조해 편집위원들이 분담·재번역함.

제1호: 보고 의무

(1981년 제13차 회기 채택: 일반논평 제30호(2002)로 대체됨)

당사국은 규약 제40조에 따라 그 당사국에 규약이 발효한 지 1년 이내 그리고 이후 위원회가 요청할 때마다 보고서를 제출할 의무를 진다. 현재까지는 최초보고서를 요구하는 이 조항의 첫 부분만 정기적으로 시행되고 있다. 연례보고서에서 밝히고 있는 바와 같이 위원회는 소수의 국가만이 보고서를 정시에 제출한 점에 유의하고 있다. 대부분의 보고서는 수개월 내지 수년씩 지연 제출되었으며, 위원회의 반복된 통지와 그 밖의 조치에도 불구하고 일부 당사국은 아직까지도 의무이행을 하고 있지 않다. 대부분의 당사국이 다소 늦었더라도 위원회와의 건설적인 대화에 참여했다는 사실은 당사국이 제40조 제1항에 규정된 기한 내에 보고의무를 정상적으로 이행할 수 있어야 하며, 앞으로 그렇게 해야 해당국에 이익이 되리라는 점을 시사해 준다. 수많은 시민적 및 정치적 권리를 다룰 보고서 준비작업은 불가피하게 시간을 요구하기 때문에 규약 비준 과정에서 각국은 자신의 보고의무에 즉각적인 주의를 기울여야 한다.

제2호: 보고 지침

(1981년 제13차 회기 채택)

1. 위원회는 최초로 제출된 보고서 중 일부가 너무 간략하고 일반적이라서 보고서의 형식과 내용에 관한 일반 지침을 구체화할 필요가 있음을 유의하게 되었다. 이 지침은 보고서가 통일된 양식으로 제출되도록 보장하고, 위원회와 당사국이 규약에 명시된 권리의 이행에 관해 각국의 상황을 완전히 알 수 있게 만들도록 작성되었다. 그러나 이러한 지침에도 불구하고 일부 보고서는 아직도 너무 간결하고 일반적이어서 제40조에 따른 보고의무를 충족시키지 못하고 있다.

2. 규약 제2조는 당사국이 규약을 이행하는 데 필요한 입법 및 그 밖의 조치를 채택하고 구제조치를 마련하라고 요구하고 있다. 제40조는 당사국이 채택한 조치와 규약상 권리를 향유함에 있어서의 진전사항 그리고 규약 이행에 영향을 주는 요소와 장애가 있을 경우 그에 관한 보고서를 위원회에 제출하도록 요구하고 있다. 그 형태에 있어서는 대체로 지침에 부합되는 보고서조차 내용에 있어서는 불완전했다. 일부 보고서의 경우 규약이 국내법의 일부로 이행되었는지 여부를 파악하기 어려웠고, 많은 보고서가 관련 법률에 관해 명백히 불완전했다. 일부 보고서에서는 권리를 감독하고 이행하는 국가기관이나 기구의 역할이 명확

하지 않았다. 더욱이 규약 이행에 영향을 미치는 요소와 장애를 설명한 보고서는 매우 드물었다.

3. 위원회는 규약상 의무에 관한 관련 법률과 그 밖의 규범뿐만 아니라 당사국 법원과 기타 기구의 관행과 결정은 물론 규약에서 인정된 권리의 실제적인 이행과 향유의 정도, 달성된 성과, 규약상 의무이행에 있어서의 요소와 장애를 보여줄 수 있는 추가적인 관련 사실도 보고의무에 포함된다고 생각한다.

4. 임시절차규칙 제68조에 따라 보고하는 국가의 대표가 참석한 가운데 보고서를 검토함이 위원회의 관행이다. 보고서를 검토받는 모든 국가가 이 같은 방법으로 위원회에 협조했으나, 대표자의 수준과 경험, 숫자는 다양했다. 제40조에 따른 기능을 가능한 한 효과적으로 수행할 수 있고, 보고국이 대화를 통해 최대한의 이익을 얻으려면, 국가 대표가 규약에서 다루고 있는 문제 전반에 대해 위원회에서 제기된 질문과 논평에 답할 수 있을 만한 지위와 경험(그리고 되도록 숫자에 있어서도)을 갖추어야 바람직하다고 지적하고 싶다.

제3호: 제2조 (국가 차원에서의 이행)
(1981년 제13차 회기 채택)

1. 위원회는 규약 제2조가 이 조항에 설정된 범위 안에서 관련 당사국이 자국 영역에서 의무이행 방법을 선택할 수 있도록 일반적으로 맡기고 있음에 주목한다. 위원회는 특히 그 이행이 헌법이나 법률의 제정에만 의존하지 않으며, 종종 그 자체만으로는 충분하지 않음을 인정한다. 위원회는 규약상 의무가 인권 존중에만 한정되지 않으며, 당사국은 자국 관할권 내 모든 개인에게 이러한 권리의 향유를 보장하기로도 약속했다는 사실에 당사국의 주의를 환기할 필요가 있다고 생각한다. 이러한 측면은 개인이 자신의 권리를 향유할 수 있도록 당사국의 구체적 행동을 필요로 하게 된다. 이 점은 여러 조항(예를 들어 아래 일반논평 제4호에서 다루는 제3조)에서 명백하지만, 이러한 약속은 원칙적으로 규약에 규정된 모든 권리와 관계된다.

2. 이와 관련해서 개인은 규약(그리고 해당하는 경우 선택의정서)상 자신의 권리가 무엇인지 알아야만 하고, 모든 행정 및 사법 당국은 당사국이 규약에 따라 부담하는 의무를 알아야만 한다는 점이 매우 중요하다. 이를 위해 규약은 그 국가의 모든 공용어로 공표되어야 하며, 관련 기관들이 자신의 연수의 일환으로 규약 내용을 익히는 조치가 취해져야 한다. 당사국과 위원회의 협력을 널리 알리는 일 또한 바람직하다.

제4호: 제3조 (모든 시민적 및 정치적 권리 향유에 대한 남녀평등권)
(1981년 제13차 회기 채택, 일반논평 제28호(2000)로 대체됨)

1. 규약에 규정된 모든 시민적 및 정치적 권리의 향유에 관해 남녀평등권 보장을 당사국에게 요구하고 있는 규약 제3조는 상당수 국가보고서에서 불충분하게 취급되었고, 많은 우려를 불러일으켰는데, 그중 두 가지 사항이 두드러졌다.

2. 첫째, 제3조가 제2조 제1항 및 제26조와 같이 성별 등 여러 가지 이유에 근거한 차별방지를 주로 다루고 있는 한에 있어서는 보호조치 뿐 아니라 권리의 실질적 향유를 보장하기 위한 적극적 우대조치도 필요로 한다. 이는 단순히 법률 제정만으로 이루어질 수 없다. 따라서 순수한 입법적 보호조치 이상으로 제3조에 따른 정확하고 실질적인 의무 달성을 위해 어떠한 조치가 취해졌거나 취해지고 있는지를 확인하고 또한 이 점에 관해 어떠한 진전이 이루어지고 있거나 또는 어떠한 요인이나 장애에 부딪치고 있는지를 확인하기 위해서는 일반적으로 현실에서 여성의 역할에 관해 보다 많은 정보가 요구된다.

3. 둘째, 이 조에 따라 당사국이 부담하는 적극적 의무는 규약에서 다루고 있지 않은 문제를 규제하기 위해 특별히 마련된 입법적 또는 행정적 조치에 그 자체로 불가피하게 영향을 미치고, 규약에서 인정된 권리에도 부정적 영향을 줄 수도 있다. 그중 한 예로 남성 시민과 여성 시민을 구분하는 이민법이 외국인과 혼인하거나 공직을 보유할 여성의 권리 범위에 부정적 영향을 미치거나 그렇지 않을 정도를 들 수 있다.

4. 따라서 위원회는 남성과 여성을 본질적으로 구분하는 법률이나 조치는 그러한 법률이나 조치가 규약상 권리에 부정적 영향을 미치는 한 특별히 임명된 기구나 기관에 의한 검토에 특별한 관심이 기울여진다면 당사국에게 도움이 될 것이며, 둘째로 당사국은 이 조에 따른 의무를 이행하기 위해 만들어진 입법 또는 그 밖의 모든 조치에 관한 구체적 정보를 자국 보고서에서 제공해야 한다고 생각한다.

5. 위원회는 남녀평등권의 보증과 연관된 실질적인 문제 해결에 있어서 경험을 교환하고 협조체제를 조직하기 위해 기존 국제협력 수단이 좀 더 활용될 수 있다면, 이러한 의무를 이행하는데 당사국에게 도움이 되리라고 생각한다.

제5호: 제4조 (이행정지)
(1981년 제13차 회기 채택; 일반논평 제29호(2001)로 대체됨)

1. 일부 당사국의 보고서를 검토함에 있어서 규약 제4조는 본 위원회에 많은 문제점을 제

기해 주었다. 국가 생존을 위협하는 공공의 비상사태가 발생하고 그러한 비상사태가 공식적으로 선포되었을 때, 당사국은 사태로 인해 엄격히 요구되는 한도 내에서 여러 권리의 이행을 정지시킬 수 있다. 그러나 당사국은 몇몇 특정한 권리의 이행은 정지시킬 수 없으며, 어떠한 이유를 근거로도 차별적인 조치를 취해서는 않된다. 또한 당사국은 (UN) 사무총장을 통해서 이행정지의 내용과 그 이유 그리고 이행정지의 종료일을 즉시 다른 당사국에게 통지할 의무를 진다.

2. 당사국들은 비상사태 선포에 관한 자국 법제도 상의 메커니즘과 이행정지에 관해 적용될 법조항을 일반적으로 제시했다. 그러나 규약상 권리의 이행정지를 취했음이 명백한 몇몇 당사국의 경우, 비상사태가 공식으로 선포되었는지 뿐만 아니라 규약이 이행정지를 허용하지 않는 권리가 정지되지는 않았는지, 그리고 다른 당사국들이 이행정지의 사실과 그 이유에 대해 통지를 받았는지 여부가 불분명했다.

3. 위원회는 제4조에 근거해 취해진 조치가 예외적이고 한시적 성격을 지니며, 해당국가의 생존이 위협받는 동안만 지속될 수 있고, 비상사태 시에는 인권 보호 특히 이행정지가 허용되지 않는 권리의 보호가 오히려 더욱 중요해진다는 입장이다. 또한 위원회는 공공의 비상사태 시 당사국이 취한 이행정지조치의 성격과 범위 그리고 그 이유를 다른 당사국에게 통지하고, 이행정지된 각 권리의 성격과 범위를 관련 문서와 함께 제시함으로써 규약 제40조의 보고의무를 이행하는 일이 중요하다고 생각한다.

제6호: 제6조 (생명권)
(제16차 회기(1982) 채택, 일반논평 제36호(2019)로 대체됨)

1. 규약 제6조에 규정된 생명권은 모든 국가보고서에서 취급되었다. 이는 국가의 생존을 위협하는 공공의 비상사태 시에도 이행정지가 허용되지 않는 최고의 권리이다(제4조). 그러나 위원회는 제6조에 관해 제공된 정보가 종종 이 권리의 한두 측면에만 국한되었음에 주목했다. 이는 좁게 해석되지 말아야 할 권리이다.

2. 위원회는 전쟁과 기타 대량 폭력행위가 인류의 재앙으로 지속되어, 매년 수많은 무고한 인명을 앗아가고 있다는 사실을 목도하고 있다. UN 헌장에 따라 고유의 자위권 행사를 제외하고는 타국에 대한 국가의 무력 위협이나 행사는 이미 금지되고 있다. 위원회는 각국이 전쟁과 대량 학살행위, 자의적인 생명 박탈을 초래하는 그 밖의 대량 폭력행위를 방지할 최우선적 의무를 지닌다고 생각한다. 전쟁, 특히 핵전쟁의 위험을 피하고 국제 평화와 안보를 강화하기 위한 모든 노력은 생명권을 보호하기 위한 가장 중요한 조건이자 보장책이 된다.

이런 점에서 위원회는 제6조와 제20조, 즉 전쟁을 위한 선전(제1항)이나 폭력의 선동(제2항)을 법률로 금지해야 한다는 조항 사이의 연계에 특히 주목한다.

3. 제6조 제1항 제3문이 명시적으로 요구하고 있는 자의적 생명 박탈로부터의 보호는 무엇보다도 중요하다. 위원회는 당사국이 범죄행위에 의한 생명 박탈을 예방하고 처벌하는 조치뿐만 아니라, 자신의 군부대에 의한 자의적 살인을 방지하기 위한 조치를 취해야 한다고 생각한다. 국가기관에 의한 생명 박탈은 극도로 심각한 문제이다. 따라서 법률은 사람이 국가기관에 의해 생명을 박탈당할 수 있는 상황을 엄격하게 통제하고 제한해야 한다.

4. 또한 당사국은 불행히도 너무나 빈번하게 발생했고, 너무나 많이 자의적인 생명 박탈로 이어지는 개인 실종을 방지할 구체적이고 실효적인 조치를 취해야 한다. 더 나아가 당사국은 생명권 침해를 수반할 수 있는 상황에서의 실종사건과 실종자를 철저히 수사할 실효적인 기관과 절차를 마련해야 한다.

5. 더욱이 위원회는 생명권이 너무나 자주 협소하게 해석되었음을 주목했다. "고유한 생명권"이라는 표현은 제한적인 방법으로는 적절히 이해될 수 없으며, 이 권리의 보호는 각국의 적극적 조치의 채택을 필요로 한다. 이런 측면에서 위원회는 당사국이 영아 사망률을 줄이고 기대수명을 연장하기 위해 가능한 모든 조치, 특히 영양실조와 전염병 퇴치를 위한 조치를 채택함이 바람직하다고 생각한다.

6. 제6조 제2항 내지 제6항에 따르면 당사국이 사형을 완전히 폐지해야 하지는 않으나, 이의 활용을 제한해야만 하며, 특히 "가장 중한 범죄" 이외에는 이를 폐지해야 한다. 따라서 당사국은 이런 관점에서 자국 형법의 재검토를 고려해야 하며, 어떠한 경우에도 사형 적용은 "가장 중한 범죄"로 한정시켜야 한다. 또한 이 조항은 폐지가 바람직하다고 강력히 제안하는(제2항 및 제6항) 문구 속에서 폐지를 일반적으로 언급하고 있다. 위원회는 모든 폐지조치가 생명권 향유에 있어서 제40조가 의미하는 성취로 간주되어야 하며, 위원회에 그렇게 보고되어야 한다는 결론을 내렸다. 위원회는 많은 국가들이 이미 사형을 폐지했거나 그 집행을 중단했다는 사실에 주목하고 있다. 그럼에도 불구하고 각국의 보고서는 사형 적용의 폐지나 제한을 향한 성취가 상당히 불충분함을 보여준다.

7. 위원회는 "가장 중한 범죄"라는 표현이 사형은 매우 예외적인 조치여야 함을 의미하도록 제한적으로 이해되어야 한다는 의견이다. 또한 제6조의 명시적 표현에 따르면 사형은 오직 범죄행위 당시의 현행법으로 규약과 저촉되지 아니하는 법률에 의해서만 부과될 수 있다. 독립적 법원에 의한 공정한 심리를 받을 권리, 무죄의 추정, 변호를 위한 최소한의 보장, 상급 법원에서 다시 재판받을 권리를 포함해 규약에 규정된 절차적 보장이 준수되어야 한다. 이러한 권리는 판결의 사면이나 감형을 청구할 수 있는 권리와 함께 적용된다.

제7호: 제7조 (고문 또는 잔혹하거나 비인도적이거나 굴욕적인 대우나 처벌의 금지)
(제16차 회기(1982) 채택, 일반논평 제20호(1992)로 대체됨)

1. 당사국 보고서를 검토함에 있어서 위원회 위원들은 무엇보다 고문 또는 잔혹하거나 비인도적이거나 굴욕적인 대우나 처벌을 금지하는 제7조에 관한 보다 구체적인 정보를 자주 요구해왔다. 제4조 제1항에서 지적된 공공의 비상사태의 경우에도 제4조 제2항에 따라 이 조항은 이행정지가 허용되지 않는다. 이 조항의 목적은 개인의 완전성과 존엄성의 보호이다. 위원회는 그러한 취급 또는 형벌을 금지하거나 이를 범죄화하는 것만으로는 이 조항 이행에 충분치 않다는 점에 유의한다. 대부분의 국가는 고문 또는 이와 유사한 경우에 적용될 형법 조항을 가지고 있다. 그럼에도 불구하고 이 같은 경우가 발생하므로 규약 제2조와 함께 제7조로부터 각국은 일정한 통제기구를 통해 효과적인 보호를 보장할 의무를 지게 된다. 부당한 취급에 대한 고발에 대해서는 반드시 관할당국에 의한 효과적인 수사가 이루어져야 한다. 유죄로 판명된 자들은 책임을 져야 하며, 피해자 자신은 보상을 받을 권리를 포함해 그가 원하는 효과적인 구제조치를 강구할 수 있어야 한다. 통제를 효율적으로 하기 위한 안전조치 중에는 조사에 해를 끼치지 않는 한, 피구금자에 대한 의사, 변호사 및 가족의 면접을 허용하고 완전 외부 차단 구금(incommunicado)을 금지하는 규정, 피구금자를 공식적으로 인정된 장소에 구금하고 그들의 이름 및 구금장소는 친척과 같은 관련자들이 접근 가능한 중앙관서에 등록되도록 요구하는 규정, 고문이나 제7조에 위반되는 그 밖의 대우에 의해 확보된 자백이나 증거는 법정에서 채택할 수 없도록 하는 규정, 법집행공무원이 그러한 행동을 하지 않도록 하는 교육과 지도 조치 등을 포함한다.

2. 이 조항 문구에 나타나듯이 필요한 보호범위는 일반적으로 이해되는 고문보다 그 범위가 훨씬 더 확대된다. 다양한 형태의 금지된 대우나 처벌 사이에 명확한 구별은 필요하지 않을 것이다. 이러한 구별은 특정한 대우의 종류와 목적 및 심각성 정도에 달리게 된다. 위원회는 교육 또는 훈육의 조치로서의 과도한 체벌을 포함한 체형으로까지 금지가 확대되어야 한다는 견해이다. 상황에 따라서는 독방 구금과 같은 조치, 특히 대상자가 외부 차단 구금 상태에 놓일 경우, 이 조항에 위배될 수 있다. 더욱이 이 조항은 체포되거나 수감된 사람들뿐만 아니라 교육 및 의료기관의 학생과 환자들도 보호하고 있음이 명백하다. 끝으로 그러한 대우가 권한 범위를 넘어선 자 또는 권한 없는 자에 의해 저질러진 경우라도 법에 의한 보호 보장은 역시 공공기관의 의무이다. 자유를 박탈당한 모든 개인에 대해 제7조에 위반되는 대우의 금지는 그들이 인도적인 또한 인간의 고유한 존엄성이 존중되는 대우를 받는다고 명시한 규약 제10조 제1항의 적극적 요구에 의해 보완된다.

3. 특히 당사자의 자유로운 동의 없는 의학적 또는 과학적 실험에도 이러한 금지가 확대 적용된다(제7조 제2문). 위원회는 당사국 보고서가 대체로 이에 관한 정보를 거의 또는 전혀 포함하지 않았다는 점에 유의한다. 위원회는 최소한 과학과 의학이 매우 발달한 국가와 그리고 그 실험에 영향을 받는다면 그 국가 국경 밖의 사람 및 지역에 대해서도, 이 조항 준수를 보장할 수 있는 가능한 요구와 수단에 대해 보다 많은 관심이 기울여져야 한다고 본다. 본인이 직접 동의를 부여할 수 없는 사람들의 경우 이런 실험과 관련하여 특별한 보호가 필요하다.

제8호: 제9조 (신체의 자유와 안전에 대한 권리)
(제16차 회기(1982) 채택, 일반논평 제35호(2014)로 대체됨)

1. 신체의 자유와 안전에 대한 권리를 다루고 있는 제9조는 당사국 보고서에서 종종 다소 협소한 의미로 이해되었으며, 그 결과 당사국은 불완전한 정보를 제공했다. 위원회는 제1항이 형사사건이든 정신질환, 부랑자, 약물중독, 교육 목적, 출입국 규제와 같은 다른 경우든 자유를 박탈당하는 모든 경우에 적용될 수 있음을 지적하고자 한다. 제9조 규정 일부(제2항 일부 및 제3항 전체)는 형사 피의자에게만 적용가능한 것이 사실이다. 그러나 나머지 규정들, 특히 제4항에 규정된 중요한 보장인 구금의 합법성을 법원에 의해 통제받을 권리는 체포 또는 구금에 의해 자유를 박탈당한 모든 사람에게 적용된다. 그리고 당사국은 규약에 위배되게 자유를 박탈당했다고 주장하는 다른 사안에 대해서 역시 제2조 제3항에 합당한 실효적 구제조치를 보장해야 한다.

2. 제9조 제3항은 형사사건에서 체포 또는 구금된 자는 법관 또는 법률에 의해 사법권 행사 권한을 부여받은 그 밖의 공무원에게 "신속히" 회부되어야 한다고 요구하고 있다. 보다 명확한 시한은 대부분의 당사국에서 법률로 정해져 있는데, 위원회로서는 지연이 수일을 넘기지 않아야 된다는 입장이다. 많은 국가가 이 점에 관한 실제 실행에 대해 불충분한 정보를 제공했다.

3. 또 다른 문제는 재판 계류 중의 총 구금기간이다. 일부 국가의 특정 범주 형사사건에서는 이 점이 위원회 내의 우려를 야기했으며, 위원들은 그러한 관행이 제3항에 따른 "합리적인 기간 내에 재판을 받거나 석방될 권리를" 가짐에 부합되는지에 대해 의문을 제기했다. 재판 전 구금은 예외가 되어야 하며, 가능한 한 짧아야 한다. 위원회는 그러한 구금 기간 단축을 목적으로 하는 기존의 제도와 취해진 조치에 관련된 정보를 환영한다.

4. 또한 공공 안전을 이유로 한 이른바 예방구금이 활용되는 경우에도 동일한 조항에 의해

규율되어야 한다. 즉 자의적이어서는 안 되며, 반드시 법률로 정한 근거 및 절차에 따라야 하며(제1항), 이유를 고지받아야 하며(제2항), 법원에 의한 구금의 통제가 있어야 하며(제4항), 이를 위반한 경우 배상이 제공되어야 한다(제5항). 그리고 그 사건에 형사 소추가 제기된다면, 제14조와 아울러 제9조 제2항과 제3항의 완전한 보호가 부여되어야 한다.

제9호: 제10조 (자유를 박탈당한 사람의 인도적 처우)
(제16차 회기(1982) 채택. 일반논평 제21호(1992)로 대체됨)

1. 규약 제10조 제1항은 자유를 박탈당한 모든 사람은 인도적인 또한 인간의 고유한 존엄성을 존중되는 대우를 받는고 규정한다. 그러나 당사국이 제출한 모든 보고서가 이 조항이 어떻게 이행되고 있는지에 관한 정보를 포함하고 있지는 못하다. 위원회는 당사국 보고서가 그 권리 보호를 위해 마련된 법적 조치에 관해 명확한 정보를 담고 있어야 바람직하다는 입장이다. 위원회는 또한 보고서가 제1항에서 요구하는 자유를 박탈당한 모든 사람의 인도적 대우와 인간의 존엄성 존중에 관한 국내입법의 의무적 이행을 감시하는 담당 국가기관에 의해 취해지고 있는 구체적인 조치를 제시해야 한다고 본다.
  위원회는 특별히 이 조 제2항이 수형자와 구분되는 미결수용자를 다루며 제3항이 수형자만 다루는 있는 데 반해, 제1항은 자유를 박탈당한 모든 사람에게 일반적으로 적용될 수 있다는 점에 주목한다. 이러한 구조가 보고서에서 종종 제대로 반영되고 있지 않으며, 보고서는 주로 미결수용자와 기결수에 관련되었다. 제1항의 문안, 즉 모든 형태의 자유 박탈을 다루는 제9조 제1항과 특히 유사한 문맥과 그 목적은 이 조항이 담고 있는 원칙의 폭넓은 적용을 뒷받침한다. 이와 더불어 위원회는 이 조항이 자유를 박탈당한 모든 사람에 대한 대우와 관련해 제7조를 보완하고 있음을 상기하는 바이다.
  자유를 박탈당한 모든 사람에 대한 인도적 대우 및 존엄성 존중은 물적 자원에만 전적으로 의존할 수 없는 보편적으로 적용되는 기본 규범이다. 위원회는 한편으로 구금의 양상과 조건은 가용자원에 따라 달라질 수 있음을 알고 있으나, 이는 제2조 제1항의 요구와 같이 차별 없이 적용되어야 한다.
  교도소뿐만 아니라 병원, 수용소 또는 교정시설 등 사람이 본인 의사에 반해 합법적으로 수용된 모든 기관에 관해 이 원칙 준수를 위한 최종 책임은 국가가 진다.
2. 이 조 제2항 가호는 예외적 사정이 있는 경우를 제외하고 미결수용자는 수형자와 분리되며, 또한 유죄판결을 받지 않은 자로서의 지위에 적절한 별도의 대우를 받아야 한다고 규정하고 있다. 일부 보고서들은 규약의 이러한 직접적인 요구사항을 제대로 유의하지 않아

결과적으로 수형자와 구별되는 미결수용자의 대우 방법에 관해 적절한 정보를 제공하지 못하고 있다. 앞으로 제출할 보고서에는 그러한 내용이 포함되어야 한다.

제10조 제2항 나호는 무엇보다도 소년범 미결수용자가 성인과 분리되어야 한다고 요구한다. 보고서상으로는 많은 당사국이 이는 규약이 무조건적으로 요구하는 사항이라는 사실을 충분히 숙지하지 못하고 있음을 보여준다. 규약 문언상으로 명백하듯이 제2항 나호에 따른 당사국 의무의 위반은 어떠한 고려사항에 의해서도 정당화될 수 없다는 것이 위원회의 견해이다.

3. 많은 경우 이 조 제3항에 관해 보고서에서 제시된 정보는 예를 들어 교육, 직업 훈련, 유용한 작업 등에 의해 재소자의 교정과 사회복귀를 도모하기 위한 입법적 또는 행정적 조치나 실용적 방안에 관해 구체적인 언급을 포함하지 못하고 있었다. 면회 허가, 특히 가족의 면회는 인도적 이유에서 요구되는 통상적인 조치이다. 또한 일부 당사국 보고서에서는 소년범에 관한 정보도 누락되었는데, 소년범은 성인과 분리되어야 하며 그들의 연령과 법적 지위에 상응하는 처우가 부여되어야 한다.

4. 위원회는 또한 제1항에 규정된 인도적 대우와 존엄성 존중의 원칙이 제10조 제2항 및 제3항에 규정된 형사사법 분야에 있어서는 당사국의 더욱 구체적이고 제한된 의무에 관한 근거임을 유의한다. 기결수로부터 미결수용자의 분리는 유죄판결을 받지 아니한 자로서 동시에 제14조 제2항에 따라 무죄 추정 원칙에 의해 보호되고 있는 그들의 지위를 강조하기 위해 요구된다. 이들 규정의 목적은 앞서 언급된 집단의 보호이며, 그에 포함된 요구사항들은 그런 차원으로 이해되어야 한다. 따라서 예를 들면 소년범의 분리와 대우는 교정과 사회복귀를 촉진하기 위한 방향으로 이루어져야 한다.

제10호: 제19조 (의견의 자유)
(제19차 회기(1983) 채택, 일반논평 제34호(2011)로 대체됨)

1. 제1항은 "간섭받지 않고 의견을 가질 권리"의 보호를 요구한다. 이는 규약이 어떠한 예외나 제한도 허용하지 않는 권리이다. 위원회는 제1항에 관해 당사국으로부터의 정보를 환영한다.

2. 제2항은 표현의 자유에 대한 권리의 보호를 요구하고 있는데, 이는 "모든 종류의 정보와 생각을 전달하는" 자유뿐만 아니라, "국경에 관계없이" 그리고 "구두, 서면 또는 인쇄, 예술의 형태 또는 스스로 선택하는 그 밖의 수단" 등 어떠한 방법으로도 이를 "구하고 받을" 자유도 포함된다. 모든 당사국이 표현의 자유의 모든 측면에 관한 정보를 제공하지는 않았다.

예를 들어 현대 대중 매체 발달에 따라 모든 사람의 표현의 자유에 대한 권리에 대해 제3항에서 언급되지 않은 방법으로 간섭하려는 매체의 통제를 방지하기 위해서는 효과적인 조치가 필요하다는 사실에 대해 이제까지 거의 주의가 기울여지지 않았다.

3. 많은 국가보고서는 표현의 자유가 헌법이나 법률에 의해 보장하고 있다는 점만을 언급하는데 그치고 있다. 그러나 법률과 현실에 있어서 표현의 자유에 대한 정확한 체제를 알기 위해 위원회는 그에 더하여 표현의 자유의 범위를 규정하거나 또는 특정한 제약을 제시하는 규정뿐만 아니라, 이 권리의 행사에 실제 영향을 미치는 다른 조건에 대한 적절한 정보를 필요로 한다. 표현의 자유의 원칙과 그러한 한계 및 제한 사이의 상호작용이 개인 권리의 실제 범위를 결정한다.

4. 제3항은 표현의 자유에 대한 권리 행사에는 특별한 의무와 책임이 따르며, 이러한 이유로 인해 다른 사람이나 공동체 전체의 이해와 관련되는 경우 일정한 제한이 허용됨을 명시적으로 강조하고 있다. 그러나 당사국이 표현의 자유 행사에 일정한 제한을 가할 때, 이 권리 자체를 위험에 빠뜨리지는 말아야 한다. 제3항은 조건을 규정하고 있는데, 제한이 부과될 수 있는 이러한 조건을 반드시 따라야 한다. 즉 제한은 "법률로 규정"되어야만 하고, 제3항 가호와 나호에 열거된 목적 가운데 하나를 위하여만 부과될 수 있고, 또한 이는 그러한 목적 중 하나를 위해 해당 당사국에게 "필요한" 경우로 정당화되어야만 한다.

제11호: 제20조 (전쟁선전의 금지)
(제19차 회기(1983) 채택)

1. 당사국이 제출한 모든 보고서가 규약 제20조 이행에 관해 충분한 정보를 제공하지 않아 왔다. 제20조의 성격상 당사국은 이에 지적된 행동을 금지시키는데 필요한 입법조치를 채택할 의무를 진다. 그러나 보고서를 보면 일부 국가에서는 그러한 행동이 법률로 금지되어 있지 않거나 또는 이를 금지하기 위한 적절한 노력이 시도되거나 실시되지 않았음을 보여주고 있다. 더욱이 많은 보고서가 관련 국내 법률과 실행에 관해 충분한 정보를 제공하지 못하고 있다.

2. 규약 제20조는 전쟁을 위한 어떠한 선전과 차별, 적의 또는 폭력의 선동에 해당되는 민족, 인종 또는 종교에 대한 증오의 고취는 법률로 금지된다고 기술하고 있다. 위원회는 이러한 금지 요구가 그 행사에 있어서 특별한 의무와 책임이 따르는 제19조 표현의 자유에 대한 권리와 완전히 양립된다는 견해이다. 제1항에 따른 금지에는 UN 헌장에 위배되는 침략행위나 평화의 파괴를 위협하거나 그러한 결과를 야기하는 모든 형태의 선전이 포함되

며, 한편 제2항은 그러한 선전 또는 선동의 목적이 해당 국가의 내부적인 것이든 대외적인 것이든 관계없이, 차별, 적의, 폭력의 선동이 될 민족, 인종, 종교에 대한 증오의 고취를 금지시키려는 목적을 갖는다. 제20조 제1항의 규정은 UN 헌장에 합치되는 자위에 관한 주권이나 자결과 독립에 대한 권리의 옹호를 금지하지 않는다. 제20조가 완전히 효력을 발휘하기 위해서는, 이 조항에 규정된 선전과 선동이 공공정책에 위배됨을 명확히 하는 한편, 위반시 적절한 제재를 가하는 법률이 존재해야만 한다. 따라서 위원회는 아직 이를 이행하지 못한 당사국은 제20조에 포함된 의무를 완수하기 위한 조치를 취하고, 스스로도 그러한 선전과 선동을 자제해야만 한다고 믿는다.

제12호: 제1조 (자결권)
(제21차(1984) 회기 채택)

1. UN 헌장의 목적과 원칙에 따라 「시민적 및 정치적 권리에 관한 국제규약」 제1조는 모든 인민이 자결권을 가진다고 인정한다. 자결권은 그 실현이 개인 인권의 실효적 보장 및 준수와 아울러 권리의 증진 및 강화를 위한 필수 조건이므로 특히 중요하다. 각국이 양 규약 속에 실정법 조항으로 자결권을 규정하고, 이 조항을 양 규약 내 다른 모든 권리와는 별도로 이들 앞에 제1조로 둔 것은 그러한 이유 때문이다.

2. 제1조는 제1항과 제2항에서 기술하고 있는 바와 같이 모든 인민의 불가양의 권리를 규정하고 있다. 이 권리에 기초해 인민은 "그들의 정치적 지위를 자유로이 결정하고, 자신들의 경제, 사회 및 문화 발전을 자유로이 추구한다." 이 조는 모든 당사국에게 상응하는 의무를 부과한다. 이 권리와 그 이행에 관한 상응하는 의무는 규약의 다른 조항 및 국제법상 규칙과 상호 관련되어 있다.

3. 모든 당사국의 보고의무가 제1조를 포함하고 있음에도 불구하고, 오직 일부 보고서만이 각 항에 대해 상세한 설명을 하고 있다. 위원회는 많은 보고서가 제1조를 완전히 무시하거나, 이에 관해 부적절한 정보를 제공하거나, 선거법을 언급하는데 그치고 있는 점을 주목해 왔다. 위원회는 당사국 보고서가 제1조 각 항에 관한 정보를 반드시 포함시키는 것이 매우 바람직하다고 생각한다.

4. 제1조 제1항과 관련해서 당사국은 실제로 이 권리의 행사를 허용하는 헌법 과정과 정치 과정을 서술해야 한다.

5. 제2항은 "호혜의 원칙에 입각한 국제경제협력으로부터 발생하는 의무 및 국제법상의 의무를 해치지 않고, 그들 자신의 목적을 위하여 그들의 천연의 부와 자원을 자유로이 처분할

수 있다. 어떠한 경우에도 사람은 그들의 자체적인 생존수단을 박탈당하지 않는다"며 이른바 인민의 권리인 자결권의 경제적 내용상의 특별한 측면을 확인하고 있다. 이 권리는 모든 국가와 국제공동체에 대해 상응하는 의무를 수반한다. 각국은 이 조항 규정에 위반되게 자신들의 천연의 부와 자원의 자유로운 처분을 방해하는 어떠한 요인이나 장애와 그것이 규약상 다른 권리의 향유에 어느 정도 영향을 주는가를 지적해야 한다.

6. 위원회는 제3항이 자국민에 관해서 뿐만 아니라 자결권 행사할 수 없었다거나 행사 가능성을 박탈당한 모든 인민들과 관련해서도 당사국에게 구체적인 의무를 부과한다는 점에서 특히 중요하다는 의견이다. 이 조항의 일반적 성격은 그 초안 과정을 통해서도 확인된다. 이는 "비자치 및 신탁통치 지역의 행정책임을 맡고 있는 국가를 포함하여 이 규약의 당사국은 국제연합 헌장의 규정에 따라 자결권의 실현을 증진하고 그 권리를 존중한다"고 규정하고 있다. 이는 자결권을 향유할 인민이 규약 당사국에 속하는지 여부와 상관없이 존재하는 의무이다. 따라서 모든 규약 당사국은 자결권의 실현과 존중을 용이하게 하는 적극적인 조치를 취해야만 한다. 그러한 적극적 조치는 UN 헌장과 국제법상 각국의 의무에 부합되어야 하며, 특히 각국은 타국의 국내문제에 간섭하고, 이로 인해 자결권 행사에 부정적인 영향을 미치는 행동을 삼가야 한다. 보고서는 이러한 의무의 이행과 그러한 목적으로 취해진 조치에 관한 정보를 반드시 포함하고 있어야 한다.

7. 규약 제1조와 관련해서 위원회는 모든 인민의 자결권에 관한 다른 국제문서, 특히 1970년 10월 24일 총회에 의해 채택된(총회 결의 제2625호(XXV)) 「UN 헌장에 따른 국가간의 우호관계 및 협력에 관한 국제법 원칙에 관한 선언」을 지적하는 바이다.

8. 위원회는 자결권의 실현과 존중이 국가간 우호관계와 협력을 수립하고, 국제평화와 이해의 강화에 기여한다는 사실을 역사가 증명하고 있다고 생각한다.

제13호: 제14조 (사법 운영)
(제21차 회기(1984) 채택, 일반논평 제32호(2007)로 대체됨)

1. 위원회는 규약 제14조가 복잡한 성격을 지니며, 이들 조항의 여러 가지 측면에 대한 구체적인 논평을 필요로 한다는 점에 주목한다. 이들 모든 조항은 적절한 사법운영의 확보를 목표로 하며, 이를 위해 재판에 있어서의 평등과 법률에 따라 설치된 권한 있는 독립적이고 공평한 법원에 의해 공정한 공개심리를 받을 권리와 같은 일련의 개인적 권리를 인정하고 있다. 모든 보고서가 제14조 각 항의 이행을 위해 특별히 채택된 법적 또는 그 밖의 조치에 관해 상세한 내용을 제공하지는 않았다.

2. 당사국 보고서들은 일반적으로 제14조가 개인에 대한 형사상 혐의를 결정하는 절차뿐만 아니라 소송상 권리와 의무를 결정하는 절차에도 적용된다는 점을 인식하지 못하고 있었다. 이러한 문제를 다루는 법률과 관행은 국가에 따라 크게 다르다. 이러한 다양성은 "형사상 혐의"와 "소송상 권리와 의무"의 개념이 자국 법체계와 관련해 어떻게 해석되는가에 대해 당사국은 모든 관련 정보를 제공하고 보다 상세히 설명할 것을 더욱더 필요하게 만든다.

3. 위원회는 당사국이 향후 보고서에서 법원에 대한 평등한 접근, 공정한 공개심리, 그리고 사법부의 권한, 공평성, 독립성 등을 포함하는 재판에 있어서의 평등이 법률에 의해 확립되고 실제 보장을 확실히 하기 위해 취해진 조치에 대해 보다 상세한 정보를 제공한다면 유용하리라고 본다. 특히 당사국은 법원의 설립을 규정하고, 무엇보다도 판사의 임명 방식, 임명 자격과 임기, 승진, 전임, 사임을 결정하는 조건, 행정부와 입법부로부터 사법부의 실질적 독립성 등과 관련해 법원이 독립적이고 공정하며 권한이 있다는 점을 보장하는 헌법 및 법률의 관련 조문을 명시해야 한다.

4. 제14조의 규정은 이 조항의 범위 내에서는 일반법원이나 특별법원 상관없이 모든 법원에 적용된다. 위원회는 많은 국가에서 민간인을 재판하는 군사법원 또는 특별법원이 존재한다는 점에 주목하고 있다. 이는 공평하고 공정하며 독립적인 사법운영에 있어서 심각한 문제를 제기할 수 있다. 이러한 법원을 설립하는 이유는 종종 사법의 통상적 기준에 부합되지 않는 예외적 절차가 적용될 수 있도록 하기 위함이다. 규약이 그 같은 유형의 법원을 금지하고 있지는 않으나, 규약상의 조건은 이러한 법원에 의한 민간인 재판이 아주 예외적이어야 하며, 제14조에 규정된 모든 보장을 진정으로 적용한다는 조건 아래 진행되어야 함을 분명히 제시하고 있다. 위원회는 사법제도 내에 민간인을 재판할 수 있는 그 같은 법원이 포함되어 있는 일부 당사국의 보고서에서 이 부분에 관한 정보가 심각하게 결여되었음을 주목해 왔다. 일부 국가에서 이 같은 군사법원이나 특별법원은 인권의 실효적 보호를 위해 필수적인 제14조의 요건에 부합되는 적절한 사법운영을 엄격히 보장하지 않고 있다. 만약 당사국이 제4조에 예정된 공공의 비상사태에 처해 제14조에 따라 요구되는 정상적 절차의 이행을 정지하기로 결정하는 경우에도, 그러한 이행정지가 당해 사태의 긴급성에 의해 엄격히 요구되는 한도를 초과해서는 안 되며, 또한 제14조 제1항의 다른 조건들을 준수해야 한다.

5. 제14조 제1항 제2문은 "모든 사람은 공정한 공개심리를 받을 권리를 가진다"고 규정하고 있다. 이 조 제3항은 형사상 혐의의 결정과 관련하여 "공정한 심리"의 요건을 상세히 설명하고 있다. 다만 제3항의 요건은 최소한의 보장이며, 이의 준수가 제1항이 요구하는 공정한 심리를 보장하는데 항상 충분하지는 않다.

6. 심리 공개는 개인과 사회 전체의 이익을 위한 중요한 보호장치이다. 동시에 제14조 제1항은 이 조항에서 제시된 이유를 근거로 법원이 재판의 전부 또는 일부를 공개하지 않을 권한이 있음을 확인하고 있다. 위원회는 그러한 예외적 상황을 제외하면 심리가 언론인을 포함한 일반 대중에게 공개되어야 하며, 예를 들어 특정 범주의 사람들에게만 한정되어서는 안 된다고 보고 있음을 유의해야만 한다. 재판이 공개되지 않는 경우에도 엄격히 제한된 일정한 예외를 제외하고는 판결은 반드시 공개되어야 함도 유의해야 한다.

7. 위원회는 제14조 제2항과 관련된 정보가 부족함을 주목해 왔고, 경우에 따라 인권 보호에 있어서 기본적인 무죄 추정의 원칙이 매우 모호한 표현으로 서술되어 있다거나 또는 이의 효과를 상실시키는 조건을 수반하고 있음을 발견했다. 무죄 추정의 원칙으로 인해 혐의의 증명책임은 기소자 측에 있으며, 의심스러운 경우 피고인이 그 이익을 누린다. 혐의가 합리적인 의심을 넘어서도록 증명될 때까지 유죄로 추정되어서는 아니 된다. 더 나아가 무죄 추정의 원칙은 이 원칙에 따라 대우받을 권리를 의미한다. 따라서 재판 결과를 예단하지 말아야 함은 모든 공공기관의 의무이다.

8. 제3항에 규정된 형사소송절차 상 최소한의 보장 가운데 첫 번째는 모든 사람이 그가 이해하는 언어로 자신에 대한 혐의를 통지받을 권리이다(가호). 위원회는 국가 보고서가 종종 이 권리가 어떻게 존중되고 보장되는지를 설명하지 않고 있음에 유의하고 있다. 제14조 제3항 가호는 구금되지 않은 자들을 포함해 모든 형사사건에 적용된다. 위원회는 또한 피의사실을 "신속하게" 통지받을 권리는 관할당국이 처음 소추를 하면 즉시 규정된 방법에 따라 이를 통지받도록 요구한다는 점을 유의하고 있다. 이 권리는 수사과정에서 법원 또는 검찰당국이 범죄혐의자에 대해 절차를 취하기로 결정하거나, 그를 범죄혐의자로 공표한 때에 발생한다는 것이 위원회의 견해이다. 그 통지가 근거로 하는 법률과 혐의사실을 적시한다면, 구두나 서면 어느 방법으로 혐의를 설명해도 제3항 가호의 구체적 요건은 충족될 수 있다.

9. 제3항 나호는 피고인이 본인의 변론 준비와 자신이 선임한 변호인과 연락을 취하기 위해 충분한 시간과 편의를 가져야 한다고 규정하고 있다. "충분한 시간"이 무엇인가는 각 사건의 사정에 따라 다르겠지만, 편의란 피고인이 자신의 사건을 준비하는데 필요한 문서와 그 밖의 증거에 대한 접근뿐만 아니라 변호인을 선임하고 연락할 수 있는 기회도 포함해야 한다. 피고인이 자신을 직접 변호하기 원하지 않거나 또는 본인이 선택하는 사람이나 단체에 요청하기를 원하지 않는 경우, 그는 변호사에게 의뢰를 할 수 있어야 한다. 더욱이 이 조항은 변호인이 그들의 통신이 완전한 비밀이 존중되는 조건 속에서 피고인과 연락을 취할 수 있어야 한다고 요구하고 있다. 변호사는 누구로부터의 제한, 영향, 압력 또는 부당한 간섭 없이 그들의 확실한 전문적 기준과 판단에 따라 자신의 의뢰인과 상담하고 그를 대리할 수

있어야 한다.

10. 제3항 다호는 피고인이 부당하게 지체됨이 없이 재판을 받아야 한다고 규정한다. 이러한 보장은 재판의 개시 시점뿐만 아니라 재판의 종료와 판결의 선고 시점과도 관련된다. 즉 모든 단계가 부당한 지연 없이 진행되어야 한다. 이 권리가 실효적으로 되려면 1심 및 상소심 모두에서 재판이 "부당하게 지체됨이 없이" 진행되도록 보장하는 절차가 마련되어야 한다.

11. 모든 보고서가 제3항 라호에 규정된 방어권의 모든 측면을 다루고 있지는 않았다. 위원회는 피고인에 대한 혐의를 결정하는 동안 피고인이 출석할 권리의 보호나, 법제도가 피고인이 자신을 직접 변호하거나 본인이 선임한 변호인의 조력을 받을 권리를 어떻게 보장하는가, 또는 만약 그가 법적 조력에 대해 충분한 지불수단을 갖고 있지 못할 경우 어떤 조치가 취해지는지 등에 대해 항상 충분한 정보를 제공받지 못해 왔다. 피고인이나 그의 변호사는 가능한 모든 변호를 추구하는데 있어서 열심히 두려움 없이 행동할 권리와 재판 진행이 불공정하다고 판단하는 경우 그러한 행위에 대해 이의를 제기할 수 있는 권리를 가져야 한다. 정당한 이유에서 예외적으로 궐석재판이 열리는 경우, 방어권의 엄격한 준수가 무엇보다도 필요하다.

12. 제3항 마호는 피고인이 자기에게 불리한 증인을 신문하거나 신문받도록 할 것과 자기에게 불리한 증인과 동일한 조건 하에 자기를 위한 증인을 출석시키고 심문받도록 할 권리가 있음을 기술하고 있다. 이는 검찰과 마찬가지로 피고인에게도 증인의 출석을 강제하고 모든 증인을 신문 또는 반대 신문할 수 있는 동등한 법적 권한을 보장하기 위한 조항이다.

13. 제3항 바호는 피고인이 법정에서 사용되는 언어를 이해하지 못하거나 말할 수 없는 경우에는 무료로 통역의 조력을 받을 권리가 있다고 규정하고 있다. 이 권리는 소송 진행의 결과와는 관계가 없으며, 자국민뿐 아니라 외국인에게도 적용된다. 이는 법정에서 사용되는 언어를 모르거나 이해에 어려움이 있다면 방어권에 큰 장애가 될 수 있는 사건에서 기본적인 중요성을 가진다.

14. 제3항 사호는 피고인이 자기에게 불리한 진술 또는 유죄의 자백을 강요당하지 말아야 한다고 규정하고 있다. 이러한 보호조항을 고려함에 있어서는 제7조 및 제10조 제1항을 염두에 두어야 한다. 피고인에게 자백이나 본인에 불리한 진술을 강요하기 위해 이 규정을 위반하는 방법이 자주 사용된다. 그러한 수단이나 그 밖의 형태의 강요에 의해 제시된 증거는 전혀 수락될 수 없다는 점이 법률로 규정되어야 한다.

15. 제14조 제1항과 제3항에 따른 피고인의 권리를 보호하기 위해 판사는 기소의 어떠한 단계에서든 피고인의 권리가 침해되었다는 주장을 검토할 수 있는 권한을 가져야 한다.

16. 제14조 제4항은 소년범의 경우에는 그 절차가 이들의 연령과 이들의 사회복귀 증진이 바람직함을 고려한 것이 되어야 한다고 규정하고 있다. 형사사건에서 소년범으로 기소될 수 있는 최저 연령과 소년범으로 취급되는 최고 연령, 특별법원과 절차의 존재 여부, 소년범에 대한 절차를 규율하는 법률, 소년범을 위한 이러한 모든 특별제도가 어떻게 그들의 "사회복귀 증진이 바람직하다는 점"을 고려하고 있는지에 대해 충분한 정보를 제공한 보고서는 많지 않았다. 소년범은 최소한 제14조에 따라 성인에게 부여되는 것과 동일한 보장과 보호를 받아야 한다.

17. 제14조 제5항은 유죄판결을 받은 모든 사람은 법률에 따라 그 판결 및 형벌에 대해 상급 법원에서 다시 재판받을 권리를 가진다고 규정하고 있다. 이 권리의 보장이 가장 심각한 범법행위에만 국한되지 않는다는 점을 보여주는 다른 언어본의 "범죄"("infraction", "delito", "prestuplenie")라는 용어에 특별한 주의가 기울여진다. 이와 관련해서 특히 상급심 법원의 이용과 권한, 상소를 위하여는 어떠한 요건이 충족되어야 하는가, 상급심 법원에서의 절차가 제14조 제1항의 공정한 공개심리의 요건을 고려하는 방법 등 상소 절차에 대한 정보가 충분하게 제공되지 않았다.

18. 제14조 제6항은 그에 기술된 바와 같은 오심이 있었을 경우 법률에 따른 보상을 규정하고 있다. 많은 당사국의 보고서를 보면 이 권리가 종종 준수되지 않거나 국내 법률을 통해 충분히 보장되지 않는다고 보인다. 각국은 필요한 경우 규약 조항을 준수하기 위해 이 분야의 법률을 보완해야 한다.

19. 당사국 보고서를 심의함에 있어 제14조 제7항의 범위에 관해 종종 서로 다른 견해가 표출되었다. 일부 당사국은 형사사건의 재개에 관한 절차와 관련해 유보의 필요성까지 느끼었다. 위원회로서는 대부분의 당사국이 예외적 상황에 의해 정당화되는 재판의 재개와 제7항에 포함된 일사부재리 원칙에 따라 금지되는 재심판을 명확히 구분하고 있다고 보인다. 일사부재리의 의미에 대한 이러한 이해는 당사국으로 하여금 제14조 제7항에 대한 유보를 재고하도록 할 것이다.

제14호: 제6조 (생명권)
(제23차 회기(1984) 채택, 일반논평 제36호(2019)로 대체됨)

1. 1982년 7월 27일 제378차 회의에서 채택된 일반논평 제6호(제16차 회기)에서 규약 위원회는 「시민적 및 정치적 권리에 관한 국제규약」 제6조 제1항에 규정된 생명권을 공공의 비상사태의 경우에도 이행정지가 허용될 수 없는 최고의 권리로 판단했다. 1948년 12월 10일

UN 총회에서 채택된 세계인권선언 제3조에도 동일한 생명권이 규정되어 있다. 생명권은 모든 인권의 바탕이다.

2. 위원회는 또한 과거의 일반논평에서 전쟁의 방지를 국가의 최고의 의무로 판단했다. 전쟁이나 기타 대량 폭력 행위는 지속적으로 인류의 재앙이 되고 있으며, 매년 수많은 무고한 사람의 생명을 앗아가고 있다.

3. 무력 분쟁시 재래식 무기에 의한 사망자 수에 깊은 우려를 가짐과 동시에 위원회는 인간의 생명을 위협할 뿐만 아니라, 중요한 경제적·사회적 목적, 특히 개발도상국의 이익을 위해 이용되어 이를 통해 모든 사람의 인권 향유를 증진시키고 보장하는데 이용될 수 있는 자원을 빼앗아가고 있는 더욱 무서워지는 대량파괴무기의 개발과 확산에 대해 모든 지역의 대표자들이 UN 총회에서 회기를 거듭하며 우려를 높여왔다는 점에 주목해 왔다.

4. 위원회는 이러한 우려에 공감한다. 핵무기의 개발, 실험, 생산, 보유, 배치가 오늘날 인류가 직면한 생명권에 대한 가장 큰 위협 중 하나임은 명백하다. 이러한 위협은 전시뿐 아니라 인간이나 기계적인 실수 또는 결함을 통해서도 그러한 무기가 실제로 사용될 수 있다는 위험으로 인해 증대되고 있다.

5. 더욱이 이러한 위협의 존재 자체와 심각성이 국가 사이에 의심과 공포 분위기를 조장하고 있으며, 그러한 분위기 자체가 UN 헌장 및 국제인권규약에 따른 인권 및 기본적 자유에 대한 보편적 존중과 보장을 촉진하는데 역행하게 된다.

6. 핵무기의 생산, 실험, 보유, 배치, 사용은 금지되어야 하며, 또한 인도에 반하는 죄로 인정되어야 한다.

7. 위원회는 따라서 규약의 당사국 여부와 관계없이 인류의 이익을 위해 모든 국가가 일방적으로 그리고 합의에 의해 세계에서 이러한 위협을 근절하기 위한 긴급조치를 취하라고 촉구한다.

제15호: 규약상 외국인의 지위
(제27차 회기(1986) 채택)

1. 당사국 보고서는 각 당사국이 "자국의 영역 내에 있으며, 그 관할권 하에 있는 모든 개인"에 대해 규약상 권리를 보장해야 한다(제2조 제1항)는 점을 종종 고려하지 못했다. 일반적으로 규약에 규정된 권리는 상호주의와 관계없이, 그리고 사람의 국적이나 무국적과도 관계없이 모든 사람에게 적용된다.

2. 따라서 규약의 각 권리는 내외국인 간에 차별 없이 보장되어야만 함이 일반 원칙이다.

외국인은 제2조에 규정된 바와 같이 규약에 보장된 권리에 관해 비차별이라는 일반적 요건의 혜택을 받는다. 이러한 보장은 자국민과 외국인에게 마찬가지로 적용된다. 예외적으로 규약에서 인정된 일부 권리는 명시적으로 자국민에게만 적용되나(제25조), 한편 제13조는 외국인에게만 적용된다. 그러나 보고서를 검토한 위원회의 경험에 따르면 많은 국가에서 규약상 외국인이 향유해야 할 다른 권리들이 그들에게 부인되고 있거나, 규약상 항상 정당화될 수는 없는 제한을 받고 있었다.

3. 소수의 헌법만이 자국민과 외국인의 평등을 규정하고 있다. 보다 최근에 채택된 일부 헌법은 모든 사람에게 적용되는 기본적 권리와 자국민에게만 부여되는 권리를 신중하게 구분하고, 각각을 상세히 다루고 있다. 그러나 많은 국가에서는 헌법이 관련 권리를 부여함에 있어 자국민에 관해서만 작성되었다. 법률과 판례법도 외국인의 권리를 부여하는데 있어서 중요한 역할을 할 수 있다. 위원회는 일부 국가에서 기본권이 헌법이나 다른 법률로 외국인에게 보장되지는 않을지라도 규약의 요구와 같이 외국인에게도 확대될 것이라는 통보를 받았다. 그러나 몇몇 사건에서는 외국인에 대해 규약상 권리를 차별 없이 실행하고 있지 못함이 명백했다.

4. 위원회는 당사국이 그들의 보고서에서 법률과 실제 실행 양면에서 외국인의 지위에 대해 주목해야 한다고 본다. 규약은 외국인에게 이에 보장된 권리에 관해 모든 보호를 제공하고 있으며, 이러한 요구는 적절한 법률이나 실행을 통해 당사국에 의해 준수되어야 한다. 그러면 외국인의 지위는 상당히 개선될 것이다. 당사국은 규약의 조항과 이에 따른 권리가 자국 관할권 내 외국인에게 알려지도록 보장해야 한다.

5. 규약은 당사국 영토로 입국하거나 체류할 수 있는 외국인의 권리를 인정하지 않는다. 누구를 자국 영토로 받아들일지는 원칙적으로 그 국가가 결정할 문제이다. 그러나 일정한 상황, 예를 들어 비차별, 비인도적 대우의 금지, 가족생활에 대한 존중과 같은 고려사항이 제기될 경우에는 입국과 체류에 관한 사항일지라도 외국인이 규약의 보호를 향유할 수 있다.

6. 예를 들어 이전, 체류, 고용과 관련된 조건이 첨부되어 입국 허가가 부여될 수 있다. 국가는 통과 중인 외국인에 대해 일반적 조건을 부여할 수도 있다. 그러나 외국인이 일단 당사국 영토로 입국이 허용되면, 규약에 규정된 권리를 향유할 자격을 가진다.

7. 따라서 외국인은 법률의 보호를 받는 고유한 생명권을 가지며, 자의적으로 생명을 박탈당하지 않는다. 외국인은 고문 또는 잔혹하거나 비인도적이거나 굴욕적인 대우 또는 처벌을 받아서는 안 되며, 노예 또는 예속상태에 놓여서도 안 된다. 외국인은 신체의 자유와 안전에 대한 모든 권리를 갖는다. 만약 합법적으로 자유를 박탈당한 경우, 그들은 인도적으로 인간의 고유한 존엄성을 존중받으며 처우되어야 한다. 외국인은 계약상의 의무 불이행을

이유로 구금될 수 없다. 그들은 이전의 자유와 거주지 선택의 자유에 대한 권리를 가진다. 그들은 자유로이 출국할 수 있다. 외국인은 재판에서 평등하며, 형사상 죄의 결정 또는 소송상 권리 의무에 관한 결정에 있어서 법률에 의해 설치된 권한 있는 독립적이고 공평한 법원에 의한 공정한 공개심리를 받을 권리를 갖는다. 외국인은 형법을 소급해서 적용받지 아니하며, 법 앞의 인간으로 인정될 권리를 가진다. 그들은 자신의 사생활, 가정, 주거 또는 통신에 관해 자의적이거나 불법적인 간섭을 받지 아니한다. 그들은 사상, 양심, 종교의 자유에 대한 권리를 가지며, 의견을 갖고 이를 표현할 권리를 갖는다. 외국인은 평화적 집회와 결사의 자유에 대한 권리의 혜택을 받는다. 그들은 혼인 적령기에 혼인을 할 수 있다. 그들의 자녀는 미성년자로서 그들의 지위에 상응하는 보호 조치를 받을 권리가 있다. 외국인이 제27조가 의미하는 소수자에 해당할 경우, 그들은 그 집단의 다른 구성원들과 함께 자신의 문화를 향유하고, 그들 자신의 종교를 표명하고 실행하며, 그들 자신의 언어를 사용할 권리를 부인당하지 아니한다. 외국인은 법의 평등한 보호를 받을 권리가 있다. 이상 권리의 적용에 있어서 외국인과 자국민 사이에 차별이 있어서는 안 된다. 외국인의 이러한 권리는 규약에 따라 합법적으로 부과된 제약에 의해서만 제한될 수 있다.

8. 외국인이 일단 합법적으로 영역 내에 있게 되면, 그 영역 내에서 이동의 자유와 그 영역을 출국할 권리는 제12조 제3항에 의해서만 제한될 수 있다. 이러한 점에서 외국인과 자국민 간 또는 다른 범주의 외국인들 간 대우 상 차이는 제12조 제3항에 따라 정당화되어야 한다. 그러한 제한은 무엇보다도 규약에서 인정되는 다른 권리와 조화를 이루어야 하므로, 당사국은 외국인을 통제하거나 제3국으로 송환하는 방법을 통해 외국인의 자국 귀환을 자의적으로 막을 수 없다(제12조 제4항).

9. 많은 보고서가 제13조에 관련된 사항에 대해 불충분한 정보를 제공했다. 이 조항은 국내법에서 추방으로 기술되든 또는 다르게 기술되든, 외국인의 강제적 출국에 관한 모든 절차에 적용될 수 있다. 만약 그러한 절차가 체포를 수반하는 경우, 자유의 박탈에 관련된 규약의 보호장치(제9조 및 제10조)도 적용될 수 있다. 만약 체포가 범죄인 인도라는 특정한 목적을 가진 경우, 국내법과 국제법의 다른 조항들이 적용된다. 일반적으로 추방되는 외국인은 그를 받아들이기로 동의한 어떤 국가로도 출발이 허용되어야 한다. 제13조의 이 특별한 권리는 당사국 영역 내에 합법적으로 체재하는 외국인만을 보호한다. 이는 입국 및 체류 요건에 관한 국내법이 그러한 보호범위를 결정함에 있어서 반드시 고려되어야 한다는 점과 불법 입국자와 법률이나 입국허가가 허용한 기간 이상 체류한 외국인은 특히 이 조항의 적용을 받지 못한다는 사실을 의미한다. 그러나 만약 어떤 외국인의 입국이나 체류의 합법성이 문제 되는 경우, 추방이나 퇴거강제로 이어질 수 있는 이 점에 관한 어떠한 결정도 제13조

에 따라 취해져야 한다. 당사국 관할당국은 법 앞의 평등(제26조)과 같은 규약상의 요구를 준수하면서 신의성실하게 자신의 권한을 행사하며 국내법을 적용하고 해석해야 한다.

10. 제13조는 추방의 실체적 근거가 아닌 절차만을 직접적으로 규제한다. 그러나 "법률에 따라 이루어진 결정에 따라서만" 추방을 허용함으로써 이의 목적이 자의적 추방의 방지라는 점은 명백하다. 다른 한편 이는 각 외국인에게 자기 사건의 결정을 받을 권리를 부여하게 되므로, 제13조는 집단적 또는 대량 추방을 규정하는 법률이나 결정과는 부합될 수 없다. 위원회는 추방에 반대하는 이유를 제시할 수 있고, 또한 권한 있는 당국이나 그 당국에 의해 지명된 자에 의해 자기의 사안이 심사되도록 하고, 또한 이를 위해 그 당국이나 사람 앞에서 다른 사람이 그를 대리하도록 할 권리에 관한 또 다른 조항에 의해 이 같은 이해가 확인된다는 입장이다. 외국인은 이 권리가 자신의 사건의 모든 상황에서 실효성을 가질 수 있도록 추방에 대한 구제절차를 모색하기 위한 충분한 편의를 제공받아야 한다. 추방에 대한 이의제기와 권한 있는 당국에 의해 재심사를 받을 권리에 관한 제13조의 원칙은 "국가 안보상 불가피한 이유"가 요구하는 경우에만 제한될 수 있다. 제13조의 적용에 있어서 다른 범주의 외국인 간에 차별을 할 수 없다.

제16호: 제17조 (사생활에 대한 권리)
(제32차 회기(1988) 채택)

1. 제17조는 모든 사람이 그의 사생활, 가정, 주거 또는 통신에 대해 자의적이거나 불법적인 간섭을 받거나 그의 명예와 평판에 대한 불법적인 공격으로부터 보호받을 권리가 있다고 규정한다. 위원회는 국가 당국, 자연인, 법인 등 누구로부터의 간섭과 공격으로부터도 이 권리가 보호되어야만 한다는 입장이다. 이 조항은 그러한 간섭과 공격을 금지하고 이 권리를 보호하기 위해 법률적 및 그 밖의 조치를 채택할 의무를 당사국에게 부과한다.

2. 이와 관련하여 위원회는 입법, 행정, 사법 당국이나 또는 일반적으로 국가에 의해 설립된 담당 기관에 의해 이 권리에 대한 존중이 보장되는 방법에 관한 정보에 관해 규약 당사국 보고서에서 필요한 주의가 기울여지지 않고 있음을 지적하고자 한다. 특히 규약 제17조가 불법적인 간섭과 자의적인 간섭 모두로부터의 보호를 다루고 있다는 사실에 충분한 주의가 기울여지지 않고 있다. 그것은 무엇보다도 이 조항에 규정된 권리를 보호하기 위한 조항이 바로 법률로 규정되어야 함을 의미한다. 현재의 보고서들은 그에 관한 법률에 대해 아무런 언급이 없거나 불충분한 정보만을 제공하고 있다.

3. "불법적"이란 용어는 법률에 규정된 경우를 제외하고는 어떠한 간섭도 할 수 없음을 의

미한다. 국가에 의해 허용된 간섭은 법률에 근거해야만 가능하며, 그러한 법률 자체도 규약의 규정, 의도, 목적에 합치되어야만 한다.

4. "자의적 간섭"이란 표현도 제17조에 규정된 권리의 보호와 관련된다. 위원회는 "자의적 간섭"이란 표현도 법률로 규정된 간섭까지 해당될 수 있다는 견해이다. 자의성이란 개념은 법률에 의한 간섭일지라도 규약의 규정, 의도, 목적에 합치되어야 하며, 구체적 상황 속에서 항시 합리적이어야만 한다는 점을 보장하려는 의도에서 도입되었다.

5. "가정"(famliy)이라는 용어와 관련해서 제17조에서 이 용어는 관련 당사국 사회에서 받아들여지는 모든 형태의 가정을 포함하도록 폭넓게 해석되어야 한다는 것이 규약의 목적이다. 규약 제17조에서 사용된 영어의 home(주거), 아랍어의 "manzel", 중국어의 "zhuzhai", 프랑스어의 "domicile", 러시아어의 "zhilische", 스페인어의 "domicilio"는 사람이 거주하거나 일상적인 직업을 수행하는 장소를 나타내는 것으로 이해되어야 한다. 이런 맥락에서 위원회는 각국이 보고서에서 자국 사회에서 "가정"과 "주거"라는 용어에 어떠한 의미가 부여되는가를 제시하도록 당사국에 요청한다.

6. 위원회는 보고서가 당사국 법체계 안에서 법률에 따른 간섭을 허용할 권한을 가진 당국과 기관에 관한 정보를 포함해야 한다고 본다. 또한 법을 엄정히 준수하며 간섭을 통제할 권한을 가진 당국에 대한 정보와 규약 제17조에 규정된 권리의 침해에 대해 당사자는 어떠한 방법과 어떠한 기관을 통해 이의를 제기할 수 있는가는 반드시 알아야 한다. 당사국은 보고서에서 실제 관행이 어느 정도까지 법에 합치하는지를 반드시 명시해야 한다. 당사국 보고서는 자의적이거나 불법적 간섭에 관해 제출된 이의와 이에 관해 결론이 내려진 사건 수는 물론 그런 경우 부여된 구제조치에 관한 정보 또한 반드시 포함해야 한다.

7. 모든 사람은 사회 속에서 살고 있으므로, 사생활의 보호란 필연적으로 상대적이다. 그러나 담당 공공 당국도 그것이 규약에서 인정되고 있는 바와 같이 사회 이익에 있어서 필수적인 경우에만 개인 사생활과 관련된 정보를 요구할 수 있어야 한다. 따라서 위원회는 당사국이 보고서에서 사생활에 대한 간섭의 허용을 규제하는 법률과 규정을 지적해야 한다고 권고하고 있다.

8. 규약에 합치되는 간섭에 대해서도 관련 법률은 그러한 간섭이 허용될 수 있는 정확한 상황을 구체적으로 기술해야 한다. 그러한 허가된 간섭을 활용할 결정은 법률로 지정된 당국에 의해서만 그리고 개개 사안별로 내려져야 한다. 제17조를 준수하려면 통신의 완전성과 비밀성이 법률상으로나 사실상으로 보장되어야만 한다. 통신은 도중에 차단되지 않고, 개봉되거나 읽혀지지 않은 상태로 수취인에게 전달되어야 한다. 전자적 방법이나 다른 방법을 통한 감시, 전화, 전신 및 다른 통신수단의 차단, 도청 및 대화 녹음은 금지되어야 한다. 또

한 개인 주거의 수색은 필요한 증거 수색에 한정되어야 하며, 괴롭힘이 될 정도로 허용되어서는 아니된다. 소지품과 신체 수색에 있어서는, 수색을 당하는 사람의 존엄성에 부합되는 방법으로 수색이 이루어 질 것을 보장하는 효과적인 조치가 있어야 한다. 국가 공무원이나 국가의 요청에 따른 의료인에 의해 신체수색을 당하는 사람은 반드시 동일한 성별을 가진 사람에 의해서만 조사를 받아야 한다.

9. 당사국은 규약에 어긋나는 간섭에 자신이 관여하지 말아야 하며, 자연인이나 법인에 의한 그 같은 행위를 금지하는 법적 장치를 마련할 의무가 있다.

10. 컴퓨터, 데이터 뱅크, 기타 장치에 개인 정보의 수집과 보관은 공공기관에 의하든 사인이나 민간단체에 의하든 반드시 법률로써 규제되어야 한다. 개인 사생활에 관한 정보가 이를 접수, 처리, 사용할 수 있도록 법적으로 허용되지 않은 자의 손에 들어가거나, 규약에 합치되지 않는 목적에 결코 이용되지 않도록 보장하기 위해 당사국은 실효적인 조치를 취해야 한다. 개인 사생활을 최대한 효과적으로 보호하기 위해 모든 개인은 어떠한 개인 정보가 자동정보 파일에 저장되는지 여부, 어떠한 목적으로 저장되는지 여부를 이해할 수 있는 방식으로 확인할 권리를 갖는다. 모든 개인은 어떠한 공공기관이나 사인 또는 민간단체가 그들의 파일을 관리하고 있는가 또는 관리할 수 있는가에 대하여도 확인할 수 있어야 한다. 만약 그러한 파일이 부정확한 개인 정보를 포함하고 있거나 법률에 위반되게 수집되거나 처리되었다면, 모든 개인은 이의 수정이나 삭제를 요청할 권리가 있다.

11. 제17조는 개인의 명예와 평판을 보호하며, 당사국은 이를 위해 적절한 법률을 마련할 의무를 진다. 또한 발생하는 어떠한 불법적인 비난으로부터 모든 사람이 자신을 보호하고, 이에 책임있는 자를 상대로 실효적인 구제조치를 취함이 누구에게나 현실적으로 가능하게 하는 규정이 마련되어야 한다. 당사국은 자국 보고서에서 개인의 명예나 평판이 법률에 의해 어느 정도까지 보호되는지와 자국의 법제도에서 이러한 보호가 어떻게 실현되는지에 관해 지적해야 한다.

제17호: 제24조 (아동의 권리)
(제35차 회기(1989) 채택)

1. 「시민적 및 정치적 권리에 관한 국제규약」 제24조는 모든 아동이 어떠한 차별도 받지 않으며, 미성년자로서의 지위로 인해 요구되는 보호조치를 자신의 가족, 사회 및 국가로부터 받을 권리를 가짐을 인정하고 있다. 이에 따라 이 조항의 이행을 위해서는 모든 사람이 규약상 권리를 향유하도록 보장하기 위해 제2조에 따라 당사국이 취해야 할 조치에 추가해

아동보호를 위한 특별조치의 채택을 필요로 한다. 당사국에 의해 제출된 보고서는 종종 이러한 의무를 축소 평가하고, 아동이 특별한 보호를 받을 권리를 향유할 방식에 대해 불충분한 정보만을 제공한다고 보여진다.

2. 이러한 맥락에서 위원회는 제24조에 규정된 권리가 규약이 아동에게 인정하는 유일한 권리가 아니라는 점과 아동은 개인으로서 규약에 규정된 모든 시민적 권리의 혜택을 받는다는 점을 지적하는 바이다. 권리를 규정함에 있어 규약의 일부 규정은 성인보다 미성년자가 더 많은 보호를 받도록 채택되어야 할 조치를 당사국에 명시적으로 제시하고 있다. 이에 생명권에 관한 한, 18세 미만인 자가 저지른 범죄에 대하여는 사형이 부과될 수 없다. 마찬가지로 합법적으로 자유를 박탈당한 경우, 미성년 미결수용자는 성인과 격리되며 또한 가능한 한 신속하게 재판에 회부되어야 한다. 다음으로 소년범 기결수에게는 성인과의 격리를 포함해 그들의 나이와 법적 지위에 합당하고, 교정과 사회복귀를 목적으로 하는 수감제도가 적용되어야 한다. 다른 경우에는 미성년자의 이익을 위해 필요하다면 예외를 통해 아동은 소송상 또는 형사사건의 판결을 공개할 권리와 같은 규약상 권리에 대한 제한 — 그러한 제한이 정당하다면 — 가능성에 의해 보호받는다.

3. 그러나 대부분의 경우 채택되어야 할 조치가 규약에 구체화 되어 있지는 않으며, 자국 영역 내와 관할권 하에 있는 아동 보호 필요성에 비추어 각국이 이를 결정한다. 이러한 점에 있어서 1차적으로 아동이 이 규약에 규정된 다른 권리를 충분히 향유하도록 보장하려는 의도의 조치라고 할지라도, 그러한 조치는 경제적, 사회적, 문화적인 내용일 수 있음을 위원회는 유의하고 있다. 예를 들어 유아사망률을 줄이고, 아동 영양실조를 근절시키고, 아동이 폭력행위와 잔인하고 비인도적인 대우를 받지 않도록 방지하거나, 강제 노동이나 매춘, 마약 불법거래에의 이용이나 그 밖의 다른 수단에 의한 착취를 방지하기 위해 가능한 모든 경제적, 사회적 조치가 취해져야 한다. 문화적 분야에서는 아동의 인격 발달을 촉진하고, 그들이 규약에서 인정된 권리, 특히 의사 및 표현의 자유에 대한 권리를 누릴 수 있도록 할 일정 수준의 교육을 제공하기 위해 가능한 모든 조치가 취해져야 한다. 더욱이 위원회는 아동이 무력 충돌에 직접 가담하지 않도록 보장하기 위해 채택된 조치에 관한 정보를 보고서에 포함할 필요성에 대해 당사국이 유의하기를 바라고 있다.

4. 아동은 미성년자라는 지위로 인해 특별한 보호 조치를 받을 권리를 가진다. 다만 규약은 성인에 달하는 나이를 명시하지 않고 있다. 이는 관련 사회적·문화적 조건에 비추어 각 당사국에 의해 결정될 문제이다. 이러한 점에서 당사국은 보고서에 아동이 민사상 성인이 되는 연령과 형사상 책임을 질 수 있는 연령을 적시해야 한다. 당사국은 또한 아동이 법적으로 일을 할 수 있는 나이와 그가 노동법상 성인으로 취급되는 나이를 적시해야 한다. 당사

국은 이어 제10조 제2항과 제3항의 목적상 아동이 성인으로 간주되는 나이도 적시해야 한다. 그렇지만 위원회는 위와 같은 목적의 나이가 불합리하게 낮게 책정되어서는 아니되며, 18세 미만인 자가 국내법상 성인 연령에 도달했을지라도 당사국은 어떠한 경우에도 그에 대한 규약상 의무로부터 면제될 수 없음을 유의하고 있다.

5. 규약은 아동이 인종, 피부색, 성별, 언어, 종교, 민족적 또는 사회적 출신, 재산 또는 출생 등 어떠한 종류의 차별로부터도 보호받아야 함을 요구한다. 이와 관련해 위원회는 아동의 경우 규약에 규정된 권리 향유의 차별금지는 제2조로부터 나오고, 법 앞의 평등은 제26조로부터 나오는 한편, 제24조에 포함된 차별금지 규정은 특히 그 조항에서 언급되고 있는 보호 조치와 관련된다는 점에 주목한다. 당사국 보고서는 특히 내국인 아동과 외국인 아동 사이 또는 적출자와 혼인외(外) 자 사이에 상속을 포함한 모든 분야에서의 차별 철폐가 보호조치의 목적이 되도록 법률과 관행이 어떻게 보장하고 있는지를 지적해야 한다.

6. 아동에게 필요한 보호를 보장하는 책임은 가족, 사회 그리고 국가에 있다. 규약은 책임이 어떻게 분배되어야 하는지를 지적하고 있지 않지만, 그것은 1차적으로 가족이 부담해야 한다. 여기서 가족이란 해당 당사국 사회에서 이를 구성하는 모든 사람을 포함하도록 넓은 의미로 해석되고, 특히 아동 인격의 조화로운 발달과 규약에 인정된 권리의 향유를 촉진하기 위한 환경의 조성은 부모가 해야 한다. 그러나 부모가 가정 밖에서 취업하고 있는 경우가 매우 일반적이므로, 당사국 보고서는 아동 보호를 보장함에 있어 그러한 가족을 지원할 당사국의 책임을 사회, 사회조직 그리고 국가가 어떻게 이행하고 있는지를 지적해야 한다. 더욱이 부모와 가족이 심각할 정도로 의무를 다하지 못하거나 아동을 학대하거나 방치하는 경우, 국가는 부모의 권한을 제한하도록 개입해야 하며, 상황에 따라 필요하다면 아동이 가족과 분리될 수도 있다. 만약 혼인이 해소된다면 아동에게 필요한 보호를 제공하고, 가능한 한 양 부모와의 개인적 관계를 보장하기 위한 조치가 아동의 최선 이익에 맞추어 취해져야 한다. 위원회는 유기되거나 가정환경을 박탈당한 아동이 가정환경에 가장 근접한 조건에서 성장할 수 있도록 보호하기 위해 채택된 특별보호조치에 관한 정보를 당사국 보고서가 제공해야만 유용하리라고 본다.

7. 제24조 제2항에 따라 모든 아동은 출생 후 즉시 등록되고, 성명을 가질 권리를 갖는다. 이 조항은 특별보호조치를 받을 권리에 관한 규정과 밀접한 관련 하에 해석되어야 하며, 또한 이는 아동의 법인격 인정을 고취시키기 위해 마련되었다는 것이 위원회의 견해이다. 이름을 가질 권리를 규정함은 혼인외(外) 자로 출생한 아동의 경우에 특히 중요성을 가진다. 출생 후 아동을 등록할 의무의 기본 목적은 아동의 유괴, 매매나 밀매 또는 규약에 규정된 권리 향유에 위배되는 기타 형태의 처우에 대한 위험을 감소시키기 위함이다. 당사국 보고

서는 자국에서 출생한 아동의 즉각적인 등록을 보장하는 조치를 구체적으로 적시해야 한다.

8. 아동에게 부여될 보호와 관련해서 제24조 제3항에 규정된 바와 같이 모든 아동의 국적 취득권에 대해 특별한 주의가 기울여져야 한다. 이 조항의 목적은 아동이 무국적이란 이유로 사회와 국가의 보호를 덜 받게 되지 않도록 방지함이지만, 이것이 반드시 국가가 자국 영역 내에서 출생한 모든 아동에 대해 국적을 부여하라는 의무를 부과하지는 않는다. 그러나 국가는 국내적으로 그리고 다른 국가와 협력해서 모든 아동이 출생하면 국적 취득을 보장하기 위해 적절한 모든 조치를 채택하도록 요구된다. 이와 관련해서 국적 취득에 있어서는 적출자와 혼인외(外) 자 사이 또는 무국적 부모에게서 태어난 아동 또는 부모의 일방 또는 쌍방의 국적을 이유로 하는 국내법상의 어떠한 차별도 허용되지 아니한다. 당사국 보고서에는 아동의 국적 취득을 보장하기 위해 채택된 조치에 관한 언급이 항상 있어야 한다.

제18호: 차별금지
(제37차 회기(1989) 채택)

1. 차별금지는 법 앞의 평등하고 어떠한 차별도 없는 법의 평등한 보호와 더불어 인권 보호에 관한 기본적이고 일반적인 원칙을 구성한다. 그러므로 「시민적 및 정치적 권리에 관한 국제규약」의 제2조 제1항은 자국의 영토 내에 있으며 그 관할권 하에 있는 모든 개인에 대하여 인종, 피부색, 성별, 언어, 종교, 정치적 또는 그밖의 의견, 민족적 또는 사회적 출신, 재산, 출생 또는 그 밖의 신분 등에 의한 어떠한 종류의 차별도 없이 이 규약에서 인정되는 권리들을 존중하고 확보할 의무를 각 당사국에게 부과한다. 제26조는 모든 사람에게 법 앞의 평등과 아울러 법의 평등한 보호를 받을 권리를 부여함은 물론 어떠한 차별도 법률로 금지하며, 인종, 피부색, 성별, 언어, 종교, 정치적 또는 그 밖의 의견, 민족적 또는 사회적 출신, 재산, 출생 또는 그 밖의 신분에 근거한 차별에 대해 평등하고 효과적인 보호를 모든 사람에게 보장한다.

2. 그리고 차별금지원칙은 매우 기본적인 내용으로 제3조는 규약에 규정된 권리를 남성과 여성이 동등하게 향유하는 권리를 보장할 의무를 각 당사국에게 부과한다. 제4조 제1항은 공공의 비상사태의 경우 당사국이 규약상 일정한 의무의 이탈조치를 취할 수 있도록 허용하고 있으나, 같은 조항은 특히 그러한 조치가 인종, 피부색, 성별, 언어, 종교 또는 사회적 출신만을 이유로 하는 차별을 포함하지 않아야 한다는 점을 요구하고 있다. 나아가 제20조 제2항은 당사국에게 차별에 대한 선동이 될 수 있는 민족, 인종, 종교에 대한 증오의 고취를 법률로 금지할 의무를 부과한다.

3. 법 앞의 평등 및 법의 평등한 보호와 더불어 차별금지는 그 기본적이고 일반적인 성격으로 인해서 때때로 특정 범주의 인권과 관련된 조항에서 명시적으로 언급되기도 한다. 제14조 제1항은 모든 사람이 재판에 있어서 평등함을 규정하고 있으며, 같은 조 제3항은 모든 사람은 형사상 범죄혐의를 확인함에 있어 적어도 제3항 가호부터 사호에 규정된 최소한의 보장을 완전히 평등하게 받을 권리를 가진다고 규정하고 있다. 마찬가지로 제25조는 제2조에 지적된 어떠한 차별도 받지 아니하며 모든 시민이 공적 생활에 평등하게 참여한다고 규정하고 있다.

4. 관련 조항을 이행하기 위한 적절한 조치는 당사국이 결정한다. 그러나 위원회는 그러한 조치의 성격과 그것이 차별금지, 법 앞의 평등, 법의 평등한 보호의 원칙들과 합치되는지에 관해 보고를 받아야 한다.

5. 위원회는 규약이 당사자 권리의 평등한 보장을 위한 조치를 취하라고 때로 명시적으로 당사국에게 요구한다는 사실에 당사국이 유의하기를 희망한다. 예를 들어 제23조 제4항은 당사국이 혼인 중 및 혼인 해소 시에 혼인에 대한 배우자의 평등한 권리 및 책임을 보장하기 위해 적절한 조치를 취하라고 규정하고 있다. 그러한 조치는 입법조치, 행정조치 또는 다른 형태를 취할 수도 있으나, 규약이 요구하는 바와 같이 배우자가 평등한 권리를 확실히 갖도록 함은 당사국의 적극적 의무이다. 어린이와 관련해서 제24조는 모든 어린이가 인종, 피부색, 성별, 언어, 종교, 민족적 또는 사회적 출신, 재산, 출생에 관해 어떠한 차별도 받지 않으며, 미성년자로서의 지위로 인해 요구되는 보호조치를 자신의 가족, 사회 및 국가로부터 받을 권리를 가진다고 규정하고 있다.

6. 위원회는 규약이 "차별"이라는 용어를 정의하지도 않고, 무엇이 차별에 해당하는지 제시하지도 않은 점에 유의한다. 그러나 「모든 형태의 인종차별철폐에 관한 국제협약」제1조은 "인종차별"이란 인종, 피부색, 가문 또는 민족이나 종족의 기원에 근거를 둔 어떠한 구별, 배척, 제한 또는 우선권을 말하며 이는 정치, 경제, 사회, 문화 또는 기타 어떠한 공공생활의 분야에 있어서든 평등하게 인권과 기본적 자유의 인정, 향유 또는 행사를 무효화시키거나 침해하는 목적 또는 효과를 가지고 있는 경우라고 규정하고 있다. 마찬가지로 「여성에 대한 모든 형태의 차별 철폐에 관한 협약」제1조는 "여성에 대한 차별"이란 정치적, 경제적, 사회적, 문화적, 시민적 또는 기타 분야에 있어서 결혼 여부에 관계 없이 남녀 동등의 기초 위에서 인권과 기본적 자유를 인식, 향유 또는 행사하는 것을 저해하거나 무효화하는 효과 또는 목적을 가지는 성에 근거한 모든 구별, 배제 또는 제한을 의미한다고 규정하고 있다.

7. 이들 규정은 특정 분야에서의 차별 사례만을 다루고 있으나, 위원회는 규약에서 사용되

고 있는 "차별"이란 용어가 인종, 피부색, 성별, 언어, 종교, 정치적 또는 그 밖의 의견, 민족적 또는 사회적 출신, 재산, 출생, 그 밖의 지위에 근거해 모든 사람이 동등한 바탕 위에서 인권과 자유를 인식, 향유 또는 행사함을 무효화하거나 침해하는 목적 또는 효과를 가지는 모든 구별, 배척, 제한 또는 우선권을 의미하는 것으로 이해되어야 한다고 믿는다.

8. 그러나 동등한 바탕 위에서의 권리 및 자유의 향유가 모든 경우에 있어서의 동일한 대우를 의미하지는 않는다. 이와 관련하여 규약의 조항은 분명하다. 예를 들어 제6조 제5항은 18세 미만인 자에 대한 사형 부과를 금지하고 있다. 또한 같은 조항은 임산부에 대한 사형 집행을 금지하고 있다. 마찬가지로 제10조 제3항은 소년범을 성인과 격리시키라고 요구하고 있다. 더 나아가 제25조는 시민이기 때문에 다르게 갖는 일정한 정치적 권리를 보장하고 있다.

9. 많은 당사국 보고서가 법적인 차별로부터의 보호와 관계되는 입법조치뿐만 아니라 행정조치 및 법원 결정에 관한 정보들도 포함하고 있지만, 실제로 차별을 드러내 보이는 정보는 부족한 경우가 매우 많다. 규약 제2조 제1항, 제3조 및 제26조에 관한 보고에서 당사국은 대개 헌법이나 기회균등법 상 사람의 평등에 관한 조항을 인용하고 있다. 그러한 정보도 물론 유용하지만, 위원회는 공공기관이나 공동체 또는 사인이나 사적 단체에 의해 실행되고 있는 사실상의 차별문제가 있는지를 알고 싶어 한다. 위원회는 그러한 차별을 줄이거나 철폐하기 위한 목적의 법조항이나 행정조치에 관한 정보를 받기 원하고 있다.

10. 위원회로서는 규약에 의해 금지된 차별을 야기하거나 영속화 시키는 조건을 감소시키거나 철폐하기 위해 평등 원칙이 때로는 당사국에게 적극적 우대조치를 취하도록 요구하고 있다는 점 또한 지적하고 싶다. 예를 들어 일정한 주민들의 일반적인 조건이 그들의 인권 향유를 방해하거나 침해하고 있는 국가에서는 당사국이 이러한 조건을 시정하기 위한 구체적 조치를 취해야 한다. 그러한 조치로는 특정한 문제에 있어서 해당 주민에 대해 다른 주민과 비교할 때 당분간 일정한 우대조치를 부여하는 것이 될 수 있다. 그러한 조치가 실제에서의 차별을 시정하기 위해 필요하다면, 이는 규약에 따른 정당한 구별인 경우에 해당한다.

11. 제2조 제1항과 제26조는 모두 인종, 피부색, 성별, 언어, 종교, 정치적 또는 그 밖의 의견, 민족적 또는 사회적 출신, 재산, 출생 또는 그 밖의 신분을 차별의 근거로 열거하고 있다. 위원회는 많은 헌법과 법률에서 제2조 제1항에 지적된 바와 같은 모든 차별금지의 근거가 열거되지 않고 있음을 발견했다. 따라서 위원회는 그러한 누락의 의미에 관한 정보를 당사국으로부터 받고자 한다.

12. 제2조는 차별로부터 보호되는 권리의 범위를 규약에 규정된 권리로 제한하고 있는 반면, 제26조는 그러한 제한을 구체화하고 있지 않다. 즉 제26조는 모든 사람이 법 앞에 평등

하고, 차별 없이 법의 평등한 보호를 받을 권리를 가지며, 법은 열거된 어떠한 이유에 근거한 차별에 대해서도 모든 사람에게 평등하고 효과적인 보호를 보장해야 한다는 의미이다. 제26조는 제2조에 이미 규정된 보장의 단순한 반복이 아니라, 그 자체로 독자적인 권리를 부여한다는 것이 위원회의 견해이다. 이는 공공기관에 의해 규제되고 보호되는 모든 분야에서 법률상으로나 사실상의 차별을 금지하고 있다. 그러므로 제26조는 입법 및 그 적용에 관해 당사국에게 부과되는 의무에 관한 조항이다. 따라서 법률이 당사국에 의해 채택될 때는 그 내용이 차별적이어서는 아니된다는 제26조의 요건을 충족해야 한다. 다시 말해서 제26조에 담긴 비차별 원칙의 적용은 규약에 규정된 권리들에 한정되지 아니한다.

13. 끝으로 위원회는 구별 기준이 합리적이고 객관적이며, 그 목표가 규약상 정당한 목적의 달성이라면, 처우상 모든 구별이 반드시 차별에 해당하지는 않는다고 본다.

제19호: 제23조 (가정)
(제39차 회기(1990) 채택)

1.「시민적 및 정치적 권리에 관한 국제규약」제23조는 가정이 사회의 자연적이며 기초적인 단위이고, 사회와 국가의 보호를 받을 권리가 있음을 규정하고 있다. 가족과 그 구성원들에 대한 보호 역시 규약의 다른 규정들에 의해 직접적 또는 간접적으로 보장된다. 그래서 제17조는 가정에 대한 자의적이거나 불법적인 간섭을 금지하고 있다. 게다가 규약 제24조는 특히 어린이 그 자체 또는 가족 구성원으로서의 어린이 권리의 보호를 규정하고 있다. 당사국은 종종 보고서에서 가족과 그 구성원들에 대한 보호의무를 국가와 사회가 어떻게 이행하고 있는지에 대해 충분한 정보를 제공하지 못하고 있다.

2. 위원회는 가족의 개념이 일정한 부분에서 국가별로 차이가 나고, 심지어 같은 국가 내에서도 지역마다 다를 수 있으며, 따라서 이 개념에 대한 표준적인 정의를 내리기가 불가능함을 유의하고 있다. 그러나 위원회는 일정한 사람의 집단이 당사국의 법률과 관행상 가족이라고 간주되는 경우, 제23조에 지적된 보호가 주어져야 함을 강조하고자 한다. 이에 당사국은 가족의 개념과 범위가 자국 사회와 법제도 내에서 어떻게 해석되고 정의되는지를 보고해야 한다. 한 국가 내에서 핵가족, 확대 가족과 같은 가족에 대한 다양한 개념이 존재할 경우, 각각에 주어지는 보호 정도에 대한 설명과 함께 이 점이 지적돼야 한다. 사실혼 부부와 그 자녀 또는 편부모와 그 자녀와 같이 다양한 형태의 가족이 존재한다는 점을 고려해 당사국은 그러한 형태의 가족과 구성원이 국내법과 관행에 의해 인정되고 보호되는지 여부와 그러한 범위 역시 지적해야 한다.

3. 규약 제23조에 규정된 보호를 보장하기 위해 당사국은 입법적, 행정적 및 기타의 조치들을 취해야 한다. 당사국은 그러한 조치의 성격과 실효적 이행을 보장하는 방법에 관해 구체적인 정보를 제공해야 한다. 규약은 가족이 사회에 의해 보호받을 권리도 인정하고 있기 때문에, 당사국 보고서는 국가나 다른 사회 기관들에 의해 가족에 대한 필요한 보호가 어떻게 부여되는지, 국가가 그 같은 기관활동에 대해 재정적 또는 그 밖의 지원을 하고 있는지 여부와 하는 정도, 그리고 그러한 활동이 규약과 합치하도록 어떻게 보장하고 있는지를 지적해야 한다.

4. 규약 제23조 제2항은 혼인적령기 남녀가 혼인하고 가정을 이룰 수 있는 권리를 재확인하고 있다. 같은 조 제3항에서는 양 당사자의 자유롭고 완전한 합의 없이는 혼인이 성립할 수 없음을 규정한다. 당사국 보고서는 친족의 촌수 또는 정신 장애와 같은 특별한 요인에 의해 혼인할 권리의 행사에 대한 제한이나 장애가 있는지 여부를 지적해야 한다. 규약은 남녀의 구체적인 혼인 가능 나이를 규정하지는 않고 있지만, 이는 각 배우자들이 법률에 규정된 형식과 조건에 따라 자신의 자유롭고 완전한 동의를 부여할 수 있는 나이여야 한다. 이와 관련하여 위원회는 그러한 법 조항이 규약에 의해 보장되는 다른 권리의 행사와 완전히 양립 가능해야 한다는 점을 유의하기 희망한다. 예를 들어 사상, 양심, 종교의 자유에 대한 권리는 각국의 법률이 종교적 혼인과 민사상 혼인 양자 모두가 가능하도록 규정해야 함을 의미한다. 하지만 종교의식에 따라 거행된 혼인을 국가가 민법에 따라 실시, 확인 또는 등록되도록 요구함은 규약과 충돌되지 않는다는 것이 위원회의 견해이다. 각국은 보고서에 이 문제에 관한 정보 역시 포함시키기를 요망된다.

5. 가정을 구성할 권리는 원칙적으로 출산과 동거 가능성을 내포한다. 국가가 가족계획 정책을 채택하는 경우 이는 규약 조항과 부합되어야 하며, 특히 차별적이거나 강제적이어서는 아니 된다. 마찬가지로 동거 가능성은 특히 정치적, 경제적 또는 그 밖의 유사한 이유로 인해 가족 구성원들이 떨어져 있는 경우 국내적 차원에서 그리고 경우에 따라서는 다른 국가와 협력해서 가족의 통합이나 재결합을 보장하기 위해 적절한 조치를 취함을 내포한다.

6. 규약 제23조 제4항은 당사국은 혼인 중 및 혼인 해소 시에 혼인에 대한 배우자의 평등한 권리와 책임을 보장하기 위해 적절한 조치를 취해야 한다고 규정하고 있다.

7. 혼인에서의 평등과 관련해서 위원회는 특히 혼인을 이유로 한 국적의 취득이나 상실에 있어서 성별에 근거한 차별이 있어서는 안 된다는 점을 유의하고자 한다. 마찬가지로 각 배우자는 자신의 본래 성의 사용을 계속할 수 있거나 또는 새로운 성의 선택에 평등하게 참여할 수 있는 권리가 보장되어야 한다.

8. 혼인 기간 중 배우자는 가정에서 동등한 권리와 책임을 가진다. 이러한 평등은 거주지

선택, 가사 운영, 자녀 교육, 자산 관리와 같이 배우자 관계에서 일어나는 모든 문제에 적용된다. 이러한 평등은 법적 별거나 혼인 해소에 대한 조치에도 적용된다.

9. 그러므로 별거 또는 이혼, 자녀 양육권, 부양비 또는 위자료, 자녀 면접권, 친권 상실 또는 회복에 관한 근거와 절차에 있어서 어떠한 차별도 금지되어야 하며, 이러한 점에 있어서 아동의 최선 이익을 유념해야 한다. 당사국은 특히 혼인의 해소나 배우자 별거 시 아동에게 필요한 보호조치를 위해 제정된 조항에 대한 정보를 보고서에 포함시켜야 한다.

제20호: 제7조 (고문 또는 잔혹하거나 비인도적이거나 굴욕적인 대우나 처벌의 금지)
(제44차 회기(1992) 채택)

1. 본 일반논평은 일반논평 제7호(1982년 제16차 회기)를 반영하고 더욱 발전시킨 내용으로 이를 대체한다.

2. 「시민적 및 정치적 권리에 관한 국제규약」 제7조의 목적은 개인의 존엄성과 신체적, 정신적 완전성의 보호이다. 입법 및 다른 필요한 조치를 통해 공적 자격에서의 행동, 공적 자격 외에서의 행동, 또는 사적 자격에서의 행동 등 무엇을 막론하고 제7조에서 금지한 행위로부터 모든 사람을 보호함은 당사국의 의무이다. 제7조의 금지 규정은 "자유를 박탈당한 모든 사람은 인도적인 또한 인간의 고유한 존엄성이 존중되는 대우를 받는다"고 규정한 규약 제10조 제1항의 적극적 요건에 의해 보완된다.

3. 제7조는 어떠한 제한도 허용하지 않는다. 위원회는 규약 제4조에 언급된 바와 같은 공공의 비상사태에서조차도 제7조의 이탈이 허용되지 않으며, 이 조항은 계속 적용되어야 한다는 점 역시 재확인한다. 위원회는 또한 상급자나 공공 당국의 명령을 포함해 어떠한 이유도 제7조 위반에 대한 정당화 또는 정상참작 사유가 될 수 없다고 본다.

4. 규약은 제7조에서 다루어지고 있는 개념의 정의는 포함하고 있지 않으며, 위원회 역시 금지 행위의 목록을 만들거나 또는 상이한 종류의 처벌이나 대우 사이에 엄격한 구별을 할 필요가 있다고는 생각하지 않는다. 그러한 구분은 적용되는 대우의 성격, 목적, 심각성에 달리게 된다.

5. 제7조의 금지사항은 피해자에게 신체적 고통을 야기하는 행위뿐만 아니라 정신적인 고통을 야기하는 행위와도 관련된다. 더욱이 위원회는 범죄에 대한 처벌이나 교육적 또는 훈육상 조치로 내려지는 과도한 징벌을 포함해 신체적 체벌에 대해서도 이러한 금지기준이 적용되어야 한다는 입장이다. 이러한 점에서 제7조가 특히 교육기관과 의료기관에 있는 아동, 학생, 환자들을 보호한다는 점을 강조함이 적절하다.

6. 위원회는 구금 또는 수감 중인 자의 장기간 독방 감금은 제7조에 의해 금지된 행위에 해당할 수 있다는 점에 유의한다. 일반논평 제6호(제16차 회기)에서 본 위원회가 지적한 바와 같이 규약 제6조는 사형의 폐지가 바람직함을 강력히 시사하는 의미로서 사형폐지를 일반적으로 언급하고 있다. 더욱이 당사국에 의해 가장 심각한 범죄에 대해 사형이 적용될 때에도, 이는 제6조에 따라 엄격히 한정되어야 할 뿐만 아니라, 신체적, 정신적 고통을 가능한 한 최소화하는 방법으로 집행되어야 한다.

7. 제7조는 당사자의 자유로운 동의가 없는 의학적 또는 과학적 실험을 명시적으로 금지하고 있다. 위원회는 일반적으로 당사국 보고서가 이 점에 대해 거의 정보를 담고 있지 않다는 점에 주목하고 있다. 이 조항의 준수를 보장할 필요성과 방법에 대해 보다 많은 관심이 기울여져야 한다. 또한 위원회는 그러한 실험에 관해 유효한 동의를 할 수 없는 사람, 특히 어떠한 형태로든 구금이나 수감되어 있는 사람의 경우 특별한 보호가 필요함에 유의하고 있다. 그러한 사람들이 건강에 해가 될 수 있는 의학적 또는 과학적 실험에 강제되어서는 아니 된다.

8. 위원회는 그 같은 대우나 처벌을 금지하거나 그러한 행위를 범죄화하는 것만으로는 제7조 이행에 충분치 않다는 점을 주목한다. 당사국은 자국 관할권 내의 영역에서 고문이나 잔혹하거나 비인간적이거나 굴욕적인 대우를 방지하고 처벌하기 위해 취한 입법적, 행정적, 사법적 그리고 기타 조치들에 대해 위원회에 보고해야 한다.

9. 당사국은 범죄인 인도나 추방 또는 강제송환의 방식으로 개인을 다른 국가로 되돌려 보냄에 따라 고문 또는 잔혹하거나 비인도적이거나 굴욕적인 대우나 처벌의 위험에 처하게 해서는 안 된다는 것이 위원회의 입장이다. 당사국은 이를 위해 취한 조치를 보고서에서 지적해야 한다.

10. 회원국들은 제7조에 의해 금지되는 고문과 대우의 방지에 관련된 정보를 일반 주민에게 어떻게 알리고 있는가를 위원회에 보고해야 한다. 법집행관, 의료인, 경찰, 어떠한 형태로든 체포, 구금, 수감된 자의 관리나 처우와 관련된 업무를 하는 사람들은 적절한 교육과 훈련을 받아야 한다. 당사국은 실시하고 있는 교육 및 훈련과 제7조의 금지사항이 어떻게 담당자들이 준수해야 할 운영규칙과 윤리기준의 불가결한 요소를 구성하고 있는가를 위원회에 보고해야 한다.

11. 당사국은 제7조에 의해 금지된 행위들에 대해 개인에게 부여되는 일반적인 보호조치의 제공방식을 설명함과 더불어, 특히 취약층의 특별보호를 위한 보장조치에 대해 상세한 정보를 제공해야 한다. 어떠한 형태로든 체포, 구금, 수감된 자들의 관리와 처우에 관한 조치뿐만 아니라, 심문의 규칙, 지시, 방법, 관행을 체계적으로 재검토함이 고문과 학대 사건을

예방할 수 있는 효과적인 수단이라는 점이 유의되어야 한다. 피구금자를 효과적으로 보호하기 위해서는, 피구금자는 구금 장소로 공식 인정된 곳에 수감되어야 하며, 그의 이름과 구금장소뿐만 아니라 구금 담당자의 이름이 항시 공부에 기재되어, 피구금자의 친척이나 친구를 포함하는 관련자들의 이용에 제공될 수 있도록 하는 법조항이 제정되어야 한다. 같은 취지에서 모든 심문의 시간과 장소는 이에 참여한 사람들의 이름과 함께 기록되어야 하며, 이 정보는 사법적 또는 행정적 절차를 위해 이용 가능해야 한다. 또한 외부차단 구금을 금지하는 조항이 제정되어야 한다. 이와 관련해서 당사국은 구금장소에는 고문이나 학대에 쓰일 만한 어떠한 장비도 존재하지 않도록 보장해야 한다. 피구금자의 보호를 위해서는 또한 의사와 변호사에 대한 신속하고 정기적인 접근이 허용되어야 하며, 필요한 경우 적절한 감독 아래 가족에 대한 이 같은 접근이 허용되어야만 한다.

12. 제7조 위반을 방지하기 위해서는 고문이나 그 밖의 금지된 대우를 통해 얻어낸 진술이나 자백이 사법 절차에서 사용되는 것을 법률로 금지함이 중요하다.

13. 당사국은 보고서를 제출할 때 고문과 잔혹하거나 비인도적이거나 굴욕적인 대우 또는 처벌을 범죄로 규정하고 있는 형법 조항을 보고해야 하며, 공무원, 국가를 위해 근무하는 자 또는 일반 사인 등 누구에 의해 저질러졌든 그러한 행위에 적용될 형벌을 구체적으로 적시해야 한다. 금지된 행위를 조장하거나, 명령하거나, 묵인하거나 또는 실행함으로써 제7조를 위반한 사람들은 반드시 책임을 져야 한다. 결과적으로 그러한 명령에 복종을 거부한 이들이 처벌되거나 불리한 대우를 받아서는 아니 된다.

14. 제7조는 규약 제2조 제3항과의 관련 하에 해석되어야 한다. 당사국은 보고서에서 자국의 법제도가 제7조가 금지하는 모든 행위의 즉각적인 근절을 보장하고 있는가는 물론 적절한 구제제도도 지적해야 한다. 제7조에 의해 금지된 학대행위에 대해 청원을 제기할 권리가 국내법에서 인정되어야 한다. 효과적인 구제조치가 되기 위해서는 청원이 담당기관에 의해 신속하고 공정하게 조사되어야 한다. 당사국 보고서는 학대 피해자들에게 제공되는 구제조치와 청원인이 따라야 할 절차, 청원 건수에 대한 통계, 그리고 그것이 어떻게 처리되었는가에 관한 구체적 정보를 제공해야 한다.

15. 위원회는 일부 당사국이 고문 행위에 대해 사면을 부여했음을 알고 있다. 사면은 고문을 조사하고, 자국 관할권 내에서 고문으로부터의 자유를 보장하며, 또한 앞으로 고문이 발생하지 않도록 보장해야 하는 국가의 의무와는 통상 부합되지 않는다. 국가가 금전배상과 가능하다면 완전한 재활을 포함하는 효과적인 구제조치를 받을 권리를 개인으로부터 박탈할 수는 없다.

제21호: 제10조 (자유를 박탈당한 사람에 대한 인도적 처우)

(제24차 회기(1992) 채택)

1. 본 일반논평은 일반논평 제9호(1982년 제16차 회기)를 반영하고 더욱 발전시킨 내용으로 이를 대체한다.

2. 「시민적 및 정치적 권리에 관한 국제규약」 제10조 제1항은 그 나라의 법과 권한에 따라 자유를 박탈당해 교도소, 병원, 특히 정신병원, 구금시설 또는 교정시설, 그 밖의 장소 등에 수용된 모든 사람에게 적용된다. 당사국은 이 조항에 규정된 원칙이 사람이 수용되어 있는 자국 관할권 내의 모든 기관과 시설에서 준수되도록 보장해야 한다.

3. 제10조 제1항은 자유를 박탈당하고 있기 때문에 특히 취약한 상태인 사람들에 대한 적극적인 의무를 당사국에게 부과하고, 이들에 대한 규약 제7조의 고문 또는 잔혹하거나 비인도적이거나 굴욕적인 대우나 처벌의 금지를 보완한다. 따라서 자유를 박탈당한 사람들은 의학적 및 과학적 실험을 포함해 제7조에 반하는 대우를 받지 않아야 할 뿐만 아니라, 자유 박탈로 인한 결과 이외의 다른 어떠한 고통이나 제약도 받지 말아야 한다. 즉 이들의 존엄성에 대한 존중은 자유로운 사람들과 동일한 조건 하에서 보장되어야 한다. 자유를 박탈당한 사람들은 폐쇄된 환경에서 불가피한 제약은 받지만 규약에 규정된 모든 권리를 향유한다.

4. 자유를 박탈당한 모든 사람을 인도적으로 그리고 그들의 존엄성을 존중하며 대우함은 근본적이고 보편적으로 적용될 규칙이다. 따라서 최소한 이 규칙의 적용 여부는 당사국의 가용 자원에 의존하지 않는다. 이 규칙은 인종, 피부색, 성별, 언어, 종교, 정치적 또는 그 밖의 의견, 민족적 또는 사회적 출신, 재산, 출생 또는 그 밖의 신분에 따른 어떠한 종류의 차별도 없이 적용되어야 한다.

5. 당사국은 보고서에서 수감자 처우에 적용되는 관련 UN 기준을 어느 정도 적용하고 있는지를 표시하도록 요청된다. 「수감자 처우에 관한 표준 최저 규칙(The Standard Minimum Rules for the Treatment of Prisoners)」(1957), 「모든 형태의 구금 또는 수감 하에 있는 사람들을 보호하기 위한 원칙(The Body of Principles for the Protection of All Persons under Any Form of Detention or Imprisonment)」(1988), 「법집행관을 위한 행동강령(the Code of Conduct for Law Enforcement Officials)」(1978), 「고문 및 기타 잔혹하거나 비인도적이거나 굴욕적인 대우나 처벌로부터 수감자 및 피구금자의 보호에 있어서의 의료인, 특히 의사의 역할에 관한 의료윤리원칙(the Principles of Medical Ethics relevant to the Role of Health Personnel, particularly Physicians, in the Protection of Prisoners and Detainees against Torture and Other Cruel, Inhuman or Degrading Treatment or Punishment)」(1982) 등이 이에 해당한다.

6. 위원회는 제10조 제1항에 규정된 권리와 관계되는 국가 차원의 법률 및 행정 규정에 관한 상세한 정보를 보고서가 제공해야 함을 상기한다. 위원회는 또한 자유를 박탈당한 사람에 대한 대우와 관련된 규칙의 실효적 적용을 감시하기 위해 관할당국에 의해 어떠한 명확한 조치가 취해졌는가를 보고서에 구체적으로 설명할 필요가 있다고 본다. 당사국은 교정시설을 감독하는 체제, 고문과 잔혹하거나 비인도적이거나 굴욕적인 대우를 방지하기 위한 구체적 조치, 그리고 공정한 감독이 어떻게 보장되는가 등에 관한 정보를 보고서에 포함시켜야 한다.

7. 또한 위원회는 적용될 여러 조항이 자유를 박탈당한 자에게 권한을 행사하는 사람들의 교육과 훈련에 있어 필수적인 부분을 구성하는지 여부와 그리고 그 임무를 수행하는 사람들에 의해 이들 조항이 엄격하게 준수되고 있는지 여부를 보고서가 지적해야 함을 상기한다. 체포되거나 구금된 사람이 그러한 정보에 접근할 수 있는지 여부와 그리고 그 같은 규칙이 존중되도록 보장하고, 만약 규칙이 무시되었을 경우 청원을 하고, 위반된 경우 적절한 배상을 받을 수 있게 할 실효적인 법적 수단을 가지고 있는지 여부를 구체적으로 설명할 필요도 있다.

8. 위원회는 제10조 제1항에 규정된 원칙이 제10조 제2항과 제3항에 규정된 형사사법에 관한 당사국의 보다 구체적인 의무의 기초를 구성한다는 점을 상기한다.

9. 제10조 제2항 가호는 예외적인 경우를 제외하고는 미결수용자를 수형자와 격리하라고 규정하고 있다. 이러한 분리는 제14조 제2항에 규정된 바와 같이 동시에 무죄로 추정받을 권리를 향유하는 미결수용자의 지위를 강조하기 위해 요구된다. 당사국 보고서는 수형자로부터 미결수용자의 격리가 어떻게 실시되는지를 지적하고, 미결수용자의 처우가 수형자와는 어떠한 차이가 나는지를 설명해야 한다.

10. 수형자에 관한 제10조 제3항과 관련하여 위원회는 당사국 교정제도 운영에 관한 상세한 정보를 얻기 원한다. 교정제도는 보복적이어서만은 안 된다. 이는 본질적으로 재소자의 교정과 사회복귀를 목표로 해야 한다. 당사국은 석방 이후의 지원제도가 있는지 여부를 구체적으로 설명하고, 이의 성취에 관한 정보 제공이 요망된다.

11. 많은 경우에 있어서 당사국이 제공한 정보에는 재소자 재교육을 확보하기 위한 법률 및 행정 규정이나 실질적인 조치에 관한 구체적인 자료들이 포함되어 있지 않다. 위원회는 교정시설 내부는 물론 외부에서의 재소자를 위한 수업, 교육과 재교육, 취업 지도, 훈련을 제공하기 위해 취해진 조치와 함께 작업계획에 관해서도 구체적인 정보를 요구하는 바이다.

12. 제10조 제3항에 규정된 원칙이 제대로 존중되고 있는지 여부를 판단하기 위해 위원회는 구금기간 동안 적용되는 구체적 조치들, 예를 들어 재소자들이 개별적으로 처우되는 방

법, 이들이 분류되는 방법, 징계 제도, 독방감금 제도, 엄중 감시 구금제도, 외부(가족, 변호사, 사회 복지 및 의료 서비스, 비정부기구)와의 접촉이 보장되는 조건 등에 관한 정보 역시 요망한다.

13. 더욱이 위원회는 몇몇 당사국 보고서에서는 미성년 미결수용자와 소년범의 처우에 관한 정보가 포함되지 않았음을 유의하고 있다. 제10조 제2항 나호는 미성년 미결수용자를 성인으로부터 격리시키라고 규정하고 있다. 보고서 상의 정보에 따르면 일부 당사국은 이것이 규약상 강제 조항이라는 사실에 제대로 주의를 기울이지 않고 있음을 보여준다. 이 조항은 또한 소년범 사건은 가능한 한 신속하게 심리되어야 한다고 규정하고 있다. 보고서는 이러한 조항을 실행하기 위해 당사국이 취한 조치를 구체적으로 설명해야 한다. 마지막으로 제10조 제3항에 따라 미성년자의 교정과 사회복귀 고취를 목적으로 미성년 범죄자는 성인과 격리되고, 노동 시간 단축과 친척들과의 접촉 등과 같은 구금 조건에 있어서 그들의 나이와 법적 지위에 합당한 대우를 받아야 한다. 제10조는 소년범의 연령 한계를 제시하지 않고 있다. 이는 해당 사회와 문화, 기타 조건에 비추어 각 당사국이 결정할 문제이기는 하나, 위원회는 제6조 제5항이 시사하는 바와 같이 최소한 형사사법과 관련된 문제에 있어서는 18세 미만의 모든 자는 소년범으로 취급되어야 한다는 의견이다. 각국은 소년범으로 취급되는 연령층에 대한 관련 정보를 제공해야 한다. 그러한 점에서 각국은 1987년 베이징 규칙으로 알려진 「소년사법운용에 관한 UN 표준최저규칙(the United Nations Standard Minimum Rules the Administration of Juvenile Justice)」을 적용하고 있는지 여부를 지적하도록 요망된다.

제22호: 제18조 (사상, 양심 및 종교의 자유)
(제48차 회기(1993) 채택)

1. 제18조 제1항의 사상, 양심 및 종교의 자유(신념을 가질 자유를 포함)에 대한 권리는 그 폭이 넓고 깊이도 깊다. 이는 개인적으로 또는 타인과 공동체로 표명되는가를 불문하고, 개인적 확신과 종교나 신념에 대한 헌신 등 모든 문제에 대한 사상의 자유를 포함한다. 위원회는 사상의 자유와 양심의 자유가 종교 및 신념의 자유와 동등하게 보호되어야 한다는 사실에 대해 당사국의 주의를 환기시키는 바이다. 이러한 자유의 근본적인 특징은 규약 제4조 제2항에 규정된 바와 같이 공공의 비상사태에서조차 이 조항은 이탈될 수 없다는 사실에도 반영되어 있다.

2. 제18조는 유신론, 비신론, 무신론적 믿음뿐만 아니라, 종교나 신념을 고백하지 않을 권

리도 보호한다. "신념"과 "종교"라는 용어는 넓은 의미로 해석되어야 한다. 제18조는 전통적인 종교나 전통적 종교와 유사한 제도적 성격이나 관행을 가진 종교와 신념에만 적용이 한정되지 않는다. 그러므로 위원회는 그것이 새롭게 수립되었다거나 지배적인 종교 집단의 적개심의 표적이 될 수 있는 종교적 소수자를 대변한다는 사실을 포함해 어떤 이유에서든 종교나 신념을 차별하는 경향에 대해 우려하고 있다.

3. 제18조는 사상, 양심, 종교 또는 신념의 자유를 종교나 신념을 표명할 자유와 구별하고 있다. 이 조항은 사상과 양심의 자유 또는 각자의 선택에 따른 종교나 신념을 가지거나 받아드릴 자유에 대해 어떠한 제한도 허용하지 않는다. 이러한 자유는 제19조 제1항의 누구나 간섭받지 않고 의견을 가질 권리와 같이 무조건적으로 보호된다. 제18조 제2항과 제17조에 따라 누구도 자신의 사상이나 종교나 신념에 대한 지지를 표명하도록 강요받아서는 아니 된다.

4. 종교나 신념을 표명하는 자유는 "개인적으로 또는 타인과 공동체로, 그리고 공적 또는 사적으로" 행사될 수 있다. 예배, 의식, 실천, 교육을 통하여 그의 종교나 신념을 표명하는 자유는 폭넓은 행위를 포용한다. 예배의 개념은 믿음을 직접적으로 표현하는 예배의식과 의례 행위는 물론 예배 장소의 건립, 예배의식의 절차와 도구의 사용, 상징물의 전시, 휴일과 안식일의 준수를 포함해 이러한 행위에 필수적인 다양한 관행에까지 확대된다. 종교나 신념의 준수와 실천은 의례 행위뿐만 아니라, 식사 규정의 준수, 특유의 의상이나 머리덮개의 착용, 인생의 특정 단계와 관련된 의식에의 참여, 그 집단에 의해 관습적으로 사용되는 특정 언어의 사용과 같은 관습도 포함한다. 이와 더불어 종교나 신념의 실천과 선교는 종교 지도자, 성직자, 선교사를 선택할 자유, 신학교나 종교계 학교를 건립할 자유 그리고 종교 서적이나 출판물을 준비하고 배포할 자유와 같은 종교 단체들이 기본적 업무를 수행하는 데 필수적인 행위들을 포함한다.

5. 위원회는 종교나 신념을 "가지거나 받아들일" 자유가 자신의 종교나 신념을 보유할 권리뿐만 아니라 현재의 종교나 신념을 다른 것으로 바꾸거나 또는 무신론적 입장을 취할 권리를 포함해 종교나 신념을 선택할 자유까지 필연적으로 수반한다는 점에 유의하고 있다. 제18조 제2항은 신봉자나 비신봉자들이 그들의 종교적 신앙이나 집회를 고수하거나, 그들의 종교나 신념을 철회하거나 전환을 강요하기 위해 물리력이나 형사제재의 위협을 포함해 종교나 신념을 가지거나 받아들일 권리를 침해하는 강제를 금지한다. 예를 들어 교육, 의료 지원, 고용 또는 규약 제25조 및 다른 조항이 보장하는 권리에 대한 접근을 제한함과 같은 의도나 효과를 지닌 정책 또는 관행은 마찬가지로 제18조 제2항에 부합되지 않는다. 비종교적 성격의 어떠한 신념을 보유한 이들에 의해서도 동일한 보호가 향유된다.

6. 위원회는 중립적이고 객관적인 방법으로 제공된다면 종교와 윤리의 일반 역사와 같은 과목의 공립학교 강의는 제18조 제4항이 허용하고 있다는 입장이다. 제18조 제4항에 규정되어 있는 부모 또는 법정 후견인이 그들의 신념에 따라 자녀를 종교적 및 도덕적으로 교육할 수 있는 자유는 제18조 제1항에 규정된 종교나 신념을 가르칠 자유의 보장과 관련된다. 만약 부모나 후견인의 희망을 수렴하는 비차별적 면제나 대안이 마련되지 않는다면, 특정 종교나 신앙에 관한 강의를 실시하는 공립학교 교육은 제18조 제4항에 위배된다는 점을 위원회는 유의하고 있다.

7. 제20조에 따라 종교나 신념에 대한 표명이 전쟁의 선전이나, 차별, 적의 또는 폭력의 선동이 될 민족, 인종, 종교에 대한 증오의 고취에 해당해서는 아니 된다. 위원회가 일반논평 제11호(제19차 회기)에서 언급했듯이, 당사국들은 그러한 행위를 금지하는 법률을 제정할 의무가 있다.

8. 제18조 제3항은 법률에 규정되고 공공의 안전, 질서, 보건, 도덕 또는 타인의 기본적 권리 및 자유를 보호하기 위해 필요한 경우에만 종교나 신념을 표명할 자유에 대한 제한을 허용하고 있다. 종교나 신념을 가지거나 받아들이라는 강제로부터의 자유와 종교적, 도덕적 교육을 보장하기 위한 부모와 후견인의 자유는 제한될 수 없다. 어느 범위까지 제한이 허용되는가를 해석함에 있어서는 당사국은 제2조, 제3조, 제26조에 명시된 모든 사유에 관한 평등과 비차별에 대한 권리를 포함해 규약에 보장된 권리들을 보호할 필요로부터 출발해야 한다. 부과된 제한은 법률에 근거를 가져야 하며, 제18조에서 보장된 권리를 손상시키는 방식으로 적용되어서는 안 된다. 위원회는 제18조 제3항이 엄격하게 해석되어야 한다는 판단이므로, 예를 들어 국가안보가 규약상 보호되는 다른 권리에 대한 제한사유로는 허용된다고 할지라도, 이 조항에 명시되지 않은 이유에 근거한 제한은 허용되지 않는다. 제한은 오직 규정된 목적을 위해서만 적용되어야 하며, 제한의 근거가 되는 특정한 필요성과 직접적으로 관련되고, 비례성을 갖추어야 한다. 제한은 차별적인 목적으로 부과되거나, 차별적인 방법으로 적용되어서는 안 된다. 위원회는 도덕의 개념이 다양한 사회적, 철학적, 종교적 전통에서 유래한다는 점을 알고 있다. 따라서 도덕을 보호할 목적으로 종교나 신념을 표명할 자유에 대해 제한이 가해지는 경우 오직 단일한 전통으로부터만 유래하는 원칙에 입각해서는 안 된다. 재소자와 같이 이미 일정한 합법적 제한을 받고 있는 이들도 그러한 제한의 구체적 성격에 최대한 부합하는 정도 내에서는 종교나 신념을 표명할 권리를 계속 향유한다. 법률과 특정 상황에서의 적용 문제의 경우 당사국 보고서는 제18조 제3항에 따른 제한의 모든 범위와 영향에 관한 정보를 제공해야 한다.

9. 하나의 종교가 국교로 인정받았다거나, 공식 종교 또는 전통 종교로 수립되었다거나, 주

민의 다수가 그 신도라는 사실로 인해 제18조와 제27조를 포함한 규약상 권리의 향유가 침해되어서는 안 되며, 이로 인해 다른 종교의 신도나 비신도에 대한 차별이 가해져서도 안된다. 특히 후자에 대한 일정한 차별조치, 예를 들어 정부 서비스 제공을 지배적인 종교의 신자에게만 한정한다거나, 이들에게 경제적 특권을 부여한다거나, 다른 믿음의 실행에 대해 특별한 제한을 가하는 조치는 종교나 신념을 근거로 한 차별 금지와 제26조에 의한 평등보호의 보장에 부합되지 아니한다. 규약 제20조 제2항에 규정된 조치들은 제18조와 제27조에 보장된 권리를 종교적 소수자와 다른 종교 집단이 행사하는 권리를 침해하는 행위와 이들 집단에 대한 폭력과 박해에 대항하는 중요한 보호장치에 해당한다. 위원회는 모든 종교와 신념의 행사를 침해로부터 보호하고, 그 추종자들을 차별로부터 보호하기 위해 당사국이 취한 조치를 보고받기 희망한다. 마찬가지로 제27조에 따른 종교적 소수집단의 권리 존중에 관한 정보는 당사국이 사상, 양심, 종교, 신념의 자유에 대한 권리를 어느 정도 이행하고 있는지를 평가하기 위해서도 필요하다. 관련 당사국은 자국의 법률과 판례상 신성모독으로 처벌될 수 있는 관행에 관한 정보도 보고서에 포함시켜야 한다.

10. 일련의 신념이 헌법, 법률, 집권당의 강령이나 또는 실제 실천에서 공식적인 이념으로 취급되는 경우, 이것이 제18조 상의 자유나 규약상 다른 권리를 침해한다거나 또는 그러한 공식 이념을 수용하지 않거나 반대하는 사람들에 대한 어떠한 차별도 초래해서는 안 된다.

11. 많은 사람들이 병역 이행을 거부할 권리(양심적 병역거부)가 제18조의 자유로부터 유래한다는 근거 하에 그 같은 권리를 주장했다. 이 같은 요구에 부응해 병역 이행을 금지하는 종교나 다른 신념을 진정으로 갖고 있는 시민에게는 병역의무를 면제시켜 주고, 이를 대체복무로 대신하는 법률을 마련한 국가가 늘어났다. 규약은 양심적 병역거부권을 명시적으로 언급하고 있지 않지만, 위원회는 살상용 무기를 사용해야 할 의무가 양심의 자유와 종교나 신념을 표명할 권리와 심각하게 충돌되는 한, 그러한 권리가 제18조에서 도출될 수 있다고 믿는다. 이러한 권리가 법률이나 관행으로 인정되는 경우, 양심적 병역거부자 사이에 특정 신념의 성격에 따른 구별이 있어서는 아니 된다. 마찬가지로 병역을 이행하지 않았다는 이유로 양심적 병역거부자들에 대한 차별이 있어서도 아니 된다. 위원회는 제18조 상 권리에 근거해 병역을 면제받을 수 있는 조건과 대체복무의 성격 및 기간을 보고하도록 당사국에 요청하는 바이다.

제23호: 제27조 소수집단의 권리

(1994년 제15차 회기 채택)

1. 규약 제27조는 민족적, 종교적 또는 언어적 소수집단이 존재하는 국가의 경우, 그러한 소수집단에 속하는 사람들은 그 집단의 다른 구성원들과 공동체로 그들 자신의 문화를 향유하거나, 그들 자신의 종교를 표명하고 실행하거나, 그들 자신의 언어를 사용할 권리가 부인되지 않는다고 규정하고 있다. 위원회는 이 조항이 소수자 집단에 속하는 개인들에게 부여되는 권리를 확립하고 인정함을 유의하고 있는데, 이 권리는 규약에 따라 이들이 다른 사람과 마찬가지로 개인적으로 이미 향유할 자격이 있는 다른 모든 권리와는 구별되는 즉 이에 추가되는 권리이다.

2. 선택의정서에 따라 위원회에 제출된 일부 개인통보에서는 제27조에 의해 보호되는 권리가 규약 제1조에 선언된 인민의 자결권과 혼동되고 있다. 더욱이 규약 제40조에 따라 당사국이 제출한 보고서에서는 제27조에 의해 당사국에게 부과된 의무가 규약에 의해 보장되는 권리의 차별 없는 향유를 보장하는 제2조 제1항의 의무와 제26조에 의한 법 앞의 평등 및 법의 평등한 보호와 종종 혼동되고 있다.

3.1. 규약은 자결권과 제27조에 의해 보호되는 권리를 구별하고 있다. 전자는 인민에게 속하는 권리로 표현되며 규약의 별도 부분(제1부)에서 다루어진다. 자결은 선택의정서에 의해 심리될 수 있는 권리가 아니다. 반면 제27조는 개인 그 자체에 부여된 권리와 관계되며, 개개인에게 부여된 다른 개인적 권리와 관련된 조항과 마찬가지로 규약 제3부에 포함되어 있으며 선택의정서에 의해 심리될 수 있는 권리이다.[1]

3.2. 제27조와 관련된 권리의 향유는 당사국의 주권과 영토보전을 침해하지 않는다. 동시에 이 조항에 의해 보호되는 개인 권리의 어느 측면은 - 예컨대 특정 문화를 향유할 권리 - 바로 영토 및 그 자원의 사용과 밀접하게 연관된 생활방식에 해당한다.[2] 이는 특히 소수집단을 이루는 선주민 공동체 구성원에게 해당된다.

4. 규약은 또한 제27조에 의해 보호되는 권리와 제2조 제1항 및 제26조에 의해 보장되는

---

1) Official Records of the General Assembly, Thirty-ninth Session, Supplement No. 40(A/39/40), annex VI, General Comment No.12(21) (제1조), CCPR/C/21/Rev.1; ibid., Forty-fifth Session, Supplement No. 40, (A/45/40, Vol. II, annex IX, section A, Communication No. 167/1984 (*Bernard Ominayak, Chief of the Lubicon Lake Band v. Canada*), 1990년 3월 26일 채택.

2) Ibid., Forty-third Session, Supplement No. 40 (A/43/40), annex VII, section G, Communication No. 197/1985 (*Kitok v. Sweden*), 1988년 7월 27일 채택.

권리를 구분한다. 제2조 제1항에 의해 규약상 권리를 차별 없이 향유할 자격은 그가 소수 집단에 속하든지 여부와 상관없이 국가의 영역 내 또는 관할권 하에 있는 모든 개인에게 해당한다. 게다가 법 앞의 평등, 법의 평등한 보호 그리고 국가가 보장한 권리와 부과한 의 무에 있어서의 차별금지에 관해서는 제26조에 규정된 별개의 권리가 존재한다. 이는 그가 규약 제27조에 명시된 소수집단에 속하는지 여부에 상관없이 그리고 규약상 보호되는 권리 인가 여부를 불문하고 당사국이 자국 영역 내에 있거나 또는 관할권 하에 있는 개인에게 법에 의해 부여되는 모든 권리 행사에 적용된다.[3] 인종, 언어, 또는 종교에 따른 차별을 하 지 않는다고 주장하는 일부 당사국은 이런 근거만을 가지고 자국에는 소수집단이 없다는 잘못된 주장을 하고 있다.

5.1. 제27조에 쓰인 용어들은 보호받을 사람들이란 하나의 집단에 속하면서 문화, 종교, 언 어(전부 또는 일부)를 공유하는 이들임을 나타내고 있다. 그 용어들은 또한 보호받을 개인이 당사국 시민일 필요가 없음을 나타내고 있다. 이런 점에서 제2조 제1항에서 유래하는 의무 역시 관련되는데, 왜냐하면 이 조항에 따라 당사국은 제25조 정치적 권리처럼 시민에게만 적용되도록 명시된 권리를 제외하면 규약상 보호되는 권리는 자국 영역 내에 있으며 그 관 할권에 복종하는 모든 개인에게 적용되도록 보장해야 하기 때문이다. 따라서 당사국은 제 27조에 의한 권리를 자국 시민에게만 한정해서는 안 된다.

5.2. 제27조는 당사국에 "존재하는" 소수집단에 속하는 사람에게 권리를 부여하고 있다. 이 조항에 의해 상정되는 권리의 성격과 범위를 감안한다면, "존재하는"이라는 용어가 함축하 는 항구성의 정도를 결정하는 것은 적절하지 않다. 이 권리는 단지 소수집단에 속하는 사람 들이 그 집단 구성원과 함께 그들 자신의 문화를 향유하고, 그들의 종교를 표명하고, 자신 의 언어를 사용할 권리가 부인되어서는 안 된다는 것이다. 그들이 국민이나 시민일 필요가 없듯이 그들은 영주자일 필요도 없다. 따라서 소수집단에 해당하는 당사국 내 이주노동자 나 심지어 방문자에게도 그러한 권리 행사가 부인되지 않을 자격이 부여된다. 또한 당사국 영역 내에 있는 다른 모든 개인과 마찬가지로 이러한 목적을 위해 그들은 예를 들면 결사, 집회, 표현의 자유와 같은 일반적인 권리를 가진다. 특정 당사국 내에 인종적, 종교적 또는 언어적 소수집단의 존재는 당사국의 결정으로 좌우되지 않으며 객관적인 기준에 의해 결정 되어야 한다.

5.3. 언어적 소수집단에 속하는 개인이 자신들 사이에서 사적 또는 공적으로 자신의 언어를

---

3) Ibid., Forty-seconrd Session, Supplement No.40 (A/42/40), annex VIII, section D, Communication No. 182/1984 (*F.H. Zwaan-de Vries v. the Netherlands*), 1987년 4월 9일 채택; ibid., section C, Communication No.180/1984 (*L.G. Danning v. the Netherlands*), 1987년 4월 9일 채택.

사용할 권리는 규약상 보호되는 언어 관련 다른 권리와는 구별된다. 특히 이는 제19조에 의해 보호되는 표현의 자유에 대한 일반적 권리와는 구분되어야 한다. 후자의 권리는 소수집단에 속하는지 여부와 상관없이 모든 사람에게 부여된다. 나아가 제27조에 의해 보호되는 권리는 피고인이 법정에서 사용되는 언어를 이해하지 못하거나 말할 수 없는 경우 규약 제14조 제3항 바호가 피고인에게 부여하는 통역에 대한 권리와 구별되어야 한다. 제14조 제3항 바호는 다른 어떠한 경우에도 피고인에게 법정 절차에서 자신이 선택한 언어를 사용하거나 말할 수 있는 권리를 부여하지 않는다.[4]

6.1. 비록 제27조가 부정적인 용어로 표현되어 있지만, 그럼에도 불구하고 이 조항은 "권리"의 존재를 인정하고 그것이 부인되지 말아야 함을 요구하고 있다. 결과적으로 당사국은 이 권리의 존재와 행사를 이에 대한 부인이나 침해로부터 보호되도록 보장할 의무가 있다. 따라서 입법, 사법, 행정 당국 어디든 상관없이 당사국 자신의 행위에 대해서 뿐만 아니라 그 당사국 내의 다른 사람의 행위에 대해서 역시 적극적 보호조치는 필요하다.

6.2. 제27조에 의해 보호되는 권리는 개인적 권리일지라도, 이는 한편 자신의 문화, 언어, 종교를 유지하는 소수집단의 능력에 달리게 된다. 따라서 국가의 적극적 조치는 소수집단의 정체성과 그 구성원이 집단의 다른 구성원과 함께 자신의 문화와 언어를 향유하고 발전시키며, 자신의 종교를 실천할 권리를 보호하기 위해서도 필요하다. 이러한 측면에서 서로 다른 소수집단 간의 대우와 소수집단에 속하는 사람과 나머지 인구 간의 대우와 관련해서 그 같은 적극적 조치는 규약 제2조 제1항과 제26조 조항을 반드시 존중해야 함을 주목해야 한다. 그러나 이러한 조치가 제27조에 의해 보장되는 권리의 향유를 막거나 침해하는 환경을 시정하려는 목적을 가지는 한, 그것이 합리적이고 객관적인 기준에 근거하고 있다면 규약상 합법적인 구별에 해당될 수 있다.

7. 제27조에 의해 보호되는 문화적 권리의 행사와 관련해 위원회는 문화가 특히 선주민의 경우 육지 자원 사용과 결부된 특정한 생활방식을 포함해 다양한 형태로 자신을 표출함에 주목한다. 그 권리는 어업이나 사냥과 같은 전통적인 활동과 법으로 보호되는 보호구역에 거주할 수 있는 권리를 포함한다.[5] 이러한 권리의 향유를 위해서는 법에 의한 적극적 보호

---

4) Ibid., Forty-fifth Session, Supplement No.40, (A/45/40), Vol. II, annex X, section A, Communication No. 220/1987 (*T.K. v. France*), 1989년 11월 8일 결정; ibid., section B, Communication No. 222/1987 (*M.K. v. France*), 1989년 11월 8일 결정.

5) 상계주 1, 2 참조, Communication No. 167/1984 (*Bernard Ominayak, Chief of the Lubicon Lake Band v. Canada*), 1990년 3월 26일 채택, Communication No. 197/1985 (Kitok v. Sweden), 1988년 7월 27일 채택.

조치와 소수집단에게 영향을 미치는 결정에 이들 공동체 구성원들의 효과적인 참여를 보장하는 조치를 필요로 한다.

8. 위원회는 규약 제27조에 의해 보호되는 어떠한 권리도 규약상 다른 조항과 합치되지 않는 방법이나 정도로 행사될 수 없음을 유의한다.

9. 위원회는 제27조가 그 보호를 위해 당사국에게 특정한 의무를 부과하는 권리와 관련된다고 결론 내리고 있다. 이러한 권리의 보호는 해당 소수집단의 문화적, 종교적, 사회적 정체성의 존속과 지속적인 발전을 보장하고, 그럼으로써 사회 구조 전체를 풍요롭게 함을 목표로 한다. 따라서 위원회는 이러한 권리가 그 자체로서 보호되어야 하며 규약에 따라 모두에게 부여된 다른 개인적 권리와 혼동되지 말아야 함에 유의한다. 그러므로 당사국은 이러한 권리의 행사가 완전히 보호되도록 보장할 의무를 지며, 보고서에서 이러한 목적을 위해 그들이 채택한 조치를 적시해야 한다.

제24호: 자유권규약 또는 그에 따른 선택의정서의 비준 또는 가입 시의 유보, 또는 규약 제41조에 따른 선언과 관련된 사안
(1994년 제52차 회기 채택)

1. 1994년 11월 1일 현재, 자유권규약에 가입한 127개국 중 46개 당사국이 규약의무 수락에 대한 다양한 취지의 150여 개 유보를 하였다. 유보 중 일부는 규약상 특정 권리를 제공 또는 보장할 의무를 배제하는 것이다. 또한 일부 유보는 보다 일반적인 용어로 표현되었으며, 주로 자국 내 특정 법 조항의 지속적인 우월성을 보장하려는 취지이다. 그외 일부 유보는 위원회의 권한에 대한 것이다. 유보의 수 및 그 내용과 범위는 규약의 효과적인 이행을 저해할 수 있고, 당사국의 의무에 대한 존중을 약화시킬 수 있다. 당사국은 자국 및 타 당사국이 실제 수행할 의무가 무엇인지 정확히 아는 것이 중요하다. 그리고 위원회는 규약 제40조 또는 선택의정서에 의한 의무를 수행함에 있어, 일국이 특정 의무를 지는지 또는 어느 정도까지 지는지를 알아야 한다. 여기에는 일방적 성명이 유보인지 또는 해석 선언인지에 대한 판단 및 그 성명의 허용 가능성과 효과에 대한 판단을 요구한다.

2. 이러한 이유로 위원회는 유보에 관해 제기되는 국제법 및 인권정책 문제를 일반논평에서 다루는 것이 필요하다고 본다. 일반논평은 유보를 함에 있어 적용되는 국제법 원칙과 허용 가능성을 검토하고 유보의 전반적인 의미를 해석하기 위해 참조할 사항을 확인한다. 타 당사국의 유보에 관한 당사국의 역할도 다룬다. 또한 유보에 관한 위원회 자체의 역할도 다룬다. 그리고 기존 당사국이 유보를 재검토하도록 권고하고, 특정 유보와 함께 비준 또는 가입할 것을 고려하는 미가입국에게는 염두에 두어야 할 법적 및 인권정책적 고려사항에

대해 권고한다.

3. 유보와 당사국의 특정 조항 해석에 대한 양해 선언 또는 정책 성명을 구분하는 것이 항상 쉬운 일은 아니다. 이 경우 문서의 형식보다는 당사국의 의도가 고려되어야 한다. 명칭이나 제목에 상관없이 하나의 성명이 당사국에 적용될 때 조약의 법적 효과를 배제 또는 변경하고자 의도되었다면 이는 유보에 해당한다.[1] 반대로 소위 유보라고 칭하여도 이것이 조항을 배제하거나 변경시키지 않고 단지 조항에 대한 당사국의 양해에 해당한다면 사실상 유보가 아니다.

4. 규약상 모든 권리를 보장하는데 어려움이 있는 국가라도 유보가 가능함으로써 일반적인 규약 의무를 수용하도록 장려할 수 있다. 유보는 당사국으로 하여금 국내법상의 특정 요소를 규약이 규정한 개인의 고유한 권리에 부합하도록 하는데 도움이 된다. 그러나 인권 규범은 모든 사람에게 인간으로서 주어진 본질적 권리의 법적 표현이기 때문에 원칙적으로 당사국은 의무 전체를 수용하는 것이 바람직하다.

5. 규약은 유보를 금지하지 않을 뿐 아니라, 허용되는 유보의 유형에 대해서도 언급하지 않는다. 제1선택의정서의 경우도 마찬가지이다. 제2선택의정서 제2조 제1항은, "전쟁 중 자행된 군사적 성격의 가장 중한 범죄에 대한 유죄 판결에 따라 전시에 사형을 적용할 수 있다는 유보를 비준 또는 가입 시 한 경우를 제외하고는 선택의정서에 대한 어떠한 유보도 허용되지 않는다."고 규정한다. 제2항과 제3항은 특정 절차상 의무를 규정한다.

6. 유보를 금지하지 않는다고 하여 모든 유보가 허용된다는 뜻은 아니다. 규약과 제1선택의정서상의 유보에 관한 문제는 국제법의 적용을 받는다. 조약법에 관한 비엔나협약 제19조 제3항은 이에 관한 지침을 제공한다.[2] 이 조항은 유보가 그 조약에 의해 금지되지 않거나 특정 허용되는 범주에 해당하는 경우, 조약의 대상 및 목적과 양립된다면 국가가 유보를 행할 수 있다고 규정한다. 여타 인권조약과는 달리, 규약은 대상과 목적에 따른 심사에 대해 구체적으로 언급하지 않지만, 이러한 심사를 통해 유보의 해석과 허용 여부를 판단할 수 있다.

7. 매우 많은 시민적 및 정치적 권리를 규정한 문서에서 각각의 많은 조항들과 조항 간 상호작용을 통해 규약의 목적은 보장된다. 규약의 대상 및 목적은 특정한 시민적·정치적 권리를 정의하고, 비준국에게 법적 구속력있는 의무 체제 하에 이러한 권리를 둠으로써, 법적

---

1) 1969년 조약법에 관한 비엔나협약, 제2조 제1항 (d).
2) 조약법에 관한 비엔나협약은 1969년 채택되었고 1980년에 발효되었지만 (즉 규약이 발효한 이후지만), 해당 조항은 국제사법재판소가 "제노사이드 협약 유보에 관한 사건"(1951)에서 이미 확인한 바와 같이 유보에 관한 일반국제법을 반영한 것이다.

구속력 있는 인권 기준을 창출하고, 주어진 의무에 대한 효과적인 감독 장치를 제공하는 데 있다.

8. 강행규범에 위배되는 유보는 규약의 대상 및 목적과 상충된다. 국가간의 의무를 단지 교환하는 일반 조약은 국가가 일반적인 국제법 규칙의 적용을 상호간에 유보하는 것을 허용하지만, 관할권 내의 사람들을 위한 인권조약은 이와 다르다. 따라서 국제관습법(그리고 강행규범의 성격을 가지고 있는 경우에는 더더욱)을 표현하는 규약의 규정은 유보의 대상이 될 수 없다. 따라서 당사국은 다음에 관한 권리를 유보할 수 없다: 노예제도, 고문, 잔혹한·비인도적인 또는 굴욕적인 취급 또는 형벌, 자의적인 생명 박탈, 자의적인 체포와 감금, 사상과 양심 및 종교의 자유에 대한 부인, 무죄를 증명하지 않는 한 그 사람의 유죄를 추정, 임산부나 아동에 대한 사형집행, 민족적, 인종적, 종교적 증오의 고취, 혼인적령의 사람에게 결혼할 권리 부인, 소수집단의 자신의 문화 및 신앙의 표명 또는 자신의 언어를 사용할 권리를 부인. 그리고 설사 제14조의 특정 조항에 대한 유보가 허용된다 하더라도 공정한 재판을 받을 권리에 대한 일반적 유보는 허용되지 않는다.

9. 규약에 대상 및 목적 심사를 보다 포괄적으로 적용하는 경우, 예를 들어 자신의 정치적 지위를 결정하고 경제적·사회적·문화적 발전을 추구할 권리를 부정하는 제1조에 대한 유보는 규약의 대상 및 목적과 양립하지 않는다. 마찬가지로 권리를 존중하고 보장할 의무, 그리고 비차별에 기초하여 권리를 존중하고 보장할 의무(제2조 제1항)에 대한 유보는 허용되지 않는다. 또한 당사국은 규약의 권리를 실현하기 위해 국내적으로 필요한 조치를 취하지 않는다는 취지의 유보를 할 수 없다(제2조 제2항).

10. 더 나아가 위원회는 어떠한 범주의 유보가 대상 및 목적 심사를 위배하는지 검토해왔다. 특히 규약의 정지 불가능 조항에 대한 유보가 대상과 목적에 양립하는지에 대해 고려하였다. 규약상 권리간에 중요도에 따른 서열은 없지만, 특정 권리의 경우 국가 비상사태시에도 그 행사를 정지할 수 없다. 이는 정지 불가능한 권리의 중요성을 보여준다. 그러나 규약 제9조와 제27조와 같이, 상당한 중요성을 가지는 권리 모두가 실제로 정지가 불가능한 것은 아니다. 일부 권리가 정지 불가능하게 된 이유는 그 권리의 정지가 국가 비상사태시의 정당한 통제와 관련이 없기 때문이다(예를 들면 제11조, 채무로 인해 구속되지 않을 것). 또 다른 이유로는 권리의 정지가 사실상 불가능한 경우이다(예를 들어 양심의 자유와 같은 경우). 특정 조항의 경우 이 조항 없이는 법의 지배가 존재할 수 없기 때문에 정지가 불가능할 수 있다. 비상사태시 국가의 이익과 개인의 권리 간 충돌에 대한 균형을 명문화한 제4조 자체에 대한 유보는 이 범주에 속한다. 그리고 강행규범으로서의 지위를 가지기 때문에 어떤 상황에서도 유보될 수 없는 정지 불가능한 권리들 역시 이러한 특징을 갖는다. 고문 및 자의

적인 생명 박탈 금지가 이에 해당한다.3) 정지 불가능한 조항들에 대한 유보와 규약의 대상과 목적에 반하는 유보 사이에 자동적인 상호관계가 있는 것은 아니지만, 당사국이 이러한 유보를 정당화하려면 막중한 책임을 가진다.

11. 규약은 단지 특정한 권리뿐만 아니라, 이러한 권리를 지지해주는 주요 보장 조치를 규정한다. 이런 보장 조치는 규약상 권리 보호를 위해 필요한 체제를 제공하기 때문에 규약의 대상 및 목적을 위해 필수적이다. 일부는 국내적으로, 다른 일부는 국제적으로 작용한다. 따라서 이들 보장 조치를 제거하려는 유보는 허용될 수 없다. 즉 당사국은 인권 침해에 대해 어떠한 구제책도 제공할 의사가 없음을 시사하는 규약 제2조 제3항에 대한 유보를 할 수 없다. 이와 같은 보장 조치는 규약 구조상 필수적인 부분이며, 규약 효력의 토대가 된다. 앞서 언급한 규약 목적의 보다 높은 달성을 위해, 규약은 위원회의 감시 역할도 명시한다. 규약 구조상 이러한 필수적인 요소(권리의 향유를 보장하기 위한 것이기도 하다)를 회피하도록 의도된 유보는 규약의 대상과 목적에 양립할 수 없다. 당사국은 보고서를 제출하지 않을 권리를 유보하지 말아야 하며, 위원회가 보고서를 검토할 수 있도록 해야 한다. 규약상 위원회의 역할은, 그것이 제40조에 의해서든 또는 선택의정서에 따른 것이든, 규약 조항을 해석하고 법리를 발전시키는데 있다. 따라서 규약상 어떤 조항의 요건을 해석하는 위원회의 권한을 거부하는 유보도 규약의 대상과 목적에 반하는 것이 된다.

12. 규약의 의도는 규약에 포함된 권리가 당사국 관할권 하의 모든 사람에게 보장되어야 한다는 데 있다. 이러한 목적을 달성하기 위해 일부 부수적 요건이 필요할 수 있다. 규약의 요구사항을 적절히 반영하도록 국내 법률의 개정이 필요한 경우가 있고, 규약상 권리가 그 지역 내에서 집행될 수 있도록 국내적 차원의 메커니즘을 허용할 필요가 있을 수도 있다. 유보는 당사국이 특정 법률에 대한 개정을 원하지 않는 경향을 흔히 보여준다. 그리고 때때로 그러한 경향은 일반 정책에까지 확대된다. 규약상의 의무 준수를 보장하기 위해 국내법의 변화가 요청됨에도 불구하고, 규약의 모든 권리를 무력하게 만드는 광범위한 유보는 특히 우려된다. 실제로 국제 권리나 의무가 이런 식으로 받아들여진 적은 없다. 그리고 규약상 권리가 국내 법정에 제소될 수 있도록 보장하는 조항이 없거나, 더 나아가 개인통보가 제1선택의정서에 근거하여 위원회에 회부되는 것을 허용하지 않는다면 이 경우 규약 보장 조치의 모든 필수적 요소는 제거된 것으로 본다.

13. 제1선택의정서에서 유보 허용 여부, 그리고 허용될 경우 그런 유보가 규약 또는 제1선택의정서 자체의 대상과 목적에 위배되는지 여부가 문제가 된다. 제1선택의정서는 그 자체

---

3) 제6조 및 제7조 모두 유보가 가능하지만, 고문 또는 자의적인 생명의 박탈에 대한 유보는 할 수 없다.

가 규약과 구별되기도 하지만 서로 밀접한 관계가 있는 국제조약임은 분명하다. 제1선택의 정서의 대상 및 목적은 당사국에 의해 규약상 권리를 침해받은 희생자라고 주장하는 개인 으로부터 통보를 접수하고 심리하는 위원회의 권한을 인정하는 데 있다. 당사국은 제1선택 의정서가 아닌 규약에 근거한 개인의 실체적 권리를 인정한다. 제1선택의정서의 기능은 이 러한 권리에 관한 주장을 위원회가 심사하도록 허용하는데 있다. 따라서 규약상 권리를 존 중하고 보장할 당사국의 의무에 대해 제1선택의정서에 따른 유보를 하였더라도, 기존에 규 약에 따른 동일 권리에 대해 유보를 하지 않은 경우에는 실체적 의무를 준수할 그 당사국 의 의무에 영향을 미치지 않는다. 규약에 대한 유보는 선택의정서를 매개로 형성될 수 없으 며, 단지 그러한 유보는 당사국의 의무준수 여부를 제1선택의정서에 따라 위원회가 심사할 수 없도록 할 뿐이다. 제1선택의정서의 대상과 목적이 규약에 의해 국가에는 의무가 되는 권리를 위원회가 심사하도록 하는 것이기 때문에, 이것을 배제시키고자 하는 유보는 규약 에 대한 위배는 아닐지라도, 제1선택의정서의 대상과 목적에는 위배된다. 제1선택의정서에 대해 처음으로 취해진 실체적 의무에 관한 유보는 개별 사건에서 위원회가 규약의 특정 조 항에 관한 견해를 밝히지 못하게 하려는 관련 국가의 의도가 반영되었던 것으로 보인다.

14. 위원회는 제1선택의정서 하에서 요구되는 절차에 관한 유보는 그 대상과 목적에 양립 하지 않는다고 본다. 위원회는 제1선택의정서와 위원회의 절차 규칙에 의해 규정된 절차를 통제해야만 한다. 그러나 어떤 유보는 당사국의 선택의정서 발효 이후 발생한 행위와 사건 들로 위원회의 권한을 제한하려고 한다. 위원회는 이것이 유보가 아니라 대부분의 경우 일 반적 권한인 시간적 관할권(ratione temporis)에 따른 성명이라고 본다. 동시에 제1선택의정 서의 효력 발생일 이전에 일어난 사건 혹은 행위가 그 날 이후 피해자의 권리에 대해 지속 적인 효력을 가질 경우, 이러한 성명 혹은 의견에도 불구하고 위원회는 그 권한을 주장하였 다. 한편 동일 문제가 다른 유사한 절차에 의해 이미 검토되었을 경우 그 통보의 검토를 배 제함으로써 제5조 제2항 하의 심리 부적격 사유를 효과적으로 부가하는 유보가 있어 왔다. 개인의 인권에 대한 심의가 독립적인 제3자에 의해 수행되도록 보장하는 것이 가장 기초적 인 의무로 남아있는 한, 위원회는 법적 권리와 대상 사안이 규약과 다른 국제법률문서 간에 동일한 경우에 이러한 유보가 제1선택의정서의 대상 및 목적을 위반하지 않는다고 보았다.

15. 제2선택의정서의 주 목적은 사형집행의 금지와 사형제도의 폐지를 통해 규약상의 생명 권에 관한 실체적 의무 범위를 확장하는데 있다.[4] 제2선택의정서는 유보와 관련한 자체 조

---

4) 이와 같은 확장된 의무에 관한 위원회의 권한은 제5조에 의해 규정되는데, 제5조 조항 자체는 이러한 권 한의 자동적 부여가 비준 또는 가입시 이에 반하는 성명을 통해 보류될 수 있도록 한 유보의 적용을 받 는다.

항을 가지며, 허용 가능한 유보인지 여부를 결정한다. 제2조 제1항은 허용되는 유보의 단한 가지 범주만을 규정하는데, 이는 전쟁 중 자행된 군사적 성격의 가장 중한 범죄에 대한 유죄판결에 따라 전시에 사형을 적용할 권리를 유보하는 것이다. 이러한 유보를 하고자 하는 당사국에겐 두 가지 절차적 의무가 주어진다. 제2조 제1항은 해당 국가가 비준 또는 가입 시 UN 사무총장에게 전시에 적용되는 국내법 관련 규정을 통보할 의무를 부과한다. 이는 명확성과 투명성 확보를 위한 것이며, 위원회는 이러한 정보를 수반하지 않은 유보의 경우 법률적 효력이 없다고 본다. 제2조 제3항은 유보를 한 당사국이 UN 사무총장에게 자국 영토에 적용되는 전쟁상태의 개시 또는 종료를 통고하도록 요구한다. 당사국이 제2조 제3항의 절차적 요구조건을 따르지 않는다면, 유보(즉 전쟁시 사형집행을 합법적으로 하는 것)를 할 수 없다.

16. 위원회는 특정 유보가 규약의 대상과 목적에 양립하는지를 결정할 법적 권한을 어떤 기구가 갖는지에 대해 검토하는 것이 중요하다고 본다. 일반 국제조약에 관해 국제사법재판소는 제노사이드 협약의 유보에 관한 사건(1951년)에서 조약의 대상 및 목적과 양립하지 않는다는 이유로 유보에 반대한 당사국은 그러한 반대를 통해, 자국과 유보국 사이에 그 조약이 유효하지 않는 것으로 간주할 수 있음을 지적했다. 1969년 조약법에 관한 비엔나협약 제20조 제4항은 유보의 수락과 반대에 관해 이 문제와 가장 관련이 많은 조항이다. 해당 조항은 한 당사국이 타 당사국에 의해 제기된 유보에 대해 이의를 제기할 수 있는 가능성에 관해 규정한다. 제21조는 유보국과 이의제기국 간의 법적 효과를 다룬다. 본질적으로 유보는 유보국과 타 당사국들 관계에 있어서 유보된 규정의 적용을 배제한다. 그리고 유보국과 이의제기국 사이에는 반대를 제기하지 않은 범위에 한해 유보가 적용된다.

17. 위에서 언급하였듯이, 조약법에 관한 비엔나협약은 유보에 대한 정의와 다른 특별한 규정이 없는 경우 대상과 목적에 따른 심사 적용을 규정한다. 그러나 위원회는 유보에 관한 국가의 반대의 역할을 설명하는 조항이 인권조약에 대한 유보 문제를 다루는 데는 적절치 않다고 믿는다. 인권조약, 특히 규약은 국가간 상호 의무의 교환을 위한 연결망이 아니다. 이 조약은 개인에게 권리를 부여하고 있다. 규약 제41조에 따라 위원회 권한에 관한 선언을 유보한 제한적 상황을 제외하고 국가간 상호주의 원칙은 적용될 여지가 없다. 유보에 대한 전통적 규칙을 규약에 적용하기는 부적절하기 때문에, 당사국은 종종 유보에 대해 이의를 제기할 법적 관심이나 필요성을 느끼지 못한다. 당사국이 항의를 하지 않는다는 사실이 그 유보가 규약의 대상 및 목적과 양립한다는 것을 의미하지도 않고, 양립하지 않는다는 것을 의미하지도 않는다. 가끔 몇몇 국가들이 반대를 표명하기도 하나, 다른 국가들은 반대를 표명하지 않으며, 그 이유가 항상 구체적으로 제시되지도 않는다. 이의가 제기되는 경우에

도 종종 그 법적 결과를 특정하지 않으며, 이의제기에도 불구하고 때로는 이의제기국은 유보국과의 관계에서 규약이 적용되지 않는다고 간주하는 것은 아니라고 표시하기도 한다. 요컨대 행동양식이 매우 불분명해서 반대를 표명하지 않는 국가가 특정 유보를 수락하였다고 추정하는 것은 적절하지 않다. 위원회의 견해로는 인권조약으로서의 규약의 특수성 때문에 이의가 각 당사국 간에 어떠한 효력을 갖는지는 미지수이다. 그러나 유보에 대한 당사국의 반대는 위원회가 규약의 대상 및 목적과의 양립가능성을 해석함에 있어 지침을 제공한다.

18. 특정 유보가 규약의 대상 및 목적에 양립하는지 여부를 결정하는 것은 필연적으로 위원회의 몫이다. 그 이유는 한편으로 앞에서 지적하였듯이 인권조약과 관련하여 당사국에게는 적합하지 않은 임무이기 때문이며, 다른 한편으로는 위원회가 자신의 기능을 수행함에 있어서 피할 수 없는 임무이기 때문이기도 하다. 제40조에 따른 국가의 규약 준수 여부 또는 제1선택의정서에 따른 개인 통보를 심사할 수 있는 위원회의 임무 범위를 알기 위해서, 위원회는 반드시 유보가 규약의 대상 및 목적 그리고 일반국제법과 양립하는지 여부를 살펴 보아야 한다. 인권조약의 특수성으로 인해 유보가 규약의 대상 및 목적과 양립가능한지는 법원칙에 따라 객관적으로 확정해야 하며, 위원회는 이 임무를 특히 잘 수행할 위치에 있다. 허용될 수 없는 유보의 통상적 결과는 규약이 유보국에 대해 전혀 효력을 갖지 못하는 것이 아니다. 오히려 유보를 배제하고 규약이 유보국에서 적용된다는 의미로 보아, 그와 같은 유보는 일반적으로 분리시킬 수 있다.

19. 유보는 명확하고 투명하여 위원회와 유보국 관할권 내에 있는 주민들 그리고 타 당사국이 어떠한 인권 준수 의무에 동의하였거나 또는 동의하지 않았는지에 대해 명확히 알 수 있어야 한다. 따라서 유보는 일반적이어서는 안 되며, 규약의 특정 조항을 지칭하여, 그에 관한 유보의 범위를 정확한 용어로 표시해야 한다. 예상되는 유보가 규약의 대상 및 목적과 양립하는지 여부를 고려할 때, 당사국은 필수적 고려사항인 개별 유보가 규약의 완전성에 미치는 영향에 대한 것 뿐만 아니라 유보 전체의 전반적 효과에 대해서도 숙고하여야 한다. 당사국은 너무 많은 유보를 제기하여 사실상 제한된 수의 인권 보호 의무만을 수락하고 규약 전체를 받아들이지 않는 효과를 야기하지 말아야 한다. 국제인권 기준에 영속적으로 미달성하는 결과를 가져오지 않도록, 유보는 현재 국내법에서 요구하는 낮은 수준의 의무 정도로만 조직적으로 규약상 의무를 제한해서는 안 된다. 또한 해석 선언이나 유보는 국내법에 존재하는 규정과 규약상 의무가 동일하다거나 동일한 한도 내에서 규약상 의무를 수락하겠다고 선언함으로써 규약상 의무의 자발적 의미를 제거해서는 안 된다. 당사국은 유보나 해석 선언을 통해 규약 조항의 의미가 여타 다른 국제 조약기구에 의해 부여된 것과 동

일하다고 결정해서는 안 된다.

20. 국가들은 제안된 유보 모두가 규약의 대상 및 목적과 양립하도록 보장하기 위한 절차를 마련해야 한다. 유보를 제기한 국가는 유보된 규약상 의무와 양립하지 않는 것으로 보이는 국내법 혹은 관행을 정확한 용어로 지적하고, 국내법 및 관행을 규약과 양립시키기 위해 필요한 기간을 설명하거나, 또는 국내법 및 관행을 규약과 양립시킬 수 없는지 그 이유를 설명하는 것이 바람직하다. 또한 당사국은 국가보고서 심의 과정에서 위원회가 제시한 의견과 권고를 고려하여 유보를 유지할 필요가 있는지 여부를 주기적으로 검토할 수 있어야 한다. 유보는 가능한 한 빠른 시일 내에 철회되어야 한다. 위원회에 제출되는 보고서에는 유보를 검토, 재고 혹은 철회하기 위해 취한 조치에 대한 정보가 포함되어야 한다.

제25호: 제25조 (참정권)
(1996년 제57차 회기 채택)

1. 규약 제25조는 모든 시민에게 정치에 참여할 수 있는 권리, 투표하고 피선될 수 있는 권리, 공직에 취임할 수 있는 권리를 인정하고 보호한다. 규약은 현행 헌법 또는 정부의 형태가 어떠하든지 간에, 규약이 보호하는 권리를 향유하기 위해 시민들이 실질적인 기회를 갖도록 보장하는 데 필요한 법적 또는 기타 조치를 국가가 채택하도록 요구한다. 제25조는 규약의 원칙에 부합하며, 인민의 동의를 바탕으로 하는 민주 정부의 핵심에 있다.

2. 제25조 상의 권리는 인민의 자결권과 관련되지만 동시에 이와는 구별된다. 제1조 제1항에 따라 인민은 자유로이 정치적 지위를 결정할 권리와 정부나 헌법의 형태를 선택할 권리를 갖는다. 제25조는 정치를 구성하는 절차에 참여할 수 있는 개인의 권리를 다룬다. 이러한 권리는 개인적 권리로서 제1선택의정서에 따라 주장이 제기될 수도 있다.

3. 규약(규약은 국가의 영토와 관할권 내의 모든 개인에게 보장된다)에 의해 인정되는 여타 권리 및 자유와는 대조적으로 제25조는 "모든 시민"의 권리를 보호한다. 국가보고서는 제25조에 의해 보호되는 권리와 관련하여 시민권을 정의하는 법조항에 대해 기술해야 한다. 이러한 권리의 향유에 있어, 인종, 피부색, 성, 언어, 종교, 정치적 또는 기타의 의견, 민족적 또는 사회적 출신, 재산, 출생 또는 기타의 신분 등을 근거로 시민 간에 차별은 허용되지 않는다. 출생에 의해 시민권이 부여된 이들과 귀화에 의해 시민권을 획득한 이들 사이의 차별은 제25조와의 양립성에 대한 문제를 가져올 수 있다. 국가보고서는 영주권자와 같은 어떤 집단이 예를 들어 지방 선거에 대한 투표권 또는 특정 공직에 취임할 수 있는 권리 등을 제한적으로라도 향유하고 있는지 여부를 적시해야 한다.

4. 제25조에 의해 보호되는 권리를 행사하기 위한 조건은 객관적이고 합리적인 기준에 따

라야 한다. 예를 들어 모든 성인에게 주어지는 투표권의 행사보다 선거나 특정 직책의 임명을 위해 보다 높은 연령 기준을 요구하는 것은 합리적일 수 있다. 시민에 의한 이러한 권리 행사는 법으로 제정된 객관적이고 합리적인 근거에 의한 경우를 제외하고는 정지되거나 배제되어서는 안 된다. 예를 들어 법으로 정한 정신적 무능력은 투표할 권리나 취임할 권리를 거부할 근거가 될 수 있다.

5. 가호에 언급된 정치에의 참여는 정치권력의 행사, 특히 입법권, 사법권, 행정권의 행사와 관련 있는 광범위한 개념이다. 이것은 공적 행정의 모든 측면과 국제, 국내, 지역 그리고 지방 차원에서의 정책 수립 및 이행을 포괄한다. 권력의 배분 및 제25조에 의해 보호되는 개별 시민이 정치에 참여할 권리를 행사하는 방법은 헌법 및 기타 법률로써 정해져야 한다.

6. 시민은 입법기관의 의원으로서 또는 행정 공무원으로서 권한을 행사할 때 정치에 직접 참여하게 된다. 이러한 직접 참정권은 나호에 의해 보장된다. 또한 시민은 나호에 따라 시행되는 국민투표 또는 기타 선거 절차를 통해 헌법을 채택하거나 개정할 때 또는 공공의 문제를 결정할 때 정치에 직접 참여하게 된다. 지방 문제나 특정 지역사회 문제에 관한 결정을 내리는 대중 집회에 참여하거나 정부와의 협의에 있어 시민을 대표하기 위해 설립된 기구에 참여하는 경우에도 시민은 직접 정치에 참여하게 된다. 시민에 의한 직접 참여의 방식이 정해진 이상, 제2조 제1항에 따라 참여를 함에 있어 시민간에 차별이 있어서는 안 되며, 어떠한 비합리적인 제한이 가해져서도 안 된다.

7. 자유롭게 선출된 대표들을 통해 시민이 정치에 참여하는 경우 그 대표는 실제 정부 권력을 행사하고 그 권력 행사에 대해 선거절차를 통해 책임을 진다는 점을 제25조는 내포하고 있다. 또한 대표는 헌법 규정에 따라 그에게 주어진 권력만을 행사한다는 점도 포함된다. 자유롭게 선출된 대표를 통한 참여는 반드시 나호에 따라 법률에 의해 정해진 투표 절차를 통해 행사되어야 한다.

8. 또한 시민은 그들의 대표와의 공공 토론과 대화를 통해 또는 스스로 조직을 구성할 능력을 통해 영향력을 행사함으로써 정치에 참여한다. 이러한 참여는 표현의 자유 및 집회·결사의 자유를 보장함으로써 유지된다.

9. 제25조 나호은 선거의 투표권자 또는 후보로서 정치에 참여할 수 있는 시민의 권리에 대한 구체적인 조항을 두고 있다. 나호에 따른 진정한 정기적 선거는 대표에게 부여된 입법권 또는 행정권의 행사를 위한 대표의 책임을 보장하기 위해 필수적인 것이다. 그러한 선거는 정부의 권위가 유권자의 자유로운 의사 표현에 근거하여 지속된다는 점을 보장할 수 있도록 부당하게 길지 않는 주기를 두고 개최되어야 한다. 나호에서 규정하는 권리와 의무는 법률에 의해 보장되어야 한다.

10. 선거와 국민투표에 대한 투표권은 법률에 의해 규정되어야 하며 투표권에 대한 최소한의 나이 제한 규정과 같은 합리적인 제한만이 가능하다. 신체적 장애를 이유로 투표권을 제한하거나 글을 읽고 쓸 수 있는 능력, 교육 또는 재산상의 요구조건을 부과하는 것은 비합리적이다. 정당의 당원 여부가 투표할 자격 조건이 되어서는 안 되며, 결격사유가 되어서도 안 된다.

11. 국가는 투표할 자격이 있는 모든 이들이 그 권리를 행사할 수 있도록 보장하는 효과적인 조치를 취해야 한다. 투표자 등록이 요구되는 경우 이는 용이해야 하며 그러한 등록에 대해 장애가 부과되어서는 안 된다. 만약 등록에 있어 거주 요건이 적용된다면, 이는 합리적이어야 하며 주소가 없는 노숙자를 투표권에서 배제시키는 방식으로 부과되어서는 안 된다. 등록이나 투표에 대한 과도한 간섭이나 투표권자에 대한 위협이나 강압은 형법에 의해 금지되어야 하며, 그러한 법은 엄격하게 집행되어야 한다. 정보를 가진 지역사회에 의한 투표자 교육과 선거등록 캠페인은 제25조 권리의 효과적인 행사 보장을 위해 필요하다.

12. 표현의 자유와 집회·결사의 자유는 투표권의 효과적인 행사를 위한 필수 조건으로 충분히 보호되어야 한다. 투표권자가 자신의 권리를 효과적으로 행사하지 못하도록 하는 문맹, 언어 장벽, 빈곤, 또는 이동의 자유에 대한 장애와 같은 특정한 어려움을 극복하기 위해 적극적인 조치가 취해져야 한다. 투표에 대한 정보와 자료는 소수집단 언어로도 이용 가능해야 한다. 문맹 투표자가 자신의 선택의 근거가 될 적절한 정보를 가질 수 있도록 사진 및 상징물과 같은 특정한 방법이 취해져야 한다. 당사국은 이 단락에서 강조된 장애에 대한 대처방안을 국가보고서에 명시해야 한다.

13. 국가보고서는 투표권을 관장하는 규칙과 보고서가 다루는 기간 동안 그러한 규칙의 적용 상황을 기술해야 한다. 또한 시민의 투표권 행사를 방해하는 요인들과 이러한 요인들을 극복하기 위해 채택한 적극적 조치들이 설명되어야 한다.

14. 당사국은 국가보고서에서 시민의 투표권을 박탈하는 법률 조항을 적시하고 설명해야 한다. 그러한 박탈의 근거는 객관적이고 합리적이어야 한다. 만약 범죄에 대한 유죄판결이 투표권을 유예시키는 근거가 된다면, 유예 기간은 범죄와 형량에 대하여 비례해야 한다. 자유를 박탈당했으나 유죄선고가 확정되지 않은 자의 경우 투표권의 행사가 배제되어서는 안 된다.

15. 선출직에 출마할 권리와 기회를 효과적으로 이행함으로써 투표권을 가진 이들이 후보자를 자유롭게 선택할 수 있도록 보장한다. 최소 연령 제한과 같이 선거에 출마할 수 있는 권리에 대한 제한은 객관적이고 합리적인 기준에 의해 정당화되어야 한다. 원래 피선거권을 가진 이가 교육, 거주 또는 출신과 같은 비합리적이거나 차별적인 요건에 의해 또는 정

치적 배경을 이유로 배제되어서는 안 된다. 그 누구도 입후보함으로 인해 차별이나 불이익을 당해서는 안 된다. 당사국은 선출직으로부터 특정 집단 또는 유형의 사람을 배제하는 법률 조항이 있을 시 이를 적시하고 설명해야 한다.

16. 후보 지명 날짜, 비용, 기탁금 등에 관한 조건은 합리적이어야 하며 차별이 없어야 한다. 만약 어떠한 선출직이 특정 직위(예를 들어 판사, 군 고위간부직, 공무원직)의 재임과 양립할 수 없는 합리적인 이유가 존재한다면, 이해관계의 충돌을 피할 수 있는 조치는 나호에 의해 보호되는 권리를 과도하게 제한하지 않는 범위 내에서 취해져야 한다. 선출직에 있는 이를 해임할 근거는 객관적이고 합리적인 기준에 따라 정당한 절차를 갖춘 법률에 의해 정해져야 한다.

17. 선거에 출마할 권리가 후보자로 하여금 정당의 구성원 또는 특정 정당의 후보자가 되도록 요구함으로써 비합리적으로 제한되어서는 안 된다. 만약 후보 지명을 위해 일정 수 이상의 추천인을 요구한다면, 이러한 요건은 합리적이어야 하며 입후보에 대한 장애물로 작용해서는 안 된다. 규약 제5조 제1항에 반하지 않도록, 정치적 견해는 피선거권을 배제하는 사유로 원용될 수 없다.

18. 국가보고서는 선출공무직 취임 조건을 정한 법률 조항과 특정 직위에 적용되는 제한과 자격을 기술해야 한다. 보고서에는 나이 제한과 같은 후보 지명 조건과 기타 자격 조건 또는 제한에 대해 서술해야 한다. 국가보고서는 공무에 종사하는 사람(경찰 또는 군인 포함)이 특정 공직에 선출되지 못하게 배제하는 제한이 있는지 여부를 적시해야 한다. 또한 선출직에 있는 이를 해임하는 법적 근거와 절차가 설명되어야 한다.

19. 나호에 따라서 선거는 투표권의 효과적인 행사를 보장하는 법체제 내에서 정기적으로 공정하고 자유롭게 행해져야 한다. 유권자의 자유로운 의사 표현을 왜곡하거나 방해할 수 있는 어떠한 종류의 부당한 영향력이나 강압 없이, 투표권자는 자유롭게 어떠한 후보자에 대해서도 투표하고, 국민투표에 제기된 안건에 자유로이 찬성 또는 반대하며, 자유롭게 정부를 지지하거나 반대할 수 있어야 한다. 투표권자는 어떠한 종류의 폭력이나 폭력의 위협, 강요, 유인 또는 조작적인 간섭없이 독립적으로 의견을 형성할 수 있어야 한다. 어떤 후보나 정당을 위해 쓰인 불균형적인 지출에 의해 투표권자의 자유로운 선택이 손상되거나 민주적 절차가 왜곡되지 않도록 보장하기 위해 필요한 경우 선거운동 비용에 대한 합리적인 제한은 정당화될 수 있다. 진정한 선거의 결과는 존중되고 이행되어야 한다.

20. 선거 절차를 감독하고 규약과 양립하는 법률에 따라 공정하고 공평한 선거가 치뤄질 수 있도록 보장하기 위해 독립된 선거기관이 설립되어야 한다. 당사국은 만약 부재자 투표 시스템이 존재한다면 이를 포함하여 선거가 진행되는 동안 비밀 투표의 요건을 확보할 수

있는 조치를 취해야 한다. 이는 어떻게 투표하고자 하는지 또는 어떻게 투표했는지 밝히도록 하는 강제나 강압으로부터, 그리고 투표 절차에 대한 불법적이거나 임의적인 간섭으로부터 투표권자가 보호되어야 함을 의미한다. 이러한 권리의 포기는 규약 제25조와 양립하지 않는다. 투표함의 보안은 보장되어야 하며, 투표는 후보자 또는 그 대리인의 출석 하에 집계되어야 한다. 투표와 집계 절차에 대한 독립적인 감독 및 사법심사 또는 여타 동등한 절차에의 접근보장을 통해 유권자들이 투표와 집계의 보안을 신뢰할 수 있어야 한다. 장애인, 시각장애인 또는 문맹인에 대한 지원 역시 독립적이어야 한다. 이러한 보장 조치는 유권자에게 충분히 고지되어야 한다.

21. 비록 규약이 특정한 선거 제도를 상정하지 않지만, 당사국이 운영하는 제도는 제25조에 의해 보호되는 권리에 부합해야 하며 유권자의 자유로운 의사 표현을 보장하고 실행해야 한다. 1인 1표의 원칙은 반드시 적용되어야 하며, 각 당사국의 선거 제도의 틀 내에서 한 유권자의 투표는 다른 유권자의 표와 동등해야 한다. 선거구역을 지정하고 투표수를 할당하는 방법은 투표권자의 분포를 왜곡하거나 어떤 집단을 차별하는 방식으로 이루어져서는 안 되며, 시민들이 자신의 대표자를 자유로이 선택할 권리가 비합리적으로 배제되거나 제한되어서도 안 된다.

22. 국가보고서는 진정한 자유선거 및 정기적 선거를 보장하기 위해서 어떠한 조치를 채택했는지, 그리고 선거제도 또는 제도들이 어떻게 유권자의 자유로운 의사 표현을 보장하고 실행하는지 적시해야 한다. 보고서는 선거 제도를 기술하고 지역사회 내의 상이한 정치적 견해가 어떻게 선출 기구에서 대표되는지도 설명해야 한다. 또한 보고서는 투표권이 실제로 모든 시민에 의해 자유로이 행사되도록 보장하는 법률과 절차를 기술하고, 어떻게 투표 절차의 비밀유지, 보안, 유효성이 법률에 의해 보장되는지 명시해야 한다. 보고서가 다루는 기간 동안 이러한 보장 조치의 실질적 이행 상황이 설명되어야 한다.

23. 제25조 다호는 시민이 일반적인 평등 조건하에 공직에 취임할 수 있는 권리와 기회를 규정한다. 일반적인 평등 조건하에 취임을 보장하기 위해, 임명, 승진, 정직, 해고에 대한 기준과 절차는 객관적이고 합리적이어야 한다. 모든 시민의 평등한 공직 취임을 보장하기 위해 적절한 경우 적극적 조치가 취해질 수 있다. 공직에 취임하는 데 있어 기회균등과 일반적인 공적주의에 따라 그리고 안정된 임기를 제공함으로써 공직에 있는 이들은 정치적 간섭이나 압력으로부터 자유롭도록 보장한다. 제25조 다호에 따른 권리의 행사에 있어 제2조 제1항에 열거된 이유로 인해 차별을 받지 않도록 보장하는 것은 특히 중요하다.

24. 국가보고서는 공직 취임 조건, 제한 사항, 임명, 승진, 정직, 해고 및 면직 절차, 그리고 이러한 절차에 적용되는 사법적 또는 다른 심사 메커니즘에 대해 기술해야 한다. 보고서는

어떻게 평등접근요건이 충족되는지, 차별철폐 조치는 취해졌는지, 그리고 취해졌다면 어느 정도까지 했는지를 명시해야 한다.

25. 제25조에 의해 보호되는 권리의 충분한 향유를 보장하기 위해, 시민, 후보자, 선출된 대표자들 간에 공적 및 정치적 문제에 대한 정보와 견해의 자유로운 의사소통은 필수적이다. 이는 자유 언론 및 기타 매체가 검열이나 제지 없이 공적 문제에 대해 논평하고 여론을 알릴 수 있어야 함을 의미한다. 규약 제19조, 제21조, 제22조에 의해 보장된 권리의 완전한 향유와 존중을 요구하는데, 여기에는 개인적으로 또는 정당과 여타 단체를 통해 정치 활동에 관여할 자유, 공적 문제를 토론할 자유, 평화로운 시위와 회합을 개최할 자유, 비판하고 반대할 자유, 정치적 문건을 출판할 자유, 선거운동을 할 자유, 정치적 견해를 선전할 자유가 포함된다.

26. 정치적 및 공적 문제에 관한 조직과 단체를 결성하고 이에 참가할 권리를 포함하여 결사의 자유에 대한 권리는 제25조에 의해 보호되는 권리들에 필수적으로 수반된다. 정당과 정당의 당원은 정치 참여와 선거 절차에 있어 중요한 역할을 한다. 시민이 자신의 권리를 행사하기 위해 당사국은 정당들이 정당 사무 운영에 있어 제25조상의 적용 가능한 조항을 준수할 수 있도록 보장해야 한다.

27. 규약 제5조 제1항과 관련하여, 제25조에 의해 인정되고 보호되는 권리가 현 규약에 의해 규정된 범위를 넘어서 규약에 의해 보호되는 권리와 자유의 파괴나 제한을 목적으로 하는 행위를 행할 권리를 함축하는 것으로 또는 그러한 행위가 유효한 것으로 해석되어서는 안 된다.

제26호: 의무의 지속
(1997년 제61차 회기 채택)

1. 자유권규약은 이 규약의 종료에 관한 조항을 포함하지 않으며, 폐기나 탈퇴에 대해서도 규정하지 않는다. 따라서 종료, 폐기, 탈퇴에 대한 가능성은 조약법에 관한 비엔나협약에 반영된 국제관습법상의 적용 가능한 규칙에 비추어 고려되어야 한다. 이를 기초로 당사국이 폐기나 탈퇴의 가능성을 인정하고자 하였음이 분명하거나 조약의 성질상 그러한 권리가 내포된 경우가 아니라면 규약은 폐기나 탈퇴를 인정하지 않는다.

2. 규약 당사국이 폐기 가능성을 인정하지 않았으며, 폐기에 대한 언급을 생략한 것이 단순한 부주의가 아니라는 점은, 규약 자체에 폐기나 탈퇴 조항을 두지 않았지만 규약 제41조 제2항이 적절한 통지에 의해 국가간 통보제도를 검토하는 위원회 권한에 대한 당사국의 수락 철회를 허용한다는 사실로부터 입증된다.

더욱이 규약과 같은 시기에 교섭 □ 채택된 선택의정서는 당사국의 폐기를 허용한다. 또한 규약보다 1년 앞서 채택된 인종차별철폐협약과 비교하자면 이 협약은 당사국에 의한 폐기를 분명히 허용한다. 따라서 규약의 입안자들은 폐기 가능성을 의도적으로 배제하고자 했던 것으로 결론내릴 수 있다. 동일한 결론이 초안 작성에 있어 폐기조항이 의도적으로 제외된 제2선택의정서에도 그대로 적용된다.

3. 더 나아가 규약은 그 성질상 폐기의 권리를 내포하는 유형의 조약이 아니라는 점이 분명하다. 자유권규약은 같은 시기 준비되고 채택된 사회권규약과 함께 세계인권선언에 기술된 보편적 인권을 조약의 형식으로 성문화하였다. (이들 세 개의 문서를 합쳐 흔히 국제인권장전이라고 부른다.) 이와 같이 규약은 폐기의 효과에 대한 구체적 조항이 없음에도 불구하고 폐기의 권리를 인정하는 것으로 간주되는 조약에 전형적으로 드러나는 임시적 성격을 갖고 있지 않다.

4. 규약에 기술된 권리는 당사국 영토에 살고 있는 사람들에게 속한다. 오랜 실행을 통해 드러나듯이 위원회는 규약상의 권리에 대한 보호가 사람에게 부여된 이상, 한 개 이상의 국가로 분할되거나 국가 승계 또는 규약에 의해 보장되는 권리를 박탈하려는 당사국의 후속 조치를 포함한 그 어떠한 당사국 정부의 변경에도 불구하고, 그러한 보호는 영토에 귀속되는 것으로 계속해서 거주인 개인의 것이라는 입장을 고수해왔다.

5. 그러므로 위원회는 국제법이 규약을 비준하거나 승인 또는 승계한 국가로 하여금 규약을 폐기하거나 탈퇴하는 것을 허용하지 않는다는 확고한 견해를 가지고 있다.

제27호: 제12조 (이동의 자유)
(1999년 제67차 회기 채택)

1. 이동의 자유는 한 사람의 자유로운 발전에 있어 필수불가결한 조건이다. 국가보고서 및 개인통보를 검토하는 위원회의 실행을 통해 볼 수 있듯이, 이동의 자유는 규약의 여러 다른 권리들과 상호 작용한다. 더욱이 위원회는 일반논평 제15호(규약에 따른 외국인의 지위, 1986년)에서 제12조와 제13조의 특별한 연관성을 언급한 바 있다.[1]

2. 제12조에서 보호되는 권리에 부과될 수 있는 허용 가능한 제한은 이동의 자유 원칙을 무효화해서는 안 되며, 이는 제12조 제3항에 규정된 필요성의 요건 및 규약에서 인정되는 여타 권리와 조화를 이루기 위한 필요성에 의해 좌우된다.

3. 당사국은 이 일반논평에서 논의된 문제를 고려하여, 제12조에 의해 보호되는 권리에 관

---

1) HRI/GEN/1/Rev.3, 15 August 1997, p. 20 (para.8).

한 행정 및 사법 관행 그리고 관련 국내법을 국가보고서를 통해 위원회에 제공해야 한다. 만약 이러한 권리에 제한이 있을 경우, 보고서는 이용 가능한 구제책에 관한 정보를 포함해야 한다.

이동의 자유 및 거주의 자유 (제1항)

4. 한 국가의 영역 내에 합법적으로 있는 모든 사람은 그 영역 내에서 자유롭게 이동할 권리와 거주지를 선택할 권리를 향유한다. 원칙적으로 일국의 시민은 항상 합법적으로 그 국가 영역 내에 있을 수 있다. 외국인이 한 국가의 영역 내에 합법적으로 체류할 수 있는지 여부의 문제는 국내법에 의해 규율될 사항으로, 당사국은 자국이 부담하는 국제의무를 준수하는 한 외국인의 자국 영역으로의 입국을 제한할 수 있다. 이와 관련하여 위원회는 당사국에 불법적으로 입국했더라도 그 체류자격이 합법화된 경우 제12조의 취지에 따라 적법하게 그 영역 내에 있는 것으로 본다.[2] 일단 개인이 어느 국가 내에 합법적으로 있는 한, 그 국가의 국민에게 부여된 것과 다른 처우뿐만 아니라 제12조 제1항과 제2항에 의해 보장되는 그의 권리에 대한 제한 조치는 제12조 제3항의 제반 규정에 의해 정당화되어야 한다.[3] 따라서 당사국은 국가보고서를 통해 외국인을 자국민과 상이하게 대우하는 상황과 그 처우의 차이점을 어떻게 정당화할 수 있는지 기술해야 한다.

5. 자유로운 이동의 권리는 연방국의 모든 지역을 포함하여 일국의 영역 전체에 적용된다. 제12조 제1항에 따라 사람은 한 장소에서 다른 장소로 이동할 수 있으며 자신이 선택한 장소에 정착할 수 있다. 이러한 권리의 향유는 이동하거나 한 장소에 체류하기를 원하는 사람의 특정 목적이나 이유에 좌우되어 이루어져서는 안 된다. 모든 제한은 제3항에 부합해야만 한다.

6. 당사국은 제12조에 보장된 권리가 공적 간섭뿐만 아니라 사적 간섭으로부터도 보호되도록 보장해야 한다. 이러한 보호 의무는 특히 여성과 관련성이 있다. 예를 들어 한 여성이 자유롭게 이동하고 거주지를 선택할 권리가 법이나 관행에 의해 친척을 포함한 다른 사람의 결정에 귀속되는 것은 제12조 제1항에 반한다.

7. 제12조 제3항에 따라 영역 내 자신이 선택한 장소에 거주할 권리는 모든 형태의 국내강제이주(실향)로부터의 보호를 포함한다. 이 권리는 영역 내 특정 지역으로 사람의 진입이나 체류를 막는 것을 허용하지 않는다. 그러나 합법적 구금은 보다 구체적으로 개인의 자유에

---

2) Communication No.456/1991, *Celepli v. Sweden*, para.9.2.
3) General Comment No.15, para.8, in HRI/GEN/1/Rev.3, 15 August 1997, p. 20.

대한 권리에 영향을 미치며 이는 규약 제9조에서 다루어진다. 일부 상황에서는 제12조와 제9조가 함께 작용할 수 있다.[4]

자국을 포함하여 어느 나라로부터도 출국할 자유 (제2항)

8. 한 국가로부터 출국할 자유는 어떤 특정 목적이나 개인이 선택한 해외 체류 기간에 좌우되지 않는다. 즉 영구 이민을 위한 출국 및 해외여행을 위한 출국에 모두 적용된다. 마찬가지로 도착국을 결정할 개인의 권리는 법적 보장사항 중 하나이다. 제12조 제2항의 범위가 당사국 영역 내에 합법적으로 있는 사람으로만 국한되는 것은 아니기 때문에, 그 국가로부터 합법적으로 추방된 외국인도 도착국을 선택할 권리가 해당국의 동의를 전제로 주어진다.[5]

9. 제12조 제2항에 의해 보장되는 권리를 개인이 향유하기 위해 거주지국과 국적국 모두에 의무가 부과된다.[6] 일반적으로 해외여행은 특히 여권과 같은 적절한 서류를 필요로 하기 때문에 어느 나라에서 출국할 권리는 여행에 필요한 서류를 취득할 권리를 포함해야 한다. 일반적으로 여권의 발급은 개인의 국적국에 부여된 의무이다. 어느 국가가 해외에 거주하는 자국민에 대한 여권 발급이나 유효기간 연장을 거부한다면 해당 국민은 거주지국에서 출국할 권리와 다른 곳으로 여행할 권리를 박탈당하게 된다.[7] 자국민이 여권 없이 자국 영역으로 귀환할 수 있다는 국가의 주장은 정당한 이유가 될 수 없다.

10. 국가의 실행은 종종 법규와 행정 조치가 특히 자국에서 출국할 권리에 악영향을 미친다는 것을 보여준다. 따라서 위원회가 이러한 법규와 실행이 제12조 제3항에 부합하는지를 평가할 수 있도록, 당사국이 자국민과 외국인 모두에 적용되는 출국의 권리에 대한 모든 법적 및 실무적 제한 조치에 대해 보고하는 것이 중요하다. 당사국은 필요한 서류를 구비하지 않은 사람들을 자국 영역에 데려오는 국제운송업자에 제재를 부과하는 조치(해당 조치가 다른 국가에서 출국할 권리에 영향을 미칠 경우에 그러하다)에 대한 정보를 국가보고서에 포함시켜야 한다.

---

4) See e.g. Communication No.138/1983, *Mpandajila v. Zaire*, para.10; Communication No.157/1983, *Mpaka-Nsusu v. Zaire*, para.10; Communication Nos.241 and 242/1987, *Birhashwirwa/Tshisekedi v. Zaire*, para.13.

5) General Comment No.15, para.9, in HRI/GEN/1/Rev.3, 15 August 1997, p. 21.

6) Communication No.106/1981, *Montero v. Uruguay*, para.9.4; Communication No.57/1979, *Vidal Martins v. Uruguay*, para.7; Communication No.77/1980, *Lichtensztejn v. Uruguay*, para.6.1.

7) Communication No.57/1979, *Vidal Martins v. Uruguay*, para.9.

제한 (제3항)

11. 제12조 제3항은 제1항과 제2항의 권리가 제한될 수 있는 예외적인 상황을 규정한다. 이 조항은 국가가 국가안보, 공공질서, 공중보건 또는 도덕 그리고 타인의 권리와 자유를 보호하기 위해 필요한 경우에 한해 이러한 권리를 제한할 수 있도록 인정한다. 이 경우 제한은 법률에 의해 규정되어야 하며, 위의 목적을 보호하기 위해 민주사회에서 반드시 필요하고, 규약에서 인정되는 모든 다른 권리와 양립해야 한다(아래의 18항 참조).

12. 권리가 제한될 수 있는 조건은 법률에 의해 정해져야 한다. 따라서 국가보고서는 제한의 근거가 되는 법규범을 명시해야 한다. 법률에 의해 규정되지 않거나 제12조 제3항의 요건에 부합하지 않는 제한은 제1항과 제2항이 보장하는 권리를 침해하게 된다.

13. 제12조 제3항에 의해 허용되는 제한을 규정하는 법률을 채택함에 있어, 당사국은 항상 제한이 권리의 본질을 훼손시키지 말아야 한다는 원칙을 따라야 한다(제5조 제1항 참조). 권리와 제한의 관계 및 규범과 예외의 관계가 전도되지 말아야 한다. 제한의 적용을 허용하는 법률에는 정확한 기준이 마련되어 있어야 하며, 그 실행을 담당하는 이에게 무제한적 재량을 부여해서는 안 된다.

14. 제12조 제3항은 제한이 허용되는 목적을 위해 기여하는 것으로 충분하지 않고, 그 목적을 보호하기 위해 필수적이어야 함을 분명히 명시한다. 제한 조치는 비례성의 원칙을 준수해야만 한다. 즉 보호적 기능을 달성하는데 적절해야 하고, 의도한 목적을 달성하기 위한 수단 중 간섭을 최소화하는 것이어야 하며, 보호되는 이익과 비례해야 한다.

15. 비례성의 원칙은 제한을 규정한 법률뿐만 아니라, 이를 적용하는 행정기관 및 사법기관에 의해서도 존중되어야 한다. 국가는 이러한 권리의 행사 또는 제한에 관한 절차가 신속히 진행되고, 제한 조치를 적용하는 이유가 제시되도록 보장해야 한다.

16. 국가는 제12조 제1항과 제2항의 권리를 제한하는 자국 법률이 적용되었을 때 제12조 제3항의 모든 요건이 준수되었다는 점을 종종 보여주지 못하였다. 개별 사안에서 제한의 적용은 명백한 법적 근거에 바탕을 두고, 필요성의 심사와 비례성의 요건을 충족해야만 한다. 예를 들어, 만약 개인이 "국가 기밀"을 소지하였다는 이유만으로 출국이 금지되거나, 특정 허가 없이는 국내 여행이 제한되는 경우 이러한 조건은 충족될 수 없다. 그에 반해, 국가 안보를 이유로 한 군사지역 접근제한 또는 토착민족이나 소수민족이 거주하는 지역에 정착할 자유에 대한 제한은 이러한 조건을 충족할 수 있다.[8]

17. 주된 우려의 원천은 개인이 자유롭게 이동하고 출국하고(자국 포함), 거주지를 정할 권

---

8) General Comment No.23, para.7, in HRI/GEN/1/Rev.3, 15 August 1997, p. 41.

리의 완전한 향유에 불필요하게 영향을 끼치는 다양한 법적 그리고 관료주의적 장애에 있다. 국가 내에서 이동할 자유에 대해 위원회는 개인에게 거주지 변경 허가를 신청하거나 행선지의 지역 당국의 승인을 구하도록 요구하는 조항 및 이러한 서류신청의 처리 지연에 대해 비판하였다. 국가의 실행을 보면 특히 자국민의 출국을 더욱 어렵게 만드는 많은 다양한 장애가 존재함을 알 수 있다. 이러한 규칙과 실행은 특히 관할 당국에 대한 신청자의 접근권 부재와 신청요건에 대한 정보 부재를 포함한다: 예를 들어 여권 발급에 적절한 신청서류를 얻기 위해 특정 서식을 제출하도록 요구; 고용주 또는 가족 구성원의 보증 필요; 여행 경로에 대한 상세한 설명; 행정당국의 서비스 비용을 상당히 초과하는 과도한 수수료를 지불한 경우에만 여권 발급; 여행서류 발급과정에서의 비합리적인 지연; 가족 동반 여행 제한; 귀국 예치금이나 귀국승차권 요구; 도착국 또는 그곳에 거주하는 자의 초청 요구; 신체적 위협, 체포, 해고 또는 자녀를 학교에서 제적시키는 행위와 같은 신청인에 대한 괴롭힘; 신청인이 국가의 명예를 훼손했다는 이유로 여권 발급 거부가 이에 해당한다. 이러한 실행에 비추어 볼 때, 당사국은 부과한 모든 제한이 제12조 제3항을 완전히 준수한다는 점을 확실히 해야 한다.

18. 제12조 제3항에 따라 허용되는 제한의 적용은 규약에 의해 보장되는 다른 권리 및 평등과 차별금지에 대한 기본적인 원칙에 부합해야 한다. 즉 제12조 제1항과 제2항의 권리가 인종, 피부색, 성, 언어, 종교, 정치적 또는 기타의 의견, 민족적 또는 사회적 출신, 재산, 출생또는 기타 신분 등에 따른 차별로 인해 제한된다면 이는 규약에 대한 명백한 위반이 된다. 국가보고서를 검토하면서 위원회는 여성이 자유롭게 이동하거나 출국하지 못하도록 남성의 동의 또는 동반을 요구하는 조치들이 제12조 위반에 해당한다고 수차례 판단한 바 있다.

자국으로 입국할 권리 (제4항)

19. 자국으로 입국할 권리는 그 나라와 개인 간에 특별한 관계를 인정하는 것이다. 이 권리는 다양한 함의를 지닌다. 이는 자국에 체류할 권리를 의미한다. 출국하였다가 돌아올 권리뿐만 아니라, 해외에서 출생한 국민이 국적국으로 처음 입국할 권리도 포함한다. 이 권리는 자발적으로 귀환하기를 희망하는 난민에게 매우 중요하다. 또한 주민의 강제이주 또는 타국으로의 집단추방이 금지됨을 의미한다.

20. 제12조 제4항의 용어 "no one"은 자국민과 외국인을 구별하지 않는다. 따라서 이 권리를 행사할 자격이 있는 사람은 "자국"이라는 구절의 의미를 해석함으로써만 확인이 가능하다.[9] "자국"의 범위는 "자신의 국적국"의 개념보다 넓다. 자국은 공식적인 의미에서의 국적, 즉 출생 또는 부여에 의해 취득된 국적에 제한되지 않는다. 자국이라는 말은 적어도 한

개인이 해당 국가에 대해 가지는 특별한 연대 또는 자격 때문에 그를 단지 외국인으로 간주할 수 없는 경우를 포함한다. 예를 들어 국제법을 위반하여 국적을 박탈당한 경우 및 국적국이 다른 국가로 합병되거나 이양되어 기존 국적이 거부되는 경우가 이에 해당한다. 더나아가 제12조 제4항의 표현을 보면 거주지국의 국적을 취득할 권리를 자의적으로 박탈당한 무국적자는 물론이고 다른 유형의 장기 거주자를 포함하는 보다 광범위한 해석이 가능하다. 특정 상황에서는 여러 요소가 개인과 국가 간의 밀접하고 영구적인 관계를 형성하도록 하기 때문에, 당사국은 국가보고서에 영주권자가 거주지국에 귀환할 권리에 관한 정보를 포함시켜야 한다.

21. 어떠한 경우에도 자국으로 입국할 권리를 자의적으로 박탈해서는 안 된다. 여기서 자의적이라는 개념에 대한 언급은 입법, 사법, 행정의 모든 국가 행위에 적용된다는 점을 강조하기 위함이다. 법률에 의해 규정된 간섭이라 할지라도 규약의 조항, 의도 및 목적에 부합해야 하며, 어떠한 경우에도 특정 상황에서 합리적이어야 한다. 위원회는 자국으로 입국할 권리를 박탈하는 상황이 합리적인 경우는 거의 없다고 본다. 당사국은 개인의 국적을 박탈하거나 제3국으로 추방함으로써 자의적으로 그가 자국으로 귀환하는 것을 막아서는 안 된다.

제28호: 제3조 (여성과 남성 간의 권리의 평등)
(1999년 제68차 회기 채택)

1. 위원회는 지난 20년에 걸친 활동에서 얻은 경험에 비추어, 규약 제3조에 대한 일반논평을 업데이트하고 일반논평 제4호(1981년, 제13차 회기)를 대체하기로 결정했다. 이 개정은 규약하에서 보호되는 인권을 여성이 향유하는 데 이 조항이 미치는 중요한 영향에 대해 고려하고자 한다.

2. 제3조는 모든 인간이 규약에 규정된 권리를 동등하고 완전하게 향유해야 한다는 의미를 담고 있다. 누구에 대해서라도 어떤 권리이든지 간에 권리의 완전하고 평등한 향유에 대한 거부가 있을 때마다 이 조항의 완전한 효력은 손상된다. 결과적으로 국가는 규약에서 보호하는 모든 권리를 남성과 여성이 동등하게 누리도록 보장해야 한다.

3. 규약 제2조와 제3조에서 인정된 권리를 모든 개인에게 보장할 의무는 당사국으로 하여금 그러한 권리를 모든 사람이 향유할 수 있도록 필요한 모든 조치를 취할 것을 요구한다. 필요한 조치에는 그러한 권리의 동등한 향유에 대한 장애물의 제거, 국가 공무원과 대중에

---

9) Communication No.538/1993, *Stewart v. Canada.*

대한 인권 교육, 규약에 제시된 임무를 실행하기 위한 국내법 개정이 포함된다. 당사국은 보호조치를 채택할 뿐만 아니라, 여성에게 효과적이고 평등한 권한을 부여하기 위해 모든 분야에서 적극적 조치를 채택해야 한다. 당사국은 사회에서 여성이 실질적으로 어떠한 역할을 하고 있는지에 관한 정보를 제공해야 하는데, 즉 당사국은 그러한 의무를 실행하기 위하여 법 조항뿐만 아니라 어떠한 조치를 취했거나 또는 취해져야 하는지와, 어떠한 진척이 있었으며, 직면한 어려움은 어떤 것이고 그러한 어려움을 극복하기 위해 어떤 조치가 취해지고 있는지를 위원회가 확인할 수 있도록 해야 한다.

4. 당사국은 어떠한 차별도 없는 권리의 평등한 향유를 보장할 책임이 있다. 제2조와 제3조는 당사국으로 하여금 성별을 근거로 한 차별금지를 비롯하여, 공적 및 사적 영역 모두에서 평등한 권리의 향유를 저해하는 차별적 행위를 종식시키기 위해 필요한 모든 조치를 취할 것을 요구한다.

5. 전 세계에 걸쳐 여성의 권리 향유에 있어서의 불평등은 종교적 태도를 포함하여, 전통, 역사, 문화에 깊이 뿌리박혀 있다. 일부 국가에서 여성의 종속적인 역할은 높은 태아 성감별과 여아 낙태율에 의해 입증된다. 당사국은 전통적, 역사적, 종교적 또는 문화적 태도가 법 앞의 평등 및 규약상 모든 권리의 평등한 향유에 대한 여성의 권리 침해를 정당화하기 위해 사용되어서는 안 되도록 보장해야 한다. 당사국은 제3조의 준수를 위협하거나 위협할 수 있는 전통 및 역사, 문화적 관행과 종교적 태도에 관한 적절한 정보를 제공해야 하며, 당사국이 그러한 요인들을 극복하기 위해 취했거나 취할 의사가 있는 조치가 무엇인지 제시해야 한다.

6. 제3조에 제시된 의무를 이행하기 위해서, 당사국은 규약에 명시된 각각의 권리를 여성과 남성이 동등하게 향유하지 못하도록 방해하는 요인을 고려해야 한다. 규약에 규정된 권리의 이행에 관하여 각 당사국 내에서 여성이 처한 상황을 위원회가 충분히 파악할 수 있도록, 이 일반논평에서는 규약 하에서의 권리들을 여성이 동등하게 누리는 데에 영향을 미치는 몇몇 요인들을 확인하고, 이러한 권리들과 관련해서 요구되는 정보 유형을 상세히 설명하고자 한다.

7. 여성의 동등한 인권 향유는 국가 비상사태 중에도 보호되어야 한다(제4조 참조). 제4조에 규정된 대로, 공공 비상사태 시에 이 규약상 의무의 이행을 정지하는 조치를 취하는 당사국은 그러한 조치가 여성의 상황에 미치는 영향에 관한 정보를 위원회에 제공해야 하며, 그러한 조치가 비차별적임을 증명해야 한다.

8. 여성은 국내적·국제적 무력충돌시 특히 취약하다. 당사국은 여성을 강간이나 유괴, 다른 형태의 젠더기반 폭력으로부터 보호하기 위해 그러한 상황 동안 취해진 모든 조치를 위

원회에 보고해야 한다.

9. 국가는 규약의 당사국이 됨으로써 제3조에 따라 규약에 규정된 모든 시민적 및 정치적 권리를 여성과 남성이 평등하게 향유할 권리를 보장할 의무를 지게 되며, 제5조에 따라 규약의 어떠한 조항도 국가나 단체 또는 사람이 제3조에서 규정된 권리의 파괴를 목적으로 한 행위, 또는 규약이 다루지 않은 제한을 가하기 위한 목적으로 한 행위에 가담하거나 그러한 행위를 할 수 있는 권리를 내포하는 것으로 해석되어서는 안 된다. 또한, 규약이 법률이나 조약, 규정, 관습에 따라 인정되거나 존재하는 모든 기본적 인권에 대한 권리를 규정하지 않았거나 그러한 권리를 보다 좁은 범위로 인정한다는 점을 구실로 하여, 그러한 권리에 대한 여성의 평등한 향유를 손상시키거나 이에 대한 제한이 가해져서는 안 된다.

10. 제6조에 의해 보호되는 생명권에 관한 보고에서 당사국은 출생률과 임신 및 출산과 관련한 여성의 사망에 관한 자료를 제공해야 한다. 영아사망률에 대해서는 성별로 구분된 데이터를 제공해야 한다. 당사국들은 여성이 원하지 않는 임신을 예방할 수 있도록 돕기 위해서, 그리고 그들이 생명을 위협하는 비밀스런 낙태를 치르지 않아도 되도록 보장하기 위하여 어떠한 조치를 취했는지에 대한 정보를 제공해야 한다. 또한, 당사국들은 여자 영아 살해 및 미망인 화형, 지참금 살인과 같이 여성의 생명권을 침해하는 관행들로부터 여성을 보호하기 위해 취한 조치에 대해서도 보고해야 한다. 위원회는 또한 생명에 위협이 될 수 있는 가난과 빈곤이 특히 여성에게 미치는 영향에 대한 정보를 얻기를 희망한다.

11. 아동에 대한 특별한 보호 의무를 부과하고 있는 규약 제7조와 제24조에 대한 준수 여부를 평가하기 위하여, 위원회는 강간을 비롯하여 여성에 대한 가정 폭력과 다른 유형의 폭력에 관련된 국내법과 관행에 대한 정보를 제공받을 필요가 있다. 위원회는 또한 당사국이 강간의 결과로 임신하게 된 여성에게 안전한 낙태에 대한 접근을 보장하고 있는지에 대해서도 알 필요가 있다. 당사국은 또한 위원회에게 강제낙태나 강제불임시술을 방지하기 위해 취한 조치에 관한 정보를 제공해야 한다. 여성할례 관행이 존재하는 당사국은, 여성할례의 범위와 그러한 관행을 없애기 위해 취해진 조치에 관한 정보를 제공해야 한다. 이러한 문제들에 대해 당사국이 제공한 정보에는 제7조상 권리가 침해당한 여성에 대한 법적 구제책을 비롯하여 보호조치가 포함되어야 한다.

12. 제8조상 의무와 관련하여, 당사국은 자국 내 또는 국경을 가로질러 발생하는 여성과 아동에 대한 인신매매 및 강요된 성매매를 근절하기 위해 취한 조치에 대하여 위원회에 보고해야 한다. 또한 당사국은 외국인 여성과 아동을 포함하여 여성과 아동을 특히 가사노동 또는 기타 개인 서비스로 가장한 노예제도로부터 보호하기 위해 취한 조치에 대한 정보를 제공해야 한다. 여성과 아동이 모집되고 유괴된 당사국과 그들을 받아들인 당사국은 여성과

아동의 권리 침해를 방지하기 위하여 취한 국내적 또는 국제적 조치에 대한 정보를 제공해야 한다.

13. 당사국은 공공장소에서 여성이 입어야 하는 복장에 대한 구체적 규정에 관한 정보를 제공해야 한다. 위원회는 그러한 규제가 규약에 의해 보장된 다음과 같은 다수의 권리를 침해할 수 있음을 강조한다: 차별금지에 관한 제26조; 그러한 규제를 집행하기 위해 체형(體刑)이 부과될 경우에 제7조; 규제를 준수하지 못한 데에 대하여 체포로 처벌하는 경우에 제9조; 이동의 자유가 그러한 통제의 대상이 되는 경우에 제12조; 자의적이거나 불법적인 간섭 없이 모든 사람에게 사생활의 권리를 보장하는 제17조; 여성에게 자신의 종교나 자기표현의 권리에 맞지 않는 복장 조건이 요구될 경우에 제18조와 제19조; 마지막으로 복장 조건이 당사자 여성이 권리를 주장할 수 있는 문화와 충돌하는 경우에 제27조에 어긋난다.

14. 제9조에 관하여, 당사국은 가택 구금과 같이 자의적이거나 불평등한 근거로 여성의 자유를 박탈할 수 있는 법률이나 관행에 대한 정보를 제공해야 한다(일반논평 제8호 제1항 참조).

15. 제7조 및 제10조와 관련하여, 당사국은 자유를 박탈당한 사람들의 권리가 여성과 남성에게 평등하게 보호되도록 보장하는 것과 관련한 정보를 제공해야 한다. 특히 당사국은 교도소에서 여성과 남성이 분리되는지와 여성이 여성교도관에 의해서만 보호되는지에 대해 보고해야 한다. 또한 당사국은 미성년 여성 피고인은 성인과 분리되어야 한다는 규칙의 준수에 대해, 그리고 사회재활과 교육 프로그램, 배우자와 가족 방문에 대한 접근 보장을 비롯하여 자유를 박탈당한 여성과 남성의 처우에서 차등이 있는지에 대해 보고해야 한다. 자유를 박탈당한 임신부의 경우 항상 인도적 처우와 고유의 존엄성을 존중받아야 하는데, 출산 시와 신생아를 돌보는 동안에는 특히 그러하다. 당사국들은 이를 보장하는 시설과 그러한 어머니와 아기들을 위한 의료 및 보건의료에 대해 보고해야 한다.

16. 제12조와 관련하여, 당사국은 이동의 자유에 대한 여성의 권리를 제한하는 법률조항이나 관행, 예를 들어 아내에 대한 남편의 권력 행사 또는 성인이 된 딸에 대한 부모의 권력 행사, 그리고 성인 여성에게 여권 또는 다른 여행 서류를 발급하는 데 제삼자의 동의를 요구하는 것과 같이 법적 또는 실질적으로 여성의 여행을 가로막는 요구 조건 등에 대한 정보를 제공해야 한다. 당사국은 또한 이용 가능한 국내 구제책에 대한 언급을 비롯하여, 그러한 법률과 관행을 없애기 위해서, 그리고 그것들로부터 여성을 보호하기 위해서 취한 조치를 보고해야 한다(일반논평 제27호 제6항 및 제18항 참조).

17. 제13조에 규정된 바대로 당사국은 외국인 여성이 추방에 반대하는 이유를 제시할 권리 및 자신의 사안을 심사받을 권리를 평등하게 가질 수 있도록 보장해야 한다. 이러한 점에서 외국인 여성은 제10항 및 제11항에서 상기한 바와 같이 젠더 특정적 규약위반을 이유로 하

는 논거를 제시할 수 있어야 한다.

18. 제14조에 규정된 사법에 대한 접근과 공정한 재판에 대한 권리가 남성과 평등한 조건에서 여성에게도 향유되는지를 이 위원회가 확인할 수 있도록, 당사국은 이에 관한 정보를 제공해야 한다. 특히 당사국은 위원회에 여성이 법정에 직접적이고 자율적으로 접근하는 것을 방해하는 법 조항이 존재하는지 여부(1998년 10월 28일 communication No. 202/1986, *Ato del Avellanal v. Peru* 사건에서의 본 위원회의 결정 참조), 여성이 남성과 같은 조건에서 증인으로서 증거를 제공할 수 있는지, 그리고 특히 가족 문제에 있어서 법률구조에 대하여 여성의 평등한 접근을 보장하기 위해 조치가 취해졌는지 아닌지에 관한 정보를 제공해야 한다. 당사국은 특정 범주의 여성이 제14조 제2항에 의거한 무죄추정의 향유를 거부당하는지와 이러한 상황을 종식하기 위해 취한 조치에 대해 보고해야 한다.

19. 어디에서나 법 앞에서 인간으로서 인정받을 권리를 가진다는 제16조 하의 모든 사람의 권리는 특히 여성에게 관련성이 있는데, 여성의 경우 성별이나 혼인 여부 때문에 권리가 축소보장된 것을 종종 볼 수 있기 때문이다. 이 권리는 재산을 소유하고 계약을 체결하거나 여타 시민적 권리를 행사하는 여성의 역량이 혼인 여부나 기타 차별적 근거로 인해 제한될 수 없음을 의미한다. 이는 또한 여성이 사망한 남편의 재산과 함께 남편의 가족에게 주어진 물건으로 취급되어서는 안 됨을 의미한다. 국가는 여성이 완전한 법인격의 주체로서 대우받거나 역할 하는 것을 방해하는 법률이나 관행 및 그러한 대우를 허용하는 법률이나 관행을 근절시키기 위해서 취한 조치에 관한 정보를 제공해야 한다.

20. 당사국은 사생활 및 제17조에 의해 보호되는 기타 권리를 남성과 동등하게 누릴 여성의 권리를 침해할 수 있는 법률과 관행의 효과를 위원회가 평가할 수 있도록, 이에 대한 정보를 제공해야 한다. 그러한 침해의 예는 강간으로부터의 보호를 포함하여 여성의 법적 권리와 보호의 범위를 결정할 때 여성의 성생활이 고려될 때에 발생한다. 국가가 여성의 사생활을 존중하는 데 실패할 수 있는 또 다른 영역은 여성의 생식 기능과 관련된다. 예를 들어, 불임수술에 관한 결정에 있어 남편이 허가해야 하는 경우, 특정수의 자식을 가지는 것이나 특정 나이가 되는 것 등 여성의 불임에 대해 일반적인 요건을 부과하는 경우, 또는 국가가 의사와 의료진에게 낙태 수술을 한 여성에 관한 사안을 보고할 법적 의무를 부과하는 경우 등이다. 이러한 경우에는 제6조와 제7조와 같이 규약상 다른 권리들도 위태로울 수 있다. 여성의 사생활은 여성을 고용하기 이전에 임신 테스트를 요구하는 고용주와 같은 사적 행위자에 의해 침해당할 수도 있다. 당사국은 제17조상 권리에 대한 여성의 평등한 향유를 방해하는 법률과 공적·사적 행위에 관해, 그리고 그러한 침해 행위를 근절하고 침해 행위로부터 여성을 보호하기 위해서 취해진 조치에 대해 보고해야 한다.

21. 당사국은 사상, 양심 및 종교의 자유, 그리고 자신이 선택하는 종교나 신앙을 받아들일 수 있는 자유(종교나 신앙을 바꿀 자유와 자신의 종교나 신앙을 표현할 자유 포함)가 법률과 관행에 의해 남성과 여성에 대해 같은 조건으로 차별 없이 보장되고 보호되도록 확보하기 위한 조치를 취해야 한다. 제18조에 의해 보호되는 이러한 자유들은 규약에 의해 허용되는 경우를 제외하고 다른 제한의 대상이 되어서는 안 되며, 특히 제삼자로부터의 허가를 요구하는 규칙이나, 부친, 남편, 남성 형제나 그 밖에 다른 이들로부터의 간섭에 의해 제한되어서는 안 된다. 여성에 대한 차별을 정당화하기 위해 사상, 양심, 종교의 자유에 대해 언급함으로써 제18조가 사용되어서는 안 된다. 따라서, 당사국은 사상, 양심, 종교의 자유에 관한 여성의 지위에 대한 정보를 제공하고, 여성에 대한 이러한 자유의 침해를 제거하고 예방하기 위해, 그리고 이 권리가 차별받지 않도록 보호하기 위해 취하였거나 취할 의사가 있는 조치를 적시해야 한다.

22. 제19조와 관련하여, 당사국은 위원회에 이 규정하에 보호되는 권리를 여성이 동등하게 행사하는 것을 방해하는 법률이나 기타 요소들에 대해 보고해야 한다. 여성과 여아들을 폭력 또는 굴욕적이거나 비인도적인 대우의 대상으로 묘사하는 외설적인 포르노물의 출판과 배포는 여성과 여아들에 대한 이런 식의 대우를 촉진시킬 수 있으므로, 당사국은 그러한 자료의 출판이나 배포를 제한하기 위한 법적 조치에 관한 정보를 제공해야 한다.

23. 국가는 제23조에 따른 혼인에 있어서 남성과 여성을 평등하게 대우해야 하는데, 제23조는 일반논평 제19호(1990)에 의해 보다 구체화되었다. 남성과 여성은 자신들의 자유롭고 완전한 합의를 통해서만 혼인할 권리를 가지며, 국가는 이 권리가 동등하게 향유되도록 보호할 의무를 가진다. 많은 요소가 여성이 자유롭게 결혼할 의사를 결정하는 데 방해가 될 수 있다. 그 중 하나는 혼인 최소 나이와 관련이 있다. 혼인 최소 나이는 남성과 여성에 대한 동등한 기준에 근거하여 국가가 정해야 한다. 그리고 그 기준은 정보에 근거하여 강요받지 않고 결정을 내릴 수 있는 여성의 역량을 보장해야 한다. 두 번째 요소는 일부 국가에서 제정법 또는 관습법상으로 일반적으로 남성인 후견인이 혼인에 대한 합의를 여성 대신 함으로써 여성의 자유로운 선택의 행사를 방해하는 것이다.

24. 자유롭고 완전한 합의가 있는 경우에만 혼인할 수 있는 여성의 권리에 영향을 미칠 수 있는 또 다른 요인으로, 강간을 당한 여성 피해자를 사회적으로 소외시키고 혼인에 합의하도록 압력을 행사하는 사회적 태도를 들 수 있다. 또한, 결혼에 대한 여성의 자유롭고 완전한 합의는 강간범이 그 희생자와 결혼할 경우에 형사 책임을 면하거나 경감받을 수 있도록 허용하는 법률에 의해 침해될 수 있다. 당사국은 희생자와의 결혼이 형사책임을 소멸시키거나 경감시키는지 여부와, 특히 강간 피해자가 사회적 배제를 겪어야 하는 사회에서 희생

자가 미성년자일 경우에 강간으로 인해 희생자의 혼인 가능 나이가 낮아지는지를 적시해야 한다. 국가가 남성에 대해서는 부과하지 않는 재혼에 대한 제한사항을 여성에게 부과하는 경우, 혼인할 권리의 또 다른 측면이 영향을 받을 수 있다. 또한, 배우자를 선택할 권리는 특정 종교를 가진 여성에 대하여 종교가 없거나 다른 종교를 가지고 있다고 표명한 남성과의 혼인을 금지하는 법률이나 관행에 의해 제한될 수 있다. 국가는 이러한 법률과 관행 및 여성의 자유롭고 완전한 합의가 있을 때만 혼인할 수 있는 권리를 손상하는 법률을 폐기하고 그러한 관행을 근절하기 위해 취해진 조치에 관한 정보를 제공해야 한다. 결혼할 권리에 관한 대우의 평등은 일부다처제가 이 원칙과 양립하지 않음을 의미한다는 점을 염두에 두어야 한다. 일부다처제는 여성의 존엄성을 침해한다. 이는 여성에 대한 용인될 수 없는 차별이다. 따라서 일부다처제가 계속 존재하는 곳에서 일부다처제는 반드시 폐지되어야 한다.

25. 제23조 제4항상의 의무를 이행하기 위해서, 당사국은 자녀의 보호와 양육, 자녀의 종교적·도덕적 교육, 부모의 국적을 자식에게 물려줄 자격, 그리고 공동의 재산이건 배우자 일방의 소유 재산이건 간에 재산의 소유와 관리, 이 모든 측면에서 배우자 쌍방에 대해 동등한 권리와 의무가 혼인 제도에 담겨있도록 보장해야 한다. 당사국은 필요한 경우에 그러한 재산의 소유와 관리에 있어서 기혼 여성이 동등한 권리를 가지도록 보장하기 위해서 자국의 입법을 재검토해야 한다. 또한, 당사국은 혼인으로 인한 국적의 취득이나 상실, 거주권, 배우자 각자가 자신의 원래 가족성(family name)을 계속 사용하거나 새로운 가족성의 선택에 있어 동등하게 관여할 권리와 관련하여 성별에 의한 차별이 없도록 보장해야 한다. 결혼 생활에서의 평등은 남편과 부인이 가족 내의 책임과 권한에 있어 동등하게 참여해야 함을 의미한다.

26. 또한, 당사국은 혼인의 해소(혼인 파기(repudiation)의 가능성 제외)에서도 평등을 보장해야 한다. 재산분배, 위자료, 자녀의 양육과 관련한 결정뿐만 아니라, 이혼이나 혼인 무효의 근거는 남성과 여성에 대해 동일해야 한다. 자녀와 자녀를 양육하지 않는 부모 사이의 접견 유지의 필요성에 대한 결정은 동등한 고려에 근거해야 한다. 또한, 혼인의 해소가 배우자 일방의 사망에 의한 것일 경우 여성은 남성의 상속권과 동등한 상속권을 가져야 한다.

27. 제23조의 맥락에서 가정을 인정함에 있어서, 결혼하지 않은 커플과 그 자녀들, 한부모와 그 자녀들을 포함하여 다양한 형태의 가족 개념을 수용하고, 이러한 맥락에서 여성의 동등한 대우를 보장하는 것이 중요하다(일반논평 제19호 제2항 참조). 한부모 가정은 한 명 또는 그 이상의 자녀를 돌보는 독신 여성으로 구성되는 경우가 많은데, 당사국은 비슷한 상황의 남성과 동등하게 그러한 여성이 부모의 역할을 이행할 수 있도록 어떤 지원조치들이 있는지 설명해야 한다.

28. 아동을 보호할 당사국의 의무(제24조)는 남아와 여아에 대해 평등하게 수행되어야 한다. 당사국은 여아가 교육, 급식, 의료 면에서 남아와 동등한 대우를 받도록 보장하기 위해 취한 조치에 대해 보고해야 하며, 이것에 대해 성별로 구분된 자료를 위원회에 제공해야 한다. 당사국은 법과 여타 적절한 조치 모두를 통해서 여아의 자유와 안녕을 위협하는 모든 문화적, 종교적 관행을 근절해야 한다.

29. 정치에 참여할 권리가 어디에서나 충분히 동등하게 이행되고 있지 않다. 당사국은 법률로 여성이 제25조에 포함된 권리를 남성과 동등한 조건으로 보장받도록 해야 하며, 여성의 정치 참여와 공무에의 취임을 촉진하고 보장하기 위하여, 적절한 적극적 평등실현 조치를 포함하여 효과적이고 적극적인 조치를 취해야 한다. 투표할 자격이 주어진 모든 이들이 투표권을 행사할 수 있도록 보장하기 위해 당사국들이 취한 효과적인 조치가 성차별적이어서는 안 된다. 위원회는 당사국이 입법부 고위 공무원직, 사법부 등 공공 선출직의 여성 비율에 대한 통계 정보를 제공할 것을 요구한다.

30. 여성에 대한 차별은, 인종이나 피부색, 언어, 종교, 정치적 또는 기타의 의견, 민족적 또는 사회적 출신, 재산, 출생 또는 기타의 신분 등과 같은 다른 근거에 의한 차별과 종종 얽혀 있다. 당사국은 다른 근거에 의한 차별의 경우가 특정한 방식으로 여성에 영향을 미치게 되는 방식들을 다루어야 하며, 이러한 효과에 대항하여 취한 조치에 대한 정보를 포함해서 적시해야 한다.

31. 제26조에 의해 보호되는 법 앞의 평등과 차별로부터의 자유에 대한 권리는 당사국으로 하여금 모든 분야의 공적·사적 기관에 의한 차별에 대항하여 행위할 것을 요구한다. 사회보장법과 같은 영역에서의 여성에 대한 차별(1987년 4월 9일 communications No. 172/84, *Broeks v. Netherlands* 사건에서의 본 위원회의 결정; 1987년 4월 9일 communications No. 182/84, *Zwaan de Vries v. the Netherlands* 사건에서의 본 위원회의 결정; 1989년 3월 29일 communications No. 218/1986, *Vos v. the Netherlands* 사건에서의 본 위원회의 결정)과 한 국가 내에서 시민권 또는 비시민의 권리 영역에서의 여성의 차별(1981년 4월 9일 communication No. 035/1978, *Aumeeruddy-Cziffra et al. v. Mauritius* 사건에서의 본 위원회의 결정)은 제26조 위반이다. 처벌받지 않은 채로 남아 있는 소위 "명예범죄"를 자행하는 것은 규약에 대한 심각한 위반에 해당하는데, 특히 제6조, 제14조, 제26조를 위반한다. 간통이나 기타 위법 행위에 대해 남성보다 여성에게 더 엄중한 처벌을 부과하는 법 역시 평등 대우 요건을 위반한다. 위원회는 당사국들의 보고서를 검토함에 있어 종종 노동법에 의해 보호받지 못하는 영역에 많은 여성들이 고용되어 있고, 지배적인 관습과 전통이 여성을 차별하는 것을 보아왔는데, 특히 더 나은 보수를 받는 직책에 대한 접근기회와 등등한 가치의 노동에 대한 동등한 임금에 있어

서 여성을 차별하였다. 당사국은 자국의 입법과 관행을 재검토하고, 예를 들어 고용, 교육, 정치활동 및 주거, 상품과 용역의 공급에 있어 사적행위자에 의한 차별을 금지하는 등, 모든 영역에서 여성에 대한 차별을 제거하기 위해 필요한 모든 조치를 이행하는 데 앞장서야 한다. 당사국은 이러한 조치에 대해서 모두 보고해야 하며, 그러한 차별의 피해자가 이용할 수 있는 구제책에 대한 정보를 제공해야 한다.

32. 소수집단에 속하는 이들이 그들의 언어, 문화, 종교에 관하여 규약의 제27조에 의거하여 향유하는 권리는 어떠한 국가, 집단 또는 사람에 대하여 법의 평등한 보호에 대한 권리를 포함한 규약상 권리를 여성이 동등하게 향유할 권리를 위반하는 것을 허가하지 않는다. 국가는 규약상 여성의 평등권에 대한 침해에 해당할 수 있는 소수 공동체의 구성원 자격과 관련한 입법적 또는 행정적 실행(1981년 7월 communication No. 24/1977, *Lovelace v. Canada* 사건에서의 본 위원회의 결정)과 규약의 모든 시민적 및 정치적 권리를 향유함에 있어서 남성과 여성의 동등한 권리를 확보하기 위해 취해졌거나 의도된 조치에 대해 보고해야 한다. 마찬가지로, 국가는 여성의 권리에 영향을 미치는 소수 공동체 내의 문화적 또는 종교적 관행과 관련한 국가의 책임을 이행하기 위해 취한 조치를 보고해야 한다. 당사국은 보고서에서 그러한 공동체의 문화생활에 대해 여성이 한 기여에 주의를 기울여야 한다.

제29호: 제4조 (국가비상사태 시 이탈조치)
(2001년 7월 24일 1950차 회의 채택)

1. 규약 제4조는 규약상 인권보호 체제 내에서 가장 중요한 의미를 지닌다. 제4조는 당사국이 일방적으로 규약상 자국의 의무 일부를 일시적으로 이탈하는 것을 허용하는 한편, 제4조는 이탈조치 그 자체뿐만 아니라 실질적 결과까지도 특정한 보호제도 하에 둔다. 규약의 완전한 준수가 보장되는 정상상태로의 회복이 규약을 이탈한 당사국의 최우선적인 목표가 되어야 한다. 이 일반논평은 1981년 제13차 회기에서 도입된 일반논평 5를 대체하는 것으로, 위원회가 당사국이 제4조의 요건을 충족하도록 돕고자 한다.

2. 규약조항에 대한 이탈조치는 반드시 예외적이고 일시적인 성질이어야 한다. 어떤 당사국이 제4조를 원용하기 전에 두 가지의 근본적인 조건이 충족되어야 한다. 국가의 존립을 위협하는 공공비상사태에 이를 정도의 상황이 있어야 하며, 당사국은 비상사태를 공식적으로 선포해야 한다. 후자는 적법성과 법치주의 원칙이 가장 필요한 때에 이를 유지하기 위해 필수적인 요건이다. 규약조항에 대한 이탈로 귀결될 수 있는 비상사태를 선포할 때에는, 국가는 이러한 선언과 비상대권의 행사를 규정하는 자국의 헌법 및 관련 법률조항의 범위 내에

서 행하여야 한다. 위원회의 임무는 해당 법률이 규약 제4조의 준수를 가능하게 하고 보장하는지 해당 법률을 감시하는 것이다. 위원회가 그 임무를 수행할 수 있기 위해서는, 규약 당사국은 제40조에 따라 제출하는 보고서에 비상대권에 관한 자국의 법률과 관행에 대한 충분하고 정확한 정보를 포함시켜야 한다.

3. 모든 소요사태나 재난이 제4조 제1항에서 요구되는 것과 같이 국가의 존립을 위태롭게 하는 공공비상사태에 해당하는 것은 아니다. 무력충돌상황 중에는, 그것이 국제적인지 비국제적인지의 여부를 불문하고, 국가 비상대권의 남용을 방지하기 위해 규약 제4조와 제5조 제1항에 더하여 국제인도법 규칙이 적용된다. 규약은 심지어 무력충돌상황 하에서도 규약을 이탈하는 조치는 국가의 존립에 대한 위협을 구성하는 경우에만 그에 타당한 범위에 한하여 허용될 것을 요구한다. 당사국이 무력충돌 이외의 상황에서 제4조를 원용할 것을 고려한다면, 그 이유와 그런 조치가 그 상황에서 필요하고 정당한지를 면밀히 고려해야 한다. 위원회는 규약이 보호하는 권리를 이탈하거나 제4조가 규정하는 상황 이외의 상황에도 해당 국가의 국내법이 이러한 이탈을 허용하는 것으로 판단되는 경우에 당사국에 대해 여러 차례 우려를 표명하였다.[1]

4. 규약을 이탈하는 조치의 기본적인 요건은, 제4조 제1항에 규정된 바와 같이 이러한 조치가 문제되는 긴급한 상황에 필요한 범위로 엄격하게 제한되어야 한다는 것이다. 이 요건은 비상사태와 그 긴급성으로 취해진 이탈조치의 지속기간, 지리적 범위 그리고 실질적 범위와 관련된다. 비상사태에서 규약의 일부 의무들에 대한 이탈은 평상시에도 조약의 몇몇 조약의 몇몇 조항에 따라 허용되는 제한이나 제약과는 명백히 구별된다.[2] 그럼에도 불구하고, 상황의 긴급성에 의해 엄격히 요구되는 정도로 이탈조치를 제한할 의무는, 이탈과 제한 권한에 공통되는 비례성의 원칙을 반영한다. 게다가, 특정조항의 이탈이 상황의 긴급성에 의해 정당화될 수 있다는 단순한 사실만으로는, 이탈에 따라 취해진 특정한 조치가 상황의 긴급성에 의해 필요한 것이어야 한다는 요건이 배제되지 않는다. 실제로 이는 아무리 이탈이 유효하다 하더라도 규약의 어떠한 조항도 당사국의 행위에 대해 완전히 적용되지 않는 것은 아니라는 점을 보증한다. 위원회는 당사국의 보고서를 고려할 때 비례성 원칙에 대해

---

1) 다음의 논평/최종 견해를 참조할 것: 탄자니아합중국(1992), CCPR/C/79/Add.12, 제7항; 도미니카공화국(1993), CCPR/C/79/Add.18, 제4항; 영국과 북아일랜드(1995), CCPR/ C/79/Add.55, 제23항; 페루(1996), CCPR/C/79/Add.67, 제11항; 볼리비아(1997), CCPR/C/ 79/Add.74, 제14항; 콜롬비아(1997), CCPR/C/79/Add.76, 제25항; 레바논(1997), CCPR/C/ 79/Add.78 제10항; 우루과이(1998), CCPR/C/79/Add.90, 제8항; 이스라엘 (1998), CCPR/ C/79/Add.93, 제11항.

2) 예를 들어, 규약의 제12조와 제19조를 참조할 것.

충분한 주의가 기울여지지 않은 점에 대해 우려를 표명해왔다.3)

5. 어느 경우에 어느 정도로 권리가 정지될 수 있는지의 문제는, 규약 당사국의 의무를 이탈하는 어떠한 조치도 '상황의 긴급성이 요구하는 범위 내로 엄격하게' 제한되어야 한다는 규약 제4조 제1항 조항의 내용과 떼어서 생각할 수 없다. 이 조건은 당사국이 국가비상사태를 선포하는 결정뿐만 아니라 이러한 선포에 근거한 구체적 조치에 대해서도 면밀한 정당화를 제공하도록 요구한다. 예를 들어 자연재해나 폭력을 동반한 대규모 시위 또는 대규모의 산업사고가 발생한 경우, 해당 국가가 규약상 이탈할 권리를 주장하려고 의도한다면, 국가는 이러한 상황이 국가의 존립에 대한 위협을 구성한다는 사실 뿐만 아니라, 규약에 대한 모든 이탈조치가 해당 상황의 긴급성에 의해 엄격히 요구된다는 사실을 정당화할 수 있어야 한다. 위원회의 견해에 따르면, 이러한 상황에서 예를 들어 거주이전의 자유(제12조) 또는 집회의 자유(제21조)와 같은 특정한 규약상 권리는 이를 제한하는 가능성이 있는 것으로 일반적으로 충분하고, 당해 규정으로부터 이탈하는 것은 상황의 긴급성에 의해 정당화되지 않는다.

6. 규약의 몇몇 조항이 이탈될 수 없는 것으로 제4조 2항에 열거되었다고 해서 규약의 다른 조항이 자의적으로 이탈될 수 있다는 것은 아니며, 국가의 존립에 대한 위협이 존재하는 경우에도 그렇다. 모든 이탈을 상황의 긴급성에 의해 엄격히 요구되는 정도로 국한할 법적 의무는, 당사국과 위원회 모두에 대해 실제상황에 대한 객관적 평가에 따라 규약의 개별 조항에 대한 정밀한 분석을 수행할 의무를 성립시킨다.

7. 규약 제4조 제2항은 다음의 조항에 대한 어떠한 이탈도 이루어져서는 안 된다고 명시적으로 규정한다. 제6조(생명권), 제7조(고문 또는 잔혹한, 비인도적인 또는 굴욕적인 형벌 또는 동의 없는 의학적 또는 과학적 실험의 금지), 제8조 제1항 및 제2항(노예제도, 노예매매와 예속상태의 금지), 제11조(계약상 의무의 이행불능을 이유로 한 구금 금지), 제15조(형법분야에서의 적법성 원칙, 예를 들어, 행위 이후의 법이 더 가벼운 처벌을 부과하는 경우를 제외하고, 작위 또는 부작위 당시에 유효하고 적용되는 명확하고 정확한 규정에 의해 제한되는 형사책임과 처벌규정), 제16조(모든 사람이 법 앞에 인간으로서 인정받을 권리), 그리고 제18조(사상, 양심 및 종교의 자유)가 있다. 이러한 조항에 규정된 권리는 제4조 제2항에 열거되었다는 바로 그 사실에 따라 이탈이 불가능하다. 사형제도 폐지를 목표로 하는 규약 제2선택의정서 제6조에 규정된 것과 같이 규약 제2선택의정서의 당사국에게도 같은 논리가 적용된다. 개념상, 어느 한 조항이 이탈할 수 없는 조항이라고 해서 어떠한 제한이나 제약도 정당화되지 않는다는 것은 아니다. 제18조

---

3) 예를 들어, 이스라엘에 관한 최종 견해 (1998), CCPR/C/79/Add.93, 제11항.

제3항에 구체적 제한 규정이 있는 제18조를 제4조 제2항에서 이탈할 수 없는 권리로 언급한 것은 제한의 허용가능성과 이탈이 별개의 문제라는 점을 보여준다. 가장 심각한 공공비상사태에서도, 종교나 믿음을 표명할 자유에 개입하는 국가는 제18조 제3항에 명시된 요건에 따름으로써 자신의 행위를 정당화해야 한다. 위원회는 종종 당사국이 가지고 있는 법률체제가 부적절하여 제4조 2항에 따라 이탈할 수 없는 권리가 이탈되거나 이탈될 위험에 처해 있다는 것에 대해 우려를 표명하였다.[4]

8. 제4조 제1항에 따르면 규약의 이탈이 정당화되기 위한 요건 중 하나로, 이탈조치는 오로지 인종, 피부색, 성별, 언어, 종교 또는 사회적 출신만을 근거로 하는 차별을 수반하지 않아야 한다. 규약 제26조 또는 차별금지와 관련 있는 규약의 다른 조항(제2조, 제3조, 제14조 제1항, 제23조 제4항, 제24조 제1항, 제25조)이 제4조 제2항에 이탈할 수 없는 조항으로 열거되지 않았다고 할지라도, 차별금지에 대한 권리의 일부 요소와 측면은 어떤 상황에서도 이탈될 수 없다. 특히 규약을 이탈하는 조치를 취할 때 사람들 사이에 어떠한 구별이 이루어지는 경우 제4조 제1항은 반드시 준수되어야 한다.

9. 게다가 제4조 제1항에 의하면 규약 조항을 이탈하는 어떠한 조치라도 국제법 특히 국제인도법상 당사국의 다른 의무에 저촉되어서는 안 된다. 만일 규약의 이탈이 해당 국가의 조약상 의무이건 일반국제법상 의무이건 국제법상 다른 의무의 위반을 수반한다면, 규약 제4조는 규약의 이탈을 정당화하는 것으로 해석되지 않는다. 이 점은 다른 문서에 의하여 인정된 인권에 대해 이 규약이 그 권리를 인정하지 않거나 또는 그 인정 범위가 보다 협소하다는 것을 구실로 그 권리를 제한하거나 또는 이탈하여서는 안 된다고 규정하고 있는 규약 제5조 제2항에도 반영되어 있다.

10. 비록 다른 조약상 당사국의 행동을 검토하는 것이 위원회의 기능은 아니지만, 위원회는 규약상 기능을 행사함에 있어 당사국의 규약상 특정 조항의 이탈이 허용되는지 여부를 고려할 때, 당사국의 다른 국제법상 의무를 고려할 권한을 가지고 있다. 따라서 제4조 제1항을 원용하거나 또는 제40조에 따라 비상사태와 관련한 법률체제에 대해 보고할 때 당사국은 문제되는 권리의 보호와 관련된 당사국의 다른 국제법상 의무, 그 중에서도 특히 비상사

---

4) 다음의 논평/최종견해를 참조할 것: 도미니카 공화국 (1993), CCPR/C/79/Add.18, 제 4항; 요르단 (1994), CCPR/C/79/Add.35, 제 6항; 네팔 (1994), CCPR/C/79/Add.42, 제 9항; 러시아 연방 (1995), CCPR/C/79/Add.54, 제 27항; 잠비아 (1996), CCPR/C/79/Add.62, 제 11항; 가봉 (1996), CCPR/C/79/Add.71, 제 10항; 콜롬비아 (1997), CCPR/C/79/Add.76, 제 25항; 이스라엘 (1998), CCPR/C/79/Add.93, 제 11항; 이라크 (1997), CCPR/C/79/Add.84, 제 9항; 우루과이 (1998), CCPR/C/79/Add.90, 제 8항; 아르메니아 (1998), CCPR/C/ 79/Add.100, 제 7항; 몽골 (2000), CCPR/C/79/Add.120, 제 14항; 키르기스스탄 (2000), CCPR/CO/69/KGZ, 제 12항.

태 시에 적용되는 의무에 대한 정보를 제공하여야 한다.5) 이러한 점에서, 당사국들은 비상
상황에 적용되는 인권 기준에 관한 국제법 내의 발전상황을 적절하게 고려해야 한다.6)

11. 제4조의 이탈할 수 없는 규정 목록은 특정한 인권 의무가 국제법상 강행규범의 성질을
가지고 있는지의 문제와 관련은 있지만, 이 문제와 완전히 동일하지는 않다. 제4조 제2항에
서 규약의 특정 조항이 이탈할 수 없는 성질의 것이라고 한 선언은, 부분적으로 규약 내에
조약의 형태로 보장되어 있는 몇몇 기본적 권리(예를 들어 제6조와 제7조)에 대한 강행규범적
성질을 인정하는 것으로 보인다. 그러나 규약의 다른 몇몇 조항에 있어서는 국가비상사태
중일지라도 이러한 조항에 대한 이탈이 필요하지 않기 때문에, 이탈할 수 없는 조항 목록에
포함된다는 것이 명백하다(예를 들어 제11조와 제18조). 게다가 강행규범의 범주는 제4조 제2
항이 규정하고 있는 이탈할 수 없는 조항의 목록을 넘어선다. 당사국은 어떠한 상황에서도
인질을 잡거나, 집단적 처벌을 부과하거나, 자유에 대한 자의적으로 박탈하거나, 무죄추정의
원칙을 포함한 공정한 재판의 기본적인 원칙으로부터 벗어나는 등과 같은 인도법 또는 국제
법의 강행규범을 위반하는 자국의 행위를 정당화하기 위해 규약 제4조를 원용할 수 없다.

12. 규약에 대한 정당한 이탈의 범위를 평가하는 데 있어서 특정 인권침해가 인도에 반하는
죄로 정의되는지 여부에서 하나의 기준을 찾을 수 있다. 국가의 권한 하에서 수행된 행동이
그 행위에 관련된 사람의 인도에 반하는 범죄에 대한 개인의 형사책임의 근거가 된다면, 규
약 제4조는 해당 행위와 관련하여 비상사태가 해당 국가의 책임을 면제한다는 정당화 수단
으로 원용될 수 없다. 따라서 "국제형사재판소 설립을 위한 로마규정"에 관할 대상으로 인도
에 반하는 죄를 최근 성문법화한 것은 규약 제4조의 해석과 관련을 가지고 있다.7)

---

5) 규약의 거의 모든 당사국에 의해 비준되고 이탈조항을 포함하고 있지 않은 "아동권리에 관한 협약"을 참
   조하였다. 아동권리협약 제38조가 명시적으로 규정하듯이, 아동권리협약은 비상사태에도 적용된다.

6) '최소한의 인간적 생활수준'(후에 '인간의 기본적인 생활수준'으로 변경됨)에 관한 위원회의 결의
   1998/29, 1996/65 and 2000/69에 따라 제출된 인권위원회에 대한 사무총장 보고서, E/CN.4/1999/92,
   E/CN.4/2000/94 및 E/CN.4/2001/91, 그리고 모든 상황에 적용 가능한 기본적 권리를 확인하려는 초기
   의 노력들, 예를 들어 '비상사태 하의 인권규율의 파리 최소 기준'(국제법협회, 1984), '시민적 및 정치적
   권리에 관한 국제규약 내의 제한과 이탈규정에 관한 시라큐사 원칙', 인권과 비상사태에 대한 소위원회
   의 특별보고관인 Mr. Leandro Despouy의 최종보고서(E/CN.4/Sub.2/1997/19 and Add.1), 국내 실행에
   관한 지침(E/CN.4/1998/53/Add.2), 최소한의 인간적인 생활수준에 관한 Turku (Åbo) 선언 (1990),
   (E/CN.4/1995/116)을 창조하였다. 진행중인 이 이상의 작업 분야로서 국제적, 그리고 비국제적 무력충
   돌시에 국제인도법에 대한 관습법에 대한 보고서를 준비하는 임무를 적십자국제위원회에 부여하는 "적
   십자와 적신월"의 제 26차 국제회의 결정을 참조하였다.

7) 2001년 7월 1일 현재 35개국에 의해 비준된 로마 규정 제6조(집단살해)와 제7조(인도에 반하는 죄)를
   참조할 것. 로마 규정 제7조에 열거된 많은 특정한 행동양식이 규약 제4조 제2항에 이탈할 수 없는 규정
   으로 열거되어 있는 인권에 대한 침해와 직접적으로 연관되어 있지만, 로마 규정에 정의되어 있는 인도

13. 제4조 제2항에 명시되지 않은 규약 조항 중에는 위원회의 견해에 의하면 제4조에 따라 적법한 이탈의 대상이 될 수 없는 요소가 존재한다. 아래에 몇 가지 실례를 제시한다.

(a) 자유를 박탈당한 모든 사람은 인도적으로 또한 인간의 고유한 존엄성을 존중하여 대우받아야 한다. 비록 규약 제10조에 규정된 이 권리가 제4조 제2항 이탈할 수 없는 권리 목록에 별도로 언급되지는 않았다고 할지라도, 위원회는 규약이 이탈할 수 없는 일반 국제법 규범을 표현한다고 생각한다. 이는 규약 전문에 규정되어 있는 인간의 고유한 존엄에 대한 언급과 제7조와 제10조 간의 긴밀한 연관성에 의하여 지지된다.

(b) 인질이나 납치, 또는 인지되지 않은 감금에 대한 금지는 이탈할 수 없다. 비상사태일지라도 이러한 금지의 절대적인 성질은 일반 국제법 규범으로서의 지위에 의해 정당화된다.

(c) 위원회는 소수자에 속하는 사람들의 권리에 대한 국제적 보호가 어떠한 상황에서라도 존중되어야 한다는 요소를 포함한다는 의견이다. 이러한 점은 국제법상 집단살해금지, 제4조 자체(제1항)의 차별금지조항의 포함뿐만 아니라, 제18조의 이탈할 수 없는 성질에 반영되어 있다.

(d) "국제형사재판소 설립을 위한 로마규정"에서도 확인된 바와 같이, 관련된 개인이 합법적으로 주거하고 있는 지역으로부터 추방되거나 또는 다른 강요적 행위에 의한 강제 퇴거의 형태로 국제법상 허용되는 근거가 없이 주민이 추방되거나 강제이주 되는 것은 인도에 반하는 죄를 구성한다.[8) 비상사태의 경우에 규약 제12조를 이탈할 수 있는 정당한 권리는 이러한 조치를 정당화하는 것으로 인정될 수 없다.

(e) 제4조 제1항에 따라 행해진 비상사태의 선포는 당사국이 규약 제20조에 반하여 스스로 전쟁을 선포하거나, 또는 차별, 적의 또는 폭력의 선동을 구성하는 민족적, 인종적 또는 종교적 증오를 고취하는 것에 대한 관여를 정당화하는 것으로 원용될 수 없다.

14. 규약 제2조 제3항은 규약 당사국에게 규약 조항의 모든 위반에 대한 구제조치를 제공할 것을 요구한다. 이 조항은 제4조 제2항의 이탈할 수 없는 규정 목록에 언급되어 있지 않지만, 이것은 규약 전체에 있어 고유한 조약상 의무를 구성한다. 비록 당사국이 국가비상사태에 처해 있어 상황의 긴급성에 의해 엄격히 요구되는 범위 내에서 사법적 또는 다른 구제조치에 적용되는 절차의 실제적 기능을 조정할 수 있더라도, 당사국은 반드시 규약 제2

에 반하는 죄의 범주는 규약 제4조에 언급되지 않은 규약의 몇몇 조항에 대한 위반도 포함한다. 예를 들어, 제27조에 대한 몇몇의 중대한 위반은 동시에 로마규정 제6조의 집단살해를 구성할 수 있는 한편, 제7조는 규약 제6조, 제7조, 제8조 외에도 또한 제9조, 제12조, 제26조 그리고 제27조와 관련되어 있는 관행을 포함한다.

8) 로마규정 제7조 1항 (d)와 제7조 2항 (d)를 참조할 것.

조 제3항에 따라 유효한 구제조치를 제공할 기본적인 의무를 준수해야 한다.

15. 제4조 제2항에서 명시적으로 이탈할 수 없는 것으로 인정되는 권리의 보호에 있어서, 이 권리들이 종종 사법적 보장을 포함하는 절차적 보장에 의해 확보되어야 한다는 점은 당연하다. 절차적 보장과 관련된 규약의 조항은 이탈할 수 없는 권리의 보호를 위태롭게 하는 수단의 대상이 되어서는 안 된다. 제4조는 이탈할 수 없는 권리의 이탈로 귀결되는 방식으로 이용될 수는 없다. 따라서 예를 들어 규약 제6조는 그 자체로 이탈할 수 없으므로, 국가 비상사태 중에 사형을 부과하는 모든 재판은 제14조와 제15조의 모든 요건을 포함한 규약의 조항을 따라야 한다.

16. 이탈에 관한 보호장치는, 규약 제4조에 규정된 대로, 규약 전체에 고유한 적법성과 법의 지배 원칙에 기초하고 있다. 공정한 재판을 받을 권리의 일부 요소들은 무력충돌 중의 국제인도법에 명시적으로 보장되어 있으므로, 위원회는 다른 비상상황에 대해서도 이러한 보장이 이탈되는 것이 정당화되지 않는다고 본다. 위원회는 적법성과 법의 지배 원칙이 비상사태 하에서도 공정한 재판의 기본적인 요건이 존중되어야 함을 요구한다는 의견이다. 개인을 형사상 범죄혐의로 재판하고 선고할 수 있는 것은 오직 법원뿐이다. 무죄추정의 원칙은 존중되어야 한다. 이탈할 수 없는 권리를 보호하기 위해서, 법원으로 하여금 구금의 적법성에 대해 지체 없이 결정하도록 법원에 절차를 취할 권리는 규약을 이탈하기로 하는 당사국의 결정에 의해 손상되어서는 안 된다.9)

17. 제4조 제3항에 의해 당사국은 제4조 이탈할 권한을 행사할 경우 국제적으로 통지할 의무를 부담한다. 이탈 권한을 이용하는 당사국은 반드시 즉시 UN 사무총장을 통하여 다른 당사국에게 자국이 이탈하는 조항과 이러한 조치의 이유를 통지해야 한다. 이러한 통지는 특히 당사국에 의해 취해진 조치가 상황의 긴급성에 의해 엄격히 요구되었는지를 평가하는 위원회의 기능 행사를 위할 뿐만 아니라, 다른 당사국이 규약 조항에 대한 준수 여부를 감시할 수 있도록 하는 데에 필수적이다. 과거에 수취된 많은 통지의 대략적인 특징을 고려하

---

9) 위원회의 이스라엘에 대한 최종 견해(1998) (CCPR/C/79/Add.93) 제21항을 참조할 것: "… 위원회는 현재의 행정적 구금의 적용이 공공 비상사태 시기에 이탈을 인정하지 않는 규약 제7조와 제16조와 양립하지 않는다고 본다. … 그러나 위원회는 당사국이 구금에 대한 유효한 사법심사에의 요구를 져버려서는 안 된다는 것을 강조한다." 또한 규약 제3선택의정서 초안에 관한 위원회의"차별방지 및 소수자 보호에 관한 소위원회"에 대한 권고를 참조할 것: "위원회는 비상상황에 있어서 인신보호청구권과 헌법쟁송(amparo)의 권리가 제한되지 않아야 한다는 사실을 당사국들이 일반적으로 이해한다는 사실에 만족한다. 게다가, 위원회는 제9조 제3항, 제4항에 규정된 구제조치를 제2조와 함께 이해할 때, 규약 전체의 고유한 것이라는 견해를 가지고 있다." 총회 제49차 회기 공식기록, 부록 제 40번(A/49/40), 제I권, 부속서 XI, 제2항.

여, 위원회는 당사국의 통지는 취해진 조치에 대한 완전한 정보와 관련된 법률이 첨부된 완전한 문서를 포함하여, 이러한 조치를 취한 이유에 대한 명확한 설명을 포함해야 한다고 강조한다. 예를 들어 비상사태기간을 연장함으로써 당사국이 그 후에 제4조에 따른 후속조치를 취할 경우에는 추가적인 통지가 요구된다. 즉시 통지할 요건은 이탈의 종료에 관해서도 동일하게 적용된다. 이러한 의무는 항상 존중되어 온 것은 아니다. 당사국은 사무총장을 통하여 다른 당사국에게 비상사태선언과 그에 따른 규약의 하나 또는 그 이상의 조항에 대한 이탈조치를 통지하지 않았고, 종종 비상사태 권한을 행사하는 데 있어서 영토적 범위나 다른 내용을 변경하는 통지를 제출할 의무를 다하지 않았다.[10] 때때로 국가비상사태의 존재와 당사국이 규약의 조항을 이탈하였는지의 문제는 위원회가 당사국의 보고서를 심사하는 과정에서 단지 우연히 알게 되기도 하였다. 위원회는 당사국이 규약상 의무를 이탈하는 조치를 취하는 모든 경우에 있어서 국제적으로 즉시 통지할 의무를 강조한다. 당사국의 법과 관행이 제4조와 양립하는지를 감시하는 위원회의 임무는 당사국이 통지를 제출하였는지 여부에 좌우되지 않는다.

제30호: 규약 제40조에 따른 당사국의 보고 의무
(2002년 제2025차 회의 채택, 이는 일반논평 제1호를 대체)

1. 당사국은 규약 제40조에 따라 관련 당사국에 대하여 이 규약이 발효한 지 1년 이내, 그리고 그 이후에는 언제든지 위원회가 요청하는 때, 보고서를 제출할 의무를 진다.
2. 위원회는 연간보고서에서 알 수 있듯이 소수의 국가만이 보고서를 제때 제출하였다는 사실에 주목한다. 대부분의 보고서는 수개월 또는 수년 늦게 제출되었고, 위원회가 보고서 제출을 반복적으로 상기시키고 있음에도 불구하고 일부 당사국은 의무를 이행하지 않고 있다.
3. 다른 국가들은 위원회에 참석하겠다고 공표하였으나 예정된 날짜에 이를 행하지 않았다.
4. 이러한 상황을 개선하기 위해서, 위원회는 새로운 규칙을 도입하였다:
 (a) 당사국이 보고서를 제출하였으나 위원회에 대표단을 파견하지 않은 경우, 위원회는 위원회가 보고서를 심의하려는 날짜를 해당 당사국에 통고하거나, 처음에 예정된 회의에서

---

10) 다음의 논평/최종 견해 (1992)을 참조할 것: 페루 (1992), CCPR/C/79/Add.8, 제10항; 아일랜드(1993), CCPR/C/79/Add.21, 제11항; 이집트 (1993), CCPR/C/79/Add.23, 제7항; 카메룬 (1994), CCPR/C/79/Add.33, 제7항; 러시아 연방 (1995), CCPR/C/79/Add.54, 제27항; 잠비아 (1996), CCPR/C/79/Add.62, 제11항; 레바논 (1997), CCPR/C/79/Add.78, 제10항; 인도 (1997), CCPR/C/79/Add.81, 제19항; 멕시코 (1999), CCPR/C/79/Add.109, 제12항.

보고서의 심의를 진행할 수 있다.

(b) 당사국이 보고서를 제출하지 않은 경우, 위원회는 재량으로 규약상 보장된 권리 이행과 관련한 해당 당사국의 조치를 검토하기 위해 위원회가 제안한 날짜를 해당 당사국에 통고할 수 있다:

(i) 당사국이 대표단에 의해 대표되는 경우, 위원회는 대표단의 출석 하에 지정된 날짜에 검토를 진행할 것이다.

(ii) 당사국이 대표되지 않는 경우, 위원회는 재량으로 규약상의 보장을 이행하기 위해 해당 당사국이 취한 조치를 최초 정해진 날에 심의하거나, 해당 당사국에 새로운 날짜를 통고할 수 있다.

이러한 절차를 적용하기 위해, 위원회는 대표단이 출석해 있는 경우에는 공개회의를 개최하고, 대표단이 출석해 있지 않는 경우에는 비공개회의를 개최하며, 보고서 작성 지침과 위원회의 절차규칙에 규정된 양식을 따른다.

5. 위원회가 최종견해를 채택한 이후에는, 해당 당사국과의 대화를 수립, 유지하거나 회복하기 위해서 후속절차가 적용된다. 이러한 목적과 위원회가 향후 조치를 취할 수 있도록, 위원회는 위원회에 보고할 특별보고관을 임명한다.

6. 특별보고관의 보고서를 고려하여, 위원회는 당사국에 의해 채택된 입장을 평가하고, 필요한 경우에는 해당 당사국이 다음 보고서를 제출할 수 있도록 새로운 날짜를 지정한다.

제31호: 규약의 당사국에 대해 부과되는 일반적 법적 의무의 성질
(2004년 제80차 회의 채택)

1. 이 일반논평은 일반논평 제3호의 원칙들을 반영하고 보다 발전시켜 이를 대체한다. 제2조 제1항의 일반적 차별금지 규정은 일반논평 제18호와 제28호에서 다루어졌고, 본 일반논평은 이 두 논평과 함께 이해되어야 한다.

2. 규약 하에서 제2조는 권리의 주체로서의 개인에 대한 당사국의 의무라는 용어로 표현되어 있지만, 모든 당사국은 다른 당사국이 그들의 의무를 어떤 식으로 수행하는지에 대해 법적 이해관계를 가지고 있다. 이는 "인간의 기본적 권리에 관련된 법칙"은 대세적 의무이고, 규약 전문의 제4항에서 지적된 대로 인권과 자유에 대한 보편적 존중과 준수를 증진시킬 유엔헌장상의 의무가 있다는 사실에서 기인한다. 게다가, 조약의 계약적 측면은 조약의 당사국이라면 어느 국가이든 다른 모든 당사국에 대해 조약상 의무를 준수해야 한다는 사실을 수반한다. 이와 관련하여 위원회는 당사국들에 제41조상의 선언을 하는 것이 바람직하

다는 것을 상기시키는 바이다. 위원회는 더 나아가 이미 선언을 한 당사국들에 대해 이 조항에 따른 절차를 이용할 수 있도록 한 것의 잠재적인 가치를 상기시키는 바이다. 그러나 제41조상의 선언을 행한 당사국들이 위원회에 청원을 할 수 있는 공식적 국가간 메커니즘이 존재한다는 사실이 이 절차가 당사국들이 다른 당사국의 행위에 대한 자국의 이해를 주장할 수 있는 유일한 방법이라는 것을 의미하지는 않는다. 반면에, 제41조의 절차는 당사국의 다른 당사국의 의무수행에 대한 이해를 저해하는 것이 아니라, 이를 보충하는 것으로 보아야 한다. 따라서 위원회는 다른 당사국에 의한 규약 위반에 관해 관심을 기울여야 한다는 견해를 당사국들에 권유한다. 규약상 의무에 대한 가능한 위반에 관해 관심을 유도하고, 그들에게 당사국의 규약상 의무 준수를 요청하는 것은 비우호적인 행동이 아니라, 정당한 공동체의 이익의 반영으로 간주되어야 한다.

3. 제2조는 규약의 당사국에 부과된 법적 의무의 범위를 한정한다. 규약상 권리를 존중하고 이를 자국의 영역 내에 있으며 그 관할권 하에 있는 모든 개인에 대하여 보장해야 하는 의무가 당사국에 부과된다(아래의 제9항과 10항을 참조할 것). 「조약법에 관한 비엔나협약」 제26조에 구체화된 원칙에 따라서 당사국은 이 규약상 의무를 신의에 좇아 성실하게 이행할 것이 요구된다.

4. 일반적으로 규약, 보다 구체적으로는 제2조의 의무는 모든 당사국에 대해 전체적으로 구속력을 가진다. 정부의 모든 부(행정부, 입법부, 사법부), 국가, 지역 또는 지방을 막론하고 모든 차원의 기타 공공기관 또는 정부기관은 당사국의 책임과 관련 있는 위치이다. 위원회에 대한 것을 포함하여 국제적으로 당사국을 주로 대표하는 행정부는 규약의 조항과 양립하지 않는 행위가 정부의 다른 부에 의해 행해졌다는 것을, 그 행위에 대한 책임과 결과적인 양립 불가능으로부터 당사국을 면제하는 수단으로 제기해서는 안 된다. 이러한 이해는 「조약법에 관한 비엔나협약」 제27조에 담긴 원칙으로부터 직접적으로 도출되는데, 이에 따르면 어느 당사국도 "조약 불이행에 대한 정당화 근거로서 자신의 국내법 규정을 원용할 수 없다". 제2조 제2항이 당사국들로 하여금 국내적 헌법 절차에 따라 규약상 권리를 실행하도록 하지만, 조약상 의무 불이행을 정당화하기 위해 헌법의 조항이나 국내법의 다른 측면을 당사국이 원용하지 못하도록 하기 위해 동일한 원칙이 작용한다. 이러한 점에 있어서, 위원회는 연방구조를 가지고 있는 당사국들에 대해 규약의 조항이 "어떠한 제한이나 예외 없이 연방국가의 모든 지역에 적용된다"는 제50조의 규정을 상기시킨다.

5. 규약에 의해 인정된 권리를 존중하고 확보할 의무를 규정하는 제2조 제1항은 모든 당사국에 대해 즉각적인 효력을 가진다. 제2조 제2항은 규약에 의해서 구체화된 권리들이 증진되고 보호되는 매우 중요한 체제를 규정한다. 과거에 위원회는 결과적으로 제2조에 대한

유보는 규약의 대상과 목적에 비추어 볼 때 이 규약과 양립이 불가능하다는 점을 일반논평 제24호에서 지적하였다.

6. 제2조 제1항의 법적 의무는 그 성질상 소극적이면서도 적극적인 것이다. 당사국은 규약에 의해 인정된 권리들에 대한 침해를 자제해야 하며, 이 권리들에 대한 제한은 모두 규약의 관련 규정 하에서 허용될 수 있어야 한다. 국가들은 이러한 제한을 가할 때 규약상 권리의 계속적이고 효율적인 보호를 위해 제한의 필요성을 증명해야 하며 정당한 목적 추구에 비례하는 조치만을 취해야 한다. 어떠한 경우에도 규약상 권리의 본질을 훼손하는 방법으로 제한이 적용되거나 원용되어서는 안 된다.

7. 제2조는 당사국들이 그들의 법적 의무를 이행하기 위해 입법, 사법, 행정, 교육 그리고 다른 적절한 수단을 도입할 것을 요구한다. 본 위원회는 공무원과 국가의 대리자들뿐만 아니라 일반인들 사이에서도 이 규약에 대한 인식의 수준을 높이는 것이 중요하다고 믿는다.

8. 제2조 제1항의 의무는 당사국에 대해 구속력을 가지며, 국제법적 문제로서 그 자체의 직접적인 수평적 효력은 가지고 있지 않다. 규약은 국내 형법 또는 민법의 대체물로 간주될 수 없다. 그러나 규약상 권리를 보장할 당사국의 적극적인 의무는 단지 국가의 대리인에 의한 규약상 권리의 침해로부터 뿐만이 아니라 그것이 사인 간 혹은 사적 단체 간에 적용될 수 있는 한 사인이나 사적 단체에 의한 규약상 권리의 향유를 저해하는 행위로부터 개인을 국가가 보호하는 경우에 비로소 온전히 수행될 것이다. 사인이나 사적 단체에 의한 행위에 의해 야기된 위해를 당사국이 허용하거나, 예방, 처벌, 조사 또는 시정하기 위해 적절한 조치를 취하거나 적절한 주의 의무를 기울이지 못한 결과로, 제2조에 의해 요구되는 대로 규약상 권리를 보장하지 못한 것이 당사국에 의한 이러한 권리의 침해에 이르는 상황이 있을 수 있다. 당사국들에 제2조에 의해 부과된 적극적인 의무와 제2조 제3항의 위반 시에 유효한 구제조치를 마련할 필요 간의 상호관계를 상기시키는 바이다. 규약은 몇몇 조항에서 사인이나 사적 단체의 활동을 다룰 당사국의 적극적 의무가 존재하는 특정한 영역을 구상한다. 예를 들어, 제17조의 사생활과 관련된 보장은 법에 의해 보호되어야 한다. 또한 제7조에는 당사국들이 사인이나 사적 단체가 자신들의 권한 하에 타인에게 고문 또는 잔혹하거나 비인도적이거나 굴욕적인 대우나 처벌을 하지 않도록 할 적극적인 조치를 취해야 한다는 것이 함축되어 있다. 노동이나 주거와 같이 일상생활의 기본적 측면에 영향을 미치는 분야에서, 개인들은 제26조의 취지 내에서 차별로부터 보호받도록 되어 있다.

9. 규약에 의해 인정된 권리의 수혜자는 개인이다. 제1조의 예외를 제외하고, 규약은 법인이나 이와 유사한 실체 또는 집단의 권리에 대해 언급하지 않음에도 불구하고, 자신의 종교나 믿음을 표명할 자유(제18조), 집회의 자유(제22조) 또는 소수민족 구성원의 권리(제27조)

와 같이 규약에 의해 인정되는 권리 중 많은 수의 권리가 공동체 내에서 다른 사람들과 함께 향유될 수 있는 것들이다. 위원회의 권능이 개인 혹은 개인을 대신하여 제출된 통보(제1선택의정서 제1조)를 받고 심의하는 사안들로 제한되어 있다는 사실은, 그러한 개인이 법인이나 이와 유사한 단체와 관련된 작위나 부작위가 자신의 권리를 침해한다고 주장하는 것을 막지 못한다.

10. 당사국들은 제2조 제1항에 의해 규약상 권리를 자국의 영역 내의 모든 개인과 자국의 관할권 하에 있는 모든 개인에 대해 존중하고 보장하도록 요청받는다. 이것은 설사 당사국의 영역 내에 존재하지 않을지라도 당사국의 권한이나 실효적 통제 하에 있는 사람이라면 누구에게든 당사국은 규약에 규정된 권리를 존중하고 보장해야 한다는 것을 의미한다. 제27차 회기(1986)에서 채택된 일반논평 제15호에서 제시된 바와 같이, 규약의 권리 향유자는 당사국의 국민으로 한정되지 않는다. 당사국의 영역 내에 있거나 관할권 하에 있는 개인이라면 어느 나라의 국적을 가졌는지 아니면 무국적자인지와 상관없이 망명희망자, 난민, 이주노동자 등을 모두 포괄한다. 또한, 이 원칙은 국제적 평화유지 활동이나 평화 집행 작전을 부여받은 당사국의 파견군과 같이 당사국의 영역 외부에서 활동하는 군대의 권한이나 실효적 통제 내에 있는 모든 사람에게 적용된다. 그러한 권한이나 실효적 통제가 획득된 것인지 여부는 불문한다.

11. 일반논평 제29호에 암시된 대로, 규약은 국제인도법 규정이 적용될 수 있는 무력충돌의 상황에 대해서도 적용된다. 특정한 규약상 권리들에 관해서는 국제인도법의 더 구체적인 규정이 규약상 권리의 해석을 위한 목적에 특히 적절할 수 있지만, 이 법의 두 영역은 상호 배타적이지 않고, 상호보완적이다.

12. 게다가, 자국의 영역 내의 모든 개인과 자국의 관할권 하에 있는 모든 개인에 대하여 당사국들에 규약상 권리를 존중하고 보장할 것을 요구하는 제2조의 의무는 규약 제6조와 제7조에 규정된 것과 같이, 개인이 실제 이동되는 국가 또는 해당 개인이 결과적으로 이동될 어떤 국가 내에서 회복할 수 없는 위해의 실제적 위험이 있다고 믿을 상당한 근거가 있는 경우에는 송환, 추방, 축출 또는 그 밖에 개인을 자국 영역으로부터 이동시키지 않을 의무를 수반한다. 이와 관련된 사법, 행정당국은 이러한 사안에 있어서 규약을 준수해야 할 필요성을 인지하여야 한다.

13. 제2조 제2항은 당사국이 국내 질서에서 규약상 권리를 실행하는 데에 필요한 조치를 취할 것을 요구한다. 이는 만약 규약상 권리가 국내법이나 국내관행에 의해 보호되지 않는다면, 당연히 당사국들이 비준 시에 규약과의 정합성을 확보하기 위해서 국내법과 국내관행을 변경하도록 요구된다는 것이다. 국내법과 규약 사이에 불일치가 존재할 경우에 제2조

는 규약의 실체적 규정에 의해 부과된 기준을 충족하기 위해 국내법이나 국내관행이 변경되는 것을 요한다. 제2조는 당사국이 이를 자국의 헌법상 구조와 조화롭게 추구하는 것을 허용하므로, 규약의 국내법으로의 수용에 의해 규약이 국내 법원에서 직접 적용이 가능하도록 할 것을 요구하지 않는다. 그러나 위원회는 규약이 자동적으로, 또는 특정한 수용에 의해 국내법질서의 일부가 되는 당사국들에서 규약상 보장이 더 강화된 보호를 받을 수 있다는 견해를 취한다. 위원회는 제2조에서 요구된 대로 규약상 권리의 완전한 실현을 용이하게 하기 위해 규약이 국내법질서의 일부를 구성하지 않는 당사국들에 규약이 국내법의 일부가 되게 하기 위해 규약의 수용을 고려할 것을 요청한다.

14. 규약상 권리를 실행하기 위한 조치를 취할 것을 규정하는 제2조 제2항의 요건은 무조건적이고 즉각적인 효과를 발생한다. 이 의무를 준수하지 못한 것은 국내의 정치적, 사회적, 문화적 또는 경제적 사정을 이유로 정당화될 수 없다.

15. 제2조 제3항은 규약상 권리의 실효적 보호 외에도, 당사국에 개인들이 또한 이러한 권리를 주장할 수 있는 접근가능하고 효과적인 구제조치를 가질 것을 보장해야 함을 요구한다. 이러한 구제수단은 특히 아동을 포함하여 특정 범주의 사람들의 특별한 취약성을 고려하도록 적절히 변용되어야 한다. 위원회는 당사국이 국내법 하에서 권리 침해 주장을 다룰 수 있는 적절한 사법, 행정 메커니즘을 마련하는 것의 중요성을 강조한다. 위원회는 규약 하에서 인정된 권리의 향유가 사법부에 의해 규약의 직접 적용가능성, 유사한 헌법 또는 다른 법률 규정의 적용, 또는 국내법 적용에 있어 규약의 해석적 효력 등을 포함하는 다양한 방법을 통해서 효과적으로 보장될 수 있다는 점을 주목한다. 특히 독립적이고 공평한 기구를 통해 즉각적으로, 철저히 그리고 효과적으로 침해의 혐의를 조사하기 위한 일반적 의무를 이행하기 위해서는 행정적 메커니즘이 필요하다. 적절한 권한을 부여받은 국가인권기구는 이 목적에 기여할 수 있다. 당사국이 침해의 혐의를 조사하지 못하는 것은 본질적으로, 그리고 자연히 규약에 대한 별도의 위반에 이를 수 있다. 진행 중인 침해의 중단은 효과적인 구제조치를 요구할 권리의 본질적 요소이다.

16. 제2조 제3항은 당사국이 규약상 권리를 침해당한 개인에게 배상(reparation)할 것을 요구한다. 규약상 권리를 침해당한 개인에게 배상이 이루어지지 않는다면, 제2조 제3항의 효력의 중심인 효과적인 구제조치를 제공할 의무는 이행되지 않는다. 위원회는 제9조 제5항과 제14조 제6항에 의해 요구되는 명시적인 배상규정 이외에도 규약이 일반적으로 적절한 금전배상(compensation)을 요한다고 생각한다. 위원회는 적절한 경우에는 배상이 원상회복(restitution), 재활(rehabilitation), 공적인 사과·공식 기념물 조성·재발방지·기존 법령이나 관행의 개선·책임자 처벌과 같은 만족(satisfaction)을 포함할 수 있다는 점에 주목한다.

17. 일반적으로, 규약에 대한 침해의 재발 방지를 위한 조치를 취할 제2조에 필수적인 의무가 없다면, 규약의 목적은 좌절될 것이다. 따라서 선택의정서 하에서의 사건에서 피해자에 대한 구제조치 외에, 해당 침해의 유형이 재발하는 것을 막기 위해 조치를 취할 필요성을 개인통보에 대한 견해에 포함시키는 것이 위원회의 빈번한 관행이다. 이러한 조치들은 당사국의 법이나 관행의 변경을 요구할 수 있다.

18. 위 제15항에서 언급된 조사가 규약상 권리에 대한 침해를 밝혀내게 되면, 당사국은 책임자들이 처벌될 수 있도록 해야 한다. 조사하지 않거나 가해자를 법에 의해 처벌하지 않는 것은 본질적으로 그리고 자연히 규약에 대한 별도의 위반을 구성할 수 있다. 이러한 의무는 고문 또는 잔혹하거나 비인도적이거나 굴욕적인 대우(제7조), 약식재판에 의한 또는 자의적인 처형(제6조), 강제실종(제7, 제9조와 빈번히 제6조) 등과 같이 국내법이나 국제법 하에서 범죄로 인정되는 침해와 관련하여 특히 현저하게 발생한다. 실제로, 이러한 침해의 불처벌 문제는 위원회의 지속적 우려 사안으로, 이러한 침해의 재발에 있어 중요한 원인이 되는 요소이다. 민간인에 대해 광범위하거나 체계적인 공격의 일부로서 행해졌을 때에는, 규약에 대한 이러한 침해는 인도에 반한 죄이다(「국제형사재판소에 관한 로마규정」 제7조를 참조할 것). 따라서, 공무원이나 국가의 대리자가 이 항에서 언급된 규약상 권리에 대한 침해를 저질렀을 때는 관련 당사국은 몇몇 사면(일반논평 제20호 (44)을 참조할 것)과 사전적인 법적 면책과 면제에서 행해졌던 것처럼 가해자의 개인적 책임을 면제해 주어서는 안 된다. 게다가, 어떠한 공적인 지위도 침해에 대한 책임으로 고발당할 수 있는 개인을 법적 책임으로부터 면책되도록 하는 것을 정당화할 수 없다. 법적 책임을 성립시키는 데 있어, 상급자 명령에 대한 복종의 항변 또는 시효가 적용되는 경우 그러한 법률상 시효가 부당하게 짧은 것 등의 다른 장애 요인들 또한 제거되어야 한다. 또한, 당사국들은 국내법이나 국제법상 처벌이 가능한 규약 위반행위의 혐의자를 처벌하도록 서로 조력해야 한다.

19. 나아가 위원회는 유효한 구제에 대한 권리는 특정 상황에서는 계속되는 침해를 막고 가능한 빠른 기회에 이러한 침해에 의해 발생한 모든 위해를 교정하려고 노력하기 위해 임시적 또는 잠정적인 조치를 규정하고 이행하도록 당사국들에 요구할 수 있다는 견해를 취한다.

20. 당사국의 법체계에 형식적으로 적절한 구제수단이 부여되어 있는 경우에라도, 규약상 권리의 침해는 여전히 발생한다. 이는 추측하건대 실제로 구제수단이 효율적으로 작동하지 못하기 때문이다. 따라서 당사국은 그들의 정기 보고서에서 현존하는 구제수단의 효율성에 대한 장애 요인에 관한 정보를 제공하도록 요청된다.

제32호: 제14조 (재판에서 평등할 권리 및 공정한 재판을 받을 권리)

(제90차 회기(2007) 채택)

I. 개론

1. 이 일반논평은 일반논평 제13호(제21차 회기)를 대체한다.

2. 재판에서 평등할 권리 및 공정한 재판을 받을 권리는 인권보호의 핵심 요소이자 법치주의 수호의 절차적 수단이다. 규약 제14조는 적절한 법 집행의 보장을 목표로 하며 이를 위해 특정한 일련의 권리를 보장한다.

3. 제14조는 다양한 보장내용과 적용범위가 결합되어 있어서 특히 복잡하다. 제1항의 첫 번째 문장은 법원에서 진행되는 소송 절차의 성격과 관계없이 법원에서 적용되는 일반적인 평등을 보장한다. 같은 항의 두 번째 문장은, 개인이 형사상 기소되거나 소송상 개인의 권리의무가 결정되는 경우, 법률에 의해 설치된 권한 있는 독립적이고 공평한 법원에서 공정한 공개심리를 받을 권리를 개인에게 부여한다. 이러한 소송의 경우, 제1항의 세 번째 문장에 명시된 경우에 한하여, 언론기관 및 대중이 공개 심리에서 배제된다. 제14조 제2항 내지 제5항은 형사피의자 및 형사피고인에게 제공되는 절차적 보장사항을 명시한다. 제6항은 형사 사건에서 오심이 발생한 때 배상받을 실체적 권리를 보장한다. 제7항은 일사부재리 원칙과 이에 따른 실질적 자유, 즉 이미 동일한 범죄에 대해 최종적으로 유죄나 무죄로 판결을 받은 사람이 다시 재판받거나 처벌받지 않을 권리를 보장한다. 규약 당사국은 이와 같은 공정한 재판을 받을 권리의 여러 측면을 구분하여 국가보고서에 명시해야 한다.

4. 제14조는 당사국이 자국 법전통과 국내법과 상관없이 규약을 준수하도록 보장한다. 당사국은 이러한 보장이 자국 법률 제도와 관련해 어떻게 해석되는지 보고해야 하며, 위원회는 규약 보장사항의 핵심 내용을 자국법의 재량에만 맡길 수 없다는 점에 주목한다.

5. 제14조의 일부 조항을 유보하는 것은 허용되지만, 공정한 재판을 받을 권리에 대한 일반적인 유보는 규약의 대상 및 목적과 양립하지 않는다.[1]

6. 제14조는 규약 제4조 제2항에 명시된 이탈불가능한 권리(non-derogable rights)에 해당하지는 않지만, 공공의 비상사태 시 제14조에서 요구되는 일반적 절차를 이탈하는 당사국은 그러한 이탈이 실제 상황의 긴급사태에 의해 엄격히 요구되는 수준을 초과하지 않도록 해

---

1) General comment, No. 24 (1994) on issues relating to reservations made upon ratification or accession to the Covenant or the Optional Protocols thereto, or in relation to declarations under article 41 of the Covenant, para. 8.

야 한다. 공정한 재판의 보장은 이탈불가능한 권리 보호를 회피하는 방식으로 이탈될 수 없다. 이에 따라, 예컨대, 규약 제6조 전체는 이탈될 수 없으므로 비상사태 동안 사형을 선고하는 재판은 제14조의 모든 요구사항을 포함하여 규약 조항에 부합해야 한다.[2] 마찬가지로 제7조 또한 전체가 이탈될 수 없으므로, 이 조항을 위반하여 확보한 모든 진술이나 자백, 또는 원칙적으로 기타 증거는 비상사태 시를 포함하여 제14조가 적용되는 소송 절차에서 증거로 원용될 수 없다.[3] 단, 제7조를 위반하여 확보한 진술이나 자백이 제7조에 의해 금지된 고문이나 다른 대우가 발생했다는 증거로서 사용되는 경우는 예외로 한다.[4] 무죄추정 원칙을 비롯하여 공정한 재판의 기본 원칙으로부터 이탈하는 행위는 항시 금지된다.[5]

II. 재판에서의 평등

7. 제14조 제1항 첫 번째 문장은 재판에서 평등할 권리를 개괄적으로 보장한다. 이 보장은 제14조 제1항 두 번째 문장에서 언급된 법원에만 적용되는 것이 아니라, 국내법에 의해 사법기관에 사법임무를 위임한 모든 경우에도 준수되어야 한다.[6]

8. 재판에서 평등할 권리는 제14조 제1항의 두 번째 문장에 명시된 원칙은 물론, 평등한 접근권 및 무기평등 원칙을 일반적으로 보장하며 관련 소송 절차 당사자를 차별 없이 대하도록 보장한다.

9. 제14조는 범죄 혐의 또는 소송상의 권리 및 의무를 결정하는 사안에서 법원에 접근할 권리를 보장한다. 사법행정에 대한 접근은 어떠한 경우에도 개인이 절차적 측면에서 재판 청구권을 박탈당하지 않도록 효과적으로 보장되어야 한다. 재판접근권과 재판에서 평등할 권리는 당사국 국민에만 국한되지 않고, 당사국 영토에 있거나 관할권에 있는 모든 개인은 국적이나 무국적자 여부와 관계없이 또는 망명 신청자, 난민, 이주 노동자, 보호자가 없는 아동 등과 관계없이 보장받는다. 관할 법원에서 재판을 받으려는 개인의 시도가 법률상 또는 사실상 체계적으로 실패하는 상황은 제14조 제1항 첫 번째 문장의 보장 내용에 위배된다.[7] 또한 해당 보장내용은 법적 근거가 없고 객관적이고 합리적인 근거로 정당화될 수 없

---

2) General comment No. 29 (2001) on article 4: Derogations during a state of emergency, para. 15.

3) Ibid, paras. 7 and 15.

4) Cf. Convention against Torture and Other Cruel, Inhuman or Degrading Treatment or Punishment, article 15.

5) General comment No. 29 (2001) on article 4: Derogations during a state of emergency, para. 11.

6) Communication No. 1015/2001, *Perterer v. Austria*, para. 9.2 (disciplinary proceedings against a civilservant); Communication No. 961/2000, *Everett v. Spain*, para. 6.4 (extradition).

7) Communication No. 468/1991, *Oló Bahamonde v. Equatorial Guinea*, para. 9.4.

는 재판접근권의 어떠한 차별도 금지한다. 인종, 피부색, 성별, 언어, 종교, 정치적 또는 기타 의견, 민족적 또는 사회적 출신, 재산, 출생 또는 기타 신분을 이유로 개인이 타인에게 소송을 제기할 수 없도록 금지하는 경우도 위배된다.[8]

10. 법적 조력의 제공 여부에 따라 한 개인이 소송에 의미 있게 접근하거나 참여할 수 있을지 종종 결정된다. 제14조는 제3항 라호에서 형사소송 절차에서의 법적 조력의 보장을 명시하고 있으나, 당사국은 그 외에 다른 소송에서도 재정적 여력이 없는 개인에게 무료로 법적 조력을 제공할 것이 권장된다. 경우에 따라, 이는 의무일 수도 있다. 예를 들어, 사형 선고를 받은 자가 형사 재판에서의 부정행위를 헌법적으로 검토하길 원하지만 그 구제책을 모색할 법적 조력의 비용을 충당할 수 없을 경우, 당사국은 규약 제2조 제3항에 명시된 효과적 구제에 대한 권리와 연계하여, 제14조 제1항에 의거해 법적 조력을 제공할 의무가 있다.[9]

11. 마찬가지로, 사실상 소송 당사자들이 재판에 접근하지 못하도록 막는 정도의 비용을 소송 당사자에게 부과하는 것은 제14조 제1항 문제를 야기할 수 있다.[10] 특히 결과적인 영향에 대한 고려하지 않거나 법적 조력을 제공하지 않고 승소한 당사자에게 소송비용을 지급해야 한다는 엄격한 법적인 의무는, 이용 가능한 소송 절차에서 규약상의 권리를 입증하려는 개인의 능력을 억지하는 효과를 낳을 수 있다.[11]

12. 제14조 제1항에 규정된 재판에 대한 동등한 접근권은 제1심 소송 절차에 대한 접근권에 관한 것이며, 상소할 권리나 다른 구제책의 문제는 다루지 않는다.[12]

13. 재판에서 평등할 권리는 또한 무기의 평등도 보장한다. 즉, 법에 의거하며 객관적이고 합리적인 근거에 따라 정당화될 수 있는 구별이 있지 않은 한, 동일한 절차적 권리가 모든 당사자에게 제공되어야 하며, 피고인에게 실질적으로 불리하거나 달리 불공정해서는 안 된다.[13] 일례로 만약 특정 판결에 대해 상소를 검사에게만 허용하고 피고인에게 허용하지 않는다면 무기가 평등하지 않다.[14] 소송 당사자 간 평등의 원칙은 민사소송절차에도 적용되

8) Communication No. 202/1986, *Ato del Avellanal v. Peru*, para. 10.2 (limitation of the right to represent matrimonial property before courts to the husband, thus excluding married women from suing in court). General comment No. 18 (1989) on non-discrimination, para. 7 참조.

9) Communications No. 377/1989, *Currie v. Jamaica*, para. 13.4; No. 704/1996, *Shaw v. Jamaica*, para.7.6; No. 707/1996, *Taylor v. Jamaica*, para. 8.2; No. 752/1997, *Henry v. Trinidad and Tobago*, para.7.6; No. 845/1998, *Kennedy v. Trinidad and Tobago*, para. 7.10.

10) Communication No. 646/1995, *Lindon v. Australia*, para. 6.4.

11) Communication No. 779/1997, *Äärelä and Näkkäläjärvi v. Finland*, para. 7.2.

12) Communication No. 450/1991, *I.P. v. Finland*, para. 6.2.

13) Communication No. 1347/2005, *Dudko v. Australia*, para. 7.4.

14) Communication No. 1086/2002, *Weiss v. Austria*, para. 9.6. 무기평등 원칙 위반의 또 다른 예시는

고, 상대방이 제기한 주장이나 제시한 증거 일체를 반박할 기회가 각 당사자에게 주어질 것이 요구된다.[15] 예외적으로, 자력이 없는 소송당사자가 평등한 조건에서 소송에 참여하지 못하거나 그가 세운 증인을 신문하지 못하는 경우에는 무료로 통역의 조력을 제공해야 할 수 있다.

14. 재판에서의 평등은 유사한 사건이 유사한 소송 절차에서 처리될 것을 요구한다. 예컨대, 특정한 범주의 사건에 예외적인 형사소송 절차나 특별히 구성된 법원이 적용되는 경우에는,[16] 그러한 차이를 인정할 수 있는 객관적이고 합리적인 근거가 제시되어야 한다.

Ⅲ. 권한 있는 독립적이고 공평한 법원에 의한 공정한 공개심리

15. 법률에 의하여 설치된 권한 있는 독립적이고 공평한 법원에 의해 공정한 공개심리를 받을 권리는 제14조 제1항 두 번째 문장에 따라 개인에게 제기된 범죄혐의 또는 소송상의 권리 및 의무의 다툼에 관한 결정과 관련된 사건에 대해 보장된다. 범죄혐의사실은 원칙적으로 국내 형법에 따라 처벌 대상으로 명시된 행위와 연관된다. 이러한 개념은 국내법상 기준과 관계없이 그 목적, 성격, 또는 심각성으로 인해 형사적인 것으로 간주되어야 할 제재가 뒤따르는 형사적 성격의 행위에까지 확대된다.[17]

16. "소송상(in a suit at law/de caractère civil/de caráter civil)" 권리와 의무를 결정한다는 개념은 이보다 더 복잡하다. 이는 규약의 다양한 언어 버전에 각기 다르게 표현되어 있는데, 규약 제53조에 의거하여 모두 동등한 정본이며, 규약의 교섭기록(travaux préparatoires)으로는 이러한 언어적 불일치를 해결할 수 없다. 위원회는 "소송상(suit at law)"의 개념이나 다른 언어로 표현된 이에 상응하는 개념은 문제되는 권리의 성격에 기반하고, 소송 당사자 중 어느 일방의 신분 또는 특정한 권리의 결정을 위해 국내법체계가 정한 특정한 법정에 기반을 두지 않는다는 점에 주목한다.[18] "소송상"의 개념은 a) 사법 영역에 속하는 계약, 재산, 불법행위와 관련된 권리와 의무를 결정하는 소송 절차, b) 징계 외의 사유로 인한 공무원 퇴직,[19] 사회보장 혜택[20] 및 군인 연금수급권의 결정[21], 또는 국유지 사용[22]이나 사유 재

Communication No. 223/1987, *Robinson v. Jamaica*, para. 10.4 (adjournment of hearing) 참조.

15) Communication No. 846/1999, *Jansen-Gielen v. The Netherlands*, para. 8.2 및 No. 779/1997, *Äärelä̈and Näkkälä̈järvi v. Finland*, para. 7.4.

16) E.g. 특정 범주의 범죄자(Concluding observations, *United Kingdom of Great Britain and Northern Ireland*, CCPR/CO/73/UK (2001), para. 18 참조) 또는 범죄가 배심원 재판에서 제외되는 경우.

17) Communication No. 1015/2001, *Perterer v. Austria*, para. 9.2.

18) Communication No. 112/1981, *Y.L. v. Canada*, paras. 9.1 and 9.2.

19) Communication No. 441/1990, *Casanovas v. France*, para. 5.2.

산 수용에 관한 소송 등 행정법 영역에서의 상응하는 개념을 아우른다. 또한, c) 문제되는 권리의 특성을 고려해 사안별로 판단해야 할 다른 소송까지 그러한 개념에 포함될 수 있다.

17. 반면, 제14조 제1항 두 번째 문장에 명시된 재판접근권은 국내법이 관련 당사자에게 어떠한 권리도 수여하지 않는 경우 적용되지 않는다. 이러한 이유로, 위원회는 국내법이 고위 공직자로 승진할 권리,[23] 판사로 임명될 권리,[24] 행정부로부터 사형 감형을 받을 권리[25]를 수여하지 않는 경우, 이 조항이 적용되지 않는다고 판단한다. 더욱이, 공무원,[26] 군인, 수형 자를 대상으로 한 형벌에는 미치지 않는 징계조치와 같이 관련된 개인이 고도의 행정적 통제를 받는 사람에게 취해지는 조치를 다투는 경우, 소송상 권리의무가 결정되는 절차에 해당하지 않는다. 또한 이러한 보장내용은 범죄인인도, 추방, 강제퇴거 절차에는 적용되지 않는다.[27] 제14조 제1항 두 번째 문장에 명시된 재판접근권은 위와 같은 사례와 유사한 사례에는 적용되지 않으나, 다른 절차적 보장내용은 여전히 적용될 수 있다.[28]

18. 제14조 제1항의 '법원(tribunal)'은 명칭과 관계없이, 법에 의해 설치되고, 행정부와 사법 부로부터 독립적이거나 또는 사법적 성격을 띤 절차에서 특정 사건의 법적 사안을 결정할 사법 독립성을 향유하는 기관을 가리킨다. 제14조 제1항의 두 번째 문장은 모든 형사피고 인에게 그러한 법원에 접근할 권리를 보장한다. 이러한 권리는 제한될 수 없으며, 법원이 아닌 기관이 내린 유죄판결은 본 조항에 부합하지 않는다. 마찬가지로, 권리와 의무가 결정되는 법정 소송이 있을 때마다, 두 번째 문장의 의미에 해당하는 법원에 의한 소송 절차가 적어도 한 단계에서는 이루어져야 한다. 당사국이 그러한 권리와 의무를 결정할 권한 있는 법원을 설립하지 않거나 특정 사건에서 법원에 대한 접근을 허용하지 않을 경우, 그러한 제한이 국내법에 기반을 두지 않거나 적절한 사법행정과 같은 정당한 목적을 추구하는 데 필요하지 않거나 면책특권 등 국제법에 근거한 관할권의 예외사항에 해당하거나 또는 그러한 권리의 본질을 저해하는 범위까지 개인의 접근권을 제한한 때 제14조의 위반에 해당한다.

---

20) Communication No. 454/1991, *Garcia Pons v. Spain*, para. 9.3

21) Communication No. 112/1981, *Y.L. v. Canada*, para. 9.3.

22) Communication No. 779/1997, *Äärelä and Näkkäläjätvi v. Finland*, paras. 7.2 – 7.4.

23) Communication No. 837/1998, *Kolanowski v. Poland*, para. 6.4.

24) Communications No. 972/2001, *Kazantzis v. Cyprus*, para. 6.5; No. 943/2000, *Jacobs v. Belgium*, para. 8.7, and No. 1396/2005, *Rivera Fernández v. Spain*, para. 6.3.

25) Communication No. 845/1998, *Kennedy v. Trinidad and Tobago*, para. 7.4.

26) Communication No. 1015/2001, *Perterer v. Austria*, para. 9.2 (disciplinary dismissal).

27) Communications No. 1341/2005, *Zundel v. Canada*, para. 6.8, No. 1359/2005, *Esposito v. Spain*, para. 7.6.

28) 아래 62항 참조.

19. 제14조 제1항에서 의미하는 대로 법원에 권한, 독립성, 공평성을 요구하는 것은 예외 없는 절대적 권리이다.[29] 독립성 요건은 특히 판사 임명을 위한 절차와 자격과 연관되며, 법적 퇴직 연령이나 적용 가능한 재임 기한이 도달하기 전까지의 재임 안정성, 혹은 판사의 승진·전보·직무정지·직무종료와 관련된 조건, 그리고 행정부 및 입법부의 정치적 개입으로부터 사법권이 갖는 실질적 독립성에 관한 보장내용과 연관된다. 당사국은 특정 조치를 취해 사법권의 독립성을 보장하고, 판사의 임명·보수·재임기간·승진·직무정지·면직을 비롯해 이들에게 부과되는 징계 조치에 관한 명백한 절차 및 객관적 기준을 수립한 법률 제정과 헌법을 통해, 의사결정 시 모든 형태의 정치적 영향으로부터 판사를 보호해야 한다.[30] 사법부 및 행정부의 역할과 권한을 명백히 구분할 수 없는 경우, 혹은 행정부가 사법부를 통제하거나 감독하는 경우는 독립적인 법원이라는 개념에 위배된다.[31] 이해관계의 충돌 및 위협으로부터 판사들을 보호해야한다. 판사들의 독립성을 보호하려면, 판사의 임기·독립성·안정성·적절한 보수·근무 요건·연금·퇴직 연령 등 판사의 신분을 법률에 의해 적절히 보장해야 한다.

20. 객관성 및 공평성을 보장하는 헌법이나 법률에 명시된 공정한 절차에 따라 판사는 위법행위나 무능력이라는 심각한 근거에 의해서만 면직될 수 있다. 행정부에 의한 판사의 면직, 예컨대 임기가 만료되기 전 특별한 사유 없이 그러한 면직에 대항할 효과적인 사법적 보호조치 없이 면직하는 행위는 사법부의 독립성에 위배된다.[32] 법에 규정된 절차를 전혀 준수하지 않고 부패 혐의가 있는 판사를 행정부가 면직하는 경우에도 마찬가지다.[33]

21. 공평성의 요건은 두 가지이다. 첫째, 판사는 개인적 편향이나 선입견에 영향을 받아 판결해서는 안 되며, 특정 사건에 선입관을 갖거나 부적절한 방식으로 사건 당사자중 일방의 이해관계에 유리하고 상대방에게 불리하도록 행동해서는 안 된다.[34] 둘째, 법원은 합리적인 관찰자가 보기에 공평해야 한다. 예컨대, 국내법에 따라 자격이 박탈되어야 했을 판사가 참여하여 재판에 상당한 영향을 끼친 경우 일반적으로 공평하다고 볼 수 없다.[35]

22. 제14조 조항은 일반법원이든 특별법원이든, 민간법원이든 군사법원이든 제14조의 범위에 해당하는 모든 법원에 적용된다. 위원회는 민간인을 재판하는 군사법원이나 특별법원이

---

29) Communication No. 263/1987, *Gonzalez del Rio v. Peru*, para. 5.2.
30) Concluding observations, Slovakia, CCPR/C/79/Add.79 (1997), para. 18.
31) Communication No. 468/1991, *Oló Bahamonde v. Equatorial Guinea*, para. 9.4.
32) Communication No. 814/1998, *Pastukhov v. Belarus*, para. 7.3.
33) Communication No. 933/2000, *Mundyo Busyo et al v. Democratic Republic of Congo*, para. 5.2.
34) Communication No. 387/1989, *Karttunen v. Finland*, para. 7.2.
35) Idem.

여러 국가에 존재하고 있음에 주목한다. 규약이 군사법원이나 특별법원에서의 민간인 재판을 금지하고 있지 않으나, 그러한 재판은 제14조의 요건에 완전히 부합해야 하며, 해당 법원이 군사법원이나 특별법원이라는 이유로 제14조 보장내용이 제한되거나 수정될 수 없다. 위원회는 또한 군사법원이나 특별법원에서 민간인을 재판하는 것은 형평성 있고 공평하고 독립적인 사법행정과 관련해 심각한 문제를 야기할 수 있다는 점에도 주목한다. 따라서 그러한 재판이 제14조에 명시된 모든 보장내용을 성실하게 확보할 수 있는 조건에서 진행될 수 있도록 필요한 모든 조치를 취하는 것이 중요하다. 군사법원 또는 특별법원에 의한 민간인 재판은 이례적이어야 한다.[36] 즉, 당사국이 그러한 재판을 하는 것이 필수적이고, 심각하고 객관적인 사유에 의해 정당화되며, 관련 재판의 당사자나 위반사항이 정규 민간법원에서 진행할 수 없는 특정한 부류에 속할 경우 등의 사례로 제한되어야 한다.[37]

23. 일부 국가는 대테러 조치 등과 관련해 익명의 판사들이 모인 소위 "얼굴 없는 판사(faceless judges)"로 구성된 특별법원에 의존해왔다. 이러한 법원은 판사의 신원과 지위가 독립된 당국에 의해 확인되더라도, 판사의 신원과 지위가 피고인에게 알려지지 않았다는 사실이 종종 문제가 되기도 한다. 더욱이, 일반인, 심지어 피고인과 피고인의 대리인[38]을 소송으로부터 배제시키거나,[39] 원하는 변호인을 선임할 권리가 제한되거나,[40] 특히 외부와 단절된(incommunicado) 구금 시 선임한 변호인과의 연락이 심각하게 제한 또는 거부되거나,[41] 변호인이 위협을 받거나,[42] 사건 변호 준비에 필요한 시간을 충분히 주지 않거나,[43] 피고인을 체포하고 신문한 담당한 경찰관과 같은 특정 범주의 증인에 대한 교차신문 금지를 포함하여 증인을 소환하여 신문하거나 신문받을 권리를 심각하게 제한 또는 거부하는 등[44] 부정행위 문제도 발생한다. 이러한 경우 법원은 얼굴 없는 판사가 있든 없든 공정한

---

36) Convention relative to the Protection of Civilian Persons in Time of War of 12 August 1949, art.64 및 General comment No. 31 (2004) on the *Nature of the General Legal Obligation Imposed on States Parties to the Covenant*, para. 11 참조.

37) Communication No. 1172/2003, *Madani v. Algeria*, para. 8.7 참조.

38) Communication No. 1298/2004, *Becerra Barney v. Colombia*, para.7.2.

39) Communications No. 577/1994, *Polay Campos v. Peru*, para. 8.8; No. 678/1996, *Gutiérrez Vivanco v. Peru*, para. 7.1; No. 1126/2002, *Carranza Alegre v. Peru*, para. 7.5.

40) Communication No. 678/1996, *Gutiérrez Vivanco v. Peru*, para. 7.1.

41) Communication No.577/1994, *Polay Campos v. Peru*, para. 8.8; No. 1126/2002, *Carranza Alegre v. Peru*, para.7.5.

42) Communication No. 1058/2002, *Vargas Mas v. Peru*, para. 6.4.

43) Communication No. 1125/2002, *Quispe Roque v. Peru*, para. 7.3.

44) Communication No. 678/1996, *Gutiérrez Vivanco v. Peru*, para. 7.1; No. 1126/2002, *Carranza Alegre v. Peru*, para.7.5; No. 1125/2002, *Quispe Roque v. Peru*, para. 7.3; No. 1058/2002, *Vargas*

재판의 기본적 기준을 만족하지 못하며, 특히 법원이 독립적이고 공평해야 한다는 요구사항에도 부합하지 않는다.[45]

24. 제14조는 당사국이 자국 법질서에 따라 관습법에 기반을 둔 법원이나 종교법원이 사법 업무를 수행하도록 인정하거나 이들 법원에 위임하는 경우에도 관련된다. 이러한 법원은 다음 조건이 충족되지 않는 한 당사국이 인정하는 구속력 있는 판결을 선고해서는 안 된다. 해당 법원에서 처리하는 소송이 경미한 민사 및 형사 사건인 경우, 규약 내 공정한 재판 및 관련 보장사항의 기본 요건을 충족한 경우, 그리고 해당 법원의 판결이 규약에 명시된 보장 내용과 관련해 당사국의 승인을 얻고, 규약 제14조의 요건을 충족하는 소송 절차에서 관련 당사자들에 의해 상소할 수 있는 경우에 한해 선고할 수 있다. 그럼에도 불구하고 이러한 원칙들은 관습법원이나 종교법원의 활동에 영향을 받는 모든 사람의 규약 상 권리를 보호할 당사국의 일반적 의무에 해당한다.

25. 공정한 재판이라는 개념에는 공정한 공개심리의 보장이 포함된다. 소송 절차의 공정성은 어느 측에서도 어떤 동기에서도 직간접적 영향, 압박, 위협, 침해가 가해지지 않는다는 점이 수반된다. 예컨대, 형사소송에서 피고인을 대상으로 한 일반인의 적대적 태도의 표현이나 법정에서 당사자 일방을 향한 지지의 표명이 법원에 의해 용인되어 피고인의 방어할 권리를 침해하거나,[46] 피고인이 이와 유사한 효과를 주는 기타 적대적 징후에 노출되는 경우, 당해 심리는 공정하지 않다. 법원에서 배심원의 인종차별적 표현이 용인되거나,[47] 인종차별적으로 배심원 선정이 이루어진 경우도 소송의 공정성을 저해하는 또 다른 예시이다.

26. 제14조는 절차적 평등성과 공정성을 보장할 뿐, 권한 있는 법원에 의한 오류가 없음을 보장하는 것으로 해석할 수 없다.[48] 일반적으로 특정 사건에서 사실 및 증거, 또는 국내법령의 적용 심사는 규약 당사국 법원이 한다. 단, 그러한 평가나 적용이 명백히 자의적이거나 명백한 오류나 재판 거부에 해당한다고 보이는 경우, 또는 해당 법원이 달리 독립성과 공평성의 의무를 위반한다고 보이는 경우는 제외한다.[49] 배심원 재판에서 판사가 배심원에

Mas v. Peru, para. 6.4.

45) Communications No. 577/1994, *Polay Campos v. Peru*, para. 8.8; No. 678/1996, *Gutiérrez Vivanco v. Peru*, para. 7.1.

46) Communication No. 770/1997, *Gridin v. Russian Federation*, para. 8.2.

47) Committee on the Elimination of Racial Discrimination, communication No. 3/1991, *Narrainen v. Norway*, para. 9.3 참조.

48) Communications No. 273/1988, *B.d.B. v. The Netherlands*, para. 6.3; No. 1097/2002, *Martínez Mercader et al v. Spain*, para. 6.3.

49) Communication No. 1188/2003, *Riedl-Riedenstein et al. v. Germany*, para. 7.3; No. 886/1999, *Bondarenko v. Belarus*, para. 9.3; No. 1138/2002, *Arenz et al. v. Germany*, admissibility decision,

게 제공하는 특정 지침에도 동일한 기준이 적용된다.50)

27. 심리의 공정성에서 중요한 측면 중 하나는 바로 신속성이다. 형사소송 절차에서의 부당한 지연 문제는 제14조 제3항 다호에 명시적으로 언급되어 있으나, 사건의 복잡성이나 당사자들의 행동에 의해 정당화될 수 없는 민간소송에서의 지연은 제14조 제1항에 명시된 공정한 심리의 원칙을 침해한다.51) 이러한 지연이 자원의 부족이나 만성적인 자금 부족으로 인해 유발되는 경우, 가능한 범위까지 추가 예산이 사법행정을 위해 할당되어야 한다.52)

28. 형사사건의 재판이나 소송과 관련된 재판 일체는 원칙적으로 구두로 공개적으로 진행되어야 한다. 심리의 공개는 소송 절차의 투명성을 확보하여 개인과 사회 전반의 이익을 보호하는 중요한 수단으로 작용한다. 법원은 구두 심리 시간 및 장소 정보를 일반에 공개해야 하며, 합리적인 제한 하에, 특히 사건의 잠재적 이익과 구두 심리의 진행시간을 고려하여, 이해관계에 놓인 일반인이 참석할 만한 적절한 시설을 제공해야 한다.53) 공개 심리의 요건은 서면 변론에 기반해 진행될 수 있는 상소심54) 또는 검찰 및 기타 공공 당국에 의한 공판 전 결정55) 모두에 반드시 적용될 필요는 없다.

29. 제14조 제1항은 민주사회에서 도덕, 공공질서 또는 국가안보를 이유로 또는 당사자 사생활 이익이 요구할 때 또는 공개로 인해 사법정의를 해치게 되는 등 특별한 상황에서 법원의 의견에 따라 엄격하게 요구되는 범위에 한해 일반인을 일부 또는 전부 배제할 권한이 법원에 있음을 인정한다. 그러한 예외적인 상황을 제외하고, 심리는 언론을 포함한 일반인에게 공개되어야 하고, 예컨대 특정한 범주의 사람들에게만 공개되어서는 안 된다. 일반인이 재판에서 배제되는 경우에도 주요 판시사항, 증거 및 법적 이유를 포함한 판결은 반드시 일반인에게 공개되어야 한다. 단, 달리 미성년자의 이익을 보호해야 할 경우 또는 혼인관계 분쟁이나 아동 후견에 관한 절차인 경우는 예외로 한다.

---

para. 8.6.

50) Communication No. 253/1987, *Kelly v. Jamaica*, para. 5.13; No. 349/1989, *Wright v. Jamaica*, para.8.3.

51) Communication No. 203/1986, *Mũnoz Hermoza v. Peru*, para. 11.3; No. 514/1992, *Fei v. Colombia*, para. 8.4.

52) E.g. Concluding observations, *Democratic Republic of Congo*, CCPR/C/COD/CO/3 (2006), para.21, *Central African Republic*, CCPR//C/CAF/CO/2 (2006), para. 16 참조.

53) Communication No. 215/1986, *Van Meurs v. The Netherlands*, para. 6.2.

54) Communication No. 301/1988, *R.M. v. Finland*, para. 6.4.

55) Communication No. 819/1998, *Kavanagh v. Ireland*, para. 10.4.

Ⅳ. 무죄추정

30. 제14조 제2항에 따르면 모든 형사피의자 및 형사피고인은 법률에 따라 유죄가 입증될 때까지 무죄로 추정받을 권리를 가진다. 무죄추정은 인권 보호에 필수적이며, 혐의를 입증하는 책임을 검찰에 부과하고, 합리적 의심을 넘어 혐의가 입증될 때까지 어떠한 유죄도 추정할 수 없도록 보장하고, 피고인이 유리한 해석에 의한 이익을 누리도록 하며, 피의자는 무죄추정 원칙에 따른 대우를 받도록 보장한다. 모든 공공 당국은 피고인의 유죄를 단언하는 공식 발표를 삼가는 등 재판의 결과 예단을 삼갈 의무를 갖는다.[56] 일반적으로 재판이 진행되는 동안 피고인을 대상으로 수갑을 채우거나 유치장에 구금해서는 안 되며, 위험한 범죄자임을 암시하는 방식으로 출석시켜서는 안 된다. 언론은 무죄추정을 훼손하는 보도를 피해야 한다. 더욱이 재판 전 구금 기간이 죄의 유무나 경중을 암시하는 것으로 결코 해석되어서는 안 된다.[57] 보석불허결정이나[58] 민사소송에서의 책임인정은[59] 무죄추정에 영향을 줄 수 없다.

Ⅴ. 형사피의자 및 형사피고인의 권리

31. 모든 형사피고인은 해당 범죄 혐의의 성격과 이유를 신속하고 상세하게, 그가 이해할 수 있는 언어로 통지받을 권리가 있다. 제14조 제3항 가호에 명시된 해당 권리는 제14조에서 규정하는 형사소송에서의 최소 보장내용 중 첫 번째 내용이다. 이 보장내용은 구금되지 않은 피고인에 대한 사건을 포함한 모든 형사기소사건에 적용되며, 혐의가 적용되기 전 진행되는 범죄 수사에는 적용되지 않는다.[60] 체포의 사유 고지는 규약 제9조 제2항에 의해 별도로 보장된다.[61] 범죄 혐의를 "신속히" 통지받을 권리는 관련된 사람이 국내법에 의해 형사범죄로 공식적으로 기소되자마자[62] 혹은 그러한 그 사람이 형사피고인으로 공개적으

---

56) Communication No. 770/1997, *Gridin v. Russian Federation*, paras. 3.5 and 8.3.

57) On the relationship between article 14, paragraph 2 and article 9 of the Covenant (pre-trial detention) E.g. concluding observations, Italy, CCPR/C/ITA/CO/5 (2006), para. 14 and Argentina, CCPR/CO/70/ARG (2000), para. 10 참조.

58) Communication No. 788/1997, *Cagas, Butin and Astillero v. Philippines*, para. 7.3.

59) Communication No. 207/1986, *Morael v. France*, para. 9.5; No. 408/1990, *W.J.H. v. The Netherlands*, para. 6.2; No. 432/1990, *W.B.E. v. The Netherlands*, para. 6.6.

60) Communication No. 1056/2002, *Khachatrian v. Armenia*, para. 6.4.

61) Communication No. 253/1987, *Kelly v. Jamaica*, para. 5.8.

62) Communications No. 1128/2002, *Márques de Morais v. Angola*, para. 5.4 and 253/1987, *Kelly v. Jamaica*, para. 5.8.

로 호명되자마자 통지하도록 요구한다. 제3항 가호에 명시된 요구사항은 구두로 혐의를 고지하고 이를 추후 서면으로 작성하는 경우, 혹은 서면으로 통지하는 경우 둘 중 한 방식으로 충족할 수 있다. 단, 그러한 정보는 혐의의 기반이 되는 법과 일반 피의사실을 모두 명시해야 한다. 궐석재판의 경우, 제14조 제3항 가호에 따라 피고인의 결석에 상관없이, 모든 정당한 절차를 취해 피고인에게 혐의를 통지하고 소송 절차에 대해 통지해야 한다.[63]

32. 제3항 나호에 의거하여 피고인은 변호를 준비하고 자신이 선택한 변호인과 연락할 적절한 시간과 적절한 편의를 확보할 수 있어야 한다. 이 조항은 공정한 재판과 무기평등원칙의 적용을 보장하는 중요 요인이다.[64] 자금 여력이 없는 피고인의 경우, 재판 이전과 재판 도중 무료 통역사가 제공되어야만 변호인과 소통이 가능한 경우가 있을 수 있다.[65] 여기서 "적절한 시간"이란 사건별 상황에 따라 다르다. 만약 변호인이 변호준비 시간이 부족하다고 합리적으로 느낀다면, 재판 연기를 요청할 책임은 변호인에게 있다.[66] 해당 변호인의 행위가 "사법정의"에 부합하지 않는다는 점이 법관에게 명백했거나 명백했어야 하는 경우가 아닌 한 당사국은 피고인 측 변호인의 행위에 대한 책임이 없다.[67] 특히, 피고인이 중범죄의 혐의를 받아 변호를 준비할 시간이 추가로 필요한 경우 합리적인 재판연기 요청을 허가할 의무가 있다.[68]

33. "적절한 편의"에는 문서 및 기타 증거에 대한 접근도 포함되어야 한다. 이러한 접근에는 피고인 재판에서 검찰이 피고인에게 불리하게 제출하려는 모든 자료와 피고인에 대한 모든 무죄 자료에 대한 접근도 포함되어야 한다.[69] 무죄자료는 무죄를 입증하는 자료를 포함할 뿐 아니라 변호에 도움이 될 다른 증거까지 포함되는 것으로 해석되어야 한다(예를 들어, 자백이 자발적이지 않았다는 증거). 증거가 규약 제7조를 위반하여 확보되었다는 주장이 있을 경우, 그러한 증거가 확보된 정황에 관한 정보를 제공하여 해당 주장에 대한 평가가 이

---

63) Communication No. 16/1977, *Mbenge v. Zaire*, para. 14.1.
64) Communications No. 282/1988, *Smith v. Jamaica*, para. 10.4; Nos. 226/1987 and 256/1987, *Sawyers, Mclean and Mclean v. Jamaica*, para. 13.6.
65) Communication No. 451/1991, *Harward v. Norway*, para. 9.5 참조.
66) Communication No. 1128/2002, *Morais v. Angola*, para. 5.6. 유사하게는, Communications No. 349/1989, *Wright v. Jamaica*, para. 8.4; No. 272/1988, *Thomas v. Jamaica*, para. 11.4; No. 230/87, *Henry v Jamaica*, para. 8.2; Nos. 226/1987 and 256/1987, *Sawyers, Mclean and Mclean v. Jamaica*, para. 13.6.
67) Communication No. 1128/2002, *Márques de Morais v. Angola*, para. 5.4.
68) Communications No. 913/2000, *Chan v. Guyana*, para. 6.3; No. 594/1992, *Phillip v. Trinidad and Tobago*, para. 7.2.
69) Concluding observations, Canada, CCPR/C/CAN/CO/5 (2005), para. 13 참조.

루어질 수 있어야 한다. 피고인이 소송이 진행되고 있는 언어를 구사하지 못하더라도 피고인의 변호인이 해당 언어에 익숙할 경우, 변호인이 사건 파일에 포함된 관련 문서를 열람 가능한 것으로 충분하다고 볼 수 있다.[70]

34. 변호인에게 연락할 권리에 따라 피고인에게는 변호인에게 신속히 접근할 권리가 부여된다. 변호인은 다른 사람이 없는 상태에서 의뢰인과 만날 수 있어야 하며, 대화의 비밀성이 완전히 지켜지는 조건에서 연락할 수 있어야 한다.[71] 또한 변호인은 어느 누구로부터도 제한, 영향, 압박, 또는 부당한 간섭을 받지 않고, 일반적으로 인정된 직업윤리에 따라 형사 범죄로 기소된 피고인에게 조언하고 그를 대리할 수 있어야 한다.

35. 제14조 제3항 다호에 명시된 "피고인이 부당하게 지체됨이 없이 재판 받을 권리"의 목적은 과도하게 오랫동안 미래가 불확실한 상태에 피고인을 노출시키지 않도록 한다. 피고인이 재판 기간 동안 구금되어 있는 경우 특정 사건 정황상 반드시 필요한 기간 이상으로 자유를 박탈당하지 않도록 하기 위해서일 뿐만 아니라, 사법정의를 추구하기 위한 목적이기도 하다. 사건의 복잡성, 피고인의 행위, 관련 사안을 행정부와 사법부가 처리한 방식을 주로 고려해 사건별 상황에 따라 합리성을 평가해야 한다.[72] 법원에 의해 피고인의 보석이 거부된 경우, 최대한 신속하게 재판을 진행해야 한다.[73] 이러한 보장내용은 피고인의 공소 제기시부터 재판이 개시되어야 할 시점까지의 기간을 비롯해, 상소심에서의 종국재판이 이루어지기까지의 시간과도 관련된다.[74] 1심재판이든 상소심이든, 모든 단계는 "부당한 지체 없이" 진행되어야 한다.

36. 제14조 제3항 라호는 세 가지 내용을 보장한다. 첫째, 피고인은 재판에 출석할 권리가 있다. 피고인이 출석하지 않은 상태에서의 재판 진행은 적절한 사법행정의 이익을 위해 일

---

70) Communication No. 451/1991, *Harward v. Norway*, para. 9.5.

71) Communications No. 1117/2002, *Khomidova v. Tajikistan*, para. 6.4; No. 907/2000, *Siragev v. Uzbekistan*, para. 6.3; No. 770/1997, *Gridin v. Russian Federation*, para. 8.5.

72) E.g. 사형범죄 피고인의 공소제기부터 재판 개시까지 22개월이 특정한 정황 없이 지체된 경우는 Communication No. 818/1998, *Sextus v Trinidad and Tobago*, para. 7.2 참조. 공소제기부터 재판까지 18개월 소요되었으나 제14조를 위반하지 않은 경우는 Communication No. 537/1993, *Kelly v. Jamaica*, para. 5.11 참조. Communication No. 676/1996, *Yasseen and Thomas v. Guyana*, para. 7.11 (항소심 판결부터 재심 개시까지 2년 지체) 및 Communication No. 938/2000, *Siewpersaud, Sukhram, and Persaud v. Trinidad v Tobago*, para. 6.2 (당사국의 별 다른 설명 없이 총 5년간 진행된 형사소송절차) 참조.

73) Communication No. 818/1998, *Sextus v. Trinidad and Tobago*, para. 7.2.

74) Communications No. 1089/2002, *Rouse v. Philippines*, para.7.4; No. 1085/2002, *Taright, Touadi, Remli and Yousfi v. Algeria*, para. 8.5.

부 조건에서 허용 가능하다. 예컨대, 피고인에게 사전에 충분히 소송절차에 대해 통지하였음에도 출석할 권리의 행사를 거부한 경우 등이 이에 해당한다. 따라서 궐석재판은 적절한 시기에 피고인을 소환하고 재판의 날짜와 장소를 사전에 통지하며 피고인의 출석을 요구하는 등 필요한 조치를 취한 경우에만[75] 제14조 제3항 라호에 부합한다.

37. 둘째, 형사피고인이 직접 혹은 본인이 선임한 변호인을 통해 변호할 권리와 이러한 권리를 통지받을 권리는 제14조 제3항 라호에 명시되어 있으며, 두 가지 방법의 변호는 상호 배타적이지 않다. 변호인의 조력을 받는 사람은 변호인 직업 윤리의 한계 내에서 본인 사건에서의 변호인의 행동을 지시하고 자신을 대신해 증언하도록 할 권리가 있다. 동시에, 자신이 직접 변호하거나 "또는" 본인이 선임한 변호인을 통해 변호할 수 있음이 규약의 모든 공식 언어상 표현에서 분명히 드러나고 있으므로, 피고인이 변호인의 조력을 거부할 수 있는 가능성을 제공한다. 그러나 이러한 변호인 없이 자신을 변호할 권리는 절대적인 것은 아니다. 특히, 적절한 재판 진행을 실질적이고 지속적으로 방해하는 사람 또는 중죄로 기소되었지만 자신의 이익을 위해 행동할 능력이 없는 사람의 사건에서, 또는 피고인이 증인을 신문하면 받게 될 추가적인 고통이나 위협으로부터 취약한 증인을 보호해야 할 필요가 있는 경우, 사법정의를 위해 피고인의 의사에 반해 변호인을 배정할 필요가 있을 수 있다. 그러나 피고인이 스스로 변호하고자 하는 의사를 제한할 때는 객관적이고 충분히 중대한 목적이 있어야 하며, 사법정의를 수호하는 데 필요한 수준을 초과할 수 없다. 따라서 국내법은 변호인의 조력 없이 형사소송 시 피고인이 스스로 변호할 권리를 절대적으로 금지하는 것은 피해야 한다.[76]

38. 셋째, 제14조 제3항 라호는 사법정의를 위해 필요한 때에, 충분한 지불수단이 없는 경우 피고인의 지불 없이, 피고인에게 법적 조력을 받을 권리를 보장한다. 범죄의 심각성은 "사법정의"[77]에 따라 변호인이 배정되어야 하는지 여부를 결정하는 데 중요하며, 상소 단계에서 승소할 객관적 가능성이 있는지 여부도 마찬가지로 중요하다.[78] 사형 사건의 경우, 피고인이 소송 절차의 모든 단계에서 변호인의 조력을 효과적으로 받아야 한다는 것은 자명하다.[79] 이 조항에 따라 권한 있는 당국에 의해 제공된 변호인은 피고인을 효과적으로

---

75) Communications No. 16/1977, *Mbenge v. Zaire*, para. 14.1; No. 699/1996, *Maleki v. Italy*, para. 9.3.

76) Communication No. 1123/2002, *Correia de Matos v. Portugal*, paras. 7.4 및 7.5.

77) Communication No. 646/1995, *Lindon v. Australia*, para. 6.5.

78) Communication No. 341/1988, *Z.P. v. Canada*, para. 5.4.

79) Communications No. 985/2001, *Aliboeva v. Tajikistan*, para. 6.4; No. 964/2001, *Saidova v. Tajikistan*, para. 6.8; No. 781/1997, *Aliev v. Ukraine*, para. 7.3; No. 554/1993, *LaVende v. Trinidad*

대변해야 한다. 개인적으로 선임된 변호인과 달리,[80] 사형 사건에서 협의 없이 상소를 취하하거나[81] 이 같은 사건에서 증인의 심리에 불출석하는 등의[82] 명백한 불법행위 또는 무능력은 제14조 제3항 라호 위반으로 당사국의 책임이 수반될 수 있다. 이때 변호인의 행위가 사법정의에 부합하지 않았다는 점이 판사에게 명백히 드러나야 한다.[83] 선임된 변호인이 효과적으로 임무를 이행하지 못하도록 법원이나 기타 당국이 방해하는 경우도 이 조항을 위반한다.[84]

39. 제14조 제3항 마호에 따라 피고인은 자신에게 불리한 증인을 신문하거나 신문받도록 하고, 자신에게 불리한 증인과 동일한 조건으로 자신에게 유리한 증인을 출석시키고 신문받도록 할 권리가 있다. 무기평등 원칙의 적용으로서, 이러한 보장내용은 피고인과 변호인에 의한 효과적인 변호를 보장하고, 이에 따라 피고인이 검찰과 동일하게 증인출석을 강제하고 증인의 신문이나 교차신문을 실시할 법적 권한을 보장한다. 그러나 피고인이나 변호인의 요청에 따라 증인의 출석을 확보할 무제한적 권리는 제공되지 않는다. 대신 피고인의 변호에 관련이 있는 증인 신청이 받아들여지고, 피고인에게 불리한 증인을 소송 일부 절차에서 신문하고 반박할 적절한 기회를 가질 권리만을 보장받는다. 이러한 한계 내에서, 그리고 제7조를 위반하고 확보한 진술, 자백 및 기타 증거의 사용 제한을 조건으로,[85] 당사국의 국내 입법부는 증거 적격성과 법원의 적격성 평가방법을 결정하는 주요한 임무를 가진다.

40. 피고인이 법원에서 사용되는 언어를 이해하거나 구사할 수 없을 경우 제14조 제3항 바호에서 명시된 대로 무료로 통역의 조력을 받을 권리가 있으며, 이 권리는 형사절차에서 공정성 및 무기평등 원칙의 또 다른 측면을 담고 있다.[86] 이 권리는 구두 절차의 모든 단계에서 발생한다. 또한 국민과 외국인 모두에게 적용된다. 그러나 법원 공식 언어와 다른 모국어를 구사하는 피고인이 자신을 효과적으로 변호하기에 충분할 정도로 공식 언어를 알고 있다면, 원칙적으로 무료 통역 조력을 받을 권리가 인정되지 않는다.[87]

---

and Tobago, para. 58.

80) Communication No. 383/1989, *H.C. v. Jamaica*, para. 6.3.

81) Communication No. 253/1987, *Kelly v. Jamaica*, para. 9.5.

82) Communication No. 838/1998, *Hendricks v. Guyana*, para. 6.4. 예비심리에서 증인 심리가 진행되는 동안 당국의 법적 대리인이 궐석한 경우는 Communication No. 775/1997, *Brown v. Jamaica*, para. 6.6 참조

83) Communications No. 705/1996, *Taylor v. Jamaica*, para. 6.2; No. 913/2000, *Chan v. Guyana*, para. 6.2; No. 980/2001, *Hussain v. Mauritius*, para. 6.3.

84) Communication No. 917/2000, *Arutyunyan v. Uzbekistan*, para. 6.3.

85) 위 6항 참조.

86) Communication No. 219/1986, *Guesdon v. France*, para. 10.2.

41. 마지막으로 제14조 제3항 사호는 자신에게 불리한 진술을 하거나 자백을 강요당하지 않을 권리를 보장한다. 이러한 보호조치는 수사 당국이 유죄의 자백을 확보하려는 목적으로 피고인에게 직간접적인 물리적 압박 또는 부당한 심리적 압박을 가하지 않아야 한다는 의미로 이해되어야 한다. 더 강한 이유로, 자백을 이끌어내기 위해 규약 제7조에 위배되는 방식으로 피고인을 대우하는 것은 용납될 수 없다.[88] 국내법은 규약 제7조를 위반하여 확보한 진술이나 자백이 증거에서 배제되도록 보장해야 한다. 단, 그러한 자료가 해당 조항에 의해 금지된 고문이나 기타 대우가 이루어졌다는 증거로 사용될 경우[89]와 피고인의 진술이 자유의지에 의해 이루어진 것을 입증할 책임이 당사국에 있다는 증거로 사용될 경우[90]에는 예외로 한다.

Ⅵ. 미성년자

42. 제14조 제4항에서는 미성년자 사건의 경우 그들의 연령과 그들의 사회복귀 증진이 바람직하다는 것을 고려하여 절차를 진행해야 한다고 규정한다. 미성년자는 최소한 규약 제14조상 성인에게 부여된 것과 동일한 보장내용과 보호조치를 향유해야 한다. 여기에 더해, 미성년자는 특별한 보호가 필요하다. 특히 형사소송 절차에서 범죄혐의사실을 직접적으로 통지받아야 하며, 적절한 경우 부모나 법적 보호자를 통해 변호 준비나 변론을 위한 적절한 조력을 제공받아야 한다. 또한 변호인 기타 적절한 조력, 그리고 부모 또는 법적 보호자의 출석 하에 최대한 신속하게 공정한 심리를 통한 재판을 받아야 한다. 단, 연령 또는 상황을 고려했을 때 아동의 최선의 이익에 부합하지 않는다고 판단된 경우는 예외로 한다. 재판 전 및 재판 중 구금은 최대한 피해야 한다.[91]

43. 당사국은 미성년자가 연령에 합당한 방식으로 대우받을 수 있도록 적절한 미성년자 형사사법제도를 마련하는 조치를 취해야 한다. 아동 및 청소년이 형사피고인으로서 재판에 회부되지 않도록 정하는 최소 연령을 수립하는 것이 중요하며, 해당 연령은 미성년자의 정

---

87) Idem.

88) Communications No. 1208/2003, *Kurbonov v. Tajikistan*, paras. 6.2-6.4; No. 1044/2002, *Shukurova v. Tajikistan*, paras. 8.2-8.3; No. 1033/2001, *Singarasa v. Sri Lanka*, para. 7.4; No. 912/2000, *Deolall v. Guyana*, para. 5.1; No. 253/1987, *Kelly v. Jamaica*, para. 5.5.

89) Cf. Convention against Torture and Other Cruel, Inhuman or Degrading Treatment or Punishment, art. 15. 동 규약 제7조를 위반하고 수집된 기타 증거의 사용에 관해서는, 상기 6항 참조.

90) Communications No. 1033/2001, *Singarasa v. Sri Lanka*, para. 7.4; No. 253/1987, *Kelly v. Jamaica*, para. 7.4.

91) General comment No. 17 (1989) on article 24 (Rights of the child), para. 4 참조.

신적, 신체적 미성숙도를 고려하여 결정해야 한다.

44. 특히 형법 상 금지된 행위를 저지른 것으로 추정되는 미성년자의 사회복귀가 도모되는 경우 등 적절한 경우에 형사절차 보다는 가해자와 피해자 간의 중재, 가해자 가족과의 면담, 상담, 지역 자원봉사, 또는 교육 프로그램 등의 조치가 고려되어야 한다. 단, 그러한 조치는 규약의 요구사항 및 기타 관련 인권 기준에 부합해야 한다.

Ⅶ. 상급법원에의 상소

45. 규약 제14조 제5항에 의거하여 유죄판결을 받은 모든 사람은 법률에 따라 그 판결 및 형벌에 대하여 상급 법원에서 판단을 받을 권리를 가진다. 여러 언어 버전(crime, infraction, delito)에서 표현되었듯이, 해당 보장내용은 가장 중한 범죄에만 한정되지 않는다. 규약 상 "법률에 따라"라는 표현은 상소권의 인정 여부 자체를 당사국 재량에 맡기려는 의도가 아니다. 해당 권리는 규약에 의해 인정되며, 국내법에 의해서만 인정되는 것이 아니기 때문이다. "법률에 따라" 라는 표현은 오히려 상급 법원에서 재판이 이루어지는 방식에 대한 결정[92] 및 규약에 따른 상소심을 수행할 담당 법원의 결정과 연관된다. 제14조 제5항은 당사국이 여러 번의 상소심을 제공하도록 요구하지는 않는다.[93] 그러나 이 조항 내에서 국내법이 언급된 것은, 국내법이 추가적인 상소심을 제공하도록 규정하는 경우에 유죄판결은 받은 자는 각각의 상소심 모두에 효과적으로 접근할 수 있어야 한다는 의미로 해석되어야 한다.[94]

46. 제14조 제5항은 소송상의 권리 및 의무의 다툼에 관한 결정 절차[95] 또는 헌법소송과 같은 형사 상소심 절차에 속하지 않는 다른 어떤 절차[96]에도 적용되지 않는다.

47. 1심 법원의 판결이 종국판결인 경우 제14조 제5항 위반이며, 하급심 법원의 무죄판결 이후 국내법에 따라 내려진 항소심법원[97] 또는 최종심법원[98]의 유죄판결이 상급법원에서 상소의 대상이 되지 못할 경우에도 이 조항 위반이다. 한 국가의 최고법원이 1심이자 유일한 판결을 내리는 국가의 경우, 상급법원에서 판단을 받을 권리가 없다는 점이 관련 당사국의 최고법원에 의해 재판이 진행된다는 사실에 의해 상쇄되지 않는다. 오히려 그러한 제도

---

92) Communications No. 1095/2002, *Gomaríz Valera v. Spain*, para. 7.1; No. 64/1979, *Salgar de Montejo v. Colombia*, para.10.4.
93) Communication No. 1089/2002, *Rouse v. Philippines*, para. 7.6.
94) Communication No. 230/1987, *Henry v. Jamaica*, para. 8.4.
95) Communication No. 450/1991, *I.P. v. Finland*, para. 6.2.
96) Communication No. 352/1989, *Douglas, Gentles, Kerr v. Jamaica*, para. 11.2.
97) Communication No. 1095/2002, *Gomariz Valera v. Spain*, para. 7.1.
98) Communication No. 1073/2002, *Terrón v Spain*, para. 7.4.

는, 관련 당사국이 위와 같은 결과에 대해 유보하지 않았다면 규약에 부합하지 않는다.[99]

48. 제14조 제5항에 의해 확립된, 상급법원에서 유죄판결 및 형벌에 대해 판단받을 권리에 의거하여, 당사국에게는 증거와 법 모두 충분한지 그 근거에 대해, 그리고 유죄판결과 형벌에 대해 실질적으로 심사할 의무가 부과되며, 그렇게 함으로써 이 절차가 해당 사건의 성격을 적절히 고려하게 한다.[100] 사실관계를 전혀 고려하지 않고 유죄판결의 형식적 또는 법적인 측면으로만 제한해 심사하는 것은 규약 상 충분하지 않다.[101] 그러나 제14조 제5항은 상소심을 수행하는 법원이 해당 사건의 사실적 측면을 검토할 수 있는 한, 완전히 재판을 다시하거나 "심리"를 열도록[102] 요구하는 것은 아니다. 따라서 예를 들면 상급심 법원이 유죄판결을 받은 자에게 불리한 주장들을 매우 상세히 살펴보고, 재판에 제출된 증거와 항소에서 참조된 증거를 검토하여, 특정 사건에서의 유죄 평결을 정당화할 만한 충분한 유죄의 증거가 있다고 판단한다면, 이는 규약을 위반하지 않는다.[103]

49. 유죄판결에 대한 상소심을 받을 권리는, 유죄판결을 받은 자가 적절하게 논증된 재판부의 판결문에 접근할 수 있을 때, 그리고 국내법에 의해 여러 심급의 상소심이 있다면 최소한 첫 번째 항소심[104]에서의 판결문에 접근할 수 있을 때, 또한 재판기록 등 효과적인 상소권 행사에 필요한 기타 문서에 대한 접근할 수 있을 때에만 효과적으로 행사할 수 있다.[105] 제14조 제3항 다호를 위반하는 상급심 법원 판단의 부당한 지연은 상소권의 효과를 저해하며 같은 조 제5항 위반이다.[106]

50. 집행이 개시된 판결에만 적용되는 감독적 성격의 심사 제도는, 유죄판결을 받은 사람이

---

99) Idem.

100) Communications No. 1100/2002, *Bandajevsky v. Belarus*, para. 10.13; No. 985/2001, *Aliboeva v. Tajikistan*, para. 6.5; No. 973/2001, *Khalilova v. Tajikistan*, para. 7.5; No. 623-627/1995, *Domukovsky et al. v. Georgia*, para. 18.11; No. 964/2001, *Saidova v. Tajikistan*, para. 6.5; No. 802/1998, *Rogerson v. Australia*, para. 7.5; No. 662/1995, *Lumley v. Jamaica*, para. 7.3.

101) Communication No. 701/1996, *Gómez Vázquez v. Spain*, para. 11.1.

102) Communication No. 1110/2002, *Rolando v. Philippines*, para. 4.5; No. 984/2001, *Juma v. Australia*, para. 7.5; No. 536/1993, *Perera v. Australia*, para. 6.4.

103) E.g. Communications No. 1156/2003, *Pérez Escolar v. Spain*, para. 3; No. 1389/2005, *Bertelli Gálvez v. Spain*, para. 4.5.

104) Communications No. 903/1999, *Van Hulst v. Netherlands*, para. 6.4; No. 709/1996, *Bailey v. Jamaica*, para. 7.2; No. 663/1995, *Morrison v. Jamaica*, para. 8.5.

105) Communication No. 662/1995, *Lumley v. Jamaica*, para. 7.5.

106) Communications No. 845/1998, *Kennedy v. Trinidad and Tobago*, para. 7.5; No. 818/1998, *Sextus v. Trinidad and Tobago*, para. 7.3; No. 750/1997, *Daley v. Jamaica*, para. 7.4; No. 665/1995, *Brown and Parish v. Jamaica*, para. 9.5; No. 614/1995, *Thomas v. Jamaica*, para. 9.5; No. 590/1994, *Bennet v. Jamaica*, para. 10.5.

그 심사를 요청할 수 있는지 여부 혹은 판사나 검찰의 재량에 따라 심사가 결정되는지 여부와 관계없이, 제14조 제5항의 요구사항을 충족하지 못한다.[107]

51. 상소권은 사형 사건의 경우 특히 중요하다. 자금 여력이 없는 유죄 판결을 받은 사람에게 사형 판결 검토를 위한 법적 조력 제공을 법원이 거부하는 것은, 상소심을 위한 법적 조력의 거부로 인해 상급심 법원에서 유죄판결과 형벌의 효과적 검토가 불가능해지는 경우와 마찬가지로 제14조 제3항 라호와 제14조 제5항 위반이다.[108] 유죄판결에 대한 상소권은 어떠한 반론도 법원에 제기하지 않는 변호인의 의도를 피고인이 통지받지 못한 경우에도 위반된다. 이는 상소심에서 피고인의 우려가 논의되기 위해 다른 대리 방법을 찾을 기회를 박탈하는 것이다.[109]

Ⅷ. 오심에 대한 보상

52. 규약 제14조 제6항에 의거하여, 어떤 사람이 확정판결에서 형사 유죄판결을 받고 그러한 유죄판결의 결과 형벌을 받았으나, 그 후 새로운 사실 또는 새로 발견된 사실에 의하여 오심이 있었음을 결정적으로 입증함으로써 그에 대한 유죄판결이 파기되거나 또는 사면을 받은 경우, 법률에 따라 그에게 보상해야 한다.[110] 당사국은 이 조항에 규정된 보상이 실제로 지불되고 그러한 지불이 합리적 기간 내에 이루어지도록 명시하는 법령을 입법해야 한다.

53. 이러한 보장내용은 그러한 중대한 사실이 적시에 밝혀지지 않았음이 전체적으로 또는 부분적으로 피고인에게 책임이 있었다는 점이 증명된 경우에는 적용되지 않는다. 이 경우 입증 책임은 국가에 있다. 더욱이 예컨대 확정판결이 되기 전[111], 또는 인도적 혹은 재량적 성격의 사면에 의해 또는 형평에 대한 고려가 원인이 되어 해당 유죄판결이 파기된 경우 보상은 제공되지 않으며 오심이 있었다는 암시로도 볼 수 없다.[112]

---

107) Communications No. 1100/2002, *Bandajevsky v. Belarus*, para. 10.13; No. 836/1998, *Gelazauskas v. Lithuania*, para. 7.2.

108) Communication No. 554/1993, *LaVende v. Trinidad and Tobago*, para. 5.8.

109) Communications No. 750/1997, *Daley v Jamaica*, para. 7.5; No. 680/1996, *Gallimore v Jamaica*, para. 7.4; No. 668/1995, *Smith and Stewart v. Jamaica*, para. 7.3 참조. Communication No. 928/2000, *Sooklal v. Trinidad and Tobago*, para. 4.10 참조.

110) Communications No. 963/2001, *Uebergang v. Australia*, para. 4.2; No. 880/1999, *Irving v. Australia*, para. 8.3; No. 408/1990, *W.J.H. v. Netherlands*, 6.3 para. 6.3.

111) Communications No. 880/1999; *Irving v. Australia*, para. 8.4; No. 868/1999, *Wilson v. Philippines*, para. 6.6.

112) Communication No. 89/1981, *Muhonen v. Finland*, para. 11.2.

Ⅸ. 일사부재리(ne bis in idem) 원칙

54. 규약 제14조 제7항은 어느 누구도 각국의 법률 및 형사절차에 따라 이미 확정적으로 유죄 또는 무죄 선고를 받은 행위에 관하여서는 다시 재판 또는 처벌을 받지 않는다고 규정한다. 이 조항은 일사부재리(ne bis in idem) 원칙을 나타낸다. 누군가 이미 특정 행위에 대해 유죄나 무죄 판결이 선고되었다면, 동일한 행위에 대해 동일한 법원이나 다른 법원에서 재판을 진행하지 못하도록 금지하는 조항이다. 따라서 예컨대 누군가 민간법원에서 무죄판결을 선고받았다면, 군사법원이나 특별법원에서 동일한 혐의로 재판을 받을 수 없다. 제14조 제7항은 출석하지 않고 유죄판결을 받은 사람이 다시 재판을 요청하는 것을 금지하지 않으나, 두 번째 유죄판결에는 적용된다.

55. 양심적 병역거부자가 새로운 군복무 명령에 불복했다는 이유로 반복적으로 처벌받는 것은 차후의 거부가 양심적 사유에 따라 변함없이 동일한 결의에 기초한 경우 동일한 범죄에 대한 처벌에 해당할 수 있다.[113]

56. 제14조 제7항에 명시된 금지조항은 상급법원이 유죄판결을 파기하고 환송을 명령하는 경우 문제되지 않는다.[114] 게다가 무죄판결 시 접근할 수 없었거나 알려지지 않았던 증거가 발견되는 등 예외적인 상황에 의한 형사 재판의 재개를 금지하지 않는다.

57. 이러한 보장내용은 형사 범죄에만 적용되며, 규약 제14조 의미 내의 형사적 제재에 해당하지 않는 정도의 징계조치에는 적용되지 않는다.[115] 또한, 두 개 이상 당사국의 국내 관할권과 관련한 일사부재리 원칙은 보장하지 않는다.[116] 그러나 이러한 이해는 국제 조약을 통해 동일한 형사 범죄에 대한 중복재판을 방지하려는 국가들의 노력을 훼손해선 안 된다.[117]

Ⅹ. 규약 제14조와 다른 조항 간 관련성

58. 규약 제14조는 일련의 절차적 보장내용으로서, 범죄 혐의 및 소송상 권리와 의무를 확인하는 맥락에서 고려되어야 할 규약의 더욱 실체적인 보장내용을 이행하는 데 때때로 중요한 역할을 담당한다. 절차적 측면에서 보면, 규약 제2조 제3항에서 명시하고 있는 효과적

---

113) United Nations Working Group on Arbitrary Detention Working Group on Arbitrary Detention), Opinion No. 36/1999 (Turkey), E./CN.4/2001/14/Add. 1, para. 9 및 Opinion No. 24/2003 (Israel), E/CN.4/2005/6/Add. 1, para. 30 참조.

114) Communication No. 277/1988, *Terán Jijón v. Ecuador*, para. 5.4.

115) Communication No. 1001/2001, *Gerardus Strik v. The Netherlands*, para. 7.3.

116) Communications No. 692/1996, *A.R.J. v. Australia*, para 6.4; No. 204/1986, *A.P. v. Italy*, para. 7.3.

117) E.g. Rome Statute of the International Criminal Court, article 20, para. 3 참조.

인 구제를 받을 권리와 관련된다. 일반적으로, 제14조 보장내용이 위배될 때마다 제2조 제3항이 준수될 필요가 있다.[118] 그러나 규약 제14조 제5항에 명시된 상급법원에서 유죄판결 및 형벌에 대해 상소할 권리는, 상소심 법원에 접근할 권리를 원용하는 경우 제2조 제3항에 대해 특별법의 성격을 갖는다.[119]

59. 사형선고로 이어진 재판의 경우, 공정한 재판의 보장내용을 철저하게 존중하는 것이 특히 중요하다. 규약 제14조가 준수되지 않은 재판에서 사형선고는 생명권(규약 제6조) 위반이 된다.[120]

60. 유죄를 인정하는 자백을 하거나 이에 서명하도록 강요하기 위해 형사피의자를 학대하는 것은 고문 및 잔혹한, 비인도적인 또는 굴욕적 대우를 금지하는 규약 제7조와 자신에게 불리한 진술 또는 유죄 자백의 강요를 금지하는 제14조 제3항 사호를 모두 위반한다.[121]

61. 규약 제9조에 근거하여 범죄혐의로 구금된 피의자가 기소되었지만 재판을 받지 못하는 경우, 규약 제9조 제3항과 제14조 제3항 다호에 명시된 재판의 부당한 지체 금지 조항을 동시에 위반할 수 있다.[122]

62. 규약 제13조의 절차적 보장내용은 제14조에도 반영된 적법절차의 개념[123]을 수용하고 있으므로 제14조를 고려하여 해석되어야 한다. 국내법이 사법기관에 추방 또는 강제퇴거의 결정 임무를 위임하는 경우, 제14조 제1항에 명시된 재판에서의 평등 보장을 비롯해 이러한 보장에 내포된 공평성, 공정성, 무기평등 원칙이 적용될 수 있다.[124] 그러나 제14조 상의 모든 보장내용은 추방이 형사 제재의 형태를 취하는 경우 또는 추방 명령의 위반이 형

---

118) E.g. Communications No. 1033/2001, *Singarasa v. Sri Lanka*, para. 7.4; No. 823/1998, *Czernin v. Czech Republic*, para. 7.5.

119) Communication No. 1073/2002, *Terrón v. Spain*, para. 6.6.

120) E.g. Communications No. 1044/2002, *Shakurova v. Tajikistan*, para. 8.5 (art. 14 para. 1, 3 (b), (d), (g) 위반); No. 915/2000, *Ruzmetov v. Uzbekistan*, para.7.6 (art. 14, para. 1, 2, 3 (b), (d), (e), (g) 위반); No. 913/2000, *Chan v. Guyana*, para. 5.4 (art. 14 para. 3 (b), (d) 위반); No. 1167/2003, *Rayos v. Philippines*, para. 7.3 (violation of art. 14 para. 3(b)).

121) Communications No. 1044/2002, *Shakurova v. Tajikistan*, para. 8.2; No. 915/2000, *Ruzmetov v. Uzbekistan*, paras. 7.2 and 7.3; No. 1042/2001, *Boimurodov v. Tajikistan*, para. 7.2 및 기타 다수. 제7조를 위반한 증거 인정의 금지에 관해서는, 위 6항 및 41항 참조.

122) Communications No. 908/2000, *Evans v. Trinidad and Tobago*, para. 6.2; No. 838/1998, *Hendricks v. Guayana*, para. 6.3 및 기타.

123) Communication No. 1051/2002 *Ahani v. Canada*, para. 10.9. Communication No. 961/2000, *Everett v. Spain*, para. 6.4 (extradition), No. 1438/2005, *Taghi Khadje v. Netherlands*, para. 6.3 참조.

124) Communication No. 961/2000, *Everett v. Spain*, para. 6.4 참조.

법상 처벌에 해당하는 경우에 한해 적용된다.

63. 형사절차가 처리되는 방식에 따라 제14조와 관련이 없는 규약상 권리 및 보장내용의 행사와 향유에 영향을 줄 수 있다. 따라서 예를 들면 특정 기사를 작성했다는 이유로 언론인에 대한 명예훼손 기소를 수 년 간 계류시키는 것은 제14조 제3항 다호를 위반하여 피고인을 불확실성 및 위협 상황에 놓이게 하는 것이며, 이로 인해 표현의 자유(규약 제19조)에 대한 권리 행사를 부당하게 제한하는 위축 효과가 발생할 수 있다.125) 마찬가지로, 제14조 제3항 다호를 위배하여 형사소송 절차를 수 년 간 지체하면, 피고인이 소송 절차 계류로 인해 해당 국가에 머물러야만 할 경우, 규약 제12조 제2항에 보장된 자국에서 출국할 권리를 위반할 수 있다.126)

64. 규약 제25조 다호에 명시된 대로 일반적인 평등 조건하에 자국의 공직에 취임할 권리와 관련해, 해당 조항을 위반하여 판사를 면직하는 것은 사법 독립성을 명시한 제14조 제1항과 연관지어 다호를 해석할 때 그 보장내용 위반에 해당할 수 있다.127)

65. 규약 제14조에 명시된 보장내용의 향유와 관련해, 제2조 제1항 또는 제26조에 명시된 기준 중 어느 하나에 근거하여 차별하거나 제3조에 따른 남성 및 여성의 동등한 권리를 저해하는 절차법 또는 그러한 법의 적용은, "모든 사람은 재판에 있어서 평등하다"는 제14조 제1항의 요건을 위반할 뿐 아니라 차별에 해당할 수도 있다.128)

제33호: 시민적 및 정치적 권리에 관한 국제규약 선택의정서 당사국의 의무
(2008년 제94차 회기 채택)

1. 규약 선택의정서는 규약 자체를 채택한 UN 총회 결의와 함께 즉 1966년 12월 16일자 결의 2200A(XXI)에 의하여 서명, 비준 또는 가입을 위해 채택되고 개방되었다. 규약과 선택의정서 모두 1976년 3월 23일에 발효되었다.

2. 선택의정서는 규약과 유기적으로 관련되어 있지만, 모든 규약 당사국에 자동적으로 효력을 갖지는 않는다. 선택의정서 제8조는 규약 당사국은 선택의정서를 준수하겠다는 별개의 동의 표시에 의해서만 선택의정서 당사국이 된다고 규정하고 있다. 과반수의 규약 당사국

---

125) Communication No. 909/2000, *Mujuwana Kankanamge v. Sri Lanka*, para. 9.4.

126) Communication No. 263/1987, *Gonzales del Rio v. Peru*, paras. 5.2 and 5.3.

127) Communications No. 933/2000, *Mundyo Busyo et al. v. Democratic Republic of Congo*, para. 5.2.; No.814/1998, *Pastukhov v. Belarus*, para. 7.3.

128) Communication No. 202/1986, *Ato del Avellanal v. Peru*, paras. 10.1 and 10.2.

은 그동안 선택의정서 당사국이 되었다.

3. 선택의정서 전문에서는 선택의정서의 목적이 규약 제4부에 따라 설치된 위원회로 하여금 "규약에 규정된 권리에 대한 침해의 피해자임을 주장하는 개인으로부터의 통보를 본 의정서의 규정에 따라 접수하고 심리하도록" 함으로써 규약의 "목적을 더 잘 달성"하는 것이라고 설명하고 있다. 선택의정서는 규약상 의무 외에도 소정의 절차를 제시하고, 그 절차로부터 파생되는 의무를 선택의정서 당사국에 부과한다.

4. 선택의정서 제1조는 당사국이 위원회의 권한, 즉 위원회의 관할권에 속하는 자로서 규약에 규정된 권리에 대한 당사국의 침해의 피해자임을 주장하는 개인으로부터의 통보를 접수하고 심리하는 권한을 인정한다고 규정하고 있다. 따라서 당사국은 위원회에 대한 접근을 방해하지 않을 의무와 위원회에 통보를 한 사람에 대한 어떠한 보복조치도 방지할 의무가 있다.

5. 선택의정서 제2조는 위원회에 통보를 하는 개인에게 통보 이전에 이용가능한 모든 국내적 구제조치를 완료하라고 요구하고 있다. 당사국은 통보에 대한 대응 시 이러한 요건이 충족되지 않았다고 판단되는 경우 통보자가 완료하지 못한 이용가능하고 효과적인 구제조치를 명시해야 한다.

6. 비록 선택의정서나 규약에는 없는 용어이지만, 위원회는 선택의정서에 따라 위원회에 통보를 한 개인을 가리켜 "통보자(author)"란 표현을 사용하고 있다. 또한 위원회는 인권최고대표사무소의 현행 행정구조에서 사용되고 있는 "진정(complaint)"이나 "청원(petition)"과 같은 용어 대신에 선택의정서 제1조에 포함된 "통보(communication)"라는 용어를 사용하고 있다. 인권최고대표사무소의 경우 선택의정서에 따른 통보는 "청원 담당팀(Petitions Team)"이라는 부서에 의해 제일 먼저 처리된다.

7. 사용되는 용어들은 통보를 접수하고 심리하는 데 있어서 위원회가 수행하는 역할의 성격을 유사하게 반영한다. 통보의 심리적격이 인정될 경우, 위원회는 개인통보자와 관련 당사국에 의해 제공된 이용가능한 모든 서면 정보에 비추어 통보를 심리한 후, "위원회는 관련 당사국과 개인에게 위원회의 결정을 송부한다."[1]

8. 선택의정서에 따른 개인통보의 대상이 된 당사국의 첫 번째 의무는 제4조 제2항에 규정된 대로 6개월 이내에 그것에 대응하는 일이다. 그 시한 내에 "당사국은 그 문제 및 취해진 구제조치가 있는 경우 그 조치를 해명하는 설명서 또는 진술서를 위원회에 제출한다." 위원회의 절차규칙은 이 규정을 부연하면서 예외적인 경우는 통보의 심리적격과 본안 문제를

---

1) 선택의정서 제5조 제4항.

별도로 취급할 가능성도 열어놓고 있다.[2]

9. 당사국에 대해 선택의정서가 발효되기 이전에 발생한 문제와 관련되었다고 보이는 통보에 대한 대응에서는(시적 관할권 규칙), 당사국은 그런 상황을 명시적으로 원용해야 하며, 이때 과거 침해사건의 "계속적 효과"의 가능성에 관한 논평을 포함한다.

10. 위원회의 경험에 비추어 볼 때, 국가가 자신의 의무를 항상 존중하지는 않는다. 통보에 대응하지 못하거나 불완전하게 대응할 경우, 통보의 대상이 된 국가는 불리한 상황에 놓이게 된다. 왜냐하면 통보에 관련된 충분한 정보가 없는 상태에서 위원회가 통보를 심리할 수밖에 없기 때문이다. 이러한 상황에서, 만약 통보에 포함된 혐의사실이 모든 상황에 비추어 증명되는 것처럼 보인다면, 위원회는 그 혐의사실이 진실이라는 결론을 내릴 수도 있다.

11. 각각의 통보를 심리하는 데 있어서 위원회의 기능은 사법기관의 기능과 다르지만, 선택의정서에 따라 위원회가 발표하는 결정(Views)은 얼마간 사법적 판단의 중요한 특징을 띠고 있다. 이는 공평성, 위원회 위원의 독립성, 규약 용어에 대한 신중한 해석, 판단의 확정적 성격 등을 포함하는 사법적 정신에 입각해서 도달된다.

12. 위원회의 판단을 기술하기 위해 선택의정서 제5조 제4항에서 사용되는 용어는 "결정"이다.[3] 그 결정은 통보자에 의해 주장된 침해사항에 대한 위원회의 판단, 그리고 침해사항이 확인되면 그에 대한 구제조치를 명시한다.

13. 선택의정서에 따른 위원회 결정은 규약 자체에 의거해 설치되어 규약의 해석을 담당하고 있는 기관의 권위 있는 결정을 나타낸다. 그 결정의 성격 및 그에 부여되는 중요성은 규약과 선택의정서에 규정된 위원회의 필수불가결한 역할에서 유래한다.

14. 규약 제2조 제3항에 따라, 각 당사국은 "규약에서 인정되는 권리 또는 자유를 침해당한 사람에 대하여, 그러한 침해가 공무집행 중인 사람에 의하여 자행되었을지라도 효과적인 구제조치를 받도록 보장할" 의무를 진다. 다음은 침해사항이 확인된 경우 위원회가 위원회 결정을 발표하면서 언제나 사용하는 기본적 표현이다.

"규약 제2조 제3항 (a)에 따라, 당사국은 통보자에게 효과적인 구제조치를 제공할 의무가 있다. 선택의정서의 당사자가 됨으로써, 당사국은 규약이 위반되었는지를 결정할 위원회의 권한을 인정하였으며, 또한 규약 제2조에 따라 자국 영역 또는 관할권 내의 모든 개인에게 규약에서 인정된 권리를 보장할 의무 및 침해사항이 확인된 경우 효과적

---

2) Rules of Procedure of the Human Rights Committee, Rule 97(2). UN Doc. CCPR/C/3/Rev.8, 22 September 2005.
3) 프랑스어로는 "constatations", 스페인어로는 "observaciones"이다.

이고 강제적인 구제조치를 제공할 의무를 지고 있음을 인정하였다. 이러한 맥락에서 위원회는 위원회 결정을 실행에 옮길 목적으로 취해진 조치에 관한 정보를 180일 이내에 당사국으로부터 받기를 희망한다."

15. 위원회 결정의 성격은 당사국이 선택의정서에 규정된 소정의 절차에 참여할 때, 그리고 규약 자체와 관련하여 신의성실 원칙에 입각해 행동할 의무가 있다는 점에서 한층 더 분명해진다. 위원회와 협력할 의무는 모든 조약상 의무의 준수에 대한 신의성실 원칙의 적용으로부터 발생한다.[4]

16. 1997년에 위원회는 자체의 절차규칙에 따라 위원회 위원을 '위원회 결정의 추적조사를 위한 특별보고관(Special Rapporteur for the Follow-Up of Views)'으로 임명하기로 결정했다.[5] 그 위원은 서면을 통해, 그리고 수시로 관련 당사국 외교관과의 면담을 통해 위원회 결정 준수를 촉구하고, 또한 그 결정의 이행을 방해하는 요소들에 관해 토의한다. 많은 경우 이 절차는 송부된 위원회 결정에 대해 아무런 반응도 없었던 곳에서 그 결정의 채택과 이행을 이끌어냈다.

17. 주목할 만한 점은 해당 사건에서 당사국이 위원회의 결정을 이행하지 않을 경우, 이 사실이 위원회 결정들을 수록한 출판물, 특히 UN 총회에 제출되는 위원회의 연례보고서를 통해 공적 기록으로 남는다는 사실이다.

18. 일부 당사국은 자국 관련 통보에 대한 위원회의 결정을 송부받고도 그 결정을 전면적 또는 부분적으로 수락하지 않았거나, 사건을 다시 검토하려 하였다. 많은 경우 이러한 반응은 당사국이 소정의 절차에 참여하지 않은 경우에, 즉 선택의정서 제4조 제2항에 규정된 통보에 대응할 의무를 이행하지 않은 경우에 발생하였다. 다른 경우 위원회 결정의 전면적 또는 부분적 거부는 당사국이 소정의 절차에 참여하고 당사국의 주장이 위원회에 의해 충분히 심리된 이후에 일어났다. 이러한 모든 경우 위원회는 위원회와 당사국 간의 대화를 이행을 위한 진행 과정으로 간주한다. 위원회 결정의 추적조사를 위한 특별보고관은 그러한 대화를 주관하고, 위원회에 진전사항을 주기적으로 보고한다.

19. 통보에 대한 위원회의 충분한 심리가 철회 또는 중단되지 않는 한, 당사국이 취하거나 취할 것이라고 위협하는 행동이 통보자 또는 피해자에게 돌이킬 수 없는 피해를 야기할 가능성이 있을 때, 적절한 조치가 통보자에 의해 요청되거나 위원회에 의해 자체적으로 결정

---

4) 조약법에 관한 비엔나 협약(1969), 제26조.
5) Rules of Procedure of the Human Rights Committee, Rule 101.

될 수도 있다. 그러한 당사국의 행동에는 사형 선고와 강제송환 금지의무 위반 등이 포함된다. 선택의정서에 따라 이러한 긴급상황에 대처하기 위해, 위원회는 적절한 경우에 잠정적 또는 일시적 보호조치를 요구할 수 있는 절차를 자체의 절차규칙에 근거해서 수립하였다.[6] 그러한 잠정적 또는 일시적 조치를 이행하지 않는 것은 당사국의 의무, 즉 선택의정서에 따라 수립된 개인통보절차를 신의성실 원칙에 입각해 존중할 의무와 양립할 수 없다.

20. 대부분의 국가는 위원회 결정을 국내법질서 속으로 편입하게 하는 구체적인 수권(授權) 법령을 갖고 있지 않다. 그러나 일부 당사국의 국내법은 국제기관에 의해 확인된 인권침해의 피해자들에게 배상금을 제공하고 있다. 여하튼 당사국은 위원회에 의해 발표된 결정을 실행에 옮기기 위해 자국의 권한 내에 있는 모든 수단을 사용해야 한다.

제34호: 제19조 (의견과 표현의 자유)
(2011년 제102차 회기 채택)

개관

1. 본 일반논평은 일반논평 제10호(제19차 회기)를 대체한다.

2. 의견과 표현의 자유는 인간의 완전한 발전에 필수불가결한 조건이며, 모든 사회에서 필수적이다.[1] 의견과 표현의 자유는 모든 자유롭고 민주적인 사회를 위한 초석을 구성한다. 의견의 자유와 표현의 자유는 서로 긴밀하게 연관되어 있으며, 표현의 자유는 의견을 교환하고 발전시킬 수 있는 수단을 제공한다.

3. 표현의 자유는 투명성 및 책임성 원칙을 실현하기 위한 필수 조건이며, 결과적으로 인권 증진 및 보호에 필수적이다.

4. 의견 및 표현의 자유를 보장하는 기타 조항으로는 규약 제18조, 제17조, 제25조 및 제27조가 있다. 의견과 표현의 자유는 다양한 인권의 완전한 향유를 위한 기반을 형성한다. 예컨대, 집회 및 결사의 자유에 대한 권리 향유와 투표권 행사에는 표현의 자유가 필수적이다.

---

6) Rules of Procedure of the Human Rights Committee, UN Doc. CCPR/C/3/Rev.8, 22 September 2005, Rule 92 (이전에는 Rule 86): "통보에 대한 위원회 결정을 관련 당사국에 송부하기 전에 위원회는 침해의 피해자에 대한 돌이킬 수 없는 피해를 막기 위해 잠정적 조치가 바람직한가에 관한 결정을 그 국가에 통지할 수 있다. 이렇게 함으로써 위원회는 잠정적 조치에 대한 그러한 결정의 표현이 통보의 본안에 대한 결정을 의미하지 않는다는 것을 관련 당사국에 통지한다."

1) Communication No. 1173/2003, *Benhadj v. Algeria*, Views (2007년 7월 20일 채택); No. 628/1995, *Park v. Republic of Korea*, Views (1996년 7월 5일 채택) 참조.

5. 제19조 제1항의 구체적 용어를 비롯해, 의견과 사상(제18조) 간의 관련성을 고려할 때, 제1항에 대한 유보는 규약의 대상 및 목적에 부합하지 않을 것이다.[2] 더욱이 비록 의견의 자유가 규약 제4조에 명시된 비상사태 시에도 이행정지가 불가능한 권리에 해당하지는 않지만, "제4조 제2항에 명시되지 않은 다른 조항 중에도 위원회의 의견에서 볼 때 제4조 상의 적법한 이행정지의 대상이 될 수 없는 요소들이 존재한다"는 언급을 상기한다.[3] 의견의 자유도 그러한 요소 중 하나인데, 의견의 자유는 비상사태 시에도 결코 이행정지가 필요하지 않기 때문이다.[4]

6. 표현의 자유가 규약 내 기타 다른 권리에 대해 지닌 관련성을 고려하면, 비록 제19조 제2항의 특정 요소에 대한 유보는 수용할 수 있다고 할지라도, 제2항에 명시된 권리의 일반적인 유보는 규약의 대상 및 목적과 양립하지 아니한다.[5]

7. 의견과 표현의 자유를 존중할 의무는 당사국 전체를 구속한다. 당사국의 모든 국가기관(행정부, 입법부 및 사법부)과 전국적, 지역적 또는 지방적인 것을 막론하고 다른 모든 수준의 공공기관 또는 정부 당국은 당사국의 책임을 맡게 될 위치이다.[6] 그러한 책임은 또한 상황에 따라서는 준국가기관의 행위와 관련해 당사국에 부과될 수 있다.[7] 이러한 의무에 따라 당사국은 이러한 규약상 권리가 사적 개인 또는 단체 간에 적용될 수 있는 범위에서는, 의견 및 표현의 자유 향유를 침해할 사적 개인 또는 단체의 행위로부터 사람들을 보호해야 한다.[8]

8. 당사국은 규약 제19조에 포함된 권리가 당사국의 국내법상 효력이 발생할 수 있도록 보장해야 한다. 그러한 보장은 규약 당사국에 부과된 일반적 법적 의무의 성질에 대한 일반논

---

2) 위원회의 General comment No. 24 (1994) on issues relating to reservations made upon ratification or accession to the Covenant or the Optional Protocols thereto, or in relation to the declarations under article 41 of the Covenant, Official Records of the General Assembly, Fiftieth Session, Supplement No. 40, vol. I (A/50/40 (Vol. I)), annex V 참조.

3) 위원회의 General comment No. 29 (2001) on derogation during a state of emergency, para. 13, Official Records of the General Assembly, Fifty-sixth Session, Supplement No. 40, vol. I (A/56/40 (Vol. I)), annex VI 참조.

4) General comment No. 29, para.11.

5) General comment No. 24.

6) 위원회의 General comment No. 31 (2004) on the nature of the general legal obligation imposed on States parties to the Covenant, para. 4, Official Records of the General Assembly, Fifty ninth Session, Supplement No. 40, vol. I (A/59/40 (Vol. I)), annex III 참조.

7) Communication No. 61/1979, *Hertzberg et al. v. Finland*, Views (1982년 4월 2일 채택) 참조.

8) General comment No. 31, para. 8; Communication No. 633/1995, *Gauthier v. Canada*, Views (1999년 4월 7일 채택) 참조.

평 제31호에 명시된 위원회의 지침에 부합하는 방식으로 이뤄져야 한다. 당사국은 제40조에 따라 제출한 보고서에 부합하도록 관련 국내법규, 행정관행 및 법원판결은 물론 제19조에서 보장되는 권리에 대한 관련 정책 수준과 기타 부문별 관행을 위원회에 제공해야 한다. 이때 본 일반논평에서 논의 중인 사안들도 고려한다. 또한 당사국은 제19조상 권리가 침해되는 경우 이용 가능한 구제책에 관한 정보도 포함해야 한다.

의견의 자유

9. 제19조 제1항은 간섭받지 않고 의견을 가질 권리를 보호하라고 요구한다. 이 권리는 규약에 따라 어떠한 예외나 제한이 허용되지 않는 권리이다. 의견의 자유는 자신이 자유롭게 선택한 의견을 언제든 이유를 불문하고 바꿀 수 있는 권리로까지 확장된다. 누구도 자신의 실제 의견이나 인지된 의견이나 추정된 의견을 이유로 규약상의 권리를 침해받아서는 안 된다. 모든 종류의 의견은 정치적이든, 과학적이든, 역사적이든, 윤리적이든 또는 종교적이든 그 특성을 불문하고 보호되어야 한다. 의견을 가지는 행위 자체를 범죄화하는 것은 제1항과 양립될 수 없다.[9] 의견을 가졌다는 이유로 사람을 체포, 억류, 재판, 구금 등으로 괴롭히거나 위협하거나 낙인을 찍는 것은 제19조 제1항의 위반에 해당한다.[10]

10. 의견을 갖도록 강요하거나 의견을 갖지 않도록 강요하는 모든 형태의 노력은 금지된다.[11] 자신의 의견을 표현할 자유는 필연적으로 자신의 의견을 표현하지 않을 자유를 포함한다.

표현의 자유

11. 제2항은 당사국에 표현의 자유에 대한 권리를 보장하도록 요구한다. 이 권리는 국경에 관계없이 모든 종류의 정보와 생각을 구하고 받으며 전달할 권리를 포함한다. 또한 이 권리는 제19조 제3항 및 제20조의 제한 아래서[12] 타인에게 전달할 수 있는 모든 형태의 생각 및 의견의 표현과 수신을 포함한다. 또한 정치적 담론,[13] 개인적 사안[14]이나 공적 사안[15]

---

9) Communication No. 550/93, *Faurisson v. France*, Views (1996년 11월 8일 채택) 참조.

10) Communication No. 157/1983, *Mpaka-Nsusu v. Zaire*, Views (1986년 3월 26일 채택); No. 414/1990, *Mika Miha v. Equatorial Guinea*, Views (1994년 7월 8일 채택) 참조.

11) Communication No. 878/1999, *Kang v. Republic of Korea*, Views (2003년 7월 15일 채택) 참조.

12) Communications Nos. 359/1989 and 385/1989, *Ballantyne, Davidson and McIntyre v. Canada*, Views (1990년 10월 18일 채택) 참조.

13) Communication No. 414/1990, *Mika Miha v. Equatorial Guinea* 참조.

14) Communication No. 1189/2003, *Fernando v. Sri Lanka*, Views (2005년 3월 31일 채택) 참조.

에 대한 의견, 선거유세,[16] 인권에 대한 토론,[17] 저널리즘,[18] 문화적·예술적 표현,[19] 가르침[20] 및 종교적 담화[21]도 포함한다. 상업적 광고도 포함될 수 있다. 제2항은 극심한 모욕으로 간주될 수 있는 표현까지도 권리의 범주에 포함하고 있다.[22] 다만 그러한 표현은 제19조 제3항 및 제20조에 따라 제한될 수 있다.

12. 제2항은 모든 형태의 표현과 이의 배포 수단을 보호한다. 그러한 형태에는 음성언어, 문자언어, 수화, 이미지나 예술품과 같은 비언어적 표현도 포함된다.[23] 표현의 수단에는 책, 신문,[24] 전단,[25] 포스터, 현수막,[26] 의상, 법적 제출물[27]이 포함된다. 또한 이에는 모든 형태의 시청각적, 전자적 표현과 인터넷에 기반한 표현 방식이 포함된다.

표현의 자유와 미디어

13. 검열 및 제약을 받지 않는 자유로운 언론 혹은 기타 미디어는 어느 사회에서든 의견과 표현의 자유 및 규약상 기타 권리를 향유하는 데 필수적이다. 그것은 민주사회를 떠받치는 주춧돌의 하나를 구성한다.[28] 규약은 미디어가 정보를 수신할 수 있는 권리를 보장하며, 미디어는 이러한 정보에 기반해 주어진 기능을 수행한다.[29] 시민, 후보자, 선출 대표 간의 공공 사안 및 정치 사안에 대한 정보와 견해의 자유로운 소통은 필수적이다. 이는 자유로운 언론 및 기타 미디어가 검열이나 제한 없이 공적 사안에 대한 견해를 밝힐 수 있고 여론에 영향을 미칠 수 있음을 의미한다.[30] 대중은 이러한 권리에 상응하여 미디어의 생산물을 수

---

15) Communication No. 1157/2003, *Coleman v. Australia*, Views (2006년 7월 17 채택) 참조.

16) Concluding observations on Japan (CCPR/C/JPN/CO/5).

17) Communication No. 1022/2001, *Velichkin v. Belarus*, Views (2005년 10월 20일 채택) 참조.

18) Communication No. 1334/2004, *Mavlonov and Sa'di v. Uzbekistan*, Views (2009년 3월 19일 채택) 참조.

19) Communication No. 926/2000, *Shin v. Republic of Korea*, Views (2004년 3월 15일 채택) 참조.

20) Communication No. 736/97, *Ross v. Canada*, Views (2000년 10월 18일 채택) 참조.

21) Ibid.

22) Ibid.

23) Communication No. 926/2000, *Shin v. Republic of Korea* 참조.

24) Communication No. 1341/2005, *Zundel v. Canada*, Views (2007년 3월 20일 채택) 참조.

25) Communication No. 1009/2001, *Shchetoko et al. v. Belarus*, Views (2006년 7월 11일 채택) 참조.

26) Communication No. 412/1990, *Kivenmaa v. Finland*, Views (1994년 3월 31일 채택) 참조.

27) Communication No. 1189/2003, *Fernando v. Sri Lanka* 참조.

28) Communication No. 1128/2002, *Marques v. Angola*, Views (2005년 3월 29일 채택) 참조.

29) Communication No. 633/95, *Gauthier v. Canada* 참조.

30) 위원회의 General comment No. 25 (1996) on article 25 (Participation in public affairs and the right to vote), para. 25, Official Records of the General Assembly, Fifty-first Session, Supplement No.

신할 권리가 있다.[31]

14. 당사국은 민족적, 언어적 소수집단의 구성원을 포함한 미디어 이용자들이 다양한 정보와 생각을 수신할 권리를 보호하기 위한 수단으로서, 독립성을 지닌 다양한 미디어를 장려하기 위해 특별한 관심을 기울여야 한다.

15. 당사국은 인터넷이나 모바일에 기반한 전자 정보 배포 시스템 등 정보통신 기술 발전이 전 세계 통신 관행에 실질적 변화를 일으키는 정도를 고려해야 한다. 이제는 전통적 대중매체 수단에 반드시 의존하지 않고도 생각과 의견을 교환할 수 있는 글로벌 네트워크가 존재한다. 당사국은 새로운 미디어의 독립성을 제고하고 사람들이 이에 더욱 접근할 수 있도록 필요한 모든 조치를 취해야 한다.

16. 당사국은 공영방송 서비스가 독립적인 방식으로 운영될 수 있도록 보장해야 한다.[32] 이와 관련해 당사국은 그러한 방송국에 독립성과 편집의 자유를 보장해야 한다. 또한 독립성을 저해하지 않는 방식으로 자금을 제공해야 한다.

17. 언론에 대한 내용은 표현의 자유에 대한 제한을 다루는 본 일반논평의 다른 부분에서 더 자세히 논의하기로 한다.

정보접근권

18. 제19조 제2항은 공공기관이 보유한 정보에 접근할 권리를 포함하고 있다. 그러한 정보에는 정보가 저장된 형태를 불문하고 공공기관이 보유한 기록물을 비롯해 그 정보의 출처 및 발행일자까지 포함된다. 공공기관이란 본 일반논평 제7항에 지적되어 있는 바와 같다. 공공기관으로의 지정은 공적 기능을 수행하는 다른 실체들도 포함할 수 있다. 이미 언급했듯이 규약 제25조와 함께 고려할 때 정보접근권에는 언론매체가 공적 사안에 접근할 권리[33]와 미디어의 생산물을 일반대중이 수신할 권리도 포함된다.[34] 정보접근권의 요소는 규약의 다른 부분에서도 다루고 있다. 위원회가 규약 제17조에 관한 일반논평 제16호에서 언급했듯이, 모든 개인은 개인정보가 자동 데이터 파일에 저장되었는지, 만약 저장되었다면 어떤 정보가 어떤 목적에서 저장되었는지를 명확한 형태로 확인할 권리가 있다. 모든 개인은 어떤 공공당국, 사적 개인 또는 단체가 자신의 파일을 통제하거나 통제할 수 있는지를

40, vol. I (A/51/40 (Vol. I)), annex V 참조.

31) Communication No. 1334/2004, *Mavlonov and Sa'di v. Uzbekistan* 참조.

32) Concluding observations on Republic of Moldova (CCPR/CO/75/MDA).

33) Communication No. 633/95, *Gauthier v. Canada* 참조.

34) Communication No. 1334/2004, *Mavlonov and Sa'di v. Uzbekistan* 참조.

확인할 수 있어야 한다. 그러한 파일이 부정확한 개인정보를 포함하고 있거나 관련 법 조항을 위배하여 수집 또는 처리된 경우, 모든 개인은 자신의 기록을 시정할 권리를 가져야 한다. 규약 제10조에 따라 재소자는 자신의 의료기록에 접근할 자격을 부정당하지 않는다.[35] 위원회는 제14조에 관한 일반논평 제32호에서 형사피의자가 누릴 수 있는 다양한 정보접근권을 제시한 바 있다.[36] 규약 제2조에 따라 사람은 일반적으로 규약에 보장된 자신의 권리에 대한 정보를 수신해야 한다.[37] 제27조에 따라 소수집단의 생명과 문화를 실질적으로 저해할 수 있는 당사국의 의사결정은 영향을 받게 될 집단들과 정보를 공유하고 협의를 하는 과정을 거쳐야 한다.[38]

19. 정보접근권을 실행하려면 당사국은 공공의 이익에 관련된 정부의 정보를 공적 공간에 선제적으로 공개해야 한다. 당사국은 그러한 정보에 대한 쉽고 신속하며 효과적이고 실질적인 접근을 보장하기 위해 모든 노력을 기울여야 한다. 당사국은 또한 정보자유 입법 등의 방식과 같이 필요한 절차를 법으로 제정하여 개인의 정보접근이 가능하도록 해야 한다.[39] 이러한 절차는 규약에 부합하는 명확한 규칙에 따라 정보 요청을 신속하게 처리할 수 있어야 한다. 정보 요청 수수료는 정보접근을 불합리하게 저해하지 않는 수준이어야 한다. 당국은 정보로의 접근 제공을 거부할 경우 사유를 밝혀야 한다. 정보접근 제공 거부에 대한 이의제기가 있거나 정보접근 요청에 응하지 못한 경우, 관련 협의가 진행되어야 한다.

표현의 자유와 정치적 권리

20. 위원회는 공무 참여 및 투표권에 관한 일반논평 제25호에서 공무 수행 및 투표권의 효과적인 행사를 위해 표현의 자유가 지닌 중요성을 상세하게 설명하였다. 시민, 후보자, 선출 대표 간의 공적·정치적 사안에 대한 정보와 생각의 자유로운 소통은 필수적이다. 이는 자유로운 언론 및 기타 미디어가 검열이나 제한 없이 공적 사안에 대한 견해를 밝히고 여론을 알릴 수 있음을 의미한다.[40] 당사국의 관심은 이러한 맥락에서 표현의 자유의 증진과 보호와 관련해 일반논평 제25호에서 제공한 지침에 집중되어 있다.

---

35) Communication No. 726/1996, *Zheludkov v. Ukraine*, Views (2002년 10월 29일 채택) 참조.
36) 위원회의 General comment No. 32 (2007) on the right to equality before courts and tribunals and to a fair trial, para. 33, Official Records of the General Assembly, Sixty-second Session, Supplement No. 40, vol. I (A/62/40 (Vol. I)), annex VI 참조.
37) General comment No. 31.
38) Communication No. 1457/2006, *Poma v. Peru*, Views (2009년 3월 27일 채택) 참조.
39) Concluding observations on Azerbaijan (CCPR/C/79/Add.38 (1994)).
40) General comment No. 25 on article 25 of the Covenant, para. 25 참조.

제19조 제3항의 적용

21. 제3항은 표현의 자유에 대한 권리의 행사에는 특별한 의무와 책임이 따른다는 점을 명시한다. 이러한 이유에서 해당 권리에 대한 제한의 두 가지 한정적 영역이 허용된다. 즉 이러한 영역은 타인의 권리나 평판의 존중 또는 국가안보, 공공질서, 공중보건이나 공중도덕의 보호, 둘 중 하나와 연관될 수 있다. 그러나 당사국이 표현의 자유 행사에 제한을 부과하는 경우에도 그 권리 자체를 위태롭게 할 수는 없다. 위원회는 권리와 제한 간 관계와 규범과 예외 간 관계가 역전되면 안 된다는 점을 상기한다.[41] 위원회는 또한 규약 제5조 제1항의 "이 규약의 어떤 규정도 국가, 집단 또는 개인이 이 규약에서 인정되는 권리 및 자유를 파괴하거나, 이 규약에서 규정된 제한의 범위를 넘어 제한함을 목적으로 하는 활동에 관여하거나 행위를 수행할 권리를 가지는 것으로 해석될 수 없다"는 내용을 상기한다.

22. 제3항은 제한이 부과될 수 있는 특정 조건을 명시하고 있다. 즉 제한은 "법률에 규정"되어야 하고, 제3항의 (a)와 (b)에 명시된 근거에 하나라도 해당할 때만 부과될 수 있으며, 필요성 및 비례성의 엄격한 심사를 거쳐야 한다.[42] 규약상 보호되는 다른 권리에 대한 제한 근거에 기반할지라도, 그러한 근거가 제3항에 명시되어 있지 않으면 표현의 자유에 대한 제한은 허용되지 않는다. 제한은 규정된 목적을 위해서만 적용되어야 하며, 그러한 제한이 기반한 특정 필요와 직접적으로 관련되어야 한다.[43]

23. 당사국은 표현의 자유에 대한 권리를 행사하는 자들을 침묵시킬 목적에서 행해지는 공격에 대한 효과적 보호조치를 시행해야 한다. 제3항은 다당제 민주주의, 민주주의적 신조, 인권의 주창을 억압하려는 명분으로 원용되어서는 안 된다.[44] 또한 어떤 상황에서도 의견 또는 표현의 자유를 행사한다는 이유로 누군가에게 자의적 체포, 고문, 살해협박, 살인 등의 형태를 포함한 공격을 가하는 것은 제19조에 부합될 수 없다.[45] 언론인들은 언론 활동을 한다는 이유로 그러한 협박, 위협 및 공격에 자주 노출된다.[46] 판사 및 변호사 등 인권

---

41) 위원회의 General comment No. 27 on article 12, Official Records of the General Assembly, Fifty-fifth Session, Supplement No. 40, vol. I (A/55/40 (Vol. I)), annex VI, sect. A 참조.

42) Communication No. 1022/2001, *Velichkin v. Belarus*, Views (2005년 10월 20일 채택) 참조.

43) 위원회의 General comment No. 22, Official Records of the General Assembly, Fortyeighth Session, Supplement No. 40 (A/48/40), annex VI 참조.

44) Communication No. 458/91, *Mukong v. Cameroon*, Views (1994년 7월 21일 채택) 참조.

45) Communication No. 1353/2005, *Njaru v. Cameroon*, Views (2007년 3월 19일 채택) 참조.

46) 예컨대 Concluding observations on Algeria (CCPR/C/DZA/CO/3); Concluding observations on Costa Rica (CCPR/C/CRI/CO/5); Concluding observations on Sudan (CCPR/C/SDN/CO/3) 참조.

상황 정보의 수집 및 분석에 관여하거나 인권 관련 보고서를 발간하는 이들도 마찬가지다.[47] 그러한 공격은 철저하고 신속하게 수사되어야 하며, 가해자는 기소되고,[48] 피해자 또는 피해자가 살해된 경우 그 대리인은 적절한 형태의 구제를 받아야 한다.[49]

24. 제한은 법률에 규정되어야 한다. 법률에는 국회의원 특권에 관한 법[50] 및 법정모독에 관한 법이[51] 포함될 수 있다. 표현의 자유에 대한 제한은 인권에 대한 심각한 축소에 해당하기 때문에 전통법, 종교법, 또는 기타 관습법에 포함된 제한은 규약과 양립할 수 없다.[52]

25. 제3항의 목적상 규범이 "법률"의 특징을 지니기 위해서는 개인이 그에 따라 자신의 행동을 규제할 수 있도록 충분히 정밀하게 만들어져야 하며,[53] 대중이 이에 접근가능해야 한다. 법률은 표현의 자유에 대한 제한을 집행하는 자에게 그 제한과 관련하여 무제한의 재량을 부여해서는 안 된다.[54] 법률은 그 집행을 담당하는 자가 어떤 종류의 표현이 적절히 제한되고 제한되지 않는지 확인할 수 있도록 충분한 지침을 제공해야 한다.

26. 위 제24항에서 언급된 법을 포함해 규약 제19조 제2항에 명시된 권리를 제한하는 법률은 규약 제19조 제3항의 엄격한 요건에 부합해야 함은 물론, 규약의 조항, 목적, 목표에도 부합해야 한다.[55] 법률은 규약의 비차별 조항을 위반하지 않아야 한다. 법률은 태형 등 규약에 부합하지 않는 형벌을 규정하지 말아야 한다.[56]

27. 당사국은 표현의 자유에 부과된 모든 제한의 법적 근거를 제시해야 한다.[57] 어떤 당사국과 관련해 위원회가 특정한 제한이 법률에 의해 부과되었는지 여부를 고려해야 할 경우, 해당 당사국은 관련 법률 및 그러한 법률의 범위 내에 있는 관련 행위에 대한 상세 정보를 제공해야 한다.[58]

---

47) Communication No. 1353/2005, *Njaru v. Cameroon*; Concluding observations on Nicaragua (CCPR/C/NIC/CO/3); Concluding observations on Tunisia (CCPR/C/TUN/CO/5); Concluding observations on the Syrian Arab Republic (CCPR/CO/84/SYR); Concluding observations on Colombia (CCPR/CO/80/COL) 참조.

48) Ibid. and Concluding observations on Georgia (CCPR/C/GEO/CO/3).

49) Concluding observations on Guyana (CCPR/C/79/Add.121).

50) Communication No. 1373/2005, *Dissanayake v. Sri Lanka*, Views (2008년 7월 22일 채택) 참조.

51) Communication No. 1373/2005, *Dissanayake v. Sri Lanka*, Views (2008년 7월 22일 채택) 참조.

52) General comment No. 32 참조.

53) Communication No. 578/1994, *de Groot v. The Netherlands*, Views (1995년 7월 14일 채택) 참조.

54) General comment No. 27 참조.

55) Communication No. 488/1992, *Toonen v. Australia*, Views (1994년 3월 30일 채택) 참조.

56) General comment No. 20, Official Records of the General Assembly, Forty-seventh Session, Supplement No. 40 (A/47/40), annex VI, sect. A.

57) Communication No. 1553/2007, *Korneenko et al. v. Belarus*, Views (2006년 10월 31일 채택) 참조.

28. 제3항에 명시된 제한의 정당한 근거 중 첫 번째는 타인의 권리 또는 평판의 존중을 위한 제한이다. 여기서 "권리"는 규약에 의해, 더 일반적으로는 국제인권법에 의해 인정되는 인권을 포함한다. 예컨대 제25조에 명시된 투표권과 제17조에 명시된 권리(아래 제37항 참조)를 보호하기 위한 표현의 자유의 제한은 정당하다.[59] 그러한 제한은 주의해서 해석되어야 한다. 위협이나 강요가 되는 표현 형태로부터 유권자들을 보호하는 제한은 허용될 수 있지만, 그러한 제한이 예를 들어 비강제적인 투표의 거부를 촉구하는 것을 포함한 정치적 토론을 방해해서는 안 된다.[60] "타인"이라는 용어는 개별적인 다른 사람 또는 어떤 공동체 일원으로서의 다른 사람과 관련된다.[61] 따라서 예컨대 종교적 신앙[62]이나 민족[63]으로 규정된 공동체의 개별 구성원을 가리킬 수도 있다.

29. 정당한 근거 두 번째는 국가안보, 공공질서, 공중보건 또는 공중도덕의 보호를 위한 제한이다.

30. 당사국은 반역에 관한 법[64] 및 국가안보에 관한 유사 조항들이 국가기밀법이나 치안방해법 또는 다른 이름으로 명명되었는지 여부를 불문하고, 제3항의 엄격한 요건에 부합하는 방식으로 마련되고 적용되도록 각별한 주의를 기울여야 한다. 예컨대 그러한 법률을 원용해, 국가안보에 해가 되지 않는 정당한 공익적 공개 정보를 은폐 또는 저지하거나, 그러한 정보의 배포를 이유로 언론인, 연구자, 환경운동가, 인권운동가 등을 기소하는 것은 제3항에 부합하지 않는다. 그러한 법률의 적용 대상에 상업 부문, 금융, 과학발전[65]과 관련된 정보의 범주를 포함시키는 것은 일반적으로 적절하지 않다.[66] 위원회는 한 사건에서 전국적 파업 소집과 같은 노동쟁의를 지지하는 성명 발표에 대한 국가안보를 근거로 한 제한은 허용될 수 없다고 판단한 바 있다.[67]

31. 공공질서(ordre public) 유지를 근거로 특정 공공장소에서의 연설 규제는 일정한 상황

---

58) Communication No. 132/1982, *Jaona v. Madagascar*, Views (1985년 4월 1일 채택) 참조.

59) Communication No. 927/2000, *Svetik v. Belarus*, Views (2004년 7월 8일 채택) 참조.

60) Ibid.

61) Communication No. 736/97, *Ross v. Canada*, Views (2000년 10월 18일 채택) 참조.

62) Communication No. 550/93, *Faurisson v. France*; Concluding observations on Austria (CCPR/C/AUT/CO/4) 참조.

63) Concluding observations on Slovakia (CCPR/CO/78/SVK); Concluding observations on Israel (CCPR/CO/78/ISR).

64) Concluding observations on Hong Kong (CCPR/C/HKG/CO/2).

65) Concluding observations on the Russian Federation (CCPR/CO/79/RUS).

66) Concluding observations on Uzbekistan (CCPR/CO/71/UZB).

67) Communication No. 518/1992, *Sohn v. Republic of Korea*, Views (1994년 3월 28일 채택) 참조.

하에서만 허용될 수 있다.[68] 표현의 형태와 관련한 법정모독 소송은 공공질서(ordre public) 근거에 비추어 검증될 수 있다. 제3항에 부합하려면 그러한 소송 절차 및 그에 따라 선고된 형벌은 질서 있는 소송 절차 유지를 위한 법원의 정당한 권한 행사였음이 증명되어야 한다.[69] 그러한 절차는 어떤 식으로든 방어권의 정당한 행사를 제한하는 데 이용되어서는 안 된다.

32. 위원회는 일반논평 제22호에서 "도덕의 개념은 다양한 사회적, 철학적, 종교적 전통에서 도출되었으며, 따라서 도덕의 보호를 위한 … 제한은 특정 한 가지 전통에서만 도출되지 않은 원칙들에 근거해야 한다"는 점을 확인하였다. 그러한 제한은 인권의 보편성과 비차별 원칙의 관점에서 이해되어야 한다.

33. 제한은 정당한 목적을 위해 "필요한" 경우여야 한다. 따라서 예컨대 특정 공동체의 언어를 보호하기 위해 표현의 자유를 제한하지 않는 다른 방식으로 보호할 수 있음에도, 한 언어로 된 상업광고를 금지함은 필요성 검증에 위반된다.[70] 다른 한편 위원회는 특정 종교 공동체에 적대감을 표현한 발행물을 발간한 어느 교사를 학군 내 아동의 관련 종교에 대한 권리 및 자유를 보호하기 위해 교사가 아닌 직책으로 전출시킨 경우는 필요성 검증에 부합한다고 판단하였다.[71]

34. 제한은 과도하지 않아야 한다. 위원회는 일반논평 제27호에서 "제한 조치는 비례성의 원칙을 준수해야만 한다. 즉 보호적 기능을 달성하는데 적절해야 하고, 의도한 목적을 달성하기 위한 수단 중 간섭을 최소화하는 것이어야 하며, 보호되는 이익과 비례해야 한다 … 비례성의 원칙은 제한을 규정한 법률뿐만 아니라, 이를 적용하는 행정기관 및 사법기관에 의해서도 존중되어야 한다"고 언급한 바 있다.[72] 비례성 원칙은 문제가 되는 표현의 형식과 그러한 형식의 배포 수단을 모두 고려해야 한다. 예컨대 규약은 공적·정치적 영역의 인물에 관한 민주사회의 공적 토론 환경에서의 자유로운 표현에 특히 높은 가치를 부여한다.[73]

35. 당사국은 표현의 자유에 대한 제한을 위해 정당한 근거를 원용하는 경우 위협의 명확

---

68) Communication No. 1157/2003, *Coleman v. Australia* 참조.

69) Communication No. 1373/2005, *Dissanayake v. Sri Lanka* 참조.

70) Communication No. 359, 385/89, *Ballantyne, Davidson and McIntyre v. Canada* 참조.

71) Communication No. 736/97, *Ross v. Canada*, Views (2006년 7월 17일 채택) 참조.

72) General comment No. 27, para.14. 또한, Communications No. 1128/2002, *Marques v. Angola*; No. 1157/2003, *Coleman v. Australia* 참조.

73) Communication No. 1180/2003, *Bodrozic v. Serbia and Montenegro*, Views (2005년 10월 31일 채택) 참조.

한 성격과 취해진 특정 조치의 필요성 및 비례성을 명확하고 개별적인 방식으로 증명해야 한다. 특히 표현과 위협 간의 직접적이고 즉각적인 연관성을 증명해야 한다.[74]

36. 위원회는 회부된 사건에서 표현의 자유에 대한 제한이 필요한 상황이 존재했는지를 평가할 권한을 보유한다.[75] 이러한 점에서 위원회는 표현의 자유의 범위가 "판단여지(margin of appreciation)"[76]에 따라 평가되지 않는다는 점을 상기하며, 위원회가 이 기능을 수행하기 위해서는 당사국이 해당 사건에서 표현의 자유에 대한 제한을 초래한 제3항에 명시된 근거에 대한 위협의 정확한 성격을 구체적인 방식으로 증명해야 한다.[77]

특정 영역에서 표현의 자유에 부과된 제한의 한정적 범위

37. 위원회의 우려를 야기하는 정치적 담론에 관한 제한으로는 방문유세의 금지,[78] 선거운동 기간 동안 배포할 수 있는 서면자료의 숫자와 유형에 대한 제한,[79] 선거기간 동안 지역 및 국제 언론 등 정치적 논평 출처에 대한 접근 제한,[80] 야당 및 야당 정치인에 대한 언론 매체 접근의 제한이 있다.[81] 모든 제한은 제3항에 부합해야 한다. 그러나 당사국이 선거과정의 완전성을 유지하기 위해 선거 바로 직전에 정당 지지도 조사를 제한함은 정당화될 수 있다.[82]

38. 위 제13항 및 제20항에서 언급했듯이 위원회는 정치적 담론의 내용과 관련해 정치 영역과 공적 기관에 속한 공인에 관한 공적 토론 환경에서 규약은 자유로운 표현에 특히 높은 가치를 부여하고 있다.[83] 따라서 공인 역시 규약 조항에 의해 혜택을 받을 수 있다 하더라도, 표현의 형태가 공인에 대한 모욕으로 간주된다는 단순한 사실만으로는 처벌의 부과를 정당화하기에 충분치 않다.[84] 더욱이 국가원수 및 정부수반과 같이 최고의 정치권력을

---

74) Communication No. 926/2000, *Shin v. Republic of Korea* 참조.
75) Communication No. 518/1992, *Sohn v. Republic of Korea* 참조.
76) Communication No. 511/1992, *Ilmari Länsman, et al. v. Finland*, Views (1993년 10월 14일 채택) 참조.
77) Communications Nos. 518/92, *Sohn v. Republic of Korea*; No. 926/2000, *Shin v. Republic of Korea* 참조.
78) Concluding observations on Japan (CCPR/C/JPN/CO/5).
79) Ibid.
80) Concluding observations on Tunisia (CCPR/C/TUN/CO/5).
81) Concluding observations on Togo (CCPR/CO/76/TGO); Concluding observations on Moldova (CCPR/CO/75/MDA).
82) Communication No. 968/2001, *Kim v. Republic of Korea*, Views (1996년 3월 14일 채택) 참조.
83) Communication No. 1180/2003, *Bodrozic v. Serbia and Montenegro*, Views (2005년 10월 31일 채택) 참조.

행사하는 자를 포함하여 모든 공인은 정당하게 비판과 정치적 반대의 대상이 된다.[85] 따라서 위원회는 대역죄,[86] 법정모욕죄,[87] 권위에 대한 모욕,[88] 국기와 상징에 대한 모욕, 국가 원수 모독,[89] 공직자의 명예 보호[90] 등에 관한 법률에 우려를 표시하며, 법률이 비난 대상자의 신분을 유일한 근거로 하여 더욱 가혹한 처벌을 규정해서는 안 된다. 당사국은 군대 또는 행정부 같은 기관에 대한 비판을 금지해서는 안 된다.[91]

39. 당사국은 대중매체의 규제에 관한 입법적, 행정적 체제가 제3항의 조항에 부합하도록 해야 한다.[92] 규제 체계는 인쇄, 방송 부문, 인터넷 간의 차이를 고려해야 하며, 다양한 미디어가 융합되는 방식도 고려해야 한다. 제3항이 적용되는 특정 상황이 아닌 다른 경우 신문 및 다른 인쇄매체의 발행 허가를 거부함은 제19조에 부합하지 않는다. 특정 내용이 분리될 수 없어 제3항에 의해 정당하게 금지되는 경우가 아니라면, 그런 상황은 특정 발행물에 대한 금지를 결코 포함할 수 없다. 당사국은 지역 및 상업 방송국 등 방송매체에 과중한 허가 조건 및 수수료를 부과하지 말아야 한다.[93] 그러한 허가 조건 및 수수료의 적용 기준은 합리적이고 객관적이어야 하며,[94] 명백하고[95] 투명하고,[96] 비차별적이어야 하며, 규약에 부합되어야 한다.[97] 시청각 지상파 및 위성 서비스와 같이 제한된 수용능력의 미디어를 이용하는 방송에 대한 허가제도는 공영, 상업, 지역 방송국 간에 접근 및 주파수가 공평하게 할당되도록 해야 한다. 아직 그러한 제도가 없는 당사국은 방송 프로그램을 점검하고 방송허가를 부여할 권한을 지닌 독립적이고 공적인 방송허가 기관을 설립하도록 권고한다.[98]

---

84) Ibid.
85) Communication No. 1128/2002, *Marques v. Angola* 참조.
86) Communications Nos. 422-424/1990, *Aduayom et al. v. Togo*, Views (1994년 7월 30일 채택) 참조.
87) Concluding observations on the Dominican Republic (CCPR/CO/71/DOM).
88) Concluding observations on Honduras (CCPR/C/HND/CO/1).
89) Concluding observations on Zambia (CCPR/ZMB/CO/3), para.25 참조.
90) Concluding observations on Costa Rica (CCPR/C/CRI/CO/5), para.11 참조.
91) Ibid., Concluding observations on Tunisia (CCPR/C/TUN/CO/5), para.91 참조.
92) Concluding observations on Viet Nam (CCPR/CO/75/VNM), para.18; Concluding observations on Lesotho (CCPR/CO/79/Add.106), para.23 참조.
93) Concluding observations on Gambia (CCPR/CO/75/GMB).
94) Concluding observations on Lebanon (CCPR/CO/79/Add.78), para.25 참조.
95) Concluding observations on Kuwait (CCPR/CO/69/KWT); Concluding observations on Ukraine (CCPR/CO/73/UKR).
96) Concluding observations on Kyrgyzstan (CCPR/CO/69/KGZ).
97) Concluding observations on Ukraine (CCPR/CO/73/UKR).
98) Concluding observations on Lebanon (CCPR/CO/79/Add.78).

40. 위원회는 일반논평 제10호에서 확인한 "현대 대중매체 발달로 인해 모든 사람에게 주어진 표현의 자유를 간섭할 수 있는 미디어의 통제를 방지할 효과적 조치가 필요하다"는 점을 재확인한다. 당사국은 미디어를 독점적으로 통제해서는 안 되며, 미디어의 다양성을 증진해야 한다.[99] 결과적으로 출처와 관점의 다양성을 저해하는 독점적 상황에서 민영 미디어 그룹에 의한 부당한 언론 장악이나 집중을 방지하기 위해, 당사국은 규약에 부합하는 적절한 조치를 취해야 한다.

41. 정부의 미디어 보조금 제도와 정부 광고 집행[100]이 표현의 자유를 저해하는 효과로 활용되지 않도록 주의를 기울여야 한다.[101] 더욱이 민영매체는 배포 수단 및 뉴스 접근 등의 사안에서 공영매체보다 불리한 상황에 놓여서는 안 된다.[102]

42. 정부 또는 정부가 지지하는 정치사회제도에 비판적이라는 이유만으로[103] 미디어, 출판사, 언론인 등의 처벌은 결코 표현의 자유에 대한 필요한 제한으로 간주될 수 없다.

43. 웹사이트, 블로그 또는 기타 인터넷 기반의 전자적 혹은 기타 정보 배포 시스템(인터넷 서비스 제공업체, 검색 엔진 등 그러한 통신을 지원하는 시스템 포함) 운영에 대한 제한은 제3항에 부합하는 범위 내에서만 허용된다. 허용가능한 제한은 일반적으로 특정한 내용을 대상으로 해야 하며, 특정한 사이트 및 시스템 운영에 대한 포괄적 금지는 제3항에 부합하지 않는다. 또한 정부 또는 정부가 지지하는 정치사회적 제도에 비판적일 수 있다는 근거 하나만으로 사이트나 정보 배포 시스템에 자료 발행을 금지하는 것도 제3항에 부합하지 않는다.[104]

44. 저널리즘은 전문 정규 기자, 분석가, 블로거, 그리고 인쇄, 온라인, 기타 방식으로 자가 출판 형태에 관여하는 사람을 포함한 다양한 행위자가 함께 이행하는 기능이며, 언론인의 등록이나 허가에 관한 일반적 국가제도는 제3항에 부합되지 않는다. 특정한 장소/행사에 대한 특별 접근권을 언론인에게 제공하기 위해 필요한 경우에만 제한된 인가 형식이 허용된다. 이러한 형식은 저널리즘이 다양한 행위자에 의해 공유되는 기능이라는 점을 고려하

---

99) Concluding observations on Guyana (CCPR/CO/79/Add.121), para.19; Concluding observations on the Russian Federation (CCPR/CO/79/RUS); Concluding observations on Viet Nam (CCPR/CO/75/VNM); Concluding observations on Italy (CCPR/C/79/Add. 37) 참조.
100) Concluding observations on Lesotho (CCPR/CO/79/Add.106), para.22 참조.
101) Concluding observations on Ukraine (CCPR/CO/73/UKR).
102) Concluding observations on Sri Lanka (CCPR/CO/79/LKA); Concluding observations on Togo (CCPR/CO/76/TGO), para.17 참조.
103) Concluding observations on Peru (CCPR/CO/70/PER).
104) Concluding observations on the Syrian Arab Republic (CCPR/CO/84/SYR).

고 객관적 기준에 근거하여 규약의 제19조 및 기타 조항에 부합하는 방식에 따라 비차별적으로 적용되어야 한다.

45. 표현의 자유를 행사하려는 언론인과 그 밖의 사람들(예를 들어 인권 관련 회의를 위해 이동하고자 하는 사람)105)이 당사국 밖으로 이동할 자유를 제한하거나, 외국 언론인의 당사국 입국을 특정한 국가106)로부터 오는 언론인으로 한정하거나, 당사국 내 언론인 및 인권조사단이 이동할 자유(분쟁지역, 자연재해 피해지역, 인권유린 주장이 제기된 지역으로의 이동 포함)에 대한 제한은 일반적으로 제3항에 부합하지 않는다. 당사국은 정보 출처를 제공하지 않을 언론인의 한정된 특권을 포함하는 표현의 자유에 대한 권리의 그러한 요소를 인식하고 존중해야 한다.107)

46. 당사국은 대테러 조치가 제3항에 부합하도록 해야 한다. '테러 조장'108) 및 '극단주의적 활동'109) 등의 범죄와 테러를 '찬양', '미화', 또는 '정당화'하는 범죄는 표현의 자유에 대한 불필요하거나 불균형적 간섭으로 이어지지 않도록 명확하게 정의되어야 한다. 또한 정보접근에 대한 과도한 제한은 피해야 한다. 언론은 대중에게 테러 행위에 대해 알리는 데 핵심적인 역할을 하므로 미디어 운영 능력을 부당하게 제한해서는 안 된다. 이러한 점에서 언론인들은 자신의 정당한 활동을 수행했다는 이유로 처벌받아서는 안 된다.

47. 명예훼손법은 반드시 제19조 제3항에 부합하고 실행에 있어서 표현의 자유를 억압하지 않도록 주의를 기울여 입법해야 한다.110) 그러한 모든 법, 특히 명예훼손에 대한 형사처벌 규정은 진실에 근거한 항변과 같은 항변사유를 두어야 하며, 그 성격상 검증될 수 없는 표현 형태에는 적용되지 말아야 한다. 적어도 공적 인물에 관한 논평에 대해서는 악의 없이 실수로 나온 허위 발언을 처벌하거나 다른 방식으로 불법화하지 않도록 해야 한다.111) 어떤 경우에도 비판의 주제가 공공의 이익에 관한 것이면 반드시 항변사유로 고려되어야 한다. 당사국은 과도한 징벌적 조치와 처벌을 내리지 않도록 주의를 기울여야 한다. 필요한 경우 당사국은 피고가 승소한 측의 비용을 변제하도록 하는 요건을 합리적으로 제한해야

---

105) Concluding observations on Uzbekistan (CCPR/CO/83/UZB); Concluding observations on Morocco (CCPR/CO/82/MAR).

106) Concluding observations on Democratic People's Republic of Korea (CCPR/CO/72/PRK).

107) Concluding observations on Kuwait (CCPR/CO/69/KWT).

108) Concluding observations on the United Kingdom of Great Britain and Northern Ireland (CCPR/C/GBR/CO/6).

109) Concluding observations on the Russian Federation (CCPR/CO/79/RUS).

110) Concluding observations on the United Kingdom of Great Britain and Northern Ireland (CCPR/C/GBR/CO/6).

111) Ibid.

한다.112) 당사국은 명예훼손의 비범죄화를 고려해야 하고,113) 어떤 경우에도 형사법의 적용은 가장 중대한 명예훼손 사건에서만 용인되어야 하며, 구금은 결코 적절한 형벌이 될 수 없다. 당사국이 명예훼손죄로 누군가를 기소하고도 신속하게 재판을 진행하지 않는 것은 허용될 수 없다. 이러한 실행은 관련 인물 및 기타 사람들의 표현의 자유 행사를 부당하게 제한하는 위축효과를 가져온다.114)

48. 신성모독법 등 종교 또는 기타 신앙 체계에 대한 존중 결여의 표시를 금지함은 규약에 부합하지 않는다. 다만 규약 제20조 제2항에 명시된 특정 상황에서는 예외로 한다. 그러한 금지는 제19조 제3항의 엄격한 요건은 물론 제2조, 제5조, 제17조, 제18조, 그리고 제26조에 또한 부합해야 한다. 따라서 예컨대 그러한 법이 특정한 종교나 신앙 체계를 유리하거나 불리하게 차별하는 경우, 혹은 타인보다 신자들을 또는 비종교인보다 종교인을 유리하거나 불리하게 차별하는 경우는 허용되지 않을 것이다. 또한 그러한 금지는 종교 지도자에 대한 비판이나, 종교교리와 신앙신조에 대한 논평을 방지하거나 처벌하는 데 이용할 수 없을 것이다.115)

49. 역사적 사실에 대한 의견 표현을 처벌하는 법은 규약에 따라 당사국에 부과된 의견 및 표현의 자유의 존중과 관련한 의무와 양립할 수 없다.116) 규약은 과거 사건에 관한 잘못된 의견이나 부정확한 해석의 표현에 대한 일반적 금지를 허용하지 않는다. 의견의 자유에 대한 권리는 결코 제한되어서는 안 되며, 표현의 자유와 관련한 제한은 제19조 제3항이나 제20조에서 허용되는 수준을 초과할 수 없다.

제19조와 제20조 간의 관계

50. 제19조와 제20조는 양립가능하며 상호보완적이다. 제20조에서 언급된 행위는 모두 제19조 제3항에 의한 제한대상에 포함된다. 따라서 제20조에 기초하여 정당화되는 제한은 제19조 제3항에도 또한 부합해야 한다.117)

---

112) Ibid.
113) Concluding observations on Italy (CCPR/C/ITA/CO/5); Concluding observations on the Former Yugoslav Republic of Macedonia (CCPR/C/MKD/CO/2).
114) Communication No. 909/2000, *Kankanamge v. Sri Lanka*, Views (2004년 7월 27일 채택) 참조.
115) Concluding observations on the United Kingdom of Great Britain and Northern Ireland-the Crown Dependencies of Jersey, Guernsey and the Isle of Man (CCPR/C/79/Add.119). 또한, Concluding observations on Kuwait (CCPR/CO/69/KWT) 참조.
116) 소위 '기억법(memory-laws)'은 Communication No. 550/93, *Faurisson v. France* 참조. 또한, Concluding observations on Hungary (CCPR/C/HUN/CO/5), para.19 참조.
117) Communication No. 736/1997, *Ross v. Canada*, Views (2000년 10월 18일 채택) 참조.

51. 제20조에 명시된 행위와 제19조 제3항에 따른 제한대상 행위에는 차이가 있다. 제20조에 명시된 행위의 경우, 규약은 당사국의 특정한 대응을 지시하고 있는데 그것은 바로 법률에 의한 금지이다. 이러한 범위에 있어서 제20조는 제19조에 관한 특별법으로 간주될 수 있다.

52. 당사국이 법적으로 금지해야 할 대상은 제20조에 명시된 특정한 표현 형식에만 한정된다. 당사국이 표현의 자유를 제한하는 모든 상황에서 그 금지 및 관련 조항들은 제19조에 엄격히 부합함을 증명할 필요가 있다.

제35호: 제9조 (신체의 자유와 안전)
(2014년 제112차 회기 채택)

Ⅰ. 개론

1. 이 일반논평은 1982년에 채택된 일반논평 8호(제16차 회기)를 대체한다.

2. 제9조는 신체의 자유와 안전을 둘 다 인정하고 보호한다. 세계인권선언 제3조는 모든 사람은 생명권과 신체의 자유와 안전을 누릴 권리가 있음을 공표하고 있다. 이는 세계인권선언에 의해 보호받는 첫 번째 실체적 권리로서, 규약 제9조가 개인과 사회 전체에 매우 중요하다는 점을 의미한다. 신체의 자유와 안전은 그 자체가 중요하기도 하지만, 역사적으로 신체의 자유와 안전의 박탈은 다른 권리의 향유를 저해하는 주요 수단으로 사용됐다는 이유에서도 중요하다.

3. 신체의 자유는 신체적 구속으로부터의 자유와 관련되며, 일반적인 행동의 자유와 관련되지 않는다.[1] 신체의 안전은 신체적·정신적 손상으로부터의 자유와 신체적·정신적 완전성에 관한 것이며, 이는 아래 9항에서 추가로 논의된다. "모든 사람"에는 특히 소녀, 소년, 군인, 장애인, 여성 동성애자, 남성 동성애자, 양성애자, 성전환자, 외국인, 난민, 비호신청자, 무국적자, 이주노동자, 유죄선고를 받은 자, 테러행위 가담자 등이 포함된다.

4. 규약 제9조 제2항 내지 제5항은 신체의 자유와 안전의 보호를 위한 특정한 보호조치를 명시한다. 제9조의 일부 조항(제2항 일부 및 제3항 전부)은 공소제기된 경우에 한해 적용된다. 그러나 나머지 조항, 예컨대 법원에서 구금에 대한 적부심사를 받을 권리 등 특히 제4항에 명시된 주요 보장사항은 자유를 박탈당한 모든 사람에게 적용된다.

---

1) 854/1999, *Wackenheim v. France*, para. 6.3.

5. 자유의 박탈은 제12조에 명시된 이동의 자유에 대한 단순한 간섭보다 더 좁은 영역에서 이동을 더 심각하게 제한하는 것을 의미한다.[2] 자유 박탈의 예시로는 경찰 유치장구금, 아라이고(arraigo, 역주: 범죄혐의자의 예방적 구금),[3] 미결구금, 유죄판결 이후 수감, 가택연금,[4] 행정적 구금조치, 강제입원,[5] 아동의 시설보호, 공항 내 제한 구역에 제한,[6] 강제추방[7] 등이 포함된다. 또한 이미 구금된 사람에 대한 추가 제한, 즉 독방감금(solitary confinement)이나 신체적 제한을 가하는 도구의 사용 등도 포함된다.[8] 민간인이라면 자유 박탈에 해당했을 제한이라도, 군 복무기간 중 제한이 통상적 군 복무의 요구를 넘어서거나 관련 당사국 군부대의 통상적인 생활 조건에서 벗어나지 않는다면 자유의 박탈에 해당하지 않을 수 있다.[9]

6. 신체의 자유 박탈은 자유로운 동의가 없음을 의미한다. 개인이 자발적으로 수사에 참여하고자 경찰서로 가고, 그 개인이 언제든 경찰서를 떠날 자유가 있음을 알고 있는 경우, 이는 자유가 박탈된 것이 아니다.[10]

7. 당사국은 제3자로부터 신체의 자유를 보호하기 위해 적절한 조치를 취할 의무가 있다.[11] 당사국은 자국 영토 내에서 활동하는 범죄자 또는 무장단체, 테러단체 등 불법적 집단에 의한 납치나 구금으로부터 개인을 보호해야 한다. 또한 고용주, 학교, 병원 등 적법한 기관이 불법적으로 자유를 박탈하지 않도록 개인을 보호해야 한다. 당사국은 최선을 다해 자국의 영토 내에서 다른 국가의 행위로 개인이 자유를 박탈당하지 않도록 보호하기 위해 적절한 조치를 취해야 한다.[12]

8. 민간인 또는 민간단체가 당사국으로부터 체포 또는 구금할 권한을 부여받았거나 허가받

---

2) 263/1987, *González del Río v. Peru*, para. 5.1; 833/1998, *Karker v. France*, para. 8.5.

3) Concluding observations: Mexico (CCPR/C/MEX/CO/5, 2010), para. 15 참조.

4) 1134/2002, *Gorji-Dinka v. Cameroon*, para. 5.4; 또한 Concluding observations: United Kingdom (CCPR/C/GBR/CO/6, 2008), para. 17 (control orders including curfews of up to 16 hours) 참조.

5) 754/1997, *A. v. New Zealand*, para. 7.2 (mental health); Concluding observations: Republic of Moldova (CCPR/C/MDA/CO/2, 2009), para. 13 (contagious disease) 참조.

6) Concluding observations: Belgium (CCPR/CO/81/BEL, 2004), para. 17 (detention of migrants pending expulsion) 참조.

7) R.12/52, *Saldías de López v. Uruguay*, para. 13.

8) Concluding observations: Czech Republic (CCPR/C/CZE/CO/2, 2007), para. 13; and Republic of Korea (CCPR/C/KOR/CO/3, 2006), para. 13 참조.

9) 265/1987, *Vuolanne v. Finland*, para. 9.4.

10) 1758/2008, *Jessop v. New Zealand*, para. 7.9–7.10.

11) Concluding observations: Yemen (CCPR/C/YEM/CO/5, 2012), para. 24 참조.

12) 319/1988, *Cañón García v. Ecuador*, paras. 5.1–5.2.

은 경우, 당사국은 여전히 제9조를 준수할 책임이 있으며 제9조 준수를 확보할 책임도 있다. 또한 그러한 권한을 엄격히 제한하고 엄정하고 효과적으로 통제하여, 남용되거나 자의적 혹은 불법적인 체포 또는 구금으로 이어지지 않도록 한다. 자의적이거나 불법적인 체포 또는 구금이 발생한 경우, 피해자에게 효과적인 구제책을 제공해야 한다.[13]

9. 신체의 안전에 대한 권리는, 피해자의 구금 여부를 불문하고, 의도적인 신체적, 정신적 상해가 가해지지 않도록 개인을 보호한다. 예컨대, 당사국의 공무원이 합당하지 않은 신체적 손상을 입힌 경우, 이는 신체의 안전에 대한 권리를 침해한 것이다.[14] 신체의 안전에 대한 권리는 또한 당사국이 공적 영역에 있는 개인에 대한 살해위협에 대응해 적절한 조치를 취할 의무를 부여한다. 보다 일반적으로는 정부 또는 민간 행위자에 의한 예측가능한 생명 또는 신체적 완전성에 대한 위협으로부터 개인을 보호할 의무를 부여한다.[15] 당사국은 미래의 손상에 대비한 예방조치와 과거의 손상에 대응한 형법 집행 등 소급적 조치를 모두 취해야 한다. 예컨대, 당사국은 인권운동가 및 언론인에 대한 위협, 증인에 대한 보복, 가정폭력 등 여성폭력, 군부대 내 신병 괴롭힘, 아동폭력, 성적지향성이나 성정체성에 기반한 폭력,[16] 장애인에 대한 폭력[17] 등 피해자 범주별로 나타나는 폭력의 유형에 따라 적절히 대응해야 한다. 또한 법 집행 시 합당하지 않은 물리력 행사를 방지하고 시정해야 하며,[18] 민간보안부대의 폭행 및 과도한 무기 보유에 따른 위험으로부터 주민들을 보호해야 한다.[19] 신체의 안전에 대한 권리는 모든 신체적, 정신적 건강에 대한 위험을 다루는 것은 아니며, 민사 또는 형사소송의 당사자가 되어 간접적으로 받는 건강영향과도 관련이 없다.[20]

Ⅱ. 자의적이고 불법적인 구금

10. 신체의 자유에 대한 권리는 절대적인 권리가 아니다. 제9조는 형법을 집행할 경우 등

---

13) Concluding observations: Guatemala (CCPR/C/GTM/CO/3, 2012), para. 16 참조.
14) 613/1995, *Leehong v. Jamaica*, para. 9.3.
15) 1560/2007, *Marcellana and Gumanoy v. Philippines*, para. 7.7. 당사국이 피해자 살해를 승인하는 종교적 유권해석(fatwa)을 발행하거나 유사한 사형을 선고하여 자국 영토 밖 사람들에게 관할권 행사를 주장할 경우, 신체의 안전에 대한 권리에 위배된다. Concluding observations: Islamic Republic of Iran (CCPR/C/79/Add.25, 1993), para. 9 참조; 아래 63항 참조 (역외 적용 논의).
16) Concluding observations: El Salvador (CCPR/CO/78/SLV, 2003), para. 16 참조.
17) Concluding observations: Norway (CCPR/C/NOR/CO/6, 2011), para. 10 참조.
18) 613/1995, *Leehong v. Jamaica*, paras. 9.3; Basic Principles on the Use of Force and Firearms by Law Enforcement Officials (1990) 참조.
19) Concluding observations: Philippines (CCPR/C/PHL/CO/4, 2012), para. 14 참조.
20) 1124/2002, *Obodzinsky v. Canada*, para. 8.5.

때때로 자유의 박탈이 정당화될 수 있다고 인정한다. 제9조 제1항에 따라 자유의 박탈은 자의적이지 않아야 하며 법치를 존중하며 이행되어야 한다.

11. 제9조 제1항의 두 번째 문장은 자의적 체포 및 구금을 금지하고 있으며, 세 번째 문장은 법적 근거와 법적 절차를 준수하지 않고 부과한 자유의 박탈 등 불법적 자유의 박탈을 금지한다. 이러한 두 금지는, 체포나 구금이 준거법을 위배하였으나 자의적이지 않거나, 또는 적법하지만 자의적이거나, 또는 자의적이면서 불법적일 수도 있다는 점에서 중첩된다. 법적 근거가 없는 체포나 구금도 자의적이다.21) 형집행기간 이후 수형자를 허가 없이 구금하는 것은 자의적이며 불법적이다.22) 다른 형태의 구금을 허가 없이 연장하는 경우도 마찬가지이다. 법원의 석방 명령을 따르지 않고 구금된 사람을 계속해서 구금하는 것도 자의적이자 불법적이다.23)

12. 체포나 구금은 국내법에 따라 허용되었더라도 자의적일 수 있다. '자의성' 개념은 '법위반'의 개념과 동일하지 않으며, 부적절성, 부정의, 예측가능성 결여 및 적법절차 결여 등의 여러 요인은 물론,24) 합리성, 필요성, 비례성 요인 등을 포함하여 더욱 넓게 해석되어야 한다. 예컨대, 범죄혐의에 의한 미결구금은 모든 상황에서 합리적이고 필요한 것이어야 한다.25) 사법판결에 따라 확정된 기간 동안 부과되는 형벌과 별개로, 어떠한 형태로 사람을 구금하는 결정은 구금 유지의 정당성이 주기적으로 재심사되지 않는 한 자의적이다.26)

13. '체포'라는 용어는 자유의 박탈이 시작되는 체포를 가리키며, '구금'은 체포와 동시에 시작되어 석방 시까지 이어지는 체포로 인한 자유의 박탈을 가리킨다.27) 제9조 의미상 체포는 반드시 국내법에 정의된 공식적인 체포를 의미하는 것은 아니다.28) 이미 구금 중인 자에게 범죄혐의사실과 관련이 없는 구금 등 추가적인 자유의 박탈이 적용될 경우, 그러한 자유 박탈의 개시도 체포에 해당한다.29)

14. 규약은 인간의 자유 박탈이 가능한 사유를 열거하지 않고 있다. 제9조는 범죄혐의사실

---

21) 414/1990, *Mika Miha v. Equatorial Guinea*, para. 6.5.

22) Concluding observations: Brazil (CCPR/C/BRA/CO/2, 2005), para. 16. 참조.

23) 631/1995, *Spakmo v. Norway*, para. 6.3.

24) 1134/2002, *Gorji-Dinka v. Cameroon*, para. 5.1; 305/1988, *Van Alphen v. Netherlands*, para. 5.8.

25) 1369/2005, *Kulov v. Kyrgyzstan*, para. 8.3. Pretrial detention in criminal cases is further discussed in section IV below.

26) 1324/2004, *Shafiq* v. *Australia*, para. 7.2.

27) 631/1995, *Spakmo* v. *Norway*, para. 6.3.

28) 1460/2006, *Yklymova v. Turkmenistan*, paras. 7.2–7.3 (de facto house arrest); 1096/2002, *Kurbanova v. Tajikistan*, para. 7.2 (detention prior to arrest warrant).

29) 635/1995, *Morrison v. Jamaica*, paras. 22.2–22.3; 1397/2005, *Engo v. Cameroon*, para. 7.3.

로 구금이 가능하다는 점을 명시적으로 인정하며, 제11조는 계약상 의무의 불이행을 이유로 한 구금을 명시적으로 금지한다.[30] 자유의 박탈과 관련된 다른 제도도 법률에 의해 수립되어야 하며, 자의적 구금을 방지하는 절차를 동반해야 한다. 법률에 규정된 근거와 절차는 신체의 자유에 대한 권리를 침해해서는 안 된다.[31] 그러한 제도는 적용가능한 보호책 없이 형사처벌에 준하는 바를 규정함으로써 형사사법제도상의 제한을 회피해서는 안 된다.[32] 구금에 관한 조건은 제7조와 제10조에 주로 명시되어 있음에도 불구하고, 피구금자를 대하는 방식이 구금의 목적과 명백하게 관련이 없을 경우, 해당 구금은 자의적이다.[33] 법정모독으로 적절한 설명이나 독립적, 절차적 보호조치 없이 과중한 구금을 부과할 경우, 이는 자의적이다.[34]

15. 당사국이 피의 사실에 대한 기소를 고려하지 않고 안보 구금(행정적 구금이나 수용으로도 칭함)을 부과하는 경우에 한하여,[35] 위원회는 그러한 구금은 자유의 자의적 박탈의 심각한 위험을 보여준다고 본다.[36] 해당 위협에 대응하는 형사사법제도 등 다른 효과적인 조치가 마련되어 있을 것이므로, 그러한 구금은 일반적으로 자의적 구금에 해당한다. 매우 예외적인 상황에서 그러한 위협을 제공하였다고 보이는 사람의 구금을 정당화하기 위해 현존하는 직접적이고 긴급한 위협을 원용할 경우, 당사국은 해당 개인이 그러한 위협을 제기하였고, 대안 조치를 통해 해결할 수 없다는 점에 대한 입증책임을 지고, 구금이 길어질수록 부담이 증가한다. 당사국은 또한 구금이 반드시 필요 이상으로 지속되지 않는다는 점, 앞으로 있을 수 있는 구금의 전체 기한이 제한되어 있으며, 모든 경우에서 제9조에 명시된 보장사항이 완전히 준수된다는 점도 입증해야 한다. 법원 및 사법부와 동일한 독립성 및 공평성을 지닌 기타 재판소의 신속하고 정기적인 심리는 위와 같은 요건을 충족하기 위해 필수적으로 보

---

30) 민사채무와 관련된 사기 등 형사 범죄로 인한 구금은 제11조의 위반이 아니며, 자의적 구금에 해당하지 않는다. 1342/2005, *Gavrilin v. Belarus*, para. 7.3.

31) 1629/2007, *Fardon v. Australia*, para. 7.3.

32) Ibid., para. 7.4 (a)-7.4 (c); Concluding observations: United States of America (CCPR/C/USA/CO/3/Rev.1, 2006), para. 19; general comment No. 32, paras. 15 and 18 참조.

33) 1629/2007, *Fardon v. Australia*, para. 7.4 (a) (nominally civil detention under same prison regime as prior sentence); Concluding observations: Belgium (CCPR/CO/81/BEL, 2004), para. 18 (placement in prison psychiatric annexes), and United Kingdom (CCPR/CO/73/UK, 2001), para. 16 (detention of asylum seekers in prisons).

34) 1189/2003, *Fernando v. Sri Lanka*, para. 9.2; 1373/2005, *Dissanakye v. Sri Lanka*, para. 8.3.

35) 본 항에서 다루는 대상은 안보 목적의 구금이며, 아래 21항에서 언급된 유죄판결 후 예방구금의 형태나 범죄인인도 혹은 출입국관리 목적의 구금이 아니다. 아래 18항 참조.

36) Concluding observations: Colombia (CCPR/C/COL/CO/6, 2010), para. 20, and Jordan (CCPR/C/JOR/CO/4, 2010), para. 11 참조.

장되어야 한다. 또한 가급적 피구금자가 선택한 독립적 법률 조언이 제공되어야 하며, 최소한 판결의 기반이 되는 증거의 핵심 내용이 피구금자에게 공개되어야 한다.37)

16. 악의적인 자의적 구금의 예시로는 피의자의 가족을 어떠한 피의사실 없이 구금하는 경우, 인질로 억류하는 경우, 뇌물 갈취 또는 유사한 범죄 목적을 위해 체포하는 경우가 있다.

17. 규약에서 보장하는 권리, 즉 의견 및 표현의 권리(제19조),38) 집회의 자유(제21조), 결사의 자유(제22조), 종교의 자유(제18조), 사생활의 자유(제17조)의 정당한 행사

에 대한 처벌로서 체포하거나 구금하는 것은 자의적이다. 규약 제2조 제1항 또는 제3조 또는 제26조를 위반하고 차별적 근거를 들어 체포하거나 구금하는 것은 원칙적으로 자의적이다.39) 제15조에 위배된 구금으로서 소급적으로 형사 처벌하는 것은 자의적 구금에 해당한다.40) 강제실종은 동 규약의 실체적, 절차적 조항을 다수 위반하며, 특히 악질적인 자의적 구금 형태에 해당한다. 명백하게 비공정한 재판 이후 수감하는 것은 자의적이지만, 형사피의자를 대상으로 제14조에 명시된 특정한 절차적 보장을 위반한다고 해서 모두 자의적 구금은 아니다.41)

18. 출입국관리를 위해 소송 절차 과정에서 구금하는 것은 그 자체로 자의적인 것은 아니다. 다만, 구금은 정황상 합리적이고 필수적이며 적절한 것으로 정당화할 명분이 있어야 하며, 연장 시 재심사를 거쳐야 한다.42) 당사국의 영토에 비합법적으로 입국한 망명 신청자들은 입국 서류를 작성하고, 신청자의 청구를 기록하고, 신원에 의심이 갈 경우 이를 확인하기 위해 초기에 잠시 동안 구금될 수 있다.43) 망명 신청자의 청구를 처리하고 있는 과정에서 이들을 추가로 구금하는 것은, 개별적 도주 가능성, 타인을 대상으로 한 범죄 위험, 국가 안보에 반하는 행위를 자행할 위험 등 개인에 국한된 특정한 사유가 없을 경우 자의적이다.44) 사건별로 관련 요인을 고려하여 추가 구금결정을 해야 하며, 넓은 범주에 적용되는

---

37) 규약 제9조 및 제4조와 국제인도법 간 관련성은 아래 64항 내지 67항 참조.

38) 328/1988, *Zelaya Blanco v. Nicaragua*, para. 10.3.

39) 1314/2004, *O'Neill and Quinn v. Ireland*, para. 8.5 (finding no violation); Concluding observations: Honduras (CCPR/C/HND/CO/1, 2006), para. 13 (detention on the basis of sexual orientation) 및 Cameroon (CCPR/C/CMR/CO/4, 2010), para. 12 (imprisonment for consensual same-sex activities of adults) 참조.

40) 1629/2007, *Fardon v. Australia*, para. 7.4 (b).

41) 1007/2001, *Sineiro Fernández v. Spain*, paras. 6.3 (absence of review of conviction by higher court violated paragraph 5 of article 14, but not paragraph 1 of article 9).

42) 560/1993, *A. v. Australia*, paras. 9.3–9.4; 794/1998, *Jalloh v. Netherlands*, para. 8.2; 1557/2007, *Nystrom v. Australia*, paras. 7.2–7.3.

43) 1069/2002, *Bakhtiyari v. Australia*, paras. 9.2–9.3.

44) 1551/2007, *Tarlue v. Canada*, paras. 3.3 and 7.6; 1051/2002, *Ahani v. Canada*, para. 10.2.

의무 규정을 기반으로 결정하면 안 된다. 또한 그러한 결정은 신고 의무, 보석, 도주를 방지하는 기타 조건 등 동일한 목적을 달성하는 덜 침해적인 수단을 고려해야 하며, 주기적인 재평가 및 사법심사의 대상이 되어야 한다.45) 이민자 구금에 관한 결정 시 이들의 신체적, 정신적 건강에 미칠 영향도 고려해야 한다.46) 필요한 구금은 적절하고 위생적이며 비징벌적 시설에서 이루어져야 하며, 감옥에 구금해서는 안 된다. 당사국이 무국적 또는 기타 장애요인을 이유로 어떤 개인의 추방을 이행할 능력이 없다 해도 무기한 구금이 인정되지 않는다.47) 아동의 경우 자유를 박탈당해서는 안 된다. 단, 최후의 수단으로서 구금의 기간과 조건과 관련해 아동의 최선의 이익을 주요하게 고려하고, 보호자가 없는 미성년자가 지닌 극도의 취약성과 보육의 필요성도 고려하여, 가능한 가장 짧은 기간 동안 구금하는 경우는 인정된다.48)

19. 당사국은 또한 자의적인 구금을 방지하기 위해 정신 건강의 측면에서 현실을 반영하지 못하는 법과 관행을 개정해야 한다. 위원회는 모든 자유의 박탈에 내재된 위험을 강조하며, 비자발적 입원의 환경에서 발생할 수 있는 특정한 위험 또한 강조한다. 당사국은 사회심리적 장애가 있는 자들을 위해, 감금보다 덜 제한적인 대안을 제공할 수 있도록 지역사회에 기반한 또는 대안적인 적절한 사회복지 서비스를 마련해야 한다.49) 장애의 존재만으로는 자유의 박탈이 정당화될 수 없으며, 심각한 위험으로부터 사회심리적 장애인을 보호하고 타인에게 손상을 입히지 않도록 방지할 목적에 따라 필수적이고 적합할 경우에만 자유를 박탈해야 한다.50) 이러한 자유의 박탈은 오직 최후의 수단으로서 가장 짧은 적절한 기간 동안 적용되어야 하며, 법에 의거하여 수립된 적절한 절차적, 실질적 보호조치와 동반되어야 한다.51) 그러한 절차는 대상 개인의 관점을 존중해야 하며, 어떤 대리인이든지 그러한

---

45) 1014/2001, *Baban v. Australia*, para. 7.2; 1069/2002, *Bakhtiyari v. Australia*, paras. 9.2-9.3; UNHCR, Guidelines on the Applicable Criteria and Standards relating to the Detention of Asylum-Seekers and Alternatives to Detention (2012), guideline 4.3 and annex A (describing alternatives to detention) 참조.

46) 1324/2004, *Shafiq v. Australia*, para. 7.3; 900/1999, *C. v. Australia*, paras. 8.2 and 8.4.

47) 2094/2011, *F.K.A.G.* v. *Australia*, para. 9.3.

48) 1050/2002, *D. and E.* v. *Australia*, para. 7.2; 794/1998, *Jalloh v. Netherlands*, paras. 8.2-8.3; 또한 Convention on the Rights of the Child, arts. 3, para. 1, and 37 (b) 참조.

49) Concluding observations: Latvia (CCPR/C/LVA/CO/3, 2014), para. 16 참조.

50) 1061/2002, *Fijalkowska v. Poland*, para. 8.3; 1629/2007, *Fardon v. Australia*, para. 7.3; Concluding observations: Russian Federation (CCPR/C/RUS/CO/6, 2009), para. 19 참조; Convention on the Rights of Persons with Disabilities, art. 14, para. 1 (b).

51) 1061/2002, *Fijalkowska v. Poland*, para. 8.3.

개인의 희망과 이익을 진실로 대변하고 변호하도록 보장해야 한다.[52] 당사국은 구금 명분으로 주장된 목적에 부합하는 치료 및 갱생 프로그램을 시설 수용자에게 제공해야 한다.[53] 자유의 박탈은 지속할 필요성이 있는지 확인하기 위해 적절한 주기로 재평가되어야 한다.[54] 시설 수용자들은 구금의 적법성에 대한 최초와 주기적 사법심사를 비롯해 자신의 권리를 주장할 효과적 구제수단으로의 접근을 확보하는 과정에서 지원을 받아야 하고, 규약에 부합하지 않는 구금 조건을 방지하기 위한 효과적 구제수단 접근 확보를 위해서도 지원을 받아야 한다.[55]

20. 규약은 형사 사건의 다양한 양형 제도와 부합한다. 유죄판결을 받은 자는 국내법에 따라 부과된 기간 동안 형벌 집행을 받을 자격이 있다. 가석방이나 다른 형태의 조기 석방은 국내법에 따라 고려되어야 하며,[56] 그러한 석방은 제9조가 의미하는 범주 내에서 자의적인 근거에 의해 거부되어서는 안 된다. 조기 석방이 조건부로 주어졌다가 추후 그러한 조건이 위반되었다는 주장으로 인해 취소될 경우, 그러한 취소는 법에 의거하여 이행되어야 하며 자의적이지 않아야 하며, 위반의 심각성에 비례해야 한다. 재소자의 미래 행위 예측은 조기 석방을 결정할 때 관련 요인이 될 수 있다.[57]

21. 형벌적 기간에 더해 이후 타인의 안전을 보호하기 위한 비형벌적 기간이 선고된 형량에 포함된 경우,[58] 형벌적 기간의 구금을 완료한 이후 연장되는 구금은 범죄의 심각성 및 미래에 피구금자가 유사한 범죄를 저지를 가능성에 대한 충분한 사유에 의해 정당화되어야만 자의적이지 않다. 당사국은 그러한 구금을 최후의 수단으로만 사용해야 하고, 독립 기관의 정기적이고 주기적인 재심사를 거쳐 구금 연장이 정당한지 확인해야 한다.[59] 당사국은 미래 위험을 평가할 때, 주의를 기울여 적절한 보장내용을 제공해야 한다.[60] 그러한 구금은 유죄판결을 받고 형벌적 형량을 복역하는 자와 조건상 차이가 있어야 하며, 피구금자의 사

---

52) Concluding observations: Czech Republic (CCPR/C/CZE/CO/2, 2007), para. 14 참조; 또한 Committee on the Rights of the Child, general comment No. 9, para. 48 참조.

53) Concluding observations: Bulgaria (CCPR/C/BGR/CO/3, 2011), para. 10 참조.

54) 754/1997, *A. v. New Zealand*, para. 7.2; Committee on the Rights of the Child, general comment No. 9, para. 50 참조.

55) 1061/2002, *Fijalkowska v. Poland*, paras. 8.3-8.4; 754/1997, *A. v. New Zealand*, para. 7.3; general comment No. 31, para. 15.

56) 1388/2005, *De Léon Castro v. Spain*, para. 9.3.

57) 1492/2006, *Van der Plaat v. New Zealand*, para. 6.3.

58) 여러 사법 제도에서 그러한 구금은 'rétention de sûreté', 'Sicherungsverwahrung', 또는 영어로 'preventive detention'으로 불린다. 1090/2002, *Rameka v. New Zealand* 참조.

59) Ibid., para. 7.3.

60) Concluding observations: Germany (CCPR/C/DEU/CO/6, 2012), para. 14 참조.

회복귀와 사회 재통합을 목적으로 해야 한다.[61] 만약 재소자가 유죄판결 시 부과된 형량을 모두 복역한 경우, 제9조와 제15조에 따라 형량의 소급연장이 금지되며, 당사국은 민사적 구금이라는 이름으로 형사적 구감에 준하는 구금을 부과함으로써 그러한 금지사항을 회피할 수 없다.[62]

22. 제9조 제1항 세 번째 문장은 어느 누구도 법률로 정한 이유 및 절차에 따르지 않고는 자신의 자유를 박탈당하지 않는다고 규정한다. 체포 또는 구금의 실질적 이유는 법률에 명시되어야 하며, 지나치게 광범위하거나 자의적인 해석 또는 적용을 방지하기 위해 충분히 자세하게 정의되어야 한다.[63] 그러한 법적 승인이 없는 자유의 박탈은 불법적이다.[64] 석방 또는 사면을 집행하라는 사법 명령이 내려졌음에도 불구하고 구금을 지속하는 것은 불법적이다.[65]

23. 제9조에 의거하여, 법적으로 승인된 자유 박탈의 이행 절차는 법률에 의해 수립되어야 하며, 당사국은 법적으로 명시된 절차를 준수해야 한다. 또한 제9조는 체포할 권한을 부여받은 공무원이 누구인지 명시하거나[66] 영장이 필요한 시기를 명시함으로써[67] 체포절차를 규정한 국내법을 준수하도록 요구한다. 또한 구금 연장 승인을 판사나 기타 공무원으로부터 언제 확보해야 하는지,[68] 어디에 구금할 것인지,[69] 피구금자를 언제 재판에 회부할 것인지[70] 정의하고 구금기간의 법적 제한[71]을 규정한 국내법을 준수하도록 요구한다. 덧붙여 체포를 기록하고[72] 변호인 접견[73]을 허용하는 등 피구금자에게 중요한 보호조치를 명시한 국내법을 준수하도록 요구한다. 전술된 사안과 관련 없는 국내 절차적 규정을 위반한다고

---

61) 1512/2006, *Dean v. New Zealand*, para. 7.5.
62) 1629/2007, *Fardon v. Australia*, para. 7.4.
63) Concluding observations: Philippines (CCPR/CO/79/PHL, 2003), para. 14 (vagrancy law vague), Mauritius (CCPR/CO/83/MUS, 2005), para. 12 (terrorism law), Russian Federation (CCPR/C/RUS/CO/6, 2009), para. 24 ("extremist activity"), 및 Honduras (CCPR/C/HND/CO/1, 2006), para. 13 ("unlawful association") 참조.
64) 702/1996, *McLawrence v. Jamaica*, para. 5.5: "the principle of legality is violated if an individual is arrested or detained on grounds which are not clearly established in domestic legislation".
65) 856/1999, *Chambala v. Zambia*, para. 7.3; 138/1981, *Mpandanjila et al. v. Zaire*, para. 10.
66) 1461/2006, 1462/2006, 1476/2006, 1477/2006, *Maksudov et al. v. Kyrgyzstan*, para. 12.2.
67) 1110/2002, *Rolando v. the Philippines*, para. 5.5.
68) 770/1997, *Gridin v. Russian Federation*, para. 8.1.
69) 1449/2006, *Umarov v. Uzbekistan*, para. 8.4.
70) 981/2001, *Gómez Casafranca v. Peru*, para. 7.2.
71) 2024/2011, *Israil v. Kazakhstan*, para. 9.2.
72) 1208/2003, *Kurbonov v. Tajikistan*, para. 6.5.
73) 1412/2005, *Butovenko v. Ukraine*, para. 7.6.

해서 반드시 제9조상 문제가 발생하는 것은 아니다.[74]

Ⅲ. 체포이유 및 피의사실의 고지

24. 제9조 제2항은 자유를 박탈당한 자의 이익을 위해 두 가지 요건을 부과한다. 첫째, 체포 시 체포이유를 고지한다. 둘째, 어떤 피의사실인지 신속히 고지한다. 첫 번째 요건은 모든 자유의 박탈 사유에 광범위하게 적용된다. "체포"는 자유 박탈의 개시를 의미하기 때문에, 해당 요건은 체포가 형식상의 절차든 아니든, 또한 체포이유의 정당성 여하를 불문하고 적용된다.[75] 두 번째 요건은 피의사실에 관한 정보에만 적용된다.[76] 만약 이미 다른 피의사실로 인해 구금되어 있는 사람이 별개의 피의사실에 따라 추가로 구금명령을 받은 경우 별개의 혐의에 대한 정보가 신속히 제공되어야 한다.[77]

25. 모든 체포된 자에게 체포이유를 고지하도록 규정하는 주요 이유는 체포이유가 무효하거나 근거가 없다고 생각할 때 석방을 모색할 수 있도록 하기 위해서이다.[78] 그러한 이유에는 체포의 일반적 법적 근거뿐만 아니라 고소의 핵심 사안인 위법행위와 피해자로 주장하는 이의 신분 등 사실관계에 대한 충분한 세부사항도 포함되어야 한다.[79] 그러한 "이유"는 체포 권한을 지닌 공무원의 주관적 동기가 아닌, 공식적 체포 근거에 관한 것이다.[80]

26. 체포이유의 구두 고지는 해당 요건을 충족한다. 체포이유는 체포된 자가 이해할 수 있는 언어로 제공되어야 한다.[81]

27. 당해 정보는 체포 시 신속히 제공되어야 한다. 그러나 예외적인 상황에서는, 신속한 정보전달이 불가능할 수 있다. 예컨대, 통역사가 출석하기 전까지 지연될 수 있다.

그러나 그러한 지연은 확실히 필요한 최소 수준으로 유지되어야 한다.[82]

28. 일부 범주의 취약층에 해당하는 자가 체포된 경우, 직접적으로 체포된 자에게 정보를 고지할 것이 요구되나 이것만으로는 불충분하다. 아동이 체포된 경우, 체포 사실 및 체포이

---

74) 1425/2005, *Marz v. Russian Federation*, para. 5.3.

75) 1460/2006, *Yklymova v. Turkmenistan*, para. 7.2 (de facto house arrest); 414/1990, *Mika Miha v. Equatorial Guinea*, para. 6.5 (presidential fiat).

76) E.g., *Case concerning Ahmadou Sadio Diallo (Republic of Guinea v. Democratic Republic of the Congo)*, I.C.J. Reports 2010, p. 639, para. 77 (citing the Committee's general comment No. 8) 참조.

77) 635/1995, *Morrison v. Jamaica*, paras. 22.2–22.3; 1397/2005, *Engo v. Cameroon*, para. 7.3.

78) 248/1987, *Campbell v. Jamaica*, para. 6.3.

79) 1177/2003, *Ilombe and Shandwe v. Democratic Republic of the Congo*, para. 6.2.

80) 1812/2008, *Levinov v. Belarus*, para. 7.5.

81) 868/1999, *Wilson v. Philippines*, paras. 3.3 and 7.5.

82) 526/1993, *Hill and Hill v. Spain*, para. 12.2.

유의 고지는 부모, 보호자, 법적 대리인에게 직접 제공되어야 한다.[83] 정신 장애가 있는 자의 경우, 체포 사실 및 체포이유는 지정된 또는 적합한 가족 일원에게 직접 고지되어야 한다. 관련자를 파악해 연락을 취하려면 추가 시간이 필요할 수 있으나, 그러한 고지는 최대한 빨리 이루어져야 한다.

29. 제2항의 두 번째 요건은 피의사실의 고지에 관한 사항이다. 저질렀을 수 있는 범죄를 수사할 목적으로 또는 형사 재판을 위해 유치할 목적으로 체포된 자는 혐의가 있거나 고소된 범죄에 대해 신속히 고지받아야 한다. 이러한 권리는 일반적 형사 기소 및 군 기소와 관련하여, 또는 형사처벌을 목적으로 하는 기타 특별 제도와 관련하여 적용된다.[84]

30. 제2항에 따라 체포된 자는 피의사실에 관해 "신속히" 고지받아야 하나, 그러한 고지가 반드시 "체포 당시"일 필요는 없다. 특정한 혐의가 이미 예상되는 경우, 몇 시간이 지난 후에 체포 권한을 지닌 공무원이 체포이유와 피의사실을 체포된 자에게 고지하거나, 관련 당국이 구금의 법적 근거를 설명할 수도 있다. 이유는 체포된 자가 이해할 수 있는 언어로 설명되어야 한다.[85] 제2항에 명시된 피의사실의 고지는 임시 구금의 적절성을 신속하게 결정하기 위해서 요구된다. 따라서 제2항은 추후 재판 준비에 필요한 정도의 상세하게 피의사실을 체포된 자에게 제공하도록 규정하지는 않는다.[86] 또한 관련당국이 이미 체포를 하기 전 수사 중인 혐의에 대해 개인에게 고지한 경우, 체포이유에 관해 연락을 취한 이상 공식적인 피의사실을 신속하게 반복 고지할 것을 요구하지 않는다.[87] 위 28항에 언급된 사항은, 미성년자나 기타 취약층이 체포된 경우 피의사실의 신속한 고지와 관련해서도 동일하게 적용된다.

IV. 범죄 혐의와 관련한 구금의 사법통제

31. 제3항의 첫 번째 문장은 "범죄 혐의로 체포되거나 구금된" 자에게 적용되며, 두 번째 문장은 피의사실에 따라 "재판을 기다리는" 사람에게 적용된다. 제3항은 일반적 형사 기소, 군 기소 및 기타 형사처벌을 목적으로 하는 특별제도와 관련하여 적용된다.[88]

---

83) 1402/2005, *Krasnov v. Kyrgyzstan*, para. 8.5; general comment No. 32, para. 42; Committee on the Rights of the Child, general comment No. 10, para. 48 참조.

84) 1782/2008, *Aboufaied v. Libya*, para. 7.6. 피구금자의 재판을 군법원에서 진행하는 것이 규약 제14조에 의해 금지되든 그렇지 않든, 군 기소의 소지가 있는 구금에는 피의사실 고지 요건이 적용된다. 1640/2007, *El Abani v. Algeria*, paras. 7.6 and 7.8.

85) 493/1992, *Griffin v. Spain*, para. 9.2.

86) General comment No. 32, para. 31; 702/1996, *McLawrence v. Jamaica*, para. 5.9.

87) 712/1996, *Smirnova v. Russian Federation*, para. 10.3.

32. 제3항은 범죄 혐의로 체포되거나 구금된 사람은 누구든지 법관 또는 법률에 의하여 사법권을 행사할 권한을 부여받은 기타 공무원에게 신속히 회부되어야 함을 요구한다. 이러한 요건은 예외 없이 모든 사건에 적용되며, 피구금자의 선택이나 피구금자의 관련 주장 능력 여부와 무관하다.[89] 해당 요건은 범죄 행위에 대한 의혹을 받아 체포되거나 구금된 경우, 정식 혐의가 주장되기 전에도 적용된다.[90] 이러한 권리는 수사 또는 기소 절차 상 구금된 자를 사법통제 내에 두려는 의도이다.[91] 만약 이미 어떠한 범죄 혐의로 구금 중인 자가 별개의 범죄 혐의로 인해 구금 명령을 받은 경우, 두 번째 구금의 통제를 위해 신속히 법관에게 회부되어야 한다.[92] 적절한 사법권 행사란, 문제의 사안과 관련해 독립적이고 객관적이며 공평한 당국에 의해 행사되는 사법권이라는 의미가 내포되어 있다.[93] 따라서, 검찰은 제3항에 의거하여 사법권을 행사하는 관료로 간주될 수 없다.[94]

33. "신속하게"의 정확한 의미는 객관적 정황에 따라 매우 다르지만,[95] 체포 시간 기준으로 수일이 초과하도록 지연되어서는 안 된다.[96] 위원회의 견해로는 48시간은 일반적으로 체포된 자를 이송하고 사법 심리를 준비하기에 충분하다.[97] 48시간을 초과하여 지연되는 경우는 매우 예외적이어야 하며 정황상 정당해야 한다.[98] 사법통제 없이 법집행 공무원의 보호 하에 구금을 연장하면 부당한 대우의 위험이 불필요하게 증가될 수 있다.[99] 당사국 대부분은 법에서 확정된 시간 제한을 규정하고 있으며, 48시간 보다 적은 경우도 있다. 이러한 제

---

88) 1782/2008, *Aboufaied v. Libya*, para. 7.6. 피구금자의 재판을 군법원에서 진행하는 것이 규약 제14조에 의해 금지되든 그렇지 않든, 제3항은 군 기소 가능성이 있는 구금에 적용된다. 1813/2008, *Akwanga v. Cameroon*, paras. 7.4-7.5.국제 무력분쟁 시 군 기소 행위와 관련한 국제인도법의 상세규정은 제9조 제3항의 해석과 관련이 있으며, 이 조항은 계속 적용된다. 아래 64항 참조.

89) 1787/2008, *Kovsh v. Belarus*, paras. 7.3-7.5.

90) 1128/2002, *Marques de Morais v. Angola*, paras. 6.3-6.4; 1096/2002, *Kurbanova v. Tajikistan*, para. 7.2.

91) 1914-1916/2009, *Musaev v. Uzbekistan*, para. 9.3.

92) 635/1995, *Morrison v. Jamaica*, paras. 22.2-22.3; 762/1997, *Jensen v. Australia*, para. 6.3.

93) 521/1992, *Kulomin v. Hungary*, para. 11.3.

94) Ibid.; 1547/2007, *Torobekov v. Kyrgyzstan*, para. 6.2; 1278/2004, *Reshetnikov v. Russian Federation*, para. 8.2 참조; concluding observations: Tajikistan (CCPR/CO/84/TJK, 2005), para. 12.

95) 702/1996, *McLawrence v. Jamaica*, para. 5.6; 2120/2011, *Kovalev v. Belarus*, para. 11.3.

96) 1128/2002, *Marques de Morais v. Angola*, para. 6.3; 277/1988, *Terán Jijón v. Ecuador*, para. 5.3 (five days not prompt); 625/1995, *Freemantle v. Jamaica*, para. 7.4 (four days not prompt).

97) 1787/2008, *Kovsh v. Belarus*, paras. 7.3-7.5.

98) Ibid.; 또한, 336/1988, *Fillastre and Bizouarn v. Bolivia*, para. 6.4 (budgetary constraints did not justify 10-day delay).

99) Concluding observations: Hungary (CCPR/CO/74/HUN, 2002), para. 8 참조.

한은 초과될 수 없다. 24시간 이내 등 특히 더 엄격한 신속성 기준은 청소년 사건에서 적용되어야 한다.[100]

34. 피구금자는 법관 또는 법률에 의하여 사법권을 행사할 권한을 부여받은 기타 공무원 앞에 물리적으로 출석하여 심리를 받아야 한다.[101] 피구금자가 심리에 물리적으로 출석하면 구류 시 어떤 대우를 받았는지 조사할 기회가 생기며,[102] 구금 연장이 명령될 경우 미결구금시설로 신속한 이송이 가능하다. 따라서 신체의 안전과 고문 및 잔혹하고 비인도적이거나 굴욕적 대우 금지를 보장하는 보호조치가 된다. 그 후 이어지는 심리와 판사가 구금의 적법성과 필요성을 심사하는 후속 심리에서 피구금자는 법적 조력을 받을 자격이 있으며, 원칙적으로 그러한 법적 조력은 피구금자가 선택한 변호인이 제공한다.[103]

35. 법관 앞에서 즉각적으로 변호할 수 없게 만드는 외부와 단절된 구금(incommunicado detention)은 본질적으로 제3항에 위배된다.[104] 그러한 구금의 기간과 기타 사실에 따라 외부와 단절된 구금은 규약의 제6조, 제7조, 제10조, 제14조 등에 명시된 기타 권리의 위반일 수 있다.[105] 당사국은 구금이 개시된 때부터 형사 사건의 피구금자가 변호인에게 용이하게 접근할 수 있도록 해야 한다.[106]

36. 피구금자가 법관에게 회부되면, 법관은 해당 개인을 석방해야 할지, 아니면 추가수사를 위해 혹은 재판 전까지 다시 구금해야 할지 결정해야 한다. 만약 구금 연장의 법적 근거가 없을 경우, 법관은 석방을 명령해야 한다.[107] 추가 수사나 재판이 인정되면, 법관은 후속 절차까지 구금이 필요하지 않아 (조건부 혹은 조건 없이) 피구금자를 석방할지 여부를 결정해야 한다. 이는 제9조 제3항의 두 번째 문장에서 더 자세히 다룬다. 위원회의 견해로는, 미

---

100) Committee on the Rights of the Child, general comment No. 10, para. 83.

101) 289/1988, *Wolf v. Panama*, para. 6.2; 613/1995, *Leehong v. Jamaica*, para. 9.5. "법에 의해 사법권 행사 권한을 부여받은 기타 공무원(other officer authorized by law to exercise judicial power)" 문구와 관련해, 위 32항 참조.

102) Body of Principles for the Protection of All Persons under Any Form of Detention or Imprisonment (총회 결의 43/173에 의해 승인), principle 37 참조.

103) Concluding observations: Kenya (CCPR/C/KEN/CO/3, 2012), para. 19 참조; 또한, article 14, paragraph 3 (d); Body of Principles (전게주 102 참조), principle 11 참조.

104) 1297/2004, *Medjnoune v. Algeria*, para. 8.7.

105) 1781/2008, *Berzig v. Algeria*, paras. 8.4, 8.5 and 8.8; 176/1984, *Lafuente Peñarrieta v. Bolivia*, para. 16.

106) General comment No. 32, paras. 32, 34 and 38; concluding observations: Togo (CCPR/C/TGO/CO/4, 2011), para. 19; paragraph 58 below.

107) Concluding observations: Tajikistan (CCPR/CO/84/TJK, 2005), para. 12; 647/1995, *Pennant v. Jamaica*, para. 8.2 참조.

결구금은 경찰 구류로 회귀되어서는 안 되며, 피구금자 권리에 대한 위험이 보다 쉽게 완화되는 다른 당국 소속의 별도 시설에서 이루어져야 한다.

37. 제3항 첫 번째 문장에 명시된 두 번째 요건은 피구금자가 합리적인 시간 내에 재판을 받거나 석방될 권리가 있다는 내용이다. 이러한 요건은 재판전 구금, 즉 체포부터 1심 판결이 있기 전까지의 구금 기간에 특정하게 적용된다.[108] 재판전 구금이 과도하게 연장되면 제14조 제2항의 무죄추정이 위태로워질 수 있다.[109] 재판기간 동안 석방되지 못한 사람은 변호할 권리에 부합하는 범위 내에서 최대한 신속하게 재판을 받아야 한다.[110] 사건을 재판에 회부하는 데 있어 지연이 합리적인지 확인하려면, 사건의 복잡성, 소송절차가 진행되는 동안 피고인의 태도, 행정 및 사법 당국이 해당 사안을 처리하는 방식을 고려해 사건별 정황에 따라 평가되어야 한다.[111] 수사 종결에 장애가 되는 사항으로 지연이 정당화될 수 있으나,[112] 인력 부족 및 예산 제한과 같은 일반적인 조건으로는 지연이 정당화될 수 없다.[113] 지연이 필요한 경우, 판사는 재판전 구금에 대한 대안을 고려해야 한다.[114] 청소년을 재판 전에 구금하는 것은 피해야 하나, 재판전 구금이 집행된 경우 제10조 제2항 나호에 의거하여 최대한 빠르게 재판에 회부될 권리를 갖는다.[115]

38. 제9조 제3항의 두 번째 문장은 재판을 기다리는 사람을 구금하는 것은 원칙이 아니라 예외가 되어야 한다는 내용이다. 또한 그러한 구금으로부터의 석방은 재판, 사법 절차의 기타 모든 단계, (형이 집행될 경우) 형 집행 시에 출석한다는 조건에 따라 이루어진다. 해당 문장은 형사 혐의에 관한 재판을 기다리는 자, 즉 기소된 이후에 적용된다. 그러나 제1항에 규정된 자의적 구금 금지에 따라 기소되기 전에도 유사한 요건이 적용된다.[116] 피고인을

---

108) 1397/2005, *Engo v. Cameroon*, para. 7.2. 제9조 제3항과 제14조 제3항 (c)호 간의 관련성은 General Comment No. 32, para. 61을 참조.

109) 788/1997, *Cagas v. Philippines*, para. 7.3.

110) General comment No. 32, para. 35; 818/1998, *Sextus v. Trinidad and Tobago*, para. 7.2.

111) 1085/2002, *Taright v. Algeria*, paras. 8.2–8.4; 386/1989, *Koné v. Senegal*, para. 8.6; 또한, 677/1996, *Teesdale v. Trinidad and Tobago*, para. 9.3 (delay of seventeen months violated paragraph 3); 614/1995, *Thomas v. Jamaica*, para. 9.6 (delay of nearly fourteen months did not violate paragraph 3); general comment No. 32, para. 35 (discussing factors relevant to reasonableness of delay in criminal proceedings) 참조.

112) 721/1997, *Boodoo v. Trinidad and Tobago*, para. 6.2.

113) 336/1988, *Fillastre and Bizouarn v. Bolivia*, para. 6.5; 818/1998, *Sextus v. Trinidad and Tobago*, para. 4.2 and 7.2.

114) 1085/2002, *Taright v. Algeria*, para. 8.3.

115) General comment No. 21, para. 13; 또한, General comment No. 32, para. 42; Committee on the Rights of the Child, general comment No. 10, para. 83 참조.

재판 전에 구금하는 것은 일반적 관행이 되어서는 안 된다. 미결구금은 도주, 증거간섭, 범죄재발 방지 등의 목적으로 모든 정황을 고려해, 사건별로 합리적이고 필요하다고 판단될 때에만 진행되어야 한다.[117] 관련 요인은 법에 규정되어야 하며, "치안"과 같은 모호하고 광범위한 기준이 포함되어서는 안 된다.[118] 재판전 구금은 개별 정황에 대한 고려 없이 특정 범죄 혐의를 받고 있는 모든 피고인에게 강제되어서는 안 된다.[119] 재판전 구금은 필요성이 아닌, 범죄 혐의에 내려질 잠재적 형량을 근거로 그 기간을 정해서는 안 된다. 법원은 보석, 전자 팔찌(발찌), 기타 조건 등 재판전 구금의 대안을 적용할 경우 특정 사건에서 구금이 필요 없게 되는지 고려해야 한다.[120] 피고인이 외국인인 경우, 그러한 사실만으로 피고인이 관할권에서 도주할 수 있음이 충분히 입증되었다고 보아서는 안 된다.[121] 재판전 구금이 필요하다는 첫 결정이 내려진 후에는 가능한 대안을 고려해 그러한 구금이 지속적으로 합리적이고 필요한지 판단하는 재심사가 주기적으로 이루어져야 한다.[122] 피고인의 구금기간이 관련 혐의에 부과될 수 있는 최대 형량에 도달하는 경우, 피고인은 석방되어야 한다. 청소년은 최대한 재판 전에 구금하지 않아야 한다.[123]

V. 불법적 또는 자의적 구금으로부터의 석방을 위해 법원 절차를 취할 권리

39. 제9조 제4항에 따라 체포 또는 구금에 의해 자유를 박탈당한 사람은 누구든지 법원에 구금의 적법성을 지체 없이 판단하고 해당 구금이 합법적이지 않은 경우 석방을 명령하도록 법원에 절차를 취할 권리를 갖는다. 여기에는 인신보호(habeas corpus)원칙이 담겨있다.[124] 구금의 사실적 근거에 대한 재심사는 상황이 적절한 경우, 이전 결정의 합리성을 재심사하는 것으로 제한될 수 있다.[125]

40. 이러한 권리는 공적 행위나 또는 공적 권한에 따른 모든 구금, 즉 형사절차, 군사적 구

---

116) 1128/2002, *Marques de Morais v. Angola*, paras. 6.1 and 6.4.

117) 1502/2006, *Marinich v. Belarus*, para. 10.4; 1940/2010, *Cedeño v. Bolivarian Republic of Venezuela*, para. 7.10; 1547/2007, *Torobekov v. Kyrgyzstan*, para. 6.3.

118) Concluding observations: Bosnia and Herzegovina (CCPR/C/BIH/CO/1, 2006), para. 18 참조.

119) Concluding observations: Argentina (CCPR/CO/70/ARG, 2000), para. 10; Sri Lanka (CCPR/CO/79/LKA, 2003), para. 13 참조.

120) 1178/2003, *Smantser v. Belarus*, para. 10.3.

121) 526/1993, *Hill and Hill v. Spain*, para. 12.3.

122) 1085/2002, *Taright v. Algeria*, paras. 8.3-8.4.

123) General comment No. 32, para. 42; Committee on the Rights of the Child, general comment No. 10, para. 80.

124) 1342/2005, *Gavrilin v. Belarus*, para. 7.4 참조.

125) 1051/2002, *Ahani v. Canada*, para. 10.2; 754/1997, *A. v. New Zealand*, para. 7.3.

금, 안보 목적의 구금, 대테러구금, 강제입원, 이민구금, 범죄인인도를 위한 구금, 완전히 근거 없는 체포 등에 적용된다.126) 부랑이나 약물중독으로 인한 억류, 법을 위반한 아동의 교육 목적 보호,127) 기타 형태의 행정구금에도 적용된다.128) 제4항이 의미하는 구금에는 가택연금과 독방감금도 해당된다.129) 재소자가 유죄판결 이후 법원이 내린 형벌의 최소 기간을 복역한 경우, 이러한 복역이 기간이 확정되어 있는 형벌이었든, 잠재적으로 더 긴 형벌 중 일부로서 확정된 기간이었든 상관없이, 제4항은 해당 구금의 후속 재심사를 진행하도록 규정하고 있지 않다.130)

41. 이러한 권리의 목적은 지속적인 불법 구금으로부터의 (무조건적 또는 조건적) 석방이다.131) 이미 복역한 불법 구금에 대한 배상은 제5항에 규정되어 있다. 제4항에 의거하여 심사하는 법원은 불법 구금으로부터 석방을 명령할 권한을 보유해야 한다.132) 제4항에 의거하여 석방하라는 사법명령이 집행력을 갖게 되면, 이는 즉시 이행되어야 하며, 이때의 구금 연장은 제9조 제1항을 위반하여 자의적이다.133)

42. 절차를 취할 수 있는 권리는 원칙적으로 체포 순간부터 적용되며, 피구금자가 구금에 대한 심사를 최초로 신청할 수 있을 때까지 상당한 대기 기간을 두어서는 안 된다.134) 일반적으로 피구금자는 법원에 출석할 권리가 있으며, 출석 시 구금의 적법성에 대해 조사하거나, 피구금자에 대한 잘못된 대우가 있었는지 질문할 수 있는 경우에 더욱 그러하다.135) 법원은 피구금자가 출석을 요청했는지 여부와 관계없이, 피구금자를 재판에 소환할 권한을 가져야 한다.

---

126) 248/1987, *Campbell v. Jamaica*, para. 6.4; 962/2001, *Mulezi v. Democratic Republic of the Congo*, para. 5.2; 1051/2002, *Ahani v. Canada*, para. 10.2; 1061/2002, *Fijalkowska v. Poland*, para. 8.4; 291/1988, *Torres v. Finland*, para. 7.4; 414/1990, *Mika Miha v. Equatorial Guinea*, para. 6.5.

127) 265/1987, *Vuolanne v. Finland*, para. 9.5; concluding observations: Rwanda (CCPR/C/RWA/CO/3, 2009), para. 16 (recommending abolition of detention for vagrancy) 참조.

128) Concluding observations: Republic of Moldova (CCPR/CO/75/MDA, 2002), para. 11 참조.

129) 1172/2003, *Madani v. Algeria*, para. 8.5; 265/1987, *Vuolanne v. Finland*, para. 9.5.

130) 954/2000, *Minogue v. Australia*, para. 6.4; 1342/2005, *Gavrilin v. Belarus*, para. 7.4. 그러나 제14조 제5항에 따라 형사피의자의 경우 1심 유죄판결에 대해 상급법원에 상소할 권리가 한 번 보장된다 (general comment No. 32, para. 45).

131) 473/1991, *Barroso v. Panama*, paras. 2.4 and 8.2 (habeas corpus for bail).

132) 1324/2004, *Shafiq v. Australia*, para. 7.4.

133) 856/1999, *Chambala v. Zambia*, para. 7.2.

134) 291/1988, *Torres v. Finland*, para. 7.2 (seven days).

135) Body of Principles (전게주 102 참조), principle 32, para. 2; general comment No. 29, para. 16 참조.

43. 불법 구금에는 합법적으로 개시되었으나 피구금자가 징역형의 복역을 마치거나 구금이 인정된 정황이 변하면서 추후 불법으로 된 구금도 포함된다.[136] 법원이 정황상 구금이 인정된다고 결정한 이후, 적절한 시간이 지나면 관련 정황의 성질에 따라 그 대상자는 기존과 유사한 근거에 따라 다시 절차를 취할 권한을 갖는다.[137]

44. "불법" 구금에는 국내법을 위반하는 구금과 제9조 제1항의 요건 또는 규약의 다른 관련 조항에 부합하지 않는 모든 구금을 포함한다.[138] 국내법체계에서 구금의 재심사를 위한 다양한 방법들을 수립할 수 있는데, 제4항은 상기 근거 중 하나에 의거 불법적인 구금에 대해 사법적 구제책의 마련을 요구한다.[139] 예컨대, 가정법원이 아동의 이익을 최우선으로 하지 않은 구금으로부터 아동을 석방하도록 명령할 권한을 갖는 것은 관련 사건에서 제4항의 요건에 부합할 수 있다.[140]

45. 제4항에 따라 개인은 '법원'에 절차를 취할 권한을 갖는다. 여기서 법원은 일반적으로 사법부 내의 법원을 의미한다. 예외적으로, 일부 형태의 구금의 경우, 입법에 의해 특별법원 절차를 제공할 수 있다. 이때, 특별법원은 법률에 의해 설립되어야 하며 행정부 및 입법부와 독립되어 있거나 사법적 절차에서 법적 사안을 결정하는 사법 독립성을 향유하고 있어야 한다.[141]

46. 제4항은 피구금자나 그의 대리인에게 절차를 취할 선택권을 준다. 제3항과 달리 제4항은 개인을 구금한 당국에 의한 심사가 자동으로 개시되도록 규정하지 않는다.[142] 특정한 범주의 피구금자를 제4항에 의해 요구되는 심사에서 배제하는 것은 규약 위반이다.[143] 개인이 효과적으로 심사를 받지 못하도록 외부와 단절된 구금을 비롯한 방법을 취하는 것도 위반에 해당한다.[144] 심사를 효과적으로 제공하려면 피구금자는 신속하고 정기적으로 변호

---

136) 1090/2002, *Rameka v. New Zealand*, paras. 7.3-7.4.

137) Ibid. (annual review of post-conviction preventive detention); 754/1997, *A. v. New Zealand*, para. 7.3 (regular review of hospitalization); 291/1988, *Torres v. Finland*, para. 7.4 (review every two weeks of detention for extradition).

138) 1255,1256,1259,1260,1266,1268,1270,1288/2004, *Shams et al. v. Australia*, para. 7.3.

139) Ibid.

140) 1069/2002, *Bakhtiyari v. Australia*, para. 9.5.

141) 1090/2002, *Rameka v. New Zealand*, para. 7.4 (discussing ability of Parole Board to act in judicial fashion as a court); 291/1988, *Torres v. Finland*, para. 7.2 (finding review by the Minister of the Interior insufficient); 265/1987, *Vuolanne v. Finland*, para. 9.6 (finding review by a superior military officer insufficient); general comment No. 32, paras. 18-22.

142) 373/1989, *Stephens v. Jamaica*, para. 9.7.

143) R.1/4, *Torres Ramírez v. Uruguay*, para. 18; 1449/2006, *Umarov v. Uzbekistan*, para. 8.6.

144) R.1/5, *Hernández Valentini de Bazzano et al. v. Uruguay*, para. 10; 1751/2008, *Aboussedra v.*

인과 접촉할 수 있어야 한다. 피구금자는 구금의 적법성을 결정할 절차를 취할 권리에 대해 이해할 수 있는 언어로 고지받아야 한다.[145]

47. 자유를 박탈당한 사람은 단순히 절차를 취할 권리가 있을 뿐 아니라, 지체 없이 결정을 받을 권리가 있다. 관할 법원이 피구금자의 석방 신청에 결정을 내리길 거부하는 것은 제4항 위반이다.[146] 해당 사건의 결정은 최대한 신속하게 이루어져야 한다.[147] 신청자에 의한 지연은 사법 지연에 해당하지 않는다.[148]

48. 규약은 구금의 적법성을 인정한 법원의 결정을 상소 대상으로 규정할 것을 요구하지 않는다. 만약 당사국이 상소나 상급심에서의 심사를 규정하고 있을 경우, 절차의 성격이 변함에 따라 지연될 수 있으나, 어떠한 경우라도 지연이 과도해서는 안 된다.[149]

VI. 불법적 또는 자의적 체포 또는 구금에 대해 배상 받을 권리

49. 규약 제9조 제5항에 의거하여 불법적 체포 또는 구금의 피해자는 누구든지 배상을 받을 집행가능한 권리를 갖는다. 제4항과 마찬가지로 제5항은 인권 침해에 대해 당사국이 제공해야 할 효과적인 구제책의 예시를 규정한다. 이러한 특정한 구제책은 제2조 제3항에 따라 특정한 상황에서 불법적 또는 자의적 체포 및 구금의 피해자를 위해 요구되는 기타 구제책을 대체하는 것이 아니라 그러한 구제책과 함께 포함되는 것이다.[150] 제4항은 지속적인 불법 구금으로부터 석방될 수 있도록 하는 신속한 구제책을 규정하는 반면, 제5항은 불법 체포나 구금의 피해자가 금전적 배상을 받을 권리가 있음을 명시한다.

50. 제5항에 의거하여 당사국은 피해자에게 배상을 제공할 법적 기반을 마련할 의무가 있다. 그러한 배상은 집행가능한 권리의 문제이지 호의나 재량의 문제는 아니다. 구제책은 이론상으로만 존재해서는 안 되며, 효과적으로 이행되어야 하고, 합리적인 기간 내에 배상금 지급이 이루어져야 한다. 제5항은 절차 형태를 특정하지 않으며, 그 구제책은 효과적인 한 국가 또는 위반 책임이 있는 공무원 개인으로부터의 구제책을 포함한다.[151] 제5항은 모든

Libyan Arab Jamahiriya, para. 7.6; 1061/2002, *Fijalkowska v. Poland*, para. 8.4 (State's failures frustrated the ability of a patient to challenge involuntary committal).

145) Body of Principles (전게주 102 참조), principles 13-14 참조.

146) 1128/2002, *Marques de Morais v. Angola*, para. 6.5.

147) 291/1988, *Torres v. Finland*, para. 7.3.

148) 1051/2002, *Ahani v. Canada*, para. 10.3.

149) 1752/2008, *J.S. v. New Zealand*, paras. 6.3-6.4 (finding periods of eight days at first instance, three weeks at second instance, and two months at third instance satisfactory in context).

150) General comment No. 31, paras. 16 and 18; 238/1987, *Bolaños v. Ecuador*, para. 10; 962/2001, *Mulezi v. Democratic Republic of the Congo*, para. 7.

형태의 불법 체포 관련 배상받을 수 있는 단일한 절차를 수립하도록 규정하지는 않으나, 제5항과 관련된 모든 경우에 대해 배상을 제공할 효과적인 절차 체계를 마련하도록 규정한다. 제5항은 당사국이 자발적으로 피해자에게 배상하도록 하는 의무를 부과하지 않으며, 오히려 피해자가 주도적으로 배상절차를 개시할 수 있도록 규정한다.[152]

51. 제5항에서 의미하는 불법적 체포와 구금에는 형사소송 절차 또는 비형사절차 내에서, 또는 아무 절차 없이 진행된 체포 및 구금이 포함된다.[153] 체포 및 구금의 "불법적" 특성은 국내법이나 규약의 위반에 의해 야기될 수 있으며, 그러한 위반에는 실질적으로 자의적인 구금과 제9조 각 항에 명시된 절차적 요건을 위반한 구금이 포함된다.[154] 그러나 형사 피고인이 1심이나 항소심에서 궁극적으로 무죄판결을 받았다는 사실 자체가 과거의 구금을 "불법"으로 만드는 것은 아니다.[155]

52. 제5항에 규정된 금전적 배상은 불법적 체포 또는 구금으로 인한 금전적 및 비금전적 피해에 관해 다루고 있다.[156] 체포의 불법성이 표현의 자유 등 다른 인권 위반으로 인해 발생한 경우, 당사국은 규약 제2조 제3항에서 명시한 대로 다른 인권 위반과 관련된 금전적 배상 또는 기타 손해배상을 제공해야 할 추가 의무가 발생할 수 있다.[157]

Ⅶ. 규약 제9조와 다른 조항 간 관련성

53. 제9조의 절차적, 실질적 보장내용은 규약의 다른 보장내용과 중첩되며 상호연관성이 있다. 제9조 제3항 및 제14조 제3항 다호를 위반할 수 있는 구금된 형사피고인에 대한 재판 지연과 같은 일부 형태의 행위는 개별적으로 제9조 및 다른 조항 위반에 해당할 수 있다.

---

151) Concluding observations: Cameroon (CCPR/C/CMR/CO/4, 2010), para. 19; Guyana (CCPR/C/79/Add.121, 2000), para. 15; United States of America (A/50/40, 1995), para. 299; Argentina (A/50/40, 1995), para. 153; 1885/2009, *Horvath v. Australia*, para. 8.7 (discussing effectiveness of remedy); 1432/2005, *Gunaratna v. Sri Lanka*, para. 7.4 참조; general comment No. 32, para. 52.

152) 414/1990, *Mika Miha v. Equatorial Guinea*, para. 6.5; 962/2001, *Mulezi v. Democratic Republic of the Congo*, para. 5.2.

153) 754/1997, *A. v. New Zealand*, paras. 6.7 and 7.4; 188/1984, *Martínez Portorreal v. Dominican Republic*, para. 11; 962/2001, *Mulezi v. Democratic Republic of the Congo*, para. 5.2.

154) 1128/2002, *Marques de Morais v. Angola*, para. 6.6; 또한 328/1988, *Zelaya Blanco v. Nicaragua*, para. 10.3 (arbitrary detention); 728/1996, *Sahadeo v. Guyana*, para. 11 (violation of article 9, para. 3); R.2/9, *Santullo Valcada v. Uruguay*, para. 12 (violation of art. 9, para. 4) 참조.

155) 432/1990, *W.B.E. v. Netherlands*, para. 6.5; 963/2001, *Uebergang v. Australia*, para. 4.4.

156) 1157/2003, *Coleman v. Australia*, para. 6.3.

157) Ibid., para. 9; 1128/2002, *Marques de Morais v. Angola*, para. 8; general comment No. 31, para. 16.

때때로 제9조 제1항의 내용은 다른 조항 내용의 영향을 받는다. 예컨대, 제19조를 위반하며 표현의 자유에 대한 처벌로서 구금이 행해진 경우 그러한 구금은 자의적일 수 있다.[158]

54. 또한 제9조는 위원회와 협력하거나 연락을 취했다는 이유로 가해지는 신체적 위협 및 개인의 자유에 대한 위협과 같은 보복으로부터 개인을 보호하기 위해, 규약 및 선택의정서에 따라 부과된 당사국의 의무를 강화한다.[159]

55. 규약 제6조 제1항에 따른 생명보호에 대한 권리를 포함한 제6조에 보장된 생명권은 제9조 제1항에 보장된 신체의 안전에 대한 권리와 중첩될 수 있다. 신체의 안전에 대한 권리는 생명을 위협하지는 않는 손상까지 더 넓게 고려될 수 있다. 특히 강제실종 등 그 자체로 생명에 위험을 주는 자의적 구금의 극단적 형태는 신체의 자유 및 안전에 대한 권리는 물론 생명보호에 대한 권리까지 위반한다.[160]

56. 자의적 구금은 고문 및 기타 비인도적 대우가 발생할 위험이 있으며, 제9조에 명시된 여러 절차적 보장 내용은 그러한 위험 발생 가능성을 줄여준다. 외부와 단절된 구금의 연장은 제9조 위반이며, 일반적으로 제7조의 위반으로도 간주된다.[161] 신체의 안전에 대한 권리는 제7조에서도 보호되는 신체적, 정신적 완전성의 이익을 보호한다.[162]

57. 자의적 구금 연장과 같이 개인이 신체의 자유와 안전을 심각하게 침해당할 실질적 위험에 직면해 있다고 믿을 만한 상당한 근거가 있는 국가로 송환하는 것은 규약 제7조에서 금지한 비인도적 대우에 해당할 수 있다.[163]

58. 고문 방지의 핵심이 되는 여러 보호조치는, 자의적 구금 및 신체의 안전에 대한 침해로부터 피구금자를 보호하는 데에도 필수적이다.[164] 일부 예시는 다음과 같다. 피구금자는 구금시설로 공식적으로 인정된 시설에만 구금되어야 한다. 중앙 공식 명부에 피구금자 이름, 구금장소, 수감 및 출소 시간은 물론 구금 담당자 이름이 기록되어야 하며, 친족을 비롯해 관련자들이 쉽게 열람할 수 있어야 한다.[165] 독립적인 의료인력 및 변호사에 대한 접근은

---

158) 위 17항 참조.

159) General comment No. 33, para. 4; 241 and 242/1987, *Birindwa ci Birhashwirwa and Tshisekedi wa Mulumba v. Zaire*, para. 12.5; Concluding observations: Maldives (CCPR/C/MDV/CO/1, 2012), para. 26 참조.

160) 449/1991, *Mojica v. Dominican Republic*, para. 5.4; 1753/2008, *Guezout et al. v. Algeria*, paras. 8.4 and 8.7.

161) 1782/2008, *Aboufaied v. Libya*, paras. 7.4 and 7.6; 440/1990, *El-Megreisi v. Libyan Arab Jamahiriya*, para. 5.4.

162) General comment No. 20, para. 2.

163) General comment No. 31, para. 12.

164) General comment No. 20, para. 11; Committee against Torture, general comment No. 2, para. 13.

물론, 정당한 구금 목적에 의해 필요할 때 적절한 감독 하에 가족에 대한 접근이 신속하고 정기적으로 제공되어야 한다.[166] 피구금자는 이해할 수 있는 언어로 자신의 권리를 신속히 고지받아야 한다.[167] 점자를 포함해 적절한 언어로 된 안내 책자를 제공하는 것은 피구금자가 정보를 얻는 데 도움이 된다. 구금된 외국인은 영사 당국과, 비호신청자의 경우 유엔 난민기구와 연락을 취할 권리가 있음을 고지받아야 한다.[168] 정신건강기관을 포함한 모든 구금장소를 방문하고 점검할 수 있는 독립적이고 공평한 제도가 마련되어야 한다.

59. 규약 제10조는 자유를 박탈당한 자의 구금 조건을 다루고 있는데, 이는 구금 사실에 대해 주로 다루는 제9조를 보완한다. 동시에, 제9조 제1항에 명시된 신체의 안전에 대한 권리는 피구금자 및 구금되지 않은 자에 대한 대우 모두와 관련이 있다. 전반적 구금 조건이 구금 목적에 적합한지 여부는 제9조 의미 내에서 자의적인 구금인지 판단하는 요인이 되기도 한다.[169] 특정한 구금 조건(변호인 및 가족과의 접근 거부 등) 부과는 제9조 제3항 및 제4항의 절차법적 위반으로 이어질 수 있다. 제10조 제2항 나호는 재판전 피구금자가 신속하게 재판에 회부되어야 한다는 제9조 제3항의 요건을 청소년에 대해 강화한다.

60. 규약 제12조에 보장된 이동의 자유와 제9조에 보장된 신체의 자유는 상호보완적이다. 구금은 특히나 심각한 형태의 이동의 자유 제한에 해당하며, 어떤 상황에서는 제12조와 제9조가 동시에 적용될 수 있다.[170] 비자발적으로 이민자를 이송하는 과정에서 구금은 이동의 자유를 제한하는 수단으로 활용되곤 한다. 제9조는 강제퇴거, 추방, 범죄인인도 시 활용되는 구금에 적용된다.

61. 민사 및 형사 재판에 관한 제14조와 제9조의 관계는 앞서 이미 설명하였다.[171] 제9조는 제14조의 범위 내에 있는 민사 및 형사 절차와 관련해서 발생하는 일부 사례인 자유의 박탈을 다룬다. 제9조 제2항 내지 제5항에 명시된 절차적 요건은 실제로 체포 또는 구금이 발생했을 때에 한해 제14조 범위에 속하는 절차와 연계하여 적용된다.[172]

---

165) Concluding observations: Algeria (CCPR/C/DZA/CO/3, 2007), para. 11 참조.
166) Body of Principles (전게주 102 참조), principles 17-19 and 24 참조; Committee on the Rights of the Child, general comment No. 10, para. 87.
167) Body of Principles (전게주 102 참조), principles 13-14 참조; United Nations Rules for the Protection of Juveniles Deprived of their Liberty, paras. 24-25, 총회 결의안 45/113에 의해 승인 (청소년 피구금자의 권리에 대한 설명 관련).
168) Body of Principles (전게주 102 참조), principle 16, para. 2 참조.
169) 위 14항, 18항, 21항 참조.
170) General comment No. 27, para. 7; 1134/2002, *Gorji-Dinka v. Cameroon*, para. 5.4-5.5 (house arrest); 138/1983, *Mpandanjila et al. v. Zaire*, paras. 8 and 10.
171) 위 38항 및 53항 참조.

62. 규약 제24조 제1항에 따라 모든 아동은 "자신의 가족, 사회 및 국가에 대하여 미성년자로서의 지위로 인하여 요구되는 보호조치를 받을 권리를 가진다". 이 조항에 의거하여 제9조에서 모든 사람들을 위해 일반적으로 요구되는 조치에 더해, 모든 아동의 신체의 자유와 안전을 보호하는 특별한 조치를 채택해야 한다.[173] 아동의 자유 박탈은 최후의 수단이 되어야 하며, 이러한 박탈은 최대한 짧은 적정한 기간 동안 이루어져야 한다.[174] 각 범주의 자유 박탈에 적용되는 다른 요건에 더해, 아동의 구금을 개시하거나 연장하는 모든 결정에 아동의 최선의 이익이 최우선적으로 고려되어야 한다.[175] 위원회는 때때로 특정한 자유의 박탈이 아동의 최선의 이익일 수 있다고 인정한다. 아동을 시설보호에 두는 것은 제9조 의미에서 자유의 박탈에 해당할 수 있다.[176] 아동의 자유를 박탈하는 결정은 지속적 필요성과 적합성에 대해 주기적으로 심사해야 한다.[177] 아동은 직접 혹은 법적 또는 다른 적합한 조력을 통해 자유의 박탈과 관련된 모든 결정에 의견청취권이 있으며, 적용되는 절차는 아동에게 적합해야 한다.[178] 불법적 구금으로부터 석방될 권리에 따라, 아동을 스스로 보호하도록 단순히 석방하는 것보다는 가족에게 돌려보내거나 아동을 위한 최선의 이익이 되는 대안 형태의 보호 하에 둘 수 있다.[179]

63. 규약 제2조 제1항을 고려하면, 당사국은 제9조에 명시된 권리를 자국 영토에 있는 모든 사람과 관할권에 속하는 모든 사람을 위해 존중하고 보장할 의무가 있다.[180] 체포 및 구금

---

172) 263/1987, *González del Río v. Peru*, para. 5.1; 1758/2008, *Jessop v. New Zealand*, paras. 7.9-7.10.

173) General comments No. 17, para. 1, and No. 32, paras. 42-44 참조.

174) Concluding observations: Czech Republic (CCPR/C/CZE/CO/3, 2013), para. 17 참조; Convention on the Rights of the Child, art. 37 (b).

175) 1069/2002, *Bakhtiyari v. Australia*, para. 9.7; Convention on the Rights of the Child, art. 3, para.1 참조.

176) Committee on the Rights of the Child, general comment No. 10, para. 11 참조; United Nations Rules for the Protection of Juveniles Deprived of their Liberty, para. 11 (b). 반면, 부모나 가족에 의한 일반적 아동 감독은 특히 어린 아동에게 이동에 대한 통제가 어느 정도 수반된다. 이동에 대한 통제가 성인에게는 부적절하겠으나, 아동의 경우 자유의 박탈에 해당하지 않으며, 매일 학교에 출석해야 한다는 통상적인 요구도 자유의 박탈에 해당하지 않는다.

177) 위 12항 참조; Convention on the Rights of the Child, arts. 37 (d) and 25.

178) General comment No. 32, paras. 42-44; Committee on the Rights of the Child, general comment No. 12, paras. 32-37.

179) UNHCR, Detention Guidelines (전게주 45), para. 54 ("Where possible [unaccompanied or separated children] should be released into the care of family members who already have residency within the asylum country. Where this is not possible, alternative care arrangements, such as foster placement or residential homes, should be made by the competent child care authorities, ensuring that the child receives appropriate supervision").

은 누군가를 당사국의 효과적인 통제 하에 두게 된다는 점을 고려할 때, 당사국은 자국 영토 밖에서 자의적으로나 불법적으로 개인을 체포하거나 구금할 수 없다.[181] 당사국은 영토 밖에서 개인을 특히 오랫동안 외부와 단절된 구금 상태로 두어서는 안 되며, 구금의 적법성 심사 기회를 박탈해서도 안 된다.[182] 영토 밖에서 이뤄지는 체포는 제3항에 의거한 신속성 평가와 관련된 상황일 수 있다.

64. 규약의 제4조와 관련해 위원회는 규약의 나머지 부분과 마찬가지로 제9조가 국제인도법 규칙이 적용되는 무력충돌의 상황에도 적용된다는 점을 우선 확인한다.[183] 국제인도법 규칙이 제9조를 해석하는 목적과 관련이 있을 수 있으나, 두 법의 영역은 상호배타적이 아니라 상호보완적이다.[184] 원칙적으로 국제인도법에 따라 승인되고, 규제되며, 국제인도법을 준수하는 안보 목적의 구금은 자의적이지 않다. 국제적십자위원회는 분쟁 상황에서 모든 구금 장소에 대한 접근권을 지니는데, 이는 신체의 자유와 안전에 대한 권리를 위한 핵심적 추가 보호조치가 된다.

65. 규약 제9조는 제4조 제2항에 열거된 이탈불가능한 권리에 포함되어 있지 않지만, 당사국의 이탈 권한에는 제한이 있다. 당사국은 무력충돌이나 기타 공공의 비상사태 상황에서 제9조에 규정된 통상적 절차를 이탈하는 경우 실제 상황의 긴급성에 따라 엄격하게 요구되는 수준을 뛰어넘지 않도록 한다.[185] 이탈조치는 자유의 박탈과 관련된 국제인도법 규정 등 당사국의 다른 국제법상 의무에 부합해야 하며, 차별적이지 않아야 한다.[186] 이에 따라 인질억류, 납치 또는 인정되지 않은 구금의 금지는 이탈이 허용되지 않는다.[187]

66. 위원회의 의견에 의하면 제9조의 일부 요소는 제4조에 명시된 합법적 이탈의 대상이 될 수 없다. 제4조에 해당하는 상황이더라도 정황상 비합리적이거나 불필요한 자유의 박탈을 정당화할 수 없는 한 자의적 구금을 금지하는 기본적 보장내용은 이탈이 허용되지 않는

---

180) General comment No. 31, para. 10.
181) Ibid.; 52/1979, *Saldías de López v. Uruguay*, paras. 12.1-13; R.13/56, *Celiberti de Casariego v. Uruguay*, para. 10.1-11; 623,624,626,627/1995, *Domukovsky et al. v. Georgia*, para. 18.2 참조.
182) Concluding observations: United States of America (CCPR/C/USA/CO/3, 2006), paras. 12 and 18 참조.
183) General comments No. 31, para. 11, and No. 29, para. 3.
184) General comments No. 31, para. 11, and No. 29, paras. 3, 12 and 16.
185) General comment No. 29, paras. 4-5. 당사국의 이탈조치를 정당화하는 비상사태가 당사국 군대의 해외 평화유지 임무 참여로 인해 발생한 경우 이탈조치의 지리적, 물리적 범위는 평화유지 임무에 필요한 범위로 제한되어야 한다.
186) General comment No. 29, paras. 8-9.
187) Ibid., para. 13 (b).

다.[188] 그러나 국가의 존립 위협하는 공공비상사태의 존재와 성격은 특정한 체포나 구금이 자의적인지 여부를 결정하는 데 관련이 있을 수 있다. 규약에 의해 보호되는 다른 권리를 침해한다는 이유에서 자유의 박탈이 자의적이라고 인정될 때, 다른 이탈가능한 권리로부터의 유효한 이탈 또한 관련될 수 있다. 국제적 무력충돌 기간 동안 국제인도법의 실체적, 절차적 규정은 계속 적용되고 이탈 권한을 제한하기 때문에, 자의적 구금의 위험을 줄이는 데 도움이 된다.[189] 이러한 맥락과는 별개로, 엄격한 필요성 및 비례성 요건에 따라 안보 목적의 구금을 수반하는 이탈조치가 제한된다. 이러한 안보 목적의 구금은 기간이 제한되어야 하며, 위 15항에서 설명한 것처럼,[190] 자의적 적용을 방지하기 위해 위 45항 의미 내에서의 법원 심사 등의 절차가 수반되어야 한다.[191]

67. 신체의 자유를 보호하는 절차적 보장내용은 이탈불가능한 권리의 보호를 회피하는 이탈조치의 대상이 결코 될 수 없다.[192] 제6조와 제7조에 명시된 권리 등 이탈불가능한 권리를 보호하기 위해, 지체 없이 구금의 적법성 심사를 위해 법원에서 절차를 취할 권리는 이탈조치에 의해 약화되어서는 안 된다.[193]

68. 제9조의 특정 조항의 유보는 허용될 수 있지만, 당사국이 사람의 자의적 체포와 구금에 관여할 권리를 유보하는 것은 규약의 대상과 목적에 부합하지 않는다.[194]

제36호: 제6조 (생명권)
(2018년 제124차 회기 채택, 일반논평 제6호(1982)와 제14호(1984)를 대체)

Ⅰ. 개론

1. 이 일반논평은 위원회 제16차 회기(1982)에서 채택된 일반논평 제6호와 제23차 회기(1984)에서 채택된 제14호를 대체한다.

2. 「시민적 및 정치적 권리에 관한 국제규약」 제6조는 모든 인간의 생명권을 인정하고 보호한다. 생명권은 국가 존립을 위협하는 무력충돌 및 기타 공공의 비상사태 상황에도 박탈

---

188) Ibid., paras. 4 and 11.
189) Ibid., para. 3.
190) Ibid., paras. 4, 11 and 15.
191) Ibid., para. 16; 아래 67항 참조.
192) General comment No. 32, para. 6.
193) General comment No. 29, para. 16.
194) General comment No. 24, para. 8.

이 허용되지 않는 최상의 권리이다.[1] 생명권은 개인과 사회 전체 모두에 핵심적으로 중요하다. 이는 모든 인간이 본래적으로 가지는 권리로서 그 자체로도 가장 중요하지만, 이에 대한 효과적인 보호가 다른 모든 인권 향유의 전제조건이 되며, 다른 인권에 의해 그 내용이 확인될 수 있는 기본권[2]에 해당하기도 한다.

3. 생명권은 좁게 해석되어서는 안 되는 권리다. 이는 존엄한 삶을 누릴 뿐만 아니라, 자연사가 아닌 죽음이나 때 이른 죽음을 유발할 의도가 있거나 그러한 죽음을 유발할 것으로 예상되는 작위 및 부작위로부터 자유로울 개인의 권리에 관한 것이다. 규약 제6조는 심지어 가장 심각한 범죄의 피의자 또는 그러한 범죄로 유죄판결을 받은 자를 비롯하여 모든 인간에게 어떠한 종류의 차별도 없이 이 권리를 보장하고 있다.

4. 규약 제6조 제1항은 누구든지 생명을 자의적으로 박탈당해서는 안 되며 이 권리가 법에 의해 보호되도록 규정한다. 이 조항은 생명권을 존중하고 보장하며, 입법 및 기타 조치를 통해 생명권을 실현하고, 생명권을 침해당한 모든 피해자에게 실효적인 구제와 배상을 제공할 당사국의 의무의 토대가 된다.

5. 규약 제6조 제2항 및 제4항, 제5항, 제6항은 아직 사형제를 폐지하지 않은 당사국 내에서 가장 중한 범죄를 제외하고는 사형제를 적용하지 않으며, 오로지 가장 예외적인 사건에 한하여 가장 엄격한 제한(아래 제IV부 참조) 하에서만 사형제를 적용하도록 보장하는 특정 보호조치를 규정하고 있다. 제6조 제1항에 규정된 자의적 생명박탈의 금지는 당사국의 사형제 적용 능력에 추가적 제약을 가한다. 제3항은 규약 제6조와 「집단살해죄의 방지 및 처벌에 관한 협약」 간의 관계를 특별히 규정하고 있다.

6. 생명의 박탈은 작위 또는 부작위에 의해 유발된, 고의적이거나[3] 예견가능하고 예방할 수 있는 생명을 중단시키는 위해 또는 상해를 수반한다. 이는 신체적·정신적 완전성의 손상이나 그에 대한 위협을 넘어선다.[4]

7. 당사국은 생명권을 존중해야 한다. 이는 자의적 생명박탈을 야기하는 행위에 가담하지 않을 의무를 포함한다. 또한 당사국은 생명권을 보장해야 하며, 당사국에게 귀속되지 않는 행

---

1) International Covenant on Civil and Political Rights, art. 4; Human Rights Committee, general comment No. 6 (1982) on the right to life, para. 1; general comment No. 14 (1984) on the right to life, para. 1; *Camargo v. Colombia*, communication No. 45/1979, para. 13.1; *Baboeram-Adhin et al. v. Suriname*, communications Nos. 146/1983 and 148-154/1983, para. 14.3.

2) Universal Declaration of Human Rights, preamble.

3) *Camargo v. Colombia*, para. 13.2.

4) Human Rights Committee, general comment No. 35 (2014) on liberty and security of person, paras. 9 and 55.

위를 한 개인이나 단체에 의해 야기된 침해로부터 개인의 생명을 보호하기 위하여 상당한 주의를 다해야 한다.[5] 생명권을 존중하고 보장해야 할 당사국의 의무는 인명손실을 발생시킬 수 있는 합리적으로 예견가능한 위협과 생명을 위협하는 상황에까지 미친다. 그러한 위협과 상황이 인명손실로 이어지지 않더라도 당사국은 제6조의 위반에 해당할 수 있다.[6]

8. 당사국은 임신의 자발적 종료를 규제하기 위해 고안된 조치를 채택할 수 있으나, 그러한 조치가 임신한 여성이나 여아의 생명권, 기타 규약상 권리를 침해하는 결과를 초래해서는 안 된다. 따라서, 여성이나 여아의 낙태 시도 능력에 대한 제약은 무엇보다 그들의 생명을 위험하게 하거나, 규약 제7조를 위반하는 신체적 또는 정신적 고통이나 괴로움을 주거나, 그들을 차별하거나 그들의 사생활을 자의적으로 간섭해서는 안 된다. 임신한 여성이나 여아의 생명과 건강이 위험하거나 분만까지 임신을 유지하는 것이 임신한 여성이나 여아에게 상당한 고통이나 괴로움을 유발할 경우, 그리고 무엇보다 강간이나 근친상간으로 임신했거나 임신이 지속가능하지 않은 경우, 당사국은 낙태에 대한 안전하고 합법적이며 실효적인 접근을 제공해야 한다.[7] 또한, 당사국은 다른 모든 경우에도 여성과 여아가 안전하지 않은 낙태를 받지 않아도 되도록 보장할 의무에 위배되는 방식으로 임신이나 낙태를 규제할 수 없으며, 그러한 의무에 맞게 낙태법을 개정해야 한다.[8] 예를 들어, 미혼 여성의 임신을 불법화하거나 낙태한 여성과 여아[9] 또는 그들의 낙태를 조력하는 의료서비스 제공자에게 형사처벌을 가하는 등의 조치를 취해서는 안 된다. 그러한 조치는 여성과 여아가 안전하지 않은 낙태를 하도록 내몰기 때문이다. 당사국은 개별 의료제공자의 양심적 거부권 행사의 결과로서 야기된 장벽[10]을 포함하여, 여성과 여아의 안전하고 합법적인 낙태로의 실효적 접근을 막는 현존하는 장벽[11]을 제거해야 하며, 새로운 장벽을 도입해서는 안 된다.[12] 당사

---

5) Human Rights Committee, general comment No. 31 (2004) on the nature of the general legal obligation imposed on States parties to the Covenant, para. 8. See also European Court of Human Rights, *Osman v. United Kingdom* (case No. 87/1997/871/1083), judgment of 28 October 1998, para. 116.

6) *Chongwe v. Zambia* (CCPR/C/70/D/821/1998), para. 5.2. See also European Court of Human Rights, *İlhan v. Turkey* (application No. 22277/93), judgment of 27 June 2000, paras. 75-76; Inter-American Court of Human Rights, *Rochela massacre v. Colombia*, judgment of 11 May 2007, para. 127.

7) *Mellet v. Ireland* (CCPR/C/116/D/2324/2013), paras. 7.4-7.8; CCPR/C/IRL/CO/4, para. 9.

8) Human Rights Committee, general comment No. 28 (2000) on the equality of rights between men and women, para. 10. See also, e.g., CCPR/C/ARG/CO/4, para. 13; CCPR/C/JAM/CO/3, para. 14; CCPR/C/MDG/CO/3, para. 14.

9) CCPR/C/79/Add.97, para. 15.

10) See, e.g., CCPR/CO/79/GNQ, para. 9; CCPR/C/ZMB/CO/3, para. 18; CCPR/C/COL/CO/7, para. 21; CCPR/C/MAR/CO/6, para. 22; CCPR/C/CMR/CO/5, para. 22.

국은 여성과 여아의 생명을 안전하지 않은 낙태와 관련된 정신적·신체적 건강상의 위험으로부터 효과적으로 보호해야 한다. 특별히 여아와 남아, 그리고 여성과 남성에게[13] 성건강 및 재생산 건강[14]과 관련하여 양질의 검증된 정보 및 교육에의 접근과 다양한 합리적인 비용의 피임 방법[15]에 대한 접근을 제공해야 하고, 낙태를 시도하는 여성과 여아에 대한 낙인찍기를 예방해야 한다.[16] 당사국은 여성과 여아가 출산 이전과 낙태 이후[17] 모든 상황에서 비밀리에 양질의 의료서비스를 이용할 수 있고 이에 대한 실효적 접근을 할 수 있도록 보장해야 한다.[18]

9. 당사국은 개인 자율성이 가지는 인간 존엄성에 있어서의 핵심적 중요성을 인정하면서도, 다른 규약상 의무를 위반하지 않으면서 자유를 박탈당한 개인뿐만 아니라 특히 취약한 상황에 처한 개인[19]의 자살을 방지하기 위하여 적절한 조치를 취해야 한다. 극심한 신체적·정신적 고통과 괴로움을 경험하여 존엄사를 원하는 불치병 환자[20] 등 고통받는 성인이 생존을 용이하게 종결할 수 있게 의료전문가가 의학적 치료 또는 수단을 제공하도록 허용하는 당사국은, 그러한 의료전문가가 압박과 학대로부터 환자들을 보호하고자 자유롭고 정보에 기반한 명시적이고 모호하지 않은 환자의 결정을 준수하는지를 확인할 엄격한 법적, 제도적 보호조치의 존재를 보장해야 한다.[21]

II. 자의적 생명박탈 금지

10. 생명권은 모든 인간이 본래적으로 가지는 권리지만,[22] 절대적 권리는 아니다. 규약이

---

11) See, e.g., CCPR/C/PAN/CO/3, para. 9; CCPR/C/MKD/CO/3, para. 11. See also World Health Organization, *Safe abortion: technical and policy guidance for health systems*, 2nd ed. (Geneva, 2012), pp. 96–97.

12) CCPR/C/POL/CO/7, para. 24; CCPR/C/COL/CO/7, para. 21.

13) CCPR/C/CHL/CO/6, para. 15; CCPR/C/KAZ/CO/1, para. 11; CCPR/C/ROU/CO/5, para. 26.

14) CCPR/C/LKA/CO/5, para. 10; CCPR/C/MWI/CO/1/Add.1, para. 9; CCPR/C/ARG/CO/5, para. 12.

15) CCPR/C/POL/CO/6, para. 12; CCPR/C/COD/CO/4, para. 22.

16) CCPR/C/PAK/CO/1, para. 16; CCPR/C/BFA/CO/1, para. 20; CCPR/C/NAM/CO/2, para. 16.

17) CCPR/C/PAK/CO/1, para. 16.

18) Committee on the Rights of the Child, general comment No. 4 (2003) on adolescent health and development in the context of the Convention, para. 11.

19) CCPR/C/79/Add.92, para. 11.

20) Committee on Economic, Social and Cultural Rights, general comment No. 14 (2000) on the right to the highest attainable standard of health, para. 25.

21) CCPR/C/NLD/CO/4, para. 7.

22) Universal Declaration of Human Rights, preamble.

허용가능한 생명박탈 사유를 열거하고 있지는 않지만, 제6조 제1항에서 생명박탈은 자의적이어서는 안 된다고 규정함으로써 어떤 생명박탈은 자의적이지 않을 수 있음을 함축적으로 인정하고 있다. 예를 들어, 아래 제12항에 명시된 조건을 지키면서 정당방위로 치명적인 물리력을 사용하는 것은 자의적인 생명박탈에 해당하지 않을 것이다. 이렇듯 생명박탈로 이어지는 예외적 조치가 그 자체로는 자의적이지 않은 것으로 보이는 경우라 할지라도, 그러한 조치는 실제로도 자의적이지 않은 방식으로 시행되어야 한다. 그러한 예외적 조치는 법에 의해 수립되어야 하며 자의적 생명박탈을 방지하는 실효적인 제도적 보호조치가 동반되어야 한다. 더욱이, 사형제를 폐지하지 않고 사형제 폐지를 목적으로 하는 제2선택의정서 또는 사형제 폐지를 규정한 다른 조약의 당사국이 아닌 국가는, 아래 제IV부에 명시된 엄격한 여러 조건에 따라 가장 중한 범죄에 대해서 자의적이지 않은 방식으로만 사형제를 적용할 수 있다.

11. 제6조 제1항 두 번째 문장은 생명권이 법률에 따라 보호되도록 하는 한편, 세 번째 문장은 누구든지 자의적으로 자신의 생명을 박탈당하지 않는다고 규정한다. 이러한 두 가지 요건은 법적 근거가 결여되었거나 달리 생명을 보호하는 법령이나 절차에 부합하지 않는 생명박탈은 원칙적으로 그 특성상 자의적이라는 점에서 일부 중첩된다. 예컨대, 형사소송이나 증거에 관한 국내법을 위반하며 진행된 법적 절차에 따라 선고된 사형은 일반적으로 불법적이고 자의적일 것이다.

12. 국제법이나 국내법에 부합하지 않는 생명박탈은 원칙적으로 자의적이다.[23] 국내법에 의해 허용된 생명박탈이라 할지라도 여전히 자의적일 수 있다. '자의성' 개념은 '법에 반한다'는 것과 완전히 동일하지 않으며, 합리성 및 필요성, 비례성 요인뿐만 아니라, 부적절성 및 부정의, 예견가능성과 적법절차의 부재[24] 요인을 포괄하는 의미로 더욱 광의로 해석되어야 한다. 제6조상 자의적인 것으로 규정되지 않기 위해서는, 자기방어 목적으로 개인이 사용하거나 그러한 개인의 방어 목적으로 타인이 사용한 치명적일 수 있는 물리력이 공격한 자가 제기한 위협을 고려했을 때에 엄격하게 필요해야 한다. 그러한 물리력은 다른 대안을 다 소진한 이후거나 그러한 대안이 적절하지 않다고 여겨진 이후에 최후의 수단으로 사용되어야 하며,[25] 사용된 물리력의 정도가 위협에 대응하기 위해 엄격하게 필요한 정도를 초과해서는

---

23) African Commission on Human and Peoples' Rights, *General Comment No. 3 on the African Charter on Human and Peoples' Rights: The Right to Life (Article 4)* (2015), para. 12.

24) *Gorji-Dinka v. Cameroon* (CCPR/C/83/D/1134/2002), para. 5.1; *Van Alphen v. Netherlands*, communication No. 305/1988, para. 5.8.

25) *Camargo v. Colombia*, para. 13.2.

안 되고,[26] 그러한 물리력은 공격자만을 대상으로 하도록 주의하여 사용되어야 하며, 대응의 대상이 된 공격은 임박한 사망 또는 심각한 상해를 수반하는 정도여야 한다.[27] 치명적일 수 있는 물리력을 법집행 목적으로 사용하는 것은 극단적 조치로서,[28] 임박한 위협으로부터 생명을 보호하거나 심각한 상해를 막기 위해 엄격하게 필요한 경우에만 사용되어야 한다.[29] 예를 들어, 타인의 생명이나 신체의 완전성에 심각하고 임박한 위협이 되지 않는 범죄 피의자 또는 수용자가 보호[관리·감독, 구금]를 벗어나지 못하도록 막기 위해서 치명적일 수 있는 물리력을 사용해서는 안 된다.[30] 어떠한 방식으로든지 고의로 생명을 박탈하는 것은 임박한 위협으로부터 생명을 보호하기 위해 엄격히 필요한 경우에만 허용된다.[31]

13. 당사국은 법집행 임무를 맡은 군인 등 법집행 공무원에 의한 자의적인 생명박탈을 방지하기 위해 필요한 모든 조치를 취할 것으로 기대된다. 이러한 조치에는 법집행 공무원에 의한 치명적 물리력 사용을 규제하는 적절한 입법, 법집행 활동이 인간 생명에 미치는 위험을 최소화할 필요에 부합하는 방식으로 적절하게 계획되도록 보장하기 위해 고안된 절차,[32] 치명적 사고 및 기타 생명을 위협하는 사고에 대한 필수적 보고와 검토, 수사, 그리고 군중 통제를 담당하는 무장병력이 애초에 치명적인 물리력을 사용할 필요가 없도록 효과적이고 덜 치명적인 수단과 적절한 보호장비를 제공하는 것 등이 포함된다(아래 제14항도 참조).[33] 특히 법집행 공무원의 모든 업무수행은 관련 국제기준을 준수해야 하는데, 이러한 국제기준에는 「법집행 공무원을 위한 행동강령」 및 「법집행 공무원의 물리력 및 무기사용에 관한 기본원칙」[34]이 포함되며, 법집행 공무원은 이러한 기준을 숙지하기 위해 마련된 적절한 교육을 받아,[35] 모든 상황에서 생명권을 온전히 존중할 수 있도록 하여야 한다.

14. 비록 더 치명적인 무기에 비해서는 선호할 만하지만, 당사국은 덜 치명적인 무기라 할지라도 엄격한 독립적 검사를 거치도록 해야 하는데, 전기근육붕괴장치(테이저건),[36] 고무탄

---

26) Ibid., paras. 13.2-13.3.

27) A/HRC/17/28, para. 60.

28) Code of Conduct for Law Enforcement Officials, commentary to art. 3.

29) Basic Principles on the Use of Force and Firearms by Law Enforcement Officials, para. 9.

30) African Commission on Human and Peoples' Rights, *Kazingachire et al v. Zimbabwe* (communication No. 295/04), decision of 12 October 2013, paras. 118-120.

31) Basic Principles on the Use of Force and Firearms by Law Enforcement Officials, para. 9.

32) European Court of Human Rights, *McCann and others v. United Kingdom* (application No. 18984/91), judgment of 27 September 1995, para. 150.

33) A/HRC/31/66, para. 54.

34) CCPR/C/NPL/CO/2, para. 10; CCPR/CO/81/LIE, para. 10.

35) CCPR/C/KEN/CO/3, para. 11; CCPR/C/CAF/CO/2, para. 12.

36) CCPR/C/USA/CO/4, para. 11; CCPR/C/USA/CO/3/Rev.1, para. 30.

및 폼탄, 감쇠에너지발사체(attenuating energy projectile)[37] 등 법집행 임무를 담당하는 군인을 포함한 법집행 공무원들이 사용하도록 고안되었거나 실제로 사용하는 무기가 생명권에 미치는 영향을 평가하고 감독해야 한다.[38] 이러한 무기의 사용은 적절한 연수교육을 받은 법집행 공무원에 제한되어야 하며,「법 집행 공무원의 강제력 및 무기사용에 관한 기본원칙」등 적용 가능한 국제기준에 따라 엄격하게 규제되어야 한다.[39] 이뿐만 아니라, 그러한 덜 치명적 무기도 엄격한 필요성 및 비례성 요건이 충족된 경우에만 사용되도록 해야 하는데, 즉 다른 덜 해로운 조치로 위협에 대응하는 것이 효과가 없다고 증명되었거나 효과 없음이 명백한 경우에만 덜 치명적인 무기가 사용되도록 해야 한다.[40] 당사국은 덜 해로운 수단으로 대응할 수 있는 군중 통제 상황에서 덜 치명적인 무기를 사용해서는 안 된다.[41] 특히 평화적인 집회의 권리 행사와 관련된 상황에서 더욱 그러하다.

15. 사인이나 사적실체가 당사국으로부터 치명적인 결과를 야기할 수 있는 물리력을 사용할 권한을 부여받았거나 그러한 승인을 받은 경우, 당사국은 그러한 물리력이 제6조를 실질적으로 준수하면서 사용되도록 보장해야 하며, 준수하는 데 실패한 어떤 경우에 대해서도 책임을 질 의무가 있다.[42] 무엇보다, 당사국은 민간 행위자에게 부여하는 권한을 엄격하게 제한해야 하며, 특히 부여된 권한이 오용되지 않고 자의적인 생명박탈로 이어지지 않도록 적절한 교육을 제공할 뿐만 아니라 엄격하면서도 효과적인 감독 및 통제조치를 보장해야 한다. 예를 들어, 당사국은 심각한 인권 침해 및 학대에 가담했거나 현재 가담 중인 자가 물리력 사용에 대한 권한을 부여받거나 그러한 승인을 받은 민간 보안단체에 배치되지 않도록 보장하기 위한 적절한 조치를 취해야 한다.[43] 또한, 당사국에 의해 권한을 부여받거나 승인받은 사인 또는 사적실체에 의한 자의적 생명박탈의 피해자에게 실효적 구제가 제공되도록 보장해야 한다.[44]

16. 규약 제6조 제2항, 제4항, 제5항은 사형제를 폐지 않았으며, 사형제 폐지를 목적으로 하는 규약 제2선택의정서를 비준하지 않은 국가가 여러 엄격한 조건 하에서 가장 중한 범

---

37) CCPR/C/GBR/CO/6, para. 11.

38) Code of Conduct for Law Enforcement Officials, commentary to art. 1.

39) A/HRC/31/66, para. 55.

40) Basic Principles on the Use of Force and Firearms by Law Enforcement Officials (1990), para. 14.

41) CCPR/CO/74/SWE, para. 10.

42) See, in the context of armed conflicts, the Montreux Document on pertinent international legal obligations and good practices for States related to operations of private military and security companies during armed conflict (A/63/467-S/2008/636, annex).

43) CCPR/C/GTM/CO/3, para. 16.

44) Ibid.; Human Rights Committee, general comment No. 31, para. 15.

죄에 대해 사형제를 적용하는 것이 규약 하에서 법적으로 금지되지 않는다는 점을 함축적으로 인정한다. 신약 투여를 위한 프로토콜처럼 생명박탈로 이어질 수 있는 행위를 규제하는 기타 절차는 법에 의해 수립되어야 하며, 자의적인 생명박탈을 방지하기 위해 고안된 효과적인 제도적 보호조치를 수반해야 하고, 규약의 다른 조항들에 부합해야 한다.

17. 제6조 외의 다른 규약 조항을 위반하는 작위 또는 부작위를 통해 개인의 생명을 박탈하는 것도 원칙적으로 그 특성상 자의적이다. 여기에는 예컨대, 집회의 자유에 대한 권리를 행사하는 시위 참가자들을 사망하게 한 물리력의 사용과,[45] 규약 제14조에 따른 적법절차 요건을 충족시키지 않은 재판에 따라 사형선고를 한 것이 포함된다.[46]

Ⅲ. 생명을 보호할 의무

18. 제6조 제1항 두 번째 문장은 생명권은 "법률에 따라 보호된다"고 규정한다. 이는 당사국이 생명권 실현에 필요한, 모든 개인의 온전한 생명권 향유를 보장하는 법적 틀을 마련해야 함을 의미한다. 법률에 따라 생명권을 보호해야 할 의무에는 사인 또는 사적실체에 의한 위협을 포함해서 합리적으로 예견 가능한 모든 위협으로부터 생명을 보호하기 위한 적절한 법률 또는 기타 조치를 채택할 당사국의 의무가 포함된다.

19. 생명권을 법률에 따라 보호할 의무는 생명박탈의 모든 실체적 사유가 법률에 규정될 것과 과도하게 광범위하거나 자의적인 해석 또는 적용을 방지할 수 있도록 충분히 상세하게 정의될 것을 요구한다.[47] 국가의 정부당국에 의한 생명박탈은 가장 중대한 사안이기 때문에, 법으로 그러한 당국에 의해 생명이 박탈되는 상황을 엄격히 규제하고 제한해야 하며,[48] 당사국은 관련 모든 법조항이 온전히 준수되도록 보장해야 한다. 법률에 따라 생명권을 보호할 의무는 또한 생명권을 존중하고 보장할 필요에 부합하는 방식으로 공권력이 행사될 수 있는 모든 정부 기관 및 지배구조를 조직할 것을 당사국에 요구한다.[49] 여기에는 생명박탈을 방지하기 위한 적절한 기구 및 절차를 법으로 수립할 것, 불법적인 생명박탈일 수 있는 사건에 대한 수사 및 기소, 처벌의 부과, 완전한 배상 제공이 포함된다.

20. 당사국은 고의적 살인 및 과실치사, 불필요하거나 과도한 무기 사용,[50] 영아살해,[51] 명

---

45) A/HRC/26/36, para. 75.

46) See, e.g., *Burdyko v. Belarus* (CCPR/C/114/D/2017/2010), para. 8.6.

47) Human Rights Committee, general comment No. 35, para. 22.

48) Human Rights Committee, general comment No. 6, para. 3; *Camargo v. Colombia*, para. 13.1.

49) Inter-American Court of Human Rights, *González et al. ("Cotton Field") v. Mexico*, judgment of 16 November 2009, para. 236.

50) CCPR/CO/81/LIE, para. 10.

예살인,[52] 폭력적인 사적제재,[53] 폭력적인 증오범죄,[54] 혈족 간의 유혈복수,[55] 제의적 살해,[56] 살해협박, 테러공격 등과 같이 생명의 박탈로 이어질 것 같은 모든 폭력 행사 또는 폭력의 선동에 대한 유효한 형사적 금지를 포함하는 보호적인 법적 토대를 제정해야 한다. 이러한 범죄에 부과되는 형사적 제재는 규약의 모든 조항들에 부합할 뿐만 아니라 범죄의 중대성에 상응해야 한다.[57]

21. 생명권을 보호하기 위해 적극적 조치를 취할 의무는 규약 제6조의 두 번째 문장에 명시된 법에 의해 생명권을 보호할 구체적인 의무뿐만 아니라, 제6조와 함께 읽을 때에 제2조 제1항에서 도출되는 규약에 인정된 권리를 보장할 일반적인 의무에서도 비롯된다. 따라서 당사국은 국가로 귀속되지 않는 사인 및 사적실체의 행동에서 비롯되는 합리적으로 예견 가능한 생명에 대한 위협에 대응함에 있어서 국가에 과도한 부담이 되지 않는[58] 합리적인 적극적 조치를 취할 상당한 주의의무를 부담한다.[59] 이에 따라 당사국은 범죄자 및 무장단체나 테러조직을 비롯한 조직범죄 단체 또는 무장단체에 의한 합리적으로 예견 가능한 살해의 위협으로부터 개인을 보호하기 위해 적절한 예방조치를 취할 의무가 있다(제23항도 참조).[60] 당사국은 그러한 생명박탈에 책임이 있는 민간 부대나 자경단 등의 비정규 무장단체를 해체시켜야 하며,[61] 치명적일 수 있는 무기가 허가받지 않은 개인에게 확산되는 것을 줄여야 한다.[62] 당사국은 지속적 감독을[63] 비롯한 적절한 보호조치를 추가로 취하여, 민간 운송 회사나 민간 병원,[64] 민간 보안 회사 등의 민간단체로 인한 자의적 생명박탈을 예방하고 수사하며 처벌하고 구제하도록 해야 한다.

---

51) CCPR/C/MDG/CO/3, para. 17.
52) CCPR/C/TUR/CO/1, para. 13.
53) CCPR/C/MOZ/CO/1, para. 12; CCPR/C/GTM/CO/3, para. 18.
54) CCPR/C/IDN/CO/1, para. 17; CCPR/C/RUS/CO/6 and Corr.1, para. 11.
55) CCPR/C/ALB/CO/2, para. 10.
56) A/HRC/24/57, para. 31.
57) CCPR/C/RUS/CO/6 and Corr.1, para. 14.
58) Inter-American Court of Human Rights, *Sawhoyamaxa Indigenous Community v. Paraguay*, judgment of 29 March 2006, para. 155.
59) *Peiris et al. v. Sri Lanka* (CCPR/C/103/D/1862/2009), para. 7.2.
60) CCPR/C/79/Add.93, para. 17.
61) CCPR/C/PHL/CO/4, para. 14.
62) CCPR/C/AGO/CO/1, para. 12; CCPR/C/USA/CO/4, para. 10.
63) Inter-American Court of Human Rights, *Ximenes-Lopes v. Brazil*, judgment of 4 July 2006, para. 96.
64) *Da Silva Pimentel v. Brazil* (CEDAW/C/49/D/17/2008), para. 7.5; European Court of Human Rights, *Nitecki v. Poland* (application No. 65653/01), admissibility decision of 21 March 2002, and *Calvelli and Ciglio v. Italy* (application No. 32967/96), judgment of 17 January 2002, para. 49.

22. 당사국은 자국 영토[65]나 자국 관할권에 속하는 다른 영역에서 활동하는 다른 국가, 국제기구 및 외국 기업에 의한 생명박탈로부터 개인을 보호하기 위해 적절한 조치를 취해야 한다. 또한 자국 영토에 기반을 두거나 자국의 관할권 하에 있는 기업이 수행한 활동을 포함하여,[66] 자국 영토나 자국의 관할권에 속하는 기타 장소에서 전체적 또는 부분적으로 발생했지만 자국 영토 밖 개인의 생명권에 직접적이고 합리적으로 예견가능한 영향을 미치는 모든 활동이 제6조에 부합하도록 보장하기 위한 적절한 입법적 조치 및 기타 조치를 취해야 한다. 이때 기업 책임에 관한 관련 국제기준[67] 및 유효한 구제를 받을 피해자의 권리에 관한 국제기준을 적절히 고려해야 한다.

23. 생명권을 보호할 의무는 당사국으로 하여금 특정 위협[68]이나 이미 존재하는 폭력 양식으로 인해 생명이 특별한 위험에 처한 취약 상황에 놓인 개인을 위해 특별한 보호조치를 취할 것을 요구한다. 그러한 사람에는 인권운동가(아래의 제53항도 참고)와,[69] 부패 및 조직 범죄와 싸우는 공직자, 인도주의 활동가, 언론인,[70] 저명한 공인, 범죄 목격자,[71] 가정폭력 및 성차별적 폭력의 피해자, 인신매매 피해자가 포함된다. 또한 특히 길거리 아동 및 보호자 없는 이민 아동, 무력충돌 상황에 처한 아동 등의 아동,[72] 소수 민족 및 소수 종교 일원,[73] 선주민,[74] 레즈비언, 게이, 양성애자, 성전환자, 간성인,[75] 선천성색소결핍증이 있는 자,[76] 마녀 혐의자,[77] 실향민, 비호 신청자, 난민,[78] 무국적자 등도 해당될 수 있다. 당사국은 특정한 위험에 놓인 사람들을 보호하기 위해, 24시간 가동 경찰보호의 배치 및 잠재적 공격자에 대한 보호 및 제한 명령 발부, 매우 예외적인 경우에 위협받는 개인의 자유롭고

---

65) CCPR/C/POL/CO/6, para. 15.

66) *Yassin et al. v. Canada* (CCPR/C/120/D/2285/2013), para. 6.5; CCPR/C/CAN/CO/6, para. 6; CCPR/C/DEU/CO/6, para. 16; CCPR/C/KOR/CO/4, para. 10.

67) Guiding Principles on Business and Human Rights, principle 2.

68) Inter-American Court of Human Rights, *Barrios Family v. Venezuela*, judgment of 24 November 2011, para. 124.

69) CCPR/C/PRY/CO/3, para. 15.

70) CCPR/C/SRB/CO/2, para. 21; A/HRC/20/22 and Corr.1, para. 105.

71) CCPR/C/COL/CO/6, para. 14.

72) CCPR/C/HND/CO/1, para. 9.

73) CCPR/C/FRA/CO/4, para. 24.

74) Inter-American Court of Human Rights, *Yakye Axa Indigenous Community v. Paraguay*, judgment of 17 June 2005, para. 167.

75) CCPR/C/COL/CO/6, para. 12.

76) CCPR/C/TZA/CO/4, para. 15.

77) A/HRC/11/2, para. 68.

78) CCPR/C/KEN/CO/3, para. 12.

고지에 입각한 동의에 따라 보호 구치를 하는 등의 특별 조치를 채택하여 긴급하고 효과적이게 대응해야 한다.

24. 심리적 장애나 지적 장애 등의 장애를 가진 사람도 다른 사람들과 동일하게 생명권을 실효적으로 누릴 수 있도록 특정 보호조치를 받을 자격이 있다.[79] 그러한 보호조치에는 장애인에게 필수적인 설비와 서비스에 대한 접근권 등 생명권을 보장하기 위해 필수적인 합리적 편의의 제공[80] 및 장애인에 대한 법집행기관의 부당한 무력 사용을 예방하기 위해 고안된 특정 조치가 포함되어야 한다.[81]

25. 당사국은 또한 그 국가에 의해 자유를 박탈당한 개인의 생명을 보호하기 위해 필요한 모든 조치를 취할 강화된 주의의무를 부담하는데,[82] 이는 체포, 구금, 수감, 또는 기타 방식으로 개인의 자유를 박탈함으로써 당사국은 그들의 생명과[83] 신체적 완전성을 돌볼 책임을 떠안았기 때문이며, 그러한 책임을 경감하기 위해 재정적 자원의 부족 및 기타 물류 문제를 내세울 수 없다.[84] 마찬가지로 국가의 허가에 따라 운영되는 민간 수감시설에 억류된 개인에 대해서도 강화된 주의의무가 부과된다. 모든 피억류자의 생명을 보호할 의무에는 필수적 의료서비스의 제공과 이들의 건강에 대한 적절한 정기감독,[85] 다른 재소자의 폭력으로부터의 보호,[86] 자살 예방, 장애인을 위한 합리적 편의 제공이 포함된다.[87] 이렇게 강화된 생명권 보호의무는 정신건강 시설,[88] 군부대,[89] 난민캠프, 국내 실향민 캠프,[90] 청소년시설 및 고아원처럼 국가가 운영하는 자유를 제한하는 시설에서 숙영하는 개인에게도 적용된다.

26. 또한 생명을 보호할 의무는 당사국이 생명에 직접적인 위협이 될 수 있거나 존엄성 있는 생명권의 향유를 저해할 수 있는 사회의 일반적 여건에 대응하기 위한 적절한 조치를

---

79) Convention on the Rights of Persons with Disabilities, art. 10.

80) Ibid., arts. 5 (3) and 9.

81) CCPR/C/AUS/CO/5, para. 21.

82) *Leach v. Jamaica* (CCPR/C/57/D/546/1993), para. 9.5.

83) *Zhumbaeva v. Kyrgyzstan* (CCPR/C/102/D/1756/2008), para. 8.6; Human Rights Committee, *Dermit Barbato v. Uruguay*, communication No. 84/1981, para. 9.2.

84) *Lantsova v. Russian Federation* (CCPR/C/74/D/763/1997), para. 9.2.

85) Ibid.

86) European Court of Human Rights, *Edwards v. United Kingdom* (application No. 46477/99), judgment of 14 June 2002, para. 60.

87) Convention on the Rights of Persons with Disabilities, art. 14.

88) European Court of Human Rights, *Câmpeanu v. Romania* (application No. 47848/08), judgment of 17 July 2014, para. 131.

89) CCPR/C/ARM/CO/2, para. 15.

90) CCPR/C/UNK/CO/1, para. 14.

취해야 함을 의미한다. 이러한 일반적 여건에는 심각한 수준의 범죄 또는 총기 폭력,[91] 만연한 교통사고 및 산업재해,[92] 환경 파괴(아래 제62항도 참고),[93] 선주민으로부터 토지 및 영토, 자원의 박탈,[94] 에이즈 및 폐결핵, 말라리아 등 생명을 위협하는 질병의 창궐,[95] 광범위한 약물 남용, 만연한 기근 및 영양부족, 극심한 빈곤 및 노숙이[96] 포함될 수 있다. 생명권 보호를 위한 적절한 여건 조성을 위한 조치에는 필요시 식량[97] 및 물, 거처, 의료,[98] 전기, 위생처럼 필수 재화와 용역에 대한 개인의 접근권을 지연 없이 보장하기 위해 고안된 조치와 효과적인 응급의료 서비스 및 비상 대응 작전(소방관과 구급차, 경찰 병력) 및 사회적 주택공급 프로그램의 강화와 같이 적절한 일반적 여건조성을 장려하고 용이하게 하기 위해 고안된 기타 조치가 포함된다. 당사국은 또한 생명권 향유의 개선을 위한 전략 계획을 수립해야 하는데, 이러한 계획은 의료서비스에 대한 접근권을 저해하는 장애 또는 성병과 같은 질병과 관련한 낙인찍기에 대항하기 위한 조치,[99] 비폭력에 관한 교육을 장려하는 상세 계획, 성차별적 폭력[100] 및 해로운 관행[101]에 관한 인식제고 캠페인 및 산모와 영아 사망률을 낮추기 위해 고안된 의료검진 및 치료에 대한 접근권 향상 캠페인[102]으로 구성될 수 있다. 이에 더해 당사국은 또한 필요한 경우에 허리케인 및 쓰나미, 지진, 방사능 사고, 필수 서비스에 차질을 빚는 대규모 사이버 공격처럼 생명권 향유에 악영향을 미칠 수 있는 자연재해 및 인재에 대한 대비를 강화하고 이에 대응하기 위한 긴급대책 및 재해관리 계획을

91) CCPR/C/USA/CO/4, para. 10.
92) European Court of Human Rights, *Öneryildiz v. Turkey* (application No. 48939/00), judgment of 30 November 2004, para. 71.
93) African Commission on Human and Peoples' Rights, *Social and Economic Rights Centre (SERAC) and Centre for Economic and Social Rights (CESR) v. Nigeria* (communication No. 155/96), decision of 27 October 2001, para. 67.
94) Inter-Agency Support Group on Indigenous Peoples' Issues, "Lands, territories and resources", thematic paper towards the preparation of the 2014 World Conference on Indigenous Peoples, 22–23 September 2014, p. 4.
95) CCPR/C/KEN/CO/3, para. 9.
96) Human Rights Committee, general comment No. 6, para. 5; CCPR/C/79/Add.105, para. 12.
97) CCPR/CO/72/PRK, para. 12.
98) *Toussaint v. Canada* (CCPR/C/123/D/2348/2014), para. 11.3. See also CCPR/C/ISR/CO/4, para. 12.
99) CCPR/C/JAM/CO/3, para. 9.
100) CCPR/CO/71/UZB, para. 19.
101) Joint general recommendation No. 31 of the Committee on the Elimination of Discrimination against Women/general comment No. 18 of the Committee on the Rights of the Child (2014) on harmful practices, para. 56.
102) Human Rights Committee, general comment No. 6, para. 5; CCPR/C/COD/CO/3, para. 14.

발전시켜야 한다.

27. 규약에 의해 부여된 생명권 보호의 주요 요소로, 당사국이 불법적일 수 있는 생명의 박탈이 있었음을 알거나 혹은 이를 알았어야 했으나 그렇지 못한 상황에서 그러한 사건의 가해자를 수사하고 적절한 경우에는 기소해야 하는 당사국의 의무가 있는데, 그러한 사건에는 치명적 결과를 가져오는 과도한 무기를 사용한 혐의와 관련된 사건도 포함된다(아래 제64항도 참조).[103] 수사 의무는 치명적일 수 있는 물리력의 사용으로 인해 생명이 박탈될 심각한 위험이 있는 상황에서도 발생하며, 그러한 위험이 실체화되지 않았다고 하더라도 발생한다(상기 제7항도 참고). 이 의무는 보호의무에 내재해 있으며, 제6조 제1항과 연계하여 읽을 때 제2조 제1항에서 도출되는 규약에서 인정하는 권리를 보장할 일반적 의무에 의해 강화된다. 또한 이 의무는 제6조 제1항과 연계하여 읽을 때 제2호 제3항에서 도출되는 인권 침해의 피해자[104] 및 그의 친족[105]에게 실효적 구제를 제공할 의무에 의해서도 강화된다. 불법적일 수 있는 생명박탈에 대한 수사와 기소는 「불법적일 수 있는 사망의 수사를 위한 미네소타 프로토콜」을 포함하는 관련 국제기준에 따라 이루어져야 하며, 책임자들을 재판에 회부하고,[106] 책임규명을 강화하여 응당히 받아야 할 처벌이 따르지 않는 것을 예방하며,[107] 재판거부를 방지하고,[108] 계속되는 위반을 막기 위하여 실무와 정책 개정을 위한 교훈을 이끌어내는 것을[109] 목적으로 해야 한다. 수사는 무엇보다 하급자에 의해 자행된 생명권 침해에 대한 상급자의 법적 책임에 대해서도 탐색해야 한다.[110] 생명권이 지닌 중요성을 감안할 때, 당사국은 단순히 행정 조치나 징계 조치로 제6조 위반 사건을 대응하는 것을 일반적으로 삼가야 하며, 통상의 경우에는 형사적 수사가 요구된다. 그러한 수사는 충분한 유죄입증 증거가 확보되었다면 형사 기소로 이어져야 한다.[111] 고의적인 살인의 가해

---

103) CCPR/C/KGZ/CO/2, para. 13.

104) Human Rights Committee, general comment No. 31, paras. 15 and 19; *Pestaño and Pestaño v. Philippines* (CCPR/C/98/D/1619/2007), para. 7.2; *González v. Argentina* (CCPR/C/101/D/1458/2006), para. 9.4; CCPR/C/JAM/CO/3, para. 16. See also European Court of Human Rights, *Calvelli and Ciglio v. Italy*, para. 51.

105) CCPR/C/ISR/CO/3, para. 12.

106) *Sathasivam and Saraswathi v. Sri Lanka* (CCPR/C/93/D/1436/2005), para. 6.4; *Amirov v. Russian Federation* (CCPR/C/95/D/1447/2006), para. 11.2. See also Human Rights Committee, general comment No. 31, paras. 16 and 18.

107) CCPR/C/AGO/CO/1, para. 14.

108) *Marcellana and Gumanjoy v. Philippines* (CCPR/C/94/D/1560/2007), para. 7.4.

109) E/CN.4/2006/53, para. 41.

110) A/HRC/26/36, para. 81.

111) *Andreu v. Colombia* (CCPR/C/55/D/563/1993), para. 8.2; *Marcellana and Gumanjoy v. Philippines*,

자와 그의 상급자에게 제공되는 면제와 사면, 그리고 사실상으로든 법적으로든 응당 따라야 할 처벌을 하지 않는 것으로 이어지는 유사 조치는 원칙적으로 생명권을 존중하고 보장하며 피해자에게 실효적 구제를 제공할 의무에 부합하지 않는다.[112]

28. 제6조 위반 혐의에 대한 수사는 언제나 독립적이고[113] 공평하며[114] 신속하고[115] 철저하며[116] 효과적이고[117] 신뢰가능하며[118] 투명해야 한다(아래 제64항도 참고).[119] 제6조 위반이 발견된 경우, 해당 사건의 특정한 상황을 고려한 적절한 금전배상, 복권, 보전(만족) 조치를[120] 포함하여 완전한 배상이 제공되어야 한다. 또한 당사국은 미래에 유사한 위반이 재발하지 않도록 예방하기 위한 조치를 취할 의무가 있다.[121] 필요한 경우, 수사는 피해자 신체에 대한 부검을 동반해야 하는데,[122] 이는 가능한 경우라면 피해자 친족 대표가 주재한 가운데 진행한다.[123] 당사국은 무엇보다도 생명박탈로 이어진 사건에 관한 진상을 밝혀내기 위한 적절한 조치를 취해야 하며, 여기에는 특정 개인을 대상으로 삼은 사유 및 법적 근거, 생명박탈이 일어나기 전이나 일어나는 동안 또는 일어난 이후에 국가 당국이 취한 절차,[124] 생명을 잃은 자의 시신 확인이 포함된다.[125] 당사국은 피해자의 가장 가까운 친족에게 수사의 관련 세부사항을 알려야 하며,[126] 새로운 증거를 제출하도록 허용하고 수사과정에서 당

---

    para. 7.2.

112) Human Rights Committee, general comment No. 31, para. 18; Inter-American Court of Human Rights, *Barrios Altos v. Peru*, judgment of 14 March 2001, para. 43.

113) CCPR/C/CMR/CO/4, para. 15.

114) CCPR/C/BOL/CO/3, para. 15.

115) *Novaković and Novaković v. Serbia* (CCPR/C/100/D/1556/2007), para. 7.3; CCPR/C/RUS/CO/6 and Corr.1, para. 14.

116) CCPR/C/MRT/CO/1, para. 13.

117) CCPR/C/GBR/CO/7, para. 8.

118) CCPR/C/ISR/CO/3, para. 9.

119) CCPR/C/GBR/CO/7, para. 8.

120) *The Minnesota Protocol on the Investigation of Potentially Unlawful Death (2016)* (United Nations publication, Sales No. E.17.XIV.3), para. 10.

121) *Camargo v. Colombia*, para. 15.

122) *The Minnesota Protocol on the Investigation of Potentially Unlawful Death (2016)*, para. 25; Inter-American Court of Human Rights, *Kawas-Fernández v. Honduras*, judgment of 3 April 2009, para. 102.

123) *The Minnesota Protocol on the Investigation of Potentially Unlawful Death (2016)*, para. 37.

124) A/HRC/14/24/Add.6, para. 93.

125) A/HRC/19/58/Rev.1, para. 59.

126) European Court of Human Rights, *Oğur v. Turkey* (application No. 21594/93), judgment of 20 May 1999, para. 92.

사적 적격을 부여해야 한다.[127] 진행된 수사 단계 및 수사를 통해 알게 된 발견, 결론, 권고에 관한 정보는 공공의 이익이나 직접적 영향을 받는 개인의 사생활과 기타 법적 권리를 보호할 강력한 필요에 의해 정당화되는 절대적으로 필요한 편집을 한 상태에서 일반에 공개해야 한다.[128] 또한 당사국은 증인과 피해자, 그들의 친족, 수사관을 위협 및 공격, 보복행위로부터 보호하기 위해 필요한 조치를 취해야 한다. 생명권 위반에 대한 수사는 적절한 직권행사가 있을 때에 개시되어야 한다.[129] 국가들은 제6조에 대한 위반일 수 있는 사안에 대응하기 위한 국제 수사 및 기소 메커니즘을 신의성실하게 지원하고 이에 협력해야 한다.[130]

29. 구금 중에 비정상적인 상황에서 발생한 인명손실은 당사국 당국에 의한 자의적 생명박탈의 추정으로 이어지며, 이러한 추정은 제대로 된 수사에 의해 해당 국가가 제6조상 의무를 준수하였음이 확립되었다는 기반에 의해서만 반박될 수 있다.[131] 또한 국가 당국이 총기나 치명적일 수 있는 물리력을 직접적인 무력충돌의 정황이 아닌데도 사용하였거나 사용한 것으로 보일 때마다 당사국은 제6조 위반 혐의를 수사할 특정 의무를 부담한다. 그러한 상황의 예로, 시위 참가자들을 대상으로 실탄이 사용되었거나,[132] 국가 당국에 의한 생명권 위반으로 주장되는 유형에 부합하는 정황에서 민간인이 사망한 채 발견된 경우를 들 수 있다.[133]

30. 생명권을 존중하고 보장해야 할 의무에 따라 당사국은 규약 제6조에 따른 생명권이 침해될 실제적 위험이 존재한다고 믿을 만한 상당한 근거가 있는 국가로 개인을 강제퇴거하거나 인도, 달리 송환하는 것을 삼가야 한다.[134] 그러한 위험은 그 성격상 개인적이어야 하고,[135] 매우 극단적인 경우를 제외하고는 단순히 수용국 내의 일반적 상황으로부터 기인하는 위험일 수는 없다.[136] 예를 들어, 아래의 제34항에서 후술하는 바와 같이 개인을 사형이

---

127) *The Minnesota Protocol on the Investigation of Potentially Unlawful Death (2016)*, para. 35.

128) Ibid., para. 13; European Court of Human Rights, *Ramsahai and others v. Netherlands* (application No. 52391/99), judgment of 15 May 2007, para. 353 (requiring sufficient public scrutiny of inquiry proceedings).

129) European Court of Human Rights, *Tanrikulu v. Turkey* (application No. 23763/94), judgment of 8 July 1999, para. 103.

130) CCPR/C/KEN/CO/3, para. 13.

131) *Eshonov v. Uzbekistan* (CCPR/C/99/D/1225/2003), para. 9.2; *Zhumbaeva v. Kyrgyzstan*, para. 8.8; *Khadzhiyev v. Turkmenistan* (CCPR/C/122/D/2252/2013), para. 7.3.

132) *Umetaliev and Tashtanbekova v. Kyrgyzstan* (CCPR/C/94/D/1275/2004), para. 9.4; *Olmedo v. Paraguay* (CCPR/C/104/D/1828/2008), para. 7.5.

133) *Amirov v. Russian Federation*, para. 11.4.

134) *Kindler v. Canada* (CCPR/C/48/D/470/1991), paras. 13.1-13.2.

135) *Dauphin v. Canada* (CCPR/C/96/D/1792/2008), para. 7.4.

136) European Court of Human Rights, *N.A. v. United Kingdom* (application No. 25904/07), judgment

폐지된 국가에서 추방해서 사형을 받게 될 수 있는 국가로 인도하는 것은 제6조에 위배된다.137) 마찬가지로 종교적 유권해석이 이행될 가능성이 있는지 확인하지 않은 채 지역 종교 당국에 의해 이미 불리한 종교적 유권해석(fatwa)의 대상이 된 개인을 해당 국가로 강제퇴거하는 것은 제6조에 부합하지 않는다.138) 또는 해당 개인이 거주한 적 없고 사회적으로나 가족과의 어떤 교류도 없으며 현지 언어를 구사할 수 없는 극단적으로 폭력적인 국가로 개인을 강제퇴거하는 것도 제6조에 부합하지 않는다.139) 수용국 당국으로부터 송환한 개인의 생명이 위험하다는 주장이 있는 경우, 무엇보다도 수용국 당국의 의도, 유사한 사건에서 당국이 보인 행동 유형,140) 당국의 의도에 대하여 믿을 수 있고 유효한 확약이 있는지에 기반해서 추방자의 상황과 수용국의 여건을 판단해야 한다. 수용국 영토에서 활동하는 비국가 행위자나 다른 국가에 의한 생명 위협이 주장되는 경우, 수용국 당국에게 신뢰할 수 있고 유효한 보호조치에 대한 확약을 요구할 수 있으며, 국내 도피 방안을 모색해볼 수 있다. 송환 시 처우에 대한 수용국의 확약이 있는 경우, 송출국은 송환한 순간부터 앞으로 이미 공표된 확약에 대한 준수가 보장될 수 있도록 적절한 방법을 마련해야 한다.141)

31. 규약 제6조에 의거한 인도, 강제퇴거, 또는 달리 송환하지 않을 의무는 난민 지위를 부여받을 자격이 없는 외국인도 보호하도록 요구할 수 있다는 점에서 국제난민법상의 강제송환금지 원칙보다 범위가 더 넓을 수 있다. 그러나 당사국은 출신국에서 자신들의 생명권이 침해될 실제적 위험이 있다고 주장하는 모든 비호 신청자에게 난민이나 기타 개별적 또는 집단적 지위를 결정하며 강제송환으로부터 보호를 제공하는 절차에 접근할 수 있도록 허용해야 한다.142)

Ⅳ. 사형 선고

32. 제6조 제2항, 제4항, 제5항, 제6항은 아직 사형제를 폐지하지 않은 국가의 사형선고를 규제한다.

33. 제6조 제2항은 첫째, 사형제를 폐지하지 않은 당사국에 대해서, 그리고 둘째, 가장 중한

---

of 17 July 2008, para. 115.

137) *Yin Fong v. Australia* (CCPR/C/97/D/1442/2005), para. 9.7.

138) *Shakeel v. Canada* (CCPR/C/108/D/1881/2009), para. 8.5.

139) *Warsame v. Canada* (CCPR/C/102/D/1959/2010), para. 8.3.

140) *T. v. Australia* (CCPR/C/61/D/706/1996), para. 8.4; *A.R.J. v. Australia* (CCPR/C/60/D/692/1996), para. 6.12; *Israil v. Kazakhstan* (CCPR/C/103/D/2024/2011), para. 9.5.

141) CCPR/CO/74/SWE, para. 12; *Alzery v. Sweden* (CCPR/C/88/D/1416/2005), para. 11.5.

142) CCPR/C/TJK/CO/2, para. 11; CCPR/CO/77/EST, para. 13.

범죄에 대해서로 사형제의 적용을 엄격히 제한한다. 생명권을 소중히 하는 법문서에서 사형제의 적용을 규제하는 이례적 특성을 감안할 때, 제2항 내용은 좁게 이해되어야 한다.[143]

34. 국내법을 개정하거나 사형제 폐지를 목적으로 하는 규약 제2선택의정서의 당사국이 되거나 사형제를 폐지할 의무를 부과하는 다른 국제 문서를 채택하여 사형제를 폐지한 규약의 당사국이 사형제도를 다시 도입하는 것은 금지된다. 규약과 마찬가지로 제2선택의정서는 종료 조항을 포함하지 않으며, 당사국은 의정서를 폐기할 수 없다. 따라서 사형제 폐지는 법적으로 취소할 수 없다. 이뿐만 아니라 당사국은 규약을 비준했을 때나 그 이후 언제라도 사형에 처해질 수 없었던 범죄를 사형에 처해질 수 있는 범죄로 변경할 수 없다. 또한 현재 존재하는 범죄의 법적 조건을 삭제함으로써 이전에 사형을 선고할 수 없었던 상황에서 사형선고가 허용되는 결과를 가져오게 할 수 없다. 사형을 폐지한 당사국은 사형에 처해질 수 있는 형사적 죄과를 받을 것이 예상되는 국가로 사람을 강제퇴거하거나 인도, 달리 송환할 수 없다. 단, 사형선고를 하지 않는다는 신뢰가능하며 유효한 확약을 받은 경우는 예외로 한다.[144] 마찬가지로, 특정한 범죄에 사형제를 다시 도입하지 않을 의무에 따라 당사국은 자국 내에서는 같은 범죄로 사형에 처해질 수 없으나 수용국에서는 사형에 처해질 수 있는 범죄로 재판에 회부될 것으로 예상되는 경우, 해당 개인을 해당 국가로 강제퇴거하거나 인도, 달리 송환할 수 없다. 단, 해당 개인에 대하여 사형선고를 하지 않겠다는 신뢰가능하며 유효한 확약을 받은 경우는 예외로 한다.

35. '가장 중한 범죄'라는 용어는 제한적으로 해석되어야 하며,[145] 고의적 살인과[146] 연관된 극도의 중범죄만이[147] 이에 해당한다. 직접적이고 의도적인 살인으로 이어지지 않은 범죄,[148] 즉 살인미수,[149] 부패 및 기타 정치적·경제적 범죄,[150] 무장강도,[151] 해적행위,[152] 납치,[153] 약물,[154] 성범죄는 비록 그 성격상 심각한 범죄임에도 불구하고, 제6조의 틀 내에

---

143) *Judge v. Canada* (CCPR/C/78/D/829/1998), para. 10.5.

144) Ibid., para. 10.6; *Yin Fong v. Australia*, para. 9.7.

145) *Chisanga v. Zambia* (CCPR/C/85/D/1132/2002), para. 7.4.

146) Safeguards guaranteeing protection of the rights of those facing the death penalty, para. 1.

147) *Kindler v. Canada*, para. 14.3; A/67/275, para. 35.

148) CCPR/C/79/Add.25, para. 8.

149) *Chisanga v. Zambia*, paras. 2.2 and 7.4.

150) CCPR/C/79/Add.101, para. 8; CCPR/C/79/Add.25, para. 8; CCPR/C/79/Add.85, para. 8.

151) *Chisanga v. Zambia*, para. 7.4; *Lubuto v. Zambia* (CCPR/C/55/D/390/1990/Rev.1), para. 7.2; *Johnson v. Ghana* (CCPR/C/110/D/2177/2012), para. 7.3.

152) CCPR/CO/73/UK-CCPR/CO/73/UKOT, para. 37.

153) CCPR/CO/72/GTM, para. 17.

154) CCPR/CO/84/THA, para. 14.

서 결코 사형선고의 근거로 작용할 수 없다. 마찬가지로, 살인의 물리적 수단을 제공하는 등 가장 중한 범죄에 제한적 수준으로 가담했거나 이를 공모한 경우라도 이로 인한 사형선고는 정당화될 수 없다. 당사국은 가장 중한 범죄에 해당하지 않는 범죄에[155] 대하여 사형이 부과되지 않도록 자국의 형법을 검토할 의무가 있다. 또한 가장 중한 범죄에 해당하지 않는 범죄에 대하여 부과된 사형은 철회해야 하며, 그러한 범죄로 유죄판결을 받은 이들에 대하여 재양형이 이루어질 수 있도록 필요한 법적 절차 마련을 추진해야 한다.

36. 어떠한 경우에도 간통이나 동성애, 배교(背教),[156] 정치적 반대 집단 구축,[157] 국가원수 모독과[158] 같이 이를 형사법으로 범죄화하는 것이 규약 위반에 해당하는 행위에 대한 제재로서 사형제도를 적용할 수 없다. 그러한 범죄에 대하여 사형제를 유지하는 당사국은 규약 제6조상 의무를 위반한 것인데, 이는 제6조만을 독립적으로 읽어도 그러하고, 제6조를 규약의 다른 조항들뿐만 아니라 제2조 제2항과 연계하여 읽어도 그러하다.

37. 사형제 적용과 관련된 모든 사건에서, 특정 감경 요인을 포함하여 범죄자의 개인적 상황과 해당 범죄의 특유의 정황은[159] 양형을 하는 법원에 의해 고려되어야 한다. 따라서 해당 범죄를 사형선고에 처할 수 있는 범죄로 지정할지 여부와 범죄자의 특정 상황에서 사형을 선고할지 여부에 대해 국내법원에 판단의 재량을 주지 않는 의무적 사형선고는 그 특성상 자의적이다.[160] 해당 사건이나 피고인 특유의 상황에 따라 사면 또는 감형을 요청할 권리가 제공된다고 하여도 이는 사형 적용에 대한 사법 재량권의 필요에 대한 적절한 대체가 될 수 없다.[161]

38. 제6조 제2항은 또한 당사국으로 하여금 어떠한 사형도 "범죄 당시의 현행법에 따라서" 선고하도록 요구한다. 죄형법정주의의 적용은 규약 제15조 제1항의 '법률 없으면 형벌도 없다'는 원칙의 적용을 보완하고 재확인한다. 그 결과, 범죄 당시에 해당 범죄에 대해 사형이 선고될 수 있음이 법으로 규정되어 있지 않은 한 사형은 선고될 수 없다. 또한 모호하게 규정된 형법 조항을[162] 유죄판결 받은 자에게 적용하는 것은 주관적이거나 재량적 고려에 따

---

155) Human Rights Committee, general comment No. 6, para. 6.

156) CCPR/C/MRT/CO/1, para. 21.

157) CCPR/C/LBY/CO/4, para. 24.

158) CCPR/C/79/Add.84, para. 16.

159) *Lubuto v. Zambia*, para. 7.2.

160) *Chisanga v. Zambia*, para. 7.4; *Larrañaga v. Philippines* (CCPR/C/87/D/1421/2005), para. 7.2; *Carpo et al. v. Philippines* (CCPR/C/77/D/1077/2002), para. 8.3.

161) *Thompson v. Saint Vincent and the Grenadines* (CCPR/C/70/D/806/1998), para. 8.2; *Kennedy v. Trinidad and Tobago* (CCPR/C/74/D/845/1998), para. 7.3.

162) CCPR/C/DZA/CO/3, para. 17; CCPR/C/79/Add.116, para. 14.

라 좌우될 수 있고[163] 그러한 적용이 합리적으로 예견가능하지 않기에,[164] 그러한 모호한 형법조항에 입각하여 사형을 선고할 수 없다. 반면 경한 법 소급의 원칙에 따라 사형제의 폐지는 사형에 처할 수 있는 범죄의 혐의자나 그러한 범죄로 유죄판결을 받은 자에 대해서 소급적으로 적용되어야 한다. 경한 법 소급의 원칙은 당사국에 대하여 범죄 이후에 채택된 가벼운 형벌의 혜택을 범죄자에게 부과하도록 규정한 규약 제15조 제1항의 세 번째 문장에서 일부 확인할 수 있다.

39. 제6조 제3항은 「집단살해죄의 방지 및 처벌에 관한 협약」의 당사국이기도 한 이 규약의 당사국에 대하여 집단살해죄를 예방하고 처벌할 의무에 대해 상기시킨다. 그러한 의무에는 집단살해죄의 일부를 구성하는 모든 생명의 박탈을 예방하고 처벌할 의무가 포함된다. 어떠한 상황에서도 국가나 민족, 인종, 종교 집단의 일원에 대하여 사형을 집단살해 정책의 일부로서 선고할 수 없다.

40. 사형을 폐지하지 않은 당사국은 특정한 집행 방식을 금지하는 규약 제7조를 준수해야 한다. 제7조를 준수하지 않은 사행의 집행은 필연적으로 그 특성상 자의적이며, 따라서 제6조 위반에도 해당한다. 위원회는 돌로 쳐 죽이는 것,[165] 검증되지 않은 치명적 약물의 주입,[166] 가스실,[167] 산채로 화형 하거나 땅에 묻는 것,[168] 공개처형[169]은 제7조를 위반한다는 의견을 이미 밝힌 바 있다. 비슷한 사유로, 기타 고통스럽거나 굴욕적인 처형 방식도 규약에 따라 비합법적이다. 사형수에게 사형집행 일자를 적시에 통고하지 않는 것은 원칙적으로 비인도적 처우에 해당하며, 이에 따라 뒤이어 이어지는 사형집행은 제7조에 위배된다.[170] 모든 법적 구체책의 소진에 필요한 정도의 합리적 기간을 초과한 과도한 사형집행의 지연은[171] 규약 제7조의 위반일 수 있다. 특히 독방 감금[172] 등 가혹하거나 스트레스가 많은 여건에[173] 사형수를 오랫동안 처하게 하는 경우와 사형수가 연령이나 건강, 정신상태

---

163) CCPR/CO/72/PRK, para. 13.

164) European Court of Human Rights, *S.W. v. United Kingdom* (application No. 20166/92), judgment of 22 November 1995, para. 36.

165) CCPR/C/IRN/CO/3, para. 12.

166) CCPR/C/USA/CO/4, para. 8.

167) *Ng v. Canada* (CCPR/C/49/D/469/1991), para. 16.4.

168) African Commission on Human and Peoples' Rights, *Malawi African Association and others v. Mauritania*, 11 May 2000, para. 120.

169) CCPR/CO/72/PRK, para. 13.

170) CCPR/C/JPN/CO/6, para. 13.

171) *Johnson v. Jamaica* (CCPR/C/56/D/588/1994), para. 8.5; *Kindler v. Canada*, para. 15.2; *Martin v. Jamaica* (CCPR/C/47/D/317/1988), para. 12.2.

172) *Brown v. Jamaica* (CCPR/C/65/D/775/1997), para. 6.13.

등의 요인으로 인해 특별히 취약한 경우에 그러하다.174)

41. 사형선고로 이어진 절차에서 규약 제14조에 명시된 공정한 재판의 보장내용을 위반하는 것은 해당 사형선고를 그 특성상 자의적으로 만들며 규약 제6조 위반에 해당한다.175) 그러한 위반은 강요된 자백의 사용,176) 피고인이 관련 증인을 신문할 수 없는 것,177) 형사소송 절차의 모든 단계인178) 범인 신문,179) 예비 심리,180) 재판,181) 상소182) 단계에서 대리인－소송의뢰인 간 비밀 접견과 관련된 효과적인 대리의 부재, 재판 중 수갑이 채워져 있거나 철장에 감금된 피고인의 모습에서 알 수 있는 무죄추정원칙 존중의 실패,183) 유효한 상소권의 결여,184) 변론 또는 상소에 필요한 법원 제출 공식 기소장이나185) 법원 판결문,186) 재판 녹취록과 같은 핵심적 법문서에 대한 접근권 부재를 비롯해 변호를 준비할 적절한 시간과 설비의 결여, 적절한 통역의 부재,187) 장애인을 위한 접근 가능한 문서 및 절차적 편의 제공 실패, 과도하거나 정당하지 않은 재판188) 또는 상소 절차189)의 지연, 형사소송 절차에서의 일반적 공정성 결여,190) 사실심 법원이나 항소심 법원의 독립성 또는 공평성 결여 등과 관련이 있을 수 있다.

42. 규약 제14조에서 명시적으로 다루지 않은 기타 심각한 절차적 결함이 있더라도 이에

---

173) CCPR/C/JPN/CO/6, para. 13.

174) *Kindler v. Canada*, para. 15.3.

175) *Kurbanov v. Tajikistan* (CCPR/C/79/D/1096/2002), para. 7.7.

176) *Gunan v. Kyrgyzstan* (CCPR/C/102/D/1545/2007), para. 6.2; *Chikunova v. Uzbekistan* (CCPR/C/89/D/1043/2002), paras. 7.2 and 7.5; *Yuzepchuk v. Belarus* (CCPR/C/112/D/1906/2009), paras. 8.2 and 8.6.

177) *Yuzepchuk v. Belarus*, paras. 8.4 and 8.6.

178) *Chikunova v. Uzbekistan*, paras. 7.4 and 7.5.

179) *Gunan v. Kyrgyzstan*, para. 6.3.

180) *Levy v. Jamaica* (CCPR/C/64/D/719/1996), paras. 7.2-7.3.

181) *Brown v. Jamaica*, para. 6.15.

182) *Leach v. Jamaica*, para. 9.4.

183) *Kovaleva and Kozyar v. Belarus* (CCPR/C/106/D/2120/2011), para. 11.4; *Grishkovtsov v. Belarus* (CCPR/C/113/D/2013/2010), para. 8.4.

184) *Judge v. Canada*, paras. 10.8-10.9.

185) *Gunan v. Kyrgyzstan*, para. 6.3.

186) *Champagnie et al. v. Jamaica* (CCPR/C/51/D/445/1991), paras. 7.3-7.4.

187) Safeguards guaranteeing protection of the rights of those facing the death penalty, para. 4; *Ambaryan v. Kyrgyzstan* (CCPR/C/120/D/2162/2012), para. 9.2.

188) *Francis v. Jamaica* (CCPR/C/54/D/606/1994), para. 9.3.

189) *Kamoyo v. Zambia* (CCPR/C/104/D/1859/2009), paras. 6.3-6.4.

190) *Yuzepchuk v. Belarus*, paras. 8.5-8.6.

따른 사형선고는 제6조에 위배될 수 있다. 예를 들어, 억류된 외국인에게 「영사관계에 관한 비엔나협약」에 따른 영사통지권에 대하여 신속한 고지를 하지 않은 것이 사형선고로 이어짐으로써,[191] 그리고 자신들의 생명에 실제적 위험이 있을 것이라고 주장되어지는 국가로 곧 강제추방 될 개인에게 이용가능한 상소절차를 활용할 기회를 제공하는 데에 실패함으로써[192] 규약 제6조 제1항을 위반할 수 있다.

43. 합리적 의심의 여지 없이 유죄가 입증되지 않은 자에 대하여 사형을 집행하는 것은 자의적인 생명박탈에 해당한다. 따라서 당사국은 사형 사건에서 잘못된 유죄선고를 방지하기 위하여[193] 유죄선고를 재고하는 것에 대한 절차적 장애물을 검토하고, 새로운 DNA 증거를 비롯한 새로운 증거를 기반으로 지난 유죄선고를 재심사하기 위해 가능한 모든 조치를 취해야 한다. 또한 당사국은 사형사건에서 제출된 증거를 평가함에 있어서 허위자백이 만연하고 목격자 증언을 신뢰할 수 없다는 연구 결과를 비롯하여 신뢰할 수 있는 신규 연구의 의미를 고려해야 한다.

44. 사형은 규약 제2조 제1항 및 제26조의 요건에 반하는 차별적인 방식으로 선고되어서는 안 된다. 소수종교나 소수인종, 소수민족의 일원, 선주민, 외국인이 불균형적으로 사형을 선고받을 가능성이 높다는 자료를 통해 사형이 불공평하게 적용될 수 있음을 보여주며, 이는 제26조뿐만 아니라 제6조와 연계해 해석한 제2조 제1항과 관련하여 우려가 제기될 수 있는 부분이다.[194]

45. 제6조 제2항의 마지막 문장에 따르면, 사형은 권한 있는 법원의 판결에 의해서만 집행될 수 있다. 그러한 법원은 법에 의거하여 사법부 내에 설치되어야 하고, 행정부 및 입법부로부터 독립적이며 편파적이지 않아야 한다.[195] 또한 해당 범죄가 자행되기 이전에 설립된 법원이어야 한다. 일반적으로 민간인은 군사재판소에서 사형이 선고될 수 있는 범죄로 재

---

191) Vienna Convention on Consular Relations, art. 36 (1) (b). See also Inter-American Court of Human Rights, The Right to Information on Consular Assistance in the Framework of the Guarantees of the Due Process of Law, Advisory Opinion OC-16/99, 1 October 1999, para. 137.

192) *Judge v. Canada*, para. 10.9.

193) CCPR/C/USA/CO/4, para. 8.

194) Ibid.

195) African Commission on Human and Peoples' Rights, *Egyptian Initiative for Personal Rights and Interights v. Egypt* (communication No. 334/06), decision of 1 March 2011, para. 204; International Tribunal for the Prosecution of Persons Responsible for Serious Violations of International Humanitarian Law Committed in the Territory of the Former Yugoslavia since 1991, *Prosecutor v. Furundžija* (case No. IT-95-17/1-A), Appeals Chamber, judgment of 21 July 2000, para. 189.

판을 받지 않아야 하며,196) 군인은 공정한 재판을 받을 권리가 모두 보장되는 재판소에서만 사형이 선고될 수 있는 범죄로 재판받을 수 있다. 이뿐만 아니라, 위원회는 관습상의 사법절차에 따르는 법원을 사형이 선고될 수 있는 범죄를 재판할 만큼 공정한 재판을 받을 권리를 충분히 보장하는 사법 기관으로 간주하지 않는다. 재판 없는 사형선고, 예컨대, 당사국이 집행할 예정이거나 집행을 허가한 종교적 유권해석197) 또는 군사 명령 형태의 사형선고는 규약 제6조와 14조를 모두 위반한다.

46. 모든 사형은 최종 판결에 의하여서만 집행될 수 있고, 모든 사법적 상소 절차를 활용할 기회가 사형수에게 제공된 이후여야 하며, 가능한 모든 비사법적 방안에 대한 청원도 모색된 이후여야 한다. 그러한 비사법적 방안에는 검찰이나 법원에 의한 감찰절차나 공적·사적 사면에 대한 요청을 고려하는 것까지 포함된다. 이뿐만 아니라 집행정지를 요구하는 국제적 잠정조치가 발동 중인 동안에는 사형이 집행되어서는 안 된다. 그러한 잠정조치는 국제법원 및 인권법원 및 위원회, UN조약기구와 같은 국제적 감독기구의 검토를 허용하기 위해 고안되었다. 그러한 잠정조치를 이행하지 않는 것은 관련 국제기구의 업무를 관할하는 특정 조약에 의해 수립된 절차를 신의성실하게 존중할 의무와 양립하지 않는다.198)

47. 제6조 제4항에 의거하여 당사국은 사형수가 사면이나 감형을 모색할 수 있게 허용하고, 일반사면 및 특별사면, 감형의 제공이 적절한 상황에서 보장될 수 있도록 하며, 사면이나 감형에 대한 요청이 의미있게 고려되고 적용가능한 절차에 따라 최종적으로 결정199)되기 전까지 사형이 집행되지 않도록 해야 한다. 어떠한 사형수라도 그러한 구제방안으로부터 선험적으로 배제될 수 있는 유형의 사형수는 없으며, 구제를 받기 위한 조건이 비효과적이거나 불필요하게 힘들거나 그 특성상 차별적이거나 자의적인 방식으로 적용되어서도 안 된다.200) 제6조 제4항은 사면 또는 감형을 모색할 권리를 행사하기 위한 절차를 특정하여 규정하지 않고 있으며, 이에 따라 당사국은 관련 절차를 구체적으로 수립할 재량이 있다.201) 물론 그러한 절차는 국내법에 명시되어 있어야 하며,202) 범죄 피해자의 가족에게 사형집행

---

196) Human Rights Committee, general comment No. 35, para. 45.

197) Human Rights Committee, general comment No. 32 (2007) on the right to equality before courts and tribunals and to a fair trial, para. 22; CCPR/C/MDG/CO/3, para. 16; CCPR/C/79/Add.25, para. 9.

198) Human Rights Committee, general comment No. 33 (2008) on the obligations of States parties under the Optional Protocol to the International Covenant on Civil and Political Rights, para. 19.

199) *Chikunova v. Uzbekistan*, para. 7.6.

200) *Chisanga v. Zambia*, para. 7.5.

201) *Kennedy v. Trinidad and Tobago*, para. 7.4.

202) CCPR/CO/72/GTM, para. 18.

여부를 결정할 수 있는 우선적 역할을 주어서는 안 된다.203) 이뿐만 아니라 사면이나 감형 절차에는 차후에 진행될 과정 및 적용될 실체적 요건에 대한 확실성과 사형수가 사면이나 감형 절차를 개시하고 자신의 개인적 혹은 관련 정황에 대해 변론할 권리, 자신의 요청이 언제 고려될지 사전에 통고받을 권리, 그러한 절차의 결과에 대해 신속하게 통고받을 권리를 비롯한 특정한 필수 보장내용이 제공되어야 한다.204)

48. 제6조 제5항은 범죄 당시에 만 18세 미만인 자가 저지른 범죄에 사형을 부과하는 것을 금지한다.205) 이는 필연적으로 형벌 선고 시 또는 그러한 형이 집행될 것으로 예견되는 시점에서의 연령과 상관없이 해당 범죄로 인하여 절대 사형선고를 받지 않음을 의미한다.206) 가해자가 범죄가 일어난 시점 당시에 만 18세 미만이라는 신뢰할 수 있고 확정적인 증거가 없는 경우, 그 당사자는 의심스럽거나 불확실한 경우에 유리한 해석을 받을 권리를 가지며 사형은 부과될 수 없다.207) 제6조 제5항은 또한 임신한 여성에 대한 사형집행을 금지한다.

49. 당사국은 타인과 동일한 기준에서 자신을 변호하는 데 특별한 어려움이 있는 자, 예컨대 심각한 심리사회적 장애 혹은 지적장애로 인해서 효과적인 자기변호가 어려운 자들과208) 도덕적 비난을 받기에는 한계가 있는 이들에게 사형을 선고하는 것을 삼가야 한다. 또한 자신에 대한 양형 사유를 이해하는 능력이 저하되었거나, 형벌 대상자 및 그 가족에게 사형집행이 특히나 잔인하거나 특히 가혹한 결과로 이어질 사람들, 즉 고령자209) 및 매우 어린 자녀나 돌봄이 필요한 자녀의 부모, 과거에 심각한 인권 침해로 고통받았던 자210) 등에 대한 집행을 삼가야 한다.

50. 제6조 제6항은 아직 완전히 사형폐지국이 아닌 당사국은 가까운 미래에 사실상 그리고 법적으로 완벽히 사형을 폐지하는 방향으로의 되돌릴 수 없는 길에 서야 한다는 입장을 재확인한다. 사형은 생명권의 완전한 존중과 양립할 수 없으며, 사형의 폐지는 인간 존엄성의 신장과 인권의 점진적 발전에 바람직하면서도211) 필수적이다.212) 당사국이 사형에 의존하

---

203) CCPR/CO/84/YEM, para. 15.

203) CCPR/CO/84/YEM, para. 15.
204) A/HRC/8/3 and Corr.1, para. 67.
205) CCPR/C/YEM/CO/5, para. 14.
206) Committee on the Rights of the Child, general comment No. 10 (2007) on children's rights in juvenile justice, para. 75.
207) Ibid., paras. 35 and 39.
208) CCPR/C/JPN/CO/6, para. 13. See also *R.S. v. Trinidad and Tobago* (CCPR/C/74/D/684/1996), para. 7.2.
209) CCPR/C/JPN/CO/5, para. 16.
210) CCPR/C/35/D/210/1986, para. 15.
211) Human Rights Committee, general comment No. 6, para. 6.

는 실질적 빈도나 범주를 넓히는 조치를 취하거나,[213] 사면 및 감형 제공 횟수를 줄이는 조치를 취하는 것은 제6조의 목표와 목적에 배치된다.

51. 제6조 제2항의 사형 적용 조건에 대한 언급을 보면, 규약 작성 시에 당사국들이 보편적으로 사형을 그 자체로 잔혹하거나 비인도적인 또는 굴욕적인 처벌로 간주하지는 않았음을 알 수 있다.[214] 그러나 당사국들의 추후의 합의 또는 그러한 합의를 확정하는 추후의 관행을 살펴보면 사형이 어떠한 상황에서도 규약 제7조에 위배된다는 결론으로 궁극적으로 이어진다.[215] 사형폐지를 목적으로 하는 제2선택의정서 당사국 수의 증가와 사형선고 및 집행을 금지하는 다른 국제 조약들, 사실상 사형집행을 중단한 사형 비폐지국가 수의 증가를 통해 당사국들 간에 사형을 잔혹하고 비인도적인 또는 굴욕적 처벌로 간주하는 공감대를 확립하는 데에 상당한 진전이 있었음을 알 수 있다.[216] 이러한 법적 발전은 사형폐지에 친화적인 규약의 정신에 부합하는데, 이 정신은 특히 제6조 제6항과 제2선택의정서의 문언에서 분명하게 나타난다.

V. 제6조와 규약의 다른 조항 및 다른 법 제도와의 관계

52. 제6조의 기준과 보장내용은 규약의 다른 조항과 중첩되고 상호연관된다. 몇몇 형태의 행위는 제6조와 다른 조항을 모두 동시에 위반한다. 예컨대, 가장 중한 범죄에 해당하지 않는 범죄에 대하여 사형을 적용하는 것(제35항 참고)은 제6조 제2항을 위반할 뿐만 아니라 극단적 성격의 처벌이라는 점에서 제7조도 위반한다.[217] 경우에 따라서 제6조 1항의 내용은 다른 조항의 내용에 의해 확인되기도 한다. 예컨대, 표현의 자유를 행사했다는 이유로 사형을 적용한 경우, 제19조를 위반하여 표현의 자유 행사에 대한 처벌을 부과한 것이므로 제6조 하의 자의적 생명 박탈에 해당할 수 있다.

---

212) Second Additional Protocol to the Covenant, aiming at the abolition of the death penalty, preamble.

213) CCPR/C/TCD/CO/1, para. 19.

214) *Kindler v. Canada*, para. 15.1.

215) *Ng v. Canada*, para. 16.2; European Court of Human Rights, *Öcalan v. Turkey* (application No. 46221/99), judgment of 12 May 2005, paras. 163-165.

216) *Judge v. Canada*, para. 10.3; A/HRC/36/27, para. 48; African Commission on Human and Peoples' Rights, *General Comment No. 3 on the African Charter on Human and Peoples' Rights: The Right to Life (Article 4)*, para. 22.

217) Human Rights Committee, general comment No. 20 (1992) on the prohibition of torture or other cruel, inhuman or degrading treatment or punishment, para. 5; European Court of Human Rights, *Gatt v. Malta* (application No. 28221/09), judgment of 27 July 2010, para. 29.

53. 제6조는 또한 인권 보호 및 실현을 촉진하고 이를 위해 노력했다는 이유로 자행된 보복 행위로부터 개인을 보호하기 위해 규약 및 선택의정서 하에서 부담하는 당사국의 의무를 강화하는데, 당사국이 지는 의무는 위원회와 협력이나 소통 등을 통할 것을 포함한다.[218] 당사국은 인권 옹호를 위한 안전하고 적법한 환경을 조성 및 유지하는 등, 살해위협에 대응하고 인권 운동가들에게 적절한 보호를 제공하기 위한 조치를 취해야 한다.[219]

54. 고문과 비인도적 대우는 대상이 된 개인의 신체적, 정신적 건강에 심각한 영향을 미칠 수 있으며, 이로 인해 생명박탈의 위험을 야기할 수 있다. 또한 심문받는 사람을 고문하거나 잔혹하고 비인도적인 또는 굴욕적인 대우를 하여 얻은 정보에 기반한 형사 유죄판결이 사형선고로 이어진 경우, 이는 제6조뿐만 아니라 규약 제7조와 제14조 제3(g)항에 대한 위반이다(상기 제41항도 참고).[220]

55. 실제적 생명위협이 있다고 믿을 만한 상당한 근거가 있는 국가로 개인을 송환하는 것은 규약 제6조 및 제7조에 위배된다(상기 제31항 참고).[221] 또한 사형수에게 해당 선고가 감형되었다고 믿게 만들었다가 추후 감형이 이뤄지지 않았음을 통지하는 것과[222] 애초에 무효인 사형선고에 의거하여 집행을 기다리게 만드는 것은[223] 제6조 및 제7조 모두에 위배된다.

56. 개인의 생명을 자의적으로 박탈하는 것은 유족에게 정신적인 고통을 초래할 수 있으며, 이는 규약 제7조 하의 그들 자신의 권리에 대한 위반에 해당할 수 있다. 또한 생명의 박탈에 자의성이 없었다 할지라도 개인의 죽음과 관련된 상황에 대한 정보를 유족에게 제공하지 않음으로써 제7조 하의 그들의 권리를 침해할 수 있다.[224] 그러한 권리 위반에는 시신의 위치를 알려주지 않거나,[225] 사형이 적용된 경우에 사형집행이 있을 것으로 예상되는 날짜를 알려주지 않는 것도 해당된다.[226] 당사국에 의해 개인의 생명이 박탈된 경우, 유족

---

218) Human Rights Committee, general comment No. 33, para. 4; *Birindwa and Tshisekedi v. Zaire*, communications Nos. 241 and 242/1987, para. 12.5; CCPR/C/MDV/CO/1, para. 26; Declaration on the Right and Responsibility of Individuals, Groups and Organs of Society to Promote and Protect Universally Recognized Human Rights and Fundamental Freedoms, art. 9 (4).

219) Declaration on the Right and Responsibility of Individuals, Groups and Organs of Society to Promote and Protect Universally Recognized Human Rights and Fundamental Freedoms, art. 12 (2).

220) *Aboufaied v. Libya* (CCPR/C/104/D/1782/2008), paras. 7.4 and 7.6; *El-Megreisi v. Libyan Arab Jamahiriya* (CCPR/C/50/D/440/1990), para. 5.4.

221) Human Rights Committee, general comment No. 31, para. 12.

222) *Chisanga v. Zambia*, para. 7.3.

223) *Johnson v. Jamaica* (CCPR/C/64/D/592/1994), para. 10.4.

224) *Eshonov v. Uzbekistan*, para. 9.10.

225) *Kovaleva and Kozyar v. Belarus*, para. 11.10.

226) CCPR/C/JPN/CO/6, para. 13.

이 희망하는 경우라면 그 유해를 유족에게 인도해야 한다.[227]

57. 규약 제6조 제1항에서 보장하는 생명을 보호받을 권리를 포함해 제6조에서 보장하는 생명권은 제9조 제1항에서 보장하는 신체의 안전에 대한 권리와 중첩될 수 있다. 그 자체로 생명을 위협하는 극단적 형태의 자의적 구금, 특히 강제실종은 개인의 자유와 안전에 대한 권리를 침해하고 생명권에도 위배된다(아래 제58항도 참고).[228] 실종을 방지하기 위해 특별히 마련된 제9조 제3항 및 제4항의 절차적 보장을 준수하지 않는 것도 제6조 위반으로 귀결될 수 있다.[229]

58. 강제실종은 생명에 대한 중대한 위협이 되는 독특하고도 통합적인 일련의 작위 및 부작위를 이룬다.[230] 자유를 박탈한 이후에 그러한 자유의 박탈을 인정하지 않거나 실종자의 생사를 숨기는 행위는 사실상 법의 보호를 받을 실종자의 권리를 박탈하고 실종자의 생명을 심각한 위험에 지속적으로 노출시키는 것으로, 이에 대한 책임은 국가에 있다.[231] 따라서 강제실종은 생명권의 위반이자 규약에서 인정하는 다른 권리를 위반하는데, 특히 규약 제7조(고문 또는 잔혹한, 비인도적인 또는 굴욕적인 대우나 처벌 금지), 제9조(신체의 자유와 안전), 제16조(법 앞에 인간으로서 인정받을 권리)를 위반한다. 당사국은 개인의 강제실종을 방지하기 위해 적절한 조치를 취해야 하며, 강제실종에 처해졌을 수도 있는 개인의 생사와 행방을 확인하기 위해 효과적이고 신속한 조사를 실시해야 한다. 당사국은 또한 사람의 강제실종이 적절한 형사제재로 처벌받도록 보장해야 하며, 원칙적으로 일반적인 형사사법제도 내에서 운영되는 독립적이고 공정한 기관이 실종 사건을 철저하게 수사할 수 있도록 신속하고 효과적인 절차를 도입해야 한다.[232] 수사 기관은 해당 작위 혹은 부작위의 가해자를 재판에 회부하고 강제실종의 피해자 및 피해자 친족에게 조사결과를 알리며 완전한 배상이 제공되도록 해야 한다.[233] 어떤 상황에서도 강제실종 피해자 가족이 배상자격을 갖추기 위해 어쩔 수 없이 강제실종자를 사망신고하는 일이 없도록 해야 한다.[234] 당사국은 또한 적절한

---

227) CCPR/C/BWA/CO/1, para. 13.
228) *Mojica v. Dominican Republic* (CCPR/C/51/D/449/1991), para. 5.4; *Guezout et al. v. Algeria* (CCPR/C/105/D/1753/2008), paras. 8.4 and 8.7.
229) Human Rights Committee, general comment No. 35, para. 58.
230) *Bousroual v. Algeria* (CCPR/C/86/D/992/2001), para. 9.2; *Katwal v. Nepal* (CCPR/C/113/D/2000/2010), para. 11.3.
231) *El Boathi v. Algeria* (CCPR/C/119/D/2259/2013), para. 7.5.
232) Human Rights Committee, *Herrera Rubio v. Colombia*, communication No. 161/1983, para. 10.3; general comment No. 6, para. 4.
233) International Convention for the Protection of All Persons from Enforced Disappearance, art. 24.
234) *Prutina et al. v. Bosnia and Herzegovina* (CCPR/C/107/D/1917/2009,1918/2009,1925/2009 and

시간이 지난 후 실종자 가족에게 실종자와 관련하여 그들의 법적 지위를 정식으로 정할 수 단을 제공해야 한다.[235]

59. 제6조와 제20조 사이에는 특별한 관련성이 존재한다. 제20조는 전쟁을 위한 어떠한 선전도 금지하고 차별, 적의 또는 폭력을 선동하는 특정 형태의 주장도 금지한다. 제20조에 명시된 그러한 의무를 준수하지 않는 것은 제6조 하의 생명권을 보호하기 위해 필요한 조치를 취하지 않은 것에도 해당할 수 있다.[236]

60. 규약 제24조 제1항에 의거하여 모든 아동은 미성년자라는 지위로 인해 자신의 가족, 사회 및 국가로부터 보호조치를 받을 자격이 있다. 제6조에서 모든 개인의 생명을 보호하기 위해 일반적인 조치를 요구하는 것과는 별개로, 제24조 제1항은 모든 아동의 생명을 보호하기 위해 고안된 특별 조치를 채택할 것을 요구한다.[237] 특별 보호 조치 수립 시에 당사국은 아동의 최선의 이익에 따라야 하며,[238] 모든 아동의 생존과 발달과[239] 복지를 보장할 필요에 따라야 한다.[240]

61. 생명권은 인종, 피부색, 성별, 언어, 종교, 정치적 또는 그 밖의 견해, 민족적 또는 사회적 출신, 재산, 출생, 또는 카스트를[241] 포함한 다른 지위, 민족, 선주민 부족의 일원, 성적 지향 혹은 성정체성,[242] 장애,[243] 사회경제적 지위,[244] 선천성색소결핍증,[245] 연령[246] 등 어떠한 종류의 차별 없이 존중되고 보장되어야 한다. 생명권의 법적 보호는 모든 개인에게 동등하게 적용되며, 복합적 및 교차적 형태의 차별을 포함한 모든 형태의 차별로부터 효과적인 보장이 제공되어야 한다.[247] 법률상 혹은 사실상 차별로 인한 생명의 박탈은 성격상

1953/2010), para. 9.6.

235) International Convention for the Protection of All Persons from Enforced Disappearance, art. 24.

236) International Criminal Tribunal for Rwanda, *Prosecutor v. Ruggiu* (case No. ICTR-97-32-1), Trial Chamber, judgment of 1 June 2000, para. 22.

237) See Human Rights Committee, general comments No. 17 (1989) on the rights of the child, para. 1, and No. 32, paras. 42-44; *Prutina et al. v. Bosnia and Herzegovina*, para. 9.8.

238) Convention on the Rights of the Child, art. 3 (1).

239) Ibid., art. 6(2).

240) Ibid., art. 3(2).

241) CCPR/C/79/Add.81, para. 15.

242) CCPR/C/IRN/CO/3, para. 10.

243) CCPR/CO/72/NET, para. 6.

244) *Whelan v. Ireland* (CCPR/C/119/D/2425/2014), para. 7.12.

245) E/C.12/COD/CO/4, para. 19.

246) Inter-American Court of Human Rights, *Yakye Axa Indigenous Community v. Paraguay*, para. 175.

247) CCPR/C/USA/CO/4, para. 8.

그 자체로 자의적이다. 여성살해는 여아와 여성을 대상으로 한 극단적 형태의 성차별적 폭력으로, 특별히 생명권에 대한 극심한 형태의 폭행이다.[248]

62. 환경악화, 기후변화, 지속불가능한 개발은 현세대와 미래 세대의 생명권 향유 능력을 위협하는 가장 시급하고 심각한 위협에 속한다.[249] 따라서 국제환경법에 따른 당사국의 의무는 규약 제6조의 내용에 영향을 미치고, 또한 당사국의 생명권 존중 및 보장 의무는 국제환경법에 따른 관련 의무에 영향을 미친다.[250] 생명권을 존중하고 보장할 의무의 이행, 특히 존엄한 삶을 존중하고 보장할 의무의 이행은 공공 및 민간 주체가 초래한 해악 및 오염, 기후변화로부터 환경을 보호하고 보존하기 위해 당사국이 취한 조치에 달려있다. 따라서 당사국은 지속가능한 천연자원 사용을 보장하고 실체적 환경 기준을 개발·시행하며, 환경영향평가를 실시하고 환경에 상당한 영향을 미칠 수 있는 활동에 관해 관련 당사국과 협의하며, 다른 당사국에 자연 재해 및 비상 상황을 알려주고 이들과 협력하며, 환경적 위험요소 관련 정보에 대한 적절한 접근을 제공하고, 사전주의적 접근법을 충분히 고려해야 한다.[251]

63. 규약 제2조 제1항을 고려해 당사국은 자국의 영토 내에 있는 모든 개인과 자국 관할권에 있는 모든 개인에 대하여 제6조에 명시된 권리를 존중하고 보장해야 할 의무를 가진다. 즉 해당 당사국의 권한 및 실효적 지배권 내에 있는 모든 사람에 대하여 생명권 향유를 존중하고 보장해야 한다.[252] 여기에는 영토 이외의 지역에 있더라도 당사국의 실효적 지배권 내에 있는 개인도 포함된다. 이들의 생명권도 당사국의 군사 활동 및 기타 활동에 의해 직접적이며 합리적으로 예견가능한 방식으로 영향을 받기 때문이다(상기 제22항도 참고).[253] 당사국은 또한 국제법에 따라 생명권을 위반하는 다른 국가나 비국가행위자의 활동을 원조 혹은 지원하지 않아야 할 의무가 있다.[254] 더욱이 당사국은 당사국의 실효적 지배 하에 있

---

248) A/HRC/20/16, para. 21.

249) Declaration of the United Nations Conference on the Human Environment, para. 1; Rio Declaration on Environment and Development, principle 1; United Nations Framework Convention on Climate Change, preamble.

250) Paris Agreement, preamble.

251) Rio Declaration on Environment and Development, principles 1-2, 11, 15 and 17-18; Convention on Access to Information, Public Participation in Decision-Making and Access to Justice in Environmental Matters.

252) Human Rights Committee, general comment No. 31, para. 10; CCPR/C/GBR/CO/6, para. 14.

253) CCPR/C/USA/CO/4, para. 9.

254) Responsibility of States for internationally wrongful acts, art. 16; International Court of Justice, *Application of the Convention on the Prevention and Punishment of the Crime of Genocide (Bosnia and Herzegovina* v. *Serbia and Montenegro)*, judgment of 26 February 2007, para. 420.

는 점령지 등의 장소에 있거나 이 규약을 적용할 국제적 의무를 부담하는 영토에 있는 개인의 생명을 존중하고 보호해야 한다. 당사국은 또한 당사국에 의해 등록되었거나 당사국 국기를 달고 있는 선박 혹은 항공기에 탑승한 모든 개인의 생명을 존중하고 보호해야 하며, 해상 구조에 관한 국제법에 따라 해상 조난의 상황에 처한 개인의 생명도 존중하고 보호해야 한다.[255] 자유를 박탈당한 개인은 자국의 실효적 지배에 놓이게 된다는 점을 고려하여, 당사국에 의해 체포되거나 구금된 모든 개인에 대해서는 자국 영토 밖에서 체포되거나 구금되었다 할지라도 생명권을 존중하고 보호해야 한다.[256]

64. 규약의 나머지 조항과 마찬가지로 제6조는 국제인도법 규칙이 적용되는 적대행위를 비롯한 무력충돌의 상황에서도 계속 적용된다.[257] 국제인도법 규칙과 제6조의 적용이 모두 요구되는 상황인 경우에 국제인도법 규칙이 제6조의 해석 및 적용과 관련이 있을 수 있는데, 두 법 영역은 상호보완적이며 상호배타적이지 않다.[258] 국제인도법이나 다른 적용가능한 국제법 규범에 부합하는 치명적인 물리력의 사용은 일반적으로 자의적이지 않다. 반면에 민간인과 국제인도법에 의해 보호되는 자들의 생명에 대한 위험을 수반하는 국제인도법에 부합하지 않는 관행은 규약 제6조 위반에 해당하는데, 예컨대 민간인, 민간 시설, 그리고 민간인 생존에 필수적인 물자를 표적으로 하는 것, 무차별적 공격, 사전예방의 원칙 및 비례성의 원칙 미적용, 인간을 방패로 사용하는 것은 규약 제6조의 위반이다.[259] 당사국은 일반적으로 치명적 물리력을 사용하여 개인을 공격하거나 물자에 대한 표적공격이 생명박탈로 이어질 것으로 예상되는 경우에 그러한 공격의 기준을 공개해야 한다. 그러한 기준에는 특정 공격의 법적 근거, 군사적 목표물 및 전투원 혹은 적대행위에 직접 가담한 자를 식별하는 과정, 관련 전투 수단 및 방법이 사용된 정황,[260] 덜 치명적인 대안의 검토 여부 등이 포함된다. 또한 당사국은 관련 국제기준에 따라 무력충돌 상황에서 제6조 위반에 대한 주장이나 의혹이 있다면 이에 대해서도 조사해야 한다(상기 제27－28항 참고).[261]

---

255) CCPR/C/MLT/CO/2, para. 17; United Nations Convention on the Law of the Sea, art. 98; International Convention for the Safety of Life at Sea, chap. V, regulation 10.

256) Human Rights Committee, general comment No. 31, para. 10; *Saldías de López v. Uruguay*, communication No. R.12/52, paras. 12.1-13; *Celiberti de Casariego v. Uruguay*, communication No. R.13/56, paras. 10.1-11; *Domukovsky v. Georgia* (CCPR/C/62/D/623/1995, 624/1995, 626/1995 and 627/1995), para. 18.2.

257) Human Rights Committee, general comments No. 31, para. 11, and No. 29 (2001) on derogations from provisions of the Covenant during a state of emergency, para. 3.

258) Human Rights Committee, general comments No. 31, para. 11, and No. 29, paras. 3, 12 and 16.

259) CCPR/C/ISR/CO/3, paras. 9-10.

260) CCPR/C/USA/CO/4, para. 9.

65. 기존 무기의 배치, 사용, 판매, 구입을 비롯해 무기 및 전투 수단과 방법의 연구, 개발, 획득, 도입에 관여한 당사국은 생명권에 미치는 영향을 항상 고려해야 한다.[262] 예컨대, 인간적 동정이나 판단력이 결여된 자율무기체계를 개발하는 것은 그러한 무기체계 사용에 따른 법적 책임과 관련된 문제를 비롯해 생명권과 관련한 법적, 윤리적으로 어려운 문제를 제기한다. 따라서 위원회는 그러한 무기체계의 사용이 제6조나 다른 국제법의 관련 규범에 부합됨이 확립되지 않은 이상 전시든 평시든 그러한 무기체계는 개발되거나 가동되지 않아야 한다는 입장이다.[263]

66. 대량살상무기, 특히 핵무기의 위협이나 사용은 그 효과가 무차별적이고 대참사 수준으로 인간 생명을 앗아가는 성질을 지니므로 생명권 존중과 양립할 수 없으며, 국제법상 범죄에 해당할 수 있다. 당사국은 국제적 의무에 따라 비국가행위자에 의한 대량살상무기 획득 방지를 비롯해 대량살상무기 확산을 방지하고, 대량살상무기의 개발, 생산, 실험, 획득, 비축, 매각, 이전, 사용을 삼가고, 현재 비축무기를 파기하는 데 필요한 모든 조치를 취하며 우발적 사용을 막기 위한 적절한 조치를 취해야 한다.[264] 당사국은 또한 엄정하고 실효적인 국제적 감독 하에 핵군축 목표를 달성하기 위해 신의성실하게 협상을 추진할 국제적 의무를 존중해야 하며,[265] 대량살상무기의 실험 혹은 사용으로 인해 생명권에 악영향을 받았거나 받고 있는 피해자에 대해서는 국제 책임의 원칙에 따라 적절한 배상을 해야 한다.[266]

67. 제6조는 규약 제4조 제2항의 훼손 불가능한 권리 명단에 포함된다. 따라서 제6조에 포함된 자의적 생명 박탈로부터의 보장은 무력충돌 및 다른 공공 비상사태를 비롯한 모든 상황에 계속해서 적용된다.[267] 그러나 국가의 생존을 위협하는 공공 비상사태의 존재와 성격은 생명의 박탈을 초래하는 특정한 작위 혹은 부작위의 자의성 여부에 대한 판단 및 당사

261) *The Minnesota Protocol on the Investigation of Potentially Unlawful Death (2016)*, paras. 20-22.

262) Protocol additional to the Geneva Conventions of 12 August 1949, and relating to the protection of victims of international armed conflicts (Protocol I), art. 36.

263) A/HRC/23/47, paras. 113-114.

264) See Treaty on the Non-Proliferation of Nuclear Weapons; Comprehensive Nuclear-Test-Ban Treaty; Treaty on the Prohibition of Nuclear Weapons (not yet in force); Convention on the Prohibition of the Development, Production and Stockpiling of Bacteriological (Biological) and Toxin Weapons and on Their Destruction; Convention on the Prohibition of the Development, Production, Stockpiling and Use of Chemical Weapons and on Their Destruction.

265) Human Rights Committee, general comment No. 14, para. 7; Legality of the Threat or Use of Nuclear Weapons, Advisory Opinion of 8 July 1996 of the International Court of Justice.

266) CCPR/C/FRA/CO/5, para. 21.

267) Human Rights Committee, general comment No. 29, para. 7.

국이 취해야 하는 적극적 조치의 범위에 대한 결정과 연관될 수 있다. 생명권을 제외한 규약의 일부 권리가 훼손의 대상이 될 수 있다 하더라도, 제6조의 적용을 지원하는 훼손가능한 권리는 훼손 조치에 의해 약화될 수 없다.[268] 이러한 권리에는 사형사건에서 공정한 재판을 받을 권리 등의 절차적 보장이 포함되며, 생명권 침해에 대한 수사, 기소, 처벌, 구제를 위한 적절한 조치를 취할 의무 등 권리의 정당성을 입증하기 위한 접근가능하고 효과적인 조치도 포함된다.

68. 제6조에 규정된 강행적이고 훼손 불가한 의무에 대하여 유보하는 것은 규약의 목표 및 목적에 부합하지 않는다. 특히, 개인에 대한 자의적 생명 박탈 금지와 제6조에 명시된 사형의 적용과 관련된 엄격한 제한에 대해서는 어떠한 유보도 허용되지 않는다.[269]

69. 전쟁이나 다른 집단폭력 행위는 지속적으로 매년 수천 명의 인류의 목숨을 앗아가는 재앙이다.[270] 전쟁이나 모든 기타 무력충돌을 예방하고 국제평화와 안전을 강화하기 위한 노력은 생명권의 가장 중요한 보호조치 중 하나이다.[271]

70. 국제법에서 정의된 침략행위에 관여한 당사국이 생명 박탈을 초래하면 그 자체로 규약의 제6조를 위반한 것이다. 동시에 당사국은 국제공동체의 일원으로서 생명을 보호하고, 침략행위, 국제테러, 제노사이드, 인도에 반한 죄, 전쟁범죄를 비롯한 생명권에 대한 광범위하거나 체계적인 공격에 대항할 책임이 있음을 상기하고[272], 동시에 국제법상 모든 의무를 준수해야 한다. 국제분쟁을 평화적 수단에 의해 해결하기 위해 모든 합리적 조치를 다하지 않은 당사국은 생명권 보장을 위한 적극적 의무를 충족하지 못하는 것일 수 있다.

제37호: 제21조 (평화적 집회의 권리)
(2020년 제129차 회기 채택)

Ⅰ. 서론

1. 평화적 집회에 관한 기본적 인권은 개인이 집단적으로 자신의 의사를 표현하고 그들이

---

268) Ibid., para. 16.
269) Human Rights Committee, general comment No. 24 (1994) on issues relating to reservations made upon ratification or accession to the Covenant or the Optional Protocols thereto, or in relation to the declarations under article 41 of the Covenant, para. 8.
270) Human Rights Committee, general comment No. 14, para. 2.
271) Human Rights Committee, general comment No. 6, para. 2.
272) General Assembly resolution 60/1, paras. 138-139.

속한 사회를 형성하는 데 참여할 수 있도록 해준다. 평화적 집회의 권리는 타인과의 연대 속에서 개인의 자주권 행사 능력을 보호한다는 점에서 그 자체로서 중요한 권리이다. 기타 관련된 권리와 함께, 이 권리는 민주주의, 인권, 법의 지배, 다원주의 등에 기반을 둔 참여 적 거버넌스 제도의 기반을 이루기도 한다. 평화적 집회는 참여자가 공공 영역에서 생각과 열망하는 목적을 발전시키고 그러한 생각과 목적에 대한 지지 또는 반대의 정도를 설정하 는 데 핵심적 역할을 할 수 있다. 불만을 표출하기 위해 사용되는 경우, 평화적 집회는 서 로 다름에 대한 포용적, 참여적, 평화적 해결의 기회를 창출해 낼 수 있다.

2. 더욱이 평화적 집회의 권리는 경제적, 사회적 및 문화적 권리를 포함한 다른 광범위한 권리들을 인정하고 실현할 수 있도록 사용될 수 있으며 또한 그렇게 사용되어 온 가치 있 는 수단이다. 이 권리는 소외된 개인과 집단에게 특히 중요하다. 평화적 집회 권리의 존중 및 보장의 실패는 전형적인 탄압의 징표이다.

3. 시민적 및 정치적 권리에 관한 국제규약 제21조의 첫 문장은 "평화적 집회의 권리가 인 정된다."라고 규정하고 있다. 이 권리는 다른 국제적 및 지역적 법문에서 유사한 용어로 규 정되어 있으며,[1) 그 내용은 감시기구에 의해, 예컨대 감사기구의 의견, 최종견해, 결의, 해 석 지침, 사법적 결정을 통해 구체화되어 왔다.[2) 대다수의 국가들은 평화적 집회의 권리를 인정하는 국제법의 구속을 받을 뿐 아니라 자국의 헌법에서도 이 권리를 인정하고 있다.[3)

---

1) For example, the Universal Declaration of Human Rights (art. 20 (1)); the Convention for the Protection of Human Rights and Fundamental Freedoms (European Convention on Human Rights) (art. 11); the American Convention on Human Rights (art. 15); and the African Charter on Human and Peoples' Rights (art. 11). The Arab Charter on Human Rights protects the right for citizens (art. 24). Specific obligations relating to participation in peaceful assemblies can also be found in the Convention on the Rights of the Child (art. 15); the International Convention on the Elimination of All Forms of Racial Discrimination (art. 5 (d) (ix)); and the African Charter on the Rights and Welfare of the Child (art. 8).

2) For examples from the regional mechanisms, see Organization for Security and Cooperation in Europe (OSCE), Office for Democratic Institutions and Human Rights, and European Commission for Democracy through Law (Venice Commission), *Guidelines on Freedom of Peaceful Assembly*, 3rd ed. (Warsaw/Strasbourg, 2019); African Commission on Human and Peoples' Rights, *Guidelines on Freedom of Association and Assembly in Africa* (Banjul, 2017) and *Guidelines for the Policing of Assemblies by Law Enforcement Officials in Africa* (Banjul, 2017); and Inter-American Commission on Human Rights, Office of the Special Rapporteur for Freedom of Expression, *Protest and Human Rights: Standards on the rights involved in social protest and the obligations to guide the response of the State* (2019).

3) A total of 184 of the 193 States Members of the United Nations recognize the right to peaceful assembly in their constitutions. See www.rightofassembly.info.

4. 평화적 집회의 권리는 특정한 목적, 주로 표현을 목적으로 하는 사람들의 비폭력 모임을 보호한다.[4] 이 권리는 집단적으로 행사되는 개인의 권리에 해당한다.[5] 따라서 이 권리의 본질적 요소는 결사이다.

5. 시민 및 비시민 모두가 평화적 집회의 권리를 가진다. 이 권리는 예컨대 외국인,[6] 이주민(등록 또는 미등록),[7] 망명신청자, 난민,[8] 무국적자에 의해 행사될 수도 있다.

6. 규약 제21조는 어느 장소에서 이루어지든지 불문하고 평화적 집회를 보호한다. 실외, 실내, 온라인을 가리지 않으며, 공공 및 사적 공간 또는 이러한 장소들의 혼합도 불문한다. 그러한 집회는 여러 형태를 띨 수 있는데, 시위, 항의, 회의, 행진, 집결, 연좌농성, 촛불시위, 플래시몹 등 다양하다. 피켓시위와 같은 비유동적 집회나 행진 또는 행군과 같은 유동적 집회를 막론하고 제21조의 보호를 받는다.

7. 평화적 집회는 많은 경우에 논란의 여지가 있는 목적을 추구하지 않으며, 혼란을 거의 또는 전혀 초래하지 않는다. 예를 들어 국경일을 기념하거나 스포츠 경기 결과를 축하하기 위한 목적일 수 있다. 그러나 때로는 평화적 집회도 논쟁적인 생각이나 목적을 추구하기 위해 사용될 수 있다. 그 규모나 성격에 따라 차량 흐름이나 보행자의 움직임 또는 경제적 활동 등에 혼란을 초래할 수 있다.[9] 의도했건 의도하지 않았건, 이러한 결과가 있다고 해서 그러한 집회가 향유하는 보호에 대한 의문이 제기되는 것은 아니다. 집회행사가 그러한 혼란이나 위험을 초래할 수 있는 정도까지 규약의 틀 내에서 관리되어야 한다.

8. 평화적 집회의 권리를 인정함으로써 당사국은 그 권리의 행사를 존중하고 보장할 의무를 지게 된다.[10] 이에 따라 국가는 그러한 집회가 부당한 간섭 없이 이루어질 수 있게 허용하고, 권리 행사를 용이하게 하며 참가자를 보호해야 한다. 제21조의 두 번째 문장에서 가능한 제한에 대한 근거를 규정하고 있으나, 그러한 제한은 어떠한 것이든 좁게 해석해야 한다. 사실상 부과될 수도 있는 제한에는 한계가 있다.

---

4) *Kivenmaa v. Finland* (CCPR/C/50/D/412/1990), para. 7.6; *Sekerko v. Belarus* (CCPR/C/109/D/1851/2008), para. 9.3; and *Poplavny and Sudalenko v. Belarus* (CCPR/C/118/D/2139/2012), para. 8.5.

5) General comment No. 31 (2004) on the nature of the general legal obligation imposed on States parties to the Covenant, para. 9.

6) General comment No. 15 (1986) on the position of aliens under the Covenant, paras. 1-2; and CCPR/C/KWT/CO/3, para. 42.

7) CCPR/C/DOM/CO/6, para. 32.

8) CCPR/C/NPL/CO/2, para. 14.

9) CCPR/C/KOR/Q/4, para. 26.

10) International Covenant on Civil and Political Rights, art. 2 (1).

9. 평화적 집회의 권리는 특히 표현의 자유, 결사 및 정치 참여의 자유와 같이 종종 중복되기도 하는 다른 권리들이 보호될 때에만 비로소 완전히 보호될 수 있다.[11] 또한 평화적 집회의 권리에 대한 보호는 종종 더 광범위한 시민적 및 정치적 권리와 경제적, 사회적, 문화적 권리가 실현되어야 가능하다. 개인들의 행위가 가령 폭력적으로 행사되어 제21조의 보호 범위를 벗어나는 경우에도 규약상의 다른 권리는 계속 보유하는데, 다만 적용가능한 제약 및 제한의 적용을 받는다.

10. 집회가 수행되는 방식과 환경은 시간이 지나면서 바뀐다. 이로 인해 당국의 접근 방식도 영향을 받을 수 있다. 예를 들어, 새로 등장하는 정보통신 기술이 전적으로 또는 부분적으로 온라인상의 결집 기회를 제공하고 종종 물리적 모임의 조직 및 참여, 감시에도 필수적인 역할을 한다는 점을 고려하면, 그러한 정보통신에 대한 간섭은 집회를 방해할 수 있다. 감시 기술은 폭력의 위협을 탐지하여 일반 대중을 보호하는 데 사용될 수도 있지만, 참여자와 행인의 사생활권과 기타 권리를 침해하여 위축효과를 낳을 수도 있다. 더욱이 일반 대중이 접근가능한 공간과 통신 플랫폼에 대한 사적 소유와 기타 형태의 통제가 점점 많아지고 있다. 제21조에서 요구하는 법적인 틀을 현대적으로 해석함에 있어서 이러한 면들에 대한 고려가 반영될 필요가 있다.

Ⅱ. 평화적 집회의 권리 범위

11. 누군가의 집회 참여가 제21조에 따라 보호를 받는가 여부를 정하는 일은 두 단계의 과정을 수반한다. 첫째, (현재 단락에서 설명하는 바와 같이) "평화적 집회"의 참여에 해당한다는 측면에서 그 사람의 문제되는 행위가 이 권리가 제공하는 보호 범위 내에 있는가 여부를 결정해야 한다. 만일 그렇다면 국가는(아래 Ⅲ 단락에서 설명하는 바와 같이) 참가자의 권리를 존중하고 보장해야 한다. 둘째, 이 권리의 행사에 적용되는 모든 제한들이 (아래 Ⅳ 단락에서 설명하는 바와 같이) 해당 맥락에서 적법한가 여부를 결정해야 한다.

12. "집회"에의 참여는 자신을 표현하거나 특정한 쟁점에 대한 입장을 전달하거나 생각을 교환하는 등의 목적을 위하여 사람들의 모임을 조직하거나 참가하는 일을 의미한다. 모임은 집단의 결속이나 정체성을 주장하거나 확인하기 위한 의도를 가질 수 있다. 집회는 그러한 목적을 가지는 것 외에도 가령 연예, 문화, 종교 또는 상업적 목적과 같은 기타의 목적을 가질 수 있으며, 이 경우에도 제21조에 따른 보호를 받는다.

13. 집회라는 개념이 모임에 한 사람 이상의 참여자가 있음을 내포하고 있지만,[12] 단 한 명

---

11) A/HRC/39/28, para. 14.

의 시위자라도 가령 제19조의 경우처럼 규약에 따라 상당한 보호를 받는다. 평화적 집회의 권리 행사가 일반적으로는 사람들의 물리적 모임에 적용되는 것으로 이해되지만, 제21조의 보호 범위는 온라인의 경우처럼 집회에의 원격 참여나 온라인 집회를 조직하는 것에까지 확대된다.13)

14. 평화적 집회는 대개 사전에 조직되며 주최자가 당국에 신고하여 필요한 준비를 할 수 있는 시간적 여유가 있다. 그러나 주로 현안에 대한 직접적인 반응으로 발생하는 즉흥적인 집회도 조직화 여부와 상관없이 마찬가지로 제21조의 보호를 받는다. 반대 시위는 한 집회가 다른 집회에 대한 반대를 표현하기 위해 열릴 때 발생한다. 양측 집회 모두 제21조의 보호 범위에 포함될 수 있다.

15. "평화적" 집회는 광범위하고 심각한 폭력으로 특징되는 집회와 대조된다. 따라서 "평화"와"비폭력"이라는 용어는 이러한 맥락에서 상호호환해서 사용될 수 있다. 평화적 집회의 권리는 그 개념 정의상 폭력을 사용하여 행사되어서는 안 된다. 제21조의 맥락에서 "폭력"은 대개 참여자가 다른 자들에 대하여 부상이나 사망 또는 심각한 재산상 피해를 초래할 가능성이 높은 물리적 힘을 사용하는 것을 수반한다.14) 단순히 누르거나 밀치기, 차량 혹은 보행자 흐름을 방해하는 행위 또는 일상적 활동은 "폭력"에 해당하지 않는다.

16. 어떤 집회에서 참여자의 행위가 평화적이라면 주최자나 참여자가 집회와 관련한 일정한 국내법상 요구사항을 충족하지 못했다는 사실만으로 참여자가 제21조의 보호 범위에서 제외되는 것은 아니다.15) 집단적 시민불복종이나 직접행동 캠페인은 비폭력적인 경우라면 제21조의 적용 대상이 될 수 있다.16)

17. 평화적인 집회와 그렇지 않은 집회가 언제나 뚜렷이 구분되는 것은 아니지만, 집회는 평화적인 것으로 추정된다.17) 더욱이 일부 참가자의 개별적 폭력 행위를 다른 참가자나 주최측, 집회 자체의 책임으로 돌려서는 안 된다.18) 따라서 어떤 참가자는 제21조의 적용을 받는 반면, 동일한 집회에서 다른 참가자는 그렇지 않을 수도 있다.

---

12) *Coleman v. Australia* (CCPR/C/87/D/1157/2003), para. 6.4.

13) See A/HRC/41/41.

14) OSCE and Venice Commission, *Guidelines on Freedom of Peaceful Assembly*, para. 51.

15) European Court of Human Rights, *Frumkin v. Russia* (application No. 74568/12), judgment of 5 January 2016, para. 97.

16) CCPR/C/CHN-MAC/CO/1, para. 16.

17) A/HRC/31/66, para. 18.

18) Inter-American Court of Human Rights, *Women Victims of Sexual Torture in Atenco v. Mexico*, judgment of 28 November 2018, series C, No. 371, para. 175; and European Court of Human Rights, *Frumkin v. Russia*, para. 99.

18. 집회가 평화적인가 아닌가의 문제는 참가자로부터 기인한 폭력으로부터 답을 찾아야 한다. 당국이나 그들을 대신하여 행동한 선동공작원이 평화로운 집회 참가자를 대상으로 폭력을 행사한다고 해서 집회가 평화롭지 않은 것이 되는 것은 아니다. 집회를 표적으로 가해지는 일반 대중 또는 반대 시위 참가자에 의한 폭력의 경우에도 마찬가지이다.

19. 당국에서 신뢰할 수 있는 증거를 제시할 수 있다면 집회의 특정 참가자의 행위가 폭력적이라고 여겨질 수 있다. 그 증거란 해당 참가자가 사건이 발생하기 이전 또는 진행되는 동안에 타인으로 하여금 폭력을 쓰도록 선동하고 있으며 그러한 행위가 폭력을 야기할 수 있다는 점, 참여자가 폭력 의도와 이에 의거해 행동할 계획이 있다는 점, 또는 이들의 폭력이 임박했음에 대한 증거이다.[19] 그러한 행동의 개별 사례들이 집회 전체를 비평화적 시위로 변질시키는 충분조건은 아니지만, 그런 행동이 집회 내에 명백하게 만연해 있는 경우에 그러한 모임에의 참여는 더는 제21조의 보호를 받지 못한다.

20. 참가자가 무기 또는 무기로 보일 수 있는 물건이나 방독면이나 안전모와 같은 보호장비를 휴대하고 있다는 사실이 그 참가자의 행동을 폭력적인 것으로 여기기에 필연적으로 충분한 것은 아니다. 이는 개별 사례별로 달리 판단되어야 한다. 여러 고려 사항이 있겠지만 그중에서도 무기(특히 화기) 휴대에 관한 국내 규정, 지역의 문화적 관습, 폭력 의도의 증거가 존재하는가 여부, 그런 물건의 존재로 표현되는 폭력의 위험에 의해 좌우된다.

Ⅲ. 평화적 집회의 권리에 관한 당사국의 의무

21. 규약은 당사국에 규약의 모든 권리를 "존중 및 보장"하고(제2조 제1항), 이 목적을 달성하기 위한 입법 및 기타 조치를 취하며(제2조 제2항), 책임을 지고 규약상 권리 침해에 대한 효과적 구제조치를 제공할(제2조 제3항) 의무를 부과한다.[20] 따라서 평화적 집회의 권리와 관련된 당사국의 의무는 이러한 다양한 요소를 포함한다. 단, 이 권리는 일정한 경우에 제21조에 열거된 기준에 따라 제한될 수 있다.

22. 국가는 참가자가 집회의 목적 또는 모든 표현 내용을 자유롭게 결정하도록 맡겨두어야 한다. 따라서 평화적 집회 및 이에 부과되는 모든 제한 요소에 대한 당국의 접근 방식은 원칙적으로 내용에 대해서는 중립적이어야 하며,[21] 참가자의 정체성 또는 당국과의 관계에

---

19) Rabat Plan of Action on the prohibition of advocacy of national, racial or religious hatred that constitutes incitement to discrimination, hostility or violence (A/HRC/22/17/Add.4, appendix), para. 29 (f).

20) See also general comment No. 31.

21) *Alekseev v. Russian Federation* (CCPR/C/109/D/1873/2009), para. 9.6. See also *Amelkovich v.*

근거해서는 안 된다. 더욱이 집회가 대체로 표현의 성격을 띠고 있음을 감안할 때, 집회의 시간 및 장소, 방식은 일정한 상황에서 제21조 하의 적법한 제한의 대상이 될 수 있지만, 참가자가 가능한 한 대상 관중의 시야 및 가청 범위 내에서 집회를 수행할 수 있도록 해야 한다.22)

23. 평화적인 집회를 존중하고 보장할 의무는 국가에 대하여 집회 전, 집회 중, 집회 이후에 소극적 의무와 적극적 의무를 부과한다. 소극적 의무는 평화적 집회에 대한 부당한 개입이 없어야 함을 의미한다. 예를 들어 국가는 강력한 정당화 사유 없이 평화적인 집회를 금지하거나 제한하거나 방해하거나 해산하거나 지장을 주어서는 안 되며, 적법한 사유 없이 참가자나 주최자에게 제재를 가해서도 안 된다.

24. 또한 당사국은 평화적 집회를 용이하게 하고 참가자들이 자신의 목표를 달성할 수 있도록 할 일정한 적극적 의무를 가진다.23) 따라서 국가는 차별 없는 평화적 집회의 권리 행사가 가능한 환경을 촉진해야 하고, 이 권리가 효과적으로 행사될 수 있는 법적 및 제도적 틀을 마련해야 한다. 때로는 당국에 특정한 조치가 요구될 수 있다. 예를 들어 당국은 도로를 폐쇄하거나 교통 흐름을 바꾸거나 안보를 제공할 필요가 있을 수 있다. 필요한 경우에 국가는 비국가 행위자가 참가자에게 가할 수 있는 폭력, 즉 일반 대중,24) 반대 시위자 및 민간 보안서비스 제공업자들에 의한 간섭이나 폭력으로부터 참가자를 보호해야 한다.

25. 국가는 법률과 그 해석 및 적용이 평화적 집회의 권리를 향유함에 있어서 인종, 피부색, 민족, 나이, 성별, 언어, 재산, 종교나 신념, 정치적 또는 기타 의견, 국가적 또는 사회적 배경, 출생, 소수민족, 원주민 또는 기타 지위, 장애인, 성적 취향 또는 성정체성, 혹은 기타 지위 등에 근거한 차별을 초래하지 않도록 보장해야 한다.25) 차별받고 있거나 받아온 집단 구성원인 사람 또는 집회 참여에 특별한 어려움을 겪을 수도 있는 사람의 평화적 집회의 권리를 동등하고 효과적으로 용이하게 하고 보호할 수 있도록 특별한 노력을 기울여야 한다.26) 더욱이 국가는 모든 형태의 차별적 폭력과 공격으로부터 참가자를 보호할 의무를 가

Belarus (CCPR/C/125/D/2720/2016), para. 6.6; and CCPR/C/GNQ/CO/1, paras. 54-55.

22) *Strizhak v. Belarus* (CCPR/C/124/D/2260/2013), para. 6.5.

23) Since issuing its Views in *Turchenyak et al. v. Belarus* (CCPR/C/108/D/1948/2010 and Corr.1), the Committee has often repeated that steps taken by States in response to an assembly "should be guided by the objective to facilitate the right" (para. 7.4). See also CCPR/C/BEN/CO/2, para. 33, A/HRC/20/27, para. 33, and Human Rights Council resolution 38/11.

24) *Alekseev v. Russian Federation*, para. 9.6.

25) CCPR/C/GEO/CO/4, para. 8; CCPR/C/MNG/CO/6, paras. 11-12; CCPR/C/RUS/CO/7, para. 10; and CCPR/C/PRY/CO/3, para. 9. See also CRC/C/KEN/CO/3-5, paras. 27-28; and United Nations Declaration on the Rights of Indigenous Peoples, art. 2.

진다.[27]

26. 평화적 집회의 권리가 집회 참가자로 하여금 다른 사회 구성원으로부터 이의제기를 받는 것까지 면제해 주지는 않는다. 국가는 반대 시위도 그 자체로서 집회로 존중하고 보장해야 한다. 단, 이들이 반대하고 있는 시위에 대해 과도한 방해를 하는 것은 금지된다.[28] 국가는 원칙적으로 반대 시위의 내용에 대하여는 중립적인 태도를 견지해야 하며, 반대 시위는 가능한 한 반대의 대상이 되는 집회의 가시권 및 가청 거리 내에서 이루어질 수 있도록 허용해야 한다.

27. 평화적 집회가 일부 대중으로부터 부정적 또는 심지어 폭력적인 반응을 유발할 가능성이 있다는 점이 해당 집회를 금지하거나 제한하는 충분한 근거가 될 수 없다.[29] 국가는 모든 참가자를 보호하고 그러한 집회가 방해받지 않고 진행될 수 있도록 해당 대중에게 부적절한 부담을 부과하지 않는 선에서 모든 합리적 조치를 취해야 한다(하단 제52항 참조).

28. 평화적 집회를 존중하고 보장해야 하는 의무의 핵심에는 정상적으로 작동하고 투명한 법적 및 의사결정 시스템 정비가 있다. 국내법은 평화적 집회의 권리를 인정해야 하며 모든 관련 공무원의 의무와 책임을 명확히 규정하고 관련 국제기준에 부합하며 일반 대중에 접근 가능해야 한다. 국가는 권리 행사를 희망하는 사람들이 준수해야 할 모든 절차를 포함한 법과 관련 규정, 책임 당국의 소재, 해당 공무원에 적용되는 규칙, 권리 침해 혐의에 대한 가능한 구제조치에 관하여 일반 대중이 인식하도록 보장해야 한다.

29. 당사국은 집회 전, 집회 중, 집회 후에 권리를 옹호할 목적으로 사법적 구제책을 포함한 효과적인 구제조치 또는 국가인권기구를 적시에 이용할 수 있는 등의 방법을 동원하여 평화적 집회와 관련된 모든 기관에 대한 독립적이고 투명한 감시가 이루어지도록 보장해야 한다.

30. 평화적 집회의 권리가 완전히 향유되게 하려면 언론인, 인권옹호자, 선거감독자, 기타 집회의 감시 또는 보고와 관련된 사람들의 역할이 특히 중요하다. 이들은 규약에 따른 보호를 받을 자격이 있다.[30] 이들이 법집행 공무원의 행동을 감시하는 등의 역할을 수행하는

---

26) A/HRC/31/66, para. 16.

27) CCPR/C/CHL/CO/6, para. 19. See also *Fedotova v. Russian Federation* (CCPR/C/106/D/1932/2010), para. 10.4.

28) European Court of Human Rights, *Plattform "Ärzte für das Leben" v. Austria* (application No. 10126/82), judgment of 21 June 1988, para. 32.

29) African Commission on Human and Peoples' Rights, *Guidelines on Freedom of Association and Assembly in Africa*, para. 70 (a).

30) *Zhagiparov v. Kazakhstan* (CCPR/C/124/D/2441/2014), paras. 13.2–13.5. See also the Declaration on the Right and Responsibility of Individuals, Groups and Organs of Society to Promote and Protect Universally Recognized Human Rights and Fundamental Freedoms.

것이 방해받거나 지나치게 제한을 받아서는 안 된다. 이들은 보복이나 기타 공격을 받아서는 안 되며, 이들의 장비가 몰수되거나 손상되어서도 안 된다.[31] 어떤 집회가 설사 불법으로 선언되거나 해산되었다 하더라도 이 사실이 집회에 대한 감시의 권리를 종료시키지 않는다. 독립적인 국가인권기구와 비정부 단체가 집회를 감시하는 것은 좋은 관행이다.

31. 당사국은 평화적 집회의 권리 실현에 대해 주된 책임을 진다. 그러나 기업체는 기업 활동으로 영향을 받는 지역공동체와 피고용자의 평화적 집회의 권리를 포함하여 인권을 존중할 책임이 있다.[32] 민간 기업과 더 넓은 범위의 사회는 권리 행사의 결과로 발생하는 어느 정도의 혼란을 감내할 것이라는 기대를 받을 수 있다.

32. 평화적 집회가 주로 표현적 기능을 가진다는 점과 정치적 발언은 표현의 한 형태로서 특별한 보호를 받는다는 점을 고려할 때, 정치적 메시지가 있는 집회는 강화된 수준의 편의와 보호를 누려야 한다.[33]

33. 제21조와 이와 관련된 권리들은 집회가 진행되는 동안에 집회 장소에 있는 참가자를 보호하는 데 그치지 않는다. 집회의 직접적인 정황 밖에서 개인이나 집단에 의해 수행되지만 권리 행사를 유의미하게 만드는 필수불가결한 관련 활동들도 보호된다. 따라서 당사국의 의무는 참가자나 주최자의 자원 동원, 기획, 다음 행사에 대한 정보 배포,[34] 행사장 준비 및 행사장으로의 이동,[35] 집회를 개최하기까지뿐만 아니라 집회 동안에 참가자들 간의 의사소통, 집회에 관한 또는 집회에서의 방송 중계, 이후 집회장을 떠나기 등의 활동에까지 확대된다. 이러한 활동은 집회에의 참여 자체의 경우와 같이 제한의 대상이 될 수 있으나, 이러한 제한은 좁게 정의되어야 한다. 더욱이 누구도 평화적 집회에 참석했거나 연관하였다는 이유로 괴롭힘을 당하거나 기타 보복을 받아서는 안 된다.

34. 많은 관련 활동들은 온라인에서 진행되거나 디지털 서비스에 의존한다. 그러한 활동들도 제21조 하의 보호를 받는다. 예를 들어 당사국은 평화적 집회와 관련하여 인터넷 연결을 차단하거나 방해해서는 안 된다.[36] 콘텐츠 연결 또는 접근에 대한 지역공략적 또는 기술특정적 방해의 경우도 마찬가지다. 국가는 인터넷서비스 제공업자와 중개인의 활동이 집

---

31) CCPR/C/MRT/CO/1, para. 22. See also General Assembly resolution 66/164.

32) Guiding Principles on Business and Human Rights: Implementing the United Nations "Protect, Respect and Remedy" Framework.

33) General comment No. 34 (2011) on the freedoms of opinion and expression, paras. 34, 37–38 and 42–43. See also CCPR/C/LAO/CO/1, para. 33.

34) *Tulzhenkova v. Belarus* (CCPR/C/103/D/1838/2008), para. 9.3.

35) *Evrezov et al. v. Belarus* (CCPR/C/112/D/1999/2010 and Corr.1), para. 8.5.

36) CCPR/C/CMR/CO/5, para. 41.

회 또는 집회 참가자의 프라이버시를 과도하게 제한하지 않도록 보장해야 한다. 정보 배포 시스템 운영에 관한 모든 제한은 표현의 자유 제한에 대한 기준을 따라야 한다.[37]

35. 국가의 모든 기관이 평화적 집회의 권리를 존중하고 보장할 의무가 있지만, 집회에 대한 결정은 주로 지방 단위에서 이루어진다. 따라서 국가는 정부의 모든 수준에서 이러한 결정과 관련된 공무원들을 위한 적절한 연수와 자원을 보장해야 한다.

Ⅳ. 평화적 집회의 권리에 대한 제한

36. 평화적 집회의 권리는 특정 경우에 제한될 수 있으나 제한의 정당성을 입증할 책임은 당국에 있다.[38] 당국은 모든 제한이 적법성 요건을 충족하며, 후술하는 바와 같이 제21조에 열거된 허용 가능한 제한 근거 중 최소 하나에 대하여 필요성과 비례원칙을 모두 충족하고 있음을 보여주어야 한다. 이 책임이 충족되지 않으면 제21조 위반에 해당한다.[39] 모든 제한의 부과는 평화적 집회의 권리에 대한 불필요하고 지나친 규제를 추구하려 하기보다는, 권리 행사를 용이하게 할 목적으로 이루어져야 한다.[40] 제한은 차별적으로 부과되거나 권리의 핵심을 손상하거나, 집회 참여를 좌절시키거나 위축효과의 유발을 목표로 해서는 안 된다.

37. 특정 집회의 금지는 최후 수단으로서만 고려될 수 있다. 집회에 대한 제한 조치가 필수적으로 여겨지는 경우, 당국은 우선 최소 침해적인 조치를 적용하도록 노력해야 한다. 또한 국가는 모든 위험을 제거하기 위해 사전에 규제 조치를 취하기보다는 집회 개최 허용을 고려하고 그다음에 집회 행사 동안 발생할 수도 있는 범칙행위와 관련하여 조치를 취해야 할지를 고려해야 한다.[41]

38. 평화적 집회 참가에 대한 모든 제한은 참가자의 행동과 해당 집회에 대한 차별화된 개별적인 평가에 근거하여야 한다. 평화적 집회에 대한 포괄적 제한은 과도하다고 추정된다.

39. 제21조 두 번째 문장에서는 법률에 합치되게 부과되는 경우가 아니라면 평화적 집회의 권리에 어떠한 제한도 과하여져서는 안 된다고 규정하고 있다. 규약의 기타 조항에서 제한이 "법률에 의해 규정"되어야 한다는 요구 조건과 유사하게 이 문장은 적법성의 형식적 요건을 제기하는 것이다. 따라서 제한은 법률 또는 법률에 근거한 행정결정을 통하여 부과되어야 한

---

37) General comment No. 34, para. 34.
38) *Gryb v. Belarus* (CCPR/C/103/D/1316/2004), para. 13.4.
39) *Chebotareva v. Russian Federation* (CCPR/C/104/D/1866/2009), para. 9.3.
40) *Turchenyak et al. v. Belarus*, para. 7.4.
41) OSCE and Venice Commission, *Guidelines on Freedom of Peaceful Assembly*, paras. 132 and 220-222.

다. 문제 된 법률은 사회 구성원이 자신의 행동을 어떻게 규율할지 결정하기에 충분할 만큼 자세해야 하며, 법집행담당자에게 무제한 또는 전면적인 재량권을 부여해서는 안 된다.[42]

40. 제21조에서는 모든 제한은 "민주사회에서 필요" 해야 한다고 규정하고 있다. 따라서 제한은 민주주의, 법의 지배, 정치적 다원주의 및 인권에 기반한 사회적 환경에서 필요성의 원칙과 비례원칙을 충족해야 하는데, 이는 단순히 합리적이거나 편리하다는 것과는 대조된다.[43] 그러한 제한은 제21조에 열거된 허용 사유 중 하나와 관련하여 긴급한 사회적 필요에 대한 적절한 대응이어야 한다. 또한 관련된 보호적 기능을 수행할 조치 중에서 최소 침해적이어야 한다.[44] 이에 더하여 제한은 비례적이어야 하는데, 이는 권리 행사에 대한 개입의 성격과 이로 인한 부정적 영향을 개입 사유 중 하나에 대한 결과적 이익과 비교하는 가치평가를 요구한다.[45] 불이익이 이익보다 더 큰 경우, 해당 제한은 비례원칙에 어긋나는 것으로 허용되지 않는다.

41. 제21조의 두 번째 문장 마지막 단락에는 평화적 집회의 권리가 제한될 수 있는 법적 근거를 제시하고 있다. 이는 완전한 목록인데, 다음의 근거로 구성된다. 즉 국가안보의 이익, 공공안전, 공공질서, 공중보건 또는 공중도덕의 보호, 또는 타인의 권리 및 자유의 보호이다.

42. 믿을만한 위협이나 무력사용으로부터 국가의 존립, 영토의 완전성 또는 정치적 독립을 보호하기 위한 국가 역량을 보존하기 위해 그러한 제한이 필요하다면 "국가안보의 이익"이 제한의 근거가 될 수 있다.[46] "평화적"인 집회가 이러한 문턱조건을 충족시키는 것은 오직 예외적인 경우이다. 더욱이 국가안보가 위태로워진 바로 그 이유가 인권 탄압인 경우, 이 근거는 평화적 집회의 권리 등에 대한 추가적인 제한을 정당하게 하는 사유로 사용될 수 없다.[47]

43. "공공안전"의 보호가 평화적 집회의 권리에 대한 제한 근거로 사용되기 위해서는,[48] 집회가 사람의 안전(사람의 생명 또는 안전)에 실제적이고 중대한 위험 또는 재산에 대한 심각한 피해와 유사한 위험을 야기한다는 점이 확실해야 한다.[49]

---

42) *Nepomnyashchiy v. Russian Federation* (CCPR/C/123/D/2318/2013), para. 7.7; and general comment No. 34, para. 25.

43) General comment No. 34, para. 34.

44) *Toregozhina v. Kazakhstan* (CCPR/C/112/D/2137/2012), para. 7.4.

45) Ibid., paras. 7.4 and 7.6. See also OSCE and Venice Commission, *Guidelines on Freedom of Peaceful Assembly*, para. 131.

46) Siracusa Principles on the Limitation and Derogation of Provisions in the International Covenant on Civil and Political Rights (E/CN.4/1985/4, annex), para. 29.

47) Ibid., para. 32.

48) CCPR/C/MKD/CO/3, para. 19; and *Alekseev v. Russian Federation*, para. 9.5.

44. "공공질서"란 사회의 적절한 기능을 보장하는 규칙의 총합, 또는 사회의 기초가 되는 일련의 기본 원칙을 말하는데, 이는 평화적 집회의 권리를 포함한 인권에 대한 존중도 수반한다.50) 당사국은 평화적 집회의 권리에 대한 지나치게 광범위한 제한을 정당화하기 위해 "공공질서"라는 모호한 정의에 의존해서는 안 된다.51) 평화적 집회는 어떤 경우에는 본질적으로 또는 의도적으로 혼란을 야기하며 상당한 수준의 관용을 필요로 한다. "공공질서"와 "법과 질서"는 동의어가 아니며, 국내법에서 "공공 무질서"의 금지가 평화적 집회를 제한하기 위해 남용되어서는 안 된다.

45. "공중보건"의 보호를 위해 예외적으로 제한이 부과될 수 있는데, 예컨대 전염병이 발생하여 모임이 위험해지는 경우가 그러한 경우에 해당한다. 이 점은 집회 중 위생 환경이 일반 대중이나 집회 참여자에게 상당한 건강상 위험을 주는 경우와 같이 극단의 경우에도 마찬가지로 적용될 수 있다.52)

46. 평화적 집회가 "도덕"의 보호를 위해 제한되는 경우는 예외적인 경우에 한한다. 만약 제한 근거로 사용된다면 도덕 근거는 단 하나의 사회적, 철학적 또는 종교적 전통에서 전적으로 도출된 도덕률의 이해를 보호하기 위해 사용되어서는 안 되며,53) 그러한 제한 요건은 어느 것이든 인권의 보편성, 다원주의, 무차별 원칙에 비추어 이해되어야 한다.54) 예를 들어 도덕에 근거한 제한은 성적 취향이나 성 정체성의 표현에 대한 반대 때문에 부과되어서는 안 된다.55)

47. "타인의 권리 및 자유"를 보호하기 위해 부과되는 제한은 규약에 의한 보호 규정 또는 집회에 참여하지 않는 사람들의 기타 인권과 관련될 수 있다. 동시에 집회는 공공 및 기타 장소를 적법하게 사용하는 것이다. 바로 그 속성에 의해 어느 정도 일상생활에 방해를 줄 수도 있기 때문에 집회가 지나친 부담을 강요하는 것이 아니라면 그런 방해는 수용되어야 하는 바, 지나친 부담이 있는 경우에는 당국이 부과하는 어떠한 제한에 대해서도 상세한 정당화 사유를 제시할 수 있어야 한다.56)

---

49) Siracusa Principles on the Limitation and Derogation of Provisions in the International Covenant on Civil and Political Rights, para. 33.

50) Ibid., para. 22.

51) CCPR/C/KAZ/CO/1, para. 26; and CCPR/C/DZA/CO/4, paras. 45-46.

52) European Court of Human Rights, *Cisse v. France* (application No. 51346/99), judgment of 9 April 2002.

53) General comment No. 22 (1993) on the right to freedom of thought, conscience and religion, para. 8.

54) General comment No. 34, para. 32.

55) *Fedotova v. Russian Federation*, paras. 10.5-10.6; and *Alekseev v. Russian Federation*, para. 9.6.

48. 위에서 설명한 제21조에 규정된 제한사유의 일반적 틀 외에도 평화적 집회의 권리에 관한 제한과 관련하여 추가적으로 고려할 사항들이 있다. 모든 제한은 원칙적으로 내용에 대해서 중립적이어야 하므로 집회가 전달하는 메시지와 관련된 제한이어서는 안 된다는 요건은 이 권리 실현에 있어서 핵심적이다.57) 이에 반대되는 접근법은 사람들이 생각을 발전시키고 그들이 누리는 지지 범위를 설정할 수 있도록 하는 정치적 및 사회적 참여의 잠재적 도구로서의 평화로운 집회의 바로 그 목적을 무효화한다.

49. 표현의 자유에 적용되는 규칙은 집회의 표현적 요소를 다룰 때 준수되어야 한다. 따라서 평화적 집회에 대한 제한은 명시적이든 또는 묵시적이든 정부에 대한 정치적 반대표현,58) 정부나 헌법, 정치적 체제의 민주적 변화 촉구를 포함한 당국에 대한 도전, 혹은 자기결정권의 추구 등을 억누르기 위한 수단으로 사용되어서는 안 된다. 평화적 집회에 대한 제한은 공무원이나 국가 기관의 명예와 명성에 대해 모욕하는 것을 금지하기 위해 사용되어서도 안 된다.59)

50. 규약의 제20조에 따라 평화적 집회는 전쟁 선전(제20조 제1항) 또는 차별, 적대감 혹은 폭력을 유발하는 민족적, 인종적 혹은 종교적 증오의 고취(제20조 제2항)를 위해 사용되어서는 안 된다. 가능한 한 그런 경우에도 집회 전체가 아닌 개별적인 가해자를 대상으로 조치가 취해져야 한다. 주요 메시지가 제20조 범위 내에 해당되는 집회의 참가자는 제19조와 제21조에 규정된 제한 요건에 맞추어 다루어야 한다.60)

51. 일반적으로 깃발, 유니폼, 신호, 배너의 사용은 그런 상징들이 고통스러운 과거를 상기시킬지라도 제한받지 않아야 할 적법한 표현 형태로 간주된다. 그러한 상징 대부분이 직접적으로 차별, 적대감 또는 폭력의 유발과 관련이 있는 예외적인 경우에만 적절한 제한이 적용되어야 한다.61)

---

56) *Stambrovsky v. Belarus* (CCPR/C/112/D/1987/2010), para. 7.6; and *Pugach v. Belarus* (CCPR/C/114/D/1984/2010), para. 7.8.

57) *Alekseev v. Russian Federation*, para. 9.6.

58) CCPR/C/MDG/CO/4, para. 51.

59) CCPR/C/79/Add. 86, para. 18; and general comment No. 34, para. 38.

60) General comment No. 34, paras. 50–52; International Convention on the Elimination of All Forms of Racial Discrimination, art. 4; and Committee on the Elimination of Racial Discrimination, general recommendation No. 35 (2013) on combating racist hate speech. See also the Rabat Plan of Action, para. 29, and the Beirut Declaration on Faith for Rights (A/HRC/40/58, annexes I and II).

61) OSCE and Venice Commission, *Guidelines on Freedom of Peaceful Assembly*, para. 152. See also European Court of Human Rights, *Fáber v. Hungary* (application No. 40721/08), judgment of 24

52. 일반적으로 어떤 집회가 집회 참가자에 대한 일반 대중의 적대적 반응을 유발하거나 유발할 수 있다는 사실이 집회에 대한 제한을 정당화하지는 않는다. 이 경우에도 집회의 진행이 허용되어야 하며, 해당 집회 참가자는 보호되어야 한다(위의 제18항 참고). 그러나 예외적으로 국가가 참가자의 안전에 대한 심각한 위협으로부터 이들을 보호할 수 없음이 분명한 경우에는 집회 참여에 대해 제한이 이루어질 수도 있다. 그러한 제한은 어느 것이든 엄격한 검토를 통과해야 한다. 불특정 폭력의 위험 또는 집회에 반대하는 사람들에 기인하는 폭력을 방지하거나 무력화시킬 역량이 당국에 없을 것이라는 단순한 가능성만으로는 충분하지 않다. 국가는 구체적인 위험 평가에 따라 상당한 법집행력을 동원하더라도 국가가 상황을 통제할 수 없을 것이라는 점을 보여줄 수 있어야 한다.[62] 집회를 금지시키기 전에 집회의 연기나 장소 변경과 같이 덜 침해적인 제한 조치가 고려되어야 한다.

53. 집회의 시간 및 장소, 방식에 관한 규제는 일반적으로 내용 중립적이며, 이러한 요소를 규제하는 제한의 범위가 있더라도 사례별로 그러한 제한의 정당성을 입증해야 하는 책임은 당국에 있다.[63] 그러한 제한이 있더라도 가능한 한 대상 청중의 시야 및 가청 범위 내에서 참여자가 집회를 할 수 있거나 어떤 장소이든지 집회의 목적에 중요한 장소에서 집회를 할 수 있어야 한다.[64]

54. 집회 시간에 대한 제한과 관련해서 참가자들은 자신의 의견을 피력하거나 다른 목적을 효과적으로 추구할 충분한 기회를 얻어야 한다.[65] 평화적 집회는 대체로 자발적으로 종료될 수 있도록 해야 한다. 집회 개최가 가능하거나 가능하지 않은 정확한 시간 또는 날짜에 관한 제한은 규약과의 양립 가능성에 대한 우려를 제기한다.[66] 빈도만을 이유로 집회를 제한해서는 안 된다. 예컨대 시위의 시기, 기간 또는 횟수는 집회의 목적 달성에 있어서 핵심적 역할을 한다. 그러나 지속적인 모임의 누적 영향은 제한에 대한 비례성 평가에 영향을 줄 수 있다. 예를 들어 주기적으로 야간에 거주지역에서 열리는 특정 집회는 인근 주민에게 상당한 영향을 미칠 수 있다.

55. 장소 요소에 대한 제한과 관련해서 평화적 집회는 원칙적으로 공공 광장과 도로 등 대중이 접근 가능하거나 마땅히 접근 가능해야 하는 모든 장소에서 개최될 수 있다.[67] 건물

October 2012, paras. 56-58.

62) *Alekseev v. Russian Federation*, para. 9.6.

63) OSCE and Venice Commission, *Guidelines on Freedom of Peaceful Assembly*, para. 132.

64) *Turchenyak et al. v. Belarus*, para. 7.4.

65) European Court of Human Rights, *Éva Molnár v. Hungary* (application No. 10346/05), judgment of 7 October 2008, para. 42.

66) CCPR/C/KOR/CO/4, para. 52; and CCPR/C/TJK/CO/3, para. 49.

및 공원과 같은 일부 공간에 대한 대중의 접근에 관한 규칙이 그런 장소에서 집회를 열 권리를 제한할 수도 있지만, 평화적 집회에 그러한 제한을 적용할 때는 제21조의 규정에 따라 정당화될 수 있어야 한다. 평화적 집회는 집회가 대상으로 하는 사람들 또는 일반대중의 이목을 효과적으로 끌 수 없는 벽지로 밀려나서는 안 된다.[68] 일반적으로 수도,[69] 도시 안이나[70] 도심 외곽의[71] 특정 장소를 제외한 모든 공공장소 또는 도시의 모든 거리에서의 모든 집회를 전면 금지할 수 없다.

56. 법원, 의회, 역사적으로 중요한 장소, 또는 기타 관공서 주변을 집회 불허 지역으로 지정하는 것은 일반적으로 피해야 하는데, 무엇보다 이러한 장소가 공공장소이기 때문이다. 그러한 장소 및 그 주변에서의 집회에 대한 제한은 구체적으로 정당성이 입증되어야 하고 좁은 범위로 한정되어야 한다.[72]

57. 사적 공간에서의 모임은 평화적 집회의 권리 범주에 속하지만,[73] 타인의 재산상 이익을 마땅히 고려해야 한다. 그러한 모임에 부과되는 제한의 정도는 해당 공간에의 대중의 통상적 접근성, 모임으로 야기될 가능성이 있는 타인의 재산권과의 충돌이 가지는 성격과 정도, 그러한 사용을 재산권 소유자가 인정하는지 여부, 모임이 진행되는 동안 해당 공간에 대한 소유권 다툼이 있는지 여부, 참가자들이 '대중의 시야 및 가청 거리 내에서 집회를 수행한다는 원칙'(sight and sound principle)에 부합되게 집회의 목적을 달성할 수 있는 기타 타당한 수단을 가지고 있는지 아닌지에 대한 고려에 달려있다.[74] 사유재산에 대한 접근은 차별적 근거로 거부되어서는 안 된다.

58. 평화적 집회의 수행 방법에 대한 제한에 있어서 참가자들에게 자신의 메시지를 전달하기 위한 포스터, 확성기, 악기, 또는 프로젝션 장비와 같은 기타 기술적 수단 등 장비 사용 여부를 결정할 권한이 주어져야 한다. 집회에서는 청중에게 도달하거나 다른 방식으로 집회의 목적을 달성하기 위하여 음향 시스템 등 임시 구조물 설치가 수반되기도 한다.[75]

---

67) Inter-American Commission on Human Rights, *Protest and Human Rights*, para. 72.

68) CCPR/C/KAZ/CO/1, para. 26.

69) CCPR/C/DZA/CO/4, para. 45.

70) *Turchenyak et al. v. Belarus*, para. 7.5.

71) *Sudalenko v. Belarus* (CCPR/C/113/D/1992/2010), para. 8.5.

72) *Zündel v. Canada* (CCPR/C/78/D/953/2000), para. 8.5.

73) *Giménez v. Paraguay* (CCPR/C/123/D/2372/2014), para. 8.3; and European Court of Human Rights, *Annenkov and others v. Russia* (application No. 31475/10), judgment of 25 July 2017, para. 122.

74) European Court of Human Rights, *Appleby and others v. United Kingdom* (application No. 44306/98), judgment of 6 May 2003, para. 47.

59. 일반적으로 당사국은 집회 참여 인원수를 제한해서는 안 된다.[76] 그러한 제한은 제21조에 규정된 바와 같이 제한의 적법한 근거와 명확한 연관성이 있을 때만 인정될 수 있다. 예컨대 공공의 안전상 경기장 또는 교량의 최대 수용 인원을 정하거나 공중보건상 물리적 거리두기를 실시하는 경우가 이에 해당한다.

60. 집회 참가자들이 복면이나 마스크 등 안면 가리개나 기타 변장을 하거나 혹은 익명으로 참여하기 위해 기타 조치를 하는 것은 평화적 집회의 표현적 요소를 일부 구성하거나 새로운 감시기술 환경에서 보복을 막거나 사생활을 보호하는 역할을 할 수 있다. 참가자의 행동이 체포의 정당한 근거가 되지 않거나[77] 복면이 특히 앞서 언급한 이유(제51항 참조)로 예외적으로 제한되는 어떤 상징 일부가 되는 등 이와 유사한 다른 강력한 이유가 없다면, 참여자의 익명성은 허용되어야 한다. 변장 그 자체가 폭력적 의도를 보여준다고 여겨져서는 안 된다.

61. 당국에 의한 관련 정보 및 자료 수집이 특정 상황에서 집회를 용이하게 하는 데 도움을 주지만, 그것이 권리를 억압하거나 위축효과를 발생시켜서는 안 된다. 감시나 통신 감청 등을 통한 공공 또는 민간 주체에 의한 모든 정보 수집 및 자료의 수집·공유·보관·접근 방법은 프라이버시 권리 등에 관해 적용가능한 국제기준에 엄정하게 부합해야 하며, 그 목표가 집회 참가자나 참가 가능자에 대하여 위협을 가하거나 괴롭히는 것이어서는 안 된다.[78] 이러한 관행은 적절하고 공개적으로 접근 가능한 국내법 틀의 규제를 받아야 하는데, 이러한 법적 틀은 국제기준과 양립되고 법원의 엄격한 심사의 대상이 되는 것이어야 한다.[79]

62. 특정 집회가 공공장소에서 개최된다는 사실이 참가자의 프라이버시가 침해될 수 없음을 의미하지 않는다. 예를 들어, 안면 인식 기술과 군중 속에서 개별 참가자를 식별해낼 수 있는 기타 기술을 통해 프라이버시권이 침해될 수 있다.[80] 동일한 논리가 평화적 집회 참가에 대한 정보를 얻기 위한 소셜미디어 모니터링에도 적용된다. 평화적 집회 참가자들에 대한 개인 정보와 자료를 수집하는 결정과 그 공유 또는 보유에 대해서 이러한 행동이 규약과 양립되도록 독립적이고 투명한 조사와 감독이 이루어져야 한다.

---

75) European Court of Human Rights, *Frumkin v. Russia*, para. 107.

76) CCPR/C/THA/CO/2, para. 39.

77) OSCE and Venice Commission, *Guidelines on Peaceful Assembly*, para. 153; and African Commission on Human and Peoples' Rights, *Guidelines on Freedom of Association and Assembly in Africa*, para. 81.

78) A/HRC/31/66, para. 73.

79) CCPR/C/KOR/CO/4, paras. 42-43.

80) A/HRC/44/24, paras. 33-34.

63. 공무원의 평화적 집회에 참여할 자유는 그들의 공평무사에 대한 대중의 신뢰와 이에 따른 공무 수행 능력 보장 필요성에 따라 엄격하게 요구되는 필요 수준 이상으로 제한되어서는 안 되며,[81] 그러한 제한은 모두 제21조 규정에 부합해야 한다.

64. 치안이나 안전,[82] 의료 지원이나 청소,[83] 또는 평화적 집회와 연관된 기타 공공 서비스에 들어가는 비용을 집회 참가자 또는 주최자에게 준비하게 하거나, 분담시키는 요건은 일반적으로 제21조와 양립하지 않는다.[84]

65. 주최자와 참가자는 집회에 관한 법적 요건을 준수해야 하고, 타인을 선동하는 것을 포함하여 자신들의 불법적인 행동에 책임을 져야 할 수도 있다.[85] 예외적인 상황에서 주최자가 직접적인 책임이 없는 피해 또는 상해에 대한 책임을 지게 되는 경우, 주최자가 해당 피해 또는 상해의 발생을 합리적으로 예측하여 막을 수 있었다는 증거가 있는 경우로 한정해야 한다.[86] 필요하다면 주최자가 관리자나 안전 요원을 배치하는 것이 좋은 관행이지만 이것이 법적 요건이어서는 안 된다.

66. 당국은 개인으로부터 향후 집회를 조직하거나 참여하지 않겠다는 맹세 또는 약속을 요구할 수 없다.[87] 반대로 누구도 집회 참여를 강요받을 수 없다.[88]

67. 평화적 집회의 주최자나 참여자에게 그들의 위법 행위를 이유로 형사적 또는 행정적 제재가 가해지는 경우, 그러한 제재는 본질적으로 비례적이고 비차별적이어야 하며, 모호하거나 지나치게 포괄적으로 규정된 위법행위를 근거로 해서는 안 되며, 규약에 따라 보장되는 행위를 억압하지 않아야 한다.

68. 테러행위는 국제법에 따라 범죄화되어야 하지만, 그러한 범죄의 정의는 너무 넓게 또는 차별적이지 않아야 하며, 평화적 집회의 권리 행사를 축소 또는 위축시키기 위한 목적으로 적용해서는 안 된다.[89] 평화적 집회를 주최하거나 이에 참가하는 행위 그 자체가 테러방지법 하에서 범죄가 될 수는 없다.

---

81) OSCE and Venice Commission, *Guidelines on Freedom of Peaceful Assembly*, para. 110.
82) CCPR/C/CHE/CO/4, para. 48.
83) *Poliakov v. Belarus* (CCPR/C/111/D/2030/2011), paras. 8.2-8.3; and CCPR/C/BLR/CO/5, para. 51 (a).
84) African Commission on Human and Peoples' Rights, *Guidelines on Freedom of Association and Assembly in Africa*, para. 102 (b).
85) A/HRC/31/66, para. 26.
86) OSCE and Venice Commission, *Guidelines on Freedom of Peaceful Assembly*, para. 224.
87) CCPR/C/KHM/CO/2, para. 22; and CCPR/C/JOR/CO/5, para. 32.
88) CCPR/C/TKM/CO/2, para. 44.
89) CCPR/C/SWZ/CO/1, para. 36; and CCPR/C/BHR/CO/1, para. 29. See also A/HRC/40/52.

69. 제한에 대한 구제조치로 법원 또는 기타 재판소에 즉시 의탁할 수 있어야 하는데, 항소 또는 심사의 가능성이 포함되어야 한다. 집회에 대한 제한에 대항하는 법적 절차의 시기와 기간은 해당 권리 행사를 위태롭지 않게 해야 한다.[90] 규약의 절차적 보장은 그러한 모든 사례에 적용되며, 평화적 집회와 관련하여 벌금을 비롯한 구금 또는 제재 부과와 같은 문제에도 적용된다.[91]

V. 신고제도

70. 당국으로부터 허가받기 위해 신청을 해야만 한다면 평화적 집회가 기본권이라는 개념이 훼손된다.[92] 평화적 집회를 열고자 할 때 당국에 미리 알리고 일정한 핵심적 세부 내용을 제공해야 하는 신고제는 평화적 집회의 원활한 진행과 타인의 권리를 보호하는 차원에서 당국을 지원하는 데 필요한 정도로만 허용될 수 있다.[93] 동시에 이러한 요건이 평화적 집회를 억압하는 데 오용되어서는 안 되며, 권리에 대한 기타 침해 사례에서와 마찬가지로 제21조에 열거된 사유로서 정당화될 수 있어야 한다.[94] 신고 요건의 집행이 그 자체로 목적이 되어서는 안 된다.[95] 신고 절차는 투명해야 하고 과도하게 관료적이어서는 안 되며,[96] 주최자에 대한 요구사항은 관련 집회가 대중에 미치는 잠재적 영향과 견주어 볼 때 비례적이어야 하며, 무료로 진행되어야 한다.

71. 다가오는 집회에 대한 신고가 요구되는 경우에 이를 당국에 신고하지 않았다고 해서 집회 참여 행위가 위법이 되는 것은 아니며, 그 자체로 집회 해산 또는 참가자나 주최자에 대한 체포의 근거로 삼거나 혹은 이들을 형사상 범죄로 기소하는 등 부당한 제재를 가하는 근거로 삼아서는 안 된다. 신고 미이행을 이유로 주최자에게 행정적 제재를 가하는 경우, 당국에 의해 해당 제재는 정당화될 수 있어야 한다.[97] 집회의 미신고가 당국이 능력 내에서 집회를 용이하게 하고 참가자를 보호해야 하는 의무를 면제시켜 주지 않는다.

72. 사전에 계획된 집회에 대한 모든 신고 요건은 국내법에 규정되어 있어야 한다. 사전신

---

90) CCPR/C/POL/CO/6, para. 23.

91) *E.V. v. Belarus* (CCPR/C/112/D/1989/2010), para. 6.6.

92) CCPR/C/MAR/CO/6, para. 45; CCPR/C/GMB/CO/2, para. 41; and African Commission on Human and Peoples' Rights, *Guidelines on Freedom of Association and Assembly in Africa*, para. 71.

93) *Kivenmaa v. Finland*, para. 9.2. See also African Commission on Human and Peoples' Rights, *Guidelines on Freedom of Association and Assembly in Africa*, para. 72.

94) *Kivenmaa v. Finland*, para. 9.2. See also *Sekerko v. Belarus*, para. 9.4.

95) *Popova v. Russian Federation* (CCPR/C/122/D/2217/2012), para. 7.5.

96) *Poliakov v. Belarus*, para. 8.3.

97) See, e.g., *Popova v. Russian Federation*, paras. 7.4-7.5. See also A/HRC/31/66, para. 23.

고의 최소기한은 원활한 진행을 위해 요구되는 상황과 수준에 따라 다양하겠지만, 그 기간이 지나치게 길어서는 안 된다.98) 신고 후 제한이 가해진다면, 이에 대항하기 위해 법원이나 다른 메커니즘에의 접근을 위한 충분한 시간이 허용될 수 있도록 일찍 통보되어야 한다. 집회의 속성이나 장소, 제한된 규모나 진행 시간 등으로 인해 다른 사람에게 미치는 영향력이 미미하다고 합리적으로 예상되는 경우, 해당 집회를 신고 대상에서 제외해야 한다. 즉흥적으로 발생하는 집회는 신고할 시간적 여유가 없으므로 이에 대해서는 신고 의무가 없어야 한다.99)

73. 국내법상 허가제가 존속하는 경우, 다른 강력한 이유가 없는 한 허가는 당연한 수순으로 주어지는 것으로, 허가제는 사실상 신고제 기능을 해야 한다. 반대로 신고제가 사실상 허가제 기능을 해서는 안 된다.100)

VI. 법집행기관의 의무와 권한

74. 집회 치안을 담당하는 법집행공무원은 주최자와 참여자의 기본권 행사를 존중하고 보장해야 하며, 또한 언론인,101) 감시 요원과 참관인들, 의료요원, 기타 일반 대중뿐만 아니라 공적 및 사적 재산을 피해로부터 보호해야 한다.102) 당국의 기본적인 접근 방식은 필요한 경우 평화적 집회의 원활하게 진행되도록 하는 것이어야 한다.

75. 관련 법집행기관은 가능한 한 준비 상태를 촉진하고 긴장 완화와 분쟁 해결을 위하여 집회 개최 전과 집회 동안에 집회와 관련된 다양한 행위자들 간의 소통과 대화의 창구를 마련하기 위해 노력해야 한다.103) 주최자와 참가자가 그러한 소통에 참여하는 것은 좋은 관행이지만 그렇게 할 것을 요구할 수는 없다.

76. 법집행공무원의 현장 배치가 요구되는 경우, 집회의 치안 유지는 의도한 대로 집회가 열릴 수 있도록 하고 임명 및 재산 피해의 가능성을 최소화할 목적으로 계획되고 수행되어야 한다.104) 계획에는 모든 관련 공무원과 부서에 대한 지시사항, 장비 및 배치 내용이 구체적으로 수립되어 있어야 한다.

---

98) CCPR/CO/83/KEN, para. 23; CCPR/C/CHE/CO/4, para. 48; and CCPR/C/DZA/CO/4, para. 45.

99) *Popova v. Russian Federation*, para. 7.5. See also European Court of Human Rights, *Éva Molnár v. Hungary*, para. 38.

100) CCPR/C/UZB/CO/5, paras. 46-47; and CCPR/C/JOR/CO/5, para. 32.

101) CCPR/C/AGO/CO/1, para. 21; CCPR/C/GEO/CO/4, para. 12; and CCPR/C/KOR/CO/4, para. 52.

102) A/HRC/31/66, para. 41.

103) Ibid., para. 38.

104) Human Rights Council resolution 38/11; and A/HRC/26/36, para. 51.

77. 관련 법집행기관은 일반비상계획과 훈련 프로토콜도 개발해야 하는데, 특히 당국에 사전에 신고되지 않고 공공질서에 영향을 미칠 수 있는 집회의 치안에 대해 그러하다.[105] 책임 소재를 분명히 하기 위한 명확한 명령체계가 있어야 하며, 사건을 기록하고 문서화하여 공무원의 신원파악을 보장하고 모든 물리력 사용을 보고하기 위한 프로토콜이 반드시 있어야 한다.

78. 법집행공무원은 폭력 사태로 이어질 수 있는 상황을 완화하기 위해 노력해야 한다. 이들은 어떤 것도 효과가 없다는 것이 명백한 경우가 아니라면, 모든 비폭력적인 수단을 총동원해야 하고, 만약 물리력 사용이 절대적으로 불가피하다면 사전에 경고를 발할 의무가 있다. 모든 물리력 사용은 규약 제6조와 제7조에 적용되는 적법성, 필요성, 비례성, 예방조치성, 비차별성 기본원칙을 준수해야 하며, 물리력을 사용한 자는 각각의 물리력 사용에 대한 책임을 져야 한다.[106] 법집행공무원에 의한 물리력 사용에 대한 국내법제도는「법집행공무원의 물리력 및 화기 사용에 관한 기본원칙」과 "법 집행에서 덜 치명적인 무기에 관한 유엔인권지침"과 같은 기준에 따라 국제법상 요건에 부합해야 한다.[107]

79. 집회 중에 적법한 법집행을 위해 물리력이 필요할 경우라도 물리력은 필요 최소한으로만 사용해야 한다. 폭력적인 개인이 안전하게 검거되는 등 물리력 행사의 필요가 해소되면 더 이상의 물리력 사용은 허용되지 않는다.[108] 법집행공무원은 집회 해산이나, 범죄 예방, 범죄자나 범죄 용의자의 합법적인 체포의 달성 또는 이에 대한 지원 등 적법한 목적에 비추어 비례원칙을 넘어서는 과도한 물리력을 사용해서는 안 된다.[109] 국내법에서 공무원들에게 거의 무제한의 권한을 부여해서는 안 되는데, 예컨대 집회 해산을 위해서 또는 단순히 "다리에 쏘기" 위해서 "물리력" 또는 "필요한 모든 물리력"을 사용하도록 허용해서는 안 된다. 특히 국내법은 타당한 이유가 없거나 과도하거나 차별적인 이유를 근거로 집회 참가자에 대한 물리력 사용을 허용해서는 안 된다.[110]

80. 관련 인권 기준에 대한 교육을 비롯하여 집회 치안유지와 관련하여 연수를 받은 법집행공무원만이 해당 목적을 위해 배치되어야 한다.[111] 훈련은 평화적 집회 참여 시 취약한 상

---

105) A/HRC/31/66, para. 37.
106) General comment No. 36 (2018) on the right to life, paras. 13-14.
107) United Nations publication, Sales No. E.20.XIV.2. See also the Code of Conduct for Law Enforcement Officials.
108) Code of Conduct for Law Enforcement Officials, art. 3.
109) Ibid., commentary to art. 3.
110) CCPR/C/MAR/CO/6, paras. 45-46; and CCPR/C/BHR/CO/1, para. 55.
111) CCPR/C/KHM/CO/2, para. 12; CCPR/C/GRC/CO/2, para. 42; and CCPR/C/BGR/CO/4, para. 38.

황에 놓이는 개인 또는 집단의 특정 요구에 공무원의 민감성을 강화해야 하며, 이러한 취약
계층에는 경우에 따라 여성, 아동, 장애인이 포함될 수 있다. 군대를 집회 치안에 동원해서
는 안 되며,[112] 예외적인 상황에서 임시로 지원을 제공하기 위해 배치된다면 적절한 인권
교육을 받아야 하며, 법집행공무원과 마찬가지로 국제 규칙 및 기준을 준수해야 한다.[113]

81. 집회 치안을 책임지는 모든 법집행공무원은 필요한 경우 적절하고 목적에 적합한 덜
치명적인 무기와 보호장비를 포함하여 적절하게 장비를 갖추어야 한다. 당사국은 덜 치명
적인 무기를 비롯하여 모든 무기에 대해 엄격한 독립적인 테스트를 실시해야 하며, 이러한
무기를 소지한 채 배치되는 공무원을 대상으로 특별 훈련을 제공해야 하고, 무기가 영향권
내의 사람들의 권리에 미치는 영향을 평가하고 감독해야 한다.[114] 법집행기관은 신기술이
활용되는 정황을 비롯하여 특정 치안 작전이 미칠 수 있는 잠재적으로 차별적인 영향을 경
계해야 하고 이 문제를 다루어야 한다.[115]

82. 집회에 참가하지 못하도록 특정 개인을 예방적으로 구금하는 것은 자의적인 자유 박탈
에 해당할 수 있으며, 이는 평화적 집회의 권리와 양립하지 않는다.[116] 특히 구금이 몇 시
간 이상 지속되는 경우에 그러하다. 국내법이 그러한 구금을 허용하는 경우라도 구금은 가
장 예외적인 경우에만 사용되어야 하기에[117] 절대적으로 필요한 시간을 넘기지 않아야 하
고, 해당 개인이 특정 집회가 진행되는 동안 폭력 행위에 가담하거나 이를 조장할 의사가
있음을 당국이 증명한 경우여야 하며 기타 방법으로는 폭력의 발생을 막는 것이 명백히 불
충분할 경우여야 한다.[118] 집회 개최 전 및 집회 중간, 집회 후에 이루어지는 무차별적인
집단적 체포는 자의적인 조치이며, 따라서 위법하다.[119]

83. 집회 참가자 또는 참가하려는 자들에 대한 "검문검색" 또는 "불심검문" 권한은 심각한
범죄를 저지르거나 저지를 위협이 있다는 합리적인 의심을 근거로 행사되어야 하며, 차별

---

112) CCPR/C/VEN/CO/4, para. 14; and African Commission on Human and Peoples' Rights, *Guidelines on Policing Assemblies in Africa*, para. 3.2.

113) Code of Conduct for Law Enforcement Officials, art. 1.

114) General comment No. 36, para. 14. See also *United Nations Human Rights Guidance on Less-Lethal Weapons in Law Enforcement*, section 4; and Basic Principles on the Use of Force and Firearms by Law Enforcement Officials, principles 2 and 3.

115) CCPR/C/GBR/CO/7, para. 11; and A/HRC/44/24, para. 32.

116) CCPR/C/MKD/CO/3, para. 19.

117) General comment No. 35 (2014) on liberty and security of person, para. 15.

118) European Court of Human Rights, *S., V. and A. v. Denmark* (application Nos. 35553/12, 36678/12 and 36711/12), judgment of 22 October 2018 (Grand Chamber), paras. 77 and 127.

119) CCPR/C/CAN/CO/6, para. 15.

적인 방식으로 사용되어서는 안 된다.[120] 어떤 개인이 평화적 집회와 관련이 있다는 단순한 사실은 당국이 해당 개인들에 대한 검문검색을 실시할 합리적 근거가 되지 않는다.[121]

84. 봉쇄("케틀링")는 법집행공무원이 집회 참여자를 일정 구역에 에워싸고 가두는 방식으로, 그렇게 하는 것이 필요성과 비례원칙을 충족하는 경우에만 실제 폭력 또는 그 구역에서 비롯된 임박한 위협을 해결하기 위하여 사용할 수 있다. 특정 개인을 대상으로 하는 불가피한 법집행 조치가 대개 봉쇄보다 선호될만하다. 봉쇄 시에는 가능한 한 폭력과 직접 관련된 이들만을 대상으로 하고, 봉쇄 기간은 필요 최소한으로 한정하도록 각별한 주의를 기울여야 한다. 봉쇄가 무차별적 또는 징벌적으로 사용되는 경우 평화적 집회의 권리를 침해하며, 자의적 구금으로부터의 자유와 이동의 자유 같은 다른 권리도 침해할 수 있다.[122]

85. 예외적인 경우에만 집회는 해산될 수 있다. 집회 자체가 더는 평화적이지 않거나, 표적체포와 같은 보다 비례성이 충족되는 조치로서 합리적으로 대응할 수 없는 수준의 심각한 폭력의 임박한 위협에 대한 확실한 증거가 있다면 집회는 해산될 수 있다. 모든 경우에 물리력 사용에 관한 법집행규칙이 엄격히 준수되어야 한다. 집회 해산 명령의 조건은 국내법으로 규정되어 있어야 하며, 정당한 권한을 부여받은 공무원만이 평화적 집회의 해산을 명령할 수 있다. 집회가 평화적이기는 하지만 도로 봉쇄가 연장되는 등 높은 수준의 혼란을 발생시키는 경우, 원칙적으로 그러한 차질이 "심각하고 지속"되는 경우에만 집회는 해산될 수 있다.[123]

86. 해산 결정은 국내법 및 국제법에 따라 이루어져야 하며, 물리력의 사용은 피해야 한다. 상황이 여의치 않다면 필요 최소한의 물리력만 사용할 수 있다.[124] 가능한 한 사용되는 물리력은 폭력에 개입하거나 폭력 위협을 가하는 특정 개인 또는 집단만을 향해야 한다. 경미한 부상을 넘어서는 상해를 초래할 위험이 있는 물리력을 소극적으로 저항하는 개인 또는 집단을 대상으로 사용해서는 안 된다.[125]

87. 최루탄과 물대포 등 광범위한 지역에 영향을 미치는 덜 치명적인 무기는 무차별적 영향을 미치는 경향이 있다. 그러한 무기가 사용될 때는 군중이 몰리는 상황 또는 행인에 대

---

120) CCPR/C/GBR/CO/7, para. 11; and CCPR/C/USA/CO/4, para. 7.

121) A/HRC/31/66, para. 43.

122) European Court of Human Rights, *Austin and others* v. *United Kingdom* (application Nos. 39629/09, 40713/09; and 41008/09), judgment of 15 March 2012 (Grand Chamber), para. 68.

123) A/HRC/31/66, para. 62.

124) Basic Principles on the Use of Force and Firearms by Law Enforcement Officials, principle 13; and A/HRC/26/36, para. 75.

125) *United Nations Human Rights Guidance on Less-Lethal Weapons in Law Enforcement*, para. 2.10.

한 위해 등의 위험성을 제한하기 위해 모든 합리적인 노력을 기울여야 한다. 그러한 무기의 사용은 먼저 구두경고를 하고, 집회 참가자들이 해산할 충분한 기회를 준 상태에서 최후의 수단으로만 사용해야 한다. 한정된 공간에서는 최루탄을 사용하면 안 된다.[126]

88. 화기는 집회의 치안유지를 위한 적절한 도구가 아니다.[127] 단순히 집회를 해산시키기 위해 이러한 화기를 사용하는 것은 절대적으로 금지된다.[128] 국제법을 준수하기 위해, 집회 환경에서 법집행공무원에 의한 화기 사용은 사망 또는 심각한 상해가 발생할 것 같은 긴박한 위협에 맞서기 위해 엄격히 필요한 상황에서 대상이 되는 개인에 한정하여 사용되어야 한다.[129] 그러한 무기가 생명에 미치는 위협을 고려할 때, 이러한 최소한의 문턱 기준은 고무를 입힌 금속 탄환 발사에도 적용되어야 한다.[130] 법집행공무원이 물리력을 사용할 태세를 갖추거나 폭력을 행사할 가능성이 있는 경우, 당국은 적절한 의료시설의 이용을 보장해야 한다. 집회에 대한 치안유지를 하면서 무차별적인 발포를 하거나 완전 자동화 모드의 화기 사용을 하는 것은 결코 적법할 수 없다.[131]

89. 국가는 국제법에 따라 법집행기관의 작위 및 부작위에 대한 책임을 진다. 폭력을 예방하기 위해 국가는 집회 중 법집행공무원의 행위에 대해 책임을 지우는 문화를 지속적으로 증진시켜야 한다. 효과적인 책임 강화를 위해 제복을 입은 법집행공무원은 집회 중에 항상 쉽게 식별되는 신분증을 제시해야 한다.[132]

90. 국가는 집회 상황에서 성폭력이나 젠더 기반 폭력을 비롯하여 법집행공무원이 불법적으로 물리력을 사용하거나 그 밖의 위반을 저질렀다는 혐의나 합리적인 의심이 제기되었을 때, 이에 대한 효과적이고 공평한 조사를 적기에 수행할 의무가 있다.[133] 고의나 과실에 의

126) S/2009/693, annex, para. 62; and *United Nations Human Rights Guidance on Less-Lethal Weapons in Law Enforcement*, para. 7.3.7.

127) African Commission on Human and Peoples' Rights, *Guidelines on Policing Assemblies in Africa*, para. 21.2.4.

128) Basic Principles on the Use of Force and Firearms by Law Enforcement Officials, principle 14.

129) General comment No. 36, para. 12; and Basic Principles on the Use of Force and Firearms by Law Enforcement Officials, principles 9 and 14.

130) *United Nations Human Rights Guidance on Less-Lethal Weapons in Law Enforcement*, para. 7.5.8.

131) A/HRC/31/66, paras. 60 and 67 (e). See also Office of the United Nations High Commissioner for Human Rights and United Nations Office on Drugs and Crime, *Resource book on the use of force and firearms in law enforcement* (New York, United Nations, 2017), p. 96.

132) European Court of Human Rights, *Hentschel and Stark* v. *Germany* (application No. 47274/15), judgment of 9 November 2017, para. 91; and CAT/C/DEU/CO/6, para. 40.

133) CCPR/C/COD/CO/4, paras. 43-44; and CCPR/C/BHR/CO/1, para. 36. See also *The Minnesota*

한 작위 또는 부작위 모두 인권 침해에 해당한다. 위반에 책임이 있는 개별 공무원은 국내법에 따라 책임을 져야 하며, 해당할 때에는 국제법에 따른 책임도 져야 한다. 피해자에게는 실효적인 구제가 제공되어야 한다.[134]

91. 법집행공무원에 의한 모든 물리력 사용은 기록되어야 하고 투명한 보고서에 즉각 반영되어야 한다. 상해 또는 손상이 발생한 경우, 보고서에 물리력 사용의 이유와 그 효과 및 결과 등 사건의 구체적 내용을 상세히 기술함으로써, 해당 물리력의 사용이 필요성과 비례원칙에 맞게 이루어진 것인지를 파악할 수 있는 충분한 정보를 보고서에 담아야 한다.[135]

92. 상황상 꼭 필요한 경우에만 집회에 사복 경찰을 배치해야 하며, 그러한 경찰이 폭력을 선동해서는 안 된다. 검문, 체포, 물리력을 행사하기 전에, 사복 경찰은 관련자들에게 자신의 신분을 밝혀야 한다.

93. 국가는 집회 동안의 법 집행과 관련해서 궁극적인 책임을 지며, 예외적인 상황에서만 민간 보안서비스 제공업자에 업무를 위임할 수 있다. 그러한 경우에도 그러한 서비스 제공업자의 행위에 대한 책임은 여전히 국가에 있다.[136] 이는 국내법 및 관련된 경우에 국제법에 따른 민간 보안서비스 제공업자의 책임에 추가되는 것이다.[137] 당국은 법집행 시 민간 보안서비스 제공업자의 역할과 권한을 국내법으로 상세히 규정해야 하고, 이들의 물리력 사용과 훈련을 엄격히 규율해야 한다.[138]

94. 집회 중에 법집행공무원의 신체 착용 카메라 등의 기록장치 사용이 분별력 있게 이루어진다면 책임성 확보에 있어 긍정적인 역할을 할 수 있다. 하지만 당국은 그러한 기록장치의 사용이 프라이버시에 관한 국제기준에 부합하고 집회 참여에 대한 위축효과를 가지지 않도록 보장하기 위해 명확하고 공개적인 지침을 마련해야 한다.[139] 집회 참여자, 언론인, 감시요원도 법집행공무원에 관해 기록할 권리를 가진다.[140]

95. 국가는 집회 중에 사용하는 모든 원격제어무기체제에 대해 전적으로 책임을 진다. 그러한 무력 수단의 투입은 긴장을 고조시킬 수 있으므로 극도의 주의를 기울인 상태에서만 사

Protocol on the investigation of potentially unlawful death (United Nations publication, Sales No. E.17.XIV.3).

134) General Assembly resolution 60/147, annex.

135) *United Nations Human Rights Guidance on Less-Lethal Weapons in Law Enforcement*, paras. 3.3-3.5.

136) General comment No. 36, para. 15.

137) *International Code of Conduct for Private Security Service Providers* (2010).

138) *United Nations Human Rights Guidance on Less-Lethal Weapons in Law Enforcement*, para. 3.2.

139) CCPR/C/CHN-HKG/CO/3, para. 10; and CCPR/C/CHN-MAC/CO/1, para. 16.

140) A/HRC/31/66, para. 71.

용해야 한다. 일단 배치되면 유의미한 사람의 개입 없이 집회 참가자들에 대한 치명적 무력 행사가 될 수 있는 완전자율무기체제는 집회 중 치안 유지를 목적으로 절대로 사용되어서는 안 된다.141)

Ⅶ. 비상사태와 무력충돌 중의 집회

96. 평화적 집회에 관한 권리는 규약 제4조 제2항에서 이행정지가 허용되지 않는 권리로 열거되지는 않았지만, 제6조 및 제7조, 제18조에 규정된 권리처럼 집회에 적용될 가능성이 높은 다른 권리들은 이행정지가 허용되지 않는 권리이다. 제21조에 입각해 제한을 가함으로써 목표를 달성할 수 있다면, 당사국은 평화적 집회의 권리에 대한 이행정지에 의존해서는 안 된다.142) 예를 들어 국가가 폭력행위가 동반된 대규모 시위에 대응하면서 규약상 의무에 대한 이행을 정지한다면, 그러한 상황이 국민의 생명에 위협이 될 뿐만 아니라 규약 하에서 부담하는 의무의 이행을 정지시키는 모든 조치가 상황의 긴급성에 따라 엄격하게 요구되며 제4조의 조건에 부합하여야 한다는 점을 증명할 수 있어야 한다.143)

97. 무력충돌 상황에서 평화적 집회 동안의 물리력의 사용은 법집행을 규율하는 규칙에 의해 여전히 규제되며, 규약은 계속 적용된다.144) 국제인도법 하에서 사용되는 용례에 따라 집회에 참가한 민간인은 적대행위에 직접 가담하지 않는 한 치명적인 물리력의 표적이 되는 것으로부터 보호된다. 그러한 상황에서 민간인은 공격으로부터 국제법에 따라 달리 보호되지 않는 범위에서만 표적이 될 수 있다. 적용가능한 국제인도법 하에서의 물리력의 사용은 구별성 및 공격 시 예방조치, 비례성, 군사적 필요성 및 인도주의 규칙 및 원칙의 적용을 받는다. 물리력 사용에 관한 모든 결정에서 집회 참가자와 더 나아가 대중의 안전과 보호가 중요한 고려사항이어야 한다.

Ⅷ. 규약 제21조와 다른 조항 및 기타 법률제도 간의 관계

98. 평화적 집회의 권리의 완전한 보장은 다양한 권리들의 보장에 달려있다. 집회 중에 국가 공무원이 불필요한 또는 비례원칙에 어긋나는 물리력을 사용하거나 기타 불법적 행위를 하는 것은 규약 제6조, 제7조, 제9조 위반에 해당할 수 있다.145) 평화적 집회의 참가자가

---

141) Ibid., para. 67 (f).
142) General comment No. 29 (2001) on derogations from provisions of the Covenant during a state of emergency, para. 5. See also CCPR/C/128/2, para. 2 (c).
143) General comment No. 29, paras. 5-9.
144) General comment No. 36, para. 64.
145) CCPR/C/ISR/CO/3, para. 9; CCPR/C/UZB/CO/3, para. 8; *Olmedo v. Paraguay* (CCPR/C/104/D/

민간인 주민을 대상으로 한 광범위하거나 체계적인 공격의 일부로서 행해진 불법적 무력사용이나 행위의 대상이 된 극단적인 경우, 다른 관련 요건이 충족되었다면 인도에 반한 죄가 성립될 수도 있다.[146]

99. 집회 및 행진, 다른 이동 집회에 참여하기 위해 해외로의 이동을 비롯하여 사람의 이동할 능력을 제한하면(제12조 제2항) 이동의 자유가 침해될 수 있다(제12조 제1항). 집회의 권리 행사를 제한하는 공식적인 결정에 대해서는 공정하고 공개적인 심리의 요건(제14조 제1항)을 충족하는 과정을 통해 법적 이의제기가 가능해야 한다.[147] 집회 및 기타 정보 교환 활동에 참여한 이들에 대한 감시는 프라이버시권에 대한 침해에 해당할 수 있다(제17조). 종교적 집회는 종교 또는 신념을 표현할 자유에 의해 보호받을 수 있다(제18조).[148] 평화적 집회는 종종 표현적 요소를 가지며 두 권리를 인정하는 논리적 근거와 허용되는 제한사유도 여러 면에서 중첩되기는 하지만, 평화적 집회의 권리는 표현의 자유(제19조 제2항)가 발현된 것 그 이상이다. 공공기관이 보유한 정보에 접근할 자유(제19조 제2항)는 일반 대중이 집회에 적용되는 법적·행정적 틀에 대해 알 수 있게 해주는 토대가 되며 이를 통해 대중들은 공무원들에게 책임을 물을 수 있다.

100. 결사의 자유(제22조) 또한 집단행동을 보호하며, 이 권리에 대한 제한은 자주 평화적 집회의 자유에 영향을 미친다. 참정권(제25조)은 평화적 집회의 권리와 밀접히 연관되어 있고, 관련 사안에서 제한은 제21조와 제25조 양 조항에 규정된 조건에 따라 그 정당성이 입증되어야 한다.[149] 차별받지 않을 권리는 집회 정황에서의 차별적 관행으로부터 참가자를 보호한다(제2조 제1항 및 제24조, 제26조).

101. 평화적 집회에 참가하는 것은 타인의 권리와 자유를 보호하기 위해 제21조에 따라 제한될 수 있다.

102. 평화적 집회의 권리는 고유한 가치를 가진다. 이뿐만 아니라 이 권리는 주로 다른 인권 및 국제법의 다른 규범과 원칙의 이행을 원활히 할 목적으로 행사되곤 한다. 그러한 경우에 평화적 집회의 권리를 존중 및 보장할 의무에 대한 법적 정당성은 이 의무로 인해 이행이 촉진되는 더 넓은 범위의 다른 권리 및 규범, 원칙의 중요성으로부터 도출된다.

1828/2008), para. 7.5; and *Benítez Gamarra v. Paraguay* (CCPR/C/104/D/1829/2008), para. 7.4.

146) Rome Statute of the International Criminal Court, art. 7.

147) *Evrezov et al. v. Belarus*, paras. 3.3 and 8.9.

148) General comment No. 22, para. 8.

149) *Sudalenko v. Belarus*, para. 8.6.

3. 대한민국 국가보고서에 대한 최종견해*

(1) 대한민국 제1차 정부보고서에 대한 인권위원회(Human Rights Committee) 최종견해 (CCPR/C/79/Add.6) (1992.9.25.)

1. 본 위원회는 1992년 7월 13일, 14일 및 15일에 열린 제1150차, 제1151차 및 제1154차 회의에서 대한민국의 최초보고서(CCRP/C/68/Add.1)를 검토하였으며 다음과 같은 의견을 채택하였다(1992년 7월 29일자 제45차 회기(제1173차 회의)).

A. 서론

2. 본 위원회는 정해진 기한 내에 제출된 당사국의 성의 있는 보고서에 사의를 표한다. 상기의 보고서는 본 협약의 이행에 관련된 법률과 규정에 관하여 상세한 정보를 포함하고 있다. 그러나 위원회는 본 협약의 실질적인 이행에 관한 충분한 정보와 협약의 이행을 저해할 수 있는 어려움과 문제점에 관한 정보가 부족함을 지적하고자 한다. 그와 동시에, 위원회는 대표단이 제공한 명확하고 광범위한 구두 답변과 상세한 의사표시에 사의를 표한다.

B. 긍정적인 측면

3. 본 위원회는 대한민국이 최근 수 년간 본 협약과 그에 따른 선택의정서를 포함하여 다수의 국제 인권조약 가입하고 이에 따라 본 협약 제41조에 대한 선언을 하였으며, 국제노동기구에 가입한 점에 만족을 표한다. 본 위원회는 또한 대한민국이 본 협약의 보류를 철회하기 위한 검토에 대하여 만족하고 있다. 그리고 국가보안법의 적용범위를 축소하고 법률적 구조의 제공에 관한 상당한 진보가 있었다. 현재 국내정치에서의 반대입장도 상당히 수용할만하다. 독립적인 기관인 헌법재판소는 매우 강력하고 중요한 역할을 하고 있다.

C. 규약의 적용을 저해하는 요인과 어려움

4. 본 위원회는 남북한의 관계가 여전히 대한민국의 인권상황에 미치는 중요한 요인이라는

---

* 대한민국 정부보고서에 대한 인권위원회 최종견해 번역본은 국가인권위원회 및 법무부 번역본을 활용함. 단 제5차분 최종견해는 "제5차 유엔 자유권 심의 대응을 위한 한국시민사회모임" 번역본을 활용함.

점을 알고 있다. 최근 화해, 협력 및 불가침에 관한 남북합의서의 결정은 긍정적인 전기로 보인다. 정부기관에 따르면, 그럼에도 대한민국 정부는 와해와 무력도발에 대한 매우 실질적인 위협에 대응하고 있으며, 이 때문에 대한민국 정부는 자유민주주의 제도의 보호와 통합을 보전하기 위해 국가보안법을 반드시 유지해야 한다는 견해를 가지고 있다.

D. 주요 문제영역

5. 본 위원회는 대한민국 헌법이 본 협약에 규정된 모든 권리를 포함하고 있지 않다는 사실에 상당히 우려하고 있다. 또한 헌법 제11조의 차별금지에 관한 조항은 본 협약의 제2조와 제26조에 비추어 다소 불완전한 것으로 생각된다. 이와 같은 우려는 헌법 제37조에 따라 법률에 의하여 열거되지 아니한 이유로 다양한 권리와 자유가 경시되지 아니한다는 주장으로는 불식되지 아니한다.

6. 본 위원회의 주요 관심사는 국가보안법의 존속에 관한 것이다. 대한민국이 처한 특수한 상황으로 국내의 공공질서에 의미를 부여함에도 불구하고 그에 대한 영향이 과대평가 되어서는 아니 된다. 위원회는 일반 법률과 특히 이에 적용될 수 있는 형법만으로도 국가안보를 방어하기에 충분한 것으로 생각한다. 또한 국가보안법에 규정되어 있는 특정 내용은 다소 모호한 용어로 정의되어 있어 실제로 국가안보에 위협적이지 않은 행위와 본 협약에서 용인하지 아니하는 대응으로 이어질 수도 있는 해석을 가능하게 한다.

7. 본 위원회는 국가보안법에 규정된 경찰의 지나친 권력행사, 국가안전기획부의 조사권의 범위 및 제12조의 이행, 특히 북한 방문과 관련한 부분에 심각한 우려를 표명한다. 위원회는 수감자들이 재교육을 받는 상황이 재교육이라는 일반적인 의미에서는 실제로 갱생을 제공하지 아니하며 그 과정에서 사용되는 가혹함의 정도는 양심의 자유에 대한 본 협약의 조항을 침해할 수 있다고 판단한다. 간첩활동의 정의와 관련하여 내려지는 국가기밀의 포괄적인 정의 역시 잠재적으로 오용으로 이어질 수 있다.

8. 본 위원회는 또한 다수의 사람들이 여전히 사형을 선고받고 있는 사실에 우려를 표명한다. 특히 사형선고를 받는 위반행위에 절도가 포함되어 있다는 점은 본 협약 제6조에 대한 명백한 위반이다. 또한 기소 전에 심문을 위한 긴 기간은 본 협약 제9조 제3항과 배치되고 있다. 기타 관심분야로는 정치적 견해에 따른 장기간 인신구속, 특정 분야에서 여성에 대한 차별, 본 협약 제15조에 기술된 죄형법정주의와 관련된 문제, 그리고 집회 및 결사에 대한 사전허가 요구 등이다.

E. 제안 및 권고사항

9. 대한민국이 과거 장기간에 걸쳐 이룬 인권존중에 관한 긍정적인 발전을 고려하여 본 위원회는 대한민국의 법률이 본 협약의 조항에 일치하도록 더 많은 노력을 해 줄 것을 권고한다. 이를 위해서는 본 위원회가 동 협약에 규정된 권리의 완전한 이행에 주요 장애가 되는 것으로 간주되는 국가보안법의 단계적인 철폐를 위한 시도가 이행되어야 하며, 한편으로는 몇몇 기본권을 훼손하지 않도록 노력해야 한다. 또한 사형규정 범죄를 축소하고 동 협약 제15조의 조항내용이 형법에도 적용되도록 하며, 평화적인 집회에 대한 권리의 이행에 제한을 더욱 축소하기 위한 조치들이 취해져야 한다.

마지막으로 본 위원회는 대한민국 정부가 제14조에 관한 유보의 철회를 적극적으로 검토하고 대한민국 영토 내에서 본 협약과 선택의정서에 대한 국민들의 인식확대를 위한 추가적인 조치를 취해줄 것을 권고한다.

(2) 대한민국 제2차 정부보고서에 대한 인권위원회 최종견해
(CCPR/C/79/Add.114) (1999.11.1.)

1. 위원회는 1999년 10월 22일에 열린 제1791, 제1792차 회의(CCPR/C/SR.1791과 SR.1792 참조)에 한국정부의 2차 정기보고서(CCPR/C/114/Add.1)를 검토하고, 1999년 10월 29일에 열린 제1802차 회의(CCPR/C/SR.1802)에서 다음의 최종 견해를 채택했다.

A. 들어가며

2. 위원회는 한국 정부가 제2차 정기 보고서를 정해진 기간 내에 제출한 것을 환영한다. 하지만 당사국의 1차 보고서가 규약의 실제 이행 상황에 대한 충분한 정보를 포함하지 않았다고 견해를 밝혔음에도 불구하고, 2차 보고서 또한 마찬가지의 결함을 갖고 있다는 것에 대해 유감스럽게 생각한다. 더 나아가 보고서 심사 중 위원들이 제기한 여러 질문에 대해 제대로 답변하지 않은 것을 위원회는 유감으로 생각한다. 결과적으로, 위원회는 정부가 규약의 모든 조항들에 잘 따르고 있는지 이행을 제대로 감시할 수 없었다.

B. 규약의 이행에 영향을 미치는 요인과 장애

3. 두 개의 한국간에 아직 어떠한 최종적 합의도 없었다는 사실로 인해 한국정부가 갖고

있는 안보에 대한 우려를 위원회는 이해한다. 그러나 안보에 대한 우려를 언급하는 것, 그 자체로 규약에 인정하고 있는 권리들에 대한 제한을 정당화할 순 없다. 그리고 당사국이 진정한 안보의 문제에 직면하게 됐다 하더라도, 권리의 제한은 규약의 요건을 충족시켜야만 한다.

C. 긍정적인 요소

4. 위원회는 민간단체들에게 보고서를 전파한 것을 높이 평가한다. 민간단체들은 위원회가 보고서를 심의하는데 크게 기여했다. 예술작품 상영에 대한 검열을 책임졌던 공연윤리위원회의 폐지가 보여주듯, 사회의 개방성이 증가하고 있음을 위원회는 주목한다.

5. 위원회는 규약에서 인정하는 권리들, 특히 제2조제1항, 제3조, 제26조 하에서 보장하는 평등에 대한 권리의 보호를 강화하기 위해 많은 법들이 제정된 것을 인지한다. 여성발전기본법, 고용평등에 관한 법률 내 개정들, 장애인고용법, 성차별금지 및 구제에 관한 법률, 그리고 가정폭력방지 및 피해자 보호에 관한 법률 등이 바로 그것이다.

6. 위원회는 규약 및 인권 일반에 대한 인식을 높이기 위해 취해진 조치들을 인지한다. 여기에는 판사, 변호사 그리고 검사들에 대한 의무적인 인권교육이 포함된다. 또한 주요 국제인권규약들을 한글로 번역하고 배포한 것에 대해 환영한다.

D. 주요 관심 분야 및 권고

7. 규약에서 규정하는 권리들의 국내법적 지위는 여전히 불명확하다. 이는 특히 대한민국의 헌법이 모든 권리들, 그리고 그 권리들이 제한될 수 있는 정도와 범위를 낱낱이 밝히지 않고 있기 때문이다. 헌법의 6조에 따르면, 당사국이 비준한 국제규약은 국내법과 동등한 효력을 갖는다고 명시하고 있는데, 규약에 가입한 후 제정된 법률이 규약이 인정하는 권리보다 우위에 있음을 내포하는 것으로 이 조항이 해석돼 온 것에 대해 위원회는 우려한다.

8. 1차 보고서를 검토한 이후, 위원회는 국가보안법의 존재와 그것이 지속적으로 적용되고 있는 것에 대해 재차 심각한 우려를 표명해왔다. 당사국에 따르면, 국가보안법은 분단상황이 야기하는 법적인 문제를 다루기 위해 사용된다. 그러나 위원회는 국가보안법이 구금, 조사 그리고 실체법상의 책임(substantive liability)에 관한 특별법규를 마련하는데 이용된다는 점을 유감스럽게 생각한다. 이는 규약의 제9조, 제18조, 그리고 제19조 등 다양한 조항들에 반하는 것이다.

위원회는 정부의 1차 보고서를 검토한 이후 권고한 사항, 즉 당사국이 국가보안법을 단계적으로 폐지해나가야 함을 다시금 권고한다.

9. 위원회는 국가보안법 제7조 하에서 "반국가단체"를 고무하는 것으로 간주되는 행위의 범위가 불합리하게 광범위하다고 생각한다. 선택의정서에 따라 개인적 통보로서 위원회에 보내진 사례들과 제7조 하에서 기소된 내용에 대한 정보들을 검토해본 결과, 표현의 자유에 대한 제약이 규약의 제19조 세 번째 문장의 요건을 충족시키지 못하고 있음이 분명하다. 왜냐하면 그것들은 국가안보를 위해 필요한 정도를 넘어서기 때문이다. 규약은 단지 사상의 표현이 적성단체(enemy entity)의 주장과 일치하거나 그 실체에 대해 동조하는 것으로 보인다는 이유만으로, 사상의 자유를 제약하는 것을 허용하지 않는다. 위원회는 검찰의 내부 지침이 규약과 합치하지 않는 국보법 제7조의 남용을 억제하는 적절한 방법이 아님을 강조하고자 한다. 당사국은 규약에 부합하도록 제7조를 긴급히 개정해야 한다.

10. 위원회는 여성에 대한 차별적인 태도를 장려하고 강화시키는 법률과 관행에 대해 심히 우려한다. 특히, 호주제는 여성을 종속적인 역할로 위치 짓는 가부장적 사회를 반영하면서 동시 강화시킨다. 태아성감별 관행, 둘째와 셋째로 태어나는 아동 중에 남아의 불균형한 비율, 위험한 낙태가 명백히 초래한 높은 모성사망률이 심각하게 우려된다. 위원회는 남녀가 이 규약에 명시된 모든 권리들을 동등하게 향유할 권리와 법의 동등한 보호를 보장할 국가의 의무-규약 제3조와 제26조-를 이행하지 못한 정부의 실패가 전반적인 사회적 태도로 인해 정당화될 수 없다는 점을 강조한다.

11. 가정폭력 방지와 처벌에 대한 당사국의 새로운 입법을 환영하는 반면에, 높은 수준의 가정폭력과 법과 관행에 여전히 남아있는 부적절함에 대한 우려는 남아있다. 특히, 위원회는 강간 범죄가 여성의 저항을 증거로 요한다는 점, 강간 피해자와의 결혼이 피고인의 변호사유가 된다는 점, 혼인상의 강간은 형사상의 범죄를 구성하지 않는 것처럼 보인다는 점을 우려한다. 가정폭력 방지와 처벌을 규정한 새입법은 여성을 폭력으로부터 보호하는 것을 약화시키는 기존의 법규범을 폐지함으로서 강화되어야 한다.

12. 위원회는 고용에 있어 여성에 대한 차별의 정도, 소규모 사업장에 고용된 많은 수의 여성들에 대한 적절한 보호의 미흡 그리고 남녀사이의 임금 격차를 우려한다. 본 규약의 제3조와 제26조에 대한 준수를 보장하기 위하여, 당사국은 1999년 1월에 제정된 성차별 방지 및 구제에 관한 법률의 효과적인 이행을 도모해야 한다. 그리고 여성에게 동등한 고용의 기회와 고용조건을 보장하기 위한 적극적인 조치를 취해야 한다.

13. 오로지 피구금자가 요구하는 경우에만 구금의 사법부의 심사를 받도록 하는 형사절차법은 규약 제9조제3항에 반한다. 규약의 제9조제3항은 형사기소(criminal charge)로 구금된 모든 사람은 판사 혹은 법에 의해 사법권을 행사하도록 돼 있는 다른 관리의 심사를 받을 수 있어야 한다고 명시한다. 과도한 기소전 구속(일반적인 사건의 경우 30일, 국가보안법 관련

사건은 50일)과, 그러한 구금의 정당한 근거 부족은 한국정부의 규약 제9조 이행에 의문을 제기한다.

당사국은 규약 제9조가 정하는 피구금자의 모든 권리를 존중할 수 있도록 해당 법률을 개정해야 한다.

14. 위원회는 검사가 구금 시설을 매달 감독하는 절차에 주목한다. 하지만 이를 비롯해 여타의 체계들이 고문과 잔인하고 비인도적인 처우를 방지하기에 충분치 않다는 점을 우려한다. 고문과 잔인하고 비인도적인 처우와 관련된 고소에서 적은 비율만이 공무원에 대한 조처로 이어졌다는 것은 기존의 수사 절차의 신뢰성을 의심케 한다. 위원회는 또한 본 규약 9조의 요건을 당사국이 준수하지 않는다는 점을 우려한다. 표면상 검찰 당국과 법원이 피고인과 공범의 자백에 광범위하게 의존한다는 것은 수사 공무원에 의한 고문과 잔인하고 비인도적인 처우를 부추긴다는 사실을 우려한다.

고문의 혐의를 조사하는 독립적인 기구의 설치와 위 13번째 문장에 언급된 형사절차의 개정은 지연되어서는 안 된다.

15. 위원회는 '사상전향제'를 폐지한 것을 환영하지만 그것이 '준법서약제'로 대체된 것에 대해 유감으로 생각한다. 위원회에 제공된 정보에 따르면, 어떤 재소자가 준법서약을 하도록 요구받고 있는지, 무엇이 서약의 결과이고 법적 효력인지가 불분명한 채로 남아있다. 위원회는 서약 요구가 차별적으로, 특히 국가보안법 위반 사범들에게만 적용되고 있으며, 이는 사실상 규약에 합치되지 않는 법을 따르겠다는 서약을 사람들에게 요구하는 것이라는 점에 대해 우려한다.

일부 재소자들에게 석방의 조건으로 부과되는 '준법서약제'는 폐지되어야 한다.

16. 정부 보고서에서 제공된 정보의 신빙성과 보고서 검토과정에서 보여준 대표자들의 응답을 볼 때, 사법부의 독립 정도를 충분히 판단할 수 없음을 위원회는 유감스럽게 여긴다. 사법부의 독립성에 심각한 문제를 제기하는 판사 재임용 제도에 대해 특히 우려한다.

한국정부는 법관임명의 제도와 실제 운영에 대한 구체적 내용을 제공해야 한다.

17. 광범위한 도청은 당사국이 이 규약의 17조를 준수하고 있는지에 대한 심각한 의문을 낳게 한다. 위원회는 또한 데이터베이스 상의 부정확한 정보의 시정을 위한 구제책혹은 그러한 정보의 오용 또는 남용에 대한 적절한 구제책이 존재하지 않는다는 점을 우려한다.

18. 수도 내의 주요 도로에서의 모든 집회를 금지하는 것은 너무 광범위한 것으로 보인다. 공공질서의 이익을 위한 주요 도로에서의 일부 제한은 허용할 수 있지만, 이 규약 제21조는 그러한 모든 제한은 법에 합치할 뿐 아니라 민주사회에서 꼭 필요하다고 인정될 경우에만 한한다. 당사국에 의해 부과된, 주요 도로에서 집회를 가질 권리의 절대적 제한은 이러

한 기준을 충족시키지 못한다.

19. 위원회는 교사들의 노동조합 결성을 허가하고 공무원들이 작업장 협회를 결성하는 것을 허용하도록 한 법의 변화를 주목한다. 그럼에도 불구하고, 위원회는 교사와 기타 공무원의 결사의 자유에 관해 남아있는 제약들이 이 규약의 제22조제2항을 충족시키지 않는다는 점을 우려한다.

당사국은 대한민국 내 모든 사람들이 이 규약 22조 하의 권리들을 향유할 수 있도록 보장할 목적을 가지고, 공무원의 단결권에 관한 입법 계획을 지속해 나가야 한다.

20. 위원회는 당사국이 제23조제4항과 제14조제7항의 유보철회를 환영한다. 위원회는 아직도 남아있는 유보사항인 규약 제14조제5항과 제22조에 대하여 그 철회를 검토할 것을 강력히 권고한다.

21. 선택 의정서에 의거하여 제출된 통보에 대한 위원회의 견해와 관련하여, 위원회는 한국 정부가 통보제출자에게 추가적인 이의나 금전 배상을 위한 소송과 같은 국내소송절차를 통해 위원회의 구제권고를 실현하라고 하는 것은 적절치 않음을 지적한다.

이미 그 문제에 관하여 의견을 낸 국내법원으로 사건을 보내는 것보다는, 한국정부는 위원회의 의견을 실현하기 위해 즉각적으로 절차를 밟아야 한다.

22. 위원회는 공무원에게 인권교육을 제공하는 노력을 계속할 것을 당사국에 요청한다. 위원회는 한국정부에게 공무원 뿐만 아니라 사회공공단체의 직원이나 의료관계 종사자들을 포함한 인권관계 전문가들에게도 의무적으로 인권교육을 시행할 것을 권고한다.

23. 위원회는 당사국인 한국정부가 2003년 10월 31일까지 3차 정기 보고서를 제출할 것을 요구한다. 그 보고서는 위원회에 의해 채택된 개정 지침(CCPR/C/66/GUI)에 따라 준비되어야 하며 이번 최종 견해에서 제기된 문제들에 특별한 관심을 기울여야 한다. 위원회는 이번 최종 견해와 다음 정기 보고서가 대한민국 내에서 널리 배포되어야 함을 촉구한다.

(3) 대한민국 제3차 정부보고서에 대한 인권위원회 최종견해
(CCPR/C/KOR/CO/3) (2006.11.28.)

1. 인권위원회(Human Rights Committee)는 2006년 10월 25일과 26일의 제2410차와 2411차 회의(CCPR/C/SR.2410 과 2411)에서 대한민국의 제3차 정기보고서(CCPR/C/KOR/2005/3)를 심의하였고 2006년 11월 2일 2422차 회의(CCPR/C/SR.2422)에서 아래와 같은 최종견해를 채택하였다.

A. 도입

2. 위원회는 보고서 지침에 준사하여 작성한 대한민국의 제3차 정기보고서에 환영한다. 위원회는 고위급 대표와 위원회가 공식적으로 제기한 서면 및 구두 질의에 답변을 제공한 대표단과의 건설적인 대화를 높게 평가한다.

B. 긍정적인 측면

3. 위원회는 파리 원칙에 제시된 기준을 준수하여 2001년 수립한 국가인권위원회의 설립을 환영한다.

4. 위원회는 여성부 설립과 '남녀 고용 평등 실현에 관한 기본계획' 및 '여성 채용 목표제'의 수립으로 여성에 대한 비차별 증진을 주도한 것을 주목하고 인정한다.

5. 위원회는 가정폭력에 대응하기 위하여 취해진 조치로, 특히 가정폭력 전담 검사 임명을 환영한다.

6. 위원회는 2008년부터 시행되는 호주제 폐지 등을 포함한 민법개정안이 2005년 3월 국회에서 채택된 점을 환영한다.

C. 권고 및 우려사항

7. 위원회는 위원회가 채택한 개인통보에 대한 견해(View)의 실행에 대한 국내적 조치가 없는 점을 우려한다.

  위원회가 위원회의 견해를 채택한 경우, 당사국은 견해의 실행을 즉각적으로 추진해야 한다.

8. 위원회는 당사국이 제14조 제5항의 유보철회 의사 표명에 주목한다. 그러나 제22조의 유보를 유지하는 점에 유감을 표한다.

  당사국은 제14조 제5항의 유보철회를 요청한다. 또한, 규약 제22조의 유보철회를 권장한다.

9. 현재 법사위원회에서 심의중인 대테러 관련 법안을 주목한 결과, 위원회는 기존 혹은 제안된 대테러 관련 법안에 관한 정보 제공의 불충분함 및 테러의 정의가 명시되어 있지 않은 점에 유감을 표한다(제2조, 제9조, 제10조, 제13조, 제14조, 제17조 및 제26조).

당사국은 모든 대테러 관련 법적 조치가 규약에 합치되도록 보장하여야 한다. 특히, 감청, 수색, 구금, 추방 등의 국내 법규는 규약의 관계조항에 엄격히 부합되어야 한다. 당사국은 국내법 제정시에 "테러행위"의 정의를 도입해야 한다.

10. 위원회는 소규모 사업장의 비정규직으로 분류된 다수의 여성근로자에 대하여 우려한다. 또한, 정계 및 법조계의 고위직에 여성의 대표성이 낮은 점을 우려한다(제2조, 제3조 및 제26조).

당사국은 정치, 법조, 경제 분야의 효과적인 여성참여를 위하여 필요한 법적 및 실질적 조치를 취해야 한다. 또한, 국회 및 사법부에서의 여성 고위직 대표성 증가를 위하여 적절한 법안을 마련해야 한다.

11. 가정폭력에 대응하기 위한 다양한 조치 및 프로그램 마련에도 불구하고 위원회는 가정폭력범에 대한 기소 및 처벌 진척이 없는 점에 유감을 표한다. 위원회는 당사국의 입법에 배우자 강간 등을 포함, 가정폭력 관련 특정 법조항이 없다는 점도 우려한다(제3조, 제7조 및 제26조).

당사국은 가정폭력 대응 조치의 효율성을 평가해야 한다. 또한, 배우자 강간을 범죄행위로 인정하도록 당사국의 형법 개정을 권고한다. 특히, 경찰관과 같은 가정폭력 사건을 담당하는 법 집행관에 대한 적절한 교육실시 및 국민의 인식 제고를 위한 노력을 촉구한다.

12. 위원회는 외국인 근로자들이 직장에서 직면하는 지속적인 차별행위와 학대에 대한 보호 및 시정조치가 마련되어 있지 않은 점을 우려한다. 이들의 공적인 신분증명서를 압수 및 보유하는 점에 대해서도 우려를 표명한다(제2조, 제22조 및 제26조).

당사국은 규약에 포함된 권리들을 외국인 근로자가 차별 없이 누릴 수 있도록 해야 한다. 따라서 사회복지 서비스 및 교육 시설 이용에 대한 동등한 접근권 부여와 노조 결성 및 적절한 구제 조치 마련에 특별한 관심을 기울여야 한다.

13. 위원회는 구금시설 내에서 일어나는 고문 및 잔혹한 처우에 관한 주장에 대하여 우려한다. 나아가, 위원회는 계속되는 일정 형태의 징계 처분, 특히, 수갑, 사슬, 안면보호구 등의 계구 사용 및 명백한 기한 제한이 없는 30일간의 독방 구금에 대하여 유감을 표명한다. 이에 대하여, 위원회는 책임 교도관에 대한 철저한 수사와 적절한 처벌이 없는 점을 우려한다(제7조, 제9조).

당사국은 정신 의료기관을 포함한 모든 구금 시설 내에서 일어나는 법 집행관에 의한 잔혹한 처우 방지를 위하여 적절한 조치를 취해야 한다. 적절한 예방 조치로 독립적인 조사기구, 시설에 대한 독립적 조사, 심문시 비디오 녹화 등이 포함될 수 있다. 당사국은 범죄의 경중에 비례하는 가해자 처벌 및 피해자 보상 등의 효과적인 구제를 보장하여야 한다. 또한, 당사국은 가혹한 감금의 중단과 수갑, 사슬, 안면보호구 등의 계구 사용 및 30일간의 독방구금 연속부과의 중단을 요구한다.

14. 위원회는 재판 전 피의자 구금 중 변호의 조력을 받을 수 있는 권리에 대한 당사국의 간섭을 우려한다. 특히, 변호인과의 협의는 심문시에만 허용하고, 심지어 심문 중에도 경찰

관이 수사방해, 공범도주 혹은 증거 인멸 우려의 이유로 변호인 조력을 거부 할 수 있는 점을 우려한다. 또한, 타의에 의해 정신 의료기관에 수감 중인 범죄자에 대해서는 변호인 조력이 부여되지 않는 점도 우려한다(제9조).

당사국은 모든 형태의 구금에 대하여 신속한 변호인 조력을 보장하여야 한다.

15. 위원회는 개인을 구속영장 없이 48시간까지 구금하는 긴급 체포 절차에 대하여 우려한다. 특히, 위원회는 이 절차에의 과도한 의존 및 남용에 관한 보고에 우려를 표명한다(제7조, 제9조, 제10조).

당사국은 규약 제9조에 의거하여 긴급체포 절차의 사용 제한을 위한 모든 필요 조치를 취하여 피구금자의 권리를 보장하여야 한다. 특히, 위원회는 국회에 계류 중인 형사소송법 개정안의 즉각적인 채택을 촉구한다.

16. 위원회는 사건수사 목적 또는 구속영장 발부로 인해 구금된 자가, 과도한 재판 전 구금기간(일반 사건의 경우 30일, 국가보안법 관련 사건의 경우 50일)에 비추어, 규약 제9조 3항에 규정되어 있는 바와 같이 구금의 합법성을 판단할 수 있도록 신속하게 자동적으로 판사를 대면할 수 있는 권리가 부여되지 않음을 우려한다(제9조).

당사국은 형사범죄로 인해 체포 또는 구금된 자에 대한 보호조치를 규약 제9조 제3항에 규정된 대로 반영하는 입법개정을 촉구한다. 특히, 당사국은 모든 구금에 대하여 즉각적인 사법심사를 받는 것을 보장하여야 한다.

17. 위원회는 (a) 2003년 병역법에 따르면 현역 복무 거부에 대한 형벌로 최대 징역 3년의 실형을 선고하고, 거부자들을 재소집하여 새로운 형벌을 부과하는 횟수에 대한 입법상의 제한이 없으며 ; (b) 병역의무 요건을 충족시키지 못할 경우, 정부 또는 공공기관 고용 대상에서 배제되며 ; (c) 양심적 병역거부자로 선고 받아 전과범으로 낙인찍히는 것을 감수해야 함을 우려한다(제18조).

당사국은 양심적 병역거부자의 권리를 인정하여 군복무에서 면제되도록 모든 필요한 조치를 취해야 한다. 규약 제18조와 일치하는 입법제정을 촉구한다. 이에 대하여 위원회는 사상의 자유, 양심의 자유 및 종교의 자유에 대한 일반논평 제22호의 11항(General Comments 22, para. 11)에 당사국의 주의를 요청한다.

18. 위원회는 최근 몇 년간 국가보안법의 개정 시도와 국가안보를 이유로 제기되는 국가보안법의 존속 필요성에 대한 미합의를 주목한다. 그러나 위원회는 국가보안법 제7조에 의거한 계속적인 기소에 대한 우려를 표명한다. 이 조항에 의거하여, 표현의 자유를 제한하는 것은 규약 제19조 제3항의 조건에 부합하지 않는다(제19조).

당사국은 긴급한 사안으로 국가보안법 제7조와 그에 따른 형벌을 규약의 요건에 부합하도록 보장하여야 한다.

19. 위원회는 노조 결성 및 가입이 허용되지 않는 상당수의 고위직 공무원에 대하여, 또 당사국이 공무원노조(KGEU) 등 특정한 노동조합의 인정을 꺼리는 점에 대하여 우려를 표명한다(제22조).

당사국은 고위직 공무원의 노조 결사에 관하여 당사국의 입장을 재고하고, 7만 6천명의 회원으로 구성된 공무원노조 대표자와의 대화를 통하여 결사권 실현을 확보하여야 한다.

20. 비록 위원회는 규약에 제시된 인권에 관한 국민의식 증진을 위한 당사국의 노력에 주목하지만 이러한 노력이 제한되어 있음을 우려한다.

당사국은 초·중·고 및 직업교육 과정, 특히 법집행 공무원의 교육 프로그램에 인권교육을 통합하여야 한다.

21. 위원회는 당사국이 현 최종견해를 일반 대중 및 입법·사법·행정부처가 한국어로 입수 가능하게 할 것을 촉구한다. 위원회는 차기 정기 보고서 내용을 대한민국에서 활동 중인 시민사회, NGO 등 대중에게 널리 배포 할 것을 요청한다.

22. 위원회는 대한민국 제4차 정기보고서 제출 일자를 2010년 11월 2일로 지정한다. 위원회는 현 최종견해를 공표하고 입법·사법·행정부처뿐 아니라 일반 대중에게 널리 배포 할 것을 요청한다.

23. 위원회의 절차 규칙 제71조 제5항에 따라, 12, 13 및 18항의 위원회의 권고에 대한 후속 자료를 1년 이내 제출해야 한다. 위원회는 대한민국이 다음 정기보고서에 권고 및 규약의 이행 전반에 관한 내용을 포함할 것을 요청한다.

(4) 대한민국 제4차 정기보고서에 대한 인권위원회 최종견해
(CCPR/C/KOR/CO/4)(2015.12.3.)

1. 위원회는 2015년 10월 22일, 23일 진행된 제3210차 및 제3211차 회의(CCPR/C/SR.3210 및 CCPR/C/SR.3211 참조)에서 대한민국이 제출한 제4차 보고서(CCPR/C/KOR/4)를 심의하였다. 2015년 11월 3일 개최된 제3226차 회의에서 이하의 최종견해를 채택하였다.

A. 서론

2. 위원회는 다소 지연되었으나 대한민국 4차 보고서 제출한 것과 그에 담긴 정보에 대해 환영한다. 위원회는 당사국이 자유권 규약(the Covenant)의 규정을 이행하기 위하여 보고기

간 동안 취한 조치들에 관하여 당사국의 고위급 대표단과 건설적 대화를 재개할 기회에 대한 감사를 표한다. 위원회는 당사국이 사전질의서(CCPR/C/KOR/Q/4)에 대해 서면 답변 (CCPR/C/KOR/Q/4/Add.1과 Corr.1)을 제출하고 심의에서 구두 답변 및 서면 보충자료를 통해 내용을 보완한 데 대해 감사한다.

B. 긍정적 측면

3. 위원회는 이하 당사국이 취한 입법적, 제도적 조치들을 환영한다.

(a) 2014년 「아동학대범죄의 처벌 등에 관한 특례법」 채택

(b) 2013년 「난민법」 및 동법 시행령, 시행규칙 채택

(c) 2012년 「자살예방 및 생명존중문화 조성에 관한 법률」 채택

(d) 2012년 「형법」제297조를 개정하여 강간죄의 객체를 '부녀'에서 '사람'으로 변경한 것

(e) 2009년 재외국민의 투표권 행사를 보장하기 위하여 「공직선거법」을 개정한 것

(f) 2005－2006년 성차별적 법률을 파악하여 2009년까지 총 385개 법률 규정의 개정을 이끌어낸 것

(g) 2007년 「국제형사재판소 관할 범죄의 처벌 등에 관한 법률」채택

(h) 2007년 「장애인차별금지 및 권리구제 등에 관한 법률」채택

4. 위원회는 당사국이 2008년 「장애인의 권리에 관한 협약」을 비준한 것을 환영한다.

5. 위원회는 2007년 4월 당사국이 자유권규약 제14조 제5항에 대한 유보를 철회한 것을 환영한다.

C. 주요 우려 사항과 권고

선택의정서 상의 견해

6. 위원회는 선택의정서에 따른 위원회의 견해를 이행하기 위한 구체적 메커니즘이 존재하지 않는 것을 여전히 우려한다. 특히 단 한 경우를 제외하고는 당사국은 위원회의 견해를, 특히 양심적 병역거부에 관한 상당수의 견해를 전혀 이행하지 않았다는 점을 우려한다(제2조).

7. 당사국은 규약을 위반한 모든 사건에서 효과적인 구제를 제공하기 위하여 위원회의 견해에 완전한 효력을 부여하는 메커니즘과 적절한 절차를 수립하여야 한다. 당사국은 위원회가 지금까지 발표한 견해들을 완전히 이행하여야 한다.

국가인권기구

8. 위원회는 독립성과 위원의 선출 및 임명을 위한 투명하고 참여적 절차를 법률적 보장을

확보하기 위한 국가인권위원회의 노력에 주목한다. 그러나, 위원회는 당사국이 이러한 취지의 법안을 아직 채택하지 않은 것을 우려하는데, 이는 이러한 법률이 '인권의 보호와 증진을 위한 국가인권기구의 지위에 관한 원칙(파리원칙)'에 부합하는 완전한 독립을 국가인권위원회가 성취하는데 있어 결정적 요소가 될 수 있기 때문이다(제2조).

9. 당사국은 국가인권위원회 위원의 선출과 임명을 위한 절차의 모든 단계에서 완전히 투명하고 참여적인 절차를 확보하고, 독립적 후보자 지명위원회를 설립하며 국가인권위원회 구성원의 독립성을 보장하기 위해 필요한 법률을 채택해야 한다.

기업과 인권

10. 위원회는 대한민국의 관할 하에 있는 기업의 해외 활동이 관련 인권기준을 위배하기도 한다는 점에 주목하고, 당사국으로부터 구제를 얻어내기 어렵다는 점을 우려한다(제2조).

11. 당사국은 자신의 영역 내에 등록하거나, 당사국 관할 하에 있는 모든 기업이 그 활동에 있어 규약에서 보장되는 인권기준을 존중해야 한다는 기대를 명시적으로 규정할 것을 권장한다. 또한 해외에서 활동하는 기업의 활동에 의해 피해를 입은 사람들에 대한 구제책을 강화하고, 사람들이 피해자가 되지 않도록 예방하기 위한 보호조치를 강화하기 위해 적절한 조치를 취할 것을 권장한다.

차별금지

12. 특정한 형태의 차별을 금지하는 다수의 개별법이 존재한다는 것을 확인하면서도, 위원회는 포괄적인 차별금지법이 없다는 것을 우려한다. 위원회는 인종차별과 성적 지향 및 성정체성에 근거한 차별을 정의하고 이를 금지하는 법률이 현재 부재한 점을 특히 우려한다(제2조, 제26조).

13. 당사국은 포괄적인 차별금지법, 명시적으로 삶의 모든 영역을 다루고 인종과 성적 지향 및 성정체성을 포함하는 모든 사유에 근거한 차별을 정의하고 금지하는 법률을 제정해야 한다. 이러한 법률은 공적, 사적 행위자 모두의 직·간접 차별에 대해 적절한 제재를 부과하고, 효과적인 구제책을 제공하여야 한다.

성적 지향과 성정체성에 근거한 차별

14. 위원회는 다음에 대해 우려한다(제2조, 제17조 및 제26조):

(a) 폭력과 혐오표현을 포함하여 동성애자, 양성애자, 성전환자, 간성인에 대한 차별적 태도가 만연한 것

(b) 「군형법」 제92조의6에 따라 군대 내 남성간 합의에 의한 성적 행위를 처벌하는 것

(c) 동성애자, 양성애자, 성전환자를 위한 소위 '전환 치료'모임을 국회와 국가인권위원회 건물에서 개최할 수 있도록 건물사용 허가를 한 것

(d) 새로운 성교육지침에서 동성애나 성 소수자에 대하여 어떠한 언급도 하지 않는 것

(e) 성전환의 법률상 인정에 대해 엄격한 요건을 둔 것

15. 당사국은 소위 '전환치료'의 선전, 혐오표현 또는 폭력을 포함, 성적 지향 또는 성정체성에 근거한 모든 형태의 사회적 낙인과 차별을 용인하지 않는다는 것을 명시적, 공식적으로 표명해야 한다. 또한 당사국은 동성애자, 양성애자, 성전환자, 간성인 개인을 보호하기 위한 법적 체계를 강화하며, 군형법 제92조의6을 폐지하고, 민간 단체가 소위 '전환 치료'를 위해 국가 소유의 건물을 사용할 수 없도록 하며, 학생들에게 성과 다양한 성정체성에 대해 종합적이고 정확하며 연령에 적합한 정보를 제공하는 성교육 프로그램을 개발해야 하며, 성전환의 법적 인정에 대한 접근성을 촉진해야 한다. 또한 당사국은 성적 지향과 성정체성에 관해 인지도를 높이고 다양성에 대한 존중을 위한 공공 캠페인과 공무원 훈련을 개발하여 시행해야 한다.

여성에 대한 차별

16. 위원회는 다음에 대해 우려한다(제3조, 제26조).

(a) 가부장적 태도와 가족 및 사회 내 여성의 역할에 관한 성에 근거한 고정관념 등, 계속되는 여성에 대한 차별

(b) 의사결정지위에 여성이 차지하는 비율이 특히 적고, 비정규직 중 여성이 높은 비율을 차지하는 것, 남녀 간의 임금격차가 현저하게 높은 점

(c) 아동수당 제공에 있어서 입양부모에 비해 불공평한 처우를 포함하여, 미혼모에 대해 만연한 사회적 낙인과 차별

17. 당사국은 가족과 사회 내의 여성과 남성간의 평등에 대한 더 나은 이해와 지원을 증진하기 위한 포괄적 인식개선 프로그램을 실시하는 등, 현재의 가부장적 태도와 성별 고정관념을 근절하기 위한 조치를 개발해야 한다. 당사국은 또한,

(a) 민간 및 공공 부문의 모든 영역에서 잠정적 특별조치 등 양성간 평등을 확보하기 위한 노력을 강화하여야 한다.

(b) 정규 고용에서 가족이 있는 근로자의 필요를 충족하는 조건을 증진하는 등, 동일가치 노동에 대한 동일임금을 보장하며 성별 임금격차를 해소하기 위해 조치를 취하고 비정규 고용에서 차별을 철폐해야 한다.

(c) 미혼모에 대한 차별을 철폐하고, 특히 교육, 고용과 주거 등 미혼모에게 제공되는 지원을 증대하며, 이들이 입양 부모와 같은 아동수당을 받을 수 있도록 해야 한다.

여성에 대한 폭력 및 성폭력

18. 위원회는 가정폭력 등 여성에 대한 폭력이 만연한 것에 대해 우려한다. 또한 부부강간은 형법상 특정된 범죄 행위가 아니며, 가정폭력범은 상담 및 교육조건부 기소유예를 계속 받고 있어 가정폭력피해자를 적절히 보호하지 못하고 가정폭력의 심각성을 충분히 전달하지 못하는 점을 우려한다.

19. 당사국은 모든 상황에서의 부부강간을 분명히 범죄화해야 하며, 모든 형태의 강간은 협박이나 폭력 대신 동의가 없는 경우로 정의해야 한다. 당사국은 성에 기반한 모든 형태와 현상의 폭력을 방지하고 해결하기 위한 포괄적 전략을 채택해야 한다. 경찰, 사법부, 검사, 지역대표, 여성 및 남성에게 가정폭력의 심각성과 피해자의 삶에 끼치는 유해한 영향에 대한 인식 제고를 위한 조치를 강화해야 한다. 당사국은 가정폭력과 부부강간 사건을 철저히 수사하고, 행위자들을 기소하며, 유죄 시 상응하는 처벌을 받도록 하고, 피해자는 적절한 보상을 받도록 해야 한다. 또한 당사국은 피해자들이 대안적 분쟁해결절차로 돌려지지 않도록 하기 위해 현재의 절차를 개정해야 한다.

대테러조치

20. 위원회는 현재 국회에 2건의 사이버 테러대응법안 등 대테러 조치에 관한 5건의 법률이 계류 중인 것에 주목한다. 위원회는 현재 적용되는 테러의 정의 및 계류 중인 법률상 테러의 정의가 규약에 완전히 합치하는지 여부를 결정하기에는 당사국이 제공한 정보가 불충분하였다는 것을 우려한다. 또한 사이버테러의 정의가 특히 모호하여 자의적으로 적용될 수 있으므로 이를 우려한다(제9조, 제14조, 제15조, 제17조).

21. 당사국은 대테러법률과 실행이 규약에 완전히 부합하고, 테러리즘에만 적용되고, 차별금지원칙을 준수하도록 해야 한다. 특히 당사국은 사이버테러를 포함하여 테러행위가 명확하고 협소한 방식으로 정의되고, 이와 관련되어 채택된 법률은 명백히 테러행위를 충족하는 범죄에만 적용되도록 해야 한다. 테러리즘에 관한 적절한 정의는 '대테러조치에 관한 특별보고관'의 대테러조치에 있어서 모범사례의 10개 영역에 관한 보고서 제28항(A/HRC/16/51)과 안전보장이사회 결의 1566(2004년) 제3항에서 찾을 수 있다.

사형제

22. 현재 사형이 적용되지 않음에도 불구하고, 위원회는 사형을 선고받은 사람이 상당수 존재한다는 점을 우려한다(제6조).

23. 당사국은 법률상 사형제를 폐지하고 모든 사형선고를 징역형으로 감형하는 것을 충분히 고려하여야 한다. 사형제폐지를 목표로 하는 자유권규약 제2선택의정서의 25주년을 맞이하여 당사국은 동 의정서에 대한 가입을 고려해야 한다.

자살

24. 위원회는 자살예방을 위해 취한 조치에 주목하면서도, 높은 자살율, 특히 자살이 사망원인 1위를 차지하는 20~30대 청년층, 자살이 사망원인 2위인 여성, 그리고 노인과 군대 내에서의 높은 자살률에 대해 우려한다.

25. 당사국은 자살예방을 위한 노력을 배가해야 한다. 특히 자살의 근본적인 원인을 연구하고 다루며, 그에 따라 자살예방 정책을 개선해야 한다.

고문과 부당한 처우

26. 위원회는 당사국의 형사법이 국제적으로 인정된 고문의 정의에 해당되는 행위들, 특히 정신적 고문이 완전히 범죄화되도록 적절히 보장하고 있지 않다는 것을 우려한다. 또한 고문과 부당한 처우의 혐의를 조사하기 위해 경찰로부터 분리되어 있으면서 독립적인 메커니즘이 통상적 법체계 내에 존재하지 않는다는 점을 우려한다.

27. 당사국은 자유권규약 제7조와 국제적으로 확립된 규범에 완전히 부합하는 고문의 정의를 포함하기 위해 형법을 개정해야 하며, 고문을 독립적 범죄로 규정하는 것이 바람직하다. 또한 당사국은 고문과 부당한 처우의 사건들이 독립적인 메커니즘을 통해 적절히 조사되고, 조사자와 가해 혐의자들 간에 어떠한 조직상 또는 위계적 관계도 존재하지 않도록 보장해야 한다. 당사국은 법률에 고문 등의 행위에 대해 그 행위의 중대성에 따라 일반 형사법원에서 가해자와 공범에 대한 기소 및 유죄선고가 이루어질 수 있도록 적절히 규정하고, 피해자와 그 가족에 대해 재활과 보상을 포함한 구제조치를 규정하여야 한다.

정신병원 비자발적 입원

28. 위원회는 상당수의 사람이 정신병원에 비자발적으로 입원되어 있고, 비자발적 입원 사유가 지나치게 광범위하며 환자 자신이나 타인에게 위해를 가하지 않는 상황에서도 허용되며, 비자발적 입원에 대한 절차적 보호가 불충분하다는 보고에 대해 우려한다(제7조, 제9조).

29. 당사국은 개인을 심각한 위해로부터 보호하거나 타인에게 해를 가하는 것으로부터 보호하기 위한 목적으로, 필요성과 비례성을 적용하고, 최후의 수단으로서 가장 적절한 짧은 시간 동안만 정신과적 구금이 이루어지도록 해야 한다. 또한 비자발적 정신병원 입원 절차에서 그 개인의 의사를 존중하고, 모든 대리인은 당해 개인의 의도와 이익을 대변하고 보호하도록 해야 한다. 나아가 그러한 구금은 법률에 의해 규정된 적절한 절차적, 실질적 보호장치에 의해 뒷받침되어야 한다.

군대 내 폭행

30. 위원회는 군대 내 성폭력 및 육체적, 언어적 폭행 사건이 다수 발생하고, 그러한 사건 중 소수만이 기록되고 기소되는 것에 대해 우려한다(제7조).

31. 당사국은 군대 내 학대 혐의에 대해 온전하고 공정한 조사를 실시하고 인권침해 가해자가 재판에 회부되고 처벌받도록 해야 한다. 단지 가해자를 복무로부터 제외하거나 해임시키는 것은 적절한 대응이 아니다. 제기된 진정은 비밀 유지를 하여 처리하고, 피해자와 증인은 보복으로부터 보호되어야 한다.

변호인의 조력을 받을 권리

32. 위원회는 피구금자의 수사 중 변호인에 대한 접근이 특정 상황에서 제한될 수 있으며, 제한되는 상황은 명확히 규정되어 있지 않아, 변호인의 부적절한 배제로 이어질 수 있다는 점을 우려하며, 이에 주목한다(제9조, 제14조).

33. 당사국은 수사 중 변호인의 조력을 받을 피구금자의 권리가 어떠한 상황에서도 제한되지 않도록 필요한 법률 개정을 해야 한다.

수감 상황

34. 위원회는 다음에 대해 우려한다(제10조).

(a) 구금시설 내 과밀수용 및 외부 의료서비스에 대한 제한된 접근권,

(b) 구금시설 내에서 보호장비 사용이 자주 징벌적 목적으로 사용된다는 보고와 장비 사용은 교도관의 결정에 따라 이루어진다는 점,

(c) 재소자에 대한 징벌 중 가장 흔한 형태로서 최대 30일까지의 독방구금이 사용된다는 보고

(d) 징벌의 유형을 결정하는 징벌위원회의 외부위원이 교도소장에 의해 임명된다는 사실

35. 당사국은,

(a) 독방구금은 가장 예외적인 경우에만 사용되고, 징벌위원회의 위원은 독립적 기관에 의해 임명되도록 해야 한다.

(b) 「형의 집행 및 수용자의 처우에 관한 법률」 제99조 제2항의 집행을 엄밀히 감시하고, 보호장비의 사용이 법적으로 정해진 제한에 따르도록 해야 한다.

(c) 수감제도가 자유권 규약 및 유엔 피구금자 처우에 관한 최저기준규칙에 부합하도록 구체적인 조치를 취해야 한다.

국가정보원에 의한 북한이탈주민 수용

36. 위원회는 북한이탈주민들이 도착하여 특정 센터에 수용되고, 거기에서 최대 6개월까지 수용될 수 있다는 것을 우려한다. 위원회는 북한 이주민들은 인권보호관과 접견할 수 있다는 정부대표단이 제공한 정보를 확인하면서도, 그들이 변호인을 접견하지 못하는 점을 우려한다. 또한 북한이탈주민들이 보호받을 요건을 충족하지 못한다고 결정되면 독립적인 심사없이 제3국으로 퇴거될 수 있다고 주장한 보고에 대해 우려한다(제9조, 제10조, 제13조).

37. 당사국은 북한이탈주민들이 가능한 한 최소한의 기간 동안만 구금되도록 해야 하며, 구금된 사람들은 구금된 전기간 동안 변호인 접견권이 보장되어야 하고, 조사의 기간과 방법은 국제인권기준에 합치하는 엄격한 제한을 받도록 해야 한다. 당사국은 개인을 제3국으로 추방하기 전에 추방을 중지시키는 효력을 가진 적절한 독립적 절차에 의한 심사를 제공하는 명확하고 투명한 절차를 도입해야 한다.

비호 신청인의 구금

38. 위원회는 2013년 난민법 및 동법 시행령, 시행규칙이 제정된 것을 환영하는 한편, 이민구금에 대한 최장기간에 법적 상한이 없고, 이주아동이 구금되며, 이주구금시설 내 거주 환경이 열악하다는 것을 우려한다(제9조, 제24조).

39. 당사국은 이민구금의 기간을 제한해야 하며 이러한 구금은 적절한 최소 기간 동안만 최후의 수단으로서 사용되도록 해야 한다. 또한 당사국은 '개인의 자유와 안전'에 관한 일반논평 제35호(2014년)에 부합하여 최후의 수단으로서 필요한 최소기간 동안의 조치인 경우를 제외하고는 아동의 자유를 박탈해서는 안된다. 또, 당사국은 이민구금시설 내 거주 환경이 국제기준에 부합하도록 하고, 독립적인 정기적 감독을 받도록 해야 한다.

이주근로자 및 강제노동 목적의 인신매매

40. 위원회는 당사국이 인신매매의 출발지, 경유지 및 목적지임에도 불구하고 인신매매를

행한 자에 대한 기소 및 유죄선고가 거의 이루어지지 않는 것에 우려하며 이를 주목한다. 또한 위원회는 다음에 대해 우려한다(제3조, 제7조, 제8조):

(a) 상당수의 농업 근로자들이 당사국으로 강제노동 등 착취 목적으로 인신매매되고 있고, 이주근로자들은 현재 고용허가제 하에서 현재의 고용주의 허가 없이는 고용주를 바꿀 수 없거나「외국인근로자의 고용 등에 관한 법률」제25조에 따라 극히 제한된 상황에서 만 회사를 변경할 수 있는 점;

(b) E-6(예술흥행) 비자로 입국한 상당수의 여성들이 종종 성매매에 빠지게 되는 점;

(c) 당사국은 인신매매 피해자를 적절히 식별하기 위한 메커니즘을 두고 있지 않아, 피해자 들이 구금이나 추방의 위험에 처하게 된다는 점;

(d) 형법상 인신매매죄 정의 규정은 사고파는 행위만 범죄화하고 있어, 계약 사기를 통하여 이주 근로자를 모집하거나 착취하는 사람들을 기소하지 못한다는 점.

41. 당사국은 특히 인신매매 수요를 근절하는 등 다음과 같은 방법을 통해 인신매매를 적 극적으로 방지해야 한다:

(a) 고용허가제 하의 모든 외국인 근로자들이 자유롭게 작업장을 변경할 수 있고,

(b) 노동 감독의 수를 증가하는 등 강제노동을 방지하기 위한 노력을 강화하며,

(c) 성매매 목적의 인신매매를 은폐하기 위해 E-6 비자가 활용되지 않도록 E-6(예술 흥행) 비자의 사용을 규제하며,

(d) 인신매매죄 정의가 국제기준에 부합하도록 하고, 인신매매 피해자를 식별하는 메커니즘 을 구축하고 이들이 피해자로 처우되며 모든 필요한 지원에 접근할 수 있도록 보장하여 야 함.

사적 통신의 모니터링, 감시와 감청

42. 위원회는「전기통신사업법」제83조 제3항에 따라 수사 목적을 위해 모든 전기통신사업 자에게 영장 없이 이용자 정보를 요구할 수 있다는 것을 우려한다. 또한 집회 참가자를 식 별하기 위해 집회현장 가까운 곳에서 감지되는 휴대전화신호의 기지국 수사의 활용과 이에 대한 규제가 불충분한 점, 특히 국가정보원 등에 의한 실제 감청이 광범위하게 이루어지고 이에 대한 규제가 불충분한 점에 대해 우려한다(제17조, 제21조).

43. 당사국은 국가 안보를 위한 목적을 포함하여 모든 감시가 규약과 부합하도록 하기 위 해 필요한 법률 개정을 하여야 한다. 특히 이용자 정보는 영장에 의해서만 제출할 수 있도 록 하고, 국가정보원의 통신수사를 감시하는 메커니즘을 도입하며, 기지국 수사가 자의적으 로 시행되는 것을 예방하기 위한 보호장치를 확대해야 한다.

양심적 병역거부

44. 위원회는 병역 의무에 대해 대체적 민간복무가 부재하여 양심적 병역거부자들이 계속 형사처벌되고 있음에 대해 우려한다. 양심적 병역거부자의 개인 정보가 온라인 상에 공개되는 것에 대하여 우려한다(제18조).

45. 당사국은,

(a) 병역으로부터 면제되기 위해 자신의 권리를 행사하였다는 이유로 구금형을 선고받은 모든 양심적 병역거부자들을 즉각 석방하여야 한다.

(b) 양심적 병역거부자들의 범죄 기록이 삭제되고, 그들이 적절한 보상을 받도록 하며, 그들의 개인 정보가 공개되지 않도록 보장하여야 한다.

(c) 양심적 병역 거부를 법적으로 인정하고, 양심적 병역거부자들에게 민간적 성격의 대체복무를 수행할 가능성을 제공해야 한다.

형사상 명예훼손법

46. 위원회는 정부활동을 비판하고 기업 이익을 방해하는 사람들을 처벌하기 위하여 형사상 명예훼손법 적용이 증가하는 것, 그리고 이러한 사건에 대하여 장기 징역형의 선고 등 가혹한 선고가 이루어지고 있는 것에 대해 우려한다. 또한 위원회는 사실인 발언도 그것이 오로지 공공의 이익을 위한 경우를 제외하고는 형사적으로 기소될 수 있다는 것에 우려하며 이에 주목한다(제19조).

47. 당사국은 현행 민법에서도 금지되어 있는 것을 감안하여, 명예훼손을 비범죄화하는 것을 고려애야 하며, 징역형은 결코 적절한 형벌이 될 수 없다는 것에 유념하여 형사법은 가장 심각한 명예훼손 사건에 대해서만 적용되도록 제한해야 한다. 당사국은 진실이라는 정당화에는 더 이상의 요건을 부과해서는 안된다. 또한 당사국은 비판을 관용하는 문화를 장려해야 하며, 이것이 제대로 작동하는 민주주의에 필수적인 것이다.

국가보안법에 따른 기소

48. 위원회는 국가보안법에 의한 기소가 계속되고 있는 것을 우려한다. 특히, 동법 제7조의 지나치게 모호한 용어가 공공의 대화에 위축 효과를 미칠 수 있고, 상당수의 사건에서 의사표현의 자유를 불필요하고 불균형적으로 침해하고 있다고 보고되는 것을 우려한다. 위원회는 국가보안법이 점점 더 검열 목적으로 사용되는 것을 우려하며 이에 주목한다(제19조).

49. 위원회는 '표현의 자유'에 관한 일반논평 제34호 및 당사국에 대한 제2차 최종견해 (CCPR/C/79/Add.114, 제9항)를 상기하며, 당사국에게 "규약은 단지 사상의 표현이 적대적 실

체의 주장과 일치하거나 그 실체에 대해 동조를 형성하는 것으로 보여진다는 이유로 그러한 표현에 대한 제한을 허용하지 않는다는 것을 상기시키고자 한다. 당사국은 국가보안법 제7조를 폐지해야 한다.

통합진보당 해산

50. 위원회는 2014년 헌법재판소가 이미 국가보안법 제7조 위반 혐의로 기소된 당원들이 북한의 이데올로기를 선전하였다는 것을 상당한 논거로 삼아, 민주적 기본질서를 위배한다는 이유로 통합진보당에 대한 해산을 결정한 것에 대해 우려한다(제19조).

51. 당사국은 정당의 해산이 가져오는 특히 광범위한 영향을 고려하여 그러한 조치를 극히 제한적으로 최후의 수단으로만 사용해야 하며, 이러한 조치는 비례성의 원칙을 반영하도록 확보해야 한다.

평화적 집회

52. 위원회는 평화적 집회에 대한 경찰의 실질적 허가제, 과도한 강제력 행사, 차벽 설치, 자정 이후 집회의 제한 등 평화적 집회의 자유가 심각히 제한되고 있는 것을 우려한다. 또한 집회 시 기자들 또는 인권옹호자들을 시위를 주최하거나 이에 참가하였다는 이유로 이들의 집회에 대한 자유를 적절히 고려하지 않고 형법을 빈번히 적용하여 벌금을 부과하거나 체포하는 것을 우려한다(제7조, 제9조, 제21조).

53. 당사국은 모든 사람이 평화적 집회에 권리를 향유할 수 있도록 하고, 이 권리에 대한 제한은 규약 제21조에 엄격히 합치하도록 해야 한다. 또한 강제력 사용에 관한 법규를 재검토하여 법규가 규약에 합치하도록 해야 하며, 이에 따라 경찰공무원을 훈련시켜야 한다.

공무원 및 실직자의 결사의 자유

54. 위원회는 공무원의 결사의 자유에 대해 부당한 제한이 부과되고 있는 것을 우려한다. 또한 위원회는 해고된 근로자들에게 가입자격이 주어진다는 이유로 노동조합 설립신고가 거부된 사건에 대해 우려한다(제22조).

55. 당사국은 규약 제22조에 대한 유보를 철회하고, 공무원들, 해고된 사람을 포함한 모든 부문의 노동자들이 노조에 가입할 수 있도록 해야 한다.

출생등록

56. 위원회는 외국인들이 자기 자녀의 출생 등록을 위해, 종종 비호 신청인, 인도적 체류

허가자와 난민들은 할 수 없는 자국 대사관에 신청해야 한다는 것을 우려하고 이에 주목한다(제24조).

57. 당사국은 부모의 법적 지위와 출신지에 관계없이 모든 아동의 출생을 등록할 수 있도록 해야 한다.

D. 규약에 관한 정보의 보급

58. 당사국은 사법부, 입법부, 행정부, 시민사회와 당사국 내의 비정부단체 및 일반 대중에게 자유권규약과 그 제1선택의정서, 제4차 보고서, 위원회가 작성한 사전질의서에 대한 정부의 서면답변, 그리고 이 최종견해를 널리 보급해야 한다. 또한 당사국은 4차 보고서와 이 최종견해가 당사국의 공식 언어로 번역되도록 해야 한다.

59. 위원회의 절차규칙 제71조 제5항에 따라, 당사국은 상기 제15항(성적지향과 성정체성에 근거한 차별), 제45항(양심적 병역거부), 제53항(평화적 집회의 자유) 권고의 이행에 관한 정보를 1년 내에 제공하여야 한다.

60. 위원회는 당사국에게 2019년 11월 6일을 제출기한으로 하여, 이 최종견해의 모든 권고의 이행과 규약 전체에 관한 구체적인 최신 정보를 담아 차회 정기보고서를 제출할 것을 요청한다. 위원회는 당사국이 보고서를 준비함에 있어, 시민사회와 당사국 내에서 활동하는 비정부기관과 폭넓은 협의 관행을 계속할 것을 요청한다. 유엔총회결의 68/268에 따라, 정기보고서는 21,200단어로 제한된다.

(5) 대한민국 제5차 정기보고서에 관한 인권위원회 최종견해*
(CCPR/C/KOR/5) (2023.11.3.)

1. 위원회는 2023년 10월 19일과 20일에 개최된 제4054차 및 제4055차 회의[1]에서 대한민국 제5차 정기보고서[2]를 심의하였으며, 10월 30일(월)에 개최된 제4068차 회의에서 본 최종견해를 채택하였다.

---

* 위원회의 제139차 세션에서 채택(2023년 10월 9일−11월 3일). Advanced unedited version을 사용함.
1) CCPR/C/SR.4054 and CCPR/C/SR.4055 참조.
2) CCPR/C/KOR/5.

A. 서론

2. 위원회는 대한민국 제4차 정기보고서 제출과 그 안에 담긴 정보에 대해 환영한다. 위원회는 규약 조항을 이행하기 위해 보고기간 동안 취한 조치들에 대해 당사국 대표단과 건설적인 대화를 재개할 기회를 갖게 된 것에 감사를 표한다. 위원회는 대화 중 대표단이 제공한 구두 답변과 서면 보충 정보에 대해 당사국에 감사한다.

B. 긍정적인 측면

3. 위원회는 규약에 따른 인권 보호를 강화하기 위해 다음을 포함하되 이에 국한되지 않는 다양한 입법, 정책 및 제도적 조치를 보고 기간 동안 당사국이 시행한 것을 환영한다:

(a) 2021년 4월에 채택된 인신매매 등 방지 및 피해자 보호 등에 관한 법률;

(b) 2019년 12월 27일 채택된 대체역의 편입 및 복무 등에 관한 법률;

(c) 2018년 12월 24일에 제정된 여성폭력방지기본법.

4. 위원회는 당사국이 다음 국제협약을 비준하거나 가입한 것을 환영한다:

(a) 강제실종으로부터 모든 사람을 보호하기 위한 국제협약, 2023년 1월;

(b) 장애인의 권리에 관한 협약 선택의정서(OP-CRPD), 2022년 12월;

(c) ILO 협약: 제29호, 제87호, 제98호, 2021년 4월, 모두 2022년 4월 20일에 국내 발효.

C. 주요 우려 사항 및 권고

선택의정서에 따른 견해(개인통보 결정)(제2조)

5. 위원회는 당사국이 아직도 선택의정서에 따른 개인통보 결정을 이행하기 위한 구체적인 절차를 수립하지 않았다는 점과, 다수의 개인통보 결정이 채택된 지 상당한 시간이 경과했음에도 불구하고 아직 완전히 이행되지 않고 있다는 점에 여전히 우려한다. 위원회는 정부가 위원회의 개인통보 결정을 포함한 국제인권기구의 권고를 국내적으로 이행하기 위한 메커니즘 포함하는 인권정책기본법 제정을 준비하고 있다는 당사국의 언급을 환영한다. 그러나 위원회는 한국 법원의 판결이 위원회의 견해(개인통보 결정)로 인해 무효화 될 수 없다는 당사국의 발언과, 사법부가 당사국이 비준한 국제인권조약의 적용, 내용 및 해석에 대해 일반적으로 익숙하지 않다는 보고에 우려한다.

6. 당사국은, 피해자의 효과적 구제에 대한 권리를 보장하기 위하여, 국내 법원을 통하는 것을 포함하여, 위원회의 최종견해와 개인통보 결정에 포함되어 있는 권고들의 이행을 보장해야 한다. 당사국은 위원회가 어떠한 배상을 승인한 개인통보인들이 국내 법원에서 그

러한 조치의 이행을 요구할 수 있는 권리를 인정하는 법을 제정하는 것을 고려해야 한다. 당사국은 판사, 검사, 경찰을 포함한 공무원에게 규약에 대한 구체적인 연수를 제공해야 한다. 또한 당사국은 위원회의 권고와 개인통보 결정의 이행을 감시할 국가적 체계 설립을 고려해야 한다.

국가인권기구(제2조)

7. 국가인권위원회 위원 후보자 선정위원회를 설치하는 법안이 현재 국회에 계류 중이라는 당사국의 언급에 주목하면서, 위원회는 법안이 아직 위원 선정 및 임명을 위한 투명하고 참여적인 절차를 완전히 규정하고 있지 않다는 점에 우려를 표한다. 위원회는 또한 국가인권위원회가 그 임무를 완전히 이행하는 데 필요한 재정 자원이 부족하다는 점을 우려한다.

8. 당사국은 후보자 추천을 위한 독립적인 위원회의 설치를 포함하여 위원 선정 및 임명을 위한 완전히 투명하고 참여적인 절차를 보장하기 위해 필요한 조치를 취하고, 국가인권위원회가 그 임무를 완전히 이행할 수 있도록 재정적 독립성과 자율성을 보장해야 한다.

기업과 인권

9. 위원회는 구속력 없는 2021년 법무부의 기업과 인권 길라잡이 발간을 주목한다. 위원회는 해외에서 활동하는 대한민국 소재 기업을 포함한, 당사국의 관할권 내에 있는 기업들의, 생명권과 강제노동 금지를 포함한, 규약 위반 혐의에 대한 계속된 보고와 이에 대응할 수 있는 효과적 제도의 부재에 대해 여전히 우려한다. 위원회는 그러한 침해의 피해자들이 계속하여 효과적 구제에 접근하는 데 어려움을 겪고, 피해자들에게 제공되는 구제, 특히 사법적 구제에 대하여 받은 정보가 부족했다는 점에 대해 우려한다(제2조, 제6조, 제8조).

10. 위원회의 이전 권고들을 유념하여, 당사국은 다음을 이행해야 한다:

(a) 관할권 내 모든 기업들이, 해외에서 활동할 때를 포함하여, 인권기준을 존중하는 것을 보장하기 위한 기존 제도들의 효과성을 제고한다;

(b) 관련 정보 공시 제도를 포함한, 기업의 인권실사를 의무화하는 구속력 있는 법의 제정을 고려한다;

(c) 관할권 내 기업들이 국내외에서 범한 인권침해를 조사할 권한이 있는 독립적 메커니즘의 설치를 고려한다;

(d) 해외에서 활동하는 기업을 포함한, 관할권 내 기업들의 활동으로 인한 인권침해의 피해자들에게 사법적, 비사법적 구제에 대한 접근을 보장하기 위한 추가적 조치를 취한다.

차별 금지, 혐오 표현 및 증오 범죄

11. 위원회는 인종, 민족, 연령, 국적, 종교, 이주 신분, 장애, 성적 지향 및 성별 정체성을 포함하되 이에 국한되지 않는 사유로 인한 차별과 혐오 표현을 다루는 포괄적인 차별 금지법이 당사국에 부재한 것에 대해 여전히 우려하고 있다. 위원회는 또한 북한이탈주민, 무슬림 이주민, 난민 등 특정 집단을 대상으로 한 차별 및 혐오 표현에 대한 지속적인 보고와 코로나19 팬데믹 기간 동안 정치인과 공인들을 포함하여 오프라인과 온라인에서 이주민, 난민 신청자, 난민에 대한 혐오 표현이 증가하고 있다는 보고에 우려하고 있다(제2조, 제19조, 제20조, 제26조).

12. 당사국은 다음을 이행해야 한다:

(a) 모든 삶의 영역을 명시적으로 다루고 인종, 민족, 연령, 국적, 종교, 이주 신분, 장애, 성적 지향, 성별 정체성 등을 이유로 한 직접적, 간접적, 교차적 차별을 정의하고 금지하며 차별 피해자를 위한 효과적이고 적절한 구제 수단을 보장하는 포괄적인 차별금지법을 채택한다;

(b) 인권 존중과 다양성에 대한 관용을 증진하고 인종, 민족, 종교, 성적 지향, 성별 정체성 또는 국제 인권법에 따라 보호되는 기타 차별금지사유에 대한 고정관념적 편견을 근절하기 위한 인식 제고 노력을 강화한다;

(c) 증오 범죄 신고를 장려하고 그러한 범죄가 효과적이고 철저하게 조사되고, 가해자가 기소되고, 유죄 판결을 받은 경우 적절한 제재를 받고, 피해자에게 효과적인 구제책이 제공되도록 보장한다;

(d) 중앙 및 지방 정부, 법 집행 공무원, 판사, 검사에게 혐오 발언 및 증오 범죄 대응에 관한 적절한 교육을 제공하고, 미디어 종사자에게 다양성 수용을 촉진하는 적절한 교육을 제공한다.

성적 지향 및 성별 정체성

13. 위원회는 당사국 내에서 성소수자(LGBTI)가 직면하고 있는 지속적이고 광범위한 차별, 혐오 발언 및 폭력에도 불구하고 성적 지향과 성별 정체성에 근거한 차별을 구체적으로 금지하는 법과 정책이 부재한 것에 우려를 표한다. 위원회는 또한 2022년 4월 대법원이 군 영외에서 합의하에 성행위를 한 군인 2명에 대하여 무죄 판결했음에도 불구하고 여전히 군형법 제92조의6에 따라 군대 내 동성 간 성행위가 계속 범죄화되고 있는 것에 대해 우려를 표명한다. 위원회는 동성 커플에 대한 법적 인정이 부족하고 이로 인해 건강보험과 같은 분야에서 동성 커플과 그 자녀에 대한 경제적, 사회적 차별이 발생하는 것에 대해 추가적인

우려를 표명한다. 또한, 위원회는 성별 변경을 인정하는 법률이 부재하고, "성전환증" 진단, 생식능력제거, 수술 등의 요건이 포함된 대법원의 "성전환자의 성별정정허가신청사건 등 사무처리지침"이 계속 적용되는 것에 대해 우려한다(제2조, 제7조, 제17조 및 제26조).

14. 당사국은 다음을 이행해야 한다:

(a) 성적 지향과 성별 정체성에 근거한 차별을 구체적으로 금지하고 적극적으로 대처하는 법률과 정책을 도입해야 한다;

(b) 군인 간의 합의에 의한 동성 간 성행위를 범죄로 규정하는 군형법 제92조의6을 폐지해야 한다;

(c) 민법 개정 또는 시민 결합 도입 등 동성 커플과 그 자녀가 경제적, 사회적 영역에서 차별을 받지 않도록 보장하는 법률을 도입하거나 개정해야 한다;

(d) '성전환증' 진단, 생식능력제거 및 외부성기 성형수술, 혼인 여부와 관련된 조건 등의 요건을 삭제하는 등 성전환에 대한 법적 인정을 받을 수 있도록 접근성을 용이하게 해야 한다;

(e) 학생들에게 섹슈얼리티 및 다양한 성 정체성에 관한 포괄적이고 정확하며 연령에 적합한 정보를 제공하는 성교육 프로그램을 개발해야 한다;

(f) 성적 지향 및 성별 정체성의 다양성에 대한 인식과 존중을 증진하기 위해 공공 캠페인을 개발 및 시행하고 공무원을 대상으로 교육을 제공해야 한다.

성 평등 및 여성에 대한 차별

15. 위원회는 공공 부문에서 여성 대표성 증대를 위한 목표 채택을 포함하여 성 평등을 촉진하기 위해 취해진 다양한 조치에 주목하면서, 고위 의사 결정 직위를 포함한 공공 및 민간 부문과 정치 생활에서 여성의 대표성이 여전히 낮다는 점에 우려를 표한다. 위원회는 또한 공공 부문에서 설정된 낮은 수준의 목표와 출산으로 인한 경력 단절 등 구조적 요인으로 인해 악화되는 민간 부문의 성별 임금 격차에 대해서도 우려하고 있다. 위원회는 여성가족부 폐지가 구조적 성차별을 해소하고 성평등을 증진하기 위한 당사국의 역량에 미칠 수 있는 잠재적 부정적 영향에 대해서도 우려한다(제2조, 제3조, 제25조 및 제26조).

16. 당사국은 다음을 수행해야 한다:

(a) 공공 부문 고용에서 여성 대표성에 대한 보다 야심 찬 목표를 채택하고 공공 및 민간 부문에서 의사 결정 직책에서 여성의 대표성을 높이기 위한 노력을 강화해야 한다;

(b) 동일가치노동 동일임금 원칙을 구현하기 위해 남녀고용평등과 일－가정 양립 지원에

관한 법률을 엄격하게 집행하고, 성별 분리 임금 분포 의무 공개 범위를 중소기업까지 확대하는 방안을 고려해야 한다;

(c) 출산으로 인한 경력단절 등 성별 임금 격차를 유발하는 구조적 요인을 해소하기 위한 대책을 마련해야 한다;

(d) 공직선거법 및 정당법의 여성 후보자 할당제를 강력히 시행하고 하고 성별 균형을 달성하기 위해 할당제 확대를 고려하는 등 선출직에서 여성의 대표성을 개선하기 위한 조치를 취해야 한다;

(e) 여성가족부 폐지 계획이 인권영향평가의 대상이 되도록 하고, 구조적 성차별을 포함하여 여성과 소녀에 대한 차별을 해결하기 위한 역량이 축소되거나 진전이 후퇴하지 않도록 보장해야 한다.

가정 폭력을 포함한 여성에 대한 폭력

17. 위원회는 가정폭력 및 온라인 성범죄를 포함한 여성에 대한 폭력을 해결하기 위해 당사국이 시행한 광범위한 조치를 인정한다. 그럼에도 불구하고 위원회는 온라인을 포함한 여성에 대한 젠더 기반 폭력이 지속적으로 만연하는 것에 대해 여전히 우려하고 있다. 위원회는 피해자의 낮은 젠더 기반 폭력 신고율, 낮은 가해자 기소 및 유죄 판결률, 관대한 제재에 대해 우려하고 있다. 위원회는 강간의 법적 정의가 동의의 부재가 아닌 '폭력 또는 협박'에 근거하고 있으며, 부부 강간이 특정 처벌 가능한 범죄로 명시적으로 범죄화되어 있지 않다는 점을 여전히 우려한다(제2조, 제3조, 제6조, 제7조, 제26조).

18. 여성차별철폐위원회의 권고를 반영하여, 위원회는 당사국에 다음을 촉구한다:

(a) 가정폭력을 포함한 모든 여성 폭력 사건이 신고되고 철저하게 조사되며, 가해자가 기소되고 유죄 판결을 받으면 적절한 제재로 처벌되고 피해자에게 적절한 보상이 이루어지도록 보장해야 한다;

(b) 피해자에게 효과적인 구제책과 보호 수단, 법률적, 의료적, 재정적, 심리적 지원, 특히 숙소나 쉼터 및 기타 지원 서비스에 대한 접근성을 제공해야 한다;

(c) 모든 상황에서 부부 강간을 명시적으로 범죄화하고 모든 형태의 강간을 협박이나 폭력이 아닌 동의 부재라는 측면에서 정의해야 한다;

(d) 사법체계에 도움을 구하는 여성에 대한 보복이나 재범을 방지하기 위한 조치를 취해야 한다;

(e) 피해자의 요청을 포함하여 범죄 콘텐츠의 신속한 삭제를 보장하고, 플랫폼에서 범죄 콘텐츠를 삭제하거나 차단하지 않는 온라인 플랫폼 및 배포자에게 적절하고 효과적인 제

재를 부과하는 등 온라인 성범죄를 예방하고 해결하기 위한 조치를 효과적으로 이행해야 한다.

자발적 임신중지 및 성과 재생산 권리

19. 위원회는 안전한 자발적 임신중지에 대한 효과적인 접근을 보장하기 위해 2019년 4월 임신중지를 비범죄화한 헌법재판소의 결정에 대한 적절한 입법 및 기타 조치를 취하는 것이 지연되고 있는 것에 우려를 표한다. 이와 관련하여 위원회는 유산유도제의 안전성과 효능에 대한 검토가 지연된 것에 대해 유감스럽게 생각한다(제6조, 제7조 및 제8조).

20. 위원회의 일반논평 제36호(2018)의 제8항을 염두에 두고, 당사국은 안전하고 합법적인 임신 중지에 대한 접근을 보호하는 적절한 법률의 제정을 포함하여 안전하고 자발적인 임신중지에 대한 효과적인 접근을 보장하기 위해 지체 없이 필요한 모든 조치를 취해야 한다. 국내에 의료용 유산유도제에 대한 접근을 도입하고, 임신중지, 피임, 임신중지 치료 및 기타 재생산 건강 서비스에 대한 건강보험 적용을 보장해야 한다.

대테러 대책

21. 위원회는 대테러 활동을 규율하는 법 체계가 특히 테러위험인물의 통신 감청에 대한 법적 승인과 관련하여 규약에 보장된 권리의 완전한 존중을 보장하기 위한 적절한 안전장치를 제공하지 않는다는 점에 우려를 표한다. 위원회는 특히 국가정보원장이 「국민보호와 공공안전을 위한 테러방지법」제9조 제3항 및 제9조 제4항에 따라 대테러대책위원회에 사후 보고만 하면 테러 조사 및 추적을 할 수 있는 광범위한 재량권을 부여받은 것에 주목한다. 위원회는 동법 제7조에 따라 설립된 대테러 인권보호관의 독립성과 실효성을 보장하기 위해 마련된 안전장치에 관한 정보가 제공되지 않은 것에 대해 유감스럽게 생각한다(제14조, 제15조 및 제17조).

22. 당사국은 대테러 법률이 적절한 안전장치를 포함하고, 규약에 명시된 권리를 부당하게 제한하는 데 사용되지 않도록 보장하기 위한 조치를 취해야 한다. 당사국은 적시의 사법적 감독과 검토를 포함하여 대테러 조사 및 추적의 맥락에서 법 집행기관과 보안 기관을 독립적이고 효과적으로 감독할 수 있도록 보장해야 한다.

사형제

23. 위원회는 1997년 이후 당사국이 준수하고 있는 사형 적용에 대한 사실상의 유예를 인정하면서 법원이 계속해서 사형을 선고하고 상당수의 사람들이 여전히 사형을 선고 받은 상태

로 있음에 대하여 심각하게 우려한다. 위원회는 사형제 폐지에 대한 인식 제고 조치를 포함하여 사형제 폐지를 위해 취해진 조치가 명백히 부족한 것을 유감스럽게 생각한다(제6조).

24. 생명권에 관한 위원회의 일반논평 제36호(2018)에 비추어 볼 때, 당사국은 다음을 이행해야 한다:

(a) 법률상 사형을 폐지하고 모든 사형수를 징역형으로 감형해야 한다;

(b) 사형제 폐지를 목표로 하는 자유권 규약 제2선택의정서 가입을 고려해야 한다;

(c) 사형제 폐지에 대한 대중의 지지를 고취하기 위해 적절한 인식 제고 조치를 시행해야 한다;

(d) 사형 선고를 받은 개인이 새로운 DNA 증거를 포함하여 새로 발견된 증거에 근거하여 유죄 판결을 재심사받을 수 있도록 적절한 법적 및 재정적 지원을 제공해야 한다.

자살 예방

25. 위원회는 자살을 예방하기 위해 당사국이 취한 다양한 조치를 인정하지만 각 노인, 청소년 및 군대 내의 자살률을 포함하여 자살률이 여전히 높다는 점에 여전히 우려한다. 위원회는 특히 자살 예방 센터와 관련하여 지역 사회 차원의 자원 부족으로 인해 당사국의 접근 방식이 어려움을 겪고 있음을 나타내는 보고에 우려를 표한다. 위원회는 외부에서 제공되는 익명성이 보장되는 심리 상담 프로그램에 대한 접근성 확대를 포함하여 군대 내 자살 문제를 해결하기 위해 취해진 구체적인 조치들을 환영하지만, 많은 수의 군인이 복무 과정에서 받는 높은 수준의 압박과 관련된 정신 질환으로 고통 받고 있다는 보고에 우려를 표한다(제2조 및 제6조).

26. 생명권에 관한 위원회의 일반논평 제36호(2018)와 관련하여, 당사국은 교육, 노동 및 군대 환경에서의 매우 높은 수준의 압박을 포함하고 특히 취약한 상황에 처한 개인과 관련하여 자살의 사회적 근본 원인을 해결하기 위한 조치를 이행해야 한다. 또한 자살 예방을 위한 재원을 늘리고 지역 차원의 자살 예방 전담 센터 네트워크를 강화하고 지역사회 차원의 심리적 지원을 제공하기 위해 지방자치단체에 적절한 예산을 할당해야 한다.

생명권 – 이태원 참사

27. 위원회는 당사국이 2022년 10월 29일 서울 이태원에서 발생한 다중인파운집 참사를 예방하고 대응하기 위한 적절한 조치를 취하지 못하였다는 점에 우려를 표명한다. 이 참사로 인하여 159명이 사망하였고, 수백명이 부상을 입었다. 위원회는 사건의 원인을 밝히기 위한 전면적이고 독립적인 조사가 이루어지지 않았고 피해자에게 효과적인 구제가 제공되지 않

았다는 점에 유감을 표한다.

또한, 위원회는 정부 관계자들이 추모집회에서 과도한 공권력을 사용하고, 그와 같은 추모집회에 참여하는 인권 활동가들을 조사하는 등 참사 희생자를 기리는 노력을 방해였다는 보고에 깊은 우려를 표한다(제2조 및 제6조).

28. 당사국은 위원회의 일반논평 제36호(2018)를 염두하여 다음을 이행하여야 한다: 당사국은 진실을 규명할 독립적이고 공정한 기구를 설립하고; 고위직을 포함한 책임자들이 법의 심판을 받도록 보장하며, 유죄 판결을 받으면 적절한 제재를 가하고; 희생자와 유가족에게 적절한 배상과 추모를 제공하고; 재발 방지를 보장해야 한다.

고문 및 기타 잔인하고 비인도적이거나 굴욕적인 대우 또는 처벌 방지

29. 위원회는 이전 최종견해와 고문방지위원회의 최종견해를 상기하며, 당사국의 법률이 국제적으로 통용되는 고문의 정의에 해당하는 모든 행위, 특히 정신적 고문을 완전히 범죄화하지 못하고 있으며, 현재 적용 가능한 형벌이 범죄의 중대성에 상응하지 않는다는 점에 대해 여전히 우려를 표한다. 위원회는 고문과 가혹행위 혐의를 조사하는 역할과 관련하여 법무부 인권국 인권침해신고센터의 독립성을 보장하기 위한 조치에 대한 정보가 제공되지 않은 것에 대해 유감스럽게 생각한다. 위원회는 또한 대한민국 국가인권위원회가 독립적인 인권 조사 기구로서 고문 및 가혹행위 조사를 일부 검토하고 있지만, 이러한 기능을 효과적이고 포괄적으로 수행하는 데 필요한 권한과 자원이 부족하다는 점을 우려한다(제7조, 제9조, 제10조, 제14조 및 제17조).

30. 당사국은 다음을 이행해야 한다:

(a) 형법에 포함된 고문의 정의가 규약 제7조 및 고문 금지에 대한 기타 국제 규범을 완전히 준수하고, 범죄의 심각성에 상응하는 처벌이 이루어질 수 있도록 법 체계를 검토해야 한다;

(b) 고문 및 가혹행위가 의심되는 모든 사건을 철저히 조사하고, 가해자를 기소하며, 유죄가 인정될 경우 적절한 형벌을 선고하고, 피해자가 의료 및 심리적 보상을 포함한 완전한 배상을 받을 수 있도록 보장해야 한다;

(c) 국제 기준에 맞추어 고문 및 가혹행위에 대해서는 공소시효가 적용되지 않도록 보장해야 한다;

(d) 민간에 의한 고문 및 가혹행위를 포함한 모든 고문 및 가혹행위 혐의를 조사할 수 있는 독립적인 메커니즘을 구축해야 한다;

(e) 자유 박탈이 이루어지는 모든 장소를 조사할 수 있는 효과적인 국가 고문 방지 체계를

구축해야 한다;

(f) 고문방지협약 선택의정서의 비준을 고려해야 한다.

군대 내 인권 침해

31. 위원회는 국가인권위원회에 독립적인 군 인권 보호관을 신설하고 군사법원의 관할 범위를 축소하는 군사법원법을 개정하는 등 군대 내 인권 침해를 예방하고 해결하기 위해 당사국이 취한 다양한 조치를 환영한다. 그러나 위원회는 여전히 군대 내 부당한 대우, 가혹행위, 성폭력 등 인권침해가 지속적으로 발생하고 있는 것에 대해 우려를 표명한다(제6조 및 제7조).

32. 당사국은 군대 내 인권 침해에 대한 투명하고 공정한 수사를 수행하기 위한 제도와 절차를 강화하고, 가해자가 기소되고 유죄 판결을 받을 경우 적절한 제재로 처벌되며, 피해자가 적절한 보상과 법률, 의료, 재정 및 심리적 지원을 포함한 완전한 배상을 받을 수 있도록 보장해야 한다. 또한 군대 내 인권 보호 체계를 강화하고 군대 내 인권을 존중하는 문화를 조성하기 위한 노력을 강화해야 한다.

인신매매, 노예제, 그리고 예속의 근절

33. 위원회는 2021년 인신매매등방지 및 피해자보호 등에 관한 법 제정 및 2023년 3월 인신매매등방지종합계획(2023 – 2027) 등, 당사국이 인신매매 방지, 피해자 보호 및 지원, 그리고 가해자 처벌 강화를 위하여 다양한 조치를 취했음을 인정한다. 그럼에도 불구하고 위원회는 노동착취 및 성착취를 위한 인신매매가 당사국에 여전히 만연하고, 피해자 식별은 미흡하며, 특히나 이주노동자는 고용주에 의한 신분증 압수 등의 관행으로 인하여 노동착취와 강제노동에 처해진다는 점에 우려를 표한다. 위원회는 또한 인신매매에 대한 정의들과 법상 처벌에 관련된 조항들이 유엔 국제범죄조직 방지협약 부속 인신매매 방지 의정서(팔레르모 의정서)에 온전히 부합하지 않으며, 이는 인신매매 사건에 대한 처벌 및 피해자 보호에 있어 공백을 야기할 수 있음에 우려를 표한다(제3조, 제7조, 제8조 및 제14조).

(a) 적절한 처벌조항 추가와 포괄성을 보장하도록 하는 인신매매 정의 개정 등, 형법과 인신매매등방지법이 인신매매 관련 국제기준에 일치되도록 보장해야 한다.

(b) 모든 인신매매 사건들이 면밀히 수사되고, 기소된 가해자들이 적절하고 억제력이 있는 처벌을 받을 것을 보장해야 한다.

(c) 노동착취 피해자를 포함한 인신매매 피해자에 대한 식별, 보호, 그리고 지원을 하기 위한 조치의 실효성 있는 이행을 보장하기 위하여 관련 체제를 강화해야 한다.

(d) 이주노동자의 여권과 신분증을 압수하는 고용주에 대한 제재와 처벌을 강화해야 한다.

변호인의 조력을 받을 권리

35. 위원회는 현행 「형사소송법」 및 「변호인 등의 신문·조사 참여 운영지침」이 변호인의 권리가 제한될 수 있는 여러 상황을 추상적으로 규정하고 있으며, 검사 또는 사법경찰관에게 변호인의 참여를 배제할 수 있는 광범위한 재량권을 부여하고 있다는 점에 대하여 우려한다(제9조 및 제14조).

36. 신체의 자유와 안전에 관한 위원회의 일반논평 제35호(2014)를 고려하고, 규약 제9조의 규정에 합치하도록, 당사국은 어떠한 경우에도 피구금자가 심문 중 변호인의 조력을 받을 권리가 제한되지 않도록 「형사소송법」 및 관련 규정을 개정해야 한다.

북한이탈주민 강제송환금지 및 처우

37. 위원회는 북한이탈주민의 보호 및 정착지원에 관한 법률에 따라 보호를 거부당한 북한이탈주민이 출입국관리법에 따라 강제송환에 대해 집행정지효와 함께 이의를 제기할 수 있다는 당사국의 보장에 주목한다. 그러나 위원회는 2019년 11월의 경우처럼 보호 불허 처분을 받은 북한이탈주민이 심각한 인권침해를 당할 위험이 있음에도 불구하고 강제송환 금지 원칙에 위배되어 북한으로 송환되었다는 보고에 우려를 표명한다. 위원회는 또한 북한이탈주민이 도착 즉시 구금되고 북한이탈주민의 보호 및 정착지원에 관한 법률 시행령에 규정된 예외조항을 통해 최대 90일을 초과하여 구금될 수 있으며 독립적인 변호인의 조력을 받을 권리가 보장되지 않는 것에 대해 우려를 표명한다(제9조, 제10조, 제13조 및 제14조).

38. 당사국은 다음을 이행해야 한다:

(a) 북한이탈주민을 포함하여 국제적 보호를 구하거나 필요로 하는 개인이 규약 제6조 및 제7조에 명시된 것과 같이 돌이킬 수 없는 위해의 위험이 있는 국가로 추방되거나 송환되지 않도록 보장함으로써 강제송환금지 원칙을 보장해야 한다;

(b) 심문 및 구금과 관련된 것을 포함하여 변호인의 조력을 받을 권리, 행정 구금의 기간 및 그에 대한 사법 심사, 강제퇴거 또는 보호 거부 결정을 포함한 모든 결정에 대해 사법기관에 이의를 제기할 권리 등 북한이탈주민에 관한 절차와 안전장치를 법률에 명문화하고, 북한이탈주민이 실제로 그러한 안전장치에 효과적으로 접근할 수 있도록 보장해야 한다;

(c) 북한이탈주민이 가능한 한 최단 기간 동안 구금되도록 보장해야 한다.

비자발적 정신병원 입원

39. 위원회는 보고 기간 중 시행된 일부 법 개정을 환영하지만, 정신의료기관에 자의로 입원한 사람이 법적 보호자의 동의 없이 퇴원을 신청할 경우 정신과 의사의 진단을 근거로 퇴원이 거부될 수 있고, "보호의무자에 의한 입원"을 한 사람으로 지위가 변경될 수 있다는 점에 우려를 표한다. 위원회는 또한 입원적합성심사의 결과로 의료시설에서 퇴원하는 환자의 비율이 낮은 것에 대해 우려하고 있다. 이는 입원적합성심사위원회가 대부분 의료 전문가로 구성되어 있어 위원회에 필수적인 공정성과 독립성이 결여되어 있는 점, 그리고 위원회의 심사가 환자와의 대면 면담 없이 서면 자료에 의존하는 점이 반영된 것으로 볼 수 있다(제7조 및 제9조).

40. 당사국은 자유의 박탈이 최후의 수단으로 적절한 최단 기간 동안만 적용되어야 하며 사법적 심사를 포함한 법률에서 정한 적절한 절차적 및 실체적 안전장치가 반드시 수반되어야 한다는 점을 보장하여야 한다. 당사국은 법적 후견에 기반한 제도를 폐지하고 당사자의 견해를 존중할 수 있도록 지원 의사 결정제도를 도입해야 한다. 또한 당사국은 위원회에 필요한 독립성과 공정성을 보장하고 자유의 박탈이 꼭 필요한 경우에만 연장되도록 보장하기 위해 현행 입원적합성심사위원회 구조와 절차의 개혁을 고려해야 한다.

구금조건

41. 위원회는 구금의 조건과 관련하여 그간 취해진 특정 조치를 인정하면서도, 구금 조건이 여전히 규약 제10조 및 유엔 수형자 처우에 관한 표준 최소규칙('만델라 규칙')의 규정을 완전히 준수하지 못하고 있다는 점에 우려를 표한다. 2023년에 구금 시설의 전체 수용률이 수용 인원의 108%까지 감소했지만, 과밀 수용, 특히 공용공간과 독방과 병동의 수감자 1인당 공간 부족이 여전히 문제로 남아 있다는 점에 주목한다. 위원회는 또한 장기간의 독방구금을 포함하여 독방구금이 처벌로서 계속 사용되는 것에 대해서도 우려하고 있다. 위원회는 정신질환을 포함한 의료서비스에 대한 불충분한 접근권과 수사 구금실에서 남성 직원이 여성을 감독하는 것에 대해 추가적인 우려를 표명한다(제10조).

42. 당사국은 구금 조건이 수감자 처우에 관한 유엔 표준 최소규칙('만델라 규칙') 및 여성 수감자 처우 및 여성 범죄자에 대한 비구금 조치에 관한 유엔 규칙('방콕 규칙')을 포함한 관련 국제 인권 기준을 준수하도록 보장해야 한다. 특히 다음을 수행해야 한다:

(a) 비구금 조치에 대한 의존도를 높이고 구금 시설을 신축 및 리모델링하는 등 과밀 수용을 방지하고 줄이기 위한 노력을 지속하며, 수감자당 최소 생활 공간이 국제 기준에 부합하도록 보장해야 한다.

(b) 처벌 수단으로 독방구금 활용을 줄이고, 법정 최대 독방 구금 기간을 '만델라 규칙'에 부합하도록 하며, 연속적인 독방구금을 금지해야 한다.

(c) 수감자의 건강권을 보장하기 위해 교정 기관에 자격을 갖춘 의료진의 수와 관련 예산을 늘리고 구금 환경을 개선해야 한다.

(d) 수사 구금실에서 여성이 남성 직원의 감독을 받지 않도록 보장해야 한다.

이주 구금 환경

43. 위원회는 외국인보호소와 사실상 구금 시설에 해당하는, 정부가 운영하는 '출국대기실' 등 출입국항에 수용된 외국인에 대한 부적절한 처우와 외국인보호소 및 출입국항에서 독립적 주체에 의한 정기적 심사가 부재한 것을 우려한다. 위원회는 또한 이러한 구금시설에서 아동이 구금되고 있는 것을 우려한다(제7조, 제10조 및 제24조).

44. 당사국은 다음을 이행해야 한다:

(a) 외국인보호소와 사실상 구금 시설로 운용되는 출입국항 내 환경이 국제기준에 부합해야 하며, 정기적이며 독립적인 심사의 대상이 되도록 보장해야 한다;

(b) 신체의 자유에 관한 위원회의 일반논평 제35호(2014)에 따라 아동 최상의 이익을 고려하여 최후의 수단으로 적절한 최단 기간을 제외하고는 아동의 자유가 박탈되지 않도록 보장해야 한다.

이주민, 난민 및 난민신청자

45. 위원회는 미등록 이주민에 대한 행정 구금에 대한 구조적인 의존과 체류자격이 없는 난민 신청자가 빈번하게 구금된다는 보고에 우려를 표한다. 위원회는 이러한 구금이 장기간 지속되는 경우가 많으며, 구금 기간에 대한 법적 제한이나 이주 구금에 대한 자동적인 사법 심사를 법률로 규정하고 있지 않다는 점에 주목한다. 위원회는 또한, 관련 법 조항이 불회부를 예외적으로 허용하도록 정의하고 있음에도 불구하고 실제로는 난민신청자가 난민 심사에 회부되기 위한 최소한의 기준을 충족하지 못했다고 고려되는 경우에 출입국 항에서의 난민지위 심사절차에 대한 접근이 거부되는 케이스가 많다는 점('불회부결정')에 대해 우려하며, 이러한 관행이 강제송환금지에 관한 국제 기준에 부합하지 않는 것으로 보인다는 점에 우려를 표한다. 위원회는 또한 난민신청자와 인도적 체류자에 대한 취업 허가, 의료 및 기초 생활 지원에 대한 접근권, 인도적 체류자는 가족 재결합 권리를 부여하는 법적 조항에서 제외되는 것에 대해서도 우려를 표한다(제2조, 제7조, 제9조, 제13조, 제14조).

46. 당사국은 다음을 이행해야 한다:

(a) 이주 구금이 오직 최후의 수단으로, 적절한 최단 기간 동안만 사용되도록 보장해야 한다;

(b) 2023년 3월 23일 헌법재판소 결정에 따라 지체 없이 출입국관리법을 개정하여, 특히 구금 기간에 대한 엄격한 상한선을 도입하고 구금 명령에 대한 정기적인 사법 심사를 보장함으로써 국제 기준에 따라 난민 신청자를 포함한 자의적인 이주 구금에 대한 안전 장치를 마련해야 한다;

(c) 출입국항에서 난민신청할 수 있는 난민신청자의 권리가 실질적으로 보장되도록 함으로써 강제송환 금지원칙을 완전하게 보장해야 한다;

(d) 인도적 체류자에게 가족 재결합의 권리를 부여해야 한다;

(e) 난민신청자와 인도적 체류자가 취업 허가, 필수 의료 서비스 및 기초 생활 지원에 효과적으로 접근할 수 있도록 국가 법률과 정책을 개정해야 한다;

(f) 국경 관리 공무원과 출입국 관리 직원이 규약 및 기타 적용가능한 국제 기준에 따른 난민신청자의 권리를 완전히 존중할 수 있도록 적절한 교육을 보장해야 한다.

사법의 독립성 및 공정성

47. 위원회는 사법부 및 공직자의 부정부패를 보다 광범위하게 방지하기 위한 다양한 조치를 인정하면서도, 대법원장과 법원행정처에 임명된 판사들에게 사법권이 집중되어 부정부패 수사가 방해받을 수 있다는 점을 우려한다. 위원회는 2011년부터 2017년까지 사법행정권 남용 혐의로 기소된 전 대법원장을 포함한 전-현직 판사 14명에 대한 적절한 제재가 이루어지지 않았고, 단 2명의 판사만이 징계 조치에 그쳤으며, 8명의 판사는 현재 재판이 진행 중이라는 점에 우려를 표한다(제2조 및 제14조).

48. 당사국은 사법부와 검찰의 완전한 독립성과 공정성을 보호하고 부당한 압력이나 간섭 없이 자유롭게 활동할 수 있도록 보장하는 데 필요한 모든 조치를 취해야 한다. 또한 판사와 검사의 선발, 임명, 정직, 전보, 해임 및 징계 절차가 규약과 사법부 독립에 관한 기본 원칙 및 검사의 역할에 관한 지침을 포함한 관련 국제 기준을 준수하도록 보장해야 한다. 또한 사법권 남용이 효과적으로 조사, 기소되고 그에 상응하는 처벌로 제재될 수 있도록 보장해야 한다.

개인 통신의 모니터링, 감시 및 감청

49. 위원회는 특히 보안 및 법 집행 기관에 인터넷 트래픽을 모니터링하고, 모든 가입자 정보에 접근하고, 법원 명령 없이 통신을 감청하고 데이터를 검색할 수 있는 광범위한 권한이 부여되어 있기 때문에 당사국의 법률에 프라이버시권에 대한 자의적인 간섭에 대한 충분한

보호 장치가 없다는 점에 우려를 표한다. 위원회는 수사기관이 긴급 감시 및 감청 활동과 관련하여 법원에 허가를 신청하도록 하는 2022년 12월 통신비밀보호법 개정안에 주목하지만, 이 요건이 사후에만 적용된다는 점에 주목한다(제17조, 제19조 및 제21조).

50. 당사국은 다음을 이행해야 한다:

(a) 온라인 감시, 통신 및 통신 데이터(메타데이터) 감청, 데이터 검색을 포함한 모든 유형의 감시 활동과 사생활 간섭이 규약, 특히 제17조의 합법성, 비례성 및 필요성 원칙에 완전히 부합하는 적절한 법률에 의해 규율되고 국가 관행이 이에 부합하도록 보장해야 한다;

(b) 감시 및 감청이 사전 사법적 승인과 효과적이고 독립적인 감독 메커니즘의 적용을 받도록 보장한다;

(c) 가능한 경우, 영향을 받은 당사자에게 감시 및 감청 활동에 대해 통지하고 남용이 발생한 경우 효과적인 구제 수단을 이용할 수 있도록 보장해야 한다.

양심적 병역 거부

51. 위원회는 2019년 12월 27일 「대체역의 편입 및 복무 등에 관한 법률」이 제정되어 2020년 1월부터 시행됨에 따라 대체복무제도가 도입된 것을 환영한다. 그러나 위원회는 현행 대체복무제도의 복무기간이 36개월로 현역복무(18~21개월)에 비해 차별적이고 징벌적이라는 점과 대체복무가 교정시설에서의 복무로 제한되어 있다는 점에 우려를 표한다. 위원회는 대체복무 거부자들(현재 헌법재판소에 사건이 계류중이다)과 군 복무 중인 군인은 양심에 따른 병역거부권을 행사할 수 없다는 점에 주목한다. 위원회는 2018년 6월 28일 헌법재판소의 결정에 따라 양심적 병역거부자들이 석방되고 전과기록이 말소된 것을 환영하는 한편, 위원회의 이전 권고들 및 개인통보 결정들과 달리 이들에게 보상이 제공되지 않았다는 보고에 우려를 표한다(제17조, 제18조).

52. 당사국은 지나치게 긴 대체복무 기간을 단축하고 교정시설 이외의 장소로 대체복무를 확대함으로써 양심적 병역거부자에 대한 차별적 처우를 없애야 한다. 또한 현역 군인도 양심적 병역거부권을 행사할 수 있도록 하고, 위원회의 이전 권고들와 개인통보 결정들에 합치하도록 2018년 6월 28일 헌법재판소의 결정에 의해 출소하여 범죄 기록이 말소된 양심적 병역거부자에게 보상을 제공하도록 법령을 개정하는 것을 고려해야 한다.

표현의 자유

53. 위원회는 이전 권고들과 관련하여 명예훼손을 비범죄화하기 위한 조치가 없었던 것으로 보이는 점과 형법 조항에 따라 최대 7년의 징역형이 적용될 수 있다는 점에 우려를 표

한다. 특히 정부나 기업의 이해관계에 비판적인 견해를 표명한 언론인이 형사 기소를 당하고, 고위 공직자와 선출직 공직자들이 자신들을 비판하는 언론인을 상대로 형사 고소를 계속하고 있다는 점에 우려를 표한다. 위원회는 이전 권고들과 관련하여, 국가보안법, 특히 동법 제7조의 지나치게 모호한 문구에 따라 기소가 계속되고 있는 것에 대해 여전히 우려한다. 위원회는 명예훼손죄와 국가보안법이 대한민국의 표현의 자유에 미치는 위축 효과에 대해 지속적으로 우려하고 있다(제9조, 제15조 및 제19조).

54. 당사국은 명예훼손의 비범죄화를 고려해야 하며, 위원회의 일반논평 제34호(2011)에 명시된 바와 같이 징역형은 결코 명예훼손에 대한 적절한 형벌이 될 수 없음을 명심하여 모든 경우에 형사법은 가장 심각한 명예훼손 사건에 대해서만 적용되도록 제한해야 한다. 형사법이 언론인이나 반대 목소리를 침묵시키는 데 사용되지 않도록 보장하고, 민주주의 작동에 필수적인 비판에 대한 관용 문화를 장려해야 한다. 또한 당사국은 국가보안법 제7조를 폐지하거나 최소한 그 범위 내에서 금지되는 행위를 보다 정확하게 정의하여 자유권규약 제15조에 따른 법적 확실성의 요건을 충족해야 한다.

평화적 집회의 권리

55. 위원회는 상당수의 집회를, 특히 대통령 집무실 인근의 집회를, 원활한 교통 흐름을 보장하기 위해 「집회 및 시위에 관한 법률」 제11조와 제12조에 근거하여 금지한 것이 비례성 및 필요성 원칙에 부합하지 않는다고 우려한다. 위원회는 또한 시위대를 막고 연행하기 위하여 과도한 강제력을 행사하고, 시위 주최자들과 참가자들에 대하여 형사법을 적용하여 체포, 조사하고 벌금을 부과하는 등 장애인 인권 활동가들이 서울 지하철에서 진행한 시위들에 대하여 경찰의 고압적인 진압이 있었다는 보고에 우려를 표한다. 위원회는 이러한 조치들의 비례성, 필요성 및 위축 효과에 대해 우려하고 있으며, 이는 당국의 균열(disruption)에 대한 낮은 관용을 반영하는 것으로 보인다(제6조, 제7조, 제9조 및 제21조).

56. 평화적 집회의 권리에 관한 위원회 일반논평 제37호(2020)와 관련하여, 당사국은 평화적 집회의 권리 행사에 우호적인 환경을 조성하고, 동 권리에 대한 제한은 규약 제21조와 비례성 및 필요성의 원칙을 엄격히 준수하도록 보장해야 한다. 이를 염두하여 당사국은 집회 및 시위에 관한 법률 제11조와 제12조의 폐지 또는 개정을 고려해야 한다. 당사국은 모든 법 집행관이 특히 시위의 맥락에서 강제력 사용에 관한 교육을 체계적으로 받도록 보장해야 한다.

결사의 자유

57. 위원회는 해고노동자의 노조 가입 허용 등을 통해 노동조합을 결성하고 가입할 권리에 관한 일정한 제약을 제거한 2021년 「노동조합 및 노동관계조정법」 등 관련 법률 개정을 환영한다. 그러나 위원회는 모든 공무원, 교사, "특수고용노동자(dependent contractors)", "플랫폼 노동자"와 같은 비정형 고용 형태 속 노동자가 이 권리를 누릴 수 있는 것은 아니라는 점, 교사·공무원의 단체교섭권 및 단체행동권에 대한 많은 제약이 여전히 적용되고 있다는 점을 우려한다. 이에, 위원회는 당사국이 본 규약 제22조 관련 유보를 유지하고 있다는 사실에 유감을 표한다. 또한 전국건설노동조합 사무실에 대한 수차례의 압수수색, 고액의 과징금, 조합원에 대한 소환조사, 구속 및 징역형 등 사법적 탄압과 낙인찍기를 포함하여 2022년부터 벌어진 노동조합 활동에 대한 심각한 탄압에 관한 보고에 우려한다(제22조).

58. 당사국은 모든 개인이 결사의 자유에 대한 권리를 완전히 누리도록 보장해야 하며 이 권리의 행사에 대한 어떠한 제한도 본 규약 제22조 제2항의 요건을 엄격히 준수해야 한다. 특히 당사국은:

(a) 공무원, 교사, 비전형 고용 노동자를 포함하여 모든 노동자가 노동조합을 결성하고 가입할 권리, 단체교섭권, 파업권을 완전히 행사할 수 있도록, 이러한 권리에 대한 제한은 본 규약 제22조에 엄격하게 부합하도록 노동조합및노동관계조정법과 여타 관련법을 개정해야 한다.

(b) 노동조합에 대한 낙인찍기, 개입, 사법적 괴롭힘이 없도록 하고 결사의 자유에 대한 권리 행사에 우호적인 환경을 조성해야 한다.

(c) 본 규약 제22조에 대한 유보 철회를 검토해야 한다.

공적 생활에 참여할 권리

59. 위원회는 공무원과 교사의 시민으로서 개인자격으로 행하는 정치적 의사표현을 정치적 중립성 침해 우려라는 모호한 근거를 바탕으로 「국가공무원법」, 「지방공무원법」, 「공직선거법」 등 법률로 금지하는 것에 우려를 표한다(제15조, 제19조, 제22조, 제25조).

60. 당사국은 공무원과 교사가 시민으로서 본 규약 제25조에 보장된 공적 생활에 참여할 권리를 누릴 수 있도록 「국가공무원법」, 「공직선거법」 및 여타 법을 개정해야 한다.

출생등록

61. 위원회는 이전 최종견해를 상기하며, 난민, 난민 신청자, 인도적 체류자, 무국적자 및 미등록 이주민이 대사관의 도움을 받을 수 없거나 도움을 원하지 않는 경우, 대사관에 의해 등

록이 거부되거나 극복할 수 없는 행정적 걸림돌에 직면하는 경우 등이 있다는 점을 주지하며, 외국인이 여전히 자녀의 출생 등록을 본국 대사관에 해야 한다는 것을 우려한다(제24조).

62. 당사국은 현재 국회에 계류 중인 「외국인 아동의 출생등록에 관한 법률안」을 신속히 제정하고, 모든 외국인 아동과 보호자가 쉽게 접근할 수 있는 신청 절차를 보장할 수 있도록 적절한 장치를 채택해야 하며, 출생등록을 통해 얻은 정보가 오직 외국인 아동의 보호를 위해서만 사용될 수 있도록 보장해야 한다.

D. 배포 및 후속 조치

63. 당사국은 사법, 입법 및 행정 당국, 국내에서 활동하는 시민사회 및 비정부기구, 일반 대중에게 규약에 명시된 권리에 대한 인식을 제고하기 위해 규약, 두 개의 선택의정서, 제5차 정기보고서 및 본 최종견해를 널리 보급해야 한다. 당사국은 정기 보고서와 본 최종견해가 당사국의 공식 언어로 번역되도록 해야 한다.

64. 위원회 절차규칙 제75조 제1항에 따라, 당사국은 2026년 11월 3일까지 위 제12항(차별 금지, 혐오표현 및 증오범죄), 제56항(평화적 집회의 권리) 및 제58항(결사의 자유)에서 위원회가 권고한 사항의 이행에 관한 정보를 제공하여야 한다.

65. 위원회의 예측 가능한 검토주기에 따라, 당사국은 보고서 제출에 앞서 2029년에 위원회의 쟁점 목록을 받게 되며, 제6차 정기보고서를 구성하는 답변서를 1년 이내에 제출해야 한다. 위원회는 또한 보고서 작성 시 당사국이 해당 국가에서 활동하는 시민사회 및 비정부기구와 폭넓게 협의할 것을 요청한다. 총회 결의 68/268에 따라 보고서의 글자 수는 21,200 단어로 제한된다. 당사국과의 다음 건설적인 대화는 2031년 제네바에서 열릴 예정이다.

4. 대한민국을 상대로 한 개인통보사건 일람

(2023. 10. 확인)

	통보자	Application No.	결정 채택일	결정 결과	사건 내용
1	Sohn, Jong Kyu (손종규)	518/1992	1995.7.19.	한국 규약 위반	노동쟁의조정법상 제3자 개입 금지 위반 — 표현의 자유 침해
2	Kim, Keun Tae (김근태)	574/1994	1998.11.3.	한국 규약 위반	국가보안법 위반 — 표현의 자유 침해
3	Park, Tae Hoon (박태훈)	628/1995	1998.10.20	한국 규약 위반	국가보안법 위반 — 표현의 자유 침해
4	Ajaz & Jamil	644/1995	1999.7.13.	사건 기각	재판의 공정성 위반 주장
5	Nam, Gi Jeong (남기정)	693/1996	2003.7.15	심리 부적격	국정교과서 외 사용 제한 — 표현의 자유
6	Kang, Yong Joo (강용주)	878/1999	2003.7.15.	한국 규약 위반	사상전향제도, 장기 독방구금 — 피구금자의 권리, 사상·양심의 자유, 표현의 자유, 법 앞의 평등 등 침해
7	Shin, hak Chul (신학철)	926/2000	2004.3.16.	한국 규약 위반	모내기 그림의 국가보안법 위반 — 표현의 자유 침해
8	Kim, Jong Chul (김종철)	968/2001	2005.7.27.	사건 기각	선거일 직전 여론조사 공표 금지 — 표현의 자유 침해 주장
9	Lee, Jeong Eun (이정은)	1119/2002	2005.7.20	한국 규약 위반	한총련 가입, 국가보안법 위반 — 결사의 자유 침해
10	Yoon & Choi (윤여범, 최명진)	1321−1322/2004	2006.11.3.	한국 규약 위반	양심적 병역 거부 — 양심·종교의 자유 침해
11	Jung & Oh *et al.* (정의민, 오태양 등 총 11명)	1593−1603/20078	2010.3.23.	한국 규약 위반	양심적 병역 거부 — 양심·종교의 자유 침해
12	Jeong, Min Kyu *et al.* (정민규 등 총 100명)	1642−1741/2007	2011.3.24.	한국 규약 위반	양심적 병역 거부 — 양심·종교의 자유 침해
13	Kim, Jong Nam *et al.* (김종남 등 총 388명)	1786/2008	2012.10.25	한국 규약 위반	양심적 병역 거부 — 양심·종교의 자유 침해

14	Ostavari	1980/2009	2014.3.25.	한국 규약 위반	난민 송환 – 고문 등 및 자의적 구금 침해 우려
15	Kim, Young Kwna *et al.*(김영관 등 총 50명)	2179/2012	2014.10.15	한국 규약 위반	양심적 병역 거부 – 자의적 구금, 양심·종교의 자유 침해
16	A. Vandom	2273/2013	2018.7.12.	한국 규약 위반	외국인 교사에게만 의무적 HIV 및 마약검사 – 사생활 보호, 법 앞의 평등 위반
17	S.J.	2725/2016	2019.11.7.	심리 부적격	자의적 구금, 공정한 재판받을 권리 침해 주장
18	J.K. *et al.*(총 23명)	2939/2017	2020.3.13.	심리 부적격	자의적 구금 등 주장
19	Bae, Jong Bum *et al.* (배종범 등 총 31명)	2846/2016	2020.3.13.	한국 규약 위반	양심적 병역 거부 – 자의적 구금, 양심·종교의 자유 침해
20	Lee, Jung Hee *et al.* (이정희 등 총 389명)	2776/2016	2020.10.23	사건 기각	결사의 자유 침해 주장

색 인

1. Human Rights Committee 사건

A v. Australia(No.560/1993) ·· 281, 285, 295

A v. New Zealand(No.754/1997) ······························· 281, 286, 588

A v. the U.K.(No.25599/94) ··· 216

A. *et al.* v. Norway(No.224/1987) ··································· 960

A. *et al.* v. S.(No.1/1976) ·· 949

A and B v. Denmark(No.2291/2013) ···················· 590, 612, 613

A group of associations for the defence of the rights of disabled and handicapped persons
in Italy v. Italy(1984) ·· 950

A publication and a printing company v. Trinidad and Tobago(No.361/1989) ······················· 950

A.A. v. Canada(No.1819/2008) ··· 426

A. B. v. Canada(No.2387/2014) ································· 561, 562

A.B. and P.D. v. Poland(No.3017/2017) ························· 422

A.H.G. v. Canada(No.2091/2011) ···································· 213

A.I.E. v. Libyan Arab Jamahiriya(No.457/1991) ················ 956

A.P. v. Italy(No.204/1986) ··· 488, 500

A.P. v. Russian Federation(No.1857/2008) ······················ 588

A.P. v. Ukraine(No.1834/2008) ··· 55

A.P.A. v. Spain(No.433/1990) ···································· 430, 965

A.R.S. v. Canada(No.91/1981) ··· 512

A.R.U. v. Netherlands(No.509/1992) ································· 182

A.S. v. Canada(No.68/1980) ······················ 548, 561, 762, 954

A.S. v. Nepal(No.2077/2011) ···································· 327, 330

A.S.M. and R.A.H v. Denmark(No.2378/2014) ················· 959

Äärelä and Näkkäläjärvi v. Finland(No.779/1997) ········ 456, 913

Abbassi and Madani v. Algeria(No.1172/2003) ················· 290

Abdullayev v. Turkmenistan(No.2218/2012) ········ 327, 329, 487, 590, 611

Aber v. Algeria(No.1439/2005) ··· 290

Aboufaied v. Libya(No.1782/2008) ··································· 287

Aboushanif v. Norway(No.1542/2007) ······························ 485

Aboussedra, Adam Hassan v. Libya Arab Jamahiriuya(No.1751/2008) ···················· 540, 541

Abromchik v. Belarus(No.2228/2012) ································ 227

Abushaala *et al.* v. Libya(No.1913/2009) ·· 165

Achabal Puertas v. Spain(No.1945/2010) ·· 971

Ackla, Ketenguere v. Togo(No.505/1992) ··· 375

Acuña Inostroza *et al.* v. Chile(No.717/1996) ······························· 536, 537

Adonis v. Philippines(No.1815/2008) ··· 641

Aduayom *et al.* v. Togo(Nos.422/1990, 423/1990 and 424/1990) ············· 842, 956

Ahani v. Canada(No.1051/2002) ··· 431, 434, 974

Ahmed Souaiene and Aïcha Souaiene v. Algeria(No.2819/2016) ············· 541

Ajaz & Jamil v. Republic of Korea(No.644/1995) ···················· 57, 958, 968

Akhadov v. Kyrgyzstan(No.1503/2006) ································· 516, 519

Akwanga v. Cameroon(No.1813/2008) ··· 462

Albareda v. Uruguay(Nos.1637/2007, 1757 & 1765/2008) ··················· 881

Alberto Altesor v. Uruguay(No.10/1977) ·· 970

Alberto Solorzano v. Venezuela(No.156/1983) ··································· 963

Alekseev v. Russian Federation(No.1873/2009) ··························· 694, 963

Alexander Protsko and Andrei Tolchin v. Belarus(Nos.1919-1920/2009) ········ 963

Alexandros Kouidis v. Greece(No.1070/2002) ···································· 956

Alger v. Australia(No.2237/2013) ··· 588

Al-Gertani v. Bosnia and Herzegovina(No.1955/2010) ···················· 415, 563

Ali v. Tunisia(No.2130/2012) ··· 966

Aliyev *et al.* v. Azerbaijan(No.2805/2016) ······································· 590

Al-Maqrif *et al.* v. Libya(No.2006/2010) ····································· 211, 212

Almas Kusherbaev v. Kazahkstan(No.2027/2011) ······························ 956

Almeida de Quinteros *et al.* v. Uruguay(No.107/1981) ··················· 951, 958

Althammer v. Austria(No.998/2001) ··· 865

Alzery v. Sweden(No.1416/2005) ···························· 58, 230, 231, 971

Amanklychev v. Turkmenistan(No.2078/2011) ··································· 568

Amelkovich v. Belarus(No.2720/2016) ·· 705

Améndola Massiotti and Graciela Baritussio v. Uruguay(No.25/1978) ········· 59, 210, 328, 958

Aminov v. Turkmenistan(No.2220/2012) ····································· 590, 611

Amirov v. Russia(No.1447/2006) ··· 227

Ammari *et al.* v. Algeria(No.2098/2011) ····································· 211, 969

Andela v. Cameroon(No.2764/2016) ··· 363

Anderson v. Australia(No.1367/2005) ··· 956

Anderson v. Denmark(No.1868/2009) ·· 678, 950

Angel Estrella v. Uruguay(No.74/1980) ····································· 550, 970

Annenkov and others v. Russia(No.31475/10) ··································· 707

Anton v. Algeria(No.1424/2005) ·· 956

Aouali, Faraoun & Bouregba v. Algeria(No.1884/2009) ················· 213

Appleby and others v. United Kingdom(No.44306/98) ················· 707

Araujo-Jongen v. Netherlands(No.418/1990) ····························· 860

Arenz *et al.* v. Germany(No.1138/2002) ································· 832

ARJ v. Australia(No.692/96) ··· 488, 500

Arkadyevich v. Russia(No.2141/2012) ···································· 457

Arredondo v. Peru(No.688/1996) ·· 463

Arutyunyan v. Uzbekistan(No.917/2000) ···························· 325, 334

Arzuaga Gilboa v. Uruguay(No.147/1983) ···················· 206, 209, 965

Asensi Martínez, Liz-Valeria and Lorena-Fabiana Asensi Mendoza v. Paraguay

  (No.1407/2005) ·· 765, 805, 806

Askarov v. Kyrgyztan(No.2231/2012) ································ 324, 331

Ataman v. Turkey(No.74552/01) ·· 696

Atasoy and Sarkut v. Turkey(Nos.1853-1854/2008) ················· 589, 611

Ato del Avellanal v. Peru(No.202/1986) ································· 455

Aumeeruddy-Cziffra *et al.* v. Mauritius(No.35/1978) ···· 93, 549, 560, 764, 767, 871, 950, 951, 966

Avadanov v. Azerbaijan(No.1633/2007) ······························ 227, 956

Aziz Aliyev *et al.* v. Azerbaijan(No.2805/2016) ························· 590

Azizi *et al.* v. Algeria(No.1889/2009) ··································· 212

B.A.E.W. and E.M.W. v. Sweden(No.2744/2016) ······················ 590

B.H. v. Austria(No.2088/2011) ··· 967

B.L. v. Australia(No.2053/2011) ·· 589

Baboeram-Adhin *et al.* v. Suriname(Nos.146/1983 and 148 to 154/1983) ·················· 962, 969

Bae, Jong-bum *et al.* v. Republic of Korea(No.2846/2016) ·········· 286, 590, 611, 612, 615, 616

Bailey v. Jamaica(No.709/1996) ·· 219

Bakhtiyari *et al.* v. Australia(No.1069/2002) ····························

Balaguer Santacana v. Spain(No.417/1990) ··············· 762, 775, 953, 962

Ballantyne *et al.* v. Canada(Nos.359, 385/1989) ·············· 640, 873, 911, 951

Bandajevsky v. Belarus(No.1100/2002) ·································· 291

Barankevich v. Russia(No.10519/03) ···································· 711

Barkovsky v. Belarus(No.2247/2013) ···································· 328

Barrett & Sutcliffe v. Jamaica(No.270/1988 & 271/1988) ··············· 219

Basarevsky and Valery Rybchenko v. Belarus(Nos.2108-2109/2011) ········· 963

Bashasha v. The Libyan Arab Jamahiriya(No.1776/2008) ··············· 969

Basnet *et al.* v. Nepal(No.2164/2012) ····························· 166, 963

Baumgarten v. Germany(No.962/2000) ························· 509, 522, 523

Bautista de Arellana v. Colombia(No.563/1993) ·· 73, 962

Bazarov v. Uzbekistan(No.959/2000) ··· 229

Bekmanov and Egemberdiev v. Kyrgyzstan(No.2312/2013) ································· 590

Bekzhan *et al.* v. Kazakhstan(No.2661/2015) ·· 590

Belyatsky *et al.* v. Belarus(No.1296/2004) ·· 731

Bendjael and Merouane Bendjael v. Algeria(No.2893/2016) ·································· 541

Benhadj v. Algeria(No.1173/2003) ··· 324, 325, 462

Bequio v. Uruguay(No.88/1981) ··· 328

Berezhnov v. Russia(No.2107/2011) ·· 289, 341, 473, 482

Berry v. Jamaica(No.330/1988) ·· 295

Bertelli Gálvez v. Spain(No.1389/2005) ··· 971

Bethel v. Trinidad and Tobago(No.830/1998) ·· 955

Bhinder v. Canada(No.208/1986) ····················· 557, 590, 594, 601, 602, 865, 874

Bhullar v. Canada(No.982/2001) ·· 960

Bickaroo v. Trinidad Tobago(No.555/1993) ·· 219

Birindwa *et al.* v. Zaire(No.241/1987) ··· 570

Blancov v. Nicaragua(No.328/1988) ··· 969

Bleier Lewenhoff *et al.* v. Uruguay(No.30/1978) ·· 165, 206

Blessington & Elliot v. Australia(No.1968/2010) ·· 221, 342

Blom v. Sweden(No.191/1985) ·· 970

Bobrov v. Belarus(No.2181/2012) ·· 329, 330

Bodrozic v. Serbia and Montenegro(No.1180/2003) ·· 642

Boimurodov v. Tajikistan(No.1042/2001) ··· 211, 472

Bonilla Lerma v. Colombia(No.1611/2007) ·· 465

Boodoo v. Trinidad and Tobago(No.721/1996) ············· 551, 555, 590, 594

Booteh v. Netherlands(No.1204/2003) ·· 537

Bordes and Temeharo v. France(No.645/1995) ··· 182

Borisenko v. Hungary(No.852/1999) ··· 290

Borzov v. Estonia(No.1136/2002) ·· 433, 861

Bousroual v. Algeria(No.992/2001) ·· 165

Braih v. Algeria(No.2924/2016) ··· 541

Broeks v. Netherlands(No.172/1984) ···················· 69, 859, 871, 955, 969

Brough v. Australia(No.1184/2003) ·· 223, 325, 341

Brown v. Jamaica(No.775/1997) ······················· 171, 209, 329, 330

Buckle v. New Zealand(No.858/1999) ·················· 589, 765, 804, 805

Budlakoti v. Canada(No.2264/2013) ·· 395, 398

Buffo Carballal v. Uruguay(No.33/1978) ·· 210, 283

Bulgakov v. Ukraine(No.1803/2008) ··· 552

Burrell v. Jamaica(No.546/1993) ·· 168

Busyo *et al.* v. Congo(No.933/2000) ·· 125

Butovenko v. Ukraine(No.1412/2005) ····································· 516, 519

Bwalya v. Zambia(No.314/1988) ·· 282, 831, 875

C v. Australia(No.900/1999) ··· 213, 285, 295

C *et al.* v. Australia, No.2216/2012(2017) ···························· 884, 951

C.E.A. v. Finland(No.316/1988) ··· 55, 479

C.F. *et al.* v. Canada(No.113/1981) ······································ 74, 964

C.L. and Z.L. v. Denmark(No.2753/2016) ································· 589

C.L.D. v. France(No.228/1987) ··· 955

C.L.D. v. France(No.439/1990) ··· 479

Cabal and Pasini v. Australia(No.1020/2001) ······················ 163, 323

Cagas *et al.* v. Phlippines(No.788/1997) ······························· 469

Calderón Bruges v. Colombia(No.1641/2007) ······················ 483, 499

Calvet Ráfols v. Spain(No.1333/2004) ·· 362

Campbell v. Jamaica(No.248/1987) ·· 287

Campbell v. Jamaica(No.618/1995) ····································· 328, 329

Canepa v. Canada(No.558/1993) ·· 562

Cañón García v. Ecuador(No.319/1988) ······························· 58, 430

Carpo *et al.* v. Philippines(No.1077/2002) ······························· 171

Casafranca de Gómez v. Peru(No.981/2001) ······························· 463

Casanovas v. France(No.441/1990) ································· 458, 464, 970

Castell-Ruiz *et al.* v. Spain(No.1164/2003) ······························· 864

Cedeño v. Venezuela(No.1940/2010) ····································· 461, 469

Celebi *et al.* v. Turkey(Nos.3076/05 & 26739/05) ······················ 207

Celepli v. Sweden(No.456/1991) ·· 281, 377

Celiberti de Casariego v. Uruguay(No.56/1979) ··············· 146, 472, 959

Ch.H.O. v. Canada(No.2195/2012) ······································· 590, 612

Chambala v. Zambia(No.856/1999) ·· 296

Chebotareva v. Russian Federation(No.1866/2009) ······················ 700

Chen v. Netherlands(No.1609/2007) ··· 231

Cherguit v. Algeria(No.2828/2016) ·· 541

Chikunova v. Uzbekistan(No.1043/2002) ···································· 539

Chisanga v. Zambia(No.1132/2002) ··· 218

Chiti *et al.* v. Zambia(No.1303/2004) ·· 566

Chongwe v. Zambia(No.821/1998) ·· 282

Cochet v. France(No.1760/08) ·· 519

Coeriel and Aurik v. Netherlands(No.453/1991(1993) ·············· 551, 590

Coleman v. Australia(No.1157/2003) ······························· 645, 692

Conteris v. Uruguay(No.139/1983) ·· 206

Costello-Roberts v. U.K.(No.13134/87) ······················· 215, 553

Cox v. Canada(No.539/1993) ······························· 62, 176, 220, 964

Cridge v. Canada(No.1529/2006) ··· 465

Croes v. Netherlands(No.164/1984) ······························· 953, 964

Cubas Simones v. Uruguay(No.70/1980) ·································· 334

Currie v. Jamaica(No.377/1989) ·· 456

Czernin v. Czech Republic(No.823/1998) ································ 465

D v. Denmark(No.2007/2010) ··· 459

D et al. v. Denmark(No.2293/2013) ··· 459

D.S. v. Jamaica(No.304/1988) ··· 968

D. T. et al. v. Canada(No.2081/2011) ···························· 561, 562, 807

Danning v. Netherlands(No.180/1984) ······································ 860

Dauphin v. Canada(No.1792/2008) ·································· 561, 766

de Groot, Leonardus Johannes Maria v. Netherlands(No.578/1994) ··········· 950

de León Castro v. Spain(No.1388/2005) ··································· 513

Debreczeny v. Netherlands(No.500/1992) ································· 838

Delgado Burgoa v. Bolivia(No.2628/2015) ······························ 967

Delgado Páez v. Colombia(No.195/1985) ······················ 282, 589, 844

Derksen v. Netherlands(No.976/2001) ······························ 866, 878

Dermit Barbato et al. v. Uruguay(No.84/1981) ··················· 162, 951

Dhakal et al. v. Nepal(No.2185/2012) ······································ 72

Dias v. Angola(No.711/1996) ··· 282

Diergaardt et al. v. Namibia(No.760/1997) ········· 28, 31, 828, 873, 920, 930

Domukovsky et al. v. Georgia(Nos. 623-624, 626-627/1995) ··········· 283

Dorofeev v. Russian Federation(No.2041/2011) ························· 475

Douglas v. Jamaica(No.571/1994) ··· 209

Dranichnikov v. Australia(No.1291/2004) ························· 464, 951

Drescher Caldas v. Uruguay(No.43/1979) ································· 472

Drobek v Slovakia(No.643/1995) ··· 877

Dumont v. Canada(No.1467/2006) ·· 487

Durdyyev v. Turkmenistan(No.2268/2013) ···················· 590, 611, 612

Durić et al. v. Bosnia and Herzegovina(No.1956/2010) ················ 166

Dzemajl et al. v. Yugoslavia(No.161/2000) ······························ 225

E.B. v. New Zealand(No.1368/2005) ·············· 765

E.C.W. v. Netherlands(No.524/1992) ·············· 182

E.H. v. Finland(No.170/1984) ·············· 969

E.H.P. v. Canada(No.67/1980) ·············· 953

E.K. v. Denmark(No.2346/2014) ·············· 589

E.P. *et al.* v. Columbia(No.318/1988) ·············· 38, 951

E.U.R. v Denmark(No.2469/2014) ·············· 959

E.V. v. Belarus(No.1989/2010) ·············· 457

E.W. *et al.* v. Netherlands(No.429/1990) ·············· 182, 950

El Abani (El Ouerfeli) *et al.* v. Libya(No.1640/2007) ·············· 462, 966

El Boathi v. Algeria(No.2259/2013) ·············· 55

El Dernawi *et al.* v. Libya(No.1143/2002) ·············· 379, 563, 774

El Ghar v. Libyan Arab Jamahiriya(No.1107/2002) ·············· 380

El Hassy and Abu Bakar El Hassy v. Libyan Arab Jamahirya(No.1422/2005) ·············· 977

El Hichou v. Denmark(No.1554/2007) ·············· 808

El Hojouj Jum'a *et al.* v. Libya(No.1958/2000) ·············· 376, 566

El Megreisi v. Libyan Arab Jamahiriya(No.440/1990) ·············· 964

Ellis v. Jamaica(No.276/1988) ·············· 961

Elsa Cubas v. Uruguay(No.70/1980) ·············· 963

Engo v. Cameroon(No.1397/2005) ·············· 331, 469

Esergepov v. Kazakhstan(No.2129/2012) ·············· 469, 476, 956

Eshanov v. Uzbekistan(No.1225/2003) ·············· 227, 977

Esposito v. Spain(No.1359/2005) ·············· 459

Estrella v. Uruguay(No.74/1980) ·············· 206, 320, 334, 476, 568

Evans v. Trinidad and Tobago(No.980/2000) ·············· 327, 328, 329

Everett v. Spain(No.961/2000) ·············· 455

Evrezov *et al.* v. Belarus(No.1999/2010) ·············· 697

Ezelin v. France(No.11800/85) ·············· 696

F. and G. v. Denmark(No.2593/2015) ·············· 589, 612, 613

F.A. v. France(No.2662/2015) ·············· 590, 594, 604, 874

F.A.H. and others v. Colombia(No.2121/2011) ·············· 967

F.K.A.G. *et al.* v. Australia(No.2094/2011) ·············· 285

Fabrikant v. Canada(No.970/2001) ·············· 163

Fanali v. Italy(No.75/1980) ·············· 55, 484, 970

Fardon v. Australia(No.1629/2007) ·············· 283, 488

Faure v. Australia(No.1036/2001) ·············· 260

Faurisson v. France(No.550/1993) ·············· 637, 639, 676, 705, 964, 974

Fedotova v. Russia(No.1932/2010) ·················· 698, 883

Fei v. Colombia(No.514/1992) ·················· 463, 563, 775, 776, 962

Fernandez Murcia v. Spain(No.1528/2006) ·················· 465

Fernando *et al.* v. Sri Lanka(No.1862/2009) ·················· 73, 566

Fillacier v. France(No.1434/2005) ·················· 967

Fillastre v. Bolivia(No.336/1988) ·················· 292

Florentina Olmedo v. Paraguay(No.1828/2008) ·················· 164

Foin v. France(No.666/1995) ·················· 875

Forji-Dinka v. Cameroon(No.1134/2002) ·················· 375

Foumbi v. Cameroon(No.2325/2013) ·················· 363

Francis v. Jamaica(No.606/1994) ·················· 220

Freemantle v. Jamaica(No.625/1995) ·················· 290

Frumkin v. Russia(No.74568/12) ·················· 696

G v. Australia(No.2172/2012) ·················· 550, 551, 552, 763, 884

G.C.A.A. v. Uruguay(No.2358/2014) ·················· 221

G.T. v. Australia(No.706/1996) ·················· 230

Gapirjanova v. Uzbekistan(No.1589/2007) ·················· 73

García Bolívar v. Venezuela(No.2085/2011) ·················· 464

Garćía Fuenzalida v. Ecuador(No.480/1991) ·················· 227

García Lanza de Netto v. Uruguay(No.8/1977) ·················· 977

García Pons v. Spain(No.454/1991) ·················· 458

Gatilov v. Russia(No.2171/2012) ·················· 456, 566, 963

Gauthier v. Canada(No.633/1995) ·················· 632, 732

Gavrilin v. Belarus(No.1342/2005) ·················· 362, 363

Gayzer v. Australia(No.2981/2017) ·················· 395

Gedumbe v. Congo(No.641/1995) ·················· 876

Geller v. Kazakhstan(No.2417/2014) ·················· 591, 926

Georgopoulos *et al.* v. Greece(No.1799/2008) ·················· 768

Gillot *et al.* v. France(No.932/2000) ·················· 31, 32, 833, 878, 950

Giménez v. Paraguay(No.2372/2014) ·················· 707

Giri v. Nepal(No.1761/2008) ·················· 129, 205, 320, 324, 963

Giry v. Dominican Republic(No.193/1985) ·················· 422, 427

Gomaríz Valera v. Spain(No.1095/2002) ·················· 483, 499

Gómez Casafranca v. Peru(No.981/2001) ·················· 511, 515

González del Río v. Peru(No.263/1987) ·················· 380

Gonzalez *et al.* v. Guyana(No.1246/2004) ·················· 464

Gorji-Dinka v. Cameroon(No.1134/2002) ·················· 338, 836, 848

Grant v. Jamaica(No.597/1994) ································· 288

Gridin v. Russian Federation(No.770/1997) ··················· 468, 471

Griffin v. Spain(No.493/1992) ···························· 287, 325

Griffiths v. Australia(No.1973/2010) ························· 55

Gryb v. Belarus(No.1316/2004) ····························· 700

Guerra and Wallen v. Trinidad and Tobago(Nos.575/1994 and 576/1994) ················ 971

Guesdon v. France(No.219/1986) ···························· 479, 929

Gueye *et al.* v. France(No.196/1985) ···················· 67, 864, 882, 956

Gutiérrez Vivanco v. Peru(No.678/1996) ······················ 463

Guzzardi v. Italy(No.7367/76) ···························· 373

H.C.M.A. v. Netherlands(No.213/186) ························ 72

H.G.B. and S.P. v. Trinidad and Tobago(No.268/1987) ··············· 147, 954

H.S. v. Australia(No.2015/2010) ··························· 363

H.S. v. France(No.184/1984) ····························· 963

H. v. d. P. v. Netherlands(No.217/1986) ···················· 842

Habouchi v. Algeria(No.2819/2016) ························· 541

Hamida v. Canada(No.1544/2007) ·························· 230

Hamilton v. Jamaica(No.616/1995) ························· 336

Hammel v. Madagascar(No.155/1983) ···················· 425, 427

Handyside v. United Kingdom(No.5493/72) ··················· 704

Haraldsson *et al.* v. Iceland(No.1306/2004) ················ 878, 879

Hartikainen v. Finland(No.40/1978) ······················· 605

Harward v. Norway(No.451/1991) ·························· 472

Hassan and Others v. France(Nos.46695/10 and 54588/10) ············ 300

Hatton and others v. United Kingdom(No.36022/97) ··············· 565

Hebbadj v. France(No.2807/2016) ·························· 874

Hemachandra v. Sri Lanka(No.2087/2011) ···················· 209

Hendricks v. Guyana(No.838/1998) ························· 477

Hendriks v. Netherlands(No.201/1985) ················ 464, 762, 775, 776

Henry v. Jamaica(No.230/l987) ························· 485, 961

Henry v. Trinidad and Tobago(No.752/1997) ·········· 327, 329, 330, 456, 961

Herrera Rubio *et al.* v. Colombia(No.161/1983) ················ 951

Hertzberg *et al.* v. Finland(No.61/1979) ·············· 646, 647, 952, 977

Hibbert v. Jamaica(No.293/1988) ························· 961

Hiber Conteris v. Uruguay(No.139/1983) ···················· 209

Higginson v. Jamaica(No.792/1998) ························ 216

Hill *et al.* v. Spain(No.526/1993) ····················· 288, 293, 474

Hogo Rodríguez v. Urguay(No.322/1988) ·· 72

Hopu and Bessert v. France(No.549/1993) ···························· 551, 560, 761, 762, 920, 952

Howard v. Canada(No.879/1999) ··· 913, 960

Howell v. Jamaica(No.798/1998) ·· 331

Hoyo y Martínez de Irujo v Spain(No.1008/2001) ··· 879

Hudaybergenov v. Turkmenistan(No.2221/2012) ·································· 328, 590, 611

Hudoyberganova v. Uzbekistan(No.931/2000) ·· 590, 594

Hugo Rodríguez v. Uruguay(No.322/1988) ······································ 206, 207, 229

Huseynova v. Azerbaijan(No.2042/2011) ··· 956

Huseynova v. Azerbaijan(No.2845/2016) ··· 590

Husseini v. Denmark(No.2243/2013) ·· 416

Hylton v. Jamaica(No.600/1994) ·· 968

I Elpida *et al.* v. Greece(No.2242/2013) ·· 768

I.K. v. Denmark(No.2373/2014) ·· 589

I.M.Y. v. Denmark(No.2559/2015) ··· 560

Ignatāne v. Latvia(No.884/1999) ·· 835

Ilombe and Shandwe v. Democratic Republic of the Congo(No.1177/2003) ·············· 288

Ilyasov v. Kazakhstan(No.2009/2010) ·· 393

Irving v. Australia(No.880/1999) ·· 486

Isalas Dassum *et al.* v. Ecuador(No.2244/2013) ·· 512

Isidora Barroso v. Panama(No.473/1991) ·· 962

Iskiyaev v. Uzbekistan(No.1418/2005) ·· 329

Ismailov v. Uzbekistan(No.1769/2008) ·· 288, 291

Israil v. Kazakhstan(No.2024/2011) ·· 231

Iversen v. Norway(No.1468/62) ·· 254

J.B. *et al.* v. Canada(No.118/1982) ······································· 733, 736, 743, 954

J.B. v Australia(No.2798/2016) ·· 961

J.D. v. Denmark(No.2204/2012) ····································· 591, 612, 613

J.D.P. and K.E.P. v. Sweden(No.2743/2016) ······································ 590

J.I. v. Sweden(No.3032/2017) ··· 589

J.J.C. v. Canada(No.367/1989) ·· 966

J. K. v. Canada(No.174/1984) ·· 955

J. L. v. Australia(No.491/1992) ·· 511

J. O. v. France(No.1620/2007) ··· 468, 511

J.P. v. Canada(No.446/1991) ··· 589

J.R.T. & the Western Guard Party v. Canada(No.104/1981) ························ 639, 672, 675

J.v.K. and C.M.G. v. K.-S. v. Netherlands(No.483/1991) ··································· 588

Jacobs v. Belgium(No.943/2000) ·· 459

Jalloh v. Netherlands(No.794/1998) ·· 286

Jamshidian v. Belarus(No.2471/2014) ······································ 177, 589

Jan Filipovich v. Lithuania(No.875/1999) ······································· 515

Japparow v. Turkmenistan(No.2223/2012) ····························· 329, 590, 611

Järvinen v. Finland(No.295/1988) ·· 875

Jayawardena v. Sri Lanka(No.916/2000) ·· 282

Jensen v. Australia(No.762/1997) ·· 339

Jeong et al. v. Republic of Korea(No.1642-1741/2007) ··············· 589, 596, 597, 609, 610, 611, 615

Jewish Community of Oslo et al. v. Norway(No.30/2003) ······················ 674

Jiménez Vaca v. Colombia(No.859/1999) ································· 282, 390

Johnson v. Ghana(No.2177/2012) ·· 171

Johnson v. Jamaica(No.592/1994) ·· 218

José Vincente et al. v. Colombia(No.612/1995) ··································· 73

Joseph et al. v. Sri Lanka(No.1249/2004) ····························· 589, 861, 874

Joslin et al. v. New Zealand(No.902/1999) ························· 560, 763, 771, 883

Judge v. Canada(No.829/1998) ···································· 62, 176, 951

Julian et al. v. New Zealand(No.601/1994) ····························· 860, 956

Jung et al. v. Republic of Korea(No.1593-1603/2007) ··············· 587, 589, 590, 591, 609, 615, 616

K.B. v. Norway(No.53/1979) ·· 954

K.L. v. Denmark(No.72/1980) ·· 966

K.L. v. Denmark(No.802/1980) ··· 55

Kaba et al. v. Canada(No.1465/20069) ·· 232

Kall v. Poland(No.552/1993) ··· 843

Kang, Y.J. v. Korea(No.878/1999) ···························· 243, 320, 588, 615, 629, 875, 888, 890, 891

Karakurt v. Austria(No.965/2000) ··· 831

Karimov and Nursatov v. Tajikistan(No.1108 & 1121/2002) ··············· 330, 953

Karker v. France(No.833/1998) ································· 281, 376, 433

Katashynskyi v. Ukraine(No.2250/2013) ··· 840

Katsaris v. Greece(No.1558/2007) ··· 227

Katwal et al. v. Nepal(No.2000/2010) ·· 164

Kavanagh v. Ireland(No.819/1998) ·· 462

Kazantzis v. Cyprus(No.972/2001) ··· 458, 459

Kelly v. Jamaica(No.253/1987) ······································ 288, 477, 952

Kennedy v. Trinidad and Tobago(No.845/1998) ··············· 171, 173, 327, 330, 456, 459

Kerrouche v. Algeria(No.2128/2012) ··· 570

Kh.B. v. Kyrgyzstan(No.2163/2012) ·· 469

Khadzhiev v. Turkmenistan(No.2079/2011) ·· 320, 568

Khadzhiyev and Muradova v. Turkmenistan(No.2252/2013) ················· 485, 953

Khalilov v. Tajikistan(No.973/2001) ··· 470

Khan v. Canada(No.1302/2004) ·· 231, 589

Khelifati *et al.* v. Algeria(No.2267/2013) ··· 55, 969, 978

Khirani v. Algeria(No.1905/2009) ·· 165

Khoroshenko v. Russian Federation(No.1304/2004) ······························ 471

Kim, Jong-Cheol v. Republic of Korea(No.968/2001) ···························· 842, 846

Kim, Jong-nam *et al.* v. Republic of Korea(No.1786/2008) ····················· 615, 616

Kim, Keun-Tae v. Republic of Korea(No.574/1994) ····························· 650

Kim, Yong-kwan *et al.* v. Republic of Korea(No.2179/2012) ············· 286, 589, 611, 615, 616

Kindler v. Canada(No.470/1991) ············· 175, 176, 220, 423, 959

Kitok v. Sweden(No.197/1985) ··· 28, 916, 919

Kivenmaa v. Finland(No.412/1990) ··· 630, 631, 692

Kodirov v. Uzbekistan(No.1284/2004) ·· 207

Koktish v. Belarus(No.1985/2010) ·· 632

Kolanowski v. Poland(No.837/98) ··· 458, 459

Koreba v. Belarus(No.1390/2005) ··· 340, 482

Koreskov v. Belarus(No.2168/2012) ·· 55

Korneenko v. Belarus(No.1226/2003) ··· 731

Korneenko *et al.* v. Belarus(No.1274/2004) ·· 741

Kotok v. Sweden(No.197/1985) ··· 913

Kouidis v. Greece(No.1070/2002) ··· 227, 956

Kovaleva and Tatyana Kozyar v. Belarus(No.2120/2011) ······················ 953

Kozulina v. Belarus(No.1773/2008) ·· 320, 331, 334, 469

Kulomin v. Hungary(No.521/1992) ··· 291, 957

Kulov v. Kyrgyzstan(No.1369/2005) ·· 211

Kungurov v. Uzbekistan(No.1478/2006) ·· 740

Kurbanova v. Tajikistan(No.1096/2002) ·· 234, 471

Kusherbaev v. Kazahkstan(No.2027/2011) ··· 965

Kuznetsov *et al.* v. Belarus(No.1976/2010) ·· 55

L.G. v. Republic of Korea(No.51/2012) ··· 900, 901

L.N.P. v. Argentina(No.1610/2007) ··· 212, 214, 457, 497, 554

L.P. v. Czech Republic(No.946/2000) ··· 548, 563, 806

L.T.K. v. Finland(No.185/1984) ·· 258, 587, 608

Labita v. Italy(No.26772/95) ··· 836

Lagunas Castedo v. Spain(No.1122/2002) ·· 461

Laing *et al.* v. Australia(No.901/1999) ·········· 953

Landinelli Silva *et al.* v. Uruguay(No.34/1978) ·········· 131, 836

Länsman *et al.* v. Finland(No.511/1992) ·········· 647, 833, 913, 919, 922

Länsman *et al.* v. Finland(No.671/1995) ·········· 913, 922

Lansman *et al.* v. Finland(No.1023/2001) ·········· 913

Lantosov v. Russian Federation(No.763/1997) ·········· 162, 163

Larrañaga v. Philippines(No.1421/2005) ·········· 218

Laufuente Peñarrieta *et al.* v. Bolivia(No.176/1984) ·········· 328, 472

Lauri Peltonen v. Finland(No.492/1992) ·········· 382

LaVende v. Trinidad Tobago(No.554/1993) ·········· 219

Lazaros Petromelidis v. Greece(No.3065/2017) ·········· 381

Lederbauer v. Austria(No.1454/2006) ·········· 464

Lee, Jeong Eun v. Republic of Korea(No.1119/2002) ·········· 587, 740

Leehong v. Jamaica(No.613/1995) ·········· 282, 287

Leghaei *et al.* v. Australia(No.1937/2010) ·········· 563

Leirvåg *et al.* v. Norway(No.1155/2003) ·········· 587

Lemercier v. France(No.1228/2003) ·········· 514

Leven v. Kazakhstan(No.2131/2012) ·········· 589

Lewis v. Jamaica(No.708/1996) ·········· 338

Lindgren *et al.* v. Sweden(Nos.298/1988 and 299/1988) ·········· 952

Lindon v. Australia(No.646/1995) ·········· 182

Linton v. Jamaica(No.255/1987) ·········· 325

Little v. Jamaica(No.283/1988) ·········· 961

Llantoy Huamãn v. Peru(No.1153/2003) ·········· 214

Lobban v. Jamaica(No.797/1998) ·········· 290

López Burgos v. Uruguay(No.52/1979) ·········· 60, 206, 480, 734, 736, 958

Love *et al.* v. Australia(No.983/2001) ·········· 881

Lovelace v. Canada(No.24/1977) ·········· 373, 385, 871, 913, 916, 956, 965

Lozenko v. Belarus(No.1929/2010) ·········· 963

Lubicon Lake Band v. Canada(No.167/1984) ·········· 27, 31, 38, 913, 916, 919, 920

Lubuto v. Zambia(No.390/1990) ·········· 474

Lula da Silva v. Brazil(No.2841/2016) ·········· 469

Lumbala v. Democratic Republic of the Congo(No.2214/2012) ·········· 290

Luyeye v. Zaire(No.90/1981) ·········· 288

Lyasov v. Kazakhstan(No.2009/2010) ·········· 549

M. v. Belgium(No.2176/2012) ·········· 591

M.A. v. Denmark(No.2240/2013) ·········· 459

M.A. v. Italy(No.117/1981) ·· 149, 422, 588, 831, 955

M.A.B., W.A.T. and J.-A.Y.T. v. Canada(No.570/1993) ························· 591, 967

M.B. v. Czech Republic(No.1849/2008) ·· 967

M.F. v. Netherlands(No.173/1984) ··· 426

M.G.C. v. Australia(No.1875/2009) ··· 560

M.J.K. v. Denmark(No.2338/2014) ·· 589

M.K. v. France(No.222/1987) ·· 930

M.M. v. Denmark(No.2345/2014) ··· 589, 612, 613

M.T. v. Spain(No.310/1988) ··· 955

M.Z. v. Kazakhstan(No.2145/2012) ··· 956

M.Z.B.M. v. Denmark(No.2593/2015) ··· 590

Machado de Campora and Campora Schweizer v. Uruguay(No.66/1980) ·················· 292

MacIsaac v. Canada(No.55/1979) ··· 513

Madafferi v. Australia(No.1011/2001) ····················· 286, 325, 561, 562, 765, 766, 768

Maharjan v. Nepal(No.1863/2009) ·· 327, 329

Mahuika et al. v. New Zealand(No.547/1993) ····················· 28, 913, 917, 919, 923

Maille v. France(No.689/1996) ·· 875

Malakhovsky and Pikul v. Belarus(No.1207/2003) ·· 591, 740

Maleki v. Italy(No.699/1996) ··· 475

Mambu, Eugène Diomi Ndongala Nzo v. Democratic Republic of the Congo(No.2465/2014)
··· 331, 970, 974

Mammadov et al. v. Azerbaijan(No.2928/2017) ·· 590

Mann Singh v. France(No.1928/2010) ··· 590, 594

Mansaraj et al. v. Sierra Leone(Nos.839, 840, 841/1998) ·· 172

Manzano et al. v. Colombia(No.1616/2007) ··· 461, 491

Marais v. Madagascar(No.49/1979) ··· 210

Marcellana and Gumanoy v. Philippines(No.1560/2007) ································· 164, 281

Marchant Reyes et al. v. Chile(No.2627/2015) ··· 951

Marinich v. Belarus(No.1502/2006) ·· 209

Maroufidou v. Sweden(No.58/1979) ·································· 416, 424, 425, 968

Marshall v. Canada(No.205/l986) ·· 833

Matyakubov v. Turkmenistan(No.2224/2012) ··· 590, 611

Matyus v. Slovakia(No.923/2000) ·· 839

Mavlonov and Sa'di v. Uzbekistan(No.1334/2004) ·· 928

Maya v. Nepal(No.2245/2013) ·· 963

Mazou, Abdoulaye v. Cameroon(No.630/1995) ·· 843

Mbenge et al. v. Zaire(No.16/1977) ···································· 58, 170, 172

McCallum v. South Africa(No.1818/2005) ·· 334

McDonald and Nicholas Poynder, on behalf of Y v. Australia(No.772/1997) ························· 952

Medjnoune v. Algeria(No.1297/2004) ·· 977

Mellet v. Ireland(No.1608/2013) ··· 553, 554, 865

Mellet v. Ireland(No.2324/2013) ·· 214

Mika Miha v. Equatorial Guinea(No.414/1990) ·· 209, 958

Mikmaq Tribal Society v. Canada(No.78/1980) ··· 31, 950

Millan Sequeira v. Uruguay(No.6/1977) ·· 965

Minogue v. Australia(No.954/2000) ··· 338

Mohamed v. Libya(No.2046/2011) ·· 213

Mojica v. Dominican Republic(No.449/1991) ··· 73, 211, 282

Molnár v. Hungary(No.10346/05) ··· 707

Mónaco de Gallicchio *et al.* v. Argentina(No.400/1990) ································· 553, 812, 813, 953

Monika v. Cameroon(No.1965/2010) ·· 227

Morael v. France(No.207/1986) ·· 463, 468

Morales Tornel v. Spain(No.1473/2006) ·· 564

Morrison v. Jamaica(No.663/1995) ··· 338

Mpandanjila v. Zaire(No.138/1983) ·· 322, 375

Muhonen v. Finland(No.89/1981) ·· 486, 587, 961

Mukhtar v. Kazakhstan(No.2304/2013) ·· 324, 330, 331, 334

Mukong v. Cameroon(No.458/1991) ·· 208, 234, 283, 324, 643, 962

Munoz Hermoza v. Peru(No.203/1986) ·· 463

Musaev v. Uzbekistan(No.1914-6/2009) ··· 462

Mwamba v. Zambia(No.1520/2006) ··· 171, 218, 325, 330

N.D. and N.T. v. Spain(Nos.8675/15 and 8697/15) ··· 420

N.G. v. Uruguay(No.131/1982) ·· 965

Nahlik v. Austria(No.608/1995) ·· 868, 952

Naidenova *et al.* v. Bulgaria(No.2073/2011) ··· 566

Nakarmi *et al.* v Nepal(No.2184/2012) ·· 978

Narrain *et al.* v. Mauritius(No.1744/2007) ·· 835

Nasyrlayev v. Turkmenistan(No.2219/2012) ·· 590, 611, 612, 974

Nazarov *et al.* v. Turkmenistan(No.2302/2013) ··· 590, 611, 612

Nazarov v. Uzbekistan(No.911/2000) ··· 290

Nekvedavičius v. Lithuania(No.2802/2016) ··· 967, 970

Nepomnyashchiy v. Russian Federation(No.2318/2013) ······································ 701

Neptune v. Trinidad and Tobago(No.523/1992) ··· 963, 964

Neupane *et al.* v. Nepal(No.2170/2012) ··· 166

Ng v. Canada(No.469/1991) ··· 62, 176, 220

Ngambi and Nébol v. France(No.1179/2003) ····························· 762, 774

Niemietz v. Germany(No.1371/88) ·· 564

Njaru v. Cameroon(No.1353/2005) ··· 282

Nurjanov v. Turkmenistan(No.2225/2012) ······················ 590, 611, 612

Nystrom et al. v. Australia(No.1557/2007) ················· 392, 398, 561, 562

O.F. v. Norway(No.158/1983) ·· 476

Odievre v. France(No.42326/98) ··· 558

Oló Bahamonde v. Equatorial Guinea(No.468/1991) ······· 282, 379, 461, 875

Omo-Amenaghawon v. Denmark(No.2288/2013) ····················· 414, 589

Orazova v. Turkmenistan(No.1883/2009) ································· 387

Ortikov v. Uzbekistan(No.2317/2013) ····································· 334

Ory v. France(No.1960/2010) ·· 384

Osbourne v. Jamaica(No.759/1997) ······································· 216

Ostavari v. Republic of Korea(No.1908/2009) ···························· 177

Ouaghlissi et al. v. Algeria(No.1905/2009) ······························· 212

P. v. Russian Federation(No.2152/2012) ·································· 329

P.S. v. Denmark(No.397/1990) ······································· 953, 960

P.T. v. Denmark(No.2272/2013) ··· 62

Paadar et al. v. Finland(No.2102/2011) ··································· 913

Park, Tae Hoon v. Republic of Korea(No.628/1995) ········ 135, 650, 956, 962

Pascual Estevill v. Spain(No.1004/2001) ································· 485

Pasla v. Australia(No.751/1997) ··· 961

Pastukhov v. Belarus(No.814/1998) ······································· 842

Pauger v. Austria(No.415/1990) ··· 871

Pauger v. Austria(No.716/1996) ··· 962

Pavlyuchenkov v. Russian Federation(No.1628/2007) ·············· 329, 330

Peirano Basso v. Uruguay(No.1887/2009) ································· 55

Pennant v. Jamaica(No.647/1995) ··· 219

Pereira Montero v. Uruguay(No.106/1981) ··························· 61, 961

Pérez Escolar v. Spain(No.1156/2003) ······························· 484, 499

Perterer v. Austria(No.1015/2001) ························ 455, 457, 459, 464

Petit, Robert and Marie-Françoise v. France(No.1384/2005) ············ 971

Pharaka v. Nepal(No.2773/2016) ····································· 254, 255

Phillip v. Trinidad and Tobago(No.594/1992) ···························· 962

Piandiong et al. v. Philippines(No.869/1999) ···························· 465

Pietraroia v. Uruguay(No.44/1979) ···················· 334, 472, 511, 836, 848

Pillai *et al.* v. Canada(No.1763/2008) ·· 230

Pimentel *et al.* v. Philippines(No.1320/2004) ···································· 464

Pinchuk v. Belarus(No.2165/2012) ··· 469

Pinkney v. Canada(No.27/1978) ························· 473, 568, 961, 967

Pinto v. Trinidad and Tobago(No.232/1987) ···································· 476

Pinto v. Trinidad and Tobago(No.512/1992) ···································· 326

Platonov v. Russian Federation(No.1218/2003) ······························· 291

Plattform "Ärzte für das Leben" v. Austria(No.10126/82) ·············· 699

Plotnikov v. Russian Federation(No.784/1997) ······················· 160, 161

Polackova and Polacek v. Czech Republic(No.1445/2006) ··············· 967

Polay Campos v. Peru(No.577/1194) ···························· 210, 328, 463

Poliakov v. Belarus(No.2030/2011) ··· 55, 698

Poma Poma v. Peru(No.1457/2006) ··················· 28, 913, 920, 923

Poongavanam v. Mauritius(No.567/1993) ··· 951

Poplavny v. Belarus(No.2019/2010) ··· 55, 700

Poplavny and Leonid Sudalenko v. Belarus(No.2139/2012) ··········· 963

Popova v. Russian Federation(No.2217/2012) ·································· 709

Portorreal v. Dominican Republic(No.188/1984) ········· 283, 290, 326, 327

Protsko and Andrei Tolchin v. Belarus(Nos.1919−1920/2009) ·········· 963

Pratt and Morgan v. Jamaica(No.210/1986 & 225/1987) ········· 219, 473, 974

Prince v. South Africa(No.1474/2006) ················ 591, 592, 874, 927

Pronina v. France(No.2390/2014) ·· 970

Prutina *et al.* v. Bosnia and Herzegovina(Nos.1917/2009, 1918/2009, 1925/2009 and

   1953/2010) ··· 166

Q v. Denmark(No.2001/2010) ··· 881

Q.A. v. Sweden(No.3070/2017) ··· 592

Queenan v. Canada(No.1379/2005) ··· 536

Quinteros Almeida *et al.* v. Uruguay(No.107/1981) ··················· 59, 212

Quliyev v. Azerbaijan(No.1972/2010) ··············· 221, 328, 475, 516, 519, 971

R.A.A. & Z.M. v. Denmark(No.2608/2015) ···································· 233

R.A.D.B. v. Colombia(No.1800/2008) ·· 967

R.A.V.N. *et al.* v. Argentina(Nos.343-345/1988) ····················· 55, 72, 957

R.G. *et al.* v. Denmark(No.2351/2014) ··· 589

R.I.H. and S.M.D. v. Denmark(No.2640/2015) ······························· 952

R.L.M. v. France(No.363/1989) ··· 960

R.S. v. Trinidad Tobago(No.684/1996(2002) ···························· 219, 325

R.T. v. France(No.262/1987) ··· 960

Rabbae *et al.* v. Netherlands(No.2124/2011) ·············· 670, 674, 678, 679

Radosevic v. Germany(No.1292/2004) ·············· 257, 258, 339

Raihman v. Latvia(No.1621/2007) ·············· 551, 552, 929

Rajan and Rajan v. New Zealand(No.820/1998) ·············· 766

Rajapakse v. Sri Lanka(No.1250/2004) ·············· 282

Rameka *et al.* v. New Zealand(No.1090/2002) ·············· 294

Randolph, Ati Antoine v. Togo(No.910/2000) ·············· 970

Raúl Cariboni v. Uruguay(No.159/1983) ·············· 971

Rayos v. Philippines(No.1167/2003) ·············· 171, 220

Reece v. Jamaica(No.96/1998) ·············· 329

Reid v. Jamaica(No.355/1989) ·············· 485

Reshetnikov v. Russian Federation(No.1278/2004) ·············· 291

Rezaifar v. Denmark(No.2512/2014) ·············· 233

Rivera v. Fernández v. Spain(No.1396/2005) ·············· 459

Rodríguez Castañeda v. Mexico(No.2202/2012) ·············· 55, 840

Rodríguez Orejulela v. Colombia(No.848/1999) ·············· 466

Rogerson v. Australia(No.802/1998) ·············· 511

Rogerson v. Australia(No.1080/2002) ·············· 511

Rojas Garcic *et al.* v. Colombia(No.687/1996) ·············· 566

Rolando v. Philippines(No.1110/2002) ·············· 220

Rosenberg and Jacquart v. France(No.2584/2015) ·············· 591, 600

Ross v. Canada(No.736/1997) ·············· 586, 591, 638, 639, 677

Rouse v. Philippines(No.1089/2002) ·············· 209

Roza Uteeva v. Uzbekistan(No.1150/2003) ·············· 539

S v. Denmark(No.2642/2015) ·············· 62

S.E. v. Argentina(No.275/1988) ·············· 957

S.H.B. v. Canada(No.192/1985) ·············· 962

S. M. v. Barbados(No.502/1992) ·············· 950

S.P. v. Russian Federation(No.2152/2012) ·············· 328

S.S. v. Norway(No.79/1980) ·············· 960

Sahadeo v. Guyana(No.728/1996) ·············· 464, 473

Sahid v. New Zealand(No.893/1999) ·············· 766, 808

Saidova v. Tajikistan(No.964/2001) ·············· 978

Saidrov *et al.* v. Kyrgystan(No.2359/2014) ·············· 227

Saldias de Lopez v. Uruguay(No.52/1979) ·············· 146, 147

Salgar de Montejo v. Colombia(No.64/1979) ·············· 125

Samatar and Others v. France(Nos.17110/10 and 17301/10) ·············· 300

Samuel Lichtensztejn v. Uruguay(No.77/1980) ·· 61, 380
Sánchez López v. Spain(No.777/1997) ··· 480
Sanila-Aikio v. Finland(No.2668/2015) ·· 913, 916
Sannikov v. Belarus(No.2212/2012) ··· 472
Santullo Valcada v. Uruguay(No.9/1977) ·· 73, 977
Sara et al. v. Finland(No.431/1990) ·· 964
Saxena v. Canada(No.2118/2011) ·· ············· 423, 428
Sayadi & Vinck v. Belgium(No.1472/2006) ·························· 383, 465, 510, 571
Schedko v. Belarus(No.886/1999) ··· ············· 212, 220
Sechremelis v. Greece(No.1507/2006) ·· 465
Sekerko v. Belarus(No.1851/2008) ·· 708
Selimović et al. v. Bosnia and Herzegovina(No.2003/2010) ························· 166
Sendic Antonaccio v. Uruguay(No.63/1979) ·· 206, 478
Serna et al. v. Colombia(No.2143/2012) ·· 164
Sharifova et al. v. Tajikistan(No.1209, 1231/2003 & 1241/2004) ················ 330
Sharma v. Nepal(No.1469/2006) ·· 977
Sharma et al. v. Nepal(No.2364/2014) ·· 164
Shaw v. Jamaica(No.704/1996) ·· ············· 456
Shikhmuradov et al. v. Turkmenistan(No.2069/2011) ································ 211, 514
Shin, Hak-Chul v. Republic of Korea(No.926/2000) ································· 636, 650
Shumilina et al. v. Belarus(No.2142/2012) ··· 976
Simunek et al. v. The Czech Republic(No.516/1992) ··································· 956
Singer v. Canada(No.455/1991) ·· 950
Singh, Bhinder v. Canada(No.208/1986) ····················· 557, 590, 594, 601, 602, 865, 874
Singh, Bikramjit v. France(No.1852/2008) ·························· 590, 594, 603, 926
Singh, Ranjit v. France(No.1876/2009) ··· ············· 590, 594
Sinitsin v. Belarus(No.1047/2002) ·· 840
Sohn, Jong-Kyu v. Republic of Korea(No.518/1992) ················ 81, 642, 643, 962
Solorzano v. Venezuela(No.156/1983) ·· 963
Sooklal v. Trinidad and Tobago(No.28/2000) ··· 216
Solis Palma v. Panama(No.436/1990) ·· 952
Soriano de Bouton v. Uruguay(No.37/1978) ·· 209, 283
Souaiene, Ahmed and Aïcha Souaiene v. Algeria(No.2819/2016) ·················· 541
Stalla Costa v. Uruguay(No.198/1985) ··· 844, 867
Staselovich & Lyashkevich v. Belarus(No.886/1999) ······································ 220
Stephens v. Jamaica(No.373/1989) ·· ············· 474, 964
Stewart v. Canada(No.538/1993) ··· 391, 562

Stirk v. Netherlands(No.1001/2001) ··· 511, 512

Strizhak v. Belarus(No.2260/2013) ··· 700

Suárez de Guerrero v. Colombia(No.45/1979) ······························· 128, 167, 168

Sudalenko v. Belarus(No.1992/2010) ··· 706, 842

Sudalenko v. Belarus(No.2114/2011) ··· 55

Suleimenov v. Kazakhstan(No.2146/2012) ··································· 227, 590

Sultanova v. Uzbekistan(No.915/2000) ·· 291

Sviridov v. Kazakhstan(No.2158/2012) ······································· 64, 963

Symonik v. Belarus(No.1952/2010) ··· 952

T.D.J. v. Denmark(No.2654/2015) ··· 589

T.M. v. Republic of Korea(No.519/2012) ·· 239

T. M. and Z. I. v. Uzbekistan(No.1206/2003) ·································· 539

T.V. & A.G. v. Uzbekistan(No.2044/2011) ·· 210

Taylor v. Jamaica(No.707/1996) ·· 456

Tcholatch v. Canada(No.1052/2002) ······································ 560, 563, 765

Teesdale v. Trinidad and Tobago(No.677/1996) ··················· 292, 465, 477

Teillier Arredondo v. Peru(No.688/1996) ··· 953

Terán Jijón v. Ecuador(No.277/1988) ··· 283

Teti Izquierdo v. Uruguay(No.73/1980) ··· 472

Tharu and others v Nepal(No.2038/2011) ··· 963

Thomas v. Jamaica(No.800/1998) ··· 341

Thompson v. St Vincent and the Grenadines(No.806/1998) ··········· 171

Tillman v. Australia(No.1635/2007) ·· 488

Toala *et al.* v. New Zealand(No.675/1995) ······································· 397

Tofanyuk v. Ukraine(No.1346/2005) ·· 516, 519

Toktakunov v. Kyrgyzstan(No.1470/2006) ··· 633

Tolipkhuzhaev v. Uzbekistan(No.1280/2004) ···································· 539

Toonen v. Australia(No.488/1992) ······················ 68, 549, 558, 559, 579, 882, 951

Toregozhina v. Kazakhstan(No.2137/2012) ······································· 704

Torobekov v. Kyrgysztan(No.1547/2007) ··· 291

Torres Ramirez v. Uruguay(No.4/1977) ······································ 283, 961

Torres v. Finland(No.291/1988) ·· 281, 295

Toussaint v. Canada(No.2348/2014) ·· 161

Truong v. Canada(No.743/1997) ·· 430

Tsarjov v. Estonia(No.1223/2003) ··· 882, 967

Tshidika v. Democratic Republic of the Congo(No.2214/2012) ········· 330, 335, 566

Tshisekedi *et al.* v. Zaire(No.242/1987) ··· 209

Tshishimbi v. Zaire(No.542/1993) ·· 282

Tulzhenkova v. Belarus(No.1838/2008) ·· 697

Turchenyak *et al.* v. Belarus(No.1948/2010) ·· 698

Türkan v. Turkey(No.2274/2013) ······························· 590, 594, 600, 603, 874

Tyan v. Kazakhstan(No.2125/2011) ··· 475, 956

Tyrer v. U.K.(No.5856/72) ··· 215

U.M.H. v. Sweden(No.2742/2016) ··· 590

Uchetov v. Turkmenistan(No.2226/2012) ····················· 320, 590, 611, 612

Umarov v. Uzbekistan(No.1449/2006) ·· 223

United Communist Party of Turkey v. Turkey(No.133/1996/752/951) ············ 704

Uteeva v. Uzbekistan(No.1150/2003) ··· 539

V.L. v. Belarus(No.2984/2011) ·· 72

V.M.R.B. v. Canada(No.236/1987) ·· 433, 954

V.R. and N.R. v. Denmark(No.2745/2016) ··· 589

Valentini de Bazzano v. Uruguay(No.5/1977) ·············· 283, 334, 953

van Alphen v. Netherlands(No.305/1988) ··· 284

van der Houwen v. Netherlands(No.583/1994) ·· 290

Van der Mussele v. Belgium(No.8919/80) ··· 254

Van der Plaat v. New Zealand(No.1492/06) ··· 513

Van Duzen v. Canada(No.50/1979) ·· 510, 513

Van Grinsven v. Netherlands(No.1142/2002) ··· 513

Van Hulst v. Netherlands(No.903/1999) ··· 568

Van Meurs v. Netherlands(No.215/1986) ··· 464, 466

Vandom v. Republic of Korea(No.2273/2013) ··············· 57, 571, 869, 888, 902, 958

Varela Núñez v. Uruguay(No.108/1981) ··· 61

Vassilari *et al.* v. Greece(No.1570/2007(2009) ··············· 592, 595, 596, 678

Velichkin v. Belarus(No.1022/2001) ··· 692

Venier and Nicolas v. France(Nos. 690/1996 & 691/1996) ······················ 875

Viana Acosta v. Uruguay(No.110/1981) ························· 59, 476, 958

Vidal Martins v. Uruguay(No.57/1979) ··· 60

Villafane Chaparro *et al.* v. Colombia(No.612/1995) ····························· 962

Vojnovic v. Croatia(No.1510/2006) ·· 457, 464

Vos, Hendrika v. Netherlands(No.218/1986) ·· 871

Vuolanne v. Finland(No.265/1987) ······················· 58, 208, 281, 294, 308

W.B.E. v. Netherlands(No.432/1990) ·· 292, 468

W.E.O. v. Sweden(No.2741/2016) ··· 590

W.J.H v. Netherlands(No.408/90) ··· 468

W.K. v. Canada(No.2292/2013) ·· 589

Wackenheim v. France(No.854/1999) ·· 147

Waldman v. Canada(No.694/1996) ······································ 591, 867, 874, 925, 926

Walker and Richards v. Jamaica(No.639/1995) ······································· 326

Wallmann v. Austria(No.1002/2001) ·· 730

Warsame v. Canada(No.1959/2010) ····································· 231, 398, 560, 562

Wdowiak v. Poland(No.1446/2006) ·· 971

Weerawansa v. Sri Lanka(No.1406/2005) ··· 171

Weinberger Weisz v. Uruguay(No.28/1978) ··· 511

Weismann Lanza *et al.* v. Uruguay(No.8/1977) ··· 283

Weiss v. Austria(No.1086/2002) ··· 457

Westerman v. Netherlands(No.682/1996) ····························· 515, 587, 608

Whelan v. Ireland(No.2425/2014) ·· 554

Wieslaw Kall v. Poland(No.552/1993) ··· 843

Wight v. Madagascar(No.115/1982) ·································· 210, 327, 472

Williams Lecraft v. Spain(No.1493/2006) ·· 871

Wilson v. Philippines(No.868/1999) ································· 219, 225, 287, 338, 496

Winata v. Australia(No.930/2000) ······································· 561, 562, 766, 768

Wolf v. Panama(No.289/1988) ··· 330, 338, 474

X v. Austria(No.5593/72) ·· 260

X v. Belgium(No.8707/79) ·· 557

X v. Colombia(No.1361/2005) ·· 763

X v. Denmark(No.2007/2010) ··································· 62, 231, 589, 612, 613

X v. Denmark(No.2515/2014) ··· 589

X v. Netherlands(No.7602/76) ··· 255

X v. Republic of Korea(No.1908/2009) ·································· 57, 239

X v. Sri Lanka(No.2256/2013) ·· 72, 213

X v. Sweden(No.1833/2008) ··· 230

X and Y v. Netherlands(No.8978/80) ··· 554

X.H.L. v. Netherlands(No.1564/2007) ··································· 797, 798

X.Q.H. *et al.* v. New Zealand(No.2197/2012) ·· 950

Y v. Canada(No.2280/2013) ··· 62

Y.L. v. Canada(No.112/81) ·· 459

Y.M. v. Russian Federation(No.2059/2011) ·· 478

Yachnik v. Belarus(No.1990/2010) ······································ 589, 596, 612, 613

Yaker v. France(No.2747/2016) ··································· 590, 594, 599, 600, 874

Yassin *et al.* v. Canada(No.2285/2013) ··· 63

Yegendurdyyew v. Turkmenistan(No.2227/2012) ··· 590, 611

Yevdokimov *et al.* v. Russia(No.1410/2005) ·· 58, 836, 848

Yoon and Choi v. Republic of Korea(Nos.1321-1322/2004) ············ 258, 589, 609, 615, 616

Young v. Australia(No.941/2000) ··· 763, 883

Young, James & Webster v. The United Kingdom(No.7601/76; 7806/77) ························ 735

Z v. Australia(No.2049/2011) ··· 591, 612, 613

Z v. Denmark(No.2329/2014) ··· 590, 612, 613

Z.B.E. v. Spain(No.3085/2017) ·· 594

Z.P. v. Canada(No.341/1988) ··· 966, 968

Z.Z. v. Canada(No.17/1977) ·· 968

Zakharenko *et al.* v. Belarus(No.2586/2015) ·································· 72, 952

Zavrel v. The Czech Republic(No.1615/2007) ···································· 967

Zelaya Blanco v. Nicaragua(No.328/1988) ··························· 283, 286

Zeynalov v. Estonia(No.2040/2011) ······································· 479

Zheludkov v. Ukraine(No.726/1996) ·· 464

Zoltowski *et al.* v. Australia(No.2279/2013) ······················· 464, 563

Zundel v. Canada(No.1341/2005) ··· 459

Zvozskov *et al.* v. Belarus(No.1039/2001) ····························· 741

2. 국내 및 국제 판결(결정)

가. 국내 판결

(1) 헌법재판소

1989. 9. 8. 88헌가6 ·································· 846

1990. 4. 2. 89헌가113 ······················ 399, 649

1992. 2.25. 89헌가104 ····························· 648

1995. 7.21. 92헌마1877 ···························· 846

1996. 2.16. 96헌가2, 96헌바7·13(병합) ····· 529

1996.10.31. 93헌바25 ······························ 492

1996.11.28. 95헌바1 ······························· 192

1997. 1.16. 89헌마240 ····························· 399

1997. 1.16. 92헌바6 ······························· 399

1997. 7.16. 95헌가6 ······························· 783

1997.11.27. 92헌바28 ····················· 400, 891

1998. 5.28. 97헌마362 ····························· 846

1998. 7.16. 97헌바23 ······························ 262

1998. 8.27. 97헌바85 ······························ 399

1999. 1.28. 98헌바64 ······························ 846

1999. 5.27. 97헌마137 ····························· 346

1999.12.23. 98헌마363 ···························· 886

2000. 4.27. 98헌가16 ······························ 777

2000. 8.31. 97헌가12 ······························ 850

2001. 2.22. 2000헌마25 ··························· 886

2001. 4.26. 99헌가13 ······························ 365

2001. 7.19. 2000헌마546 ···················· 346, 347

2001. 7.19. 2000헌바22 ··························· 891

2001.11.29. 99헌마494 ···························· 899

2002. 4.25. 99헌바27, 51 ························· 399

2002. 4.25. 2001헌가27 ··························· 649

2002. 6.27. 2001헌바70 ····················· 579, 894

2002. 8.29. 2001헌바82 ··························· 777

2003. 6.26. 2001헌가17 ··························· 891

2003.10.30. 2000헌바67, 83(병합) ············ 717

2004. 3.25. 2001헌마710 ················· 849
2004. 9.23. 2000헌마138 ················· 494
2005. 2. 3. 2001헌가9 ··················· 786
2005. 2.24. 2003헌마289 ··········· 345, 356
2005. 5.26. 99헌마513 ··················· 572
2005. 5.26. 2004헌가6 ··················· 777
2005.11.24 2004헌가17 ·················· 717
2005.12.22. 2003헌가5 ··················· 786
2006. 7.27. 2005헌마1189 ··············· 241
2006.11.30. 2005헌마739 ················· 405
2007. 8.30. 2003헌바51 ················· 886
2007. 8.30. 2004헌마670 ················· 899
2008. 6.26. 2007헌마1366 ··············· 404
2008.11.13. 2006헌바112 ················· 777
2009. 2.26. 2006헌마626 ················· 851
2009. 5.28. 2006헌마285 ················· 851
2009. 5.28. 2007헌바22 ················· 715
2009. 7.30. 2008헌바162 ················· 492
2009. 9.24 2008헌가25 ·················· 719
2009.11.26. 2008헌마385 ················· 197
2010. 2.25. 2008헌가23 ················· 192
2010. 4.29. 2009헌바168 ················· 264
2011. 3.31. 2008헌가21 ··········· 579, 894
2011. 6.30. 2009헌마406 ················· 723
2011. 7.28. 2009헌바267 ················· 365
2011. 8.30. 2008헌가22, 2009헌가7·24, 2010
    헌가16·37, 2008헌바103, 2009헌바3, 2011
    헌바16(병합) ····················· 79
2011. 9.29. 2007헌마1083, 2009헌마230, 352
    (병합) ··················· 269, 850, 899
2011. 9.29. 2009헌마351 ················· 899
2011.10.25. 2009헌마691 ················· 345
2011.12.29. 2009헌마527 ················· 346
2012. 5.31. 2010헌마88 ················· 660
2012. 5.31. 2010헌바87 ················· 784
2012. 8.23. 2008헌마430 ··········· 437, 495
2012. 8.23. 2010헌바402 ··········· 108, 195

2012.12.27. 2010헌가82, 2011헌바393(병합)
    ····································· 527
2013. 9.26. 2011헌가42 ················· 784
2013. 9.26. 2011헌마398 ··········· 345, 346
2013.11.28. 2011헌마520 ················· 780
2013.11.28. 2012헌가10 ················· 493
2014. 1.28. 2011헌바174, 282, 285, 2012헌바
    39, 64, 240(병합) ······· 715, 716, 724
2014. 1.28. 2012헌마409 ··········· 346, 847
2014. 3.27 2010헌가2, 2012헌가13(병합)· 719
2014. 4.24 2011헌가29 ················· 720
2014. 5.29. 2012헌마913 ················· 851
2014. 6.26. 2011헌마150 ················· 346
2014. 7.24. 2009헌마256; 2010헌마394(병합)
    ····································· 848
2014. 8.28. 2011헌바32, 2011헌가18, 2012헌
    바185(병합) ······················ 849
2014. 8.28. 2012헌마623 ················· 356
2014. 8.28. 2012헌마686 ················· 302
2014. 8.28. 2013헌바119 ················· 777
2015. 5.28. 2013헌바129 ················· 501
2015. 6.25. 2012헌가17, 2013헌가5, 23, 27,
    2014헌가8, 2015헌가5(병합) ············ 77
2015. 9.24. 2013헌가21 ················· 302
2015. 9.24. 2015헌바35 ················· 527
2015.11.26. 2012헌마858 ················· 346
2015.11.26. 2014헌바475 ··········· 400, 891
2015.11.26. 2014헌바484 ··········· 715, 716
2016. 2.25. 2013헌바105, 2015헌바234(병합)
    ····································· 653
2016. 3.31. 2013헌바190 ················· 308
2016. 3.31. 2014헌마367 ················· 899
2016. 3.31. 2015헌마1056 ················ 845
2016. 5.26. 2014헌마45 ··········· 356, 357
2016. 7.28. 2012헌바258 ······· 579, 893, 894
2016. 9.29. 2014헌가9 ················· 307
2016.12.29. 2016헌마227 ················· 845

2016.12.29. 2016헌마548 ···················· 851
2017. 5.25. 2016헌마292·568(병합) ········· 847
2017.10.26. 2016헌마623 ···················· 845
2018. 1.25. 2015헌마821 ···················· 845
2018. 2.22. 2017헌가29 ····················· 304
2018. 4.26. 2014헌바449 ···················· 309
2018. 5.31 2013헌바322, 2016헌바354, 2017헌
　　　바360, 398, 471, 2018헌가3, 4, 9(병합)
　　　··· 717
2018. 5.31. 2014헌마346 ···················· 495
2018. 5.31. 2015헌마476 ···················· 722
2018. 6.28. 2011헌바379, 383, 2012헌바15, 32,
　　　86, 129, 181, 182, 193, 227, 228, 250, 271,
　　　281, 282, 283, 287, 324, 2013헌바273, 2015
　　　헌바73, 2016헌바360, 2017헌바225(병합)
　　　······························ 77, 617, 619, 980
2018. 6.28. 2012헌마191, 550, 2014헌마357
　　　(병합) ··································· 574
2018. 6.28. 2012헌마538 ···················· 574
2018. 6.28. 2015헌가28, 2016헌가5(병합)
　　　··· 717
2018. 6.28. 2017헌마1362 ·················· 845
2018. 6.28. 2017헌바373 ·············· 715, 716
2018. 7.26. 2011헌마306, 2013헌마431(병합)
　　　·· 79
2018. 7.26. 2018헌바137 ···················· 717
2019. 4.11. 2017헌바127 ·············· 108, 195
2020. 2.27. 2016헌마945 ···················· 404
2020. 4.23. 2015헌마1149 ·················· 722
2020. 4.23. 2018헌마551 ···················· 849
2020. 9.24. 2017헌바157 ···················· 308
2020.11.26. 2016헌마275 ···················· 660
2021. 2.25. 2017헌마1113, 2018헌바330(병합)
　　　··· 653
2021. 6.24. 2017헌바479 ···················· 401
2021. 6.24. 2018헌마663 ·············· 715, 716
2021.12.23. 2020헌마395 ···················· 270

2022. 5.26. 2012헌바66 ····················· 265
2022.10.27. 2018헌바115 ···················· 783
2022.12.22. 2018헌바48, 2019헌가1(병합)
　　　··· 718
2023. 3.23. 2020헌가1 ····················· 305
2023. 3.23. 2021헌가1 ····················· 718
2023. 9.26. 2020헌마1724 ·················· 658

(2) 대법원
1963. 2.28. 선고 62도241 판결 ············· 192
1967. 9.19. 선고 67도988 판결 ············· 192
1972. 3.20. 선고 71누202 판결 ············· 442
1981. 1.23. 선고 80도2756 판결 ············ 135
1983. 3. 8. 선고 82도 3248 판결 ··········· 192
1987. 6.12. 선고 87도1458 판결 ············ 192
1988. 1.12. 선고 87다카2240 판결 ·········· 241
1988. 3. 8. 선고 87도2671 판결 ············ 542
1988.11. 8. 선고 88도1580 판결 ············ 542
1989. 7.11. 선고 89도698 판결 ············· 542
1991. 1.29. 선고 90도2852 판결 ············ 262
1991. 4.23. 선고 90도2771 판결 ············ 262
1991.11. 8. 선고 91도326 판결 ············· 262
1992. 4.14. 선고 92도259 판결 ············· 105
1993.10. 8. 선고 93도1951 판결 ············ 399
1993.12.24. 선고 93도1711 판결 ·············· 77
1994. 5.24. 선고 94도930 판결 ············· 399
1995. 9.26. 선고 95도1624 판결 ············ 399
1996. 2.27. 선고 95도2970 판결 ············ 262
1996. 5.10. 선고 96도419 판결 ············· 262
1996.11.12. 선고 96누1221 판결 ············ 436
1997. 1.20. 선고 96두31 결정 ··············· 438
1997. 4.17. 선고 96도3376 판결 ············ 530
1997. 6.13. 선고 97도703 판결 ············· 527
1997.11.20. 선고 97도2021 판결 ············ 399
1999. 3.26. 선고 96다55877 판결 ········ 78, 82
2000. 7. 4. 선고 99도4311 판결 ············ 297
2000.10.10. 선고 99도5407 판결 ············ 683

2001.10.26. 선고 99다68829 판결 ····· 303, 304

2002.5. 31. 선고 2002다4375 판결 ··········· 851

2003. 6.13. 선고 2003도924 판결 ············· 192

2003. 9. 2. 선고 2002다63558 판결 ········· 685

2003.11.11. 선고 2003모402 결정 ············· 494

2003.12.26. 선고 2003도6036 판결 ··········· 655

2004. 2.27. 선고 2001두8568 판결 ··········· 749

2004. 7.15. 선고 2004도2965 판결 ··········· 617

2004. 9. 3. 선고 2004도3538 판결 ··········· 192

2005. 7.28. 선고 2005도3071 판결 ··········· 105

2005. 8.25. 선고 2005도4178 판결 ··········· 192

2006. 3.24. 선고 2006도354 판결 ············· 192

2006. 5.12. 선고 2004다35199 판결 ········· 685

2006. 6.20. 선고 2004스42 결정 ··············· 896

2007.12.27. 선고 2007도7941 판결 ····· 78, 617

2008. 1.24. 선고 2007두10846 판결 ········· 404

2008. 4.17. 선고 2004도4899 판결 ··········· 399

2008. 6.26. 선고 2008도3014 판결 ··········· 714

2008. 7.24. 선고 2008어4 판결 ··············· 528

2009. 2.12. 선고 2008도8601 판결 ··········· 104

2009. 2.26. 선고 2008도9867 판결 ··········· 192

2009. 5.21. 선고 2009다17417 판결 ········· 197

2009. 5.28. 선고 2008도8812 판결 ··········· 655

2010. 7.23. 선고 2010도1189 판결 ··········· 399

2011. 3.17. 선고 2007도482 판결 ············· 264

2011. 9. 2. 선고 2009스117 결정 ············· 781

2011.10.27. 선고 2011도8118 판결 ··········· 715

2011.12.22. 선고 2011도12927 판결 ········· 300

2012. 5.24. 선고 2010도11381 판결 ········· 714

2012. 9.13. 선고 2012도7760 판결 ··········· 525

2012.10.11. 선고 2012도7455 판결 ··········· 399

2013. 1.10. 선고 2012도13189 판결 ········· 684

2013. 1.24. 선고 2012도8980 판결 ··········· 192

2013. 5.16. 선고 2012도14788 판결 ········· 105

2013. 7.25. 선고 2013도6181 판결 ··········· 528

2013.10.24. 선고 2012도11518 판결 ········· 716

2014. 3.27. 선고 2011도15631 판결 ········· 684

2014. 4.10. 선고 2011두6998 판결 ··········· 747

2014. 4.24. 선고 2013다74837 판결 ········· 685

2015. 1.22. 선고 2014도10978 판결 ········· 399

2015. 8.27. 선고 2015도5785 판결 ··········· 192

2016. 8.24. 선고 2016두34929 판결 ········· 402

2017. 2.15. 선고 2014다230535 판결 ······ 784

2017. 5.31. 선고 2016도21077 판결 ········· 723

2017. 6.29. 선고 2014도7129 판결 ··········· 749

2017. 7.18. 선고 2017도725 판결 ············· 723

2018.11. 1. 선고 2016도10912 판결 ··· 80, 617

2018.11.29. 선고 2016도14781 판결 ········· 77

2019. 1.17. 선고 2015다236196 판결 ········· 722

2019. 3.21. 선고 2017도16593-1 판결 ······ 499

2019. 7. 4. 선고 2018두66869 판결 ········· 787

2020. 7. 9. 선고 2019도17322 판결 ········· 618

2020. 7.23. 선고 2018도14415 판결 ········· 618

2020. 9. 3. 선고 2020도8055 판결 ··········· 618

2021. 3.11. 선고 2018오2 판결 ········· 542, 543

2021. 3.11. 선고 2019오1 판결 ················· 543

2021.12.30. 선고 2017도15175 판결 ········· 748

2022. 4.21. 선고 2019도3047 판결 ··· 579, 894

2022. 7.14. 선고 2017다266771 판결 ········· 353

2022. 9.16. 선고 2022두44170 판결 ········· 935

2023. 6. 1. 선고 2023다204262 판결 ········ 904

(3) 하급 법원

광주고법 1992.11.21. 선고 93초43 결정 ··· 237

대구고법 1987.11.12. 선고 87노1048 판결
·· 542

대구고법 1988. 7. 7. 선고 88노1444 판결
·· 542

대구고법 1989. 3.15. 선고 88노593 판결
·· 542

대구고법 2022. 4.22. 선고 2021누5575 판결
·· 935

대전고법 2008.10.16. 선고 2008누1519 판결
·· 779

부산고법 2017. 8.31. 선고 2014나50975 판결
··· 353

서울고법 1996. 4.27. 선고 96부436 결정 · 438

서울고법 2010.10.14. 선고 2010누15362 판결
··· 779

서울고법 2019. 8. 9. 선고 2018노1671 판결
··· 722

서울고법 2023. 2. 1. 선고 2022누32797 판결
··· 782

수원고법 2020. 8.19. 선고 2020누10162 판결
··· 305

대구지법 2021.12. 1. 선고 2021구합22687
　판결 ··· 935

대전지법 2021.10. 7. 선고 2020구합104810
　판결 ··· 897

부산지법 울산지원 1987. 6.23. 선고 87고합33
　판결 ··· 542

부산지법 2009. 1.16. 선고 2008고합808 판결
··· 104

서울지방법원 2008.11.28. 선고 2008가합6977
　판결 ··· 196

서울남부지법 2010.12.30. 선고 2010고합331
　판결 ··· 234

서울남부지법 2013.10.17. 선고 2013고합16
　판결 ··· 366

서울서부지법 2016. 5.25. 선고 2014호파1842
　결정 ··· 781

서울중앙지법 2004. 8.20. 선고 2003고합1178
　판결 ··· 104

서울중앙지법 2016.10.24. 선고 2016인3 결정
··· 301

서울중앙지법 2018. 2.21. 선고 2017고단1698
　판결 ··· 892

서울중앙지법 2019.10.29. 선고 2018가단
　5125207 판결 ····························· 903

서울중앙지법 2020. 2.14. 선고 2017재고합38
　판결 ··· 890

서울중앙지법 2020.11.12. 선고 2017가합
　578530 판결 ······························· 309

서울중앙지법 2021. 8.19. 선고 2020가단
　5322063 판결 ····························· 903

서울중앙지법 2021.11. 4. 선고 2021고단561
　판결 ··· 720

서울중앙지법 2021.12. 3. 선고 2018가단
　5200580 판결 ····························· 497

서울중앙지법 2022.12.21. 선고 2021나57829
　판결 ··· 904

서울행정법원 2008. 4.16. 선고 2007구합24500
　판결 ··· 779

서울행정법원 2013.10.10. 선고 2013구합13617
　판결 ······································ 305, 439

서울행정법원 2017.10.12. 선고 2017구단4294
　판결 ··· 497

서울행정법원 2019.11. 7. 선고 2019구단63044
　판결 ··· 305

서울행정법원 2020. 9.10. 선고 2019구단64429
　판결 ··· 305

서울행정법원 2021.10.29. 선고 2021아12713
　결정 ··· 721

서울행정법원 2021.10.29. 선고 2021아12714
　결정 ··· 721

서울행정법원 2021.10.29. 선고 2021아12722
　결정 ··· 721

서울행정법원 2021.10.29. 선고 2021아12724
　결정 ··· 721

서울행정법원 2021.10.29. 선고 2021아12736
　결정 ··· 721

서울행정법원 2022. 5.11. 선고 2022아11236
　결정 ··· 718

수원지법 안산지원 2021. 8.19. 선고 2021고단
　1131 판결 ····································· 720

인천지법 2011.12. 1. 선고 2011구합3443 판결
··· 779

인천지법 2018. 8.21. 선고 2018구단50045
  판결 ·· 779
청주지법 2018. 5.17. 선고 2017구합2276 판결
·· 779
춘천지법 2017. 1.19. 선고 2015노945 판결
·· 242

나. 국제 판결(결정)

Ahmadou Sadio Diallo(Republic of Guinea v. Democratic Republic of the Congo)(2010)
·· 419, 424

Application of the Convention on the Prevention and Punishment of the Crime of Genocide
  (Bosnia and Herzegovina v. Serbia and Montenegro)(2007) ·········· 56

Armed Activities on the Territory of the Congo(Democratic Republic of the Congo v.
  Uganda)(2005) ·· 61, 181

East Timor(Portugal v. Australia)(1995) ·· 22

Legal Consequences of the Construction of a Wall in the Occupied Palestine Territory
  (2004) ·· 22, 61, 181, 374, 959

Legal Consequences of the Separation off the Chagos Archipelago from Mauritius in 1965
  (2019) ·· 23

López Ostra v. Spain(No.16798/90) ·· 565

Nahimana *et al.* v. the Prosecutor(2007) ·· 673

Prosecutor v. Brima *et al.*(2007) ·· 249

Prosecutor v. Delalić *et al.*(1998) ·· 203

Prosecutor v. Furundzija, Judgment(1998) ·· 203

Prosecutor v. Jean-Paul Akayesu(1998) ·· 671

Prosecutor v. Kunarac *et al.*(2001) ·· 203

Prosecutor v. Tadić(1995) ·· 179

Prosecutor v. Zoran Kupreskic *et al.*(2000) ·· 203

Questions Relating to the Obligation to Prosecute or Extradite(Belgium v. Senegal)(2012)
·· 203

Regina v. Secretary of State for Education and Employment and Other(Respondents)
  ex parte Williams(Appellant) and Others(2005) ·· 215

Roe v. Wade(1973) ·· 183

Roper v. Simmons(2005) ·· 174

SAS v. France, ECtHR Judgment(No.43835/11) ·· 874

Söring v. The U.K.(No.14038/88) ·· 219

편집 후기

편집위원장 정인섭

　서문에서 밝혔듯이 이 책은 개인적 착상으로부터 25년, 실행의 착수로부터는 19년이 걸린 장기 프로젝트의 결과물이다. 그동안 몇 차례의 반전이 있었고, 이번 책자의 집필진 외에 밑바탕이 되었던 기여자들도 더 있었다. 그 과정과 내용을 서문에 다 쓰기에는 적절치 않아 이 난을 통해 기록으로 남기려 한다.

　세계인권선언 50주년을 계기로 마음에 담기 시작한 주해서 작업의 실제 첫 발자국은 2005년 1학기 서울대학교 대학원의 국제인권법 강의에서 출발했다. 「시민적 및 정치적 권리에 관한 국제규약」(이하 국제인권규약)을 그 학기 강의 주제로 삼고, 강의를 주해서 발간을 위한 연습으로 진행한다고 공지했다. 필자는 2000년 「국제인권규약과 개인통보제도」(사람생각)라는 책자를 집필한 바 있기 때문에, 인권규약의 이행제도에 대해서는 어느 정도 익숙한 편이었다. 수강생이 모두 17명이었는데, 개인당 1－2개 조문을 배당해 기말보고서를 조문별 주해 원고로 작성하자고 했다.

　첫 두 달간 강의에서는 M. Nowak의 「CCPR Commentary」를 기본서로 삼아 조문 내용 파악에 주력했다.[1] 이 책은 한 개인이 집필했다고는 믿기지 않을 정도로 풍부하고 충실한 내용을 담고 있었다. 1993년 초판이 나온 이래 2019년 발간된 제3판에 이르기까지 지난 30년간 국제인권법 학계나 실무계에서 변함없는 바이블과 같은 역할을 하고 있다. 수업에서는 매주 3개 조문씩 발표와 토론을 통해 기본 내용을 습득했다. 4월 말까지의 수업을 통해 실체조항에 해당하는 제27조까지 수강생 발표를 완료했다. 5월 14－15일에는 무주 리조트에서 1박 2일의 일정으로 그동안 Nowak 책을 중심으로 한 조사에 다른 자료를 추가·보완한 원고를 발표하는 자체 세미나를 가졌다. 이후에는 3시간 수업으로 하루 소화할 수 있는 분량에 한계가 있어 격주로 토요일 하루 종일 수강생 전원이 다시 내용을 보완하는 발표회를 2번 더 가졌다(5/23, 6/4). 수강생으로서는 각자 맡은 조문에 대해 모두 4차례 원고를 발표하고, 교수와 동료 학생들의 코멘트를 받은 셈이었다. 그 결과 기말보고서로 17개 조문에 대한 해설원고 초안이 제출되었고, 이 경험이 이번 「국제인권규약 주해」의 모태가 되었다.

　수강생들은 한 학기 동안 다른 수업에 비해 고된 강행군을 한 셈이었지만, 결과물에서는

---

1) M. Nowak, U.N. Covenant on Civil and Political Rights: CCPR Commentary(N.P. Engel, 1993).

질적 차이가 컸다. 국제법 전공자와 비전공자, 유직자, 우리말과 법률에 서툰 외국인 유학생 등 수강생 구성이 다양했기에 균질한 결과물이 나오기는 어려웠다. 논문을 작성하고 글쓰는 능력에 있어서 개인별 편차도 컸다. 다만 첫 출발의 발판을 마련했으니, 몇 달 더 단련하면 이 중에서 남들에게 보일만 한 글이 나올 수 있으리라 기대했다.

수업 수강생을 대상으로 기말보고서를 발표용 논문으로 발전시킬 희망자를 모집했다. 기말보고서의 질을 감안 어느 정도 가능성 있는 대상을 선정해 개별적으로 의사 타진을 했다. 10여 명의 수강생이 참여 의사를 밝혔다. 2005년 7월 6일 학교 세미나실에서 대학원생 6명이 참여한 첫 모임을 가졌다. 여름방학 중 각자의 기말보고서를 발전시켜 당시 서울법대 공익인권법센터가 발간하는 「공익과 인권」에 게재를 목표로 하자고 제안했다. 그리고 글 전체의 구조, 각주다는 법, 글쓰기에서의 공통적 유의사항 등을 전달했다. 한편 직장 등 개인 사정상 방학 중 모임에는 참석하지 못하지만, 좀 더 시간을 갖고 작업에 참여하려는 학생이 몇 더 있었다.

「공익과 인권」에 대해 잠시 설명한다. 당시 필자는 서울법대 교수로 공익인권법센터장을 맡고 있었고, 2004년 「공익과 인권」이란 반년간 학술지를 창간했다. 등재지 제도가 이미 실시되고 있었는데, 등재요건이 지금보다 훨씬 까다로워 공익인권법센터 같은 소규모 기관이 발행하는 학술지로서는 그 기준을 맞추기가 불가능했다. 등재지가 아니다 보니 아무래도 원고확보가 쉽지 않았다. 호기롭게 창간은 했으나, 운영이 어려웠다. BK 사업의 일환으로 진행했지만, 출판비 지원이 없어서 경비는 매번 스스로 마련해야 했다. 국제인권규약 조문별 해설원고를 성공리에 작성할 수 있으면, 「공익과 인권」으로서는 성격에 맞는 원고를 확보할 수 있고, 대학원생들로서는 학술지 원고 게재 기회를 가질 수 있었다.

2005년 여름방학 동안 대략 격주로 3차례 검토모임을 가졌다(7/27, 8/17, 8/29). 매번 모임 수일 전 각자의 초고를 제출하면, 참여자들은 다른 모든 원고를 읽고 집단토론을 진행했다. 남의 글에 대한 논평을 통해 자신의 글을 어떻게 작성해야 할지를 깨닫게 되기 때문이다. 이런 과정을 거쳐 완성도가 상대적으로 높은 3편이 「공익과 인권」 제2권 제2호(2005.8)에 처음으로 게재되었다.[2]

이후 가을학기 중에는 한 달 한 번 정도 집단 또는 개별 모임을 가졌고(9/22, 10/25, 11/1, 11/29), 해를 넘겨 겨울방학에는 3번의 원고 독회를 통한 집중적 작업을 진행했다(1/12, 2/2, 2/21). 「공익과 인권」 제3권 제1호(2006.2)에는 다시 6개 조문에 대한 해설원고가 수록되었다.[3] 2005년 1학기 국제인권법 수업 기말보고서의 보완을 통한 발표는 「공익과 인권」 제3

---

2) 도경옥 제6조, 김선일 제12조, 박영길 제26조.

권 제2호(2006.8)에 1개 조문에 관한 원고가 추가로 수록됨으로써 모두 마쳤고,[4] 새로운 원고도 추가되었다.[5] 2005년 1학기 국제인권법 수강생 중 5명은 이번 「국제인권규약 주해」 필진으로 참여해 10개 조문에 대한 원고를 집필했으니,[6] 이 주해서와 인연의 세월이 필자만큼이나 길다.

2006년 2학기에 국제법특수연구라는 제목으로 국제인권규약을 중심으로 한 대학원 강의를 다시 한번 개설했다. 이때 수강자들에게도 앞선 했던 작업을 설명하며, 「공익과 인권」 게재용 규약 해설원고 작성을 수업목표로 삼자고 했다. 아직 발표되지 못한 조문을 중심으로 2005년 1학기와 마찬가지의 방식으로 수업을 진행했다. 이때 완성도가 상대적으로 높은 기말보고서를 선정해 겨울방학과 그 다음 학기 중 보완작업을 실시해 「공익과 인권」 제4권 제1호(2007.2)와 제4권 제2호(2007.8)에 추가로 7개 조문 해설이 발표되었다.[7] 「공익과 인권」 은 제4권 제2호를 마지막으로 더 이상 발간되지 않아 국제인권규약 해설 시리즈는 총 19개 조문에 대한 원고를 발표하고 종료되었다. 참여 필자 10명으로서는 이 해설원고가 자신들의 첫 정규 학술지 발표였다.

국제인권규약은 제27조까지가 실체조항이므로 주해서를 발간하려면 여전히 8개 조문에 대한 해설원고가 더 필요했다. 필자는 2007년 2학기와 2008년 1학기에 연구년을 가졌다. 마침 2008년 세계인권선언 채택 60주년을 맞아 필자는 2003년 발간했던 「국제인권조약집」 의 내용을 증보하고, 번역도 다시 손본 「증보 국제인권조약집」(경인문화사)을 발간함으로써 60주년을 개인적으로나마 기념했다.

규약 주해서 작업은 잠시 수면 아래로 잠적했으나, 늘 마음 한구석 부채로 자리 잡고 있었다. 틈틈이 이 작업에 관심 있을 만한 대학원생을 개인적으로 접촉해 원고작성을 권했다. 2009년까지 5-6개 조문에 대한 원고가 추가로 완성되었다. 이제는 거의 대부분의 조문에 대한 초고가 작성된 셈이었다. 2010년 그때까지 수집된 원고를 전반적으로 재검토해 보았다. 상당수가 이미 한번 활자화되었던 원고임에도 불구하고, 규약 주해서로 묶어 세상에 내놓기에는 아직 여러모로 미흡하다고 판단되었다. 여전히 상당한 보완이 필요했다.

마침 2010년 말 겨울방학에 공익인권법센터는 대학본부로부터 국제관련 사업용으로 약간의 지원금을 받게 되었다. 그중 일부를 국제인권규약 주해원고 정리용 인턴 활용에 사용하

---

3) 도경옥 제8조, 김원희 제14조, 홍진영 제17조, 김종수 제23조, 박영길 제24조, 황필규 제27조.
4) 임진원 제7조.
5) 도경옥 제11조, 박영길 제16조.
6) 도경옥, 김선일, 김원희, 박영길, 홍진영.
7) 전아람 제2조, 박영길 제9조, 김원희 제15조, 도경옥 제19조, 나확진 제20조, 장태영 제21조 및 제22조.

도록 허가받았다. 사법시험에 합격하고 사법연수원 입소를 기다리던 학부 졸업반 학생과 대학원생을 대상으로 인턴을 모집해 이종혁, 서현영, 이무룡, 원혜수 4명을 선발했다. 2010년 12월 20일부터 2011년 2월 20일까지 3달간 이들에게 기존 원고를 분담해 전반적으로 재검토해 보라고 요청했다. 인권위원회(Human Rights Committee)의 새로운 결정례, 관련 국내 법령의 변화, 새로운 국내 판례 등을 반영하고, 기존 내용상 오류도 찾아보라고 지시했다. 이들 4명이 검토 후 수정원고를 만들어 오면 필자가 읽고 미비점을 지적하고 다시 재수정 원고를 작성해 오는 방식으로 작업을 진행했다. 2011년 2월 말까지 4명의 인턴이 21개 조문의 기존 원고를 수정·보완했고, 필자도 그중 12개 원고에 대한 검토를 진행했다.

겨울방학 동안 4명의 유능한 보조인의 도움을 받았지만 주해서까지는 여전히 갈 길이 멀었다. 그 다음 단계로서 내용상 부족한 부분을 보완하고 글을 정제할 작업은 편집자로서 필자가 오롯이 전담할 일이라고 생각했는데 능력과 시간의 한계를 절감했다. 가장 어려운 점은 국제법 전공자인 필자가 한국의 관련 국내실행을 정리하고 평가하는 부분이었다. 단순한 내용도 많았지만, 관련 쟁점 중에는 국내학계에서 논란이 적지 않은 부분도 있었다. 이를 필자가 간단히 정리해 나름의 결론을 제시하기가 힘에 벅찼다. 이 해 겨울 개인적으로 상당한 시간을 규약 원고 정리작업에 투여했지만, 종착역은 여전히 멀었고 과연 내 능력으로 이 작업을 완수할 수 있을지 회의가 들었다.

그 후 수년간 때때로 지난 원고를 들추어 보았지만 개인 형편상 이 작업을 본격화할 엄두를 내지 못했다. 기존 원고들은 필자와 수많은 협의 끝에 작성되었고, 여러 사람의 수정·보완이 추가되었지만 출발은 대학원생들의 작품이었다. 각 필자들은 나름의 최선을 다했지만 대학원생 수준의 작업이라는 한계를 벗어나지 못한 원고가 많았다. 이 글들을 모아 세상에 내놓으려면 부분적 보완 아닌 전반적인 재작성 과정이 필요하다는 판단이었다.

2015년 인권법학회가 창립되며 그 초대 회장을 맡아 달라는 요청을 받았다. 일단 학회가 처음 자리 잡는데 도움을 줄 요량으로 2년 임기의 회장직을 수락했다. 인권법학회 회장직을 수행하게 되자 이 분야에 관한 학술적 기여를 해야겠다는 의무감이 느껴졌다. 국제인권규약 주해서 작업이 우선 머리에 떠올랐다. 이는 개인적으로 많은 시간과 노력을 투여한 "장기미제사건"이었다. 포기하기는 사실 너무 아까웠다. 정년도 다가오므로 대학교수로서의 마무리를 어떻게 해야 하나를 고민하던 끝에 이를 다시 끄집어내기로 했다.

2017년 1학기 대학원에서 국제인권법 강의를 하며 주해서 작업을 마무리 지우려면 도대체 어느 정도의 개인시간 투여가 필요한가를 알아볼 겸 조문(제7조 고문금지) 하나를 선택해 기존 원고를 참고하지만 전반적 재작성 수준으로 다시 원고를 만들어 보았다. 처음 작성되었을 때와 시간적 간격이 컸기 때문에 보완할 부분이 적지 않았다. 국내 실행 부분 집필은 여전히 필자에게 벅찬 과제였다. 한 개 조문을 재작성한 소감은 적어도 2−3년은 이 일에 전념해야 주해서를 완성할 수 있으리라는 느낌이었다. 그러나 필자로 하여금 앞으로 수년간 이 작업에만 집중하도록 주변 현실이 허락할 것 같지 않았다. 스스로의 삶을 구상함에 있어서 이 무렵부터 국제인권규약 주해서에 대한 미련은 포기함이 현명하다고 느껴졌다. 그리고 마음속 버킷 리스트에서 이를 지웠다. 이제 생각하면 2−3년 집중해서 주해서를 혼자 완성할 수 있으리라는 판단은 터무니없었다. 실제 2020년 15명의 국내 최고급 연구자들이 달려들어 다시 주해서 작업을 시작해 출간을 완성하는데 3년 이상 걸렸기 때문이다.

2020년 2월 정년을 맞게 되니 그 전후로 졸업생들과의 식사모임이 몇 번 있었다. 그때마다 여전히 나오는 이야기 중 하나가 국제인권규약 주해서를 진행하지 않느냐는 질문이었다. 「공익과 인권」에 오래전 발표된 글이나마 이후 국내에서 규약 개별조문에 대한 그 이상의 상세한 논문이 발표된 바 없었기 때문에 업무 관련자들에게는 여전히 참고가 되고 있으며, 때로 빠진 조문에 대한 더 이상의 작업은 진행되지 않았느냐는 문의도 있었다는 전언이었다. 과거 원고 작업에 참여했던 졸업생들은 나름 애착을 느끼는 듯했다. 그럴 때마다 이제 나 혼자서는 남은 일을 감당하기 벅차니 누가 자기 일처럼 여기고 동참할 지원자가 있으면 생각해 보겠다고 답했다. 속으로 현재 국내 학계 실정상 그 누구는 나타나지 않으리라고 생각했다.

전혀 예상치 못한 일이 벌어졌다. 2020년 봄 백범석 교수와 원유민 교수가 국제인권규약 주해작업을 추진하면 자신들도 함께 참여하겠으며, 이 일을 꼭 하고 싶다는 의사를 밝혔다. 2005년 처음 작업 시작 이래 제일 많은 4개 조문을 담당했던 도경옥 박사와도 의견 교환이 있었다고 했다. 처음에는 이 사람들이 그 시간 소요를 감당할 수 있을까? 생각만 있지 실제 일이 시작되면 초심을 유지하겠는가라는 의문도 들었다. 이들은 여름경에도 다시 같은 의사를 피력했다. 이 정도면 한 번 믿고 추진해 보기로 했다.

먼저 편집위원회를 구성했다. 코로나가 한창이던 2020년 9월 23일 저녁 정인섭, 백범석, 도경옥, 원유민 4인은 줌을 통한 첫 편집회의를 개최했다. 필자가 2005년 이래 15년 간의 전반적 진척상황을 설명하고, 앞으로 추진 방법에 관해 논의했다. 주해서 전체 목차는 진작부터 구상한 바 있어 기본적인 동의를 받았다. 10월 5일 위 4인은 편집회의를 한 번 더 하고, 조문별 집필진을 물색하기 시작했다. 편집위원도 1−2명 더 추가 영입하기로 했다. 이혜영 박사가 동참을 약속했고, 추후 김원희 박사도 참여해 편집위원회는 총 6명으로 구성되었다.

집필진은 과거 주해 원고 작성에 참여했던 필자를 우선적으로 고려했으나, 현재의 직업 상황이나 전공상 적합하지 않은 필진은 제외할 수밖에 없었다. 그 이후 국제인권법에 관심을 가진 연구자도 적지 않게 늘어났기 때문에 최근의 연구실적 등을 참작해 후보자를 인선했다. 이들에게는 필자가 개별적으로 연락해 집필 참여를 권유했는데, 한 명도 거절하지 않고 모두 참여를 수락했다. 총 15명으로 집필진이 구성되었다. 필자와의 과거 작업에 조금이라도 인연이 있던 필진이 8명, 이번에 새로 참여한 필진이 7명이었다. 작업기간은 일단 1년 반 정도로 잡았다. 2020년 11월부터 1년 정도를 원고작성 기간으로 잡고, 이후 3달 정도의 원고 검토과정을 거쳐 최종 제작에 들어간다는 계획이었다. 1개 조문만 담당할 경우 1년의 기간이 짧지 않겠지만, 2개 조문을 담당하는 필자도 있고, 편집위원들은 3−4 꼭지의 원고를 담당할 예정이었으므로 넉넉한 시간은 되지 못했다. 1년 반은 희망적인 목표고 내심으로는 2년 내 완성하면 성공이라고 생각했다.

2020년 11월부터 본격적인 집필에 들어갔다. 편집위원회는 집필진에게 배포할 기본지침부터 작성했다. 주해서 전체의 예정 목차와 개별 원고의 공통된 골격을 제시하고 그 세부항목에 포함될 내용을 예시했다. 기본 약어표, 주요 용어의 번역어, 각주 표기법도 정리해 제공했다. 국제적으로 성가가 높은 3종의 규약 주석서는 모든 집필진에게 제공했다.[8] 2005년부터 작업한 기존 원고도 참고용으로 제공하고, 이의 활용 정도는 각 필진에 맡기었다. 일단 처음 착수할 때는 일정한 도움이 되는 부분이 있으리라 생각했다.

집필진에게 모든 원고에서 약 20% 내외 분량은 해당 조문에 관한 한국의 실행을 설명하는 항목으로 배정하도록 요청했다. 해당 조문의 실천을 담보할 국내 법률, 관련 판례와 실행, 문제점 지적, 이 점에 관한 국제사회의 평가 등을 정리하도록 했다. 국제인권규약 내용에 관한 국제적 실행만 설명할 것이 아니라, 이러한 국제기준이 과연 한국에서 어떻게 실현되고 있는가를 조사하는 작업은 이 주해서의 강조점 중 하나였다. 국제인권규약 내용에 관한 국제적 실행은 외국어로 된 책자를 통해서도 얼마든지 알 수 있다. 한글판 주해서는 한국의 실행에 관한 설명을 포함하고 있어야 진정한 의의를 가질 수 있다고 생각했다. 이 점은 필자가 2005년 수업 시부터 고수하던 원칙이었다. 바로 이 이유 때문에 주해서 작업이 그토록 오래 걸렸다. 주해서가 국제적 기준과 실행만을 소개할 목적이라면 외국의 저명한 책자 몇 종만 잘 정리하고 소개해도 유용한 결과물을 만들 수 있고, 이는 훨씬 짧은 시간에 완성할 수 있었을 것이다.

필자의 경험상 이런 집단작업의 경우 각 참여자에게 임무 배정과 함께 원고 마감기일만

---

8) ① Schabas, Nowak's CCPR Commentary: U.N. International Covenant on Civil and Political Rights 3rd ed.(N.P. Engel Verlag, 2019) ② Taylor, A Commentary on the International Covenant on Civil and Political Rights(Cambridge UP, 2020) ③ Joseph & Castan, The International Covenant on Civil and Political Rights: Cases, Materials and Commentary 3rd ed.(Oxford UP, 2013).

제시하고 방임하면 실패로 끝날 확률이 매우 높다. 처음에는 시간이 많이 남은 듯해 참여를 수락했지만, 눈앞의 다른 일에 바빠 미루다 보면 마감에 임박해 급히 원고를 작성하는 필자가 적지 않다. 1년 기간을 주어도 결과는 한 두달 짜리 속성논문이 될 수 있다. 막판에 영영 못쓰겠다고 포기하는 이도 생겨 당황하게 되기도 한다. 마감일이 되어 원고가 한꺼번에 몰려오면 편집자는 검토할 시간이 부족해 책 전체의 일관성과 균질성 확보를 위한 필자와의 교감을 이룩하기 어렵다. 이것이 다수 필자가 참여한 상당수 책자가 제목은 그럴 듯 해도 외화내빈이 많은 이유이다.

이런 사태를 막기 위한 방안으로 2020년 12월부터 2021년 말까지 정기적으로 주로 매월 마지막 월요일에 2−3개 조문에 관한 초고를 검토하는 편집회의를 갖기로 하고, 1년 동안의 일정을 미리 정해 공지했다. 각 조문 집필자는 편집회의 5일 전까지 초고를 완성해 제출하고, 편집위원 전원과 토의를 가졌다. 지적할 때는 점잖게 돌려서 이야기하지 말고, 서로의 나이나 경력은 잠시 무시한 채 모든 참여자가 대등한 입장에서 자유롭게 토의해 달라고 매번 부탁했다. 편집회의를 모든 집필진에게 개방해 먼저 만들어진 다른 필진의 원고를 참고하고, 토의에도 참여할 수 있도록 했다. 그러면 전체적인 제작방향 이해에 도움이 되리라고 생각했다. 편집회의를 거친 원고는 1개월 후 수정원고를 제출하도록 했다. 초기 일정 해당자는 상당히 이른 시기에 1차 원고를 제출해야 하기 때문에 과거 참여 경험이 있는 필진을 우선 배정하고, 여러 조문을 담당할 필진은 부담의 분산을 위한 일정을 마련했다. 하여간 집필자들이 이 일을 미루다 뒤늦게 단기 속성 작업을 하는 상황을 막기 위해 여러 신경을 썼다.

과거 아는 출판인으로부터 다수 필진이 한 부분씩 작성한 원고를 모아 책을 내는 경우 집필자 회의를 얼마나 많이 하느냐에 성패가 결정될 수 있다는 말을 들은 적 있다. 자기 출판사의 성공 사례를 제시하며, 그 책의 필진들은 출판사 회의실에 모여 지겨울 정도로 회의를 거듭하니 다수가 참여했음에도 책 전체의 일관성과 조화를 이룰 수 있었다는 이야기였다. 국제인권규약 주해서 진행과정에서도 참으로 많은 편집회의를 했고, 참석률은 거의 100%였다.

2020년 12월 28일 정인섭(제20조)과 원유민(제4조)의 초고 검토를 위한 첫 회의를 시작해서 2021년 11월 27일까지 모두 11번의 편집회의를 통해 국제인권규약 총 27개 실체조항의 주해 원고 1차 검토를 마쳤다. 편집회의 진행에는 줌 회의 덕을 톡톡히 보았다. 코로나 사태 이전에는 회의라 하면 당연히 모두 같이 모여서 진행하는 대면회의 밖에 몰랐다. 2020년 초부터 본격화된 코로나 사태로 사회 모든 분야에서 비대면이 일상화되고, 줌 회의를 통한 의견교환에 익숙해졌다. 지방은 물론 외국 체류 필진과의 회의도 손쉬워졌다.

회의시간은 주로 저녁 식사 후 야간을 이용했다. 회의가 10시나 11시에 끝나도 참석자들은 귀가 부담을 느낄 필요가 없었다. 줌 회의를 이용하지 않았다면 그렇게 자주 편집회의를 하기 어려웠을 것이다. 줌 회의 없이 주해서 작업이 과연 제대로 진행될 수 있었을까 자신이 없다.

2021년 연말까지 27개 조문에 대한 1차 주해 원고가 수집되었다. 원래 필진들에게 참여에 따른 금전적 보상은 없다고 전제했었다. 그러나 부지런한 김원희 박사가 외교부와의 교섭을 통해 약간의 용역지원금을 받게 되었다. 1차 수집 원고를 용역보고서로 대하고, 필자들에게 소액의 원고료를 지불할 수 있었다. 조문 1개 원고 당 세후 80여만 원이 지급되었다. 수고의 대가로는 너무 적은 액수였으나, 당초 출범 시에는 이나마도 전혀 예정에 없었다. 한참 활동하는 중견 및 신진 연구자로서는 논문을 등재지에 발표함으로 연구성과물로 인정받는 점이 중요하다. 이에 각 필진들에게 원하는 경우 자신의 원고를 독립된 학술논문 형태로 재정리해 주해서가 발간되기 이전에 학술지 발표를 해도 좋다고 허용했다. 주해서에 수록된 일부 원고에 학술지 발표 사실이 적시된 이유이다. 이는 작업 참여에 대한 최소한의 보상이라고 생각했다.

1차 원고가 수집된 후 2022년 2월 5일 편집회의에서는 향후 작업 추진방법에 대해 전반적인 의견을 교환했다. 1차 검토 후 수정된 원고에 대해 3월부터 편집위원회 2차 검토를 진행하기로 했다. 두 번째 검토이므로 회의는 열지 않고 편집위원들이 개별적으로 읽고 지적사항을 서면으로 작성하면 이를 모아 필진에게 전달하는 방식을 취했다. 전체 원고를 4등분해 2022년 3월부터 6월까지 매달 한 번씩 검토를 진행하고, 의견을 받은 각 필진은 2－3주 내로 새 수정 원고를 제출하도록 했다. 여름까지 전체 원고작업 완료를 목표로 진행에 속도를 내기 위해 각 원고마다 3인의 편집위원만 관여하기로 했다.

동시에 편집위원 분담으로 일반논평(general comment) 번역을 시작했다. 인권위원회의 일반논평은 국가인권위원회가 2006년 제31호까지 그리고 2020년 제36호까지 번역한 바 있으나, 아무래도 전반적인 재검토가 필요하다고 생각했다. 편집위원 5명이 새로 추가된 제37호까지를 분담해 기존 번역을 수정하기로 했다. 이 작업은 2022년 여름까지 진행되었다. 이후 편집회의의 역할은 전체 원고의 통일성 확보를 위한 조정작업에 집중되었다.

초고가 몇 번의 검토과정을 거치는 동안 2005년－2007년「공익과 인권」에 발표되었던 원래 원고의 흔적은 대부분 사라졌다. 동일한 필자가 같은 조문을 계속 담당한 경우조차도 사실상 새로운 원고로 재탄생되었다. 건축으로 치면 리모델링이 아니라 완전히 부수고 다시 짓는 재개발이 된 셈이었다. 10 수년의 시간적 간격에 따라 내용상 변화가 필요했음은 물론 필진의 연륜 축적이 가져온 결과였다.

주해서 작업 완료가 가시권으로 들어오자 이를 간행해줄 출판사 선정이 고민으로 다가왔다. 상업성 없을 이 책자에 선뜻 나설 출판사가 있을지 걱정되었다. 그동안 필자의 책을 가장 많이 출간한 박영사와 먼저 접촉을 했다. 조성호 기획이사와 상의하니 주해서 출간은 박영사로서도 관심 사업이라며 의외로 선선히 출판을 수락했다. 알고 보니 박영사는 근래 민법 주해, 형법 주해 등 여러 종류의 국내법 주해서를 간행 중이었다. 출판사 문제가 해결되니 나로서는 한시름 놓았다.

당초 계획은 2022년 여름까지 모든 원고 작업을 마무리하고 9월경부터 편집·조판에 들어갈 예정이었다. 이때 변수가 하나 생겼다. 외교부 국제법률국은「시민적 및 정치적 권리에 관한 국제규약」과「선택의정서」의 기존 정부 번역본을 좀 더 이해하기 쉬운 표현으로 재번역을 추진 중이었다. 외교부의 번역 개정작업은 오래 전부터 알고 있었으나, 구체적으로 언제 마무리될지는 잘 모르고 있었다. 국제법률국측으로부터 번역 개정과 관보 공고를 2022년 10월까지 마칠 계획이니, 규약 주해서 출간을 그 이후로 미루는 편이 좋지 않겠냐는 의견을 전달받았다. 기존 번역을 기준으로 규약 주해서 원고를 여름에 완성해 연내 출간하면, 책이 나오자마자 정부 공식 번역이 변경되는 결과를 맞게 될 형편이었다. 주해서 원고에는 기존 번역의 문제점을 지적한 경우가 적지 않았고, 이 지적의 상당 부분은 개정 번역에 반영되리라 기대하고 있었다. 정부 번역본이 개정되면 이러한 지적이 무의미하게 된다. 아무래도 정부 번역 개정작업이 완료될 때까지 주해서 추진은 잠시 중지하는 편이 좋겠다고 생각하고, 필진들에게 이러한 사정을 통지했다. 2022년 여름 마감 예정인 원고 일부가 지체되고 있었으나, 이에 대한 독촉도 일단 중지했다.

외교부의 번역 개정작업은 마무리가 예정보다 상당히 지체되었다. 최종적으로는 해를 넘긴 2023년 6월 9일 개정 번역이 관보에 공고되었다. 주해서 원고 속의 용어사용도 새 번역에 맞춰 변경해야 했다. 관보 공고와 동시에 집필진에게 새 번역과 신구 번역 대조 파일을 전달하고, 새 번역에 따른 원고 수정을 7월 20일까지 완료해 달라고 부탁했다. 어렵거나 복잡한 작업을 아니었기에 7월 하순까지 모든 수정 원고가 접수되었다. 편집위원들의 일반논평 번역 수정본도 모두 도착했다. 필자가 전체 원고를 수집해 형식을 재검토한 후 7월 24일 박영사에 작업 파일을 전달할 수 있었다.

교정을 진행하는 단계에서 추가사항이 하나 발생했다. 국제인권규약에 대한 대한민국 제5차 보고서 심의 결과가 11월 3일 임시 버전의 형태로 발표되었다. 급히 번역본을 마련해 책자에 포함시키고, 일부 원고 내용에도 반영되었다.

이 책자는 국제조약에 관해 일반 출판을 목적으로 준비된 국내 최초의 본격 주해서이다. 국내 학계와 법조계, 정부 실무자는 물론 인권운동가들에게도 유용한 지침을 제공하리라고 확신한다. 이후 국내에서 「경제적·사회적 및 문화적 권리에 관한 국제규약」은 물론 여러 중요 인권조약에 대한 주해서가 연이어 출간되기를 기대한다.

2005년 봄 시작한 「국제인권규약 주해」 출간이라는 긴 장정이 19년 만에 완료되게 되었다. 이 책자의 필진은 물론 그간의 여정 중간과정에 기여해 준 모든 분들에게 감사를 드린다. 모든 작업을 마치고 인쇄에 들어갈 무렵 마침 세계인권선언은 채택 75주년을 맞게 되었다.

집필자 소개(가나다 순)

공수진

서울대학교 인문대학 영어영문학과(영문영문학사), 법학전문대학원(법학전문석사) 졸

영국 런던정경대학교 법학과(법학석사, 인권법 전공) 졸

헌법재판소 헌법연구관보(2014-2017)

헌법재판소 헌법연구관(2017-현재)

주요 저작

헌법 제22조 제2항의 의미와 심사기준에 대한 소고, 저스티스, 2019

The Two Modes of Foreign Engagement by the Constitutional Court of Korea, Asian Journal of Comparative Law, 2021

김선일

경찰대학교 법학과 학사, 서울대학교 법과대학 대학원 법학석사 및 법학박사

경찰청 수사국, 혁신기획단, 경찰대학 경찰학과 등(1997.3.-2021.2.)

국가인권위원회 조사관(2008년, 경찰청 파견)

현 대한국제법학회 이사, 한국경찰법학회 이사, 경찰대학 국제대테러연구센터 자문위원, 경찰대학 치안데이터과학연구센터 자문위원, 경찰학연구 편집위원

현: 한남대학교 경찰학과 조교수(2021.3.-)

주요 저작

집회·시위의 이론과 실제(공저)(박영사, 2019)

로마규정상 재판적격성 결정기준으로서의 일사부재리 원칙, 서울국제법연구, 2019

로마규정상 보충성 원칙의 적용 - '동일 인물, (실질적으로) 동일한 행위' 기준을 중심으로, 국제법평론, 2020

Saif Al-Islam Gaddafi 사건에 관한 ICC 상소심재판부의 판결(2020) 평석, 경찰법연구, 2020

캐나다 이민국의 '범죄·수사경력회보서' 요청 관련 법적 쟁점, 경찰법연구, 2022

집시법 제11조의 집회장소제한 규정에 관한 헌법재판소 결정 평석, 경찰법연구, 2023

김원희

아주대학교 법학사 및 법학석사, 서울대학교 법학박사(국제법)

한국해양수산개발원 전문연구원(2014-2020)

해양수산부 독도지속가능이용실무위원회 전문위원(2017.11.-2020.11.)

국가균형발전위원회 정책연구관(2018-2019, 파견근무)

한국해양과학기술원 해양법정책연구소 선임연구원(2021-현재)

현: 한국해양과학기술원 해양법연구부 부장

주요 저작

유엔 해양 거버넌스와 대한민국의 해양법 실행, 서울국제법연구 제29권 제1호, 2022.6.

국제법상 혼합분쟁의 개념 규명과 국제재판소 관할권의 범위 및 한계, 국제법학회논총 제66권 제3호, 2021.9.

우크라이나와 러시아 간의 크림반도 분쟁에서 국제법의 한계와 역할, 국제법평론 제59호, 2021.3.

영토분쟁에서 결정적 기일(Critical Date) 개념의 증거법적 재구성과 독도 문제에 대한 함의, 국제법학회논총 제65권 제2호, 2020.6.

도경옥

서울대학교 인류학과, 법학과 및 동 대학원 졸업(법학박사), 미시간대학교 로스쿨(LL.M.)

통일연구원 연구위원(2014.7. – 2023.2.)

대통령직속 정책기획위원회 위원(2020.11. – 2022.6.)

국가인권위원회 북한인권전문위원회 위원(2021.4. – 2025.4.)

현: 충남대학교 법학전문대학원 조교수

주요 저작

비국가행위자의 테러행위에 대한 무력대응(경인문화사, 2011)

제재 국면에서의 주민의 인권(공저)(통일연구원, 2018)

헌법상 조약과 남북관계발전법상 남북합의서의 이원화 체계의 재검토, 국제법학회논총, 2020

North Korea's legislative response to COVID-19: a way forward or backward?, Journal of Asian Public Policy, 2022(co-author)

정전협정을 넘어 평화협정으로: 한반도 평화협정의 특수성과 주요 쟁점, 한국과 국제정치, 2023

박영길

건국대학교 법학과 및 서울대학교 법과대학원 졸업(법학박사)

해양경찰청 국제해양법위원회 위원 및 해군발전위원회 위원

미국 해군대학 및 로드아일랜드대학 초빙연구원(2018)

현: 한국해양수산개발원 독도·해양법연구실 실장

주요 저작

Emerging Technology and the Law of the Sea (Cambridge University Press, 2022) (Co-editor)

"Boosting South Korea in a Changing Arctic Council" in Observing' the Arctic: Asia in the Arctic Council and Beyond (Edward Elgar Publishing, 2020)

The complex legal status of the Current Fishing Pattern Zone in the East China Sea, Marine Policy Vol.81. 2017 (co-author)

"Republic of Korea v. Araye: Korean Supreme Court Decision on Universal Jurisdiction over Somali Pirates," American Journal of International Law, Vol.106(3). 2012 (co-author)

백범석

서울대학교 법과대학 및 코넬대학교 로스쿨 졸(법학박사, J.S.D.)

UN 인권이사회 자문위원회 위원(2020.10. – 2026.9.)

대법원 양형위원회 양형위원(2023.3. – 2025.2.)

대한국제법학회(2019) 및 인권법학회(2015.3.－2017.2.) 연구이사 역임
현: 경희대학교 법학전문대학원 부교수

주요 저작

대한민국의 국제인권 외교 발자취: 유엔인권메커니즘을 중심으로, 서울국제법연구, 2022

Possible Impacts, Opportunities and Challenges of New and Emerging Digital Technologies with
　　regard to the Promotion and Protection of Human Rights(A/HRC/47/52, 2021)

법원을 넘어서: 국제인권법의 효과적 국내 이행을 위한 향후과제, 국제법학회논총, 2021

국제인권법상 피해자의 권리와 피해자 중심적 접근, 국제법학회논총, 2018

Transitional Justice in Unified Korea(Palgrave Macmillan, 2016)

백상미

성균관대학교 영어영문학사

서울대학교 대학원 졸업(법학박사)

법무부 서울 출입국외국인청 난민과 전문임기제(2019－현재)

주요 저작

제재국면에서의 주민의 인권(2인 공저)(KINU 연구총서, 2018)

남북교류협력 재개 과정에서의 신변안전보호에 관한 연구－영사접견 기능의 제도화를 중심으로
　　(3인 공저)(KINU 연구총서, 2019)

원유민

서울대학교 법과대학(법학학사)

파리II대학(DSU, M2R 법학석사)

스탠퍼드 대학교(JSM, JSD 법학박사)

헌법재판소 헌법연구관보(2011－2014), 헌법연구관(2014－2015)

현: 서울대학교 법학전문대학원 조교수(2020－)

주요 저작

The Role of International Human Rights Law in South Korean Constitutional Court Practice: An
　　Empirical Study of Decisions from 1988 to 2015, International Journal of Constitutional Law,
　　2018

비상사태 시 국제인권조약상 이행정지와 한국의 실행 － 계엄과 코로나19에 대한 검토를 포함하여 －,
　　국제법평론, 2021

국제인권조약 개인통보제도 30년: 한국 개인통보사건과 국내법원 판례, 국제법학회논총, 2022

이주영

서울대학교 사회복지학과(학사), 영국 University of Sussex 인권학(석사), University of Essex 졸업
　　(법학박사)

UN 경제적, 사회적 및 문화적 권리위원회 위원(2023.1.1.－2026.12.31.)

한국인권학회 회장(2021.1.1.－2022.12.31.) 역임
서울대학교 인권센터 전문위원(2012.9.－2021.8.)
현: 서울대학교 인권센터 연구 부교수

주요 저작

A Human Rights Framework for Intellectual Property, Innovation and Access to Medicines
    (Routledge, 2015)
혐오표현에 대한 국제인권법적 고찰: 증오선동을 중심으로, 국제법학회논총, 2015.9.
사회권규약의 발전과 국내적 함의, 국제법학회논총, 2016.6.
실질적 평등과 이주민의 인권, 국제법학회논총, 2022.12.
Economic Inequality, Social Determinants of Health, and the Right to Social Security, Health and
    Human Rights Journal 25(2)(2023.12.)

이혜영

이화여자대학교 법과대학 및 인디애나대학교 로스쿨 졸(법학박사, S.J.D.)
하버드 로스쿨 초빙연구원(2015.1.－2016.2.)
대법원 사법정책연구원 연구위원(2016.9.－2023.2.)
이화여자대학교 법학전문대학원 겸임교수(2019.9.－2023.2.)
현: 서울대학교 국제대학원 조교수(2023.3.－)

주요 저작

결사의 자유에 관한 ILO 기본협약 발효와 FTA 노동분쟁의 전망: ILO와 FTA의 이행 메커니즘 간의
    연계적 효과를 중심으로, 국제법학회논총 제67권 제2호, 2022.6.
국제형사재판에서 사면의 효력: 관할권행사의 근거 및 설립규정에 따른 사면의 대항가능성 중심으로,
    국제법평론 제60호, 2021.10.
법원의 국제인권조약 적용 － 판결문 전수조사를 통한 현황 진단 및 적용단계별 논증 분석, 국제법학
    회논총 제65권 제1호, 2020.3.
국제법상 국가의 성립요건 재고찰, 국제법평론 제49호, 2018.2.
Defining "State" for the Purpose of the International Criminal Court: The Problem Ahead after
    the Palestine Decision, U. Pitt. L. Rev. Vol. 77, Issue 3(Spring 2016)

임예준

고려대학교 법과대학(법학사 및 법학석사), 조지타운대학교 로스쿨(LL.M.)
제네바 국제고등교육원(Ph.D. 국제법 박사)
통일연구원 연구위원(2015.8.－2020.2.)
뉴욕주 변호사
현: 고려대학교 공공정책대학 부교수

주요 저작

State Continuity in the Absence of Government: The Underlying Rationale in International Law,

European Journal of International Law, Vol.32, No.2(2021)

국가책임조항의 규범적 지위에 관한 소고(小考), 국제법학회논총 제65권 제3호, 2020

Human Rights of North Korean Migrant Workers: Opportunity to Work or Risk of Forced Labour?, Netherlands Quarterly of Human Rights, Vol.35(2017)

Two Governments and One Legitimacy: International Responses to the Post-Election Crisis in Cote d'Ivoire, Leiden Journal of International Law, Vol.25, No.3(2012)

장태영

경찰대학교 법학과 졸

서울대학교 법과대학 대학원 법학석사, 법학박사 과정 수료

서울대학교 법학전문대학원 전문석사

김앤장 법률사무소(2012-2015)

서울중앙, 서울서부, 춘천지방법원 등 판사(2015-2023)

현: 서울고등법원 춘천재판부 판사

주요 저작

국제인권조약의 효력, 적용, 해석, 민사판례연구 제42권(박영사, 2020)

자유권규약의 효력, 적용, 해석 - 대법원 2016도10912 전원합의체 판결에 대한 평석을 중심으로, 국제법학회논총 제65권 제2호, 대한국제법학회, 2020

정인섭

서울대학교 법과대학 및 동 대학원 졸(법학박사)

서울대학교 법과대학(법학전문대학원) 조교수, 부교수, 교수(1995-2020)

국가인권위원회 인권위원(2004-2007)

대한국제법학회(2009) 및 인권법학회 회장(2015.3-2017.3)

현: 서울대학교 법학전문대학원 명예교수

주요 저작

재일교포의 법적 지위(서울대학교 출판부, 1996)

국제인권규약과 개인통보제도(사람생각, 2000)

신국제법강의(박영사, 2010년 초판, 2023년 제13판)

한국법원에서의 국제법 판례(박영사, 2018)

조약법: 이론과 실행(박영사, 2023)

홍관표

전남대학교 법과대학 사법학과 졸업

제40회 사법시험 합격(1998)

국가인권위원회 행정사무관(2004-2006)

법무부 인권정책과 서기관(2006-2013)

전남대학교 법학전문대학원 교수(2013-현재)

주요 저작

차별금지법 제정 방안에 관한 검토, 이화젠더법학 제13권 제2호, 2021

국제인권규범으로서의 양심적 병역거부권, 공법연구 제49권 제3호, 2021

고문방지협약에 따른 고문의 범죄화, 법학논총 제38권 제1호, 2018

국제인권조약을 원용한 법원의 판결에 대한 검토, 저스티스 통권 제149호, 2015

법원 판결을 통해 살펴 본 국제인권조약의 국내 이행, 법학논총 제32집 제1호, 2015

홍진영

서울대학교 법과대학 및 동 대학원 석, 박사과정 졸업

미국 하버드 로스쿨 LL.M

서울중앙지방법원 등 판사(2008.2. – 2018.2.)

국제형사재판소 파견법관(2016.9. – 2017.8.)

서울대학교 법학전문대학원 조교수(2018.9. – 2022.8)

현 서울대학교 법학전문대학원 부교수(2022.9. – 현재)

주요 저작

공정한 형사재판을 받을 권리와 국민참여재판 판결의 이유 제시 – 유럽인권재판소 대재판부의
    Taxquet v. Belgium 판결의 시사점을 중심으로, 사법 제58호, 2021

범죄를 저지른 북한이탈주민 추방의 법적 문제, 법조 제70권 제3호, 2021

국제형사재판소의 증거개시 제도에 관한 연구, 사법 제41호, 2017

국제형사재판 메커니즘을 통한 북한 체제불법 관련 범죄의 처벌 가능성에 관한 검토, 저스티스 통권
    제161호, 2017

편집위원회

정인섭(위원장), 백범석, 도경옥, 김원희, 원유민, 이혜영

국제인권규약 주해 – 시민적 및 정치적 권리

초판발행	2024년 1월 10일
엮은이	정인섭, 백범석, 도경옥, 김원희, 원유민, 이혜영
펴낸이	안종만 · 안상준
편 집	한두희
기획/마케팅	조성호
표지디자인	Ben Story
제 작	고철민 · 조영환
펴낸곳	(주) **박영사**
	서울특별시 금천구 가산디지털2로 53, 210호(가산동, 한라시그마밸리)
	등록 1959. 3. 11. 제300-1959-1호(倫)
전 화	02)733-6771
f a x	02)736-4818
e-mail	pys@pybook.co.kr
homepage	www.pybook.co.kr
ISBN	979-11-303-4566-6 93360

copyright©정인섭, 백범석, 도경옥, 김원희, 원유민, 이혜영, 2024, Printed in Korea

정 가   79,000원